CB004194

DIREITO IMOBILIÁRIO

Teoria e Prática

■ Fechamento desta edição: *19.12.2024*

■ **Atendimento ao cliente: (11) 5080-0751 | faleconosco@grupogen.com.br**

■ Direitos exclusivos para a língua portuguesa
Copyright © 2025 by **Editora Forense Ltda.**
Uma editora integrante do GEN | Grupo Editorial Nacional
Travessa do Ouvidor, 11
Rio de Janeiro – RJ – 20040-040
www.grupogen.com.br

■ Capa: Danilo Oliveira

■ **CIP-BRASIL. CATALOGAÇÃO NA PUBLICAÇÃO**
SINDICATO NACIONAL DOS EDITORES DE LIVROS, RJ

S315d
21. ed.

Scavone Junior, Luiz Antônio, 1966-
Direito imobiliário : teoria e prática / Luiz Antonio Scavone Junior. - 21. ed., rev., atual. e ampl. - [2. Reimp.] - Rio de Janeiro : Forense, 2025.
1.728 p. ; 24 cm.

Inclui bibliografia
ISBN 978-85-3099-590-4

1. Direito imobiliário - Brasil. I. Título.

24-95546   CDU: 347.23(81)

Meri Gleice Rodrigues de Souza - Bibliotecária - CRB-7/6439

Respeite o direito autoral

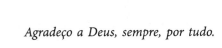
Agradeço a Deus, sempre, por tudo.

SOBRE O AUTOR

Doutor e Mestre em Direito Civil pela Pontifícia Universidade Católica de São Paulo – PUC/SP. Professor dos Cursos de Graduação em Direito da Universidade Presbiteriana Mackenzie em São Paulo. Professor Titular do Curso e do Mestrado em Direito da Escola Paulista de Direito – EPD. Coordenador e Professor do Curso de Pós-graduação em Direito Imobiliário da Escola Paulista de Direito – EPD. Advogado Militante e Administrador de Empresas pela Universidade Presbiteriana Mackenzie. Autor, coautor e coordenador de diversas obras jurídicas.

NOTA À 21ª EDIÇÃO

Nesta edição, além do aprimoramento da doutrina e dos modelos como nas edições anteriores, abordei as mais recentes tendências da jurisprudência nacional, além das alterações pelas quais passaram os contratos imobiliários em razão da Lei 14.905/2024.

Os modelos de peças e contratos continuam disponíveis para *download* em formato editável, com acréscimos nesta edição.

Procurei manter a atualidade da obra, trazendo posicionamento recente sobre os assuntos que envolvem o Direito Imobiliário, sem fugir da interpretação dos temas polêmicos.

Em suma, houve atualizações e acréscimos na maioria dos capítulos decorrentes de alterações legislativas e de interpretações recentes dos tribunais acerca dos temas abordados na obra.

Espero que o livro continue a ser ferramenta útil aos estudantes e estudiosos da matéria, bem como aos operadores do Direito Imobiliário.

O Autor

APRESENTAÇÃO

Em meados do 2º semestre do ano de 2008, durante o curso de pós-graduação, especialização em Direito Civil, fomos convidados, pelo prof. Luiz Antonio Scavone Junior a desenvolver a atividade de "revisão" da 1ª edição desta obra.

O que, em um primeiro momento, nos pareceu uma simples atividade, na verdade se revelou uma tarefa de muita responsabilidade e de grande valor acadêmico.

Tivemos a oportunidade de trabalhar com uma obra bastante atual, que focaliza os problemas imobiliários com acuidade e com coragem, pois o autor procura apresentar questões e debater temas oferecendo soluções novas que fogem ao tradicionalismo.

Ademais, com experiência de quem milita na área, o autor traz nesta obra uma ampla visão sistematizada do Direito Imobiliário, abrangendo temas, como propriedade, desapropriação, compra e venda, locação, usucapião, adjudicação compulsória, parcelamento do solo, problemas na aquisição de imóveis, condomínio e direito de vizinhança.

Salientamos que a obra é de fácil manuseio, vez que, a exemplo dos demais livros do autor, foi escrita com grande fluência verbal, em linguagem simples, acessível a todos os níveis de intérprete, seja aluno do ensino jurídico, seja profissional do Direito.

O autor conseguiu, em uma única obra, reunir diversos temas do Direito Imobiliário, proporcionando ao leitor uma ampla cognição da matéria abordada, além da facilidade de se visualizar a legislação atualizada pertinente aos variados assuntos, jurisprudência de apoio e inúmeros modelos de petições, constituindo um valioso instrumento de trabalho, que pode ser utilizado como fonte de informações e orientação prática ao militante do Direito.

Para nós, o trabalho de revisão foi uma experiência inédita, em que tivemos a possibilidade de ampliar nossos horizontes profissionais, pois este livro não é destinado somente aos iniciantes da carreira jurídica, mas a todos os profissionais de Direito, visto que tem por objetivo inovar conceitos e apresentar soluções para problemas do cotidiano no setor imobiliário.

Felicitamos o autor pela obra produzida, nos regozijamos e agradecemos pela oportunidade ímpar que nos foi concedida, de ter o privilégio do contato em primeira mão com este excelente trabalho, tão completo quanto à abrangência do tema concernente ao Direito Imobiliário.

Amanda Moura
Antonio Abel Paupério
Daniel Fernandes
Érica Andressa Ferragonio
Heloisa Leonor Buika
Jaime dos Santos Penteado
Nádia Andrade
Robson da Silva Vieira

ABREVIATURAS E SIGLAS USADAS

AASP	Associação dos Advogados de São Paulo
a.C.	Antes de Cristo
ADCT	Ato das Disposições Constitucionais Transitórias
ADIn	Ação Direta de Inconstitucionalidade
AED	Análise Econômica do Direito
a.m.	ao mês
art.	artigo
CDB	Certificado de Depósito Bancário
cit.	Citada
Copom	Comitê de Política Monetária do Banco Central do Brasil
CPC	Código de Processo Civil
FONAJE	Fórum Nacional de Juizados Especiais
IPCA	Índice Nacional de Preços ao Consumidor Amplo
n^{os}	números
ORTN	Obrigação Reajustável do Tesouro Nacional
OSB	Ordem de São Bento
p.	página
RDA	Revista de Direito Administrativo
RDB	Recibo de Depósito Bancário
REsp.	Recurso Especial
RJTJESP	*Revista de Jurisprudência do Tribunal de Justiça do Estado de São Paulo*
RT	*Revista dos Tribunais*
RTFR	*Revista do Tribunal Federal de Recursos*
RTJ	*Revista Trimestral de Jurisprudência*
Selic	Sistema Especial de Liquidação e de Custódia
SPC	Serviço de Proteção ao Crédito
STF	Supremo Tribunal Federal

STJ	Superior Tribunal de Justiça
TR	Taxa Referencial estabelecida pelo Banco Central do Brasil
URV	Unidade Real de Valor
v.g.	*verbi gratia*
vol.	Volume

SUMÁRIO

Livro I
PROPRIEDADE, DIREITOS REAIS E REGISTROS

Livro II
NEGÓCIOS JURÍDICOS IMOBILIÁRIOS

Livro III
CUIDADOS NA COMPRA DE IMÓVEIS – FRAUDE CONTRA CREDORES E FRAUDE À EXECUÇÃO

Livro IV
CONDOMÍNIO

Livro V
VIZINHANÇA

Livro VI
POSSE E SUAS CONSEQUÊNCIAS

Livro VII
LOCAÇÃO DE IMÓVEIS URBANOS

Livro VIII
PRODUÇÃO ANTECIPADA DE PROVAS NO DIREITO IMOBILIÁRIO

ANEXO

Livro I

PROPRIEDADE, DIREITOS REAIS E REGISTROS

Capítulo 1

PROPRIEDADE E DIREITOS REAIS

1.1. DIREITOS REAIS

Modernamente, entende-se que a fonte do direito positivo é o fato dotado de relevância que, ocorrido, é qualificado pela norma regularmente posta no sistema jurídico.

Os fatos são os acontecimentos sociais e o costume.

Diz-se, portanto, que a fonte do direito positivo é o fato socialmente relevante.

Assim, a lei não é fonte do direito positivo, é o próprio direito positivo, que não pode ser fonte dele mesmo.

Ora, o homem, buscando satisfazer suas necessidades, procura apropriar-se de coisas que encontra na natureza.

Não o faz com as coisas abundantes e, tampouco, com as insuscetíveis de apropriação.

Com efeito, o ar que respiramos, não obstante imprescindível à sobrevivência, não provoca a cupidez do homem que, destarte, não o incorpora ao seu patrimônio.

Assim, o direito real, ou direito das coisas, é definido como o conjunto de normas destinadas a regular as relações jurídicas concernentes a bens corpóreos (materiais) ou incorpóreos (imateriais) suscetíveis de apropriação pelo homem e, bem assim, dotados de conteúdo econômico relevante e significativo.

1.2. SISTEMATIZAÇÃO NO CÓDIGO CIVIL E CLASSIFICAÇÃO

O Direito das Coisas está regulado pelo Livro III da Parte Especial do Código Civil, cujo título básico é o da propriedade.

De fato, a partir daí classificam-se os direitos reais, classificação essa que leva em consideração a finalidade e o objeto.

Está assim redigido o art. 1.225 do Código Civil:

Art. 1.225. São direitos reais:

I – a propriedade;

II – a superfície;

III – as servidões;

IV – o usufruto;

V – o uso;

VI – a habitação;

VII – o direito do promitente comprador do imóvel;

VIII – o penhor;

IX – a hipoteca;

X – a anticrese;

XI – a concessão de uso especial para fins de moradia;

XII – a concessão de direito real de uso; e

XIII – a laje;[1]

XIV – os direitos oriundos da imissão provisória na posse, quando concedida à União, aos Estados, ao Distrito Federal, aos Municípios ou às suas entidades delegadas e a respectiva cessão e promessa de cessão

A propriedade, direito real por excelência, é o direito de usar, gozar, dispor e reivindicar (reaver) a coisa sobre a qual recai (Código Civil, art. 1.228).

O uso nada mais é que a faculdade do titular de servir-se da coisa, ou seja, a aplicação de sua destinação natural.

---

[1] No Código Civil foi, ainda, inserida a tipificação do novel direito real: Art. 1.510-A. O proprietário de uma construção-base poderá ceder a superfície superior ou inferior de sua construção a fim de que o titular da laje mantenha unidade distinta daquela originalmente construída sobre o solo. § 1º O direito real de laje contempla o espaço aéreo ou o subsolo de terrenos públicos ou privados, tomados em projeção vertical, como unidade imobiliária autônoma, não contemplando as demais áreas edificadas ou não pertencentes ao proprietário da construção-base. § 2º O titular do direito real de laje responderá pelos encargos e tributos que incidirem sobre a sua unidade. § 3º Os titulares da laje, unidade imobiliária autônoma constituída em matrícula própria, poderão dela usar, gozar e dispor. § 4º A instituição do direito real de laje não implica a atribuição de fração ideal de terreno ao titular da laje ou participação proporcional em áreas já edificadas. § 5º Os Municípios e o Distrito Federal poderão dispor sobre posturas edilícias e urbanísticas associadas ao direito real de laje. § 6º O titular da laje poderá ceder a superfície de sua construção para a instituição de um sucessivo direito real de laje, desde que haja autorização expressa dos titulares da construção-base e das demais lajes, respeitadas as posturas edilícias e urbanísticas vigentes. Art. 1.510-B. É expressamente vedado ao titular da laje prejudicar com obras novas ou com falta de reparação a segurança, a linha arquitetônica ou o arranjo estético do edifício, observadas as posturas previstas em legislação local. Art. 1.510-C. Sem prejuízo, no que couber, das normas aplicáveis aos condomínios edilícios, para fins do direto real de laje, as despesas necessárias à conservação e fruição das partes que sirvam a todo o edifício e ao pagamento de serviços de interesse comum serão partilhadas entre o proprietário da construção-base e o titular da laje, na proporção que venha a ser estipulada em contrato: § 1º São partes que servem a todo o edifício: I – os alicerces, colunas, pilares, paredes mestras e todas as partes restantes que constituam a estrutura do prédio; II – o telhado ou os terraços de cobertura, ainda que destinados ao uso exclusivo do titular da laje; III – as instalações gerais de água, esgoto, eletricidade, aquecimento, ar condicionado, gás, comunicações e semelhantes que sirvam a todo o edifício; e IV – em geral, as coisas que sejam afetadas ao uso de todo o edifício. § 2º É assegurado, em qualquer caso, o direito de qualquer interessado em promover reparações urgentes na construção na forma do parágrafo único do art. 249 deste Código. Art. 1.510-D. Em caso de alienação de qualquer das unidades sobrepostas, terão direito de preferência, em igualdade de condições com terceiros, os titulares da construção-base e da laje, nesta ordem, que serão cientificados por escrito para que se manifestem no prazo de 30 (trinta) dias, salvo se o contrato dispuser de modo diverso. § 1º O titular da construção-base ou da laje a quem não se der conhecimento da alienação poderá, mediante depósito do respectivo preço, haver para si a parte alienada a terceiros, se o requerer no prazo decadencial de cento e oitenta dias, contado da data de alienação. § 2º Se houver mais de uma laje, terá preferência, sucessivamente, o titular das lajes ascendentes e o titular das lajes descendentes, assegurada a prioridade para a laje mais próxima à unidade sobreposta a ser alienada. Art. 1.510-E. A ruína da construção-base implica extinção do direito real de laje, salvo: I – se este tiver sido instituído sobre o subsolo; II – se a construção-base for reconstruída no prazo de 5 (cinco) anos. Parágrafo único. O disposto neste artigo não afasta o direito a eventual reparação civil contra o culpado pela ruína.

A fruição (ou gozo) representa a possibilidade de o titular extrair os frutos naturais e civis do objeto, como, por exemplo, os aluguéis dos imóveis.

A disposição significa o direito de o titular transferir ou alienar o bem, inclusive o direito de consumir, dividir ou gravar o bem.

A reivindicação, último atributo da propriedade, é a faculdade de retomar o bem de quem quer que injustamente o possua ou detenha.

Como se verá adiante, a propriedade pode não ser plena, em face da ausência de alguns dos seus atributos.

Ocorrendo isso, surgem certos direitos para terceiros, quer de gozo, ou então de garantia, que incidirão sobre a propriedade alheia.

O usufruto, por exemplo, é o direito real sobre coisa alheia que está circunscrito ao direito de uso e fruição (gozo), de tal sorte que o usufrutuário pode usar a coisa, alugá-la e emprestá-la, mas, por outro lado, não poderá vendê-la.

Tomando-se o objeto como fundamento da classificação, temos que os direitos reais podem ser:

a) sobre coisa própria (propriedade);

b) sobre coisa alheia (todos os outros direitos reais).

Se, por outro lado, levarmos em conta a finalidade, teremos:

a) direitos reais de garantia (penhor, hipoteca e anticrese);

b) direitos reais de gozo (todos os demais direitos reais).

1.3. CARACTERÍSTICAS DOS DIREITOS REAIS

1.3.1. Publicidade

Ordinariamente, os direitos reais sobre imóveis são adquiridos após o registro do respectivo título aquisitivo junto ao Oficial de Registro de Imóveis competente; já sobre os móveis, depois da tradição (transferência física da coisa), o que se afirma com supedâneo no Código Civil, arts. 108, 1.245, 1.267, 1.226 e 1.227.

Portanto, o registro (bens imóveis) e a tradição (bens móveis) atuam como meio de publicidade da titularidade de direitos reais.

1.3.2. Oponibilidade *erga omnes*

Em razão da publicidade atribuída pelo registro, o titular de um direito real passa a ter a prerrogativa de opor, a quem quer que seja, o seu direito, que recai, assim, sobre toda a coletividade.

Portanto, a ninguém é lícito impedir que o titular utilize, por exemplo, a sua propriedade. Tampouco é lícito perturbar o usufruto (direito real de usar e fruir) e, bem assim, impedir a utilização de uma servidão.

Vamos exemplificar, diferenciando o direito real do direito pessoal.

Suponhamos alguém que tenha adquirido um imóvel por promessa de compra e venda sem registro.

De fato, há apenas uma obrigação de o promitente vendedor outorgar a escritura depois de receber o preço.

E essa obrigação nada mais é que um vínculo jurídico transitório (extingue-se pelo pagamento), mediante o qual o devedor (sujeito passivo), se obriga a dar, fazer ou não fazer sob pena de, ao não cumprir culposamente sua obrigação, responder pelo equivalente (o que recebeu) e perdas e danos.

Essa pessoa dispõe, apenas, de um direito pessoal, ou seja, pode opor seu direito em face do outro contratante e de mais ninguém.

Caso a obrigação não seja cumprida, tratando-se de ação pessoal, o titular do direito violado poderá tão só pleitear perdas e danos ou cláusula penal, juros, correção monetária e eventuais honorários de advogado (Código Civil, art. 389).

Nada impede que o promitente vendedor outorgue uma escritura pública de compra e venda para um terceiro ou, até, outra promessa que poderá ser registrada.

Havendo o registro desses títulos, esse terceiro passará, em razão da publicidade, a dispor de um direito real oponível a quem quer que seja, inclusive contra o anterior promitente comprador que não registrou sua promessa.

Sendo assim, em razão do inadimplemento da obrigação, o promitente vendedor – e somente ele – a par de consequências penais, deverá devolver o que recebeu, acrescido de juros, correção monetária e honorários de advogado, sem contar a multa (cláusula penal) eventualmente existente no contrato ou os prejuízos efetivos (Código Civil, art. 404, parágrafo único).

Quem adquiriu por promessa de compra e venda ou até escritura, ambas sem registro, não poderá reivindicar o imóvel do terceiro na medida em que, embora o direito do promitente vendedor esteja enumerado como um direito real, depende do registro para que valha contra terceiros e, portanto, tenha a característica de um direito real.

Logo, enquanto não for registrada, a promessa de compra e venda é mero direito pessoal, valendo exclusivamente entre as partes com algumas exceções, como aquela que permite ao promitente comprador opor seu direito a terceiros nos casos de penhora por meio dos embargos de terceiro, em que pese a ausência de registro (REsp 1.490.802/DF, Rel. Min. Moura Ribeiro, j. 17.04.2018).

1.3.3. Sequela

Decorrência da oponibilidade *erga omnes*, a sequela é a faculdade concedida ao titular do direito real de perseguir a coisa nas mãos de quem quer que a detenha, de apreendê-la para sobre a mesma exercer o seu direito real.

O proprietário, por exemplo, possui o direito de retomar a coisa das mãos de quem a detenha injustamente, invocando, para tanto, o seu direito de propriedade.

Isso será levado a efeito através da ação reivindicatória, que veremos adiante.

O direito de ação de que dispõe o titular é real, assim como real é o seu direito.

Portanto, a ação poderá ser endereçada a quem quer que seja.

1.3.4. Direito de preferência

A preferência se aplica aos direitos reais de garantia, ou seja, ao penhor, à hipoteca e à anticrese.

A hipoteca é a garantia real consubstanciada em bens imóveis e o penhor·em bens móveis.

Penhor é garantia real e não se confunde com a penhora, instituto de Direito Processual que consiste na apreensão de bens.

A anticrese é a garantia real que se dá pela entrega de bem imóvel para que o credor satisfaça seu crédito com os frutos civis, os aluguéis, por exemplo.

A preferência, portanto, consiste no privilégio de se obter o pagamento de uma dívida com os frutos ou valor de um bem especialmente destinado à sua satisfação na constituição da obrigação.

Por exemplo: o proprietário dá seu imóvel em hipoteca como garantia de um mútuo (empréstimo) e, ao depois, aliena esse imóvel. Inadimplida (não paga) a obrigação, o credor poderá penhorar e levar à praça o bem com o fim de satisfazer seu crédito, independentemente das subsequentes alienações.

Importante apenas ressaltar que a venda levada a efeito pelo devedor é válida, apenas não é eficaz em face do credor, até porque ninguém adquire mais ou menos direitos do que possuía o antigo titular.

O vínculo se prende de maneira indelével à coisa e dela não se livra pelo fato da alienação. Em verdade, com a hipoteca há uma afetação da coisa àquilo que, por seu intermédio, colima-se garantir.

O direito real prefere ao pessoal de tal sorte que, em regra, os demais credores (credores quirografários, que são aqueles que não dispõem de crédito com garantia real de penhor, hipoteca ou anticrese) só receberão depois de satisfeito o crédito com garantia real.

Assim, seguindo o mesmo exemplo, se alguém tiver um crédito com garantia hipotecária, os outros credores, que não dispõem dessa mesma garantia (credores quirografários), somente receberão depois de satisfeito o crédito hipotecário, e isso se alguma coisa sobrar.

É possível a constituição de outras hipotecas, que serão pagas na ordem de constituição e não poderão ser executadas antes de vencida a primeira.

Todavia, com a costumeira percuciência, coloca o professor Arruda Alvim no seu magistério que, se houver lei em sentido contrário, o direito pessoal pode preferir ao real.

Por exemplo: o art. 186 do Código Tributário Nacional dispõe que o crédito de natureza trabalhista prefere ao tributário e, os dois, a um direito real de garantia, tal qual um mútuo com garantia hipotecária.

1.3.5. *Numerus clausus*

Os direitos reais são enumerados taxativamente na lei, seja no próprio art. 1.225 do Código Civil ou em qualquer lei extravagante.

Nesse sentido, diz-se que só a lei tem o condão de criar direitos reais.

O número dos direitos reais é sempre limitado nas legislações. Não há direito real senão quando a lei o declara. Os direitos pessoais são inumeráveis.

Contrapondo-se à concepção clássica, Washington de Barros Monteiro admite a possibilidade de atribuir realidade a direitos decorrentes de convenção.

Defende que, não afrontando os bons costumes e a ordem pública, nada há na lei que impeça a criação de outros direitos reais além daqueles estabelecidos e tipificados no art. 1.225 do Código Civil.

Todavia, pelas regalias que munem os direitos reais, tais como a sequela e a oponibilidade *erga omnes*, a constituição de direitos reais não pode ficar à mercê da liberdade criadora das partes.

Há uma obrigação negativa de toda a sociedade respeitar o direito do titular.

Sendo assim, essa obrigação não pode ficar ao talante do credor.

Ademais, tratando-se de imóveis, a constituição de um direito real torna imprescindível o registro junto ao oficial de Registro de Imóveis da circunscrição imobiliária competente (Código Civil, art. 1.227).

Ocorre que os oficiais estão adstritos aos títulos que são passíveis de registro, especialmente pelas disposições da Lei 6.015/1973 (Lei de Registros Públicos).

Assim, se as partes submeterem a registro um direito outro, o oficial não encontrará permissão na Lei para fazê-lo e, tampouco, livro para assentá-lo. Suscitada dúvida, a magistratura, no âmbito administrativo, deve obediência à lei, e só deve atuar pretorianamente quando o interesse social assim exigir. É exatamente essa a mens legis contida na redação do art. 172 da Lei de Registros Públicos:

> *Art. 172. No Registro de Imóveis serão feitos, nos termos desta Lei, o registro e a averbação dos títulos ou atos constitutivos, declaratórios, translativos e extintos de direitos reais sobre imóveis reconhecidos em lei, "inter vivos" ou "mortis causa" quer para sua constituição, transferência e extinção, quer para sua validade em relação a terceiros, quer para a sua disponibilidade.*

1.4. PROPRIEDADE

O Código Civil não define a propriedade, mas o proprietário, o que faz a partir dos atributos da propriedade.

Certo é que a noção de propriedade está insculpida no estudo dos direitos reais do Direito Civil e, não obstante, é também uma garantia constitucional preceituada no art. 5º, inc. XXII, da Constituição Federal.

Sendo assim, a propriedade nada mais é que o direito real de usar, fruir, dispor e reivindicar a coisa sobre a qual recai, respeitando sua função social.

Determina o art. 1.228 do Código Civil:

> *Art. 1.228. O proprietário tem a faculdade de usar, gozar e dispor da coisa, e o direito de reavê-la do poder de quem quer que injustamente a possua ou detenha.*

De fato, a definição passa pelos poderes inerentes à propriedade.

Diz-se que a propriedade é direito real por excelência porquanto dela emanam todos os outros, cujo elenco é *numerus clausus* no Código Civil brasileiro e na legislação extravagante.

Só a lei possui o condão de criar direitos reais, entre os quais se inclui a propriedade.

Com a costumeira clareza, o professor Silvio Rodrigues, baseado em Lafayete Rodrigues Pereira, ensina que a propriedade é o único direito real que não recai sobre o direito de outrem.[2]

De fato, os direitos reais podem ser classificados, em relação ao titular do domínio, em:

a) Direito real sobre coisa própria: somente a propriedade; e,

b) Direitos reais sobre coisa alheia: todos os demais direitos reais. Por exemplo, o usufruto é um direito real mediante o qual o usufrutuário pode, apenas, usar e fruir. Todavia, o bem continua com o proprietário, embora despido desses dois atributos.

Silvio Rodrigues ensina, ainda, que das inúmeras teorias que tentam explicar a propriedade, a que mais se aproxima da realidade é a teoria da natureza humana.

---

[2] Silvio Rodrigues, *Direito Civil*, São Paulo: Saraiva, 1991, vol. 5, p. 75.

Explica que a propriedade, desde os primórdios da história, é inerente ao ser humano como condição de sua existência e pressuposto de sua liberdade.

Argumenta que muito embora diversos regimes tentassem atenuá-la ou até extirpá-la, nenhum teve êxito, o que, na sua opinião, merecedora do nosso aplauso, vem reforçar a tese da natureza humana do domínio.[3]

Em suma, não há na lei uma definição legal de propriedade, o que só é possível através do art. 1.228 do Código Civil, que define o proprietário como aquele que pode usar, fruir, dispor e reivindicar a coisa.

De qualquer forma, todo direito subjetivo representa um vínculo que, no caso do direito real de propriedade, configura um liame, que se forma entre o proprietário e a coletividade, cuja fonte se encontra na lei.

Com efeito, há uma obrigação de toda a coletividade em respeitar o direito de propriedade, o que poderia ser representado da seguinte maneira:

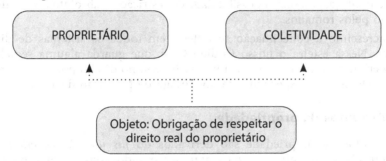

Não se pode negar que o proprietário pode usar a coisa de acordo com a finalidade para qual ela foi criada.

Inegável, também, que possa fruir ou gozar, ou seja, extrair os frutos (rendimentos), como, por exemplo, locar o imóvel.

Poderá dispor da coisa, ou seja, vender ou doar, por exemplo.

Pode, igualmente, reivindicar, buscando a sua propriedade nas mãos de quem quer que injustamente a possua ou detenha.

A propriedade é a base do nosso sistema, o que se afirma na medida em que sua exploração assegura a sobrevivência da própria sociedade.

Todavia, a propriedade não mais possui o sentido que lhe emprestaram os povos antigos, notadamente os romanos.

De acordo com o art. 5º, inc. XXIII, da Constituição Federal, hoje a propriedade submete-se ao princípio de sua função social.

Na verdade, a partir de Justiniano, no século VI, Roma começou a assistir à transformação do antigo conceito de propriedade.

Antes desta época, era rigorosamente homenageado o cunho individualista, que atribuía ao seu titular o pleno direito de usar, gozar e dispor do que lhe pertencesse, da maneira que melhor lhe aprouvesse.

Essa ideia de absolutismo da propriedade, mesmo em Roma, ainda que lentamente, foi modificada, contemplando algum conteúdo social.

Apareceram as primeiras restrições, disciplinadas, entretanto, pelos direitos recíprocos de cada proprietário, ou seja, cada um também devia o mesmo respeito ao direito do outro, na mesma equivalência, dentro da órbita do direito privado.

---

3   Silvio Rodrigues, *Direito Civil*, São Paulo: Saraiva, 1991, vol. 5, p. 81.

Na realidade, esse direito, como hoje o entendemos, estereotipado no nosso diploma civil, difere em muito daquele que emanava do direito romano.

Muito tempo se passou desde que o conceito de propriedade encontrasse seu estágio atual.

É que, paradoxalmente, os romanos, que praticamente criaram o direito, sequer o definiram com objetividade.

Não havia no Direito Romano uma definição de *proprietas*, e, em razão disso, como o nosso direito tem base romanística, fundamentado na legislação europeia do século retrasado, e como o Direito Romano não transmitiu à Idade Média a definição de propriedade, não houve repercussão da definição no direito moderno, o que persiste no Código Civil de 2002.

Somente pouco antes do Renascimento é que a propriedade passou a ser conceituada como o direito de dispor de modo completo das coisas, salvo naquilo que fosse proibido por lei, incorporando, pelo menos claramente, pela primeira vez, à definição de propriedade, a ideia de sua limitação, ou seja, a possibilidade de restrição ao absoluto direito de propriedade preconizado pelos romanos.

Esse acréscimo à conceituação se refletiu em todos os sistemas de direito de base romanística. Nessa esteira o nosso Código Civil, que guarda alguma semelhança com o Código anterior, de 1916, que, por sua vez, se baseou no direito português e no germânico, além do direito francês, especialmente no Código de Napoleão de 1804.

1.4.1. Atributos da propriedade

Os atributos da propriedade são derivados do *jus utendi, fruendi e abutendi* dos romanos, ou seja, usar, fruir ou gozar e abusar. Contudo, com a evolução da humanidade, "abusar" foi substituído por dispor com limites, principalmente em razão da função social incorporada ao instituto.

Assim temos que são atributos do direito real de propriedade:

a) uso;

b) gozo;

c) disposição; e,

d) reivindicação.

Usar significa extrair as vantagens naturais ofertadas pela coisa, extração esta que não importa em alteração de sua substância.

Assim, ao utilizar uma casa para moradia, o proprietário está utilizando a coisa para o fim que se destina sem alterar-lhe a substância, o que possui o condão de determinar esse atributo da propriedade.

Gozar ou fruir, por seu turno, é a possibilidade de o proprietário extrair os frutos ou produtos decorrentes da coisa sobre a qual recai o direito de propriedade; assim, ao locar uma casa, recebendo, por via de consequência, os alugueres, o proprietário estará fruindo por intermédio da percepção de frutos civis (rendimentos) decorrentes da coisa.

Dispor significa dar à coisa o destino que o proprietário achar conveniente.

Destarte, poderá consumi-la, destruí-la, aliená-la onerosa ou gratuitamente (venda ou doação), gravá-la com um ônus real (hipotecá-la, em caso de bens imóveis), ou seja, dar a coisa em garantia constituindo ônus real.

Se pudéssemos conferir graus de importância aos atributos da propriedade, sem dúvida a disposição seria o mais importante, o que se afirma na exata medida em que permite ao proprietário a liberdade de fazer com o que é seu quase tudo o que pretende.

Por último, pode o proprietário reivindicar a coisa de quem injustamente a detenha ou possua.

Isso ocorre exatamente no juízo petitório, ou seja, através de uma ação reivindicatória, que será adiante examinada, cuja causa de pedir remota é a prova do domínio ou propriedade e representa o direito de sequela, definido como o direito de seguir a coisa e de reavê-la de quem quer que injustamente a tenha.

1.4.2. Características da propriedade – a função social e a propriedade plena e limitada

A propriedade apresenta algumas características que são enumeradas de forma uniforme pela doutrina, ou seja, trata-se de um direito:

a) absoluto;

b) exclusivo;

c) perpétuo; e,

d) ilimitado.

a) Caráter absoluto

A propriedade é um direito absoluto na medida em que o proprietário tem o mais amplo poder jurídico sobre aquilo que é seu. Nela estão insertos todos os atributos dos direitos reais. Se assim o é, a partir dela surgem todos os demais direitos reais, conforme dito alhures.

Como a propriedade é o direito real de usar, gozar, dispor e reivindicar a coisa, todos os outros direitos podem ser extraídos do direito de propriedade, onde se concentram os atributos.

De fato, destacados, passam a configurar outro direito real, como, por exemplo, o usufruto, que é o direito de uso e gozo extraído do direito de propriedade, despido, entretanto, dos atributos da disposição e da reivindicação.

b) Caráter exclusivo

A propriedade possui, também, a característica de ser um direito real exclusivo já que a propriedade de um afasta a propriedade do outro, sendo que uma coisa não comporta dois proprietários por inteiro.

O condomínio não elide a exclusividade.

Essa característica significa que não são admitidas duas pessoas proprietárias, autonomamente e ao mesmo tempo, da inteireza da coisa.

Todavia, o direito de propriedade pode ser exercido em relação a partes ideais – em condomínio – e o direito que recai sobre a coisa é apenas um, não maculando a característica *sub exame*.

Por exemplo: duas pessoas podem ser proprietárias de um imóvel na proporção de 50% cada. Possível, também, que uma seja proprietária de fração ideal maior que a outra.

c) Caráter perpétuo

A propriedade é considerada, também, um direito perpétuo, o que se afirma em razão de só se extinguir pela vontade do dono ou de disposição legal.

De fato, a propriedade existirá independentemente do seu exercício por quem de direito.

Tornando-se proprietário, o direito do titular só deixará de existir no caso de constituição de uma situação geradora de um benefício a outrem, benefício esse que deve ser entendido como um ato de aquisição.

Por exemplo: se houver uma invasão, e o invasor possuir o imóvel pelo prazo suficiente para usucapi-lo (que varia de acordo com a modalidade), haverá uma situação nova, geradora de um direito que concorre em benefício de outrem, sendo este um ato de aquisição (prescrição aquisitiva).

Não é a inércia do titular, por si só, que leva à perda da propriedade, mas, sim, a inércia associada à ação de um terceiro.

Nem sempre a propriedade é perpétua, o que se afirma na medida da existência da propriedade perpétua e da propriedade resolúvel.

A propriedade perpétua é aquela que não possui termo final e só se extingue caso ocorra uma situação geradora de um benefício a outrem, benefício este que deve ser entendido como um ato aquisitivo, ou então em face da lei.

A propriedade resolúvel, por outro lado, é aquela que se resolve, ou seja, tem um dia certo de término.

Por exemplo, essa data pode ser estabelecida pelas partes no caso da retrovenda, cláusula inserta nos contratos mediante a qual defere-se ao vendedor, em prazo não superior a três anos, direito de readquirir a coisa; entretanto, após o termo *a quo* sem o exercício da opção, a propriedade passa a ser perpétua.

É o caso também da alienação fiduciária de bem imóvel, regulada pela Lei 9.514/1997, que torna a propriedade do credor resolúvel, ou seja, o credor é proprietário até que o devedor pague a dívida. Com o pagamento, a propriedade do credor se resolve. A alienação fiduciária vem tratada em capítulo específico ao qual remetemos o leitor.

d) Caráter ilimitado

Mas também se diz que a propriedade é um direito real ilimitado porquanto permitiria ao proprietário fazer com a coisa que lhe pertence o que bem entender e o que melhor lhe aprouver.

Veremos que modernamente não é bem assim.

É que a propriedade pode ser *plena* ou *limitada* e, demais disso, está pautada pela *função social*.

Diz-se que é plena quando estiverem concentrados todos os atributos da propriedade (uso, gozo, disposição e reivindicação), ou seja, quando o proprietário enfeixa em suas mãos todas as prerrogativas que constituem o conteúdo do direito.

Será limitada aquela despida de algum ou alguns dos seus atributos ou que sofra limitações a esses atributos.

Supondo, para ilustrar, que o proprietário retire o uso e o gozo (fruição) e transfira-os ao seu filho. Embora continue sendo proprietário, o será de forma limitada (nu-proprietário). Manterá o direito de alienar a coisa e de reivindicá-la de terceiros, e o seu filho terá o usufruto (uso e fruição), que não se extinguirá com a eventual alienação.

O nu-proprietário tem a posse indireta e o usufrutuário, a posse direta. Sendo assim, ao nu-proprietário tanto se admite o interdito possessório em face da posse indireta, quanto a ação reivindicatória em razão de sua propriedade, embora limitada.

Por outro lado, o usufrutuário somente poderá invocar os interditos possessórios além da legítima defesa da posse (com os requisitos do desforço imediato e meios necessários).

Todavia, se decorrer ano e dia, o eventual esbulhador adquire a posse, que passa a ser justa e, nesse caso, só o proprietário poderá ingressar com o interdito (no exemplo, reintegração de posse), sem possibilidade de reintegração liminar, ou então optar pela ação reivindicatória fundamentada na propriedade que mantém, embora limitada.

O caráter ilimitado ou pleno da propriedade decorre, portanto, de suas características, posto que, se o direito é ilimitado, o é porquanto exclusivo, perpétuo e principalmente absoluto.

Antigamente essa característica era bem mais acentuada, de tal sorte que a propriedade era considerada, no direito romano, *usque ad inferos e usque ad sidera,* ou seja, dos céus às profundezas da terra.

Ocorre que hoje a lei restringe este direito, em tese ilimitado, seja em razão de limitações específicas, seja através da função social da propriedade.

Consideramos que a função social, a par de limitações específicas, tais como as limitações administrativas (servidões, requisições, ocupações e desapropriações) e civis (por exemplo, os direitos reais sobre coisa alheia) hoje, faz parte da construção jurídica do direito de propriedade.

De fato, ao mesmo tempo em que o direito de propriedade é garantido pelo inc. XXII do art. 5º da Constituição Federal, logo em seguida, o inc. XXIII exige que a propriedade atenda a sua função social.

Essa função social, no nosso sistema, não significa socialização da propriedade, o que se afirma na exata medida em que a propriedade está garantida.

O que a Constituição exige, respeitada a ordem econômica, é que o direito de propriedade seja exercido nos limites do interesse econômico e social.

Em outras palavras, aquele que reside em imóvel residencial está atribuindo ao bem o seu destino e, nessa medida, está cumprindo a função social da propriedade. Da mesma forma, aquele que tem uma fazenda produtiva respeita a função social de sua propriedade.

Não respeita, de outro lado, aquele que mantém seu imóvel fechado ou que conserva a terra improdutiva.

Nessa medida, a lei traz alguns mecanismos que impõem sanção àquele que não atribui à propriedade a sua função social.

É o que ocorre com o Estatuto da Cidade, Lei 10.257/2001, que prevê a possibilidade de parcelamento, edificação ou utilização compulsória do solo urbano não edificado, subutilizado ou não utilizado e, ainda, imposto predial com progressão de alíquota por ano, durante cinco anos, enquanto o solo não for utilizado de acordo com a sua função social, mantendo-se a alíquota máxima fixada enquanto não houver essa destinação (Lei 10.257/2001, arts. 5º a 7º).

No âmbito rural, surge outro mecanismo tributário, o Imposto Territorial Rural.

Assim, a propriedade não produtiva gera mais imposto que uma propriedade produtiva.

Nesse sentido, depois de estabelecer que o Imposto Territorial Rural pertence à União, a Constituição Federal determina a progressividade através de alíquotas destinadas a desestimular a manutenção de terras improdutivas (Constituição Federal, art. 153, § 4º).

Outra vertente da função social da propriedade é a proibição do abuso do direito de forma geral pelo Código Civil:

> Art. 187. Também comete ato ilícito o titular de um direito que, ao exercê-lo, excede manifestamente os limites impostos pelo seu fim econômico ou social, pela boa-fé ou pelos bons costumes.

O Código Civil proíbe, também, especificamente, o abuso do direito de propriedade. Nesse sentido, o art. 1.228, § 2º, do Código Civil:

> Art. 1.228, § 2º. São defesos os atos que não trazem ao proprietário qualquer comodidade, ou utilidade, e sejam animados pela intenção de prejudicar outrem.

Para Josserrand:[4]

Os direitos se realizam, não em uma direção qualquer, mas em uma ambiência social, em função de sua missão e na conformidade destes princípios que são, como se disse, subjacentes à legalidade, e constituem, em seu conjunto, um direito natural de conteúdo variável e como uma superlegalidade... é a teoria do abuso de direito que o mantém em seu caminho, e o impede de se afastar dele, conduzindo-o assim num impulso seguro até a finalidade a atingir.

Assim, a lei não permite que uma parte, ao exercer um direito, prejudique a outra, mormente se esse exercício não traz qualquer comodidade ou utilidade, mas, pelo contrário, é animado apenas pela intenção de prejudicar.

Imaginemos duas pessoas vizinhas que são inimigas viscerais.

Imaginemos, também, que uma delas, percebendo que nos finais de semana a outra desenvolve a atividade de balonismo, resolve mandar projetar, aprovar e construir uma torre nos limites de sua propriedade, pagando todas as taxas.

Se essa torre não tem qualquer finalidade, a não ser prejudicar a subida do balão navegável do sítio vizinho, evidentemente que a construção da torre, embora legal, é abusiva.

Nesse caso, o ato é ilícito, o que possibilita ao prejudicado reclamar a demolição da construção, embora regular.

Percebe-se, portanto, que a propriedade é um direito ilimitado em tese.

Todavia, sua concepção, seu âmago, sua alma, hoje, é dotada de configuração diversa daquela de outrora, vez que pautada pela função social da propriedade, que bitola o exercício desse direito, fazendo parte da própria construção jurídica da propriedade.

Sendo assim, não se trata de uma limitação propriamente dita, mas de característica intrínseca da propriedade.

Mas a propriedade experimenta algumas limitações.

De fato, se algum dos atributos da propriedade foi transferido para terceiro, pode surgir um direito real sobre coisa alheia, limitando a propriedade.

É o que acontece com o usufruto.

O usufrutuário tem o direito real sobre coisa alheia de usar e fruir, restando ao proprietário, nessa altura denominado nu-proprietário, apenas o direito de dispor e reivindicar.

As cláusulas de incomunicabilidade, impenhorabilidade e inalienabilidade (Código Civil, arts. 1.848 e 1.911), pactuadas livremente nas doações e somente se houver justa causa sobre os bens da legítima (metade dos bens deixados na sucessão), limitam o exercício pleno da propriedade no que tange ao atributo da disposição.

Mas não são apenas as limitações aos atributos que tornam a propriedade limitada.

Se um imóvel estiver locado e se o locatário tem direito à ação renovatória, que estudaremos no título referente à locação, a propriedade será limitada na medida em que a locação poderá se prorrogar compulsoriamente por tempo indeterminado, independentemente da vontade do locador.

Existem, também, limitações administrativas, como as servidões, o tombamento (patrimônio histórico e cultural), sem contar as normas ambientais de preservação da fauna e flora (bens difusos), além das restrições urbanísticas (zoneamento) e do direito de construir.

Esses casos representam apenas exemplos, destinados a situar algumas limitações ao direito de propriedade.

---

4   Josserrand, *De l'esprit des droits et de leur rélativité*, 1939, p. 415.

Com efeito, outras limitações podem ser acrescentadas, tanto insertas na função social quanto nas limitações de caráter especial.

Logo, a característica de direito ilimitado conferida à propriedade não é tão absoluta, uma vez que sempre estarão presentes limitações legais.

Segundo a doutrina, trata-se de evolução do direito, que passa a observar o interesse comum, sobrepondo o direito da coletividade ao mesquinho interesse de um só.

1.4.3. Aquisição da propriedade imobiliária

A aquisição da propriedade se dá:

a) pelo registro: negócio jurídico;

b) pela acessão: construções, plantações, formação de ilhas, avulsão, aluvião e abandono do álveo;

c) pela usucapião;

d) pela posse-trabalho;

e) pelo direito hereditário; e,

f) pelo casamento.

A aquisição da propriedade se manifesta através de diversas formas.

Neste capítulo, nos ocuparemos do registro e das acessões.

A usucapião será tratada em capítulo específico.

O direito hereditário e o casamento são objetos de estudo do Direito de Família.

A posse-trabalho, por sua vez, será tratada juntamente com o estudo da posse e das ações possessórias.

1.4.3.1. O registro – negócios jurídicos

A aquisição de imóveis é, em regra, um negócio jurídico solene.

Sendo assim, a escritura pública é essencial à validade dos negócios jurídicos sobre direitos reais imobiliários, salvo as exceções de leis especiais, como, por exemplo, negócios no âmbito do Sistema Financeiro Imobiliário e do Sistema Financeiro da Habitação.

Todavia, agora há um limite claro.

Os imóveis com valor de até trinta vezes o maior salário mínimo vigente no país não dependem de escritura pública, lavrada por tabelião (qualquer tabelião) de acordo com o art. 108 do Código Civil:

> Art. 108. Não dispondo a lei em contrário, a escritura pública é essencial à validade dos negócios jurídicos que visem à constituição, transferência, modificação ou renúncia de direitos reais sobre imóveis de valor superior a trinta vezes o maior salário mínimo vigente no País.

Para outorga da escritura, em regra, é necessária a anuência do marido ou da mulher.

Outrossim, nos termos do art. 1.647 do Código Civil, a outorga uxória ou marital, ou seja, a anuência do marido ou da mulher na escritura pública, não é mais exigida no regime da separação total de bens e no regime de participação final nos aquestos, neste, desde que haja pacto antenupcial (Código Civil, art. 1.656).

No regime do Código Civil de 1916 (art. 235), que vigorou até o dia 11 de janeiro de 2003 (inclusive),[5] qualquer que fosse o regime de bens entre os cônjuges, a outorga era exigida. Com o início da vigência do atual Código, para os casamentos celebrados pelo regime da separação de bens a partir de 12 de janeiro de 2003, nos termos do seu art. 2.039, a anuência não é mais necessária.

A contrario sensu, embora até seja possível pensar diferente aplicando-se o art. 2.035 do Código Civil, qualquer que seja o regime de bens do casamento celebrado até o dia 11 de janeiro de 2003, a outorga conjugal é necessária, por cautela, na venda de bens imóveis.

A ausência da outorga, quando exigível, torna a venda anulável, devendo a anulação ser requerida pelo cônjuge que não concedeu a anuência no prazo decadencial de dois anos do art. 1.649 do Código Civil.

Também releva observar que, de acordo com o art. 496 do Código Civil, a venda de ascendente a descendente demanda a anuência dos demais descendentes e, também, do cônjuge (salvo regime de separação total).

A aquisição dos bens imóveis, contudo, não se completa com a escritura.

De acordo com os arts. 108, 1.227 e 1.245 e 1.267 do Código Civil, mister se faz o registro desse título aquisitivo – que pode ser uma escritura pública de compra e venda ou doação, por exemplo – junto ao Oficial de Registro de Imóveis da circunscrição imobiliária competente.

Antes do registro não há direito real sobre o imóvel adquirido nos termos do art. 1.245 do Código Civil, ou seja, por negócio jurídico.

Vamos exemplificar.

Suponhamos *A*, que outorga uma escritura pública a *B*, cujo objeto é um apartamento.

Se *B* não leva essa escritura a registro e *A* outorga nova escritura a *C*, que ultima a providência necessária nos termos do art. 1.227 do Código Civil, *B* não terá adquirido a propriedade do bem imóvel, já que não registrou sua escritura.

Portanto, como já dissemos, a escritura, enquanto não registrada, não atribui direito real de propriedade, apenas direito pessoal, obrigacional, mediante o qual *B*, nesse exemplo, civilmente, poderá apenas responsabilizar *A* patrimonialmente (Código Civil, art. 389), e não reivindicar a propriedade de *C*, que a adquiriu legalmente, já que não dispõe de direito real, oponível *erga omnes*.

Sendo assim, no caso de bens imóveis e aquisição por negócio jurídico, a transferência do domínio se opera com o registro do título aquisitivo junto ao oficial de Registro de Imóveis da circunscrição imobiliária competente.

Trata-se, no caso, de tradição solene.

---

[5] Segundo Nelson Nery Junior (*Código Civil anotado*, São Paulo: RT, 2003, p. 853), o Código Civil de 2002 foi publicado no *Diário Oficial da União* no dia 11.01.2002. A contagem, segundo Nelson Nery Junior, é feita de acordo com a Lei Complementar 95/1998, que, no art. 8º, § 1º, estabelece: Art. 8º A vigência da lei será indicada de forma expressa e de modo a contemplar prazo razoável para que dela se tenha amplo conhecimento, reservada a cláusula "entra em vigor na data de sua publicação" para as leis de pequena repercussão. § 1º A contagem do prazo para entrada em vigor das leis que estabeleçam período de vacância far-se-á com a inclusão da data da publicação e do último dia do prazo, entrando em vigor no dia subsequente à sua consumação integral (Parágrafo incluído pela Lei Complementar 107, de 26.04.2001). Nesse caso, aplica-se, inclusive, a Lei 810/1949, que, no art. 1º, estabelece que o prazo em ano se conta "do dia do início ao dia e mês correspondentes do ano seguinte". Posta assim a questão, tendo em vista que a Lei Complementar 95/1998 determina a entrada em vigor no dia seguinte ao da consumação integral, resta a conclusão segundo a qual o Código Civil de 2002 entrou em vigor no dia 12 de janeiro de 2003.

Nesse sentido (Código Civil):

> *Art. 1.245. Transfere-se entre vivos a propriedade mediante o registro do título translativo no Registro de Imóveis.*
>
> *§ 1º Enquanto não se registrar o título translativo, o alienante continua a ser havido como dono do imóvel.*
>
> *§ 2º Enquanto não se promover, por meio de ação própria, a decretação de invalidade do registro, e o respectivo cancelamento, o adquirente continua a ser havido como dono do imóvel.*

Assim, diz-se que quem não registra não é dono.

Outorgada a escritura, ou admitido o instrumento particular, portanto, mister se faz o registro junto à matrícula para aquisição de direito real oponível a quem quer que seja.

A matrícula nada mais é que uma ficha numerada onde se descreve o imóvel e se indica o titular.

Cada imóvel tem apenas uma matrícula junto ao oficial de Registro de Imóveis da circunscrição imobiliária competente e em nenhum outro.

Nessa matrícula são registrados e averbados todos os fatos jurídicos que alteram de alguma forma o direito nele inscrito.

Os registros e as averbações seguem o seguinte caminho:

a) Protocolização (Lei 6.015/73, art. 182): com anotação da data e hora para efeito de aquisição de direitos reais (Lei 6.015/73, art. 186).

b) Prenotação (Lei 6.015/73, art. 205): conferindo preferência no registro por vinte dias.

c) Registro (Lei 6.015/73, arts. 167 e 232): na ordem, *v.g.* R1; AV2; R3...

Os registros servem para anotar na ficha de matrícula os atos translativos ou declaratórios da propriedade e dos demais direitos reais (Lei 6.015/73, art. 167, I), como, por exemplo, hipotecas, servidões, promessa de compra e venda, incorporações, loteamentos etc.

As averbações (Lei 6.015/73, art. 167, II) referem-se às alterações do registro, como, por exemplo, a alteração de nome pelo casamento, cláusulas de inalienabilidade de imóveis etc.

Entre outros, o registro adota os seguintes princípios:

a) Prioridade, ou seja, aquele que primeiro protocolizar o título prefere aos demais títulos que porventura ingressem no protocolo, independentemente da data da escritura.

b) Especialidade, segundo o qual cada imóvel deve ter uma descrição única, que não se confunde com a descrição de outros imóveis, recebendo, na ficha de matrícula, um número diferente dos demais.

c) Publicidade, na medida em que qualquer pessoa pode consultar o teor da matrícula, verificando o nome de quem consta como titular e os ônus reais que sobre o imóvel recaem.

d) Continuidade, que representa a necessidade de o registro seguir a cadeia dominial, o que impossibilita a transferência do direito por quem não seja o titular. Assim, quem não é proprietário, não pode vender validamente.

O Registro de Imóveis funciona com cinco livros:

Livro 1 – Protocolo – onde são apontados todos os títulos para registro ou averbação, com exceção daqueles apresentados apenas para cálculo dos emolumentos (Lei 6.015/1973, art. 174);

Livro 2 – Registro Geral – destinado à matrícula e aos registros e averbações enumerados no art. 167 da Lei 6.015/1973;

Livro 3 – Registro Auxiliar – destinado ao registro de atos de atribuição do oficial, mas que não se encontram enumerados no art. 167 da Lei de Registros Públicos, como, por exemplo, o regulamento de loteamento fechado ou a minuta do contrato padrão, também de loteamentos além das convenções de condomínio, entre outros documentos (Lei 6.015/1973, art. 178);

Livro 4 – Indicador Real – é o livro onde os imóveis matriculados ou transcritos são indicados em razão do seu endereço, possibilitando a localização da matrícula ainda que o interessado não disponha do número da matrícula do imóvel que quer consultar;

Livro 5 – Indicador Pessoal – é o livro onde as pessoas que figuram como titulares de imóveis são indicadas, o que possibilita a consulta da titularidade de imóveis pelo nome do titular, ainda que não se disponha do endereço ou do número da matrícula do imóvel.

Em suma, voltando à aquisição pelo registro, é possível afirmar que quem não registra, não é dono, não é titular de direito real de propriedade oponível a quem quer que seja (*erga omnes*), por ausência de publicidade.

Todavia, a presunção de propriedade gerada pelo registro é relativa, ou seja, admite prova em sentido contrário.

Nesse sentido o art. 1.247 do Código Civil:

> Art. 1.247. Se o teor do Registro não exprimir a verdade, poderá o interessado reclamar que se retifique (LRP, arts. 121 e ss.) ou anule.
>
> Parágrafo único. Cancelado o Registro, poderá o proprietário reivindicar o imóvel, independentemente da boa-fé ou do título do adquirente.

Imaginemos uma hipótese: o proprietário se vê privado de sua propriedade em razão de escritura outorgada com falsa procuração, por alguém com documentos falsos ou em razão de uma nulidade absoluta qualquer.

Caso essa escritura seja registrada, o adquirente se tornará proprietário, vez que figurará como tal na matrícula.

Inicialmente, nos termos do art. 1.247 do Código Civil, como o registro efetuado não exprimirá a verdade, o prejudicado poderá promover ação de anulação, independentemente da boa-fé do adquirente.

Anulado o registro, na qualidade de proprietário, o prejudicado buscará sua propriedade, exercendo o direito de reivindicação, o que poderá fazer cumulando esse pedido na própria ação de anulação.

A única hipótese em que é possível o adquirente evitar a anulação é a exceção de usucapião, ou seja, a defesa com alegação de aquisição por usucapião, provando-se o cumprimento dos requisitos.

Deveras, o proprietário que perdeu injustamente sua propriedade deixando decorrer o prazo de usucapião sem tomar qualquer atitude, a perderá definitivamente, não podendo mais invocar o art. 1.247 do Código Civil, em razão da aquisição do outro. Nesse sentido, para maiores esclarecimentos, remetemos o leitor ao capítulo referente à usucapião.

1.4.3.2. *Acessões*

As acessões representam outra forma de aquisição de propriedade.

De fato, difere da aquisição por negócio jurídico na medida em que um fato natural ou a atividade humana têm o condão de atribuir o direito de propriedade.

É claro que, para valer contra terceiros, a acessão deverá ingressar no registro de imóveis. Todavia, a aquisição já se operou, assim como ocorre com a usucapião.

As acessões são definidas como a união e a incorporação com aumento de volume ou valor em razão de elemento externo que, de acordo com a regra segundo a qual o acessório segue o principal, presume-se pertencer ao dono do imóvel acrescido.

As acessões podem ser:

a) Naturais: avulsão, aluvião, abandono do álveo e formação de ilhas; e,

b) Industriais: construções e plantações.

São acessões naturais aquelas que encontram sua origem em fatos jurídicos, ou seja, acontecimentos naturais que criam, modificam ou extinguem direitos.

A avulsão, prevista no art. 1.251 do Código Civil e no art. 19 do Código de Águas (Decreto nº 24.643/1934), é a aquisição da propriedade em razão de força natural e violenta que faz com que uma porção de terra se destaque de um prédio e se junte a outro.

Prevê o Código Civil, em respeito ao princípio que veda o enriquecimento ilícito, que o adquirente deverá indenizar o dono do prédio desfalcado e, se não o fizer, o direito de indenização decairá no prazo de um ano pela inércia do dono do prédio desfalcado.

Trata-se de meio de aquisição de duvidosa aplicação prática na medida em que não encontramos, ao menos em nossa pesquisa, qualquer decisão que tenha reconhecido essa forma de aquisição.

A aluvião, por sua vez, é a forma de aquisição por acessão natural mediante a qual ocorrem acréscimos às margens de rios de forma imperceptível (Código Civil, art. 1.250).

Nesse caso, não há qualquer indenização, sendo o terreno aluvial (aquele que se depositou na margem), acrescido à propriedade ribeirinha na proporção de sua testada para a antiga margem.

O abandono do álveo, também forma de aquisição de propriedade por acessão, nada mais é que o leito seco de rio que não mais existe ou que sofreu desvio em seu curso.

O leito seco do rio (álveo abandonado) será dividido entre as propriedades ribeirinhas na proporção de suas testadas para a antiga margem até a metade do álveo abandonado se a propriedade da outra margem tiver titular diverso.

Questão que surge do abandono do álveo é saber como fica a situação no caso de mudança do curso do rio.

Evidentemente, outra propriedade pode ser prejudicada.

Todavia, se o fato for natural, acorde com o mandamento do art. 1.252 do Código Civil e art. 26 do Código de Águas, estaremos diante de motivo de força maior que impede qualquer indenização.

Nesse caso, somente restará ao proprietário do imóvel atingido suportar o prejuízo.

Todavia, se a mudança de curso se der em razão de obra promovida pelo Poder Público, o fato se equiparará à expropriação, deferindo o direito de indenização ao proprietário do imóvel prejudicado. Para compensar a indenização, a lei defere ao Poder Público a propriedade do álveo abandonado de tal sorte que não haverá aquisição pelos proprietários ribeirinhos.

Por fim, como acessão natural, temos a formação de ilhas.

A formação de ilha só confere a propriedade se o rio onde se formar for particular, ou seja, um rio não navegável (Código de Águas, art. 23).

Nesse caso, o Código Civil define as consequências:

Art. 1.249. As ilhas que se formarem em correntes comuns ou particulares pertencem aos proprietários ribeirinhos fronteiros, observadas as regras seguintes:

I – as que se formarem no meio do rio consideram-se acréscimos sobrevindos aos terrenos ribeirinhos fronteiros de ambas as margens, na proporção de suas testadas, até a linha que dividir o álveo em duas partes iguais;

II – as que se formarem entre a referida linha e uma das margens consideram-se acréscimos aos terrenos ribeirinhos fronteiros desse mesmo lado;

III – as que se formarem pelo desdobramento de um novo braço do rio continuam a pertencer aos proprietários dos terrenos à custa dos quais se constituíram.

Resta, então, verificarmos as acessões industriais, aquelas que dependem da atividade humana, sem a qual não ocorrem, ou seja, as construções e plantações.

Mister se faz observar que as normas que regulam essas acessões não se misturam com aquelas decorrentes de benfeitorias, cujo estudo nesta obra é feito juntamente com a posse e as ações possessórias.

No caso de benfeitorias, em regra, o possuidor de boa-fé tem direito às benfeitorias úteis e necessárias, bem como levantar as voluptuárias, sem direito de retenção. Já o possuidor de má-fé só pode cobrar as benfeitorias necessárias que realizou, isso sem direito de retenção.

As benfeitorias visam conservar ou melhorar a coisa já existente, tratando-se de bem acessório.

As construções e plantações, por sua vez, são acréscimos, ou seja, meio de aquisição de propriedade.

Presume-se, até prova em contrário (presunção relativa), que as construções e plantações pertencem ao dono do imóvel onde foram realizadas (Código Civil, art. 1.253).

De fato, o proprietário que planta e constrói em seu terreno com sementes e materiais próprios, adquire a propriedade da construção ou plantação.

O problema surge no caso de o proprietário, ou alguém por ele, utilizar sementes ou materiais alheios no seu terreno.

Nesse caso, se agir de boa-fé, paga o valor dos materiais e sementes de forma singela.

Obrando de má-fé, por outro lado, ou seja, sabendo ou devendo saber que os materiais são alheios, embora adquira igualmente a propriedade da construção ou plantação, responde por perdas e danos, consubstanciados nos danos emergentes, exemplificados pelo valor dos materiais e sementes, além de lucros cessantes, como, por exemplo, as perdas em razão de o dono das sementes não ter plantado no momento mais adequado.

É possível, também, que alguém plante ou construa em terreno alheio.

A regra geral, nesse caso, é de fazer com que aquele que plantou ou construiu em terreno alheio, perca aquilo que plantou ou construiu para o dono do terreno, seguindo a regra segundo a qual o acessório segue o principal.

Assim, em regra, se agiu de boa-fé, desconhecendo que o terreno era alheio, como, por exemplo, no caso de arrendar terra para plantação de quem, ao depois, descobre-se que não era dono, terá direito de ser ressarcido em razão do benefício do proprietário.

Se agiu de má-fé, perde o que investiu sem qualquer direito à indenização.

A má-fé pode ser, também, do proprietário, que permaneceu inerte em razão da acessão que não desconhecia e acompanhou sem impugnação. Nesse caso, ainda que aquele que plantou ou construiu tenha agido de má-fé, terá direito de receber indenização pelos prejuízos.

Outrossim, rompendo com os pendores individualistas do século retrasado, o Código Civil, Lei 10.406/2002, estabelece inversão da regra segundo a qual o acessório segue o principal nos casos em que o valor da construção supera o valor do solo.

Organizamos, assim, as hipóteses e as consequências:

a) Boa-fé e construção/plantação na totalidade do solo no caso de a construção/plantação exceder o valor do solo: aquele que plantou/edificou adquire a propriedade do solo, mediante indenização fixada pelo juiz (Código Civil, art. 1.255).

b) Invasão parcial (até 5%) e boa-fé: aquele que construiu/plantou adquire mediante indenização da parte do solo invadido e da desvalorização do restante (Código Civil, art. 1.258).

c) Invasão parcial (até 5%) e má-fé: sendo impossível a demolição, mesma solução anterior com o décuplo da indenização (Código Civil, art. 1.258).

d) Invasão parcial (mais de 5%) e boa-fé: o construtor adquire mediante indenização da parte do solo, do acréscimo de valor à construção e da desvalorização do restante (Código Civil, art. 1.259).

e) Invasão parcial (mais de 5%) e má-fé: demolição e pagamento de perdas e danos em dobro (Código Civil, art. 1.259).

1.4.4. Perda da propriedade

A perda da propriedade vem tratada no art. 1.275 do Código Civil, dispositivo que enumera, exemplificativamente, as causas que determinam a perda do direito de propriedade.

São causas voluntárias de perda da propriedade:

a) alienação;

b) renúncia; e,

c) abandono.

A alienação nada mais é que a transferência a qualquer título, como, por exemplo, por compra e venda, doação, transação (acordo para terminar ou prevenir litígios), dação em pagamento etc.

A renúncia, ou seja, o fato de o proprietário abrir mão do seu direito, assim como a alienação, nos termos do art. 1.275, parágrafo único, depende de registro.

Assim, sendo conveniente ao proprietário renunciar ao seu direito de propriedade, deverá outorgar escritura pública caso o valor seja superior a trinta vezes o salário mínimo vigente no país (Código Civil, art. 108) e levá-la a registro.

Nesse caso, o bem imóvel será vago e o Poder Público poderá arrecadá-lo e incorporá-lo ao seu patrimônio nos termos do art. 1.276 do Código Civil, que será adiante analisado.

Nesse instante, poder-se-ia redarguir: em qual hipótese o proprietário teria interesse em renunciar ao seu direito?

De fato, numa primeira e superficial análise, poderíamos descartar o interesse prático do instituto.

Todavia, existem casos em que o interesse estará presente.

É o caso de o imóvel responder por vultosa dívida de imposto predial e territorial, cujo valor do próprio imóvel não justifica o pagamento.

Como se trata de obrigação *propter rem,* ou seja, aquela que se vincula à coisa e não ao titular, renunciando ao direito, o proprietário estará, também, se livrando da obrigação, surgindo, portanto, interesse jurídico na renúncia.

A propriedade pode ser perdida, também voluntariamente, por abandono, causa prevista no art. 1.276 do Código Civil, que exige:

a) Abandono e ausência de posse do imóvel por terceiros, ou seja, ninguém pode estar na posse do imóvel, ocupando-o, por exemplo, a título de locação ou mesmo em razão de esbulho (invasão). A posse pode, portanto, ser indireta, afastando, nesse caso, a intenção de abandonar, mormente que o abandono se trata de meio voluntário de perda da propriedade. Presume-se de forma absoluta o abandono por ausência do pagamento dos impostos, desde que tenham cessado os atos de posse, ou seja, desde que não haja ninguém ocupando ou que não haja qualquer exteriorização de um dos poderes inerentes à propriedade (Código Civil, art. 1.196); e,

b) Arrecadação como bem vago, constatado o abandono.

Após três anos da arrecadação, passará ao domínio do Município ou da União (se for rural). Durante esse prazo de três anos, o proprietário terá, ainda, o direito de retomar a coisa, evitando que passe ao domínio público.

Como o art. 1.276 do Código Civil determina a necessidade de ausência de posse por terceiros, resta evidente que na hipótese de terceiros tomarem a posse, não haverá como o Poder Público arrecadá-lo.

Com o abandono a coisa passa a ser *res derelicta*, ou seja, coisa de ninguém, admitindo, assim, a posse de terceiros, inclusive para usucapir o bem abandonado.

A mesma conclusão pode ser extraída no caso de o imóvel ser objeto de escritura de renúncia. Nesse caso, passa a ser coisa de ninguém, o que permite a posse *ad usucapionem* de terceiros que exclui a possibilidade de o Poder Público arrecadá-lo como bem vago.

Por outro lado, existem causas involuntárias de perda de propriedade, ou seja, meios que independem da vontade do proprietário. São elas:

a) perecimento;

b) desapropriação; e,

c) posse-trabalho.

O imóvel pode perecer quando, por exemplo, uma ilha particular (em rio não navegável) deixa de existir ou quando uma construção se deteriora, ameaça ruína e reclama demolição.

A desapropriação é possível por necessidade ou utilidade pública, mediante prévia e justa indenização em dinheiro (Constituição Federal, art. 5º, XXIV; Código Civil, art. 1.228, § 3º).

A ela se aplica o Decreto-lei 3.365/1941 e o estudo será feito em capítulo destacado.

O mesmo em razão da posse-trabalho, que admite a aquisição da propriedade por número considerável de pessoas na posse de boa-fé, por mais de cinco anos, de uma extensa área de terra e nela aplique a sua função social, aquisição esta que dependerá de pagamento do valor que for arbitrado judicialmente (Código Civil, art. 1.228, § 4º).

Trata-se de perda, pelo proprietário, independentemente de sua vontade e, assim, causa involuntária de perda de propriedade.

Estudaremos a posse-trabalho juntamente com o capítulo referente à posse por se tratar, também, de uma de suas consequências.

Capítulo 2

DÚVIDA REGISTRAL

2.1. INTRODUÇÃO

Segundo Walter Ceneviva,[1] *a dúvida é pedido de natureza administrativa, formulado pelo oficial, a requerimento do apresentante de título, para que o juiz competente decida sobre a legitimidade de exigência feita, como condição de registro pretendido.*

Importante ressaltar que o procedimento de dúvida, que adiante será explicitado, no Estado de São Paulo[2] somente é possível em razão de atos qualificados pela Lei de Registros Públicos (Lei 6.015/1973) como passíveis de registro (art. 167, I), não sendo possível nos casos enumerados como hipóteses de averbação (art. 167, II), cuja negativa desafia pedido de providências, e não dúvida registral.

A Lei defere ao interessado o direito de apresentar o título, independentemente de seu protocolo, para exame e cálculo dos respectivos emolumentos (art. 12, parágrafo único, da Lei 6.015/1973).

Contudo, se o título é apresentado para registro, cabe ao oficial de Registro de Imóveis a verificação formal e legal do documento apresentado.

De acordo com Ulisses da Silva:[3]

É muito alta a média de títulos devolvidos com exigências nas grandes comarcas face às mais variadas falhas que ostentam, principalmente as judiciais e particulares.

Embora algumas delas possam ser detectadas no momento da apresentação, é, realmente, no exame realizado por escreventes especializados, quando não pelo próprio registrador, que elas aparecem.

Existe a presunção de que as partes interessadas têm conhecimento da lei, não podendo, assim, alegar ignorância quanto aos requisitos e formalidades exigidas para a lavratura de um instrumento público, particular ou judicial. Não podem ignorar, também, os documentos que devem acompanhá-los ao registro.

A despeito, entretanto, de tal presunção, a verdade é que as devoluções ocorrem com bastante frequência. Isso acontecendo, cabe ao registrador ou escrevente formular nota devolutiva

---

[1]   *Lei dos Registros Públicos Comentada*, 5ª ed., São Paulo: Saraiva, 1986, p. 427.

[2]   Para alguns, a distinção não decorre da Lei de Registros Públicos (Lei 6.015/1973) tampouco do sistema, mas de simples conveniência organizacional da justiça paulista.

[3]   "A Caminhada de um Título da Recepção ao Ato Final – R.D.I.", *Rev. de Direito Imobiliário*, nº 45, p. 42.

escrita discriminando as exigências legais necessárias, fundamentando-as e fornecendo, quando possível, orientação quanto à forma de satisfazê-las.

Com elas o interessado pode não concordar e requerer a suscitação de dúvida, caso em que o título será encaminhado ao juízo competente, nos termos do art. 198, da Lei 6.015/1973, após haver, o oficial, lhe dado ciência dos termos da impugnação (uma cópia da qual lhe será entregue), intimando-o a contestá-la no prazo de quinze dias.

Sempre que o oficial entender que o título não é passível de registro ou duvidar, por motivo justo, da validade formal do título que lhe é apresentado, a Lei 6.015/1973 determina que manifeste, *por escrito*, sua dúvida, dirigida ao Juiz competente.

Consoante Walter Ceneviva,[4] é do exclusivo juízo do oficial, fazer ou não exigência ao apresentante do título.

Essa exigência (Lei 6.015/1973, art. 198), de qualquer forma, deve ser por escrito e:

a) Legítima, vale dizer, com apoio em determinada lei e formal, no sentido de resultar do exame de característicos extrínsecos ao título, posto que ao oficial é indiferente à substância do negócio jurídico convencionado pelas partes;

b) Razoável, no sentido de que é função do serventuário buscar encontrar soluções que tendam a viabilizar – e não a impedir – o registro. As garantias inerentes ao registro imobiliário devem estar abertas a todos;

c) Clara, evitando linguagem hermética ou confusa, propiciando à parte o conhecimento incontroverso do defeito dos instrumentos, para corrigir, se for o caso;

d) Exaustiva, isto, apresentando exigência (que a lei usa no singular) quanto a todas as exigências que o título mereça, de uma só vez; e,

e) Finalmente, ter natureza passiva, no sentido de que cabe ao interessado comparecer a cartório, para dela tomar conhecimento. Não cabe ao oficial encaminhar a notificação ou a entrega da indicação da exigência a ser satisfeita, fora da serventia.

Sobre o item "d", ensina o autor:[5]

De preferência, o oficial deve fazer tudo isso de uma vez só. Uma das coisas que mais irritam os advogados – e a queixa deles é frequentemente justa – é o oficial fazer suas exigências a prestações, em conta-gotas. Pede para exibir a escritura definitiva anterior. Você leva. Pede a certidão do cartório imobiliário precedente. Você leva. Aí ele exige também o do INCRA e assim vai. Este é um erro grave que não deve ser tolerado. O oficial deve fazer suas exigências de uma vez só, por escrito, de modo claro, direto, por itens. Quando não age por esta forma, erra, e nós podemos reclamar ao juiz corregedor.

Deveras, a redação do art. 198 da Lei de Registros Públicos foi alterada pela Lei 14.382/2022 para prever expressamente que a exigência deve ser feita "de uma só vez, articuladamente, de forma clara e objetiva, com data, identificação e assinatura do oficial ou preposto responsável, para que o interessado possa satisfazê-la; ou, não se conformando, ou sendo impossível cumpri-la, para requerer que o título e a declaração de dúvida sejam remetidos ao juízo competente para dirimi-la."

---

4   Ob. cit., p. 429.

5   "O Processo de Dúvida nos Registros Públicos", *Revista do Advogado*, nº 7.

Todavia, não cabe dúvida em questões de alta indagação. Nesse sentido decidiu o Tribunal de Justiça de Santa Catarina, citado por Walter Ceneviva:[6]

Não se tratando de simples procedimento administrativo, mas envolvendo o pedido duplicidade de registro de imóvel, problema de alta indagação, com reflexos no patrimônio dos interessados, deve ser solucionado pelas vias ordinárias.

2.2. QUALIFICAÇÃO DO TÍTULO

De acordo com Eduardo Sócrates Castanheira Sarmento:[7]

A Lei de Registros Públicos defere aos oficiais, em geral, a tarefa de exame de validade e legalidade, com o dever de suscitar dúvidas em relação aos atos registrados, procedendo ao que se denomina a qualificação dos títulos que lhes são submetidos.

Qualificação é, portanto, a tarefa do oficial consistente no exame formal e prévio do título, realizando um juízo crítico-jurídico, que culmina com a prática do ato ou a denegação do assento solicitado, fundado na validade e legalidade de fundo e de forma do título apresentado.

Só podem ter acesso ao sistema os títulos que preencham os requisitos estabelecidos em lei, o que o oficial fará após análise crítica, do ponto de vista interno e externo.

Portanto, cabe ao registrador levantar a dúvida a requerimento do interessado, que se insurge contra exigências que não pode ou não quer cumprir e entende incabíveis.

2.3. O PROCEDIMENTO DE DÚVIDA

De acordo com o art. 204 da Lei dos Registros Públicos – Lei 6.015/1973 – a decisão da dúvida tem natureza administrativa.

Portanto, trata-se de atividade atípica do Poder Judiciário, ou seja, de jurisdição voluntária consistente na administração pública de interesses privados.

Sendo assim, o procedimento de dúvida, como não foi disciplinado pelo Código de Processo Civil, se enquadra perfeitamente nesse procedimento.

Em suma, embora a decisão nela proferida seja do Poder Judiciário, não corresponde a exercício típico de função jurisdicional.

De qualquer forma, a decisão proferida em sede de dúvida registral não faz coisa julgada material.

O título pode ser reapresentado pelo interessado.

Nesse caso, o oficial, se assim entender, poderá recusar o registro, formulando as mesmas exigências, ainda que a dúvida tenha sido julgada procedente anteriormente.

Em outras palavras, o oficial de Registro de Imóveis não pode recusar a prenotação do título sob o fundamento de que teria de repetir os termos da dúvida já julgada, por serem perfeitamente iguais aos anteriores.

---

6   Ob. cit., p. 449.
7   "A Dúvida no Registro de Imóveis", *RDI*, nº 2, p. 60.

O art. 198 da Lei 6.015/1973 enuncia os primeiros passos do procedimento:

Art. 198. Se houver exigência a ser satisfeita, ela será indicada pelo oficial por escrito, dentro do prazo previsto no art. 188 desta Lei [10 dias úteis, nos termos do art. 9º, § 3º, da LRP, com a redação dada pela Lei 14.382/2022] e de uma só vez, articuladamente, de forma clara e objetiva, com data, identificação e assinatura do oficial ou preposto responsável, para que:

[...]

V – o interessado possa satisfazê-la; ou

VI – caso não se conforme ou não seja possível cumprir a exigência, o interessado requeira que o título e a declaração de dúvida sejam remetidos ao juízo competente para dirimi-la.

§ 1º O procedimento da dúvida observará o seguinte:

I – no Protocolo, o oficial anotará, à margem da prenotação, a ocorrência da dúvida;

II – após certificar a prenotação e a suscitação da dúvida, no título, o oficial rubricará todas as suas folhas;

III – em seguida, o oficial dará ciência dos termos da dúvida ao apresentante, fornecendo--lhe cópia da suscitação e notificando-o para impugná-la perante o juízo competente, no prazo de 15 (quinze) dias;

IV – certificado o cumprimento do disposto no inciso III deste parágrafo, serão remetidos eletronicamente ao juízo competente as razões da dúvida e o título.

Na impugnação à dúvida suscitada pelo oficial, o interessado poderá alegar que os elementos a ele submetidos são suficientes para o registro ou que é jurídica ou faticamente impossível atender à exigência formulada.

Segundo Ceneviva,[8] se o terceiro prejudicado pode apelar, a teor do art. 202 da Lei 6.015/1973, também poderá impugnar a pretensão do apresentante ou a dúvida do Oficial.

Sendo assim, participará da dúvida como impugnante direto (*v.g.*, vendedor com o registro ainda em seu nome) ou então como assistente simples, se demonstrar interesse no registro.

Entretanto, para que disponha dessa prerrogativa, deverá demonstrar o interesse jurídico. Não é, assim, qualquer terceiro que poderá intervir, mas apenas aquele que comprovar prejuízo em face do deferimento ou do indeferimento da dúvida e, conseguintemente, do registro.

Não cabe, todavia, a esse terceiro, extrapolar os limites da dúvida e das questões registrais. Qualquer pretensão nesse sentido deve ser resolvida em ação própria, de jurisdição contenciosa.

A dúvida do oficial deverá ser suscitada perante a Corregedoria Permanente que, na Capital de São Paulo é função da 1ª Vara dos Registros Públicos.

Nas comarcas do interior, se houver mais de uma vara cível, a dúvida é analisada pelo Juiz Corregedor Permanente.

Esse juiz, de acordo com as normas da Organização Judiciária do Estado de São Paulo, é o juiz titular da Primeira Vara Cível.

O conjunto probatório consiste somente em prova documental. Na impugnação, o interessado pode trazer novos documentos. Todavia, sendo processo de natureza administrativa, não comporta dilação probatória, não cabendo prova pericial ou testemunhal.

---

[8] Ob. cit., p. 439.

Pela clareza, transcrevemos, abaixo, o prático roteiro do Dr. Roberto Max Ferreira, Oficial do Registro de Imóveis de Guaratinguetá, SP:[9]

1) Apresentação de um título ao Registro de Imóveis, para registro.

1.1) É importante que o ato a ser praticado seja registro. Para dissenso entre Registrador e Apresentante sobre a prática de averbações não se aceita o procedimento de "dúvida". Trata-se, nesse caso, de "providências judiciais" que a parte deverá solicitar ao Juiz, assunto não tratado aqui.

1.2) Deverá ser apresentado o título em sua forma original, não se aceitando cópias, mesmo que autenticadas. Insistindo na apresentação da cópia, as chances de perder a dúvida em todas as instâncias são bastante significativas.

2) Prenotação do título.

2.1) O título deverá ser imediatamente prenotado pelo Oficial (protocolado) no livro 1 e esse protocolo terá validade por 30 dias.

3) Exame do título e sua desqualificação para registro.

3.1) O Oficial, após o exame completo do título, com a sua desqualificação para registro, emitirá, por escrito, sua nota de devolução com as exigências.

4) O apresentante cumprirá apenas parcialmente as exigências, não se conformando com uma ou mais, solicitará o levantamento da dúvida.

4.1) O apresentante deverá analisar, atentamente, quais exigências poderão ser cumpridas. O procedimento de dúvida não aceita instrução, ou seja, não se poderá cumprir parte das exigências enquanto a dúvida é julgada. Se assim o fizer, a dúvida será julgada procedente e a recusa de registro do Oficial será dada como correta.

4.2) O Oficial ou seu preposto deverá sempre manifestar, mesmo de forma verbal, toda a justificação legal sobre a exigência que o apresentante não aceita, alertando-o sobre os precedentes já julgados, bem como sobre a grande possibilidade de seu inconformismo ser rejeitado. A Corregedoria não se comporta como órgão de consulta e tende a manter rígidos os parâmetros estabelecidos para registro de títulos.

5) O apresentante formaliza o inconformismo com a exigência e solicita, por escrito, o levantamento da dúvida.

5.1) É imprescindível o requerimento por escrito, para se levantar dúvida. Não há necessidade, nesta fase, de nenhuma argumentação jurídica.

5.1.1) A apresentação do requerimento diretamente ao Juiz Corregedor é errada, pois contraria a lei, indesculpável se o interessado estiver representado por Advogado.

Todavia, por questão de economia processual, os nossos Juízes, em alguns casos, aceitam tal pedido como "Dúvida Inversa". Confira os procedimentos no subitem 5.4.

5.2) Não há necessidade de o requerimento ser assinado por Advogado. Todavia, dada a complexidade dos assuntos registrais, a presença do mesmo é mais do que recomendável. Para eventual apelação ao Tribunal, a presença de Advogado é indispensável.

---

[9] "Levantamento da Dúvida", *Diário das Leis – Boletim de Direito Imobiliário*, nº 34 (dez./1999).

5.3) *O interessado deverá apresentar o requerimento para a dúvida, exigindo do Oficial recibo do mesmo. O título para registro deverá estar, além de protocolado, em poder do Registrador.*

5.4) *A recusa do Oficial em proceder ao levantamento da dúvida é descumprimento de dever do registrador, nos termos do art. 30, inc. XIII, da Lei 8.935/1994, sujeitando-o às penalidades cabíveis.*

Somente neste caso é justificável o interessado dirigir-se diretamente ao Juiz Corregedor, solicitando providências.

A doutrina, por questão de economia processual, aceita essa representação como "Dúvida Inversa". Todavia, os requisitos de apresentação do título, prenotação com as anotações e formulação dos termos da dúvida, são imprescindíveis, devendo o Juiz Corregedor determinar ao Oficial esses procedimentos obrigatórios.

A ausência dos mesmos sujeitará à anulação todo o processo pelo Conselho Superior da Magistratura do Estado de São Paulo.

6) No protocolo, o Oficial anotará a ocorrência da dúvida.

6.1) *O prazo normal de 20 dias úteis (arts. 9º, § 1º, e 205 da Lei 6.015/1973) ficará prorrogado até decisão final da dúvida.*

7) O Oficial certifica, no título, a prenotação e a suscitação da dúvida, rubricando todas as suas folhas.

8) O Oficial formulará ao seu Juiz Corregedor Permanente os termos da dúvida, apresentando sua argumentação em razão da exigência contestada.

(...)

8.2) *A formulação dos termos da dúvida é atividade indelegável do Oficial em exercício, não podendo ser deixada para algum de seus prepostos. Se o Oficial se utilizar de Advogado, este poderá assinar de forma secundária, somente como assistente.*

9) O Oficial remeterá cópia dos termos da dúvida ao apresentante, notificando-o para impugná-la junto ao Juiz Corregedor, no prazo de 15 dias.

9.1) *A remessa com a notificação deverá ser por carta registrada com aviso de recebimento.*

9.2) *Observa-se que a eventual impugnação já deverá ser dirigida ao Juiz Corregedor Permanente.*

10) O Oficial certificará o cumprimento da entrega da notificação e remeterá, mediante carga, as razões da dúvida, acompanhadas do título.

10.1) *Com essa remessa, o título deixará de estar no Registro de Imóveis e ficará na Corregedoria Permanente, aguardando a eventual impugnação do apresentante e a decisão do Juiz.*

11) O interessado apresenta sua impugnação dentro do prazo de 15 dias, com os documentos que julgar convenientes.

11.1) *Necessariamente o interessado não precisa apresentar sua impugnação, não ocasionando essa omissão revelia e perdimento da pretensão. Mesmo não apresentando impugnação, o Juiz julgará a dúvida, por sentença.*

12) O Ministério Público será ouvido no prazo de 10 dias.

13) O Juiz proferirá decisão no prazo de 15 dias, com base nos elementos constantes dos autos, se não forem requeridas diligências.

14) Da sentença caberá apelação com efeitos devolutivo e suspensivo.

14.1) A apelação será junto ao Conselho Superior da Magistratura do Estado de São Paulo. A Lei de Organização Judiciária do Estado de São Paulo sempre se preocupou em uniformização de decisões sobre Registro de Imóveis, razão por que o recurso fica a cargo do CSM, em que o Relator é sempre o Corregedor-Geral da Justiça, e não para uma das eficientes Câmaras Cíveis do Tribunal de Justiça.

14.2) Somente poderão interpor apelação o interessado, o Ministério Público e o terceiro prejudicado. O Oficial de Registro não tem capacidade para interpor esse recurso.

15) Transitou em julgado a decisão da dúvida.

15.1) Lembrar sempre que a decisão da dúvida tem natureza administrativa e não impede o uso do processo contencioso competente (art. 204, Lei 6.015/73).

16) Se for julgada procedente:

16.1) Esta decisão significa que o Oficial de Registro de Imóveis tinha razão ao fazer a exigência que, necessariamente, deverá ser cumprida pelo apresentante. Em linguagem simples, pode-se afirmar que o apresentante "perdeu" a dúvida.

17) Restituição do documento à parte independentemente de traslado.

17.1) O título é singelamente desentranhado do processo e devolvido à parte.

18) Ciência da decisão ao Oficial.

18.1) O próprio Juiz Corregedor Permanente, através do Cartório da Corregedoria, incumbir-se-á desse procedimento.

19) O Oficial deverá anotar no Protocolo a decisão e cancelar a prenotação.

19.1) A prenotação inicialmente feita, cujo prazo normal de 30 dias foi prorrogado, ficará cancelada.

20) Se for julgada improcedente.[10]

---

[10] Para ilustrar, seguem alguns casos de julgamento de improcedência da dúvida:

DJ-69.499-0/0 – Sorocaba – Registro de Imóveis – Recusa do Oficial Registrador em proceder ao registro de escritura pública de compra e venda de bem imóvel, figurando como outorgante Encol S/A Engenharia, Comércio e Indústria, diante do fato de sua falência ter sido decretada antes da apresentação do título para registro e em face do art. 215, da Lei de Registros Públicos. [nulidade se o título for apresentado depois da sentença de quebra] Afastamento do óbice frente à existência de alvará judicial, concedido pelo juízo da concordata, para a lavratura da escritura que se estende para o pretendido registro. Dúvida improcedente.

DJ 82.885-0/8 – Jundiaí – Registro de Imóveis – Formal de Partilha – Viúva meeira que renunciou à meação em favor do espólio, com reserva de usufruto vitalício sobre todos os imóveis para si – Doação com reserva de usufruto caracterizada – Recolhimento do imposto de transmissão "causa mortis" – Exigência de recolhimento de ITBI equivocada – Devido, na espécie, apenas o ITCMD – Dúvida improcedente – Recursos desprovidos, com observação.

DJ-91.861-0/0 – Guarujá – Registro de Imóveis – Arrematação extrajudicial. Carta de arrematação extraída de execução fundada no Decreto-lei 70/66. A arrematação, ainda que extrajudicial, é uma

20.1) Esta decisão significa que as exigências do oficial não estavam corretas, não havendo razão para o apresentante cumpri-las. Em linguagem simples, pode-se afirmar que o apresentante "ganhou" a dúvida.

21) O interessado apresentará ao Registro de Imóveis, novamente, os seus documentos.

21.1) Os documentos serão, também, singelamente desentranhados do processo, independentemente de traslado.

22) O interessado apresentará, junto com os documentos, mandado ou certidão da sentença.

23) O oficial do Registro arquivará o mandado ou certidão da sentença.

24) O oficial procederá ao registro solicitado, obviamente sem a necessidade do cumprimento da exigência que fora feita.

25) O oficial declarará o fato na coluna de anotações do protocolo.

26) O oficial entregará ao interessado o título registrado.

2.4. O RECURSO CABÍVEL

Dispõe o art. 202 da Lei 6.015/1973 que da sentença do processo de dúvida, o interessado, o Ministério Público e o terceiro prejudicado poderão apelar, com os efeitos devolutivo e suspensivo.

Em razão da especialidade e da omissão do referido artigo, incabível qualquer outro tipo de recurso, como, por exemplo, o agravo.

Em São Paulo, o recurso deverá ser encaminhado ao Conselho Superior da Magistratura.

2.5. A ATUAÇÃO DO ADVOGADO

Na primeira fase do procedimento, descrito no art. 198 da Lei 6.015/1973, existe apenas o pedido do interessado ao oficial, para que registre o título, sendo desnecessário o advogado.

Acorde com Antonio Albergaria Pereira:[11]

O entendimento do oficial levado ao Juiz, por requerimento do interessado, é ato exclusivamente administrativo sem qualquer característico de contenda judicial. Efetivamente, nessa esfera, não há necessidade de participação do advogado.

Contudo, quando o juiz decide, sua decisão, se contrária ao interessado no registro do título, nada mais é que uma sentença. Dessa sentença cabe o recurso de apelação. Dela só o interessado, o Ministério Público ou terceiro prejudicado podem apelar (art. 202 da Lei 6.015).

---

alienação forçada e involuntária do titular do domínio, daí a desnecessidade de apresentação de certidões negativas de débito do INSS e da Receita Federal. Dúvida improcedente. Recurso provido.

[11] "O Advogado no Processo de Dúvida Registrária", *Diário das Leis – Boletim de Direito Imobiliário*, nº 22 (ago./1999).

Aqui surge então a segunda fase da dúvida. É a fase recursal. E o recurso, sendo de apelação, reclama o arrazoado, que é ato privativo de advogado.

De nossa parte, entendemos que o advogado já é necessário na ocasião da impugnação à dúvida apresentada, conforme se verifica na descrição do procedimento que faremos a seguir.

2.6. A ATUAÇÃO DO MINISTÉRIO PÚBLICO

Dispõe o art. 200 da Lei dos Registros Públicos:

> *Art. 200. Impugnada a dúvida com os documentos que o interessado apresentar, será ouvido o Ministério Público, no prazo de 10 (dez) dias.*

No procedimento de dúvida, o órgão do Ministério Público intervém como fiscal da ordem jurídica.

De acordo com Ceneviva,[12] o Ministério Público tem vista dos autos depois das partes. O prazo de 10 dias conferido pelo art. 200, da Lei 6.015/1973, conta-se da data em que lhe sejam apresentados os autos pelo cartório.

Além disso, é intimado de todos os atos.

Pode, também, juntar documentos e certidões, requerer medidas e diligências necessárias ao descobrimento da verdade e manifestar-se a favor da procedência ou da improcedência da dúvida.

Ao Ministério Público, na qualidade de fiscal da lei, cabe apelar da sentença contrária à sua manifestação.

2.7. A DÚVIDA INVERSA

A dúvida inversa ou dúvida às avessas é a dúvida levantada pela parte interessada e não pelo Oficial.

Para alguns se trata de verdadeira atecnia na medida em que a Lei dos Registros Públicos não a contempla.

João Rabello de Aguiar Vallim[13] sustenta que só o Oficial pode suscitar dúvida sobre um ato de registro na medida em que é ele quem pratica esse ato.

Para Ulisses da Silva, com o mencionado procedimento *abriu-se uma porta nos fundos, passando os Tribunais, após um período de relutância, a aceitar a dúvida inversa.*

Não poderia ser diferente.

Como a dúvida é dever do Oficial de Registro de Imóveis, o descumprimento desse dever leva à inexorável conclusão que o interessado não poderia ficar sem um mecanismo para ver a exigência apreciada pelo Poder Judiciário.

Surgiu, daí, a necessidade de se aceitar a dúvida suscitada diretamente pelo interessado ao Juiz competente, suprindo a inércia do Oficial e, a ela, se deu o nome de dúvida inversa.

---

[12] Ob. cit., p. 439.

[13] *Direito Imobiliário Brasileiro,* São Paulo: Revista dos Tribunais, 1984, p. 272.

2.8. PEDIDO DE PROVIDÊNCIAS

Nos casos de recusa, pelo oficial, da prática do ato de averbação, no Estado de São Paulo ao menos não cabe o procedimento de dúvida registral. Tampouco é possível a via do Mandado de Segurança, posto que a medida cabível se opera no âmbito administrativo e se dá o nome de "pedido de providências". Nesse sentido:

> **Tribunal de Justiça de São Paulo.** *Mandado de Segurança. Qualificação registral. Nota de devolução. Ato de averbação. O denominado Pedido de Providências junto ao Juiz Corregedor Permanente da serventia é o procedimento adequado para se insurgir contra a nota devolutiva que tem por objeto um ato de averbação. Não cabimento do procedimento de dúvida registral junto a Oficial. Verificada a legalidade do ato. Inexistência de direito líquido e certo. Recurso não provido (Apelação Cível 0021173-05.2010.8.26.0625, Taubaté).*

Portanto, o interessado na averbação, ao se deparar com exigência feita pelo oficial para o ato de averbação, entendendo ser incabível, poderá se valer do requerimento administrativo de providências a ser distribuído ao Juízo competente, definido na Organização Judiciária do Estado.[14]

Assim como no procedimento de dúvida e nos procedimentos administrativos de maneira geral ligados ao Registro de Imóveis, não é necessária a representação do interessado por advogado para o requerimento inicial, o que se exige apenas para eventual recurso.

O título apresentado e devolvido deve ser anexado ao pedido de providências e da decisão do juiz corregedor caberá recurso administrativo dirigido ao Corregedor-Geral de Justiça.

Não são admitidos outros recursos, como Recursos Especial e Extraordinário ante a natureza administrativa do procedimento.

2.9. MODELO DE PEDIDO DE PROVIDÊNCIAS

Excelentíssimo Senhor Doutor Juiz de Direito Corregedor dos Cartórios, da Vara (...) da Comarca de (...)

(...), por seu procurador, conforme instrumento de mandato inserido (doc. 1), vem, respeitosamente, perante Vossa Excelência, com fundamento no art. 167, II, da Lei n° 6.015/1973 e no art. 246 do Código Judiciário do Estado de São Paulo, apresentar:

Pedido de providências

Em face do (...) oficial de Registro de Imóveis da comarca de (...), com endereço na (...), ante as razões de fato e de direito a seguir expostas:

A requerente, no dia (...), protocolizou Mandado de Averbação, cuja cópia aqui se insere (doc. 2) expedido em (...) pelo D. Juízo da e. (...), em cumprimento à r. decisão de fls. (...) do processo (...) (documento 3), para ser averbada, conforme supedâneo no art. 167, II, "2", da Lei 6.015/1973, a rescisão do instrumento particular de compromisso de venda e compra, firmado entre (...), objeto do R.1 da Matrícula (...) (doc. 4), do imóvel a seguir descrito:

"(...)"

Entretanto, no dia (...), o cartório devolveu o mandado apresentado (doc. 5), tomando por fundamento (...), solicitando: (...).

---

[14] No Estado de São Paulo é procedimento previsto no art. 246 do Código Judiciário do Estado de São Paulo. Pelas normas de Organização Judiciária do Estado de São Paulo, o juízo competente é o Juiz Corregedor Permanente e, na Capital de São Paulo, competente é o Juízo da 1ª Vara de Registros Públicos.

Excelência, a declaração da i. Serventia do (...) C.R.I. e suas solicitações são, *concessa maxima venia*, descabidas e não devem prosperar.

(*Esclarecer os motivos da insurgência*)

Assim sendo, torna-se ululante o desrespeito da i. Serventia do (...) C.R.I. de (...) quanto à redação do art. 167, *caput* e inciso II e item "2", da Lei 6.015/1973.

Isto posto, requer seja determinado o Requerido a proceder à averbação do Mandado Judicial inserido (doc. 02), sob pena de incorrer no crime de desobediência.

Tendo em vista a natureza administrativa da demanda, dá-se à causa o valor de R$ 1.000,00 (um mil reais) para fins de alçada.

Termos em que,

pede deferimento

Data

Assinatura

2.10. MODELO DE REQUERIMENTO PEDINDO AO OFICIAL QUE SUSCITE A DÚVIDA

Ilmo. Sr. Oficial do Registro de Imóveis da Comarca de (...)

(...) vem expor e requerer a V.Sª. o que segue:

1. O requerente apresentou, para registro, ao cartório a cargo de V.Sª. um título (escritura, contrato de compromisso de compra e venda etc.).

2. Referido título foi devolvido para o preenchimento do seguinte requisito (especificar).

3. Não se conformando com a exigência supramencionada, o requerente reitera a V.Sª. o pedido de registro.

4. Caso Vossa Senhoria mantenha seu ponto de vista, nos termos do art. 198, VI, da Lei 6.015/1973, requer seja suscitada dúvida ao juiz competente.

Nestes termos,

P. deferimento

Data

Assinatura

 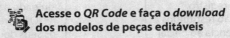

Acesse o *QR Code* e faça o *download* dos modelos de peças editáveis

> http://uqr.to/1ydzq

2.11. FLUXOGRAMA DO ANDAMENTO DO PROCEDIMENTO DE DÚVIDA

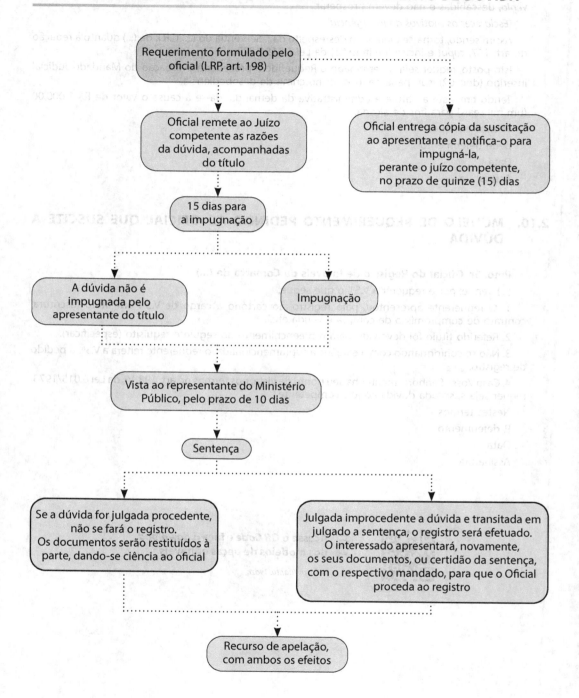

Capítulo 3

RETIFICAÇÃO DO REGISTRO IMOBILIÁRIO

3.1. PRINCIPAIS ASPECTOS

a) **Foro competente:** sendo análoga à ação real imobiliária, nos termos do art. 47 do Código de Processo Civil, se for judicial deverá ser proposta no foro onde está localizado o imóvel (*forum rei sitae*), no juízo especializado (se houver, uma das Varas de Registros Públicos; se não houver, uma das Varas Cíveis da comarca), ou nas Varas Cíveis comuns se houver outra questão litigiosa da qual a retificação será consequência.[1]

b) **Legitimidade ativa:** prejudicado, detentor do direito atingido pelo assento equivocado, prejudicado pela irregularidade do registro (Código Civil, art. 1.247 e Lei 6.015/1973, arts. 212 e 213), mesmo que não tenha direito real, *v.g.*, simples compromisso de compra e venda.[2]

c) **Legitimidade passiva**

Retificação não contenciosa: não há réu. A citação ou intimação de confrontantes não os transforma em réus e não torna obrigatório o comparecimento. Com a alteração da Lei de Registros Públicos pela Lei 10.931, de 2 de agosto de 2004, não se faz mais mister a citação do alienante, ainda que se lhe vislumbre algum prejuízo, como na hipótese de venda *ad mensuram*[3] e, mesmo nessa hipótese, será dispensada a citação ou intimação, cabendo, depois, ao prejudicado, a ação *ex empto*.

Retificação contenciosa: legitimado para a ação competente, como, por exemplo, ação demarcatória, ação de usucapião, ação reivindicatória etc. Não havendo uma ação específica com fundamento no art. 212 da Lei 6.015/1973, interporá uma ação de conhecimento, pelo procedimento comum.

d) **Valor da causa:** estimativa do autor, jamais o valor do imóvel, que não representa a vantagem patrimonial requerida.[4]

---

[1] Conflito de competência nº 2.220-0, Campinas, 9.12.1982, Rel. Desembargador Andrade Junqueira.

[2] Nesse sentido, como a Lei 6.015/1973 fala em interessado, não há o rigor da legitimidade do CPC, podendo figurar o compromissário como legitimado (Narciso Orlandi Neto, *Retificação do registro de imóveis*, São Paulo, Oliveira Mendes, 1997, p. 118, RT 646/73; RT RJTJ 97/550).

[3] Narciso Orlandi Neto, ob. cit. p. 155.

[4] Narciso Orlandi Neto, ob. cit. p. 144.

e) Petição inicial

Respeitará os requisitos do art. 319 do Código de Processo Civil, acrescida de *razões de fato do pedido com as seguintes características*:

a) a indicação do registro que é objeto do pedido;

b) a demonstração do erro existente e, se for possível, sua origem;

c) o prejuízo que aquela situação causa ao requerente;

d) a afirmação de que ninguém tem interesse jurídico na manutenção da situação atual.[5]

f) Procedimento

Retificação contenciosa: procedimento indicado para a via ordinária adequada.

Retificação não contenciosa: extrajudicial ou judicial. Neste último caso, de retificação não contenciosa judicial, não há procedimento específico, podendo o juiz, nos termos do art. 723, parágrafo único, do Código de Processo Civil, adotar a solução que lhe pareça mais conveniente. Antonio Carlos Marcato, referindo-se aos procedimentos atípicos de jurisdição voluntária, com a costumeira propriedade, ensina que são procedimentos processados com *forma típica adequada à solução do pedido especificamente considerado*.[6] Entretanto, se a retificação for judicial, há:

a) Pedido de informações ao registrador.

b) Participação do Ministério Público como fiscal da lei, ainda que não subsista a anterior determinação do § 3º, do art. 213, da Lei 6.015/1973, em razão da alteração levada a efeito pela Lei 10.931, de 2 de agosto de 2004, isso em função do art. 721, do Código de Processo Civil.

c) Parecer por profissional habilitado no CREA com anotação de responsabilidade técnica ou perícia obrigatória.

d) Possibilidade de citação por edital, com os requisitos do art. 257 do Código de Processo Civil.

No processo não contencioso não há revelia (não se aplica o art. 344 do Código de Processo Civil).

g) Prazo para impugnação na retificação não contenciosa

Quinze dias úteis (§ 1º do art. 9º e § 2º do art. 213 da Lei 6.015/1973) na retificação extrajudicial ou na judicial (Código de Processo Civil, art. 721), dobrados para as Fazendas Públicas (Código de Processo Civil, art. 184), que começa a correr da intimação, da juntada do último mandado cumprido, aviso de recebimento (correio), precatória cumprida ou decurso do prazo do edital, o que por último ocorrer (Código de Processo Civil, art. 231).

h) Contagem dos prazos

Importante ressaltar que os prazos, na Lei 6.015/1973, são contados em dias e horas úteis e na forma do Código de Processo Civil, a teor do que passaram a dispor os §§ 1º e 3º do art. 9º da Lei 6.015/1973, com a redação dada pela Lei 14.382/2022.[7]

---

5   Narciso Orlandi Neto, ob. cit. p. 144.

6   Antonio Carlos Marcato, *Procedimentos especiais*, São Paulo: Malheiros, 1997, p. 239.

7   § 1º Serão contados em dias e horas úteis os prazos estabelecidos para a vigência da prenotação, para os pagamentos de emolumentos e para a prática de atos pelos oficiais dos registros de imóveis, de

3.2. GENERALIDADES

O sistema jurídico de registros públicos baseia-se na presunção relativa do registro, que emana do art. 1.247 do Código Civil e decorre, também, dos arts. 405 e 427 do Código de Processo Civil e da própria Lei de Registros Públicos (arts. 212 a 216).

Portanto, depende da coincidência entre o registro e a realidade, que nem sempre ocorre.

Havendo divergência, mister se faz a retificação do competente registro:

> *Art. 1.247. Se o teor do registro não exprimir a verdade, poderá o interessado reclamar que se retifique ou anule.*

Sob a ótica dos empreendimentos imobiliários, há necessidade de perfeita e técnica correspondência entre o teor do registro e a situação fática do imóvel e, neste sentido, no Estado de São Paulo o *item 206* do provimento CG 02/05, segundo o qual *será sempre indispensável a correspondência da descrição e da área do imóvel a ser incorporado com as que constarem da transcrição ou da matrícula respectiva, exigindo-se, caso contrário, prévia retificação.*

A Lei de Registros Públicos estabelece a retificação do registro de imóveis nos arts. 212 a 216, interessando, também, os arts. 248, 250, 251, 253, 255, 256, 257 e 259.

Nem sempre a retificação será, apenas, de área, nome mais conhecido da ação.[8]

Os casos mais comuns são:

a) Retificação intramuros: destinando, apenas, a adequar o registro à realidade, como, por exemplo, a retificação de área, divisas e descrição, na qual se pleiteará que a descrição, medidas e confrontações sejam adequadas à realidade fática.[9]

b) Abertura de rua pelo Poder Público, alterando a metragem e confrontações constantes do registro. Em alguns casos, a retificação pode ser suprida através de documento expedido pela Prefeitura, com todos os elementos necessários à averbação da rua (Lei 6.015/1973, art. 246).

c) Retificação de especificação de condomínio, mediante requerimento de averbação onde conste a ata da assembleia em que comparecerem todos os condôminos que aprovaram, à unanimidade, a alteração.

Importante ressaltar que o procedimento tratado neste capítulo visa corrigir imperfeições no registro, não sendo meio hábil de aquisição de propriedade.

Neste sentido:

Superior Tribunal de Justiça. Recurso Especial. Retificação de registro de imóvel. Art. 213 da Lei n. 6.015/73. Pretensão de aquisição de propriedade. Impossibilidade. 1. A Lei de Registros Públicos busca dar plena validade, eficácia e segurança aos registros, visando, sobretudo, proteger o interesse dos legítimos proprietários e de

---

títulos e documentos e civil de pessoas jurídicas, incluída a emissão de certidões, exceto nos casos previstos em lei e naqueles contados em meses e anos.

§ 2º Para fins do disposto no § 1º, consideram-se:

I – dias úteis – aqueles em que houver expediente; e

II – horas úteis – as horas regulamentares do expediente.

§ 3º A contagem dos prazos nos registros públicos observará os critérios estabelecidos na legislação processual civil.

[8] Nesse sentido, ensina Narciso Orlandi Neto que a retificação poderá ser *do direito inscrito* ou *de fatos*. Ob. cit., p. 79-80.

[9] Nesse caso, a sentença não pode ser recorrida (*RT* 540/69).

terceiros. 2. Não serve o procedimento de retificação constante da Lei de Registros Públicos como forma de aquisição ou aumento de propriedade imobiliária, pois destinado apenas à correção dos assentos existentes no registro de imóveis, considerando-se a situação fática do bem. 3. Recurso especial desprovido. (REsp 1.228.288/RS, Rel. Min. João Otávio de Noronha, Terceira Turma, julgado em 03/03/2016, DJe 10/03/2016).

No julgado anterior, o Ministro relator fundamentou: "A área do imóvel somente poderá ser corrigida se houver descompasso em relação àquela que constar no registro. A retificação de área não diz respeito à pretensão de incorporação de nova área de modo que sejam ultrapassados os limites do imóvel originário. Não pode servir o procedimento de retificação constante da Lei de Registros Públicos como forma de aquisição ou aumento de propriedade imobiliária, pois destinado apenas à correção dos assentos existentes no registro de imóveis, considerando-se a situação fática do bem.

No caso analisado, a área pretendida correspondia a um acréscimo de 34,80% quando o tribunal de origem, analisando a questão fática, decidiu que o limite tolerado é de 20% da área titulada, sendo inviável a incorporação de área por retificação na forma pretendida, porquanto o procedimento de retificação do registro não é meio adequado para reconhecimento da propriedade."

Por outro lado, o mesmo Ministro já decidiu que "o procedimento de retificação, previsto no art. 213 da Lei n. 6.015/73 (Registros Públicos), para compatibilizar o registro de imóvel às suas reais dimensões, ainda que implique em acréscimo de área, é plenamente adequado se ausente qualquer oposição por parte de terceiros interessados" (REsp 716.489/MT, Rel. João Otávio de Noronha, *DJe* 28/04/2008).

Em resumo, o entendimento acima espelha a tendência do STJ de não admitir a incorporação significativa de área que, no caso concreto, desborda da simples adequação da matrícula à realidade fática.

Nesta medida, não substitui a ação de usucapião nas hipóteses legais.

3.3. JURISDIÇÃO

3.3.1. Retificação como processo de jurisdição voluntária[10]

Nesta espécie, o fato aponta para a omissão da inscrição do usufruto na compra e venda; correção da área e divisas do imóvel *intramuros*, pelo seu titular (fato constante do registro) ou aquisição por acessão natural, como, por exemplo, abandono do álveo, aluvião, avulsão e formação de ilhas.

3.3.2. Retificação como processo de jurisdição contenciosa

A jurisdição contenciosa ocorre na retificação que acarreta modificação do direito de terceiros, como, por exemplo, o cancelamento de registro de escritura de venda e compra por nulidade do título ou, ainda, havendo impugnação fundamentada no processo de jurisdição voluntária.

Muitas vezes, havendo impugnação fundamentada[11] ao pedido de retificação do registro, as partes são remetidas às vias ordinárias.

Por exemplo: alegando o impugnante, em sede de retificação não contenciosa, que não há divisa no pedido de retificação de divisas, o juiz trancará o processo não contencioso

---

10 José Frederico Marques, *Ensaio sobre a jurisdição voluntária*, São Paulo: Saraiva, 1959, p. 107.
11 Se não se tratar de impugnação fundamentada, de qualquer forma, a retificação será deferida.

de retificação e remeterá as partes à via ordinária que, nesse caso, tratar-se-á da ação demarcatória e não de retificação.

Todavia, consequência da ação demarcatória (Código de Processo Civil, art. 569, I), é a averbação, no registro, das novas divisas.[12]

Outro exemplo é a retificação não contenciosa em que haja impugnação no sentido de se alegar que a área a ser acrescida é de propriedade do impugnante.

Nesse caso, as partes serão remetidas para a ação reivindicatória, por exemplo, com exceção de usucapião (Lei 6.969/1981). O próprio usucapião pode ser a via ordinária adequada nesse caso.

Não havendo uma ação específica, *necessário é que se admita, com base no art. 860 do Código Civil/16* (art. 1.247, do atual Código Civil), *a existência de uma ação contenciosa, de rito ordinário, que tenha objetivo, em dado caso concreto, a retificação de área de imóvel, quando o respectivo registro não exprimir a verdade* (Tribunal de Justiça de São Paulo, 2ª Câm., RDI 8/99).

3.4. CLASSIFICAÇÃO

Quanto à competência a retificação pode ser:

a) **Extrajudicial**

Sempre não contenciosa, quando não há potencialidade de dano a terceiros, *v.g.*, fusão de matrículas (arts. 234 e 235 da Lei 6.015/1973) ou nos casos de retificação direta.

Também será extrajudicial a retificação nos termos dos arts. 212 e 213 da Lei de Registros Públicos, com a alteração empreendida pela Lei 10.931, de 2 de agosto de 2004:

> *Art. 212. Se o registro ou a averbação for omisso, impreciso ou não exprimir a verdade, a retificação será feita pelo oficial do Registro de Imóveis competente, a requerimento do interessado, por meio do procedimento administrativo previsto no art. 213, facultado ao interessado requerer a retificação por meio de procedimento judicial.*
>
> *Parágrafo único. A opção pelo procedimento administrativo previsto no art. 213 não exclui a prestação jurisdicional, a requerimento da parte prejudicada.*
>
> *Art. 213. O oficial retificará o registro ou a averbação:*
>
> *I – de ofício ou a requerimento do interessado nos casos de:*
>
> *a) omissão ou erro cometido na transposição de qualquer elemento do título;*
>
> *b) indicação ou atualização de confrontação;*
>
> *c) alteração de denominação de logradouro público, comprovada por documento oficial;*
>
> *d) retificação que vise a indicação de rumos, ângulos de deflexão ou inserção de coordenadas georreferenciadas, em que não haja alteração das medidas perimetrais;*
>
> *e) alteração ou inserção que resulte de mero cálculo matemático feito a partir das medidas perimetrais constantes do registro;*
>
> *f) reprodução de descrição de linha divisória de imóvel confrontante que já tenha sido objeto de retificação.*
>
> *g) inserção ou modificação dos dados de qualificação pessoal das partes, comprovada por documentos oficiais, ou mediante despacho judicial quando houver necessidade de produção de outras provas;*

---

[12]   Conselho Superior da Magistratura, Apel. nº 4.951, 09.12.85.

II – a requerimento do interessado, no caso de inserção ou alteração de medida perimetral de que resulte, ou não, alteração de área, instruído com planta e memorial descritivo assinado por profissional legalmente habilitado, com prova de anotação de responsabilidade técnica no competente Conselho Regional de Engenharia e Arquitetura – CREA, bem assim pelos confrontantes.

§ 1º Uma vez atendidos os requisitos de que trata o caput do art. 225, o oficial averbará a retificação

§ 2º Se a planta não contiver a assinatura de algum confrontante, este será notificado pelo Oficial de Registro de Imóveis competente, a requerimento do interessado, para se manifestar em quinze dias, promovendo-se a notificação pessoalmente ou pelo correio, com aviso de recebimento, ou, ainda, por solicitação do Oficial de Registro de Imóveis, pelo Oficial de Registro de Títulos e Documentos da comarca da situação do imóvel ou do domicílio de quem deva recebê-la.

§ 3º A notificação será dirigida ao endereço do confrontante constante do Registro de Imóveis, podendo ser dirigida ao próprio imóvel contíguo ou àquele fornecido pelo requerente; não sendo encontrado o confrontante ou estando em lugar incerto e não sabido, tal fato será certificado pelo oficial encarregado da diligência, promovendo-se a notificação do confrontante mediante edital, com o mesmo prazo fixado no § 2º, publicado por duas vezes em jornal local de grande circulação.

§ 4º Presumir-se-á a anuência do confrontante que deixar de apresentar impugnação no prazo da notificação.

§ 5º Findo o prazo sem impugnação, o oficial averbará a retificação requerida; se houver impugnação fundamentada por parte de algum confrontante, o oficial intimará o requerente e o profissional que houver assinado a planta e o memorial a fim de que, no prazo de cinco dias, se manifestem sobre a impugnação.

§ 6º Havendo impugnação e se as partes não tiverem formalizado transação amigável para solucioná-la, o oficial remeterá o processo ao juiz competente, que decidirá de plano ou após instrução sumária, salvo se a controvérsia versar sobre o direito de propriedade de alguma das partes, hipótese em que remeterá o interessado para as vias ordinárias.

§ 7º Pelo mesmo procedimento previsto neste artigo poderão ser apurados os remanescentes de áreas parcialmente alienadas, caso em que serão considerados como confrontantes tão-somente os confinantes das áreas remanescentes.

§ 8º As áreas públicas poderão ser demarcadas ou ter seus registros retificados pelo mesmo procedimento previsto neste artigo, desde que constem do registro ou sejam logradouros devidamente averbados. (Incluído pela Lei 10.931, de 2004)

§ 9º Independentemente de retificação, dois ou mais confrontantes poderão, por meio de escritura pública, alterar ou estabelecer as divisas entre si e, se houver transferência de área, com o recolhimento do devido imposto de transmissão e desde que preservadas, se rural o imóvel, a fração mínima de parcelamento e, quando urbano, a legislação urbanística.

§ 10. Entendem-se como confrontantes os proprietários e titulares de outros direitos reais e aquisitivos sobre os imóveis contíguos, observado o seguinte: (Redação dada pela Lei 14.382, de 2022)

I – o condomínio geral, de que trata o Capítulo VI do Título III do Livro III da Parte Especial da Lei 10.406, de 10 de janeiro de 2002 (Código Civil), será representado por qualquer um dos condôminos;

II – o condomínio edilício, de que tratam os arts. 1.331 a 1.358 da Lei 10.406, de 10 de janeiro de 2002 (Código Civil), será representado pelo síndico, e o condomínio por frações autônomas, de que trata o art. 32 da Lei 4.591, de 16 de dezembro de 1964, pela comissão de representantes; e

III – não se incluem como confrontantes:

a) os detentores de direitos reais de garantia hipotecária ou pignoratícia; ou

b) os titulares de crédito vincendo, cuja propriedade imobiliária esteja vinculada, temporariamente, à operação de crédito financeiro

§ 11. Independe de retificação:

I – a regularização fundiária de interesse social realizada em Zonas Especiais de Interesse Social, promovida por Município ou pelo Distrito Federal, quando os lotes já estiverem cadastrados individualmente ou com lançamento fiscal há mais de 10 (dez) anos;

II – a adequação da descrição de imóvel rural às exigências dos arts. 176, §§ 3º e 4º, e 225, § 3º, desta Lei.

III – a adequação da descrição de imóvel urbano decorrente de transformação de coordenadas geodésicas entre os sistemas de georreferenciamento oficiais;

IV – a averbação do auto de demarcação urbanística e o registro do parcelamento decorrente de projeto de regularização fundiária de interesse social de que trata a Lei 11.977, de 7 de julho de 2009;

V – o registro do parcelamento de glebas para fins urbanos anterior a 19 de dezembro de 1979, que esteja implantado e integrado à cidade, nos termos do art. 71 da Lei 11.977, de 7 de julho de 2009.

§ 12. Poderá o oficial realizar diligências no imóvel para a constatação de sua situação em face dos confrontantes e localização na quadra.

§ 13. Se não houver dúvida quanto à identificação do imóvel:

I – o título anterior à retificação poderá ser levado a registro desde que requerido pelo adquirente, promovendo-se o registro em conformidade com a nova descrição; e

II – a prenotação do título anterior à retificação será prorrogada durante a análise da retificação de registro.

§ 14. Verificado a qualquer tempo não serem verdadeiros os fatos constantes do memorial descritivo, responderão os requerentes e o profissional que o elaborou pelos prejuízos causados, independentemente das sanções disciplinares e penais.

§ 15. Não são devidos custas ou emolumentos notariais ou de registro decorrentes de regularização fundiária de interesse social a cargo da administração pública.

§ 16. Na retificação de que trata o inciso II do caput, serão considerados confrontantes somente os confinantes de divisas que forem alcançadas pela inserção ou alteração de medidas perimetrais.

§ 17. Se, realizadas buscas, não for possível identificar os titulares do domínio dos imóveis confrontantes do imóvel retificando, definidos no § 10, deverá ser colhida a anuência de eventual ocupante, devendo os interessados não identificados ser notificados por meio de edital eletrônico, publicado 1 (uma) vez na internet, para se manifestarem no prazo de 15 (quinze) dias úteis, com as implicações previstas no § 4º deste artigo.

b) Judicial

Nos termos da Lei de Registros Públicos, com as alterações da Lei 10.931, de 2 de agosto de 2004, a retificação não contenciosa somente será judicial se a parte interessada assim requerer – tratando-se de faculdade – ou na espécie contenciosa se houver impugnação sem que o impugnante e o interessado na retificação celebrem acordo (Lei 6.015/1973, art. 213, § 6º).

Quanto à origem do erro, a retificação pode ser:

a) Direta

Decorrente de erro na transcrição do título, *v.g.*, o vendedor constava no título como casado e, no registro, consta como solteiro.[13]

Nesse caso a retificação independe de qualquer ação, podendo ser efetuada administrativamente (extrajudicialmente), mediante simples pedido efetuado ao registrador ou até de ofício, ou seja, pelo próprio registrador, independentemente de requerimento das partes.

---

[13] Outros exemplos, *vide* Narciso Orlandi Neto, ob. cit., p. 125 e ss.

b) Do título

V.g., o adquirente fora qualificado como solteiro na escritura, quando, na realidade, é casado.

Nesse caso, a retificação do registro, que foi maculado pelo título, em regra, depende da retificação do título, salvo alguns erros materiais evidentes, como um número do documento, que admite a retificação direta.

A retificação do título, uma escritura, por exemplo, só pode ser efetuada mediante outra escritura.

Não há como retificar judicialmente uma escritura.[14]

Se uma parte faleceu, cumpre ao interessado pedir ao juízo do inventário que autorize o inventariante, por alvará, a comparecer para outorga da escritura de retificação.

Havendo recusa ou se a parte não for encontrada, mister se faz uma ação, mesmo com citação por edital, para que o juiz supra a declaração de vontade mediante alvará que será transcrito na escritura de rerratificação.

3.5. CARACTERÍSTICAS PROCEDIMENTAIS DA RETIFICAÇÃO

3.5.1. Retificação extrajudicial

Nos termos do art. 213, da Lei 6.015/1973:

> *Art. 213. O Oficial retificará o registro ou a averbação:*
>
> *I – de ofício ou a requerimento do interessado nos casos de:*
>
> *a) omissão ou erro cometido na transposição de qualquer elemento do título;*
>
> *b) indicação ou atualização de confrontação;*
>
> *c) alteração de denominação de logradouro público, comprovada por documento oficial;*
>
> *d) retificação que vise a indicação de rumos, ângulos de deflexão ou inserção de coordenadas georreferenciadas, em que não haja alteração das medidas perimetrais;*
>
> *e) alteração ou inserção que resulte de mero cálculo matemático feito a partir das medidas perimetrais constantes do registro;*
>
> *f) reprodução de descrição de linha divisória de imóvel confrontante que já tenha sido objeto de retificação;*
>
> *g) inserção ou modificação dos dados de qualificação pessoal das partes, comprovada por documentos oficiais, ou mediante despacho judicial quando houver necessidade de produção de outras provas;*

Também retificará o registro sem a necessidade do procedimento que a seguir será analisado, no caso do § 11, do art. 213, da Lei 6.015/1973, segundo o qual:

> *§ 11. Independe de retificação:*
>
> *I – a regularização fundiária de interesse social realizada em Zonas Especiais de Interesse Social, promovida por Município ou pelo Distrito Federal, quando os lotes já estiverem cadastrados individualmente ou com lançamento fiscal há mais de 10 (dez) anos; (redação dada pela Lei 12.424/2011)*

---

[14] Narciso Orlandi Neto, ob. cit., p. 90. Francisco Cavalcanti Pontes de Miranda, *Tratado de direito privado*, Revista dos Tribunais, 1983, tomo III, p. 361.

II – a adequação da descrição de imóvel rural às exigências dos arts. 176, §§ 3º e 4º, e 225, § 3º, desta Lei.

Ou seja, a inserção, nos imóveis rurais, das coordenadas, vértices definidores dos imóveis e demais características.

Nesses casos, basta o simples pedido ao registrador, que poderá proceder a retificação do registro até independentemente de requerimento das partes (de ofício).

Todavia, nos termos do inc. II do art. 213, a retificação será feita necessariamente por meio de procedimento levado a efeito ao Oficial de Registro de Imóveis (e não simples requerimento, como nos casos enumerados no art. 213, I), *a requerimento do interessado, no caso de inserção ou alteração de medida perimetral de que resulte, ou não, alteração de área, instruído com planta e memorial descritivo assinado por profissional legalmente habilitado, com prova de anotação de responsabilidade técnica no competente Conselho Regional de Engenharia e Arquitetura – CREA, bem assim pelos confrontantes.*

Essas pessoas respondem pessoalmente pela falsidade das informações que prestarem e, nesse sentido, louvável o dispositivo legal que, de um lado, facilita a retificação, e, de outro, exige a responsabilidade técnica daquele que certifica as medidas e confrontações do imóvel.

Nesse sentido, a responsabilidade é objetiva, independentemente de culpa, o que se afirma na exata medida em que o § 14, do art. 213, da Lei 6.015/1973, determina que, *verificado a qualquer tempo não serem verdadeiros os fatos constantes do memorial descritivo, responderão os requerentes e o profissional que o elaborou pelos prejuízos causados, independentemente das sanções disciplinares e penais.*

Em outras palavras, a responsabilidade civil é solidária e objetiva e a penal será avaliada de acordo com o tipo penal de falsidade documental.

Sendo assim, a alteração levada a efeito na Lei de Registros Públicos simplifica o procedimento que, agora, independe de ação para a conhecida "retificação de área".

O memorial descritivo, necessário à retificação, deverá ser instruído com os característicos, as confrontações e as localizações dos imóveis, mencionando os nomes dos confrontantes e, ainda, quando se tratar só de terreno, se esse fica do lado par ou do lado ímpar do logradouro, em que quadra e a que distância métrica da edificação ou da esquina mais próxima, exigindo dos interessados Certidão do Registro Imobiliário, tudo nos termos do § 1º, do art. 213 e do art. 225, da Lei de Registros Públicos.

Todos os confrontantes deverão assinar a planta e a descrição feita pelo profissional habilitado, que poderá ser engenheiro, arquiteto ou agrimensor (topógrafo), desde que anotem a responsabilidade técnica no Conselho Regional de Engenharia e Arquitetura.

De acordo com o § 10, do art. 213, da Lei de Registros Públicos, *entendem-se como confrontantes os proprietários e titulares de outros direitos reais e aquisitivos sobre os imóveis contíguos, observado o seguinte: I – o condomínio geral, de que trata o Capítulo VI do Título III do Livro III da Parte Especial da Lei 10.406, de 2002 (Código Civil), será representado por qualquer um dos condôminos; e II – o condomínio edilício, de que tratam os art. 1.331 a art. 1.358 da Lei 10.406, de 10 de janeiro de 2002 – (Código Civil), será representado pelo síndico, e o condomínio por frações autônomas, de que trata o art. 32 da Lei 4.591, de 16 de dezembro de 1964, pela comissão de representantes; e III – não se incluem como confrontantes: a) os detentores de direitos reais de garantia hipotecária ou pignoratícia; ou b) os titulares de crédito vincendo, cuja propriedade imobiliária esteja vinculada, temporariamente, à operação de crédito financeiro.*

Desnecessária, assim, a assinatura de todos os titulares de direitos reais de garantia. A redação atual do § 10, do art. 213, da Lei 6.015/1973 decorre da Lei 14.382/2022 e menciona garantia hipotecária ou pignoratícia.

Melhor seria ter generalizado, mencionando todos os direitos reais de garantia, em que pese ser possível extrair essa conclusão da novel alínea "b" do inciso II do § 10, como é o caso da alienação fiduciária em garantia.

Caso algum dos confrontantes não assine a planta, a retificação poderá ser levada a efeito com a notificação efetuada pelo oficial de Registro de Imóveis pelo correio, com aviso de recebimento, pessoalmente ou por delegação dessa função ao oficial de Títulos e Documentos, meio que entendemos mais eficaz, evitando posterior discussão acerca da validade do ato.

Essa notificação será feita: a) no endereço constante do registro; b) no endereço do imóvel; ou, c) naquele endereço fornecido pelo requerente, para que o confrontante se manifeste em 15 (quinze) dias.

Se o confrontante não for encontrado, a notificação será feita por edital, publicado duas vezes em jornal local de grande circulação, com prazo de 15 (quinze) dias para manifestação, contados da data da segunda publicação.

Caso o confrontante notificado, ainda que por edital, não se pronuncie de forma contrária, a lei presume sua aquiescência com a retificação (§§ 4º e 5º, do art. 213, da Lei de Registros Públicos) e determina que o oficial proceda à retificação requerida.

Todavia, se houver impugnação fundamentada, o Oficial intimará o requerente e o profissional que assinou a planta para manifestação no prazo de 5 (cinco) dias.

Se não houver acordo, o Oficial remete o processo ao juiz competente para análise do pedido, caso em que a retificação passa a ser judicial.

Esse mesmo procedimento, desde o seu início, será utilizado para apurar o remanescente de áreas parcialmente alienadas.

Nesses casos, apenas os confinantes da área alienada serão considerados confrontantes (§ 7º, do art. 213, da Lei de Registros Públicos).

Verifica-se, portanto, profunda simplificação do procedimento anterior à Lei 10.931, de 2 de agosto de 2004, corroborando com o desenvolvimento dos negócios imobiliários.

Nesse sentido, *independentemente de retificação, dois ou mais confrontantes poderão, por meio de escritura pública, alterar ou estabelecer as divisas entre si e, se houver transferência de área, com o recolhimento do devido imposto de transmissão e desde que preservadas, se rural o imóvel, a fração mínima de parcelamento e, quando urbano, a legislação urbanística (§ 9º do art. 213).*

Por fim, nos termos do § 13, do art. 213, da Lei de Registros Públicos, é possível registrar título que contenha descrição anterior ao registro, desde que não haja dúvida quanto à identificação do imóvel.

Eis o teor do dispositivo:

> § 13. Se não houver dúvida quanto à identificação do imóvel:
>
> I – o título anterior à retificação poderá ser levado a registro desde que requerido pelo adquirente, promovendo-se o registro em conformidade com a nova descrição; e
>
> II – a prenotação do título anterior à retificação será prorrogada durante a análise da retificação de registro.

O grande problema enfrentado pelo procedimento de dúvida registral extrajudicial, pelo menos no Estado de São Paulo, é o Item 138.6 do provimento CG 02/05, segundo o qual "a retificação será negada pelo Oficial de Registro de Imóveis sempre que não for possível verificar que o registro corresponde ao imóvel descrito na planta e no memorial descritivo, identificar todos os confinantes tabulares do registro a ser retificado, ou implicar transposição, para este registro, de imóvel ou parcela de imóvel de domínio público, ainda que neste último caso, não seja impugnada."

A primeira crítica se liga à necessidade de verificação de correspondência do imóvel pelo Oficial de Registro de Imóveis.

Parece evidente que, se houvesse correspondência, não haveria necessidade da retificação. Portanto, os Oficiais devem agir com bom-senso e levar em conta que se pretende, justamente, retificar o teor do registro que não exprime a realidade.

Outrossim, quanto à identificação dos confinantes tabulares, interessantes as recomendações do 1º Oficial de Registro de Imóveis de São José dos Campos – SP:[15]

> *Entendem-se como confrontantes os proprietários e os ocupantes dos imóveis contíguos. Na manifestação de anuência, ou para efeito de notificação: 1) – o condomínio geral, de que tratam os artigos 1.314 e seguintes do Código Civil, será representado por qualquer dos condôminos; 2) – o condomínio edilício, de que tratam os artigos 1.331 e seguintes do Código Civil, será representado pelo síndico ou pela Comissão de Representantes; 3) – sendo os proprietários ou os ocupantes dos imóveis contíguos casados entre si e incidindo sobre o imóvel comunhão ou composse, bastará a manifestação de anuência ou a notificação de um dos cônjuges; 4) – sendo o casamento pelo regime da separação de bens ou não estando o imóvel sujeito à comunhão decorrente do regime de bens, ou à composse, bastará a notificação do cônjuge que tenha a propriedade ou a posse exclusiva. Sendo assim, podemos adiantar algumas situações: Caso o confrontante seja ocupante (sem título registrado) deverá ser apresentada também declaração deste, além do titular do domínio, bem como a respectiva prova da ocupação; Caso o confrontante for pessoa jurídica, deverá assinar a planta e memorial descritivo, o seu representante legal, sempre acompanhados da respectiva prova de representação (contrato social, comprovado com certidão da Junta Comercial atualizada, Estatuto Social e respectiva ata da última eleição, comprovado por Certidão do Registro Civil da Pessoa Jurídica respectivo; Em caso de condomínio especial (Lei 4.591/64) a representação será pelo síndico ou comissão de representantes, comprovado com a última ata de eleição registrada em Títulos e Documentos; Se o confrontante estiver representado por procurador, apresentar a procuração e se esta for instrumento particular, deverá estar com a firma reconhecida; A procuração por instrumento particular, deverá ter sido firmada a menos de 90 dias, se por instrumento público, o traslado ou certidão deverá ter sido expedida a menos de 90 dias; Em caso do confrontante ser analfabeto, o mesmo, deverá ser representado por procurador nomeado através de instrumento público. Caso o confrontante seja falecido o mesmo pode ser representado pelo inventariante, apresentando a certidão de óbito, bem como a certidão de nomeação de inventariante. Caso o confrontante seja a União, o Estado, suas autarquias e fundações poderão ser notificadas por intermédio de sua Advocacia-Geral ou Procuradoria que tiver atribuição para receber citação em ação judicial (neste caso para que o Oficial efetue a notificação é necessário que o requerente junte vias extras do requerimento, do memorial descritivo, do levantamento topográfico e da ART). Em caso do confrontante ser o Poder Público – União, Estado, através de imóveis, estradas, rios, etc. deverá ser apresentado vias extras originais ou cópias autenticadas do requerimento da planta, do memorial descritivo e da ART, para que esta Serventia possa efetuar a notificação destes órgãos públicos.*

3.5.2. Retificação judicial

Se houver impugnação fundamentada e o Oficial de Registro de Imóveis remeter o requerimento ao juiz competente ou se o interessado optar desde o início, a retificação será judicial.

---

[15] Disponível em: http://www.1risjc.com.br/servicos.php?id_servico=NzI=&id_categoria=NA==. Acesso em: 1º.05.2011.

Sendo judicial desde o começo, a petição inicial respeitará os requisitos do art. 319 do Código de Processo Civil, acrescida de *razões de fato do pedido com as seguintes características*:

a) a indicação do registro que é objeto do pedido;

b) a demonstração do erro existente e, se for possível, sua origem;

c) o prejuízo que aquela situação causa ao requerente;

d) a afirmação de que ninguém tem interesse jurídico na manutenção da situação atual.[16]

No Estado de São Paulo, o fato gerador das custas é a prestação jurisdicional nas ações de conhecimento, execução, cautelares e processos não contenciosos, cuja alíquota é de 1,5% do valor da causa.[17]

O valor da causa é inestimável, vez que *impossível dar-se à retificação do registro um conteúdo econômico imediato. O Código de Processo civil, todavia, exige que a toda causa seja atribuído um valor certo.*[18] Esse é o mandamento insculpido no art. 291 do Código de Processo Civil, e as custas devem ser recolhidas pelo valor mínimo atribuído pelas normas de organização judiciária de cada Estado.

Entende-se que o valor venal do imóvel é exagerado e, portanto, o valor da causa será aquele valor que o requerente entender razoável.

Qualquer critério que se apresente será subjetivo e, portanto, de difícil impugnação ante a completa ausência de parâmetros legais.

Como raramente há necessidade de prova oral, vez que o pedido deve ser fundamentado em documentos e perícia, não há necessidade de audiência de instrução e julgamento.

Se não houver impugnação ou, havendo, a impugnação não for provida de fundamentação, o pedido deve ser deferido.

Com efeito, não sendo jurisdição contenciosa, não há revelia, de tal sorte que a ausência de impugnação não obriga o juiz a acolher o pedido.

Deferido o pedido, será expedido mandado de retificação dirigido ao Oficial de Registro de Imóveis da circunscrição imobiliária competente.

Cópia da planta demonstrando a correta configuração do imóvel, bem como a nova descrição, com ângulos, rumos e medidas, contida na inicial ou na perícia, instruirão o mandado, que permanecerá no registro para futura consulta.

A sentença não descreverá o imóvel.

Não cabe ao juízo a remessa do mandado ao serviço registral.

O requerente da retificação retirará o mandado do cartório judicial apresentando-o ao Oficial de Registro de Imóveis.

Entregue o mandado, o registrador procederá à averbação da nova descrição do imóvel junto à matrícula, cumprindo a decisão judicial.

---

[16] Narciso Orlandi Neto, ob. cit., p. 144.

[17] Lei 11.608, de 29 de dezembro de 2003, "Art. 1º A taxa judiciária, que tem por fato gerador a prestação de serviços públicos de natureza forense, devida pelas partes ao Estado, nas ações de conhecimento, na execução, nas ações cautelares, nos procedimentos de jurisdição voluntária, nos recursos e na carta arbitral, passa a ser regida por esta lei; Art. 4º O recolhimento da taxa judiciária será feito da seguinte forma: I – 1,5% (um e meio por cento) sobre o valor da causa no momento da distribuição ou, na falta desta, antes do despacho inicial, aplicando-se esta mesma regra às hipóteses de reconvenção e oposição;" A matéria não é pacífica. O Prot. CG 26.806, publicado no *DOE* de 22.11.19995, decidiu que os procedimentos administrativos não se confundem com o processo de jurisdição contenciosa, qualificando a retificação entre aqueles. Nesse sentido, decidiu não caber a incidência de taxa judiciária com supedâneo no art. 1º da Lei Estadual 4.952/1985.

[18] Narciso Orlandi Neto, ob. cit., p. 175.

Nem sempre o título judicial será averbado.

É que os títulos judiciais, dimanados de órgãos judiciais pela via administrativa ou jurisdicional, não possuem o condão de ingressar, de pronto, no registro de imóveis.

Mister se faz examinar a possibilidade de ingresso, por exemplo:

a) A matrícula não mais existe (o imóvel foi parcelado, acorde com a Lei 6.766/1979 ou dividido entre comunheiros).

b) O imóvel foi unificado.

Nesses casos, cabível prenotação, devolução e suscitação de dúvida.[19]

A sentença da retificação não faz coisa julgada material. O confrontante que não impugnou não fica impedido de, ao depois, verificando que a retificação modificou a divisa do imóvel (sobreposição de áreas), valer-se da ação rescisória (Código de Processo Civil, art. 966, §§ 2º e 4º).

3.5.3. A impugnação fundamentada que possui o condão de encerrar o processo de retificação

Havendo impugnação fundamentada, como vimos, o processo deixa de ser de jurisdição voluntária, se a retificação for judicial, e as partes são remetidas para as vias ordinárias.

Ensina Narciso Orlandi Neto que:

> *Remeter o interessado para as vias ordinárias significa trancar a via administrativa, indeferir a pretensão nela ajuizada. Não há carência de ação, até porque não há ação.*[20]

> **Tribunal de Alçada do Paraná**. *O "juiz remeterá o interessado para as vias ordinárias" não quer dizer, como por equívoco entendeu o apelante, que este processo deve ser remetido a uma Vara Cível. Ao contrário, determinando que o interessado busque nas vias ordinárias a solução, o juiz extingue o processo administrativo e a parte move a ação que competir ao seu direito" (Revista de Direito Imobiliário, RT, nº 4, p. 89).*

O prazo para impugnação é de 15 dias úteis (art. 9º, §§ 1º e 2º do art. 213, da Lei 6.015/1973) na retificação extrajudicial ou na retificação judicial (Código de Processo Civil, art. 721), sendo que as Fazendas Públicas e o Ministério Público dispõem de prazo dobrado no caso de retificação judicial, que começa a correr da juntada do último mandado cumprido, aviso de recebimento (correio), precatória cumprida ou decurso do prazo do edital, o que por último acontecer (Código de Processo Civil, art. 231).

O curador de Registros Públicos possui, portanto, prazo de quarenta dias para se manifestar após a última citação.

Não há, no Direito Positivo, a definição de "impugnação fundamentada".

Portanto, a subjetividade reina. Considera-se impugnação fundamentada aquela que, baseada em documentos e perícias, infunde no juiz dúvida acerca da viabilidade e inofensividade a terceiros da retificação requerida, ou seja, não permite decisão sem exame do direito das partes ante a existência de lide (direito de um se contrapondo ao direito de outro).

> *Impugnação fundamentada é aquela que, por sua seriedade, abale a convicção do julgador e seja capaz de levá-lo a admitir a procedência da demanda para a qual remete as partes.*[21]

---

[19] Em São Paulo, inexplicavelmente, o Conselho Superior da Magistratura não admite suscitação de dúvida de títulos que são objeto de averbação, o que é grave erronia.

[20] Ob. cit., p. 170.

[21] *RDI* 5/78.

O principal meio para se aferir se a impugnação é fundamentada se dá através da perícia,[22] que poderá constatar, por exemplo, que:

a) A retificação não é *intramuros* (nesse caso a via ordinária seria, por exemplo, a reivindicatória ou a usucapião);

b) Existe imóvel encravado cuja descrição está sendo refeita;

c) Existe logradouro público desrespeitado.[23]

Caberá, também, ao oficial de Registro de Imóveis, mormente no caso de retificação extrajudicial, a verificação da impugnação e sua fundamentação, permitindo, embora discutível do ponto de vista prático, inclusive, que *o oficial realize diligências no imóvel para a constatação de sua situação em face dos confrontantes e localização na quadra* (§ 12, do art. 213, da Lei de Registros Públicos).

Por outro lado, verificada a falta de fundamentação da impugnação *o requerimento pode ser deferido, apesar dela*.[24]

Questões relativas à regularidade processual, no âmbito da retificação judicial, não são impeditivas da apreciação do pedido na exata medida em que, sendo de jurisdição voluntária, o magistrado pode determinar providências aptas à regularização processual a qualquer tempo, por exemplo:

a) Representação processual do requerente e do impugnante;

b) Autenticação de documentos;

c) Complementação de certidões;

d) Quesitos complementares; e,

e) Novas manifestações do oficial de Registro de Imóveis.

Esses são apenas alguns exemplos e as providências não possuem um momento processual específico e podem ser levados a efeito na exata medida da necessidade.

Convém verificar, também, que o representante do Ministério Público, atuando como curador de registros – *custos legis* – pode impugnar o pedido com os mesmos requisitos retro apontados, ou seja, com fundamentos.

Nada obsta que, ao final, opine pelo indeferimento do pedido de retificação.

3.6. O PODER PÚBLICO COMO CONFRONTANTE

Todos os confrontantes deverão ser citados ou intimados (se a retificação for extrajudicial) no procedimento de retificação, não sendo diferente com o Poder Público, que deve, entretanto, ser citado por mandado (Código de Processo Civil, art. 247, III).

Portanto a Fazenda (União, Estado ou Município), será citada ou intimada na eventualidade de o imóvel confinante ser:

a) Bem de uso especial, *v.g.*, edifícios de repartições públicas;

b) Bem patrimonial, que pode ser até alienado.

---

[22] Tribunal de Justiça de São Paulo, *RJTJESP* 122/219.

[23] Nem sempre esse último fato implica em indeferimento do pedido de retificação. Havendo erro, a retificação deverá ser deferida, excluindo o logradouro público existente etc. (Narciso Orlandi Neto, ob. cit., p. 167).

[24] STJ, RE nº 35.779, Rel. Min. Fontes de Alencar, *RSTJ* 71/253.

Entrementes, se o imóvel público lindeiro for um logradouro público (praça, estrada, rua), um terreno de marinha ou um rio não navegável (bens públicos ou de uso comum do povo), entendemos ser absolutamente desnecessária a intimação da Fazenda Pública, isto porque esses bens não podem ser apropriados por particulares e seria ineficaz qualquer invasão (Constituição Federal de 1988, art. 183, § 3º).

Nada obstante, no Estado de São Paulo, o item 124.10 do provimento CG 02/05 entende ser necessária a notificação do Poder Público.

Se o pedido for extrajudicial e houver impugnação do Poder Público, as partes serão enviadas ao juiz competente.

Se o pedido for impugnado de forma fundamentada pelas Fazendas, mesmo da União, não será declinada a competência da Justiça Estadual, mas será trancada a via administrativa, e as partes serão remetidas às vias ordinárias.

Remetidas as partes às vias ordinárias (procedimento contencioso), a competência, no caso da União, será da Justiça Federal.

Não sendo devidamente fundamentada a impugnação, o juiz deferirá a retificação, não havendo falar-se em reexame necessário, mormente que a ação não é contenciosa.

3.7. RECURSOS

Tratando-se de processo de jurisdição voluntária, todos os recursos processuais são cabíveis (agravo, apelação etc.), com os mesmos prazos.

Podem recorrer o requerente, o impugnante e o Ministério Público, não o registrador, a quem não compete fiscalizar a aplicação da lei.

No Estado de São Paulo, acorde com Narciso Orlandi Neto,[25] a competência recursal é de uma das Câmaras de Direito Privado da Secção Civil do Tribunal de Justiça, nada obstante haja precedente da Corregedoria em sentido contrário, entendendo que o processo é unilateral do registro (não há afetação de terceiros), e não de jurisdição voluntária. Nesse caso, a competência recursal seria da Corregedoria,[26] descabendo, inclusive, o agravo (prot. CG 26.806, *DOJ* 22.11.1995).

O recurso de apelação dispõe de efeito suspensivo.

Portanto, o mandado de retificação só é expedido após o trânsito em julgado da sentença.

Como o prazo para o Ministério Público apelar é contado em dobro, não se expedirá o mandado antes de trinta dias, contados a partir da intimação do curador de registros.

Nada obstante opiniões em sentido contrário, certo é que mesmo da decisão que remete as partes às vias ordinárias, cabe recurso de apelação.[27]

Não há reexame necessário quando o Poder Público é vencido, porque, repete-se, a via não é contenciosa e a sentença não faz coisa julgada material.[28]

---

[25] Ob. cit., p. 176.

[26] Outro processo administrativo, o de dúvida, é julgado em São Paulo por um outro órgão administrativo, o Conselho Superior da Magistratura.

[27] Narciso Orlandi Neto, ob. cit., p. 178. Em sentido contrário: Walter Ceneviva, *Comentários à lei de registros públicos*, São Paulo: Saraiva, 1997.

[28] Narciso Orlandi Neto, ob. cit., p. 159.

3.8. CONDENAÇÃO EM CUSTAS E HONORÁRIOS ADVOCATÍCIOS

No processo de retificação judicial (Lei 6.015/1973, art. 212) é evidente que não se aplicará o princípio da sucumbência, mas o princípio da causalidade.

Com efeito, não havendo impugnação, o requerente arcará com as custas e despesas do processo.

Havendo impugnação, reconhecido o litígio, remetidas as partes às vias ordinárias, cabível a condenação do requerente da retificação em honorários e despesas.[29]

Por outro lado, se a impugnação não for fundamentada, cabível, mesmo em processo de jurisdição voluntária, a condenação do impugnante em honorários e despesas é medida que se impõe, mesmo que limitada a uma parte do pedido, quando, por exemplo, o impugnante não se conforma, sem fundamentação, com apenas uma parte mínima da descrição.

Se o pedido for deferido, mesmo ante a impugnação fundamentada, não há condenação do impugnante em honorários.

Por exemplo: se *havia motivo plausível para as suas discordâncias em face das referências feitas anteriormente pelo oficial do Registro de Imóveis e também da própria perita de que poderia estar havendo sobreposição de áreas*,[30] não haverá condenação em honorários, mesmo que, ao depois, a retificação seja deferida.

Resumindo:

O requerente da retificação será condenado em custas e honorários se for reconhecida a impugnação, for trancada a via administrativa e as partes forem remetidas às vias ordinárias.

O requerente da retificação não será condenado em custas e honorários se, havendo impugnação fundamentada, mesmo assim o pedido de retificação for deferido.

O impugnante será condenado em custas e honorários se a impugnação não for fundamentada.

O impugnante não será condenado em honorários se deferida a retificação, a impugnação for fundamentada.

3.9. RETIFICAÇÃO DO REGISTRO E ART. 500 DO CÓDIGO CIVIL

Não há confundir-se a retificação de área com a norma que emana do art. 500 do Código Civil.

Esse dispositivo fundamenta a ação *ex empto*, no caso de venda *ad mensuram*, presumindo-se *ad corpus* se a diferença não suplantar 5% daquela mencionada no título.

Nesse caso, provando-se a diferença em prejuízo do adquirente, este faz jus ao complemento de área ou abatimento proporcional no preço que pagou.

Com a alteração da Lei de Registros Públicos levada a efeito pela Lei 10.931, de 2 de agosto de 2004, não se exige mais a notificação do alienante.

Assim, mesmo que da retificação resulte diminuição da área, o fato poderá ser discutido na ação *ex empto*, tendo em vista que o alienante não poderá ser compelido a devolver a diferença proporcional à área faltante se não houver condenação.

---

[29] RT 538/110; *RJTJESP* 108/152; *JTJ* 157/171.

[30] Juiz Testa Marchi, Tribunal de Justiça de São Paulo, *Boletim de Direito Imobiliário*, BDI, Ano XVII, nº 14, p. 10.

O procedimento de retificação não gera título executivo e tampouco concede o contraditório e a ampla defesa.

Sendo assim, a alteração substancial do procedimento anterior, que tornava obrigatória a citação do alienante, além dos confrontantes, não prejudica aquele que, no caso de falta de área, deverá sofrer a condenação decorrente de ação judicial.

3.10. MODELO DE AÇÃO DE RETIFICAÇÃO DE ÁREA

MM. Juízo da (...) Vara (...) da Comarca de (...)

(...) por seus procuradores (documentos 01/02), com escritório no endereço retro, vem, respeitosamente, perante Vossa Excelência, aforar **Retificação de Registro Público (área e confrontações de imóvel),** o que faz com supedâneo no art. 213 e parágrafos, da Lei 6.015, de 31.12.73, expondo e requerendo o quanto segue:

I – Fatos

A requerente adquiriu, conforme Escritura de Venda e Compra, com pacto adjeto de hipoteca, lavrada nas notas do (...), devidamente registrada junto ao Oficial de Registro de Imóveis da (...) – (...) (documentos 03/04), de (...), um imóvel situado no Distrito e Município de (...), que assim atualmente se descreve:

Um terreno, situado no Município de (...), medindo (...).

Dito imóvel fora havido pelos antecessores da requerente através de compra feita de (...) e sua mulher (...), conforme transcrição nº (...), livro (...), em (...), perante o (...) Cartório de Registro de Imóveis e Anexos de (...).

Como é possível verificar, a descrição do imóvel constante do registro é antiga, imprecisa e precária, não oferecendo segurança quanto aos seus extremos e, tampouco, estabelecendo a correta especificação e descrição da área, que consta sem rumos e distâncias corretas. Aliás, nem consta a medida do imóvel no registro retificando.

Sendo assim, a requerente procedeu a levantamento topográfico, efetuado pelo técnico (...), CREA (...), com a devida anotação de responsabilidade Técnica sob o nº (...) e apurou a seguinte descrição (doc. 05):

Para aproveitamento do imóvel objeto do registro retificando, mister se faz, principalmente, que conste sua medida, que sequer consta do registro.

Portanto, resta absolutamente inviabilizada qualquer iniciativa de se levar a efeito um empreendimento no imóvel do requerente, tratando-se, outrossim, de retificação *intra muros*, que nenhum prejuízo pode causar a terceiros.

O imóvel está cadastrado no INCRA sob o nº (...), Município de Ferraz de Vasconcelos, SP, em nome de Sítio dos Coqueiros (nome do imóvel), com a área total de (...) – fração mínima de parcelamento (...) – enquadramento empregador (...) – classificação do imóvel latifúndio, conforme Certificado de Cadastro referente ao exercício de (...) (doc. 06).

II – Pedido

Desta forma, a fim de regularizar definitivamente a situação do imóvel no tocante a correta especificação e descrição da área, com metragem, demarcação, confrontação e descrição, considerando-se ademais que esses elementos são imprecisos nos assentamentos do Registro de Imóveis, é a presente para requerer se digne Vossa Excelência de determinar as providências ora requeridas, a saber:

III – Requerimento

Requer-se:

a) a citação de todos os confrontantes e seus respectivos cônjuges (documentos 07/10), rol abaixo, nos termos do art. 246 do CPC, por meio eletrônico ou, não havendo cadastro, pelo correio (*ou, ainda, justificando, por Oficial de Justiça nos termos do § 1º-A, II do art. 246 do CPC, facultando-se ao Sr. Oficial de Justiça encarregado da diligência proceder nos dias e horários de exceção (CPC, art. 212, § 2º),* para que se manifestem sobre o requerimento em dez dias;

b) a citação, por edital, de terceiros interessados;

c) a ciência ao Oficial de Registro de Imóveis da Comarca de (...), que deverá prestar as informações requeridas pelo juízo;

d) a ciência ao D. Representante do Ministério Público, de todo o requerido;

Por derradeiro, requer a procedência do pedido de retificação, com a oportuna expedição de mandados ao Oficial de Registro de Imóveis competente, a fim de serem averbadas, à margem da matrícula nº (...), livro (...), fls. (...), as medidas apuradas, as divisas, limites e confrontações do imóvel, expedindo-se idêntico mandado ao INCRA, a fim de proceder aos registros necessários à regularização da área em seus assentamentos e cadastros.

IV – Provas

Requer a produção de prova documental, testemunhal, pericial, inspeção judicial e de todos os meios probantes em direito admitidos, inclusive o depoimento pessoal dos impugnantes, se porventura houver.

V – Valor da causa

Dá à causa, para os efeitos fiscais, o valor de R$ 1.000,00 (mil reais).

Termos em que, cumpridas as necessárias formalidades legais, deve a presente ser recebida e ao final julgada procedente, como medida de inteira Justiça.

Data

Advogado (OAB)

Endereços dos Confrontantes:

1) (...)

2) (...)

3) (...)

3.10.1. Modelo de resposta à impugnação

MM. Juízo da (...) Vara (...) da Comarca de (...)

Autos nº (...) – Retificação de Registro Público.

(...), já qualificada nos autos do procedimento de retificação de registro público, vem, respeitosamente, perante Vossa Excelência, manifestar-se acerca da impugnação de (...) e outros.

Preliminarmente convém ressalvar que não se trata de procedimento contencioso, de tal sorte que não há falar-se em contestação, como os impugnantes denominam sua manifestação.

Outrossim, o prazo para impugnação é de quinze dias, a teor do art. 721 do Código de Processo Civil. Portanto, intempestiva a manifestação que, por esse motivo, deve ser rejeitada.

Outrossim, o comparecimento espontâneo dos demais proprietários da área confrontante supre a alegada falta de citação e demonstra que tomaram conhecimento dos termos da ação de retificação.

Por outro lado, infundadas as razões apresentadas:

Não é suficiente alegar simplesmente que a retificação causará avanço em sua propriedade, é preciso dizer onde e por que razão.[31]

Impugnação fundamentada é aquela que, por sua seriedade, abale a convicção do julgador e seja capaz de levá-lo a admitir a procedência da demanda para a qual remete as partes.[32]

Ora, a simples alegação acompanhada da descrição de um imóvel, por evidente, não pode ser encarada como impugnação fundamentada, apta a afastar a pretensão de retificação do registro requerido.

---

[31] Narciso Orlandi Neto, *Retificação do registro de imóveis*, São Paulo: Ed. Oliveira Mendes, 1997, p. 161.

[32] *RDI* 5/78.

No que consiste a infundada sobreposição de área alegada?

Ao que parece, os impugnantes foram induzidos a erro pelo equívoco da planta que juntaram aos autos.

Em verdade, a requerente não possui (...) de frente para a Av. (...) – antes tivesse –, mas, apenas, (...), conforme se verifica das plantas anexadas à exordial.

Prevalecendo a planta apresentada pelos impugnantes, aí sim haveria sobreposição de áreas que prejudicaria os impugnantes.

Ademais, não há falar-se em recibos de pagamento de impostos e no fato da propriedade do imóvel, que não se cogita neste procedimento.

Ora, Nobre Julgador, há que se considerar que o requerimento de retificação do registro foi lastreado em levantamento topográfico minucioso e custoso; demais disso, as divisas nele estampadas são atestadas por vizinhos e demais confrontantes que não manifestaram oposição ao pedido.

Os requerentes pedem licença para, mais uma vez, citar a lição sempre clara de Narciso Orlandi Neto:

> *Realmente, é prematuro considerar-se fundamentada a impugnação, sem ao menos conferir-se a configuração afirmada pelo requerente, sem o exame da matéria de fato que pode ser elucidada ali mesmo, no juízo não contencioso, principalmente através de perícia.*
>
> *(...)*
>
> *Como já decidiu o Superior Tribunal de Justiça, "a existência de contrariedade manifestada por um dos interessados não é óbice ao deferimento do pedido, pois cabe ao juiz examinar o mérito dessa impugnação, para verificar se ela está fundamentada nos fatos e no direito. Se ficar evidenciada a falta de fundamentação da oposição apresentada, o requerimento pode ser deferido, apesar dela (REsp35.779, Rel. Min. Fontes de Alencar, RSTJ 71/253).*
>
> *(...)*
>
> *O Tribunal de Justiça de São Paulo decidiu que o juiz pode determinar perícia para apreciar se a impugnação apresentada é fundamentada (...) (RJTJESP 122/219).[33]*

Sendo assim, requer-se:

a) determine Vossa Excelência o sobrestamento da presente ação por 20 dias, a fim de que os impugnantes possam verificar com mais propriedade as medidas e confrontações apresentadas e, se for o caso, anuir com aquelas apresentadas na exordial.

b) ao depois, nomeie Vossa Excelência profissional para realizar perícia e confirmar os termos das confrontações e medidas noticiadas na exordial, mormente ante a manifestação do zeloso interventor do Registro de Imóveis da Comarca de Poá para, ao final, determinar a retificação do registro do imóvel em tela.

Termos em que,

p. deferimento.

Data

Advogado (OAB)

 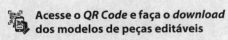

Acesse o *QR Code* e faça o *download* dos modelos de peças editáveis

> http://uqr.to/1ydzr

---

33   Narciso Orlandi Neto, *Retificação do Registro de Imóveis*, São Paulo: Ed. Oliveira Mendes, 1997, pp. 162-163.

3.11. FLUXOGRAMA[34]

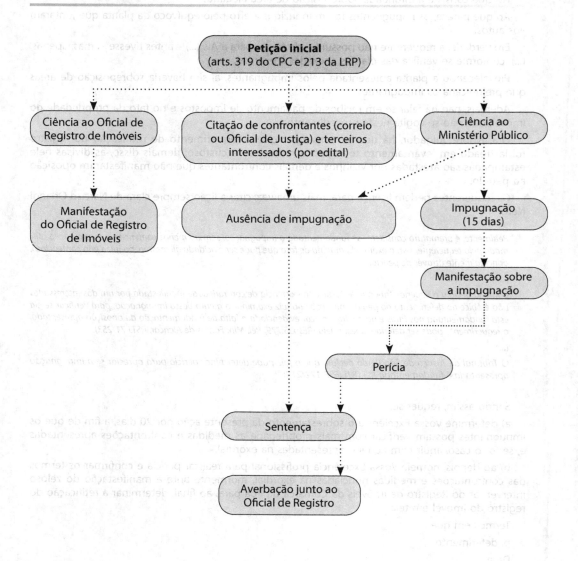

---

34 Lembrando que não há procedimento específico, podendo o juiz, nos termos do art. 738, do Código de Processo Civil, adotar a solução que lhe pareça mais conveniente.

Capítulo 4

AÇÃO PARA SUPRIMENTO DE OUTORGA CONJUGAL

4.1. PRINCIPAIS ASPECTOS

a) **Foro competente:** foro do domicílio do réu – Código de Processo Civil, art. 46.

b) **Legitimidade ativa:** cônjuge prejudicado pela ausência da outorga.

c) **Legitimidade passiva:** cônjuge que recusa a outorga da escritura.

d) **Valor da causa:** estimativa do requerente.

e) **Procedimento:** especial, de jurisdição voluntária – art. 719 e ss. do Código de Processo Civil.

f) **Petição inicial:** deve observar os requisitos do art. 319 e as peculiaridades do art. 719 e ss. do Código de Processo Civil.

4.2. A FALTA DE SUPRIMENTO E A NULIDADE DOS ATOS PRATICADOS

Exceto no caso do regime da separação de bens ou da comunhão final nos aquestos, em que há pacto de dispensa de outorga, a presença do cônjuge na venda de imóveis é inafastável.

É o que se convencionou chamar de outorga uxória ou outorga marital, de maneira geral conhecidas como outorga conjugal.

Ocorre que o outro cônjuge pode se recusar a consentir com a venda ou, em alguns casos, estar impossibilitado em virtude de uma doença, por exemplo.

Sendo assim, a lei coloca à disposição do cônjuge prejudicado a possibilidade de requerer o suprimento da outorga conjugal quando a recusa se mostra contrária aos interesses do casal ou se trata de espírito de emulação ou capricho daquele que nega o consentimento.

Não há, tecnicamente, uma lide, um conflito de interesses, mas de resistência levada a efeito pelo cônjuge.

Por outro lado, se a recusa é justa, se a venda é ato jurídico em desacordo com os interesses da família, justa e lícita é a recusa, cabendo ao juiz decidir.

O prazo é de dois anos da data do ato (CC, art. 179).

O atual Código Civil, ao revés do Código de 1916, dispensa a outorga no caso de separação total de bens (convencional ou legal, já que não distingue) e permite dispensar também a outorga no caso do regime da participação final nos aquestos, quanto aos bens particulares, desde que haja pacto antenupcial nesse sentido (Código Civil, art. 1.656), bem como no ato de doação feita aos filhos por ocasião do casamento ou estabelecimento comercial com economia própria:

> *Art. 1.647. Ressalvado o disposto no art. 1.648, nenhum dos cônjuges pode, sem autorização do outro, exceto no regime da separação absoluta:*
>
> *I – alienar ou gravar de ônus real os bens imóveis;*[1]
>
> *II – pleitear, como autor ou réu, acerca desses bens ou direitos;*
>
> *III – prestar fiança ou aval;*[2]
>
> *IV – fazer doação, não sendo remuneratória, de bens comuns, ou dos que possam integrar futura meação.*
>
> *Parágrafo único. São válidas as doações nupciais feitas aos filhos quando casarem ou estabelecerem economia separada.*
>
> *Art. 1.648. Cabe ao juiz, nos casos do artigo antecedente, suprir a outorga, quando um dos cônjuges a denegue sem motivo justo, ou lhe seja impossível concedê-la.*
>
> *Art. 1.651. Quando um dos cônjuges não puder exercer a administração dos bens que lhe incumbe, segundo o regime de bens, caberá ao outro: [...]*
>
> *III – alienar os imóveis comuns e os móveis ou imóveis do consorte, mediante autorização judicial.*

Esses dispositivos, portanto, exigem decisão judicial no caso de recusa ou impossibilidade de conceder a outorga, prevendo o suprimento sempre que a recusa não se basear em motivo plausível ou quando seja impossível ao cônjuge assentir.

Podemos exemplificar as hipóteses de impossibilidade no caso em que a mulher esteja em lugar incerto ou esteja acometida de enfermidade que lhe impeça outorgar o seu consentimento, ou, ainda, quando ausente.

No Código Civil convém verificar o mandamento insculpido no art. 1.649, cujo prazo para pedir anulação, também decadencial, todavia, é de dois anos:

> *Art. 1.649. A falta de autorização, não suprida pelo juiz, quando necessária (art. 1.647), tornará anulável o ato praticado, podendo o outro cônjuge pleitear-lhe a anulação, até dois anos depois de terminada a sociedade conjugal.*
>
> *Parágrafo único. A aprovação torna válido o ato, desde que feita por instrumento público, ou particular, autenticado.*

No direito processual civil, quando a outorga é necessária e não ocorre (Código de Processo Civil, art. 74, parágrafo único), o processo é extinto sem julgamento de mérito.

> *Art. 74. O consentimento previsto no art. 73 pode ser suprido judicialmente quando for negado por um dos cônjuges sem justo motivo, ou quando lhe seja impossível concedê-lo.*
>
> *Parágrafo único. A falta de consentimento, quando necessário e não suprido pelo juiz, invalida o processo.*

Nesse sentido, pertinentes as notas do sempre acatado Theotonio Negrão, ainda sobre o equivalente art. 11 do Código de Processo Civil de 1973:[3]

---

[1]   Compra e venda, hipoteca, anticrese, caução, alienação fiduciária etc.

[2]   Aqui, o Código Civil inova na exata medida em que exige a outorga conjugal também para o aval e não só para a fiança como exigia o art. 235, III, do Código de 1916.

[3]   *Código de Processo Civil e legislação processual em vigor*, São Paulo: Saraiva, 1997.

A falta de autorização ou de outorga deve ser alegada em contestação (art. 301-VIII) [atual art. 337, IX], sob as penas do art. 22, procedendo-se na forma dos arts. 327 e 329 [atuais arts. 350, 351 e 354] (tb. arts. 267-III e § 3º, 268) [atuais arts. 485, III, § 3º, e 486, caput e § 2º].

O Código não previu expressamente o procedimento relativo ao suprimento de autorização ou de outorga. Aplica-se, portanto, o art. 1.103 [atual art. 719] (RT 530/1990, RJTJESP 59/219).

Art. 11. 2. v. art. 13 [atual art. 74], em contradição com este dispositivo: o processo só é nulo se, como autores, marido e mulher não estiverem representados no feito, quando necessário; se forem réus, outra é a solução.

Igualmente, as notas de Nelson Nery Junior e Rosa Maria de Andrade Nery[4] sobre o mesmo artigo:

1. Suprimento da outorga. Nas hipóteses descritas na norma comentada, deverá haver prévio pedido de suprimento judicial de consentimento (CC 237 e 245, I), para que o autor esteja plenamente capacitado para estar em juízo no polo ativo da relação processual (CPC 10, caput, 13) [atuais arts. 73, caput, e 74].

2. Juízo competente. O pedido deve ser postulado perante o juízo da família, por ser matéria decorrente de efeito jurídico do casamento. No procedimento de suprimento de consentimento, o juiz deverá levar em conta o interesse da família.

3. Jurisdição voluntária. O procedimento para suprimento judicial do consentimento conjugal é de jurisdição voluntária (CPC 1.103 e ss.) [atual art. 719 e ss.]. Neste sentido: Barbi, Coment., 116, 82 (v. casuística, abaixo). No sistema processual revogado havia preceito expresso a respeito (CPC/39 625 e ss.).

4. Ônus da prova. Ao cônjuge, que pretende ajuizar a ação judicial, cabe o ônus de provar a necessidade de ingressar em juízo. Incumbe ao cônjuge que negou a autorização o ônus de provar que o fez por motivo justo. Como isto se dá em procedimento de jurisdição voluntária, de natureza inquisitória, onde não há partes, mas interessados, não há lide, mas controvérsia, pode o juiz investigar livremente a prova, não estando sujeito a decidir de acordo com a teoria do ônus da prova, que incide apenas nos procedimentos dispositivos.

5. Recusa justa. O juiz deverá apreciar, no interesse da família, se a recusa de autorização para o ajuizamento da ação foi justa ou injusta. A pequena possibilidade de êxito da ação não é motivo justo para a recusa do consentimento (Barbi, Coment., 114, 82).

6. Impossibilidade de consentir. Ocorre na hipótese de o cônjuge estar materialmente impossibilitado de consentir, como: viajando, ausente, em lugar desconhecido ou inacessível etc. Mesmo quando estiver em lugar conhecido, mas a demora puder causar prejuízo à propositura da ação, é possível o suprimento do consentimento. Decadência e prescrição iminente do direito ou pretensão a ser deduzida em juízo autorizam o suprimento judicial da outorga conjugal, quando o cônjuge não puder concedê-la imediatamente.

7. Nulidade do processo. A presença singular do cônjuge no polo ativo das ações reais imobiliárias, sem a autorização conjugal, acarreta incapacidade processual, isto é, falta de pressuposto processual. O juiz deverá assinar prazo razoável ao autor para suprir a falha (CPC 13) [atual art. 76], sob pena de declarar nulo o processo e extingui-lo sem julgamento do mérito – (CPC, 267, IV) [atual art. 485, IV].

8. Casuística:

Jurisdição voluntária. O procedimento para o suprimento de outorga conjugal é de jurisdição voluntária, devendo obedecer ao rito do CPC 1.103 e ss. [atual art. 719 e ss.] (RT 530/1990;

---

4   Nelson Nery Junior e Rosa Maria Andrade Nery, *Código de Processo Civil Comentado*, São Paulo: Revista dos Tribunais, 1997.

RJTJSP 59/219, 48/156; TJRJ, 4ª Câm., Apel. nº 5.601, Rel. Des. Hamilton de Moraes e Barros, v.u., j. 12.12.78, Paula. PCLJ, I, 471, 120).

4.3. IMPOSSÍVEL AO REGISTRADOR DISPENSAR A OUTORGA

Não é tarefa do registrador ou mesmo do notário, administrativamente, dispensar a outorga conjugal, quando necessária.

Nesse sentido, assim se manifestou o magistrado Kíoitsi Chicuta, no processo nº 265/1991, da 1ª Vara de Registros Públicos, na hipótese em que o casal, na separação judicial, prometeu doar imóvel ao filho:

> Houve demora na lavratura do título instrumentador do negócio jurídico, ocorrendo nesse interregno a conversão da separação judicial em divórcio e novo casamento do varão. E na escritura consignou-se tão somente o comparecimento dos ex-cônjuges para cumprimento de obrigação de fazer, fazendo-se ausente a anuência da mulher do doador. Agora, sob assertiva de que dispensável a outorga uxória, eis que se cumpre obrigação anteriormente assumida pelos doadores, homologada judicialmente, pretende o suscitado o registro do título.

> Com a devida vênia, entendo insuperável o óbice na esfera administrativa. Não se nega que a obrigação de fazer foi homologada judicialmente e que a r. decisão transitou em julgado, mas se olvidou que a estipulação envolve tão só promessa de doar, ou seja, gerou-se apenas obrigação de fazer (...).

> A Constituição Federal estabelece no art. 226, § 5º, que os direitos e deveres referentes à sociedade conjugal são exercidos igualmente pelo homem e pela mulher, e não alterou os deveres consagrados no art. 235 do Código Civil, principalmente aquele estampado em seu inc. I, ou seja, o marido não pode, sem consentimento da mulher, qualquer que seja o regime de bens, alienar bens imóveis (...).

> Sendo o título posterior ao consórcio matrimonial, era indispensável a vênia conjugal.

> O consentimento independe do regime de bens ou mesmo se a obrigação é anterior ao casamento. Cuida-se de norma de ordem pública e objetiva (...).

> Veda-se ao Juízo Administrativo suprir consentimento ou dispensá-lo, restando ao interessado socorrer-se das vias próprias para defesa de seus direitos.

4.4. O PROCEDIMENTO DO SUPRIMENTO DE OUTORGA

O suprimento de outorga manifesta-se no plano processual no âmbito da jurisdição voluntária.

Trata-se de forma de administração pública para alguns interesses privados.

Nesse caso, o Poder Judiciário complementa a vontade das partes sem que haja a decisão de qualquer conflito.

Se assim o é, não estão presentes as partes de uma ação, mas, apenas, interessados.

Outrossim, como não há previsão de procedimento especial de jurisdição voluntária, aplicam-se as regras dos arts. 719 e seguintes do Código de Processo Civil, para onde são remetidos os casos de jurisdição voluntária em que não há previsão de rito especial.

> **Tribunal de Justiça do Paraná**. Venda de imóvel – suprimento de outorga uxória – procedimento de jurisdição voluntária – citação necessária – nulidade processual reconhecida. Como o Código de Processo Civil não previu expressamente o procedimento relativo ao suprimento da outorga uxória, aplicar-se-ão o previsto nos seus arts. 1.103 [atual art. 719] e seguintes, sendo indispensável a citação da interessada, sob pena de nulidade (Acórdão 7.884, Apelação Cível, Rel. Juiz Domingos Ramina, Curitiba, 2ª Vara de Família, 1ª Câmara Cível, Publicação: 02.08.1991, Decisão: acordam os juízes integrantes da primeira Câmara Cível do Tribunal de Justiça do Estado do Paraná, por unanimidade de votos, em proclamar a nulidade do processo, a partir de fls. 10, inclusive, por falta de citação da interessada).

Para fins didáticos, admita-se que o pedido de suprimento tenha sido formulado por um dos cônjuges.

O início do procedimento se dá com a petição e o pedido do interessado no suprimento, mormente que, ainda que seja jurisdição voluntária, o juiz não pode decidir de ofício (Código de Processo Civil, arts. 2º e 720).

Segue-se a citação e a intimação do Ministério Público (Código de Processo Civil, art. 721).

Admite-se a citação por edital, ainda mais nos casos em que não há separação, mas o paradeiro do cônjuge é ignorado, sendo mister para a manutenção da família a venda do imóvel.

O cônjuge citado poderá, querendo, oferecer resposta.

Verificada a resposta, pode ser necessária a produção de provas.

De qualquer forma, há liberdade total para o juiz na investigação dos fatos (Código de Processo Civil, art. 723, parágrafo único).

Sequer são aplicáveis à espécie as regras do ônus da prova.

Sendo assim, o juiz poderá determinar a produção de provas que entender pertinentes, ainda que extrapolem os limites dos fatos trazidos pelos interessados, buscando, assim, a verdade real, diferentemente do que ocorre nos procedimentos de jurisdição contenciosa.

O juiz possui poderes amplos nesse procedimento, o que se infere do art. 723, parágrafo único, do Código de Processo Civil, que não exige do magistrado a observância da "legalidade estrita" na decisão do pedido, sendo-lhe possível decidir de acordo com a conveniência dos interessados.

A análise, contudo, deve partir da motivação da recusa do cônjuge.

Se a recusa estiver em consonância com a defesa do patrimônio da família, tencione evitar a venda por preço vil, bem como o negócio não tenha qualquer utilidade ou necessidade, justa é a negativa de outorga. O mesmo princípio se aplica na hipótese de o cônjuge pretender conceder fiança ou aval de favor (Código Civil, art. 1.647, III) como, por exemplo, prestar fiança em instrumento de transação (ou moratória), que necessita da concordância dos cônjuges nos termos da Súmula nº 332/STJ (STJ, REsp 1.711.800-RS, Rel. Min. Ricardo Villas Bôas Cueva, j. 10.04.2018).

Processualmente, a recusa do cônjuge para a propositura de ação, quando necessária (Código de Processo Civil, art. 73), deve ser analisada nos mesmos termos. Se a recusa for injustificada, o suprimento deve ser dado, caso contrário, se houver fundamento para a recusa, não.

4.5. CESSÃO DE HERANÇA E OUTORGA CONJUGAL

A cessão de herança – na integralidade, vez que é vedada a cessão de bens singulares (Código Civil, art. 1.793, §§ 2º e 3º) – sempre por escritura pública e com outorga conjugal nos termos de judicioso julgado:

Adjudicação compulsória. Cessão de direitos hereditários. Contrato que não observou a forma prescrita em lei. Necessidade de escritura pública ou termo nos autos de inventário. Impossibilidade de cessão de bem da herança considerado singularmente. Art. 1.793, caput e § 2º, CC. Ausência de outorga uxória. Art. 1.647, I, CC. Autores que não fazem jus à adjudicação compulsória do imóvel. Sentença reformada. Inversão da sucumbência. Recurso provido (TJSP, Apelação Cível 1015469-60.2014.8.26.0008, Rel. Fernanda Gomes Camacho, 5ª Câmara de Direito Privado, Foro Regional VIII, Tatuapé, 5ª Vara Cível, j. 08.06.2016, data de registro 09.06.2016).[5]

---

[5] Já se decidiu em sentido contrário, admitindo a cessão de bens individuais e a defesa em sede de embargos de terceiro, o que no meu entendimento é equívoco na exata medida da clareza do art.

4.6. OUTORGA CONJUGAL NOS COMPROMISSOS DE COMPRA E VENDA

Como já vimos, a outorga conjugal é necessária para a promessa de compra e venda quanto ao promitente vendedor, ainda que seja um contrato preliminar que, ao depois, para transferência da propriedade, exigirá a escritura pública (Código Civil, arts. 108, 1.245 e 1.267).

É o que determina o Decreto-lei 58/1937:

> *Art. 11, § 2º É indispensável a outorga uxória quando seja casado o vendedor.*

É verdade que a necessidade era absoluta sob os auspícios do Código Civil de 1916, vez que, qualquer que fosse o regime de casamento, a outorga conjugal era imprescindível no contrato definitivo, a escritura (Código Civil de 1916, art. 235) outorgada depois da quitação dos pagamentos pelo promitente comprador.

Todavia, se o atual Código Civil dispensa a outorga uxória no caso de casamento pelo regime da completa e absoluta separação de bens (Código Civil, art. 1.647), interpretação sistemática nos leva a conclusão de dispensa, também, no caso de promessa de compra e venda.

Se o contrato definitivo – escritura de compra e venda – não necessita da outorga uxória ou marital no caso de casamento pelo regime da separação de bens, é óbvio e claro que o contrato preliminar, que busca atingir a escritura – contrato definitivo – também não pode exigir.

Quem pode o mais – outorgar a escritura definitiva – sem outorga conjugal, pode o menos, ou seja, pode prometer o imóvel à venda sem a outorga conjugal.

De qualquer forma, a jurisprudência não é assente acerca da necessidade ou desnecessidade, ainda quando o regime de casamento exija a outorga.

Malgrado existência de posição doutrinária e jurisprudencial em sentido contrário, o Superior Tribunal de Justiça parece se orientar no sentido de admitir a validade do contrato sem a outorga em razão de a promessa de compra e venda contar com natureza pessoal, valendo como promessa de fato de terceiro e atribuindo ao promitente comprador direito

---

1.793, §§ 2º e 3º do Código Civil (*§ 2º É ineficaz a cessão, pelo coerdeiro, de seu direito hereditário sobre qualquer bem da herança considerado singularmente; § 3º Ineficaz é a disposição, sem prévia autorização do juiz da sucessão, por qualquer herdeiro, de bem componente do acervo hereditário, pendente a indivisibilidade*):
Recurso especial. Civil e processual civil. Embargos de terceiro. Cessão de direitos hereditários. Bem determinado. Nulidade. Ausência. Negócio jurídico válido. Eficácia condicionada que não impede a transmissão da posse. (...). 2. Embargos de terceiro opostos por adquirente de direitos hereditários sobre imóvel pertencente a espólio, cedidos a terceiros antes de ultimada a partilha com a anuência daquelas que se apresentavam como únicas herdeiras, a despeito do reconhecimento de outros dois sucessores por sentença proferida em ação de investigação de paternidade cumulada com petição de herança. 3. O juízo de procedência dos embargos de terceiro está condicionado à comprovação da posse ou do domínio sobre o imóvel objeto de penhora. 5. A cessão de direitos hereditários sobre bem singular, desde que celebrada por escritura pública e não envolva o direito de incapazes, não é negócio jurídico nulo, tampouco inválido, ficando apenas a sua eficácia condicionada a evento futuro e incerto, consubstanciado na efetiva atribuição do bem ao herdeiro cedente por ocasião da partilha. 6. Se o negócio não é nulo, mas tem apenas a sua eficácia suspensa, a cessão de direitos hereditários sobre bem singular viabiliza a transmissão da posse, que pode ser objeto de tutela específica na via dos embargos de terceiro. 7. Admite-se a oposição de embargos de terceiro fundados em alegação de posse advinda do compromisso de compra e venda de imóvel, mesmo que desprovido do registro, entendimento que também deve ser aplicado na hipótese em que a posse é defendida com base em instrumento público de cessão de direitos hereditários. Súmula nº 84/STJ. 8. Peculiaridades da causa que recomendam a manutenção da posse do imóvel em favor da embargante/cessionária. 9. Recurso especial não provido (REsp 1809548/SP, Rel. Min. Ricardo Villas Bôas Cueva, Terceira Turma, j. 19.05.2020, DJe 27.05.2020).

sem eficácia real e, assim, sem possibilidade de registrar ou de adjudicar compulsoriamente, judicialmente ou extrajudicialmente.[6]

Nesse sentido:

Obviamente, muito embora a promessa de compra e venda confira direito à adjudicação compulsória, esta não ocorrerá sem a outorga conjugal, uma vez que, aí sim, se teria uma alienação de propriedade imóvel, para cuja formalização se faz necessária a participação de ambos os cônjuges – com a ressalva da recusa suprida por via judicial. Na verdade, quem recebe imóvel por instrumento de promessa de compra e venda sem a outorga uxória o faz por conta e risco de, posteriormente, não ser anuído o pacto pelo cônjuge ausente. À falta de outorga, o adquirente pode ser acionado pela mulher no exercício do direito a ela conferido de "reivindicar os imóveis do casal que o marido tenha gravado ou alienado sem sua outorga ou suprimento do juiz" (art. 248, inciso II, do CC/1916 e art. 1.642, inciso III, do CC/2002), mas descabe falar em nulidade quando se tratar de vínculo meramente pessoal, como é o caso da promessa de compra e venda, na vigência do CC/1916 (...)" (REsp 1.125.616/BA, Rel. Min. Antonio Carlos Ferreira, Rel. para acórdão Min. Raul Araújo, 4ª Turma, j. 16.06.2015, DJe 03.08.2015).

Nada obstante, uma ponderação faltou.

Isso porque o Código Civil, ao tratar da promessa de fato de terceiro que apoia a conclusão da dispensa da outorga no caso de promessa de compra e venda, ainda que a outorga seja exigida no contrato definitivo, estabelece que:

Art. 439. Aquele que tiver prometido fato de terceiro responderá por perdas e danos, quando este o não executar.

Parágrafo único. Tal responsabilidade não existirá se o terceiro for o cônjuge do promitente, dependendo da sua anuência o ato a ser praticado, e desde que, pelo regime do casamento, a indenização, de algum modo, venha a recair sobre os seus bens.

Conclui-se que, admitida a validade do contrato, havendo descumprimento e ausente a outorga quando necessária, o promitente comprador terá seu direito deveras limitado, só podendo se valer de bens particulares do cônjuge ou companheiro que prometeu a venda, para receber perdas e danos e o equivalente ao valor pago.

4.7. OUTORGA CONJUGAL, O DECRETO-LEI 58/1937 E A LEI 6.766/1979

A alienação nos moldes do art. 11, § 2º do Decreto-lei 58/1937, que regula o compromisso de compra e venda, torna indispensável a outorga conjugal na promessa de compra e venda de lote.

É o que decidiu a 8ª Câmara do Tribunal de Justiça de São Paulo, na Apelação Cível 11.169-2, afirmando que a orientação em contrário *pode ter aplicação em se tratando de imóveis não loteados, mas é de duvidosa aplicação em terrenos loteados nos moldes do Decreto-lei 58. Para esses a lei é expressa: indispensável a outorga uxória quando seja casado o vendedor* (art. 11 do Decreto-lei 58).

A Lei 6.766/1979 confirma a obrigação aos atos de alienação ou promessa de alienação (inc. VII e § 3º, do art. 18 da Lei 6.766).

---

6 Conforme ensina José Osório de Azevedo Jr. (*Compromisso de compra e venda*. 6. ed. São Paulo: Malheiros, 2013, p. 241), após citar julgado declarando a nulidade do negócio sem outorga do cônjuge: "É a tese que adotamos. Considerando o compromisso mais como uma espécie de compra e venda do que um simples contrato preliminar, próprio, outra não podia deixar de ser a conclusão, sendo razoável que se exijam para o compromisso os mesmos requisitos da compra e venda, saldo, é claro, aqueles que a própria lei haja dispensado, como os relacionados com a forma do ato".

4.8. OUTORGA CONJUGAL NA CLÁUSULA DE INCOMUNICABILIDADE DOS BENS DO CASAL

Mesmo que o bem esteja gravado com a cláusula de incomunicabilidade, quando a lei exige (Código Civil, art. 1.647), a outorga uxória é indispensável.

É nesse sentido a decisão que espelha essa tendência, do E. Conselho Superior da Magistratura do Estado de São Paulo na Apelação Cível 275.150, cujo relator foi o Desembargador Humberto de Andrade Junqueira, afirmando que *de nenhuma relevância, portanto, que a coisa não compartilha a comunhão, por força de regime ou de cláusula que o exclua. Em qualquer hipótese, para a inteireza do negócio dispositivo imobiliário é de mister o consentimento uxório, cuja carência, na espécie, impede o registro que concretizaria a transmissão.*

4.9. OUTORGA CONJUGAL NO CASO DE ESTRANGEIROS

Ainda que o vendedor seja estrangeiro, os atos aqui praticados devem respeitar a lei brasileira.

A teor do que dispõe o art. 8º, da Lei de Introdução às Normas do Direito Brasileiro, o fato de a legislação do país de origem do vendedor permitir a venda sem a anuência do cônjuge não o libera desse encargo para os imóveis aqui situados.

Portanto, os imóveis situados no Brasil, independente da titularidade, respeitam a *lex rei sitae*.

Neste sentido:

> *Para qualificar os bens e regular as relações a eles concernentes, aplicar-se-á a lei do país em que estiverem situados, como dispõe o art. 8º da Lei 4.657/42 (Lei de Introdução às Normas do Direito Brasileiro). Consequentemente, é nula a venda de bem imóvel situado no Brasil, pelo marido, sem o consentimento da mulher (art. 235, inc. I, do CC),[7] ainda que se trate de casal estrangeiro (Apel. Cív. 906, TJPR – RDI 17/18, jan./dez./1986, p. 128).*

4.10. MODELO DE PEDIDO DE SUPRIMENTO DE OUTORGA PARA ALIENAÇÃO DE BEM IMÓVEL

Exmo. Sr. Dr. Juiz de Direito da Vara de Família e Sucessões do (...).

(...) vem, respeitosamente, perante Vossa Excelência, por seus advogados, pelo procedimento de jurisdição voluntária do art. 719 e seguintes do CPC, requerer em face de sua mulher, (...), brasileira, do lar, casada, RG nº (...), residente e domiciliada na Rua (...), CEP 03987-100, a presente

Ação de Suprimento de Outorga

o que faz com fundamento no art. 719 e seguintes do Código de Processo Civil, arts. 1.647, 1.648 e 1.649 do Código Civil e pelos argumentos de fato e de direito a seguir aduzidos:

I. Fatos

O requerente é casado com a interessada requerida, conforme se observa da cópia da certidão de casamento anexa (documento 2).

O requerente e seu irmão, Sr. (...), são coproprietários (50% cada um) dos imóveis discriminados nas matrículas nos (...), junto ao (...) Oficial de Registro de Imóveis da Capital, SP (documento 3).

Esses imóveis encontram sua origem em outro maior – matrícula nº (...) – objeto de desdobro averbado em (...) (documento 4).

---

[7] Artigo do Código Civil de 1916, correspondente ao art. 1.647, I, do Código Civil de 2002.

O desdobro foi providenciado pelos coproprietários, respeitando a posse perfeitamente delimitada de cada um, para regularização da situação de fato.

Em consonância com o acatado, o requerente e a interessada requerida residem e são possuidores do imóvel objeto da matrícula n° (...), junto ao (...) Oficial de Registro de Imóveis de São Paulo.

Por outro lado, o irmão do requerente, Sr. (...), é possuidor residente do imóvel constante da matrícula n° (...).

Posta assim a questão, com o desdobro do terreno levado a efeito em (...), os coproprietários providenciaram minuta de escritura de permuta, que seria lavrada junto ao (...) Tabelionato de Notas da Comarca de (...), SP (documento 5).

Por essa escritura, o Sr. (...) – coproprietário – e sua mulher, (...), transfeririam ao requerente e sua mulher (a requerida), a fração ideal (50%) do imóvel, consolidando, integralmente, nas mãos do requerente, a propriedade do imóvel objeto da matrícula n° (...).

Em contrapartida, o requerente e sua mulher cederiam ao Sr. (...) a totalidade de sua fração do imóvel (50%), objeto da matrícula n° (...), onde este reside (Sr. (...), irmão do requerente).

Como resultado da permuta, as partes teriam a propriedade plena do imóvel onde residem, evitando a incômoda situação de copropriedade que foi estabelecida antes do desdobro do imóvel original.

Entretanto, no dia marcado para assinatura da escritura de permuta, inexplicavelmente, a requerida interessada deixou de comparecer para outorga, recusando-se a firmar a escritura, fato esse devidamente certificado pelo Sr. Tabelião (documento 6).

Não há qualquer motivo plausível para a recusa, mormente que não implica, de forma nenhuma, prejuízo ao patrimônio da família.

Trata-se, na verdade, de benefício ao casal, que terá consolidada em suas mãos a propriedade do imóvel onde residem, sem a incômoda participação de um terceiro.

Diante desses fatos, ao requerente não restou alternativa, senão pleitear judicialmente, através do presente procedimento, o suprimento da outorga da requerida.

II. Direito

Dispõem os arts. 1.647 e 1.648 do Código Civil:

> *Art. 1.647. Ressalvado o disposto no art. 1.648, nenhum dos cônjuges pode, sem autorização do outro, exceto no regime da separação absoluta:*
>
> *I – alienar ou gravar de ônus real os bens imóveis;[8]*
>
> *II – pleitear, como autor ou réu, acerca desses bens ou direitos;*
>
> *III – prestar fiança ou aval;[9]*
>
> *IV – fazer doação, não sendo remuneratória, de bens comuns, ou dos que possam integrar futura meação.*
>
> *Parágrafo único. São válidas as doações nupciais feitas aos filhos quando casarem ou estabelecerem economia separada.*
>
> *Art. 1.648. Cabe ao juiz, nos casos do artigo antecedente, suprir a outorga, quando um dos cônjuges a denegue sem motivo justo, ou lhe seja impossível concedê-la.*

O presente procedimento é cabível para o provimento necessário, como atesta abalizada doutrina. Neste sentido, as notas de Nelson Nery Junior e Rosa Maria Andrade Nery:[10]

> *2. Juízo competente. O pedido deve ser postulado perante o juízo da família, por ser matéria decorrente de efeito jurídico do casamento. No procedimento de suprimento de consentimento, o juiz deverá levar em conta o interesse da família.*

---

[8]   Compra e venda, hipoteca, anticrese, caução, alienação fiduciária etc.

[9]   O Código Civil inova o direito anterior na exata medida em que exige a outorga conjugal também para o aval e não só para a fiança como exigia o art. 235, III, do Código de 1916.

[10]   Nelson Nery Junior e Rosa Maria Andrade Nery, *Código de Processo Civil Comentado*, São Paulo: Revista dos Tribunais, 1997, notas ao art. 11.

3. Jurisdição voluntária. O procedimento para suprimento judicial do consentimento conjugal é de jurisdição voluntária (CPC 1.103 e ss.) [atual art. 734 e ss.]. Neste sentido: Barbi, Coment., 116, 82. No sistema processual revogado havia preceito expresso a respeito (CPC/39 625 e ss.).

Casuística:

Jurisdição voluntária. O procedimento para o suprimento de outorga conjugal é de jurisdição voluntária, devendo obedecer ao rito do CPC 1.103 e ss. [atual art. 734 e ss.] (RT 530/1990; RJTJSP 59/219, 48/156; TJRJ, 4ª Câm., Apel. nº 5.601, Rel. Des. Hamilton de Moraes e Barros, v.u., j. 12.12.78, Paula. PCLJ, I, 471, 120).

Portanto, para suprimento da outorga conjugal, não há previsão de um procedimento especial de jurisdição voluntária, aplicando-se, desta forma, as regras dos arts. 719 e seguintes do CPC, para onde refluem todos os casos de jurisdição voluntária para os quais o legislador não previu rito especial.

__Tribunal de Justiça do Paraná__. Venda de imóvel – suprimento de outorga uxória – procedimento de jurisdição voluntária – citação necessária – nulidade processual reconhecida. Como o Código de Processo Civil não previu expressamente o procedimento relativo ao suprimento da outorga uxória, aplicar-se-ão o previsto nos seus arts. 1.103 e seguintes [atual art. 719 e ss.], sendo indispensável a citação da interessada, sob pena de nulidade (Acórdão 7.884, Apelação Cível, Rel. Juiz Domingos Ramina, Curitiba, 2ª Vara de Família, 1ª Câmara Cível, Publicação: 02.08.1991, Decisão: acordam os Juízes integrantes da primeira Câmara Cível do Tribunal de Justiça do Estado do Paraná, por unanimidade de votos, em proclamar a nulidade do processo, a partir de fls. 10, inclusive, por falta de citação da interessada).

III. Pedido

Isto posto, requer-se a procedência da ação com o suprimento judicial da outorga da requerida, determinando Vossa Excelência a expedição de Alvará para lavratura da escritura de permuta da fração ideal do imóvel objeto da matrícula (...), pela fração ideal do imóvel objeto da matrícula (...), ambas junto ao (...) Oficial de Registro de Imóveis de (...), consolidando, nas mãos do requerente e da requerida, a propriedade integral do imóvel onde residem, objeto da matrícula nº (...).

IV. Citação

Nos termos do art. 246 do CPC, requer-se a citação por meio eletrônico ou, não havendo cadastro, pelo correio (*ou, ainda, justificando, por Oficial de Justiça, nos termos do § 1º-A, II, do CPC*), para, querendo, a requerida oferecer resposta no prazo legal do art. 721 do CPC.

Requer-se, ainda, nos termos do art. 721 do CPC, a intimação do Ministério Público.

V. Provas

Protesta o requerente por provar o alegado através de todos os meios de prova em direito admitidos, especialmente pela produção de prova documental, testemunhal, pericial e inspeção judicial, depoimento pessoal da requerida, inclusive em eventual audiência a ser designada por Vossa Excelência.

VI. Valor da causa

Dá-se à causa o valor de R$ (...).

Termos em que,

pede deferimento.

Data

Advogado (OAB)

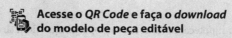

**Acesse o *QR Code* e faça o *download*
do modelo de peça editável**

> http://uqr.to/1ydzs

Capítulo 5

AÇÕES VERSANDO SOBRE FALSIDADE DOCUMENTAL

5.1. PRINCIPAIS ASPECTOS

a) **Foro competente:** foro do domicílio do réu na ação declaratória autônoma e o da ação principal no caso de ação de arguição de falsidade incidental ou como questão principal;

b) **Legitimidade ativa:** parte contra quem foi produzido o documento (Código de Processo Civil, art. 437);

c) **Legitimidade passiva:** parte que apresentou documento falso em tese;

d) **Valor da causa:** Existem duas correntes:

   i)   valor do negócio a que corresponde a relação jurídica cuja existência se quer afirmar ou negar;

   ii) estimativa feita pelo autor.

e) **Petição:** respeitará os requisitos do art. 319 do Código de Processo Civil, com as peculiaridades dos arts. 430 e seguintes na ação declaratória autônoma; no curso do processo, basta um simples pedido na contestação, na réplica ou em petição autônoma no prazo de quinze dias contados da intimação da juntada do documento;

f) **Recurso cabível:** Aquele que suscitar a falsidade no curso do processo, em regra, verá a questão decidida incidentalmente. Todavia, nos termos do art. 430, parágrafo único, do Código de Processo Civil, poderá requerer a apreciação na sentença, como questão principal, nos termos do art. 19, II,[1] do Código de Processo Civil. Portanto, decidida a falsidade como questão principal, o que em regra ocorrerá mediante pedido expresso, aplica-se o art. 433 do Código de Processo Civil, segundo o qual a arguição de falsidade é julgada na sentença, constando do dispositivo, de tal sorte que o recurso é de apelação. Entretanto, julgada a falsidade por decisão interlocutória, se não for requerido expressamente o julgamento como questão principal (Código de Processo Civil, art. 433), não caberá recurso de agravo

---

[1] Art. 19. O interesse do autor pode se limitar à declaração:

(...)

II – da autenticidade ou da falsidade de documento.

por ausência de previsão no art. 1.015 do Código de Processo Civil, mas caberá suscitar a questão na apelação ou nas contrarrazões nos termos dos §§ 1º e 2º do art. 1.009 do Código de Processo Civil;

g) **Ônus da prova:** há diferença considerável na distribuição do ônus da prova nos dois casos que serão examinados (arguição/ação de falsidade e impugnação de autenticidade), de acordo com o art. 429 do Código de Processo Civil:

Art. 429. Incumbe o ônus da prova quando:

I – se tratar de falsidade de documento ou de preenchimento abusivo, à parte que a arguir;

II – se tratar de impugnação da autenticidade, à parte que produziu o documento.

O parágrafo único do art. 427 do Código de Processo Civil define falsidade documental em: *formar documento não verdadeiro* e *alterar documento verdadeiro*.

Assim, cabe a quem arguir a falsidade o ônus da prova se o que se discute é a falsidade do documento (material), como, por exemplo, documentos fabricados, adulterados depois de formados e, bem assim, preenchimento de documento depois de assinatura com acréscimos não constantes do originalmente formado.

Todavia, se o conteúdo não for autêntico (falsidade ideológica) ou a assinatura foi falsificada, compete a quem produziu o documento nos autos provar que o documento é autêntico.

O Código de Processo Civil revogado, em tese, não permitia a arguição de falsidade ideológica, embora alguns julgados admitissem a arguição quando fosse possível a verificação material da falsidade.[2]

Todavia, o atual Código de Processo Civil expressamente permite a arguição de falsidade ideológica (veracidade ou autenticidade), o que faz em razão da redação do art. 428 e, bem assim, da alteração levada a efeito no art. 388 do Código revogado, cuja redação equivalente, do art. 428, trata expressamente a discussão da falsidade ideológica (autenticidade), não se limitando mais à assinatura.[3]

5.2. FALSIDADE

A questão da veracidade do documento é assunto de extrema relevância para o Direito Imobiliário, o que se infere do art. 1.247 do Código Civil.

---

[2] **Tribunal de Justiça de São Paulo.** Agravo regimental – decisão monocrática que deu provimento a recurso interposto contra decisão que indeferiu a instauração do incidente de falsidade documental – preclusão não comprovada – falsidade ideológica que, no caso, pode ser aferida materialmente – questão relevante para o julgamento da ação – agravo de instrumento provido – decisão monocrática mantida – agravo regimental não provido (Agravo Regimental 0078073-69.2012.8.26.0000, Rel. Erickson Gavazza Marques, Comarca: Presidente Prudente, 5ª Câmara de Direito Privado, j. 26.03.2014. Outros números: 78073692012826000050000).

[3] Nessa medida:
Art. 428 do CPC. Cessa a fé do documento particular quando:
I – lhe for impugnada a autenticidade e enquanto não se lhe comprovar a veracidade;
II – assinado em branco, for impugnado seu conteúdo, por preenchimento abusivo.
Parágrafo único. Dar-se-á abuso quando aquele que recebeu documento assinado com texto não escrito no todo ou em parte formá-lo ou completá-lo por si ou por meio de outrem, violando o pacto feito com o signatário.

É que, se o teor do registro não exprimir a verdade, o interessado pode pleitear a sua retificação ou anulação, independentemente da boa-fé do adquirente (parágrafo único do art. 1.247 do Código Civil).

Como a falsidade pode inquinar o título registrado e, conseguintemente, o registro, possibilita ao interessado, com fundamento nesse artigo, a anulação do registro imobiliário.

Por exemplo: alguém adquire imóvel, de boa-fé, cuja escritura é outorgada com procuração ou assinatura falsa. O interessado – o proprietário – poderá, independentemente da boa-fé do adquirente, pleitear a anulação do registro, provando a falsidade do documento que gerou o registro.

A fé pública que cerca os documentos produzidos pelos tabeliães nos termos do artigo 215 do Código Civil não inibe a impugnação de sua veracidade, na exata medida em que se trata de presunção relativa e não absoluta.[4]

Em outras palavras, aquele contra quem o documento é produzido tem o ônus de provar que não é verdadeiro.

Anote-se, nessa medida, a lição de Nelson Nery Junior e Rosa Maria Andrade Nery, segundo os quais: "Fé pública. O dispositivo refere-se tanto aos documentos particulares quanto aos públicos. Porém, reconhece-se a ampla fé do documento público no que tange às declarações prestadas pelo oficial público no exercício de sua atividade. Merecem 'plena fé tudo quanto conste do instrumento ter sido praticado pelo oficial público, e tudo quanto ele afirme que foi dito ou feito em sua presença' (Paulo de Lacerda; Eduardo Espínola, *Manual*, v. 3, t. III, 131, 111). Mas isso não significa a impossibilidade de questionar a validade de tais declarações. Embora se reputem verdadeiras tais declarações, essa presunção de veracidade também é juris tantum, uma vez que as afirmações resultantes de uma apreciação pessoal (*v.g.*, a sanidade mental de um testador ou um consentimento sem qualquer vício) bem como a fé que diga respeito à verdade e sinceridade das declarações que as partes tenham feito

---

[4] Nesse sentido, quanto à presunção relativa que decorre do registro: Recurso Especial – embargos à execução de título extrajudicial consistente em contrato particular de compra e venda de imóvel – escritura pública aquisitiva outorgada por terceiros antigos proprietários diretamente ao comprador, a pedido do vendedor, proprietário de fato – preço e quitação fictícia constante no documento público que não retira a exigibilidade da obrigação pactuada com o verdadeiro proprietário – declarações das partes ao oficial de registro que possuem presunção relativa de veracidade admitindo-se prova em contrário – insurgência do embargante. Cinge-se a controvérsia acerca da interpretação e alcance dos arts. 215, *caput*, e 216 do Código Civil vigente, especificamente, no caso ora em exame, se a escritura pública ostenta presunção absoluta (*jure et de jure*) ou relativa (*juris tantum*) de veracidade e se por instrução probatória é possível elidir a força probante do instrumento 1. A fé pública atribuída aos atos dos servidores estatais e aos documentos por eles elaborados, não tem o condão de atestar a veracidade do que é tão somente declarado, de acordo com a vontade, boa ou má-fé das partes, pois a fé pública constitui princípio do ato registral que protege a inscrição dos direitos, não dos fatos subjacentes a ele ligados. 1.1 As declarações prestadas pelas partes ao notário, bem ainda o documento público por ele elaborado, possuem presunção relativa (*juris tantum*) de veracidade, admitindo-se prova em contrário. Precedentes. 2. A quitação, quando considerada ficta, exarada para fins de transferência de propriedade, exige prova do pagamento para que seja reputada consumada. 2.1 Consoante delineado pela Corte local, com amparo nos elementos de convicção dos autos, inviável conferir o atributo de prova plena, absoluta e incontestável à escritura aquisitiva – como pretende a insurgente – a fim de desconstituir a exigibilidade do crédito executado, pois no documento não consta pagamento algum na presença do servidor cartorário ao exequente ou aos antigos proprietários e, por consequência, não existe relação direta, ou prejudicial, entre o que foi declarado na escritura e a obrigação de pagar assumida pela recorrente perante o exequente no contrato particular de compromisso de compra e venda. (...) 3. Recurso especial conhecido em parte e, na extensão, desprovido (REsp 1.288.552/MT, Rel. Min. Marco Buzzi, Quarta Turma, j. 24.11.2020, *DJe* 02.12.2020).

na presença do oficial público não têm a mesma autenticidade que merece o documento público. Destarte, apesar da fé pública de que se reveste o documento público, é, ainda, possível discutir-se a validade e, eventualmente, a existência de documento confeccionado por oficial público no exercício de suas atribuições legais [...]".[5]

Moacyr Amaral Santos[6] define a autenticidade como a certeza de que o documento provém do autor nele indicado.

O autor do documento, nos termos do art. 410 do Código de Processo Civil, é aquele que o elaborou e assinou, ou aquele que o mandou fazer e assinou o documento.

A autenticidade consiste na coincidência entre o autor aparente e o autor real.

Não é autêntico o documento forjado ou adulterado na medida em que o autor real é o falsificador, sendo autor aparente a vítima da falsidade.

Assim, mister se faz o estudo da falsidade, bem como de suas espécies: a material e a ideológica.

A falsidade material, descrita no parágrafo único do art. 427 do Código de Processo Civil, refere-se ao suporte do documento:

> *Art. 427. (...)*
>
> *Parágrafo único. A falsidade consiste em:*
>
> *I – formar documento não verdadeiro [ter ele sido formado com vício];*
>
> *II – alterar documento verdadeiro [ter sido adulterado].*

A falsificação de assinatura, a adição, a supressão ou substituição de palavras; o retoque para obter uma imagem adulterada são exemplos de falsidade material.

Por ser material, essa espécie de falsidade se prova através de perícia e independe da veracidade do conteúdo.

Por outro lado, ainda que o documento não contenha qualquer vício de ordem material, sendo, portanto, perfeito na sua forma, pode ser inverídico (não autêntico) quanto ao seu conteúdo, gerando a denominada *falsidade ideológica*.

Essa espécie de falsidade desafia a anulação do ato jurídico, muitas vezes em razão do art. 167, § 1º, II, do Código Civil:

> *Art. 167. É nulo o negócio jurídico simulado, mas subsistirá o que se dissimulou, se válido for na substância e na forma.*
>
> *§ 1º Haverá simulação nos negócios jurídicos quando:*
>
> *(...)*
>
> *II – contiverem declaração, confissão, condição ou cláusula não verdadeira.*

Com a atual redação do art. 428 do Código de Processo Civil, que alterou a ideia que antes emanava do art. 388 do Código de Processo Civil revogado, nos parece que a posição atual do Superior Tribunal de Justiça, que admite a arguição incidental de falsidade ideológica, exceto quando representar desconstituição de situação jurídica, merece revisão. Eis a comparação:

---

5   Nelson Nery Júnior; Rosa Maria Andrade Nery. *Código Civil comentado*, 10. ed. São Paulo: Revista dos Tribunais, 2013, p. 497-498.

6   Moacyr Amaral Santos, *Comentários ao Código de Processo Civil*, Rio de Janeiro: Forense, 1994, p. 172.

Redação do Código de Processo Civil de 1973	Redação do atual Código de Processo Civil
Art. 388. Cessa a fé do documento particular quando:	Art. 428. Cessa a fé do documento particular quando:
I – *lhe for contestada a assinatura* e enquanto não se lhe comprovar a veracidade;	I – *for impugnada a autenticidade* e enquanto não se lhe comprovar a veracidade;

Assim, cessa a fé do documento particular não só quando for contestada a sua assinatura, como antes, mas sempre que colocada em dúvida a sua autenticidade, o que inclui a falsidade ideológica.

Assim, o parágrafo único do art. 430 do Código de Processo Civil permite que a questão seja, a requerimento da parte, decidida na sentença, como questão principal, nos termos do art. 19, II, do mesmo Estatuto Processual, evitando, inclusive, a multiplicação de demandas.

Alguma resistência ainda pode ser encontrada na arguição de falsidade, no caso de documento formalmente em ordem,[7] entendimento esse que encontra suporte na norma insculpida no art. 432 do Código de Processo Civil: *será realizada a prova pericial.*[8]

De fato, se a falsidade ideológica decorre da mentira contida no documento, é evidente que a perícia não será apta a esclarecer a questão.

Todavia, entendemos, a teor de pedido de julgamento como questão principal, na própria sentença de mérito, que outras provas podem ser admitidas no curso da instrução, inclusive a testemunhal, meio que privilegia o princípio da economia processual, vez que evita um processo autônomo para o mesmo mister, o que, de certa forma, mesmo no regime anterior já se admitia:

Segundo Tribunal de Alçada Civil de São Paulo. *Falsidade ideológica – arguição na contestação – incidente em apartado – desnecessidade – decisão na sentença final – admissibilidade. A arguição de falsidade ideológica não reclama incidente em apartado e, feita na contestação, é decidida na sentença final da causa (Apel. s/ Rev. 503.123, 3ª Câm., Rel. Juiz João Saletti, j. 27.01.1998).*

A alegação de falsidade, outrossim, compete àquele contra quem foi produzido o documento.

---

7   RT 539/85.
O Superior Tribunal de Justiça admite o incidente de falsidade ideológica quando não representar desconstituição da própria relação jurídica:
Locação. Processual civil. Contrariedade ao art. 535 do Código de Processo Civil. Arguição genérica. Incidência da Súmula 284 do Supremo Tribunal Federal. Incidente de falsidade ideológica. Desconstituição da situação jurídica. Impossibilidade. 1. Quanto à suposta contrariedade ao art. 535, inciso II, do Código de Processo Civil, não foram esclarecidas de maneira específica, quais as questões, objeto da irresignação recursal, não foram debatidas pela Corte de origem, incidindo, portanto, a Súmula 284 do Pretório Excelso. 2. O incidente de falsidade ideológica será passível de admissibilidade tão somente quando não importar a desconstituição da própria situação jurídica. Precedentes. 3. Recurso Especial conhecido e desprovido (REsp 717.216/SP, Rel. Min. Laurita Vaz, 5ª Turma, j. 04.12.2009, DJe 08.02.2010). Processual Civil. Falsidade ideológica. Documento narrativo. Apuração pela via incidental. Admissibilidade. Recurso desprovido. A falsidade ideológica, salvo nas hipóteses em que o seu reconhecimento importe em desconstituição de situação jurídica, pode ser arguida em incidente (AgRg no Ag 204.657/SP, 4ª Turma, Rel. Min. Sálvio de Figueiredo Teixeira, DJ 14.02.2000).

8   Nesse sentido:
Tribunal de Justiça de São Paulo. *Incidente de falsidade. Documento. Falsidade ideológica. Meio invocado. Inadequação. Possibilidade, apenas, de se cogitar a falsidade material. Recurso não provido (Agravo de Instrumento 197.128-2, Rel. Célio Filócomo, São José do Rio Preto, 07.12.1992).*

É esse o teor do art. 427 do Código de Processo Civil:

> *Art. 427. Cessa a fé do documento, público ou particular, sendo-lhe declarada judicialmente a falsidade.*

A *contrario sensu*, é possível afirmar que, não lhe sendo declarada judicialmente a falsidade, o documento, público ou particular, merece fé.

Assim sendo, a lei processual obriga o reconhecimento da autenticidade pela parte contra a qual foi produzido o documento acoimado de falso. Esse reconhecimento pode ser feito por omissão, ou seja, no caso de a parte deixar de pedir ao juiz que declare a falsidade.

Portanto, se aquele contra quem foi produzido o documento deixar de alegar a falsidade na contestação, na réplica ou no prazo de quinze dias da sua juntada (Código de Processo Civil, art. 430), está admitindo a autenticidade de documento apresentado contra si por omissão.

Nesse sentido, o art. 412 do Código de Processo Civil:

> *Art. 412. O documento particular de cuja autenticidade não se duvida prova que o seu autor fez a declaração que lhe é atribuída.*

Verifica-se do teor desse artigo que, em tese, sua aplicabilidade está circunscrita ao documento particular.

De qualquer forma, o procedimento da arguição de falsidade aplica-se aos documentos públicos e particulares, o que se afirma com suporte no já mencionado art. 427 do Código de Processo Civil.

Acorde com Antônio Carlos Muniz,[9] a lei processual não discrimina, sendo que sua lição hoje se aplica ao art. 427 do Código de Processo Civil:

> *Por outro lado, é bem de se ver que, tratando-se de documento público, a sua fé cessará sendo declarada judicialmente a falsidade. O artigo citado é imperativo, determinando como cessa a fé do documento público. E as vias próprias para se obter essa declaração já as apontamos neste trabalho:*
>
> *I – por ação própria e autônoma (arguição* principaliter*) de declaração de falsidade documental;*
>
> *II – no curso do procedimento em que o documento foi produzido (arguição* incidenter tantum*) (...);*
>
> *III – por ação rescisória, quando a sentença de mérito, transitada em julgado, fundou-se em prova cuja falsidade tenha sido apurada em processo criminal, ou seja, provada na própria ação rescisória.*

Convém observar, outrossim, que, no caso de falsidade arguida contra documento público, toda cautela deve ser tomada pelo magistrado em razão da presunção do art. 405 do Código de Processo Civil:

> **Segundo Tribunal de Alçada Civil de São Paulo**. *Nada impede que seja arguida falsidade da fé pública registrária. A dilação instrutória, porém, a seu respeito se há de produzir em harmonia com a gravidade da impugnação, com a razoabilidade dos fatos singulares que a motivem. De não ser assim, a paralisia dos efeitos próprios da fé pública estará entregue a mais ligeira increpação de desconfiança individual, deixando de cumprir o munus que é a razão de sua existência (2º TACivSP, Apel. 324.306, Rel. Juiz Ricardo Dip, j. 27.05.1992, Bol. AASP 1.769, supl., p. 6).*

Nesse sentido, o art. 718 do Código de Processo Civil, de 1939, exigia a oitiva do notário e das testemunhas instrumentais.

---

[9] "Incidente de Falsidade", *RT* 541/29.

De acordo com Moacyr Amaral dos Santos,[10] fundamentado no equivalente ao art. 370 do Código de Processo Civil, o juiz poderá, de ofício ou a requerimento da parte, ouvir aquele que formou o documento.

5.3. AS AÇÕES VERSANDO SOBRE FALSIDADE DOCUMENTAL

De acordo com o art. 19 do Código de Processo Civil:

> *Art. 19. O interesse do autor pode se limitar à declaração:*
> *I – da existência, da inexistência ou do modo de ser de uma relação jurídica;*
> *II – da autenticidade ou da falsidade de documento.*

Trata-se da ação declaratória autônoma ou *principaliter.*

Seria até despiciendo repetir, já que o texto é cristalino, que o inc. I se refere à declaração *com força de coisa julgada* sobre a existência ou inexistência de relação jurídica.

Nesses termos, seguem alguns exemplos de relações jurídicas que podem ser objeto de ação declaratória:[11]

a) para determinar a validade de uma escritura pública ou procuração que serviu para representar o vendedor de um imóvel;

b) para aclarar a validade ou não de cláusula contratual;

c) para reconhecimento de sociedade de fato entre conviventes; e,

d) para exoneração de fiança nos casos em que é cabível.

O inc. II do art. 19 do Código de Processo Civil, por sua vez, apresenta uma ação declaratória autônoma que reclama do juiz uma declaração sobre fatos – sobre autenticidade ou falsidade de documentos.

Importante observar, todavia, que a declaração de falsidade de documento apresentado no curso de um processo, nos termos da redação atual do parágrafo único do art. 430 do Código de Processo Civil, pode ser objeto de requerimento para apreciação como questão principal, decidida por sentença com força de coisa julgada material:

> *Art. 430. A falsidade deve ser suscitada na contestação, na réplica ou no prazo de 15 (quinze) dias, contado a partir da intimação da juntada do documento aos autos.*
> *Parágrafo único. Uma vez arguida, a falsidade será resolvida como questão incidental, salvo se a parte requerer que o juiz a decida como questão principal, nos termos do inciso II do art. 19.*

5.3.1. Procedimento

Tratando-se de documento não apresentado no curso de uma ação, o interessado na declaração de nulidade deverá propor uma ação autônoma, que seguirá o procedimento comum (CPC, art. 318 e seguintes).

Se o documento for apresentado no curso de uma ação, caberá a arguição de falsidade que será julgada como questão principal, na sentença, se tal julgamento assim for requerido, nos termos do parágrafo único do art. 430 do Código de Processo Civil.

---

[10] *Comentários,* ob. cit.

[11] Os números 20 e 22 da *Revista de Processo* (RT) trazem farta jurisprudência sobre cabimento e descabimento de ação declaratória.

Ofertado o documento com a petição inicial ou na contestação, a arguição de falsidade deve ser suscitada na contestação ou na réplica, acorde com o que determina o art. 430 do Código de Processo Civil.

Todavia, o art. 435 do Estatuto Processual permite que novos documentos sejam juntados em qualquer fase do procedimento. Nesse caso, a arguição de falsidade deve ser suscitada no prazo de quinze dias, a partir da intimação de sua juntada aos autos.

Não há mais previsão, antes contida no art. 394 do Código de Processo Civil revogado, de suspensão do processo.

Sendo assim, suscitada a falsidade, acorde com os arts. 430 e 431 do Código de Processo Civil, o juiz determinará a intimação da parte que produziu o documento suspeito para responder no prazo de quinze dias (Código de Processo Civil, art. 432), prosseguindo a ação o seu curso.

Como a lei fala em *ouvir* a parte e não citar, como era o teor do art. 717 do Código de 1939, o ato pode ser feito na pessoa do advogado da parte que produziu o documento.

Depois da resposta do arguido, o juiz determina, se necessário, o exame pericial do documento taxado de falso, nomeando o perito e seguindo o procedimento na forma do art. 465 do Código de Processo Civil, sem descartar outras provas, salvo se a parte que produziu o documento concordar em retirá-lo dos autos, requerendo o desentranhamento, nos termos do parágrafo único do art. 432 do Código de Processo Civil.

5.4. O PRAZO PARA RECLAMAR A FALSIDADE

No curso do processo, há um prazo para reclamar a falsidade do documento. É o que dispõe a segunda parte do art. 430 do Código de Processo Civil:

> *Art. 430. A falsidade deve ser suscitada na contestação, na réplica ou no prazo de 15 (quinze) dias, contado a partir da intimação da juntada do documento aos autos.*

Se a parte interessada deixar de arguir o incidente no prazo, ocorrerá a preclusão.

Em razão dessa omissão, presume-se a autenticidade (Código de Processo Civil, art. 412), ainda que essa presunção seja relativa (*juris tantum*), ou seja, admite prova em sentido contrário.

Sequer poderia ser de outra forma. Suponhamos que um documento falso seja apresentado em juízo e a parte contra quem foi apresentado, por incúria, deixa de arguir a falsidade através do competente incidente de falsidade.

É evidente que o documento não se tornaria materialmente perfeito em razão dessa omissão.

Nesse sentido, o comentário de Theotonio Negrão, em nota 9 ao art. 390 do Código de Processo Civil revogado:

> *O prazo para a apresentação do incidente de falsidade é preclusivo (RT 662/108, JTJ 161/211, RF 313/99, RJTAMG 18/212).*
>
> *Mas daí não se segue que, não suscitado o incidente, o documento, só por este motivo, passa a ser autêntico.*
>
> *Tal conclusão seria absurda; o que acontece é que a alegação de falsidade já não pode ser feita sob a forma processual de incidente (...); mas isso não impede que (...) o interessado mova ação declaratória de falsidade do documento (RJTJESP 137/171).*

Assim, ainda que a falsidade não seja arguida nos termos do art. 437 do Código de Processo Civil, poderá ser levantada em ação autônoma.

Outrossim, suspeitando de sua falsidade, o juiz deverá comparar o documento com outras provas ou, até, determinar, de ofício, as provas necessárias que lhe permitam precatada conclusão e possibilitem a melhor decisão (Código de Processo Civil, art. 370).

Nesse sentido:

Prova – Negativa de contratação de empréstimos consignados – Alegação, pela autora, da falsidade da assinatura aposta nos referidos instrumentos contratuais – Insistência do réu na regularidade das pactuações, que teriam servido para a quitação de empréstimos anteriores – Necessidade de realização da prova pericial grafotécnica para a justa solução da controvérsia, uma vez existente dúvida razoável acerca da existência de relação jurídica válida entre as partes – Determinação que pode ser realizada de ofício, ainda que substitua anterior dispensa de prova ou encerramento da fase instrutória, sempre em busca da verdade real – Inexistência de preclusão pro judicato em matéria de dilação probatória – Determinação de retorno dos autos à Vara de origem para o prosseguimento da instrução – sentença anulada – recursos prejudicados, com determinação. (TJSP; Apelação Cível 1003956-31.2021.8.26.0047; Rel. Heraldo de Oliveira, 13ª Câmara de Direito Privado, j. 09.06.2022).[12]

5.5. AÇÃO RESCISÓRIA E FALSIDADE

Assim dispõe o art. 966 do Código de Processo Civil:

Art. 966. A decisão de mérito, transitada em julgado, pode ser rescindida quando:

(...)

VI – for fundada em prova cuja falsidade tenha sido apurada em processo criminal ou venha a ser demonstrada na própria ação rescisória;

A falsidade a que se refere o dispositivo é de qualquer espécie, material ou ideológica.

Todavia, é imprescindível que a prova falsa tenha influído decisivamente no julgamento, de tal sorte que o juiz teria decidido de outra forma, diversa daquela que decidiu com supedâneo no documento falso, caso não levasse o documento em consideração.

A prova normalmente é documental, o que não afasta a falsidade do laudo pericial ou a falsidade testemunhal.

5.6. A VANTAGEM DA ARGUIÇÃO DE FALSIDADE COMO QUESTÃO PRINCIPAL: COISA JULGADA

A arguição de falsidade como questão principal é prerrogativa da parte, o que se afirma nos termos do parágrafo único do art. 430 do Código de Processo Civil, segundo o qual, *uma vez arguida, a falsidade será resolvida como questão incidental, salvo se a parte requerer que o juiz a decida como questão principal, nos termos do inciso II do art. 19.*

Assim, suscitada arguição como questão principal e decidida por sentença, estará acobertada pela coisa julgada.

Esse é o mandamento insculpido no art. 433 do Código de Processo Civil:

Art. 433. A declaração sobre a falsidade do documento, quando suscitada como questão principal, constará da parte dispositiva da sentença e sobre ela incidirá também a autoridade da coisa julgada.

---

[12] *O prazo para tal arguição é preclusivo. Mas a impropriedade do procedimento não é obstáculo a que, durante a instrução, se possa perquirir sobra a exatidão do documento, sua autenticidade intrínseca ou eficácia. Falsidade material é uma coisa, diversa dela é o valor probante que o documento venha a ter (TJSP – 1º TACCiv, Apel. 320.274, Rel. Juiz Roberto Stucchi, v.u., RT 585/106).*

Sendo assim, a validade ou invalidade do documento não poderá mais ser discutida em razão da coisa julgada.

Nesse sentido, a lição de Humberto Theodoro Júnior:[13]

(...) o pronunciamento judicial a respeito da falsidade documental se revestirá da indiscutibilidade e imutabilidade que caracterizam a coisa julgada material.

5.7. FORO COMPETENTE

Como já se viu, a par da ação rescisória, a falsidade documental pode ser impugnada de duas maneiras:

a) por meio de ação declaratória autônoma (Código de Processo Civil, art. 19, II);

b) por meio de ação de arguição de falsidade no curso de processo (Código de Processo Civil, arts. 19, II, e 430).

É óbvio que a questão que envolve a competência de foro apenas terá relevância se o caso for de ação declaratória autônoma, o que se afirma na medida em que, se a arguição se der no curso do processo, já existe uma ação principal em andamento.

Nesse caso, o foro e a legitimidade já foram determinados.

No caso de ação declaratória autônoma, como se trata de ação pessoal, o foro competente será o do domicílio do réu (Código de Processo Civil, art. 46).

5.8. LEGITIMIDADE ATIVA E PASSIVA

Qualquer pessoa que tiver interesse na declaração de falsidade do documento é parte legítima para propor a ação autônoma ou reclamar a falsidade.

Se não há ação, aquele contra quem o documento é apresentado poderá se valer de ação declaratória autônoma, com força de coisa julgada material.

Se o documento foi apresentado no curso de um processo, acorde com o art. 430 do Código de Processo Civil, a parte contra quem foi produzido o documento será a parte legítima ativa.

Moacyr Amaral Santos[14] entende que terceiros, desde que provem interesse na declaração de falsidade, poderão usar a ação declaratória autônoma (Código de Processo Civil, art. 19, II).

Legitimado passivo será a parte que apresentou o documento acoimado de falso.

Pelos danos já se admitiu a responsabilidade do notário desidioso[15] e, nesse sentido, excelente julgado da pena do Desembargador Paulo Dimas Mascaretti:

Tribunal de Justiça de São Paulo. Ação de indenização por danos materiais e morais. Ajuizamento em face da Fazenda do Estado, de tabelião e de registrador em razão da alienação de imóveis de propriedade do

---

[13] Ob. cit., p. 278.

[14] Moacyr Amaral Santos, *Comentários ao Código de Processo Civil*, Rio de Janeiro: Forense, 1994, vol. IV, p. 216.

[15] Provada a culpa do delegatário, "*o Estado responde, objetivamente, pelos atos dos tabeliães e registradores oficiais que, no exercício de suas funções, causem dano a terceiros, assentado o dever de regresso contra o responsável, nos casos de dolo ou culpa, sob pena de improbidade administrativa*" (RE 842846, j. 27.02.2019. Rel. Min. Luiz Fux).

autor por terceiros mediante fraude, com o uso de documentos falsos. Procedência da ação decretada em primeiro grau. Obrigação solidária da Fazenda do Estado pela reparação de eventuais danos que notários e registradores, considerados servidores públicos por equiparação, causarem a terceiros, no exercício da atividade que lhes foi delegada, por aplicação da norma inserida no artigo 37, § 6º, da Constituição Federal. Aludidos agentes públicos, no entanto, que somente podem responder em face da culpa aquiliana, não lhes podendo ser atribuída a responsabilidade objetiva, que é inaplicável aos demais servidores, sob pena de afronta ao princípio da isonomia. Oficial de registro acionado que, por sua vez, não praticou conduta omissiva ou comissiva apta a produzir as lesões aduzidas na exordial, arredando a pretensão indenizatória deduzida em relação a ele. Lavratura da escritura, porém, que se deu sem a necessária diligência na identificação dos vendedores, que se utilizaram de documentos falsos com vícios facilmente identificáveis, evidenciando o proceder culposo do responsável pelo ato e a consequente responsabilidade do Notário e da Fazenda do Estado pelo evento danoso, incidindo na espécie as disposições contidas nos artigos 37, § 6º, da CF e 22 da Lei Federal 8.935/1994. Demonstração do dano material atinente às despesas que o ora promovente realizou com a contratação de advogado, para reaver seus imóveis, que não encontra respaldo no instrumento colacionado, haja vista não se encontrar subscrito pelos contratantes. Ocorrência dos gastos, entretanto, que é evidente, diante da necessidade de ajuizamento de ação judicial, devendo, então, a remuneração adequada àquele patrono, objeto do respectivo ressarcimento nestes autos, ser objeto de liquidação por arbitramento. Pretensão reparatória, contudo, que não pode ultrapassar a esfera patrimonial. Fato lesivo identificado nos autos que não é apto a produzir abalo relevante à honra objetiva e carece de potencialidade para afetar direitos da personalidade do autor, não ensejando indenização por dano moral. Apelo do corréu Plínio provido, improvido o do autor e providos em parte o reexame necessário e os recursos dos demais acionados (Apelação/Reexame Necessário 618604-20.2008.8.26.0053, Rel. Paulo Dimas Mascaretti, 8ª Câmara de Direito Público, j. 12.09.2012, Data de registro: 13.09.2012).

5.9. VALOR DA CAUSA NAS AÇÕES DECLARATÓRIAS (AUTÔNOMAS)

Quanto ao valor da causa nas ações versando sobre falsidade documental há divergências.

A rigor, entende-se que o valor da causa corresponde ao valor do negócio que deu origem à relação jurídica cuja existência se quer afirmar ou negar.

Por exemplo: após propor ação cautelar de sustação de protesto de duplicata mercantil ou de serviços, o prejudicado ajuíza ação principal declaratória de inexistência de relação jurídica entre sacador e sacado.

O valor da causa da ação declaratória será o valor da cártula, ou seja, o valor do contrato, existente ou não.

É assim o inc. II do art. 292 do Código de Processo Civil:

Art. 292. (...)

II – na ação que tiver por objeto a existência, a validade, o cumprimento, a modificação, a resolução, a resilição ou a rescisão de ato jurídico, o valor do ato ou o de sua parte controvertida;

Como o dispositivo fala em *existência de ato jurídico*, compreende, no nosso entendimento, a ação declaratória.

É neste sentido o seguinte aresto:

Agravo de instrumento. Ação declaratória de nulidade de negócio jurídico. Decisão que determinou emenda à inicial para correção do valor da causa, bem como indeferiu o pedido de tutela provisória formulado pela autora. Irresignação da autora. Demanda que visa à declaração de nulidade de negócio jurídico. Valor da causa que há de corresponder a quantia equivalente ao ato que se pretende desconstituir. Inteligência do art. 292, II, do CPC. Correção, de ofício, do valor atribuído à causa. Inteligência do art. 292, § 3º, do CPC. (TJSP; Agravo de Instrumento 2167549-35.2022.8.26.0000; Rel. Azuma Nishi; 1ª Câmara Reservada de Direito Empresarial, j. 05.07.2023).

Mesmo assim a questão não é pacífica.

Theotonio Negrão, em nota ao art. 292 do CPC, esclarece:

Em geral, prevalece o valor estimativo apontado pelo autor, na inicial da declaratória (RT 594/115). No mesmo sentido: RT 595/70.

A ementa do acórdão transcrito na *RT* 594/115 é a seguinte:

Valor da causa. Ação declaratória. Inexistência de conteúdo econômico imediato. Valor estimativo.

5.10. RECURSO CABÍVEL NA ARGUIÇÃO DE FALSIDADE

Quanto ao recurso cabível no caso de arguição de falsidade – não da ação declaratória autônoma –, havia celeuma jurisprudencial.

Nelson Nery Junior e Rosa Maria de Andrade Nery, no seu *Código de Processo Civil Comentado*, em nota 4 ao art. 395 do Código de Processo Civil de 1973, apontavam treze decisões que consideram ser caso de agravo e seis que, por outro lado, entenderam ser caso de apelação.

Entretanto, agora não há mais motivo para dúvida:

a) Se na arguição for requerida a decisão como questão principal (Código de Processo Civil, art. 430, parágrafo único), será julgada na sentença da qual cabe apelação e constará do dispositivo (Código de Processo Civil, art. 433).

b) Todavia, tratando-se de decisão que julga como mero incidente e no curso da instrução, ante a ausência de pedido da parte para que a decisão seja proferida como "questão principal" na sentença (Código de Processo Civil, art. 430, parágrafo único), não caberá recurso, tendo em vista que a hipótese não foi contemplada nas hipóteses de agravo do art. 1.015 do Código de Processo Civil, mas caberá suscitar a questão na apelação ou nas contrarrazões nos termos dos §§ 1º e 2º do art. 1.009 do Código de Processo Civil, sem que eventual decisão esteja abarcada pela coisa julgada.

5.11. RESUMO

Os negócios imobiliários são, por excelência, provados através de documentos, o que se afirma com supedâneo no Código Civil, arts. 108, 129, 130, 134, 1.227 e 1.245.

Se algum documento destinado a provar um negócio imobiliário está inquinado de falsidade, seja em procedimento judicial ou não, mister se faz o reconhecimento dessa falsidade.

Espécies de falsidade:

a) **Falsidade material:** refere-se ao suporte do documento, formando-se documento não verdadeiro ou alterando-se documento verdadeiro, por exemplo, a substituição de palavras, falsificação de assinatura etc.

b) **Falsidade ideológica:** o documento é isento de qualquer vício formal, mas é mentiroso – o conteúdo é falso.

Espécies de ações declaratórias versando sobre falsidade documental:

a) **Ação rescisória:** o documento falso (material ou ideologicamente falso) serviu de suporte para sentença transitada em julgado (Código de Processo Civil, art. 966, VI).

b) **Ação declaratória autônoma:** o documento não foi apresentado em qualquer processo, mas a parte possui interesse na declaração de sua falsidade (Código de Processo Civil, art. 19, II).

c) **Arguição de falsidade incidental ou como questão principal:** o documento foi apresentado com a inicial ou no curso do processo (Código de Processo Civil, arts. 19, II, e 430).

A falsidade pode ser arguida no processo a qualquer tempo?

Não (Código de Processo Civil, art. 430). Incumbe à parte, contra a qual foi produzido o documento, suscitá-la na contestação ou na réplica (quanto aos documentos anexados na inicial ou na contestação) ou no prazo de 15 (quinze) dias (documentos juntados no curso do processo – art. 435), contados da intimação de sua juntada.

Consequência de a parte deixar escoar o prazo:

Preclusão para a arguição de falsidade (*RT* 662/108; *RF* 313/99; *RJTAMG* 18/212); todavia, a falsidade pode ser alegada e provada em ação declaratória autônoma (seria absurdo admitir-se solução diversa – *RT* 656/166, 690/108; *RF* 308/187; *RJTJESP* 137/171).

Presunção de autenticidade (Código de Processo Civil, art. 412):

Compete à parte, contra quem foi produzido documento particular (o art. não se refere ao documento público, vez que este já goza de presunção de veracidade – art. 424 do Código de Processo Civil), alegar, no prazo estabelecido no art. 430 do Código de Processo Civil, se lhe admite ou não a autenticidade da assinatura e a veracidade do contexto, presumindo-se (presunção relativa – *juris tantum*) com o silêncio, que o tem por verdadeiro. Isso porque *cessa a fé do documento, público ou particular, sendo-lhe declarada judicialmente a falsidade* (Código de Processo Civil, art. 427).

O ônus da prova:

Acorde com o Código de Processo Civil:

Art. 429. Incumbe o ônus da prova quando:
I – se tratar de falsidade de documento ou de preenchimento abusivo, à parte que a arguir;
II – se tratar de impugnação da autenticidade, à parte que produziu o documento.

Petição e procedimento da arguição de falsidade:

a) a arguição de falsidade, incidente ou não, se processa nos próprios autos, sem suspensão do processo principal; a arguição será levada a efeito na contestação, na réplica ou por simples petição tratando-se de documento novo juntado posteriormente respeitará os requisitos do art. 431, sendo desnecessária ação autônoma, bastando simples pedido ao juiz da causa;

b) tratando-se de ação autônoma, respeitará o procedimento comum (Código de Processo Civil, arts. 318 e seguintes)

Cabe condenação em honorários?

a) cabe no caso de ação autônoma;

b) não cabe no caso de simples pedido, ainda que por incidente, posto que, notadamente como questão principal, será julgada com o mérito que já decidirá sobre os honorários.

Recurso cabível:

Sendo a arguição de falsidade processada como questão principal, será decidida no dispositivo da sentença (Código de Processo Civil, arts. 430 e 433), da qual cabe apelação.

5.12. MODELOS DE ARGUIÇÃO DE FALSIDADE

Petição de arguição de falsidade de documento novo.[16]

MM. Juízo da (...) Vara (...) da Comarca de (...)

Processo (...)

(...), já qualificado nos autos da ação ordinária que move em face de (...), por seus procuradores, vem, respeitosamente, perante Vossa Excelência, expor e requerer o quanto segue:

Atendendo ao respeitável despacho de fls. (...), para falar sobre o documento apresentado pela ré a fls., vem o autor dizer o seguinte:

Tal documento, apresentado pela ré como prova de suas alegações de fls. (...), é manifestamente falso, porque (dar a fundamentação, indicando em que ponto o documento está falsificado).

Assim sendo, o Autor requer que, intimada a parte contrária (Código de Processo Civil, art. 432), se digne V. Exa. ordenar exame pericial, por perito especializado (Código de Processo Civil, art. 464 e seguintes), para proceder ao exame do documento, protestando desde logo pela indicação de seu Assistente Técnico e pela apresentação de quesitos.

Finalmente, espera que, ao final, seja declarada a falsidade do documento de fls. (...) (Código de Processo Civil, art. 19, II), com julgamento da presente arguição como questão principal (Código de Processo Civil, arts. 430, parágrafo único, e 431 do Código de Processo Civil).

Termos em que,

p. deferimento.

Data

Advogado (OAB)

Ação autônoma.

MM. Juízo da (...) Vara (...) da Comarca de (...)

Urgente: com pedido de registro da citação a ser apreciado liminarmente, bem como expedição de ofício para complementação de prova

(...), por seus procuradores (documento 1), vem, respeitosamente, à presença de Vossa Excelência, propor, pelo procedimento comum,

Ação Declaratória de Nulidade de Escritura

em face de (...), e sua mulher (...), pelos motivos de fato e de direito a seguir aduzidos.

Fatos

Pela escritura pública, datada de (...), o autor adquiriu o imóvel objeto da matrícula (...) junto ao (...)º Oficial de Registro de Imóveis da (...) (documento 2), conforme consta do R. (...) da matrícula do imóvel (documento 3 – matrícula).

O imóvel está assim descrito e caracterizado:

(...)

Com a propriedade registrada em seu nome, o autor diligenciou na aprovação de projeto de construção no referido terreno, conforme comprova o pedido de alvará para construção nova (extrato anexo – documento 4).

Nada obstante, em uma das visitas ao imóvel de sua propriedade, verificou movimentação estranha e, questionando as pessoas lá presentes, descobriu tratar-se de pessoa que se dizia contratada pelo proprietário.

Estranhando o fato, diligenciou na obtenção de certidão da matrícula do seu imóvel e descobriu, com surpresa, que constava registro de compra e venda do imóvel de sua propriedade para os corréus, por escritura de venda e compra datada de (...) (livro... – fls....) do Tabelião de Notas de (...), deste Estado (documento 5 – escritura falsa), registrada no dia (...) (R.... da matrícula – documento 3).

---

[16] Prazo de 15 dias da intimação da juntada do documento nos autos.

Todavia, O AUTOR NÃO VENDEU SEU IMÓVEL, e, nesta medida, até então desconhecia os réus.

Assim, a escritura aqui tida por falsa (documento 5) certamente foi outorgada por estelionatários que falsificaram os documentos do autor.

Nesta exata medida, o autor providenciou a lavratura de Boletim de Ocorrência (documento 6 – Boletim de Ocorrência) e, bem assim, determinou diligências no cartório de notas de (...), local no qual foi exibida cópia de Carteira de Motorista do autor falsificada (em poder do Tabelião e arquivado às notas daquele cartório) utilizada como documento para justificar a outorga da escritura.

Ao final desta exordial, requerer-se-á, de antemão, que seja expedido Ofício ao Tabelião de Notas de (...), para que remeta, diretamente ao Ofício judicial, a cópia dos referidos documentos, tendo em vista que o Sr. Tabelião se recusou, salvo ordem judicial, a entregar cópia da indigitada carteira de motorista falsificada e demais documentos que justificaram a lavratura da escritura falsa.

Consta também que o Sr. Tabelião comunicou o fato ao Juiz corregedor dos cartórios da comarca, remetendo os documentos (documento 7 – comunicação ao Juiz corregedor pelo Tabelião de Notas de...)

Importante observar um fato axiomático para a conclusão que requer a vertente refrega: o simples fato de a escritura do imóvel ter sido lavrada no longínquo Distrito de (...), considerando que se trata de imóvel de pessoa residente na comarca da Capital, localizado na comarca da Capital tendo como comprador pessoas que também se declaram residentes na comarca da Capital, constitui prática não corriqueira e gera, por si só, estranheza para dizer o mínimo.

Basta uma simples vista d'olhos nos documentos pessoais do autor (documento 1 – documentos pessoais do autor) comparando-os com a assinatura constante da escritura para verificar, sem a menor dificuldade, que não se trata da sua assinatura:

Carteira de motorista n. (...):

RG (...):

Assinatura falsa constante da escritura (documento 5):

Assim, com a vinda aos autos dos documentos que ensejaram o teratológico ato notarial aqui guerreado, clara estará a falsidade e, portanto inexistência de manifestação volitiva, elemento fundamental para autorizar qualquer efeito do ato jurídico que o autor NÃO PRATICOU e, bem assim, a nulidade do ato notarial subsequente.

Direito

O negócio jurídico ora atacado é inexistente.

O autor não manifestou vontade, ou seja, não assinou a escritura que deu origem à transmissão aos corréus.

Assim, aplicável a doutrina de Flávio Tartuce (*Direito Civil*, vol. 3. 9. ed. Rio de Janeiro: Forense, 2014, p. 15), que esclarece:

"Pois bem, o negócio jurídico, na visão de Pontes de Miranda, é dividido em três planos: – Plano da existência. – Plano da validade. – Plano da eficácia."

No plano da existência estão os pressupostos para um negócio jurídico, ou seja, os seus elementos mínimos, seus pressupostos fáticos, enquadrados dentro dos elementos essenciais do negócio jurídico. Nesse plano há apenas substantivos sem adjetivos, ou seja, sem qualquer qualificação (elementos que formam o suporte fático). Esses substantivos são: agente, vontade, objeto e forma. Não havendo algum desses elementos, o negócio jurídico é inexistente...".

Ensina Silvio Rodrigues (*Direito Civil*, Vol. 1. 34. ed. São Paulo, Saraiva: 2007, n. 91, p. 171):

"O Código Civil, em seu art. 104, menciona quais os pressupostos de validade do negócio jurídico, determinando serem: a) a capacidade do agente; b) o objeto lícito; c) a forma prescrita em lei."

"A doutrina, entretanto, distingue os elementos estruturais do negócio jurídico, isto é, os elementos que constituem seu conteúdo, dos pressupostos ou requisitos de validade, que são os mencionados no aludido art. 104. Entre os elementos essenciais do negócio jurídico, figura, em primeiro lugar, a vontade humana, pois, vimos, o negócio jurídico é fundamentalmente um ato de vontade. Todavia, como a vontade é um elemento de caráter subjetivo, ela se revela através da declaração, que, desse modo, constitui, por sua vez, elemento essencial."

Mais adiante, esclarece (Silvio Rodrigues. *Direito Civil*, Vol. 1. cit., n. 149, p. 290):

Completando o campo das nulidades surgiu na doutrina, paralelamente ao conceito de ato nulo ou anulável, a noção de ato inexistente, o qual seria o negócio que não reúne os elementos de fato que sua natureza ou seu objeto supõem, e sem os quais é impossível conceber sua própria existência. A ideia surgiu na doutrina francesa, com a obra de Zacarias, e apareceu para solucionar um problema que se propunha de maneira relevante em matéria de casamento.

Completa o saudoso civilista (Silvio Rodrigues. cit. p. 293):

A ideia de ato inexistente, ultrapassando o quadro do direito matrimonial, alcançou grande êxito, ao ser acolhida pela maioria dos escritores. Não são poucos, porém, os que a condenam, por achá-la inexata, inútil e inconveniente.

Seria inexata porque, no mais das vezes, o ato malsinado cria uma aparência que para ser destruída implica recurso judicial. A compra e venda, devidamente transcrita, transfere o domínio, ainda que falte o consenso de uma das partes; por conseguinte, necessário se faz a declaração de ineficácia para que o ato não produza efeitos.

Em suma, defende, como sói ocorrer no vertente caso, que se declare a nulidade absoluta do ato praticado por ausência de elemento essencial à sua construção, qual seja: a manifestação volitiva.

Resume a questão Caio Mário da Silva Pereira (*Instituições de Direito Civil*. Vol. 1. 20. ed. Rio de Janeiro: Forense, 2004):

"Se em vez de consentimento defeituoso, não tiver havido consentimento nenhum [como é o caso], o ato é inexistente. Ao contrário da nulidade, em que a declaração de vontade conduz à ineficácia por desconformidade com as determinações legais, a inexistência advém da ausência de declaração de vontade...".

Conclui, discorrendo sobre a posição dos irmãos Mazeud, que:

"Costuma-se objetar que o ato inexistente não deixa de ser uma aparência de ato, que há mister seja desfeita, e, para tanto, requer-se um decreto judicial, o que (concluem) induz equivalência entre a nulidade e a inexistência."

Como atesta Flávio Tartuce (*Direito Civil*, vol. 1. 10. ed. Rio de Janeiro: Forense, 2014, p. 421 e 422):

"Desse modo, para a corrente doutrinária que não aceita a ideia de ato inexistente, os casos apontados como de inexistência do negócio jurídico são resolvidos com a solução de nulidade."

"Ressalte-se que, como não há qualquer previsão legal a respeito da inexistência do negócio jurídico, a teoria da inexistência não foi adotada expressamente pela novel codificação, a exemplo do que ocorreu com o Código de 1916... Na realidade, implicitamente, o plano da existência estaria inserido no plano da validade do negócio jurídico. Por isso é que, em tom didático, pode-se afirmar que o plano da existência está embutido no plano da validade..."

Complementa, afirmando que:

"... eventualmente, haverá necessidade de propositura de demanda, a fim de afastar eventuais efeitos decorrentes desta inexistência de um negócio celebrado..."

E é exatamente a demanda declaratória de nulidade, que ora se propõe, necessária para afastar os efeitos gerados decorrentes do registro da escritura falsa e da subsequente na cadeia registral.

Nesta medida, em caso idêntico ao presente (documento 8 – acórdão paradigma), o Tribunal de Justiça de São Paulo decidiu:

TJSP – Negócio Jurídico – Inexistência – Escritura de venda e compra lavrada com assinaturas falsificadas dos alienantes – Cancelamento do registro imobiliário – Boa-fé dos adquirentes e subadquirentes sem relevância para conferir validade a negócio sem elemento do consentimento – Ausência de prova de que os autores tenham tramado a falsa venda – Ação de nulidade procedente – Recursos improvidos (Apelação Cível 430.106.4/0-00, 4ª Câmara de Direito Privado, Rel. Des. Francisco Loureiro, j. 27.07.2006).

No seu voto, deduziu, com percuciência, o Relator:

"Claro que as escrituras públicas e registros imobiliários são dotados de presunção de veracidade. Na lição da mais autorizada doutrina, o registro no sistema brasileiro é causal, porque vinculado ao título que lhe deu origem. Segue a sorte jurídica do título e não tem efeito saneador de eventuais invalidades do negócio jurídico. Disso decorre que anulado o título, cancela-se o registro que nele teve origem. A presunção de veracidade do registro, assim, é relativa, até que se promova o seu cancelamento (art. 1.247 do novo CC e 859 do CC de 1916)."

De fato, nesta esteira menciona o art. 1.247 do Código Civil:

Art. 1.247. Se o teor do registro não exprimir a verdade, poderá o interessado reclamar que se retifique ou anule.

Parágrafo único. Cancelado o registro, poderá o proprietário reivindicar o imóvel, independentemente da boa-fé ou do título do terceiro adquirente.

Conclui, afastando direito de adquirentes e subadquirentes:

Em suma, não mais paira dúvida na doutrina e na jurisprudência sobre a presunção relativa de veracidade do registro imobiliário que, ao contrário do sistema alemão, não é dotado de fé pública e nem é abstrato em relação ao título que lhe deu origem (por todos, confira-se completo estudo sobre o tema, in Afrânio de Carvalho, *Registro de Imóveis*, Forense, p. 167 e seguintes).

Antigo aresto do Supremo Tribunal Federal bem assentou a questão: "No Brasil, ao contrário do sistema germânico, que assentou os princípios de presunção e fé pública no registro, o Código Civil não adotou simultaneamente esses dois postulados, mas apenas o primeiro deles, de sorte que a presunção pode ser destruída por prova contrária que demonstre que a transcrição foi feita, *v.g.*, com base em venda a *non domino*" (RT 547/252, Rel. Min. Soarez Munõz).

Em resumo, a boa-fé dos adquirentes e subadquirentes tem relevância apenas para conferir eventual direito à percepção de frutos, ou indenização por benfeitorias, enquanto tiveram a posse dos imóveis e persistir a ignorância do vício (arts. 1.219/1.222 CC). Não, porém, para validar aquisição inexistente feita *a non domino*, sem o elemento do consentimento do verdadeiro proprietário.

Pedido

Com fundamento nos argumentos de fato e de direito trazidos à colação, requer o autor seja, ao final, a presente ação julgada procedente:

a) Para declarar a inexistência e consequente nulidade da escritura de venda e compra datada de (...) (livro... – fls. (...) do Tabelião de (...) (documento 5 – escritura falsa) registrada no dia (...) (R.... da matrícula – documento 3), determinando-se, também, a anulação do registro... e eventuais subsequentes na matrícula... junto ao... Oficial de Registro de Imóveis da Capital;

b) Para condenar os réus nos honorários a serem arbitrados por Vossa Excelência nos termos do art. 85 do CPC, além de custas e demais despesas.

Citação

Nos termos do art. 246 do CPC, requer-se a citação por meio eletrônico ou, não havendo cadastro, pelo correio (*ou, ainda, justificando, por Oficial de Justiça, nos termos do § 1º-A, II, do art. 246 do CPC, facultando-se ao Sr. Oficial de Justiça encarregado da diligência proceder nos dias e horários de exceção (CPC, art. 212, § 2º)*), para eventual oferta de resposta no prazo de 15 (quinze) dias (art. 335 do Código de Processo Civil), sob pena de serem tidos por verdadeiros todos os fatos aqui alegados (art. 344 do CPC), devendo o respectivo mandado conter as finalidades da citação, as respectivas determinações e cominações, bem como a cópia do despacho do(a) MM. Juiz(a), comunicando, ainda, o prazo para resposta, o juízo e o cartório, com o respectivo endereço.

Audiência de Conciliação

Nos termos do art. 334, § 5º, do Código de Processo Civil, o autor desde já manifesta, pela natureza do litígio, desinteresse em autocomposição.

Provas

Requer-se provar o alegado por todos os meios de prova em direito admitidos, incluindo perícia, produção de prova documental, testemunhal, inspeção judicial, depoimento pessoal dos réus sob pena de confissão caso não compareçam, ou, comparecendo, se negue a depor (art. 385, § 1º, do Código de Processo Civil).

Requer o autor, desde já, seja expedido ofício ao Tabelião (...), deste Estado, para que remeta cópia de boa qualidade, diretamente ao Ofício, dos documentos pessoais do outorgante com ele arquivados e que ensejaram a escritura de venda e compra datada de (...) (livro... – fls....), cuja falsidade embasa o vertente pedido.

Valor da Causa

Dá-se à causa o valor de R$ (...), sendo este o valor das escrituras cuja anulação se busca.

Termos em que, requerendo que as intimações sejam feitas em nome dos subscritores da vertente exordial,

Pede e aguarda deferimento.

Data.

Advogado (OAB)

Sumário de documentos:

Documento 1: Procuração e documentos pessoais do autor.

Documento 2: Escritura de aquisição pelo autor – origem de sua aquisição e documentos correlatos.

Documento 3: Matrícula atualizada.

Documento 4: Pedido de alvará para construção feito pelo autor.

Documento 5: Escritura falsa.

Documento 6: Boletim de Ocorrência.

Documento 7: Comunicação levada a efeito pelo Tabelião ao Juiz Corregedor.

Documento 8: Acórdãos do Tribunal de Justiça de São Paulo em caso idêntico.

Documento 9: Custas.

Acesse o *QR Code* e faça o *download* dos modelos de peças editáveis

> http://uqr.to/1ydzt

5.13. FLUXOGRAMA

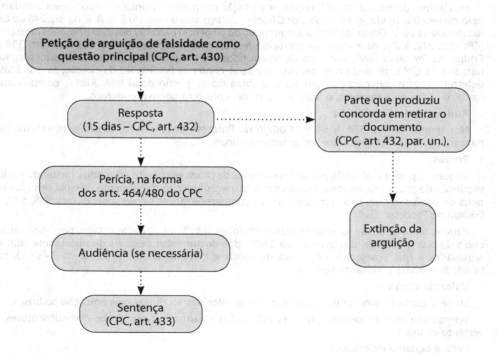

Capítulo 6

AÇÃO REIVINDICATÓRIA

6.1. RESUMO

6.1.1. Principais aspectos

a) **Foro competente:** como em toda ação real imobiliária, é o do local do imóvel (*forum rei sitae* – Código de Processo Civil, art. 47).

b) **Legitimidade ativa:** O art. 1.228, do Código Civil, atribui a ação reivindicatória ao proprietário. Assim, são legitimados ativos o nu-proprietário, o condômino no interesse dos demais condôminos (Código Civil, art. 1.314), o enfiteuta etc.

c) **Legitimidade passiva:** A ação é proposta contra o possuidor ou detentor que se encontra na posse do imóvel, independentemente de seu caráter de boa ou má-fé (Código Civil, art. 1.247, parágrafo único), bastando que inexista fundamento jurídico.

d) **Valor da causa:** consoante o inc. IV, do art. 292, do Código de Processo Civil, é o valor real do imóvel.

e) **Petição inicial:** a petição inicial deverá respeitar os requisitos do art. 319 do Código de Processo Civil e descrever, com precisão e clareza, de modo perfeitamente identificável, a coisa objeto de reivindicação.

f) **Procedimento:** comum. A ação de reivindicação é uma ação real, motivo pelo qual a ela se aplica o disposto no art. 73 do Código de Processo Civil, de tal sorte que haverá necessidade de consentimento do cônjuge do reivindicante, exceto se casados pelo regime da separação total de bens. Basta autorização por escrito e não litisconsórcio, não sendo necessária a outorga de procuração *ad judicia* pelo cônjuge do reivindicante. O procedimento adotado será o comum (Código de Processo Civil, art. 318 e seguintes).

6.2. CONCEITO

O Código Civil determina que:

> Art. 1.228. O proprietário tem a faculdade de usar, gozar e dispor da coisa, e o direito de reavê-la do poder de quem quer que injustamente a possua ou detenha.

Posta assim a questão, a ação reivindicatória é a ação real que permite ao proprietário da coisa retomá-la do poder de terceiro que injustamente a detenha ou possua.

É evidente que o proprietário, nessa condição, no mais das vezes é também possuidor, o que lhe permite, com mais facilidade, aforar a ação possessória sem que tenha que provar a propriedade.

Todavia, às vezes isso não é possível, mormente nas hipóteses que se enquadram no art. 1.247 do Código Civil.

Imaginemos uma hipótese: o proprietário se vê privado de sua propriedade em razão de escritura outorgada com falsa procuração, por alguém com documentos falsos ou em razão de uma nulidade absoluta qualquer.

Inicialmente, nos termos do art. 1.247 do Código Civil, como o registro eventualmente efetuado não exprimirá a verdade, autorizará ao prejudicado que promova sua anulação, independentemente da boa-fé do adquirente.

Anulado o registro, na qualidade de proprietário, o prejudicado buscará sua propriedade exercendo o direito de reivindicação, direito esse que apenas poderá ser obstado na aquisição, pelo possuidor, pela usucapião, ou seja, a reivindicatória esbarrará apenas na prescrição aquisitiva, vez que não há falar-se em prescrição extintiva da ação declaratória para reconhecer a nulidade do registro.

6.2.1. Natureza jurídica

A ação reivindicatória é ação real, o que se afirma na exata medida em que encontra suporte na propriedade (causa de pedir).

Seu objeto é a retomada da coisa que se acha em poder de terceiro.

Outrossim, a detenção ou a posse do terceiro deve ser injusta, independentemente da boa-fé ou sem causa jurídica.

Se a posse for justa, como, por exemplo, a posse fundada em contrato de locação vigente e com cumprimento perfeito, o proprietário será carecedor de ação. Sendo assim, o proprietário não pode, por evidente, aparelhar ação reivindicatória em face desse locatário; a uma porque o contrato está em curso nesse exemplo e, a duas, porque a ação, nesse caso, é a de despejo, como veremos.

6.2.2. A expressão "injustamente"

É preciso verificar que a ação reivindicatória não se dirige exclusivamente contra o possuidor acoimado de injusto, ou seja, aquele que adquiriu a posse de forma violenta, clandestina ou precária.

O que o proprietário busca com a vertente ação é a restituição do bem que está na posse de outrem sem causa jurídica, como ocorre, repetindo o exemplo, com aquele que adquiriu a propriedade de um falso procurador do titular do domínio.

Repita-se, porquanto relevante, que o parágrafo único do art. 1.247 do Código Civil, dispensa, ao revés de todo o sistema, a boa-fé desse terceiro adquirente ou possuidor, requerendo, apenas a demonstração de afronta ao direito pela não correspondência entre o registro e a verdade.

6.3. O QUE O AUTOR DEVE PROVAR

Na ação reivindicatória, o autor deverá provar que é titular do domínio e que a posse do réu é injusta ou sem causa jurídica.

Ademais, o autor deverá descrever e individuar o imóvel cuja restituição pretende, tal como se encontra na matrícula.

Nos casos em que o proprietário ainda figure no cadastro imobiliário junto ao Ofício de Registro de Imóveis, não basta a prova da propriedade através de certidão ou cópia atualizada da matrícula.

Como o autor da ação pode ter adquirido *a non domino*, ou seja, pode ter adquirido, por exemplo, através de outorga de escritura com procuração falsa, é mister que faça a prova do direito de seu antecessor, do antecessor deste, e assim sucessivamente, até atingir quinze anos da data da propositura da ação, que é o lapso temporal da usucapião extraordinária (Código Civil, art. 1.238).

Tudo isso em razão da possibilidade de soma das posses (*acessio possessionis*), acorde com o art. 1.243 do Código Civil:

> Art. 1.243. O possuidor pode, para o fim de contar o tempo exigido pelos artigos antecedentes, acrescentar à sua posse a dos seus antecessores (art. 1.207), contanto que todas sejam contínuas, pacíficas e, nos casos do art. 1.242, com justo título e de boa-fé.

Paulo Haendchen e Rêmolo Letteriello[1] consideram, com razão, que é desnecessário juntar essa prova com a petição inicial.

Com razão, vez que não se trata de condição da ação, mas, sim, requisito de procedência.

Caso o réu da ação reivindicatória também alegue a propriedade como defesa, o autor teria a oportunidade de juntar esses documentos com a réplica em face do fato impeditivo lançado na contestação.

Nesse caso, o juiz julgará a favor daquele que apresentar melhor título.

6.4. O PROPRIETÁRIO QUE NÃO TEM A POSSE

Diz-se que a reivindicatória é a ação do proprietário que não tem a posse, em face do possuidor que não tem título ou cujo título não tem causa jurídica.

Ocorre que apenas em reduzidos casos o proprietário não é possuidor, o que explica as poucas ações reivindicatórias ajuizadas.

6.5. O PROMITENTE COMPRADOR E A AÇÃO REIVINDICATÓRIA

O promitente comprador não é proprietário.

No máximo, nos termos do art. 1.225, VII, do Código Civil, pode ser titular de direito real de aquisição, caso o contrato esteja registrado junto ao Registro de Imóveis da circunscrição imobiliária competente.

Além disso, tem posse da coisa, isso se essa posse lhe foi entregue ou concedida no contrato por cláusula que a defere (constituto possessório).

Ainda que seja assim, interessante a posição de José Osório de Azevedo Jr.[2]

Esse autor entende ser possível a reivindicação pelo promitente comprador desde que o contrato de promessa de compra e venda esteja quitado e registrado.

---

[1]   Paulo Tadeu Haendchen e Rômolo Letteriello, *Ação Reivindicatória*, São Paulo: Saraiva, 1997, p. 49.

[2]   José Osório de Azevedo Junior, *Compromisso de compra e venda*, 4ª ed., São Paulo: Malheiros, 1998, p. 63.

Se assim não fosse, segundo ele, a faculdade de reivindicar ficaria sem titular, o que afirma na medida em que o promitente vendedor, depois de receber o preço, não tem qualquer interesse na ação.

6.6. MATÉRIA DE DEFESA

6.6.1. Exceção de usucapião

A usucapião é forma de aquisição originária – independe da vontade do anterior proprietário – que se ultima no exato momento em que são cumpridos os seus requisitos – posse mansa e pacífica, com ânimo de dono, por certo período determinado na lei, que varia de acordo com as espécies (extraordinária, ordinária, constitucional urbana, constitucional rural e coletiva).

Em outras palavras, a aquisição se dá pelo cumprimento dos requisitos, quando o usucapiente se torna proprietário.

A sentença na ação de usucapião apenas declara o direito de propriedade que já foi adquirido na data do cumprimento dos seus requisitos. Portanto, a sentença na ação de usucapião não é constitutiva de direito.

De fato, a partir da sentença será expedido mandado para registro, que serve somente para que o direito valha contra terceiros, em razão da publicidade a ele inerente.

Se assim o é, o usucapiente, quando demandado em ação reivindicatória, ainda que não tenha proposto ação de usucapião para reconhecer o direito de propriedade que já é seu, pode, em sua defesa, alegar a usucapião como matéria de defesa (exceção) em face do antigo proprietário que ainda figura no registro imobiliário.

6.6.2. Outras defesas

Na contestação, obedecidos os arts. 335 a 342 do Código de Processo Civil, o réu poderá arguir diversas matérias.

Entre elas, sucintamente:

a) ausência de propriedade do autor que, na verdade é dele, réu;

b) que a propriedade reivindicada pertence a um terceiro, pleiteando o reconhecimento da ilegitimidade de parte ou nomeando esse terceiro à autoria;

c) denunciação da lide, alegando que adquiriu a coisa de outrem;

d) que adquiriu o bem por usucapião; e,

e) retenção por benfeitorias necessárias e úteis, feitas sem oposição do autor.

Na ação reivindicatória podem ser verificadas, exemplificativamente, duas hipóteses.

Na primeira hipótese, com a petição inicial o autor oferece o seu título de propriedade devidamente registrado ou transcrito.

Por sua vez, ao se defender, o réu não apresenta nenhum título e se limita a defender a sua posse.

Nesta hipótese, para afastar a procedência da ação, o réu terá, exclusivamente, que provar, na contestação, mácula do título apresentado (aquisição *a non domino*), cuja aquisição é datada de menos de 15 anos (Código Civil, art. 1.238).

Na segunda hipótese, com a petição inicial, igualmente, o autor oferece o título regularmente registrado.

Ocorre que, na contestação, o réu também oferece título de propriedade devidamente registrado junto ao oficial de Registro de Imóveis.

Nesse caso, como os títulos apresentados são de igual força, o que é mais comum no caso de transcrições antigas, anteriores à Lei de Registros Públicos (Lei 6.015/1973) que instituiu o sistema de matrículas, caberá ao juiz examinar a prioridade, julgando a favor daquele que oferecer a mais antiga transcrição (*prior in tempore, potior in iure*).

Essa última hipótese é inviável no caso de matrículas posteriores à Lei 6.015/1973.

6.7. REGISTRO DAS CITAÇÕES

Como a ação reivindicatória é uma ação real, o autor poderá providenciar o registro das citações, o que se recomenda.

Esse registro será feito no livro nº 2 – Registro Geral – junto ao oficial de Registro de Imóveis, obedecido o disposto nos arts. 167, I, "2" e 173, III, da Lei 6.015, de 31.12.1973.

Após o registro, nenhum adquirente do imóvel objeto da ação reivindicatória poderá alegar desconhecimento do litígio, sofrendo, conseguintemente, os efeitos da sentença.

6.8. PRESCRIÇÃO DA AÇÃO REIVINDICATÓRIA

No atual Código Civil, a prescrição ordinária se dá, de acordo com o art. 205, em dez anos, não havendo mais qualquer distinção entre presentes e ausentes.

Todavia, na exata medida em que a propriedade é perpétua, a ação para tutelá-la é imprescritível, encontrando limite, apenas, na aquisição do possuidor por usucapião, respeitados os requisitos e espécies.

Assim, se o possuidor sofre ação reivindicatória, mas já cumpriu os requisitos da espécie de usucapião, já é proprietário, o que impede, em razão do exclusivismo, que o mesmo direito seja deferido ao autor da ação.

6.9. EXECUÇÃO DA SENTENÇA

A sentença que julga procedente a ação reivindicatória prescinde de execução vez que se trata de ação executiva *lato sensu*.

Com efeito, com a procedência, o juiz determina a expedição de mandado de imissão de posse, prescindindo de ação autônoma de execução para esse mister (Código de Processo Civil, arts. 513, 515, I, 536 e 538).

Nesse sentido, incabíveis os embargos por retenção de benfeitorias (Código de Processo Civil, art. 917 § 5º, sejam elas úteis ou necessárias, para o possuidor de boa-fé – Código Civil, art. 1.216, devendo a pretensão ser deduzida na contestação.

Tribunal de Justiça de São Paulo. Reivindicatória – direito de retenção por benfeitorias – termo de alegabilidade – preclusão – ocorrência. A ação reivindicatória é ação de classe executiva "lato sensu", ou se já, prescinde de uma demanda subsequente executória. Nela, a execução e apenas um momento, ato, ou fase do processo cognitivo, devendo a retenção por benfeitorias ser deduzida no prazo de resposta, por via de contestação, reconvenção, ou até de peça autônoma que funcione como embargos condicionais, sob pena de preclusão. Acolhido o pedido, a execução fica subordinada a satisfação do pedido (MS 149451 1, SP, 2ª Câmara Cível, Rel. Cézar Peluso, Data: 20.08.1991).

6.10. MODELO DE AÇÃO REIVINDICATÓRIA

MM. Juízo da (...) Vara (...) da Comarca de (...)

(...) vem, respeitosamente, por seus advogados e procuradores (documento 1), com escritório na (...), onde receberão intimações, propor, em face de (...) a competente

Ação Reivindicatória

o que faz com supedâneo no art. 1.228 do Código Civil, pelos fatos e razões a seguir expostos:

Fatos

O autor é legítimo senhor, por justo título e aquisição legal, do imóvel constituído pelo lote n° (...) da quadra n° (...), área, limites e confrontações conforme planta, situado na Rua (...), nesta Capital, e respectivas construções e benfeitorias, uma casa de residência com 10 (dez) cômodos, um barracão, conforme Registro n° (...) do (...) oficial de Registro de Imóveis desta Capital (cópia da matrícula atualizada anexa – documento 2);

A cadeia sucessória do imóvel individuado e descrito no articulado n° 1, *supra*, perfaz mais de 15 (quinze) anos, já que o autor houve dito imóvel no inventário dos bens deixados por seu falecido pai, conforme formal de partilha registrado sob o n° (...), junto ao (...) oficial de Registro de Imóveis desta Capital, em (...).

Por sua vez, o *de cujus* comprou-o do Senhor (...), em (...), conforme escritura de compra e venda regularmente transcrita sob n° (...), no (...) oficial de Registro de Imóveis desta Capital (certidões anexas – documento 3);

Ocorre que os réus se apossaram do imóvel de forma violenta, em (...), possuindo-o, assim, sem causa jurídica, sendo infrutíferas as tentativas dos autores para que devolvessem o bem de forma amigável.

Os réus residem no imóvel e locam o barracão, percebendo os aluguéis regularmente;

Direito

Os arts. 1.216 e 1.228 do Código Civil, asseguram ao proprietário o direito de reaver o bem de quem injustamente o possua, assim como receber os frutos percebidos, sendo a posse injusta, como se dá no caso presente.

Pedido

Em face do exposto, requer o autor seja a presente ação julgada procedente, com a expedição de mandado de imissão de posse nos termos do art. 538 do Código de Processo Civil, condenados os réus a restituir o imóvel e os frutos percebidos, cujo valor será apurado em liquidação de sentença, além das custas, honorários advocatícios que Vossa Excelência houver por bem arbitrar, respeitados os limites legais.

Pedido de tutela de urgência

Nos termos do art. 300 do Código de Processo Civil, em razão da urgência, tendo em vista que o autor não possui outro local para residir, requer a concessão da tutela antecipada, com a expedição de mandado de imissão na posse do imóvel *inaudita altera parte*.

Citação

Nos termos do art. 246 do CPC, requer-se a citação por meio eletrônico ou, não havendo cadastro, pelo correio (*ou, ainda, justificando, por Oficial de Justiça, nos termos do § 1º-A, II, do art. 246 do CPC, facultando-se ao Sr. Oficial de Justiça encarregado da diligência proceder nos dias e horários de exceção (CPC, art. 212, § 2º)*, para eventual oferta de resposta no prazo de 15 (quinze) dias (art. 335 do Código de Processo Civil), sob pena de serem tidos por verdadeiros todos os fatos aqui alegados (art. 344 do Código de Processo Civil), devendo o respectivo mandado conter as finalidades da citação, as respectivas determinações e cominações, bem como a cópia do despacho do(a) MM. Juiz(a), comunicando, ainda, o prazo para resposta, o juízo e o cartório, com o respectivo endereço.

Audiência de Conciliação

Nos termos do art. 334, § 5º, do Código de Processo Civil, o autor desde já manifesta, pela natureza do litígio, desinteresse em autocomposição.

Ou

Tendo em vista a natureza do direito e demonstrando espírito conciliador, a par das inúmeras tentativas de obter seu imóvel amigavelmente, o autor desde já, nos termos do art. 334 do Código de Processo Civil, manifesta interesse em autocomposição, aguardando a designação de audiência de conciliação.

Provas

Requer-se provar o alegado por todos os meios de prova em direito admitidos, incluindo perícia, produção de prova documental, testemunhal, inspeção judicial, depoimento pessoal dos réus sob pena de confissão caso não compareçam, ou, comparecendo, se negue a depor (art. 385, § 1º, do Código de Processo Civil).

Valor da causa

Dá-se à causa o valor de R$ (...)

Termos em que,

pede deferimento.

Data

Advogado (OAB)

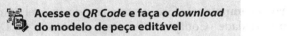

Acesse o *QR Code* e faça o *download* do modelo de peça editável

> *http://uqr.to/1ydzu*

Capítulo 7

AÇÃO DE DESAPROPRIAÇÃO

7.1. PRINCIPAIS ASPECTOS

a) **Foro competente:** foro de situação do imóvel, já que a ação versa sobre direito de propriedade (Código de Processo Civil, art. 47; Decreto-lei 3.365/1941, art. 11).

b) **Competência de juízo:** as desapropriações efetuadas pelos Estados ou Municípios e pelas respectivas autarquias terão sua competência definida pela Lei de Organização Judiciária de cada Estado.

Na Capital do Estado de São Paulo, são ajuizadas perante as Varas da Fazenda Pública.

Os recursos são julgados pela Seção de Direito Público do Tribunal de Justiça.

Todavia, se a União estiver presente nos autos como autora, ré, assistente ou opoente, a competência será da Justiça Federal, regra que também se aplica para as autarquias federais e empresas públicas federais, nos termos do art. 109, I, da Constituição Federal.

Ocorre que, com exceção das Capitais dos Estados, são raras as comarcas que dispõem de Varas da Justiça Federal.

Se isso ocorrer, ou seja, se no local do imóvel não houver varas federais, a competência é deslocada para a Capital do Estado ou para a comarca mais próxima que disponha de Varas da Justiça Federal.

7.2. O INSTITUTO

O inc. XXII do art. 5º da Constituição Federal garante o direito de propriedade.

Porém, logo abaixo, no inc. XXIV o art. 5º da Constituição, abre uma exceção a essa garantia nos seguintes termos:

Art. 5º (...)

XXIV – a lei estabelecerá o procedimento para desapropriação por necessidade ou utilidade pública, ou por interesse social, mediante justa e prévia indenização em dinheiro, ressalvados os casos previstos nesta Constituição;

O Código Civil é nesse sentido:

Art. 1.228. O proprietário tem a faculdade de usar, gozar e dispor da coisa, e o direito de reavê-la do poder de quem quer que injustamente a possua ou detenha.

(...)

§ 3º O proprietário pode ser privado da coisa, nos casos de desapropriação, por necessidade ou utilidade pública ou interesse social, bem como no de requisição, em caso de perigo público iminente.

Essa antinomia sempre existiu em nosso Direito.

De um lado o Estado cuida de proteger o direito de propriedade. De outro, permite a sua perda por meio de prévia e justa indenização em dinheiro.

Bem pensado, ainda que o direito de propriedade esteja garantido, às vezes é inevitável a desapropriação, mormente quando o Estado necessita do imóvel para atingir algum objetivo imperioso de interesse e necessidade pública.

Assim, embora a lei proteja o proprietário, terá ele que ceder seu direito, mediante prévia e justa indenização em dinheiro, em benefício do interesse coletivo.

Nesses casos, de interesse ou necessidade pública, ao Estado não resta alternativa senão a desapropriação em razão da prevalência do interesse público sobre o particular.

A desapropriação é o mais efetivo instrumento de que dispõe o Estado, que intervém na propriedade na medida da necessidade, utilidade ou interesse social.[1]

Trata-se de meio de perda da propriedade especial, determinado no art. 1.275 do Código Civil.

Entende Silvio de Salvo Venosa que se trata, em verdade, de meio originário de aquisição de propriedade pelo Poder Público na medida em que se despreza o título existente. Ainda que não haja matrícula, esta será aberta quando do registro da sentença de expropriação.[2]

Ressalte-se que, embora o proprietário perca sua propriedade, a rigor seu patrimônio é mantido, o que se afirma na medida em que o patrimônio do desapropriado é apenas substituído em razão de indenização prévia, justa e em dinheiro.

7.2.1. Lei aplicável

Às desapropriações se aplica o vetusto Decreto-lei 3.365, de 21 de junho de 1941.

7.2.2. Utilidade e necessidade pública ou interesse social

Os casos de necessidade e utilidade pública, que justificam a desapropriação, estão relacionados no Decreto-lei 3.365/1941.

Art. 5º Consideram-se casos de utilidade pública:

a) a segurança nacional;

b) a defesa do Estado;

c) o socorro público em caso de calamidade;

d) a salubridade pública;

e) a criação e melhoramento de centros de população, seu abastecimento regular de meios de subsistência;

f) o aproveitamento industrial das minas e das jazidas minerais, das águas e da energia hidráulica;

---

[1]   Diógenes Gasparini, *Direito Administrativo*, São Paulo: Saraiva, 1994, p. 434.

[2]   Silvio de Salvo Venosa, *Direito civil – Direitos reais*, São Paulo: Atlas, 2003, p. 242.

g) a assistência pública, as obras de higiene e decoração, casas de saúde, clínicas, estações de clima e fontes medicinais;

h) a exploração e a conservação dos serviços públicos;

i) a abertura, conservação e melhoramento de vias ou logradouros públicos; a execução de planos de urbanização; o parcelamento do solo, com ou sem edificação, para sua melhor utilização econômica, higiênica ou estética; a construção ou ampliação de distritos industriais;

j) o funcionamento dos meios de transporte coletivo;

k) a preservação e conservação dos monumentos históricos e artísticos, isolados ou integrados em conjuntos urbanos ou rurais, bem como as medidas necessárias a manter-lhes e realçar-lhes os aspectos mais valiosos ou característicos e, ainda, a proteção de paisagens e locais particularmente dotados pela natureza;

l) a preservação e a conservação adequada de arquivos, documentos e outros bens móveis de valor histórico ou artístico;

m) a construção de edifícios públicos, monumentos comemorativos e cemitérios;

n) a criação de estádios, aeródromos ou campos de pouso para aeronaves;

o) a reedição ou divulgação de obra ou invento de natureza científica, artística ou literária;

p) os demais casos previstos por leis especiais.

§ 1º A construção ou ampliação de distritos industriais, de que trata a alínea i do caput deste artigo, inclui o loteamento das áreas necessárias à instalação de indústrias e atividades correlatas, bem como a revenda ou locação dos respectivos lotes a empresas previamente qualificadas.

§ 2º A efetivação da desapropriação para fins de criação ou ampliação de distritos industriais depende de aprovação, prévia e expressa, pelo Poder Público competente, do respectivo projeto de implantação".

§ 3º Ao imóvel desapropriado para implantação de parcelamento popular, destinado às classes de menor renda, não se dará outra utilização nem haverá retrocessão.

§ 4º Os bens desapropriados para fins de utilidade pública e os direitos decorrentes da respectiva imissão na posse poderão ser alienados a terceiros, locados, cedidos, arrendados, outorgados em regimes de concessão de direito real de uso, de concessão comum ou de parceria público-privada e ainda transferidos como integralização de fundos de investimento ou sociedades de propósito específico.

§ 5º Aplica-se o disposto no § 4º nos casos de desapropriação para fins de execução de planos de urbanização, de renovação urbana ou de parcelamento ou reparcelamento do solo, desde que seja assegurada a destinação prevista no referido plano de urbanização ou de parcelamento do solo.

§ 6º Comprovada a inviabilidade ou a perda objetiva de interesse público em manter a destinação do bem prevista no decreto expropriatório, o expropriante deverá adotar uma das seguintes medidas, nesta ordem de preferência:

I – destinar a área não utilizada para outra finalidade pública; ou

II – alienar o bem a qualquer interessado, na forma prevista em lei, assegurado o direito de preferência à pessoa física ou jurídica desapropriada.

§ 7º No caso de desapropriação para fins de execução de planos de urbanização, de renovação urbana ou de parcelamento ou reparcelamento do solo, as diretrizes do plano de urbanização ou de parcelamento do solo deverão estar previstas no plano diretor, na legislação de uso e ocupação do solo ou em lei municipal específica.

Nota-se que essa norma, no art. 5º, engloba os casos de utilidade e necessidade, não distinguindo os conceitos.

Demais disso, em razão da letra "p", verifica-se que a enumeração é apenas exemplificativa, permitindo à Administração a expropriação por outras causas em que se justifique a utilidade pública.

Os casos de interesse social constam da Lei 4.132, de 10 de setembro de 1962:

Art. 1º A desapropriação por interesse social será decretada para promover a justa distribuição da propriedade ou condicionar o seu uso ao bem-estar social, na forma do art. 147 da Constituição Federal.

Art. 2º Considera-se de interesse social:

I – o aproveitamento de todo bem improdutivo ou explorado sem correspondência com as necessidades de habitação, trabalho e consumo dos centros de população a que deve ou possa suprir por seu destino econômico;

II – a instalação ou a intensificação das culturas nas áreas em cuja exploração não se obedeça a plano de zoneamento agrícola, VETADO;

III – o estabelecimento e a manutenção de colônias ou cooperativas de povoamento e trabalho agrícola:

IV – a manutenção de posseiros em terrenos urbanos onde, com a tolerância expressa ou tácita do proprietário, tenham construído sua habilitação, formando núcleos residenciais de mais de 10 (dez) famílias;

V – a construção de casa populares;

VI – as terras e águas suscetíveis de valorização extraordinária, pela conclusão de obras e serviços públicos, notadamente de saneamento, portos, transporte, eletrificação, armazenamento de água e irrigação, no caso em que não sejam ditas áreas socialmente aproveitadas;

VII – a proteção do solo e a preservação de cursos e mananciais de água e de reservas florestais.

VIII – a utilização de áreas, locais ou bens que, por suas características, sejam apropriados ao desenvolvimento de atividades turísticas.

§ 1º O disposto no item I deste artigo só se aplicará nos casos de bens retirados de produção ou tratando-se de imóveis rurais cuja produção, por ineficientemente explorados, seja inferior à média da região, atendidas as condições naturais do seu solo e sua situação em relação aos mercados.

§ 2º As necessidades de habitação, trabalho e consumo serão apuradas anualmente segundo a conjuntura e condições econômicas locais, cabendo o seu estudo e verificação às autoridades encarregadas de velar pelo bem-estar e pelo abastecimento das respectivas populações.

Art. 3º O expropriante tem o prazo de 2 (dois) anos, a partir da decretação da desapropriação por interesse social, para efetivar a aludida desapropriação e iniciar as providências de aproveitamento do bem expropriado.

Parágrafo único. VETADO.

Art. 4º Os bens desapropriados serão objeto de venda ou locação, a quem estiver em condições de dar-lhes a destinação social prevista.

Art. 5º No que esta lei for omissa aplicam-se as normas legais que regulam a desapropriação por utilidade pública, inclusive no tocante ao processo e à justa indenização devida ao proprietário.

Art. 6º Revogam-se as disposições em contrário.

De qualquer forma, como a lei apenas exemplifica os casos, aduz Hely Lopes Meirelles[3] que a *necessidade pública* surge quando a Administração se defronta com situações de emergência que, para solução satisfatória demandam transferência urgente de bens de terceiros para o seu domínio e uso imediato.

Por sua vez, a *utilidade pública* é caracterizada na hipótese de transferência de bens de terceiros para a Administração por simples conveniência.

---

[3] Hely Lopes Meirelles, *Direito Administrativo Brasileiro*, São Paulo: Saraiva, 1992, p. 555.

O *interesse social*, por outro lado, ocorre ante a necessidade de melhor distribuição da propriedade possibilitando seu aproveitamento, utilização ou produtividade em benefício da coletividade ou de categorias sociais que exigem atenção especial do Poder Público.

Convém assinalar que os bens desapropriados por interesse social não se destinam à Administração ou aos seus delegados, mas, sim, à coletividade ou a certos beneficiários credenciados por lei para recebê-los ou utilizá-los convenientemente.

7.2.3. Decadência da desapropriação, prescrição da ação de indenização por desapropriação indireta e por apossamento administrativo

A desapropriação deverá ser levada a efeito no prazo de cinco anos, contados da expedição do decreto de necessidade ou utilidade pública (Decreto-lei 3.365/1941, art. 10).

> *Art. 10. A desapropriação deverá efetivar-se mediante acordo ou intentar-se judicialmente, dentro de cinco anos, contados da data da expedição do respectivo decreto e findos os quais este caducará.*

Nos casos de desapropriação por interesse social, o prazo é de dois anos, nos termos do art. 3º, da Lei 4.132, de 10 de setembro de 1962.

Findo esse prazo, o decreto pode ser renovado, mas apenas depois de um ano.

Nas desapropriações indiretas, o prazo para que o expropriado ingresse com ação de indenização prescreve no prazo da ação reivindicatória, pautada pela aquisição por usucapião, contada a posse da data do esbulho praticado pelo Poder Público.

Nesse sentido, não se aplica o parágrafo único, do art. 10, do Decreto-lei 3.365/1941:

> *Art. 10. (...) Parágrafo único. Extingue-se em cinco anos o direito de propor ação que vise a indenização por restrições decorrentes de atos do Poder Público.*

A redação inicialmente proposta para o parágrafo único do art. 10 do Decreto-lei 3.365/1941 (redação dada pela MP 2.027-40/2000) dispunha: "extingue-se em cinco anos o direito de propor ação de indenização por apossamento administrativo ou desapropriação indireta, bem como ação que vise a indenização por restrições decorrentes de atos do Poder Público".

Nada obstante, o Supremo Tribunal Federal, na Medida Cautelar na ADI 2.260/DF, concedeu tutela para suspender a eficácia da expressão "ação de indenização por apossamento administrativo ou desapropriação indireta, bem como", mantendo apenas o seu final, ou seja, a redação ficou da seguinte maneira: "Extingue-se em cinco anos o direito de propor ação que vise a indenização por restrições decorrentes de atos do Poder Público".

Nessa medida, a redação do dispositivo foi substancialmente alterada nas reedições posteriores, de tal sorte que a ADI 2.260 perdeu seu objeto.

Em outras palavras, a restrição de que trata o referido dispositivo não se refere à indenização por desapropriação indireta, em que há esbulho praticado pelo Poder Público.

Antes do atual Código Civil, o prazo era vintenário, o que ensejou, ainda, a edição da Súmula 119 do STJ, *in verbis*: "A ação de desapropriação indireta prescreve em vinte anos".

De acordo com art. 1.238 do Código Civil, a usucapião extraordinária ocorre em quinze anos, contados, no caso, do esbulho praticado pelo Poder Público, ou dez anos se no imóvel forem efetuadas obras de caráter social, como ordinariamente é o caso.

Nesse sentido:

Supremo Tribunal Federal. *Desapropriação indireta. Prescrição. Enquanto o expropriado não perde o direito de propriedade por efeito do usucapião do expropriante, vale o princípio constitucional sobre o direito de propriedade e o direito a indenização, cabendo a ação de desapropriação indireta. O prazo, para esta ação, é o da ação reivindicatória. Confere-se à ação de desapropriação indireta o caráter de ação reivindicatória, que se resolve em perdas e danos, diante da impossibilidade de o imóvel voltar à posse do autor, em face do caráter irreversível da afetação pública que lhe deu a Administração Pública. Subsistindo o título de propriedade do autor, daí resulta sua pretensão à indenização, pela ocupação indevida do imóvel, por parte do Poder Público, com vistas a realização de obra pública. Hipótese em que não ocorreu prescrição. Recurso Extraordinário não conhecido (Recurso Extraordinário nº 109.853/SP, 1ª Turma, Rel. Min. Néri da Silveira, DJ 19.12.1991).*

Deveras, o Desembargador Nuncio Theophilo Neto deixou consignado no julgamento do recurso de apelação 0000003-40.1975.8.26.0451 (TJSP, j. 22.11.2016) que "a ação de indenização por desapropriação indireta ostenta natureza real, sujeita, bem por isso, ao prazo de prescrição aquisitiva previsto para a usucapião extraordinária". Em consonância com o acatado, concluiu que "o prazo prescricional aplicável será o decenal, nos termos do art. 1.238, parágrafo único, c.c. 2.028, ambos do CC".

Esta, inclusive, é a posição do STJ em julgamento de Recurso Repetitivo (tema 1.019):

Superior Tribunal de Justiça. *(...) Tese Repetitiva: 9. Para fins do art. 1.036 e seguintes do CPC/2015, fixa-se a seguinte tese no julgamento deste recurso repetitivo: "O prazo prescricional aplicável à desapropriação indireta, na hipótese em que o Poder Público tenha realizado obras no local ou atribuído natureza de utilidade pública ou de interesse social ao imóvel, é de 10 anos, conforme parágrafo único do art. 1.238 do CC" (EDcl no REsp 1757352/SC, Rel. Min. Herman Benjamin, Primeira Seção, j. 24.06.2020, DJe 11.09.2020).*[4]

O Tribunal de Justiça de São Paulo há muito esposa essa tese, o que se verifica no julgado da lavra do preclaro Desembargador Sérgio Jacintho Guerrieri Rezende:

Tribunal de Justiça de São Paulo. *Prescrição. Indenização. Prazo vintenário. Arts. 177 e 550 do Código Civil. Prescrição extintiva do direito que só ocorrerá após a aquisitiva. Inaplicabilidade da prescrição quinquenal contemplada no Decreto Federal nº 20.910/1932 e na Medida Provisória nº 1.997-37, de 11 de abril de 2000*[5]

---

[4]   No mesmo sentido:
Administrativo. Desapropriação indireta. Prazo prescricional. Ação de natureza real. Usucapião extraordinário. Súmula 119/STJ. Prescrição vintenária. Código Civil de 2002. Art. 1.238, parágrafo único. Redução do prazo. Art. 2.028 do CC/02. Regra de transição. Juros compensatórios. Incidência. Termo a quo. Imissão na posse. Súmula 69/STJ. 1. A ação de desapropriação indireta possui natureza real e, enquanto não transcorrido o prazo para aquisição da propriedade por usucapião, ante a impossibilidade de reivindicar a coisa, subsiste a pretensão indenizatória em relação ao preço correspondente ao bem objeto do apossamento administrativo. 2. Com fundamento no art. 550 do Código Civil de 1916, o STJ firmou a orientação de que "a ação de desapropriação indireta prescreve em 20 anos" (Súmula 119/ STJ). 3. O Código Civil de 2002 reduziu o prazo do usucapião extraordinário para 10 anos (art. 1.238, parágrafo único), na hipótese de realização de obras ou serviços de caráter produtivo no imóvel, devendo-se, a partir de então, observadas as regras de transição previstas no Codex (art. 2.028), adotá-lo nas expropriatórias indiretas. 4. Especificamente no caso dos autos, levando-se em conta que o apossamento ocorreu em 1988 e que decorreu mais da metade do prazo vintenário do Código revogado, consoante a regra de transição prevista no art. 2.028 do CC/2002, incide o prazo de vinte anos do Código Civil de 1916, nos termos da Súmula 119/STJ, o que afasta a prescrição, considerando que a ação foi proposta em 2.12.2005. (...) (AgRg no REsp 1.554.469/SP, Rel. Min. Herman Benjamin, Segunda Turma, j. 16.02.2016, DJe 23.05.2016).

[5]   Trata-se de reedição da Medida Provisória 1.774-22, de 11 de fevereiro de 1999, atual 2.183-56, de 24.08.2001, publicada no *Diário Oficial da União* de 27.08.2001, que, aliás, suprimiu na redação atual o termo "desapropriação indireta":
Art. 1º O Decreto-lei 3.365, de 21 de junho de 1941, passa a vigorar com as seguintes alterações:
Redação à época do acórdão mencionado:
"Art. 10. [...]

O direito subjetivo do proprietário remanesce, enquanto não perde a qualidade de dominus pelo usucapião extraordinário, em favor do Poder Público – o direito ao ressarcimento é interpretado como sucedâneo do direito de reivindicação do imóvel, ficando, assim, sujeito ao mesmo prazo prescricional (...) (Apel. Cív. nº 228.917-5, de 30.07.2001, 7ª Câm. de Direito Público, Rel. Des. Guerrieri Rezende).

Em igual sentido:

Apelação – ação de indenização – imóvel situado no parque Bertioga – desapropriação indireta – prejudicial de mérito – prescrição – inocorrência – entendimento firmado pelo STJ no sentido de que o prazo prescricional é decenal (Tema 1.019) – Precedente desta Corte – Mérito – Apossamento administrativo – ato normativo estadual que constituiu "unidade de conservação" sobre área particular – efetivo perecimento do direito de propriedade da autora em decorrência do conteúdo da legislação estadual – criação de unidade de conservação do grupo "proteção integral" que implica óbice completo ao regular exercício dos poderes inerentes ao direito dominial – Indenização embasada nas conclusões do expert designado em juízo, não infirmada pelos elementos trazidos pelas partes em litígio – Honorários advocatícios fixados em 1% do valor indenizatório – Majoração – Cabimento – Critérios estatuídos pelo artigo 85 do CPC com aplicação supletiva ao Decreto-lei 3365/1941. Sentença parcialmente reformada – Recurso da FESP desprovido e provido o recurso dos causídicos dos autores. (TJSP, Apelação/Remessa Necessária 1000043-64.2015.8.26.0075, Rel. Paulo Barcellos Gatti; 4ª Câmara de Direito Público, j. 22.05.2023).

O prazo prescricional fica suspenso enquanto tramita processo administrativo, podendo ser citado o seguinte precedente:

Prescrição – Desapropriação indireta – Inocorrência – Desapropriação que ocorreu quando em vigor o novo Código Civil – Aplicação do prazo prescricional previsto na usucapião extraordinário (10 anos) e não o prazo indicado no art. 1º do Decreto 20.910/32 – Prazo contado a partir do arquivamento do processo administrativo – Recurso improvido. (TJSP, Apelação Cível 1000333-77.2014.8.26.0281, Rel. José Luiz Gavião de Almeida, 3ª Câmara de Direito Público, Foro de Itatiba – 1ª Vara Cível, j. 09.08.2016; data de registro 16.08.2016).

Por outro lado, é possível que haja a imposição de servidão administrativa, para passagem de tubulação de água, por exemplo.

Segundo a lição de Hely Lopes Meirelles, "não se confunde a servidão administrativa com a desapropriação, porque esta retira a propriedade do particular, ao passo que aquela conserva a propriedade com o particular, mas lhe impõe o ônus de suportar um uso público. Na desapropriação despoja-se o proprietário do domínio e, por isso mesmo, indeniza-se a propriedade, enquanto na servidão administrativa mantém-se a propriedade com o particular, mas onera-se essa propriedade com o uso público e, por esta razão, indeniza-se o prejuízo (não a propriedade) que este uso, pelo Poder Público, venha a causar ao titular do domínio privado".[6]

E o mesmo autor esclarece, ainda, que: "servidão administrativa ou pública é ônus real de uso imposto pela Administração à propriedade particular para assegurar a realização e conservação de obras e serviços públicos ou de utilidade pública, mediante indenização dos prejuízos efetivamente suportados pelo proprietário".[7]

Em que pese a distinção entre a ação de desapropriação indireta e a ação de indenização por servidão administrativa, a jurisprudência assegura "*indenização dos prejuízos e das restrições ao uso do imóvel, como ocorre com a desapropriação indireta, obedecido o regime*

Parágrafo único. Extingue-se em cinco anos o direito de propor ação de indenização por apossamento administrativo ou desapropriação indireta, bem como ação que vise a indenização por restrições decorrentes de atos do Poder Público.
Redação que hoje vigora:
Parágrafo único. Extingue-se em cinco anos o direito de propor ação que vise a indenização por restrições decorrentes de atos do Poder Público."

[6] Hely Lopes Meirelles. *Direito administrativo brasileiro.* 24. ed. São Paulo: Malheiros, p. 562.

[7] Hely Lopes Meirelles. Ob. cit. p. 532.

jurídico desta" (REsp 97.875/RS, Rel. Min. Luiz Fux, Primeira Turma, j. 13.10.2009, *DJe* 04.01.2009).[8]

Portanto, ainda neste caso, a prescrição é decenal, nos mesmos moldes que tratamos para as desapropriações indiretas, contado o prazo "a partir do momento em que o interessado tem ciência inequívoca da suposta violação ao seu direito de propriedade" (Agravo de Instrumento nº 2148499-04.2014.8.26.0000, 8ª. Câmara de Direito Público do Tribunal de Justiça de São Paulo), como ocorre, por exemplo, quando o proprietário recebe comunicação da servidão por missiva ou notificação.

7.2.4. Desapropriação por acordo

A desapropriação pode ser efetuada amigavelmente, após a declaração de utilidade pública.

O acordo é feito por escritura pública de transferência.

Não se trata, no caso, de compra e venda ou doação, mas de ato de expropriação, de tal sorte que não é devido o imposto de transmissão (ITBI).

O expropriado não está sujeito à incidência de imposto de renda em razão do lucro imobiliário em razão do que dispõe o art. 27, § 2º, do Decreto-lei 3.365/1941.

Nesse sentido, o art. 10-A incluído no Decreto-lei 3.365/1941 pela Lei 13.867/2019, que obriga o Poder Público a apresentar proposta após o Decreto de desapropriação:

> *Art. 10-A. O poder público deverá notificar o proprietário e apresentar-lhe oferta de indenização.*
>
> *§ 1º A notificação de que trata o* caput *deste artigo conterá:*
>
> *I – cópia do ato de declaração de utilidade pública;*
>
> *II – planta ou descrição dos bens e suas confrontações;*
>
> *III – valor da oferta;*
>
> *IV – informação de que o prazo para aceitar ou rejeitar a oferta é de 15 (quinze) dias e de que o silêncio será considerado rejeição;*
>
> *§ 2º Aceita a oferta e realizado o pagamento, será lavrado acordo, o qual será título hábil para a transcrição no registro de imóveis.*
>
> *§ 3º Rejeitada a oferta, ou transcorrido o prazo sem manifestação, o poder público procederá na forma dos arts. 11 e seguintes deste Decreto-Lei.*

Não se trata, a toda evidência, pelo termo "deverá", de faculdade, mas de obrigação de fazer oferta, de tal sorte que o juiz extinguirá o processo de usucapião caso não haja, com a propositura da ação, prova da proposta que restou erigida a condição de procedibilidade da ação de usucapião.

7.2.5. Sub-rogação dos gravames no preço

Consoante o art. 31 do Decreto-lei 3.365/1941, desapropriado o bem, os ônus ou direitos que recaiam sobre ele, como, por exemplo, as hipotecas, sofrem substituição pelo dinheiro decorrente da desapropriação.

---

[8] Ainda que assim não fosse, inaplicável, no caso, o Decreto-lei 3.365/1941, por não se tratar de desapropriação e, nesse sentido: "é de se afastar a alegação de prescrição quinquenal, na medida em que, contrariamente ao afirmado pela agravante, não se cuida de ação de desapropriação indireta, mas de ação de indenização, por instituição de servidão de passagem, não se podendo falar em prescrição quinquenal, não se aplicando, tal qual bem observado pelo digno magistrado, o disposto no art. 10 do Decreto-lei n. 3.365/1941" (Agravo de Instrumento 711 583 5/7-00, 12ª Câmara de Direito Privado do Tribunal de Justiça de São Paulo).

Na mesma linha, nas questões ambientais e de patrimônio histórico-cultural que recaem sobre um imóvel desapropriado, necessário saber se o ex-proprietário pode ser condenado por danos ambientais praticados antes da desapropriação.

O Superior Tribunal de Justiça, no tema repetitivo 1.204, fixou a tese jurídica segundo a qual "as obrigações ambientais possuem natureza '*propter rem*', sendo possível exigi-las, à escolha do credor, do proprietário ou possuidor atual, de qualquer dos anteriores, ou de ambos, ficando isento de responsabilidade o alienante cujo direito real tenha cessado antes da causação do dano, desde que para ele não tenha concorrido, direta ou indiretamente", seguindo o que antes admitia a Súmula 623.

Todavia, a desapropriação é originária (imposta pelo poder público) e o passivo ambiental já deve ser considerado no valor da indenização paga ao expropriado. Assim, condenar o expropriado novamente para cobrir os custos ambientais implicaria em uma penalidade dupla (*bis in idem*), o que é indevido.

Neste sentido foi o julgamento do AREsp 1.886.951/RJ, da pena do Ministro Gurgel de Faria (1ª Turma, j. 11.06.2024, *DJe* 20.06.2024).

Essa conclusão não abarca os danos morais coletivos, já que essa obrigação não se relaciona diretamente ao bem expropriado, não havendo sub-rogação no preço.

7.2.6. Desapropriação indireta

A desapropriação indireta nada mais é que um esbulho da propriedade particular.

Se assim o é, não encontra sustentáculo na lei.

Acorde com Hely Lopes Meirelles, é uma situação de fato.[9] Contra essa situação iníqua o proprietário pode se insurgir por meio do interdito proibitório, em caso de ameaça e mesmo através da autotutela da posse insculpida no art. 1.210 do Código Civil.

Todavia, consumado o esbulho, depois de consolidada a propriedade como patrimônio público, os bens expropriados ilicitamente tornam-se insuscetíveis de reintegração ou reivindicação.

Ao particular lesado não resta alternativa senão tentar obter a indenização correspondente através de ação de conhecimento, pelo procedimento comum, no prazo decadencial de cinco anos contados do apossamento administrativo (Decreto-lei 3.365/1941, art. 10, parágrafo único, acrescentado pela Medida Provisória nº 2.183-56/2001), ressalvada nossa posição espelhada no item 7.2.3. de o prazo ser de 15 (quinze) anos.

7.2.7. Indenização prévia

A Constituição Federal, como visto, no art. 5º, XXIV, exige indenização prévia e justa, em dinheiro.

Isso significa que o expropriante deverá pagar ou depositar o preço de avaliação do imóvel, em dinheiro, antes de ingressar na posse do imóvel expropriado.

Nesse sentido, a imissão na posse, pelo expropriante, só tem ocorrido depois de avaliação efetuada por perito nomeado pelo juiz, estabelecendo o valor do bem, com depósito pelo Poder Público expropriante:

Tribunal de Justiça de São Paulo. *Desapropriação. Imissão provisória na posse. Autorização, condicionada à avaliação prévia do imóvel expropriado, que não se substitui pelo depósito de seu valor venal. Aplicação*

---

9   *Direito Administrativo Brasileiro*, p. 549.

do art. 5º, inc. XXIV, da Constituição da República. Recurso provido (Agravo de Instrumento nº 064.856-5, Itapecerica da Serra, 7ª Câmara de Direito Público, Rel. Sérgio Pitombo, 06.04.1998, v.u.).

Mais um acórdão sobre o pagamento e a imissão de posse:

Tribunal de Justiça de São Paulo. *Desapropriação – DAEE – Determinação de avaliação prévia para efeito de imissão na posse, mesmo diante de laudo avaliatório realizado pela autarquia para depósito da oferta – Possibilidade, pois o Juiz não tem conhecimentos técnicos que lhe permitam aferir a justeza do laudo administrativo – A preponderância do interesse público não autoriza a retirada das faculdades que constituem o exercício do direito de propriedade, sem o depósito de indenização correspondente – Recurso não provido (Agravo de Instrumento nº 99.357-5, Guarulhos, 8ª Câmara de Direito Público, Rel. Teresa Ramos Marques, 02.12.1998, v.u.).*

Avaliação provisória – Avaliação provisória deve anteceder a imissão na posse, pena de rompimento do regramento vigente, ex vi da inteligência dos arts. 14 e 23 da lei de regência (Agravo de Instrumento 8141885500, Rel. Ricardo Anafe, São Paulo, 13ª Câmara de Direito Público, j. 01.10.2008, Data de registro: 28.10.2008).

Na fundamentação, aduziu o Desembargador relator:

Em verdade, a interpretação harmônica da legislação de regência, mormente quanto seus artigos 14 e 23, reclama a avaliação prévia e seu respectivo depósito, por certo, antes da imissão na posse. Noutro giro, a avaliação provisória não causa nenhuma espécie de risco de dano, até porque por se tratar de procedimento de essência basicamente efêmera e sem os mesmos rigorismos do laudo definitivo, o ato se sucede com presteza.

Exceção é feita para a desapropriação do imóvel rural que não esteja cumprindo sua função social, para fins de reforma agrária, que admite pagamento com títulos especiais da dívida pública (Constituição Federal, art. 184).

O art. 186, da Constituição, esclarece as hipóteses em que a função social da propriedade rural é respeitada:

> *Art. 186. (...)*
>
> *I – Aproveitamento racional e adequado;*
>
> *II – Utilização adequada dos recursos naturais disponíveis e preservação do meio ambiente;*
>
> *III – Observância das disposições que regulam as relações de trabalho;*
>
> *IV – Exploração que favoreça o bem-estar dos proprietários e dos trabalhadores.*

Outrossim, não podem ser objeto de desapropriação para reforma agrária as pequenas e médias propriedades rurais (Constituição Federal, art. 185).

7.2.8. Pagamento da indenização

O pagamento da indenização expropriatória faz-se na forma do acordo, ou nos termos do julgado, em sede de execução.

Efetuada a avaliação e deferida a imissão na posse, o expropriado poderá se insurgir contra o valor depositado, contestando a ação.

Se tiver razão, essa diferença será paga através dos precatórios.

Nessa eventualidade, a Constituição determina que o pagamento deve ser feito na ordem de apresentação da requisição (precatório) e à conta dos créditos respectivos.

A Constituição Federal preceitua, ainda, que a Administração deverá incluir nos seus orçamentos, até 1º de julho de cada ano, recursos suficientes para o pagamento dos débitos constantes dos precatórios apresentados, abrindo-se créditos adicionais para as requisições posteriores (art. 100 e parágrafos).

Essas disposições pautam a atividade das pessoas públicas (entidades estatais e autarquias), que só podem efetuar pagamentos com verbas orçamentárias.

Posta assim a questão, não se sujeitam à penhora de bens.

Quanto ao pagamento das desapropriações promovidas por entidades privadas, ainda que paraestatais, a execução do julgado referente à expropriação se faz de acordo com o art. 789 do Código de Processo Civil, na forma processual comum, ou seja, com a expropriação de bens do devedor em hasta pública.

O levantamento do valor depositado ocorre de acordo com os arts. 33 e 34 do Decreto-lei 3.365/1941.

Art. 33. O depósito do preço fixado por sentença, à disposição do juiz da causa, é considerado pagamento prévio da indenização.

§ 1º O depósito far-se-á no Banco do Brasil ou, onde este não tiver agência, em estabelecimento bancário acreditado, a critério do juiz.

§ 2º O desapropriado, ainda que discorde do preço oferecido, do arbitrado ou do fixado pela sentença, poderá levantar até 80% (oitenta por cento) do depósito feito para o fim previsto neste e no art. 15, observado o processo estabelecido no art. 34.

Art. 34. O levantamento do preço será deferido mediante prova de propriedade, de quitação de dívidas fiscais que recaiam sobre o bem expropriado, e publicação de editais, com o prazo de 10 dias, para conhecimento de terceiros.

Parágrafo único. Se o juiz verificar que há dúvida fundada sobre o domínio, o preço ficará em depósito, ressalvada aos interessados a ação própria para disputá-lo.

Sendo assim, ante a ausência de acordo sobre o valor da avaliação oficial, o expropriado levantará 80% do valor depositado.

Ainda que não haja discórdia, pretendendo o expropriado levantar a quantia deverá:

a) Provar a propriedade, havendo celeuma jurisprudencial quanto à possibilidade de levantamento pelo compromissário comprador, ainda que tenha registrado seu contrato, ante o mandamento do art. 34 do Decreto-lei 3.365/1941;

b) Provar, através de certidões, quitação de tributos que incidam sobre o imóvel;

c) Publicar editais, com o prazo de dez dias para o conhecimento de terceiros.

Se o desapropriado tiver débitos de impostos, pode buscar a compensação com o valor que lhe é devido, notadamente por precatórios expedidos e não pagos. Nessa medida:

Tribunal de Justiça de São Paulo. *Crédito Tributário. Extinção. Compensação. Pretensão do impetrante à sua efetivação, para extinção de dívida fundada em IPTU, com base em crédito oriundo de precatório expedido em ação de desapropriação promovida em face do Município de Mauá. Admissibilidade. Operação autorizada por lei municipal. Hipótese, ademais, que se ajusta aos dizeres do § 2º do art. 78 do ADCT. Recurso provido (Apelação 0146869-59.2005.8.26.0000, Relator(a): Erbetta Filho; Comarca: Mauá; Órgão julgador: 15ª Câmara de Direito Público; Data do julgamento: 09/12/2010; Data de registro: 06/01/2011; Outros números: 994051468692).*

O inverso não é possível, de tal sorte que não pode o Poder Público pretender a compensação:

Tribunal de Justiça de São Paulo. *Agravo de instrumento. Compensação. Pretensão da Prefeitura Municipal de compensar valores depositados a título de precatório com débitos de IPTU. Inadmissibilidade. Artigo 100, § 9º, da Constituição Federal que foi declarado inconstitucional pelo Supremo Tribunal Federal. Recurso improvido (Agravo de Instrumento 2186827-66.2015.8.26.0000, 7ª Câmara de Direito Público, Rel. Des. Moacir Peres).*

Por fim, resta observar, quanto ao pagamento, que a indenização deverá ser a mais completa possível, nela incluída correção monetária a partir do laudo pericial, além de juros moratórios a partir do dia 1º de janeiro do ano seguinte em que o pagamento deveria ser feito (art. 100 da Constituição Federal e Súmula Vinculante 17 do STF) e compensatórios a contar do esbulho (Súmula 114 do STJ) à taxa de 6% ao ano (ADI 2332[10]), além de honorários advocatícios.

7.2.9. Desvio de finalidade

A finalidade pública, consubstanciada na *necessidade* ou *utilidade* do bem para fins administrativos, ou no *interesse social* da propriedade para utilização e exploração em benefício comum é o fundamento que legitima a desapropriação.

Sendo assim, não é possível a expropriação motivada por interesse privado de pessoa física ou de entidade particular.

Ainda que seja concessionária de serviço público, a desapropriação não pode ser levada a efeito sem a presença inafastável de utilidade pública ou interesse social.

O interesse deve ser do Poder Público ou da coletividade beneficiada com o bem expropriado, sob pena de nulidade da desapropriação.

Superior Tribunal de Justiça. Processual civil. Mandado de segurança. Recurso ordinário. Decreto expropriatório. Art. 5º, alínea I, do Decreto-lei 3.365/41. Implantação de "unidade" industrial. Nulidade do ato viciado por desvio de finalidade, pois beneficia uma única empresa privada. Autoridade Coatora incompetente para a expedição do ato. 1. Mandado de segurança impetrado contra ato do Governador do Estado da Bahia, consubstanciado na edição de decreto expropriatório que declarou de utilidade pública, para fins de implantação de unidade industrial, imóveis de propriedade da recorrente. 2. A declaração expropriatória exterioriza, tão somente, a intenção estatal de desapropriar determinado bem, não repercutindo, de modo imediato, no direito de propriedade do expropriado. Sob esse aspecto, é possível constatar que os pressupostos necessários à desapropriação, sejam eles de que ordem for, não precisam estar presentes no momento da edição do decreto expropriatório. 3. O exame da oportunidade e da conveniência do ato ora impugnado não se sujeita a controle judicial. Entretanto, a hipótese legal de desapropriação elencada pelo administrador como fundamento do decreto expropriatório – art. 5º, i, do Decreto-lei 3.365/41, no caso dos autos – deverá ser compatível com o fim a que ele se destina, sob pena de se viciar o ato praticado. 4. Por distritos industriais deve-se entender "a área de concentração de indústrias e atividades complementares delas, ordenada pelo Poder Público mediante plano urbanístico especial de urbanificação do solo, com possibilidade de desapropriação da gleba e revenda ou locação dos lotes aos estabelecimentos industriais interessados" (SILVA, José Afonso da. Direito Urbanístico Brasileiro, 4ª ed., rev. e atual., São Paulo: Malheiros, 2006, p. 377). 5. O decreto expropriatório editado com fundamento no art. 5º, i, do Decreto-lei 3.365/41, beneficiando uma única empresa privada, contém vício de finalidade que o torna nulo, na medida em que se desvia do interesse público, contrariando, ainda, os princípios da impessoalidade e da moralidade administrativa, consagrados no art. 37 da Constituição Federal. 6. Ademais, a construção ou ampliação de distritos industriais pressupõe "o loteamento das áreas necessárias à instalação de indústrias e atividades

---

10   Decisão: o Tribunal julgou parcialmente procedente a ação direta para: i) por maioria, e nos termos do voto do relator, reconhecer a constitucionalidade do percentual de juros compensatórios de 6% (seis por cento) ao ano para remuneração do proprietário pela imissão provisória do ente público na posse de seu bem, declarando a inconstitucionalidade do vocábulo "até", e interpretar conforme a Constituição o *caput* do art. 15-A do Decreto-Lei 3.365/1941, de 21 de junho de 1941, introduzido pelo art. 1º da Medida Provisória nº 2.027-43, de 27 de setembro de 2000, e suas sucessivas reedições, de maneira a incidir juros compensatórios sobre a diferença entre 80% (oitenta por cento) do preço ofertado em juízo pelo ente público e o valor do bem fixado na sentença, vencido o Ministro Marco Aurélio, que julgava procedente o pedido, no ponto, em maior extensão; ii) por maioria, vencidos os Ministros Roberto Barroso (relator), Luiz Fux e Celso de Melo, declarar a constitucionalidade do § 1º e do § 2º do art. 15-A do Decreto-lei 3.365/1941; iii) por unanimidade, e nos termos do voto do relator, declarar a constitucionalidade do § 3º do art. 15-A do Decreto-lei 3.365/1941; iv) por maioria, e nos termos do voto do Relator, declarar a inconstitucionalidade do § 4º do art. 15-A do Decreto-Lei 3.365/41, vencido o Ministro Marco Aurélio; v) por unanimidade, e nos termos do voto do relator, declarar a constitucionalidade da estipulação de parâmetros mínimo e máximo para a concessão de honorários advocatícios previstos no § 1º do art. 27 o Decreto-lei 3.365/1941 e declarar a inconstitucionalidade da expressão "não podendo os honorários ultrapassar R$ 151.000,00 (cento e cinquenta e um mil reais)". (...). Presidiu o julgamento a Ministra Cármen Lúcia. Plenário, 17.05.2018.

correlatas, bem como a revenda ou locação dos respectivos lotes a empresas previamente qualificadas", dependendo, ainda, "de aprovação, prévia e expressa, pelo Poder Público competente, do respectivo projeto de implantação", tal como definido nos §§ 1º e 2º do art. 5º do Decreto-lei 3.365/41, atraindo, desse modo, a competência exclusiva dos Municípios, a teor do disposto no art. 30, VIII, da CF/1988. 7. O Governador do Estado da Bahia não detém competência, tanto para a expedição do decreto expropriatório atacado pela via do presente mandamus como para a efetiva desapropriação, visto ser do Município o interesse público capaz de ensejar a desapropriação para a construção ou ampliação de distritos industriais. 8. A Primeira Turma desta Corte já se manifestou no sentido de que "é lícito ao Poder Judiciário declarar nulo decreto expropriatório onde se verifica desvio de poder" (REsp 36.611/SC, Rel. Min. Humberto Gomes de Barros, DJ 22.8.1994). 9. Recurso provido para se conceder a segurança pleiteada, declarando-se a nulidade do Decreto 7.917/2001, expedido pelo Governador do Estado da Bahia (RMS 18.703/BA, Rel. Min. Denise Arruda, Primeira Turma, julgado em 28.11.2006, DJ, 29.03.2007, p. 217).

7.2.10. Retrocessão

Retrocessão é o direito de o expropriado reaver o bem quando não lhe der o destino declarado no ato expropriatório ou qualquer outra destinação pública, encerrando verdadeiro desvio de finalidade.[11]

A retrocessão visa conceder ao proprietário a faculdade de perseguir o bem expropriado na hipótese de desvio de finalidade.

Como se está diante de violação de norma constitucional (CF art. 5º, incisos XXII e XXIV), que garante o direito de propriedade com as características da conservação e da compensação, a intervenção do Poder Público no direito de propriedade somente é possível quando estiver presente manifesto interesse coletivo.

O direito de retrocessão deve ser entendido, assim, como meio de proteção ao direito à propriedade particular, nas hipóteses em que não for dada a destinação pública para o qual foi desapropriada.

Para Hely Lopes Meirelles,[12] o desvio de finalidade "ocorre, na desapropriação, quando o bem expropriado para um fim é empregado noutro sem utilidade pública ou interesse social. Daí o chamar-se, vulgarmente, a essa mudança de destinação, tredestinação para indicar o mau emprego do bem expropriado", apresentando o seguinte exemplo: "um terreno desapropriado para escola pública poderá, legitimamente, ser utilizado para construção de um pronto-socorro público sem que isto importe desvio de finalidade, mas não poderá ser alienado a uma organização privada para nele edificar uma escola ou um hospital particular, porque a estes faltaria a finalidade pública justificadora do ato expropriatório.

Atualmente, a teor do que dispõe o art. 519 do Código Civil:

> *Art. 519. Se a coisa expropriada para fins de necessidade ou utilidade pública, ou por interesse social, não tiver o destino para que se desapropriou, ou não for utilizada em obras ou serviços públicos, caberá ao expropriado direito de preferência, pelo preço atual da coisa.*

Portanto, substitui-se a ideia de devolução do valor da indenização pelo pagamento do preço atual da coisa.

Caso haja alienação pelo Poder Público, a teor do art. 35 do Decreto-lei 3.365/1941, o direito do prejudicado se resolverá em perdas e danos.

De qualquer forma, cumpre consignar, acerca da natureza jurídica da retrocessão, a existência de três correntes principais, bem espelhadas pelo didático acórdão do Ministro José Delgado:

---

[11] Hely Lopes Meirelles, *Direito administrativo brasileiro*, 20ª ed., São Paulo: Saraiva, 1995, p. 531.

[12] Hely Lopes Meirelles, *Direito administrativo brasileiro*, 29ª ed., São Paulo: Malheiros, 2004, p. 597-598.

(...) aquela que entende ser a retrocessão um direito real em face do direito constitucional de propriedade (CF, artigo 5º, XXII) que só poderá ser contestado para fins de desapropriação por utilidade pública, CF, artigo 5º, XXIV [portanto, possível a reintegração do imóvel – REsp 1134493/MS – 2009/0130921-7 – 2ª Turma – 15.12.2009]. Uma outra entende que o referido instituto é um direito pessoal de devolver o bem ao expropriado, em face do disposto no artigo 35 da Lei 3.365/41, que diz que os bens incorporados ao patrimônio público não são objeto de reivindicação, devendo qualquer suposto direito do expropriado ser resolvido por perdas e danos. Por derradeiro, temos os defensores da natureza mista da retrocessão (real e pessoal) em que o expropriado poderá requerer a preempção ou, caso isso seja inviável, a resolução em perdas e danos. 3. Esta Superior Corte de Justiça possui jurisprudência dominante no sentido de que não cabe a retrocessão no caso de ter sido dada ao bem destinação diversa daquela que motivou a expropriação [se a finalidade for pública] (REsp 819.191/SP; REsp 2006/0031496-2 – Ministro José Delgado – Primeira Turma).

Não haverá o direito à retrocessão, na hipótese do art. 5º, § 3º, do Decreto-lei 3.365/1941, alterado pela Lei 9.785/1999, segundo o qual "ao imóvel desapropriado para implantação de parcelamento popular, destinado às classes de menor renda, não se dará outra utilização nem haverá retrocessão". Da mesma forma, ainda que, nos termos dos §§ 4º e 5º do art. 5º do Decreto-lei 3.365/1941, com a redação dada pela Lei 14.620/2023 e desde que respeitada a utilidade pública, o expropriante destine o imóvel ou os direitos decorrentes da posse para que a propriedade ou os direitos sejam "alienados a terceiros, locados, cedidos, arrendados, outorgados em regimes de concessão de direito real de uso, de concessão comum ou de parceria público-privada e ainda transferidos como integralização de fundos de investimento ou sociedades de propósito específico" ou, ainda, para parcelamento do solo urbano ou para urbanização.

Igualmente, o direito de preferência, tal qual previsto no art. 519 do Código Civil, é assegurado pelo § 6º, II, do art. 5º do Decreto-lei 3.365/1941.

Quanto ao prazo para exercício do direito decorrente da retrocessão, seguem o Decreto 20.910, de 06.01.1932, art. 1º: "As dívidas passivas da União, Estados e dos Municípios, bem assim todo e qualquer direito ou ação contra a Fazenda Federal, estadual, ou municipal, seja qual for sua natureza, prescrevem em cinco anos, contados da data do ato ou fato do qual se originaram".

Contudo, adotada a tese da natureza real da retrocessão, o prazo será de 15 anos, coincidente com a prescrição aquisitiva do possuidor, contado do desrespeito ao direito de preferência, quando aplicável.

7.2.11. O interesse da União

De acordo com Kiyoshi Harada,[13] na medida em que as desapropriações movidas pela Municipalidade de São Paulo abarcavam imóveis do extinto aldeamento indígena de São Miguel, era praxe a expedição de ofício do juiz ao Serviço de Patrimônio da União, noticiando o fato.

Por intermédio de seu procurador, a União ingressava no feito e solicitava o desaforamento, sem se posicionar como assistente ou opoente.

Nesses casos, os juízes estaduais atendiam esses pedidos, desafiando agravos que mereciam decisões discrepantes, ora sendo acolhidos para fixar a competência da Justiça Estadual, ora sendo rejeitados, com a confirmação da decisão de primeiro grau e consequente remessa do processo à Justiça Federal.

Certo é que, se a União entende que o imóvel é seu, deve ingressar com a medida processual adequada, qual seja, a oposição, justificando, assim, a remessa dos autos à Justiça Federal.

---

[13] Kiyoshi Harada, *Desapropriação, doutrina e prática*, São Paulo: Saraiva, 1991, p. 85.

O Supremo Tribunal Federal pacificou o entendimento segundo o qual a simples manifestação de interesse na causa, pela União, sem a assunção precisa da sua posição de autora, ré, assistente ou opoente, não possui o condão de modificar a competência para a Justiça Federal.

7.3. QUEM PODE DESAPROPRIAR

Respeitada a competência de cada um, a desapropriação pode ser levada a efeito pela União, pelos Estados e pelos Municípios (art. 2º do Decreto-lei 3.365/1941).

Os bens dos Estados, dos Municípios, do Distrito Federal e dos Territórios podem ser desapropriados pela União.

Os bens dos Municípios podem ser desapropriados pelos Estados (§ 2º do art. 2º). O contrário não é admitido.

Outrossim, mediante autorização expressa, por lei ou por contrato, as concessionárias de serviço público, ainda que privatizadas, que se encarregam da construção e manutenção de estradas, ou, ainda, as empresas de telefonia, eletricidade, gás etc., poderão exercer a execução da ação de desapropriação.

No mais, quanto à possibilidade de desapropriar, o STF referendou a Lei de Reforma Agrária que proíbe a desapropriação de áreas rurais ocupadas em conflitos de terra nos dois anos após a desocupação, desde que a invasão ocorra antes ou durante a vistoria do Incra e afete significativamente a produtividade do imóvel. A decisão foi tomada no âmbito das ADIs 2.213 e 2.411. Manteve-se, também, a proibição de repasse de recursos públicos a movimentos sociais envolvidos em invasões de propriedades rurais e bens públicos, em defesa dos princípios de legalidade e moralidade constitucionais.

Seja como for, as declarações de necessidade ou utilidade pública, assim como a de interesse social, somente podem ser levadas a efeito pelo Chefe do Poder Executivo competente, ainda que a iniciativa seja do Poder Legislativo:

> *Art. 8º O Poder Legislativo poderá tomar a iniciativa da desapropriação, cumprindo, neste caso, ao Executivo, praticar os atos necessários à sua efetivação.*

7.4. AS FASES DO PROCEDIMENTO

De acordo com o magistério de Hely Lopes Meirelles,[14] a desapropriação é um procedimento administrativo que se realiza em duas fases.

Na primeira fase, de natureza declaratória, há a declaração da necessidade ou utilidade pública, bem como, se for o caso, do interesse social, levada a efeito através de decreto do Poder Executivo.

Na segunda fase, leva-se a efeito a desapropriação através da ação competente que estimará a justa indenização e a transferência do bem ao Poder Público expropriante, ou seja, a adjudicação do bem expropriado.

7.4.1. Petição inicial

A petição inicial deve conter os requisitos do art. 319, do Código de Processo Civil, além dos seguintes requisitos especiais:

---

[14]   Hely Lopes Meirelles, ob. cit., p. 549.

a) A petição inicial deverá apresentar o preço ofertado a título de justa indenização;

b) Se for o caso, o pedido de imissão prévia na posse; e,

c) Será juntado exemplar do jornal oficial que publicou o ato expropriatório (declaração de utilidade pública) ou sua cópia autenticada além da planta do imóvel desapropriando ou sua descrição, com as confrontações.

No caso de imissão prévia na posse, deverá acompanhar a inicial a respectiva guia de depósito do valor ofertado.

7.4.2. Contestação do desapropriado

A contestação na ação de desapropriação deve se limitar às alegações de vício do processo ou insuficiência do valor da oferta.

Nesse sentido, o art. 20, do Decreto-lei 3.365/1941:

Art. 20. A contestação só poderá versar sobre vício do processo judicial ou impugnação do preço; qualquer outra questão deverá ser decidida por ação direta.

Considera-se justo o mandamento insculpido no art. 20 na medida em que, se o expropriado pudesse discutir o mérito da desapropriação, se instauraria o caos com a absoluta inviabilidade das ações expropriatórias.

Assim, não é possível ao expropriado, na ação de desapropriação, se insurgir contra o decreto que declara o imóvel de utilidade ou necessidade pública.

Outrossim, de acordo com o art. 9º, do Decreto-lei 3.365/1941:

Art. 9º Ao Poder Judiciário é vedado, no processo de desapropriação, decidir se se verificam ou não os casos de utilidade pública.

Todavia, é entendimento corrente que essa verificação pode ser feita em ação autônoma, não havendo como tolher a possibilidade de o Poder Judiciário avaliar o desvio de finalidade ou abuso de poder.

Mister apenas verificar a necessidade de prova, evitando o Mandado de Segurança se houver necessidade de produção de outras provas que não as exclusivamente documentais.

Superior Tribunal de Justiça. Administrativo. Desapropriação. Declaração de utilidade pública. Prédio destinado a construção de edifício público municipal. Mandado de segurança. Probatória. Possibilidade da discussão, sede de mandado de segurança, sobre a utilidade pública e o fundamento desta. Correta a decisão que, em desapropriação, malgrado entenda poder se consubstanciar no mandado de segurança a ação direta do art. 20 do Decreto-lei 3.365/41, confirma a carência de ação do autor, em razão de ser necessária, "in casu", dilação probatória, inadmissível em sede de ação mandamental. Merece temperamentos a interpretação do art. 9º da Lei de Desapropriação, segundo o qual fica excluída da apreciação judicial, no processo expropriatório, a verificação dos casos de utilidade pública. Como é cediço, por força de tal disposição legal, é vedado ao Poder Judiciário, na ação de desapropriação, decidir sobre a ocorrência do caso de utilidade pública, mas não está impedido de apreciar o fundamento desta. Na estrita via do "writ of mandamus", se é impossível a prova da situação fática à época da declaração de utilidade pública, inadmissível perquirir-se a razão de tal declaração. Na espécie, indicada a finalidade do ato declaratório de utilidade pública (instalação de edifício público para servir de centro cultural), não há falar em desvio de poder. Recurso a que se nega provimento. Decisão indiscrepante (REsp 34.399/SP; 1993/0011234-1, DJ 19.12.1994, p. 35.267. LEXSTJ 69/80; RDJTJDFT 51/257; REVFOR 333/260; RSTJ 73/243, Ministro Demócrito Reinaldo, 30.11.1994. 1ª Turma).

Em casos extremos, todavia, cabe a ação anulatória direta, referida no art. 20 do Decreto-lei 3.365/1941.

Nesse sentido, interessante o julgado espelhado no REsp 1.134.493/MS (2009/0130921-7 – 2ª Turma – 15.12.2009 – Rel. Min. Herman Benjamin) em que o Município desapropriou imóvel ribeirinho para conceder à exploração da extração de areia por um particular. Consignou-se que aquele que passou a explorar o imóvel "corrompeu o então Prefeito para que desapropriasse a área em litígio e a concedesse para exploração".

Asseverou o Ministro Relator, com razão, que é "difícil imaginar exemplo mais evidente de tredestinação ilícita" na medida em que houve pagamento ilícito ao então Prefeito.

Como não poderia deixar de ocorrer nesse caso, foi reconhecido o direito do proprietário de reaver o imóvel ilicitamente desapropriado.

A Lei 14.421, de 20 de Julho de 2022, incluiu o § 4º ao art. 34-A do Decreto-lei 3.365/1941 para determinar que, uma vez apresentada a contestação pelo expropriado, caso não haja expressa oposição à validade do decreto de desapropriação, a propriedade do imóvel será imediatamente transferida para o expropriante, seguindo o processo para dirimir as questões litigiosas remanescentes como, por exemplo, a questão da justa indenização.

Por fim, se não houver contestação, ainda que se decrete a revelia, a prova pericial não poderá ser dispensada na medida em que a lei especial, além da Constituição Federal, impõe a avaliação para fixação do preço justo que deve ser pago previamente à imissão na posse do imóvel expropriado (TFR, ac. 41.342-RJ, Rel. Min. Moacir Catunda).

7.5. MODELO DE AÇÃO DE DESAPROPRIAÇÃO

MM. Juízo da (...) Vara (...) da Comarca de (...) Vara Cível da Comarca de (...)
Distribuição urgente
com pedido liminar de imissão provisória na posse
(...), perante Vossa Excelência, aforar em face de (...), a presente:
Ação de Desapropriação
o que faz com supedâneo no art. 5º, "i", do Decreto-lei 3.365, de 21.06.1941, que dispõe sobre desapropriação por utilidade pública, pelas razões de fato a seguir aduzidas:

I. Declaração de utilidade pública do imóvel
Buscando melhorar e duplicar a Rodovia (...), o Excelentíssimo Senhor Governador do Estado, no uso de suas atribuições, editou o Decreto nº (...), em (...) (documento 4), através do qual declarou de utilidade pública, entre outras áreas, o imóvel do réu (matrícula anexa – documento 5).

Tal decreto também conferiu expressamente à Empresa autora, concessionária do Sistema Rodoviário (...), poderes para a promoção da respectiva ação de desapropriação, acorde com o que dispõe o art. 3º do Decreto-lei 3.365/1941, permitindo-lhe, ainda, alegar urgência para a imissão de posse.

Apesar de ter sido ofertado ao Réu o valor de mercado para a desapropriação do referido imóvel, benfeitorias e acessões nele existentes, as tentativas de composição amigável quanto ao valor da indenização não surtiram efeito, razão pela qual não restou alternativa à autora, senão a propositura da vertente ação.

II. Configuração dos Requisitos Necessários para a Concessão da Liminar de Imissão Provisória na Posse
Urgência
A autora necessita urgentemente da área desapropriada para dar início imediato às obras de duplicação e melhoria da Rodovia (...).

Com efeito, caso Vossa Excelência não autorize imissão na posse dessa área, todo o projeto de duplicação da Rodovia (...) ficará paralisado, implicando as seguintes consequências: a) interrupção de parte significativa do plano de governo que levou o Poder Executivo Estadual a outorgar a concessão da rodovia à iniciativa privada; b) adiamento da introdução de uma série de melhorias que serão em breve oferecidas aos usuários dessa rodovia, tais como a melhor distribuição do fluxo de veículos, pistas em ótimo estado de conservação, maior segurança aos usuários que trafegam na rodovia; c) caracterização do inadimplemento da ora autora frente ao Poder Concedente, tendo em vista que o cumprimento pontual do cronograma de obras por ele estabelecido é parte das obrigações contratuais assumidas pela autora, cujo descumprimento sujeita-a a vultosas multas.

É claro que, a despeito da demonstração da urgência na obtenção da posse da área desapropriada, a concessão da liminar não seria possível caso não fosse oferecido um valor justo como forma de compensação pela privação do bem. Não é esse o caso, conforme segue abaixo.

Oferta de valor justo pela privação do bem desapropriado

Conforme criteriosa avaliação realizada por profissional de reputação ilibada (documento 6), a Autora ratifica sua oferta pelo imóvel, benfeitorias e acessões desapropriadas, no valor de (...), valor esse que será depositado imediatamente após o deferimento da liminar pleiteada, e que supera em muito o valor cadastral do imóvel para fins de lançamento do imposto territorial (documento 7).

Ressalte-se que tal fato, por si só, já autoriza a concessão da liminar que ora se pleiteia, nos termos da alínea "c" do art. 15 do Decreto-lei 3.365/1941.

III. Pedido

Em face do exposto, requer a Autora:

1) seja concedida a liminar de imissão provisória na posse, *initio litis e inaudita altera parte*, nos termos do art. 15, § 1º, do Decreto-lei 3.365/1941, autorizando-se, em virtude do depósito no valor de R$ (...), a expedição do mandado de imissão na posse do imóvel localizado à (...).

2) Nos termos do art. 246 do CPC, a citação por meio eletrônico ou, não havendo cadastro, pelo correio (ou, ainda, justificando, por Oficial de Justiça, nos termos do § 1º-A, II, do art. 246 do CPC, facultando-se ao Sr. Oficial de Justiça encarregado da diligência proceder nos dias e horários de exceção (CPC, art. 212, § 2º), para que o réu:

a) Preste todas as informações que, para os fins do art. 31 e sob as penas do art. 38, ambos do Decreto-lei 3.365/1941, possam interessar ao andamento do processo ou ao recebimento da indenização;

b) Querendo, conteste a presente ação, nos termos do art. 20 do Decreto-lei 3.365/1941; ou, em melhor hipótese, levante o preço depositado, com a correspondente homologação da solução amigável por sentença;

3) Seja a presente ação julgada procedente, para o fim de decretar-se, por sentença, a desapropriação do imóvel especificado no anexo memorial descritivo (documento 8), com a sua consequente incorporação ao patrimônio do Departamento de Estradas de Rodagem de (...).

4) A final, seja expedida carta de adjudicação da área desapropriada em nome do Departamento de Estradas de Rodagem de (...)

Protesta a autora por provar o alegado por todos os meios em direito admitidos, especialmente pela realização de perícia, para a qual nomeia, desde já, como seu assistente técnico, o Senhor (...), CREA (...), com endereço na Rua (...), telefone nº (...).

Esclarece, por fim, que seus patronos receberão as intimações em seu escritório, situado na Capital de (...), na Rua (...), telefone nº (...), e atribuindo-se à presente causa o valor de R$ (...).

Termos em que,

p. deferimento

Data

Advogado (OAB)

7.6. MODELO DE AÇÃO DE INDENIZAÇÃO POR SERVIDÃO ADMINISTRATIVA

MM. Juízo da (...) Vara (...) da Comarca de (...)

(...), perante Vossa Excelência, aforar em face de (...), a presente:

Ação de Indenização – servidão administrativa

O que faz com supedâneo nos argumentos de fato e de direito a seguir aduzidos:

Fatos

A autora é proprietária e legítima possuidora do imóvel assim caracterizado: (...) (doc. 2).

Ocorre que, no dia (...), a ré encaminhou missiva dando notícia da passagem de tubulações pelo imóvel de propriedade da autora, configurando, portanto, servidão administrativa e limitando, com isto, o uso do imóvel.

Nada obstante, depois de inúmeros contatos e diversas tentativas, baldos os esforços para conseguir a justa indenização pela limitação imposta à propriedade, não restou alternativa à autora senão a propositura da vertente ação.

Natureza da ação

Relembre-se, inicialmente, com Hely Lopes Meirelles que "não se confunde a servidão administrativa com a desapropriação, porque esta retira a propriedade do particular, ao passo que aquela conserva a propriedade com o particular, mas lhe impõe o ônus de suportar um uso público. Na desapropriação despoja-se o proprietário do domínio e, por isso mesmo, indeniza-se a propriedade, enquanto na servidão administrativa mantém-se a propriedade com o particular, mas onera-se essa propriedade com o uso público e, por esta razão, indeniza-se o prejuízo (não a propriedade) que este uso, pelo Poder Público, venha a causar ao titular do domínio privado" (*Direito administrativo brasileiro*. 24. ed. São Paulo: Malheiros, p. 562).[15]

E, ainda, valendo-se da lição de Hely Lopes Meirelles: "Servidão administrativa ou pública é ônus real de uso imposto pela Administração à propriedade particular para assegurar a realização e conservação de obras e serviços públicos ou de utilidade pública, mediante indenização dos prejuízos efetivamente suportados pelo proprietário" (*Direito administrativo brasileiro*, 19ª ed., São Paulo: Malheiros, p. 532).

Prazo prescricional

Assim como no vertente caso, no relatório do voto proferido no Agravo de Instrumento 2148499-04.2014.8.26.0000, a C. 8ª. Câmara de Direito Público do Tribunal de Justiça de São Paulo deixou assentado: "Consta dos autos que a Sabesp emitiu notificação ao condomínio agravado informando-o da 'instituição amigável de servidão administrativa, onde (*sic*) os titulares do domínio se comprometem a não efetuar dentro da citada a construção de edificações de qualquer espécie (...)', cujo documento data de 8 de dezembro de 2008".

Posta assim a questão, no mesmo Agravo de Instrumento 02148499-04.2014.8.26.0000, decidiu-se que "o marco inicial da pretensão indenizatória ocorre a partir do momento em que o interessado tem ciência inequívoca da suposta violação ao seu direito de propriedade. Neste sentido, essa Colenda 8ª Câmara de Direito Público decidiu que o 'direito de pedir indenização exsurge no momento em que verificada a lesão e suas consequências'".

E a ciência da autora no vertente caso se deu no dia (...) (documento...), de tal sorte que a pretensão espelhada nesta refrega resta exercida dentro do prazo legal decenal.

Senão vejamos:

No Agravo de Instrumento 711 583 5/7-00, a C. 12ª. Câmara de Direito Privado do Tribunal de Justiça de São Paulo assim decidiu:

Tal tipo de servidão, no dizer de Hely Lopes Meirelles, "*é ônus real de uso imposto pela Administração à propriedade particular para assegurar a realização e conservação de obra e serviço públicos ou de utilidade pública, mediante indenização dos prejuízos efetivamente suportados pelo proprietário*" (*Direito administrativo brasileiro. 28ª ed., atual. por Eurico de Andrade Azevedo e outros; São Paulo: Malheiros, 2003, p. 598*).

Com a servidão não existe, ao contrário da desapropriação, ou mesmo do apossamento administrativo, a perda do domínio; o proprietário continua podendo usar, fruir e extrair da propriedade todas as

---

[15] Apenas a título de anotação, mesmo em relação às concessionárias de serviço público o panorama não se altera, pois como bem anota a ilustre Maria Sylvia Zanella Di Pietro o art. 29, inciso IX, da Lei 8.987/1995 atribui ao poder concedente competência para "declarar de necessidade ou utilidade pública, para fins de instituição de servidão administrativa, os bens necessários à execução de serviço ou obra pública, promovendo-a diretamente ou mediante outorga de poderes à concessionária, caso em que será desta a responsabilidade pelas indenizações cabíveis" (*Direito administrativo*. 25. ed. São Paulo: Atlas, 2012, p. 158).

vantagens possíveis, na medida em que, com a sua conduta, não cause danos à servidão propriamente dita. São exemplos comuns não apenas as passagens de tubulações, como ocorreu no caso presente, mas também a passagem de fios e cabos de rede elétrica, o que ocorre de forma bastante comum, em propriedades rurais.

Enquanto na desapropriação e no apossamento administrativo existe a perda da propriedade, por ato do Poder Público, na servidão de passagem o que se verifica é apenas a existência de limitação aos direitos inerentes à referida propriedade, podendo, no mais, o proprietário dela fazer o uso que entender cabível.

E o que se verifica no caso presente, tal qual corretamente avaliado pelo nobre magistrado de primeiro grau, em sua bem-lançada decisão, na medida em que não se evidenciou a impossibilidade de aproveitamento do imóvel em questão, o que deverá ser objeto de prova pericial, na oportunidade processual correta.

Assim, o pedido correto, no caso presente, é o de indenização, em virtude da existência de servidão administrativa, que limitaria a utilização da propriedade dos requerentes, ora agravados. Entretanto, não foi esse o entendimento da agravante, quanto ao pedido formulado pelos autores, entendendo esta que os agravados tencionam indenização por apossamento administrativo (o que não chegam estes a externar, em instante algum), o que redundaria em perda da propriedade para a Sabesp, com a indenização total do imóvel em questão.

A possibilidade jurídica do pedido existe, sendo admissível que se discuta a respeito da diminuição do valor da propriedade dos agravados, em decorrência da colocação da tubulação sob o mencionado imóvel. (...)

c) Ainda pelas mesmas razões é de se afastar a alegação de prescrição quinquenal, na medida em que, contrariamente ao afirmado pela agravante, não se cuida de ação de desapropriação indireta, mas de ação de indenização, por instituição de servidão de passagem, não se podendo falar em prescrição quinquenal, não se aplicando, tal qual bem observado pelo digno magistrado, o disposto no art. 10 do Decreto-lei n. 3.365/1941.

Fica, portanto, afastada também essa alegação.

(...)

e) Por fim, resta a alegação referente à prescrição aquisitiva, com a exceção de usucapião.

Também aí sem razão a agravante, na medida em que, como afirmado alhures, não se trata de ação de desapropriação indireta, mas sim mera ação de indenização, nada havendo a ser considerado em termos de prescrição aquisitiva ou o que quer que seja, tratando-se ainda esse argumento de desdobramento do equívoco da agravante quanto à verdadeira natureza da ação.

Com efeito, a exceção de usucapião, como acertadamente lembra o douto magistrado de primeiro grau, apenas pode ser trazida à baila em ações em que se discuta a posse do imóvel, o que não é, obviamente, o caso da presente ação.

Portanto, não se tratando de desapropriação, mas de indenização em razão de limitação imposta por servidão administrativa, inaplicável o prazo quinquenal, mas decenal em razão de ser esse o prazo da prescrição aquisitiva por se tratar de ação de natureza real.

Não obstante essa distinção entre a ação de desapropriação indireta e a ação de indenização por servidão administrativa, sabe-se que a jurisprudência assegura "*indenização dos prejuízos e das restrições ao uso do imóvel, como ocorre com a desapropriação indireta, obedecido o regime jurídico desta*" (REsp 97.875/RS, Rel. Min. Luiz Fux, Primeira Turma, j. 13.10.2009, DJe 04.01.2009).

Posta desta maneira a questão, no STJ, "quanto à prescrição para ação de indenização por desapropriação indireta, esta Corte sedimentou o entendimento no sentido de ser vintenário o prazo prescricional, não se aplicando o lapso trienal previsto no art. 206, § 3º, V, do Código Civil de 2002, ou o quinquenal estabelecido pelo Decreto n. 20.910/1932, à luz da Súmula 119 do STJ" (STJ, AgRg no AREsp n. 6.116/SP, 2ª Turma, Rel. Min. Humberto Martins, j. 16.08.2011). No mesmo sentido: STJ, AgRg no Ag n. 1.344.330/RS, 1ª Turma, Rel. Min. Arnaldo Esteves Lima, j. 09.08.2011; STJ, AgRg no REsp n. 1.113.343/SC, 1ª Turma, Rel. Min. Hamilton Carvalhido, j. 19.10.2010.

Sobre a prescrição vintenária à luz da Súmula 119 do STJ, veja-se, ainda, o decidido pelo STJ no REsp n. 788282/PR, *DJU* 30.04.2007, Rel. Min. Eliana Calmon; REsp n. 925404/SE, *DJU* 08.05.2007, Rel. Min. Castro Meira; AgRg no AI n. 1.088.423/RS, 01.09.2009, Rel. Min. Herman Benjamin.

Certo é que, em razão do vigente Código Civil, o prazo, antes vintenário, passou a ser decenal, e nessa medida:

TJSP. Recurso *ex officio* em ação de desapropriação. Administrativo e constitucional. 1. Preliminar de prescrição afastada. Prazo prescricional de dez anos no Novo Código Civil para as ações de desapropriação indireta, entendimento do E. STJ. 2. Justa indenização. Valor da indenização corretamente fixado em laudo pericial em consonância com a área expropriada e o preço de mercado. Laudo pericial bem fundamento e adotado critérios técnicos que demonstram o efetivo valor de mercado do imóvel. Aplicação de fator redutor adicional para se determinar o valor de mercado atual que não se justifica. 3. Juros compensatórios. Juros compensatórios devidos desde a utilização até o efetivo pagamento no percentual de 12% ao ano, nos termos das Súmulas 408 do STJ e 618 do STF, exceto no período compreendido entre 11.06.1997 até 13.09.2001. Precedentes. 4. Honorários advocatícios. Fixados em 5% do valor da condenação, em observância ao disposto no Decreto-lei 3.365/1941. 5. Sentença de procedência mantida Recurso desprovido. (Reexame Necessário 0010456-87.2010.8.26.0477; Relator(a): Marcelo Berthe; Comarca: Praia Grande; *5ª Câmara de Direito Público;* Data do julgamento: 10/10/2016; Data de registro: 13.10.2016).

Aliás, a matéria já foi objeto de pacificação no Colendo STJ, donde sobreveio o seguinte acórdão proferido pela e. Segunda Turma, cuja Relatoria foi do Ministro Herman Benjamin, *in verbis*:

"Administrativo. Recurso especial. Desapropriação indireta. Prazo prescricional. Ação de natureza real. Usucapião extraordinário. Súmula 119/STJ. Prescrição vintenária. Código Civil de 2002. Art. 1.238, parágrafo único. Prescrição decenal. Redução do prazo. Art. 2.028 do CC/2002. Regra de transição. Honorários advocatícios. Art. 27, §§ 1º e 3º, do DL 3.365/1941.

1. A ação de desapropriação indireta possui natureza real e, enquanto não transcorrido o prazo para aquisição da propriedade por usucapião, ante a impossibilidade de reivindicar a coisa, subsiste a pretensão indenizatória em relação ao preço correspondente ao bem objeto do apossamento administrativo.

2. Com fundamento no art. 550 do Código Civil de 1916, o STJ firmou a orientação de que 'a ação de desapropriação indireta prescreve em vinte anos' (Súmula 119/STJ).

3. O Código Civil de 2002 reduziu o prazo da usucapião extraordinária para dez anos (art. 1.238, parágrafo único), na hipótese de realização de obras ou serviços de caráter produtivo no imóvel, devendo-se, a partir de então, observadas as regras de transição previstas no Códex (art. 2.028), adotá-lo nas expropriatórias indiretas.

4. Especificamente no caso dos autos, considerando que o lustro prescricional foi interrompido em 13.05.1994, com a publicação do decreto expropriatório, e que não decorreu mais da metade do prazo vintenário previsto no código revogado, consoante a disposição do art. 2.028 do CC/2002, incide o prazo decenal a partir da entrada em vigor do novel Código Civil (11.01.2003).

5. Assim, levando-se em conta que a ação foi proposta em dezembro de 2008, antes do transcurso dos dez anos da vigência do atual Código, não se configurou a prescrição.

6. Os limites percentuais estabelecidos no art. 27, §§ 1º e 3º, do DL 3.365/1941, relativos aos honorários advocatícios, aplicam-se às desapropriações indiretas. Precedentes do STJ.

7. Verba honorária minorada para 5% do valor da condenação.

8. Recurso especial parcialmente provido, apenas para redução dos honorários advocatícios" (C. STJ. T2, Segunda Turma, REsp 1300442/SC 2012/0002618-1, Rel. Min. Herman Benjamin, j. 18.06.2013, *DJe* 26.06.2013).

E o prazo prescricional de dez anos para esse tipo de ação (servidão administrativa ou desapropriação indireta) também foi acatado pela 1ª Câmara de Direito Público do TJSP, conforme Acórdão proferido nos autos da Apelação 0014626-50.2009.8.26.0344, cuja Relatoria é do Desembargador Luis Francisco Aguilar Cortez, que assim se manifestou:

(...) Em se tratando da perda da propriedade imóvel, aplica-se o disposto na Súmula 119 do Superior Tribunal de Justiça, que aponta para o prazo vintenário (reduzido para dez anos após o novo Código Civil), nas ações desta natureza. A presente ação foi iniciada em junho/2009, de modo que mesmo considerado eventual apossamento junto com o decreto expropriatório (de agosto/1999), mesmo o prazo de dez anos não havia decorrido, por isso correta a rejeição da prescrição.

Em resumo, por qualquer ângulo, a prescrição decenal não se operou, de tal sorte que a condenação da ré é medida que se impõe.

Pedido

Diante de todo o exposto, restando evidente e cristalino o direito que fundamenta a presente ação, requer a autora seja a presente ação julgada procedente, com a consequente condenação da ré a pagar o valor dos prejuízos da autora a serem apurados em regular perícia no curso da presente ação ou em regular liquidação de sentença, valor este acrescido de juros compensatórios de 6% ao ano a partir da implantação da servidão e moratórios de 6% ao ano,[16] além do pagamento de custas, despesas processuais e honorários advocatícios no percentual que Vossa Excelência arbitrar sobre a condenação, nos limites legais.

Citação

Nos termos do art. 246 do CPC, requer-se a citação por meio eletrônico ou, não havendo cadastro, pelo correio (*ou, ainda, justificando, por Oficial de Justiça, nos termos do § 1º-A, II, do art. 246 do CPC, facultando-se ao Sr. Oficial de Justiça encarregado da diligência proceder nos dias e horários de exceção (CPC, art. 212, § 2º*), para eventual oferta de resposta no prazo legal.

Audiência de conciliação

Tendo em vista a natureza do direito e demonstrando espírito conciliador, a par das inúmeras tentativas de resolver amigavelmente a questão, o autor desde já, nos termos do art. 334 do Código de Processo Civil, manifesta interesse em autocomposição, aguardando a designação de audiência de conciliação.

Provas

Requer-se provar o alegado por todos os meios de prova em Direito admitidos, incluindo perícia, produção de prova documental, testemunhal, inspeção judicial, depoimento pessoal, sob pena de confissão caso o réu (ou seu representante) não compareça, ou, comparecendo, se negue a depor (art. 385, § 1º, do Código de Processo Civil).

Valor da causa

Dá-se à causa o valor de R$ (...)

Termos em que,

p. deferimento

Data

Advogado (OAB)

 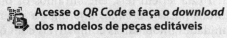

Acesse o *QR Code* e faça o *download* dos modelos de peças editáveis

> http://uqr.to/1ydzv

---

16 Súmula 56 STJ: "na desapropriação para instituir servidão administrativa são devidos os juros compensatórios pela limitação do uso da propriedade". Está consolidado o entendimento de que, em razão da liminar concedida na ADI 2332, a qual suprimiu do art. 15-A do Decreto-lei 3.365/1941 a expressão "até 6%", voltou a ser aplicável o enunciado da Súmula nº 618 do E. STF, segundo o qual deverão os juros compensatórios ser aplicados segundo a alíquota de 12% ao ano. Súmula 131 STJ: "Nas ações de desapropriação incluem-se no cálculo da verba advocatícia as parcelas relativas aos juros compensatórios e moratórios, devidamente corrigidas." Súmula 12 STJ: "Em desapropriação, são cumuláveis juros compensatórios e moratórios." Súmula 102 do STJ: "A incidência dos juros moratórios sobre os compensatórios, nas ações expropriatórias, não constitui anatocismo vedado em lei." TJSP. Servidão de passagem. Desapropriação indireta. Implantação de coletor tronco. Dever de atualização da oferta inicial. Juros compensatórios de 12% ao ano. Inteligência do enunciado das Súmulas nº 618 do E. STF e 56 do A. STJ (...). Juros moratórios de 6% (...). Sentença reformada em parte. Recurso conhecido e parcialmente provido. (Apelação 0003137-61.2011.8.26.0177, Relatora: Vera Angrisani; Comarca: Embu-Guaçu; 2ª Câmara de Direito Público; Data do julgamento: 11/10/2016; Data de registro: 11/10/2016).

Capítulo 8

REGULARIZAÇÃO FUNDIÁRIA URBANA – REURB

8.1. CONCEITO E CARACTERÍSTICAS GERAIS

Em 2010, segundo o IBGE, o Brasil contava com 11,42 milhões de pessoas (6% da população) morando em favelas, palafitas ou outros assentamentos irregulares. Apenas 52,5% dos domicílios brasileiros contavam com abastecimento de água, esgoto sanitário, fossa séptica ou coleta de lixo.[1]

Tendo em vista essa triste realidade, surgiu, em julho de 2017, a Lei 13.465, publicada no dia 12.7.2017, com texto retificado em 06.09.2017 e publicado no dia 08.09.2017, convertendo em lei, em tese, a Medida Provisória 759, de 22.12.2016, publicada no *Diário Oficial da União* no dia 23.12.2016.

Deveras, a fonte do direito positivo é o fato socialmente relevante, de tal sorte que a lei o transforma e o qualifica em norma jurídica, com as consequências dela advindas.

Com efeito, a Lei 13.465/2017 instituiu a Regularização Fundiária Urbana (Reurb), regulamentada pelo Decreto 9.310/2018 (alterado em parte pelo Decreto 9.597/2018), que "abrange medidas *jurídicas, urbanísticas, ambientais e sociais* destinadas à incorporação dos núcleos urbanos informais ao ordenamento territorial urbano e à titulação de seus ocupantes".

De fato, no art. 10 da lei em tela, encontramos os objetivos da Reurb, entre os quais estão a identificação dos *núcleos urbanos informais* a serem regularizados e sobre os quais devem ser criadas unidades imobiliárias compatíveis com o ordenamento territorial urbano, criando direitos reais para os seus ocupantes, entre outros objetivos gerais, como atender à função social da propriedade, promover eficiência no uso e ocupação do solo, gerar emprego e renda e garantir o direito à moradia.

Para o atingimento de tais objetivos, a lei estabeleceu os instrumentos da Reurb para conferir direitos reais aos ocupantes, o que fez no seu art. 15, destacando-se a *legitimação fundiária e a legitimação da posse*, dos quais me ocuparei a seguir, sem descartar quaisquer outros mecanismos de aquisição de propriedade, sejam eles originários, como a usucapião, ou derivados, como a doação e a compra e venda.[2]

---

[1] Fonte: https://biblioteca.ibge.gov.br/pt/biblioteca-catalogo?view=detalhes&id=7552. Acesso em: 28.10.2017.

[2] Art. 15. Poderão ser empregados, no âmbito da Reurb, sem prejuízo de outros que se apresentem adequados, os seguintes institutos jurídicos:

I – a legitimação fundiária e a legitimação de posse, nos termos desta Lei;

II – a usucapião, nos termos dos arts. 1.238 a 1.244 da Lei 10.406, de 10 de janeiro de 2002 (Código Civil), dos arts. 9º a 14 da Lei 10.257, de 10 de julho de 2001, e do art. 216-A da Lei 6.015, de 31 de dezembro de 1973;

Surgem da Lei 13.465/2017 alguns conceitos fundamentais que desenvolverei mais adiante, caracterizadores do objeto da regularização.

São eles:

a) Art. 11, I – núcleo urbano: assentamento humano, com uso e características urbanas, constituído por unidades imobiliárias de área inferior à fração mínima de parcelamento prevista na Lei 5.868, de 12.12.1972, independentemente da propriedade do solo, ainda que situado em área qualificada ou inscrita como rural;

b) Núcleo Urbano Informal, que se caracteriza por ser: clandestino, irregular ou sem possibilidade de realizar a titulação de seus ocupantes, ainda que atendidas as normas vigentes à época;

c) Art. 11, III – núcleo urbano informal consolidado: aquele de difícil reversão, considerados o tempo da ocupação, a natureza das edificações, a localização das vias de circulação e a presença de equipamentos públicos, entre outras circunstâncias a serem avaliadas pelo Município.

Nota-se, a toda evidência, que a Lei 13.465/2017 não tomou como premissa o critério urbanístico do art. 3º da Lei 6.766/1979, que exige que a área a ser urbanizada deve ser urbana ou de expansão urbana nos termos de lei municipal, pouco importando a localização, mas, sim, a destinação para fins de regularização fundiária urbana.

8.2. LIMITAÇÕES E ALCANCE DA REURB

Inicialmente, a lei estabelece um limite claro para uma das formas de concessão de direitos reais aos ocupantes na Reurb, qual seja, aquela levada a efeito pelo instituto da *legitimação fundiária*, que só pode ser aplicada a núcleos urbanos informais existentes até 22.12.2016 (art. 9º, § 2º), data da Medida Provisória 759/2016, que foi convertida na Lei 13.465/2017.

Demais disso, não pode atingir áreas indispensáveis à segurança nacional ou interesse da defesa (art. 11, § 5º).

III – a desapropriação em favor dos possuidores, nos termos dos §§ 4º e 5º do art. 1.228 da Lei 10.406, de 10 de janeiro de 2002 (Código Civil);

IV – a arrecadação de bem vago, nos termos do art. 1.276 da Lei 10.406, de 10 de janeiro de 2002 (Código Civil);

V – o consórcio imobiliário, nos termos do art. 46 da Lei 10.257, de 10 de julho de 2001;

VI – a desapropriação por interesse social, nos termos do inciso IV do art. 2º da Lei 4.132, de 10 de setembro de 1962;

VII – o direito de preempção, nos termos do inciso I do art. 26 da Lei 10.257, de 10 de julho de 2001;

VIII – a transferência do direito de construir, nos termos do inciso III do art. 35 da Lei 10.257, de 10 de julho de 2001;

IX – a requisição, em caso de perigo público iminente, nos termos do § 3º do art. 1.228 da Lei 10.406, de 10 de janeiro de 2002 (Código Civil);

X – a intervenção do poder público em parcelamento clandestino ou irregular, nos termos do art. 40 da Lei 6.766, de 19 de dezembro de 1979;

XI – a alienação de imóvel pela administração pública diretamente para seu detentor, nos termos da alínea f do inciso I do art. 17 da Lei 8.666, de 21 de junho de 1993;

XII – a concessão de uso especial para fins de moradia;

XIII – a concessão de direito real de uso;

XIV – a doação; e

XV – a compra e venda.

Outrossim, não atinge só os imóveis com fins residenciais, o que se afirma na exata medida em que, ao tratar das modalidades de Reurb, o art. 13, § 4º, fala em uso misto e, mais adiante (art. 23, § 1º, III e § 2º), ao se referir à legitimação fundiária (um dos mecanismos de atribuição de domínio) expressamente prevê a possibilidade em "imóvel urbano com finalidade não residencial", desde que seja "reconhecido pelo poder público o interesse público de sua ocupação", além de, genericamente, se referir à "destinação urbana".

Outra questão de suma relevância é que a Lei 13.465/2017 se preocupou em afirmar, com solar clareza, que a Reurb não depende de "lei municipal específica que trate de medidas ou posturas de interesse local aplicáveis a projetos de regularização fundiária urbana" (art. 28, parágrafo único).

Relevante e oportuna é a regra, posto que é cediço o estado de profunda letargia que sobrepaira alguns municípios quando se trata de aprovar e regulamentar o uso do solo urbano, o que colabora – e muito – para o atual estágio de informalidade dos imóveis em todo Brasil.

8.3. ÁREAS DE MANANCIAIS, DE PRESERVAÇÃO AMBIENTAL OU UNIDADES DE CONSERVAÇÃO DA NATUREZA

Sabe-se que parcela considerável de imóveis ocupados a serem regularizados estão localizados em áreas que pertencem a mananciais, áreas de preservação ambiental ou conservação de uso (Lei 13.465/2017, art. 11, § 2º).

Neste caso, a lei não fala em desocupação ou remoção das pessoas, mas determina a obediência aos arts. 64 e 65 do Código Florestal, Lei 12.651/2012[3] (com a redação da Lei

---

[3] Art. 64. Na Reurb-S dos núcleos urbanos informais que ocupam Áreas de Preservação Permanente, a regularização fundiária será admitida por meio da aprovação do projeto de regularização fundiária, na forma da lei específica de regularização fundiária urbana. (Redação dada pela Lei 13.465, de 2017)
§ 1º O projeto de regularização fundiária de interesse social deverá incluir estudo técnico que demonstre a melhoria das condições ambientais em relação à situação anterior com a adoção das medidas nele preconizadas.
§ 2º O estudo técnico mencionado no § 1º deverá conter, no mínimo, os seguintes elementos:
I – caracterização da situação ambiental da área a ser regularizada;
II – especificação dos sistemas de saneamento básico;
III – proposição de intervenções para a prevenção e o controle de riscos geotécnicos e de inundações;
IV – recuperação de áreas degradadas e daquelas não passíveis de regularização;
V – comprovação da melhoria das condições de sustentabilidade urbano-ambiental, considerados o uso adequado dos recursos hídricos, a não ocupação das áreas de risco e a proteção das unidades de conservação, quando for o caso;
VI – comprovação da melhoria da habitabilidade dos moradores propiciada pela regularização proposta; e
VII – garantia de acesso público às praias e aos corpos d'água.
Art. 65. Na Reurb-E dos núcleos urbanos informais que ocupam Áreas de Preservação Permanente não identificadas como áreas de risco, a regularização fundiária será admitida por meio da aprovação do projeto de regularização fundiária, na forma da lei específica de regularização fundiária urbana. (Redação dada pela Lei 13.465, de 2017)
§ 1º O processo de regularização fundiária de interesse específico deverá incluir estudo técnico que demonstre a melhoria das condições ambientais em relação à situação anterior e ser instruído com os seguintes elementos: (Redação dada pela Lei 13.465, de 2017).
I – a caracterização físico-ambiental, social, cultural e econômica da área;
II – a identificação dos recursos ambientais, dos passivos e fragilidades ambientais e das restrições e potencialidades da área;
III – a especificação e a avaliação dos sistemas de infraestrutura urbana e de saneamento básico implantados, outros serviços e equipamentos públicos;
IV – a identificação das unidades de conservação e das áreas de proteção de mananciais na área de influência direta da ocupação, sejam elas águas superficiais ou subterrâneas;
V – a especificação da ocupação consolidada existente na área;

13.465/2017), que regulamenta os requisitos do projeto e dos estudos técnicos que comprovem melhorias e compensações ambientais na Reurb.

A ocupação dessas áreas pode ser parcial, ou seja, pode haver parcela do núcleo habitacional informal em área de manancial, de preservação ou de conservação e outra parcela fora dessa circunscrição e, neste caso, a aprovação do projeto da Reurb é desmembrado.

Tratando-se de *unidades de conservação da natureza* (Lei 9.985/2000), assim definidas como o "espaço territorial e seus recursos ambientais, incluindo as águas jurisdicionais, com características naturais relevantes, legalmente instituído pelo Poder Público, com objetivos de conservação e limites definidos, sob regime especial de administração, ao qual se aplicam garantias adequadas de proteção", o disposto no art. 11, § 3º, da Lei 13.465/2017 exige que a área sujeita ao projeto de Reurb admita regularização, sem, contudo, explicar a indigitada possibilidade e, demais disso, impõe a necessidade de anuência do órgão gestor da unidade, além de estudo técnico que identifique melhoria do meio ambiente em relação à situação de ocupação anterior.

Deveras, difícil será a implementação da Reurb nessas áreas, a teor do que dispõe o art. 28 da Lei 9.985/2000, segundo o qual "são proibidas, nas unidades de conservação, quaisquer alterações, atividades ou modalidades de utilização em desacordo com os seus objetivos, o seu Plano de Manejo e seus regulamentos", posto que, no máximo, com muitas restrições, é admitida a chamada "Reserva de Desenvolvimento Sustentável", tipificada pela Lei 9.985/2000 como "área natural que abriga populações tradicionais, cuja existência baseia-se em sistemas sustentáveis de exploração dos recursos naturais".

Se o projeto de Reurb abarcar áreas de reservatórios artificiais de água para geração de energia ou abastecimento, a Lei 13.465/2017 estabelece, em seu art. 12, § 4º, um limite para a Reurb, qual seja, não se deve permitir ocupação da faixa entre o nível máximo operativo normal e a cota *máxima maximorum* (nível máximo previsto para a barragem projetada).

8.4. MODALIDADES DE REURB

A Regularização Fundiária Urbana comporta, basicamente, duas modalidades, previstas no art. 13 da Lei 13.465/2017:

a) Reurb-S (de Interesse Social), caracterizada pelos núcleos urbanos informais ocupados predominantemente por *população de baixa renda*, cuja caracterização (baixa renda) depende de ato do Poder Executivo Municipal.

VI – a identificação das áreas consideradas de risco de inundações e de movimentos de massa rochosa, tais como deslizamento, queda e rolamento de blocos, corrida de lama e outras definidas como de risco geotécnico;

VII – a indicação das faixas ou áreas em que devem ser resguardadas as características típicas da Área de Preservação Permanente com a devida proposta de recuperação de áreas degradadas e daquelas não passíveis de regularização;

VIII – a avaliação dos riscos ambientais;

IX – a comprovação da melhoria das condições de sustentabilidade urbano-ambiental e de habitabilidade dos moradores a partir da regularização; e

X – a demonstração de garantia de acesso livre e gratuito pela população às praias e aos corpos d'água, quando couber.

§ 2º Para fins da regularização ambiental prevista no caput, ao longo dos rios ou de qualquer curso d'água, será mantida faixa não edificável com largura mínima de 15 (quinze) metros de cada lado.

§ 3º Em áreas urbanas tombadas como patrimônio histórico e cultural, a faixa não edificável de que trata o § 2º poderá ser redefinida de maneira a atender aos parâmetros do ato do tombamento.

Nesta modalidade (S) "o registro do projeto de regularização fundiária e a constituição de direito real em nome dos beneficiários poderão ser feitos em ato único, a critério do ente público promovente", mediante encaminhamento, ao oficial de Registro de Imóveis, do "instrumento indicativo do direito real constituído, a listagem dos ocupantes que serão beneficiados pela Reurb e respectivas qualificações, com indicação das respectivas unidades, ficando dispensadas a apresentação de título cartorial individualizado e as cópias da documentação referente à qualificação de cada beneficiário" (art. 17).

Na modalidade "S", pelo caráter social que a cerca, os primeiros atos registrais e respectivas certidões são gratuitos, bem como aqueles sobre os quais não incidem tributos (art. 13, §§ 2º, 3º e 6º).

b) Reurb-E (de Interesse Específico), caracterizada pelos núcleos urbanos informais ocupados por pessoas não classificadas como de baixa renda, segundo as normas do Poder Executivo Municipal.

A modalidade "E", em que pese não proteger a população menos favorecida, pode ser promovida sobre área pública (art. 16). Para tanto, exige pagamento do solo ao ente promovente da Reurb, que pode ser consensual e, neste caso, a aquisição de direitos reais fica condicionada ao pagamento de justo valor da unidade imobiliária, desconsiderando acessões e benfeitorias efetuadas pelo ocupante e as respectivas valorizações decorrentes.

Caso haja litígio sobre a titularidade da área registrada em nome do Poder Público, a solução é dada pelo parágrafo único do art. 16, segundo o qual "as áreas de propriedade do poder público registradas no Registro de Imóveis, que sejam objeto de ação judicial versando sobre a sua titularidade, poderão ser objeto da Reurb, desde que celebrado acordo judicial ou extrajudicial, na forma desta Lei, homologado pelo juiz".

De qualquer forma, na modalidade "E", o projeto de regularização fundiária será contratado e custeado por seus potenciais beneficiários ou requerentes privados, ou pelo poder público com cobrança dos beneficiários, nesta última hipótese, desde que haja interesse público.

8.5. PROCEDIMENTO ADMINISTRATIVO E APROVAÇÃO MUNICIPAL

Importante observar que a Lei 13.465/2017, no seu art. 28, parágrafo único, como já vimos, não exige lei municipal que trate do projeto de Reurb.

Em outras palavras, basta, nos termos dos arts. 12 e 28, VI, da Lei 13.465/2017, a aprovação urbanística e ambiental pelo município, esta última se houver órgão ambiental capacitado, independentemente de convênio com a união ou com o Estado.

O procedimento se dá em etapas previstas nos arts. 28 a 34 da Lei 13.465/2017.

Na primeira fase, os legitimados requerem a Regularização Fundiária Urbana ao Poder Público Municipal.

São considerados legitimados ao requerimento que dispara o procedimento administrativo da Reurb as pessoas jurídicas de direito público (por meio da administração direta ou indireta), os beneficiários, individual ou coletivamente, os proprietários, os loteadores, os incorporadores, o MP e a Defensoria Pública, tal como previsto no art. 14 da Lei 13.465/2017.

Importante salientar que a possibilidade de Reurb não os exime de responsabilidade administrativa, civil ou criminal, como aquela decorrente dos arts. 50 e 51 da Lei 6.766/1979 (loteamento clandestino) e dos arts. 65 e 66 da Lei 4.591/1964 (incorporações sem registro).

Na segunda fase se dá o processamento, com notificação dos titulares de direitos reais sobre os imóveis e confrontantes (arts. 28, II, e 31), devendo o Município fazer buscas para identificar os titulares de domínio e outros direitos reais sobre o imóvel.

A notificação poderá ser pessoal ou por edital, caso os titulares não sejam encontrados ou, tendo sido encontrados, recusarem o recebimento da notificação.

A notificação deverá conceder prazo de 30 dias para manifestação.

Trata-se de fase fundamental da Reurb que visa a concessão de direitos reais aos ocupantes, notadamente quando a área ocupada contar com titulares de direitos reais registrados na matrícula em razão da oponibilidade "erga omnes" desses direitos.

A fase de notificação será dispensada caso tenha havido, anteriormente, *demarcação urbanística*, que não é obrigatória para os procedimentos da aprovação do projeto de Reurb.

A *demarcação urbanística* (arts. 19 a 21) é o procedimento prévio, de iniciativa do poder público, visando a identificação de imóveis públicos e privados abrangidos pelo núcleo urbano informal, com o objetivo de obter a *anuência dos titulares de direitos constantes da matrícula* do imóvel ocupado, resultando na averbação, na matrícula, da viabilidade da regularização a ser promovida a critério do Município.

O Município poderá autorizar o registrador a realizar o procedimento de demarcação urbanística.

Trata-se de mecanismo que auxilia no desenvolvimento do processo, evita a judicialização e flexibiliza o procedimento.

O auto de demarcação, que será averbado na matrícula do imóvel a ser regularizado, independe de retificação do registro, de tal sorte que a apuração de remanescente ficará por conta do titular do imóvel atingido (arts. 22, § 6º, e 44, § 2º).

O auto de demarcação deverá conter a descrição da área e a caracterização da modalidade do núcleo urbano informal ("E" ou "S"), sendo necessário juntar a planta e o memorial descritivo, as medidas, número de matrículas, área, indicação de confrontantes, georreferenciamento, ocorrências etc., além da planta de sobreposição do imóvel demarcado com a situação da área constante do Registro de Imóveis.

Como o poder público pode delegar, por lei, a demarcação aos oficiais de Registro de Imóveis, caso a demarcação urbanística atinja mais de uma circunscrição, o responsável comunicará os demais para as respectivas averbações (art. 22, § 4º), o que, de certa forma, está em dissonância com os arts. 43 e 49, que exigem a repetição do registro da Certidão de Regularização Fundiária em cada um dos registros competentes.

A existência de áreas cuja origem não tenha sido identificada em razão de imprecisões dos registros anteriores não impede a averbação do auto de demarcação (art. 22, III).

Mesmo que incida sobre imóveis ainda não matriculados antes da averbação, o oficial de Registro de Imóveis deverá abrir a matrícula, que refletirá a situação registrada na demarcação do imóvel, dispensadas a retificação do memorial descritivo e a apuração de área remanescente.

O procedimento da demarcação passa pela notificação pessoal ou por edital (com prazo de 30 dias), pelo poder público, aos titulares de domínio e confrontantes da área demarcada, de tal sorte que essa fase não será mais necessária, em tese, quando do requerimento ou início do procedimento administrativo de aprovação do projeto de Reurb.

A impugnação dos notificados deve ser feita no prazo improrrogável de 30 dias (art. 20), sob pena de o silêncio ser considerado concordância com a averbação da demarcação (art. 20, § 3º), que dispensará, depois, nova notificação urbanística.

Por essa razão, entendo que houve falha na lei, que disse menos do que devia nos arts. 20 e 31, de tal sorte que os titulares dos demais direitos reais também devem ser notificados, sob pena de eventual titulação dos ocupantes não valer contra eles, que poderão, inclusive, anular judicialmente a aprovação futura do projeto de Reurb e a própria averbação do auto de demarcação.

Isto porque, como se trata de etapa prévia que dispensa as notificações durante o procedimento administrativo previsto nos arts. 28 a 34, não deve ser admitida a averbação da demarcação urbanística sem a prova de notificação de todos os titulares de direitos reais, exigida, depois, pelo art. 28, II, que trata do procedimento administrativo de aprovação do projeto de regularização.

Se houver impugnação parcial, a parcela do imóvel que não foi impugnada gera autorização imediata para o procedimento da Reurb.

Seja como for, *havendo impugnação, a demarcação urbanística ou o procedimento de aprovação do projeto da Reurb não podem continuar* e a lei prevê, nessas hipóteses, a utilização de meios extrajudiciais de solução de conflitos, tais como a mediação, a conciliação e a arbitragem (arts. 21 e 34), que seguirão, no caso de mediação e conciliação, os ditames do Provimento CNJ 149/2023.

Não há qualquer outra previsão de solução além dessas, na via administrativa.

Certo é que a lei trata da busca da solução alternativa de conflitos no âmbito da Reurb tanto na demarcação urbanística (art. 21) quanto no procedimento administrativo de aprovação do projeto de Reurb (arts. 31, § 3º, e 34).

Ultrapassada a fase de notificações e solução dos conflitos, na *terceira fase*, o procedimento passa pela elaboração do Projeto Urbanístico de Regularização Fundiária (arts. 35 a 39), de acordo com diretrizes e recolhimento de ART ou RRT, sendo necessário contemplar descrição dos imóveis e infraestrutura mínima composta de: rede de água, rede de esgotos, rede de energia, escoamento de águas pluviais e, em áreas de risco, a inclusão de estudo técnico que determine as medidas para afastá-lo, além da implantação das soluções apuradas que, se não forem possíveis, determinam ao poder público a realocação da população na Reurb-S.

Segue-se, na *quarta fase*, o saneamento do Processo Administrativo e, na *quinta fase*, a decisão da autoridade competente, mediante ato formal e público com a expedição da CRF (Certidão de Regularização Fundiária) pelo Município.

Na *sexta* e última fase do procedimento administrativo, a CRF é levada a registro (Lei 6.015/1973, arts. 167, I, 43) em todas as matrículas (arts. 42, 43 e 49) atingidas ou abertas em razão do projeto de Reurb, além do próprio projeto de regularização, com o registro, também, se for o caso, da *legitimação fundiária* atribuindo propriedade, do direito real conferido ou, ainda, da *legitimação da posse*.

São requisitos da CRF (art. 41): o nome do núcleo urbano regularizado, a sua localização, a indicação da modalidade de regularização ("S" ou "E"), as responsabilidades pelas obras e serviços do cronograma, a indicação numérica de cada unidade, quando houver, e a listagem dos ocupantes que adquiriram as unidades em ato único de registro, contendo: nomes, estado civil, profissões, CPF e RG e filiação.

8.6. LEGITIMAÇÃO FUNDIÁRIA E LEGITIMAÇÃO DA POSSE

A legitimação fundiária é forma de aquisição originária de propriedade nos núcleos urbanos informais consolidados, inclusive sobre área particular por reconhecimento do poder público que assim o fará depois de respeitar o procedimento administrativo da Reurb, notadamente a notificação dos eventuais titulares de direitos reais registrados na matrícula do imóvel objeto da regularização e dos confrontantes.[4]

---

[4] A definição da Lei 13.465/2017 está contida no art. 11, VII. Legitimação fundiária: mecanismo de reconhecimento da aquisição originária do direito real de propriedade sobre unidade imobiliária objeto da Reurb.

Deveras, não se deve admitir a simples expedição de documento representativo da legitimação fundiária fora desse âmbito.

Pelo contrário, a legitimação fundiária deve fazer parte da Certidão de Regularização Fundiária, última etapa do imprescindível processo administrativo da Reurb.

Os registradores devem se acautelar e negar o registro caso o requerimento não venha acompanhado da competente CRF instruída do projeto de regularização, além da prova da existência de notificação dos titulares de direitos reais sobre os imóveis atingidos e dos confrontantes.[5]

Nos exatos termos do art. 23 da Lei 13.465/2017, "a legitimação fundiária constitui forma originária de aquisição do direito real de propriedade conferido por ato do poder público, *exclusivamente no âmbito da Reurb*, àquele que *detiver em área pública ou possuir em área privada*, como sua, unidade imobiliária com destinação urbana, integrante de *núcleo urbano informal* consolidado existente *em 22 de dezembro de 2016*" (data da Medida Provisória 759, cuja conversão se deu pela Lei 13.465/2017).

Nada obstante a previsão expressa do registro da legitimação fundiária nos arts. 167, I, e 44[6] da Lei 6.015/1973, certo é que não se poderá atribuir direito real de propriedade sem que o procedimento administrativo previsto na Lei 13.465/2017 seja completado.

Minha afirmação encontra supedâneo na constatação segundo a qual a lei exige que a sua expedição decorra do projeto de Reurb e, a toda evidência, como faz parte dele, a legitimação fundiária seja resultado do procedimento administrativo com a notificação de titulares de direitos reais e confrontantes do imóvel a ser regularizado.

Em outras palavras, ainda que a Lei de Registros Públicos preveja a possibilidade de registro, tanto da legitimação fundiária quanto da Certidão de Regularização Fundiária, aquela deve fazer parte deste.

É neste sentido que o art. 11, V, da Lei 13.465/2017, define a Certidão de Regularização Fundiária (CRF) como o "documento expedido pelo Município ao final do procedimento da Reurb, constituído do projeto de regularização fundiária aprovado, do termo de compromisso relativo a sua execução e, *no caso da legitimação fundiária* e da legitimação de posse, da listagem dos ocupantes do núcleo urbano informal regularizado, da devida qualificação destes e dos direitos reais que lhes foram conferidos".

Em suma, a legitimação fundiária deverá ser concedida "no âmbito da Reurb", que compreende o procedimento administrativo com notificação de todos os titulares de direitos reais sobre o imóvel pretendido e seus confrontantes para, só então, ser expedida a CRF que utilizará a legitimação fundiária como mecanismo de atribuição de direito real de propriedade.

Por outro lado, a Lei 13.465/2017 prevê, também, outro instrumento para a Reurb: a *legitimação da posse*, o que faz nos arts. 25 a 27.

Nos termos do art. 25 da Lei 13.465/2017, a legitimação da posse, "instrumento de uso exclusivo para fins de regularização fundiária, constitui ato do poder público destinado a conferir título, por meio do qual fica reconhecida a posse de imóvel objeto da Reurb, com

---

5   Lei 13.465/2017, art. 11, V – Certidão de Regularização Fundiária (CRF): documento expedido pelo Município ao final do procedimento da Reurb, constituído do projeto de regularização fundiária aprovado, do termo de compromisso relativo a sua execução e, no caso da legitimação fundiária e da legitimação de posse, da listagem dos ocupantes do núcleo urbano informal regularizado, da devida qualificação destes e dos direitos reais que lhes foram conferidos.

6   LRP, art. 167. No Registro de Imóveis, além da matrícula, serão feitos.
     I – o registro: (...)
     41. da legitimação da posse; (...)
     43. da Certidão de Regularização Fundiária (CRF);
     44. da legitimação fundiária.

a identificação de seus ocupantes, do tempo da ocupação e da natureza da posse, o qual é conversível em direito real de propriedade, na forma desta Lei".[7]

Portanto, dos seus termos e da análise da Lei 13.465/2017, é possível verificar que não há limitação temporal para a legitimação da posse, diferentemente do que ocorre com a legitimação fundiária.

Em outras palavras, esse instrumento não se limita aos núcleos informais consolidados até 22.12.2016, que só se aplicam à legitimação fundiária.

Trata-se, nos termos da lei, de um título de posse passível de registro no âmbito do processo administrativo da Reurb, com as mesmas características que vimos em linhas anteriores para a emissão do título de legitimação fundiária, mas que não confere direito real de propriedade como naquela, apenas reconhecimento de posse conversível em propriedade.

Poder-se-ia redarguir, afirmando que se trata de instrumento inútil na exata medida em que a Lei 13.465/2017 permite que se atribua a propriedade diretamente pela legitimação fundiária.

Não é assim, posto que, como visto, a legitimação fundiária está limitada a núcleos urbanos informais consolidados até 22.12.2016, assim compreendidos, nos termos do art. 11, III, da Lei 13.465/2017, como aqueles, naquela data, "de difícil reversão, considerados o tempo da ocupação, a natureza das edificações, a localização das vias de circulação e a presença de equipamentos públicos, entre outras circunstâncias a serem avaliadas pelo Município".

Mesmo que o núcleo não esteja consolidado até o dia 22 de dezembro de 2016, a Reurb é possível mediante concessão de legitimação da posse conversível em propriedade, desde que respeitados os requisitos da espécie de usucapião invocada.

E, na literalidade da lei, a legitimação da posse converte-se automaticamente em direito de propriedade (independentemente de provocação ou ato registral), na dicção do art. 26 da Lei 13.465/2017,[8] após cinco anos do seu registro, satisfeitos os requisitos da usucapião constitucional do art. 183 da Constituição Federal para a usucapião constitucional urbana.

Neste ponto, há grave falha sistemática da lei, que merece reparo: a conversão em propriedade não se dá em razão da data do registro da CRF que contenha legitimação da posse, mas da data reconhecida, neste título, de início da posse conversível em propriedade por usucapião.

Não é, a toda evidência, o registro que conferirá a posse ao seu titular, mas a efetiva posse que, nos termos do art. 1.196 do Código Civil, é o exercício, pleno ou não, de um dos poderes da propriedade.

---

[7] A definição também está no art. 11, VI, da Lei 13.465/2017: VI – legitimação de posse: ato do poder público destinado a conferir título, por meio do qual fica reconhecida a posse de imóvel objeto da Reurb, conversível em aquisição de direito real de propriedade na forma desta Lei, com a identificação de seus ocupantes, do tempo da ocupação e da natureza da posse.

[8] Art. 26. Sem prejuízo dos direitos decorrentes do exercício da posse mansa e pacífica no tempo, aquele em cujo favor for expedido título de legitimação de posse, decorrido o prazo de cinco anos de seu registro, terá a conversão automática dele em título de propriedade, desde que atendidos os termos e as condições do art. 183 da Constituição Federal, independentemente de prévia provocação ou prática de ato registral.
§ 1º Nos casos não contemplados pelo art. 183 da Constituição Federal, o título de legitimação de posse poderá ser convertido em título de propriedade, desde que satisfeitos os requisitos de usucapião estabelecidos na legislação em vigor, a requerimento do interessado, perante o registro de imóveis competente.
§ 2º A legitimação de posse, após convertida em propriedade, constitui forma originária de aquisição de direito real, de modo que a unidade imobiliária com destinação urbana regularizada restará livre e desembaraçada de quaisquer ônus, direitos reais, gravames ou inscrições, eventualmente existentes em sua matrícula de origem, exceto quando disserem respeito ao próprio beneficiário.

Para se chegar a essa conclusão, basta verificar o que prevê o art. 11, VI, da Lei 13.465/2017, que exige, na legitimação de posse, a indicação do tempo da ocupação, dizendo tratar-se, *verbis*, de "ato do poder público destinado a conferir título, por meio do qual fica reconhecida a posse de imóvel objeto da Reurb, conversível em aquisição de direito real de propriedade na forma desta Lei, com a identificação de seus ocupantes, do tempo da ocupação e da natureza da posse".

Importante frisar que a lei permite a conversão em direito de propriedade também por outras espécies de usucapião, comprovadas diretamente perante o registro de imóveis.

A posse reconhecida nestes termos é transferível *inter vivos* ou *causa mortis*. No primeiro caso, entendo pela ausência de forma prescrita para a transferência, que não se exigirá escritura pública, bastando cessão de direitos possessórios com firma reconhecida, conforme previsão do art. 221, II, da Lei 6.015/1973.

A legitimação de posse não se aplica em áreas de titularidade do poder público, na exata medida em que a Lei 13.465/2017 a vedou, no § 2º do art. 25, e sequer poderia ser de outra forma, a teor do que dispõe o art. 183, § 3º, da Constituição Federal, que proíbe usucapião de imóvel público.

Após a conversão em propriedade, como sói ocorrer com a usucapião, tratar-se-á de forma originária de aquisição.

Nada obstante, até a conversão é direito precário, pois, nos termos do art. 27 da Lei 13.465/2017, "o título de legitimação de posse poderá ser cancelado pelo poder público emitente quando constatado que as condições estipuladas nesta Lei deixaram de ser satisfeitas, sem que seja devida qualquer indenização àquele que irregularmente se beneficiou do instrumento".

8.7. REGISTRO DA REGULARIZAÇÃO FUNDIÁRIA

O registro da legitimação fundiária, por meio da CRF acompanhada do projeto,[9] é feito por requerimento direto ao Oficial de Registro de Imóveis.

A competência para abrir as matrículas das unidades regularizadas (art. 43, parágrafo único) é do oficial de Registro de Imóveis da circunscrição que abranger a maior porção da área regularizada.

A lei estabelece, no art. 44, o prazo de 15 dias para a prática do ato registral ou para a emissão da nota de exigência.

Nesta fase, há dispensa de notificação dos titulares do domínio, pois já foram, em tese, notificados (art. 44, § 6º).

Interessante que é possível a regularização de condomínio geral, posto que a lei prevê a individualização no procedimento administrativo ou especialização pelos legitimados para o ato de registro (art. 45).

Também é possível o registro da CRF com instituição de condomínio edilício (art. 48), com aprovação, pelos condôminos, de convenção condominial.

Por fim, todas as vias e demais logradouros especificados como públicos na CRF – que virá acompanhada do projeto nos termos do art. 42 – serão incorporados automaticamente ao domínio público (art. 53).

---

[9]   Que, no meu entendimento, deve ser registrado no livro auxiliar.

Livro II

NEGÓCIOS JURÍDICOS IMOBILIÁRIOS

NEGÓCIOS JURÍDICOS IMOBILIÁRIOS – INCORPORAÇÃO, PARCELAMENTO DO SOLO URBANO E FUNDOS DE INVESTIMENTO IMOBILIÁRIO

1.1. PARCELAMENTO DO SOLO URBANO – DEFINIÇÃO E CLASSIFICAÇÃO – O CONDOMÍNIO DE LOTES

O parcelamento do solo urbano, do qual resultam lotes, é regido pela Lei 6.766/1979, que logrou substituir o Decreto-lei 58/1937, ao menos em relação ao ato de parcelar, já que continua regendo os contratos de promessa de compra e venda, subsidiariamente à Lei 6.766/1979 e ao Código Civil, deferindo não só ao proprietário, mas às pessoas enumeradas no art. 2º-A da Lei 6.766/1979 (com a redação da Lei 14.118/2021), a qualidade de "loteadores" ou, como prefere a lei, "empreendedores" para delimitação da responsabilidade pela implantação das obras necessárias ao empreendimento.[1]

O Decreto-lei 271/1967 também tratava de loteamentos urbanos e, nesse sentido, no que se refere à concessão de uso, continua em vigor, aplicando-se especialmente aos loteamentos fechados.

Em verdade, a lei nova não revogou o Decreto-lei 58/1937, que não contém requisitos urbanísticos e continua em vigor para regular as promessas de compra e venda de imóveis

---

[1] Art. 2º-A. Considera-se empreendedor, para fins de parcelamento do solo urbano, o responsável pela implantação do parcelamento, o qual, além daqueles indicados em regulamento, poderá ser:
a) o proprietário do imóvel a ser parcelado;
b) o compromissário comprador, cessionário ou promitente cessionário, ou o foreiro, desde que o proprietário expresse sua anuência em relação ao empreendimento e sub-rogue-se nas obrigações do compromissário comprador, cessionário ou promitente cessionário, ou do foreiro, em caso de extinção do contrato;
c) o ente da administração pública direta ou indireta habilitado a promover a desapropriação com a finalidade de implantação de parcelamento habitacional ou de realização de regularização fundiária de interesse social, desde que tenha ocorrido a regular imissão na posse;
d) a pessoa física ou jurídica contratada pelo proprietário do imóvel a ser parcelado ou pelo poder público para executar o parcelamento ou a regularização fundiária, em forma de parceria, sob regime de obrigação solidária, devendo o contrato ser averbado na matrícula do imóvel no competente registro de imóveis;
e) a cooperativa habitacional ou associação de moradores, quando autorizada pelo titular do domínio, ou associação de proprietários ou compradores que assuma a responsabilidade pela implantação do parcelamento."

não loteados, bem como o parcelamento do solo rural, devendo esse ser compreendido na exata medida da destinação e não da localização.

Desde que se possa inferir o desmembramento ou o loteamento para fins habitacionais, da atividade de parcelar o solo, o empreendedor deverá respeitar os requisitos da Lei 6.766/1979, lei aplicável à espécie.

Em outras palavras, o loteamento ou o parcelamento será urbano se destinado a fins habitacionais, ainda que em zona rural e, para efeitos penais, nesse caso, submete-se ao art. 50 e seguintes da Lei do Parcelamento do Solo Urbano já que não se permite loteamento para fins urbanos em área rural (Lei 6.766/1979, art. 3º).

Parcelar o solo urbano, como dito, é atividade submetida à Lei 6.766/1979, além de vasta legislação federal, especialmente ambiental, e municipal.

São normas de direito urbanístico, civil, penal e administrativo e ambiental.

Parcelamento do solo urbano é gênero do qual são espécies o desmembramento, o loteamento e o desdobro.

As duas primeiras espécies, sujeitas e disciplinadas pela Lei 6.766/1979 e, a última, exclusivamente, pela lei municipal.

Loteamento é a *subdivisão de gleba em lotes destinados à edificação, com abertura de novas vias de circulação, de logradouros públicos ou prolongamento, modificação ou ampliação das vias existentes.*

Desmembramento, por seu turno é a atividade de *subdivisão de gleba em lotes destinados à edificação, com aproveitamento do sistema viário existente, desde que não implique a abertura de novas vias e logradouros públicos, nem prolongamento, modificação ou ampliação dos já existentes.*

Esses conceitos estão insertos no art. 2º e respectivos parágrafos da Lei 6.766/1979.

O desdobro nada mais é que a subdivisão de um lote em lotes, conforme previsão em lei municipal.

O parcelamento do solo urbano comporta espécies, duas submetidas à Lei 6.766/1979 e uma submetida ao regime de incorporações insculpido na Lei 4.591/1964.

Com efeito, o parcelamento do solo urbano levado a efeito nos termos da Lei 6.766/1979 resultará em lotes autônomos, isto é, lotes dotados de matrícula própria sem vinculação a qualquer área comum, na exata medida em que os lotes assim aprovados e registrados submetem as áreas destinadas a ruas, praças, avenidas, alamedas e demais espaços para logradouros públicos descritas no projeto aprovado ao regime do art. 22 da Lei 6.766/1979, segundo o qual, com o registro do loteamento, essas áreas passam ao domínio público e, nessa medida, são bens de uso comum do povo, conforme determina o art. 99, I, do Código Civil.

Esses mesmos loteamentos, aprovados nos termos da Lei 6.766/1979, podem ser abertos ou fechados, denominados pela mesma lei "Loteamentos de Acesso Controlado".

Os loteamentos fechados representam modalidade de loteamento aprovada nos moldes da Lei 6.766/1979, com lotes desvinculados de qualquer área comum, mas que obtêm autorização do Poder Público Municipal para fechamento do perímetro e controle de acesso, cujas características verificaremos mais adiante neste capítulo.

Seu fundamento está no § 8º do art. 2º da Lei 6.766/1979, segundo o qual "constitui Loteamento de Acesso Controlado a modalidade de loteamento, definida nos termos do § 1º deste artigo, cujo controle de acesso será regulamentado por ato do Poder Público Municipal, sendo vedado o impedimento de acesso a pedestres ou a condutores de veículos, não residentes, devidamente identificados ou cadastrados".

Por fim, existem os loteamentos aprovados nos moldes da Lei 4.591/1964, cuja espécie resulta em Loteamento por Condomínio de Lotes, de acordo com o permissivo do art. 2º, § 7º, da Lei 6.766/1979, que está assim redigido: "O lote poderá ser constituído sob a forma de imóvel autônomo ou de unidade imobiliária integrante de condomínio de lotes".

Nessa espécie, os lotes são unidades autônomas.

Nela, as vias de circulação interna, praças e demais áreas que não são lotes são compreendidas como áreas comuns, e a sua constituição se dá por incorporação imobiliária, que veremos no próximo tópico (1.2) deste capítulo.

Ainda assim, nos termos do § 4º do art. 4º da Lei 6.766/1979, "no caso de lotes integrantes de condomínio de lotes, poderão ser instituídas limitações administrativas e direitos reais sobre coisa alheia em benefício do poder público, da população em geral e da proteção da paisagem urbana, tais como servidões de passagem, usufrutos e restrições à construção de muros".

Posta assim a questão, podemos resumir a classificação das espécies de loteamentos existentes como:

a) Loteamento aberto por lote autônomo;

b) Loteamento fechado por lote autônomo ou Loteamento por lote autônomo de Acesso Controlado;

c) Loteamento em condomínio de lotes (aprovado nos termos da Lei 4.591/1964, cujo funcionamento é regulado pelo Código Civil).

Deveras, nessa última modalidade, a Lei 14.382/2022 estabeleceu o § 2º do inciso II do art. 1.358-A do Código Civil, prevendo que "aplica-se, no que couber, ao condomínio de lotes, o regime jurídico das incorporações imobiliárias de que trata o Capítulo I do Título II da Lei 4.591, de 16 de dezembro de 1964, equiparando-se o empreendedor ao incorporador quanto aos aspectos civis e registrários.

O vertente dispositivo é bem-vindo na medida em que acaba com a dúvida de alguns – não minha – sobre o regime jurídico a ser aplicado na aprovação de condomínio de lotes.

Explico: depois da Lei 13.465/2017, que trouxe a regulamentação do condomínio de lotes e o do loteamento fechado – hipóteses distintas –, alguns chegaram a defender a necessidade – inexistente – de aprovação dúplice do condomínio de lotes, tanto pela Lei 4.591/1964 quanto pela Lei 6.766/1979.

Sem razão, o que agora fica claro pela redação dada pelo incluído inciso II ao § 2º, segundo o qual o regime jurídico a ser perseguido é o das incorporações imobiliárias, nos termos da Lei 4.591, de 16 de dezembro de 1964.

Assim, o empreendedor desses condomínios de lotes é incorporador – e não loteador – quanto aos aspectos civis e registrários.

Isso significa que deve ser aprovada uma incorporação – não um loteamento –, respeitados, apenas, como diferença, os aspectos urbanísticos dos lotes em condomínio, ou seja, se, por exemplo, a legislação municipal prevê que o lote deve ter metragem mínima de 400 m2, esse limite, quanto ao tamanho do lote, deve ser respeitado na incorporação.

1.1.1. Aplicabilidade do Código de Defesa do Consumidor

A atividade de parcelar o solo urbano, tendo em mente o art. 3º do Código de Defesa do Consumidor (Lei 8.078/1990), configura o fornecedor, assim como ocorre com a incorporação e a construção.

O mencionado dispositivo legal do CDC define o **fornecedor** como *toda pessoa física ou jurídica, pública ou privada, nacional ou estrangeira, bem como os entes despersonalizados, que desenvolvem atividades de* **construção, transformação** *ou comercialização de produtos.*

Segundo o parágrafo primeiro do art. 3º, *produto é qualquer bem, móvel ou imóvel, material ou imaterial.*

Ora, o parcelador do solo urbano adquire uma gleba e nela executa a aprovação do empreendimento.

Se for o caso de loteamento, necessariamente transforma a gleba, implantando as obras de infraestrutura, tais como terraplanagem, abertura de vias de circulação e demais logradouros públicos, guias, sarjetas, escoamento de águas pluviais, rede de água e de esgotamento sanitário, rede de energia elétrica e, às vezes, também pavimentação asfáltica.

Pois muito bem. O art. 3º do Código de Defesa do Consumidor fala em construção de produtos.

O parágrafo primeiro desse artigo abarcou o imóvel na definição de produto.

Portanto, resta uma análise semântica de construção para, então, concluirmos se há possibilidade de enquadrarmos a atividade de parcelar o solo urbano no âmbito do Código de Defesa do consumidor.

Construção, do latim *constructio*, de *construere* é a *ação de construir ou execução de obras.*

Construir, em sentido técnico, é realizar obra nova, seja edifício, ponte, viaduto, muro, muralha, estrada etc.[2]

Assim, é possível concluir que a construção abarca o conceito das obras necessárias para a implantação de parcelamento de solo urbano.

Mesmo não se tratando de loteamento, mas apenas de desmembramento ou desdobro, de qualquer forma o parcelador comercializará um produto, qual seja: o lote.

Logo, não há qualquer sombra de dúvida quanto à aplicabilidade do Código de Defesa do Consumidor à atividade de parcelar o solo urbano, configurando o fornecedor.

Desde que presente o destinatário final, o consumidor (adquirente de lotes), aplicar-se-ão as disposições da Lei 8.078/1990 às relações jurídicas decorrentes do parcelamento do solo urbano.

1.1.2. Definição de loteamento e desmembramento

Os parágrafos do art. 2º da Lei 6.766/1979 definem o loteamento e o desmembramento:

Art. 2º O parcelamento do solo urbano poderá ser feito mediante loteamento ou desmembramento, observadas as disposições desta Lei e as das legislações estaduais e municipais pertinentes.

§ 1º Considera-se loteamento a subdivisão de gleba em lotes destinados à edificação, com abertura de novas vias de circulação, de logradouros públicos ou prolongamento, modificação ou ampliação das vias existentes.

§ 2º Considera-se desmembramento a subdivisão de gleba em lotes destinados à edificação, com aproveitamento do sistema viário existente, desde que não implique a abertura de novas vias e logradouros públicos, nem prolongamento, modificação ou ampliação dos já existentes.

§ 3º (Vetado.)

---

2   De Plácido e Silva, *Vocabulário jurídico*, Rio de Janeiro: Forense, 1993, p. 530.

§ 4º Considera-se lote o terreno servido de infraestrutura básica cujas dimensões atendam aos índices urbanísticos definidos pelo plano diretor ou lei municipal para a zona em que se situe.

§ 5º A infraestrutura básica dos parcelamentos é constituída pelos equipamentos urbanos de escoamento das águas pluviais, iluminação pública, esgotamento sanitário, abastecimento de água potável, energia elétrica e domiciliar e vias de circulação. (Redação dada pela Lei 11.445, de 2007).

§ 6º A infraestrutura básica dos parcelamentos situados nas zonas habitacionais declaradas por lei como de interesse social (ZHIS) consistirá, no mínimo, de:

I – vias de circulação;

II – escoamento das águas pluviais;

III – rede para o abastecimento de água potável; e

IV – soluções para o esgotamento sanitário e para a energia elétrica domiciliar.

§ 7º O lote poderá ser constituído sob a forma de imóvel autônomo ou de unidade imobiliária integrante de condomínio de lotes. (Incluído pela Lei 13.465, de 2017)

§ 8º Constitui loteamento de acesso controlado a modalidade de loteamento, definida nos termos do § 1º deste artigo, cujo controle de acesso será regulamentado por ato do poder público Municipal, sendo vedado o impedimento de acesso a pedestres ou a condutores de veículos, não residentes, devidamente identificados ou cadastrados. (Incluído pela Lei 13.465, de 2017)

Esqueceu o legislador da figura do desdobro, que também é espécie do gênero parcelamento do solo urbano.

Com efeito, a lei sob comento não se aplica aos desdobros que serão adiante definidos.

Para que haja aplicação da Lei 6.766/1979, mister se faz, como dito, que se verifique um loteamento ou desmembramento, e, para o perfeito entendimento da matéria, se faz necessária a decomposição do conceito legal.

1.1.3. Diferença entre loteamento e desmembramento – abertura ou não de vias e logradouros públicos

O loteamento se diferencia do desmembramento na exata medida em que, neste, não há como falar em abertura ou prolongamento de vias de circulação e, tampouco, de logradouros públicos, tais como as praças e ruas.

Inicialmente, haverá loteamento no caso de subdivisão de glebas em lotes com abertura de ruas, vielas, praças e outros logradouros públicos.

Se a subdivisão da gleba em lotes aproveitar a malha viária e os equipamentos públicos já existentes, estaremos diante de desmembramento.

1.1.4. Subdivisão de gleba em lotes

Verifica-se que, legalmente, só há loteamento ou desmembramento se da atividade de parcelar o solo urbano extrair-se uma subdivisão de gleba em lotes.

Assim, torna-se fundamental a definição de gleba e de lote para o perfeito entendimento da definição trazida à colação pela Lei 6.766/1979.

Se não houver a subdivisão de gleba em lotes, não há como se falar em loteamento ou desmembramento.

Nesse sentido, criticava-se a Lei 6.766/1979 na medida em que não definia expressamente os conceitos, deixando tal tarefa à doutrina e à jurisprudência, gerando um verdadeiro imbróglio na aplicação da lei.

Todavia, a Lei 9.785, de 29 de janeiro de 1999, acabou por definir o lote pela inclusão dos §§ 4º e 5º no art. 2º da Lei 6.766/1979.

Passaremos a defini-los de acordo com os parâmetros legais.

a) Gleba

Gleba é a porção de terra que não tenha sido submetida a parcelamento sob a égide da Lei 6.766/1979, o que equivale dizer que estaremos diante de uma gleba se a porção de terra jamais foi loteada ou desmembrada sob a vigência da nova Lei.

Entretanto, mesmo que não tenha havido parcelamento do solo sob a regulamentação da Lei 6.766/1979 com as alterações posteriores, haverá lote e não gleba, se a porção de terra atender, quanto à dimensão, aos parâmetros da lei municipal ou do plano diretor, e, além disso, dispuser de infraestrutura básica, assim considerada na exata medida da existência de equipamentos urbanos de escoamento de águas pluviais, iluminação pública, esgotamento sanitário e abastecimento de água potável, energia elétrica pública e domiciliar, além de vias de circulação (Lei 6.766/1979, art. 2º, §§ 4º e 5º, com a redação dada pelas Leis 9.785, de 29.01.1999, e 11.445, de 05.01.2007).

O resultado do parcelamento sob os auspícios do Decreto-lei 58/1937, nos termos do § 1º do art. 4º e parágrafo único do art. 11 da Lei 6.766/1979, trata-se de gleba,[3] isso no caso desse parcelamento não ter destinado o mínimo de área pública, acorde com a lei municipal e, também, não ter atendido aos requisitos dimensionais e de infraestrutura dos §§ 4º e 5º do art. 3º da Lei 6.766/1979, quando se exige, para parcelamentos posteriores, que o Município ou Distrito Federal fixe as normas urbanísticas.

Nesse caso, é de se verificar a modificação do § 1º do art. 4º da Lei 6.766/1979 que, anteriormente exigia, de forma indelével, o mínimo de 35% (trinta e cinco por cento) de áreas públicas (arts. 2º e §§ 4º, § 1º, e 11, parágrafo único, da Lei 6.766/1979), cujo percentual, com as alterações legais, fica hoje a critério da legislação municipal.

Assim, somente não haverá como se falar em gleba na hipótese de parcelamento do solo urbano de acordo com o Decreto-lei 58/1937, caso esse mesmo parcelamento tenha observado para os logradouros públicos o mínimo do § 1º do art. 4º da Lei 6.766/1979, exigível no momento do novo parcelamento, ou se enquadre no conceito de lote trazido à colação pelos §§ 4º e 5º da Lei 9.785/1999, hipótese em que estaremos diante de lote para os fins da Lei 6.766/1979.

Concluindo, haverá gleba se a porção de terra:

a) não sofreu, anteriormente, parcelamento de acordo com a Lei 6.766/1979 ou Decreto-lei 58/1937, não existindo infraestrutura básica e dimensões requeridas pelos §§ 4º, 5º e 6º da Lei 6.766/1979;

b) sofreu parcelamento sob a égide do Decreto-lei 58/1937 cuja destinação de áreas públicas não atende aos requisitos contidos na lei municipal (Lei 6.766/1979, arts. 4º, § 1º, e 11).

---

³ Aqui não há, tecnicamente, lote, embora, na prática, mesmo a subdivisão de glebas de acordo com o Decreto-lei 58/1937, seja denominado lote. Na verdade há uma gleba para efeitos de parcelamentos posteriores por força da inferência que se extrai do § 1º do art. 4º e parágrafo único do art. 11 da Lei 6.766, desde que, também, não disponha de infraestrutura mínima, que configurará o lote nos exatos termos do (Lei 6.766/1979, art. 2º, § 4º).

b) Lote

Lote é *o terreno servido de infraestrutura básica cujas dimensões atendam aos índices urbanísticos definidos pelo plano diretor ou lei municipal para a zona que se situe* (Lei 6.766/1979, art. 2º, § 4º).

Verifica-se que essa definição, trazida pela Lei 9.785/1999, não existia anteriormente, o que demandava enorme esforço exegético para se chegar à definição de lote.

Com efeito, anteriormente, considerava-se lote a porção de terra que resultasse de um desmembramento ou de um loteamento sob a égide da Lei 6.766/1979 ou legislação anterior, desde que, neste último caso, tenha sido destinada área pública mínima.

Nesse sentido, Toshio Mukai, Alaôr Caffé Alves e Paulo José Villela Lomar definiram lote como *toda porção de terra resultante de parcelamento urbano de uma gleba, destinada a edificação.*[4]

Atualmente, com a definição de lote da Lei 9.785/1999, entendemos que não há mais se falar em necessidade de loteamento ou desmembramento para que se verifique um lote.

Se a porção de terra se enquadra nos parâmetros dos §§ 4º, 5º e 6º, do art. 2º, da Lei 6.766/1979, haverá lote, mesmo que a porção de terra não tenha sido, anteriormente, loteada ou desmembrada. Assim, não haverá falar-se em loteamento ou desmembramento dessa porção de terra nos termos dos §§ 1º e 2º, vez que, para tanto, mister se faz a existência de subdivisão de gleba em lote.

Ora, se já existe lote, inadequado será falar em loteamento ou desmembramento.

Por outro lado, os lotes decorrentes de loteamentos anteriores à Lei 9.785/1999 devidamente aprovados pela Lei 6.766/1979, mesmo que hoje não se adequem aos parâmetros dos §§ 4º, 5º e 6º do seu art. 2º, serão considerados lotes para todos os efeitos legais. É regra comezinha de direito intertemporal que *tempus regit actum.* Celebrado o ato jurídico sob a égide de uma lei, é esta a que se aplica, garantindo o ato jurídico perfeito em atenção à necessidade de segurança e certeza reclamadas pela vida em sociedade para o desenvolvimento das relações jurídicas.

Aliás, quando da entrada em vigor da Lei 6.766/1979 já se discutia o assunto:

Tribunal de Justiça de São Paulo. *Lei 6.766/1979. Registro de imóveis – loteamento – inexistência de inscrição realização do parcelamento antes da Lei 6.766/1979 – irrelevância. Exigibilidade da inscrição pelo Decreto-lei 58/1937 – aplicação do princípio do tempus regit actum – ademais, averbação de controle permitida só para os casos de desmembramento anterior a citada lei – necessidade da regularização registral – dúvida procedente (Apelação Cível nº 138.230, origem: SP, Rel. Dínio Garcia, data: 08.07.92).*

Entrementes, se o lote decorrente da Lei 6.766/1979 não respeita, hoje, os requisitos urbanísticos mínimos impostos pela Lei 9.785/1999 (art. 2º e §§, da Lei 6.766/1979), deverá se submeter à regra do art. 11 da Lei 6.766/1979 para parcelamentos posteriores, exatamente como no caso de lotes aprovados sob a égide do Decreto-lei 58/1937.

É de se verificar que o art. 11, parágrafo único, da Lei 6.766/1979 descreve a necessidade de desmembramento para o caso de lotes resultantes de parcelamentos cuja *destinação de área pública tenha sido inferior à mínima prevista no § 1º do art. 4º da Lei 6.766/1979.*

De fato, a lei exige desmembramento, entretanto, atecnicamente, se refere a lote.

Ora, o desmembramento, de acordo com o art. 2º, é a *subdivisão de gleba em lotes destinados a edificação, com aproveitamento do sistema viário existente, desde que não implique a abertura de novas vias e logradouros públicos, nem prolongamento, modificação ou ampliação dos já existentes.*

---

4   Toshio Mukai, Alaôr Caffé Alves e Paulo José Villela Lomar, *Loteamentos e Desmembramentos Urbanos,* São Paulo: Sugestões Literárias, 1987.

Conclui-se, por conseguinte, que o art. 11, parágrafo único, da Lei 6.766/1979, quando fala em lote, na verdade, refere-se a gleba, já que não existe o desmembramento de lote.

Portanto, é possível concluir que é lote o *terreno servido de infraestrutura básica cujas dimensões atendam aos índices urbanísticos definidos pelo plano diretor ou lei municipal para a zona que se situe* (Lei 6.766/1979 art. 2º, § 4º), independentemente de ter sido ou não objeto de anterior parcelamento do solo urbano (loteamento ou desmembramento).

A conclusão é importante porquanto a definição legal de loteamento e desmembramento, que está contida nos §§ 1º e 2º do art. 2º da Lei 6.766/1979, implica basicamente na subdivisão de uma gleba em lotes. Se já existe lote não haverá, consequentemente, a adequação ao tipo legal e, assim, não haverá falar-se em loteamento ou desmembramento.

Convém lembrar, outrossim, que essa infraestrutura básica será substancialmente menor nas ZHIS (Zonas Habitacionais de Interesse Social) criadas por lei municipal, nos termos do § 6º do art. 2º da Lei 6.766/1979, acrescido pela Lei 9.785/1999.

1.1.5. Desdobro

Desdobro é a subdivisão de lote sem alteração de sua natureza, desde que permitida por legislação municipal.

A Lei 6.766/1979 não disciplinou o desdobro, embora este ocorra e não seja por ela vedado. Entretanto, ressalte-se, só é possível se previsto na legislação municipal.

Em verdade, partindo do pressuposto da permissão e regulamentação da lei municipal, se não houver subdivisão de gleba em lote, não há loteamento e tampouco desmembramento, mas, sim, o denominado desdobro.

Nesse caso, se a porção de terra é lote, com essa natureza permanecerá.

Conclui-se, por conseguinte, que desmembramento ou loteamento não se confundem com o desdobro, vez que, neste, após a divisão, não há alteração da natureza em face do resultado: há lotes resultantes de outro já existente.

A importância da distinção se dá principalmente em função da necessidade ou não de observância de farta legislação disciplinadora dos loteamentos e desmembramentos urbanos, principalmente da Lei 6.766/1979.

a) Desdobro de lote

A divisão de um lote, assim considerado de acordo com a precitada definição, é denominada desdobro.

O desdobro de lote deve respeitar o limite legal de 125m² (art. 4º, II), ou aquele maior, da lei municipal.

Outro requisito, comum a qualquer desdobro, é a permissão por lei municipal, que trará à colação os parâmetros necessários e o procedimento a ser adotado.

Normalmente observa-se que há necessidade de um projeto simples, uma planta que contenha a situação anterior, a atual, e o resultado do desdobro, acompanhados da nova descrição dos lotes resultantes.

Este projeto, acompanhado da descrição, após a devida aprovação pela Prefeitura Municipal, é submetido a registro junto ao Ofício de Registro de Imóveis competente, que procederá às novas matrículas.

Por fim, cabe ressaltar que a doutrina não admite o desdobro de gleba e, da mesma forma, o de lote em que haja necessidade de abertura de novas vias de circulação.

Somos de opinião contrária – isolada, é verdade – vez que se não houver subdivisão de gleba em lote, acorde com os parâmetros insculpidos nos parágrafos do art. 2º da Lei 6.766/1979, não haverá falar-se em parcelamento do solo urbano.

Ora, se lei municipal estabelece um limite máximo de lote, nada impede a subdivisão de glebas, sem que haja parcelamento do solo urbano, desde que resulte em novas glebas (com metragem acima do limite máximo do lote).

No caso, inexistirá a subdivisão de glebas em lotes, mas de gleba em glebas.

Da necessidade de abertura de vias de circulação não se extrai a inferência do loteamento ou desmembramento, desde que não haja subdivisão de gleba em lotes.

Portanto, havendo subdivisão de gleba em glebas[5] ou de lote em lotes, não há como se falar em parcelamento do solo que se subsuma à Lei 6.766/1979, mas, exclusivamente, à lei municipal, o que veremos a seguir com mais detalhes.

b) Desdobro de gleba

Só há desdobro de gleba nos casos em que a lei municipal disciplinar o limite máximo do lote e permitir o desdobro.

Em alguns casos, poucos é verdade, a lei municipal estipula o limite máximo do lote e, por via de consequência, mínimo de gleba. Nesse caso, o tamanho, que antes não figurava como elemento importante, passa a ser vital para a admissão do desdobro de gleba.

O desdobro de gleba, é bom que se diga, não encontra respaldo na doutrina. Entretanto, com supedâneo na Lei 6.766/1979, temos que somente haverá loteamento ou desmembramento se houver a subdivisão de uma gleba em lotes.

Portanto, permitida pela legislação municipal, a divisão de gleba cujo resultado não seja inferior ao limite mínimo da gleba (máximo do lote) não pode ser considerado desmembramento ou loteamento, vez que não haverá a subdivisão de gleba em lotes, assim como exige o art. 2º e §§, da Lei 6.766/1979.

Se da divisão de uma gleba o resultado suplantar a metragem mínima de gleba – ou máxima do lote – estabelecida no Município, estaremos diante de uma divisão de gleba que resultará em outras glebas e não lotes, não havendo falar-se em desmembramento.

Imaginemos uma gleba de 12.000 m² em Município no qual a lei estabelece limite máximo do lote em 5.000 m².

Perceba-se que, nesse caso, a divisão da gleba em duas partes iguais resulta em duas porções de terra com 6.000 m². Do resultado da divisão não se obtém lotes, mas outras glebas, vez que a metragem ainda suplanta o limite máximo do lote.

Por fim, se o resultado do desdobro da gleba for inferior ao limite mínimo da gleba – ou máximo do lote – descrito na lei municipal, configurar-se-á loteamento irregular, que sujeita os responsáveis às sanções penais e civis da Lei 6.766/1979 e legislação pertinente.

c) Desdobro de gleba e lote com abertura de vias de circulação

Por óbvio que, no caso de gleba, nada dispondo o Município acerca do limite máximo do lote – mínimo da gleba – se houver a necessidade de abertura de novas vias de circulação, estaremos diante de loteamento e não de desdobro.

Aliás, a doutrina considera que, em qualquer caso, havendo necessidade de abertura de artérias de circulação, não há como se falar em desdobro, mas sim em loteamento.

---

[5] Neste caso, só se a lei municipal estabelecer o limite máximo do lote.

Data venia, ousamos discordar da douta maioria.

A lei é clara. Para que haja loteamento mister se faz a subdivisão de gleba em lotes com abertura de vias de circulação.

Não havendo subdivisão de gleba em lotes, mesmo com abertura de ruas, não há como se falar em loteamento por completa dissonância com a definição insculpida no art. 2º, § 1º, da Lei 6.766/1979.

Imaginemos uma gleba de 20.000 m² em Município que estipule metragem máxima do lote – mínima da gleba – de 5.000 m². Supondo que o proprietário deseje dividi-la em duas partes iguais de 9.000 m² e, também, cortá-la por uma via de circulação que ocupará 2.000 m².

Dirigindo-se à Prefeitura Municipal, verifica que a legislação permite o desdobro da gleba e contém os parâmetros para a abertura da pretendida rua.

Estaria este proprietário obrigado a submeter seu projeto aos ditames da Lei 6.766/1979?

Entendemos que não. Assim pensamos fundamentados no seguinte fato: não havendo subdivisão de gleba em lotes, não há como se falar em loteamento ou desmembramento.

Nesse caso, nada impede que a Prefeitura Municipal estabeleça, mediante lei, os parâmetros para subdivisão de gleba em glebas com abertura de novas vias de circulação.

Portanto, se o Município estabelece limite máximo de lote e, por consequência, mínimo de gleba, a subdivisão de uma gleba, mesmo com abertura de vias de circulação, cujo resultado não suplante o aludido limite, desde que permitida pela lei municipal, não poderá ser denominada loteamento. E assim o é na exata medida em que não estará formado o tipo legal, ou seja, não haverá subdivisão de gleba em lotes, mas subdivisão de gleba em glebas!

O mesmo princípio se aplica à subdivisão de lote em lotes, podendo a lei municipal estabelecer os parâmetros para abertura de novas vias de circulação sem que o pretendente ao parcelamento tenha que se submeter à Lei 6.766/1979.

É preciso observar que o aludido diploma legal contém parâmetros e requisitos urbanísticos mínimos para a atividade de loteamento ou desmembramento. Todavia, ainda cabe aos Estados e, principalmente, aos Municípios, o estabelecimento de parâmetros e exigências outras, capazes de adequar o parcelamento do solo urbano às peculiaridades regionais.

É exatamente o que diz o parágrafo único do art. 1º da Lei de Parcelamento do Solo Urbano.

Assim, não tendo a Lei 6.766/1979 definido o conceito de gleba, deixou esta faculdade aos Municípios que, em alguns casos, têm utilizado o critério de área, embora outro possa ser empregado.

Valendo-se o Município dessa possibilidade, definindo o conceito de gleba, mormente pelo tamanho da porção de terra, nada impede a inferência da subdivisão de gleba em glebas ou de lote em lotes, mesmo com abertura de vias, desde que prevista essa possibilidade na lei municipal.

Se o próprio Município, através de lei, estabelece o tamanho que considera razoável para uma gleba, de acordo com as características regionais, não tendo a lei federal definido o conceito de gleba, nada impede a subdivisão que respeite esse limite sem que desta atividade se verifique loteamento ou desmembramento de acordo com a definição do art. 2º, e seus parágrafos, da Lei 6.766/1979.

No caso de lotes, ou seja, daquela porção de terra decorrente de prévio parcelamento do solo urbano pela nova lei, ou mesmo anterior, desde que respeitados os parâmetros do art. 4º, há que se considerar que todos os requisitos urbanísticos foram preenchidos de tal sorte que a subdivisão com abertura de novas vias de circulação não traria qualquer prejuízo ao Município ou infração à Lei.

1.1.6. As certidões necessárias para registro do loteamento

As certidões necessárias para registro do loteamento estão enumeradas no art. 18 da Lei 6.766/1979.

Nada obstante, o texto tem sido constantemente objeto de interpretação divorciada da intenção da lei.

Sendo assim, é preciso proceder à correta aplicação e interpretação da norma contida no art. 18 da Lei 6.766/1979, na parte útil abaixo transcrita:

> *Art. 18. Aprovado o projeto de loteamento ou de desmembramento, o loteador deverá submetê-lo ao registro imobiliário dentro de 180 (cento e oitenta) dias, sob pena de caducidade da aprovação, acompanhado dos seguintes documentos:*
>
> *I – título de propriedade do imóvel ou certidão da matrícula, ressalvado o disposto nos §§ 4º e 5º;*
>
> *II – histórico dos títulos de propriedade do imóvel, abrangendo os últimos 20 (vintes anos), acompanhados dos respectivos comprovantes;*
>
> *III – certidões negativas:*
>
> *a) de tributos federais, estaduais e municipais incidentes sobre o imóvel;*
>
> *b) de ações reais referentes ao imóvel, pelo período de 10 (dez) anos;*
>
> *c) de ações penais com respeito ao crime contra o patrimônio e contra a Administração Pública.*
>
> *IV – certidões:*
>
> *a) dos cartórios de protestos de títulos, em nome do loteador, pelo período de 5 (cinco) anos;*
>
> *b) de ações cíveis relativas ao loteador, pelo período de 10 (dez) anos;*
>
> *c) da situação jurídica atualizada do imóvel; e*
>
> *d) de ações penais contra o loteador, pelo período de 10 (dez) anos;*
>
> *(...).*

A norma exige, a toda evidência, duas ordens de certidões: as simples "certidões" e as "certidões negativas":

CERTIDÕES Inciso IV do art. 18 da Lei 6.766/79	CERTIDÕES NEGATIVAS Inciso III do art. 18 da Lei 6.766/79
a) dos cartórios de protestos de títulos, em nome do loteador, pelo período de 5 (cinco) anos; b) de ações cíveis relativas ao loteador, pelo período de 10 (dez) anos; c) da situação jurídica atualizada do imóvel; e d) de ações penais contra o loteador, pelo período de 10 (dez) anos.	a) de tributos federais, estaduais e municipais incidentes sobre o imóvel; b) de ações reais referentes ao imóvel, pelo período de 10 (dez) anos; c) de ações penais com respeito ao crime contra o patrimônio e contra a Administração Pública.

Por outro lado, algumas certidões são exigidas pelo período de dez anos, e outras não:

CERTIDÕES NÃO EXIGIDAS PELO PRAZO DE 10 OU 5 ANOS	CERTIDÕES EXIGIDAS PELO PERÍODO DE 10 OU 5 ANOS
• de tributos federais, estaduais e municipais incidentes sobre o imóvel (III, "a" – negativa); • de ações penais com respeito ao crime contra o patrimônio e contra a Administração Pública (III, "c" – negativa) • da situação jurídica atualizada do imóvel (IV, "c" – simples certidão);	• de ações reais referentes ao imóvel, pelo período de dez anos; (III, "b" – negativa) • dos cartórios de protestos de títulos, em nome do loteador, pelo período cinco anos (IV, "a" – certidão); • de ações cíveis relativas ao loteador, pelo período de dez anos (IV, "b" – certidão) • de ações penais contra o loteador, pelo período de 10 (dez) anos. (IV, "d" – certidão)

Nesta medida, releva conjugar as exigências legais dos referidos incisos com os §§ 1º e 2º do art. 18 da Lei 6.766/1979 (Lei do Parcelamento do Solo Urbano), especialmente o último:

> *§ 1º Os períodos referidos nos incisos III, alínea b e IV, alíneas a, e d, tomarão por base a data do pedido de registro do loteamento, devendo todas elas serem extraídas em nome daqueles que, nos mencionados períodos, TENHAM SIDO titulares de direitos reais sobre o imóvel.*
>
> *§ 2º A existência de protestos, de ações pessoais ou de ações penais, exceto as referentes a crime contra o patrimônio e contra a administração, não impedirá o registro do loteamento se o requerente comprovar que esses protestos ou ações não poderão prejudicar os adquirentes dos lotes. Se o Oficial do Registro de Imóveis julgar insuficiente a comprovação feita, suscitará a dúvida perante o juiz competente.*

Conclusão: o § 1º do art. 18 da Lei 6.766/1979 determina quais certidões devem ser extraídas em nome daqueles que "tenham sido" (passado) titulares do domínio, ou seja, pelo período de dez anos. São elas:

i) De ações reais referentes ao imóvel, pelo período de dez anos (art. 18, III, *b* – certidão negativa);

ii) Dos cartórios de protestos de títulos, em nome do loteador, pelo período de cinco anos (art. 18, IV, *a* – certidão);

iii) De ações cíveis relativas ao loteador, pelo período de dez anos (art. 18, IV, *b* – certidão);

iv) De ações penais contra o loteador, pelo período de dez anos (art. 18, IV, *d* – certidão).

Não consta deste rol a certidão da alínea *c* do inciso III do art. 18 ("de ações penais com respeito ao crime contra o patrimônio e contra a Administração Pública").

Logo, não deve ser impeditiva do registro do loteamento, em regra, quando positiva em nome desses antecessores.

Não se nega que a existência de crimes contra o patrimônio e contra a administração, de fato, impedem o registro do loteamento.

Todavia, é de se questionar: impedem, se existentes, em nome de quem?

Se o § 2º do art. 18 faz menção ao impedimento se houver ações penais referentes "a crime contra o patrimônio e contra a administração" e diz respeito àquela certidão antes mencionada no inciso III, *c*, tem ela as seguintes características:

a) Deve ser negativa (bem por isso impede o registro se positivas);

b) Não é exigida pelo prazo de 10 anos.

Em suma, deve ser negativa apenas em nome do atual titular do domínio e, por força de interpretação razoável, dos seus sócios.

E qual o motivo de não ser, claramente, exigida pelo prazo de 10 anos e, assim, atingindo ex-proprietários?

A resposta se dá com simplicidade jurídica: a *mens legis* é clara, qual seja a de impedir que pessoas que tenham praticado crimes contra o patrimônio e contra a administração pública possam estar à frente da implantação do empreendimento, celebrando contratos, recebendo prestações e outorgando escrituras tendo que, por escolha da lei, são crimes que desaconselham que aqueles que os cometem possam ser loteadores.

Deveras, a Lei 6.766/1979 não exige a certidão do inciso III, alínea *c*, do art. 18 (referente às "ações penais com respeito ao crime contra o patrimônio e contra a Administração Pública") mencionada no § 2º do art. 18, pelo prazo de dez anos.

Se não a exigiu por dez anos, não o fez, por consequência, em relação aos antecessores, mas, tão somente, em face do proprietário atual do imóvel, salvo nos casos em que se trata de burlar a lei.

É preciso observar, entretanto, se não há qualquer interferência de sócios da ex-proprietária da gleba com o atual titular.

Alguns julgados, reconhecendo a tentativa de burlar a *mens legis,* no sentido de impedir que pessoas que tenham praticado crimes contra a administração estejam à frente do empreendimento, negam registro por existência de crimes contra a administração e contra o patrimônio praticados por ex-sócios no período de dez anos.

O Conselho Superior da Magistratura de São Paulo, na Apelação 0001926-65.2015.8.26.0236, negou registro de loteamento em face da existência de ação penal por crime contra a administração em face de ex-titular de imóvel; e, na Apelação 9000002-62.2013.8.26.0646, não permitiu o registro, ainda que houvesse suspensão condicional do processo, também em face de ex-titulares de imóvel no qual se pretendia lotear.

Todavia, o precedente revela que os ex-sócios respondiam a ações penais e transferiram a propriedade na qualidade de pessoas naturais à pessoa jurídica de cujo quadro social já participavam, cedendo depois suas cotas sociais às suas esposas com o firme propósito de fraudar a Lei, motivo pelo qual a conclusão negando o registro foi irretocável.

Nada obstante, em outro precedente, também do Conselho Superior da Magistratura de São Paulo, decorrente da Apelação 0000003-77.2011.8.26.0063, autorizou-se o registro de desmembramento, ainda que um dos sócios e representante legal da empresa titular do terreno respondesse por crime contra o patrimônio. Eis o que ficou assentado:

"É certo que a Lei 6.766/1979, ao arrolar a extensa lista de documentos que devem acompanhar o projeto de loteamento ou desmembramento apresentado a registro, dentre eles as certidões do distribuidor criminal, tem por escopo preservar, de um lado, o rigoroso respeito aos aspectos urbanísticos que norteiam o parcelamento do solo e, de outro, a proteção à figura do adquirente (CSM Ap. Cível nº 31. 760-0). Quer-se proteger os adquirentes de pessoas inescrupulosas, de má-fé, que possam, de qualquer forma, comprometer a higidez do loteamento ou desmembramento e prejudicar os futuros adquirentes. No caso em questão, contudo, as peculiaridades destacadas demonstram inexistir qualquer risco ao empreendimento. Como visto, trata-se de distribuição única, por delito sem qualquer liame com o empreendimento, a menos de um mês de ocorrer a extinção da punibilidade, sendo certo que a condição de natureza pecuniária já foi devidamente adimplida. Se assim é, atendida a finalidade maior da norma, de rigor o abandono da interpretação literal para se dar preferência à lógica, permitindo-se o registro do desmembramento, com o que se estará, ainda, atendendo à função social da propriedade. Ante o exposto e diante da excepcionalidade do caso, pelo meu voto, dou provimento ao recurso" (José Renato Nalini, Corregedor-geral da Justiça e Relator, *DJe* 26.09.2012).

É possível, portanto, fazer a seguinte distinção:

a) se houver ação penal por crime contra o patrimônio ou contra a administração em face do proprietário-loteador ou dos sócios de empresa loteadora, o impedimento é absoluto: não se registra o loteamento;

b) a existência de certidão positiva de ações penais, inclusive em razão de crimes contra o patrimônio, em face de antecessores, antigos proprietários, pelo período de dez anos, somente impedirá o registro se houver possibilidade de qualquer reflexo para os adquirentes de lotes.

Nesse sentido a lição de Toshio Mukai, Alaôr Caffé Alves e Paulo José Villela Lomar, em clássica obra sobre o tema:

> As certidões exigidas constituem dois grupos: as negativas e as simples. As positivas das primeiras impedem o registro. Quanto às do segundo grupo, em princípio, não impedem o registro, embora as relativas às ações e protestos estejam condicionadas (se positivas) à demonstração, pelo interessado, de que a existência delas não poderá prejudicar os adquirentes de lotes (§ 2º do art. 18) [...] De outro lado, por imposição direta da Lei 6.766/1979 não podem tais ônus, em nenhuma hipótese, prejudicar os adquirentes de lotes.[6]

Em outras palavras, fica clara na doutrina que a *mens legis* foi, realmente, a de proteger o adquirente, estabelecendo determinadas certidões que devem ser negativas.

Nessa medida, como sustentaram Toshio Mukai, Alaôr Caffé Alves e Paulo José Villela Lomar, a intenção da lei foi claramente proteger o adquirente de lote que, igualmente, em razão do art. 54 da Lei 13.097/2015, em interpretação sistemática (diálogo das fontes) e teleológica, estabeleceu que "os negócios jurídicos que tenham por fim constituir, transferir ou modificar direitos reais sobre imóveis são eficazes em relação a atos jurídicos precedentes, nas hipóteses em que não tenham sido registradas ou averbadas na matrícula do imóvel",[7] o que permite inferir que o adquirente não sofrerá qualquer efeito precedente.

Corrobora com tal assertiva, que prestigia a segurança jurídica dos negócios imobiliários, o teor da Súmula 375 do STJ, segundo o qual: "O reconhecimento da fraude à execução depende do registro da penhora do bem alienado ou da prova de má-fé do terceiro adquirente".

Se o loteador for companhia aberta, "as certidões referidas na alínea *c* do inciso III [de ações penais com respeito ao crime contra o patrimônio e contra a Administração Pública.] e nas alíneas *a*, *b* e *d* do inciso IV do *caput* 'poderão ser substituídas por exibição das informações trimestrais e demonstrações financeiras anuais constantes do sítio eletrônico

---

[6] Toshio Mukai, Alaôr Caffé Alves e Paulo José Villela Lomar. *Loteamentos e desmembramentos urbanos*. São Paulo: Sugestões Literárias, 1980, p. 85.

[7] Ob. loc. cit.

da Comissão de Valores Mobiliários'" (§ 6º do art. 18 da Lei 6.766/1979, com a redação dada pela Lei 14.382/2022).

O § 7º do art. 18 da Lei 6.766/1979 facilita o cumprimento dos requisitos na medida em que prevê, quando se "demonstrar de modo suficiente o estado do processo e a repercussão econômica do litígio, a certidão esclarecedora de ação cível ou penal poderá ser substituída por impressão do andamento do processo digital."

Se tudo estiver em ordem, nos termos do art. 19 da Lei 6.766/1979, o Oficial de registro de imóveis "deverá encaminhar comunicação à Prefeitura e fará publicar, em resumo e com pequeno desenho de localização da área, edital do pedido de registro em 3 (três) dias consecutivos, o qual poderá ser impugnado no prazo de 15 (quinze) dias corridos, contado da data da última publicação."

Se houver impugnação de terceiros, o Oficial do Registro de Imóveis intimará o requerente e a Prefeitura Municipal, ou o Distrito Federal quando for o caso, para que sobre ela se manifestem no prazo de cinco dias, sob pena de arquivamento do processo.

Com tais manifestações, o processo será enviado ao juiz competente para decisão, ouvido o Ministério Público. Dessa decisão, como se trata de sentença, cabe apelação pelo impugnante ou pelo interessado.

Por fim, o art. 169 da LRP teve sua redação aprimorada pela Lei 14.382/2022 para prever, claramente, que, na hipótese de a gleba pertencer a duas circunscrições, em ambas deve haver matrícula e registro do loteamento com remissões recíprocas e prática dos atos apenas na circunscrição que abranger a maior área.

Ainda assim, deve haver averbação, sem conteúdo financeiro, na circunscrição que abranger a área menor.

Sendo idênticas as áreas – hipótese pouco provável –, a escolha competirá ao interessado com o mesmo procedimento.

Contudo, as matrículas das unidades imobiliárias serão abertas na serventia do registro de imóveis da circunscrição em que estiver situado o lote.

1.1.7. Loteamento fechado por lote autônomo ou loteamento de acesso controlado por lote autônomo

O loteamento fechado por lote autônomo nada mais é que o resultado da subdivisão de uma gleba em lotes destinados a edificação, com abertura de novas vias de circulação e de logradouros públicos, cujo perímetro da gleba original, ao final, é cercado ou murado de modo a manter acesso controlado.

Nesse caso, os proprietários, mediante regulamento averbado junto à matrícula do loteamento e de acordo com o art. 36-A da Lei 6.766/1979, são obrigados a contribuir para as despesas decorrentes da manutenção e conservação dos espaços e equipamentos públicos que passam ao uso exclusivo por contrato administrativo de concessão entre o Município e uma associação criada para esse fim.

A atividade exercida por essa associação é equiparada, pelo art. 36-A da Lei 6.766/1979, à administração de imóveis, de tal sorte que, associado ou não, o titular do lote nesses empreendimentos fica vinculado ao pagamento das contribuições decorrentes da manutenção das vias e demais logradouros internos do loteamento, em que pese não haver, formalmente, condomínio:

Lei 6.766/1979, art. 36-A. As atividades desenvolvidas pelas associações de proprietários de imóveis, titulares de direitos ou moradores em loteamentos ou empreendimentos assemelhados, desde que não tenham fins lucrativos, bem como as entidades civis organizadas em função da solidariedade de interesses coletivos desse público com o objetivo de administração, conservação, manutenção, disciplina de utilização e convivência, visando à valorização dos imóveis que compõem o empreendimento, tendo em vista a sua natureza jurídica, vinculam-se, por critérios de afinidade, similitude e conexão, à atividade de administração de imóveis.

Parágrafo único. A administração de imóveis na forma do caput *sujeita seus titulares à normatização e à disciplina constantes de seus atos constitutivos cotizando-se na forma desses atos para suportar a consecução dos seus objetivos.*

Mister se faz acentuar que a aprovação do loteamento fechado em nada difere do loteamento comum, com o acréscimo de alguns elementos que adiante veremos.

Na sua redação original, a Lei 6.766/1979 nada dispôs acerca do loteamento fechado, até porque na década de 70 não havia tanta insegurança pública quanto a que existe atualmente.

Todavia, a Lei 13.465/2017 incluiu o § 8º no art. 2º, que passou a prever a espécie nos seguintes termos:

> *Constitui Loteamento de Acesso Controlado a modalidade de loteamento, definida nos termos do § 1º deste artigo, cujo controle de acesso será regulamentado por ato do Poder Público Municipal, sendo vedado o impedimento de acesso a pedestres ou a condutores de veículos, não residentes, devidamente identificados ou cadastrados.*

É preciso observar que a fonte do Direito é o fato dotado de relevância.

Portanto, o legislador não poderia se preocupar com a regulamentação do instituto naquela época, em que a insegurança nos moldes atuais somente se esboçava.

Cumpre assinalar, também preliminarmente, que a espécie *sub oculis* não se confunde com o condomínio de lotes, aprovado nos termos da Lei 4.591/1964, cujas vias internas são áreas comuns vinculadas aos lotes por frações ideais e cujo funcionamento é regulado pelo Código Civil quanto aos condomínios edilícios.

Elvino Silva Filho[8] caracteriza o loteamento fechado:

a) é aprovado exatamente como um loteamento comum;

b) os lotes são de exclusiva propriedade dos adquirentes, que nele construirão da forma que lhes aprouver, respeitados os requisitos municipais;

c) os lotes são tributados individualmente;

d) o perímetro da gleba é fechado por autorização municipal, sendo que o acesso é efetuado por entrada submetida a controle;

e) a Prefeitura Municipal, no ato da aprovação do loteamento, outorga concessão de uso aos proprietários precedida de Lei;

f) o loteador deve apresentar minuta do regulamento de uso e manutenção dos equipamentos comunitários, obrigando-se, a partir de cada venda, fazer constar nas escrituras de compra e venda ou mesmo no contrato de promessa de compra e venda, a obrigação do adquirente contribuir para a manutenção e assinar o regulamento.

A essas características podemos acrescentar mais uma, decorrente da expressa regulamentação trazida pelo § 8º do art. 2º da Lei 6.766/1979, qual seja, a vedação de impedir acesso a pedestres ou a condutores de veículos, não residentes, devidamente identificados ou cadastrados.

---

[8] Elvino Silva Filho, "Loteamento Fechado e Condomínio Deitado", *Revista de Direito Imobiliário* – IRIB 14/20.

E essa última característica se aplica a loteamentos já existentes, notadamente por se tratar de norma de ordem pública que busca disciplinar a utilização de bens de uso comum do povo. Ainda que tenham sido objeto de desafetação, trata-se de regramento ao uso especial constante de lei especial.

a) Loteamento fechado e vias e espaços públicos – concessão administrativa

Inicialmente, para a admissão do loteamento fechado, uma dificuldade surge: se o art. 22 da Lei 6.766/1979 determina que *desde a data do registro do loteamento passam a integrar o domínio do Município as vias e praças, os espaços livres e as áreas destinadas aos edifícios públicos e outros equipamentos urbanos, constantes do projeto e do memorial descritivo*, como pode haver a possibilidade de fechamento do perímetro de um loteamento, restringindo o uso dos bens públicos unicamente aos proprietários dos lotes?

A resposta nos dá José Afonso da Silva:

> *(...) um momento importante da atividade urbanística diz respeito à ordenação do solo, cujas normas estatuem sobre o parcelamento do solo urbano ou urbanizável e sua distribuição pelos diversos usos e funções, gerando as instituições do arruamento e do loteamento, do reparcelamento (ou remembramento), do zoneamento de uso e da ocupação do solo.*
>
> *São normas de competência municipal e se encontram, em geral, nas chamadas leis de zoneamento.*
>
> *O parcelamento urbanístico do solo, em todas as suas formas, sujeita-se às normas urbanísticas estabelecidas na legislação municipal.*[9]

Assim, por lei municipal, há possibilidade de se autorizar o fechamento do loteamento com a restrição de uso dos bens públicos aos seus proprietários através da concessão de uso, lembrando que o acesso de não residentes, pedestres ou condutores de veículos deverá ser permitido nos termos do § 8º do art. 2º da Lei 6.766/1979.

Nem se diga que, de acordo com o art. 99, inciso I, do nosso Código Civil, tais bens seriam de uso comum do povo.

O que determina essa característica é a destinação do bem e não simplesmente o fato de tratar-se de praça ou rua.

De acordo com o Direito Administrativo, essa destinação é denominada afetação.

Para José Cretella Junior, a afetação nada mais é que a *destinação, consagração e afetar é destinar, consagrar algo a um determinado fim. Com efeito, para atingir os fins últimos que tem em mira, precisa a Administração utilizar bens, quer de sua propriedade, quer da propriedade dos particulares. Afetar é destinar, consagrar, carismar, batizar determinados bens, que se acham fora do mundo jurídico, ou no mundo jurídico, mas com outra destinação e traços, para que, devidamente aparelhados, entrem no mundo do Direito Administrativo.*[10]

Não há como negar que as ruas, praças e demais espaços livres, no ato do registro do loteamento passam para o domínio do Município, inferência que se extrai do art. 22 da Lei 6.766/1979.

Entrementes, através de ato administrativo, ou seja, através de contrato particular de concessão de uso de bens públicos e lei municipal dispondo acerca dessa concessão, pode o Município afetar seus bens, ou seja, destiná-los a categoria de bens de uso especial nos moldes do art. 99, inciso II, do Código Civil.

---

[9] José Afonso da Silva, *Direito Urbanístico Brasileiro*, São Paulo: Saraiva, 1981, p. 379.

[10] José Cretella Junior, *Dos Bens Públicos no Direito Brasileiro*, São Paulo: Saraiva, 1969, p. 95-97.

Ao contrário dos bens de uso comum, em que a regra é a liberdade de todos para a utilização, nos bens de uso especial ou privativo, a liberdade desaparece por força das circunstâncias, convergindo e fixando-se na pessoa dos usuários que preencham os requisitos estabelecidos para a referida outorga privilegiada.[11]

A concessão de uso é o contrato administrativo pelo qual o Poder Público atribui a utilização exclusiva de um bem de seu domínio a particular, para que o explore segundo sua destinação específica. (...) a concessão pode ser remunerada ou gratuita, por tempo certo ou indeterminado, mas deverá sempre ser precedida de autorização legal (...) Na concessão de uso, como, de resto, em todo contrato administrativo, prevalece o interesse público sobre o particular razão pela qual é admitida a alteração de cláusulas regulamentares do ajuste e até mesmo sua rescisão antecipada, mediante composição dos prejuízos, quando houver motivo relevante para tanto.[12]

Qual seria o interesse público a ensejar a concessão dos bens públicos ao uso exclusivo dos proprietários dos lotes?

A resposta se dá com simplicidade. O fato do Poder Público livrar-se da manutenção desses bens, assim como o fortíssimo argumento da segurança pública do cidadão, são motivos mais que suficientes para admitir-se a concessão.

Não se pode olvidar que os Municípios, a rigor, vivem em constante estado de penúria financeira. Por conseguinte, é benéfica a concessão, já que os bens passam à administração e conservação dos proprietários que continuam pagando o Imposto Predial e/ou Territorial Urbano, embora não seja possível, nessa eventualidade, a cobrança de taxas de limpeza, conservação e demais abarcadas pela responsabilidade dos particulares e estipuladas no instrumento de concessão.

Com isso, o Município pode aplicar seus parcos recursos na área social e em outras prioridades, enquanto os proprietários, por força da concessão, obrigam-se pela manutenção e conservação dos espaços livres, praças e ruas para que possam gozar de mais segurança, *v.g.* coleta de lixo, manutenção da pavimentação, das praças etc.

Mas para quem é efetuada a concessão da qual tratamos?

Nos termos do art. 36-A da Lei 6.766/1979, o contrato de concessão deve ser firmado com uma sociedade civil sem fins lucrativos constituída pelos proprietários da área com a finalidade de recolher os recursos para fazer frente às despesas, administrá-los e realizar a conservação e manutenção dos bens públicos.

b) A sociedade sem fins lucrativos como órgão administrativo do loteamento fechado – o regulamento interno

A rigor, inicialmente, a sociedade é constituída pelo loteador, vez que o instrumento de concessão, precedido de lei municipal, é firmado antes do registro do loteamento, e, portanto, antes de qualquer venda dos lotes, corolário do que dispõe o art. 37 da Lei 6.766/1979.

Nesse sentido, é de fundamental importância um regulamento que regerá o uso dos espaços concedidos, forma de contribuição e demais obrigações dos proprietários, cuja minuta é apresentada juntamente com a aprovação do loteamento e registrado junto ao Oficial de Registro de Imóveis com os outros documentos do art. 18 da Lei 6.766/1979, o que se faz para a necessária publicidade a terceiros, adquirentes dos adquirentes originais.

É que, normalmente, o adquirente original, já na assinatura da escritura ou do contrato de compromisso de compra e venda, assina também o regulamento referido nesses contratos.

---

[11] José Cretella Junior, ob. cit., p. 73.

[12] Hely Lopes Meirelles, *Direito Administrativo Brasileiro*, 20ª ed., São Paulo: Malheiros, 1995.

Assim o é em virtude da obrigação assumida pelo loteador de colher assinatura de todos os adquirentes no aludido regulamento por força do encargo assumido em face da concessão dos bens públicos firmada entre a Prefeitura e a sociedade sem fins lucrativos que ele necessariamente integra.

Esse regulamento muito se assemelha com o regulamento do condomínio da Lei 4.591/1964, embora com este não se confunda.

Deveras, a lei equipara a atividade desenvolvida pelas associações à atividade de administração de imóveis, inferência que se extrai do art. 36-A da Lei 6.766/1979.[13]

Como dito alhures, não há condomínio da Lei 4.591/1964 em se tratando de loteamento fechado.

As vias de circulação, os espaços públicos e livres do loteamento, por força do art. 22 da Lei 6.766/1979 são de domínio público do Município.

O que não se pode negar é que há uma comunhão no uso dessas vias e espaços públicos.

Entretanto, por analogia, utilizando os conceitos da convenção do condomínio da Lei 4.591/1964, nesse regulamento são fixadas as normas que regerão o uso e manutenção dos bens públicos e daqueles comuns, tais como a portaria, os muros e cercas, a forma do uso da propriedade, os serviços de vigilância e segurança, a forma de recolhimento das contribuições etc., que serão abaixo tratadas.

Marco Aurélio da Silva Viana enumera os requisitos desse regulamento, os quais adaptamos e, a título exemplificativo, citamos:[14]

1) discriminação das partes e frações comuns e as que foram objeto de concessão pelo Município bem como obrigatoriedade de contribuição para fazer frente a essas despesas, discriminando as ordinárias e extraordinárias bem como a forma e destino de fundos de reserva;

2) disposição acerca da proibição da alienação em separado dos bens comuns;

3) especificação da destinação das partes comuns, tais como piscinas, churrasqueiras etc.;

4) modo de uso dos bens públicos objeto de concessão;

5) especificação da administração, fazendo referência a associação que exercerá a administração e que firmou o contrato administrativo de concessão;

6) modo de escolha da direção do órgão administrativo, que é a associação que recebeu a concessão dos bens públicos, repetindo os seus termos;

7) modo de destituição do administrador;

8) determinação das assembleias ordinárias e extraordinárias dos proprietários, forma e data de convocação bem como o quórum para as diversas deliberações que também devem estar discriminadas;

---

[13] Art. 36-A. As atividades desenvolvidas pelas associações de proprietários de imóveis, titulares de direitos ou moradores em loteamentos ou empreendimentos assemelhados, desde que não tenha fins lucrativos, bem como as entidades civis organizadas em função da solidariedade de interesses coletivos desse público com o objetivo de administração, conservação, manutenção, disciplina de utilização e convivência, visando à valorização dos imóveis que compõem o empreendimento, tendo em vista a sua natureza jurídica, vinculam-se, por critérios de afinidade, similitude e conexão, à atividade de administração de imóveis.
Parágrafo único. A administração de imóveis na forma do *caput* sujeita seus titulares à normatização e à disciplina constantes de seus atos constitutivos cotizando-se na forma desses atos para suportar a consecução dos seus objetivos.

[14] Marco Aurélio da Silva Viana, *Loteamento Fechado e Loteamento Horizontal*, Rio de Janeiro: Aide, 1991, p. 57-61.

9) discriminação dos direitos e obrigações dos moradores e do órgão administrativo;

10) criação de sanções civis para a transgressão do regulamento, bem como pela mora no pagamento das contribuições;

11) transcrição da concessão de uso em seus exatos termos;

12) estabelecimento de força obrigatória do regulamento, bem como a nulidade de qualquer negócio que não conste a submissão do adquirente aos seus termos.

c) As despesas no loteamento fechado

As despesas, tidas como contribuição à Associação de Moradores que administra os interesses comuns, é passível de cobrança em razão do princípio que veda o enriquecimento sem causa.

Em razão da publicidade dada a este empreendimento pelo contrato padrão e pela situação fática, da existência de cancelas e muros, bem como serviços prestados aos moradores, o proprietário não pode se furtar de sua obrigação sob o pálido argumento segundo o qual não se associou.

Ainda que não tenha se associado – e este é um direito constitucional –, não pode deixar de contribuir para as despesas comuns sob pena de enriquecer ilicitamente. Neste sentido:

> **Tribunal de Justiça de São Paulo.** *Loteamento. Associação civil administradora. Cobrança de taxa de contribuição. Exigência de proprietário que não é associado. Admissibilidade. Hipótese de efetiva prestação de serviços no interesse comum dos proprietários dos lotes. Observância do princípio da vedação do enriquecimento sem causa. Juros de mora devidos a partir da citação. Verba devida. Recurso da autora provido. Prejudicado o exame daquele da ré (Apelação Cível 239.812.4/9-00 – Rel. Des. Vito Guglielmi, 25.10.2006).*

De mais a mais, o art. 36-A da Lei 6.766/1979 equiparou a atividade exercida pelas associações à administração de imóveis.

Neste caso, os titulares de lotes autônomos de acesso controlado devem, nos termos do parágrafo único do art. 36-A da Lei 6.766/1979, legalmente, participar dos rateios inerentes às despesas decorrentes dos objetivos da associação não pelo fato de serem associados, mas pela administração imobiliária exercida pela associação e que beneficia o titular do lote nesses empreendimentos.

Quanto à aplicação da proteção conferida pela lei do bem de família, ainda que se trate de associação, o valor devido decorre de despesas provenientes do próprio imóvel, sendo este caso uma das exceções contidas no art. 3º da Lei 8.009/1990.

Neste sentido, com a única ressalva decorrente do meu entendimento de não se tratar de obrigação *propter rem*:[15]

---

[15] Em igual sentido:

Tribunal de Justiça de São Paulo. Cumprimento de sentença – Decisão que rejeitou a alegação de bem de família e determinou a penhora do imóvel – Correção – Cobrança de valores atinentes a associação de moradores – Natureza propter rem – Contribuição devida em função do imóvel – Penhorabilidade do imóvel – Inteligência do inciso IV, do artigo 3º, da Lei 8.009/1990 – Direito à moradia digna que não afasta o dever correlato de pagamento das despesas geradas pelo imóvel – Liminar deferida em ação civil pública que não tem o condão de impedir o prosseguimento de execução lastreada em sentença judicial transitada em julgado – Pedido de suspensão do julgamento indeferido – Decisão mantida – Recurso desprovido, revogado o efeito suspensivo (Agravo de Instrumento 990.10.008794-0, j. 06.07.2010, Rel. De Santi Ribeiro).

Tribunal de Justiça de São Paulo. Apelação cível – Embargos à execução – Sentença de procedência – Loteamento – Associação civil de moradores – Execução de sentença que reconheceu a existência do crédito em favor da associação apelante referente às despesas de melhorias e taxas de manutenção de bem comum – Obrigação "propter rem" – Exceção à impenhorabilidade fundada na alegação de bem

Alegada impenhorabilidade do bem de família não verificada no caso dos autos – Obrigação de arcar com as taxas condominiais imposta pelo loteador, registrada na matrícula do imóvel, portanto, com ampla publicidade – Procedimento de instituição da Associação de moradores análogo àquele previsto para instituição do condomínio – Analogia com as taxas condominiais – Obrigação "propter rem", devida em função da coisa – Exceção à impenhorabilidade do bem de família do art. 3º, inciso IV, da Lei 8.009/1990 (TJSP, Agravo de Instrumento 653.435.4/7-00, j. 25.08.2009, Rel. Egidio Giacoia).

Execução. Cumprimento de sentença. Dívida decorrente do inadimplemento de taxas de manutenção de loteamento fechado. Penhora de locativos provenientes do próprio imóvel de que se originou a dívida. Admissibilidade. Exceção à garantia de impenhorabilidade. Natureza propter rem do débito. Inteligência do art. 3º, IV da Lei 8009/1990. Decisão reformada. Recurso provido. (TJSP, Agravo de Instrumento 2097574-23.2022.8.26.0000, Rel. Vito Guglielmi; 6ª Câmara de Direito Privado, j. 24.06.2022).

Mesmo assim, em que pese se tratar de despesa decorrente da administração do imóvel, não há dispositivo semelhante ao art. 1.345 do Código Civil para suportar a conclusão de se tratar de obrigação vinculada ao bem (*propter rem*), que possa ser transmitida ao adquirente.

E não é necessário que seja propter rem para que seja aplicada a exceção da proteção conferida pela Lei do Bem de Família decorrente do art. 3º, IV, da Lei 8.009/1990.

Em outras palavras, não se trata de obrigação propter rem, mas de taxa decorrente do imóvel, a excluir a proteção conferida pela Lei do Bem de Família e, nesse sentido:

Execução. Taxa de associação. Loteamento fechado. Natureza equiparada à contribuição de condomínio. Possibilidade de penhora do próprio imóvel, mesmo sendo "bem de família", por se tratar de dívida dele decorrente (art. 30, IV, da Lei 8.009/1990). Precedentes. Recurso Desprovido. (TJSP, Agravo de Instrumento 2007435-93.2020.8.26.0000, Rel. Paulo Alcides, 6ª Câmara de Direito Privado, j. 30.04.2021).

Agravo de instrumento. Ação de cobrança de taxa de manutenção em fase de cumprimento de sentença. Loteamento fechado. Insurgência contra decisão que deferiu a penhora do imóvel para satisfação do crédito exequendo. Pretensão de levantamento da constrição sob a alegação de se tratar o imóvel de bem de família. Descabimento diante da exceção prevista no art. 3º, IV, da Lei 8.009/1990. Natureza da dívida originária do próprio bem. Inteligência do artigo 833, § 1º, do CPC. Decisão mantida. Recurso a que se nega provimento. (TJSP, Agravo de Instrumento 2292889-57.2020.8.26.0000, Rel. José Rubens Queiroz Gomes, 7ª Câmara de Direito Privado, j. 15.03.2021).

Nesta mesma medida, a prescrição, quando se tratar de cobrança em razão do enriquecimento ilícito, é trienal:

Civil – Associação de moradores –Loteamento – Despesas com manutenção e conservação – Não pagamento implicaria em enriquecimento sem causa – Prescrição trienal nos termos do artigo 206, § 3º, IV do Código Civil – Prescrição das mensalidades anteriores a 29.04.2010 – Sentença reformada – Recurso parcialmente provido. (Rel. Luiz Antonio Costa; Comarca: São Paulo; Órgão julgador: 7ª Câmara de Direito Privado; j. 08.04.2015; Data de registro: 08.04.2015).

---

de família – Penhora – Admissibilidade – Sucumbência invertida – Recurso provido (Apelação 232.584-4/6-00, j. 03.12.2008, Rel. Oldemar Azevedo).
Em sentido contrário:
Tribunal de Justiça de São Paulo. Associação de moradores – taxa de manutenção – débito decorrente da vedação ao enriquecimento sem causa – penhora de bem de família – impossibilidade – exceção legal que deve ser interpretada restritivamente. Decisão mantida (Agravo de Instrumento 994.09.279162-7 (Antigo 695.494-4/2-00), j. 16.03.2010, Rel. Neves Amorim).
Tribunal de Justiça de São Paulo. *Bem de Família – Impenhorabilidade – Ainda que não esteja residindo no imóvel, a devedora utiliza a renda proveniente do aluguel para arcar com os custos da moradia atual, constituindo-se como único bem da agravante, sendo assim impenhorável – Não se assemelha a contribuição devida à Associação de Moradores, relativa a rateio de despesas em loteamento e melhorias, com fundamento no enriquecimento sem causa e no vínculo associativo, com obrigações inerentes ao proprietário, concernentes ao pagamento de impostos predial ou territorial, taxas e contribuições em função do imóvel, não tendo natureza propter rem – Aplicação do art. 1º da Lei 8.009/1990 – Recurso provido. (Agravo de instrumento 2156886-37.2016.8.26.0000, Rel. Alcides Leopoldo e Silva Júnior, Comarca: Botucatu; 1ª Câmara de Direito Privado; j. 28.11.2016; Data de registro: 28.11.2016.)*

Há quem sustente que a prescrição é quinquenal por se tratar de dívida líquida e certa.

Contudo, não há liquidez se se tratar de cobrança fundada em enriquecimento ilícito, podendo ser admitida a prescrição quinquenal se houver expressa manifestação em contrato ou adesão à associação:

Associação de moradores – Ação de cobrança – Loteamento fechado. Taxa de conservação e melhoria. Previsão expressa da cobrança em cláusula contratual do compromisso de compra e venda, ao qual a ré aderiu. Cobrança devida. Sentença parcialmente procedente reconhecendo a prescrição trienal de parte do débito. Irresignação da autora. Cabimento – Prescrição quinquenal. Inteligência do art. 206, § 5º, I, do CC. Sucumbência adequadamente dimensionada, na forma prevista no art. 86 do CPC – Sentença reformada recurso parcialmente provido (TJSP. Apelação n. 1000220-96.2015.8.26.0020 – j. 23.02.2021. 8ª Câmara. Rel. Theodureto Camargo).

Extrai-se desse aresto: "Na hipótese, a ação está fundada em dever contratual assumido pela apelada no momento da aquisição de um lote de terras. Nesse passo, de acordo com a regra contida no art. 206, § 5º, I, do CC, prescreve em 5 anos 'a pretensão de cobrança de dívidas líquidas constantes de instrumento público ou particular'".

Na maioria das vezes, a cobrança não está fundada em obrigação expressamente assumida, faltando, assim, liquidez e certreza e, por não se tratar de dívida líquida e certa, não cabe execução de título extrajudicial, inclusive por ausência de título entre aqueles tipificados pelo art. 784 do CPC, conforme, inclusive, o seguinte precedente:

Apelação – Embargos à execução – Sentença de procedência – Ausência de título hábil – Carece de certeza e exigibilidade a dívida cobrada por entidade que não possui registro devidamente formalizado como condomínio, sobretudo quando existente decisão da Corregedoria Permanente dos Cartórios de Registro local que reconhece o empreendimento como loteamento fechado – Contribuição associativa que não se confunde com taxa condominial – Artigo 784 do CPC – Sentença mantida – Negaram provimento ao recurso. (TJSP; Apelação Cível 1001756-95.2022.8.26.0506; Rel. Alexandre Coelho; 8ª Câmara de Direito Privado; j. 30.11.2022).

Nada obstante, cabe a cobrança perante os Juizados Especiais Cíveis, conforme precedente do STJ:

Processual Civil. Recurso ordinário em mandado de segurança. Controle de competência. Mandado de segurança. Cabimento perante o tribunal de justiça. Art. 8º da Lei 9.099/1995. Associação de moradores ou de proprietários. Loteamento urbano. Ação de cobrança. Taxa de manutenção. Valor da causa. Critério preponderante. Opção do autor. Competência do juizado especial. 1. Embora sem previsão no rol do art. 8º, § 1º, da Lei 9.099/1995, a jurisprudência desta Corte admite que o ente condominial litigue perante o Juizado Especial para cobrar a quota condominial. 2. Por similaridade com o condomínio, estende-se à associação de moradores ou de proprietários o direito de demandar, perante o Juizado Especial, em busca do adimplemento da taxa de manutenção, pela compreensão de que existe a representação dos interesses mediatos de pessoas físicas. 3. Havendo a sentença negado a possibilidade de a Associação ser parte perante o Juizado Especial, cabível o mandado de segurança perante o Tribunal de Justiça para delimitar a competência daquela Justiça Especializada. 4. Não mais existindo o procedimento sumário após a entrada em vigor do CPC de 2015, a competência para o processo e julgamento de ação de cobrança – seja ajuizada por condomínio, seja por associação de moradores – depende de o valor da causa se situar dentro da alçada prevista no inciso I do art. 3º da Lei 9.099/1995. Atendido esse critério quantitativo de competência, cabe ao autor a opção pela via do Juizado Especial ou da Justiça Comum Estadual. 6. Recurso ordinário provido. (RMS n. 67.746/SP, Rel. Min. Maria Isabel Gallotti, 4ª Turma, j. 25.04.2023, DJe 25.05.2023).

Voltando um pouco no tempo para o entendimento da evolução da questão, é preciso anotar que, antes das alterações legislativas pelas quais o tema passou, até de forma surpreendente, o Supremo Tribunal Federal chegou a decidir dessa forma:

Associação de moradores – mensalidade – ausência de adesão. Por não se confundir a associação de moradores com o condomínio disciplinado pela Lei 4.591/64, descabe, a pretexto de evitar vantagem sem causa, impor mensalidade a morador ou a proprietário de imóvel que a ela não tenha aderido. Considerações sobre o princípio da legalidade e da autonomia da manifestação de vontade – artigo 5º, incisos II e XX, da Constituição Federal (STF, RE 432106, Rel. Min. Marco Aurélio, Primeira Turma, j. 20.09.2011, DJe-210 Divulg. 03.11.2011, Public. 04.11.2011, Ement. Vol-02619-01, p-00177).

Na fundamentação, sustentou o Rel. "Mais do que isso, a título de evitar o que se apontou como enriquecimento sem causa, esvaziou-se a regra do inciso XX do artigo 52 do Diploma Maior, a revelar que ninguém poderá ser compelido a associar-se ou a permanecer associado. A garantia constitucional alcança não só a associação sob o ângulo formal como também tudo que resulte desse fenômeno e, iniludivelmente, a satisfação de mensalidades ou de outra parcela, seja qual for a periodicidade, à associação pressupõe a vontade livre e espontânea do cidadão em associar-se. No caso, veio o recorrente a ser condenado a pagamento em contrariedade frontal a sentimento nutrido quanto à Associação e às obrigações que dela decorreriam. Conheço e provejo este extraordinário para julgar improcedente o pedido formulado na inicial. Inverto os ônus da sucumbência e imponho à Associação, além da responsabilidade pelas custas, os relativos aos honorários advocatícios".

Decisão judicial merece respeito. Todavia, respeito não significa submissão a decisão que, mesmo diante do sistema que então vigorava, ignorou a existência do locupletamento ilícito daquele que mostrou desprezo pelo bem comum e que sabia exatamente o que adquiriu e seus benefícios, mas se negava a pagar pelo que claramente o beneficiava.

Deveras, o assunto, antes da previsão legal de equiparação das associações à atividade de administração de imóveis, se fundava no princípio da vedação do enriquecimento ilícito do titular do lote em loteamento fechado (ou de acesso controlado).

Até então o STJ havia decidido poucas vezes, de forma não uniforme[16], cabendo destacar o entendimento abaixo espelhado, digno de reprodução pela sensibilidade que demonstra:

Loteamento. Associação de moradores que cobra contribuição compulsória por serviços prestados. Alegação de que a obrigação foi assumida quando da aquisição do terreno. Recurso especial com base na alínea "c". (...) – não obstante a polêmica em torno da matéria, com jurisprudência oscilante desta corte, a posição mais correta é a que recomenda o exame do caso concreto. Para ensejar a cobrança da cota-parte das despesas comuns, na hipótese de condomínio de fato, mister a comprovação de que os serviços são prestados e o réu deles se beneficia. No caso, o exame dessa matéria significa revolver os substratos fáticos da causa decidida, incidindo, portanto, as Súmulas 5 e 7/STJ. Recurso Especial não conhecido (REsp 302.538/SP, Rel. Min. Luis Felipe Salomão, Quarta Turma, j. 05.08.2008, DJe 18.08.2008).

---

[16]   *Civil. Loteamento. Associação de moradores. Cobrança de contribuição por serviços prestados. O proprietário de lote não está obrigado a concorrer para o custeio de serviços prestados por associação de moradores, se não os solicitou. Recurso especial conhecido e provido (REsp 444.931/SP, Rel. Min. Ari Pargendler, Terceira Turma, j. 12.08.2003, DJ 06.10.2003, p. 269).*
   Embargos de divergência. Recurso especial. Associação de moradores. Taxas de manutenção do loteamento. Imposição a quem não é associado. Impossibilidade. As taxas de manutenção criadas por associação de moradores, não podem ser impostas a proprietário de imóvel que não é associado, nem aderiu ao ato que instituiu o encargo (EREsp 444.931/SP, Rel. Min. Fernando Gonçalves, Rel. p/ Acórdão Min. Humberto Gomes de Barros, Segunda Seção, j. 26.10.2005, DJ 01.02.2006, p. 427).
   Civil. Agravo no recurso especial. Loteamento aberto ou fechado. Condomínio atípico. Sociedade prestadora de serviços. Despesas. Obrigatoriedade de pagamento. O proprietário de lote integrante de loteamento aberto ou fechado, sem condomínio formalmente instituído, cujos moradores constituíram sociedade para prestação de serviços de conservação, limpeza e manutenção, deve contribuir com o valor correspondente ao rateio das despesas daí decorrentes, pois não se afigura justo nem jurídico que se beneficie dos serviços prestados e das benfeitorias realizadas sem a devida contraprestação. Precedentes (AgRg no REsp 490.419/SP, Rel. Min. Nancy Andrighi, Terceira Turma, j. 10.06.2003, DJ 30.06.2003, p. 248).

Seguindo a linha traçada pelo Supremo Tribunal Federal, o Superior Tribunal de Justiça, julgando o REsp 1.439.163 no âmbito da sistemática dos recursos repetitivos (CPC, art. 1.036), com as consequências daí advindas, no dia 11.03.2015, tratando dos loteamentos fechados (condomínios atípicos) decidiu que "As taxas de manutenção criadas por associação de moradores não obrigam os não associados ou os que a elas não anuíram".

A lucidez emanou apenas dos vencidos, Ministros Paulo Dias Moura Ribeiro e Villas Bôas Cueva.

É de se lamentar ambas as decisões, tanto esta quanto aquela que emana do RE 432.106.

Generalizaram e desconsideraram regionalidades e peculiaridades de cada situação, que pode representar enriquecimento ilícito daquele que se beneficia com os serviços prestados e que não ignorou a cancela e a portaria quando adquiriu seu imóvel, decorrendo daí profunda insensibilidade e desconhecimento da realidade desses empreendimentos que proliferaram no Brasil desde a década de 1970. Tais decisões geraram o caos na administração dos loteamentos fechados.

Mais uma demonstração de absoluto descolamento do judiciário com a realidade brasileira.

Hoje, à luz do novel art. 36-A da Lei 6.766/1979, posterior aos arestos que vincularam a cobrança à associação do titular do lote, a atividade das associações de moradores foi equiparada à administração de imóveis e, nos termos do parágrafo único desse dispositivo, os titulares devem contribuir não por serem associados, mas para ressarcir a administração imobiliária de interesse comum a todos os proprietários de lotes.

Simples assim.

Outrossim, mesmo desconsiderando a alteração legal que acresceu o art. 36-A na Lei 6.766/1979 – que agora ressuscita a legalidade e a legitimidade da cobrança – e mesmo sem adesão expressa, para mim resta evidente, evidentíssimo, aliás, que os adquirentes de qualquer espécie, vinculados ou não à associação de moradores, podem ser cobrados, tendo em vista que *anuíram com as despesas, ainda que tacitamente*, posto que adquiriram lotes em loteamento fechado *cujo contrato-padrão assim previu e que integra os documentos levados a registro com aqueles do art. 18 da Lei 6.766/1979*.

De fato, a inclusão da obrigação de pagar as despesas no contrato-padrão, faz que o adquirente, em razão da publicidade atribuída ao contrato obrigue o adquirente original e terceiros adquirentes sucessivos.

Nesse sentido, havendo cláusula expressa a anuência é evidente posto que, "os promitentes compradores se comprometem a participar do rateio das despesas de manutenção do empreendimento. Isso porque, nesses casos, a obrigação, embora não decorrente de lei, deriva de cláusula contratual que não pode ser ignorada ou desprezada pelos adquirentes, quer integrem, ou não, a associação de moradores" (TJSP, Apelação 0053247-16.2012.8.26.0602, 1ª Câmara de Direito Privado, Rel. Des. Francisco Loureiro, j. 11.08.2015).[17]

O contratante, adquirente do lote, não pode ignorar a existência do fechamento do loteamento e, ao adquirir o imóvel, presume-se, pelo efeito publicitário do registro do contrato-padrão entre aqueles documentos do art. 18 da Lei 6.766/1979, a anuência com o pagamento das despesas de manutenção.

Nesse sentido, cabe mencionar as seguintes decisões do tribunal paulista:

Tribunal de Justiça de São Paulo. *Associação de moradores e cobrança de taxa por serviços prestados a proprietários imobiliários em área beneficiada pela prestação de serviços da entidade associativa. Alegação*

---

[17] No mesmo sentido: Apelação 0000165-26.2011.8.26.0337, 13ª Câmara Extraordinária de Direito Privado, Rel. Des. Grava Brazil, j. 27.08.2015, Apelação 1003990-47.2014.8.26.0048, 6ª Câmara de Direito Privado, Rel. Des. Fortes Barbosa, j. 20.08.2015.

defensiva de prescrição da pretensão da autora e ilegalidade da imposição de cobrança aos moradores não associados. Sentença de improcedência. Inconformismo da parte autora. Num primeiro julgamento, dado provimento parcial ao recurso. Reexame determinado pela presidência da seção de direito privado, nos termos do artigo 543-C, parágrafo 7º, inciso II, CPC/73. Mantido o julgamento de provimento parcial do recurso, esclarecida a fundamentação pela admissibilidade da cobrança com a ponderação de valores constitucionais da solidariedade e função social da propriedade, superiores à questão da liberdade associativa. 1. Incidência da prescrição trienal aludida no art. 206, § 3º, IV, CC/02. Existência de reconhecimento de dívida em termo de acordo. Interrupção do interregno prescricional. Prescrição relativa ao período compreendido entre 03/2009 a 08/2011 afastada. Sentença reformada por unanimidade nesta extensão. 2. Cobrança. Despesas decorrentes de prestação de serviços organizada por associação de moradores e aplicada sobre uma determinada área de loteamento (aberto/fechado). Precedentes julgados pelo Superior Tribunal de Justiça pelo rito dos recursos repetitivos de controvérsia – REsp 1.439.163/SP e REsp 1.280.871/SP – definem tese segundo a qual nenhum proprietário/possuidor de bem imóvel é compulsoriamente obrigado a se associar à entidade benfazeja da comunidade local (em respeito à garantia fundamental de liberdade de se associar e manter-se associado, artigo 5º, incisos XVII e XX, CF/1988), nem a pagar por taxas de manutenção caso não associado e não tenha anuído à sua cobrança. Situação a merecer ponderação com outros princípios constitucionais igualmente aplicáveis ao caso. Princípio do enriquecimento sem causa, ora em questionamento, repousa sua fonte de normatividade também no princípio constitucional da solidariedade (artigo 3º, inciso I, CF/1988) e da função social da propriedade (artigo 5º, inciso XXIII, CF/1988), a admitir que todos os proprietários imobiliários que estejam em apropriação dos benefícios gerados com a manutenção e conservação do loteamento, ou condomínio edilício não regularizado, estão vinculados à repartição dos custos decorrentes da exploração dessa atividade pela entidade associativa, independentemente de filiação formal à associação. Cobrança, nesses termos, legítima, desde que demonstrada, como fato constitutivo do direito alegado, a prática da prestação de serviços sobre a área do loteamento. 3. Por maioria, vencido o Relator Sorteado, dá-se provimento parcial ao recurso de apelação em maior extensão, para, além de aplicar prazo prescricional trienal e reconhecer existência de fato interruptivo da prescrição, julgar procedente em parte a ação de cobrança (Apelação 0044418-77.2011.8.26.0506, Relator(a): Piva Rodrigues; Comarca: Ribeirão Preto; 9ª Câmara de Direito Privado; Data do julgamento: 23.08.2016; Data de registro: 13.09.2016).

Tribunal de Justiça de São Paulo. Loteamento fechado, ou dotado de serviços diferenciados aos moradores. Associação de moradores, clube de campo, sociedade ou outra modalidade criada para custear a estrutura e serviços do empreendimento, que beneficiam e valorizam todos os imóveis. Dever de todos os proprietários beneficiados ratearem as despesas, associados ou não. Obrigação que tem por fonte o princípio que veda o enriquecimento sem causa. Compromisso de compra e venda que contém cláusula expressa na qual o adquirente do lote se compromete a participar do rateio das despesas do empreendimento fechado – Indevida a cobrança de multa moratória, de quem não é associado. Correção monetária a partir do vencimento. Juros a partir da citação. Mora ex persona. Ausência de termo estabelecido, sendo necessária a interpelação judicial ou extrajudicial do devedor para constituí-lo em mora. São devidas também as parcelas vencidas no curso da ação até a data da satisfação do crédito, de acordo com o art. 290 CPC, [atual art. 323] Recurso provido em parte, apenas para alterar o termo inicial de incidência dos juros. (Relator(a): Francisco Loureiro; Comarca: Salto; Órgão julgador: 6ª Câmara de Direito Privado; j. 26.03.2015; Data de registro: 26.03.2015).

Tribunal de Justiça de São Paulo. Ação de cobrança – ajuizamento por associação de condôminos visando ao recebimento de encargos condominiais – loteamento fechado, ou dotado de serviços diferenciados aos moradores – associação criada para custear a estrutura e serviços do empreendimento, que beneficiam e valorizam todos os imóveis – dever dos proprietários beneficiados ratearem as despesas, associados ou não – vedação ao enriquecimento sem causa – sentença mantida – recurso desprovido. (Relator(a): Theodureto Camargo; Comarca: Osasco; Órgão julgador: 9ª Câmara de Direito Privado; Data do julgamento: 17.03.2015; Data de registro: 19.03.2015)

Tribunal de Justiça de São Paulo. Ação de cobrança de despesas de taxa associativa. Loteamento fechado. Inadmissibilidade de cobrança de moradores não associados. Princípio da liberdade de associação previsto no art. 5º, XX, da Constituição Federal. Embargos infringentes acolhidos (Relator(a): Eduardo Sá Pinto Sandeville, Comarca: São Paulo; Órgão julgador: 6ª Câmara de Direito Privado; Data do julgamento: 26.03.2015; Data de registro: 06.04.2015).

Tribunal de Justiça de São Paulo. Associação de moradores – "Loteamento fechado" – Recurso repetitivo – Artigo 543-C do CPC/1973 [art. 1.036 do atual CPC] – Precedente obrigatório – Reexame – Pedido de reconhecimento de inexigibilidade de taxa de manutenção e conservação – Sentença de improcedência – Inconformismo – Sentença confirmada por venerando acórdão desta Colenda 8ª Câmara de Direito Privado – Inexistência de obrigação de contribuir com despesas cobradas por associação de moradores sem prévia formação do vínculo associativo ou sem anuência a tais despesas – Prevalência do princípio constitucional da livre associação, conforme tese uniformizada pelo colendo STJ, sob o rito do artigo 543-C, do CPC/1973 [atual art. 1.036], independentemente do fato de o morador ter adquirido o lote depois da criação da associação – Alinhamento da maciça jurisprudência deste egrégio Tribunal aos termos da tese do STJ, em *cuja ratio decidendi já se considerou o descabimento de suposta anuência tácita ou de enriquecimento sem causa para justificar a cobrança – Força vinculante prevista no CPC/2015 às teses firmadas em recursos repetitivos – Estatuto social que admite apenas a cobrança da taxa dos integrantes da associação – Modificação do acórdão, para se dar provimento à apelação. Entendimento firmado pelo STJ em sede de recurso repetitivo (Art. 543-C, CPC/1973 [atual art. 1.036]) no sentido de que: "as taxas de manutenção criadas por associações de moradores não obrigam os não associados ou que a elas não anuíram". Ressalva feita, contudo, em relação aos casos em que a fonte criadora da obrigação é a própria lei ou o compromisso de compra e venda, que contém cláusula expressa na qual o adquirente se compromete a participar do rateio das despesas do empreendimento, o que não é o caso dos autos. Recurso provido para julgar procedente a ação de inexistência de débito, conforme precedentes recentes deste Egrégio Tribunal de Justiça. Resultado: apelação provida (Apelação 0003821-75.2011.8.26.0115 Rel. Alexandre Coelho; Jundiaí; 8ª Câmara de Direito Privado; j. 17.08.2016; Data de registro: 23.08.2016).*

Nada obstante o art. 36-A da Lei 6.766/1979, posterior aos arestos que vincularam a cobrança à associação do titular do lote, o STF decidiu ignorar a alteração legislativa e dificultar a cobrança de taxas de manutenção (taxas associativas) nos loteamentos fechados ou "de acesso controlado".

E o fez da seguinte forma: "*RE 695.911 – Decisão: O Tribunal, por maioria, apreciando o tema 492 da repercussão geral, deu provimento ao recurso extraordinário e fixou a seguinte tese: 'É inconstitucional a cobrança por parte de associação de taxa de manutenção e conservação de loteamento imobiliário urbano de proprietário não associado até o advento da Lei 13.465/17, ou de anterior lei municipal que discipline a questão, a partir da qual se torna possível a cotização dos proprietários de imóveis, titulares de direitos ou moradores em loteamentos de acesso controlado, que i) já possuindo lote, adiram ao ato constitutivo das entidades equiparadas a administradoras de imóveis ou (ii) sendo novos adquirentes de lotes, o ato constitutivo da obrigação esteja registrado no competente Registro de Imóveis', nos termos do voto do Relator, vencidos os Ministros Edson Fachin, Ricardo Lewandowski, Rosa Weber, Roberto Barroso e Gilmar Mendes, que negavam provimento ao recurso. O Ministro Marco Aurélio deu provimento ao recurso e fixava tese nos termos de seu voto... Plenário, Sessão Virtual de 04.12.2020 a 14.12.2020.*"

Em resumo, o STF colocou a questão de duas formas diversas:

a) Nos loteamentos fechados, até o advento da Lei 13.465/2017 ou de eventual lei municipal autorizadora, é vedada a cobrança de taxas de conservação desses empreendimentos por suposta inconstitucionalidade decorrente da liberdade de associação;

b) Após a indigitada Lei 13.465/2017, a cobrança é possível, mas o STF colocou condições que, adiante, não estão na lei, quais sejam:

b.1) sendo possuidor de lote quando entrou em vigor a Lei 13.465/2017, o devedor tenha aderido à associação, sem que se saiba exatamente o que quis o STF dizer com isso; em outras palavras, deve ser associado?;

b.2) sendo novo adquirente, o ato constitutivo da obrigação esteja registrado junto ao Oficial de Registro de Imóveis.

O problema nessas conclusões e condicionantes do STF é que a Lei 13.465/2017, que alterou a Lei que rege o loteamento (parcelamento do solo urbano), não diz o que o Supremo colocou.

Então, alguém pode questionar: o STF está inventando, legislando, cumprindo função diversa de julgar e criando lei onde não existe?

Exato.

Com todo respeito, a decisão não tem fundamento, representa ativismo judicial, cria norma que não existe na lei, extrapolando a função constitucional daquela Corte, invadindo a competência do Poder Legislativo e, conseguintemente, gerando insegurança jurídica.

O STF, lamentavelmente, vem sendo um exemplo de produção desse ativismo e da interpretação criativa do direito.

E aí começa a confusão para saber quando seria exigível o pagamento:

*STJ. O contexto delineado pelas instâncias de origem revela que, a despeito da ausência, à época, de previsão legal, os recorrentes manifestaram expressa vontade de assumir, perante o loteador, a obrigação de pagar a taxa de manutenção, sendo certo que houve expressa autorização contratual para a cobrança das despesas administrativas e que, no ato da aquisição do imóvel, tiveram ciência de que lhes seria exigido o pagamento de uma taxa de manutenção. Por estar presente, na hipótese, o **elemento volitivo manifestado**, consistente na **anuência expressa com a obrigação de pagar a taxa de manutenção**, sobressai a distinção deste recurso especial com o decidido no RE 695.911/SP, de modo que o acórdão exarado pela Terceira Turma não conflita com o precedente da Suprema Corte. (REsp 1.569.609/SP, Rel. Min. Nancy Andrighi, 3ª Turma, j. 02.08.2022, DJe 05.08.2022).*

Voltando ao indigitado acórdão do STF, é preciso observar que o loteamento fechado – que de condomínio não se trata – foi disciplinado, de fato, pela Lei 13.465/2017.

Até o advento dessa lei, não havia regulamentação desses empreendimentos em Lei Federal.

A Lei 6.766/1979, que regula o parcelamento do solo urbano, editada em época em que não se dava tanta importância para segurança interna desses empreendimentos, não disciplinou a possibilidade de fechar o perímetro do loteamento e controlar o acesso.

No que diz respeito à possibilidade de cobrança dessas taxas nos loteamentos fechados, mesmo antes da lei que regulamentou a possibilidade (Lei 13.465/2017), a obrigação decorria, como se viu, do princípio que veda o enriquecimento sem causa e a cobrança dos titulares de lotes se dava mesmo que não fossem vinculados à associação de moradores, pois se beneficiavam dos serviços de conservação e segurança.

Todavia, o STF resolveu entender – e eu definitivamente discordo – que seria inconstitucional cobrar de quem não se associou, mesmo com o evidente benefício ao titular do lote.

Essa posição do STF gerou, exatamente, a edição da Lei 13.465/2017 que disciplinou as associações de moradores.

Essa lei considerou essas associações como administradoras dos imóveis contidos no perímetro do loteamento fechado, vinculando os titulares não só ao pagamento das taxas de conservação, como, também, ao seu regulamento.

Eis o teor: Lei 6.766/79 (redação da Lei 13.465/2017) "Art. 36-A. As atividades desenvolvidas pelas associações de proprietários de imóveis, titulares de direitos ou moradores em loteamentos ou empreendimentos assemelhados, desde que não tenham fins lucrativos, bem como pelas entidades civis organizadas em função da solidariedade de interesses coletivos desse público com o objetivo de administração, conservação, manutenção, disciplina de utilização e convivência, visando à valorização dos imóveis que compõem o empreendimento, tendo em vista a sua natureza jurídica, vinculam-se, por critérios de afinidade, similitude e conexão, à atividade de *administração de imóveis*. Parágrafo único. A administração de imóveis na forma do *caput* deste artigo *sujeita seus titulares* à normatização e à disciplina constantes de seus atos constitutivos, COTIZANDO-SE na forma desses atos para suportar a consecução dos seus objetivos."

Onde está o problema?

O STF criou condições que não estão na lei.

Em outras palavras, é como se o Supremo escrevesse a lei, colocando regras que não estão escritas, notadamente a obrigação de se associar, sendo proprietário no momento do início da vigência da lei, ou, se for adquirente posterior, que o ato constitutivo da obrigação esteja registrado junto ao Registro de Imóveis.

Assim, pelo que se pode interpretar da "lei" (*sic*) editada pelo Supremo, as associações devem registrar o ato passível de constituir a obrigação que é o estatuto da associação ou o contrato padrão do loteamento (art. 18, inc. VI, da Lei 6.766/1979), com a menção da obrigação de pagar as despesas.

Se se entender que é o Estatuto da Associação, para a finalidade de viabilizar a cobrança, além do seu registro peculiar junto ao Registro de Pessoas Jurídicas, deve ser levado ao livro auxiliar no Registro de Imóveis.

Tudo isso é lamentável.

O Supremo Tribunal Federal não se deu conta que essa invasão na competência de outro Poder (o Poder Legislativo) gera absurda insegurança jurídica, afasta investimentos e não colabora com o objetivo do Direito que é a paz social. Seja como for, atenuando o requisito de se associar para titulares de lotes cuja propriedade é anterior à Lei 13.465/2017, o STJ decidiu que "*o contexto delineado pelas instâncias de origem revela que, a despeito da ausência, à época, de previsão legal, os recorrentes manifestaram expressa vontade de assumir, perante o loteador, a obrigação de pagar a taxa de manutenção, sendo certo que houve expressa autorização contratual para a cobrança das despesas administrativas e que, no ato da aquisição do imóvel, tiveram ciência de que lhes seria exigido o pagamento de uma taxa de manutenção. Por estar presente, na hipótese, o elemento volitivo manifestado, consistente na anuência expressa com a obrigação de pagar a taxa de manutenção, sobressai a distinção deste recurso especial com o decidido no RE 695.911/SP, de modo que o acórdão exarado pela Terceira Turma não conflita com o precedente da Suprema Corte* (REsp 1.569.609/SP, Rel. Min. Nancy Andrighi, Terceira Turma, j. 02.08.2022, *DJe* 05.08.2022).

Nesse caso, o STJ entendeu que, a par de não ser associado, o titular do lote anuiu contratualmente com o pagamento das despesas e que essa anuência prévia dispensaria a associação.

d) Registro do loteamento fechado – a concessão, o contrato padrão e o registro do regulamento como fundamento para a posterior cobrança das despesas dos adquirentes

Como dissemos, o loteamento fechado se submete ao mesmo procedimento de registro de um loteamento comum. Todavia, acrescem alguns requisitos e documentos.

Com efeito, juntamente com os documentos do art. 18 da Lei 6.766/1979, ao Oficial de Registro de Imóveis apresentar-se-á o ato administrativo de concessão de uso das vias de circulação praças e demais logradouros públicos além do regulamento de uso desses bens, sem contar a menção desses documentos no contrato-padrão exigido pelos arts. 18, inciso VI, e 26 da Lei 6.766/1979.

No caso de loteamento fechado, além dos requisitos do art. 26, o contrato-padrão deverá explicitar a existência da concessão outorgada pelo Município com todas as suas cláusulas, bem como a existência do regulamento e a concordância com todos os seus termos.

Em verdade, além desses requisitos necessários, não raro, observa-se a existência de partes comuns que não são integrantes dos bens que passam ao domínio do Município por força do art. 22.

É o caso da guarita, vestiário dos empregados, dependências administrativas, local para guarda de materiais além dos muros.

Nessa eventualidade, haverá fração ideal sobre essas áreas comuns, acessória do lote, e, alienado este, alienada estará a fração das partes comuns na exata medida da acessoriedade.

Mas não é só. Mister se faz tornar público, também, o regulamento que regerá toda a vida no loteamento, principalmente quanto a obrigatoriedade de contribuição para fazer frente às despesas assumidas em face da concessão do uso dos bens públicos.

É certo que a concessão é efetuada a uma sociedade e que de acordo com a Constituição Federal, ninguém é obrigado a se associar.

Entretanto, duas importantíssimas considerações devem ser tecidas.

A primeira, é que a obrigação de contribuir para as despesas comuns não decorre do fato de o adquirente estar ou não associado à sociedade sem fins lucrativos que, a rigor, será o órgão administrativo do loteamento fechado. Em verdade, a obrigação de contribuir para as despesas de manutenção, conservação, segurança e as demais no loteamento fechado, decorre da publicidade dada ao regulamento pela averbação no Ofício de Registro de Imóveis onde estiver registrado o loteamento.

A segunda, é que o regulamento previamente averbado junto à matrícula do loteamento, fulmina de nulidade qualquer cláusula tendente a elidir a obrigação em venda posterior que não conste a submissão do adquirente às suas cláusulas. Não se trata de submissão ilegal da propriedade privada, mesmo porque o adquirente conhece a circunstância da necessidade de contribuir pela própria aparência do imóvel e pelo próprio registro.

Este regulamento, averbado junto à matrícula do loteamento, dará a necessária publicidade aos adquirentes de lotes, futuros adquirentes nas alienações dos originais, bem como credores na constituição de direitos reais.

Todos saberão de antemão as condições do uso dos bens públicos dentro do loteamento e, principalmente, a necessidade de contribuir para as despesas comuns.

Aliás, os Tribunais vêm considerando que só a circunstância de existir a despesa comum autorizaria a cobrança, o que se faz em face do princípio da vedação do enriquecimento ilícito:[18]

---

[18]   Primeiro Tribunal de Alçada Civil de São Paulo. Processo nº 629.908-9/00, Apelação, origem: São Paulo, órgão: 3ª Câmara Especial, julho/1995, julgamento: 29.08.1995, Rel. Carlos Paulo Travain, decisão: por maioria. Competência recursal – condomínio – despesas condominiais de loteamento fechado, referentes à conservação de vias e logradouros públicos por parte de associação de moradores – competência deste Tribunal reconhecida – declaração de voto vencido. Condomínio – despesas condominiais – loteamento fechado administrado por associação de proprietários – concessão de direito real de uso das vias, logradouros e áreas verdes – Lei 1.205/1992 – apelante que ao adquirir o lote passou a ser membro nato da associação, obrigando-se a participar do rateio das despesas de administração – irrelevância, ademais, de se cuidar de loteamento fechado e não de condomínio por tratar-se de direito obrigacional decorrente da escritura pública de compra e venda – cobrança procedente – recurso improvido.
Segundo Tribunal de Alçada Civil de São Paulo. Condomínio – despesas condominiais – loteamento irregular – cobrança – inadequação da via – prestação de serviços – cabimento. É de ser ressalvado o direito dos proprietários assim organizados de cobrar do proprietário de lote as despesas dos serviços que, àquele título, fizerem em proveito dele, direta ou indiretamente, pena de enriquecimento sem causa (Apel. s/ Rev. nº 495.732, 3ª Câm., Rel. Juiz João Saletti, j. 23.12.1997).
Tribunal de Alçada Cível do Rio de Janeiro. Condomínio. Despesas. Apelação Cível nº 6.087/1996, Reg. nº 2.860-2, Cód. 96.001.06087, 1ª Câmara, por maioria, Juiz: Nascimento A. Povoas Vaz, julgamento: 13.08.1996. Convenção. Validade. Partes comuns. Contribuição. Condomínio instituído por adquirentes de lotes validade e oportunidade da convenção perante terceiros, ainda que não tenham participado da avença, se registrado o instrumento no registro imobiliário correspondente. Existência, no loteamento, de partes objeto de propriedade individual, e de partes comuns do uso de todos, a justificar regime legal assemelhado ao do condomínio horizontal, estejam ou não edificados os lotes que o compõem. Desinfluência do retardamento do credor em proceder à cobrança de seu crédito. Incidência da correção monetária a partir dos vencimentos de cada prestação devida. Procedência da cobrança de cotas de rateio das despesas comuns, e improvimento do apelo.
Voto vencido – Vi-me compelido a discordar da douta maioria por entender que a forma de constituição do pretenso condomínio, que não se assemelha a formação do condomínio horizontal, fere, frontalmente o direito de propriedade daquele que não participou da avença para instituir a referida comunhão. Juiz Paulo Lara.
Tribunal de Justiça de São Paulo. Loteamento Fechado. Despesas comuns. Cobrança de quota-parte. Admissibilidade. Hipótese em que a cobrança dos serviços de manutenção dos logradouros e área de lazer está prevista em contrato. Todos os proprietários devem contribuir para a cobertura da totalidade dos gastos. Não residência no loteamento. Irrelevância. Contribuição devida. Recurso não provido (Apel. Cív. 282.126-1, São Paulo, 9ª Câmara de Direito Privado, Rel. Franciulli Netto, 11.11.1997, v.u.).

Tribunal de Justiça de São Paulo. *Ação de Cobrança. Despesas de condomínio em loteamento. Comprovação da prestação de serviços, inclusive fornecimento de água pela entidade autora. Obrigação do réu de efetuar o pagamento ainda que não filiado, sob pena de locupletamento ilícito. Sentença de procedência mantida (Apel. Cív. 251.226-2, São Paulo, 11ª Câm. Civ., Rel. Cristiano Leite, 02.09.1996, v.u.).*

Tribunal de Justiça de São Paulo. *Loteamento. Administração exercida por associação sem fins lucrativos. Prestação de serviços no interesse comum dos proprietários. Ação de cobrança ajuizada ante a recusa de pagamento da quota-parte por adquirente de lote. Ausência de motivos justificados para o não pagamento. Prestação devida, mesmo pelo não filiado, ante o efetivo aproveitamento dos serviços. Não demonstração, ademais, de irregularidades no âmbito da cobrança. Questões alheias ao mérito do pagamento a serem debatidas nas vias adequadas – Ação procedente – Decisão mantida. Recurso não provido. O fundamento do pedido deduzido é a própria prestação de serviços ao requerido, na qualidade de proprietário de um lote do loteamento "Campos da Cantareira". Apesar disso, há que se considerar que a comunidade formada pelos proprietários dos lotes de um loteamento é, por sua própria natureza, uma associação intuitiva, natural, dada a forte comunhão de interesses que os ligam (Apel. Cív. 269.630-2, Mairiporã, 2ª Câmara de Direito Privado, Rel. Vasconcellos Pereira, j. 10.12.1996, v.u.).*

Tribunal de Justiça de São Paulo. *Cobrança. Loteamento. Despesas de manutenção de área e benfeitorias de uso comum. Encargos a que o réu se obrigou, perante a loteadora no compromisso de compra e venda. Validade da posterior cessão de direitos referentes à administração do condomínio. Responsabilidade reconhecida. Apelação não provida (Apel. Cív. 267.357-2, São Paulo, 5ª Câmara de Direito Privado, Rel. Marcus Andrade, 24.10.1996, v.u.).*

Ora, o proprietário se beneficia da segurança e da conveniência de se ter controle de acesso ao loteamento e, ainda que lá não tenha construído, tal circunstância valoriza sua propriedade.

O argumento comum daqueles que não possuem construção nos lotes é logo rechaçado pelo simples fato de que os serviços são colocados à sua disposição, e que, de antemão, conheciam a obrigatoriedade de contribuição em face da publicidade do registro.

Neste sentido:

Tribunal de Justiça de São Paulo. *Loteamento. Associação civil administradora. Cobrança de taxa de contribuição. Exigência de proprietário que não é associado. Admissibilidade. Hipótese de efetiva prestação de serviços no interesse comum dos proprietários dos lotes. Observância do princípio da vedação do enriquecimento sem causa. Juros de mora devidos a partir da citação. Verba devida. Recurso da autora provido. Prejudicado o exame daquele da ré. (TJSP – Apelação Cível nº 239.812.4/9-00 – Rel. Desembargador Vito Guglielmi – 25.10.2006).*

Entendo coerente a posição que determina a análise do caso concreto, atribuindo validade à cobrança das despesas comuns em razão de serviços efetivamente prestados, dos quais o titular do lote tenha se beneficiado:

Superior Tribunal de Justiça. *Loteamento. Associação de moradores que cobra contribuição compulsória por serviços prestados. Alegação de que a obrigação foi assumida quando da aquisição do terreno. Recurso especial com base na alínea "c". (...) Não obstante a polêmica em torno da matéria, com jurisprudência oscilante desta corte, a posição mais correta é a que recomenda o exame do caso concreto. Para ensejar a cobrança da cota-parte das despesas comuns, na hipótese de condomínio de fato, mister a comprovação de que os serviços são prestados e o réu deles se beneficia. No caso, o exame dessa matéria significa revolver os substratos fáticos da causa decidida, incidindo, portanto, as súmulas 5 e 7/STJ. Recurso especial não conhecido (REsp 302.538/SP, Rel. Min. Luis Felipe Salomão, quarta turma, j. 05.08.2008, DJe 18.08.2008).*

Tribunal de Alçada Cível do Rio de Janeiro. Condomínio. Despesas. Apelação Cível nº 1.823/1989, Reg. nº 2.304, Cód. 89.001.01823, 7ª Câmara, unânime, Juiz: Pedro Fernando Ligiero, julgamento: 19.04.89. Loteamento Fechado. Condomínio Atípico. A falta de jurisdicialização do Condomínio não libera a parte de cumprir obrigação que livremente aceitou quando aderiu, na aquisição de sua propriedade, ao rateio das despesas comuns. Condomínio atípico. Eficácia do registro. Efeitos entre partes e ante terceiros. Núm. ementa: 32102.

Mas como se dá o registro do regulamento? Poderia ele ser efetuado no Registro de Títulos e Documentos? A resposta nos dá Elvino Silva Filho:

> A publicidade propiciada pelo registro de um contrato ou de uma convenção no Registro de Títulos e Documentos é extremamente relativa, principalmente quando esses Registros estão separados do Registro de Imóveis ou são vários Registros de Títulos e Documentos em uma comarca de grande porte ou movimento.
>
> Assim, sem violentar a expressão "convenções de condomínio", prevista no nº III do art. 178 da Lei de Registros Públicos, pois no loteamento fechado inexiste condomínio, como já afirmamos diversas vezes, determinamos a juntada do regulamento de uso das vias e espaços livres no processo de loteamento fechado e efetuamos uma averbação na matrícula onde o loteamento foi registrado. Essa averbação, a nosso ver, encontra pleno apoio na expressão "outras ocorrências" que, por qualquer modo, alterem o registro, constante da parte final do art. 246 da Lei de Registros Públicos.
>
> Se o regulamento ou a convenção de uso das vias e espaços livres dos loteamentos fechados não chega a constituir ato que altere o registro do loteamento, ele é, indubitavelmente, ato que complementa seu registro e que, pela sua necessária e imprescindível publicidade, merece ser acolhido no Registro de Imóveis.[19]

Em verdade, a contribuição devida pelo proprietário do lote, em que pesem o registro e a publicidade, não se constituirá em obrigação *propter rem*, ou seja, vinculada à propriedade.

Trata-se de obrigação vinculada à administração imobiliária pela associação e à impossibilidade de enriquecimento ilícito, de tal sorte que não se confunde com obrigação de pagar condomínio, tanto que se submete à prescrição trienal do art. 206, § 3º, do Código Civil para a cobrança decorrente de enriquecimento sem causa. Nessa medida:

Tribunal de Justiça de São Paulo. *Ação Declaratória de Inexigibilidade de Débito cc Indenização por Danos Morais – Loteamento – Despesas com manutenção e conservação – Comprovação – Não pagamento implicaria em enriquecimento sem causa – Dívida que não tem natureza "propter rem" – Impossibilidade de equiparação com despesas condominiais – Inexigibilidade do débito anterior a arrematação – Sucumbência recíproca – Sentença reformada – Acórdão preservado, com determinação de remessa a Presidência da Seção de Direito Privado. (Apelação 1004492-93.2014.8.26.0271 – Rel. Luiz Antonio Costa; Comarca: Itapevi; 7ª Câmara de Direito Privado; j. 01.02.2017; Data de registro: 01.02.2017).*

As obrigações *propter rem* podem ser definidas como aquelas em que o titular de um direito real sobre determinada coisa passa a ser devedor de uma prestação, sem que, para tanto, tenha havido qualquer manifestação de vontade sua nesse sentido.

No entendimento de Giovanni Balbi,[20] é a obrigação que se transmite ou se extingue quando há transmissão ou extinção da qualidade do direito real do seu titular.

Para Paulo Carneiro Maia,[21] a obrigação *propter rem* é um tipo de obrigação ambulatória, a cargo de uma pessoa, em função e na medida de proprietário de uma coisa ou titular de um direito real de um uso e gozo sobre a mesma coisa.

O que faz de alguém o devedor na obrigação *propter rem* é a circunstância de ser o titular, em regra, de um direito real,[22] de tal sorte que se livra da obrigação se renunciar ao direito.

---

[19] Elvino Silva Filho, *Questões de Condomínio*, São Paulo: Malheiros, p. 22.

[20] *Le obligazioni propter rem. Memorie delle institute Giuridici della Università di Torino*, 1950, série II, p. 111.

[21] "Obrigação *propter rem*", in *Enciclopédia Saraiva do Direito*, vol. 55, p. 360.

[22] Hassen Aberkane, *Essai d'une théorie générale de l'obligation "propter rem" en droit positif français*, Paris, 1957, nºs 21, 28, 29 e 36.

São exemplos deste tipo de obrigação:

a) dever de colaboração do proprietário de imóvel confinante com as despesas de demarcação entre os prédios (Código Civil, art. 569);

b) dever de pagamento da hipoteca que grava um imóvel, que a ele adere, independentemente de quem seja o proprietário ou titular; e,

c) obrigação do condômino em concorrer, na proporção de sua parte, para as despesas de conservação ou divisão da coisa comum e suportar, na mesma proporção de sua cota parte, os ônus a que a coisa estiver sujeita (Código Civil, art. 624; Lei 4.591/1964, art. 12).

A obrigação *propter rem* está indelevelmente ligada ao titular de um direito real em face da coisa e não dele.

Portanto, verifica-se que, alienada a coisa sobre a qual recai a obrigação *propter rem*, o devedor libera-se da dívida, já que esta adere ao bem e não ao seu titular, de tal sorte que acompanhará as mutações subjetivas de titularidade do direito real.

Verifica-se, também, que os direitos reais, sejam perpétuos ou temporários, principais ou acessórios, implicam, via de regra, numa situação de permanência em relação ao seu titular.[23]

Diferente disso, nos direitos pessoais o pagamento extingue a relação jurídica obrigacional que, por natureza, é transitória.

Posta assim a questão, segundo nos ensina Planiol,[24] o adquirente do direito real assume a obrigação que de forma indelével grava o direito adquirido.

No caso de condomínio edilício, a obrigação de pagar a taxa condominial é *propter rem* em razão do art. 1.345 do Código Civil, que impõe ao adquirente da unidade os débitos da unidade, ainda que decorrentes da época da titularidade do alienante, *verbis*: *"O adquirente de unidade responde pelos débitos do alienante, em relação ao condomínio, inclusive multas e juros moratórios".*

Não é o caso das contribuições devidas pelos titulares de lotes autônomos de acesso controlado, cuja obrigação decorre da administração de imóveis de interesse comum e, portanto, do princípio que veda o enriquecimento sem causa daquele que se beneficia pela administração e não paga a contribuição correspondente.

Só o sujeito que se beneficiou é que está vinculado à obrigação de pagar as despesas de administração insculpidas no art. 36-A da Lei 6.766/1979.

e) Fechamento de loteamento comum já constituído

Até agora só nos referimos ao loteamento fechado constituído desde a aprovação e registro.

Todavia, uma questão inevitavelmente surge. Seria possível o fechamento de um loteamento que originalmente não possuía essa característica?

Entendemos que sim, e assim pensamos alicerçados nos seguintes argumentos que passaremos a aduzir:

O que caracteriza o loteamento fechado é a concessão do uso dos bens públicos do art. 22 da Lei 6.766/1979 firmada com associação de moradores, precedida de lei municipal, bem como o precitado regulamento devidamente averbado junto à matrícula do loteamento.

Nada impede que os moradores se cotizem para fechamento do loteamento. Inicialmente, mister se faz que criem uma associação sem fins lucrativos, com a participação da totalidade dos moradores.

---

[23] Edmundo Gatti, *Teoria General de Los Derechos Reales*, Buenos Aires: Abeledo – Perrot, p. 68.

[24] *Traité élémentaire de droit civil*, 7ª ed., Paris, 1915, vol. 1, nº 2.368, p. 735-6.

A unanimidade é fundamental, sem o que não haverá possibilidade de fechamento, salvo se já existir a associação e o contrato padrão mencionar a hipótese de fechamento e contribuição dos proprietários e titulares de lotes.

Nesse ponto diferirá do loteamento fechado desde a aprovação, vez que neste a sociedade sem fins lucrativos, inicialmente, é formada somente pelo loteador, que é o único proprietário.

Na exata medida da venda dos lotes, os terceiros adquirentes estarão necessariamente vinculados a esse órgão administrativo por força do regulamento averbado junto ao Oficial de Registro de Imóveis, independentemente do adquirente se associar.

Criada a associação, esta deve firmar contrato administrativo de concessão com o Poder Público Municipal devidamente autorizado por lei.

É também necessária a averbação do regulamento junto à matrícula do loteamento para que terceiros, adquirentes dos proprietários que promoveram o fechamento, se vinculem aos seus termos, seguindo os mesmos conceitos do loteamento já fechado.

Se ainda restarem lotes de propriedade do loteador, também será necessária a alteração e o registro do novo contrato-padrão, de acordo com os arts. 18, inciso VI, e 26 da Lei 6.766/1979.

Neste deverá constar transcrição do contrato de concessão, bem como menção ao regulamento e necessidade de fazer constar sua existência em cessões e futuras alienações, muito embora só por cautela, já que terceiros adquirentes estarão vinculados pela publicidade conferida pela averbação do regulamento junto à matrícula do loteamento e não pela sua menção nas escrituras e promessas de compra e venda ou associação ao órgão administrativo do loteamento.

1.1.8. Fórmulas mirabolantes no ato de parcelar o solo urbano – condomínios, clubes de recreio, associações e incentivo a invasões

Muitas vezes, movidos por fórmulas mágicas, maus empresários empregam meios não muito ortodoxos para conseguir, por via oblíqua, aquilo que não conseguiriam pelo meio normal.

Todas essas fórmulas, tratando-se da subdivisão de uma gleba em lotes para fins habitacionais, nos termos do art. 2º da Lei 6.766/1979, implicam crime dos arts. 50 e seguintes do mesmo diploma legal.

José de Mello Junqueira, quando Juiz da 1ª Vara de Registros Públicos da Capital de São Paulo, redigiu precioso parecer acerca do tema, o qual transcrevemos em parte:

> A imaginação fértil de inescrupulosos encontrou, para fugir às exigências urbanísticas e protetivas da Lei de Parcelamento do Solo Urbano, a forma de retalhamento por condomínio ou através das próprias prefeituras, pelo expediente da desapropriação de faixas de ruas.
>
> Ficaram comprovados, nos autos, os registros de diversas frações ideais, em número de 2.430, junto à matrícula 56.797 do Cartório de Registro de Imóveis da comarca de Itanhaém.
>
> Destarte, devem os Cartórios de Registro de Imóveis estar atentos a essas artimanhas e ardis, negando-lhes seguimento toda vez que se propiciar qualquer fundamento para a recusa do registro.
>
> Inúmeros serão os casos de condomínios que se instituem e que de uma forma ou de outra burlam as normas de sua própria constituição e, assim, os dispositivos da Lei 6.766/1979.
>
> Entendo, pois, que os oficiais do Registro de Imóveis não podem coonestar tais situações; pelo contrário, vigilantes, devem afastá-las de pronto.

Proponho, destarte, a edição de provimento, inserindo nas Normas de Serviço uma proibição a que se proceda a registros de venda de partes ideais e instituições de condomínios que derroguem as normas do Código Civil sobre a matéria.

Exemplos dessas situações foram apontados nesses autos, como a venda de frações ideais, mas localizadas, numeradas e com metragem certa, constando, inclusive, planta e memorial descritivo.

Todo condomínio ordinário terá que observar as regras dos arts. 623 e ss. do Código Civil e qualquer desvio revela forma oblíqua de se obter um loteamento.[25]

E a consequência do loteamento clandestino se vê, também, na esfera processual, inferência que se extrai do art. 23 do Decreto-lei 58/1937, segundo o qual "Nenhuma ação ou defesa se admitirá, fundada nos dispositivos desta lei, sem apresentação de documento comprobatório do registro por ela instituído" e, igualmente, do art. 46 da Lei 6.766/1979: "o loteador não poderá fundamentar qualquer ação ou defesa na presente lei sem apresentação dos registros e contratos a que ela se refere".[26]

Nesse sentido, tornando nulo, inclusive, o negócio entre particulares cujo o objeto é lote em loteamento não registrado:

> **Superior Tribunal de Justiça.** *Recurso especial. Ação declaratória de nulidade de negócio jurídico. Compra e venda. Terreno não registrado. Ciência do adquirente. Contrato entre particulares. Ilicitude do objeto. Vedação legal. Negócio jurídico nulo. (...). 2. O propósito recursal é decidir (I) se é válida a venda de lote não registrado se o adquirente estava ciente desta irregularidade no momento da compra e (II) se a Lei 6.766/79 é aplicável a contratos firmados entre particulares. 3. Para a aplicabilidade da Lei 6.766/79 é irrelevante apurar se o loteamento e o desmembramento ostentam o caráter de empreendimento imobiliário, se o vendedor atua como profissional do ramo ou se incide relação consumerista. 4. Não tendo o loteador nem requisitado a aprovação do loteamento perante a Prefeitura Municipal e iniciado mesmo assim a urbanização deste, estar-se-á diante do chamado loteamento clandestino ou irregular. 5. O objeto do contrato de compra e venda de terreno não registrado é ilícito, pois a Lei 6.766/79 objetiva exatamente coibir os nefastos efeitos ambientais e sociais do loteamento irregular. 6. O art. 37 da Lei 6.766/79 estabelece que é vedado vender ou prometer vender parcela de loteamento ou desmembramento não registrado. 7. Tratando-se de nulidade, o fato de o adquirente ter ciência da irregularidade do lote quando da sua aquisição não convalida o negócio, pois, nessas situações, somente se admite o retorno dos contratantes ao "status quo ante". 8. Não tendo o loteador providenciado o registro do imóvel, independentemente de ter sido firmada entre particulares cientes da irregularidade do imóvel, a compra e venda de loteamento não registrado é prática contratual taxativamente vedada por lei e que possui objeto ilícito. Por isso, o negócio jurídico deve ser declarado nulo. 9. Recurso especial conhecido e desprovido, com majoração de honorários.* (REsp 2.166.273/SP, Rel. Min. Nancy Andrighi, 3ª Turma, j. 08.10.2024, DJe 10.10.2024)

Passemos, então, a exemplificar os meios oblíquos, alguns até curiosos, de levar a efeito os loteamentos clandestinos:

---

[25] José de Mello Junqueira, *RDI* 11/152.

[26] Também neste sentido: **Tribunal de Justiça de São Paulo.** *Apelação – Loteamento irregular – Compra e venda – Pretendida rescisão ante o alegado inadimplemento do adquirente – Indeferimento da petição inicial ante ao disposto no artigo 23 do Decreto 58/37 – Impossibilidade de ajuizamento de ação referente a loteamento sem registro – Recurso desprovido* (TJSP – Apelação cível 319.327.4/8-00 – 9ª Câm. de Dir. Privado. Rel. Desembargador Sérgio Gomes).
Tribunal de Justiça de São Paulo. *Apelação. Ação de obrigação de fazer. Adjudicação compulsória. Loteamento irregular. Apelado que pretende a outorga de escritura definitiva de lote não individualizado perante o registro imobiliário. Impossibilidade jurídica do pedido. Necessidade de regularização prévia do imóvel, de acordo com as disposições da Lei 6.766/79. Precedentes deste E. Tribunal de Justiça. Matéria de ordem pública. Extinção do processo, sem resolução do mérito, nos termos do artigo 267, VI, do CPC/73. Sentença anulada. Recurso Prejudicado.* (TJSP; Apelação 0013859-95.2011.8.26.0229; Relator (a): Rosangela Telles; 2ª Câmara de Direito Privado; Foro de Hortolândia – 2ª Vara Judicial; Data do Julgamento: 18.10.2016; Data de Registro: 19.10.2016).

1.1.8.1. *Condomínio ordinário*

Tampouco há que se confundir o loteamento e o parcelamento com a formação de um simples condomínio estipulado nos arts. 1.314 e seguintes do Código Civil, já que, pelo princípio da especialidade, ocorrendo a atividade tipificada no art. 2º e §§, da Lei 6.766/1979, jamais haverá a possibilidade de apenas vender-se frações ideais de um todo.[27]

Não que esteja revogado o condomínio do Código Civil, longe disso.

O que existe no caso é uma tentativa de burlar as exigências da Lei 6.766/1979 de tal modo que, desde que não haja a intenção de subdividir uma gleba em lotes para fins habitacionais, e que de fato não ocorra o tipo do art. 2º e §§, da Lei 6.766/1979, nada impede a venda de uma gleba para duas ou mais pessoas em condomínio, como estipulado no Código Civil.

Preleciona Diógenes Gasparini:

> No condomínio do Código Civil [hoje condomínio geral] o comunheiro não detém uma porção certa e determinada do imóvel mas, tão só, uma parte ideal. Não há um misto de áreas exclusivas e comuns, não se lhe atribuindo, por isso, o domínio e o uso privativo de áreas destacadas, e o condomínio de áreas comuns. Assim, não se pode fundar, como querem alguns, tais "loteamentos" no condomínio romano ou tradicional, previsto e regulado pelo Código Civil, nos arts. 623 *usque* 641 [atualmente, arts. 1.314 a 1.330 do novo Código Civil], dado ser essencial a essas urbanizações a individualização das áreas autônomas ou "lotes" e a indicação das "áreas comuns".[28]

1.1.8.2. *Clubes de recreio*

Nessa modalidade, o "loteador" cria um clube de recreio e aliena um título de sócio.

Esse título vem "acompanhado" de um lote de terreno devidamente individualizado e localizado em quadra numerada, além da participação nas áreas comuns do "clube".

Por evidente que não há qualquer registro dessa venda, já que a propriedade imobiliária da gleba é da associação que forma o clube. Só por essa circunstância já haveria irregularidade consubstanciada na sonegação do Imposto de Transmissão de Bens Imóveis, sem contar o crime tipificado no art. 50 da Lei 6.766/1979.

1.1.8.3. *Associações*

Outra modalidade teratológica de parcelar o solo urbano é aquela pela qual o "loteador" aliena a sua gleba a uma Associação que ele incentiva, e que, por seu turno, "vende" participação a diversas pessoas que dividem a gleba para fins habitacionais.

Nesse caso os adquirentes são "associados" de uma pessoa jurídica que é proprietária da gleba ou então adquirem pura e simplesmente dessa associação uma fração ideal "devidamente individualizada".

Esta modalidade ilegal muito se assemelha ao clube de recreio do qual falamos, mas, na prática, de forma criminosa, é método mais utilizado para lotes populares.

---

[27] No Estado de São Paulo, consta das Normas da Corregedoria-Geral de Justiça: Normas da Corregedoria-Geral da Justiça: Item 171. É vedado o registro de alienação voluntária de frações ideais com localização, numeração e metragem certas, ou a formação de condomínio voluntário, que implique fraude ou qualquer outra hipótese de descumprimento da legislação de parcelamento do solo urbano, de condomínios edilícios e do Estatuto da Terra. A vedação não se aplica à hipótese de sucessão "causa mortis". 171.1. Para comprovação de efetivação de parcelamento irregular, poderá o oficial valer-se de imagens obtidas por satélite ou aerofotogrametria.

[28] Diógenes Gasparini, "Loteamento em condomínio", *O Estado de São Paulo*, 25.04.1982, p. 59.

Por óbvio que se trata de um meio ingênuo de driblar todas as exigências urbanísticas inerentes à atividade de lotear e desmembrar e, por tal razão, deve ser prontamente repelida pelos órgãos municipais e estaduais, sem contar o Ministério Público, cuja função é de fiscalizar a correta aplicação da Lei 6.766/1979.

Nem se fale da hipótese de dissolução dessa sociedade nos termos dos atos constitutivos, como ficariam, nessa eventualidade, os "associados"?[29]

1.1.8.4.   Incentivo à invasão

Verifica-se que a mente dos loteadores clandestinos é demasiadamente fértil.

Chegam a combinar e incentivar a invasão de uma gleba com o fim de não observar os preceitos da Lei 6.766/1979.

Incentivada a invasão, com os "invasores" já ocupando a propriedade, ingressam com ação de reintegração de posse.

Com respaldo da coisa julgada, efetuam acordo com os "invasores" nos autos dessa ação.

Por óbvio que haverá a necessidade de se provar essa intenção, tarefa difícil para o Ministério Público, com o que contam os que assim procedem de forma criminosa.

1.2.   INCORPORAÇÕES IMOBILIÁRIAS

O regime dos condomínios em edificações tem uma característica única. De um lado, existe a propriedade exclusiva das unidades condominiais. De outro lado, existe um

---

[29]   A respeito, recentemente no ABC paulista, diversos compradores incautos foram rechaçados de suas humildes residências, exatamente por conta de prática desse jaez. Ocorre que, no caso, as autoridades competentes demoraram a agir e, quando agiram, havia uma situação de fato consolidada, o que tornou violenta a remoção de inúmeras pessoas, terceiros de boa-fé.
Outra região bastante atingida é a Cantareira, em São Paulo e, para ilustrar, transcrevemos trecho de reportagem do Estado de São Paulo a respeito:
Um dos mais novos loteamentos clandestinos na Cantareira é o Brasil Novo (...). A área, que até a década de 60 era conhecida como Sítio Piqueri, começou a ser desmatada e dividida em 700 lotes de apenas 132 metros quadrados, há menos de dois meses.
Cada lote de 6 metros por 22 metros está sendo vendido por R$ 12.000, que podem ser pagos com uma entrada de R$ 2.100,00 e 76 prestações no valor de dois salários mínimos. A responsável pelo empreendimento, a "Cooperativa" (...), cobra ainda uma taxa de contrato de R$ 250,00 que dá direito a uma planta-modelo e a assessoria de um arquiteto para a construção da casa. Se vendesse todos os lotes em seis anos, que é o prazo para quitação do negócio, a falsa associação faturaria R$ 8,4 milhões.
Quem adquire o lote recebe apenas um contrato de compra e venda e a promessa de uma escritura no futuro, quando o loteamento for regularizado – fato que, informam os corretores, é garantido.
Continua o repórter, fazendo-se passar por comprador em conversa com o vendedor da "cooperativa":
"Estado – Esse terreno é invadido?
Rivelino – Não, o terreno é legal. Nós temos a escritura do terreno registrada em cartório.
Estado – Quer dizer que vou ter a escritura do meu lote?
Rivelino – Não, você vai receber um contrato de compra e venda assinado pelo presidente da Cooperativa (...), o (...). O terreno é legal, mas o desmembramento total ainda não foi autorizado.
Estado – Então isso é que chamam de loteamento clandestino?
Rivelino – É. A cooperativa é uma associação sem fins lucrativos, criada para fazer o loteamento (...).
Estado – Mas a associação tem fins lucrativos, não é?
Rivelino – É, tem.
A reportagem relata, ainda, diversos loteamentos clandestinos em forma de associação.
Na verdade, em muitos casos, o proprietário da gleba coloca um "testa de ferro" como presidente dessa associação que se encarrega da venda dos "lotes".

condomínio do terreno e das partes comuns: a estrutura do prédio, os corredores, as escadas, os elevadores, o pátio, a churrasqueira, a quadra etc.

Essa comunhão das coisas comuns é condição de existência e funcionamento do denominado condomínio edilício (Código Civil, arts. 1.331 e seguintes).

De fato, não se pode imaginar um regime de condomínio em edificações, se o elevador, por exemplo, não pertencer a todos os condôminos.

A situação de comunhão desses espaços comuns é perpétua, o que se afirma na medida em que são inalienáveis separadamente das unidades autônomas (Código Civil, art. 1.331, § 2º).

No Brasil, o condomínio em edifícios começou a ser tratado de forma especial apenas em 1928, por ocasião do Decreto 5.481, de 25 de julho.

A coincidência entre a publicação da lei nova e o início da fase de enorme difusão dos condomínios em edificações fez com que se propusesse perante os estudiosos, pelo menos na ordem teórica, a questão de saber se esta espécie de condomínios era possível antes do decreto de 1928.

Tratava-se de regular a possibilidade de alguém ser dono de um apartamento, ou de um andar, em prédio cujas áreas eram comuns.

O Decreto 5.481/1928 permitiu, a partir de sua vigência, a alienação parcial das edificações.

Os condomínios, como hoje são conhecidos, encontram fundamento na Lei 4.591/1964 e no Código Civil.

Essa lei é composta de duas partes: a primeira trata dos condomínios – que serão tratados em capítulo apartado – e encontra-se parcialmente derrogada pelas disposições do Código Civil (Lei 10.406/2002, arts. 1.331 e seguintes); a segunda parte trata das incorporações e da figura do incorporador, regulando os aspectos jurídicos decorrentes das construções de prédios destinados a condomínios edilícios.

1.2.1. O contrato de incorporação imobiliária

O parágrafo único do art. 28, conjugado com o art. 29 da Lei 4.591/1964, fornece os elementos para a definição do contrato de incorporação imobiliária.

De acordo com a lei, é negócio jurídico mediante o qual o incorporador se obriga a promover e realizar uma construção imobiliária destinada à alienação das unidades autônomas, com pagamento à vista ou em prestações.

Portanto, para que haja incorporação, em regra, é necessária a construção (Lei 4.591/1964, arts. 28 e 68), com exceção do condomínio de lotes previsto no § 7º do art. 2º da Lei 6.766/1979 e no art. 1.358-A do Código Civil.

1.2.2. Modalidades de incorporações

De acordo com João Nascimento Franco e Nisske Gondo,[30] a Lei 4.591/1964 prevê, para a construção do edifício, três modalidades, ou seja:

a) construção por conta e risco do incorporador (arts. 41 e 43, caput e nº V);

b) construção por empreitada (art. 55); e,

---

[30] João Nascimento Franco; Nisske Gondo, *Incorporações imobiliárias*, 3ª ed., São Paulo: RT, 1991, p. 131.

c) construção por administração (art. 58);

d) incorporação de lotes para construção pelo adquirente; e,

e) construção de casas em projetos de loteamento ou desmembramento.

Convém esclarecer, todavia, que a lei e a grande maioria dos doutrinadores só tratam de duas modalidades: a construção por empreitada e a construção por administração.

No entanto, a posição dos autores citados (quanto à existência do regime de construção por conta e risco do incorporador) é respeitável pela sua reconhecida autoridade, motivo pelo qual a acatamos.

Nos casos de construção por empreitada e construção por administração, "os titulares do terreno ou os compromissários à sua compra custeiam as obras, que serão construídas em seu nome. Na outra modalidade [por conta e risco do incorporador], a construção corre por conta e em nome do próprio incorporador, que entrega os apartamentos prontos, por preço global abrangendo a fração do terreno e a unidade autônoma e respectiva participação nas coisas e áreas de uso comum".

Como vimos, a Lei 6.766/1979 permitiu a incorporação de lotes, de tal sorte que os loteamentos por incorporação imobiliária serão aprovados nos termos da Lei 4.591/1964, ficando o empreendedor responsável por toda a infraestrutura necessária para implantação do loteamento, quais sejam: guias, sarjetas, galerias de águas pluviais, rede de água, rede de luz, rede de esgotos e outras exigências determinadas por legislação municipal.

Deveras, a Lei 6.766/1979, art. 2º, § 7º, prevê a modalidade de loteamento por incorporação: "O lote poderá ser constituído sob a forma de imóvel autônomo ou de unidade imobiliária integrante de condomínio de lotes".

Constituído o loteamento nessa modalidade, as relações entre os titulares serão reguladas pelas normas inerentes ao condomínio edilício (Código Civil, art. 1.358-A), de tal sorte que haverá convenção de condomínio, aplicando-se, no mais, as mesmas regras dos edifícios.[31]

Importante observar que, independentemente do que se construir, por conta e risco do adquirente do lote, a fração nas áreas comuns não será alterada, posto que vinculada à especificação do lote que não se alterará por posterior construção para os fins da participação do lote nas áreas comuns (vias de circulação e demais logradouros determinados na especificação do condomínio de lotes).

O art. 68 da Lei 4.591/1964, com a redação dada pela Lei 14.382/2022,[32] estabelece regras para uma modalidade peculiar de incorporação, decorrente de lotes provenientes de

---

[31] Código Civil, art. 1.358-A. Pode haver, em terrenos, partes designadas de lotes, que são propriedade exclusiva, e partes que são propriedade comum dos condôminos.

§ 1º A fração ideal de cada condômino poderá ser proporcional à área do solo de cada unidade autônoma, ao respectivo potencial construtivo ou a outros critérios indicados no ato de instituição.

§ 2º Aplica-se, no que couber, ao condomínio de lotes:

I – o disposto sobre condomínio edilício neste Capítulo, respeitada a legislação urbanística; e

II – o regime jurídico das incorporações imobiliárias de que trata o Capítulo I do Título II da Lei 4.591, de 16 de dezembro de 1964, equiparando-se o empreendedor ao incorporador quanto aos aspectos civis e registrários.

§ 3º Para fins de incorporação imobiliária, a implantação de toda a infraestrutura ficará a cargo do empreendedor.

[32] Art. 68. A atividade de alienação de lotes integrantes de desmembramento ou loteamento, quando vinculada à construção de casas isoladas ou geminadas, promovida por uma das pessoas indicadas no art. 31 desta lei ou no art. 2º-A da Lei 6.766, de 19 de dezembro de 1979, caracteriza incorporação imobiliária sujeita ao regime jurídico instituído por esta lei e às demais normas legais a ele aplicáveis.

§ 1º A modalidade de incorporação de que trata este artigo poderá abranger a totalidade ou apenas parte dos lotes integrantes do parcelamento, ainda que sem área comum, e não sujeita o conjunto

loteamento ou de desmembramento em que o loteador ou o incorporador – assim definidos pelo art. 2º-A da Lei 6.766/1979 ou art. 31 da Lei 4.591/1964 – pretendam construir conjunto de casas isoladas ou geminadas e que tenham saída própria para a via.

Denominei essa modalidade de *incorporação por construção de casas em projetos de loteamento ou desmembramento.*

Nesse caso, o empreendedor aprovará o projeto nos termos da Lei de Incorporações e, após o habite-se, ainda que as unidades resultantes sejam provenientes de incorporação, estarão materializadas em matrículas independentes, sem que haja a necessidade de anterior desmembramento ou desdobro do lote para tal finalidade.

Deveras, não estarão sujeitas ao regime de condomínio edilício na exata medida que a norma exclui expressamente.

A grande vantagem desse sistema é não exigir, para quem pretender alienar mais de uma casa na matrícula de um terreno, o prévio desmembramento ou o desdobro, posto que terá as matrículas independentes sem tal providência em razão da incorporação peculiar.

Com o habite-se, competirá ao Oficial de Registro de Imóveis abrir as matrículas nos termos da especificação.

Insta observar que, nessa modalidade de incorporação, o incorporador está dispensado de apresentar os documentos enumerados nas alíneas "e", "i", "j", "l" e "n" do art. 32, ou seja: "e) cálculo das áreas das edificações, discriminando, além da global, a das partes comuns, e indicando, para cada tipo de unidade a respectiva metragem de área construída; [...] i) instrumento de divisão do terreno em frações ideais autônomas que contenham a sua discriminação e a descrição, a caracterização e a destinação das futuras unidades e partes comuns que a elas acederão; j) minuta de convenção de condomínio que disciplinará o uso das futuras unidades e partes comuns do conjunto imobiliário; l) declaração em que se defina a parcela do preço de que trata o inciso II do art. 39."

O empreendedor (incorporador ou loteador) poderá comercializar as unidades futuras depois do registro do parcelamento do solo ou da incorporação imobiliária, até a emissão do auto de conclusão (habite-se) das casas quando as matrículas serão individualizadas, as averbações e registros relativos à pessoa do incorporador ou referentes a direitos reais de garantias, cessões ou demais negócios jurídicos que envolvam o empreendimento serão realizados na matrícula de origem do imóvel e em cada uma das matrículas das unidades autônomas eventualmente abertas.

Nas incorporações por conta e risco do incorporador, desde que adotado o regime que adiante veremos, do patrimônio de afetação, estará presente uma comissão de representantes que, nas outras duas modalidades, por administração e por empreitada, obrigatoriamente será eleita em razão do comando "será designada no contrato de construção" do *caput* do art. 50 da lei de regência da matéria.

---

imobiliário dela resultante ao regime do condomínio edilício, permanecendo as vias e áreas por ele abrangidas sob domínio público.

§ 2º O memorial de incorporação do empreendimento indicará a metragem de cada lote e da área de construção de cada casa, dispensada a apresentação dos documentos referidos nas alíneas "e", "i", "j", "l" e "n" do *caput* do art. 32 desta lei.

§ 3º A incorporação será registrada na matrícula de origem em que tiver sido registrado o parcelamento, na qual serão também assentados o respectivo termo de afetação de que tratam o art. 31-B desta lei e o art. 2º da Lei 10.931, de 2 de agosto de 2004, e os demais atos correspondentes à incorporação.

§ 4º Após o registro do memorial de incorporação, e até a emissão da carta de habite-se do conjunto imobiliário, as averbações e os registros correspondentes aos atos e negócios relativos ao empreendimento sujeitam-se normas do art. 237-A da Lei 6.015, de 31 de dezembro de 1973 (Lei de Registros Públicos).

Dispõe a Lei 4.591/1964:

Art. 50. Será designada no contrato de construção ou eleita em assembleia geral a ser realizada por iniciativa do incorporador no prazo de até 6 (seis) meses, contado da data do registro do memorial de incorporação, uma comissão de representantes composta por, no mínimo, 3 (três) membros escolhidos entre os adquirentes para representá-los perante o construtor ou, no caso previsto no art. 43 desta Lei, o incorporador, em tudo o que interessar ao bom andamento da incorporação e, em especial, perante terceiros, para praticar os atos resultantes da aplicação do disposto nos art. 31-A a art. 31-F desta Lei.

§ 1º Uma vez eleita a comissão, cuja constituição se comprovará com a ata da assembleia, devidamente inscrita no Registro de Títulos e Documentos, esta ficará de pleno direito investida dos poderes necessários para exercer todas as atribuições e praticar todos os atos que esta lei e o contrato de construção lhe deferirem, sem necessidade de instrumento especial outorgado pelos contratantes ou, se for o caso, pelos que se sub-rogarem nos direitos e obrigações destes.

A essa comissão, portanto, cabe, entre outras atribuições, como providenciar a venda da unidade dos inadimplentes, fiscalizar os reajustes (art. 50, § 4º) nos casos de empreitada e preço reajustável e fiscalizar as revisões do custo de obra (art. 60).

Enfim, cabe à comissão fiscalizar o andamento da obra quanto à sua execução e quanto aos aspectos econômicos (arts. 60 e 61).

1.2.3. O ato de incorporar e a instituição do condomínio

A instituição do condomínio é necessária para regular as relações jurídicas entre os diversos proprietários.

Trata-se de ato jurídico cujo objetivo é discriminar as unidades autônomas, bem como as áreas comuns e privativas do condomínio edilício, estabelecendo as regras que pautarão as relações no conjunto de edificações.

A instituição do condomínio, após a construção, seja lá qual for a modalidade de incorporação, segue, hoje, os parâmetros dos arts. 1.331 e 1.332 do Código Civil.

No sistema anterior ao Código Civil, subsumido à Lei 4.591/1964, a instituição do condomínio era efetuada mediante cálculo das frações em razão do tamanho das unidades.

Hoje não é mais assim.

O Código Civil, Lei 10.406, de 10 de janeiro de 2002, que entrou em vigor no dia 12 de janeiro de 2003, estabeleceu, inicialmente, o critério do valor de cada unidade para cálculo das frações, o que vigorou até que a Lei 10.931/2004 alterasse o disposto no art. 1.331, § 3º, que, genericamente, passou a determinar que cada unidade autônoma possui uma fração sobre as áreas comuns, sem, contudo, fixar o critério para o cálculo da referida fração, que, nada obstante, na prática e na grande maioria dos casos, é calculada proporcionalmente pelo tamanho da unidade autônoma.

Sendo assim, inicialmente é verificada a área das unidades em razão do todo, de tal sorte que cada unidade representará um percentual de participação sobre as chamadas áreas comuns.

Por exemplo: uma construção contendo dez unidades de igual tamanho resultará no percentual de dez por cento para cada unidade de participação nas áreas comuns.

Com esse percentual, portanto, as frações ideais no terreno são calculadas.

O resultado é a *especificação do condomínio*.

A especificação torna jurídico o fracionamento do imóvel em unidades autônomas, ou seja, discrimina, dentro da edificação, o que será objeto do domínio exclusivo e o que será objeto do domínio comum, fixando, ainda, a fração ideal das unidades autônomas em relação às áreas comuns.

É evidente que não é possível efetuar o rateio das despesas condominiais sem que haja especificação, fixando as frações ideais.

À especificação do condomínio, o incorporador deve anexar a minuta da convenção e o comprovante de recolhimento do ISS (Imposto sobre Serviços) da obra, calculado conforme tabela da Municipalidade.

Demais disso, deve juntar a Certidão Negativa de Débitos (CND) do INSS, comprovando o recolhimento do INSS da obra, conforme tabela específica.

A esses documentos, anexa o auto de conclusão ("habite-se") expedido pela municipalidade, comprovando a regularidade da construção, de acordo com o projeto aprovado.

Todos esses documentos (especificação, minuta da convenção, comprovantes de recolhimento do ISS e do INSS, além do "habite-se") são levados ao oficial de Registro de Imóveis.

Com o registro, pelo oficial, estará instituído o condomínio (Lei 6.015/1973, art. 167, I, "17").

A instituição sem a prévia incorporação é possível e pode ser levada a efeito nas seguintes hipóteses:

a) edifícios em situação condominial irregular (geralmente antigos e de um só dono);

b) edifícios vendidos após a construção; e,

c) edifícios construídos por grupos fechados, como, por exemplo, amigos que se reúnem, aprovam uma planta e levam a efeito a construção.

Nesses casos, basta especificar o condomínio juntando a convenção e as exigências fiscais. Não é necessária a incorporação.

A incorporação é imprescindível nos casos de edifícios a construir, vendidos para entrega futura e por oferta pública.

Na verdade, incorporar um edifício significa registrar, junto ao oficial de Registro de Imóveis, na matrícula do terreno onde o prédio será construído, uma série de documentos e certidões, permitindo vender as unidades a serem construídas na planta ou em obras, a público indeterminado, mediante oferta pública.

É evidente que se está negociando bem para entrega futura e, nesse caso, é mister que esses documentos sejam registrados no ato denominado "incorporação" para conceder alguma segurança aos adquirentes (Lei 4.591/1964, arts. 28 e 68).

Nesse caso, o ato de incorporar de acordo com os requisitos do art. 32, da Lei 4.591/1964, respeita procedimento que institui automaticamente o condomínio.

Portanto, para vender os imóveis em construção, mister se faz providenciar todos os documentos listados nas 15 letras do art. 32 da Lei 4.591/1964:

Art. 32. O incorporador somente poderá alienar ou onerar as frações ideais de terrenos e acessões que corresponderão às futuras unidades autônomas após o registro, no registro de imóveis competente, do memorial de incorporação composto pelos seguintes documentos:

a) título de propriedade de terreno, ou de promessa, irrevogável e irretratável, de compra e venda ou de cessão de direitos ou de permuta do qual conste cláusula de imissão na posse do imóvel, não haja estipulações impeditivas de sua alienação em frações ideais e inclua consentimento para demolição e construção, devidamente registrado;

b) certidões negativas de impostos federais, estaduais e municipais, de protesto de títulos de ações cíveis e criminais e de ônus reais relativamente ao imóvel, aos alienantes do terreno e ao incorporador;

c) histórico dos títulos de propriedade do imóvel, abrangendo os últimos 20 anos, acompanhado de certidão dos respectivos registros;

d) projeto de construção devidamente aprovado pelas autoridades competentes;

e) cálculo das áreas das edificações, discriminando, além da global, a das partes comuns, e indicando, cada tipo de unidade a respectiva metragem de área construída;

f) certidão negativa de débito para com a Previdência Social, quando o titular de direitos sobre o terreno for responsável pela arrecadação das respectivas contribuições;

g) memorial descritivo das especificações da obra projetada, segundo modelo a que se refere o inciso IV, do art. 53, desta Lei;

h) avaliação do custo global da obra, atualizada à data do arquivamento, calculada de acordo com a norma do inciso III, do art. 53 com base nos custos unitários referidos no art. 54, discriminando-se, também, o custo de construção de cada unidade, devidamente autenticada pelo profissional responsável pela obra;

i) instrumento de divisão do terreno em frações ideais autônomas que contenham a sua discriminação e a descrição, a caracterização e a destinação das futuras unidades e partes comuns que a elas acederão;

j) minuta de convenção de condomínio que disciplinará o uso das futuras unidades e partes comuns do conjunto imobiliário;

l) declaração em que se defina a parcela do preço de que trata o inciso II, do art. 39;

m) certidão do instrumento público de mandato, referido no § 1º do art. 31;

n) declaração expressa em que se fixe, se houver, o prazo de carência (art. 34);

o) (revogada);

p) declaração, acompanhada de plantas elucidativas, sobre o número de veículos que a garagem comporta e os locais destinados à guarda dos mesmos.

Observa-se que a especificação é solicitada nas letras "e" e "i"; a minuta da convenção é requerida na letra "j".

Portanto, ao registrar a incorporação, ao final o condomínio estará instituído com a juntada das certidões do INSS e do ISS, além do "habite-se".

Ainda que para vender ("alienar" significa transferir a qualquer título) ou onerar antes ou durante a construção se exija o registro da incorporação, existe precedente de Santa Catarina (Agravo de Instrumento 5054611-66.2023.8.24.0000/SC) que sustenta que a reserva de futura unidade condominial antes do registro é em tese possível em razão da redação dada ao "caput" do art. 32 da Lei 4.591/1964, inicialmente pela Medida Provisória 1.085, de 2021, convertida depois na Lei 14.382/2022.

A redação dada proíbe, expressamente, que o incorporador "aliene ou onere", diferentemente da redação anterior que vedava, por meio de termo legal mais amplo, que o incorporador pudesse "negociar".

O dispositivo estava assim redigido: "Art. 32. O incorporador somente poderá negociar sobre unidades autônomas após ter arquivado, no cartório competente de Registro de Imóveis, os seguintes documentos (...)."

Ainda assim, entendo que mesmo a reserva sem o recebimento de valores representa risco ao incorporador na exata medida em que não se alterou o art. 64 da Lei 4.591/1964, que manteve a contravenção descrevendo a conduta como "negociar".

A publicidade, a alienação ou a oneração sem registro da incorporação é contravenção penal prevista no art. 66 da Lei 4.591/1964:

Art. 66. São contravenções relativas à economia popular, puníveis na forma do artigo 10 da Lei nº 1.521, de 26 de dezembro de 1951: I – negociar o incorporador frações ideais de terreno, sem previamente satisfazer às exigências constantes desta Lei;.

Há precedentes, também, do Tribunal de Justiça de Minas Gerais, como o seguinte aresto, admitindo a reserva:

> *Apelação cível. Ação de rescisão contratual c/c indenização por danos morais – Termo de reserva de imóvel antecedente ao contrato de promessa de compra e venda – Disposição contratual condicionando ao registro da incorporação mobiliária – Multa do art. 35 da Lei nº 4.591/64 não cabimento – Recurso não provido – Sentença mantida. – Havendo cláusula contratual no termo de reserva do imóvel de que a elaboração do contrato de promessa de compra e venda estaria condicionada ao registro da incorporação imobiliária, tal pacto não constitui contrato preliminar para fins da aplicação dos arts. 32 e 35, da Lei nº 4.591/64 – Deve-se manter a sentença que julgou improcedentes os pedidos autorais, diante da ausência de prova de descumprimento do contrato pela requerida – Recurso não provido. Sentença mantida. (TJ-MG, AC 00498541220168130180, Rel. Des. Mariangela Meyer, 10ª Câmara Cível, j. 11.07.2023, Data de Publicação: 17.07.2023)*

Ainda que se queira entender que negociar não abarca a simples reserva sem qualquer vínculo prévio, é pressuposto, portanto, que o incorporador não receba qualquer valor pela dita "reserva" antes do necessário registro da incorporação.

Isto porque o registro da incorporação é imprescindível para, acatando a *mens legis*, possibilitar o recebimento de valores a configurar alienação.

Por fim, é de se registrar que a especificação delimita o conteúdo material do direito de propriedade, vez que determina a descrição do imóvel e suas confrontações, com área útil (ou privativa) e área comum.

Assim, alterar a especificação do condomínio significa alterar o direito de propriedade.

Por essa razão, essa alteração exigirá a unanimidade com a outorga conjugal, quando for exigível.

A especificação é um fato. Como tal, não pode ser alterada por sentença, o que se afirma na medida em que o juiz não pode alterar os fatos.

1.2.4. Patrimônio de afetação

1.2.4.1. Conceito

Com a Lei 10.931, de 2 de agosto de 2004, surge, no Direito brasileiro, o denominado patrimônio de afetação.

Nos termos dessa lei, que acrescentou dispositivos na Lei 4.591/1964, o patrimônio de afetação consiste na separação do terreno e dos direitos da construção a ele vinculados, do patrimônio do incorporador, que, por opção deste, passa a ser destinado exclusivamente à consecução da própria incorporação em proveito dos futuros adquirentes, garantindo, igualmente, as obrigações exclusivamente ligadas à realização do empreendimento.[33]

---

[33] Art. 31-A. A critério do incorporador, a incorporação poderá ser submetida ao regime da afetação, pelo qual o terreno e as acessões objeto de incorporação imobiliária, bem como os demais bens e direitos a ela vinculados, manter-se-ão apartados do patrimônio do incorporador e constituirão patrimônio de afetação, destinado à consecução da incorporação correspondente e à entrega das unidades imobiliárias aos respectivos adquirentes.
§ 1º O patrimônio de afetação não se comunica com os demais bens, direitos e obrigações do patrimônio geral do incorporador ou de outros patrimônios de afetação por ele constituídos e só responde por dívidas e obrigações vinculadas à incorporação respectiva.
§ 2º O incorporador responde pelos prejuízos que causar ao patrimônio de afetação.
§ 3º Os bens e direitos integrantes do patrimônio de afetação somente poderão ser objeto de garantia real em operação de crédito cujo produto seja integralmente destinado à consecução da edificação correspondente e à entrega das unidades imobiliárias aos respectivos adquirentes.

Nesse sentido, o incorporador separa o terreno e os direitos de construção que a esse terreno se vinculam do seu patrimônio e os destina exclusivamente aos objetivos do negócio específico, garantindo, conseguintemente, os futuros adquirentes. Assim, o empreendimento atende, com exclusividade, às obrigações dele decorrentes, como as fiscais, as relativas à aquisição de materiais e mão de obra entre outras, sem que seja possível garantir qualquer outra obrigação do incorporador, estranha àquela incorporação específica.

De acordo com Caio Mário da Silva Pereira:

> *Trata-se de engenhosa concepção pela qual os bens objeto de afetação passam a vincular-se a um fim determinado, são gravados com um encargo ou são sujeitos a uma restrição, de modo que, separados do patrimônio e afetados a um fim, são tratados como bens independentes do patrimônio geral do indivíduo.[34]*

Em suma, como bem explica a justificação do projeto inicial do Deputado Ayrton Xerez,

> *[...] mediante afetação cada empreendimento imobiliário passaria a constituir um patrimônio autônomo e passaria a ser tratado como que uma "empresa" autônoma. Por essa forma, os créditos trabalhistas, previdenciários, fiscais, com garantia real etc., todos eles estarão vinculados ao patrimônio geral do incorporador (...). A segregação se justifica porque, em regra, parte ponderável de uma incorporação imobiliária se sustenta com os*

---

§ 4º No caso de cessão, plena ou fiduciária, de direitos creditórios oriundos da comercialização das unidades imobiliárias componentes da incorporação, o produto da cessão também passará a integrar o patrimônio de afetação, observado o disposto no § 6º.

§ 5º As quotas de construção correspondentes a acessões vinculadas a frações ideais serão pagas pelo incorporador até que a responsabilidade pela sua construção tenha sido assumida por terceiros, nos termos da parte final do § 6º do art. 35.

§ 6º Os recursos financeiros integrantes do patrimônio de afetação serão utilizados para pagamento ou reembolso das despesas inerentes à incorporação.

§ 7º O reembolso do preço de aquisição do terreno somente poderá ser feito quando da alienação das unidades autônomas, na proporção das respectivas frações ideais, considerando-se tão somente os valores efetivamente recebidos pela alienação.

§ 8º Excluem-se do patrimônio de afetação:

I – os recursos financeiros que excederem a importância necessária à conclusão da obra (art. 44), considerando-se os valores a receber até sua conclusão e, bem assim, os recursos necessários à quitação de financiamento para a construção, se houver; e

II – o valor referente ao preço de alienação da fração ideal de terreno de cada unidade vendida, no caso de incorporação em que a construção seja contratada sob o regime por empreitada (art. 55) ou por administração (art. 58).

§ 9º No caso de conjuntos de edificações de que trata o art. 8º, poderão ser constituídos patrimônios de afetação separados, tantos quantos forem os:

I – subconjuntos de casas para as quais esteja prevista a mesma data de conclusão (art. 8º, alínea "a");e

II – edifícios de dois ou mais pavimentos (art. 8º, alínea "b").

§ 10 A constituição de patrimônios de afetação separados de que trata o § 9º deverá estar declarada no memorial de incorporação.

§ 11 Nas incorporações objeto de financiamento, a comercialização das unidades deverá contar com a anuência da instituição financiadora ou deverá ser a ela cientificada, conforme vier a ser estabelecido no contrato de financiamento.

§ 12 A contratação de financiamento e constituição de garantias, inclusive mediante transmissão, para o credor, da propriedade fiduciária sobre as unidades imobiliárias integrantes da incorporação, bem como a cessão, plena ou fiduciária, de direitos creditórios decorrentes da comercialização dessas unidades, não implicam a transferência para o credor de nenhuma das obrigações ou responsabilidades do cedente, do incorporador ou do construtor, permanecendo estes como únicos responsáveis pelas obrigações e pelos deveres que lhes são imputáveis.

[34] Caio Mário da Silva Pereira, *Instituições de direito civil*, 17ª ed., Rio de Janeiro: Forense, 1995, vol. I, p. 251-252.

recursos financeiros entregues ao incorporador pelos adquirentes ou por eventual financiador da obra. Por essa razão, é de todo recomendável a delimitação dos riscos desse negócio, para que, na hipótese de falência do incorporador, os adquirentes possam assumir a obra e, assim fazendo, estejam seguros de que credores estranhos àquele empreendimento não poderão agredir aquele patrimônio.

Destarte, o empreendimento passa a ter contabilidade própria, segregada daquela do incorporador, assegurando aos compradores relativa proteção contra os insucessos daquele.

Diz-se que a fonte do direito positivo é o fato socialmente relevante.

Nesse sentido, o patrimônio de afetação surge como reação social à quebra de uma das maiores construtoras do país, deixando milhares de compradores à mercê de sua própria sorte.

É que, sem a existência do patrimônio de afetação, salvo precedentes judiciais baseados na equidade, muitos adquirentes viram seus imóveis servir de meio de satisfação de crédito do fisco e de arrecadação no âmbito da falência do incorporador, mormente ante a característica pessoal do seu contrato de promessa de compra e venda sem registro.

Todavia, o instituto não é novo.

A ideia do patrimônio de afetação nas incorporações imobiliárias já existia, há muito, no Direito argentino.

Com efeito, a Lei 19.724, de 6 de julho de 1972, lá denominada de lei da *Prehorizontalidad*[35], dispõe no seu art. 4º:

> *Art. 4º La anotación inhibe al propietario para disponer del inmueble o para gravarlo en forma distinta a la prevista en la presente ley, salvo los casos de retracción o desafectación a que se refieren los arts. 6º y 7º.*

Na exposição de motivos, o patrimônio de afetação encontra a seguinte fundamentação no Direito argentino:

> *La afectación del inmueble y la registración de las operaciones tienden a impedir que el propietario desbarate los derechos en expectativa enajenando o gravando el inmueble.*

Sobre esse patrimônio de afetação no Direito argentino, a preleção de Rocca-Griffi, segundo a qual *se entende por afetar, aplicar uma coisa, de forma tal e para uma finalidade determinada, que tornam resguardados os direitos de terceiros que guardam ou guardaram relação direta com a referida coisa. Definitivamente a afetação importa em uma reserva do imóvel a fim de que, impedindo ao proprietário a livre disponibilidade, se garante, ao mesmo tempo, o direito daqueles que contratem a aquisição do imóvel.*

É preciso observar, contudo, que o problema da hipoteca do empreendimento, prévia à comercialização das unidades aos adquirentes, normalmente por compromisso de compra e venda, não foi resolvido pela nova lei que, em verdade, protege mais os credores do empreendimento que o próprio adquirente.

Portanto, mesmo com o patrimônio afetado, as obrigações assumidas pelo incorporador para a consecução do empreendimento deverão ser pelo patrimônio afetado suportadas.

Sendo assim, exceto obrigações estranhas ao empreendimento, os mesmos problemas de outrora serão enfrentados pelos adquirentes se, por exemplo, o incorporador deixar de pagar pelo empréstimo junto à instituição financeira destinado à construção do prédio.

---

[35] Disponível em: https://servicios.infoleg.gob.ar/infolegInternet/anexos/185000-189999/189951/norma.htm. Acesso em: 29.10.2023.

Nesse caso, como esse financiador dispõe de garantia real, poderá exercer seu direito mesmo em face dos adquirentes.

Nesse sentido, inclusive para verificação dos meios de defesa dos adquirentes, remetemos o leitor para o capítulo referente aos embargos de terceiro.

1.2.4.2. Constituição do patrimônio de afetação – direito real

A constituição do patrimônio de afetação se dá por simples averbação do termo firmado pelo incorporador e por titulares de direitos reais de aquisição do terreno (Lei 4.591/1964, art. 31-B) ou, até, pela sua constituição no próprio memorial de incorporação.

Como o patrimônio afetado visa garantir o empreendimento, a constituição não pode ser obstada pelos titulares de direitos reais de garantia em razão da aquisição, pelo incorporador, do terreno destinado à incorporação (Lei 4.591/1964, parágrafo único do art. 31-B).

Nesse sentido:

> *Art. 31-B. Considera-se constituído o patrimônio de afetação mediante averbação, a qualquer tempo, no Registro de Imóveis, de termo firmado pelo incorporador e, quando for o caso, também pelos titulares de direitos reais de aquisição sobre o terreno.*
>
> *Parágrafo único. A averbação não será obstada pela existência de ônus reais que tenham sido constituídos sobre o imóvel objeto da incorporação para garantia do pagamento do preço de sua aquisição ou do cumprimento de obrigação de construir o empreendimento.*

O motivo é evidente, evidentíssimo, aliás. Com a constituição prévia de direito real, esses titulares já estão garantidos, principalmente porque se trata de créditos ligados à construção e, conseguintemente, abarcados pelo patrimônio de afetação.

Questão mais complexa é aquela ligada a eventuais titulares de direitos reais, não ligados ao patrimônio afetado, cuja constituição da garantia tenha sido levada a efeito antes da constituição do patrimônio de afetação, seja este por ocasião da incorporação, com o seu memorial, ou em ato posterior, como permite o art. 31-B, da Lei 4.591/1964.

Assim, por exemplo, se o incorporador concedeu o terreno em garantia hipotecária por crédito concedido por instituição financeira para outra finalidade, que não a construção do imóvel que será erguido no dito terreno, resta saber se é possível a constituição do patrimônio de afetação e se, com a constituição do patrimônio de afetação, subsistirá a garantia.

Entendemos que é possível a constituição e que a garantia anterior subsiste, o que afirmamos na medida em que a hipoteca é uma garantia real e, portanto, oponível *erga omnes*, desde que previamente levada a registro junto à matrícula do terreno.

Sendo assim, a constituição do patrimônio de afetação não atingirá a garantia real antes constituída, ainda que tal garantia não guarde qualquer relação com o empreendimento.

1.2.4.3. Fiscalização pela comissão de representantes

O patrimônio afetado, destinado à consecução do empreendimento, será objeto de fiscalização pela denominada "Comissão de Representantes".

No nosso entendimento, essa Comissão de Representantes é facilmente manipulada pelo incorporador.

Com efeito, determina a Lei 4.591/1964:

> *Art. 50. Será designada no contrato de construção ou eleita em assembleia geral a ser realizada por iniciativa do incorporador no prazo de até 6 (seis) meses, contado da data*

do registro do memorial de incorporação, uma comissão de representantes composta por, no mínimo, 3 (três) membros escolhidos entre os adquirentes para representá-los perante o construtor ou, no caso previsto no art. 43 desta Lei, o incorporador, em tudo o que interessar ao bom andamento da incorporação e, em especial, perante terceiros, para praticar os atos resultantes da aplicação do disposto nos art. 31-A a art. 31-F desta Lei.

Sendo assim, como a comissão pode ser designada no contrato de construção, não sendo obrigatória a assembleia – vez que é alternativa –, o incorporador poderá designar pessoas da sua confiança, sendo possível pensar até em simulação de compromisso de compra e venda, denominado "contrato de construção" no art. 50 da Lei 4.591/1964.

Ainda que a simulação torne o ato nulo, o fato é de difícil prova e demonstra a ausência de sensibilidade da lei com a parte mais fraca da relação jurídica de incorporação.

Nos termos do art. 50, § 2º, da Lei 4.591/1964, pelo voto da maioria absoluta dos adquirentes, a assembleia poderá alterar decisões da Comissão de Representantes ou sua composição, ressalvados direitos de terceiros.

Na ausência de dispositivo legal regulando a forma de convocação para essas alterações, por analogia ao § 1º, do art. 31-F, da Lei 4.591/1964, que trata das incumbências dessa comissão em razão da quebra do incorporador, entendemos que caberá a um sexto dos adquirentes convocar a assembleia no caso de omissão da Comissão de Representantes.

De qualquer forma, caberá a essa comissão fiscalizar o recolhimento dos tributos, a qualidade da obra e tudo o que interessar à consecução da construção, sem que assumam qualquer responsabilidade pelas obrigações do incorporador.

Todavia, é evidente que respondem se houver omissão, ou seja, se não houver fiscalização e, em razão dessa omissão, causarem danos aos demais adquirentes (Código Civil, arts. 186 e 927).

Essa comissão, assim como a instituição financiadora, poderá delegar funções a uma pessoa física ou jurídica que se encarregará dessa fiscalização. Todavia, a remuneração dessa pessoa deverá ser suportada pela Comissão de Representantes e pela instituição financeira.

É evidente que aqueles que se encarregarem da fiscalização terão conhecimento de informações sigilosas, comerciais e tributárias, entre outras, da incorporadora.

Quanto a essas informações, que não digam exclusivo respeito ao patrimônio de afetação, deverão guardar sigilo, sob pena de responsabilidade civil e pessoal pela divulgação ou utilização indevida dessas informações.

Nesse sentido:

Art. 31-C. A Comissão de Representantes e a instituição financiadora da construção poderão nomear, às suas expensas, pessoa física ou jurídica para fiscalizar e acompanhar o patrimônio de afetação.

§ 1º A nomeação a que se refere o caput não transfere para o nomeante qualquer responsabilidade pela qualidade da obra, pelo prazo de entrega do imóvel ou por qualquer outra obrigação decorrente da responsabilidade do incorporador ou do construtor, seja legal ou a oriunda dos contratos de alienação das unidades imobiliárias, de construção e de outros contratos eventualmente vinculados à incorporação.

§ 2º A pessoa que, em decorrência do exercício da fiscalização de que trata o caput deste artigo, obtiver acesso às informações comerciais, tributárias e de qualquer outra natureza referentes ao patrimônio afetado responderá pela falta de zelo, dedicação e sigilo destas informações.

A pessoa nomeada pela instituição financeira é obrigada a fornecer cópia de seu parecer ou relatório à comissão de representantes e, nos termos do § 3º do art. 31-C, esse fato não constitui quebra de sigilo, mas, de outro lado, dever legal.

1.2.4.4. Obrigações do incorporador

O art. 31-D, da Lei 4.591/1964, com a redação dada pela Lei 10.931/2004, impõe, no âmbito da incorporação submetida ao patrimônio de afetação, uma série de obrigações que visam assegurar a finalidade colimada com o empreendimento e facilitar a fiscalização pela comissão de representantes.

Vamos a essas obrigações:

I – promover todos os atos necessários à boa administração e à preservação do patrimônio de afetação, inclusive mediante adoção de medidas judiciais;

Portanto, o incorporador fica obrigado a tomar todas as providências destinadas a garantir a boa administração do empreendimento, inclusive custeando a defesa judicial do patrimônio afetado contra seus credores particulares.

Entendemos, nesse caso, que o incorporador passará a ter legitimidade para propor embargos de terceiro, ainda que seja o próprio executado, se o patrimônio afetado for ameaçado por eventuais penhoras levadas a efeito por seus credores particulares, que não tenham relação com o empreendimento.

II – manter apartados os bens e direitos objeto de cada incorporação;

III – diligenciar a captação dos recursos necessários à incorporação e aplicá-los na forma prevista nesta Lei, cuidando de preservar os recursos necessários à conclusão da obra;

O incorporador fica obrigado, assim, a captar os recursos necessários à conclusão do empreendimento e não desviar esses recursos, que devem ser aplicados exclusivamente no patrimônio afetado.

Caso essa obrigação não seja respeitada pelo incorporador, caberá à Comissão de Representantes ou aos adquirentes, individualmente, ingressar com ação ordinária, inclusive com antecipação de tutela se for o caso, para bloquear os valores que devem ser, necessariamente, destinados ao empreendimento.

IV – entregar à Comissão de Representantes, no mínimo a cada três meses, demonstrativo do estado da obra e de sua correspondência com o prazo pactuado ou com os recursos financeiros que integrem o patrimônio de afetação recebidos no período, firmados por profissionais habilitados, ressalvadas eventuais modificações sugeridas pelo incorporador e aprovadas pela Comissão de Representantes;

Cabe ao incorporador seguir o plano inicial da obra, respeitando os prazos contratuais e o memorial de incorporação.

Para que a Comissão de representantes possa fiscalizar esses aspectos, é obrigação do incorporador fornecer, no mínimo a cada três meses, relatório sobre o estado da obra e sua correspondência com o prazo pactuado.

Interessante é que esse dispositivo confere poderes à comissão de representantes para aprovar eventuais modificações do prazo.

Entendemos que essa aquiescência deverá ser justificada e, se possível, levada à assembleia devidamente convocada para esse fim, sob pena de responsabilidade dos membros da comissão pela modificação do prazo inicial determinado para a obra sem prejuízo da possível revogação da deliberação, a qualquer tempo, nos termos do § 2º, do art. 50, da Lei 4.591/1964.

V – manter e movimentar os recursos financeiros do patrimônio de afetação em conta de depósito aberta especificamente para tal fim;

Com o patrimônio afetado, os recursos destinados ao empreendimento não podem se misturar aos recursos do incorporador, de tal sorte que devem, igualmente, ser movimentados em conta bancária separada.

VI – entregar à Comissão de Representantes balancetes coincidentes com o trimestre civil, relativos a cada patrimônio de afetação;

VII – assegurar à pessoa nomeada nos termos do art. 31-C o livre acesso à obra, bem como aos livros, contratos, movimentação da conta de depósito exclusiva referida no inciso V deste artigo e quaisquer outros documentos relativos ao patrimônio de afetação; e

A pessoa a quem a Comissão de Representantes delegar a função de fiscalização terá livre acesso a todos os documentos do patrimônio de afetação. O impedimento desse direito poderá ensejar ação de entrega de coisa, com cominação de multa diária pelo descumprimento, nos termos dos arts. 300, 301, 498, 536 e 537 do Código de Processo Civil.

Não se pode deslembrar que essa pessoa responde, nos termos do § 2º do art. 31-C da Lei 4.591/1964, pela falta de zelo no trato dessas informações.

Por fim, incumbe ao incorporador, para permitir a fiscalização, independentemente do regime contábil a que esteja submetido (lucro real ou lucro presumido):

VIII – manter escrituração contábil completa, ainda que esteja desobrigado pela legislação tributária.

1.2.4.5. Falência do incorporador ou paralisação das obras

Havendo falência ou insolvência civil do incorporado e, ainda, paralisação das obras, as consequências estão previstas no art. 31-F e seus parágrafos, além do inc. VI do art. 43 da Lei 4.591/1964.

Trata-se de providência de competência exclusiva dos condôminos adquirentes, mediante assembleia, sem necessidade de socorrerem-se do Poder Judiciário.

O § 2º do art. 31-F da Lei 4.591/1964 determina a aplicação na hipótese do inc. VI do art. 43 da mesma Lei, ou seja, no caso de *paralisação das obras.*

Em outras palavras, não haverá a necessidade – antes da inclusão do dispositivo na Lei de Incorporações – de notificação pelo Juiz para a retomada das obras, antes da destituição do incorporador.

Posta assim a questão, o procedimento exigido dos adquirentes se limita a convocar a assembleia específica para deliberar pela destituição do incorporador (art. 43, VI), com a conseguinte retomada das obras ou liquidação do patrimônio de afetação (§ 1º do art. 31-F).

É nítida a preocupação com a quebra do incorporador ou com a paralisação das obras, espelhada no art. 31-F da Lei 4.591/1964, com a redação dada pela Lei 10.931/2004, que expressamente exclui da massa falida ou da esfera patrimonial do incorporador, o patrimônio afetado:

Art. 31-F. Os efeitos da decretação da falência ou da insolvência civil do incorporador não atingem os patrimônios de afetação constituídos, não integrando a massa concursal o terreno, as acessões e demais bens, direitos creditórios, obrigações e encargos objeto da incorporação.

§ 1º Nos sessenta dias que se seguirem à decretação da falência ou da insolvência civil do incorporador, o condomínio dos adquirentes, por convocação da sua Comissão de Representantes

ou, na sua falta, de um sexto dos titulares de frações ideais, ou, ainda, por determinação do juiz prolator da decisão, realizará assembleia geral, na qual, por maioria simples, ratificará o mandato da Comissão de Representantes ou elegerá novos membros, e, em primeira convocação, por dois terços dos votos dos adquirentes ou, em segunda convocação, pela maioria absoluta desses votos, instituirá o condomínio da construção, por instrumento público ou particular, e deliberará sobre os termos da continuação da obra ou da liquidação do patrimônio de afetação (art. 43, inciso III); havendo financiamento para construção, a convocação poderá ser feita pela instituição financiadora.

§ 2º O disposto no § 1º aplica-se também à hipótese de paralisação das obras prevista no art. 43, inciso VI.

Art. 43. Quando o incorporador contratar a entrega da unidade a prazo e preços certos, determinados ou determináveis, mesmo quando pessoa física, ser-lhe-ão impostas as seguintes normas:

[...]

VI – se o incorporador, sem justa causa devidamente comprovada, paralisar as obras por mais de 30 dias, ou retardar-lhes excessivamente o andamento, poderá o Juiz notificá-lo para que no prazo mínimo de 30 dias as reinicie ou torne a dar-lhes o andamento normal. Desatendida a notificação, poderá o incorporador ser destituído pela maioria absoluta dos votos dos adquirentes, sem prejuízo da responsabilidade civil ou penal que couber, sujeito à cobrança executiva das importâncias comprovadamente devidas, facultando-se aos interessados prosseguir na obra.

Com destituição, mister se faz a ratificação do mandato da Comissão de Representantes através de assembleia que a própria comissão existente convocará à época da quebra da incorporadora ou paralização das obras, em até sessenta dias.

Na ausência de assembleia convocada pela comissão, um sexto dos titulares de unidades ou o juiz que prolatou a decisão, poderão convocá-la.

A eleição de novos membros ou a ratificação dos existentes será feita em primeira convocação por dois terços dos adquirentes e, em segunda convocação, por maioria absoluta.

Nessa mesma assembleia haverá a votação sobre a continuidade ou não da obra.

A ata será levada para averbação junto ao Registro de Imóveis para as ulteriores providências de entrega de documentos referentes à incorporação, bem como para imissão da comissão de representantes na posse, legitimada que está para, inclusive, tomar as medidas judiciais de exibição e cautelares para trais fins.

Caso optem pela paralisação das obras e venda do patrimônio em leilão público (Lei 4.591/1964, art. 31-F, § 14), o resultado da venda será entregue aos adquirentes na proporção daquilo que, comprovadamente, se apurar pago.

Sendo assim, verifica-se aquilo que cada um pagou e se estabelece uma proporção, um percentual da participação de cada adquirente no produto da venda depois da dedução das dívidas do patrimônio afetado, como, por exemplo, as dívidas fiscais, com a instituição financiadora, fornecedores, valor do terreno ao proprietário que não coincidir com o incorporador etc. (Lei 4.591/1964, art. 43, VII).

O Procedimento, nesse caso de liquidação do patrimônio, vem detalhado nos §§ 1º a 5º do art. 43 da Lei 4.591/1964, com a redação dada pela Lei 14.382/2022.[36]

---

[36] § 1º Deliberada a destituição de que tratam os incisos VI e VII do *caput*, o incorporador será notificado extrajudicialmente pelo oficial do registro de imóveis da circunscrição em que estiver localizado o empreendimento para que, no prazo de 15 (quinze) dias, contado da data da entrega da notificação na sede do incorporador ou no seu endereço eletrônico:

Caso o valor da venda não seja suficiente para pagar os adquirentes, total ou parcialmente, estes se transformam em credores privilegiados, inclusive com a responsabilidade subsidiária dos bens pessoais do incorporador.

Havendo deliberação pela continuidade das obras, a Comissão de Representantes fica investida de mandato irrevogável para firmar, com os adquirentes por promessa de compra e venda, o contrato definitivo, ou seja, a escritura pública de compra e venda, mesmo depois da conclusão da obra (Lei 4.591/1964, art. 31-F, §§ 3º a 5º).

A escritura poderá ser outorgada mesmo àqueles que ainda tenham saldo a pagar, desde que seja constituída garantia real, como, por exemplo, uma hipoteca (§ 6º, do art. 31-F, da Lei 4.591/1964).

A continuidade da obra se dará pelo recebimento, pela Comissão, dos valores ainda devidos pelos adquirentes, prosseguindo nos contratos firmados com o agente financeiro e fornecedores ou, ainda, com a contratação de outros, desde que respeitados os contratos existentes.

Nesse sentido:

§ 14. Para assegurar as medidas necessárias ao prosseguimento das obras ou à liquidação do patrimônio de afetação, a Comissão de Representantes, no prazo de sessenta dias, a contar da data de realização da assembleia geral de que trata o § 1º, promoverá, em leilão público, com observância dos critérios estabelecidos pelo art. 63, a venda das frações ideais

---

I – imita a comissão de representantes na posse do empreendimento e lhe entregue:
a) os documentos correspondentes à incorporação; e
b) os comprovantes de quitação das quotas de construção de sua responsabilidade a que se referem o § 5º do art. 31-A e o § 6º do art. 35 desta Lei; ou
II – efetive o pagamento das quotas que estiverem pendentes, de modo a viabilizar a realização da auditoria a que se refere o art. 31-C desta Lei.
§ 2º Da ata da assembleia geral que deliberar a destituição do incorporador deverão constar os nomes dos adquirentes presentes e as seguintes informações:
I – a qualificação;
II – o documento de identidade;
III – as inscrições no Cadastro de Pessoas Físicas (CPF) ou no Cadastro Nacional de Pessoas Jurídicas (CNPJ) da Secretaria Especial da Receita Federal do Brasil do Ministério da Economia;
IV – os endereços residenciais ou comerciais completos; e
V – as respectivas frações ideais e acessões a que se vincularão as suas futuras unidades imobiliárias, com a indicação dos correspondentes títulos aquisitivos, públicos ou particulares, ainda que não registrados no registro de imóveis.
§ 3º A ata de que trata o § 2º, registrada no registro de títulos e documentos, constituirá documento hábil para:
I – averbação da destituição do incorporador na matrícula do registro de imóveis da circunscrição em que estiver registrado o memorial de incorporação; e
II – implementação das medidas judiciais ou extrajudiciais necessárias:
a) à imissão da comissão de representantes na posse do empreendimento;
b) à investidura da comissão de representantes na administração e nos poderes para a prática dos atos de disposição que lhe são conferidos pelos art. 31-F e art. 63 desta Lei;
c) à inscrição do respectivo condomínio da construção no CNPJ; e
d) quaisquer outros atos necessários à efetividade da norma instituída no *caput* deste artigo, inclusive para prosseguimento da obra ou liquidação do patrimônio da incorporação.
§ 4º As unidades não negociadas pelo incorporador e vinculadas ao pagamento das correspondentes quotas de construção nos termos do disposto no § 6º do art. 35 desta Lei ficam indisponíveis e insuscetíveis de constrição por dívidas estranhas à respectiva incorporação até que o incorporador comprove a regularidade do pagamento.
§ 5º Fica autorizada a comissão de representantes a promover a venda, com fundamento no § 14 do art. 31-F e no art. 63 desta Lei, das unidades de que trata o § 4º, expirado o prazo da notificação a que se refere o § 1º, com aplicação do produto obtido no pagamento do débito correspondente."

e respectivas acessões que, até a data da decretação da falência ou insolvência não tiverem sido alienadas pelo incorporador.

§ 15. Na hipótese de que trata o § 14, o arrematante ficará sub-rogado, na proporção atribuível à fração e acessões adquiridas, nos direitos e nas obrigações relativas ao empreendimento, inclusive nas obrigações de eventual financiamento, e, em se tratando da hipótese do art. 39 desta Lei, nas obrigações perante o proprietário do terreno.

§ 16. Dos documentos para anúncio da venda de que trata o § 14 e, bem assim, o inciso III do art. 43, constarão o valor das acessões não pagas pelo incorporador (art. 35, § 6º) e o preço da fração ideal do terreno e das acessões (arts. 40 e 41).

§ 17. No processo de venda de que trata o § 14, serão asseguradas, sucessivamente, em igualdade de condições com terceiros:

I – ao proprietário do terreno, nas hipóteses em que este seja pessoa distinta da pessoa do incorporador, a preferência para aquisição das acessões vinculadas à fração objeto da venda, a ser exercida nas vinte e quatro horas seguintes à data designada para a venda; e

II – ao condomínio, caso não exercida a preferência de que trata o inciso I, ou caso não haja licitantes, a preferência para aquisição da fração ideal e acessões, desde que deliberada em assembleia geral, pelo voto da maioria simples dos adquirentes presentes, e exercida no prazo de quarenta e oito horas a contar da data designada para a venda.

§ 18. Realizada a venda prevista no § 14, incumbirá à Comissão de Representantes, sucessivamente, nos cinco dias que se seguirem ao recebimento do preço:

I – pagar as obrigações trabalhistas, previdenciárias e tributárias, vinculadas ao respectivo patrimônio de afetação, observada a ordem de preferência prevista na legislação, em especial o disposto no art. 186 do Código Tributário Nacional;

II – reembolsar aos adquirentes as quantias que tenham adiantado, com recursos próprios, para pagamento das obrigações referidas no inciso I;

III – reembolsar à instituição financiadora a quantia que esta tiver entregue para a construção, salvo se outra forma for convencionada entre as partes interessadas;

IV – entregar ao condomínio o valor que este tiver desembolsado para construção das acessões de responsabilidade do incorporador (§ 6º do art. 35 e § 5º do art. 31-A), na proporção do valor obtido na venda;

V – entregar ao proprietário do terreno, nas hipóteses em que este seja pessoa distinta da pessoa do incorporador, o valor apurado na venda, em proporção ao valor atribuído à fração ideal; e

VI – entregar à massa falida o saldo que porventura remanescer.

Em suma, a Comissão de Representantes passa a agir no lugar do incorporador, conforme fica claro da leitura do inciso II do § 12 do art. 31-F da Lei 4.591/1964:

II – para cumprimento do seu encargo de administradora da incorporação, a Comissão de Representantes fica investida de mandato legal, em caráter irrevogável, para, em nome do incorporador ou do condomínio de construção, conforme o caso, receber as parcelas do saldo do preço e dar quitação, bem como promover as medidas extrajudiciais ou judiciais necessárias a esse recebimento, praticando todos os atos relativos ao leilão de que trata o art. 63 ou os atos relativos à consolidação da propriedade e ao leilão de que tratam os arts. 26 e 27 da Lei nº 9.514, de 20 de novembro de 1997, devendo realizar a garantia e aplicar na incorporação todo o produto do recebimento do saldo do preço e do leilão;

Se ao final, com o término do empreendimento houver saldo credor, esse valor deverá ser entregue, pela Comissão de Representantes, à massa falida do incorporador.

1.2.4.6. Aspectos tributários do patrimônio de afetação

De acordo com a Lei 10.931, de 2 de agosto de 2004, constituído o patrimônio de afetação:

> *Art. 4º Para cada incorporação submetida ao regime especial de tributação, a incorporadora ficará sujeita ao pagamento equivalente a quatro por cento da receita mensal recebida, o qual corresponderá ao pagamento mensal unificado do seguinte imposto e contribuições: (Redação dada pela Medida Provisória nº 601, de 2012 – vigência encerrada posteriormente pela Lei 12.844/2013)[37]*
>
> *I – Imposto de Renda das Pessoas Jurídicas – IRPJ;*
>
> *II – Contribuição para os Programas de Integração Social e de Formação do Patrimônio do Servidor Público – PIS/PASEP;*
>
> *III – Contribuição Social sobre o Lucro Líquido – CSLL; e*
>
> *IV – Contribuição para Financiamento da Seguridade Social – COFINS.*
>
> *§ 1º Para fins do disposto no caput, considera-se receita mensal a totalidade das receitas auferidas pela incorporadora na venda das unidades imobiliárias que compõem a incorporação, bem como as receitas financeiras e variações monetárias decorrentes desta operação.*

Nesses casos, nos termos do § 2º desse art. 4º, o pagamento dos tributos e contribuições, de acordo com a alíquota unificada, será considerado definitivo, não gerando, em qualquer hipótese, direito à restituição ou à compensação com o que for apurado pela incorporadora.

O § 3º estabelece que "as receitas, custos e despesas próprios da incorporação sujeita a tributação na forma deste artigo não deverão ser computados na apuração das bases de cálculo dos tributos e contribuições de que trata o *caput* deste artigo devidos pela incorporadora em virtude de suas outras atividades empresariais, inclusive incorporações não afetadas".

O recolhimento unificado dos tributos do art. 4º, da Lei 10.931/2004, deve ser efetuado desde o mês de opção pelo patrimônio de afetação até o vigésimo dia do mês seguinte (art. 5º).

Importante ressaltar que, nos termos do art. 6º, da Lei 10.931/2004, os créditos tributários devidos pela incorporadora em razão do patrimônio de afetação, de forma unificada, não poderão ser objeto de parcelamento.

Outrossim, seja para efeitos fiscais, seja para fiscalização pela Comissão de Representantes, o incorporador fica obrigado a manter escrituração contábil segregada para cada incorporação submetida ao regime especial de tributação, escrituração essa que deve ser completa, ainda que o incorporador tenha optado pelo regime de lucro presumido (Lei 10.931/2004, art. 7º e Lei 4.591/1964, art. 31-D, VIII).

1.2.4.7. Extinção do patrimônio de afetação

A par da denúncia da incorporação e da liquidação deliberada em assembleia, a extinção do patrimônio de afetação em relação a cada unidade demanda, cumulativamente, a "averbação da construção, registro dos títulos de domínio ou de direito de aquisição em

---

[37] De caráter temporário, para as incorporações de interesse social registradas até 31.12.2018 pelo patrimônio de afetação: art. 4º, § 6º da Lei 10.931/2004: *Para os projetos de incorporação de imóveis residenciais de interesse social cuja construção tenha sido iniciada ou contratada a partir de 31 de março de 2009, o percentual correspondente ao pagamento unificado dos tributos de que trata o* caput *deste artigo será equivalente a 1% (um por cento) da receita mensal recebida, desde que, até 31 de dezembro de 2018, a incorporação tenha sido registrada no cartório de imóveis competente ou tenha sido assinado o contrato de construção.* (Redação dada pela Lei 13.970, de 2019).

nome dos respectivos adquirentes e, quando for o caso, extinção das obrigações do incorporador perante a instituição financiadora do empreendimento".

Logo, o sistema do patrimônio de afetação não se extingue automaticamente com o final das obras, conforme prevê o art. 31-E, I, da Lei 4.591/1964.[38]

Portanto, o regime tributário especial destinado às incorporações iniciadas sob esse regime fica mantido até o recebimento final pelo incorporador, referente às vendas ou promessas de venda que fez, até a outorga das respectivas escrituras.

Nada obstante, as receitas futuras pelas unidades que não foram negociadas deixarão de ser tributadas pelo regime especial, pois, para elas, o regime de patrimônio de afetação deixa de existir com a averbação da construção e com quitação das obrigações com o agente financeiro da obra.

Em outras palavras, registrada a incorporação pelo regime do patrimônio de afetação, as receitas do incorporador referentes às vendas que fez serão integralmente tributadas pelo regime especial.[39]

1.2.4.8. *O adquirente continua desprotegido*

Depois da verificação de todos esses aspectos, é inegável a inferência segundo a qual o adquirente continua desprotegido.

A uma porque a Comissão de Representantes poderá ser facilmente manipulada pelo incorporador e, a duas, porque os garantidos, em primeiro lugar, são o Fisco, a instituição financeira da obra e os fornecedores.

Assim, embora tenha minimizado os riscos em casos extremos, como a falência do incorporador, dada a complexidade da administração do patrimônio afetado e a ausência de regras simples para o prosseguimento das obras nesse caso, as demandas judiciais que certamente surgirão para discutir as inúmeras variáveis para prosseguimento ou venda do empreendimento, definitivamente acabarão por não proteger o adquirente que, afinal, é a parte mais fraca dessa relação.

---

[38] Art. 31-E. O patrimônio de afetação extinguir-se-á pela:
I – averbação da construção, registro dos títulos de domínio ou de direito de aquisição em nome dos respectivos adquirentes e, quando for o caso, extinção das obrigações do incorporador perante a instituição financiadora do empreendimento;
II – revogação em razão de denúncia da incorporação, depois de restituídas aos adquirentes as quantias por eles pagas (art. 36), ou de outras hipóteses previstas em lei; e
III – liquidação deliberada pela assembleia geral nos termos do art. 31-F, § 1º.
§ 1º Na hipótese prevista no inciso I do caput, uma vez averbada a construção, o registro de cada contrato de compra e venda ou de promessa de venda, acompanhado do respectivo termo de quitação da instituição financiadora da construção, importará na extinção automática do patrimônio de afetação em relação à respectiva unidade, sem necessidade de averbação específica.
§ 2º Por ocasião da extinção integral das obrigações do incorporador perante a instituição financiadora do empreendimento e após a averbação da construção, a afetação das unidades não negociadas será cancelada mediante averbação, sem conteúdo financeiro, do respectivo termo de quitação na matrícula matriz do empreendimento ou nas respectivas matrículas das unidades imobiliárias eventualmente abertas.
§ 3º A extinção no patrimônio de afetação nas hipóteses do inciso I e §1º do caput não implica na extinção do regime de tributação instituído pelo art. 1º da Lei 10.931, de 2 de agosto de 2004.
§ 4º Após a denúncia da incorporação, proceder-se-á ao cancelamento do patrimônio de afetação, mediante o cumprimento das obrigações previstas neste artigo, no art. 34 desta Lei e nas demais disposições legais.

[39] A Lei 14.382/2022 foi aprovada com dispositivo específico no seu art. 10, que incluía o § 3º ao art. 31-E da Lei 4.591, de 16 de dezembro de 1964. Nada obstante o veto a esse dispositivo, a conclusão é a mesma, extraída do inciso I do art. 31-E, incluído pela Lei 10.931/2004.

1.2.4.9. *Sociedade de Propósito Específico nos negócios imobiliários de incorporação*

A par da existência da incorporação pelo regime do patrimônio de afetação, é praxe do mercado a utilização da denominada SPE (Sociedade de Propósito Específico) utilizada para *joint venture* (empreendimento conjunto, no vernáculo) que não se trata de outra espécie de sociedade, mas de uma forma de sociedade tradicional (limitada ou anônima) cuja finalidade é específica nos termos do parágrafo único do art. 981 do Código Civil, determinada nos seus atos constitutivos e, no que nos interessa, para a finalidade de levar a efeito a incorporação e a construção.

Sua utilidade é flagrante nesses negócios, tendo em vista que facilita a consecução conjunta de empreendimentos imobiliários de grande envergadura por empresas e investidores que comporão seu quadro social.

Nesta medida, isola financeiramente o empreendimento e permite regular os direitos e obrigações dos sócios ou acionistas.

Outrossim, é possível a constituição de SPE cuja incorporação seja pautada pelo regime do patrimônio de afetação.

Notem, todavia, que o isolamento dos riscos financeiros do empreendimento não é tarefa exercida pela SPE, mas pelo regime do patrimônio de afetação.

Isto porque, ainda que haja uma SPE, se a incorporação não for implementada pelo regime do patrimônio de afetação, é possível a desconsideração da personalidade jurídica, inclusive inversa, para atingir o patrimônio da SPE por obrigações dos seus sócios ou acionistas.

A SPE não se confunde com o "consórcio contratual", que também é utilizado entre empresas para regular suas relações em grandes empreendimentos, mas que não gozam de personalidade jurídica própria como a SPE.

Tampouco se mistura com o conceito de Sociedade em Conta de Participação, estruturada com a sócia ostensiva, em torno da qual girarão as obrigações sociais e os sócios ocultos que não constam do ato constitutivo e regulam suas relações com o sócio ostensivo no contrato de Sociedade em conta de Participação.

1.2.5. Permuta do terreno por futuras unidades

No âmbito das incorporações imobiliárias é muito comum que o terreno, no qual se construirá o prédio, seja permutado em troca de unidades futuras.

Assim, o negócio é estruturado mediante contrato de permuta, muitas vezes com torna em dinheiro, mediante o qual o proprietário do terreno transfere a propriedade ao incorporador que, em troca, promete futuras unidades.

Obviamente que, no início do negócio, não se sabe, ainda, exatamente, as características das futuras unidades, que serão objeto de projeto e registro da incorporação.

Posta assim a questão, a permuta se dá, inicialmente, com a menção de características superficiais do empreendimento e do total de metros quadrados e unidades que serão, no futuro, entregues ao dono do terreno.

Dessa forma, se o negócio atinge seus objetivos, no final, o primitivo dono do terreno recebe as unidades em troca do terreno que anteriormente transferiu ao incorporador.

Para tanto, o dono do terreno transfere, mediante escritura pública de permuta, ao incorporador, a propriedade do terreno, o que é importante mesmo para que não participe, de forma nenhuma, da incorporação, desvencilhando-se da responsabilidade porventura requerida pelos adquirentes das futuras unidades.

Assim, ao analisar a estrutura do negócio, resta evidente que o dono do terreno transfere a propriedade, mas, de outro lado, permanece com direito de receber futuras unidades, de tal sorte que garantias são necessárias para resguardar o cumprimento da obrigação atribuída ao incorporador de entregar unidades futuras.

Isto porque a patologia do negócio, como, por exemplo, os frequentes atrasos na entrega das obras, o descumprimento da obrigação de registrar a incorporação em determinado prazo, entre outras, pode frustrar o lídimo direito do primitivo dono do terreno, que espera receber, no prazo, as unidades futuras decorrentes da permuta.

Para solucionar a questão, embora seja solução legal de difícil implementação, é possível ao dono do terreno, que se depara com o descumprimento do contrato pelo incorporador, invocar a aplicação do art. 40 da Lei 4.591/1964, que está assim redigido:

> *Art. 40. No caso de rescisão de contrato de alienação do terreno ou de fração ideal, ficarão rescindidas as cessões ou promessas de cessão de direitos correspondentes à aquisição do terreno.*
>
> *§ 1º Nesta hipótese, consolidar-se-á, no alienante em cujo favor se opera a resolução, o direito sobre a construção porventura existente.*
>
> *§ 2º No caso do parágrafo anterior, cada um dos ex-titulares de direito à aquisição de unidades autônomas haverá do mencionado alienante o valor da parcela de construção que haja adicionado à unidade, salvo se a rescisão houver sido causada pelo ex-titular.*
>
> *§ 3º Na hipótese dos parágrafos anteriores, sob pena de nulidade, não poderá o alienante em cujo favor se operou a resolução voltar a negociar seus direitos sobre a unidade autônoma, sem a prévia indenização aos titulares, de que trata o § 2º.*
>
> *§ 4º No caso do parágrafo anterior, se os ex-titulares tiverem de recorrer à cobrança judicial do que lhes for devido, somente poderão garantir o seu pagamento a unidade e respectiva fração de terreno objeto do presente artigo.*

Complementa a fundamentação legal a ser invocada pelo promitente-permutante, anterior proprietário do terreno, o art. 475 do Código Civil:

> *Art. 475. A parte lesada pelo inadimplemento pode pedir a resolução do contrato, se não preferir exigir-lhe o cumprimento, cabendo, em qualquer dos casos, indenização por perdas e danos.*

O raciocínio, em face do descumprimento das obrigações do incorporador em razão da escritura de permuta, passa pela possibilidade jurídica da ação de resolução do contrato requerida pelo antigo titular, cumulada com reintegração de posse.

Todavia, em razão da resolução, os antigos titulares de direito à aquisição de unidades autônomas, ou seja, os adquirentes de futuras unidades do incorporador, terão o direito de obter, do antigo dono do terreno, que requereu a resolução do contrato de permuta pelo inadimplemento do incorporador, o valor da parcela de construção que hajam adicionado às unidades.

Isto significa que, previamente, deverá o antigo proprietário do terreno, que pede a resolução, devolver as referidas quantias ou intimar – não citar, já que não são réus – todos os adquirentes para, na ação de resolução promovida em face do incorporador, declinarem os valores pagos para a competente restituição.

Nesse sentido,

Superior Tribunal de Justiça. *Direito civil. Contrato. Permuta. Descumprimento de cláusula contratual. Obra não concluída. Venda das unidades a terceiros de boa-fé. Rescisão do contrato. Reintegração na posse. Deferimento. Art. 40, § 2º, Lei n. 4.591/64. Recurso provido. I – Em contrato de permuta, no qual uma das* *partes entra com o imóvel e outra com a construção, não tendo os proprietários do terreno exercido atos de incorporação – uma vez que não tomaram a iniciativa nem assumiram a responsabilidade da incorporação, não havendo contratado a construção do edifício – não cumprida pela construtora sua parte, deve ser deferida aos proprietários do imóvel a reintegração na posse. II – O deferimento, no entanto, fica condicionado às exigências do § 2º do art. 40 da Lei das Incorporações, Lei 4.591/64, para inclusive resguardar os interesses de eventuais terceiros interessados. III – Recurso Especial provido (REsp 879.548/SP, Rel. Min. Sidnei Beneti, 3ª Turma, j. 17.08.2010, DJe 25.08.2010).*

Superior Tribunal de Justiça. *Em contrato de permuta, no qual uma das partes entra com o imóvel e outra com a construção, não tendo os proprietários do terreno exercido atos de incorporação – uma vez que não tomaram a iniciativa nem assumiram a responsabilidade da incorporação, não havendo contratado a construção do edifício – não cumprida pela construtora sua parte, deve ser deferida aos proprietários do imóvel a reintegração na posse. Todavia, "o deferimento fica condicionado às exigências do § 2º do art. 40 da Lei das Incorporações, Lei 4.591/64, para inclusive resguardar os interesses de eventuais terceiros interessados, que "deverão ser comunicados do decidido, podendo essa comunicação ser feita extrajudicialmente, em cartório" (REsp 489.281/SP, Rel. para acórdão Min. Sálvio de Figueiredo Teixeira, DJ 15.03.2003).*

Embora neste último julgado o Ministro Relator tenha defendido a possibilidade de comunicação extrajudicial, por cartório de títulos e documentos, para que terceiros venham receber do dono do terreno o que incorporaram à construção, do ponto de vista prático, pode ser que esses adquirentes não sejam conhecidos, notadamente em razão da ausência de registro dos seus contratos, sendo melhor solução intimar a todos, mesmo que seja por edital, na ação promovida pelo antigo titular do terreno.

Conforme ensinam João Nascimento Franco e Niske Gondo,[40]

Perante o incorporador e os adquirentes, o alienante do terreno tem direito de exigir o exato cumprimento do contrato, o pagamento pontual do preço convencionado, ou a construção das unidades que, em permuta, lhe forem destinadas. No caso da rescisão, salvo se o contrato não o exonerar de qualquer reembolso ao incorporador ou a terceiros (art. 39, parágrafo único[41]), cumpre-lhe pagar aos adquirentes indenização correspondente à parcela de construção acrescida ao terreno. Só depois de cumprida essa obrigação é que ele poderá voltar a negociar seus direitos sobre as unidades (parágrafos 1º a 3º do art. 40). De qualquer forma, não terá direito a essa indenização o adquirente que tiver dado causa à rescisão do contrato (parágrafo 2º do art. 40). Para liberar-se do dever de pagar indenização, poderá o proprietário consignar no contrato que, em caso de inadimplemento por parte do incorporador ou de terceiros, o contrato ficará rescindido e, independente de qualquer indenização, incorporadas ao terreno as acessões e benfeitorias porventura acrescidas.

Entretanto, a par da abalizada lição, o Superior Tribunal de Justiça já entendeu que não vale, por ofender a ordem pública, qualquer cláusula que exonere o antigo titular do terreno e permutante, de responder pelo ressarcimento do quanto foi pago:

Superior Tribunal de Justiça. *O proprietário de terreno que o aliena a terceiro, dele recebendo em pagamento futuros apartamentos decorrentes de edificação a ser erigida no local, cujo contrato de compra e venda foi rescindido por transação, é responsável pelo ressarcimento de tudo quanto foi pago pelos compradores de outros apartamentos vendidos por aquele terceiro quando o primitivo negócio ainda estava vigente,*

---

[40] João Nascimento Franco; Niske Gondo, *Incorporações imobiliárias*. 3. ed. São Paulo: RT, 1993, Cap. V, p. 91.

[41] *Art. 39. Nas incorporações em que a aquisição do terreno se der com pagamento total ou parcial em unidades a serem construídas, deverão ser discriminadas em todos os documentos de ajuste:*
I – a parcela que, se houver, será paga em dinheiro;
II – a quota-parte da área das unidades a serem entregues em pagamento do terreno que corresponderá a cada uma das unidades, a qual deverá ser expressa em metros quadrados.
Parágrafo único. Deverá constar, também, de todos os documentos de ajuste, se o alienante do terreno ficou ou não sujeito a qualquer prestação ou encargo.

sendo ineficaz com relação aos adquirentes das unidades imobiliárias qualquer cláusula exoneratória de responsabilidade dos alienantes do terreno, haja vista que a mesma "vincularia apenas as partes que a tivessem estabelecido" (REsp 282.740/SP, Rel. Min. Cesar Asfor Rocha, DJ 18.02.2002).

É evidente que, mesmo não manifestando o seu direito na ação promovida pelo antigo titular do terreno, o adquirente da incorporadora não perde, no prazo prescricional de dez anos (Código Civil, art. 205), a pretensão de reaver o valor da construção que incorporou ao terreno na ausência de prazo específico, embora seja possível sustentar que a ação tem como fundamento o enriquecimento ilícito do antigo titular do terreno a atrair a aplicação do prazo de três anos do art. 206, § 3º, IV, do Código Civil.

Nada muda se a incorporação não for registrada por culpa da incorporadora que recebeu o imóvel em permuta:

> **Superior Tribunal de Justiça.** *O descumprimento, pela incorporadora, da obrigação constante no art. 32 da Lei 4.591/64, consistente no registro do memorial de incorporação no Cartório de Imóveis, não implica a nulidade ou anulabilidade (nulidade relativa) do contrato de promessa de compra e venda de unidade condominial, tampouco impede, ao ex-titular de direito à aquisição de unidade autônoma, a reparação a que alude o art. 40 da Lei 4.591/64. Precedentes (AgRg nos EDcl no REsp 1.107.117/SC, Rel. Min. Vasco Della Giustina (Desembargador Convocado do TJ/RS), 3ª Turma, j. 22.02.2011, DJe 28.02.2011).*

O meio processual, portanto, para que o antigo titular do terreno que o concedeu em permuta ao incorporador obtenha a resolução do contrato, é a ação ordinária de resolução com fundamento no art. 475 do Código Civil e art. 40 da Lei 4.591/1964.

Com a resolução do contrato, o antigo proprietário do terreno sub-roga-se nas unidades e na construção.

Uma variação desse negócio – e mais frequente até – é a simples venda por escritura pública, pelo dono do terreno ao incorporador que, no mesmo ato, confessa a dívida referente às unidades futuras com garantia real ou através de seguro idôneo para assegurar a entrega das futuras unidades em pagamento.

O pagamento do incorporador pela venda, a par de alguma torna, é feito através de nota promissória em caráter "pro soluto", desvinculando o dono do terreno do empreendimento.

O antigo dono do terreno celebra, assim, no mesmo ato da escritura, instrumento de novação, quitando a nota promissória dada em pagamento do terreno e, no mesmo instrumento, a confissão de dívida, no qual o incorporador se compromete a entregar as unidades futuras de acordo com a metragem e descrição das características nesse documento.

É importante que essa confissão de dívida do incorporador seja acompanhada de garantia idônea, que não pode ser o próprio terreno vendido, tendo em vista o comprometimento com os adquirentes das unidades através de compromissos de compra e venda, notadamente em razão da Súmula 308 do STJ, que se aplica à alienação fiduciária, além da hipoteca de que trata.

Assim, a garantia que se recomenda é de seguro ou de garantia real – alienação fiduciária ou hipoteca, preferindo-se a primeira – para assegurar o cumprimento da confissão de dívida.

Retornando à primeira forma, através da permuta, a Lei 14.382/2022 trouxe a possibilidade de registro da promessa de permuta, entre o chamado "terrenista" e o incorporador, o que fez incluindo essa possibilidade no art. 167, I, alínea 30 da Lei 6.015/1973.

Isso porque, até então, os Oficiais de Registro se negavam a registrar tais contratos a pretexto de ausência de previsão legal.

Contudo, uma dificuldade ao registro ainda pode ser levantada, porque esses negócios são firmados com previsão de permuta por área construída futura, com ou sem torna, antes da aprovação do projeto e do registro da incorporação, o que, em tese, está permitido pelo art. 32, "a" da Lei 4.591/1964.

Na prática, me parece que, antes do registro da incorporação, a praxe continuará a mesma, ou seja, o "terrenista" outorgará em favor da incorporadora a competente escritura de venda e compra do seu imóvel com preço representado por nota promissória "pro soluto" e, simultaneamente, por escritura pública em separado, as partes celebram novação mediante a qual a nota promissória é substituída por dação em pagamento de unidades autônomas no futuro edifício a ser construído pelo incorporador com oferta de garantias ao terrenista.

E o procedimento, repito, é até mais seguro para o terrenista – desde que se preocupe com as garantias –, posto que se desvincula totalmente dos riscos do empreendimento, sejam eles consumeristas ou decorrentes de responsabilidade civil pela obra.

1.2.5.1. Valor da indenização

Embora alguns julgados tenham defendido a tese segundo a qual, no caso de resolução do contrato de permuta, o valor a ser restituído ao adquirente do incorporador deva ser o que foi pago (REsp 282.740/SP, Rel. Min. Cesar Asfor Rocha, *DJ* 18.02.2002), há entendimento segundo o qual o cálculo deve corresponder, proporcionalmente, ao que o vale a unidade adquirida:

> **Superior Tribunal de Justiça.** *O valor da indenização, de que trata o § 2º do art. 40 da Lei 4.591/64, a ser paga pelo primitivo proprietário do terreno ao ex-titular da unidade anteriormente adquirida deve ter como base de cálculo, na sua aferição, o que efetivamente valer referida unidade no momento do pagamento da indenização, proporcional ao estágio da construção quando foi paralisada, por ter sido desconstituído o primitivo negócio, incluído aí o valor da fração ideal do terreno (REsp 282.740/SP, Rel. Min. Cesar Asfor Rocha, DJ 18.02.2002).*

1.2.5.2. O proprietário não responde fora dos limites do art. 40, § 2º, da Lei 4.591/1964

Nos casos em que o incorporador não cumpre as obrigações que assumiu com o antigo proprietário do terreno, também é comum que não cumpra as obrigações assumidas com os próprios adquirentes.

Assim, é de se questionar se esses adquirentes do incorporador podem exercer os direitos decorrentes dos contratos que firmaram com o incorporador em face do dono do terreno.

A resposta negativa se impõe, tendo em vista que a lei limita a responsabilidade do dono de terreno ao ressarcimento do valor que os adquirentes da incorporadora pagaram.

Qualquer outro direito deve ser exercido em face do incorporador.

Todavia, é importante que o dono do terreno não tenha, de forma alguma, participado da incorporação posto que, do contrário, atrairá para si a responsabilidade solidária.

Nesse sentido:

> **Tribunal de Justiça de São Paulo.** *Compromisso de compra e venda. Resolução. Inadimplemento do incorporador e construtor, falido. Pretensão dos adquirentes de responsabilização do proprietário do terreno pela devolução das parcelas pagas. Conjunto probatório que não indica ostentasse o proprietário a condição de parceiro, integrante ou coligado no empreendimento de incorporação. Responsabilidade limitada ao disposto no art. 40, § 2º, da Lei 4.591/64. Acolhimento, a propósito, do pedido subsidiário. Correção monetária, na devolução deliberada diante da construtora, a partir de cada desembolso. Juros a partir da citação. Sentença revista. Recursos parcialmente providos (Apelação 9082746-54.2009.8.26.0000, Rel. Claudio Godoy, Comarca: Catanduva, 1ª Câmara de Direito Privado, j. 08.10.2013, Data de registro: 10.10.2013).*
>
> **Superior Tribunal de Justiça.** *Civil e processual civil. Promessa de compra e venda. Inadimplemento da construtora. Sentença transitada em julgado a rescindir a promessa condenando o promitente a devolver as parcelas pagas. Substituição, na execução, do polo passivo. Inclusão do proprietário do terreno. Impossibilidade.*

1. Não é possível, em execução de título judicial, alterar o polo passivo da demanda para incluir o proprietário do terreno objeto de incorporação, terceiro estranho ao processo de conhecimento onde foi resolvida a rescisão de contrato de unidade imobiliária, com incidência de perdas e danos. 2. A obrigação eventualmente atribuída ao proprietário do terreno possui outra fonte jurídica, que não o título exequendo. A responsabilidade do proprietário do imóvel entregue a empreendimento imobiliário – em caso de rescisão contratual –, frente aos promitentes-compradores das unidades habitacionais, não guarda relação com os contratos firmados entre estes e a construtora. Decorre, isto sim, da massa imobiliária incorporada ao terreno (art. 40, § 2º, da Lei 4.591/64), tudo com o escopo de evitar-se enriquecimento sem causa, já que, antes, entregara à construtora imóvel não construído e não pode, depois de rescindido o contrato de permuta, recebê-lo com benfeitorias e por elas nada pagar. 3. Recurso improvido (REsp 656.457/DF, Rel. Min. Luis Felipe Salomão, 4ª Turma, j. 07.10.2010, DJe 14.10.2010).

Superior Tribunal de Justiça. *Recurso especial. Incorporação imobiliária. Construção de edifício. Vícios e defeitos surgidos após a entrega das unidades autônomas aos adquirentes. Responsabilidade solidária do incorporador e do construtor. Recurso parcialmente conhecido e, nessa parte, desprovido. 1. O incorporador, como impulsionador do empreendimento imobiliário em condomínio, atrai para si a responsabilidade pelos danos que possam resultar da inexecução ou da má-execução do contrato de incorporação, incluindo-se aí os danos advindos de construção defeituosa. 2. A Lei n. 4.591/64 estabelece, em seu art. 31, que a "iniciativa e a responsabilidade das incorporações imobiliárias caberão ao incorporador". Acerca do envolvimento da responsabilidade do incorporador pela construção, dispõe que "nenhuma incorporação poderá ser proposta à venda sem a indicação expressa do incorporador, devendo também seu nome permanecer indicado ostensivamente no local da construção", acrescentando, ainda, que "toda e qualquer incorporação, independentemente da forma por que seja constituída, terá um ou mais incorporadores solidariamente responsáveis" (art. 31, §§ 2º e 3º). 3. Portanto, é o incorporador o principal garantidor do empreendimento no seu todo, solidariamente responsável com outros envolvidos nas diversas etapas da incorporação. Essa solidariedade decorre tanto da natureza da relação jurídica estabelecida entre o incorporador e o adquirente de unidades autônomas quanto de previsão legal, já que a solidariedade não pode ser presumida (CC/2002, caput do art. 942; CDC, art. 25, § 1º; Lei 4.591/64, arts. 31 e 43). 4. Mesmo quando o incorporador não é o executor direto da construção do empreendimento imobiliário, mas contrata construtor, fica, juntamente com este, responsável pela solidez e segurança da edificação (CC/2002, art. 618). Trata-se de obrigação de garantia assumida solidariamente com o construtor. 5. Recurso especial parcialmente conhecido e, nessa parte, desprovido (REsp 884.367/DF, Rel. Min. Raul Araújo, 4ª Turma, j. 06.03.2012, DJe 15.03.2012).*

1.2.5.3. Questão da hipoteca do terreno pela incorporadora

A incorporadora pode levantar recursos para a construção mediante empréstimos bancários e, nesta exata medida, o agente financeiro costuma exigir a garantia hipotecária.

Para evitar que isto ocorra com as unidades a serem permutadas, o antigo proprietário do terreno, que o concedeu em permuta ao incorporador, deverá exigir, na escritura de permuta, a menção da impossibilidade de hipoteca sobre as futuras unidades reservadas à permuta na escritura de permuta que outorgou com o incorporador.

Neste sentido:

Superior Tribunal de Justiça. *Civil. Imóvel cedido para incorporação e construção de edifício. Permuta com apartamentos. Posterior hipoteca pela construtora. Não abrangência sobre as unidades cedidas aos ex-proprietários. A hipoteca decorrente de financiamento concedido pelo banco à incorporadora e construtora para construção de edifício não alcança as unidades que o ex-proprietário do terreno recebeu da construtora em troca ou como prévio pagamento deste. Recurso conhecido e provido (REsp 146.659/MG, 4ª Turma, Rel. Min. Cesar Asfor Rocha, j. 26.04.2000, DJ 05.06.2000).*

1.2.5.4. Conclusões para proteger o proprietário permutante

Em resumo, da análise do *quod plerumque fit* podemos concluir que do ponto de vista do dono do terreno é conveniente tomar as seguintes cautelas:

a) Exigir garantia efetiva (fiança bancária ou garantia real) a ser concedida pela construtora/incorporadora em razão da outorga da escritura que lhe transfere a propriedade;

b) Estipular cláusula de impossibilidade de hipoteca das unidades permutadas na escritura e no contrato preliminar;

c) Estabelecer prazos claros de entrega das unidades a serem construídas e perfeita delimitação do padrão, tamanho e demais especificações, mesmo no contrato preliminar;

d) Pactuar cláusula de aluguel-pena pelo atraso e reserva do direito de obter a resolução do contrato nos termos do art. 40 da Lei 4.591/1964;

e) Não se envolver, de forma alguma, com a responsabilidade da incorporação ou com a construção do edifício, estabelecendo cláusula neste sentido no contrato preliminar e na escritura de permuta.

Nesta medida, recomendamos a leitura atenta dos modelos propostos, incluídos no anexo digital deste livro, que traz modelos de contratos.

1.2.6. Modelo de memorial de incorporação, incluindo a minuta da convenção de condomínio

Condomínio (...)

Memorial de incorporação

(...) – Empreendimentos e Participações Ltda.

Memorial de incorporação imobiliária do condomínio (...), a ser construído na (...), nesta cidade e comarca.

I – Localização e descrição do terreno

A incorporadora efetivará a incorporação imobiliária sobre um terreno de sua propriedade, adquirido por força do R. 5, matriculado sob o nº (...), junto ao (...) Oficial de Registro de Imóveis de São Paulo e que assim se descreve:

Um terreno situado na interseção do alinhamento da Avenida (...) com a Área Institucional número 02, designado como Lote número 01, do loteamento denominado (...), no Distrito de (...), que assim se descreve: "inicia-se no ponto de interseção do alinhamento da Avenida (...), já considerado o alargamento da dita Avenida pelo Plano Rodoviário Municipal, com a Área Institucional número 02 e com o lote número 01; daí segue no azimute 274° 57′ 25″ e distância de 85,50 m, confrontando com a Área Institucional número 02; segue no mesmo azimute na distância de 92,95 m, confrontando com o lote 11, e ainda no mesmo azimute na distância de 11,57 m, confrontando com o Sistema de Lazer número 1, perfazendo neste azimute a distância de 190,02 m; daí deflete à esquerda no azimute 184° 57′25″ na distância de 105,37 m, confrontando com o Sistema de Lazer número 01; daí deflete à esquerda no azimute 94° 57′25″ e distância de 47,20 m, confrontando com o Sistema de Lazer número 01; daí deflete à esquerda no azimute 49° 57′25″ e distância de 18,11 m, confrontando com o Sistema de Lazer número 01; daí deflete à direita no azimute 94° 57′25″ e distância de 60,00 m, confrontando com o Sistema de Lazer número 01; daí deflete à direita no azimute 139° 57′25″ e distância de 18,11 m, confrontando com o Sistema de Lazer número 01; daí deflete à esquerda no azimute 94° 57′25″ e distância de 41,75 m, confrontando com o Sistema de Lazer número 01; daí deflete à esquerda no azimute 49° 57′25″ e distância de 9,25 m, confrontando com o Sistema de Lazer número 01; daí deflete à direita no azimute 94° 57′25″ e distância de 17,31 m, confrontando com o Sistema de Lazer número 01; daí deflete à esquerda no azimute 16° 43′00″ e distância de 12,11 m, confrontando com o alinhamento da Avenida (...), já considerado o alargamento da dita avenida pelo Plano Rodoviário Municipal; daí segue em curva de raio de 112,47 m, e desenvolvimento de 44,17 m, com a mesma confrontação anterior; daí segue no azimute 349° 40′ e distância de 44,40 m, ainda com a mesma confrontação, chegando ao ponto inicial desta descrição, encerrando a área de 19.426,84 m².

Matrícula nº (...) e Contribuinte urbano cadastrado sob o nº (...), conforme certidão nº (...), expedida pela Prefeitura do Município de São Paulo – Secretaria das Finanças, em (...).

II – Incorporadora

(...) LTDA., com sede nesta cidade, na Rua (...), Capital, inscrita no CNPJ/MF sob nº (...), com seu contrato social devidamente registrado no (...) Ofício de Registro Civil das Pessoas Jurídicas sob nº (...), em (...) e suas respectivas alterações, sendo a última delas datada de (...), devidamente registrada no mesmo (...) Ofício sob nº (...), em (...), neste ato representada, de acordo com o disposto no Capítulo III, cláusula (...), de seu contrato social, pelo seu sócio-gerente (...), brasileiro, casado, empresário, RG nº (...) SSP/SP e CPF nº (...), domiciliado no endereço comercial da empresa incorporadora.

III – Objeto da incorporação e fundamento jurídico

O presente memorial tem por objeto a incorporação imobiliária de um conjunto de edifícios residenciais, com a denominação geral de condomínio (...), que será construído na Av. (...), bairro (...), nesta cidade e comarca de São Paulo, Estado de São Paulo, em terreno de propriedade da incorporadora, devidamente descrito no item I supra, empreendimento este que se destinará à constituição em condomínio por unidades autônomas, de acordo com a legislação em vigor.

A incorporação imobiliária objeto do presente memorial reger-se-á pelo disposto na Lei 4.591, de 16 de dezembro de 1964, com as alterações introduzidas pela Lei Federal 4.864, de 29 de dezembro de 1965 e demais disposições legais aplicáveis à espécie.

IV – Título de propriedade

O imóvel descrito no item I supra foi adquirido por (...) Ltda., por escritura pública de compra e venda de (...), lavrada pelo (...) Tabelião de Notas da Capital, no livro (...), páginas (...), subscrita pelo escrevente (...) e pelo Tabelião (...), registrada sob R. (...), na matrícula nº (...) junto ao (...) Cartório de Registro de Imóveis da Capital, em (...).

V – Das diferentes partes do condomínio

O empreendimento imobiliário objeto do presente memorial de incorporação, denominado condomínio (...), quando instituído pelo regime de condomínio a que se destina, abrangerá partes distintas, a saber:

a) partes de propriedade comum ou partes do condomínio, inalienáveis, indivisíveis, acessórias e indissoluvelmente ligadas às unidades autônomas, e que serão aquelas assim definidas no art. 3º da Lei 4.591/1964 e na minuta da futura convenção de condomínio;

b) partes de propriedade exclusiva ou unidades autônomas, com a localização e designação numérica explicitadas nos tópicos que se seguem.

VI – Descrição dos edifícios que compõem as unidades autônomas do condomínio (...).

Pavimento tipo dos edifícios, "A", "B", "C", "D", "E", "F", "G", "H", "I", "J", "K", "L" e "M".

1) No andar térreo dos edifícios "A", "B", "C", "D", "E", "F", "G", "H", "I", "J", "K", "L" e "M" situar-se-ão 04 (quatro) apartamentos, servidos pelo respectivo *hall*, caixa de escadas para acesso ao rés do chão e para acesso ao primeiro pavimento, contendo cada apartamento sala, dois dormitórios, banheiro, cozinha e área de serviço.

2) Em cada um dos pavimentos tipo, do primeiro ao terceiro andar, dos edifícios "A", "B", "C", "D", "E", "F", "G", "H", "I", "J", "K", "L" e "M" situar-se-ão 04 (quatro) apartamentos, servidos pelo respectivo *hall*, caixa de escadas para acesso ao pavimento inferior e para acesso ao pavimento superior, contendo cada apartamento sala, dois dormitórios, banheiro, cozinha e área de serviço.

3) No quarto pavimento dos edifícios "A", "B", "C", "D", "E", "F", "G", "H", "I", "J", "K", "L" e "M" situar-se-ão 04 (quatro) apartamentos, servidos pelo respectivo *hall*, caixa de escadas para acesso ao pavimento inferior, contendo cada apartamento sala, dois dormitórios, banheiro, cozinha e área de serviço.

Pavimento tipo dos edifícios "N" e "O"

4) No subsolo dos edifícios "N" e "O" haverá uma área que servirá como depósito, além de um banheiro.

5) No andar térreo dos edifícios "N" e "O" situar-se-ão 04 (quatro) apartamentos, servidos pelo respectivo *hall*, caixa de escadas para acesso ao rés do chão e para acesso ao primeiro pavimento, contendo cada apartamento sala, dois dormitórios, banheiro, cozinha e área de serviço.

6) Em cada um dos pavimentos tipo, do primeiro ao terceiro andar, dos edifícios "N" e "O" situar-se-ão 04 (quatro) apartamentos, servidos pelo respectivo *hall*, caixa de escadas para acesso ao pavimento inferior e para acesso ao pavimento superior, contendo cada apartamento sala, dois dormitórios, banheiro, cozinha e área de serviço.

7) Nos quatro pavimentos tipo dos edifícios "N" e "O" situar-se-ão 04 (quatro) apartamentos, servidos pelo respectivo *hall*, caixa de escadas para acesso ao pavimento inferior, contendo cada apartamento sala, dois dormitórios, banheiro, cozinha e área de serviço.

VII – Descrição e áreas das unidades autônomas

Os apartamentos de números 1, 2, 3, 4, 11, 12, 13, 14, 21, 22, 23, 24, 31, 32, 33, 34, 41, 42, 43 e 44, de cada um dos quinze edifícios residenciais, serão absolutamente iguais entre si, e terão individualmente a área privativa de 51,430 m², e a área comum de 58,554 m², perfazendo a área total de 109,984 m², correspondendo à fração ideal de 0,3333% no terreno e demais coisas de uso comum do condomínio, e serão compostos de: sala, cozinha, área de serviço, dois dormitórios e banheiro em cada uma das unidades, bem como o direito de uso de 1 (uma) vaga descoberta, demarcada, a ser determinada mediante sorteio, nos termos previstos na minuta da futura convenção de condomínio.

VIII – Das partes comuns e exclusivas

A) Partes comuns – consubstanciada de coisas e áreas de uso comum dos condôminos, inalienáveis e indivisíveis, acessórias e indissoluvelmente ligadas às unidades autônomas, tal como definidas no art. 3º da Lei 4.591/1964, a saber: o terreno em que se levantam as edificações e suas instalações; as estruturas de alvenaria e suas fundações; as paredes externas de cada edifício; as paredes internas divisórias entre as unidades autônomas e entre estas e as partes comuns; as fachadas de cada edifício e seus ornamentos (exclusive janelas das unidades autônomas); as escadarias e os *"halls"* internos das entradas de cada edifício; os compartimentos dos medidores de luz e gás; os telhados que cobrem os edifícios; os fios e encanamentos; as caixas d'água de cada edifício e respectivos barriletes; os troncos de entrada de água, eletricidade, telefone e os de saída de esgoto e todos os respectivos ramais que servem as dependências de uso comum; os condutores de águas pluviais; bem como, as áreas do subsolo dos edifícios "N" e "O"; os muros e gradis externos; a quadra poliesportiva; a piscina; a portaria com todas as suas dependências e instalações; a rua de circulação interna; os jardins e os passeios e respectivas escadas de acesso aos prédios e demais benfeitorias; o *play ground*; o edifício da administração com todas as suas dependências e instalações, contendo este, no pavimento inferior, depósito e vestiários da piscina, salão de festas, com uma copa e dois banheiros e no pavimento superior, o salão de ginástica com dois banheiros, um escritório para a administração e o apartamento do zelador, contendo dois dormitórios, sala, banheiro, cozinha e área de serviço.

Nas partes comuns incluem-se, ainda:

A.1.) 300 (trezentas) vagas de uso comum, exclusivas para carros de passeio, que posteriormente serão identificadas com o nome do edifício mais o número do apartamento correspondente. Estas vagas deverão ser atribuídas mediante sorteio, nos termos da minuta da futura convenção de condomínio, sendo que 3 (três) delas, localizadas conforme planta constante do projeto aprovado, serão reservadas prioritariamente a deficientes físicos, se houver;

A.2.) 30 (trinta) vagas para motocicletas ou motonetas, que serão atribuídas aos interessados mediante sorteio nos termos da minuta da futura convenção de condomínio, as quais estarão sujeitas ao pagamento de uma contribuição mensal, cujo valor será fixado anualmente pela assembleia geral;

A.3.) 1 (uma) vaga para o carro do zelador, cuja localização será determinada pela assembleia geral.

B) Partes exclusivas – consubstanciadas pelas unidades autônomas abaixo relacionadas:

Edifício "A"

pavimento térreo – apartamentos nºs 1, 2, 3 e 4

1º pavimento – apartamentos nºs 11, 12, 13 e 14

2º pavimento – apartamentos nºs 21, 22, 23 e 24

3º pavimento – apartamentos nºs 31, 32, 33 e 34

4º pavimento – apartamentos nºs 41, 42, 43 e 44

Edifício (...)

IX – Identificação e descrição dos edifícios e confrontações das unidades autônomas

De conformidade com o projeto aprovado, o condomínio (...) será constituído, além dos equipamentos condominiais, por:

A) 13 edifícios residenciais – denominados "A", "B", "C", "D", "E", "F", "G", "H", "I", "J", "K", "L" e "M", localizados e identificados nominalmente conforme planta anexa a este Memorial, e contendo cada um: no pavimento térreo, 4 (quatro) apartamentos, cada um com 51,430m² de área privativa e 58,554 m² de área comum; no primeiro pavimento, 4 (quatro) apartamentos, cada um com 51,430 m² de área privativa e 58,554 m² de área comum; no segundo pavimento, 4 (quatro) apartamentos, cada um com 51,430 m² de área privativa e 58,554 m² de área comum; no terceiro pavimento, 4 (quatro) apartamentos, cada um com 51,430 m² de área privativa e 58,554 m² de área comum; no quarto pavimento, 4 (quatro) apartamentos, cada um com 51,430 m² de área privativa e 58,554 m² de área comum.

B) 2 edifícios residenciais – denominados "N" E "O", localizados e identificados nominalmente conforme planta anexa a este Memorial, e contendo cada um: no pavimento térreo, 4 (quatro) apartamentos, cada um com 51,430m² de área privativa e 58,554m² de área comum; no primeiro pavimento, 4 (quatro) apartamentos, cada um com 51,430m² de área privativa e 58,554m² de área comum; no segundo pavimento, 4 (quatro) apartamentos, cada um com 51,430m² de área privativa e 58,554m² de área comum; no terceiro pavimento, 4 (quatro) apartamentos, cada um com 51,430m² de área privativa e 58,554 m² de área comum; no quarto pavimento, 4 (quatro) apartamentos, cada um com 51,430m² de área privativa e 58,554m² de área comum.

As confrontações das unidades autônomas serão as seguintes:

Os apartamentos de final 1 do edifício "A" confrontar-se-ão, de quem do interior do *hall* de entrada observa a porta social destas unidades: pelo lado esquerdo com os apartamentos de final 4; pelo lado direito e com os fundos, com o recuo do condomínio; e pela frente com o recuo lateral de acesso à entrada social do edifício e com o *hall* de entrada.

Os apartamentos de final 2 do edifício "A" confrontar-se-ão, de quem do interior do *hall* de entrada observa a porta social destas unidades: pelo lado direito com os apartamentos de final 3; pelo lado esquerdo e com os fundos, com o recuo do condomínio; e pela frente com o recuo lateral de acesso à entrada social do edifício e com o *hall* de entrada.

(...)

X – Das áreas e frações ideais das unidades autônomas

Todos os 300 (trezentos) apartamentos que compõem o condomínio (...) têm exatamente o mesmo valor de R$ (...), perfazendo o total da construção de R$ (...), a mesma área de uso privativo, a mesma área de uso comum e, portanto, a mesma área total, bem como a mesma fração ideal sobre o terreno e as coisas comuns, assim discriminadas:

• Área privativa: (...)

• Área comum: (...)

• Área total:......(...)

• Fração ideal: (...)

• Valor da unidade..............: R$ (...)

• Valor Total da Construção: R$ (...)

• Fração ideal...............: (...)

XI – Projeto de construção

O projeto de construção do empreendimento objeto deste memorial, denominado condomínio (...), que se situará na Av. (...), foi regularmente aprovado pela Prefeitura Municipal de São Paulo, pelo termo de alvará de aprovação e execução de edificação nova nº 1998/17157-00, de 16 de julho de 1998, referente à construção de edifícios de apartamentos.

XII – Da implementação do projeto de construção

A incorporadora declara que, em virtude da grande extensão do empreendimento, a construção e implementação dos edifícios residenciais com as unidades autônomas, dos prédios da administração e portaria, das áreas de lazer e demais edificações e instalações condominiais, serão realizadas em etapas, conforme também previsto na minuta da futura convenção de condomínio. Nestas condições, serão efetuadas instituições parciais de condomínio para cada edifício ou para cada agrupamento de edifícios acabados, na medida em que forem sendo expedidos, pela Prefeitura Municipal de São Paulo, os respectivos autos de conclusão parcial de obras ("habite-se" parcial).

XIII – Da administração do condomínio

A incorporadora reserva a si o direito de, após a conclusão total das obras, ou mesmo durante a construção, que será realizada em etapas, contratar empresa administradora para, ou ela própria incorporadora, administrar o condomínio (...). Tal direito permanecerá durante a totalidade do período compreendido entre a entrega do primeiro edifício até completar 2 (dois) anos após a conclusão integral das obras do condomínio, de acordo com as disposições contidas na minuta da futura convenção do condomínio (...), e ficando desde já estabelecida a taxa mínima de 10% (dez por cento) a ser aplicada sobre as receitas mensais ordinárias e extraordinárias do condomínio, como remuneração mensal dos respectivos serviços.

XIV – Dos custos do empreendimento

A incorporadora declara que, o custo total do empreendimento, conforme avaliação prevista na letra "h" do art. 32 da Lei Federal 4.591/1964, de acordo com o custo unitário PINI para o mês de (...) de (...) está avaliado em R$ (...).

Adicionalmente apresenta certidão nº (...) de lançamento como contribuinte fiscal pela Prefeitura do Município de São Paulo – Secretaria das Finanças, emitida em (...).

XV – Documentos anexados

Com o presente memorial, a incorporadora apresenta os documentos previstos nas letras "a", "b", "c", "d", "e", "f", "g", "h", "i", "j", "n" e "p" do art. 32 da Lei Federal 4.591/1964, deixando de apresentar os documentos previstos nas letras "l" e "m", por não ocorrerem as hipóteses previstas em lei.

XVI – Das declarações do art. 32 da Lei 4.591/1964

A) A incorporadora declara que o empreendimento está sujeito ao regime de carência previsto na letra "n" do art. 32 e art. 34 da Lei 4.591/1964.

B) A incorporadora declara que o empreendimento está dividido em frações ideais, conforme já se discriminou neste instrumento, com as respectivas unidades autônomas que a elas corresponderão, em cumprimento ao disposto na letra "i" do art. 32 da Lei 4.591/1964.

C) A incorporadora declara, em cumprimento à letra "p" do art. 32 da Lei 4.591/1964, que cada uma das unidades autônomas possui o direito de uso de 1 (uma) vaga de garagem para carros de passeio descoberta, demarcada e a ser atribuída por sorteio, nos termos da minuta da futura convenção de condomínio, e que dentre elas, 3 (três) vagas específicas e identificadas no projeto aprovado, serão destinadas à deficientes físicos, se houver. Havendo, outrossim, 1 (uma) vaga adicional para uso do zelador e 30 (trinta) vagas para motocicletas, a serem atribuídas mediante sorteio entre os interessados, nos termos previstos na minuta da futura convenção de condomínio.

D) A incorporadora declara, ainda, que o profissional responsável pela obra, Engenheiro (...), portador do CREA nº (...), assina os documentos das alíneas "e", "g", "h" e "p".

XVII – Histórico Vintenário

A incorporadora, em cumprimento ao disposto na letra "c" do art. 32 da Lei 4.591/1964, declara que o histórico vintenário do imóvel objeto do presente instrumento é o seguinte:

1) Que o imóvel, objeto da matrícula (...) do (...) Cartório de Registro de Imóveis, foi adquirido pela incorporadora (...) Ltda., por força de escritura pública de compra e venda de (...), lavrada pelo (...)Tabelião de Notas da Capital, no livro (...), páginas (...), subscrita pelo escrevente (...) e pelo Tabelião (...), registrada sob R. (...) na matrícula nº (...) do já citado Cartório, em (...).

Histórico da matrícula nº (...), junto ao (...) Oficial de Registro de Imóveis

Pelo R.2 da matrícula nº (...) junto ao (...) Oficial de Registro de Imóveis, em (...), a (...), com sede na cidade de (...), Estado de São Paulo, CNPJ/MF nº (...), então proprietária por força da Transcrição 108.732 e Matrícula(...), ambas do (...) Oficial de Registro de Imóveis desta Capital, através da escritura de (...), do (...) Tabelião de Notas desta Capital, transmitiu o imóvel objeto desta matrícula, por venda feita na proporção de 50% para (...), engenheiro, RG (...), casado pelo regime de comunhão parcial de bens, na vigência da Lei 6.515/1977, com (...), professora, RG (...), inscrito no CPF sob o nº (...), residente na rua (...) e 50% para (...), engenheiro, RG nº (...), casado pelo regime de comunhão parcial de bens, na vigência da Lei 6.515/1977, com (...), jornalista, RG (...), inscrito no CPF (...), residente na rua (...), todos brasileiros e domiciliados nesta Capital, pelo valor de R$ (...).

Em virtude da Av. (...) 3, de (...), e por força da escritura de (...), junto ao (...) Tabelião de Notas desta Capital, (Livro..., folhas...), o imóvel objeto da matrícula nº (...), do (...) Oficial de Registro de Imóveis da Capital, foi dividido entre os coproprietários.

A gleba original, objeto da matrícula nº (...), encerrava a área de (...) m². Seu desmembramento motivou a abertura das matrículas nºs (...) e (...) deste Cartório, em virtude do que ficou encerrada a matrícula nº (...).

A gleba objeto da matrícula nº (...), denominada Gleba 1, encerrando a área de 74.669,86, tinha, como proprietários, por força do R.2, de (...), (...) e sua mulher (...), já qualificados.

A gleba objeto da matrícula nº (...), denominada GLEBA 2, encerrando a área de 74.669,86, tinha, como proprietários, (...) e sua mulher, (...), já qualificados.

Histórico da matrícula nº (...):

Por escritura de (...), do (...) Tabelião de Notas desta Capital (Livro..., folhas...) que deu origem ao R.2, de (...), da matrícula (...), o imóvel objeto dessa matrícula foi atribuído, a título de divisão amigável, aos coproprietários (...) e sua mulher, (...), já qualificados.

Por escritura (...), do (...) Tabelião de Notas desta Capital (Livro..., folhas...), que deu origem ao R. (...) de (...), da matrícula (...), (...) e sua mulher, (...), já qualificados, transmitiram uma fração ideal correspondente a (...)% do imóvel objeto dessa matrícula, por venda à (...), inscrita no CNPJ/MF sob o nº (...), com sede nesta Capital, na rua (...).

Por escritura datada de (...), do (...) Tabelião de Notas desta Capital (Livro..., folhas...), que deu origem ao R.5, de (...), da matrícula (...), a adquirente pelo R.4, (...), já qualificada, transmitiu a fração ideal correspondente a (...)% do imóvel objeto dessa matrícula, por venda à (...), CNPJ/MF nº (...), com sede na (...), comparecendo ainda como intervenientes, (...) e sua mulher, (...), já qualificados, concordando com a alienação.

Por escritura de (...), do (...) Tabelião de Notas desta Capital (Livro..., folhas...), retificada e ratificada pela escritura de (...) (Livro..., folhas...) das mesmas notas, que deu origem ao R.6, de (...), da matrícula (...), os proprietários pelo R.2, (...) e sua mulher, (...), já qualificados, transmitiram uma parte ideal correspondente a 19,9743% do imóvel dessa matrícula, à coproprietária, (...), já qualificada, a título de permuta com uma parte ideal correspondente a (...)% do imóvel objeto da matrícula (...), junto ao (...) Ofício de Registro de Imóveis, de propriedade da mesma adquirente.

Pela Av. (...), de (...), ficou constando a fusão do imóvel objeto da matrícula (...) com o da matrícula (...), dando origem à de número (...), junto ao (...) Ofício de Registro de Imóveis, em virtude do que ficou encerrada a matrícula (...).

Histórico da matrícula (...):

Por escritura de (...), do (...) Tabelião de Notas desta Capital (Livro..., folhas...) que deu origem ao R. (...), de (...), da matrícula (...), o imóvel objeto dessa matrícula foi atribuído, a título de divisão amigável, aos coproprietários (...) e sua mulher, (...), já qualificados.

Por escritura de (...), do (...) Tabelião de Notas desta Capital (Livro..., folhas...), que deu origem ao R.(...), de (...), da matrícula (...), (...) e sua mulher, (...), já qualificados, transmitiram o imóvel objeto dessa matrícula, por venda a (...), com sede na Cidade do Rio de Janeiro – RJ, na (...), inscrita no CNPJ/MF (...).

Por escritura de (...), do (...) Tabelião de Notas desta Capital, (Livro..., folhas...), que deu origem ao R.5, de (...), a adquirente pelo R.4, (...), já qualificada, com sede na cidade do Estado do (...), na (...) e filial nesta Capital, na (...), inscrita no CNPJ/MF nº (...), transmitiu o imóvel objeto dessa matrícula, por venda feita a (...), inscrita no CNPJ nº (...), com sede na cidade de Ribeirão Preto, neste Estado, na Avenida (...).

Por escritura datada de (...), do (...) Tabelião de Notas desta Capital (Livro..., folhas...), que deu origem ao R.(...), de (...), da matrícula (...), a adquirente pelo R.5, (...), já qualificada, transmitiu o imóvel objeto dessa matrícula, por venda feita à (...), CNPJ/MF (...), com sede na (...).

Por escritura de (...), do (...) Tabelião de Notas desta Capital (Livro..., folhas...), retificada e ratificada pela escritura de (...) (Livro..., folhas...) das mesmas notas, que deu origem ao R.(...), de (...) da matrícula (...), a proprietária pelo R.6, (...), já qualificada transmitiu uma parte ideal correspondente a (...)% do imóvel objeto da matrícula a (...), engenheiro, RG (...)-SP, e sua mulher, (...), RG (...), inscritos no CPF (...), casados pelo regime de comunhão parcial de bens, na vigência da Lei 6.515/1977, residentes nesta Capital, na rua Leão Coroado nº 393, apto. 141, a título de permuta com uma parte ideal correspondente a (...)% do imóvel objeto da matrícula (...), deste Cartório, de propriedade dos adquirentes.

Pela Av. (...), de (...), à vista das escrituras referidas no registro anterior, ficou constando a fusão do imóvel objeto desta, com o da matrícula (...), dando origem à de número (...), junto ao (...) Ofício de Registro de Imóveis, em virtude do que ficou encerrada a matrícula (...).

Histórico da matrícula (...):

Os imóveis objeto das matrículas (...) e (...), com área de (...) m² cada um, foram objeto de fusão, dando origem ao imóvel objeto da matrícula (...), com (...) m² de área total.

Consoante a Av. (...), desta matrícula, a proprietária (...), com a anuência dos coproprietários, (...) e sua mulher, (...), já qualificados, promoveu, neste imóvel, a implantação do loteamento denominado "(...)", compreendendo o parcelamento do solo: a) área verde com (...) m²; b) área institucional com (...) m²; c) área das vias com (...) m² e d) 12 lotes distintos, com a área total de

(...) m², e com as seguintes áreas individuais: Lote n° 1 com a área de (...) m²; Lote n° 2 com a área de (...) m²; Lote n° 3 com a área de (...) m²; Lote n° 4 com a área de (...) m²; Lote n° 5 com a área de (...) m²; Lote n° 6 com a área de (...) m²; Lote n° 7 com a área de (...) m²; Lote n° 8 com a área de (...) m²; Lote n° 9 com a área de (...) m²; Lote n° 10 com a área de (...) m²; Lote n° 11 com a área de (...) m²; Lote n° 12 com a área de (...) m².

Histórico da matrícula (...):

O Lote n° 1 com a área de (...) m², que deu origem à matrícula (...), é o terreno objeto da presente incorporação imobiliária.

XVIII – Instituição do Patrimônio de Afetação

A) Nos termos do art. 31-B, da Lei 4.591/1964, com a redação da Lei 10.931, de 2 de agosto de 2004, fica instituído o patrimônio de afetação, autorizado desde já, ao Sr. Oficial, a averbação junto à matrícula do terreno.

B) Ultrapassado o prazo de carência, será eleita uma Comissão de Representantes, composta por três membros – os três primeiros adquirentes –, que desempenharão as incumbências determinadas pelo art. 31-C, da Lei 4.591/1964.

São Paulo, (...)

(...) Ltda.

Ilmo. Senhor Oficial do 18° Registro de Imóveis da Capital

(...) Ltda., com sede nesta cidade, na Rua (...), inscrita no CNPJ/MF sob n° (...), com seu contrato social devidamente registrado no (...) Ofício de Registro Civil das Pessoas Jurídicas sob n° (...), em (...) e suas respectivas alterações, sendo a última delas datada de (...), devidamente registrada no mesmo (...) Ofício sob n° (...), neste ato representada, de acordo com o disposto na cláusula (...) e posteriores alterações de seu contrato social, pelo seu sócio-gerente (...), brasileiro, casado, empresário, RG n° (...) SSP/SP e CPF n° (...), domiciliado no endereço comercial da incorporadora, vem declarar, para os fins da alínea "l" do art. 32 da Lei 4.591, de 16 de dezembro de 1964, que deixa de juntar o documento a ela referente em virtude de o preço do terreno ter sido pago em dinheiro e não em área construída ou a ser construída.

São Paulo, (...)

(...) Ltda.

Ilmo. Senhor Oficial do 18° Registro de Imóveis da Capital

(...) Ltda., com sede nesta cidade, na Rua (...), inscrita no CNPJ/MF sob n° (...), com seu contrato social devidamente registrado no (...) Ofício de Registro Civil das Pessoas Jurídicas sob n° (...), em (...) e suas respectivas alterações, sendo a última delas datada de (...), devidamente registrada no mesmo (...) Ofício sob n° (...), neste ato representada, de acordo com o disposto na cláusula (...) e posteriores alterações de seu contrato social, pelo seu sócio-gerente (...), brasileiro, casado, empresário, RG n° (...) SSP/SP e CPF n° (...), domiciliado no endereço comercial da incorporadora, vem declarar que, para os fins da alínea "m" do art. 32 da Lei 4.591, de 16 de dezembro de 1964, deixa de juntar o documento a ela referente, em virtude de serem da própria incorporadora a iniciativa e a responsabilidade do empreendimento do condomínio (...).

São Paulo, (...)

(...) Ltda.

Ilmo. Senhor Oficial do 18° Registro de Imóveis da Capital

(...) Ltda., com sede nesta cidade, na Rua (...), inscrita no CNPJ/MF sob n° (...), com seu contrato social devidamente registrado no (...) Ofício de Registro Civil das Pessoas Jurídicas sob n° (...), em (...) e suas respectivas alterações, sendo a última delas datada de (...), devidamente registrada no mesmo (...) Ofício sob n° (...), neste ato representada, de acordo com o disposto na cláusula (...) e posteriores alterações de seu contrato social, pelo seu sócio-gerente (...), brasileiro, casado, empresário, RG n° (...) SSP/SP e CPF n° (...), domiciliado no endereço comercial da incorporadora, vem declarar, para os fins da alínea "n" do art. 32 da Lei 4.591, de 16 de dezembro de 1964, que o empreendimento do condomínio (...) está sujeito ao regime de carência previsto no art. 14 da Lei supra mencionada, pelo prazo de 06 (seis) meses, podendo ser renovado findo esse prazo, por decisão da própria incorporadora, que poderá desistir do empreendimento caso não consiga comercializar, no mínimo, 60% (sessenta por cento) das unidades autônomas dele componentes.

São Paulo, (...)

(...) Ltda.

Ilmo. Senhor Oficial do 18º Registro de Imóveis da Capital

(...) Ltda., com sede nesta Capital, à Rua (...), inscrita no CNPJ/MF sob nº (...), com seu contrato social devidamente registrado no (...) Ofício de Registro Civil das Pessoas Jurídicas sob nº (...), em (...) e suas respectivas alterações, sendo a última delas datada de (...), devidamente registrada no mesmo (...) Ofício sob nº (...), neste ato representada, de acordo com a cláusula 9ª, 10ª e 21 de seu contrato social, pelo seu sócio-gerente (...), brasileiro, casado, empresário, RG nº (...) SSP/SP e CPF nº (...), domiciliado no endereço comercial da incorporadora, bem como o engenheiro responsável pela obra (...), domiciliado comercialmente nesta Capital na Avenida (...), vem declarar, para os fins da alínea "p" do art. 32 da Lei 4.591 de 16 de dezembro de 1964, que as vagas de estacionamento, descobertas e demarcadas, estão assim distribuídas:

a) 300 (trezentas) vagas de uso comum, exclusivas para carros de passeio, que serão, posteriormente ao sorteio, identificadas com o nome do edifício mais o número do apartamento correspondente.

Estas vagas serão atribuídas mediante sorteio, em cada edifício, nos termos da convenção, sendo que três delas, localizadas conforme planta, serão preferencialmente reservadas à deficientes físicos, se houver.

b) 30 (trinta) vagas para motocicletas e motonetas, atribuídas aos interessados mediante sorteio geral, as quais estão sujeitas ao pagamento de uma contribuição mensal, cujo valor será fixado anualmente pela assembleia geral.

c) 1 vaga para o carro do zelador, cuja localização será determinada pela assembleia geral.

São Paulo, (...)

(...) Ltda.

Engenheiro responsável

Minuta da futura convenção de condomínio

O condomínio (...) é composto por quinze edifícios residenciais, com suas respectivas entradas, instalações e designações próprias, sob os nomes Edifício "A"; Edifício "B", Edifício "C", Edifício "D", Edifício "E", Edifício "F", Edifício "G", Edifício "H", Edifício "I", Edifício "J", Edifício "K", Edifício "L", Edifício "M", Edifício "N" e Edifício "O", todos sobre o mesmo terreno, contendo cada um deles 5 (cinco) pavimentos, com 4 (quatro) apartamentos térreos e 4 (quatro) apartamentos em cada um dos andares, do 1º ao 4º, perfazendo, assim, 20 (vinte) apartamentos, além das demais edificações e instalações que compõem o respectivo projeto de construção aprovado junto à Prefeitura Municipal de São Paulo.

Reger-se-á, em regime de condomínio horizontal, pela Lei 4.591, de 16 de dezembro de 1964, e pela presente convenção e pelo regimento interno a ela incorporado.

Partes exclusivas e comuns

Art. 1º O condomínio (...) compõe-se de partes autônomas, de propriedade exclusiva, e de partes de propriedade comum de todos os condôminos.

Art. 2º Constituem partes autônomas, de propriedade exclusiva dos condôminos, as unidades propriamente ditas, localizadas nos vários pavimentos dos edifícios residenciais que compõem o condomínio (...) constituídas por 300 (trezentos) apartamentos, conforme discrimina o ato de instituição do condomínio.

Art. 3º Constituem partes comuns, inalienáveis, indivisíveis e indissoluvelmente ligadas às partes alienáveis e de uso exclusivo, as referidas no art. 3º da Lei 4.591/1964 e, mui especialmente, o terreno em que se levantam as edificações e suas instalações; as estruturas de alvenaria e suas fundações; as paredes externas de cada edifício; as paredes internas divisórias entre as unidades autônomas e entre estas e as partes comuns; as fachadas de cada edifício e seus ornamentos (exclusive janelas das unidades autônomas); as escadarias e os "halls" internos das entradas de cada edifício; os compartimentos dos medidores de luz e gás; os telhados que cobrem os edifícios; os fios e encanamentos; as caixas d'água de cada edifício e respectivos barriletes; os troncos de entrada de água, eletricidade, telefone e os de saída de esgoto e todos os respectivos ramais que servem as dependências de uso comum; os condutores de águas pluviais; bem como as áreas do subsolo dos edifícios "N" e "O"; os muros e gradis externos; a quadra poliesportiva; a piscina; a portaria com todas as suas dependências e instalações; o arruamento; os jardins e os passeios e respectivas escadas de acesso aos prédios e demais benfeitorias; o *playground*; o edifício da administração com todas as suas dependências e instalações, contendo este, no pavimento inferior, depósito e vestiários da piscina, salão de festas, com uma copa e dois banheiros; e no pavimento superior, o salão de ginástica com dois banheiros, um escritório para a administração e o apartamento do zelador, contendo dois dormitórios, sala, banheiro, cozinha e área de serviço.

Destino das diferentes partes

Art. 4º Fica convencionado que o condomínio e os edifícios objeto da presente convenção destinam-se exclusivamente ao uso residencial, sendo vedado o uso, a conversão ou adaptação das unidades para quaisquer outros fins.

Modo de usar as coisas e serviços exclusivos e comuns

Art. 5º O condômino tem o direito de usar, administrar e fruir de sua unidade autônoma, de acordo com a destinação estabelecida e segundo melhor lhe convenha, sob a condição de não prejudicar igual direito dos demais, observando e fazendo observar, por quem fizer suas vezes na ocupação, os preceitos desta convenção, não comprometendo e não permitindo que outrem, por ele, comprometa a solidez, a segurança, a tranquilidade, a categoria e o nível moral do prédio.

Direitos e obrigações dos condôminos

Art. 6º Sem prejuízo da estrita observância destas normas, tudo quanto possa interessar ao uso e gozo geral dos prédios ou de suas dependências e serventias comuns, será decidido nas formas adiante previstas.

Art. 7º Todas as reclamações ou exigências dos condôminos, relativas ao uso e gozo das dependências ou serventias comuns do condomínio, bem como de sua conservação ou limpeza, serão levadas ao conhecimento do síndico ou dos Subsíndicos, que determinarão as providências necessárias.

Art. 8º São direitos de cada condômino:

a) usar, gozar e dispor da parte de sua propriedade exclusiva como melhor lhe aprouver, desde que fiquem respeitadas as disposições desta convenção, de forma também a não prejudicar igual direito dos demais condôminos e a não comprometer a saúde, a higiene, a segurança, o sossego dos demais condôminos, além do bom nome do condomínio;

b) usar das coisas comuns conforme o seu destino e sobre elas exercer todos os direitos que lhe confere a presente convenção, desde que não exclua a utilização dos demais condôminos e possuidores;

c) reivindicar sua unidade autônoma de terceiros que a ocupem, vendê-la, alugá-la, gravá--la, transferindo a sua propriedade e posse independentemente de consulta ou preferência dos demais condôminos;

d) votar nas assembleias e delas participar, inclusive concorrendo como síndico, desde que esteja quite com todas as obrigações do condomínio. Caso haja parcelamento de débitos, o condômino somente poderá votar e participar da assembleia após o pagamento integral do parcelamento e desde que, igualmente, também esteja em dia com o pagamento das cotas de condomínio.

Art. 9º São deveres de cada condômino, dos ocupantes, de suas famílias e de seus empregados:

a) cumprir, fazer respeitar e fiscalizar a observância do disposto nesta convenção,

b) concorrer, na proporção fixada para a sua unidade, solidariamente, para as despesas condominiais e aquelas aprovadas em assembleia e necessárias à conservação, funcionamento, limpeza e segurança dos prédios, inclusive para o seguro destes, qualquer que seja a sua natureza;

c) suportar, na mesma proporção, solidariamente, os ônus a que estiverem ou ficarem sujeitos os prédios em seu conjunto;

d) zelar, responsabilizando-se pessoal e solidariamente, pelo comportamento das pessoas que, a qualquer título, ocupem suas unidades autônomas e, bem assim, das que, com seu beneplácito, ingressarem no edifício, arcando com eventuais multas decorrentes da infração dessas pessoas às normas desta convenção;

e) permitir a entrada do síndico, subsíndicos ou pessoas por eles devidamente autorizadas, em suas unidades autônomas, sempre que for necessário proceder à reparação de instalações ou à execução de trabalhos relacionados com a estrutura geral do edifício ou com o bom funcionamento das instalações;

f) zelar pela saúde, sossego e segurança dos edifícios;

g) se abster de realizar obras que comprometam a segurança da edificação, sem prejuízo das demais vedações e limitações desta convenção;

h) exigir do síndico ou, na sua ausência, de quem o substituir, as providências que forem necessárias para o cumprimento fiel da presente convenção;

i) comunicar ao síndico qualquer caso de moléstia epidêmica, para fins de providências junto à Saúde Pública;

j) não alterar a cor e a forma da fachada, das partes e esquadrias externas, sendo permitida a colocação de redes de proteção, com a anuência do síndico e desde que não comprometa o projeto arquitetônico original do edifício.

k) Informar o síndico e quem esteja encarregado da administração, a alienação da unidade bem como a sua locação, informando o título e os nomes dos novos moradores para fins de cadastro e controle de acesso.

Art. 10. É proibido aos condôminos:

1) Nos termos do inciso II do art. 1.335 do Código Civil, usar ou consentir que se usem coisas comuns ou as respectivas unidades autônomas para fins diversos daqueles a que se destinam, notadamente para atividades que, direta ou indiretamente, causem desconforto ou mal-estar aos demais condôminos.

2) Usar, emprestar, ceder ou locar, no todo ou em parte, as unidades autônomas para instalação de atividades perigosas ou que causem incômodo aos condôminos.

3) Fracionar a respectiva unidade autônoma, a fim de aliená-la ou locá-la a mais de uma pessoa, separadamente.

4) Obstruir os estacionamentos, os passeios, as calçadas, as entradas e outras áreas comuns, vestíbulos, corredores, "*halls*", escadas, ainda que em caráter provisório e momentaneamente, ou utilizar alguma dessas dependências para qualquer fim que não o de trânsito, sendo terminantemente proibido nelas o estacionamento de empregados ou visitantes, quer isoladamente, quer em grupos.

5) Possuir e manter nos edifícios animais, domésticos ou não, que possam transgredir as normas do Direito de Vizinhança, podendo prejudicar a segurança, o sossego e a saúde dos habitantes do Condomínio, conforme o teor do art. 1.336, IV, do Código Civil brasileiro.

6) Armazenar explosivos e inflamáveis nos apartamentos e dependências, queimar fogos de artifício de qualquer natureza nas janelas, varandas, áreas de serviço e áreas comuns, ter ou usar instalações ou materiais suscetíveis, de qualquer forma, de afetar a saúde e a segurança dos demais moradores dos edifícios ou dos quais possa resultar o aumento do prêmio de seguro.

7) Remover pó dos tapetes ou cortinas e outros pertences nas janelas, devendo promover a limpeza de sua unidade de forma a não prejudicar o asseio e a aparência das partes comuns.

8) Colocar em peitoris, janelas, terraços, áreas de serviço, varandas e amuradas, vasos, enfeites, plantas ou quaisquer objetos que possam, a qualquer momento, cair nas áreas internas e externas, tornando perigosa a passagem pelas mesmas.

9) Lançar quaisquer objetos ou líquidos sobre as ruas, logradouros públicos, áreas, terraços, passeios, escadarias, pátios internos e estacionamentos.

10) Descartar lixos ou detritos em desacordo com as normas da Administração e, notadamente, obstruindo áreas de circulação, "*halls*" e escadarias.

11) Violar, de qualquer forma, a lei do silêncio; usar aparelhos de som, alto-falantes, televisores e similares; buzinas, instrumentos musicais, de percussão ou quaisquer outros, de maneira a perturbar o sossego dos condôminos vizinhos em qualquer horário.

12) Deixar de estabelecer o necessário silêncio absoluto após as 22 horas ou perturbar o sossego dos demais condôminos e moradores em qualquer horário.

13) Promover festas, reuniões ou ensaios, em suas unidades, no salão de festas ou em partes comuns, com orquestra, conjuntos musicais ou aparelhagem de som, qualquer que seja o gênero de música, que possa de alguma forma agredir o Direito de Vizinhança.

14) Gritar, conversar ou discutir em voz elevada e ainda pronunciar palavras de baixo calão nas dependências dos edifícios, áreas de serviço etc., que comprometam o bom nome do Condomínio ou com violação das normas elementares da boa educação.

15) Praticar jogos esportivos, com bolas, petecas e outras modalidades, nos estacionamentos, passeios, calçadas, jardins, "*halls*" de entrada, corredores, terraços e demais dependências e áreas comuns do condomínio, internas e externas, bem como no interior dos apartamentos, perturbando, assim, o sossego dos demais moradores.

16) Utilizar os empregados do condomínio para serviços particulares, no horário de trabalho dos mesmos.

17) Nos termos do inciso III, do art. 1.336 do Código Civil, alterar, de qualquer maneira, a forma e a cor externa da fachada ou o estilo e a arquitetura dos edifícios, sendo vedada a alteração do teto da sacada, o revestimento e a cor da sacada bem como a retirada da porta que divide a sacada da área interna das unidades.

18) Colocar toldos externos, cortinas ou painéis nas sacadas sem a anuência da unanimidade dos condôminos.

19) Fechar com vidro as sacadas a não ser que haja autorização votada em assembleia, com padronização do modelo de fechamento com vidro votada por 2/3 da totalidade dos condôminos, sendo vedada, de qualquer forma, a colocação de cortinas, painéis ou similares nos termos do item anterior, ainda que haja autorização de fechamento com vidros

20) Colocar placas, avisos, letreiros, cartazes, anúncios ou reclames na parte externa ou na parte interna das janelas de vidro e amuradas, áreas e corredores dos edifícios, prejudicando a sua estética.

21) Colocar ou estender tapetes, roupas, toalhas ou quaisquer outros objetos nas janelas e sacadas, excluindo-se os móveis apropriados para as sacadas.

22) Sem a unanimidade dos condôminos, decorar as paredes, portas e esquadrias internas visíveis nas áreas comuns com cores ou tonalidades diversas das empregadas no edifício, sendo vedada, inclusive, a substituição do padrão das portas visíveis nas áreas comuns.

23) Sobrecarregar a estrutura e as lajes dos edifícios com pesos superiores aos previstos.

24) Construir dependências de uso particular que afetem ou prejudiquem a solidez do edifício e as disposições legais pertinentes às construções.

25) Usar máquinas, aparelhos ou instalações que provoquem trepidações e ruídos excessivos.

26) Instalar, nas paredes dos edifícios, fios ou condutores de qualquer espécie.

27) Deixar fios elétricos expostos, nas instalações das unidades autônomas, bem como submeter tais instalações a sobrecarga de potência elétrica.

28) Usar aparelhos elétricos ou eletrônicos que causem interferência nos demais existentes no prédio e de propriedade e uso dos demais condôminos.

29) Instalar aparelhos de ar condicionado, a menos que haja laudo técnico, emitido por engenheiro eletricista, responsabilizando-se pela inexistência de sobrecarga ou quaisquer outros riscos; nessa hipótese, compete à assembleia, pelo voto da maioria dos presentes em convocação específica, determinar ponto, padrão e local em que os aparelhos poderão ser instalados, a fim de evitar dano estético.

30) Instalar antena privativa, em área comum ou nas sacadas dos edifícios.

31) Deixar, em áreas comuns ou na garagem, objetos, móveis ou utensílios.

32) Locar ou ceder sua unidade por temporada, ainda que por aplicativos ou meios eletrônicos, sem apresentar à administração do Condomínio cadastro com os dados dos locatários, bem como certidão negativa de distribuição de ações penais.

33) Fazer qualquer intervenção, obra ou reforma na sua unidade sem antes submeter projeto com Anotação de Responsabilidade Técnica (ART) ou Relatório de Responsabilidade Técnica (RRT) para prévia liberação pelo condomínio, ficando vedada qualquer intervenção que afronte as normas desta convenção ou normas técnicas vigentes.

Art. 11. O titular da unidade e o transgressor, em razão da solidariedade imposta por esta convenção, estarão sujeitos ao pagamento de multa equivalente a 3 (três) vezes a maior contribuição condominial vigente na ocasião da transgressão, devidamente corrigida até a data do efetivo pagamento, além de ser compelido a desfazer a eventual obra irregular ou a abster-se da prática do ato proibido, cabendo ao síndico, com autorização judicial, mandar desmanchá-la à custa do transgressor, se este não a desfizer no prazo que lhe for estipulado.

§ 1º As multas aplicadas, por infração à convenção ou ao regulamento, serão cobradas na primeira arrecadação após a sua imposição e depois da decisão sobre eventual recurso nos termos do § 4º.

§ 2º Qualquer outra atitude nociva ao Condomínio praticada pelo Condômino, ocupante ou por quaisquer pessoas autorizadas por aquele a ingressar no Condomínio e que não esteja expressa em dispositivo desta Convenção, nos termos do § 2º, do art. 1.336 do Código Civil, poderá ser objeto de aplicação de multa de 3 (três) vezes a maior contribuição condominial vigente na ocasião da transgressão, devidamente corrigida até a data do efetivo pagamento, por deliberação de 2/3 (dois terços), no mínimo, dos demais condôminos presentes em assembleia convocada para tal deliberação (excluído da contagem o transgressor, que não deliberará).

§ 3º Nos termos do art. 1.337 do Código Civil, o descumprimento reiterado dos deveres impostos pela lei e pela Convenção, acarretará ao transgressor, por deliberação de ¾ (três quartos) dos demais condôminos presentes à assembleia (excluído da contagem o transgressor, que não deliberará), o pagamento de multa de até 5 (cinco) vezes a maior contribuição condominial pela reiteração, a critério do síndico e do conselho, devidamente corrigida até a data do efetivo pagamento, independentemente das multas aplicadas pelas transgressões. Independentemente de assembleia, considera-se reiterado descumprimento do dever de pagar as cotas condominiais o atraso, consecutivo ou não, de 4 (quatro) cotas condominiais no prazo de 12 (doze) meses de tal sorte que o quarto atraso, consecutivo ou não, no prazo de 12 (doze) meses implicará automaticamente a imposição de multa equivalente a 5 (cinco) cotas condominiais além da multa de 2%, juros e honorários devidos pelo atraso que serão cobrados juntamente com a multa pela reiteração do atraso no pagamento das cotas condominiais.

§ 4º O condômino e o transgressor serão cientificados da aplicação da multa exclusivamente no endereço do imóvel, podendo oferecer defesa, no prazo de três dias úteis, excluído o dia em que houve a ciência, que será examinada pelo síndico e pelo Conselho Consultivo, que proferirão decisão, unânime ou não, em parecer resumido que ficará à disposição do condômino, sendo dispensável assembleia para ratificação da multa nos casos determinados no *caput* deste artigo; nos casos dos §§ 2º e 3º, a Assembleia será convocada após a apresentação e deliberação da defesa pelo síndico e conselho.

§ 5º Havendo empate, prevalecerá a decisão do síndico.

Art. 12. Nos termos do art. 1.337 do Código Civil, o condômino ou possuidor que, por seu reiterado comportamento antissocial, gerar incompatibilidade de convivência com os demais condôminos ou possuidores, por deliberação de ¾ (três quartos) dos demais condôminos presentes em assembleia convocada para tal deliberação (excluído da contagem o transgressor, que não deliberará), pagará multa de até 10 (dez) dez vezes o valor da maior contribuição condominial, devidamente corrigida até a data do efetivo pagamento.

Parágrafo único. Antes da assembleia, o condômino e o transgressor serão cientificados da aplicação da multa exclusivamente no endereço do imóvel, podendo oferecer defesa no prazo de três dias úteis, excluído o dia em que houve a ciência, para que apresentem defesa, que será examinada pelo síndico e pelo Conselho Consultivo, que proferirão decisão, unânime ou não, em parecer resumido que ficará à disposição do condômino, estabelecendo, inclusive, o valor da multa, limitada a 10 (dez) vezes o valor da maior contribuição mensal; se houver deliberação pela aplicação da multa e somente nessa hipótese, o síndico e o Conselho submeterão a decisão à assembleia, nos termos do *caput*.

Encargos, forma e proporção das contribuições dos condôminos para as despesas ordinárias e extraordinárias

Art. 13. Cada condômino concorrerá nas despesas de condomínio, recolhendo, nos prazos previstos nesta convenção, a quota parte que lhe couber em rateio, proporcionalmente à sua fração ideal do terreno.

Art. 14. As contribuições dos condôminos para o custeio das despesas condominiais serão pagas no primeiro dia útil do mês vigente.

§ 1º Cabe ao síndico arrecadar as contribuições dos condôminos, competindo-lhe promover a cobrança judicial das quotas atrasadas.

§ 2º O condômino que não pagar sua contribuição no prazo previsto ficará sujeito à multa de 2% (dois por cento) sobre o valor do débito.

Art. 15. Além da multa aplicável, as quotas nas despesas de condomínio vencerão correção monetária *pro rata* com parâmetro no índice utilizado para correção de débitos do Tribunal de Justiça de São Paulo, juros de 2% ao mês desde o dia do vencimento daqueles encargos até final liquidação e, ainda, nos termos do art. 395, do Código Civil, honorários do advogado do condomínio, que também serão devidos, na base de 10% (dez por cento) do valor total e atualizado do débito.

Art. 16. O condomínio tem privilégio sobre quaisquer outros credores, para receber a quota parte das despesas de manutenção do edifício, não lhe sendo oponíveis cláusulas de inalienabilidade, incomunicabilidade ou impenhorabilidade, créditos hipotecários ou quaisquer outros.

Art. 17. O condômino que aumentar, por motivo de seu interesse, as despesas comuns, deverá pagar, no devido tempo, o excesso a que der causa, sob pena de perda do direito de voto e demais cominações desta convenção.

Art. 18. Poderá o síndico proceder imediatamente ao conserto das instalações de que se originem vazamentos ou infiltrações de água ou esgoto, tanto no interior das unidades autônomas como nas áreas de uso comum. Quando o vazamento ocorrer dentro de uma unidade autônoma, seu proprietário reembolsará as despesas ao condomínio, acrescidas da taxa de expediente de 10% (dez por cento). As despesas e taxas de expediente não reembolsadas dentro de 10 (dez) dias serão acrescidas de multa de 10% (dez por cento), mais juros e correção monetária incidentes desde o dia de vencimento do prazo de reembolso. Se a infiltração tiver origem em área comum, poderá o condômino, que se sentir prejudicado, mandar efetuar o conserto, exigindo o reembolso pelo condomínio, no mesmo prazo, atribuindo-se a este as mesmas cominações em caso de atraso.

§ 1º Se o proprietário dificultar a execução do conserto, pagará ao dono do apartamento prejudicado, ou ao condomínio (se a área prejudicada for de uso comum), a multa equivalente a três vezes a cota condominial vigente na ocasião, corrigida até a data do efetivo pagamento, além das custas e honorários de advogado, no caso de ação judicial para obrigá-lo a permitir as reparações necessárias.

§ 2º O Condomínio e o condômino prejudicado, isoladamente ou em litisconsórcio, terão legitimidade para a referida ação.

§ 3º Pedir-se-á ao juiz, em ação cautelar de produção antecipada de prova, que designe perito para, no prazo máximo de oito dias, ou menos, nos casos de urgência, comparecer ao local e apresentar relatório prévio das avarias e das obras necessárias para repará-las. À vista desse relatório, solicitar-se-á ao juiz que determine a imediata execução do conserto pelo síndico, cabendo à sentença definir o responsável pelas despesas, com os acréscimos especificados nos parágrafos 1º e 2º deste artigo.

Art. 19. As obras que interessarem à estrutura integral dos edifícios, ou o serviço comum, serão feitas com o concurso pecuniário de todos os proprietários ou titulares de direito à aquisição de unidades, mediante orçamento prévio aprovado em assembleia geral, podendo incumbir-se de sua execução o síndico ou outras pessoas, com a aprovação da assembleia.

Art. 20. A renúncia de qualquer condômino aos seus direitos, de forma alguma valerá como escusa, para exonerá-lo de seus encargos.

Modo de escolher o síndico, os subsíndicos e o conselho consultivo

Art. 21. O Condomínio será administrado por um síndico.

§ 1º O síndico será eleito por maioria simples dos votos dos condôminos, devendo a escolha recair sobre condôminos ou não, bem como por síndico profissional ou pessoa jurídica prestadora de serviço de sindicância profissional que exercerá o mister por seu representante ou preposto, podendo estes delegar funções administrativas a pessoas físicas ou jurídicas, sempre mediante aprovação da assembleia, o que inclui a necessidade de aprovação, em assembleia, da nomeação de administradora do condomínio, tudo nos termos do art. 1.348, § 2º, do Código Civil, de tal sorte que a administradora específica escolhida deverá ser ratificada pela maioria simples em assembleia.

§ 2º Sendo condômino, somente poderá concorrer ao cargo de síndico aquele que estiver quite com todas as obrigações condominiais e, havendo parcelamento de débitos vencidos, não poderá concorrer até que todas as parcelas avençadas estejam devidamente quitadas, ainda que os pagamentos estejam em dia.

§ 3º O mandato do síndico será de dois anos, permitida a reeleição.

§ 4º Não haverá isenção do pagamento ou qualquer remuneração dos condomínios ao síndico caso seja condômino, titular ou pessoa física ou jurídica ligadas, direta ou indiretamente ao condômino ou ao titular da unidade, mesmo em razão de parentesco. Caso o síndico eleito seja estranho ao condomínio, pessoa física ou jurídica, a remuneração será decidida em assembleia, que poderá ser a mesma da eleição ou outra, ainda que extraordinária convocada para este fim, sempre pelo voto da maioria simples dos presentes.

Art. 22. Em caso de impedimento, ou nas ausências do síndico, será o seu substituto escolhido por assembleia especialmente convocada para esse fim.

Atribuições do síndico, além das legais

Art. 23. Compete ao síndico, além das obrigações impostas pelo art. 1.348, do Código Civil e outras disposições legais:

a) Convocar, nos termos previstos nesta convenção, anualmente e no primeiro trimestre de cada ano civil, uma assembleia ordinária para a apresentação das contas, que serão votadas, aprovadas ou rejeitadas pela maioria dos presentes.

b) Superintender a administração-geral do Condomínio e fazer observar a presente convenção e o regulamento interno que a integra.

c) Nomear, admitir e demitir empregados do Condomínio, fixando-lhes os vencimentos.

d) Receber as quotas ou outras contribuições condominiais, dando-lhes o respectivo destino.

e) Ordenar e fiscalizar as obras de caráter urgente e adquirir o que for necessário para a boa conservação dos edifícios que compõem o Condomínio.

f) Manter a escrituração e a contabilidade em ordem e em livros próprios, ao dispor dos condôminos.

g) Apresentar, por ocasião da reunião anual, as contas da administração, referentes ao exercício findo, exibindo os respectivos documentos e comprovantes.

h) Cumprir as deliberações dos condôminos.

i) Manter e conservar a edificação de acordo com as normas técnicas.

Art. 24. Compete aos Subsíndicos auxiliar o síndico e substituí-los nos seus impedimentos.

Art. 25. O síndico será diretamente responsável pela boa distribuição das verbas do condomínio, de modo a evitar a falta de recursos para atendimento das atividades primordiais, tais como salários, água, energia elétrica etc.

Art. 26. Em situações imprevistas, deve o síndico executar imediatamente as obras urgentes e cobrar, desde logo, as quotas-partes nas despesas. Em seguida, apresentará relatório ao Conselho Consultivo e Fiscal e, posteriormente, à próxima assembleia geral, para conhecimento desta, tudo nos termos do art. 1.341, do Código Civil.

Parágrafo único. Na falta de numerário para a satisfação das despesas primordiais, o síndico poderá arrecadar a verba necessária, independentemente de autorização da assembleia.

Art. 27. Fica a critério da assembleia geral decidir se as funções meramente administrativas poderão ser exercidas por administradora e, no caso afirmativo, fixar a sua remuneração.

Art. 28. O síndico poderá ser destituído pelo voto da maioria absoluta dos condôminos presentes na assembleia convocada para este fim de forma exclusiva ou com outros itens na pauta.

§ 1º Para a destituição do síndico, a assembleia, que poderá ser convocada por 1/4 dos condôminos, deverá reunir, em primeira convocação, no mínimo 2/3 (dois terços) dos condôminos e, em segunda convocação, pelo menos 30 (trinta) minutos depois, a metade dos condôminos.

§ 2º No caso de ser deliberada sua destituição, o síndico será avisado, no endereço de sua unidade ou na própria assembleia, para que providencie todos os papéis e documentos para o novo síndico eleito na assembleia que o destituir.

Conselho Consultivo

Art. 29. Haverá um Conselho Consultivo e Fiscal, composto por três membros, ao qual compete dar parecer sobre as contas do síndico, cuja aprovação será exclusiva da assembleia especialmente convocada para esse fim, além de auxiliar o síndico a cumprir as demais incumbências desta convenção, notadamente quanto à aplicação das multas.

§ 1º O mandato do Conselho Consultivo e Fiscal será de dois anos, permitida a reeleição e coincidirá com os do síndico e dos Subsíndicos.

§ 2º As reuniões do Conselho Consultivo e Fiscal serão presididas pelo seu membro com maior tempo de exercício ou, alternativamente, com a escolha mediante sorteio.

§ 3º Os membros do Conselho Consultivo não ficarão isentos das despesas condominiais nem serão remunerados pelo cargo.

Natureza gratuita ou remunerada da função do síndico

Art. 30. O síndico ficará exonerado do pagamento das despesas ordinárias de condomínio que lhe concernem.

Modo e do prazo de convocação das assembleias-gerais dos condôminos e do *quorum* para os diversos tipos de votação

Art. 31. Anualmente, no primeiro trimestre, será realizada a assembleia ordinária dos condôminos, que deverá tomar conhecimento, examinar e resolver, pela maioria dos presentes, sobre o orçamento elaborado pelo síndico e sobre as contas relativas ao exercício anterior, sorteio de vagas de garagem, bem como assuntos de interesse geral.

Art. 32. As assembleias serão convocadas pelo síndico, por meio de carta protocolada ou registrada, com antecedência mínima de 10 (dez) dias.

Art. 33. As assembleias extraordinárias serão convocadas pelo síndico ou por um grupo de condôminos que represente pelo menos uma quarta parte dos votos totais.

Art. 34. Salvo disposição contrária na lei e nesta convenção, para que possam ser realizadas em primeira convocação, as assembleias ordinárias e extraordinárias exigem *quorum* mínimo de uma quarta parte dos votos totais. Na segunda convocação, a ser realizada pelo menos trinta minutos após, a instalação dar-se-á com qualquer número de condôminos presentes.

Art. 35. Cada condômino terá direito a um voto, podendo ser representado por procuração, desde que a mesma contenha firma reconhecida e desde que venha acompanhada da prova da titularidade da unidade do(s) mandante(s) que será representada, através de cópia autenticada da matrícula do imóvel, do compromisso de compra e venda que dê direito à posse ou, ainda, da cessão desses direitos com direito à posse, documentos estes que ficarão com o condomínio para prova do respeito a esta determinação.

§ 1º Se a unidade pertencer ou for de titularidade de mais de uma pessoa, inclusive se o titular for casado por regime que conceda ao cônjuge direitos sobre o imóvel, a procuração nos termos do "caput" deve vir assinada por ambos na qualidade de mandantes.

§ 2º Se a unidade pertencer ou for de titularidade de mais de uma pessoa, inclusive se o titular for casado por regime que conceda ao cônjuge direitos sobre o imóvel, o voto pode ser exercido por qualquer deles, desde que esteja presente na assembleia. No caso de os titulares, sendo mais de um, estarem presentes na assembleia, o voto deverá ser exercido por um ou por outro e se houver discordância entre eles, será considerado "em branco".

§ 3º Se a titular da unidade for pessoa jurídica, o voto será permitido ao representante legal, nos termos do ato constitutivo que deve ser apresentado em cópia autenticada que ficará com o condomínio para prova do respeito a esta determinação. Caso a pessoa jurídica seja representada por procurador, o mesmo deve apresentar, além do ato constitutivo em cópia autenticada, a matrícula do imóvel, do compromisso de compra e venda que dê direito à posse ou, ainda, da cessão desses direitos com direito à posse, documentos estes que ficarão com o condomínio para prova do respeito a esta determinação.

Art. 36. Cada procurador somente poderá representar, por procuração, 1 (um) condômino ausente e não mais, podendo votar em nome de todas as unidades de propriedade deste mandante, caso tenha mais de uma.

Art. 37. As decisões dos condôminos serão tomadas por maioria simples de votos, tomando-se em consideração os condôminos presentes, com exceção dos casos em que expressamente for exigido outro *quorum*, seja por lei, seja por esta convenção.

Art. 38. As decisões tomadas nas assembleias serão comunicadas pelo síndico, obrigando a todos os condôminos.

Art. 39. Na ausência do condômino, o locatário terá direito de voto, sem necessidade de procuração, desde que apresente cópia autenticada do contrato de locação que ficará com o condomínio para prova do respeito a esta determinação. O locatário, contudo, não poderá votar sobre matérias que impliquem despesas extraordinárias.

Art. 40. Nos casos de empate convocar-se-á nova assembleia para dirimir a questão. Persistindo o empate, prevalecerá o voto do síndico.

Art. 41. Não poderão votar os condôminos que estiverem atrasados no pagamento das quotas de despesas. Caso haja parcelamento de débitos, o condômino somente poderá votar e participar da assembleia após o pagamento integral do parcelamento e desde que, igualmente, também esteja em dia com o pagamento das cotas de condomínio.

Forma de contribuição para constituição do fundo de reserva

Art. 42. Para atender às despesas com as obras de conservação e reformas, não previstas no orçamento, fica instituído um fundo de reserva.

Art. 43. O fundo de reserva será integralizado:

a) Pela taxa de 5% (cinco por cento) sobre a contribuição dos condôminos;

b) pelas multas por infração desta convenção e do regimento interno;

c) pela aplicação financeira do próprio capital do fundo de reserva.

Forma e *quorum* para as alterações desta convenção

Art. 44. As decisões que visem a modificar esta convenção somente terão valor se tomadas por 2/3 (dois terços) dos votos de todos os condôminos, e não apenas dos presentes na assembleia. Tais decisões, bem como o texto alterado, deverão ser averbadas no Registro de Imóveis competente.

Parágrafo único. Os condôminos poderão facultativamente aprovar regulamento interno para aclarar as disposições desta convenção e lhe dar aplicabilidade e, ainda que eventual regulamento possa ser alterado pelo voto da maioria dos condôminos presentes em assembleia convocada para este fim, jamais poderá alterar as disposições desta Convenção ou com elas se mostrar incompatível. Sempre que houver conflito entre o regulamento e a Convenção, esta última prevalecerá.

Seguro

Art. 45. Os edifícios serão segurados pelo respectivo valor, aprovado em assembleia geral, em companhia de comprovada idoneidade, contra incêndio ou qualquer outro sinistro que o possa destruir no todo ou em parte, discriminando-se, na apólice, o valor de cada unidade.

Art. 46. É lícito a cada condômino, individualmente e às suas expensas, aumentar o seguro de sua unidade ou segurar as benfeitorias e melhoramentos por ele introduzidos na mesma.

Art. 47. Ocorrido o sinistro total ou que destrua mais de dois terços dos edifícios, a assembleia geral se reunirá dentro de 15 (quinze) dias e elegerá uma comissão de três condôminos, investindo-a de poderes para:

a) receber indenização e depositá-la, em nome do condomínio, no estabelecimento bancário designado pela assembleia, e no qual será aberta conta especial;

b) abrir concorrência para a reconstrução dos prédios ou de suas partes destruídas, comunicando o resultado à assembleia geral para a devida deliberação;

c) acompanhar os trabalhos de reconstrução até o final, representando os condôminos junto aos construtores, fornecedores, empreiteiros e repartições públicas.

Art. 48. Se a indenização paga pela companhia não for suficiente para atender às despesas de reconstrução, concorrerão os condôminos para o pagamento do faltante, salvo se a minoria se recusar a fazê-lo, caso em que cederá à maioria os seus direitos, na forma da lei.

Art. 49. Qualquer deliberação que não seja a da fiel reconstrução dos edifícios, tal como eram antes, dependerá da aprovação de condôminos que representem, no mínimo, dois terços dos condôminos.

Uso da garagem

Art. 50. Será demarcada no solo ou por plaqueta indicativa, a localização das vagas para estacionamento exclusivo de automóveis, identificadas com o nome do edifício, seguido de um número ordinal, em razão das atribuições das mesmas às unidades autônomas, mediante sorteio.

Art. 51. A cada dois anos, em assembleia geral ordinária que deverá ocorrer no primeiro trimestre, serão sorteadas e atribuídas as vagas entre as unidades autônomas. O sorteio será realizado entre os presentes que, na ordem em que forem sorteados, escolherão as vagas. As vagas remanescentes serão sorteadas aleatoriamente entre os condôminos ausentes a essa assembleia.

Art. 52. Participarão deste sorteio, com absoluta preferência para as unidades autônomas com moradores deficientes físicos, se houver, as vagas especialmente destinadas, e que estão incluídas nas demais e identificadas no projeto de construção aprovado.

Art. 53. As atribuições de vagas, na forma mencionada no presente regulamento, serão feitas a título provisório, a cada dois anos, não gerando direitos adquiridos sobre determinada vaga de qualquer natureza. Esta periodicidade de sorteio (não a sua forma) pode ser alterada pelo voto da maioria absoluta (50% mais um voto) de todos os condôminos que poderão, inclusive, deliberar pela definitividade do sorteio.

Art. 54. A permuta, cessão e empréstimo de vaga para estacionamento só poderá ser feita a condôminos e deverá ser precedida de comunicação ao síndico, para fins de controle e verificação de sua regularidade. O condômino poderá locar sua vaga de garagem e, nos termos do art. 1.338, do Código Civil, preferir-se-á, em condições iguais, qualquer dos condôminos a não condôminos e, entre condôminos, os que estiverem na posse direta da unidade.

Art. 55. O uso irregular ou indevido das vagas de estacionamento, bem assim a inobservância das faixas delimitadoras de cada vaga, constitui infração.

Art. 56. Os condutores de veículos, inclusive motocicletas e bicicletas, deverão usar de velocidade moderada nas alamedas e estacionamentos internos, atendendo prioritariamente à circulação de pessoas, notadamente crianças e idosos, bem como de outros veículos.

Parágrafo único. O Condomínio deverá, após estudo, destinar local apropriado para o estacionamento de bicicletas, sendo vedado seu estacionamento nas vagas destinadas a automóveis; as vagas de garagem são exclusivas para estacionamento de automóveis e motocicletas, sendo vedada a permanência, ainda que temporária, de quaisquer objetos, móveis ou utensílios.

Art. 57. A multa prevista na convenção, de 3 (três) vezes o valor do maior condomínio vigente, até a data do efetivo pagamento, será aplicada ao condômino que, direta ou indiretamente, for responsável pelo veículo que infringir as normas de utilização da garagem.

Art. 58. A cada ano, no primeiro trimestre, através de assembleia especialmente convocada, ou na mesma assembleia ordinária mencionada no parágrafo primeiro do art. 52, será efetuado sorteio para a atribuição de cada uma das 30 (trinta) vagas para estacionamento de motocicletas, àqueles que se interessarem.

Parágrafo único. As unidades autônomas, com direito a vaga de motocicleta atribuída por sorteio, pagarão uma taxa, cujo valor será fixado pela assembleia geral.

Art. 59. O condômino poderá estacionar em sua vaga outro automóvel que não o seu, desde que o próprio condômino ou pessoa a ele vinculada esteja na direção do veículo ou, fisicamente, acompanhe o veículo à vaga, tanto na entrada quanto na saída. O condômino será responsável pelos eventuais danos ou infrações praticadas por veículo que adentre a garagem nas condições acima, sob sua responsabilidade.

Art. 60. O condomínio não manterá vigilância exclusiva na área de estacionamento de veículos e, portanto, não se responsabilizará por danos ou furtos aos veículos dos condôminos.

Uso do salão de festas e do salão de ginástica

Art. 61. O salão de festas, que é parte comum dos condôminos, tem por objeto sua utilização pelos moradores para reuniões do condomínio, para festividades e recreações, jogos de salão, festas ou recepções dos moradores e pessoas de suas relações.

§ 1º Em nenhuma hipótese poderá o salão de festas ser cedido para fins políticos ou para prática de jogos não permitidos por lei.

§ 2º Os interessados na cessão do salão, somente moradores no prédio, deverão requisitar por escrito, com um mínimo de 10 (dez) dias de antecedência, essa cessão ao síndico ou pessoa por ele autorizada, mencionando obrigatoriamente, a finalidade, data e horário da utilização, com início e fim, ficando sujeito à disponibilidade em razão da precedência da reserva de outro condômino.

Art. 62 No caso de festividades, o som deverá ser reduzido às 22:00 horas para que não seja ouvido fora do recinto.

Art. 63. Na data reservada para o uso do salão de festas este será de uso exclusivo do requisitante e de seus convidados, que deverão identificar-se na portaria, mediante relação escrita de convidados deixada pelo condômino ou possuidor.

Art. 64. Nas festas tradicionais de Natal, Ano Novo, Páscoa e festas juninas, o salão de festas não poderá ser requisitado.

Art. 65. O salão de ginástica, que é parte comum dos condôminos, tem por objeto sua utilização pelos moradores para o exercício de ginástica pessoal ou em grupo, com ou sem orientação especializada, não cabendo, em hipótese alguma, responsabilidade ao condomínio por eventual dano físico ou mental, advindo de sua utilização ou de seus utensílios, se houver.

Art. 66. Seu horário de utilização será das 6:00 horas às 22:00 horas, devendo seus usuários observar os cuidados necessários a não perturbar o sossego e a tranquilidade dos demais moradores.

Art. 67. O uso dos equipamentos se dará na ordem de chegada dos condôminos; havendo espera, o uso estará limitado a 30 minutos para cada condômino, contados do início da espera.

Uso da piscina

Art. 68. A piscina destina-se ao uso exclusivo dos condôminos e locatários e de suas famílias, desde que moradores do Condomínio, não sendo admitido o seu uso por empregados ou colaboradores de condôminos ou locatários, bem como empregados ou terceirizados do Condomínio; o uso por visitantes está limitado a 2 (dois) por unidade.

Art. 69. O horário de funcionamento da piscina será das 6:00 às 22:00 horas, devendo seus usuários observar os cuidados necessários para não perturbar o sossego e a tranquilidade dos demais moradores, nem os colocar em risco.

Art. 70. É proibido levar garrafas, copos e outros recipientes de vidro na área que circunda a piscina, admitidos apenas recipientes de plástico.

Art. 71. É proibido fazer lanches na área que circunda a piscina, em virtude dos prejuízos à higiene e à limpeza do local.

Art. 72. É proibido utilizar as mobílias da piscina para outros fins que não aqueles a que se destinam.

Art. 73. O condomínio não se responsabiliza por qualquer dano ocasionado pelo uso da piscina, devendo os condôminos supervisionar as crianças, não permitindo que permaneçam desacompanhadas na área da piscina.

Uso da quadra poliesportiva

Art. 74. A quadra poliesportiva destina-se exclusivamente à prática de futebol de salão, bola ao cesto, voleibol e handebol e outros esportes similares, sendo obrigatória a utilização de roupas esportivas, notadamente calçados apropriados, que não causem danos ao piso da quadra.

Art. 75. O horário de funcionamento da quadra poliesportiva será das 8:00 às 18:30 horas, com uma tolerância de meia hora para eventual término de partida iniciada.

Art. 76. O Condomínio não fornecerá o material esportivo e equipamentos para o uso da quadra.

Art. 77. Caso haja espera para a utilização da quadra, cada equipe terá tempo máximo de utilização correspondente ao tempo oficial de jogo, consoante as regras oficiais do esporte que está sendo praticado, mais meia hora para aquecimento e intervalo.

Art. 78. O tempo oficial de cada esporte será afixado em lugar visível.

Art. 79. É expressamente vedada a prática da patinação, ciclismo ou de qualquer outra atividade estranha às finalidades da quadra, em virtude dos estragos que causam no seu piso.

Instituições parciais do condomínio

Art. 80. Em razão da grande extensão do empreendimento, a construção e implementação dos edifícios residenciais com as unidades autônomas, dos prédios da administração e portaria, das áreas de lazer e demais edificações e instalações condominiais, serão realizadas em etapas, conforme também previsto na minuta da futura convenção de condomínio. Nestas condições, serão efetuadas instituições parciais de condomínio para cada edifício ou para cada agrupamento de edifícios acabados, na medida em que forem sendo expedidos, pela Prefeitura Municipal de São Paulo, os respectivos autos de conclusão parcial de obras ("habite-se" parcial).

§ 1º Desse modo haverá concomitância de moradia e de obras, por um período indeterminado.

§ 2º A incorporadora, bem como a construtora incumbida das edificações, comprometem-se a envidar os esforços que estiverem a seu alcance, no sentido de minimizar a simultaneidade relatada, por consequência, os eventuais transtornos daí advindos.

§ 3º As áreas de lazer, incluindo quadra e piscina, somente serão entregues com a conclusão do último edifício do condomínio.

Colocação de logomarca, bem como da presença de corretores da incorporadora

Art. 81. Ficam a incorporadora e a construtora autorizadas a colocar suas logomarcas em definitivo, em lugar à sua escolha, na área do Condomínio, por meio de placas, iluminadas ou não.

Art. 82. Fica, outrossim, autorizada a presença de funcionários e/ou prepostos da incorporadora/construtora, bem como o uso, pelos mesmos, do escritório da administração, enquanto houver unidades de sua titularidade, à venda no condomínio.

Casos omissos

Art. 83. Os casos omissos serão decididos pelo síndico. Fica facultado ao condômino inconformado recorrer da decisão do síndico, submetendo o recurso à assembleia, que será convocada de acordo com os requisitos e *quorum* da convenção. Entretanto, enquanto não reformada, a decisão do síndico prevalece e se aplica.

Data

(...)

1.2.7. **Resolução de compromisso de compra e venda de imóvel em construção em razão da ausência do registro da incorporação**

A incorporação, como visto, é imprescindível para a venda do imóvel em construção.

Sua ausência pode configurar, inclusive, contravenção ou crime, previstos na Lei 4.591/1964:

> *Art. 65. É crime contra a economia popular promover incorporação, fazendo, em proposta, contratos, prospectos ou comunicação ao público ou aos interessados, afirmação falsa sobre a construção do condomínio, alienação das frações ideais do terreno ou sobre a construção das edificações.*
>
> *Pena – reclusão de um a quatro anos e multa de cinco a cinquenta vezes o maior salário mínimo legal vigente no País.*
>
> *§ 1º Incorrem na mesma pena:*
>
> *I – o incorporador, o corretor e o construtor individuais bem como os diretores ou gerentes de empresa coletiva incorporadora, corretora ou construtora que, em proposta, contrato, publicidade, prospecto, relatório, parecer, balanço ou comunicação ao público ou aos condôminos, candidatos ou subscritores de unidades, fizerem afirmação falsa sobre a constituição do condomínio, alienação das frações ideais ou sobre a construção das edificações;*
>
> *II – o incorporador, o corretor e o construtor individuais, bem como os diretores ou gerentes de empresa coletiva, incorporadora, corretora ou construtora que usar, ainda que a título de empréstimo, em proveito próprio ou de terceiros, bens ou haveres destinados a incorporação contratada por administração, sem prévia autorização dos interessados.*
>
> *§ 2º O julgamento destes crimes será de competência de Juízo singular, aplicando-se os arts. 5º, 6º e 7º da Lei 1.521, de 26 de dezembro de 1951.*
>
> *§ 3º Em qualquer fase do procedimento criminal objeto deste artigo, a prisão do indiciado dependerá sempre de mandado do Juízo referido no § 2º.*
>
> *Art. 66. São contravenções relativas à economia popular, puníveis na forma do art. 10 da Lei 1.521, de 26 de dezembro de 1951:*
>
> *I – negociar o incorporador frações ideais de terreno, sem previamente satisfazer às exigências constantes desta Lei;*
>
> *II – omitir o incorporador, em qualquer documento de ajuste, as indicações a que se referem os arts. 37 e 38, desta Lei;*
>
> *III – deixar o incorporador, sem justa causa, no prazo do art. 35 e ressalvada a hipótese de seus §§ 2º e 3º, de promover a celebração do contrato relativo à fração ideal de terreno, do contrato de construção ou da Convenção do condomínio;*
>
> *IV – Vetado.*
>
> *V – omitir o incorporador, no contrato, a indicação a que se refere o § 5º do art. 55, desta Lei;*[42]

---

[42] Art. 55. Nas incorporações em que a construção seja feita pelo regime de empreitada, esta poderá ser a preço fixo, ou a preço reajustável por índices previamente determinados.
§ 1º Na empreitada a preço fixo, o preço da construção será irreajustável, independentemente das variações que sofrer o custo efetivo das obras e qualquer que sejam suas causas.
§ 2º Na empreitada a preço reajustável, o preço fixado no contrato será reajustado na forma e nas épocas nele expressamente previstas, em função da variação dos índices adotados, também previstos obrigatoriamente no contrato.
§ 3º Nos contratos de construção por empreitada, a Comissão de Representantes fiscalizará o andamento da obra e a obediência ao Projeto e às especificações exercendo as demais obrigações inerentes à sua função representativa dos contratantes e fiscalizadora da construção.
§ 4º Nos contratos de construção fixados sob regime de empreitada, reajustável, a Comissão de Representantes fiscalizará, também, o cálculo do reajustamento.

VI – paralisar o incorporador a obra, por mais de 30 dias, ou retardar-lhe excessivamente o andamento sem justa causa.

Pena – Multa de 5 a 20 vezes o maior salário mínimo legal vigente no País.

Parágrafo único. No caso de contratos relativos a incorporações, de que não participe o incorporador, responderão solidariamente pelas faltas capituladas neste artigo o construtor, o corretor, o proprietário ou titular de direitos aquisitivos do terreno, desde que figurem no contrato, com direito regressivo sobre o incorporador, se as faltas cometidas lhe forem imputáveis.

Nesse sentido, o seguinte julgado do Tribunal de Justiça de São Paulo:

> *Compromisso de compra e venda de imóvel a prazo. Incorporação Imobiliária – cláusula permitindo ao promitente comprador a resolução do contrato, caso não arquivados os documentos relativos à incorporação no Registro de Imóveis. Promitente vendedora que, ademais, transgrediu o art. 32 da Lei 4.591/1964. Resolução decretada – (...) Decisão mantida. Recurso não provido (Tribunal de Justiça de São Paulo, Apel. Cív. 41.483-4, Araraquara, 9ª Câm. de Direito Privado, Rel. Franciulli Netto, 13.10.1998, v.u.).*

Esse acórdão trata da resolução de compromisso de compra e venda de imóvel a prazo em virtude da ausência do registro da incorporação pela ré.

Em outras palavras, o adquirente de apartamento por contrato particular de compromisso de compra e venda, verificando a ausência de registro da incorporação, ingressou com ação de resolução contratual, pedindo, em consequência da declaração da resolução, a devolução de tudo o que pagou acrescido de juros legais e de juros de mora após a citação da construtora.

O acórdão, em verdade, confirmou a sentença que já era favorável ao promissário comprador, nos termos do pedido.

No seu recurso de apelação, a construtora aduziu que o promitente comprador sabia que a incorporação não havia sido registrada e, pasmem, que a ausência de registro da incorporação, nos termos da Lei 4.591/1964, não teria o condão de interferir na validade do compromisso de compra e venda que o adquirente buscava rescindir.

O caso do acórdão, na verdade, justifica a resolução vez que a ausência de arquivamento dos documentos aptos à regularização da incorporação impede, de forma absoluta, a alienação das unidades.

Ora, se as unidades nem poderiam ter sido alienadas, por óbvio que aquele que as tenha adquirido ao arrepio das exigências da Lei 4.591/1964, fica autorizado a ingressar em juízo e pleitear tudo o que pagou acrescido de juros e correção monetária.

Pode-se dizer até que o pedido do autor foi econômico, se for analisado o parágrafo único do art. 42 do Código de Defesa do Consumidor.

Com efeito, é possível ao promitente comprador cobrado por quantia indevida, ser ressarcido por valor igual ao dobro do que eventualmente pagou em excesso, inclusive acrescido de juros legais – conforme Código Civil, art. 406 – se outro não tiver sido convencionado na promessa de compra e venda – *in casu,* pelo que se observa, foi – além de correção monetária.

Nem poderia a promitente vendedora alegar "engano justificável", já que ficou patente sua má-fé em face de inserção de cláusula teratológica no contrato de compromisso de compra e venda, pactuando "resolução" em caso de ausência de registro da incorporação no prazo que assinalou.

---

§ 5º No Contrato deverá ser mencionado o montante do orçamento atualizado da obra, calculado de acordo com as normas do inciso III, do art. 53, com base nos custos unitários referidos no art. 54, quando o preço estipulado for inferior ao mesmo.

§ 6º Na forma de expressa referência, os contratos de empreitada entendem-se como sendo a preço fixo.

Ora, do art. 32 da Lei 4.591/1964, emerge cristalino o entendimento segundo o qual o arquivamento dos documentos de que trata, perante o Oficial de Registro de Imóveis competente, é *conditio sine qua non* para a venda de unidades autônomas:

Art. 32. O incorporador somente poderá alienar ou onerar as frações ideais de terrenos e acessões que corresponderão às futuras unidades autônomas após o registro, no registro de imóveis competente, do memorial de incorporação composto pelos seguintes documentos: (...)

Ressalte-se, porquanto de fundamental importância, que o registro da incorporação nos moldes do art. 32 da Lei 4.591/1964, além dos arts. 167, I, 17 e 255 da Lei de Registros Públicos, impede que o incorporador negocie qualquer unidade do edifício a ser construído, sob pena, inclusive, de ação penal com sustentáculo na contravenção do art. 66, I, da Lei de Incorporações.

Nesse sentido, preleciona o professor Everaldo Augusto Cambler:[43]

Caso o incorporador efetue qualquer negócio relativo às unidades a serem incorporadas, sem providenciar o registro do memorial de Incorporação, estará sujeito às sanções previstas por contravenção à economia popular (art. 66, inc. "I", da LCI).

Não de forma diferente, ensina Caio Mário da Silva Pereira:[44]

Nenhum incorporador, com efeito, poderá oferecer e negociar unidades autônomas sem ter, antes, arquivado no cartório de Registro de Imóveis documentação completa, relativamente ao empreendimento que promove (...).

Assim, a venda de unidade sem o registro de incorporação é ato ilícito, e, como tal, desautoriza qualquer cobrança em função e em consequência de um ato tido como contravencional.

A *mens legis* foi de permitir ao interessado o conhecimento dos elementos da incorporação mediante exame dos documentos arquivados no Registro de Imóveis, inclusive, dos referentes à idoneidade do próprio incorporador.

Em verdade, a Lei 4.591/1964 atribui presunção de veracidade dos documentos arquivados no Registro Imobiliário, protegendo o adquirente pelo registro da incorporação. Entretanto, é sabido que o sistema brasileiro não atribui ao registro imobiliário o valor absoluto que ocorre no sistema alemão de 1896 (*Bürgeliches Gezetzbuch*), segundo o qual há uma abstração do registro que se torna independente do negócio que lhe originou.[45]

Nesse sentido, ensina-nos J. Nascimento Franco e Niske Gondo[46] que *nossa legislação atribui às funções do incorporador o mais alto relevo. De fato, o insucesso ou o êxito do plano resulta sempre da maneira pela qual ele opera na direção do empreendimento. Em outras palavras, o sistema da incorporação imobiliária vale o que vale o incorporador que a promove.*[47]

---

[43] Everaldo Augusto Cambler, *Incorporação imobiliária*, São Paulo: Editora Revista dos Tribunais, 1993, p. 134.

[44] Caio Mário da Silva Pereira, *Condomínio e Incorporações*, 10ª ed., Rio de Janeiro: Ed. Forense, 1997, p. 261.

[45] Enneccerus, Kipp y Wolf, "Tratado", *Derecho de Cosas*, vol. I, §§ 26 e ss.

[46] João Nascimento Franco e Niske Gondo, *Incorporações Imobiliárias*, 3ª ed., São Paulo: Revista dos Tribunais, 1991, p. 17.

[47] Segundo Frédéric Denis (Sociétés de Constructions et Copropriété des Immeubles Divisés par Appartements, Paris: Librairie du Journal des Notaires et des Avocats, 1959, p. 11) no Direito francês, precedendo a criação das *Sociétés de Constructions*, levava-se a efeito a construção e venda de unidades para

Segue ao registro da incorporação, o registro do contrato de incorporação (compra e venda, promessa de venda, cessão ou promessa de cessão de unidades autônomas e de promessa de permuta – art. 167, I, nº 18, da Lei 6.015/1973).

Portanto, sem o registro da própria incorporação não verificar-se-á o efeito *erga omnes* do registro do contrato de incorporação que, em verdade, será impossível.

Os direitos absolutos, de acordo com a teoria unitária, conferem ao seu titular o respeito de toda a coletividade (sujeito passivo indeterminado), e, nesse sentido, no âmbito dos direitos reais, representam a oponibilidade *erga omnes*, característica da qual decorre a sequela.

O adquirente possui direito subjetivo de verificar a oponibilidade *erga omnes*; de receber multa de 50% do valor recebido pelo incorporador nos termos e nos casos do § 5º do art. 35 da Lei 4.591/1964; e, de obter satisfatoriamente a adjudicação compulsória do imóvel.

No caso espelhado na decisão que estamos comentando neste tópico, a incorporadora negociou unidade que sabia, ou deveria saber em face de seu objetivo social, que não poderia negociar enquanto não registrada a incorporação.

Em face disso, cobrou parcelas que não poderia cobrar, amoldando-se o fato à proibição insculpida no art. 42 do Código de Defesa do Consumidor.

Portanto, haveria a possibilidade, caso houvesse pedido, de restituição em dobro das quantias pagas com supedâneo no parágrafo único do art. 42 do Código de Defesa do Consumidor.

Tal providência, no nosso entendimento perfeitamente cabível, se adotada pelos Tribunais, coibiria de forma definitiva a prática comum e ilegal de venda de unidades autônomas sem a observância dos ditames da Lei 4.591/1964 a incautos compradores.

Pelo que ordinariamente se observa, a simples previsão de contravenção penal estipulada no art. 66, I, não tem reprimido a prática que, muitas vezes, deixa centenas de consumidores à mercê de construtoras e incorporadoras desonestas.[48]

Concluindo, com fundamento no art. 42 da Lei de Consumo (Lei 8.078/1990), em casos como esse de alienação de unidades ao arrepio do art. 32 da Lei 4.591/1964 (registro da incorporação), além da possibilidade de resolução do contrato, a restituição em dobro do que tenha sido pago, no nosso entendimento, inibiria a prática acoimada de ilegal que infesta o mercado causando enorme lesão aos consumidores e prejudicando a imagem da construção civil em face das construtoras e incorporadoras que respeitam a lei.

1.3. FUNDOS DE INVESTIMENTO IMOBILIÁRIO

1.3.1. Características gerais

A partir de 1993, com a Lei 8.668, surge no Direito brasileiro uma nova modalidade de negócio jurídico envolvendo imóveis.

Trata-se dos Fundos de Investimento Imobiliário, mediante os quais o interessado adquire cotas de aplicação com lastro em empreendimentos imobiliários, que podem ser empresariais ou residenciais, prontos ou em construção, compostos de um ou mais imóveis, parte deles ou direitos a eles relativos.

---

entrega futura sem qualquer sistema ou ordenamento, verificando-se, em verdade, um agrupamento de pessoas que se reuniam e passavam a construir.

[48] Verifica-se na legislação estrangeira, especialmente na Argentina, que os problemas são análogos aos ora discutidos no caso vertente. Bem por isso, o legislador argentino se abeberou do sistema da Lei 4.591/1964, cuja incorporação é por eles denominada *prehorizontalidad* na Lei 19.724/72 (Ival Rocca e Omar Griffi, *Prehorizontalidad, Ley 19.724 Explicada y Comentada*, Buenos Aires: Bias, 1972).

Por exemplo: um fundo de investimento com base em incorporação imobiliária, cujas cotas espelharão o resultado patrimonial do empreendimento.

Outro exemplo, muito comum, é o fundo de investimento com base em cotas com lastro em empreendimentos hoteleiros ou em *shopping centers*, cuja remuneração será o resultado que os frutos extraídos do imóvel proporcionarão aos cotistas na proporção de suas cotas.

No Brasil, os Fundos Imobiliários, assim como os demais fundos de investimento, sofrem regulamentação e fiscalização pela CVM (Comissão de Valores Mobiliários), mormente que a única diferença para um fundo de ações, grosso modo, é o lastro, que no caso em tela é representado por imóveis.

De qualquer forma, a fiscalização se justifica na medida em que existe captação pública de recursos.

A par do lastro em imóveis, a cota do Fundo de Investimento Imobiliário é considerada bem móvel a teor do que dispõe o art. 3º da Lei 8.668/1993.

Os Fundos de Investimento Imobiliário, no Brasil, são dotados das seguintes características:[49]

a) Constituição por bens imóveis ou direitos a eles relativos;

b) Administração obrigatória por instituição administradora fiscalizada pela CVM;

c) Propriedade dos imóveis que compõem o fundo da Instituição Administradora, que empresta sua personalidade jurídica para ser titular fiduciário do imóvel, sem que haja comunicação com o patrimônio deste;

d) Possibilidade de fracionamento das emissões de cotas em séries, inclusive, aumento de capital, através da emissão de novas cotas; e,

e) Ausência de resgate de cotas por se tratar de fundo fechado com lastro em imóveis. O retorno do valor investido nas cotas se dá através da distribuição dos resultados, transferência das cotas ou liquidação do Fundo com distribuição do patrimônio aos cotistas.

Os Fundos Imobiliários existem há anos nos Estados Unidos, com a denominação de REIT (*Real Estate Investment Trust*).

Lá, surgiram na década de sessenta, sendo que hoje dispõem inclusive de ações com negociação em Bolsa de Valores, de acordo com a NAREIT (National Association of Real State Investment Trusts).[50]

Ocorre que no início da década de noventa uma forte crise de liquidez fez com que os imóveis sofressem desvalorização significante, causando graves consequências para o mercado imobiliário e para as *savings and loans* (sociedades de créditos imobiliários).

Para liquidar as *saving and loans* e as empresas em dificuldade do setor, o governo americano criou a agência denominada RTC (*Resolution Trust Corporation*), que transformou os ativos imobiliários das empresas em liquidação em lotes em excelentes condições de preço, fomentando, assim, as REITs.

Igualmente os fundos de pensão que, depois de experimentarem perdas com o acréscimo de ativos imobiliários na década de oitenta, acabaram procurando as REITs através de consultores especializados.

As REITs encontraram seu impulso final na medida em que, em janeiro de 1994, a NAIC (*National Association of Insurance Commissioners*), que regula, nos Estados Unidos,

---

49   Sérgio D. O. Belleza Filho. Disponível em: www.fundoimobiliario.com.br. Acesso em: 01.05.2004.

50   Disponível em: www.nareit.com. Acesso em: 26.04.2004.

as companhias seguradoras, tendo em vista o objetivo de zelar pela liquidez das reservas técnicas dessas empresas seguradoras, dificultou a aquisição direta de imóveis, privilegiando os investimentos securitizados, como, no caso, as REITs, principalmente lastreados em hotéis e imóveis destinados a escritórios.

1.3.2. Fundamento legal e propriedade

O fundamento legal desses fundos, que acabamos de delinear, é, principalmente, a Lei 8.668, de 25 de junho de 1993, que teve o condão de criar, juridicamente, no Brasil, os Fundos de Investimento Imobiliário. Subsidiariamente, naquilo que não conflitar com a lei especial (Lei 8.668/1993) aplicam-se os arts. 1.368-C a 1.368-F do Código Civil.

A Lei 9.779, de 19 de janeiro de 1999, igualmente se aplica ao instituto na medida em que cuida da tributação dos fundos.

Regulamentando o funcionamento dos fundos, de acordo com a lei, aplica-se, ainda, a Instrução 472, de 31 de outubro de 2008, da Comissão de Valores Mobiliários.

1.3.3. Propriedade do imóvel sujeito ao Fundo de Investimento Imobiliário

A propriedade do imóvel, no Fundo de Investimento Imobiliário, é da denominada Instituição Administradora.

Ocorre que, de acordo com o art. 5º, da Lei 8.668/1993, essa Instituição só pode ser:

a) Banco múltiplo;

b) Banco de investimento;

c) Sociedade de crédito imobiliário; e,

d) Corretora ou distribuidora de títulos e valores imobiliários.

A propriedade imobiliária, no caso de Fundos de Investimento Imobiliário, é peculiar na medida em que dotada de incomunicabilidade com o patrimônio da Instituição Administradora, ou seja, os imóveis administrados pela Instituição Administradora, embora estejam registrados em seu nome, não fazem parte do patrimônio dessa instituição por força de lei.

Isso significa que estão afetados à finalidade do fundo e não podem servir, por exemplo, para responder pelas dívidas da Instituição Administradora do fundo nos termos dos arts. 391 do Código Civil e 789 do Código de Processo Civil.

De fato, acorde com o art. 7º da Lei 8.668/1993, os bens imóveis que compõem patrimônio do fundo não podem:

a) Responder pelas obrigações da Instituição Administradora;

b) Compor a lista de bens em razão de liquidação da Instituição Administradora; e,

c) Servir de garantia concedida pela Instituição Administradora.

Se ocorrer uma dessas hipóteses, o negócio jurídico é nulo em razão da impossibilidade do objeto (Código Civil, art. 104) ou, quando menos, em razão da sua inidoneidade.

1.3.4. Administração

A administração do Fundo de Investimento Imobiliário cabe à Instituição Administradora, que é obrigada a respeitar o regulamento.

Esse regulamento, inicialmente, é elaborado pela própria Instituição Administradora, de acordo com os requisitos do art. 10, da Lei 8.668/1993:

I – qualificação da instituição administradora;

II – política de investimento que estabeleça, com precisão e clareza, as definições quanto aos ativos que comporão o patrimônio do fundo para atender seus objetivos;

III – taxa de ingresso ou critério para sua fixação;

IV – remuneração da administradora;

V – divulgação de informações aos quotistas, nos prazos fixados pela Comissão de Valores Mobiliários;

VI – despesas e encargos do Fundo;

VII – competência e quorum de deliberação da Assembleia Geral de Quotistas;

VIII – critérios para subscrição de quotas por um mesmo investidor;

IX – prazo de duração do fundo e as condições de resgate para efeito de liquidação do mesmo;

X – outras especificações, visando à fiscalização do mercado e à clareza de informações, na forma de regulamentação baixada pela Comissão de Valores Mobiliários;

XI – critérios relativos à distribuição de rendimentos e ganhos de capital.

De acordo com o parágrafo único do art. 10, da Lei 8.668/1993, com a redação dada pela Lei 9.779/1999, a Instituição Administradora deverá distribuir, no mínimo, 95% do lucro apurado em balanço ou balancete semestral, levantado em junho e em dezembro.

É possível a substituição da Instituição administradora nas seguintes hipóteses:

a) descredenciamento pela Comissão de Valores Mobiliários (CVM) no caso de descumprimento das obrigações do art. 32, da Instrução Normativa nº 472/2008, da CVM;

b) renúncia da Instituição Administradora à administração do fundo (art. 37, da Instrução Normativa nº 472/2008, da CVM);

c) liquidação da Instituição Administradora pelo Banco Central;

d) decisão dos cotistas em assembleia geral (art. 18, III, da Instrução Normativa nº 472/2008, da CVM).

Nesses casos, a ata da assembleia que nomear nova Instituição Administradora servirá para averbação do novo proprietário fiduciário aprovado e registrado pela CVM (Lei 8.668/1993, art. 11), não havendo, em razão da peculiaridade, transmissão da propriedade (art. 11, § 4º, da Lei 8.668/1993).

Trata-se de verdadeira inovação, tendo em vista que a titularidade do imóvel é transferida, mas, como se trata de substituição da Instituição Administradora que apenas empresta a sua personalidade jurídica para tal mister, a lei determina a simples averbação nessas circunstâncias, fugindo da tradicional transmissão da propriedade imobiliária no Direito brasileiro por escritura e registro.

Tratando-se de liquidação da Instituição Administradora, o interventor nomeado pelo Banco Central convoca assembleia em cinco dias, sob pena de liquidação do fundo, depois de trinta dias da publicação do ato de liquidação no *Diário Oficial.*

A Assembleia é convocada pela Instituição Administradora pelo representante dos cotistas de acordo com o regulamento do fundo e, ainda, por cotistas que representem, no mínimo, 5% das cotas (art. 19, § 1º, da Instrução Normativa nº 472/2008, da Comissão de Valores Mobiliários).

1.3.5. Limitações administrativas

De acordo com o art. 12 da Lei 8.668/1993, a Instituição Administradora não poderá:

a) conceder crédito ou rendas futuras aos cotistas;

b) prestar fiança ou aval e, ainda participar de negócios estranhos ao fundo;

c) aplicar os recursos do fundo no exterior;

d) adquirir cotas com recursos do fundo;

e) parcelar as cotas do fundo (admitida a emissão em séries); e,

f) utilizar os recursos em desacordo com os interesses do fundo, em benefício da Instituição Administradora ou do empreendedor (vale sempre o interesse do fundo).

Portanto, o fundo não pode funcionar como entidade de crédito, distribuindo resultados eventuais e futuros.

Tampouco, por expressa disposição da lei, pode aplicar os seus recursos no exterior, devendo investir no Brasil.

Proíbe-se, ainda, que o fundo adquira cotas com os seus recursos, o que pode gerar concentração de cotas ou benefício indevido a alguns cotistas.

Também é vedado o pagamento parcelado das cotas. Na constituição do fundo, as cotas podem ser emitidas em séries, de acordo com a capacidade de absorção do mercado.

Sendo assim, o cotista se sujeita à venda das cotas a terceiros no caso de mora na subscrição (art. 13, parágrafo único, da Lei 8.668/1993).

Também, por evidente, não se permite à Instituição Administradora, que utilize os recursos do fundo em conflito de interesses com o próprio fundo, em benefício próprio ou do empreendedor.

São exemplos dessas situações, de acordo com o art. 31, § 1º, da Instrução Normativa 175/2022 da CVM:

> I – a aquisição, locação, arrendamento ou exploração do direito de superfície, pela classe de cotas, de imóvel de propriedade do administrador, gestor, consultor especializado ou de pessoas a eles ligadas;
>
> II – a alienação, locação ou arrendamento ou exploração do direito de superfície de imóvel integrante do patrimônio da classe de cotas tendo como contraparte o administrador, gestor, consultor especializado ou pessoas a eles ligadas;
>
> III – a aquisição, pela classe de cotas, de imóvel de propriedade de devedores do administrador, gestor ou consultor especializado, uma vez caracterizada a inadimplência do devedor;
>
> IV – a contratação, pela classe de cotas, de pessoas ligadas ao administrador ou ao gestor para prestação dos serviços referidos no art. 27 deste Anexo Normativo III, exceto a distribuição de cotas constitutivas do patrimônio inicial de classe de cotas; e
>
> V – a aquisição, pela classe de cotas, de valores mobiliários de emissão do administrador, gestor, consultor especializado ou pessoas a eles ligadas.

1.3.6. Responsabilidade da Instituição Administradora do Fundo

A Lei 8.668/1993 estabelece a responsabilidade da Instituição Administradora pelos prejuízos que causar.

Entre as condutas que implicam responsabilidade da Instituição Administradoras estabelece o art. 8º da Lei 8.668/1993:

a) má gestão;

b) gestão temerária;

c) conflito de interesses;

d) descumprimento do regulamento do fundo; e,

e) descumprimento de determinação da assembleia.

Do conflito de interesses, já falamos.

A gestão temerária significa uma gestão arriscada, muitas vezes imprudente e perigosa.

Portanto, o arrojo e a audácia em excesso podem configurar gestão temerária e, portanto, responsabilidade da Instituição Administradora pelos prejuízos que causar ao cotista.

É evidente, também, que a má gestão, ou seja, aquela de má qualidade e nociva, que deixa de cumprir seus deveres, como aqueles estabelecidos no art. 29 da Instrução Normativa nº 175/2022 gerando prejuízos, determina o ato ilícito e a necessidade de indenizar.

De fato, o art. 389, do Código Civil, impõe àquele que não cumpre suas obrigações o dever de pagar perdas e danos, juros e correção monetária sobre o valor dos prejuízos, além de honorários de advogado.

Esse artigo se aplica integralmente aos casos de gestão temerária ou má gestão.

De qualquer forma, convém lembrar que essa responsabilidade diante dos cotistas não afasta a responsabilidade da Instituição Administradora de, pela Lei 6.385/1976, responder pela multa aplicada pela Comissão de Valores Mobiliários.

1.3.7. Tributação

O Fundo Imobiliário é isento de impostos, o que não significa que o cotista também o seja. De fato, o Imposto de Renda incide apenas sobre receitas financeiras decorrentes de aplicações do saldo de caixa do fundo, que são passíveis de compensação por ocasião da distribuição de rendimentos ao cotista e no ganho de capital em razão da alienação de cotas.

Para que o Fundo possa gozar do benefício tributário, a Lei 9.779/1999 estabeleceu os seguintes requisitos:[51]

---

[51] Art. 1º Os arts. 10 e 16 a 19 da Lei 8.668, de 25 de junho de 1993, a seguir enumerados, passam a vigorar com a seguinte redação:

Art. 10...

XI – critérios relativos à distribuição de rendimentos e ganhos de capital.

Parágrafo único. O fundo deverá distribuir a seus quotistas, no mínimo, noventa e cinco por cento dos lucros auferidos, apurados segundo o regime de caixa, com base em balanço ou balancete semestral encerrado em 30 de junho e 31 de dezembro de cada ano.

Art. 16-A. Os rendimentos e ganhos líquidos auferidos pelos Fundos de Investimento Imobiliário, em aplicações financeiras de renda fixa ou de renda variável, sujeitam-se à incidência do imposto de renda na fonte, observadas as mesmas normas aplicáveis às pessoas jurídicas submetidas a esta forma de tributação.

Parágrafo único. O imposto de que trata este artigo poderá ser compensado com o retido na fonte, pelo Fundo de Investimento Imobiliário, quando da distribuição de rendimentos e ganhos de capital.

Art. 17. Os rendimentos e ganhos de capital auferidos, apurados segundo o regime de caixa, quando distribuídos pelos Fundos de Investimento Imobiliário a qualquer beneficiário, inclusive pessoa jurídica isenta, sujeitam-se à incidência do imposto de renda na fonte, à alíquota de vinte por cento.

Parágrafo único. O imposto de que trata este artigo deverá ser recolhido até o último dia útil do mês subsequente ao do encerramento do período de apuração.

Art. 18. Os ganhos de capital e rendimentos auferidos na alienação ou no resgate de quotas dos fundos de investimento imobiliário, por qualquer beneficiário, inclusive por pessoa jurídica isenta, sujeitam-se à incidência do imposto de renda à alíquota de vinte por cento:

a) distribuição, pelo menos a cada seis meses, de 95% dos rendimentos aos cotistas;

b) que não invista em empreendimento imobiliário que tenha como incorporador, construtor ou sócio cotista que detenha, isoladamente ou em conjunto com pessoa a ele ligada, mais de 25% das cotas do Fundo.

O contribuinte, ainda que seja pessoa jurídica isenta – ao menos é esse o comando legal – sofrerá retenção de 20% de Imposto de Renda na fonte para as distribuições de dividendos e para o ganho de capital pela alienação de cotas.

O cotista estrangeiro sofrerá a incidência de Imposto Sobre Operações Financeiras caso retorne o investimento efetuado no fundo em menos de um ano.

As pessoas físicas podem gozar de isenção do imposto de renda nos termos do art. 3º da Lei 11.033/2004, desde que o fundo possua 100 cotistas ou mais, com cotas negociadas em bolsa de valores ou mercado de balcão e que o investidor que pretenda a isenção na sua declaração de ajuste anual não seja titular de mais de 10% do total das cotas ou seja titular de cotas que concedam rendimentos superiores a 10% do total produzido pelo fundo.

O percentual sobe para 30% ao se contar no respectivo fundo, para a regra de isenção, parentes até o segundo grau ou mesmo empresas controladas pelo cotista ou por parentes de cotistas até o segundo grau.

Eis o texto legal:

> *Art. 3º Ficam isentos do imposto de renda:*
>
> *(...)*
>
> *III – na fonte e na declaração de ajuste anual das pessoas físicas, os rendimentos distribuídos pelos Fundos de Investimento Imobiliário e pelos Fundos de Investimento nas Cadeias Produtivas Agroindustriais (Fiagro) cujas cotas sejam admitidas à negociação exclusivamente em bolsas de valores ou no mercado de balcão organizado;*

I – na fonte, no caso de resgate;

II – às mesmas normas aplicáveis aos ganhos de capital ou ganhos líquidos auferidos em operações de renda variável, nos demais casos.

Art. 19. O imposto de que tratam os arts. 17 e 18 será considerado:

I – antecipação do devido na declaração, no caso de beneficiário pessoa jurídica tributada com base no lucro real, presumido ou arbitrado;

II – tributação exclusiva, nos demais casos."

Art. 2º Sujeita-se à tributação aplicável às pessoas jurídicas, o fundo de investimento imobiliário de que trata a Lei 8.668, de 1993, que aplicar recursos em empreendimento imobiliário que tenha como incorporador, construtor ou sócio, quotista que possua, isoladamente ou em conjunto com pessoa a ele ligada, mais de vinte e cinco por cento das quotas do fundo.

Parágrafo único. Para efeito do disposto neste artigo, considera-se pessoa ligada ao quotista:

I – pessoa física:

a) os seus parentes até o segundo grau;

b) a empresa sob seu controle ou de qualquer de seus parentes até o segundo grau;

II – pessoa jurídica, a pessoa que seja sua controladora, controlada ou coligada, conforme definido nos §§ 1º e 2º do art. 243 da Lei 6.404, de 15 de dezembro de 1976.

Art. 3º Os lucros acumulados até 31 de dezembro de 1998 pelos fundos de investimento imobiliário constituídos antes da publicação desta Lei, que forem distribuídos até 31 de janeiro de 1999, sujeitar--se-ão à incidência do imposto de renda na fonte à alíquota de vinte por cento.

Parágrafo único. Os lucros a que se refere este artigo, distribuídos após 31 de janeiro de 1999, sujeitar--se-ão à incidência do imposto de renda na fonte à alíquota de vinte e cinco por cento.

Art. 4º Ressalvada a responsabilidade da fonte pagadora pela retenção do imposto sobre os rendimentos de que trata o art. 16 da Lei 8.668, de 1993, com a redação dada por esta Lei, fica a instituição administradora do fundo de investimento imobiliário responsável pelo cumprimento das demais obrigações tributárias, inclusive acessórias, do fundo.

(...)

§ 1º O benefício disposto no inciso III do caput deste artigo:

I – será concedido somente nos casos em que os Fundos de Investimento Imobiliário ou os Fiagro possuam, no mínimo, 100 (cem) cotistas;

II – não será concedido ao cotista pessoa física titular de cotas que representem 10% (dez por cento) ou mais da totalidade das cotas emitidas pelo Fundo de Investimento Imobiliário ou pelos Fiagro, ou ainda cujas cotas lhe derem direito ao recebimento de rendimento superior a 10% (dez por cento) do total de rendimentos auferidos pelo fundo.

III – não será concedido ao conjunto de cotistas pessoas físicas ligadas, definidas na forma da alínea "a" do inciso I do parágrafo único do art. 2º da Lei nº 9.779, de 19 de janeiro de 1999 [parentes até o segundo grau; empresa sob seu controle ou de qualquer de seus parentes até o segundo grau], titulares de cotas que representem 30% (trinta por cento) ou mais da totalidade das cotas emitidas pelos Fundos de Investimento Imobiliário ou pelos Fiagro, ou ainda cujas cotas lhes derem direito ao recebimento de rendimento superior a 30% (trinta por cento) do total de rendimentos auferidos pelo fundo.

§ 2º O fundo de investimento terá prazo de até 180 (cento e oitenta) dias, contado da data da primeira integralização de cotas para se enquadrar no disposto no inciso I do § 1º deste artigo.

§ 3º O fundo de investimento já constituído em 31 de dezembro de 2023 terá prazo até o dia 30 de junho de 2024 para se enquadrar no disposto no inciso I do § 1º deste artigo.

§ 4º Caso o fundo possua uma quantidade de cotistas inferior à quantidade de que trata o inciso I do § 1º deste artigo, o fundo poderá manter o tratamento tributário deste artigo desde que retome a quantidade mínima dentro de 30 (trinta) dias. (alterações da Lei 14.754/2023)

1.3.8. Conclusões

O sistema imposto pela Lei 8.668/1993 permite uma nova modalidade de investimento imobiliário em razão da criação dos fundos de investimento com lastro em imóveis.

Assim, as cotas valerão aquilo que vale a capacidade de o fundo propiciar rendimentos ao cotista.

De fato, se bem administrado, o fundo representa vantagem ao cotista.

Todavia, se a administração for temerária, é evidente que o cotista, individualmente, pode estar desprotegido e amargar prejuízos.

Assim como o fundo pode render dividendos, pode, igualmente, dar prejuízo e, nesse caso, o cotista, que espera receber os rendimentos do seu capital, se verá na incômoda situação de arcar com os prejuízos do fundo na proporção de suas cotas na medida em que se sujeita ao pagamento de encargos e despesas do fundo (art. 117, da Instrução Normativa nº 175/2022, da Comissão de Valores Mobiliários).

Outrossim, o cotista não pode esquecer que dispõe de um direito pessoal decorrente da cota de investimento e não de um direito real. Em outras palavras, não é proprietário do imóvel que, no caso, serve de lastro para o valor patrimonial das cotas.

Acesse o *QR Code* e faça o *download* do modelo de peça editável

> *http://uqr.to/1ydzw*

Capítulo 2

RELAÇÃO DE CONSUMO
E PROTEÇÃO AO CONSUMIDOR

2.1.   RELAÇÃO DE CONSUMO

Antes de qualquer estudo que envolva as ações na compra e venda de imóveis, em virtude das profundas alterações trazidas pelo Direito do Consumidor, se faz necessária uma perquirição acerca do conceito de consumidor e de fornecedor.

Mas pergunta-se: qual o motivo de tal indagação?

Por que é importante saber quem é consumidor e quem é fornecedor?

A resposta se dá com simplicidade: sem a presença do consumidor e do fornecedor, ao mesmo tempo e na mesma relação jurídica, não se aplica o Código de Defesa do Consumidor.

Presente apenas o consumidor, ou só o fornecedor, não haverá consumo, e, portanto, não se aplicará a Lei 8.078/1990 (Código de Defesa do Consumidor).

A relação jurídica[1] para os efeitos do CDC é aquela que se estabelece entre pessoas, polos da relação jurídica obrigacional, quer derivada dos contratos, dos atos ilícitos ou até mesmo da lei.

Vamos exemplificar: A desejando adquirir um apartamento oferecido em anúncio de jornal, dirige-se até a construtora X e fecha o negócio através de contrato de compromisso de compra e venda.

Nesse caso, identifica-se uma relação jurídica originada no contrato entre a construtora X e A, cujo objeto é o imóvel.

Indaga-se: há relação de consumo nesse caso?

---

[1]   Giorgio Del Vecchio conceitua a relação jurídica como um vínculo entre pessoas, cada qual pretendendo determinada coisa a que a outra se obriga (*Lições de filosofia do direito*, trad. Antonio José Brandão, 5ª ed., Coimbra: Arménio Armado, 1979, p. 443).
Segundo Orlando Gomes, a relação jurídica pode ser definida sob dois prismas: *No primeiro, o vínculo entre dois ou mais sujeitos de direito que obriga um deles, ou os dois, a ter certo comportamento, ou, simplesmente, o poder direto de uma pessoa sobre uma determinada coisa. No segundo, o quadro no qual se reúnem todos os efeitos atribuídos por lei a esse vínculo ou a esse poder. Em outras palavras, o conjunto dos efeitos jurídicos que nascem de sua constituição, consistentes em direitos e deveres – com estes, entretanto, não se confundindo. (...) a relação jurídica tem como pressuposto um fato que adquire significação jurídica se a lei o tem como idôneo à produção de determinados efeitos, estatuídos ou tutelados. Assim todo evento, já um acontecimento natural, já uma ação humana, converte-se em fato jurídico, se em condições de exercer essa função* (*Introdução ao Direito Civil*, 7ª ed., Rio de Janeiro: Forense, 1983, p. 81 e 85).

Sabemos que está presente uma relação jurídica entre dois sujeitos (*X* e *A*).

Resta identificar nesses sujeitos, de um lado, a figura do fornecedor e, de outro lado, a figura do consumidor.

Os arts. 2º e 3º do CDC definem consumidor e fornecedor:

> *Art. 2º Consumidor é toda pessoa física ou jurídica que adquire ou utiliza produto ou serviço como destinatário final.*
>
> *Parágrafo único. Equiparam-se a consumidor a coletividade de pessoas, ainda que indetermináveis, que haja intervindo nas relações de consumo.*
>
> *Art. 3º Fornecedor é toda pessoa física ou jurídica, pública ou privada, nacional ou estrangeira, bem como os entes despersonalizados, que desenvolvem atividades de produção, montagem, criação, construção, transformação, importação, exportação, distribuição ou comercialização de produtos ou prestação de serviços.*
>
> *§ 1º Produto é qualquer bem, móvel ou imóvel, material ou imaterial.*
>
> *§ 2º Serviço é qualquer atividade fornecida no mercado de consumo, mediante remuneração, inclusive as de natureza bancária, financeira, de crédito e securitária, salvo as decorrentes das relações de caráter trabalhista.*

2.1.1. Consumidor

Da definição de consumidor, o qual integra um dos polos da relação jurídica de consumo, é iniciada a delimitação do conceito deste nos negócios imobiliários.

Mas quem seria essa figura, merecedora de lei especial para sua proteção?

Muitos entendem não se tratar, como de fato não se trata, de uma categoria específica, uma comunidade de pessoas organizadas e passíveis de imediata identificação.[2]

Algumas legislações, provenientes de outros países que se prestam à tutela dos chamados consumidores, negam a sua própria definição, deixando esta tarefa à interpretação dos tribunais.

Entretanto, verifica-se tendência de delimitação do conceito em razão da segurança das relações jurídicas.

De fato, as empresas estariam em apuros se não lhes fosse possível saber, antecipadamente, quais dispositivos legais regeriam suas atividades e, por conseguinte, imagináveis os riscos e custos do negócio.

Duas posições, ou correntes antagônicas, são identificadas na doutrina.

A primeira, objetiva, define o consumidor como aquele que ocupa a posição final na cadeia distributiva.

Analisando o art. 2º do CDC, percebe-se que o legislador pátrio adotou essa posição ao exigir que o consumidor seja destinatário final como um dos aspectos restritivos.

A acepção subjetiva, por outro lado, considera consumidor só o "não profissional", como é o caso do Direito português, acompanhando as diretivas da União Europeia.

Entretanto, imaginemos a hipótese da mercearia de bairro que adquire veículos para entregas.

Será que essa pessoa jurídica poderia merecer menor proteção que a pessoa física que adquire o mesmo automóvel?

---

2   Angel Landomi Sosa, "Los sistemas de protección al interés de los consumidores otros interés colectivos", *Revista de Processo*, São Paulo: Editora Revista dos Tribunais, 31:156.

No caso de vício do produto, não enfrentará os mesmos problemas, vez que o utiliza como destinatário final?

Por evidente que sim. Nesse caso, o fabricante ou o revendedor do veículo (fornecedores), deverão observar as condições estipuladas no Código em face da posição do adquirente.

Acrescente-se a isso que, da simples leitura do art. 2º da Lei 8.078/1990, percebe-se profunda amplitude da conceituação legal.

Essa amplitude, permeada da lei, trouxe, inicialmente, perplexidade aos juristas pátrios.

Escreveu Antonio Herman de Vasconcellos Benjamin:

> *(...) pode-se transformar em óbice ao desenvolvimento do Direito do Consumidor, na medida em que tal conceito jurídico de consumidor quase que chega a se confundir com o seu similar econômico. Em outras palavras: se todos são consumidores (no sentido jurídico), inclusive as empresas produtoras, por que, então, tutelar-se, de modo especial, o consumidor?*[3]

A perplexidade inicial foi logo suplantada.

O consumidor, seja pessoa física ou jurídica, é aquele que, como destinatário final, adquire produto, utiliza serviço ou atividade do fornecedor.

Não se pode olvidar, de forma relevante, que não basta a conceituação de consumidor.

Imprescindível um caráter relacional dos conceitos de consumidor e fornecedor[4] consubstanciado na presença simultânea de ambos, conforme se tem insistido.

Exemplificando, consideremos que, mediante oferta pública, advogado coloque à venda um automóvel que utilizou como seu, por período razoável, a fim de adquirir um outro.

Efetuado o negócio, nada obstante o comprador possa ser caracterizado como destinatário final, ao advogado – vendedor – faltará a característica de fornecedor.

De fato, nesse caso, o advogado não negocia o produto com habitualidade e, portanto, não haverá relação de consumo que se submeta aos ditames do CDC.

Em verdade, nesse exemplo, há relação jurídica regida pelo Código Civil.[5]

2.1.2. O consumidor empresário

Se, quanto à pessoa física, maiores considerações são desnecessárias em se tratando de destinatário final de produtos serviços ou utilidades, o mesmo não se pode dizer da pessoa jurídica, o empresário.

Uma empresa – pessoa jurídica – poderia ser consumidora?

Exclui-se da conceituação de consumidor a pessoa que adquire produto, utiliza serviço ou recebe qualquer utilidade, desde que o faça com intenção de empresa.

Tal intenção caracteriza-se na hipótese do produto, serviço ou utilidade destinarem-se à finalidade precípua do negócio.

Embora o Direito brasileiro encontre fortes alicerces no Direito francês, que divide as atividades econômicas em civis e comerciais, há tendência natural de aproximação com o sistema adotado na Itália.

Este define o empresário como sendo o exercente de atividade econômica organizada.

---

[3] Antonio Herman de Vasconcellos Benjamin, *O conceito jurídico de consumidor*, São Paulo: RT, 628:69-70.

[4] Fábio Ulhoa Coelho, *O empresário e os direitos do consumidor*, São Paulo: Saraiva, 1994, p. 43.

[5] As relações jurídicas podem ser classificadas como: a) de consumo; b) comerciais; e c) civis.

Questiona-se, nada obstante, até que ponto, e quais os limites em que o empresário, pessoa jurídica, pode ser considerado consumidor quando utiliza serviços ou bens e adquire produtos.

Não se trata aqui de discutir a aplicação analógica das disposições do Código de Proteção ao Consumidor na hipótese de *demonstração de seu pressuposto fático, isto é, da sua vulnerabilidade no momento da celebração do contrato.*[6]

Há que se considerar que, se do ponto de vista da concepção objetiva – consumidor como destinatário final – de resto acolhida pela legislação consumerista pátria, aparentemente o problema poderia estar resolvido, certo é que a inicial aparência não reflete a realidade.

Se em algumas hipóteses, como a aquisição de matérias-primas para a transformação e posterior recolocação no mercado, dúvidas não pairam, não caracterizando o empresário como consumidor, há outras hipóteses em que, desde logo, poderia se vislumbrar este como consumidor.

Assim, o empresário de calçados que adquire couro para fabricação, o loteador que compra área bruta para loteá-la, a construtora que adquire material de construção para edificação do seu produto, não são consumidores – não são destinatários finais desses produtos.

Ultrapassada a clareza inicial, resta saber se, ao adquirir insumos ou atividades que não sejam diretamente ligadas ao seu objeto social, o empresário é ou não consumidor.

A construtora, por exemplo, adquire computadores, mobília, material de escritório que, não estando diretamente ligados à sua atividade, podem caracterizá-la como destinatária final desses bens ou utilidades, que não mais circulam.

O direito positivo – a lei – não nos traz a definição de bem de consumo e bem de produção, matéria de interesse das ciências econômicas e administrativas.

Não é assim que ocorre em outras legislações.

A norte-americana, por exemplo, faz nítida distinção entre bem de produção e bem de consumo de acordo com a destinação atribuída pelo adquirente.

Outras, como a portuguesa, utilizam o critério subjetivo, do profissional ou não profissional, para caracterizar o consumidor.

Talvez impregnados por tal influência, os juristas brasileiros elaboraram as mais diversas teorias para justificar o consumidor empresário.

Luiz Antonio Nunes[7] utiliza o critério do conhecimento, pelo qual considera-se o consumidor qualquer um, inclusive o empresário, desde que o fornecedor não tenha como distinguir se o que adquire vai ou não utilizá-lo em atividade econômica.

Por outro lado, se o fornecedor puder identificar o destinatário final, distinguindo aquele que empregará especulativamente, não haverá o consumidor.

O exemplo que nos dá Nunes é o do profissional despachante que, ao adquirir máquina de escrever em loja de departamentos, não sofre qualquer distinção em face dos que não farão uso especulativo, não se justificando, assim, tratamento diferenciado da lei.

Para Geraldo de Camargo Vidigal,[8] as relações interempresariais, por sempre envolverem insumos, nunca caracterizam o consumidor.

No seu entendimento, tudo o que é utilizado pelo empresário é meio para a produção.

---

[6] Fábio Ulhoa Coelho, *O empresário e os direitos do consumidor*, p. 132.

[7] Luiz Antonio Nunes, *A empresa e o código de defesa do consumidor*, São Paulo: Artpress, 1991, pp. 14-20.

[8] Geraldo de Camargo Vidigal, "A lei de defesa do consumidor – sua abrangência", *Lei de defesa do consumidor*, São Paulo: IBCB, 1991.

Assim sendo, as instalações, o mobiliário e os computadores, adquiridos para atividades meio, são considerados insumo por incorporar o preço final do produto, serviço ou atividade do empresário, não podendo, por conseguinte, configurar o consumidor.

Sua concepção, eminentemente econômica, parece descartar o texto legal dos arts. 2º e 3º do CDC.

De fato, não se pode dizer que se trata de interpretação legal, mas de posição válida, *de lege ferenda,* calcada na teoria econômica.

Ora, a mão de obra é insumo para a teoria econômica.

Todavia, não por isso, o direito trata um contrato de compra e venda e um de trabalho da mesma forma. Aliás, as diferenças para a Ciência Jurídica são abissais.

O contrato de trabalho atingiu autonomia de ramo específico da Ciência Jurídica: o Direito do Trabalho.

Fábio Ulhoa Coelho propõe que se utilize o critério da indispensabilidade.

Ensina:

> Na definição do conceito jurídico de insumo, proponho que se distingam os bens adquiridos pelos empresários para o emprego em sua empresa de acordo com a sua estrita indispensabilidade para o correspondente processo produtivo. Desse modo, seriam insumo, sob o ponto de vista jurídico, as aquisições de bens ou serviços estritamente indispensáveis ao desenvolvimento de atividade econômica explorada pelo empresário, e consumo, as demais. Quando a atividade econômica puder ser desenvolvida, sem alterações quantitativas ou qualitativas em seus resultados, apesar da falta de determinado bem ou serviço, então a sua aquisição será, juridicamente, consumo, e o empresário estará tutelado pelo Código de Defesa do Consumidor. Ao contrário, se a ausência daquele bem ou serviço interferir, de forma considerável nos resultados econômicos da empresa, revelando-se estritamente indispensável, então será considerada insumo a sua aquisição, aplicando-se, em decorrência, a legislação comercial. Exemplificando, o contrato de fornecimento de energia elétrica ou de serviços de telefonia celebrado entre o empresário e a respectiva concessionária, configura insumo, posto que a exploração da atividade empresarial não pode prescindir de referidos bem e serviço; já a compra de peças de decoração para a sala da administração superior, de presentes de fim de ano aos fornecedores e clientes ou de veículo para o uso de diretor são atos de consumo, uma vez que não se revelam indispensáveis ao desenvolvimento da empresa.[9]

Data venia, parece-nos que tal distinção, embora perfeita do ponto de vista lógico, também não encontra suporte legal: a uma, porque o Direito pátrio não se preocupou nem de longe com a sua sistematização, a duas, porque nitidamente o Código de Defesa do Consumidor utilizou o critério objetivo, aplicando o conceito de destinatário final.

Portanto, segundo Fábio Ulhoa Coelho, desde que se identifique a impossibilidade de transformação ou repasse direto da utilidade recebida, o empresário é considerado consumidor.

O próprio autor descreve a dificuldade de aplicação do critério da indispensabilidade estrita.

A rigor, tudo é indispensável ao empresário. O diretor que recebe o veículo contribui para a produção, é peça na organização empresarial, logo, no mais das vezes, o automóvel a ele cedido faz parte de sua remuneração, portanto, é indispensável à produção.

---

9   Fábio Ulhoa Coelho, *O empresário e os direitos do consumidor,* p. 160.

Por isso, entendemos que qualquer que seja a atividade, se o insumo é aplicado indiretamente na atividade, aplicar-se-á a proteção conferida ao consumidor, considerado, na hipótese, o empresário.

Parece-nos adequado o critério do meio e do fim.

Se o bem, serviço ou utilidade se prestam a um meio para a consecução dos objetos sociais, o empresário será consumidor.

Se, ao contrário, o bem, serviço ou utilidade se presta ao fim do empresário, este não pode ser considerado destinatário final e, portanto, não dispõe da proteção consumerista.

As aquisições de computadores e mobília pela construtora, a aquisição de veículos para a diretoria das empresas, o fornecimento de energia elétrica e telefonia, só para exemplificar, caracterizam o consumidor.

Por outro lado, apenas aquilo que possa ser caracterizado fisicamente como mercadoria ou matéria prima de transformação, como, por exemplo, o material de construção – pedra, areia, tijolos, cimento – para a construtora, estarão fora da proteção consumerista por expressa disposição legal do art. 2º da Lei 8.078/1990, que incorporou o critério objetivo de definição de consumidor.

Identificam-se, assim, as seguintes teorias acerca da caracterização do empresário-consumidor no Direito brasileiro:

a) Teoria da identificação do destinatário, ou do conhecimento, preconizada por Nunes;

b) Teoria do insumo, apregoada por Vidigal;

c) Teoria da indispensabilidade, anunciada por Coelho;

d) Teoria objetiva, por nós adotada em face da lei consumerista brasileira.

Claudia Lima Marques[10] identifica, em relação ao consumidor, duas correntes doutrinárias: a dos *finalistas* e a dos *maximalistas*.

Os primeiros (finalistas) adotam concepção mais restrita de consumidor, não admitindo a sua abrangência aos destinatários econômicos com o fim de revenda, uso profissional, ou instrumento de produção.

Interpretação assim é defendida por Antonio Herman de Vasconcellos Benjamin, Alcides Tomasetti Jr., Eros Grau e Adalberto Pasqualotto, entre outros.

Todavia, tal posição não leva em conta o conceito objetivo da lei.

Os maximalistas, segundo a citada autora, consideram o Código de Defesa do Consumidor como norma das relações de consumo de acordo com a definição legal de consumidor.

Nesse sentido, o empresário pode ser consumidor ou fornecedor de acordo com a sua posição na relação jurídica de consumo, assim identificada de acordo com o critério objetivo, do destinatário final dos produtos, serviços ou utilidades.

Claudia Lima Marques defende ser essa a tendência prevalente na jurisprudência, citando o pensamento orientador da elaboração do projeto pelo Conselho Nacional de Defesa do Consumidor do Ministério da Justiça datado de 1989.[11]

Das duas correntes, no meu entendimento, a maximalista – que admite o empresário como consumidor – está de acordo com a definição legal, vez que é aquela decorrente

---

[10] Claudia Lima Marques, *Contratos no Código de Defesa do Consumidor*, São Paulo: Revista dos Tribunais, 1996, p. 100.

[11] *Contratos no Código de Defesa do Consumidor*, p. 101.

da interpretação do texto dos arts. 2º e 3º do CDC, sendo, outrossim, mais adequada à finalidade da lei.

Acrescente-se a isso que pouco importa seja o consumidor – destinatário final – pequeno, médio ou grande empresário.

O Código de Defesa do Consumidor é norma que regula relações jurídicas e não discrimina, inicialmente, a qualidade dos integrantes da relação.

Acrescente-se, ainda, a *teoria finalista aprofundada* ou *maximalista mitigada*, que leva em consideração o destinatário final de qualquer espécie aliado à vulnerabilidade como pressuposto da existência do consumidor, seja a vulnerabilidade econômica, técnica ou jurídica, ainda que não seja destinatário final econômico.

Nada obstante, a teoria subjetiva pura (ou finalista), de resto aplicada – e mal aplicada, diga-se de passagem – algumas vezes pelo STJ, indica outra solução.

Segundo esta corrente, "*a aquisição de bens ou a utilização de serviços, por pessoa natural ou jurídica, com o escopo de implementar ou incrementar a sua atividade negocial, não se reputa como relação de consumo e, sim, como uma atividade de consumo intermediária*" (STJ, REsp 541.867/BA, j. 10.11.2004, DJ 16.05.2005, p. 227).

No mesmo sentido, a seguinte decisão:

> Conflito de competência. Sociedade empresária. Consumidor. Destinatário final econômico. Não ocorrência. Foro de eleição. Validade. Relação de consumo e hipossuficiência. Não caracterização. *1. A jurisprudência desta Corte sedimenta-se no sentido da adoção da teoria finalista ou subjetiva para fins de caracterização da pessoa jurídica como consumidora em eventual relação de consumo, devendo, portanto, ser destinatária final econômica do bem ou serviço adquirido (REsp 541.867/BA). 2. Para que o consumidor seja considerado destinatário econômico final, o produto ou serviço adquirido ou utilizado não pode guardar qualquer conexão, direta ou indireta, com a atividade econômica por ele desenvolvida; o produto ou serviço deve ser utilizado para o atendimento de uma necessidade própria, pessoal do consumidor. 2. No caso em tela, não se verifica tal circunstância, porquanto o serviço de crédito tomado pela pessoa jurídica junto à instituição financeira de certo foi utilizado para o fomento da atividade empresarial, no desenvolvimento da atividade lucrativa, de forma que a sua circulação econômica não se encerra nas mãos da pessoa jurídica, sociedade empresária, motivo pelo qual não resta caracterizada, in casu, relação de consumo entre as partes. 3. Cláusula de eleição de foro legal e válida, devendo, portanto, ser respeitada, pois não há qualquer circunstância que evidencie situação de hipossuficiência da autora da demanda que possa dificultar a propositura da ação no foro eleito. 4. Conflito de competência conhecido para declarar competente o Juízo Federal da 12ª Vara da Seção Judiciária do Estado de São Paulo (STJ, CC 92.519/SP, 2.ª Seção, j. 16.02.2009, DJe 04.03.2009).*

Tais decisões fazem do art. 2º do CDC letra morta, posto que é difícil imaginar uma hipótese que não se enquadre no amplíssimo espectro do entendimento.

Neste caso, por exemplo, a instalação de aparelho de ar-condicionado (REsp 603.763/RS), entre outros produtos e serviços prestados às pessoas jurídicas, não representa relação de consumo.

Entendemos que se trata de deturpação da *mens legis* contida no Código de Defesa do Consumidor, que não fez qualquer menção à decantada *atividade de consumo intermediária* ou *destinatário final econômico*.

A prevalecer o entendimento, sequer a aquisição de café ou água para os empregados de uma pessoa jurídica poderia ser considerada relação de consumo, posto que, a toda evidência, incrementa a sua atividade negocial, aumentando a produtividade.

2.1.3. Vulnerabilidade

Embora seja elemento constitutivo, temos que a vulnerabilidade já é presumida relativamente no momento da relação jurídica de consumo.

Diz-se que a presunção é relativa porque admite prova em sentido contrário.

Assim, o elemento subjetivo do consumidor – destinatário final – não é levado em conta num primeiro momento.

Entretanto, se, ao depois, o fornecedor provar que o consumidor não é vulnerável, poder-se-á cogitar no afastamento da incidência das normas protetivas do CDC.

Se da relação jurídica identifica-se um destinatário final, profissional ou não, somados os requisitos inerentes ao fornecedor, há relação de consumo.

A vulnerabilidade, portanto, é presunção *juris tantum*,[12] corolário do art. 4º do CDC, que, segundo Claudia Lima Marques,[13] pode ser:

a) Fática, pela posição do fornecedor, um monopólio por exemplo.

b) Jurídica, presumida para o não profissional em face de ignorância dos preceitos jurídicos e econômicos que permeiam das relações jurídicas.

c) Técnica, em face do desconhecimento, por parte do consumidor, do objeto da relação jurídica.

Fábio Ulhoa Coelho[14] acrescenta a estas a vulnerabilidade socioeconômica, traduzida pela desigualdade social e econômica entre consumidor e fornecedor, que parece englobar o conceito de vulnerabilidade fática de Lima Marques.

Adverte-nos Fábio Ulhoa Coelho:

> Nas relações de consumo, o consumidor se encontra em situação de vulnerabilidade. Não tem, em regra, conhecimentos sobre os produtos e serviços a ponto de aferir a pertinência das informações repassadas pelo fornecedor, cujo interesse é o da realização do negócio (vulnerabilidade técnica). Não tem, geralmente, conhecimentos sobre os contornos jurídicos do negócio, e suas repercussões econômicas, suficientes para dialogar com o fornecedor acerca das condições gerais propostas (vulnerabilidade jurídica). E não tem, normalmente, as mesmas condições sociais e econômicas de seu parceiro negocial (vulnerabilidade socioeconômica).[15]

A jurisprudência já vinha, antes do Código de Defesa do Consumidor, reconhecendo a necessidade de interpretação que favorecesse o mais fraco.

Todavia, hoje, em face da Lei 8.078/1990, há que ser admitida legalmente a condição de mais fraco ao consumidor, historicamente vulnerável.

Ordinariamente, diante da complexidade exigida pelo mundo moderno, as relações jurídicas são mais favoráveis ao fornecedor que ao consumidor.

Entremetes, embora a vulnerabilidade não seja elemento constitutivo da relação de consumo, que demanda apenas a presença do consumidor – destinatário final – e do fornecedor – empresário – pode ser de exclusão das disposições protetivas do CDC.

Essa é a ilação que se extrai da posição topográfica, por demais significativa na espécie, da vulnerabilidade no Código de Defesa do Consumidor, qual seja, no art. 4º e não no art. 2º que define o consumidor.

Portanto, desde que o fornecedor logre provar a ausência de todas as modalidades de vulnerabilidade do consumidor, cujo ônus da prova lhe incumbe em face do art. 6º, inc. VIII, do CDC, estará excluída a aplicabilidade das cláusulas protetivas do diploma legal consumerista, embora persista a relação de consumo em face do critério objetivo do destinatário final.

---

[12]   Presunção relativa, i.é, que admite prova em sentido contrário.

[13]   *Contratos no Código de Defesa do Consumidor*, p. 101.

[14]   *O empresário e os direitos do consumidor*, p. 144.

[15]   Fábio Ulhoa Coelho, *O empresário e os direitos do consumidor*, p. 144.

Não há como se falar em proteção para quem dela não necessita por sua própria condição.

A lei contempla a hipótese. O inciso I do art. 51 do CDC determina que, em situações justificáveis, a indenização devida ao consumidor, pessoa jurídica, pode ser limitada.

2.1.4. Terceiros protegidos pelas normas do CDC

As normas do CDC regulam relações de consumo levando em conta apenas o critério objetivo-legal do art. 2º.

Entretanto, o consumidor *stricto sensu* não detém a exclusividade da proteção da lei consumerista.

Os equiparados ao consumidor também são protegidos.

São equiparadas a consumidores, em determinadas condições, as pessoas que se enquadram nos arts. 2º, parágrafo único, 17 e 29, do Código de Defesa do Consumidor.

O parágrafo único do art. 2º inclui aqueles que, mesmo não fazendo parte da relação jurídica de consumo, hajam intervindo nessa relação jurídica, sendo, portanto, protegidos por todo Código, inclusive pelo disposto nos capítulos V e VI.[16]

São as pessoas do relacionamento social do consumidor que, potencialmente, podem vir a sofrer indiretamente as consequências da relação de consumo.

Por exemplo: o vizinho do adquirente de imóvel que desaba ou pode desabar e causar danos aos seus bens, poderá pleitear o ressarcimento dos danos nos termos do Código de Proteção do Consumidor ou, ainda, de outros textos legais colocados à sua disposição.

Essa norma é complementada pelo art. 17,[17] que atribui ao fornecedor a responsabilidade pelo fato do produto ou serviço em face de qualquer vítima de evento relacionado ao consumo, mesmo não consumidor.

Verifica-se que a disposição do art. 17 do CDC permite a qualquer um, mesmo não consumidor, desde que atingido pelos danos decorrentes das hipóteses do art. 12, o ressarcimento e a reparação,[18] conforme o caso.

O art. 17, portanto, é específico para os acidentes de consumo.

Como exemplo, o sócio de uma construtora que, ao inspecionar a obra, é atingido por fragmentos resultantes da queda de vidro de janela defeituosa, causando-lhe ferimentos.

Esse fato autoriza-lhe aforar ação de reparação de danos de acordo com a sistemática do Código de Defesa do Consumidor.

Exclui a lei, portanto, expressamente, nesse particular, a própria noção objetiva de destinatário final, nascendo a figura do que a doutrina resolveu chamar de *bystander*.[19]

O *bystander* é qualquer um, espectador, utente ou qualquer pessoa atingida pelo produto, serviço ou utilidade, podendo, inclusive, ser confundido com o próprio fornecedor.

---

[16] Das práticas comerciais (arts. 29 a 45): oferta; publicidade; práticas abusivas; cobrança de dívidas; cadastros e bancos de dados. Da proteção contratual (arts. 46 a 54): cláusulas contratuais abusivas; contratos de adesão.

[17] *Art. 17. Para os efeitos dessa Seção, equiparam-se aos consumidores todas as vítimas do evento.*

[18] A responsabilidade civil comporta quatro objetivos:
a) restituição: CPP art. 119 e segs;
b) ressarcimento: para reparar o prejuízo que ocorreu, *v.g.*, em face de danos materiais, lucros cessantes etc.;
c) reparação: danos morais, compensação pela dor;
d) indenização: dano decorrente de ato lícito do Estado.

[19] Fábio Konder Comparato, "A proteção do consumidor: importante capítulo do direito econômico", *Revista de Direito Mercantil, Industrial, Econômico e Financeiro* 15/16:100, nova série, 1974.

Temos, ainda, o art. 29 do CDC, segundo o qual *equiparam-se aos consumidores todas as pessoas determináveis ou não, expostas às práticas nele previstas.*

Assim, o art. 29 aplica-se a todas as pessoas que possuam a potencialidade de vir a ser consumidores, mesmo que não ainda não sejam por não terem adquirido coisa alguma ou recebido qualquer prestação de serviços.

O CDC considera que essas pessoas estão sujeitas às práticas determinadas nos capítulos V e VII – Das Práticas Comerciais, necessitando de proteção contratual.

Portanto, o art. 29 do CDC, diferentemente do art. 17, prevê proteção apenas em relação às disposições dos capítulos V e VI.

O art. 29 prima pelo caráter preventivo.

Podendo vir a ser consumidor, enquadrando-se na sua definição, falta-lhe o fato de chegar a adquirir o produto, serviço, utilidade ou estar sobre o campo de incidência de outro consumidor, hipótese do parágrafo único do parágrafo único do art. 2º.

Segundo Antonio Herman de Vasconcellos Benjamin:

> Há um conceito geral (art. 2º) e outros especiais: um para as práticas comerciais e contratuais (art. 29) e outro para acidentes de consumo (art. 17).[20]

Sendo indetermináveis, conforme a disposição dos artigos *sub examen,* serão titulares de direito ou interesse difuso, preenchidos os demais requisitos.[21]

Isto reforça a tese de que o legislador presume a vulnerabilidade, podendo esta ser elidida pelo fornecedor para fixação da relação jurídica de consumo objetivamente considerada.

Posição divergente é acolhida por Claudia Lima Marques.

Esta autora defende a corrente finalista e, portanto, que a norma do art. 29 é de aplicação extensiva.

Nem poderia ser diferente.

Ao preconizar que o CDC é norma circunscrita aos chamados mais fracos, aos consumidores *stricto sensu,* vulneráveis na relação de consumo, não teria alternativa em face do art. 29, senão considerá-lo como extensão da aplicação da lei consumerista aos profissionais em condições de vulnerabilidade.

Ensina:

> O art. 29 supera, portanto, os estritos limites da definição jurídica de consumidor para imprimir uma definição de política legislativa! Parece-nos que, para harmonizar os interesses presentes no mercado de consumo, para reprimir eficazmente os abusos do poder econômico, para proteger os interesses econômicos dos consumidores finais, o legislador concedeu um poderoso instrumento nas mãos daquelas pessoas (mesmo agentes econômicos) expostas às práticas abusivas. Estas, mesmo não sendo "consumidores *stricto sensu*", poderão utilizar das normas especiais do Código de Defesa do Consumidor, de seus princípios, de sua ética de responsabilidade social no mercado, de sua nova ordem pública, para combater as práticas comerciais abusivas.[22]

Essa posição não é esposada por Fábio Ulhoa Coelho, Toshio Mukai, Vicente Greco Filho e Alberto do Amaral Jr.,[23] aos quais nos filiamos.

---

[20] Antonio Herman de Vasconcelos Benjamin, *Comentários ao Código de Proteção do Consumidor*, obra coletiva, São Paulo: Saraiva, 1991, p. 80.

[21] Fábio Ulhoa Coelho, *Comentários ao Código de Proteção ao Consumidor*, p. 149.

[22] *Contratos no Código de Defesa do Consumidor*, 2ª ed., p. 111.

[23] *Comentários ao Código de Proteção do Consumidor*, obra coletiva, São Paulo: Saraiva, 1991.

Será consumidor aquele destinatário final, seja empresário ou não.

A vulnerabilidade, seja ela socioeconômica, jurídica ou técnica, é presumida *juris tantum* no momento em que se forma a relação jurídica entre o consumidor – destinatário final e o fornecedor.

O fato de a presunção poder ser elidida pelo fornecedor, a quem incumbe a prova nos termos do art. 6º, VIII do Código Consumerista, não possui o condão de, inicialmente, afastar a relação de consumo, ou seja, até que a prova seja regularmente produzida.

Outrossim, pouco importa a vulnerabilidade nos casos enumerados para as finalidades dos arts. 2º, parágrafo único, 17 e 29, do CDC.

2.1.5. Direitos básicos do consumidor imobiliário – O CDC e a Lei do superendividamento (Lei 14.181/2021)

O Capítulo III do CDC estipula os direitos básicos do consumidor.

Mais recentemente, a Lei 14.181/2021 incluiu regras no CDC que tencionam evitar o superendividamento (CDC, Capítulo VI-A, arts. 54-A a 54-G).

Não se pode olvidar a boa-fé entre as partes.

O sistema consumerista pátrio optou expressamente pelo primado da boa-fé (CDC, art. 4º, III), proibindo, inclusive, cláusulas que sejam incompatíveis com a equidade (art. 51, IV).

Aliás, é bom que se diga, já que se trata de princípio geral de direito, a boa-fé deve reger, não só as relações de consumo, mas todas as relações jurídicas (CC, arts. 113 e 422).

No que tange ao aspecto contratual, a boa-fé é requisito que se exige do fornecedor e do consumidor, gerando, por conseguinte, *"transparência e harmonia nas relações de consumo"* (CDC, art. 4º, *caput*).

O art. 54-C do CDC (com redação dada pela Lei 14.181/2021), proíbe, na fase pré-contratual, a oferta de crédito ou financiamento, no que nos interessa qualquer modalidade de financiamento imobiliário mediante:

a) indicação de que a operação de crédito poderá ser concluída sem consulta a serviços de proteção ao crédito ou sem avaliação da situação financeira do consumidor, posto que, nos termos da novel redação do CDC (art. 54-D) é obrigação do fornecedor verificar a capacidade de pagamento do adquirente antes de contratar crédito;

b) a ocultação ou redação confusa de termos que gerem dificuldade ou impedimento da compreensão sobre os ônus e os riscos da contratação do crédito ou da venda a prazo;

c) assédio ou pressão dirigida ao adquirente para contratar o fornecimento de produto, serviço ou crédito, principalmente se se tratar de consumidor idoso, analfabeto, doente ou em estado de vulnerabilidade agravada ou se a contratação envolver prêmio;

d) impor condições ao atendimento de pretensões de crédito ou financiamento do adquirente ou condicionar o início de tratativas à renúncia ou à desistência de demandas judiciais, ao pagamento de honorários advocatícios ou a depósitos judiciais.

Bem por isso, estabelece o art. 6º da Lei 8.078/1990, entre outros, os seguintes direitos do consumidor:

a) Informação adequada e clara, inclusive quanto ao preço (inc. III);

b) Proteção contra métodos comerciais desleais, bem como contra cláusulas abusivas (inc. IV), o que inclui a publicidade, que veremos pode ser abusiva e enganosa (art. 37, §§ 2º e 3º);

c) Modificação de cláusulas que estabeleçam prestações desproporcionais, bem como a sua revisão (inc. V);

d) A reparação por danos morais e patrimoniais individuais (inc. VI); e,

e) Inversão do ônus da prova (inc. VIII), quando a alegação, no processo civil, for dotada de aparência de verdade ou quando o consumidor for hipossuficiente.

Como visto, o Código de Defesa do Consumidor teve sua redação acrescida de normas que tencionam evitar o superendividamento (Lei 14.181/2021), de tal sorte que, naqueles contratos em que a relação de consumo está presente, como nos compromissos de compra e venda firmados com construtoras e destinatários finais, alienações fiduciárias nas mesmas circunstâncias e com agentes financeiros, essas disposições precisam estar presentes e se somam àquelas regras, no caso de compromisso de compra e venda, do art. 35-A da Lei 4.591/1964 e do art. 26-A da Lei 6.766/1979.

O sistema foi construído para evitar o superendividamento – no caso, do adquirente de imóvel –, que se define como a impossibilidade de o consumidor de boa-fé pagar suas dívidas sem comprometer a sua subsistência, trazendo normas protetivas, salvo se a dívida foi contraída de má-fé, com o intuito de não pagar.

Nada obstante, utilizando-se de termo legal absolutamente indeterminado, menciona o § 3º do art. 54-A do Código de Defesa do Consumidor a inaplicabilidade do capítulo referente ao "superendividamento" nos casos de aquisição ou contratação de *produtos e serviços de luxo de alto valor*", conceito que pode excluir a aquisição de determinados imóveis, mas que é totalmente inconveniente dada a absoluta indeterminação do termo legal.

O que seria um "produto de luxo de alto valor"?

Quais imóveis seriam incluídos nesse conceito legal indeterminado apto a excluir a incidência das regras acerca do superendividamento?

Seja como for, nada obstante as exigências de informação do consumidor insculpidas no art. 54-B do CDC, o fato é que, no caso de contratação através de compromisso de compra e venda, algumas dessas disposições já se manifestam como requisitos formais do contrato em função dos já citados arts. 35-A da Lei 4.591/1964 e 26-A da Lei 6.766/1979.

De qualquer forma, as disposições contratuais obrigatórias, decorrentes do capítulo do "superendividamento" do CDC, são as seguintes (art. 54-B), que devem compor inclusive o quadro resumo sob pena de o contrato não obrigar o consumidor:

I – o custo efetivo total e a descrição dos elementos que o compõem;

II – a taxa efetiva mensal de juros, bem como a taxa dos juros de mora e o total de encargos, de qualquer natureza, previstos para o atraso no pagamento;

III – o montante das prestações e o prazo de validade da oferta, que deve ser, no mínimo, de 2 (dois) dias;

IV – o nome e o endereço, inclusive o eletrônico, do fornecedor;

V – o direito do consumidor adquirente à liquidação antecipada e não onerosa do débito, nos termos do § 2º do art. 52 do CDC, mediante redução proporcional dos juros embutidos no financiamento.

No art. 54-D, o CDC impõe, inclusive, ao fornecedor, além da transparência no que pertine ao valor a ser pago, taxas de juros e acréscimos, que o fornecedor avalie previamente a possibilidade de pagamento ao conceder crédito.

O descumprimento de qualquer dos deveres previstos nos arts. 54-D (plena informação ao consumidor e "avaliação responsável" da capacidade de pagamento antes da concessão do crédito), 52 e 54-C (informação sobre valores, taxas e acréscimos), poderá permitir ao adquirente, nos termos do parágrafo único do art. 54-D do CDC, a redução dos juros, dos encargos ou de qualquer acréscimo ao principal e a dilação do prazo de pagamento previsto no contrato ao talante do juiz, que levará em consideração a gravidade da conduta do fornecedor e as possibilidades financeiras do consumidor, sem prejuízo de outras sanções e de indenização por perdas e danos, patrimoniais e morais, ao consumidor.

Outra inovação que decorreu da Lei 14.181/2021, que incluiu o art. 54-F no CDC, é tornar expressamente coligados os contratos referentes à alienação do imóvel e o contrato acessório de crédito fornecido para a compra, desde que, no que interessa à prática dos negócios jurídicos imobiliários, o vendedor, por exemplo, uma construtora, colabore com a preparação ou conclusão do contrato ou ofereça, como de fato oferece quando financia a obra, o crédito ao adquirente, bastando, no meu entendimento, que haja a sugestão de repasse para tanto, tratando-se da comercialização de imóveis.

Nesses casos, em razão da interdependência dos contratos e da expressa coligação do contrato de financiamento com o contrato de promessa de venda ou venda, caberá ao adquirente invocar o direito de arrependimento do art. 49 do CDC, exceção do contrato não cumprido ou resolução do contrato contra o agente financeiro (CC, arts. 475 e 476).

A Lei 14.181/2021 trouxe ainda a obrigatoriedade de conciliação nos processos envolvendo crédito, com a previsão do art. 104-A do CDC, o que foi confirmado pelo CNJ na recomendação n. 125, de 24.12.2021, no sentido de criação de núcleos vinculados aos CEJUSC's para tal finalidade e para estabelecer convênios com os órgãos integrantes do Sistema Nacional de Defesa do Consumidor (SNDC) e com as instituições financeiras com o intuito de evitar o superendividamento.

Contudo, o denominado "processo de repactuação de dívidas" lá expresso não se aplica, por força do § 1º do art. 104-A do CDC, às dívidas provenientes de crédito com garantia real, como as alienações fiduciárias e de financiamento imobiliário em geral.

2.2. FORNECEDOR

Da leitura do art. 3º do CDC percebe-se que a definição de fornecedor possui grande amplitude.

Quis o legislador incluir no conceito todos os participantes da cadeia. Assim, é fornecedor tanto o produtor quanto o comerciante ou o intermediário.

Segundo Fran Martins,[24] o comerciante caracteriza-se por ser pessoa natural ou jurídica, exercendo profissionalmente intermediação ou prestação de serviços com objetivo de lucro.

Podemos transportar os requisitos do comerciante para o fornecedor, de modo que de seus requisitos, por analogia, se extraiam aqueles inerentes ao fornecedor para a lei de consumo.

Temos, assim, para o fornecedor, os seguintes requisitos:

a) produção, intermediação ou venda;
b) habitualidade.

Destarte, pela análise da Lei 8.078/1990, especialmente do art. 3º, para a caracterização do fornecedor, basta a habitualidade inerente à exploração de uma atividade de produção, circulação, prestação de serviços ou cessão de uso de um bem, atividade econômica, uma empresa, portanto.

---

[24] Fran Martins, *Curso de Direito Comercial*, 18ª ed., Rio de Janeiro: Forense, 1994, p. 83.

Inclusive o Estado, quando atua como agente econômico, ou presta um serviço público remunerado, é considerado fornecedor por expressa disposição dos arts. 3º e 22 da Lei 8.078/1990.

Não há qualquer distinção dos fornecedores em face da sua capacidade financeira ou potencial econômico.

Estão equiparados os microempresários aos pequenos, médios e grandes, todos com as mesmas responsabilidades.

Entretanto, em se tratando de serviços, a doutrina vacila, ora desconsidera a necessidade de prestação habitual ou profissional,[25] ora admite que, em se tratando da expressão "atividade" incluída no *caput* do art. 3º e no § 2º, quis o legislador demonstrar a necessidade de habitualidade na prestação.

Entendimento diverso estenderia os pesados deveres do Código de Defesa do Consumidor a pessoas que não podem suportar os ônus do aludido diploma legal, como ordinariamente é possível às atividades empresariais e reiteradas.

De mais a mais, os deveres criados pelo Código de Defesa do Consumidor para o fornecedor, assim compreendido, levam em conta o desenvolvimento de uma atividade, elemento fundamental para determinar a habitualidade.

2.2.1. Habitualidade

A habitualidade é critério subjetivo, que demanda uma análise aprofundada caso a caso.

Um indivíduo que troca de carro a cada dois anos, vendendo seu automóvel antigo para terceiros para adquirir outro novo, embora o faça de forma habitual, não pode ser considerado fornecedor.

Para o fim de caracterizar o fornecedor nos termos da legislação de consumo, a habitualidade deve ser compreendida como a atividade de indústria, comércio, serviço, ou de propiciar utilidade, que se faz, ou que sucede, por hábito, de forma frequente e usual.

Na hipótese de produtos e serviços, não resta ao intérprete maiores dificuldades.

Identificando uma pessoa que proceda de forma habitual, conforme a definição retro, estará presente o fornecedor.

Assim, o supermercado que constantemente compra e vende mercadorias, a oficina mecânica que habitualmente conserta automóveis, o encanador que usualmente repara a hidráulica, a concessionária que frequentemente vende veículos e o livreiro da universidade que está sempre alienando livros.

2.2.2. Fornecedor e teoria da empresa

A habitualidade está inserta no conceito de empresa, conforme se verá adiante.

É imprescindível sopesar as circunstâncias que envolvem o fornecedor, avaliando se os produtos e serviços que presta podem ser considerados resultado de uma atividade de empresa, e, portanto, profissional e habitual.[26]

Nota-se que muito se falou de empresa, conceito moderno para o Direito e que, por esse motivo, merece maiores digressões.

---

[25]   Toshio Mukai, *Comentários ao Código de Proteção do Consumidor*, p. 9.

[26]   Toshio Mukai, nos *Comentários ao Código de Proteção ao Consumidor* (p. 9), adota posição contrária e ensina: *Portanto, a atividade será não só aquela que é prestada profissionalmente, com habitualidade, como aquela que, embora esporádica, o seja mediante o pagamento de uma remuneração.*

A dicotomia ora existente em nosso ordenamento entre o Direito Civil e o Direito Comercial, embora persista formalmente, não pode mais ser considerada de maneira absoluta.

Da simples análise do novo Código Civil, verifica-se a previsão da unificação do Direito Privado, Civil e Comercial, seguindo a já vetusta orientação do Código italiano de 1942.

E o que se chama "teoria da empresa"?

É a substituição do conceito de ato de comércio por atividade econômica organizada, o que se faz na exata medida da percepção de que a atividade econômica não é exclusiva do Direito Comercial.

Ordinariamente, as atividades civis também são organizadas economicamente.

Por exemplo: as clínicas de cirurgia plástica, as sociedades de advogados e os prestadores de serviço em geral.

No lugar do antigo comerciante, aparece o empresário, seja ele comercial ou civil, definido como aquele que exerce profissionalmente atividade econômica organizada, como pessoa física (empresário individual) ou jurídica (sociedade).

Esta teoria reconhece um fato: existem pessoas que exercem atividades de natureza eminentemente civil que objetivam o lucro, acabando com o infundado preconceito de que apenas o comerciante tem por fim a obtenção de lucro.

Com essa ideia, surge para o direito a noção de empresarialidade, que decorre da noção de empresa, atividade profissional e economicamente organizada, exercida pelo empresário com a finalidade de lhe proporcionar alguma espécie de retorno aferível economicamente.

Percebe-se que a empresa não se confunde com a sociedade ou com a pessoa formalmente considerada. Com efeito, pode existir, por exemplo, sociedade sem que, entretanto, haja uma empresa, e empresa sem que haja sociedade.

Nunca foi uma empresa a sociedade devidamente registrada – uma pessoa jurídica – que em nenhum momento de sua existência desempenhou a função para a qual foi criada.

Por outro lado, uma pessoa física que informalmente se organiza para produção, prestação de serviços ou fornecimento de utilidades, caracteriza uma empresa.

Rubens Requião ensina que a sociedade é o empresário, *jamais empresa. É a sociedade comercial, como empresário, que irá exercitar a atividade produtiva (...). A principal distinção, e mais didática, entre empresa e sociedade comercial é a que vê na sociedade o sujeito de direito e na empresa mesmo como exercício de atividade, o objeto de direito.*[27]

Assim, sempre que se identificar na atividade uma empresa, haverá um fornecedor para os efeitos do art. 3º da Lei 8.078, de 11.09.1990.

2.3. PRINCÍPIO DA ESPECIALIDADE

Outro argumento comum, tentando afastar aplicabilidade do CDC é o princípio da especialidade.

Esse princípio consiste no fato de se afastar outras normas na exata medida em que há lei específica regulando a matéria.

Podemos exemplificar: a Lei 6.766/1979 regula o parcelamento do solo urbano (loteamentos e desmembramentos urbanos). Por outro lado, a Lei 4.591/1964 disciplina as incorporações imobiliárias.

Sendo assim, questiona-se: aplica-se o CDC a essas atividades, que já são reguladas por leis específicas?

---

[27] Rubens Requião, *Curso de Direito Comercial*, São Paulo: Saraiva, 1982, vol. 1, p. 58.

Podemos afirmar categoricamente que sim, desde que presentes os requisitos legais.

Não há como se falar no princípio da especialidade para afastar a incidência da Lei 8.078/1990.

O Código de Defesa do Consumidor enfeixa em si um conjunto de normas destinadas a regular diversos tipos de relações jurídicas, ou seja, onde quer que se verifique a denominada relação de consumo.

O motivo é óbvio: as disposições da Lei 8.078/1990 se aplicam a qualquer relação jurídica em que se possa identificar, de um lado, o fornecedor e, do outro, o consumidor, ou aqueles que possam ser equiparados.

Ora, existe lei especial regulando incorporações – Lei 4.591 de 16.12.1964 – e, apesar disso, não há qualquer dúvida acerca da aplicabilidade do Código de Defesa do Consumidor àquela relação jurídica – entre a incorporadora e o consumidor, posto que o CDC "introduziu no sistema civil princípios gerais que realçam a justiça contratual, a equivalência das prestações e o princípio da boa-fé objetiva" (STJ, REsp 1.006.765).

Do mesmo modo, não há qualquer alarido jurisprudencial nos casos de aquisição de terrenos loteados pelos consumidores, diretamente da loteadora, por estar tal relação jurídica regulada pela Lei 6.766/1979.

2.4. RESPONSABILIDADE POR DANO MORAL

Muito se discute acerca da possibilidade da condenação por dano moral do construtor, principalmente aquele que não entrega a obra tempestivamente.

Nesse sentido, os debates são acalorados e as discussões intermináveis.

Asseverou o Juiz João Pazini Neto:

> Não se objete ser irreparável a dor pela frustração na concretização do negócio, principalmente envolvendo o "sonho da casa própria", cada dia mais difícil em nosso país.[28]

Por outro lado, julgando apelação da sentença acima, vaticina o Desembargador Gilberto Gama:

> No caso de resolução de compromisso de compra e venda, somente o patrimônio material foi atingido e está sendo recomposto pelo pagamento de perdas e danos.
>
> Não se coaduna com a doutrina afirmar que houve dor, mágoa e tristeza indenizável pelo fato de o apelado não conseguir realizar "o sonho da casa própria". Essa tristeza, como tantas outras no correr da existência humana, não é indenizável no ordenamento jurídico nacional.[29]

Entendemos que o descumprimento da entrega do imóvel pode acarretar danos morais, mormente ante a importância histórica da propriedade imobiliária na sociedade e, consequentemente, no Direito positivo pátrio.[30]

---

[28] Processo nº 400/1993 – sentença proferida em 20.09.1993, 4ª Vara Cível do Foro Regional de Santana, São Paulo.

[29] Tribunal de Justiça de São Paulo, Apel. Cív. 232.789-2/4, j. 01.11.1994.

[30] *Compromisso de compra e venda. Promitente. Vendedora que não procede à entrega das chaves das unidades adquiridas. Financiamento do imóvel não concedido aos promissários compradores. Ressarcimento dos prejuízos efetivamente comprovados nos autos. Danos morais não especificados. Reconvenção parcialmente procedente (Tribunal de Justiça de São Paulo, Apel. Cív. 253.833-2, São Paulo, 11ª Câm.*

Essa reparação por danos morais é cristalina no âmbito do CDC por expressa disposição do art. 6º, inc. VI, do CDC.[31]

Acompanhamos caso em que o adquirente acabou por romper as núpcias em virtude do abalo sofrido ante o inadimplemento da construtora que abandonou a obra, a qual havia recebido a totalidade do preço e se obrigado pela entrega em data certa.

Será que a simples recomposição material, com a devolução dos valores pagos com cláusula penal seria capaz de reparar e ressarcir os danos sofridos por esse adquirente?

Se nesse caso há alguma celeuma,[32] não há no caso de inclusão do adquirente em listas de inadimplentes sem que haja motivo justificador.

Já se entendeu que o fato do adquirente litigar, discutindo problemas contratuais, não atribui ao incorporador o direito de incluir seu nome em listas como as que funcionam nas Associações Comerciais (Serviço de Proteção ao Crédito – SPC), mesmo que não haja, nesse intermédio, pagamento das parcelas:

> *Tribunal de Justiça de São Paulo. Indenização. Danos morais. Envio dos nomes dos autores ao Serviço de Proteção ao Crédito, por atraso no pagamento das prestações de compra e venda de imóvel, posteriormente ao ajuizamento de ação que tinha por objetivo solucionar problemas oriundos do contrato. Conduta ilícita da ré que tinha conhecimento da ação. Cabimento da indenização. Recurso parcialmente provido (Apel. Cív. 257.849-2, 15ª Câm. Civ., Rel. Ruy Camilo, 19.09.1995, v.u.).*

2.5. PROBLEMAS NA COMPRA E VENDA DE IMÓVEIS ANTE O CÓDIGO DE DEFESA DO CONSUMIDOR

Passamos a relacionar os grandes problemas e as questões mais frequentes que envolvem a incorporação imobiliária, especialmente no que atinge o adquirente.

De qualquer forma, trata-se de relação sucinta das questões que mais ocorrem, atrapalhando a vida do adquirente:

2.5.1. Problemas para o adquirente

1) **Ausência dos requisitos gerais para registro das promessas de compra e venda do DL 58/1937 e Lei 6.766/1979** (forma escrita; nome, nacionalidade, estado e domicílio dos contratantes; assinatura das partes e duas testemunhas; reconhecimento de firmas, exceto atos praticados por entidades vinculadas ao SFH; referência à matrícula ou registro anterior, bem como o cartório de assentamento; característicos e confrontações do imóvel; irretratabilidade da promessa; todos os elementos do contrato definitivo – a escritura pública de transmissão da propriedade).

2) **Hipoteca do imóvel** objeto da promessa de compra e venda a agente financeiro para garantir a construção, ainda mais que o registro do contrato de promessa de compra e venda de imóvel hipotecado se dá apenas mediante observância do art. 293 da Lei de Registros Públicos, ou seja, com expressa menção ao agente e ao ônus real, bem como a anuência

---

Civil, Rel. Mohamed Amaro, 24.08.1995, v.u.). Nesse caso só não se concedeu a reparação por danos morais em virtude de ausência de demonstração.

[31] Art. 6º São direitos básicos do consumidor: (...) VI – a efetiva prevenção e reparação de danos patrimoniais e morais, individuais, coletivos e difusos;

[32] Everaldo Augusto Cambler, *responsabilidade civil na incorporação imobiliária*, São Paulo: Ed. Revista dos Tribunais, 1998, entende que não cabe reparação por dano moral no caso de frustração na concretização do negócio, *coexistindo essa tristeza com tantas outras sentidas no decorrer da existência humana* (ob. cit., p. 294).

do agente financeiro – Lei 8.004, de 14 de março de 1990. A portaria 3, de 15 de março de 2001, da Secretaria de Direito Econômico, ampliando o rol de cláusulas abusivas do art. 51, do Código de Defesa do Consumidor, nos termos dos arts. 22, IV e 56, do Decreto 2.181 de 20 de março de 1997, considera abusiva a cláusula contratual *que preveja, no contrato de promessa de compra e venda de imóvel, que o adquirente autorize ao incorporador alienante constituir hipoteca do terreno e de suas acessões (unidades construídas) para garantir dívida da empresa incorporadora, realizada para financiamento das obras.*

3) **Cobrança de correção monetária** com periodicidade inferior a um ano em contratos com prazo inferior a trinta e seis meses ou geração de parcela fictícia com prazo superior a trinta e seis meses para cobrança de correção mensal (Medida Provisória 2.223/2001, art. 15, substituída pela Lei 10.931/2004, art. 46).

4) O **contrato de gaveta** de imóvel com financiamento, que responsabiliza o "alienante" por eventuais execuções e ações em face da inadimplência, sem contar a responsabilidade pelas despesas condominiais. Do lado do adquirente, insegurança em face de eventual falecimento do alienante.

5) **Vícios da construção.**

6) **Renúncia da faculdade de retenção por benfeitorias úteis e necessárias** na resolução cumulada com reintegração (CC, art. 1.219). Entretanto, há que se observar que, se for o caso de aplicação do CDC, não poderá haver a renúncia do direito de indenização das benfeitorias necessárias (CDC, art. 51, XVI).

7) **Publicidade abusiva** (discriminatória; com exploração do medo ou superstição, que desrespeite valores ambientais, que induza consumo prejudicial ou aproveite-se da inexperiência de crianças), ou **enganosa** (capaz de induzir o consumidor a erro, mesmo por omissão).

8) **Promessa de financiamento** por agente financeiro na aquisição de imóvel em construção e, por outro lado, disposição contratual que prevê o pagamento dessa parcela pelo comprador em caso de não aprovação do cadastro (após a conclusão das obras), gerando inadimplência e resolução. Na órbita do CDC, trata-se de cláusula abusiva (art. 51, IV).

9) **Paralisação e atraso na obra,** permitindo ao adquirente, desde que notifique o seu inconformismo, pleitear perdas e danos, como os aluguéis de mercado durante o atraso. É preciso observar, todavia, os períodos de carência normalmente colocados no contrato.

2.5.2. Problemas para o alienante

1) **Dificuldade de cobrança** de parcelas atrasadas (arts. 42 e 52, § 1º, do CDC).

2) **Desconsideração da personalidade jurídica** (arts. 28 do CDC e 50 do CC) desde que constatado abuso de direito; excesso de poder; infração à lei; fato ou ato ilícito; violação dos estatutos ou contrato social; falência, estado de insolvência, encerramento ou inatividade provocados por má administração, desvio de finalidade ou confusão patrimonial.

2.6. VÍCIOS NOS CONTRATOS

Cláusulas que estipulem:

1) **Variação unilateral do preço**, em dissonância com o CDC, art. 51, X (variação de índices de reajuste, com um rol, determinando a escolha pelo vendedor ou a aplicação do maior índice).

2) **Correção monetária**, especialmente através de resíduos, cobrados em razão de cláusulas contratuais confusas.

3) **Obrigação de antecipação de parcelas** "de trás para frente" (porque não o inverso?). (CDC, art. 51, IV).

4) **Multa de 2% ao mês**, quando o CDC permite a cobrança de multa de 2% apenas uma vez (art. 52, § 1º).

5) Que o **imóvel encontra-se, ou será hipotecado para garantia da construção** (CDC, art. 54, § 4º – item nº 14, da Portaria nº 3, da Secretaria de Direito Econômico, de 15 de março de 2001).

6) Que o saldo devedor devido diretamente à construtora após eventual repasse parcial a agente financeiro, considerando a **venda durante a construção**, seja garantido por **fiança com inúmeros requisitos, sem o devido destaque,** que podem causar problemas ao consumidor no momento de cumprir essas exigências (CDC, art. 54, § 4º).

7) **Juros compostos e maiores que o dobro do legal** (arts. 1º, 4º e 13 do Decreto 22.626/1933 c/c art. 406 do Código Civil) e **juros no pé** (antes da entrega do imóvel). A Segunda Seção do STJ (Terceira e Quarta Turmas) pacificou o entendimento segundo o qual é legítima a cobrança dos juros antes da entrega das chaves, desde que estabelecida no contrato (EREsp 670.117).

8) **Vencimento antecipado** nos termos dos arts. 1.425 e 1.426 do Código Civil sem o desconto dos juros em caso de atraso ou no caso de infração de cláusulas contratuais, prática vedada pelo CDC (CDC, art. 51, IV).[33]

9) Que eventuais **valores devidos ao comprador** serão quitados por conta aberta em seu nome pelo vendedor através de mandato inserto no contrato (CDC, art. 51, VIII).

10) **Venda casada** (de TV a cabo, empresa de segurança e administração de condomínio, à escolha da vendedora) (CDC, arts. 39, I e 51, IV, XV).

11) **Exclusão dos serviços e componentes chamados "complementares",** assim como ajardinamento, obtenção da certidão de conclusão e até elevadores! (CDC, arts. 39, V, 51, IV e § 1º, II).

12) **Perda das arras e das parcelas pagas** independentemente do motivo da rescisão (CDC, art. 53).

13) Que, em havendo **aceitação de parcelas sem correção ou multa**, poderá a promitente vendedora, **ao depois, cobrar tais valores** (CDC, art. 51, IV).

14) **Pagamentos desvinculados do cumprimento**, pela promissária, da obrigação de andamento e conclusão da obra, circunstância inadmissível, ainda mais se considerarmos que a promessa de compra e venda é contrato sinalagmático e comutativo (CC, art. 476 e CDC, art. 51, IV).

15) **Prazo de conclusão de obras** ao talante da construtora (CDC, art. 51, IV, XIII e § 1º), além do prazo legal de tolerância, ordinariamente de seis meses.

16) **Impedimento da quitação antecipada do saldo devedor** (CDC, art. 51, IV, § 1º, II).

17) **Pagamento de correção integral** do mês qualquer que seja o dia do primeiro vencimento (CDC, art. 51, IV e X).

---

[33] *Primeiro Tribunal de Alçada Civil de São Paulo*. Apelação nº 00497202-1/00, São José do Rio Preto, 8ª Câmara, 13.04.1994, relator. Márcio Franklin Nogueira, unânime, JTA (Lex) 146/116. *Sistema financeiro da habitação – aquisição de imóvel financiado sem anuência da credora hipotecária – ação consignatória das prestações julgada improcedente pela ocorrência do vencimento antecipado de todas as prestações – cláusula abusiva e leonina, que vulnera o direito de propriedade e subordina a vontade de uma das partes ao arbítrio da outra – sistema do art. 292 da lei de registros públicos, validando o negócio com a permissão do registro – recurso provido, para julgar a ação procedente.*

18) Como **motivo de força maior**, impeditiva do cumprimento do prazo de conclusão das obras, **fatos que não são**, tais como inadimplência de outros promissários compradores (CDC, art. 51, IV e § 1º, II), sem contar que a responsabilidade no âmbito do CDC é objetiva (independe de culpa).

19) **Pagamento de honorários** advocatícios mesmo **sem intervenção de advogado** (CDC, art. 51, IV).

20) **Cumulação de multa** moratória com multa compensatória pelo mesmo fato.

21) **Deslocamento do foro competente**, posto que vale o foro do domicílio do consumidor para propositura de ações (CDC, arts. 6º, VIII, 51, IV, e 101, I).[34]

22) **Possibilidade de alteração**, sem anuência do promissário comprador, **da incorporadora** do contrato através de cessão de créditos (CDC, art. 51, IV e XV).

23) **Mandato para representar o comprador** (CDC, art. 51, VIII): junto ao Ofício de Registro Imobiliário, qualquer que seja o assunto; abrindo contas bancárias, notadamente para efetuar quitações de valores devidos; para recebimento de circulares e avisos sobre o andamento da obra; para efetuar inscrição imobiliária junto à Prefeitura Municipal; e, para modificação do projeto pela promitente vendedora a seu critério.

24) **Publicidade enganosa.** Nos termos do art. 30 do CDC, "toda informação ou publicidade, suficientemente precisa, veiculada por qualquer forma ou meio de comunicação com relação a produtos e serviços oferecidos ou apresentados, obriga o fornecedor que a fizer veicular ou dela se utilizar e integra o contrato que vier a ser celebrado". Em caso julgado pelo STJ, a título ilustrativo, a publicidade indicava a construção de "pool" hoteleiro. Nada obstante, houve interdição pela prefeitura em virtude de a licença para o local comportar apenas o uso residencial. Em que pese a vendedora ter adotado medidas de adequação do projeto para a utilização permitida, o STJ entendeu que era cabível indenização por lucros cessantes e dano moral (REsp 1.188.442).

---

[34] *Tribunal de Justiça de São Paulo. Contrato. Adesão. Cláusula. Foro de eleição. Estipulação que vem a beneficiar apenas uma das partes. Desequilíbrio entre os polos contratantes. Aplicabilidade das regras de competência. Súmula nº 335 do Supremo Tribunal Federal. Interpretação dos arts. 51, IV, e 101, I, do Código de Defesa do Consumidor. Recurso provido. O foro de eleição funda-se na acomodação do interesse bilateral dos contratantes; porém, no contrato de adesão, tal liberdade estipulativa é defesa, tornando-se ineficaz a disposição sempre que nítido se estampe o desequilíbrio de tratamento entre os contratantes, a benefício exclusivo de um deles, em detrimento do outro (Agravo de Instrumento nº 20.404-0, Mococa, Câm. Especial, Rel. Ney Almada, 20.07.1995, v.u.).*
Tribunal de Justiça de São Paulo. Competência. Dúvida. Contrato de adesão. Cláusula eletiva de foro diverso do local em que a parte aderente está domiciliada. Inadmissibilidade. Art. 51, XV, do Código de Defesa do Consumidor. Nulidade absoluta. Conflito procedente. A cláusula eletiva de foro diverso do local em que a parte aderente está domiciliada, inserida em contrato de adesão, por dificultar a defesa do consumidor em juízo, é abusiva (Conflito de Competência nº 19.803-0, Garça, Rel. Ney Almada, CESP, v.u., 09.03.1995).

Capítulo 3

PROMESSA DE COMPRA E VENDA E AÇÕES PROPOSTAS PELO VENDEDOR, EM VIRTUDE DO INADIMPLEMENTO DO ADQUIRENTE[1]

3.1. PRINCIPAIS ASPECTOS DE DIREITO MATERIAL DA PROMESSA DE COMPRA E VENDA[2]

O Código Civil de 1916 ignorou a existência da promessa de compra e venda.

Nada obstante, seu uso era corrente na medida em que não havia proibição, mormente em razão da inspiração individualista do direito anterior.

---

[1] Rescisão, resolução ou resilição?

Há muita atecnia no emprego da palavra rescisão, que pressupõe que o contrato sequer poderia ter existido, operando efeitos *ex tunc*. O caso aqui é de resolução por inadimplemento.

Inicialmente é mister esclarecer que resolução não é sinônimo de rescisão e, tampouco, ambos os conceitos confundem-se com resilição. Conforme De Page, é preciso evitar atecnias terminológicas na exata medida em que a inferência que se extrai da confusão de palavras é a confusão de coisas (Henri de Page, *Traité élémentaire de droit civil belge*, 2ª ed., Bruxelas: Émile Buylant, 1948).

Resolução, acorde com os ensinamentos de Orlando Gomes, *"cabe nos casos de inexecução. Classifica-se esta em falta de cumprimento ou inadimplemento "stricto sensu", mora, e cumprimento defeituoso* (Orlando Gomes, *Contratos*, 14ª ed., Rio de Janeiro: Forense, 1994, p. 170). Em outras palavras, há resolução com o descumprimento das obrigações contratualmente assumidas.

A resilição, por outro lado, é o modo de extinção dos contratos pela vontade de um dos contratantes – resilição unilateral – através da denúncia autorizada pela lei ou pelo próprio contrato, ou, ainda, pela vontade de ambos os contratantes – resilição bilateral –, o que se faz por intermédio do distrato.

A rescisão é a forma de extinção dos contratos em que há lesão – o contrato sequer poderia ter existido –, decorrente, ordinariamente, de uma vantagem desproporcional ou ilegal de um dos contratantes pela exploração da inexperiência do outro ou de nulidades. Seus efeitos operam-se *ex tunc* (retroativamente à data do contrato, no caso de nulidade absoluta), motivo pelo qual a sentença, nesse ponto, é meramente declaratória.

Resolvida a questão semântica, temos que o caso é de resolução por inadimplemento e não rescisão, que era impropriamente utilizada no Código Civil de 1916, art. 1.092, corrigido no art. 475, do atual Código Civil).

[2] Utilizaremos como sinônimos os termos "promessa de compra e venda" e "compromisso de compra e venda", pois a prática forense e a jurisprudência não distinguem os termos, ainda que Orlando Gomes afirme que o compromisso de venda é "o contrato típico pelo qual as partes se obrigam reciprocamente a tornar eficaz a compra e venda de um bem imóvel, mediante a reprodução do consentimento no título hábil", destacando que a "promessa de venda", quando irretratável, deve ser denominada compromisso de venda (Orlando Gomes. *Contratos*. 26. ed. Rio de Janeiro: Forense, 2008, p. 360).

A promessa de compra e venda nada mais é que um contrato preliminar, mediante o qual o promitente comprador do imóvel se obriga a pagar o preço e o promitente vendedor, após receber o que avençou, se compromete a outorgar a escritura hábil à transferência da propriedade.

Pontes de Miranda caracteriza o contrato de compromisso de compra e venda como *o contrato pelo qual as partes se obrigam a concluir outro negócio, sendo essencial à noção do pré-contrato que se obrigue alguém a concluir contrato ou outro negócio jurídico.*[3]

Portanto, não há venda, mas promessa de vender e comprar de tal sorte que não há transmissão da propriedade.

Insta observar que não se caracteriza o fato gerador do imposto de transmissão por esta razão, ou seja, pelo fato de a mera promessa, como contrato preliminar destinado à transmissão da propriedade, não a transmitir, e, nesse sentido:

> **Tribunal de Justiça de São Paulo.** *ITBI. Imóveis adquiridos mediante contrato particular de cessão de direitos e obrigações de compromisso de compra e venda. Fato gerador do imposto só se aperfeiçoa com o registro da transmissão do bem imóvel no respectivo Cartório de Registro de Imóveis. Exegese dos artigos 156, inciso II, da Constituição Federal, 35 e 110 do Código Tributário Nacional e 1.245 do Código Civil. Auto de infração e imposição de multa, anulados. Pedido procedente. Segurança concedida. Sentença mantida. Recurso de ofício e apelo da Municipalidade desprovidos (Apelação 0005025-62.2012.8.26.0587, Rel. Fortes Muniz, São Sebastião, 15ª Câmara de Direito Público, j. 25.07.2013, Data de registro: 20.08.2013, Outros números: 50256220128260587).*

> **Tribunal de Justiça de São Paulo.** *Apelação Cível. Mandado de segurança. ITBI – Instrumento particular de compromisso de compra e venda de imóvel. O registro do compromisso de compra e venda não está sujeito à incidência do ITBI. Fato gerador do tributo é a transmissão da propriedade do imóvel. Precedentes do STJ e STF. Impossibilidade de cobrança Segurança concedida. Recurso Provido (Apelação 0012202-63.2010.8.26.0000, Rel. Maurício Fiorito, São José dos Campos, 14ª Câmara de Direito Público, j. 04.04.2013, Data de registro: 10.04.2013, Outros números: 122026320108260000).*

Trata-se, no caso de registro, de direito real de aquisição (Código Civil, arts. 1.225, VII, 1.417 e 1.418), mas, mesmo assim, não transfere a propriedade.

De qualquer forma, embora ainda seja titular do direito real de propriedade, o promitente vendedor vê seu direito sendo esvaziado a cada pagamento do promitente comprador.

De fato, embora não possa alienar, o promitente comprador do imóvel pode até ceder seus direitos, mesmo à revelia do promitente vendedor, como se verá adiante.

Nesse ponto, considera José Osório de Azevedo Jr. que faltou ousadia ao Decreto-lei 58/1937.

No seu entendimento, a escritura pública de venda seria até dispensável[4] na medida em que o domínio já está praticamente transferido.

Segundo ele, a lei poderia afastar-se da orientação clássica, impondo a transferência do que restava da propriedade com o simples registro do compromisso e da quitação do preço, sem necessidade de escritura, o que, de certa forma, acabou sendo admitido pela possibilidade de adjudicação extrajudicial, conforme trataremos no Capítulo 5 (item 5.9) deste livro, a partir da Lei 14.382/2022, que incluiu essa possibilidade no artigo 216-B à Lei 6.015/1973.

Cristiano Chaves de Farias e Nelson Rosenvald, defendem que a expressão "compromisso de compra e venda" é adequada para os imóveis decorrentes de incorporações imobiliária visto que assim é denominado pelo art. 32, § 2º, da Lei 4.591/64, que os prevê com a característica da irretratabilidade (Cristiano Chaves de Farias; Nelson Rosenvald. *Direitos reais*. 6. ed. Rio de Janeiro: Lumen Juris, 2010, p. 649). Seja como for, a denominação que se queira dar ao contrato não determinará seus efeitos antes da lei.

[3] Francisco Cavalcanti Pontes de Miranda, *Tratado de Direito Privado*, 4ª ed., São Paulo, 1977, t. XIII, p. 30.

[4] José Osório de Azevedo Jr., *Compromisso de Compra e Venda*, São Paulo: Malheiros, 4ª ed., 1998.

Embora coerente e até lógica, essa orientação não inicialmente seguida pelo Código Civil, que manteve o sistema anterior, prevendo o contrato definitivo (a escritura pública de compra e venda), foi substituída pela adjudicação compulsória nos termos dos arts. 1.417, 1.418 e, também, do art. 463:

> *Art. 463. Concluído o contrato preliminar, com observância do disposto no artigo antecedente, e desde que dele não conste cláusula de arrependimento, qualquer das partes terá o direito de exigir a celebração do definitivo, assinando prazo à outra para que o efetive.*
>
> *Parágrafo único. O contrato preliminar deverá ser levado ao registro competente.*

De fato, ao final não resta alternativa ao promitente vendedor senão outorgar a escritura, pouco restando do limitado direito de propriedade de que dispõe.

Se não cumprir essa obrigação, o promitente comprador poderá promover ação de adjudicação compulsória ou requerer a adjudicação extrajudicial nos termos do art. 216-B da Lei 6.015/1973, mediante as quais a vontade do promitente vendedor é substituída pela sentença de adjudicação que servirá de transferência da propriedade junto ao Ofício de Registro de Imóveis no primeiro caso ou pela própria promessa – ou ela e eventual cessão –, no segundo caso.

Em razão dessas características, como não exige a formalidade da escritura pública, qualquer que seja o valor, é contrato de vasta utilização nas transações imobiliárias.

Entretanto, no início do século passado, a eficácia desse contrato era relativa na medida das limitações impostas pelo art. 1.088 do Código Civil revogado (de 1916):

> *Art. 1.088. Quando o instrumento público for exigido como prova do contrato, qualquer das partes pode arrepender-se antes de o assinar, ressarcindo à outra as perdas e danos resultantes do arrependimento (...)*

Ora, depois da promessa de compra e venda, contrato preliminar, era necessário o instrumento público, o contrato definitivo, ou seja, a escritura que, depois de registrada, atribuía o direito de propriedade, colimado pelo pré-contrato de promessa de compra e venda.

Com supedâneo nesse dispositivo, o promitente vendedor utilizava a faculdade de arrependimento depois de receber todo o preço, deixando de outorgar a necessária escritura e pagando as perdas e danos que normalmente eram traduzidas contratualmente pela devolução em dobro do valor recebido.

Como o imóvel na época se valorizava constantemente e não havia correção monetária, a devolução era vantajosa para o promitente vendedor desonesto.

Ao infeliz adquirente restava a resignação com uma situação legal, mas nada justa.

3.1.1. Os efeitos da promessa de compra e venda: criação de direito real; vedação do arrependimento e possibilidade de adjudicação; possibilidade de contratação por instrumento particular; possibilidade de cessão dos direitos; possibilidade de o promitente vendedor executar o crédito e penhorar os direitos do promitente comprador

Promulgado por Getúlio Vargas, com fundamento em projeto de Waldemar Ferreira, deputado e professor de direito, o Decreto-lei 58/1937 passou a prever especificamente a promessa de compra e venda.

Essa norma pretendia atribuir mais segurança ao promitente comprador, livrando-o das garras inescrupulosas de empresários imobiliários desonestos que se valiam do indigitado art. 1.088 do Código Civil de 1916.

Eis o teor de sua exposição de motivos:

Considerando o crescente desenvolvimento da loteação de terrenos para venda mediante o pagamento do preço em prestações;

Considerando que as transações assim realizadas não transferem o domínio ao comprador, uma vez que o art. 1.088 do Código Civil permite a qualquer das partes arrepender-se antes de assinada a escritura de compra e venda;

Considerando que esse dispositivo deixa praticamente sem amparo numerosos compradores de lotes, que têm assim por exclusiva garantia a seriedade, a boa-fé e a solvabilidade das empresas vendedoras;

Considerando que, para segurança das transações realizadas mediante contrato de compromisso de compra e venda de lotes, cumpre cautelar o compromissário contra futuras alienações ou onerações dos lotes comprometidos;

Considerando ainda que a loteação e venda de terrenos urbanos e rurais se opera frequentemente sem que aos compradores seja possível a verificação dos títulos de propriedade dos vendedores.

Decreta:

(...)

Deveras, a fonte do Direito positivo é o fato socialmente relevante.

Com essa norma, os vendedores passaram a ser obrigados a comprovar a propriedade, o plano do loteamento, certidão negativa de impostos e ônus reais, além de uma minuta do contrato padrão.

Demais disso, tratava-se, na época, de fato socialmente relevante o prejuízo causado a famílias desabrigadas depois de cumprir suas obrigações contratuais.

Esse decreto também atribuiu segurança aos negócios envolvendo promessas de compra e venda de imóveis loteados e vendidos pelo loteador através de características conferidas ao contrato.

Vejamos essas características:

a) Ao compromisso registrado, atribui-se a característica de direito real de aquisição, oponível *erga omnes*, ou seja, a terceiros.

b) Veda-se a faculdade de arrependimento pelo promitente vendedor no caso de promessa de compra e venda de imóveis loteados, direito de arrependimento que, no direito anterior, decorria do art. 1.088 do Código Civil de 1916; naqueles contratos submetidos ao Código de Defesa do Consumidor a cláusula que garante o direito de arrependimento coloca o consumidor em desvantagem exagerada, quebra o equilíbrio do contrato e, portanto, se trata de cláusula nula (CDC, art. 51, IV).

c) Faculta-se a adjudicação compulsória, ou seja, a possibilidade de exigir a escritura judicialmente do promitente vendedor no caso de recusa.

d) Permite-se a contratação sem a necessidade de escritura pública, qualquer que seja o valor do imóvel.

e) Admite-se a cessão do contrato, independentemente da anuência do promitente vendedor.

f) Faculta-se ao lesado pelo inadimplemento exigir o cumprimento da obrigação do devedor, posto tratar-se de contrato bilateral (há obrigações recíprocas).

Vamos a essas características e consequências jurídicas do contrato, articuladamente:

a) A criação do direito real do promitente comprador;

Prevê o art. 5º, do Decreto-lei 58/1937:

> *Art. 5º A averbação⁵ atribui ao compromissário direito real oponível a terceiros, quanto à alienação ou oneração posterior e far-se-á à vista do instrumento de compromisso de venda, em que o oficial lançará a nota indicativa do livro, página e data do assentamento.*

No mesmo sentido, o Código Civil:

> *Art. 1.417. Mediante promessa de compra e venda, em que se não pactuou arrependimento, celebrada por instrumento público ou particular, e registrada no Cartório de Registro de Imóveis, adquire o promitente comprador direito real à aquisição do imóvel.*

O direito real surge com o registro da promessa junto ao Oficial de Registro de Imóveis da circunscrição imobiliária competente.

A partir daí, o contrato passa a valer contra terceiros.

O princípio da publicidade do direito real, em razão do registro, obstaculiza posteriores alienações pelo promitente vendedor desonesto.

É que para outorgar escritura a outrem haverá necessidade da cópia da matrícula, local onde já estará anotado o direito real do promitente comprador.

b) A vedação do arrependimento;

O art. 15 do Decreto-lei 58/1937 veda de forma absoluta o arrependimento no caso de imóveis loteados e prometidos pelo loteador.

Trata-se de norma cogente, de ordem pública, de tal sorte que não pode ser afastada pela vontade das partes traduzida no contrato:

> *Art. 15. Os compromissários têm o direito de, antecipando ou ultimando o pagamento integral do preço e estando quites com os impostos e taxas, exigir a outorga da escritura de compra e venda.*

Portanto, tratando-se de imóvel loteado, sujeito ao Decreto-lei 58/1937, impossível o arrependimento.

Há Súmula do Supremo Tribunal Federal nesse sentido:

> *Súmula 166. É inadmissível o arrependimento no compromisso de compra e venda sujeito ao regime do Decreto-lei 58, de 10.12.37.*

Todavia, a mesma prerrogativa, inicialmente, não foi deferida aos demais negócios jurídicos de promessa de compra e venda, ou seja, naqueles que não envolviam imóveis loteados, negociados pelo loteador.

Corrigindo esse inconveniente, a Lei 649, de 11 de março de 1949 e, posteriormente, a Lei 6.014, de 27 de dezembro de 1973, deram a seguinte redação ao art. 22, do Decreto-lei 58/1937:

---

⁵ O que era averbação, no Decreto-lei 58/1937, hoje é registro, nos termos da Lei 6.015/1973.

Art. 22. Os contratos, sem cláusula de arrependimento, de compromisso de compra e venda e cessão de direitos de imóveis não loteados, cujo preço tenha sido pago no ato de sua constituição ou deva sê-lo em uma ou mais prestações, desde que inscritos a qualquer tempo, atribuem aos compromissários direito real oponível a terceiros, e lhes conferem o direito de adjudicação compulsória nos termos do art. 16 desta lei, 640 e 641 do Código de Processo Civil.[6]

Vejamos o que diz, no mesmo sentido, o Código Civil:

Art. 1.418. O promitente comprador, titular de direito real, pode exigir do promitente vendedor, ou de terceiro, a quem os direitos deste forem cedidos, a outorga da escritura definitiva de compra e venda, conforme o disposto no instrumento preliminar; e, se houver recusa, requerer ao juiz a adjudicação do imóvel.

Se o promitente comprador pode exigir a escritura posto que a ele foi atribuído direito real de aquisição, é evidente, evidentíssimo, aliás, que é impossível ao promitente vendedor se arrepender validamente desde que tais contratos contem com a cláusula de irretratabilidade.[7]

Ressalte-se que para atribuição do direito real de aquisição, oponível *erga omnes*, nos termos do art. 1.418 do Código Civil e art. 22 do Decreto-lei 58/1937, mister se faz o registro de sua promessa, que passa a ter eficácia real.

Mais recentemente, foi incluído o art. 67-A à Lei 4.591/1964 (Lei das Incorporações), que prevê, no § 12, tratando-se de compromisso de compra e venda celebrado com incorporadores:

*Art. 67-A, § 12, da Lei 4.591/1964. Transcorrido o prazo de 7 (sete) dias a que se refere o § 10 deste artigo sem que tenha sido exercido o direito de arrependimento, **será observada a irretratabilidade do contrato de incorporação imobiliária**, conforme disposto no § 2º do art. 32 da Lei 4.591, de 16 de dezembro de 1964.*

É certo que, não se tratando de imóvel vendido por loteadores ou incorporadores, tanto o art. 22, do Decreto-lei 58/1937, como o art. 1.417, do Código Civil de 2002, permitem o pacto de arrependimento.

Todavia, a nosso ver, esse pacto de arrependimento só valerá se houver equilíbrio entre as partes, em respeito ao art. 422 do Código Civil, que exige a boa-fé, a probidade e a função social do contrato.

Demais disso, bem pensado, pactuado o direito de arrependimento, a promessa de compra e venda não será passível de registro e não atribuirá direito real oponível a terceiros.

c) A possibilidade de adjudicação compulsória;

De acordo, ainda, com o Decreto-lei 58/1937:

Art. 16. Recusando-se os compromitentes a outorgar a escritura definitiva no caso do art. 15, o compromissário poderá propor, para o cumprimento da obrigação, ação de adjudicação compulsória, que tomará o rito sumaríssimo.

---

[6]   Esses dispositivos, do Código de Processo Civil de 1973, já haviam sido revogados pela Lei 11.232/2005.

[7]   Nos contratos que se não se refiram a lotes de terreno prometidos pelos loteadores, já que nestes não se admite arrependimento (art. 15 do Decreto-lei 58/1937 e Súmula 166/STF).

Essa disposição encontra-se, agora, no atual Código Civil, exatamente no art. 1.418, a par de a mesma possibilidade ser exercida extrajudicialmente nos termos do art. 216-B da Lei 6.015/1973, conforme trataremos no Capítulo 5 deste Livro (item, 5.9).

Esses dispositivos, portanto, concedem poderes para que o juiz ou até o Oficial de registro de imóveis possam intervir e suprir, com autoridade estatal, a injusta recusa do alienante em outorgar a escritura ao promitente comprador através de sentença ou do próprio registro da promessa com efeito translativo, substituindo a vontade do promitente vendedor na escritura, transferindo a propriedade.

d) Possibilidade de contratação sem a necessidade de escritura pública, qualquer que seja o valor do imóvel;

Mais uma vez o Decreto-lei 58/1937 estabelece regra especial para o compromisso de compra e venda, permitindo sua celebração por instrumento público ou particular.

> *Art. 11. Do compromisso de compra e venda a que se refere esta lei, contratado por instrumento público ou particular, (...)*

Essa permissão está presente no art. 1.417 do atual Código Civil.

A desnecessidade da formalidade da escritura pública agiliza a formação do contrato.

Ainda que o art. 108, do Código Civil, contenha determinação expressa da necessidade de escritura pública para constituição de direitos reais imobiliários com valor acima de trinta salários mínimos, prevalecem os dispositivos ora mencionados em razão do princípio da especialidade.

Assim, é necessária a escritura pública, nos termos do art. 108, para constituição de direitos reais imobiliários, mas não é necessária no caso de promessa de compra e venda que, mesmo utilizando o instrumento particular, poderá ser registrada com a atribuição de direito real de aquisição (Código Civil, arts. 1.225, VII, e 1.417).

Neste sentido:

> **Tribunal de Justiça de São Paulo.** *Compromisso de compra e venda. Negócio realizado através de instrumento particular. Nulidade não ocorrente. Decreto-lei 58/37. Pretensão anulatória deduzida em reconvenção improcedente. Os compromissos de compra e venda, cessões de compromisso de compra e venda e promessas de cessão de direitos relativos a imóveis, loteados ou não, urbanos ou rurais, podem ser celebrados por instrumento particular, qualquer que seja o seu valor, conforme prevê o Decreto-lei 58, de 10 de dezembro de 1937, não sendo da substância do ato a escritura pública (Apel. Cív. 256.863-1, São Paulo, 9ª Câmara de Direito Privado, Rel. Ruiter Oliva, 17.12.1996, v.u.).*

É o que acontece, também, com a alienação fiduciária de bem imóvel, cuja proprieda-de resolúvel também pode ser adquirida por instrumento particular em razão do mesmo princípio da especialidade, no caso em função da Lei 9.514/1997.

e) Possibilidade de cessão do contrato, independentemente da anuência do promitente vendedor;

De acordo com a lei de regência das promessas de compra e venda (Decreto-lei 58/1937):

> *Art. 13. O contrato transfere-se por simples trespasse lançado no verso das duas vias, ou por instrumento separado, sempre com as formalidades dos parágrafos do art. 11.*
>
> *§ 1º No primeiro caso, presume-se a anuência do proprietário. A falta de consentimento não impede a transferência, mas torna os adquirentes e os alienantes solidários nos direitos e obrigações contratuais.*

§ 2º Averbando transferência para a qual não conste o assentimento do proprietário, o oficial dela lhe dará ciência por escrito.

Sobre o assunto, assim se pronunciou o:

Tribunal de Justiça de São Paulo. *Compromisso de Compra e Venda. Reintegração da posse. Cessão irregular do contrato, sem anuência da compromitente-vendedora. Solidariedade entre cedente e cessionário. Ineficácia em relação ao vendedor. Apelação provida em parte, para a resolução do contrato sem a pretendida reintegração de posse da cessionária da ré, não citada para a ação (Apel. Cív. 28.511-4, São Paulo, 2ª Câmara de Direito Privado, Rel. Vasconcellos Pereira, 01.09.1998, v.u.).*

No caso em análise, o promitente vendedor ingressou com ação de resolução do contrato apenas em face do promitente comprador, deixando o cessionário de fora da demanda.

O Tribunal confirmou a sentença de resolução do contrato, mas não permitiu a extensão de seus efeitos ao cessionário, reconhecendo a validade da cessão.

Nessa hipótese caberá ao promitente vendedor promover nova ação, para declaração de insubsistência da cessão ante a resolução do contrato cedido e a consequente reintegração de posse em face do cessionário, permitindo a ampla defesa e o contraditório.

De fato, a jurisprudência tem admitido a cessão do contrato sem a anuência do promitente vendedor, determinando, outrossim, a responsabilidade solidária entre o cedente e o cessionário.

Para evitar situações como as espelhadas na ementa que analisamos, eventual resolução do contrato por inadimplemento, no caso de compromisso sem anuência do promitente vendedor, deve ser aforada em face de ambos (cedente e cessionário).

Vejamos outra decisão, do Tribunal de Justiça paulista:

Tribunal de Justiça de São Paulo. *Cessão. Compromisso de compra e venda. Doutrina e jurisprudência que admitem a cessão do compromisso independentemente da anuência do promitente vendedor. Meios conferidos ao promitente vendedor para pleitear a resolução do contrato, na hipótese de não preencher o cessionário os requisitos para figurar como novo promitente comprador ou der azo, por outro motivo, ao desfazimento do contrato. Recurso provido (Apel. Cív. 87.422-4, São Paulo, 9ª Câmara de Direito Privado, Rel. Franciulli Netto, 05.10.1999, v.u.).*

Neste julgado, ainda que o imóvel estivesse hipotecado, se reconheceu a possibilidade de cessão do compromisso sem a anuência do promitente vendedor, inclusive com supedâneo na doutrina de José Osório de Azevedo Júnior, segundo o qual *na cessão de compromisso de compra e venda no direito brasileiro é dispensável o consentimento do compromitente vendedor. Mesmo sem a manifestação de vontade deste e até contra a sua vontade pode-se dar a cessão do contrato por parte do compromissário comprador pois a cessão do compromisso mais se equipara àquela que Messineo chama cessione imprópria, ou seja "cessione dei contratto a mezzo di atto unilaterale, o in forza di legge".*[8]

É que mesmo hipotecado, conforme permite o art. 292 da Lei de Registros Públicos (Lei 6.015/1973), há possibilidade de cessão, mormente tendo em vista que a hipoteca é direito real de garantia, perseguindo o bem nas mãos de quem quer que esteja em razão do direito de sequela, decorrência da oponibilidade *erga omnes* (a quem quer que seja).

Outrossim, corrente diversa sustenta que a cessão de direitos feita entre as partes, sem a anuência do promitente vendedor, não legitima o cessionário para figurar no polo passivo da ação de resolução por inadimplemento, na qual deve figurar, apenas, o promitente comprador original.

---

[8] *Compromisso de Compra e Venda*, 4ª ed., São Paulo: Malheiros, 1998, p. 225-228.

Isto significa, segundo esta corrente, que, se o promitente vendedor não tem (formalmente) conhecimento da transmissão dos direitos e obrigações do contrato ou com essa transmissão não anuiu, a cessão é válida entre as partes, mas não o atinge. Nesse sentido:

Tribunal de Justiça de São Paulo. *Compromisso de venda e compra – Preliminar – Legitimidade passiva ad causam (...) – Terceiros, cessionários e ora apelantes, que podem ser admitidos como assistentes simples da ré, posto possuírem patente interesse no resultado da lide. No entanto, trata-se de cessão que constitui "res inter alios" perante a autora, posto que realizado sem a sua anuência. "Res inter alios" que é, não obriga terceiros que dela não participaram. Impossibilidade de pleito pelos cessionários de restituição de parcelas pagas, na espécie. No mais, trata-se de contrato bilateral e oneroso celebrado entre a autora e a ré – Com o esgotamento do prazo da notificação premonitória in albis, configurou-se o inadimplemento absoluto da ré – Possibilidade de resolução contratual por inadimplemento (...). Caracterização de posse injusta, que enseja a reintegração da apelada na posse do imóvel – Sentença procedente – Recurso improvido, na parte conhecida, com observação (9154175-57.2004.8.26.0000, Apelação, Promessa de Compra e Venda, Rel. Paulo Eduardo Razuk, Comarca: Orlândia, 1ª Câmara de Direito Privado, Data do julgamento: 17.08.2010, Data de registro: 08.09.2010 – Outros números: 0350325.4/6-00, 994.04.069558-7).*

No mesmo sentido, percuciente julgado da pena do eminente Desembargador paulista, Carlos Alberto Garbi:

Tribunal de Justiça de São Paulo. *Agravo de instrumento. Suspensão da ordem de reintegração de posse deferida na sentença como efeito da resolução do contrato de compromisso de compra e venda inadimplido. Impossibilidade. 1. Contrato de compromisso de compra e venda. Cessão dos direitos a terceiro sem anuência da compromissária vendedora. Não se discute a validade dos "contratos de gaveta" entre as partes contratantes, mas não é razoável admitir a sua oposição em face da compromissária vendedora que a ele não anuiu. Diante da falta de anuência da agravante à cessão de direitos celebrada entre o agravado e os compromissários compradores originais, não havia impedimento à resolução do contrato de compromisso de compra e venda, e à consequente reintegração de posse do imóvel em seu favor. 2. E não importa o fato de que o agravado não integrou o polo passivo da demanda na qual foi determinada a reintegração de posse, pois, se o ocupante do imóvel recebeu a posse dos compromissários compradores, está sujeito ao destino que receber o contrato originário e por isso não precisava ser chamado ao processo. 3. Vale lembrar, ainda, que a posse dos cessionários sobre o imóvel tem o mesmo caráter, porque derivada, da posse do cedente, de forma que se é injusta a posse do cedente em razão da sua natureza precária, aquela da qual foi derivada é igualmente injusta, daí o acerto em manter a reintegração de posse. Recurso provido para autorizar o cumprimento da ordem de reintegração de posse do imóvel deferida em favor da agravante (Agravo de Instrumento 0106112-42.2013.8.26.0000, Rel. Carlos Alberto Garbi, 10ª Câmara de Direito Privado, j. 03.09.2013, Registro: 05.09.2013, Outros números: 1061124220138260000).*

De outro lado, o trespasse (transferência ou cessão) por simples endosso no contrato só vale, em tese, para imóveis loteados vendidos pelo loteador, na medida em que, além da previsão legal, o contrato-padrão e o próprio projeto de loteamento são registrados junto ao Oficial de Registro de Imóveis.

Posta assim a questão, não é suficiente o simples endosso no verso do contrato para imóveis que não sejam negociados diretamente pelo loteador.

As promessas de compra e venda desses outros imóveis deverão, necessariamente, ser cedidas através de instrumento formal de cessão, o que se recomenda, também, para imóveis vendidos pelo loteador.

Em suma, embora previsto, o simples endosso não é utilizado na prática.

f) Faculta-se ao lesado pelo inadimplemento exigir o cumprimento da obrigação do devedor, posto tratar-se de contrato bilateral.

Como o contrato de compromisso de compra e venda é bilateral, existem obrigações recíprocas.

Assim sendo, a par de outras obrigações insculpidas no contrato, o promitente vendedor se vincula à outorga da escritura, à entrega da posse nos termos daquilo que for pactuado, entre outras obrigações decorrentes da natureza do contrato, como, por exemplo, entregar o imóvel sem vícios construtivos no caso de imóvel prometido à venda durante a construção.

Nesta medida, as consequências do descumprimento dessas obrigações pelo promitente vendedor serão avaliadas nos capítulos 7 a 10 deste livro.

O promitente comprador deve, por seu turno, pagar as parcelas do preço e o descumprimento dessa obrigação enseja a ação de execução do contrato.

Nada obstante, no direito processual civil anterior havia celeuma jurisprudencial acerca da executividade do compromisso de compra e venda.

Isto porque entenderam alguns que, *na hipótese, a necessidade de interpretação do conteúdo do contrato é incompatível com a força executiva que a exequente pretende impor, pois ausentes a certeza, a liquidez e a exigibilidade do crédito. É possível à parte contrária a arguição da "exceptio non adimpleti contractus", que deve ser analisada antes da fase executória. Daí a necessidade de se discutir em processo de conhecimento, sob todos os aspectos, a legitimidade da cobrança. Evidente que, valendo-se do procedimento adequado, com ampla produção de provas, poderá a apelada demonstrar a legitimidade de seu crédito, tornando-o exigível. Só aí, então, poderá cobrá-lo pela via executiva. Portanto, para esse fim, o título, tal como apresentado, não conta com a força executiva.*

Este foi o entendimento decorrente do seguinte julgado:

Tribunal de Justiça de São Paulo. Embargos à execução. Título extrajudicial. Compromisso de Venda e Compra de imóvel. Natureza específica do negócio e do título. Contrato bilateral que exige prova de cumprimento das obrigações de ambas as partes. Ausência de certeza, liquidez e exigibilidade do título. Necessidade de ampla produção de provas. Formas específicas para constituição em mora e execução. Não observância pela credora exequente. Ausência de atendimento aos pressupostos regulares. Inadequação da via eleita e consequente carência da ação. Embargos acolhidos. Execução extinta. Sentença reformada. Inversão do ônus de sucumbência. Recurso provido, com determinação (Apelação 0179050-02.2008.8.26.0100, 10ª Câmara de Direito Privado, Rel. Elcio Trujillo, j. 26.03.2013).

Data venia, essa não era a conclusão correta e, nessa medida, o seguinte aresto:[9]

Tribunal de Justiça de São Paulo. Execução por título extrajudicial. Compromisso particular de venda e compra de lote de terreno. Execução visando à cobrança de parcelas em atraso. Admissibilidade. Título hábil para ensejar o ajuizamento da execução, ainda que se refira a contrato bilateral, nada tendo sido alegado nos embargos à execução quanto ao cumprimento das obrigações estabelecidas em relação aos vendedores. Requisitos dos artigos 580 e 582 do CPC [atuais arts. 786 e 787] configurados. Mora do embargante comprovada pela notificação extrajudicial que instrui a execução, incidindo no caso, ademais, a regra atinente a mora "ex re". Multa contratual, porém, que deve ser reduzida para o percentual de 2%, nos termos do art. 52, § 1º, do CDC. Recurso dos embargados provido em parte para afastar a extinção da execução decretada pelo douto Magistrado, acolhendo-se em parte, porém, os embargos para determinar a redução da multa contratual. Recurso do embargante prejudicado (Apelação 9086335-88.2008.8.26.0000, Rel. Thiago de Siqueira, j. 25.07.2012).

Isso porque, tratando-se de imóvel pronto, não há falar-se em obrigação pendente do promitente vendedor, apta a justificar ausência de liquidez, o que, por si só, atende aos requisitos dos arts. 786 a 788 do Código de Processo Civil.

Segundo Theotonio Negrão, em nota ao art. 618 do CPC de 1973, correspondente ao atual art. 803 do atual Código de Processo Civil, *"em princípio, deve o próprio título fornecer*

---

9   No mesmo sentido, podem ser citados os seguintes precedentes do Tribunal de Justiça de São Paulo: Apelação 0006957-86.2007.8.26.0126, 5ª Câmara de Direito Privado, j. 17.10.2012, Rel. Christine Santini; Apelação 9086335-88.2008.8.26.0000, 14ª Câmara de Direito Privado, j. 25.07.2012, Rel. Thiago de Siqueira; Apelação 9140115-16.2003.8.26.0000, 12ª Câmara de Direito Privado, j. 06.03.2013, Rel. José Reynaldo.

todos os elementos para que se possa aferir a certeza e liquidez do débito" (STJ-3ª T., REsp 32.875-9/SP, Rel. Min. Eduardo Ribeiro, j. 04.05.1993, não conheceram, v.u., DJU 17.05.1993, p. 9.337). Mas: "Não perde a liquidez a dívida cuja definição depende de cálculos aritméticos, para excluir parcelas já pagas ou incluir verbas acessórias, previstas na lei ou no contrato" (STJ-4ª T., REsp 29.661-8/MG, Rel. Min. Ruy Rosado de Aguiar, j. 30.05.1994, deram provimento, v.u., DJU 27.06.1994, p. 16.984).[10]

Ainda de acordo com entendimento trazido à colação por Theotonio Negrão: *O contrato bilateral pode servir de título executivo de obrigação de pagar quantia certa, desde que definida a liquidez e a certeza da prestação do devedor, comprovando o credor o cumprimento integral da sua obrigação* (RSTJ 85/278).[11]

Relevantes, assim, as razões lançadas na Apelação 1.231.769-2, no voto proferido pela 21ª Câmara de Direito Privado-A do Tribunal de Justiça de São Paulo (rel. Alexandre Marcondes, j. 15.02.2007): *Embora o contrato contenha obrigações de ambas as partes, seu caráter sinalagmático não subtrai sua força executiva, pois conforme já se decidiu, "o contrato bilateral pode servir de título executivo de obrigação de pagar quantia certa, desde que definida a liquidez e certeza da prestação do devedor, comprovando o credor o cumprimento integral de sua obrigação"* (RSTJ 85/278). A este respeito ensina Humberto Theodoro Júnior que "*o contrato por ser bilateral não perde o atributo da exequibilidade por parte do contratante que já cumpriu a prestação a seu cargo. A certeza da obrigação insatisfeita pelo outro contratante é atingida pela prova pré-constituída da contraprestação realizada pelo exequente*" (A Reforma da Execução do Título Extrajudicial, Ed. Forense, 2007, p. 22).

No mesmo sentido:

Tribunal de Justiça de São Paulo. *Embargos à execução de título extrajudicial. Compromisso de compra e venda de imóvel. Presentes a certeza, a liquidez e a exigibilidade do débito. Não configurada nulidade do título executivo. Excesso de execução superado, pois houve mero erro no cálculo apresentado, devidamente corrigido pela exequente. Rejeição dos embargos mantida. Recurso não provido (Apelação 0047122-44.2011.8.26.0577, 10ª Câmara de Direito Privado, Rel. Roberto Maia, j. 06.11.2012).*

Para acabar com a celeuma que emanava do Código de Processo de 1973, o art. 798, I, "d", do Código de Processo Civil atual estabeleceu que, *ao propor a execução, incumbe ao exequente instruir a petição inicial com a prova, se for o caso, de que adimpliu a contraprestação que lhe corresponde ou que lhe assegura o cumprimento, se o executado não for obrigado a satisfazer a sua prestação senão mediante a contraprestação do exequente.*

Por outro lado, embora a notificação seja necessária para a ação de resolução do compromisso de compra e venda, não há necessidade dela para a execução, posto que, havendo dia certo para o vencimento das prestações devidas pelo promitente comprador, a mora é *ex re*, prevista nos arts. 397, 398 e 390 do Código Civil.

O art. 397 do Código Civil determina que o inadimplemento de prestação positiva (dar ou fazer) e líquida (certa quanto à sua existência e determinada quanto ao seu objeto), no seu termo (vencimento), constitui o devedor em mora.

Ou seja, havendo dia de vencimento certo, independentemente de qualquer atitude do credor, o devedor estará constituído em mora se não cumprir a obrigação na data determinada.

É a consagração do princípio segundo o qual *dies interpellat pro homine* (o dia do vencimento interpela pelo homem) que se aplica ao compromisso de compra e venda no

---

[10] Theotonio Negrão, *Código de Processo Civil e legislação processual em vigor*, 43ª ed., São Paulo: Saraiva, nota n. 5 ao art. 618.

[11] Ob. cit., nota 13e ao art. 585.

caso da opção pela exigência do cumprimento e não pela resolução, tal qual faculta o art. 475 do Código Civil.

Nesse caso não há que se falar em carência de ação, por suposta invalidade da notificação, visto que as parcelas devidas pelo executado têm data certa de vencimento, sendo desnecessária, portanto, a notificação premonitória para constituí-lo em mora.

Nesse sentido:

Tribunal de Justiça de São Paulo. *Execução. Instrumento particular de compromisso de venda e compra de imóvel assinado pelas partes e duas testemunhas, que caracteriza título executivo líquido, certo e exigível nos termos do artigo 585, II, CPC [atual art. 784, III], por indicar valor certo e encargos determinados. Demonstrativo discriminado do débito que atende ao que dispõe o artigo 614, II, CPC [atual art. 798, I, "b"]. Excesso de execução não verificado. Cláusula resolutória expressa. Validade. Desnecessidade de notificação premonitória para constituição do devedor em mora. Aplicação da regra "dies interpellat pro homine". Embargos rejeitados. Negada a Justiça Gratuita ao embargante, posto que não demonstrada a hipossuficiência econômica alegada. Provido o recurso de apelação e improvido o recurso adesivo (Apelação 1.123.309-9, Rel. Walter Rocha Barone, j. 21.08.2006).*

Tribunal de Justiça de São Paulo. *Compromisso de Compra e Venda. Execução das prestações em atraso. Notificação imprescindível apenas para fins de rescisão contratual, o que não é o caso dos autos, aonde se busca a mera cobrança dos valores em atraso. Não incidência do art. 1º do Decreto-lei n. 745/69. Dívida sequer contestada pela embargante. Contrato bilateral, subscrito por duas testemunhas, que se enquadra como título executivo extrajudicial (art. 585, II, do CPC) [atual art. 784, III], ainda mais quando não se tem notícia de qualquer descumprimento das obrigações assumidas pelo embargado (vendedor). Via eleita apropriada. Embargos rejeitados. Sentença mantida. Recurso desprovido (Apelação 482.284.4/6-00, Rel. Salles Rossi, j. 14.10.2009).*

Outrossim, importante ressaltar que os direitos são passíveis de penhora tendo sido admitida, inclusive, a penhora dos próprios direitos decorrentes da promessa de compra e venda pelo promitente vendedor, que, levados a alienação judicial, determinarão a sub-rogação do adquirente:

Em outras palavras, o STJ admitiu a penhora dos direitos contratuais, ainda que o promitente vendedor seja o credor:

*Processual civil. Recurso especial. Execução de título extrajudicial. Violação ao art. 1.022 do CPC/15. Omissão. Primazia do julgamento de mérito. Penhora. Direitos aquisitivos de contrato de promessa de compra e venda. Art. 835, XII, do CPC/15. Ausência de registro do contrato. Penhora sobre os direitos derivados da relação obrigacional. Possibilidade. Precedentes. Exequente que receberá os bens no estado em que se encontrarem. Direito real ou pessoal. Viabilidade da penhora quando o exequente figura como promitente vendedor do imóvel. Art. 857 do CPC/15. Consequências. Sub-rogação (confusão entre credor e devedor) ou alienação coativa do bem penhorado (percepção do quantum devido). Pretensão acolhida. Dissídio jurisprudencial. Prejudicado. [...] 2. O propósito recursal consiste em decidir se, nos termos do art. 835, XII, do CPC/15, a penhora pode recair sobre direitos aquisitivos derivados de contrato de promessa de compra e venda quando ausente registro da avença e quando o exequente for o proprietário/promitente vendedor do imóvel. 3. O CPC/15 autoriza a penhora dos direitos aquisitivos derivados de promessa de compra e venda e de alienação fiduciária em garantia (art. 835, inciso XII). Constrição que não recai sobre o bem objeto do contrato, mas sobre os direitos – com expressão econômica – que derivam da relação obrigacional firmada pelo executado. Precedentes desta Corte. **4. A penhora de direitos aquisitivos decorrentes de contrato de promessa de compra e venda independe do registro do negócio jurídico. O exequente, após os devidos atos expropriatórios, adquirirá os direitos aquisitivos penhorados no estado em que se encontrarem, sejam de caráter pessoal, sejam real** – a depender da existência ou não do registro da avença. 5. No que tange às consequências da penhora sobre direitos aquisitivos, estabelece o art. 857 do CPC/15 que, "feita a penhora em direito e ação do executado, e não tendo ele oferecido embargos ou sendo estes rejeitados, o exequente ficará sub-rogado nos direitos do executado até a concorrência de seu crédito". Nos termos do § 1º, pode o exequente preferir, ao invés da sub-rogação, a alienação judicial do direito penhorado. **6. Na situação de o executado ser o titular de direitos de aquisição de imóvel e o exequente ser o proprietário desse mesmo bem, podem ser de duas ordens as consequências da penhora sobre direitos aquisitivos: (I) ao escolher a sub-rogação, eventualmente, poderá ocorrer a confusão, na mesma pessoa, da figura de promitente comprador e vendedor, conforme art. 381 do CC/02; ou (II) ao optar pela alienação judicial do título, seguir-se-ão os trâmites pertinentes e o exequente perceberá o valor equivalente** *(art. 879 e seguintes do CPC/15). Nesta hipótese, o terceiro arrematante se sub-rogará nos direitos e obrigações decorrentes do contrato, tornando-se titular do crédito, e se apropriará do produto da cobrança do crédito e, uma vez satisfeito o crédito que arrematou, será obrigado a dar quitação ao devedor. 7.* Não há, em tese, restrição legal para o deferimento da penhora dos direitos aquisitivos decorrentes de contrato de promessa de compra e venda, ainda que o exequente seja o promitente vendedor/proprietário do imóvel e que a referida avença tampouco esteja registrada. Recorda-se, no ponto, a natureza instrumental da penhora, a constituir tão somente pressuposto para os ulteriores atos executivos. 8. Trata-se de conclusão que privilegia os interesses do credor, sem onerar sobremaneira o devedor (art. 805 do CPC/15). No ponto, obstar o exequente de penhorar os direitos aquisitivos coloca-o em desvantagem frente a eventuais credores, uma vez que é a partir do ato de constrição propriamente dito que exsurge a preferência na execução de tais direitos (art. 797, caput, CPC/15). 9. Hipótese em que o acórdão recorrido decidiu que não há como penhorar direitos aquisitivos de contrato de compra e venda quando o exequente figura como proprietário/promitente vendedor do imóvel objeto da avença. Necessidade de reforma do decisum. 10. Recurso especial conhecido e provido para determinar a penhora sobre os direitos aquisitivos decorrentes do contrato de promessa de compra e venda. (REsp n. 2.015.453/MG, Rel. Min. Nancy Andrighi, 3ª Turma, j. 28.02.2023, DJe 02.03.2023).*

Delineadas as consequências do contrato, passaremos a enfocar, a seguir, alguns tópicos importantes, a saber:

a) A questão do registro do contrato de compromisso;

b) O problema da outorga conjugal; e,

c) A necessidade ou não de ação de resolução contratual, caso não seja purgada a mora.

3.1.2. Os requisitos formais do contrato de promessa de compra e venda

De acordo com José Osório de Azevedo Jr.:[12]

A questão de saber se há necessidade ou não de estar registrado o contrato para o compromissário exigir a escritura de venda atormentou a jurisprudência.

A boa doutrina entendeu que o registro é dispensável, porquanto o contrato gera um direito pessoal de obtenção da escritura de venda, nada tendo que ver com o direito real decorrente do registro.

Essa tese sempre foi mais defensável que a outra, do ponto de vista ético e social, pois impedia que comprometentes vendedores se valessem das proverbiais dificuldades junto ao Registro para deixar de cumprir a obrigação livremente assumida de alienar o imóvel.

A tese da dispensabilidade do registro chegou a dominar os Tribunais Estaduais, mas ficou em minoria no STF, o que acabou repercutindo naturalmente naquelas cortes.

O E. STJ voltou a prestigiar a boa tese: REsp 30, Rel. Eduardo Ribeiro; RSTJ 28:420, Rel. Nilson Naves; RSTJ 29:357, Rel. Sálvio de Figueiredo; RSTF 32:9, Rel. Fontes de Alencar.

De qualquer forma, se os contratantes pretendem registrar o contrato, o que é importante para que o promitente comprador possa opor a promessa de compra e venda contra terceiros e impedir a venda posterior por promitente vendedor desonesto, é fundamental que o instrumento cumpra todas as determinações do art. 11, do Decreto-lei 58/1937, sem o que não ingressará no registro imobiliário, notadamente na matrícula do imóvel prometido à venda:

Art. 11. Do compromisso de compra e venda a que se refere a lei, contratado por instrumento público ou particular, constarão sempre as seguintes especificações:

a) nome, nacionalidade, estado e domicílio dos contratantes;

---

12 Do texto de José Osório de Azevedo Jr., em *Contratos Nominados* (coord. Yussef Said Cahali), São Paulo: Saraiva, 1995.

b) denominação e situação da propriedade, número e data da inscrição;

c) descrição do lote ou dos lotes que forem objetos do compromisso, confrontações, áreas e outros característicos, bem como os números correspondentes na planta arquivada;

d) prazo, preço e forma de pagamento, e importância do sinal;

e) juros devidos sobre o débito em aberto e sobre as prestações vencidas e não pagas;

f) cláusula penal não superior a 10% do débito e só exigível no caso de intervenção judicial para a restituição do imóvel cujo compromisso for cancelado;

g) declaração da existência ou inexistência de servidão ativa ou passiva e outros ônus reais ou quaisquer outras restrições ao direito de propriedade, devendo, em casos positivos, constar a concordância do possuidor do direito real;

h) indicação do contratante a quem incumbe o pagamento das taxas e impostos.

§ 1º O contrato, quando feito por instrumento particular, será manuscrito, datilografado ou impresso, com espaços em branco preenchíveis em cada caso, e lavrar-se-á em duas vias, assinadas pelas partes e por duas testemunhas, devidamente reconhecidas as firmas por tabelião.

§ 2º É indispensável a outorga uxória quando seja casado o vendedor.

§ 3º As procurações dos contratantes que não tiverem sido arquivadas anteriormente sê-lo-ão no cartório do registro, junto aos respectivos autos.

Mas não é só. Tratando-se de promessa de compra e venda, o que se aplica também para a compra e venda, promessa de cessão ou cessão de direitos desses instrumentos firmados com incorporadoras e com loteadoras, as Leis 4.591/1964 e 6.766/1979 estabelecem outros requisitos de natureza formal, quais sejam:

Lei 4.591/1964 – Incorporações – Contratos referentes a unidades condominiais	Lei 6.766/1979 – Parcelamento do solo urbano – Contratos referentes a loteamentos e a desmembramentos
Art. 35-A. Os contratos de compra e venda, promessa de venda, cessão ou promessa de cessão de unidades autônomas integrantes de incorporação imobiliária serão iniciados por quadro-resumo, que deverá conter:	Art. 26-A. Os contratos de compra e venda, cessão ou promessa de cessão de loteamento devem ser iniciados por quadro-resumo, que deverá conter, além das indicações constantes do art. 26:
I – o preço total a ser pago pelo imóvel;	I – o preço total a ser pago pelo imóvel;
II – o valor da parcela do preço a ser tratada como entrada, a sua forma de pagamento, com destaque para o valor pago à vista, e os seus percentuais sobre o valor total do contrato;	
III – o valor referente à corretagem, suas condições de pagamento e a identificação precisa de seu beneficiário;	II – o valor referente à corretagem, suas condições de pagamento e a identificação precisa de seu beneficiário;
IV – a forma de pagamento do preço, com indicação clara dos valores e vencimentos das parcelas;	III – a forma de pagamento do preço, com indicação clara dos valores e vencimentos das parcelas;
V – os índices de correção monetária aplicáveis ao contrato e, quando houver pluralidade de índices, o período de aplicação de cada um;	IV – os índices de correção monetária aplicáveis ao contrato e, quando houver pluralidade de índices, o período de aplicação de cada um;

Lei 4.591/1964 – Incorporações – Contratos referentes a unidades condominiais	Lei 6.766/1979 – Parcelamento do solo urbano – Contratos referentes a loteamentos e a desmembramentos
VI – as consequências do desfazimento do contrato, seja por meio de distrato, seja por meio de resolução contratual motivada por inadimplemento de obrigação do adquirente ou do incorporador, com destaque negritado para as penalidades aplicáveis e para os prazos para devolução de valores ao adquirente;	V – as consequências do desfazimento do contrato, seja mediante distrato, seja por meio de resolução contratual motivada por inadimplemento de obrigação do adquirente ou do loteador, com destaque negritado para as penalidades aplicáveis e para os prazos para devolução de valores ao adquirente;
VII – as taxas de juros eventualmente aplicadas, se mensais ou anuais, se nominais ou efetivas, o seu período de incidência e o sistema de amortização;	VI – as taxas de juros eventualmente aplicadas, se mensais ou anuais, se nominais ou efetivas, o seu período de incidência e o sistema de amortização;
VIII – as informações acerca da possibilidade do exercício, por parte do adquirente do imóvel, do direito de arrependimento previsto no art. 49 da Lei 8.078, de 11 de setembro de 1990 (Código de Defesa do Consumidor), em todos os contratos firmados em estandes de vendas e fora da sede do incorporador ou do estabelecimento comercial;	VII – as informações acerca da possibilidade do exercício, por parte do adquirente do imóvel, do direito de arrependimento previsto no art. 49 da Lei 8.078, de 11 de setembro de 1990 (Código de Defesa do Consumidor), em todos os contratos firmados em estandes de vendas e fora da sede do loteador ou do estabelecimento comercial;
IX – o prazo para quitação das obrigações pelo adquirente após a obtenção do auto de conclusão da obra pelo incorporador;	VIII – o prazo para quitação das obrigações pelo adquirente após a obtenção do termo de vistoria de obras;
X – as informações acerca dos ônus que recaiam sobre o imóvel, em especial quando o vinculem como garantia real do financiamento destinado à construção do investimento;	IX – informações acerca dos ônus que recaiam sobre o imóvel;
XI – o número do registro do memorial de incorporação, a matrícula do imóvel e a identificação do cartório de registro de imóveis competente;	X – o número do registro do loteamento ou do desmembramento, a matrícula do imóvel e a identificação do cartório de registro de imóveis competente;
XII – o termo final para obtenção do auto de conclusão da obra (habite-se) e os efeitos contratuais da intempestividade prevista no art. 43-A.	XI – o termo final para a execução do projeto referido no § 1º do art. 12 e a data do protocolo do pedido de emissão do termo de vistoria de obras.[13]
§ 1º Identificada a ausência de quaisquer das informações previstas no caput, será concedido prazo de 30 (trinta) dias para aditamento do contrato e saneamento da omissão, findo o qual, essa omissão, se não sanada, caracterizará justa causa para rescisão contratual por parte do adquirente.	§ 1º Identificada a ausência de quaisquer das informações previstas no caput, será concedido prazo de 30 (trinta) dias para aditamento do contrato e saneamento da omissão, findo o qual, essa omissão, se não sanada, caracterizará justa causa para rescisão contratual por parte do adquirente.

---

[13] Evidentemente se, no momento do contrato, as obras já estão concluídas e o termo ainda não foi expedido.

Lei 4.591/1964 – Incorporações – Contratos referentes a unidades condominiais	Lei 6.766/1979 – Parcelamento do solo urbano – Contratos referentes a loteamentos e a desmembramentos
§ 2º A efetivação das consequências do desfazimento do contrato, referidas no inciso VI do *caput, dependerá de anuência prévia e específica do adquirente a seu respeito, mediante assinatura junto a essas cláusulas, que deverão ser redigidas conforme o disposto no § 4º do art. 54 da Lei 8.078, de 11 de setembro de 1990(Código de Defesa do Consumidor).*	§ 2º A efetivação das consequências do desfazimento do contrato, mencionadas no inciso V do *caput,* dependerá de anuência prévia e específica do adquirente a seu respeito, mediante assinatura junto a essas cláusulas, que deverão ser redigidas conforme o disposto no § 4º do art. 54 da Lei 8.078, de 11 de setembro de 1990 (Código de Defesa do Consumidor).

Pela comparação dos dispositivos, praticamente os requisitos são os mesmos. Ainda assim, inexplicável, pelo menos do ponto de vista lógico, a inexistência de equivalente ao inciso II do art. 35-A da Lei 4.591/1964 (para os contratos firmados com as incorporadoras) no art. 26-A da Lei 6.766/1979 (que trata dos contratos firmados pelas loteadoras). O dispositivo requer a especificação da "parcela de entrada" com a indicação do percentual que representa sobre o valor total do contrato.

A par da omissão, recomenda-se, por interpretação sistemática, que os contratos firmados por loteadores contemplem a informação no quadro-resumo.

Vejamos, pois, mais alguns desses requisitos do quadro-resumo exigido por lei que merecem maiores digressões.

Com efeito, o inciso III do art. 35-A da Lei das Incorporações e o inciso II do art. 26-A da Lei do Parcelamento do Solo determinam que o quadro-resumo contemple *o valor pago a título de comissão de corretagem, as condições de pagamento e o beneficiário.*

No REsp 1.599.511, julgado pela sistemática dos recursos repetitivos, o STJ confirmou a validade da cláusula de transferência ao adquirente da obrigação de pagar a comissão *"desde que previamente informado o preço total da aquisição da unidade autônoma, com o destaque do valor da comissão de corretagem".*

Assim, como o STJ firmou a posição da licitude de transferir a obrigação, de pagar a comissão pela intermediação ao comprador ou ao promitente comprador; o dispositivo legal sob comento confirma a jurisprudência com a novidade da necessidade de tal informação estar contida no quadro-resumo.

O inciso V do art. 35-A da Lei das Incorporações e o inciso IV do art. 26-A da Lei do Parcelamento do Solo exigem a indicação, no quadro-resumo, dos *índices de correção monetária aplicáveis ao contrato e, quando houver pluralidade de índices, o período de aplicação de cada um.*

Isto porque é comum previsão de que, durante as obras, seja imposto ao adquirente os *índices setoriais como* o INCC (Índice Nacional da Construção Civil) para atualização das parcelas do preço e, neste caso, de acordo com jurisprudência dominante, o índice setorial da construção não pode ser estendido para depois da conclusão das obras, devendo ser substituído de tal sorte que o quadro-resumo deve contemplar o período de incidência de cada índice. Neste sentido:

Compromisso de venda e compra. Atraso na entrega do imóvel. Correção monetária do saldo devedor. Possibilidade de aplicação do INCC apenas durante o prazo previsto para conclusão das obras, após substituição pelo IGPM. Restituição dos valores pagos a maior até a efetiva entrega das chaves. Não incidência do art. 42, parágrafo único, do Código de Defesa do Consumidor. Recurso parcialmente provido. (TJSP; Apelação 1001817-60.2017.8.26.0625; Rel. J.B. Paula Lima; 10ª Câmara de Direito Privado; Foro de Taubaté – 5ª Vara Cível; j. 20.02.2018; Data de Registro: 21.02.2018.)

O inciso VI do art. 35-A da Lei das Incorporações e o inciso V do art. 26-A da Lei do Parcelamento do solo estabelecem que o quadro-resumo deve conter explanação sobre "*as consequências do desfazimento do contrato, seja por meio de distrato, seja por meio de resolução contratual motivada por inadimplemento de obrigação do adquirente ou do incorporador (ou do loteador), com destaque negritado para as penalidades aplicáveis e para os prazos para devolução de valores ao adquirente*".

Esse requisito formal do quadro-resumo, é, ainda, requisito para imposição das penalidades previstas nos termos do art. 67-A da Lei 4.591/1964 (para as incorporações) e 32-A da Lei 6.766/1979 (para os parcelamentos do solo) no âmbito da ação de resolução, de tal sorte que, se não estiver contido no contrato, aquelas penalidades não podem ser impostas ao adquirente inadimplente, notadamente o valor da fruição e a multa compensatória devida pelo adquirente que pode chegar a 50% do valor pago nas incorporações submetidas ao patrimônio de afetação e a 10% do valor total do contrato nos parcelamentos do solo (loteamentos e desmembramentos).

O § 2º do art. 35-A da Lei das Incorporações e o § 2º do art. 26-A da Lei do Parcelamento do Solo condicionam, de forma idêntica, a efetividade das consequências do desfazimento do contrato (que devem estar no quadro-resumo de forma destacada, em negrito), à anuência prévia e específica do adquirente o que se dá por meio da sua assinatura nessas cláusulas, que igualmente deverão estar em destaque (negrito), remetendo ao § 4º do art. 54 do Código de Defesa do Consumidor.[14]

Em suma, a higidez das cláusulas que tratam das penalidades previstas no art. 32-A da Lei 6.766/1979 para os contratos firmados com loteadores e no art. 67-A da Lei 4.591/1964 para os contratos firmados com incorporadores, dependerão de sua redação em negrito e de assinatura específica na própria cláusula (não sendo suficiente a tradicional rubrica na página), além de repetição no quadro resumo também em destaque (negrito) com assinatura específica do adquirente, notadamente por se tratar de contrato de adesão. Trata-se de requisito formal, cujo desrespeito implicará em nulidade da estipulação que se considerará não escrita (*quod nullum est, nullum producit effectum* – o que é nulo não produz nenhum efeito – CC, arts. 104 e 166).

Sobre essas consequências para o adquirente inadimplente, tratarei no Capítulo 4.

Superfetação que se explica apenas pelo dever de informar, posto já se encontrar na lei, é a exigência de o quadro-resumo fazer menção ao direito – que não pode ser suprimido, pois decorre do CDC, norma cogente nos termos do seu art. 1º – da possibilidade do exercício, por parte do adquirente do imóvel, do direito de arrependimento no prazo de 7 (sete) dias previsto no art. 49 do CDC, para os contratos firmados em estandes de vendas e fora da sede da promitente vendedora (inciso VIII do art. 35-A da Lei das Incorporações e o inciso VII do art. 26-A da Lei do Parcelamento). Não se trata de faculdade de conceder ou não o direito, mas da necessidade de informar o adquirente, no quadro-resumo, que esse direito lhe é assegurado.

O inciso IX do art. 35-A da Lei das Incorporações e o inciso VIII do art. 26-A da Lei do Parcelamento do solo exigem, ainda, que o quadro-resumo contemple *o prazo para quitação das obrigações pelo adquirente após a obtenção do auto de conclusão da obra ("habite-se") pelo incorporador ou do termo de Verificação (ou Vistoria) de Obras (TVO) pelo loteador*.

E assim o é em razão de comum previsão, nesses contratos, de parcelas denominadas "parcelas de chaves", muitas vezes através de financiamentos a serem obtidos pelo próprio adquirente que deve conhecer de forma irreprochável o prazo que tenha sido pactuado para esse pagamento.

---

[14] § 4º As cláusulas que implicarem limitação de direito do consumidor deverão ser redigidas com destaque, permitindo sua imediata e fácil compreensão.

O inciso X do art. 35-A da Lei das Incorporações e o inciso IX do art. 26-A da Lei do Parcelamento do Solo exigem, ainda, que o quadro-resumo tenha *informações acerca dos ônus que recaiam sobre o imóvel, em especial quando o vinculem como garantia real do financiamento destinado à construção do investimento.*

Em que pese a informação ser importante, certo é que a jurisprudência já se formou acerca da inoponibilidade dessas garantias ao adquirente, ainda que o contrato não esteja registrado e, nessa medida, tratando da hipoteca (solução que pode ser estendida para outras garantias reais), a Súmula 308/STJ:

> *A hipoteca firmada entre a construtora e o agente financeiro, anterior ou posterior à celebração da promessa de compra e venda, não tem eficácia perante os adquirentes do imóvel.*[15]

A indicação do termo final para obtenção do auto de conclusão da obra ("habite-se") e os efeitos contratuais da intempestividade prevista no art. 43-A da Lei 4.591/1964 são exigências do inciso XII do art. 35-A da Lei das Incorporações.

Aqui há reparo a ser feito.

Em que pese a determinação de indicação de data final para o "habite-se", as consequências do art. 43-A da Lei 4.591/1964 (multas e perdas e danos impostas *à incorporadora pelo atraso*), cuja análise faremos no Capítulo 7, são observadas caso não haja a efetiva entrega do imóvel ao adquirente depois do prazo contratual, considerada a carência de até 180 (cento e oitenta) dias, possível em razão do art. 43-A da Lei 4.591/1964.

As obras podem estar concluídas e o "habite-se" – ou auto de conclusão – expedido, todavia, a incorporadora responderá pelos prejuízos que causar se a efetiva posse não for entregue ao adquirente no prazo convencionado no contrato.

---

[15] O entendimento se aplica, por analogia, se a garantia for de alienação fiduciária concedida pela construtora:
Direito civil. Recurso especial. Ação declaratória cumulada com obrigação de fazer. Alienação fiduciária firmada entre a construtora e o agente financeiro. Ineficácia em relação ao adquirente do imóvel. Aplicação, por analogia, da Súmula 308/STJ.
1. Ação declaratória cumulada com obrigação de fazer, por meio da qual se objetiva a manutenção de registro de imóvel em nome da autora, bem como a baixa da alienação fiduciária firmada entre a construtora e o agente financeiro.
2. Ação ajuizada em 12.03.2012. Recurso especial concluso ao gabinete em 05.09.2016. Julgamento: CPC/73.
3. O propósito recursal é definir se a alienação fiduciária firmada entre a construtora e o agente financeiro tem eficácia perante a adquirente do imóvel, de forma a se admitir a aplicação analógica da Súmula 308/STJ.
4. De acordo com a Súmula 308/STJ, a hipoteca firmada entre a construtora e o agente financeiro, anterior ou posterior à celebração da promessa de compra e venda, não tem eficácia perante os adquirentes do imóvel.
5. A Súmula 308/STJ, apesar de aludir, em termos gerais, à ineficácia da hipoteca perante o promitente comprador, o que se verifica, por meio da análise contextualizada do enunciado, é que ele traduz hipótese de aplicação circunstanciada da boa-fé objetiva ao direito real de hipoteca.
6. Dessume-se, destarte, que a intenção da Súmula 308/STJ é a de proteger, propriamente, o adquirente de boa-fé que cumpriu o contrato de compra e venda do imóvel e quitou o preço ajustado, até mesmo porque este possui legítima expectativa de que a construtora cumprirá com as suas obrigações perante o financiador, quitando as parcelas do financiamento e, desse modo, tornando livre de ônus o bem negociado.
7. Para tanto, partindo-se da conclusão acerca do real propósito da orientação firmada por esta Corte – e que deu origem ao enunciado sumular em questão –, tem-se que as diferenças estabelecidas entre a figura da hipoteca e a da alienação fiduciária não são suficientes a afastar a sua aplicação nessa última hipótese, admitindo-se, via de consequência, a sua aplicação por analogia.
8. Recurso especial conhecido e não provido.
(STJ, REsp 1576164/DF, Rel. Min. Nancy Andrighi, Terceira Turma, j. 14.05.2019, DJe 23.05.2019).

No Estado de São Paulo, o assunto foi tratado pela Súmula 160 do Tribunal de Justiça: "*A expedição do habite-se, quando não coincidir com a imediata disponibilização física do imóvel ao promitente comprador, não afasta a mora contratual atribuída à vendedora.*"

E é exatamente esta a conclusão do art. 43-A da Lei 4.591/1964, que não estabelece a *conclusão da obra* com o "habite-se" como cumprimento da obrigação, mas a efetiva "*entrega do imóvel*":

> Art. 43-A. **A entrega do imóvel** *em até 180 (cento e oitenta) dias corridos da data estipulada contratualmente como data prevista para conclusão do empreendimento, desde que expressamente pactuado, de forma clara e destacada, não dará causa à resolução do contrato por parte do adquirente nem ensejará o pagamento de qualquer penalidade pelo incorporador.*

Em suma, tanto a Lei 4.591/1964 quanto a Lei 6.766/1979 exigem que o contrato contemple quadro-resumo com as informações enumeradas, respectivamente nos arts. 35-A da Lei 4.591/1964 e 26-A da Lei 6.766/1979, sem o qual o adquirente poderá notificar a incorporadora ou a loteadora para aditar o contrato no prazo de 30 (trinta) dias e, ausente a correção, pleitear resolução do contrato nos termos da previsão contida no § 1º tanto do art. 35-A da Lei 4.591/1964 quanto do art. 26-A da Lei 6.766/1979.

3.1.3.   A outorga conjugal

Nos compromissos de compra e venda, a outorga conjugal é indispensável quando o contrato definitivo, a escritura pública, também exige essa formalidade.

O Decreto-lei 58 é expresso neste assunto:

> Art. 11, § 2º *É indispensável a outorga uxória quando seja casado o vendedor.*

Em suma, a lei exige a assinatura do casal de promitentes vendedores.

Sob a égide do Código Civil de 1916, a determinação do vetusto Decreto-lei 58/1937 era até dotada de coerência na medida em que, qualquer que fosse o regime de casamento, a outorga conjugal era necessária no contrato definitivo (Código Civil de 1916, art. 235), ou seja, na posterior escritura pública outorgada depois da quitação dos pagamentos pelo promitente comprador.

Já vimos que o Código Civil em vigor dispensa a outorga uxória no contrato definitivo de compra e venda no caso de casamento pelo regime da completa e absoluta separação de bens (Código Civil, art. 1.647), desde que o casamento tenha sido celebrado depois do dia 12 de janeiro de 2003, inclusive neste dia, início da vigência do atual Código Civil, nos termos do seu mencionado art. 1.647 conjugado com o art. 2.039.[16]

Se assim o é, interpretação sistemática nos leva à conclusão de dispensa, também, no caso de promessa de compra e venda, que é o contrato preliminar à efetiva compra e venda por escritura pública.

Ora, se o contrato definitivo – escritura de compra e venda – não necessita da outorga uxória ou marital no caso de casamento pelo regime da separação de bens, resta evidente, evidentíssimo, aliás, que o contrato preliminar, que colima atingir a escritura – contrato definitivo – também não pode exigir.

Quem pode o mais – outorgar a escritura definitiva – sem outorga conjugal, pode o menos, ou seja, pode prometer o imóvel à venda sem a outorga conjugal.

---

[16]   *Vide* capítulo 1, item 1.4.3, sobre a aquisição da propriedade.

Ainda que seja assim, mesmo quando não há dúvida acerca da necessidade da outorga conjugal, a jurisprudência ainda vacila quanto a validade e a eficácia da promessa de compra e venda assinada por apenas um dos cônjuges.

Há precedentes que afirmam a validade do compromisso sem outorga, mormente que a promessa é apenas um direito pessoal, obrigacional, não transferindo o domínio.

Nesse caso, da ausência de outorga conjugal, seria impossível a adjudicação compulsória, ou seja, a ação para exigir o cumprimento da promessa com a transferência da propriedade, restando, apenas, no caso de recusa do cônjuge que não anuiu quando necessária a anuência na escritura definitiva, a ação do promitente vendedor em face do promitente comprador reclamando perdas e danos.

É que, pela promessa de compra e venda, o promitente vendedor apenas promete, no futuro, quitado o preço, transferir a propriedade através de escritura pública; esta, registrada, terá o condão fazer nascer o direito real de propriedade (Código Civil, arts. 108, 1.227 e 1.245).

Paradigmático, nesse sentido, é o antigo acórdão da 6ª Câmara Cível do Tribunal de Alçada de São Paulo, relatado pelo Juiz Odyr Porto e publicado na *RT* 419/209:

> *Tratando-se de compromisso de compra e venda, poderá o homem casado celebrá-lo sem ser assistido, no ato, por sua mulher. A outorga desta se fará precisa, apenas, para que o compromisso seja levado à inscrição no registro imobiliário.*

O Superior Tribunal de Justiça, por fim, tem entendimento remansoso, segundo o qual *a promessa de compra e venda gera apenas efeitos obrigacionais, não sendo, pois, a outorga da mulher, requisito de validade do pacto firmado* (REsp 677.117/PR, 3ª Turma, Rel. Min. Nancy Andrighi, j. 02.12.2004).

3.2. A NECESSIDADE – OU NÃO – DA AÇÃO DE RESOLUÇÃO, SE NÃO FOR PURGADA A MORA – A RESOLUÇÃO EXTRAJUDICIAL

No âmbito contratual, notadamente nos contratos bilaterais nos quais a prestação de uma parte tem como causa, como motivo da sua existência, a prestação da outra, ao contratante inocente é deferida a possibilidade de pedir a resolução do contrato ao se deparar com o descumprimento das obrigações do outro.

Essa faculdade decorre de cláusula contratual ou, se não houver, da própria lei.

Se as partes convencionarem expressamente a resolução do contrato por descumprimento, a cláusula nesse sentido denomina-se "cláusula resolutiva expressa" (Código Civil, art. 474).

Todavia, ainda que não o façam, a possibilidade de resolução do contrato por inadimplemento decorre da lei (Código Civil, art. 475), denominada, assim, de cláusula resolutiva tácita.

Eis os mencionados dispositivos do Código Civil:

> *Art. 474. A cláusula resolutiva expressa opera de pleno direito; a tácita depende de interpelação judicial.*
>
> *Art. 475. A parte lesada pelo inadimplemento pode pedir a resolução do contrato, se não preferir exigir-lhe o cumprimento, cabendo, em qualquer dos casos, indenização por perdas e danos.*

Havendo ou não cláusula resolutiva expressa, os seus efeitos, no caso de contrato de compromisso de compra e venda, para a constituição em mora do promitente comprador, dependem, sempre, de prévia notificação, cuja forma será verificada nos itens 8, 9 e 10.

Se se tratar de imóvel loteado e vendido pelo loteador, o promitente vendedor requer, ao oficial do Registro de Imóveis em que está registrado o loteamento ou por meio do oficial de Títulos e Documentos, a intimação do devedor para pagar a prestação em atraso mais as que se vencerem até a data do pagamento, além dos acessórios da dívida.

Esse pagamento é feito em cartório, no prazo de trinta dias.

Purgada a mora, o contrato convalesce, ou seja, continua em vigor com as obrigações originais.

Todavia, se o promitente comprador não pagar, o credor requererá o cancelamento do registro do contrato.

Se o devedor não for encontrado, a intimação far-se-á por edital.

Nos demais casos, em que não se trate de imóvel vendido pelo loteador, mister se faz a notificação, judicial ou extrajudicial, com fundamento, em regra, no Decreto-lei 745/1969 (regra geral) e, também, para as incorporações, com fundamento no art. 63 da Lei 4.591/1964 e na Lei 4.864/1965 e nos loteamentos se a opção for pela resolução judicial, nos termos do art. 32 da Lei 6.766/1979.

Esse aspecto será avaliado nos tópicos seguintes. De qualquer forma a notificação é pressuposto processual e a sua ausência representa vício insanável nos termos da Súmula 76 do STJ.

A questão fundamental, aqui, é saber se o promitente vendedor, depois da notificação, precisa pedir judicialmente a resolução do contrato ou se essa resolução se opera de pleno direito, após o escoamento do prazo,[17] se não for purgada a mora.

A interpretação literal da lei (Decreto-lei 58/1937, no seu art. 14, e Lei 6.766/1979, art. 32), bem como a natureza da cláusula resolutiva expressa (pacto comissório – art. 474 do Código Civil e art. 1º do Decreto-lei 745/1969) levam a esta última conclusão.

Sendo assim, nos imóveis loteados e promessa celebrada pelo loteador, a resolução, após a notificação, se opera no âmbito do Oficial de Registro de Imóveis, com exigência, nos termos em que regula, de devolução de parte do que foi pago pelo promitente comprador.

Igualmente, para os loteamentos, há uma segunda possibilidade de resolução extrajudicial no âmbito do art. 34, § 2º, da Lei 6.766/1979, que prevê sistema de acertamento por meio do leilão da Lei 9.514/1997 (Lei de Alienação Fiduciária de Bem Imóvel).

Nos demais casos, havendo cláusula resolutiva expressa, opera-se a resolução do contrato após a simples notificação e decurso *in albis* do prazo para purgação da mora.

Contudo, a par de divergências doutrinárias e jurisprudenciais, antes da Lei 14.382/2022, que incluiu o art. 251-A na Lei 6.015/1973, mesmo com a cláusula resolutiva expressa no contrato (CC, art. 474), o pronunciamento jurisdicional para declarar a resolução era necessário.

Para maior clareza, eis o art. 1º do Decreto-lei 745/1969, com a redação dada pela Lei 13.097/2015:

> *Art. 1º Nos contratos a que se refere o art. 22 do Decreto-lei 58, de 10 de dezembro de 1937, ainda que não tenham sido registrados junto ao Cartório de Registro de Imóveis competente, o inadimplemento absoluto do promissário comprador só se caracterizará se, interpelado por via judicial ou por intermédio de cartório de Registro de Títulos e Documentos, deixar de purgar a mora, no prazo de 15 (quinze) dias contados do recebimento da interpelação.*
>
> *Parágrafo único. Nos contratos nos quais conste cláusula resolutiva expressa, a resolução por inadimplemento do promissário comprador se operará de pleno direito*

---

[17]   Esse prazo depende da espécie (itens 2.8, 2.9 e 2.10).

(art. 474 do Código Civil), desde que decorrido o prazo previsto na interpelação referida no caput, sem purga da mora.

Deveras, a verificação do pressuposto da resolução contratual, qual seja: a mora na modalidade do retardamento no cumprimento da obrigação (elemento objetivo), a culpa (elemento subjetivo), além de questões que determinam a ineficácia da condição resolutiva expressa, como o adimplemento substancial, cessão válida para terceiros que não foram notificados, pagamento, exceção do contrato não cumprido, entre outras, apenas para exemplificar, precisam ser apuradas jurisdicionalmente.

Nada obstante, o STJ passou a entender que, havendo cláusula resolutiva expressa, o contrato resta resolvido de pleno direito depois da notificação – com o que concordo –, sendo desnecessária a ação de resolução, ainda que declaratória.

Eis o aresto, que não foi unânime:

Recurso Especial – ação de reintegração de posse – compromisso de compra e venda de imóvel rural com cláusula de resolução expressa – inadimplemento do compromissário comprador que não efetuou o pagamento das prestações ajustadas – mora comprovada por notificação extrajudicial e decurso do prazo para a purgação – instâncias ordinárias que julgaram procedente o pedido reintegratório reputando desnecessário o prévio ajuizamento de demanda judicial para a resolução contratual – insurgência do devedor – reclamo desprovido. Controvérsia: possibilidade de manejo de ação possessória fundada em cláusula resolutiva expressa decorrente de inadimplemento de contrato de compromisso de compra e venda imobiliária, sem que tenha sido ajuizada, de modo prévio ou concomitante, demanda judicial objetivando rescindir o ajuste firmado. (...) Inexiste óbice para a aplicação de cláusula resolutiva expressa em contratos de compromisso de compra e venda, porquanto, após notificado/interpelado o compromissário comprador inadimplente (devedor) e decorrido o prazo sem a purgação da mora, abre-se ao compromissário vendedor a faculdade de exercer o direito potestativo concedido pela cláusula resolutiva expressa para a resolução da relação jurídica extrajudicialmente. Impor à parte prejudicada o ajuizamento de demanda judicial para obter a resolução do contrato quando esse estabelece em seu favor a garantia de cláusula resolutória expressa, é impingir-lhe ônus demasiado e obrigação contrária ao texto expresso da lei, desprestigiando o princípio da autonomia da vontade, da não intervenção do Estado nas relações negociais, criando obrigação que refoge o texto da lei e a verdadeira intenção legislativa. (...) Recurso especial conhecido em parte e, na extensão, desprovido (REsp 1.789.863/MS, Rel. Min. Marco Buzzi, Quarta Turma, j. 10.08.2021, DJe 04.10.2021).

Outrossim, questão relevante precisa ser considerada.

Isso porque, havendo relação de consumo, mister se faz, em razão da resolução, que as partes retornem ao *status quo ante* com a devolução de valores pagos pelo promitente comprador, total ou parcialmente, o que somente será possível, não havendo acordo, mediante intervenção jurisdicional.

Pode haver, inclusive, fatos impeditivos da resolução, como a exceção do contrato não cumprido ou o adimplemento substancial.

Além disso, mora é, principalmente, o retardamento culposo da obrigação. O Código Civil trata da mora no art. 374 e da culpa nos arts. 392 e 396. Vejamos este último:

Art. 396. Não havendo fato ou omissão imputável ao devedor, não incorre este em mora.

E a apreciação da culpa somente pode ser feita pelo juiz.

Nesse sentido a sempre clara lição de Carlos Roberto Gonçalves ao comentar o pacto comissório, ou seja, a cláusula resolutiva expressa do art. 474 do Código Civil, que permite ao promitente vendedor a resolução do contrato por inadimplemento do promitente comprador:

Em ambos os casos, tanto no de cláusula resolutiva expressa ou convencional como no caso de cláusula resolutiva tácita, a resolução deve ser judicial, ou seja, precisa ser judicialmente pronunciada. No primeiro, a sentença tem efeito meramente declaratório e 'ex tunc', pois a resolução dá-se automaticamente, no momento do inadimplemento; no segundo, tem efeito desconstitutivo, dependendo de interpelação judicial. Havendo demanda, será possível aferir a ocorrência dos requisitos exigidos para a resolução e inclusive examinar a validade da cláusula, bem como avaliar a importância do inadimplemento, pois a cláusula resolutiva, 'apesar de representar manifestação de vontade das partes, não fica excluída da obediência aos princípios da boa-fé e das exigências da justiça comutativa (Ruy Rosado de Aguiar Júnior. Extinção dos contratos por incumprimento do devedor. 2. ed. *Rio de Janeiro: Aide, 2003, p. 183).*[18]

Apesar da expressão de pleno direito, têm os Tribunais entendido ser necessária a intervenção judicial, sendo a sentença, neste caso, de natureza meramente declaratória. Por essa razão, e porque há uma cláusula resolutiva tácita em todo contrato bilateral (cf. art. 1.092, parágrafo único – atual art. 475 do novo Código Civil), não se vislumbra utilidade em tal pacto.[19]

Certo é, então, que a cláusula resolutiva expressa produz efeitos extintivos do contrato, independentemente de sentença desconstitutiva,[20] mas, não havendo acordo entre as partes, é imprescindível a intervenção jurisdicional como forma de controlar os pressupostos que a autorizam, bem como regular os efeitos da resolução.

Referindo-se especificamente ao compromisso de compra e venda, a lição clássica de Orlando Gomes ensina que, sem qualquer distinção, pelas peculiaridades do negócio, a condição resolutiva, mesmo tácita, não se opera sem pronunciamento judicial:

Não se rompe unilateralmente sem a intervenção judicial. Nenhuma das partes pode considerá-lo "rescindido", havendo inexecução da outra. Há de pedir a resolução. Sem sentença resolutória, o contrato não se dissolve.[21]

Não discrepa José Osório de Azevedo Júnior:

Haja ou não cláusula resolutiva expressa, impõe-se a manifestação judicial para resolução do contrato.[22]

De fato, José Osório de Azevedo Júnior discorre sobre as diferenças entre as cláusulas resolutivas expressa e tácita, sendo categórico ao afirmar que em qualquer delas a resolução do contrato depende de pronunciamento judicial, ressalvando que há, de fato, no caso de cláusula expressa, alguma divergência doutrinária, que ele, no entanto, repele.[23]

O Tribunal de Justiça de São Paulo já entendeu desta forma, inferência que se extrai do seguinte aresto da pena do Desembargador Silveira Paulilo:

Tribunal de Justiça de São Paulo. *Execução. Título executivo extrajudicial. Promessa de venda e compra de imóvel em que se fez operar cláusula resolutiva expressa. Inexistência de título exequível. Necessidade de sentença declaratória. (...). (Agravo de Instrumento nº 2158459-13.2016.8.26.0000. 21ª Câmara de Direito Privado; Rel. Silveira Paulilo; Julgamento: 29.05.2017).*

---

18   Carlos Roberto Gonçalves, *Direito Civil brasileiro*. Contratos e atos unilaterais, 9ª ed., São Paulo: Saraiva, 2012, p. 183.

19   Carlos Roberto Gonçalves, *Direito das obrigações – parte especial*, São Paulo: Saraiva, 1999, p. 75.

20   Enunciado n. 435 do Conselho da Justiça Federal, aprovado na V Jornada de Direito Civil.
Neste sentido: **Tribunal de Justiça do Espírito Santo.** *O art. 474 é claro ao dispor que a cláusula resolutiva expressa se opera de pleno direito. Isso significa dizer que o prejudicado tem direito subjetivo a requerer a declaração da resolução do contrato, independentemente de interpelação do devedor. Inclusive importante observar que nestes casos a manifestação judicial tem caráter meramente declaratório, com efeitos, inclusive, ex tunc, o que evidencia que a resolução do contrato se opera pela mora nos termos do convencionado entre as partes (Apelação 30030004201, Rel. Des. Elisabeth Lordes, j. 13.01.2009).*

21   Orlando Gomes, *Contratos*, 18ª ed., Rio de Janeiro: Forense, 1999, p. 252.

22   José Osório de Azevedo Júnior, *Compromisso de compra e venda*, 2ª ed., São Paulo: Malheiros, 1983, p. 16.

23   José Osório de Azevedo Júnior, cit., p. 164.

No aresto, o relator fundou-se em abalizada doutrina: "'Reza o art. 474 do CC: A cláusula resolutiva expressa opera de pleno direito, a tácita depende de interpelação judicial.' Pondera, todavia, Luiz Felipe Silveira Difini: 'Inobstante o art. 474 do CC referir que a cláusula resolutiva expressa opera de pleno direito, se houver resistência da contraparte, quer quanto ao desfazimento do contrato, quer quanto a seus efeitos, necessária será a demanda judicial. A diferença é que a carga (preponderante) da sentença será declaratória (e não constitutiva negativa, como ocorre na resolução judicial). Mas o modelo da boa-fé objetiva, cuja concreção o juiz fará, determinará a admissibilidade da cláusula e os efeitos dela decorrentes (não se admitirá a previsão de cláusula em caso, por exemplo, de adimplemento substancial do contrato). O controle do juiz, presente nos casos de resolução judicial, também deve ser feito sobre o contrato que prevê a cláusula resolutória, e aí até com mais razão, pois ordinariamente existe para benefício exclusivo do estipulante'. (apud Doutrinas Essenciais – Obrigação e Contratos, RT, 2011, organização de Gustavo Tepedino e Luiz Edson Fachin, vol. IV, págs. 714/715). Há, desta forma, um controle judicial da cláusula resolutiva". A afirmação supra é de suma importância: não se pode remeter a matéria para embargos à execução, na medida em que estes se destinam a desconstituir o título anteriormente apresentado e não a propiciar a sua formação.

Nada obstante o posicionamento doutrinário, visando permitir a resolução extrajudicial, duas soluções se afiguram:

a) Resolução extrajudicial de compromisso de compra e venda sem registro por ata notarial nos termos do o § 2º no art. 7º-A da Lei 8.935/1994;

b) Resolução extrajudicial de compromisso de compra e venda registrado nos termos do art. 251-A da Lei 6.015/1973.

Deveras, a Lei 14.711/2023 incluiu o § 2º no art. 7º-A da Lei 8.935/1994:

> *§ 2º O tabelião de notas lavrará, a pedido das partes, ata notarial para constatar a verificação da ocorrência ou da frustração das condições negociais aplicáveis e certificará o repasse dos valores devidos e a eficácia ou a rescisão do negócio celebrado, o que, quando aplicável, constituirá título para fins do art. 221 da Lei nº 6.015, de 31 de dezembro de 1973 (Lei de Registros Públicos), respeitada a competência própria dos tabeliães de protesto.*

Em tese a lavratura de ata nesses termos autoriza verificar a ocorrência do inadimplemento e a resolução do contrato nos termos da cláusula resolutiva expressa (Código Civil, art. 474), mesmo que o contrato não esteja registrado, tendo em vista que menciona a utilização da ata para fins de cancelamento do registro do contrato, "quando aplicável".

Para tanto, o promitente vendedor deverá cumprir a notificação (pode ser extrajudicial) do promitente comprador – e estamos aqui a tratar de contrato sem registro – e, não purgada a mora, efetuar a restituição do que recebeu com o desconto da cláusula penal compensatória, de tal sorte que o tabelião lavrará a ata notarial com apresentação dos extratos bancários da conta indicada na notificação para purgação da mora e certificará a existência do depósito para acertamento dos valores pagos pelo promitente comprador.

É o que basta, segundo o dispositivo, para concluir a resolução do contrato.

Para os compromissos registrados, a Lei 14.382/2022 trouxe à colação o art. 251-A à Lei de Registros Públicos (Lei 6.015/1973):

> *Art. 251-A. Em caso de falta de pagamento, o cancelamento do registro do compromisso de compra e venda de imóvel será efetuado em conformidade com o disposto no presente artigo.*

§ 1º A requerimento do promitente vendedor, o promitente comprador, ou seu representante legal ou procurador regularmente constituído, será intimado pessoalmente pelo oficial do competente Registro de Imóveis, a satisfazer, no prazo de 30 (trinta) dias, a prestação ou prestações vencidas e as que se venceram até a data de pagamento, os juros convencionais, a correção monetária, as penalidades e os demais encargos contratuais, os encargos legais inclusive tributos, as contribuições condominiais ou despesas de conservação e manutenção em loteamentos de acesso controlado, imputáveis ao imóvel, além das despesas de cobrança, de intimação, bem como do registro do contrato, caso esse tenha sido efetuado a requerimento do promitente vendedor.

§ 2º O oficial do Registro de Imóveis poderá delegar a diligência de intimação ao oficial de Registro de Títulos e Documentos da comarca da situação do imóvel ou do domicílio de quem deva recebê-la.

§ 3º Aos procedimentos de intimação ou notificação efetuados pelos oficiais de Registros Públicos, aplicam-se, no que couber, os dispositivos referentes à citação e intimação previstas na Lei 13.105, de 16 de março de 2015 (Código de Processo Civil).

§ 4º A mora poderá ser purgada mediante pagamento ao oficial do Registro de Imóveis, que dará quitação ao promitente comprador ou seu cessionário das quantias recebidas no prazo de 3 (três) dias e depositará esse valor na conta bancária informada pelo promitente vendedor no próprio requerimento, na falta dessa informação, o cientificará de que o numerário está à sua disposição.

§ 5º Se não ocorrer o pagamento, o oficial certificará o ocorrido e intimará o promitente vendedor a promover o recolhimento dos emolumentos para efetuar o cancelamento do registro.

§ 6º A certidão do cancelamento do registro do compromisso de compra e venda reputa-se como prova relevante ou determinante para concessão da medida liminar de reintegração de posse.

Na hipótese prevista, visou permitir a resolução do compromisso de compra e venda junto ao Oficial de Registro de Imóveis, hipótese que já era contemplada, como se viu, para imóveis loteados a teor do art. 32 da Lei 6.766/1979.

Para tanto pressupõe-se o registro da promessa de compra e venda para que a resolução, desde que prevista cláusula resolutiva expressa (Código Civil, art. 474), se opere junto ao Oficial de registro de imóveis.

É de se notar – e também lamentar – a atecnia do art. 251-A da Lei 6.015/1973 que não mencionou, como fez o art. 32 da Lei 6.766/1979, a resolução como efeito da falta de pagamento, mas, *apenas, o cancelamento do registro*.

Nada obstante, a par da ausência de previsão legal, entendo que se tratará de efeito da cláusula resolutiva que deve ser prevista no contrato, sob pena de não haver pressuposto para a resolução.

Sendo assim, é desejável que os promitentes vendedores se acautelem, prevendo no contrato a resolução por inadimplemento após a notificação.

A diferença será o prazo da notificação para purgação da mora.

Nesta hipótese, a notificação deverá conceder ao promitente comprador o prazo de 30 dias e não de 15 dias como rege o Decreto-lei 745/1969, agora aplicável apenas na hipótese de resolução judicial.

Os demais efeitos da resolução, como o *quantum* a ser restituído e o montante da cláusula penal compensatória, bem como até a ocorrência da própria resolução, serão aspectos a serem discutidos em reconvenção da ação possessória a ser manejada pelo promitente vendedor após o cancelamento do registro ou da notificação extrajudicial no caso de resolução extrajudicial de contrato não registrado.

Nas hipóteses em que não se faz necessária a ação possessória pelo promitente vendedor, como nos casos em que a posse não foi entregue por força de disposição do compromisso de compra e venda e nas hipóteses de imóveis em construção, agora as consequências da resolução, na ausência de acordo entre as partes, deverá ser objeto de jurisdição provocada pelo promitente comprador.

Para tanto, deverá propor ação pelo procedimento comum, pleiteando a declaração da resolução e a restituição de parte do que foi pago, a depender da qualidade do promitente vendedor.

Se for construtor ou incorporador, as consequências da resolução seguirão o art. 67-A da Lei 4.591/1964, com a redação dada pela Lei 13.786/2018.

Se for loteador, as consequências estão disciplinadas pelo art. 32-A da Lei 6.766/1979, também com a redação dada pela Lei 13.786/2018.

É preciso observar, inclusive, que pode até ser o caso de pedido de declaração de manutenção de relação jurídica, por exemplo, pela ocorrência do adimplemento substancial a impedir que a resolução se opere, ainda que o promitente comprador tenha sido notificado.

Isso porque, nesse caso – de adimplemento substancial – não há base jurídica para que a cláusula resolutiva expressa opere seus efeitos.

Posta assim a questão, esses aspectos serão discutidos em sede de reconvenção na ação de reintegração de posse ou autonomamente, por ação proposta pelo promitente comprador nos casos em que não recebeu a posse.

Seja como for, efetuada a notificação pelo Oficial de Registro de Imóveis, que poderá – na verdade, na prática, o faz – delegar a diligência de intimação ao oficial de Registro de Títulos e Documentos da comarca da situação do imóvel ou do domicílio do promitente comprador, terá este o prazo de 30 dias para pagar, sob pena de ver produzidos os efeitos da resolução do contrato nele prevista, salvo as hipóteses acima a serem discutidas em ação própria ou reconvenção na ação possessória.

No caso de contrato registrado, no prazo legal de 30 dias corridos, posto não se tratar de prazo processual, o promitente comprador deverá pagar diretamente ao Oficial de Registro de Imóveis, para evitar a resolução, a prestação ou prestações vencidas e as que se venceram até a data de pagamento, os juros convencionais, a correção monetária, as penalidades e os demais encargos contratuais, os encargos legais inclusive tributos, as contribuições condominiais ou despesas de conservação e manutenção em loteamentos de acesso controlado, imputáveis ao imóvel, além das despesas de cobrança, de intimação, bem como do registro do contrato, caso esse tenha sido efetuado a requerimento do promitente vendedor.

O § 3º do art. 251-A da Lei 6.015/1973 prevê, ainda, a utilização, por analogia, dos dispositivos do Código de processo Civil para as citações e intimações, de tal sorte que poderão ser feitas com a utilização da intimação por hora certa ou pela presunção de recebimento, quando entregue ao responsável pelo recebimento de correspondências nos condomínios edilícios ou de acesso controlado (CPC, arts. 248, § 4º, e 252, parágrafo único).

Ultrapassado *in albis* o prazo de 30 dias para pagamento, o Oficial certificará o ocorrido e intimará o promitente vendedor a promover o recolhimento dos emolumentos para efetuar o cancelamento do registro.

Entendo que as providências ulteriores são formais e, pagos os emolumentos, os efeitos da cláusula resolutiva existente no contrato já se operou e deve ser anotado o cancelamento com indicação da data em que o prazo de 30 dias se esgotou sem pagamento.

No caso de contrato registrado, efetuado o cancelamento do registro e, no caso de contrato não registrado, depois da lavratura da ata notarial, o promitente comprador promoverá ação de reintegração de posse – desde que tenha entregue a posse –, juntando a ata ou, conforme o caso, a certidão do cancelamento do registro do compromisso de compra e venda, na qual o juiz deverá conceder, no caso de cancelamento de registro de compromisso registrado, em razão do § 6º do art. 251-A da Lei 6.015/1973, medida liminar de reintegração de posse, mesma solução que pode ser aplicada por extensão para os contratos não registrados.

Por fim, cumpre destacar que a possibilidade de cancelamento junto ao registro, além de depender – por evidente – do registro do contrato de compromisso de compra e venda junto à matrícula, para operar a resolução, depende da existência de cláusula resolutiva expressa e, por se tratar de norma de direito material, só se aplica aos contratos celebrados a partir da vigência da Lei 14.382, de 27 de junho de 2022 (publicada no *Diário Oficial* de 28.06.2022).

Em suma, havendo controvérsia sobre os efeitos da resolução, inarredável a jurisdição, seja na hipótese de resolução de compromisso de compra e venda registrado (art. 251-A da Lei de Registros Públicos com a redação dada pela Lei 14.382/2022) ou de contrato não registrado, cuja resolução se dá por constatação em ata notarial nos termos da Lei 14.711/2023, que incluiu o § 2º no art. 7º-A da Lei 8.935/1994.

Assim, em conclusão, a necessidade de pronunciamento jurisdicional, mesmo que no âmbito da possessória ou em ação autônoma, havendo controvérsia, encontra justificativas diversas, suficientes, no meu entendimento, para sua exigência, e, a título exemplificativo e em resumo, enumero os seguintes:

a) Eventual adimplemento substancial que impede a resolução em razão da cláusula geral da boa-fé;

b) Exceção do contrato não cumprido que pode ser deduzido como defesa, mormente nesta espécie contratual;

c) Cessão válida do contrato apta a tornar ineficaz a necessária notificação premonitória;

d) Pagamento;

e) Onerosidade excessiva no curso do cumprimento do contrato, sendo necessário o restabelecimento do equilíbrio e conseguinte inexigibilidade da obrigação original;

f) Renúncia expressa ou tácita por parte do credor; mora do credor, suficiente para afastar a culpa do devedor; e,

h) Necessidade de restituir as partes ao *status quo ante*, com a devolução total ou parcial das parcelas pagas.

3.3. A NOTIFICAÇÃO DO PROMITENTE COMPRADOR INADIMPLENTE E O PRAZO PARA A PURGAÇÃO DA MORA (PAGAMENTO)

Nas promessas de compra e venda de imóveis loteados (terrenos vendidos pelo loteador) a lei prevê a possibilidade de constituição em mora do promitente comprador por intermédio do Oficial de Registro de Imóveis do local de registro do loteamento (art. 14 do Decreto-lei 58/1937 e art. 32 da Lei 6.766/1979).

O pagamento, neste caso, é feito junto ao próprio Oficial de Registro de Imóveis.

Todavia, a Lei 6.766/1979, que regula hoje os parcelamentos de solo urbano, permite que seja levada a efeito notificação judicial ou extrajudicial[24] para constituir o promitente comprador em mora (art. 49 da Lei 6.766/1979).

---

24 Arnaldo Rizzardo, *Promessa de compra e venda e parcelamento do solo urbano*, 5ª ed., São Paulo: Saraiva, 1998, p. 126.

Essa notificação, cujo modelo veremos no final deste capítulo, determina que o devedor efetue o pagamento das prestações vencidas e das que se vencerem até a data do pagamento, juros e correção convencionados, além de custas da intimação.

Nos demais casos, quando não se trata de lote vendido pelo próprio loteador, bem como os demais imóveis como apartamentos, conjuntos comerciais, glebas de terras e casas, em regra, a notificação, judicial ou extrajudicial, será feita com fundamento no Decreto-lei 745/1969 e nas Leis 6.015/1973, 4.591/1964 e 4.864/1965.

E a notificação, antes da propositura da ação de resolução do compromisso de compra e venda, é imprescindível. Demais disso, o pronunciamento de resolução do contrato é necessário antes da reintegração de posse, que se trata de consequência da resolução do contrato.

Sem a notificação o processo é extinto sem resolução do mérito por ausência de condição específica da ação de resolução do compromisso de compra e venda.

No caso de resolução extrajudicial é pressuposto (art. 251-A, § 1º, da Lei 6.015/1973).

São nesse sentido os seguintes julgados:

Superior Tribunal de Justiça. *Processual civil. Ação de rescisão de promessa de compra e venda, cumulada com pedido de reintegração de posse. Cláusula resolutiva expressa. Ineficácia. Necessidade de prévia interpelação para constituição do devedor em mora. Decreto-lei 745/69, art. 1º. Aplicação imediata. I – "A falta de registro do compromisso de compra e venda de imóvel não dispensa a prévia interpelação para constituir em mora o devedor" (Súmula 76/STJ). II – A exigência de notificação prévia, instituída pelo art. 1º do Decreto-lei 745/69, para a constituição em mora do devedor, tem aplicação imediata, por se tratar de norma de direito processual. III – A falta de interpelação para constituição da mora acarreta a extinção do processo. IV – Recurso especial conhecido e provido (REsp 45.845/SP, Rel. Min. Antônio de Pádua Ribeiro, Terceira Turma, j. 06.08.2002, DJ 23.09.2002, p. 350).*

Superior Tribunal de Justiça. *Civil e Processual Civil. Contrato de compra e venda de imóvel. Antecipação da tutela. Reintegração de pose. Violação ao art. 535, II, do CPC. Não ocorrência. Resolução do contrato por inadimplemento. Cláusula resolutória expressa. Necessidade de manifestação judicial para a resolução do contrato. Precedentes. 1. (...) 2. Diante da necessidade de observância do princípio da boa-fé objetiva norteador dos contratos, na antecipação de tutela reintegratória de posse, é imprescindível prévia manifestação judicial na hipótese de rescisão de compromisso de compra e venda de imóvel para que seja consumada a resolução do contrato, ainda que existente cláusula resolutória expressa. 3. (...) 4. Agravo regimental desprovido (AgR no REsp 969.596/MG, 4ª Turma, Min. João Otávio de Noronha, DJe 27.05.2010).*

Sendo assim, é recomendável extrema cautela com a referida notificação.

Embora não haja uma forma específica – com exceção da resolução extrajudicial, prevista no art. 251-A da Lei 6.015/1973 – e tampouco se exija sua efetivação por cartório de títulos e documentos, exceto no caso de resolução por extrajudicial meio do Oficial de Registro de Imóveis, tratando-se de lotes vendidos pelo loteador, conforme disciplina legal que veremos a seguir, recomenda-se este meio para todos os casos e, caso a notificação não seja recebida diretamente pelo promitente comprador, até a notificação judicial.

Em resumo, a notificação deve ser inequívoca.

Se o promitente comprador inadimplente for casado, em regra e por cautela, é recomendável que ambos sejam notificados.

Nada obstante, em louváveis arestos, a exigência foi dispensada ante a notificação de um dos cônjuges.

Nesta medida:

Tribunal de Justiça de São Paulo. *Rescisão de compromisso de compra e venda cumulada com reintegração de posse. Decisão que determinou à CDHU a comprovação da notificação da mulher do corréu notificado. Inconformismo. Acolhimento. Notificação premonitória exigida nos termos do art. 1º do Decreto-lei n. 745/1969. Formalismo excessivo. A notificação realizada ao marido supre a exigência quanto à esposa. Finalidade legal alcançada. Decisão reformada. Recurso provido (Agravo de Instrumento 0239990-34.2011.8.26.0000, Rel. J. L. Mônaco da Silva, j. 04.04.2012).*

Asseverou o relator no seu voto: *Inicialmente, cumpre consignar que a notificação premonitória é imprescindível, nos termos do art. 1º do Decreto-lei n. 745/1969, destinada à caracterização do inadimplemento. Contudo, no caso vertente, os corréus ora agravados são cônjuges, de modo que seria excesso de formalismo exigir que ambos fossem notificados, sob pena de a CDHU não poder demandar em juízo. Assim, notificado regularmente um dos cônjuges, conforme certificado pelo oficial de registro de títulos e documentos de Catanduva (v. fls. 51), há de ser considerada suprida a finalidade da lei, qual seja, informar as partes sobre o inadimplemento contratual e conceder prazo para purgar a mora. Ademais, observa-se que os cônjuges declararam conjuntamente o recebimento das chaves do imóvel adquirido (...), mesmo endereço em que foi encaminhada a notificação extrajudicial.*

Vetusto julgado do Supremo Tribunal Federal considerou ser *desnecessária a interpelação da mulher para a constituição em mora, pois seria suficiente a do marido*, afirmando, ainda, *"que tal interpelação, de qualquer sorte – ainda que fosse ela indispensável – seria de considerar-se como suprida pela ciência que dela viera a ter a mulher através do marido* (RE 100.735 RJ, 2ª Turma do Supremo Tribunal Federal, Rel. Min. Aldir Passarinho, j. 19.10.1984, *DJ* 16.11.1984, p. 19.294).

Em igual sentido:

Tribunal de Justiça de São Paulo. *Compromisso de compra e venda. CDHU. Rescisão contratual cumulada com reintegração de posse. Indeferimento da petição inicial por força da falta de notificação premonitória do segundo corréu. Desnecessidade. Formalismo excessivo. Notificação premonitória, nos termos do art. 1º do Decreto-lei 745/69, realizada a um dos membros do casal supre a exigência legal quanto a ambos. Sentença de indeferimento da petição inicial reformada (Apelação 0016415-86.2009.8.26.0020, 2ª Câmara de Direito Privado, Rel. Fabio Tabosa, j. 28.02.2012).*

Tribunal de Justiça de São Paulo. *Ação de rescisão contratual cumulada com reintegração de posse. Decisão recorrida que determinou a emenda da inicial, no prazo de dez dias, para comprovar a notificação do réu (...), sob pena de indeferimento. Inconformismo da autora. Acolhimento. Notificação encaminhada ao endereço constante do contrato de compra e venda em nome dos adquirentes. Recebimento pela corré e cônjuge de (...). Possibilidade. Constituição em mora efetivada. Desnecessária a comprovação de notificação em nome do outro corréu. Recurso provido (Agravo de Instrumento 0232398-36.2011.8.26.0000, 9ª Câmara de Direito Privado, Rel. Viviani Nicolau, j. 18.10.2011).*

Superior Tribunal de Justiça. *Notificação do cônjuge. Valor do débito. Dispensabilidade. Ausência de prejuízo. Embargos de declaração. (...) Súmulas 7/STJ e 211/STJ. (...) A promessa de compra e venda só gera apenas efeitos obrigacionais, não sendo, pois, a outorga da mulher, requisito de validade do pacto firmado. (...). Recurso especial não conhecido (REsp 677.117/PR, 3ª Turma, Rel. Min. Nancy Andrighi, j. 02.12.2004, DJU 24.10.2005, p. 319).*

Outrossim, mesmo que o cônjuge não tenha firmado o contrato, alguns julgados, como fez o seguinte, embora dispensem a notificação de ambos, exigem o litisconsórcio passivo na ação de resolução:

Tribunal de Justiça de São Paulo. *Compra e venda. Ação de resolução dirigida contra o casal. Mulher que não assinou contrato e negócio jurídico aquele sequer levado ao registro. Varão notificado. MM. Juiz que determinou no despacho inicial a notificação da mulher. Descabimento. Mera condição de procedibilidade preenchida com a notificação do marido, bem como pela propositura da demanda contra os dois. Agravo provido (Agravo de Instrumento 0091502-40.2011.8.26.0000, Rel. Costabilè e Solimene, Catanduva, 6ª Câmara de Direito Privado, j. 03.11.2011, Data de registro: 10.11.2011, Outros números: 00915024020118260000).*

Insta observar que o art. 73, § 1º, inciso I, do Código de Processo Civil impõe, nas ações reais imobiliárias, que ambos os cônjuges sejam citados, exceto se casados pelo regime da separação absoluta de bens. Nada obstante o compromisso de compra e venda sem registro não constitua direito real de aquisição, José Osório de Azevedo Júnior sustenta: *considerado o compromisso como uma forma de alienação de imóvel, há que se exigir a interpelação de ambos os cônjuges, para respeito das normas que regem a proteção do patrimônio imobiliário do casal é indiferente que o compromisso de venda e compra tenha sido firmado por um dos cônjuges, pois, se o regime for o da comunhão universal, a aquisição por um deles reflete-se no patrimônio comum.* Assim, complementa o raciocínio, justificando, com supedâneo no art. 1.647, I, do Código Civil, com exceção do regime de separação de bens e casamento celebrado depois do dia 12 de janeiro de 2003 (início da vigência do atual Código Civil, nos termos do seu art. 2.039), que sempre haverá a necessidade de notificar o outro cônjuge, mesmo que não tenha assinado o compromisso sob pena de *admitir a alheação de bens do casal por via indireta (RT 470/180).* Em consonância com o que acata, sustenta ser *necessária a intervenção de ambos os cônjuges na ação de resolução, a interpelação de ambos é considerada uma das condições da ação, para efeitos previstos no art. 267, VI, do Código de Processo Civil...* [atual art. 485, VI, do Código de Processo Civil].

A 9ª Câmara de Direito Privado do Tribunal de Justiça de São Paulo (Agravo de Instrumento 260.831-2, Rel. Des. Celso Bonilha, *JTJ-Lex* 170/206/207) fundamentou a necessidade da notificação de ambos e o litisconsórcio passivo da seguinte forma: *Consoante dilucida José Osório de Azevedo Jr., o parágrafo único, inciso IV, do artigo 10 do Código de Processo Civil* [atual art. 73, § 1º, IV, do Código de Processo Civil] *"firma a necessidade da citação de ambos os cônjuges nas ações que tenham por objeto o reconhecimento, a constituição ou a extinção de ônus sobre imóveis de um ou de ambos os cônjuges. O termo 'ônus' nesse texto de lei é usado em sentido amplo, como bem demonstra Arruda Alvim, abrangendo os ônus reais e hipóteses assemelhadas entre as quais inclui expressamente o compromisso de compra e venda não inscrito. Este, mesmo sem constituir-se em direito real, versa iniludivelmente sobre imóvel e está assim abrangido pelas disposições do art. 10, caput, como do inciso IV do seu parágrafo único, assim é, portanto, que o litígio em torno de compromisso de compra e venda deve contar com a participação – ativa e passiva – de ambos os cônjuges* (Compromisso de Compra e Venda, *2ª ed., Editora Saraiva, p. 150-151)".*

> **Tribunal de Justiça de São Paulo.** *Compromisso de compra e venda. Ação de rescisão contratual c.c. reintegração de posse e perdas e danos. Réu casado. Cônjuge corre não notificada para purgar a mora. Decreto--lei 745/69. Citação válida que não afasta a necessidade de prévia interpelação. Notificação premonitória ineficaz. Decretada a carência e extinção da ação (art. 267, VI, do CPC) [atual art. 485, VI]. Recurso provido (Apelação 9080281-82.2003.8.26.0000, Rel. Adilson de Andrade, 3ª Câmara de Direito Privado, j. 28.09.2010, Data de registro: 08.10.2010, Outros números: 3132394200).*

> **Tribunal de Justiça de São Paulo.** *Compromisso de compra e venda. Rescisão contratual. Falta de prévia interpelação da mulher de compromissário comprador. Hipótese em que figuraram ambos os cônjuges como contratantes. Litisconsórcio necessário. Necessidade de notificação prevista em contrato. Extinção do processo decretada. Recurso improvido (Apelação 9108390-77.2001.8.26.0000, Rel. Elliot Akel, 1ª Câmara de Direito Privado, Data de registro: 18.01.2007, Outros números: 2171554900).*

> **Tribunal de Justiça de São Paulo.** *Agravo de instrumento. Decisão interlocutória que determinou o aditamento da petição inicial para incluir a esposa do agravado no polo passivo e comprovar a notificação dela a respeito do débito rescisão contratual. Contrato assinado pelo agravado, com referência ao nome de sua mulher. Litisconsórcio passivo necessário. Notificação que não foi dirigida à nova ré. Impossibilidade de presunção de ciência negado provimento ao recurso (Agravo de Instrumento 0185404-13.2012.8.26.0000, Rel. Lucila Toledo, 9ª Câmara de Direito Privado, j. 18.09.2012, Data de registro: 19.09.2012, Outros números: 1854041320128260000).*

Entendendo que a notificação é dispensável apenas na hipótese de o cônjuge não ter figurado no contrato, encontramos o seguinte julgado:

> **Tribunal de Justiça de São Paulo.** *Contrato. Compra e venda de imóvel. Rescisão. Reintegração de posse. Inadimplemento do compromissário comprador. Documentos trazidos após a interposição de apelação que são insuscetíveis de exame, sob pena de violação ao princípio do contraditório. Notificação premonitória da mulher do réu, que não figurou no contrato, que se mostra dispensável. Prescrição da pretensão da autora não configurada. Aplicação do prazo decenal previsto no art. 205, do CC/02. Assunção pelo réu dos débitos incidentes sobre o imóvel anteriores à realização do contrato. Exceção do contrato não cumprido não configurado. Divergência de área. Matéria que constitui inconcebível inovação em sede recursal. Recurso desprovido na parte conhecida (Apelação 0007422-56.2009.8.26.0472, Rel. Luiz Antonio de Godoy, Porto Ferreira, 1ª Câmara de Direito Privado, j. 20.08.2013, Data de registro: 20.08.2013, Outros números: 74225620098260472).*

A solução alvitrada se fundou em precedente do Superior Tribunal de Justiça nos seguintes termos: *Notificação da mulher do réu, ora apelante, mostra-se dispensável, já que não foi parte no "Compromisso Particular de Venda e Compra em Caráter Irrevogável e Irretratável", sendo figura alheia à relação obrigacional ali instrumentalizada. Desnecessária, pois, a notificação do cônjuge nesta hipótese. É a palavra do Superior Tribunal de Justiça: "Civil. Promessa de compra e venda. Notificação da mulher. Mora. 1. A notificação da mulher, no caso de promessa de compra e venda onde figura apenas o marido, segundo entendimento do Supremo Tribunal Federal, se faz desnecessária para efeito de constituição em mora. 2. Recurso não conhecido" (REsp 599.512-RN, 4ª Turma do Superior Tribunal de Justiça, Rel. Min. Fernando Gonçalves, j. 16.09.2004, DJU 11.10.2004, p. 347).*

Outra questão interessante é saber se é possível ou não purgar a mora em ação de resolução de compromisso de compra e venda, depois do prazo concedido na notificação, bem como se é viável a antecipação de tutela para reintegração de posse do promitente comprador.

A par de posições respeitáveis em sentido contrário, existe entendimento segundo o qual não há mais possibilidade de purgar a mora depois do prazo legal, concedido em regular notificação, o que, por si só, justifica a reintegração por meio da concessão de antecipação de tutela na ação de resolução do compromisso de compra e venda.

De fato, ausente defesa fundada em causa diversa, não ligada ao interesse de pagar, outra não será a solução da ação senão a resolução do contrato.

Isto porque não há lógica em negar-se o direito de obter a posse no caso de compromisso de compra e venda quando os tribunais, remansosamente, deferem o mesmo direito, em negócio idêntico envolvendo aquisição, em sentido amplo, de imóvel, tratando-se, todavia, de outro meio, a alienação fiduciária:[25] *Ubi eadem est ratio, eadem est jus dispositivo.*

Outrossim, negada a antecipação de tutela, estaria sendo refutada, igualmente, a função da indispensável notificação para purgação da mora, em regra, no prazo de 15 dias determinado pelo Decreto-lei 745/1969 com efeito, inclusive, de resolução.

Ora, se não há mais a possibilidade de purgar a mora – sob pena de a notificação ser providência manifestamente inútil –, outra não será a solução senão a reintegração que, por tal razão, não pode ser postergada.

E essa razão de pensar encontra paradigma no acórdão da 1ª Câmara do 2º TACivSP (RT 473/149), relatado pelo Juiz Kazuo Watanabe, com a seguinte ementa:

> *Desde que o sistema jurídico brasileiro admite a cláusula resolutiva expressa no compromisso de compra e venda, ela incide sobre o devedor, ao qual não mais é dado emendar a mora, tornando-se inafastável a resolução do contrato.*

Entendeu o julgado que o *ponto nevrálgico da questão* reside no fato de a *interpelação a que alude o Dec.-lei 745/1969, embora aluda à "mora", na verdade tem a mesma eficácia da cláusula resolutiva expressa, qual seja, de tornar imprestável a prestação a partir do esgote do prazo de 15 dias e transfigurar a situação de simples mora em inadimplemento absoluto.*

---

[25] Alienação fiduciária de bem imóvel. Ação de reintegração de posse. Preenchimento dos requisitos legais. Liminar concedida. Nos termos do art. 30 da Lei 9.514/1997, ao credor fiduciário é assegurada a reintegração na posse do imóvel, que será concedida liminarmente, para desocupação em sessenta dias, desde que comprovada a consolidação da propriedade em seu nome e preenchidos os requisitos dos artigos 26 e 27 da referida Lei. Impossibilidade de concessão de novo prazo para a purga da mora. A mera possibilidade de acordo entre as partes ou de dedução de pedido de revisão de cláusulas contratuais pelos devedores não pode prejudicar o aludido direito do credor fiduciário. Recurso provido (TJSP, Agravo de Instrumento 0013827-30.2013.8.26.0000, Rel. Gilberto Leme, São José do Rio Preto, 27ª Câmara de Direito Privado, j. 23.04.2013, Data de registro: 25.04.2013, Outros números: 138273020138260000).

Sustentou-se que a resolução não foi suprimida pelo Decreto-lei 745/1969, e que o regime do art. 14 do Decreto-lei 58/1937 considera resolvido o contrato após o decurso do prazo, não sendo lógico admitir regime mais favorável ao promitente comprador de imóvel não loteado do que ao de imóvel loteado.

Em consonância com o acatado, à interpelação do Decreto-lei 745/1969 deve ser atribuído apenas o sentido da supressão da eficácia da cláusula resolutiva expressa e direta, deferindo-se ao promitente comprador um prazo maior para emendar da mora, precedida de aviso prévio.

Todavia, depois desse aviso e decorrido *in albis* o prazo para purgação da mora, o efeito resolução já se operou, de tal sorte que o promitente comprador passa a esbulhar o imóvel prometido em razão da precariedade da posse a partir de então.

Portanto, a conclusão lógica é da concessão da antecipação de tutela para reintegrar o promitente vendedor na posse.

Não diverge dessa opinião Arnaldo Rizzardo,[26] para quem *Esta é a melhor exegese, pois vige um mandamento legal, o Dec.-lei 745, e um abrandamento na interpretação, no sentido de tolerar a purgação da mora até o momento da defesa, violaria disposição cogente da lei. Assim, para eximir-se da mora, urge aconteça o pagamento enquanto não escoar o prazo de 15 dias previsto no supracitado estatuto.*

Em igual sentido, Mário de Aguiar Moura esclarece a questão nos seguintes termos:[27] *Considero, de conseguinte, que o promitente vendedor não está obrigado a aceitar o pagamento serôdio, sob pena de esvaziar-se a interpelação de sua principal finalidade que é a de abrir espaço para a emenda da mora. Essa "mens legis" deflui das consequências impostas ao compromissário comprador de imóvel loteado, ao qual só é dado purgar a mora dentro dos trinta dias decorrentes de sua interpelação.*

Portanto, como não há mais possibilidade de purgação de mora depois do prazo concedido na notificação, é possível, em tese, a reintegração de posse pelo esbulho praticado, tendo em vista a resolução do compromisso que demanda apenas a declaração judicial.

A medida não se reveste de irreversibilidade, posto que não é a declaração de resolução do contrato que será antecipada, mas, apenas, um de seus efeitos, qual seja, a reintegração de posse que pode ser revogada a qualquer tempo até que a ação se ultime.

Pensa de modo diferente, outrossim, José Osório de Azevedo Júnior, para quem é possível purgar a mora até o prazo da contestação, afastando-se da ideia segundo a qual a notificação resolve o contrato.[28]

No mais, a lei disciplina os prazos para purgação da mora antes da propositura da ação de resolução do compromisso de compra e venda. Tais prazos variam de acordo com a natureza do imóvel e podemos resumir da seguinte forma:

a) Imóvel loteado (venda levada a efeito pelo próprio loteador):

Art. 14 e respectivos parágrafos do Decreto-lei 58/1937:

> *Art. 14. Vencida e não paga a prestação, considera-se o contrato rescindido 30 dias depois de constituído em mora o devedor.*

---

[26] Arnaldo Rizzardo, *Promessa de compra e venda e parcelamento do solo urbano*, 6ª ed., São Paulo: RT, 2003.

[27] Mário de Aguiar Moura, *Promessa de compra e venda*, Rio de Janeiro: Aide, 1986, p. 295.

[28] José Osório de Azevedo Júnior, *Compromisso de compra e venda*, 5. ed., São Paulo: Malheiros, 2006, p. 136 e ss.

§ 1º Para este feito será ele intimado a requerimento do compromitente, pelo oficial do registro a satisfazer as prestações vencidas e as que se vencerem até o dia do pagamento, juros convencionados e custas da intimação.

§ 2º Purgada a mora, convalescerá o compromisso.

§ 3º Com a certidão de não haver sido feito pagamento em cartório, os compromitentes requererão ao oficial do registro o cancelamento da averbação.

Art. 32 da Lei 6.766/1979:

Art. 32. Vencida e não paga a prestação, o contrato será considerado rescindido 30 (trinta) dias depois de constituído em mora o devedor.

§ 1º Para os fins deste artigo o devedor-adquirente será intimado, a requerimento do credor, pelo Oficial do Registro de Imóveis,[29] a satisfazer as prestações vencidas e as que se vencerem até a data do pagamento, os juros convencionados e as custas da intimação.

§ 2º Purgada a mora, convalescerá o contrato.

§ 3º Com a certidão de não haver sido feito o pagamento em cartório, o vendedor requererá ao Oficial do Registro o cancelamento da averbação.

b) Imóveis não loteados (terrenos que, mesmo loteados, não foram adquiridos do loteador e demais imóveis construídos e prontos):

Art. 1º do Decreto-lei 745/1969:

Art. 1º Nos contratos a que se refere o art. 22 do Decreto-lei 58, de 10 de dezembro de 1937, ainda que não tenham sido registrados junto ao Cartório de Registro de Imóveis competente, o inadimplemento absoluto do promissário comprador só se caracterizará se, interpelado por via judicial ou por intermédio de cartório de Registro de Títulos e Documentos, deixar de purgar a mora, no prazo de 15 (quinze) dias contados do recebimento da interpelação.

Parágrafo único. Nos contratos nos quais conste cláusula resolutiva expressa, a resolução por inadimplemento do promissário comprador se operará de pleno direito (art. 474 do Código Civil), desde que decorrido o prazo previsto na interpelação referida no caput, sem purga da mora.

Na forma extrajudicial: art. 251-A da Lei 6.015/1973:

Art. 251-A. Em caso de falta de pagamento, o cancelamento do registro do compromisso de compra e venda de imóvel será efetuado em conformidade com o disposto no presente artigo.

§ 1º A requerimento do promitente vendedor, o promitente comprador, ou seu representante legal ou procurador regularmente constituído, será intimado pessoalmente pelo oficial do competente Registro de Imóveis, a satisfazer, no prazo de 30 (trinta) dias, a prestação ou prestações vencidas e as que se venceram até a data de pagamento, os juros convencionais, a correção monetária, as penalidades e os demais encargos contratuais, os encargos legais inclusive tributos, as contribuições condominiais ou despesas de conservação e manutenção em loteamentos de acesso controlado, imputáveis ao imóvel, além das despesas de cobrança, de intimação, bem como do registro do contrato, caso esse tenha sido efetuado a requerimento do promitente vendedor.

---

[29] Nos termos do art. 49, da Lei 6.766/1979, a notificação também pode ser feita por Oficial de Títulos e Documentos. Possível, também, a notificação judicial, inclusive com citação por editais.

§ 2° O Oficial do Registro de Imóveis poderá delegar a diligência de intimação ao Oficial de Registro de Títulos e Documentos da comarca da situação do imóvel ou do domicílio de quem deva recebê-la.

§ 3° Aos procedimentos de intimação ou notificação efetuados pelos oficiais de Registros Públicos, aplicam-se, no que couber, os dispositivos referentes à citação e intimação previstos na Lei 13.105, de 16 de março de 2015 (Código de Processo Civil).

c) Incorporações:

Art. 63 e seus parágrafos, da Lei 4.591/1964:

Art. 63. É lícito estipular no contrato, sem prejuízo de outras sanções, que a falta de pagamento, por parte do adquirente ou contratante, de 3 prestações do preço da construção, quer estabelecidas inicialmente, quer alteradas ou criadas posteriormente, quando for o caso, depois de prévia notificação com o prazo de 10 dias para purgação da mora, implique na rescisão do contrato, conforme nele se fixar, ou que, na falta de pagamento, pelo débito respondem os direitos à respectiva fração ideal de terreno e à parte construída adicionada, na forma abaixo estabelecida, se outra forma não fixar o contrato.

§ 1° Se o débito não for liquidado no prazo de 10 dias, após solicitação da Comissão de Representantes, esta ficará, desde logo, de pleno direito, autorizada a efetuar, em público leilão anunciado pela forma que o contrato prever, a venda, a promessa de venda ou de cessão, ou a cessão da cota do terreno e correspondente parte construída e direitos, bem como a sub-rogação do contrato de construção (seguem-se mais nove parágrafos).

Lei 4.864/1965:

Art. 1° Sem prejuízo das disposições da Lei 4.591, de 16 de dezembro de 1964, os contratos que tiverem por objeto a venda ou a construção de habitações com pagamento a prazo poderão prever a correção monetária da dívida, com o consequente reajustamento das prestações mensais de amortização e juros, observadas as seguintes normas:

(...)

VI – A rescisão do contrato por inadimplemento do adquirente somente poderá ocorrer após o atraso de, no mínimo, 3 (três) meses do vencimento de qualquer obrigação contratual ou de 3 (três) prestações mensais, assegurado ao devedor o direito de purgar a mora dentro do prazo de 90 (noventa) dias, a contar da data do vencimento da obrigação não cumprida ou da primeira prestação não paga.

Em consonância com esses prazos, cumpre observar a peculiaridade da purgação da mora nas promessas de compra e venda de imóveis, que requerem constituição em mora por notificação, para efeito de resolução.[30]

---

[30] *Superior Tribunal de Justiça. Civil. Compromisso de compra e venda de imóvel. Ajuizamento de ações de imissão na posse e de Consignação em pagamento pelo compromissário-comprador. Improcedência da pretensão consignatória. Consequência. Cláusula resolutiva expressa. Inadmissibilidade. Recurso inacolhido. I – proposta ação de consignação em pagamento por compromissário-adquirente, diante de impasse quanto ao critério que, em face do advento de "plano econômico", deveria ser adotado para saldar as últimas prestações avençadas, da improcedência do pedido não resulta a automática resolução do ajuste, mas tão somente o reconhecimento de haver o autor incorrido em mora ex re. II – nos casos de compromisso de compra e venda de imóveis, afigura-se ineficaz a estipulação de cláusula resolutiva expressa (pacto comissório – art. 1.163, CC), a teor do que dispõe o art. 1° do DL n. 745/1969, impondo-se ao promitente-vendedor, uma vez verificada a mora ex re do promissário-comprador, promover a interpelação deste, conferindo-lhe prazo não inferior a 15 dias para purgação. III – somente com o transcurso in albis do prazo concedido e que configura o inadimplemento absoluto do promissário-adquirente, a ensejar*

Proposta a ação de resolução, com o pleito de extinção do contrato pelo credor das parcelas, em razão da não purgação da mora nos prazos da notificação, resta saber se o promitente comprador, o devedor, pode, ainda, purgar a mora.

Sendo assim, é preciso lembrar que, para imóveis decorrentes de parcelamento do solo urbano, prometidos pelo parcelador, o prazo para purgação da mora, a ser concedido na notificação, é de 30 dias, conforme determina o art. 14 e respectivos parágrafos, do Decreto--lei 58/1937 e arts. 32 e 33, da Lei 6.766/1979.

Para os imóveis incorporados em construção, o prazo para purgar a mora é de dez dias, sendo que a notificação somente é possível após o atraso de três parcelas, nos termos do art. 63, § 1º, da Lei 4.591/1964.

Nos demais casos de compromisso de compra e venda, o prazo é de 15 dias, a teor do que dispõe o Decreto-lei 745/1969 para o pedido de resolução judicial, e de 30 dias para o pedido extrajudicial, nos termos do art. 251-A da Lei 6.015/1973.

José Osório de Azevedo Júnior, como dito, entende que é possível a purgação da mora depois desses prazos, até a contestação da ação, entendimento que fica prejudicado ante a nova redação do art. 1º do Decreto-lei 745/1969, dado pela Lei 13.097/2015 e pela forma extrajudicial prevista no art. 251-A da Lei 6.015/1973.[31]

Por outro lado, embora, inicialmente, sustente a possibilidade de purgação da mora até a contestação, José Osório de Azevedo Júnior cita decisões que deferem essa prerrogativa mesmo depois de contestada a ação, desde que ofereça a prestação juntamente com as consequências do seu descumprimento, tendo em vista a boa-fé.

Parece-nos que essa solução só é possível em respeito à socialidade que emana do sistema e indica a preservação do pacto, evitando a eventual existência do abuso de direito do promitente vendedor na consideração do inadimplemento.

Superior Tribunal de Justiça. Contrato. Resolução. Mora. Jus variandi. Purgação da mora. 1. A simples mora não é suficiente para a resolução de contrato de promessa de compra e venda. 2. Em princípio, são incompatíveis as condutas do promitente vendedor que, ao mesmo tempo, promove a execução dos títulos e propõe ação para extinguir o contrato. 3. A purgação da mora pode ocorrer ainda após o prazo de contestação, demonstrada a boa-fé do devedor. Recurso improvido. (REsp 30.023/SP, Rel. Min. Dias Trindade (ER 03/93), Quarta Turma, j. 30.5.1994, DJ 27.6.1994, p. 16984)

3.4.   PRINCIPAIS ASPECTOS PRÁTICOS E DE DIREITO PROCESSUAL

Foro competente: foro do local do imóvel[32] (*forum rei sitae*), lembrando que, na cidade de São Paulo, independentemente do valor da causa, será competente o foro regional do local do imóvel (Lei 3.947, de 8 de dezembro de 1983, art. 4º, inc. I, "a" e "b").

---

ao promitente-alienante demandar a resolução do ajuste. IV – caso em que, tendo sido desacolhida a pretensão consignatória deduzida no intuito de evitar a caracterização da mora ex re, não foi, contudo, conferida ao autor, compromissário-comprador, oportunidade para purgá-la, assistindo-lhe, portanto, uma vez não satisfeitos os pressupostos autorizativos da resolução do compromisso, o direito contratualmente estabelecido de imitir-se na posse do imóvel (REsp 15.489/SP, Rel. Min. Sálvio de Figueiredo Teixeira, Quarta Turma, j. 6.6.1994, DJ 5.9.1994, p. 23.107).

[31]   José Osório de Azevedo Júnior, *Compromisso de compra e venda*, 4ª ed., São Paulo: Malheiros, 1998, p. 126. Para este autor, "mora é, antes de tudo, questão de fato. E os fatos são rebeldes a classificações, normas e decisões. Tudo recomenda que, em matéria de mora, seja dada maior amplitude à razoável discrição do juiz".

[32]   Há quem defenda, com muita razão, o foro contratual, evidentemente não se tratando de relação de consumo.

Legitimidade ativa: promitente comprador ou promitente vendedor, aquele atingido pelo inadimplemento contratual.

Legitimidade passiva: promitente comprador e seus cessionários (em razão da solidariedade) (*vide* item 3.1.1, "e"). Em suma, o inadimplente.

Valor da causa: valor atualizado do contrato (Código de Processo Civil, art. 292, II).

Petição inicial: deverá respeitar os requisitos do art. 319 do Código de Processo Civil.

Procedimento: comum.

3.4.1. Competência

Segundo José Osório de Azevedo Júnior, *a questão da competência de foro para as ações relativas ao compromisso de compra e venda continua controvertida.*[33]

Após mencionar que há decisões para todos os gostos, defende, independentemente do registro, o foro da situação do imóvel objeto do compromisso de compra e venda.

Assim pensa em virtude de aplicação extensiva do art. 48 da Lei 6.766/1979.

De fato, tal interpretação não emana, exclusivamente, do art. 47 do Código de Processo Civil na exata medida em que, não havendo registro do compromisso de compra e venda, não há falar-se em *forum rei sitae*.

> **Tribunal de Justiça de São Paulo.** *Competência. Ação de rescisão contratual cumulada com reintegração de posse. Forum rei sitae. Inocorrência. Obediência ao foro contratual. Caráter pessoal do pedido principal. Possessória que exsurge como pedido secundário. Partes, ademais, que têm domicílio no foro eleito. Exceção acolhida. Recurso provido. O pedido principal, de caráter pessoal, sobreleva o de vindicação de posse, que se apresenta como consequência necessária da acolhida do primeiro, sendo competente o foro eleito e não o forum rei sitae (Agravo de Instrumento nº 20.776-0, Juquiá, Rel. Lair Loureiro, v.u., 12.01.1995).*

> **Tribunal de Justiça de São Paulo.** *Competência. Compromisso de venda e compra. Rescisão. Pedido cumulado com reintegração de posse. Direito pessoal. Competência ditada pelo art. 94 do Código de Processo Civil [atual art. 46]. Foro de eleição que, no caso, cede lugar ao foro de situação do imóvel. Recurso provido, com a reforma do despacho agravado. Fundada a ação em promessa de venda e compra não registrada, inexiste questão de direito real, mas pessoal. Embora o pedido venha cumulado com pretensão de natureza possessória, esta assume posição secundária no pedido, no ponto em que, formulada em ordem sucessiva, só será acolhida, se procedente a pretensão principal de rescisão da avença celebrada (Agravo de Instrumento 1.428-4, São Paulo, 6ª Câmara de Direito Privado, Rel. Octavio Helene, 07.03.1996, v.u.).*

Com relação à competência de foro no Estado de São Paulo, mister se faz observar que entre as leis de Organização Judiciária do Estado há a Lei 3.947, de 8 de dezembro de 1983, que modificou parcialmente a Organização Judiciária da Comarca de São Paulo.

O art. 4º, inc. I, "a" e "b", dessa Lei preceitua:

> *Art. 4º a competência de cada foro regional será a mesma dos foros distritais existentes, com os acréscimos seguintes e observados, no que couber, os demais preceitos em vigor:*
>
> *I – em matéria cível, independentemente do valor da causa:*
>
> *a) as ações reais ou possessórias sobre bens imóveis e as de nunciação de obra nova, excluídas as ações de usucapião e as retificações de áreas, que pertencem às varas de registros públicos;*
>
> *b) as ações de rescisão e as de adjudicação compulsória, fundadas em compromissos de compra e venda.*

---

[33] José Osório de Azevedo Júnior, *Compromisso de compra e venda*, São Paulo: Malheiros, 1998, p. 60.

De fato, no Estado de São Paulo, a Lei Estadual 3.947/1983 (Código de Organização Judiciária do Estado) determina no seu art. 4º, inc. I, "b", que, independentemente do valor atribuído à causa, é de competência dos Foros Regionais o conhecimento das ações de "rescisão" (resolução) e adjudicação com fundamento em compromisso de compra e venda.

Aliás, o Tribunal de Justiça de São Paulo já se pronunciou acerca da questão:

> **Tribunal de Justiça de São Paulo.** *Competência. Ação de resolução de – compromisso de venda e compra, cumulada com – indenização por perdas e danos. Fixação em razão da matéria, por força do art. 4º, I, "b", da Lei Estadual n. 3.947/1983, independentemente do valor atribuído à causa. Decisão reformada. Agravo provido (Agravo de Instrumento 0287761-08.2011.8.26.0000, Campinas, Rel. Des. Cláudio Godoy, j. 14.12.2012).*

Em outras palavras, a competência, neste caso, no Estado de São Paulo, é fixada em razão da matéria e, em igual sentido:

> **Tribunal de Justiça de São Paulo.** *Conflito negativo de competência. Ação de Rescisão de escritura de promessa de compra e venda. Competência do Foro Regional por força do art. 4º, inciso I, alínea 'b', da Lei 3.947/1983 independentemente do valor da causa. Competência do Juízo Suscitado (TJSP, Conflito de Competência 990.10.449089-8, Rel. Des. Luis Ganzerla, j. 08.10.2010).*

3.4.2. Legitimidade ativa e passiva

Na ação de resolução por inadimplemento, será legitimado ativamente o sujeito ativo da relação jurídica obrigacional atingido pelo descumprimento da avença.

Assim, ocorrendo atraso no pagamento do preço, o credor dos pagamentos será legitimado à propositura da ação de resolução em face do promitente comprador.

Por outro lado, o sujeito passivo da obrigação de pagar o preço estipulado pelo imóvel também estará legitimado ativamente para a ação de resolução por inadimplemento do compromitente vendedor, como nos casos de atraso na entrega das obras, impossibilidade de outorga de escritura etc.

Já vimos que, no caso de cessão do contrato, se não houve anuência do promitente vendedor, haverá solidariedade ou, segundo outro entendimento espelhado no item 3.1.1, "e", para onde remetemos o leitor, será legitimado apenas o cedente irregular.[34]

Outrossim, como já vimos, também no caso de resolução por inadimplemento, verifica-se grande celeuma jurisprudencial e doutrinária acerca da necessidade da outorga uxória ou marital para a validade do compromisso de compra e venda.

A questão surge, inevitavelmente, da leitura do § 2º, do art. 11, do Decreto-lei 58/1937, que está assim redigido:

> Art. 11, § 2º É indispensável a outorga uxória quando casado seja o vendedor.

É verdade que o novo Código Civil dispensa a outorga uxória no casamento pelo regime da completa e absoluta separação de bens (Código Civil, art. 1.647) e, nesse caso, entendemos que não há necessidade de outorga uxória ou marital.

Nesse sentido, ensina José Osório de Azevedo Júnior que o compromisso de compra e venda *é mais como uma espécie de compra e venda do que um simples contrato preliminar.*

---

[34] *Tribunal de Justiça de São Paulo. Compromisso de Compra e Venda. Reintegração da posse. Cessão irregular do contrato, sem anuência da compromitente-vendedora. Solidariedade entre cedente e cessionário. Ineficácia em relação ao vendedor. Apelação provida em parte, para a resolução do contrato sem a pretendida reintegração de posse da cessionária da ré, não citada para a ação (Apel. Cív. 28.511-4, São Paulo, 2ª Câmara de Direito Privado, Rel. Vasconcellos Pereira, 01.09.1998, v.u.).*

Sendo assim, e adotando a tese esposada pelo Des. Macedo Bittencourt (*RT* 455/1973), segundo o qual, *em resumo, se trata* (o compromisso de compra e venda) *de ato que o varão não pode praticar sozinho. A falta de outorga uxória implica a nulidade e não apenas a ineficácia em relação à mulher.*

Ao final, ensina que *o contrato de compra e venda também não transfere o domínio antes da transcrição e ninguém duvida da necessidade do consentimento de ambos os cônjuges, isto porque o vendedor, ao assinar o contrato, está necessariamente concordando em que o título seja transcrito. E isto é o que também ocorre com o compromisso.*[35]

Ao depois, admite as perdas e danos decorrentes da declaração de nulidade e o consequente retorno *status quo ante*, conclusão que, aliás, está acorde com os mandamentos insculpidos nos arts. 182 e 1.647 do Código Civil.

Demais disso, nos termos do art. 439 do Código Civil, aquele que promete fato de terceiro responde por perdas e danos na hipótese de descumprimento.

Outrossim, não há confundir-se essa nulidade, ante a necessidade de outorga uxória ou marital para prometer vender imóvel que acaba traduzindo a necessidade de litisconsórcio ativo, com a absoluta desnecessidade de participação do cônjuge na hipótese do promitente comprador.

Não há necessidade de participação do cônjuge, no compromisso de compra e venda firmado pelo outro,[36] no caso de compromisso de compra e venda não registrado.

Consequentemente, não há necessidade da participação do outro cônjuge, que não assinou o contrato, no polo passivo da ação de resolução por inadimplemento, de compromisso de compra e venda sem registro.

É evidente que, estando o compromisso registrado, em virtude do direito real exsurgente, nos termos do *caput* e do inc. I do § 1º do art. 73 do Código de Processo Civil, mister se fará a citação do outro cônjuge e a outorga conjugal para propositura da ação.

Entretanto, o assunto é polêmico e, mesmo no caso de compromisso não registrado, alguns juízes exigem a integração do polo passivo pelo outro cônjuge, na ação de resolução por inadimplemento.

Ocorre que, no nosso entendimento, ante a existência de direitos pessoais no caso de compromisso de compra e venda sem registro, não há falar-se nessa necessidade.

3.4.3. Ações reais e pessoais – distinção e consequências

As ações reais são aquelas que nascem do *jus in re*, competindo a quem tem esse direito contra o réu.[37]

As pessoais, por outro lado, possuem gênese nas obrigações de dar, fazer ou não fazer alguma coisa, *in casu*, especificamente de dar.

É preciso distinguir a existência de pretensão sobre bem imóvel (*pretensão imobiliária, v.g.*, o despejo), daquela que, além disso, representa *pretensão real imobiliária*, esta, sim, ação fundada em *direito real sobre bem imóvel* (v.g., a ação reivindicatória ou a ação de usucapião).[38]

---

[35] José Osório de Azevedo Júnior, *Compromisso de compra e venda*, São Paulo: Malheiros, 1998, p. 202.

[36] Em sentido contrário: José Osório de Azevedo Júnior, *Compromisso de compra e venda*, São Paulo: Malheiros, 1998, p. 137-138.

[37] Ovídio A. Baptista da Silva, *Ação de imissão de posse*, São Paulo: Revista dos Tribunais, 1997, p. 189.

[38] Arruda Alvim, *Curso de direito processual civil*, São Paulo: Revista dos Tribunais, p. 498.

A distinção não emana do direito processual. É no seio do direito material que se encontra a distinção entre direito real e pessoal.[39]

A ação de resolução por inadimplemento pode ser ação real ou não, dependendo de seu fundamento: direito real ou pessoal.

Há distinção a ser feita:

a) se a ação estiver calcada apenas em direito pessoal, sua natureza será pessoal, *v.g.* contrato de locação ou comodato em que não se entrega a posse;

b) por outro lado, se a ação tiver como fundamento a propriedade ou outro direito real, tal como a servidão, o uso, a habitação, ou o próprio direito à aquisição imobiliária representada pelo compromisso de compra e venda registrado, sua natureza será real (RTJ 82/419).

A distinção é relevante na exata medida em que para as ações reais imobiliárias exige-se, *v.g.*:

a) litisconsórcio passivo necessário do cônjuge e o consentimento conjugal para a propositura da ação (Código de Processo Civil, art. 73);

b) *forum rei sitae*, nos termos do art. 47 do Código de Processo Civil.

Por outro lado, se a ação for pessoal, não há litisconsórcio passivo necessário e o foro, em regra, é o de eleição, seguido, na ausência de foro eleito no contrato, pelo foro do domicílio do réu.

O remédio para a ilegal exigência de integração do polo passivo pelo cônjuge é o agravo, cujo modelo é fornecido ao final, no modelo 8.1.

3.4.4. Valor da causa

Na ação que tiver por objeto a existência, validade, cumprimento, modificação, rescisão ou resolução de negócio jurídico, como é o caso, nos termos do art. 292, II, do Código de Processo Civil, o valor da causa será o do contrato.

3.4.5. Petição inicial

A petição inicial deverá respeitar os requisitos do art. 319 do Código de Processo Civil.

Verificaremos, agora, como resolver o compromisso de compra e venda, em razão do inadimplemento, por meio das *espécies de ações em face do promitente comprador inadimplente*, que passam pela análise das seguintes hipóteses que diferenciam a maneira de colocar fim ao contrato e retomar o imóvel quando a posse tiver sido entregue:

a) Imóveis prontos e lotes alienados por quem não é o loteador.

b) Construção por conta e risco do incorporador e imóvel em construção (Lei 4.591/1964, arts. 41 e 43).

c) Imóvel decorrente de construção por empreitada (Lei 4.591/1964, art. 55) e construção por administração (Lei 4.591/1964, art. 58).

---

[39] José Frederico Marques, *Manual de direito processual civil*, 4ª ed., São Paulo: Saraiva, 1978, p. 172. Luiz Antonio Scavone Junior, *Obrigações, abordagem didática*, 2ª ed., São Paulo: Juarez de Oliveira, 2000, p. 15 e ss.

d) Imóvel loteado vendido pelo loteador e resolução judicial.

e) Imóvel loteado vendido pelo loteador e resolução extrajudicial.

3.5. AÇÃO DE RESOLUÇÃO POR INADIMPLEMENTO: LOTES (VENDEDOR QUE NÃO É O LOTEADOR)/IMÓVEIS PRONTOS

A resolução por inadimplemento, tanto de lotes como de outros imóveis, nos casos em que o autor da ação não é o loteador ou incorporador, ou, sendo o incorporador, construiu por sua conta e risco e o imóvel está pronto, deverá, obrigatoriamente, ser precedida de notificação com prazo de quinze dias para purgar a mora, nos exatos termos do Decreto-lei 745/1969, cujo art. 1º está assim redigido:

> *Art. 1º Nos contratos a que se refere o art. 22 do Decreto-lei 58, de 10 de dezembro de 1937, ainda que não tenham sido registrados junto ao Cartório de Registro de Imóveis competente, o inadimplemento absoluto do promissário comprador só se caracterizará se, interpelado por via judicial ou por intermédio de cartório de Registro de Títulos e Documentos, deixar de purgar a mora, no prazo de 15 (quinze) dias contados do recebimento da interpelação.*
>
> *Parágrafo único. Nos contratos nos quais conste cláusula resolutiva expressa, a resolução por inadimplemento do promissário comprador se operará de pleno direito (art. 474 do Código Civil), desde que decorrido o prazo previsto na interpelação referida no caput, sem purga da mora.*

O sistema criado pelo Decreto-lei 745 veio substituir, para os casos de compromissos de compra e venda de imóveis não compromissados por loteadores, o sistema do art. 397 do Código Civil, ou seja, mora *ex re* (*dies interpellat pro homine*).[40]

Todavia, pelo critério da especialidade, prevalece o Decreto-lei 745/1969.

Portanto, mister se faz, antes da ação declaratória de resolução por inadimplemento, que seguirá o mesmo modelo da ação de resolução promovida pelo loteador,[41] a notificação com prazo de quinze dias, sob pena de nulidade processual insanável em virtude da inexistência de pressuposto processual de existência.

Superior Tribunal de Justiça. *Civil/Processual Civil. Compromisso de venda de imóvel. Ação resilitória. Notificação. Condição para o exercício da ação de resilição do contrato de promessa de venda por inadimplemento, a prévia notificação do devedor, segundo a regra do art. 1º do Decreto-lei 745/69, não sendo de ser dispensada a mesma quando não inscrito o contrato no registro imobiliário e ainda que existente condição resolutória expressa. Rel. Min. Dias Trindade (Recurso Especial nº 23.585, 31.08.1992, 3ª Turma, DJ 21.09.1992, p. 15.690).*

Superior Tribunal de Justiça. *Direito Civil. Compromisso de compra e venda. Constituição em mora. Oportunidade para emendá-la. Interpelação. Irregularidade. Art. 1º do Decreto-lei 745/69. Orientação da corte. Recurso desacolhido. I – Inadmissível é a purgação da mora no prazo da contestação nos casos em que o compromissário comprador haja sido previamente interpelado na forma do disposto no art. 1º do DL nº 745/69. II – A interpelação premonitória de que trata referido preceito, quando comina prazo para cumprimento da obrigação inadimplida inferior ao mínimo legal (15 dias), não é só por isso inválida, impondo-se ao interpelado cumprir a prestação devida no lapso legal. III – Não se confundem, 'in casu' a notificação imposta contratualmente ao compromitente vendedor e a interpelação prevista no DL nº 745/69. Rel. Min. Sálvio de Figueiredo (Recurso Especial nº 8.149, 16.03.1993, 4ª Turma, DJ 02.08.1993, p. 14.247; RSTJ, volume 56, p. 143).*

---

[40] Luiz Antonio Scavone Junior, *Obrigações – abordagem didática*, São Paulo: Juarez de Oliveira, 2000.

[41] Nesse caso, basta mudar a descrição do imóvel, sendo que a única diferença é o prazo a ser concedido na notificação – quinze dias (art. 1º do Decreto-lei 745/1969), e trinta dias no caso de ação proposta pelo loteador, nos termos do art. 32 da Lei 6.766/1979.

Tribunal de Justiça de São Paulo. *Compromisso de compra e venda – imóvel. Necessidade de notificação para a constituição do devedor em mora. Admissibilidade. Ausência de interpelação que configura nulidade processual insanável. Irrelevância de eventual falta de registro do contrato. Interpretação do Decreto-lei 745, de 07.08.69. Recurso não provido (rel. Franciulli Netto, Apel. Cív. 238.024-2, Caraguatatuba, 25.10.1994).*

Tribunal de Justiça de São Paulo. *Compromisso de compra e venda. Rescisão. Existência de cessão de direitos alusiva à metade ideal do imóvel compromissado. Necessidade de notificação interpelativa para a constituição em mora dos cessionários, nos termos do Decreto-lei 745/69, uma vez que a dicção do art. 22 do Decreto-lei 58/37 agasalha não apenas o compromisso de compra e venda como também o contrato de cessão de direitos. Ausência de interpelação que, ademais, não é suprida pela citação para a ação de resolução contratual. Simples existência de anterior ação de consignação (ajuizada pelos cessionários contra os promitentes-vendedores) que, por outro lado, não é suficiente para dispensar a interpelação, pois essa ação eventualmente poderia ser levada em conta, para os fins colimados, desde que os cessionários saíssem dela vencidos, vale dizer, desde que fosse examinada no mérito a questão o que se não deu, contudo. Carência decretada. Recurso provido para esse fim (Apel. Cív. 260.692-2, São Paulo, 14ª Câm. Civ., Rel. Franciulli Netto, 28.11.1995, v.u.).*

Como dissemos, não se dispensa a notificação (Súmula 76/STJ) e a posterior ação de resolução mesmo se houver cláusula resolutiva expressa (pacto comissório – art. 474 do Código Civil), ou o contrato não estiver registrado, fazendo-se mister a intervenção judicial, com sentença declaratória, apta a aferir a questão da culpa pela mora (Código Civil, art. 394).[42]

O modelo dessa notificação através do oficial de Registro de Títulos e Documentos, que também pode ser feita judicialmente é sugerida no item 3.10.1.[43]

3.6. AÇÕES DE RESOLUÇÃO NOS CASOS DE INCORPORAÇÃO DE IMÓVEIS

Antes de ingressar nas ações de resolução nas incorporações, mister se faz atentar para as modalidades de construção de edifícios previstas na Lei 4.591/1964:[44]

a) construção por conta e risco do incorporador, que é o promitente vendedor da unidade autônoma, conhecida na Europa como *vente sur plans*. Meio mais comum, no qual o incorporador vende parte ideal do terreno, custeando o material e a mão de obra, vendendo, na verdade, uma coisa futura (arts. 41 e 43, *caput* e nº V);

b) *construção por empreitada* (art. 55); e,

c) construção por administração (art. 58).

3.6.1. Construção por empreitada ou por administração

Nos contratos de construção por empreitada ou administração, não se aplica o Decreto-lei 745/1969, que exige, para constituição em mora, de notificação com prazo de 15 (quinze) dias.

Esse Decreto-lei só se aplica aos imóveis prontos.

Portanto, nos casos de construção por empreitada ou por administração, aplica-se o art. 63 da Lei 4.591/1964, enquanto o imóvel estiver em construção:

---

[42] Carlos Roberto Gonçalves, *Direito das obrigações – parte especial*, São Paulo: Saraiva, 1999, p. 75.

[43] Caso o promitente comprador ou cessionário não seja localizado, mister se faz a notificação judicial, possibilitando o edital.

[44] João Nascimento Franco e Nisske Gondo, *Incorporações imobiliárias*, 3ª ed., São Paulo: Revista dos Tribunais, 1991, p. 110.

Art. 63. É lícito estipular no contrato, sem prejuízo de outras sanções, que a falta de pagamento, por parte do adquirente ou contratante, de três prestações do preço da construção, quer estabelecidas inicialmente, quer alteradas ou criadas posteriormente, quando for o caso, depois de prévia notificação com o prazo de 10 (dez) dias para purgação da mora, implique na rescisão do contrato, conforme nele se fixar, ou que, na falta de pagamento pelo débito respondem os direitos à respectiva fração ideal de terreno e à parte construída adicionada, na forma abaixo estabelecida, se outra forma não fixar o contrato.

§ 1º Se o débito não for liquidado no prazo de 10 (dez) dias, após solicitação da Comissão de Representantes, esta ficará, desde logo, de pleno direito, autorizada a efetuar, no prazo que fixar, em público leilão anunciado pela forma que o contrato previr, a venda, promessa de venda ou de cessão, ou a cessão da quota de terreno e correspondente parte construída e direitos, bem como a sub-rogação do contrato de construção.

§ 2º Se o maior lanço obtido for inferior ao desembolso efetuado pelo inadimplente, para a quota do terreno e a construção, despesas acarretadas e as percentagens expressas no parágrafo seguinte, será realizada nova praça no prazo estipulado no contrato. Nesta segunda praça, será aceito o maior lanço apurado, ainda que inferior àquele total (Vetado).

§ 3º No prazo de 24 (vinte e quatro) horas após a realização do leilão final, o condomínio, por decisão unânime de assembleia geral em condições de igualdade com terceiros, terá preferência na aquisição dos bens, caso em que serão adjudicados ao condomínio.

§ 4º Do preço que for apurado no leilão, serão deduzidas as quantias em débito, todas as despesas ocorridas, inclusive honorários de advogado e anúncios, e mais 5% (cinco por cento) a título de comissão e 10% (dez por cento) de multa compensatória, que reverterão em benefício do condomínio de todos os contratantes, com exceção do faltoso, ao qual será entregue o saldo, se houver.

§ 5º Para os fins das medidas estipuladas neste artigo, a Comissão de Representantes ficará investida de mandato irrevogável, isento do Imposto do Selo, na vigência do contrato geral de construção da obra, com poderes necessários para, em nome do condômino inadimplente, efetuar as citadas transações, podendo para este fim fixar preços, ajustar condições, sub-rogar o arrematante nos direitos e obrigações decorrentes do contrato de construção e da quota de terreno e construção; outorgar as competentes escrituras e contratos, receber preços, dar quitações; imitir o arrematante na posse do imóvel; transmitir domínio, direito e ação; responder pela evicção; receber citação, propor e variar de ações; e também dos poderes ad juditia, a serem substabelecidos a advogado legalmente habilitado.

§ 6º A morte, falência ou concordata do condômino ou sua dissolução, se se tratar de sociedade, não revogará o mandato de que trata o parágrafo anterior, o qual poderá ser exercido pela Comissão de Representantes até a conclusão dos pagamentos devidos, ainda que a unidade pertença a menor de idade.

§ 7º Os eventuais débitos, fiscais ou para com a Previdência Social, não impedirão a alienação por leilão público. Neste caso, ao condômino somente será entregue o saldo, se houver, desde que prove estar quite com o Fisco e a Previdência Social, devendo a Comissão de Representantes, em caso contrário, consignar judicialmente a importância equivalente aos débitos existentes, dando ciência do fato à entidade credora.

§ 8º Independentemente das disposições deste artigo e seus parágrafos, e como penalidades preliminares, poderá o contrato de construção estabelecer a incidência de multas e juros de mora em caso de atraso no depósito de contribuições sem prejuízo do disposto no parágrafo seguinte.

§ 9º O contrato poderá dispor que o valor das prestações, pagas com atraso, seja corrigível em função da variação do índice geral de preços mensalmente publicado pelo Conselho Nacional de Economia, que reflita as oscilações do poder aquisitivo da moeda nacional.

§ 10. O membro da Comissão de Representantes que incorrer na falta prevista neste artigo estará sujeito à perda automática do mandato e deverá ser substituído segundo dispuser o contrato.

Sendo assim, não é legal, como procedem algumas construtoras, o leilão extrajudicial, nos termos do art. 63 da Lei 4.591/1964, para imóveis prontos.

O procedimento insculpido no art. 63 da Lei 4.591/1964, repita-se, só pode ser adotado pela comissão de representantes e durante o período de construção, jamais para imóveis prontos.

Caio Mário da Silva Pereira[45] entende que essa venda, feita pela comissão de representantes:

> Não se trata, como se percebe, de conferir poderes a determinada pessoa, porém, logicamente se infere a existência de atribuições ex vi legis, atribuídas à Comissão de Representantes, na sua qualidade de órgão de defesa dos direitos da comunhão e enquanto se não extinguir pela entrega das unidades e da conclusão do edifício. Todas essas medidas se estabelecem no interesse dos condôminos, que seriam os prejudicados com o atraso do adquirente remisso. É claro que o construtor tem o direito de receber as prestações a ele devidas. Mas é claro, também, que a mora dos adquirentes desequilibra a caixa e, consequentemente, altera o plano financeiro da obra. Se o problema fosse tão somente o das conveniências do construtor como parte contratante, resolver-se-ia como em qualquer outro contrato bilateral: cobrança das prestações ou invocação da cláusula resolutória, na forma do direito comum. Estando, todavia, em jogo, afora o interesse do construtor e do adquirente em mora, todo o conjunto dos candidatos às demais unidades autônomas, a lei instituiu, então, este sistema que é peculiar ao caso, e criou a técnica das vendas em leilão, por autoridade da Comissão de Representantes, investindo-a dos necessários poderes irrevogáveis para levar a efeito a operação, em todas as suas fases.

Não se trata de leilão extrajudicial promovido por instituição financeira, nos termos do Decreto-lei 70/1966 quando quem promove o leilão é construtora e não agente financeiro.

Além de Caio Mário, João Nascimento Franco e Nisske Gondo são esclarecedores e ensinam que mesmo a discutível venda extrajudicial permitida à comissão de representantes visa:

> Recompor a caixa condominial e restabelecer o equilíbrio financeiro da construção.[46]

Segundo os preclaros doutrinadores, o art. 63 da Lei 4.591/1964 trata da:

> Falta de pagamento das prestações do prazo da construção (...)[47]

> O objetivo da alienação dos direitos do inadimplente é o restabelecimento do equilíbrio financeiro da construção (...)[48]

> De qualquer modo, o devedor em mora precisa ser afastado do empreendimento, a fim de que seu lugar seja ocupado por quem regularmente contribua para o custeio da construção.

Portanto, resta evidente o descabido procedimento de vender, nos termos do art. 63 da lei de incorporações, imóvel pronto.[49]

---

[45] *Condomínios e incorporações*, 10ª ed., Rio de Janeiro: Forense, 1998, nº 161, p. 327.

[46] J. Nascimento Franco e Nisske Gondo, *Incorporações Imobiliárias*, 3ª ed., São Paulo: Revista dos Tribunais, 1991, p. 198.

[47] Ob. cit., p. 193.

[48] Ob. cit., p. 200. Em diversas outras passagens, os doutrinadores citados mencionam que o procedimento se refere apenas à construção. Com efeito, comentando o art. 37 do projeto, tratando da sub-rogação no caso do leilão extrajudicial da Lei 4.591/1964, mencionam que *em lugar de transmitente, expressão restritiva que se referia apenas ao promitente vendedor de apartamento em construção, a lei preferiu a expressão mais ampla...* (ob. cit., p. 201).

[49] Outrossim, esse aspecto é secundário ante a impossibilidade da venda nesses termos no caso de imóvel pronto:

A ação que visa à nulidade de leilão extrajudicial de imóvel pronto é fornecida no item 3.10.6.

3.6.2. Construção por conta e risco do incorporador

Essa modalidade é a mais comum, ou seja, é aquela modalidade mediante a qual o incorporador adquire o terreno, registra a incorporação e aprova as plantas, vendendo as frações ideais de terreno e obrigando-se a efetuar a construção, que será feita por sua conta e risco.

Nesse caso, havendo necessidade de resolução por inadimplemento do adquirente, mister se faz distinguir os casos de:

a) imóveis em construção;

b) imóveis prontos.

Se o imóvel estiver *em construção*, é necessário observar o mandamento insculpido no art. 1º da Lei 4.864/1965:

> *Art. 1º Sem prejuízo das disposições da Lei 4.591, de 16 de dezembro de 1964, os contratos que tiverem por objeto a venda ou a construção de habitações com pagamento a prazo poderão prever a correção monetária da dívida, com o consequente reajustamento das prestações mensais de amortização e juros, observadas as seguintes normas:*
>
> *(...)*
>
> *VI – a rescisão do contrato por inadimplemento do adquirente somente poderá ocorrer após o atraso de, no mínimo, 3 (três) meses do vencimento de qualquer obrigação contratual ou de três prestações mensais, assegurado ao devedor o direito de purgar a mora dentro do prazo de 90 (noventa) dias, a contar da data do vencimento da obrigação não cumprida ou da primeira prestação não paga;*
>
> *VII – nos casos de rescisão a que se refere o item anterior, o alienante poderá promover a transferência para terceiro dos direitos decorrentes do contrato, observadas, no que forem aplicáveis, as disposições dos §§ 1º a 8º do art. 63 da Lei 4.591, de 16 de dezembro de 1964, ficando o alienante, para tal fim, investido dos poderes naqueles dispositivos conferidos à Comissão de Representantes.*

Segundo J. Nascimento Franco e Nisske Gondo *no caso da rescisão*[50] *prevista no art. 1º, VI e VII, da Lei 4.864, de 1965, não vigora a regra 'dies interpellat pro homine', devendo o construtor notificar o devedor com prazo de 10 dias para purgação ou emenda da mora.*

Art. 50. Será designada no contrato de construção ou eleita em assembleia geral a ser realizada por iniciativa do incorporador no prazo de até 6 (seis) meses, contado da data do registro do memorial de incorporação, uma comissão de representantes composta por, no mínimo, 3 (três) membros escolhidos entre os adquirentes para representá-los perante o construtor ou, no caso previsto no art. 43 desta Lei, o incorporador, em tudo o que interessar ao bom andamento da incorporação e, em especial, perante terceiros, para praticar os atos resultantes da aplicação do disposto nos art. 31-A a art. 31-F desta Lei.

§ 1º Uma vez eleita a comissão, cuja constituição se comprovará com a ata da assembleia, devidamente inscrita no Registro de Títulos e Documentos, esta ficará de pleno direito investida dos poderes necessários para exercer todas as atribuições e praticar todos os atos que esta lei e o contrato de construção lhe deferirem, sem necessidade de instrumento especial outorgado pelos contratantes ou, se for o caso, pelos que se sub-rogarem nos direitos e obrigações destes.

[50] Resolução.

Ensinam que se aplica subsidiariamente o mandamento do art. 63 da Lei 4.591/1964, de tal sorte que, após o prazo de noventa dias, ainda seria necessária a notificação com prazo de dez dias.

É evidente que o assunto não é assim tão estreme. Tanto é que admitem opiniões em sentido contrário.

De nossa parte, não conseguimos extrair do sistema legal a necessidade de notificação no caso de construção por conta e risco do incorporador.

Entendemos que basta a mora por prazo superior a noventa dias para se ingressar com a ação de resolução por inadimplemento do comprador.

Ora, o inc. VI do art. 1º da Lei 4.864/1965 não exige, sequer menciona, essa necessidade.

Muito pelo contrário, preceitua que a resolução *do contrato por inadimplemento do adquirente somente poderá ocorrer após o atraso de, no mínimo, 3 (três) meses do vencimento de qualquer obrigação contratual ou de três prestações mensais (...).*

Todavia, é aconselhável a notificação, de acordo com o entendimento de Nascimento Franco e Nisske Gondo.

Cautela maior e recomendável será conceder, ainda, trinta dias para purgação da mora.[51]

Essa notificação pode ser judicial ou extrajudicial, cujo modelo proposto para a espécie extrajudicial é fornecida no item 3.10.1.

No caso de *imóvel pronto*, como vimos, a notificação respeitará os requisitos do Decreto-lei 745/1969, ou seja, após o vencimento, mister se faz a notificação com prazo de 15 (quinze dias).

3.6.3. Resumo

I) **Construção por conta e risco do incorporador** (arts. 41 e 43, *caput* e nº V):

a) Imóvel em construção:

Notificação: extrajudicial ou judicial (normalmente na hipótese de não localização do promitente comprador), segue os requisitos dos incs. V e VI do art. 1º da Lei 4.864/1965, fazendo-se mister aguardar a mora relativa a três parcelas, notificando-se com prazo de 30 dias para purgar a mora (modelo 3.10.1).

Ação de resolução por inadimplemento: após a notificação (modelo 3.10.3).

b) Imóvel pronto:

Notificação: extrajudicial ou judicial (normalmente na hipótese de não localização do promitente comprador), segue os requisitos do Decreto-lei 745/1969, ou seja, após o vencimento, mister se faz notificar o promitente comprador, concedendo-lhe o prazo de 15 dias para purgar a mora (modelo 3.10.1).

Ação de resolução por inadimplemento: após a notificação (modelo 3.10.3).

II) **Construção por empreitada** (art. 55) e **construção por administração** (art. 58).

Resolução: extrajudicial, nos moldes do art. 63 da Lei 4.591/1964.

---

[51] Após o terceiro atraso é feita a notificação, concedendo ao comprador 90 dias para purgar a mora, contados do primeiro vencimento não pago, o que resulta em mais trinta dias.

3.7. RESOLUÇÃO DO CONTRATO DE COMPROMISSO DE COMPRA E VENDA DE LOTES VENDIDOS PELO LOTEADOR

3.7.1. Resolução do contrato de compromisso de compra e venda de lotes operada judicialmente

Tratando-se de resolução judicial, levada a efeito pelo loteador (imóvel loteado), mister se faz a notificação, para constituição em mora do promitente comprador, com prazo de trinta dias para purgação da mora (Lei 6.766/1979, arts. 32, 33 e 49).

Só depois do decurso, *in albis*, do prazo mencionado, é que é possível a ação de resolução contratual cumulada com reintegração de posse.

Com fundamento no art. 49 da Lei 6.766/1979 tem-se admitido a notificação por intermédio do Oficial de Títulos e Documentos.

Na prática o modelo é o mesmo utilizado para a notificação judicial, com prazo de trinta dias para purgação da mora seguida de ação de resolução por inadimplemento (*vide* modelos 3.10.1 e 3.10.3).

Todavia, com a inclusão do § 2º ao art. 34 na Lei 6.766/1979, a ação judicial passará a ser exceção no caso de resolução de compromisso de compra e venda de lote, posto que a lei determina o emprego da sistemática extrajudicial e da extensão do procedimento de leilão da Lei 9.514/1997, conforme veremos no tópico que segue.

3.7.2. Resolução do contrato de compromisso de compra e venda de lotes operada extrajudicialmente

a) Por meio do Oficial de Registro de Imóveis

Dispõe a Lei 6.766/1979:

> *Art. 32. Vencida e não paga a prestação, o contrato será considerado rescindido 30 (trinta) dias depois de constituído em mora o devedor.*
>
> *§ 1º Para os fins deste artigo o devedor-adquirente será intimado, a requerimento do credor, pelo Oficial do Registro de Imóveis, a satisfazer as prestações vencidas e as que se vencerem até a data do pagamento, os juros convencionados e as custas de intimação.*
>
> *§ 2º Purgada a mora, convalescerá o contrato.*
>
> *§ 3º Com a certidão de não haver sido feito o pagamento em cartório, o vendedor requererá ao Oficial do Registro o cancelamento da averbação.*
>
> *Art. 33. Se o credor das prestações se recusar a recebê-las ou furtar-se ao seu recebimento, será constituído em mora mediante notificação do Oficial do Registro de Imóveis para vir receber as importâncias depositadas pelo devedor no próprio Registro de Imóveis. Decorridos 15 (quinze) dias após o recebimento da intimação, considerar-se-á efetuado o pagamento, a menos que o credor impugne o depósito e, alegando inadimplemento do devedor, requeira a intimação deste para os fins do disposto no art. 32 desta Lei.*

O art. 32 da Lei 6.766/1979 determina que, para efeito de resolução por inadimplemento do promissário comprador de lote, que adquire do loteador,[52] mister se faz a notificação com prazo de trinta dias.

---

[52] A distinção é feita na exata medida em que, no caso de o vendedor não ser o loteador, a resolução por inadimplemento reger-se-á pelas disposições do Decreto-lei 58/1937 e não pela Lei 6.766/1979.

Portanto, trata-se de mora *ex persona*, ou seja, que depende de notificação, sem o qual não se caracteriza.

É preciso notar que, para o cancelamento administrativo, nos moldes dos arts. 32 e 33 da Lei 6.766/1979, mister se faz a presença dos seguintes requisitos:

a) registro do contrato junto ao Oficial de Registro de Imóveis;

b) notificação do devedor, com prazo de trinta dias, pelo Oficial de Registro de Imóveis.

Todavia, em virtude dos custos envolvidos e da relativa dificuldade em se registrar os contratos e, depois, levar a efeito o cancelamento do registro pelo inadimplemento do devedor nos termos do art. 35 da Lei 6.766/1979, os loteadores buscam a via judicial no caso de inadimplemento.

Eis os dispositivos legais que embasam a resolução extrajudicial junto ao registro de imóveis:

Art. 35. Se ocorrer o cancelamento do registro por inadimplemento do contrato, e tiver sido realizado o pagamento de mais de 1/3 (um terço) do preço ajustado, o oficial do registro de imóveis mencionará esse fato e a quantia paga no ato do cancelamento, e somente será efetuado novo registro relativo ao mesmo lote, mediante apresentação do distrato assinado pelas partes e a comprovação do pagamento da parcela única ou da primeira parcela do montante a ser restituído ao adquirente, na forma do art. 32-A desta Lei, ao titular do registro cancelado, ou mediante depósito em dinheiro à sua disposição no registro de imóveis.

§ 1º Ocorrendo o depósito a que se refere este artigo, o Oficial do Registro de Imóveis intimará o interessado para vir recebê-lo no prazo de 10 (dez) dias, sob pena de ser devolvido ao depositante.

§ 2º No caso de não se encontrado o interessado, o Oficial do Registro de Imóveis depositará quantia em estabelecimento de crédito, segundo a ordem prevista no inciso I do art. 666 do Código de Processo Civil [atual art. 840, I do Código de Processo Civil], em conta com incidência de juros e correção monetária.

§ 3º A obrigação de comprovação prévia de pagamento da parcela única ou da primeira parcela como condição para efetivação de novo registro, prevista no caput deste artigo, poderá ser dispensada se as partes convencionarem de modo diverso e de forma expressa no documento de distrato por elas assinado.

b) Pela sistemática do leilão extrajudicial da Lei 9.514/1997

Outrossim, a Lei 13.786/2018, que incluiu o § 2º ao art. 34 na Lei 6.766/1979, tornou possível o emprego da sistemática extrajudicial e da extensão do procedimento de leilão da Lei 9.514/1997 aos compromissos de compra e venda de lotes. Nesta medida, recomendo a leitura do item 4.4.3 do Capítulo 4 deste livro.

3.7.3. Regularidade do loteamento como condição específica da ação de resolução

O loteador somente poderá propor ação de resolução do compromisso de compra e venda do lote que prometeu se provar a regularidade do loteamento, exigência que é cumprida pela apresentação da matrícula da gleba na qual se registrou o loteamento, além do Termo de Vistoria de Obra (TVO).

Essa é a exigência do art. 46 da Lei 6.766/1979:

> *Art. 46. O loteador não poderá fundamentar qualquer ação ou defesa na presente Lei sem apresentação dos registros e contratos a que ela se refere.*

Isso porque é princípio comezinho de Direito Civil que a validade dos atos jurídicos depende de objeto lícito (Código Civil, arts. 104 e 166), de tal sorte que vender imóvel irregular é ato jurídico com objeto ilícito e nulo, portanto, quem o praticou é o loteador clandestino.

> **Tribunal de Justiça do Distrito Federal.** *Condomínio. Contrato de compra e venda de fração de terra cujo parcelamento não foi aprovado. Lei 6.766/79. Face à natureza residencial a que se destinam as unidades fracionadas, aplicável à espécie a Lei 6.766/79, que proíbe a venda ou promessa de venda de parcela ou desmembramento não registrado. Ilícito é o objeto do contrato quando o loteamento não estiver regularmente inscrito, ensejando a declaração de nulidade do ato jurídico, restituindo-se as partes ao estado anterior ao negócio. Decisão: conhecer e improver o recurso à unanimidade. Lei 6.766/79, arts. 37 e 39; Código Civil, art. 145, II e art. 1.092, § 1º (Processo: 0031108/93 DF, tipo: Apelação Cível, Acórdão: 71.417, j. 05.05.1994, 3ª Turma Cível, Rel. Desembargador Asdrubal Zola Vasquez Cruxên, publicação: Diário da Justiça, Seção II/ Seção III, data: 29.06.1994, p. 7.693).*

Se há registro, presume-se a regularidade do empreendimento pela fé-pública que cerca o ato.

Outrossim, não se deve exigir do autor da ação de resolução, que não é loteador, a comprovação da regularidade do loteamento.

Isso pode ocorrer nas hipóteses em que, por exemplo, o loteamento se encontra devidamente registrado, mas irregular por ausência de Termo de Vistoria de Obras que atesta a conclusão do empreendimento.

A regularização é incumbência do loteador e não de terceiros e, demais disso, a Lei 6.766/1979 exige garantias da execução do projeto no art. 18, V.

Nesse caso, feita a ilegal exigência pelo Juízo, o remédio é o agravo, cujo modelo segue adiante (modelo 3.10.8).

3.8. O INADIMPLEMENTO DO PROMITENTE COMPRADOR: PRESCRIÇÃO DA PRETENSÃO DA COBRANÇA, DA RESOLUÇÃO DO CONTRATO E PRESCRIÇÃO AQUISITIVA (USUCAPIÃO) REQUERIDA PELO PROMITENTE COMPRADOR INADIMPLENTE

Muita celeuma se verifica em torno dos prazos prescricionais envolvendo o inadimplemento das obrigações decorrentes do compromisso de compra e venda.

Posta desta maneira a questão, vou tentar colocar ordem no mistifório jurisprudencial em alguns pontos que envolvem a tormentosa questão.

Começo da indagação mais simples por não envolver raciocínio elaborado: *qual o prazo para exercer a pretensão de cobrar ou executar as parcelas inadimplidas pelo promitente comprador?*

A resposta se dá com simplicidade jurídica: é de se aplicar a norma insculpida no art. 206, § 5º, I, do Código Civil, segundo o qual prescreve em cinco anos a pretensão de cobrança de dívidas líquidas constante de instrumento público ou particular, contado o prazo a partir dos respectivos vencimentos.

Neste sentido:

Tribunal de Justiça de São Paulo. *Cobrança Compromisso de compra e venda. Prazo prescricional de cinco anos, nos termos do artigo 206, § 5º, I, do Código Civil, contado dos vencimentos das respectivas parcelas não adimplidas. Cláusula de vencimento antecipado da dívida. Irrelevância para a ação em que se busca a cobrança das parcelas vencidas. Sentença reformada para se contar a prescrição a partir do vencimento de cada uma das parcelas. Aplicação do artigo 515, § 3º, do CPC [atual art. 1.013, § 3º]. Recurso provido em parte (Apelação 0010146-10.2009.8.26.0318, Rel. João Pazine Neto, Comarca: Leme, 3ª Câmara de Direito Privado, j. 29.03.2011, Data de registro: 30.03.2011, Outros números: 101461020098260318).*

Ultrapassada a clareza inicial do tema, sabe-se que ao promitente comprador impossibilitado de cumprir a sua obrigação, mesmo inadimplente, permite-se requerer a resolução do contrato e *reaver as quantias pagas, admitida a compensação com gastos próprios de administração e propaganda feitos pelo promitente vendedor, assim como com o valor que se arbitrar pelo tempo de ocupação do bem* (Súmula 1 do TJSP).

Neste caso, a par de diversas interpretações, é preciso observar que a devolução das parcelas pagas só é possível depois da resolução do contrato, uma vez que aquela é mera consequência lógica desta, "tanto que é determinada mesmo sem pedido expresso ou reconvenção nesse sentido. O prazo, pois, para a pretensão da devolução das parcelas só tem início a partir da rescisão" (TJSP, 2ª Câmara de Direito Privado, Apelação 0117944-48.2008.8.26.0000, Rel. Des. Neves Amorim, j. 22.03.2011).

Se o próprio comprador tomou a iniciativa de requerer a resolução, o prazo sequer teve início, pois a resolução do contrato somente virá com a sentença dessa ação.

Nas ações promovidas pelo vendedor, nos raros casos em que a eventual restituição não é tratada na própria sentença, como a dívida não é líquida e tampouco certa, o prazo não é de cinco, mas de dez anos, de acordo com a regra geral do art. 205 do Código Civil, tendo em vista o pedido condenatório da devolução de valores pagos.

Sobre o tema, surge, portanto, indagação decorrente da faculdade conferida pelo art. 475, do Código Civil, que permite ao lesado, pelo descumprimento das obrigações – no caso *o promitente vendedor que não recebeu as parcelas do preço –, requerer a resolução* (impropriamente denominada "rescisão" até pelos Tribunais) *em vez de cobrar as parcelas em atraso.*

Qual seria o prazo – se é que existe – para requerer a resolução da promessa de compra e venda ante o inadimplemento do promitente comprador?

"*Da prescrição quinquenária das parcelas em aberto não se cogita, por tratar-se de rescisão contratual por inadimplemento e não de cobrança de parcelas vencidas e não pagas*" (3ª Câmara de Direito Privado, Apelação Cível 531.959.4, j. 04.11.2008).

Mesmo assim, parte dos julgados sustenta que "*a pretensão de resolução contratual por inadimplemento* [do promitente comprador] *está sujeita ao prazo prescricional geral de 10 (dez) anos a que alude o artigo 205 do Código Civil*" (Apelação Cível 436.628.4/5-00, de São Paulo, Rel. Francisco Loureiro, j. 05.03.2009)[53] e que "*a contagem do prazo prescricional*

---

53 Prescrição. Rescisão de compromisso de compra e venda por inadimplemento do comprador. Ação de natureza constitutiva negativa que se submete aos prazos prescricionais. Ação de rescisão de contrato que se submetia ao prazo de vinte anos contados da inadimplência do comprador, nos exatos termos do então vigente art. 177, do Código Civil de 1916. Inadimplemento iniciado em novembro de 1957. Prescrição inexoravelmente ocorrida. Reconhecimento e extinção do processo, com resolução de mérito, nos termos do art. 269, IV, do Código de Processo Civil. Recurso improvido (TJSP, Apelação Cível 9162237-47.2008.8.26.0000, Rescisão de compromisso de compra e venda, Rel. Maia da Cunha, Comarca: Santos, 4ª Câmara de Direito Privado, j. 19.03.2009, Data de registro: 07.04.2009, Outros números: 6248674000, 994.08.136018-0).

tem início com o descumprimento do contrato, e não a partir da assinatura do mesmo" (TJSP, Apelação 234.634.4-0/00, 994.02.025652-7, j. 23.02.2010).

Para quem assim pensa, a contagem do prazo prescricional se interrompe com a notificação premonitória – se for levada a efeito judicialmente[54] – e o prazo de 10 anos para a pretensão de resolução só começa a correr depois do vencimento da última parcela prevista no contrato e, nessa medida[55]:

> **Tribunal de Justiça de São Paulo.** *Compromisso de compra e venda. Inadimplência dos compradores. Sentença que julgou improcedente o pedido. Prescrição afastada. Resolução. Efeitos. No caso dos autos, a autora não pretende a cobrança das parcelas atrasadas, mas a rescisão do contrato em razão do inadimplemento dos compromissários compradores. Aplica-se, portanto, o prazo geral do art. 205 do Código Civil, que é de 10 anos (Apelação nº 0001582-91.2013.8.26.0224, Des. Rel. Carlos Alberto Garbi. Julgamento: 12.04.2016, 10ª Câmara de Direito Privado).*

> **Tribunal de Justiça de São Paulo.** *Apelação. Ação de rescisão contratual c.c. reintegração na posse compromisso de compra e venda. Inocorrência de prescrição. Termo inicial do prazo a partir do vencimento da última parcela do pagamento (Apelação nº 0006387-42.2010.8.26.0176, Des. Rel. Giffoni Ferreira, j. 26.01.2016, 2ª Câmara de Direito Privado TJSP).*

> **Tribunal de Justiça de São Paulo.** *Apelação cível. Ação de adjudicação compulsória c/c declaração de prescrição das parcelas do imóvel. Reconvenção pretendendo a resolução contratual por inadimplemento do promitente comprador. Procedência da reconvenção e improcedência da ação principal. (...) O prazo prescricional da pretensão rescisória é o decenal previsto no art. 205 do CC, o qual não se confunde com a pretensão de cobrança das parcelas inadimplidas, cujo prazo é o quinquenal, previsto no art. 205, § 5º, I do CC. Precedente recente do A. STJ em caso análogo. Sentença mantida. Recurso desprovido (TJSP, Apelação Cível 1025788-16.2017.8.26.0224, Rel. Rodolfo Pellizari, 6ª Câmara de Direito Privado, Foro de Guarulhos, 9ª Vara Cível, j. 14.05.2020, data de registro 14.05.2020).*

> **Tribunal de Justiça de São Paulo.** *Apelação – Promessa de Compra e Venda de Imóveis – Ação de Resolução Contratual c/c Reintegração de Posse e Reversão das vantagens auferidas com o uso do imóvel – (...). Apelação do requerido, preliminares de prescrição quinquenal com base no artigo 206, § 5º, I, do Código Civil e inépcia da petição inicial, bem como insistindo no desprovimento da ação – Preliminares afastadas – Restou comprovado nos autos o Inadimplemento contratual por parte do requerido, a ensejar a rescisão contratual*

Contrato. Proposta de compra e venda de imóvel. Rescisão contratual. Inadimplemento de obrigação contratual. Direito pessoal. Prazo prescricional de 10 anos. Art. 205 do atual Código Civil. Prescrição não ocorrida. Extinção do processo afastada (TJSP, Apelação Cível 994.06.146619-0, Rel. Des. Rui Cascaldi, j. 25.05.2010).

[54] *Tribunal de Justiça de São Paulo. Compromisso de compra e venda. Resolução cumulada com reintegração de posse e ressarcimento de valores pelo uso do imóvel. Prescrição. Inocorrência. Interrupção do prazo por notificação judicial. Inteligência dos artigos 202, V, do Código Civil. Instrumento de renegociação com previsão de seguro de vida e invalidez. Morte do mutuário que implica quitação das parcelas vincendas, ainda que sem abranger as prestações vencidas antes do óbito. Saldo devedor ainda em aberto. Ausência, no entanto, de regular notificação para constituição dos herdeiros em mora, com adequada indicação de saldo devedor líquido e devido. Sentença mantida, embora por fundamentação diversa. Recurso de apelação desprovido, provido o agravo retido para afastar a prescrição (Rel. Claudio Godoy; Comarca: Votuporanga; 1ª Câmara de Direito Privado, j. 08.10.2013).*

[55] Nesse sentido:
Tribunal de Justiça de São Paulo. Compromisso de venda e compra – Pleito de resolução do contrato, cumulado com reintegração de posse e indenização por perdas e danos, proposto pela alienante – Prescrição da pretensão de rescindir o contrato por inadimplemento Inocorrência Rescisão contratual que não deve ser confundida com cobrança de valores – Ausência de previsão específica – Aplicação do artigo 205, do CC (Apelação nº 0000169-33.2013.8.26.0001, Des. Rel. Galdino Toledo Júnior j. 08.03.2016, 9ª Câmara de Direito Privado TJSP.
Tribunal de Justiça de São Paulo. Rescisão contratual e reintegração de posse. Contrato de compromisso de Venda e Compra. COHAB. Prescrição não verificada. Ação que visa à rescisão contratual e não à cobrança dos valores. Prazo decenal. Inteligência do artigo 205 do Código Civil (Apelação nº 0047838-90.2011.8.26.0506, Des. Rel. Ana Lucia Romanhole Martucci, j. 17.12.2015, 6ª Câmara de Direito Privado TJSP).
Em sentido contrário, entendendo que o termo inicial da prescrição é a data em que os pagamentos deixaram de ser feitos, Aresto da 3ª Câmara de Direito privado do Tribunal de Justiça de São Paulo, Apelação 0052065-38.2011.8.26.0405, j. 12.08.2014 (Rel. Des. Carlos Alberto Salles).

e a retomada dos imóveis pelo autor – Preliminar de prescrição não ocorrência – O prazo prescricional da pretensão de rescindir compromisso de compra e venda é o decenal, inteligência do artigo 205 do Código Civil – Preliminar de inépcia da petição inicial afastada – A petição inicial preenche adequadamente os requisitos dos artigos 319 e 320, ambos do Código de Processo Civil – Decisão bem fundamentada e dentro da legislação processual – Precedentes desta C. 27ª Câmara de Direito Privado – Sentença mantida – Recursos Improvidos. (TJSP, Apelação Cível 1003500-20.2015.8.26.0006, Rel. Luis Roberto Reuter Torro, 27ª Câmara de Direito Privado, j. 08.11.2022, data de registro 29.11.2022).

Tribunal de Justiça de São Paulo. *Promessa de compra e venda de bem imóvel. Ação de rescisão contratual cumulada com reintegração de posse. Ajuizamento posterior ao decurso do prazo decadencial para o pleito desconstitutivo. Elevação da verba honorária sucumbencial. Recurso improvido, com observação. 1. Para o ajuizamento da ação voltada à cobrança das prestações previstas no compromisso de compra e venda o prazo prescricional é de cinco anos, previsto no artigo 206, § 5º, inciso I, do Código Civil. 2. No caso, nenhuma atitude adotou a promitente vendedora em relação ao inadimplemento de prestações vencidas em novembro e dezembro de 2005, cuidando, apenas, de ajuizar a presente ação em março de 2018. 2. A pretensão voltada à satisfação da pretensão está sujeita a prazo de prescrição; o direito de propor ação constitutiva, no caso, a de resolução contratual, sujeita-se a decadência, podendo a parte exercer o direito potestativo no prazo que a lei estabelecer. 3. Como não existe previsão legal específica, há controvérsia a respeito da solução, de modo que uma orientação é no sentido de que a perda direito de exigir a prestação atinge não apenas a pretensão, mas qualquer outra consequência, no caso, a extinção do negócio. A outra linha de entendimento é no sentido de que o prazo a adotar é o previsto no artigo 205 do Código Civil, por analogia. 4. Na hipótese em exame, sob qualquer das linhas de análise indicadas, alcança-se a conclusão de que não merece proteção a autora, pois, de um lado, inexiste amparo à resolução porque não mais exigível a prestação e, de outro, já decorreu há tempos o prazo decadencial. 5. Por força do que estabelece o artigo 85, § 11, do CPC, uma vez improvido o recurso de apelação da autora, daí advém a elevação da verba honorária de sua responsabilidade, fixando-a em 15% sobre o valor atualizado atribuído à causa. (TJSP, Apelação Cível 1033672-46.2018.8.26.0100, Rel. Antonio Rigolin, 31ª Câmara de Direito Privado, Foro de Praia Grande – 1ª Vara Cível, j. 05.11.2021, data de registro 05.11.2021).*

Nada obstante, a solução alvitrada pelo STJ é outra.

Em vários precedentes, o Superior Tribunal de Justiça tratou da relação entre a prescrição da cobrança de saldo devedor em contratos de promessa de compra e venda de imóveis e o direito potestativo de resolução contratual pelo credor.

Com efeito, sustenta o direito potestativo de resolução do contrato em caso de inadimplemento, mas esse direito estaria condicionado à existência de uma obrigação não prescrita.

Sendo assim, defendem que, se a prescrição extinguir a pretensão de cobrar o saldo devedor, o credor perde o suporte fático necessário para a resolução do contrato, uma vez que sem inadimplemento não há como exercer a resolução.

Assim considerando, como o prazo para cobrar eventuais saldos devedores em contratos de promessa de compra e venda de imóveis se submete ao prazo prescricional de cinco anos (art. 206, § 5º, inc. I, do Código Civil), o direito potestativo de resolução só poderia ser exercido enquanto ainda fosse possível exigir a dívida, ou seja, dentro do prazo prescricional quinquenal.

Isso porque, de acordo com esses precedentes do STJ, quando a pretensão de cobrança da dívida prescreve, o credor não pode mais resolver o contrato na exata medida em que a prescrição "corrói" a pretensão resolutiva do contrato, pois o inadimplemento, que seria o suporte fático para a resolução do contrato, deixa de existir juridicamente.

Sustentam ainda a segurança jurídica. Segundo esses julgados, a inércia do credor em exercer seu direito dentro do prazo adequado leva à prescrição, assegurando estabilidade nas relações jurídicas e segurança para o devedor, uma vez que a prescrição visa evitar litígios indefinidos no tempo.

Eis um acórdão que espelha essa tendência no Superior Tribunal de Justiça:

Recurso Especial. *Contrato. Compra e venda de imóvel. Prescrição. Efeitos. Rescisão. Direito potestativo. Faculdade. Exercício. Prazo prescricional. Cobrança. Crédito. Saldo devedor. Existência. Não comprovação. Reexame probatório. Impossibilidade. Deficiência. Fundamentação recursal. Súmulas nos 7/STJ e 284/STF. 1.*

A controvérsia dos autos está em definir se o reconhecimento da prescrição no tocante à ação de cobrança de eventual saldo remanescente decorrente de contrato de compra e venda de imóvel tem o condão de i) afastar o direito do credor à rescisão contratual e ii) impedir a adjudicação compulsória do objeto do ajuste. 2. Nos casos de rescisão de negócio jurídico por inadimplemento, em que a lei não estabelece prazo extintivo, o direito potestativo de o credor promover a resolução do negócio se sujeita ao prazo prescricional relativo à pretensão de cobrança de eventual saldo em aberto decorrente do contrato firmado entre as partes. Precedentes. 3. Na hipótese, o reconhecimento da prescrição quanto à pretensão de cobrança de eventual dívida decorrente do compromisso de compra e venda de imóvel fulmina a possibilidade de exercício do direito potestativo de rescisão contratual pelo credor. (...). (REsp 1.765.641/SP, Rel. Min. Ricardo Villas Bôas Cueva, 3ª Turma, j. 11.06.2024, DJe 18.06.2024)

Neste aresto, sustentou o relator:

"Nessa linha de pensamento, a jurisprudência do STJ consolidou o entendimento de que, nos casos de rescisão de negócio jurídico por inadimplemento, em que a lei não estabelece prazo extintivo, a prática desse direito potestativo pode ser levada a efeito 'enquanto não satisfeita a pretensão de haver o crédito' (REsp nº 770.746/RJ, relatora Ministra Nancy Andrighi, Terceira Turma, DJ de 30/10/2006). Assim, a faculdade de resolução do contrato deve ser exercida enquanto não prescrita a pretensão de crédito que decorre do contrato. Ou, em outros termos, o direito potestativo de promover a resolução do negócio se sujeita ao prazo prescricional relativo à ação de cobrança de eventual saldo em aberto decorrente do contrato de compra e venda de imóvel.

(...)

Nesse cenário, em que o direito potestativo se condiciona à forma estabelecida na lei de regência (art. 32 da Lei nº 6.766/1979), o não exercício da faculdade durante o prazo prescricional para o exercício do direito subjetivo de cobrar o débito afasta a possibilidade de rescisão unilateral do contrato. Assim, o reconhecimento da prescrição no tocante à pretensão de cobrança de eventual dívida decorrente do compromisso de compra e venda de imóvel fulmina, igualmente, a possibilidade de exercício do direito potestativo de rescisão contratual pelo credor."

No voto vista, a Ministra Nancy Andrighi assim se pronunciou:

"Por outro lado, o direito formativo ou poder formativo – comumente denominado de 'direito potestativo' desde controversa tradução empreendida por Giuseppe Chiovenda – é o poder de alterar a esfera jurídica do outro sujeito da relação, que não pode se opor, pois se encontra em estado de sujeição. 11. Conforme esclarece Giuseppe Lumia, 'se a vontade de um sujeito é vinculante para um outro sujeito, isto é, se o primeiro pode, por assim dizer, 'ditar normas', ou seja, criar, modificar, transferir ou extinguir situações jurídicas, em que se posiciona o segundo, diz-se que este último está sujeito a um poder formativo do primeiro' (LUMIA, Giuseppe. Lineamenti di teoria e ideologia del diritto. 3. ed. Milano: Giuffrè, 1981. p. 102-123).

No Brasil, todavia, não há regra legal que fixe o prazo decadencial para o exercício do direito formativo de resolução, o que poderia indicar se tratar de um direito perpétuo, como sustenta a recorrente.

Essa, no entanto, não é a conclusão que melhor se amolda ao sistema jurídico em vigor.

Isso porque, uma vez prescrita a pretensão de cobrança oriunda do mesmo contrato, não mais estará o devedor obrigado a prestar, o que implica o encobrimento do elemento 'inadimplemento', obstando o exercício do direito de resolução por representar elemento indispensável de seu suporte fático. É dizer: sem inadimplemento, não pode haver resolução.

O que verdadeiramente ocorre é a extinção do direito de resolução, na medida em que a prescrição da pretensão de cobrança corrói ou desfalca o suporte fático do referido direito formativo, impedindo que este possa ser exercido."

Outros julgados vão nessa linha:

Direito civil e processual civil. Agravo interno no recurso especial. Compromisso de compra e venda de imóvel cumulado com reintegração de posse. Prescrição da pretensão de rescisão judicial da avença. Inexistência. Acórdão recorrido em consonância com jurisprudência desta corte. Súmula n. 83 do STJ. Adimplemento substancial do ajuste. Afastamento. Reexame do contrato e do conjunto fático-probatório dos autos. Inadmissibilidade. Incidência das súmulas n. 5 e 7 do STJ. Pedido de rejeição das pretensões indenizatórias do agravado. Afronta ao princípio do pacta sunt servanda. Óbice das súmulas n. 282 e 356 do STF. Ausência de impugnação a fundamento da decisão agravada. Súmula n. 182 do STJ. Dissídio jurisprudencial não demonstrado. Decisão mantida. 1. Segundo a jurisprudência do STJ, "como a lei não estabelece o prazo de extinção do direito potestativo de resolver o contrato, deve ser entendido que o direito persiste enquanto não satisfeita a pretensão de haver o crédito" (REsp n. 770.746/RJ, Relatora Ministra Nancy Andrighi, Terceira Turma, julgado em 5/9/2006, DJ 30/10/2006, p. 300). Além disso, "aplica-se a prescrição quinquenal, prevista no art. 206, § 5º, I, do Código Civil, às ações de cobrança em que se pretende o pagamento de dívida líquida constante de instrumento particular" (AgInt no AREsp n. 1.215.860/SP, Relator Ministro Marco Aurélio Bellizze, Terceira Turma, julgado em 26/6/2018, DJe 29/6/2018). 2. No caso, o TJSP rejeitou o pedido de rescisão contratual da recorrente, ante a consumação da prescrição quinquenal para cobrar o saldo devedor remanescente. Incidência da Súmula n. 83/STJ, pelas alíneas "a" e "c" do permissivo constitucional. 3. O recurso especial não comporta o exame de questões que impliquem interpretação de cláusula contratual ou revolvimento do contexto fático-probatório dos autos (Súmulas n. 5 e 7 do STJ). 4. No caso, para alterar a conclusão do Tribunal de origem, acolhendo a pretensão recursal de descaracterizar o adimplemento substancial do contrato celebrado entre as partes e, por consequência, deferir a rescisão do ajuste nesta instância, seria imprescindível nova análise da matéria fática, inviável em recurso especial. 5. Ausente o enfrentamento da matéria pelo acórdão recorrido, inviável o conhecimento do recurso especial, por falta de prequestionamento (Súmulas n. 282 e 356 do STF). 6. É inviável o agravo previsto no art. 1.021 do CPC/2015 que deixa de atacar especificamente os fundamentos da decisão agravada (Súmula n. 182/STJ). 7. Dissídio jurisprudencial não demonstrado, por causa da aplicação das Súmulas n. 5, 7 e 83 do STJ. 8. Agravo interno a que se nega provimento. (AgInt no REsp 1.807.018/SP, Rel. Min. Antonio Carlos Ferreira, 4ª Turma, DJe 05.11.2019 – grifou-se)

Agravo interno no Recurso Especial. Compra e venda. Imóvel. Rescisão. Inadimplência. Comprador. Dívida. Vencimento antecipado. Cláusula contratual. Falta de pagamento. Prestações consecutivas. Pagamento integral. Exigência. Possibilidade. Previsão. Inércia do credor. Prescrição. Ocorrência. 1. O vencimento antecipado da dívida não altera o início da fluência do prazo prescricional, prevalecendo para tal fim o termo ordinariamente indicado no contrato. Precedentes. 2. Na hipótese, o contrato celebrado entre as partes previu expressamente que a falta de pagamento de três prestações consecutivas seria motivo de imediata rescisão da promessa de compra e venda, independentemente de aviso prévio ou notificação judicial. 3. É possível a revaloração jurídica das cláusulas contratuais examinadas pelas instâncias ordinárias, visto tal requalificação se limitar a atribuir o devido valor jurídico à matéria fática incontroversa, não havendo falar em reinterpretação. 4. A inércia do credor em rescindir o contrato em seu benefício quando existente cláusula contratual autorizativa nesse sentido, viabiliza a ocorrência da prescrição. 5. A finalidade da prescrição é proporcionar segurança jurídica e estabilidade às relações sociais, servindo como apelação indireta àquele que, devido à sua própria negligência, não apresenta sua pretensão em juízo de forma oportuna e adequada. 6. Agravo interno não provido. (AgInt no REsp 2.006.309/SP, Rel. Min. Ricardo Villas Bôas Cueva, 3ª Turma, j. 26.02.2024, DJe 1º.03.2024)

Ouso discordar.

Há nesse raciocínio inadmissível ausência de consideração do conceito que culmina na formação de uma obrigação natural existente.

A obrigação natural é obrigação existente, válida e eficaz do ponto de vista material, embora a pretensão esteja prescrita.

Quanto à obrigação natural, característica da dívida prescrita: i) é obrigação existente, ou seja, há um vínculo jurídico entre credor e devedor; ii) o devedor mantém o dever moral ou social de cumprir a obrigação; iii) embora ela (obrigação) exista, o credor não pode exigir judicialmente o seu cumprimento; iv) embora não haja exigibilidade, o devedor pode cumprir voluntariamente a obrigação natural, e, ao fazê-lo, o pagamento é considerado válido; e v) o cumprimento espontâneo não gera direito de repetição de indébito, ou seja, o devedor que pagou voluntariamente não pode requerer a devolução dos valores pagos.

Assim, enquanto a obrigação civil contempla os elementos i) vínculo jurídico; e ii) a pretensão de exigir judicialmente o cumprimento; a obrigação natural mantém apenas o vínculo jurídico, o que impede apenas a pretensão condenatória por intermédio da cobrança por meio de ação judicial.

Em suma e o que ignoram as decisões do STJ, é que a obrigação natural difere da civil apenas pela inexigibilidade, mas continua válida para todos os efeitos, tanto é assim que o pagamento de uma obrigação natural levado a efeito pelo devedor é válido e mantém todos os efeitos jurídicos do pagamento regular, de tal sorte que levado a efeito o pagamento, o devedor não pode alegar posteriormente que a dívida não existia.

Em consonância com o acatado, a obrigação natural subsiste como forma de vínculo jurídico.

Se o vínculo jurídico se mantém, também se mantém a pretensão resolutiva, declaratória e não condenatória.

Portanto, vou além e dou o motivo de conclusão diversa: é lição comezinha que *não se aplicam prazos prescricionais às ações desconstitutivas (constitutivas negativas) em que não há prazo específico na lei,* como é o caso da ação de resolução de compromisso de compra e venda por inadimplemento do adquirente que não conta com cláusula resolutiva expressa (Código Civil, art. 474, e Decreto-lei 745/1969, art. 1º, parágrafo único).

Mesmo havendo cláusula resolutiva expressa nos termos da redação do art. 1º, parágrafo único, do Decreto-lei 745/1969, dada pela Lei 13.097/2015, a ação será declaratória cuja pretensão não prescreve jamais.

A afirmação encontra supedâneo na lição que inça da doutrina de Agnelo Amorim Filho (*RT* 300/7 e *RT* 744/723; Agnelo Amorim Filho, Critério científico para distinguir a prescrição da decadência e para identificar as ações imprescritíveis. *Revista de Direito Processual Civil,* São Paulo, v. 3º, p. 95-132, jan./jun. 1961).

Portanto, é equivocado o entendimento que aplica prazo prescricional a ação desconstitutiva ou declaratória de resolução de compromisso de compra e venda.

Corrobora aquilo que penso o seguinte julgado:

> **Tribunal de Justiça de São Paulo.** *Compromisso de Venda e Compra de Imóvel – Rescisão – Coisa julgada – Não caracterização – Anterior ação em que foi reconhecida a prescrição da pretensão de cobrança das parcelas que não impede a rescisão contratual e as consequências daí decorrentes – Extinção afastada – Possibilidade de julgamento imediato – Desnecessidade de produção de outras provas, além daquelas trazidas na inicial e na contestação – Artigo 1.013, parágrafo 3º, inciso I do CPC vigente – Rescisão contratual por culpa dos devedores, diante de inadimplemento no pagamento das prestações – Direito da vendedora de ser ressarcida pelas despesas operacionais com o negócio – Retenção de 30% sobre o montante pago, diante de pagamento de parcela ínfima do preço, que cobre razoavelmente as despesas – Devolução de 70% em única parcela, cumprindo efetiva correção dos valores a serem restituídos a contar de cada desembolso – Indenização pela ocupação – Possibilidade, no caso, para compensar a indisponibilidade do imóvel, desde a imissão na posse do imóvel pelos adquirentes, até a efetiva desocupação do bem, a ser compensada do montante a ser restituído – Indenização por benfeitorias úteis e necessárias, bem como pelas acessões – Possibilidade, compensadas as despesas pendentes e tributos devidos pelos réus pelo período na posse do imóvel, apurando-se o 'quantum' em liquidação de sentença – Medidas destinadas a evitar o enriquecimento sem causa de ambas as partes – Parcial procedência da ação – Recurso parcialmente provido (TJSP; Apelação 1020505-17.2014.8.26.0224; Relator (a): Elcio Trujillo; 10ª Câmara de Direito Privado; Foro de Guarulhos – 5ª Vara Cível; j. 07.02.2017; Data de Registro: 08.02.2017).*

Se assim o é, resta saber se o promitente comprador inadimplente pode arguir usucapião (prescrição aquisitiva), diretamente ou por meio de exceção, ante a inércia do promitente vendedor em cobrar as parcelas ou requerer a resolução do compromisso de compra e venda.

Sobre este assunto, poder-se-ia redarguir, afirmando que, em face da prescrição da pretensão de cobrar as parcelas do preço, fatalmente o promitente vendedor sucumbiria ao prazo de posse do promitente comprador, o que autorizaria a este adquirir a propriedade por uma das espécies de usucapião.

Não me parece ser assim.

Isto porque a obrigação de pagar as parcelas subsiste, ainda que na condição de obrigação natural, mas indubitavelmente *obrigação.*

De outro lado, a posse do promitente comprador que não a restitui em razão do seu inadimplemento passa a ser *precária,* com supedâneo no abuso de confiança e, portanto, impossível de gerar usucapião (Código Civil, arts. 1.203 e 1.208).

Assim sendo, é necessário separar as pretensões decorrentes do art. 475 do Código Civil de tal sorte que o promitente vendedor poderá exigir, sempre, com fundamento no inadimplemento – em razão da posse precária – a resolução do contrato e a reintegração da posse do bem prometido à venda por se tratar de pretensão imprescritível, decorrente de ação desconstitutiva, ainda que a pretensão de cobrar as parcelas esteja irremediavelmente prescrita.

Neste sentido:[56]

Tribunal de Justiça de São Paulo. *Rescisão de contrato cumulada com reintegração de posse. Usucapião alegado como matéria de defesa. Inadequação, em sede de ação de rescisão contratual. Ademais, a existência de relação contratual entre as partes afasta o reconhecimento de posse ad usucapionem. Promitentes compradores inadimplentes desde o ano de 1998. Posse precária, sem animus domini. Reintegração que é consequência do rompimento do negócio. Improcedência mantida. Recurso improvido (Apelação 994.08.133177-6, 8ª Câmara de Direito Privado, Rel. Des. Salles Rossi, j. 27.10.2010).*

De fato, o inadimplemento contamina a posse. De mais a mais, "enquanto o compromisso estiver sendo executado, não se pode cogitar de prescrição de ação decorrente de seu descumprimento ou de impossibilidade de cumprimento" (TJSP, Apelação Cível 9141003-77.2006, j. 12.04.2011).

Nada obstante essas razões, encontro entendimento diverso com o qual, *data venia*, não posso concordar:

Compromisso de compra e venda. Usucapião. Promitente vendedor que nunca se opôs à inadimplência do contrato e à introdução de benfeitorias no imóvel – animus domini do promissário comprador caracterizado. Circunstância que autoriza a aquisição da propriedade do bem por meio da usucapião (STJ) (RT 829/144).

3.9. O ADIMPLEMENTO SUBSTANCIAL – *"SUBSTANCIAL PERFORMANCE"*

Como visto, as ações decorrentes do inadimplemento do adquirente em razão de compromisso de compra e venda passam pela análise do art. 475 do Código Civil.

Com efeito:

Art. 475. A parte lesada pelo inadimplemento pode pedir a resolução do contrato, se não preferir exigir-lhe o cumprimento, cabendo, em qualquer dos casos, indenização por perdas e danos.

Assim, cabe, a princípio, ao promitente vendedor, que se depara com o descumprimento da obrigação assumida pelo promitente comprador, escolher entre exigir o cumprimento da obrigação de pagar as parcelas ou exigir o desfazimento do contrato.

De fato, o devedor moroso pode sofrer ação de resolução por inadimplemento (Código Civil, art. 475), sempre que a parte lesada não preferir exigir o cumprimento, cobrando, demais disso, nos termos dos arts. 389, 395 e 404 do Código Civil, juros, correção monetária e honorários de advogado sobre as parcelas e sobre as perdas e danos ou sucedâneos, como é o caso da cláusula penal.

---

[56] Igualmente: *Contrato. Compromisso de compra e venda. Inadimplência. Rescisão cumulada com reintegração de posse. Usucapião alegado como defesa. Inocorrência. Posse "ad usucapionem" que não se confunde com a de simples possuidor imediato, na condição de promitente comprador. Retenção por benfeitorias indeferida. Posse de má-fé. Recurso não provido* (JTJ 213/45).

Todavia, essa alternativa não é absoluta e, nessa medida, surge a teoria do "adimplemento substancial" ou *substancial performance*", que impede o pedido de resolução, ainda que o descumprimento, em sentido técnico, possa ser observado.

Segundo Clóvis Veríssimo do Couto e Silva, *o adimplemento substancial é tão próximo do resultado final, que, tendo-se em vista a conduta das partes, exclui-se o direito de resolução, permitindo tão somente o pedido de indenização e/ou de adimplemento, de vez que aquela primeira pretensão viria a ferir o princípio da boa-fé.*[57]

Tal doutrina, todavia, não é nova. De acordo com a citação de Clóvis Veríssimo do Couto e Silva, encontra gênese em 1779, no caso Boone *versus* Eyre, no qual

> *o contrato já havia sido adimplido substancialmente razão pela qual não se admitiu o direito de resolução com a perda do que havia realizado o devedor; apenas coube o direito de indenização ao credor, por ter sido considerado, no caso, o direito de resolução como abusivo.*

Em igual sentido, vaticina Anderson Schreiber, citando a doutrina de Ruy Rosado de Aguiar Jr., sustentando que

> [...] *no âmbito da segunda função da boa-fé objetiva, consistente na vedação ao exercício abusivo de posição jurídica, "o exemplo mais significativo é o da proibição do exercício do direito de resolver o contrato por inadimplemento, ou de suscitar a exceção do contrato não cumprido, quando o incumprimento é insignificante em relação ao contrato total"*

e que

> [...] *a importância do adimplemento substancial não está hoje tanto em impedir o exercício do direito extintivo do credor com base em um cumprimento que apenas formalmente pode ser tido como imperfeito como revelam os casos mais pitorescos de não pagamento da última prestação, mas em impedir o controle judicial de legitimidade no remédio invocado para o inadimplemento, especialmente por meio do balanceamento entre, de um lado, os efeitos do exercício da resolução (e outras medidas semelhantes) para o devedor e eventuais terceiros e, de outro, os efeitos de seu não exercício para o credor, que pode dispor de outros remédios muitas vezes menos gravosos.*[58]

Considerar o inadimplemento e não a mora, portanto, não é prerrogativa absoluta do credor, que não pode recusar o cumprimento da obrigação em razão da teoria do abuso do direito, decorrência da boa-fé objetiva.

Posta assim a questão, tendo em vista a ética da situação, levando-se em conta a cláusula geral da boa-fé e da função social do contrato (Código Civil, arts. 421 e 422), o credor não poderá exigir a resolução do contrato se houver, no caso, a *"substancial performance"*.

Diante do caso concreto, o juiz verificará a ocorrência do cumprimento substancial, dentro da liberdade que lhe é outorgada pelo direito privado, hipótese em que não só é vedado ao promitente vendedor o exercício do direito à resolução, como também se impede a faculdade absoluta de recusar a prestação integral.

De fato, esse é o caso do promitente comprador que, depois de cumprir grande parte dos pagamentos avençados, incorre em mora.

---

[57] Clóvis Veríssimo do Couto e Silva. A doutrina do adimplemento substancial no Direito brasileiro e em perspectiva comparativista. *Revista da Faculdade de Direito da UFRGS*, vol. 9, p. 60.

[58] Anderson Schreiber, A boa-fé objetiva e o adimplemento substancial, *Direito contratual* – Temas atuais, Coord. Giselda Maria Fernandes Novaes Hironaka e Flávio Tartuce, São Paulo: Método, 2008, p. 139 e 142.

Nessa hipótese, seria contrário à boa-fé objetiva que o promitente vendedor, abusando de seu direito e, portanto, praticando ato ilícito (Código Civil, art. 187), exigisse a resolução do contrato com fundamento no art. 475 do Código Civil.

Antes da resolução do contrato nessa situação, deve buscar a satisfação da obrigação e, somente depois, frustrados todos os meios para receber o que é devido, a resolução por inadimplemento.

O "adimplemento substancial" ou "*substancial performance*", conforme defende Jônes Figueiredo Alves, pode ser elevado a princípio geral dos contratos como decorrência da aplicação da cláusula geral da função social do contrato e da boa-fé objetiva (Código Civil, arts. 421 e 422), não havendo fórmula para sua aferição a não ser pela verificação do caso concreto.

Cláudio Bueno de Godoy sustenta que a teoria do adimplemento substancial é "típica revelação do solidarismo na relação contratual, e mercê da qual se evita a resolução quando o contrato se tiver cumprido quase por inteiro, ou seja, quando as prestações se tiverem adimplido quase de maneira perfeita".[59]

Posta assim a questão, o inadimplemento comporta graus, cuja medição compete ao magistrado e, não havendo força suficiente, o contrato adquire a característica de irrevogabilidade, abrindo, ao credor, apenas a possibilidade de exigir o cumprimento da avença, a execução específica e não a resolução por inadimplemento, tudo em atenção ao princípio da conservação do contrato, inferência que se extrai de sua função social.

Nesse sentido:

Tribunal e Justiça de São Paulo. *Compromisso de compra e venda de bem imóvel. Ação de rescisão contratual c.c. Reintegração de posse. 1. Adimplemento substancial da avença pelos adquirentes. Rescisão do contrato, neste caso, inviabilizada, cumprindo à vendedora a cobrança do valor eventualmente existente em demanda própria. Aplicação da doutrina da "substancial performance". Precedentes da Câmara. 2. Honorários de sucumbência. Juros de mora. Incidência do acréscimo a contar da citação. Descabimento. Juros que devem incidir a contar do trânsito em julgado da decisão em que houve o arbitramento. Precedente da Câmara. Correção monetária, entretanto, devida a partir do arbitramento dos honorários. Precedentes do STJ. Sentença em parte reformada. Recurso de apelação improvido com parcial acolhimento do apelo adesivo (Apelação 008796-98.2009.8.26.0572, Rel. Donegá Morandini, 3ª Câmara de Direito Privado, j. 23.07.2013, Data de registro: 13.08.2013. Outros números: 87969820098260572).*

Tribunal de Justiça de São Paulo. *Compromisso de compra e venda de imóvel. Ação de rescisão contratual c.c. arbitramento de alugueres. Promissário comprador que pagou cerca de 83% do preço. Adimplemento substancial que impede a resolução do contrato. Promitente vendedora que deverá buscar a satisfação de seu crédito em ação própria. Ação improcedente. Ratificação dos fundamentos da sentença (art. 252 do RITJSP). Recurso desprovido (Apelação 0000646-21.2010.8.26.0564, Rel. Alexandre Marcondes, 3ª Câmara de Direito Privado, j. 01.10.2013, Registro: 01.10.2013, Outros números: 6462120108260564).*

Segundo Arnaldo Rizzardo, como adimplemento substancial entende-se o que está próximo ao cumprimento total do contrato, faltando uma parte não assaz elevada.[60]

Quanto à mensuração daquilo que se poderia considerar adimplemento substancial, encontramos os seguintes julgados:

1) Não considerando o adimplemento substancial no pagamento de 40% das parcelas devidas:

Tribunal de Justiça de São Paulo. *Compromisso de venda e compra. Rescisão. Inadimplência confessa. Inércia da ré ao pagamento das 60 prestações restantes do total de 100 parcelas. Inaplicabilidade da teoria do adimplemento substancial, diante da posse direta sobre o bem por longo período e sem consignar as parcelas devidas. Rescisão por culpa da devedora. Indenização por benfeitorias úteis e necessárias, bem como pelas acessões. Possibilidade, compensadas as despesas pendentes e tributos devidos pela ré até a data da efetiva*

---

59   Cláudio Bueno de Godoy, *Código Civil comentado*, 2. ed., Barueri: Manole, p. 721.
60   Arnaldo Rizzardo, *Contratos*, 6. ed. Rio de Janeiro: Forense, 2006, p. 885.

desocupação, apurando-se o quantum em liquidação de sentença. Medidas destinadas a evitar o enriquecimento sem causa de ambas as partes. Sentença, em parte, reformada. Recurso parcialmente provido. (Rel. Elcio Trujillo; Comarca: Ribeirão Preto; 10ª Câmara de Direito Privado; j. 23.04.2015; Data de registro: 23.04.2015).

2) Não considerando o adimplemento substancial ante o pagamento de 50% das parcelas devidas e da ausência de consignação do que se deve na ação de resolução:

Tribunal de Justiça de São Paulo. *Compromisso de venda e compra. Rescisão. Notificação constituindo a compromissária compradora em mora. Inadimplência confessa. Inércia da ré ao pagamento de mais da metade do total de parcelas previstas. Inaplicabilidade da teoria do adimplemento substancial, diante da posse direta sobre o bem sem consignar as parcelas devidas. Rescisão por culpa da devedora. Determinada a restituição integral das parcelas, compensando-se deste montante, quantia correspondente a 1% do valor atualizado do contrato, a título de indisponibilidade do bem. Razoabilidade. Responsabilidade pelo pagamento de IPTU a cargo de quem detém a posse direta sobre o bem. Ressarcimento afastado. Sentença confirmada. Recurso não provido (Rel. Elcio Trujillo; Comarca: Jundiaí; 10ª Câmara de Direito Privado; j. 14.04.2015; Data de registro: 16.04.2015).*

3) Considerando o adimplemento substancial ante a consignação de parcelas devidas, ainda que em valor inferior, com a flexibilização da cláusula resolutiva expressa:

Tribunal de Justiça de São Paulo. *Compromisso de compra e venda. Consignação em pagamento. Ação de rescisão de contrato em apenso. Boa-fé objetiva. Adimplemento substancial. Reconhecimento. Recurso provido. 1. Compromisso de venda e compra. Pedido de depósito judicial de prestações em atraso. Notificação para rescisão do ajuste. Cláusula resolutiva expressa. Flexibilização. Teoria do Adimplemento substancial. 2. Compromisso de compra e venda. Pagamento do sinal e de dezessete prestações. Mora nas dez últimas prestações. Depósito judicial. Subsequente ação de rescisão do ajuste na qual os autores reconhecerem valor inferior do débito e o interesse na purga da mora. 3. Teoria do adimplemento substancial, decorrente da cláusula geral da boa-fé. Autorização para a flexibilização das regras quanto ao adimplemento contratual. O cumprimento da prestação assumida não pode ser analisado de forma isolada, mas no contexto de toda a obrigação como um processo. 4. Sentença reformada. Recurso provido. (Rel. Carlos Alberto Garbi; Comarca: Jundiaí; 10ª Câmara de Direito Privado; j. 10.03.2015; Data de registro: 12.03.2015).*

O Ministro Luis Felipe Salomão deixou consignado, no REsp n. 1.051.270, o seguinte:

a teoria do substancial adimplemento visa impedir o uso desequilibrado do direito de resolução por parte do credor, preterindo desfazimentos desnecessários em prol da preservação da avença, com vistas à realização dos princípios da boa-fé e da função social do contrato (STJ, DJe 05.09.2011).

Todavia, assim como a boa-fé não permite ao promitente vendedor requerer a resolução do contrato diante do adimplemento substancial, o promitente comprador não pode, simplesmente, alegá-lo em ação de resolução, para requerer falta de interesse processual, sem demonstrar cabalmente que reúne condições, ainda que mediatas, de cumprir as parcelas restantes do preço, isto sob pena de se prestigiarem o inadimplemento irremediável e a má-fé processual e contratual.

Como sustentou o Desembargador paulista Carlos Alberto Garbi,

não se propõe, quando se fala em flexibilização das regras legais de adimplemento do contrato, o relaxamento do vínculo obrigacional, e por isso não se sustenta a quebra dos princípios que se traduzem na intangibilidade do contrato. O que se propõe é o reconhecimento de que o princípio que exige o exato cumprimento da obrigação comporta certa flexibilização, não para descaracterizá-lo, mas para que se possam encontrar os meios necessários à execução da obrigação, evitando o rompimento do ajuste (TJSP, Apelação 0039500-10.2009.8.26.0309, j. 10.03.2015).

Ora, se não há qualquer possibilidade de cumprir o avençado, ainda que em pequena parcela, não há, para o credor, a alternativa do art. 475 do Código Civil.

Não é possível olvidar que a responsabilidade do devedor é patrimonial, corolário dos arts. 391 do Código Civil e 789 do Código de Processo Civil.

Em outras palavras, se o devedor responde pelo cumprimento da obrigação com o seu patrimônio e se patrimônio não há, não resta opção ao promitente vendedor senão buscar a resolução do contrato que, mesmo diante de cumprimento substancial da obrigação, não lhe pode ser tolhida.

Pensar o contrário seria permitir que o patrimônio do credor fosse zurzido, vergastado, prestigiando o enriquecimento ilícito do devedor que não sofreria a resolução contratual e, também, nada pagaria ante a impossibilidade patrimonial de fazê-lo.

A solução seria a penhora, na ação para exigir o cumprimento, do próprio imóvel prometido à venda ou dos direitos decorrentes do compromisso de compra e venda e, nessa situação de inexistência de outro bem penhorável do devedor, a solução representará, de qualquer forma, a perda do imóvel, não fazendo sentido extinguir a ação de resolução cujo efeito será o mesmo e até com maior benefício ao devedor que teria parte do que pagou restituído em razão dos mandamentos insculpidos nos arts. 413 do Código Civil e 53 do Código de Defesa do Consumidor.

Por fim, deparando-se com adimplemento substancial, ao credor, promitente vendedor, restará a via da execução dos valores das parcelas não pagas pelo promitente comprador com a penhora do próprio imóvel ou dos direitos, não incidindo, neste caso, a impenhorabilidade decorrente da Lei 8.009/1990, por se tratar de financiamento para aquisição do próprio imóvel residencial e, nesse sentido:

Embargos declaratórios fundado em erro material – Vício constatado – Julgamento do mérito do agravo de instrumento – Necessidade – Embargos acolhidos. Agravo de Instrumento – Execução de Título Extrajudicial – Compromisso de venda e compra de imóvel – Inadimplemento do comprador – Opção dos credores pela execução do contrato – Razoabilidade – Penhora do imóvel – Admissibilidade – Exegese do art. 833, § 1º, do CPC e do art. 3º, II, da Lei 8.009/1990 – Exceção de adimplemento substancial – Não acolhimento – Defesa que somente faria sentido como óbice à resolução do contrato, que não foi postulada – Notificação premonitória – Inexigibilidade, em sede de execução do contrato – Decisão mantida – Agravo desprovido (TJSP; Embargos de Declaração Cível 2114538-28.2021.8.26.0000 – Rel. A.C. Mathias Coltro; 5ª Câmara de Direito Privado; Foro Central Cível – 8ª Vara Cível; J. 26.07.2021; Data de Registro: 26.07.2021).

3.10. MODELOS

3.10.1. Notificação extrajudicial

Notificação

Notificado: (...), RG (...), CPF (...).

Endereço: (...).

(...), por seus advogados e procuradores (procuração anexa), serve-se da presente para notificá-lo, expondo o quanto segue:

Consta que Vossa Senhoria é titular de Contrato Particular de Compromisso de Venda e Compra firmado com a notificante no dia (...), na qualidade de promissário comprador do seguinte imóvel (...).

Nos termos do contrato, foi ajustado o preço de R$ (...), para pagamento da forma a seguir especificada: (...).

Todavia, Vossa Senhoria encontra-se em atraso com as prestações vencidas a partir de (...), totalizando R$ (...).

Para imóveis em prontos: Assim sendo, nos termos do art. 1º do Decreto-lei n. 745/69, fica Vossa Senhoria notificada a efetuar o pagamento das parcelas em atraso e as que se vencerem até a data do efetivo pagamento, impreterivelmente, no prazo de 15 (quinze dias) a partir do recebimento desta notificação.

Para imóveis prontos e lotes prometidos por quem não é o loteador: Assim sendo, nos termos do art. 1º do Decreto-lei n. 745/69 e dos incisos V e VI, do art. 1º, da Lei n. 4.864/65, fica Vossa Senhoria notificada a efetuar o pagamento das parcelas em atraso e as que se vencerem até o efetivo pagamento, impreterivelmente, no prazo de 30 (trinta) dias a partir do recebimento desta notificação.

Para lotes prometidos pelo loteador: Assim sendo, nos termos do art. 32 da Lei 6.766/1979, fica Vossa Senhoria notificada a efetuar o pagamento das parcelas em atraso e as que se vencerem até o efetivo pagamento, impreterivelmente, no prazo de 30 (trinta) dias a partir do recebimento desta notificação.

O pagamento deve ser efetuado no escritório dos patronos da promitente vendedora, na Rua (...).

Decorrido o prazo de 15 (quinze) dias (*Para imóveis em construção e lotes prometidos pelo loteador:* 30 (trinta) dias), Vossa Senhoria estará constituída em mora e sofrerá as medidas judiciais cabíveis, inclusive ação de resolução por inadimplemento cumulada com perdas e danos.

Era o que havia para notificar.

Data.

Advogado (OAB)[61]

3.10.2. Notificação judicial

MM. Juízo da (...)

(...) por seus advogados e procuradores (documento 1), vem, respeitosamente, à presença de Vossa Excelência, propor em face de (...), a presente

Notificação

O que faz com supedâneo nos artigos 726 e seguintes do Código de Processo Civil, e demais disposições legais aplicáveis, expondo e requerendo o quanto segue:

Através de Contrato Particular de Compromisso de Venda e Compra firmado no dia (...), a requerente, na qualidade de promitente vendedora, se comprometeu a vender ao requerido, e este a comprar, o seguinte imóvel: (...). (documento 2).

Na ocasião foi ajustado o preço de R$ (...), para pagamento da forma a seguir especificada: (...).

Todavia, o requerido encontra-se em mora no pagamento das parcelas vencidas a partir de (...), totalizando (...), conforme planilha anexa.

Buscando exercer seu direito de resolver o contrato, a requerente tentou, sem êxito, notificar extrajudicialmente o requerido.

Ocorre que o mesmo não foi encontrado pelo Oficial do Cartório de Títulos e Documentos (documento anexo).

Nestas condições, a requerente viu-se compelida a postular por esse E. Juízo, o qual, segundo a Lei, é o competente para conhecer o feito.

Para imóveis prontos e lotes prometidos por quem não é o loteador: Isto posto, é a presente para requerer a Vossa Excelência que se digne de determinar o cumprimento da presente notificação, com a citação do requerido por intermédio de Oficial de Justiça (CPC, art. 246, II) para que, no prazo de 15 (quinze) dias que lhe é facultado pelo art. 1º, do Decreto-lei n. 745/69, pague seu débito vencido e o que se vencer até o efetivo pagamento no escritório da requerente, localizado na Rua (...).

Para imóveis em construção – depois de 3 meses de atraso: Isto posto, é a presente para requerer a Vossa Excelência que se digne de determinar o cumprimento da presente notificação, com a citação do requerido por intermédio de Oficial de Justiça (CPC, art. 246, II) para que, no prazo de 30 (trinta) dias que lhe é facultado pelo art. 1º, do Decreto-lei n. 745/69, e pelos incisos V e VI, do art. 1º, da Lei n. 4.864/65, pague seu débito vencido e o que se vencer até a data do efetivo pagamento no escritório da Requerente, localizado na Rua (...).

---

[61] No caso de notificação assinada por procurador, juntar cópia da devida procuração.

Para lotes prometidos pelo loteador: Isto posto, é a presente para requerer a Vossa Excelência que se digne de determinar o cumprimento da presente notificação, com a citação do requerido por intermédio de Oficial de Justiça (CPC, art. 246, II) para que, no prazo de 30 (trinta) dias que lhe é facultado pelo art. 1°, do Decreto-lei n. 745/69, e pelos incisos V e VI, do art. 1°, da Lei n. 4.864/65, pague seu débito vencido e o que se vencer até a data do efetivo pagamento no escritório da Requerente, localizado na Rua (...).

Na hipótese do não atendimento à presente notificação, não restará à requerente alternativa senão promover judicialmente a resolução do Contrato Particular de Compromisso de Venda e Compra noticiado nesta peça vestibular, o que implicará na responsabilidade por perdas e danos, reintegração da posse do imóvel e perda de benfeitorias porventura introduzidas, além do pagamento de custas, despesas processuais e honorários advocatícios.

Por derradeiro REQUER:

a) Seja autorizado o Sr. Oficial de Justiça a proceder de acordo com os permissivos do artigo 212, § 2°, do Código do Processo Civil.

b) Sejam os presentes autos, após os trâmites legais, entregues à Requerente, independente de traslados, em conformidade com o previsto no artigo 729 do Código de Processo Civil.

Dá à causa o valor de R$ (...), para os efeitos fiscais.

Termos em que,

P. Deferimento.

Data

Advogado (OAB)

Demonstrativo de débito

Autora: *(...)*

Ré: *(...)*

Autos:

Vencimento:	Valor Prestação	Atualização	Juros (0,5 a.m.)	Multa	Subtotal
				TOTAL⇨	

Total do débito: R$ (...).

Os valores foram atualizados de acordo com Tabela Prática para Cálculo de Atualização Monetária dos Débitos Judiciais (*Boletim AASP* n°... de.../.../...).

Documento 1

Procuração e Contrato Social da Autora

Documento 2

Contrato rescindendo

Documento 3

Notificação, comprovando a regular constituição em mora

3.10.3. Petição inicial da ação de resolução por inadimplemento

MM. Juízo da (...)

(...), por seus procuradores (documento 1), vem, respeitosamente, a presença de Vossa Excelência, propor em face de (...), RG n° (...), inscrita no CPF sob o n° (...), domiciliada na Rua (...), a competente

Ação de resolução contratual com pedido de tutela provisória, cumulada com reintegração de posse, o que faz com supedâneo nos argumentos de fato e de direito a seguir aduzidos:

I – Fatos

a) Negócio entre as partes

Por força do Contrato Particular de Compromisso de Venda e Compra firmado em (...) (documento 2), a autora prometeu vender, e o réu a comprar, pelo preço e condições ali pactuados, o seguinte imóvel: (...)

O referido imóvel foi entregue ao réu em (...). (ou) O referido imóvel encontra-se incorporado e em construção, conforme contrato.

O preço certo e ajustado foi de R$ (...), para pagamento da forma a seguir especificada: (...).

b) Mora

Ocorre que o adquirente, ora réu, deixou de adimplir obrigação contratual, consubstanciada no pagamento das parcelas vencidas a partir de (...), totalizando R$ (...) nos termos da planilha anexa, atualizada para a data da propositura da vertente ação.

c) Constituição em mora

Diante do descumprimento dos termos do contrato, outra não foi a solução encontrada pela autora senão notificar o réu para que purgasse a mora.

Assim, acorde com o instrumento de notificação anexo (documento 3), o réu foi notificado em (...).

O prazo legal para purgação da mora decorreu *in albis*, sem que qualquer pagamento fosse efetuado, operando-se, assim, a devida constituição em mora nos termos da Lei e a resolução do contrato em razão da existência de cláusula resolutiva expressa (cláusula... do contrato), conforme previsão do art. 1º do DL 745/1969 com a redação dada pela Lei 13.097/2015.

Convém ressaltar que, nada obstante as inúmeras tentativas da autora para receber o que lhe é devido, o réu permanece irredutível.

Deveras, já que se encontra convenientemente imitido na posse do imóvel sem efetuar qualquer pagamento.

II – Direito

Acorde com a norma insculpida no art. 474 do Código Civil, tendo em vista a renitência do réu em não cumprir a sua obrigação de pagar o preço do imóvel, nada obstante a notificação efetuada, não restou alternativa à autora senão ingressar com a presente ação, pleiteando a declaração da resolução do contrato por inadimplemento, para reaver o imóvel.

III – Devolução das parcelas pagas pelo réu

Para que se promova a devolução oportuna das parcelas pagas pelo réu, invoca-se a observância das cláusulas constantes do contrato firmado pelas partes, mormente aquelas que dizem respeito à resolução do instrumento por inadimplemento do comprador, quais sejam, as cláusulas (...) e (...), cujas diretrizes norteiam a devolução dos valores pagos, diretrizes essas decorrentes de clara contratação e absoluta legalidade.

IV – Tutela provisória de urgência

A presente demanda funda-se no descumprimento da obrigação de pagar as parcelas do preço, fato inequívoco e devidamente comprovado em razão da regular notificação que operou a resolução do contrato nos termos do art. 1º do DL 745/1969 com a redação dada pela Lei 13.097/2015, sem contar as inúmeras tentativas inexitosas de demover o réu a saldar sua dívida.

Sendo assim, requer a autora digne-se Vossa Excelência de conceder a tutela provisória pretendida com fundamento no artigo 300, do Código de Processo Civil, reintegrando a autora na posse do imóvel, de modo que a mesma possa vender ou compromissar a unidade em questão, evitando maiores danos que certamente serão de difícil, senão impossível, reparação.

É inquestionável que o réu adquiriu imóvel da autora mediante promessa de venda e compra, obrigando-se, em contrapartida, a pagar prestações mensais e consecutivas.

Ocorre que, mesmo tendo sido regularmente notificado a purgar a mora, quedou-se inerte, tornando-se inadimplente.

Por conseguinte, não pagou as parcelas devidas e recusa-se a qualquer tipo de acordo, locupletando-se indevidamente da posse do imóvel.

A autora, por outro lado, arca com o prejuízo causado pelo réu, posto que depende dos valores devidos e da reintegração do imóvel para manter sua empresa em funcionamento.

Verifica-se que o réu, desdenhosamente, contando com a pletora de feitos que assoberba o Poder Judiciário, o que certamente independe da vontade de Vossa Excelência, mantém a posse do imóvel em locupletamento ilícito (*ou, se o imóvel não foi ocupado:* não paga as parcelas a que se comprometeu, o que impede a autora de negociar o imóvel), devendo, demais disso, arcar com os encargos como IPTU, Taxa de Resíduos Sólidos, Condomínio, manutenção etc.

V – Pedido de tutela provisória

A necessidade da tutela provisória pretendida (reintegração de posse) é medida que se impõe, seja pela urgência ou pela evidência do direito vindicado tendo em vista que a notificação operou a resolução do contrato nos termos do art. 1º do Decreto-lei 745/1969 com a redação dada pela Lei 13.097/2015.

Além da evidência, nítida é a urgência tendo em vista que a demora na reintegração pretendida representará, em razão da inadimplência do réu, o agravamento do débito, notadamente em razão da característica condominial do imóvel objeto do pedido.

Demonstrados, portanto, o *periculum in mora* e a prova inequívoca, mister se faz a tutela antecipada de urgência com supedâneo nos arts. 294 e seguintes e 300 do Código de Processo Civil.

A prova que instrui esta exordial é robusta.

Em razão do receio de difícil reparação, requer a autora digne-se Vossa Excelência de conceder a tutela provisória de urgência ou de evidência, determinando a expedição de mandado de reintegração de posse *inaudita altera parte*, nos termos dos artigos arts. 294 e seguintes e 300, do Código de Processo Civil (ou, se o imóvel não foi ocupado: para possibilitar a venda do imóvel a terceiros, mormente em razão dos prejuízos decorrentes dos encargos e impostos que incidirão até o término da lide, o que não trará nenhum prejuízo ao réu na medida em que não chegou a ingressar na posse).

Verifique Vossa Excelência a jurisprudência pátria, que tem admitido remansosamente a antecipação de tutela nesses casos:

> **Tribunal de Justiça de São Paulo.** *Agravo de instrumento. Compromisso de compra e venda. COHAB/SP. Resolução Contratual c.c. reintegração de posse. Pedido de antecipação da tutela de reintegração. Inadimplemento incontroverso da mutuária. Preenchimento dos requisitos do artigo 273, do CPC [atual art. 300]. Decisão mantida. Recurso improvido (0206927-81.2012.8.26.0000, Rel. José Joaquim dos Santos, São Paulo, 2ª Câmara de Direito Privado, j. 18.12.2012, Data de registro: 19.12.2012. Outros números: 2069278120128260000).*

> **Tribunal de Justiça de São Paulo.** *Tutela antecipada. Possibilidade de antecipação da tutela, pendente decisão final em ação de rescisão contratual, cumulada com perdas e danos e reintegração de posse. Decisão reformada. Recurso provido (Agravo de Instrumento 96.290-4, São Paulo, 1ª Câmara de Direito Privado, Rel. Alexandre Germano, 15.12.1998, v.u.).*

> **Primeiro Tribunal de Alçada Civil de São Paulo.** *Tutela antecipada. Possessória. Reintegração de posse. Presença dos requisitos legais necessários à antecipação pretendida revistos no artigo 273, I do Código de Processo Civil. Inconfundibilidade com o pedido de liminar não típica das ações possessórias. Tutela deferida. Recurso provido (Agravo de Instrumento 00718150-6/004, São Paulo, 12ª Câmara, Rel. Campos Mello, j. 14.11.1996, Decisão: unânime, RT 740/329).*

> **Tribunal de Alçada de Minas Gerais.** *Reintegração de posse. Antecipação da tutela. Liminar. Promessa de compra e venda. Mora. Comprovada a mora dos compradores, a sua posse passa, quando estabelecido em contrato, a ser precária, sendo lícito ao vendedor ajuizar ação de reintegração de posse, com pedido de antecipação de tutela e concessão de liminar, com o intuito de reaver a posse do imóvel objeto do contrato (Agravo de Instrumento 226689-5/00, Belo Horizonte, 2ª Câmara Cível, Rel. Juiz Almeida Melo, j. 26.11.1996, Decisão: unânime).*

> **Tribunal de Alçada do Rio Grande do Sul.** *Ação de rescisão de contrato cumulada com perdas e danos com pedido de tutela antecipada de reintegração de posse do estabelecimento comercial. Pode o magistrado decidir num só e suficiente momento aquilo que, antes e conservadoramente, era decidido em dois ou mais momentos, postergando a prestação jurisdicional em favor, invariavelmente, do inadimplente, do devedor, que se beneficiava injustificadamente da morosidade processual. Havendo prova inequívoca, convencendo-se o magistrado da verossimilhança da alegação, verificado o fundado receio de dano irreparável ou de difícil reparação, pode ser deferido o pedido de antecipação provisória da tutela, de reintegração de posse*

do estabelecimento comercial. Agravo improvido (Agravo de Instrumento 196022180, 03.04.1996, 7ª Câmara Cível, Rel. Vicente Barroco de Vasconcelos).

Para o caso de imóvel em construção:

Tribunal de Justiça de São Paulo. *Agravo de Instrumento 0083538-25.2013.8.26.0000. Promessa de compra e venda – Rel. Fortes Barbosa – Comarca: Guarulhos – 6ª Câmara de Direito Privado – J. 25.07.2013 – Data de registro: 26.07.2013. Rescisão contratual. Antecipação de tutela. Deferimento. Disponibilização do imóvel à venda a terceiros. Agravado ainda não entrou na posse do bem. Recurso provido.*

Tribunal de Justiça de São Paulo. *Agravo de Instrumento 9041213-18.2009.8.26.0000. Rescisão de compromisso de compra e venda. Rel. Sousa Lima. Comarca: São Paulo. 7ª Câmara de Direito Privado. J. 22.04.2009. Data de registro: 14.05.2009. Outros números: 6396074000. Contrato. Instrumento particular de promessa de venda e compra. Antecipação de tutela para liberação do imóvel e sua venda a terceiros. Cabimento. Edifício em construção. Agravado foi notificado e constituído em mora. Requisitos do art. 273 do Código de Processo Civil. Existência. Tutela concedida. Recurso provido.*

A medida que se pleiteia, no que tange à tutela provisória de reintegração de posse, não é irreversível e, nessa medida:

Tribunal de Justiça de São Paulo. *Contrato. Compromisso de compra e venda. Ação de rescisão contratual. Antecipação de tutela. Indeferimento. Pretensão viável ante a comprovação da mora e a não configuração da irreversibilidade da medida. Recurso provido (Agravo de Instrumento 194.395-4, São Paulo, 3ª Câmara de Direito Privado do Tribunal de Justiça do Estado de São Paulo, v.u., Rel. Des. Carlos Roberto Gonçalves, em 13.03.2001).*

Tribunal de Justiça de São Paulo. *Agravo. Despacho que inadmitiu pedido de tutela antecipada em ação de rescisão de compromisso de compra e venda c/c reintegração de posse. Presentes os pressupostos que autorizam a concessão de tal benefício. Não configurada a irreversibilidade da medida. Recurso provido (Agravo de Instrumento 44.522-4, São Paulo, 10ª Câmara de Direito Privado, Rel. Ruy Camilo, 27.05.1997, v. u.).*

VI – Tutela de evidência

Nos termos do art. 311, IV, do Código de Processo Civil, "a tutela da evidência será concedida, independentemente da demonstração do perigo de dano ou de risco do resultado útil do processo, nas hipóteses aplicáveis ao vertente caso, quando: (...) IV – a petição for instruída com prova documental suficiente dos fatos constitutivos do direito do autor, a que o réu não oponha prova capaz de gerar dúvida razoável."

Sendo assim, na eventualidade de não ser atendido de imediato o pedido da autora no que tange à tutela provisória de urgência, requer seja o mesmo pedido reavaliado após a resposta do réu, a título de tutela de evidência, quando não restará qualquer dúvida quanto à eficácia da cláusula resolutiva que se aperfeiçoou nos termos do art. 1º do DL 745/1969 com a redação dada pela Lei 13.097/2015 em função do inadimplemento do réu e ante a inexistência de comprovantes de pagamento das parcelas ajustadas no contrato, concedendo-se a reintegração de posse, antecipadamente, o que desde já se requer.

VII – Pedido de mérito

Diante de todo o exposto, restando evidente e cristalino o direito que fundamenta a presente ação, no mérito, requer a autora:

a) Seja a presente ação julgada procedente, com a consequente declaração de resolução do contrato, além da condenação do réu no pagamento de custas, despesas processuais e honorários advocatícios, tornando definitiva a reintegração de posse eventualmente deferida através da antecipação de tutela requerida;

Caso não seja deferida a antecipação de tutela (de urgência ou de evidência), o que se admite apenas por hipótese, requer a autora, ao final, seja declarada a resolução do contrato e determinada a reintegração da posse do imóvel, expedindo-se, para tanto, o competente mandado, com a condenação do réu no pagamento de custas, despesas processuais e honorários advocatícios que Vossa Excelência arbitrar nos limites legais.

Outrossim, requer sejam observadas as cláusulas contratuais na devolução das parcelas pagas pelo Réu, conforme disposto nesta exordial.

b) A condenação do réu no pagamento do valor que se arbitrar pelo tempo de indisponibilidade do bem para a autora (Instrumento Particular de Venda e Compra, cláusula xx, § xº, *in fine*) acrescidos dos impostos vencidos e taxas condominiais não pagas e que recairão sobre o imóvel objeto desta refrega, apurados em liquidação, que deverão ser subtraídos do valor a restituir, com a condenação do saldo eventualmente favorável à autora.

VIII – Citação

Tratando-se a ré de pessoa jurídica, requer-se que a citação seja efetuada por intermédio do sistema de cadastro de processos em autos eletrônicos nos termos do art. 246, § 1º, do Código de Processo Civil ou, caso a ré não conte com o cadastro obrigatório, que seja citada pelo correio nos termos dos arts. 246, I; 247 e 248 do Código de Processo Civil para responder no prazo de 15 (quinze) dias (art. 335 do Código de Processo Civil), sob pena de serem tidos por verdadeiros todos os fatos aqui alegados (art. 344 do Código de Processo Civil), devendo o respectivo mandado conter o prazo para resposta, o juízo e o cartório, com o respectivo endereço.

Ou

Nos termos do art. 246 do CPC, requer-se a citação por meio eletrônico ou, não havendo cadastro, pelo correio (*ou, ainda, justificando, por Oficial de Justiça, nos termos do § 1º-A, II, do art. 246 do CPC, facultando-se ao Sr. Oficial de Justiça encarregado da diligência proceder nos dias e horários de exceção (CPC, art. 212, § 2º)*), para eventual oferta de resposta no prazo de 15 (quinze) dias (art. 335 do CPC), sob pena de serem tidos por verdadeiros todos os fatos aqui alegados (art. 344 do CPC), devendo o respectivo mandado conter as finalidades da citação, as respectivas determinações e cominações, bem como a cópia do despacho do(a) MM. Juiz(a), comunicando, ainda, o prazo para resposta, o juízo e o cartório, com o respectivo endereço.

IX – Audiência de Conciliação

Nos termos do art. 334, § 5º, do Código de Processo Civil, o autor desde já manifesta, pela natureza do litígio, desinteresse em autocomposição.

Ou:

Tendo em vista a natureza do direito e demonstrando espírito conciliador, a par das inúmeras tentativas de resolver amigavelmente a questão, o autor desde já, nos termos do art. 334 do Código de Processo Civil, manifesta interesse em autocomposição, aguardando a designação de audiência de conciliação.

X – Provas

Requer-se provar o alegado por todos os meios de prova em direito admitidos, incluindo perícia, produção de prova documental, testemunhal, inspeção judicial, depoimento pessoal sob pena de confissão caso o réu (ou seu representante) não compareça, ou, comparecendo, se negue a depor (art. 385, § 1º, do Código de Processo Civil).

XI – Valor da causa

Dá-se à causa o valor de (...)

Termos em que,

pede deferimento.

Data

Advogado (OAB/SP)

Documento 1

Procuração e Contrato social da Autora

Documento 2

Contrato rescindendo

Documento 3

Notificação, comprovando a regular constituição em mora

3.10.4. Contestação do pedido de resolução por inadimplemento

MM. Juízo da (...) Vara Cível do Foro Central da Comarca da Capital – SP

Autos nº (...) – Ordinária

(...), já qualificada nos autos da ação de resolução contratual cumulada com reintegração de posse que lhe move (...), vem, respeitosamente, perante Vossa Excelência, por seus procuradores (documento 1), que recebem intimações na (...), apresentar sua

Contestação,

o que faz com supedâneo no art. 335 e seguintes do Código de Processo Civil e nos argumentos fáticos e jurídicos que a seguir, articuladamente, passa a aduzir:

I – Resumo da inicial

A autora pretende a resolução do contrato com a consequente reintegração na posse do imóvel, alegando, para tanto, que a ré encontra-se inadimplente, notadamente em razão do pagamento das parcelas desde (...).

Realizada a audiência de conciliação, restou infrutífera, motivo pelo qual mister se faz rebater os infundados argumentos da inicial.

Isto porque a pretensão autoral, como formulada, é completamente despida de fundamento fático e jurídico.

II – Fatos

Em (...) a ré adquiriu da autora o apartamento (...) do Condomínio (...), localizado na Rua (...), pelo preço de R$ (...).

Todavia, o que não disse a autora, é que a ré deixou de pagar os valores em virtude da cobrança de juros e correções em desacordo com a lei.

Portanto, resta desconfigurada a culpa, apta a ensejar a mora. Em verdade, o caso vertente é de culpa exclusiva da autora, que cobra juros e correções ilegais.

Esqueceu a autora de mencionar, também, que a ré pagou atualizados R$ (...) do valor total do imóvel, de acordo com comprovantes de pagamento anexos e planilha fornecida por ela própria (documento 2), o que configura claramente o adimplemento substancial apto a impedir a pretensão exordial.

Nesta medida:

> *Tribunal de Justiça de São Paulo. Compromisso de compra e venda. Consignação em pagamento. Ação de rescisão de contrato em apenso. Boa-fé objetiva. Adimplemento substancial. Reconhecimento. Recurso provido. 1. Compromisso de venda e compra. Pedido de depósito judicial de prestações em atraso. Notificação para rescisão do ajuste. Cláusula resolutiva expressa. Flexibilização. Teoria do Adimplemento substancial. 2. Compromisso de compra e venda. Pagamento do sinal e de dezessete prestações. Mora nas dez últimas prestações. Depósito judicial. Subsequente ação de rescisão do ajuste na qual os autores reconhecerem valor inferior do débito e o interesse na purga da mora. 3. Teoria do adimplemento substancial, decorrente da cláusula geral da boa-fé. Autorização para a flexibilização das regras quanto ao adimplemento contratual. O cumprimento da prestação assumida não pode ser analisado de forma isolada, mas no contexto de toda a obrigação como um processo. 4. Sentença reformada. Recurso provido. (Relator(a): Carlos Alberto Garbi; Comarca: Jundiaí; 10ª Câmara de Direito Privado; J. 10.03.2015; Data de registro: 12.03.2015).*

Demais disso, pretende a autora inadmissível cumulação de perdas e danos com cláusula penal compensatória que, de qualquer forma, não podem ser pleiteadas.

Como se demonstrará, tal pretensão é descabida a teor do art. 53 do Código de Defesa do Consumidor, até em virtude da ausência de culpa da ré, pressuposto do dever de indenizar no âmbito da responsabilidade contratual.

III – Preliminarmente (CPC, art. 337)

a) Incorreção do valor dado à causa.

Atribuiu o autor à causa o valor de R$ (...)

Todavia, no vertente caso, o valor da causa deve corresponder ao valor do contrato que busca desfazer (fls...) ante o cristalino mandamento do art. 292, II, do Código de Processo Civil.

Art. 292. O valor da causa constará da petição inicial ou da reconvenção e será:

(...)

II – na ação que tiver por objeto a existência, a validade, o cumprimento, a modificação, a resolução, a resilição ou a rescisão de ato jurídico, o valor do ato ou o de sua parte controvertida;

Logo, o valor da causa deve ser corrigido por Vossa Excelência nos termos do art. 292, § 3º, do Código de Processo Civil, determinando o complemento das custas no prazo legal sob pena de indeferimento da inicial (CPC, art. 321, parágrafo único).

b) Incompetência (CPC, art. 64)

O contrato questionado, a toda evidência, encerra relação de consumo.

Em consonância com o acatado, a ação deveria ter sido proposta no domicílio do réu, ora contestante e não foi.

Sendo assim, nos termos do art. 101, I do Código de Defesa do Consumidor, requer seja reconhecida a incompetência do juízo e determinada a remessa do processo ao foro (...), inclusive com a suspensão da audiência de conciliação já designada (CPC, art. 340).

(Neste caso, nos termos do art. 340 do CPC, a contestação deve ser apresentada desde logo e não após a audiência ou petição que a dispensa.)

c) Ilegitimidade de parte

No vertente caso, embora o réu figure no contrato na qualidade de promitente comprador, certo é que cedeu os direitos ao Sr. (...), conforme instrumento de cessão anexo (documento...).

Embora não tenha dado conhecimento à autora da vertente cessão, certo é que, nos termos do art. 338 do Código de Processo Civil, a autora deve ser intimada a se manifestar sobre a vertente preliminar e, bem assim, alterar a petição inicial, retificando-a, para substituir o ora contestante.

(demais preliminares do art. 337)

Se assim não entender Vossa Excelência e, por cautela, passa o réu a rebater os argumentos da inicial:

IV – Tabela Price – anatocismo

No (...) da cláusula (...), o contrato objeto da presente ação estipula que as parcelas são acrescidas de juros à razão de 1% ao mês pelo sistema da tabela price (...).

A tabela price – como é conhecido o sistema francês de amortização – pode ser definida como o sistema em que, a partir do conceito de juros compostos ou capitalizados (juros sobre juros), elabora-se um plano de amortização em parcelas periódicas, iguais e sucessivas, considerado o termo vencido. Nesse caso, as parcelas são compostas de um valor referente aos juros, calculado sobre o saldo devedor amortizado, e outro referente a própria amortização.

Trata-se de juros capitalizados de forma composta na exata medida em que, sobre o saldo amortizado, é calculado o novo saldo com base nos juros sobre aquele aplicados, e, sobre este novo saldo amortizado, mais uma vez os juros, e assim por diante.

Citando o preclaro professor Mário Geraldo Pereira, em dissertação de doutoramento, ensina José Dutra Vieira Sobrinho:

A denominação Tabela Price se deve ao matemático, filósofo e teólogo inglês Richard Price, que viveu no século XVIII e que incorporou a teoria dos juros compostos às amortizações de empréstimos (ou financiamentos). A denominação "Sistema Francês", de acordo com o autor citado, deve-se ao fato de o mesmo ter-se efetivamente desenvolvido na França, no Século XIX. Esse sistema consiste em um plano de amortização de uma dívida em prestações periódicas, iguais e sucessivas, dentro do conceito de termos vencidos, em que o valor de cada prestação, ou pagamento, é composto por duas parcelas distintas: uma de juros e uma de capital (chamada amortização). (Mário Geraldo Pereira, "Plano básico de amortização pelo sistema francês e respectivo fator de conversão", Dissertação (Doutoramento), São Paulo, FCEA, 1965 apud José Dutra Vieira Sobrinho, ob. cit., p. 220).

A tabela price é o sistema de amortização baseado na capitalização composta de juros. Ensina Walter Francisco:

"Tabela price é a capitalização dos juros compostos." (Walter Francisco, Matemática Financeira, São Paulo: Atlas, 1976).

No caso de tabela price, por definição, os juros são capitalizados de forma composta (juros sobre juros).

No caso vertente, há, portanto, sistema de amortização francês, e juros, quanto à capitalização, classificados como compostos (juros sobre juros).

Posta assim a questão, é de se dizer que os juros aplicados aos contratos não podem embutir capitalização composta (tabela price), conforme o art. 4º do Decreto 22.626/1933 – Lei da Usura, Súmula 121 do STF e remansosa jurisprudência.

O art. 4º do Decreto 22.626/1933 está assim redigido:

Art. 4º É proibido contar juros dos juros;...

Aliás, nos ensina o insigne José Afonso da Silva:

As cláusulas que estipularem juros superiores são nulas. A cobrança acima dos limites estabelecidos, diz o texto, será conceituada como crime de usura, punido, em todas as suas modalidades, nos termos em que a lei dispuser. Neste particular, parece-nos que a velha lei de usura (Dec. nº 22.626/33) ainda está em vigor. (José Afonso da Silva, Curso de Direito Constitucional Positivo, 9ª ed., São Paulo: Malheiros, 1994, p. 704.)

A jurisprudência pátria tem se manifestado acerca do tema, que não é novo:

Súmula 121 do STF: *"É vedada a capitalização de juros, ainda que expressamente convencionada."*

Superior Tribunal de Justiça. *"Civil e Comercial. Juros. Capitalização. Lei de usura (STJ). Somente se admite a capitalização dos juros havendo norma legal que excepcione a regra proibitória estabelecida no art. 4º do Dec. 22.626/1933. Lei de Usura"* (REsp63.372-9-PR – Min. Costa Leite – unânime – 3ª Turma – publ. em 18.08.1995 – Florisberto Alberto Berger x Banco Bandeirantes S.A., Volnei Luiz Denardi e Júlio Barbosa Lemes Filho).

Tribunal de Justiça de São Paulo. *"Compromisso de compra e venda. Pedido revisional de contrato fundado em arguição de ilegalidade da Tabela Price. Sentença de improcedência. Inconformismo dos autores. Provimento. Incontroversa utilização da Tabela Price para atualização do contrato. Posicionamento de que a utilização da Tabela Price implica ocorrência de juros sobre juros, vedada pelo ordenamento. Recurso provido"* (Apelação 0016130-57.2009.8.26.0032 – Rel. Piva Rodrigues – Comarca: Araçatuba – 9ª Câmara de Direito Privado – J. 18.03.2014 – Data de registro: 26.03.2014).

V – Dever de indenizar

Tanto no caso de mora como no de inadimplemento absoluto, mister se faz a culpa do devedor, sem a qual não se configurará a obrigação de pagar cláusula penal compensatória (perdas e danos), nos termos dos arts. 394, 396, 389 e 393 do Código Civil.

Na exata medida em que o inadimplemento absoluto ou a mora presumem a culpa do devedor, esta presunção é relativa (*juris tantum*), de tal sorte que pode ser afastada pela comprovação, pelo devedor, que o descumprimento decorreu de fato causado pelo próprio credor (Código Civil de 1916, art. 963 e novo Código Civil, art. 396).

Esta é a lição de Silvio Rodrigues:

"...a inexecução da obrigação só conduzirá ao dever de ressarcir, se houve culpa do inadimplente (...) Assim, de pronto, se deduz ser a culpa elementar na caracterização do inadimplemento" (Silvio Rodrigues, Direito Civil – parte geral das obrigações, São Paulo: Saraiva, 1991, p. 307-308).

Resta completamente afastada a culpa da ré pela mora no pagamento das parcelas, que decorreu única e exclusivamente das ilegalidades perpetradas pela autora que cobrou tabela price, ávida por lucros exorbitantes.

Portanto, inexiste dever de indenizar, seja através de cláusula penal compensatória, seja pela prova de perdas e danos, fazendo-se mister o retorno ao *status quo ante*.

VI – Inadmissível pretensão da autora à cumulação de cláusula penal compensatória e perdas e danos (*bis in idem*)

Da leitura da cláusula (...) (documento 2 da inicial), invocados pela autora para pleitear cláusula penal compensatória, infere-se cláusula abusiva e nula nos termos dos arts. 51 e 53 do Código de Defesa do Consumidor.

A uma, porque afronta os precitados artigos e, a duas, porque cumula perdas e danos com cláusula penal compensatória, que já é prefixação das perdas e danos (*bis in idem*).

Ardilosamente, na surdina, a autora, sem demonstrar claramente sua pretensão através de cálculos inequívocos, tenta induzir Vossa Excelência em erro e burlar o disposto no art. 53 da Lei 8.078/1990.

Pelo item 8 de sua exordial, com fundamento na indigitada cláusula 17, pretende:

(10%) custos administrativos

(0,65%) PIS

(2%) COFINS

(20%) Cláusula penal compensatória (§ 2º)

(1%) ao mês de ocupação

(5%) ao ano de depreciação

etc.

Ora Excelência, desta forma, apesar de ter pago mais de cem mil reais pelo apartamento – cujo valor total estipulado pela autora foi de cento e quarenta e quatro mil – a ré seria compelida a restituir o imóvel e, ainda, ficaria devendo! (documento 2)

Assim, a perda das prestações pagas significaria genuíno enriquecimento ilícito por parte da autora, pois a ré, que pagou grande parte do preço, perderia o imóvel e as prestações pagas. Em contrapartida, a autora receberia de volta o imóvel para ser novamente vendido e conservaria os valores pagos pela ré (*vide* documento 2, fornecido pela autora à ré).

O importante é que não há possibilidade de cobrança da cláusula penal compensatória (prefixação das perdas e danos) conjuntamente com perdas e danos. Entretanto, é exatamente isso que pleiteia a autora. Admitida a teratológica e ilegal pretensão, estar-se-ia incorrendo em *bis in idem*.

> **Tribunal de Justiça de São Paulo.** *Compromisso de compra e venda. Rescisão. Culpa dos compromissários compradores. Pretensão à cumulação de pena compensatória com o ressarcimento dos prejuízos reais. Inadmissibilidade. Critério que leva à perda da totalidade das prestações pagas. Ofensa ao art. 53, do Código de Defesa do Consumidor. Direito apenas à pena compensatória, reduzida pela metade, diante da execução parcial do contrato. Ação principal e reconvenção parcialmente procedentes. Se não há dúvida de que o inadimplemento contratual é dos compromissários compradores, por estes confessados na inicial, a ação principal, que continha em um de seus pedidos a rescisão contratual, não poderia ser julgada inteiramente procedente. A procedência da ação principal diz somente com o reembolso dos valores pagos pelos compromissários compradores. Julga-se também procedente em parte a reconvenção, para decretar a rescisão contratual por culpa dos compromissários compradores, com a condenação destes no pagamento da pena compensatória, reduzida à metade. É que viola o art. 53, do Código de Defesa do Consumidor, sendo nula de pleno direito, a disposição contratual que prevê a cumulação da pena compensatória (cláusula penal) com a reparação das perdas e danos efetivos, implicando na hipótese na perda total das quantias pagas. A redução da pena compensatória se impõe, (...) porque, se de um lado os devedores executaram em parte o contrato, de outro, em se tratando de contrato versando sobre imóvel em fase de construção, não obtiveram eles nenhum proveito da coisa (Apel. Cív. 51.914-4, São Paulo, 9ª Câmara de Direito Privado, Rel. Ruiter Oliva, 11.08.1998, v.u.).*

No Superior Tribunal de Justiça:

> *Direito civil. Rescisão de contrato de compra e venda de imóvel e reivindicatória. Cláusula penal e perdas e danos. Inacumulabilidade. É possível emendar a inicial, convertendo pleito possessório em petitório, mormente quando efetuada antes da citação dos réus. Admissível a reivindicatória quando simultaneamente rescindido o contrato de compra e venda. O pagamento de cláusula penal compensatória exclui a possibilidade de exigir-se ainda a solução de perdas e danos. Recursos especiais parcialmente conhecidos e, nessa parte, providos. (REsp 556620/ MT; REsp 2003/0084103-7 – Ministro Cesar Asfor Rocha – Quarta Turma – 10.05.2004)*

Ad argumentandum tantum, já que não há falar em cláusula penal em virtude da ausência de culpa da ré, o art. 389 do Código Civil determina: *Não cumprida a obrigação, responde o devedor por perdas e danos, mais juros, atualização monetária e honorários de advogado.*

Entretanto, esses prejuízos devem ser provados e o ônus dessa prova pertence ao prejudicado.

Posta assim a questão, a autora não comprovou qualquer prejuízo; sequer o recolhimento dos tributos que pretende cobrar da ré.

Se o valor prefixado não é suficiente para cobrir as perdas e danos em face da inexecução, o credor deverá deixar de lado a estipulação da cláusula penal e cobrar os prejuízos experimentados provando-os, mas, jamais, cumular uns e outros.

Interpretando o art. 918 do Código Civil de 1916, que corresponde ao art. 410 do novo Código Civil, ensina Silvio Rodrigues:

Portanto, tem o devedor a escolha. Ou prefere o remédio ordinário que a lei lhe confere, e reclama indenização dos danos, como se a cláusula penal inexistisse; ou, se lhe parecer mais conveniente, demanda apenas a multa convencional, ficando dispensado de evidenciar a existência de qualquer prejuízo. (Silvio Rodrigues, Direito Civil. Parte geral das obrigações, São Paulo: Saraiva, 1991, p. 93.)

VII – Código de Defesa do Consumidor, art. 53 – impossibilidade de perdimento das parcelas

A jurisprudência pátria já firmou entendimento pacífico acerca da impossibilidade de perdimento das parcelas pagas nos termos pretendidos pela autora.

Com efeito, dispõe o art. 53 da Lei 8.078/1990:

Nos contratos de compra e venda de móveis ou imóveis mediante pagamento em prestações, bem como nas alienações fiduciárias em garantia, consideram-se nulas de pleno direito as cláusulas que estabeleçam a perda total das prestações pagas em benefício do credor que, em razão do inadimplemento, pleitear a resolução do contrato e a retomada do produto alienado.

Em tal situação, a perda total das prestações pagas significaria verdadeiro enriquecimento ilícito por parte do credor, pois o devedor que pagou parte do preço, mas não o pagou por inteiro, perderia a coisa e as prestações pagas. Em contrapartida, o credor receberia de volta a coisa e conservaria as prestações pagas. (Alberto do Amaral Jr., Comentários ao Código de Defesa do Consumidor – obra coletiva, coord. Juarez de Oliveira – São Paulo: Saraiva, 1991, p. 202.

Nesse sentido, a ré pede vênia para citar as decisões abaixo colacionadas admitindo o perdimento de 10% dos valores pagos:

Superior Tribunal de Justiça. Compromisso de compra e venda de imóvel. Perda de parte das prestações pagas. Percentual que impõe ônus exagerado para o promitente comprador. Contrato firmado na vigência do Código de Defesa do Consumidor. Possibilidade de redução pelo juiz. Razoabilidade da retenção de 10% das parcelas pagas. Precedentes. Recurso parcialmente acolhido. I – Assentado na instância monocrática que a aplicação da cláusula penal, como pactuada no compromisso de compra e venda de imóvel, importaria em ônus excessivo para o comprador, impondo-lhe, na prática, a perda da quase totalidade das prestações pagas, e atendendo-se ao espírito do que dispõe o art. 53 do Código de Defesa do Consumidor, cumpre ao Juiz adequar o percentual de perda das parcelas pagas a um montante razoável. II – A jurisprudência da Quarta Turma tem considerado razoável, em princípio, a retenção pelo promitente vendedor de 10% do total das parcelas quitadas pelo comprador, levando-se em conta que o vendedor fica com a propriedade do imóvel, podendo renegociá-lo. Rel. Min. Salvio de Figueiredo Teixeira (Acórdão nº 85.936/SP (9600025029), Recurso Especial, decisão: Por unanimidade, conhecer do recurso e dar-lhe provimento parcial, data da decisão: 18.06.1998, 4ª Turma, publicação: DJ 21.09.1998, p. 00166).

Superior Tribunal de Justiça. Agravo regimental em agravo de instrumento. Direito civil. Promessa de compra e venda. Resilição pleiteada pelo promissário comprador. Devolução das parcelas pagas. Percentual que deve refletir as peculiaridades do caso concreto. Agravo improvido. 1. Esta Corte Superior, à luz de precedentes firmados pela Segunda Seção, entende que "o compromissário comprador que deixa de cumprir o contrato em face da insuportabilidade da obrigação assumida tem o direito de promover ação a fim de receber a restituição das importâncias pagas" (EREsp 59870/SP, Rel. Min. Barros Monteiro, Segunda Seção, j. 10.04.2002, DJ 09.12.2002, p. 281). 2. Porém, o percentual a ser retido pelo vendedor, bem como o valor da indenização a ser paga como contraprestação pelo uso do imóvel, são fixados à luz das particularidades do caso concreto, razão pela qual se mostra inviável a via do recurso especial ao desiderato de rever o quantum fixado nas instâncias inaugurais de jurisdição (Súmula 07). 3. Tendo em vista que o valor de retenção determinado pelo Tribunal a quo (10% das parcelas pagas) não se distancia do fixado em diversas ocasiões por esta Corte Superior, a decisão ora agravada deve ser mantida. 4. Agravo regimental improvido (AgRg no Ag 1100908/RO, Rel. Min. Luis Felipe Salomão, 4ª Turma, j. 18.08.2009, DJe 02.09.2009).

Tribunal de Justiça de São Paulo. *Compromisso de compra e venda. Ação de rescisão contratual c.c. Restituição de valores de danos morais. Rescisão. Inadimplência do comprador. Contrato rescindido. Retenção pela vendedora de 18% dos valores pagos. Impossibilidade. Percentual que se afasta do usualmente aplicado em casos sem utilização do imóvel pelo comprador. Retenção de 10% que bem indeniza a vendedora pelos gastos que com administração de um negócio. Devolução de todo valor. Taxa de corretagem e Sati que devem também ser devolvidas. Ônus da sucumbência exclusivos da ré. Sentença reformada. Recurso provido. (Relator(a): Neves Amorim; Comarca: São Paulo; 2ª Câmara de Direito Privado; J. 01.09.2015; Data de registro: 02.09.2015).*

Entretanto, entende a ré que mesmo nessa hipótese (perdimento de 10% do valor pago), mister se faz a culpa, inexistente no caso vertente como amplamente logrou demonstrar.

VIII – Reconvenção (CPC, art. 343) – Culpa da autora pela resolução – indenização e retenção por benfeitorias

Como amplamente demonstrado nesta resposta, a culpa pela resolução do compromisso de compra e venda celebrado entre as partes é exclusivamente da autora, que fez constar cláusulas abusivas, notadamente quanto à forma ilegal de contagem de juros (anatocismo) e, bem assim, impossibilitou o cumprimento da obrigação.

Demais disso, nos termos do art. 1.219 do Código Civil c/c art. 51, XVI do CDC, a ré faz jus ao direito de retenção pelas benfeitorias úteis e necessárias que introduziu no imóvel, conforme descrição e caracterização em documento anexo à presente (documento 3).

Nesse sentido, é de se dizer que o § 4º da cláusula 17 do contrato (documento 2 da inicial) é imoral, afrontando os princípios da boa-fé e vedação do enriquecimento sem causa. Além de imoral, é ilegal a teor do que dispõem os arts. 6º, IV, V; 51, I, IV, XV do Código de Defesa do Consumidor.

Ora, a ré introduziu, de boa-fé, acessões e benfeitorias.

O art. 1.219 do Código Civil garante o direito de retenção pelas benfeitorias úteis e necessárias, garantindo, igualmente, o direito de indenização ao possuidor de boa-fé.

Assim, de acordo com o art. 51, I, da Lei 8.078/1990 (CDC), que inquina de nulidade cláusulas que impliquem a renúncia ou disposição de direitos, é nulo o § 4º da cláusula 17 do contrato, que determina o perdimento total das benfeitorias.

Portanto, a ré possui cristalino direito de retenção do imóvel pelas benfeitorias que introduziu, devidamente descritas e caracterizadas no documento 3.

Nesse sentido, exemplar decisão do Tribunal de Justiça de São Paulo:

Compromisso de venda e compra. Rescisão do contrato, reintegração de posse e condenação em pagamento de aluguéres. Necessária devolução dos valores pagos pela compradora e valores referentes a benfeitorias. Sentença de procedência da ação e acolhimento parcial da reconvenção. Mais adequado declarar a sucumbência recíproca. Recurso provido em parte para essa finalidade. (Rel. Teixeira Leite; Comarca: Indaiatuba; 4ª Câmara de Direito Privado; J. 26.03.2015; Data de registro: 28.03.2015).

IX – Pedido de tutela provisória de urgência de natureza antecipada

Vislumbra-se que Vossa Excelência não deferiu a tutela provisória requerida na exordial, postergando a decisão para momento posterior à audiência de conciliação e eventual defesa.

Por todo o exposto, resta inviável a tutela antecipatória pretendida pela autora. A uma, porque a ré possui inequívoco direito de retenção pelas benfeitorias que introduziu no imóvel e, a duas, porque não estão presentes os requisitos dos arts. 294 e seguintes e 300 do Código de Processo Civil, sequer demonstrados na exordial.

Tornou-se praxe o requerimento de tutela antecipada nas ações de conhecimento, mesmo sem fundamento. Exatamente assim procede a autora – tudo pede para algo conseguir – requerendo uma tutela de urgência sem demonstrar os requisitos da medida de exceção.

Ora, o art. 300 do Código de Processo Civil requer indelevelmente o perigo na demora da prestação da tutela jurisdicional (*periculum in mora*).

Com efeito, este requisito não está presente, mormente que o bem da vida é o imóvel, que não desaparecerá até o deslinde da ação.

Demais disso, a teor do pedido formulado pela autora de autorização da venda do imóvel, há risco de comprometimento do direito de terceiros e da segurança dos negócios jurídicos, o que torna impossível a tutela antecipada.

O art. 300, § 3º do Código de Processo Civil impede, de forma absoluta, o resultado consistente em alienação de domínio, efeito direto da tutela antecipatória desejada, inferência que se extrai da irreversibilidade da medida, se adotada. Nesse sentido, decisão do Egrégio Tribunal de Justiça de São Paulo:

> *Tribunal de Justiça de São Paulo.* *Tutela antecipatória. Requerimento de concessão, initio litis, em pedido de rescisão de promessa de venda e compra de imóvel, com vista a que os direitos advindos do contrato venham à disponibilidade do promitente, para que este possa, desde logo, realizar sua alienação a terceiros. Não configuração dos requisitos legais para concessão da tutela. Inoportunidade, ademais, diante do propósito manifestado, de ser autorizada, desde logo, nova negociação, suscetível de prejudicar a terceiros e de comprometer a própria segurança dos negócios do setor. Embaraço, ainda, configurado, pelos arts. 273, § 3º, e 588, II [atual art. 301 do Código de Processo Civil] impedientes de resultado consistente em alienação de domínio, efeito reflexo da tutela desejada, ante o intuito confessado de seu requerimento. Recurso não provido (Agravo de Instrumento nº 48.876-4, São Paulo, 10ª Câmara de Direito Privado, Rel. Quaglia Barbosa, 23.09.1997, v.u., 745/266/05).*

> *Tribunal de Justiça de São Paulo.* *Tutela antecipada. Indeferimento. Admissibilidade. Rescisão de compromisso de compra e venda. Não demonstração de fundado receio de dano irreparável. Ademais, a adequada dilação probatória é essencial para a correta dirimência da pendenga. Art. 273, I, do Código de Processo Civil [atual art. 301]. Recurso não provido (Agravo de Instrumento nº 80.797-4, São Paulo, 7ª Câmara de Direito Privado, Rel. Leite Cintra, 11.03.1998, v.u.).*

> *Tribunal de Justiça de São Paulo.* *Ato jurídico. Anulação. Pretensão à tutela antecipada. Requisitos do fumus boni iuris e periculum in mora não caracterizados. Tutela negada. Agravo improvido. Não ficando caracterizado o fumus boni iuris e o periculum in mora, descabe a concessão da tutela antecipada (Agravo de Instrumento nº 17.415-4, Santos, 9ª Câmara de Direito Privado, Rel. Ruiter Oliva, 29.10.1996, v.u.).*

X – Pedido

Pelo exposto, requer a autora digne-se Vossa Excelência de:

a) Quanto às preliminares:

a.1) Em relação ao valor da causa: o valor atribuído pela autora deve ser corrigido por Vossa Excelência nos termos do art. 292, § 3º do Código de Processo Civil, determinando o complemento das custas no prazo legal sob pena de indeferimento da inicial (CPC, art. 321, parágrafo único).

a.2) Incompetência (CPC, art. 64): tratando-se de relação de consumo, nos termos do art. 101, I do Código de Defesa do Consumidor, requer o réu seja reconhecida a incompetência do juízo e determinada a remessa do processo ao foro (...), inclusive com a suspensão da audiência de conciliação já designada (CPC, art. 340, § 3º).

a.3) Ilegitimidade de parte: Nos termos do art. 338 do Código de Processo Civil, em razão da cessão noticiada à fls. (...), a autora deve ser intimada a se manifestar e, bem assim, alterar a petição inicial, retificando-a, para substituir o ora contestante.

b) Quanto à reconvenção (CPC, art. 343):

Em razão da reconvenção, cujas razões foram lançadas no item IX, acima, notadamente em razão da cobrança de juros ilegais, requer o réu o julgamento de sua procedência, DECLARANDO A RESOLUÇÃO DO CONTRATO POR CULPA DA AUTORA RECONVINDA, a devolução total das parcelas pagas atualizadas monetariamente e com juros desde cada desembolso:

> *Superior Tribunal de Justiça.* *Agravo regimental. Recurso Especial da parte adversa provido. Resilição de contrato de compra e venda de imóvel. Culpa da construtora. Devolução de parcelas pagas pelo adquirente. Juros de mora. Termo a quo. Desembolso de cada prestação. Recurso a que se nega provimento. 1. De acordo com a jurisprudência desta Corte, nos casos de rescisão de contrato de compra e venda de imóvel, por culpa da construtora, a restituição das parcelas pagas pelo adquirente deve ser realizada, com incidência de juros*

de mora desde o efetivo desembolso de cada prestação. 2. Agravo regimental não provido (AgRg no AREsp 345.459/MG, Rel. Min. Luis Felipe Salomão, Quarta Turma, j. 19.09.2013, DJe 24.09.2013).

Requer-se, igualmente, em qualquer caso, a retenção pelas benfeitorias descritas e caracterizadas nesta resposta (documento 3), nos termos do art. 1.219 do Código Civil, até o seu pagamento, cuja condenação da autora reconvinda se requer e que deverá ser somado aos valores a serem restituídos à ré em virtude da resolução contratual.

Dá-se à presente reconvenção, nos termos do art. 292 do Código de Processo Civil, o valor de R$ (...).

Requer-se, outrossim, a condenação do autor reconvindo nas custas e honorários (CPC, art. 85, § 1º).

Se assim não entender Vossa Excelência, notadamente em razão da reconvenção e da ilegitimidade que possui o condão de determinar a extinção do processo sem resolução do mérito, o que se requer caso a autora não substitua o ora contestante (CPC, arts. 338 e. 485, VI), por cautela, passa o réu a requerer, no mérito:

c) seja afastada a tutela provisória de natureza antecipada pretendida;

d) seja julgado totalmente improcedente o pedido de resolução POR CULPA DA RÉ, condenando a autora no pagamento de custas e honorários advocatícios, assim como demais ônus da sucumbência;

Caso Vossa Excelência não acolha as preliminares, notadamente de ilegitimidade ou não julgue a presente ação totalmente improcedente (item d), sucessivamente e subsidiariamente ao pedido reconvencional acima formulado, requer a ré seja a ação julgada apenas parcialmente procedente, determinando Vossa Excelência:

e) o retorno das partes ao *status quo ante* pela restituição das quantias pagas pela ré (documento 2) ante a retomada do imóvel pela autora, devidamente acrescidas de juros legais, correção monetária e demais ônus de sucumbência, de uma vez só nos termos da Súmula 2 do Tribunal de Justiça de São Paulo e independentemente de reconvenção nos termos da Súmula 3 do mesmo Tribunal:

Súmula 2: A devolução das quantias pagas em contrato de compromisso de compra e venda de imóvel deve ser feita de uma só vez, não se sujeitando à forma de parcelamento prevista para a aquisição.

Súmula 3: Reconhecido que o compromissário comprador tem direito à devolução das parcelas pagas por conta do preço, as partes deverão ser repostas ao estado anterior, independentemente de reconvenção.

XI – Provas

Requer provar o alegado por todos os meios em Direito admitidos, especialmente pela produção de prova documental, testemunhal, pericial e inspeção judicial, especialmente depoimento pessoal do representante legal da autora, pena de confissão, se não comparecer ou, comparecendo, se negar a depor (CPC, art. 343, §§ 1º e 2º).

Cumpridas as necessárias formalidades legais, deve a presente ser recebida e juntada aos autos.

Termos em que,

Pede deferimento.

Data

Advogado (OAB)

3.10.5. Agravo de decisão que nega antecipação de tutela para reintegração de posse em ação de resolução de compromisso de compra e venda

Excelentíssimo Sr. Dr. Desembargador Presidente do E. Tribunal (...).

Origem: (...) Vara Cível do Foro (...), Processo (...) – Procedimento comum – Rescisão / Resolução

Autor (agravante): (...)

Réus (agravados): (...)

(...), já qualificada nos autos da ação de resolução de compromisso de compra e venda, processo em epígrafe, que promove em face de (...), por seus advogados, vem, respeitosamente, requerer a distribuição do presente

AGRAVO DE INSTRUMENTO,

o que faz com fundamento nos artigos 354, parágrafo único, e 1.015, I, e seguintes do Código de Processo Civil.

I – Nome e endereço completo dos advogados (CPC, art. 1.016, IV)

Os advogados que funcionam no mesmo são os seguintes:

1 – Pelo agravante:

(...), Endereço: (...)

2 – Pelos agravados:

(...), Endereço: (...)

II – Juntada das peças obrigatórias e facultativas (CPC, art. 1.016)

Junta-se, desde logo, cópia integral dos autos, declarada autêntica pelo advogado subscritor da presente nos termos do art. 425, IV, do Código de Processo Civil e, entre elas, as seguintes peças obrigatórias:

a) Cópia da r. decisão agravada (fls. XXX dos autos integralmente reproduzidos);

b) Cópia da certidão da intimação da r. decisão agravada (fls. XXX, dos autos integralmente reproduzidos);

c) Cópia da procuração e substabelecimento outorgado aos advogados (fls. XXX dos autos integralmente reproduzidos).

Termos em que, requerendo o recebimento das inclusas razões, instruídas com as peças obrigatórias e facultativas retro apontadas,

Pede deferimento.

São Paulo, (...).

Advogado (OAB)

Origem:

(...)

Processo (...) – Procedimento Comum – Resolução

Partes (CPC, art. 1.016, I): (...)

RAZÕES DO RECURSO

EGRÉGIO TRIBUNAL

COLENDA CÂMARA

I – EXPOSIÇÃO DO FATO E DO DIREITO (CPC, ART. 1.016, II) E RAZÕES DO PEDIDO DE REFORMA DA DECISÃO (CPC, ART. 1.016, III)

FATOS

A presente demanda funda-se, portanto, no descumprimento da obrigação de pagar as parcelas do preço, fato inequívoco e devidamente comprovado em razão da regular notificação, sem contar as inúmeras tentativas inexitosas de demover os agravados a saldarem sua dívida.

Dessa maneira, na exordial, a agravante requereu a antecipação de parte da tutela pretendida com fundamento nos arts. 294 e seguintes e 300 do Código de Processo Civil, para que fosse reintegrada na posse do imóvel, evitando maiores danos que certamente serão de difícil, senão impossível, reparação.

Nada obstante, sobreveio a decisão agravada.

DECISÃO AGRAVADA:

(...) – Vistos. Recebo petição como aditamento da inicial. Anote-se a alteração do valor da causa. Em que pese a relevância dos fundamentos jurídicos invocados, INDEFIRO o pedido de antecipação de tutela formulado pela requerente, pois ausentes todos os requisitos legais do art. 300, do CPC, havendo risco de irreparabilidade da medida caso seja deferida desde o início (...)

DIREITO E RAZÕES DO PEDIDO DE REFORMA

É inquestionável que os agravados adquiriram imóvel da agravante mediante promessa de venda e compra, obrigando-se, em contrapartida, a pagar prestações mensais e consecutivas.

Ocorre que, mesmo regularmente notificados a purgar a mora, quedaram-se inertes, tornando--se inadimplentes.

Por conseguinte, não pagaram as parcelas devidas e recusam-se a qualquer tipo de acordo, locupletando-se indevidamente da posse do imóvel.

A autora, por outro lado, arca com o prejuízo causado pelos réus, posto que possui necessita do imó-vel para, ao menos, minimizar os prejuízos causados pelo inquestionável descumprimento da avença.

Verifica-se que os réus, desdenhosamente, contando com a pletora de feitos que assoberba o Poder Judiciário, o que certamente independe da vontade de Vossa Excelência, mantém a posse do imóvel em completo locupletamento ilícito.

A necessidade de antecipação da tutela pretendida (reintegração de posse) é medida que se impõe, notadamente em razão da característica condominial do imóvel objeto do pedido, sendo certo que os agravados, inclusive, deixaram de pagar as despesas condominiais, conforme prova documento anexo.

Demonstrados, portando, o *periculum in mora* e a probabilidade do direito, mister se faz a tutela de urgência com supedâneo no art. 300 do Código de Processo Civil.

A prova que instruiu a inicial é robusta.

Verifique Vossa Excelência a jurisprudência pátria, que tem admitido remansosamente a ante-cipação de tutela nesses casos:

> *Tribunal de Justiça de São Paulo. Agravo de instrumento. Compromisso de compra e venda. COHAB/SP. Reso-lução Contratual c.c. reintegração de posse. Pedido de antecipação da tutela de reintegração. Inadimplemento incontroverso da mutuária. Preenchimento dos requisitos do artigo 273, do CPC [atual art. 300]. Decisão mantida. Recurso Improvido (0206927-81.2012.8.26.0000, Rel. José Joaquim dos Santos, São Paulo, 2ª Câmara de Direito Privado, j. 18.12.2012, Data de registro: 19.12.2012. Outros números: 2069278120128260000).*

> *Tribunal de Justiça de São Paulo. Antecipação da Tutela. Rescisão contratual. Pagamento parcial do valor de aquisição do imóvel. Existência de significativos débitos referentes a despesas de condomínio e de Imposto Predial e Territorial Urbano. Preenchimento dos requisitos a que se refere o art. 273, I, do Código de Processo Civil [atual art. 301]. Deferimento da antecipação da tutela para pronta reintegração de posse. Agravo provido (Agravo de Instrumento 9051371-11.2004.8.26.0000, Rel. Luiz Antonio de Godoy, 1ª Câmara de Direito Privado, Data de registro: 23.09.2004. Outros números: 356.628-4/2-00, 994.04.073985-1).*

> *Tribunal de Justiça de São Paulo. Tutela Antecipada. Compromisso de compra e venda. Rescisão. Reintegração de posse. Agravo de Instrumento manifestado contra decisão que concede a tutela antecipada em ação de res-cisão de compromisso de compra e venda, tendo em vista o não pagamento pelo compromissário comprador, há anos, das prestações, despesas condominiais e IPTU, dando ensejo ao início da execução para satisfação das despesas condominiais, com designação de peças para venda do apartamento penhorado. Requisitos autorizadores da tutela antecipada presentes. Recurso não provido (Agravo de Instrumento 115.212-4, São Paulo, 10ª Câmara de Direito Privado do Tribunal de Justiça do Estado de São Paulo, v.u., Rel. Des. Marcondes Machado, em 20.08.1999).*

> *Tribunal de Justiça de São Paulo. Ação de rescisão. Compromisso particular de compra e venda de imóvel a prazo cumulada com reintegração de posse. Antecipação de tutela. Admissibilidade. Demonstrado quantum satis da existência dos requisitos legais, perfeitamente cabível é a concessão de antecipação de tutela de reintegração de posse, posse essa que não se confunde com posse velha", dês que concedida em caráter precário. Tomada definitiva liminar que autorizou a compradora inadimplente a retirar bens pessoais do imóvel. Mantida a reintegração. Recurso parcialmente provido (Agravo de Instrumento 88.167-4-Guarujá, 7ª Câmara de Direito Privado do Tribunal de Justiça do Estado de São Paulo, v.u., Rel. Des. Rebouças de Carvalho, em 12.08.1998).*

De fato, na esteira deste julgado, é preciso verificar nos termos da cláusula quarenta e um do contrato (fls. 31 dos autos integralmente reproduzidos), que a reintegração e a posse precária foram expressamente previstas, sendo apenas autorizada a permanência dos agravados na posse se estivessem em dia com as obrigações que assumiram.

Inúmeros outros julgados alinham-se no mesmo sentido:

Tribunal de Justiça de São Paulo. *Tutela antecipada. Possibilidade de antecipação da tutela, pendente decisão final em ação de rescisão contratual, cumulada com perdas e danos e reintegração de posse. Decisão reformada. Recurso provido (Agravo de Instrumento 96.290-4, São Paulo, 1ª Câmara de Direito Privado, Rel. Alexandre Germano, 15.12.1998, v.u.).*

Primeiro Tribunal de Alçada Civil de São Paulo. *Tutela antecipada. Possessória. Reintegração de posse. Presença dos requisitos legais necessários à antecipação pretendida revistos no artigo 273, I, do Código de Processo Civil [atual art. 301]. Inconfundibilidade com o pedido de liminar não típica das ações possessórias. Tutela deferida. Recurso provido (Agravo de Instrumento 00718150-6/004, São Paulo, 12ª Câmara, Rel. Campos Mello, j. 14.11.1996, Decisão: unânime, RT 740/329).*

Tribunal de Alçada de Minas Gerais. *Reintegração de posse. Antecipação da tutela. Liminar. Promessa de compra e venda. Mora. Comprovada a mora dos compradores, a sua posse passa, quando estabelecido em contrato, a ser precária, sendo lícito ao vendedor ajuizar ação de reintegração de posse, com pedido de antecipação de tutela e concessão de liminar, com o intuito de reaver a posse do imóvel objeto do contrato (Agravo de Instrumento 226689-5/00, Belo Horizonte, 2ª Câmara Cível, Rel. Juiz Almeida Melo, j. 26.11.1996, Decisão: unânime).*

Tribunal de Alçada do Rio Grande do Sul. *Ação de rescisão de contrato cumulada com perdas e danos com pedido de tutela antecipada de reintegração de posse do estabelecimento comercial. Pode o magistrado decidir num só e suficiente momento aquilo que, antes e conservadoramente, era decidido em dois ou mais momentos, postergando a prestação jurisdicional em favor, invariavelmente, do inadimplente, do devedor, que se beneficiava injustificadamente da morosidade processual. Havendo prova inequívoca, convencendo-se o magistrado da verossimilhança da alegação, verificado o fundado receio de dano irreparável ou de difícil reparação, pode ser deferido o pedido de antecipação provisória da tutela, de reintegração de posse do estabelecimento comercial. Agravo improvido (Agravo de Instrumento 196022180, 03.04.1996, 7ª Câmara Cível, Rel. Vicente Barroco de Vasconcelos).*

A medida que se pleiteia, no que tange à antecipação da tutela de reintegração de posse, diferentemente do que sustenta a decisão agravada, não é irreversível, posto que a posse provisoriamente concedida pode ser revogada a qualquer tempo conforme já decidiu este Tribunal:

Tribunal de Justiça de São Paulo. *Contrato. Compromisso de compra e venda. Ação de rescisão contratual. Antecipação de tutela. Indeferimento. Pretensão viável ante a comprovação da mora e a não configuração da irreversibilidade da medida. Recurso provido (Agravo de Instrumento 194.395-4, São Paulo, 3ª Câmara de Direito Privado do Tribunal de Justiça do Estado de São Paulo, v.u., Rel. Des. Carlos Roberto Gonçalves, em 13.03.2001).*

Tribunal de Justiça de São Paulo. *Agravo. Despacho que inadmitiu pedido de tutela antecipada em ação de rescisão de compromisso de compra e venda c/c reintegração de posse. Presentes os pressupostos que autorizam a concessão de tal benefício. Não configurada a irreversibilidade da medida. Recurso provido (Agravo de Instrumento 44.522-4, São Paulo, 10ª Câmara de Direito Privado, Rel. Ruy Camilo, 27.05.1997, v.u.).*

II – PEDIDO

Tendo em vista o inquestionável direito da agravante de obter a posse do imóvel ante o inadimplemento dos agravados, requer a antecipação da pretensão recursal para determinar a *incontinenti* reintegração da agravante na posse do imóvel (CPC, art. 1.019, I).

Ao final, requer o agravante o provimento deste recurso, com a reforma da decisão agravada, determinando-se ou confirmando-se a imediata reintegração da agravante na posse do imóvel.

III – REQUERIMENTO

Isto posto, serve a presente para requerer ao Insigne Relator que determine a intimação dos agravados (CPC, art. 1.019, II) para responder no prazo legal.

Ou (na hipótese de os agravados ainda não terem sido citados): (...) determine a intimação dos agravados (CPC, art. 1.019, II), por carta com aviso de recebimento, no endereço constante do preâmbulo deste recurso, ou seja (...) para responder no prazo legal.

Termos em que, cumpridas as necessárias formalidades legais, pede e espera deferimento como medida de inteira JUSTIÇA.

São Paulo, (...)

Advogado (OAB)

3.10.6. Ação anulatória de leilão extrajudicial de imóvel pronto

MM. Juízo da (...) Vara Cível do Foro Central da Comarca da Capital – SP

Urgente – Com pedido de antecipação de tutela

(...), vem, respeitosamente, perante Vossa Excelência, por seus advogados (documento 1), propor, pelo procedimento comum, rito ordinário, em face de (...), com sede nesta Capital na Rua (...), a competente

Ação anulatória de ato jurídico

o que faz com supedâneo, entre outros, nos arts. 104 e 166 do Código Civil, art. 51 do CDC e art. 63 da Lei 4.591/1964 e pelas razões de fato e de direito que passa a aduzir:

I – Fatos

A autora, desde (...), é compromissária compradora (documento 2) do apartamento (...).

De fato, o imóvel foi entregue e a construção concluída em (...), conforme comprova o instrumento de contrato, que concedeu posse provisória a partir de (...), além dos documentos expedidos pela municipalidade (documento 3).

A promessa de compra e venda (documento 2) foi firmada pelas partes em (...) pelo valor certo e ajustado de R$ (...), para pagamento em parcelas acrescidas de juros pela tabela price e "correção monetária" pelo índice da poupança (TR mais juros).

Até a presente data a autora pagou efetivamente a quantia de R$ (...) conforme comprovantes anexos (documento 4).

Portanto, pagou mais do que foi inicialmente contratado no instrumento de compromisso de compra e venda (documento 2).

Nada obstante isso e as inúmeras tentativas de acordo para regularizar os pagamentos, a primeira ré notificou a autora em (...), quase cinco anos após a conclusão das obras, de que venderia o imóvel compromissado (que não foi financiado por agente financeiro), em leilão extrajudicial!

De fato, o imóvel foi levado a leilão extrajudicial no dia (...), conforme comprova o auto de leilão anexo (documento 5), tendo sido arrematado pela segunda ré (...), que possui como sócia a primeira ré (documento 6).

Aliás, nem poderia ser diferente, mormente que, ante a absoluta teratologia do procedimento, não encontraria outro comprador, senão uma empresa controlada por ela própria, promitente vendedora.

Demais disso, constatou-se que a segunda ré tem seu endereço no mesmo local da primeira ré (documento 6).

É estarrecedor, dando bem a medida de a quanto pode chegar a deslealdade e a má-fé.

O cidadão probo assiste nauseado à degenerescência social, que se manifesta pelo escárnio ao princípio da boa-fé. Em épocas de costumes mais íntegros, essa inteireza moral tinha um símbolo, que era um fio de barba. Entretanto, os tempos são outros...

II – Direito

a) Ilegalidade do leilão extrajudicial, nos termos do art. 63 da Lei 4.591/1964, para imóveis prontos

Dispõe o art. 63 da Lei 4.591/1964:

> *Art. 63. É lícito estipular no contrato, sem prejuízo de outras sanções, que a falta de pagamento, por parte do adquirente ou contratante, de três prestações do preço da construção, quer estabelecidas inicialmente, quer alteradas ou criadas posteriormente, quando for o caso, depois de prévia notificação com o prazo de 10 (dez) dias para purgação da mora, implique na rescisão do contrato, conforme nele se fixar, ou que, na falta de pagamento pelo débito respondem os direitos à respectiva fração ideal de terreno e à parte construída adicionada, na forma abaixo estabelecida, se outra forma não fixar o contrato.*

> *§ 1º Se o débito não for liquidado no prazo de 10 (dez) dias, após solicitação da Comissão de Representantes, esta ficará, desde logo, de pleno direito, autorizada a efetuar, no prazo que fixar, em público leilão anunciado pela forma que o contrato previr, a venda, promessa de venda ou de cessão, ou a cessão da quota de terreno e correspondente parte construída e direitos, bem como a sub-rogação do contrato de construção.*

§ 2º *Se o maior lanço obtido for inferior ao desembolso efetuado pelo inadimplente, para a quota do terreno e a construção, despesas acarretadas e as percentagens expressas no parágrafo seguinte, será realizada nova praça no prazo estipulado no contrato. Nesta segunda praça, será aceito o maior lanço apurado, ainda que inferior àquele total (Vetado).*

§ 3º *No prazo de 24 (vinte e quatro) horas após a realização do leilão final, o condomínio, por decisão unânime de assembleia geral em condições de igualdade com terceiros, terá preferência na aquisição dos bens, caso em que serão adjudicados ao condomínio.*

§ 4º *Do preço que for apurado no leilão, serão deduzidas as quantias em débito, todas as despesas ocorridas, inclusive honorários de advogado e anúncios, e mais 5% (cinco por cento) a título de comissão e 10% (dez por cento) de multa compensatória, que reverterão em benefício do condomínio de todos os contratantes, com exceção do faltoso, ao qual será entregue o saldo, se houver.*

§ 5º *Para os fins das medidas estipuladas neste artigo, a Comissão de Representantes ficará investida de mandato irrevogável, isento do Imposto do Selo, na vigência do contrato geral de construção da obra, com poderes necessários para, em nome do condômino inadimplente, efetuar as citadas transações, podendo para este fim fixar preços, ajustar condições, sub-rogar o arrematante nos direitos e obrigações decorrentes do contrato de construção e da quota de terreno e construção; outorgar as competentes escrituras e contratos, receber preços, dar quitações; imitir o arrematante na posse do imóvel; transmitir domínio, direito e ação; responder pela evicção; receber citação, propor e variar de ações; e também dos poderes ad judicia, a serem substabelecidos a advogado legalmente habilitado.*

§ 6º *A morte, falência ou concordata do condômino ou sua dissolução, se se tratar de sociedade, não revogará o mandato de que trata o parágrafo anterior, o qual poderá ser exercido pela Comissão de Representantes até a conclusão dos pagamentos devidos, ainda que a unidade pertença a menor de idade.*

§ 7º *Os eventuais débitos, fiscais ou para com a Previdência Social, não impedirão a alienação por leilão público. Neste caso, ao condômino somente será entregue o saldo, se houver, desde que prove estar quite com o Fisco e a Previdência Social, devendo a Comissão de Representantes, em caso contrário, consignar judicialmente a importância equivalente aos débitos existentes, dando ciência do fato à entidade credora.*

§ 8º *Independentemente das disposições deste artigo e seus parágrafos, e como penalidades preliminares, poderá o contrato de construção estabelecer a incidência de multas e juros de mora em caso de atraso no depósito de contribuições sem prejuízo do disposto no parágrafo seguinte.*

§ 9º *O contrato poderá dispor que o valor das prestações, pagas com atraso, seja corrigível em função da variação do índice geral de preços mensalmente publicado pelo Conselho Nacional de Economia, que reflita as oscilações do poder aquisitivo da moeda nacional.*

§ 10. *O membro da Comissão de Representantes que incorrer na falta prevista neste artigo estará sujeito à perda automática do mandato e deverá ser substituído segundo dispuser o contrato.*

Resta cristalino o texto legal.

O procedimento insculpido no art. 63 da Lei 4.591/1964 só pode ser adotado pela comissão de representantes e durante o período de construção, jamais para imóveis prontos.

Caio Mário da Silva Pereira[62] entende que essa venda, feita pela comissão de representantes:

Não se trata, como se percebe, de conferir poderes a determinada pessoa, porém, logicamente se infere a existência de atribuições ex vi legis, atribuídas à Comissão de Representantes, na sua qualidade de órgão de defesa dos direitos da comunhão e enquanto se não extinguir pela entrega das unidades e da conclusão do edifício. Todas essas medidas se estabelecem no interesse dos condôminos, que seriam os prejudicados com o atraso do adquirente remisso. É claro que o construtor tem o direito de receber as prestações a ele devidas. Mas é claro, também, que a mora dos adquirentes desequilibra a caixa e, consequentemente, altera o plano financeiro da obra. Se o problema fosse tão somente o das conveniências do construtor como parte contratante, resolver-se-ia como em qualquer outro contrato bilateral: cobrança das prestações ou invocação da cláusula resolutória, na forma do direito comum. Estando, todavia, em jogo, afora o interesse do construtor e do adquirente em mora, todo o conjunto dos candidatos às demais unidades autônomas, a lei instituiu, então, este sistema que é peculiar ao caso, e criou a técnica das vendas em leilão, por autoridade da Comissão de Representantes, investindo-a dos necessários poderes irrevogáveis para levar a efeito a operação, em todas as suas fases.

---

62 *Condomínios e incorporações*, 10ª ed., Rio de Janeiro: Forense, 1998, nº 161, p. 327.

Note Vossa Excelência, também, que não se trata de leilão extrajudicial promovido por instituição financeira, nos termos do Decreto-lei 70/1966. A primeira ré é construtora e não agente financeiro.

Convém lembrar, outrossim, que mesmo no procedimento do Decreto-lei 70/1966, que não é o caso da vertente ação vez que a ré que promoveu o leilão não é instituição financeira, a venda extrajudicial é de duvidosa constitucionalidade, nos termos da Súmula 39 do Primeiro Tribunal de Alçada Civil de São Paulo: *São inconstitucionais os arts. 30, parte final, e 31 a 38 do Decreto-lei 70 de 21.11.1966.*[63]

Além de Caio Mário, João Nascimento Franco e Nisske Gondo são esclarecedores e ensinam que mesmo a discutível venda extrajudicial permitida à comissão de representantes visa:

Recompor a caixa condominial e restabelecer o equilíbrio financeiro da construção.[64]

Segundo os preclaros doutrinadores, o art. 63 da Lei 4.591/1964 trata da:

Falta de pagamento das prestações no prazo da construção...[65]

O objetivo da alienação dos direitos do inadimplente é o restabelecimento do equilíbrio financeiro da construção (...)[66]

De qualquer modo, o devedor em mora precisa ser afastado do empreendimento, a fim de que seu lugar seja ocupado por quem regularmente contribua para o custeio da construção.

Portanto, resta evidente o descabido procedimento adotado pela primeira ré, que vendeu, nos termos do art. 63 da lei de incorporações, imóvel pronto, onde reside a autora.[67]

---

[63] Não se vislumbra, porém, diante do advento da Constituição Federal vigorante, como compatibilizar a execução extrajudicial, entulho do regime autoritário, com a necessidade do devido processo legal constitucionalmente imposto. Ao que consta, o Pretório Excelso teve a oportunidade de examinar uma única vez o tema após a promulgação da nova Constituição (cf. RE nº 223.075-DF, Rel. Min. Ilmar Galvão), pelo que é de todo interessante que sejam levados àquela Colenda Corte novos recursos. Pensa-se, sinceramente, que diante do novo diploma constitucional, a jurisprudência que admite a constitucionalidade desse tipo de execução está a pedir revisão. Na melhor hipótese, portanto, temos controvérsia jurisprudencial, matéria a ser dirimida em regular ação de conhecimento. Pelo exposto, dá-se provimento em parte ao recurso para obstar a execução extrajudicial até o julgamento da ação de conhecimento da qual dão notícia os autores, enquanto sujeita a recurso com efeito suspensivo (Processo nº 886.106-1, Agravo de Instrumento, São Paulo, j. 27.09.1999, Rel. Silveira Paulilo, decisão: unânime).

[64] J. Nascimento Franco e Nisske Gondo, *Incorporações Imobiliárias*, 3ª ed., São Paulo: Revista dos Tribunais, 1991, p. 198.

[65] Ob. cit., p. 193.

[65] Ob. cit., p. 200. Em diversas outras passagens, os doutrinadores citados mencionam que o procedimento se refere apenas à construção. Com efeito, comentando o art. 37 do projeto, tratando da sub-rogação no caso do leilão extrajudicial da Lei 4.591/1964, mencionam que *em lugar de transmitente, expressão restritiva que se referia apenas ao promitente vendedor de apartamento em construção, a lei preferiu a expressão mais ampla...* (ob. cit., p. 201).

[67] Sequer foi respeitado o requisito legal da venda ser feita por comissão de representantes nos termos da Lei 4.591/1964, mormente que a notificação, expressamente foi feita pela construtora e não pela comissão. Outrossim esse aspecto é secundário ante a impossibilidade da venda nesses termos no caso de imóvel pronto:
Art. 50. Será designada no contrato de construção ou eleita em assembleia geral a ser realizada por iniciativa do incorporador no prazo de até 6 (seis) meses, contado da data do registro do memorial de incorporação, uma comissão de representantes composta por, no mínimo, 3 (três) membros escolhidos entre os adquirentes para representá-los perante o construtor ou, no caso previsto no art. 43 desta Lei, o incorporador, em tudo o que interessar ao bom andamento da incorporação e, em especial, perante terceiros, para praticar os atos resultantes da aplicação do disposto nos art. 31-A a art. 31-F desta Lei. § 1º Uma vez eleita a comissão, cuja constituição se comprovará com a ata da assembleia, devidamente inscrita no Registro de Títulos e Documentos, esta ficará de pleno direito investida dos poderes necessários para exercer todas as atribuições e praticar todos os atos que esta lei e o contrato de construção lhe deferirem, sem necessidade de instrumento especial outorgado pelos contratantes ou, se for o caso, pelos que se sub-rogarem nos direitos e obrigações destes.

Aliás, o que pensa a primeira ré?

Será que todas as demais construtoras que buscam a tutela de resolução contratual cumulada com reintegração de posse estão levando a efeito procedimentos desnecessários? Será que realmente a primeira ré entende que descobriu a América, e que basta notificar o moroso e vender seu imóvel, praticando autotutela? É o começo do fim da compostura!

Sem qualquer possibilidade de defesa quanto aos valores incorretos cobrados, a primeira ré busca privar a autora do uso dos direitos e ações sobre o bem, ou seja, vende ilegalmente o bem passando por cima dos princípios do contraditório, da ampla defesa, do devido processo legal e da inafastabilidade da tutela jurisdicional.

Além das ilegalidades ora sobejamente demonstradas, existe a questão contratual da cobrança de juros sobre juros (anatocismo) e correções ilegais que, oportunamente, além de ação própria, serão, inclusive, comunicadas ao Ministério Público de Defesa do Consumidor para eventual instauração de inquérito civil.

É que a tabela price utilizada no contrato (documento 2, quadro resumo – em destaque) é absolutamente ilegal.[68] Demais disso, a cobrança do índice da poupança por uma construtora em compromisso de compra e venda sem a participação de agente financeiro é verdadeira teratologia.[69]

Outrossim, nada impede que a primeira-ré desta ação ingresse com outra ação, pelos meios ordinários, para receber o que entende devido. Nessa ação os fatos atinentes à eventuais ilegalidades contratuais poderão ser discutidos sob os auspícios do contraditório e do devido processo legal. Se lhe parecer conveniente, igualmente, poderá resolver judicialmente o contrato, pleiteando a reintegração de posse.

Entendimento contrário impediria a apuração da questão da culpa pela mora (Código Civil, art. 963) e obstaria a necessária devolução dos valores de acordo com a norma do art. 53 do CDC.[70]

b) Nulidade decorrente de objeto inidôneo e de forma inadequada

De acordo com o art. 104, do Código Civil, os atos jurídicos dependem de objeto idôneo e forma prescrita ou não defesa em lei.

No caso em tela não se respeitou a forma para a resolução do contrato e a venda para terceiros, restando evidente a assertiva na exata medida em que, para tanto, mister se faz a resolução judicial do contrato.

A resolução por inadimplemento deverá, obrigatoriamente, ser precedida de notificação com prazo de quinze dias para purgar a mora, nos exatos termos do Decreto-lei 745/1969 e, principalmente, observar a posterior ação de resolução, mesmo se houver cláusula resolutiva expressa (pacto comissório) fazendo-se mister a intervenção judicial, com sentença declaratória.

---

[68] Com efeito, a avença fala num sistema de amortização *"TP"* que, ao que tudo indica, seja mesmo o da tabela price como afirmam os recorrentes, até porque está expressamente mencionada na certidão imobiliária de fls. 17, o qual incorpora, por excelência, os juros compostos (cf. Luiz Antonio Scavone Junior, *Obrigações – abordagem didática*, Editora Juarez de Oliveira, 1999, p. 188), o que contraria as Súmulas nos 121 e 596 do STF, e 93 do STJ (Primeiro Tribunal de Alçada Civil de São Paulo, Agravo de Instrumento nº 886.106-1, São Paulo, SP, Rel. Juiz Silveira Paulilo, j. 27.09.1999).

[69] A teor da Lei 9.069, de 26 de junho de 1996, originada da Medida Provisória nº 542, de 30 de junho de 1994, que instituiu o Plano Real, republicada várias vezes e em vigor em março de 1995 quando da assinatura do contrato entre autor e ré, a utilização da TR é absolutamente ilegal *in casu*:
Art. 27, § 5º *A Taxa Referencial – TR – somente poderá ser utilizada nas operações realizadas nos mercados financeiro, de valores mobiliários, de seguro, de previdência privada, de capitalização e de futuros.*

[70] *Tribunal de Justiça de São Paulo. Compromisso de compra e venda. Rescisão. Culpa dos compromissários compradores. Cláusula contratual que cumula pena compensatória com o ressarcimento dos prejuízos reais. Inadmissibilidade. Critério que leva à perda da totalidade das prestações pagas. Ofensa ao art. 53, do Código de Proteção ao Consumidor. Recurso provido em parte. Viola o art. 53, do Código de Proteção ao Consumidor, sendo nula de pleno direito, a disposição contratual que prevê a cumulação da pena compensatória (cláusula penal) com a reparação das perdas e danos efetivos, implicando, no caso concreto, na perda total das quantias pagas. Os compromissários compradores terão direito a restituição da diferença entre os valores pagos monetariamente corrigidos e a multa contratual compensatória (Apel. Cív. 59.697-4, São Paulo, 9ª Câmara de Direito Privado, Rel. Ruiter Oliva, 09.02.1999).*

Nesse sentido a lição de Carlos Roberto Gonçalves ao comentar o pacto comissório:

Apesar da expressão de pleno direito, têm os Tribunais entendido ser necessária a intervenção judicial, sendo a sentença, neste caso, de natureza meramente declaratória. Por essa razão, e porque há uma cláusula resolutiva tácita em todo contrato bilateral (cf. art. 1.092, parágrafo único – atual art. 475 do novo Código Civil), não se vislumbra utilidade em tal pacto.[71]

Outrossim, o objeto do fabulado leilão extrajudicial é inidôneo, conforme demonstrado, por não se tratar de imóvel em construção, como requer o art. 63 da Lei 4.591/1964.

A idoneidade do objeto é elemento essencial do ato jurídico, ou seja, é elemento que, segundo Serpa Lopes,[72] é imprescindível para a validade do ato praticado.

Ensina Silvio Rodrigues que a idoneidade é vislumbrada:

em relação ao negócio que se tem em vista. Assim, só será idôneo para negócio de hipoteca o bem imóvel, o navio e o avião. Os demais são inidôneos para serem objeto de uma hipoteca (...)[73]

Transportando a ideia do grande doutrinador para o vertente caso temos:

Assim, só será idôneo para negócio de venda extrajudicial nos termos do art. 63 da Lei 4.591/1964 o bem imóvel em construção. Os demais são inidôneos para serem objeto de uma venda extrajudicial.

Preceitua o art. 182 do Código Civil:

Art. 182. Anulado o negócio jurídico, restituir-se-ão as partes ao estado em que antes se achavam (...)

A nulidade e a anulabilidade, uma vez pronunciadas, implicam recusa dos efeitos da declaração de vontade, que encontra na infração da lei barreira ao resultado a que o agente visava. Desfaz-se, então, o ato, com a reposição das partes ao estado anterior. (...)[74]

III – Tutela antecipada de urgência

a) Objeto deste pedido

É obter a tutela antecipada para suspender os efeitos do leilão até o final julgamento da ação porque há fundado receio de dano de difícil reparação (CPC, art. 301), como adiante se aduz.

b) Probabilidade do direito

Como amplamente provado nos autos, houve ilegal aquisição de imóvel pronto, compromissado à autora, mediante leilão extrajudicial, do art. 63, da Lei 4.591/1964, reservado apenas para imóveis em construção.

Encontram-se provados, inequivocamente, portanto, a promessa de compra e venda, o fato do imóvel estar pronto (documento 3), bem como o ilegal leilão levado a efeito (documento 5).

c) Reversibilidade da medida

A medida que se pleiteia (determinação negativa, para que aguarde a solução desta lide), no que tange à antecipação da tutela, não é irreversível, de tal sorte que, a qualquer momento, poderá Vossa Excelência suspender sua eficácia, não incidindo a proibição do art. 300, § 3º, do Código de Processo Civil.

d) Tutela antecipada com fundamento no art. 300 do CPC

Excelência, não é possível que a Justiça pactue com fatos como esses. Os réus, com ardil, buscando embair a média argúcia, procederam de forma a afrontar o direito, ou seja, venderam extrajudicialmente imóvel pronto compromissado à venda, ameaçando o direito da autora.

---

[71] Carlos Roberto Gonçalves, *Direito das obrigações – parte especial*, São Paulo: Saraiva, 1999, p. 75.

[72] *Curso de direito civil*, 4ª ed., Rio de Janeiro: Freitas Bastos, 1962, vol. 1, nº 184.

[73] Silvio Rodrigues, *Curso de direito civil. Parte geral*, São Paulo: Saraiva, 1999, nº 78, p. 171.

[74] Caio Mário da Silva Pereira, *Instituições de Direito Civil*, 19ª ed., Rio de Janeiro: Forense, 1999, p. 409.

É sobremodo importante sublinhar, inferência que se extrai do próprio contrato entre as partes, que existem diversas ilegalidades, que não podem ser mascaradas ante a expropriação privada e a autotutela pretendida com o ilegal leilão levado a efeito, mormente ante os princípios da inafastabilidade da tutela jurisdicional (CF, art. 5º, XXXV) do contraditório e do devido processo legal.

Demonstrados, portanto, o *periculum in mora* e a probabilidade do direito, mister se faz a antecipação de tutela com fundamento no art. 300 do Código de Processo Civil.

Pedido de tutela antecipada "inaudita altera parte" (CPC, art. 319, IV c/c art. 300)

A necessidade de antecipação de parte da tutela pretendida é medida que se impõe.

A prova que instrui a presente é robusta, de tal sorte que há probabilidade do direito invocado, e, em razão do receio de dano de difícil reparação (CPC, art. 300), requer a autora, *inaudita altera parte*, digne-se Vossa Excelência conceder a tutela antecipada de urgência, obstando os efeitos da alienação até a decisão final da presente ação, garantindo o seu resultado definitivo.

IV – Pedido

Diante de todo o exposto, nos termos dos arts. 82 e 145 do Código Civil, requer a autora seja a presente ação julgada procedente para:

a) que seja declarado nulo o leilão extrajudicial, desconstituindo a venda feita;

b) que a primeira ré seja condenada a se abster de levar o imóvel a novo leilão extrajudicial[75] sob pena de multa diária de R$ (...).

Requer-se a condenação das rés no pagamento de custas e honorários advocatícios que Vossa Excelência houver por bem arbitrar.

V – Citação

Nos termos do art. 246 do CPC, requer-se a citação por meio eletrônico ou, não havendo cadastro, pelo correio (*ou, ainda, justificando, por Oficial de Justiça, nos termos do § 1º-A, II, do art. 246 do CPC, facultando-se ao Sr. Oficial de Justiça encarregado da diligência proceder nos dias e horários de exceção (CPC, art. 212, § 2º),* para eventual oferta de resposta no prazo de 15 (quinze) dias (art. 335 do Código de Processo Civil), sob pena de serem tidos por verdadeiros todos os fatos aqui alegados (art. 344 do Código de Processo Civil), devendo o respectivo mandado conter as finalidades da citação, as respectivas determinações e cominações, bem como a cópia do despacho do(a) MM. Juiz(a), comunicando, ainda, o prazo para resposta, o juízo e o cartório, com o respectivo endereço.

VI – Provas

Requer-se provar o alegado por todos os meios de prova em direito admitidos, incluindo perícia, produção de prova documental, testemunhal, inspeção judicial, depoimento pessoal sob pena de confissão caso o réu (ou seu representante) não compareça, ou, comparecendo, se negue a depor (art. 385, § 1º, do Código de Processo Civil).

VII – Valor da causa

Dá-se à causa o valor de (...).

Por fim, em razão da insuficiência de recursos para arcar com as custas do vertente processo nos termos da declaração e dos documentos anexos, requer a autora, com supedâneo nos arts. 82, 98 e 99 do Código de Processo Civil, que se digne Vossa Excelência a conceder os benefícios da gratuidade da justiça.

Termos em que, cumpridas as necessárias formalidades legais, deve o presente ser recebido, conhecido, processado e acolhido, como medida de inteira justiça.

Data

Advogado

Documento 1

Procuração

Documento 2

Contrato de Promessa de Compra e Venda

---

[75] O que não impede, Excelência, que a primeira ré adote os meios ordinários para fazer valer seu eventual direito, possibilitando, destarte, aos autores, o contraditório e, principalmente seu cristalino direito a restituição de valores nos termos do art. 53 da Lei 8.078/1990.

Documento 3

Comprovantes de conclusão das obras

Documento 4

Comprovantes de pagamento no valor de R$ (...)

Documento 5

Auto de leilão

Documento 6

Certidão da Junta Comercial, comprovando que a segunda ré possui como sócia a primeira ré e, também, o mesmo endereço.

3.10.7. Agravo contra decisão que ordenou a citação do cônjuge em ação de caráter pessoal

Exmo. Sr. Dr. Desembargador Presidente do E. Tribunal (...)

(...), por seus advogados e procuradores (procuração anexa), vem, respeitosamente, com fundamento no art. 1.015, VIII, do Código de Processo Civil, requerer a distribuição do presente **Agravo de Instrumento**, extraído da ação de resolução contratual por inadimplemento cumulada com reintegração de posse, aforada em face de (...) processo (...), em curso perante a (...) Vara Cível da Comarca de (...).

I – Nome e endereço completo dos advogados (CPC, art. 1.016, IV)

Os advogados que funcionam no mesmo são os seguintes:

1 – Pela agravante:

a) Advogado (OAB);

b) Advogado (OAB);

Endereço: conforme procuração: ambos com escritório nesta cidade na Av. (...).

2 – Pelo agravado:

A agravante deixa de indicar o nome e o endereço do advogado do agravado, tendo em vista que o agravado foi citado para a ação, não apresentou contestação e tampouco indicou advogado.

II – Juntada das peças obrigatórias e facultativas (CPC, art. 1.017)

1 – Cópias obrigatórias:

Juntam-se, desde logo, estas **peças obrigatórias**:

a) cópia autenticada da r. decisão agravada (doc. 01);

b) cópia da certidão da intimação da r. decisão agravada (doc. 02);

c) cópia da procuração e substabelecimento outorgado aos advogados da agravante (doc. 03/04) e

d) deixa de apresentar a cópia da procuração outorgada ao advogado do agravado, pelas razões mencionadas no item I, 2, acima.

2 – Cópias facultativas:

Juntam-se, ainda, cópias:

a) da inicial da Ação de resolução contratual e documentos que a instruíram, entre eles o contrato firmado com o agravado – Processo (...) – (...) Vara Cível da Comarca de (...) (doc. 05);

b) Mandado de Citação do Requerido e sua mulher (doc. 06);

c) Certidão do Sr. Oficial de Justiça, certificando a citação do agravado e deixando de citar a mulher, tendo em vista que foi informado que a mesma separou-se do agravado e mudou-se para o Estado do Ceará (doc. 07);

d) despacho do Juiz *a quo* determinando a manifestação quanto à certidão supramencionada e manifestação da Agravada requerendo: a) sobrestamento do feito; b) expedição de Carta Precatória para a Comarca de (...) (doc. 08);

e) distribuição da deprecata na Comarca de (...) e certidão do Sr. Oficial de Justiça informando a não localização do endereço indicado (doc. 09);

f) despacho para manifestação quanto a certidão oriunda da Comarca de (...) (doc. 10);

g) requerimento da agravante para dispensa da citação da ex-mulher do agravado (doc. 11);

Todas as cópias ora anexadas são declaradas autênticas pelo advogado subscritor da presente, nos termos do art. 425, IV, do Código de Processo Civil.

Termos em que, requerendo o recebimento das inclusas razões, instruídas com as peças obrigatórias e facultativas retro apontadas,

Pede deferimento.

Data

Advogado (OAB)

(...) da Comarca de (...)

Autos nº (...)

agravante: (...).

agravado: (...).

Razões do recurso

Egrégio Tribunal.

Colenda Câmara.

I – Exposição do fato e do direito (CPC, art. 1.016, II)

A agravante ingressou com ação de resolução contratual cumulada com reintegração de posse em face do agravado, qualificando-o na inicial como casado e declinando o nome de sua mulher, de acordo com o contrato firmado perante a compromissária vendedora (documento 1, fls. 13/15).

Há que se esclarecer que o contrato foi firmado apenas e tão somente pelo agravado, não tendo a mulher deste participado do negócio efetuado junto à agravante.

A notificação para constituição em mora e a inicial de resolução contratual foram efetuadas somente em relação ao agravado, tendo em vista que o ato de contratação partiu exclusivamente dele (documento 1).

Contudo, por ocasião da diligência encetada, o Sr. Oficial de Justiça certificou que procedeu à citação do réu (...), mas não de (...), sua mulher, por esta ter se separado do requerido e ter se mudado para o Estado (...). Referida citação ocorreu em (...), não tendo o agravado apresentado defesa ou contestação (documento 7).

Em decorrência do certificado pelo Sr. Oficial de Justiça, a agravante tomou conhecimento que o endereço da ex-mulher do réu declinado na certidão do Sr. Oficial de Justiça não era no Ceará, mas em Recife, razão pela qual requereu expedição de Carta Precatória para a Comarca de (...), a qual foi devolvida sem cumprimento (documento 9).

II – Razões do pedido de reforma da decisão (CPC, art. 1.016, III)

Em face da devolução da deprecata sem cumprimento e versando os autos sobre ação de resolução de contrato não levado a registro, o qual teve a participação única e exclusiva do réu, é de rigor o prosseguimento da ação.

É preciso verificar, outrossim, que a ação possessória é mera decorrência do pedido de resolução, de caráter pessoal.

Sendo assim, a agravante fez requerimento, junto ao Juízo *a quo*, no sentido de ser dispensada a citação do cônjuge, no caso a ex-mulher do réu, Sra. Francisca Mendes (documento 11).

O pedido foi indeferido.

Para tanto, justificando sua decisão, o MM. Juiz *a quo* aduziu que a mulher do agravado é também possuidora.

Entrementes, a ex-mulher do agravado não participou do ato de compra e venda, que teve a participação única e exclusiva do réu.

Ora, Nobres Julgadores, a ação possessória é mera decorrência do pedido de resolução, de caráter pessoal.

A Promessa de Compra de Venda encerra também uma obrigação de caráter pessoal e não real, dispensando, por conseguinte, a participação do cônjuge que não celebrou qualquer contrato com a agravante e, sequer, é possuidor do imóvel, já que certificado pelo Sr. Oficial de Justiça que reside no Estado do Ceará (documento 7).

Outrossim, mister se faz esclarecer que a posse foi outorgada em caráter precário. O agravado jamais chegou a exercê-la de fato, como se comprova através do local de citação do réu, que reside na Comarca da Capital, diferente do imóvel, que se encontra localizado na Comarca de Cotia.

Os Tribunais já têm se manifestado nesse sentido:

> **Superior Tribunal de Justiça.** *Processual civil. Resolução de compromisso de compra e venda cumulada com reintegração na posse. Prescindibilidade de convocação de ambos os cônjuges. CPC, art. 10 [atual art. 73]. Lei 8.952/1994. Discussão superada. Recurso desprovido. I – Em ação de resolução de compromisso de compra e venda cumulada com reintegração na posse, basta a citação do cônjuge que firmou o compromisso; primeiro, porque a possessória é mera decorrência do pedido de resolução, de ordem pessoal; segundo, porque já fixado o entendimento segundo o qual somente se faz imprescindível a citação dos cônjuges nas ações possessórias quando se trata de composse ou ato por ambos praticados. II – A discussão viu-se superada em razão da modificação do art. 10 do Código de Processo Civil pela Lei 8.952/1994 [atual art. 73], que normatizou a posição majoritariamente construída por doutrina e jurisprudência (Recurso Especial 0034197, Rel. Min. Sálvio de Figueiredo Teixeira, 25.06.1996, DJ 26.08.1996, p. 29.686).*

> **Superior Tribunal de Justiça.** *Civil e processo civil. Compromisso de compra e venda de imóvel celebrado antes do advento da Lei 8.078/1990. Instrumento contratual não levado a registro. Ação de resolução por falta de pagamento. Interpelação e citação da mulher do promissário comprador. Inexigibilidade. Pena convencional de perda das prestações pagas. Validade da estipulação. Não arguição da redução prevista no art. 924, CC.[76] Precedentes. Recurso não conhecido. I – Não levado a registro compromisso de compra e venda de imóvel, incumbe a promitente vendedora, como condição para o ajuizamento de ação de resolução do ajuste por falta de pagamento, promover a interpelação premonitória tão somente do compromissário-comprador, não da respectiva mulher. II – Estando em causa vínculo obrigacional de natureza meramente pessoal, mostra-se imprescindível, para regular constituição da relação processual, apenas a presença dos contratantes como partes, não ostentando o cônjuge do réu, em casos tais, a qualidade de litisconsorte passivo necessário. III – Em se tratando de compromisso de compra e venda firmado em data anterior a vigência do Código de Defesa do Consumidor, é de ser havida como válida a previsão contratual de perda das quantias pagas pelo promissário adquirente, instituída, a título de cláusula penal compensatória, para o caso de resolução a que haja dado causa, sobretudo quando não prequestionada a possibilidade de redução a que se refere a norma do art. 924 do Código Civil (REsp 29.429, Rel. Min. Sálvio de Figueiredo, 21.06.1995, 4ª Turma, DJ 11.09.1995, p. 28.830).*

III – Pedido

Por todo o exposto é que a agravante pede vênia para requerer respeitosamente ao Eminente Desembargador Relator:

I – Tendo em vista o inquestionável direito da agravante, requer a atribuição de efeito suspensivo ao vertente recurso para determinar a *incontinenti* citação do requerido, dispensando, até o julgamento do mérito deste agravo, o litisconsórcio imposto pela decisão agravada (CPC, art. 1.019, I).

Isso porque, no caso em tela, somente uma tutela liminar de índole suspensiva terá o condão de obstar a ocorrência dos nefastos efeitos da decisão que, de certa forma, negou direito líquido e certo da agravante em ver sua pretensão apreciada pelo Poder Judiciário com a celeridade que se requer em virtude da efetividade da tutela jurisdicional do processo moderno. A demora no caso vertente é fato potencialmente gerador de prejuízos de difícil, senão impossível, reparação.

Como ensina Teori Albino Zavascki, "o direito fundamental à efetividade do processo – que se denomina, também, genericamente, direito de acesso à justiça ou direito à ordem jurídica justa – compreende, em suma, não apenas o direito de provocar a atuação do Estado, mas, também e principalmente o de obter, em prazo adequado, uma decisão justa e com potencial de atuar eficazmente no plano dos fatos".

---

[76] Artigo do Código Civil de 1916, correspondente ao art. 413, do atual Código Civil.

Essa tutela, ordinariamente, somente é prestada quando do julgamento do mérito do vertente recurso de agravo.

Acontece, todavia, que o provimento do recurso somente se dará por ocasião da oportuna sessão de julgamento desta C. Corte, a qual, tendo em vista a pletora de feitos que a assoberba, não ocorrerá antes de efetivado o risco que se pretende evitar com o legítimo prosseguimento do feito sem que se vislumbre a obrigação ilegal de integrar à lide, como litisconsorte, cônjuge que não participou do contrato.

Portanto, impende que se antecipe, neste recurso, a tutela que certamente se concederá ao final, qual seja, o provimento do agravo para suspender a ilegal decisão guerreada.

A disciplina do agravo de instrumento já prevê expressamente a possibilidade de concessão pelo relator, de efeito suspensivo ao recurso, a fim de se evitar o advento de prejuízos de difícil ou impossível reparação.

Essa providência, ademais, é de todo suficiente para essa finalidade, dispensando a necessidade de impetração de mandado de segurança, por exemplo, para dar efeito suspensivo ao recurso, ou para atacar a própria decisão.

Assim, e somente assim, terá o agravo aptidão para evitar que a agravante sofra prejuízos de difícil ou impossível reparação, dispensando a impetração de mandado de segurança para essa finalidade.

Essa, aliás, é a hipótese dos autos.

A r. decisão agravada é positiva, determinando que a agravante integre a esposa do réu, ora agravado, à lide como litisconsorte.

Assim, impõe-se a concessão de efeito suspensivo nos termos do art. 1.019, I, do Código de Processo Civil, mormente ante a ameaça de extinção do processo sem resolução de mérito contida na decisão agravada.

Requer-se, outrossim, digne-se Vossa Excelência de:

II – Determinar o regular processamento do recurso, para final julgamento pela C. Turma Julgadora;

III – Requer-se, outrossim e finalmente, à C. Turma Julgadora deste recurso de agravo de instrumento que, no mérito, se digne de dar-lhe integral provimento, para o fim de reformar a r. decisão agravada, determinando o afastamento da formação de litisconsórcio com a integração do cônjuge que não participou do contrato no polo passivo da ação e consequente dispensa de citação da esposa do agravado, Sra. (...), posto que, assim julgando, estará esta Corte tutelando o melhor Direito.

IV – Requerimento

Isto posto, serve a presente para requerer ao Insigne Relator que determine a intimação do agravado (CPC, art. 1.019, II) para responder no prazo legal.

Ou (na hipótese de o agravado ainda não ter sido citado):... que determine a intimação do agravado (CPC, art. 1.019, II), por carta com aviso de recebimento, no endereço constante do preâmbulo deste recurso, ou seja (...) para responder no prazo legal.

Termos em que, cumpridas as necessárias formalidades legais, pede e espera deferimento como medida de inteira

JUSTIÇA!!!

Data.

Advogado (OAB)

3.10.8. Apelação contra decisão que indefere a petição inicial por suposta irregularidade de loteamento

Excelentíssimo(a) Senhor(a) Doutor(a) Juiz(a) de Direito da (...) Vara Cível do Foro (...)

Processo n. (...)

(...), já qualificadas nos autos da ação de resolução contratual por inadimplemento que move em face (...), não se conformando com a r. sentença proferida que indeferiu a petição inicial, vem dela apelar pelas razões anexas. Isto posto, juntando o comprovante do pagamento do preparo (CPC, art. 1.007), requer digne-se Vossa Excelência de receber este recurso, remetendo os autos à segunda instância, cumpridas as necessárias formalidades legais, como medida de inteira justiça.

Termos em que,

p. deferimento.

Data

Advogado (OAB)

Origem: (...) Vara Cível do Foro (...)

Processo nº (...)

Apelante: (...)

Apelado: (...)

RAZÕES DE APELAÇÃO:

Egrégio Tribunal

Ínclitos Julgadores,

Exposição do fato e do direito (CPC, art. 1.010, II)

A r. sentença de fls. (...), *data venia*, merece reforma.

Senão vejamos: Em (...) a apelante adquiriu, através de Instrumento Particular de Promessa de Venda e Compra, dentre outros, o lote de terreno sob o nº (...) da Quadra nº (...) do loteamento denominado (...), situado no Município de (...).

A empresa (...) foi quem implantou e comercializou o loteamento (...), sendo ela a loteadora do empreendimento e não a apelante.

Posta assim a questão, a apelante é mera adquirente do lote precitado.

Portanto, nessa qualidade, tendo adquirido o imóvel da loteadora, em (...), a apelante cedeu-o através de "Instrumento Particular de Promessa de Cessão Parcial de Direitos Decorrentes de Contrato Particular de Promessa de Cessão de Direitos de Venda e Compra", ao Sr. (...).

Entretanto, o Sr. (...), ora apelado, atrasou o pagamento de (...) parcelas referentes ao negócio entre as partes, o que obrigou a apelante a notificá-lo e, ao depois, ingressar com ação de resolução contratual cumulada com reintegração de posse.

Ocorre que, sem fundamento legal, nessa ação de resolução cumulada com reintegração de posse, antes da citação do réu, ora apelado, o MM. Juiz *a quo* determinou a emenda da petição inicial da ação, para que fosse comprovada a inscrição do loteamento junto ao Registro Imobiliário, o que, para evitar maiores delongas, foi devidamente cumprido pela apelante, que juntou certidão da matrícula do loteamento. Essa decisão possui o seguinte teor:

Cuida-se de ação ordinária de rescisão de contrato particular de compromisso de compra e venda cumulada com pedido de tutela antecipatória. Na avença há cláusula prevendo a sua rescisão, em caso de inadimplemento pela parte contratante, ora requerida. De fato, esta é a causa de pedir desta ação. O art. 38 da Lei 6.766/1979 comina a nulidade à hipótese de estipulação de cláusula rescisória em virtude de inadimplemento quando não exista inscrição do loteamento. A norma é clara, sendo desnecessária maior inteligência. A *ratio* é uma só: garantir um mínimo de regularidade, planejamento urbano e infraestrutura às cidades. Daí ter o loteador que obedecer aos ditames do art. 18 e ss. da mencionada lei. Alvitre-se que, *concessa venia* de posições em contrário, a se admitir que intermediadores transacionem com imóveis irregulares, estar-se-á, no entender deste Julgador, fazendo-se letra morta do supracitado art. 39. Em geral, as pessoas jurídicas que se prestam de ponte aos adquirentes de imóveis bem sabem acerca de sua regularidade ou não. Em assim sendo, emende a autora a inicial, para em 10 dias comprovar a inscrição do loteamento junto ao Registro Imobiliário, atendidos os preceitos do diploma legal suso citado, sob pena de indeferimento da inicial (arts. 320 c/c 321 do CPC).

Conforme se verifica da certidão da matrícula (...) que a apelante juntou, consta, inclusive, o cancelamento da caução sobre os lotes dados em garantia à Prefeitura (...), pelas obras de infraestrutura, conforme averbação (...).

Entretanto, mesmo em face dessas provas carreadas aos autos e, nada obstante ter provado não ser a Loteadora do empreendimento "(...)", não satisfeito, o Juiz monocrático INDEFERIU A PETIÇÃO INICIAL e extinguiu o processo sem resolução de mérito proferindo sentença nos termos do art. 485, I, do Código de Processo Civil por entender que caberia à apelante a comprovação do preenchimento do inc. V, do art. 18, da Lei 6.766/1979, ou seja, que as obras do loteamento estão regularizadas, decisão esta que ora é objeto do presente recurso de apelação.

Insta observar que, apesar de a certidão da matrícula ser clara quanto ao levantamento da caução para atendimento das obras de infraestrutura, o que, por óbvio, dá ensejo à conclusão de que as obras foram executadas – caso contrário a caução não seria levantada –, a apelante efetuou requerimento à Prefeitura (...) para que certificasse o cumprimento das obras previstas no inc. V, do art. 18, da Lei 6.766/1979.

Razões do pedido de reforma da sentença (CPC, art. 1.010, III)

a) Efetividade da tutela jurisdicional

Mesmo que o loteamento não tivesse todas as obras concluídas – que não é o caso –, entende a apelante, na qualidade de terceira adquirente de lote de terreno regularmente inscrito junto ao oficial de Registro de Imóveis, que subsiste seu direito de rescindir o contrato e reaver a posse do imóvel do cessionário inadimplente.

Em verdade, no caso em tela, está sendo obstado o direito constitucional à ação e afrontado o art. 5°, inc. XXXV, da Constituição Federal, que consagrou o princípio da inafastabilidade da tutela jurisdicional pelo Poder Judiciário.

Ora, Nobres Desembargadores, há que se ter como premissa que todo direito corresponde a uma ação que o assegura ou, nos termos do art. 189 do Código Civil, violado o direito, nasce para o titular a pretensão...

Demais disso, o equívoco perpetrado na sentença premia o enriquecimento ilícito na exata medida em que o apelado poderia perpetuar-se na posse do imóvel sem pagar pelo negócio subjacente que a originou.

Sim, porque a apelante estaria impedida de rescindir o contrato e pleitear a reintegração de posse, mesmo ante o inadimplemento do apelado!

Outrossim, não se exclui da apreciação do Poder Judiciário as lesões a direitos desde que instrumentalizados no poder de ação, tal qual se mostra pelas normas e princípios de direito processual.

Assim, o acesso constitucional ao Poder Judiciário é incondicionado e não pode ser obstado por pseudonormas criadas para dificultar evidente direito material da apelante.

A ação demanda, hoje, uma configuração teleológica, que não se restringe aos aspectos técnicos, tradicionais, mas aos meios colocados à disposição do cidadão para acesso a uma ordem jurídica justa.

Verifica-se o princípio constitucional da inafastabilidade da tutela (art. 5°, XXXV), esposando a tese da abertura da justiça, ligando a ação aos postulados do estado social de direito e à garantia do devido processo legal.

b) Regularidade do pedido da autora, ora apelante, ante o direito das obrigações e da Lei 6.766/1979.

Excelência encontra-se devidamente provado nos autos que a Prefeitura (...) liberou da caução todos os lotes dados em garantia para a execução das obras de infraestrutura, de responsabilidade da loteadora que, repita-se, não é a apelante!

Isso consta já averbado à margem da matrícula do loteamento Jardim das Oliveiras, cuja cópia autenticada faz parte dos autos.

Portanto, trata-se de loteamento devidamente matriculado junto ao oficial de Registro de Imóveis da circunscrição imobiliária competente.

Se isso não bastasse, o Juiz *a quo* pretendeu que a apelante comprove obrigação de exclusiva responsabilidade da loteadora.

A obrigação pode ser definida como o vínculo jurídico transitório mediante o qual o devedor (sujeito passivo) fica adstrito a dar, fazer ou não fazer (prestação) alguma coisa em favor do credor (sujeito ativo), sob pena de ver seu patrimônio responder pelo equivalente e, às vezes, por perdas e danos.

Em consonância com o acatado, temos que o art. 18, inc. V, da Lei 6.766/1979 está assim redigido:

"Art. 18. Aprovado o projeto de loteamento ou de desmembramento, o loteador deverá submetê-lo ao Registro Imobiliário dentro de 180 (cento e oitenta) dias, sob pena de caducidade da aprovação, acompanhado dos seguintes documentos: (...)

V – cópia do ato de aprovação do loteamento e comprovante do termo de verificação, pelo Município ou pelo Distrito Federal, da execução das obras exigidas por legislação municipal, que incluirão, no mínimo, a execução das vias de circulação do loteamento, demarcação dos lotes, quadras e logradouros e das obras de escoamento das águas pluviais ou da aprovação de um cronograma, com a duração máxima de 4 (quatro) anos, prorrogáveis por mais 4 (quatro) anos, acompanhado de competente instrumento de garantia para a execução das obras."

Portanto, resta evidente que é de única e exclusiva responsabilidade do loteador a obrigação que a decisão apelada pretende carrear à apelante.

Segundo o mencionado inc. V do art. 18 da Lei 6.766/1979, o loteador é o sujeito passivo, aquele que possui obrigação de fazer as obras.

Se não as concretiza, poderá ser responsabilizado nos termos do mesmo diploma legal.

É o loteador, acorde com a Lei 6.766, que deve providenciar as obras. Para tanto, oferece caução à Prefeitura Municipal, como, aliás, se observa da matrícula do loteamento onde está localizado o lote da apelante.

A apelante, por conseguinte, não possui qualquer obrigação de fazer as obras mencionadas no inc. V do art. 18.

Se as obras não são efetivadas, a própria Lei 6.766/1979 oferece mecanismos à Prefeitura para que regularize o parcelamento do solo urbano nos termos dos arts. 38 a 40.

Em nenhum momento se vislumbra nesses artigos a teratológica conclusão de que o terceiro adquirente – como é a apelante – não está autorizado a pleitear tutela jurisdicional de resolução contratual cumulada com reintegração de posse para reaver o terreno de cessionário, como no caso vertente.

Aliás, repita-se, nem se sabe de onde o Magistrado *a quo* retirou tal ilação, mormente que o lote da apelante está devidamente matriculado no Registro de Imóveis, do qual não consta menção a bloqueio de matrícula ou qualquer outro óbice registral.

Portanto, resta absolutamente ilegal o impedimento ao prosseguimento da ação definido ao talante do magistrado *a quo*, sem supedâneo legal.

O princípio da inafastabilidade (ou princípio do controle jurisdicional) (...) garante a todos o acesso ao Poder Judiciário, o qual não pode deixar de atender a quem venha a juízo deduzir uma pretensão fundada no direito e pedir solução para ela.

Com a devida vênia, falhou o MM. Juiz *a quo*, sendo de rigor o provimento desta irresignação para reformar a r. decisão agravada, não só para evitar que a apelante seja colhida por prejuízos de duvidosa reparação, mas também para zelar e defender a correta aplicação do ordenamento jurídico.

Conclusões

Destarte, resta mais do que evidenciado neste recurso a prova inequívoca da promessa de cessão firmada entre as partes, ora apelante e apelado além da efetiva regularidade registral do loteamento onde se encontra o terreno da apelante que não seria, de qualquer forma, obrigada a comprovar regularidade de obras de loteamento registrado posto que não é e não foi, de maneira alguma, a loteadora.

Portanto, Nobres Julgadores, evidentes os equívocos perpetrados pela sentença, cuja reforma é necessária para prestigiar a mais pura aplicação da Lei.

Sendo assim, requer a apelante seja dado provimento ao vertente recurso para o fim de reformar a r. decisão apelada, obstando, assim, o inexistente requisito legal de comprovação de regularidade de obras do loteamento onde se encontra o terreno da apelante, onde se encontra o terreno da apelante, que não é a loteadora, anulando a sentença e determinando o regular processamento para que tenha acesso a apreciação de sua ação de resolução contratual cumulada com reintegração de posse em face do apelado, posto que, assim julgando, estará esta Corte tutelando o melhor Direito.

Termos em que,

p. deferimento.

Data

Advogado (OAB)

3.10.9. Execução por quantia certa

MM. Juízo da (...) Vara Cível do Foro (...).

(...), por seus advogados (documento 01), vem, respeitosamente, à presença de Vossa Excelência, aforar, em face de (...), a competente:

Ação de execução por quantia certa contra devedor solvente

o que faz com supedâneo nos arts. 783, 784, II, 786, e 824 e seguintes do Código de Processo Civil, expondo e requerendo o quanto segue:

A exequente é credora da importância de R$ (...) devida pelos executados, conforme o instrumento particular de compromisso de compra e venda assinado pelas partes e duas testemunhas em (...) (documento 2).

O imóvel foi entregue, cumpridas, portanto, as obrigações do exequente conforme termo de entrega anexo (documento 3), o que autoriza a execução nos termos dos arts. 787 e 798, I, "d", do Código de Processo Civil.

Relevantes, assim, as razões lançadas na Apelação 1.231.769-2, no voto proferido pela 21ª Câmara de Direito Privado-A do Tribunal de Justiça de São Paulo (rel. Alexandre Marcondes, j. 15.02.2007): *"Embora o contrato contenha obrigações de ambas as partes, seu caráter sinalagmático não subtrai sua força executiva, pois conforme já se decidiu, 'o contrato bilateral pode servir de título executivo de obrigação de pagar quantia certa, desde que definida a liquidez e certeza da prestação do devedor, comprovando o credor o cumprimento integral de sua obrigação' (RSTJ 85/278). A este respeito ensina Humberto Theodoro Júnior que 'o contrato por ser bilateral não perde o atributo da exequibilidade por parte do contratante que já cumpriu a prestação a seu cargo. A certeza da obrigação insatisfeita pelo outro contratante é atingida pela prova pré-constituída da contraprestação realizada pelo exequente'"* (A reforma da execução do título extrajudicial, Ed. Forense, 2007, p. 22).

No mesmo sentido:

> **Tribunal de Justiça de São Paulo.** *Embargos à execução de título extrajudicial. Compromisso de compra e venda de imóvel. Presentes a certeza, a liquidez e a exigibilidade do débito. Não configurada nulidade do título executivo. Excesso de execução superado, pois houve mero erro no cálculo apresentado, devidamente corrigido pela exequente. Rejeição dos embargos mantida. Recurso não provido (Apelação 0047122-44.2011.8.26.0577, 10ª Câmara de Direito Privado, Rel. Roberto Maia, j. 06.11.2012).*

Trata-se, portanto, de título extrajudicial de obrigação (CPC, art. 784, II), certa, líquida e exigível (CPC, art. 783).

A presente execução decorre da ausência de pagamentos, pelos executados, de (...) parcelas mensais, conforme (...) do instrumento particular de promessa de compra e venda do imóvel assim caracterizado (...), objeto da presente execução, cujo demonstrativo do débito, de acordo com o art. 798, I, "b", é o que segue (*ou, se a planilha for anexada:* segue anexo à presente execução – documento 3):

(...)

Baldos os esforços da credora, que, sem sucesso, tentou amigavelmente receber o valor que lhe é devido, nega-se o devedor a saldar o débito, obrigando-a a socorrer-se do Poder Judiciário, o que faz por intermédio da presente ação de execução.

Citação e Pedido

Não restando outro meio de receber, é a presente para requerer digne-se Vossa Excelência de:

a) Determinar sejam citados os executados, pelo correio, nos termos dos arts. 246, I, 247 e 248 do Código de Processo Civil, (ou, subsidiariamente, justificando: por intermédio do Sr. Oficial de Justiça, com os permissivos do art. 212, § 2º, do Código de Processo Civil) para pagar, em 3 (três) dias, o valor de R$ (...), acrescido de juros legais, correção monetária, custas e honorários advocatícios de 5% nos termos do art. 827 do Código de Processo Civil.

Caso não haja pagamento no prazo legal de 3 (três) dias, requer-se, desde já, o acréscimo aos honorários, que deverão ser de 10% do valor executado (CPC, art. 827) com a penhora de dinheiro (CPC, art. 835, I e § 1º) pelo sistema do Banco Central.

Caso se frustre a penhora de dinheiro, requer-se a expedição de mandado de penhora de tantos bens quantos bastem para garantir a execução, a ser cumprido por intermédio do Sr. Oficial de

Justiça (*ou:* a penhora do imóvel consistente em (...) (documento 4 – matrícula), mediante termo nos autos, de acordo com os arts. 837 e 845, § 1º, do CPC.

Caso o executado não seja encontrado para citação, *ex vi legis* (CPC, art. 830), requer o arresto do imóvel indicado e cuja matrícula segue anexa (documento 4), cumpridas as formalidades legais, seguindo o processo nos termos da Lei com a citação do executado por edital, findo o qual haverá automática conversão do arresto em penhora (CPC, art. 830, § 3º). *Apenas para o caso de serem conhecidos bens penhoráveis do executado, sendo, em tese, possível a penhora sobre os direitos do próprio imóvel prometido à venda. Caso contrário a citação deve ser requerida, depois de esgotadas as tentativas, mesmo sem arresto, por edital I – § 2º do art. 830 do CPC: Ação de execução de título extrajudicial. Citação realizada por edital. Validade. Citação ficta ocorrida após diligências visando à obtenção de novo endereço do executado. Aplicação do disposto no artigo 231, II, CPC [atual art. 256, II]. Prescrição. Inocorrência. Interrupção do prazo prescricional. Inteligência do artigo 219, CPC [atual art. 240]. Agravo improvido (TJSP, 0221360-90.2012.8.26.0000, Rel. Soares Levada, Sorocaba, 34ª Câmara de Direito Privado, j. 05.11.2012, Data de registro: 08.11.2012. Outros números: 22136090020128260000).*

OU, para o caso de não serem conhecidos bens penhoráveis do executado:

a.1) Requer-se, desde já, caso não haja pagamento em 3 (três) dias e o Sr. Oficial de Justiça não localize bens penhoráveis dos executados, que sejam eles intimados para, no prazo de 5 (cinco) dias, indicar bens passíveis de penhora, sob pena de ato atentatório à dignidade da Justiça e multa de 20% do valor da execução nos termos do art. 774, V, e seu parágrafo único, do CPC.

b) Requer-se a intimação da penhora por meio dos advogados do executado constituídos nos autos (CPC, art. 841) ou por via postal, caso não tenha advogado constituído.

c) Por fim, tendo em vista o teor dos arts. 837 e 845, § 1º, do Código de Processo Civil, requer a exequente que a penhora seja registrada por meio eletrônico ou, impossível a prática do ato por meio eletrônico pela serventia, a expedição de certidão de inteiro teor do ato, para registro na matrícula do imóvel a ser penhorado/arrestado, de propriedade do executado (documento 4), nos termos dos artigos 167, I, 5 e 239 da Lei 6.015/73.

Provas

Pela natureza da ação (execução), protesta por provar o alegado unicamente por intermédio do título que instrui a exordial (documento 2).

Valor da Causa

Atribui-se à presente execução o valor de R$(...).

Termos em que,

pede deferimento.

Data

Advogado(a)

DOCUMENTO 1

Procuração

DOCUMENTO 2

TÍTULO EXECUTIVO

DOCUMENTO 3

DEMONSTRATIVO DO DÉBITO

DOCUMENTO 4

MATRÍCULA DO IMÓVEL PARA PENHORA/ARRESTO

Acesse o *QR Code* e faça o *download* dos modelos de peças editáveis

> http://uqr.to/1ydzx

3.11. FLUXOGRAMA (PARA O PROCEDIMENTO COMUM)

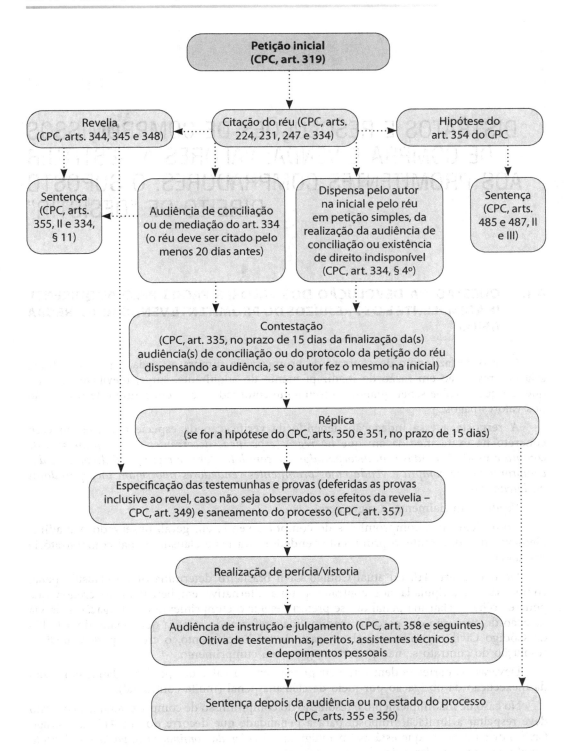

Capítulo 4

DISTRATOS E RESOLUÇÕES DE COMPROMISSOS DE COMPRA E VENDA: VALORES A RESTITUIR AOS PROMITENTES COMPRADORES. O SUPOSTO DIREITO DE "DESISTIR"

4.1. QUESTÃO DA DEVOLUÇÃO DOS VALORES PAGOS PELO ADQUIRENTE INADIMPLENTE E OS PREJUÍZOS DO PROMITENTE VENDEDOR: A REGRA GERAL

Com o desfazimento do contrato de promessa de compra e venda, seja por distrato, seja por resolução em razão do inadimplemento do adquirente, surge, inevitavelmente, a questão que envolve saber quanto o promitente comprador receberá a título de restituição dos valores pagos.

A resposta a essa indagação depende da verificação da espécie aplicável ao caso concreto na exata medida em que *há regras específicas decorrentes de compromissos de compra e venda firmados com incorporadoras e com loteadoras e regra geral decorrente dos compromissos de compra e venda cujos promitentes vendedores não sejam incorporadoras ou loteadoras.*

Vejamos, inicialmente, a regra geral.

Com efeito, nos compromissos de compra e venda em geral, observado o inadimplemento do adquirente, o promitente vendedor fará jus à cláusula penal compensatória pactuada.

De fato, o art. 410 do atual Código Civil brasileiro determina que a cláusula penal compensatória estipulada nos contratos é uma alternativa em benefício do credor, que pode escolher a cláusula penal ou, se preferir, exigir o cumprimento da obrigação pela via da ação de execução das parcelas inadimplidas, reforçando a regra que emana do art. 475 do Código Civil, segundo o qual, no caso de inadimplemento, o credor poderá pedir a resolução do contrato se não preferir exigir o seu cumprimento.

Deveras, as partes podem estipular previamente o valor das perdas e danos em razão da inexecução da obrigação por meio da cláusula penal (multa contratual).

No caso de inadimplemento e resolução do compromisso de compra e venda, o contrato deve respeitar a limitação imposta para a penalidade que decorre do art. 412 do Código Civil, norma cogente que está assim redigida: "*O valor da cominação imposta na cláusula penal não pode exceder o da obrigação principal*".

Isso não significa que não possa o promitente vendedor, como de fato pode, estabelecer contratualmente o pagamento de prejuízos suplementares porventura maiores nesse caso (Código Civil, art. 416[1]).

Ainda assim, a cláusula penal imposta ao promitente comprador que se depara com a resolução do contrato (cláusula penal compensatória em benefício do promitente vendedor) em que pese, em tese, poder ser estipulada até o limite da obrigação pela regra geral do Código Civil (art. 412) encontra sopesamento no art. 413 do Código Civil[2], que determina, de forma cogente – não admitindo, portanto, afastamento no contrato –, que haverá redução jurisdicional da cláusula penal convencionada entre as partes em razão de: a) pacto de percentual excessivo; ou, b) cumprimento parcial da obrigação.

Mais adiante verificaremos, em razão do princípio da especialidade, que a redução não deve ser aplicada no caso de contratos firmados com incorporadoras ou loteadoras em razão dos arts. 67-A da Lei 4.591/1964 e 32-A da Lei 6.766/1979 que contemplam regra especial e surgem com a *mens legis* de gerar mais segurança jurídica às atividades das incorporadoras e loteadoras, tendo em vista que a atividade da construção civil é fundamental para geração de empregos, havendo interesse social que se sobrepõe ao interesse individual do promitente comprador.

Posta assim legalmente a questão, tratando-se de norma de ordem pública, para os demais casos de compromisso de compra e venda, caso o juiz entenda que a multa (ou cláusula penal) em razão do inadimplemento e resolução do contrato é excessiva (dependerá do prudente arbítrio do juiz) deverá determinar a redução, notadamente em razão do comando legal "deverá".

Por outro lado, não se pode perder de vista a orientação social que inspirou o atual Código Civil, bem diferente do sentido individualista do Código Civil de 1916, de inspiração nas ideias do século XIX, que prestigiava a vontade das partes até as últimas consequências.

O art. 413 do Código Civil visa afastar a possibilidade de enriquecimento sem causa, mormente ante a possibilidade de se cobrar cláusula penal ainda que não haja prejuízo.

Com a resolução ou a resilição da promessa de compra e venda, a devolução do saldo ao promitente comprador deverá ser feita em parcela única e imediata, o que não se aplica aos contratos firmados com incorporadoras ou com loteadoras em razão de normas especiais quanto ao prazo para devolução.

Em todas as hipóteses (regra geral, contratos com incorporadoras e contratos com loteadoras), tratando-se de resolução judicial do contrato, o valor da restituição ou o critério para sua apuração constará da sentença, independentemente de reconvenção do réu promitente comprador por se tratar de consequência legal da resolução que demanda que as partes retornem ao *status quo ante*.[3]

---

[1] Art. 416. Para exigir a pena convencional, não é necessário que o credor alegue prejuízo.
Parágrafo único. Ainda que o prejuízo exceda ao previsto na cláusula penal, não pode o credor exigir indenização suplementar **se assim não foi convencionado**. Se o tiver sido, a pena vale como mínimo da indenização, competindo ao credor provar o prejuízo excedente.

[2] Art. 413. A penalidade deve ser reduzida equitativamente pelo juiz se a obrigação principal tiver sido cumprida em parte, ou se o montante da penalidade for manifestamente excessivo, tendo-se em vista a natureza e a finalidade do negócio.

[3] Súmula 2: A devolução das quantias pagas em contrato de compromisso de compra e venda de imóvel deve ser feita de uma só vez, não se sujeitando à forma de parcelamento prevista para a aquisição.
Súmula 3: Reconhecido que o compromissário comprador tem direito à devolução das parcelas pagas por conta do preço, as partes deverão ser repostas ao estado anterior, independentemente de reconvenção.
Superior Tribunal de Justiça. Processo civil. Rescisão de contrato de promessa de compra e venda proposta pelo vendedor. Devolução de parte das parcelas do preço. Desnecessidade de reconvenção. Na ação de rescisão de contrato de promessa de compra e venda, proposta pelo vendedor contra o

Neste sentido:

Tribunal de Justiça de São Paulo. *Agravo de Instrumento. Reconvenção. Ação de rescisão de compromisso de venda e compra cumulada com reintegração de posse. Extinção por falta de interesse de agir. Pedido da reconvenção que visa à devolução pela promitente vendedora das parcelas pagas. Desnecessidade da reconvenção para análise do pedido, já que a matéria constitui o próprio objeto do campo cognitivo da demanda principal. Inteligência do artigo 53, caput, do Código de Defesa do Consumidor. Caracterização de carência da reconvenção por falta de interesse de agir, em face da desnecessidade do meio processual. Manutenção da decisão. Nega-se provimento ao recurso (Agravo de Instrumento 9038386-34.2009.8.26.0000, Rel. Christine Santini, Bauru, 5ª Câmara de Direito Privado, j. 05.08.2009, Data de registro: 14.08.2009).*

Consignou a relatora do Tribunal Bandeirante:

Assim, devendo ser analisada a restituição dos valores pagos, sem necessidade de reconvenção e até mesmo independentemente de pedido deduzido em contestação, e sendo possível a execução forçada dessa dívida no mesmo processo (RSTJ 74/348; JTJ 173/119 e 256/237), não se caracteriza o interesse de agir relativamente à reconvenção, em face da desnecessidade do meio processual.

Ressalte-se que o interesse de agir deve existir eis que voltado à prolação do provimento jurisdicional invocado, que não deve ser entregue quando caracterizadas a sua desnecessidade ou inutilidade.

(...)

Desta feita, a validade e a eficácia da ação condicionadas estão a certos requisitos, a possibilidade jurídica, que se entende com a admissibilidade in abstracto do pedido, a legitimidade, que se volta à pertinência entre a relação existente entre as partes e, por derradeiro, o interesse de agir, que nada mais é do que o intento dirigido à obtenção de um provimento, com observação estrita da necessidade e utilidade da prestação jurisdicional e da adequação do iter eleito.

Inexistente uma dessas condições, como na hipótese em exame, correta a extinção da reconvenção, sem julgamento do mérito, nos termos do artigo 267, inciso VI, do Código de Processo Civil [atual art. 485, VI].[4]

Em resumo, nos contratos de compromisso de compra e venda em geral:

a) o promitente comprador inadimplente perderá o valor previamente estipulado a título de cláusula penal que não poderá exceder o valor do contrato (CC, art. 412), sujeito à redução (CC, art. 413), recebendo a diferença de uma só vez, sem necessidade de reconvenção, considerando o que pagou devidamente atualizado desde cada desembolso, critério este não aplicável aos contratos firmados com incorporadoras ou com loteadoras que contam com regra especial quanto ao valor da cláusula penal compensatória;

b) além da cláusula penal, havendo pacto expresso neste sentido, nos termos do parágrafo único do art. 416 do Código Civil, o promitente comprador inadimplente poderá ser cobrado de prejuízos suplementares que o promitente vendedor provar no curso da instrução de ação de acertamento, que pode ser a própria resolução ou ação

---

comprador inadimplente, **o juiz pode ordenar a devolução de parte das parcelas do preço independentemente de reconvenção.** Recurso especial conhecido e provido. (REsp 97.538/SP, Rel. Min. Ari Pargendler, 3ª Turma, j. 10.04.2000, DJ 08.05.2000 p. 89)

[4] Ainda no Superior Tribunal de Justiça, entendimento sobre a desnecessidade de reconvenção: Processo civil. Rescisão de contrato de promessa de compra e venda proposta pelo vendedor. Devolução de parte das parcelas do preço. Desnecessidade de reconvenção. Na ação de rescisão de contrato de promessa de compra e venda, proposta pelo vendedor contra o comprador inadimplente, o juiz pode ordenar a devolução de parte das parcelas do preço independentemente de reconvenção. Recurso especial conhecido e provido (REsp 97.538/SP, Rel. Min. Ari Pargendler, 3ª Turma, j. 10.04.2000, DJ 08.05.2000, p. 89).

autônoma movida pelo promitente comprador, no caso de resolução extrajudicial, nos termos do art. 251-A da Lei 6.015/1973;

c) independentemente do valor da multa (cláusula penal), tratando-se de compromisso de compra e venda em geral (não aqueles firmados com incorporadoras e com loteadoras que contam com regra especial), o juiz poderá reduzi-la sempre que entender que é excessiva nos termos do art. 413 do Código Civil, podendo assim proceder de ofício na sentença da ação de resolução por se tratar de norma cogente (de ordem pública).

Por fim, acerca dos demais aspectos da cláusula penal, recomendo a leitura do item 14.16.2.3 deste Livro II.

Vejamos, agora, as regras especiais para a resolução de compromissos de compra e venda firmados com incorporadores e com loteadores:

4.2. A RESOLUÇÃO DOS CONTRATOS DE COMPROMISSO DE COMPRA E VENDA FIRMADOS COM INCORPORADORAS E COM LOTEADORAS

Consolidou-se, por anos, jurisprudência segundo a qual o adquirente inadimplente faz jus à devolução de parte do que pagou no caso de resolução do compromisso de compra e venda firmado com incorporadoras e com loteadoras.

Desse modo, independentemente de reconvenção e de uma só vez, o promitente vendedor restituía parte do que foi pago, em respeito, inclusive, no Estado de São Paulo, às Súmulas 2 e 3 do Tribunal de Justiça paulista.

Essa orientação não destoa da Súmula 543 do STJ, segundo a qual,

> *Na hipótese de resolução de contrato de promessa de compra e venda de imóvel submetido ao Código de Defesa do Consumidor, deve ocorrer a imediata restituição das parcelas pagas pelo promitente comprador – integralmente, em caso de culpa exclusiva do promitente vendedor/ construtor, ou parcialmente, caso tenha sido o comprador quem deu causa ao desfazimento.*

Em resumo e em linhas gerais, arbitrava-se valor a ser restituído que correspondia à cláusula penal compensatória a ser paga ao promitente vendedor, independentemente daquela prevista em contrato, que dificilmente coincidia com a arbitrada nas ações de resolução e, do valor restante a ser restituído, eram abatidas despesas com impostos e condomínios não pagos pelo promitente comprador até a data da efetiva reintegração de posse e, ainda, valor que se arbitrasse pela ocupação ou pela posse do imóvel.

No Estado de São Paulo, o Tribunal de Justiça, em razão do art. 53 do Código de Defesa do Consumidor (a mesma conclusão pode ser extraída do art. 413 do Código Civil), esse arbitramento enfrentava enormes disparidades, seja no que diz respeito ao arbitramento judicial da cláusula penal, seja no valor a título de taxa de ocupação do imóvel imposta ao promitente comprador nas ações de resolução do compromisso de compra e venda.[5]

---

[5] No STJ, determinando a retenção de 25%: REsp 332.947/MG, Rel. Min. Aldir Passarinho Junior, 4ª Turma, j. 24.10.2006, *DJ* 11.12.2006 p. 360.
a) Perdimento limitado a 50%, considerando, para tanto, 0,7% ao mês de ocupação:
Compromisso de compra e venda. Bem imóvel. Rescisão com reintegração de posse. Inadimplemento. Ação procedente. Direito a restituição das parcelas pagas nos termos do acórdão. Provimento parcial, para determinar a devolução das parcelas adimplidas, nos termos do artigo 53 do Código do Consumidor. Taxa de ocupação de 0,7% ao mês, sobre o valor locativo do imóvel, pelo período em que, cessados os pagamentos, tivera estado os réus a ali residir de graça. Critério aceito pela Câmara, limitada a retenção ao máximo de 50% sobre as prestações que efetivamente chegaram a ser pagas. Corrigidas as parcelas

Visando estabelecer critérios claros nesses casos e conceder segurança jurídica ao contrato de compromisso de compra e venda celebrado com as incorporadoras e com as loteadoras que se deparavam, em momentos de crise, com uma pletora de feitos pleiteando desfazimento do negócio e restituição das quantias, situação que gerava desequilíbrio nas relações jurídicas e sérias dificuldades para a atividade de construção civil, surgiu a Lei 13.786, de 27 de dezembro de 2018, publicada no *Diário Oficial da União* no dia 28.12.2018, que, entre outras providências, regulou a questão por meio da inclusão do art. 67-A na Lei das Incorporações (Lei 4.591/1964) e do art. 32-A na Lei do Parcelamento do Solo Urbano (Lei 6.766/1979).

Nada obstante essas regras especiais, existe uma tendência, de alguns tribunais estaduais, de agir de forma ativista, desconsiderando a *mens legis* de proteger o setor que gera desenvolvimento econômico e empregos e, bem assim, julgam como antes.

---

a partir de cada pagamento, pela Tabela Prática do Tribunal de Justiça, com juros de mora a partir da citação. Sentença parcialmente reformada. Recurso provido em parte para esses fins (Apelação 9102485-47.2008.8.26.0000, Rel. Luiz Ambra, Campinas, 8ª Câmara de Direito Privado, j. 31.01.2012, Data de registro: 03.02.2012, Outros números: 5809154100).

b) Retenção de 20% das quantias pagas, cumulada com 0,7% ao mês a título de ocupação do imóvel: Compromisso de venda e compra. Imóvel. Inadimplemento da compradora. Ação de rescisão proposta pela vendedora. Ação de indenização por vícios redibitórios ajuizada pela ré e autuada em apenso. Sentença de procedência parcial da ação de rescisão e de improcedência da indenizatória. Recursos das partes. Admissibilidade da taxa de ocupação. Obrigação da adquirente de compensar a vendedora pelo exercício da posse. Taxa que deve corresponder a 0,7% ao mês sobre o valor venal do imóvel. Imposição à vendedora da obrigação de restituir 80% valores recebidos. Entendimentos pacificados deste Tribunal de Justiça. Impossibilidade de se reconhecer a ocorrência dos vícios redibitórios. Falta de indícios e também de especificação da data em que teriam tido início. Artigo 445, § 1º, do Código Civil. Inocorrência de danos morais. Honorários advocatícios de sucumbência. Pedido de redução. Descabimento. Fixação de acordo com o disposto no artigo 20, § 4º, do Código de Processo Civil [atual art. 85, § 8º]. Apelações parcialmente providas (Apelação 0072594-44.2008.8.26.0224, Rel. Carlos Henrique Miguel Trevisan, Guarulhos, 4ª Câmara de Direito Privado, j. 02.02.2012, Data de registro: 03.02.2012, Outros números: 725944420088260224).

c) Retenção de 20% das quantias pagas, cumulada com 0,6% ao mês a título de ocupação do imóvel: Rescisão de compromisso de compra e venda. Inadimplência incontestе dos compradores. Culpa pela rescisão. Retenção de 20% dos valores pagos a título de perdas e danos. Necessidade de indenizar o vendedor pelo uso do bem. Indenização devida na proporção de 0,6% ao mês. Custas e despesas repartidas. Sentença reformada em parte. Recurso parcialmente provido (Apelação 9112641-36.2004.8.26.0000, Rel. Erickson Gavazza Marques, Promissão, 5ª Câmara de Direito Privado, j. 01.02.2012, Data de registro: 03.02.2012).

d) Retenção de 30% das quantias pagas, cumulada com taxa de ocupação sem percentual fixado pelo acórdão: Apelações cíveis. Rescisão de compromisso de compra e venda de terreno. Inadimplemento dos compromissários compradores. Procedência parcial. Inconformismo das partes. Possibilidade de o comprador inadimplente pleitear a rescisão do contrato reconhecida. Súmula 1 deste Tribunal. Rescisão do contrato e reintegração de posse que eram mesmo de rigor. Retenção de 30% em favor da promitente-vendedora. Cabimento. Admitida compensação com indenização pelo uso do imóvel. Reconhecido direito de indenização e retenção pelas benfeitorias realizadas. A rescisão do contrato objeto da ação monitória caracteriza ausência de interesse. Extinção mantida. Sentença reformada em parte. Recurso da ré parcialmente provido e recurso da autora provido. (voto 9096) (Apelação 0149577-48.2006.8.26.0000, Rel. Viviani Nicolau, Suzano, 9ª Câmara de Direito Privado, j. 31.01.2012, Data de registro: 03.02.2012, Outros números: 4861174400).

e) Retenção de 20% das quantias pagas, já considerada a ocupação do imóvel: Rescisão de compromisso de compra e venda cumulada com reintegração de posse. Preliminares de cerceamento de defesa e carência da ação rejeitadas. Cooperativa que não tem a natureza jurídica das tradicionais, não passando de forma encontrada para a comercialização de imóveis em construção, incidindo, por isso, o Código de Defesa do Consumidor. Direito do consumidor de obter a devolução imediata das parcelas pagas, admitindo-se a retenção de 20% a título de perdas e danos, diante do longo período de ocupação do imóvel por parte da compradora. Entendimentos pacificados por súmulas deste Tribunal de Justiça. Justiça gratuita indeferida. Recursos parcialmente providos (Apelação 9177287-79.2009.8.26.0000, Rel. Daniela Menegatti Milano, Guarulhos, 1ª Câmara de Direito Privado, j. 31.01.2012, Data de registro: 03.02.2012, Outros números: 6869134500).

Não que não se aplique o Código de Defesa do Consumidor, mas defendo que sua aplicação deve ser subsidiária no contexto do diálogo das fontes, de tal sorte a prevalecer a devolução tal qual foi tratada na lei especial. Posta assim a questão, a insegurança jurídica impera, havendo decisões que aplicam a sistemática introduzida pela Lei 13.786/2018 e outras que a afastam a pretexto de sobrepor as regras do Código de Defesa do Consumidor.

À toda evidência, não devem ser afastadas as regras especiais para o desfazimento do contrato insculpidas na Lei 13.786/2018 sob pena de sua ineficácia quase que completa, ainda que se trate de relação de consumo, como de fato a maioria dos contratos com incorporadoras e loteadoras representa.

Nessa medida, afastando a sistemática de desfazimento dos contratos dessa natureza, exemplificativamente encontramos os seguintes julgados do Tribunal de Justiça de São Paulo:

Apelação – Compromisso de compra e venda – Rescisão contratual – Pretensão de restituição integral dos valores pagos – Procedência parcial para devolução de 75% das quantias desembolsadas, exceto os valores pagos a título de comissão de corretagem – Inconformismo da ré centrado na hipótese de que o contrato é posterior à Lei 13.786/2018, sendo de rigor a aplicado do referido regramento, bem como alvitrando a condenação ao pagamento de IPTU, despesas de taxa de conservação e melhoramentos, além de taxa de fruição – Descabimento – Não obstante a lei do distrato seja anterior ao contrato celebrado, à luz da legislação consumerista, as cláusulas excessivamente onerosas aos consumidores devem ser revistas – Aplicação do CDC – Precedentes desta Câmara – Percentual de retenção fixado (25% dos valores pagos) que se revela consentâneo ao caso concreto – Taxa de fruição – Descabimento – Imóvel que constitui terreno sem qualquer benfeitoria – Pagamento do IPTU, taxas de conservação e CLUB SLIM já deferidos na sentença – Imissão na posse que ocorreu a partir da aquisição do lote – Recurso desprovido (TJSP; Apelação Cível 1017101-86.2021.8.26.0005; Rel. Clara Maria Araújo Xavier; 8ª Câmara de Direito Privado; Foro Regional VII – Itaquera – 1ª Vara Cível; j. 09.09.2022; Data de registro: 09.09.2022).

Apelação – Compromisso de compra – Ação de rescisão contratual – Ação julgada parcialmente procedente – Resolução do contrato e devolução de 90% do valor pago – Insurgência da ré. Pretensão de aplicação de multa de 10% sobre o contrato e que sejam retidos valores da corretagem, cobrança de IPTU e taxas associativas, além de cobrança de taxa de fruição – Impossibilidade – Resolução motivada pelo adquirente – Contrato celebrado sob a égide da Lei 13.786/2018 (Lei do Distrato) – Mesmo assim, considerando a peculiaridade do caso concreto, no qual o contrato vigeu por pouco é excessivamente onerosa a aplicação das disposições contratuais nos moldes da Lei 13.786/2018 deve prevalecer a lei consumerista – Inteligência do art. 51, IV, do Código de Defesa do Consumidor e do art. 413 do Código Civil, que admitem a possibilidade de revisão das cláusulas contratuais nulas, abusivas ou excessivamente onerosas – Penalidades que implicariam em saldo negativo, ocasionando não só a perda total do investimento como dívida do consumidor com a vendedora, o que é inadmissível nos termos do art. 53 do CDC e súmulas 1 do TJSP e 543 do STJ – Multa estipulada sobre o valor do contrato – Taxa de uso do imóvel descabida – Terreno que não teve qualquer edificação, de que não resulta renda e que retornará à propriedade da demandada, para ser revendido a terceiro, sem qualquer embaraço – Devolução do percentual sobre o valor da comissão de corretagem que integra o preço devido – Demais encargos indevidos – Retenção de 20% das parcelas pagas que é bastante a cobrir as despesas com publicidade e administração e casuais prejuízos da ré com a extinção do contrato – Precedentes – Sentença parcialmente reformada para majorar o percentual de retenção e fixar a correção monetária do desembolso e juros do transito em julgado – Recurso parcialmente reformado (TJSP; Apelação Cível 1006142-20.2021.8.26.0405; Rel. Silvério da Silva; 8ª Câmara de Direito Privado; Foro de Osasco – 8ª Vara Cível; j. 30.07.2022; Data de registro: 30.07.2022).

Ação de rescisão contratual c.c. restituição de valores. Sentença de parcial procedência para declarar a rescisão do contrato, condenar a ré à restituição de 75% dos valores pagos, em parcela única, acrescidas de juros e correção monetária, observado o desconto da comissão de corretagem. Apela a ré sustentando a aplicabilidade da Lei 13.786/2018; a apelada, inadimplente, que deu causa à rescisão contratual; à apelante não pode ser imputada a obrigação de devolver o percentual de 75% dos valores pagos devidamente atualizados, mormente de uma única vez, contrariando lei específica; pugna pela reforma da decisão aplicando ao presente caso os parâmetros de restituição de valores pagos previstos na Lei do Distrato, aplicando-se a multa contratual compensatória de 10% do valor do contrato. Cabimento parcial. O contrato firmado entre as partes é posterior à Lei do Distrato (Lei 13.786/2018), impondo-se a sua aplicação. Adequada a manutenção da retenção de 25% das prestações pagas pela autora em favor da ré. Aplicabilidade do art. 32-A da Lei 13.786/2018. A restituição dos 75% deverá se dar em parcela única, no prazo máximo de 180 dias após o prazo previsto em contrato para conclusão das obras. Inteligência do art. 32-A, § 1º, I da mencionada lei. Cláusula penal. Pretensão de aplicação da multa compensatória de 10%, além da retenção. Descabimento. Conquanto aplicável a Lei 13.786/2018, não se pode perder de vista a relação consumerista existente, de modo que o CDC há de balizar a aplicação da mencionada Lei do Distrato, coibindo eventuais abusos contratuais. Os art. 51, IV, e 53 do CDC, plenamente aplicáveis, nulificam de pleno direito as cláusulas abusivas e aquelas que estabeleçam a perda total/substancial das prestações pagas em benefício do credor, no caso de rescisão por inadimplemento e retomada do imóvel. Recurso parcialmente provido (TJSP; Apelação Cível 1002762-11.2021.8.26.0236; Rel. James Siano; 5ª Câmara de Direito Privado; Foro de Ibitinga – 2ª Vara Cível; j. 23.06.2022; Data de registro: 23.06.2022).

Admitindo a aplicação da lei especial, ainda que haja relação de consumo conforme defendo, no mesmo Tribunal de Justiça de São Paulo:

Apelação. Rescisão contratual c.c. restituição de quantia paga. Compromisso de compra e venda. Dificuldades financeiras. Rescisão provocada pelo autor. Devolução dos valores pagos. Necessidade. Súmulas 1, 2 e 3 deste E. Tribunal de Justiça e Súmula 543 do STJ. Autor que procurou a ré por duas vezes para renegociação, culminando formalização de aditivo contratual em 30.04.2020, com repactuação dos valores e adequação à lei nova. Retenção de 50% dos valores pagos. Possibilidade. Regime de afetação. Aplicabilidade da Lei 13.786/2018 aos contratos posteriores à sua vigência. Pretensão indenizatória pelo uso/fruição do imóvel. Cabimento. Desnecessidade de reconvenção. Fixação do montante equivalente a 0,5% sobre o valor atualizado do contrato, pro rata die, considerado o período compreendido entre o recebimento das chaves e reintegração na posse. Benfeitorias voluptuárias. Descabimento de indenização, inexistindo, no caso, enriquecimento sem causa. Recurso do réu provido, improvido o do autor (TJSP; Apelação Cível 1025632-23.2020.8.26.0224; Rel. Walter Exner; 36ª Câmara de Direito Privado; Foro de Guarulhos – 10ª Vara Cível; j. 15.09.2022; Data de registro: 15.09.2022).

Apelação. Ação de rescisão contratual. Compromisso de compra e venda de imóvel residencial. Pretensa restituição integral dos valores pagos. Sentença de improcedência. Contrato celebrado após a vigência da Lei 13.786/2018. Possibilidade de retenção, pela compromissária-vendedora, de 50% da quantia paga. Empreendimento que, por expressa disposição contratual, se submete ao regime de patrimônio de afetação. Art. 67-A, § 5º, da Lei 4.591/1964. Sentença mantida. Recurso desprovido (TJSP; Apelação Cível 1022409-97.2021.8.26.0007; Relatora: Lidia Conceição; 36ª Câmara de Direito Privado; Foro Regional VII – Itaquera – 2ª Vara Cível; j. 08.09.2022; Data de registro: 08.09.2022).

Contrato – Compra e venda de imóvel em construção – Empreendimento sujeito ao regime de patrimônio de afetação – Ruptura do negócio por incapacidade financeira do compromissário compradores – Parcela de retenção – Súmula 1 TJSP – Súmula 543, STJ – Cláusula penal de retenção de 50% do valor adimplido que não se reputa abusiva no caso concreto, sendo também permitida pela lei do distrato aplicável à espécie (art. 67-A, § 5º, da Lei 4.591/1964, com a redação dada pela Lei 13.786/2018) – Onerosidade excessiva e enriquecimento sem causa também não verificados – Redução equitativa da multa de que não se cogita – Comissão de corretagem – Pedido de restituição – Legalidade da cláusula de repasse ao consumidor estabelecida com clareza – Tema 938, STJ – Verba exigível – Sentença ratificada (art. 252, RITJSP) – Recurso desprovido (TJSP; Apelação Cível 1005211-92.2020.8.26.0650; Rel. Luiz Antonio de Godoy; 1ª Câmara de Direito Privado; Foro de Valinhos – 2ª Vara; j. 28.06.2022; Data de registro: 28.06.2022).

4.2.1. As alterações decorrentes da Lei 13.786/2018 que incluiu o art. 67-A na Lei 4.591/1964 e o art. 32-A na Lei 6.766/1979

Como visto, no dia 5 de dezembro de 2018, o Congresso Nacional aprovou a Lei 13.786/2018 que entrou em vigor no dia 28.12.2018, data da sua publicação, que, entre outras medidas, incluiu o art. 67-A na Lei 4.591/1964 e o art. 32-A na Lei 6.766/1979 para regulamentar, em razão do desfazimento do contrato, a questão da restituição de valores pagos por promitentes compradores de lotes adquiridos do loteador e de unidades condominiais adquiridas dos incorporadores.

Deveras, as regras especiais aplicam-se apenas aos casos de resolução de compromissos de compra e venda firmados com incorporadoras e com loteadoras a teor dos referidos dispositivos legais.

Nesse sentido, no julgamento dos REsps 1.498.484/1.635.428 e REsps 1.614.721/1.631.485 (temas 970 e 971), citando estudo dos consultores legislativos Carlos E. Elias de Oliveira e Bruno Mattos e Silva, o Ministro Luiz Felipe Salomão transcreveu: *"em se tratando de venda de imóveis construídos* [i.e. prontos], *deve ser admitida, por analogia, a aplicação da nova lei quando o comprador puder ser considerado consumidor, pois, onde há o mesmo fundamento, deve haver a mesma regra* (ubi eadem ratio, ibi eadem iuris). *O art. 4º da LINDB autoriza essa analogia".*[6]

Não entendo que a analogia seja necessária na medida daquilo que literalmente a Lei 4.591/1964 passou a prever.

Paradigmático, nesse sentido, o teor do art. 67-A da Lei 4.591/1964, que deixa clara a circunscrição aos contratos celebrados **exclusivamente com o incorporador,** sem distinguir tratar-se de imóvel pronto ou na planta (em construção), o que, de resto, foi objeto de emenda específica do Senado para esclarecer a aplicabilidade do dispositivo legal, *verbis:*

> Art. 67-A. *Em caso de desfazimento do* **contrato celebrado exclusivamente com o incorporador,** *mediante distrato ou resolução por inadimplemento absoluto de obrigação do adquirente, este fará jus à restituição das quantias que houver pago diretamente ao incorporador, atualizadas com base no índice contratualmente estabelecido para a correção monetária das parcelas do preço do imóvel, delas deduzidas, cumulativamente:*
>
> *I – a integralidade da comissão de corretagem;*
>
> *II – a pena convencional, que não poderá exceder a 25% (vinte e cinco por cento) da quantia paga.*
>
> *§ 1º Para exigir a pena convencional, não é necessário que o incorporador alegue prejuízo.*
>
> *§ 2º Em função do período em que teve disponibilizada a unidade imobiliária, responde ainda o adquirente, em caso de resolução ou de distrato, sem prejuízo do disposto no caput e no § 1º deste artigo, pelos seguintes valores:*
>
> *I – quantias correspondentes aos impostos reais incidentes sobre o imóvel;*
>
> *II – cotas de condomínio e contribuições devidas a associações de moradores;*
>
> *III – valor correspondente à fruição do imóvel, equivalente à 0,5% (cinco décimos por cento) sobre o valor atualizado do contrato, pro rata die;*
>
> *IV – demais encargos incidentes sobre o imóvel e despesas previstas no contrato.*
>
> *§ 3º Os débitos do adquirente correspondentes às deduções de que trata o § 2º deste artigo poderão ser pagos mediante compensação com a quantia a ser restituída.*
>
> *§ 4º Os descontos e as retenções de que trata este artigo, após o desfazimento do contrato, estão limitados aos valores efetivamente pagos pelo adquirente, salvo em relação às quantias relativas à fruição do imóvel.*
>
> *§ 5º Quando a incorporação estiver submetida ao regime do patrimônio de afetação, de que tratam os arts. 31-A a 31-F desta Lei, o incorporador restituirá os valores pagos pelo adquirente, deduzidos os valores descritos neste artigo e atualizados com base no índice contratualmente estabelecido para a correção monetária das parcelas do preço do imóvel, no prazo máximo de 30 (trinta) dias após o habite-se ou documento equivalente expedido pelo órgão público municipal competente, admitindo-se, nessa hipótese, que a pena referida no inciso II do caput deste artigo seja estabelecida até o limite de 50% (cinquenta por cento) da quantia paga.*
>
> *§ 6º Caso a incorporação não esteja submetida ao regime do patrimônio de afetação de que trata a Lei 10.931, de 2 de agosto de 2004, e após as deduções a que se referem os parágrafos anteriores, se houver remanescente a ser ressarcido ao adquirente, o pagamento será realizado em parcela única, após o prazo de 180 (cento e oitenta) dias, contado da data do desfazimento do contrato.*

---

[6] Disponível em: http://genjuridico.com.br/2019/01/10/a-recente-lei-do-distrato-lei-no-13--786-2018-o-novo-cenario-juridico-dos-contratos-de-aquisicao-de-imoveis-em-regime-de-incorporacao--imobiliaria-ou-de-loteamento-parte-1/. Acesso em: 23 de março de 2019.

§ 7º Caso ocorra a revenda da unidade antes de transcorrido o prazo a que se referem os §§ 5º ou 6º deste artigo, o valor remanescente devido ao adquirente será pago em até 30 (trinta) dias da revenda.

§ 8º O valor remanescente a ser pago ao adquirente nos termos do § 7º deste artigo deve ser atualizado com base no índice contratualmente estabelecido para a correção monetária das parcelas do preço do imóvel.

§ 9º Não incidirá a cláusula penal contratualmente prevista na hipótese de o adquirente que der causa ao desfazimento do contrato encontrar comprador substituto que o sub-rogue nos direitos e obrigações originalmente assumidos, desde que haja a devida anuência do incorporador e a aprovação dos cadastros e da capacidade financeira e econômica do comprador substituto.

§ 10. Os contratos firmados em estandes de vendas e fora da sede do incorporador permitem ao adquirente o exercício do direito de arrependimento, durante o prazo improrrogável de 7 (sete) dias, com a devolução de todos os valores eventualmente antecipados, inclusive a comissão de corretagem.

§ 11. Caberá ao adquirente demonstrar o exercício tempestivo do direito de arrependimento por meio de carta registrada, com aviso de recebimento, considerada a data da postagem como data inicial da contagem do prazo a que se refere o § 10 deste artigo.

§ 12. Transcorrido o prazo de 7 (sete) dias a que se refere o § 10 deste artigo sem que tenha sido exercido o direito de arrependimento, será observada a irretratabilidade do contrato de incorporação imobiliária, conforme disposto no § 2º do art. 32 da Lei 4.591, de 16 de dezembro de 1964.

§ 13. Poderão as partes, em comum acordo, por meio de instrumento específico de distrato, definir condições diferenciadas das previstas nesta Lei.

§ 14. Nas hipóteses de leilão de imóvel objeto de contrato de compra e venda com pagamento parcelado, com ou sem garantia real, de promessa de compra e venda ou de cessão e de compra e venda com pacto adjeto de alienação fiduciária em garantia, realizado o leilão no contexto de execução judicial ou de procedimento extrajudicial de execução ou de resolução, a restituição far-se-á de acordo com os critérios estabelecidos na respectiva lei especial ou com as normas aplicáveis à execução em geral.

Quanto aos compromissos de compra e venda firmados com as loteadoras, em que pese não haver a mesma ressalva, o dispositivo correspondente foi incluído na lei especial que regula o parcelamento do solo urbano e, por tal razão, é evidente a circunscrição aos contratos firmados entre loteadoras e adquirentes de lotes:

Art. 32-A. Em caso de resolução contratual por fato imputado ao adquirente, respeitado o disposto no § 2º deste artigo, deverão ser restituídos os valores pagos por ele, atualizados com base no índice contratualmente estabelecido para a correção monetária das parcelas do preço do imóvel, podendo ser descontados dos valores pagos os seguintes itens:

I – os valores correspondentes à eventual fruição do imóvel, até o equivalente a 0,75% (setenta e cinco centésimos por cento) sobre o valor atualizado do contrato, cujo prazo será contado a partir da data da transmissão da posse do imóvel ao adquirente até sua restituição ao loteador;

II – o montante devido por cláusula penal e despesas administrativas, inclusive arras ou sinal, limitado a um desconto de 10% (dez por cento) do valor atualizado do contrato;

III – os encargos moratórios relativos às prestações pagas em atraso pelo adquirente;

IV – os débitos de impostos sobre a propriedade predial e territorial urbana, contribuições condominiais, associativas ou outras de igual natureza que sejam a estas equiparadas e tarifas vinculadas ao lote, bem como tributos, custas e emolumentos incidentes sobre a restituição e/ou rescisão;

V – a comissão de corretagem, desde que integrada ao preço do lote.

§ 1º O pagamento da restituição ocorrerá em até 12 (doze) parcelas mensais, com início após o seguinte prazo de carência:

I – em loteamentos com obras em andamento: no prazo máximo de 180 (cento e oitenta) dias após o prazo previsto em contrato para conclusão das obras;

II – em loteamentos com obras concluídas: no prazo máximo de 12 (doze) meses após a formalização da rescisão contratual.

§ 2º Somente será efetuado registro do contrato de nova venda se for comprovado o início da restituição do valor pago pelo vendedor ao titular do registro cancelado na forma e condições pactuadas no distrato, dispensada essa comprovação nos casos em que o adquirente não for localizado ou não tiver se manifestado, nos termos do art. 32 desta Lei.

§ 3º O procedimento previsto neste artigo não se aplica aos contratos e escrituras de compra e venda de lote sob a modalidade de alienação fiduciária nos termos da Lei nº 9.514, de 20 de novembro de 1997.

4.2.2. Os requisitos formais do contrato para possibilitar a aplicação do art. 67-A da Lei 4.591/1964 e do art. 32-A da Lei 6.766/1979

Pelo teor dos dispositivos legais inseridos na Lei das Incorporações e na Lei do Parcelamento do Solo Urbano (Lei 4.591/1964, art. 67-A e Lei 6.766/1979, art. 32-A), conforme veremos, aos adquirentes inadimplentes são impostas gravosas consequências.

Com efeito, o adquirente de unidade condominial inadimplente, em resumo e como aqui se verificará, ficará sujeito a multa que pode chegar a 50% do valor pago e, ainda, suportar outros custos decorrentes do desfazimento do contrato como os impostos, taxas condominiais, despesas de corretagem, destacando-se o valor equivalente a 0,5% do valor do contrato atualizado, por mês de ocupação, para compensar a fruição do imóvel.

Todavia, a imposição dessas consequências demanda o respeito a exigências formais, notadamente a elaboração de quadro-resumo que contemple os requisitos insculpidos no art. 35-A da Lei 4.591/1964, destacando-se a necessidade desse quadro contemplar, em informação direta, as consequências do desfazimento do contrato, seja por meio de distrato, seja por meio de resolução contratual por inadimplemento de obrigação do adquirente ou do incorporador, inclusive quanto ao prazo para entrega do imóvel, sendo relevante constar as multas e os prazos para restituição do eventual saldo ao adquirente, exigindo-se a redação em destaque, notadamente em negrito.

Nada obstante a menção, na Lei 4.591/1964, art. 35-A ao "contrato de compra e venda" além da promessa de compra e venda e da omissão ao contrato de promessa no art. 26-A da Lei 6.766/1979, certo é que os dispositivos se aplicam aos contratos de venda e compra em prestações (o que é raro pois se exigiria garantia hipotecária) e, notadamente, às promessas de compra e venda e posteriores cessões de direitos, sendo este, no meu entendimento, o objetivo da lei (regular o desfazimento dos contratos preliminares).

Veremos no capítulo 7 o atraso na entrega do imóvel pela incorporadora cujo art. 43-A exige o estabelecimento de multa imposta à incorporadora para o caso de resolução promovida pelo adquirente em razão de atraso superior ao prazo de carência legal (até 180 dias) estipulado no contrato que, igualmente, deve ser contemplada no quadro-resumo e no contrato.

Em suma, todas as penalidades, sejam aquelas impostas ao incorporador (pelo atraso na entrega do imóvel) nos termos do art. 35-A, VI e XII e art. 43-A *§§ 1º e 2º da Lei 4.591/1964, sejam aquelas impostas ao adquirente nos termos do art. 67-A da Lei 4.591/1964, deverão estar contidas no quadro*-resumo e, demais disso, em cláusula contratual.

Nos dois locais, devem ser redigidas em negrito e conter assinatura específica do promitente comprador na cláusula e no item do quadro-resumo.

Confira-se, nesta medida, o teor do dispositivo legal que impõe essas consequências:

Art. 35-A. Os contratos de compra e venda, promessa de venda, cessão ou promessa de cessão de unidades autônomas integrantes de incorporação imobiliária serão iniciados por quadro-resumo, que deverá conter:

I – o preço total a ser pago pelo imóvel;

II – o valor da parcela do preço a ser tratada como entrada, a sua forma de pagamento, com destaque para o valor pago à vista, e os seus percentuais sobre o valor total do contrato;

III – o valor referente à corretagem, suas condições de pagamento e a identificação precisa de seu beneficiário;

IV – a forma de pagamento do preço, com indicação clara dos valores e vencimentos das parcelas;

V – os índices de correção monetária aplicáveis ao contrato e, quando houver pluralidade de índices, o período de aplicação de cada um;

VI – as consequências do desfazimento do contrato, seja por meio de distrato, seja por meio de resolução contratual motivada por inadimplemento de obrigação do adquirente ou do incorporador, com destaque negritado para as penalidades aplicáveis e para os prazos para devolução de valores ao adquirente;

VII – as taxas de juros eventualmente aplicadas, se mensais ou anuais, se nominais ou efetivas, o seu período de incidência e o sistema de amortização;

VIII – as informações acerca da possibilidade do exercício, por parte do adquirente do imóvel, do direito de arrependimento previsto no art. 49 da Lei 8.078, de 11 de setembro de 1990 (Código de Defesa do Consumidor), em todos os contratos firmados em estandes de vendas e fora da sede do incorporador ou do estabelecimento comercial;

IX – o prazo para quitação das obrigações pelo adquirente após a obtenção do auto de conclusão da obra pelo incorporador;

X – as informações acerca dos ônus que recaiam sobre o imóvel, em especial quando o vinculem como garantia real do financiamento destinado à construção do investimento;

XI – o número do registro do memorial de incorporação, a matrícula do imóvel e a identificação do cartório de registro de imóveis competente;

XII – o termo final para obtenção do auto de conclusão da obra (habite-se) e os efeitos contratuais da intempestividade prevista no art. 43- A.

§ 1º Identificada a ausência de quaisquer das informações previstas no caput, será concedido prazo de 30 (trinta) dias para aditamento do contrato e saneamento da omissão, findo o qual, essa omissão, se não sanada, caracterizará justa causa para rescisão contratual por parte do adquirente.

§ 2º A efetivação das consequências do desfazimento do contrato, referidas no inciso VI do caput, dependerá de anuência prévia e específica do adquirente a seu respeito, mediante assinatura junto a essas cláusulas, que deverão ser redigidas conforme o disposto no § 4º do art. 54 da Lei 8.078, de 11 de setembro de 1990 (Código de Defesa do Consumidor).

Se faltar qualquer um desses requisitos, o adquirente poderá notificar a incorporadora para aditar o contrato no prazo de 30 (trinta) dias e, caso não adite, o adquirente poderá pleitear resolução do contrato.

No caso de compromisso de compra e venda de lote, o requisito formal de quadro--resumo vem tratado no art. 26-A da Lei 6.766/1979:

> *Art. 26-A. Os contratos de compra e venda, cessão ou promessa de cessão de loteamento devem ser iniciados por quadro-resumo, que deverá conter, além das indicações constantes do art. 26:*
>
> *I – o preço total a ser pago pelo imóvel;*
>
> *II – o valor referente à corretagem, suas condições de pagamento e a identificação precisa de seu beneficiário;*
>
> *III – a forma de pagamento do preço, com indicação clara dos valores e vencimentos das parcelas;*
>
> *IV – os índices de correção monetária aplicáveis ao contrato e, quando houver pluralidade de índices, o período de aplicação de cada um;*
>
> *V – as consequências do desfazimento do contrato, seja mediante distrato, seja por meio de resolução contratual motivada por inadimplemento de obrigação do adquirente ou do loteador, com destaque negritado para as penalidades aplicáveis e para os prazos para devolução de valores ao adquirente;*
>
> *VI – as taxas de juros eventualmente aplicadas, se mensais ou anuais, se nominais ou efetivas, o seu período de incidência e o sistema de amortização;*
>
> *VII – as informações acerca da possibilidade do exercício, por parte do adquirente do imóvel, do direito de arrependimento previsto no art. 49 da Lei 8.078, de 11 de setembro de 1990 (Código de Defesa do Consumidor), em todos os contratos firmados em estandes de vendas e fora da sede do loteador ou do estabelecimento comercial;*
>
> *VIII – o prazo para quitação das obrigações pelo adquirente após a obtenção do termo de vistoria de obras;*
>
> *IX – Informações acerca dos ônus que recaiam sobre o imóvel;*
>
> *X – o número do registro do loteamento ou do desmembramento, a matrícula do imóvel e a identificação do cartório de registro de imóveis competente;*
>
> *XI – o termo final para a execução do projeto referido no § 1º do art. 12 e a data do protocolo do pedido de emissão do termo de vistoria de obras.*
>
> *§ 1º Identificada a ausência de quaisquer das informações previstas no caput deste artigo, será concedido prazo de 30 (trinta) dias para aditamento do contrato e saneamento da omissão, findo o qual, essa omissão, se não sanada, caracterizará justa causa para rescisão contratual por parte do adquirente.*
>
> *§ 2º A efetivação das consequências do desfazimento do contrato, mencionadas no inciso V do caput, dependerá de anuência prévia e específica do adquirente a seu respeito, mediante assinatura junto a essas cláusulas, que deverão ser redigidas conforme o disposto no § 4º do art. 54 da Lei 8.078, de 11 de setembro de 1990 (Código de Defesa do Consumidor).*

Seja o caso decorrente de compromisso de compra e venda, cessão ou promessa de cessão firmado por incorporadora ou por loteadora, portanto, invariavelmente, as consequências do descumprimento decorrentes do art. 67-A da Lei 4.591/1964 e do art. 32-A da Lei 6.766/1979 dependem, em suma, de:

a) assinatura específica na cláusula e no item do quadro-resumo que contenha a penalidade imposta ao adquirente, não bastando a tradicional rubrica na página;

b) redação, tanto no quadro-resumo quanto na cláusula, em negrito para chamar a atenção do promitente comprador.

Como se trata de forma prescrita em lei, o desrespeito implicará em nulidade da penalidade que se considerará não escrita (*quod nullum est, nullum producit effectum – o que é nulo não produz nenhum efeito – CC, art. 104 e art. 166),* impedindo a imposição das penas e dos descontos de forma automática ao adquirente

Conforme tratamos no Capítulo 2 deste Livro II (item 2.1.5), a Lei 14.181/2021 alterou dispositivos do Código de Defesa do Consumidor e acrescentou requisitos formais aos contratos que espelhem relações de consumo.

E os compromissos de compra e venda de imóveis firmados por construtoras e loteadoras, à toda evidência, quando encontram, do outro lado, destinatários finais dos imóveis, se enquadram no conceito de relação de consumo a atrair a aplicação do CDC, cujo art. 54-B exige:

I – o custo efetivo total e a descrição dos elementos que o compõem;

II – a taxa efetiva mensal de juros, bem como a taxa dos juros de mora e o total de encargos, de qualquer natureza, previstos para o atraso no pagamento;

III – o montante das prestações e o prazo de validade da oferta, que deve ser, no mínimo, de 2 (dois) dias;

IV – o nome e o endereço, inclusive o eletrônico, do fornecedor;

V – o direito do consumidor à liquidação antecipada e não onerosa do débito, nos termos do § 2° do art. 52 do CDC, mediante redução proporcional dos juros embutidos no financiamento.

Os requisitos formais exigidos, sob pena de não vincular o consumidor, já estão previstos tanto na Lei 4.591/1964, quanto na Lei 6.766/1979, como vimos. Os únicos acréscimos, para as comunicações entre as partes do contrato, incluir, preferencialmente no quadro-resumo, o endereço eletrônico da construtora ou da loteadora conforme o caso, bem como incluir cláusula expressa acerta do direito – que bem pensado já existe e decorre do próprio CDC – de o adquirente adiantar parcelas do preço com o desconto proporcional aos juros embutidos que devem ser explicitados.

Analisemos, agora, o alcance e os efeitos da regra especial aplicável às resoluções de compromissos de compra e venda de unidades condominiais celebrados com incorporadoras.

4.3. REGRA ESPECIAL PARA OS CONTRATOS DE COMPROMISSO DE COMPRA E VENDA FIRMADOS COM INCORPORADORAS

4.3.1. Aplicabilidade das regras especiais: distratos e resoluções

Inicialmente, convém observar que o art. 67-A da Lei 4.591/1964, para efeito de resolução do compromisso de compra e venda firmado com as incorporadoras, menciona a aplicabilidade das regras especiais para o *distrato* e para a *resolução* do compromisso de compra e venda.

Aqui, mais uma vez, faço uma correção em razão da profunda atecnia que envolve o uso indiscriminado da palavra *rescisão*, que pressupõe que o contrato sequer poderia ter existido, operando efeitos *ex tunc.*

Aqui não tratamos de *rescisão*, mas de *resolução* por inadimplemento do compromisso de compra e venda ou de *distrato* que pressupõe uma *resilição* bilateral.

Portanto, de antemão, é fundamental esclarecer que *resolução* não é sinônimo de *rescisão* e, tampouco, ambos os conceitos se confundem com *resilição*. Conforme De Page,[7] é

---

7   Henri de Page, *Traité élémentaire de droit civil belge*, 2. ed., Bruxelas: Émile Buylant, 1948.

preciso evitar atecnias terminológicas no estudo do Direito, posto que a conclusão extraída da confusão de palavras neste âmbito é a confusão de conceitos e, como o Direito é conceitual, a confusão de institutos jurídicos.

Resolução, nos termos do que ensina Orlando Gomes, "cabe nos casos de inexecução. Classifica-se esta em falta de cumprimento ou inadimplemento *stricto sensu*, mora, e cumprimento defeituoso".[8] Portanto, há *resolução* com o descumprimento das obrigações contratualmente assumidas.

A *resilição*, por outro lado, é o modo de extinção dos contratos pela vontade de um dos contratantes – *resilição* unilateral – por meio da denúncia autorizada pela lei ou pelo próprio contrato, ou, ainda, pela vontade de ambos os contratantes – *resilição* bilateral –, o que se faz por intermédio do *distrato*.

A *rescisão* é a forma de extinção dos contratos em que há lesão (Código Civil, art. 157).

Resolvida a questão semântica, temos que, no caso de descumprimento do contrato, a par da possibilidade de resolução extrajudicial, a ação a ser promovida pelo promitente vendedor que se depara com a falta de pagamento (descumprimento) do promitente comprador é de *resolução* por inadimplemento e não rescisão (Código Civil, art. 475).

Por outro lado, se as partes resolvem desfazer o contrato de comum acordo, assinarão o instrumento de resilição bilateral, denominado *distrato*.

4.3.2. Percentual do que foi pago pelo adquirente a ser restituído pela incorporadora nos casos de distratos e resoluções e o limite da cláusula penal compensatória

Tratando especificamente do *quantum* a ser restituído ao promitente comprador, o art. 67-A da Lei 4.591/1964 estabelece, como regra geral, tanto nos casos de *resolução* por inadimplemento quanto nos casos de *distrato*, que a cláusula penal compensatória não pode ser maior que 25% das quantias pagas, devidamente atualizadas pelo mesmo índice do contrato.

Nenhuma novidade, tendo em vista que esse era mesmo o percentual médio, decorrente de arbitramento judicial antes da alteração da Lei 4.591/1964 pela Lei 13.786, de 27 de dezembro de 2018.

Entretanto, a cláusula penal compensatória poderá ser estipulada no contrato em até *50% (cinquenta por cento)* do valor pago pelo adquirente se a incorporação estiver regida pelo regime do patrimônio de afetação, conforme expressa permissão decorrente do § 5º do art. 67-A da Lei 4.591/1964.

E a multa compensatória vale não só durante a construção, mas, igualmente, depois do auto de conclusão e mesmo para contratos firmados após a conclusão das obras.

Isso porque o regime do patrimônio de afetação não se extingue com a conclusão da obra, mas, nos termos do art. 31-E, I, da Lei 4.591/1964, somente depois do cumprimento das obrigações do incorporador, notadamente após a outorga das escrituras, de tal sorte que a extinção do patrimônio de afetação demanda, cumulativamente, a "averbação da construção, registro dos títulos de domínio ou de direito de aquisição em nome dos respectivos adquirentes e, quando for o caso, extinção das obrigações do incorporador perante a instituição financiadora do empreendimento".

A ideia é que o patrimônio de afetação perdure até o cumprimento de todas as obrigações decorrentes do empreendimento

---

[8] Orlando Gomes, *Contratos*, 14. ed., Rio de Janeiro: Forense, 1994, p. 170.

Mesmo assim, a restituição, ao promitente comprador, não será de 75% ou de 50% das quantias pagas, respectivamente, se não houver, e se houver incorporação, pelo regime do patrimônio de afetação.

Deveras, a base de cálculo, para do total extrair os descontos, é a somatória dos valores pagos diretamente ao incorporador, atualizados desde cada desembolso pelo mesmo índice contratual, excluindo da conta os valores pagos a terceiros e as penalidades (multas e juros por prestações pagas em atraso – mora[9]).

Ocorre que, desse montante (somatória dos valores pagos), serão deduzidos os seguintes valores, entre os quais a multa (cláusula penal) compensatória:

a) a cláusula penal compensatória prevista no contrato que, pela regra geral, não pode ser superior a 25% *(vinte e cinco por cento)*; será de 50% *(cinquenta por cento)* se a incorporação estiver regida pelo regime do patrimônio de afetação. Em ambos os casos, calculada sobre a quantia total paga e atualizada pelo mesmo índice do contrato desde cada desembolso;

b) a integralidade da comissão de corretagem, evidentemente se a comissão foi paga pelo incorporador e não diretamente pelo promitente comprador como permite a jurisprudência;

c) tributos incidentes sobre o imóvel e não pagos durante o período de posse do promitente comprador;

d) cotas condominiais em aberto durante o período de posse da unidade pelo promitente comprador;

e) valor equivalente a 0,5% (meio por cento) por mês, calculado sobre *o valor total atualizado do contrato de promessa de compra e venda* para compensar a fruição, caso a posse tenha sido outorgada;

f) qualquer outro encargo incidente sobre o imóvel e outras despesas previstas em contrato.

Mas aqui é preciso fazer uma ressalva: os descontos e as retenções estão limitados aos valores efetivamente pagos pelo adquirente, nos termos do § 4º do art. 67-A da Lei 4.591/1964, ou seja, não podem ultrapassar as quantias pagas.

Todavia, a somatória dos valores de fruição de 0,5% (meio por cento) ao mês não entra nessa limitação, o que pode resultar em conta negativa.

Em outras palavras, do valor total pago pelo promitente comprador, devidamente atualizado nos termos do contrato, deverão ser subtraídas a cláusula penal (de 25% ou de 50%) e as despesas enumeradas nos incisos I e II e no § 2º do art. 67-A da Lei 4.591/1964, sem computar, ainda, o valor da fruição pelo tempo de uso.

Essa conta está limitada pelo valor pago, que não pode ser suplantado.

Depois dessa operação, do eventual saldo, deve ser subtraído o valor de 0,5% (meio por cento) por mês de posse do promitente comprador e, nessa segunda operação, o valor pode ser negativo, ou seja, pode haver débito do promitente comprador e não valor a restituir.

---

[9] Em que pese a regra estar contida no art. 32-A, III, da Lei 6.766/1979, para o caso de desfazimento de contratos de compromisso de compra e venda de lotes, a mesma regra, por extensão, pode ser aplicada às incorporações, posto que não pode haver restituição de consequência da mora sob pena de desvirtuamento de sua finalidade. Com um pouco de esforço, a afirmação de não inclusão das penalidades na base de cálculo pode ser extraída do inciso IV do § 2º, que permite o desconto dos "demais encargos incidentes sobre o imóvel e despesas previstas no contrato".

Logo, curial concluir que, a depender desses descontos suplementares decorrentes da fruição do imóvel que funcionam como um aluguel legal pelo tempo de uso, o promitente comprador pode não ter restituição alguma ou, até, ser devedor sujeito a execução se o saldo, descontada a penalidade, não for passível de suportar as despesas enumeradas no art. 67-A da Lei 4.591/1964.

Mesmo antes da alteração empreendida na Lei 4.591/1964, o Superior Tribunal de Justiça já entendia dessa maneira, determinando a restituição integral à incorporadora, ainda que o cômputo do valor decorrente do período de utilização do imóvel represente nada a devolver ao adquirente, ou até valor por ele a ser pago, mitigando, assim, a aplicação do art. 53 do Código de Defesa do Consumidor e evitando o locupletamento do adquirente que, inadimplente, resiste quanto à obrigação de devolução do bem:

> *Recurso especial. Civil e Processual Civil. Negativa de prestação jurisdicional. Promessa de compra e venda de imóvel. Resolução por inadimplemento do promitente-comprador. Indenização pela fruição do imóvel. Cabimento. Inaplicabilidade da limitação prevista no art. 53 do CDC. Princípio da reparação integral. 1. Controvérsia acerca da possibilidade de se limitar a indenização devida ao promitente-vendedor em razão da fruição do imóvel pelo promitente-comprador que se tornou inadimplente, dando causa à resolução do contrato. 2. "Não cumprida a obrigação, responde o devedor por perdas e danos, mais juros e atualização monetária segundo índices oficiais regularmente estabelecidos, e honorários de advogado" (art. 389 do CC/2002). 3. Possibilidade de estimativa prévia da indenização por perdas e danos, na forma de cláusula penal, ou de apuração posterior, como nos presentes autos. 4. Indenização que deve abranger todo o dano, mas não mais do que o dano, em face do princípio da reparação integral, positivado no art. 944 do CC/2002. 5. Descabimento de limitação "a priori" da indenização para não estimular a resistência indevida do promitentecomprador na desocupação do imóvel em face da resolução provocada por seu inadimplemento contratual. 6. Inaplicabilidade do art. 53, caput, do CDC à indenização por perdas e danos apuradas posteriormente à resolução do contrato. 7. Revisão da jurisprudência desta Turma. 8. Recurso especial desprovido (REsp 1.258.998/MG, Rel. Min. Paulo de Tarso Sanseverino, 3ª Turma, j. 18.02.2014, DJe 06.03.2014).*

Consignou o relator que a revisão da jurisprudência se mostrou necessária, "porque, conforme demonstrado no presente voto, a limitação da indenização com base no art. 53 do Código de Defesa do Consumidor, além de ir de encontro ao princípio da reparação integral positivado no CC/2002 (art. 944), estimula uma indevida resistência do promitente--comprador em sair do imóvel após a decretação da resolução em face do seu inadimplemento contratual".

Logo, não há falar-se em afronta ao art. 53 do Código de Defesa do Consumidor, que eventualmente nada tenha a receber, posto que, se assim for, decorrerá dos descontos de despesas que ele mesmo gerou em razão do descumprimento contratual e não pode deixar de ressarcir a pretexto do art. 53 do CDC.

A conclusão, bem pensado, não fere o dispositivo consumerista na exata medida em que a penalidade não implica perda total das prestações.

Observe-se que 75% ou 50% dos valores pagos, conforme o caso, são devidos ao adquirente que, entretanto, deve pagar as despesas que gerou em razão do negócio desfeito por seu descumprimento contratual.

Quanto aos juros incidentes sobre eventual valor a ser restituído, tratarei adiante e antecipo que firmo posição de que são devidos desde a citação (no caso de ação de resolução), ressalvada a aplicação de jurisprudência do STJ que entende serem devidos somente após o trânsito em julgado da ação que determina a resolução do contrato (AgRg no REsp 1.151.282/MT, Rel. Min. João Otávio de Noronha, 3ª Turma, j. 20.08.2013, DJe 29.08.2013) por inexistir obrigação de restituir antes do trânsito em julgado, o que se aplica igualmente no caso de distrato (resilição bilateral).

Nesse sentido:

Compromisso de compra e venda. Rescisão contratual c.c. devolução de valores. Promissários compradores que desistiram do negócio. Contrato firmado já sob a égide da Lei 13.786/18. Apelo dos autores. Sentença que reconheceu o direito à retenção integral do preço pago a título de corretagem, que veio individualizado no contrato. Ré que tem direito de reter para si parte dos valores pagos para ressarcir, entre outras despesas, o valor pago a título de comissão de corretagem, providência que está inserida na própria análise do contrato a ser rescindido. Julgamento extra petita inocorrente. Recurso improvido. Apelo da ré. Sentença que reconheceu como devida a retenção de 25% dos valores pagos, conforme art. 67-A, inciso II, da Lei 13.786/18 e jurisprudência do STJ. Caso concreto que, no entanto, exige a aplicação do §5º do art. 67-A. Imóvel negociado que está submetido ao regime do patrimônio de afetação, hipótese em que a própria lei autoriza a retenção até o limite de 50% da quantia paga. Previsão contratual neste sentido que tem respaldo legal, não incorrendo em abusividade. Prazo para a devolução dos valores que, no entanto, não deve se dar de acordo com a referida Lei. Instrumento contratual que estipula que as parcelas da restituição serão exigíveis a partir do trânsito em julgado da sentença que decretar a resolução do compromisso, e que deve prevalecer. Juros moratórios que devem ser contados a partir de então. Apelo provido em parte. Sentença de parcial procedência reformada apenas para autorizar a retenção, pela ré, de 50% da quantia paga pelos adquirentes, após desconto da corretagem, e com juros de mora contados a partir do trânsito em julgado da decisão. Recurso dos autores improvido e da ré provido em parte (TJSP; Apelação Cível 1000935-04.2021.8.26.0320; Rel. Ruy Coppola; 32ª Câmara de Direito Privado; Foro de Limeira – 3ª Vara Cível; j. 17.02.2022; Data de Registro: 17.02.2022).

No STJ, Recurso Especial decidido monocraticamente pelo Ministro Luis Felipe Salomão, reverteu decisão do Tribunal de Justiça de São Paulo, decisão essa do tribunal estadual que determinava restituição diversa daquela prevista na Lei 13.786/2018, aplicando o art. 51 do Código de Defesa do Consumidor, limitando a cláusula penal a 25%.

Destaco, da decisão, os seguintes trechos:

No caso em apreço o contrato foi realizado em Junho de 2019, ou seja, posterior a entrada em vigor da Lei n. 13.786/2018, que introduziu o art. 67- A, II, da Lei 4.591/1964 apontado como violado. Não obstante, o aludido art. 67-A, II, da Lei 4.591/1964, prevê a possibilidade de a pena contratual ser estipulada em até 25% dos valores pagos em caso de rescisão ou resolução [...]. Sendo certo que, como alega o agravante, esse percentual pode ser estabelecido até o limite de 50% da quantia paga, quando a incorporação estiver submetida ao regime do patrimônio de afetação, tratados nos arts. 31-A a 31-F da Lei n. 4.591/1964, como no caso dos autos. Desse modo , estando o limite estabelecido na cláusula de devolução de valores pactuada entre as partes em conformidade com o estabelecido na lei, não há como declarar sua nulidade, ante a prevalência do princípio da pacta sunt servanda. (STJ. AREsp n. 2.062.928, Ministro Luis Felipe Salomão, DJe 04.04.2022).

No mesmo sentido:

Agravo interno no recurso especial. Direito Civil. Compra e venda de imóvel. Rescisão contratual requerida pelos adquirentes. Patrimônio de afetação. Retenção de 50% dos valores pagos. Cabimento. Agravo interno desprovido. 1. O STJ firmou entendimento de que, nos contratos oriundos de incorporação submetida ao regime de patrimônio de afetação, como no casos dos autos, a retenção dos valores pagos pode chegar a 50%, conforme estabelece o art. 67-A, I, e § 5º, da Lei 13.786/2018. 2. Agravo interno a que se nega provimento. (AgInt no REsp n. 2.055.691/SP, Rel. Min. Raul Araújo, 4ª Turma, j. 05.06.2023, DJe 13.06.2023).

Deveras, o STJ, a partir do julgamento do REsp 1.723.519/SP, da Segunda Seção, firmou entendimento segundo o qual, na resolução de contrato de promessa de compra e venda de imóvel por desistência do comprador, anterior à Lei 13.786/2018, deve prevalecer o percentual de retenção pactuado desde que dentro do limite de 25% (vinte e cinco por cento), tal como definido no julgamento dos EAg 1.138.183/PE, por ser montante adequado e suficiente para indenizar o construtor das despesas gerais e do rompimento unilateral do contrato.

Todavia, restou consignado nesse mesmo aresto que "(...) a Lei 13.786/2018, suprindo a lacuna do direito positivo, e incorporando ao direito positivo diversos entendimentos e parâmetros já consagrados pelo STJ, adotou o percentual 25% da quantia paga como limite para a pena convencional em caso de distrato, podendo chegar a 50% quando a incorporação estiver sujeita ao regime de patrimônio de afetação (arts. 67-A, inciso I e § 5º – g.n.)".

Portanto, para os contratos firmados depois da entrada em vigor da Lei 13.786/2018, que introduziu o art. 67-A, II, da Lei 4.591/1964, a cláusula penal pode ser estabelecida até o teto de 50% da quantia paga quando a incorporação estiver submetida ao regime do patrimônio de afetação, tratado nos arts. 31-A a 31-F da Lei 4.591/1964, procedendo-se os demais descontos, como os aluguéis pelo tempo de uso, dos outros 50%.

4.3.3. A regra específica para a cláusula penal compensatória nas incorporações submetidas ao regime do patrimônio de afetação

Como afirmei com supedâneo na lei, quando a incorporação estiver submetida ao regime do patrimônio de afetação, que incide sobre a quase integralidade das incorporações, a cláusula penal compensatória pode ser estabelecida no contrato até o limite de 50% (cinquenta por cento) das quantias pagas, aplicando-se as demais deduções conforme previsão insculpida no § 5º do art. 67-A da Lei 4.591/1964.

Repito aqui, porquanto relevante, que a possibilidade de estipular pena compensatória em 50% das quantias pagas perdura mesmo depois da conclusão das obras para contratos cujo cumprimento se protraia no tempo e ainda que o contrato tenha sido firmado depois do término dos trabalhos de edificação e habite-se.

Isso porque o regime do patrimônio de afetação não deixa de existir com a conclusão da obra, mas além da conclusão das obras, cumulativamente com o cumprimento da integralidade das obrigações do incorporador, que deve outorgar as escrituras de todas as unidades do empreendimento, conclusão que decorre do art. 31-E, I, da Lei 4.591/1964, segundo o qual o patrimônio de afetação permanece até o cumprimento de todas as obrigações decorrentes do empreendimento.

Feita essa importante observação, registre-se que as demais deduções são as mesmas, admitindo-se cláusula penal dobrada, equivalente à metade do que foi pago pelo promitente comprador, se a incorporação estiver afetada.

O regime de incorporação pelo patrimônio de afetação implica em segregar o patrimônio da incorporação dos demais bens, direitos e obrigações da incorporadora de tal sorte que o terreno e as acessões somente respondem pelas dívidas daquele empreendimento sem contaminação de outras obrigações da incorporadora.

E como as receitas também são segregadas, o reforço na pena imposta ao inadimplente corrobora com o caixa do empreendimento, em benefício dos demais adquirentes adimplentes.

Quanto ao regime do patrimônio de afetação, dele tratamos no Livro I, Capítulo 1, item 1.2.4.

4.3.4. Prazo para restituição, pela incorporadora ao adquirente, do eventual saldo

A jurisprudência, antes da alteração da Lei 4.591/1964, com a inclusão do art. 67-A, havia pacificado o entendimento segundo o qual a restituição devida ao promitente comprador, depois da resolução do contrato de compromisso de compra e venda, deveria ser imediata e integral.[10]

---

[10] Nessa medida a Súmula 2 do Tribunal de Justiça de São Paulo: "*A devolução das quantias pagas em contrato de compromisso de compra e venda de imóvel deve ser feita de uma só vez, não se sujeitando à forma de parcelamento prevista para a aquisição*".

Nesse sentido, na sistemática dos recursos repetitivos:

Superior Tribunal de Justiça. *Recurso Especial representativo de controvérsia. Art. 543-C do CPC [atual art. 1.036]. Direito do consumidor. Contrato de compra de imóvel. Desfazimento. Devolução de parte do valor pago. Momento. 1. Para efeitos do art. 543-C do CPC [atual art. 1.036]: em contratos submetidos ao Código de Defesa do Consumidor, é abusiva a cláusula contratual que determina a restituição dos valores devidos somente ao término da obra ou de forma parcelada, na hipótese de resolução de contrato de promessa de compra e venda de imóvel, por culpa de quaisquer contratantes. Em tais avenças, deve ocorrer a imediata restituição das parcelas pagas pelo promitente comprador – integralmente, em caso de culpa exclusiva do promitente vendedor/construtor, ou parcialmente, caso tenha sido o comprador quem deu causa ao desfazimento. 2. Recurso especial não provido (REsp 1.300.418/SC, Rel. Min. Luis Felipe Salomão, 2ª Seção, j. 13.11.2013, DJe 10.12.2013).*

Nada obstante, essa conclusão foi alterada expressamente pelos §§ 5º e 6º do art. 67-A da Lei 4.591/1964.

Com efeito, a eventual restituição (eventual, pois a conta pode ser negativa) será feita pelo valor do saldo atualizado pelo índice contratual (§ 8º do art. 67-A da Lei 4.591/1964), nos seguintes prazos:

a) *Incorporações submetidas ao regime do patrimônio de afetação*: no prazo de até 30 (trinta) dias após a obtenção do "habite-se";

b) *Nos demais casos de incorporações não submetidas ao regime do patrimônio de afetação*: no prazo de até 180 (cento e oitenta) dias contados da data do desfazimento do contrato, em que pese a redação defeituosa do § 6º do art. 67-A da Lei 4.591/1964 que menciona "após o prazo de 180 dias";

c) *Em qualquer caso, com ou sem patrimônio de afetação, havendo revenda da unidade*: em até 30 (trinta) dias da revenda.

Resta saber, já que a lei não previu, a hipótese de imóvel submetido à incorporação pelo regime do patrimônio de afetação, cujas obras já foram concluídas e o contrato se protraia no tempo com obrigação do adquirente de pagar parcelas depois da entrega, o que é raro tendo em vista a praxe de repassar o financiamento do saldo a uma instituição financeira ou substituir a promessa pela venda propriamente dita com pacto adjeto de alienação fiduciária, no caso de a resolução ou distrato se efetivar depois da conclusão do empreendimento, em que pese o contrato ter sido firmado durante as obras.

Neste caso, entendo que valerá, respeitada a boa-fé e a razoabilidade, aquilo que tiver sido convencionado ante a omissão legal.

4.3.5. Excludente de aplicação da cláusula penal compensatória: cessão dos direitos do promitente comprador

Disposição de obviedade ululante é encontrada no § 9º, do art. 67-A da Lei 4.591/1964, segundo o qual,

[...] *não incidirá a cláusula penal contratualmente prevista na hipótese de o adquirente que der causa ao desfazimento do contrato encontrar comprador substituto que o sub-rogue nos direitos e obrigações originalmente assumidos, desde que haja a devida anuência do incorporador e a aprovação dos cadastros e da capacidade financeira e econômica do comprador substituto.*

Ainda assim há reparo a ser feito por evidente equívoco lógico na redação do dispositivo. Isto porque, se houver sub-rogação, a toda evidência não haverá "desfazimento do contrato".

A sub-rogação implica, por sua natureza, em substituir uma pessoa por outra, mantendo a mesma relação jurídica.

Logo, não haverá desfazimento do contrato, mas cessão de direitos com a anuência da incorporadora que terá o direito de avaliar a situação econômica e financeira do cessionário recusando-o de forma fundamentada caso não reúna condições para assumir o saldo devedor do contrato original.

Pela redação do dispositivo, mais uma vez falho, entendo que faltou disciplinar prazo, após o vencimento das parcelas do preço, para que o inadimplente consiga cessionário apto a assumir o contrato.

Assim, o estabelecimento do prazo ante a omissão legal deve ser tarefa cumprida por cláusula contratual específica, estabelecendo termo final para apresentação do cessionário bem como, de forma clara, os requisitos razoáveis que este deve preencher, evitando que a subjetividade impere em eventual recusa da incorporadora.

4.3.6. O direito de modificar os descontos e as condições diferentes em instrumento de distrato e a rediscussão judicial do distrato em razão da abusividade do perdimento pactuado

Os descontos e a cláusula penal estipulados no contrato, nos termos da lei, a toda evidência, poderão ser objeto de modificação em instrumento específico de resilição bilateral do contrato – o distrato – por negociação entre as partes.

Este é o teor do § 13 do art. 67-A da Lei 4.591/1964: *"Poderão as partes, em comum acordo, por meio de instrumento específico de distrato, definir condições diferenciadas das previstas nesta Lei."*

Neste tema, questão que gera infindáveis discussões é aquela referente à possibilidade de o adquirente que assina o distrato discutir o percentual de restituição inserido neste documento. A jurisprudência, sobre esse aspecto, espelha posições completamente antagônicas.

A primeira corrente afirma que a vontade das partes no distrato prevalece, tendo havido a transação. A segunda determina exatamente o contrário ante a eventual abusividade do perdimento. Neste sentido:

Tribunal de Justiça de São Paulo. *Ação declaratória de nulidade de cláusulas abusivas, cumulada com restituição de quantias pagas. Promessa de venda e compra de imóvel. Alegação da presença de cláusulas abusivas. Descabimento da discussão, à vista do distrato firmado entre as partes, com a extinção do contrato. Distrato. Pretensão emanada dos apelantes, que não estavam obrigados quanto a aceitação do seu conteúdo. Restituição dos valores pagos. Valor negociado e aceito pelos autores, operando-se lícita transação prevista no art. 840 do Código Civil. Improcedência da demanda preservada. Apelo improvido (Apelação 990093688824, Rel. Donegá Morandini, São Paulo, 3ª Câmara de Direito Privado, j. 26.10.2010, Data de registro: 05.11.2010).*

Tribunal de Justiça de São Paulo. *Compromisso de compra e venda de imóvel – Rescisão e restituição de valores – Distrato amigável operado com relação ao compromisso anterior, com restituição parcial dos valores pagos que se destinaram ao pagamento do preço do segundo imóvel – Concordância expressa pelo comprador quanto ao valor recebido, que implica em quitação recíproca – Ausência de qualquer abusividade ou vício de consentimento – Não cabimento de restituição da multa – Previsão de quitação do preço do segundo imóvel através de liberação de financiamento bancário – Não obtenção do crédito pelo comprador – Falta de informações claras e adequadas sobre as condições de liberação do financiamento – Ausência de culpa do autor – Falta das rés a autorizar a rescisão – Retenção de 10% sobre o montante pago, sobre a qual não se irresignou o comprador – Manutenção – Sentença, em parte, reformada – recurso parcialmente provido. (TJSP; Apelação 1006059-28.2017.8.26.0604; Rel. Elcio Trujillo; 10ª Câmara de Direito Privado; Foro de Sumaré – 2ª Vara Cível; j. 30.05.2018; Data de Registro: 30.05.2018).*

Tribunal de Justiça de São Paulo. *Compromisso de Compra e Venda – Cobrança – Termo de rescisão – Pedido de revisão do distrato – Possibilidade – Cláusula que prevê a restituição de aproximadamente 50% do valor pago – Afastamento, ante a abusividade da cláusula – Violação à boa-fé e equidade contratual – Artigos 6º e*

51, inciso IV, da Lei 8.078/1990 – Recurso parcialmente provido, para determinar a devolução do preço pago pelos compromissários-compradores, além dos valores pagos a título de despesas de condomínio (Apelação 994050869006 (4254474300), Rel. Silvério Ribeiro, São Paulo, 5ª Câmara de Direito Privado, j. 20.10.2010, Data de registro: 27.10.2010).

Tribunal de Justiça de São Paulo. *Apelação. Compromisso de compra e venda. Distrato. Revisão. Possibilidade. Interesse de agir presente. 1. Compromisso de compra e venda para aquisição de unidade futura. Razões particulares dos compromissários compradores que levaram à formalização de distrato. Alegação de abusividade no percentual de retenção pactuado. Revisão. 2. Interesse de agir presente. Admitida a aplicação do CDC ao caso em exame, também as cláusulas do distrato podem ser revistas pelo Judiciário para exame da sua legalidade. Precedentes STJ. 3. Admitida a resolução do contrato, as partes devem ser repostas ao estado anterior, com a intervenção judicial para afastar as cláusulas contratuais que coloquem o compromissário comprador em situação de extrema desvantagem. Retenção de 20% que se mostra suficiente para proporcionar a adequada reparação dos prejuízos decorrentes do desfazimento do contrato e está de acordo com aquele adotado pela jurisprudência da Câmara e do tribunal em casos semelhantes. Sucumbência invertida. 4. Recurso provido, em parte. (TJSP; Apelação 1020871-35.2017.8.26.0100; Rel. Clara Maria Araújo Xavier; 8ª Câmara de Direito Privado; Foro Central Cível – 19ª Vara Cível; j. 21.05.2018; Data de Registro: 21.05.2018).*

Imprevisível é, assim, o resultado em eventual demanda. Da minha parte entendo que é cabível discutir a abusividade ante a vulnerabilidade do consumidor e da nulidade da cláusula de perdimento em razão do art. 51, IV, do CDC, notadamente quando se afaste de forma desarrazoada dos parâmetros legais.

4.4. REGRA ESPECIAL PARA OS CONTRATOS DE COMPROMISSO DE COMPRA E VENDA FIRMADOS COM LOTEADORAS

Quanto aos imóveis loteados, vendidos pelo loteador, distinção há de ser feita. Isto porque o art. 32-A da Lei 6.766/1979, incluído pela Lei 13.786/2018, contempla redação sensivelmente diferente daquela decorrente do art. 67-A da Lei 4.591/1964, incluído pela mesma Lei 13.786/2018.

A priori verifica-se que o *caput* menciona:

*Em caso de **resolução contratual por fato imputado ao adquirente**, respeitado o disposto no § 2º deste artigo, deverão ser restituídos os valores pagos por ele, atualizados com base no índice contratualmente estabelecido para a correção monetária das parcelas do preço do imóvel, podendo ser descontados dos valores pagos os seguintes itens [...].*

É sabido que a resolução decorre do descumprimento do contrato e, nesses termos, com um pouco de esforço, é possível, em interpretação sistemática, inferir que as regras das quais nos ocuparemos, decorrentes do dispositivo legal em análise, aplicam-se também nos casos de distrato, tal qual prevê, para as incorporações, o art. 67-A da Lei 4.591/1964.

4.4.1. Percentual do que foi pago pelo adquirente a ser restituído pela loteadora nos casos de distratos e resoluções e o limite da cláusula penal compensatória

Diferentemente do que se estabeleceu legalmente para os compromissos de compra e venda no âmbito das incorporações no art. 67-A da Lei 4.591/1964, o art. 32-A, II, da Lei 6.766/1979 prevê que a cláusula penal compensatória inserida nos contratos de promessa de venda de lotes não pode ser superior a 10% (dez por cento) *do valor atualizado do contrato* o que, a par da omissão legal, aplica-se tanto nos casos de *resolução* por inadimplemento do adquirente quanto nos casos de resolução por *distrato*.

Aqui a diferença é sensível. Leitura desatenta do dispositivo pode indicar que a cláusula penal compensatória, no caso de contratos referentes à promessa de compra e venda de lotes, é menor que aquela estipulada legalmente pelo art. 67-A da Lei 4.0591/1964 para a promessa de venda de unidades condominiais nas incorporações, que pode chegar a *50% dos valores pagos*.

Ocorre que, aqui, no caso de promessa de compra e venda de lotes, a cláusula penal será de até 10% do *valor total do contrato* e, em razão da diferente base de cálculo, pode, em alguns casos, representar até mais do que 50% dos *valores pagos* conforme previsão legal para as incorporações.

Entretanto, do total pago pelo promitente comprador de lote, atualizado desde cada desembolso pelo mesmo índice contratual, excluindo da conta os valores pagos a terceiros, serão descontados os seguintes valores:

a) a cláusula penal compensatória prevista no contrato, que abarca despesas administrativas e sinal (arras) e não pode suplantar *10% (dez por cento)* do *valor atualizado do contrato*, mesmo índice aplicável às parcelas;

b) a integralidade da comissão de corretagem, evidentemente se a comissão foi paga pelo loteador e não diretamente pelo promitente comprador como permite a jurisprudência;

c) as multas e os juros moratórios pagos por prestações em atraso (no regime de incorporação não há a ressalva que, entretanto, àquele regime se aplica por extensão);

d) tributos incidentes sobre o lote e não pagos durante o período de vigência do contrato;

e) cotas condominiais ou associativas e tarifas incidentes sobre o lote, em aberto durante o período de vigência do contrato;

f) custas e emolumentos devidos em razão da resolução, notadamente quando o desfazimento do contrato se fizer extrajudicialmente no âmbito do Registro de Imóveis, conforme previsão do art. 32 da Lei 6.766/1979;

g) valor equivalente a 0,75% (setenta e cinco centésimos por cento) por mês, calculado sobre o *valor total do contrato de promessa de compra e venda* para compensar a fruição, desde a data da transmissão da posse ao promitente comprador até a efetiva restituição ao loteador.

Antes da inclusão do art. 32-A na Lei 6.766/1979, alguns precedentes[11] sustentavam que a ausência de ocupação do lote seria motivo impeditivo de fixação da compensação pelo tempo em que o imóvel esteve à disposição do adquirente.

Nada obstante, se antes a conclusão era questionável, agora é inadmissível ante a regra contida no art. 32-A, I, da Lei 6.766/1979 que estabelece como fato gerador "a transmissão da posse do imóvel ao adquirente até sua restituição ao loteador".

---

[11] **Tribunal de Justiça de São Paulo.** *Contrato imobiliário – Rescisão diante do incontroverso inadimplemento do comprador – Devolução das quantias pagas bem determinada, mas com retenção a título de despesas administrativas reduzida para 10% – Corrigidas as parcelas a partir de cada pagamento, pela Tabela Prática do Tribunal de Justiça, com juros de mora a partir da citação – Taxa de ocupação indevida por se tratar de lote de terreno sem construção alguma, de locativo não podendo se cogitar nas circunstâncias – Tributos incidentes sobre o imóvel tocam ao comprador pelo período em que o lote encontra-se sob sua responsabilidade, da data da posse até final decisão em Juízo confirmando a rescisão contratual, sendo consequência lógica nesse momento a retomada da posse do bem pela vendedora – Apelo parcialmente provido (Rel. Luiz Ambra; Comarca: Barretos; Órgão julgador: 8ª Câmara de Direito Privado; j. 30.09.2015; Data de registro: 01.10.2015).*

Ora, a verificação dos prejuízos do credor requer, hodiernamente, uma configuração teleológica, esposando a tese da ruptura com os conceitos tradicionais, ligando a indenização aos postulados do Estado Social de Direito e à garantia ao prejudicado de ver realizado o princípio basilar do direito, que determina que seja dado a cada um o que é seu, demandando a recomposição completa do dano.

De acordo com Galvão Telles,

> *a responsabilidade civil consiste na obrigação de reparar os danos sofridos por alguém. Trata-se de indenizar os prejuízos de que esse alguém foi vítima. Fala-se de indenizar porque se procura tornar o lesado indene dos prejuízos ou danos, reconstituindo a situação que existiria se não se tivesse verificado o evento causador destes.*[12]

É exatamente esse o sentido do princípio da restituição integral, com supedâneo no Direito de propriedade, e que deve nortear o significado de boa-fé e função social do contrato na interpretação das consequências do descumprimento das obrigações, permitindo, de um lado, que se atinja a integralidade dos prejuízos decorrentes da inexecução e, de outro, a redução das consequências desproporcionais de acordo com a ética da situação.

Posta assim a questão, a responsabilidade, como técnica de justiça distributiva,[13] deve restabelecer o equilíbrio patrimonial[14] perturbado pelo descumprimento obrigacional.[15]

A restituição integral impõe significado à função social do contrato e à boa-fé objetiva,[16] com fundamento no Direito constitucional de propriedade (Constituição Federal, arts. 5º, *caput*, XXII, e 170, III).

O direito de propriedade, por sua vez, ainda que sem o conteúdo individualista de outrora, mantém suas origens, contando com duas garantias constitucionais identificadas por Manoel Gonçalves Ferreira Filho: a conservação e a compensação.[17]

De fato, a "garantia da conservação" impede qualquer afronta ao direito de propriedade, exceto por interesse público (necessidade e utilidade pública; Constituição Federal, art. 5º, XXIV).

Ainda assim, tendo em vista a segunda garantia constitucional ao direito de propriedade, qual seja, a "garantia da compensação", resta inafastável que a indenização mantenha exata correspondência com o desfalque.

Forçoso concluir, portanto, que o princípio da restituição integral não permite que qualquer das consequências do descumprimento das obrigações se mostre insuficiente para recompor o patrimônio do credor e, conseguintemente, a sua propriedade.

Pelas mesmas razões, defere-se ao moroso ou o ao inadimplente a possibilidade de provar a desproporção da pena e seus sucedâneos, exigindo redução.

---

[12] Inocêncio Galvão Telles. *Direito das obrigações*. Coimbra: Coimbra Editora, 1997, p. 208.

[13] A justiça distributiva significa a distribuição justa, equitativa e apropriada na sociedade, acorde com a cooperação social, atribuindo-se benefícios e encargos de acordo com a capacidade e mérito individual ou de acordo com as circunstâncias particulares do caso (Beauchamp TL, Childress JF. *Principles of Bioemdical Ethics*. 4. ed. Nova York: Oxford, 1994, p. 326-329).

[14] Carneiro da Frada. *Contrato e deveres de proteção*. Coimbra: Coimbra Editora, 1994, p. 120.

[15] Pereira Coelho. *O enriquecimento e o dano*. Coimbra: Almedina, 1999, p. 20.

[16] Clóvis Veríssimo do Couto e Silva. *Estudos de Direito civil brasileiro e português*. São Paulo: Revista dos Tribunais, 1980, p. 6-12. Na década de 1980, a par da inexistência de cláusula geral da boa-fé, Clóvis do Couto e Silva já defendia sua aplicabilidade como princípio, com fundamento no § 242 do BGB.

[17] Manoel Gonçalves Ferreira Filho. *Comentários à Constituição brasileira de 1988*, cit., p. 48.

Posta dessa maneira a questão, se a posse foi concedida, o uso é faculdade exclusiva do possuidor, que deve compensar o promitente vendedor do lote pelo tempo que o capital empregado esteve à sua disposição.

Outrossim, diferentemente das incorporações, para os loteamentos, o art. 32-A da Lei 6.766/1979 não se refere à limitação do § 4º, incluído no art. 67-A da Lei 4.591/64 pela Emenda 5 do Senado, restringindo os descontos, com exceção do valor mensal de fruição, aos valores pagos pelo adquirente.

Todavia, a interpretação extensiva se impõe e, onde há a mesma razão, aplica-se o mesmo direito.

Assim, também no caso de promessa de compra e venda de lotes, os descontos e as retenções estão limitados aos valores efetivamente pagos pelo adquirente, nos termos do § 4º do art. 67-A da Lei 4.591/1964, ou seja, não podem ultrapassar as quantias pagas.

Nada obstante, a somatória dos valores de fruição de 0,75% (setenta e cinco centésimos por cento) ao mês não entra nessa limitação, o que pode resultar em conta negativa, valendo aqui as observações que fiz anteriormente quanto às incorporações.

Nos casos de distrato do contrato de compromisso de compra e venda de lote registrado, cujo cancelamento do registro, nos termos do art. 32 da Lei 6.766/1979, precedeu o distrato, novo registro de contrato, conforme prevê o art. 32-A, § 2º da Lei 6.766/1979, somente será admitido se for comprovado o início da restituição do valor pago pelo promitente vendedor nos termos do instrumento de distrato.

Se, nos termos do art. 32 da Lei .766/1979, houver a resolução extrajudicial do compromisso de compra e venda de lote registrado por simples cancelamento do registro, o promitente comprador fará jus à restituição de valores pagos. Para tanto, o art. 35, também da Lei 6.766/1979, estabelece os parâmetros da restituição da seguinte forma: caso o promitente comprador do lote tenha pago mais de 1/3 (um terço) do preço ajustado no contrato, o oficial do registro de imóveis mencionará esse fato e a quantia paga no ato do cancelamento, e somente será efetuado novo registro relativo ao mesmo lote mediante apresentação do distrato assinado pelas partes e a comprovação do pagamento da parcela única ou da primeira parcela do montante a ser restituído ao adquirente depois dos descontos e na forma prevista no art. 32-A da Lei 6.766/1979, ou, não havendo distrato, mediante depósito em dinheiro à sua disposição no registro de imóveis da parcela única ou da primeira parcela, respeitados os prazos do § 1º do art. 32-A da Lei 6.766/1979.

O § 3º do art. 35 dispensa a comprovação a que alude o *caput* se assim for convencionado no instrumento de distrato.

Antes da alteração empreendida pela Lei 13.786/2018, deveria ser restituída a integralidade dos valores pagos nessa eventualidade, realidade alterada pelo art. 32-A e pela novel redação do *caput* do art. 35.

4.4.2. Prazo para restituição, pela loteadora ao adquirente, do eventual saldo

Também alterando a jurisprudência que antes das alterações empreendidas pela Lei 13.786/2018 se firmou, o § 1º do art. 32-A da Lei 6.766/1979 menciona que a restituição devida ao promitente comprador de lote depois dos descontos será feita em *12 (doze) prestações mensais* a se iniciar os pagamentos mensais nos seguintes prazos:

a) *em loteamentos com obras em andamento:* no prazo máximo de 180 (cento e oitenta) dias após o prazo previsto em contrato para conclusão das obras;

b) *em loteamentos com obras concluídas:* no prazo máximo de 12 (doze) meses após a formalização da resolução ou do distrato.

4.4.3. As benfeitorias e as acessões feitas no lote pelo promitente comprador ante a resolução ou distrato. A possibilidade de resolução extrajudicial e leilão

O art. 34 da Lei 6.766/1979[18] estabelece que as benfeitorias úteis e necessárias (não as voluptuárias) introduzidas no imóvel, o que se entende para as acessões (construções), devem ser indenizadas, não valendo qualquer cláusula contratual em sentido contrário.

A ressalva surge no caso de benfeitorias e acessões irregulares, por exemplo, construções sem aprovação pelos órgãos competentes.

Assim entendeu o STJ em julgado de solar clareza, refutando a tese de pagamento a pretexto de suposta possibilidade de regularização que não consta da lei:

> *Recurso Especial. Ação de resolução contratual c/c reintegração de posse e indenização por perdas e danos. Promessa de compra e venda de lote. Acessão artificial por construção. Direito do promissário comprador à indenização e à retenção. Análise da regularidade da edificação. [...] 2. O propósito recursal é dizer sobre a obrigação do promitente vendedor de indenizar a construção realizada pelos promissários compradores no lote objeto de contrato de promessa de compra e venda cuja resolução foi decretada; bem como sobre a compensação dos honorários advocatícios arbitrados na origem, diante da sucumbência recíproca das partes. 3. O art. 34 da Lei 6.766/1979 prevê o direito à indenização das benfeitorias necessárias e úteis levadas a efeito no lote, na hipótese de rescisão contratual por inadimplemento do adquirente, regra essa aplicada também às acessões (art. 1.255 do CC/2002), mas o legislador, no parágrafo único do mesmo dispositivo legal, fez a ressalva de que não serão indenizadas as benfeitorias – ou acessões – feitas em desconformidade com o contrato ou com a lei. 4. A edificação realizada sem a prévia licença para construir é tida como clandestina, configurando atividade ilícita e, portanto, sujeitando o responsável às sanções administrativas de multa, embargo ou demolição. 5. Se, perante o Poder Público, o promissário comprador responde pelas sanções administrativas impostas em decorrência da construção clandestina, não é razoável que, entre os particulares, recaia sobre o promitente vendedor o risco quanto à (ir)regularidade da edificação efetivada por aquele. 6. O promissário comprador faz jus à indenização pela acessão por ele levada a efeito no lote, desde que comprovada a regularidade da obra que realizou ou demonstrado que a irregularidade eventualmente encontrada é sanável. 7. Recurso especial conhecido e parcialmente provido. (REsp n. 1.643.771/PR, Rel. Min. Nancy Andrighi, 3ª Turma, j. 18.06.2019, DJe 21.06.2019).*

No Tribunal de Justiça de São Paulo:

> *[...] Indenização apenas de benfeitorias regulares – Acolhimento – Indenização condicionada à comprovação da regularidade das obras (artigo 34, § 1º, da Lei 6.766/79) – Precedente do STJ – Retenção por benfeitorias – Acolhimento – Retenção possível, desde que exigível a indenização – Incompensabilidade das dívidas – Rejeição – Obrigações compensáveis, a teor dos artigos 368 e 373, do Código Civil – Sentença reformada em parte – deram parcial provimento às apelações. (TJSP; Apelação 1021578-19.2017.8.26.0224; Rel. Alexandre Coelho; 8ª Câmara de Direito Privado; j. 08.02.2023).*

> *Compromisso de compra e venda – Imóvel – Ação de rescisão contratual cumulada com reintegração de posse e indenização por perdas e danos – Sentença de parcial procedência dos pedidos inicial e reconvencional – Inconformismo manifestado pelos réus reconvintes – Pretendida indenização pelas acessões e benfeitorias realizadas no terreno – Descabimento – Caso em que não houve imposição da taxa de fruição – Perda das benfeitorias que se afigura inclusive benéfica aos réus – Regularidade da construção não foi minimamente demonstrada – Inteligência do art. 34, § 1º, da Lei 6.766/79 – Ademais, inutilidade de tal construção para a autora, que comercializa lotes – Indenização pela acessão erigida sobre o terreno, no caso, que era mesmo indevida – Sentença mantida – Recurso improvido. (TJSP; Apelação Cível 1003126-80.2019.8.26.0097; Rel. Rui Cascaldi; 1ª Câmara de Direito Privado; j. 02.05.2022).*

Havendo benfeitorias indenizáveis, o promitente comprador fará jus ao direito de retenção, ou seja, ainda que a ação de resolução do compromisso de compra e venda transite

---

[18] Art. 34. *Em qualquer caso de rescisão por inadimplemento do adquirente, as benfeitorias necessárias ou úteis por ele levadas a efeito no imóvel deverão ser indenizadas, sendo de nenhum efeito qualquer disposição contratual em contrário. Parágrafo único. Não serão indenizadas as benfeitorias feitas em desconformidade com o contrato ou com a lei.*

em julgado, a reintegração de posse do lote só será deferida mediante depósito do valor referente às benfeitorias indenizáveis que devem ser cabalmente demonstradas durante a instrução do processo. Aplica-se, subsidiariamente, o disposto no art. 1.219 do Código Civil que, igualmente, aplica-se aos demais casos de compromisso de compra e venda de imóveis construídos (casas, apartamentos, escritórios, galpões etc.).[19]

Nesse sentido:[20]

Tribunal de Justiça de São Paulo. Compromisso de venda e compra. Lote de terreno. Inadimplência dos adquirentes. Pleito de rescisão formulado pela alienante, cumulado com reintegração de posse e indenização por perdas e danos. Reintegração da autora na posse do bem. Devolução das quantias pagas corrigidas, assegurada retenção de 10% do valor atualizado do contrato, para cobertura das despesas administrativas. Direito da alienante de haver compensação pelo tempo de uso do bem. Fixação desta em 1% do valor do contrato. Indenização das benfeitorias. Medida que decorre do texto da lei (art. 34 da Lei 6.766/1979). Boa-fé dos adquirentes que autoriza direito de retenção do imóvel até o reembolso devido. Sucumbência. Réus vencidos em maior parte. Responsabilidade exclusiva pelos encargos da sucumbência. Recurso parcialmente provido (Apelação 0279044-32.2005.8.26.0577; Rel. Galdino Toledo Júnior; Comarca: São José dos Campos; Órgão julgador: 9ª Câmara de Direito Privado; j. 04.11.2014; Data de registro: 04.11.2014).

---

[19] *Tribunal de Justiça de São Paulo. Apelação. Compromisso de compra e venda. Rescisão contratual e reintegração de posse. Cabimento. Restou comprovada a inadimplência do réu e o esbulho possessório, na medida em que se manteve inerte, mesmo depois de notificado judicialmente para purgar a mora. Fruição do bem por longo lapso temporal. O réu deve indenizar as autoras pelo período em que ocupou gratuitamente o imóvel. Percentual que deverá incidir a partir do inadimplemento. Indenização das benfeitorias. Descabimento. Contestação que não especifica as benfeitorias e acessões realizadas sobre o imóvel, sendo vago o pedido de indenização realizado apenas em razões de apelação. Precedentes do STJ e desta C. Câmara. Sentença mantida. Recurso improvido (Apelação 0140244-87.2011.8.26.0100; Rel. Rosangela Telles; Comarca: São Paulo; Órgão julgador: 2ª Câmara de Direito Privado; j 29.11.2016; Data de registro: 29.11.2016).*
Tribunal de Justiça de São Paulo. Rescisão de contrato – Compromisso de venda e compra de terreno – Reintegração na posse, devolução de parcelas pagas, taxa de ocupação e indenização por benfeitorias – Réus que deixaram de pagar as parcelas contratuais – Sentença que decretou a rescisão contratual e a reintegração na posse, sem reconhecer o direito dos réus na restituição das parcelas pagas, em razão da compensação com o tempo de ocupação gratuita do imóvel, condenando a autora na indenização por benfeitorias no equivalente a 30% de sua avaliação, a ser feita mediante perícia – Irresignação das partes – Reforma da sentença para delimitar os valores – Direito dos réus na restituição das parcelas pagas, com retenção de 10% pela autora, considerando as despesas administrativas – Taxa de fruição devida pelos réus no equivalente a 0,5% por mês sobre o valor do contrato, incidente desde a data da ocupação até a efetiva reintegração na posse – Direito dos réus na indenização integral pelas benfeitorias e acessões – Valores a serem apurados em liquidação de sentença – Se constatada alguma irregularidade na edificação, por meio de perícia, eventuais despesas para regularização devem ser arcadas pelos adquirentes, permitindo-se o abatimento do crédito referente à indenização pelas benfeitorias – Indisponibilidade dos bens da imobiliária autora determinada em Ação Civil Pública que não tem o condão de interferir na relação jurídica existente entre as partes ora litigantes, pois a anotação na matrícula impede apenas a disposição do referido bem, mas não a sua retomada mediante reintegração na posse – Reforma da sentença, mantida a sucumbência recíproca – Recursos parcialmente providos (Apelação 0005498-36.2013.8.26.0224; Rel. Angela Lopes; Comarca: Guarulhos; Órgão julgador: 9ª Câmara de Direito Privado; j. 22.11.2016; Data de registro: 24.11.2016).

[20] Também:
Tribunal de Justiça de São Paulo. Compromisso de compra e venda de lote. Rescisão contratual. Inadimplência do comprador. Perda integral dos valores – Admissibilidade – Uso prolongado do bem sem o pagamento da devida contraprestação – Indenização por benfeitorias – Cabimento – Edificação erigida no terreno – Laudo que apurou o preço em R$ 108.500,00 – Este deve ser o valor a ser indenizado, não cabendo redução por conta da inadimplência nas prestações, uma vez que já aplicada na indenização pela fruição do imóvel – Sentença parcialmente reformada. Recurso parcialmente provido, na parte conhecida (Apelação 0017940-10.2008.8.26.0224; Rel. Fernanda Gomes Camacho; Comarca: Guarulhos; Órgão julgador: 5ª Câmara de Direito Privado; j. 09.11.2016; Data de registro: 09.11.2016).

Ainda que as benfeitorias e as acessões devam ser indenizadas, mister se faz observar que o § 2º do art. 34 da Lei 6.766/1979, incluído pela Lei 13.786/2018, estabelece que,

> [...] *no prazo de 60 (sessenta) dias, contado da constituição em mora, fica o loteador, na hipótese do* caput *deste artigo, obrigado a alienar o imóvel mediante leilão judicial ou extrajudicial, nos termos da Lei 9.514, de 20 de novembro de 1997.*

Resta, assim, identificar o significado da inclusão, exatamente no dispositivo que trata das benfeitorias. E a resposta é dada pelo § 4º do art. 27 da Lei 9.514/1997 que inclui, no preço da venda em leilão pela sistemática lá empregada, o valor das benfeitorias:

> *Nos cinco dias que se seguirem à venda do imóvel no leilão, o credor entregará ao devedor a importância que sobejar, **considerando-se nela compreendido o valor da indenização de benfeitorias**, depois de deduzidos os valores da dívida e das despesas e encargos de que tratam os §§ 2º e 3º, fato esse que importará em recíproca quitação, não se aplicando o disposto na parte final do art. 516 do Código Civil.*

Em outras palavras, a inclusão do § 2º do art. 34 da Lei 6.766/1979 implica na necessidade de se proceder ao leilão do imóvel *no prazo de 60 (sessenta) dias, contado da constituição em mora.*

Assim, o promitente comprador será notificado para purgar a mora no prazo de 30 (trinta) dias nos termos dos arts. 32 e 49 da Lei 6.766/79. Não purgada a mora, o contrato estará resolvido em razão da cláusula resolutiva.

Resolvido o contrato por inadimplemento, o promitente vendedor deverá empregar a técnica do leilão da alienação fiduciária por extensão legal, o que se fará depois da resolução, em até 60 (sessenta) dias da notificação, ou seja, depois do prazo de 30 (trinta) dias para purgação da mora e antes do fim do prazo de 60 (sessenta) dias contados da notificação.

Essa sistemática implicará na restituição, ao promitente comprador, da diferença entre o valor de venda e o valor do lote posto que irá a leilão o lote com as benfeitorias e o *valor alcançado no leilão incluirá, evidentemente, as benfeitorias.*

Importante ressaltar que a conta do art. 32-A não se mistura com o ressarcimento das benfeitorias determinado pelo art. 34 § 2º, ambos da Lei 6.766/1979. Em outras palavras, o promitente vendedor paga, em 12 (doze) parcelas, o resultado da conta do art. 32-A depois do período de carência do § 1º,[21] o que não interfere na necessidade de o promitente vendedor levar o lote a leilão e apurar eventual diferença entre o valor do lote sem construções ou benfeitorias determinado no contrato e o valor conseguido no leilão do lote com as benfeitorias.

A diferença corresponderá ao ressarcimento, a este título (benfeitorias e acessões) devido ao promitente comprador após o leilão. Se o valor apurado no leilão for inferior ao valor atribuído pelas partes no contrato pelo lote, entendo que nada será devido ao promitente comprador a título de benfeitorias ou acessões. Depois do leilão, ao arrematante, restará a necessidade de propor ação de imissão na posse.

---

[21] § 1º O pagamento da restituição ocorrerá em até 12 (doze) parcelas mensais, com início após o seguinte prazo de carência:
I – em loteamentos com obras em andamento: no prazo máximo de 180 (cento e oitenta) dias após o prazo previsto em contrato para conclusão das obras;
II – em loteamentos com obras concluídas: no prazo máximo de 12 (doze) meses após a formalização da rescisão contratual.

Todavia, não havendo licitantes e determinada a extensão da aplicação da Lei 9.514/1997 pelo § 2º do art. 34 da Lei 6.766/1979, o promitente comprador, diante da resolução do contrato e do cumprimento da formalidade do leilão, promoverá a reintegração de posse, hipótese que o dispensará de ressarcir as benfeitorias e as construções.

Aplica-se aqui a solução já empregada pelo STJ para o caso de alienação fiduciária:

Superior Tribunal de Justiça. *Recurso especial. Alienação fiduciária em garantia. Imóvel. Leilões. Frustração. Pretensos arrematantes. Não comparecimento. Lances. Inexistência. 1. Recurso especial interposto contra acórdão publicado na vigência do Código de Processo Civil de 2015 (Enunciados Administrativos nºs 2 e 3/STJ). 2. Cinge-se a controvérsia a definir se o § 5º do art. 27 da Lei 9.514/1997 é aplicável às hipóteses em que os dois leilões realizados para a alienação do imóvel objeto da alienação fiduciária são frustrados, não havendo nenhum lance advindo de pretensos arrematantes. 3. Vencida e não paga a dívida, o devedor fiduciante deve ser constituído em mora, conferindo-lhe o direito de purgá-la, sob pena de a propriedade ser consolidada em nome do credor fiduciário com o intuito de satisfazer a obrigação. Precedente. 4. Inexistindo a purga da mora, o credor fiduciário terá o prazo de 30 (trinta) dias, contado do registro de averbação da consolidação da propriedade na matrícula do respectivo imóvel, para promover o leilão público com o objetivo de alienar o referido bem. 5. O § 5º do art. 27 da Lei 9.514/1997 abrange a situação em que não houver, no segundo leilão, interessados na aquisição do imóvel, fracassando a alienação do bem, sem a apresentação de nenhum lance. 6. Na hipótese, frustrado o segundo leilão do imóvel, a dívida é compulsoriamente extinta e as partes contratantes são exoneradas das suas obrigações, ficando o imóvel com o credor fiduciário. 7. Recurso especial provido. (REsp 1654112/SP, Rel. Min. Ricardo Villas Bôas Cueva, 3ª Turma, j. 23.10.2018, DJe 26.10.2018.)*

Intrigante é a menção a "leilão judicial" no § 2º do art. 34 da Lei 6.766/1979 que impõe a sistemática da Lei 9.514/1997 que, a toda evidência, não comporta leilão judicial.

Por fim, o § 2º do art. 34 da Lei 6.766/1979 não exige o registro do contrato para que seja levado a efeito o leilão pela sistemática da lei de alienação fiduciária.

4.5. INAPLICABILIDADE DAS REGRAS DO DISTRATO DE COMPROMISSOS DE COMPRA E VENDA AOS CONTRATOS DE ALIENAÇÃO FIDUCIÁRIA

Contrapondo-se a alguns precedentes que impunham a mesma sistemática dos compromissos de compra e venda[22] aos credores de garantia fiduciária em razão de venda de unidades condominiais das incorporadoras e de lotes de loteadores, a Lei 13.786/2018 estabeleceu a inaplicabilidade de suas regras de acertamento, insculpidas no art. 67-A da Lei 4.591/1964 e no art. 32-A da Lei 6.766/1979, aos contratos de alienação fiduciária de unidades condominiais e de lotes, ainda que o credor (fiduciário) seja o incorporador ou o loteador.

Igualmente inaplicável a sistemática do art. 67-A da Lei 4.591/1964 aos contratos submetidos ao patrimônio de afetação com a retomada do empreendimento pela comissão de representantes em que se faça necessário o leilão previsto no art. 63 da Lei 4.591/1964 (art. 31-F, § 12, II, da Lei 4.591/1964) e, também, no caso de incorporação pelas modalidades de construção por empreitada (Lei 4.591/1964, art. 55) e construção por administração (Lei 4.591/1964, art. 58), tratando-se de imóvel em construção, posto que a resolução nesse caso pode ser extrajudicial pela comissão de representantes, com leilão e acertamento específico previsto na lei (arts. 50 e 63, da Lei 4.591/1964).

---

[22] *Contrato de compra e venda de imóvel com alienação fiduciária em garantia. Recurso da ré. Alegação de falta de interesse processual. Pedido de observância da Lei 9.514/1997. Ausência de inadimplemento dos compradores. Propriedade não consolidada em nome da credora fiduciária, que também é a vendedora do bem. Possibilidade de pleitear a rescisão do contrato. Preliminar afastada. Rescisão. Compradores que deram causa à rescisão. Compromissários compradores que têm direito à rescisão do contrato, com restituição dos valores pagos. Súmulas 01 e 03 do TJSP. Razoabilidade do percentual de retenção de 30% dos valores pagos, inclusive porque não houve recurso dos compradores. Sentença mantida. Honorários advocatícios majorados. Recurso não provido, com observação (TJSP. Apelação 1033899-34.2016.8.26.0576; Rel. Fernanda Gomes Camacho; 5ª Câmara de Direito Privado; j. 31.05.2017; Data de registro: 02.06.2017).*

Nesta medida:

> *Lei 4.591/1964, art. 67-A, § 14. Nas hipóteses de leilão de imóvel objeto de contrato de compra e venda com pagamento parcelado, com ou sem garantia real, de promessa de compra e venda ou de cessão e de compra e venda com pacto adjeto de alienação fiduciária em garantia, realizado o leilão no contexto de execução judicial ou de procedimento extrajudicial de execução ou de resolução, a restituição far-se-á de acordo com os critérios estabelecidos na respectiva lei especial ou com as normas aplicáveis à execução em geral.*
>
> *Lei 6.766/1979, art. 32-A, § 3º O procedimento previsto neste artigo não se aplica aos contratos e escrituras de compra e venda de lote sob a modalidade de alienação fiduciária nos termos da Lei nº 9.514, de 20 de novembro de 1997."*

Em outras palavras e, principalmente, se o imóvel for adquirido por contrato de compra e venda com pacto de alienação fiduciária nos termos da Lei 9.514/1997, não se aplicam as regras dos arts. 67-A da Lei 4.591/1964 e 32-A da Lei 6.766/79, mas aquelas decorrentes da Lei de Alienação Fiduciária que, em resumo, determinam a restituição, ao adquirente, do valor que, depois dos leilões, sobejar o valor da dívida.

O STJ enfrentou o assunto no Tema 1095 (julgamento em 26.10.2022): "Em contrato de compra e venda de imóvel com garantia de alienação fiduciária devidamente registrado, a resolução do pacto, na hipótese de inadimplemento do devedor, devidamente constituído em mora, deverá observar a forma prevista na Lei 9.514/1997, por se tratar de legislação específica, afastando-se, por conseguinte, a aplicação do Código de Defesa do Consumidor".

Remeto, assim, o leitor ao Capítulo 12 (item 12.8), em que discorro sobre essa importante questão.

4.6. A QUESTÃO DA REVISÃO DA CLÁUSULA PENAL COMPENSATÓRIA, AINDA QUE ESTIPULADA DENTRO DOS LIMITES LEGAIS

Resta saber se a cláusula penal estipulada para o caso de desfazimento dos contratos pode ser objeto de revisão judicial.

Como vimos, a cláusula penal compensatória aplicada no caso de resolução do contrato está limitada a 50% dos valores pagos no caso de incorporações pelo regime do patrimônio de afetação, nos termos do art. 67-A, § 5º, da Lei 4.591/1964, e a 10% do valor total do contrato nos compromissos de compra e venda de lotes prometidos por loteadores, nos termos do art. 32-A, II, da Lei 6.766/1979.

Em consonância com o acatado, mister se faz a análise do art. 413 do Código Civil, segundo o qual:

> *Art. 413. A penalidade deve ser reduzida equitativamente pelo juiz se a obrigação principal tiver sido cumprida em parte, ou se o montante da penalidade for manifestamente excessivo, tendo-se em vista a natureza e a finalidade do negócio.*

Ocorre que, em regra, diante dos limites legais, fora circunstâncias excepcionais, a cláusula penal compensatória decorrente de lei especial não pode ser considerada excessiva.

Nesta medida, deverá o juiz evitar interferir nos contratos sob pena de insegurança jurídica, funesta ao objetivo maior do direito que é a paz social.

Posta assim a questão, sem que haja circunstância excepcional, a cláusula penal compensatória prevista dentro dos limites legais no caso de contratos firmados com incorporadoras e com loteadoras deve ser mantida.

A intenção da lei (*mens legis*) neste ponto foi, evidentemente, reforçar o cumprimento da obrigação.

As alterações às Leis 4.591/1964 e 6.766/1979 pela Lei 13.786/2018 prestigiaram a construção civil, que cediçamente é atividade econômica fortemente fomentadora de empregos e passa por extremo desequilíbrio causado pela pletora de ações de promitentes compradores pleiteando o desfazimento do contrato e a restituição do que foi pago sempre que a economia enfrenta crises.

Nesse contexto, surgiu a Lei 13.786/2018, que deve ser interpretada, à luz do art. 5º da LINDB pela sua finalidade social (gerar estabilidade ao mercado imobiliário) e exigência do bem comum (manutenção da atividade das construtoras, geradoras de emprego e renda).

4.7. A IRRETRATABILIDADE DA PROMESSA DE COMPRA E VENDA E A IMPOSSIBILIDADE DA SIMPLES DESISTÊNCIA SEM DEMONSTRAÇÃO DE IMPOSSIBILIDADE DE PAGAMENTO PELO DEVEDOR

Imaginemos que o adquirente (promitente comprador) de imóvel se torne inadimplente no curso do contrato cujo pagamento se dá em tratos sucessivos (pagamento em prestações).

Ocorrendo isso, em verdade, o promitente vendedor precisará, em regra, ingressar com ação de resolução por inadimplemento do compromisso de compra e venda. Mas e se o promitente vendedor se quedar inerte, principalmente naqueles casos em que, certamente, teria que efetuar devolução, ainda que parcial, de valores? O promitente comprador inadimplente teria interesse na propositura da ação de resolução? Haveria possibilidade jurídica do pedido?

Até a década de 1990 havia duas correntes:

a) Primeira corrente – inadmissibilidade da ação promovida pelo inadimplente

A primeira corrente defendia a tese segundo a qual o autor não possui interesse processual na demanda, uma vez que o art. 475 do Código Civil[23] determina que só a parte lesada pelo inadimplemento pode requerer a resolução do contrato e, demais disso, admite-se o pedido na contestação da ação de resolução, independentemente de reconvenção.

No caso, a parte lesada diante do avençado é o promitente vendedor e não o promitente comprador que está em mora com suas obrigações contratuais.

Ensinam-nos Nelson Nery Junior e Rosa Maria Andrade Nery:[24]

> *Existe interesse processual quando a parte tem a necessidade de ir a juízo para alcançar a tutela pretendida e, ainda, quando essa tutela jurisdicional pode trazer-lhe alguma utilidade do ponto de vista prático. Movendo a ação errada ou utilizando-se do procedimento incorreto, o provimento jurisdicional não lhe será útil, razão pela qual a inadequação procedimental acarreta a inexistência de interesse processual.*

Faltaria, portanto, ao promitente comprador, interesse de agir, nos termos do art. 485, VI, do Código de Processo Civil. Como bem ensina José Frederico Marques:[25]

---

[23] Correspondente ao parágrafo único, do art. 1.092, do Código Civil de 1916.

[24] Nelson Nery Jr. e Rosa Maria Andrade Nery, *Código de Processo Civil Comentado*, 2. ed., São Paulo: Revista dos Tribunais, p. 672.

[25] José Frederico Marques, *Manual de Direito Processual Civil*, 13. ed., São Paulo: Saraiva, 1990, p. 257.

Inadmissível, para o caso levado a juízo, a providência jurisdicional invocada, faltará legítimo interesse em propor a ação, porquanto inexiste pretensão objetivamente razoável que justifique a prestação jurisdicional requerida. "pas d'intrérêt, pas d'action".

Assim, como não é o credor quem está pretendendo a resolução em face do inadimplemento do devedor, mas o próprio devedor que pretende não mais cumprir com o avençado, interrompendo o pagamento das parcelas convencionadas e pleiteando judicialmente a devolução das quantias pagas, não haveria possibilidade jurídica do pedido ante o mandamento insculpido no art. 475 do Código Civil[26] e no art. 53 do Código de Defesa do Consumidor.[27]

Faltaria, também, possibilidade jurídica do pedido, por ausência de previsão legal para a pretensão, lembrando que, no sistema atual, a possibilidade jurídica do pedido deixou de ser condição da ação a teor do que se infere dos arts. 17, 337, XI, e 485, VI, do Código de Processo Civil.[28]

b) Segunda corrente – admissibilidade da ação promovida pelo inadimplente

Esta corrente prevaleceu.

Não se ignora que, *demonstrando a impossibilidade de pagar*, o que é fundamental, o adquirente de imóvel por compromisso de compra e venda conta com o justo direito de buscar a resolução do contrato, arcando com as consequências do seu inadimplemento.

---

[26] *Art. 475. A parte lesada pelo inadimplemento pode pedir a resolução do contrato, se não preferir exigir-lhe o cumprimento, cabendo, em qualquer dos casos, indenização por perdas e danos.*

[27] *Art. 53. Nos contratos de compra e venda de móveis ou imóveis mediante pagamento em prestações, bem como nas alienações fiduciárias em garantia, consideram-se nulas de pleno direito as cláusulas que estabeleçam a perda total das prestações pagas em benefício do credor que, em razão do inadimplemento, pleitear a resolução do contrato e a retomada do produto alienado.*

[28] Neste sentido os seguintes julgados:
Tribunal de Justiça de São Paulo. *Compromisso de compra e venda. Cumulação com devolução das quantias pagas. Rescisão. Inadmissibilidade. Instabilidade econômica do país, com elevada taxa de inflação. Fato de todos conhecido. Inaplicabilidade da teoria da imprevisão. Comprador inadimplente, ademais, que não pode invocar a regra do art. 53 da Lei 8.078/1990. Carência decretada. Recurso provido para esse fim (Rel. Celso Bonilha, Apel. Cív. 238.112-2, São Paulo, 30.06.1994).*
Tribunal de Justiça de São Paulo. *Ação. Condições. Impossibilidade jurídica do pedido. Rescisão contratual requerida por inadimplente. Devolução das quantias pagas. Inadmissibilidade. Inexistência de adequação entre a situação jurídica descrita e o provimento jurisdicional invocado. Carência decretada. Recurso provido para esse fim (Rel. Celso Bonilha, Apel. Cív. 238.112-2, São Paulo, 30.06.1994).*
Tribunal de Justiça de São Paulo. *Compromisso de compra e venda. Rescisão. Devolução das quantias pagas. Ajuizamento pelo compromissário comprador inadimplente. Não cabimento. Art. 53 do Código de Defesa do Consumidor. Recurso não provido (Apel. Cív. 264.269-2, Americana, 9ª Câm. Civ., Rel. Accioli Freire, 17.08.1995, v.u.).*
Tribunal de Justiça de São Paulo. *Compromisso de compra e venda. Rescisão cumulada com restituição de parcelas pagas. Inadmissibilidade. Ação proposta por compromissário-comprador inadimplente. Pacta sunt servanda. Ausência de culpa do compromissário-vendedor. Inaplicabilidade do art. 53 do Código de Defesa do Consumidor. Sucessivos aumentos das prestações, ademais, que não podem lastrear pedido unilateral de rescisão contratual. Recurso provido. Somente o contratante prejudicado pode requerer a resolução do contrato e a condenação em perdas e danos; o inadimplente não pode, pois não se compadece com os princípios jurídicos que o faltoso vá beneficiar-se da própria infidelidade (Apel. Cív. 261.123-2, São Paulo, 10ª Câm. Civ., Rel. Cuba dos Santos, 29.06.1995, v.u.).*
Tribunal de Justiça de São Paulo. *Compromisso de compra e venda. Rescisão pleiteada pela compradora inadimplente. Falta de interesse de agir. Carência da ação. Recurso improvido (Apel. Cív. 262.306-2, São Paulo, 11ª Câm. Civ., Rel. Gildo dos Santos, 28.09.1995, m.v.).*
Tribunal de Justiça de São Paulo. *Contrato. Descumprimento pelo adquirente. Rescisão por ele pleiteada. Inadmissibilidade. A rescisão de contrato, por inadimplemento, só pode ser requerida pela parte lesada, não pelo próprio devedor inadimplente (Apel. Cív. 8.620-4, Diadema, 6ª Câm. de Direito Privado, Tel. Ernani de Paiva, 19.02.1998, m.v.).*

Inicialmente, mister se faz voltar ao art. 413 do Código Civil, segundo o qual:

Art. 413. A penalidade deve ser reduzida equitativamente pelo juiz se a obrigação principal tiver sido cumprida em parte, ou se o montante da penalidade for manifestamente excessivo, tendo-se em vista a natureza e a finalidade do negócio.

Portanto, a partir de interpretação teleológica (Lei de Introdução às Normas do Direito Brasileiro, art. 5º),[29] acrescida de interpretação lógica e sistemática, combinando o art. 53, do Código de Defesa do Consumidor, com o art. 189, do Código Civil, segundo o qual, *violado o direito, nasce para o titular a pretensão*,[30] além do art. 413 do Código Civil, que determina a redução da penalidade excessiva, sendo direito subjetivo do adquirente pleitear o reconhecimento da excessividade nos compromissos de compra e venda que não decorrem de incorporações ou loteamentos (posto que, nesses, entendemos ser irredutível a cláusula penal pactuada nos limites legais do art. 67-A, II e § 5º e 32-A, II), ou ainda e principalmente, *tendo em vista a inexistência de patrimônio do devedor e a inércia do promitente comprador que, nessas condições, deixa de ter as duas opções do art. 475 do Código Civil*, ao intérprete é possível a admissão da propositura da ação de resolução contratual pelo adquirente *desde que prove estar impossibilitado de pagar o que deve por ausência de patrimônio.*

De fato, seria contrário ao objetivo do direito – a paz social – que o adquirente inadimplente, que já houvesse pago considerável importância, permanecesse à mercê do promitente vendedor inerte que nenhuma providência toma, quiçá esperando agravar a condição do promitente comprador com os pesados ônus decorrentes da aplicação dos arts. 67-A da Lei 4.591/1964 ou 32-A da Lei 6.766/1979, diante da insolvência do promitente comprador, tendo em vista que a responsabilidade é patrimonial (CC, art. 391; CPC, art. 789).

Neste sentido, a Súmula 1 do Tribunal de Justiça de São Paulo, que reconhece o direito do inadimplente de ingressar com a ação:

Súmula 1: O compromissário comprador de imóvel, mesmo inadimplente, pode pedir a rescisão do contrato e reaver as quantias pagas, admitida a compensação com gastos próprios de administração e propaganda feitos pelo compromissário vendedor, assim como com o valor que se arbitrar pelo tempo de ocupação do bem.

Importante salientar, entretanto, que *o direito conferido ao promitente comprador inadimplente não é absoluto*. Não lhe é dado decidir quando quer pagar e quando quer cumprir a sua obrigação.

Admitir o contrário seria contrariar os princípios da socialidade, da eticidade e da boa--fé que pautam os negócios jurídicos, decorram eles ou não de uma relação de consumo (Código Civil, arts. 113 e 422 e Código de Defesa do Consumidor, art. 4º, III).

Isto significa que o *promitente comprador só dispõe do direito subjetivo de buscar a resolução do contrato, na qualidade de inadimplente, se provar que não reúne mais condições de pagar.*

Deveras, se o promitente comprador tem patrimônio, nos termos do art. 391 do Código Civil, seu patrimônio deve responder pelo descumprimento das obrigações (Código Civil, art. 389) e o promitente vendedor – credor lesado pelo inadimplemento – tem a faculdade de exigir o cumprimento, em vez de requerer a resolução do contrato nos termos do art. 475, do Código Civil.[31]

---

[29] *Art. 5º Na aplicação da lei, o juiz atenderá aos fins sociais a que ela se dirige e às exigências do bem comum.*

[30] O art. 75, do Código Civil de 1916, era mais claro ao afirmar que a *todo o direito corresponde uma ação, que o assegura.*

[31] *Art. 475. A parte lesada pelo inadimplemento pode pedir a resolução do contrato, se não preferir exigir--lhe o cumprimento, cabendo, em qualquer dos casos, indenização por perdas e danos.*

O compromisso de compra e venda de unidades condominiais pelas incorporadoras, por força do art. 67-A, § 12, da Lei 4.591/1964, é irrevogável e irretratável:

> *Transcorrido o prazo de 7 (sete) dias a que se refere o § 10 deste artigo sem que tenha sido exercido o direito de arrependimento, será observada a irretratabilidade do contrato de incorporação imobiliária, conforme disposto no § 2º do art. 32 da Lei 4.591, de 16 de dezembro de 1964.*[32]

Para os compromissos de compra e venda de lotes, a Lei 6.766/79 estipula a irretratabilidade no art. 25:

> *Art. 25: São irretratáveis os compromissos de compra e venda, cessões e promessas de cessão, os que atribuam direito a adjudicação compulsória e, estando registrados, confiram direito real oponível a terceiros.*

Portanto, ultrapassado o prazo de 7 (sete) dias concedido pelo art. 32, § 2º, e pelos §§ 10 e 12 do art. 67-A da Lei 4.591/1964, além do art. 49 do Código de Defesa do Consumidor, o contrato é irretratável.[33]

Interessante, nesse sentido, julgado que emana do Tribunal de Justiça do Rio de Janeiro:

> **Tribunal de Justiça do Rio de Janeiro**. *Apelação cível. Relação de consumo. Promessa de compra e venda de imóvel em construção. Alegação de atraso na entrega de imóvel. Validade da cláusula de tolerância de 180 dias. Inadimplência do promitente comprador que já se avistava. Exceptio non adimpleti contractus. Validade da cláusula de irretratabilidade. Sentença reformada para julgar improcedentes os pedidos. Sentença que se reforma. 1. "Nos contratos de promessa de compra e venda de imóveis, reputa-se válida a cláusula de tolerância, ou cláusula de prorrogação de 180 dias, desde que pactuada expressamente pelas partes, devendo eventual reparação ser computada ao término do prazo avençado." (Enunciado nº 01, do Aviso Conjunto nº 16, de 01.10.2015, TJRJ); 2. **A promessa de compra e venda irretratável e irrevogável gera ao comprador o direito à adjudicação do imóvel. Por outro lado, por isonomia e equilíbrio contratual, deve garantir ao vendedor a impossibilidade de resilição unilateral do contrato pelo adquirente que não mais tem interesse econômico na ultimação da avença;** 3. O entendimento jurisprudencial, consolidado no Enunciado sumular nº 543 do Col. STJ, no sentido de que é devida a retenção de parte dos valores quando a culpa pela frustração do negócio for imputável ao comprador é aplicável apenas aos casos de resolução do contrato, não de desistência; 4. Demonstrado nos autos que a mora dos compradores se antecipa ao alegado atraso na entrega do empreendimento este que, aliás, sequer ocorreu, não se poderia exigir o cumprimento do contrato pelo vendedor, notadamente a entrega do imóvel. Obra concluída e o Habite-se concedido dentro do prazo de tolerância, expressamente previsto no contrato; 5. In casu, **não se pode impedir o promitente***

---

[32] § 2º. Os contratos de compra e venda, promessa de venda, cessão ou promessa de cessão de unidades autônomas são irretratáveis e, uma vez registrados, conferem direito real oponível a terceiros, atribuindo direito a adjudicação compulsória perante o incorporador ou a quem o suceder, inclusive na hipótese de insolvência posterior ao término da obra.

[33] CDC (Lei 8.078/1990), art. 49: *O consumidor pode desistir do contrato, no prazo de 7 dias a contar de sua assinatura ou do ato de recebimento do produto ou serviço, sempre que a contratação de fornecimento de produtos e serviços ocorrer fora do estabelecimento comercial, especialmente por telefone ou a domicílio.*
Lei 4.591/1964, art. 67-A, § 10: *Os contratos firmados em estandes de vendas e fora da sede do incorporador permitem ao adquirente o exercício do direito de arrependimento, durante o prazo improrrogável de 7 (sete) dias, com a devolução de todos os valores eventualmente antecipados, inclusive a comissão de corretagem.*
Lei 4.591/1964, art. 67-A, § 12: *Transcorrido o prazo de 7 (sete) dias a que se refere o § 10 deste artigo sem que tenha sido exercido o direito de arrependimento, será observada a irretratabilidade do contrato de incorporação imobiliária, conforme disposto no § 2º do art. 32 da Lei 4.591, de 16 de dezembro de 1964.*
Lei 4.591/1964, art. 32, § 2º: *Os contratos de compra e venda, promessa de venda, cessão ou promessa de cessão de unidades autônomas são irretratáveis e, uma vez registrados, conferem direito real oponível a terceiros, atribuindo direito a adjudicação compulsória perante o incorporador ou a quem o suceder, inclusive na hipótese de insolvência posterior ao término da obra.*

vendedor de cobrar seu crédito pelos meios legalmente legítimos (negativação do consumidor, execução etc.). Isso significaria imputar ao fornecedor todos os ônus da crise econômica que assola o país, entendimento contraproducente e juridicamente insustentável. Acolhimento, a contrario sensu e enquanto instrumento de assistência à atividade jurisdicional, das recomendações contidas no item 5 – Pacto global para aperfeiçoamento das relações negociais entre incorporadores e consumidores assinado por este Eg. TJRJ; 6. Sentença reformada para julgar improcedentes os pedidos; 7. Recurso provido, nos termos do voto do Relator. (Apelação Cível nº 0066013-17.2016.8.19.0001; Rel. Desembargador Luiz Fernando de Andrade Pinto. Data do acórdão: 06.09.2017.)

É fato que o art. 1.088 do Código Civil de 1916 continha redação que permitia a desistência nos contratos preliminares, como é o caso da promessa de compra e venda:

Quando o instrumento público for exigido como prova do contrato, qualquer das partes pode arrepender-se, antes de o assinar, ressarcindo à outra as perdas e danos resultantes do arrependimento, sem prejuízo do estatuído nos arts. 1.095 a 1.097.

E com essa redação do direito anterior, ante os pendores individualistas que o inspiraram, loteadores e construtores não cumpriam a obrigação, decorrente do compromisso de outorgar escritura definitiva de compra e venda aos promitentes compradores, optando por exercer o "direito subjetivo" de arrependimento e pagando perdas e danos posto que, em muitos casos, lhes era mais vantajoso retomar o imóvel nessas condições.

O expediente era legal, mas de honestidade questionável, fazendo lembrar a parêmia: *non omne quod licet honestum est* (nem tudo que é lícito é honesto).

Como a fonte do direito positivo é *o fato socialmente relevante*, a reação surgiu com o Decreto-Lei 58/37 que proibiu a prática no art. 15, conferindo ao promitente comprador o direito subjetivo de exigir a escritura pública:

Os compromissários têm o direito de, antecipando ou ultimando o pagamento integral do preço e estando quites com os impostos e taxas, exigir a outorga da escritura de compra e venda.

A questão restou pacificada pela Súmula 166/STF, segundo a qual:

É inadmissível o arrependimento no compromisso de compra e venda sujeito ao regime do Decreto-lei 58, de 10.12.37.

O mesmo direito foi, depois, estendido para os compromissos de compra e venda de imóveis "não loteados" nos termos da Lei 649/49, que alterou o art. 22 do Decreto-lei 58/1937, com redação da Lei 6.014/73. Já a irretratabilidade acabou confirmada pela Lei 6.766/79 no art. 25, segundo o qual:

São irretratáveis os compromissos de compra e venda, cessões e promessas de cessão, os que atribuam direito a adjudicação compulsória e, estando registrados, confiram direito real oponível a terceiros.

Acompanhando a evolução do tema, o Código Civil de 2002 tratou do contrato preliminar nos arts. 462 a 466, sendo relevante mencionar o art. 463, segundo o qual:

Concluído o contrato preliminar, com observância do disposto no artigo antecedente, e desde que dele não conste cláusula de arrependimento, qualquer das partes terá o direito de exigir a celebração do definitivo, assinando prazo à outra para que o efetive.

Vimos a questão no Capítulo 3 (item 3.1), quando tratamos do direito à adjudicação compulsória conferido pelo compromisso de compra e venda.

Igualmente a Súmula 543 do STJ, hoje restrita aos compromissos de compra e venda em geral posto que depois da sua edição, por força dos arts. 67-A §§ 5º e 6º da Lei 4.591/1964 e art. 32-A, § 1º da Lei 6.766/1979 existe prazo legal para a restituição dos valores devidos aos promitentes compradores no caso de desfazimento do contrato, menciona que

> *Na hipótese de resolução de contrato de promessa de compra e venda de imóvel submetido ao Código de Defesa do Consumidor, deve ocorrer a imediata restituição das parcelas pagas pelo promitente comprador – integralmente, em caso de **culpa** exclusiva do promitente vendedor/ construtor, ou parcialmente, caso tenha sido **o comprador quem deu causa ao desfazimento**.*

Resta evidente que deve haver descumprimento, sem o que, em regra, não há resolução.

Imaginemos, assim, conforme tenho sustentado, que o promitente comprador não reúna mais condições financeiras e econômicas de cumprir com o pagamento das parcelas.

Nesta hipótese, o promitente vendedor credor não terá a alternativa do art. 475 do Código Civil, ou seja, não há a possibilidade de exigir o cumprimento, mas apenas exigir a resolução do compromisso, e, diante da sua inércia, o promitente comprador inadimplente pode requerer a resolução.

Eis o dispositivo:

> *A parte lesada pelo inadimplemento pode pedir a resolução do contrato, se não preferir exigir-lhe o cumprimento, cabendo, em qualquer dos casos, indenização por perdas e danos.*

Contudo, se o promitente comprador é insolvente, não existe alternativa. Se a responsabilidade é patrimonial, não havendo patrimônio, ao promitente comprador credor só resta a possibilidade de requerer a resolução. Se, nada obstante, quedar-se inerte, o promitente comprador poderá tomar a iniciativa, submetendo-se às consequências impostas pelos arts 67-A da Lei 4.591/1964 e pelo art. 32-A da Lei 6.766/1979 conforme se trate de incorporação ou loteamento, respectivamente.

A possibilidade jurídica de o promitente comprador inadimplente requerer a resolução, portanto, somente existe no sistema se ele de fato não reunir mais condições para efetivar os pagamentos.

Neste sentido:

> **Tribunal de Justiça de São Paulo.** *Rescisão contratual. Inadimplência do autor. Extinção sob fundamento de ausência de possibilidade jurídica e falta de interesse processual. Inadmissibilidade. Mesmo sendo inadimplente tem o autor o direito de tentar obter, via judicial, a devolução (integral ou parcial) das parcelas pagas e de ver declarado rescindido o contrato **por impossibilidade de pagamento**, mesmo que arcando com as consequências do fato. Recurso provido para se afastar a extinção, prosseguindo o feito (Apel. Cív. 56.419-4, São Paulo, 7ª Câmara de Direito Privado, Rel. Benini Cabral, 02.09.1998, v.u.).*

> **Tribunal de Justiça de São Paulo.** *Contrato. Compromisso de compra e venda de imóvel. Cláusula de arrependimento pelo comprador. Inexistência. Não corresponde à melhor interpretação do nosso sistema legal, negar-se, o direito à ação de resolução do contrato, a compromissário-comprador que **por circunstâncias excepcionais se torna inadimplente** (Apel. Cív. 060.480-4, Ribeirão Preto, 7ª Câmara de Direito Privado, Rel. Oswaldo Breviglieri, 04.11.1998, v.u.).[34]*

---

[34] Em igual sentido:
Superior Tribunal de Justiça. *Contrato de compra e venda de imóvel, mediante pagamento em prestações. Ação proposta pelo devedor (inadimplente). Devolução de parcelas. Caso em que foi aplicado o disposto no art. 924 do CC, inexistindo ofensa ao art. 53 do CDC ("essa disposição", segundo o acórdão recorrido, "se aplica nas ações de rescisão de iniciativa do credor"). Dissídio não configurado (sum. nº 13/STJ). Recurso Especial não conhecido. (Recurso Especial nº 91.654/SP, decisão: por unanimidade, não conhecer do Recurso Especial, 24.06.1997, 3ª Turma. Rel. Min. Nilson Naves. DJ 08.09.1997, p. 42.492.)*

O Superior Tribunal de Justiça parece consolidar entendimento segundo o qual o inadimplente pode pleitear a resolução, *desde que prove não dispor de meios para pagar.* Eis um julgado neste sentido:

> *Civil. Promessa de compra e venda. Desistência. Ação pretendendo a rescisão e a restituição das importâncias pagas. Retenção de 25% em favor da vendedora, como ressarcimento de despesas. Código de Defesa do Consumidor, arts. 51, II, 53 e 54. Código Civil, art. 924 [atual art. 413]. I. A C. 2ª Seção do STJ, em posição adotada por maioria, admite a possibilidade de resilição do compromisso de compra e venda por iniciativa do devedor, **se este não mais reúne condições econômicas para suportar o pagamento das prestações avençadas** com a empresa vendedora do imóvel (EREsp59.870/SP, Rel. Min. Barros Monteiro, DJU 09.12.2002, p. 281). II. O desfazimento do contrato dá ao comprador o direito à restituição das parcelas pagas, porém não em sua integralidade. Percentual de retenção fixado para 25%. Precedentes do STJ. III. Recurso especial conhecido e parcialmente provido (REsp 332.947/MG, Rel. Min. Aldir Passarinho Junior, 4ª Turma, j. 24.10.2006, DJ 11.12.2006, p. 360).*

Todavia, na maioria das ações que tramitaram no foro antes das alterações empreendidas pela Lei 13.786/2018, não há um elemento sequer que demonstre que o autor desses pedidos tenha perdido o emprego ou que não reúne mais condições para pagar o que avençou, condição imprescindível para se valer da jurisprudência que admite o seu pedido de resolução.

Não existe, e disso estou convicto, direito ao arrependimento tempos depois da contratação, sem a demonstração de qualquer vício ou mácula do negócio que entabulou. No Estado de São Paulo não é este, definitivamente, o alcance da Súmula 1 do Tribunal de Justiça.

De mais a mais, nesta medida, admite-se a execução das parcelas devidas se o devedor é solvente, sob pena de negativa de vigência do art. 475 do Código Civil.

Valho-me, ainda, para a conclusão da impossibilidade de admitir direito absoluto à desistência dos contratos, da natureza jurídica da cláusula penal compensatória em razão de o benefício ser do credor. Se assim o é, impossível o devedor (sujeito passivo da obrigação) comparecer aduzindo que prefere pagar a pena compensatória a cumprir a obrigação (dar, fazer ou não fazer).

Assim, é importante a distinção entre a cláusula penal e a multa penitencial – *pactum displicentiae* dos romanos que inspirou o sistema francês e, nesse sentido, a lição de Robert Pothier.[35] Não existe no sistema jurídico brasileiro qualquer norma semelhante

---

Superior Tribunal de Justiça. Promessa de compra e venda. Resolução. Direito de o comprador pleitear a restituição. Cláusula de decaimento. Limitação da restituição. Art. 924 do CC. 1. O comprador inadimplente pode vir a juízo pleitear a devolução das prestações pagas, de cuja restituição se entende credor. A extinção de fato e extrajudicial do contrato pela vendedora, em princípio inadmitida, não submete o comprador às soluções dadas pela vendedora. 2. Aplicação do disposto no art. 924 do CC para reduzir a devolução a 90% do que foi recebido pela vendedora. Recurso conhecido em parte e nessa parte provido. (Recurso Especial nº 109.960/RS (9600629021), decisão: por unanimidade, conhecer em parte do recurso e, nessa parte, dar-lhe provimento, 24.02.1997, 4ª Turma. Rel. Min. Ruy Rosado de Aguiar. DJ 24.03.1997, p. 9.031.)
Superior Tribunal de Justiça. Promessa de compra e venda. Restituição das importâncias pagas. Cláusula de decaimento de 90%. Modificação judicial. Na vigência do Código de Defesa do Consumidor, é abusiva a cláusula de decaimento de 90% das importâncias pagas pela promissária compradora de imóvel. Cabe ao juiz alterar a disposição contratual, para adequá-la aos princípios do direito das obrigações e as circunstâncias do contrato. Ação proposta pela promissária compradora inadimplente. Art. 51 e 53 do Codecon. Art. 924 do Código Civil. Recurso conhecido e provido, para permitir a retenção pela promitente vendedora de 10% das prestações pagas. (Recurso Especial nº 94.640/DF, decisão: por unanimidade, conhecer do recurso e dar-lhe parcial provimento, data da decisão: 13.08.1996, 4ª Turma. Rel. Min. Ruy Rosado de Aguiar. Fonte: DJ 07.10.1996, p. 37.647.) Veja: REsp12.074/SP, REsp45.666/SP, REsp53.396/RS, REsp38.492/SP, REsp10.620/SP, REsp4.321/SP, REsp52.995/SP, REsp45.226/RS, REsp45.409/SP, REsp51.019/SP, REsp58.912/MG, REsp58.525/SP, REsp59.524/DF, REsp45.511/SP (STJ).

35 Robert Pothier. *Traité des obligations: oeuvres complètes.* Vol. II. Paris: Langlois-Duran, 1844, n. 343: *"Cette peine est stipulée dans l'intention de dedommager le créancier de l'inexécution de l'obligation principale: elle est par conséquent compensatoire des dommages et intérêts qu'il souffre de l'inexécution de*

ao art. 1.152, do Código Civil francês, que dispõe sobre a multa penitencial (multa *poenitentialis*), diferentemente do que faz com a cláusula penal (art. 1.226).

No sistema francês, a multa penitencial permite que o devedor não cumpra a obrigação e se apresente para pagar o valor estipulado. Em outras palavras, em razão da multa penitencial estipulada no contrato, o devedor se libera do cumprimento, pagando-a.

No Brasil, há limites para imposição de pena e só encontramos previsão de cláusula penal. Se isso não bastasse, há cristalina disposição no art. 410 do Código Civil, segundo o qual a cláusula penal é *uma alternativa em benefício do credor e não do devedor*.

Desse modo, parece-nos evidente, evidentíssimo, aliás, que o devedor solvente não pode comparecer com o intuito de pagar o valor referente à cláusula penal em detrimento do cumprimento da obrigação. De qualquer forma, quitado o contrato, cumpridas as obrigações, não haverá mais o direito à desistência.

> **Superior Tribunal de Justiça.** *Recurso especial. Civil. Contrato de compra e venda de imóvel. Submissão ao CDC. Súmula 543 do STJ. Inadimplemento. Não ocorrência. Contrato integralmente quitado. Direito de desistência. Não caracterização. 1. Ação de resolução contratual ajuizada em 3/11/2020, da qual foi extraído o presente recurso especial, interposto em 17/5/2022 e concluso ao gabinete em 2/9/2022. 2. O propósito recursal consiste em dizer se: a) se o adimplemento das prestações de ambas as partes em contrato de compra e venda de imóvel submetido ao CDC obsta o exercício do direito de desistência pelo consumidor; e b) as consequências do exercício desse direito, se cabível. 3. De acordo com a Súmula 543 do STJ, "na hipótese de resolução de contrato de promessa de compra e venda de imóvel submetido ao Código de Defesa do Consumidor, deve ocorrer a imediata restituição das parcelas pagas pelo promitente comprador – integralmente, em caso de culpa exclusiva do promitente vendedor/construtor, ou parcialmente, caso tenha sido o comprador quem deu causa ao desfazimento". 4. Na hipótese de contrato de promessa de compra e venda de imóvel submetido ao Código de Defesa do Consumidor, em regra, é lícito ao consumidor resilir unilateralmente o contrato (direito de desistência), assegurado ao vendedor não culpado pela desconstituição do negócio o direito de retenção de parcela do valor já adimplido. 5. O adimplemento das prestações por ambas as partes de contrato de promessa de compra e venda de imóvel submetido ao Código de Defesa do Consumidor obsta o exercício do direito de desistência pelo consumidor. 6. Na hipótese dos autos, merece reforma o acórdão recorrido, pois reconheceu, com base nas provas colacionadas autos, que houve o cumprimento do contrato por ambas as partes, o que afasta o direito de desistência do promitente comprador, em prestígio à força obrigatória dos contratos, à segurança jurídica e ao princípio da confiança legítima. 7. Recurso especial provido para restabelecer a sentença. (REsp 2.023.670/SP, Rel. Min. Nancy Andrighi, 3ª Turma, j. 12.09.2023, DJe 15.09.2023)*

Assim, em resumo, tratando-se de devedor solvente:

a) o credor é quem poderá escolher entre a cobrança da cláusula penal, a exigência do cumprimento da obrigação tal qual foi convencionada com a cláusula penal moratória ou, como demonstraremos, os prejuízos efetivamente provados;

b) esse é um benefício do credor, de tal sorte que não cabe a opção ao devedor; e,

c) no nosso sistema não existe, em regra, a multa penitencial, que, a rigor, tornaria sem efeito a função ontológica da cláusula penal, bem como as limitações percentuais a ela impostas (Código Civil, art. 412).

De qualquer forma, encontra-se à disposição do devedor a possibilidade de estabelecer arras penitenciais, desde que o contrato disponha de direito de arrependimento, de forma

---

l'obligation principale.Il suit de là, qu'il doit en ce cas choisir, ou de poursuivre l'exécution de l'obligation principale, ou la peine; qu'il doit se contenter de l'une ou de l'autre, et qu'il ne peut pas exiger les deux. Néanmoins, comme l'obligation principale; si la peine que le créancier a perçue pour l'inexécution de l'obligation principale ne le dédommageait pas suffisamment, il ne laisserait pas, quoiqu'il ait perçu cette peine, de pouvoir demander les dommages et intérêts résultant de l'inexécution de l'obligation principale, en imputant et tenat compte sur les dits dommages et intérêts de la peine qu'il a déjà perçue".

clara, em respeito ao princípio da boa-fé, com a obrigação de o inadimplente perder o que entregou ou devolver em dobro o que recebeu.

4.8. IRRETROATIVIDADE DAS ALTERAÇÕES EMPREENDIDAS PELA LEI 13.786, DE 27 DE DEZEMBRO DE 2018, PUBLICADA NO DIA 28.12.2018

Vimos que a Lei 13.786/2018 alterou substancialmente a questão do desfazimento do contrato de promessa de compra e venda firmado com incorporadoras e com loteadoras.

Nessa medida, surge a questão de saber se as novas regras, notadamente referentes aos percentuais de perdimento e de retenção, aplicam-se imediatamente aos contratos firmados antes do dia 28.12.2018, data da publicação da indigitada lei que, nos seus termos, entrou em vigor na data da publicação.

Em verdade, existe princípio básico a ser respeitado, decorrente do art. 5º, inc. XXXVI da Constituição Federal, segundo o qual: *"A lei não prejudicará o direito adquirido, o ato jurídico perfeito e a coisa julgada".*

O contrato, definido como o acordo de vontades destinado a adquirir, modificar ou extinguir relações jurídicas de natureza patrimonial, por evidente, é ato jurídico perfeito. Portanto, é forçoso concluir que a Lei 13.786/2018 se aplica aos contratos firmados a partir do dia 28.12.2018 (inclusive), data da publicação da Lei.[36]

Essa posição é tranquila nos tribunais, tomando-se como exemplo o CDC, norma de ordem pública que, ainda assim, não se aplicou a contratos anteriores à sua vigência:[37]

---

[36] Lei 13.786 de 27 de dezembro de 2018, publicada no *DOU* do dia 28.12.2018, art. 4º: *Esta Lei entra em vigor na data de sua publicação.*

[37] **Superior Tribunal de Justiça.** *(...) Não se aplica o Código de Defesa do Consumidor aos contratos anteriores a sua vigência. Precedentes. (Recurso Especial nº 94.303. São Paulo. Rel. Min. Carlos Alberto Menezes Direito.)*
Tribunal de Justiça de São Paulo. *Compromisso de compra e venda. Rescisão. Cláusula penal. Perda das quantias pagas. Validade. Código de Defesa do Consumidor inaplicável à espécie. Contrato celebrado anteriormente à sua vigência. Recurso não provido. Não incide os dispositivos do Código de Defesa do Consumidor nos contratos celebrados antes de sua vigência (Apel. Cív. 251.374-2, São Paulo, Rel. Prado de Toledo, CCIV 15, v.u., 07.02.1995).*
Compromisso de compra e venda – rescisão. Cumulação com devolução de quantias pagas. Inadmissibilidade. Contrato celebrado antes da vigência do Código de Defesa do Consumidor. Vedada retroação da lei para atingir atos jurídicos consolidados. Recurso não provido A Constituição da República, ao preceituar que a lei não prejudicará o direito adquirido, o ato jurídico perfeito e a coisa julgada, não distingue entre lei de ordem pública e lei que não tenha essa natureza. Celebrado o contrato antes do Código de Defesa do Consumidor, submete-se ele às leis da época (Rel. Laerte Nordi, Apel. Cív. 219.151-2, São Paulo, 24.02.1994).
Compromisso de compra e venda. Rescisão. Falta de pagamento de prestação relativa do preço. Pedido de restituição do que havia pago. Fundamento no Código de Defesa do Consumidor. Inaplicabilidade. Compromisso anterior à vigência do Código. Observância da garantia constitucional ao direito adquirido. Ação improcedente. Recurso parcialmente provido para outro fim (Rel. Ralpho Oliveira, Apel. Cív. 212.114-2, São Paulo, 10.02.1994).
Compromisso de compra e venda. Rescisão contratual. Perda das quantias pagas pelo compromissário comprador. Admissibilidade. Contrato anterior ao Código de Proteção e Defesa do Consumidor. Incidência de norma constitucional vedando que a lei prejudique o ato jurídico perfeito e acabado. Art. 5º, XXXVI da Constituição da República. Recurso provido para esse fim (Rel. Marcondes Machado, Apel. Cív. 220.317-2, São Paulo, 08.02.1994).
Prova. Ônus. Inversão. Código de Defesa do Consumidor. Inaplicabilidade. Fato anterior à existência do referido diploma. Recurso não provido (Apel. Cív. 223.249-1, São Caetano do Sul, Rel. Eduardo Braga, CCIV 3, v.u., 14.03.1995).

Tribunal de Justiça de São Paulo. Contrato. Cláusula. Nulidade. Inocorrência. Alegada abusividade dos reajustes inexistente. Compromisso de compra e venda lavrado antes da edição da Lei 8.078/1990. Inaplicabilidade do Código de Defesa do Consumidor. Aplicação do princípio constitucional da irretroeficácia legal. Recurso provido (Rel. Ferreira Conti, Apel. Cív. 219.585-2, São Paulo, 17.10.1994).

Tribunal de Justiça de São Paulo. Compromisso de compra e venda. Aplicação do Código de Defesa do Consumidor. Inadmissibilidade. Impossibilidade de aplicação retroativa. Contrato anterior à sua entrada em vigor. Garantia do art. 5º, caput, XXXVI, da Constituição da República. Recurso provido Não se admite a aplicação retroativa da Lei 8.078/1990, para abranger atos jurídicos já aperfeiçoados antes de sua entrada em vigor, eis que a lei não prejudicará o ato jurídico perfeito e a coisa julgada (Rel. Marrey Neto, Apel. Cív. 236.925-2, São Paulo, 21.06.1994).

Quer isso dizer, em suma, que não se aplicam as alterações empreendidas pela Lei 13.786/2018 aos contratos celebrados até o dia 27 de dezembro de 2018.

Este foi o entendimento aplicado pelo Superior Tribunal de Justiça como questão de ordem nos Recursos Especiais, julgados na sistemática dos recursos repetitivos nos 1.498.484, 1.635.428, 1.614.721 e 1.631.485 (temas 970 e 971).[38]

Nesses arestos, concluiu o Ministro relator, Luiz Felipe Salomão: "Assim `tratando-se de contrato legitimamente celebrado, as partes têm o direito de vê-lo cumprido, nos termos da lei contemporânea ao seu nascimento, a regular, inclusive, os seus efeitos. Os efeitos do contrato ficam condicionados à lei vigente no momento em que foi firmado pelas partes. Aí, não há que invocar o efeito imediato da lei nova [...], uma lei nova não pode estender-se, com a finalidade de regê-los, aos efeitos futuros de contratos anteriormente pactuados, pois, se tal situação se revelasse possível, o Estado passaria a dispor de um temível poder de intervenção na esfera das relações contratuais privadas em curso de execução, afetando, em seus aspectos essenciais, a própria causa geradora daquelas consequências jurídicas' (AI 251.533, Rel. Min. Celso de Mello, j. 25.10.1999, publicado em DJ 23.11.1999, p. 32). *Destarte, penso que não se pode cogitar de aplicação simples e direta da nova Lei n. 13.786/18 para a solução de casos anteriores ao advento do mencionado Diploma legal (retroatividade da lei, com consequente modificação jurisprudencial, com ou sem modulação)*."

Outro exemplo prático de aplicação do princípio da irretroatividade foi a Lei 9.298 de 1º de agosto de 1996, que modificou o § 1º do art. 52 do CDC, reduzindo a multa máxima de 10% (dez por cento) para apenas 2% (dois por cento).

Contrato. Rescisão. Devolução de quantias já pagas, devidamente corrigidas. Inadmissibilidade. Contrato celebrado antes da vigência do Código de Defesa do Consumidor. Impossibilidade de retroação da lei para atingir atos jurídicos definitivamente consolidados. Ademais, matéria fática que não possibilita a aplicação do art. 924 do Código Civil (de 1916, correspondente ao art. 413 do novo Código Civil). Recurso provido. O Código de Defesa do Consumidor é posterior ao contrato, por isso não pode retroagir e atingir atos jurídicos definitivamente consolidados (Art. 6º, § 1º, da Lei de Introdução às Normas do Direito Brasileiro) (Rel. Vallim Bellocchi, Apel. Cív. 209.507-2, São Paulo, 07.06.1993).
Compromisso de compra e venda. Inadimplemento dos compradores. Rescisão. Prefixação de perdas e danos. Perda das quantias pagas. Contratos celebrados antes da vigência do Código de Defesa do Consumidor. Recurso não provido (Apel. Cív. 4.151-4, São Paulo, 8ª Câm. de Direito Privado, Rel. Cesar Lacerda, 24.04.1996, m.v.).

[38] *Recurso Especial representativo de controvérsia. Compra e venda de imóvel na planta. Atraso na entrega.* **Novel Lei 13.786/2018. Contrato firmado entre as partes anteriormente à sua vigência. Não incidência.** *Contrato de adesão. Omissão de multa em benefício do aderente. Inadimplemento da incorporadora. Arbitramento judicial da indenização, tomando-se como parâmetro objetivo a multa estipulada em proveito de apenas uma das partes, para manutenção do equilíbrio contratual. 1. A tese a ser firmada, para efeito do art. 1.036 do CPC/2015, é a seguinte: No contrato de adesão firmado entre o comprador e a construtora/incorporadora, havendo previsão de cláusula penal apenas para o inadimplemento do adquirente, deverá ela ser considerada para a fixação da indenização pelo inadimplemento do vendedor. As obrigações heterogêneas (obrigações de fazer e de dar) serão convertidas em dinheiro, por arbitramento judicial. 2. No caso concreto, recurso especial parcialmente provido. (REsp 1614721/DF, Rel. Min. Luis Felipe Salomão, Segunda Seção, j. 22.05.2019, DJe 25.06.2019).*

Nesse caso, o atraso decorrente de prestações referentes a contratos firmados antes de 1º de agosto de 1996 não sofreram incidência da norma. Portanto, na medida em que ocorria o atraso, mesmo que posterior à lei, a multa continuava no patamar de 10% previsto no contrato.

Ainda que se possa sustentar que se trata de normas cogentes ou de ordem pública, não podem afrontar a garantia constitucional da irretroatividade das leis ao ato jurídico perfeito.

Em suma, é a data do contrato que deve prevalecer para determinar a aplicação da lei, sendo a ele aplicável a que estiver em vigor quando foi firmado, tendo em vista o art. 5º, inciso XXXVI, da CF, segundo o qual *"a lei não prejudicará o direito adquirido, o ato jurídico perfeito e a coisa julgada"* e, também, o art. 6º, da LINDB, segundo o qual *"a lei em vigor terá efeito imediato e geral, respeitando o ato jurídico perfeito, o direito adquirido e a coisa julgada"*.

Mesmo que se sustente tratar-se de norma de ordem pública – o que é discutível no caso –, não pode essa atingir efeitos jurídicos futuros de contrato celebrado anteriormente à sua edição. O Supremo Tribunal Federal, em razão do art. 5º, XXXVI, da Constituição Federal, adotou a teoria de Francesco Gabba, mesmo que em alguns de seus julgados tenha relativizado a proteção sobre o instituto da coisa julgada. (RE 362.584/DF. Rel. Min. Ellen Gracie. Primeira Turma. j. 02.12.2002. *DJ* 14.03.2003.)

Segundo Carlos Roberto Gonçalves,

*Pode-se resumidamente dizer que o sistema jurídico brasileiro contém as seguintes regras sobre a matéria: a) são de ordem constitucional os princípios da irretroatividade da lei nova e do respeito ao direito adquirido; b) esses dois princípios obrigam ao legislador e ao juiz; c) a regra, no silêncio da lei, é a irretroatividade; d) pode haver retroatividade expressa desde que não atinja direito adquirido; e) a lei nova tem efeito imediato, não se aplicando aos fatos anteriores. Tendo o Supremo Tribunal Federal proclamado que **não há direito adquirido contra a Constituição** e que, "sendo constitucional o princípio que a lei não pode prejudicar o ato jurídico perfeito", ele se aplica também às leis de ordem pública.*[39]

4.9. PRESCRIÇÃO

Segundo o art. 189 do Código Civil, violado o direito, nasce para o seu titular a pretensão. Nesta medida, só é possível falar em eventual prazo prescricional a partir da violação do direito.

No caso de pedido de resolução pelo promitente comprador inadimplente, não há falar em prescrição na exata medida em que o direito à restituição só nasce com a declaração de resolução do compromisso.

Recomendo, pois, a leitura do item 3.8 deste livro II.

Posta desta maneira a questão, não se deve pensar na prescrição com prazo contado a partir do pagamento de cada parcela. Evidentemente que o direito à restituição não surge com o pagamento da parcela, mas, por evidente, da resolução do contrato.

Neste sentido, fundamentou o Desembargador Viviani Nicolau (TJSP, Apelação 994.05.115923-1, 9ª Câmara de Direito Privado, j. 30.11.2010):

A devolução das parcelas pagas só é possível após a rescisão contratual, uma vez que a primeira é mera consequência lógica da segunda, tanto que é determinada mesmo sem pedido

---

[39] Carlos Roberto Gonçalves. *Direito civil brasileiro*. Volume I: parte geral. 6 ed. São Paulo: Saraiva, 2008, p. 62.

expresso ou reconvenção nesse sentido. O prazo, pois, para a pretensão da devolução das parcelas só tem início a partir da rescisão. E se válido o contrato, como afirmou a própria recorrente nos autos, não é possível se operar a prescrição, já que seu prazo nem ao menos começou a correr.

4.10. JUROS E CORREÇÃO MONETÁRIA SOBRE OS VALORES A RESTITUIR AO ADQUIRENTE

Em precedente discutível, a Segunda Seção do Superior Tribunal de Justiça sufragou entendimento segundo o qual *"na hipótese de resolução contratual do compromisso de compra e venda (...) em que postulada, pelos autores, a restituição das parcelas pagas de forma diversa da cláusula penal convencionada, os juros moratórios sobre as mesmas serão computados a partir do trânsito em julgado da decisão"* (REsp 1.008.610/RJ, Rel. Min. Aldir Passarinho Junior, *DJe* 03.09.2008), por entender que apenas a partir do trânsito em julgado é que existe a mora do promitente vendedor na devolução das parcelas pagas.[40-41]

Esse entendimento foi coarctado pelo julgamento do REsp na sistemática dos recursos repetitivos, no qual o seguinte entendimento acabou prevalecendo:

> **Superior Tribunal de Justiça.** *Recurso Especial repetitivo. Acórdão recorrido proferido em julgamento de IRDR. Promessa de compra e venda de unidade imobiliária. Resolução imotivada pelo promitente comprador. Devolução de valores pagos. Cláusula contratual. Pedido de alteração. Sentença constitutiva. Termo inicial dos juros de mora. Trânsito em julgado. 1. Para os fins dos arts. 927 e 1.036 a 1.041 do CPC, fixa-se a seguinte tese: –* **Nos compromissos de compra e venda de unidades imobiliárias anteriores à Lei 13.786/2018, em que é pleiteada a resolução do contrato por iniciativa do promitente comprador de forma diversa da cláusula penal convencionada, os juros de mora incidem a partir do trânsito em julgado da decisão.** *2. Recurso especial provido. (REsp 1740911/DF, Rel. Min. Moura Ribeiro, Rel. p/ Acórdão Ministra Maria Isabel Gallotti, Segunda Seção, j. 14.08.2019, DJe 22.08.2019).*

Assim, segundo esse posicionamento, que não se aplica ao desfazimento dos contratos submetidos à Lei 13.786/2018, fundamentou-se: "Nos termos do art. 394 do Código Civil, 'considera-se em mora o devedor que não efetuar o pagamento e o credor que não quiser recebê-lo no tempo, lugar e forma que a lei ou a convenção estabelecer'. O art. 396 do mesmo Código, por outro lado, traz importante sinalização no sentido de que 'não havendo fato ou omissão imputável ao devedor, não incorre este em mora'. Esse é o ponto central para deslinde da controvérsia, uma vez que nos casos em que a iniciativa da rescisão do contrato parte do consumidor, sem culpa do fornecedor, ante a ausência de disciplina legal – até a

---

[40]   Em igual sentido:
STJ. *Agravo regimental. Recurso Especial. Ausência de fundamentação. Inexistência. Promessa. Compra e venda. Desistência. Promitente-comprador. Valores pagos. Restituição. Retenção. 25% (vinte e cinco por cento). Juros de mora. Termo inicial. Decisão judicial. Parcial provimento. 1. Não é deficiente em sua fundamentação o julgado que aprecia as questões que lhe foram submetidas, apenas que em sentido contrário aos interesses da parte. 2. A desistência do promitente-comprador, embora admitida por esta Corte, rende ao promitente-vendedor o direito de reter até 25% (vinte e cinco por cento) dos valores por aquele pagos a qualquer título, desde que não supere o contratualmente estipulado. 3. "Na hipótese de resolução contratual do compromisso de compra e venda por simples desistência dos adquirentes, em que postulada, pelos autores, a restituição das parcelas pagas de forma diversa da cláusula penal convencionada, os juros moratórios sobre as mesmas serão computados a partir do trânsito em julgado da decisão"* (REsp 1.008.610/RJ, Rel. Min. Aldir Passarinho Junior, 2ª Seção, j. 26.03.2008, *DJe* 03.09.2008). *4. Agravo regimental a que se dá parcial provimento* (AgRg no REsp 927.433/DF, Rel. Min. Maria Isabel Gallotti, 4ª Turma, j. 14.02.2012, *DJe* 28.02.2012).

[41]   Igualmente: STJ – AgRg no REsp 759.903/MG, Rel. Min. Vasco Della Giustina – Desembargador Convocado do TJ/RS, Terceira Turma, j. 15.06.2010, *DJe* 28.06.2010.

recentíssima edição da Lei 13.786 de 27.12.2018, a qual irá reger futuros contratos – não há culpa (ou mora) da incorporadora que vinha cumprindo regularmente o contrato. (...) Os juros de mora relativos à restituição das parcelas pagas, em consequência, devem incidir a partir da data do trânsito em julgado da decisão, porquanto inexiste mora anterior do promitente vendedor. Somente a partir do trânsito em julgado da decisão, portanto, é que poderiam incidir os juros de mora. Antes disso, não há que se falar em mora da vendedora se a rescisão do contrato se deu por culpa dos compradores com pedido de restituição de valores em desconformidade do que fora pactuado".

Igualmente, tratando-se de pedido de resolução formulado pelo promitente vendedor em razão da culpa do promitente comprador em face do seu inadimplemento, outros julgados do STJ ordenam o cômputo dos juros sobre o saldo a restituir este último apenas após o trânsito em julgado; nesse sentido, mais um julgado daquela Corte:

> **Superior Tribunal de Justiça.** *Agravo Regimental. Recurso Especial provido em parte. Equívoco no dispositivo. Correta fixação do índice de correção monetária. Contrato de compra e venda de imóvel em construção. Utilização de índices diferenciados. Juros de mora. Consectários. Termo a quo. Trânsito em Julgado. 1. No caso de rescisão de contrato de compra e venda de imóvel em construção, o índice de atualização monetária para corrigir as parcelas a serem devolvidas pela vendedora é o INCC, por estar vinculado ao contrato; após o ajuizamento da ação, o INPC.* **2. Na hipótese em que a rescisão contratual ocorre por iniciativa da promitente-vendedora, em razão do inadimplemento das parcelas pactuadas pelo comprador, o termo inicial dos juros de mora é a data do trânsito em julgado, pois inexiste mora anterior.** *3. Agravo regimental provido em parte (AgRg no REsp 1.151.282/MT, Rel. Min. João Otávio de Noronha, 3ª Turma, j. 20.08.2013, DJe 29.08.2013).*

Todavia, de forma contrária, arestos estipularam outro termo inicial para a contagem dos juros sobre o valor a restituir ao promitente comprador, qual seja, a citação inicial:

> **Superior Tribunal de Justiça.** *Rescisão contratual.* **Promessa de compra e venda de imóvel. Devolução de importâncias pagas.** *Direito de retenção. Súmula 7/STJ. Juros de mora. Data da citação. Art. 406 do Código Civil de 2002. Aplicabilidade. I – A jurisprudência deste Superior Tribunal de Justiça está hoje pacificada no sentido de que, em caso de extinção de contrato de promessa de compra e venda, inclusive por inadimplência justificada do devedor, o contrato pode prever a perda de parte das prestações pagas, a título de indenização da promitente-vendedora com as despesas decorrentes do próprio negócio. II – Havendo a corte de origem fixado o percentual a ser retido, tendo por suporte o acervo fático-probatório da causa, sua alteração esbarra no óbice do enunciado nº 7 da Súmula deste Tribunal. III –* **Tratando-se de responsabilidade contratual, a mora constitui-se a partir da citação,** *e os juros respectivos devem ser regulados, até a data da entrada em vigor do novo Código, pelo artigo 1.062 do diploma de 1916, e, depois dessa data, pelo art. 406 do atual Código Civil. Recurso especial parcialmente provido (REsp 594.486/MG, Rel. Min. Castro Filho, 3ª Turma, j. 19.05.2005, DJ 13.06.2005, p. 294).*

Nada obstante, os juros já foram computados desde cada desembolso na hipótese específica de *culpa da vendedora*, que não é o caso tratado neste capítulo (inadimplência do comprador):

> **Superior Tribunal de Justiça.** *Agravo Regimental. Recurso Especial da parte adversa provido. Resilição de contrato de compra e venda de imóvel. Culpa da construtora. Devolução de parcelas pagas pelo adquirente. Juros de mora. Termo a quo. Desembolso de cada prestação. Recurso a que se nega provimento. 1. De acordo com a jurisprudência desta Corte, nos casos de rescisão de contrato de compra e venda de imóvel, por culpa da construtora, a restituição das parcelas pagas pelo adquirente deve ser realizada, com incidência de juros de mora desde o efetivo desembolso de cada prestação. 2. Agravo regimental não provido (AgRg no AREsp 345.459/MG, Rel. Min. Luis Felipe Salomão, 4ª Turma, j. 19.09.2013, DJe 24.09.2013).*

É verdade que, tratando-se de dívida positiva, porém ilíquida, sempre houve divergência entre os doutrinadores acerca do início da contagem dos juros moratórios, tendo em vista a redação do art. 407, ante o que dispõe o art. 405, ambos do Código Civil de 2002.

A celeuma surgiu em decorrência da aparente antinomia entre os precitados dispositivos. Com efeito, dispõe o art. 407 do Código Civil:

> *Ainda que se não alegue prejuízo, é obrigado o devedor aos juros da mora que se contarão assim às dívidas em dinheiro, como às prestações de outra natureza, **uma vez** que lhes esteja fixado o valor pecuniário por sentença judicial, arbitramento, ou acordo entre as partes.*

Por outro lado, preceitua o art. 405 do Código Civil de 2002: "Contam-se os juros da mora *desde a citação inicial*".

J. M. de Carvalho Santos[42] tratou exaustivamente da matéria, apontando as diversas correntes sobre o assunto e, entre elas, aquela que defende a inexistência de antinomia, sendo que o termo "desde que" do art. 1.064 do Código Civil de 1916 teria o significado de "uma vez que", tratando-se de condição para contagem dos juros moratórios desde a citação inicial. Prevaleceu esta corrente no Código Civil de 2002, tanto é assim que o art. 407 traz exatamente essa modificação.

Em consonância com o acatado e com o que escrevi alhures:[43] "*entendo que, em regra, nas obrigações ilíquidas, os juros moratórios serão devidos desde que o valor equivalente do objeto da prestação seja fixado por sentença, acordo entre as partes ou arbitramento*" (Código Civil, art. 407), contados a partir da citação inicial (Código Civil, art. 405).

Segundo Serpa Lopes,

> *Os que lobrigaram contradição entre os arts. 1.064 e § 2º do art. 1.536 [CC/1916], partiram da regra in iliquidis non fit mora. Impõe-se observar, porém, que esse apostema provém do direito romano: non potest improbus videri, qui ignorat quantum solvere debeat. Em resumo: não é possível condenar-se pagamento de juros ao que ignora o quantum do seu débito. Querem os defensores deste princípio, que não se caracteriza, em tais condições, um retardamento culposo em consequência do que os juros não podem fluir a partir do momento do dano.*[44]

A regra não é absoluta. Tanto é assim que, no caso de ato ilícito, a mora – e consequentemente a contagem de juros moratórios – se iniciava com a prática do ato nos termos do art. 962 do Código Civil de 1916, posicionamento que hoje prevalece com fundamento no art. 398 do CC/2002 a par do meu entendimento, segundo o qual a contagem dos juros moratórios, mesmo nesta hipótese, inicia-se da citação em razão da clara disposição do art. 405 do Código Civil. A regra do início da contagem dos juros moratórios nas obrigações ilíquidas desde a citação encontra sua origem no Código Civil italiano, art. 1.219, consagrando, nesta hipótese, a mora *ex re* ou mora presumida.

Portanto, o atual Código Civil estabeleceu a regra absoluta da contagem dos juros moratórios a partir da citação inicial no art. 405 (*vide*, nesse sentido, o capítulo 14 deste livro – item 14.8).

Nada obstante, estranhamente, no caso de resolução de compromisso de compra e venda de imóveis requerida pelo próprio inadimplente, como visto, o Superior Tribunal de Justiça, em sede de recurso repetitivo, bem como em outros precedentes no caso de pedido de resolução pelo promitente vendedor em face do promitente comprador inadimplente, sustentou que os juros de mora somente podem ser contados da data do trânsito em julgado da decisão condenatória.

---

[42] J. M. de Carvalho Santos, *Código Civil brasileiro interpretado*. 7. ed. São Paulo: Freitas Bastos, 1958, vol. 14, p. 288 e ss.

[43] Luiz Antonio Scavone Junior, *Juros no direito brasileiro*. 4. ed. São Paulo: RT, 2011.

[44] Miguel Maria de Serpa Lopes, *Curso de direito civil*. Obrigações em geral, vol. 2, p. 72.

Pelas razões já declinadas, a solução não me parece espelhar o sistema na exata medida em que a citação inicial é o termo inicial para a contagem dos juros moratórios em razão de expressa disposição do art. 405 do Código Civil.

Se quiser cessar sua incidência, compete ao promitente vendedor depositar o que deve devolver em juízo no curso do processo.

O fato de a prestação postulada ser ilíquida apenas posterga a base de cálculo sem qualquer interferência no termo legal da contagem dos juros moratórios.

Há que se levar em conta que:

a) O capital, representado pelas parcelas pagas pelo inadimplente, que já terá o desconto referente ao arbitramento das despesas administrativas, cláusula penal etc., está na esfera patrimonial do promitente vendedor que deve remunerar este capital na exata medida em que deve restituir, e será remunerado, por outro lado, a teor de entendimento sedimentado nos tribunais, pelo aluguel do imóvel durante o inadimplemento das parcelas até a restituição do imóvel. Os juros representam o fruto civil e equivalem ao "aluguel" do dinheiro representado pelas parcelas pagas. Seria injusto que uma parte recebesse a remuneração do capital e a outra não.

b) O promitente vendedor está em mora na restituição das parcelas pagas a partir do momento em que recebe a citação sobre o valor que posteriormente for reconhecido na sentença, a teor do art. 407 do Código Civil.

Da minha parte, entendo que os juros, em qualquer caso, deveriam ser computados desde a citação em razão da regra clara insculpida no art. 405 do Código Civil, e, nesta medida, remeto o leitor ao item 14.8 deste Livro II.

A manutenção da solução da contagem dos juros de mora após o trânsito em julgado premia o promitente vendedor que mantém o capital do credor sem qualquer remuneração e já conta com a cláusula penal compensatória elevada além dos demais descontos (retenção) para fazer frente aos seus prejuízos.

Seja como for e a par da celeuma e da jurisprudência do STJ, os juros deveriam incidir a partir da citação (art. 405 do CC/2002), mesmo que a ação tenha sido proposta pelo promitente comprador inadimplente em face do promitente vendedor e, como não há necessidade de reconvenção, também determinando a contagem de juros sobre o valor a restituir no caso de resolução requerida pelo promitente vendedor em face do promitente comprador inadimplente, nos termos dos seguintes precedentes:

*Tribunal de Justiça de São Paulo. Resolução Contratual – Compromisso de compra e venda de bem imóvel (lote de terra) – Comprador que, após assinatura de termo aditivo de renegociação da dívida, voltou a se tornar inadimplente – Pretensão à rescisão contratual com a restituição dos valores pagos – Admissibilidade – Inteligência das Súmulas 2 e 3 deste Tribunal – Devolução ao autor do percentual de 90% dos valores que efetivamente recebeu, de uma só vez, devidamente corrigidos a partir de cada desembolso pelos índices da Tabela Prática desta Corte, **acrescidos de juros** de 1% ao mês **a partir da citação, até o efetivo pagamento** – Autorização para que as rés retenham o percentual de 10% (dez por cento) dos valores recebidos, a título de taxa administrativa – Apelo parcialmente provido. (Apelação 0050824-85.2008.8.26.0000; Rel. Miguel Brandi; Comarca: Franco da Rocha; 7ª Câmara de Direito Privado; j. 27.07.2011; Data de registro: 02.08.2011; Outros números: 994080508240).*

*Tribunal de Justiça de São Paulo. Compromisso de compra e venda – Ação de resolução contratual c.c. reintegração de posse. Apelo dos réus compromissários, pretendendo a fixação do termo a quo da atualização monetária da condenação na data do desembolso de cada prestação. Acolhimento em parte. **Os juros, de um lado, incidem a partir da citação (art. 405 do CC/2002).** A correção monetária, entretanto, incidirá a partir de cada desembolso. Apelo da autora, promitente vendedora, pretendendo seja decretado o decaimento integral das prestações pagas, a fim de indenizar-se da privação da posse do imóvel. O equacionamento dos aspectos patrimoniais da resolução contratual tem por objetivo recompor* *o status quo ante – Independe, pois, de reconvenção. Súmula 3 do TJSP. A perda integral do valor pago, de per se, é, contudo, medida que ocasiona enriquecimento sem causa. A indenização pela ocupação do imóvel, pois, fica legada a liquidação por arbitramento, segundo o valor locativo de mercado do imóvel. Valores devidos de uma parte à outra, até o limite em que se compensem. Sentença reformada em parte Recursos providos em parte. (Apelação 9134281-56.2008.8.26.0000; Rel. Paulo Eduardo Razuk; Comarca: Catanduva –1ª Câmara de Direito Privado; j. 13.09.2011; Data de registro: 16.09.2011; Outros números: 5713894900).*

Por outro lado, a correção monetária pelo índice eleito no contrato e, na sua falta, pelo índice utilizado pelo Tribunal respectivo para o cálculo dos débitos judiciais, deve ser aplicada a partir de cada desembolso por não se confundir com os juros e por representar mera recomposição do poder de compra da moeda.

Deveras, "em caso de rescisão de contrato de compra e venda de imóvel, a correção monetária das parcelas pagas, para efeitos de restituição, incide a partir de cada desembolso" (REsp 1305780/RJ, Rel. Min. Luis Felipe Salomão, Quarta Turma, *DJe* 17.04.2013).

Sobre este assunto, recomenda-se, ainda, a leitura do item 14.8, do capítulo 14 deste Livro II.

4.11. PRINCIPAIS ASPECTOS DA AÇÃO DE RESOLUÇÃO PROPOSTA PELO PROMITENTE COMPRADOR INADIMPLENTE

a) **Foro competente:** foro do local do imóvel (*forum rei sitae*), lembrando que, no Estado de São Paulo, nas comarcas divididas em foros regionais, independentemente do valor da causa, será competente o foro regional do local do imóvel (Lei Estadual Paulista 3.947, de 8 de dezembro de 1983, art. 4º, inc. I, "a" e "b").

b) **Legitimidade ativa:** promitente comprador.

c) **Legitimidade passiva:** promitente vendedor.

d) **Valor da causa:** valor atualizado do contrato (Código de Processo Civil, art. 292, II).

e) **Petição inicial:** deverá respeitar os requisitos do art. 319 do Código de Processo Civil.

f) **Procedimento:** comum.

g) **Notificação:** não há previsão legal para notificação no caso da ação proposta pelo comprador inadimplente. Todavia, é providência que se aconselha, evitando qualquer debate acerca da constituição em mora.

h) **Prescrição para pleitear a devolução:** 10 anos, nos termos do art. 205, do Código Civil.[45]

---

[45] *Tribunal de Justiça de São Paulo. Rescisão de compromisso de compra e venda – Restituição dos valores pagos – Possibilidade – A jurisprudência é tranquila em reconhecer o direito do comprador, autor na devolução das quantias que pagou tendo havido a rescisão do contrato – Inocorrência da prescrição – Ação distribuída em 2009 – Lapso prescricional decenal – Inaplicabilidade do regramento previsto no artigo 206, § 3º, IV, do Código Civil à hipótese. Sentença mantida – Recurso improvido, com observação (Apelação 0015400-14.2009.8.26.0269, j. 15.03.2011, Rel. Beretta da Silveira).*
No voto, sustentou-se: "A devolução das parcelas pagas só é possível após a rescisão contratual, vez que a primeira é mera consequência lógica da segunda, tanto que é determinada mesmo sem pedido expresso ou reconvenção nesse sentido. O prazo, pois, para a pretensão da devolução das parcelas só tem início a partir da rescisão."

4.11.1. Modelo de ação de resolução pelo adquirente inadimplente

Exmo. Sr. Dr. Juiz de Direito (...)

(...), por seus procuradores (documento 1), vem, respeitosamente, a presença de Vossa Excelência, propor, em face de (...), a competente

Ação de resolução contratual cumulada com devolução de valores,

o que faz com supedâneo nos arts. 413 do Código Civil, 53 do Código de Defesa do Consumidor e nos argumentos de fato e de direito a seguir aduzidos:

I – Fatos

a) negócio entre as partes

Por força do Contrato Particular de Compromisso de Venda e Compra, firmado em (...) (documento 2), a autora prometeu vender, e a ré, comprar, pelo preço e condições ali pactuadas, o apartamento (...), conforme incorporação registrada sob R2 da matrícula nº (...) Oficial de Registro de Imóveis da Capital, cuja entrega está prevista para meados do próximo ano.

O preço certo e ajustado foi de R$ (...), tendo como entrada o valor de R$ (...), mais (...) prestações de R$ (...), vencendo a primeira em (...), e as demais em igual dia dos meses subsequentes.

b) mora

Ocorre que a adquirente, ora autora, deixou de adimplir obrigação contratual, consubstanciada no pagamento das parcelas do preço, encontrando-se em atraso com 6 (*seis*) prestações no período entre (...) e (...).

Em verdade, não há mais condições financeiras de arcar com os pagamentos tendo em vista que (...).

c) constituição em mora

Nada obstante o atraso no pagamento das parcelas por mais de três meses, nenhuma providência foi tomada pela ré no sentido de constituí-la em mora e ingressar com a competente ação de resolução por inadimplemento.

Deveras, a teor do que dispõe o art. 53 do Código de Defesa do Consumidor, teria que devolver grande parte do que recebeu, mormente que o imóvel ainda não foi entregue.

Assim, muito provavelmente, quedou-se inerte para escapar da inevitável devolução dos valores pagos pela autora.

Acorde com o instrumento de notificação anexo (documento 3), a ré foi notificada em (...) para que operasse, amigavelmente, a resilição do contrato e, consequentemente, a devolução de 90% (noventa por cento) dos valores pagos pela autora, de acordo com a norma do art. 9º do Decreto 22.626/1933, mormente que a cláusula (...) do contrato entre as partes (documento 2), fere o disposto nos arts. 51 e 53 do Código de Defesa do Consumidor, estipulando o perdimento de grande parte do preço.

É preciso insistir no fato de que o imóvel ainda não foi entregue, não havendo falar-se em qualquer ressarcimento em virtude da fruição pela autora.

Certo é que decorreu *in albis* o prazo concedido na notificação (documento 3), sem que qualquer pagamento fosse efetuado, restando, assim, a devida constituição em mora nos termos da lei.

Convém ressaltar que, nada obstante as inúmeras tentativas da autora para receber o que lhe é devido, a ré permanece irredutível e inerte.

Deveras, já que se encontra na posse dos valores pagos, mais de R$ 80.000,00 (oitenta mil reais), conforme comprovantes de pagamentos anexos (documento 4).

II – Direito

Acorde com a norma insculpida no art. 413 do Código Civil e no art. 53, do Código de Defesa do Consumidor, tendo em vista o direito da autora em receber parte do que pagou, mesmo em face do seu inadimplemento, e a renitência da ré em não cumprir sua obrigação legal, nada obstante a notificação efetuada, não houve alternativa à autora senão ingressar com a presente ação, pleiteando a resolução do contrato para reaver parte do que pagou.

A jurisprudência pátria, inclusive do Superior Tribunal de Justiça, é remansosa, admitindo a ação que ora é proposta, sendo que o assunto encontra-se sumulado pelo Tribunal de Justiça de São Paulo:

> *Súmula 1: O compromissário comprador de imóvel, mesmo inadimplente, pode pedir a rescisão do contrato e reaver as quantias pagas, admitida a compensação com gastos próprios de adminis-tração e propaganda feitos pelo compromissário vendedor, assim como com o valor que se arbitrar pelo tempo de ocupação do bem.*

> *Súmula 2: A devolução das quantias pagas em contrato de compromisso de compra e venda de imóvel deve ser feita de uma só vez, não se sujeitando à forma de parcelamento prevista para a aquisição.*

> **Superior Tribunal de Justiça**. *Recurso Especial nº 94.640/DF, decisão: por unanimidade, conhecer do recurso e dar-lhe parcial provimento, data da decisão: 13.08.1996, 4ª Turma. Promessa de compra e venda. Restituição das importâncias pagas. Cláusula de decaimento de 90%. Modificação judicial. Na vigência do Código de Defesa do Consumidor, é abusiva a cláusula de decaimento de 90% das importâncias pagas pela promissária compradora de imóvel. Cabe ao juiz alterar a disposição contratual, para adequá-la aos princípios do direito das obrigações e as circunstâncias do contrato. Ação proposta pela promissária compradora inadimplente. Arts. 51 e 53 do Codecon. Art. 924 do Código Civil. Recurso conhecido e provido, para permitir a retenção pela promitente vendedora de 10% das prestações pagas. Rel. Min. Ruy Rosado de Aguiar. Fonte: DJ 07.10.1996, p. 37.647. Veja: REsp 12.074/SP, REsp 45.666/SP, REsp 53.396/RS, REsp 38.492/SP, REsp 10.620/SP, REsp 4.321/SP, REsp 52.995/SP, REsp 45.226/RS, REsp 45.409/SP, REsp 51.019/SP, REsp 58.912/MG, REsp 58.525/SP, REsp 59.524/ DF, REsp 45.511/SP, (STJ).*

> **Tribunal de Justiça de São Paulo**. *Rescisão contratual. Inadimplência do autor. Extinção sob fundamento de ausência de possibilidade jurídica e falta de interesse processual. Inadmissibilidade. Mesmo sendo inadimplente tem o autor o direito de tentar obter, via judicial, a devolução (integral ou parcial) das parcelas pagas e de ver declarado rescindido o contrato por impossibilidade de pagamento, mesmo que arcando com as consequências do fato. Recurso provido para se afastar a extinção, prosseguindo o feito (Apel. Cív. 56.419-4, São Paulo, 7ª Câmara de Direito Privado, Rel. Benini Cabral, 02.09.1998, v.u.).*

A jurisprudência pátria já firmou entendimento pacífico acerca da impossibilidade de perdimento das parcelas pagas nos termos pretendidos pela ré.

Com efeito, dispõe o art. 53 da Lei 8.078/1990:

> *Art. 53. Nos contratos de compra e venda de móveis ou imóveis mediante pagamento em pres-tações, bem como nas alienações fiduciárias em garantia, consideram-se nulas de pleno direito as cláusulas que estabeleçam a perda total das prestações pagas em benefício do credor que, em razão do inadimplemento, pleitear a resolução do contrato e a retomada do produto alienado.*

Segundo Alberto do Amaral Júnior:

> *Em tal situação, a perda total das prestações pagas significaria verdadeiro enriquecimento ilícito por parte do credor, pois o devedor que pagou parte do preço, mas não o pagou por inteiro, perderia a coisa e as prestações pagas. Em contrapartida, o credor receberia de volta a coisa e conservaria as prestações pagas.*[46]

Nesse sentido, a autora pede *vênia* para citar as decisões abaixo colacionadas, admitindo, como no caso vertente, o perdimento de 10% dos valores pagos:

> **Superior Tribunal de Justiça**. *Compromisso de compra e venda de imóvel. Perda de parte das prestações pagas. Percentual que impõe ônus exagerado para o promitente comprador. Contrato firmado na vigência do Código de Defesa do Consumidor. Possibilidade de redução pelo juiz. Razoabilidade da retenção de 10% das parcelas pagas. Precedentes. Recurso parcialmente acolhido. I – Assentado na instância monocrática que a aplicação da cláusula penal, como pactuada no compromisso de compra e venda de imóvel, importaria em ônus excessivo para o comprador, impondo-lhe, na prática, a perda da quase totalidade das prestações pagas, e*

Alberto do Amaral Jr., *Comentários ao Código de Defesa do Consumidor*, obra coletiva (coord. Juarez de Oliveira), São Paulo: Saraiva, 1991, p. 202.

atendendo-se ao espírito do que dispõe o art. 53 do Código de Defesa do Consumidor, cumpre ao Juiz adequar o percentual de perda das parcelas pagas a um montante razoável. II – A jurisprudência da Quarta Turma tem considerado razoável, em princípio, a retenção pelo promitente vendedor de 10% do total das parcelas quitadas pelo comprador, levando-se em conta que o vendedor fica com a propriedade do imóvel, podendo renegociá-lo. Rel. Min. Sálvio de Figueiredo Teixeira (Acórdão nº 85.936/SP (9600025029), Recurso Especial, decisão: Por unanimidade, conhecer do recurso e dar-lhe provimento parcial, data da decisão: 18.06.1998, 4ª Turma, publicação: DJ 21.09.1998, p. 00166).

Superior Tribunal de Justiça. *Promessa de compra e venda. Restituição. O comprador que deixa de cumprir o contrato alegando insuportabilidade da obrigação tem o direito de promover ação para receber a restituição das importâncias pagas. Aplicação da regra do art. 924 do CCivil, para reduzir a devolução a 90% das importâncias recebidas pela promitente vendedora. Recurso conhecido, pela divergência, e parcialmente provido. Rel. Min. Ruy Rosado de Aguiar (Acórdão nº 132.903/SP (9700354520), Recurso Especial, decisão: por unanimidade, conhecer do recurso e dar-lhe provimento parcial, data: 16.09.1997, 4ª Turma, publicação: DJ 19.12.1997, p. 67.507).*

Superior Tribunal de Justiça. *Promessa de compra e venda. Cláusula de decaimento. Código de Defesa do Consumidor. Modificação. A regra do art. 53 do Codecon permite a modificação da cláusula de decaimento, para autorizar a retenção, pela promitente vendedora, de apenas 10% das prestações pagas. Recurso conhecido e provido. Rel. Min. Ruy Rosado de Aguiar (Acórdão nº 94.271/SP (9600254540), Recurso Especial, decisão: por unanimidade, conhecer do recurso e dar-lhe provimento, data da decisão: 27.08.1996, 4ª Turma, publicação: DJ 14.10.1996, p. 39.013).*

Tribunal de Justiça de São Paulo. Apelação Cível – Compromisso de compra e venda de imóvel – Rescisão contratual – Ré apelante que pretende reter 20% dos valores pagos a título de aquisição da unidade imobiliária – Abusividade – Percentual de 10% fixado na sentença que deve ser mantido – Montante que se mostra suficiente para o ressarcimento das despesas operacionais da venda – Juros de mora – Incidência desde a citação, tal como disposto na sentença de primeiro grau. Recurso desprovido, com majoração dos honorários advocatícios, nos termos do art. 85, § 11 do CPC. (Apelação 1030320-17.2016.8.26.0564; Relator (a): José Roberto Furquim Cabella; 6ª Câmara de Direito Privado; Foro de São Bernardo do Campo – 9ª Vara Cível; Data do Julgamento: 03.08.2017; Data de Registro: 03.08.2017).

III – Pedido

Diante de todo o exposto, restando evidente e cristalino o direito que fundamenta a presente ação, no mérito, requer a autora:

a) seja a presente ação julgada procedente, com a consequente declaração de resolução do contrato, além da condenação da ré no pagamento de custas, despesas processuais e honorários advocatícios;

b) condenação da ré na devolução dos valores pagos pela autora, descontados de 10% a título de cláusula penal compensatória, com acréscimo de juros legais desde a citação e correção monetária desde cada desembolso.

IV – Citação

Nos termos do art. 246 do CPC, requer-se a citação por meio eletrônico ou, não havendo cadastro, pelo correio (*ou, ainda, justificando, por Oficial de Justiça, nos termos do § 1º-A, II, do art. 246 do CPC, facultando-se ao Sr. Oficial de Justiça encarregado da diligência proceder nos dias e horários de exceção (CPC, art. 212, § 2º*), para eventual oferta de resposta no prazo de 15 (quinze) dias (art. 335 do Código de Processo Civil), sob pena de serem tidos por verdadeiros todos os fatos aqui alegados (art. 344 do Código de Processo Civil), devendo o respectivo mandado conter as finalidades da citação, as respectivas determinações e cominações, bem como a cópia do despacho do(a) MM. Juiz(a), comunicando, ainda, o prazo para resposta, o juízo e o cartório, com o respectivo endereço.

V – Audiência de Conciliação

Nos termos do art. 334, § 5º, do Código de Processo Civil, a autora desde já manifesta, pela natureza do litígio, desinteresse em autocomposição.

Ou

Tendo em vista a natureza do direito e demonstrando espírito conciliador, a par das inúmeras tentativas de resolver amigavelmente a questão, a autora desde já, nos termos do art. 334 do Código de Processo Civil, manifesta interesse em autocomposição, aguardando a designação de audiência de conciliação.

VI – Provas

Requer-se provar o alegado por todos os meios de prova em direito admitidos, incluindo perícia, produção de prova documental, testemunhal, inspeção judicial, depoimento pessoal sob pena de confissão caso o réu (ou seu representante) não compareça, ou, comparecendo, se negue a depor (art. 385, § 1º, do Código de Processo Civil).

VII – Valor da causa

Dá-se à causa o valor de R$ (...).

Termos em que,

pede deferimento.

Data

Advogado (OAB/SP)

4.11.2. Modelo de contestação à ação de resolução do contrato promovida pelo inadimplente

MM. Juízo da (...) Vara Cível do Foro Central da Comarca da Capital – SP

Autos nº (...) – Procedimento comum

(...), já qualificada nos autos da ação de resolução contratual cumulada com restituição de valores que lhe move (...), vem, respeitosamente, perante Vossa Excelência, por seus procuradores (documento 1), que recebem intimações na (...), apresentar sua

Contestação,

o que faz com supedâneo no art. 335 e seguintes do Código de Processo Civil e nos argumentos fáticos e jurídicos que a seguir, articuladamente, passa a aduzir:

I – Resumo da inicial

O autor, na qualidade de adquirente do imóvel da (...) em razão do contrato firmado entre as partes constante das fls. (...), propôs a presente ação pleiteando, em síntese, a desistência do contrato que firmou – nada obstante empreste à sua ação o nome de "resolução" – pretendendo, ainda, receber da ré, integralmente, as quantias pagas corrigidas desde cada desembolso e juros desde a citação, além da comissão de corretagem que pagou.

Não traz, nada obstante, nenhum elemento que autorize a sua pretensão, a não ser a mera desistência do negócio, como se o contrato entre as partes não tivesse sido firmado e ele não tivesse discernimento, na qualidade de (...) como se qualificou, mínimo que seja, para contratar e mais, cumprir o que avençou.

Nesta medida, veja-se a:

I – Inaplicabilidade do Código de Defesa do Consumidor – não se trata de destinatário final, mas especulador que comprou imóvel para revenda

(Relatar os fatos, como, por exemplo, outros imóveis e outras ações que o mesmo autor tenha promovido, elementos da inicial que indicam que comprou para investimento e não para moradia própria)

Posta assim a questão, o autor não é destinatário final dos imóveis que adquire na exata medida em que, a toda evidência, firma contratos de compromisso de venda e compra, aguarda valorização imobiliária para, em seguida, revendê-los e obter lucros, *inclusive promovendo diversas ações de repetição de indébito contra os promitentes vendedores*.

Logo, curial concluir que não se trata de consumidor,[47] mas especulador imobiliário que atua de maneira empresarial.

Nesta medida, a clara disposição do art. 2º do Código de Defesa do Consumidor:

Art. 2º Consumidor é toda pessoa física ou jurídica que adquire ou utiliza produto ou serviço **como destinatário final**.

---

[47] CDC (Lei 8.078/1990), Art. 2º *Consumidor é toda pessoa física ou jurídica que adquire ou utiliza produto ou serviço ou serviço como destinatário final.*

II – Preliminarmente – Ilegitimidade passiva parcial

A requerida é parte flagrantemente ilegítima para responder aos termos da vertente ação.

Isto porque não recebeu a comissão pleiteada, que foi paga à (...) (fls...), em razão da efetiva conclusão do negócio, não havendo, quanto à comissão, relação de direito material entre as partes, requerente e requerida, apta a ensejar a participação desta no polo passivo, pelo que se observa do documento constante das fls...:

(Inserir imagem da cópia do recibo ou contrato firmado com o intermediário)

É nesse sentido o seguinte julgado:[48]

"Ação de indenização por danos materiais e morais. Instrumento de Promessa de Venda e Compra de imóvel, para pagamento em parcelas. Desistência dos autores. Pretensão de devolução da comissão de corretagem e indenização por danos morais. Sentença procedente determinando a devolução dos valores recebidos pela comissão de corretagem, e danos morais. Data da Distribuição: 03.12.2011; Valor da Causa: R$ 27.941,00. Inconformadas apelam as rés, sustentando que são partes ilegítimas para responder a ação, porquanto os cheques declinados na inicial foram entregues à Lopes a título de comissão; tais valores foram entregues à empresa Lopes, na condição de responsável pela intermediação das vendas; dos cheques emitidos pelos apelados, apenas dois foram entregues à apelante, e o valor foi devolvido quando do distrato; a entrega dos cheques nas mãos dos corretores se confirma pelos próprios canhotos de cheques juntados pelos apelados; inexistindo ato ilícito, não há se falar em danos morais; pugnam pela redução dos honorários advocatícios. Preliminar de ilegitimidade passiva. Cabimento. Relação de intermediação de vendas, do qual não participaram as rés, o que as torna parte ilegítima para responder pela respectiva comissão de corretagem. Comissão de corretagem. Reconhecimento de que, ainda que a praxe seja seu pagamento pelo vendedor (comitente-contratante), inexiste óbice à avença em sentido diverso, carreando tal ônus ao comprador. Assinatura de documento que claramente dispunha acerca da comissão de corretagem. Verba que é devida sempre que a intermediação se efetive, com a assinatura do instrumento particular de venda e compra, ainda que este não se aperfeiçoe, por desistência das partes, como no caso em apreço. Inteligência do art. 725, CC. Sentença de procedência. Recurso provido para julgar extinto o processo, sem conhecimento do mérito (TJSP – 0013992-16.2010.8.26.0604 – Apelação – Rel. James Siano – Comarca: Sumaré – 5ª Câmara de Direito Privado – Data do julgamento: 18.07.2012 – Data de registro: 19.07.2012 – Outros números: 139921620108260604).

Em consonância com o acatado, a extinção parcial do processo sem resolução de mérito quanto ao pedido de restituição das comissões com supedâneo nos arts. 485, VI, e 337, inciso XI e § 5º, do CPC é medida que se impõe.

III – Comissão de Corretagem e Sati – Jurisprudência remansosa, inclusive dos Juizados Especiais com Incidente de Uniformização, que repelem o pedido de devolução da comissão paga

Ainda que o vertente processo não seja da competência dos Juizados Especiais Cíveis, mister se faz observar que, naquele âmbito, a questão se encontra pacificada e pondo fim à celeuma que envolve o tema "corretagem".

---

[48] Tratando do mesmo assunto:
"Rescisão de compromisso de compra e venda de imóvel. Devolução das parcelas pagas. Sentença de procedência, para determinar a rescisão do compromisso de compra e venda e condenar as Requeridas, solidariamente, à devolução de 90% dos valores pagos pelos Autores. Requeridas SCH02 e Trisul não recolheram os valores do preparo e do porte de remessa e retorno, o que resulta na deserção do recurso. Requerida (...) não celebrou o compromisso de compra e venda. Participação limitada à intermediação imobiliária e corretagem. Devida a comissão, porque o negócio foi concluído. Recurso das requeridas SCH02 e Trisul não conhecido e recurso da requerida (...) provido, para afastar, quanto a ela, a condenação à restituição de valores pagos pelos autores, e condenar os autores ao pagamento das despesas processuais da requerida (...) e dos honorários advocatícios dos patronos da requerida (...) (fixados em R$ 1.500,00, com correção monetária e juros moratórios de 1% ao mês, ambos contados desde hoje com execução somente se comprovado que os autores perderam a condição de beneficiários da gratuidade processual)" (TJSP – 0000521-59.2010.8.26.0562 – Apelação – Rel. Flavio Abramovici – Comarca: Santos – 2ª Câmara de Direito Privado – Data do julgamento: 13.03.2012 – Data de registro: 13.03.2012 – Outros números: 5215920108260562).

Com efeito, a turma de uniformização do sistema dos juizados especiais do Estado de São Paulo pacificou entendimento no sentido de que a comissão de corretagem nos contratos imobiliários é devida e pode ser imputada ao comprador do imóvel, inexistindo abusividade ou "venda casada".

Eis o entendimento firmado no v. acórdão proferido nos autos do Pedido de Uniformização nº 0000018-42.2014.8.26.0968,[49] j. 03.07.2014 e publicado no dia 15.07.2014, cuja cópia se anexa (documento 12), no qual, com percuciência, discorre o Ilustríssimo Dr. Fernão Borba Franco:

"(...) Dizer que normalmente a comissão de corretagem é suportada por quem contratou a intermediação é ignorar as circunstâncias negociais, de livre fixação pelas partes interessadas, impedindo a cobrança direta e impondo a cobrança indireta, o que não parece razoável. Assim, uma vez que houve livre contratação a respeito do pagamento – reiterando-se que a única diferença é o pagamento direto ou o pagamento indireto, em ambos os casos suportado pelo comprador – não se vislumbra ilegalidade na cláusula. Afinal, o serviço foi efetivamente prestado.

Finalmente, não parece correto concluir que há venda casada, exatamente porque são esses custos suportados pela vendedora e que podem ser repassados, direta ou indiretamente, aos compradores. Portanto, não há exigência da compra de outro produto ou serviço para a venda do imóvel, mas simplesmente repasse dos custos respectivos, que, sendo custos, podem ser incluídos no preço final".

Desta forma, existe entendimento jurisprudencial pacificador segundo o qual a corretagem pode ser repassada ao adquirente do imóvel e que sua contratação não configura "venda casada", ao contrário do que intenta o requerente fazer.

IV – Verdade dos fatos

Comissão de corretagem e do Sati

O autor propôs a presente ação de resolução em razão da aquisição que fez de imóvel da requerida (...) (fls...) nos termos do contrato (fls... e documento...).

Alega, em síntese, na sua fabulada história, que no ato da assinatura do contrato de promessa de venda e compra do imóvel, além de ter pago o sinal negociado, fora compelido a pagar comissão de corretagem diretamente aos intermediadores de plantão em estande de vendas do empreendimento, que emitiram recibo (fls.) (documento...), no importe de R$ (...).

Perde-se, assim, o requerente, em linhas e linhas de divagações, a pintar o quadro de desinformado e enganado pela parte mais forte, a requerida.

Parece, nesta sua longa trajetória, que não tem conhecimentos, mínimos que sejam, para enfrentar a celebração de contrato e, após celebrá-lo, cumprir seus termos.

Esquece-se, neste momento, que se qualificou como (...) de quem se espera o mínimo de tirocínio na celebração de negócios.

Posta assim a questão, a ré refuta visceralmente as infundadas acusações e a pecha imposta pelo requerente.

A ré é empresa séria, com mais de (...) anos no mercado, e não admite as irresponsáveis acusações que foram lançadas pelo autor.

Não ludibria ninguém, não sonega e cumpre suas obrigações com exação.

A bem da verdade, a primeira insurgência do autor se limita à alegação segundo a qual teria "pago por fora" comissão de corretagem de R$ (...) e Serviço de Assessoria Técnico-Imobiliária (SATI) de R$ (...), requerendo a condenação da ré a devolvê-los em dobro.

Trata-se, a toda evidência, de artimanha do autor para ludibriar o leitor de sua exordial.

Realmente, não está mesmo agindo de forma séria.

Ora, Excelência, para concluir diversamente da pretensão autoral e, conseguintemente, derrubar toda a pretensão estampada na exordial, basta verificar a planilha de cálculo da unidade adquirida (fls... – documento...) devidamente assinada pelo autor na mesma data da assinatura do contrato

---

[49] "Pedido de uniformização – Contrato imobiliário – Comissão de corretagem devida pelo comprador, ausente abusividade no contrato – Recurso não provido" (Colégio Recursal Central da Comarca de São Paulo/SP – 0000018-42.2014.8.26.0968 – Pedido de Uniformização de Interpretação de Lei/Repetição de indébito – Rel. Fernão Borba Franco – Comarca: São Carlos – Data do julgamento: 03.07.2014 – Data de registro: 28.10.2014).

de promessa de venda e compra (...), para constatar, com extrema singeleza, que o valor total do negócio foi de R$ (...) e que, descontada a comissão (R$...), resultou no valor de R$ (...) para a unidade, exatamente o valor que consta de seu respectivo contrato (documento 02).

Extrai-se da planilha firmada pelo requerente (fls. 22 / doc. 13):

(Colocar imagem digitalizada da planilha/proposta)

Como se vê, o autor tenta se fazer de enganado e forçado a efetuar o pagamento de (...) aos corretores pela intermediação da venda e pelo SATI, quando, na verdade, é ele quem está intentando iludir este Douto Juízo e a requerida, distorcendo descaradamente a verdade provada por documento com a alegação mentirosa que fundamenta seu pedido, de forma a tentar fazer parecer que a ré agiu em desacordo com o contrato e com a boa-fé, quando quem toma estas atitudes é ele, autor.

Nota-se com clareza e singeleza que a planilha firmada pelo requerente traz expressa menção ao valor da comissão devida ao corretor (R$...), do SATI (R$...) e do valor devido à incorporadora constante do contrato (R$...).

Impossível cogitar-se, portanto, que o requerente não tinha ciência dos valores que teria que desembolsar e que o fora forçado a tanto.

Tal afirmação do autor, que não condiz com a realidade, causa, ainda, estranheza à ré, pelo simples fato de ser o requerente pessoa acima da média já que se qualifica como (...), e, portanto, com nível de compreensão elevado ou, no mínimo, acima da média do homem normal, de quem se pode esperar atenção e discernimento ao contratar.

O autor, ademais, antes mesmo de apor sua assinatura no contrato, teve a oportunidade de analisá-lo com serenidade e atentamente, bem como indagar qualquer dúvida – como é de se pensar de alguém que vai alocar quantias na compra de unidade imobiliária, especialmente quando se trata de (...).

No momento da celebração do contrato, as condições lhe eram favoráveis, do contrário não o teria firmado. Agora, pretende, de má-fé, obter vantagem indevida.

Em suma, como cabalmente demonstrado, a alegação em sua petição inicial de que fora forçado a pagar a comissão de corretagem não está correta, ficando desde já expressamente impugnada pela requerida.

De mais a mais, o autor atua de forma especulativa no mercado imobiliário, haja vista que:

(descrever os motivos, como, por exemplo, outras ações que tenham o mesmo objetivo, algum fato da inicial...)

Assim, ao que parece, o autor está mesmo imbuído de má-fé.

Portanto, resta patente a temeridade da lide na exata medida em que deduz sua pretensão contra fato incontroverso e altera a verdade dos fatos, sendo mister a sua condenação por litigância de má-fé nos termos do art. 80, I e II, do CPC, ao pagamento de multa de 10% do valor da causa e à indenização de todas as despesas, que são as seguintes (...), inclusive os honorários contratuais dos patronos da ré, além daqueles arbitrados a título de sucumbência nos termos do art. 81, *caput* e § 3º, do CPC.

Do pedido de resolução

Não se ignora que, demonstrando a impossibilidade de pagar, o que é fundamental, o autor teria o direito de buscar a resolução do contrato, arcando com as consequências do seu inadimplemento.

Todavia, isto não fez. Não há um elemento sequer que demonstre que tenha perdido o emprego ou que não reúna mais condições para pagar o que avençou, condição imprescindível para se valer da jurisprudência que admite o pedido de resolução pelo inadimplente.

Não existe, como quer fazer crer, direito ao arrependimento tempos depois da contratação, sem a demonstração de qualquer vício ou mácula do negócio que entabulou.

(Se estiver no Estado de São Paulo apenas) Não é este, definitivamente, o alcance da Súmula 1 do Tribunal de Justiça de São Paulo.

Na verdade, como especulador, com o arrefecimento do mercado, busca, simplesmente, desistir do negócio sem demonstrar a impossibilidade de pagamento, o que gera grande instabilidade à segurança dos negócios jurídicos e não encontra previsão no sistema.

De mais a mais, nesta medida, está sendo executado pelas parcelas que deve, conforme faz prova a cópia da execução que ora se junta (documento...)

Em síntese, estes os fatos dignos de nota e rebate.

V – Direito

Comissão de corretagem:

Dos fatos provados por documentos, notadamente a planilha de cálculos comparada com o contrato, é de solar clareza que do valor do imóvel efetivamente acertado descontou-se o valor devido a título de comissão de corretagem, pago diretamente pelo requerente e somente o saldo foi colocado no contrato entre as partes.

A jurisprudência do Tribunal de Justiça de São Paulo vem emprestando validade à praxe contratual, negando o pedido de restituição do que foi pago a título de comissão nesses casos, como faz o requerente na vertente ação, nos termos extraídos do teor dos seguintes votos condutores:

"O costume é que a corretora pessoa jurídica receba a comissão sobre a venda e ela, em seguida, faça internamente o rateio proporcional, retendo para si uma parte, e o restante distribuído entre os profissionais que participaram do negócio.

Desta forma, da comissão total, no valor de R$ 42.807,15 e que integram o preço do imóvel, no importe de R$ 1.306.950,00, ficou assim distribuída a comissão: R$ 24.559,07 para a ré (...), R$ 13.652,00 para a corretora (...), e R$ 4.556,08 para a corretora (...).

(...)

O que ocorreu, no caso concreto, foi o encurtamento da distância que o valor da comissão teria que percorrer até aos seus destinatários se tivesse que ser pago pela vendedora. O comprador, pagando a comissão diretamente aos profissionais e à (...) de forma desmembrada, agilizou a remuneração dos serviços prestados por todos os envolvidos no negócio.

Por motivos de ajuste entre a vendedora (...) e a corretora (...), foram estipulados os pagamentos da forma como narrado, não havendo nada de irregular" (TJSP – Apelação n. 367.321.4/7-00 – 7ª Câmara de Direito Privado. Rel. Des: Élcio Trujilo – j. 11.11.2009)

Afinal, de qualquer maneira, a comissão sempre é paga pelo comprador, seja indireta ou diretamente como no caso, pois seu custo é embutido no preço do imóvel.

"Em verdade, a comissão é devida pelo vendedor, mas quem paga, ao final, é o comprador, porque ela vem embutida no preço. Nada obsta, no entanto, que ela venha a ser destacada e seja transferida (expressamente) ao comprador, como parte do preço. Essa prática não é incomum e tem, evidentemente, razões fiscais" (TJSP – Apelação n. 0131555-88.2010.8.26.0100 – 7ª Câmara de Direito Privado – Rel.: Des. Luiz Antonio Costa – j. 07.02.2012).

Importante verificar que é admitida a possibilidade de transferir a obrigação de pagamento da comissão para o promitente comprador, sem direito à restituição nos casos de *resolução do compromisso de compra e venda.*

Assim, nos termos do julgado abaixo, já mencionado na preliminar de ilegitimidade, eis a solução dada pelo Tribunal de Justiça de São Paulo que agora se repete:

"(...) Preliminar de ilegitimidade passiva. Cabimento. Relação de intermediação de vendas, do qual não participaram as rés, o que as torna parte ilegítima para responder pela respectiva comissão de corretagem. Comissão de corretagem. Reconhecimento de que, ainda que a praxe seja seu pagamento pelo vendedor (comitente-contratante), inexiste óbice à avença em sentido diverso, carreando tal ônus ao comprador. Assinatura de documento que claramente dispunha acerca da comissão de corretagem. Verba que é devida sempre que a intermediação se efetive, com a assinatura do instrumento particular de venda e compra, ainda que este não se aperfeiçoe, por desistência das partes, no caso em comento. Inteligência do art. 725, CC. Sentença de procedência. Recurso provido para julgar extinto o processo, sem conhecimento do mérito" (TJSP – 0013992-16.2010.8.26.0604 – Apelação – Rel. James Siano – Comarca: Sumaré – 5ª Câmara de Direito Privado – Data do julgamento: 18.07.2012 – Data de registro: 19.07.2012 – Outros números: 139921620108260604).

Compulsando-se os autos, verifica-se que as partes assinaram o "Instrumento Particular de Promessa de Venda e Compra" (doc....), sendo que constou expressamente do contrato que o preço do imóvel era de R$ (...), ocasião em que também foi apresentada planilha de cálculo que previa o valor da corretagem de R$ (...) (fls... documento...).

Ora, ainda que em regra a vendedora, ré, suporte o pagamento da comissão pela intermediação do negócio, como de fato ocorreu no vertente caso, em que o preço pactuado foi de R$ (...) e aceito pelas partes (fls... – documento...), nada impede que o comprador assuma o pagamento mediante desconto no preço, como de fato ocorreu.

Aliás, esta é praxe corrente no mercado e nada tem de ilegal desde que dada ciência ao adquirente, como de fato ocorreu nos autos, não se podendo admitir a afirmação de que fora induzido a erro ou sofreu pressão, não só porque é dever de todos ler o que assinam, como porque se qualifica como (...), o que presume o necessário tirocínio suficiente para compreender com exatidão o teor das cláusulas do instrumento que pactuou e, bem assim, da planilha de cálculo (fls... – documento...), extremamente simplificada.

Ressalte-se que o simples fato de se tratar de contrato de adesão não torna, por si só, suas cláusulas abusivas, tampouco retira a vontade do aderente, que tem livre-arbítrio em assiná-lo ou não, podendo perfeitamente procurar outro empreendimento, cujas disposições contratuais se mostrem, a seu ver, mais justas.

Assim, imperativo que se demonstrasse a abusividade, o que, pelo atento exame, não se dá no caso vertente em relação à taxa de corretagem, não havendo, por conseguinte, que se falar em repetição do indébito.

Ademais, observa-se que houve realmente a prestação dos serviços de intermediação, tendo a (...) mantido estande e funcionários especializados para atendimento ao público, de tal sorte que não houve propaganda enganosa, na medida em que o imóvel foi vendido pelo preço divulgado e acertado entre as partes (documento...).

Quanto ao valor, ressalte-se que o percentual pago a tal título está abaixo daquele estipulado pelo CRECI – Conselho Regional dos Corretores de Imóveis, entre 6% e 8% para venda de imóveis urbanos.

Sendo assim, a despeito dos argumentos apresentados e dos dispositivos legais mencionados, extraídos do Código de Defesa do Consumidor, não se vislumbra qualquer irregularidade na referida cobrança.

No mesmo sentido dos julgados já mencionados, é possível colacionar, ainda, os seguintes:

> *"Repetição de Indébito. Compromisso de compra e venda. Compradora pretende devolução em dobro dos valores pagos a título de comissão para imobiliária. Ausência de irregularidade na cobrança acertada entre as partes. Sentença de improcedência. Recurso contra essa decisão, desprovido" (TJSP – AC 9139228-27.2006.8.26.0000 – Relator Des. Teixeira Leite – 4ª Câmara de Direito Privado – j. 08.04.2010).*

> *"Compromisso de compra e venda. Imóvel. Ação ordinária com pedido de declaração de nulidade c.c. repetição de indébito e abatimento de valores. Sentença de parcial procedência. Simulação maliciosa. Ato bilateral. Impossibilidade de arguir o defeito ou alegá-lo em litígio de uma contra a outra parte (Código Civil de 1916, art. 104). Coação não demonstrada. Elementos dos autos que comprovam o pagamento voluntário dos valores pelo comprador. A má-fé não se presume, sendo ineficaz sua mera alegação. CC/1916, arts. 964 a 971 (CC/2002, arts. 876 a 883). Inaplicabilidade. Ausência de indébito. Comissão de corretagem imobiliária. Pagamento pelo comprador. Quitação dada pela intermediadora mediante desconto nos valores repassados à vendedora. Abatimento indevido. Ação improcedente. Sentença reformada. Redistribuição dos ônus da sucumbência. Recurso da ré provido e recurso do autor desprovido" (TJSP – Voto n. 17061 – Apelação n. 489.667.4/5-00 – São Paulo – j. 11.03.2008).*

Por fim, quanto ao SATI, de R$ (...), mister se faz salientar que houve contratação por parte do requerente por sua livre iniciativa (fls... – documento...), não se podendo falar em qualquer imposição, até pelas razões já mencionadas. Repete-se, para melhor visualização, a cópia da proposta:

(...)

Neste sentido:

"Compromisso de compra e venda de imóvel Ação declaratória de nulidade de contratual c. c. pedido de restituição de valores e indenização por danos morais SATI (Serviço de assessoria técnico-judiciária). Assessoria contratada pelo autor em instrumento autônomo, no qual estão devidamente discriminados os serviços que ele estava contratando. Inexistência de venda casada. Sentença mantida. Recurso desprovido" (TJSP – Apelação Cível nº 0004893-64.2010.8.26.0008).

Fundamentou o relator:

"o que se tem é que o autor realizou a contratação dos serviços da empresa Sati (fls. 36), e ao fazê-lo aceitou a prestação de serviços objeto do contrato, prestação de serviços esta que ficou a sua disposição". Logo, a r. sentença recorrida é muito clara neste ponto, até mesmo intuitiva. E, além de ser perfeitamente clara, a conclusão do D. Magistrado singular está correta. É que, no caso concreto, o autor não logrou êxito em demonstrar que de fato houve a chamada "venda casada", assim como não mencionou "nenhum ato de violência ou coação irresistível para que ele viesse a realizar tal contratação" (trecho da r. sentença recorrida). Ao contrário, assinou livremente o "Contrato de Prestação de Serviço de Assessoria Técnico Imobiliária" de nº 003744, copiado às fls. 36, em instrumento apartado do compromisso de compra e venda e no qual está discriminado, de maneira clara e inequívoca, os serviços que estava contratando (e que não se confundem com serviços de corretagem), bem como a remuneração a eles relacionada, estando conforme ao que preceitua o artigo 31 do CDC. 15. Logo, não se pode falar em cobrança indevida, tampouco em venda casada, razão pela qual a rejeição da pretensão veiculada na petição inicial era mesmo de rigor. 16. Inexistindo ato ilícito (cobrança indevida, venda casada etc.), inexiste também o dever de indenizar."

Outrossim, não se pode olvidar de outro fato importante: o autor vem ingressando com demandas contra outras construtoras, se utilizando da mesma pérfida argumentação apresentada nesta ação, ao que se verifica da cópia das exordiais das ações de ns. (...) (documento...) e (...) (já extinta – documentos...), o que torna clarividente o seu firme propósito de locupletar-se indevidamente. *(verificar se é o caso e, se não for, descrever os elementos de convicção de que se trata de especulador).*

Em suma, adquiriu diversos imóveis e, nesta qualidade, tampouco se qualifica como consumidor já que não é crível que, qualificado como (...), adquira inúmeros imóveis, de construtoras diversas e seja, em todos os casos, destinatário final, ausente, portanto, o requisito insculpido no art. 2º da Lei 8.078/1990.

Assim, é evidente – evidentíssimo, aliás – que compra imóveis para especular e, agora, com o abuso do direito de ação, como uma metralhadora giratória, pretende fazer que o risco que assumiu seja transferido à requerida, propondo, além desta, ações contra todas as construtoras das quais adquiriu para se locupletar ilicitamente e aumentar seus lucros com redução indevida do preço que efetivamente, licitamente e conscientemente contratou.

Suposto "direito de arrependimento":

Cita a exordial a Súmula 1 do Tribunal de Justiça de São Paulo (*se for o caso*), que reconhece o direito do inadimplente de ingressar com a ação pleiteando a resolução e a devolução dos valores pagos:

Súmula 1: O compromissário comprador de imóvel, mesmo inadimplente, pode pedir a rescisão do contrato e reaver as quantias pagas, admitida a compensação com gastos próprios de administração e propaganda feitos pelo compromissário vendedor, assim como com o valor que se arbitrar pelo tempo de ocupação do bem.

Importante salientar, entretanto, que o direito conferido ao promitente comprador inadimplente não é absoluto.

Não lhe é dado decidir quando quer pagar e quando quer cumprir a sua obrigação.

Admitir o contrário seria contrariar os princípios da socialidade, da eticidade e da boa-fé que pautam os negócios jurídicos, decorram eles ou não de uma relação de consumo.

Isto significa que o promitente comprador só dispõe do direito subjetivo de buscar a resolução do contrato, na qualidade de inadimplente, **se provar que não reúne mais condições de pagar.**

Isto porque o compromisso de compra e venda de unidades condominiais pelas incorporadoras, por força do art. 67-A, § 12, da Lei 4.591/1964, é irrevogável e irretratável:

Transcorrido o prazo de 7 (sete) dias a que se refere o § 10 deste artigo sem que tenha sido exercido o direito de arrependimento, será observada a irretratabilidade do contrato de incorporação imobiliária, conforme disposto no § 2º do art. 32 da Lei 4.591, de 16 de dezembro de 1964.

Para os compromissos de compra e venda de lotes, a Lei 6.766/79 estipula a irretratabilidade no art. 25:

Art. 25: São irretratáveis os compromissos de compra e venda, cessões e promessas de cessão, os que atribuam direito a adjudicação compulsória e, estando registrados, confiram direito real oponível a terceiros.

Deveras, se o promitente comprador tem patrimônio, nos termos do art. 391 do Código Civil, o seu patrimônio deve responder pelo descumprimento das obrigações (Código Civil, art. 389) e o promitente vendedor – credor lesado pelo inadimplemento – tem a faculdade de exigir o cumprimento, em vez de requerer a resolução do contrato nos termos do art. 475 do Código Civil.

*Art. 475. **A parte lesada pelo inadimplemento pode pedir a resolução do contrato**, se não preferir exigir-lhe o cumprimento, cabendo, em qualquer dos casos, indenização por perdas e danos.*

A possibilidade jurídica de o promitente comprador inadimplente requerer a resolução, portanto, somente existe no sistema se ele de fato não reunir mais condições para efetivar os pagamentos.

Nesta hipótese, o promitente vendedor credor não terá alternativa, senão exigir a resolução do compromisso e, diante da sua inércia, o promitente comprador inadimplente pode requerer a resolução.

Neste sentido:

Tribunal de Justiça de São Paulo. *Rescisão contratual. Inadimplência do autor. Extinção sob fundamento de ausência de possibilidade jurídica e falta de interesse processual. Inadmissibilidade. Mesmo sendo inadimplente tem o autor o direito de tentar obter, via judicial, a devolução (integral ou parcial) das parcelas pagas e de ver declarado rescindido o contrato **por impossibilidade de pagamento**, mesmo que arcando com as consequências do fato. Recurso provido para se afastar a extinção, prosseguindo o feito (Apel. Cív. 56.419-4, São Paulo, 7ª Câmara de Direito Privado, Rel. Benini Cabral, 02.09.1998, v.u.).*

Tribunal de Justiça de São Paulo. *Contrato. Compromisso de compra e venda de imóvel. Cláusula de arrependimento pelo comprador. Inexistência. Não corresponde à melhor interpretação do nosso sistema legal negar-se o direito à ação de resolução do contrato a compromissário-comprador que **por circunstâncias excepcionais se torna inadimplente** (Apel. Cív. 060.480-4, Ribeirão Preto, 7ª Câmara de Direito Privado, Rel. Oswaldo Breviglieri, 04.11.1998, v.u.).*

Esses julgados ganharam corpo recentemente, de tal sorte que o Superior Tribunal de Justiça parece consolidar entendimento segundo o qual o inadimplente pode pleitear a resolução, *desde que prove não dispor de meios para pagar*, aplicando, se não houver ocupação do imóvel (se houver, além da perda o equivalente ao uso deve ser abatido do valor a ser restituído), a perda de 25% do valor pago a título de pena e não os 10% que pleiteia a autora.

Eis um julgado neste sentido:

*Civil. Promessa de compra e venda. Desistência. Ação pretendendo a rescisão e a restituição das importâncias pagas. Retenção de 25% em favor da vendedora, como ressarcimento de despesas. Código de Defesa do Consumidor, arts. 51, II, 53 e 54. Código Civil, art. 924 [atual art. 413]. I. A C. 2ª Seção do STJ, em posição adotada por maioria, admite a possibilidade de resilição do compromisso de compra e venda por iniciativa do devedor, **se este não mais reúne condições econômicas para suportar o pagamento das prestações avençadas** com a empresa vendedora do imóvel (EREsp59.870/SP, Rel. Min. Barros Monteiro, DJU 09.12.2002, p. 281). II. O desfazimento do contrato dá ao comprador o direito à restituição das parcelas pagas, porém não em sua integralidade. Percentual de retenção fixado para 25%. Precedentes do STJ. III. Recurso especial conhecido e parcialmente provido (REsp 332.947/MG, Rel. Min. Aldir Passarinho Junior, 4ª Turma, j. 24.10.2006, DJ 11.12.2006, p. 360).*

VI – Em caso de procedência – percentual de restituição

Nada obstante o pedido formulado pelo autor, de receber (...)% do valor pago, mister se faz observar o que consta do contrato que, em caso de resolução, em razão do evidente inadimplemento, deve ser respeitado.

Neste sentido, eis o que foi livremente pactuado entre as partes:

(*Mencionar a cláusula do contrato*)

E tal pacto está longe de divergir daquilo quer a jurisprudência consolidou como razoável para impor a penalidade ao inadimplente confesso.

Igualmente:

> **Superior Tribunal de Justiça.** *Processo civil. Agravo regimental. Agravo no recurso especial. Promessa de compra e venda de imóvel. Inadimplência. Rescisão contratual. Devolução das parcelas pagas. Cabimento. Retenção de 25% em benefício do vendedor. Súmula 83/STJ. Agravo não provido. 1. O entendimento firmado no âmbito da Segunda Seção é no sentido de ser possível a resilição do compromisso de compra e venda, por parte do promitente comprador,* **quando se lhe afigurar economicamente insuportável o adimplemento contratual.** *2. Nesse caso, o distrato rende ao promissário comprador o direito de restituição das parcelas pagas, mas não na sua totalidade, sendo devida a retenção de percentual razoável a título de indenização,* **entendido como tal 25% do valor pago.** *Precedentes. 3. Agravo regimental não provido (AgRg no AREsp 730.520/DF, Rel. Min. Luis Felipe Salomão, 4ª Turma, j. 25.08.2015, DJe 28.08.2015).*

VII – Em caso de procedência – honorários devem ser suportados pelo autor em razão do princípio da causalidade.

Caso entenda Vossa Excelência pela procedência, deve o autor suportar os ônus, posto que pelo princípio da causalidade, foi ele, autor, e não a requerida, que deu causa à resolução do contrato.

Na lição de Nelson Nery Junior e Rosa Maria Andrade Nery, há relevante referência ao princípio da causalidade, no seguinte sentido: "Pelo princípio da causalidade, aquele que deu causa à propositura da demanda ou à instauração do incidente processual, deve responder pelas despesas daí decorrentes" (*Código de Processo Civil comentado*, Editora Revista dos Tribunais, p. 377).

Sobre a matéria, leciona Cândido Rangel Dinamarco: "(...) a sucumbência não é em si mesma um princípio, senão apenas um indicador do verdadeiro princípio, que é a causalidade (Chiovenda, Piero Pajardi, Yussef Cahali). Responde pelo custo do processo aquele que haja dado causa a ele, seja ao propor demanda inadmissível ou sem ter razão, seja obrigando quem tem razão a vir a juízo obter aquilo a que já tinha direito" (DINAMARCO, Cândido Rangel. *Instituições de direito processual civil* – vol. II. 3ª ed.).

VIII – Em caso de procedência – início da contagem dos juros sobre os valores a serem restituídos

A Segunda Seção do Superior Tribunal de Justiça sufragou entendimento segundo o qual os juros de mora no vertente caso, ou seja, "*na hipótese de resolução contratual do compromisso de compra e venda por simples desistência dos adquirentes, em que postulada, pelos autores, a restituição das parcelas pagas de forma diversa da cláusula penal convencionada,* **os juros moratórios sobre as mesmas serão computados a partir do trânsito em julgado da decisão**" (REsp 1.008.610/RJ, Rel. Min. Aldir Passarinho Junior, *DJe* 03.09.2008), por entender que apenas a partir do trânsito em julgado é que existe a mora do promitente vendedor na devolução das parcelas pagas.[50]

Em igual sentido:

> *STJ. Agravo regimental. Recurso especial. Ausência de fundamentação. Inexistência. Promessa. Compra e venda. Desistência. Promitente-comprador. Valores pagos. Restituição. Retenção. 25% (vinte e cinco por cento).* **Juros de mora. Termo inicial. Decisão judicial.** *Parcial provimento. 1. Não é deficiente em sua fundamentação o julgado que aprecia as questões que lhe foram submetidas, apenas que em sentido contrário aos interesses da parte. 2. A desistência do promitente-comprador, embora admitida por esta Corte, rende ao promitente-vendedor o direito de reter até 25% (vinte e cinco por cento) dos valores por aquele pagos a*

---

50   Igualmente: STJ – AgRg no REsp 759.903/MG, Rel. Min. Vasco Della Giustina – Desembargador Convocado do TJRS, 3ª Turma, j. 15.06.2010, *DJe* 28.06.2010.

ADJUDICAÇÃO COMPULSÓRIA E A AÇÃO DO PROMITENTE VENDEDOR PARA COMPELIR O PROMITENTE COMPRADOR A RECEBER A ESCRITURA

1. PRINCIPAIS ASPECTOS

a) **Foro competente:** em regra, como se trata de ação pessoal na ausência de registro da promessa de compra e venda, o foro seria o de eleição, seguido pelo foro do domicílio do réu (Código de Processo Civil, art. 46).[1] Entretanto, no Estado de São Paulo, independentemente do valor da causa, será competente o foro do local do imóvel (Lei 3.947, de 8 de dezembro de 1983, art. 4º, inc. I, "a" e "b").[2]

b) **Legitimidade ativa:** promitente comprador ou seu cessionário.

c) **Legitimidade passiva:** promitente vendedor.

d) **Valor da causa:** valor do compromisso de compra e venda (Código de Processo Civil, arts. 292, II e 319, V).

e) **Petição inicial:** deverá respeitar os requisitos do art. 319 e seguintes do Código de Processo Civil. A especificação de provas será, na maioria dos casos, apenas documental. Havendo testemunhas e necessidade de perícia, o rol, os quesitos, bem como a indicação de assistente técnico, devem ser apresentados com a petição.

f) **Procedimento:** judicial comum do art. 318 e seguintes (não se aplicando mais a regra que antes determinava o procedimento comum, rito sumário, do Decreto-lei 58/1937, art. 16, tendo em vista a inexistência desse rito no atual Código de Processo Civil); ou extrajudicial, nos termos do art. 216-B da Lei 6.015/1973, com a redação dada pela Lei 14.382/2022.

---

[1] Nesse sentido: Tribunal de Justiça de São Paulo, Conflito de Competência 5.952-0, Campinas, 04.12.1986, Rel. Rezende Junqueira. Maioria de votos. Primeiro Tribunal de Alçada Civil de São Paulo, Agravo de Instrumento 389.972, São Paulo, 27.04.1988, Rel. Reis Kuntz. Unânime, com declaração de voto vencedor do Juiz José Bedran.

[2] Art. 4º A competência de cada foro regional será a mesma dos foros distritais existentes, com os acréscimos seguintes e observados, no que couber, os demais preceitos em vigor:
I – em matéria cível, independentemente do valor da causa:
a) as ações reais ou possessórias sobre bens imóveis e as de nunciação de obra nova, excluídas as ações de usucapião e as retificações de áreas, que pertencem às varas de registros públicos;
b) as ações de rescisão e as de adjudicação compulsória, fundadas em compromissos de compra e venda.

5.2. CONCEITO E UTILIDADE – A QUESTÃO DA PROPRIEDADE IRREGULAR E A INADEQUAÇÃO DA AÇÃO DE ADJUDICAÇÃO COMPULSÓRIA

A adjudicação compulsória é uma espécie de execução específica das obrigações de emitir declaração de vontade relacionada aos imóveis, amoldando-se perfeitamente aos arts. 497, 513, 536, 537 e ss. do Código de Processo Civil (Decreto-lei 58/1937, art. 22; Código Civil, arts. 1.417 e 1.418).

É ação que emana do contrato preliminar de compromisso de compra e venda,[3] cujo fim é compelir o promitente vendedor a transferir a propriedade através de sentença que tem o condão de substituir a vontade do inadimplente.

Ricardo Arcoverde Credie define a ação de adjudicação como a *ação pessoal que pertine ao compromissário comprador, ou ao cessionário de seus direitos à aquisição, ajuizada com relação ao titular do domínio do imóvel – (que tenha prometido vendê-lo através de contrato de compromisso de venda e compra e se omitiu quanto à escritura definitiva) – tendente ao suprimento judicial desta outorga, mediante sentença constitutiva com a mesma eficácia do ato praticado.*[4]

Todavia, é preciso verificar que a ação de adjudicação compulsória não é a ação adequada para obter a propriedade quando o promitente vendedor não é titular do domínio do imóvel, ou, ainda, a outorga de escritura registrável depende de providências para a regularização da propriedade, tais como a aprovação de loteamento, a instituição de condomínio edilício, a retificação do registro, a apresentação de certidões negativas fiscais etc.

Isto porque, como veremos, embora não se exija o registro do contrato de promessa de compra e venda junto ao Oficial de Registro de Imóveis para a propositura da ação de adjudicação compulsória (Súmula 239 do STJ), a sentença será inócua se a propriedade for irregular ou não estiver em nome do réu da ação, neste último caso em razão do princípio da continuidade dos registros públicos.

A solução nesses casos é a indenização por perdas e danos ou o caminho da usucapião, se preenchidos os requisitos de dispositivos legais próprios.[5]

5.3. AÇÕES REAIS E PESSOAIS – DISTINÇÃO E CONSEQUÊNCIAS APLICADAS À ADJUDICAÇÃO COMPULSÓRIA. PRESCRIÇÃO

Já dissemos – e mister se faz repetir – que as ações reais são aquelas que nascem do *jus in re*, competindo a quem tem esse direito contra o réu.

As pessoais, por outro lado, possuem gênese nas obrigações de dar, fazer ou não fazer alguma coisa, *in casu*, especificamente de fazer, da espécie emitir declaração de vontade.[6]

É preciso distinguir a existência de pretensão sobre bem imóvel (*pretensão imobiliária*, *v.g.*, o despejo), daquela que, além disso, representa *pretensão real imobiliária*, esta sim ação fundada em *direito real sobre bem imóvel* (*v.g.*, a ação reivindicatória ou a ação de usucapião).[7]

---

3   Ou promessa, aqui tratada como sinônimo.

4   Ricardo Arcoverde Credie, *Adjudicação compulsória*, São Paulo: Malheiros, 1997, p. 34-35.

5   Arnaldo Rizzardo, *Direito das coisas*, 3ª ed., Rio de Janeiro: Forense, 2007, p. 1.007.

6   Luiz Antonio Scavone Junior, *Obrigações, abordagem didática*, 2ª ed., São Paulo: Juarez de Oliveira, 2000, p. 42.

7   Arruda Alvim, *Curso de direito processual civil*, São Paulo: Revista dos Tribunais, p. 498.

A distinção não emana do direito processual. É no seio do direito material que se encontra a distinção entre direito real e pessoal.[8]

A ação de adjudicação compulsória é ação pessoal e, nesse sentido, a lição de Darcy Bessone.[9]

Aliás, já foi citada a definição com a qual concordamos, de Ricardo Arcoverde Credie, segundo o qual a ação de adjudicação é a *ação pessoal que pertine ao compromissário comprador (...)*.[10]

Não pensam assim, entretanto, conceituando a ação como ação real imobiliária, entre outros, Orlando Gomes[11] e Humberto Theodoro Júnior.[12]

> *Para sabermos se uma ação é real ou pessoal, formula-se a seguinte pergunta: por que se deve (cur debeatur?). Na causa de pedir, no direito por que se deve, vai-se encontrar a resposta sobre se a ação é real ou pessoal.*[13]

Ora, se deve em virtude de direito pessoal, representado por obrigação de emitir declaração de vontade fundada em promessa de compra e venda sem registro. Apenas de maneira mediata haverá, e não em todos os casos, a transferência da propriedade.

A distinção é relevante na exata medida em que, para as ações reais imobiliárias, entre outras circunstâncias:

a) Exige litisconsórcio passivo necessário do cônjuge o consentimento conjugal para a propositura da ação (Código de Processo Civil, art. 73);

b) Competente será o *forum rei sitae*, nos termos do art. 47 do Código de Processo Civil;

Por outro lado, se a ação for pessoal:

a) Não há litisconsórcio passivo necessário.

b) O foro, em regra, é o de eleição, seguido, na ausência de foro eleito no contrato, pelo foro do domicílio do réu (Código de Processo Civil, art. 46).[14]

Será real, apenas, se a promessa de compra e venda estiver registrada de tal sorte a atribuir ao seu titular direito real de aquisição.

Portanto, não havendo registro, sendo um direito pessoal, a venda por escritura pública que se prometeu só pode ser exigida do promitente comprador e não de terceiros (Código Civil, art. 1.418), é possível convertê-la, nessa hipótese, em perdas e danos.

---

8   José Frederico Marques, *Manual de direito processual civil*, 4ª ed., São Paulo: Saraiva, 1978, p. 172. Luiz Antonio Scavone Junior, *Obrigações, abordagem didática*, 2ª ed., São Paulo: Juarez de Oliveira, 2000, p. 15 e ss.

9   Darcy Bessone, *Da compra e venda – promessa & reserva de domínio*, 3ª ed., São Paulo: Saraiva, 1988, p. 98-120.

10   Ob. cit., p. 34.

11   Orlando Gomes, *Contratos*, Rio de Janeiro: Forense, 1984, p. 271-273.

12   *Execução – Direito Processual ao vivo*, São Paulo: Aide, 1991, vol. 3, p. 97-98.

13   Moacyr Amaral Santos, *Primeiras linhas de direito processual civil*, São Paulo: Saraiva, 1995, vol. I, p. 156.

14   Entretanto, como vimos, em São Paulo, em virtude do art. 4º, inc. I, "a" e "b", da Lei Estadual nº 3.947 de 8 de dezembro de 1983, competente será o foro da situação do imóvel.

Cumprimento de sentença. Adjudicação compulsória julgada procedente. Agravantes que venderam o imóvel a terceiro. Impossibilidade de se cumprir o julgado. Conversão em perdas e danos. Posicionamento seguro do egrégio Superior Tribunal de Justiça. Recurso não provido. Cumprimento provisório de sentença. Adjudicação compulsória julgada procedente. Agravantes que alienaram o imóvel a terceiro. Impossibilidade de se cumprir o julgado. Conversão em perdas e danos. Posicionamento seguro do Egrégio Superior Tribunal de Justiça. Recurso não provido (TJSP, Agravo de Instrumento 2258616-86.2019.8.26.0000, Rel. J. B. Paula Lima, 10ª Câmara de Direito Privado, Foro de Guarulhos, 6ª Vara Cível, j. 13.01.2020, data de registro 13.01.2020).

No julgado admitiu-se a conversão em perdas e danos na fase de cumprimento mesmo sem pedido expresso, sucessivo, nesse sentido, sob o fundamento segundo o qual o Código de Processo Civil "ressalvou nos arts. 1º a 12 as normas fundamentais do processo civil e, no art. 4º, 'as partes têm o direito de obter em prazo razoável a solução integral do mérito, incluída a atividade satisfativa'".

Quanto à prescrição ou não da pretensão espelhada na ação de adjudicação compulsória, alguns julgados, com os quais não concordamos, fazem a distinção com supedâneo na diferença entre ações reais e pessoais.

De acordo com esse entendimento, se o compromisso estiver registrado, atribuindo direito real ao seu titular, a ação de adjudicação é imprescritível:

Pedido de adjudicação compulsória. Compromisso de compra e venda averbado na matrícula do imóvel. Procedência. Prescrição. Diante da natureza de direito real conferido pelo registro do compromisso de compra e venda do imóvel, não há falar em prescrição do direito à adjudicação compulsória. Sentença mantida (Apelação 994020682004 (2626644600) – Rel. Antonio Vilenilson – Comarca: Bauru – 9ª Câmara de Direito Privado – j. 23.02.2010 – Data de registro: 18.06.2010).

Por outro lado, há jurisprudência sustentando que a ação de adjudicação compulsória, ainda que o direito seja pessoal em razão da ausência do registro do compromisso, só é atingida pela aquisição por terceiros por meio do instituto da usucapião.

Entendemos que este é, de fato, o caminho para uma solução mais precatada.

Isto porque, enquanto não houver a aquisição do direito de propriedade por terceiros, mantém o promitente comprador o direito de obter a sua escritura:

Tribunal de Justiça de São Paulo. Adjudicação compulsória – prescrição – afastamento – o direito do promissário-comprador obter a escritura definitiva de imóvel só se extingue se amparado por usucapião – preliminar rejeitada. Adjudicação compulsória – Pagamento através de cotas sociais da empresa – Aquisição do imóvel mediante regular compromisso de compra e venda – Comprovação do integral pagamento e consequente quitação – Ausência de outorga da escritura – Comprovados os requisitos essenciais da ação – Sentença mantida – recurso não provido (Apelação Sem Revisão 994061469535 (4874394000), Rel. Elcio Trujillo, Comarca: Tupã, 7ª Câmara de Direito Privado, j. 17.06.2009, Data de registro: 25.06.2009. (...).

Tribunal de Justiça de São Paulo. Adjudicação compulsória – Prescrição inocorrente – Perda da proteção pela ação apenas se perdida a propriedade para terceiro. Quitação reconhecida através da documentação juntada, embora não no original, pelo tempo decorrido desde a avença e término dos pagamentos, e pela não oposição à posse da parte requerente dado o longo lapso – Ônus da sucumbência afastados, porque não houve tentativa pré-processual de se obter a escritura, não houve resistência formal ao pedido, e os réus foram representados por curador especial diante de sua citação por edital – Recurso provido, em parte (Apelação Com Revisão 994070958987 (5009604000), Rel. César Augusto Fernandes, São Paulo, 10ª Câmara de Direito Privado, j. 18.03.2009, Data de registro: 16.04.2009).

De fato, o compromisso de compra e venda é o contrato preliminar, mediante o qual o promitente vendedor se obriga a outorgar a escritura depois de receber o preço e o promitente comprador a pagar as parcelas convencionadas.

A par de obrigações laterais impostas ao promitente vendedor e contidas neste contrato, como, por exemplo, entregar a posse em data certa ou após o recebimento do valor do imóvel, a promessa de compra e venda encerra uma obrigação de fazer, qual seja, a outorga de escritura pública, apta a transferir a propriedade do bem prometido depois do registro junto ao Oficial de Registro de Imóveis da circunscrição imobiliária competente.

Nesta medida, surge a ação de adjudicação compulsória como meio suficiente para resolver a renitência do promitente vendedor que recebeu pelo imóvel e se nega à outorga da escritura pública de compra e venda em cumprimento da obrigação assumida.

Posta desta maneira a matéria, emerge a questão que envolve a prescrição da pretensão ou a decadência do direito.

Quanto a este assunto, curial a conclusão segundo a qual, violado o direito, nasce para o seu titular uma pretensão, que se extingue nos termos da Lei em razão de prazos de prescrição (Código Civil, art. 189).

Por outro lado, casos existem em que o próprio direito perece, surgindo o instituto da decadência.

Assim, é necessário saber se a ação de adjudicação compulsória está sujeita à prescrição, à decadência ou trata-se de pretensão imprescritível e não sujeita à decadência.

A resposta, com segurança jurídica, quando a matéria exige diferenciar prazos de prescrição, de decadência e ações imprescritíveis, é encontrada na doutrina sempre acatada de Agnelo Amorim Filho.[15]

Segundo ele, as ações condenatórias – e somente elas – estão sujeitas a prescrição; as ações constitutivas ou desconstitutivas encerram prazo decadencial determinado na lei; e são imprescritíveis as ações meramente declaratórias e as desconstitutivas ou constitutivas, nestas desde que a lei não preveja qualquer prazo.

E a ação de adjudicação compulsória é eminentemente constitutiva, conclusão extraída da sua natureza e da definição que já citamos de Ricardo Arcoverde Credie, segundo o qual *trata-se da ação pessoal que pertine ao compromissário comprador, ou ao cessionário de seus direitos à aquisição, ajuizada com relação ao titular do domínio do imóvel – (que tenha prometido vendê-lo através de contrato de compromisso de venda e compra e se omitiu quanto à escritura definitiva) – tendente ao suprimento judicial desta outorga, mediante sentença constitutiva com a mesma eficácia do ato praticado.*[16]

Se assim o é, em consonância com o extraído da doutrina que inça de Agnelo Amorim Filho, tratando-se a adjudicação compulsória de ação meramente constitutiva, resta a conclusão lógica segundo a qual a ação é imprescritível.

Portanto, a par de decisões em sentido contrário, estabelecendo vinculação entre direito real, pessoal e prazos prescricionais ou decadenciais, que, nesta medida, falham na identificação da natureza da pretensão e dos aspectos basilares da diferenciação que fizemos com fundamento em abalizada doutrina, podemos citar as decisões a seguir, que corretamente interpretaram a questão ora proposta:

Superior Tribunal de Justiça. Direito civil. Recurso especial. Compromisso de compra e venda. Adjudicação compulsória. Direito potestativo que não se extingue pelo não uso. Demanda de natureza constitutiva. Inexistência de prazo decadencial. Sujeição à regra da inesgotabilidade ou da perpetuidade. Recurso provido. 1. Tratando-se de direito potestativo, sujeito a prazo decadencial, para cujo exercício a lei não previu prazo especial, prevalece a regra geral da inesgotabilidade ou da perpetuidade, segundo a qual os direitos não se extinguem pelo não uso. Assim, à míngua de previsão legal, o pedido de adjudicação compulsória, quando

---

[15] Agnelo Amorim Filho, Critério científico para distinguir a prescrição da decadência e para identificar as ações imprescritíveis, *Revista de Direito Processual Civil*, São Paulo, v. 3º, p. 95-132, jan./jun. 1961 (*RT* 300/7 e *RT* 744/723).

[16] Ricardo Arcoverde Credie, *Adjudicação compulsória*, São Paulo: Malheiros, 1997, p. 34-35.

preenchidos os requisitos da medida, poderá ser realizado a qualquer tempo. 2. Recurso especial provido (REsp 1216568/MG, Rel. Min. Luis Felipe Salomão, 4ª Turma, j. 03.09.2015, DJe 29.09.2015).[17]

***Superior Tribunal de Justiça.** Promessa de compra e venda. Escritura definitiva. Adjudicação. Prescrição. Não prescreve o direito de a promissária compradora obter a escritura definitiva do imóvel, direito que só se extingue frente ao de outrem, amparado pelo usucapião. Recurso não conhecido (REsp 369.206/MG (200101269199), Rel. Min. Cesar Asfor Rocha, Rel. p/ Acórdão Min. Ruy Rosado de Aguiar, DJ 30.06.2003, p. 254).*

Em suma, seja de natureza real ou pessoal, a ação de adjudicação compulsória é imprescritível em razão da natureza da pretensão constitutiva, que visa a mesma eficácia da escritura pública de compra e venda e cuja vontade não foi declarada por injusta resistência do promitente vendedor.

O direito do promitente comprador pode ser exercido, assim, a qualquer tempo, esbarrando apenas nó óbice da aquisição originária por terceiros, por meio da usucapião.

Em complemento, interessante precedente estendeu à conversão em perdas e danos, quando o titular do domínio transfere a propriedade impedindo o resultado útil da adjudicação, a imprescritibilidade que defendo:

Adjudicação compulsória. Autores que adquiriram por cessão os terrenos que constam da inicial, com a anuência da apelante que, mesmo assim, alienou-os a terceira pessoa que promoveu o registro da venda no Cartório do Registro de Imóveis. Impossibilidade da adjudicação que se transforma em perdas e danos. A condição de imprescritibilidade da adjudicação alcança a das perdas e danos decorrentes da impossibilidade da sua concessão pela venda dos imóveis a terceiros, com registro no CRI. Inexistência de cerceamento de defesa e ausência dos requisitos para a denunciação à lide. Perdas e danos consistentes nos valores pagos pelos lotes que foram determinadas pela r. sentença. Dano moral que não é devido por se tratar de inadimplemento contratual e demora de mais de década para as providências destinadas à regularização do problema. Recurso provido parcialmente para afastar os danos morais (TJSP, Apelação Cível 1002577-42.2017.8.26.0032, Rel. Maia da Cunha, 4ª Câmara de Direito Privado, Foro de Araçatuba, 4ª Vara Cível, j. 11.10.2018, data de registro 23.10.2018).

Justificou o Rel. "Reafirme-se que a ação era de adjudicação compulsória, incontroversamente imprescritível porque se destina à obtenção do domínio prometido e não cumprido após o pagamento do preço. A condição de imprescritibilidade alcança as perdas e danos resultantes da impossibilidade de cumprimento da adjudicação compulsória por ter sido o imóvel, como no caso, alienado a terceiro que o registrou antes do autor da ação. Não se cuida simplesmente de ação de reparação de danos, por ilícito civil ou enriquecimento sem causa, que fariam incidir as hipóteses do art. 206, § 3º, IV e V, do Código Civil, mas de mero reflexo de ação de adjudicação compulsória impossível de ser levada adiante por registro de venda posterior dos imóveis descritos pelo autor na inicial".

5.4. CONDIÇÕES ESPECÍFICAS DA AÇÃO DE ADJUDICAÇÃO COMPULSÓRIA[18]

5.4.1. Registro do compromisso

Existe uma discussão muito grande nos tribunais a respeito da necessidade ou não do registro do compromisso ou promessa de compra e venda junto ao oficial de Registro de Imóveis para se intentar a ação de adjudicação compulsória, prevista que está no art. 16 do Decreto-lei 58/1937, principalmente em razão da norma insculpida no art. 22 do mesmo diploma legal e no art. 1.418 do novo Código Civil.

---

[17]   Citando, inclusive, este livro.

[18]   Conforme já escrevemos alhures. Luiz Antonio Scavone Junior, *Obrigações – abordagem didática*, 2ª ed., São Paulo, Juarez de Oliveira: 2000, p. 43-47.

A adjudicação compulsória é a ação que emana do contrato preliminar de compromisso (ou promessa, aqui tratada como sinônimo) de compra e venda, cujo fim é compelir o promitente vendedor a transferir a propriedade através de sentença que tem o condão de substituir a vontade do inadimplente.

Demanda semelhante, havendo relação de consumo, é a execução específica de obrigação de fazer, pelo procedimento comum, conforme o caso, disciplina existente nos arts. 48 e 84 do Código de Defesa do Consumidor.

Carlyle Popp[19] não faz distinção entre o direito real representado pelo registro da promessa de compra e venda e a natureza real da ação de adjudicação compulsória.

Nessa linha, inadmite a adjudicação compulsória de contrato não registrado, vez que, apenas seria possível, nesse caso, a execução de obrigação de fazer.

A rigor, tanto a execução de obrigação de fazer quanto a adjudicação compulsória são demandas de caráter pessoal e colocadas à disposição do promissário no caso de inadimplemento do promitente na transferência do domínio do imóvel.

Tribunal de Justiça de São Paulo. *Adjudicação compulsória. Necessidade de registro do compromisso de compra e venda. Inadmissibilidade. Eficácia e validade não condicionadas a formalidade do instrumento público. Obligatio faciendi assumida pelo promitente-vendedor que possui o condão de dar ensejo a adjudicação. Inaplicabilidade da Súmula nº 167 do Supremo Tribunal Federal. Extinção do processo afastada. Recurso provido. A promessa de venda gera pretensões de direito pessoal, não dependendo, para sua eficácia e validade, de ser formalizada em instrumento público. A obligatio faciendi, assumida pelo promitente vendedor, pode dar ensejo à adjudicação compulsória. O registro imobiliário somente é necessário para produção de efeitos relativamente a terceiros (Apel. Cív. 000.747-4, São Paulo, 8ª Câmara de Férias de Direito Privado, Rel. Cesar Lacerda, 31.01.1996, v.u.).*

Ricardo Arcoverde Credie[20] e Mário de Aguiar Moura[21] entendem, e merecem nosso aplauso, que não há necessidade de registro para que o promissário se valha da ação de adjudicação compulsória.

De fato, é a interpretação mais coerente com o espírito da própria lei, que busca a proteção do promitente comprador.

Pensar diferente seria impor uma injustificada sanção em detrimento da obrigação do promitente vendedor de outorgar a escritura.

Acrescentamos, apenas, a necessidade de que a promessa não seja retratável. Aliás, é clara a disposição do art. 25 da Lei 6.766/1979 nesse sentido.

Ora, tal obrigação do promitente vendedor decorre do próprio contrato, tenha ele sido ou não registrado.

É uma obrigação de fazer que, inadimplida, pode perfeitamente ser substituída por decisão judicial, nos termos dos arts. 497 e seguintes e 536 do Código de Processo Civil (ação de obrigação de fazer – pelo procedimento comum), aplicando-se, ainda, os arts. 16 e 22 do Decreto-lei 58/1937 (adjudicação compulsória, não mais pelo rito sumário, que deixou de existir com o atual Código de Processo, aplicando-se, assim, o procedimento comum do art. 318 e seguintes).

Superior Tribunal de Justiça. *Promessa de compra e venda por instrumento particular, não inscrita no registro de imóveis. Caso em que não se pactuou arrependimento. De acordo com a decisão recorrida, "a promessa de compra e venda, por instrumento particular, não inscrita no registro público, gera efeitos obrigacionais, já que a adjudicação compulsória é de caráter pessoal, restrito aos contratantes, sendo que aquele que se*

---

[19] *Execução de obrigação de fazer*, Curitiba: Juruá, 1995, p. 141 a 143.

[20] Ricardo Arcoverde Credie, *Adjudicação compulsória*, São Paulo: Malheiros, 1997.

[21] Mário de Aguiar Moura, *Promessa de compra e venda*, Rio de Janeiro: Aide, 1986, p. 160.

comprometeu a concluir um contrato, caso não conclua a sua obrigação, a outra parte poderá obter uma sentença que produza o mesmo efeito do contrato firmado". Em tal sentido, REsps. nos 30 e 9.945, entre outros. 2. O direito de arrependimento supõe que haja sido pactuado. E que "não poderá o promitente vendedor arrepender-se, se não houver cláusula expressa, no pré-contrato, prevendo essa possibilidade" (REsp8.202). Em caso tal, não tem aplicação o disposto no art. 1.088 do Código Civil. 3. Recurso Especial não conhecido. Rel. Min. Nilson Naves. Veja: Recurso Especial nº 9.945, 8.202, 8.944, (STJ) (Acórdão nº 0003605, data: 09.04.1996; Num. 0057225; Ano: 1994, UF: RJ, 3ª Turma, Recurso Especial: publicação DJ 27.05.1996, p. 17.865).

O registro seria, apenas, mais uma garantia ao promitente comprador, que teria assegurada a propriedade contra futura alienação do promitente vendedor para terceiros em face do direito real oponível *erga omnes*.

O registro não retira do promitente vendedor, titular do domínio, a disponibilidade do bem. A despeito de continuar com o domínio sobre ele e manter, portanto, a disponibilidade, eventual adquirente ficará, nos termos do art. 1.418 do Código Civil, sujeito à adjudicação, posto que a alienação não é eficaz para o promitente comprador que registrou o contrato e, nesse sentido:

Conselho Superior da Magistratura – SP. *Registro de Imóveis – Demonstração do interesse jurídico dos apelantes – Legitimidade recursal reconhecida – Inaptidão do direito real de aquisição para impedir a alienação do imóvel, pelo proprietário tabular, a terceiros – Alienação que é válida, embora ineficaz ao promitente comprador com título registrado na matrícula do imóvel (...) (Apelação 0010770-93.2015.8.26.0562. Rel. Des. Manoel de Queiroz Pereira Calças. j. 12.07.2016).*

Na Apelação 0000294-57.2010.8.26.0372 do Conselho Superior da Magistratura – SP (Rel. Des. Renato Nalini, j. 13.12.2012, ficou assentado que "[...] é possível ao proprietário, mesmo com compromisso de compra e venda registrado, alienar a propriedade. Não há que se falar em nulidade da transferência da propriedade. Assim, é viável a transmissão da propriedade, todavia, o adquirente da propriedade deverá respeitar o direito real de aquisição do promitente comprador que tenha anterior registro do compromisso de compra e venda, ou seja, deverá transferir a propriedade a este (titular do direito real de aquisição)".

No mesmo sentido e proveniente também do Tribunal Paulista, o julgamento da Apelação 0025566-92.2011.8.26.0477 (Rel. Des. Renato Nalini, j. 10.12.2013):

[...] *o princípio da continuidade, com a transmissão da propriedade pelos titulares de domínio sem a observância de compromisso de venda e compra registrado em favor de terceiros, não será vulnerado.*[22]

Em suma, nos termos do art. 1.418 do Código Civil, se o proprietário alienar a propriedade a terceiros depois de prometer o imóvel a venda, o adquirente fica obrigado a transferir a propriedade ao promitente comprador que antes registrou seu contrato.

Quanto ao contrato sem registro, o direito pessoal representado pela promessa de compra e venda pode ser contraposto, com sucesso, a outro direito pessoal que lhe seja posterior.

Com efeito, a Súmula 84 do STJ deve ser entendida na exata medida da possibilidade dos embargos de terceiro.

---

[22] Na Apelação 1010491-71.2014.8.26.0224 do CSM-SP (Rel. Des. Elliot Akel, j. 07.10.2015), ficou consignado que: "[...] *Suponha-se que o interessado houvesse adquirido o imóvel não de algum dos cedentes, mas do proprietário. Imagine-se que, inobstante a cadeia de sucessivas cessões (registradas, acrescento), o interessado tivesse ido à fonte, ao proprietário, e efetuado o pagamento do preço, adquirindo o domínio do bem. Outorgada a escritura, ela seria registrada? A resposta é positiva, dada a validade do negócio, e não se cogitaria de quebra de continuidade.*" No mesmo sentido e do mesmo tribunal paulista, CSM: Apelação nº 0020761-10.2011.8.26.0344, Rel. Des. Renato Nalini, j. 25.10.2012; e Apelação nº 0052791-20.2012.8.26.0100, Rel. Des. Elliot Akel, j. 11.02.2014.

É que, anteriormente, sequer eram admitidos embargos de terceiro no caso de promessa de compra e venda sem registro (Súmula 621 do STF), mesmo em face de outro direito pessoal que ensejava penhora.

Em tempo, a distorção foi corrigida pelo Superior Tribunal de Justiça.

Importante, por fim, ressaltar que a sentença na ação de adjudicação compulsória não possui o condão de transmitir qualquer domínio, vez que se trata apenas de substituição da escritura pública e, como tal, sujeitar-se-á as exigências para que seja registrada e, por conseguinte, transmita a propriedade imobiliária nos termos dos arts. 1.227 e 1.245 do Código Civil.

Caso o promitente vendedor não mais disponha do domínio, este não se transmitirá, convertendo-se a obrigação pessoal em perdas e danos desde que conste este pedido subsidiário na petição inicial. A jurisprudência pátria mais abalizada tende a seguir esta orientação.

Portanto, não é a sentença de adjudicação compulsória que terá o condão de transmitir a propriedade e sim o seu registro, desde que respeitados os requisitos legais. Assim, não se registrará, por exemplo, sentença em que o polo passivo não for integrado pelo proprietário constante do registro.

Tribunal de Justiça de São Paulo. Matéria: Adjudicação Recurso: Apelação nº 15.029 0, origem: Praia Grande, Rel. Dínio Garcia, data: 08.07.92. Registro de imóveis – adjudicação – título de origem judicial circunstância que não isenta o título dos requisitos básicos para o registro – negativa do registro que não torna ineficaz ou inválida a sentença judicial, senão apenas verifica se o título se enquadra com a exigência do registro imobiliário – necessidade, ademais, da carta de adjudicação para se reportar à promessa de compra e venda.

Resumidamente, a melhor interpretação leva às seguintes conclusões:

a) A promessa de compra e venda, enquanto não registrada, é um direito pessoal, seja por escritura pública ou por instrumento particular.

b) Registrada, passa a constituir um direito real, oponível *erga omnes*, atribuindo ao seu titular o direito de sequela (Decreto-lei 58/1937, art. 5º; novo Código Civil, arts. 1.417 e 1.418).

c) Registrada ou não, desde que irrevogável e quitada, autoriza a adjudicação compulsória, pelo procedimento comum (Código de Processo Civil, art. 318 e seguintes) acorde com o disposto no art. 16 do Decreto-lei 58/1937 e no art. 1.418 do Código Civil.[23]

d) A diferença entre a promessa de compra e venda registrada e a não registrada reside na oponibilidade a terceiros de que dispõe aquela e não dispõe esta, e não na possibilidade ou não de se intentar ação de adjudicação compulsória.

Neste sentido, inclusive com fundamento na Súmula 239/STJ, o seguinte julgado do Superior Tribunal de Justiça:

AGA 575115/SP (200302242694) – Civil e Processual Civil. Ação de adjudicação. Registro do compromisso de compra e venda. Súmula 239/STJ. Financiamento de imóvel. Hipoteca posterior. Ineficácia. I – Em consonância com o enunciado 239 da Súmula desta Corte, o direito à adjudicação compulsória não se condiciona ao registro do compromisso de compra e venda no cartório de imóveis. II – A hipoteca outorgada pela construtora ao agente financiador em data posterior à celebração da promessa de compra e venda com o promissário-comprador não tem eficácia em relação a este último. Agravo improvido. Rel. Min. Castro Filho – Fonte: DJ 17.12.2004, p. 526.

---

23 Ricardo Arcoverde Credie, "Adjudicação compulsória", ob. cit., p. 66-69.

5.4.2. Condições específicas

Afastada a necessidade de registro, temos que as condições específicas da ação de adjudicação compulsória residem na existência de instrumento de promessa ou compromisso de compra e venda (arts. 11 do Decreto-lei 58/1937 e 26 da Lei 6.766/1979):

a) irretratável; e,

b) quitado admitindo-se o depósito do remanescente na própria ação adjudicatória, não havendo consignatória antecedente.[24]

Caso haja parcela não paga, resta a dúvida sobre a possibilidade ou não de sucesso na ação de adjudicação compulsória.

Há duas correntes. A primeira afirma a possibilidade, desde que tenha havido a prescrição da pretensão da cobrança da parcela não paga. Neste sentido:

Tribunal de Justiça de São Paulo. Imóvel – Adjudicação compulsória – Procedência – Confirmação – Última parcela que não teria sido paga – Prescrição – Ocorrência – Fato impedido, suspensivo ou interruptivo da prescrição – Não demonstração – Recurso não provido (Apelação 994092851301 (6774604600), Rel. Sousa Lima, Comarca: Campinas, 7ª Câmara de Direito Privado, j. 07.04.2010).

A segunda corrente afirma o contrário:

Tribunal de Justiça de São Paulo. Compromisso de Compra e Venda – Adjudicação compulsória – Falta de comprovação da quitação do preço – Prescrição da ação de cobrança que não corresponde à quitação – Recurso não provido – Segundo o artigo 22, do Decreto-lei 58, de dezembro de 1937, para que haja adjudicação compulsória é preciso que o preço do imóvel tenha sido pago integralmente – Eventual prescrição da ação para cobrança do preço convencionado no compromisso não implica sua quitação. Afinal, se o promitente vendedor não pode mais exigir o pagamento do restante do preço do imóvel prometido à venda, por força de uma eventual prescrição, não está, por outro lado, obrigado a outorgar a escritura definitiva pretendida se não recebeu integralmente o preço (TJSP, 9ª Câm. Dir. Privado, Apel. Cível 283.204-1, de Cachoeira Paulista, Rel. Des. Ruiter Oliva, j. 10.06.1997, v.u.).

De nossa parte, entendemos que a razão está no segundo julgado, de tal sorte que, sem a prova do pagamento, não há possibilidade de adjudicação compulsória, ainda que crédito do promitente vendedor esteja prescrito.

Já tivemos a oportunidade de afirmar no capítulo 3 do Livro II (item 3.8) que, a par da prescrição da pretensão para cobrança das parcelas, não há prescrição da pretensão de o promitente vendedor exigir a resolução do compromisso por inadimplemento, visto tratar-se de pretensão desconstitutiva do contrato sem que haja previsão de prazo em lei. Tampouco, por se tratar de posse precária, cabe a usucapião. Remetemos o leitor àquelas considerações.

Outrossim, deve constar do compromisso de compra e venda:

a) o preço;

b) a descrição do bem imóvel; e

c) o consentimento (assinatura) dos contratantes e de duas testemunhas, inclusive com outorga uxória ou marital ao promitente vendedor (§ 2º do art. 11 do Decreto-lei 58/1937);

Demais disso, nos termos do *caput* do art. 16, deve-se demonstrar a recusa do promitente vendedor, detentor do domínio.

---

[24]   *RT* 527/227; *JTACivSP* (Lex) 12/64; *JTACivSP* (RT) 99/70.

Diversos acórdãos têm acolhido a carência da ação na hipótese de ausência dos requisitos da promessa de compra e venda (defeitos formais, contidos nos arts. 11 do Decreto-lei 58/1937 e 26 da Lei 6.766/1979), como o que abaixo é trazido à colação:

> **Superior Tribunal de Justiça.** *Promessa de venda e compra. Adjudicação compulsória. Falta de individualização do imóvel. Impossibilidade jurídica do pedido. Constitui uma das condições específicas da ação de adjudicação compulsória a individualização do imóvel objeto do pedido. Sem tal requisito, torna-se inexequível o julgado que porventura a defira. Recurso Especial conhecido e provido. Rel. Min. Barros Monteiro. DJ 19.08.1996, p. 28.485. Doutrina: Ricardo Arcoverde Credie, Lei dos registros públicos comentada, 9ª ed., p. 396; Wilson de Souza Campos Batalha, Comentários à lei de registros públicos, 3ª ed., vols. I e II, p. 780 (Recurso Especial nº 51.064/CE (9400209177), decisão: por unanimidade, conhecer em parte do recurso e, nessa parte, dar-lhe provimento, 28.05.1996, 4ª Turma).*

5.5. LEGITIMIDADE, INCLUSIVE NO CASO DE CESSÃO DOS DIREITOS PELO PROMITENTE VENDEDOR

São legitimados ordinariamente para a ação de adjudicação compulsória os partícipes da relação jurídica de direito material, ou seja, do compromisso de compra e venda.

Legitimado passivo é sempre o proprietário, lembrando que, ainda que haja venda do imóvel a terceiros, se o compromisso estiver registrado, o terceiro, em razão do direito real de aquisição do promitente comprador ou de seu cessionário, ficará sujeito ao cumprimento da promessa em razão do art. 1.418 do Código Civil.[25]

Legitimado ativo será o promitente comprador ou seu cessionário.

Surge, entretanto, a indagação acerca da legitimidade no caso de cessão dos direitos do promitente comprador a terceiros, às vezes de forma sucessiva (por exemplo: "B" prometeu comprar de "A" e cedeu seus direitos a "C", que, por sua vez, cedeu a "D" que agora quer a escritura e encontra resistência de "A"), e, nesta medida, surge a dúvida sobre quem deve figurar como réu da ação.

A resposta a esta indagação, embora pareça complexa, é bastante simples e passa pela análise da relação de direito material e, principalmente, do instituto da cessão de direitos.

O promitente comprador de um imóvel é titular de um direito obrigacional (um crédito), posto que somente será proprietário por negócio jurídico, nos termos do art. 1.245 do Código Civil, depois do registro da escritura pública, cuja outorga o promitente vendedor se obrigou após receber o preço. Sendo o crédito, no caso o direito de receber a escritura, um bem patrimonial, obviamente é passível de transferência.

A essa transferência dá-se o nome de cessão de crédito, que nada mais é do que o negócio jurídico em que uma parte transfere a outra seus direitos de caráter obrigacional (o direito de receber a escritura), independentemente da vontade do devedor (o promitente vendedor que, depois de receber o preço, se obriga à outorga da escritura).

A cessão de crédito é instituto análogo à compra e venda. Todavia, esta possui como objeto bens corpóreos, materiais, enquanto a cessão de crédito possui como objeto os bens incorpóreos, imateriais (os créditos).

Nos termos do art. 348 do Código Civil, é possível afirmar que cessionário se sub-roga nos direitos do cedente.

---

[25] **Conselho Superior da Magistratura – SP.** *Registro de Imóveis – Demonstração do interesse jurídico dos apelantes – Legitimidade recursal reconhecida – Inaptidão do direito real de aquisição para impedir a alienação do imóvel, pelo proprietário tabular, a terceiros – Alienação que é válida, embora ineficaz ao promitente comprador com título registrado na matrícula do imóvel [...] (Apelação 0010770-93.2015.8.26.0562. Rel. Des. Manoel de Queiroz Pereira Calças. j. 12.07.2016).*

Posta assim a questão, curial concluir que a legitimidade para responder pela negativa de outorga da escritura é exclusiva do promitente vendedor, titular do domínio, e não dos cedentes.

Só o titular do domínio pode cumprir a obrigação – não os cedentes –, de tal sorte que só ele deve figurar no polo passivo da relação jurídica processual.

É esta a lição de Ricardo Arcoverde Credie: *Legitimado ativo ordinariamente também é o cessionário dos direitos à compra, a quem foi previamente transferido o interesse na provocação e obtenção dos resultados úteis da atividade jurisdicional, ao qual a jurisprudência proclama o direito de pleitear a adjudicação compulsória diretamente do promitente vendedor, e não do cedente.*[26]

A jurisprudência alinha-se nesta direção, como se observa dos seguintes julgados:

Tribunal de Justiça de São Paulo. *Adjudicação Compulsória – Instrumento particular de cessão de direitos de compromisso de compra e venda quitado – Legitimidade passiva dos titulares do domínio, ou seja, os apelados – Ação julgada improcedente – Sentença reformada para julgar-se procedente a ação – Recurso provido (Apelação 9213338-31.2005.8.26.0000, Rel. De Santi Ribeiro, Comarca: São Paulo, 1ª Câmara de Direito Privado, j. 04.03.2008).*

Tribunal de Justiça de São Paulo. *Ação de adjudicação compulsória. Cessão de direitos. Legitimação ativa do cessionário para a demanda. Reconhecimento. Remessa da apelante ao inventário daquele em cujo nome está registrado o imóvel. Desnecessidade, à vista do manejo da ação de adjudicação compulsória. Extinção do feito afastada. Apelo provido, com prosseguimento da ação (Apelação Cível 472.032.4/9, 3ª Câmara de Direito Privado, Rel. Donegá Morandini, j. 27.11.2007).*

Tribunal de Justiça de São Paulo. *Adjudicação compulsória. Compromisso de compra e venda de imóvel firmado por terceiros com a COHAB. Desnecessidade de litisconsórcio necessário com os herdeiros do mutuário original falecido. Legitimidade passiva do promitente vendedor. Cessões de direitos sem anuência da compromissária vendedora. "Contrato de gaveta". Cessionários que se sub-rogam nos direitos do mutuário original. Quitação integral do preço. Ausência de obstáculo idôneo que impeça a outorga da escritura definitiva. Verba honorária majorada. Sentença mantida. Recurso não provido. (TJSP; Apelação 1016057-92.2015.8.26.0344; Rel. Fernanda Gomes Camacho; 5ª Câmara de Direito Privado; Foro de Marília – 1ª Vara Cível; j. 16.11.2016; Data de Registro: 17.11.2016.)*

No STJ há cristalino entendimento que corrobora com o que foi afirmado:

Superior Tribunal de Justiça. *Na ação de adjudicação compulsória é desnecessária a presença dos cedentes como litisconsortes, sendo corretamente ajuizada a ação contra o promitente vendedor (STJ, Min. Carlos Alberto Menezes Direito, REsp 648.468/SP, Data: 14.12.2006, DJ 23.04.2007, p. 255).*[27]

Superior Tribunal de Justiça. *Na ação de adjudicação compulsória, não é necessária a participação dos cedentes como litisconsortes, sendo o promitente vendedor parte legítima para figurar no polo passivo da demanda. (AgRg no Ag 1120674/RJ, Rel. Min. Sidnei Beneti, 3ª Turma, j. 28.04.2009, DJe 13.05.2009).*

Nas hipóteses em que haja registro do instrumento de cessão, entendimento que parece hoje superado exigia a presença do cedente na ação em razão do princípio da continuidade, posto que deveria anuir na escritura.[28]

---

[26] Ricardo Arcoverde Credie, *Adjudicação Compulsória*, 9. ed., São Paulo: Malheiros, p. 59.

[27] No voto do Ministro relator, verifica-se o seguinte: *"Não vejo mesmo razão para que sejam chamados os cedentes como litisconsortes. A obrigação decorrente da adjudicação compulsória é do promitente vendedor, pouco relevando o papel dos cedentes, considerando que o direito que se pretende somente pode ser cumprido pelo titular do domínio".* Extrai-se, ainda, no voto-vista do Ministro Castro Filho: *"Definida a ação de adjudicação compulsória como pessoal, que pertine ao compromissário comprador, deve ser ajuizada em face de quem seja o titular do domínio do imóvel. Assim, mesmo que caracterizada a cadeia de cessão de direito aquisitivos, exigível pela parte que integra o último elo da cadeia de cessões o registro da concretização da aquisição imobiliária contra aquele que possui o real domínio do bem, assim que ele reconhecer que o preço foi pago".*

[28] Ricardo Arcoverde Credie, *Adjudicação compulsória*, 9. ed., São Paulo: Malheiros, 2004, p. 59-60: "[...] pleiteia-se a adjudicação compulsória diretamente do titular do domínio, o promitente vende-

Interessante, sobre este assunto, o que foi decidido na Apelação Cível 377.220-4/4 – São Paulo, na Sexta Câmara de Direito Privado do Tribunal de Justiça do Estado de São Paulo, cujo relator foi o Desembargador Waldemar Nogueira Filho (julgamento em 21.02.2008).

Segundo este julgado, é absolutamente irrelevante a anuência dos promitentes vendedores no instrumento de cessão de direitos.

O mesmo acórdão cita José Osório de Azevedo Jr.,[29] remetendo à doutrina que inça de Arnoldo Wald e à jurisprudência, segundo o qual: "na cessão de compromisso de compra e venda no direito brasileiro é dispensável o consentimento do compromitente vendedor. Mesmo sem a manifestação de vontade deste e até contra a sua vontade pode-se dar a cessão do contrato por parte do compromissário comprador", pois "a cessão do compromisso mais se equipara àquela que Messineo chama *cessione* imprópria, ou seja '*cessione dei contratto a mezzo di atto unilaterale, o in forza di legge*'".

O relator, ainda citando José Osório, assinala que "assim dispunha o art. 13 do Dec.-lei 58/1937 e dispõe o art. 31 da Lei 6.766/1979 para os imóveis loteados, não havendo porque não ampliar essa regra para os imóveis não loteados, tanto mais quando sendo 'o compromitente vendedor – fundamentalmente – titular apenas de um crédito, não é razoável permitir que ele crie embaraços ao recebimento de seu próprio crédito' seguindo por essa mesma senda julgado desta Câmara, de que fui relator" (Apelação 286.204 4/3-00- S. Paulo).

Nesta medida, no que interessa à adjudicação compulsória, o julgado ora em análise menciona que, tendo em vista o cumprimento das obrigações concernentes ao pagamento, tanto pelos cedentes quanto pelos cessionários – *conditio sine qua non* –, a cessão equivale à venda, o que faz nos seguintes termos: "a cessão, no caso, equivale à venda, visto que o que pretendiam os apelantes era adquirir a propriedade do bem imóvel (cf. José Osório de Azevedo Jr., ob. cit., p. 231), lhes era dado obter dos titulares de domínio... a escritura definitiva do imóvel em questão, bastando, tão só, satisfeitos os ônus fiscais, que ao ato comparecessem como anuentes os primitivos compromissários compradores e cessionários".

Conclui, na fundamentação, que soa equivocada a conclusão antes adotada pela sentença segundo a qual os cessionários deveriam buscar seu direito apenas dos cedentes, com quem celebraram a cessão. Justifica que a conclusão não é correta, tendo em vista que, "além do direito à adjudicação compulsória independer do registro do compromisso de compra e venda no cartório imobiliário (Súmula 239 do STJ) e da cessão, como anteriormente enfatizado, equivaler à venda, proposição dessa ordem não se afeiçoa ao princípio da continuidade dos registros", concluindo que os titulares do domínio são legitimados a responder pela ação de adjudicação diretamente proposta pelos cessionários, mencionando outro julgado da Sexta Câmara do Tribunal de Justiça de São Paulo (Ap. Cív. 163.628 4/0 – São Vicente).

Ao final, equipara a ação de adjudicação à ação de obrigação de fazer, sendo possível a tutela específica do art. 461, do Código de Processo Civil, atualmente tratado nos arts. 297, 300, 497 e 537 com sentença substitutiva da vontade das partes (*JTJ* 265/103, Rel. Des. Morato de Andrade), asseverando que, sob a ótica processual, "mostra-se de nenhuma utilidade a fixação de prazo para o cumprimento da obrigação e bem assim de multa para a hipótese de inadimplência".

---

dor. Estando irregistrado o instrumento de cessão, cabe o ajuizamento da ação quando o promissário vendedor exigir a presença do cedente do compromisso quando anuente na escritura definitiva: ao juiz caberá valorar os limites entre a prudência do vendedor e sua resistência àquele ato, sem descurar da verificação da idoneidade da cessão. Diferentemente será quando a cessão estiver registrada; aí, por causa do princípio da continuidade dos atos do Registro de Imóveis, é necessária a anuência do cedente na escritura definitiva, devendo ele, consequentemente, ser demandado com o titular do domínio, ambos no polo passivo da relação processual, para que também sua eventual omissão seja suprida sentencialmente."

[29] *Compromisso de Compra e Venda*, 4ª ed., São Paulo: Malheiros, 1998, p. 225-228.

Todavia, embora não se exija o registro dos contratos para a ação de adjudicação compulsória (verbete 239 da Súmula STJ) e que se afaste a necessidade da presença dos cedentes na ação de adjudicação compulsória, é imprescindível que o autor da ação *comprove cabalmente* a existência de todas as cessões, juntando cópia dos respectivos instrumentos, bem como prove a quitação do preço com a juntada dos recibos (TJSP – Apelação 0056428-27.2008.8.26.0000), além da quitação do valor espelhado em cada uma das cessões.

Sem esta providência de natureza prática, já que a quitação integral é imprescindível na ação de adjudicação compulsória, o interessado deverá procurar outros meios para obter a propriedade, como, por exemplo, a usucapião, respeitando os requisitos de cada espécie.

A jurisprudência não diverge no que diz respeito à ausência de apresentação de documentos que comprovem a aquisição e a quitação do imóvel, hipótese em que não há como falar-se na procedência de ação de adjudicação compulsória:

Adjudicação Compulsória – Compromissos sucessivos – Hipótese em que não há necessidade de citação do cedente, já que não há risco de ofensa ao princípio da continuidade registrária – Exigência, no entanto, de verificação da cadeia de compromissos, e da quitação integral não apenas do compromisso originário, mas da cessão – Quitação da cessão não comprovada – Ônus da prova do adquirente – Recurso desprovido. (TJSP, Apelação Cível 0023988-65.2009.8.26.0477, Rel. Marcus Vinicius Rios Gonçalves; 2ª Câmara de Direito Privado; Foro de Praia Grande, 3ª Vara Cível, j. 06.02.2018; Data de Registro: 06.02.2018).[30]

Legitimado passivo será, portanto, o promitente vendedor, que também é titular do domínio e não os cedentes.[31]

Conselho Superior da Magistratura – SP. Registro de Imóveis – Ação judicial de adjudicação compulsória promovida em face dos que constam como proprietários do imóvel – Desnecessidade do registro dos documentos que instrumentalizam os sucessivos compromissos de venda e compra – Irrelevância do registro de um deles – Desqualificação registral afastada – Carta de sentença passível de registro – Dúvida improcedente – Recurso não provido" (Apelação nº 0020761-10.2011.8.26.0344, Rel. Des. José Renato Nalini, j. 25.10.2012).

Conselho Superior da Magistratura – SP. Registro de Imóveis – Dúvida julgada procedente – Negativa de ingresso de escritura de venda e compra de imóvel – Desrespeito ao registro anterior de instrumento particular – Desnecessidade da anuência dos compromissários compradores – Inexistência de afronta ao Princípio da Continuidade – Recurso provido" (Apelação nº 0025566-92.2011.8.26.0477, Rel. Des. José Renato Nalini, j. 10.12.2013).

Conselho Superior da Magistratura – SP. Registro de Imóveis – Dúvida julgada procedente – Compromisso de compra e venda registrado com sucessivas cessões – Negativa de ingresso de escritura de venda e compra de imóvel da qual participaram os proprietários tabulares e a última cessionária – Desnecessidade da anuência dos cedentes – Inexistência de afronta ao Princípio da Continuidade – Recurso provido. Apelação nº 1040210-48.2015.8.26.0100. j. 08.04.2016.

---

[30] Nesse sentido:

Adjudicação Compulsória – Sentença que julgou improcedente o pedido – Ausência de comprovação de que houve a quitação do contrato – Pressuposto indispensável da adjudicação – Falta de comprovação, ainda, da quitação do contrato de cessão de direitos de parte do imóvel ao autor – Sentença mantida – Recurso desprovido (TJSP, Apelação Cível 1092421-61.2015.8.26.0100; Rel. Marcus Vinicius Rios Gonçalves, 6ª Câmara de Direito Privado, Foro Central Cível – 9ª Vara Cível, j. 18.09.2019; Data de Registro: 18.09.2019).

Adjudicação Compulsória – Compromissos sucessivos – Exigência de verificação da cadeia de compromissos, e da quitação integral não apenas do compromisso originário, mas das cessões – Ausência de apresentação dos sucessivos compromissos e de comprovação de quitação de todos eles – Ônus da prova do adquirente – Recurso desprovido (TJSP, Apelação Cível 0002412-37.2003.8.26.0344, Rel. Marcus Vinicius Rios Gonçalves, 2ª Câmara de Direito Privado, Foro de Marília, 2ª. Vara Cível, j. 02.10.2018, Data de Registro: 02.10.2018).

[31] Se não for titular do domínio, cabível ação de obrigação de fazer com pedido de cominação de multa, sem possibilidade de sentença substitutiva.

Neste último recurso, o relator, Desembargador Manoel de Queiroz Pereira Calças, Corregedor Geral de Justiça, asseverou:

> *E se os cedentes não precisam constar no polo passivo da ação de adjudicação compulsória, não há razão para que seja diferente na hipótese de lavratura de escritura de compra e venda. Com efeito, se a adjudicação compulsória objetiva um provimento judicial com a mesma eficácia da escritura não outorgada e se os proprietários tabulares pelas decisões acima citadas são os únicos que devem figurar no polo passivo dessa demanda, é forçoso concluir que os cedentes não precisam anuir na escritura de compra e venda lavrada entre a cessionária e os titulares de domínio. Ou seja, para a transferência da propriedade para o último cessionário, basta que os titulares de domínio figurem como vendedores na escritura de compra e venda, não havendo necessidade de que os cedentes anteriores constem no instrumento na condição de anuentes.*

No caso de falecimento do promitente vendedor, a ação deverá ser promovida em face do espólio:

> **Tribunal de Justiça de São Paulo.**[32] *Adjudicação compulsória. Compromisso de compra e venda. Ação promovida contra o espólio do vendedor. Legitimidade passiva deste. Desnecessidade de ajuizamento da demanda contra todos os herdeiros, por se tratar de direito pessoal e não real. Dispensabilidade do registro dos compromissos junto ao Registro Imobiliário. Obrigações assumidas pelos promitentes compradores integralmente cumpridas. Recurso não provido (Apel. Cív. 19.468-4, Marília, 8ª Câmara de Direito Privado, Rel. César Lacerda, 26.08.1998, v.u.).*

Por fim, surge a questão da integração do cônjuge do promitente vendedor no polo passivo da ação. Se considerarmos a ação como ação pessoal, não haveria necessidade da sua participação no polo passivo.

Todavia, nos termos do art. 1.647 do Código Civil, aquele casado pelo regime da separação absoluta de bens não necessita do consentimento do cônjuge para vender e prometer vender.

Poder-se-á redarguir: o compromisso de compra e venda sem a outorga uxória é nulo em virtude do § 2º do art. 11 do Decreto-lei 58/1937. Portanto, o cônjuge do promitente vendedor participará do compromisso de compra e venda.

É verdade, exceto, em interpretação sistemática, se o regime for o da separação absoluta de bens.

Entretanto, qualquer que seja o regime patrimonial entre os cônjuges, para a ação (pessoal, que não se confunde com o direito real exsurgente do registro) sua participação não é necessária, conforme, inclusive, já decidiu o:

> **Superior Tribunal de Justiça.** *Civil. Compromisso de compra e venda. Natureza jurídica pessoal do direito. Outorga uxória. Desnecessidade. Instrumento não registrado. Validade. Ação cominatória ou adjudicação compulsória. Precedentes da turma. Doutrina e jurisprudência em recente estudo do prof. Humberto Theodoro Júnior. Recurso desprovido. I – Tendo em vista a natureza eminentemente pessoal dos direitos resultantes do contrato de compromisso de compra e venda, desnecessária é a outorga uxória da mulher que firmou o pacto. II – Dispensável também a inscrição do instrumento no registro imobiliário como condição de procedibilidade das ações cominatória e adjudicatória, se o que se pretende é fazer valer os direitos entre*

---

32 No mesmo sentido: Tribunal de Justiça de São Paulo
Adjudicação compulsória. Compromisso de compra e venda quitado. Possibilidade de ação movida pelos cessionários contra o espólio, não sendo necessária a citação de todos os herdeiros. Prestações há muito quitadas. Irrelevância de não haver aquiescido na cessão de direitos o primitivo compromissário vendedor. Irrelevância também da omissão registrária, pois a eficácia entrelaçada estritamente as partes, configurando direito pessoal. Apelação desprovida (Apel. Cív. 59.516-4, Marília, 8ª Câmara de Direito Privado, Rel. Egas Galbiatti, 27.02.1998, v.u.).

as partes contratantes. Rel. Min. Sálvio de Figueiredo Teixeira. DJ 03.02.1997, p. 731. Veja: REsp 29.429/SP, REsp 13.639/SP, REsp 30/DF, REsp 8.944/SP, REsp 19.410/ MG, (STJ). Doutrina: Humberto Theodoro Junior, Ensaios Jurídicos, RJ, vol. 1/81. Darcy Bessone, Da compra e venda, promessa e reserva de domínio, BH, B. Alvares, 1960 (Recurso Especial n° 37.466/RS (9300215787), decisão: por unanimidade, não conhecer do recurso, 25.11.1996, 4ª Turma).

Considerando pessoal a ação, como vimos, desnecessária será a autorização conjugal para o autor da ação, ainda que o regime patrimonial entre os cônjuges não seja o da separação absoluta.[33]

5.6. A GARANTIA CONSTITUÍDA PELO PROMITENTE VENDEDOR E O DIREITO À ADJUDICAÇÃO COMPULSÓRIA

É muito comum a promessa de compra e venda celebrada por construtoras que, ao mesmo tempo em que celebram contratos de compromisso de compra e venda, hipotecam ou concedem em alienação fiduciária o terreno e a construção em favor de agente financeiro para garantir o empréstimo destinado ao financiamento da construção.

Sendo assim, resta importante relembrar o teor da Súmula 308 do STJ, segundo a qual "a hipoteca firmada entre a construtora e o agente financeiro, anterior ou posterior à celebração da promessa de compra e venda, não tem eficácia perante os adquirentes do imóvel" (Súmula 308 – STJ – 30.03.2005 – *DJ* 25.04.2005), entendimento que se aplica às alienações fiduciárias.

Assim, já vimos no capítulo 3, do Livro III, que a hipoteca ou a alienação fiduciária não são óbices para os embargos de terceiro, caso o agente financeiro se disponha a satisfazer seu crédito por meio do bem.

Portanto, o agente financeiro deve executar os créditos que a construtora dispõe em razão do compromisso de compra e venda que firmou, não lhe sendo lícito penhorar ou leiloar o imóvel prometido a terceiro.

O STJ, entretanto, vem relativizando a Súmula 308, delimitando sua aplicabilidade apenas aos imóveis residenciais:

Agravo interno nos embargos de declaração no agravo interno no recurso especial. Embargos de terceiro. Hipoteca constituída pela construtora sobre unidade objeto de promessa de compra e venda. Imóvel comercial. Não aplicação do disposto na súmula n. 308/STJ. Precedentes. Reconsideração da decisão agravada. Possibilidade. Art. 259, § 6°, do RISTJ. Discussão acerca de eventual conluio. Via inadequada. Análise da controvérsia trazida no apelo especial. Desnecessidade de interpretação de cláusulas contratuais e de reexame fático-probatório. Agravo desprovido. 1. Nos termos da jurisprudência desta Casa, o verbete n. 308 da Súmula do STJ se aplica às hipotecas que recaiam sobre imóveis residenciais, não incidindo nos casos em que a garantia recaia sobre imóvel comercial. (...) (AgInt nos EDcl no AgInt no REsp n. 1.673.235/ PR, Rel. Min. Marco Aurélio Bellizze, Terceira Turma, j. 1.03.2021, DJe 03.03.2021.)

Se os imóveis residenciais dos promitentes compradores forem penhorados ou colocados em leilão, esses terceiros podem:

a) Opor embargos de terceiro se o imóvel for penhorado pelo credor hipotecário ou requerer a anulação do leilão se for iniciado o procedimento de consolidação pelo fiduciário no caso de alienação fiduciária; e

---

[33]   Em sentido contrário, a posição adotada por Ricardo Arcoverde Credie, que defende ferrenhamente o caráter pessoal da ação adjudicatória e, ao depois, ao tratar da legitimação das partes, passa a discorrer acerca da necessidade de outorga conjugal, nos termos do art. 10 do CPC (atual art. 73).

b) Propor adjudicação compulsória, provando a quitação da promessa e requerendo, nesta hipótese, a desconstituição da hipoteca ou da alienação fiduciária que não valem contra si.

É nesse sentido o julgado abaixo, que prestigia os princípios da socialidade, da eticidade e da boa-fé, ao negar eficácia da hipoteca em face dos promitentes compradores e permitir a adjudicação compulsória ou a obrigação de fazer em face do promitente vendedor em razão da ineficácia da garantia nesses casos:

> **Tribunal de Justiça de São Paulo**. *Obrigação de fazer. Pretensão de compromissário comprador, com o preço quitado, de receber escritura de venda e compra da promitente vendedora. **Recusa da alienante fundada na existência de hipoteca sobre a unidade, constituída em favor de agente financeiro para garantia de empréstimo por ela obtido para a construção do prédio. Inadmissibilidade. Cláusula contratual autorizadora da constituição do gravame inválida, por abusiva e contrária ao princípio da boa-fé objetiva. Ofensa ao art. 51, IV**, do CDC caracterizada. Defesa que nem mesmo pode ser invocada pelo credor hipotecário, sob o argumento de ser estranho à relação contratual. Ciência deste, ao aceitar a garantia, de que as unidades seriam comercializadas. Ineficácia do gravame, por consequência, contra terceiro adquirente do imóvel de boa-fé. Aplicação do disposto no art. 22 da Lei 4.864/65. Apelos desprovidos (Apelação com Revisão/Compromisso Compra e Venda nº 9079630-50.2003.8.26.0000, Rel. Galdino Toledo Júnior, 10ª Câmara de Direito Privado, Data de registro: 29.09.2006, Outros números: 0.333.229-4/3-00, 994.03.010813-1).*

> **Superior Tribunal de Justiça**. *Direito Civil. Recurso Especial. Ação declaratória cumulada com obrigação de fazer. Alienação fiduciária firmada entre a construtora e o agente financeiro. Ineficácia em relação ao adquirente do imóvel. Aplicação, por analogia, da súmula 308/STJ. 1. Ação declaratória cumulada com obrigação de fazer, por meio da qual se objetiva a manutenção de registro de imóvel em nome da autora, bem como a baixa da alienação fiduciária firmada entre a construtora e o agente financeiro. 2. Ação ajuizada em 12.03.2012. Recurso especial concluso ao gabinete em 05.09.2016. Julgamento: CPC/73. 3. O propósito recursal é definir se a alienação fiduciária firmada entre a construtora e o agente financeiro tem eficácia perante a adquirente do imóvel, de forma a se admitir a aplicação analógica da Súmula 308/STJ. 4. De acordo com a Súmula 308/STJ, a hipoteca firmada entre a construtora e o agente financeiro, anterior ou posterior à celebração da promessa de compra e venda, não tem eficácia perante os adquirentes do imóvel. 5. A Súmula 308/STJ, apesar de aludir, em termos gerais, à ineficácia da hipoteca perante o promitente comprador, o que se verifica, por meio da análise contextualizada do enunciado, é que ele traduz hipótese de aplicação circunstanciada da boa-fé objetiva ao direito real de hipoteca. 6. Dessume-se, destarte, que a intenção da Súmula 308/STJ é a de proteger, propriamente, o adquirente de boa-fé que cumpriu o contrato de compra e venda do imóvel e quitou o preço ajustado, até mesmo porque este possui legítima expectativa de que a construtora cumprirá com as suas obrigações perante o financiador, quitando as parcelas do financiamento e, desse modo, tornando livre de ônus o bem negociado. 7. Para tanto, partindo-se da conclusão acerca do real propósito da orientação firmada por esta Corte – e que deu origem ao enunciado sumular em questão –, tem-se que as diferenças estabelecidas entre a figura da hipoteca e a da alienação fiduciária não são suficientes a afastar a sua aplicação nessa última hipótese, admitindo-se, via de consequência, a sua aplicação por analogia. 8. Recurso especial conhecido e não provido (REsp 1.576.164/DF, Rel. Min. Nancy Andrighi, 3ª Turma, j. 14.05.2019, DJe 23.05.2019.)*

5.7. PROCEDIMENTO

O art. 16 do Decreto-lei 58/1937 se refere ao rito "sumaríssimo". Todavia, no Código de Processo Civil de 1973, com as suas reformas, o antigo rito sumaríssimo passou a ser denominado, simplesmente, de **rito sumário**.

Todavia, o atual Código de Processo Civil não mais prevê o rito sumário, de tal sorte que o procedimento será o comum e a petição inicial respeitará os requisitos do art. 319 do Código de Processo Civil.

Na contestação, poderá o réu incluir pedido a seu favor (reconvenção), como, por exemplo, a condenação em valores ainda devidos (Código de Processo Civil, art. 343).

5.8. O PROMITENTE VENDEDOR PODE PROPOR AÇÃO PARA OBRIGAR O PROMITENTE COMPRADOR A RECEBER A ESCRITURA? COMO RESOLVER A QUESTÃO DOS TRIBUTOS INCIDENTES SOBRE O IMÓVEL ANTES DA TRANSFERÊNCIA DA PROPRIEDADE?

Como o compromisso de compra e venda nada mais é que o contrato preliminar mediante o qual o promitente vendedor se obriga a outorgar a escritura ao promitente comprador depois de receber o preço convencionado, estamos diante de obrigação de fazer consistente na declaração de vontade no contrato definitivo – a compra e venda –, em regra por escritura pública lavrada por tabelião.

Certo é que, se houver o descumprimento da obrigação de outorgar a escritura por parte do promitente vendedor, o promitente comprador, credor da outorga da escritura, pode, como vimos, exigi-la por meio da ação de adjudicação compulsória ou da ação de obrigação de fazer, respeitados os requisitos de cada uma das espécies.

Todavia, é de se questionar se, do outro lado, o promitente vendedor, depois de receber o preço, pode compelir o promitente comprador a receber a escritura.

Antes de enfrentar a questão polêmica ligada ao tema, preliminarmente é possível afirmar que, havendo previsão contratual da obrigação de o promitente comprador receber a escritura em prazo determinado após a quitação, admitida inclusive cláusula penal específica no caso de mora, resta evidente que o promitente vendedor pode exigir o cumprimento por meio de ação de obrigação de fazer com pedido de imposição de multa diária (astreinte), nos termos dos arts. 300, 497, 513, 536 e 537 do Código de Processo Civil.

Ultrapassada a clareza inicial decorrente da previsão contratual da obrigação de o promitente comprador receber a escritura, indaga-se a mesma possibilidade diante da ausência de previsão neste sentido no pacto entre as partes.

Há interesse processual do promitente vendedor (interesse necessidade)?

É preciso lembrar que o interesse processual existe na exata medida em que o autor da ação necessita da prestação jurisdicional pelo exercício do direito de ação para alcançar pretensão legítima, com fundamento na lei, que lhe conceda utilidade no plano material, mas encontra resistência injustificada da parte contrária.

Sendo assim, é possível afirmar que existe o interesse processual do promitente vendedor em buscar tutela jurisdicional para compelir o promitente comprador a receber a escritura, ainda que o contrato seja omisso.

O direito de propriedade do promitente vendedor foi quase que totalmente esvaziado pela quitação do preço pelo promitente comprador e somente era mantido como garantia do recebimento de preço, não havendo mais qualquer utilidade na sua manutenção. Pelo contrário, pode lhe impor prejuízos consideráveis, o que justifica plenamente o seu interesse processual.

É possível exemplificar: o proprietário do imóvel responde pelos danos decorrentes da ruína em razão da falta de manutenção, o que se afirma com suporte no art. 937 do Código Civil, responsabilidade esta que encontra sua origem na *cautio damni infecti* do Direito Romano, que autorizava o pretor a exigir caução do proprietário que não preferisse o abandono.

Há outras consequências da natureza *propter rem da obrigação*, como aquelas decorrentes dos tributos vinculados ao imóvel e obrigações pelo pagamento do consumo de água.

Por todas essas razões, o interesse processual do promitente vendedor é evidente, evidentíssimo, aliás.

Neste sentido, o seguinte julgado do Tribunal de Justiça de São Paulo que, inclusive, deferiu o pleito de dano moral pelo fato de o promitente vendedor ter seu nome incluído no rol de inadimplentes:

> **Tribunal de Justiça de São Paulo.** *Compromisso de venda e compra. Obrigação de fazer. Ação ajuizada pela promitente vendedora contra o promitente comprador para compeli-lo a receber a escritura do imóvel, cujo preço se encontra integralmente pago Interesse da promitente vendedora para que as taxas e tributos ou mesmo obrigações propter rem, ou responsabilidade civil por ruína do prédio, não recaiam sobre quem mantém formalmente o domínio, mas despido de todo o conteúdo, já transmitido ao adquirente. Dano Moral. Ocorrência. Autora que, em decorrência da inexistência de regularização da propriedade do bem, teve seu nome negativado. Ação procedente. Recurso provido (Apelação 0002542-08.2010.8.26.0077, Rel. Francisco Loureiro, Comarca: Birigui, 4ª Câmara de Direito Privado, j. 28.04.2011, Data de registro: 29.04.2011, Outros números: 25420820108260077).*

Em igual sentido:

> **Tribunal de Justiça de São Paulo.** *Execução de obrigação de fazer. Ajuizamento pela promitente-vendedora de imóvel contra o compromissário-comprador que se recusa a vir receber a escritura definitiva. Embargos apresentados pelo mesmo julgados improcedentes. Decisão mantida. Caso em que a alienante, apesar de quitado o preço do compromisso, tem legítimo interesse em que o imóvel não permaneça registrado em seu nome, dada a situação financeira do adquirente, que já deixou de pagar o IPTU e tem várias ações e execuções movidas contra si. Recurso desprovido (Apelação Com Revisão/Outorga de Escritura 9119721-22.2002.8.26.0000, Rel. Morato de Andrade, Comarca: São José do Rio Preto, 2ª Câmara de Direito Privado, j. 13.05.2008, Data de registro: 19.05.2008, Outros números: 2580504000, 994.02.079602-7).*[34]

Em razão do risco de entendimento em sentido contrário, é de todo recomendável que a obrigação de receber a escritura esteja disposta em cláusula contratual, com termo certo. Como sugestão, é possível indicar a seguinte redação: *"O promitente comprador, sob pena de multa de (...), sem prejuízo das medidas judiciais ou extrajudiciais, se obriga a receber a escritura em até (...) dias da quitação do preço, em tabelião indicado pelo promitente vendedor por qualquer meio idôneo de comunicação, obrigando-se, ainda, a entregar seus documentos e a pagar os tributos e custas necessárias à outorga de escritura em cumprimento deste contrato e caso não faça, todos os tributos e custas devidas pelo ato e adiantadas pelo promitente vendedor serão consideradas dívidas líquidas e certas para efeito de execução."*

Sem a transferência da propriedade, pela interpretação remansosa dos tribunais (Tema 122/STJ), os tributos que recaem sobre o imóvel recairão sobre o promitente vendedor, solidariamente com o promitente comprador, ainda que a promessa de compra e venda esteja quitada e/ou registrada.[35]

---

[34] Em sentido totalmente contrário, inadmitindo o pleito pelo promitente vendedor, encontramos o seguinte julgado com o qual, *data venia*, não há como concordar:
Tribunal de Justiça de São Paulo. Ação de preceito cominatório buscando cumprimento de obrigação de fazer (vir receber escritura definitiva de venda e compra de imóvel antes compromissado) – Recurso contra indeferimento liminar da inicial, reconhecida a falta de interesse do autor à propositura da demanda – Escopo do pedido (não mais ser cobrado pelas despesas condominiais do imóvel) que não se erige em justificativa suficiente para sua formulação – A promessa de venda passada com transferência da posse do bem, de si, já inibe a possibilidade de tais cobranças – Carência bem decretada, apelo improvido (Apelação s/ rev. 4291784400, Rel. Luiz Ambra, São Paulo, 8ª Câmara de Direito Privado, j. 16.09.2009, Reg.: 22.09.2009).

[35] STJ. Tributário. Execução fiscal. IPTU. Responsabilidade solidária. Promitente vendedor. REsp 1.111.202/SP – tema 122/STJ dos recursos repetitivos. Parcelamento do crédito tributário, pelo promitente comprador. Presunção de renúncia à solidariedade. Art. 282 do Código Civil. Inexistência. Recurso especial provido. I. Na origem, trata-se de Agravo de Instrumento interposto pela ora recorrida, incorporadora imobiliária, em face de decisão que rejeitara Exceção de Pré-executividade por ela manejada, na qual defendia sua ilegitimidade para figurar no polo passivo de Execução Fiscal proposta pelo Município de São Carlos, visando a recuperação de crédito tributário de IPTU de 2016 a 2018, referente a

Nessa medida, surge outra *possibilidade de se liberar do pagamento dos tributos pela averbação do termo de quitação da promessa de compra e venda a teor da redação do item 32 do art. 167, II, da Lei de Registros Públicos.*[36]

---

imóvel objeto de promessa de compra e venda com pacto adjeto de alienação fiduciária, formalizada por instrumento particular, não levado a registro, pela promitente compradora. A decisão de 1º Grau registrou que, "no caso de São Carlos, o art. 144 do Código Tributário Municipal prevê que o imposto tem como fato gerador o domínio útil a posse ou a 'propriedade' imobiliária". II. A Corte de origem – mesmo reconhecendo que o promitente vendedor continuava como proprietário do imóvel, por inexistir registro de título translativo da propriedade no Registro Imobiliário, nos termos dos arts. 1.227 e 1.245 do Código Civil – deu provimento ao Agravo de Instrumento, afastando a incidência de tese firmada no REsp 1.111.202/SP, Tema 122 dos recursos repetitivos (Rel. Min. Mauro Campbell Marques, Primeira Seção, *DJe* 18.06.2009), no sentido de que "tanto o promitente comprador (possuidor a qualquer título) do imóvel quanto seu proprietário/promitente vendedor (aquele que tem a propriedade registrada no Registro de Imóveis) são contribuintes responsáveis pelo pagamento do IPTU (...) ao legislador municipal cabe eleger o sujeito passivo do tributo, contemplando qualquer das situações previstas no CTN. Definindo a lei como contribuinte o proprietário, o titular do domínio útil, ou o possuidor a qualquer título, pode a autoridade administrativa optar por um ou por outro visando a facilitar o procedimento de arrecadação". III. Fundamentou-se o acórdão recorrido no sentido de que o promitente vendedor, em 10.05.2013, firmou contrato particular de promessa de compra e venda do imóvel, com alienação fiduciária em garantia, não levado a registro imobiliário. Afirmou que, "no caso concreto, em 18.03.2020, a coexecutada, compromissária Andreia Boldrini de Moraes [promitente compradora] assinou Termo de confissão de dívida e parcelamento de débito do IPTU dos exercícios de 2013 a 2019 (acordo nº 731526 – fls. 176/177) junto ao Município credor. Com isso, a compromissária [promitente compradora] assumiu as dívidas em relação ao imóvel, com aceite do Município, de forma que deixa de existir a legitimidade concorrente, com a renúncia da solidariedade passiva, nos termos do art. 282 do Código Civil". IV. Embora o art. 282 do Código Civil permita ao credor renunciar à solidariedade em favor dos devedores, daí não se extrai que o parcelamento tributário, requerido por um dos devedores solidários – no caso, a promitente compradora –, importe, ipso facto, em renúncia à solidariedade, em relação aos demais coobrigados, na hipótese, o promitente vendedor. V. O art. 265 da Código Civil prevê que "a solidariedade não se presume; resulta da lei ou da vontade das partes", sendo lídimo concluir que, por simetria, a renúncia à solidariedade também não se presume, decorrendo da lei ou da vontade das partes. VI. O mero parcelamento da dívida tributária por um dos devedores solidários, desprovida da renúncia expressa, pelo sujeito ativo da exação, em relação à solidariedade passiva do promitente vendedor, não configura razão bastante para afastar a lógica da tese firmada no REsp 1.111.202/SP, julgado sob o rito do art. 543-C do CPC/73. VII. Não se desconhece que a obrigação de levar a registro o instrumento de compra e venda, após o integral adimplemento da avença, em geral incumbe ao comprador, que, não raro, resiste à imediata averbação, visando postergar o pagamento de taxas, emolumentos e de imposto incidente na operação. Sucede que tal oposição ou procrastinação, em gerando prejuízo à parte contratante, resolve-se em perdas e danos, não interferindo na relação jurídico-tributária entre os sujeitos passivos solidários do IPTU e o sujeito ativo. Na forma da jurisprudência do STJ, só o registro da escritura definitiva de compra e venda autoriza o reconhecimento da ausência de responsabilidade tributária do proprietário vendedor do imóvel "razão pela qual não serve a essa finalidade o contrato de promessa, ainda que registrado e apoiado nas cláusulas de irretratabilidade e irrevogabilidade" (STJ, AgInt no REsp 1.948.435/RJ, Rel. Min. Benedito Gonçalves, Primeira Turma, *DJe* 18.11.2021). No mesmo sentido: "(...) as Turmas que compõem a Seção de Direito Público do STJ vêm ratificando o entendimento de que a existência de contrato de compromisso de compra e venda de imóvel, com transferência imediata da posse, ainda que acompanhada de registro no cartório imobiliário, não afasta a responsabilidade tributária do alienante. Citam-se, a título exemplificativo: AgInt no REsp 1.653.513/SP, Rel. Min. Benedito Gonçalves, Primeira Turma, *DJe* 18.12.2019; e AgInt no REsp 1.819.068/SP, Rel. Min. Herman Benjamin, *DJe* 19.12.2019" (STJ, REsp 1.849.545/SP, Rel. Min. Herman Benjamin, Segunda Turma, *DJe* 06.10.2020). No caso, sequer há registro do instrumento particular de promessa de compra e venda do imóvel, com pacto adjeto de alienação fiduciária, como reconhece o acórdão recorrido. VIII. Recurso Especial provido (REsp 1.978.780/SP, Rel. Min. Assusete Magalhães, Segunda Turma, j. 05.04.2022, *DJe* 07.04.2022.)

[36] A Lei 13.465, de 11.07.2017, entre muitas outras providências, como regulamentar os loteamentos fechados, permitir o condomínio de lotes e alterar procedimentos de alienação fiduciária, trouxe al-

Extrai-se do julgamento do Recurso Administrativo pela Corregedoria Geral da Justiça do Tribunal de Justiça de São Paulo (Recurso Administrativo 1099908-43.2019.8.26.0100, julgamento 18 de agosto de 2020) a seguinte fundamentação: "Portanto, são duas as hipóteses previstas para a averbação do termo de quitação. A primeira consiste na averbação do termo de quitação de qualquer contrato de compromisso de compra e venda, independente da qualidade do promitente vendedor, desde que esteja registrado, pois conforme consta na parte inicial do nº 32 do inciso II do art. 167 da Lei 6.015/1973 será feita a averbação: "do termo de quitação de contrato de compromisso de compra e venda registrado...". A segunda parte diz respeito ao compromisso de compra e venda celebrado diretamente pelos empreendedores de loteamentos, desmembramentos e condomínios de qualquer modalidade, implantados de forma regular ou posteriormente regularizados, hipótese em que não há exigência de prévio registro dos contrato, pois como consta no referido nº 32 do inciso II do artigo 167 também será feita a averbação: "do termo de quitação dos instrumentos públicos ou privados oriundos da implantação de empreendimentos ou de processo de regularização fundiária, firmado pelo empreendedor proprietário de imóvel ou pelo promotor do empreendimento ou da regularização fundiária objeto de loteamento, desmembramento, condomínio de qualquer modalidade ou de regularização fundiária...". Destarte, interpretação literal e lógica induz a obrigatoriedade de prévio registro do compromisso de compra e venda na primeira hipótese e a sua dispensa nos casos previstos na segunda parte da norma. A adoção de interpretação distinta, ademais, implicaria no reconhecimento da desnecessidade da segunda parte da norma, pois todas as hipóteses para a averbação do termo de quitação estariam contempladas em sua parte inicial" (TJSP. Corregedoria Geral da Justiça. Recurso Administrativo 1099908-43.2019.8.26.0100, julgamento 18 de agosto de 2020).

5.9. PROCEDIMENTO DE ADJUDICAÇÃO EXTRAJUDICIAL

A Lei 14.382/2022 trouxe a possibilidade de adjudicação extrajudicial do imóvel prometido à venda e o fez incluindo o art. 216-B na Lei 6.015/1973:

> *Art. 216-B. Sem prejuízo da via jurisdicional, a adjudicação compulsória de imóvel objeto de promessa de venda ou de cessão poderá ser efetivada extrajudicialmente no serviço de registro de imóveis da situação do imóvel, nos termos deste artigo.*
>
> *§ 1º São legitimados a requerer a adjudicação o promitente comprador ou qualquer dos seus cessionários ou promitentes cessionários, ou seus sucessores, bem como o*

---

terações na Lei de Registros Públicos (Lei 6.015/1973), destacando-se a inclusão de item no art. 167 da Lei 6.015/1973.

"Art. 167. No Registro de Imóveis, além da matrícula, serão feitos:

....

II – a averbação:

32. do termo de quitação de contrato de compromisso de compra e venda registrado e do termo de quitação dos instrumentos públicos ou privados oriundos da implantação de empreendimentos ou de processo de regularização fundiária, firmado pelo empreendedor proprietário de imóvel ou pelo promotor do empreendimento ou da regularização fundiária objeto de loteamento, desmembramento, condomínio de qualquer modalidade ou de regularização fundiária, exclusivamente para fins de exoneração da sua responsabilidade sobre tributos municipais incidentes sobre o imóvel perante o Município, não implicando transferência de domínio ao compromissário comprador ou ao beneficiário da regularização".

Assim, há outra solução que não a ação para a questão de débitos tributários municipais, como o débito de IPTU em razão daqueles que se negarem ou estiverem desaparecidos, pois com o registro do compromisso e averbação da quitação, a promitente vendedora deixa de ser acionada por débitos de IPTU.

promitente vendedor, representados por advogado e o pedido deverá ser instruído com os seguintes documentos:

I – instrumento de promessa de compra e venda ou de cessão ou de sucessão, quando for o caso.

II – prova do inadimplemento, caracterizado pela não celebração do título de transmissão da propriedade plena no prazo de 15 (quinze) dias, contados da entrega de notificação extrajudicial pelo oficial do Registro de Imóveis da situação do imóvel, que poderá delegar a diligência ao oficial do Registro de Títulos e Documentos.

III – ata notarial lavrada por tabelião de notas da qual constem a identificação do imóvel, o nome e a qualificação do promitente comprador ou de seus sucessores constantes do contrato de promessa, a prova do pagamento do respectivo preço e da caracterização do inadimplemento da obrigação de outorgar ou receber o título de propriedade.

IV – certidões dos distribuidores forenses da comarca da situação do imóvel e do domicílio do requerente que demonstrem a inexistência de litígio envolvendo o contrato de promessa de venda do imóvel objeto da adjudicação.

V – comprovante de pagamento do respectivo Imposto de Transmissão de Bens Imóveis (ITBI).

VI – procuração com poderes específicos.

§ 2º O deferimento da adjudicação independe de prévio registro dos instrumentos de promessa de compra e venda ou de cessão e da comprovação da regularidade fiscal do promitente vendedor.

§ 3º À vista dos documentos a que se refere o § 1º deste artigo, o oficial do registro de imóveis da circunscrição onde se situa o imóvel procederá ao registro do domínio em nome do promitente comprador, servindo de título a respectiva promessa de compra e venda ou de cessão ou o instrumento que comprove a sucessão.

A adjudicação compulsória, a par da existência da possibilidade judicial não afastada pelo dispositivo, pode ser requerida, nesses termos, extrajudicialmente, independentemente do registro do contrato ou de regularidade fiscal do promitente vendedor, seguindo a orientação da Súmula 239 do STJ.

O procedimento foi regulado pelo CNJ por meio do Provimento n. 150, de 11 de setembro de 2023.

Optando, portanto, pelo procedimento extrajudicial, o promitente comprador, cessionário ou promitente cessionário requererá, através de advogado, ao Oficial de Registro de Imóveis que poderá delegar a diligência ao Cartório de Títulos e Documentos, a notificação do promitente vendedor para que outorgue a escritura no prazo de 15 dias contados do recebimento da notificação, apresentando:

i) o instrumento de promessa ou cessão, a prova de quitação da promessa e das cessões, se houver;

ii) certidões dos distribuidores de ações cíveis da comarca onde está o imóvel adquirido e do seu domicílio se diferente for, demonstrando a inexistência de litígio envolvendo o contrato de promessa de venda do imóvel objeto da adjudicação;

iii) ata notarial contemplando a prova do pagamento e a constituição em mora da contraparte[37];

---

37 Nos termos do Provimento 150/2023 do CNJ, na ata notarial, poderão ser objeto de constatação, além de outros fatos ou documentos:
I – ação de consignação em pagamento com valores depositados;
II – mensagens, inclusive eletrônicas, em que se declare quitação ou se reconheça que o pagamento foi efetuado;

iv) comprovante de pagamento do imposto de transmissão;

v) procuração ao advogado postulante com poderes especiais para requerer a medida.

O Provimento 150/2023 que alterou o Código de Normas do CNJ, especifica os requisitos do requerimento:

> *Art. 440-L. O requerimento inicial atenderá, no que couber, os requisitos do art. 319 da Lei Federal n. 13.105, de 16 de março de 2015 – Código de Processo Civil, trazendo, em especial:*
>
> *I – identificação e endereço do requerente e do requerido, com a indicação, no mínimo, de nome e número de Cadastro de Pessoas Físicas – CPF ou de Cadastro Nacional de Pessoas Jurídicas – CNPJ (art. 2º do Provimento n. 61, de 17 de outubro de 2017, da Corregedoria Nacional de Justiça);*
>
> *II – a descrição do imóvel, sendo suficiente a menção ao número da matrícula ou transcrição e, se necessário, a quaisquer outras características que o identifiquem;*
>
> *III – se for o caso, o histórico de atos e negócios jurídicos que levaram à cessão ou à sucessão de titularidades, com menção circunstanciada dos instrumentos, valores, natureza das estipulações, existência ou não de direito de arrependimento e indicação específica de quem haverá de constar como requerido;*
>
> *IV – a declaração do requerente, sob as penas da lei, de que não pende processo judicial que possa impedir o registro da adjudicação compulsória, ou prova de que tenha sido extinto ou suspenso por mais de 90 (noventa) dias úteis;*
>
> *V – o pedido de que o requerido seja notificado a se manifestar, no prazo de 15 (quinze) dias úteis; e,*
>
> *VI – o pedido de deferimento da adjudicação compulsória e de lavratura do registro necessário para a transferência da propriedade.*

O inciso III do § 1º do art. 216-B da Lei 6.015/1973, que prevê a ata notarial, havia sido vetado.

Contudo, o Congresso derrubou o veto que havia sido coerente.

Isso porque essa ata notarial lavrada por tabelião de notas deve contemplar a identificação do imóvel, o nome e a qualificação do promitente comprador ou seus sucessores constantes do contrato de promessa, a prova do pagamento do respectivo preço e da caracterização do inadimplemento da obrigação de outorgar ou receber o título de propriedade.

Aqui há evidente superfetação na exata medida em que a ata notarial, que instruirá o requerimento ao Oficial de Registro de Imóveis, constatará a mora do promitente vendedor na obrigação de outorgar a escritura, o que poderá fazer relatando a existência de prévia notificação para tanto.

Portanto, se a ata já prevê a constatação da mora, poderão ser, a par de outros elementos, duas constatações de mora na outorga da escritura, inclusive por meio de duas notificações, a não ser que o contrato contemple prazo para a outorga, aplicando-se a regra "dies interpellat pro homine" da mora "ex re" (Código Civil, art. 397), o que não é comum nesse tipo de contrato para essa obrigação do promitente vendedor de outorgar a escritura.

III – comprovantes de operações bancárias;

IV – informações prestadas em declaração de imposto de renda;

V – recibos cuja autoria seja passível de confirmação;

VI – averbação ou apresentação do termo de quitação de que trata a alínea 32 do inciso II do art. 167 da Lei n. 6.015, de 31 de dezembro de 1973; ou

VII – notificação extrajudicial destinada à constituição em mora.

A primeira, mencionada na ata notarial, e a segunda, providenciada pelo Oficial de Registro de Imóveis à vista do requerimento do interessado (art. 440-R do Código de Normas do CNJ, alterado pelo Provimento 150/2023) para que o requerido apresente impugnação ao Oficial de Registro de Imóveis em 15 dias (art. 440-Z do Código de Normas do CNJ).

Aqui uma observação relevante: O Código de Normas do CNJ, que, à toda evidência não é um meio primário de introdução de normas – não é lei em sentido amplo – estabeleceu, de forma teratológica, um sistema de jurisdição, conferindo ao Oficial de Registro de Imóveis o julgamento do mérito da impugnação nos arts. 440-AA e ss.),[38] funcionando o juiz corregedor dos cartórios como instância revisora da decisão do Oficial de Registro de Imóveis e, pior, determinando que a decisão do juiz corregedor "esgotará a instância administrativa acerca da impugnação" (sic).

É de se lamentar a insegurança jurídica que representa a criação de verdadeiras "leis" por atos normativos sem natureza jurídica própria, extrapolando os limites da regulamentação, passando verdadeiramente a legislar.

Seja como for, o CNJ, por meio do Provimento 150/2023, estabeleceu parâmetros para qualificação do título:

Art. 440-AG. Os direitos reais, ônus e gravames que não impeçam atos de disposição voluntária da propriedade não obstarão a adjudicação compulsória.

Art. 440-AH. A indisponibilidade não impede o processo de adjudicação compulsória, mas o pedido será indeferido, caso não seja cancelada até o momento da decisão final do oficial de registro de imóveis.

Art. 440-AI. Não é condição para o deferimento e registro da adjudicação compulsória extrajudicial a comprovação da regularidade fiscal do transmitente, a qualquer título.

Art. 440-AJ. Para as unidades autônomas em condomínios edilícios não é necessária a prévia prova de pagamento das cotas de despesas comuns.

Art. 440-AK. É passível de adjudicação compulsória o bem da massa falida, contanto que o relativo ato ou negócio jurídico seja anterior ao reconhecimento judicial da falência, ressalvado o disposto nos arts. 129 e 130 da Lei n. 11.101, de 9 de fevereiro de 2005.

Parágrafo único. A mesma regra aplicar-se-á em caso de recuperação judicial.

---

[38] Ressalte-se os seguintes dispositivos:
Art. 440-AB. O oficial de registro de imóveis indeferirá a impugnação, indicando as razões que o levaram a tanto, dentre outras hipóteses, quando:
I – a matéria já houver sido examinada e refutada em casos semelhantes pelo juízo competente;
II – não contiver a exposição, ainda que sumária, das razões da discordância;
III – versar matéria estranha à adjudicação compulsória;
IV – for de caráter manifestamente protelatório.
Art. 440-AC. Rejeitada a impugnação, o requerido poderá recorrer, no prazo de 10 (dez) dias úteis, e o oficial de registro de imóveis notificará o requerente para se manifestar, em igual prazo sobre o recurso.
Art. 440-AD. Acolhida a impugnação, o oficial de registro de imóveis notificará o requerente para que se manifeste em 10 (dez) dias úteis.
Parágrafo único. Se não houver insurgência do requerente contra o acolhimento da impugnação, o processo será extinto e cancelada a prenotação.
Art. 440-AE. Com ou sem manifestação sobre o recurso ou havendo manifestação de insurgência do requerente contra o acolhimento, os autos serão encaminhados ao juízo que, de plano ou após instrução sumária, examinará apenas a procedência da impugnação.
§ 1º Acolhida a impugnação, o juiz determinará ao oficial de registro de imóveis a extinção do processo e o cancelamento da prenotação.
§ 2º Rejeitada a impugnação, o juiz determinará a retomada do processo perante o oficial de registro de imóveis.
§ 3º Em qualquer das hipóteses, a decisão do juízo esgotará a instância administrativa acerca da impugnação.

Art. 440-AL. O pagamento do imposto de transmissão será comprovado pelo requerente antes da lavratura do registro, dentro de 5 (cinco) dias úteis, contados da notificação que para esse fim lhe enviar o oficial de registro de imóveis.

§ 1º Esse prazo poderá ser sobrestado, se comprovado justo impedimento.

§ 2º Não havendo pagamento do imposto, o processo será extinto, nos termos do art. 440-J deste Código Nacional de Normas.

Outro ponto fundamental é que o promitente vendedor também pode instruir o requerimento de adjudicação inversa, notadamente para se livrar dos ônus e obrigações que recaem sobre ele na qualidade de proprietário, como é o caso de eventuais tributos devidos pelo imóvel que prometeu.

A previsão de adjudicação inversa é de questionável utilidade na medida em que o promitente vendedor requerente teria que recolher o imposto de transmissão e depois cobrar do promitente comprador pelas vias ordinárias, a menos que preveja essa situação no contrato, ou seja, tanto um prazo para o promitente comprador comparecer para receber a escritura sob pena de mora, bem como a possibilidade de cobrar as despesas daí decorrentes pela via executiva.

Interessante, por fim, rompendo com o sistema tradicional, neste caso a própria promessa de compra e venda ou cessão de direitos, que não demandam registro prévio e tampouco comprovação de regularidade fiscal do titular do domínio, servirá de título para registro e transmissão da propriedade a ser providenciada pelo Oficial de registro de imóveis depois do prazo de 15 dias da notificação levada a efeito por ele à vista do requerimento apresentado, instruído com os documentos enumerados no art. 216-B da Lei 6.015/1973.

5.10. MODELO DE AÇÃO DE ADJUDICAÇÃO COMPULSÓRIA

MM. Juízo da (...)

(...), por seus procuradores (documento 1), com escritório na Av. (...), São Paulo, SP, onde receberão intimações, vem, respeitosamente, perante Vossa Excelência, aforar, pelo procedimento comum, em face de (...)

Ação de obrigação de fazer – adjudicação compulsória,

o que faz com fundamento nos arts. 497 e 536 do Código de Processo Civil, arts. 16 e 22 do Decreto-lei 58/1937 e arts. 1.417 e 1.418 do Código Civil, pelas razões que, a seguir, passa a aduzir:

I – Fatos

No dia (...), a autora firmou com o réu um compromisso de compra e venda (documento 2) do imóvel localizado na rua (...) que, na matrícula nº (...), junto ao (...)º Ofício de Registro de Imóveis da (...) (documento 3), está assim descrito e caracterizado: (*descrição do imóvel, idêntica à matrícula*).

O referido compromisso de compra e venda foi firmado em caráter irrevogável e irretratável, constando no seu bojo todos os elementos necessários à escritura definitiva.

Estabeleceu-se, assim, o preço certo de R$ (...), pagos através de 4 (quatro) parcelas iguais e consecutivas de R$ (...), a primeira na data da assinatura do contrato e as demais em iguais dias dos meses subsequentes.

O valor avençado entre as partes foi efetivamente quitado, conforme provam os recibos anexos (documento 4)

Ou

Embora tenha recebido as três primeiras parcelas (documento 4), o réu, arrependido, ainda que tenha firmado o negócio em caráter irretratável, recusa-se a receber a última parcela.

Nada obstante os esforços da autora, o réu se recusa, ainda, a outorgar a escritura definitiva.

Sendo assim, a autora notificou o réu (documento 5), no dia (...), para que, no dia (...), comparecesse com seus documentos pessoais no (...)º Tabelião de Notas da Capital, para outorgar a escritura conforme minuta que enviou.

Dominado pela solércia, cruzando os braços, o réu não compareceu e, tampouco, alegou qualquer motivo para justificar sua mora na obrigação de outorgar a escritura definitiva.

Assim, não existindo outra forma, baldos os esforços da autora, não lhe restou alternativa senão socorrer-se do Poder Judiciário, para obter sentença de adjudicação substitutiva da vontade do réu, apta a transmitir a propriedade do imóvel objeto do compromisso de compra e venda.

II – Direito

O Código Civil é claro quanto à responsabilidade do réu, que se nega a cumprir sua obrigação de outorgar a escritura:

Art. 247. Incorre na obrigação de indenizar perdas e danos o devedor que recusar a prestação a ele só imposta, ou só por ele exequível.

Art. 389. Não cumprida a obrigação, responde o devedor por perdas e danos, mais juros, atualização monetária e honorários de advogado.

Art. 395. Responde o devedor pelos prejuízos a que sua mora der causa, mais juros, atualização dos valores monetários e honorários de advogado.

Nesses casos, prevê o Código de Processo Civil:

Art. 497. Na ação que tenha por objeto a prestação de fazer ou de não fazer, o juiz, se procedente o pedido, concederá a tutela específica ou determinará providências que assegurem a obtenção de tutela pelo resultado prático equivalente.

Art. 501. Na ação que tenha por objeto a emissão de declaração de vontade, a sentença que julgar procedente o pedido, uma vez transitada em julgado, produzirá todos os efeitos da declaração não emitida.

Art. 536. No cumprimento da sentença que reconheça a exigibilidade de obrigação de fazer ou de não fazer, o juiz poderá, de ofício ou a requerimento, para a efetivação da tutela específica ou a obtenção de tutela pelo resultado prático equivalente, determinar as medidas necessárias à satisfação do exequente.

Nesse sentido:

Tribunal de Justiça de São Paulo. *Compromisso de compra e venda.* Ação de obrigação de fazer e indenização por perdas e danos ajuizada pelo comprador que praticamente integralizou o preço do imóvel, remanescendo, do total de R$ 235.000,00, a quantia derradeira (R$ 15.000,00) a ser satisfeita quando da outorga da escritura definitiva, como previsto. *Embora possa haver dúvida sobre qual das prestações deveria ser providenciada primeiro, não soa como proporcional ou razoável a recusa dos vendedores na subscrição do ato conclusivo se a obrigação inadimplida do comprador é módica diante da totalidade do negócio (adimplemento substancial). Aplicação do regime jurídico da execução específica do contrato promessa de Portugal para determinar que o autor deposite, em juízo, o valor atualizado da prestação, resguardando o direito dos réus e conservando o negócio por inteiro, que é o interesse maior. Recurso parcialmente provido para considerar os vendedores obrigados a outorgar a escritura (aplicação do art. 466-B, do CPC) [atual art. 501] servindo a sentença como título translativo junto à matrícula do imóvel após realizado o depósito (Apelação 0007109-37.2007.8.26.0126, Rel. Enio Zuliani, Caraguatatuba, 4ª Câmara de Direito Privado, j. 24.02.2011, Data de registro: 25.02.2011, Outros números: 71093720078260126).*

III – Depósito do valor contratado dada a mora *accipiendi*

Em razão da notificação (documento 5), é curial concluir a mora do réu que se nega, injustificadamente, a cumprir a obrigação assumida, utilizando, para tanto, o artifício de não receber a quantia contratada, referente à última parcela do preço.

Em consonância com o acatado, o autor oferece, desde já, a quantia de (...), correspondente ao valor atualizado devido pela última parcela recusada injustamente pelo réu. (documento 6 – guia de depósito judicial).

É este o entendimento esposado pelo seguinte julgado:

Tribunal de Justiça de São Paulo. *Ação de obrigação de fazer – Depósito judicial pelos compradores, no decorrer da lide, do saldo remanescente devidamente corrigido – Reconhecido o cumprimento integral da obrigação pelos compradores que implica exigência da outorga da escritura do imóvel pelos vendedores, sob pena de multa diária – Sucumbência parcial – Recurso parcialmente provido (Apelação*

9136773-89.2006.8.26.0000, Rel. José Carlos Ferreira Alves, São Paulo, 7ª Câmara de Direito Privado, j. 04.06.2008, Data de registro: 13.06.2008, Outros números: 4449674500, 994.06.015735-1).

Aliás, o depósito liberatório da obrigação quando há cumulação de pedidos, como no caso em tela, é admitido por jurisprudência remansosa do Superior Tribunal de Justiça, que, nos termos do § 2º do art. 327 do CPC, exige a adoção do rito comum:

Processual civil. Recurso especial. Dissídio jurisprudencial. Comprovação. Acórdão recorrido. Fundamento inatacado. Cumulação de pedidos. Consignação em pagamento e revisão de cláusulas contratuais. Possibilidade. Emprego do procedimento ordinário. – Comprova-se o dissídio jurisprudencial com a cópia dos acórdãos paradigmas ou a menção do repositório oficial nos quais estejam publicados. – O recurso especial deve atacar os fundamentos do acórdão recorrido. – Admite-se a cumulação dos pedidos de revisão de cláusulas do contrato e de consignação em pagamento das parcelas tidas como devidas por força do mesmo negócio jurídico. – Quando o autor opta por cumular pedidos que possuem procedimentos judiciais diversos, implicitamente requer o emprego do procedimento ordinário [agora comum]. – Recurso especial não conhecido (REsp 464.439/GO, Rel. Min. Nancy Andrighi, 3ª Turma, j. 15.05.2003, DJ 23.06.2003, p. 358).

IV – Pedido

Isto posto, requer a autora a procedência da presente ação com:

a) a declaração de quitação da última parcela injustamente recusada pelo réu, objeto de depósito nos presentes autos;

b) a procedência da presente ação de adjudicação compulsória, com o consequente suprimento da declaração de vontade não emitida voluntariamente, valendo a sentença como título translativo, expedindo-se o competente mandado ao (...)º Ofício de Registro de Imóveis da Capital para que proceda ao registro;

c) a condenação do réu no pagamento de custas, despesas e verba honorária, fixada esta entre os limites legais;

d) a condenação do réu nas perdas e danos consubstanciadas no valor dos honorários despendidos pelo autor, independentemente dos honorários sucumbenciais, para postular seu direito nos termos dos arts. 389, 395 e 404 do Código Civil (documento 7), acrescido de juros legais.[39]

---

[39] Nesse sentido:
Tribunal de Justiça de São Paulo. No que tange ao ressarcimento do valor despendido a título de contrato de honorários de advogado (cf. fls. 86/88), embora decorrentes de avença estritamente particular, devem ser ressarcidos pela parte sucumbente, mesmo que esta não tenha participado do ajuste. Isto porque os honorários contratados, também conhecidos como honorários convencionais, integram o valor devido a título de perdas e danos, nos termos do quanto contido nos artigos 389, 395 e 404, do Código Civil (Apelação 0002478-27.2012.8.26.0562, Santos, Voto nº 17078, j. 25.10.2012).
No STJ:
Direito civil e processual civil. Prequestionamento. Ausência. (...). Honorários convencionais. Perdas e danos. Princípio da restituição integral. Aplicação subsidiária do Código Civil.
(...)
4. Os honorários convencionais integram o valor devido a título de perdas e danos, nos termos dos arts. 389, 395 e 404 do CC/02.
(...) (REsp 1.027.797/MG, Rel. Min. Nancy Andrighi, 3ª Turma, j. 17.02.2011, DJe 23.02.2011).
Nesse julgado, consignou a culta Ministra Relatora:
Ademais, o Código Civil de 2002 determina, de forma expressa, que os honorários advocatícios integram os valores devidos a título de reparação por perdas e danos.
Os arts. 389, 395 e 404 do CC/02 estabelecem, respectivamente:
(...)
Os honorários mencionados nos referidos artigos são os honorários extrajudiciais, pois os sucumbenciais relacionam-se com o processo e constituem crédito autônomo do advogado. Assim, como os honorários contratuais são retirados do patrimônio do lesado, para que haja reparação integral do dano sofrido o pagamento dos honorários advocatícios previsto na Lei Civil só pode ser o dos contratuais.
Nesse tocante, é elucidativa a doutrina de Luiz Antonio Scavone Júnior (Do descumprimento das obrigações: consequências à luz do princípio da restituição integral. São Paulo: J. de Oliveira, 2007, p. 172-173):

V – Citação

Nos termos do art. 246 do CPC, requer-se a citação por meio eletrônico ou, não havendo cadastro, pelo correio (*ou, ainda, justificando, por Oficial de Justiça, nos termos do § 1º-A, II, do art. 246 do CPC, facultando-se ao Sr. Oficial de Justiça encarregado da diligência proceder nos dias e horários de exceção (CPC, art. 212, § 2º)*), para eventual oferta de resposta no prazo de 15 (quinze) dias (art. 335 do Código de Processo Civil), sob pena de serem tidos por verdadeiros todos os fatos aqui alegados (art. 344 do Código de Processo Civil), devendo o respectivo mandado conter as finalidades da citação, as respectivas determinações e cominações, bem como a cópia do despacho do(a) MM. Juiz(a), comunicando, ainda, o prazo para resposta, o juízo e o cartório, com o respectivo endereço.

VI – Audiência de Conciliação

Nos termos do art. 335, § 5º, do Código de Processo Civil, a autora desde já manifesta, pela natureza do litígio, desinteresse em autocomposição.

Ou

Tendo em vista a natureza do direito e demonstrando espírito conciliador, a par das inúmeras tentativas de resolver amigavelmente a questão, a autora desde já, nos termos do art. 335 do Código de Processo Civil, manifesta interesse em autocomposição, aguardando a designação de audiência de conciliação.

VII – Provas

Requer-se provar o alegado por todos os meios de prova em direito admitidos, incluindo perícia, produção de prova documental, testemunhal, inspeção judicial, depoimento pessoal sob pena de confissão caso o réu (ou seu representante) não compareça, ou, comparecendo, se negue a depor (art. 385, § 1º, do Código de Processo Civil).

"Sendo assim, os honorários mencionados pelos arts. 389, 395 e 404 do Código Civil, ressarcitórios, evidentemente não são aqueles decorrentes do Estatuto da Advocacia, ou seja, os honorários de sucumbência; de outro lado, são pagos diretamente pelo credor ao advogado e constituem em prejuízo (dano emergente) decorrente da mora e do inadimplemento.
(...)
Assim os honorários atribuídos a título de sucumbência não se confundem como os honorários ressarcitórios, convencionais ou arbitrados.
Os honorários ressarcitórios, convencionais ou arbitrados, representam dispêndio do credor e, por essa razão, perdas e danos decorrentes do inadimplemento das obrigações, notadamente em razão da necessidade de contratação de advogado para efetivar o direito de receber o objeto da prestação da relação jurídica obrigacional.
Rompe-se, em razão do ordenamento jurídico, o entendimento corrente, porém equivocado, que decorria do direito anterior, segundo o qual apenas haveria lugar para a condenação do devedor nos honorários de sucumbência.
Não é crível, ante o princípio da restituição integral, que os honorários pagos pelo credor sejam por ele suportados sem qualquer ressarcimento pelo devedor, que a eles deu causa.
Antonio de Pádua Soubhie Nogueira preleciona (Honorários advocatícios extrajudiciais: breve análise (e harmonização) dos artigos 389, 395 e 404 do novo Código civil e do artigo 20 do Código de processo civil. In: Revista Forense, v. 105, n. 402, p. 597-607, mar./abr., 2009, p. 602):
Pela sistemática do direito material que garante a ampla indenização, amparada no conhecido princípio da restitutio in integrum, mostra-se bastante razoável a interpretação no sentido de que os dispositivos do Código Civil visam, realmente, disciplinar a indenização dos honorários advocatícios extrajudiciais. O direito material, portanto, vai além das regras de direito processual, permitindo a recomposição de tudo aquilo que a parte despendeu para fazer valer seus interesses (em juízo ou fora dele), inclusive as verbas contratuais comprometidas aos advogados que atuam em sua representação.
(...)
Com efeito, na realidade forense os honorários sucumbenciais são apenas uma parcela, cada vez mais importante, de todo remuneratório fixado pelos serviços jurídicos prestados pelo advogado. 'Pressupondo-se que, principiologicamente, a reparação civil deve ser integral, e não parcial, para que o cliente (vítima do ato ilícito) seja efetivamente ressarcido, de rigor que na conta indenizatória seja computada, igualmente, a chamada verba extrajudicial, na hipótese de sua contratação'".

VIII – Valor da causa

Dá-se à presente o valor de R$ (...).

Termos em que,

pede deferimento.

Data

Advogado (OAB)

5.11. MODELO DE AÇÃO DE OBRIGAÇÃO DE FAZER PARA COMPELIR O PROMITENTE COMPRADOR A RECEBER A ESCRITURA

MM. Juízo da (...)

(...), vêm, respeitosamente, perante Vossa Excelência, por seus advogados (documento 1), propor, pelo procedimento comum, rito ordinário, em face de (...)

AÇÃO DE OBRIGAÇÃO DE FAZER COM PEDIDO DE ANTECIPAÇÃO DE TUTELA, CUMULADA COM PERDAS E DANOS

O que faz com supedâneo nos argumentos de fato e de direito a seguir aduzidos:

I – Fatos

Os autores são promitentes vendedores (documento 2) do imóvel assim descrito e caracterizado:

(...), localizado na (...). objeto, da matrícula nº (...) do (...) Oficial de Registro de Imóveis de (...) (documento 3).

A promessa de compra e venda (documento 2) foi efetuada em (...) pelo valor de R$ (...), para pagamento da seguinte forma:

(...)

O réu quitou as parcelas do preço no dia (...), restando, portanto, receber a escritura para cumprimento integral do contrato (documento 4 – cópia do termo de quitação).

Entretanto, nada obstante tenha o réu sido notificado para receber a escritura (documento 5 – notificação), inexplicavelmente não a atendeu.

Enquanto isto, a autora continua responsável tributária pelos impostos e taxas que recaem sobre o imóvel (documento 6 – comprovantes de lançamentos de tributos), o que gera funestas consequências, mormente no caso de execução fiscal com penhora de recursos financeiros dos quais não pode prescindir.

Urge observar que a legitimidade da proprietária – a autora –, para responder pelos tributos em que pese a existência de promessa de compra e venda, é tema pacificado no Egrégio Superior Tribunal de Justiça nos termos do art. 1.036 do Código de Processo Civil:

> **Superior Tribunal de Justiça.** *Processual civil. Tributário. IPTU. Contrato de promessa de compra e venda de imóvel. Legitimidade passiva do possuidor (promitente comprador) e do proprietário (promitente vendedor). Tema já julgado pelo regime do art. 543-C do CPC [atual art. 1.036] e da Resolução STJ 08/08.*
>
> *1. Não há como apreciar o mérito da controvérsia com base na dita malversação dos artigos 1.227 e 1.245 do Código Civil, bem como nas teses a eles vinculadas, uma vez que não foram objeto de debate pela instância ordinária, o que inviabiliza o conhecimento do especial no ponto por ausência de prequestionamento. Incide ao caso a Súmula 282 do STF.*
>
> *2. "A jurisprudência desta Corte Superior é no sentido de que tanto o promitente comprador (possuidor a qualquer título) do imóvel quanto seu proprietário/promitente vendedor (aquele que tem a propriedade registrada no Registro de Imóveis) são contribuintes responsáveis pelo pagamento do IPTU." (REsp 1110551/SP e REsp 1111202/SP, Rel. Min. Mauro Campbell, Primeira Seção, DJ 18.6.2009, julgados de acordo com o regime previsto no art. 543-C do CPC).*

3. Recurso especial parcialmente conhecido e, nessa parte, provido (REsp1.272.478/SP, Rel. Min. Mauro Campbell Marques, 2ª Turma, j. 17.11.2011, DJe 28.11.2011).

Nessa medida, a autora foi (está sendo) executada por dívidas fiscais (IPTU's) que recaem sobre o imóvel do réu (documento 7 – cópia da execução fiscal e comprovante de quitação desses tributos).

Posta desta maneira a questão, não restou alternativa à autora, baldos os esforços para demover o réu a receber a escritura, senão ingressar com a presente ação para buscar o desincumbir-se da obrigação de outorgar a escritura dada a renitência do promitente comprador em recebê-la, posto que, notificado, quedou-se inerte, configurando mora *accipiendi*.

II – Direito

Resta evidente que existe interesse processual da autora, promitente vendedora, em buscar tutela jurisdicional para compelir o réu, promitente comprador, a receber a escritura.

O direito de propriedade do promitente vendedor foi quase que totalmente esvaziado pela quitação do preço pelo réu.

Na verdade, a propriedade, no sistema que regula as promessas de compra e venda de imóveis, é mantida apenas como garantia do recebimento de preço, não havendo mais qualquer utilidade na sua manutenção depois do pagamento final pelo promitente comprador.

Pelo contrário, a manutenção da propriedade pode impor à autora prejuízos consideráveis, o que justifica plenamente o seu interesse processual.

Além do risco iminente de ser executado por dívidas fiscais do imóvel, responde, ainda, pelos danos decorrentes de ruína, o que se afirma com suporte no art. 937 do Código Civil, responsabilidade esta que encontra sua origem na *cautio damni infecti* do Direito Romano.

Há outras consequências, decorrentes de obrigações *propter rem*, além daquelas de natureza tributária, como as obrigações oriundas de obrigação de pagar as contas de consumo de água, que assim é considerada por parte da jurisprudência:

> **Tribunal de Justiça de São Paulo.** *Prestação de serviços de fornecimento de água e coleta de esgoto. Pagamento do débito de consumo. Obrigação de natureza "propter rem". Responsabilidade do proprietário do imóvel. Reconhecimento. Procedência do pedido inicial. Sentença reformada. Apelo da autora provido. É de natureza "propter rem" a obrigação pelo pagamento das tarifas relativas aos serviços públicos de fornecimento de água e coleta de esgoto, uma vez que destinados ao imóvel, cabendo ao titular do domínio responder por eventual dívida de consumo, independentemente de esta haver sido constituída antes da aquisição do bem ou de quem tenha efetivamente utilizado os serviços, sendo-lhe assegurado, contudo, o exercício do direito de regresso em ação própria (Apelação nº 0205819-04.2009.8.26.0006, Rel. Mendes Gomes, São Paulo, 35ª Câmara de Direito Privado, j. 20.05.2013, Data de registro: 20.05.2013. Outros números: 2058190420098260006).*

Por todas essas razões, pelo perigo de dano irreparável ou de difícil reparação, é indispensável a tutela que, ao final, será requerida, inclusive através do instituto processual da tutela antecipada.

Nesse sentido, o seguinte julgado do Tribunal de Justiça de São Paulo:

> **Tribunal de Justiça de São Paulo.** *Compromisso de venda e compra. Obrigação de fazer. Ação ajuizada pela promitente vendedora contra o promitente comprador para compeli-lo a receber a escritura do imóvel, cujo preço se encontra integralmente pago. Interesse da promitente vendedora para que as taxas e tributos ou mesmo obrigações propter rem, ou responsabilidade civil por ruína do prédio, não recaiam sobre quem mantém formalmente o domínio, mas despido de todo o conteúdo, já transmitido ao adquirente. Dano moral. Ocorrência. Autora que, em decorrência da inexistência de regularização da propriedade do bem, teve seu nome negativado. Ação procedente. Recurso provido (Apelação nº 0002542-08.2010.8.26.0077, Rel. Francisco Loureiro, Birigui, 4ª Câmara de Direito Privado, j. 28.04.2011, Data de registro: 29.04.2011, Outros números: 25420820108260077).*

No seu voto, de maneira lapidar, esclareceu o insigne relator, Desembargador Francisco Loureiro:

> *"Existe o direito de o promitente comprador liberar-se da obrigação de outorgar a escritura, de recuperar a sua liberdade e evitar todos os ônus de um imóvel registrado em seu nome, como, por exemplo, lançamento de impostos, despesas condominiais e eventual responsabilidade civil pelo fato da coisa."*

"Na visão contemporânea do direito obrigacional, o pagamento, em sentido amplo, é não somente um dever, como também um direito do devedor para liberar-se da prestação. Cabe, assim, ação de obrigação de fazer também do promitente vendedor contra o promitente comprador, para que a sentença substitua a escritura injustamente negada pelo adquirente."

"Problema surge com o registro da escritura, ou da sentença que a substitui, que exige o recolhimento do ITBI e o pagamento das custas e emolumentos devidos ao registrador e ao Estado, ou do imposto predial em atraso. Em tal caso, abre-se em favor do promitente vendedor uma obrigação alternativa. Ou recolhe os impostos e taxas, faz o registro e posteriormente pede o reembolso, ou requer ao juiz a fixação de multa (...) até que o promitente comprador promova o recolhimento das citadas verbas e o registro."

Em igual sentido, entre inúmeras decisões do Tribunal de Justiça, a Apelação nº 466.654.4/8-00, j. 7 de dezembro de 2006 (Quarta Câmara de Direito Privado).

Por fim, é preciso observar que a simples recusa do credor em receber aquilo que o devedor oferece no tempo, lugar e forma convencionados, configura a mora *accipiendi*.

O art. 401 do Código Civil estipula, no inciso II, a hipótese de purgação da mora pelo credor que não recebe o que lhe é devido:

Art. 401. Purga-se a mora:

(...)

II – por parte do credor oferecendo-se este a receber o pagamento e sujeitando-se aos efeitos da mora até a mesma data;

E é exatamente este direito, de liberar-se da obrigação de outorgar a escritura (crédito do réu no contrato bilateral e comutativo de promessa de compra e venda), que a autora visa exercer com a propositura da vertente ação.

Isto posto, vejamos o:

III – Pedido

a) Tutela provisória de natureza antecipada de urgência:

Tendo em vista a verossimilhança das alegações, a prova inequívoca da existência do contrato entre as partes bem como da quitação, além da notificação não atendida pelo réu, requer a autora, nos termos dos arts. 297, 298, 300, 536 e 537 do Código de Processo Civil, digne-se Vossa Excelência de antecipar a tutela ora requerida, determinando que o réu, sob pena de multa diária de 1.000,00 (mil reais), receba a escritura no prazo de 15 (quinze) dias, sem prejuízo das perdas e danos decorrentes da sua omissão (Código de Processo Civil, art. 500).

b) Mérito

Diante de todo o exposto, requer a autora seja a presente ação julgada procedente, com:

a) A confirmação da tutela antecipada que espera seja irrogada;

b) Na hipótese de não ter sido concedida a antecipação de tutela, o que se admite apenas por hipótese, requer a autora o julgamento da procedência do pedido com a condenação do réu na obrigação de receber a escritura, valendo a sentença como título hábil ao registro nos termos do *caput* do art. 497 do Código de Processo Civil, além da condenação do réu, nesta eventualidade, ao ressarcimento dos valores despendidos pela autora com escritura, registro e tributos incidentes sobre a transmissão;

ou (escolher o pedido acima ou o seguinte)

b) Na hipótese de não ter sido concedida a antecipação de tutela, o que se admite apenas por hipótese, requer a autora o julgamento da procedência do pedido com a condenação do réu na obrigação de receber a escritura no prazo de 15 (quinze dias) sob pena de multa diária de R$ 1.000,00 (mil reais) ou outra que Vossa Excelência julgar suficiente, tudo nos termos dos arts. 497 e 537 do Código de Processo Civil;

c) A condenação do réu nos prejuízos consubstanciados no ressarcimento dos tributos (IPTUs) lançados em nome da autora e por ela pagos nos termos dos documentos anexos (documento 7) *(caso existentes, senão, suprimir)*.

Por fim, requer a condenação do réu no pagamento das custas e honorários de advogado que Vossa Excelência houver por bem arbitrar nos termos do art. 85 do Código de Processo Civil.

IV – Citação

Nos termos do art. 246 do CPC, requer-se a citação por meio eletrônico ou, não havendo cadastro, pelo correio (*ou, ainda, justificando, por Oficial de Justiça, nos termos do § 1º-A, II, do art. 246 do CPC, facultando-se ao Sr. Oficial de Justiça encarregado da diligência proceder nos dias e horários de exceção (CPC, art. 212, § 2º)*, para eventual oferta de resposta no prazo de 15 (quinze) dias (art. 335 do Código de Processo Civil), sob pena de serem tidos por verdadeiros todos os fatos aqui alegados (art. 344 do Código de Processo Civil), devendo o respectivo mandado conter as finalidades da citação, as respectivas determinações e cominações, bem como a cópia do despacho do(a) MM. Juiz(a), comunicando, ainda, o prazo para resposta, o juízo e o cartório, com o respectivo endereço.

V – Audiência de Conciliação

Nos termos do art. 334, § 5º, do Código de Processo Civil, os autores desde já manifestam, pela natureza do litígio, desinteresse em autocomposição.

Ou

Tendo em vista a natureza do direito e demonstrando espírito conciliador, a par das inúmeras tentativas de resolver amigavelmente a questão, os autores desde já, nos termos do art. 334 do Código de Processo Civil, manifestam interesse em autocomposição, aguardando a designação de audiência de conciliação.

VI – Provas

Requer-se provar o alegado por todos os meios de prova em direito admitidos, incluindo perícia, produção de prova documental, testemunhal, inspeção judicial, depoimento pessoal sob pena de confissão caso o réu (ou seu representante) não compareça, ou, comparecendo, se negue a depor (art. 385, § 1º, do Código de Processo Civil).

VII – Valor da causa

Dá-se à causa o valor de R$ (*... a princípio, o valor do contrato, mas é possível admitir valor de referência*).

Termos em que, cumpridas as necessárias formalidades legais, deve a presente ser recebida, conhecida, processada e acolhida, como medida de inteira Justiça.

Data

Advogado (OAB)

5.12. MODELO DE NOTIFICAÇÃO PARA QUE O PROMITENTE COMPRADOR RECEBA A ESCRITURA

NOTIFICAÇÃO

Notificado: **(...)**, RG (...), CPF (...).

Endereço: **(...)**.

(...), pessoa jurídica de direito privado, com sede na (...), por seus advogados e procuradores (procuração anexa), serve-se da presente para notificá-lo, expondo o quanto segue:

Consta que Vossa Senhoria é titular de Contrato Particular de Compromisso de Venda e Compra firmado com a notificante no dia (...), na qualidade de promissário comprador do seguinte imóvel: (...).

Pelo imóvel, foi ajustado o preço de (...) que já se encontra integralmente quitado.

Todavia, Vossa Senhoria não compareceu para receber a escritura do imóvel que, após o competente registro, lhe transferirá a propriedade que ainda consta em nome da notificante junto ao Cartório de Registro de Imóveis competente.

Assim sendo, serve a presente para notificá-lo a comparecer para receber a escritura do imóvel compromissado e já quitado no prazo improrrogável de 15 (quinze) dias contados do recebimento desta notificação, sob pena de serem tomadas as medidas judiciais cabíveis, inclusive ação de preceito cominatório cumulada com perdas e danos, tendo em vista que a notificante pode ser (está sendo) responsabilizada por débitos fiscais que recaem sobre o imóvel por constar, ainda, no registro, como proprietária do bem, além de outras consequências decorrentes da propriedade.

Portanto, decorrido o prazo de 15 (quinze) dias, Vossa Senhoria estará constituída em mora e sofrerá as consequências aqui apontadas.

Era o que havia para notificar.

Data

Advogado (OAB)[40]

5.13. MODELO DE REQUERIMENTO DIRIGIDO AO OFICIAL DE REGISTRO DE IMÓVEIS PARA A ADJUDICAÇÃO EXTRAJUDICIAL

Ilmo. Sr. Oficial de Registro de Imóveis da (...)

Ref: Requerimento de adjudicação extrajudicial de bem imóvel

Requerente(s): (...)

Requerido(s): (...)

Imóvel: (...), objeto da matrícula (...), junto a este (...) Oficial de Registro de Imóveis

(...), domiciliado na (...), por seus advogados e procuradores (procuração anexa), serve-se da presente para requerer de V.Sa. a adjudicação extrajudicial do imóvel em epígrafe, nos termos do art. 216-B da Lei 6.015/1973 e do Provimento CNJ n. 150/2023, que alterou o Código de Normas do CNJ.

I – Histórico do negócio jurídico que enseja o vertente pedido

O requerente é titular de promessa de compra e venda na qual figura como promitente vendedor o requerido, nos termos do instrumento anexo. (ou: O requerente é cessionário dos direitos decorrentes de promessa de compra e venda em que figura como promitente vendedor o requerido, nos termos dos instrumentos anexos).

Nessa medida, tendo cumprido a sua obrigação, se deparou com (...) (*descrever o que motivou a impossibilidade de obter, diretamente do promitente vendedor, a escritura*)

II – Inexistência de litígio versando sobre o vertente contrato

O requerente e o requerido não contam com qualquer ação judicial versando sobre o negócio jurídico objeto do presente requerimento, conforme provam as inclusas certidões dos distribuidores forenses da comarca da situação do imóvel e do domicílio do requerente que demonstram a inexistência de litígio envolvendo o contrato de promessa de venda do imóvel objeto da adjudicação.

III – Declaração

O requerente, neste ato, declara (declaração anexa), sob as penas da lei, de que não pende processo judicial que possa impedir o registro da adjudicação compulsória. (*ou: O requerente, neste ato, declara (declaração anexa), sob as penas da lei, que, embora haja processo de judicial de adjudicação compulsória, este foi extinto (ou suspenso por mais de 90 dias úteis) nos termos da certidão de objeto e pé anexa.*

IV – Requerimentos

Isso posto, requer:

a) Seja o requerido seja notificado a se manifestar, no prazo de 15 (quinze) dias úteis; e;

b) O deferimento da adjudicação compulsória com a lavratura do registro necessário para a transferência da propriedade.

Termos em que,

P. deferimento

Advogado (OAB)

---

[40] No caso de notificação assinada por procurador, juntar cópia da devida procuração.

**Acesse o *QR Code* e faça o *download*
dos modelos de peças editáveis**

> *http://uqr.to/1ydzz*

5.14. FLUXOGRAMA

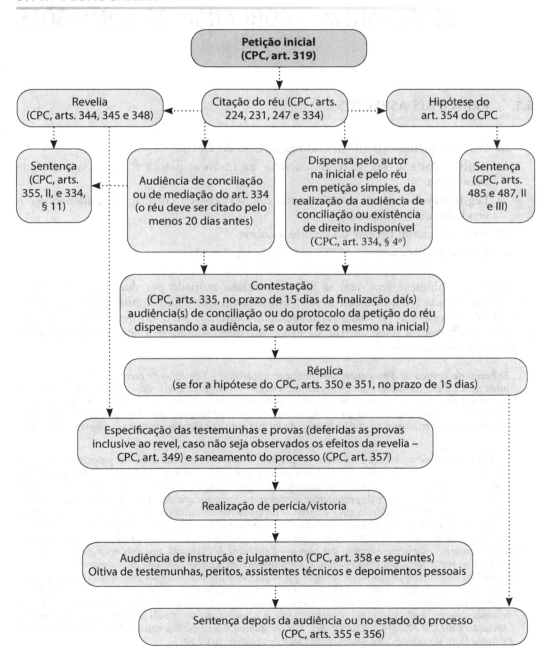

Petição inicial
(CPC, art. 319)

Revelia
(CPC, arts. 344, 345 e 348)

Citação do réu (CPC, arts.
224, 231, 247 e 334)

Hipótese do
art. 354 do CPC

Sentença
(CPC, arts.
355, II, e 334,
§ 11)

Audiência de conciliação
ou de mediação do art. 334
(o réu deve ser citado pelo
menos 20 dias antes)

Dispensa pelo autor
na inicial e pelo réu
em petição simples, da
realização da audiência de
conciliação ou existência
de direito indisponível
(CPC, art. 334, § 4º)

Sentença
(CPC, arts.
485 e 487, II
e III)

Contestação
(CPC, arts. 335, no prazo de 15 dias da finalização da(s)
audiência(s) de conciliação ou do protocolo da petição do réu
dispensando a audiência, se o autor fez o mesmo na inicial)

Réplica
(se for a hipótese do CPC, arts. 350 e 351, no prazo de 15 dias)

Especificação das testemunhas e provas (deferidas as provas
inclusive ao revel, caso não seja observados os efeitos da revelia –
CPC, art. 349) e saneamento do processo (CPC, art. 357)

Realização de perícia/vistoria

Audiência de instrução e julgamento (CPC, art. 358 e seguintes)
Oitiva de testemunhas, peritos, assistentes técnicos e depoimentos pessoais

Sentença depois da audiência ou no estado do processo
(CPC, arts. 355 e 356)

Capítulo 6

CORRETAGEM – COBRANÇA DE COMISSÕES

6.1. PRINCIPAIS ASPECTOS

a) **Foro competente:** domicílio do réu (art. 46 do CPC).

b) **Legitimidade ativa:** o credor, corretor de imóveis, pessoa física ou a sociedade imobiliária.

c) **Legitimidade passiva:** o contratante dos serviços de corretagem, podendo ser o vendedor ou o comprador.

d) **Valor da causa:** o valor do crédito a cobrar.

e) **Procedimento:** comum (CPC, art. 318 e seguintes).

Embora a hipótese seja rara, se houver contrato assinado por duas testemunhas ou confissão de dívida (título executivo extrajudicial), em que haja reconhecimento de que o serviço foi efetivamente prestado, reconhecimento este por parte do devedor e com valor determinado, haverá a possibilidade de execução, dispensando-se a ação de cobrança em processo de conhecimento:[1]

> **Tribunal de Justiça de São Paulo.** *Intermediação imobiliária – Comissão de corretagem – Execução por título extrajudicial consubstanciado em contrato escrito – Embargos à execução – Oposição de vendedores do imóvel em face de empresa imobiliária – Sentença de improcedência – Manutenção do julgado – Cabimento – Arguição dos embargantes no sentido de que a embargada deixou de atuar de forma efetiva na obtenção de certidões e na análise jurídica do instrumento de promessa de compra e venda com caráter*

---

[1] Já se entendeu que a execução é cabível se previsto o valor ou o percentual no próprio contrato de intermediação, não no instrumento firmado pelas partes. Nesse sentido: **Tribunal de Justiça de São Paulo.** *Intermediação imobiliária – Comissão de corretagem – Execução de título extrajudicial – Demanda de empresa corretora em face de promitentes vendedores – Sentença que deu pela falta de interesse de agir, por ausência de título líquido, certo e exigível – Consequente extinção da execução, (...) – Manutenção do julgado – Necessidade – Execução que teve como lastro um instrumento de compromisso de compra e venda e um de distrato, ambos firmados apenas entre os promitentes vendedores e os promitentes compradores – Empresa exequente estranha aos pactos – Existência de cláusulas, nos dois instrumentos, onde os promitentes vendedores, ora embargantes, se comprometeram a pagar comissão de corretagem, nos termos de aludido contrato de prestação de serviços que sequer aportou aos autos da execução – Cláusulas que, a par disso, sequer mencionaram qual seria o exato valor da comissão – Títulos sem certeza, liquidez e exigibilidade – Correto reconhecimento – Cobrança que deveria ter sido manejada por meio do processo de conhecimento, onde garantido o contraditório e a ampla defesa. Apelo da embargada desprovido. (Apelação 0001320-77.2014.8.26.0428. Rel. Marcos Ramos; Comarca: Campinas; 30ª Câmara de Direito Privado; Data do julgamento: 09.09.2015; Data de registro: 10.09.2015).*

6.2.2. Segunda etapa: fechamento do negócio (formação do vínculo jurídico)

Na segunda etapa, com a aproximação das partes, mister se faz o acordo de vontades traduzido na proposta e na aceitação.

Nesse momento, o corretor trabalha no sentido de buscar o consenso no contrato.

Suponhamos que o comprador faça restrições quanto ao imóvel no seu aspecto físico, ou seja, sobre o estado de conservação, metragem e documentação.

O corretor tenta solucionar esses entraves, buscando, ao final, a assinatura de uma proposta que levará ao vendedor.

Se o vendedor concordar, aceitando a proposta, o negócio se efetivou.

Nesse ponto, é possível marcar data para a escritura ou assinatura da promessa de compra e venda.

O vínculo jurídico estabeleceu-se quando o vendedor e o comprador assinaram a proposta (Código Civil, art. 427).

Nessa proposta estarão presentes os três elementos indispensáveis a todo contrato de compra e venda:

a) A coisa, ou seja, o imóvel.

b) O preço (à vista ou a prazo, bem como o prazo).

c) O consentimento.

6.2.3. Terceira etapa: a execução do contrato de venda e compra

A terceira e última etapa se dá com a efetiva assinatura da escritura pública ou particular de compra e venda (Código Civil, art. 108) ou do instrumento particular de promessa de compra e venda.

6.3. EM QUE FASE SURGE O DIREITO À COMISSÃO?

É evidente, evidentíssimo, aliás, que não é na primeira fase, qual seja a fase da aproximação das partes.

Nessa etapa não há direito à comissão ou qualquer remuneração, salvo contrato entre as partes em sentido contrário, ainda que custe ao corretor o seu trabalho e recursos traduzidos por anúncios, por exemplo.

A aproximação que não resulta em negócio concluído integra o risco do contrato de intermediação, que é um contrato que depende do êxito (obrigação de resultado).

De fato, o contrato de mediação ou corretagem traduz uma obrigação de resultado.

Com efeito, para que o corretor tenha direito à comissão, em função de ser a mediação um contrato de resultado, mister se faz a presença de três requisitos:

a) autorização para mediar;

b) aproximação das partes; e,

c) resultado útil, realizando-se o negócio por sua interferência.

Em outras palavras, o corretor trabalha e corre o risco de nada receber. Se o negócio se concretizar, recebe a comissão, caso contrário, nada recebe.

Em regra, embora não seja sempre assim, é o vendedor quem paga a comissão, o que ele fará apenas se receber pela venda, ainda que seja um sinal.

O art. 725 do atual Código Civil é claro nesse sentido, o que se afirma na exata medida em que determina que a *remuneração é devida ao corretor uma vez que tenha conseguido o resultado previsto no contrato de mediação* (...).

Portanto, a simples proposta, ainda que seja aceita, não é suficiente:

> *Tribunal de Justiça de São Paulo. Prestação de serviços. Comissão de corretagem. Ação de cobrança. Proposta de compra e venda de imóvel. Fase de tratativas. Entendimento do C. STJ, no sentido de que a simples proposta aceita é insuficiente para configurar aproximação útil e, por conseguinte, a comissão é indevida. Obrigação de resultado do corretor. Sentença mantida. Recurso improvido, com determinação (Apelação Cível 1004911-93.2018.8.26.0297; Rel. Bonilha Filho; 26ª Câm. de Direito Privado, Foro de Jales, 2ª Vara Cível, j. 10.10.2019; Data de Registro: 10.10.2019).[7]*

Muitos corretores não se conformam com essa situação, concluindo que a lei é injusta.

De fato, o corretor trabalhou.

Inicialmente aproximou as partes interessadas no negócio – o que não é fácil – lutando na busca do interessado ideal.

Ou, se procura um imóvel para o comprador, se esforçou para achar um imóvel de acordo com as características e preço determinados pelo seu cliente.

Sendo assim, é natural que entenda fazer jus, sempre, a alguma remuneração.

Ainda que sob a sua ótica não seja justo, a lei (Código Civil) determina que a comissão, portanto a remuneração pelo seu trabalho, só será recebida se o resultado for alcançado.

É o que acontece, também, com o advogado que trabalha com contrato dependente do êxito. Pode se esforçar durante anos e, ainda assim, se não ganhar a ação, nada receberá.

De qualquer forma, resta saber em qual das fases restantes fará jus à comissão.

Alguns intermediários entendem que fazem jus à comissão no fechamento do negócio (assinatura da proposta por ambas as partes), vez que nessa fase houve o acordo de vontades que possui o condão de formar o vínculo contratual e, inclusive, estipulam cláusulas na proposta vinculando as partes ao pagamento da comissão.

Tais cláusulas ou condições, estipuladas nas propostas, não geram qualquer efeito, a teor do que dispõe o art. 725 do Código Civil, que traduz a obrigação de resultado do corretor.

Portanto, só o fechamento do negócio com a *assinatura* do contrato (compra e venda ou promessa de compra e venda e, ainda, outro negócio imobiliário que tenha sido intermediado) é que estabelece o direito à percepção da comissão.

De fato, alguns sustentam que, no âmbito dos contratos, o consentimento consiste exatamente na assinatura da proposta pelo comprador e pelo vendedor.

Entretanto, como vimos, a jurisprudência é claramente em outro sentido, entendendo que a comissão somente é devida por ocasião da efetiva assinatura da escritura ou do contrato de promessa de compra e venda, ou seja, na execução do contrato.

Não há que se confundir a necessidade de contrato escrito de compra e venda ou compromisso de compra e venda entre comprador e vendedor, que necessariamente devem ser formais ou escritos, para gerar o direito à remuneração do corretor, com a possibilidade de aceitação verbal do contrato de corretagem.

---

[7] *No mesmo sentido: Mediação – comissão de corretagem – cobrança – contrato de resultado – desistência – fase de negociações – verba indevida. A desistência que pode obrigar ao pagamento é do contrato firmado e não durante as negociações da venda. Sentença mantida. Recurso não provido (TJSP, STACCiv. Apel. c/ Rev. nº 522.125, 2ª Câm., Rel. Juiz Felipe Ferreira, j. 19.10.1998).*

Nesse sentido:

Segundo Tribunal de Alçada Civil. *Mediação – comissão de corretagem – forma verbal – prova – testemunha – admissibilidade. A mediação, em que se inclui o contrato de corretagem de venda de imóvel, pode ser verbal, provando-se por testemunha (Apel. s/ Rev. nº 663.833-00/0, 4ª Câm., Rel. Juiz Celso Pimentel, j. 30.01.04).*

Mesmo assim, a aceitação verbal dificultará a prova da contratação do corretor.

Em suma, a doutrina e a jurisprudência entendem que a mediação só se conclui com a completa formação do contrato que o corretor busca obter:

Tribunal de Justiça de São Paulo. *Mediação. Comissão de corretagem. Aproximação do réu e do proprietário do imóvel pelo corretor-autor. Ausência de aceitação da proposta feita pelo comprador, que posteriormente desiste do negócio por irregularidade na documentação do imóvel. Previsão de cláusula na proposta de compra do imóvel obrigando o apelado no pagamento da comissão do corretor, na hipótese de desistência. Irrelevância. Obrigação de resultado e não de meio. Precedentes do STJ. Verba indevida. Devolução de cheques entregues como sinal ao corretor. Recurso parcialmente provido (Apelação 0000108-08.2011.8.26.0337 – Rel. Walter Cesar Exner; Comarca: Mairinque; 36ª Câmara de Direito Privado; Data do julgamento: 09.03.2017; Data de registro: 09.03.2017).*

Corretagem. Cobrança de comissão. Requisitos para caracterização dos serviços prestados. Presença. Participação demonstrada. Negociação efetivada. Recurso não provido e negado ao adesivo. Para que o corretor faça jus à comissão pelos serviços de intermediação é necessária a conjugação de três requisitos: A) autorização para mediar; B) aproximação das partes; C) resultado útil, realizando-se o negócio nas condições propostas, em razão de sua interferência (RITJESP 131/99) (TJSP, Apel. Cív. 272.056-2, Presidente Venceslau, 9ª Câm. Civ., Rel. Celso Bonilla, 28.09.1995, v.u.).

Intermediário de negócios – cobrança de comissão – negócio não concluído. Escritura de compra e venda não lavrada – verba indevida. Intermediário de negócios não tem direito à comissão pela simples aproximação das partes. Se o negócio não foi efetivamente concluído, não tendo sido lavrada a devida escritura de compra e venda, indevida se afigura a comissão (TJSP, Apel. nº 256.464-2/7, 14ª Câm., j. 04.04.1995, Rel. Des. Ruiter Oliva).

Relatório:

Restou incontroverso nos autos, sem contrariedade, que a apelante colocou propaganda no imóvel à venda, foi procurado pelo apelado (comprador) e o negócio foi fechado, firmando, vendedor de um lado e comprador de outro, recibo de sinal e princípio de pagamento, em 13.01.1994.

Todavia, cinco dias após, vendedor e comprador distrataram o ajuste, devolvendo o primeiro o que recebera do segundo.

Como o recibo de sinal e princípio de pagamento foi firmado em formulário impresso, em sua cláusula 2ª foi consignada a responsabilidade do comprador pelo pagamento da comissão de 6%.

E a cláusula 3ª do pacto prevê a irretratabilidade e irrevogabilidade do ajuste, na forma do disposto no art. 1.094 do Código Civil, "renunciando expressamente ao direito de arrependimento".

Escorada nessa cláusula, pretendeu a imobiliária o recebimento da comissão contratada. E, ante o decreto de improcedência, insiste em sua argumentação.

Como o eminente Des. Corrêa Viana deixou assentado: "É sabido que o direito à referida comissão surge da conjugação de três requisitos:

1. Que o corretor tenha sido autorizado a mediar

2. Que aproxime as partes

3. Que o negócio se conclua nas condições propostas, em razão de sua interferência."

De outra sorte, o Des. Mohamed Amaro já decidiu: "(...) o intermediário de negócios não tem direito à comissão pela simples aproximação das partes. Se o negócio não foi efetivamente concluído, não tendo sido lavrada a devida escritura de compra e venda, indevida se torna a comissão" (EI 109.799-2).

E, Arnoldo Wald, em trabalho denominado "A remuneração do corretor, inserta na RT 561/14, destaca "a existência de uma jurisprudência mansa e pacífica do Supremo Tribunal Federal e das demais Cortes do País, no sentido de vincular a exigibilidade da comissão do corretor à efetiva formalização do contrato de venda."

A jurisprudência já assentou essa posição há muito tempo. Nesse sentido alguns trechos de sentença do juiz Herotides da Silva Lima, datada de março de 1944 e publicada na *RT* 151/694:

A doutrina invariavelmente sustentada neste juízo é a de que a comissão só é devida pelo negócio efetivamente realizado através do corretor. A função deste é a de aproximar as partes, mas evidentemente para um resultado positivo, ou seja, a conclusão de um negócio objetivado, expresso pelo acordo final a que alude o art. 1.094 do Código Civil.[8]

O corretor não pode ficar numa posição melhor que as próprias partes, as quais nada devem à outra quando não chegam a acordo, na fase pré-contratual. Neste momento das "démarches" iniciais do negócio, existem sempre estudos, diligências, exames, ponderações diversas e até mesmo despesas de preparativos, antes de se chegar ao passo mais grave do negócio escrito. Tal fase não gera direitos nem obrigações.

(...) Se a simples apresentação e aproximação bem como as "démarches" pudessem gerar direito à comissão, nenhuma praça aguentaria a profissão de corretor de imóveis, porque ao primeiro encontro e à vista de negócios ainda não esboçados nem concluídos, o pretendente que não vendesse o imóvel, que não tirasse resultado nenhum do trabalho de mediação, ver- -se-ia obrigado a pagar a comissão.

Esta só pode ser a retribuição por um trabalho efetivo, pelo êxito obtido, pela vantagem auferida, advinda do negócio realizado, paga satisfatoriamente pelo vendedor, pelo lucro ou vantagem que todo o negócio lhe proporciona.

O objeto da mediação não é o trabalho desenvolvido somente, mas principalmente o resultado desse trabalho.

Disse com o brilho de sempre o notável magistrado Dr. Manuel Carlos: 'Esforços inúteis que sejam despendidos são uma contingência do trabalho humano, pois na trama dos negócios nem todo serviço é compensado e muito esforço se despende inutilmente, o que se verifica em todas as profissões' (Rev. dos Tribunais, 71/265).

A profissão de corretor não pode fugir a esta contingência, gastando esforços, desenvolvendo energias, às vezes sem um resultado positivo.

Nesse sentido:

Intermediário de negócio. Mediação de compra e venda de imóvel. Desistência da alienação durante as negociações. Fato que desobriga ao pagamento de comissão. Ementa Oficial: Sendo a mediação de venda de imóvel contrato de resultado útil, não consumada a venda, não é devida a comissão. A desistência que pode obrigar ao pagamento é do contrato firmado e não durante as negociações da venda. Segundo Tribunal de Alçada Civil de São Paulo (Apel. c/ Rev. nº 522.125-00/1, 2ª Câm., 19.10.1998, Rel. Felipe Ferreira).

O mesmo acórdão traz grande número de julgados, abaixo transcritos:

Corretagem. Comissão. Cobrança. Mediação. Negócio não concluído. Comissão que decorre do lucro ou vantagem que o negócio proporcionou. Verba indevida. Recurso provido (rel. Hermes Pinotti, Apel. nº 166.695-2, Araçatuba, 27.02.1991).

Cobrança. Comissão. Corretagem. Intermediação em transação imobiliária. Hipótese em que se vende o resultado útil do trabalho, só recebendo a comissão se concretizado o negócio. Improcedência. Recurso não provido (rel. Franklin Neiva, Apel. nº 191.169-2, São Paulo, 18.08.1992).

Comissão. Corretagem. Pagamento aos corretores que efetivamente tiverem êxito na intermediação. Inexistência de resultado útil decorrente do trabalho desenvolvido pelo recorrido. Recurso provido. O corretor vende o resultado útil do seu trabalho e, consequentemente, só tem direito a receber comissão se sua mediação conduzir à concretização do negócio intermediado (Apel. nº 239.765-2, São Paulo, Rel. Aldo Magalhães, v.u., 22.12.1994).

Corretagem. Cobrança de comissão. Distrato do ajuste. Recibo de sinal com cláusulas de irrevogabilidade, irretratabilidade e renúncia ao direito de arrependimento. Inadmissibilidade. Necessidade de conclusão do negócio. Vinculação da exigibilidade da comissão à efetiva formalização do contrato de venda. Cláusula, ademais, que se dirige aos contratantes e não ao corretor. Sentença confirmada. Recurso não provido. O intermediário de negócios não tem direito à comissão pela simples aproximação das partes. Se o negócio não foi efetivamente concluído, não tendo sido lavrada a devida escritura de venda e compra, indevida se afigura a comissão (Apel. nº 256.464-2, São Paulo, Rel. Ruiter Oliva, v.u., 04.04.1995).

---

[8] "O sinal, ou arras, dado por um dos contratantes, firma a presunção de acordo final, e torna obrigatório o contrato."

de escritura pública – Inconsistência jurídica – Existência de prévio contrato
e venda elaborado pela empresa embargada, aonde consta a assinatura
específica cláusula através da qual os embargantes se comprometeram a
de corretagem, quantia fixa em dinheiro – Contrato hígido e legítimo cuja va
sequer impugnaram – Correta observância ao princípio 'pacta sunt servanda' –
consuma apenas e tão somente com a aproximação das partes – Negócio de
ademais – Inteligência do art. 725, do CC – Comissão de intermediação de
desprovido. (Apelação 0002298-31.2014.8.26.0177 – Rel. Marcos Ramos; 27ª Câr
Privado; Data do julgamento: 08.05.2017; Data de registro: 10.05.2017).

Por fim, se houver reconhecimento da obrigação pelo dono d
por exemplo, em correspondências que permitam inferir o valor e o
monitória:

> **Segundo Tribunal de Alçada Civil de São Paulo.** *Mediação – comissão de corre*
> *contrato verbal amparado por prova documental – cabimento. Nada obsta a que*
> *monitório na satisfação do crédito decorrente de contrato de mediação na vend*
> *pela empresa ré, porquanto o contrato verbal firmado entre as partes vem corrol*
> *constituindo-se em prova escrita sem eficácia de título executivo (Apel. s/ Rev. nº 84*
> *Juiz Paulo Ayrosa, j. 09.03.04).*

f) Prescrição para cobrança das comissões: cinco anos da data
   é firmado ou, no caso de dispensa, da data do conhecimento d
   presume pelo registro do título aquisitivo. (Código Civil, art. 20(

> **Segundo Tribunal de Alçada Civil de São Paulo.** *Mediação – comissão de corretagem –*
> *quinquenal – fluência a partir de 11.01.2003 – reconhecimento – exegese do art. 2.028 d*
> *2002 (Lei 10.406, de 10 de janeiro de 2002). O Código Civil de 1916 e o Código Comercial não fo.*
> *quanto a prazo especial de prescrição para a ação de cobrança de corretagem. Doutrina e ju*
> *tendem a aceitar a ação como de natureza pessoal, optando pela prescrição em 20 anos. Com a vi*
> *novo Código Civil o prazo prescricional da ação para cobrança dos honorários de profissionais libe*
> *geral restou fixada em 05 anos (Código Civil, art. 206, § 5º). Pelas regras de transição, se o tempo fal*
> *para a consumação da prescrição pela lei anterior for maior do que o prazo fixado pela lei nova, como*
> *hipótese em exame, prevalece o desta última (Código Civil 2002), contando-se do dia de sua entrada em*
> *vigor (Código Civil, art. 2.028) (AI nº 808.669-00/0, 11ª Câm., Rel. Juiz Egidio Giacoia, j. 01.09.2003).*

6.2. PRINCIPAIS ASPECTOS DE DIREITO MATERIAL

A corretagem ou mediação se caracteriza por um contrato pelo qual, na dicção do art. 722, do Código Civil, *uma pessoa, não ligada a outra em virtude de mandato, de prestação de serviços ou por qualquer relação de dependência, obriga-se a obter para a segunda um ou mais negócios, conforme as instruções recebidas.*

Assim, o objeto do contrato, acessório e dependente daquele que espelha o negócio que o corretor busca atingir, é a obtenção dele, normalmente a venda, sem descartar a locação e a administração, mediante uma comissão.

A par de ser profissional liberal, a remuneração do mediador (corretor) não é conhecida como "honorários" (*RJTJESP* 88:222), mas como "comissão" na praxe forense.

Mesmo assim, à atividade de intermediação se aplica o CDC, inclusive, em relação à corretora imobiliária responsável pela realização do negócio (STJ, REsp 1.087.225).

Frise-se que a remuneração do corretor não pode ser confundida com a comissão mercantil e, nesse sentido, a lição de Fran Martins, para quem "a privatividade dos corretores para a prática de determinados atos, a sua intermediação, agindo sempre no interesse de

zem com que o contrato seja considerado um contrato autônomo, ntegralmente com a comissão".[2]

aproximar as par... que não se co...neração do corretor é conhecida como "comissão", que não se confunde ...rcantil, embora, tecnicamente, profissional liberal receba honorários.

Em sun...orma, a expressão "honorários" significa, na definição de De Plácido e com a c...ou estipêndio dado ou pago em retribuição de certos serviços".

...s dessa conclusão em razão da própria definição do art. 722 do Código Silv...ão contrato de corretagem, segundo a qual se trata de pacto em que *uma* ...da a outra em virtude de mandato, de prestação de serviços ou por qualquer ...endência, obriga-se a obter para a segunda um ou mais negócios, conforme as ...ebidas.

...omo não se trata de "prestação de serviços", não há mesmo falar-se em honorários.

...ma, os "honorários" são pagos em razão de prestação de serviços, atividade ...aquela prestada pelo corretor que recebe, em razão da sua atividade, "comissão".

...cordo com o art. 729, do Código Civil, os preceitos sobre corretagem nele inscul-...o excluem a aplicação de outras normas da legislação especial, como é o caso dos ...res de imóveis, pautados pela Lei 6.530, de 12.05.1978, publicada no *Diário Oficial* ...ão em 15.05.1978, regulamentando a profissão de corretor de imóveis, disciplinando ...cionamento de seus órgãos de fiscalização.

Segundo essa lei (art. 2º), *o exercício da profissão de corretor de imóveis será permitido* ... *possuidor de título de técnico em transações imobiliárias* e depende de prévio registro ...nto ao órgão competente (os Conselhos Regionais de Corretores de Imóveis).

A intermediação imobiliária, portanto, é atividade econômica exercida por uma única categoria profissional, dos corretores de imóveis, classificados como profissionais liberais e cuja profissão foi instituída e regulada pela Lei Federal nº 6.530/1978 e regulamentada pelo Decreto nº 81.871/1978 que, igualmente criaram e regulamentaram o Conselho Federal de Corretores de Imóveis e os Conselhos Regionais de Corretores de Imóveis conforme, respectivamente, seus artigos 5º, 6º e 7º.

Nos termos do comando insculpido no art. 3º, "caput" da Lei 6.530/1978 e ao artigo 2º, "caput", do Decreto nº 81.871/1978, ao Corretor de Imóveis se defere, com exclusividade a atribuição de exercer a intermediação imobiliária, incluindo a compra, venda, permuta e locação, com a capacidade de opinar quanto à comercialização imobiliária.

Ao Conselho Federal de Corretores de Imóveis competem, entre outras atribuições, as de elaborar e alterar seu próprio Regimento; criar e extinguir Conselhos Regionais; baixar normas de ética profissional; elaborar o Regimento padrão dos Conselhos Regionais; baixar resoluções e deliberar sobre casos omissos, enquanto, aos Conselhos Regionais compete, dentre outras atribuições, aprovar seu regimento, de acordo com o Regimento padrão elaborado pelo Conselho Federal, fiscalizar o exercício profissional na área de sua jurisdição, cumprir e fazer cumprir as Resoluções do Conselho Federal e impor as sanções previstas neste regulamento.[3]

---

[2]   Fran Martins, *Contratos e obrigações comerciais*, Rio de Janeiro: Forense, 1984, p. 349, n. 31.

[3]   O Conselho Federal de Corretores de Imóveis, no cumprimento de suas atribuições legais e constitutivas publicou no Diário Oficial da União, edição de 02 de julho de 2012, seção 1, página 162, a Resolução COFECI nº 1.256, de 22 de junho de 2012 que torna obrigatório o arquivamento, no CRECI, de documentos referentes a lançamentos imobiliários e respectivas incorporações, e, inclusive: "a necessidade de se exercer melhor fiscalização sobre o trabalho de comercialização de imóveis em lançamentos imobiliários, a fim de oferecer maior segurança técnico-jurídica à sociedade na aquisição desses bens; que a dignidade do corretor de imóveis e de seus clientes não pode ser aviltada no exercício da atividade profissional por condições inadequadas de trabalho; que é obrigação do Corretor

Por outro lado, não responde se o imóvel vendido em São Paulo é penhorado por dívida do vendedor na comarca de Manaus, posto que não é exigível ou razoável que tenha informações de todas as comarcas do Brasil.

Ora, se o vendedor declarou residência em São Paulo e não havia qualquer motivo para desconfiar dessa informação, não responderá, por evidente, pela penhora decorrente de uma carta precatória de outra comarca. Não seria normal exigir essa cautela. Portanto, não houve negligência ou imperícia, o que afasta a responsabilidade do corretor.

Nesse sentido:

Tribunal de Justiça de São Paulo. *Compra e venda de imóvel. Rescisão por informações erradas no momento da contratação. Inexigibilidade de corretagem. Danos morais por inscrição em cadastro de inadimplentes. 1. Preliminar de ilegitimidade passiva da ré-vendedora. Responsabilidade solidária pelo defeito na prestação do serviço de corretagem que contratou, sendo irrelevante que tenha transferido o pagamento da remuneração para as adquirentes. Art. 14 do CDC. Serviço prestado em seu stand de vendas. Preliminar afastada. 2. Inexigibilidade da comissão de corretagem e ilegalidade da negativação. A relação entre o corretor de imóveis e as partes do negócio que intermedia é de consumo. Por força dos arts. 723 do CC, 20, I e VIII, da Lei n. 6.530/1978, e 6º, III, IV e VI, do CDC,* **cabe ao corretor de imóveis, em razão de sua especialidade, prestar todos os esclarecimentos acerca da segurança e risco do negócio, e de outros fatores que possam influir na apreciação da conveniência da realização do contrato, no que está compreendido que não tivesse a ré-corretora informado que era desnecessário a autora ter conta-corrente no país.** *O arrependimento a que se refere o art. 725 do CC é apenas o arrependimento imotivado, ou seja, aquele que ocorre por causa estranha à atividade do corretor e por mero capricho do consumidor, de modo que o arrependimento motivado por desinformação por culpa da corretora torna inexigível a comissão de corretagem. Corretagem inexigível. Negativação irregular. 3. Dano moral. Indevida a inscrição em cadastro de inadimplentes. Dano moral presumido. Indenização em patamar razoável. 4. Recursos não providos. (TJSP; Apelação Cível 1022298-95.2016.8.26.0005; Relator (a): Mary Grün; 7ª Câmara de Direito Privado; Foro Regional V – São Miguel Paulista – 4ª Vara Cível; Data do Julgamento: 27.11.2018; Data de Registro: 27.11.2018).*

Superior Tribunal de Justiça. *Recurso especial. Contrato de prestação de serviços de corretagem imobiliária. Prequestionamento e dissídio notório com a jurisprudência firmada no âmbito do STJ. Admissibilidade do recurso. Relação de consumo. Informação adequada e clara. Direito básico do consumidor. Pactuação de compromisso de compra e venda de imóvel intermediada por corretor de imóveis. Desistência motivada, antes da assinatura da escritura. Cobrança de comissão de corretagem. Inviabilidade. Art. 725 do CC. Interpretação que demanda harmonização com o art. 723 do mesmo diploma, 6º do CDC e 20 da Lei n. 6.530/1978.*

1. Tratando-se de dissídio notório com a jurisprudência firmada no âmbito do próprio Superior Tribunal de Justiça, admite-se a mitigação dos requisitos exigidos para a interposição do recurso pela alínea "c" do permissivo constitucional, especialmente quando os elementos contidos no recurso são suficientes para se concluir que os julgados confrontados conferiram tratamento jurídico distinto à similar situação fática.

2. A relação a envolver o corretor de imóveis e as partes do negócio que intermedeia é de consumo, e o art. 6º, III, IV e VI, do CDC estabelece **que são direitos básicos do consumidor a informação adequada e clara sobre os diferentes produtos e serviços e sobre os riscos que apresentem;** *a proteção contra métodos comerciais desleais; e a efetiva prevenção de danos patrimoniais e morais, individuais, coletivos e difusos.*

3. Por um lado, o art. 723, parágrafo único, do Código Civil estabelece que o corretor é obrigado a executar a mediação com diligência e prudência, e a prestar ao cliente, espontaneamente, todas as informações sobre o andamento do negócio. Por outro lado, o art. 20, I e VIII, da Lei n. 6.530/1978 estabelece que ao corretor de imóveis é vedado prejudicar, por dolo ou culpa, os interesses que lhe forem confiados.

4. Cabe ao corretor de imóveis diligentemente se inteirar e prestar informações usuais e notórias acerca do título de domínio exibido pelo vendedor, da regularidade da cadeia dominial, da existência, ou não, de gravames reais e de ações que envolvam o vendedor e que, em tese, poderiam conduzir à ineficácia, nulidade ou anulabilidade do contrato de compra e venda.

bem – Condenação da corretora ao reembolso do valor recebido a título de comissão de corretagem – Danos morais configurados – Responsabilidade solidária dos réus – Sentença reformada – Recurso dos Autores provido e improvido o do corréu. (TJSP; Apelação Cível 1004310-05.2018.8.26.0292; Rel. Luiz Antonio Costa; 7ª Câmara de Direito Privado; Foro de Jacareí – 2ª Vara Cível; Julgamento: 09.12.2019).

5. Em se tratando de prestação de serviços vinculadas à compra e venda de imóvel, em linha de princípio, a completa formação do contrato de corretagem depende de três etapas: a) a aproximação das partes; b) o fechamento do negócio (assinatura da proposta de compra e venda); e c) a execução do contrato (compra e venda), por meio da assinatura da escritura para transcrição no registro de imóveis.

6. O art. 725 do CC, ao estabelecer que a remuneração é devida ao corretor, uma vez que tenha conseguido o resultado previsto no contrato de mediação, ou ainda que este não se efetive em virtude de arrependimento das partes, demanda harmonização com os arts. 723 do Diploma civilista; 6º, III, IV e VI, do CDC; e 20, I e VIII, da Lei n. 6.530/1978. Com efeito, em caso de desistência do negócio antes da assinatura da escritura, é possível fazer recair sobre aquele que voluntariosamente rompeu o compromisso de compra e venda a obrigação de pagar a comissão, não incidindo, todavia, nas hipóteses em que o arrependimento é motivado.

*7. Muito embora não tenha sido apurado ou infirmado se a venda do imóvel pelos promitentes vendedores constituiria fraude à execução, é vultoso o valor da causa na execução fiscal em que um deles é demandado – semelhante ao do imóvel objeto do compromisso de compra e venda –, e, como **não foi devidamente informado pela imobiliária**, é motivo bastante para ensejar o rompimento contratual, não havendo cogitar em obrigação de pagar comissão de corretagem.*

8. Recurso especial provido. (REsp 1364574/RS, Rel. Min. Luis Felipe Salomão, Quarta Turma, j. 24.10.2017, DJe 30.11.2017).

Por outro lado, o corretor não responde, de forma alguma, pela restituição de valores ao comprador, no caso de desfazimento do compromisso de compra e venda, a não ser que seja motivado pela omissão de informações que estejam ao seu alcance.

Não há solidariedade entre o vendedor e o corretor.

Em outras palavras, se o contrato entre promitente comprador e promitente vendedor for desfeito por inadimplemento do promitente comprador ou se este pleitear o desfazimento, o corretor não é parte legítima para responder pela restituição dos valores tendo em vista que não existe relação jurídica de direito material entre ele e o adquirente quanto ao contrato que se pretende resolver e, nesse sentido:

Superior Tribunal de Justiça. *Recurso Especial. Processual Civil. Promessa de compra e venda de imóvel. Rescisão contratual com pedido de restituição de valores pagos. Desistência dos promitentes compradores. Corretora. Legitimidade passiva. Inexistência. Recurso Especial provido. 1. No contato de corretagem, conforme a disciplina legal, a obrigação fundamental do comitente é a de pagar a comissão ao corretor assim que concretizado o resultado a que este se obrigou, qual seja, a aproximação das partes e a conclusão do negócio de compra e venda, ressalvada a previsão contratual em contrário. 2. A relação jurídica estabelecida no contrato de corretagem é diversa daquela firmada entre o promitente comprador e o promitente vendedor do imóvel, de modo que a responsabilidade da corretora está limitada a eventual falha na prestação do serviço de corretagem. 3. Não se verificando qualquer falha na prestação do serviço de corretagem nem se constatando o envolvimento da corretora no empreendimento imobiliário, não se mostra viável o reconhecimento da sua responsabilidade solidária em razão da sua inclusão na cadeia de fornecimento. 4. Recurso especial provido. (REsp 1.811.153/SP, Rel. Min. Marco Aurélio Bellizze, Terceira Turma, j. 15.02.2022, DJe 21.02.2022).*

Entretanto, as imobiliárias que contam com corretores vinculados responderão objetivamente pelos ilícitos praticados pelos seus prepostos a teor do art. 932, III, do Código Civil.

Assim decidiu o Superior Tribunal de Justiça em caso de falsificação de documentos, notadamente escrituras públicas por corretora vinculada à pessoa jurídica imobiliária:

Agravo interno no recurso especial. Direito civil e processual civil. Ação indenizatória. Venda fraudulenta de imóvel. Responsabilidade objetiva da administradora a que vinculada a corretora falsária. 1. Grave falha na prestação dos serviços de intermediação imobiliária consubstanciada na venda fraudulenta de imóveis por corretora vinculada à Auxiliadora Predial. 2. Não há falar em omissão ou contradição aptas a fazer nulificado o acórdão que julgou os aclaratórios, tendo o órgão julgador perpassado clara e suficientemente pelos fatos relevantes alegados pela defesa, mas concluído no sentido da responsabilidade da administradora de imóveis pela fraude cometida por uma de suas corretoras. 3. Na forma do que se deixou ver na origem, o cenário fora bastante bem urdido pela criminosa, não havendo falar em culpa exclusiva de terceiro, porque o corretor não figura como terceiro em face da fornecedora dos serviços de corretagem. 4. Necessário nexo de causalidade

entre a gravíssima falha na prestação dos serviços de corretagem e o dano que busca indenizar que não
se mostra rompido. 5. A alegada ausência de diligência por parte dos adquire assim, de uma pretensa
culpa nos danos experimentados é questão que não extravasa o contexto fáti ratório, de hegemônica
*análise da instância primeva, incidindo, na espécie, o enunciado n. 7/STJ. Agr*no improvido. (AgInt
no REsp n. 1.893.395/RS, Rel. Min. Humberto Martins, 3ª Turma, j. 26.06.2023, 2023).

Voltando à formação do contrato de corretagem, é certo que depe   le três etapas:

a) A aproximação das partes.

b) O fechamento do negócio (assinatura da proposta).

c) A execução do contrato (compra e venda ou compromisso).

Efetuado o negócio, salvo eventual condição suspensiva pactuada, c
comissão estabelecida de acordo com o contrato ou com os usos e costu
Civil, art. 724) e, para tanto, costuma-se utilizar como parâmetro as tabel us à
Conselhos Regionais de Corretores Imóveis:[6]   igo
                                                                                        os

Tribunal de Justiça de São Paulo. *Comissão de corretagem pela venda de imóvel. Cor*
valor certo a título de remuneração. Utilização da Tabela do CRECI como parâmetro, em
prevê o artigo 724 do Código Civil. Sentença mantida. (Apelação Cível nº 0174528-92.2C
22.09.2014 – Rel. Mario A. Silveira).

---

[6]   Remuneração constante da tabela aprovada pela diretoria do Sindicato dos Corretor
       Estado de São Paulo (Sciesp) e homologada na 28ª Reunião Plenária do CRECI-SP,
       de novembro de 2002:
       VENDA:
       1) Imóveis urbanos – 6% a 8%
       2) Imóveis rurais – 6% a 10%
       3) Imóveis industriais – 6% a 8%
       4) Venda judicial – 5%
       NOTA 1: Nas permutas, a remuneração será devida pelos respectivos proprietários a quem c
       contrataram, calculada sob (sic) o valor de venda de cada imóvel.
       NOTA 2: Quando a transação envolver diversos imóveis, a remuneração será devida pelos respectivos
       proprietários a quem estes contrataram, calculada sobre o valor de venda de cada um dos imóveis.
       NOTA 3: Nos casos de vendas com transferência de financiamento a remuneração será devida sobre
       o total da transação realizada.
       LOCAÇÃO
       De qualquer espécie e sempre por conta do locador – Equivalente ao valor de 1 (um) aluguel
       ADMINISTRAÇÃO DE BENS IMÓVEIS
       Sobre o aluguel recebido – 8% a 10%
       EMPREENDIMENTOS IMOBILIÁRIOS
       Venda de empreendimentos imobiliários – 4% a 6%
       NOTA: Não estão incluídas nos percentuais acima, as despesas de promoção e publicidade em geral.
       LOTEAMENTOS
       1) Estudo, organização de vendas de áreas loteadas (urbanas), já aprovadas e registradas – 6% a 8%
       2) Estudo, organização de vendas de áreas loteadas (rurais), já aprovadas e registradas – 6% a 10%
       NOTA: Não estão incluídas nos percentuais acima, as despesas de promoção e publicidade em geral.
       ADMINISTRAÇÃO DE CONDOMÍNIOS
       Sobre o arrecadado pelo condomínio mensalmente – 5% a 10%
       COMPRA
       Autorização expressa da procura de imóveis – 6% a 8%
       ATIVOS IMOBILIÁRIOS
       Intermediação de Fundos Imobiliários, cotas de consórcio imobiliário, certificados de recebíveis do
       SFI e outros – 4% a 6%
       PARECERES
       1) Parecer por escrito quanto à comercialização de imóvel. Sobre o valor apresentado mínimo – **1%**
       2) Parecer verbal quanto à operações imobiliárias. A partir do valor de 1 (uma) anuidade vigente do
       CRECI-2ª Região.

ante diz respeito à exclusividade.

Problema int... com o atual Código Civil (art. 726), se for concedida a exclusividade
É que, de ...esmo que este não participe da mediação do negócio, será devida a
algum cor... for provada a sua ociosidade ou inércia. Em outras palavras, havendo
comissão, ... corretor simplesmente apresentou ou indicou as partes, fará jus à co-
exclusivi... e não tenha participação efetiva no fechamento do negócio.

...faz jus, ainda, à comissão, mesmo após o término do contrato, com ou
missão...de, se o fechamento do negócio se deu em razão de sua anterior mediação
... art. 727).

...se lembrar que o contrato não é o papel, o instrumento que às vezes materializa
... tal sorte que basta o acordo de vontades para que haja contrato de corretagem.

...alquer forma, a conclusão do negócio jurídico de mediação (corretagem) que dá
...issão, se realiza em etapas.

...os a elas.

Primeira etapa: a aproximação das partes

A primeira etapa para formação do contrato de corretagem é a aproximação das partes.

É comum que o interessado na venda incumba um corretor para vender seu imóvel,
...upando-se das vicissitudes de tratar com diversos interessados, marcar visitas, esclarecer
...s detalhes etc.

Igualmente comum é a hipótese de o comprador incumbir um corretor de localizar
o imóvel de acordo com as características que fornece, poupando-se da tarefa de visitar
inúmeros imóveis.

De fato, a atividade do corretor se inicia com a oferta do imóvel de acordo com o
negócio a ele confiado, oferta essa que se dá ao público em geral por meio de anúncios ou
aos seus clientes habituais, bem como, na segunda hipótese, com a procura do imóvel de
acordo com as instruções recebidas do pretendente.

Em razão da sua atividade, surgindo um interessado ou localizando o imóvel, o corretor leva a efeito a intermediação, aproximando as partes, e realizando as tratativas iniciais.

No REsp 1.183.324, a Ministra Nancy Andrighi sustentou que é praxe o pagamento de
pequeno sinal nos negócios imobiliários, passando as partes, antes da contratação, a solicitar
as certidões umas das outras a fim de verificar a conveniência de celebrar o contrato em
razão de eventuais riscos de inadimplemento, inadequação documental do imóvel ou até
de evicção, o que se encontra na primeira fase que citamos, das tratativas, de tal sorte que
a não realização do negócio por força do conteúdo de uma dessas certidões implica mera
desistência, não arrependimento, o que torna inexigível a comissão, ou mais propriamente
os honorários decorrentes da corretagem.

Eis o que argumentou a Ministra: "Na hipótese dos autos, nada indica que a aproximação das partes resultou, efetivamente, na definição quanto à realização do negócio, com
posterior arrependimento. O que o comprador fez foi depositar um sinal para garantia da
negociação para, ato contínuo, solicitar as certidões de distribuição do vendedor, a serem
analisadas. E foi na análise dessas certidões que, ainda na fase de tratativas iniciais, o potencial
comprador desistiu do negócio. Vale frisar que o sinal depositado correspondia a menos de
5% do preço sobre o qual discutiam as partes e que, na praxe dos negócios imobiliários,
esse sinal não tem o alcance de tornar irretratável o negócio, como pretende o recorrente.
Trata-se, portanto, da desistência de um contrato em negociação, e não do arrependimento
quanto a um contrato fechado. A norma do art. 725, parte final, portanto, não incide".

Evidentemente que esse arrependimento é o arrependimento imotivado. Por exemplo: "desisto do negócio porque mudei de ideia".

Em situações excepcionais, a comissão pode ser deferida em razão do abuso do direito de desistir, quando nenhuma justificativa plausível é apresentada, mesmo antes da conclusão do contrato:

Tribunal de Justiça de São Paulo. Apelação com revisão n° 869.545-00/0. Mediação – comissão de corretagem – cobrança – proposta aceita pelo interessado adquirente – aproximação exitosa frustrada pela desistência motivada do proponente à última hora – comissão devida. Restou fartamente comprovado nesta causa que a apelante autorizou a intermediação da venda do imóvel, que as partes estabeleceram o percentual relativo à remuneração pela execução do trabalho, de forma expressa, ainda que não fosse efetivado o negócio em caso de desistência, ficando o desistente obrigado pela corretagem e, que, por fim que a aproximação das partes seu deu em virtude do trabalho realizado pelo corretor, requisitos indispensáveis para que apelada fizesse jus à comissão contratada, sendo certo ainda, que o negócio revelou-se frustrado por decisão imotivada da proponente à última hora. Recurso não provido.

Afirmou o relator, Desembargador Amorim Cantuária: "Se é verdade que o contrato de mediação em corretagem de imóveis, por sua inegável natureza *sui generis*, somente se aperfeiçoa com o resultado final útil, conseguido com a concretização da venda, há casos excepcionais em que este rigorismo pode e deve, em nome do justo e razoável, ser abrandado".

Nesse julgado, observou-se que foi concedida a exclusividade e obtido o negócio por valor superior ao pretendido, havendo desistência imotivada, como afirma o relatório: "Nestas condições a apelada foi surpreendida, porquanto ao noticiar à apelante-vendedora da existência de pessoa interessada no negócio, que assinara a proposta de compra, por valor superior ao inicialmente pretendido, tendo emitido cheque de RS 10.000,00 como sinal e início de pagamento, a proprietária, imotivadamente disse que não concordava com o negócio, desistindo da venda".

Outros julgados sustentam posições semelhantes:

Segundo Tribunal de Alçada Civil de São Paulo. Mediação – comissão de corretagem – cobrança – proposta aceita – desistência do proponente – pagamento da verba – cláusula expressa nesse sentido – admissibilidade. A desistência imotivada do proponente, uma vez aceita a proposta, não o isenta do pagamento da comissão ajustada, máxime quando há cláusula expressa nesse sentido (Apel. n° 517.374, 1ª Câm., Rel. Juiz Renato Sartorelli, 04.05.1998. Referência: Carvalho Neto, Contrato de Mediação, 3ª ed., Ed. Jalovi, p. 157).

Segundo Tribunal de Alçada Civil de São Paulo. Mediação – comissão de corretagem – cobrança – intermediação – negócio desfeito por vontade das partes – verba devida – cabimento. É devida a comissão de corretagem, nos termos do disposto no art. 725 do Código Civil, se, após terem as partes celebrado compromisso de compra e venda do imóvel, resolvem desfazê-lo por sua própria vontade (Apel. c/ Rev. n° 651.599-00/3, 5ª Câm., Rel. Juiz Luís de Carvalho, j. 10.03.04).

Se o arrependimento for motivado, como, pelo arrependimento do comprador que descobre que o imóvel está infestado por cupins de solo ou, ainda, a inviabilidade de o negócio se verificar por culpa do próprio corretor, que deveria agir com diligência (Código Civil, art. 723), informando as partes e agindo de boa-fé, resta evidente que nenhuma comissão será devida.

Tribunal de Justiça de São Paulo. Ação de cobrança – Compromisso de compra e venda – Comissão de Corretagem – Adquirente que deixa de pagar a comissão de corretagem pactuada quando da assinatura do compromisso de compra e venda de unidade de empreendimento imobiliário – Sentença de procedência fundada no resultado útil do negócio, que obriga o pagamento da comissão de corretagem independentemente de distrato posterior – Consumidor que prova que o desfazimento do negócio foi motivado pela má prestação dos serviços da vendedora e da imobiliária – Corretora que descumpre a obrigação de apresentar os cheques ao sistema bancário somente nas datas aprazadas – Antecipação que implicou negativação do nome do adquirente e posterior incapacidade financeira de cumprir o contrato de aquisição do imóvel, que foi desfeito com o vendedor – Comissão de corretagem indevida na hipótese – Boa-fé contratual que deve nortear todas as fases do negócio – apelação provida. (Apelação 0012855-78.2013.8.26.0576 – Relator(a): Alexandre Coelho; Comarca: São José do Rio Preto; 8ª Câmara de Direito Privado; Data do julgamento: 22.03.2017; Data de registro: 23.03.2017).

O STJ já decidiu que a comissão não é devida nos casos em que há arrependimento motivado pela descoberta de riscos jurídicos de fraude contra credores ou à execução ou de problemas estruturais no imóvel, ainda que o compromisso tenha sido firmado, impondo aos corretores o dever de diligência quanto à pesquisa da situação financeira do vendedor, inclusive protestos e distribuição de ações (STJ, REsp 1364574).

Em resumo, se o corretor provar que aproximou as partes, levando a efeito as tratativas, a proposta e, por fim, obteve a aceitação e conclusão do contrato, esgotando inteiramente a sua participação e, depois, sem motivo plausível, uma das partes desiste do negócio ou ele é desfeito pelo descumprimento das obrigações por qualquer das partes, a comissão é devida; todavia, se a desistência é motivada, ainda que o contrato já tenha sido firmado, nenhum valor é devido a título de comissão.

Sendo assim, não havendo motivo plausível para a desistência, a tarefa do corretor, ou seja, a mediação, chegou ao final nos termos da lei e da vontade das partes, não podendo o corretor responsabilizar-se pelo arrependimento futuro. A uma, porque não seria justo e, principalmente, a duas, porque a lei não empresta suporte a outra conclusão.

Assim, se o negócio não é concluído, ou seja, se o acordo de vontades não se ultima, em regra, o corretor não faz jus ao recebimento da remuneração.

Todavia, se obtém o acordo de vontades e o negócio deixa de ser realizado sem motivo justificável, o corretor receberá em razão de concluir o seu mister, ou seja, conseguir a conclusão do contrato ou, em casos extremos, a conclusão do negócio mesmo sem a obtenção do contrato, quando a desistência se aproxima do abuso de direito, consubstanciado no exercício irregular daquele que contratou o corretor, faltando com a boa-fé, fazendo que o corretor consiga o negócio e se depare com a desistência sem qualquer motivo plausível às portas da celebração do contrato.

6.5. A DISPENSA E A PARTICIPAÇÃO DE MAIS DE UM CORRETOR

De acordo com o Código Civil:

> *Art. 727. Se, por não haver prazo determinado, o dono do negócio dispensar o corretor, e o negócio se realizar posteriormente, como fruto da sua mediação, a corretagem lhe será devida; igual solução se adotará se o negócio se realizar após a decorrência do prazo contratual, mas por efeito dos trabalhos do corretor.*

Sendo com exclusividade ou não, se o responsável pelo imóvel dispensar o corretor e, ao depois, firmar o contrato por conta própria, pagará a comissão.

Trata-se de má-fé do dono do negócio.

São casos em que o negócio só foi possível, só teve a sua origem, em razão dos esforços empreendidos pelo corretor, de tal sorte que é ilícita a dispensa com o intuito de economizar a comissão que é a justa paga pelo seu trabalho.

Nesse sentido:

Tribunal de Justiça de São Paulo. *Mediação – Cobrança – Comissão de corretagem – Intermediação – Resultado útil – Não participação do corretor na conclusão do negócio, realizado diretamente entre o proprietário do imóvel e os compradores – Irrelevância – Negócio fechado pouco tempo depois diretamente entre os vendedores e o comprador indicado – Eficácia da intermediação – Direito à comissão combinada – Sentença de procedência mantida – Recurso improvido (Apelação Com Revisão 855243400, Rel. Claret de Almeida, Jacareí, Data do julgamento: 30.11.2005, Data de registro: 02.12.2005).*

Tribunal de Justiça de São Paulo. *Corretagem. Ação de cobrança. Sentença de procedência. Apelo dos réus. Cerceamento de defesa. Inocorrência. Documentação dos autos suficiente para o deslinde da controvérsia, sendo desnecessária a produção da prova oral pretendida. Alegação de má prestação de serviços pelo corretor,* com base em elaboração da minuta do contrato, que não se sustenta. Auto encaminhava nova minuta aos réus por e-mail. Dispensa do autor às vésperas d' vendedores já confirmada, na qual poderiam ser discutidas as reais condições d a minuta do contrato definitivo. Curto lapso temporal de seis meses, compr corretor e a realização da negociação diretamente entre compradores e vende a suspensão da venda por motivo de doença na família dos vendedores. Aprox corretor. Comissão de corretagem devida. Descabida a alegação de ausência de exclusividade, porquanto o negócio não foi realizado por intermédio de outro o corretor estava irregular perante a sua inscrição no órgão de classe. Descabi anualmente, que estava para vencer em data contemporânea às tratativas. Novo com a inicial, que demonstra que o autor mantém a renovação anual regularmente provido (Apelação Cível 1011131-82.2019.8.26.0003; Rel. Carlos Dias Motta, 26ª Câm 3ª Vara Cível; j. 03.09.2020).[11]

Por outro lado, é possível que o negócio tenha sua origem com um co com outro.

Se o negócio se concretiza em razão da participação de mais de um co são é dividida em partes iguais, independentemente da participação maio. outro, salvo se houver, entre os corretores, ajuste em sentido contrário est percentual maior para um deles nos exatos termos do art. 728 do Código C

Art. 728. Se o negócio se concluir com a intermediação de mais de u remuneração será paga a todos em partes iguais, salvo ajuste em contrário.

Explicam Gustavo Tepedino, Heloisa Helena Barboza e Maria Celina Bodin "Ao contrário da regra prevista no art. 726, incidente na hipótese de exclusividu o dispositivo em tela da mediação exercida por pluralidade de corretores, que interve. conclusão do negócio definitivo. Afastada a exclusividade e uma vez verificado o concurso vários corretores para a obtenção do negócio, impõe-se a divisão igualitária da remuneraçã por todos eles. Nada impede, evidentemente, que as partes estipulem de forma diversa."[12]

Nesse sentido:

Tribunal de Justiça de São Paulo. Processual Civil e Civil. Ação de cobrança de comissão de corretagem. Intermediação da imobiliária. Venda realizada posteriormente por outra corretora. Ausência de pagamento. Resultado útil comprovado. Honorários devidos. Ação de improcedência. Descabimento. Intelecção do art. 728 do Código Civil. Recurso parcialmente provido. Mais do que a mera aproximação, as provas produzidas nos autos comprovaram a atuação da preposta da autora como intermediadora na venda e compra do imóvel. Demais disso, resultou incontroverso o fato de que a autora nada recebeu a título de remuneração de seu trabalho de aproximação útil das partes. A inexistência de contrato de exclusividade e a concretização da venda por outra imobiliária não afastam seu direito aos honorários de corretagem que, porém, devem atender a lógica do razoável (Apelação 0000296-42.2009.8.26.0152, Rel. Adilson de Araújo, 31ª Câmara de Direito Privado, j. 08.02.2011).

Explica o relator que no caso em testilha, conclui-se que a autora mediou, de alguma forma, para que o negócio se realizasse, já que houve êxito após a aproximação das partes pela preposta da apelante. Assim, pouco importa a inexistência de contrato de exclusividade, como também a obtenção do resultado final através de outra imobiliária. Configurado, portanto, o direito à percepção da comissão da corretagem pela parte autora. Na espécie, contudo, a

---

[11] No mesmo sentido: Mediação – Comissão de corretagem – Cobrança – negociação completada após lapso de tempo – Concretização sem a presença do corretor – Utilidade da intermediação – Cabimento. É devida a comissão de corretagem, nos termos do disposto no art. 727 do Código Civil, se, por não haver prazo determinado, o dono do negócio dispensar o corretor, e o negócio se realizar posteriormente, como fruto de sua mediação (Segundo TACCiv/SP, Apel. s/ Rev. nº 656.503-00/2, 5ª Câm., Rel. Juiz Luís de Carvalho, j. 10.03.04).

[12] Gustavo Tepedino, Heloisa Helena Barboza e Maria Celina Bodin de Moraes. Código Civil Interpretado, Vol. II. Rio de Janeiro: Editora Renovar, p. 514-515.

...ento de tal direito, impõe-se a realização de um juízo de ponderação, despeito do reconh...pleiteada para 3,5%, visto que a autora não demonstrou de forma idônea reduzindo a com... houve contratação do percentual de remuneração pelos serviços exitosos.

e indene de d...esmo que o contrato tenha sido alcançado por outro corretor, o julgado ...lo Código Civil, reconhecendo a aproximação útil e, portanto, a participação

Em r... antes do fechamento do negócio. Trata-se de prestígio à boa-fé que deve aplicou...os jurídicos, de tal sorte que o vendedor, que normalmente paga a comissão, de ou... para fazer a divisão quando mais de um corretor intermediou o negócio:

> ...de Justiça de São Paulo. Comissão de corretagem. Cobrança. Intermediação de venda de imóvel.
> ...gada parcialmente procedente. (...). Comprovada a intermediação para a venda do imóvel, não
> ...a em razão de desistência. Posterior venda do imóvel à mesma compradora, ainda que por intermédio
> ...ro corretor, que não afasta o trabalho já realizado pela autora. Comissão devida. Sentença mantida.
> ...so parcialmente provido (Apelação Cível 1000352-65.2018.8.26.0177, Rel. Francisco Occhiuto Júnior, 32ª
> ...ara de Direito Privado, j. 24.08.2020).

...osta assim a questão, é sempre conveniente constar, no contrato referente à comercia-...ão do imóvel ou na escritura, que o titular do imóvel colha, do adquirente, declaração ...ão ter tido contato com outro corretor, além daquele que participou da fase final de ...hamento, sob pena de ter que pagar comissão ao primeiro corretor, reclamante da comissão.

Foi assim que se decidiu no seguinte caso:

> **Tribunal de Justiça de São Paulo.** *Mediação – Cobrança – Cerceamento de defesa – Inocorrência – Legitimidades ativa e passiva reconhecidas – Prova documental comprobatória da relação jurídica existente entre as partes – Preliminares rejeitadas – Transação imobiliária concretizada por força da intermediação desenvolvida pela autora – Resultado útil do negócio que implica o pagamento da remuneração à profissional – Comissão de corretagem devida – Compra e venda concluída mediante o trabalho de mais de um corretor – Remuneração paga a todos em partes iguais (CC, art. 728) – Sentença de procedência mantida – Recursos improvidos (Apelação 0026130-87.2008.8.26.0344, Rel. Andreatta Rizzo, 26ª Câmara de Direito Privado, j. 11.05.2011).*

Consignou o voto: *Consoante o disposto no artigo 728, do Código Civil, se o negócio for concluído mediante o trabalho de mais de um corretor, a remuneração será paga a todos em partes iguais. Portanto, considerando que as rés pagaram à terceira pessoa mencionada a comissão correspondente a cerca de 5% do negócio (fls. 209), a mesma quantia deve ser entregue à demandante, por força do citado dispositivo legal.*

No STJ:

> **Superior Tribunal de Justiça.** *Agravo interno no recurso especial. Civil e processual civil. Ação monitória. Corretagem. Êxito na venda de imóvel. Aproximação entre vendedor e comprador a merecer, também, remuneração, apesar de a venda ter sido finalizada mediante outro profissional. Comissão de corretagem devida. Agravo interno desprovido (AgInt no REsp 1504306/DF, Rel. Min. Paulo de Tarso Sanseverino, Terceira Turma, j. 16.03.2017, DJe 28.03.2017).*

Certo é que em outros julgados, com os quais não concordamos, o mesmo direito e a aplicação do art. 728 do Código Civil não foram reconhecidos, tendo em vista que o segundo corretor conseguiu o negócio em condições diversas da proposta inexitosa do primeiro corretor, o que se observa no seguinte julgado do Tribunal Bandeirante que fundamentou a decisão no art. 727 do Código Civil:

> **Tribunal de Justiça de São Paulo.** *Intermediação – Ação de cobrança – Prova documental que não favorece a tese da inicial, segundo a qual a autora (corretora de imóveis) foi dispensada pelo dono do negócio, sem receber comissão de corretagem, em ofensa ao artigo 727, do Código Civil, já que houve dispensa do corretor e negócio realizado, posteriormente, como fruto de sua mediação – Improcedência mantida – Apelação não provida (Apelação 1152865006, Rel. Romeu Ricupero, 36ª Câmara de Direito Privado, j. 05.02.2009).*

No relatório, consignou o Rel. *Por seu turno, o interessado-comprador, com a recusa do valor oferecido, passou a negociar com outras imobiliárias, sendo que uma delas lhe ofereceu o mesmo imóvel, decorrendo, daí, nova negociação, a qual resultou fora para a aquisição em 21.09.05 (fls. 22 e verso).* Ocorre que, nada obstante, o caso era de aplicar o art. 728 do Código Civil, visto que, a par da dispensa do corretor, outro particular não sendo possível ignorar a aproximação das partes feita pelo primeiro corretor a inexistência de exclusividade. Igualmente:

> **Tribunal de Justiça de São Paulo.** *Apelação Cível – Ação de cobrança – Com venda de imóvel – Sentença que julgou improcedente o pedido – A mera aproximação corretagem por imobiliária das partes contratantes não é suficiente para que lhe seja devida a condizionada pela necessário que haja mediação de valores e busca de resultado útil – Negócio que foi corretagem, atuação eficaz, desde a negociação de valores, de outro corretor, que foi remunerado p* razão de *de contrato de exclusividade na venda – Inteligência do art. 726 do CC. Recurso impl* ausência *1000544-64.2020.8.26.0100; Rel. Francisco Carlos Inouye Shintate, 29ª Câmara de Direito* Cível *Cível, 24ª Vara Cível, j. 02.10.2020).*[13] entral

É preciso observar que não se admite, com a aplicação do art. 728 d a simulação.

Se, ladinamente, buscando burlar a obrigação de pagar a comissão, o vend de outro que assume o negócio formalmente e de forma fabulada, o caso é nulidade absoluta que inquina irremediavelmente o negócio (Código Civil, ar

Sendo assim, o corretor que iniciou as tratativas fará jus à integralidade a que cobrará do seu cliente.

Em suma, com a dispensa do corretor, vislumbram-se três soluções disti pender dos fatos.

Primeira solução encontrada na jurisprudência: aproximação do primeiro remunerada sempre que o negócio, com um segundo corretor, se aproximar muito a negociado pelo primeiro, aplicando-se o art. 727 do Código Civil:

> **Tribunal de Justiça de São Paulo.** *Apelação. Corretagem. Ação de cobrança. Comissão de corretagem. Sentença de procedência. Venda de imóvel anteriormente intermediada pela autora. Resultado útil decorrente da aproximação promovida pelos autores. Interesse da compradora pelo imóvel que se configurou desde o início das negociações, inclusive com envio de propostas. Dispensa ulterior, com a contratação de outro corretor, que não retira da autora o direito à comissão. Inteligência do art. 727 do Código Civil. Comissão devida pela integralidade. Sentença mantida. Recurso desprovido (Apelação nº 0074333-24.2012.8.26.0576 – Rel. Azuma Nishi; Comarca: São José do Rio Preto; 27ª Câmara Extraordinária de Direito Privado; j. 03.04.2017; Data de registro: 04.04.2017).*

Segunda solução encontrada pela jurisprudência: indefere-se a comissão ao primeiro corretor quando o negócio foi conseguido por um segundo:

> **Tribunal de Justiça de São Paulo.** *Mediação – Cobrança – Comissão de corretagem – Contrato de resultado – Negócio não concretizado – Verba indevida – Improcedência da ação – Recurso dos autores não provido. O corretor vende o resultado útil de seu trabalho e, consequentemente, só tem direito a receber comissão se sua mediação conduzir à concretização do negócio intermediado. "In casu", ausente a prova no sentido de que houve a intermediação por parte dos autores para o fechamento do negócio (...), que se concretizou por intermédio de outro corretor, indevida é a comissão de corretagem pleiteada (TJSP – Apelação nº 1018621-*

---

[13] *No mesmo sentido: **Tribunal de Justiça de São Paulo**. Apelação Cível. Ação de cobrança. Corretagem. Sentença de improcedência. Aproximação entre vendedor e comprador sem resultado útil. Proposta intermediada pela ré não aceita. Compra e venda de imóvel concretizada por intermédio de outra imobiliária. Proposta distinta à da anterior. Comissão de corretagem paga pela ré. Inexistência de exclusividade para a autora. Comissão indevida. Sentença mantida. Recurso não provido (Apelação 0422860-81.2010.8.26.0000, Rel. Hélio Nogueira, 34ª Câmara de Direito Privado, j. 19.08.2013).*

...ator(a): Paulo Ayrosa; Comarca: São José do Rio Preto; 31ª Câmara de Direito Privado; ...61.2014.8.26.0576 – ...0.10.2015; Data de registro: 21.10.2015).

Data do julgamen...

...encontrada pela jurisprudência: aplicar o art. 728 do Código Civil. Se Terceira sair com a intermediação de mais de um corretor, a remuneração será paga a todos o negócio se artes iguais, salvo ajuste em contrário.

...stiça de São Paulo. Mediação – Cobrança – Cerceamento de defesa – Inocorrência – ...ativa e passiva reconhecidas – Prova documental comprobatória da relação jurídica existente Tribu...s – Preliminares rejeitadas – Transação imobiliária concretizada por força da intermediação Leg...pela autora – Resultado útil do negócio que implica o pagamento da remuneração à profissional e de corretagem devida – Compra e venda concluída mediante o trabalho de mais de um corretor ...ação paga a todos em partes iguais (CC, art. 728) – Sentença de procedência mantida – Recursos ...s (Apelação 0026130-87.2008.8.26.0344 – Rel. Andreatta Rizzo – Comarca: Marília – 26ª Câmara ...o Privado – Data do julgamento: 11.05.2011 – Data de registro: 16.05.2011 – Outros números: ...08720088260344).

QUEM PAGA A COMISSÃO, COMPRADOR OU VENDEDOR? A QUESTÃO DA COMISSÃO PAGA PELO COMPRADOR NOS LANÇAMENTOS IMOBILIÁRIOS ALÉM DO SATI (SERVIÇO DE ASSESSORIA TÉCNICA E IMOBILIÁRIA)

Havia duas correntes sobre a possibilidade de transferir ao adquirente de imóvel, no-amente nos lançamentos, a obrigação de pagar a comissão.

A primeira corrente, que chegou a encontrar larga aceitação, sustentava que o paga-ento da comissão seria sempre incumbência do vendedor, visto que é ele, vendedor, quem ecebe o dinheiro em pagamento do imóvel e, nessa medida, pode separar parte deste para a remuneração do mediador.

Como sustenta Biasi Ruggiero,[14] *uma peculiaridade que cerca o contrato de corretagem é a que ele responsabiliza apenas o vendedor, isentando o comprador do ônus daquele pagamento.*

Ilustra essa corrente, de resto superada, que se apoiava na possibilidade do recebimento de ambos, o aresto do Tribunal de Alçada de São Paulo, que considerou a praxe escandalosa, verdadeiro enriquecimento ilícito: "*É de jurisprudência constituir praxe irregular, senão mesmo imoral, a exigência de assinatura pelo comprador de compromisso pelo qual ele se obriga a pagar ao corretor uma determinada comissão, caso se arrependa ou desista do negócio (RT, 248/513), porque é inadmissível que o corretor contrate ao mesmo tempo com o comprador e o vendedor, para a percepção da corretagem de ambos os lados (RT, 262/500 e 266/534)*".

É comum que das propostas conste que o proponente, atendendo a interesses do me-diador, deve pagar a comissão caso desista do negócio.

Notem que não houve, aí, a conclusão do contrato, o que impede, por conseguinte, a inferência de a comissão ser devida.

Já vimos que é regra geral que o proponente não pode ser responsabilizado pelo pa-gamento do corretor, sobretudo se o negócio não se concretiza (Código Civil, art. 725).

Por outro lado, a segunda corrente, que se saiu vencedora, entende que aquele que con-tratou o corretor deve pagar a comissão, podendo ser tanto o vendedor como o comprador.

De fato, entendemos que é a solução mais adequada e de acordo com o Código Civil.

A definição do art. 722 não permite concluir que apenas o vendedor pague a comissão.

Muito pelo contrário.

---

[14] Ob. cit., p. 175.

Esse dispositivo define o contrato de corretagem como aquele contrato em que uma pessoa se obriga, sem vínculo de dependência, mandato ou de prestação de serviços, a conseguir um ou mais negócios para quem o contratou, de acordo com as instruções recebidas.

Nessa medida, nada impede que o contratante seja o próprio comprador, interessado na aquisição de imóvel com determinadas características, preço etc.

É evidente que essa mesma incumbência pode ter sido conferida ao mediador pelo vendedor.

Nesses casos, caberá ao magistrado aferir a boa-fé objetiva do mediador, preconizada nos arts. 113 e 422 do Código Civil.

Assim, se o mediador foi transparente, não escondendo que receberia de ambos e isso lhes pareceu bom, é lícito que cobre a comissão de ambos – vendedor e comprador – na medida em que ambos solicitaram os préstimos do corretor.

Aliás, má-fé seria o contrário, ou seja, depois de estabelecidas as condições do negócio, uma das partes, normalmente o comprador, se insurgir contra o pagamento da comissão que assentiu pagar quando procurou o corretor para que buscasse imóvel de acordo com suas instruções.

Sendo assim, com o devido respeito a quem pensa diversamente, entendemos que essa foi a *mens legis* a teor do que dispõe o Código Civil (Lei 10.406/2002), que tratou do contrato de corretagem especificamente, junto com os contratos nominados.

Na mesma medida, em judiciosa decisão, se houver permuta, ambos devem remunerar o corretor:

Segundo Tribunal de Alçada Civil. Mediação – Comissão de corretagem – Permuta de imóveis – Intermediação de um só corretor – Remuneração pelos proprietários na proporção do preço de cada imóvel – Admissibilidade. Por se tratar a permuta de negócio jurídico complexo, em que a mediação surte efeito para ambas as partes na alienação do imóvel respectivo, emerge efetivo benefício tanto a uma quanto a outra, o que faz com que a aproximação eficiente deva ser remunerada pelas duas, na proporção do preço de cada imóvel (Apel. s/ Rev. nº 671.018-00/0, 1ª Câm., Rel. Juiz Prado Pereira, j. 10.02.2004).

Outro ponto que merece análise é a questão, muito comum, envolvendo as construtoras que, nos lançamentos, incumbem o comprador de pagar a comissão.

Haveria ilegalidade na praxe?

Hoje, o assunto encontra-se pacificado por decisões do Superior Tribunal de Justiça de acordo com a sistemática de julgamento de recursos repetitivos, e mesmo nas edições anteriores deste livro sustentei que não havia – como não há – ilegalidade se a questão ficou clara para o comprador, notadamente se, do valor do imóvel efetivamente acertado entre as partes, descontou-se o valor devido a título de comissão de corretagem, pago pelo adquirente diretamente aos corretores, e somente o saldo foi colocado no contrato, o que se prova por intermédio da proposta, da planilha, do próprio contrato ou de outro documento inequívoco assinado pelo comprador.

A jurisprudência do Tribunal de Justiça de São Paulo, embora estivesse dividida, vinha emprestando validade à praxe contratual, negando o pedido de restituição do que foi pago a título de comissão, nos termos extraídos do teor dos seguintes votos condutores:[15]

---

[15] No mesmo sentido, exigindo transparência, o voto do Desembargador Neves Amorim, que deferiu a devolução na medida em que o valor da comissão não constava do contrato, não sendo possível aferir se a proposta, no caso, mencionava o preço e o desconto da comissão: *Tribunal de Justiça de São Paulo. Compra e venda – Ação repetição de indébito – Relação de consumo caracterizada – Aplicação do CDC – Comissão de corretagem – Valores que não integraram o preço do imóvel e que devem ser suportados pelo vendedor – Devolução simples devida (art. 42, parágrafo único, do CDC) – Sucumbência*

Tribunal de Justiça de São Paulo. *O costume é que a corretora pessoa jurídica receba a comissão sobre a venda e ela, em seguida, faça internamente o rateio proporcional, retendo para si uma parte, e o restante distribuído entre os profissionais que participaram do negócio. Desta forma, da comissão total, no valor de R$ 42.807,15 e que integram o preço do imóvel, no importe de R$ 1.306.950,00, ficou assim distribuída a comissão: R$ 24.559,07 para a ré (...), R$ 13.652,00 para a corretora (...), e R$ 4.556,08 para a corretora (...). O que ocorreu, no caso concreto, foi o encurtamento da distância que o valor da comissão teria que percorrer até os seus destinatários se tivesse que ser pago pela vendedora. O comprador, pagando a comissão diretamente aos profissionais e à (...) de forma desmembrada, agilizou a remuneração dos serviços prestados por todos os envolvidos no negócio. Por motivos de ajuste entre a vendedora (...) e a corretora (...), foram estipulados os pagamentos da forma como narrado, não havendo nada de irregular. Afinal, de qualquer maneira, a comissão sempre é paga pelo comprador, seja indireta ou diretamente como no caso, pois seu custo é embutido no preço do imóvel (Apelação com Revisão nº 367.321.4/7-00, 7ª Câmara de Direito Privado, Rel. Des. Élcio Trujilo, j. 11.11.2009).*

Tribunal de Justiça de São Paulo. *Em verdade, a comissão é devida pelo vendedor, mas quem paga, ao final, é o comprador, porque ela vem embutida no preço. Nada obsta, no entanto, que ela venha a ser destacada e seja transferida (expressamente) ao comprador, como parte do preço. Essa prática não é incomum e tem, evidentemente, razões fiscais (Apelação nº 0131555-88.2010.8.26.0100, 7ª Câmara de Direito Privado, Rel. Des. Luiz Antonio Costa, j. 07.02.2012).*

---

recíproca – Sentença modificada (Apelação 4002913-20.2013.8.26.0554, 2ª Câmara de Direito Privado, Desembargador Neves Amorim, j. 18.09.2014). Em sentido contrário, antes de o assunto ser enfrentado pelo STJ, encontramos o seguinte acórdão, entre outros: *Tribunal de Justiça de São Paulo. Compromisso de compra e venda. Ressarcimento do valor pago pela corretagem e pela assessoria imobiliária, cuja responsabilidade, no caso, é da promitente, tratando-se de despesas para comercialização em massa de imóveis. Abusividade do repasse ao consumidor. Venda casada e falta de adequada informação. Devolução que era mesmo de rigor. Sentença reformada. Recurso da ré desprovido, provido o adesivo dos autores. A corretagem encerra ajuste firmado entre o corretor e seu cliente, nem necessariamente o vendedor ou o comprador, quando se trata de intermediação imobiliária. E quem paga a comissão, a rigor, evidentemente é aquele que contratou o corretor (Apelação 1035695-38.2013.8.26.0100, Rel. Claudio Godoy, 1ª Câmara de Direito Privado, j. 16.09.2014)*.

Justificou o Rel. "*No caso, não há dúvida de que a imobiliária tenha sido contratada pela fornecedora para promover o empreendimento e as vendas das unidades. Portanto, tem-se despesa que é da alienante, e não do adquirente.*" "*Certo que não se impediria, em regra, o ajuste para que o mesmo pagamento ao comprador se transferisse. Mas não cabe olvidar ter-se, na espécie, relação de consumo, em que nada a respeito se ajusta, senão se impõe ao consumidor. E, pior, como condição a que possa consumar a compra da unidade. Aí, justamente, a venda casada.*"

"*Note-se que à sua configuração não é preciso que o serviço ou produto imposto como condição ao fornecimento seja do mesmo fornecedor, podendo ser de um seu parceiro, como no caso em tela e em outros, tal qual o do seguro habitacional em contrato de financiamento, somente contratável com determinada seguradora, a que faz alusão exemplificativa Cláudia Lima Marques (Contratos no CDC, RT, 6. ed., p. 843-844), ou o da entrada no cinema só com produtos comprados de certo comerciante, agora na exemplificação de Bruno Miragem (Direito do consumidor, RT, 2008, p. 187).*" "*O que importa é a constatação de que 'o fornecedor nega-se a fornecer o produto ou o serviço, a não ser que o consumidor concorde em adquirir também um outro produto ou serviço' (Antônio Herman Benjamin, CDC comentado pelos autores, Forense, 10. ed., v. I, p. 382). E não se há de negar que, ao menos ao consumidor comum, outro caminho não há para adquirir unidade lançada, como na espécie, senão por meio da imobiliária cujos prepostos o atendem e, na hipótese, no stand de vendas.*" "*Mas aí outro dado a realçar. Não há, propriamente, serviço de intermediação prestado, de aproximação útil que caracteriza a atividade do corretor. Antes, há a adesão a uma oferta pública a que o fornecedor procede por meio de sua parceira contratual, portanto a quem entrega esta incumbência. A bem dizer, a imobiliária age, aos olhos do consumidor, como se fosse realmente uma preposta ou representante da fornecedora (art. 34 do CDC). Aliás, tanto assim que, não raro, já recebe o cheque relativo ao sinal.*" "*Dir-se-á que, de todo modo, sempre a fornecedora poderia repassar ao consumidor o custo havido com a imobiliária, inserido no preço da unidade. Mas que então assim se faça, e com todas as devidas consequências daí derivadas. Pense-se, por exemplo, no ônus de, em mercado concorrencial, oferecer unidade a preço maior, o que, inclusive, poderia levar a fornecedora a negociar condições menos onerosas com a imobiliária. Nem se olvide que, por vantagem fiscal que a prática possa representar à vendedora, isenta da entrada do valor da comissão, inserido no preço, como receita sua, não se há de impor ao consumidor contratação obrigatória com a imobiliária e, pior, contra a lei.*"

Tribunal de Justiça de São Paulo. (...) Remuneração da comissão de corretagem. Abusividade da cláusula não reconhecida. Hipótese que não configura venda casada, nos termos do artigo 39, I, do Código de Defesa do Consumidor. Remuneração devida. (...) (Apelação 1010211-42.2014.8.26.0405, Rel. Hamid Bdine, 4ª Câmara de Direito Privado, j. 25.06.2015).

Nesses casos, a transferência da obrigação para o comprador, transparente e respeitando a boa-fé que deve permear os negócios jurídicos, não lhe traz qualquer prejuízo, sendo conveniente que, além da proposta clara, conste a circunstância da oferta, da publicidade e do contrato.

Resta evidente que o vendedor suporta o pagamento da comissão pela intermediação do negócio, o que faz pelo desconto operado no valor aceito na proposta e, em razão do poder negocial das partes e da autonomia da vontade, nada impede que o comprador assuma o pagamento mediante desconto no preço.

Aliás, esta é praxe corrente no mercado e nada tem de ilegal desde que dada ciência ao adquirente, não sendo possível aceitar afirmação de erro ou pressão, não só porque é dever do adquirente ler o que assina, presumindo-se tenha ele tirocínio suficiente para compreender o teor das cláusulas do instrumento que pactuou e da proposta que firmou na medida em que adquire imóvel, fato não corriqueiro e que, por si só, já reclama maior atenção daquele que manifesta a vontade negocial.

O simples fato de se tratar, no mais das vezes, de contrato de adesão não torna as cláusulas abusivas, tampouco extirpa a livre manifestação volitiva do adquirente, que pode aderir ou não, sendo perfeitamente possível que procure outro empreendimento, cujas disposições contratuais se mostrem, a seu ver, mais justas.

Assim, conclusão diversa daquela que ora adotamos – e já adotávamos antes de o assunto ser julgado pelo STJ na sistemática dos recursos repetitivos – reclamaria cabal demonstração, pelo adquirente, de eventual abuso.

Portanto, se a atividade do corretor chegou a bom termo com a conclusão do negócio, notadamente porque o mediador mantém local e funcionários especializados para atendimento ao público, não há vício em destacar, do valor aceito pelo adquirente, aquele destinado ao pagamento do corretor (ou mediador), notadamente se o imóvel foi vendido pelo preço acertado entre as partes.

Não impressiona o argumento segundo o qual, em eventual resolução, o adquirente não poderia reclamar essas verbas da construtora ou incorporadora, já que não incluídas no contrato.

Ora, se a culpa pela resolução não for imputada à vendedora, não há mesmo que se determinar a devolução desses valores pagos a título de comissão de corretagem porque, de qualquer maneira, seriam computados como prejuízos do promitente vendedor, que devem ser carreados ao adquirente inadimplente.

No mesmo sentido dos julgados já mencionados, é possível colacionar, ainda, os seguintes:

Tribunal de Justiça de São Paulo. Repetição de indébito. Compromisso de compra e venda. Compradora pretende devolução em dobro dos valores pagos a título de comissão para imobiliária. Ausência de irregularidade na cobrança acertada entre as partes. Sentença de improcedência. Recurso contra essa decisão, desprovido (AC 9139228-27.2006.8.26.0000, Rel. Des. Teixeira Leite, 4ª Câmara de Direito Privado, j. 08.04.2010).

Tribunal de Justiça de São Paulo. Compromisso de compra e venda. Imóvel. Ação ordinária com pedido de declaração de nulidade c.c. repetição de indébito e abatimento de valores. Sentença de parcial procedência. Simulação maliciosa. Ato bilateral. Impossibilidade de arguir o defeito ou alegá-lo em litígio de uma contra a outra parte (Código Civil de 1916, art. 104). Coação não demonstrada. Elementos dos autos que comprovam o pagamento voluntário dos valores pelo comprador. A má-fé não se presume, sendo ineficaz sua mera alegação. CC/1916, arts. 964 a 971 (CC/2002, arts. 876 a 883). Inaplicabilidade. Ausência de indébito. Comissão de corretagem imobiliária. Pagamento pelo comprador. Quitação dada pela intermediadora mediante desconto nos valores repassados à vendedora. Abatimento indevido. Ação improcedente. Sentença reformada. Redistribuição dos ônus da sucumbência. Recurso da ré provido e recurso do autor desprovido (Voto n. 17061, Apelação nº 489.667.4/5-00/SP, j. 11.03.2008).

Tribunal de Justiça de São Paulo. *Compromisso de compra e venda. Atraso inequívoco na entrega do imóvel adquirido pelo autor. Inexistência de justificativas razoáveis para a demora. Falta de mão de obra ou material constituem fatos imputáveis ao empreendedor, previsíveis e evitáveis. Circunstâncias que, além de não comprovadas, não caracterizam força maior, no máximo fortuito interno. Dever das rés de indenizar os danos materiais experimentados pelo autor, correspondentes aos aluguéis do imóvel durante o período de atraso. Cláusula de tolerância relativa à data de entrega do imóvel não é abusiva. Inocorrência de danos morais no caso em tela. Prejuízos de ordem extrapatrimonial não defluem de modo automático do inadimplemento, exigem descrição clara e objetiva dos sentimentos negativos do adquirente. Correta a alteração do índice de correção do saldo devedor durante o atraso INCC tem a função de resguardar o construtor de súbitas altas no preço de materiais de construção, e atraso injustificado nas obras permite a transferência do risco da autora à ré. Substituição pelo IGP-M, índice escolhido pelas partes para correção após a entrega das chaves. Inocorrência de prescrição da pretensão ao ressarcimento de comissão de corretagem e taxa SATI. Comissão de corretagem devida. Inexistência de direito do demandante à devolução dos respectivos valores pagos. Indevida a cobrança de taxa por assessoria técnico-imobiliária, sem comprovação do serviço útil prestado. Dever das rés de restituir de modo simples os valores pagos a este título. Recursos parcialmente providos (Apelação 4014042-42.2013.8.26.0224, Rel. Francisco Loureiro, 6ª Câmara de Direito Privado, j. 19.09.2014).*

Justificou o relator deste último, com o que concordamos:

"Não resta a menor dúvida de que os serviços de corretagem em empreendimentos vendidos na planta abrangem também serviços de promoção de venda e são contratados pelo empreendedor, nunca pelo promitente comprador."

"O promitente comprador dirige-se ao *stand* de vendas da empreendedora e lá se depara com profissionais contratados e treinados pela incorporadora para vender aquele determinado produto."

"Óbvio, assim, que se a incorporadora contrata a promoção de vendas e os corretores para lançamento do empreendimento deve remunerá-los, pagando-lhes a devida comissão de corretagem."

"De outro lado, é claro que aludida comissão integrará os custos do empreendimento e será repassada, direta ou indiretamente, aos promitentes compradores, pois se encontrará embutida no preço total e final do produto."

"O que faz o contrato é deslocar para o promitente comprador o pagamento direto das despesas de corretagem, ao invés de fazê-lo de modo indireto, mediante inserção de tais despesas no preço total da unidade."

"Em tese, para o promitente comprador, pagar direta ou indiretamente a comissão de corretagem é indiferente em termos econômicos, já que, de um modo ou de outro, tal percentual integrará o preço final da unidade."

"A razão do deslocamento do pagamento para o promitente comprador é a de a incorporadora obter vantagens fiscais, uma vez que o pagamento da comissão do corretor não entrará em seu caixa, e também eventual devolução na hipótese de resolução ou arrependimento do adquirente."

"No caso concreto, contudo, não houve resolução, nem arrependimento, e o contrato foi inteiramente executado de parte a parte, não obstante o atraso na entrega do imóvel, de modo que se presume que promitente comprador recebeu a unidade pronta, e a promitente vendedora o respectivo preço."

"Logo, não vejo dano ao consumidor, uma vez que, como acima dito, os custos com a intermediação de venda serão sempre repassados, direta ou indiretamente, ao promitente comprador da unidade autônoma."

"Em que pese a aplicação do Código de Defesa do Consumidor ao caso concreto, nada há de ilícito na celebração de cláusula contratual nesse sentido, ainda que verbal, vez que dentro da autonomia da vontade conferida aos contratantes."

Em suma, o assunto era polêmico e sujeito a acaloradas discussões doutrinárias e jurisprudenciais.

Mesmo assim, sempre mantive a minha posição nas edições deste livro, sustentando a legalidade da transferência da incumbência de pagar a comissão ao comprador de quem, invariavelmente, sairão os recursos para fazer frente ao custo de intermediação, desde que, constante do contrato ou não, a transferência da incumbência, bem como o preço, sejam informados de forma a permitir a compreensão do adquirente, ainda que seja na proposta.

Não há venda casada. O liame existente entre os negócios de compra e venda e de corretagem resulta da essência do segundo contrato, que é contrato acessório do primeiro, descaracterizando a denominada "venda casada".[16]

Outrossim, quanto ao que se convencionou chamar de SATI (Serviço de Assessoria Técnica e Imobiliária), ou seja, assessoria conferida ao adquirente no ato da aquisição e, às vezes, para obtenção de financiamento, com valores normalmente pequenos se comparados com o negócio, costuma-se sustentar que o comprador não pode ser responsabilizado pelo pagamento por se tratar de venda casada e, bem assim, prática abusiva.

Além disso, o que se costuma observar é a ausência de especificação clara de quais serviços serão prestados sob essa rubrica. Nesses casos, os tribunais têm se manifestado da seguinte forma:

> **Tribunal de Justiça de São Paulo.** *Compra e venda. Atraso na entrega do imóvel. Cláusula que condiciona entrega a financiamento, cuja celebração depende de ato da vendedora. Falta de clareza e potestatividade que caracterizam abusividade (art. 39, inc. XII, CDC). Compradora atrasou entrega de documentos para obtenção de financiamento, mas a finalização deste foi impedida por omissão da própria vendedora. Atraso configurado. Indenização de valor do aluguel por mês de atraso, mais juros e correção. Após término das obras, INCC deve ser substituído por IGPM para atualização de saldo devedor. "Venda casada" de SATI. Abusividade (art. 39, inc. I, CDC). Ressarcimento simples, dada previsão contratual de atribuição de seu pagamento à compradora, o que afasta má-fé. Recibo aponta que apenas vendedora recebeu SATI, devendo a responsabilidade pelo ressarcimento recair unicamente sobre ela, excluindo-se a assessoria de crédito. Recursos da compradora e da vendedora parcialmente providos. Recurso da assessoria de crédito provido (Apelação 4002564-76.2013.8.26.0114, Rel. Luiz Antonio Costa, 7ª Câmara de Direito Privado, j. 10.09.2014).*[17]

A questão relativa ao pagamento da comissão de corretagem – e também da taxa Sati – pelos adquirentes foi afetada para julgamento de recursos repetitivos no Superior Tribunal de Justiça.

---

16 Nesse sentido:
Tribunal de Justiça de São Paulo. *"Compra e venda. Ação de rescisão contratual c.c. repetição de indébito Acordo firmado com a vendedora. Julgamento destinado apenas à discussão quanto à comissão de corretagem Procedência. Inconformismo. Acolhimento. Inteligência dos arts. 724 e 725 do CC Contrato principal firmado. Transferência do encargo que não caracteriza abusividade, por si só. Direito à informação respeitado. Não configurada venda casada. Improcedência. Sentença reformada. Recurso provido"* (Apelação 0008306-04.2013.8.26.0292, Rel. Des. Grava Brazil, j. 21.01.2014).

17 No mesmo sentido: **Tribunal de Justiça de São Paulo.** *Cobrança de serviços de assessoria técnico-imobiliária. Ausência de informação adequada e clara sobre o serviço, contratado por mera nota em proposta de compra. Ausência de clara distinção em relação ao serviço de corretagem. Cobrança indevida. Restituição determinada. Não incidência do art. 42, § único, do Código de Defesa do Consumidor. Sucumbência recíproca. Sentença reformada. Recurso parcialmente provido* (Ap. nº 9212356-17.2005.8.26.0000, Rel. Des. Viviani Nicolau, j. 07.06.2011).
Tribunal de Justiça de São Paulo. *Taxa SATI. Serviço de Assessoria Técnico Imobiliário. Ilegalidade confirmada. Nota inserida na planilha de cálculo sem qualquer discriminação específica quanto ao teor de tais serviços. Desrespeito ao dever de informação prevista no CDC. Cobrança afastada. Direito à restituição simples. Sentença parcialmente reformada. Sucumbência recíproca. Recurso parcialmente provido* (Ap. nº 0145152-90.2011.8.26.0100, Rel. Des. Paulo Alcides, j. 30.08.2012).

Em resumo:

a) **No REsp 1.551.956/SP (2015/0216171-0), tratou-se da incidência de prescrição trienal quanto à pretensão de restituição de valores a título de corretagem e Sati (CC, art. 206, § 3º, IV: "Art. 206. Prescreve: [...] § 3º Em três anos: [...] IV – a pretensão de ressarcimento de enriquecimento sem causa;").**

Para os efeitos do art. 1.040 do CPC foi fixada a seguinte tese: "Incidência da prescrição trienal sobre a pretensão de restituição dos valores pagos a título de comissão de corretagem ou de serviço de assistência técnico-imobiliária (Sati), ou atividade congênere (artigo 206, § 3º, IV, CC)".

Nesse ponto, inúmeros precedentes, anteriores ao julgamento da questão pelo STJ na sistemática de recursos repetitivos, sustentaram que o prazo para o adquirente pleitear a devolução do que pagou a título de comissão e Sati seria de dez anos em razão da inexistência de prazo específico e cuja hipótese não se encaixa nos casos de enriquecimento sem causa ou de reparação civil, cuja prescrição é de três anos (Código Civil, art. 206, § 3º), mas se amoldaria na hipótese de repetição de indébito a atrair o prazo geral decenal (Código Civil, art. 205. TJSP, Apelação 1030446-88.2014.8.26.0224, j. 01.12.2015; Apelação 1099247-40.2014.8.26.0100, j. 18.12.2015).

Outra corrente chegou a ser sustentada no Tribunal de Justiça de São Paulo, admitindo o prazo prescricional quinquenal por fundar a pretensão na cobrança de dívida líquida, constante de instrumento – CC, art. 206, § 5º, I. Entretanto, não se trata de cobrança da dívida, mas de pretensão resolutória.

Seja como for, prevaleceu no Superior Tribunal de Justiça a tese de aplicação do prazo prescricional trienal, contado a partir do pagamento da comissão e da taxa Sati (CC, art. 206, § 3º), tendo em vista que a cobrança, quando ilegal, ou seja, quando a transferência ao comprador não for transparente, enriquece ilicitamente o vendedor.

O STJ fundou sua decisão no entendimento segundo o qual, considerada abusiva a cobrança, depara-se com "enriquecimento sem causa (lícita; enriquecimento por prestação), ainda que entre as partes tenha havido acordo de vontades anterior (causa negocial). Por conseguinte, pretensões dessa natureza (assim como todas aquelas decorrentes de atos unilaterais: promessa de recompensa, arts. 854 e ss.; gestão de negócios, arts. 861 e ss.; pagamento indevido, arts. 876 e ss.; e o próprio enriquecimento sem causa, arts. 884 e ss.) devem se sujeitar ao prazo prescricional trienal, conforme art. 206, § 3º, IV, do CC/2002".

b) **No REsp 1.551.951/SP (2015/0216201-2), ficou assentada a legitimidade passiva da incorporadora para responder pela restituição nas hipóteses em que é cabível, ou seja, quando a transferência da obrigação de pagar a comissão não foi claramente disposta nas tratativas preliminares, proposta ou contrato;**

Para os efeitos do art. 1.040 do CPC foi fixada a seguinte tese: "Legitimidade passiva *ad causam* da incorporadora, na condição de promitente vendedora, para responder a demanda em que é pleiteada pelo promitente comprador a restituição dos valores pagos a título de comissão de corretagem e de taxa de assessoria técnico-imobiliária, alegando-se prática abusiva na transferência desses encargos ao consumidor."

Nesse particular, o STJ justificou a legitimidade, principalmente, com a ideia da solidariedade segundo a qual "a questão suscitada pelos consumidores se limita a estabelecer quem deve assumir o encargo dessa remuneração. Sob a ótica dos consumidores, a corretagem foi contratada pela incorporadora, de modo que esta é quem deveria responder por esse encargo. Por decorrência lógica, para que o encargo recaia sobre a incorporadora, deve-se admitir o ajuizamento da demanda contra esta, ou seja, reconhecer a legitimidade passiva *ad causam*".

Evidentemente só há falar na legitimidade da incorporadora ou da construtora – e, por extensão, de outros vendedores – nos casos em que a restituição é devida, ou seja, quando a transferência da obrigação de pagar a comissão do corretor contratado pelo vendedor não tiver sido comunicada de forma transparente, de boa-fé, pelo vendedor.

c) No REsp 1.599.511/SP (2016/0129715-8), o STJ estabeleceu as condições para a legalidade da transferência da obrigação de pagar a comissão, ou seja, nos termos do aresto, "desde que previamente informado o preço total da aquisição da unidade autônoma, com o destaque do valor da comissão de corretagem", bem como, em regra, a abusividade da cobrança do Sati ou atividade congênere.

Para os efeitos do art. 1.040 do CPC foram fixadas as seguintes teses: "1.1. Validade da cláusula contratual que transfere ao promitente comprador a obrigação de pagar a comissão de corretagem nos contratos de promessa de compra e venda de unidade autônoma em regime de incorporação imobiliária, desde que previamente informado o preço total da aquisição da unidade autônoma, com o destaque do valor da comissão de corretagem; 1.2. Abusividade da cobrança pelo promitente vendedor do serviço de assessoria técnico--imobiliária (Sati), ou atividade congênere, vinculado à celebração de promessa de compra e venda de imóvel."

De fato, a transferência da obrigação de pagar a comissão (ou honorários do corretor) depende da prévia e completa informação.

Em consonância com o acatado, na fundamentação, o STJ deixou claro que "o contrato de corretagem é estabelecido entre o incumbente (ou comitente) e o corretor (ou empresa que atue no ramo de intermediação imobiliária), ao passo que o negócio jurídico principal é celebrado entre o incumbente e o terceiro interessado na realização do negócio. Não há, portanto, relação contratual direta entre o terceiro interessado no negócio e o corretor".

"Naturalmente, como a questão situa-se no plano do Direito privado, pode haver a transferência desse encargo, mediante cláusula expressa no contrato principal, à outra parte interessada no negócio jurídico."

"Pode-se concluir, portanto, que em princípio é válida a cláusula que transfere para o consumidor a obrigação de pagar a comissão de corretagem, exigindo-se apenas transparência nessa atribuição."

Não se descarta a licitude da transferência na proposta, nos termos deste trecho da fundamentação do acórdão:

"Como se verifica, a solução da controvérsia situa-se na fase pré-negocial, englobando as tratativas, a oferta e a aceitação, com ênfase no dever de informação acerca da transferência do dever de pagar a comissão de corretagem ao adquirente antes da celebração do contrato de compra e venda."

Outrossim, explicou-se a motivação dos compradores:

"A grande reclamação dos consumidores, nos processos relativos ao tema em análise, é a alegação da omissão da prestação dessa informação, conforme enfatizado na audiência pública."

"Alega-se que somente após celebrado o contrato, com o pagamento do sinal, é que o consumidor vem a ser informado acerca do custo adicional da comissão de corretagem."

"Essa estratégia de vendas contraria flagrantemente os deveres de informação e de transparência que devem pautar as relações consumo."

"Em tais casos, o consumidor terá assegurado o direito de exigir o cumprimento da proposta pelo preço ofertado, não sendo admitida a cobrança apartada da comissão de corretagem, se não prevista no instrumento contratual."

"Efetivamente, nos termos do disposto no art. 30 do Código de Defesa do Consumidor, toda informação ou publicidade suficientemente precisa vincula o fornecedor, conforme expresso em seu enunciado normativo" Percebe-se que o STJ adotou expressamente as regras estabelecidas pela Portaria 5.107/2014 do Conselho Regional de Corretores de Imóveis do Estado de São Paulo, mencionado no julgado, que estatuiu o seguinte acerca do dever de informação:

Art. 1º Os honorários de corretagem imobiliária, obedecida a tabela de honorários mínimos homologada pelo Creci, podem ser cobrados pelo corretor de imóveis tanto do vendedor ou promitente vendedor quanto do comprador ou promitente comprador, ou de ambos, desde que previamente informados.

Parágrafo único. No caso de serem os honorários de corretagem cobrados do comprador ou promitente comprador, deve ser observado:

a) A publicidade de produto imobiliário levado a comercialização, qualquer que seja a sua modalidade, deve conter informação clara sobre o preço total da transação, que já conterá os honorários de corretagem, a serem abatidos do preço total e pagos diretamente ao corretor, ou corretores, encarregados da mediação;

b) No documento da intermediação imobiliária deve conter cláusula que indique o preço total da transação e a informação de que o valor dos honorários de corretagem, já incluído no preço total da intermediação, será pago diretamente ao corretor, ou corretores, encarregado(s) da intermediação imobiliária.

c) Havendo mais de um corretor de imóveis envolvidos no trabalho de corretagem, cada um deles emitirá, contra o pagador, seu próprio recibo de honorários ou nota fiscal, pelo valor do quinhão que lhe couber na divisão dos honorários.

O STJ fez, entretanto, uma ressalva quanto à questão que envolve eventual evasão fiscal:

"Essas vantagens obtidas pelas incorporadoras, independentemente da verificação da sua licitude do ponto de vista fiscal, não causam prejuízo econômico para os consumidores, pois o custo da corretagem, mesmo nos contratos entre particulares, é normalmente suportado pelo comprador, seja embutido no preço, seja destacado deste."

Em outras palavras, o Superior Tribunal de Justiça lavou as mãos quanto a eventual apuração de evasão fiscal, ou seja, omissão do valor do negócio que pode levar ao pagamento de ITBI menor à Fazenda Municipal e, também, pagamento insuficiente à Fazenda Nacional quanto ao faturamento e quanto às contribuições previdenciárias.

O julgado deixa clara a vantagem na transferência direta da obrigação de pagar a comissão: "Outra vantagem dessa transferência para as incorporadoras seria a redução da base de cálculo dos tributos incidentes sobre a aquisição da unidade imobiliária, como salientado pela Fazenda Nacional em sua manifestação escrita, sob a conotação de evasão fiscal (cf. fl. 1.870 do REsp 1.551.951/SP)."

Eis a manifestação escrita da Fazenda Nacional como *amicus curiae* no REsp 1.551.951/SP e transcrita no acórdão:

"Não se nega que ambos (construtora e comprador) acabam usufruindo dos serviços do corretor, mas, como alguns doutrinadores manifestam-se pelo entendimento de que os serviços devem ser pagos pelo contratante, a Receita Federal, em geral, autua as imobiliárias e construtoras pelo não faturamento de tais valores e pelo não pagamento das contribuições previdenciárias referentes aos corretores."

De minha parte, entendo que há profunda incongruência, tanto na manifestação da Fazenda quanto no tangenciamento da questão pelo STJ.

Isso porque, se a transferência implica evasão fiscal, representa ato ilícito, e, quando não, representa simulação, o que torna o ato nulo.

Se o ato é nulo, o STJ sequer poderia admitir a transferência da incumbência de pagar a comissão (Código Civil, arts. 166, III, VI e VII, c/c os arts. 168, parágrafo único, 167 e 169).

Posta assim a questão, se o entendimento – correto, diga-se de passagem – foi de licitude da transferência transparente da incumbência, o ato não pode ser considerado ilícito, tampouco para fins tributários, inclusive por aplicação extensiva do art. 110 do CTN.

Quanto à abusividade da cobrança do Sati ou atividade congênere, fundou-se no art. 51, IV, do CDC. O julgado ressalvou, em que pese reconhecer a ilegalidade da cobrança, que a "abusividade da Sati não deve implicar enriquecimento sem causa do consumidor, de modo que eventual serviço específico prestado ao consumidor, como eventuais serviços de despachante ou a cobrança de taxas de serviços cartorários, podem ser efetivados".

Deveras, se a assessoria foi contratada de forma clara e em instrumento autônomo, sem qualquer vício, não há motivo para determinar a restituição, o que, aliás, ficou assentado no STJ.

Nesse sentido:

Tribunal de Justiça de São Paulo. Compromisso de compra e venda de imóvel. Ação declaratória de nulidade contratual c/c pedido de restituição de valores e indenização por danos morais. Sati (Serviço de assessoria técnico-judiciária). Assessoria contratada pelo autor em instrumento autônomo, no qual estão devidamente discriminados os serviços que ele estava contratando Inexistência de venda casada. Sentença mantida. Recurso desprovido (Apelação Cível nº 0004893-64.2010.8.26.0008).

Neste julgado, asseverou o Rel. "o que se tem é que o autor realizou a contratação dos serviços da empresa Sati (fls. 36), e ao fazê-lo aceitou a prestação de serviços objeto do contrato, prestação de serviços esta que ficou a sua disposição". Logo, a r. sentença recorrida é muito clara neste ponto, até mesmo intuitiva. E além de ser perfeitamente clara, a conclusão do D. Magistrado singular está correta. É que, no caso concreto, o autor não logrou êxito em demonstrar que de fato houve a chamada "venda casada", assim como não mencionou "nenhum ato de violência ou coação irresistível para que ele viesse a realizar tal contratação" (trecho da r. sentença recorrida). Ao contrário, assinou livremente o "Contrato de Prestação de Serviço de Assessoria Técnico Imobiliária" de nº 003744, copiado às fls. 36, em instrumento apartado do compromisso de compra e venda e no qual estão discriminados, de maneira clara e inequívoca, os serviços que estava contratando (e que não se confundem com serviços de corretagem), bem como a remuneração a eles relacionada, estando conforme ao que preceitua o artigo 31 do CDC/2015. Logo, não se pode falar em cobrança indevida, tampouco em venda casada, razão pela qual a rejeição da pretensão veiculada na petição inicial era mesmo de rigor. Inexistindo ato ilícito (cobrança indevida, venda casada etc.), inexiste também o dever de indenizar".

6.7. O "CORRETOR" NÃO INSCRITO NO CRECI

Mister se faz ressaltar que, em alguns precedentes, os tribunais admitiram a cobrança de comissão de corretagem por intermediário não inscrito no Conselho Regional de Corretores de Imóveis.

Tribunal de Justiça de São Paulo. Cobrança – Comissão – Corretagem – remuneração pleiteada por corretor não pertencente ao CRECI – admissibilidade – inconstitucionalidade da Lei 4.116/62,[18] que vedava a mediação remunerada em negócios imobiliários, a pessoas não registradas no referido conselho – recurso provido – ação procedente (Apelação Cível nº 139.286 2, Guaratinguetá, Rel. Nelson Schiesari, 02.08.89).

Não nos parece que haja qualquer inconstitucionalidade na referida lei que, aliás, já foi substituída por outra mais recente.

Portanto, é absolutamente legal e constitucional o estabelecimento de requisitos para o mediador imobiliário tal qual delineados na Lei 6.530, de 12.05.1978, publicada no *Diário Oficial da União* em 15.05.1978. A corretagem é atividade que requer, em razão dos interesses envolvidos e em função da ordem pública, uma pessoa habilitada. Do contrário, colocar-se-ia em risco o patrimônio alheio.

Vejamos outra decisão nesse sentido:

Segundo Tribunal de Alçada Civil de São Paulo. Mediação – comissão de corretagem – cobrança – falta de inscrição do autor no CRECI – irrelevância – verba devida. A falta de inscrição do mediador no CRECI não é fato impeditivo da percepção da verba de intermediação porque absolutamente irrelevante (Apel. s/ Rev. nº 522.142, 2ª Câm., Rel. Juiz Vianna Cotrim, j. 03.08.1998).

Todavia, paradoxalmente, no âmbito criminal, encontrei condenação dessas pessoas em virtude de exercício ilegal da profissão.

Tribunal de Alçada Criminal de São Paulo. Exercício ilegal de profissão ou atividade. Intermediação de vendas de imóveis sem prévia inscrição no CRECI. Caracterização. Inteligência: art. 5º, XIII,[19] da Constituição da República, Decreto Federal nº 81.871/78,[20] Lei 6.530/78, art. 47 da Lei das Contravenções Penais[21] – Constitui exercício ilegal de profissão ou atividade, a atuação do agente na intermediação de vendas de imóveis sem a prévia inscrição no Conselho Regional de Corretores Imobiliários (Habeas Corpus nº 265.988/8, Rel. Ivan Marques, 5ª Câm., j. 30.11.1994, RJDTACRIM 24/435).

Se o ato é ilícito – e de fato é –, a cobrança não poderia ser admitida, vez que é regra comezinha de direito que os atos jurídicos devem ter objeto lícito (Código Civil, art. 166, II), e a corretagem levada a efeito por pessoa não inscrita no CRECI seria contrato de prestação de serviços[22] com objeto ilícito e, demais disso, confissão de delito.

---

[18] A Lei 6.530, de 12.05.1978, publicada no Diário Oficial da União em 15.05.1978, deu nova regulamentação à profissão de corretor de imóveis, disciplinando o funcionamento de seus órgãos de fiscalização, revogando a lei citada no acórdão.
Art. 2º O exercício da profissão de corretor de imóveis será permitido ao possuidor de título de técnico em transações imobiliárias.

[19] XIII – é livre o exercício de qualquer trabalho, ofício ou profissão, atendidas as qualificações profissionais que a lei estabelecer; [...].

[20] Art. 1º O exercício da profissão de corretor de imóveis, em todo o território nacional, somente será permitido:
I – ao possuidor do título de técnico em transações imobiliárias, inscrito no Conselho Regional de Corretores de Imóveis da jurisdição; ou
II – ao corretor de imóveis inscrito nos termos da Lei 4.116, de 27 de agosto de 1962, desde que requeira a revalidação da sua inscrição.

[21] Exercício ilegal de profissão ou atividade
Art. 47. Exercer profissão ou atividade econômica ou anunciar que a exerce, sem preencher as condições a que por lei está subordinado o seu exercício:
Pena – prisão simples, de 15 (quinze) dias a 3 (três) meses, ou multa.

[22] Lembrando sempre que o contrato é um simples acordo de vontades (elemento essencial), sendo irrelevante, neste caso, que tenha um instrumento (escrito).

Em consonância com o acatado, o ato seria nulo e nenhum efeito poderia produzir. Mesmo assim, o Superior Tribunal de Justiça decidiu que:

Corretagem de imóveis. Creci. Inscrição. "A despeito de não inscrito no 'Conselho Regional de Corretores de Imóveis', o intermediador faz jus ao recebimento da comissão de corretagem" (REsp 87.918/Barros Monteiro) (AgRg no Agravo de Instrumento 747.023/SP, Min. Humberto Gomes de Barros, j. 14.11.2007).[23]

O fundamento desta decisão está calcado no art. 7º da Lei 4.116/1962, que foi revogado pela Lei 6.530/1978.

O dispositivo da revogada Lei 4.116/1962, estava assim redigido: *"Art. 7º Somente os Corretores de Imóveis e as pessoas jurídicas legalmente habilitadas, poderão receber remuneração como mediadores na venda, compra, permuta ou locação de imóveis, sendo, para isso, obrigados a manterem escrituração dos negócios a seu cargo" (Execução suspensa pela RSF nº 31/1971).*

A Lei vigente, 6.530/1978, estabelece o seguinte:

Art. 1º O exercício da profissão de Corretor de Imóveis, no território nacional, é regido pelo disposto na presente lei.

Art. 2º O exercício da profissão de Corretor de Imóveis será permitido ao possuidor de título de Técnico em Transações Imobiliárias.

Art. 3º Compete ao Corretor de Imóveis exercer a intermediação na compra, venda, permuta e locação de imóveis, podendo, ainda, opinar quanto à comercialização imobiliária.

Parágrafo único. As atribuições constantes deste artigo poderão ser exercidas, também, por pessoa jurídica inscrita nos termos desta lei.

Posta assim a questão, me filio ao seguinte entendimento do Desembargador Carlos Vieira von Adamek, extraído de julgado do Tribunal de Justiça de São Paulo:

No caso dos autos, está patenteada a efetiva participação da autora na intermediação do negócio (que, a rigor, somente ela estaria autorizada a mediar, já que o réu não se encontra inscrito perante o CRECI, não estando legalmente autorizado a exercer a profissão de corretor de imóveis, de molde que, a se configurar a sua atividade isolada, restaria configurado o ilícito penal decorrente do exercício ilegal de profissão regulamentada) (...) (Ap. Cível s/ Rev. nº 1.106.682-0/2, Rel. Carlos Vieira von Adamek, 35ª Câmara do Oitavo Grupo, j. 27.08.2007).

Em que pese os argumentos que utilizei, a jurisprudência segue em sentido oposto, admitindo a cobrança por intermediador sem inscrição no órgão de classe, sustentando ser mera "irregularidade administrativa", deferindo a cobrança pelo princípio da boa-fé, decisões essas que merecem respeito, mas que se mostram equivocadas na exata medida em que o exercício ilegal de profissão regulamentada é ato ilícito e, nessa medida, torna nulo o contrato de intermediação. Eis um exemplo:

Tribunal de Justiça de São Paulo. *Ação de cobrança. Comissão de corretagem. Sentença de procedência do pedido de cobrança e de parcial procedência do pedido deduzido na reconvenção, que condenou as rés ao pagamento da comissão, com a compensação do que já foi comprovadamente pago. Apelação das demandadas. Comissão de corretagem. Verba devida. Ausência de inscrição da corretora no CRECI que consiste, quando muito, em mera irregularidade administrativa, que não obsta o recebimento do valor devido a título de intermediação imobiliária. Pretensão de deixar de pagar o valor devido que viola o princípio da boa-fé objetiva, nos termos do art. 113 e 422 do CC. Sentença mantida. RECURSO NÃO PROVIDO (Apelação Cível 1005473-73.2019.8.26.0554, Rel. Carmen Lucia da Silva, 25ª Câmara de Direito Privado, j. 28.10.2020).*

---

[23]   No mesmo sentido: *"É possível a cobrança de valores decorrentes de intermediação exitosa para a venda de imóvel, sendo prescindível a inscrição do autor no CRECI, pois é livre o exercício do trabalho e vedado o enriquecimento ilícito do vendedor."* (REsp 185.823/MG, Rel. Min. Luis Felipe Salomão, j. 14.10.2008).

6.8. MODELO DE AÇÃO DE COBRANÇA DE COMISSÃO PELO PROCEDIMENTO COMUM

MM. Juízo da (...) Vara Cível da Comarca da Capital – SP

(...), por seus procuradores (documento 1), com escritório na (...), vem, respeitosamente, perante Vossa Excelência, propor em face de (...), a presente

Ação de cobrança de comissão de corretagem

o que faz com supedâneo nos argumentos de fato e de direito que passa a aduzir:

I – Fatos

Na qualidade de corretor de imóveis, devidamente autorizado pelo réu, consoante autorização de venda anexa (documento 2), o autor, com grande dispêndio de tempo e de dinheiro (publicidade, combustível etc.), logrou angariar comprador idôneo.

Sendo assim, vendedor e comprador firmaram a competente escritura pública de compra e venda, título esse que foi levado a registro.

No ato da outorga da escritura, o vendedor, ora réu, recebeu integralmente o preço ajustado, de R$ (...).

No entanto, a par da efetiva participação do autor que mediou o negócio entre as partes, o réu se nega a cumprir a sua obrigação de pagar a comissão ajustada, no montante de 6% (seis por cento) sobre o valor da operação, ou seja, R$ (...).

Sendo assim, baldos os esforços para receber amigavelmente o valor devido, não restou alternativa ao autor senão a propositura da vertente ação.

II – Direito

Determina o Código Civil:

> Art. 725. A remuneração é devida ao corretor uma vez que tenha conseguido o resultado previsto no contrato de mediação, ou ainda que este não se efetive em virtude de arrependimento das partes.

Sendo assim, o réu deverá ser condenado a pagar a comissão a que o autor faz jus em razão da mediação útil, acrescida de custas, despesas e honorários, isso mesmo não havendo contrato escrito, como atesta remansosa jurisprudência. Como não se trata de contrato solene, a jurisprudência remansosa admite a prova do contrato através da ordem de venda anexa (documento 2) e até mesmo por testemunhas:

Segundo Tribunal de Alçada Civil de São Paulo. Mediação – Comissão de corretagem – Cobrança – Prova exclusivamente testemunhal – Validade. (...) (Apel. c/ Rev. nº 516.255, 4ª Câm., Rel. Juiz Mariano Siqueira, j. 02.06.1998. Referências: REsp 8.216, MG, 4ª Turma, Rel. Min. Barros Monteiro, 27.08.91; REsp 13.508, SP, 3ª Turma, Rel. Min. Cláudio Santos, j. 14.12.92; Apel. Cív. 216.876-2, Rel. Accioli Freire, SP, j. 03.02.1994; AC nº 134.467-2, Birigui, Rel. Camargo Viana, j. 19.09.88; RT 535/230, 446/235; RTJ 121/1.189; RE nº 106.442/PR, 25.895, 102.747, 70.563; REsp 11.553. No mesmo sentido: Apel. nº 520.977, 12ª Câm., Rel. Juiz Gama Pellegrini, j. 27.08.1998; Apel. nº 553.226, 12ª Câm., Rel. Juiz Gama Pellegrini, j. 19.11.1998; Apel. nº 521.845, 1ª Câm., Rel. Juiz Vieira de Moraes, j. 09.11.1998).

Segundo Tribunal de Alçada Civil de São Paulo. Mediação – Comissão de corretagem – Cobrança – Prova – Existência – Percentual de 6% sobre o valor da transação – cabimento. Se a prova documental e oral confirma a intermediação da transação, é devida a comissão cobrada, de 6% sobre o valor real da venda, comprovada nos autos, Sentença mantida. Agravo retido e recurso de apelação improvidos (Apel. nº 516.936, 2ª Câm., Rel. Juiz Felipe Ferreira, j. 27.04.1998. No mesmo sentido: Apel. nº 516.646, 3ª Câm., Rel. Juiz Ribeiro Pinto, j. 11.08.1998).

III – Demonstração do débito

Valor da operação: R$ (...)

Comissão de corretagem: 6% = (...)

IV – Pedido

Ex positis, requer o autor que, ao final, digne-se Vossa Excelência de julgar procedente a presente ação, condenando o réu a pagar o principal, no valor de R$ (...), acrescido de juros legais desde a citação, correção monetária desde a data do negócio, despesas, custas e honorários advocatícios que Vossa Excelência houver por bem arbitrar.

V – Citação

Nos termos do art. 246 do CPC, requer-se a citação por meio eletrônico ou, não havendo cadastro, pelo correio (*ou, ainda, justificando, por Oficial de Justiça, nos termos do § 1º-A, II, do art. 246 do CPC, facultando-se ao Sr. Oficial de Justiça encarregado da diligência proceder nos dias e horários de exceção (CPC, art. 212, § 2º*), para eventual oferta de resposta no prazo de 15 (quinze) dias (art. 335 do Código de Processo Civil), sob pena de serem tidos por verdadeiros todos os fatos aqui alegados (art. 344 do Código de Processo Civil), devendo o respectivo mandado conter as finalidades da citação, as respectivas determinações e cominações, bem como a cópia do despacho do(a) MM. Juiz(a), comunicando, ainda, o prazo para resposta, o juízo e o cartório, com o respectivo endereço.

VI – Audiência de Conciliação

Nos termos do art. 334, § 5º, do Código de Processo Civil, o autor desde já manifesta, pela natureza do litígio, desinteresse em autocomposição.

Ou:

Tendo em vista a natureza do direito e demonstrando espírito conciliador, a par das inúmeras tentativas de resolver amigavelmente a questão, o autor desde já, nos termos do art. 334 do Código de Processo Civil, manifesta interesse em autocomposição, aguardando a designação de audiência de conciliação.

VII – Provas

Requer-se provar o alegado por todos os meios de prova em direito admitidos, incluindo perícia, produção de prova documental, testemunhal, inspeção judicial, depoimento pessoal sob pena de confissão caso o réu (ou seu representante) não compareça, ou, comparecendo, se negue a depor (art. 385, § 1º, do Código de Processo Civil).

VIII – Valor da causa

Dá-se à causa o valor de R$ (...).

Termos em que,

pede deferimento.

Data

Advogado (OAB/SP)

6.9. AÇÃO MONITÓRIA PARA COBRANÇA DE COMISSÃO DE CORRETAGEM

Muito se discute acerca da possibilidade de se efetuar a cobrança de despesas de condomínio por meio de ação monitória.

Segundo Edoardo Garbagnatti,[24] o procedimento de injunção é um processo especial de cognição, que provoca um provimento jurisdicional decorrente de ação ordinária de conhecimento exercida, também, de forma especial, em virtude da sumariedade.

Conclui que, nada obstante, a natureza é idêntica ao provimento jurisdicional de natureza declaratória contido numa sentença condenatória.

Trata-se, portanto, de um processo sumário de conhecimento baseado em juízo de probabilidades.

---

24 Edoardo Garbagnati, *Il procedimento d'injunzione*, Milão: Giuffrè, 1991, p. 27-30.

Para Carreira Alvim,[25] o procedimento monitório nada mais é que um processo de conhecimento com rito especial, vez que o deferimento da expedição do mandado importa em juízo de mérito da pretensão.

A especialidade reside apenas na possibilidade de obtenção liminar do mandado de pagamento ou de entrega, que se converterá em execução se o devedor não embargar ou, se embargar, em procedimento comum.

Na primeira fase, difere do procedimento comum, que estabelece o contraditório originariamente, vez que logra abreviar o caminho para a execução nos casos em que o credor não dispõe de título executivo e necessita, por conseguinte, de ação cognitiva para buscar uma sentença que possa ser executada.

Assim, o credor injunciona o devedor e pode ter seu crédito satisfeito em prazo menor se o devedor não vier a impugnar.

Todavia, opostos os embargos monitórios (impugnação), a ação passa a respeitar o procedimento comum.

O credor, portanto, ingressa em avião, mas pode chegar a pé no caso de embargos.[26]

Seja como for, a ação monitória é baseada em juízo de probabilidades na exata medida em que o art. 700, do Código de Processo Civil, determina que *a ação monitória pode ser proposta por aquele que afirmar, com base em prova escrita sem eficácia de título executivo, ter direito de exigir do devedor capaz: I – o pagamento de quantia em dinheiro;* (...).

Nada obstante, Moacyr Amaral Santos,[27] apoiado em Chiovenda, Liebman, Pontes de Miranda, Battaglini, entre outros, ensina que a prova escrita deve emanar daquele em face de quem se faz o pedido, ou seja, no caso de ação monitória, a prova escrita deve ter partido do requerido.

Ademais, o Código de Processo Civil passou a admitir, no § 1º do art. 700, que *a prova escrita pode consistir em prova oral documentada, produzida antecipadamente nos termos do art. 381.*

Todo cuidado é pouco na avaliação da qualidade do documento, sendo imprescindível que o percentual seja claramente definido para determinar o valor e, bem assim, haja prova escrita da intermediação. Caso contrário, a melhor opção do corretor será a ação de conhecimento e, nessa medida, a lição de Cândido Rangel Dinamarco: "(...) Tratar-se-á necessariamente de documento que, sem trazer em si todo grau de probabilidade que autorizaria a execução forçada (os títulos executivos extrajudiciais expressam esse grau elevadíssimo de probabilidade), nem a 'certeza' necessária para a sentença de procedência de uma demanda em processo ordinário de conhecimento, alguma probabilidade forneça ao espírito do juiz. Como a técnica da tutela monitória constitui um patamar intermediário entre a executiva e a cognitiva, também para valer-se dela o sujeito deve fornecer ao juiz uma situação na qual, embora não haja toda aquela probabilidade que autoriza executar, alguma probabilidade haja e seja demonstrada 'prima facie'. É uma questão de grau, portanto, e só a experiência no trato do instituto poderá conduzir à definição de critérios mais objetivos".[28]

---

[25] José Eduardo Carreira Alvim, *Ação monitória e temas polêmicos da reforma processual*, 3ª ed., Belo Horizonte: Del Rey, 1999, p. 31.

[26] José Eduardo Carreira Alvim, ob. cit., p. 32.

[27] Moacyr Amaral Santos, *Primeiras linhas de direito processual civil*, São Paulo: Saraiva, 1985, p. 253.

[28] Cândido Rangel Dinamarco. *Questões do novo direito processual civil brasileiro*. São Paulo: Juruá, 1999, p. 270-271.

Nessa medida:

Tribunal de Justiça de São Paulo – Apelação – Ação Monitória – Contrato de intermediação na venda de imóvel – Sentença que extinguiu o processo sem julgamento do mérito por falta de interesse de agir, por inadequação da via eleita. Tratando-se a prova escrita de contrato no qual não se especifica o valor ou o percentual da comissão de corretagem, sem o acompanhamento da prova da realização do serviço contratado, correta a sentença que extinguiu o processo sem julgamento de mérito, reconhecendo a carência de ação, por ausência dos requisitos necessários para se aferir da liquidez do título que se pretende constituir. Sentença terminativa mantida. Recurso não provido (Apelação 4009646-02.2013.8.26.0554, Rel. Leonel Costa, Comarca de Santo André, 35ª Câmara de Direito Privado, j. 15.12.2014, Data de registro: 15.12.2014).

Quanto à prova escrita apresentada na ação monitória anteriormente ementada, consignou o relator: "Como já referido alhures, documento hábil a aparelhar a ação monitória é aquele que contém o mínimo de literalidade a demonstrar a existência da dívida, o que não se vislumbra na espécie. O documento que embasa a presente demanda não tem um mínimo de liquidez a embasar o provimento monitório, não tendo, portanto, o condão de aparelhar a presente ação, uma vez que não demonstra o crédito erigido. Simplesmente corrobora a relação jurídica entravada entre os litigantes. No entanto, não faz menção ao valor do serviço contratado e tampouco aponta percentual sobre o valor do contrato".

6.9.1. Modelo de ação monitória

Exmo(a). Sr(a). Dr(a). Juiz(a) de Direito da (...)

(...), por seus advogados e procuradores (documento 1), vem, respeitosamente, à presença de Vossa Excelência, aforar em face de (...), a presente

Ação monitória

o que faz com supedâneo no artigo 700 do CPC, expondo e requerendo o quanto segue:

I – Fatos e Direito

O réu foi proprietário do imóvel vendido com a intermediação do autor, conforme fazem prova os documentos anexos (documento 2 – autorização de intermediação com percentual no caso de sucesso, troca de correspondência eletrônica...).

Todavia, nada obstante a intermediação, útil, tendo em vista que o negócio foi concluído (documento 3), nega-se o réu a cumprir a sua obrigação de pagar pela intermediação.

No caso, há prova escrita da intermediação útil que, nada obstante, não constitui título executivo, autorizando o procedimento monitório:

TJSP. Comissão de Corretagem. Intermediação em negócio imobiliário. Ação de cobrança pelo procedimento monitório. Procedência de embargos. Apelo da autora, embargada. Provimento. (Apelação 0030574-35.2012.8.26.0309, Rel. Carlos Russo, Comarca de Jundiaí, 30ª Câmara de Direito Privado, j. 05.04.2017, Data de registro: 06.04.2017).

TJSP. Mediação – Comissão de corretagem – Ação monitória – Contrato verbal amparado por prova documental – Cabimento. Nada obsta a que se utilize o procedimento monitório na satisfação do crédito decorrente de contrato de mediação na venda de imóveis construídos pela empresa ré, porquanto o contrato verbal firmado entre as partes vem corroborado por documentos, constituindo-se em prova escrita sem eficácia de título executivo. (Ap. s/ Rev. 840.957-00/2, Rel. Juiz Paulo Ayrosa, 7ª Câm. STACCiv, j. 09.03.2004.

Até a presente data, assim está demonstrado o débito do Réu: (incluir demonstrativo do débito).

III – Requerimento

Isto posto, requer o autor:

I) Deferimento de plano da expedição do mandado de pagamento, citando o réu para pagar o valor de R$ (...), acrescido de juros, custas, honorários de 5% e demais despesas, facultando-se ao réu, no prazo de 15 dias:

a) entregar a quantia *supra*, caso em que ficará isento do pagamento das custas (art. 701, § 1º, do CPC); ou

b) oferecer embargos, nos próprios autos (art. 702 do CPC), ficando esclarecido que, se o réu se omitir ou os embargos forem rejeitados, o mandado de pagamento deverá ser convertido em mandado de execução (CPC, art. 702, § 8º) com os acréscimos legais, seguindo o procedimento do art. 523 e seguintes do Código de Processo Civil.

Requer-se, finalmente, a produção das provas a seguir mencionadas.

IV – Provas

Requer-se a produção de prova documental, testemunhal, pericial, inspeção judicial e de todos os meios probantes em direito admitidos, especialmente o depoimento pessoal do Réu, sob pena de confissão se não comparecer ou, comparecendo, se negar a depor e, especialmente, dada a natureza da causa, a produção da prova escrita da obrigação ora perseguida.

V – Valor da causa

Dá-se à presente o valor de R$ (...).

Termos em que, cumpridas as necessárias formalidades legais, deve a presente ser recebida, ao final, julgada procedente, como medida de inteira Justiça.

Data

Advogado OAB (...)

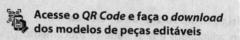

Acesse o QR Code e faça o *download* dos modelos de peças editáveis

> http://uqr.to/1ye00

ATRASO NA ENTREGA D

E SUAS CONSE

7.1. PRINCIPAIS ASPECTOS

a) **Foro competente:** foro do domicílio do réu (art. 46 do Código de Pro
Entretanto, tratando-se de relação de consumo, de acordo com os ar
51, IV, e 101, I, da Lei 8.078/1990, não há como o fornecedor eleger fe
daquele do domicílio do consumidor, que prevalece.[1] No Estado de
independentemente do valor da causa, será competente o foro regional d
imóvel (Lei Estadual 3.947, de 8 de dezembro de 1983, art. 4º, I, "a" e "b

---

[1]   Nelson Nery Junior e Rosa Maria Andrade Nery, *Código de Processo Civil Comentado*, São Pau
Revista dos Tribunais, 1997, nota 5 ao art. 51 da Lei 8.078/1990. Roberto Senise Lisboa, *Relação a*
consumo e proteção jurídica do consumidor, São Paulo: Juarez de Oliveira, 1999, p. 50.
Tribunal de Justiça de São Paulo. Competência. Indenização. Alegação de defeito em produto adquirido.
Fundamento no Código de Defesa do Consumidor. Diploma legal que concede ao autor o privilégio de
demandar no foro de seu domicílio. Lei especial, ademais, que se sobrepõe à regra geral do art. 100,
IV, "a", do Código de Processo Civil. Decisão mantida. Recurso não provido. Se os autores deduzem sua
pretensão em face do Código de Defesa do Consumidor, com ou sem razão, podem validamente optar
pelo foro do domicílio do autor ante a permissão do art. 101, I, desse mesmo diploma legal (Agravo de
Instrumento nº 19.851-0, Bauru, Rel. Yussef Cahali, CESP, v.u., 19.01.1995).
Tribunal de Justiça de São Paulo. Competência. Ação de cobrança de diferença relativa à indenização
securitária. Contrato regido pelo Código de Defesa do Consumidor. Possibilidade do ajuizamento da ação
no foro do domicílio do autor (Código de Defesa do Consumidor, art. 100, I). Seguro, demais pactuado
nesse foro, noticiando os autos pagamento significativo da indenização securitária nesse local. Compe-
tência do Foro onde a obrigação deve ser satisfeita (Código de Processo Civil, art. 100, IV, "d"). (Agravo
de Instrumento nº 29.109-0, Rancharia, Câm. Especial, Rel. Luís de Macedo, 11.04.1996, v.u.).
Primeiro Tribunal de Alçada Civil de São Paulo. Agravo de Instrumento nº 0820102-1, São José dos
Campos, 7ª Câmara, 22.09.1998, Rel. Álvares Lobo. Competência. Foro de eleição. Hipótese de contrato
de adesão com cláusula de eleição de foro. Abusividade caracterizada, sendo nula tal cláusula por ofender
norma de Direito Público. Art. 51 do Código de Defesa do Consumidor. Inaplicabilidade, ademais, do
art. 111 do Código de Processo Civil. Prevalência do foro do domicílio do consumidor. Art. 6º, VIII, do
Código de Defesa do Consumidor. Exceção de incompetência desacolhido. Recurso provido para esse fim.

[2]   Art. 4º a competência de cada foro regional será a mesma dos foros distritais existentes, com os
acréscimos seguintes e observados, no que couber, os demais preceitos em vigor:
I – em matéria cível, independentemente do valor da causa:
a) as ações reais ou possessórias sobre bens imóveis e as de nunciação de obra nova, excluídas as
ações de usucapião e as de retificações de áreas, que pertencem às varas de registros públicos;
b) as ações de rescisão e as de adjudicação compulsória, fundadas em compromissos de compra e
venda.

a) Legitimida**ativa:** promitente comprador.

b) Legitim**e passiva:** promitente vendedor.

c) Legitim**usa:** valor atualizado do contrato (Código de Processo Civil, art. 292,

d) Valor
II). **icial:** deverá respeitar os requisitos do art. 319 do Código de Processo

e) P
mento: comum.

ção à legitimidade, resta evidente que aquele que figurou no contrato como vendedor responde.

obstante, é sabido que as incorporadoras, muitas vezes, não se confundem com itoras na medida em que estas são contratadas pela incorporadora do empreen- e não figuram no contrato com o adquirente.

sta assim a questão, resta saber se a construtora que eventualmente não figurou no to responde pelos prejuízos do adquirente.

A resposta positiva se impõe em razão da existência de relação de consumo e da apli- o dos arts. 7º, parágrafo único, e 25 do CDC que impõem solidariedade entre todas as soas que atuam na cadeia de fornecimento, o que vale também para os vícios e defeitos:

Responsabilidade civil dos réus: Responsabilidade objetiva, fundada na teoria do risco do empreendimento, adotada pelo Código de Defesa do Consumidor, já em vigor quando da ocorrência do evento danoso e aplicável à hipótese dos autos, em relação aos dois réus, tendo em vista que os artigos 7º, parágrafo único, e 25 do Código de Defesa do Consumidor impõem a todos os integrantes da cadeia de fornecimento a responsabilidade solidária pelos danos causados por fato (defeito) ou vício do produto ou serviço (REsp 1.133.731/SP, Rel. Min. Marco Buzzi, Quarta Turma, j. 12.08.2014, DJe 20.08.2014).

Compromisso de venda e compra de bem imóvel. Ação de indenização por danos morais e materiais. 1. Ilegitimidade passiva. Não acolhimento. Indiscutível participação da TECNISA no empreendimento objeto da contratação. Posição financeira dos adquirentes emitida pela referida empresa. Solidariedade entre as ocupantes do polo passivo, outrossim, decorrente de expressa normativa legal (art. 7º, par. único, CDC). 2. Atraso na entrega do imóvel. Questão incontroversa. Falta, outrossim, de causas excludentes da ilicitude. Observância do enunciado pela Súmula 159, deste Tribunal. Medida a autorizar o estabelecimento de indenização por lucros cessantes (Tese 3, IRDR). Restituição, ainda, dos encargos condominiais exigidos antes da posse do imóvel. Precedente. 3. Indenização por danos morais. Preservação. Prolongado descumprimento da avença. Circunstância apta a caracterizar lesão extrapatrimonial. Precedentes do Superior Tribunal de Justiça. Valor da indenização: R$ 10.000,00, para cada adquirente. Preservação, nos termos do art. 944 do Código Civil. Apelo Desprovido (TJSP, Apelação Cível 1000662-44.2017.8.26.0068, Rel. Donegá Morandini, 3ª Câmara de Direito Privado, Foro de Barueri, 2ª Vara Cível, j. 14.12.2017, data de registro 15.12.2017).

Também ligado ao problema da legitimidade passiva nas ações que reclamam o atraso na entrega dos imóveis surge a questão da responsabilidade do agente financeiro das obras.

Poder-se-ia imaginar que, assim como ocorre com a construtora, em razão do Código de Defesa do Consumidor que impõe responsabilidade solidária aos agentes econômicos que participam da relação jurídica consumerista, de rigor presente nas incorporações, quem financiou a obra também seria responsável.

Em que pese jurisprudência oscilante, pacificou-se, ao final, todavia, a irresponsabilidade dos agentes financeiros que são, portanto, tratados de forma diversa da construtora e, nessa medida, assim como ocorre com os vícios construtivos:

Compra e venda com alienação fiduciária. Programa Minha Casa Minha Vida. Rescisão contratual e devolução de valores, ante o atraso na conclusão da obra. Danos morais configurados. Atraso que deu causa à rescisão e ultrapassou o mero dissabor. Valor da indenização mantido. Responsabilidade da instituição financeira. Inexistência de responsabilidade solidária do Banco do Brasil. Culpa da instituição financeira pelo atraso não comprovada. Credor fiduciário que não integrou a compra e venda, atuando apenas como credor em razão do contrato de financiamento para a construção. Juros de mora. Incidência a partir da citação. Sentença parcialmente reformada. Recurso das rés Residencial Morada do Sol Construção e Incorporação SPE Ltda. e Consfran Engenharia e Comércio Ltda. parcialmente provido e recurso do réu Banco do Brasil S/A provido (TJSP, Apelação Cível 1001862-29.2017.8.26.0572, Rel. Fernanda Gomes Camacho, 5ª Câmara de Direito Privado, Foro de São Joaquim da Barra, 1ª Vara, j. 10.07.2019, data de registro 10.07.2019).

Obrigação de fazer c/c indenização por danos materiais e morais. Instrumento particular de compromisso de venda e compra de imóvel. Pedido de inclusão da Caixa Econômica Federal no polo passivo. Inadmissibilidade. Justiça estadual que é competente para conhecer e julgar a ação. Ação que tem por fundamento atraso na conclusão das obras. Inexistência de responsabilidade do agente financeiro. Rés que têm legitimidade para figurar no polo passivo da demanda. Prazo de tolerância de 120 dias úteis. Validade (Súmula 164 do TJSP). Atraso na entrega do imóvel além do prazo de tolerância. Mora que somente pode ser atribuída às Rés. Excludentes de responsabilidade apresentadas que são fortuitos internos (Súmula 161 do TJSP). Não se admite a pretendida cumulação da multa arbitrada judicialmente com os lucros cessantes (Temas 970 e 971, STJ). Multa afastada. Lucros cessantes. Incidência da Súmula 162 do TJSP. Valor indenizatório fixado em 0,5% que incidirá sobre o valor do contrato atualizado. Juros de obra. Observância do julgamento do IRDR nº 0023203-35.2016.8.26.0000. Dano moral não caracterizado. Sentença mantida. Preliminar rejeitada e recursos não providos (TJSP, Apelação Cível 1027034-89.2015.8.26.0071, Rel. João Pazine Neto, 3ª Câmara de Direito Privado, Foro de Bauru, 7ª Vara Cível, j. 03.07.2020, data de registro 03.07.2020).

7.2. EXCLUDENTES DE RESPONSABILIDADE CONTRATUAL DAS CONSTRUTORAS/INCORPORADORAS PELO ATRASO NA ENTREGA DO IMÓVEL: O FORTUITO INTERNO (CASO FORTUITO) E O FORTUITO EXTERNO (MOTIVO DE FORÇA MAIOR) NO SISTEMA

O atraso na entrega do imóvel ao adquirente vem se tornando um dos assuntos mais tormentosos da construção civil.

Quanto à exclusão de responsabilidade das construtoras/incorporadoras em razão do atraso na entrega das chaves ao adquirente, antes de enfrentar diretamente o tema, importante distinguir o fortuito externo, que torna impossível o cumprimento da obrigação por qualquer um, afastando o nexo de causalidade, do fortuito interno que afasta a culpa e, nesta medida, não exclui a responsabilidade no âmbito do Código de Defesa do Consumidor, que impõe responsabilidade objetiva ao fornecedor.

7.2.1. Distinção entre caso fortuito e motivo de força maior

Ao mesmo tempo que a doutrina francesa do século retrasado empregava o caso fortuito e o motivo de força maior com nítida sinonímia, tentava distinguir o fato decorrente de uma e outra excludente.

Colin e Capitant[3] distinguiram o caso fortuito e o motivo de força maior com fundamento na doutrina alemã.

Com efeito, o caso fortuito seria a impossibilidade relativa (impossível para o agente) e o motivo de força maior a impossibilidade absoluta (impossível para quem quer que seja).

Por outro enfoque, o caso fortuito, também denominado fortuito interno, pode ser considerado o fato ou ato ligado à pessoa do devedor ou à sua empresa, por exemplo, doença, greve etc.

O motivo de força maior ou fortuito externo, por seu turno, é empregado para designar os atos externos. De um lado, os decorrentes de determinações legais, como a proibição, por ato posterior, de exportação de gêneros que à época da constituição da obrigação era permitida, e, de outro lado, os fenômenos naturais, como as enchentes, o incêndio etc. ("act

---

[3] A. Colin e H. Capitant, *Cours elémentaire de droit civil français*, Paris: Dalloz, 1924, vol. VI, n. 72.

of God"), além dos fatos políticos, como as guerras, revoluções etc., a teor da lição extraída da doutrina que inça de François Terré, Philippe Simler e Yves Lequette.[4]

7.2.2. Consequência da distinção entre caso fortuito e motivo de força maior

Agostinho Alvim[5] entende que a distinção entre caso fortuito e motivo de força maior estabelece tratamentos diversos para o agente, tendo em vista o fundamento da responsabilidade.

Segundo ele, quando de responsabilidade fundada na culpa (subjetiva), o caso fortuito é suficiente para afastar o dever de indenizar.

Por outro lado, no caso de responsabilidade objetiva, não basta o caso fortuito (fortuito interno), fazendo-se mister a ocorrência do motivo de força maior (fortuito externo).

Hodiernamente, com fundamento na lição de Agostinho Alvim, notadamente na construção civil na qual ordinariamente há relação de consumo que impõe responsabilidade objetiva às construtoras, é possível afirmar que apenas o fortuito externo (força maior) é excludente do dever de indenizar.

O fortuito interno (caso fortuito) afasta apenas a culpa e, portanto, somente a responsabilidade subjetiva, uma vez que a culpa não é elemento constitutivo da responsabilidade objetiva.[6]

A jurisprudência mais abalizada orienta-se nesse sentido e, da análise de cada caso concreto, com suas peculiaridades, acaba por diferenciar o fortuito interno (caso fortuito) do externo (motivo de força maior), determinando ou não o dever de indenizar.

Já se decidiu que os fatos que não escapam ao poder do agente causador do dano não excluem a responsabilidade civil (fortuito interno).[7]

Posta dessa maneira a questão, chuvas, aquecimento do mercado da construção civil, culminando na escassez de insumos e falta de mão de obra capacitada, são fatos que integram o risco da própria atividade da construtora e, portanto, são exemplos de fortuito interno.

Adotando a distinção levada a efeito por Colin e Capitant,[8] é possível concluir, tendo em vista a abrangência que a reparação dos danos deve ter em razão do princípio da restituição integral, que o atraso na entrega das chaves não admite o fortuito interno como excludente do dever de indenizar, posto tratar-se, em regra, de responsabilidade objetiva

---

[4]   "On a été tenté de déduire de ce texte une distinction entre le cas fortuit et la force majeure: le cas fortuit serait un événement interne se rattachant à l'activité du débiteur ou de son entreprise – incendie, avarie de matériel, déraillement... – tandis que la force majeure serait un événement extérieur – inondation, foudre, ouragan –, ce qui correspondrait à une différence prise en considération par certains textes, y compris dans le code civil (ex.: art. 1772). Mais le plus souvent, les auteurs du code ont employé indifféremment les deux expressions (art. 1148, 1302, 1722, 1733, 1769, 1882, 1929, 1934, etc.)et, de façongénérale, la jurisprudence n'admet pas une distinction du cas fortuit et de la force majeure (V.J. Radouant, Du cas fortuit et de la force majeure, thèse, Paris, 1919). Si les expressions sont considérées comme synonymes et si la distinction de l'intéririté et de l'extériorité ne peut servir à séparer le cas fortuit de la force majeure, elle peut cependant être d'un grand secours, d'un grand intérêt, qund il s'agit, précisément, de savoir à quelles conditions des faits peuvent être exonératoires" (François Terré; Philippe Simler, Yves Lequette, *Droit civil. Les obligations*, 7ª ed., Paris: Aux Éditions Dalloz, 1999, p. 522).

[5]   Agostinho Alvim, *Da inexecução das obrigações e suas consequências*, cit., p. 330.

[6]   Carlos Roberto Gonçalves, *Responsabilidade civil*, cit., p. 737.

[7]   Caio Mário da Silva Pereira, *Responsabilidade civil*, 5ª ed., Rio de Janeiro: Forense, 1994, p. 302.

[8]   Colin et Capitant, *Cours elémentaire de droit civil français*, Cit., vol. VI, n. 72.

decorrente da relação de consumo entre a construtora/incorporadora e o adquirente de unidade condominial.

Adotando essa orientação, o Tribunal de Justiça de São Paulo editou a Súmula 161 nos seguintes termos: "*Não constitui hipótese de caso fortuito ou de força maior, a ocorrência de chuvas em excesso, falta de mão de obra, aquecimento do mercado, embargo do empreendimento ou, ainda, entraves administrativos. Essas justificativas encerram res inter alios acta em relação ao compromissário adquirente.*"

A responsabilidade civil moderna caminha para a mais ampla reparação e ressarcimento dos danos, alargando o polo objetivo da responsabilidade civil, inferência que se extrai, por exemplo, dos arts. 927, parágrafo único, 931 e 933 do Código Civil, além do Código de Defesa do Consumidor.

Com efeito, a responsabilidade demanda, hoje, uma configuração teleológica, que não se limita aos aspectos técnicos, tradicionais, mas a todos os meios passíveis de conduzir o prejudicado à plena reparação e ressarcimento dos danos experimentados.

Essa noção decorre do princípio da restituição integral, unindo a reparação e o ressarcimento dos danos aos postulados do estado social de direito e à ética da situação, permitindo que seja dado ao prejudicado o que é seu, especialmente, no caso, por meio da plena recomposição do dano.

7.2.3. Excludente decorrente da ausência de nexo causal ou decorrente da ausência de culpa?

A situação de responsabilidade civil, seja ela contratual ou extracontratual, demanda a presença inafastável de três elementos: ação ou omissão, nexo de causalidade e dano.

A culpa é elemento constitutivo, apenas, da responsabilidade subjetiva, não da responsabilidade objetiva, como aquela que decorre das relações de consumo.

Assim sendo, a resolução do problema de importantes consequências, ou seja, saber se o caso fortuito e o motivo de força maior são excludentes de nexo causal ou da culpa e cuja introdução já fiz, é trazida à colação por Alves Moreira,[9] segundo o qual o caso fortuito, sem fazer a necessária distinção entre o fortuito interno e o fortuito externo, significa a exclusão da culpa e, consequentemente, da responsabilidade subjetiva.

Não é essa a ideia de grande parte da doutrina e a divergência implica relevantes consequências de ordem prática.

A importância de saber se o caso fortuito e o motivo de força maior excluem a culpa reside no fato de não existir dever de indenizar na responsabilidade subjetiva em razão da ausência de culpa, elemento estrutural da espécie.

Todavia, na mesma hipótese, de afastamento de culpa, tratando-se de responsabilidade objetiva, o caso fortuito e o motivo de força maior seriam inócuos e não afastariam o dever de indenizar. Elidiriam a responsabilidade objetiva se o elemento afastado fosse o nexo de causalidade.

Em suma, afastada a culpa, cuja presença é imprescindível na responsabilidade subjetiva, restam afastadas as consequências do descumprimento das obrigações.

Todavia, se a responsabilidade for objetiva, pouco importa o afastamento da culpa, que não é elementar da espécie, notadamente, no que ora trato, da responsabilidade pelo atraso na entrega das chaves/obras quando há relação de consumo, que impõe essa espécie de responsabilidade às construtoras e incorporadoras que negociam unidades com destinatários finais.

---

[9] Alves Moreira, *Instituições de direito civil português*, cit., n. II, 38.

Ocorre que a doutrina não é unânime na determinação do elemento afastado pelo caso fortuito e pelo motivo de força maior.

Com efeito, no âmbito da responsabilidade aquiliana, segundo alguns autores como Silvio Rodrigues e José de Aguiar Dias, o caso fortuito e o motivo de força maior excluem o nexo de causalidade.[10]

José de Aguiar Dias,[11] seguindo lição de Arnoldo Medeiros,[12] ensina que a ausência de culpa não é suficiente para explicar a excludente. Em consonância com o acatado, sustenta: "o que anima as causas de isenção no seu papel de dirimentes é, em última análise, a supressão do liame de causalidade".

Silvio Rodrigues,[13] ao tratar das obrigações, contrariando o que dissera no âmbito da responsabilidade aquiliana, ensina que "os dois conceitos, por conotarem fenômenos parecidos, servem de escusa nas hipóteses de responsabilidade informada na culpa, pois, evidenciada a inexistência desta, não se pode mais admitir o dever de indenizar".

Aliás, essa é a lição dos Professores Nery.[14]

No direito francês clássico, defendeu Savatier[15] que o fortuito exclui a culpa.

Para esclarecer a questão que parece tormentosa, releva lembrar a lição de Agostinho Alvim, apta a resolver o problema de relevantes consequências.

Em outras palavras, a confusão apenas se desfaz quando se leva a efeito a distinção entre caso fortuito (fortuito interno) e motivo de força maior (fortuito externo).

Nesse sentido, Agostinho Alvim diferencia o caso fortuito (fortuito interno) e o motivo de força maior (fortuito externo) adotando a tese segundo a qual este último exclui o nexo de causalidade e, portanto, a responsabilidade objetiva, fundamentada no risco.

Em consonância com o acatado, parece-me que esse foi o caminho traçado pelo Código Civil, que reconhece apenas o fortuito externo como excludente de nexo de causalidade e, portanto, de responsabilidade objetiva.

Entre outros casos de responsabilidade objetiva contratual,[16] no contrato de transporte de pessoas, nos termos do art. 734 do Código Civil, impõe-se ao transportador a responsa-

---

[10] Silvio Rodrigues, *Direito civil*. Responsabilidade civil, São Paulo: Saraiva, 1989, vol. 4, p. 189.

[11] José de Aguiar Dias, *Da responsabilidade civil*, cit., p. 687.

[12] Arnoldo Medeiros, *Caso fortuito e teoria da imprevisão*, 2ª ed., Rio de Janeiro: Forense, 1958, p. 115 e ss.

[13] Silvio Rodrigues, *Direito civil*. Parte geral das obrigações, São Paulo: Saraiva, 1991, vol. 2, p. 288.

[14] "O caso fortuito e o motivo de força maior excluem a culpa do agente, que é irrelevante para fixação do dever de indenizar no CDC." Nelson Nery Junior e Rosa Maria Andrade Nery, *Código de Processo Civil comentado e legislação processual civil em vigor*, São Paulo: Revista dos Tribunais, 1997, nota 2 ao art. 12 da Lei n. 8.078/1990.

[15] René Savatier, *Traité de la responsabilité civile en droit français*, cit. n. 32.

[16] Em todos os casos a seguir enumerados, de responsabilidade objetiva, o Código menciona a força maior e, portanto, o fortuito externo como excludente da responsabilidade objetiva. Portanto, a par de o art. 393 não diferenciar, interpretação sistemática nos leva a outra consequência:
Art. 753. Se o transporte não puder ser feito ou sofrer longa interrupção, o transportador solicitará, incontinenti, instruções ao remetente, e zelará pela coisa, por cujo perecimento ou deterioração responderá, salvo força maior.
Art. 737. O transportador está sujeito aos horários e itinerários previstos, sob pena de responder por perdas e danos, salvo motivo de força maior.
Art. 753. Se o transporte não puder ser feito ou sofrer longa interrupção, o transportador solicitará, incontinenti, instruções ao remetente, e zelará pela coisa, por cujo perecimento ou deterioração responderá, salvo força maior.
Art. 936. O dono, ou detentor, do animal ressarcirá o dano por este causado, se não provar culpa da vítima ou força maior.

bilidade "pelos danos causados às pessoas transportadas e suas bagagens, salvo motivo de força maior, sendo nula qualquer cláusula excludente da responsabilidade".

Assim, o Código Civil, embora não tenha feito a distinção entre o caso fortuito e o motivo de força maior no art. 393, parece tê-la feito em outros dispositivos.

Nessa medida, ainda que a responsabilidade no contrato de transporte, por exemplo, seja objetiva, pode ser afastada pelo fortuito externo, que rompe o nexo de causalidade, elementar da espécie.

Exemplificando fora do âmbito da construção civil, o que me parece relevante para ilustrar: acidentes ou atrasos provocados por falhas mecânicas ou até morte do motorista e assalto não rompem o nexo de causalidade e, embora provada a diligência da empresa transportadora na manutenção, contratação e segurança,[17] sua responsabilidade, objetiva, restará configurada na medida em que o evento, no máximo, pode ser atribuído ao fortuito interno ou caso fortuito, que afasta a culpa, irrelevante na espécie.

Em suma, tratando-se de responsabilidade subjetiva, o caso fortuito é suficiente; todavia, se a responsabilidade for objetiva, apenas o motivo de força maior (fortuito externo) afasta a responsabilidade por romper o nexo de causalidade.

Portanto, havendo relação de consumo, como ordinariamente existe entre a construtora/incorporadora e o adquirente de unidade, apenas o fortuito externo (motivo de força maior) é capaz de excluir a responsabilidade por afastar o nexo de causalidade, não o caso fortuito (fortuito interno) que afasta a culpa, irrelevante no caso de responsabilidade objetiva.

Na lição de Sérgio Cavalieri Filho: "O fortuito interno assim entendido o fato imprevisível e, por isso, inevitável ocorrido no momento da fabricação do produto ou da realização do serviço, não exclui a responsabilidade do fornecedor porque faz parte da sua atividade, liga-se aos riscos do empreendimento, submetendo-se à noção geral de defeito de concepção do produto ou de formulação do serviço. Vale dizer, se o defeito ocorreu antes da introdução do produto no mercado de consumo ou durante a prestação do serviço, não importa saber o motivo que determinou o defeito; o fornecedor é sempre responsável pelas suas consequências, ainda que decorrente de fato imprevisível".[18]

7.2.4. Doutrina da irrelevância da distinção entre caso fortuito e motivo de força maior nas relações de consumo

No âmbito das relações de consumo, a Lei 8.078/1990 (Código de Defesa do Consumidor) impõe a responsabilidade objetiva, que independe do elemento "culpa", mas, ainda assim, seu sistema contempla algumas causas legais e taxativas de exclusão de responsabilidade do fornecedor, enumeradas que estão nos incisos do § 3º dos arts. 12 e 14 da Lei 8.078/1990, que são as seguintes:

a) prova, pelo fornecedor, que não colocou o produto ou serviço no mercado;[19]

---

[17] Teresa Ancona Lopes, A responsabilidade civil no contrato de transporte. In Mário Luiz Delgado e Jones Figueirêdo Alves (coordenadores), *Novo Código Civil*. Questões controvertidas, São Paulo: Método, 2005, vol. 4, p. 387.

[18] Sérgio Cavalieri Filho, *Programa de responsabilidade civil*, 10ª ed., São Paulo: Atlas, 2012, p. 475.

[19] Zelmo Denari, *Código brasileiro de defesa do consumidor comentado pelos autores do anteprojeto*, 6ª ed., São Paulo: Forense Universitária, 1999, p. 166. Por evidente que, não o tendo colocado, não pode ser responsabilizado, isso mesmo sem o texto legal. Exemplifica Zelmo Denari com os casos de falsificações que ostentam a marca de fornecedores e, ainda, de produtos que foram lançados no mercado por furto ou roubo. Aliás, é de se questionar se esse último exemplo, fornecido por Zelmo Denari, seria suficiente para excluir a responsabilidade objetiva. Entendemos que não, mormente que o furto não pode ser considerado excludente dessa espécie, até porque se trata de fortuito que, como

b) inexistência do defeito;[20] e

c) culpa exclusiva do consumidor ou de terceiros.[21]

---

vimos, exclui, apenas em alguns casos, a responsabilidade subjetiva em virtude de excluir a culpa. No caso de relação de consumo a responsabilidade é objetiva, independentemente da culpa. Portanto, não poderia ser admitida a exclusão até porque não faz parte da enumeração.

[20] Ora, a responsabilidade decorrente do Código de Defesa do Consumidor prescinde da culpa, mas não é isenta dos demais elementos de qualquer responsabilidade. Mister se fazem a ação e a omissão, além do nexo causal e do dano. Se dano não ocorreu, porque inexiste defeito, é evidente que não há responsabilidade. Lembre-se que caberá ao fornecedor essa prova, nos termos do art. 6º, VIII, do Código de Defesa do Consumidor.

[21] Se o acidente de consumo (vício por insegurança) é gerado por comportamento exclusivo do consumidor, e se o fornecedor lograr provar essa circunstância, a responsabilidade restará elidida. Nesse sentido, é assente na doutrina que a culpa concorrente, por não compor a enumeração taxativa do § 3º, do art. 12 e § 3º do art. 14, não exclui o dever de indenizar na órbita do Código de Defesa do Consumidor. O fato de terceiro também exclui o dever de indenizar. Terceiro é qualquer um que não participe da relação jurídica de consumo, ou seja, quem não se enquadre nos conceitos de consumidor ou fornecedor definidos nos arts. 2º e 3º do Código de Defesa do Consumidor. Todavia, a participação deste terceiro para o evento danoso pode ser parcial ou total. Com efeito, mister se faz lembrar que, para configurar a excludente, o dano deve ter decorrido total e exclusivamente de fato de terceiro (determinante exclusiva do resultado danoso) – não parcialmente ou por meio de terceiros pelos quais se é responsável, *v.g.*, o comerciante em relação ao fornecedor mediato nos vícios por inadequação. A culpa exclusiva da vítima afasta responsabilidade civil por romper o nexo de causalidade entre a ação ou omissão do fornecedor e o dano perpetrado ao consumidor. Como o nexo de causalidade é necessário na responsabilidade objetiva, restará afastada a responsabilidade. Havendo fato de terceiro, o fornecedor participa acidentalmente do dano causado, ou seja, é apenas um instrumento do dano que decorre, em verdade, do exclusivo comportamento do consumidor ou de terceiro. Não concordamos, por isso, com o exemplo fornecido por Zelmo Denari: no caso de ato operatório, segundo ele, o hospital poderia se isentar da responsabilidade provando que o fato do serviço decorreu de corte de energia elétrica. Ora, esse fato não poderia ser previsto e evitado se o hospital dispusesse de um gerador? O exemplo que pode ser dado, então, é o seguinte: adquirente de imóvel, ao realizar reforma, contrata pedreiro que danifica coluna de sustentação fazendo com que o prédio desabe. Nesse caso não há qualquer culpa do construtor ou incorporador, que não pode ser responsabilizado, embora deva provar essa circunstância. Lembre-se, entretanto, que o comerciante não é terceiro, até porque, para ele, existem os dispositivos especiais dos arts. 13 e 19 do Código de Defesa do Consumidor. Portanto, o fabricante, o construtor e o importador não poderão, em nenhuma hipótese, alegar que a culpa é exclusiva do comerciante, entendendo ser este um "terceiro," para se isentar da responsabilidade decorrente de dano causado ao consumidor. Assim, por exemplo, nos vícios por insegurança (art. 12 do Código de Defesa do Consumidor), se o consumidor sofre danos ao consumir produto alimentício que foi mal acondicionado ou conservado pelo comerciante, o fornecedor responde, podendo, ao depois, agir regressivamente em face do comerciante. O fornecedor mediato, a indústria alimentícia no nosso exemplo, jamais poderá se isentar da responsabilidade alegando a culpa exclusiva do comerciante (Antonio Herman de Vasconcelos e Benjamin, *Comentários ao código de proteção ao consumidor*, São Paulo: Saraiva, 1991, p. 66). Zelmo Denari (*Código brasileiro de defesa do consumidor comentado pelos autores do anteprojeto*, cit., p. 167) não concorda com essa interpretação, até porque sustenta que o art. 12, § 3º, do Código de Defesa do Consumidor não faz qualquer distinção entre o terceiro e o comerciante e, além disso, a responsabilidade do comerciante é apenas subsidiária, que se distingue da responsabilidade principal do causador do dano no caso de vício por insegurança. Conclui, assim, que o comerciante pode ser considerado terceiro, apto a excluir a responsabilidade do fornecedor mediato. Para ele, o comerciante pode ser responsabilizado: a) como terceiro, nos termos do inciso III, do § 3º, do art. 12, quando ficar provada a exclusividade de sua culpa no evento danoso, *v.g.*, o comerciante que adultera produtos, concessionário que substitui peça sem autorização da fábrica ou o supermercado que não conserva os produtos adequadamente; e b) nos termos do art. 13, como responsável subsidiário, quando o fornecedor não puder ser identificado. Discordamos dessa interpretação, mormente que a responsabilidade civil do sistema consumerista é objetiva e prima pela proteção do consumidor, e não do fornecedor. Nesse sentido, é obrigação do fornecedor verificar, por exemplo, as peças empregadas pelos distribuidores, bem como as condições de armazenamento dos comerciantes. Sem sequer necessitar

Há quem entenda que são excludentes *numerus clausus*,[22] e, nesse sentido, ensinam os Professores Nery: "o vocábulo 'só' indica que a enumeração que lhe segue é exaustiva, não admitindo ampliação. Os riscos de desenvolvimento, o caso fortuito e a força maior não excluem o dever de indenizar, porque não estão previstas como causas de exclusão na norma comentada".[23]

Em que pese abalizadas opiniões considerarem que o caso fortuito e o motivo de força maior também sejam capazes de elidir a responsabilidade decorrente do Código de Defesa do Consumidor, essa opinião está longe de encontrar unanimidade.

Nesse sentido, a lição dos Professores Nery, segundo os quais "o caso fortuito e o motivo de força maior excluem a culpa do agente, que é irrelevante para fixação do dever de indenizar no Código de Defesa do Consumidor".[24]

Assim, para eles, a responsabilidade civil no âmbito do Código de Defesa do Consumidor é *objetiva e especial*, uma vez que não contempla todas as excludentes ordinárias de responsabilidade e não contemplou as excludentes "caso fortuito" e "motivo de força maior", de tal sorte que, por essa simples razão, não são elementos capazes de afastar a responsabilidade no caso de existir relação de consumo.

Portanto, a par da discussão do elemento afastado, acatada a lição, nada adiantará a presença de uma ou de outra excludente e será desnecessária, por irrelevante, a prova do caso fortuito ou do motivo de força maior sem qualquer distinção, tendo em vista que não foram previstas como causas de exclusão de responsabilidade pelo CDC.

7.3. O ATRASO NA ENTREGA DO IMÓVEL E A CLÁUSULA DE CARÊNCIA – LEGALIDADE

Em que pese o adquirente também estar sujeito à perda de emprego, doença, morte de parente, roubo etc., a realidade é que a lei não atribui relevância jurídica a esses fatos que, assim sendo, não são capazes de gerar, para o adquirente de imóvel, carência no cumprimento

---

recorrer à responsabilidade objetiva, entendemos que os exemplos de Zelmo Denari (*Código brasileiro de defesa do consumidor comentado pelos autores do anteprojeto*. Cit., p. 167) implicam culpa *in vigilando* e culpa *in eligendo*. Por outro enfoque, o fornecedor assume o risco de colocar o produto no mercado se, por exemplo, não tiver a devida conservação pelo comerciante, como no caso de medicamentos e gêneros alimentícios. Nos casos de vícios por inadequação (arts. 18 e seguintes do Código de Defesa do Consumidor), o comerciante, nos termos do art. 19, é solidário com o fornecedor mediato e, nessa medida, entendemos que o Código de Defesa do Consumidor agasalhou a teoria da equivalência das condições com relação ao nexo causal. Com efeito, parece que há um retorno a essa teoria que consiste em estabelecer nexo de causalidade entre qualquer circunstância que possa ter influído para a ocorrência do dano. Em consonância com o acatado, se o consumidor adquire um produto defeituoso de determinado comerciante, este responde independentemente de culpa. O dano não teria se concretizado se o produto não tivesse sido vendido. Assim, mesmo que o dano tenha como causa imediata – que a ele se liga diretamente – a produção defeituosa, o comerciante responde solidariamente, podendo ser escolhido pelo consumidor para a reparação e ressarcimento.

[22] Antonio Herman de Vasconcellos e Benjamin, *Comentários ao código de proteção ao consumidor*, São Paulo: Saraiva, 1991, p. 65.

[23] Nelson Nery Junior e Rosa Maria Andrade Nery, *Código de Processo Civil comentado e legislação processual civil em vigor*, São Paulo: Revista dos Tribunais, 1997, nota 1 ao art. 12 da Lei n. 8.078/1990. § 3º do art. 12: "*O fabricante, o construtor o produtor ou importador só não será responsabilizado quando provar:...*"

[24] Nelson Nery Junior e Rosa Maria Andrade Nery, *Código de Processo Civil comentado e legislação processual civil em vigor*, cit., nota 2 ao art. 12 da Lei n. 8.078/1990. Essa assertiva não discrepa da posição de Agostinho Alvim, por nós esposada, na medida em que, no âmbito do Código de Defesa do Consumidor, as excludentes são taxativas, de tal sorte que, justificadamente, no contexto, não houve preocupação, nesse caso, com a distinção pelos Professores Nelson Nery Junior e Rosa Maria Andrade Nery.

das suas obrigações, notadamente a obrigação de pagar o que deve, cujo inadimplemento enfrenta implacáveis consequências impostas pela construtora credora, como, por exemplo, multas, juros, correções, ações de resolução, alienação extrajudicial do imóvel etc.

Nada obstante, para as construtoras, a lei prevê carência legal, desde pactuada, para a obrigação de entregar o imóvel ao adquirente, notadamente por reconhecer a complexidade da atividade.

Posta assim a questão e para exemplificar o que se passa no Estado de São Paulo, mesmo antes da inclusão do art. 43-A na Lei 4.591/1964 pela Lei 13.786/2018, reiterados julgados admitiam a legalidade da cláusula de carência ou tolerância para entrega do imóvel ao adquirente, o que faziam nos seguintes termos:[25]

---

[25] Em igual sentido:

Tribunal de Justiça de São Paulo. *Compromisso de venda e compra. Bem imóvel. Descumprimento contratual. Atraso na entrega da unidade compromissada verificado. Carência contratual de 180 dias válida ante as dificuldades do ramo da construção civil. Prazo razoável para acobertar tais fatores extras. Mora da ré que tem início no final desse prazo e termo final a entrega das chaves, quando reputada cumprida a obrigação. Lucros cessantes arbitrados em 0,5%, por mês de atraso, do valor atual do imóvel. Excessividade. Dano material baseado no valor de 0,5% do valor avençado revela-se razoável. Precedentes. Imposição de multa contratual à ré. Falta de previsão no contrato. Cumulação com danos materiais importa em bis in idem. Comissão de corretagem, taxa SATI, taxa de análise de crédito. Prescrição. Inocorrência. Prazo decenal, art. 205 do CC/02, na falta de regra específica. Hipótese em que os autores se dirigiram a estande de vendas. Prestação de serviço não comprovada. Imposição das taxas para conclusão do negócio. Venda casada. Abusividade caracterizada. Devolução devida. Dano moral não verificado. Mero descumprimento contratual, não ficando caracterizado qualquer sofrimento extraordinário apto a ensejar a pretendida condenação. Ônus sucumbenciais redistribuídos. Recurso provido em parte* (Apelação 0189602-21.2011.8.26.0100. Rel. Rui Cascaldi; Comarca: São Paulo; 1ª Câmara de Direito Privado; Data do julgamento: 14.04.2015; Data de registro: 15.04.2015).

Tribunal de Justiça de São Paulo. Ação de indenização. Compromisso de venda e compra. Atraso na entrega de imóvel. Sentença de procedência em parte para condenar as rés, solidariamente a restituir os valores despendidos com comissão de corretagem e taxa SATI. Apelam os autores sustentando abusividade da cláusula de tolerância de 180 dias; lucros cessantes e aplicação do prazo de carência somente quando houver caso fortuito ou força maior. Apelam as rés sustentando ilegitimidade passiva da "PDG" e de ambas quanto à devolução da comissão de corretagem e taxa SATI; apelados anuíram à obrigação; serviços não incluídos no preço do imóvel; tinham conhecimento da obrigação; inexistência de vantagem exagerada; enriquecimento sem causa; legalidade dos serviços de assessoria imobiliária. Descabimento. Recurso dos autores. Incidência do CDC não afasta a razoabilidade da cláusula de tolerância de 180 dias, além da concordância inequívoca dos autores. Dilação já ordinariamente admitida pelo mercado imobiliário, tendo em sua origem a consideração dos riscos próprios que podem impedir o cumprimento da data prevista. Recurso das rés. Ilegitimidade passiva da corré "PDG". Insubsistência. Todas as corrés atuaram de forma única para a realização do empreendimento. Comportamento conjunto na cadeia de consumo impõe solidariedade. Inteligência dos arts. 14 e 18 do CDC. Restituição da comissão de corretagem e taxa SATI. Legitimidade passiva configurada. Solidariedade de todos os envolvidos na cadeia de serviços em face do consumidor. Inteligência dos arts. 7º, parágrafo único, e 25, § 1º, ambos do CDC. Devolução pertinente. Ausente prova de que a imobiliária tenha sido procurada pelos autores e tenha prestado em seu favor serviço de corretagem. Venda realizada no stand, no próprio local do empreendimento. Ausente cláusula específica no contrato pelo qual o compromissário comprador optou por se responsabilizar pelo pagamento da taxa de corretagem. Vinculação indevida com a aquisição do imóvel. Venda casada configurada. Prestação de serviços de assessoria técnico-imobiliária e intermediação de venda (SATI). Serviços que se confundem com aqueles abrangidos pela comissão de corretagem. Insuficiência de informações aos consumidores, quanto à distinção dos serviços referentes à taxa SATI, daqueles englobados pela comissão de corretagem. Inteligência do art. 6º, II e III, CDC. Venda casada também desses serviços com a formalização do compromisso de venda e compra. Violação ao art. 39, I, do CDC. Pertinência da devolução de valores, diante do descabimento da cobrança, sob pena de enriquecimento sem causa. Devolução de forma simples. Recursos improvidos (Apelação 1018298-29.2014.8.26.0100. Rel. James Siano; Comarca: São Paulo; 5ª Câmara de Direito Privado; Data do julgamento: 30.03.2015; Data de registro: 30.03.2015).

Tribunal de Justiça de São Paulo. *Incidente de Resolução de Demandas Repetitivas nº 0023203-35.2016.8.26.0000 (31.08.2017): Tema nº 01 – "É válido o prazo de tolerância, não superior a cento e oitenta dias corridos estabelecido no compromisso de venda e compra para entrega de imóvel em construção, desde que previsto em cláusula contratual expressa, clara e inteligível".*

Tribunal de Justiça de São Paulo. *(...) Compromisso de compra e venda. Imóvel. Atraso na entrega das obras. Inocorrência. Cláusula de tolerância de 180 dias, válida e que não traduz abusividade. Habite-se expedido, outrossim, que gera presunção de que as obras encontram-se em condições de serem habitadas (Apelação nº 0194978-85.2011.8.26.0100, Rel. Vito Guglielmi, 6ª Câmara de Direito Privado, j. 03.10.2013, Registro: 04.10.2013).*

Sempre entendeu o Tribunal de Justiça de São Paulo que há prévia ciência dos adquirentes quanto à referida previsão contratual e que, por tal razão, não podem eles reclamar (Apelação nº 0000007-57.2012.8.26.0006, 3ª Câmara de Direito Privado, j. 24.09.2013).

Nesta medida, o Tribunal paulista editou a Súmula 164: "É válido o prazo de tolerância não superior a cento e oitenta dias, para entrega de imóvel em construção, estabelecido no compromisso de venda e compra, desde que previsto em cláusula contratual expressa, clara e inteligível."

Ainda assim, interessante aresto faz a distinção necessária, admitindo a carência contratual apenas na hipótese de fortuito externo (motivo de força maior):

Tribunal de Justiça de São Paulo. *Compromisso de compra e venda de imóvel. Prazo de carência. Cláusula de prorrogação de prazo para a entrega da obra. Ajuste típico, que, na ausência de demonstração do fortuito, configura vantagem excessiva da fornecedora que atrasa a obra sem justificativa, computando o prazo de tolerância como data final para a entrega. Mora da fornecedora. Ausência de cláusula penal. Consumidor que não pode usufruir do bem. Ressarcimento do prejuízo. Obrigação da ré de indenizar o comprador pelo período compreendido entre a data estabelecida originariamente para a entrega da obra e a efetiva entrega, correspondente ao percentual mensal de 0,5% sobre o valor atualizado do contrato, com a incidência de juros de 1% ao mês desde a citação. Recurso parcialmente provido (Apelação 0113647-81.2011.8.26.0100. Rel. Araldo Telles; Comarca: São Paulo; 10ª Câmara de Direito Privado; Data do julgamento: 23.04.2015; Data de registro: 23.04.2015).*

A jurisprudência que se firmou quanto a esse assunto entendeu que, independentemente do valor pago, o adquirente que não recebe o imóvel na data aprazada, ressalvada a carência de praxe, conta com o direito à indenização *referente ao aluguel que o imóvel poderia render.*

Nada obstante, a Lei 13.786/2018, que incluiu o art. 43-A na Lei 4.591/1964, regulamentou a questão nos seguintes termos:

Art. 43-A. A entrega do imóvel em até 180 (cento e oitenta) dias corridos da data estipulada contratualmente como data prevista para conclusão do empreendimento, desde que expressamente pactuado, de forma clara e destacada, não dará causa à resolução do contrato por parte do adquirente nem ensejará o pagamento de qualquer penalidade pelo incorporador.

§ 1º Se a entrega do imóvel ultrapassar o prazo estabelecido no caput deste artigo, desde que o adquirente não tenha dado causa ao atraso, poderá ser promovida por este a resolução do contrato, sem prejuízo da devolução da integralidade de todos os valores pagos e da multa estabelecida, em até 60 (sessenta) dias corridos contados da resolução, corrigidos nos termos do § 8º do art. 67-A desta Lei.

§ 2º Na hipótese de a entrega do imóvel estender-se por prazo superior àquele previsto no caput deste artigo, e não se tratar de resolução do contrato, será devida ao adquirente adimplente, por ocasião da entrega da unidade, indenização de 1% (um por cento) do valor efetivamente pago à incorporadora, para cada mês de atraso, pro rata die, corrigido monetariamente conforme índice estipulado em contrato.

§ 3º A multa prevista no § 2º deste artigo, referente a mora no cumprimento da obrigação, em hipótese alguma poderá ser cumulada com a multa estabelecida no § 1º deste artigo, que trata da inexecução total da obrigação.

Em tese, a alteração melhora a situação jurídica das construtoras. Isto porque ratifica a cláusula de praxe, de carência de seis meses e o valor da multa, de 1% *limitar-se-á à base de cálculo do valor pago e não o efetivo custo do aluguel do imóvel que não foi entregue.*

Como se trata de multa (cláusula) penal por expressa disposição do § 3° do art. 43-A da Lei 4.591/1964, o percentual legal sobre o valor pago poderia, em tese, ser considerado sucedâneo das perdas e danos, de tal sorte que, a princípio, poderia obstar o pedido do aluguel efetivo pelo período de atraso, cujo deferimento a jurisprudência consolidou antes da alteração da lei.

Neste ponto lanço a minha interpretação sistemática e lógica, que não decorre da mera interpretação literal e se divorcia dessa conclusão de limitação dos prejuízos do adquirente.

Com efeito, como se trata de "multa" moratória, calculada pelo montante de 1% sobre o valor pago pelo adquirente adimplente (e a lei faz essa ressalva) por mês de atraso, nada obsta que o adquirente, além dessa multa legal, como pode fazer a incorporadora nos termos do art. 67-A, procure a indenização pelos prejuízos efetivos que, a toda evidência, correspondem ao aluguel que o imóvel poderia render.

Deveras, a incorporadora pode, nos termos do art. 67-A, II, § 2°, III, e § 5°, ainda que se trate de desfazimento do contrato, cumular a multa (nesse caso compensatória) com o valor legal de 0,5% ao mês, *sobre o valor do contrato*, pela fruição do adquirente inadimplente.

Nota-se que, naquele dispositivo (art. 67-A da Lei 4.591/1964), a base de cálculo da fruição devida à incorporadora no caso de desfazimento do contrato é *o valor do contrato* e, aqui, sem mencionar fruição, mas multa moratória, o art. 43-A menciona que a base de cálculo é o *valor efetivamente pago à incorporadora.*

Posta assim a questão, no âmbito do descumprimento da obrigação de entregar o imóvel no prazo (considerada a carência), em que pese a omissão legal, interpretação sistemática nos leva à mesma conclusão: *a multa moratória pelo atraso na entrega superior à carência tem caráter exclusivamente punitivo (não de predeterminação das perdas e danos), deve ser calculada de acordo com a lei (1% ao mês de atraso sobre o valor pago pelo comprador adimplente) e poderá ser cumulada com o aluguel que se arbitrar para ressarcir o adquirente dos prejuízos efetivos que certamente não serão ressarcidos pela multa de 1% calculada sobre o valor pago quando se sabe que esse valor não é grande na maioria dos casos posto que os adquirentes financiarão grande parte da aquisição por ocasião da entrega das chaves.*

Ora, se a lei exige que o adquirente esteja adimplente, o que é razoável, ultrapassada a carência legal de até 6 (seis) meses prevista no contrato, deveria ele, adquirente, estar na posse que lhe renderia o aluguel que o imóvel não entregue seja capaz de render e, quando não, o aluguel representa o valor que a privação da posse retira do adquirente adimplente.

Outrossim, havendo relação de consumo, interpretação sistemática demandará a aplicação do art. 6° da Lei 8.078/1990 (CDC), segundo o qual:

São direitos básicos do consumidor: VI – a efetiva prevenção e reparação de danos patrimoniais e morais, individuais, coletivos e difusos.

Com efeito, entendo, pelo princípio da restituição integral, que também encontra suporte nos arts. 389, 395, 404 e 923 do Código Civil, que a multa moratória estipulada na lei é de fato, como sustentamos, *exclusivamente de caráter punitivo*, não guardando relação como ressarcimento por perdas e danos, de tal sorte que não restará inibida a pretensão de o adquirente buscar, judicialmente, os prejuízos decorrentes dos lucros cessantes, ou seja, dos aluguéis efetivos do imóvel durante o período do atraso, independentemente de quanto tenha sido pago, desde que haja a obrigação de entrega descumprida.

É preciso levar em consideração, para tal conclusão, que o princípio da restituição integral não permite que o patrimônio de quem quer que seja possa ser vergastado, zurzido e, no caso de atraso, haverá privação de uso independentemente de quanto o adquirente pagou e desde que haja obrigação de entrega antes da quitação.

O adquirente não terá o imóvel inteiro à sua disposição, independentemente de quanto tenha pago.

Acrescentem-se ao aluguel, nitidamente qualificado como dano material, os danos morais em casos mais graves.

Nada obstante, o STJ, nos REsps 1.498.484 e 1.635.428 (tema 970), decidiu em sentido contrário, sustentando que prevista em valores equivalentes ao aluguel, a cláusula penal assumiria o caráter de predeterminação das perdas e danos e, nessa medida, não poderia ser cumulada com a condenação nos aluguéis ou indenização pela privação do uso:

> **Superior Tribunal de Justiça.** Recurso especial representativo de controvérsia. Compra e venda de imóvel na planta. Atraso na entrega. Novel Lei n. 13.786/2018. Contrato firmado entre as partes anteriormente à sua vigência. Não incidência. Contrato de adesão. Cláusula penal moratória. Natureza meramente indenizatória, prefixando o valor das perdas e danos. Prefixação razoável, tomando-se em conta o período de inadimplência. Cumulação com lucros cessantes. Inviabilidade. 1. A tese a ser firmada, para efeito do art. 1.036 do CPC/2015, é a seguinte: **A cláusula penal moratória tem a finalidade de indenizar pelo adimplemento tardio da obrigação, e, em regra, estabelecida em valor equivalente ao locativo, afasta-se sua cumulação com lucros cessantes.** 2. No caso concreto, recurso especial não provido. (REsp 1.498.484/DF, Rel. Min. Luis Felipe Salomão, 2ª Seção, j. 22.05.2019, DJe 25.06.2019).[26]

Contudo, quando se tratou de cumular a cláusula penal com a fruição pelo inadimplemento do promitente comprador, o mesmo STJ não viu óbice:

> **Superior Tribunal de Justiça.** Agravo interno no agravo em recurso especial – ação ordinária – decisão monocrática que deu provimento ao recurso especial da parte adversa. Insurgência recursal dos réus. 1. "A indenização pelo tempo de fruição do imóvel, configura-se como um custo extraordinário que vai além daquele que naturalmente se espera quando se trata de rescisão contratual causada por uma das partes, o que justifica que a contratante faça jus à cumulação da multa fixada na cláusula penal com a taxa de ocupação. A indenização pelo tempo de utilização do imóvel tem natureza jurídica de aluguéis e se justifica pela vedação ao enriquecimento sem causa. Por isso, a indenização pelo tempo de fruição do bem deve basear-se no valor de aluguel do imóvel em questão e o promissário vendedor deve receber pelo tempo de permanência do comprador desistente. Não merece prosperar o entendimento de que o vendedor deve receber apenas um valor fixo estabelecido na cláusula penal compensatória, independentemente da quantidade de meses que o comprador usufruiu do imóvel, porquanto se estaria violando a teoria da reparação integral do dano" (REsp 2.024.829/SC, Rel. Min. Nancy Andrighi, 3ª Turma, j. 07.03.2023, DJe 10.03.2023).

São, portanto, dois pesos e duas medidas.

Por outro lado, o § 1º do art. 43-A da Lei 4.591/1964 defere ao adquirente que se depara com o atraso superior à carência, o direito – evidente – de pedir a resolução do contrato por

---

[26] Esse julgado muda o entendimento anterior do STJ que cumulava a cláusula penal e o valor de fruição para o adquirente que se deparava com o atraso:
*Superior Tribunal de Justiça. Direito civil. Promessa de compra e venda de imóvel em construção. Inadimplemento parcial. Atraso na entrega do imóvel. Mora. Cláusula penal. Perdas e danos. Cumulação. Possibilidade. 1. – A obrigação de indenizar é corolário natural daquele que pratica ato lesivo ao interesse ou direito de outrem. Se a cláusula penal compensatória funciona como pré-fixação das perdas e danos, o mesmo não ocorre com a cláusula penal moratória, que não compensa nem substitui o inadimplemento, apenas pune a mora. 2. – Assim, a cominação contratual de uma multa para o caso de mora não interfere na responsabilidade civil decorrente do retardo no cumprimento da obrigação que já deflui naturalmente do próprio sistema. 3. – **O promitente comprador, em caso de atraso na entrega do imóvel adquirido pode pleitear, por isso, além da multa moratória expressamente estabelecida no contrato, também o cumprimento, mesmo que tardio da obrigação e ainda a indenização correspondente aos lucros cessantes pela não fruição do imóvel durante o período da mora da promitente vendedora.** 4. – Recurso Especial a que se nega provimento. (REsp 1.355.554/RJ, Rel. Min. Sidnei Beneti, 3ª Turma, j. 06.12.2012, DJe 04.02.2013)*

culpa da incorporadora. Nesse caso, o dispositivo menciona a multa estipulada no contrato e que *cuja obrigação de constar no contrato decorre do art. 35-A, XII* da Lei 4.591/1964.

Ainda assim, pelas mesmas razões do atraso e da multa moratória, esta, de caráter compensatório, terá natureza punitiva, de reforço da obrigação, não obstando o pleito dos prejuízos efetivos pela privação do imóvel por meio do aluguel que se arbitrar judicialmente até a efetiva restituição dos valores pagos em razão da resolução do contrato por descumprimento da obrigação da incorporadora de entregar o imóvel na data aprazada, já considerada a carência.

Importante salientar que não é o atraso das obras ou da obtenção do "habite-se" (auto de conclusão) que gera a responsabilidade da construtora e, por conseguinte, o direito do adquirente.

Isto porque as obras podem estar concluídas com "habite-se" – ou auto de conclusão – expedido, mas a melhor interpretação do sistema sugere que, ainda assim, a construtora responderá pelos prejuízos que causar se a efetiva posse não for entregue ao adquirente no prazo convencionado no contrato.

Nessa medida, a Súmula 160 do Tribunal de Justiça de São Paulo:

> *A expedição do habite-se, quando não coincidir com a imediata disponibilização física do imóvel ao promitente comprador, não afasta a mora contratual atribuída à vendedora.*

E é exatamente esta a inferência que se extrai do art. 43-A da Lei 4.591/1964 que não menciona *o atraso na conclusão da obra* como fato gerador do atraso, mas *o atraso na "entrega do imóvel"* ao adquirente.[27]

Assim, em razão do art. 43-A da Lei 4.591/1964, podemos resumir as conclusões da seguinte forma:

a) o prazo de carência de 180 (cento e oitenta) dias para entrega do imóvel (efetiva entrega ao adquirente e não mera expedição de "habite-se" – art. 43-A da Lei 4.591/1964 e Súmula 160 do TJSP) é legal desde que pactuado de forma clara nos contratos;

b) no caso de atraso (assim considerado depois da carência), a multa moratória será de 1% ao mês de atraso (de caráter punitivo e não de sucedâneo de perdas e danos) poderá ser cumulada com o pedido dos prejuízos consubstanciados nos aluguéis que o imóvel não entregue é capaz de render (art. 43-A, § 3°, da Lei 4.591/1964);

c) o atraso (assim considerado depois da carência) pode ensejar a resolução (art. 43-A, § 1° da Lei 4.591/1964) do contrato com a imposição, ao incorporador, da multa que deve estar presente no contrato (art. 35-A, XII) e do valor que se arbitrar pelo aluguel do imóvel durante o período do atraso até a efetiva resolução do contrato com a restituição de valores ao adquirente;

d) a identificação do caráter exclusivamente punitivo dessas multas pelo atraso na entrega do imóvel ao adquirente (Lei 4.591/1964, art. 43-A) decorre da ausência de relação delas, calculadas sobre o valor pago, com os prejuízos efetivos do adquirente (aluguéis) e de tratamento diverso dado ao incorporador que requer desfazimento do contrato pelo art. 67-A da Lei 4.591/1964, que pode requerer o percentual legal de 0,5% ao mês de fruição calculado sobre o valor do contrato;

---

[27] Art. 43-A. *A entrega do imóvel* em até 180 (cento e oitenta) dias corridos da data estipulada contratualmente como data prevista para conclusão do empreendimento, desde que expressamente pactuado, de forma clara e destacada, não dará causa à resolução do contrato por parte do adquirente nem ensejará o pagamento de qualquer penalidade pelo incorporador.

e) caso, em razão do atraso na entrega do imóvel, o adquirente resolva requerer a resolução do contrato, a multa estipulada obrigatoriamente nos termos do art. 35-A, XII da Lei 4.591/1964 (compensatória) também terá caráter punitivo e não inibirá o pedido cumulado dos aluguéis pelo período do atraso até a efetiva resolução do contrato com a restituição de valores ao adquirente.

Outra carência comum nos contratos de construção é aquela para formação do grupo de adquirentes, notadamente no programa "Minha casa minha vida" que, a toda evidência, influencia na data final de entrega do imóvel. Quanto a esta cláusula, no Incidente de Resolução de Demandas Repetitivas 0023203-35.2016.8.26.0000 (31.08.2017), tema 2, o Tribunal de Justiça de São Paulo pacificou o assunto da seguinte forma: *"Na aquisição de unidades autônomas futuras, financiadas na forma associativa [PMCMV], o contrato deverá estabelecer de forma expressa, clara e inteligível o prazo certo para a formação do grupo de adquirentes e para a entrega do imóvel".*

O motivo do tema reside no art. 34 da Lei 4.591/1964, que faculta ao incorporador desistir da realização do empreendimento se verificar que não há condições de mercado para absorver as unidades e sustentar o custo da construção no prazo máximo de carência, que é de 180 dias, com termo inicial da data do registro da incorporação.

Trata-se de extensão do entendimento da possibilidade de carência para a entrega das chaves.

Em complemento, decidiu o STJ na sistemática de recursos repetitivos (Tema 996) que:

Recurso Especial contra acórdão proferido em incidente de resolução de demandas repetitivas – IRDR. Art. 1.036 do CPC/2015 c/c o art. 256-H do RISTJ. Processamento sob o rito dos recursos especiais repetitivos. Programa minha casa, minha vida. Crédito associativo. Promessa de compra e venda de imóvel em construção. Controvérsias envolvendo os efeitos do atraso na entrega do bem. Recursos desprovidos. 1. As teses a serem firmadas, para efeito do art. 1.036 do CPC/2015, em contrato de promessa de compra e venda de imóvel em construção, no âmbito do Programa Minha Casa, Minha Vida, para os beneficiários das faixas de renda 1,5, 2 e 3, são as seguintes: 1.1 Na aquisição de unidades autônomas em construção, o contrato deverá estabelecer, de forma clara, expressa e inteligível, o prazo certo para a entrega do imóvel, o qual não poderá estar vinculado à concessão do financiamento, ou a nenhum outro negócio jurídico, exceto o acréscimo do prazo de tolerância. 1.2 No caso de descumprimento do prazo para a entrega do imóvel, incluído o período de tolerância, o prejuízo do comprador é presumido, consistente na injusta privação do uso do bem, a ensejar o pagamento de indenização, na forma de aluguel mensal, com base no valor locatício de imóvel assemelhado, com termo final na data da disponibilização da posse direta ao adquirente da unidade autônoma. 1.3 É ilícito cobrar do adquirente juros de obra ou outro encargo equivalente, após o prazo ajustado no contrato para a entrega das chaves da unidade autônoma, incluído o período de tolerância. 1.4 O descumprimento do prazo de entrega do imóvel, computado o período de tolerância, faz cessar a incidência de correção monetária sobre o saldo devedor com base em indexador setorial, que reflete o custo da construção civil, o qual deverá ser substituído pelo IPCA, salvo quando este último for mais gravoso ao consumidor. 2. Recursos especiais desprovidos. (REsp 1.729.593/SP, Rel. Min. Marco Aurélio Bellizze, 2ª Seção, j. 25.09.2019, DJe 27.09.2019)

7.4. O ATRASO NA ENTREGA DA DOCUMENTAÇÃO COMO FUNDAMENTO DO ATRASO NA ENTREGA DO IMÓVEL

Importante ainda salientar que, em alguns casos, o atraso na entrega das chaves não ocorre, propriamente, pelo atraso na entrega das obras, mas da documentação apta a permitir o financiamento e o pagamento da parcela denominada "parcela das chaves".

Nesse caso, se o atraso for de responsabilidade da construtora, as consequências decorrentes do atraso devem ser por ela suportadas e, nessa medida:

Tribunal de Justiça de São Paulo. Imóvel. Entrega futura. Atraso na obtenção do financiamento bancário. Atribuição de culpa à vendedora. Aumento do saldo devedor. Ação de indenização por danos morais e materiais proposta pelos compradores. Sentença de improcedência. Ato ilícito não caracterizado. Documentação e requisitos para formalização do financiamento a cargo dos compradores. Apelação desprovida (Apelação 0001511-55.2009.8.26.0604, Rel. Carlos Henrique Miguel Trevisan, 5ª Câmara Extraordinária de Direito Privado, j. 17.09.2014).

Tribunal de Justiça de São Paulo. *Atraso injustificado na entrega das chaves. Imóvel pronto. Pendência apenas da entrega de documentação a cargo da vendedora. Procedência bem decretada. Não demonstrando a alienante que a culpa pelo retardo deveu-se à ação dos compradores, não pode reter indefinidamente as chaves. Danos morais. Pretensão que consiste bis in idem, pois já imposta igual sanção à apelante por força do mesmo motivo (atraso na entrega da obra), por força de outro processo julgado por esta mesma Câmara. Apelo provido em parte (Apelação 0032639-82.2010.8.26.0564, Rel. Galdino Toledo Júnior, 9ª Câmara de Direito Privado, j. 16.09.2014).*

7.5. AS SOLUÇÕES JURÍDICAS POSSÍVEIS PARA O ATRASO NA ENTREGA DO IMÓVEL E SUAS CONSEQUÊNCIAS

No contrato bilateral, a prestação de uma das partes tem como causa, como motivo de sua existência, a obrigação do outro contratante.

Se o adquirente cumpre a sua obrigação (pagamento do preço), é porque vislumbra, além das demais obrigações da construtora, a efetiva entrega do imóvel na data convencionada.

É preciso observar que as obrigações de entrega do imóvel aos adquirentes qualificam--se como prestações positivas (dar e fazer) e líquidas (certas quanto a sua existência e determinadas quanto ao seu objeto).

O seu inadimplemento constitui de pleno direito em mora o devedor (independentemente de notificação ou qualquer outra providência do credor), acorde com o art. 397 do Código Civil.

É a consagração do princípio segundo o qual *dies interpellat pro homine* (o dia do vencimento interpela pelo homem), considerado o vencimento após o esgotamento da carência legal de 180 (cento e oitenta) dias insculpida no art. 43-A da Lei 4.591/1964.

Duas são as soluções jurídicas para enfrentar a questão.

A primeira delas é a resolução do contrato.

De fato, assim como ao promitente vendedor é possível a resolução do contrato por inadimplemento do promitente comprador, este último pode aforar ação de resolução contratual no caso de atraso na entrega das chaves, que constitui inegável descumprimento do contrato pela construtora que prometeu o imóvel em data certa.

Nada obstante a possibilidade de requerer a resolução do contrato, a segunda solução jurídica permite ao adquirente, nos termos do art. 475 do Código Civil, optar por exigir da construtora/incorporadora a entrega (cumprimento da obrigação), requerendo, também, a multa moratória de caráter punitivo, como vimos, e as perdas e danos.

Mister se faz atentar para aplicação do Código de Defesa do Consumidor,[28] uma vez que, de acordo com o critério objetivo e legal, em regra estão presentes consumidor e fornecedor, definidos nos arts. 2º e 3º da Lei 8.078/1990.

No art. 6º da Lei 8.078/1990 encontra-se o seguinte dispositivo: "São direitos básicos do consumidor: VI – a efetiva prevenção e reparação de danos patrimoniais e morais, individuais, coletivos e difusos."

O adquirente faz jus, nesses casos, tanto se optar pela resolução quanto se optar por exigir a entrega:

---

[28] *Vide* capítulo 2 deste Livro II.

a) à indenização por danos materiais consubstanciados no mínimo pelo aluguel que poderia render o imóvel;

b) por eventuais danos morais a partir do atraso;

c) à suspensão do pagamento das parcelas eventualmente devidas em razão da exceção do contrato não cumprido (Código Civil, art. 476), ficando responsável, apenas, se optar por exigir o cumprimento da obrigação de entrega das chaves, pelas atualizações previstas no contrato, mas não pelos juros, compensatórios ou moratórios, e demais penalidades contratuais como, aliás, é a orientação do Tribunal de Justiça de São Paulo na Súmula 163 nos seguintes termos: "O descumprimento do prazo de entrega do imóvel objeto do compromisso de venda e compra não cessa a incidência de correção monetária, mas tão somente dos encargos contratuais sobre o saldo devedor."

d) a ser ressarcido ou não pagar os condomínios e impostos que eventualmente recaírem sobre a unidade condominial enquanto não receber as chaves, posto que devem ser carreados à construtora/incorporadora que deu causa ao atraso, independentemente do que estiver previsto no contrato por ser cláusula em sentido contrário considerada abusiva.

Irrepreocháveis, nesse sentido, as conclusões do Desembargador Paulista Carlos Alberto Garbi:

Tribunal de Justiça de São Paulo. *Compromisso de compra e venda. Atraso na entrega da obra verificado. Indenização por lucros cessantes. Dano moral configurado.*

1. Atraso injustificado na entrega da unidade prometida à venda aos autores. Não há como afastar a responsabilidade pela mora no cumprimento da obrigação, visto que as empresas rés devem se ajustar a eventuais embaraços para finalizar a obra que se comprometeram a vender.

2. Pedido extra petita afastado. Perícia judicial que comprovou os vícios da construção e os valores a serem ressarcidos. Observação do princípio da adstrição do pedido inicial e da sentença, na medida em que o juízo deve entregar no provimento jurisdicional a própria obrigação ou o resultado prático equivalente.

3. Superado o prazo previsto no contrato sem a efetiva entrega da unidade, não se afigura correto fazer a correção do saldo devedor pelo índice setorial próprio da construção civil, de modo que, durante a mora, deveria ser corrigido pelo INPC, afastado o INCC/FGV. As diferenças correspondentes à atualização monetária pelo INCC/ FGV, quando deveria ter sido realizada pelo INPC durante a mora das rés, devem ser restituídas aos autores.

4. Pretendem os autores, também, a condenação das rés ao pagamento de danos materiais por perdas e danos. Descumprido o contrato por culpa exclusiva das rés, respondem elas pelas perdas e danos sofridos pelos autores (art. 389 do CC). A indenização por lucros cessantes corresponde à privação injusta do uso do bem e encontra fundamento na percepção dos frutos que lhe foi subtraída pela demora no cumprimento da obrigação. O uso pode ser calculado economicamente pela medida de um aluguel, que é o valor correspondente ao que deixou de receber ou teve que pagar para fazer uso de imóvel semelhante. A base de cálculo da reparação por lucros cessantes ou percepção dos frutos deve ser fixada em percentual equivalente a 0,5% sobre o valor atualizado do imóvel.

5. Ilegalidade de cláusula contratual corretamente reconhecida. A despeito de previsão contratual não há fundamento para imputar ao autor, antes da entrega das chaves, o pagamento das despesas condominiais/ IPTU, pois sequer titularizava a posse direta do imóvel, de modo que não usufruiu o bem ou dos benefícios e serviços eventualmente prestados pelo Condomínio, determinante da respectiva contribuição. Restituição que se impunha.

6. Dano moral. É inegável que o inadimplemento do contrato, associado ao total descaso das rés causaram o prejuízo moral alegado na petição inicial. Como se vê, os autores foram iludidos com a promessa da compra do imóvel oferecida pela ré. Não se olvida que a compra do imóvel gera expectativas e esperanças que acabaram frustradas. Ademais, a inércia das rés em promover a entrega do imóvel excedeu o razoável e certamente dificultou ainda mais a situação dos autores.

7. A consignação judicial das chaves não afasta a mora das rés, na medida em que ficou comprovado nos autos os vícios da construção, tendo sido deferida a imissão na posse dos autores somente após o laudo pericial, devendo ser considerada a data da entrega das chaves somente após o deferimento do juízo.

8. Recurso das rés improvido. Sentença mantida. (Apelação 1104898-87.2013.8.26.0100, Rel. Carlos Alberto Garbi, Comarca: São Paulo, 10ª Câmara de Direito Privado, j. 12.04.2016, Data de registro: 15.04.2016)

É muito comum a pretensão do adquirente de impor à construtora, por extensão, a multa prevista no contrato para o seu descumprimento, invocando, para tanto, o princípio da igualdade contratual.

Embora o pedido seja plausível no meu entendimento, em São Paulo o Tribunal estadual indeferia a pretensão, aplicando o art. 411 do Código Civil literalmente nos termos da sua Súmula 159: "É incabível a condenação da vendedora ao pagamento de multa ajustada apenas para a hipótese de mora do comprador, afastando-se a aplicação da penalidade por equidade, ainda que descumprido o prazo para a entrega do imóvel objeto do compromisso de venda e compra. Incidência do disposto no artigo 411, do Código Civil."

Esse entendimento, que se aplicava apenas aos contratos anteriores à Lei 13.786 de 27.12.2018, foi afastado pelo STJ.

Nos REsps 1.614.721 e 1.631.485, o STJ definiu que é possível inverter, em desfavor da construtora, a cláusula penal estipulada exclusivamente para o consumidor para o caso de inadimplemento, também pelo atraso na entrega (tema 971).

> **Superior Tribunal de Justiça.** *Recurso especial representativo de controvérsia. Compra e venda de imóvel na planta. Atraso na entrega. Novel lei n. 13.786/2018. Contrato firmado entre as partes anteriormente à sua vigência. Não incidência. Contrato de adesão. Omissão de multa em benefício do aderente. Inadimplemento da incorporadora. Arbitramento judicial da indenização, tomando-se como parâmetro objetivo a multa estipulada em proveito de apenas uma das partes, para manutenção do equilíbrio contratual. 1. A tese a ser firmada, para efeito do art. 1.036 do CPC/2015, é a seguinte:* **No contrato de adesão firmado entre o comprador e a construtora/incorporadora, havendo previsão de cláusula penal apenas para o inadimplemento do adquirente, deverá ela ser considerada para a fixação da indenização pelo inadimplemento do vendedor. As obrigações heterogêneas (obrigações de fazer e de dar) serão convertidas em dinheiro, por arbitramento judicial.** *2. No caso concreto, recurso especial parcialmente provido. (REsp 1614721/DF, Rel. Min. Luis Felipe Salomão, Segunda Seção, j. 22.05.2019, DJe 25.06.2019).*

Para contratos firmados depois da Lei 13.786, de 27.11.2018, tanto se o adquirente optar pela resolução do contrato por inadimplemento, expressamente possibilitada pelo art. 35, III, do Código de Defesa do Consumidor e pelo art. 475 do Código Civil, quanto se optar por exigir o cumprimento, a construtora/incorporadora inadimplente *responderá pelos prejuízos a que der causa, ou seja, pelas perdas e danos materiais (os aluguéis), além dos morais em casos extremos*, independentemente das multas legais compensatórias ou moratórias, respectivamente, que deverão estar presentes no contrato, não se tratando mais de inversão, sendo ambas de caráter exclusivamente punitivo (e não de predeterminação das perdas e danos), insculpidas no art. 43-A, §§ 1º e 2º, da Lei 4.591/1964.[29]

---

[29] Art. 43-A. A entrega do imóvel em até 180 (cento e oitenta) dias corridos da data estipulada contratualmente como data prevista para conclusão do empreendimento, desde que expressamente pactuado, de forma clara e destacada, não dará causa à resolução do contrato por parte do adquirente nem ensejará o pagamento de qualquer penalidade pelo incorporador. (Incluído pela Lei 13.786, de 2018) § 1º Se a entrega do imóvel ultrapassar o prazo estabelecido no caput deste artigo, desde que o adquirente não tenha dado causa ao atraso, poderá ser promovida por este a **resolução do contrato**, sem prejuízo da **devolução da integralidade de todos os valores pagos e da multa estabelecida**, em até 60 (sessenta) dias corridos contados da resolução, corrigidos nos termos do § 8º do art. 67-A desta Lei. (Incluído pela Lei 13.786, de 2018) § 2º Na hipótese de a entrega do imóvel estender-se por prazo superior àquele previsto no caput deste artigo, e **não se tratar de resolução do contrato**, será devida ao adquirente adimplente, por ocasião da entrega da unidade, indenização de **1%** (**um por cento**) **do valor efetivamente pago à incorporadora, para cada mês de atraso**, *pro rata die*, corrigido monetariamente conforme índice estipulado em contrato. (Incluído pela Lei 13.786, de 2018). § 3º **A multa prevista no § 2º deste artigo**, referente a **mora** no cumprimento da obrigação, em hipótese alguma poderá ser cumulada com a multa estabelecida no § 1º deste artigo, que trata da inexecução total da obrigação. (Incluído pela Lei 13.786, de 2018).

A diferença é que, se exigir o cumprimento, o adquirente deverá, em razão da entrega, pagar o que deve com as atualizações previstas no contrato sem as penalidades impostas às prestações suspensas em razão da exceção do contrato não cumprido, exigindo a multa moratória imposta à construtora por lei (art. 43-A, § 2º da Lei 4.591/1964) e, se requerer a resolução do contrato por inadimplemento da construtora/incorporadora, fará jus à restituição integral do que pagou com as atualizações desde cada desembolso, além dos juros legais desde a citação (CC, arts. 405 e 406) e multa compensatória prevista no contrato (art. 43-A, § 1º da Lei 4.591/1964).

O Superior Tribunal de Justiça entende que os lucros cessantes podem ser presumidos ante a não entrega do imóvel na data convencionada.

Com isso, admite a indenização por lucros cessantes correspondente aos alugueres que o adquirente poderia ter recebido em razão da não entrega na data estipulada (confira-se, nesse sentido: STJ, REsp 644.984/RJ e AgRg no REsp 826.745/RJ).

Vejamos, pois, essas consequências.

7.5.1. As consequências para as construtoras

É preciso observar que as obrigações de entrega das obras e de outorga da escritura ao final dos pagamentos qualificam-se como *prestações positivas* (dar e fazer) e *líquidas* (certas quanto a sua existência e determinadas quanto ao seu objeto).

O seu inadimplemento *constitui de pleno direito em mora o devedor* (independentemente de notificação ou qualquer outra providência do credor), de acordo com o art. 397 do Código Civil de 2002.

Nesta medida, importante verificar os seguintes julgados:

Tribunal de Justiça de São Paulo. Compromisso de compra e venda. Rescisão. Unidade habitacional. Atraso na entrega e conclusão da obra. Fato verificado. Culpa da promitente vendedora. Danos constatados, presentes e futuros. Indenização. Recurso não provido. Em mora com a entrega da unidade habitacional, deu a promitente vendedora causa à rescisão contratual, sujeitando-se a compor os prejuízos derivados do ilícito contratual. Esse atraso impediu os compromissários compradores ou de deixarem de pagar aluguel, ou de obterem renda com a colocação do imóvel em locação. São perdas efetivas e potenciais de um capital com aptidão de produzir uma vantagem econômica, havendo entre esses prejuízos e a inexecução contratual perfeito nexo de causalidade (Apel. Cív. 47.815-4, São Paulo, 9ª Câmara de Direito Privado, Rel. Ruiter Oliva, 08.09.1998, v.u.).

Tribunal de Justiça do Distrito Federal. Doutrina: Anotações ao Código Civil Brasileiro. Darcy Arruda Miranda, 3º vol., p. 39. (...). Promessa de compra e venda de imóvel na planta. Inadimplemento contratual – rescisão da avença com indenização. Havendo data certa para a entrega do bem prometido à venda, é desnecessária a prévia interpelação para a rescisão contratual, posto que, descumprido o prazo contratual, prevalece o princípio dies interpellat pro homine. Uma vez feita a prova de que não houve a entrega do bem prometido à venda no prazo previsto no contrato, resta caracterizado o prejuízo decorrente da falta dos frutos civis que esse bem proporcionaria ao promitente comprador. A lei faculta à parte lesada, porque a obrigação não foi cumprida no tempo devido, requerer a rescisão do contrato com perdas e danos. (...) (Apelação Cível nº 4.811.298/DF, 5ª Turma Cível, 05.11.1998, Rel. Romão C. Oliveira, Diário da Justiça do DF: 16.12.1998, p. 51. Observação: 1º TASP, RT 529/126).

Tribunal de Justiça de São Paulo. Compromisso de compra e venda – Pedido de rescisão pelo adquirente, com restituição dos valores pagos – Configurada violação positiva do contrato, por culpa única da alienante, tornando inalcançável a entrega do imóvel, na época prometida, ante a evidência do atraso no início das obras, sem justa causa demonstrada – Legitimidade da conduta do comprador, interrompendo o pagamento das prestações, com vista a evitar prejuízo maior para si – Rescisão inevitável da avença e repetição total devida, inadmitidos quaisquer descontos, como os discrimina a ré, em seu apelo, muito menos parcelamento da quantia a ser repetida – (...) – Multa contratual indevida – Honorários advocatícios que, todavia, comportam majoração ao percentual máximo do art. 20, § 3º, do CPC [atual art. 85, § 2º] – Apelo da ré não provido e o do autor provido em parte, com observação (Apelação Cível nº 260.874-4/0 – Suzano – 10ª Câmara de Direito Privado – Rel. Quaglia Barbosa – 11.05.2004 – v.u.).

Superior Tribunal de Justiça. Civil. Contrato. Compromisso de compra e venda de imóvel. Resolução por culpa da construtora. Artigo 924 do Código Civil/1916 [art. 413 do atual]. Inaplicabilidade. Aplicação do art. 1.092, parágrafo único, do Código Civil/1916 [art. 389 do atual]. Restituição da integralidade das parcelas pagas e dos lucros cessantes pelo valor do aluguel mensal que o imóvel poderia ter rendido. Precedentes. Na resolução de compromisso de compra e venda de imóvel, por culpa do promitente-vendedor, não é aplicável o disposto no art. 924 do Código Civil/1916 [art. 413 do atual], mas sim o parágrafo único do art. 1.092 do Código Civil/1916 [art. 389 do atual], e, consequentemente, está o promitente-vendedor obrigado a devolver integralmente a quantia paga pelo promitente-comprador. Resolvida a relação obrigacional por culpa do promitente-vendedor que não cumpriu a sua obrigação, as partes envolvidas deverão retornar ao estágio anterior à concretização do negócio, devolvendo-se ao promitente-vendedor faltoso o direito de livremente dispor do imóvel, cabendo ao promitente-comprador o reembolso da integralidade das parcelas já pagas, acrescida dos lucros cessantes. A inexecução do contrato pelo promitente-vendedor, que não entrega o imóvel na data estipulada, causa, além do dano emergente, figurado nos valores das parcelas pagas pelo promitente-comprador, lucros cessantes a título de alugueres que poderia o imóvel ter rendido se tivesse sido entregue na data contratada. Trata-se de situação que, vinda da experiência comum, não necessita de prova (art. 335 do Código de Processo Civil) [atual art. 375]. Recurso não conhecido (REsp 644.984/RJ, Rel. Min. Nancy Andrighi, Terceira Turma, j. 16.08.2005, DJ 05.09.2005, p. 402).

Portanto, de maneira uniforme, a jurisprudência admite que seja o imóvel adquirido para locação ou não, seja a opção do adquirente pela resolução ou pelo cumprimento a destempo, que os alugueres durante o período de atraso correspondem aos prejuízos indenizáveis a título de danos materiais, notadamente a título de lucros cessantes, sendo essa a orientação do Tribunal de Justiça de São Paulo na Súmula 162, segundo a qual *"descumprido o prazo para a entrega do imóvel objeto do compromisso de venda e compra, é cabível a condenação da vendedora por lucros cessantes, havendo a presunção de prejuízo do adquirente, independentemente da finalidade do negócio".*[30]

No Incidente de Resolução de Demandas Repetitivas nº 0023203-35.2016.8.26.0000 (31.08.2017), o tribunal paulista foi mais específico, o que se depreende do teor do tema 5: *"O atraso da prestação de entrega de imóvel objeto de compromisso de compra e venda gera obrigação da alienante indenizar o adquirente pela privação injusta do uso do bem. O uso será obtido economicamente pela medida de um aluguel, que pode ser calculado em percentual sobre o valor atualizado do contrato, correspondente ao que deixou de receber, ou teve de pagar para fazer uso de imóvel semelhante, com termo final na data da disponibilização da posse direta ao adquirente da unidade autônoma já regularizada".*

No tema repetitivo 996 (*DJe* 27.09.2019) o STJ firmou a seguinte tese: *"1.2. No caso de descumprimento do prazo para a entrega do imóvel, incluído o período de tolerância, o prejuízo do comprador é presumido, consistente na injusta privação do uso do bem, a ensejar o pagamento de indenização, na forma de aluguel mensal, com base no valor locatício de imóvel assemelhado, com termo final na data da disponibilização da posse direta ao adquirente da unidade autônoma."*

Em que pese o tema tratar de aquisição pelo programa "Minha Casa, Minha Vida", não há razão para tratar de forma diversa os contratos fora desse âmbito, firmados com construtoras.

Igualmente, como vimos, a construtora não poderá aplicar qualquer penalidade ao adquirente, tampouco cobrar parcelas do preço vencidas durante o seu atraso na entrega das chaves/obras em razão da exceção do contrato não cumprido (CC, art. 476).

Assim, as parcelas, mesmo que suspensas, sofrerão apenas atualização monetária, respeitada a periodicidade legal e o índice contratual, com cobrança postergada para o

---

[30] Em que pese não ser comum a existência de cláusulas penais para as construtoras no caso de atraso, o STJ já decidiu que "É possível cumular a cláusula penal decorrente da mora com indenização por lucros cessantes quando há atraso na entrega do imóvel pela construtora." (REsp 1.642.314 – SE – 2016/0251378-2 – Relatora Ministra Nancy Andrighi.

momento do cumprimento da obrigação de entrega da posse ao adquirente, sendo nesse sentido, no Estado de São Paulo, a Súmula 163 do Tribunal bandeirante,[31] ratificada naquele tribunal pelo julgamento do tema 8 no Incidente de Resolução de Demandas Repetitivas nº 0023203-35.2016.8.26.0000 (31.08.2017): *"O descumprimento do prazo de entrega de imóvel objeto de compromisso de venda e compra, computado o período de tolerância, não faz cessar a incidência de correção monetária, mas tão somente dos juros e multa contratual sobre o saldo devedor. Devem ser substituídos indexadores setoriais, que refletem a variação do custo da construção civil por outros indexadores gerais, salvo quando estes últimos forem mais gravosos ao consumidor"*.

Assim julga o STJ, inferência que se extrai do seguinte julgado:

> **Superior Tribunal de Justiça.** *Nesse contexto, salvo melhor juízo, o fato de o vendedor encontrar-se em mora no cumprimento da sua obrigação, no caso a entrega do imóvel, não justifica a suspensão da cláusula de correção monetária do saldo devedor, na medida em que inexiste equivalência econômica entre as duas obrigações/direitos. "Em outras palavras, o prejuízo decorrente do atraso na conclusão da obra não guarda correspondência como o valor da correção monetária do saldo devedor para o período de inadimplência"* (AREsp 667623 Ministra Nancy Andrighi, j. 12.06.2017).

Nada obstante, como "não se aplica o INCC como índice de correção após à entrega da obra",[32] este índice, se for mais gravoso ao consumidor, deve ser substituído por outro índice de preço, notadamente pelo previsto, se houver, no contrato.

Em consonância com o acatado pelo STJ, o Tribunal de Justiça de São Paulo esclareceu o seguinte no IRDR nº 0023203-35.2016.8.26.0000 (31.08.2017): *"Seguindo nessa mesma linha de raciocínio e considerando que o mutuário não pode ser prejudicado por descumprimento contratual imputável exclusivamente à construtora, afigura-se igualmente inaplicável o INCC para correção do saldo devedor após o transcurso da data limite para entrega da obra"* (STJ, EDcl no REsp 1.629.427/RJ, 3ª Turma, *DJe* 01.02.2017; AgInt nos EDcl no AREsp 897.311/RJ, 3ª Turma, *DJe* 07.11.2016; REsp 1.454.139/RJ; 3ª Turma, *DJe* 17.06.2014).

Por outro lado, há entendimento segundo o qual a multa de 50% sobre o valor recebido, prevista no § 5º do art. 35 da Lei 4.591/1964, não se aplica no caso de atraso da entrega da obra.[33]

---

[31] Súmula 163 do Tribunal de Justiça de São Paulo: "O descumprimento do prazo de entrega do imóvel objeto do compromisso de venda e compra não cessa a incidência de correção monetária, mas tão somente dos encargos contratuais sobre o saldo devedor".

[32] AgRg no REsp 579.160/DF, 4ª Turma, *DJe* 25.10.2012. No mesmo sentido: AgRg no Ag 1.349.113/PE, 3ª Turma, *DJe* 19.08.2011.

[33] Art. 35. O incorporador terá o prazo máximo de 45 dias, a contar do termo final do prazo de carência, se houver, para promover a celebração do competente contrato relativo à fração ideal de terreno, e, bem assim, do contrato de construção e da Convenção do condomínio, de acordo com discriminação constante da alínea "i", do art. 32. (*Vide* Lei 4.864/1965, que altera o prazo máximo concedido ao incorporador para 60 (sessenta) dias.

§ 1º No caso de não haver prazo de carência, o prazo acima se contará da data de qualquer documento de ajuste preliminar.

§ 2º Quando houver prazo de carência, a obrigação somente deixará de existir se o incorporador tiver denunciado, dentro do mesmo prazo e nas condições previamente estabelecidas, por escrito, ao Registro de Imóveis, a não concretização do empreendimento.

§ 3º Se, dentro do prazo de carência, o incorporador não denunciar a incorporação, embora não se tenham reunido as condições a que se refere o § 1º, o outorgante do mandato de que trata o § 1º, do art. 31, poderá fazê-lo nos cinco dias subsequentes ao prazo de carência, e nesse caso ficará solidariamente responsável com o incorporador pela devolução das quantias que os adquirentes ou candidatos à aquisição houverem entregue ao incorporador, resguardado o direito de regresso sobre eles, dispensando-se, então, do cumprimento da obrigação fixada no *caput* deste artigo.

Muito comum, também, em contratos que contêm previsão de amortização somente após a entrega das chaves, a estipulação dos denominados "juros de obra" ou "juros de evolução de obra".

Se a obra atrasa, resta evidente que o adquirente fica privado de amortizar e pode ser cobrado ilegalmente dos juros sobre o valor integral devido em razão de fato que não lhe pode ser imputado (o atraso nas entrega do imóvel).

Sendo assim, esses juros não podem ser cobrados e, se forem, devem ser restituídos ao adquirente.

Em outras palavras, outra consequência para as construtoras é suportar a cessação do pagamento desses juros durante o atraso, considerado o atraso apenas depois do prazo de carência de até 180 (cento e oitenta) dias estipulado de forma clara no contrato conforme permite o art. 43-A da Lei 4.591/1964.

Nesta medida, o tribunal estadual paulista pacificou o assunto no Incidente de Resolução de Demandas Repetitivas 0023203-35.2016.8.26.0000 (31.08.2017), tendo assim redigido a conclusão do tema 6: *"É ilícito o repasse dos 'juros de obra', ou 'juros de evolução da obra', ou 'taxa de evolução da obra', ou outros encargos equivalentes após o prazo ajustado no contrato para entrega das chaves da unidade autônoma, incluído período de tolerância".*

Explicou-se: os "juros de obra", ou "juros de evolução da obra", ou "taxa de evolução da obra" são pagos durante as obras, quando não há amortização (...). "Diante do atraso nas obras, privou-se o promissário comprador da possibilidade de iniciar a amortização do principal do mútuo já contratado".

O STJ conta com semelhante entendimento:

Superior Tribunal de Justiça. *Os "juros de obra" pagos após o prazo de previsão de entrega das chaves, deverão ser ressarcidos pela construtora ao consumidor (AResp 718080, Rel. Min. Maria Isabel Gallotti, j. 08.06.2016).*

Quanto aos danos morais, notadamente ante a existência de relação de consumo,[34] o entendimento jurisprudencial majoritário não o defere.

Nesse sentido, asseverou o Desembargador Fortes Barbosa: *quanto aos danos morais, este Tribunal de Justiça tem entendimento predominante no sentido de que, salvo circunstância excepcional que coloque o contratante em situação de extraordinária angústia ou humilhação, no caso inexistente, não há dever de indenizar. É que o dissabor inerente à expectativa frustrada decorrente de inadimplemento contratual se insere no cotidiano do homem médio e não implica lesão à honra ou violação da dignidade* (Apelação nº 0103875-60.2012.8.26.0100, 6ª Câmara de Direito Privado do Tribunal de Justiça de São Paulo, Rel. Fortes Barbosa, j. 01.08.2013).

---

§ 4º Descumprida pelo incorporador e pelo mandante de que trata o § 1º do art. 31 a obrigação da outorga dos contratos referidos no caput deste artigo, nos prazos ora fixados, a carta-proposta ou o documento de ajuste preliminar poderão ser averbados no Registro de Imóveis, averbação que conferirá direito real oponível a terceiros, com o consequente direito à obtenção compulsória do contrato correspondente.

§ 5º Na hipótese do parágrafo anterior, o incorporador incorrerá também na multa de 50% sobre a quantia que efetivamente tiver recebido, cobrável por via executiva, em favor do adquirente ou candidato à aquisição.

§ 6º Ressalvado o disposto no artigo 43, do contrato de construção deverá constar expressamente a menção dos responsáveis pelo pagamento da construção de cada uma das unidades. O incorporador responde, em igualdade de condições, com os demais contratantes, pelo pagamento da construção das unidades que não tenham tido a responsabilidade pela sua construção assumida por terceiros e até que o tenham.

[34] *Vide* o item 2.5 (capítulo 2) deste Livro II.

Em igual sentido:

Tribunal de Justiça de São Paulo. *"Dano moral indevido quando se trata de inadimplemento contratual sem excepcionalidade que ocasione vexame e humilhação. Recurso parcialmente provido para afastar o dano moral" (Apelação nº 450.589.4/9 – São Paulo/F.R. Jabaquara Rel. Des. Maia da Cunha, em 26.10.06, Unânime). "Não é, porém, a simples frustração decorrente do inadimplemento que se indeniza, mas sim a ofensa a direitos da personalidade, ou sofrimento intenso e profundo, a ser demonstrado caso a caso" (Apelação Cível nº 468.896.4/6, São Paulo, Rel. Des. Francisco Loureiro, j. 29.01.2009 – Unânime).*

O Superior Tribunal Justiça não discrepa desse entendimento e afirma que *o inadimplemento contratual implica a obrigação de indenizar os danos patrimoniais, não danos morais, cujo reconhecimento implica mais do que os dissabores de um negócio frustrado. Recurso especial não conhecido* (REsp201.414/PA, Rel. Min. Ari Pargendler, *DJ* 05.02.2001). Em igual sentido:

Superior Tribunal de Justiça. *Agravo Interno no Agravo em Recurso Especial – ação declaratória c/c pedido condenatório – decisão monocrática que deu provimento ao reclamo da parte adversa. Insurgência recursal dos autores. 1. A jurisprudência desta Corte Superior é no sentido de que o simples inadimplemento contratual, em regra, não configura dano moral indenizável, devendo haver consequências fáticas capazes de ensejar o sofrimento psicológico. 1.1. No caso sub judice, constata-se que, ainda que o imóvel tenha sido entregue após ultrapassado o prazo de tolerância de 180 dias, não foi comprovado que o atraso teria afetado, de maneira excepcional, o direito da personalidade dos recorridos, não havendo que se falar, portanto, em abalo moral indenizável. Precedentes. 2. Agravo interno desprovido (AgInt no AREsp 1677968/CE, Rel. Min. Marco Buzzi, 4ª Turma, j. 24.08.2020, DJe 28.08.2020).*[35] Em alguns precedentes, o STJ afirma que *"o atraso na entrega do imóvel objeto do compromisso de compra e venda enseja condenação ao pagamento de indenização por danos morais, quando a demora injustificada cause transtornos extraordinários ao promitente comprador, que transcendem o mero dissabor cotidiano". Todavia, ressalva que "não cabe, em recurso especial, reexaminar matéria fático-probatória, especialmente quando o intuito é modificar as conclusões do acórdão recorrido, no sentido de que além da frustração com o atraso na entrega do imóvel, houve maiores desdobramentos capazes de atingir os direitos da personalidade do promitente comprador. (Súmula 7/STJ)." (AgInt no REsp 1738475/PR, Rel. Min. Maria Isabel Gallotti, Quarta Turma, j. 13.11.2018, DJe 22.11.2018).*

Costumam aplicar, assim, a vetusta ideia de Antonio Chaves, segundo o qual o dano moral não espelha o *"reconhecimento que todo e qualquer melindre, toda suscetibilidade exacerbada, toda exaltação do amor-próprio pretensamente ferido, a mais suave sombra, o mais ligeiro roçar das asas de uma borboleta, mimos, escrúpulos, delicadezas excessivas, ilusões insignificantes desfeitas, possibilitando sejam extraídas da caixa de Pandora do direito centenas de milhares de cruzeiros".*[36]

Os danos morais são deferidos, excepcionalmente, quando o atraso, na visão do julgador, ultrapassa em muito o razoável.

A subjetividade impera e, nesse sentido, em atraso de mais de 19 meses após o período de tolerância:

Superior Tribunal de Justiça. *Agravo interno no agravo em recurso especial. Decisão da presidência do STJ. Reconsideração. Novo exame do agravo em recurso especial. Compromisso de compra e venda. Atraso na entrega do imóvel. Lucros cessantes. Incidência. Dano moral. Atraso por tempo expressivo. Existência de circunstância excepcional. Cabimento. Agravo interno provido. Agravo conhecido para conhecer do recurso especial e negar-lhe provimento.* **1. A jurisprudência do STJ é firme no sentido de que a demora na entrega do imóvel na data previamente acordada resulta no dever de reparação por lucros**

---

[35] No mesmo sentido: (...) "1. A jurisprudência do STJ é firme no sentido de que o mero atraso na entrega de obra não é suficiente para caracterizar ilícito indenizável. 2. No caso dos autos, contrariando o entendimento desta Corte, o Tribunal de origem fundamentou a condenação aos danos morais tão somente na entrega fora do prazo estabelecido, por considerar que tal fato teria suplantado o conceito de aborrecimentos e dissabores inerentes à vida em sociedade.(...) (STJ, AgInt no AREsp 958.095/SE, Rel. Min. Antonio Carlos Ferreira, Quarta Turma, j. 07.11.2017, *DJe* 14.11.2017).

[36] Antonio Chaves, *Tratado de direito civil*, São Paulo: RT, 1985, vol. III, p. 637.

cessantes pela não fruição do imóvel durante o tempo em que a vendedora permaneceu em mora, por presunção de prejuízo do promitente-comprador. Precedentes. 2. O simples inadimplemento contratual em razão do atraso na entrega do imóvel não é capaz, por si só, de gerar dano moral indenizável, sendo necessária a comprovação de circunstâncias específicas que podem configurar a lesão extrapatrimonial. 3. Na hipótese, o atraso de mais de 19 meses, após o período de tolerância, na entrega do imóvel supera o mero inadimplemento contratual, devendo ser mantida a indenização por danos morais. Precedentes. 4. Agravo interno provido para reconsiderar a decisão agravada e, em nova análise, conhecer do agravo para conhecer do recurso especial e negar-lhe provimento (AgInt no AREsp 1.939.935/RJ, Rel. Min. Raul Araújo, Quarta Turma, j. 14.03.2022, DJe 04.04.2022).

Superior Tribunal de Justiça. Agravo interno no agravo em recurso especial. Omissão no julgado. Não ocorrência. Contrato de compra e venda. Atraso expressivo na entrega do imóvel. Danos morais configurados. Redimensionamento da sucumbência. Reexame de provas. Impossibilidade. Súmula 7/STJ. Agravo não provido (...) 2. Conforme a jurisprudência pacífica do STJ, o atraso expressivo na entrega de empreendimento imobiliário pode configurar dano ao patrimônio moral do contratante, circunstância que enseja a reparação. 3. Não cabe, em recurso especial, reexaminar matéria fático-probatória (Súmula 7/STJ). 4. Agravo interno a que se nega provimento (AgInt no AREsp n. 1.972.632/RJ, Rel. Min. Maria Isabel Gallotti, Quarta Turma, j. 24.10.2022, DJe 27.10.2022).

No meu entendimento, o atraso na entrega do imóvel ao adquirente, a par de ser descumprimento de obrigação contratual, pela expectativa que gera na maioria dos casos, mormente se se tratar de imóvel residencial, não pode ser considerado "mero dissabor".

Não é simples "expectativa frustrada".

Há casos de famílias que vendem seus antigos imóveis para pagar as parcelas do preço do novo e, diante da mora na entrega das chaves, devem procurar solução para a moradia da família, direito social insculpido no art. 6º da Constituição Federal. Outros exemplos podem ser dados, como no caso dos noivos que adquirem imóvel, marcam casamento e esperam o cumprimento da obrigação da construtora.

Enfim, os fatos são ricos em detalhes e díspares nas consequências que trazem na esfera de consideração pessoal e social dos adquirentes, de tal sorte que não é possível categorizar por meio da simples afirmação de inexistência de dano moral.

Ouso afirmar que, e em razão da importância da propriedade imobiliária para a família brasileira, o que fez surgir até a famosa expressão "sonho da casa própria", o atraso na entrega não se tratará de mero "dissabor" decorrente de "negócio frustrado".

Ainda quanto às consequências, convém lembrar as espécies de incorporação existentes na Lei 4.591/1964:

a) *Construção por conta e risco do incorporador*, que é o promitente vendedor da unidade autônoma, conhecida na Europa como *vente sur plans*. Meio mais comum, no qual o incorporador vende parte ideal do terreno, custeando o material e a mão de obra, vendendo, na verdade, uma coisa futura (arts. 41 e 43, *caput* e nº V).

b) *Construção por empreitada* (art. 55).

c) *Construção por administração* (art. 58).

Tratando-se de construção por empreitada ou construção por administração, alguns julgados admitem a discussão acerca da culpa, uma vez que, como dissemos alhures, *tanto no caso de mora como no de inadimplemento absoluto, mister se faz a culpa do devedor, sem a qual não se configurará a obrigação de reparar o prejuízo (perdas e danos), nos termos dos arts. 956, 963, 1.057 e 1.058, do Código Civil/16 e arts. 392, 393, 395 e 396 do novo Código Civil.*[37]

---

[37] Luiz Antonio Scavone Junior, *Obrigações, abordagem didática*, 2ª ed., São Paulo: Juarez de Oliveira, 2000, p. 152.

De qualquer forma, há presunção relativa de culpa (*juris tantum*), no caso de mora ou de inadimplemento.

Ainda que seja assim, é conveniente notificar a construtora demonstrando o inconformismo com o atraso.

De minha parte entendo que a providência seria até desnecessária na medida em que, havendo data de vencimento no contrato, a mora é *ex re*, ou seja, independe de notificação (Código Civil, art. 397).

Ainda assim, é prudente que se leve a efeito o aviso na medida em que existem acórdãos que exigem a demonstração desse inconformismo:

Tribunal de Justiça de São Paulo. Indenização. Compra e venda de imóvel a prazo. Atraso na entrega de unidade condominial. Andamento da obra conforme as diretrizes traçadas pela comissão de representantes eleita. Inocorrência de discordância da autora. Não caracterização de culpa da empresa ré. Ação improcedente. Recurso não provido (rel. Ferreira Conti, Apel. Cív. 192.414-2, São Paulo, 16.12.1992).

7.6. MODELO DE AÇÃO COMINATÓRIA PARA ENTREGA DO IMÓVEL CUMULADA COM PERDAS E DANOS

MM. Juízo da (...)

(...), vêm, respeitosamente, perante Vossa Excelência, por seus advogados (documento 1), propor, pelo procedimento comum, rito ordinário, em face de (...)

Ação de preceito cominatório cumulada com perdas e danos

o que fazem com supedâneo nos arts. 395 e 475 do Código Civil, 6º e 35 da Lei 8.078/1990 e pelos argumentos de fato e de direito a seguir aduzidos:

I – Fatos

Os autores são promissários compradores (documento 2) do apartamento (...), e da vaga de garagem (...), ambos no Edifício (...), localizado na Avenida (...), objetos, respectivamente, das matrículas nº (...) e nº (...) do (...) Oficial de Registro de Imóveis de São Paulo (documento 3).

A promessa de compra e venda (documento 2) foi efetuada em (...) pelo valor certo de R$ (...).

A quantia supramencionada foi quitada *in continenti*, (ou: está sendo paga com exação através das parcelas convencionadas, tendo o autor pago até o momento o valor de (...) (documento 4).

Entretanto, nada obstante a cláusula (...) do contrato estipule data certa para a entrega do imóvel, o mesmo não foi entregue até a presente data.

A cláusula sexta do contrato firmado entre os autores e a ré estipula:

"O imóvel será considerado entregue no dia da expedição do habite-se, o que deve ocorrer até o mês de (...) de (...), admitida uma carência de 180 (cento e oitenta) dias, após o que o adquirente fará jus à multa moratória de 1% ao mês sobre o valor por ele pago."

O certo é que o atraso é inequívoco, tendo em vista, inclusive, que o período de carência já se esgotou.

Superior Tribunal de Justiça. Condomínio e incorporação. Construção por administração. Atraso nas obras. Resolução de contratos, pretendida por adquirentes, por aplicação da cláusula resolutória tácita. Lei 4.591/64, arts. 43, VI, e 58. A resolução do contrato, postulada por adquirente alegando mau adimplemento, não depende da prévia interpelação prevista no art. 43, VI, da Lei 4.591, somente exigível para a destituição do incorporador. As questões de fato, relativas à inobservância do cronograma das obras e a verificação de quem o responsável ou culpado pela demora, se a construtora que mal programou o empreendimento, se os adquirentes realizando aportes insuficientes de numerário, tais questões não são passíveis de exame ou reexame na via angusta do recurso especial. Súmulas nos 05 e 07 do STJ. Dissídio não demonstrado. Recurso especial não conhecido (REsp 15.921/CE, decisão: por unanimidade, não conhecer do recurso, Data da decisão: 02.03.1993, 4ª Turma, Rel. Min. Athos Carneiro, DJ 02.08.1993, p. 14.249).

Sendo assim, não restou alternativa aos autores, senão ingressar com a presente ação para buscar o cumprimento da obrigação assumida pela ré de entregar o imóvel bem como para obter a satisfação das perdas e danos devidos em razão do atraso na entrega das obras.

II – Direito

O art. 475 do Código Civil é cristalino:

A parte lesada pelo inadimplemento pode pedir a resolução do contrato, se não preferir exigir-lhe o cumprimento, cabendo, em qualquer dos casos, indenização por perdas e danos.

Posta assim a questão, sendo os autores lesados pelo inadimplemento dos réus, é lícito optar pelo cumprimento da obrigação, ainda que em atraso (mora) e cumular a pretensão da entrega do imóvel com a indenização por perdas e danos.

Neste sentido, dispõe o art. 395 do Código Civil:

Responde o devedor pelos prejuízos a que sua mora der causa, mais juros, atualização dos valores monetários e honorários de advogado.

O inadimplemento da obrigação consiste na falta da prestação devida ou no descumprimento, voluntário ou involuntário, do dever jurídico por parte do devedor.[38]

Foi exatamente o que ocorreu, inferência que se extrai da narrativa dos fatos e dos documentos que instruem a presente ação.

Tenha-se presente que o compromisso de compra e venda é contrato bilateral, no qual se estabeleceu a obrigação de a ré entregar o imóvel.

O que é relevante considerar, no contrato bilateral, é que a prestação de uma das partes tem por razão de ser, e nexo lógico, a prestação do outro contratante. Melhor se diria que a obrigação de um contratante tem como causa a prestação do outro contratante. Cada uma das partes é a um tempo credora e devedora da outra e a reciprocidade acima apontada constitui a própria característica desta espécie de negócio.[39]

Se os autores cumpriram e cumprem a sua obrigação (pagamento do preço), é porque vislumbram, além das demais obrigações da ré, a efetiva entrega do imóvel na data convencionada.

E no caso de atraso de entrega do imóvel e consequente descumprimento contratual por parte das construtoras, são remansosas as decisões no seguinte sentido:

Tribunal de Justiça de São Paulo. Ação indenizatória. Atraso na entrega de obra. Alegação de excludente contratual do prazo de entrega, decorrente de força maior e de circunstâncias alheias à vontade da Outorgante. Inadmissibilidade. Atraso na expedição de licenças municipais previsíveis, em favor da ré. Atraso que deveria constar dentre os riscos da obra. Indenização devida. Julgamento no estado que impediu a demonstração do real valor do locativo. Configuração de cerceamento do direito ao exercício da ampla defesa e do contraditório. Cálculo a ser apurado em liquidação de sentença, por arbitramento. Sucumbência mínima dos autores. Aplicação da regra do parágrafo único do art. 21 do CPC [atual parágrafo único do art. 86]. Recurso provido em parte (Apelação Cível 9147122-20.2007.8.26.0000 – 517.774-4/0 – 994.07.113437, São Paulo, 49ª Câmara (Direito Privado), Rel. Des. Carlos Stroppa, 9ª Câmara de Direito Privado, j. 29.04.2008, Data de registro: 12.05.2008).

Nesta decisão, o Desembargador Carlos Stroppa esclareceu que *"a hipótese em foco deve se submeter ao princípio pacta sunt servanda, porque ao contratar as partes acordaram quanto ao valor do imóvel, à forma de pagamento e o prazo de entrega. A r. sentença corretamente ressaltou que a apelante assumiu uma obrigação de resultado e não de meio e o inadimplemento causado por fato de terceiro não exime sua responsabilidade, embora faculte-lhe o manejo da ação regressiva contra o causador da demora."*

---

[38] Maria Helena Diniz, *Código Civil Anotado*, São Paulo: Saraiva, 1995, p. 684.

[39] Silvio Rodrigues, *Direito Civil*, 20ª ed., São Paulo: Saraiva, 1991, vol. 3, p. 29.

Tribunal de Justiça de São Paulo. Bem imóvel. Apartamento. Instrumento particular de promessa de venda e compra. Atraso na entrega da obra em razão de chuvas. Indenização por lucros cessantes devida. Causa excludente de responsabilidade civil não configurada. Cerceamento de defesa afastado. Condenação a partir do inadimplemento. Observância do art. 397 do Código Civil. Verba honorária mantida. Recurso não provido (Apelação 9170822-25.2007.8.26.0000, Rel. Luís Francisco Aguilar Cortez, Comarca: Piracicaba, 2ª Câmara de Direito Privado, j. 17.05.2011, Data de registro: 23.05.2011. Outros números: 994071086779).

Tribunal de Justiça de São Paulo. Compromisso de Compra e Venda. Rescisão. Perdas e danos. Inadimplemento da comprometente-vendedora. Atraso na entrega da obra. Alegação de força maior devido à ação das chuvas. Afastamento. Fixação das perdas e danos e lucros cessantes a ser relegada para liquidação por arbitramento. Procedência da ação. Verba honorária, porém, reduzida para 15% sobre o valor da condenação. Recurso provido em parte (Apelação 994.05.088727-6, 5ª Câmara de Direito Privado, j. 28.07.2010).

Neste julgado, o relator, Desembargador Silvério Ribeiro, assinalou: *"quanto às perdas e danos e lucros cessantes, por certo, há de ser a autora indenizada, eis que deixou de auferir rendimentos de alugueres sobre o imóvel que deveria ter-lhe sido entregue pela vendedora. Não se trata de lucro presumido ou eventual".*

A jurisprudência do C. Superior Tribunal de Justiça tem entendido que os lucros cessantes podem ser presumidos, isso ante a não entrega de imóvel na data convencionada. Com isso, a jurisprudência daquela alta Corte, por presunção, admite a indenização por lucros cessantes que corresponde aos alugueres que o promitente comprador poderia ter recebido em razão da não entrega do imóvel na data estipulada (confira-se nesse sentido: AgRg no REsp 826.745-RJ).

Não há olvidar-se, acorde com a *comunis opinio*, que o compromisso de compra é definido como o contrato de natureza pessoal, cujo objeto – uma vez integralizado o preço pelo promissário comprador – é uma obrigação de fazer do promitente vendedor, qual seja: lavrar a competente escritura pública que, nos termos dos arts. 1.245 e 1.227 do Código Civil, transferirá a propriedade imobiliária no momento do registro. Ao lado desta obrigação principal, inegavelmente surgem outras laterais, como aquela de entregar o imóvel na data aprazada e que ora se discute em razão do flagrante descumprimento por parte da ré.

Em suma, a consequência jurídica é clara: descumprida a obrigação de entregar o imóvel no prazo convencionado, a ré deve responder pelas perdas e danos consubstanciados no valor dos aluguéis que o imóvel poderia render aos autores durante o período do atraso (lucros cessantes).

Conforme já decidiu o Superior Tribunal de Justiça:

A inexecução do contrato pelo promitente-vendedor, que não entrega o imóvel na data estipulada, causa, além do dano emergente, figurado nos valores das parcelas pagas pelo promitente-comprador, lucros cessantes a título de alugueres que poderia o imóvel ter rendido se tivesse sido entregue na data contratada. Trata-se de situação que, vinda da experiência comum, não necessita de prova (art. 335 do Código de Processo Civil) [atual art. 375]. Recurso não conhecido (REsp 644.984/RJ, Rel. Min. Nancy Andrighi, 3ª Turma, j. 16.08.2005, DJ 05.09.2005, p. 402).

Outrossim, mister se faz atentar, *in casu*, para aplicação do Código de Defesa do Consumidor, uma vez que, de acordo com o critério objetivo e legal, estão presentes consumidor e fornecedor, definidos nos arts. 2º e 3º da Lei 8.078/1990.

Nesse sentido, preceitua a Lei 8.078/1990:

Art. 6º São direitos básicos do consumidor:

VI – A efetiva prevenção e reparação de danos patrimoniais e morais, individuais, coletivos e difusos.

III – Pedido
a) Pedido de tutela provisória de urgência, de natureza antecipada

Nos termos dos arts. 297 e 300 e seguintes do Código de Processo Civil, em razão da urgência, requer a concessão da tutela antecipada, determinando que os réus entreguem o imóvel aos autores em perfeitas condições de uso e habitabilidade no prazo de (...) dias sob pena de multa diária de R$ (...), sem prejuízo das perdas e danos (Código de Processo Civil, arts. 298, 300, 536 e 537).

b) Mérito

Diante de todo o exposto, requerem os autores seja a presente ação julgada procedente, com a condenação da ré na entrega do imóvel, bem como com a condenação no pagamento da multa moratória, de 1% ao mês sobre o valor até então pago pelo autor cumulada com indenização referente aos aluguéis mensais contados desde a data em que o imóvel deveria ter sido entregue até a data da efetiva entrega, ora estimados em R$ (...) nos termos do (...), devidamente acrescidos de juros legais, multa contratual e correção monetária desde a data do arbitramento até o efetivo pagamento, além dos honorários de advogado que Vossa Excelência determinar.

IV – Citação

Nos termos do art. 246 do CPC, requer-se a citação por meio eletrônico ou, não havendo cadastro, pelo correio (*ou, ainda, justificando, por Oficial de Justiça, nos termos do § 1º-A, II, do art. 246 do CPC, facultando-se ao Sr. Oficial de Justiça encarregado da diligência proceder nos dias e horários de exceção (CPC, art. 212, § 2º)*, para eventual oferta de resposta no prazo de 15 (quinze) dias (art. 335 do Código de Processo Civil), sob pena de serem tidos por verdadeiros todos os fatos aqui alegados (art. 344 do Código de Processo Civil); devendo o respectivo mandado conter as finalidades da citação, as respectivas determinações e cominações, bem como a cópia do despacho do(a) MM. Juiz(a), comunicando, ainda, o prazo para resposta, o juízo e o cartório, com o respectivo endereço.

V – Audiência de Conciliação

Nos termos do art. 334, § 5º, do Código de Processo Civil, o autor desde já manifesta, pela natureza do litígio, desinteresse em autocomposição.

Ou

Tendo em vista a natureza do direito e demonstrando espírito conciliador, a par das inúmeras tentativas de resolver amigavelmente a questão, o autor desde já, nos termos do art. 334 do Código de Processo Civil, manifesta interesse em autocomposição, aguardando a designação de audiência de conciliação.

VI – Provas

Requer-se provar o alegado por todos os meios de prova em direito admitidos, incluindo perícia, produção de prova documental, testemunhal, inspeção judicial, depoimento pessoal sob pena de confissão caso o réu (ou seu representante) não compareça, ou, comparecendo, se negue a depor (art. 385, § 1º, do Código de Processo Civil).

VII – Valor da causa

Dá-se à causa o valor de R$ (...).

Termos em que, cumpridas as necessárias formalidades legais, deve o presente ser recebido, conhecido, processado e acolhido, como medida de inteira Justiça.

Data

Advogado (OAB)

7.7. MODELO DE AÇÃO DE RESOLUÇÃO POR INADIMPLEMENTO DA PROMITENTE VENDEDORA – IMPOSSIBILIDADE DE OUTORGA DA ESCRITURA

MM. Juízo da (...)

(...), vêm, respeitosamente, perante Vossa Excelência, por seus advogados (documento 1), propor, pelo procedimento comum, rito ordinário, em face de (...)

Ação de resolução contratual cumulada com perdas e danos

o que fazem com supedâneo nos arts. 395 e 475 do Código Civil e, 6º da Lei 8.078/1990 e pelos argumentos de fato e de direito a seguir aduzidos:

I – Fatos

Os autores são promissários compradores (documento 2) do apartamento nº 14, e da vaga de garagem nº G-4, ambos no Edifício (...), localizado na Avenida (...). objetos, respectivamente, das matrículas nº (...) e nº (...) do (...) Oficial de Registro de Imóveis de São Paulo (documento 3).

A promessa de compra e venda (documento 2) foi efetuada em (...) pelo valor certo de R$ (...).

A quantia supramencionada foi quitada in continenti, em decorrência de crédito dos autores pela resilição bilateral de outro contrato, também firmado com a ré (documento 4).

Entretanto, em (...), por ordem do MM. Juiz da 1ª Vara de Registros Públicos da Comarca da Capital, autos nos (...) e (...), os imóveis objetos da promessa de compra e venda rescindenda tornaram-se indisponíveis (averbações 15 e 16 das matrículas – documento 3).

A indisponibilidade decorreu de providências administrativas determinadas pela Egrégia Corregedoria de Justiça do Estado de São Paulo em virtude do titular dos imóveis, (...), ser ex-administrador das pessoas jurídicas (...), ambas sob intervenção, nos termos do art. 36 da Lei 6.024/1974.

A cláusula sexta do contrato firmado entre os autores e a ré estipula:

A Escritura Definitiva de Venda e Compra será outorgada quando os compradores tiverem quitado integralmente o preço do imóvel e cumprido todas as demais obrigações assumidas.

O preço encontra-se devidamente quitado, não havendo qualquer outra obrigação a ser cumprida.

Nada obstante, ante a indisponibilidade dos imóveis, não há como se lavrar escritura definitiva, motivo pelo qual os autores procuraram a ré no sentido de composição amigável para devolução dos valores pagos, sem que obtivessem sucesso.

É de se verificar que, mesmo diante do disposto no parágrafo único da "cláusula décima terceira" do contrato entre as partes (documento 2), a ré se recusa terminantemente a devolver o que recebeu.

Estabelece a aludida cláusula:

Caso o presente Instrumento venha a ser rescindido pelo advento de fatos imprevistos que transcendam à álea econômica do contrato e impedindo a continuidade de sua execução por parte da vendedora, (...) os compradores serão reembolsados das quantias pagas até a data do distrato devidamente corrigidas e atualizadas.

Sendo assim, não restou alternativa aos autores, senão ingressar com a presente ação para rescindir o contrato e buscar a devolução do que pagaram pelos imóveis objetos do contrato.

O art. 475 do Código Civil é cristalino:

A parte lesada pelo inadimplemento pode pedir a resolução do contrato, se não preferir exigir-lhe o cumprimento, cabendo, em qualquer dos casos, indenização por perdas e danos.

Complementando, dispõe o art. 395 do Código Civil:

[...] Responde o devedor pelos prejuízos a que sua mora der causa, mais juros, atualização dos valores monetários e honorários de advogado.

O inadimplemento da obrigação consiste na falta da prestação devida ou no descumprimento, voluntário ou involuntário, do dever jurídico por parte do devedor.[40] Foi exatamente o que ocorreu, inferência que se extrai da narrativa dos fatos e dos documentos em anexo.

Tenha-se presente que o compromisso de compra e venda, devidamente quitado pelos autores, é contrato bilateral, no qual se estabeleceu a obrigação de a ré outorgar a escritura.

O que é relevante considerar, no contrato bilateral, é que a prestação de uma das partes tem por razão de ser, e nexo lógico, a prestação do outro contratante. Melhor se diria que a obrigação de um contratante tem como causa a prestação do outro contratante. Cada uma das partes é a um tempo credora e devedora da outra e a reciprocidade acima apontada constitui a própria característica desta espécie de negócio.[41]

Certamente os autores não teriam adquirido o imóvel nas condições atuais.

Se cumpriram sua prestação (pagamento do preço), é porque vislumbravam a escritura apta a transferir a propriedade.

---

[40]   Maria Helena Diniz, *Código Civil Anotado*, São Paulo: Saraiva, 1995, p. 684.

[41]   Silvio Rodrigues, *Direito Civil*, 20ª ed., São Paulo: Saraiva, 1991, vol. 3, p. 29.

Entrementes, a ré não poderá cumprir a sua obrigação, devendo, por conseguinte, restituir os valores recebidos, como, aliás, é sua obrigação contratual (documento 2 – cláusula décima terceira).

Em caso idêntico, decidiu o Egrégio Tribunal de Justiça:

> *Compromisso de compra e venda Ação de rescisão proposta pelo compromissário-comprador pela impossibilidade de outorga da escritura definitiva – Procedência parcial, com o retorno das partes ao estado anterior e condenação na multa ajustada, afastados as perdas e danos – Recurso do promitente vendedor corresponsável não provido (Apel. Cív. 265.699-2, São Paulo, 15ª Câm. Civ., Rel. Marcondes Machado, 17.10.95, v.u.).*

Não há olvidar-se, acorde com a *comunis opinio*, que o compromisso de compra é definido como o contrato de natureza pessoal, cujo objeto – uma vez integralizado o preço pelo promissário comprador – é uma obrigação de fazer do promitente vendedor, qual seja: lavrar a competente escritura pública que, nos termos dos arts. 1.245 e 1.227 do novo Código Civil, transferirá a propriedade imobiliária no momento do registro.

Impossibilitado o objeto (lavrar a escritura), a condenação da ré na devolução dos valores recebidos, fazendo com que as partes retornem ao *status quo ante*, é imperativo legal e de inteira justiça.

Outrossim, mister se faz atentar, in casu, para aplicação do Código de Defesa do Consumidor, vez que, de acordo com o critério objetivo e legal, estão presentes consumidor e fornecedor, definidos nos arts. 2º e 3º da Lei 8.078/1990.

Nesse sentido, preceitua a Lei 8.078/1990:

> *Art. 6º São Direitos básicos do consumidor:*
>
> *VI – A efetiva prevenção e reparação de danos patrimoniais e morais, individuais e coletivos.*

III – Pedido

Diante de todo o exposto, requerem os autores seja a presente ação julgada procedente, declarando Vossa Excelência a resolução do contrato (documento 2) e, por via de consequência, condenando a ré na devolução de R$ (...) devidamente acrescidos de juros legais, multa contratual e correção monetária desde a data do contrato, além dos honorários de advogado que Vossa Excelência houver por bem arbitrar e demais despesas de sucumbência.

Aclarando o pedido, requerem os autores:

a) Declaração de resolução do contrato;

b) Condenação da ré na restituição de R$ (...) (item "V" do quadro resumo e parágrafo único da cláusula décima terceira do contrato – documento 2) acrescidos de juros legais e correção monetária desde a data do negócio;

c) Condenação da ré no pagamento da cláusula penal de 20% da quantia devolvida (documento 2 – cláusula décima terceira – letra "d");

d) Condenação da ré no pagamento de custas e honorários advocatícios que Vossa Excelência houver por bem arbitrar.

IV – Citação

Nos termos do art. 246 do CPC, requer-se a citação por meio eletrônico ou, não havendo cadastro, pelo correio (*ou, ainda, justificando, por Oficial de Justiça, nos termos do § 1º-A, II, do art. 246 do CPC, facultando-se ao Sr. Oficial de Justiça encarregado da diligência proceder nos dias e horários de exceção (CPC, art. 212, § 2º)*), para eventual oferta de resposta no prazo de 15 (quinze) dias (art. 335 do Código de Processo Civil), sob pena de serem tidos por verdadeiros todos os fatos aqui alegados (art. 344 do Código de Processo Civil), devendo o respectivo mandado conter as finalidades da citação, as respectivas determinações e cominações, bem como a cópia do despacho do(a) MM. Juiz(a), comunicando, ainda, o prazo para resposta, o juízo e o cartório, com o respectivo endereço.

V – Audiência de Conciliação

Nos termos do art. 334, § 5º, do Código de Processo Civil, o autor desde já manifesta, pela natureza do litígio, desinteresse em autocomposição.

Ou

Tendo em vista a natureza do direito e demonstrando espírito conciliador, a par das inúmeras tentativas de resolver amigavelmente a questão, o autor desde já, nos termos do art. 334 do Código de Processo Civil, manifesta interesse em autocomposição, aguardando a designação de audiência de conciliação.

VI – Provas

Requer-se provar o alegado por todos os meios de prova em direito admitidos, incluindo perícia, produção de prova documental, testemunhal, inspeção judicial, depoimento pessoal sob pena de confissão caso o réu (ou seu representante) não compareça, ou, comparecendo, se negue a depor (art. 385, § 1º, do Código de Processo Civil).

VII – Valor da causa

Dá-se à causa o valor de R$ (...).

Termos em que, cumpridas as necessárias formalidades legais, deve o presente ser recebido, conhecido, processado e acolhido, como medida de inteira Justiça.

Data

Advogado (OAB)

Documento 1

Procuração

Documento 2

Contrato particular de compromisso de compra e venda

Documento 3

Cópia das matrículas dos imóveis objetos do contrato

(averbações 15 e 16 de ambas as matrículas – indisponibilidade dos bens)

Documento 4

Contrato e respectiva resilição operada entre autores e ré, referentes a outro imóvel, cujo valor serviu de pagamento do contrato objeto da presente ação.

7.7.1. Modelo de réplica

MM. Juízo da (...)

(...), já qualificados na ação rescisória, cumulada com devolução de valores que movem em face de (...) vem, respeitosamente, perante Vossa Excelência, apresentar sua manifestação à contestação:

I – Preliminar

Teratologicamente, alega a ré que os autores deveriam ter procedido à notificação antes de ingressar com a ação, isso, segundo ela, para a constituição em mora do Decreto-lei 58/1937.

Extrai-se, ainda, ao que parece, que pretendia essa notificação para que providenciasse administrativamente o levantamento da indisponibilidade.

Primeira falácia da ré: não há falar-se em notificação do art. 14 do Decreto-lei 58/1937 no caso de resolução motivada por descumprimento contratual da promitente vendedora.

Ora, Nobre Julgador, o art. 14 do aludido Decreto-lei normatiza os casos de resolução motivada pela mora do devedor quanto ao pagamento do preço:

> *Art. 14. Vencida e não paga a prestação, considera-se o contrato rescindido 30 (trinta) dias depois de constituído em mora o devedor.*
>
> *§ 1º Para este efeito será ele intimado, a requerimento do comprometente, pelo oficial do registro, a satisfazer as prestações vencidas, as que se vencerem até a data do pagamento, juros convencionados e custas da intimação.*

O Egrégio Superior Tribunal de Justiça já se manifestou sobre a questão:

Recurso Especial nº 109.821/SP (9600626480), data: 25.02.1997, 4ª Turma. É dispensável a prévia interpelação da construtora pelo promissário comprador que pretende resolver o contrato por incumprimento. Rel. Min. Ruy Rosado de Aguiar. Fonte: DJ 07.04.1997, p. 11.128.

Segunda falácia da ré: se, como alegado, é tão simples o cancelamento administrativo da constrição determinada pelo MM. Juiz da 1ª Vara de Registros Públicos da Comarca da Capital, autos nos (...) e (...), que tornou indisponíveis os imóveis objetos da promessa de compra e venda rescindenda, poderia a ré já ter tomado essa providência, mormente que mais de seis meses se passaram da constrição até a data da contestação.

Portanto, deve ser afastada a preliminar arguida em respeito a mais pura aplicação do direito.

II – Mérito

a) alegada tentativa de transmissão do imóvel

A ré falseia despudoradamente a verdade ao alegar que vem tentando a transmissão do domínio desde (...).

Ora, é possível verificar dos documentos anexos (documento 1), que em (...) foi feito aditamento ao contrato, sendo que, naquela data, o imóvel ainda não havia sido entregue!

Mas não é só. Nesse documento assinado pelas partes, foi estipulado prazo de até 60 (sessenta dias) para entrega da unidade e, portanto, (...).

Assim, resta evidente que a ré não poderia ter disponibilizado o imóvel em (...) como alega de má-fé, tentando configurar culpa concorrente dos autores.

Logo em seguida, em (...), por ordem do MM. Juiz da (...) Vara de Registros Públicos da Comarca da Capital, autos nos (...) e (...), os imóveis objetos da promessa de compra e venda tornaram-se indisponíveis (averbações 15 e 16 das matrículas – documento 3 da exordial).

Portanto, diante do aditamento firmado em (...) com prazo de dois meses para entrega do bem imóvel, e o curto espaço entre esse termo final e a data da indisponibilidade, é evidente que a ré litiga de má-fé, contra fatos incontroversos, alterando a verdade processual.

b) Cessão dos direitos pelos autores – resilição

De fato, Excelência, os autores cederam os direitos sobre o imóvel para a (...).

Entrementes, ante a indisponibilidade do bem, ao revés da atitude da ré que não cumpre com suas obrigações, os autores resiliram o contrato firmado com (...) e efetivaram devolução de valores pagos (documento 2).

Verifica-se, nesse ponto, que a ré não agiu como os autores, vez que se nega a devolver o que recebeu pelo imóvel que se tornou indisponível.

Assim, todo o prejuízo resta concentrado nos autores.

É possível que a ré esteja vislumbrando a pletora de feitos que assoberba o Poder Judiciário para ganhar tempo e esquivar-se de sua evidente obrigação de restituir os valores pagos.

III – Litigância de má-fé

Em virtude do que foi exposto, demonstrando ausência de qualquer obrigação com os princípios da lealdade processual, verdade e boa-fé, a ré alegou inércia proposital dos autores afrontando documento elaborado por ela própria (documento 1), tentando mascarar a verdade e embair a média argúcia.

Assim, aduz contestação contra fatos incontroversos, sem qualquer argumento lógico, para fins manifestamente procrastinatórios, tumultuando o processo e alterando-lhe a verdade processual.

De acordo com o art. 80 do Código de Processo Civil:

Art. 80. Considera-se litigante de má fé aquele que:

I – deduzir pretensão ou defesa contra texto expresso de lei ou fato incontroverso.

II – alterar a verdade dos fatos.

(...)

V – proceder de modo temerário em qualquer incidente ou ato do processo

Alterar a verdade dos fatos, segundo Nelson Nery Jr. e Rosa Maria Andrade Nery,[42]

(...) consiste em afirmar fato inexistente, negar fato existente ou dar versão mentirosa para fato verdadeiro. A Lei 6.771/80 retirou o elemento subjetivo "intencionalmente" desta norma, de sorte que não mais se exige a intenção, o dolo de alterar a verdade dos fatos para caracterizar a litigância de má-fé. Basta a culpa ou o erro inescusável.

A responsabilidade do litigante de má-fé que causa dano processual é aferida e determinada nos mesmos autos, não havendo necessidade de ser ajuizada ação autônoma para tanto.

Ensinam, ainda:

Não é apenas o fato incontroverso do CPC, art. 334, II e III [atual art. 374, II e III], que é aquele afirmado por uma parte e não contestado pela outra. Este contém um plus caracterizado pela impossibilidade de seu desconhecimento pela parte que deduz suas alegações no processo.

O litigante temerário age com má-fé, já que busca êxito que sabe ser indevido. A imprudência ou simples imperícia, mesmo não configurando lide temerária, caracteriza imprudência grave, vez que decorre de erro inescusável, o que, segundo Mortara,[43] não permite hesitação do Magistrado em considerar a má-fé.

Em casos como esses, os Tribunais têm decidido pela condenação.[44]

Ante o exposto e reiterando os termos contidos na exordial, esperam os autores seja a ação julgada procedente, condenada a ré em custas, despesas processuais, honorários de advogado e litigância de má-fé em multa de 10% sobre o valor da causa (CPC art. 81, caput), por ser medida de inteira

JUSTIÇA!

Termos em que,

p. deferimento

Data

Advogado (OAB)

Documento 1

Correspondências que culminaram no incluso aditamento, mediante o qual o imóvel seria entregue até (...), provando a inverdade perpetrada pela ré na sua contestação.

Documento 2

Devolução do sinal, provando a resilição da cessão entre o autor e a cessionária ante a indisponibilidade do imóvel, atitude, aliás, que deveria ter sido repetido pela ré em benefício dos autores.

 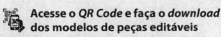

Acesse o QR Code e faça o download dos modelos de peças editáveis

> http://uqr.to/1ye01

---

42   *Código de Processo Civil Comentado*, São Paulo: Revista dos Tribunais, 1997.

43   Mortara, *Commentario del codice e delle legi di procedura civile*, 4ª ed., 1923, vol. IV, p. 143.

44   Primeiro Tribunal de Alçada Civil de São Paulo.
     Apelação Cível nº 415.370-8/00, Piracicaba, 8ª Câmara, 06.12.1989, Rel. Augusto F. M. F. de Arruda, unânime. Litigância de má-fé – embargos do devedor – inexistência de conteúdo nas manifestações do embargante – embargos protelatórios – art. 17, I do CPC – recurso desprovido com aplicação de pena (dobro das custas e ônus processuais).
     Tribunal de Justiça de São Paulo.
     Litigância de má-fé. Afirmação que altera a verdade dos fatos. Art. 17 do Código de Processo Civil. Litigância de má-fé caracterizada (Apel. Cív. 274.724-1, Tupã, 8ª Câmara Extraordinária de Direito Privado, Rel. Debatin Cardoso, 29.01.97, v.u.).

Capítulo 8

AÇÃO DE EXECUÇÃO PARA ENTREGA DE COISA CERTA

8.1. PRINCIPAIS ASPECTOS

a) **Foro competente:** na ordem: a) foro de eleição; b) foro do domicílio do executado; c) foro do lugar do pagamento (Código de Processo Civil, arts. 46 e 53, III, "d").[1]

b) **Legitimidade ativa:** credor da entrega de coisa certa, por título executivo judicial ou extrajudicial (Código de Processo Civil, art. 784).

c) **Legitimidade passiva:** devedor da entrega de coisa certa.

d) **Valor da causa:** o valor da causa há de corresponder ao valor real do imóvel objeto da prestação da obrigação, a teor do art. 292, IV, do Código de Processo Civil.

e) **Petição inicial:** deve respeitar os requisitos dos arts. 319, 798, 799 e 806 e seguintes do Código de Processo Civil.

f) **Prazo para embargos:** 15 (dez) dias contados da citação (Código de Processo Civil, arts. 806 e 915).

8.2. GENERALIDADES

8.2.1. Execução para entrega de coisa certa ou imissão de posse?

Tratando-se de ação que tenha como pedido a condenação do devedor de obrigação de entregar (dar), de fazer ou de não fazer, ao juiz, no caso de procedência ou concessão da tutela específica, devem-se adotar as providências que assegurem o resultado equivalente ao cumprimento da obrigação.

Essa ideia decorre do Código de Processo Civil, nos arts. 297, 300, 498, 536, 537 e 538:

> *Art. 297. O juiz poderá determinar as medidas que considerar adequadas para efetivação da tutela provisória.*

---

[1] Humberto Theodoro Júnior, *Curso de direito processual civil*, Rio de Janeiro: Forense, 1997, vol. II, p. 71.

Parágrafo único. A efetivação da tutela provisória observará as normas referentes ao cumprimento provisório da sentença, no que couber.

(...)

Art. 300. A tutela de urgência será concedida quando houver elementos que evidenciem a probabilidade do direito e o perigo de dano ou o risco ao resultado útil do processo.

§ 1º Para a concessão da tutela de urgência, o juiz pode, conforme o caso, exigir caução real ou fidejussória idônea para ressarcir os danos que a outra parte possa vir a sofrer, podendo a caução ser dispensada se a parte economicamente hipossuficiente não puder oferecê-la.

§ 2º A tutela de urgência pode ser concedida liminarmente ou após justificação prévia.

§ 3º A tutela de urgência de natureza antecipada não será concedida quando houver perigo de irreversibilidade dos efeitos da decisão.

(...)

Art. 498. Na ação que tenha por objeto a entrega de coisa, o juiz, ao conceder a tutela específica, fixará o prazo para o cumprimento da obrigação.

Art. 536. No cumprimento de sentença que reconheça a exigibilidade de obrigação de fazer ou de não fazer, o juiz poderá, de ofício ou a requerimento, para a efetivação da tutela específica ou a obtenção de tutela pelo resultado prático equivalente, determinar as medidas necessárias à satisfação do exequente.

§ 1º Para atender ao disposto no caput, o juiz poderá determinar, entre outras medidas, a imposição de multa, a busca e apreensão, a remoção de pessoas e coisas, o desfazimento de obras e o impedimento de atividade nociva, podendo, caso necessário, requisitar o auxílio de força policial.

§ 2º O mandado de busca e apreensão de pessoas e coisas será cumprido por 2 (dois) oficiais de justiça, observando-se o disposto no art. 846, §§ 1º a 4º, se houver necessidade de arrombamento.

§ 3º O executado incidirá nas penas de litigância de má-fé quando injustificadamente descumprir a ordem judicial, sem prejuízo de sua responsabilização por crime de desobediência.

§ 4º No cumprimento de sentença que reconheça a exigibilidade de obrigação de fazer ou de não fazer, aplica-se o art. 525, no que couber.

§ 5º O disposto neste artigo aplica-se, no que couber, ao cumprimento de sentença que reconheça deveres de fazer e de não fazer de natureza não obrigacional.

Art. 537. A multa independe de requerimento da parte e poderá ser aplicada na fase de conhecimento, em tutela provisória ou na sentença, ou na fase de execução, desde que seja suficiente e compatível com a obrigação e que se determine prazo razoável para cumprimento do preceito.

§ 1º O juiz poderá, de ofício ou a requerimento, modificar o valor ou a periodicidade da multa vincenda ou excluí-la, caso verifique que:

I – se tornou insuficiente ou excessiva;

II – o obrigado demonstrou cumprimento parcial superveniente da obrigação ou justa causa para o descumprimento.

§ 2º O valor da multa será devido ao exequente.

§ 3º A decisão que fixa a multa é passível de cumprimento provisório, devendo ser depositada em juízo, permitido o levantamento do valor após o trânsito em julgado da sentença favorável à parte (redação dada pela Lei 13.256/2016).

§ 4º A multa será devida desde o dia em que se configurar o descumprimento da decisão e incidirá enquanto não for cumprida a decisão que a tiver cominado.

§ 5º O disposto neste artigo aplica-se, no que couber, ao cumprimento de sentença que reconheça deveres de fazer e de não fazer de natureza não obrigacional.

Art. 538. Não cumprida a obrigação de entregar coisa no prazo estabelecido na sentença, será expedido mandado de busca e apreensão ou de imissão na posse em favor do credor, conforme se tratar de coisa móvel ou imóvel.

§ 1º A existência de benfeitorias deve ser alegada na fase de conhecimento, em contestação, de forma discriminada e com atribuição, sempre que possível e justificadamente, do respectivo valor.

§ 2º O direito de retenção por benfeitorias deve ser exercido na contestação, na fase de conhecimento.

§ 3º Aplicam-se ao procedimento previsto neste artigo, no que couber, as disposições sobre o cumprimento de obrigação de fazer ou de não fazer.

Nesse sentido, o juiz poderá determinar, entre outras medidas, multa diária (quando não for possível determinar o resultado equivalente ao cumprimento), busca e apreensão (bens móveis), remoção de pessoas e coisas, desfazimento de obras, imissão na posse (bens imóveis), determinando, inclusive, se for o caso, força policial.

Portanto, não há ação de execução de obrigação de fazer, não fazer e dar, fundada em título executivo judicial.

A sentença decorrente dessas ações dispõe de força mandamental.

Posta assim a questão, haveria interesse processual na ação de imissão de posse, existindo título executivo extrajudicial, contendo a obrigação de entrega do bem?

A princípio poder-se-ia pensar que não na exata medida em que *a ação de imissão na posse é [mandamental] e não executória, com o que sua execução se submete ao processo de execução para entrega de coisa certa, como ocorre na reivindicatória (RJTJERGS 140/201).*

Assim, seria possível concluir que o autor que propõe ação de conhecimento carece de ação, por falta de interesse processual – Art. 485, inc. VI, do Código de Processo Civil –, por ter ajuizado *um processo de conhecimento, para obter a tutela de uma pretensão suscetível apenas de ser posta como objeto de um processo de execução, dada a já existência de um título executivo* (Primeiro TACSP, Rel. Franklin Neiva, Apel. Cív. 201.985-2).

Entretanto, a ação de conhecimento – imissão na posse – com caráter mandamental conta com tanta efetividade quanto a ação de execução para entrega de coisa.

Em razão disso, com espeque no magistério de processualistas de destaque, como o Professor Rodrigo Cunha Lima Freire, mesmo no sistema do CPC/1973 era possível afirmar que, se o autor optasse pela ação de imissão na posse, não seria carecedor da ação.

Essa afirmação, com o atual Código de Processo Civil, decorre da norma insculpida no art. 785, segundo o qual:

Art. 785. A existência de título executivo extrajudicial não impede a parte de optar pelo processo de conhecimento, a fim de obter título executivo judicial.

De qualquer forma, é de se questionar: quais são os títulos executivos que interessam à execução para entrega de coisa imobiliária?

a) A escritura pública (Código de Processo Civil, art. 784, II).

b) O documento particular (um compromisso de compra e venda, por exemplo), assinado pelas partes e duas testemunhas (Código de Processo Civil, art. 784, III).

O objeto da execução, como dito, pode ser um bem móvel ou imóvel.

Nesse sentido, Humberto Theodoro Júnior:

> *Seu objeto é a coisa certa, isto é, coisa específica ou individualizada, que pode ser: a) imóvel (casas, terrenos, fazendas etc.); ou b) móvel (uma joia, um automóvel etc.).*[2]

Portanto, absolutamente adequada para a entrega de imóveis que, afinal, constituem alvos do nosso estudo.

8.2.2. Procedimento

Deferida a petição inicial, cujo modelo segue conforme item 8.3, o juiz determinará multa diária e a citação do devedor para que, no prazo de 15 (quinze) dias, satisfaça a obrigação, entregando o bem, lavrando-se o competente termo nos autos (Código de Processo Civil, arts. 806 e 807), prosseguindo a execução, agora pelo procedimento comum, para pagamento de frutos ou ressarcimento de prejuízos.

Na sistemática do Código de Processo revogado, os arts. 621, 622 e 623, havia necessidade de depósito do bem como requisito de admissibilidade dos embargos.

Ocorre que, nos termos do art. 736 do Código de Processo revogado e, agora, o que interessa, nos termos dos arts. 914 e 915 do atual Código de Processo Civil, o prazo, de quinze dias conta-se da juntada aos autos do mandado de citação (Código de Processo Civil de art. 915, *caput*) ou, ainda, quando a citação se der pelas demais formas, nos termos do que dispõe o art. 231 do Código de Processo Civil, chamando-se a atenção para a novel forma de consulta de citações eletrônicas insculpida no inciso V do referido dispositivo.

Comentando o Código de Processo Civil anterior e que se aproveita no atual sistema, Humberto Theodoro Júnior afirmou que, "Na nova sistemática dos títulos extrajudiciais, os embargos, em qualquer das modalidades de obrigação, independem de penhora, depósito ou caução..."[3]

Quanto ao prazo para oposição dos embargos, importante a lição que inça da doutrina de Luiz Guilherme Marinoni e Sérgio Cruz Arenhart, segundo os quais "estes embargos podem ser opostos no prazo de quinze dias, contado da juntada aos autos do mandado de citação. Este prazo é independente do prazo... dado ao executado para entregar... a coisa".[4]

Pretendendo embargar ou não, o executado deverá entregar o bem sob pena de imissão na posse, inferência que se extrai do art. 806 do Código de Processo Civil:

> *Art. 806. O devedor de obrigação de entrega de coisa certa, constante de título executivo extrajudicial, será citado para, em 15 (quinze) dias, satisfazer a obrigação.*
>
> *§ 1º Ao despachar a inicial, o juiz poderá fixar multa por dia de atraso no cumprimento da obrigação, ficando o respectivo valor sujeito a alteração, caso se revele insuficiente ou excessivo.*
>
> *§ 2º Do mandado de citação constará ordem para imissão na posse ou busca e apreensão, conforme se tratar de bem imóvel ou móvel, cujo cumprimento se dará de imediato, se o executado não satisfizer a obrigação no prazo que lhe foi designado.*

---

[2] Humberto Theodoro Júnior, *Curso de direito processual civil*, Rio de Janeiro, Forense: 1997, vol. II, p. 152.

[3] Humberto Theodoro Júnior, *Processo de execução e cumprimento de sentença*. 24ª ed. São Paulo: Editora Universitária de Direito, 2007.

[4] Luiz Guilherme Marinoni; Sérgio Cruz Arenhart, *Curso de processo civil. Execução*, São Paulo: Editora Revista dos Tribunais, 2007, v. 3, p. 468.

Embora com fundamento no sistema anterior, importante mencionar a lição de Araken de Assis, para abstrair qualquer semelhança entre a entrega do bem, havendo embargos, e a penhora:

> *Além disso, o depósito significa desapossamento real do executado, quer dizer, perda da posse. Conforme enfatizou a 1ª Câm. Civ. do TARS, nenhum paralelo com a penhora é aceitável; aliás, notou-se em julgado diverso, descabe o incidente de nomeação. Somente o desapossamento garante o ulterior levantamento da coisa e previne eventual frustração do meio executório, inicialmente vitorioso, graças ao desaparecimento da coisa ou a sua deterioração. E, mesmo que íntegra permaneça a coisa, a falta do efetivo desapossamento da coisa pode determinar, vencidos os embargos, aquilo para que ele se destina: a penosa busca da coisa no patrimônio do devedor.*[5]

Portanto, não havendo entrega voluntária pelo executado, com desapossamento real (desocupação do bem imóvel), salvo excepcional concessão de efeito suspensivo aos embargos (Código de Processo Civil, art. 919, § 1º), mister se faz a imissão na posse.

Aliás, nem haveria sentido se o devedor pudesse permanecer na posse do imóvel enquanto discute a execução em sede de embargos.

Ora, nesse caso, a ação de imissão na posse (de conhecimento), com possibilidade de antecipação de tutela, desde que presentes os requisitos, seria até mais conveniente do ponto de vista da efetividade.

Alienada a coisa depois de aforada a execução, estar-se-á diante de fraude à execução e, nos termos do art. 808 do Código de Processo Civil, o mandado executivo será expedido contra o adquirente, vez que a alienação é ineficaz para o credor.

Possível a execução por quantia certa no caso de impossibilidade de cumprimento, *in natura*, da obrigação de entrega (Código de Processo Civil, art. 809).

8.3. MODELO DE PETIÇÃO INICIAL – EXECUÇÃO PARA ENTREGA DE COISA CERTA

MM. Juízo da (...)

(...), vem, mui respeitosamente, por seus advogados e procuradores (documento 01), propor, em face de (...), a competente

Execução para entrega de coisa certa

o que faz com supedâneo nos arts. 784, II, e 806 e seguintes do Código de Processo Civil, para receber bem imóvel, pelos fatos e razões a seguir expostos:

O exequente adquiriu do executado, em (...), através de escritura pública de venda e compra, título executivo nos termos do Código de Processo Civil, art. 784, II (documento 2), imóvel consubstanciado em um apartamento nº (...), localizado no (...) andar do Edifício (...), situado na (...).

Na cláusula (...) do aludido título executivo (documento 2), o executado obrigou-se a entregar o bem no mesmo ato.

Trata-se, portanto, de título executivo extrajudicial, líquido, certo e exigível (Código de Processo Civil, art. 784, II c/c 783).

Nada obstante os esforços do exequente, que tentou amigavelmente receber o que lhe é devido, o executado manteve-se irredutível, negando-se a entregar o imóvel.

Portanto, o exequente jamais recebeu a posse.

---

[5] Araken Assis, *Manual do processo de execução*, 5ª ed., São Paulo: Editora Revista dos Tribunais, 1998, p. 367.

Tenha-se presente que "a *cláusula constituti não se presume; deve ser expressa ou resultar, necessariamente, de cláusula expressa, como quando o vendedor conserva o prédio em seu poder a título de aluguel*".[6] Assim, inviabilizada ação de reintegração,[7] restando apenas a ação de execução para entrega de coisa certa, já que presentes seus requisitos: a) título executivo extrajudicial – CPC, art. 784, II (documento 2); b) liquidez, certeza e exigibilidade (CPC, art. 786); c) inadimplemento do devedor no cumprimento da obrigação de entrega do bem constante do título.

Tampouco há falar-se em ação de imissão de posse,[8] até porque não há interesse de agir em ação de conhecimento para obtenção de um título que, afinal, já se possui.[9]

Tenha-se presente que o procurador do executado chegou a enviar correspondência sinalizando a entrega das chaves (documento 4).

Todavia, ao receber o preposto do credor (documento 5), o devedor quedou-se inerte, resistindo, sem qualquer motivo plausível, ao cumprimento da obrigação de entrega do imóvel que vendeu por escritura pública (título executivo – art. 784, II, do Código de Processo Civil).

Diante do exposto, não restou alternativa ao credor senão socorrer-se do Poder Judiciário, o que faz por intermédio da presente ação de execução para entrega de coisa certa.

I – Pedido

Assim, serve a presente para requerer digne-se Vossa Excelência:

a) Ordenar a citação do executado, para, em quinze (15) dias, satisfazer a obrigação, entregando a coisa, sob pena de imissão na posse, o que desde já se requer com fundamento nos art. 806, § 2º, do Código de Processo Civil, cujo cumprimento deve se dar de imediato caso o executado não entregue o imóvel voluntariamente no prazo legal, devendo o Sr. Oficial de Justiça encarregado da diligência permanecer com o mandado a ser expedido para esse mister, podendo o executado, querendo, embargar no prazo de 15 dias contados da citação, requerendo-se, por fim, que se digne Vossa Excelência em fixar multa diária de R$ (...) nos termos do § 1º do art. 806 do Código de Processo Civil, sem prejuízo da imissão coercitiva na posse.

---

6   Clóvis Bevilágua, *Código Civil Comentado* (art. 494).

7   **Primeiro Tribunal de Alçada Civil de São Paulo.** *Prova – Documento – Possessória – Reintegração de posse – Juntada pelos autores de escritura e títulos dominiais – Documentos que servem para provar o domínio, mas não a posse – Improcedência – Sentença mantida (Apelação Cível 393.448-6/00, São Paulo, 7ª Câmara, 11.10.1988, Rel. Donaldo Armelin, unânime, JTA 114/132).*
    Primeiro Tribunal de Alçada Civil de São Paulo. *Possessória – Reintegração de posse – Bem imóvel, objeto de instrumento particular de adesão, promessa de cessão de direitos relativos a fração ideal de terreno – Inocorrência de contratação expressa de cláusula "constituti" – Impossibilidade, também de sua presunção – Ausência, ademais, de indicação da transferência do cessionário comprador, da posse da coisa – Inexistência de direito possessório – Carência reconhecida – Extinção do processo decretada – Recurso desprovido, alterado o dispositivo (Apelação Cível 458.722-4/00, São José dos Campos, 6ª Câmara, 05.05.1992, Rel. Evaldo Veríssimo, unânime).*

8   O direito à posse nesse tipo de ação (imissão na posse) *decorre da condição de adquirente alegada pelo autor, o que pressupõe registro imobiliário válido e eficaz* (Ovídio A. Baptista da Silva, *Ação de Imissão de Posse*, São Paulo: Revista dos Tribunais, 1997, p. 194).

9   **Tribunal de Justiça de São Paulo.** *Reconvenção. Ação de consignação em pagamento. Pedido de quantia correspondente a parte do preço de imóvel e prestação de serviços por benfeitorias. Inadmissibilidade. Obrigação que consta de título executivo extrajudicial. Obtenção de título judicial prescindível. Falta de interesse processual. Art. 267, inc. VI, do Código de Processo Civil. Carência decretada. Carece de ação, por falta de interesse processual, quem ajuíze um processo de conhecimento, mercê da utilização da ação reconvencional, para obter a tutela de uma pretensão suscetível apenas de ser posta como objeto de um processo de execução, dada a já existência de um título executivo extrajudicial (rel. Franklin Neiva, Apel. Cív. 201.985-2, São Paulo, 09.02.1993).*
    "A ação de imissão na posse é condenatória e não executória, com o que sua execução se submete ao processo de execução para entrega de coisa certa, como ocorre na reivindicatória" (*RJTJERGS* 140/201) – in Theotonio Negrão, *Código de Processo Civil e legislação civil em vigor*, 28ª ed., São Paulo: Saraiva, 1997 – anotação 3c ao art. 621.

Requer ainda o exequente:

b) expedição de certidão de distribuição da presente execução nos termos e para as finalidades do art. 828 do Código de Processo Civil (apenas se o fundamento da execução for instrumento público ou particular não registrado);

c) expedição de mandado para registro do ato de citação do executado – após o seu cumprimento – junto à respectiva matrícula do imóvel de acordo com o art. 167, I, nº 21 da Lei de Registros Públicos (Lei 6.015/1973), para advertir terceiros de que o bem está sub judice, do qual deve constar: a) a data da citação; b) a qualificação completa das partes; c) cópia da petição inicial, que desde já se fornece; d) descrição do imóvel, conforme aquela do registro (documento 3 em anexo); e) valor da presente execução (R$...) para fixação das custas e emolumentos;

d) que o Senhor Oficial de Justiça encarregado da diligência proceda nos dias e horários de exceção (Código de Processo Civil, art. 212, § 2º);

e) digne-se Vossa Excelência de fixar liminarmente os honorários para a presente execução nos termos do art. 85, § 1º, do Código de Processo Civil, seja esta embargada ou não, pagando, ainda, o executado, as despesas processuais.[10]

Sucessivamente, não sendo possível a execução específica (*in natura*), nos termos do art. 809, *caput*, do Código de Processo Civil, requer o prosseguimento da execução, nessa eventualidade por quantia certa, pelo valor de R$ (...) constante do título executivo (documento 2), acrescido de juros legais e correção monetária.

II – Provas

Dada a natureza da ação, faz-se a prova pelo título executivo (Código de Processo Civil, art. 784, II) que instrui a presente exordial.

III – Valor da causa

Dá-se à presente o valor de R$ (...).

Termos em que, cumpridas as necessárias formalidades legais, deve a presente execução ser recebida e, afinal, acolhida, como medida de inteira Justiça.

São Paulo, Data

Advogado (OAB)

8.3.1. Modelo de petição esclarecendo o cabimento da execução para entrega de coisa certa

MM. Juízo da (...) Vara Cível do Foro Central da Comarca da Capital – SP

Processo nº (...)

(...), já qualificado nos autos da execução para entrega de coisa certa que move em face de (...), vem, respeitosamente, manifestar-se sobre o despacho de fls., esclarecendo o quanto segue:

O exequente, debruçando-se sobre o suporte fático desta lide, procurou esgotar as possibilidades técnicas, quanto ao tipo de ação a propor.

Foram todas elas descartadas por incabíveis, com exceção desta execução para a entrega de coisa certa.

Em ligeiro retrospecto dos fatos, rememore-se que o exequente adquiriu o imóvel, objeto da execução, à vista, em (...), por meio de escritura pública de venda e compra, não registrada por motivos que se verão a seguir.

Nessa escritura, o executado se obrigou a entregar a posse ao exequente no mesmo ato.

---

[10] *Tribunal de Alçada do Paraná. Ação de execução de entrega de coisa incerta requerimento para transformação em execução de quantia certa – valor da causa de R$ 321.370,60 – fixação de honorários advocatícios em 0,3% – incidência do disposto no § 4º do art. 20 do Código de Processo Civil – recurso provido a fim de majorar a verba honorária para 5% sobre o valor do debito. Em ação de execução, os honorários advocatícios devem ser fixados segundo o § 4º do art. 20 do Código de Processo Civil, atendidas as alíneas "a", "b" e "c" do § 3º (Agravo de Instrumento nº 111.073.200, Juiz Ronald Schulman, 1ª Câm. Cív.: 18.11.1997, Ac.: 8.880, Public.: 05.12.1997).*

Entretanto, o fato é que essa entrega não se efetivou. Assim, de qualquer modo, houve inadimplemento na obrigação de entrega de coisa certa constante do título executivo, sendo que o executado se recusa a entregar o imóvel, passando a nele residir com sua companheira.

A primeira possibilidade que ocorreu foi, então, a de uma ação de imissão na posse, hipótese que logo foi deixada de lado, pela falta de registro da escritura e pela existência de título executivo (a própria escritura), o que conduz, inevitavelmente à falta de interesse processual para uma ação de conhecimento.

Note-se que a falta de registro do título aquisitivo deve-se à omissão do executado-alienante, o qual, ladinamente, não levou, para que fosse registrado junto à matrícula do imóvel, o formal de partilha a ser extraído dos autos da Ação de Separação Judicial Consensual perante a (...) Vara da Família e das Sucessões do (...) (documento anexo).

Esta lacuna impossibilita o subsequente registro da escritura que outorgou ao adquirente--exequente (documento 2 da inicial), face ao princípio da continuidade dos registros públicos.

Não havendo o registro, o que independe da vontade do exequente, não há falar-se em ação de imissão na posse, como bem ensina o preclaro Ovídio Baptista:

O direito à posse nesse tipo de ação (imissão na posse) "decorre da condição de adquirente alegada pelo autor, o que pressupõe registro imobiliário válido e eficaz" (Ovídio A. Baptista da Silva, Ação de Imissão de Posse, São Paulo: RT, 1997, p. 194).

Na verdade, segundo o insigne doutrinador gaúcho, trata-se de ação de natureza reivindicatória, na qual a posse decorre da condição de dono alegada pelo seu autor.

Alvitrou-se, ainda, a possibilidade técnica de uma reintegração de posse, estribada na posse expressamente cedida pelo contrato, sendo que a permanência do ora executado no imóvel derivaria de cláusula *constituti*.

O adquirente, no caso, teria a posse indireta, o alienante teria a posse direta, em nome do adquirente.

A necessidade de ser exercida a posse *constituti* em nome do adquirente é bem demonstrada no seguinte acórdão:

Superior Tribunal de Justiça. Civil. Aquisição da posse. Contrato. Constituto possessório. A posse pode ser transmitida por via contratual antes da alienação do domínio e, depois desta, pelo constituto possessório, que se tem por expresso na respectiva escritura em que a mesma e transmitida ao adquirente da propriedade imóvel, de modo a legitimar, de logo, para o uso dos interditos possessórios, o novo titular do domínio, até mesmo em face do alienante que continua a deter o imóvel, mas em nome de quem o adquiriu. Rel. Min. Dias Trindade – Por unanimidade, conhecer do recurso especial e lhe dar provimento (Recurso Especial nº 21.125/MS, 11.05.1992).

Ora, à míngua do registro imobiliário da alienação, o ora executado não detém a posse do imóvel em nome do exequente, mas, sim, em nome próprio. Descabe, pois, a hipótese de reintegração.

Somente restou, assim, ao exequente, por exclusão, o presente pedido.

Deveras, ele tem título executivo nos termos do art. 784, II, do Código de Processo Civil (documento 2 da exordial).

Embora do instrumento público conste a obrigação da transferência da posse no ato, o fato é que tal transferência não se efetivou, conforme foi amplamente narrado na exordial.

Assim, houve inadimplemento da obrigação de entrega de coisa certa.

Portanto, só restou ao exequente um direito pessoal, um crédito em face da escritura pública de compra e venda (título executivo), pela qual o executado se obrigou a entregar o imóvel e não o fez, passando a residir no mesmo.

Assim sendo, não há interesse de agir em ação de conhecimento, especificamente de imissão na posse, para obtenção de um título que, afinal, já se possui.

Tribunal de Justiça de São Paulo. Reconvenção. Ação de consignação em pagamento. Pedido de quantia correspondente à parte do preço de imóvel e prestação de serviços por benfeitorias. Inadmissibilidade. Obrigação que consta de título executivo extrajudicial. Obtenção de título judicial prescindível. Falta de interesse processual.

Art. 267, inc. VI, do Código de Processo Civil [atual art. 485, VI]. Carência decretada. Carece de ação, por falta de interesse processual, quem ajuíze um processo de conhecimento, mercê da utilização da ação reconvencional, para obter a tutela de uma pretensão suscetível apenas de ser posta como objeto de um processo de execução, dada a já existência de um título executivo extrajudicial (rel. Franklin Neiva, Apel. Cív. 201.985-2, São Paulo, 09.02.1993).

Neste sentido, o escólio de Cândido Rangel Dinamarco:[11]

A modificação feita no dispositivo que dá força de título executivo ao documento público ou particular não se resumiu a explicitar figuras de títulos antes não mencionadas. Mais que isso, trouxe significativa mudança no tocante à natureza das obrigações a que esses títulos podem referir-se, tendo eficácia para sua realização in executivis. Diz o novo preceito, com a redação definida na Lei 8.953, de 13 de dezembro de 1994:

A escritura pública ou outro documento público assinado pelo devedor; o documento particular assinado pelo devedor e por duas testemunhas; o instrumento de transação referendado pelo Ministério Público, pela Defensoria Pública ou pelos advogados transatores.

Por essa nova redação, quatro são as figuras caracterizadoras de título executivo extrajudicial por determinação do inc. II do art. 585 [atual art. 784, II]: (a) escritura pública, (...). Só para clareza, aumentou-se a menção a escritura pública, que é espécie do gênero documento público, já antes incluído.

O que há de mais importante nessa nova redação, em confronto com a antiga, é que ficou suprimida a cláusula "do qual conste a obrigação de pagar quantia determinada ou de entregar coisa fungível". Na justificativa do projeto que se converteu na Lei 8.953, de 13 de dezembro de 1994 (Proj. de Lei 3.810-A, de 1993, da Câmara dos Deputados) foi dada muita ênfase a essa supressão e ao alcance de que se reveste, ao conduzir à executividade dos atos descritos no inc. II em relação a obrigações de toda a natureza – de pagar dinheiro, de entregar coisas fungíveis ou coisa certa, de fazer ou de não fazer.

Essa ampliação da área coberta por títulos executivos extrajudiciais é uma extraordinária abertura para a tutela jurisdicional executiva.

O primitivo art. 621 do Código de Processo Civil fora redigido no pressuposto de que só em título executivo judicial pudesse assentar a execução para entrega de coisa certa, daí falar do sujeito 'condenado a entregar coisa certa'. Agora, que os títulos executivos extrajudiciais podem abranger todas as categorias de direitos e obrigações (art. 585, inc. II, red. Lei 8.953, de 13.12.1994) [atual art. 784, II e III], é natural que o art. 621 já não seja assim restritivo. Por isso passou a soar assim: 'O devedor de obrigação de entrega de coisa certa, constante de título executivo, será citado para (...)'.

O atual Código manteve a ideia.

Portanto, a escritura apresentada pelo exequente é título executivo extrajudicial, líquido, certo e exigível (Código de Processo Civil, arts. 783 e 784, II).

Cabe, assim, execução para entrega de coisa certa (Código de Processo Civil, art. 806), já que presentes todos os seus requisitos: a) título executivo extrajudicial – art. 784, II (documento 2); b) liquidez, certeza e exigibilidade (art. 783); c) inadimplemento do devedor no cumprimento da obrigação de entrega do bem constante do título.

Em conclusão:

Pelo que se observa, Excelência, só restou ao exequente, diante dos fatos, a ação de execução para entrega de coisa certa, com supedâneo no art. 806 do Estatuto Processual, perfeitamente adequada ao caso *sub oculis*.

Portanto, exsurge, cristalina, a inteira possibilidade desta ação, aliás, a única possível, no modesto entendimento do autor.

De outro lado, não havendo, tecnicamente, outra ação a propor, o acolhimento da presente se faz necessário em face do princípio da inafastabilidade da tutela jurisdicional, inserto no art. 5º, inc. XXXV, da Constituição Federal.

Assim, reitera o exequente todos os termos do art. 806 do Código de Processo Civil e da exordial, com a certeza de que V. Exa. aplicará o mais puro Direito, primando pela imorredoura

JUSTIÇA!

Termos em que,

pede deferimento.

Data

Advogado (OAB/SP)

---

[11] Cândido Rangel Dinamarco, *A Reforma do Código de Processo Civil*, 2ª ed., São Paulo: Malheiros, 1995, p. 227-228 e 238.

8.3.2. Modelo de impugnação ao pedido do executado de reunião da ação de execução com ação de conhecimento (anulatória)

MM. Juízo da (...)

Execução para entrega de coisa certa – Autos nº (...)

(...), já qualificado nos autos da execução para entrega de coisa certa que move em face de (...), vem, respeitosamente, perante Vossa Excelência, expor e requerer o quanto segue:

O executado aduz, em síntese, que *"aforou ação declaratória de nulidade de ato jurídico"*, em face do exequente, em (...), que a citação para a presente ação de execução se deu em (...) e, por tal razão, em virtude de *"conexão"* (sic), Vossa Excelência deveria *"avocar"* a ação ordinária perante a (...) Vara Cível para julgamento simultâneo.

Requer, ainda, o executado, a lavratura do termo de depósito para apresentação de embargos.

Não há o mínimo fundamento jurídico e legal para qualquer das absurdas pretensões perpetradas:

I – Pretensa reunião de ações para julgamento conjunto

Em verdade, acorde com os mandamentos insculpidos nos arts. 240 e 312 do Código de Processo Civil, a partir da distribuição desta ação executiva em (...), todos os efeitos do art. 240 passaram a ser verificados, vez que houve citação válida em (...).

Demais disso, não há falar-se em conexão de ação executiva com ação de conhecimento por uma simples razão jurídica: não há julgamento de mérito na ação de execução![12]

Preleciona o grande Liebman, diferenciando o pedido do processo de conhecimento daquele do processo de execução, que se baseia no título executório:

Que determina inquestionavelmente – para os efeitos da execução – a regra sancionadora que deve ser efetivada: não cabe mais ao juiz julgar e sim simplesmente, realizar as atividades decorrentes do conteúdo do título. O pedido do exequente visa provocar estas atividades. A tarefa do juiz consiste apenas em realizá-las.[13]

A jurisprudência é clara nesse sentido:

__Segundo Tribunal de Alçada Civil de São Paulo__. Conexão – despejo cumulado com cobrança de alugueres em face do locatário e execução contra o fiador – inexistência. Inexiste conexão entre as ações de execução e de despejo, esta cumulada com pedido de cobrança dos aluguéis inadimplidos. E isto porque, não bastasse a diversidade das partes (apenas o credor figura como sujeito ativo em ambos os processos, figurando como passivos, respectivamente, fiador no processo de execução e a ex-locatária no de conhecimento), também são totalmente distintos os elementos objetivos e causais das ações em testilha. Mas mesmo que conexão houvesse, de modo algum acarretaria a reunião dos processos para os fins colimados pelo art. 105 do Código de Processo Civil (julgamento "simultaneus processus"), pela simples razão de que inexiste, no processo de execução, tal julgamento de mérito (Apel. c/ Rev. nº 501.203, 7ª Câm., Rel. Juiz Antonio Marcato, j. 17.02.1998).

__Primeiro Tribunal de Alçada Civil de São Paulo__. Conexão – pretensão à reunião de ações de execução e de conhecimento – impossibilidade – recurso desprovido. Anotações da Comissão: no mesmo sentido: AC 398.389-1, Rel. Pinheiro Franco (Agravo de Instrumento nº 397.088-0/00, 8ª Câmara, 12.10.1988, Rel. Raphael Salvador, unânime).

---

[12]   Só haveria possibilidade de reunião, em tese, com a ação incidental de embargos:
Superior Tribunal de Justiça, Recurso Especial nº 8.859/RS, 10.12.1991, 4ª Turma, *DJ* 25.05.1992, p. 7.399.
Execução por título extrajudicial, contratos de mútuo. Ajuizamento de ação de "revisão" dos contratos. Suspensão da execução. Alegação de ofensa aos arts. 265, IV, "a" [atual art. 313, V, "a"] e 791, II [atual 921, I], do CPC. O ajuizamento de ação buscando invalidar cláusulas de contratos com eficácia de título executivo, não impede que a respectiva ação de execução seja proposta e tenha curso normal. Opostos e recebidos embargos de devedor, e assim suspenso o processo da execução – CPC, art. 791, I [atual art. 921, II] – poder-se-á cogitar da relação de conexão entre a ação de conhecimento e a ação incidental ao processo executório, com a reunião dos processos de ambas as ações, para instrução e julgamento conjuntos, no juízo prevalecente. Recurso Especial não conhecido. Rel. Min. Athos Carneiro. Por unanimidade, não conhecer do recurso. Veja: *RTJ* 94/818, *RTJ* 94/819, REsp6.734 (STJ), REsp11.172 (STJ).

[13]   Enrico Tullio Liebman, *Processo de Execução*, 3ª ed., nº 22, p. 48.

II – Decurso, *in albis*, do prazo para entrega

Outrossim, verifica-se que não houve a necessária entrega, que pressupõe a desocupação, o desapossamento do bem nos termos do art. 806 do Código de Processo Civil.

III – Requerimento

Isto posto, requer-se o prosseguimento da presente execução, já que não há falar-se em reunião dos processos para julgamento conjunto por absoluta incompatibilidade procedimental.

Sendo assim, decorrido *in albis* o prazo para depósito ou entrega do bem, requer o exequente a expedição do competente mandado de imissão na posse do imóvel objeto da presente execução nos termos do art. 806, § 2º, do Código de Processo Civil.[14]

Reitera, ainda, o pedido constante do item "c" da exordial, consistente na expedição de mandado para registro do ato de citação do executado junto à respectiva matrícula do imóvel, em consonância com o art. 167, I, nº 21, da Lei de Registros Públicos (Lei 6.015/1973), para advertir terceiros de que o bem está *sub judice*.

Observa-se que às fls. (...), Vossa Excelência declinou que apreciaria este pedido após a citação, que já ocorreu.

Outrossim, reitera também o pedido do item "d" da inicial, para que Vossa Excelência fixe os honorários para a presente execução nos termos do art. 85, § 1º, do Código de Processo Civil.

Termos em que,

Pede deferimento.

Data

Advogado (OAB)

Acesse o *QR Code* e faça o *download* dos modelos de peças editáveis

> http://uqr.to/1ye02

---

14 *RT* 612/129 Execução. Entrega de coisa certa. Depósito intempestivo. Imissão na posse determinada. Admissibilidade. Inteligência dos arts. 621, 622 e 625 do CPC – (2º TACivSP).

8.4. FLUXOGRAMA

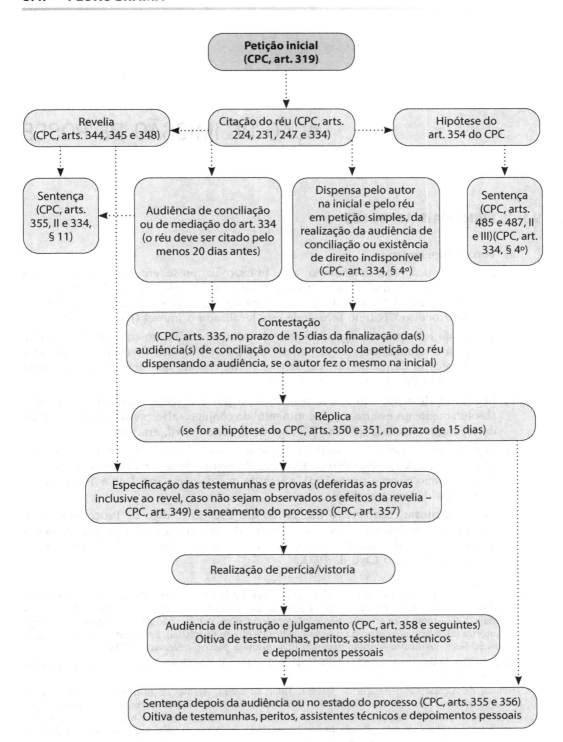

Capítulo 9

AÇÃO DE IMISSÃO DE POSSE

9.1. PRINCIPAIS ASPECTOS

a) **Foro competente:**

a.1) sendo ação real imobiliária, v.g., imissão na posse em razão de aquisição registrada de imóvel (propriedade, Código Civil, arts. 108, 1.245 e 1.227) em hasta pública (praça), deverá ser proposta, nos termos do art. 47 do Código de Processo Civil, no foro onde está localizado o imóvel (*forum rei sitae*);

a.2) sendo ação pessoal, v.g., obrigação de entregar imóvel ao comodatário: acorde com o mandamento do art. 46 do Código de Processo Civil, competente será o foro do domicílio do réu, salvo foro de eleição, que deverá ser respeitado (Código de Processo Civil, art. 46).

b) **Legitimidade ativa:** aquele que tem direito a posse e, sendo ação real imobiliária, absolutamente necessário o consentimento[1] do cônjuge, salvo casamento pelo regime da separação absoluta de bens (Código de Processo Civil, art. 73).[2]

c) **Legitimidade passiva:** alienante ou detentor e, tratando-se de ação real imobiliária, os respectivos **cônjuges,** salvo casamento pelo regime da separação absoluta de bens (litisconsórcio passivo necessário), a teor do que dispõe o inc. I do § 1º do art. 73 do Código de Processo Civil.

d) **Valor da causa:** consoante o inc. IV do art. 292 do Código de Processo Civil, é o valor real do imóvel e não mais o valor da estimativa oficial para lançamento do imposto (valor venal do imóvel) que antes emanava do inc. VII do art. 258 do Código de Processo Civil de 1973.[3]

---

[1] Por qualquer forma: instrumento particular, público ou até pela outorga de procuração conjunta (Nelson Nery Junior e Rosa Maria Andrade Nery, *Código de processo civil comentado*, São Paulo: Revista dos Tribunais, 1997 – nota 6 ao art. 10). Não é litisconsórcio ativo, vez que não há necessidade do cônjuge que autoriza integrar o polo ativo da relação jurídica de direito processual. Entretanto, nos comentários dos profs. Nery, verifica-se acórdão exigindo litisconsórcio passivo necessário (*RJTJRS* 63/274).

[2] É preciso distinguir a pretensão imobiliária da pretensão real imobiliária, esta sim ação fundada em direito real sobre bem imóvel.

[3] *Tribunal de Alçada Cível do Rio de Janeiro. Valor da causa. Agravo de Instrumento nº 27.443, 4ª Câmara, unânime, Juiz: Marcus Faver, 03.09.85. Imissão na posse. Imóvel arrematado em praça. Ação de imissão na posse. Natureza petitória. Valor da causa. Nas ações dominiais o valor da causa deve ser o correspondente ao bem reivindicado. Imóvel arrematado em praça. O valor pago na arrematação deve ser o atribuído à ação de imissão na posse, pois este é o que mais se aproxima do proveito econômico perseguido pelo autor. Agravo provido.*

e) **Petição inicial:** a petição inicial deverá respeitar os requisitos do art. 319 do Código de Processo Civil.

f) **Procedimento:** comum.

9.2. GENERALIDADES

Entende-se que, nada obstante a eliminação do procedimento específico, presente no Código de Processo Civil de 1939, a ação de imissão de posse subsiste no Direito vigente.

Embora não tenha gênese na posse e, tampouco, objetive sua proteção, visa a posse com fundamento no *jus possidendi*,[4] *v.g.*, se o alienante não entregou o bem adquirido ao alienatário.[5]

Se houver título executivo extrajudicial com a obrigação da entrega de coisa, como ocorre na escritura, no compromisso de compra e venda, a ação seria, em tese, a ação de execução para entrega de coisa certa.

Assim, havendo um título executivo extrajudicial[6] que possa dar supedâneo a uma ação executiva para entrega de coisa certa (CPC, art. 806 e seguintes), no regime processual anterior havia discussão sobre a existência ou não de interesse na ação de conhecimento com o mesmo fim. Tal discussão resta superada em razão da cristalina regra do art. 785 do Código de Processo Civil que defere ao credor a opção:

> *Art. 785. A existência de título executivo extrajudicial não impede a parte de optar pelo processo de conhecimento, a fim de obter título executivo judicial.*

Entretanto, essa conclusão passa, também, pela análise do tópico referente à concessão de tutela provisória de urgência, tendo em vista a necessária efetividade da tutela jurisdicional.

Assim, embora haja título executivo, a tutela antecipada de urgência pode ser uma opção do credor da entrega de coisa certa, ainda que haja título executivo.

9.3. AÇÕES REAIS E PESSOAIS – DISTINÇÃO E CONSEQUÊNCIAS

As ações reais são aquelas que nascem do *jus in re*, competindo a quem tem esse direito contra o réu.[7]

As pessoais, por outro lado, possuem gênese nas obrigações de dar, fazer ou não fazer alguma coisa, *in casu*, especificamente de dar.

É preciso distinguir a existência de pretensão sobre bem imóvel (*pretensão imobiliária*, *v.g.*, o despejo), daquela que, além disso, representa *pretensão real imobiliária*, esta sim ação fundada em *direito real sobre bem imóvel* (*v.g.*, a ação reivindicatória ou a ação de usucapião).[8]

---

[4]   *Jus possidendi*: posse do portador de um título ou titular de direito real.
       Jus possessionis: posse autônoma, sem título – situação de fato, aparentando a propriedade.

[5]   Vilson Rodrigues Alves, *Ação de imissão na posse de bem imóvel*, Campinas: Bookseller, 1996, p. 53.

[6]   A escritura pública (CPC, art. 585, II) e o documento particular (um compromisso de compra e venda, por exemplo), assinado pelas partes e duas testemunhas (CPC, art. 784, III).

[7]   Ovídio A. Baptista da Silva, *Ação de imissão de posse*, São Paulo: Revista dos Tribunais, 1997, p. 189.

[8]   Arruda Alvim, *Curso de direito processual civil*, São Paulo: Revista dos Tribunais, p. 498.

A distinção não emana do direito processual. É no seio do direito material que se encontra a distinção entre direito real e pessoal.[9]

A ação de imissão de posse pode ser ação real ou não, dependendo de seu fundamento (causa de pedir): direito real ou pessoal.

Mesmo com os protestos de Ovídio Baptista,[10] certo é que há distinção a ser feita:

a) Se a ação de posse estiver calcada apenas em direito pessoal, sua natureza será pessoal, *v.g.*, contrato de locação ou comodato em que não se entrega a posse.

b) Por outro lado, se a ação tiver como fundamento a propriedade ou outro direito real, tal como a servidão, o uso, a habitação, sua natureza será real (*RTJ* 82/419).

A distinção é relevante na exata medida em que para as ações reais imobiliárias exige-se, *v.g.*:

a) Litisconsórcio passivo necessário do cônjuge e do consentimento conjugal para a propositura da ação, salvo separação absoluta de bens (Código de Processo Civil, art. 73).

b) *Forum rei sitae*, nos termos do art. 47 do Código de Processo Civil.

Por outro lado, se a ação for pessoal, não há litisconsórcio passivo necessário e o foro, em regra, é o de eleição, seguido, na ausência de foro eleito no contrato, pelo foro do domicílio do réu.

9.4. PRESSUPOSTOS DA AÇÃO DE IMISSÃO DE POSSE

Para a ação de imissão de posse, hão que se observar alguns pressupostos:[11]

a) **Direito à posse, sem que, antes, tenha sido exercida:** ora, só quem tem o direito à posse pode requerer tutela jurisdicional de imissão de posse que decorre do *jus possidendi*.[12] Qualquer relação jurídica de direito material que dê ensejo ao *jus possidendi* constitui fundamento para a ação de imissão de posse.

b) **Posse direta ou detenção do sujeito passivo:** mister se faz que o sujeito passivo da demanda se encontre na posse direta do bem, sem que se possa arguir boa-fé obstativa do direito de ação (possível quanto à eficácia da pretensão imissiva).

c) **Recusa de entrega da posse:** óbice imposto, pelo possuidor ou detentor, à legítima pretensão do titular do *jus possidendi*.

Mister se faz provar documentalmente,[13] com a petição inicial da ação de imissão de posse, o negócio jurídico que deu gênese ao *jus possidendi*.

---

9   José Frederico Marques, *Manual de direito processual civil*, 4ª ed., São Paulo: Saraiva, 1978, p. 172. Luiz Antonio Scavone Junior, *Obrigações, abordagem didática*, 2ª ed., São Paulo: Juarez de Oliveira, 2000, p. 15 e ss.

10   Ob. cit., p. 192.

11   Vilson Rodrigues Alves, ob. cit., p. 55.

12   *Jus possidendi*: posse do portador de um título ou titular de direito real.
     Jus possessionis: posse autônoma, sem título – situação de fato, aparentando a propriedade.

13   Certidão, cópia etc., mesmo que não original.

Ressalte-se que, não se trata, em regra, de prova de domínio, mas de prova de direito à posse que jamais foi exercida, não havendo, nesse documento, o chamado constituto possessório, que será adiante analisado e que confere direito à reintegração de posse.

Segundo Pontes de Miranda só pode se imitir na posse quem não a tem, jamais quem tem ou já teve.[14]

Caso a petição inicial não venha acompanhada de documento comprobatório do direito à posse, o autor terá o prazo de quinze dias para sanar o déficit sob pena de indeferimento (Código de Processo Civil, arts. 485, I, 320, 321, 330, IV, e 405).

9.5. ALGUNS FUNDAMENTOS (EXEMPLIFICATIVOS) DA AÇÃO DE IMISSÃO DE POSSE

Segundo Ovídio Baptista, a ação de imissão de posse pode ter, entre outros, os seguintes fundamentos:

a) Imissão de posse como ação do comprador contra o vendedor

Como temos insistido, nesse caso, havendo a obrigação contratual líquida, certa e exigível, será cabível, à escolha do autor, a ação de imissão de posse ou execução para entrega de coisa certa ante a redação do art. 806 do Código de Processo Civil.

Se o autor não dispuser de título executivo, *v.g.*, uma escritura pública com direito à posse, admitir-se-á exclusivamente a ação de imissão de posse pelo adquirente.

Mas neste caso não será mais ação real, do adquirente, mas ação calcada em direito pessoal.

Portanto, com fundamento nos arts. 297, 300, 537 e 806 do Código de Processo Civil, entendemos que, havendo escritura de compra e venda que dê direito à posse, a ação poderá ser a já estudada execução para entrega de coisa certa ou, à escolha do autor, ação de imissão de posse com pedido de antecipação de tutela.

b) Imissão de posse como ação do promitente comprador contra o vendedor

O promitente comprador pode obter tutela jurisdicional de imissão de posse. Cabe, também, execução para entrega de coisa certa se dispuser de título executivo (Código de Processo Civil, arts. 806 e seguintes), ou seja, se o compromisso estipular uma data para entrega do imóvel, bem como a obrigação da entrega propriamente dita.

> **Tribunal de Justiça de São Paulo.** *Compromisso de compra e venda. Direito contratual à posse. Imissão de posse como ação adequada para obtê-la, ainda que só se pretenda posse atribuída, como direito, por cláusula de promessa. Recurso provido (rel. Cezar Peluso, Apel. Cív. 115.000-1, São Sebastião, 24.11.89).*

c) Imissão de posse por arrematantes de imóveis

No caso de arrematação de imóvel se vislumbra uma das aplicações mais claras da ação de imissão de posse.

Assim, ocorrendo arrematação ou adjudicação judicial, os acórdãos abaixo esclarecem definitivamente a questão:

> **Primeiro Tribunal de Alçada Civil de São Paulo.** *Arrematação – execução hipotecária – bem imóvel alienado judicialmente – possibilidade do arrematante pedir a imissão na posse mediante simples requerimento ao juiz da execução, no caso do imóvel estar ocupado pelo executado, ou sob guarda de depositário, judicial ou particular – necessidade, todavia, de se pleitear o imóvel mediante ação própria, quando o terceiro que não for parte, estiver na posse do mesmo – irrelevância de que a penhora incida em bem que encontre com terceiro –*

---

[14] Francisco Cavalcanti Pontes de Miranda, *Questões forenses*, VI, Rio de Janeiro: Borsoi, 1957, p. 123.

(...) indeferimento da expedição de mandado de desocupação de imóvel – validade – recurso improvido (Agravo de Instrumento nº 27.584, Praia Grande, 7ª Câmara, 12.08.1997, Rel. Juiz Ariovaldo Santini Teodoro, unânime).

Primeiro Tribunal de Alçada Civil de São Paulo. *Imissão de posse – pedida pelos arrematantes nos próprios autos de execução – indeferimento, por encontrar-se o imóvel na posse de terceiros, e não na dos executados ou depositário judicial – necessidade do ajuizamento de ação própria – recurso improvido (Agravo de Instrumento nº 16.867. Presidente Venceslau. Terceira Câmara. 10.08.1993. Rel. Juiz Carlos Paulo Travain. Unânime).*

Com a penhora, o ocupante ou proprietário que participou da relação jurídica processual executiva passa de possuidor a depositário, ensejando a imissão de posse por simples requerimento do arrematante e expedição de mandado de imissão.

Portanto, na espécie (arrematação em hasta pública – praça) há que se fazer a importante distinção:

a) imóvel ocupado pelo executado, ou sob guarda de depositário, judicial ou particular: imissão nos próprios autos da execução, mediante simples requerimento do arrematante e expedição de mandado (RT 676/110);

b) imóvel ocupado por terceiro que não foi parte na ação de execução: ação de imissão de posse, pelo procedimento comum.

Todavia, se a arrematação se deu em leilão extrajudicial, mister se faz, de qualquer forma, a ação de imissão de posse.

Tribunal de Justiça de São Paulo. *Imissão de posse. Imóvel adquirido pela autora de entidade financeira, após venda do bem em leilão extrajudicial. Ocupação por cessionária dos direitos do primitivo adquirente, transferidos sem autorização da credora. Procedência mantida. Apelação da ré não provida (Apel. Cív. 38.291-4, Guarulhos, 2ª Câmara de Direito Privado, Rel. J. Roberto Bedran, 26.05.1998, v.u.).*

Assim, tratando-se de imissão na posse de imóvel adquirido no leilão extrajudicial,[15] descrito no § 2º, do art. 37, do Decreto-lei 70/1966, também cabe ação de imissão de posse como procedimento especial.

É neste sentido a Súmula 4 do Tribunal de Justiça de São Paulo:

É cabível liminar em ação de imissão de posse, mesmo em se tratando de imóvel objeto de arrematação com base no Decreto-lei 70/1966.

A especialidade consiste na possibilidade de liminar e no arbitramento de taxa de ocupação do imóvel, cobrável por intermédio de execução:

---

[15] Art. 32. Não acudindo o devedor à purgação do débito, o agente fiduciário estará de pleno direito autorizado a publicar editais e a efetuar, no decurso dos 15 (quinze) dias imediatos, o primeiro público leilão do imóvel hipotecado.

§ 1º Se, no primeiro público leilão, o maior lance obtido for inferior ao saldo devedor no momento, acrescido das despesas constantes do art. 33 mais as do anúncio e contratação da praça, será realizado o segundo público leilão, nos 15 (quinze) dias seguintes, no qual será aceito o maior lance apurado, ainda que inferior à soma das aludidas quantias.

§ 2º Se o maior lance do segundo público leilão for inferior àquela soma, serão pagas inicialmente as despesas componentes da mesma soma, e a diferença entregue ao credor, que poderá cobrar do devedor, por via executiva, o valor remanescente de seu crédito, se nenhum direito de retenção ou indenização sobre o imóvel alienado.

§ 3º Se o lance de alienação do imóvel, em qualquer dos dois públicos leilões, for superior ao total das importâncias referidas no caput deste artigo, a diferença a final apurada será entregue ao devedor.

§ 4º A morte do devedor pessoa física, ou a falência, concordata ou dissolução do devedor pessoa jurídica, não impede a aplicação deste artigo.

Art. 37. Uma vez efetivada a alienação do imóvel, de acordo com o art. 32, será emitida a respectiva carta de arrematação, assinada pelo leiloeiro, pelo credor, pelo agente fiduciário, e por cinco pessoas físicas idôneas, absolutamente capazes, como testemunhas, documento que servirá como título para a transcrição no Registro Geral de Imóveis.

§ 1º O devedor, se estiver presente ao público leilão, deverá assinar a carta de arrematação que, em caso contrário, conterá necessariamente a constatação de sua ausência ou de sua recusa em subscrevê-la.

§ 2º Uma vez transcrita no Registro Geral de Imóveis a carta de arrematação, poderá o adquirente requerer ao juízo competente imissão da posse no imóvel que lhe será concedida liminarmente, após decorridas as 48 (quarenta e oito) horas mencionadas no § 3º deste artigo, sem prejuízo de se prosseguir no feito, em rito ordinário, para o debate das alegações que o devedor porventura aduzir em contestação.

§ 3º A concessão da medida liminar do parágrafo anterior só será negada se o devedor, citado, comprovar, no prazo de 48 (quarenta e oito) horas, que resgatou ou consignou judicialmente o valor de seu débito, antes da realização do primeiro ou do segundo público leilão.

Art. 38. No período que mediar entre a transcrição da carta de arrematação no Registro Geral de Imóveis e a efetiva imissão do adquirente na posse do imóvel alienado em público leilão, o juiz arbitrará uma taxa mensal de ocupação compatível com o rendimento que deveria proporcionar o investimento realizado na aquisição cobrável por ação executiva.

Por fim, convém ressaltar que no Estado de São Paulo, nos termos da Súmula 5 do Tribunal de Justiça:

Na ação de imissão de posse de imóvel arrematado pelo credor hipotecário e novamente alienado, não cabe, por ser matéria estranha ao autor, a discussão sobre a execução extrajudicial e a relação contratual antes existente entre o primitivo adquirente e o credor hipotecário.

9.6. ANTECIPAÇÃO DE TUTELA

No caso, a imissão na posse do imóvel é a tutela jurisdicional que se busca e, portanto, observados os requisitos dos arts. 461-A e 273, possível será a tutela antecipatória.

A tutela antecipada nada mais é que o adiantamento de efeitos práticos da final tutela de mérito.

Na lição dos preclaros professores Nery, a tutela antecipatória *dos efeitos da sentença de mérito é providência que tem natureza jurídica mandamental, que se efetiva mediante execução 'lato sensu' com o objetivo de entregar ao autor, total ou parcialmente, a própria pretensão deduzida em juízo ou seus efeitos.*[16]

Nesse sentido, afastou-se a teratologia das cautelares satisfativas na medida em que a ação cautelar busca o resultado útil e eficaz de uma ação de conhecimento e de execução, ou seja, é o instrumento do instrumento, não sendo o meio correto para adiantar efeitos práticos da tutela de mérito.

Do ponto de vista prático, reforçamos que, nada obstante as colocações teóricas acerca do título executivo e em razão da regra permissiva do art. 785 do Código de Processo Civil, certo é que a efetividade da tutela jurisdicional consagrada por meio da instrumentalidade do processo moderno, concedendo à parte tudo aquilo a que tem

---

[16]   Nelson Nery Junior e Rosa Maria Andrade Nery, ob. cit., nota 2 ao art. 273.

direito através da tutela antecipada de urgência, transforma a vertente ação, mesmo nos casos em que cabe execução para entrega de coisa certa, opção interessante colocada à disposição do credor da entrega.

Mesmo antes da regra específica, hoje contida no art. 785 do Código de Processo Civil, eis a lapidar lição de Nelson Nery e Rosa Maria Andrade Nery, *verbis*:

> *Outra situação que admite a antecipação ocorre quando o autor tem contrato preliminar de compra e venda de imóvel no qual exista cláusula de prazo para entrega do bem. Caso seja outorgada a escritura, pago integralmente o preço e não entregue o imóvel, pode o autor ajuizar ação de imissão na posse e pedir, liminarmente, a antecipação dos efeitos da tutela de mérito. Neste caso há prova inequívoca da alegação (documento comprovando a data para entrega do imóvel e escritura comprovando o pagamento do preço e a transferência do domínio), de modo que, pedida a antecipação, o juiz deve concedê-la.[17]*

9.7. SENTENÇA

A sentença na ação de imissão de posse é executiva *lato sensu*, determinando a entrega no prazo que estabelecer.

Cumpre-se, assim, pela expedição de mandado de imissão na posse, nos termos do art. 536 e seguintes do Código de Processo Civil, especialmente o art. 538, caso não tenha sido concedida a tutela antecipada de urgência (CPC, arts. 300, 537 e 538).

Nesse sentido, incabíveis os embargos do devedor.

9.8. EMBARGOS POR RETENÇÃO DE BENFEITORIAS

Na ação de imissão de posse, assim como na ação de despejo, não cabem embargos de retenção por benfeitorias (CPC, art. 917, § 5º).

É que não há instância executória apta a ensejar os referidos embargos, vez que a sentença decorrente de ação de imissão de posse é cumprida mediante simples expedição de mandado:

Tribunal de Alçada do Paraná. Embargos de retenção por benfeitorias – imissão de posse – hipótese em que, de natureza constitutiva a sentença, prescindindo de posterior execução. Inviabilidade de prosseguimento da incidental oposta. A sentença proferida em ação de imissão de posse é, por natureza, constitutiva, esgotando-se a tutela jurisdicional em si mesma e se operando sua realização concreta, simplesmente, com a expedição de mandado de imissão. Não há, pois, que se falar em posterior execução e, via de consequência, em oposição de embargos àquela. Recurso desprovido. Doutrina: Theotonio Negrão, Código de Processo Civil e legislação processual em vigor, 24ª ed., p. 493 (Apel. Cív. 0081131800, Londrina, juiz Eracles Messias, 2ª Câm. Cív., j. 07.11.1996, public.: 13.12.1996).

Nas ações possessórias, a pretensão pode ser deduzida em sede de contestação, na exata medida de sua natureza dúplice.

Não é o que ocorre com a ação de imissão de posse, na qual não se vislumbra caráter dúplice.

---

[17] Ob. cit., nota 18 ao art. 27.

Portanto, é forçoso concluir que, na ação de conhecimento, o único meio hábil para exercer o direito às benfeitorias (pretensão do réu) é por meio de reconvenção (CPC, art. 343):[18]

> **Tribunal de Justiça de São Paulo**. *Agravo de instrumento. Imissão na posse. Extinção de reconvenção por carência da ação. Ação que não tem natureza possessória, devendo seguir o procedimento comum. Recurso provido (Agravo de Instrumento nº 82.558-4, Pedreira, 8ª Câmara de Direito Privado, Rel. César Lacerda, 09.09.1998, v.u.).*

Ainda que não caibam embargos de retenção de benfeitorias e a reconvenção seja o meio tecnicamente correto, é possível, com supedâneo na lição de Vilson Rodrigues Alves, do ponto de vista prático, pleitear as benfeitorias em sede de contestação,[19] alegando o direito de retenção com fundamento no art. 1.219 do Código Civil.[20]

> **Tribunal de Justiça de São Paulo**. *Imissão na posse. Embargos de retenção por benfeitorias. Rejeição liminar. Matéria já apreciada pela sentença de primeiro grau e pelo acórdão que a manteve, transitando em julgado. Ausência de interesse processual na rediscussão de tais questões, já acobertadas por coisa julgada. Rejeição liminar dos embargos que afasta a instalação do contraditório, não havendo condenação em honorários advocatícios – comportamento protelatório dos embargantes, todavia, que faz incidir a regra da litigância de má-fé. Recurso dos embargantes improvido e recurso dos embargados provido (Apel. Cív. 25.394-4, São Paulo, 2ª Câmara de Férias de Direito Privado, Rel. Linneu Carvalho, 03.03.1998, v.u.).*

Por fim, mesmo sem exercer o direito de retenção, nada obsta que o réu prove as benfeitorias e as reclame em ação autônoma de indenização.

9.9. CONSTITUTO POSSESSÓRIO

O *constituto* possessório nada mais é que a cláusula inserta nos contratos mediante a qual *alguém, alienando bem de sua propriedade, nele remanesce a outro título, como, por exemplo, o de locatário, ou comodatário. O adquirente só adquire a posse indireta, e esta lhe é transferida sem entrega material da coisa, mas pela cláusula 'constituti'*[21] (tradição ficta).

Ocorrendo o chamado *constituto* possessório, não há falar-se em ação de imissão de posse.

Portanto, cabível a ação de reintegração de posse.[22]

É que a existência de cláusula contratual caracterizando o *constituto* possessório transforma em *causa detentionis* a *causa possessionis* – circunstância autorizadora, inclusive, da concessão de liminar nas ações possessórias.

> **Superior Tribunal de Justiça**. *Posse. Ação de reintegração. Cláusula Constituti. Outorga uxória. O comprador de imóvel com clausula constituti passa a exercer a posse, que pode ser defendida através da ação de reintegração. Recurso não conhecido. Rel. Min. Ruy Rosado de Aguiar. DJ 19.10.1998, p. 110 (Tito Fulgêncio, Da posse e das acções possessórias, Saraiva & Cia, p. 71; Pontes de Miranda, Tratado de direito privado, 2ª ed., Rio de Janeiro: Borsoi, t. 10, p. 207; Astolpho Rezende, A posse e a sua proteção, Saraiva & Cia, 1937,*

---

18. Mister se faz, entre outros requisitos, a compatibilidade procedimental entre a reconvenção e a ação de imissão de posse, que está presente, vez que a posse é consequência da ação de conhecimento.

19. Nesse sentido, Vilson Rodrigues Alves, ob. cit., p. 236.

20. *Tribunal de Justiça de São Paulo. Imissão na posse. Imóvel adjudicado. Réus que não são possuidores de boa-fé. Direito destes, tão só, quanto às benfeitorias necessárias. (...) Recurso não provido (rel. Álvaro Lazzarini, Apel. Cív. 175.003-1, 03.11.1992, São Paulo).*

21. Silvio Rodrigues, *Direito civil, Direito das coisas*, São Paulo: Saraiva, 1991, vol. 5, p. 41.

22. Silvio Rodrigues, ob. cit., p. 45. Vilson Rodrigues Alves, ob. cit., p. 240.

p. 318-319) (Recurso Especial nº 173.183/TO, decisão: por unanimidade, não conhecer do recurso, data da decisão: 01.09.1998, 4ª Turma).

Superior Tribunal de Justiça. *Civil. Posse. Constituto possessório. Aquisição fictícia (CC, art. 494, IV). Reintegração de posse. Cabimento. Comodato verbal. Notificação. Escoamento do prazo. Esbulho. Aluguel, taxas e impostos sobre o imóvel devidos. Recurso provido. I – A aquisição da posse se dá também pela cláusula constituti inserida em escritura pública de compra e venda de imóvel, o que autoriza o manejo dos interditos possessórios pelo adquirente, mesmo que nunca tenha exercido atos de posse direta sobre o bem. II – O esbulho se caracteriza a partir do momento em que o ocupante do imóvel se nega a atender ao chamado da denúncia do contrato de comodato, permanecendo no imóvel após notificado. III – Ao ocupante do imóvel, que se nega a desocupá-lo após a denúncia do comodato, pode ser exigido, a título de indenização, o pagamento de aluguéis relativos ao período, bem como de encargos que recaiam sobre o mesmo, sem prejuízo de outras verbas a que fizer jus. Rel. Min. Sálvio de Figueiredo Teixeira. DJ 02.03.1998, p. 102. Veja: REsp21.125-MS, REsp71.172-SP (STJ); Marco Aurélio S. Viana, Curso de Direito Civil, Del Rey, 1993, vol. 3, p. 57. Código Civil, arts. 494, IV, 520, V e 1.252 (Recurso Especial nº 143.707/RJ, por unanimidade, conhecer do recurso e dar-lhe provimento, data da decisão: 25.11.1997, 4ª Turma).*

9.10. MODELO DE AÇÃO DE IMISSÃO DE POSSE

MM. Juízo da (...)

(...), vêm, respeitosamente, perante Vossa Excelência, por seus advogados (documento 1), propor, pelo procedimento comum, rito ordinário, em face de (...), a competente

Ação de imissão de posse com pedido de antecipação de tutela

o que fazem com supedâneo nos arts. 1.204, 1.205 e 1.228 do Código Civil, e pelos argumentos de fato e de direito a seguir aduzidos:

I – Dos fatos

Os autores adquiriram, em público "leilão" (praça) extrajudicial, realizado pelo Banco (...), em (...) (documento 2 – cópia dos editais), o apartamento (...), localizado na (...), objetos, respectivamente, das matrículas nº (...) e nº (...) do (...) Oficial de Registro de Imóveis (documento 3).

A competente escritura pública (documento 4) foi outorgada pela instituição financeira em (...), pelo valor certo de R$ (...) e levada a registro no dia (...), conforme R (...) da matrícula nº (...), junto ao (...) Oficial de Registro de Imóveis (documento 3).

A quantia supramencionada foi quitada na data do leilão (documento 5).

Entretanto, o imóvel encontra-se ocupado pelos réus, que se negam terminantemente a entregá-lo aos autores, mesmo ante a notificação recebida em (...) (documento 6).

Portanto, foram constituídos em mora, devendo, inclusive, suportar as consequências do art. 395 do Código Civil.

Sendo assim, alternativa não restou aos autores senão ingressar com a presente ação, para que sejam imitidos na posse do imóvel, acorde com o *jus possidendi*.

II – Direito

Os arts. 1.204, 1.205 e 1.228, do Código Civil, concedem aos autores o direito material de imissão na posse do imóvel adquirido.

De fato, o proprietário é titular do direito de *usar, gozar, dispor de seus bens, e de reavê-los de quem quer que injustamente os possua* (Código Civil, art. 1.228).

Assim tem decidido o Tribunal de Justiça de São Paulo:

Imissão de posse. Imóvel adquirido em leilão público. Admissibilidade. Art. 524 do Código Civil. Disputa entre posse e propriedade que prevalece o direito do proprietário. Hipótese em que não se cogita a boa ou má-fé do possuidor. Recurso não provido (rel. Barbosa Pereira, Apel. Cív. 212.351-1, Ribeirão Preto, 04.08.1994).

Imissão de posse. Imóvel adquirido pela autora de entidade financeira, após venda do bem em leilão extrajudicial. Ocupação por cessionária dos direitos do primitivo adquirente, transferidos sem autorização da credora. Procedência mantida. Apelação da ré não provida (Apel. Cív. 38.291-4, Guarulhos, 2ª Câmara de Direito Privado, Rel. J. Roberto Bedran, 26.05.1998, v.u.).

III – Tutela provisória de urgência de natureza antecipada

A presente demanda funda-se no direito à posse de quem jamais a teve, como consequência da propriedade, fato inequívoco e devidamente comprovado em razão do registro da escritura de compra e venda em que figuram os autores como adquirentes (Código Civil, arts. 108, 1.245 e 1.227).

Dessa maneira, requerem os autores digne-se Vossa Excelência de antecipar a tutela pretendida com fundamento nos arts. 297 e 300 e seguintes do Código de Processo Civil, de modo que os autores possam residir no imóvel que adquiriram, evitando maiores danos, que certamente serão de difícil, senão impossível reparação.

A necessidade de antecipação da tutela pretendida (imissão na posse do imóvel adquirido pelos autores) é medida que se impõe.

Ora, a partir da aquisição, os autores tornaram-se responsáveis pelo pagamento dos tributos e taxas condominiais incidentes sobre o bem.

Por outro lado, os réus residem em propriedade alheia sem gastar um só centavo, em completo locupletamento ilícito.

Periculum in mora

Os réus não pagam as despesas condominiais e demais encargos do imóvel.

Assim, residem em apartamento sem nada despender, locupletam-se indevidamente, quiçá contando com a pletora de feitos que assoberba o Poder Judiciário e, consequentemente, com a demora do processo, o que certamente independe da vontade de Vossa Excelência.

Os autores, por outro lado, são obrigados a pagar por outro imóvel, até mesmo sem condições para tanto. Situação iníqua como essa deve ser prontamente repelida pelo Poder Judiciário.

Excelência, os autores não poderão suportar as despesas com os imóveis onde residem e mais as despesas com o imóvel adquirido, restando receio de dano irreparável.

Sublinhe-se que as despesas condominiais são *propter rem* e, fatalmente, serão imputadas aos autores, que serão obrigados a pagar pelo uso do imóvel exclusivamente pelos réus.

Verifique Vossa Excelência a jurisprudência pátria, que tem admitido remansosamente a antecipação de tutela nesses casos:

> **Tribunal de Justiça de São Paulo.** *Posse. Imissão. Concessão de tutela antecipada. Admissibilidade. Hipótese em que os agravados já pagaram as prestações além do pactuado para que lhes fossem entregues as chaves. Ademais, a protelação indefinida da entrega do imóvel a cada um dos agravados, sem dúvida lhes causa dano de difícil reparação. Recurso não provido (Agravo de Instrumento nº 97.302-4, São Paulo, 7ª Câmara de Direito Privado, Rel. Leite Cintra, 16.12.1998, v.u.).*

> **Tribunal de Alçada do Rio Grande do Sul.** *Antecipação de tutela. Ação de imissão de posse. Presentes os requisitos do art. 273 do Código de Processo Civil [atual art. 300], é possível antecipar-se o provimento judicial. Decisão mantida. Agravo improvido (Agravo de Instrumento nº 196.014.443, 8ª Câmara Cível, 02.04.1996, Rel. Geraldo César Fregapani, Porto Alegre).*

Demonstrado, portanto, o *periculum in mora* e havendo prova inequívoca, mister se faz a tutela de urgência com supedâneo nos arts. 297 e 300, do Código de Processo Civil.

A prova que instrui esta exordial é robusta.

Em razão do receio de difícil reparação, requerem os autores digne-se Vossa Excelência de conceder a tutela antecipada, determinando a expedição de mandado de imissão dos autores na posse do (...), *inaudita altera parte*.

Na eventualidade de não ser atendido de imediato o pedido, no que tange à antecipação de tutela, requerem seja o mesmo pedido reavaliado após a eventual resposta dos réus, quando não restará qualquer dúvida quanto ao pedido ora formulado.

IV – Pedido de mérito

Diante de todo o exposto, requerem os autores seja a presente ação julgada procedente, confirmando Vossa Excelência a antecipação de tutela pleiteada ou, caso não tenha sido concedida, o que se admite por hipótese, determinando Vossa Excelência a expedição de mandado de imissão dos autores na posse do (...), condenando os réus, em qualquer caso, em custas e honorários de advogado.

Requer-se, ainda, a condenação dos réus ao pagamento de aluguéis e demais encargos incidentes sobre o imóvel, enquanto a posse não for atribuída aos autores, a partir da constituição em mora pela notificação (ou citação).

Aclarando o pedido, requerem os autores:

a) Procedência da ação.

b) Imissão na posse do imóvel adquirido.

c) Condenação dos réus ao pagamento de aluguéis a serem apurados em liquidação de sentença, além dos encargos (condomínios e impostos), desde a constituição em mora (citação ou notificação).

d) Condenação dos réus no pagamento de custas e honorários advocatícios que Vossa Excelência houver por bem arbitrar, observados os limites legais.

V – Citação

Requer-se que a citação dos réus seja efetuada pelo correio, nos termos dos arts. 246, I; 247 e 248 do Código de Processo Civil, para responder no prazo de 15 (quinze) dias (art. 335 do Código de Processo Civil), sob pena de serem tidos por verdadeiros todos os fatos aqui alegados (art. 344 do Código de Processo Civil), devendo o respectivo mandado conter as finalidades da citação, as respectivas determinações e cominações, bem como a cópia do despacho do(a) MM. Juiz(a), comunicando, ainda, o prazo para resposta, o juízo e o cartório, com o respectivo endereço.

Ou:

Nos termos do art. 246 do CPC, requer-se a citação por meio eletrônico ou, não havendo cadastro, pelo correio (*ou, ainda, justificando, por Oficial de Justiça, nos termos do § 1º-A, II, do art. 246 do CPC, facultando-se ao Sr. Oficial de Justiça encarregado da diligência proceder nos dias e horários de exceção (CPC, art. 212, § 2º*), para eventual oferta de resposta no prazo de 15 (quinze) dias (art. 335 do Código de Processo Civil), sob pena de serem tidos por verdadeiros todos os fatos aqui alegados (art. 344 do Código de Processo Civil), devendo o respectivo mandado conter as finalidades da citação, as respectivas determinações e cominações, bem como a cópia do despacho do(a) MM. Juiz(a), comunicando, ainda, o prazo para resposta, o juízo e o cartório, com o respectivo endereço.

VI – Audiência de Conciliação

Nos termos do art. 334, § 5º, do Código de Processo Civil, o autor desde já manifesta, pela natureza do litígio, desinteresse em autocomposição.

Ou:

Tendo em vista a natureza do direito e demonstrando espírito conciliador, a par das inúmeras tentativas de resolver amigavelmente a questão, o autor desde já, nos termos do art. 334 do Código de Processo Civil, manifesta interesse em autocomposição, aguardando a designação de audiência de conciliação.

VII – Provas

Requer-se provar o alegado por todos os meios de prova em direito admitidos, incluindo perícia, produção de prova documental, testemunhal, inspeção judicial, depoimento pessoal sob pena de confissão caso o réu (ou seu representante) não compareça, ou, comparecendo, se negue a depor (art. 385, § 1º, do Código de Processo Civil).

VIII – Valor da causa

Dá-se à causa o valor de R$ (...).

Termos em que, cumpridas as necessárias formalidades legais, deve o presente ser recebido, conhecido, processado e acolhido, como medida de inteira justiça.

Data

Advogado (OAB)

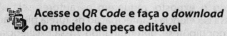

Acesse o *QR Code* e faça o *download* do modelo de peça editável

> *http://uqr.to/1ye03*

Capítulo 10

VÍCIOS NO IMÓVEL
(QUALIDADE E QUANTIDADE)

10.1. PRINCIPAIS ASPECTOS

a) **Foro competente:** foro do domicílio do réu (art. 46 do Código de Processo Civil). Entretanto, tratando-se de relação de consumo, de acordo com os arts. 6º, VIII, 51, IV, e 101, I, da Lei 8.078/1990, não há como o fornecedor eleger foro distinto daquele do domicílio do consumidor, que prevalece.[1]

b) **Legitimidade ativa:** adquirente e, em alguns casos, o condomínio.

c) **Legitimidade passiva:** construtor, incorporador ou vendedor e, em alguns casos, o agente financeiro.

d) **Valor da causa (CPC, art. 291):**

   a) *ação redibitória ou de substituição do bem:* valor do bem.

---

[1] Nelson Nery Junior e Rosa Maria Andrade Nery, *Código de Processo Civil Comentado*, São Paulo: Revista dos Tribunais, 1997, nota 5 ao art. 51 da Lei 8.078/1990. Roberto Senise Lisboa, *Relação de consumo e proteção jurídica do consumidor*, São Paulo: Juarez de Oliveira, 1999, p. 50.
Tribunal de Justiça de São Paulo. Competência. Indenização. Alegação de defeito em produto adquirido. Fundamento no Código de Defesa do Consumidor. Diploma legal que concede ao autor o privilégio de demandar no foro de seu domicílio. Lei especial, ademais, que se sobrepõe à regra geral do art. 100, IV "a" do Código de Processo Civil [atual art. 53, III, "a"]. Decisão mantida. Recurso não provido. Se os autores deduzem sua pretensão em face do Código de Defesa do Consumidor, com ou sem razão, podem validamente optar pelo foro do domicílio do autor ante a permissão do art. 101, I, desse mesmo diploma legal (Agravo de Instrumento nº 19.851-0, Bauru, Rel. Yussef Cahali, CESP, v.u., 19.01.1995).
Tribunal de Justiça de São Paulo. Competência. Ação de cobrança de diferença relativa à indenização securitária. Contrato regido pelo Código de Defesa do Consumidor. Possibilidade do ajuizamento da ação no foro do domicílio do autor (Código de Defesa do Consumidor, art. 100, I). Seguro, demais pactuado nesse foro, noticiando os autos pagamento significativo da indenização securitária nesse local. Competência do Foro onde a obrigação deve ser satisfeita (Código de Processo Civil, art. 100, IV, "d") [atual art. 53, III, "a"]. (Agravo de Instrumento nº 29.109-0, Rancharia, Câm. Especial, Rel. Luís de Macedo, 11.04.1996, v.u.).
Primeiro Tribunal de Alçada Civil de São Paulo. Agravo de Instrumento nº 0820102-1, São José dos Campos, 7ª Câmara, 22.09.1998, Rel. Álvares Lobo. Competência. Foro de eleição. Hipótese de contrato de adesão com cláusula de eleição de foro. Abusividade caracterizada, sendo nula tal cláusula por ofender norma de Direito Público. Art. 51 do Código de Defesa do Consumidor. Inaplicabilidade, ademais, do art. 111 do Código de Processo Civil [atuais arts. 62 e 63]. Prevalência do foro do domicílio do consumidor. Art. 6º, VIII, do Código de Defesa do Consumidor. Exceção de incompetência desacolhido. Recurso provido para esse fim.

b) *ação* quanti minoris *(estimatória ou de indenização):* valor da redução (indenização) pretendida.

c) *ação* ex empto *ou* ex vendito *(complemento de área):* valor da área faltante.

e) Petição inicial: deverá respeitar os requisitos do art. 319 do Código de Processo Civil.

f) Procedimento: comum.

10.2. INCORPORAÇÃO E CONSTRUÇÃO – DEFINIÇÃO

O parágrafo único do art. 28 da Lei 4.591, de 16 de dezembro de 1964, define a atividade de incorporar:

Art. 28. (...) considera-se incorporação imobiliária a atividade exercida com o intuito de promover e realizar a construção, para a alienação total ou parcial, de edificações ou conjunto de edificações compostas de unidades autônomas.

Portanto a atividade de construir em determinado imóvel, cujo resultado comporá um todo, é que se denomina de incorporação imobiliária.

Além do incorporador, outros indivíduos participam do empreendimento imobiliário.

Para que se construa, mister se faz o proprietário do terreno (se o incorporador não é o proprietário), o projetista, o construtor, o corretor de imóveis, o adquirente e, muitas vezes, o agente financeiro.[2]

Em verdade, existe o enfeixamento de diversas relações jurídicas distintas, fazendo-se mister identificar quais as que se enquadram no conceito de relação jurídica de consumo e quais as que assim não podem ser consideradas.

A primeira questão que deve surgir é a seguinte: o incorporador é fornecedor nos moldes da definição do Código de Defesa do Consumidor?

Responde-nos o preclaro Prof. Everaldo Augusto Cambler, citando a definição do art. 3º do CDC:

Muito embora a norma não traga expressa referência à figura do incorporador, o conceito aí referido é de tal forma abrangente que também engloba o sujeito empreendedor da atividade incorporativa, o qual, de certa forma, desenvolve quase todas as atividades descritas no art. 3º, ou seja, realiza a produção das unidades condominiais, planeja a montagem da incorporação, cria o produto imobiliário, promove a transformação do bem imóvel de modo a torná-lo atrativo à comercialização, além de ser potencialmente um prestador de serviços, desenvolvendo e lançando o produto no mercado de consumo.[3]

Voltemos ao art. 3º do CDC:

Art. 3º Fornecedor é toda pessoa física ou jurídica, pública ou privada, nacional ou estrangeira, bem como os entes despersonalizados, que desenvolvem atividades de produção, montagem, criação, construção, transformação, importação, exportação, distribuição ou comercialização de produtos ou prestação de serviços.

---

[2] Everaldo Augusto Cambler, *Responsabilidade civil na incorporação imobiliária*, São Paulo: Revista dos Tribunais, 1998, p. 30.

[3] Everaldo Augusto Cambler, ob. cit., p. 67.

§ 1º Produto é qualquer bem, móvel ou imóvel, material ou imaterial.

§ 2º Serviço é qualquer atividade fornecida no mercado de consumo, mediante remuneração, inclusive as de natureza bancária, financeira, de crédito e securitária, salvo as decorrentes das relações de caráter trabalhista.

Se o incorporador não constrói, acaba por prestar um serviço, intermediando as tratativas entre o proprietário do terreno, adquirentes, agente financeiro, construtora etc.

Deveras, o incorporador, por definição, é um profissional do ramo imobiliário, cuja atividade, definida pela Lei 4.591/1964, por si só, já engloba ato de promoção, coordenação da construção e alienação das unidades condominiais.

É evidente que aquele que vende um imóvel seu, sem a habitualidade ou atividade reiterada exigida pelo CDC não é fornecedor, elidindo, assim, a aplicabilidade da Lei de Consumo.

Por outro lado, sabemos que não é suficiente apenas a presença do fornecedor.

Mister se faz a presença do consumidor.

Sabemos que o consumidor é o destinatário final.

Temos também em mente que o consumidor deve ser, dentro dos critérios que estudamos, vulnerável perante o fornecedor.[4]

Então, quem é o consumidor em se tratando de incorporação imobiliária?

O consumidor é todo aquele que adquire imóvel como destinatário final.

Todavia, se o imóvel for adquirido para revenda, acaba por se inserir no processo distributivo, motivo pelo qual não se enquadra no conceito de consumidor.

Por outro lado, se for destinatário final, mas não vulnerável, considerando todos os aspectos da vulnerabilidade (técnica, econômica ou jurídica), também não será consumidor.

Se não há consumidor, não se aplica a Lei 8.078/1990.

Outra questão relevante surge no âmbito da aquisição do imóvel para efeito de renda.

Não é incomum a aquisição de *flats*, escritórios e até de unidades residenciais para locação.

A propriedade, ou o direito a ela, que é objeto da atividade incorporativa, direito real por excelência, é o direito de usar, gozar, dispor e reivindicar a coisa sobre a qual recai (Código Civil, art. 1.228).[5]

A propriedade pode não ser plena em face da ausência de alguns dos seus atributos.

Ocorrendo isso, surgem certos direitos para terceiros, quer de gozo ou então de garantia que, não obstante, incidirão sobre a propriedade alheia.

Nesse caso, o adquirente transfere o atributo do uso para terceiro, o locatário.

Sendo assim, entendemos que aquele que adquire imóvel para locação não pode ser considerado destinatário final e, por conseguinte, consumidor para os efeitos da Lei 8.078/1990.

---

[4]   A vulnerabilidade pode ser:
a) fática, pela posição do fornecedor, um monopólio, por exemplo;
b) jurídica, presumida para o não profissional em face de ignorância dos preceitos jurídicos e econômicos que permeiam das relações jurídicas;
c) técnica, em face do desconhecimento, por parte do consumidor, do objeto da relação jurídica;
d) socioeconômica, traduzida pela desigualdade social e econômica entre consumidor e fornecedor.

[5]   Usar nada mais é que se servir da coisa, ou seja, aplicar sua destinação natural. Fruir significa extrair os frutos naturais e civis (por exemplo: aluguéis dos imóveis). Dispor significa transferir ou alienar o bem a qualquer título, o que inclui o direito de consumir, dividir ou gravar o bem. Reivindicar, último atributo da propriedade é o direito de buscar o bem de quem quer que injustamente o detenha.

10.3. RESPONSABILIDADE DO CONSTRUTOR/INCORPORADOR NO CÓDIGO CIVIL – NÃO HÁ RELAÇÃO DE CONSUMO

Com o Código Civil de 1916, a responsabilidade dos construtores vinha tratada no art. 1.245 daquele revogado Diploma Legal.

Vejamos o seu teor:

> *Art. 1.245. Nos contratos de empreitada de edifícios ou outras construções consideráveis, o empreiteiro de materiais e execução responderá, durante 5 (cinco) anos, pela solidez e segurança do trabalho, assim em razão dos materiais, como do solo, exceto, quanto a este, se, não o achando firme, previu em tempo o dono da obra.*

O Código Civil atual contém disposição semelhante:

> *Art. 618. Nos contratos de empreitada de edifícios ou outras construções consideráveis, o empreiteiro de materiais e execução responderá durante o prazo irredutível de 5 (cinco) anos pela solidez e segurança do trabalho, assim como em razão dos materiais, como do solo.*

Devemos levar em conta alguns aspectos que cercam o texto legal.

O construtor moderno muitas vezes nem entende profundamente dos aspectos técnicos da construção. É verdadeiro empresário.

Empregam-se grandes capitais. A atividade financeira divide espaço com a atividade técnica de engenharia e arquitetura.

As instalações elétricas e hidráulicas são subempreitadas, o mesmo ocorrendo com o acabamento, colocação de pisos e azulejos, elevadores etc.

Entretanto, pelo dispositivo que rege a matéria, o empreiteiro, muitas vezes representado pela construtora e incorporadora, responde na exata medida de seu encargo quanto ao material e mão de obra.

Se a empreitada for apenas de lavor (mão de obra), no âmbito do Código Civil, prevalece a responsabilidade civil subjetiva, ou seja, dependente da prova de culpa da má execução dos serviços, o que é feito mediante perícia.

Entretanto, tratando-se de empreitada de mão de obra e materiais, a responsabilidade do construtor é objetiva, independentemente da prova de culpa.[6]

> *Tribunal de Justiça de São Paulo.* Indenização. Responsabilidade civil. Aparecimento de defeitos em edificação. Comprovação pericial. Responsabilidade objetiva do construtor pelos danos constatados no prazo da garantia. Ação procedente. Recurso não provido. Tratando-se de responsabilidade objetiva, despicienda toda a argumentação a respeito de existência de culpa, respondendo o construtor pelos danos constatados no prazo da garantia, mesmo quando se provar caso fortuito ou força maior (rel. Scarance Fernandes, Apel. Cív. 206.628-2, São Paulo, 29.06.1993).

Em ambos os casos (só mão de obra ou mão de obra e materiais), aplica-se o art. 618 do Código Civil.

Ensina Everaldo Augusto Cambler que

> *... a evolução interpretativa conduz à aplicação da norma, não apenas para o empreiteiro de materiais e mão de obra, mas, principalmente, para o construtor de obra considerável,*

---

[6]   Silvio Rodrigues, *Direito Civil Aplicado*, São Paulo: Saraiva, 1988, vol. III. Parecer nº 1. Contra a responsabilidade objetiva do art. 1.245, Everaldo Augusto Cambler, *responsabilidade civil na incorporação imobiliária*, São Paulo: Revista dos Tribunais, 1998, p. 269.

qualquer que seja a modalidade contratual adotada para a execução dos serviços, seja por empreitada ou por administração, tendo em vista as peculiaridades técnicas dessa atividade e os altos riscos a que está exposta a sociedade.[7]

10.3.1. Espécies de problemas com a construção – vícios aparentes e ocultos (redibitórios); problemas com as medidas; e problemas com a solidez e a segurança da obra

Surge, nesse ponto, a necessidade de diferenciação dos problemas com a obra, identificando-se três espécies de problemas:

a) problemas com a perfeição da obra: aparentes e ocultos;

b) problemas com a solidez e segurança da obra; e,

c) problemas com a medida do imóvel.

A responsabilidade pela perfeição da obra – vícios por inadequação – é subjetiva[8] na órbita do Código Civil, mesmo que a empreitada inclua os materiais.

Esses vícios podem ser aparentes ou ocultos e os estudaremos a seguir.

Sendo aparentes, a responsabilidade do construtor cessa com a entrega da obra.[9]

Sendo ocultos ou redibitórios,[10] vêm disciplinados nos arts. 441 e seguintes do Código Civil, cujo prazo de reclamação, no caso de bens imóveis, é de um ano a partir da data da entrega ou de seis meses se o bem já estava na posse do adquirente, como, por exemplo, do locatário que adquire o imóvel locado (art. 445 do Código Civil).

O atual Código Civil, repetindo os termos do Código de Defesa do Consumidor, permite que o prazo de um ano para reclamação seja contado da data do conhecimento do vício, conhecimento esse que deve se dar, também, em até um ano da data da aquisição, quando esse vício, por sua natureza, só puder ser conhecido mais tarde.

---

[7] Everaldo Augusto Cambler, ob. cit., p. 268.

[8] Depende da prova de culpa, lembrando que, para que haja uma situação de responsabilidade civil, mister se faz: a) uma ação ou omissão dolosa ou culposa; b) um nexo causal; c) dano. A culpa pode ou não estar presente como elemento constitutivo da responsabilidade do construtor e, não estando, estaremos diante de responsabilidade objetiva (independentemente da culpa). Por outro lado, em regra a responsabilidade é subjetiva, dependente da prova da culpa, somente sendo objetiva se a lei assim determinar (Luiz Antonio Scavone Junior, *Obrigações, abordagem didática*, 4ª ed., São Paulo: Juarez de Oliveira, 2006, p. 272 a 277).

[9] *Tribunal de Alçada Cível do Rio de Janeiro. Construção/empreitada. Apelação cível nº 41.138, 5ª Câmara, unânime, Juiz: Antonio Lindberg Montenegro, 12.03.86. Solidez e segurança da obra – prescrição da ação vintenária – vícios ocultos. responsabilidade do empreiteiro. Defeitos que não afetam a solidez e a segurança da obra. Vício oculto e prescrição da ação. O prazo de cinco anos do art. 1.245 do CC [atual art. 618] se refere à garantia pela solidez e segurança da obra, instituída em favor do comitente, e, não, à prescrição da ação. Esta se regula pela regra geral, comum aos direitos pessoais, ou seja, de vinte anos. Pelos defeitos aparentes que não envolvem a solidez e a segurança, a responsabilidade do empreiteiro cessa com a entrega da obra, sem protesto, e pelos vícios ocultos, não proposta a ação no prazo de quinze dias ou seis meses, segundo seja o bem móvel ou imóvel.*

[10] Vícios ocultos (não de fácil constatação), que tornam o produto recebido em virtude de contrato bilateral, oneroso e comutativo, impróprio para o uso ou lhe diminuam o valor e que já seja existente à época da alienação, sendo desconhecidos pelo adquirente. Não se confunde com a entrega de coisa diversa, que gera inadimplemento contratual ou erro essencial quanto à qualidade do objeto, que dá ensejo à ação anulatória no prazo prescricional de quatro anos.

Nesses casos, o adquirente terá à sua disposição a ação redibitória (pleiteando a devolução do preço) ou a ação *quanti minoris* também denominada estimatória, pedindo o abatimento no preço, nos prazos do art. 441 do Código Civil.

Todavia, o pleito indenizatório, por rompimento da boa-fé daquele que conhecia o vício e se omitiu ao contratar a venda, é ato ilícito que não se submete ao prazo do art. 441 do Código Civil, mas àquele do art. 206, § 3º, qual seja, de três anos:

> **Tribunal de Justiça de São Paulo**. *Indenização. Vícios redibitórios. Infestação por cupins em imóvel. Pedido de devolução de parte do preço pago formulado mais de um ano após a ciência do vício. Decurso do prazo decadencial previsto pelo art. 445 do CC. Pedido estimatório que não se confunde com pretensão à reparação civil. Possibilidade de sua cumulação. Precedentes deste Egrégio Tribunal. Pretensão ao recebimento de indenização que ainda não se encontra prescrita. Réus que praticaram ato ilícito ao omitirem do adquirente a infestação. Dispêndio com reforma que deverá ser restituído ao autor. Danos morais configurados. Verificação de cupins em imóvel que tem destinação residencial, realização de múltiplas obras e dedetizações que configuram abalo superior ao tolerável. Indenização fixada em R$ 5.000,00, com atenção aos princípios da proporcionalidade e razoabilidade. Distribuição recíproca dos ônus da sucumbência. Recurso parcialmente provido (Apelação 0010078-94.2010.8.26.0554, Vícios de Construção, Rel. Milton Carvalho, 4ª Câmara de Direito Privado, j. 27.02.2014).*

Esclareceu o relator desse caso que à pretensão de reparação pelos danos materiais e morais, que não se confunde com o de redução do preço do bem adquirido, não se aplica o prazo de decadência referido, mas o de prescrição previsto pelo artigo 206, § 3º, *inciso V, do Código Civil* e, mais adiante, que, *ao não cientificar o comprador do real estado em que se encontrava o bem que lhe foi vendido, os compromissários vendedores não observaram o dever de lealdade e boa-fé objetiva que lhes é exigível na celebração do negócio jurídico. Praticaram ato contrário ao direito intencionalmente danoso pelo qual devem responder.*

Como se trata de questão patrimonial, se estiver ausente a relação de consumo, entendo que, respeitada a boa-fé, nada obsta que o adquirente renuncie contratualmente ao direito de reclamar por vícios redibitórios.

Essa é a posição da Profª. Maria Helena Diniz, para quem *a renúncia, expressa ou tácita, à garantia por parte do adquirente impede a propositura das ações edilícias.*[11]

No mesmo sentido, a lição de Cristiano Farias e Nelson Rosenvald, para quem, "nas relações privadas os contratantes poderão estipular cláusula de exclusão de responsabilidade por vícios redibitórios. As normas dispositivas do Código Civil sofrerão mitigação apenas em contratos de adesão interprivados, passíveis de controle de conteúdo como forma de proteção do aderente não consumidor. Será sancionada pela nulidade a cláusula que estipule renúncia antecipada do aderente à garantia pelo vício redibitório, como direito resultante da própria natureza do negócio jurídico"[12] (2015, p. 479).

Por outro lado, os vícios de qualidade por insegurança são os mais graves e, portanto, trazendo à luz a responsabilidade do construtor pela solidez e segurança da obra, nos termos do art. 618 do Código Civil.

Mas qual a diferença?

Elucidativo e abalizado julgado da lavra do preclaro Ministro Sálvio de Figueiredo Teixeira esclarece a questão:

> **Superior Tribunal de Justiça**. *Direitos Civil e Processual Civil. Condomínio. Defeitos de construção. Área comum. Legitimidade ativa. Interesses dos condôminos. Irrelevância. Prescrição. Prazo. Enunciado nº 194 da Súmula/STJ. Interesses individuais homogêneos. Solidez e segurança do prédio. Interpretação extensiva. Leis nºs 4.591/1964 e 8.078/1990 (Código de Defesa do Consumidor). Precedentes. Recurso desacolhido.*

---

[11] Maria Helena Diniz, *Curso de Direito Civil Brasileiro*, 30ª ed., São Paulo: Saraiva, 2014, vol. 3, p. 148.

[12] Cristiano Farias e Nelson Rosenvald, *Curso de direito civil: – reais*, 11ª ed., São Paulo: Atlas, 2015, vol. 5, p. 479.

I – O condomínio tem legitimidade ativa para pleitear reparação de danos por defeitos de construção ocorridos na área comum do edifício, bem como na área individual de cada unidade habitacional, podendo defender tanto os interesses coletivos quanto individuais homogêneos dos moradores. II – Verificado o defeito de construção no prazo de garantia que alude o art. 1.245 do Código Civil [atual art. 618], tem a parte interessada vinte anos para aforar a demanda de reparação de danos (enunciado nº 194 da Súmula/ STJ) [atualmente este prazo é, em tese, nos termos do parágrafo único do art. 618 do Código Civil atual, de 180 dias]. III – A "solidez" e a "segurança" a que se refere o art. 1.245 do Código Civil [atual art. 618] não retratam simplesmente o perigo de desmoronamento do prédio, cabendo a responsabilidade do construtor nos casos em que os defeitos possam comprometer a construção e torná-la, ainda que num futuro mediato, perigosa, como ocorre com rachaduras e infiltrações. (Acórdão 25.220, Decisão: 21.10.1997, Recurso Especial 66.565, 1995, MG, 4ª Turma, DJ 24.11.1997, p. 61.222. Rel. Min. Sálvio de Figueiredo Teixeira. Observação: por unanimidade, não conhecer do recurso).

Portanto, o simples descolamento de azulejos não é vício por insegurança, que afete a solidez da obra, podendo ser vício redibitório.

Entretanto, rachaduras, infiltrações, vazamentos são. Afasta-se, portanto, da circunscrição de mera estabilidade da construção (risco de desabamento):

Superior Tribunal de Justiça. *O art. 1.245 do Código Civil [atual art. 618] deve ser aplicado e interpretado tendo em vista as realidades da construção civil nos dias atuais. Vazamentos nas instalações hidráulicas, constatados pericialmente e afirmados como defeitos de maior gravidade nas instâncias locais. Prejuízos, inclusive, à saúde dos moradores. Não é seguro um edifício que não proporcione a seus moradores condições normais de habitabilidade e salubridade (REsp1.882/RJ, Rel. Min. Athos Carneiro).*

Nesses casos, verificados os defeitos que atingem a solidez e a segurança do prédio no prazo legal de garantia, compete ao prejudicado propor a ação no prazo de três anos ou seis meses, dependendo da pretensão, indenizatória ou redibitória, respectivamente, conforme veremos.

Nessas ações é muito comum a produção antecipada de provas e sua complementação no curso da instrução, posto que a referida cautelar não representa coisa julgada. Esta é a lição de Humberto Teodoro Júnior: "A sentença que o juiz profere nas ações de antecipação de prova é apenas homologatória, isto é, refere-se apenas ao reconhecimento da eficácia dos elementos coligidos, para produzir efeitos inerentes à condição de prova judicial. Não são ações declaratórias e não fazem coisa julgada material. Apenas há documentação judicial de fatos".[13]

O que é importante ressaltar é que se faz necessária a existência de defeitos passíveis de causar riscos à saúde e à segurança da edificação e dos moradores.

Neste sentido, aduz o saudoso professor Orlando Gomes que "nos contratos de empreitadas de edifícios ou outras construções, o empreiteiro responde pela solidez e segurança da obra, ainda depois de concluída. Esta responsabilidade residual requer a conjunção dos seguintes requisitos: a) ser a empreitada de construção; b) ser mista; c) resultar prejuízo de fato que comprometa a solidez ou a segurança da construção".

Por fim, temos os problemas com a medida do imóvel.

O art. 500 do Código Civil estabelece a possibilidade de o comprador de imóvel,[14] havendo disparidade de medidas, exigir: complemento de área (ação *ex empto* ou *ex vendito*);

---

[13] *Apud* Luis Rodrigues Wambier, *Curso Avançado de Processo Civil*, 8ª ed., São Paulo: RT, 2007, p. 89, vol. 3.

[14] Silvio Rodrigues (*Direito Civil*, São Paulo: Saraiva 1991, vol. 3, p. 174) inadmite a ação proposta pelo vendedor, sendo, no caso, para ele, sempre considerada venda *ad corpus*, mormente que o art. 1.136 só alude ao comprador. Citando Agostinho Alvim e Rubino, Caio Mário da Silva Pereira já admite o contrário, assim como o art. 500, § 2º, do novo Código Civil, posição esposada por Carlos Roberto Gonçalves, *Direito das obrigações*, Parte especial, São Paulo: Saraiva, 1999, p. 70.

resolução do contrato por inadimplemento; ou, abatimento proporcional no preço (*ação quanti minoris* ou estimatória).

Todavia os pedidos citados somente são possíveis nas vendas *ad mensuram*.

Nesse caso, de ausência de metragem, a prescrição era vintenária no Código Civil de 1916.[15]

O atual Código Civil, entretanto, reduziu o prazo para apenas um ano, expressamente decadencial, cuja aplicação, entretanto, pela natureza (decadencial) só se aplica à ação de resolução do contrato, não para a hipótese de indenização, tendo em vista a natureza condenatória da ação de reparação:

> *Art. 501. Decai do direito de propor as ações previstas no artigo antecedente o vendedor ou o comprador que não o fizer no prazo de 1 (um) ano, a contar do registro do título.*
>
> *Parágrafo único. Se houver atraso, na imissão de posse no imóvel, atribuível ao alienante, a partir dela fluirá o prazo de decadência.*

Lembremos: por ora só estamos analisando o problema dos vícios no âmbito do Código Civil e não do Código de Defesa do Consumidor.

Neste sentido, o acórdão abaixo é lapidar:

> **Superior Tribunal de Justiça**. *Compra e venda. Quantidade menor. Ação ex empto. Diferença da ação redibitória e da ação quanti minoris. Prescrição. 1. Quando a coisa vendida é entregue em sua integralidade, mas apresenta vício ou defeito ocultos, que a tornam imprópria ao uso a que é destinada, ou lhe diminuem o valor, o comprador pode: a) redibir o contrato, enjeitando a coisa (art. 1.101 do CCivil); b) manter o contrato e reclamar o abatimento do preço (art. 1.105 do CCivil). A primeira é a ação redibitória; a segunda, a ação quanti minoris. 2. Porém, quando a coisa é entregue em quantidade menor daquela declarada, o comprador pode acionar o vendedor pelo incumprimento do contrato, em razão da falta de parte do bem adquirido. Tratando-se de imóvel, incide a regra do art. 1.136 do Código Civil [atual art. 500], e três são as alternativas a ele oferecidas, correspondentes a ação ex empto (tenetur venditor ex empto atiam si aproverit minorem esse fundi modum): a) pode exigir a complementação do que falta; b) não sendo isso possível, a rescisão do contrato, se a falta é suficientemente grave para determinar a perda do seu interesse em manter o negócio; c) pedir o abatimento do preço, ou a restituição do seu equivalente, se já pago. 3. No caso dos autos, trata-se de venda de apartamento com área menor do que a declarada, sendo cabível a ação ex empto, onde o autor pediu a restituição de parte do preço pago, cuja prescrição vintenária esta regulada no art. 177 do CC. (Recurso Especial 52.663/SP (9400249055), decisão: por unanimidade, não conhecer do recurso, 02.05.1995, 4ª Turma. Rel. Min. Ruy Rosado de Aguiar. DJ 12.06.1995, p. 17.629. Doutrina: Carvalho Santos, Código civil brasileiro interpretado, p. 157-158; Pontes de Miranda, Tratado de direito privado, vol. 6, p. 341).*

10.3.2. O art. 618 do Código Civil pode ser afastado pelo contrato?

Uma questão inevitável surge no âmbito da responsabilidade pela segurança e solidez da obra estipulada no art. 618 do Código Civil: a norma é de ordem pública?

Entendemos que sim.

Dizer que uma norma é de ordem pública (cogente) significa que o comando nela contido não pode ser modificado contratualmente pelas partes.

Destarte, construtor ou incorporador e adquirente não podem reduzir o prazo de garantia de 5 (cinco) anos, sob pena de nulidade do pacto.

10.3.3. O prazo do art. 618 do Código Civil é de prescrição ou de garantia?

Antes de qualquer coisa se faz mister entender o que é prescrição e, também, a decadência.

A finalidade máxima do Direito é a paz social.

---

[15] Carlos Roberto Gonçalves, *Direito das obrigações*, Parte especial, São Paulo: Saraiva, 1999, p. 70.

Nesse sentido, o cidadão não pode ficar eternamente à mercê da possibilidade de ser réu.

Assim, a lei determina os prazos nos quais os indivíduos devem exercer a pretensão atribuída a um direito, sob pena de prescrição, que é bom lembrar, fulmina a pretensão e não o direito que, em verdade, é autônomo.

A prescrição obsta que o titular da pretensão prescrita faça valer seu direito através de ação judicial.

Mas e a decadência? Esta é a perda do próprio direito e não da pretensão. O titular não perde o direito de exercer sua pretensão, perde o próprio direito.

Por exemplo: o prazo para que o credor ingresse com ação executiva de cheque é de 6 (seis) meses contados da data de apresentação (trinta dias para cheques da mesma praça e sessenta dias para cheques de outras praças).

Entretanto, ultrapassado esse prazo, o direito ao recebimento não se extingue. Tanto é assim que, ocorrendo a prescrição da pretensão executiva, o credor pode se valer da ação monitória.

E qual a diferença entre a prescrição e a decadência?

Básica e sucintamente, a decadência, em regra, não se interrompe tampouco se suspende (Código Civil, art. 207).

Como se identifica um prazo de prescrição e um de decadência?

Os prazos decadenciais normalmente estão insertos na própria previsão do direito, como, por exemplo, o direito de preferência do condômino preterido por terceiro:

> *Art. 504. Não pode um condômino em coisa indivisível vender a sua parte a estranhos, se outro consorte a quiser, tanto por tanto. O condômino, a quem não se der conhecimento da venda, poderá, depositando o preço, haver para si a parte vendida a estranhos, se o requerer no prazo de cento e oitenta dias, sob pena de decadência.*

Dirão alguns que a solução é injusta. Todavia, o Direito não socorre aos que dormem: *dormientibus non sucurrit jus*.

Voltando ao prazo do art. 618 do Código Civil, certo é que se trata de prazo de garantia.

Isso quer dizer que, recebida a obra, durante 5 (cinco) anos o construtor responde por vícios de solidez ou segurança (rachaduras, infiltrações, vazamentos etc.).

O adquirente não precisa ingressar com a ação (tecnicamente, exercer a sua pretensão) em 5 (cinco) anos.

Basta provar que o vício ocorreu dentro do prazo de garantia – 5 (cinco) anos – que poderá ingressar com a ação em face do construtor e demais participantes do empreendimento:

a) **No âmbito do Código Civil de 1916, no prazo prescricional comum do art. 177: 20 anos, reduzido pelo atual Código Civil para 10 anos;**

Vejamos um bom exemplo de como já julgaram os Tribunais pátrios:

Superior Tribunal de Justiça. *Civil e processual civil – Ação de indenização – Responsabilidade civil – Construtor – Prescrição – Inteligência do art. 1.245 do Código Civil [atual art. 618]. I – O prazo de cinco (5) anos, de que trata o art. 1.245 do Código Civil [atual art. 618], relativo à responsabilidade do construtor, é de garantia pela solidez e segurança da obra executada; e não de prescrição ou decadência. O proprietário que contratou a construção tem o prazo de 20 (vinte) anos para propor ação de ressarcimento, que é lapso de tempo prescricional. Precedentes do STJ. II – Recurso não conhecido (Acórdão 43.262, Decisão: 14.05.1996, Recurso Especial 73.022, 1995, SP, 3ª Turma, DJ 24.06.1996, p. 22.755. Rel. Min. Waldemar Zveiter. Observação: por unanimidade, não conhecer do recurso especial).*

Nesse sentido, alguns precedentes, com o atual Código Civil, passaram a determinar a aplicação do prazo de dez anos:

Tribunal de Justiça de São Paulo. *Apelação 0013482-25.2007.8.26.0566. Rel. Mauro Conti Machado. 9ª Câmara de Direito Privado. j. 11.03.2014. Reparação de danos. Vício construtivo. Decadência. Inocorrência. O prazo decadencial do art. 618, parágrafo único, do CC (de 180 dias) aplica-se às ações redibitórias e quanti minoris. Tratando-se de ação em que se reclamam perdas e danos ou indenizações, o prazo a ser aplicado é o prescricional geral, de dez anos, previsto no art. 205 do CC. Agravo retido improvido. Reparação de danos. Vício construtivo. Impugnação genérica da r. sentença. Mera alegação de conduta regular. Insuficiência. Laudo pericial inequívoco ao concluir pela existência de defeito na construção, gerador das infiltrações não só no imóvel dos autores, como em demais fachadas e áreas comuns. Sentença mantida. Aplicação do art. 252 do Regimento Interno do Tribunal de Justiça do Estado de São Paulo. Recurso a que se nega provimento.*

Tribunal de Justiça de São Paulo. *Obrigação de fazer. Reparação. Vícios construtivos. Sentença de parcial procedência, condenada a ré a executar serviços de reparos especificados em laudo pericial. Ratificação dos termos da sentença (art. 252, RITJSP). (...) 3. Decadência. Não configuração. Prazo quinquenal do artigo 618 do Código Civil que é somente de garantia. Parágrafo único do mesmo dispositivo estabelece prazo decadencial do exercício do direito à garantia, isto é, para redibição, rescisão do contrato de empreitada ou abatimento do preço. Inaplicabilidade do artigo 445, caput e § 1º, do Código Civil. Pedido indenizatório, de reparação dos vícios e dos danos, independentemente de ser pedido condenatório em obrigação de fazer. Prazo prescricional decenal (art. 205, CC), conforme entendimento adaptado da Súmula 194 do STJ. Afastamento. (...) Ratificação dos termos da sentença. Recurso não provido. (Apelação 0007991-77.2012.8.26.0011. Rel. Carlos Alberto de Salles; Comarca: São Paulo; 3ª Câmara de Direito Privado; j. 10.03.2015; Data de registro: 11.03.2015).*

Neste julgado, fundamentou o relator: "Já o parágrafo único do artigo 618 dispõe tão somente de prazo decadencial para o exercício do direito referente à garantia, e não todo e qualquer direito de indenização por perdas e danos, como é o caso da pretensão exercida nestes autos, mesmo que de natureza condenatória de obrigação de fazer. Nesse sentido: 'Com relação ao prazo de 180 dias, entendemos que o 'direito assegurado' no parágrafo único e que está sujeito à decadência não poderá dizer respeito à tutela condenatória de reparação de danos. (...)' (SIMÃO, José Fernando. *Prescrição e decadência: início dos prazos*, São Paulo: Altas, 2013, p. 271)".

Não destoa o seguinte aresto:

Tribunal de Justiça de São Paulo. Prescrição. *Responsabilidade do construtor. Art. 618 do CC. Sentido abrangente da expressão "solidez e segurança". Inaplicabilidade à espécie do prazo a que alude o seu parágrafo único. Hipótese em que se perquire a culpa do construtor. Prescrição regida pelo art. 205 do Código Civil de 2002. Recurso improvido. (...) (Agravo 0274078-64.2012.8.26.0000; Rel. Elliot Akel; Comarca: São Paulo; 1ª Câmara de Direito Privado; j. 23.04.2013; Data de registro: 23.04.2013).*

Interessante consignar o que sustentou o relator, Desembargador Elliot Akel: "no prazo da garantia o construtor responde pelos defeitos da construção independentemente de prova da culpa, que nesse caso seria presumida".

Isto porque adotou a tese segundo a qual o prazo do parágrafo único do art. 618 do Código Civil é apenas para exercício do direito de garantia, e não do descumprimento do contrato conforme se vê do Enunciado 181 do CEJ, segundo o qual "o prazo referido no art. 618, parágrafo único, do CC refere-se unicamente à garantia prevista no *caput*, sem prejuízo de poder o dono da obra, com base no mau cumprimento do contrato de empreitada, demandar perdas e danos."

Assim, o prazo quinquenal de garantia do art. 618 do Código Civil demandaria o exercício do direito no prazo de 180 dias apenas no caso de dispensa da prova de culpa.

Caso seja adotado esse entendimento, nada obsta que o prejudicado, com fundamento no descumprimento do contrato, possa acionar o empreiteiro no prazo de responsabilidade, por mau adimplemento da prestação de entrega da obra.

Precedentes do Superior Tribunal de Justiça, nessa linha, aplicam a Súmula 194 da Corte no atual Código Civil, apenas adequando o prazo vintenário para o prazo ordinário decenal:

> *Superior Tribunal de Justiça. Cabe a responsabilização do empreiteiro quando a obra se revelar imprópria para os fins a que se destina, sendo considerados graves os defeitos que afetem a salubridade da moradia, como infiltrações e vazamentos, e não apenas aqueles que apresentam o risco de ruína do imóvel. Na linha da jurisprudência sumulada desta Corte (Enunciado 194), "prescreve em vinte anos a ação para obter, do construtor, indenização por defeitos na obra". Com a redução do prazo prescricional realizada pelo novo Código Civil, referido prazo passou a ser de 10 (dez) anos. Assim, ocorrendo o evento danoso no prazo previsto no art. 618 do Código Civil, o construtor poderá ser acionado no prazo prescricional acima referido (AgRg no Ag 1208663/DF Ministro Sidnei Beneti; Recurso Especial 903.771 SE, Rel. Min. Paulo de Tarso Sanseverino; AgRg no REsp 1344043/DF, Min. Maria Isabel Gallotti).*

Corrobora com esse prazo, de dez anos, a explicação de Theotonio Negrão e José Roberto F. Gouvêa[16]: *Esse prazo é de garantia e não de prescrição ou decadência (STJ-4ª Turma, REsp 215.832-PR, Rel. Min. Sálvio de Figueiredo, j. 06.03.2003, deram provimento parcial, v.u., DJU 07.04.2003, p. 289). Desse modo, o construtor pode ser acionado por defeitos da construção no prazo de dez anos (art. 205).*

Quanto ao prazo, ainda que haja entendimento segundo o qual a reparação civil prescreve em três anos, costuma-se sustentar (TJSP, Apelação 0041230-65.2013.8.26.0002, Relator Francisco Loureiro, j. 11.12.2014) que o prazo trienal não prevaleceria sobre o decenal só por se tratar de ação de reparação civil.

Isso porque, consoante esse entendimento do Superior Tribunal de Justiça, trata-se de ilícito contratual, e não aquiliano, de modo que o prazo seria o ordinário, de dez anos (CC, art. 205) ou, no mínimo, o prazo quinquenal do art. 27 do Código de Defesa do Consumidor do qual cuidaremos nos próximos tópicos.

> *Superior Tribunal de Justiça. Agravo regimental no agravo em recurso especial. Reparação civil. Inadimplemento contratual. Prazo prescricional decenal. Previsão do art. 205 do Código Civil. Precedentes. Prescrição afastada. Provimento do recurso especial. Decisão mantida por seus próprios fundamentos. Agravo regimental desprovido" (AgRg no Agravo em REsp 260.498-ES, 3ª Turma, v.u., Rel. Min. Paulo de Tarso Sanseverino, j. 10.02.2015, DJe 18.02.2015).*
>
> *Superior Tribunal de Justiça. Direito civil e processual civil. Recurso especial. Omissão. Inexistência. Reexame de provas. Inviabilidade. Inadimplemento contratual. Prazo prescricional previsto no art. 206, § 3º, V, do Código Civil. Inaplicabilidade. (...). 2. O artigo 206, § 3º, V, do Código Civil cuida do prazo prescricional relativo à indenização por responsabilidade civil extracontratual, disciplinada pelos artigos 186, 187 e 927 do mencionado diploma. 3. A Corte local apurou que a presente execução versa sobre montante relativo a não cumprimento de obrigação contratual, por isso que não é aplicável o prazo de prescrição previsto no artigo 206, § 3º, V, do Código Civil. 4. Recurso especial não provido" (REsp1.222.423-SP, registro nº 2010/0200552-5, 4ª Turma, v.u., Rel. Min. Luis Felipe Salomão, j. 15.09.2011, DJe 01.02.2012).*

Em resumo, para quem assim pensa, o prazo prescricional de três anos (art. 206, § 3º, inc. V, do Código Civil), incide apenas nas hipóteses que tratam de responsabilidade civil extracontratual (aquiliana) e o prazo de 180 dias do parágrafo único do art. 618 seria apenas uma extensão – não redução – da garantia, sem que haja necessidade de prova de culpa.[17]

---

[16] Theotonio Negrão e José Roberto F. Gouvêa, *Código Civil e legislação civil em vigor*, 24. ed. atual, até 10 de fevereiro de 2005, São Paulo: Saraiva, 2005, p. 150.

[17] Nesse contexto, sustentou o Desembargador Francisco Loureiro, do Tribunal de Justiça de São Paulo (TJSP, Apelação 0041230-65.2013.8.26.0002, Rel. Francisco Loureiro, j. 11.12.2014), que o prazo do parágrafo único do art. 618 do Código Civil "tem natureza complementar e foi inserido no Código Civil para suprir uma falha do texto de 1916, que não conferia prazo adicional para o comprador propor a ação caso descobrisse o defeito no final do prazo de garantia. Parece claro que não serve este prazo decadencial para afastar nem para reduzir o prazo legal da garantia. Na lição de Caio Mário da Silva Pereira, 'a leitura fria do parágrafo único do art. 618 dá a entender que, se

De nossa parte, em razão de não caber prazo decadencial no caso de pedido condenatório, entendemos que a correta interpretação indica que o prazo de 180 dias do parágrafo único do art. 618 do Código Civil se trata, apenas, de pedido resolutório do contrato, jamais indenizatório.

A única questão tormentosa nos parece ser a definição de qual prazo se aplica depois de ser constatado o defeito que implica segurança e solidez da obra, se 10 anos nos termos da regra geral do art. 205 ou 3 anos do art. 206, § 3º, V, ambos do Código Civil.

Da lavra do Desembargador Francisco Loureiro, colhe-se o seguinte aresto no Tribunal de Justiça de São Paulo: "Não se aplica à espécie o prazo prescricional de três anos do art. 206, § 3º, V, do Código Civil, pois o mesmo foi estatuído para as hipóteses de reparação civil do *dano ex delicto* dos artigos 186 e 187 do Código Civil. [...] É por isso que se aplica ao caso, na verdade, o disposto no artigo 205 do Código Civil, de modo que a prescrição de composição de perdas e danos decorrente de inadimplemento contratual se consuma apenas no prazo de dez anos, contados da violação do direito subjetivo" (Ap 0216115-60.2010.8.26.0100, Rel. Des. Francisco Loureiro, *DJ* 23.04.2013).

Este mesmo entendimento foi adotado pelo STJ no seguinte aresto que, pela sua natureza, é significativo:

Superior Tribunal de Justiça. *Embargos de divergência em Recurso Especial. Responsabilidade civil. Prescrição da pretensão. Inadimplemento contratual. Prazo decenal. Interpretação sistemática. Regimes jurídicos distintos. Unificação. Impossibilidade. Isonomia. Ofensa. Ausência. 1. Ação ajuizada em 14.08.2007. Embargos de divergência em recurso especial opostos em 24.08.2017 e atribuído a este gabinete em 13.10.2017. 2. O propósito recursal consiste em determinar qual o prazo de prescrição aplicável às hipóteses de pretensão fundamentadas em inadimplemento contratual, especificamente, se nessas hipóteses o período é trienal (art. 206, § 3º, V, do CC/2002) ou decenal (art. 205 do CC/2002). 3. Quanto à alegada divergência sobre o art. 200 do CC/2002, aplica-se a Súmula 168/STJ ("Não cabem embargos de divergência quando a jurisprudência do Tribunal se firmou no mesmo sentido do acórdão embargado"). 4. O instituto da prescrição tem por finalidade conferir certeza às relações jurídicas, na busca de estabilidade, porquanto não seria possível suportar uma perpétua situação de insegurança. 5. Nas controvérsias relacionadas à responsabilidade contratual, aplica-se a regra geral (art. 205 CC/02) que prevê dez anos de prazo prescricional e, quando se tratar de responsabilidade extracontratual, aplica-se o disposto no art. 206, § 3º, V, do CC/2002, com prazo de três anos. 6. Para o efeito da incidência do prazo prescricional, o termo "reparação civil" não abrange a composição da toda e qualquer consequência negativa, patrimonial ou extrapatrimonial, do descumprimento de um dever jurídico, mas, de modo geral, designa indenização por perdas e danos, estando associada às hipóteses de responsabilidade civil, ou seja, tem por antecedente o ato ilícito. 7. Por observância à lógica e à coerência, o mesmo prazo prescricional de dez anos deve ser aplicado a todas as pretensões do credor nas hipóteses de inadimplemento contratual, incluindo o da reparação de perdas e danos por ele causados. 8. Há muitas diferenças de ordem fática, de bens jurídicos protegidos e regimes jurídicos aplicáveis entre responsabilidade contratual e extracontratual que largamente justificam o tratamento distinto atribuído pelo legislador pátrio, sem qualquer ofensa ao princípio da isonomia. 9. Embargos de divergência parcialmente conhecidos e, nessa parte, não providos. (EREsp 1280825/RJ, Rel. Min. Nancy Andrighi, Segunda Seção, j. 27.06.2018, DJe 02.08.2018).*

Nada obstante o julgado no EREsp 1280825/RJ, existem mesmo aqueles que entendem que o prazo não é de 10 anos, mas de 3 anos (Código Civil, art. 206, § 3º, V), não havendo distinção entre responsabilidade contratual ou extracontratual.

_____

um defeito aparecer no segundo ano após a entrega da obra, o seu dono tem o prazo de 180 dias para propor ação de indenização, sob pena de decair o direito de reclamar desse defeito, apesar de ainda não esgotados os 5 anos de garantia, o que se apresenta como uma involução no sistema de responsabilidade do empreiteiro pela obra por ele realizada' (*Instituições de direito civil*, 14ª ed., Forense, v. 3, p. 284)."

Vejamos:

b) Indenização no prazo prescricional de 3 anos:

Lembre-se que no caso de pedido de indenização pelos defeitos do imóvel é a prescrição – e não a decadência – que deve ser alegada.

Levando a prescrição em consideração, ensinam Nelson Nery Junior e Rosa Maria de Andrade Nery[18] que é importante atentar para o fato que a prescrição da ação para obter do construtor indenização pelos defeitos da obra, pelo sistema anterior, regulava-se por prazo geral (20 anos – CC/1916, art. 177) e, agora, por prazo especial (3 anos – CC 206 § 3º V). Por isso, não se aplica aqui o CC 20128 (sic), para redução dos prazos no sistema novo; considera-se o prazo novo (3 anos), a partir da vigência do novo CC (12.01.2003). Neste sentido: "A hipótese presente não é de conflito de leis no tempo que, para qualificar-se, deve referir-se ao mesmo objeto. Trata-se, no presente caso, de direito novo, cuja regra se sujeita ao princípio do efeito imediato (LINDB 6º), atingindo, apenas, as partes posteriores dos fatos pendentes (cf. Limongi França – A irretroatividade das leis e o direito adquirido, p. 210, 5. ed. Forense, 1998 (TJSP, 34ª CâmDPriv., Ag. 899300-0/5, Rel. Des. Nestor Duarte, j. 22.6.2005, v.u.)".

A afirmação encontra suporte na natureza jurídica da ação para buscar a indenização pelos vícios no imóvel em função dos defeitos da construção apurados no prazo de garantia de 5 anos. Essa ação, a toda evidência, é condenatória.

Por outro lado, a ação será desconstitutiva, com aplicação do prazo decadencial de 180 dias, apenas na hipótese – mais rara – de o autor buscar o desfazimento do contrato em razão da inexecução contratual do construtor.

Nos comentários ao parágrafo único do art. 618 do Código Civil, Teresa Ancona Lopez[19] afirma que:

A grande questão que resta comentar diz respeito aos dois prazos previstos no art. 618 e em seu parágrafo único. Resolveu o Código Civil de 2002 a celeuma criada pelo art. 1.245, ora revogado? A resposta é não, e mais uma vez se faz necessária a análise dos conceitos de prescrição e decadência.

O prazo de cinco anos previsto no caput *do artigo assumiu claramente o caráter que lhe era dado pela jurisprudência pátria: é prazo de garantia. No prazo de garantia legal, aparecendo o defeito deverá o comitente, em cento e oitenta dias, propor a ação contra o empreiteiro. Mas qual será a ação a ser proposta, sob pena de decadência? Na esteira dos conceitos de prescrição e decadência apresentados por Agnelo Amorim, alguma ação constitutiva ou desconstitutiva.*

Em se tratando de reparação dos danos causados pelos defeitos, o prazo é de natureza prescricional e não decadencial, nos termos do art. 206 do Código Civil de 2002. Assim, prescreve em três anos a pretensão de reparação civil (art. 206, § 3º, V). Portanto, a questão da decadência em cento e oitenta dias não atinge a pretensão do comitente de reparação pelos danos causados pelos defeitos de solidez e segurança que está sujeita ao prazo prescricional de três anos, por se tratar de demanda condenatória (tal prazo substitui o caput *do art. 177 do CC de 1916).*

Segundo Nelson Nery Junior, o prazo, de cento e oitenta dias previsto no parágrafo único do artigo em comentário, só poderá ser para o exercício de uma ação constitutiva (positiva ou negativa), tal como a ação de rescisão contratual. Afirma o autor categoricamente que, em se tratando de demanda condenatória, a pretensão estará sujeita a um prazo prescricional

---

[18] Nelson Nery Junior e Rosa Maria de Andrade Nery, *Código Civil comentado*, 5ª ed., São Paulo: RT, 2007, p. 582.

[19] Teresa Ancona Lopez, *Comentários ao Código Civil* (coord. Antônio Junqueira de Azevedo), São Paulo: Saraiva, 2003, vol. 7, p. 299-300.

(exemplo: ação de reparação de dano, sujeita à prescrição de três anos)" (citação de Nelson Nery Junior, Novo Código Civil e legislação extravagante anotados, São Paulo: Revista dos Tribunais, 2003, p. 241).

Agnelo Amorim Filho (*RT* 300/7 e *RT* 744/726 – Memória do Direito brasileiro) esclarece, de forma prática:

Reunindo-se as três regras deduzidas acima, tem-se um critério dotado de bases científicas, extremamente simples e de fácil aplicação, que permite, com absoluta segurança, identificar, a priori, as ações sujeitas à prescrição ou à decadência, e as ações perpétuas (imprescritíveis). Assim:

1ª – Estão sujeitas a prescrição: todas as ações condenatórias e somente elas (arts. 177 e 178 do Código Civil);

2ª – Estão sujeitas a decadência (indiretamente), isto é, em virtude da decadência do direito a que correspondem: as ações constitutivas que têm prazo especial de exercício fixado em lei;

3ª – São perpétuas (imprescritíveis): a) as ações constitutivas que não têm prazo especial de exercício fixado em lei; e b) todas as ações declaratórias.

Várias inferências imediatas podem ser extraídas daquelas três proposições. Assim: a) não há ações condenatórias perpétuas (imprescritíveis), nem sujeitas a decadência; b) não há ações constitutivas sujeitas a prescrição; e c) não há ações declaratórias sujeitas a prescrição ou a decadência.

Aplicando-se aquele critério, conclui-se que são de decadência os seguintes prazos especiais fixados no art. 178 do Código Civil: § 1º, § 2º, § 3º, § 4º, nºs I e II, § 5º, nºs I a IV, § 6º, nºs I, III, IV, V, XI, XII e XIII, § 7º, nºs I, VI e VII, § 8º, § 9º, nºs I, a e b, II, a e b, III, IV, V e VI, e § 10, nº VIII. Tais prazos correspondem exatamente àqueles que Câmara Leal – utilizando-se de um critério prático, mais complexo, e de mais difícil aplicação – também classificou como prazos de decadência.

Por fim, Humberto Theodoro Júnior,[20] segundo o qual:

Costumava-se afirmar que a prescrição é a perda da ação sem a perda do direito e que a decadência seria a perda direta e total do próprio direito. Hoje, todavia, tanto a prescrição quanto a decadência são vistas como formas de extinção do direito e o que as distingue é apenas a causa da respectiva perda de eficácia. Na prescrição, dentro dessa ótica, o que se dá é que, diante da inércia do titular em face da violação de seu direito, a faculdade de reação em sua defesa – a pretensão de exigir a prestação que lhe foi sonegada – extingue-se com o decurso do tempo. Diverso é o que se passa com o direito potestativo – direito de estabelecer situação jurídica nova –, que, por si só, se extingue se não exercido em tempo certo, sem que para isso se tenha de cogitar de violação do direito da parte a uma prestação inadimplida por devedor. Aí, sim, se pode cogitar do fenômeno da decadência.

Como é pela ação condenatória que se impõe a realização de prestação ao demandado, é nas causas dessa natureza que pode ocorrer a prescrição. Prescreve, então, a ação que em sentido material objetiva exigir prestação devida e não cumprida.

As ações constitutivas, por sua vez, não se destinam a reclamar prestação inadimplida, mas a constituir situação jurídica nova. Diante delas, portanto, não há que se cogitar de prescrição. O decurso do tempo faz extinguir o direito potestativo de criar novo relacionamento jurídico. Dá-se, então, a decadência do direito não exercido no seu tempo de eficácia. Do ponto de vista prático, a distinção é importante porque os prazos prescricionais são passíveis

---

[20] Humberto Theodoro Júnior, *Curso de direito processual civil*, 38ª ed., Rio de Janeiro: Forense, 2003, p. 291-292.

de suspensão e interrupção, enquanto os decadenciais são fatais, não podendo sujeitar-se nem a suspensão nem a interrupção.

Por fim, é corrente a afirmativa de que as ações declaratórias são imprescritíveis. De fato, por mais tempo que dure a incerteza acerca de uma relação jurídica, seria ilógico pretender que os interessados tenham perdido o direito à certeza jurídica. Na verdade, o direito de alcançar a segurança jurídica há de perdurar enquanto durar a controvérsia acerca da relação discutida, o que nos leva a concluir que, realmente, "a ação declaratória típica é imprescritível".

Mas não se pode concluir que o decurso do tempo seja totalmente inócuo para as ações declaratórias. Nenhuma ação será manejável sem que a parte demonstre interesse por um resultado prático em sua esfera jurídica. Embora a declaratória não se destine a impor prestações nem a criar situações jurídicas novas, é claro que o litigante somente poderá usá-la se tiver condições de demonstrar a existência ou inexistência de uma relação da qual lhe resulte algum proveito efetivo. Nenhuma ação pode ser exercida apenas para deleite acadêmico. Pode acontecer, destarte, que mesmo sendo imprescritível a ação declaratória, venha o titular do direito material a perder o interesse no seu exercício, diante da prescrição (não da declaratória) mas da pretensão que poderia surgir do direito material já extinto.

Nesse sentido, já assentou a jurisprudência: "Não há confundir a declaratória como ação de natureza processual, que não regula pretensão civil alguma, com a ação em que o conteúdo declaratório do julgado é germe de direito patrimonial. A ação declaratória, como ação de natureza processual, não prescreve. Mas se contém ela pretensão civil a ser protegida pelo preceito, a prescrição incide, embora Ferrara a isso chame de perda de interesse da ação declaratória, porque o direito que se pretende defender já está extinto pela prescrição".

Em suma: a) as ações condenatórias sujeitam-se à prescrição; b) as constitutivas à decadência; c) as declaratórias são imprescritíveis, mas só duram enquanto não se extinguir, por prescrição ou decadência, o direito que com elas se queira justificar a tutela jurisdicional".

Logo, como a ação decorrente dos defeitos construtivos busca a condenação do construtor, resta evidente que se aplica a prescrição, e não a decadência.

Adotadas essas premissas, surge corrente que sustenta a aplicação do art. 206, § 3º, V, do Código Civil, segundo o qual: *Prescreve: (...) § 3º Em 3 (três) anos: (...) V – a pretensão de reparação civil.*

Nesse sentido:

Tribunal de Justiça de São Paulo. *Apelação 9250782-93.2008.8.26.0000. Rel. Egidio Giacoia. 3ª Câmara de Direito Privado. j. 31.07.2012. Apelação cível. Vício de construção. Indenização. Extinção do processo, com resolução do mérito. Prescrição. Reconhecimento. Prazo especial e geral. Direito intertemporal. Interpretação do art. 618 e parágrafo único do Código Civil, a par da regra de transição do art. 2028: "A redução dos prazos a que alude o CC 2028 se refere àqueles da mesma classe, ou seja, não se pode reconhecer redução quando a lei nova institui prazo especial para hipótese antes regulada pelo prazo geral. É importante atentar para o fato de que a prescrição da ação para obter do construtor indenização pelos defeitos da obra, pelo sistema anterior, regulava-se por prazo geral (20 anos: CC/1916 1245 e 177) e, agora, por prazo especial (3 anos: CC 618 e 206, § 3º, V). Por isso, não se aplica aqui o CC 2028, para a redução dos prazos no sistema novo: considera-se o prazo novo (3 anos) a partir da vigência do novo CC (12.01.2003). (Nelson Nery Junior e Rosa Maria de Andrade Nery. CC Comentado, RT/2011, p. 1.392). Decisão mantida. Recurso improvido.*

E desta forma a matéria já foi julgada pelo Superior Tribunal de Justiça, sem distinguir responsabilidade contratual de extracontratual como outrora, com aplicação do prazo geral para reparação de danos de três anos prevista no art. 206, § 3º, V, do Código Civil para ambas as hipóteses.

Superior Tribunal de Justiça. *Recurso Especial. Civil e Processual Civil (...) 4. A regra do artigo 206, § 3º, V, do Código Civil, regula o prazo prescricional relativo às ações de reparação de danos na responsabilidade civil contratual e extracontratual. 5. "O termo 'reparação civil', constante do art. 206, § 3º, V, do CC/2002,* *deve ser interpretado de maneira ampla, alcançando tanto a responsabilidade contratual (arts. 389 a 405) como a extracontratual (arts. 927 a 954), ainda que decorrente de dano exclusivamente moral (art. 186, parte final), e o abuso de direito (art. 187). Assim, a prescrição das pretensões dessa natureza originadas sob a égide do novo paradigma do Código Civil de 2002 deve observar o prazo comum de três anos. Ficam ressalvadas as pretensões cujos prazos prescricionais estão estabelecidos em disposições legais especiais" (REsp 1281594/SP, Rel. Min. Marco Aurélio Bellizze, Terceira Turma, j. 22.11.2016, DJe 28.11.2016) (REsp 1632842/RS, Rel. Min. Paulo de Tarso Sanseverino, Terceira Turma, j. 12.09.2017, DJe 15.09.2017).*

Ocorre que o STJ, que detém a função constitucional de zelar pela uniformização da interpretação da legislação federal, tem sido, lamentavelmente, fonte de absoluta insegurança jurídica diante deste tema de tal sorte que menos de um ano depois voltou a distinguir o prazo da responsabilidade contratual daquele imposto à responsabilidade extracontratual, aplicando àquela (contratual, como é o caso dos defeitos nos imóveis) o prazo de 10 (dez) anos:

Superior Tribunal de Justiça. *(...).* **5. Nas controvérsias relacionadas à responsabilidade contratual, aplica-se a regra geral (art. 205 CC/02) que prevê dez anos de prazo prescricional e, quando se tratar de responsabilidade extracontratual, aplica-se o disposto no art. 206, § 3º, V, do CC/02, com prazo de três anos. 6. Para o efeito da incidência do prazo prescricional, o termo "reparação civil" não abrange a composição da toda e qualquer consequência negativa, patrimonial ou extrapatrimonial, do descumprimento de um dever jurídico, mas, de modo geral, designa indenização por perdas e danos, estando associada às hipóteses de responsabilidade civil, ou seja, tem por antecedente o ato ilícito.** *7. Por observância à lógica e à coerência, o mesmo prazo prescricional de dez anos deve ser aplicado a todas as pretensões do credor nas hipóteses de inadimplemento contratual, incluindo o da reparação de perdas e danos por ele causados. 8. Há muitas diferenças de ordem fática, de bens jurídicos protegidos e regimes jurídicos aplicáveis entre responsabilidade contratual e extracontratual que largamente justificam o tratamento distinto atribuído pelo legislador pátrio, sem qualquer ofensa ao princípio da isonomia. 9. Embargos de divergência parcialmente conhecidos e, nessa parte, não providos. (EREsp 1280825/RJ, Rel. Min. Nancy Andrighi, Segunda Seção, j.. 27.06.2018, DJe 02.08.2018.)*

Superior Tribunal de Justiça. *Civil e Processual Civil. Embargos de divergência no Recurso Especial. Dissenso caracterizado. Prazo prescricional incidente sobre a pretensão decorrente da responsabilidade civil contratual. Inaplicabilidade do art. 206, § 3º, V, do Código Civil. Subsunção à regra geral do art. 205, do Código Civil, salvo existência de previsão expressa de prazo diferenciado. Caso concreto que se sujeita ao disposto no art. 205 do diploma civil. Embargos de divergência providos. I – Segundo a jurisprudência deste Superior Tribunal de Justiça, os embargos de divergência têm como finalidade precípua a uniformização de teses jurídicas divergentes, o que, in casu, consiste em definir o prazo prescricional incidente sobre os casos de responsabilidade civil contratual. II – A prescrição, enquanto corolário da segurança jurídica, constitui, de certo modo, regra restritiva de direitos, não podendo assim comportar interpretação ampliativa das balizas fixadas pelo legislador. III – A unidade lógica do Código Civil permite extrair que a expressão "reparação civil" empregada pelo seu art. 206, § 3º, V, refere-se unicamente à responsabilidade civil aquiliana, de modo a não atingir o presente caso, fundado na responsabilidade civil contratual. IV – Corrobora com tal conclusão a bipartição existente entre a responsabilidade civil contratual e extracontratual, advinda da distinção ontológica, estrutural e funcional entre ambas, que obsta o tratamento isonômico. V – O caráter secundário assumido pelas perdas e danos advindas do inadimplemento contratual, impõe seguir a sorte do principal (obrigação anteriormente assumida). Dessa forma, enquanto não prescrita a pretensão central alusiva à execução da obrigação contratual, sujeita ao prazo de 10 anos (caso não exista previsão de prazo diferenciado), não pode estar fulminado pela prescrição o provimento acessório relativo à responsabilidade civil atrelada ao descumprimento do pactuado. VI – Versando o presente caso sobre responsabilidade civil decorrente de possível descumprimento de contrato de compra e venda e prestação de serviço entre empresas, está sujeito à prescrição decenal (art. 205, do Código Civil). Embargos de divergência providos. (EREsp 1281594/SP, Rel. Min. Benedito Gonçalves, Rel. p/ Acórdão Ministro Felix Fischer, Corte Especial, j. 15.05.2019, DJe 23.05.2019).*

Nada obstante, como ressalvado no REsp 1281594/SP, deve ser observado prazo especial, como aquele do Código de Defesa do Consumidor, de cinco anos, previsto no art. 27 da Lei 8.078/1990, a contar da identificação do dano e seu autor, ou de 90 dias no caso de vícios (art. 26). A tese da prescrição decenal para responsabilidade contratual acabou consolidada no EREsp 1.281.594.

Por fim, resta verificar que o parágrafo único do art. 618 do Código Civil estabelece que:

> *Art. 618. Nos contratos de empreitada de edifícios ou outras construções consideráveis, o empreiteiro de materiais e execução responderá durante o prazo irredutível de cinco anos pela solidez e segurança do trabalho, assim como em razão dos materiais e do solo.*
>
> *Parágrafo único. Decairá do direito assegurado neste artigo o dono da obra que não propuser a ação contra o empreiteiro, nos cento e oitenta dias seguintes ao aparecimento do vício ou defeito.*

O prazo decadencial de 180 dias, portanto, somente poderá ser aplicado a uma ação desconstitutiva, ou seja, de resolução do contrato, jamais nas ações que visam à indenização (condenação) pelos danos decorrentes do inadimplemento contratual do construtor quanto à segurança e solidez da obra, que respeitam o prazo prescricional de três anos do art. 206, § 3º, V, do Código Civil ou, em entendimento que diferencia a responsabilidade contratual (como é o caso) da responsabilidade extracontratual, o prazo de 10 (dez) anos do art. 205 do Código Civil. Todavia, resta importante observar que esse dispositivo somente se aplica se não houver relação de consumo, o que se afirma na exata medida em que, havendo, o prazo é de cinco anos a partir do surgimento do defeito, como veremos a seguir.

Anote-se a lição de Orlando Gomes, para quem "o efeito da garantia é proporcionar ao adquirente os meios de não sofrer a perda. Dispõe para isso de duas ações edilícias: a redibitória e a estimatória ou *quanti minoris*. Pode usar uma ou outra porque juiz único de sua conveniência, mas não é dado cumulá-las. A escolha é irrevogável. Uma vez feita, dá-se uma espécie de concentração do direito de acionar". Mais adiante, sustenta que "o prazo para propor a ação começa a correr da tradição da coisa. Pretende-se, porém, que se inicie no dia em que o adquirente descobre o vício", o que repele a teor do texto do então Diploma Civil vigente.[21]

---

[21] Orlando Gomes, *Contratos*, 14ª ed., Rio de Janeiro: Forense, 1994, p. 95.
Nada obstante, a este propósito, a jurisprudência do STJ atesta:
Compromisso de compra e venda. Possibilidade de rescisão com fulcro em vício redibitório. Imóvel. Vício redibitório. Ciência pelo adquirente em data posterior à de tradição do imóvel. Prescrição. Termo inicial. Data de conhecimento do vício. O direito de ação que tenha por objeto a rescisão do contrato fundada em vício redibitório do bem imóvel prescreve em seis meses a contar, no regime do CC de 1916, da data da tradição da coisa. Se, entretanto, à época da tradição era oculto o vício, contasse o prazo prescricional a partir de sua ciência pelo adquirente do bem (STJ, 3ª Turma, REsp 489.867/SP, Rel. Min. Nancy Andrighi, j. 20.05.2003).
Embargos de divergência no recurso especial. Admissibilidade. Compromisso de compra e venda. Possibilidade de rescisão fundada em vício redibitório. Prescrição. Termo inicial. Data do conhecimento do vício oculto. Se o vício, por sua natureza, não podia ser percebido no ato da tradição, o prazo, estabelecido no art. 178, § 5º, IV, do CC de 1916, para ajuizar ação reclamando o defeito conta-se do momento que o adquirente do bem toma conhecimento de sua existência, prevalecendo o entendimento dominante na Terceira Turma (STJ, 2ª Seção, EREsp 431.353/SP, Rel. Min. Nancy Andrighi, j. 23.02.2005).
Embargos de divergência no recurso especial. Admissibilidade. Compromisso de compra e venda. Possibilidade de rescisão fundada em vício redibitório. Prescrição. Termo inicial. Data do conhecimento do vício oculto. Se o vício, por sua natureza, não podia ser percebido no ato da tradição, o prazo, estabelecido no art. 178, § 5º, inc. IV, do CC de 1916, para ajuizar ação reclamando o defeito conta-se do momento que o adquirente do bem toma conhecimento de sua existência, prevalecendo o entendimento dominante na Terceira Turma (REsp 489.867/SP, de minha relatoria, pub. no DJ 23.06.2003). Dado provimento aos embargos de divergência (EREsp 431.353/SP, Rel. Min. Nancy Andrighi, Segunda Seção, j. 23.02.2005, DJ 01.07.2005, p. 363).

10.4. RESPONSABILIDADE DO CONSTRUTOR/INCORPORADOR NO CÓDIGO DE DEFESA DO CONSUMIDOR

Segundo José Reinaldo de Lima Lopes, *a responsabilidade do fornecedor já escapou, como ramo especial, da disciplina tradicional do Direito Civil. (...) A responsabilidade por culpa cedeu de vez espaço à responsabilidade objetiva.*[22]

De fato, com o CDC, superou-se a dicotomia clássica entre responsabilidade contratual e responsabilidade extracontratual (aquiliana).

No âmbito do Código de Defesa do Consumidor, a responsabilidade civil do fornecedor deixa de ser contratual ou extracontratual e passa a encontrar fundamento unicamente na relação jurídica de consumo.

Fala-se, portanto, em responsabilidade do fornecedor.

Ao colocar no mercado um produto, serviço ou utilidade, o fornecedor assume um risco, aquele inerente à sua atividade.

Logo, a responsabilidade civil do CDC é objetiva pura.

Não quer isso dizer que *a vítima nada tenha que provar. Ao contrário, cabe-lhe comprovar o dano e o nexo de causalidade entre este e o produto ou serviço. Lembre-se, contudo, que em relação a estes elementos o juiz pode inverter o ônus da prova "quando for verossímil a alegação" ou quando o consumidor for "hipossuficiente", sempre de acordo com "as regras ordinárias de experiência" (art. 6º, VIII).*[23]

O CDC trata dos "vícios de qualidade por insegurança" no art. 12, o que parte da doutrina denomina "defeitos".

Esses vícios abarcam aqueles que importem na segurança e solidez da obra, como as rachaduras, infiltrações, problemas estruturais e vazamentos.[24]

Demais disso, diferenciam-se daqueles chamados redibitórios (Código Civil) ou dos vícios de qualidade por inadequação (CDC, art. 18), como, por exemplo, o descolamento de azulejos.

O Código de Defesa do Consumidor adotou a responsabilidade objetiva, motivo pelo qual o construtor e o incorporador serão responsáveis por tais vícios independentemente da existência de culpa.

Mas qual a diferença entre a responsabilidade do CDC e a do art. 618 do Código Civil, já que ambas são objetivas?[25]

A diferença reside basicamente no início do prazo, isso se tratando de vício de qualidade por insegurança (fato do produto – defeito).

No CDC o prazo também é de cinco anos, nos termos do art. 27. Entretanto, esse prazo do CDC não é de garantia, mas para responsabilizar o fornecedor após a constatação do dano e sua autoria.

---

[22] Reinaldo de Lima Lopes, "Responsabilidade Civil do fabricante e a defesa do consumidor", *Inst. Bras. de Política e Defesa do Consumidor*, São Paulo: Revista dos Tribunais, 1992, vol. 3.

[23] Antonio Herman de Vasconcellos e Benjamin, ob. cit., p. 59.

[24] *A "solidez" e a "segurança" a que se refere o art. 1.245 do Código Civil não retratam simplesmente o perigo de desmoronamento do prédio, cabendo a responsabilidade do construtor nos casos em que os defeitos possam comprometer a construção e torná-la, ainda que num futuro mediato, perigosa, como ocorre com rachaduras e infiltrações. Rel. Min. Sálvio de Figueiredo Teixeira (Recurso Especial nº 66.565).*

[25] Silvio Rodrigues, *Direito Civil Aplicado*, São Paulo: Saraiva, 1988, vol. III. Parecer nº 1. Contra a responsabilidade objetiva do art. 1.245, Everaldo Augusto Cambler, *Responsabilidade Civil na Incorporação Imobiliária*, São Paulo: Revista dos Tribunais, 1998, p. 269.

O prazo de cinco anos do art. 618 do Código Civil diz respeito à garantia e começa a fluir a partir da entrega da obra.

Portanto, tratando-se de acidentes de consumo em sentido estrito, aplica-se o início do prazo para responsabilizar o fornecedor tal qual determinado pelo art. 27 do CDC. Caso contrário, não havendo relação de consumo, o início do prazo de 5 (cinco) anos conta-se da entrega da obra (Código Civil, art. 618) e diz respeito à garantia.

10.4.1. Responsabilidade objetiva – o risco

Toda a responsabilidade até agora estudada, na forma tradicional, está calcada na culpa e, por isso, subjetiva.

Entretanto, como vaticinou Louis Josserrand, *a responsabilidade moderna comporta dois polos, o polo objetivo, onde reina o risco criado, o polo subjetivo, onde triunfa a culpa, e é em torno desses dois polos que gira a vasta teoria da responsabilidade.*[26]

De forma sintética e precisa, ensina Antonio Chaves que *não há, a rigor, contrato ou atividade, ato, até mesmo abstenção, que não contenha o germe de uma responsabilidade criminal ou civil.*[27]

Nesse sentido surge a teoria do risco, ou seja, da responsabilidade civil independentemente de culpa ou de qualquer comportamento censurável do agente.

Na responsabilidade objetiva basta o dano, a ação ou omissão e o nexo causal, independentemente de culpa ou dolo.

Portanto, basta provar o dano, a ação ou omissão e o nexo causal.

O dever de indenizar surge mesmo de ato lícito ou mero fato jurídico, isso porque a lei determina dessa forma.

Entretanto, para que alguém seja submetido a esse pesado ônus, para que se estabeleça uma situação de responsabilidade objetiva, independentemente de culpa, mister se faz que haja lei que assim determine, como é o caso do Estado, que responde objetivamente nos termos do art. 37, § 6º, da Constituição Federal.

Havendo relação de consumo, o fornecedor responde objetivamente (Código de Defesa do Consumidor, arts. 12, 14, 18 e 20).

10.4.2. Vício por insegurança e vício por inadequação

Nada obstante a responsabilidade no âmbito do CDC seja objetiva, independentemente da existência de culpa, certo é que existem duas espécies de mácula que atingem os produtos e serviços no CDC:

a) vício por insegurança (defeitos); e,

b) vício por inadequação (vícios).

A diferença entre os vícios por insegurança e por inadequação existe na exata medida da aplicabilidade dos arts. 12 a 17 do CDC, que tratam do fato do produto e do serviço, ou seja, dos vícios por insegurança, e dos arts. 18 a 25, que tratam dos vícios por inadequação.

Preferimos esta denominação, mas convém mencionar que autores utilizam também a distinção sob a denominação de vícios e defeitos.

---

[26]   Louis Josserand, "L'Évolution de la responsabilité", *Évolutions et Actualités*, Paris, 1936, p. 49.

[27]   Antonio Chaves, *Responsabilidade Civil*, São Paulo: Ed. da Universidade de São Paulo, 1972, p. 17.

Nesta medida, é mister diferenciar defeito de vício.

Segundo Luiz Antonio Rizzatto Nunes, "o defeito por sua vez pressupõe o vício. Há vício sem defeito, mas não há defeito sem vício. O vício é uma característica inerente, intrínseca do produto ou serviço em si. O defeito é o vício acrescido de um problema extra, alguma coisa extrínseca ao produto ou serviço, que causa dano maior que simplesmente o mau funcionamento, o não funcionamento, a quantidade errada, a perda do valor pago – já que o produto ou serviço não cumpriram o fim ao qual se destinavam. O defeito causa, além desse dano de vício, outro ou outros danos ao patrimônio jurídico material e/ou moral do consumidor. Neste sentido, o vício 'pertence ao próprio produto ou serviço, jamais atingindo a pessoa do consumidor ou outros bens seus. O defeito vai além do produto ou do serviço para atingir o consumidor em seu patrimônio jurídico, seja moral e/ou material. Por isso, somente se fala propriamente em acidente, e, no caso, acidente de consumo, na hipótese de defeito, pois é aí que o consumidor é atingido".[28]

10.4.2.1. *Vícios por insegurança*

Segundo Antonio Herman de Vasconcellos e Benjamin,[29] *a análise da responsabilidade pelo fato do produto no Código de Defesa do Consumidor pressupõe uma distinção. O Código tem em mira duas órbitas de proteção ao consumidor.*

A primeira voltada para a incolumidade físico-psíquica do consumidor, isto é, procurando proteger a saúde e segurança do consumidor por danos causados por produtos defeituosos (os chamados acidentes de consumo), ou seja, os vícios por insegurança.

Como dissemos, o vício por insegurança está estipulado nos arts. 12 a 17 do CDC, ressaltando os arts. 12 e 14.[30]

---

28   Luiz Antonio Rizzatto Nunes, *Comentários ao código de defesa do consumidor*, Direito Material, São Paulo: Saraiva, 2000, p. 157.

29   Antonio Herman de Vasconcellos e Benjamin, *Comentários ao Código de Proteção ao Consumidor*, São Paulo: Saraiva, 1991, p. 46.

30   Art. 12. O fabricante, o produtor, o construtor, nacional ou estrangeiro, e o importador respondem, independentemente da existência de culpa, pela reparação dos danos causados aos consumidores por defeitos decorrentes de projeto, fabricação, construção, montagem, fórmulas, manipulação, apresentação ou acondicionamento de seus produtos, bem como por informações insuficientes ou inadequadas sobre sua utilização e riscos.
§ 1º O produto é defeituoso quando não oferece a segurança que dele legitimamente se espera, levando-se em consideração as circunstâncias relevantes, entre as quais:
I – sua apresentação;
II – o uso e os riscos que razoavelmente dele se esperam;
III – a época em que foi colocada em circulação.
§ 2º O produto não é considerado defeituoso pelo fato de outro de melhor qualidade ter sido colocado no mercado.
§ 3º O fabricante, o construtor, o produtor ou importador só não será responsabilizado quando provar:
I – que não colocou o produto no mercado;
II – que, embora haja colocado o produto no mercado, o defeito inexiste;
III – a culpa exclusiva do consumidor ou de terceiro.
Art. 14. O fornecedor de serviços responde, independentemente da existência de culpa, pela reparação dos danos causados aos consumidores por defeitos relativos à prestação dos serviços, bem como por informações insuficientes ou inadequadas sobre sua fruição e riscos.
§ 1º O serviço é defeituoso quando não fornece a segurança que o consumidor dele pode esperar, levando-se em consideração as circunstâncias relevantes, entre as quais:
I – o modo de seu fornecimento;
II – o resultado e os riscos que razoavelmente dele se esperam;
III – a época em que foi fornecido.

Nesse caso, cumulativamente, o produto, serviço ou utilidade apresenta: desconformidade com as legítimas expectativas do consumidor; e, capacidade (potencialidade) de provocar acidente de consumo.

Quais são os defeitos no âmbito do art. 12 do CDC?

Além daqueles decorrentes de fabricação e concepção,[31] existem os vícios de comercialização, atrelados ao dever de informação.

Um produto agrotóxico, por natureza, é perigoso.

Entretanto, essa periculosidade inerente pode se transformar em periculosidade adquirida por ausência de informações acerca do correto manuseio do produto.

Assim também com os imóveis: a parte elétrica de um apartamento é, igualmente, por natureza, perigosa e pode se manifestar por ausência da correta informação sobre o seu uso, carga projetada e cautelas nas instalações.

Outros exemplos de vícios por insegurança são as rachaduras e as infiltrações, tão comuns nos imóveis que, de acordo com a jurisprudência, representam riscos para o consumidor.

10.4.2.2. Vícios por inadequação

A segunda órbita de proteção do consumidor está *voltada para a incolumidade econômica do consumidor, procurando proteger o patrimônio dele dos prejuízos relacionados com a qualidade* (CDC, art. 18) *e quantidade* (CDC, art. 19) *dos produtos introduzidos no mercado.*[32]

Neste caso, ao revés do sistema adotado pelo Código Civil, o vício pode ser aparente ou oculto (diferença apenas no início da contagem do prazo decadencial do art. 26, §§ 1º e 3º, do CDC).

Por exemplo: um indivíduo adquiriu imóvel cujo memorial descritivo especificou fachada com revestimento de pastilhas cerâmicas.

Todavia, o imóvel foi entregue com fachada pintada.

Outros exemplos podem ser dados: disparidade de metragem (quantidade), ausência de quadra de esportes e playground constantes de publicidade (qualidade).

Não há qualquer risco para o consumidor, muito embora o produto esteja em desconformidade com sua legítima expectativa (receber o imóvel com a fachada contratada, com a metragem estipulada ou com a área de lazer mencionada).

Nesses casos não se trata de aplicar as disposições do art. 12, mas, sim, as dos arts. 18 e 19.

Todavia, se o imóvel apresenta rachaduras e vazamentos, ao caso se aplica o art. 12 do CDC (vício por insegurança), vez que tais defeitos comprometem a segurança e a saúde do consumidor, podendo provocar-lhe danos.

---

§ 2º O serviço não é considerado defeituoso pela adoção de novas técnicas.

§ 3º O fornecedor de serviços só não será responsabilizado quando provar:

I – que, tendo prestado o serviço, o defeito inexiste;

II – a culpa exclusiva do consumidor ou de terceiro.

§ 4º A responsabilidade pessoal dos profissionais liberais será apurada mediante a verificação de culpa.

[31] São os vícios decorrentes da própria forma pela qual o produto é fabricado, mesmo que não haja nenhum defeito de fabricação. *V.g.*, o construtor que projeta aquecedor a gás em local não ventilado, que explode e causa danos ao adquirente do imóvel. Não há, nesse exemplo, qualquer desconformidade com o projeto, mesmo que de acordo com as normas técnicas (Dix W. Noel e Jerry J. Phillips, *Products liability in a nutshell*, 2ª ed., St. Paul: West Publishing Co., 1981, p. 141).

[32] Antonio Herman de Vasconcellos e Benjamin, *Comentários ao Código de Proteção ao Consumidor*, São Paulo: Saraiva, 1991, p. 46.

Nesse sentido, tratando-se de vício por inadequação, independentemente de ser oculto ou aparente, o vício do produto pode ser:

a) de qualidade;

b) de quantidade (*v.g.*, falta de metragem); e,

c) disparidade do produto com as informações fornecidas.[33]

Portanto, se foi desatendida uma legítima expectativa do consumidor, mas o produto não possui potencialidade de oferecer acidentes, não há vício por insegurança, podendo existir vício por inadequação.

Tratando-se de vício de qualidade (não de quantidade) e produto compósito (formado pela justaposição de componentes, como os automóveis e os imóveis) o fornecedor terá o prazo de 30 (trinta) dias para sanar o defeito, ao fim dos quais o consumidor poderá, alternativamente, requerer:

a) substituição imediata do produto por outro, em perfeitas condições (ação de preceito cominatório – obrigação de fazer);

b) restituição imediata do preço (resolução do contrato – ação redibitória); ou,

c) abatimento proporcional do preço (ação de indenização – *quanti minoris* ou estimatória).

Os vícios dos produtos que não são compósitos e os vícios inerentes à quantidade dão a imediata faculdade ao consumidor de exercer as faculdades dispostas nos incisos do § 1º do art. 18.

Faltando área ao imóvel, é importante observar que não há qualquer tolerância, de tal sorte que o adquirente pode requerer a resolução do contrato por inadimplemento, a substituição ou o abatimento no preço (indenização), seja lá qual for a diferença.

Em suma, não se aplica o art. 500 do Código Civil e, tampouco, se aplica a tolerância de 5% (1/20).

Havendo relação de consumo, as vendas são, sempre, por medida certa ("ad mensuram").

Foi esta a conclusão do Tribunal de Justiça de São Paulo no caso abaixo, no qual o adquirente requereu a resolução do contrato:

> **Tribunal de Justiça de São Paulo.** *Compra e venda – Rescisão do ajuste – Finalização da obra – Diferença, a menor, na metragem da área contratada e da efetivamente construída – Fato atribuível à ré – Suspensão do pagamento das prestações pelo autor. Impossibilidade de retenção pela ré (promitente vendedora) da quantia paga a título de arras ou sinal – Aplicação do art. 418, CC/2002 – Despesas com corretagem e publicidade – Impossibilidade de desconto – Transferência dos custos para o comprador – Riscos da atividade empresarial desenvolvida pela ré – Discussão sobre a natureza da venda realizada ("ad corpus" ou "ad mensuram") – Área mencionada no contrato e a área real – Diferença que não ultrapassa 1/20 da extensão total anunciada – Relação de consumo – Hipótese a ser considerada sempre como venda conforme a medida – Interpretação favorável ao consumidor – Equilíbrio contratual – Boa-fé objetiva – Mantida a devolução de 80% das parcelas pagas, devidamente corrigida, em parcela única – Sentença mantida – recurso não provido (Apelação 9172629-80.2007.8.26.0000. Rel. Elcio Trujillo, Comarca: São Paulo, 7ª Câmara de Direito Privado, j. 19.12.2007, Data de registro: 11.01.2008).*

Encontramos judicioso esclarecimento da Ministra Nancy Andrighi, segundo a qual:

> **Superior Tribunal de Justiça.** *Civil. Recurso especial. Contrato de compra e venda de imóvel regido pelo Código de Defesa do Consumidor. Referência à área do imóvel. Diferença entre a área referida e a área real*

---

[33] Roberto Senise Lisboa, *Relação de Consumo e proteção jurídica do consumidor*, São Paulo: Juarez de Oliveira, 1999, p. 55.

do bem inferior a um vigésimo (5%) da extensão total enunciada. Caracterização como venda por corpo certo. Isenção da responsabilidade do vendedor. Impossibilidade. Interpretação favorável ao consumidor. Venda por medida. Má-fé. Abuso do poder econômico. Equilíbrio contratual. Boa-fé objetiva.

– A referência à área do imóvel nos contratos de compra e venda de imóvel adquiridos na planta regidos pelo CDC não pode ser considerada simplesmente enunciativa, ainda que a diferença encontrada entre a área mencionada no contrato e a área real não exceda um vigésimo (5%) da extensão total anunciada, devendo a venda, nessa hipótese, ser caracterizada sempre como por medida, de modo a possibilitar ao consumidor o complemento da área, o abatimento proporcional do preço ou a rescisão do contrato.

– A disparidade entre a descrição do imóvel objeto de contrato de compra e venda e o que fisicamente existe sob titularidade do vendedor provoca instabilidade na relação contratual.

– O Estado deve, na coordenação da ordem econômica, exercer a repressão do abuso do poder econômico, com o objetivo de compatibilizar os objetivos das empresas com a necessidade coletiva.

– Basta, assim, a ameaça do desequilíbrio para ensejar a correção das cláusulas do contrato, devendo sempre vigorar a interpretação mais favorável ao consumidor, que não participou da elaboração do contrato, consideradas a imperatividade e a indisponibilidade das normas do CDC.

– O juiz da equidade deve buscar a Justiça comutativa, analisando a qualidade do consentimento.

– Quando evidenciada a desvantagem do consumidor, ocasionada pelo desequilíbrio contratual gerado pelo abuso do poder econômico, restando, assim, ferido o princípio da equidade contratual, deve ele receber uma proteção compensatória.

– Uma disposição legal não pode ser utilizada para eximir de responsabilidade o contratante que age com notória má-fé em detrimento da coletividade, pois a ninguém é permitido valer-se da lei ou de exceção prevista em lei para obtenção de benefício próprio quando este vier em prejuízo de outrem.

– Somente a preponderância da boa-fé objetiva é capaz de materializar o equilíbrio ou justiça contratual.

Recurso especial conhecido e provido (REsp 436.853/DF, Rel. Min. Nancy Andrighi, 3ª Turma, j. 04.05.2006, DJ 27.11.2006, p. 273).

A doutrina não diverge, nos termos do que ensina Paulo Luiz Netto Lobo: *Quando a venda estiver inserida em relação de consumo (por exemplo, construtora que vende o apartamento), há regra expressa do Código de Defesa do consumidor, no sentido de conformação da oferta, por sua natureza vinculante, e do próprio contrato, à informação utilizada para atrair o comprador (...) Assim, na dúvida, a venda deve ser entendida como "ad mensuram", pois melhor contempla os interesses do comprador A venda "ad corpus" apenas deve ser considerada quando acima de qualquer dúvida.*[34]

Tratando-se de vício por inadequação referente à quantidade, o consumidor poderá requerer:

a) abatimento proporcional do preço (ação de indenização – ação *quanti minoris* ou estimatória);

b) Complementação do peso ou medida (quando for possível e, no caso de imóveis, normalmente não é);

c) Substituição do produto por outro da mesma espécie e gênero sem o vício de quantidade; ou,

d) Restituição imediata da quantia paga (resolução do contrato – ação redibitória).

10.4.2.3. Semelhanças e diferenças entre os vícios por inadequação e por insegurança: responsabilidade solidária; responsabilidade do profissional liberal; prazo decadencial para reclamação

Vimos que há dois sistemas no que se refere à responsabilidade do fornecedor no âmbito do CDC: vício por insegurança e vício por inadequação.

---

[34] Paulo Luiz Netto Lobo, *Comentários ao Código Civil* – Parte especial – das várias espécies de contratos. São Paulo: Saraiva, 2003. v. 6 [arts. 481 a 564], p 109 e 110.

Já sabemos o que são pela análise das linhas precedentes.

Entretanto, quais são as semelhanças e diferenças entre os dois sistemas?

Primeiramente, como dissemos, a responsabilidade abarcada pelo CDC é objetiva.

Portanto, sejam vícios por insegurança ou por inadequação, a responsabilidade do fornecedor é objetiva, ou seja, independe de verificação da culpa do agente.

Todavia, as semelhanças param por aí, começando as diferenças quanto aos seguintes aspectos: responsabilidade solidária, responsabilidade do profissional liberal e prazo decadencial para reclamação:

a) Responsabilidade solidária

No vício por insegurança o comerciante só responde quando *o fabricante, o construtor, o produtor ou o importador não puderem ser identificados; quando o produto for fornecido sem identificação clara do seu fabricante, produtor, construtor ou importador ou quando não conservar adequadamente os produtos perecíveis* (CDC, art. 13).

É verdade que, nos termos do art. 25 do CDC, havendo mais de um responsável pela causação do dano há responsabilidade solidária.

Assim, nos termos do art. 6º, VIII, caberá ao intermediário a difícil prova de não ter contribuído para a efetivação do dano.

Entretanto, no vício por inadequação não há essa ressalva e tampouco discussão: a responsabilidade de todos participantes da cadeia distributiva é solidária nos termos do art. 18 do CDC.

b) Responsabilidade dos profissionais liberais

A responsabilidade de profissionais liberais é subjetiva em se tratando de vícios por insegurança (CDC, § 4º do art. 14), ressalva que não existe no caso de vício por inadequação.

Não quer isso dizer que as normas do CDC não se aplicam ao profissional liberal.

Apenas e tão somente a responsabilidade civil do profissional liberal nos vícios por insegurança será subjetiva, calcada no sistema tradicional, fazendo-se mister a prova da culpa.

Deveras, o profissional liberal não pode ser equiparado, em todos os aspectos, às empresas.

Não há, muitas vezes, a desigualdade decantada pelo CDC, tampouco vulnerabilidade acentuada do consumidor frente a esses profissionais.

O profissional liberal é escolhido pelos clientes em razão de sua pessoa, com fundamento na confiança entre as partes.

De resto, havendo relação de consumo, aplica-se ao profissional liberal todas as normas do CDC.

Entretanto, é de se observar que o profissional liberal só responde subjetivamente se não estiver vinculado a uma pessoa jurídica.[35]

Caso esteja vinculado a pessoa jurídica, o profissional não pode mais ser tratado como liberal, e a responsabilidade é objetiva.[36]

---

[35] Entrementes, de forma equivocada, já se decidiu o contrário: **Tribunal de Justiça de São Paulo.** *Em ação de indenização contra hospital, ajuizada com base no Código de Defesa do Consumidor, embora se trate de pessoa jurídica, a ela não se aplica a responsabilidade objetiva, na medida em que o que se põe em exame é o próprio trabalho médico. Aplicável, pois, o § 4º do art. 14 do referido Código* (5ª Câm., Rel. Marco César, j. 17.09.1992, JTJ (Lex) *141/248*).

[36] Antonio Herman de Vasconcelos e Benjamin, ob. cit., p. 80.

c) Prazo para reclamação

O prazo para reclamação também é diferente em se tratando de vícios por inadequação e vícios por insegurança, que ora estão sendo tratados.

Nos vícios por inadequação (qualidade e disparidade com a oferta – CDC, art. 26) os prazos são os seguintes: 30 (trinta) dias para produtos não duráveis e 90 (noventa) dias para produtos duráveis, como é o caso dos imóveis.

Ambos os prazos são contados a partir da entrega do produto ou do término da execução dos serviços.

Se o vício for oculto, o prazo se inicia no momento em que o vício se evidenciar, se for aparente, da data da entrega (CDC, art. 26, § 1º).

Evidentemente que deve ser levada em consideração a vida útil do produto.

No caso de imóveis, independentemente do prazo de garantia que normalmente as construtoras estabelecem em manuais e contratos, o fato é que cada componente do imóvel tem, tecnicamente, vida útil.

Assim, por exemplo, se os azulejos de descolam da parede depois de 6 anos da entrega, independentemente dos prazos constantes dos contratos e manuais, o adquirente-consumidor terá o prazo de 90 dias para formular sua reclamação, posto que não é razoável esperar que cerâmicas se desprendam nesse prazo.

Todavia, depois de 10 anos, por exemplo, pode ser que alguma janela emperre pela ação do tempo e do desgaste natural das peças, não sendo razoável, nessa hipótese, que a construtora seja responsabilizada.

Portanto, embora não haja prazo para os vícios por inadequação ocultos, a vida útil do componente da construção deve ser levada em consideração.

No caso de vício por inadequação versando sobre a quantidade, não há prazo no Código de Defesa do Consumidor (CDC, art. 19), de tal sorte que se aplica a regra geral do Código Civil, que prevê o prazo decadencial de um ano (art. 501) para pleitear a resolução do contrato e de 3 (três) anos para pleitear indenização.

Em suma, nos vícios por inadequação, não se vislumbra qualquer risco para o consumidor, muito embora o imóvel esteja em desconformidade com sua legítima expectativa (de recebê-lo em perfeitas condições), impõe-se a aplicação do art. 18 e não do art. 12 do Código de Defesa do Consumidor e cujos prazos decadenciais para reclamar estão regulados pelo art. 26:

> *Art. 26. O direito de reclamar pelos vícios aparentes ou de fácil constatação caduca em:*
>
> *I – trinta dias, tratando-se de fornecimento de serviço e de produtos não duráveis;*
>
> *II – noventa dias, tratando-se de fornecimento de serviço e de produtos duráveis.*
>
> *§ 1º Inicia-se a contagem do prazo decadencial a partir da entrega efetiva do produto ou do término da execução dos serviços.*
>
> *§ 2º Obstam a decadência:*
>
> *I – a reclamação comprovadamente formulada pelo consumidor perante o fornecedor de produtos e serviços até a resposta negativa correspondente, que deve ser transmitida de forma inequívoca;*
>
> *II – (Vetado).*
>
> *III – a instauração de inquérito civil, até seu encerramento.*
>
> *§ 3º Tratando-se de vício oculto, o prazo decadencial inicia-se no momento em que ficar evidenciado o defeito.*

Neste caso, de forma diversa daquela prevista pelo sistema adotado pelo Código Civil para os vícios – posto que admite apenas os redibitórios –, no CDC os vícios (por inadequação) podem ser aparentes ou ocultos, sendo possível vislumbrar, nestas duas hipóteses, apenas a diferença no início da contagem do prazo do art. 26, II, §§ 1º e 3º, do CDC.

Nos vícios por inadequação, o prazo é de 90 dias para produtos duráveis, inclusive no caso de imóveis, contado a partir da entrega para os vícios aparentes.

Para os vícios ocultos, o prazo se inicia no momento em que se evidenciar (CDC, art. 26, § 1º). Não há prazo fixo de garantia, que deve respeitar a vida útil do produto de acordo com a sua natureza. Manifestado o vício, é disparado o prazo de 90 dias para responsabilizar o fornecedor.

Sendo redibitórios, os defeitos que não compreendem prejuízo à segurança e solidez da obra vêm, igualmente, disciplinados no art. 441 e seguintes do Código Civil, cujo prazo de reclamação, no caso de bens imóveis, é de um ano a partir da data da entrega.

Aqui, uma observação: se o vício oculto se manifesta logo no primeiro mês e o consumidor conta com 90 dias para reclamar, o prazo do Código Civil, de um ano contado da entrega, pode lhe ser mais benéfico.

Em perspectiva teleológica, o regime de vícios ocultos reclama a necessidade de aplicá-lo como fez o seguinte julgado do Superior Tribunal de Justiça:

> **Superior Tribunal de Justiça.** *Não se aplica o art. 26 do CDC, quando a parte está buscando direito embasada no art. 1.245 do CC (atual 618, do CC). Doutrina de Sérgio Cavalieri Filho. Outrossim, assevera a recorrente que incidiria ao caso o Código de Defesa do Consumidor, por se tratar de relação de consumo, devendo ser aplicado o seu artigo 26, inciso II. Analisando o tema, porém, esclareceram os julgadores que "ao consumidor é dado escolher com base em que sistema pretende submeter sua pretensão ao Poder Judiciário", sendo certo que, "neste caso, a espécie não foi subsumida o Código de Defesa do Consumidor, ficando afastada a aplicação do art. 26, incidindo o art. 1.245 do Código Civil" (STJ, AgRg no Ag 563.817/RS, Agravo Regimental no Agravo de Instrumento 2003/0199563-3).*

Cláudia Lima Marques, Antônio Herman V. Benjamin e Bruno Miragem esclarecem que "(...) o sistema de responsabilidade sem culpa e solidária do CDC é rápido e eficaz, mas, em caso de prescrição, a jurisprudência tem utilizado o art. 7º do CDC (abertura do sistema) para utilizar o prazo geral, (...) (art. 205 do CC/2002) de 10 anos para beneficiar o consumidor, bem ao espírito do CDC (...)".[37]

Esta dissonância sistemática pode ocorrer, como dissemos, por exemplo, se o vício redibitório aparecer logo nas primeiras semanas a partir da entrega do imóvel ao adquirente, aplicando-se o prazo do Código Civil, mais favorável ao consumidor, para os vícios redibitórios, por força do diálogo das fontes normativas.

Seja como for, também é preciso observar que o prazo de 90 dias é obstado pela reclamação feita junto à construtora, o que encontra previsão no § 2º do art. 26 do Código de Defesa do Consumidor.

Este óbice – rompendo a tradicional dicotomia entre suspensão e interrupção, bem como impossibilidade de suspensão de prazo decadencial – significa suspender o prazo a partir da reclamação e reinício dele a partir da resposta negativa do fornecedor.

Se não houver resposta, o prazo não se esvai, possibilitando ao consumidor a propositura da ação quando lhe aprouver, justificando na ausência de resposta, sendo, contudo, razoável, que a reclamação contenha prazo para resposta pela construtora/incorporadora.

Quanto aos vícios por insegurança, por outro lado, o art. 27 do CDC encerra regra simples quanto à decadência do direito de reclamar: o prazo – neste caso prescricional – é de 5 (cinco) anos.

---

[37] Cláudia Lima Marques, Antônio Herman V. Benjamin e Bruno Miragem, *Comentários ao Código de Defesa do Consumidor*, 3ª ed., São Paulo: Revista dos Tribunais, 2010, p. 607.

Mas 5 (cinco) anos a partir de quando?

A partir da ocorrência de dois requisitos cumulativos: conhecimento do dano e identificação do autor do dano:

Art. 27. Prescreve em cinco anos a pretensão à reparação pelos danos causados por fato do produto ou do serviço prevista na Seção II deste Capítulo, iniciando-se a contagem do prazo a partir do conhecimento do dano e de sua autoria.

Portanto, se o consumidor apenas conhece o dano, mas não seu autor, o prazo não começa a correr.

É de se verificar que a manifestação do dano não se confunde com a percepção de sua ocorrência.

Imaginemos adquirente de imóvel que, por ausência de conhecimentos técnicos específicos, atribua oscilação de voltagem elétrica a condições meteorológicas.

A oscilação defeituosa de voltagem (manifestação do dano) não possui o condão de preencher o requisito da percepção, que dispara o gatilho do início do prazo decadencial.

Outro exemplo muito frequente diz respeito ao prazo de garantia do art. 618 do Código Civil para as questões que envolvem a solidez e a segurança da edificação que se traduzem, na prática, nos defeitos decorrentes de infiltrações, trincas, desprendimento de revestimentos externos e pastilhas, problemas elétricos e hidráulicos em geral.

Havendo relação de consumo – e normalmente há em razão do adquirente de imóvel – não se aplica o art. 618 do Código Civil, mas o art. 27 do Código de Defesa do Consumidor, de tal sorte que o prazo para reclamar é de 5 (cinco) anos contados do conhecimento do dano e de sua autoria, mesmo que o defeito se manifeste depois do prazo de 5 (cinco) anos contado do habite-se.

Isto porque a responsabilidade, que não se confunde com a garantia por segurança e solidez da obra, perdura durante a vida útil da construção.[38]

Neste sentido, tratando de vício, consignou o Desembargador Gomes Varjão: "O fornecedor permanece responsável por garantir a segurança, durabilidade e desempenho do produto durante todo o período de sua vida útil estimada, segundo as regras de experiência, de modo que, se o vício oculto se manifestar nesse ínterim, mesmo após o término do prazo

---

[38] Tratando-se de bem móvel, cuja ideia é a mesma:
  Tribunal de Justiça de São Paulo. *Bem móvel. Relação de consumo. Vício oculto. Garantia contratual expirada. Responsabilidade do fornecedor que subsiste durante o tempo de vida útil do produto. Nos termos do art. 26, inciso II c.c. § 3º, do CDC, o consumidor tem o prazo de 90 dias para reclamar dos vícios ocultos do produto ou serviço, contados do momento em que se evidenciar o defeito. Os prazos de garantia contratual e legal são complementares, segundo dicção do art. 50 do CDC e, portanto, devem ser contados de forma sucessiva, e não simultânea. O fornecedor permanece responsável por garantir a segurança, durabilidade e desempenho do produto durante todo o período de sua vida útil estimada, segundo as regras de experiência, de modo que, se o vício oculto se manifestar nesse ínterim, mesmo após o término do prazo da garantia contratual, poderá o consumidor exigir, à sua escolha, uma das alternativas que lhe são postas à disposição pelo art. 18, § 1º, do CDC. Hipótese em que, levando em conta o tempo decorrido desde os fatos que deram ensejo à demanda, mostra-se mais útil o acolhimento do pedido principal, de restituição do valor pago, do que o alternativo, de substituição do bem por outro de mesmas características. Dano moral não configurado, haja vista que os transtornos suportados pela autora não geraram reflexos mais sérios, nem importaram em ofensa à sua honra objetiva. Recurso parcialmente provido, com atribuição do ônus da sucumbência integralmente à requerida, em vista do princípio da causalidade* (Apelação 0258813-21.2009.8.26.0002; Rel. Gomes Varjão; Comarca: São Paulo; Órgão julgador: 34ª Câmara de Direito Privado; J. 24.03.2014; Data de registro: 26.03.2014).

da garantia contratual, poderá o consumidor exigir, à sua escolha, uma das alternativas que lhe são postas à disposição pelo art. 18, § 1º, do CDC".[39]

Paradigmáticas são as razões lançadas, nesse sentido, pelo Ministro Luis Felipe Salomão:

"O prazo de decadência para a reclamação de defeitos surgidos no produto não se confunde com o prazo de garantia pela qualidade do produto – a qual pode ser convencional ou, em algumas situações, legal. O Código de Defesa do Consumidor não traz, exatamente, no art. 26, um prazo de garantia legal para o fornecedor responder pelos vícios do produto. Há apenas um prazo para que, tornando-se aparente o defeito, possa o consumidor reclamar a reparação, de modo que, se este realizar tal providência dentro do prazo legal de decadência, ainda é preciso saber se o fornecedor é ou não responsável pela reparação do vício".

"Por óbvio, o fornecedor não está, *ad aeternum*, responsável pelos produtos colocados em circulação, mas sua responsabilidade não se limita pura e simplesmente ao prazo contratual de garantia, o qual é estipulado unilateralmente por ele próprio. Deve ser considerada para a aferição da responsabilidade do fornecedor a natureza do vício que inquinou o produto, mesmo que tenha ele se manifestado somente ao término da garantia."

"Os prazos de garantia, sejam eles legais ou contratuais, visam a acautelar o adquirente de produtos contra defeitos relacionados ao desgaste natural da coisa, como sendo um intervalo mínimo de tempo no qual não se espera que haja deterioração do objeto. Depois desse prazo, tolera-se que, em virtude do uso ordinário do produto, algum desgaste possa mesmo surgir. Coisa diversa é o vício intrínseco do produto existente desde sempre, mas que somente veio a se manifestar depois de expirada a garantia. Nessa categoria de vício intrínseco certamente se inserem os defeitos de fabricação relativos a projeto, cálculo estrutural, resistência de materiais, entre outros, os quais, em não raras vezes, somente se tornam conhecidos depois de algum tempo de uso, mas que, todavia, não decorrem diretamente da fruição do bem, e sim de uma característica oculta que esteve latente até então."

"Cuidando-se de vício aparente, é certo que o consumidor deve exigir a reparação no prazo de noventa dias, em se tratando de produtos duráveis, iniciando a contagem a partir da entrega efetiva do bem e não fluindo o citado prazo durante a garantia contratual."

"Porém, conforme assevera a doutrina consumerista, o Código de Defesa do Consumidor, no § 3º do art. 26, no que concerne à disciplina do vício oculto, adotou o critério da vida útil do bem, e não o critério da garantia, podendo o fornecedor se responsabilizar pelo vício em um espaço largo de tempo, mesmo depois de expirada a garantia contratual."

"Com efeito, em se tratando de vício oculto não decorrente do desgaste natural gerado pela fruição ordinária do produto, mas da própria fabricação, e relativo a projeto, cálculo estrutural, resistência de materiais, entre outros, o prazo para reclamar pela reparação se inicia no momento em que ficar evidenciado o defeito, não obstante tenha isso ocorrido depois de expirado o prazo contratual de garantia, devendo ter-se sempre em vista o critério da vida útil do bem."

"Ademais, independentemente de prazo contratual de garantia, a venda de um bem tido por durável com vida útil inferior àquela que legitimamente se esperava, além de configurar um defeito de adequação (art. 18 do CDC), evidencia uma quebra da boa-fé objetiva, que deve nortear as relações contratuais, sejam de consumo, sejam de direito comum. Constitui, em outras palavras, descumprimento do dever de informação e a não realização do próprio objeto do contrato, que era a compra de um bem cujo ciclo vital se esperava, de forma legítima e razoável, fosse mais longo" (REsp 984.106/SC, Rel. Min. Luis Felipe Salomão, 4ª Turma, j. 04.10.2012, *DJe* 20.11.2012).

---

[39] TJSP, Apelação 0258813-21.2009.8.26.0002, 34ª Câmara de Direito Privado, Rel. Des. Gomes Varjão, j. 24.03.2014.

Podemos exemplificar: quanto tempo deve durar a estrutura de um edifício depois do habite-se?

O art. 618 do Código Civil apenas pode ser aplicado à relação jurídica entre o construtor e eventual empreiteira contratada, e não ao consumidor.

Portanto, em que pese ser uma questão técnica, é possível afirmar, como exemplo, que, se um edifício apresenta problemas estruturais que resultam em trincas depois de 10 (dez) anos do habite-se, em favor dos adquirentes aplicar-se-á o art. 27 do Código de Defesa do Consumidor e a ação pode ser proposta no prazo de 5 anos contados do conhecimento do dano e de sua autoria durante a expectativa técnica de duração do serviço ou construção e, nesse sentido:

> **Tribunal de Justiça de São Paulo.** *Consumidor. Defeitos de construção em imóvel. Responsabilidade pelo fato do serviço. Indenização por danos materiais. Prescrição. Afastamento. Prazo de 5 anos previsto no art. 27 do CDC, a contar do conhecimento do dano e de sua autoria. Hipótese de "actio nata". (...) (Apelação 0018176-03.2008.8.26.0566, Rel. Luiz Antonio Costa, 7ª Câmara de Direito Privado, j. 12.06.2013).*

Pelo princípio da *actio nata*, o curso do prazo prescricional do direito de reclamar inicia-se somente a partir do momento em que o titular do direito violado passa a conhecer o fato e a extensão de suas consequências, quando nasce a pretensão a ser deduzida em juízo, acaso resistida, nos exatos termos do art. 189 do Código Civil.

É evidente que a autoria já é previamente conhecida no caso de construções, cuja responsabilidade e conseguinte legitimidade é da construtora e/ou da incorporadora.

Quanto aos autores do dano, se o consumidor conhece apenas um, havendo outros, o prazo só flui em face do conhecido.

Quanto ao conhecimento do dano, o prazo de cinco anos do art. 27 do Código de Defesa do Consumidor já foi considerado a partir da constatação:

> **Tribunal de Justiça de São Paulo** *– Defeito em construção – Obrigação de fazer c.c. Indenização – Demanda ajuizada em face da construtora e da incorporadora, fundada em vícios construtivos no empreendimento – Prescrição – Inocorrência – Incidência do prazo de cinco anos previsto no artigo 27 do CDC (aqui aplicável, vez que o condomínio representa os condôminos adquirentes, destinatários das unidades construídas pelas rés) – Prazo do art. 445 do Código Civil aplicável apenas às ações redibitórias – Precedentes desta Câmara – Termo a quo que somente começou a fluir, segundo o mesmo artigo, a partir do conhecimento dos defeitos construtivos alegados (aqui, do parecer técnico solicitado pelo condomínio autor) – Decreto de procedência – Prova pericial conclusiva, no sentido de constatar que os danos/infiltrações nos edifícios vistoriados decorrem de vícios construtivos (além de irregularidades na demarcação das vagas de garagem e os elevadores, entregues com capacidade para oito pessoas, ao invés de onze) – Condenação em obrigação de fazer (realização dos reparos necessários e confirmados pela perícia ou, na impossibilidade, indenização pelos defeitos apresentados, em montante a ser apurado em liquidação) – Sentença mantida – Recurso improvido (TJSP; Apelação 0210962-71.2009.8.26.0006; Relator (a): Salles Rossi; 8ª Câmara de Direito Privado; Foro Regional VI – Penha de França – 3ª Vara Cível; j. 27.01.2016; Data de Registro: 04.02.2016).*

Em suma, havendo vícios por insegurança (defeito), aplica-se o art. 12 do Código de Defesa do Consumidor que permite, inclusive, a reclamação no prazo de cinco anos em condições mais confortáveis que aquelas previstas pelo art. 618 do Código Civil (art. 27 do CDC), posto que o prazo para responsabilizar o fornecedor somente se inicia com a constatação do dano e seu autor.

Importante ressaltar, ainda, que eventual propositura de ação de produção antecipada de provas (CPC, arts. 381 a 383) interrompe o prazo prescricional nos termos do art. 202, incs. I e VI, do Código Civil, que voltará a correr integralmente após o trânsito em julgado conforme atestam os seguintes arestos:

Apelação cível. Vício construtivo. Indenização por dano material. Ilegitimidade passiva da empresa que sucedeu a construtora. Rejeitada. Cerceamento de defesa. Inocorrência. Decadência e prescrição. Inocorrência incidência do artigo 205 do CC. **Interrupção do prazo prescricional pela medida cautelar de produção antecipada de provas.** *Responsabilidade da construtora. Regime de construção diverso que não afasta a responsabilidade pelo reparo da obra. Sentença mantida. Recurso não provido. 1. Se o conjunto probatório revela a sucessão empresarial decorrente do exercício da mesma atividade, mesmos sócios e endereço, a sucessora tem legitimidade passiva "ad causam" para responder aos termos da ação em que se visa ressarcimento de danos decorrentes de vício construtivo de obra. 2. Se os fatos já foram objeto de perícia em medida cautelar anterior e a recorrente, em audiência de instrução manifestou-se pela desnecessidade de produção de outras provas, não há cerceamento de defesa. 3. A pretensão de cunho condenatório objeto de ação movida pelo adquirente de imóvel contra a vendedora, em decorrência de vícios construtivos, submete-se ao prazo prescricional de dez anos previsto no artigo 205 do Código Civil. O ajuizamento de medida cautelar interrompe o prazo prescricional, nos termos do art. 202, incisos I e VI, do CC. 4. O fato de a construção do condomínio autor ter sido contratada sob o regime de "construção por administração" ou a "preço de custo" não afasta ou mitiga a responsabilidade da ré pelo reparo dos defeitos verificados. (TJSP; Apelação Cível 4001095-09.2013.8.26.0562; Rel. Maria do Carmo Honorio; 3ª Câmara de Direito Privado; 9ª Vara Cível; j. 02.02.2021).*[40]

Prestação de serviços. Empreitada. (...) Prescrição. Interrupção do prazo com a propositura de medida cautelar de produção antecipada de provas. Reinício. Data do trânsito em julgado. (...). Citação válida na medida cautelar de antecipação da produção de provas interrompe a contagem da prescrição, que se reinicia com o trânsito em julgado da homologação judicial. Recurso não conhecido em parte e, na parte conhecida, desprovido. (TJSP; Apelação 1002762-96.2015.8.26.0114; Rel. Gilberto Leme; 35ª Câmara de Direito Privado; Foro de Campinas – 1ª Vara Cível; j. 04.07.2016; Data de Registro: 11.07.2016).

Apelação. Direito de vizinhança. Ação de indenização. Danos materiais e lucros cessantes. Incorporação no terreno vizinho que ocasionou danos no imóvel dos autores. (...). A medida cautelar de produção antecipada de provas exaure-se nela mesma, prescindindo da ação principal. Preliminar de prescrição, rejeitada. Interrupção do transcurso do prazo pelo ajuizamento da medida cautelar de produção antecipada de provas. Prazo que recomeça a correr do último ato praticado nesse processo. Ilegitimidade passiva da construtora. Descabimento. Construtor e Incorporadora que são solidariamente responsáveis pelos danos causados ao imóvel vizinho, em razão da obra. (...). Mérito. Prejuízos apurados em perícia. Danos materiais configurados. Pretensão à redução. Não cabimento. Responsabilidade solidária das requeridas e da denunciada. Ressalva, nos lucros cessantes, não demonstrados. (...). (TJSP; Apelação 1027812-09.2014.8.26.0002; Rel. Bonilha Filho; 26ª Câmara de Direito Privado; 39ª Vara Cível; j. 10.08.2017; Data de Registro: 11.08.2017).

Por fim, e também a título de comparação com as regras gerais do Código Civil, segue o resumo dos prazos:

Vícios redibitórios (ocultos): (1 ano ou 6 meses se o adquirente já estava na posse) contados da posse ou do conhecimento (em até 1 ano) – CC, art. 441 e 445;

Solidez e segurança da obra: garantia de 5 anos (do habite-se) e prazo de 180 dias para propositura de ação redibitória (para desconstituir o contrato) – CC, art. 618;

Vício (por inadequação) no CDC: 90 dias contados da manifestação do vício (CDC, arts. 18 e 26);

Defeito (vício por insegurança) no CDC: 5 anos contados do conhecimento do dano e da sua autoria – CDC arts. 12 e 27.

Prazo geral para reparação de danos no CC: 3 anos contados da data do ato ilícito – CC, art. 206, § 3º, V (10 anos para quem distingue o ilícito contratual do extracontratual – art. 205 do CC – corrente que ora vigora).

---

[40] No mesmo sentido:

Tribunal de Justiça de São Paulo. *Ação de cobrança (contrato de compra e venda) – adquirente que ajuizou produção antecipada de prova para realização de perícia – laudo pericial que apurou a existência de saldo credor em favor do comprador – demanda preparatória que interrompe o prazo de prescrição – ajuizamento da demanda principal que afasta a inércia – prescrição trienal afastada – autonomia contratual que não impede a discussão do contrato – pedido inicial para repetição de valores e ressarcimento das despesas com a perícia técnica – ação procedente – sentença mantida – recurso não provido (Apelação 1006739-43.2022.8.26.0602; Rel. Pastorelo Kfouri; 7ª Câmara de Direito Privado; j. 20.09.2023).*

10.4.3. Direito de regresso

Tendo ocorrido um dano, o consumidor poderá voltar-se contra o fornecedor, que é responsável nos termos do art. 12 do CDC.

Assim, o fornecedor ocupará o polo passivo da ação do consumidor.

Até aqui nenhum problema.

E se o dano foi causado por um fornecedor do fornecedor, por exemplo, uma subempreiteira no caso de construções?

Nesse caso, sendo obrigado a indenizar, o fornecedor poderá agir regressivamente contra esse responsável.

Até aqui, igualmente, tudo bem.

Entretanto, como vimos linhas acima, os prazos decadenciais para a reclamação são diferenciados em se tratando de relação de consumo.

Suponhamos que a indenização tenha ocorrido por defeitos resultantes da qualidade do material elétrico fornecido por outra empresa.

Entre a construtora e o fornecedor de material elétrico não há relação de consumo.

Nesse caso, nos termos dos arts. 441 e 445 do Código Civil, o prazo é de trinta dias.

Por outro lado, é de 5 (cinco anos) o prazo para o consumidor reclamar, mormente em caso de vício por insegurança (CDC, art. 27).

Assim, a fornecedora – a construtora no exemplo – estaria impedida de exercer o direito de regresso, nada obstante a indenização paga.

Esse problema merece atenção do construtor, que deve acautelar-se, exigindo contratualmente a extensão da garantia do seu fornecedor.

Poder-se-ia redarguir: há solidariedade entre os participantes da cadeia distributiva e, portanto, o direito de regresso estaria garantido.

Parece-nos que essa é a melhor interpretação, fundamentada que está no art. 283, do Código Civil, e arts. 12, 18 e 25, § 1º, do Código de Defesa do Consumidor, mas, mesmo assim, a previsão contratual é uma cautela que não pode deixar de ser tomada pelas construtoras que subcontratam.

10.4.4. Excludentes de responsabilidade nos vícios por insegurança

Sabemos que a responsabilidade civil é objetiva no âmbito do CDC. Sabemos, também, que essa responsabilidade independe da prova de culpa ou dolo, embora se exija a prova do nexo causal e do dano, observado o art. 6º, inc. VIII.

Entretanto existem algumas causas legais de exclusão de responsabilidade do fornecedor, enumeradas que estão nos incisos do § 3º dos arts. 12 e 14 do CDC.

São excludentes *numerus clausus*, i.e., taxativas, que não admitem ampliação por analogia.[41]

Podemos, então, enumerá-las: prova, pelo fornecedor, que não colocou o bem no mercado; inexistência do defeito; e, culpa exclusiva do consumidor ou de terceiro.

A primeira excludente seria até desnecessária.

Trata-se de superfetação legal dizer que a prova, pelo fornecedor, de que não colocou o produto no mercado, exclui sua responsabilidade.

---

[41]   Antonio Herman de Vasconcellos e Benjamin, ob. cit., p. 65.

Por evidente que, não o tendo colocado, não pode ser responsabilizado, isso mesmo sem o texto legal.

Parece ser o caso de falsificações que ostentam a marca de fornecedores e, ainda, de produtos que foram lançados no mercado por furto ou roubo, o que não se aplica aos vícios construtivos.

A prova, pelo fornecedor, de que o defeito inexiste, também o isenta de responsabilidade.

Se o acidente de consumo é gerado por comportamento exclusivo do consumidor ou de terceiro, e se o fornecedor lograr provar essa circunstância, a responsabilidade restará elidida.

O mesmo raciocínio pode ser aplicado ao terceiro que causa o dano.

Lembre-se, entretanto, que o fornecedor não é terceiro, até porque, para ele, existe norma especial do art. 13 do CDC.

Por exemplo: adquirente de imóvel, ao realizar reforma, contrata pedreiro que danifica coluna de sustentação que faz com que o prédio desabe.

Nesse caso não há qualquer culpa do construtor ou incorporador, que não pode ser responsabilizado, embora deva provar essa circunstância.

As manutenções ordinárias também são de suma importância e, se não forem levadas a efeito nos termos das normas técnicas, possível afirmar a culpa exclusiva do consumidor que a afasta a responsabilidade do fornecedor, desde que tenha este informado corretamente o consumidor, seja ele o adquirente do imóvel, seja o condomínio na pessoa do síndico, das manutenções a que a edificação está sujeito. É nesse sentido a exigência contida nos arts. 6º, III, e 31 do CDC.[42]

Por outro lado, muito embora abalizadas opiniões considerem que o caso fortuito e o motivo de força maior também sejam capazes de elidir a responsabilidade, essa não é nossa opinião.

Ora, o caso fortuito interno afasta a culpa.[43]

Todavia, a responsabilidade civil no âmbito do CDC é objetiva, independe de culpa do agente.

Portanto, de nada adiantará a prova do caso fortuito ou motivo de força maior, que excluiriam a culpa que não é necessária na responsabilidade objetiva.

10.4.5. As normas técnicas da ABNT que pautam a vida útil do projeto e a garantia das edificações e sua relação com a garantia legal e com a garantia contratual

A Associação Brasileira de Normas Técnicas (ABNT) lançou, a partir do dia 12.05.2010, a "Norma Brasileira de Desempenho de Edifícios" (NBR 15575), com edições posteriores.

---

[42] Art. 6º São direitos básicos do consumidor: (...)
III – a informação adequada e clara sobre os diferentes produtos e serviços, com especificação correta de quantidade, características, composição, qualidade, tributos incidentes e preço, bem como sobre os riscos que apresentem; (...)
Art. 31. A oferta e apresentação de produtos ou serviços devem assegurar informações corretas, claras, precisas, ostensivas e em língua portuguesa sobre suas características, qualidades, quantidade, composição, preço, garantia, prazos de validade e origem, entre outros dados, bem como sobre os riscos que apresentam à saúde e segurança dos consumidores.

[43] A maioria dos autores considera que afasta o liame de causalidade. Ousamos discordar, mormente que o caso fortuito é espécie do gênero "ausência de culpa" (Luiz Antonio Scavone Junior, *Obrigações – abordagem didática*, 4ª ed., São Paulo: Juarez de Oliveira, 2000, p. 161 e 258).

Entre os requisitos técnicos, a norma estabelece parâmetros para as construções quanto à segurança estrutural, à segurança contra incêndio, ao desempenho térmico, de iluminação e acústico, à manutenção e ao conforto tátil, entre outros.

Portanto, há limites impostos ao desempenho acústico da edificação, aspecto que costuma gerar reiteradas reclamações em face das construtoras e incontáveis conflitos de vizinhança.

Embora as normas da ABNT não tenham força de lei, o CDC considera que o desrespeito a esses parâmetros técnicos é prática abusiva e pode embasar, a pedido do adquirente, ações de indenização (inclusive por danos morais) ou de resolução do contrato cumulada com a devolução de valores e a condenação do construtor em perdas e danos.

Isso porque restará o descumprimento da obrigação legal imposta aos construtores por força do art. 39 do CDC.

Como se sabe, aquele que não cumpre a sua obrigação responde por perdas e danos (CC, art. 389), sendo possível, igualmente, com fundamento no art. 475 do Código Civil, exigir-se o desfazimento do negócio.

Neste sentido (CDC):

> *Art. 39. É vedado ao fornecedor de produtos ou serviços, dentre outras práticas abusivas:*
>
> *(...)*
>
> *VIII – colocar, no mercado de consumo, qualquer produto ou serviço em desacordo com as normas expedidas pelos órgãos oficiais competentes ou, se normas específicas não existirem, pela Associação Brasileira de Normas Técnicas ou outra entidade credenciada pelo Conselho Nacional de Metrologia, Normalização e Qualidade Industrial (Conmetro);*

Este dispositivo, portanto, é de extrema importância para pautar a existência ou não de vícios e defeitos na construção civil, bem como na implantação de loteamentos, atividades normatizadas quase que por completo por normas técnicas.

Contudo, uma ressalva deve ser feita.

A par da NBR 15.575, existe outra, a NBR 17.170 de 2022, que contempla referências técnicas, requisitos, diretrizes e procedimentos para estabelecimento de garantias *das edificações* a serem estabelecidas pelo incorporador, construtor ou prestador de serviços de construção.

Trata-se de norma técnica – não de lei – que se presta a estabelecer parâmetros para que os incorporadores e construtores elaborem e forneçam seus *termos de garantia contratual*.

E, nesse ponto, é fundamental recordar que a *garantia contratual* não interfere, bitola ou limita a garantia legal estipulada no Código de Defesa do Consumidor pela *vida útil do projeto*, nos termos do que decidiu o STJ.

Deveras, o Ministro Luis Felipe Salomão asseverou que "independentemente de prazo contratual de garantia, a venda de um bem tido por durável com vida útil inferior àquela que legitimamente se esperava, além de configurar um defeito de adequação (art. 18 do CDC), evidencia uma quebra da boa-fé objetiva, que deve nortear as relações contratuais, sejam de consumo, sejam de direito comum. Constitui, em outras palavras, descumprimento do dever de informação e a não realização do próprio objeto do contrato, que era a compra de um bem cujo ciclo vital se esperava, de forma legítima e razoável, fosse mais longo" (REsp 984.106/SC, Rel. Min. Luis Felipe Salomão, 4ª Turma, j. 04.10.2012, *DJe* 20.11.2012).

Portanto:

a) a ABNT NBR 17.170 estabelece os prazos de *garantia contratual*;

b) a ABNT NBR 15.575 estabelece a vida útil do projeto que pauta a *garantia legal* estabelecida pela Lei 8.078/1990, que se sobrepõe à primeira.

Em outras palavras, independentemente da *garantia contratual* fornecida nos termos da ABNT NBR 17.170/2022, o construtor e o incorporador respondem pela *garantia legal* durante a vida útil do projeto, cujo parâmetro pode ser encontrado na NBR ABNT 15.575.[44]

E no Código de Defesa do Consumidor, as *garantias legais* pela vida útil do projeto são as seguintes:

a) *Vício (por inadequação) no CDC*: 90 dias contados da manifestação do vício durante a vida útil do projeto estabelecida pela NBR 15.575 (CDC, arts. 18 e 26);

b) *Defeito (vício por insegurança) no CDC*: 5 anos contados do conhecimento do dano manifestado durante a *vida útil do projeto* e da sua autoria (CDC, arts. 12 e 27).

Os prazos de *garantia contratual* da NBR 17.170 não guardam relação e não se vinculam com a *garantia legal* pautada pela vida útil de projeto, tampouco se relacionam com a vida útil efetiva, com a durabilidade e com o envelhecimento natural dos sistemas, componentes e equipamentos das edificações.[45]

Ainda assim, e consequência da aplicação da norma, as garantias contratuais – bem como as legais – se vinculam ao uso adequado da edificação e seus componentes e planos de manutenção em respeito à NBR 5674.

Não se pode esquecer, entretanto, que, mesmo que o plano de manutenção não tenha sido empregado, que haja reformas ou a incorreta utilização da edificação, é preciso que o incorporador consiga romper o nexo de causalidade entre a ausência de manutenção, a realização de reformas ou a incorreta utilização com o dano experimentado pelo consumidor adquirente do imóvel ou da construção.

Nesse sentido:

> *Apelação – compromisso de compra e venda – danos materiais e morais – atraso na entrega da obra e vícios construtivos – parcial procedência – inconformismo da ré – Rejeição – Mora da construtora – O termo final da obrigação da construtora de entregar o imóvel deve ser a efetiva entrega das chaves e não a data da expedição do habite-se – Súmula 160, do TJSP – Efetividade da entrega da unidade que se dá com a disponibilização da unidade em perfeito estado – Abusividade da previsão genérica de prorrogação do prazo de entrega em razão de obras de personalização – Informação da própria ré sobre atraso decorrente de equívoco na personalização do piso do imóvel – Lucros cessantes – Sobrevindo atraso culposo na entrega do imóvel, a partir de então e até a efetiva entrega das chaves, é devida indenização por lucros cessantes que dispensam prova efetiva – Danos materiais decorrentes de vícios construtivos – **Inexistência de perda***

---

[44] A NBR 17170 – Norma de Garantias – estabeleceu que o Anexo D da NBR 15.575-1 (prazos recomendados de garantias), e apenas essa parte da NBR 15.575, fica sem efeito justamente porque substituída pela nova norma técnica.

[45] Na introdução da ABNT NBR 17.170 está explícito que "Por outro lado, a partir da publicação da ABNT NBR 15575, houve a definição de requisitos relativos à vida útil de projeto (VUP) e vida útil (VU), (a vida útil que efetivamente a edificação alcança), das edificações residenciais e seus sistemas construtivos. E com esta definição surgiu a necessidade de se estabelecer, com precisão, a diferença entre estes conceitos e requisitos e as condições e prazos de garantias, o que de fato não se pode confundir, sob pena de se atribuir responsabilidades indevidas." Embora seja difícil compreender o que se quis dizer com "responsabilidades indevidas", certo é que, se há outra norma que estabelece a vida útil do projeto (NBR 15.575), é essa que deve pautar a garantia legal, que não se confunde com a contratual. Ainda na ABNT NBR 17.170 o item 3.28, menciona a diferença entre a garantia contratual e a vida útil de projeto que pauta a garantia legal, o que faz nos seguintes termos: "VUP – período estimado de tempo para o qual um sistema é projetado, a fim de atender aos requisitos de desempenho estabelecidos na ABNT NBR 15575, considerando o atendimento aos requisitos das normas aplicáveis, o estágio do conhecimento no momento do projeto e supondo o atendimento da periodicidade e correta execução dos processos de manutenção especificados no respectivo manual de uso, operação e manutenção (a VUP não pode ser confundida com tempo de vida útil, durabilidade, prazo de garantia legal ou contratual)."

da garantia conforme contundente conclusão da perícia, que atestou a falha construtiva e afastou a causa nas reformas feitas pela compradora – Prova pericial realizada somente em relação ao mau cheiro do ralo do banheiro – Alegado vício da porta que não foi objeto da perícia e não se comprovou a causa em falha construtiva – Sentença modificada apenas para reduzir o dano material, que deve se ater ao ressarcimento das despesas para reparação do ralo mal executado – Dano moral – Ocorrência – Situação que supera o mero aborrecimento – Razoabilidade da quantia fixada em R$ 15.000,00, diante do caso concreto, observada a quantidade de vícios como causa do atraso e a situação envolvendo o mau cheiro no banheiro da suíte – Deram Parcial Provimento Ao Recurso. (TJSP; Apelação 1016788-97.2017.8.26.0577; Rel. Alexandre Coelho; 8ª Câmara de Direito Privado; 8ª Vara Cível; j. 25.02.2022).

Isso porque, mesmo que haja, por exemplo, ausência de manutenção preventiva, se o vício ou o defeito não decorrem diretamente dessa omissão, mantém-se o dever de o incorporador e/ou construtor indenizar, tendo em vista que não estará presente a excludente "culpa exclusiva do consumidor", apta a excluir o nexo de causalidade entre o vício ou o defeito e o dano experimentado.

10.5. LEGITIMIDADE E INVERSÃO DO ÔNUS DA PROVA

A legitimidade para propor a ação, ordinariamente, é do adquirente.

Todavia, já se tem admitido a legitimidade do condomínio em algumas hipóteses.

Isto porque o Condomínio é dotado de legitimidade extraordinária para a propositura de ação em razão de defeitos por estar presente o interesse individual dos condôminos na reparação dos danos existentes nas áreas comuns, das quais também são proprietários (STJ, 4ª Turma – REsp 215.832 – Rel. Min. Sálvio de Figueiredo Teixeira, v.u., j. 06.03.2003, *DJU*, 07.04.2003) e também na defesa de interesses coletivos ou individuais homogêneos dos moradores.

Nesse sentido:

Superior Tribunal de Justiça. Direitos Civil e Processual Civil. Condomínio. Defeitos de construção. Área comum. Legitimidade ativa. Interesses dos condôminos. Irrelevância. Prescrição. Prazo. Enunciado nº 194 da Súmula/STJ. Interesses individuais homogêneos. Solidez e segurança do prédio. Interpretação extensiva. Leis 4.591/1964 e 8.078/1990 (Código de Defesa do Consumidor). Precedentes. Recurso desacolhido. I – O condomínio tem legitimidade ativa para pleitear reparação de danos por defeitos de construção ocorridos na área comum do edifício, bem como na área individual de cada unidade habitacional, podendo defender tanto os interesses coletivos quanto individuais homogêneos dos moradores. II – Verificado o defeito de construção no prazo de garantia a que alude o art. 1.245 do Código Civil, tem a parte interessada vinte anos para aforar a demanda de reparação de danos (enunciado nº 194 da Súmula/STJ). III – A "solidez" e a "segurança" a que se refere o art. 1.245 do Código Civil não retratam simplesmente o perigo de desmoronamento do prédio, cabendo a responsabilidade do construtor nos casos em que os defeitos possam comprometer a construção e torná-la, ainda que num futuro mediato, perigosa, como ocorre com rachaduras e infiltrações. (Recurso Especial 66.565/MG, Decisão: por unanimidade, não conhecer do recurso, Data da decisão: 21.10.1997, 4ª Turma, Rel. Min. Sálvio de Figueiredo Teixeira. DJ 24.11.1997, p. 61.222).

Superior Tribunal de Justiça. Condôminos – representação pelo síndico. Demanda visando a reparação de vícios na construção de que resultaram danos nas partes comuns e nas unidades autônomas. Legitimidade do condomínio para pleitear indenização por uns e outros. Interpretação da expressão 'interesses comuns' contida no art. 22 § 1º, 'a' da Lei 4.591/1964. Pedido alternativo. Impossibilidade de uma das opções reconhecida pelas instâncias ordinárias. (REsp 10.417/SP, Decisão: por unanimidade, não conhecer do recurso especial, 17.12.1991, 3ª Turma. Rel. Min. Eduardo Ribeiro, DJ 24.02.1992, p. 01868. RSTJ, vol. 29, p. 462).[46]

---

[46] No mesmo sentido, os seguintes julgados do STJ: AgRg no AREsp 109156/PR, Rel. Min. João Otávio de Noronha, Terceira Turma, j. 09.06.2015, *DJE* 12.06.2015; AgRg no AREsp 245586/SP, Rel. Min. Raul Araújo, Quarta Turma, j. 19.08.2014, *DJE* 16.09.2014; AgRg no AREsp 093530/SP, Rel. Min. Paulo de Tarso Sanseverino, Terceira Turma, j. 05.03.2013, *DJE* 02.04.2013; REsp 1177862/RJ, Rel. Min. Nancy Andrighi, Terceira Turma, j. 03.05.2011, *DJE* 01.08.2011; REsp 950522/PR, Rel. Min. Luis Felipe Salomão, Quarta Turma, j. 18.08.2009, *DJE* 08.02.2010.

Superior Tribunal de Justiça. *AREsp 93530/São Paulo, Rel. Min. Paulo de Tarso Sanseverino, T3 – Terceira Turma, j. 05.03.2013, DJe 02.04.2013). Agravo regimental no agravo em recurso especial. Processual civil. Inépcia da petição inicial. Ausência de demonstração da questão federal. Súmula 284/STF. Condomínio. Danos. Áreas comuns e unidades autônomas. Legitimidade. Precedentes. [...]. 2. Legitimidade ativa do condomínio, na pessoa do síndico, para ação voltada à reparação de vícios de construção nas partes comuns e em unidades autônomas. Precedentes. 3. Ausência de impugnação, no tocante à denunciação da lide, ao fundamento do acórdão recorrido. Incidência das Súmulas 283 e 284/STF. 4. Decisão agravada mantida. 5. Agravo Regimental Desprovido. (AREsp 93530/São Paulo, Rel. Min. Paulo de Tarso Sanseverino, 3ª Turma, j. 05.03.2013, DJe 02.04.2013).*

Superior Tribunal de Justiça. *Tem o condomínio, na pessoa do síndico, legitimidade ativa para ação voltada à reparação de vícios de construção nas partes comuns e em unidades autônomas" (STJ – AgRg no REsp n. 1.344.196/SP, Rel. Min. Marco Buzzi, 4ª Turma, j. 16.03.2017, DJe 30.03.2017).*

Superior Tribunal de Justiça. *Condomínio. Danos havidos em partes comuns e nas unidades autônomas. Poder Judiciário. Tribunal de Justiça do Estado de São Paulo Apelação nº 0128717-41.2011.8.26.0100. Voto nº 24976, Página 6 de 13. Legitimidade do síndico. O Condomínio, representado pelo Síndico, é parte legítima para pleitear a reparação dos danos havidos nas partes comuns e nas unidades autônomas do edifício. Inteligência do art. 22, § 1º, "a", da Lei 4.591, de 16.12.64. Precedentes. Recurso especial não conhecido. (STJ, REsp 198511/RJ, 4ª Turma, Rel. Min. Barros Monteiro, j. 24.10.2000)*

Superior Tribunal de Justiça. *Condôminos – Representação pelo condomínio, por meio do síndico. Demanda visando à reparação de vícios na construção de que resultaram danos nas partes comuns e nas unidades autônomas. Legitimidade do condomínio para pleitear indenização por uns e outros. Interpretação da expressão "interesses comuns" contida no artigo 22 § 1º, "a" da Lei 4.591/1964. (...) 3 – Recurso especial. Inviabilidade em relação à matéria que envolva questões de fato. (STJ, REsp 178.817/MG, 3ª Turma, Rel. Min. Eduardo Ribeiro, j. 03.02.2000).*

Tribunal de Justiça de São Paulo. *Obrigação de fazer. Vícios de construção. Decisão que indeferiu a denunciação da lide e afastou as alegações de ilegitimidades passiva e ativa. Legitimidade ativa ad causam do Condomínio. Art. 22, § 1o, a, da Lei 4.591/1964. Condomínio é parte legítima ativa na ação de reparação de danos contra o construtor da obra, por defeitos de construção ocorridos na área comum do edifício, bem como na área individual de cada unidade habitacional, uma vez que àquele é permitida a defesa tanto de interesses coletivos quanto individuais homogêneos dos moradores. Alegação de ilegitimidade passiva afastada. Artigo 31 da Lei 4.591/1964. Responsabilidade solidária do incorporador e do construtor. O incorporador, como impulsionador do empreendimento imobiliário em condomínio, atrai para si a responsabilidade pelos danos que possam resultar da inexecução ou da má execução do contrato de incorporação, incluindo-se aí os danos advindos de construção defeituosa. Aos consumidores, as empresas de grupo, as subsidiárias, as que sofreram sucessão, respondem juridicamente, teoria da aparência. Aplicação do CDC. Inversão do ônus da prova cabível, diante do que constou nas conclusões da vistoria, presença de vícios e do direito de consumidor. Hipossuficiência técnica. Diante do não conhecimento dos adquirentes acerca dos produtos e serviços prestados no empreendimento, de rigor a manutenção da decisão. A inversão se traduz na realidade em regra de julgamento e não se confunde com o ônus de realização da prova. Agravo desprovido. (TJSP; Agravo de Instrumento 0061482-95.2013.8.26.0000; Relator (a):. Silvério da Silva; 8ª Câmara de Direito Privado; Foro Central Cível -; 16ª Vara Cível; j. 14.08.2013; Data de Registro: 15.08.2013)[47].*

---

[47] Em igual sentido, no Tribunal de Justiça de São Paulo:

Ação de reparação de danos. Agravo retido. Ilegitimidade ativa [...] Ação de reparação de danos Legitimidade do Condomínio para propor ação voltada à reparação de vícios de construção em unidades autônomas e em áreas comuns Precedentes do Superior Tribunal de Justiça – Preliminar rejeitada. Ação de reparação de danos. Decadência do prazo para apontar o vício. Não verificação. Danos apontados que configuram defeito da prestação de serviços. Aplicação do prazo previsto pelo artigo 27 do Código de Defesa do Consumidor, que é de cinco anos. Decadência não verificada. Ação de reparação de danos. Construtora que responde pelos vícios apresentados no edifício mesmo em se tratando de contrato de preço de custo, disciplinado pelo artigo. 58 da Lei 4.591/1964. Defeitos que restaram demonstrados. Necessidade de alteração da rede elétrica instalada para adequação às normas de segurança. Requerida que deverá arcar com o pagamento dos reparos promovidos pelo Condomínio autor. Ausência de comprovação de que o montante dispendido pelo Condomínio estaria em desconformidade com os valores de mercado. Ônus da requerida de comprovar os fatos impeditivos, modificativos e extintivos do direito do autor. Inteligência do artigo 333, inciso II do Código de Processo Civil. Sentença de procedência. Manutenção. Recurso não provido. Não se conhece do agravo retido e nega-se provimento ao recurso de apelo. (TJSP; Apelação 9095993-39.2008.8.26.0000; Relator (a):. Marcia Dalla Déa Barone; 1ª Câmara Extraordinária de Direito Privado; Foro de Americana – 2.Vara Cível; j. j. 10.12.2013; Data de Registro: 12.12.2013).

Confira-se magistério de Francisco Loureiro:[48] "O síndico pode requerer medidas cautelares, notificações, protestos, em suma, os remédios adequados para fazer cessar o ilícito ofensor do interesse comum dos condôminos. É essencial, no entanto, o interesse defendido ser comum e não exclusivo de apenas um dos condôminos. Caso exemplar é o da legitimidade de o condomínio propor ação indenizatória contra o construtor ou o incorporador, em razão de defeitos de construção ou a insuficiência de espaços de garagem, que afetem áreas comuns, ou interesses comuns dos condôminos, e não apenas determinada unidade autônoma (*RT* 702/91, *JSTJLex* 10/157).

Seria contrário ao princípio da celeridade a existência de inúmeras ações buscando reparação de danos por um só fato gerador: os vícios e defeitos causados pelo mesmo réu.

Todavia, a mesma legitimação extraordinária não é admitida para o pleito dos danos morais e, nesse sentido, os seguintes julgados, da lavra da Ministra Nancy Andrighi:

> **Superior Tribunal de Justiça.** *Direito civil, consumerista e processual civil. Recurso especial. Condomínio. Ação cominatória de obrigação de fazer cumulada com pedido de indenização por danos materiais e compensação por danos morais. Defeitos na construção do imóvel. Prequestionamento. Ausência. Súmula 211/STJ. Embargos de declaração. Omissão, contradição ou obscuridade. Não ocorrência. Pedido de compensação por danos morais sofridos pelos condôminos. Ilegitimidade ativa ad causam do condomínio para a propositura da ação. Ausência de autorização legal. Natureza personalíssima do dano extrapatrimonial. 1. A ausência de decisão acerca dos dispositivos legais indicados como violados, não obstante a interposição de embargos de declaração, impede o conhecimento do recurso especial. 2. Ausentes os vícios do art. 535 do CPC [atual art. 1.022], rejeitam-se os embargos de declaração. 3. A legitimidade para atuar como parte no processo, por possuir, em regra, vinculação com o direito material, é conferida, na maioria das vezes, somente aos titulares da relação de direito material. O CPC contém, entretanto, raras exceções nas quais a legitimidade decorre de situação exclusivamente processual (legitimidade extraordinária). Para esses casos, o art. 6º do CPC [atual art. 18] exige autorização expressa em lei. 4. Conforme regra prevista nos arts. 1.348, II, do CC e 22, §1º, "a", da Lei 4.591/1964, o condomínio, representado pelo síndico (art. 12, IX, do CPC) [atual art. 75, X], possui legitimidade para promover, em juízo ou fora dele, a defesa dos interesses comuns. 5. O diploma civil e a Lei 4.591/1964 não preveem a legitimação extraordinária do condomínio para, representado pelo síndico, atuar como parte processual em demanda que postule a compensação dos danos extrapatrimoniais sofridos pelos condôminos, proprietários de cada fração ideal, o que se coaduna com a própria natureza personalíssima do dano extrapatrimonial, que se caracteriza como uma ofensa à honra subjetiva do ser humano, dizendo respeito, portanto, ao foro íntimo do ofendido. 6. O condomínio é parte ilegítima para pleitear pedido de compensação por danos morais em nome dos condôminos. Precedente da 3ª Turma. 7. Recursos especiais parcialmente conhecidos e nessa parte providos. Sucumbência mantida (REsp 1177862/RJ, Rel. Min. Nancy Andrighi, Terceira Turma, j. 03.05.2011, DJe 01.08.2011).*
>
> **Superior Tribunal de Justiça.** *Agravo interno em recurso especial. Ação de obrigação de fazer cumulada com indenização por danos morais. Natureza jurídica do condomínio. Ente despersonalizado. Violação da honra objetiva. Dano moral não configurado. 1. O propósito recursal consiste em determinar a possibilidade jurídica do pedido de reparação de danos morais formulado por condomínio, ante a publicação de conteúdo potencialmente lesivo em redes sociais por moradores temporários. 2. No âmbito das Turmas que compõem a Segunda Seção do STJ, prevalece a corrente de que os condomínios são entes despersonalizados, pois não são titulares das unidades autônomas, tampouco das partes comuns, além de não haver, entre os condôminos, a "affectio societatis", tendo em vista a ausência de intenção dos condôminos de estabelecerem, entre si, uma relação jurídica, sendo o vínculo entre eles decorrente do direito exercido sobre a coisa e que é necessário à administração da propriedade comum. 3. Caracterizado o condomínio como uma massa patrimonial, não há como reconhecer que seja ele próprio dotado de honra objetiva. Precedente. 4. Agravo interno não provido (AgInt no REsp 1.837.212/RJ, Rel. Min. Nancy Andrighi, Terceira Turma, j. 31.08.2020, DJe 03.09.2020).*

Em igual sentido:

> **Tribunal de Justiça de São Paulo.** *Responsabilidade Civil – Obrigação de Fazer – Cerceamento de defesa – Inexistência – Condomínio – Vícios construtivos nas áreas comuns e nas unidades autônomas – Legitimidade*

---

45   Francisco Eduardo Loureiro, *Código Civil Comentado*: doutrina e jurisprudência. 5. ed. (coordenador Ministro Cezar Peluso). Barueri: Manole, 2011. p. 1404.

ativa do condomínio para pleitear a reparação de danos materiais – Precedentes do STJ – Inaplicabilidade do prazo decadencial do art. 445 do CC por se tratar de ação visando ao reparo dos vícios construtivos e não redibição ou abatimento do preço – O prazo estabelecido no art. 618 do Código Civil vigente é de garantia, e, não, prescricional ou decadencial – Prescrição que se rege pelo art. 205 do Código Civil – O Condomínio não tem legitimidade "ad causam" para pedir em favor dos condôminos a compensação por dano moral, devendo ser afastada tal condenação – Recurso provido em parte. (TJSP; Apelação Cível 1001109-44.2013.8.26.0271; Rel. (a): Alcides Leopoldo; 4ª Câmara de Direito Privado; Foro de Itapevi – 2ª Vara Cível; j. 06.12.2018; Data de Registro: 06.12.2018).

Interessantíssima, contudo, é a admissão de agente financeiro no polo passivo da relação jurídica processual em que se discute defeito na construção:

Superior Tribunal de Justiça. *Vencidos os Srs. Ministros Adhemar Maciel que dele conhecia mas lhe negava provimento e Ari Pargendler que conhecia e lhe dava provimento. Data da decisão: 04.08.1997, 2ª Turma. Civil e processual. Imóvel adquirido pelo SFH. Defeito de construção. Legitimidade passiva da CEF. Contratos de financiamento e de construção. Interdependência. Prescrição. Incoerência. Direito do consumidor. Lei 8.078/1990 (arts. 12 e 27). Código Civil (art. 178, § 5º, IV). Matéria fático-probatória. Súmulas STJ nos 05 e 07. Precedentes. 1. A Caixa Econômica Federal é parte legitima nas ações concernentes ao SFH, sendo inequívoca a interdependência entre os contratos de financiamento e de aquisição de unidades habitacionais pelos mutuários. 2. É de cinco anos, contados do conhecimento do dano por fato do construtor, o prazo para reclamação dos prejuízos sofridos pela adquirente. 3. Em sede de Recurso Especial, é inadmissível o reexame da prova e interpretação de cláusula contratual. 4. Recurso Especial não conhecido. (Recurso especial 85.886/ DF, Decisão: por maioria, não conhecer do recurso, Rel. Min. Peçanha Martins. DJ 22.06.1998, p. 58).*

Superior Tribunal de Justiça. *Recurso especial. Sistema Financeiro da Habitação. Vícios na construção de imóvel cuja obra foi financiada. Legitimidade do agente financeiro. 1. Em se tratando de empreendimento de natureza popular, destinado a mutuários de baixa renda, como na hipótese em julgamento, o agente financeiro é parte legítima para responder, solidariamente, por vícios na construção de imóvel cuja obra foi por ele financiada com recursos do Sistema Financeiro da Habitação. Precedentes. 2. Ressalva quanto à fundamentação do voto-vista, no sentido de que a legitimidade passiva da instituição financeira não decorreria da mera circunstância de haver financiado a obra e nem de se tratar de mútuo contraído no âmbito do SFH, mas do fato de ter a CEF provido o empreendimento, elaborado o projeto com todas as especificações, escolhido a construtora e o negociado diretamente, dentro de programa de habitação popular. 3. Recurso especial improvido (REsp 738.071/SC, Rel. Min. Luis Felipe Salomão, 4ª Turma, j. 09.08.2011, DJe 09.12.2011).*

Portanto, verifica-se que a conclusão não é absoluta e tampouco unânime, tendo em vista que o Superior Tribunal de Justiça já determinou a legitimidade da instituição financeira apenas quando atua diretamente na obra e não apenas como simples financiadora da construção, ainda que, nesta última hipótese, fiscalize as obras:

Superior Tribunal de Justiça. *Recursos especiais. Sistema financeiro da habitação. SFH. Vícios na construção. Agente financeiro. Ilegitimidade. Dissídio não demonstrado. Interpretação de cláusulas contratuais. Vício na representação processual. 1. A questão da legitimidade passiva da CEF, na condição de agente financeiro, em ação de indenização por vício de construção, merece distinção, a depender do tipo de financiamento e das obrigações a seu cargo, podendo ser distinguidos, a grosso modo, dois gêneros de atuação no âmbito do Sistema Financeiro da Habitação, isso a par de sua ação como agente financeiro em mútuos concedidos fora do SFH (1) meramente como agente financeiro em sentido estrito, assim como as demais instituições financeiras públicas e privadas, (2) ou como agente executor de políticas federais para a promoção de moradia para pessoas de baixa ou baixíssima renda. 2. Nas hipóteses em que atua na condição de agente financeiro em sentido estrito, não ostenta a CEF legitimidade para responder por pedido decorrente de vícios de construção na obra financiada. Sua responsabilidade contratual diz respeito apenas ao cumprimento do contrato de financiamento, ou seja, à liberação do empréstimo, nas épocas acordadas, e à cobrança dos encargos estipulados no contrato. A previsão contratual e regulamentar da fiscalização da obra pelo agente financeiro justifica-se em função de seu interesse em que o empréstimo seja utilizado para os fins descritos no contrato de mútuo, sendo de se ressaltar que o imóvel lhe é dado em garantia hipotecária. Precedente da 4ª Turma no REsp 1.102.539/PE. 3. Hipótese em que não se afirma, na inicial, tenha a CEF assumido qualquer outra obrigação contratual, exceto a liberação de recursos para a construção. Não integra a causa de pedir a alegação de que a CEF tenha atuado como agente promotor da obra, escolhido a construtora, o terreno a ser edificado ou tido qualquer responsabilidade em relação ao projeto. 4. O acórdão recorrido, analisando as cláusulas do contrato em questão, destacou constar de sua cláusula terceira, parágrafo décimo, expressamente que "a CEF designará um fiscal, a quem caberá vistoriar e proceder à medição das etapas efetivamente* *executadas, para fins de liberação de parcelas. Fica entendido que a vistoria será feita exclusivamente para efeito de aplicação do empréstimo, sem qualquer responsabilidade da CEF pela construção da obra". Essa previsão contratual descaracteriza o dissídio jurisprudencial alegado, não havendo possibilidade, ademais, de revisão de interpretação de cláusula contratual no âmbito do recurso especial (Súmulas 5 e 7). 5. Recurso especial da Caixa Seguradora S/A não conhecido e recurso especial do Condomínio Edifício Residencial da Praça e Outros não provido (REsp 897.045/RS, Rel. Min. Maria Isabel Gallotti, 4ª Turma, j. 09.10.2012, DJe 15.04.2013).*

Outrossim, havendo relação de consumo e sendo o fornecedor parte legítima para responder pelos prejuízos, embora a inversão do ônus da prova não seja automática, mas possível nas relações de consumo, torna o réu responsável pelo custeio da perícia requerida pelo autor e, caso não adiante os honorários periciais nos casos em que a prova é requerida pelo autor e invertida, terá contra si a presunção de veracidade dos fatos alegados pelo autor.

Em ação de indenização por danos materiais relativos a vícios construtivos em imóvel do Programa Minha Casa, Minha Vida (PMCMV), o condomínio autor, composto por beneficiários do programa, pediu inversão do ônus da prova. Quanto ao ônus da prova, fundamentado no art. 373, § 1º, do CPC e no art. 6º, VIII, do CDC, o STJ reconheceu a possibilidade de inversão em favor dos autores, considerando a hipossuficiência e a maior facilidade da Caixa Econômica Federal (CEF) em comprovar a ausência dos vícios. Essa inversão, no entanto, não transferiu a responsabilidade pelas custas da perícia para a ré; caso a CEF optasse por não antecipar os honorários periciais, as alegações dos autores seriam presumidas verdadeiras (REsp 2.097.352/SP, Rel. Min. Nancy Andrighi, 3ª Turma, j. 19.03.2024, *DJe* 22.03.2024).

10.6. MODELO DE AÇÃO REDIBITÓRIA – RESTITUIÇÃO DAS QUANTIAS PAGAS

MM. Juízo da (...)

(...), por seus procuradores (documento 1), (...), vem, respeitosamente, perante Vossa Excelência, aforar, pelo procedimento comum, rito ordinário, em face de (...), a competente

Ação redibitória com pedido de antecipação de tutela,

o que faz com supedâneo nos arts. 12 e 18 da Lei 8.078/1990, expondo e requerendo o quanto segue:

I – Fatos

No dia (...), através de contrato escrito (documento 2), a autora adquiriu da ré o imóvel localizado na rua (...), pelo preço de R$ (...).

Todavia, no último dia (...), em plena madrugada, parte do telhado do aludido imóvel ruiu (fotos anexas – documento 3), obrigando a autora a se deslocar para um hotel e, posteriormente, para imóvel locado, conforme comprovam os documentos anexos (documentos 4 e 5).

Noticiando o fato à construtora fornecedora através de notificação levada a efeito em (...) (documento 6), esta se quedou inerte, deixando ultrapassar *in albis* o prazo de 30 dias do § 1º do art. 18, do Código de Defesa do Consumidor, recusando-se, terminantemente, a adotar qualquer providência, seja para o reparo no imóvel, seja para ressarcir os prejuízos da autora.

As providências solicitadas são urgentes, o que se afirma em virtude das despesas geradas à autora, que não havia se programado para o pagamento de diárias de hotel e, tampouco, locação de outro imóvel.

Posta assim a questão, ante a resistência da ré em cumprir sua obrigação legal, não restou alternativa à autora senão aforar a presente ação.

II – Direito

Os arts. 12 e 18 da Lei 8.078/1990 são claros ao estabelecer a responsabilidade objetiva do fornecedor por vícios do produto, preceituando que:

Art. 18, § 1º Não sendo o vício sanado no prazo máximo de trinta dias, pode o consumidor exigir, alternativamente e à sua escolha:

I – A substituição do produto por outro da mesma espécie, em perfeitas condições de uso;

II – a restituição imediata da quantia paga, monetariamente atualizada, sem prejuízo de eventuais perdas e danos;

III – o abatimento proporcional no preço.

Ensina Roberto Senise Lisboa que:

O consumidor tem o direito de ter reparado em seu favor o dano ou ameaça de prejuízo patrimonial sofrido, em face da existência de um defeito intrínseco do produto ou serviço fornecido.[49]

Zelmo Denari é esclarecedor acerca dos vícios por insegurança (art. 12 do CDC) e vícios por inadequação (arts. 18 e 19 do CDC):

Para bem explicitar a distinção entre os dois modelos de defeito e responsabilidade, podemos considerar as seguintes distinções jurídicas:

a) um produto pode ser defeituoso sem ser inseguro;

b) um produto ou serviço pode ser defeituoso e, ao mesmo tempo, inseguro.[50]

Mais adiante, esclarece:

O construtor é aquele que introduz produtos imobiliários no mercado de consumo, através do fornecimento de bens ou serviços. Sua responsabilidade por danos causados ao consumidor pode decorrer dos serviços técnicos de construção, bem como dos defeitos relativos ao material empregado na obra. Nesta última hipótese, responde solidariamente com o fabricante do produto defeituoso, nos termos do § 1º do art. 25 do CDC.[51]

Portanto, no vertente caso, estão presentes as duas espécies de vícios: por insegurança ou defeitos (art. 12) e por inadequação ou simplesmente vícios (art. 18).

Deveras, ninguém adquire imóvel para, depois de pouco mais de três anos da construção, ver parte de seu teto ruir!

Danos morais

Segundo o inigualável José de Aguiar Dias:

O dano moral é o efeito não patrimonial da lesão de direito e não a própria lesão abstratamente considerada.[52]

A Constituição Federal garante expressamente no art. 5º, incs. V e X, a indenização por dano moral, cumulável com indenização por dano material oriundo do mesmo fato,[53] não exigindo, por outro lado, a comprovação do reflexo patrimonial do prejuízo, isso de acordo com o Superior Tribunal de Justiça (*Revista do Superior Tribunal de Justiça*, 34/284) e Supremo Tribunal Federal (*RT* 614/236).

No âmbito do Código de Defesa do Consumidor, os incs. VI e VII do art. 6º contemplam a hipótese:

Art. 6º são direitos básicos do consumidor:

VI – a efetiva prevenção e reparação de danos patrimoniais e morais, individuais, coletivos e difusos.

VII – o acesso aos órgãos judiciários e administrativos, com vistas à prevenção ou reparação de danos patrimoniais e morais, individuais, coletivos ou difusos, assegurada a proteção jurídica, administrativa e técnica aos necessitados.

---

[49] Roberto Senise Lisboa, *Relação de consumo e proteção jurídica do consumidor*, São Paulo: Juarez de Oliveira, 1999, p. 55.

[50] Zelmo Denari, *Código Brasileiro de Defesa do Consumidor comentado pelos autores do anteprojeto*, São Paulo: Forense Universitária, 1999, p. 153.

[51] Zelmo Denari, ob. cit., p. 158. A responsabilidade nos vícios por inadequação é solidária, também em virtude do art. 18 do CDC.

[52] José de Aguiar Dias, *Da responsabilidade civil*, 10ª ed., Rio de Janeiro: Forense, 1995, p. 737.

[53] Súmula nº 37 do Superior Tribunal de Justiça.

Ensina o professor José Osório de Azevedo Junior:

O tema do dano moral normalmente é tratado, aliás, sempre é tratado dentro do campo da Responsabilidade Civil e a responsabilidade civil é sempre estudada em sua forma esquemática. Esse esquema parte dos pressupostos da Responsabilidade Civil. Um ato ou omissão, um dano, o nexo de causalidade e a culpa que pode estar presente ou não. Os três primeiros elementos estão sempre presentes e sem eles não se estabelece uma situação de Responsabilidade Civil.[54]

Como demonstrado, se aplica o Código de Defesa do Consumidor à relação jurídica entre as partes. Portanto, há responsabilidade objetiva, sendo desnecessária a presença ou prova da culpa.

A responsabilidade civil sem culpa, conquanto de natureza excepcional, se impõe no campo das relações de consumo como único meio efetivo de viabilizar na prática o direito do consumidor (aquele que não tem como repassar seus prejuízos) ser indenizado quando lesado pela persuasão oculta ou pelos sutis comportamentos de mercado lesivos ao interesse geral.[55]

A grande inovação do CDC foi alterar a tradicional concepção da responsabilidade civil baseada na culpa.

A responsabilidade da ré passa a ser objetiva, já que responde *"independentemente da existência de culpa pelos danos causados aos consumidores"* (art. 12 *caput*), sejam eles materiais ou morais (art. 6º, inc. VII).

Por evidente que a ré, ante ao defeito do produto, causou inúmeros transtornos para a autora, que teve, às pressas, que sair de sua residência, providenciar imóvel para locação, passando por angústias e incertezas.

Com isso, experimentou situação humilhante, saindo de sua residência em plena madrugada, em virtude do defeito de construção perpetrado pela ré. Dificilmente irá apagar-se de sua memória esse fato ocorrido.

A indenização pleiteada não irá reparar o sofrimento da autora, mas servirá para compensá-la, de alguma forma, atenuando as adversidades que enfrentou e ainda enfrenta.

Ora, Excelência, a quebra simultânea e violenta da expectativa de residir em casa própria e, principalmente, os momentos aterrorizantes que passou ante o desabamento, em plena madrugada, de parte do teto de sua residência continuam sendo extremamente danosos à autora, que teve que providenciar a retirada de seus pertences e buscar abrigo em outro lugar, enfim, passar por transtornos que jamais poderia imaginar, aos quais a ré assistiu absolutamente inerte.

Há que se considerar que nosso tempo de vida é bem valioso; sem ele, todo o resto nada significa.

Para Poli, o dano, em sentido jurídico, significa *abolição ou diminuição, mesmo parcial ou temporária, de um bem da vida.*[56]

A ré é a única responsável pelos dissabores passados pela autora e, nesse caso, impõe-se que arque com a responsabilidade de reparação, mormente em face dos ilícitos perpetrados em função da sua ganância.

A autora entende, com sustentáculo nos doutos, que a dor moral é o maior dos males, já que incide sobre o íntimo do homem, sua própria vida, diminuindo-lhe a qualidade e intensidade. Por conseguinte, quem causa essa dor moral deve responder pelo ato danoso.

De fato, nada obstante a dificuldade que surge na avaliação dessa dor, entende Planiol que não é pelo fato de não se poder fazer melhor que haveria justificativa para nada se fazer.

Complementa Aguiar Dias que *a condição da impossibilidade matemática exata da avaliação só pode ser tomada em benefício da vítima e não em seu prejuízo.*[57]

É que em sede de reparação por danos morais, não se pede um preço a ser pago pela dor sofrida. Em verdade é apenas um meio de atenuar parcialmente a ilação extraída da lesão jurídica.

---

[54] "O dano moral e sua avaliação", *Revista do Advogado* nº 49, p. 9, dez./1996.

[55] Luiz Amaral, "O código do consumidor", *Revista de Informação Legislativa*, p. 159, 27 abr.-jun./1990.

[56] *Il reato, il risarcimento, la riparazione*, Bolonha, 1925, p. 120 *apud* José de Aguiar Dias, *Da responsabilidade civil*, 10ª ed., Rio de Janeiro: Forense, 1995, p. 714.

[57] José de Aguiar Dias, *Da responsabilidade civil*, 10ª ed., Rio de Janeiro: Forense, 1995, p. 739.

Nesse caso, o dinheiro não serve como equivalente, o que ocorre nos danos materiais, mas como pena traduzida da função satisfatória.

Pelo substrato legal e diante dos fatos trazidos à colação, cumpre a Vossa Excelência, Nobre Julgador, em cujos ombros recai a missão de aplicar o direito e, sobretudo a justiça, fazê-la presente nestes autos, acolhendo o pedido e produzindo a harmonia entre o dano moral sofrido pela autora e sua reparação, tutelando a paz social – objetivo do Direito – pelo exemplo que se seguirá.

Preleciona Carlos Alberto Bittar acerca dessa função inibitória de novas práticas do mesmo jaez pela condenação por danos morais:

> *Também são cumuláveis os pedidos de indenização por danos patrimoniais e morais, observadas as regras próprias para o respectivo cálculo em concreto, cumprindo-se frisar que os primeiros se revestem de caráter ressarcitório, e os segundos, reparatórios, de sorte que insistimos na necessidade de, quanto a estes, na respectiva fixação, adotar-se fórmulas que venham a inibir novas práticas atentatórias à personalidade humana, para cuja defesa se erigiu a teoria do dano moral, que vem sendo aplicada, ora com tranquilidade, nos tribunais do país.*[58]

Nesse sentido, ainda ensina o preclaro professor:

> *Interessante é assinalar que têm os Tribunais compreendido o alcance de orientação por que temos propugnado, e imposto a reparação em níveis satisfatórios, a fim de elidirem-se eventuais comportamentos futuros indevidos.*[59]

A vida em sociedade implica um plexo de relações jurídicas de toda a espécie que, por seu turno, refletem interesses juridicamente protegidos.

Ocorrendo a lesão de um interesse que encontra guarida no Direito, torna-se imperativa a sua reparação com supedâneo no princípio do *neminem laedere* – não lesar o próximo – e na própria legislação pátria, especialmente a precitada norma consumerista, que, no caso *sub oculis*, trata a responsabilidade de forma objetiva.

O parâmetro para a condenação dos danos morais nesses casos nos dá a sentença prolatada na 21ª Vara Cível Central da Comarca da Capital, nos autos do processo 1.354/1998:

> *Assim sendo, e considerando o escopo de desestímulo a situações semelhantes, reputo adequado o pedido de arbitramento da indenização em valor equivalente a 50% do valor das parcelas pagas com atualização deferida, aplicada por analogia a regra de penalização de obrigação não cumprida, conforme disposto no art. 35, § 5º, da Lei 4.591/1964.*

Assim mister se faz a reparação, vez que presentes os pressupostos do dano moral:

a) Ação e omissão da ré que não construiu colocou no mercado produto que não oferece a segurança que dele legitimamente se esperava (CDC, art. 12, § 1º), mormente ante a ruína do teto, passados apenas pouco mais de três anos do habite-se.

b) Resultado danoso: em face da ação e omissão da ré (nexo causal) decorreu o sofrimento e os constrangimentos pelos quais passou a autora e as consequências no seu íntimo.

III – Prova do dano

Segundo Carlos Alberto Bittar, é absolutamente dispensável a prova concreta do dano moral, vez que se trata de presunção absoluta. Nesse sentido, ensina que *não precisa a mãe comprovar que sentiu a morte do filho; ou a agravada em sua honra demonstrar que sentiu a lesão; ou o autor provar que ficou vexado com a não inserção de seu nome no uso público de sua obra, e assim por diante.*[60]

IV – Pedido de tutela antecipada de urgência (CPC, art. 300 e seguintes)

Como é natural, ante a pletora de feitos que assoberba o Poder Judiciário, o processo demandará tempo, aquele necessário para a devida instrução e demais atos que lhe são pertinentes.

---

[58] Carlos Alberto Bittar, *responsabilidade civil, teoria e prática*, Rio de Janeiro: Forense Universitária, 1989, p. 90.

[59] Carlos Alberto Bittar, "Defesa do consumidor: reparação de danos morais em relações de consumo", *Revista do advogado* nº 49, dez./1996.

[60] Carlos Alberto Bittar, *Reparação civil por danos morais*, São Paulo: Revista dos Tribunais, 1993, p. 204.

Até que decisão final seja proferida, independentemente da vontade de Vossa Excelência, os danos da autora poderão ser exacerbados, tornando-se difícil a reparação, mormente que seus recursos financeiros não são suficientes para continuar arcando com os custos de alugueres até que a presente ação de conhecimento chegue à sentença.

Assim, ante o comando do art. 18 do Código de Defesa do Consumidor, que requer a *imediata restituição das quantias pagas*, pede-se e espera-se que Vossa Excelência se digne de antecipar a tutela pedida, determinando que pague a ré, antecipadamente, a quantia de R$ (...), acrescidos de juros e correção monetária desde o desembolso, a título de restituição do valor pago pela autora.

Caso assim não entenda Vossa Excelência, que, ao menos, determine o imediato pagamento dos alugueres despendidos pela autora, já pagos (documento 5), no montante de R$ (...) e, também, os vincendos, até o deslinde da vertente ação.

V – Pedido de mérito

Ex positis, requer a autora que, ao final, digne-se Vossa Excelência de julgar procedente a presente ação para *condenar a ré no pagamento*:

a) de R$ (...), acrescidos de juros e correção monetária desde o pagamento, decorrentes da restituição dos valores pagos pelo imóvel,[61] nos termos do inc. II do § 1º art. 18 do CDC;

b) das despesas com hospedagem e locação, enquanto não restituídos os valores pagos pelo imóvel defeituoso (documentos 4 e 5);

c) das despesas de transporte e mudança, no valor de R$ (...) (documento 7);

d) do valor a ser arbitrado por Vossa Excelência a título de danos morais, desde já estimado em R$ (...) (CPC, arts. 292, V, e 324, § 1º, II),[62] tendo em vista a posição social da autora, bem como

---

[61]   Ou o valor decorrente de pedido estimatório (ação *quanti minoris*), em decorrência do abatimento proporcional no preço.

[62]   **Superior Tribunal de Justiça.** Direito Processual Civil. Recurso Especial. Aplicação do CPC/1973. Ação de indenização por dano material e compensação por dano moral. Cobranças indevidas. Inscrição em cadastro de inadimplentes. Pedido genérico. Possibilidade. Individualização da pretensão autoral. Valor da causa. Quantia simbólica e provisória. 1. Ação ajuizada em 16.12.2013. Recurso Especial interposto em 14.05.2014. Autos atribuídos a esta Relatora em 25.08.2016. 2. Aplicação do CPC/1973, a teor do Enunciado Administrativo n. 2/STJ. 3. É pacífica a jurisprudência desta Corte quanto à possibilidade de formulação de pedido genérico de compensação por dano moral, cujo arbitramento compete exclusivamente ao juiz, mediante o seu prudente arbítrio. 4. Na hipótese em que for extremamente difícil a imediata mensuração do quantum devido a título de dano material – por depender de complexos cálculos contábeis –, admite-se a formulação de pedido genérico, desde que a pretensão autoral esteja corretamente individualizada, constando na inicial elementos que permitam, no decorrer do processo, a adequada quantificação do prejuízo patrimonial. 5. Em se tratando de pedido genérico, o valor da causa pode ser estimado em quantia simbólica e provisória, passível de posterior adequação ao valor apurado na sentença ou no procedimento de liquidação. 6. Recurso especial parcialmente provido (REsp 1534559/SP, Rel. Min. Nancy Andrighi, Terceira Turma, j. 22.11.2016, *DJe* 01.12.2016).
       Superior Tribunal de Justiça. *Recurso Especial nº 108.155/RJ (9600588457), decisão: por unanimidade, conhecer do recurso especial e lhe dar provimento, 04.12.1997, 3ª Turma. Processual civil – danos morais – arbitramento do "quantum debeatur" pelo magistrado – inteligência do art. 286, I a III, do CPC [atual art. 324, § 1º, I a III]. I – O direito pretoriano acolhe entendimento no sentido de que o dano moral, não havendo outro critério de avaliação, deve ficar ao prudente critério do juiz sua quantificação. III – recurso conhecido e provido. Rel. Min. Waldemar Zveiter. Indexação: cabimento, pedido genérico, dano moral, hipótese, inclusão, nome, autor, SPC, posterioridade, quitação, débito, possibilidade, magistrado, arbitramento, valor, decorrência, princípio do livre convencimento. DJ 30.03.1998, p. 41; Veja: REsp125.417-RJ (STJ); Doutrina: Pontes de Miranda, Comentários ao Código de Processo Civil, Forense, 1974, vol. 4, p. 35; Vicente Greco Filho, Direito processual civil brasileiro, 1984, vol. 2, p. 99.*
       Humberto Theodoro Júnior, *Dano Moral*, São Paulo: Juarez de Oliveira, 2000, p. 36-37 ensina que *as duas posições, sociais e econômicas, da vítima e do ofensor, obrigatoriamente, estarão sob análise, de maneira que o juiz não se limitará a fundar a condenação isoladamente na fortuna eventual de um ou na possível pobreza do outro.*
       Assim, nunca poderá o juiz arbitrar a indenização do dano moral tomando como base tão somente o patrimônio do devedor. Sendo a dor moral insuscetível de uma equivalência com qualquer padrão financeiro, há uma universal recomendação, nos ensinamentos dos doutos e nos arestos dos tribunais,

a da ofensora, ou outro valor que Vossa Excelência venha a arbitrar, tendo em vista os critérios expostos nesta exordial;

e) de custas, honorários de advogado, juros e demais despesas.

VI – Citação

Nos termos do art. 246 do CPC, requer-se a citação por meio eletrônico ou, não havendo cadastro, pelo correio (*ou, ainda, justificando, por Oficial de Justiça, nos termos do § 1º-A, II, do art. 246 do CPC, facultando-se ao Sr. Oficial de Justiça encarregado da diligência proceder nos dias e horários de exceção (CPC, art. 212, § 2º)*), para eventual oferta de resposta no prazo de 15 (quinze) dias (art. 335 do Código de Processo Civil), sob pena de serem tidos por verdadeiros todos os fatos aqui alegados (art. 344 do Código de Processo Civil), devendo o respectivo mandado conter as finalidades da citação, as respectivas determinações e cominações, bem como a cópia do despacho do(a) MM. Juiz(a), comunicando, ainda, o prazo para resposta, o juízo e o cartório, com o respectivo endereço.

VII – Audiência de conciliação

Nos termos do art. 334, § 5º, do Código de Processo Civil, o autor desde já manifesta, pela natureza do litígio, desinteresse em autocomposição.

Ou

Tendo em vista a natureza do direito e demonstrando espírito conciliador, a par das inúmeras tentativas de resolver amigavelmente a questão, o autor desde já, nos termos do art. 334 do Código de Processo Civil, manifesta interesse em autocomposição, aguardando a designação de audiência de conciliação.

VIII – Provas

Requer-se provar o alegado por todos os meios de prova em direito admitidos, incluindo perícia, produção de prova documental, testemunhal, inspeção judicial, depoimento pessoal sob pena de confissão caso o réu (ou seu representante) não compareça, ou, comparecendo, se negue a depor (art. 385, § 1º, do Código de Processo Civil).

Requer, outrossim, nos termos do art. 6º, inc. VIII, da Lei 8.078/1990, a inversão do ônus da prova.

IX – Valor da causa.[63]

Dá-se à presente o valor de R$ (...).[63]

Termos em que,

pede deferimento

Data

Advogado (OAB)

---

no sentido de que *"o montante da indenização será fixado equitativamente pelo Tribunal"* (*Código Civil Português, art. 496, inc. 3*). Por isso, lembra R. Limongi França a advertência segundo a qual *"muito importante é o juiz na matéria, pois a equilibrada fixação do quantum da indenização muito depende de sua ponderação e critério"* ("Reparação do Dano Moral", *RT* 631/36).
Ao final, aduz que o arbitramento, pelo magistrado, deve respeitar: *"a) o nível econômico do ofendido; e b) o porte econômico do ofensor".*

63 *Primeiro Tribunal de Alçada Civil de São Paulo. Processo nº 0820142-5, Agravo de Instrumento, 6ª Câmara, 22.09.1998, Rel. Oscarlino Moeller, decisão: unânime. Petição inicial – responsabilidade civil – danos morais – determinação do seu aditamento para correção do valor da causa, com discriminação do "quantum" indenizatório – descabimento, por tratar-se de pedido genérico – art. 286, II, do CPC [atual art. 324, § 1º, II]– recurso provido.*
O valor da causa nas ações de reparação por dano moral, entretanto, não respeita os critérios do art. 259, do Código de Processo Civil [atual art. 292], mas o disposto no art. 258 [atual art. 291] do mesmo estatuto (REsp80.501/RJ; STJ). Nesse caso, o autor estima o valor e, só depois, o completa em execução, quando apurado, se for maior (REsp8.323/SP, STJ; agravo de instrumento nº 92.186-4, Tribunal de Justiça de São Paulo).

10.7. MODELO DE PEDIDO NA AÇÃO DE PRECEITO COMINATÓRIO – OBRIGAÇÃO DE FAZER

Ex positis, com fundamento no art. 84 do CDC, requer a autora que, ao final, digne-se Vossa Excelência de julgar procedente a presente ação:

a) Imputando ao réu a pena de multa diária de R$ (...) pelo descumprimento da final decisão (CPC, arts. 536 e 537), independentemente da antecipação de tutela[64] para que substitua (ou conserte) o imóvel defeituoso.

a.1) Conforme o disposto no art. 499 do CPC e seu parágrafo único, as prestações de fazer e não fazer devem, prioritariamente, ser objeto de tutela específica, podendo ser convertidas em prestação pecuniária se houver pedido expresso ou quando não for possível a obtenção da tutela específica ou do resultado prático equivalente ao adimplemento voluntário de tal sorte que desde já se requer a condenação subsidiária na indenização, se se constatar a impossibilidade de cumprimento da tutela específica.[65]

Requer, ainda, a procedência da ação para condenar ré no pagamento:

b) Das despesas com hospedagem e locação, enquanto não substituído (reparado) o imóvel defeituoso (documento 5).

c) Das despesas de transporte e mudança, no valor de R$ (...) (documento 6).

d) Do valor a ser arbitrado por Vossa Excelência a título de danos morais, desde já estimado em (...) (CPC, arts. 292, V, e 324), tendo em vista a posição social da autora, bem como a da ofensora, ou outro valor que Vossa Excelência venha a arbitrar, tendo em vista os critérios expostos nesta exordial.

e) De custas, honorários de advogado, juros e demais despesas.

10.8. MODELO DE AÇÃO DE INDENIZAÇÃO EM FACE DE CONSTRUTORA

MM. Juízo da (...)

(...), por seus procuradores (doc. 1), (...), vem, respeitosamente, perante Vossa Excelência, aforar, pelo procedimento comum, rito ordinário, em face de (...), a competente

Ação de indenização por vícios construtivos – com pedido de antecipação dos efeitos da tutela jurisdicional pretendida para a produção antecipada de prova pericial o que faz com fundamento no art. 5°, V e XXXV, da Constituição Federal, combinado com o art. 6°, VI, VII e VIII e art. 12, do Código de Defesa do Consumidor, nos arts. 186, 249, 389, 402 a 405, 618, parágrafo único, 884 a 886 e 927, todos do Código Civil e, por fim, nos arts. 319 e seguintes e 297 combinado com o art. 300, todos do Código de Processo Civil.

I – Breve resumo dos fatos

O Condomínio autor, Excelência, foi idealizado pela ré para ser um projeto altamente sofisticado e diferenciado.

Nesta qualidade, prometeu as unidades autônomas que seriam futuramente erigidas, baseada, puramente, em apelos de ordem emocional ligados às ideias de magnitude, requinte, proposta ousada, criatividade e excelente localização, atrelados, todos, aos detalhes constantes do respectivo plano, dentre os quais, a guisa de exemplo, o lazer, a segurança e o conjunto de todas as regalias que propagou, conforme se depreende de material publicitário extraído do (...) (doc. 2).

No referido material publicitário eletrônico verifica-se, com meridiana clareza, inovações tecnológicas como, por exemplo, *"Elevador com reconhecimento digital, dando acesso restrito à sua*

---

[64] Antecipação de tutela, neste caso, requerida com fundamento nos art. 84 do Código de Defesa do Consumidor.

[65] *"Na linha de pacífica jurisprudência deste Superior Tribunal de Justiça, é possível a conversão da obrigação de fazer em perdas e danos, independentemente do pedido do titular do direito subjetivo, em qualquer fase processual, quando verificada a impossibilidade de cumprimento da tutela específica."* (REsp 2.121.365/MG, Rel. Min. Regina Helena Costa, 1ª Turma, j. 03.09.2024, DJe 09.09.2024)

residência apenas para pessoas autorizadas.", **bem como a opção de apartamentos com 3, 4 ou 5 vagas de garagem.**

Além da extensa área de lazer que, dentre os inúmeros itens, destaca-se: Salão de festas, Churrasqueira, Sala de recreação infantil, Playground, Fitness, Sauna com Ducha, Piscina adulto climatizada com raia, Piscina infantil climatizada, Solarium e Estação de ginástica externa.

Em suma, em tudo e por tudo, um empreendimento destinado a pessoas de elevado poder aquisitivo.

Contudo, Excelência, uma vez concluída e entregue a obra no dia (...) (certificado de conclusão anexo – doc. 3), outra passou a ser a impressão dos adquirentes – que não mais a de empreendimento diferenciado – assim que passaram a ocupar o condomínio autor.

Isto porque, à medida que o índice de ocupação do empreendimento foi se tornando maior, em razão da imissão na posse das unidades pelos compradores, constatou-se uma série de irregularidades e problemas de ordem técnica no empreendimento.

Entre eles, *mas não se limitando a tais,* divergências entre o projeto apresentado e aprovado perante a municipalidade bem como comercializado junto aos compradores *no tocante à quantidade de vagas de garagem e ao espaço tridimensional das mesmas, espaço para circulação de veículos, divergência de layout dos ambientes do térreo (escadarias, rampas, guarita e piscina), deficiência de ventilação permanente no 2º subsolo, bloqueio de acesso ao hall do elevador social,* além dos inúmeros vícios construtivos, podendo destacar-se, entre eles: infiltrações, machas de escorrimento e fissuras no revestimento da fachada, ausência de identificação de registros e casa de máquinas, deslocamentos, quebras e rejuntamentos inadequados nos pisos do empreendimento como um todo, trincas, fissuras e instalações elétricas inadequadas em muros e paredes externas, entre outros vícios.

Em razão dos inúmeros problemas verificados, o condomínio autor contratou empresa de engenharia especializada, com o escopo de realizar uma vistoria completa no empreendimento, elaborando laudo que apontasse todas as irregularidades verificadas, bem como os prejuízos experimentados pelo mesmo em razão delas.

Tal trabalho resultou na produção de dois pareceres, a saber: Laudo de Inspeção de "Check List" e Laudo Técnico de Auditoria – Vagas de Estacionamento (anexos – doc. 4).

Para a surpresa do condomínio autor, alguns dos problemas encontrados e apontados nos pareceres são extremamente sérios, não sendo passíveis, inclusive, de reparação física.

Dessa forma, buscando viabilizar uma composição amigável, o condomínio autor notificou extrajudicialmente a ré (notificação extrajudicial anexa – doc. 5), o que resultou numa missiva encaminhada pela ré agendando uma reunião para tratar dos problemas (carta encaminhada pela ré – doc. 6).

Referida reunião ocorreu no dia (...), com representantes técnicos (engenheiros) e jurídicos (advogados), tanto da ré, como do autor.

Contudo, nada obstante o esforço empreendido pelo autor para viabilizar uma composição amigável, referida reunião foi infrutífera, resultando em contranotificação enviada pela ré (doc. 7).

Logo, tendo em vista a impossibilidade de composição, bem com os inúmeros problemas existentes no condomínio autor, *que resultam em enorme prejuízo,* não restou alternativa ao mesmo, senão socorrer-se do Poder Judiciário a fim de buscar as devidas reparações.

II – Direito

Se a construção, durante a garantia, encontra-se em estado deplorável, significa que a mesma não observou a boa técnica de construção, agindo a ré, portanto, com flagrante culpa na execução do projeto, muito embora a sua responsabilidade no prazo quinquenal seja objetiva.

Nesse sentido o Professor Hely Lopes Meirelles,[66] como um dos Juristas precursores sobre a matéria, lecionava sobre a responsabilidade do empreiteiro:

> *"A responsabilidade pela perfeição da obra é o primeiro dever legal de todo profissional ou firma de Engenharia, Arquitetura ou Agronomia, sendo de se presumir em qualquer contrato de construção, particular ou pública, mesmo que não conste de nenhuma cláusula do ajuste. Isto porque a construção civil é, modernamente, mais que um empreendimento leigo, um processo técnico de alta especialização, que exige, além da peritia artis do prático passado, a peritia tecnica do profissional da atualidade."*

---

[66] Hely Lopes Meirelles, *In Direito de Construir,* 7ª ed., São Paulo: Malheiros, p. 223.

Ocorre que a obra entregue pela ré padece de urgentes reparos da construção, vez que coloca em risco a segurança de seus moradores, entendida esta, na acepção da palavra, como o atendimento às condições normais de moradia, o que não se verifica, de forma alguma, nas fotos (...) (Descrição... parecer – doc. 4).

Assim, diante desses fatos incontroversos a construção tem sua segurança, *lato sensu*, abalada. Neste sentido, segue ementa de acórdão esclarecedor:

"Empreitada – Construção de edifício – responsabilidade do construtor pela solidez e segurança – Defeitos constatados pela perícia – Infiltrações de água e umidade – Incidência do art. 1.245 do Código Civil [atual art. 603] – Apelação provida. Conforme orientação da moderna jurisprudência, 'o art. 1.245 do Código Civil [atual art. 603] deve ser interpretado e aplicado tendo em vista as realidades da construção civil nos dias atuais. Vazamentos nas instalações hidráulicas, constatados pericialmente e afirmados como defeitos de maior gravidade nas instâncias locais. Prejuízos inclusive à saúde dos moradores. Não é seguro um edifício que não proporcione a seus moradores condições normais de habitabilidade e salubridade. Doutrina brasileira e estrangeira quanto à extensão da responsabilidade do construtor (no caso, da incorporadora que assumiu a construção do prédio). Prazo quinquenal de garantia' (Resp nº 1882-RJ, in RSTJ, 12/330). No caso presente, os defeitos da construção foram constatados pela perícia, consistentes em infiltrações de água e umidade, tanto nas unidades autônomas como nas partes de uso comum, pela que deve ser responsabilizada a construtora por sua reparação, eis que ocorreram durante o prazo quinquenal de garantia" (Ac un da 3ªCciv do TAPR – AC 78.192-6 – Rel. Juiz Domingos Ramina – j 21.11.1995 – Aptes.: Condomínio Edifício Shanonn e outros; Apdas.: Sociedade Construtora Cidadela Ltda. e outras – DJ PR 1º.12.1995 p.51 – ementa oficial), in Repertório IOB de jurisprudência n. 2/96 – p. 25 – 3/11610.

Igualmente o Egrégio Superior Tribunal de Justiça decidiu que:[67]

"Direito Civil. Responsabilidade Civil. Empreitada. Defeitos na Construção que comprometem as condições elementares de habitabilidade. O art.1245 do Código Civil de 1916 [correspondente ao art. 618, do Código atual] abrange os defeitos que prejudicam a habitabilidade do edifício, não se limitando aos danos que acarretem ruína da construção. Precedentes. Recurso Especial não conhecido." (g.n.)

Nesse mesmo sentido:[68]

"Empreitada de Construção de Edifício. Aplicação do Artigo 1245 do Código Civil [atual art. 618 do CC/2002]. Conceito de 'segurança' do prédio. Infiltrações de Águas e Umidade. O Art. 1245 do Código Civil [atual art. 618] deve ser interpretado e aplicado tendo em vista as realidades da construção civil nos dias atuais. Vazamentos nas instalações hidráulicas, constatados pericialmente e afirmados como defeitos de maior gravidade nas instâncias locais. Prejuízos inclusive a saúde dos moradores. Não é seguro um edifício que não proporcione a seus moradores condições normais de habitabilidade e salubridade. Doutrina Brasileira e Estrangeira quanto a extensão da responsabilidade do construtor (no caso da incorporadora que assumiu a construção do prédio). Prazo quinquenal de garantia. Recurso Especial não conhecido."

Descumprimento obrigacional da ré

Rememorando as preleções legadas pelo direito romano – cuja essência, neste particular, é válida até hoje –, o contrato é um *acordo de vontades que cria, modifica ou extingue direitos de natureza patrimonial*,[69] dele advindo um plexo de obrigações mútuas que devem ser cumpridas pelas partes, mas que na prática, por uma série de razões, não o são, o que dá ensejo à responsabilidade patrimonial do faltoso.

E desponta insofismável que, do desdobramento fático encenado entre a ré, o autor e os condôminos, o vínculo jurídico entre eles travado, como não poderia deixar de ser, não representa exceção à regra.

Por meio dele, a ré assumiu uma série de obrigações, sendo as mais evidentes delas – em linhas gerais –, a perfeita execução, acabamento e entrega da obra – e, em particular e como ora interessa, da área comum – nos exatos termos empenhados no memorial descritivo (documento...):

Na via oposta – mas partindo-se do mesmo prisma –, não resta a menor dúvida de que a ré *executou, concluiu e entregou o edifício em péssimo estado geral e, mais particularmente, suas*

---

[67] REsp 595.239/SP, Rel. Min. César Asfor Rocha, 4ª T., *DJ* 13.09.2004.

[68] REsp 1.882/RJ, Rel. Min. Athos Carneiro, 4ª T., *DJ* 26.03.1990.

[69] Gaetano Sciascia, *Sinopse de direito romano*, 2ª ed., São Paulo, Saraiva, 1959.

áreas comuns, com suas características e componentes em desconformidade com aquilo a que havia se empenhado.

Pelo que revelou o relatório de inspeção predial (doc. 4), existe a "necessidade de execução de serviços de correção e finalização das obras, para que seja efetuada a entrega adequada do condomínio" sendo que todos os reparos devem ser realizados pela construtora:

E se a falta de categoria dos arremates pela ré providenciados no narrado edifício já não fosse suficiente, nunca é demais rememorar, Excelência, que o mesmo, atualmente, também não conta com a possibilidade de uso pleno das vagas de garagem pela desconformidade apontada no parecer acostado (doc. 4).

Conclusão irreprochável de tais ideias é uma só: *a ré segue em mora com as suas peculiares obrigações.*

E a este respeito, a obrigação é o vínculo jurídico transitório – que normalmente extingue-se com o pagamento, pois é o ato que por natureza finaliza a obrigação – por meio do qual o devedor compromete-se a dar, fazer ou não fazer algo ou alguma coisa em prol do credor.[70]

Seja como for, o conjunto das atitudes por ela, a ré, assumidas – em boa medida fruto da irresponsabilidade no cumprimento das obrigações a que se comprometeu –, enseja consequências outras, da mais variada ordem.

Segundo Larenz, o dano é uma perda não querida pela vítima, cujas consequências recaem sobre seus bens, saúde, integridade física, desenvolvimento profissional, expectativas de ganho, patrimônio e sobre os direitos da personalidade, ou seja, sobre a paz de espírito da vítima.[71]

Para Enneccerus, o dano pode atingir qualquer espécie de desvantagem a um bem jurídico, seja ele o *patrimônio, corpo, vida, saúde, honra, crédito, bem-estar, capacidade de aquisição "etc.".*[72]

Com efeito, a reparação dos danos demanda, hoje, uma configuração teleológica, que não se restringe aos aspectos técnicos, tradicionais, mas a todos os meios colocados à disposição da vítima para ter acesso a uma ordem jurídica justa.

Solução irretocável disso é legada pela letra do art. 389, do Código Civil, segundo o qual, *ipsis litteris:*

Não cumprida a obrigação, responde o devedor por perdas e danos, mais juros, atualização monetária e honorários de advogado.

Dentro ainda deste mesmo contexto, o art. 186, do Código Civil, determina que, *in verbis:*

Aquele que, por ação ou omissão voluntária, negligência ou imprudência, violar direito e **causar dano a outrem, ainda que exclusivamente moral,** *comete ato ilícito.*

A seu turno, o art. 927, da mesma ordenação legal, arremata, *ipsis litteris:*

Aquele que, por ato ilícito (arts. 186 e 187), causar dano a outrem, **fica obrigado a repará-lo.**

Além da regra geral insculpida no art. 389 conjugado com os arts. 186 e 927, todos do diploma civil, verifica-se o princípio constitucional da ampla reparação, contido no art. 5º, V e X, da Constituição Federal, que bem espelha tal tendência, pois esposa a tese da ruptura com os conceitos tradicionais, ligando a reparação aos postulados do *estado social de direito* e à garantia ao prejudicado de ver realizado o princípio basilar do direito que determina seja dado a cada um o que é seu, demandando a recomposição do dano a partir da tônica da reparação integral, que hoje rege o direito obrigacional.

E o Código de Defesa do Consumidor incorporou tal tendência. Com efeito, ele dispõe que:

Art. 6º São direitos básicos do consumidor:

(...)

VI – a efetiva prevenção e reparação de danos patrimoniais e morais, individuais, coletivos e difusos.

---

[70] Luiz Antônio Scavone Junior, *Obrigações:* abordagem didática, 4. ed. atual. e aum., São Paulo: Juarez de Oliveira, 2006, p. 7.

[71] Karl Larenz, *Lehrbuch des schuldrechts*, v. II, 12ª ed., Munique: Beck, 1979, p. 353, n. 27.

[72] Ennecerus e Lehmann, *Derecho de obligaciones*, v. 1, Barcelona, 1935, § 10.

Desde 1990, este é o comando legal que responsabiliza o fornecedor habitual de produtos ou serviços pelos danos que vier causar ao respectivo destinatário final, danos estes representados, no particular, por todo e qualquer prejuízo ao patrimônio do ofendido bem como a um direito personalíssimo.[73]

Vagas de garagem e direito aplicável – prática abusiva da ré

De fato, com a ocupação gradual do prédio, foi constatada a ausência e a irregularidade nas vagas de garagem, não sendo necessário mencionar, por evidentes, os inúmeros transtornos que esse fato gera ao Condomínio apelante.

De qualquer forma, é imprescindível que se possa abrir a porta do veículo para saída de seus ocupantes após o estacionamento.

O problema técnico com as vagas, em suma, consiste em (...)

Para evitar situações esdrúxulas como essas, existem normas técnicas, tendo em vista que o condomínio foi comercializado pela apelada com 3, 4 ou 5 vagas por apartamento – que devem, por óbvio, respeitar normas técnicas – e não existem, comprovadamente, as vagas prometidas de acordo com as normas aplicáveis.

Nesse sentido, convém mencionar decisões que emanam do Tribunal de Minas Gerais:

> **Tribunal de Alçada de Minas Gerais**. *Acórdão 0414407-6; Apelação Cível; Juiz de Fora; Terceira Câmara Cível; Juíza Albergaria Costa; j. 03.12.2003; Publ: 14.05.2004; Unânime. Promessa de compra e venda – Bem imóvel – incorporação imobiliária – vaga de garagem – construção – defeitos e irregularidades – obrigação de fazer – regularização do imóvel – indenização – laudo pericial – prestação jurisdicional – limite – princípio da correlação – sucumbência recíproca – litigância de má-fé – não caracterização – Pelo princípio da correlação, o pedido do autor deduzido na inicial limita a prestação jurisdicional. Sendo o ponto central da lide a existência ou não de defeitos e irregularidades na construção de um edifício de apartamentos, matéria eminentemente técnica, tem-se que o conteúdo do laudo pericial será a base para o convencimento do julgador. Ficando comprovado nos autos que foram vendidas vagas de garagem acima da capacidade estrutural do edifício, é devida a indenização aos prejudicados. É obrigação do incorporador e da construtora a devida regularização do imóvel, e a inércia deles permite aos adquirentes as providências cabíveis.*
>
> **Tribunal de Alçada de Minas Gerais**. *Acórdão 0391789-3; Apelação Cível; Belo Horizonte; Primeira Câmara Cível; Juiz Osmando Almeida; j. 24.06.2003. Promessa de compra e venda – rescisão – vício aparente – CC/16, art. 1.101 – vício redibitório não configurado – decadência – inteligência do art. 337, CPC [atual art. 376] – subdimensionamento de vagas de garagem – Decreto-lei 84/1940 de Belo Horizonte – questão de ordem pública – objeto ilícito – contrato nulo – restabelecimento do statu quo ante. 1. Não pode o contratante, com vistas a redibir o contrato, suscitar vício aparente da coisa e, ainda assim, intempestivamente, após consumada a decadência (CC/16, art. 178, § 5, IV). 2. É nula a promessa de compra e venda de vagas de garagem com dimensões inferiores à estatuída em lei (CC/16, art. 145, II c/c Decreto-lei 84/1940, art. 225, do município de Belo Horizonte), devendo ser restabelecido o statu quo ante (CC/16, art. 158).*

Certo é que a disparidade das vagas com o Código de Edificações do Município de São Paulo, conforme apurado no parecer (doc. 4), afronta o disposto no inciso VIII, do art. 39, da Lei n. 8.078/1990, que trata das práticas abusivas:

> *Art. 39. É vedado ao fornecedor de produtos e serviços, dentre outras PRÁTICAS ABUSIVAS:*
>
> *(...)*
>
> *VIII – colocar, no mercado de consumo, qualquer produto ou serviço em desacordo com as normas expedidas pelos órgãos oficiais competentes...*

Nesse sentido, esclarece Antonio Herman de Vasconcellos e Benjamin que *"é compreensível, portanto, que tais práticas sejam consideradas ilícitas 'per se', independentemente da ocorrência de dano para o consumidor. Para elas vige a presunção absoluta de ilicitude.*[74]

---

[73] Roberto Senise Lisboa, *Relação de consumo e proteção jurídica do consumidor no direito brasileiro*, São Paulo: Juarez de Oliveira, 1999, p. 47.

[74] Antonio Herman de Vasconcellos e Benjamin, *Código brasileiro de defesa do consumidor comentado pelos autores do anteprojeto*. Rio de Janeiro: Forense Universitária, 1999, p. 307.

O ato ilícito gera o dever de indenizar.

Explica Benjamin:

"As práticas abusivas detonam o dever de reparar. Sempre cabe indenização pelos danos causados, inclusive morais..."[75]

Portanto, o réu deve indenizar o valor que for apurado na perícia pelo desrespeito às normas técnicas aplicáveis às vagas de garagem.

Se isso não bastasse, na dicção de Stiglitz, as "práticas abusivas" representam condições *"que ferem os alicerces da ordem jurídica, seja pelo prisma da boa-fé, seja pela ótica da ordem pública e dos bons costumes".[76]*

De fato, desrespeitar as normas técnicas pertinentes às vagas de garagem, representa *"alta dose de imoralidade econômica e de opressão".[77]*

III – Urgência na antecipação da tutela para a produção antecipada de prova pericial (CPC, arts. 297 e 300)

Mais do que ponto pacífico, Excelência, chega a ser axiomático que a constatação, o reconhecimento e a verificação tanto do péssimo estado geral do edifício quanto a ausência de vagas de garagem regulares a viabilizar a utilização do prédio, pelos condôminos, segundo a destinação habitual para a qual o mesmo foi edificado, ficará necessariamente a cargo da perícia em tudo e por tudo já requerida.

(Descrever os problemas mais graves que ensejam a concessão de antecipação de tutela)

Afinal, os fatos, estes sim, uma vez surgidos no plano físico-fenomênico, jamais podem ser alterados na sua substância. Eles são o que são e nada mais.

No entanto, também é sabido que a correta aplicação do direito ao caso concreto, atividade fim do Estado juiz, passa necessariamente por uma correta contextualização destes fatos sob pena de, ao contrário, o magistrado, ao partir de uma premissa ainda que minimamente deturpada, o que dirá falsa, ser levado a erro e, assim, formar a sua convicção equivocadamente, ainda que, na pior das hipóteses, a desconhecimento seu.

Por isso toda a relevância, no presente caso, da sua colheita, e o mais rápido possível.

Probabilidade do direito

O juízo de probabilidade do acolhimento das alegações até então suscitadas, em razão da plausibilidade das mesmas, encontra-se flagrantemente presente no *parecer (doc. 4)* que o autor por sua conta providenciou.

Ausência de prejuízo com a antecipação

A antecipação de tutela de natureza cautelar, para a produção antecipada de prova pericial que ora se colima, não espelha qualquer prejuízo para a ré ou para o deslinde da presente medida judicial.

Ao contrário, visto que não se busca antecipar um resultado que modifique o estado de direitos das partes, mas sim antecipar um ato inerente ao próprio processo e que, nesta exata medida, invariavelmente ocorrerá, seja agora, sem prejuízo para o autor, a ré e a demanda, ou depois, também sem prejuízo para a ré e a demanda, *mas sim – evidentíssimo, aliás – para o autor e os seus condôminos, posto que estará impedida, durante a fase da regular marcha da instrução, de providenciar o necessário para, ainda que precariamente, permitir a habitação dos condôminos de acordo com a finalidade da edificação.*

Fundado receio de dano irreparável ou de difícil reparação

Além de a antecipação que ora se colima não espelhar qualquer prejuízo para a ré ou para o deslinde da presente medida judicial, na senda oposta, o fundado receio de dano irreparável

---

[75] Antonio Herman de Vasconcellos e Benjamin, ob. cit., p. 310.

[76] Gabriel A. Siglitz. *Protección jurídica del consumidor.* Buenos Aires: Depalma, 1990, p. 81.

[77] Antonio Herman de Vasconcellos e Benjamin, ob. cit., p. 307.

ou de difícil reparação caso a produção antecipada de prova pericial não seja concedida é ainda mais nítido.

Ocorre, Excelência, que a manutenção do atual estado de coisas, além de inviabilizar a utilização de algumas áreas comuns do prédio pelos condôminos, como um todo e segundo a destinação habitual para a qual o autor foi edificado e ser desfavorável aos direitos de ordem personalíssima dos quais os mesmos são titulares, à evidência, claramente coloca *a saúde e a segurança dos mesmos em linha direta de risco assim como submete a própria edificação a riscos desnecessários de deterioração precoce, de insegurança à funcionalidade, de desperdícios e de desvalorização* (cf. atesta o relatório de inspeção predial copiado em anexo – doc. 4).

Na seara adversa, deferida a antecipação de tutela para a produção antecipada da prova pericial, o autor terá muito mais liberdade para afastar *o fundado receio de danos irreparáveis ou de difícil reparação tanto a pessoas quanto a coisas* na exata medida em que a prova cabal para o deslinde da presente demanda já estará pré-constituída – *garantido, assim, o bom resultado da lide* – e a sua resolução poderá ficar a cargo da condenação da ré em perdas e danos.

Fungibilidade e instrumentalidade entre a antecipação de tutela e a medida cautelar incidental, sendo ambas para a produção antecipada da prova pericial

Na medida em que tanto a tutela antecipada quanto a medida cautelar são meios de agilização do processo, a fungibilidade, a seu turno, é um princípio processual implícito que decorre do princípio da instrumentalidade das formas e dos atos processuais, como pode ser observado na análise do art. 277, do Código de Processo Civil, *in verbis*:

> *Art. 277. Quando a lei prescrever determinada forma, o juiz considerará válido o ato se, realizado de outro modo, lhe alcançar a finalidade.*

Em outras palavras, o ato só se considera nulo e sem efeito se, além de inobservância da forma legal, não tiver alcançado a sua finalidade.

Via de consequência, a intenção legislativa é cristalina no sentido de pugnar pelo objetivo do ato e não pelo ato em si mesmo, conduzindo o operador do direito à lógica do sistema e à racionalidade a fim de se evitar que a finalidade do ato seja substituída pela formalidade do mesmo, o que, de per si, é um desvio de valores.

Dentro dessa perspectiva, o princípio da fungibilidade, antes admitido em razão do revogado § 7º do art. 273 do CPC de 1973, hoje é aceito em razão da leitura dos arts. 297, 300, 301 e 308, § 1º, do Código de Processo Civil vigente:

> *Art. 297. O juiz poderá determinar as medidas que considerar adequadas para efetivação da tutela provisória.*
>
> *(...)*
>
> *Art. 300. A tutela de urgência será concedida quando houver elementos que evidenciem a probabilidade do direito e o perigo de dano ou o risco ao resultado útil do processo.*
>
> *(...)*
>
> *Art. 301. A tutela de urgência de natureza cautelar pode ser efetivada mediante arresto, sequestro, arrolamento de bens, registro de protesto contra alienação de bem e qualquer outra medida idônea para asseguração do direito.*
>
> *(...)*
>
> *Art. 308. Efetivada a tutela cautelar, o pedido principal terá de ser formulado pelo autor no prazo de 30 (trinta) dias, caso em que será apresentado nos mesmos autos em que deduzido o pedido de tutela cautelar, não dependendo do adiantamento de novas custas processuais.*
>
> *§ 1º O pedido principal pode ser formulado conjuntamente com o pedido de tutela cautelar.*

A redação é hialina ao permitir que tutelas de natureza cautelar sejam requeridas a título de urgência no bojo da ação principal.

A este respeito, William Santos Ferreira observa que:

(...) feito o pedido de tutela antecipada, pode o magistrado entendendo como de natureza cautelar e não antecipatória, conceder o resultado almejado pelo autor sem obrigá-lo ao ajuizamento de ação cautelar, o que será feito de maneira incidente no processo, em outras palavras sem a necessidade de ajuizamento e tramitação de processo cautelar. Neste caso a decisão do juiz deve se pautar nos requisitos específicos da medida cautelar (fumus boni juris e periculum in mora) e não da tutela antecipada[78].

Portanto, como sói ocorrer no presente caso, desde já requer o autor a concessão do resultado por ele almejado sem a necessidade ao ajuizamento de medida cautelar autônoma de produção antecipada de provas (CPC, arts. 381 a 383), o que, se for o caso, poderá ser determinado incidentalmente.

IV – Inversão do ônus da prova

Quanto à inversão do ônus da prova, as características do direito vindicado (vícios no imóvel nas áreas comuns) indicam, por si só, que os condôminos, interessados por evidente no deslinde da questão e representados pelo condomínio no interesse coletivo, devem ser considerados como hipossuficientes técnicos.

Nesse sentido, já se decidiu que:

"(...) a hipossuficiência, que vem exigida pela lei como um dos requisitos alternativos para inversão do ônus probatório, pode dar-se no tocante à dificuldade técnica do consumidor em desincumbir-se do ônus de provar os fatos constitutivos de seu direito" (RT 775/275).

Segundo a lição de Luiz Antonio Rizzatto Nunes, *o significado da hipossuficiência do texto do preceito normativo do CDC não é econômico, mas sim o técnico* (grifou-se)[79].

Deve essa hipossuficiência ser entendida como o desconhecimento, pelo consumidor, das questões técnicas que envolvem a construção de um edifício, de exclusivo domínio da ré.

Com efeito, o disposto no art. 6º, VIII, do Código de Defesa do Consumidor, tem a força suficiente para afastar a incidência das normas do Código de Processo Civil (arts. 95 e 373, I) em matéria relacionada ao ônus probatório.

Por outro lado, *não há como viabilizar o princípio contido no referido dispositivo sem vinculá-lo ao pagamento das despesas periciais, pois invertido o ônus processual incumbirá à parte atingida por seus efeitos, a produção da prova.*

Neste sentido:

Tribunal de Justiça do Estado de São Paulo. *Prova – Perícia – Determinação de inversão do ônus da prova e depósito dos honorários periciais pelo banco-agravante – Caracterização de relação de consumo no contrato bancário – Hipótese em que a viabilização do princípio contido no art. 6º, VIII, do Código de Defesa do Consumidor importa na sua vinculação ao pagamento das despesas periciais – Recurso improvido" (Agravo de Instrumento 990101247968, Rel. J. B. Franco de Godoi, Comarca: Votuporanga, 23ª Câmara de Direito Privado, j. 04.08.2010, Data de registro: 18.08.2010).*

Aliás, o princípio da carga dinâmica das provas foi expressamente admitida pelo vigente Código de Processo Civil, o que se infere do § 1º do art. 373:

§ 1º Nos casos previstos em lei ou diante de peculiaridades da causa relacionadas à impossibilidade ou à excessiva dificuldade de cumprir o encargo nos termos do caput ou à maior facilidade de obtenção da prova do fato contrário, poderá o juiz atribuir o ônus da prova de modo diverso, desde que o faça por decisão fundamentada, caso em que deverá dar à parte a oportunidade de se desincumbir do ônus que lhe foi atribuído.

---

[78] *Aspectos polêmicos e práticos da nova reforma processual civil*, Rio de Janeiro: Forense, 2003, p. 218.
[79] *Comentários ao Código de Defesa do Consumidor*, São Paulo: Saraiva, 2000, p. 123.

Típica aplicação do vertente dispositivo é a situação ora apresentada, na qual a prova deve ser levada a efeito pela ré, construtora do empreendimento que se reputa defeituoso e viciado.

Logo, é mister a inversão do ônus da prova, requerendo-se desde já que, em razão dela, a ré pague os honorários periciais.

V – Pedidos

Com fundamento nos argumentos de fato e de direito trazidos à colação, requer o autor:

a) em regime de urgência, a antecipação cautelar dos efeitos da tutela pretendida para a produção antecipada de prova pericial a ser custeada pela ré, em razão da necessária inversão do ônus, a fim de que seja apurado, primeiramente, o péssimo estado geral do edifício no autor asilado e, notadamente, das suas áreas comuns, suas características e componentes e, depois, para apurar a ausência de itens que deveriam ter sido pela ré entregues com a área comum, a inviabilizar a plena utilização do prédio segundo a destinação habitual para a qual o mesmo foi edificado, dado a conjugação do relatório de inspeção predial copiado em anexo (doc. 10) com, de um lado, a existência de riscos contra a saúde e a segurança dos condôminos e, de outro lado, *de riscos de deterioração precoce da edificação, de segurança à funcionalidade, de desperdícios e de desvalorização da mesma*, observados os arts. 297 e 300 do Código de Processo Civil;

b) ao final, seja a presente ação julgada totalmente procedente para tornar definitiva a antecipação de tutela que se espera seja irrogada, bem como a condenação da ré ao pagamento ao autor, em sede de perdas e danos, de valor equivalente à correção e finalização das obras, inclusive dos defeitos existentes e que venham a ser apurados, além do valor correspondente aos produtos inerentes às áreas comuns em função de suas características e componentes que se empenhou no material de comercialização das unidades autônomas (doc. 3) e, mais do que isto, no memorial descritivo (doc. 7) ou, o que também aguarda seja pericialmente apurado;

c) a condenação da ré nas custas, honorários de advogado, juros legais moratórios desde a citação inicial, com relação às condenações pleiteadas a título de dano material (art. 405 do Código Civil), juros legais moratórios desde a prática do ato, com relação à condenação pleiteada a título de danos morais, correção monetária de todos os valores a serem apurados de acordo com a tabela prática para cálculo de atualização monetária dos débitos judiciais do Tribunal de Justiça do Estado de São Paulo e demais despesas inerentes do presente feito, nos termos do art. 85 do Código de Processo Civil.

VI – Citação e intimação

Tratando-se a ré de pessoa jurídica, requer-se que a citação seja efetuada por intermédio do sistema de cadastro de processos em autos eletrônicos nos termos do art. 246, § 1º do Código de Processo Civil ou, caso a ré não conte com o cadastro obrigatório, que seja citada pelo correio nos termos dos arts. 246, § 1º, I, e 248 do Código de Processo Civil para acatar a determinação e a eventual cominação que se espera sejam irrogadas, ambas, nos exatos termos da alínea "a", *supra*, e para que também, ao depois e querendo, responda no prazo de 15 (quinze) dias (art. 335 do Código de Processo Civil), sob pena de serem tidos por verdadeiros todos os fatos aqui alegados (art. 344 do Código de Processo Civil), devendo o respectivo mandado à citanda conter as finalidades da citação, as respectivas determinações e cominações, bem como a cópia do despacho do(a) MM. Juiz(a), comunicando, ainda, o prazo para resposta, o juízo e o cartório, com o respectivo endereço.

VII – Audiência de Conciliação

Nos termos do art. 334, § 5º, do Código de Processo Civil, o autor desde já manifesta, pela natureza do litígio, desinteresse em autocomposição.

Ou

Tendo em vista a natureza do direito e demonstrando espírito conciliador, a par das inúmeras tentativas de resolver amigavelmente a questão, o autor desde já, nos termos do art. 334 do Código de Processo Civil, manifesta interesse em autocomposição, aguardando a designação de audiência de conciliação.

VIII – Provas

Requer-se provar o alegado por todos os meios de prova em direito admitidos, incluindo perícia, produção de prova documental, testemunhal, inspeção judicial, depoimento pessoal sob pena de confissão caso o réu (ou seu representante) não compareça, ou, comparecendo, se negue a depor (art. 385, § 1º, do Código de Processo Civil).

Requer, outrossim, nos termos da fundamentação contida no item IV, *supra*, a inversão do ônus da prova.

IX – Valor da causa

Dá-se à causa o valor de R$ (...), apenas para efeitos legais (v., a respeito, a guia recolhida, em apenso).

Termos em que,

pede deferimento

Data

Advogado (OAB)

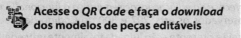 **Acesse o *QR Code* e faça o *download*
dos modelos de peças editáveis**

> *http://uqr.to/1ye04*

Capítulo 11

EXECUÇÃO HIPOTECÁRIA EXTRAJUDICIAL E POR AGENTE FINANCEIRO

11.1. PRINCIPAIS ASPECTOS

a) **Foro competente:** foro do domicílio do devedor – Código de Processo Civil, art. 47;[1]

b) **Legitimidade ativa:** agente financeiro (credor hipotecário);

c) **Legitimidade passiva:** devedor hipotecário e seu cônjuge (Código de Processo Civil, art. 10, I);

d) **Valor da causa:** valor das parcelas vencidas, acrescidas de encargos e demais despesas;

e) **Procedimento:** O procedimento é aquele da Lei 5.741/1971, com aplicação subsidiária do Código de Processo Civil;

f) **Petição inicial:** deverá respeitar os requisitos do art. 319 do Código de Processo Civil e os requisitos específicos da Lei 5.741/1971: apresentação do título da dívida (o contrato); especificação do valor das parcelas vencidas, dos encargos, bem como das parcelas de juros, multas e demais encargos contratuais; indicação do saldo devedor; constituição em mora do devedor e apresentação dos avisos regulamentares.

---

[1] *Tribunal de Justiça de São Paulo. [...] Processual Civil – Competência – Execução de título extrajudicial com garantia hipotecária – Alegação da agravante de que o foro competente é o da situação do imóvel, que teria competência absoluta para o julgamento da causa – Inadmissibilidade – Ação que não versa sobre direitos reais, mas que persegue a satisfação de um crédito – Art. 781, I, do CPC – Competência do domicílio do devedor – Alegação de conflito de competência entre o TJSP e TJMG – Não se verifica conflito de competência porque a decisão a respeito da penhorabilidade do imóvel dado em hipoteca já transitou em julgado nesta Corte – Decisão mantida. Recurso desprovido, na parte conhecida (Agravo de Instrumento 2209395-95.2023.8.26.0000; Rel. Álvaro Torres Júnior; 20ª Câmara de Direito Privado; j. 04.09.2023).*
Tribunal de Justiça de São Paulo. Embargos de devedor – execução fundada em CCB e respectivo aditivo de confissão e renegociação de dívida, com garantia hipotecária – opção do credor em ajuizar a execução no foro de domicílio do devedor – art. 47, § 1º, CPC/15 – competência relativa prorrogável – preliminar rejeitada – [...] (Apelação Cível 1014365-38.2019.8.26.0564; Rel. Jovino de Sylos; 16ª Câmara de Direito Privado; 4ª Vara Cível; j. 03.11.2020).

11.2. ASPECTOS GERAIS DO SISTEMA FINANCEIRO DA HABITAÇÃO; A EXECUÇÃO EXTRAJUDICIAL DAS HIPOTECAS

A Lei 4.380/1964 criou o Sistema Financeiro da Habitação cujo objetivo, expressamente declarado no seu art. 1º, era de *estimular a construção de habitações de interesse social e o financiamento da aquisição da casa própria, especialmente pelas classes da população de menor renda.*

Os recursos para os financiamentos são provenientes das Cadernetas de Poupança e do FGTS.[2]

Entrementes, os anos se passaram e o sistema acabou sendo absolutamente deturpado.

Pouquíssimos são os financiamentos de moradias para as classes menos favorecidas, especialmente nos bancos privados.

Outrossim, criou-se sistema de execução extrajudicial, aquele do Decreto-lei 70/1966, arts. 31 a 38, hoje revogado e substituído por previsão expressa de execução extrajudicial de garantia hipotecária pelo Marco Legal das Garantias (Lei 14.711/2023).

Com efeito, sem a participação do Poder Judiciário, pelo sistema da Lei 14.711/2023, "o devedor e, se for o caso, o terceiro hipotecante ou seus representantes legais ou procuradores regularmente constituídos serão intimados pessoalmente, a requerimento do credor ou do seu cessionário, pelo oficial do registro de imóveis da situação do imóvel hipotecado, para purgação da mora no prazo de 15 (quinze) dias, observado o disposto no art. 26 da Lei 9.514, de 20 de novembro de 1997, no que couber" (Lei 14.711/2023, art. 9º).

Ainda tratando do sistema decorrente do Decreto-lei 70/1966, os tribunais, na maioria das decisões, seguindo o Supremo Tribunal Federal (RE 860631),[3] não entendiam que havia ilegalidade na execução extrajudicial por si só e a possibilidade de sustação do leilão se dava, em regra, apenas em face da demonstração de ilegalidades do contrato ou do procedimento que poderiam passar sem a necessária análise jurisdicional em razão da venda extrajudicial do imóvel.

Podemos exemplificar: ilegalidades quanto à taxa de juros aplicada, ausência de alguma formalidade do procedimento ou de reajustes e imposição de penalidades ilegais.

Nesse sentido, vale destacar as Súmulas 4, 5 e 20 do Tribunal de Justiça de São Paulo[4]:

Súmula 4: É cabível liminar em ação de imissão de posse, mesmo em se tratando de imóvel objeto de arrematação com base no Decreto-lei 70/66.

---

[2] Em maio de 2012, foram implementadas alterações no cálculo da poupança, com sensível diminuição dos rendimentos deste investimento, o que fez com que parte dos recursos decorrentes de depósitos em Caderneta de Poupança migrasse para outras formas de investimento.

Posta assim a questão, o mercado imobiliário procurou outras formas de financiamento, como os Certificados de Recebíveis Imobiliários (CRI), títulos de longo prazo ligados a créditos imobiliários, como venda e financiamento de propriedades, as Letras de Crédito Imobiliário (LCI), lastreadas em créditos hipotecários ou decorrentes de alienações fiduciárias, ambos títulos de renda fixa.

Outra forma de captação do mercado imobiliário decorre dos Fundos de Investimento em Participações (FIP), inclusive participação em empresas e o mercado imobiliário, com renda variável.

[3] Em igual sentido, reafirmando a constitucionalidade da execução extrajudicial: *STF. Recurso extraordinário. Inadmissibilidade. Execução extrajudicial. Decreto-lei 70/66. Recepção pela Constituição Federal de 1988. Jurisprudência assentada. Ausência de razões consistentes. Decisão mantida. Agravo regimental improvido. Nega-se provimento a agravo regimental tendente a impugnar, sem razões consistentes, decisão fundada em jurisprudência assente na Corte (AI 678.256 AgR, Rel. Min. Cezar Peluso, 2ª Turma, j. 02.03.2010, DJe-055 Divulg. 25.03.2010, Public. 26.03.2010, Ement. vol-02395-07, p. 1.659).*

[4] Em que pese mencionarem à execução extrajudicial do Decreto-lei 70/1966, esta foi substituída pela mesma hipótese – de execução extrajudicial – prevista no art. 9º da Lei 14.711/2023.

Súmula 5: Na ação de imissão na posse de imóvel arrematado pelo credor hipotecário e novamente alienado, não cabe, por ser matéria estranha ao autor, a discussão sobre a execução extrajudicial e a relação contratual antes existente entre o primitivo adquirente e o credor hipotecário.

Súmula 20: A execução extrajudicial, fundada no Decreto-lei 70, de 21.11.1966, é constitucional.

A par de um sistema de execução extrajudicial, inicialmente prevista pelo Decreto-lei 70/1966, ora disciplinada pelo art. 9º da Lei 14.711/2023 que se trata de uma opção do credor, paralelamente existe a previsão da Lei 5.741/1971 que, segundo ensinam,[5] representa opção do credor hipotecário e agente financeiro, que pode, também, preferir a ação de execução por quantia certa do Código de Processo Civil.

Não significa que qualquer credor, como construtoras, incorporadoras e até particulares, não possa se valer da hipoteca prevista como garantia real pelo Código Civil (arts. 1.473 e ss.) como meio de garantir compromissos de compra e venda ou até venda, mas que existe, a par do regime geral, um regime especial para a execução hipotecária judicial decorrente do SFH.

Assim, qualquer pessoa pode vender ou prometer vender imóvel com garantia hipotecária e se valer da execução extrajudicial da hipoteca nos termos do art. 9º da Lei 14.711/2023 ou, se preferir, executar a garantia judicialmente, promovendo execução por quantia certa pelo sistema geral do CPC.

Todavia, se o credor for agente financeiro e o contrato estiver submetido às regras do Sistema Financeiro da Habitação, a execução judicial também pode seguir o procedimento especial de execução previsto na Lei 5.741/1971.

Quanto à previsão da execução extrajudicial nos termos do art. 9º da Lei 14.711/2023, que pode ser utilizada por particulares ou por agentes financeiros, estabeleceu-se uma forma de execução muito parecida com aquela prevista para a alienação fiduciária.

Posta assim a questão, a par de ser extrajudicial, aplica-se o mesmo entendimento decorrente do julgamento do tema 982 pelo Supremo Tribunal Federal, que atestou a constitucionalidade do procedimento extrajudicial da alienação fiduciária no RE 860.831 (julgamento em 26.10.2023).

Optando-se pela execução extrajudicial da hipoteca, o devedor e o terceiro hipotecante (quando a hipoteca é concedida por terceiros) serão intimados por meio do Oficial de Registro de Imóveis para pagar no prazo de 15 dias, com observância do art. 26 da Lei 9.514/1997, que será analisado no próximo capítulo, com as seguintes peculiaridades:

a) a excussão hipotecária, no caso de ausência de pagamento, é averbada na matrícula, nos 15 dias subsequentes ao prazo para purgação da mora;

b) no prazo de 60 dias, contados da averbação da excussão hipotecária junto ao Registro de Imóveis, o credor deverá promover o leilão, comunicados ao devedor e ao terceiro hipotecante (quando houver) as datas e horários por correspondência dirigida aos endereços informados por eles no contrato ou posteriormente, inclusive endereços eletrônicos;

c) no primeiro leilão, o imóvel só pode ser vendido pelo valor de avaliação do contrato ou pelo valor de referência para ITBI (o que for maior);

d) não havendo arrematante, segue-se o segundo leilão nos 15 dias subsequentes ao primeiro, cujo valor mínimo é a dívida executada acrescidas das despesas (emolumentos

---

5   Evaristo Aragão Ferreira dos Santos, "Uma abordagem crítica da execução dos créditos vinculados ao Sistema Financeiro da Habitação, segundo o rito especial previsto pela Lei 5.741/71", *Processo de Execução e assuntos afins* (coord. Teresa Arruda Alvim Wambier), São Paulo: Revista dos Tribunais, 1999, p. 194.

cartorários, prêmios de seguro, encargos legais, inclusive tributos e contribuições condominiais), podendo o credor aceitar lance menor, desde que superior a 50% do valor de avaliação do imóvel (contratual, ou de referência para ITBI, o que for maior);

e) até a alienação em leilão, o devedor ou o terceiro hipotecante poderá livrar-se da execução (remir a execução) pagando a totalidade da dívida (não só as parcelas vencidas), cujo valor será acrescido das despesas relativas ao procedimento de cobrança e leilões, autorizado o oficial de registro de imóveis a receber e a transferir as quantias correspondentes ao credor no prazo de 3 (três) dias;

f) caso o valor da arrematação seja superior ao valor da dívida acrescida das despesas, o que exceder será entregue ao hipotecante no prazo de 15 dias contados do pagamento da arrematação;

g) no caso de lance inferior ao valor da dívida, o credor hipotecário terá a faculdade de requerer ao Oficial de Registro de Imóveis que registre a propriedade em seu nome (neste caso, incidirá ITBI) mediante registro dos leilões negativos, pelo valor mínimo referencial – o valor da dívida – ou, se preferir, realizar venda direta do imóvel também pelo valor mínimo da dívida no prazo de 180 dias contados do último leilão, com poderes conferido pelo § 9º, II, do art. 9º da Lei 14.711/2023 para representar o proprietário hipotecante no ato da transmissão do imóvel e de imissão do adquirente na posse. Evidentemente que, se o imóvel estiver ocupado, será necessária ação de imissão na posse;

h) o título para transmissão ao adquirente e registro junto ao Oficial de Registro de Imóveis é uma ata notarial de arrematação distribuída a tabelião de notas com circunscrição delegada que abranja o local do imóvel, instrumento que conterá os dados da intimação do devedor e do garantidor e dados dos autos do leilão;

i) tratando-se de aquisição ou construção de imóveis residenciais – salvo pelo sistema de consórcio –, caso o valor apurado no leilão não seja suficiente para o pagamento da totalidade da dívida e das demais despesas, o devedor ficará exonerado da responsabilidade pelo saldo remanescente, hipótese em que não se aplica o art. 1.430 do CC ("Quando, excutido o penhor, ou executada a hipoteca, o produto não bastar para pagamento da dívida e despesas judiciais, continuará o devedor obrigado pessoalmente pelo restante"). Tratando-se de aquisição de imóvel não residencial ou por meio de consórcio contemplado – neste caso, para qualquer espécie de imóvel –, com garantia hipotecaria pelo saldo, a exoneração do saldo devedor não se aplica, ficando o devedor responsável pelo saldo nos termos do art. 1.430 do CC;

j) a desocupação do imóvel excutido, mesmo se houver locação, e a obrigação em arcar com taxa de ocupação e com as despesas vinculadas ao imóvel até a desocupação, seguirão as regras da alienação fiduciária nos termos dos §§ 7º e 8º do art. 27 e os arts. 30 e 37-A da Lei 9.514/1997, sendo que o § 12 do art. 9º da Lei 14.711/2023 equipara a data de consolidação da propriedade na execução da alienação fiduciária à data da expedição da ata notarial de arrematação ou, se for o caso, do registro da apropriação definitiva do bem pelo credor hipotecário no registro de imóveis.

Outro aspecto comum na prática imobiliária quanto ao SFH diz respeito à assunção de dívida por terceiros, no que se convencionou denominar de "contrato de gaveta".

Há muito tempo, o STJ pacificou o entendimento: "tratando-se de cessão de direitos sobre imóvel financiado no âmbito do Sistema Financeiro da Habitação realizada após 25 de outubro de 1996, a anuência da instituição financeira mutuante é indispensável para que o cessionário adquira legitimidade ativa para requerer a revisão das condições ajustadas"

(REsp 565.445/PR, Rel. Min. João Otávio de Noronha, Segunda Turma, j. 05.12.2006, *DJ* 07.02.2007).[6]

Em outras palavras, o STJ ratificou, no âmbito do SFH, aquilo que o Código Civil já preceituava sobre a cessão de débito, ou seja, que depende, para sua eficácia, do consentimento expresso do credor, inclusive para que possa verificar se o novo devedor reúne as condições de ingresso no SFH.

Repita-se, assim, o teor da comezinha regra que decorre do art. 299 do Código Civil: É facultado a terceiro assumir a obrigação do devedor, com o consentimento expresso do credor, ficando exonerado o devedor primitivo, salvo se aquele, ao tempo da assunção, era insolvente e o credor o ignorava.

Deveras, a Lei não obriga o assentimento do agente financeiro. Pelo contrário, faculta e, demais disso, se concordar, exige que o cessionário assuma novo financiamento.

Confira-se: Art. 3º. A critério da instituição financiadora, as transferências poderão ser efetuadas mediante assunção, pelo novo mutuário, do saldo devedor contábil da operação, atualizado *pro rata die* da data do último reajuste até a data da transferência, observados os percentuais de pagamento previstos no *caput* e nos incisos I, II e III do art. 5º. desta Lei e os requisitos legais e regulamentares da casa própria, vigentes para novas contratações, inclusive quanto à demonstração da capacidade de pagamento do cessionário em relação ao valor do novo encargo mensal. (Redação dada pela Lei 10.150, de 2000); § 1º A transferência, nos casos deste artigo, se efetivará mediante a contratação de nova operação, que deverá observar as normas em vigor relativas aos financiamentos do SFH; § 2º Nas transferências de que se trata este artigo, as instituições financiadoras ficam dispensadas da observância das seguintes exigências: a) limite máximo de financiamento, desde que não haja desembolso adicional de recursos; b) limite máximo de preço de venda ou de avaliação do imóvel financiado; c) localização do imóvel no domicílio do comprador; d) contribuição ao Fundo de Assistência Habitacional (Fundhab) (art. 3º da Lei 8.004/1990).

O art. 20 da Lei 10.150/2000 é claro ao afirmar a validade das transferências sem anuência – uma espécie de "anistia" – o que fez nos seguintes termos: Art. 20. As transferências no âmbito do SFH, à exceção daquelas que envolvam contratos enquadrados nos planos de reajustamento definidos pela Lei 8.692, de 28 de julho de 1993, que tenham sido celebradas entre o mutuário e o adquirente até 25 de outubro de 1996,[7] sem a interveniência da instituição financiadora, poderão ser regularizadas nos termos desta Lei. Parágrafo único. A condição de cessionário poderá ser comprovada junto à instituição financiadora, por intermédio de documentos formalizados junto a Cartórios de Registro de Imóveis, Títulos e Documentos, ou de Notas, onde se caracterize que a transferência do imóvel foi realizada até 25 de outubro de 1996.

Quanto a este aspecto, esclarecedor o seguinte aresto do Superior Tribunal de Justiça:

Superior Tribunal de Justiça. *Processual civil. Recurso especial. Administrativo. Sistema Financeiro da Habitação – SFH. FCVS. Cessão de obrigações e direitos. "Contrato de gaveta". Transferência de financiamento. Necessidade de concordância da instituição financeira mutuante. Lei 10.150, de 2000 (art. 20).*

1. A cessão de mútuo hipotecário carece da anuência da instituição financeira mutuante, mediante comprovação de que o cessionário atende aos requisitos estabelecidos pelo Sistema Financeiro de Habitação – SFH. Precedente da Corte Especial: REsp 783389/RO, Rel. Min. Ari Pargendler, Corte Especial, j. 21.05.2008, DJ 30.10.2008.

---

6   Precedentes: AgRg no REsp 1.099.884/RS, Rel. Paulo Furtado (Desembargador convocado do TJ/BA), Terceira Turma, j. 27.10.2009, *DJe* 11.11.2009; AgRg no REsp 1.069.080/RS, Rel. Min. João Otávio de Noronha, Quarta Turma, j. 03.02.2009, *DJe* 16.02.2009; AgRg no REsp 980.215/RJ, Rel. Min. Humberto Martins, Segunda Turma, j. 20.05.2008, *DJe* 02.06.2008.

7   Firmados no sistema de "comprometimento de renda" (PCR).

2. Consectariamente, o cessionário de mútuo habitacional, cuja transferência se deu sem a intervenção do agente financeiro, não possui legitimidade ad causam para demandar em juízo questões pertinentes às obrigações assumidas no contrato ab origine.

3. Ressalva do ponto de vista do Relator no sentido de que, a despeito de a jurisprudência da Corte Especial entender pela necessidade de anuência da instituição financeira mutuante, como condição para a substituição do mutuário, a hipótese sub judice envolve aspectos sociais que devem ser considerados.

4. A Lei 8.004/1990 estabelece como requisito para a alienação a interveniência do credor hipotecário e a assunção, pelo novo adquirente, do saldo devedor existente na data da venda.

5. A Lei 10.150/2000, por seu turno, prevê a possibilidade de regularização das transferências efetuadas sem a anuência da instituição financeira até 25.10.1996, à exceção daquelas que envolvam contratos enquadrados nos planos de reajustamento definidos pela Lei 8.692/1993, que revela a intenção do legislador de possibilitar a regularização dos cognominados "contratos de gaveta", originários da celeridade do comércio imobiliário e da negativa do agente financeiro em aceitar transferências de titularidade do mútuo sem renegociar o saldo devedor.

6. Deveras, consoante cediço, o princípio pacta sunt servanda, a força obrigatória dos contratos, porquanto sustentáculo do postulado da segurança jurídica, é princípio mitigado, posto sua aplicação prática estar condicionada a outros fatores, como, v.g., a função social, as regras que beneficiam o aderente nos contratos de adesão e a onerosidade excessiva.

7. O Código Civil de 1916, de feição individualista, privilegiava a autonomia da vontade e o princípio da força obrigatória dos vínculos. Por seu turno, o Código Civil de 2002 inverteu os valores e sobrepôe o social em face do individual. Dessa sorte, por força do Código de 1916, prevalecia o elemento subjetivo, o que obrigava o juiz a identificar a intenção das partes para interpretar o contrato. Hodiernamente, prevalece na interpretação o elemento objetivo, vale dizer, o contrato deve ser interpretado segundo os padrões socialmente reconhecíveis para aquela modalidade de negócio.

8. Sob esse enfoque, o art. 1.475 do diploma civil vigente considera nula a cláusula que veda a alienação do imóvel hipotecado, admitindo, entretanto, que a referida transmissão importe no vencimento antecipado da dívida. Dispensa-se, assim, a anuência do credor para alienação do imóvel hipotecado em enunciação explícita de um princípio fundamental dos direitos reais.

9. Deveras, jamais houve vedação de alienação do imóvel hipotecado, ou gravado com qualquer outra garantia real, porquanto função da sequela. O titular do direito real tem o direito de seguir o imóvel em poder de quem quer que o detenha, podendo excuti-lo mesmo que tenha sido transferido para o patrimônio de outrem distinto da pessoa do devedor.

10. Dessarte, referida regra não alcança as hipotecas vinculadas ao Sistema Financeiro da Habitação – SFH, posto que para esse fim há lei especial – Lei 8.004/1990 –, a qual não veda a alienação, mas apenas estabelece como requisito a interveniência do credor hipotecário e a assunção, pelo novo adquirente, do saldo devedor existente na data da venda, em sintonia com a regra do art. 303, do Código Civil de 2002.

11. Com efeito, associada à questão da dispensa de anuência do credor hipotecário está a notificação dirigida ao credor, relativamente à alienação do imóvel hipotecado e à assunção da respectiva dívida pelo novo titular do imóvel. A matéria está regulada nos arts. 299 a 303 do Novel Código Civil – da assunção de dívida –, dispondo o art. 303 que "o adquirente do imóvel hipotecado pode tomar a seu cargo o pagamento do crédito garantido; se o credor, notificado, não impugnar em 30 (trinta) dias a transferência do débito, entender-se-á dado o assentimento".

12. Ad argumentandum tantum, a Lei 10.150/2000 permite a regularização da transferência do imóvel, além de a aceitação dos pagamentos por parte da Caixa Econômica Federal revelar verdadeira aceitação tácita. Precedentes do STJ: EDcl no REsp 573.059 /RS e REsp 189.350 – SP, DJ 14.10.2002.

13. Recurso especial conhecido e provido (REsp 849.690/RS, Rel. Min. Francisco Falcão, Rel. p/ Acórdão Ministro Luiz Fux, Primeira Turma, j. 16.12.2008, DJe 19.02.2009).

Quanto à legitimidade para discutir o contrato, assim se manifestou o STJ pela sistemática dos recursos repetitivos:

Superior Tribunal de Justiça. *Recurso Especial. Repetitivo. Rito do art. 543-C do CPC. Sistema financeiro da habitação. Legitimidade ativa do cessionário de contrato de mútuo. Lei 10.150/2000. Requisitos.*

1. Para efeitos do art. 543-C do CPC [atual art. 1.036]:

1.1 Tratando-se de contrato de mútuo para aquisição de imóvel garantido pelo FCVS, avençado até 25.10.1996 e transferido sem a interveniência da instituição financeira, o cessionário possui legitimidade para discutir e demandar em juízo questões pertinentes às obrigações assumidas e aos direitos adquiridos.

1.2 Na hipótese de contrato originário de mútuo sem cobertura do FCVS, celebrado até 25.10.1996, transferido sem a anuência do agente financiador e fora das condições estabelecidas pela Lei 10.150/2000, o cessionário não tem legitimidade ativa para ajuizar ação postulando a revisão do respectivo contrato.

1.3 No caso de cessão de direitos sobre imóvel financiado no âmbito do Sistema Financeiro da Habitação realizada após 25.10.1996, a anuência da instituição financeira mutuante é indispensável para que o cessionário adquira legitimidade ativa para requerer revisão das condições ajustadas, tanto para os contratos garantidos pelo FCVS como para aqueles sem referida cobertura.

2. Aplicação ao caso concreto: 2.1. Recurso especial parcialmente conhecido e nessa parte provido.

Acórdão sujeito ao regime do artigo 543-C do Código de Processo Civil e da Resolução STJ nº 8/2008 (REsp 1150429/CE, Rel. Min. Ricardo Villas Bôas Cueva, Corte Especial, j. 25.04.2013, DJe 10.05.2013).

11.3. AS PECULIARIDADES DA EXECUÇÃO HIPOTECÁRIA DA LEI 5.741/1971

Vencida a dívida garantida por hipoteca no âmbito do SFH, o credor poderá exercer a execução extrajudicial da hipoteca ou, se quiser, executá-la judicialmente.

Se a hipoteca não for concedida no âmbito do SFH, a execução seguirá as regras comuns da execução por quantia certa do CPC.

Caso seja hipoteca garantindo concessão de crédito para aquisição de imóvel no âmbito do Sistema Financeiro da Habitação, a execução poderá seguir o procedimento insculpido na Lei 5.741/1971.

Convém observar que o Código de Processo Civil se aplica subsidiariamente ao procedimento especial de execução da Lei 5.741/1971 por expressa disposição do seu art. 10.

Nesse sentido, a especialidade da execução consiste na rigidez e na celeridade, isso se comparada ao procedimento do Estatuto Processual Civil.

A celeridade imprimida à execução hipotecária reside na necessidade do retorno rápido dos valores financiados, considerando seu objetivo de financiar moradias populares.

11.4. PETIÇÃO INICIAL

A petição inicial deverá respeitar os requisitos do art. 319 do Código de Processo Civil.

Outrossim, convém observar que é requisito *sine qua non* que o fundamento da execução especial seja a mora do devedor hipotecário no pagamento das parcelas.

Qualquer outro motivo que possa ensejar a execução deverá seguir o rito normal do Código de Processo Civil (Lei 5.741/1971, art. 10).

Os requisitos específicos da execução hipotecária por agente financeiro são:

a) Apresentação do título da dívida (o contrato).

b) Especificação do valor das parcelas vencidas, dos encargos, bem como das parcelas de juros, multas e demais encargos contratuais.

c) Indicação do saldo devedor.

d) Constituição em mora do devedor e apresentação dos avisos regulamentares.

11.4.1. Apresentação do título da dívida

No caso de execução hipotecária, exige-se, além do próprio contrato de mútuo hipotecário, seu registro junto ao oficial de Registro de Imóveis.

Não que a ausência de registro da hipoteca obste a execução.

O efeito da ausência de registro da hipoteca é a ausência de constituição de direito real de garantia com as características da sequela, da oponibilidade *erga omnes*, além da preferência.[8]

Portanto, entre as partes (direito pessoal) a garantia vale, mesmo sem o registro, disposição essa do art. 848 do Código Civil de 1916 que, embora não encontre exata correspondência, se infere do sistema e dos arts. 1.419 e 1.492 do Código Civil.

Todavia, eventual adquirente do devedor (Lei 5.741/1971, art. 4º, § 1º) poderá opor embargos de terceiro, cuja boa-fé demonstrada garantirá a desconstituição da penhora (Código de Processo Civil, art. 674).

11.4.2. Especificação do valor do débito e dos encargos (Lei 5.741/1971, art. 2º, II e III)

Deverão ser apresentados, instruindo a execução, demonstrativos das parcelas vencidas e não pagas, conferindo exigibilidade ao título.

Esse demonstrativo deverá especificar:

a) as parcelas vencidas;

b) os valores de seguro;

c) os juros;

d) a correção monetária incidente; e,

e) os encargos e custas da execução.

Demais disso, outra planilha deverá demonstrar o saldo devedor.

A exigência da dupla demonstração reside nos seguintes fatos:

a) Ainda há dicotomia entre a correção do saldo devedor (pelo índice da poupança) e das parcelas, às vezes vinculadas à variação salarial dos devedores; e,

b) A praça do bem hipotecado respeitará o valor do débito total do devedor.

11.4.3. Constituição em mora do devedor e apresentação dos avisos regulamentares

O inc. IV do art. 2º da Lei 5.741/1971 exige, para constituição em mora do mutuário, apta a ensejar a execução, o envio *dos avisos regulamentares reclamando o pagamento, expedidos segundo instruções do Banco Nacional da Habitação*.[9]

Como a lei menciona "avisos", conclui-se que devem ser pelo menos dois, cujas comprovações de efetivo recebimento pelo devedor obrigatoriamente instruirão a execução.[10]

---

8   A preferência consiste na característica dos direitos reais de garantia mediante o qual seus titulares preferem os credores sem essa garantia (quirografários), com exceção dos credores trabalhistas, de pensão alimentícia e fiscais.

9   Resolução nº 11 do BNH (15.03.1972), cujo item 4.4 mencionava a necessidade de apenas um aviso se a mora fosse superior a seis meses, cujo entendimento, ao depois, foi estendido para todas as hipóteses, interpretando o termo "avisos" como a possibilidade de se levar a efeito o requisito por diversas formas (REsp2.413, SP, Rel. Min. Armando Rollemberg). Este entendimento acabou não vingando, mormente ante o princípio da legalidade, já que resolução do BNH não pode, em hipótese alguma, afrontar a Lei.

10 Entendimento já uniformizado no STJ, no julgamento dos Embargos de Divergência em Recurso Especial nº 23.387-7 (rel. Min. Milton Luiz Pereira).

Caso o devedor não seja encontrado no imóvel e tampouco em outro local, para onde devem ser remetidos os avisos, estes devem ser providenciados através de *publicação em jornal que circule na comarca da situação do imóvel.*[11]

Trata-se de condição específica da ação de execução, cuja ausência poderá ensejar, com sucesso, a denominada "exceção de pré-executividade".

11.5. ASPECTOS PROCESSUAIS

11.5.1. Valor da causa

Acorde com o art. 92, I, do Código de Processo Civil,[12] o valor da causa deverá ser o valor correspondente ao débito vencido, acrescido de multa moratória e juros vencidos até a propositura da ação executiva.[13]

Esse é o entendimento correto, levando em conta a possibilidade do devedor, citado, pagar as parcelas em mora, acrescidas dos encargos e juros até a data da propositura da ação, remindo a execução (Lei 5.741/1971, art. 8º).

11.5.2. Citação

A citação deve ser efetuada na pessoa do devedor e de sua mulher, mormente que, acorde com Arnaldo Rizzardo, após a penhora, a ação *adquire contornos de ação real imobiliária.*[14]

Possível a citação por edital na hipótese de o executado se encontrar fora da comarca do local do imóvel, acorde com o mandamento insculpido no art. 3º, § 2º, da Lei 5.741/1971, não sendo utilizada, nesse caso, a citação por carta precatória, mesmo que conhecido o endereço do executado em outra comarca, tudo em virtude da especialidade da execução hipotecária.[15]

Nesse caso, o imóvel é arrestado, publicando-se editais com prazo de dez dias para pagamento[16] que, no termo final, convertem o arresto em penhora, abrindo-se o prazo para os embargos.

Súmula nº 18 do Primeiro Tribunal de Alçada Cível de São Paulo: *O pressuposto para admissibilidade da execução hipotecária fundada no Sistema Financeiro da Habitação é o de serem necessários dois avisos regulamentares, conforme disposto no art. 2º, IV, da Lei 5.741/1971.*
Todavia, a divergência continua na doutrina:
Pela necessidade de dois avisos: Araken de Assis, "Execução especial de crédito hipotecário", *O processo de execução – Estudos em homenagem ao Professor Alcides de Mendonça Lima,* Porto Alegre: Safe, 1995, p. 43; *Contra:* Arnaldo Rizzardo, *Contratos de crédito bancário,* 3ª ed., Revista dos Tribunais, p. 187.

[11] Item 4.2 da Resolução nº 11/1972, do BNH, mesmo que de forma coletiva. Embora essa resolução permita os avisos ainda que o devedor seja encontradiço, é evidente que a permissão só deve ser utilizada no caso de o devedor encontrar-se em local incerto.

[12] Aplicável não só às ações condenatórias, como às executivas.

[13] Súmula nº 12 do Primeiro Tribunal de Alçada Civil de São Paulo: *O valor da causa na execução hipotecária regida pela Lei 5.741/1971 corresponde ao montante das prestações em atraso e respectivos acréscimos.*

[14] Ob. cit., p. 188 e 189. Contra: Araken de Assis (ob. cit., p. 46) segundo o qual se um dos cônjuges apenas anuiu com a hipoteca, seria parte ilegítima para a ação executiva.

[15] Apelação nº 252.897, Primeiro Tribunal de Alçada Cível de São Paulo, Rel. Juiz Macedo Bitencourt.

[16] Aqui também não se aplica o art. 232, IV, do Código de Processo Civil, que determina que o prazo do edital deve ser de, no mínimo, vinte dias e de, no máximo, sessenta dias.

Havendo citação por edital, mister se faz a intimação do Curador Especial nos termos do art. 12, II, do Código de Processo Civil.

Não se admite citação por edital se o executado possui endereço conhecido na mesma comarca do imóvel, mesmo que não seja o do imóvel hipotecado.[17]

11.5.3. Penhora

O art. 5º da Lei 5.741/1971 determina que, efetivada a penhora, os executados devem ser intimados da sua ocorrência, passando a fluir o prazo de dez dias para os embargos à execução.

Ocorre que o art. 915 do CPC estabelece que os embargos serão oferecidos no prazo de 15 dias contados da juntada aos autos do mandado de citação cumprido quando for o caso (CPC, art. 231), o que, no nosso entendimento, em razão do art. 10 da Lei 5.741/1971, se aplica ao caso.

11.5.4. A desocupação do imóvel

Os §§ 1º e 2º do art. 4º da Lei 5.741/1971 preveem a desocupação do imóvel pelo devedor executado e por quem eventualmente ocupe o imóvel, a partir da penhora.

A Lei estabelece as seguintes distinções:

a) Imóvel ocupado pelo próprio devedor executado e sua família: trinta dias para desocupação a partir do recebimento do mandado;

b) Imóvel ocupado por terceiros: dez dias para desocupação a partir do recebimento do mandado.

Após o desapossamento o exequente permaneceria como depositário do bem.

Portanto, mesmo sendo proprietário do imóvel,[18] sem qualquer possibilidade de oposição de embargos, o executado seria desapossado.

Em consonância com o acatado, mormente em razão do princípio da inafastabilidade da tutela jurisdicional, do inc. XXXV do art. 5º da Constituição Federal, entendem a jurisprudência e a doutrina, com nosso aplauso, que os §§ 1º e 2º do art. 4º da Lei 5.741/1971 não foram recepcionados pela Constituição de 1988.

Demais disso, dispõe a Carta Maior que *ninguém será privado da liberdade ou de seus bens sem o devido processo legal* (art. 5º, inc. LIV).

Por evidente que esse *devido processo legal* não pode prescindir dos embargos à execução, com *os meios e recursos a ele inerentes* (art. 5º, inc. LV).

O terceiro, embora não se enquadre nos fundamentos que citamos, pode ser possuidor de boa-fé, como, por exemplo, locatário, comodatário, usufrutuário etc.

Acorde com Victor A. A. Bonfim, essa possibilidade, por si só, justifica a impossibilidade do desapossamento liminar, mesmo em face de terceiros.[19]

---

[17] Recurso Especial nº 36.383-7-SP, Rel. Min. Demócrito Reinaldo.

[18] Até a praça ou adjudicação, o imóvel pertence ao executado, nos termos dos arts. 530, I, e 676 do Código Civil de 1916; novo Código Civil, arts. 108, 1.245 e 1.227.

[19] Victor A. A. Bonfim, "Da inconstitucionalidade do § 1º, do art. 4º da Lei 5.741/1971", *RT* 616/247.

11.5.5. Embargos à execução

A Lei 5.741/1971 condicionava a suspensão da execução pela oposição dos embargos aos seguintes fatos:

a) depósito integral do valor da execução, ou
b) comprovação da quitação da dívida.

Nesse ponto vislumbra-se mais uma inconstitucionalidade da Lei 5.741/1971 na exata medida em que o devedor poderia ver seu imóvel ser penhorado e vendido em hasta pública sem que seus embargos fossem apreciados pelo Poder Judiciário.

Ora, tais exigências, por óbvio, não foram recepcionadas pela Constituição Federal pelos mesmos motivos que não o foram aqueles dispositivos referentes ao desapossamento sumário.[20]

Certo é que, em razão da Lei 11.382/2006, que incluiu o art. 739-A, § 1º, do Código de Processo Civil de 1973, os embargos, em regra, não suspendiam a execução, exceto se o juiz atribuísse essa suspensão em razão de possibilidade de grave dano ao executado, a requerimento do embargante e desde que a execução já estivesse garantida.

Essa ideia foi acolhida pelo art. 935 e seu § 1º do Código de Processo Civil de 2015.

Sendo assim, a suspensão poderá ser deferida, nos termos do dispositivo, desde que haja caução, penhora ou depósito, aptos a garantir a execução, não sendo necessário, outrossim, exclusivamente, o depósito do valor integral da execução ou a quitação da dívida.

O prazo para oferecimento dos embargos, de acordo com o art. 915 do Código de Processo Civil que, conforme pensamos, se aplica à vertente execução, será de quinze dias contados da juntada do mandado de citação, independentemente de garantia do juízo.

Acorde com a lição do ilustre Araken de Assis, há necessidade de interpretação sistêmica da lei.[21] Na elaboração da Lei 5.741/1971, o sistema e o prazo para os embargos

---

[20] Nelson Nery Junior, *Princípios do processo civil na Constituição Federal*, 2ª ed., Revista dos Tribunais, p. 95.

[21] Araken de Assis, *Manual do Processo de Execução*, São Paulo: Revista dos Tribunais, 1998, p. 994. escreveu, na sistemática anterior à Lei 11.382/2006, que alterou, entre outros, o art. 739, do Código de Processo Civil, que: *O processo executivo, regulado pela Lei 5.741, de 01.12.71, prevê, no art. 5º, caput, 1ª parte, o seguinte: "o executado poderá opor embargos no prazo de 10 dias contados da penhora". Estabelecida a necessidade da intimação, proceder-se-á consoante o rito comum da expropriação, aplicável subsidiariamente (art. 10, in fine, da Lei 5.741/1971), fluindo o decêndio da data em que se juntarem aos autos a prova da intimação.*
No mesmo sentido a lição de Paulo Henrique dos Santos Lucon (*Embargos à Execução*, São Paulo: Saraiva, 1996, p. 222-223): *A redação anterior do inc. I do art. 738 do Código de Processo Civil gerava dúvidas, pois apenas determinava genericamente que o prazo para oposição de embargos era de dez dias contados "da intimação da penhora". No início da vigência do Código de Processo Civil, não se sabia exatamente qual era o termo a quo do prazo para embargar a execução por quantia certa. Dúvida havia entre a efetivação da intimação da penhora e a juntada do respectivo mandado. Sustentou-se que o prazo começaria a fluir tal como o prazo para resposta do réu no processo de conhecimento (CPC, art. 241, I) [atual art. 231, I]. Entretanto essa tese acabou por ser rechaçada pela jurisprudência, prevalecendo a orientação depois consolidada na Súmula nº 1 do Primeiro Tribunal de Alçada Civil do Estado de São Paulo: "na execução por quantia certa contra devedor solvente, o prazo para oposição de embargos dever ser contado da data da intimação da penhora". No caso de intimação do executado por precatória, o termo a quo para a oposição de embargos se iniciava da intimação e não da juntada de sua comprovação aos autos. Com intuito de amenizar essa rigidez, a Lei 8.953, de 13 de dezembro de 1994, dando nova redação ao inc. I do art. 738 do Código de Processo Civil, impôs determinação totalmente diversa daquela estabelecida pela jurisprudência, fixando de outra forma o dies a quo. Desse modo, o prazo para oposição de embargos do executado inicia-se da juntada aos autos da prova da intimação da penhora. Essa prova*

se harmonizavam com o sistema processual em vigor (CPC de 1939). Com a alteração dos prazos e do termo inicial dos embargos no sistema processual, em razão do art. 10 da Lei 5.741/1971, o novo sistema deve ser aplicado também à execução hipotecária prevista pela lei especial.

Esse sistema não pode ser fracionado, de tal sorte que não se pode admitir um sistema diferenciado para cada tipo de execução, guardadas, evidentemente, as devidas peculiaridades de cada uma.

A execução hipotecária possui, naturalmente, uma lei própria, especial, que disciplina o procedimento em toda a sua extensão.

Mas, segundo o acatado processualista, com supedâneo no art. 10 da Lei 5.741/1971, é impossível aceitar que, em virtude de sua qualidade, possa regular de modo diferente um mesmo fato: a contagem do prazo para o oferecimento de embargos, gerando um conflito quando o magistrado busca a norma adequada para estabelecer o *dies a quo* da fluência do prazo.[22]

É norma comezinha de interpretação que lei geral posterior não revoga e tampouco altera lei especial anterior.

No caso, entretanto, a *mens legis* certamente não foi a de estabelecer regras diferentes para o Código de Processo Civil e para a Lei 5.741/1971.

A lei especial, nesse ponto, antes, repetia o Código de Processo Civil e, por esse motivo, a alteração da norma geral deve estender-se à lei especial, com base no disposto no art. 2º, § 1º, da Lei de Introdução às Normas do Direito Brasileiro.

Mister se faz levar em consideração que é impossível tolerar, até em função da segurança jurídica, um sistema jurídico que admita duas normas disciplinando um mesmo fato e oferecendo soluções diferentes.

Aceitar tal antagonismo seria privilegiar uma parte, qual seja, a Instituição Financeira na medida em que esta ocupasse um dos polos da relação jurídica processual.

Trata-se de agressão ao princípio da segurança jurídica, especialmente quanto ao mutuário, polo passivo da ação, na medida em que, sendo parte economicamente muitas vezes mais fraca, teria que se submeter a uma série de complexidades, além dos privilégios que normalmente possui o agente financeiro.

Portanto, os embargos deverão ser oferecidos no prazo de 15 dias da juntada aos autos do mandado de citação devidamente cumprido (Código de Processo Civil, art. 915), cuja prova é o mandado cumprido pelo oficial de justiça e trazido com certidão diretamente aos autos da causa, quando for esta a forma de citação, a mais comum em se tratando de execução, diga-se de passagem, sem descartar as demais hipóteses do art. 231 do Código de Processo Civil.

---

se faz: a) com a certidão de afixação e publicação do edital; b) com a juntada do mandado de intimação aos autos do processo de execução ou aos autos da carta precatória dele desentranhada; ou c) com a juntada aos autos do processo de execução do aviso de recebimento trazido pelo correio.

[22] Com fundamento no sistema anterior: *TJSP. Embargos à execução hipotecária – rejeição liminar em razão da intempestividade – apelação da embargante. – Irresignação com relação à sentença que rejeitou liminarmente os embargos à execução, em razão da intempestividade. A Lei 11.382/06 passou a vigorar depois da citação da executada e antes de concluído o procedimento de penhora – O prazo para oposição de embargos à execução é contado a partir da intimação da penhora, mas já se computando o prazo da lei nova, de 15 dias – Precedente do C. STJ – Embargos tempestivos – Sentença reformada. Recurso provido (Apelação 0030679-23.2013.8.26.0003 – Rel. Marino Neto; Comarca: São Paulo; 11ª Câmara de Direito Privado; j. 23.02.2016; Data de registro: 23.02.2016).*

Outrossim, a advertência quanto ao início do prazo para os embargos deve estar clara e precisa no mandado em razão do princípio da cooperação insculpido no art. 6º do Código de Processo Civil.

A consequência da omissão nos é fornecida pelo Primeiro Tribunal de Alçada Civil, ou seja, o não reconhecimento da intempestividade:

Penhora. Intimação. Inocorrência de advertência expressa pelo oficial de Justiça quanto ao início do prazo para o oferecimento dos embargos à execução, nos termos do art. 225, VI, do Código de Processo Civil [atual art. 250, II]. Intempestividade dos embargos não caracterizada. Recurso provido para que o mérito da impugnação seja apreciado em Primeiro Grau (Apel. nº 645.947-2, Indaiatuba, 4ª Câmara de Férias de Janeiro/1997, unânime, 19.02.1997, Rel. Juiz Franco de Godoi). Voto nº 3.984 ACÓRDÃO Vistos, relatados e discutidos estes autos de Apelação nº 645.947-2, da Comarca de Indaiatuba, sendo apelante S. S.A. Ind. e Com. de Supermercados e apelada a Prefeitura Municipal de Indaiatuba. Acordam, em Quarta Câmara de Férias de Janeiro/1997 do Primeiro Tribunal de Alçada Civil, por votação unânime, dar provimento ao recurso. Penhora. Intimação. Inocorrência de advertência do oficial de Justiça no sentido do prazo para oferecimento dos embargos. Intempestividade não caracterizada. Determinação da apreciação do mérito pelo MM. Juiz "a quo". Recurso provido. 1) Insurge-se a apelante contra sentença que rejeitou liminarmente os embargos à execução que opôs contra a apelada, por considerá-los intempestivos. Alega em síntese que não constou da certidão de intimação da penhora o prazo para os embargos, nos termos do Art. 225, VI, do Código de Processo Civil [atual art. 250, II]; que não houve advertência para defesa ou embargos e que, sendo a matéria em questão exclusivamente de direito, sua análise pode ser realizada, mesmo que intempestivos os embargos. Aduz ainda que foi concedida a ordem em Mandado de Segurança impetrado por alguns proprietários visando a anulação dos lançamentos, sendo válida tal decisão para todos os que estão em situação idêntica à dos impetrantes e que o tributo cobrado não é contribuição de melhoria, tendo sido desrespeitados o Código Tributário Nacional e o Decreto-lei 195/1967. Recebido o recurso, foi respondido. Efetuou-se o preparo. É o breve relatório. 2) Merece reforma a decisão de primeiro grau. Os efeitos jurídicos do recebimento por parte do réu ou do executado de documento judiciário comunicando-lhe da existência de demanda contra si, ou de execução, especificamente, ou ainda da realização de atos de constrição judicial, exigem que seja o requerido alertado do prazo para exercitar a defesa de seus direitos. Trata-se de adoção de princípio ligado ontologicamente àqueles da igualdade das partes no processo e da ampla defesa. No caso "sub iudice", apesar de ter o embargante-apelante assinado o termo de penhora, não ocorreu a advertência do Sr. Oficial de Justiça no sentido do início do prazo para o oferecimento dos embargos. Aliás, o entendimento sufragado no STJ é de que: "A assinatura do auto de depósito do bem penhorado não equivale à intimação da penhora, para os efeitos da Lei 6.830/1980 (art. 16). Para que se tenha o devedor como intimado da penhora, no processo de execução fiscal, é necessário que o oficial de justiça advirta-o expressamente de que a partir daquele ato inicia-se o prazo de trinta dias para oferecimento de embargos (STJ, 1ª Turma, REsp 17.585-0-MG, Rel. Min. Humberto Gomes de Barros, j. 16.08.1993, negaram provimento, v.u., DJU 20.09.1993, p. 19.143-1ª col., em., Theotonio Negrão, art. 16-12 a., Execução Fiscal, Lei 6.830/1980, p. 842, 27ª ed.). Dessarte, não poderia o MM. Juiz "a quo" julgar intempestivos os embargos, eis que ausente a advertência mencionada. Dá-se assim provimento ao recurso para que aprecie o MM. Juiz "a quo" o mérito da impugnação apresentada pelo apelante. Presidiu o julgamento, o Juiz Octaviano Lobo e dele participaram os Juízes Gomes Correa e Luiz Sabbato. São Paulo, 19 de fevereiro de 1997. J. B. Franco de Godoi. Relator.

11.5.6. Saldo devedor

Verificada a existência de saldo devedor ante a arrematação do imóvel, o devedor restará exonerado do restante da dívida por expressa disposição legal (Lei 5.741/1971, art. 7º).

11.5.7. Avaliação do imóvel penhorado

Como o devedor fica exonerado da dívida, mesmo sendo o imóvel arrematado por valor inferior ao saldo devedor, entende-se que não há qualquer necessidade de avaliação do imóvel para realização da praça, mormente que o valor mínimo é o valor da dívida.

De nossa parte, entendemos que a avaliação é necessária, impedindo a venda do imóvel por valor vil,[23] que só pode ser controlada pelo Juiz através da apuração do valor do bem,[24] mormente quando grande parte do financiamento foi satisfeita.

A controvérsia parece estar superada pela redação dos arts. 870 e 872 do Código de Processo Civil, que exigem a avaliação.

Demais disso, se o imóvel possui valor superior ao do saldo devedor, o exequente, que estaria autorizado a adjudicar, enriqueceria ilicitamente.

O remédio para o indeferimento da avaliação requerida pelo executado é o agravo de instrumento, com possibilidade de efeito suspensivo.

11.5.8. Praça

Efetivada a avaliação – ou não –, será designada praça pública para venda do imóvel hipotecado e penhorado.

Publicar-se-á edital de intimação com prazo de dez dias *à porta do edifício do fórum* (art. 6º, parágrafo único, da Lei 5.741/1971), bem como, por três vezes, mesmo sem intervalos, em jornal de circulação no local do imóvel.

Nada obstante a publicação de editais, o executado e seu cônjuge devem ser intimados pessoalmente da realização da praça.[25]

Realizada a praça[26] sem licitantes, o imóvel será adjudicado ao credor exequente em 48 horas.

11.5.9. Remição

O devedor poderá remir a execução, salvando o imóvel da arrematação, desde que, antes da assinatura da carta de arrematação, deposite o valor total do débito acrescido dos encargos e demais despesas (Lei 5.741/1971, art. 8º e Código de Processo Civil, art. 826).

Deveras, quanto à alegação de bem de família, igualmente o STJ vem decidindo que "a impenhorabilidade do bem de família é matéria de ordem pública e, portanto, pode ser arguida e examinada enquanto o bem integrar o patrimônio do devedor, não mais cabendo ser suscitada após a alienação judicial do imóvel e exaurimento da execução, mediante a lavratura e assinatura do auto respectivo" (REsp 1.536.888, j. 26.04.2022).

11.6. MODELO DE EXECUÇÃO HIPOTECÁRIA

MM. Juízo da (...)

(...), por seu advogado, vem, respeitosamente, perante Vossa Excelência, aforar, em face de (...) e sua mulher (...) a presente

---

[23] Até porque devem ser respeitados os princípios da máxima utilidade e do menor sacrifício da execução, além do princípio geral segundo o qual o processo deve conceder à parte tudo aquilo a que tem direito (Evaristo Aragão Ferreira dos Santos, ob. cit., p. 217).

[24] Entende Evaristo Aragão Ferreira dos Santos, com irretocáveis argumentos científicos, que, na eventualidade de avaliação, não se respeitaria o art. 7º da Lei 5.741/1971. Com efeito, havendo saldo devedor em razão da avaliação, este poderia ser cobrado posteriormente do devedor, assim como o saldo da arrematação a ele devolvido (ob. cit., p. 221). *Data venia* ousamos discordar da primeira afirmação. Não conseguimos vislumbrar a hipótese do ponto de vista legal, mormente que a lei menciona liberação do saldo devedor, não permitindo inferir, de forma alguma, a decantada cobrança.

[25] STJ, Recurso Especial nº 58.627-5/RJ, Rel. Min. Garcia Vieira.

[26] Alguns entendem que será realizada apenas uma praça (Evaristo Aragão Ferreira dos Santos, ob. cit., p. 222), outros, entretanto, defendem duas praças, nos termos do art. 686, VI, do Código de Processo Civil (Araken de Assis, ob. cit., p. 49).

Execução hipotecária

o que faz na forma da Lei 5.741, de 01.12.71, e pelas razões de fato e direito a seguir expostas:

Na forma do Instrumento Particular de Venda e Compra com Financiamento, Pacto Adjeto de Hipoteca e Outras Avenças, celebrado em (...) (documento 1), os Executados adquiram o seguinte imóvel:

Um Apartamento nº 112, localizado no 12º pavimento do "Edifício Plaza", situado na Rua (...), com área privativa de (...) m², área comum de (...), área total de (...) m², fração ideal de (...) e coeficiente de participação na construção de (...), com direito a (...) vagas indeterminadas, matrícula nº (...), junto ao (...) oficial de Registro de Imóveis da Capital (documento 2).

Nessa oportunidade, obrigaram-se os executados a resgatar o valor do financiamento e demais acréscimos contratuais em prestações mensais, consecutivas e reajustáveis, tudo conforme estipulado no instrumento contratual.

Para garantia do pagamento da dívida e do cumprimento das demais obrigações contratuais, os executados concederam ao exequente o imóvel adquirido em primeira, única e especial hipoteca, devidamente registrada sob nº (...) na matrícula (...) do (...) Oficial de Registro de Imóveis da Capital, SP.

Por disposição contratual, o atraso no pagamento das prestações, acarreta o vencimento antecipado de toda a dívida, com seus encargos, podendo o credor hipotecário exigir o seu imediato pagamento, independentemente de notificação judicial ou extrajudicial.

Entretanto, por força da legislação especial, o credor expediu e enviou ao executado, os dois avisos de que trata o § 2º do art. 3º da Lei 5.741/1971, ante o não pagamento das prestações vencidas desde (...).

Assim, tendo em vista o descumprimento do pactuado, certo é que os executados devem as prestações de amortização e de juros desde (...), totalizando R$ (...), tendo ficado caracterizada a mora por meio dos avisos enviados (documento 3), vencendo-se antecipadamente, na forma do contrato, a dívida com todos os seus encargos que, no dia (...), soma a quantia de R$ (...), assim discriminada:

Prestações vencidas até (...):

(*vide* demonstrativo anexo)

(...) à (...)	R$ (...)
mora	R$ (...)
Multa Contratual	R$ (...)
a – Subtotal	R$ (...)
b – Saldo Devedor	R$ (...)
Total (a + b)	R$ (...)

Isto posto, vem o exequente, respeitosamente, requerer a citação do Executado para pagar, no prazo de 3 dias, o valor de R$ (...), correspondente às prestações vencidas desde (...) a (...), conforme verbas discriminadas no item anterior, letra "a", acrescido das prestações vencidas após (...), até a data do efetivo pagamento, além dos encargos contratuais, calculados nos termos das resoluções que disciplinam a matéria, juros de mora supervenientes, multa, custas judiciais, verba honorária e demais cominações, sob pena de ser penhorado o imóvel hipotecado com a nomeação do exequente para o cargo de depositário, consoante art. 4º da Lei 5.741/1971.[27]

Todavia caso o Executado não pague a totalidade da dívida conforme item anterior, deverá ser ordenada a venda, em Praça Pública, do imóvel hipotecado[28] por preço não inferior ao saldo devedor atualizado para o dia da praça, que hoje importa em R$ (...), expedindo-se editais com prazo de 10 (dez) dias e, nos termos do art. 6º, parágrafo único, da Lei 5.741/1971, a adjudicação por parte do exequente, caso não ocorra a arrematação ou remição, na forma, ainda, dos arts. 7º e 8º da apontada lei.

---

[27]　Embora tenhamos entendimento diverso, poderá constar: *e de ficar, o Executado ou eventuais ocupantes do imóvel obrigados à imediata desocupação.*

[28]　Embora tenhamos entendimento diverso, poderá constar: *independentemente de avaliação, por dispensável* (*RT 597/126, JTA 93/29; BOL. AASP 1442/189, Súmula nº 207 do TFR, Ag. Inst. nº 6.943-SP-STJ DJ 26.02.1991 – Seção I*).

Termos em que, dando à causa o valor do débito vencido, R$ (...) (Súmula nº 12 do 1º TACiv-SP), requer-se os benefícios do art. 212 e parágrafos do Código de Processo Civil.

Termos em que,

pede deferimento.

Data

Advogado OAB (...)

 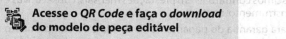

Acesse o *QR Code* e faça o *download* do modelo de peça editável

> http://uqr.to/1ye05

Capítulo 12

ALIENAÇÃO FIDUCIÁRIA DE BEM IMÓVEL – SISTEMA FINANCEIRO IMOBILIÁRIO

12.1. CONCEITO

A alienação fiduciária de bem imóvel surge no Direito pátrio através da Lei 9.514/1997, lei esta profundamente alterada pela Lei 13.465/2017 e, posteriormente, também, pela Lei 14.711/2023,[1] sendo definida como o negócio mediante o qual o devedor (fiduciante), transmite a propriedade imobiliária ao fiduciário (credor), em garantia da dívida assumida pela aquisição de imóvel.

Nos termos do art. 22 da Lei 9.514/1997, *a alienação fiduciária regulada por esta Lei é o negócio jurídico pelo qual o fiduciante, com o escopo de garantia de obrigação própria ou de terceiro, contrata a transferência ao credor, ou fiduciário, da propriedade resolúvel de coisa imóvel.*

Portanto, trata-se de garantia atribuída pelo devedor – ou por terceiro garantidor – não por meio de direito real sobre coisa alheia, como é o caso da hipoteca, mas sobre coisa própria, ou seja, por meio da propriedade.

É possível a constituição de sucessivas alienações fiduciárias sobre o mesmo imóvel, restando, nessa eventualidade, prioridade ao fiduciário (credor) mais antigo (art. 22, § 3º, da Lei 9.514/1997).

Em qualquer caso, de acordo com os arts. 25 e 33 da Lei 9.514/1997, a propriedade transmitida ao credor (fiduciário) é resolúvel.[2]

---

[1] Todas as alterações promovidas pela Lei 13.465/2017 e, depois, pela Lei 14.711/2023 somente se aplicam aos contratos firmados depois da sua vigência em respeito ao ato jurídico perfeito. Nessa medida, o que foi decidido no incidente de Resolução de Demandas Repetitivas do TJSP n. 166423-86.2018.8.26.0000, julgado no dia 25.11.2019, no qual foi fixada a seguinte tese: "A alteração introduzida pela Lei 13.465/2017 ao art. 39, II, da Lei 9.514/1997 tem aplicação restrita aos contratos celebrados sob a sua vigência, não incidindo sobre os contratos firmados antes da sua entrada em vigor, ainda que constituída a mora ou consolidada a propriedade, em momento posterior ao seu início de vigência".

[2] Art. 25. Com o pagamento da dívida e seus encargos, resolve-se, nos termos deste artigo, a propriedade fiduciária do imóvel.
§ 1º No prazo de trinta dias, a contar da data de liquidação da dívida, o fiduciário fornecerá o respectivo termo de quitação ao fiduciante, sob pena de multa em favor deste, equivalente a meio por cento ao mês, ou fração, sobre o valor do contrato.
§ 2º À vista do termo de quitação de que trata o parágrafo anterior, o oficial do competente Registro de Imóveis efetuará o cancelamento do registro da propriedade fiduciária.

Isso significa que, pago o preço determinado no contrato, resolve-se a propriedade do credor (fiduciário), retornando a propriedade ao antigo devedor (fiduciante).

Por exemplo: Mário adquire imóvel de determinada construtora e o banco ingressa na relação jurídica para financiar a aquisição.

Nesse caso, Mário recebe a propriedade da construtora e a transfere, no mesmo ato, ao banco, que, por sua vez, entrega o dinheiro à construtora.

Após cumprir a sua obrigação contratual, pagando integralmente o preço, consolida-se, nos termos da lei, a propriedade nas mãos de Mário, ou seja, resolve-se a propriedade do banco credor (fiduciário).

No prazo de 30 dias contados da data da liquidação, o fiduciário (credor) deverá colocar o termo de quitação à disposição do devedor e, se houver, ao terceiro que ofereceu a garantia (fiduciante), para ser levada à averbação junto ao oficial de Registro de Imóveis, consolidando a propriedade em seu nome (art. 25, §§ 1º e 1º-A, da Lei 9.514/1997).

A Lei estipula multa de 0,5% ao mês, ou fração, ambos sobre o valor do contrato, no caso de omissão do fiduciário (credor) na obrigação de declarar sua vontade, ou seja, de elaborar o termo de quitação e colocá-lo à disposição do devedor (fiduciante).

Essa fração será proporcional aos dias do atraso. Assim, se o atraso for de 15 dias para entrega da quitação, será paga fração de 0,25% ou, se o atraso for de seis meses e meio, a multa será de 3,25%, e assim por diante.

Isso não quer dizer que o juiz, tendo em vista a necessária tutela jurisdicional, não possa estipular valor maior, adequado à função inibitória da multa legal, até porque a limitação da lei não atinge os preceitos processuais de ordem pública dos arts. 297, 300 e 537 do Código de Processo Civil que tratam da tutela provisória de urgência.

Não é preciso entregar o termo, mas, apenas, colocá-lo à disposição do devedor (fiduciante), como, aliás, menciona expressamente a parte final do § 1º-A do art. 25 da Lei 9.514/1997.

Trata-se de obrigação de fazer, passível de ação própria para compelir o fiduciário que, demais disso, poderá ser responsabilizado por perdas e danos, além da multa determinada pelo juiz.

É preciso observar, entretanto, que não é a quitação fornecida pelo credor que opera a consolidação da propriedade nas mãos do devedor ou do terceiro que ofertou a garantia, mas o pagamento da dívida.

Sendo assim, a sentença declarará a dívida quitada e determinará ao oficial de Registro de Imóveis o cancelamento da propriedade registrada em nome do credor, além de condená-lo no pagamento da multa pelo indevido retardamento na obrigação legal de outorgar a quitação, que reverterá em benefício do fiduciante (devedor) ou do terceiro garantidor quando for o caso.

12.2. PARTES

Nesta espécie de garantia estão presentes as seguintes partes:

a) vendedor;

b) fiduciante (devedor ou terceiro garantidor); e,

c) fiduciário (credor).

Art. 33. Aplicam-se à propriedade fiduciária, no que couber, as disposições dos arts. 647 e 648 do Código Civil.

Em se tratando de compra e venda de imóvel, o que ocorre é a venda feita ao fiduciante com pacto adjeto de alienação fiduciária em favor do fiduciário.

Assim, o fiduciante (devedor) recebe a propriedade e transmite essa propriedade, em garantia, ao fiduciário (credor).

O vendedor do imóvel pode se confundir com o fiduciário (credor).

Isso ocorrerá quando o próprio vendedor utilizar o sistema trazido pela Lei 9.514/1997 para financiar a aquisição do fiduciante.

Portanto, a propriedade é transmitida ao devedor (fiduciante) e, ato contínuo, volta ao credor (fiduciário), que também é vendedor, acorde com o art. 22 da Lei 9.514/1997.[3]

A alienação fiduciária poderá ser utilizada tanto por instituições financeiras autorizadas a operar no Sistema Financeiro Imobiliário como pelas demais pessoas, físicas ou jurídicas.

No caso de crédito fornecido pela instituição financeira para a aquisição do imóvel, o vendedor vende ao fiduciante e este, ato contínuo, pelo mesmo contrato de compra e venda e mútuo com garantia por alienação fiduciária, transmite a propriedade resolúvel em garantia ao agente financeiro que concedeu o empréstimo para a aquisição.

Nos termos dos arts. 28 e 29 da Lei 9.514/1997 poderá haver a cessão, tanto dos créditos quanto dos débitos.[4]

A cessão deverá ser levada ao registro imobiliário e poderá ser feita por instrumento particular nos termos do art. 38 da Lei 9.514/1997.

12.3. CONSTITUIÇÃO E NATUREZA JURÍDICA

Nos termos do art. 23 da Lei de Alienação Fiduciária (Lei 9.514/1997), a propriedade fiduciária se constitui apenas com o registro do contrato junto ao oficial de Registro de Imóveis da circunscrição imobiliária competente.

Sendo assim, já entendeu o STJ que antes do registro se trata apenas de um crédito de natureza pessoal do credor que pode, inclusive, nessa medida, ficar sujeito ao arbitramento de cláusula penal e devolução do restante, sem poder aplicar o regime dos leilões previsto na Lei 9.514/1997:

---

[3] Art. 22. A alienação fiduciária regulada por esta Lei é o negócio jurídico pelo qual o devedor, ou fiduciante, com o escopo de garantia, contrata a transferência ao credor, ou fiduciário, da propriedade resolúvel de coisa imóvel.

§ 1º A alienação fiduciária poderá ser contratada por pessoa física ou jurídica, não sendo privativa das entidades que operam no SFI, podendo ter como objeto, além da propriedade plena:

I – bens enfitêuticos, hipótese em que será exigível o pagamento do laudêmio, se houver a consolidação do domínio útil no fiduciário;

II – o direito de uso especial para fins de moradia;

III – o direito real de uso, desde que suscetível de alienação;

IV – a propriedade superficiária; ou

V – os direitos oriundos da imissão provisória na posse, quando concedida à União, aos Estados, ao Distrito Federal, aos Municípios ou às suas entidades delegadas, e respectiva cessão e promessa de cessão.

§ 2º Os direitos de garantia instituídos nas hipóteses dos incisos III e IV do § 1º deste artigo ficam limitados à duração da concessão ou direito de superfície, caso tenham sido transferidos por período determinado.

[4] Art. 28. A cessão do crédito objeto da alienação fiduciária implicará a transferência, ao cessionário, de todos os direitos e obrigações inerentes à propriedade fiduciária em garantia.

Art. 29. O fiduciante, com anuência expressa do fiduciário, poderá transmitir os direitos de que seja titular sobre o imóvel objeto da alienação fiduciária em garantia, assumindo o adquirente as respectivas obrigações.

Direito Civil. Recurso especial. Ação de rescisão de contrato particular de compra e venda de imóvel c/c pedido de devolução das quantias pagas. Cláusula de alienação fiduciária em garantia. Ausência de registro. Garantia não constituída. Venda extrajudicial do bem. Desnecessidade (...) 2. O propósito recursal consiste em dizer se a previsão de cláusula de alienação fiduciária em garantia em instrumento particular de compra e venda de imóvel impede a resolução do ajuste por iniciativa do adquirente, independentemente da ausência de registro. 3. No ordenamento jurídico brasileiro, coexiste um duplo regime jurídico da propriedade fiduciária: a) o regime jurídico geral do Código Civil, que disciplina a propriedade fiduciária sobre coisas móveis infungíveis, sendo o credor fiduciário qualquer pessoa natural ou jurídica; b) o regime jurídico especial, formado por um conjunto de normas extravagantes, dentre as quais a Lei 9.514/1997, que trata da propriedade fiduciária sobre bens imóveis. 4. No regime especial da Lei 9.514/1997, o registro do contrato tem natureza constitutiva, sem o qual a propriedade fiduciária e a garantia dela decorrente não se perfazem. 5. Na ausência de registro do contrato que serve de título à propriedade fiduciária no competente Registro de Imóveis, como determina o art. 23 da Lei 9.514/1997, não é exigível do adquirente que se submeta ao procedimento de venda extrajudicial do bem para só então receber eventuais diferenças do vendedor. 6. Recurso especial conhecido e não provido (REsp 1.835.598/SP, Rel. Min. Nancy Andrighi, Terceira Turma, j. 09.02.2021, DJe 17.02.2021).[5]

De acordo com Marcelo Terra, sua natureza jurídica é de direito real de garantia.[6] Segundo ele, "*a alienação fiduciária atenua, em muitos casos, as dificuldades normais encontradas nos tradicionais instrumentos de garantia, oferecendo maior rigor e eficiência na segurança do crédito, principalmente devido ao crescente abalo, pelo Poder Judiciário, ao prestígio da hipoteca como fomentador da garantia do crédito*".[7]

Na exata medida em que a propriedade é transferida fiduciariamente ao credor, esta propriedade gera todos os efeitos determinados na lei até que o devedor (fiduciante) pague o preço devido.

Isto significa que, se o devedor adquirir o imóvel atribuindo a garantia fiduciária e vier a se casar pelo regime legal da comunhão parcial de bens, antes de pagar a totalidade do preço ajustado, na ocasião da quitação resolver-se-á a propriedade do credor (fiduciário), prevalecendo a aquisição anterior.

Sendo assim, nesse caso específico, a propriedade não se comunicará com o cônjuge, ressalvado o direito de este pleitear o equivalente à metade do valor das parcelas pagas no curso da união, respeitado o regime patrimonial do casamento ou da união estável.

Foi o que se decidiu nos autos da Apelação Cível n. 286.511-4/4, da 6ª Câmara de Direito Privado do Tribunal de Justiça de São Paulo, que teve como Relator o Desembargador Reis Kuntz: "*Divórcio direto – Partilha de bens – Meação de imóvel financiado –* Não cabimento *– Direito do apelante à metade das prestações pagas e às melhorias nele realizadas, durante o período em que o casal viveu junto*".

De qualquer forma, a alienação fiduciária não se confunde com a hipoteca.

A hipoteca é direito real de garantia que recai sobre coisa alheia, como é a característica dos tradicionais direitos reais de garantia do nosso Código Civil.

---

[5]   Divergindo, o Ministro Ricardo Villas Bôas Cueva sustentou no voto vencido que "[...] a ausência de registro do contrato que serve de título à propriedade fiduciária no competente Registro de Imóveis não confere ao devedor fiduciante o direito de promover a rescisão da avença por meio diverso daquele contratualmente previsto, tampouco impede o credor fiduciário de, após a efetivação do registro, promover a alienação do bem em leilão para só então entregar eventual saldo remanescente ao adquirente do imóvel, descontados os valores da dívida e das demais despesas efetivamente comprovadas".

[6]   Marcelo Terra, *Alienação Fiduciária de imóvel em garantia*, São Paulo: Porto Alegre: Sergio Antonio Fabris Editor, 1998, p. 23.

[7]   Em alguns casos legais não prevalece, como, por exemplo, nos casos de créditos trabalhistas, de pensão alimentícia e fiscais, que prevalecem sobre os créditos reais.

O credor (fiduciário) possui um direito de garantia que recai sobre coisa própria.

Nesse sentido, a Lei 9.514/1997 inovou quando surgiu, ampliando o tradicional sistema legal de garantias.

O devedor (fiduciante) possui um direito não deferido, classificado como condicional.

Trata-se de ato jurídico sob condição resolutiva, nos termos dos arts. 127 e 1.359, do Código Civil, ou seja, o credor é proprietário até que o evento futuro e incerto ocorra: o pagamento da totalidade das parcelas que extingue a propriedade do credor.

12.4. OBJETO

O objeto da prestação da obrigação se verifica principalmente nas obrigações pecuniárias decorrentes de compra e venda de imóveis ou mútuo para sua aquisição, o que se infere do sistema da Lei 9.514/1997.

Porém, não está afastada a possibilidade de a alienação fiduciária garantir a concessão de crédito ao proprietário de um imóvel, como, por exemplo, mútuo feneratício (empréstimo de dinheiro mediante pagamento de juros).

Os imóveis podem ser de qualquer natureza, sejam comerciais, residenciais, mistos, glebas, superfície, imóveis enfitêuticos etc. (art. 22, § 1º, da Lei 9.514/1997).

A enfiteuse, conceituada no art. 678 do Código Civil de 1916, é mais conhecida no litoral e nas antigas aldeias indígenas. É preciso observar, todavia, que o atual Código Civil suprimiu a enfiteuse particular, permanecendo quanto aos imóveis da União e as já existentes, em razão do direito adquirido.

Por exemplo: no litoral, os imóveis, conhecidos como "imóveis de marinha" são de propriedade da União. O ocupante possui o domínio útil, devendo, ao final de cada período anual, pagar o foro.

Também, a cada transferência, além do imposto de transmissão, é devido o laudêmio.

Esse domínio útil é transferível e pode ser objeto da garantia fiduciária da Lei 9.514/1997.

Marcelo Terra defende que não há qualquer restrição de natureza legal quanto às frações ideais de imóveis, não se aplicando o art. 1.314, do Código Civil, ou o direito de preferência na aquisição dos coproprietários de coisa indivisível, um apartamento, por exemplo.[8]

Portanto, *o imóvel enfitêutico pode ser objeto de alienação fiduciária, sem necessidade de anuência do senhorio e do pagamento do laudêmio, uma vez que a transmissão se faz em caráter apenas fiduciário, com escopo de garantia.*[9]

Por outro lado, resta evidente que o imóvel clausulado com inalienabilidade não poderá ser objeto da alienação fiduciária.

12.5. FORMA

De acordo com o art. 108, do Código Civil, os contratos constitutivos ou translativos de direitos reais sobre bens imóveis de valor superior a trinta salários mínimos devem respeitar a forma da escritura pública.

---

[8]   Marcelo Terra, *ob. cit.*, p. 32.

[9]   Item 293 do provimento CG 11/2013 (Corregedoria-Geral de Justiça do Estado de São Paulo).

Todavia, o art. 38 da Lei 9.514/1997 está assim redigido:

Art. 38. Os atos e contratos referidos nesta Lei ou resultantes da sua aplicação, mesmo aqueles que visem à constituição, transferência, modificação ou renúncia de direitos reais sobre imóveis, poderão ser celebrados por escritura pública ou por instrumento particular com efeitos de escritura pública.

Em complemento, o art. 5º, § 2º, estabelece:

§ 2º As operações de comercialização de imóveis, com pagamento parcelado, de arrendamento mercantil de imóveis e de financiamento imobiliário em geral poderão ser pactuadas nas mesmas condições permitidas para as entidades autorizadas a operar no SFI.

No âmbito do STJ, é pacífica a interpretação que exsurge cristalina do art. 22, § 1º, da Lei 9.514/1997[10], permitindo a contratação de alienação fiduciária por pessoas físicas ou jurídicas nos mesmos moldes daquelas pessoas jurídicas integrantes do Sistema Financeiro Imobiliário. Senão, vejamos:

Recurso especial. Ação anulatória de garantia fiduciária sobre bem imóvel. (...) Obrigações em geral. Ausência de necessidade de vinculação ao sistema financeiro imobiliário. Inteligência dos arts. 22, § 1º, da Lei 9.514/1997 e 51 da Lei 10.931/2004. (...) (REsp 1542275/MS, Rel. Min. Ricardo Villas Bôas Cueva, 3ª Turma, j. 24.11.2015, DJe 02.12.2015)

Em São Paulo, a Corregedoria-Geral de Justiça enfrentou o tema nos seguintes termos:

Alienação Fiduciária de Imóvel – Possibilidade de o contrato ser firmado por pessoa jurídica que não integre o SFI – Contrato que pode validamente revestir formas pública ou particular Arts. 22 e 38 da Lei 9.514/97, e item 230, Capítulo XX, das NSCGJ – Precedente – Recurso Desprovido (CGC/SP 11.07.2016).

Em suma, a lei é clara e permite a utilização de instrumentos particulares que são aptos ao registro para atribuir o direito real de garantia decorrente da alienação fiduciária.

Nada obstante, em decisão ilegal e que não vincula, tendo em vista que não há jurisdição apta a interpretar lei federal, no procedimento de controle administrativo nº 0000145-56.2018.2.00.0000 o CNJ (Conselho Nacional de Justiça) confirmou provimento do Tribunal de Justiça de Minas Gerais que restringe o instrumento particular para alienação fiduciária às pessoas jurídicas que integram o SFI (Sistema Financeiro Imobiliário), decisão que deve, pelos tribunais, na minha opinião, ser solenemente ignorada pela flagrante ilegalidade e manifesto ativismo que já contamina, pelo que se vê, até decisões de natureza administrativa.

O STF analisou a constitucionalidade do Provimento nº 172/2024 do Conselho Nacional de Justiça (CNJ), no Mandado de Segurança nº 39.930/DF (julgamento 13/12/2024), sob relatoria do Ministro Gilmar Mendes, que decidiu pela concessão da segurança, declarando nulo o Provimento nº 172/2024 e seus atos subsequentes, julgando que o CNJ extrapolou seu poder regulamentar ao restringir o alcance do art. 38 da Lei 9.514/1997, impondo limites não previstos na legislação.

Em suma, interpretação literal, sistemática e teleológica do art. 38 da Lei 9.514/97 levada a efeito pelo STF confirma que o dispositivo se aplica à qualquer operação envolvendo alienação

---

[10] Art. 22. A alienação fiduciária regulada por esta Lei é o negócio jurídico pelo qual o devedor, ou fiduciante, com o escopo de garantia, contrata a transferência ao credor, ou fiduciário, da propriedade resolúvel de coisa imóvel.

§ 1º A alienação fiduciária poderá ser contratada por pessoa física ou jurídica, não sendo privativa das entidades que operam no SFI (...).

fiduciária de bens imóveis, não se limitando a financiamentos imobiliários ou entidades específicas. As restrições impostas pelo CNJ, portanto, por decisão do STF, extrapolaram os limites legais, contrariando tanto a letra quanto a intenção da norma.

Nesses termos, o STF declarou a nulidade dos provimentos normativos do CNJ, determinando a possibilidade de contratação de alienação fiduciária por qualquer pessoa, natural ou jurídica, independentemente de escritura pública.

Dessa maneira, nada obsta que o instrumento particular transmita a propriedade imobiliária com pacto adjeto de alienação fiduciária por quem quer que seja.

Trata-se de inovação louvável da lei, dispensando a escritura pública nesse caso particular, rompendo com a tradição de nosso direito de exigir a escritura pública nos negócios imobiliários, tradição essa que já havia sido rompida nos contratos vinculados ao Sistema Financeiro da Habitação.

Mister se faz reparar que se trata de uma faculdade, podendo ser utilizado o instrumento público, se assim às partes aprouver.

Seja qual for a escolha, nos termos do precitado artigo, esse instrumento deverá observar os requisitos do art. 24, da Lei 9.514/1997, quais sejam:

> *Art. 24. O contrato que serve de título ao negócio fiduciário conterá:*
>
> *I – o valor da dívida, sua estimação ou seu valor máximo;*
>
> *II – o prazo e as condições de reposição do empréstimo ou do crédito do fiduciário;*
>
> *III – a taxa de juros e os encargos incidentes;*
>
> *IV – a cláusula de constituição da propriedade fiduciária, com a descrição do imóvel objeto da alienação fiduciária e a indicação do título e modo de aquisição;*
>
> *V – a cláusula que assegure ao fiduciante a livre utilização, por sua conta e risco, do imóvel objeto da alienação fiduciária, exceto a hipótese de inadimplência;*
>
> *VI – a indicação, para efeito de venda em público leilão, do valor do imóvel e dos critérios para a respectiva revisão;*
>
> *VII – a cláusula que disponha sobre os procedimentos de que tratam os arts. 26-A, 27 e 27-A desta Lei.*

Nos termos da Lei 13.476/2017, arts. 3º e 7º, tratando-se de contrato de abertura de limite de crédito por instituição financeira com garantia de alienação fiduciária de bem imóvel, como, por exemplo, cheque especial e crédito em conta-corrente, a garantia pode ser estipulada por meio da sistemática da alienação fiduciária, hipótese especial em que não se exige, no contrato, a determinação do valor total da dívida (até porque não existe valor fixo nesta espécie), o local, a data e a forma de pagamento, bem como a taxa de juros, posto que normalmente é variável.[11]

---

[11] Lei 13.476/2017, Art. 3º. *A contratação, no âmbito do sistema financeiro nacional, de abertura de limite de crédito, as operações financeiras derivadas do limite de crédito e a abrangência de suas garantias obedecerão ao disposto nesta Lei.*
Art. 7º *O registro das garantias constituídas no instrumento de abertura de limite de crédito deverá ser efetuado na forma prevista na legislação que trata de cada modalidade da garantia, real ou pessoal, e serão inaplicáveis os requisitos legais indicados nos seguintes dispositivos legais:*
I – incisos I, II e III do caput do art. 18 e incisos I, II e III do caput do art. 24 da Lei 9.514, de 20 de novembro de 1997.
Lei 9.514/1997, Art. 18. *O contrato de cessão fiduciária em garantia opera a transferência ao credor da titularidade dos créditos cedidos, até a liquidação da dívida garantida, e conterá, além de outros elementos, os seguintes:*
I – o total da dívida ou sua estimativa;

Para a hipótese de locação do imóvel que serve de garantia por alienação fiduciária, o contrato deve conter a determinação de denúncia no prazo de noventa dias da consolidação da propriedade na pessoa do fiduciário, no caso de inexecução pelo fiduciante (nos termos do art. 27 da Lei 9.514/1997), para desocupação em trinta dias, em destaque (Lei 9.514/1997, § 7º, do art. 27).[12]

A descrição do imóvel poderá ser dispensada, desde que, como prega Marcelo Terra,[13] seja feita interpretação analógica dos termos do art. 2º da Lei 7.433/1985, ou seja, quando já conste da matrícula sua descrição e caracterização e seja mencionada a matrícula.[14]

Nesse caso, mister se faz constar o número da matrícula, bem como a localização (endereço completo) do imóvel.

O valor do imóvel deverá constar do contrato, até para que se possibilite, no caso de venda extrajudicial, a estipulação do valor mínimo para o primeiro público leilão e sobre esse valor se compute o aluguel-pena (Lei 9.514/1997, art. 37-A) desde a data da consolidação.

II – o local, a data e a forma de pagamento;
III – a taxa de juros;
(...)
Art. 24. *O contrato que serve de título ao negócio fiduciário conterá:*
I – o valor do principal da dívida;
II – o prazo e as condições de reposição do empréstimo ou do crédito do fiduciário;
III – a taxa de juros e os encargos incidentes;
(...)

[12] Art. 27, § 7º *Se o imóvel estiver locado, a locação poderá ser denunciada com o prazo de trinta dias para desocupação, salvo se tiver havido aquiescência por escrito do fiduciário, devendo a denúncia ser realizada no prazo de noventa dias a contar da data da consolidação da propriedade no fiduciário, devendo essa condição constar expressamente em cláusula contratual específica, destacando-se das demais por sua apresentação gráfica.*

[13] Marcelo Terra, *Alienação Fiduciária de imóvel em garantia*, São Paulo, Porto Alegre: Sergio Antonio Fabris Editor, 1998, p. 25.
Art. 29. O fiduciante, com anuência expressa do fiduciário, poderá transmitir os direitos de que seja titular sobre o imóvel objeto da alienação fiduciária em garantia, assumindo o adquirente as respectivas obrigações.

[14] Art. 1º Na lavratura de atos notariais, inclusive os relativos a imóveis, além dos documentos de identificação das partes, somente serão apresentados os documentos expressamente determinados nesta Lei.
§ 1º O disposto nesta Lei se estende, onde couber, ao instrumento particular a que se refere o art. 61 da Lei 4.380, de 21 de agosto de 1964, modificada pela Lei 5.049, de 29 de junho de 1966.
§ 2º O Tabelião consignará no ato notarial a apresentação do documento comprobatório do pagamento do Imposto de Transmissão inter vivos, as certidões fiscais e as certidões de propriedade e de ônus reais, ficando dispensada sua transcrição. (Redação dada pela Lei 13.097, de 2015).
§ 3º Obriga-se o tabelião a manter, em cartório, os documentos e certidões de que trata o parágrafo anterior, no original ou em cópias autenticadas.
Art. 2º Ficam dispensadas, na escritura pública de imóveis urbanos, sua descrição e caracterização, desde que constem, estes elementos, da certidão do Cartório do Registro de Imóveis.
§ 1º Na hipótese prevista neste artigo, o instrumento consignará exclusivamente o número do registro ou matrícula no Registro de Imóveis, sua completa localização, logradouro, número, bairro, cidade, Estado e os documentos e certidões constantes do § 2º do art. 1º desta mesma Lei.
§ 2º Para os fins do disposto no parágrafo único do art. 4º da Lei 4.591, de 16 de dezembro de 1964, modificada pela Lei 7.182, de 27 de março de 1984, considerar-se-á prova de quitação a declaração feita pelo alienante ou seu procurador, sob as penas da lei, a ser expressamente consignada nos instrumentos de alienação ou de transferência de direitos.
Art. 3º Esta Lei será aplicada, no que couber, aos casos em que o instrumento público recair sobre coisas ou bens cuja aquisição haja sido feita através de documento não sujeito a matrícula no Registro de Imóveis.

Nada obstante o valor estipulado pelas partes no contrato, para o leilão será considerado o maior valor entre este, estipulado no contrato e aquele determinado pelo Poder Público para cálculo do imposto de transmissão.[15]

12.6. POSSE E PROPRIEDADE

12.6.1. Posse

A posse do imóvel objeto da alienação fiduciária é regulada pela lei de regência:

> *Art. 23. Constitui-se a propriedade fiduciária de coisa imóvel mediante registro, no competente Registro de Imóveis, do contrato que lhe serve de título.*
>
> *Parágrafo único. Com a constituição da propriedade fiduciária, dá-se o desdobramento da posse, tornando-se o fiduciante possuidor direto e o fiduciário possuidor indireto da coisa imóvel.*

De acordo com a lei, portanto, o devedor fiduciante, ao transmitir a propriedade ao credor fiduciário, permanece com a posse direta, transferindo ao credor, juntamente com a propriedade, a posse indireta.

Nesse sentido, estão todos autorizados à utilização dos remédios possessórios (ações de reintegração de posse, interdito proibitório e ação de manutenção de posse).

12.6.2. Propriedade

A propriedade fiduciária é instituída, respeitando a tradição do nosso Direito, através do competente registro do título aquisitivo junto ao oficial de Registro de Imóveis, acorde com a permissão derivada da inserção da alínea nº 35 no art. 167 da Lei 6.015/1973, decorrente do art. 40 da Lei 9.514/1997.

O direito pessoal nasce com a celebração do contrato. Todavia, o direito real de propriedade depende, inexoravelmente, do registro.

12.6.3. Possibilidade de penhora dos direitos do fiduciante por dívida diversa – exceções das despesas condominiais (penhora do próprio imóvel) e da proteção decorrente da Lei do Bem de Família aos direitos do fiduciante por dívidas com terceiros

Em que pese a propriedade fiduciária constituir garantia real, nada impede que outro credor penhore os direitos, tanto do fiduciante quanto do fiduciário.

Nesse caso, quem arrematar os direitos em eventual hasta pública assumirá a condição de fiduciante, respondendo pelo saldo devedor.

São nesse sentido os seguintes julgados:

> **Tribunal de Justiça de São Paulo.** *Despesas condominiais. Ação de cobrança. Cumprimento de sentença. Decisão que mantém penhora de imóvel gravado com alienação fiduciária. Impossibilidade de manutenção da constrição. Bem que não integra o patrimônio da devedora. Possibilidade, porém, de penhora dos direitos*

---

[15] Parágrafo único do art. 24 da Lei 9.514/1997, incluído pela Lei 13.465/2017: *Caso o valor do imóvel convencionado pelas partes nos termos do inciso VI do* caput *deste artigo seja inferior ao utilizado pelo órgão competente como base de cálculo para a apuração do imposto sobre transmissão* inter vivos, *exigível por força da consolidação da propriedade em nome do credor fiduciário, este último será o valor mínimo para efeito de venda do imóvel no primeiro leilão.*

da devedora fiduciante sobre o imóvel alienado. Recurso provido, com observação (Agravo de Instrumento n° 0186817-32.2010.8.26.0000, Rel. Marcos Ramos, São Paulo, 30ª Câmara de Direito Privado, j. em 29.09.2010. Data de registro: 15.10.2010, Outros números: 990.10.186817-2).

Tribunal de Justiça de São Paulo. *Penhora. Incidência sobre direito do fiduciante. Possibilidade. Lei 9.514/1997, art. 29. Pretensão de retificação do registro de penhora, onde constou que a constrição se dava sobre o imóvel, e não sobre direito do fiduciante quanto a ele. Cabimento. Recurso prejudicado (Agravo de Instrumento n° 0070527-65.2009.8.26.0000, Rel. Melo Colombi, São Paulo, 14ª Câmara de Direito Privado, j. em 24.06.2009, Data de registro: 13.07.2009. Outros números: 7333007300, 991.09.070527-1).*

Superior Tribunal de Justiça. *Processual civil. Locação. Penhora. Direitos. Contrato de alienação fiduciária; O bem alienado fiduciariamente, por não integrar o patrimônio do devedor, não pode ser objeto de penhora. Nada impede, contudo, que os direitos do devedor fiduciante oriundos do contrato sejam constritos (5ª Turma, REsp679.821/DF, Rel. Min. Felix Fischer, j. em 23.11.2004).*

A título de comparação, no caso de hipoteca, ao se permitir a penhora do próprio imóvel de propriedade do devedor, exigia-se do credor, apenas, que exerça, por simples petição, sua preferência nos autos da execução alheia, fazendo valer a prelação (CPC, art. 804), sob pena de, na inércia, ver a extinção da garantia (STJ, REsp 110.093/MG).

Por outro lado, na alienação fiduciária, a condição do fiduciário não se altera, posto que, tendo em vista a penhora dos direitos e não do imóvel, eventual arrematação era levada a efeito nos estritos termos dos direitos e obrigações do fiduciante.

Penhorados os direitos do fiduciante, são os direitos – e não o imóvel – que deverão ser avaliados.

E esses direitos, a toda evidência, devem ser avaliados pelo resultado da conta consistente em apurar o valor de mercado do imóvel e subtrair, desse valor, o saldo devedor do fiduciante.

Nesse sentido:

Tribunal de Justiça de São Paulo. *Agravo – Penhora – Imóvel alienado fiduciariamente – Possibilidade de a constrição recair, tão somente, sobre os direitos do devedor sobre tal bem – Art. 835, XII, do CPC/2015 – Direitos que só serão auferidos com a extinção da dívida – Impossibilidade de avaliação e leilão do imóvel, uma vez que a penhora recai apenas sobre os direitos aquisitivos decorrentes de alienação fiduciária – Recurso desprovido (TJSP, Agravo de Instrumento 2028520-09.2018.8.26.0000, Rel. Jonize Sacchi de Oliveira, 24ª Câmara de Direito Privado, Foro de Assis, 1ª Vara Cível, j. 05.07.2018, data de registro 11.07.2018).*

O Código de Processo Civil assim se orienta a teor do que dispõem os arts. 804[16] e 889[17], especialmente o primeiro, prestigiando a regra da aquisição originária que cerca a arrematação em hasta pública.

---

[16] Art. 804. A alienação de bem gravado por penhor, hipoteca ou anticrese será ineficaz em relação ao credor pignoratício, hipotecário ou anticrético não intimado.

§ 1° A alienação de bem objeto de promessa de compra e venda ou cessão registrada será ineficaz em relação ao promitente comprador ou cessionário que não houver sido intimado.

§ 2° A alienação de bem sobre o qual tenha sido instituído direito de superfície, seja do solo, da plantação ou da construção será ineficaz em relação ao concedente ou ao concessionário não intimado.

§ 3° A alienação de direito aquisitivo de bem objeto de promessa de venda, de promessa de cessão ou de alienação fiduciária será ineficaz em relação ao promitente vendedor, ao promitente cedente ou ao proprietário fiduciário não intimado.

§ 4° A alienação de imóvel sobre o qual tenha sido instituída enfiteuse, concessão de uso especial para fins de moradia ou concessão de direito real de uso, será ineficaz em relação ao enfiteuta ou ao concessionário não intimado.

§ 5° A alienação de direitos do enfiteuta, do concessionário de direito real de uso ou do concessionário de uso especial para fins de moradia será ineficaz em relação ao proprietário do respectivo imóvel não intimado.

§ 6° A alienação de bem sobre o qual tenha sido instituído usufruto, uso ou habitação será ineficaz em relação ao titular desses direitos reais não intimado.

[17] Art. 889. Serão cientificados da alienação judicial, com pelo menos 5 (cinco) dias de antecedência:
(...)

Como a alienação fiduciária é garantia real, encontrou igual tratamento em relação à hipoteca no CPC, que exige a intimação outrora requerida expressamente somente na hipótese de hipoteca, de tal sorte que é possível afirmar que, se o credor, fiduciário, for intimado e não se manifestar, a garantia restará extinta assim como ocorre com a hipoteca desde o sistema anterior.

Intimado, basta ao credor manifestar-se nos autos da execução para manter sua garantia e preferência, notadamente em razão da continuidade do contrato em razão da alienação dos direitos do fiduciante. A necessidade de intimação, portanto, com a manifestação do fiduciante se presta para que tome conhecimento do novo titular dos direitos e obrigações do fiduciante executado, que teve seus direitos alienados em hasta pública.[18]

Nada obstante, outra é a hipótese no caso de existência de mais de uma alienação fiduciária sobre o mesmo bem. Nesse caso, a teor do art. 22, § 4º, da Lei 9.514/1997, o fiduciário mais antigo goza de privilégio e preferência na excussão da garantia por credor com garantia concedida posteriormente.

Além disso, as conclusões sobre a penhora dos direitos, e não do próprio bem, não devem se aplicar no caso de obrigação decorrente de condomínio.

Sendo essa obrigação de pagar despesas condominiais classificada como *propter rem*, o próprio imóvel deverá ser penhorado, mesmo que a ação seja movida em face do fiduciante, que é parte legítima.

Nessa medida, para viabilizar a penhora e a alienação do próprio imóvel, o fiduciário deve ser apenas cientificado a teor do art. 72 da Lei 11.977/2009 e arts. 799, I, e 889, V, do CPC[19], em que pese a solução por mim defendida ser tormentosa[20] e encontrar alguma resistência, indicando a penhora dos direitos do fiduciante com fundamento nos arts. 27, § 8º,[21] das Leis 9.514/1997 e 1.368-B, parágrafo único, do Código Civil.[22]

V – o credor pignoratício, hipotecário, anticrético, fiduciário ou com penhora anteriormente averbada, quando a penhora recair sobre bens com tais gravames, caso não seja o credor, de qualquer modo, parte na execução;

[18] Em que pese o CPC de 2015 se referir genericamente ao termo "leilão", certo é que hasta pública é o gênero do qual são espécies "leilão" para bens móveis e "praça" para bens imóveis (*vide*, nesse sentido: https://www.tjsp.jus.br/UtilidadePublica/UtilidadePublica/HastasPublicas. Acesso em: 30.09.2019).

[19] *Lei 11.977/2009, Art. 72. Nas ações judiciais de cobrança ou execução de cotas de condomínio, de imposto sobre a propriedade predial e territorial urbana ou de outras obrigações vinculadas ou decorrentes da posse do imóvel urbano, nas quais o responsável pelo pagamento seja o possuidor investido nos respectivos direitos aquisitivos, assim como o usufrutuário ou outros titulares de direito real de uso, posse ou fruição, será notificado o titular do domínio pleno ou útil, inclusive o promitente vendedor ou fiduciário.*
CPC, Art. 799. Incumbe ainda ao exequente: I – requerer a intimação do credor pignoratício, hipotecário, anticrético ou fiduciário, quando a penhora recair sobre bens gravados por penhor, hipoteca, anticrese ou alienação fiduciária;
CPC, Art. 889. Serão cientificados da alienação judicial, com pelo menos 5 (cinco) dias de antecedência: (...) V – o credor pignoratício, hipotecário, anticrético, fiduciário ou com penhora anteriormente averbada, quando a penhora recair sobre bens com tais gravames, caso não seja o credor, de qualquer modo, parte na execução.

[20] *Vide*: REsp n. 2.036.289/RS, Rel. Min. Nancy Andrighi, 3ª Turma, j. 18.04.2023, *DJe* 20.04.2023.

[21] § 8º Responde o fiduciante pelo pagamento dos impostos, taxas, contribuições condominiais e quaisquer outros encargos que recaiam ou venham a recair sobre o imóvel, cuja posse tenha sido transferida para o fiduciário, nos termos deste artigo, até a data em que o fiduciário vier a ser imitido na posse.

[22] Art. 1.368-B. A alienação fiduciária em garantia de bem móvel ou imóvel confere direito real de aquisição ao fiduciante, seu cessionário ou sucessor. (Incluído pela Lei 13.043, de 2014).
Parágrafo único. O credor fiduciário que se tornar proprietário pleno do bem, por efeito de realização da garantia, mediante consolidação da propriedade, adjudicação, dação ou outra forma pela qual lhe tenha sido transmitida a propriedade plena, passa a responder pelo pagamento dos tributos sobre a propriedade e a posse, taxas, despesas condominiais e quaisquer outros encargos, tributários ou não,

Nesse sentido, recomendamos a leitura do item 2.5.1 (Capítulo 2) do Livro IV.

Resta saber se os direitos decorrentes do contrato de alienação fiduciária podem ser protegidos pela Lei 8.009/1990 (Lei do Bem de Família), se estiverem presentes os requisitos desta lei protetiva à moradia.

E a questão se propõe em razão de a Lei do Bem de Família, no art. 1º, mencionar proteção ao *imóvel residencial próprio do casal, ou da entidade familiar*, de tal sorte que o imóvel dado em alienação fiduciária não é do fiduciante, mas do credor, o fiduciário, o que poderia permitir a penhora dos direitos do fiduciante ainda que no imóvel resida e que seja o único desta natureza.

Nada obstante, a interpretação extensiva aqui se impõe e a proteção deve ser conferida aos direitos do fiduciante por dívidas que este tenha com terceiros, uma vez que, obviamente não pode se opor, a pretexto da sua moradia, aos direitos do fiduciário, o credor.

Nesse sentido:

> **Superior Tribunal de Justiça.** *Recurso Especial. Direito processual civil. Bem imóvel. Alienação fiduciária em garantia. Direitos do devedor fiduciante. Penhora. Impossibilidade. Bem de família legal. Lei 8.009/1990. 1. Recurso Especial interposto contra acórdão publicado na vigência do Código de Processo Civil de 2015 (Enunciados Administrativos nºs 2 e 3/STJ). 2. Cinge-se a controvérsia a definir se os direitos (posse) do devedor fiduciante sobre o imóvel objeto do contrato de alienação fiduciária em garantia podem receber a proteção da impenhorabilidade do bem de família legal (Lei 8.009/1990) em execução de título extrajudicial (cheques). 3. Não se admite a penhora do bem alienado fiduciariamente em execução promovida por terceiros contra o devedor fiduciante, haja vista que o patrimônio pertence ao credor fiduciário, permitindo-se, contudo, a constrição dos direitos decorrentes do contrato de alienação fiduciária. Precedentes. 4. A regra da impenhorabilidade do bem de família legal também abrange o imóvel em fase de aquisição, como aqueles decorrentes da celebração do compromisso de compra e venda ou do financiamento de imóvel para fins de moradia, sob pena de impedir que o devedor (executado) adquira o bem necessário à habitação da entidade familiar. 5. Na hipótese, tratando-se de contrato de alienação fiduciária em garantia, no qual, havendo a quitação integral da dívida, o devedor fiduciante consolidará a propriedade para si, deve prevalecer a regra de impenhorabilidade. 6. Recurso especial provido. (REsp 1677079/SP, Rel. Ministro. Ricardo Villas Bôas Cueva, Terceira3ª Turma, julgado em 25.09.2018, DJe 01.10.2018).*

Portanto, essa proteção conferida por dívidas em relação a terceiros não se confunde com a dívida garantida pela alienação fiduciária.

Nessa, o devedor não pode alegar bem de família no procedimento de consolidação ou na execução.

A Segunda Seção do STJ decidiu que "O bem de família legal, previsto na Lei 8.009/1990, não gera inalienabilidade, possibilitando a sua disposição pelo proprietário, inclusive no âmbito de alienação fiduciária, em que a propriedade resolúvel do imóvel é transferida ao credor do empréstimo como garantia do adimplemento da obrigação principal assumida pelo devedor. (...) A matéria já se encontra pacificada pela Segunda Seção do STJ, no sentido de que a proteção conferida ao bem de família pela Lei n. 8.009/90 não importa em sua inalienabilidade, revelando-se possível a disposição do imóvel pelo proprietário, inclusive no âmbito de alienação fiduciária" (EREsp n. 1.559.348/DF, Rel. Min. Moura Ribeiro, 2ª Seção, j. 24.05.2023, *DJe* 06.06.2023).

Por fim, os direitos do fiduciário também podem ser penhorados por dívida dele, assumindo o arrematante ou adjudicatário a mesma posição, titulando, por sub-rogação, a condição de proprietário resolúvel.

Se a execução for movida contra o credor fiduciário, é o crédito e sua garantia que serão levados a leilão.

---

incidentes sobre o bem objeto da garantia, a partir da data em que vier a ser imitido na posse direta do bem. (Incluído pela Lei 13.043, de 2014).

No leilão, o arrematante do crédito será sub-rogado nos direitos e obrigações decorrentes do contrato de alienação fiduciária, assumindo a posição de proprietário fiduciário, substituindo o credor original.

Com a sub-rogação, será expedida e registrada carta de arrematação para registro na matrícula e o arrematante passará a ser titular do crédito e, quando o crédito penhorado for completamente recebido, deverá ele conceder quitação ao devedor-fiduciante e emitir o "termo de quitação".

Nessa medida, tratando da penhora tanto dos direitos do fiduciante quanto dos direitos do fiduciário:

> *Agravo de instrumento – Cumprimento de sentença – Decisão que manteve a penhora dos direitos aquisitivos do devedor fiduciante, bem como indeferiu o pedido de reserva de valor para quitação do contrato de alienação fiduciária. Alienação fiduciária que não impede a penhora sobre os direitos aquisitivos do devedor fiduciante derivados do contrato – Inteligência do art. 835, inciso XII, do CPC – Precedentes. Agravante que não é credora com garantia, mas verdadeira proprietária do bem – Havendo a arrematação dos direitos aquisitivos, o arrematante se sub-rogará nas obrigações do contrato, sendo responsável pela quitação do débito remanescente – Em processo de execução judicial movido contra o credor-fiduciário, serão objeto de hasta pública o crédito e sua garantia; no leilão, ao adquirir o crédito, o arrematante ficará sub-rogado nos direitos e obrigações decorrentes do contrato de alienação fiduciária, tornando-se proprietário fiduciário em substituição ao credor-fiduciário; por força da sub-rogação, o arrematante se apropriará do crédito e, completando-se o recebimento do crédito que foi penhorado, será obrigado a dar quitação ao devedor-fiduciante e fornecer-lhe o "termo de quitação". Recurso improvido. (TJSP, Agravo de Instrumento 2061845-62.2024.8.26.0000, Rel. Afonso Celso da Silva, 37ª Câmara de Direito Privado, Foro de Bauru – 3ª Vara Cível, j. 1º.04.2024, data de registro 1º.04.2024)*

12.7. IMPOSTO DE TRANSMISSÃO

Na alienação fiduciária, apenas é devido o imposto de transmissão *inter vivos* na primeira operação, ou seja, na transmissão do vendedor ao fiduciante, não incidindo na transmissão da propriedade resolúvel que se opera entre o fiduciante e o fiduciário.

Pago o preço, resolvendo-se a propriedade do fiduciário, não incide o imposto de transmissão.

Todavia, consolidada a propriedade nas mãos do fiduciário, incidirá o imposto, cuja base de cálculo será o saldo devedor ou o valor venal, o que for maior. Também incide o imposto na venda em leilão.

Se o imóvel for enfitêutico, como, por exemplo, o imóvel de marinha, incidirá o laudêmio na aquisição e na consolidação da propriedade, de acordo com os critérios para incidência do imposto de transmissão, nos termos dos §§ 1º e 2º do art. 22 da Lei 9.514/1997:

> *Art. 22. (...)*
>
> *§ 1º A alienação fiduciária poderá ser contratada por pessoa física ou jurídica, não sendo privativa das entidades que operam no SFI, podendo ter como objeto, além da propriedade plena:*
>
> *I – bens enfitêuticos, hipótese em que será exigível o pagamento do laudêmio se houver a consolidação do domínio útil no fiduciário;*
>
> *II – o direito de uso especial para fins de moradia;*
>
> *III – o direito real de uso, desde que suscetível de alienação;*
>
> *IV – a propriedade superficiária.*
>
> *§ 2º Os direitos de garantia instituídas nas hipóteses dos incisos III e IV do § 1º deste artigo ficam limitados à duração da concessão ou direito de superfície, caso tenham sido transferidos por período determinado.*

12.8. O ARTIGO 53 DA LEI 8.078/1990

O art. 53 do Código de Defesa do Consumidor está assim redigido:

Art. 53. Nos contratos de compra e venda de móveis ou imóveis mediante pagamento em prestações, bem como nas alienações fiduciárias em garantia, consideram-se nulas de pleno direito as cláusulas que estabeleçam a perda total das prestações pagas em benefício do credor que, em razão do inadimplemento, pleitear a resolução do contrato e a retomada do produto alienado.

No caso de alienação fiduciária de bem imóvel, a Lei 9.514/1997 autoriza o público leilão em até trinta dias do registro da consolidação da propriedade em nome do fiduciário (credor), no caso de inadimplemento do fiduciante (devedor).

No primeiro leilão, o valor oferecido deverá suplantar o valor do imóvel constante do contrato. Não havendo adquirentes, em até quinze dias o fiduciário levará a efeito o segundo leilão, no qual o imóvel será vendido pelo maior lance, desde que, nesse caso, seja superior à dívida com juros, correções e multa, acrescida dos prêmios de seguro, encargos, tributos, condomínios e despesas com o leilão.

Se algum valor sobrar, deverá ser entregue ao devedor. Portanto, se nada sobrar, restará a perda total das parcelas pagas pelo fiduciante (devedor).

Nesse sentido, ante a possibilidade de perda total dos valores pagos, questiona-se a aplicabilidade do art. 53 do Código de Defesa do Consumidor (Lei 8.078/1990), aos negócios regidos pela Lei 9.514/1997.

Marcelo Terra entende que, em virtude da entrega ao fiduciante (devedor) da quantia que sobejar o valor da dívida, o art. 53 do Código de Defesa do Consumidor não se aplica à alienação fiduciária de bem imóvel.[23]

Demais disso, segundo ele, a Lei Consumerista fala em *retomada de produto alienado*, o que não ocorre, em virtude do bem ser de propriedade do credor no caso de alienação fiduciária de bem imóvel.

Por fim, cita decisão que emana do Segundo Tribunal de Alçada Civil (Apel. nº 479.247-00/6), que não aplicou o precitado artigo à alienação fiduciária tradicional, por esta modalidade possuir legislação específica.

Primeiramente, não é porque existe lei especial que não se aplica a lei consumerista.

O Código de Defesa do Consumidor se aplica às relações de consumo, ou seja, onde quer que estejam presentes o consumidor e o fornecedor, nos termos dos arts. 2º e 3º.[24]

---

[23] Marcelo Terra, *Alienação Fiduciária de imóvel em garantia*, Porto Alegre: Sergio Antonio Fabris Editor, 1998, p. 73.

[24] Art. 2º Consumidor é toda pessoa física ou jurídica que adquire ou utiliza produto ou serviço como destinatário final.
Parágrafo único. Equipara-se a consumidor a coletividade de pessoas, ainda que indetermináveis, que haja intervindo nas relações de consumo.
Art. 3º Fornecedor é toda pessoa física ou jurídica, pública ou privada, nacional ou estrangeira, bem como os entes despersonalizados, que desenvolvem atividades de produção, montagem, criação, construção, transformação, importação, exportação, distribuição ou comercialização de produtos ou prestação de serviços.
§ 1º Produto é qualquer bem, móvel ou imóvel, material ou imaterial.
§ 2º Serviço é qualquer atividade fornecida no mercado de consumo, mediante remuneração, inclusive as de natureza bancária, financeira, de crédito e securitária, salvo as decorrentes das relações de caráter trabalhista.

Ora, da leitura desses artigos é impossível inferir que não está presente uma relação de consumo no âmbito do SFI.

Portanto, seria impossível afastar a incidência da Lei 8.078/1990 da alienação fiduciária de bem imóvel.

Se assim não se entendesse, dificilmente haveria uma relação de consumo.

Existem leis específicas regulando incorporações e loteamentos e, não por isso se deixa de aplicar a Lei 8.078/1990 nesses casos.

O fato de a lei prever que se restituirá o que sobejar ao valor da dívida trata-se de superfetação legal, o que se afirma na exata medida em que a retenção desses valores constituiria enriquecimento ilícito do fiduciário.

Podem ser aplicadas, exclusivamente, as disposições da Lei 9.514/1997 nas hipóteses em que não se vislumbre uma relação de consumo, como, por exemplo, a alienação fiduciária celebrada entre uma incorporadora e um agente financeiro.

Existindo relação de consumo, resta evidente a incidência da Lei 8.078/1990.

Resta saber em que extensão.

Nesse sentido, clara a lição de Nelson Nery Júnior, segundo o qual, para as compras a prestação, sejam de móveis ou imóveis, com garantia hipotecária, com cláusula de propriedade resolúvel, de alienação fiduciária, reserva de domínio ou outro tipo de garantia, o Código não permite que se pactue a perda total das prestações pagas, no caso de retomada do bem ou resolução do contrato pelo credor, por inadimplemento do consumidor.[25]

O parágrafo único do art. 24 da Lei da Alienação fiduciária prevê: "caso o valor do imóvel convencionado pelas partes nos termos do inciso VI do *caput* seja inferior ao utilizado pelo órgão competente como base de cálculo para a apuração do imposto sobre transmissão inter vivos, exigível por força da consolidação da propriedade em nome do credor fiduciário, este último será o valor mínimo para efeito de venda do imóvel no primeiro leilão".

E no segundo leilão o valor não pode ser vil, preservando a garantia, o crédito e, em razão do equilíbrio exigido pela boa-fé objetiva, a quitação do débito com a devolução do que restar depois da venda forçada.

Nessa medida, *alteração imposta pela Lei 14.711/2023 impõe que, no segundo leilão, o valor não poderá ser inferior a 50% do valor de avaliação, a teor do § 2º do art. 27 da Lei 9.514/1997*.

Sendo assim, não comprovado abuso na fixação desse valor de referência do contrato e respeitado o valor mínimo de 50% no leilão, não há ilícito por parte do credor.

Não se pode olvidar o teor do que dispõe o art. 5º da Lei de Introdução às Normas do Direito Brasileiro:

> Art. 5º Na aplicação da lei, o juiz atenderá aos fins sociais a que ela se dirige e às exigências do bem comum.

Deveras, alguns julgados do Tribunal de Justiça de São Paulo chegaram a admitir a aplicação irrestrita do CDC, desvirtuando o espírito da Lei de Alienação Fiduciária:

> *Compra e venda. Pacto adjeto de alienação fiduciária. Rescisão pretendida pelos compradores fiduciantes. Possibilidade jurídica. Procedimento do art. 26, da Lei 9.514/1997, para os casos de inadimplemento e mora subsequente do devedor, que não se aplica à hipótese. Prevalência da Lei 8.078/1990. Sentença que determinou a devolução das importâncias pagas, descontados, unicamente, os valores dos locativos pelo tempo da ocupação. Afastamento de outras despesas, como corretagem, administração, publicidade e impostos, por*

---

[25] Nelson Nery Júnior, *Código de Defesa do Consumidor comentado pelos autores do anteprojeto*, 6ª ed., São Paulo: Forense Universitária, 1999, p. 546-547.

já inseridas no preço do imóvel. Improvimento. A aplicação da Lei 9.514/1997 está sujeita aos princípios e preceitos do Código de Defesa do Consumidor, Lei 8.078/1990, de ordem pública e de interesse social, que visa a tutela do consumidor por sua evidente vulnerabilidade nas relações de consumo, como o é o negócio jurídico da alienação fiduciária de imóvel. Essa tutela, ademais, tem substrato constitucional, art. 5º, inc. XXXII, a obstar que o Estado, de qualquer modo, deixe de promover a defesa do consumidor. A incidência da Lei 9.514 aos casos concretos, destarte, está restrita a essa interpretação única forma de harmonizá-la ao sistema do ordenamento jurídico, voltado sempre à proteção do consumidor (Apel. Cív. 233.365-4, São Paulo, 5ª Câmara de Direito Privado, Rel. Marcus Andrade, 22.08.02, v.u.).

Contrato de compra e venda de imóvel com alienação fiduciária em garantia. Recurso da ré. Alegação de falta de interesse processual. Pedido de observância da Lei 9.514/1997. Ausência de inadimplemento dos compradores. Propriedade não consolidada em nome da credora fiduciária, que também é a vendedora do bem. Possibilidade de pleitear a rescisão do contrato. Preliminar afastada. Rescisão. Compradores que deram causa à rescisão. Compromissários compradores que têm direito à rescisão do contrato, com restituição dos valores pagos. Súmulas 01 e 03 do TJSP. Razoabilidade do percentual de retenção de 30% dos valores pagos, inclusive porque não houve recurso dos compradores. Sentença mantida. Honorários advocatícios majorados. Recurso não provido, com observação (Apelação 1033899-34.2016.8.26.0576 – Relatora: Fernanda Gomes Camacho; 5ª Câmara de Direito Privado; j. 31.05.2017; Data de registro: 02.06.2017).

Entrementes, a maioria dos julgados do mesmo Tribunal de Justiça de São Paulo entende diversamente, nos termos dos seguintes julgados:

Rescisão Contratual. Contrato de compra e venda de bem imóvel com alienação fiduciária em garantia. Extinção do processo sem resolução do mérito, por falta de interesse de agir (art. 485, VI, do CPC/2015). Inconformismo do autor. Negócio jurídico imobiliário que se submete a regime jurídico específico (Lei n. 9.514/1997). Impossibilidade jurídica do pedido de rescisão do negócio jurídico com a restituição das parcelas pagas pelo adquirente. Hipótese que excepciona a incidência do art. 53 do CDC. Norma especial que se sobrepõe ao CDC. Fiduciário que tem mera expectativa de crédito resultante de superveniente leilão extrajudicial. Ausência de interesse de agir. Extinção mantida. Recurso desprovido (Apelação 1002175-77.2016.8.26.0037 – Rel. Rômolo Russo; 7ª Câmara de Direito Privado; j. 01.06.2017; Data de registro: 01.06.2017).

O assunto acabou sendo julgado na sistemática dos recursos repetitivos pelo STJ que interpretou a questão no Tema 1095 (julgamento em 26.10.2022): *"Em contrato de compra e venda de imóvel com garantia de alienação fiduciária devidamente registrado, a resolução do pacto, na hipótese de inadimplemento do devedor, devidamente constituído em mora, deverá observar a forma prevista na Lei 9.514/1997, por se tratar de legislação específica, afastando-se, por conseguinte, a aplicação do Código de Defesa do Consumidor".*

A toda evidência, o STJ não afastou a aplicação do Código de Defesa do Consumidor aos contratos de alienação fiduciária de bem imóvel.

O que ele fez foi interpretar que a sistemática de acertamento da lei especial deve prevalecer sobre aquela do sistema geral do CDC, insculpida no art. 53 da Lei 8.078/1990, o que eu defendo.

Em suma, é necessário compatibilizar o espírito do CDC com o procedimento de venda judicial insculpido no art. 26 da Lei 9.514/1997, o que significa impedir, no segundo leilão, a venda por preço vil (inferior à metade do valor de avaliação do bem constante do contrato nos termos do § 2º do art. 27 da Lei 9.514/1997), prestigiando a função social do contrato e a boa-fé determinada pelo art. 422 do Código Civil.

Não havendo abuso, prevalece a sistemática da lei da alienação fiduciária, tal qual definido pelo Tema 1095 do STJ.

12.9. JUROS E CORREÇÕES

A Lei 9.514/1997 trata o assunto da seguinte forma:

Art. 5º As operações de financiamento imobiliário em geral, no âmbito do SFI, serão livremente pactuadas pelas partes, observadas as seguintes condições essenciais:

I – reposição integral do valor emprestado e respectivo reajuste;

II – remuneração do capital emprestado às taxas convencionadas no contrato;

III – capitalização dos juros;

IV – contratação, pelos tomadores de financiamento, de seguros contra os riscos de morte e invalidez permanente.

§ 1º As partes poderão estabelecer os critérios do reajuste de que trata o inc. I, observada a legislação vigente.

§ 2º As operações de comercialização de imóveis, com pagamento parcelado, de arrendamento mercantil de imóveis e de financiamento imobiliário em geral poderão ser pactuadas nas mesmas condições permitidas para as entidades autorizadas a operar no SFI.

A interpretação do artigo acima não leva à conclusão da liberação dos juros e correções em qualquer hipótese.

O fato de se permitir a qualquer negócio que envolva imóveis a cobrança de correções da mesma forma como procedem os entes que operam no SFI, não afasta a obrigatoriedade de observância da legislação pertinente, nos termos do § 1º do art. 5º e do art. 36 da Lei do SFI, que será adiante analisado.

Quanto à atualização dos valores, é preciso lembrar que as instituições financeiras estão autorizadas a cobrar correção mensal, o que não ocorre com as demais pessoas, físicas ou jurídicas.

Vejamos a legislação em vigor:

Lei 9.069, de 29.06.1995:

Art. 28. Nos contratos celebrados ou convertidos em real com cláusula de correção monetária por índices de preço ou por índice que reflita a variação ponderada dos custos dos insumos utilizados, a periodicidade de aplicação dessas cláusulas será anual.

§ 1º É nula de pleno direito e não surtirá nenhum efeito cláusula de correção monetária cuja periodicidade seja inferior a um ano.

(...)

§ 4º O disposto neste artigo não se aplica:

I – às operações realizadas no mercado financeiro e no Sistema Financeiro de Habitação – SFH, por instituições financeiras e demais entidades autorizadas a funcionar pelo Banco Central do Brasil, bem assim no Sistema Brasileiro de Poupança e Empréstimo – SBPE e aos financiamentos habitacionais de entidades de previdência privada;

No mesmo sentido, a Lei 10.192/2001:

Art. 2º É admitida estipulação de correção monetária ou de reajuste por índices de preços gerais, setoriais ou que reflitam a variação dos custos de produção ou dos insumos utilizados nos contratos de prazo de duração igual ou superior a um ano.

§ 1º É nula de pleno direito qualquer estipulação de reajuste ou correção monetária de periodicidade inferior a um ano.

§ 2º Em caso de revisão contratual, o termo inicial do período de correção monetária ou reajuste, ou de nova revisão, será a data em que a anterior revisão tiver ocorrido.

§ 3º Ressalvado o disposto no § 7º do art. 28 da Lei 9.069, de 29 de junho de 1995, e no parágrafo seguinte, são nulos de pleno direito quaisquer expedientes que, na apuração do índice de reajuste, produzam efeitos financeiros equivalentes aos de reajuste de periodicidade inferior à anual.

Também não se incluem na proibição de correção com periodicidade inferior a um ano, acorde com o art. 15 da Medida Provisória nº 2.223, de 4 de setembro de 2001, substituída pelo art. 46, da Lei 10.931, de 2 de agosto de 2004, os contratos imobiliários de comercialização de imóveis, celebrados por quaisquer pessoas, com prazo de duração igual ou superior a três anos, que poderão prever correção mensal por índices de preços (IGP-M; INPC etc.):

Art. 46. Nos contratos de comercialização de imóveis, de financiamento imobiliário em geral e nos de arrendamento mercantil de imóveis, bem como nos títulos e valores mobiliários por eles originados, com prazo mínimo de trinta e seis meses, é admitida estipulação de cláusula de reajuste, com periodicidade mensal, por índices de preços setoriais ou gerais ou pelo índice de remuneração básica dos depósitos de poupança.

§ 1º É vedado o pagamento dos valores relativos à atualização monetária apropriados nos títulos e valores mobiliários, quando ocorrer o resgate antecipado, total ou parcial, em prazo inferior ao estabelecido no caput.

§ 2º Os títulos e valores mobiliários a que se refere o caput *serão cancelados pelo emitente na hipótese de resgate antecipado em que o prazo a decorrer for inferior a trinta e seis meses.*

§ 3º Não se aplica o disposto no § 1º, no caso de quitação ou vencimento antecipados dos créditos imobiliários que lastreiem ou tenham originado a emissão dos títulos e valores mobiliários a que se refere o caput.

Em qualquer caso, é vedada a estipulação de correção vinculada a moeda estrangeira: Lei 10.192, de 14 de fevereiro de 2001:

Art. 1º As estipulações de pagamento de obrigações pecuniárias exequíveis no território nacional deverão ser feitas em Real, pelo seu valor nominal.

Parágrafo único. São vedadas, sob pena de nulidade, quaisquer estipulações de:

I – pagamento expressas ou vinculadas a ouro ou moeda estrangeira, ressalvadas as hipóteses previstas em lei ou na regulamentação editada pelo Banco Central do Brasil;

Código Civil, Lei 10.406, de 10 de janeiro de 2002:

Art. 318. São nulas as convenções de pagamento em ouro ou em moeda estrangeira, bem como para compensar a diferença entre o valor desta e o da moeda nacional, excetuados os casos previstos na legislação especial.

Corroborando o nosso entendimento, o art. 36 da Lei 9.514/1997:

Art. 36. Nos contratos de venda de imóveis a prazo, inclusive alienação fiduciária, de arrendamento mercantil de imóveis, de financiamento imobiliário em geral e nos títulos de que tratam os arts. 6º, 7º e 8º, admitir-se-á, respeitada a legislação pertinente, a estipulação de cláusula de reajuste e das condições e critérios de sua aplicação.

Quanto à taxa de juros, entendemos que vigoram, para as entidades financeiras, as regras que lhes são aplicáveis, vedada a contratação de juros superiores a 2% ao mês para as demais pessoas, físicas ou jurídicas, nos termos do art. 406, do Código Civil, cumulado com o art. 161, § 1º, do Código Tributário Nacional e art. 1º do Decreto 22.626/1933.

No que tange à capitalização, a Lei da Alienação Fiduciária em tela é omissa quanto à periodicidade, sendo vedada, portanto, a capitalização mensal, com exceção das instituições financeiras.

Em outras palavras, se admite a capitalização, mas não a periodicidade que, em razão disso, se submete à lei geral, ou seja, ao Decreto 22.626/1933, art. 4º e ao Código Civil, art. 591, que admitem apenas a capitalização anual, desde que convencionada.

Portanto, não consideramos a possibilidade de aplicação dos juros sobre juros, mesmo nos contratos de alienação fiduciária de bem imóvel, acorde com a norma insculpida no art. 4º do Decreto 22.626/1933, art. 591, do Código Civil, além do verbete 121, da Súmula STF.

Convém salientar que a capitalização mensal de juros continua vedada, em regra, a todas as pessoas físicas e jurídicas nos termos dos mencionados dispositivos, com exceção das instituições financeiras.

Outrossim, é evidente que a livre pactuação à que alude o art. 5º da Lei 9.514/1997 é a livre pactuação com respeito à lei.

Em suma, não se admitirá, por óbvio, mesmo que forem pactuadas, cláusulas nulas ou ilegais, como, por exemplo, aquelas que tencionem liberar os juros às pessoas jurídicas não financeiras, bem como os pactos de capitalização mensal de juros.

12.10. PROCEDIMENTO NO CASO DE INADIMPLEMENTO: A CONSOLIDAÇÃO E OS LEILÕES;[26] POSSIBILIDADE DE OPÇÃO PELA EXECUÇÃO POR QUANTIA CERTA

Havendo mora do devedor, o credor poderá iniciar o procedimento extrajudicial de consolidação de propriedade mediante o qual o fiduciante perderá o imóvel depois dos leilões.

O Supremo Tribunal Federal já enfrentou – e nessa medida atestou – a constitucionalidade do procedimento extrajudicial da alienação fiduciária no RE 860.831 (tema 982), nos seguintes

---

[26] No Estado de São Paulo, o procedimento vem detalhado nas Normas de Serviço da Corregedoria-Geral de Justiça, tomo II, e, quanto à intimação do devedor, há as seguintes regras:

243. A intimação far-se-á pessoalmente ao fiduciante, ao seu representante legal ou ao seu procurador, pelo Oficial de Registro de Imóveis competente ou por Oficial de Registro de Títulos e Documentos da Comarca da situação do imóvel ou do domicílio de quem deva recebê-la, mediante solicitação do Oficial do Registro de Imóveis, ou, ainda, pelo Correio, com Aviso de recebimento (A.R.), salvo regra previamente estabelecida no contrato de financiamento.

243.1. Caso a intimação seja feita pelo Oficial de Registro de Imóveis, será aplicado o valor correspondente ao Serviço de Registro de Títulos e Documentos, Item 3 das Notas Explicativas da Tabela III.

244. Preferencialmente, a intimação deverá ser feita pelo serviço extrajudicial. Quando o Oficial de Registro de Imóveis optar pela via postal, deverá utilizar-se de Sedex registrado, com aviso de recebimento (A.R.), e do serviço denominado "mão própria" (MP), a fim de que a correspondência seja entregue, exclusivamente, ao destinatário.

245. Ocorrendo o comparecimento espontâneo do devedor em cartório, a notificação será feita diretamente pelo Oficial do Registro de Imóveis ou seu preposto, ficando as despesas circunscritas aos emolumentos referentes à prenotação e à notificação, vedada a cobrança de despesas postais ou com diligências. Ocorrendo o pronto pagamento, ficarão excluídos, também, os emolumentos relativos à intimação.

246. Cuidando-se de vários devedores, ou cessionários, inclusive cônjuges, necessária a promoção da intimação individual e pessoal de todos eles.

246.1. Na hipótese de falecimento do devedor, a intimação será feita ao inventariante, devendo ser apresentadas cópias autênticas da certidão de óbito e do termo de compromisso de inventariante, ou certidão passada pelo ofício judicial ou tabelião de notas.

246.1.1. Não tendo havido abertura de inventário, serão intimados todos os herdeiros e legatários do devedor, os quais serão indicados pelo credor-fiduciário. Neste caso, serão apresentadas cópias autênticas da certidão de óbito e do testamento, quando houver, ou declaração de inexistência de testamento, emitida pelo Registro Central de Testamentos *On-Line* – RCTO.

246.2. As intimações de pessoas jurídicas serão feitas aos seus representantes legais, indicados pelo credor-fiduciário.

246.3. Quando o devedor não for encontrado nos endereços indicados pelo credor, tentativa de intimação deverá ser feita no endereço do imóvel dado em garantia.

246.4. Considerar-se-á intimado o devedor que, encontrado, se recusar a assinar a intimação, caso em que o Oficial certificará o ocorrido.

termos: *"É constitucional o procedimento da Lei 9.514/1997 para a execução extrajudicial da cláusula de alienação fiduciária em garantia, haja vista sua compatibilidade com as garantias processuais previstas na Constituição Federal"* (j. 26.10.2023).

Sendo assim, prevê a Lei 9.514/1997:

> *Art. 26. Vencida e não paga a dívida, no todo ou em parte, e constituídos em mora o devedor e, se for o caso, o terceiro fiduciante, será consolidada, nos termos deste artigo, a propriedade do imóvel em nome do fiduciário.*

Pois muito bem, como se dá essa consolidação?

Nos termos do art. 26 e seus parágrafos da Lei 9.514/1997, o devedor e, se houver, o terceiro fiduciante (já que a garantia pode ser oferecida para dívida de terceiros) serão intimados (tecnicamente notificados) pessoalmente, por hora certa ou por edital providenciado pelo oficial de Registro de Imóveis para pagar, em quinze dias, as prestações vencidas e vincendas até a data do pagamento.

Se houver mais de um imóvel dado em garantia ou de imóvel pertencente a mais de uma circunscrição imobiliária, qualquer dos oficiais de registro de imóveis é competente para o procedimento que irradia seus efeitos para a totalidade do imóvel (em mais de uma circunscrição) ou dos imóveis, cabendo ao fiduciário informar a totalidade da dívida e dos imóveis sujeitos à consolidação (§ 1º-A da Lei 9.514/1997).

Nos termos do art. 27-A da Lei 9.514/1997, sendo caso de mais de um imóvel garantindo a dívida, sem vinculação específica de cada imóvel a uma dívida separada, a excussão com a consolidação poderá se dar em ato simultâneo, com a consolidação da propriedade de todos os imóveis e leilão de todos conjuntamente ou em leilões sucessivos, na medida do que for necessário para a satisfação do crédito.

Sendo em atos sucessivos, após a intimação do devedor, a consolidação dos imóveis respeitará a ordem indicada pelo fiduciário, ficando suspensas as consolidações dos imóveis que não forem se submeter àquele leilão.

Feito o primeiro leilão, se a dívida não for totalmente satisfeita, consolida-se o segundo imóvel indicado mediante simples recolhimento do imposto de transmissão, já que o prazo para purgar a mora já se esvaiu com a intimação, devendo o fiduciário promover o leilão sucessivo no prazo de 30 dias, contados da averbação da consolidação no Registro de Imóveis.

"A cada leilão, o credor fiduciário promoverá nas matrículas dos imóveis não leiloados a averbação do demonstrativo do resultado e o encaminhará ao devedor e, se for o caso, aos

---

247. Quando o devedor, seu representante legal, ou procurador se encontrar em local incerto ou não sabido, o Oficial incumbido da intimação certificará o fato, e o Oficial do Registro de Imóveis promoverá intimação por edital, publicado por 3 (três) dias, pelo menos, em um dos jornais de maior circulação local ou noutro de Comarca de fácil acesso, se no local não houver imprensa diária.

247.1. Quando, por três vezes, o devedor, seu representante legal ou seu procurador não for encontrado em seu domicílio, residência ou em outro endereço indicado pelo credor para ser intimado e houver suspeita razoável de ocultação, o Oficial intimará qualquer pessoa próxima, parente ou não, do devedor de que no dia imediato voltará a efetuar a intimação na hora que designar.

247.2. Considera-se razoável a suspeita baseada em atos concretos ou em indícios de que o devedor está se furtando de ser intimado, circunstâncias estas que deverão ser indicadas e certificadas de forma detalhada pelo Oficial.

247.3. No dia e hora designados, se o devedor não estiver presente, o Oficial procurará se informar das razões da ausência, dará por feita a intimação e deixará, mediante recibo, contrafé com alguém próximo do devedor. Em caso de recusa de recebimento da contrafé ou de assinatura do recibo, o Oficial certificará o ocorrido.

247.4. Efetivada a intimação na forma do subitem, que será certificada no procedimento em trâmite na Serventia, o Oficial enviará carta ao devedor no endereço dele constante do registro e no do imóvel da alienação fiduciária, se diverso, dando-lhe ciência de tudo.

terceiros fiduciantes, por meio de correspondência dirigida aos endereços físico e eletrônico informados no contrato" (§ 2º do art. 27-A da Lei 9.514/1997).

Além das parcelas, deverá pagar os juros convencionados, a multa (cláusula penal), além dos tributos, condomínios e despesas de intimação e de cobrança.

A intimação – que a lei inadvertidamente chama assim – poderá ser delegada, pelo oficial de Registro de Imóveis, ao oficial de Registro de Títulos e Documentos. Entretanto essa iniciativa deve partir do registrador imobiliário e não do credor fiduciário. O § 3º da Lei 9.514/1997 menciona que "a intimação poderá ser promovida [...] por oficial de registro de títulos e documentos da comarca da situação do imóvel ou do domicílio de quem deva recebê-la, ou pelo correio, com aviso de recebimento".

A intimação, portanto, deve ser pessoal, entregue pelo correio com aviso de recebimento; pode, ainda, ser pessoal por hora certa (art. 26, § 3º-A, da Lei 9.514/1997), diante da suspeita de ocultação do devedor.

Nos termos do art. 26, §§ 3º-A e 3-B,[27] a intimação pessoal por hora certa é considerada válida se for entregue na portaria dos edifícios, ao funcionário encarregado do recebimento das correspondências, aplicando-se, por analogia, as regras do art. 248, § 4º do CPC.[28]

O STJ, nada obstante, julgando o Tema 1132 na sistemática dos recursos repetitivos, definiu que, para a comprovação da mora nos contratos garantidos por alienação fiduciária, é suficiente o envio de notificação extrajudicial dirigida ao endereço do devedor indicado no instrumento contratual, dispensando-se, consequentemente, que a assinatura do aviso de recebimento seja do próprio destinatário, notadamente quando o devedor fiduciante, por analogia ao art. 274, parágrafo único, do CPC, deixa de informar a mudança do seu endereço para esse fim, em razão, inclusive, da boa-fé que deve permear os contratos, a teor do art. 422 do Código Civil.[29]

Nessa exata medida, a Lei 9.514/1997 foi alterada pela Lei 14.711/2023, que acrescentou § 4º-A ao art. 26, passando a estipular expressamente ser *"responsabilidade do devedor e, se for o caso, do terceiro fiduciante informar ao credor fiduciário sobre a alteração de seu domicílio"*.

Se o devedor estiver em *local incerto (ignorado) ou de difícil acesso*, a intimação pode ser levada a efeito por edital, pelo oficial de Registro de Imóveis (art. 26, § 4º, da Lei 9.514/1997).

247.5. Considera-se ignorado o local em que se encontra o notificando quando não for localizado nos endereços conhecidos e, no momento da notificação, não existir qualquer outra informação sobre seu domicílio ou residência atual.

248. Purgada a mora perante o Registro de Imóveis, o Oficial entregará recibo ao devedor e, nos 3 (três) dias seguintes, comunicará esse fato ao credor fiduciário para recebimento na serventia das importâncias recebidas, ou procederá à transferência diretamente ao fiduciário.

[27] § 3º-A. Quando, por duas vezes, o oficial de registro de imóveis ou de registro de títulos e documentos ou o serventuário por eles credenciado houver procurado o intimando em seu domicílio ou residência sem o encontrar, deverá, havendo suspeita motivada de ocultação, intimar qualquer pessoa da família ou, em sua falta, qualquer vizinho de que, no dia útil imediato, retornará ao imóvel, a fim de efetuar a intimação, na hora que designar, aplicando-se subsidiariamente o disposto nos arts. 252 a 254 da Lei 13.105, de 16 de março de 2015 – Código de Processo Civil.
§ 3º-B. Nos condomínios edilícios ou outras espécies de conjuntos imobiliários com controle de acesso, a intimação de que trata o § 3º-A poderá ser feita ao funcionário da portaria responsável pelo recebimento de correspondência.

[28] § 4º Nos condomínios edilícios ou nos loteamentos com controle de acesso, será válida a entrega do mandado a funcionário da portaria responsável pelo recebimento de correspondência, que, entretanto, poderá recusar o recebimento, se declarar, por escrito, sob as penas da lei, que o destinatário da correspondência está ausente.

[29] A intimação do devedor fiduciante acerca da data do leilão se tornou obrigatória a partir da Lei 13.465/2017 (STJ, REsp 1.733.777).

Para estabelecer presunção de que o devedor e, se for o caso, o fiduciante, estão em local ignorado, estabelece o § 4º-A da Lei 9.514/1997 que tal fato se configura "quando não forem encontrados no local do imóvel dado em garantia nem no endereço que tenham fornecido por último, observado que, na hipótese de o devedor ter fornecido contato eletrônico no contrato, é imprescindível o envio da intimação por essa via com, no mínimo, 15 (quinze) dias de antecedência da realização de intimação edilícia".

O § 4º-C, I e II, do art. 26 da Lei 9.514/1997, equiparando o local inacessível ao ignorado, estipula que é considerado inacessível "aquele em que o funcionário responsável pelo recebimento de correspondência se recuse a atender a pessoa encarregada pela intimação e aquele em que não haja funcionário responsável pelo recebimento de correspondência para atender a pessoa encarregada pela intimação".

De fato, não encontrado o devedor e/ou o fiduciante (e só depois de procurados) ou estando eles em lugar inacessível ou ignorado, após 15 dias de tê-los intimado por correio eletrônico no caso de fornecimento desse endereço, poderá o oficial de Registro de Imóveis providenciar os editais (§ 4º do art. 26 da Lei 9.514/1997), publicados por três dias, pelo menos, em um dos jornais de maior circulação local ou de outra comarca próxima, se no local não houver imprensa diária.

A lei é clara, devendo o edital ser publicado em jornais de grande circulação, comparativamente com o de maior circulação, vedada a publicação em outros meios de comunicação sob pena de nulidade do procedimento, providência, nada obstante, arcaica que poderia ter sido eliminada nas diversas alterações por que passou a Lei 9.514/1997, sendo possível entender, nada obstante, que a publicação pode ser eletrônica.

Purgada a mora junto ao oficial de Registro de Imóveis, ou seja, paga a dívida, continuará em pleno vigor o contrato de alienação fiduciária.

O fiador que pagar ficará sub-rogado nos direitos do credor fiduciário, ou seja, assumirá o seu lugar no contrato.

Se a dívida não for paga no prazo de quinze dias, o oficial de Registro de Imóveis providenciará o registro da consolidação da propriedade em nome do credor fiduciário, mediante requerimento com prova do pagamento do imposto de transmissão.[30]

Neste ponto, há uma exceção: de financiamentos para aquisição ou construção de imóvel residencial do devedor, no qual o prazo para purgação da mora passa para 45 dias por força do disposto no art. 26-A, § 1º, da Lei 9.514/1997, ou seja, poderá purgar a mora até a data da averbação da consolidação que neste caso é estendido por força do § 2º. do art. 26-A da Lei 9.514/1997:

> *Art. 26-A. Os procedimentos de cobrança, purgação de mora, consolidação da propriedade fiduciária e leilão decorrentes de financiamentos para aquisição ou construção de imóvel residencial do devedor, exceto as operações do sistema de consórcio de que trata a Lei 11.795, de 8 de outubro de 2008, estão sujeitos às normas especiais estabelecidas neste artigo.*
>
> *§ 1º A consolidação da propriedade em nome do credor fiduciário será averbada no registro de imóveis trinta dias após a expiração do prazo para purgação da mora de que trata o § 1º do art. 26 desta Lei.*

---

[30] Lei 9.514/1997, art. 27, § 11. Os direitos reais de garantia ou constrições, inclusive penhoras, arrestos, bloqueios e indisponibilidades de qualquer natureza, incidentes sobre o direito real de aquisição do fiduciante não obstam a consolidação da propriedade no patrimônio do credor fiduciário e a venda do imóvel para realização da garantia.
§ 12. Na hipótese prevista no § 11 deste artigo, os titulares dos direitos reais de garantia ou constrições sub-rogam-se no direito do fiduciante à percepção do saldo que eventualmente restar do produto da venda.

§ 2º Até a data da averbação da consolidação da propriedade fiduciária, é assegurado ao devedor e, se for o caso, ao terceiro fiduciante pagar as parcelas da dívida vencidas e as despesas de que trata o inciso II do § 3º do art. 27 desta Lei, hipótese em que convalescerá o contrato de alienação fiduciária.

§ 3º No segundo leilão, será aceito o maior lance oferecido desde que seja igual ou superior ao valor integral da dívida garantida pela alienação fiduciária mais antiga vigente sobre o bem, das despesas, inclusive emolumentos cartorários, dos prêmios de seguro, dos encargos legais, inclusive tributos, e das contribuições condominiais.

§ 4º Se no segundo leilão não houver lance que atenda ao referencial mínimo para arrematação estabelecido no § 3º deste artigo, a dívida será considerada extinta, com recíproca quitação, hipótese em que o credor ficará investido da livre disponibilidade.

§ 5º A extinção da dívida no excedente ao referencial mínimo para arrematação configura condição resolutiva inerente à dívida e, por isso, estende-se às hipóteses em que o credor tenha preferido o uso da via judicial para executar a dívida.).

Aqui, em que pese a última alteração empreendida pela Lei 14.711/2023, a redação é confusa.

Excepcionou-se a alienação fiduciária decorrente de contrato de consórcio de imóveis ou de alienação fiduciária decorrente da aquisição ou financiamento de imóveis não residenciais, em que o prazo será de 15 dias para purgação da mora.

No caso de financiamentos para aquisição ou construção de imóvel residencial – aqui o caput do art. 26 excepcionou, exigindo seja o imóvel residencial – do devedor, o prazo de 15 dias é acrescido de 30 dias (§ 1º do art. 26-A da Lei 9.514/1997), totalizando 45 dias para purgação da mora.

Em suma:

a) tratando-se de financiamento para aquisição ou construção de imóveis não residenciais, consórcio de imóveis, e, ainda, garantia de obrigações em geral: 15 dias contados da intimação para o devedor (ou o fiduciante) purgar a mora;

b) tratando-se de financiamentos para aquisição ou construção de imóvel residencial do devedor: 30 dias além do prazo geral, ou seja, 45 dias, posto que é o prazo determinando pelo § 1º do art. 26-A para a consolidação da propriedade em nome do fiduciário.

Insta observar que os prazos aqui são contados em dias corridos e não úteis, porque não se trata de prazo processual, submetido ao CPC.

Poderia a lei, nos casos em que excepciona, mencionar que a consolidação se daria em 45 dias, mas preferiu complicar, mencionando que "a consolidação da propriedade em nome do credor fiduciário será averbada no registro de imóveis trinta dias após a expiração do prazo para purgação da mora de que trata o § 1º do art. 26" da Lei 9.514/1997 (este de 15 dias).

Portanto, o prazo geral para a consolidação da propriedade após a intimação (tecnicamente notificação) para purgação da mora, que não poderá se dar depois, será 15 dias e o especial, para aquisição ou financiamento de imóvel residencial, será de 45 dias.

Deveras, ultrapassados esses prazos, o devedor e o fiduciante (quando não forem a mesma pessoa) não poderão mais purgar a mora, apenas poderão exercer a preferência nos termos em que ainda analisaremos.

Em qualquer dos casos, *no prazo de até 60 dias do registro da consolidação da propriedade em seu nome, o fiduciário providenciará público leilão para venda do imóvel.*

Se não providenciar o leilão no prazo que a lei estabelece, no meu entendimento, terá que reiniciar o caminho da consolidação e das intimações, o que se aplica em qualquer hipótese de desrespeito ao procedimento estipulado nos arts. 26 e 27 da Lei 9.514/1997.

Nos termos da regra insculpida no art. 27, § 2º-A, da Lei 9.514/1997, as datas, horários e locais dos leilões serão comunicados ao devedor e, se for o caso, ao terceiro fiduciante, mediante correspondência dirigida aos endereços constantes do contrato, *inclusive ao endereço eletrônico, ou seja, presume-se válida a comunicação das datas dos leilões encaminhadas ao endereço do contrato, valendo, ainda, a comunicação por meio eletrônico.*[31]

Recomenda-se, todavia, que as duas formas sejam levadas a efeito, posto que, se a comunicação não chegar ao endereço do devedor fiduciante, poderá ele se opor ao procedimento, obstando, inclusive, a reintegração de posse do imóvel, nos termos do parágrafo único do art. 30 da Lei 9.514/1997.

No primeiro leilão, o valor oferecido deverá suplantar o valor do imóvel constante do contrato devidamente corrigido pelo mesmo índice estipulado no instrumento ou o valor mínimo de referência para o ITBI (Imposto de Transmissão *inter vivos* de Bens Imóveis) regulado por lei municipal, o que for maior, nos termos do art. 24, parágrafo único, da Lei 9.514/1997.

Não havendo adquirentes, o fiduciário providenciará o *segundo leilão em até quinze dias* da realização do primeiro leilão, no qual o imóvel será vendido pelo maior lance, desde que, nesse caso, seja superior à dívida com juros, correção e multa, acrescido dos prêmios de seguro, encargos, tributos, condomínios e despesas com o leilão.

Aqui uma ressalva: *superior ao valor da dívida, desde que, pelo menos, seja vendido por valor superior à metade do valor de avaliação do bem atualizado, constante do contrato (§ 2º do art. 27 da Lei 9.514/1997).*

Exemplificativamente, se a dívida tiver valor inferior à metade do valor de avaliação atualizado do imóvel dado em garantia, o fiduciário, não havendo lances, deverá depositar a diferença para ter livre disponibilidade sobre o bem.

Vendido por preço superior à metade do bem, se algum valor sobrar depois da subtração do valor da dívida e demais consectários (despesas, inclusive emolumentos cartorários, prêmios de seguro, encargos legais como juros, atualizações e multas, tributos e contribuições condominiais), deverá ser entregue ao devedor.

Não encontrado o devedor para restituição ou negando-se este a receber, caberá a consignação em pagamento pela via extrajudicial ou judicial (CPC, arts. 539 a 549).

A atual redação do § 2º-B do art. 27 da Lei 9.514/1997 estabelece a preferência do fiduciante até a data do segundo leilão, posto que permite que, antes da sua realização, pague o débito total (não apenas o vencido) acrescido de despesas (de cobrança e de leilão), prêmios de seguro, encargos legais, inclusive tributos (como o ITBI pago pelo credor para a consolidação), contribuições condominiais além do ITBI (Imposto de Transmissão de Bens Imóveis) e despesas de cartório para nova aquisição, tendo em vista que se trata mesmo de outra venda e compra, em razão da consolidação da propriedade nas mãos do credor.

---

[31]   Resta superada, assim, depois da Lei 13.465/2017, a Jurisprudência do STJ sobre a necessidade de intimação pessoal do devedor acerca da data do leilão:
Superior Tribunal de Justiça. Agravo Regimental no Recurso Especial. Civil e Processual Civil. Ação anulatória de leilão extrajudicial. Lei 9.514/1997. Alienação fiduciária de coisa imóvel. Notificação pessoal do devedor fiduciante. Necessidade. Precedente específico. Recurso especial parcialmente provido. 1. "No âmbito do Decreto-lei 70/66, a jurisprudência do Superior Tribunal de Justiça há muito se encontra consolidada no sentido da *necessidade de intimação pessoal do devedor acerca da data da realização do leilão extrajudicial,* entendimento que se aplica aos contratos regidos pela Lei 9.514/1997" (REsp 1447687/DF, Rel. Min. Ricardo Villas Bôas Cueva, Terceira Turma, julgado em 21/08/2014, *DJe* 08/09/2014). 2. Agravo Regimental Desprovido. (AgRg no REsp 1367704/RS, Rel. Min. Paulo de Tarso Sanseverino, Terceira Turma, julgado em 04/08/2015, *DJe* 13/08/2015). No mesmo sentido: REsp1.483.773 – PE (2014/0246459-3). Rel. Min. Raul Araújo. Julg: 27/04/2015.

Não há direito de retenção por benfeitorias, afastado pelo § 5º do art. 27 da Lei do SFI, que determina eventual indenização pelo valor que sobejar, entregue ao fiduciante. A lei considera que o valor da arrematação contemplará eventuais benfeitorias e, por extensão, acessões (construções ou plantações) levadas a efeito pelo fiduciante.

Se, no segundo leilão, o valor da arrematação for inferior ao valor da dívida (devendo ser superior à metade do valor de avaliação do bem, atualizado, constante do contrato nos termos do § 2º do art. 27 da Lei 9.514/1997), esta considerar-se-á extinta, devendo o credor entregar termo de quitação ao devedor (§§ 4º e 5º do art. 26-A da Lei 9.514/1997).

Tal extinção da dívida não ocorre se *houver mais de uma alienação fiduciária sobre o mesmo bem.*

Nesse caso, executada a primeira alienação fiduciária, alienado o imóvel pelo valor mínimo da dívida (ou da metade do valor de avaliação se a dívida da primeira garantia for menor nos termos do § 2º do art. 27 da Lei 9.514/1997), as alienações fiduciárias subsequentes não ficam limitadas pela insuficiência decorrente da alienação do imóvel, cabendo execução do saldo por quantia certa, pela regra geral do CPC.

Igualmente, em qualquer hipótese, mesmo que não haja mais de uma garantia, se o credor for instituição financeira e o crédito não for decorrente de financiamento habitacional, mas decorrente de contrato de abertura de crédito, como, por exemplo, para capital de giro de empresas ou crédito em conta-corrente, exceção essa decorrente do art. 9º da Lei 13.476/2017.[32]

Essas regras estão contempladas nos §§ 3º, 4º e 5º do art. 26-A e §§ 5º e 6º do art. 27 da Lei 9.514/1997.[33]

---

[32] Lei 13.476/2017, Art. 9º Se, após a excussão das garantias constituídas no instrumento de abertura de limite de crédito, o produto resultante não bastar para a quitação da dívida decorrente das operações financeiras derivadas, acrescida das despesas de cobrança, judicial e extrajudicial, o tomador e os prestadores de garantia pessoal continuarão obrigados pelo saldo devedor remanescente, exceto se houver disposição em sentido contrário na legislação especial aplicável.
Lei 9.514/1997, Art. 27. Consolidada a propriedade em seu nome, o fiduciário promoverá leilão público para a alienação do imóvel, no prazo de 60 (sessenta) dias, contado da data do registro de que trata o § 7º do art. 26 desta Lei.
(...)
§ 5º Se no segundo leilão não houver lance que atenda ao referencial mínimo para arrematação estabelecido no § 2º, o fiduciário ficará investido na livre disponibilidade do imóvel e exonerado da obrigação de que trata o § 4º deste artigo.
§ 5º-A Se o produto do leilão não for suficiente para o pagamento integral do montante da dívida, das despesas e dos encargos de que trata o § 3º deste artigo, o devedor continuará obrigado pelo pagamento do saldo remanescente, que poderá ser cobrado por meio de ação de execução e, se for o caso, excussão das demais garantias da dívida, ressalvada a hipótese de extinção do saldo devedor remanescente prevista no § 4º do art. 26-A desta Lei.
§ 6º-A Na hipótese de que trata o § 5º, para efeito de cálculo do saldo remanescente de que trata o § 5º-A, será deduzido o valor correspondente ao referencial mínimo para arrematação do valor atualizado da dívida, conforme estabelecido no § 2º deste artigo, incluídos os encargos e as despesas de cobrança.

[33] Art. 26-A. (...)
§ 3º No segundo leilão, será aceito o maior lance oferecido desde que seja igual ou superior ao valor integral da dívida garantida pela alienação fiduciária mais antiga [este é o "referencial mínimo", desde que superior à 50% do valor do bem] vigente sobre o bem, das despesas, inclusive emolumentos cartorários, dos prêmios de seguro, dos encargos legais, inclusive tributos, e das contribuições condominiais.
§ 4º Se no segundo leilão não houver lance que atenda ao referencial mínimo para arrematação estabelecido no § 3º deste artigo, a dívida será considerada extinta, com recíproca quitação, hipótese em que o credor ficará investido da livre disponibilidade.
§ 5º A extinção da dívida no excedente ao referencial mínimo para arrematação configura condição resolutiva inerente à dívida e, por isso, estende-se às hipóteses em que o credor tenha preferido o uso da via judicial para executar a dívida.

A conclusão será a mesma se não houver arrematantes, quando a propriedade consolidar-se-á, agora definitivamente e sem limitações, nas mãos do credor fiduciário que ficará com o imóvel pelo valor da dívida (desde que superior à metade do valor de avaliação nos termos do § 2º do art. 27 da Lei 9.514/1997) e lhe dará o destino que desejar, conforme, inclusive, já decidiu o STJ, aplicando o § 5º do art. 27 da Lei 9.514/1997 a essa situação (de inexistência de arrematantes) ainda que o dispositivo legal mencione apenas a hipótese de lance inferior ao valor da dívida do fiduciante. O dispositivo do art. 27, § 5º, inclusive, foi modificado pela Lei 14.711/2023 para prever literalmente a hipótese, antes decorrente de interpretação e o fez nos seguintes termos: "Se no segundo leilão não houver lance que atenda ao referencial mínimo para arrematação estabelecido no § 2º [igual ou superior ao valor integral da dívida garantida pela alienação fiduciária], o fiduciário ficará investido na livre disponibilidade do imóvel e exonerado da obrigação de que trata o § 4º deste artigo [entregar a quantia que ultrapassar o valor da dívida]".

E faz sentido, pois a ausência de licitantes equivale a lance inferior ao valor da dívida:

> **Superior Tribunal de Justiça.** *Recurso especial. Alienação fiduciária em garantia. Imóvel. Leilões. Frustração. Pretensos arrematantes. Não comparecimento. Lances. Inexistência. 1. Recurso especial interposto contra acórdão publicado na vigência do Código de Processo Civil de 2015 (Enunciados Administrativos nºs 2 e 3/ STJ). 2. Cinge-se a controvérsia a definir se o § 5º do art. 27 da Lei 9.514/1997 é aplicável às hipóteses em que os dois leilões realizados para a alienação do imóvel objeto da alienação fiduciária são frustrados, não havendo nenhum lance advindo de pretensos arrematantes. 3. Vencida e não paga a dívida, o devedor fiduciante deve ser constituído em mora, conferindo-lhe o direito de purgá-la, sob pena de a propriedade ser consolidada em nome do credor fiduciário com o intuito de satisfazer a obrigação. Precedente. 4. Inexistindo a purga da mora, o credor fiduciário terá o prazo de 30 (trinta) dias, contado do registro de averbação da consolidação da propriedade na matrícula do respectivo imóvel, para promover o leilão público com o objetivo de alienar o referido bem. 5. **O § 5º do art. 27 da Lei 9.514/1997 abrange a situação em que não houver, no segundo leilão, interessados na aquisição do imóvel, fracassando a alienação do bem, sem a apresentação de nenhum lance.** 6. Na hipótese, frustrado o segundo leilão do imóvel, a dívida é compulsoriamente extinta e as partes contratantes são exoneradas das suas obrigações, ficando o imóvel com o credor fiduciário. 7. Recurso especial provido. (REsp 1654112/SP, Rel. Min. Ricardo Villas Bôas Cueva, 3ª Turma, j. 23.10.2018, DJe 26.10.2018.)*

Há que se considerar, aqui, as observações já efetuadas quanto ao art. 53 do Código de Defesa do Consumidor, bem como a impossibilidade, em qualquer caso, de se considerar alienação (ou adjudicação) por valor inferior à metade do valor de avaliação atualizado do imóvel dado em garantia (§ 2º do art. 27 da Lei 9.514/1997).

Quanto à posse, tanto o credor fiduciário, seu sucessor ou cessionário dos direitos decorrentes da alienação fiduciária, quanto o adquirente no público leilão, valer-se-ão de ação de reintegração, nos termos do art. 30 da Lei 9.514/1997, com possibilidade de liminar para desocupação em sessenta dias.

No que diz respeito ao momento em que surge o direito de o fiduciário ingressar com ação de reintegração de posse, ou seja, a data do esbulho praticado pelo fiduciante, nos termos da redação original do art. 37-A da Lei 9.514/1997, se considerava o dia da alienação no público leilão, posto que era este o termo inicial legal para contagem do aluguel-pena imposto ao devedor que não restitui a posse.

Art. 27. (...)

§ 5º-A. Se o produto do leilão não for suficiente para o pagamento integral do montante da dívida, das despesas e dos encargos de que trata o § 3º deste artigo, o devedor continuará obrigado pelo pagamento do saldo remanescente, que poderá ser cobrado por meio de ação de execução e, se for o caso, excussão das demais garantias da dívida, ressalvada a hipótese de extinção do saldo devedor remanescente prevista no § 4º do art. 26-A desta Lei.

§ 6º-A. Na hipótese de que trata o § 5º, para efeito de cálculo do saldo remanescente de que trata o § 5º-A, será deduzido o valor correspondente ao referencial mínimo para arrematação do valor atualizado da dívida, conforme estabelecido no § 2º deste artigo, incluídos os encargos e as despesas de cobrança.

Todavia, sempre se levou em conta que a ação de reintegração de posse poderia anteceder a realização do leilão, bastando que se observasse um único pressuposto processual, que é a consolidação plena da propriedade na pessoa do credor (fiduciário).[34]

Antes da Lei 13.465/2017, havia nítida contradição, posto que a obrigação de pagar o aluguel pela ocupação indevida, nos termos do art. 37-A, surgia a partir da alienação no leilão, mas a obrigação de devolver o imóvel, pelo menos em interpretação literal, se dava e ainda se dá desde a data da consolidação da propriedade nas mãos do credor.

É assim o art. 30 da Lei 9.514/1997, segundo o qual:

É assegurado ao Fiduciário, seu cessionário ou sucessores, inclusive o adquirente do imóvel por força do público leilão de que tratam os §§ 1º e 2º do art. 27, a reintegração na posse do imóvel, que será concedida liminarmente, para desocupação em sessenta dias, desde que comprovada, na forma do disposto no art. 26, a consolidação da propriedade em seu nome.

No meu entendimento, a comprovação da consolidação se dá com a averbação da consolidação da propriedade mediante apresentação do comprovante do pagamento do imposto de transmissão ao Oficial de Registro de Imóveis.

Corroboram com a possibilidade de reintegração de posse desde a data da consolidação, os seguintes julgados:

Tribunal de Justiça de São Paulo. *Alienação Fiduciária Bem Imóvel – Inadimplemento da devedora fiduciante. Consolidação da propriedade imóvel em nome do credor fiduciário, nos termos do artigo 26 da Lei 9.514/1997. Não restituição do imóvel. Esbulho configurado. Ajuizamento de ação de reintegração de posse. Concessão de liminar. Propositura de ação indenizatória em que se busca a restituição dos valores pagos, que não obsta a imediata reintegração de posse. Inexistência de prejudicialidade. Direito de retenção do imóvel até a eventual restituição dos valores pagos. Inocorrência. Sentença confirmada. Recurso Improvido. (9058248-30.2005.8.26.0000, Apelação, Rel. Walter Zeni, São Paulo, 32ª Câmara de Direito Privado, j. 17.03.2011, Data de registro: 17.03.2011 – Outros números: 1015262400).*[35]

Superior Tribunal de Justiça. *SFI – Sistema Financeiro Imobiliário. Lei 9.514/1997. Alienação fiduciária de bem imóvel. Inadimplemento do fiduciante. Consolidação do imóvel na propriedade do fiduciário. Leilão extrajudicial. Suspensão. Irregularidade na intimação. Pretensão, do credor, a obter a reintegração da posse do imóvel anteriormente ao leilão disciplinado pelo art. 27 da Lei 9.514/1997. Possibilidade. Interpretação sistemática da lei. 1. Os dispositivos da Lei 9.514/1997, notadamente seus arts. 26, 27, 30 e 37-A, comportam dupla interpretação: é possível dizer, por um lado, que o direito do credor fiduciário à reintegração de posse do imóvel alienado decorre automaticamente da consolidação da sua propriedade sobre o bem nas hipóteses de inadimplemento; ou é possível afirmar que referido direito possessório somente nasce a partir da realização dos leilões a que se refere o art. 27 da Lei 9.514/1997. 2. A interpretação sistemática de uma Lei exige que se busque, não apenas em sua arquitetura interna, mas no sentido jurídico dos institutos que regula, o modelo adequado para sua aplicação. Se a posse do imóvel, pelo devedor fiduciário, é derivada de um contrato firmado com o credor fiduciante, a resolução do contrato no qual ela encontra fundamento torna-a ilegítima, sendo possível qualificar como esbulho sua permanência no imóvel. 3. A consolidação da propriedade do bem no nome do credor fiduciante confere-lhe o direito à posse do imóvel. Negá-lo implicaria autorizar que o devedor fiduciário permaneça em bem que não lhe pertence, sem pagamento de*

---

34 Marcelo Terra, *Ob. cit.*, p. 51.

35 Em igual sentido:
Tribunal de Justiça de São Paulo. Reintegração de posse – Alienação fiduciária de imóvel – Mora do fiduciante, regularmente, notificado – Purgação não ocorrente – Consolidação da propriedade fiduciária – Pedido do fiduciário de sua reintegração na posse do imóvel – Indeferimento – Decisão fundada na falta de prova de posse anterior. Inadmissibilidade – Matéria que não se rege pelas disposições do Cód. de. Proc. Civil, mas por lei especial – Decisão reformada – Recurso provido. 1. Com "a constituição da propriedade fiduciária, decorrente do registro do contrato, o fiduciário torna-se possuidor indireto." 2. Pode o credor fiduciário, não paga a dívida e constituído o fiduciante em mora, obter a consolidação da propriedade em seu nome e reintegrar-se na posse do imóvel, liminarmente (0334966-04.2009.8.26.0000, Agravo de Instrumento, Rel. Reinaldo Caldas, São Paulo, 29ª Câmara de Direito Privado, j. 09.02.2011, Data de registro: 17.02.2011 – Outros números: 990093349663).

contraprestação, na medida em que a Lei 9.514/1997 estabelece, em seu art. 37-A, o pagamento de taxa de ocupação apenas depois da realização dos leilões extrajudiciais. Se os leilões são suspensos, como ocorreu na hipótese dos autos, a lacuna legislativa não pode implicar a imposição, ao credor fiduciante, de um prejuízo a que não deu causa. 4. Recurso especial não provido (REsp 1.155.716/DF, Rel. Min. Nancy Andrighi, Terceira Turma, j. 13.03.2012, DJe 22.03.2012).

O art. 37-A da Lei 9.514/1997 foi alterado pela Lei 13.465/2017 para se harmonizar com o art. 30, de tal sorte que a partir dela, *tanto a reintegração de posse pelo fiduciante quanto o aluguel são possíveis desde a data da consolidação da propriedade nas mãos do credor:*

> *Art. 37-A. O devedor fiduciante pagará ao credor fiduciário, ou a quem vier a sucedê-lo, a título de taxa de ocupação do imóvel, por mês ou fração, valor correspondente a 1% (um por cento) do valor a que se refere o inciso VI ou o parágrafo único do art. 24 desta Lei, computado e exigível DESDE A DATA DA CONSOLIDAÇÃO da propriedade fiduciária no patrimônio do credor fiduciante até a data em que este, ou seus sucessores, vier a ser imitido na posse do imóvel.*

Atualmente, portanto, o assunto parece estar pacificado, conferindo-se ao fiduciante o direito de requerer a reintegração de posse desde a data da consolidação:

> **Superior Tribunal de Justiça.** *Recurso especial. Civil. Processual civil. Alienação fiduciária de bem imóvel. Inadimplemento. Ausência de purgação da mora. Ação de reintegração de posse. Requisitos. Prévia realização de leilão público. Desnecessidade. (...) 2. O propósito recursal consiste em dizer se: a) no âmbito da alienação fiduciária de bem imóvel, após o inadimplemento e a constituição em mora do devedor, é lícito o ajuizamento de ação de reintegração de posse independentemente de prévia realização de leilão público do bem; e b) os honorários advocatícios sucumbenciais foram adequadamente distribuídos. 3. Nos termos do § 1º do art. 23 da Lei nº 9.514/1997, incluído pela Lei n. 14.620/2023, "com a constituição da propriedade fiduciária, dá-se o desdobramento da posse, tornando-se o fiduciante possuidor direto e o fiduciário possuidor indireto da coisa imóvel". 4. Tratando-se de propriedade resolúvel, a propriedade fiduciária está subordinada a uma condição resolutiva, qual seja, o adimplemento ou inadimplemento da obrigação garantida. Assim, implementada a condição por meio do adimplemento, extingue-se o contrato, com a reversão da propriedade plena ao fiduciante; por outro lado, ocorrendo o inadimplemento sem a purgação da mora, extingue-se o contrato, com a consequente transferência da propriedade plena ao fiduciário, mediante consolidação. 5. Com o procedimento para a retomada do bem com a consolidação da propriedade, resolve-se o contrato que fundamentava a posse direta do imóvel pelo devedor fiduciante, de modo que desaparece a causa ou o fundamento jurídico que justificava o exercício da posse direta, passando o devedor a exercer posse ilegítima sobre o bem, o que caracteriza esbulho possessório e atribui ao credor fiduciário o direito à reintegração de posse. 6. **O único requisito previsto no art. 30 da Lei nº 9.514/1997 para a ação de reintegração de posse é a consolidação da propriedade em nome do credor fiduciário, não sendo possível extrair do referido dispositivo legal qualquer indicação de que a referida ação não poderia ser ajuizada antes da realização dos leilões, notadamente porque já caracterizado o esbulho possessório desde a consolidação da propriedade. 7. No âmbito da alienação fiduciária de bem imóvel, após o inadimplemento e a constituição em mora do devedor, é lícito o ajuizamento de ação de reintegração de posse independentemente de prévia realização do leilão público do bem.** 8. Na hipótese dos autos, merece reforma o acórdão recorrido, pois após o inadimplemento e a constituição em mora do devedor, é lícito o ajuizamento de ação de reintegração de posse independentemente de prévia realização do leilão público do bem, impondo-se o retorno dos autos ao juízo de primeiro grau de jurisdição para que prossiga no julgamento da presente ação de reintegração de posse como entender de direito. 9. Recurso especial provido para determinar o retorno dos autos ao juízo de primeiro grau de jurisdição para que prossiga no julgamento da presente ação. (REsp 2.092.980/PA, Rel. Min. Nancy Andrighi, 3ª Turma, j. 20.02.2024, DJe 27.02.2024)*

Convém observar, entretanto, que a responsabilidade pelos aluguéis é exclusiva do devedor fiduciante, de tal sorte que eventual locatário do imóvel, cuja propriedade foi consolidada pelo credor fiduciário, não é parte legítima para responder pelos aluguéis previstos no art. 37-A da Lei 9.514/1997, que, literalmente, menciona que é o fiduciante quem deve essa indenização ao fiduciário, tudo em razão da relação jurídica de direito material alheia ao locatário do imóvel alienado fiduciariamente (REsp 1.966.030: j. 23.11.2021).

Nada obstante, surgiu outra aparente contradição: o art. 27, com o acréscimo do § 2º-B pela Lei 13.465/2017,[36] permite ao devedor fiduciante exercer a preferência até a data do segundo leilão, pagando o débito total mais as despesas (não apenas o vencido).

Assim, com o acréscimo à Lei 9.514/1997, se há direito de preferência até a data do segundo leilão, poder-se-ia redarguir afirmando que somente depois dele é que deve ser admitida a reintegração de posse.

Não penso assim. O direito de preferência é apenas uma expectativa de direito. O art. 30 da Lei 9.514/1997 é claro e permite a reintegração de posse depois da consolidação.

Caso – e se trata de mera expectativa – o antigo devedor, que neste momento não deve mais nada ante a consolidação da propriedade, resolver pagar o que deve, exercerá a preferência quitando o contrato, pagando as despesas e adquirindo novamente o imóvel que já perdeu.

Nessa ocasião, se tiver sido desalojado, retornará ao imóvel.

Seja como for, há expressa determinação para que o juiz conceda a reintegração liminarmente, com prazo de sessenta dias para desocupação.

Em razão da especialidade da reintegração de posse insculpida na Lei 9.514/1997, inclusive, entendemos que não se aplica o prazo de ano e dia para obtenção da liminar. Em outras palavras, ainda que haja sido ultrapassado o prazo da ação de força nova, a liminar deve ser concedida, não se aplicando os arts. 558 e 562 do Código de Processo Civil.

E se o imóvel estiver ocupado por terceiros, em razão da oponibilidade "erga omnes" do registro e do direito do fiduciante à luz da lei especial, a reintegração de posse contra esse terceiro deve ser deferida nos mesmos termos, nos próprios autos ou em ação autônoma movida em face desse terceiro. Foi nesse sentido o seguinte julgado:

> **Tribunal de Justiça de São Paulo**. Agravo de instrumento. Ação de reintegração de posse de bem imóvel alienado fiduciariamente. Requisitos do art. 30 da Lei nº 9.514/1997 preenchidos. Norma específica que prevalece sobre a disposição geral do Código de Processo Civil. Liminar deferida para que o imóvel seja desocupado em 60 dias. Agravo provido (Agravo de Instrumento 2118315-65.2014.8.26.0000, Rel. Edgard Rosa, 25ª Câmara de Direito Privado, j. 21.08.2014).

Outrossim, o fiduciante deve, legalmente (art. 37-A – pela MP 2.223/2001, substituída pela Lei 10.931, de 2 de agosto de 2004), 1% do valor do imóvel estipulado no contrato, desde a consolidação até a imissão de posse pelo fiduciário ou sucessores a título de aluguel-pena:

> Art. 37-A. O devedor fiduciante pagará ao credor fiduciário, ou a quem vier a sucedê-lo, a título de taxa de ocupação do imóvel, por mês ou fração, valor correspondente a 1% (um por cento) do valor a que se refere o inciso VI ou o parágrafo único do art. 24 desta Lei, computado e exigível desde a data da consolidação da propriedade fiduciária no patrimônio do credor fiduciante até a data em que este, ou seus sucessores, vier a ser imitido na posse do imóvel. (Redação dada pela Lei 13.465, de 2017).

Importante repetir que por essa taxa de ocupação só pode ser responsabilizado o devedor (fiduciante) e não o eventual locatário desse fiduciante. Isto porque esse locatário não tem relação com o fiduciário, não sendo dele, locatário do fiduciante, obrigado a pagar a taxa de ocupação:

---

[36] Art. 27, § 2º-B – Após a averbação da consolidação da propriedade fiduciária no patrimônio do credor fiduciário e até a data da realização do segundo leilão, é assegurado ao devedor fiduciante *o direito de preferência para adquirir o imóvel por preço correspondente ao valor da dívida, somado aos encargos e despesas* de que trata o § 2º deste artigo, aos valores correspondentes ao imposto sobre transmissão *inter vivos* e ao laudêmio, se for o caso, pagos para efeito de consolidação da propriedade fiduciária no patrimônio do credor fiduciário, e às despesas inerentes ao procedimento de cobrança e leilão, incumbindo, também, ao devedor fiduciante o pagamento dos encargos tributários e despesas exigíveis para a nova aquisição do imóvel, de que trata este parágrafo, inclusive custas e emolumentos.

Superior Tribunal de Justiça. Processual civil e civil. Recurso especial. Alienação fiduciária. Ação de cobrança. Taxa de ocupação. Ilegitimidade passiva do locatário do imóvel. Recurso desprovido. 1. O locatário do imóvel cuja propriedade foi consolidada nas mãos do credor fiduciário diante da inadimplência do devedor fiduciante (antigo locador do bem) não é parte legítima para responder pela taxa de ocupação, prevista no art. 37-A da Lei n. 9.514/1997, por não fazer parte da relação jurídica que fundamenta a cobrança da taxa em questão. 2. Recurso especial a que se nega provimento. (REsp n. 1.966.030/SP, Rel. Min. Antonio Carlos Ferreira, 4ª Turma, j. 23.11.2021, DJe 30.11.2021).

O fiduciante responde, ainda, pelos encargos que recaem sobre o imóvel, tais como condomínios, impostos, contribuições e encargos, mesmo ante a consolidação da propriedade em nome do fiduciário, até a data da efetiva imissão de posse (Lei 9.514/1997, art. 27, § 8º).

Trata-se de desestímulo à ocupação pelo fiduciante.

Quanto aos aspectos processuais da ação de reintegração de posse, recomenda-se a leitura do modelo, abaixo, no item 13.11, inclusive as citações doutrinárias lá mencionadas.

De qualquer forma, havendo a consolidação, surge a questão de o imóvel estar locado.

Nesse caso, depois da consolidação da propriedade, admitida a aplicação da Lei do Inquilinato, a locação poderá ser denunciada com o prazo de trinta dias para desocupação pelo locatário, em razão da relatividade dos efeitos dos contratos.

Não se permite essa denúncia, por óbvio, se o fiduciário tiver anuído, por escrito, com a locação, o que dificilmente ocorrerá na prática.

De qualquer forma, admitida a hipótese, a denúncia deverá ser realizada no prazo de noventa dias a contar da data da consolidação da propriedade no fiduciário, devendo essa condição constar expressamente em cláusula do contrato de alienação fiduciária, destacando-se das demais cláusulas por sua apresentação gráfica (Lei 9.514/1997, art. 27, § 7º).

Não há direito de preferência ao locatário para aquisição do imóvel vendido no leilão extrajudicial, de acordo com a Lei 8.245/1991, art. 32, parágrafo único, aplicável aos contratos de locação firmados a partir de 1º de outubro de 2001.

Para contratos firmados antes dessa data, a preferência pode ser exercida, mas apenas no leilão.

Resta saber se o fiduciário, que teve a propriedade consolidada em seu nome, bem como seus sucessores, se valerão, em face do locatário, após a denúncia, da ação de reintegração de posse, prevista no art. 30 da Lei 9.514/1997, ou da ação de despejo.

Entende Marcelo Terra[37] que a ação é de reintegração de posse em razão de expressa disposição legal e em função do princípio da especialidade, ou seja, a lei especial determina a reintegração de posse, não fazendo distinção, ainda que preveja um modo diverso da lei do inquilinato (Lei 8.245/1991) para a denúncia pelo adquirente.

Ocorre que a Lei 8.245/1991 prevê, igualmente como lei especial, que o adquirente terá que retomar o imóvel através da ação de despejo (art. 8º da Lei 8.245/1991).

Ainda assim concordamos com Marcelo Terra, tendo em vista que a própria Lei 9.514/1997 prevê prazos diferentes e, portanto, sistemática diversa e especial em relação à Lei 8.245/1991, até porque a alienação fiduciária é pública, não podendo o locatário ignorar as consequências da consolidação nas mãos do fiduciário e do público leilão ante o registro imobiliário.

A única exceção, na qual pensamos deve ser utilizado o remédio do despejo, é a hipótese de a alienação fiduciária suceder o contrato de locação, com a permanência do locatário do fiduciante após a constituição da propriedade fiduciária, até porque tal constituição, nos

---

[37] Marcelo Terra, *Ob. cit.* p. 77.

termos do parágrafo único, do art. 32, da Lei 8.245/1991, não concede ao locatário o direito de preferência e não exige, assim, sua comunicação ou sua anuência.

É preciso observar que, havendo qualquer irregularidade, será possível ao fiduciante buscar tutela jurisdicional.

Podemos esquematizar da seguinte forma o procedimento de consolidação:

Procedimento no caso de inadimplemento (arts. 26 e 27)

Vencimento (prazo de carência determinado no contrato)

CONSTITUIÇÃO EM MORA por notificação* (intimação na lei) ao fiduciante, representante ou procurador para pagar em 15 dias todos os valores (vencidos e os que venceram até a data do pagamento – art. 26, § 1º), juros, penalidades, encargos, tributos, condomínios e despesas de cobrança

* através do Oficial de Registro de Imóveis que poderá delegar ao Oficial de Registro de Títulos e Documentos da comarca da situação do imóvel ou do domicilio do notificado

NOTIFICAÇÃO: pessoal por hora certa (no caso de ocultação: art. 26, § 3º-B, da LAF – redação da Lei 13.465/2017) ou por edital se estiver em local incerto (art. 26, § 4º), pelo Oficial, publicado por 3 dias em jornal local de grande circulação

15 (ou 45) dias depois

No caso de financiamento residencial, a consolidação se dá em 30 dias do fim da data para purgação da mora (15 dias), somando 45 dias, podendo, até lá, o fiduciante purgar a mora (art. 26-A da LAF).

SEM PAGAMENTO: CONSOLIDAÇÃO DA PROPRIEDADE EM NOME DO FIDUCIÁRIO com o pagamento do ITBI e, se for o caso, do laudêmio

PURGAÇÃO DA MORA NO RI: nos 3 dias seguintes, entrega dos valores ao fiduciário, descontadas despesas de cobrança e intimação – Fiador que paga sub-roga-se (art. 31)

Procedimento do leilão (art. 27)

PRIMEIRO LEILÃO, pelo valor do imóvel indicado no contrato (ou o valor de referência para o ITBI, o que for maior – art. 24, parágrafo único, da LAF, até 60 dias do registro da consolidação

SEGUNDO LEILÃO: em até 15 dias do primeiro pelo valor mínimo do saldo devedor total e despesas, consideradas incluídas no valor as benfeitorias, que não dão direito a retenção

valor de arrematação superior ao da dívida e das despesas: entrega do valor que sobejar ao devedor

valor mínimo: 50% do valor de avaliação atualizado constante do contrato (art. 27, § 2º, da LAF)

valor de arrematação inferior ao da dívida e das despesas: devedor exonerado, recebe quitação da dívida em 5 dias

Consigne-se que a par de alguns precedentes em sentido contrário (Agravo Interno Cível 1016829-73.2017.8.26.0477/50000, TJSP, julgado em 09.10.2019), é possível, e às vezes até necessário, que o credor (fiduciário) execute o crédito na modalidade de execução por quantia certa, notadamente porque o contrato de alienação fiduciária se amolda ao conceito de título líquido, certo e exigível nos termos do art. 784, II e III, do CPC.[38]

Para acabar com a celeuma, a Lei 14.711/2023 estabeleceu a possibilidade, incluindo o § 5º ao art. 26-A da Lei 9.514/1997, esclarecendo, entretanto, que a opção pela excussão judicial não interfere no direito de o devedor ver a dívida extinta no caso de o imóvel ser vendido por valor inferior ao valor da dívida.[39]

É falsa a ideia segundo a qual a atribuição de garantia fiduciária do imóvel é incompatível com a simples opção do credor pela execução.

Se está aí a fazer grande confusão. Isto porque, em que pese a transmissão da propriedade para o credor, esta se dá em caráter resolúvel, subordinada à quitação da dívida, tendo natureza jurídica de garantia.

Não há, em lugar algum, proibição – pelo contrário, há permissão em razão do título – para que o credor opte simplesmente pela execução e se quitado for pela excussão patrimonial do devedor, extingue-se a garantia.

O título – contrato assinado pelas partes e, se particular, por duas testemunhas – é título executivo extrajudicial (CPC, art. 784, II e III) líquido, certo e exigível (CPC, arts. 783 e 786) e impedir o credor de satisfazer o seu crédito de outra forma que não seja pela excussão da garantia é solução ilegal e, portanto, decisões desse jaez merecem revisão.

De forma escorreita, o seguinte aresto do Tribunal de Justiça de São Paulo:[40]

Agravo de Instrumento – Exceção de pré-executividade – Rejeição – Execução por título extrajudicial – Cédula de crédito bancário – Dívida garantida por alienação fiduciária de imóvel – Executado que alega falta de interesse processual quanto ao ajuizamento de procedimento judicial, pois considera que o credor

---

[38] Eis outro precedente que impede a execução, exigindo que o credor leve a efeito o procedimento de consolidação e leilão:

Tribunal de Justiça de São Paulo. *Embargos à execução – Execução fundamentada em Contratos de Mútuo com garantia de alienação fiduciária – Ação de execução de título extrajudicial que não se mostra adequada diante da modalidade de dois dos contratos formalizados entre as partes – Garantia do mútuo disciplinada na Lei 9.514, de 1997 – Alienação fiduciária que constitui espécie de negócio jurídico em que se utiliza a transmissão da propriedade para fins de garantia – Execução de obrigação previamente constituída e que consta de lei específica que não comporta cobrança via executiva por título extrajudicial – Aplicação dos art. 26 e 27 da Lei 9.514, de 1997, conforme determina o art. 1.367 do Código Civil e no próprio Termo de Constituição de Alienação Fiduciária formalizado entre as partes, que deve ser respeitado – Contrato sem a garantia da alienação fiduciária que pode ser cobrado via executiva – Encargo, todavia, que comporta alteração diante da impossibilidade da utilização do índice DI – Contrato contendo cláusula contratual que infringe a Súmula 176 do STJ (É nula a cláusula contratual que sujeita o devedor à taxa de juros divulgada pela ANBID/CETIP) – Taxa DI praticada apenas nos empréstimos entre instituições financeiras que corresponde à média das taxas de juros dos depósitos interbancários com prazo de um dia – Recurso que comporta provimento para a) declarar a extinção da execução com relação aos Contratos FGC-150825 e FGC-160495, diante do acolhimento dos embargos, nos termos do art. 924, III e art. 788, ambos do Código de Processo Civil devendo o credor se valer das disposições da Lei 9.514, de 1997 para recebimento do crédito e b) reconhecer a possibilidade de a execução prosseguir apenas em relação ao Contrato FGC-161313, substituindo-se o índice DI pelo INPC – Recurso provido* (Apelação Cível 1101920-64.2018.8.26.0100, Rel. Miguel Petroni Neto, 16ª Câmara de Direito Privado, Foro Central Cível, 42ª Vara Cível, j. 10.09.2019, data de registro 12.09.2019).

[39] § 5º A extinção da dívida no excedente ao referencial mínimo para arrematação configura condição resolutiva inerente à dívida e, por isso, *estende-se às hipóteses em que o credor tenha preferido o uso da via judicial para executar a dívida.*

[40] Admitindo a opção, mas atribuindo curiosa consequência no âmbito de recuperação judicial, a 1ª Câmara Reservada de Direito Empresarial do Tribunal de Justiça de São Paulo afirmou, no Agravo de

deve optar por procedimento expropriatório pela via extrajudicial – Descabimento – Exequente que tem a opção de escolher o procedimento que lhe parecer mais adequado na busca da satisfação do crédito – Decisão mantida – Recurso improvido (TJSP, Agravo de Instrumento 2208468-42.2017.8.26.0000, Rel. Thiago de Siqueira, 14ª Câmara de Direito Privado, Foro Central Cível, 28ª Vara Cível, j. 11.04.2018, data de registro 12.04.2018).

Consignou o relator desse acórdão que "a opção pela via judicial afigura-se, até mesmo, mais vantajosa ao devedor, por permitir-lhe a apresentação de defesa por meio de embargos, podendo exercer amplamente seu direito de defesa em juízo, inclusive com a produção de provas, se necessário, o que não é possível no âmbito do procedimento extrajudicial. Não há, portanto, nenhum prejuízo ao devedor, não havendo de se falar, por isso, em ofensa ao art. 805 do CPC".

Em igual sentido:

Agravo de Instrumento. Exceção de pré-executividade Bens alienados fiduciariamente em garantia. Inexistência de comando legal que obrigue o credor fiduciário à satisfação de seu crédito somente pela via expropriatória extrajudicial. Faculdade de o credor optar previamente pelo procedimento que lhe parecer mais adequado na busca da satisfação do crédito que lhe assiste, isto é, não somente deverá ficar adstrito àquele previsto pela Lei 9.514/1997, mas também, em lugar, o procedimento de execução extrajudicial do Código de Processo Civil. Decisão mantida Recurso não provido (TJSP, Agravo de Instrumento 2205048-63.2016.8.26.0000, Rel. Heraldo de Oliveira, 13ª Câmara de Direito Privado, Foro Central Cível, 22ª Vara Cível, j. 07.03.2017, data de registro 07.03.2017).

Execução Extrajudicial – Cédula de crédito. Contrato de mútuo com pacto de alienação fiduciária de imóvel. Execução extrajudicial nos moldes do Código de Processo Civil. Opção do credor pela execução prevista no Código de Processo Civil em detrimento do procedimento da Lei 9.514/1997. Bem imóvel cujo valor não garante a execução – Penhora de ativos financeiros. Possibilidade: Embora a cédula de crédito firmada pelas partes tenha como garantia imóvel alienado fiduciariamente, confere ao credor optar pelo procedimento de execução extrajudicial do Código de Processo Civil em detrimento daquele estabelecido pela Lei 9.514/1997 (...). Recurso provido (TJSP, Agravo de Instrumento 2121196-44.2016.8.26.0000, Rel. Nelson Jorge Júnior, 13ª Câmara de Direito Privado, Foro Central Cível, 7ª Vara Cível, j. 26.08.2016, data de registro 15.09.2016).

12.10.1. O direito de preferência até a data do segundo leilão e necessidade de comunicação do devedor acerca dos leilões; a aplicação da teoria da *substancial performance*

O mercado imobiliário contempla, na alienação fiduciária de bem imóvel prevista na Lei 9.514/1997, o porto seguro dos seus créditos.

Com efeito, nos termos dos arts. 26 e 27 da Lei da Alienação Fiduciária de Imóvel (Lei 9.514/1997), com a mora, basta ao fiduciário-credor levar a efeito a notificação do fiduciante-devedor e, diante da ausência da purgação da mora no prazo de quinze dias, mediante simples recolhimento do ITBI, observar a consolidação da propriedade em seu nome na matrícula.

Instrumento 2034109-11.2020.8.26.0000 (julgamento em 27.07.2020), que a opção pela ação de execução individual representa renúncia tácita à garantia fiduciária e a automática transformação do crédito em quirografário sujeito à recuperação judicial. Eis a justificativa do voto condutor, do qual discordo: "dada a incompatibilidade manifesta de seu comportamento processual, que afasta a aplicação do artigo 49, § 3º, da Lei 11.101/2005 e converte o credor fiduciário num credor quirografário, garantido genericamente pelo patrimônio do devedor". Trata-se de posição deveras peculiar na jurisprudência do próprio TJSP, posto que afronta posição do STJ segundo a qual o registro da garantia representada pela alienação fiduciária, oponível *erga omnes*, se sobrepõe à presunção – relativa – de renúncia tácita, não havendo falar-se em extinção do direito real de garantia e, conseguintemente, a natureza extraconcursal do crédito fiduciário em relação a processos de recuperação judicial.

Seguem-se os leilões, sendo o primeiro no prazo de até trinta dias da data da consolidação na matrícula pelo preço de avaliação determinado no contrato e o segundo, frustrado o primeiro pelo valor de avaliação, em até quinze dias do primeiro leilão pelo preço mínimo da dívida.

Pelo menos esta é a solução linear e simples que vimos, adotada pela sistemática da alienação fiduciária de bem imóvel, atrativa para os credores e terrivelmente violenta para os devedores que podem ver o investimento ruir no segundo leilão quando o imóvel, em verdade concedido em garantia, pode ser alienado pelo valor da dívida, ressalvado nosso entendimento de impossibilidade de venda por preço vil e a impossibilidade legal de aliená-lo por valor inferior à metade do valor de avaliação atualizado, constante do contrato (§ 2º do art. 27 da Lei 9.514/1997).

Seja como for, se preço vil não se configurar no segundo leilão, nada sobrando da venda pelo preço mínimo da dívida ou da metade do valor de avaliação, o valor investido se transforma literal e integralmente em pó.

Aliás, essa ainda é a posição jurisprudencial espelhada no seguinte aresto da pena do Desembargador Carlos Alberto Garbi:

> *Tribunal de Justiça de São Paulo. Ação de cobrança. Compromisso de compra e venda com financiamento imobiliário e pacto adjeto de alienação fiduciária. Inadimplemento dos compradores. (...). Restituição das parcelas pagas. Inadmissibilidade. Impossibilidade de aplicação do art. 53 do CDC. Consolidação da propriedade em nome da fiduciária. Arrematação do bem. Inexistência de saldo em favor dos autores. Restituição de parte do montante pago a ser apurado segundo as regras do art. 27 da Lei 9.514/1997. (...) Não é o caso de se aplicar o art. 53 do Código de Defesa do Consumidor, permitindo a restituição das parcelas pagas pelos autores, tampouco de se reconhecer a rescisão do contrato que já foi rescindido. A hipótese dos autos trata de compromisso de compra e venda com alienação fiduciária em garantia, disciplinada pela Lei 9.514/1997, de modo que, vencida e não paga a dívida, constituído em mora o fiduciante, a propriedade do imóvel se consolida em nome do fiduciário. 3. A ré cumpriu integralmente a sua prestação, entregando o imóvel e celebrando o contrato de compra e venda. Financiou o preço e tornou-se credora fiduciária, com propriedade resolúvel sobre a unidade autônoma. Disso decorre não mais existir contrato bilateral a ser resolvido, por iniciativa de qualquer das partes. Existe somente contrato unilateral de mútuo garantido por propriedade fiduciária. 4. O inadimplemento dos autores não acarreta a resolução do contrato de compra e venda, perfeito e acabado. Cabia à credora fiduciária apenas a execução do preço financiado, mediante excussão do imóvel vinculado ao crédito garantido por propriedade fiduciária. 5. No caso, não se verifica qualquer ilegalidade na realização do leilão pela ré, porque, diante do confessado inadimplemento, a Lei autorizava a consolidação da propriedade do imóvel em favor do credor fiduciário (arts. 26 e 27 da Lei 9.514/1997). 6. De todo modo, o reconhecimento de que não há ilegalidade na consolidação da propriedade do imóvel pela ré inviabiliza a pretensão à devolução dos valores pagos pelos autores, visto que desapareceu o fato no qual estava amparado o direito em questão em razão da excussão do imóvel dado em garantia. 7. No caso, a ré obteve a consolidação da propriedade do imóvel pelo valor de R$ 304.096,30, outorgando aos compradores plena, geral e irrevogável quitação da dívida, nos termos do § 6º do artigo 27 da Lei nº 9.514/1997. Portanto, descabe o pedido de devolução dos valores pagos a título de financiamento de imóvel objeto de alienação fiduciária em garantia, que só seria possível com o reconhecimento de saldo favorável aos autores no leilão do imóvel garantidor da dívida, o que não ocorreu na hipótese. 8. Sentença reformada. Provido o recurso da ré para julgar improcedente o pedido e prejudicado o recurso dos autores (Apelação 0221567-17.2011.8.26.0100; Rel. Carlos Alberto Garbi; Comarca: São Paulo; Órgão julgador: 10ª Câmara de Direito Privado; J. 10.03.2015; Data de registro: 12.03.2015)".*

Nada obstante, modificando substancialmente o panorama da lei, o Superior Tribunal de Justiça, em alguns precedentes, passou a definir consequências que não decorrem literalmente da Lei 9.514/1997. Com efeito, determinou aquela Corte:

a) a aplicação da teoria do adimplemento substancial (Agravo em Recurso Especial 710.805/SE, 2015/0111548-1, Min. Maria Isabel Gallotti);

b) a necessidade de intimação pessoal do devedor acerca data dos leilões, exigência que não constava literalmente na Lei 9.514/1997 (AgRg no REsp 1367704/RS, Rel. Min. Paulo de Tarso Sanseverino, 3ª Turma, j. 04.08.2015, *DJe* 13.08.2015;

no mesmo sentido: REsp 1.483.773/PE (2014/0246459-3), Rel. Min. Raul Araújo. j. 27.04.2015); e,

c) a possibilidade de purgação da mora até a assinatura do auto de arrematação (REsp 1.433.031/DF, Rel. Min. Nancy Andrighi, 3ª Turma, 03.06.2014, e REsp 1447687/DF, Rel. Min. Ricardo Villas Bôas Cueva, 3ª Turma, j. 21.08.2014).

Notadamente para permitir a purgação da mora até a data do segundo leilão e, principalmente, exigir a intimação pessoal do ex-fiduciante que viu a propriedade ser consolidada nas mãos do credor, o STJ fundou-se em interpretação sistemática, invocando o Decreto-lei 70/1966.

Isto porque o art. 39, II, da Lei 9.514/1997 (Lei de Alienação Fiduciária de Imóvel), na redação anterior à Lei 13.465/2017 que alterou essa circunstância, determinava a aplicação das disposições dos arts. 29 a 41 do Decreto-lei 70/1966.

E, entre os dispositivos mencionados do Decreto-lei 70/1966, *hoje revogados*, o art. 34 permitia a purgação da mora até o leilão e o art. 36 exigia o conhecimento dos leilões do imóvel pelo devedor (mencionava "imóvel hipotecado", posto que a esta garantia se refere) conhecimento este que o STJ interpretava como necessidade de intimação pessoal sob pena de nulidade dos leilões.[41]

Todavia, a *mens legis* sempre foi de aplicar essas disposições apenas para a garantia hipotecária, como, aliás, a própria Lei 9.514/1997 prevê, no art. 17, entre as modalidades de garantia:

> *Art. 17. As operações de financiamento imobiliário em geral poderão ser garantidas por:*
>
> *I – hipoteca;*
>
> *II – cessão fiduciária de direitos creditórios decorrentes de contratos de alienação de imóveis;*
>
> *III – caução de direitos creditórios ou aquisitivos decorrentes de contratos de venda ou promessa de venda de imóveis;*
>
> *IV – alienação fiduciária de coisa imóvel.*
>
> *§ 1º As garantias a que se referem os incisos II, III e IV deste artigo constituem direito real sobre os respectivos objetos.*
>
> *§ 2º Aplicam-se à caução dos direitos creditórios a que se refere o inciso III deste artigo as disposições dos arts. 789 a 795 do Código Civil.*
>
> *§ 3º As operações do SFI que envolvam locação poderão ser garantidas suplementarmente por anticrese.*

A redação do art. 39, II, da Lei 9.514/1997 foi, então, alterada pela Lei 13.465/2017, restringindo a aplicação dos dispositivos do Decreto-lei 70/1966 apenas aos créditos

---

[41] Art. 34. É lícito ao devedor, a qualquer momento, até a assinatura do auto de arrematação, purgar o débito, totalizado de acordo com o artigo 33, e acrescido ainda dos seguintes encargos: I – se a purgação se efetuar conforme o parágrafo primeiro do artigo 31, o débito será acrescido das penalidades previstas no contrato de hipoteca, até 10% (dez por cento) do valor do mesmo débito, e da remuneração do agente fiduciário; II – daí em diante, o débito, para os efeitos de purgação, abrangerá ainda os juros de mora e a correção monetária incidente até o momento da purgação. [...] Art. 36. Os públicos leilões regulados pelo artigo 32 serão anunciados e realizados, no que este decreto-lei não prever, de acordo com o que estabelecer o contrato de hipoteca, ou, quando se tratar do Sistema Financeiro da Habitação, o que o Conselho de Administração do Banco Nacional da Habitação estabelecer. Parágrafo único. Considera-se não escrita a cláusula contratual que sob qualquer pretexto preveja condições que subtraiam ao devedor o conhecimento dos públicos leilões de imóvel hipotecado, ou que autorizem sua promoção e realização sem publicidade pelo menos igual à usualmente adotada pelos leiloeiros públicos em sua atividade corrente.

garantidos por hipoteca, tornando claro aquilo que antes dependia de interpretação sistemática da lei.[42]

Mais adiante, a Lei 14.711/2023 revogou a segunda parte do Decreto-lei 70/1966 e, bem assim, sem alterar a conclusão de inaplicabilidade das regras da garantia hipotecária, deu outra redação ao art. 39 que ficou redigido nos seguintes termos:

> *Art. 39. As disposições da Lei 4.380, de 21 de agosto de 1964, e as demais disposições legais referentes ao Sistema Financeiro da Habitação não se aplicam às operações de crédito compreendidas no sistema de financiamento imobiliário a que se refere esta Lei.*

E a alteração é de todo elogiável, posto que o Superior Tribunal de Justiça, além da notória insegurança jurídica, havia instaurado verdadeiro mistifório interpretativo, o que se afirma na exata medida em que, ao mesmo tempo em que permitia a purgação da mora até a data dos leilões – hoje, o direito foi substituído pela preferência do § 2º-B, do art. 27 da Lei 9.514/1997 – e exigia que deles o devedor (ou "ex-devedor") fosse intimado pessoalmente – hoje, a comunicação pode ser feita para o endereço fornecido no contrato, por correspondência física ou eletrônica –, admitia, de forma contraditória, a reintegração de posse desde a data da consolidação da propriedade no registro de imóveis, lembrando que a consolidação se dá depois de quinze dias da notificação para que o devedor purgue a mora (REsp 1.155.716/DF, Rel. Min. Nancy Andrighi, 3ª Turma, j. 13.03.2012, *DJe* 22.03.2012).

Em resumo, o STJ:

a) *Permitia a reintegração de posse depois da consolidação; de outro lado, admitia a purgação da mora até a data da arrematação no leilão e exigia a intimação pessoal para os leilões (com o devedor já desalojado?). Hoje, o direito do devedor, depois da consolidação da propriedade nas mãos do credor, resume-se na preferência mediante o pagamento da integralidade da dívida (vencidas e vincendas) mais despesas até a data do segundo leilão e depende de novo pagamento de ITBI (trata-se de nova aquisição – art. 27, § 2º-B da Lei 9.514/1997, com a redação dada pela Lei 13.465/2017);*

b) *Determinava a intimação pessoal para os leilões, hoje substituída pela comunicação das datas, horários e locais dos leilões mediante correspondência dirigida aos endereços constantes do contrato, inclusive ao endereço eletrônico.[43]*

---

[42] O que se fez nos seguintes termos: "II – aplicam-se as disposições dos arts. 29 a 41 do Decreto-lei 70, de 21 de novembro de 1966, exclusivamente aos procedimentos de execução de créditos garantidos por hipoteca".

[43] No Tribunal de Justiça de São Paulo a orientação se refletia nos seguintes julgados:
Tribunal de Justiça de São Paulo. *Agravo de Instrumento 2057745-79.2015.8.26.0000 – Tutela antecipada para suspensão de leilão extrajudicial de imóvel objeto de alienação fiduciária – Depósito judicial do débito – Valor não impugnado pelo agravante – Possibilidade dos devedores efetuarem o pagamento até o momento da arrematação do imóvel – Alegação de ausência de intimação dos autores acerca do leilão do bem não impugnada pelo agravante, tornando duvidosa a validade do ato – Inteligência do artigo 39 da Lei 9.514/1997 c.c. artigos 34 e 36 do Decreto-lei 70/1966 – Requisitos do artigo 273 do CPC satisfeitos – Suspensão do leilão do que deve ser mantida – Recurso improvido (Rel. Luis Fernando Nishi; Comarca: Araçatuba; 32ª Câmara de Direito Privado; j. 11.06.2015; Data de registro: 17.06.2015).*
Tribunal de Justiça de São Paulo. *Apelação 1052822-52.2014.8.26.0100. Nas peculiaridades do caso, em que, bem ou mal, anterior acórdão desta Câmara em agravo de instrumento, com trânsito em julgado, proclamou a suficiência da notificação por oficial do Registro de Imóveis e a dispensa da intimação para os leilões do imóvel objeto de alienação fiduciária, mantém-se rejeição de demanda por declaração de nulidade do procedimento extrajudicial e por consignação em pagamento. (Rel. Celso Pimentel; Comarca: São Paulo; 28ª Câmara de Direito Privado; j. 03.08.2015; Data de registro: 04.08.2015).*
Tribunal de Justiça de São Paulo. *Agravo de Instrumento 2011255-96.2015.8.26.0000. A intimação pelo oficial do Registro de Imóveis para a constituição do devedor em mora no sistema de alienação fiduciária*

A toda evidência, os sistemas contemplados na Lei 9.514/1997 e no Decreto-lei 70/1966 não eram compatíveis, o que defendi em edições anteriores deste livro, pois a extensão colocava a Alienação Fiduciária na vala comum, com a mesma insegurança da garantia hipotecária.

Coube à Lei 9.514/1997, mediante alterações empreendidas pela Lei 13.465/2017, com acréscimo dos §§ 2º-A e 2º-B ao art. 27 (com a redação posteriormente dada pela Lei 14.711/2023), colocar ordem no tumultuado entendimento da matéria, de tal sorte que hoje, embora tenha sido mantida a necessidade de comunicação pessoal do devedor acerca das datas dos leilões, presume-se válida a correspondência enviada para o endereço do contrato, inclusive se entregue ao encarregado da portaria nos condomínios ou ao endereço eletrônico.

Igualmente, resolveu-se o direito do devedor que deve pagar o débito integral acrescido de todas as despesas, inclusive impostos de transmissão para o credor fiduciário e dele para o devedor novamente, direito esse que pode ser exercido até a data do segundo leilão na modalidade de direito de preferência, não cabendo mais o entendimento da possibilidade de simples purgação da mora com continuidade dos pagamentos (§ 2º-B do art. 27 da Lei 9.514/1997).

O contrato não convalesce depois da consolidação, aspecto bem resolvido pela alteração da Lei 9.514/1997, empreendida pela Lei 13.465/2017.

Poder-se-ia redarguir afirmando que a reintegração de posse é admitida depois da consolidação e, ao mesmo tempo, permite-se a preferência até a data do leilão.

De fato, mas não entendo que tal circunstância represente contradição, na exata medida em que o devedor – que a esta altura já não ostenta essa qualidade – exercerá direito eventual de preferência com o contrato já resolvido pela consolidação.

Por fim, a possibilidade de discussão de falhas no procedimento e acerca de estipulações contratuais, inclusive ações de revisão, se dá por meio de ação judicial que não obsta a consolidação e a reintegração de posse.

Nos termos do parágrafo único do art. 30 da Lei 9.514/1997, as ações de revisão de contrato de financiamento habitacional em que a alienação fiduciária serve de garantia devem ser resolvidas em perdas e danos, com uma única exceção que permite tutela de urgência para obstar a reintegração de posse: a ausência de notificações regulamentares ao devedor fiduciante.

No mais, havendo pagamento substancial, os tribunais chegaram a aplicar, de maneira mais ou menos uniforme, a teoria da "substancial performance" às alienações fiduciárias de bens imóveis, ou seja, em razão dos princípios da eticidade, da socialidade e da boa-fé, a impossibilidade de levar a efeito o procedimento de consolidação sem que antes o credor tenha tentado cobrar em espécie o valor devido, notadamente pela via executiva, em razão de cumprimento substancial do contrato.

Eis um exemplo:[44]

Tribunal de Justiça de São Paulo. *Apelação do Banco – Insurgência contra a r. sentença que julgou parcialmente procedente a ação declaratória e procedente a ação cautelar inominada – Inadmissibilidade – "Instrumento Particular de Venda e Compra de Bem Imóvel com Pacto Adjeto de Alienação Fiduciária em Garantia e Outras Avenças" – Comprovação de pagamento de 95,8426% do preço do imóvel – Aplicação da teoria do adimplemento substancial do contrato – Impedimento da rescisão contratual em virtude do inadimplemento de prestação mínima pelos autores – Prevalência dos princípios da justiça, equilíbrio*

---

não basta para os leilões extrajudiciais, que exigem prévia, nova e específica intimação pessoal. Por isso, que se traduz em verossimilhança na alegação, e em face do risco de lesão de difícil reparação, defere-se a antecipação da tutela, sustando os efeitos dos leilões e se ordenando a exclusão do nome dos autores de cadastros restritivos de crédito (Rel. Celso Pimentel; Comarca: Campinas; 28ª Câmara de Direito Privado; j. 16.04.2015; Data de registro: 17.04.2015).

[44] Em igual sentido: Agravo em Recurso Especial 710.805/SE, 2015/0111548-1, Min. Maria Isabel Gallotti.

contratual, lealdade e da boa-fé – Precedentes jurisprudenciais – Prequestionamento – Recurso improvido (Apelação 0008008-86.2012.8.26.0602, 18ª Câmara de Direito Privado, j. 05.11.2014, Rel. Desembargador Roque Antonio Mesquita de Oliveira).

Todavia, o STJ, que já chegou a aplicar a teoria do adimplemento substancial ou "substancial performance" aos contratos de alienação fiduciária de bem imóvel, mudou seu posicionamento, alinhando-o com aquele que aplica à alienação fiduciária de bem móvel.

Deveras, no Agravo em Recurso Especial 710.805/SE (2015/0111548-1, Min. Maria Isabel Gallotti), foi considerado o adimplemento substancial em contrato de alienação fiduciária para impedir o procedimento de consolidação.

Nada obstante, a maioria dos julgados do STJ não o admite, sendo acolhida a conclusão de inaplicabilidade em razão da forma especial de acertamento prevista pelos leilões:

Superior Tribunal de Justiça. *Tese de adimplemento substancial que deve ser afastada, ante orientação emanada pelo Colendo Superior Tribunal de Justiça, sendo inaplicável aos contratos garantidos por alienação fiduciária. (STJ – AREsp 2.630.663, Min. Nancy Andrighi, DJe 24.07.2024)*

Tribunal de Justiça de São Paulo. *Alienação fiduciária. Imóvel. Notificação. Leilão. Ofensa ao princípio da dialeticidade que não se identifica na espécie. Purgação da mora inviável. Diretriz do STJ, que não se pode ignorar, a assentar a aplicação da Lei nº 13.465/2017 aos contratos anteriores à sua edição, considerando, ao invés da data do ajuste, a da consolidação da propriedade e a da purga da mora como elementos condicionantes.* **Teoria do adimplemento substancial que não é aplicável aos contratos garantidos por alienação fiduciária, independentemente da natureza do seu objeto, se móvel ou se imóvel. Precedentes do STJ e desta Corte.** *Intimação acerca dos leilões que se mostrou regular, irrelevante erro material em uma única mensagem, diante das várias enviadas e recebidas pelo varão, procurador da sua mulher. Alegação de preço vil não aventada em primeiro grau. Inadmissível inovação. Tutela de urgência antes concedida em parte, agora revogada. Recurso desprovido, na parte conhecida. (Apelação Cível 1000019-39.2024.8.26.0554, Rel. Ferreira da Cruz, 28ª Câmara de Direito Privado, j. 13.08.2024).*

12.10.2. Dação em pagamento do imóvel e a questão do valor do imóvel superior ao da dívida

A dação em pagamento pode ser entendida como o acordo levado a efeito entre o credor e o devedor em virtude do qual aquele concorda em receber deste, para o cumprimento da obrigação, objeto diferente daquele originalmente pactuado.

A *datio in solutum*, vetusto instituto originário do Direito Romano, tem por função extinguir a obrigação mediante outra prestação, que não é aquela constituída pela obrigação.

Sempre se considerou que a dação em pagamento constitui, no âmbito do pagamento indireto, instituto protetivo do devedor, que não é compelido a entregar um bem por valor vil ao solver sua dívida, mas, respeitando sua vontade e desde que o credor concorde, o bem é entregue pelo valor tratado entre as partes.

Posta assim a questão, para que se ultime a dação em pagamento, mister se faz que haja concordância do credor tendo em vista que este, no caso de obrigação de dar coisa certa, não pode ser compelido a receber outra coisa ainda que mais valiosa (Código Civil, art. 313).

Nesse sentido, existe a regra do art. 356 do Código Civil, determinando que o credor pode consentir em receber coisa diversa da que lhe é devida.

A dação em pagamento se assemelha à cessão de crédito quando tem por escopo transferir direitos creditórios (Código Civil, art. 358) e com a compra e venda no caso de objeto corpóreo.

O próprio Código Civil preceitua que, determinado o preço da coisa a ser dada em pagamento, as relações entre as partes regular-se-ão pelas normas do contrato de compra e venda (Código Civil, art. 357).

Nessa medida, o § 8º do art. 26 da Lei 9.514/1997 permite ao devedor (fiduciante), com a anuência do fiduciário, dar seu direito eventual ao imóvel em pagamento da dívida, dispensados os procedimentos previstos no art. 27.

Em outras palavras, a lei especial que regula a alienação fiduciária de bem imóvel expressamente permite a dação em pagamento, inclusive com a transferência da posse do imóvel para que o devedor, se assim achar conveniente e o credor concordar, extinga a dívida.

Aliás, a previsão específica seria até desnecessária por conta das normas contidas no Código Civil.

Todavia, em que pese a singeleza da previsão, o fato é que o foro está repleto de ações mediante as quais os devedores, depois de extinguirem a dívida dando em pagamento os direitos sobre o contrato referente ao imóvel que antes servia de garantia, discutem a entrega por preço vil, requerendo compensação monetária pela diferença existente entre a dívida quitada e o valor do imóvel, notadamente quando este supera, em muito, o valor daquela.

Argumenta-se ainda que, se o imóvel fosse a leilão, ao devedor seria restituído aquilo que sobejasse do valor da dívida de acordo com a previsão insculpida no § 4º do art. 27 da Lei 9.514/1997, segundo o qual: "Nos cinco dias que se seguirem à venda do imóvel no leilão, o credor entregará ao devedor a importância que sobejar, considerando-se nela compreendido o valor da indenização de benfeitorias, depois de deduzidos os valores da dívida e das despesas e encargos de que tratam os §§ 2º e 3º, fato esse que importará em recíproca quitação, não se aplicando o disposto na parte final do art. 516 do Código Civil".[45]

Em outras palavras, em caso de leilão, seria restituída ao credor a eventual diferença entre o valor da dívida, encargos e demais despesas decorrentes do leilão e o valor do imóvel, de tal sorte que os devedores argumentam que a dação por valor inferior àquele atribuído ao imóvel lhes causa prejuízo e, nessa exata medida, deve ser recomposto.

Nesse momento, é preciso lembrar que a alteração empreendida na Lei 9.514/1997 pela Lei 14.711/2023 exige que a venda seja feita, pelo menos, pelo valor da metade do *valor de avaliação do imóvel constante do contrato* (Lei 9.514/1997, art. 27, § 2º).

12.10.2.1. Enriquecimento sem causa, lesão e afronta à boa-fé

Na Apelação Cível 0026324-96.2015.8.26.0100, proveniente do Tribunal de Justiça de São Paulo, a dação em pagamento por valor muito inferior à avaliação do bem foi anulada em razão da reconhecida lesão (Código Civil, art. 157 – vício do consentimento), afronta à boa-fé objetiva, à função social do contrato (Código Civil, arts. 421 e 422) e conseguinte apuração de onerosidade excessiva (Código Civil, art. 480).

Nessa medida, a solução dada representou determinar ao credor, que já havia recebido o bem, a sua alienação pelo valor de mercado, restituindo ao devedor a diferença entre este e o valor da dívida atualizado:

Apelação – Ação anulatória de negócio jurídico, cumulada com pedido liminar de antecipação de tutela – Improcedência – Preliminar de cerceamento de defesa afastada – Dação em pagamento de bens imóveis que foram objeto de garantia de alienação fiduciária, para liquidação da dívida existente perante o banco,

---

[45] Do CC de 1916, segundo o qual: "Art. 516. O possuidor de boa-fé tem direito a indenização das benfeitorias necessárias e úteis, bem como, quanto as voluptuárias, se lhe não forem pagas, ao de levanta-las, quando o puder sem detrimento da coisa. Pelo valor das benfeitorias necessárias e úteis, poderá exercer o direito de retenção." O Código Civil de 2002 tem dispositivo semelhante, aplicável à espécie: Art. 1.219. O possuidor de boa-fé tem direito à indenização das benfeitorias necessárias e úteis, bem como, quanto às voluptuárias, se não lhe forem pagas, a levantá-las, quando o puder sem detrimento da coisa, e poderá exercer o direito de retenção pelo valor das benfeitorias necessárias e úteis.

com a locação destes bens às demandantes – Alegação de nulidade dos contratos, por simulação e vedação ao pacto comissório – Descabimento – Hipótese não configurada – Validade, em princípio, destes contratos, por estarem de conformidade com o art. 1.365, § único, do Código Civil e art. 26, § 8º, da Lei 9.514/1997 – Valor de mercado dos bens dados em pagamento, em que se situa o parque industrial das autoras, porém, que pode superar em muito o valor da dívida dada por liquidada – Ocorrência de lesão e de enriquecimento sem causa do réu evidenciada – Arts. 157, 421 e 422 do Código Civil – Cabimento da revisão postulada pelas autoras (art. 480 do Código Civil) para determinar ao banco que promova a venda destes imóveis, pelo valor de mercado, restituindo às demandantes o que sobejar à dívida liquidada pela dação, devendo ser constituído para tanto um fundo de investimento imobiliário, integralizado por tais imóveis – Ação que deve ser julgada parcialmente procedente – Recurso das autoras provido em parte. (TJSP; Apelação Cível 0026324-96.2015.8.26.0100; Rel. Des. Thiago de Siqueira; 14ª Câmara de Direito Privado; Foro Central Cível – 37ª Vara Cível; j. 25.10.2017; Data de Registro: 26.10.2017)

Também se discutiu, nesse processo, a vedação, de resto tradicional entre nós, de vedação do pacto comissório, ou seja, a autorização para que o credor fique com o objeto da garantia.

Na fundamentação, o relator, Desembargador Thiago de Siqueira sustentou que "Não prospera, também a alegação da existência de pacto comissório no caso vertente, pois não se verifica qualquer irregularidade no negócio jurídico entabulado, com cláusulas determinadas que em nada se assemelham com o aludido pacto, uma vez que no caso em análise as apelantes ofereceram por meio de alienação fiduciária os imóveis como garantia do pagamento da dívida contraída, vale dizer, houve garantia real espontaneamente oferecida e não pacto comissório, razão pela qual inaplicável a disposição do art. 1.428 do Código Civil".

Notadamente, o aresto fundamentou-se nos termos do art. 1.365, parágrafo único, do Código Civil, segundo o qual "o devedor pode, com a anuência do credor, dar seu direito eventual à coisa em pagamento da dívida, após o vencimento desta" e, igualmente, no permissivo do art. 26, § 8º, da Lei 9.514/1997.

Não se considerou, portanto, qualquer mácula no negócio jurídico entabulado na sua forma, não havendo falar, em razão de expressa previsão legal da dação, em simulação, nem, por essa razão, nulidade do respectivo instrumento.

Resta saber se a dação só seria admitida, dentro desse contexto, se o valor da dação corresponder ao valor de mercado.

O julgado do Tribunal de Justiça de São Paulo, ora em análise, entendeu que sim, e o fez nos seguintes termos: "é de se verificar que a execução da garantia da alienação fiduciária, nos termos da Lei 9.514/1997, seria mais benéfica às demandantes, por prever a entrega ao devedor fiduciante a importância que sobejar, uma vez promovida a venda do imóvel em leilão (art. 27, § 4º). É forçoso reconhecer, por tais razões, o caráter lesivo desta dação em pagamento firmada pelas autoras, por dizer respeito a bens que superariam em muito o valor da dívida que visou a quitar, configurando, assim, a ocorrência de lesão, de conformidade com o previsto no art. 157 do Código Civil, que assim dispõe: "Ocorre a lesão quando uma pessoa, sob premente necessidade, ou por inexperiência, se obriga a prestação manifestamente desproporcional ao valor da prestação oposta".

Houve reconhecimento da premente necessidade da pessoa jurídica com o seguinte argumento: A dação em pagamento aqui versada foi firmada pelas autoras sob premente necessidade, dado ao vulto da dívida existente perante o banco e a necessidade de permanecerem na posse dos bens nela versados. Também por isso, evidencia-se no caso a violação aos princípios da função social do contrato e da boa-fé, consoante previsto nos arts. 421 e 422 do Código Civil, implicando, ainda, enriquecimento sem causa ao réu (art. 884 do Código Civil). Tais princípios impõem deveres aos contratantes, como o de informar e de cooperar para que a relação não seja fonte de prejuízo para outra parte contratante, agindo, assim, com lealdade e honestidade, sendo vedado o abuso de direito.

Concluiu-se pela revisão do negócio jurídico de dação nos termos do art. 480 do Código Civil, determinando-se, então, a obrigação de o credor promover a alienação do imóvel recebido a terceiros pelo valor de mercado, restituindo à empresa devedora o que sobejar à dívida.

12.10.2.2. Legalidade da dação em pagamento ainda que o valor do imóvel suplante o valor da dívida

Outra forma de encarar o assunto se dá pela simples aplicação da distinção constante na Lei 9.514/1997.

Isso porque, embora o § 4º do art. 27 da Lei 9.514/1997 determine, em caso de leilão, que se restitua ao devedor o valor que sobejar decorrente da diferença do valor do imóvel apurado no leilão e o valor da dívida (desde que no leilão o valor seja superior à metade do valor de avaliação do imóvel – § 2º do art. 27 da Lei 9.514/1997), o fato é que a aplicação desse dispositivo legal depende do leilão, não dizendo respeito à possibilidade distinta de solução da dívida por dação em pagamento insculpida no § 8º do art. 26 da Lei 9.514/1997.

Nesse sentido:

> *Agravo interno. Agravo em Recurso Especial. Alienação fiduciária. Imóvel. Dação em pagamento. Art. 26, § 8º, da Lei n. 9.514/1997. Diferença entre o valor do débito e o valor de mercado do imóvel. Enriquecimento sem causa. Aplicação da Súmula 7 do STJ. 1. Conforme expressamente prevê o § 8º do artigo 26 da Lei n. 9.514/1997, caso efetuada a dação em pagamento, fica afastada a aplicação do § 4º do art. 27 da Lei n. 9.514/1997. 2. A adoção de entendimento diverso por esta Corte quanto ao alegado enriquecimento sem causa, como propugnado, demandaria reexame do conjunto fático-probatório dos autos, o que é vedado pela Súmula 7/STJ. 3. Agravo interno a que se nega provimento. (AgInt no AREsp 1095235/DF, Rel. Min. Maria Isabel Gallotti, 4ª Turma, j. 28.11.2017, DJe 04.12.2017)*

A descrição do fato constante do acórdão esclarece a controvérsia: "O agravante sustenta que 'apesar de o dispositivo constante do § 8º, do art. 26 da Lei n. 9.514/1997 realmente dispensar a realização dos procedimentos previstos no art. 27, não há no aludido estatuto a permissividade para o credor não entregar ao devedor a diferença havida entre o valor de venda do bem e a dívida consolidada, sob pena de positivar-se o enriquecimento indevido de uma das partes em detrimento da outra' (fls. 509/510). Afirma que o valor do imóvel (R$ 110.000,00 – cento e dez mil reais) é bem superior ao da dívida reconhecida (R$ 72.106,15 – setenta e dois mil, cento e seis reais e quinze centavos), o que caracteriza o enriquecimento ilícito do credor e enseja a devolução requerida. Aponta a desnecessidade de reexame de provas e que foi acolhida pretensão idêntica, com reconhecimento de existência de enriquecimento ilícito, no julgamento singular efetuado pelo Ministro Paulo de Tarso Sanseverino no AREsp 805.578/MS".

A relatora fundamentou o aresto na distinção decorrente da Lei 9.514/1997 visto que, no caso de inadimplemento do contrato de alienação fiduciária em garantia de bens imóveis, a quitação da dívida observa o disposto na lei especial, notadamente os arts. 26 e 27 da Lei 9.514/1997.

Reconheceu o aresto que, de fato, no caso de leilão, o credor deve entregar "o saldo que sobejar ao valor da dívida e despesas com a alienação do bem no leilão, na forma do § 4º do art. 27 da Lei 9.514/1997".

Todavia, essa compensação ao credor não existe no caso de o devedor optar pela dação em pagamento prevista no § 8º do art. 26 da Lei 9.514/1997.

Segundo fundamentou, são situações distintas.

Assim sendo, concluiu que, no caso de o devedor optar pela dação em pagamento, "não há falar-se em devolução de valor ao autor em razão da aplicação do § 4º do art. 27 da Lei 9.514/1997, expressamente excluída pelo texto da legislação federal."

Justificou, ainda, que "a dação em pagamento possibilita ao credor avaliar a conveniência ou não de receber o bem no lugar da obrigação devida e também assegura ao devedor a quitação da dívida."

Confira-se, a propósito, o seguinte precedente:

Recurso Especial – Ação monitória – Fiança e aval – Distinção – O primeiro tem natureza cambial e o segundo de direito comum – Dação em pagamento – Origem – Recebimento de coisa distinta da anteriormente avençada – Acordo entre credor e devedor – Requisitos – Existência de obrigação prévia – Acordo posterior com anuência do credor – Entrega efetiva de coisa diversa – Exigência de anuência expressa do credor – Segurança jurídica – Ausência de demonstração, na espécie – Incidência da Súmula 7/STJ – Recurso Especial Improvido. (...) II – A origem do instituto da dação em pagamento (datio in solutum ou pro soluto) traduz a ideia de acordo, realizado entre o credor e o devedor, cujo caráter é liberar a obrigação, em que o credor consente na entrega de coisa diversa da avençada, nos termos do que dispõe o art. 356, do Código Civil; III – Para configuração da dação em pagamento, exige-se uma obrigação previamente criada; um acordo posterior, em que o credor concorda em aceitar coisa diversa daquela anteriormente contratada e, por fim, a entrega da coisa distinta com a finalidade de extinguir a obrigação; IV – A exigência de anuência expressa do credor, para fins de dação em pagamento, traduz, ultima ratio, garantia de segurança jurídica para os envolvidos no negócio jurídico, porque, de um lado, dá ao credor a possibilidade de avaliar, a conveniência ou não, de receber bem diverso do que originalmente contratado. E, por outro lado, assegura ao devedor, mediante recibo, nos termos do que dispõe o art. 320 do Código Civil, a quitação da dívida; V – Na espécie, o recorrente não demonstrou, efetivamente, a anuência expressa do credor para fins de comprovação da existência de dação em pagamento, o que enseja a vedação de exame de tal circunstância, nesta Corte Superior, por óbice da Súmula 7/STJ; VI – Recurso especial improvido. (REsp 1138993/SP, Rel. Min. Massami Uyeda, 3ª Turma, DJe 16.03.2011)

12.10.2.3. A necessidade de preservar a vontade das partes

Em que pese os questionamentos normalmente levados a efeito pelos devedores, certo é que a Lei 9.514/1997 expressamente prevê a possibilidade de dação em pagamento.

E o faz para proteger o devedor.

Explico: a possibilidade prevista na lei especial permite ao fiduciante devedor quitar sua dívida sem necessidade de venda por meio do leilão.

Na prática é sabido que esses leilões normalmente não atingem o valor de mercado e frequentemente apontam para valores muito inferiores, desde que superiores ao valor da metade do valor de avaliação atualizado constante do contrato (art. 27, § 2º, da Lei 9.514/1997).

Considerando que a Lei 9.514/1997 permite que o segundo leilão seja levado a efeito pelo valor da dívida, desde que superior à metade do valor atualizado do imóvel dado em garantia constante do contrato, me parece que a dação é, em regra, acima desse patamar mínimo, benéfica ao fiduciante.

Ora, se o fiduciante consentir em dar seu imóvel com a concordância do credor, assume este todos os riscos e custos existentes, tais como conservação do imóvel, condomínios, comissões pela venda, impostos e o próprio risco do valor que apurará pela venda futura.

E nesses casos – de dação – não há falar em diferença a ser devolvida ao fiduciante com a venda posterior do imóvel caso não tenha havido previsão nesse sentido no instrumento de dação em pagamento celebrado entre as partes: *pacta sunt servanda.*

É evidente que os vícios do consentimento podem se manifestar, maculando o negócio jurídico, mas devem ser encarados como são: defeitos do negócio, e não direito subjetivo atribuído ao devedor de, sempre, em qualquer circunstância, procurar a jurisdição como se tivesse direito subjetivo de receber eventual diferença entre o valor do imóvel e o valor da sua dívida.

Não se olvida, nessas conclusões, a vetusta lição de Pontes de Miranda, para quem "não há autonomia absoluta ou ilimitada de vontade; a vontade tem sempre limites, e a alusão à autonomia é alusão ao que se pode querer dentro desses limites".[46]

Todavia, o pleito de desconstituição do negócio jurídico de dação em pagamento livremente aceito pelo fiduciante e previsto no § 8º do art. 26 da Lei 9.514/1997, fundado, apenas, em eventual diferença entre os valores do bem e da dívida sem que haja, claramente, demonstração de que foi dado por valor inferior à metade da sua avaliação estipulada no instrumento de constituição da alienação fiduciária ou que tenha havido defeito do negócio, considerando, ainda, o princípio da boa-fé objetiva, implica comportamento contraditório (*venire contra factum proprium*), além de evidenciar má-fé do fiduciante devedor que concordou em dar seu imóvel porque lhe pareceu conveniente naquele momento.

Poderia esperar o leilão para saber se algo lhe caberia.

Assim, se preferiu a dação, não poderá reclamar, depois, diferenças, pois nenhum direito mais lhe ampara nesse sentido.

A dação em pagamento se insere no contexto do pagamento indireto na teoria geral das obrigações.

Todavia, pela sua natureza consensual, se aproxima do negócio jurídico contratual e o contrato se subsume aos princípios do *pacta sunt servanda*, da função social e da boa-fé objetiva entre tantos outros.

É lição velha do Direito Civil: o contrato faz lei entre as partes e, pelo princípio da boa-fé objetiva, de onde se extrai a vedação ao comportamento contraditório (*venire contra factum proprium*), não se permite conduta contrária ao que foi anteriormente convencionado.

Sobre o princípio da obrigatoriedade das convenções, ensina Silvio Rodrigues: "O princípio da força vinculante das convenções consagra a ideia de que o contrato, uma vez obedecidos os requisitos legais, se torna obrigatório entre as partes, que dele não se podem desligar por outra avença, em tal sentido, isto é o contrato vai constituir uma espécie de lei privada entre as partes, adquirindo força vinculante igual a do preceito legislativo, pois vem munido de uma sanção que decorre da norma legal, representada pela possibilidade de execução patrimonial do devedor. *Pacta sunt servanda*".[47]

Ainda sobre o princípio da obrigatoriedade dos pactos, eis o que pensa Flávio Tartuce: "Pela máxima *venire contra factum proprium non potest*, determinada pessoa não pode exercer um direito próprio contrariando um comportamento anterior, devendo ser mantida a confiança e o dever de lealdade decorrentes da boa-fé objetiva, depositada quando da formação do contrato. O conceito mantém relação com a tese dos atos próprios, muito bem explorada no Direito Espanhol por Luis Díez-Picazo... Para Anderson Schreiber, que desenvolveu trabalho específico sobre o tema, podem ser apontados quatro pressupostos para aplicação da proibição do comportamento contraditório: a) um fato próprio, uma conduta inicial; b) a legítima confiança de outrem na conservação do sentido objetivo dessa conduta; c) um comportamento contraditório com este sentido objetivo; d) um dano ou um potencial de dano decorrente da contradição (A proibição..., Tutela..., 2005, p. 124). A relação com o respeito à confiança depositada, um dos deveres anexos à boa-fé objetiva, é, portanto, muito clara. A importância da máxima *venire contra factum proprium* com conceito correlato à boa-fé objetiva foi reconhecida quando da IV Jornada de Direito Civil, com a aprovação do Enunciado n. 362 do Conselho da Justiça Federal, segundo o qual 'A vedação do comportamento

---

[46] Pontes de Miranda. *Tratado de direito privado*. 2ª ed., t. XXXVIII. Rio de Janeiro: Borsoi, 1962, p. 47.
[47] Silvio Rodrigues. *Direito civil*. vol. 3. São Paulo: Saraiva, 1986, p. 18.

contraditório (*venire contra factum proprium*) funda-se na proteção da confiança, como se extrai dos arts. 187 e 422 do Código Civil".[48]

Por fim, ainda que em situações excepcionalíssimas seja possível o reconhecimento de enriquecimento sem causa em razão de exacerbada discrepância entre o débito e o valor do bem dado em pagamento, fator aliado à indispensável presença de vício do consentimento, a própria decisão proferida pelo STJ no AREsp 805.578/MS concluiu que, "para se elidir as conclusões do aresto impugnado, quanto ao vício no negócio entabulado e o consequente enriquecimento sem causa, necessário o revolvimento do conjunto fático-probatório dos autos, providência vedada nesta sede especial a teor da Súmula 07/STJ".[49]

12.11. MODELO DE AÇÃO DE REINTEGRAÇÃO DE POSSE APÓS A CONSOLIDAÇÃO DA PROPRIEDADE

Exmo(a) Sr. Dr. Juiz(a) de Direito da ___Vara Cível do (...) da Comarca de (...)

(...), vem, respeitosamente, perante Vossa Excelência, por intermédio dos seus advogados (procuração anexa – documento 1), propor, em face de (...), a presente

Ação de reintegração de posse

O que faz com supedâneo no art. 30 da Lei 9.514/1997, e nos argumentos de fato e de direito a seguir aduzidos:

I – Fatos

Por contrato de compra e venda com pacto de alienação fiduciária, a autora se tornou credora do réu pelas importâncias mencionadas no referido instrumento (documento 2).

Em razão do inadimplemento das obrigações assumidas pelo réu, a autora providenciou sua constituição em mora, nos termos do art. 26 da Lei 9.514/1997, e, ausente a purgação da mora, restou a consolidação da propriedade como se vê na cópia da matrícula anexa (documento 3).

Com a consolidação da propriedade em seu nome e realizados os leilões nos termos do art. 26 da Lei 9.514/1997 (atas dos leilões – documento 4), a fiduciária (credora), ora autora, adjudicou o imóvel objeto da vertente refrega, conforme prova a cópia da matrícula anexa (documento 3).

Certo é que, em razão da consolidação e da realização dos leilões, tendo em vista a posse indireta mantida pela autora por força do art. 23 da Lei 9.514/1997, o réu deveria ter restituído a posse direta, o que não fez.

Em consonância com o acatado, a teor do art. 37-A da Lei 9.514/1997, que disciplina especialmente a matéria, é obrigação do réu desocupar o imóvel no momento do leilão, o que se afirma na exata medida em que, se assim não proceder – como de fato não procedeu no caso concreto – deve pagar 1% do valor do imóvel corrigido (estipulado no contrato – documento 2) pela indevida ocupação:

Art. 37-A. O fiduciante pagará ao credor fiduciário, ou a quem vier a sucedê-lo, a título de taxa de ocupação do imóvel, por mês ou fração, valor correspondente a 1% (um por cento) do valor a que se refere o inciso VI ou o parágrafo único do art. 24 desta Lei, computado e exigível desde a data da consolidação da propriedade fiduciária no patrimônio do credor fiduciante até a data em que este, ou seus sucessores, vier a ser imitido na posse do imóvel. (Redação dada pela Lei 13.465, de 2017).

Posta desta maneira a questão e baldos os esforços da autora para obter a posse amigavelmente, não restou alternativa senão a propositura da presente ação de reintegração de posse, cuja liminar, prevista na lei especial, é medida que se impõe.

---

[48] Flávio Tartuce. *Direito Civil*. Contatos em espécie. 9ª ed., Rio de Janeiro: Forense: 2014, v. 3, p. 119-121.

[49] Em igual sentido: Agravo em Recurso Especial 805.578 – MS (2015/0274096-7). Rel. Min. Paulo de Tarso Sanseverino.

II – Direito

Nos termos do art. 30 da Lei 9.514/1997:

Art. 30. É assegurada ao fiduciário, ao seu cessionário ou aos seus sucessores, inclusive ao adquirente do imóvel por força do leilão público de que tratam os arts. 26-A, 27 e 27-A, a reintegração na posse do imóvel, que será concedida liminarmente, para desocupação no prazo de 60 (sessenta) dias, desde que comprovada a consolidação da propriedade em seu nome, na forma prevista no art. 26 desta Lei.)

Portanto, é cristalino o comando legal e, com o inadimplemento e consequente consolidação da propriedade em nome da fiduciária, ora autora, ou de quem tenha adquirido o bem pelo leilão, faculta-se a qualquer dessas pessoas requerer a reintegração liminar da posse do bem alienado fiduciariamente com prazo de sessenta dias para desocupação.

É neste sentido a remansosa jurisprudência do Tribunal Bandeirante:

Tribunal de Justiça de São Paulo. Alienação Fiduciária – Bem imóvel – Inadimplemento da devedora fiduciante – Consolidação da propriedade imóvel em nome do credor fiduciário, nos termos do artigo 26 da Lei 9.514/1997. Não restituição do imóvel. Esbulho configurado. Ajuizamento de ação de reintegração de posse. Concessão de liminar. Propositura de ação indenizatória em que se busca a restituição dos valores pagos, que não obsta a imediata reintegração de posse. Inexistência de prejudicialidade. Direito de retenção do imóvel até a eventual restituição dos valores pagos. Inocorrência. Sentença confirmada. Recurso Improvido (9058248-30.2005.8.26.0000, Apelação, Rel. Walter Zeni, São Paulo, 32ª Câmara de Direito Privado, j. 17.03.2011, Data de registro: 17.03.2011 – Outros números: 1015262400).

Tribunal de Justiça de São Paulo. Reintegração de posse – Alienação fiduciária de imóvel – Mora do fiduciante regularmente notificado – Purgação não ocorrente – Consolidação da propriedade fiduciária – Pedido do fiduciário de sua reintegração na posse do imóvel – Indeferimento – Decisão fundada na falta de prova de posse anterior. Inadmissibilidade – Matéria que não se rege pelas disposições do Cód. de. Proc. Civil, mas por lei especial – Decisão reformada – Recurso provido. 1. Com a constituição da propriedade fiduciária, decorrente do registro do contrato, o fiduciário torna-se possuidor indireto. 2. Pode o credor fiduciário, não paga a dívida e constituído o fiduciante em mora, obter a consolidação da propriedade em seu nome e reintegrar-se na posse do imóvel, liminarmente (0334966-04.2009.8.26.0000, Agravo de Instrumento, Rel. Reinaldo Caldas, São Paulo, 29ª Câmara de Direito Privado, j. 09.02.2011, Data de registro: 17.02.2011 – Outros números: 990093349663).

Neste julgado, asseverou o relator:

A espécie é disciplinada pela Lei 9.514/1997, cujo artigo 23 estabelece:

"Artigo 23. Constitui-se a propriedade fiduciária de coisa imóvel mediante registro, no competente Registro de Imóveis, do contrato que lhe serve de título".

Acrescenta o parágrafo único:

"Parágrafo único. Com a constituição da propriedade fiduciária, dá-se o desdobramento da posse, tornando-se o fiduciante possuidor direto e o fiduciário possuidor indireto da coisa".

Como se vê, o autor, com o registro da propriedade fiduciária, tornou-se possuidor indireto do bem.

(...)

Finalmente, o artigo 30 da lei de regência estatui:

Artigo 30. "É assegurada ao fiduciário... ('omissis') a reintegração de posse do imóvel, que será concedida liminarmente para desocupação em sessenta dias, desde que comprovada, na forma do disposto no art. 26, a consolidação da propriedade em seu nome".

Relevante é que a consolidação da propriedade, nos termos da disciplina referida, confere ao fiduciário, com título registrado e averbado, como na espécie, o direito à liminar de reintegração de posse.

Tais razões se aplicam integralmente ao presente caso.

Posta assim a questão, a autora não só faz jus à reintegração liminar da posse, para desocupação pelo réu no prazo de sessenta dias, como, igualmente, à indenização pela indevida ocupação do bem à taxa de 1% do valor do imóvel estipulado no contrato (R$ XXXXX – cláusula XXX do contrato – documento 2), desde a data da consolidação (xx/xx/xxxx – documento 4), até a data da efetiva desocupação do imóvel.

a) Posse

Certo é, Excelência, que o primeiro requisito para o aforamento de ação de reintegração é a prova da posse (art. 575, I, do CPC).

Nesse sentido, resta inequivocamente provada a posse indireta do imóvel, pela autora, em virtude do contrato de alienação fiduciária regido pela Lei 9.514/1997, além da própria certidão da matrícula do imóvel. Anote-se, neste sentido, o teor do art. 23 da Lei de Regência:

> *Artigo 23. Constitui-se a propriedade fiduciária de coisa imóvel mediante registro, no competente Registro de Imóveis, do contrato que lhe serve de título.*
>
> *Parágrafo único. **Com a constituição da propriedade fiduciária**, dá-se o desdobramento da posse, tornando-se o fiduciante possuidor direto e o **fiduciário possuidor indireto da coisa**.*

Portanto, o contrato de alienação fiduciária registrado atribuiu à fiduciante (credora) ora autora, a qualidade de possuidora indireta.

b) Do esbulho e sua data – Perda da posse

O segundo requisito para a ação é o esbulho praticado pelo réu e sua data, tudo nos termos do artigo 927, incisos II, a IV do mesmo Diploma Legal.

O *"esbulho da posse é o acto em que o possuidor é privado da posse, violentamente, clandestinamente ou com abuso de confiança".*[50]

Com efeito, o autor foi esbulhado da posse com abuso de confiança pelo réu que, obrigado por lei a restituir o imóvel após o leilão, deixou de fazê-lo.

Ensina Carlos Roberto Gonçalves:

> *A precariedade difere dos vícios da violência e da clandestinidade quanto ao momento de seu surgimento. Enquanto os fatos que caracterizam estas ocorrem no momento da aquisição da posse, aquela somente origina-se de atos posteriores, ou seja, a partir do instante em que o possuidor direto recusa-se a obedecer a ordem de restituição do bem ao possuidor indireto. A concessão da posse precária é perfeitamente lícita. Enquanto não chegado o momento de devolver a coisa, o possuidor tem posse justa. O vício manifesta-se quando fica caracterizado o abuso de confiança. No instante em que se recusa a restituí-la, sua posse torna-se viciada e injusta, passando à condição de esbulhador.*[51]

É preciso observar, todavia, que o requisito do prazo, em razão da especialidade do procedimento determinado pela Lei 9.514/1997, sequer seria necessário.

Em outras palavras, está consolidado o entendimento segundo o qual não se aplicam as regras do Código de Processo Civil para regular os requisitos da ação de reintegração de posse ora requerida, em razão de a matéria ser regulada por lei especial (Lei da Alienação Fiduciária de Bem Imóvel).

Esta é a lição de Marcelo Terra:

> *Recordo que, pelo teor do inciso V, do art. 24, o devedor (fiduciante) somente poderá utilizar livremente do imóvel enquanto for adimplente; assim, a partir do não pagamento de qualquer das parcelas ou do não cumprimento de uma obrigação acessória, o devedor (fiduciante) é esbulhador da posse, justificando-se a reintegração.*

A ação de reintegração de posse pode anteceder, até mesmo, a realização do leilão, bastando que se observe o único requisito legal (= pressuposto processual), que é a consolidação plena da propriedade na pessoa do credor (fiduciário).[52]

Em suma, de acordo com o art. 30 da Lei 9.514/1997, o único requisito legal para obtenção da liminar é a regular consolidação da propriedade nas mãos do credor (fiduciário):

> *É assegurado ao Fiduciário, seu cessionário ou sucessores, inclusive o adquirente do imóvel por força do público leilão de que tratam os §§ 1º e 2º do art. 27, a reintegração na posse do imóvel, que será concedida liminarmente, para desocupação em sessenta dias, desde que comprovada, na forma do disposto no art. 26, a consolidação da propriedade em seu nome.*

---

[50] Clóvis Bevilacqua, C.C. dos EE. UU. do Brazil, Rio de Janeiro: Francisco Alves, 1917, III/25.

[51] Carlos Roberto Gonçalves, *Direito das Coisas*, São Paulo: Saraiva, 1997, p. 15.

[52] Marcelo Terra. Ob. cit., p. 51.

Neste sentido, os seguintes julgados:

Alienação fiduciária – bem imóvel – reintegração de posse – liminar – consolidação da propriedade (artigos 26 e 30 da Lei 9.514/1997) – Constitucionalidade – Reconhecimento. Observando-se, com rigor, os artigos 22 a 30 da Lei 9.514/1997 e consolidada a propriedade fiduciária em nome do credor, assegura-lhe a lei o direito à concessão liminar da reintegração de posse do imóvel, que deverá ser desocupado no prazo de sessenta dias. A previsão de leilão extrajudicial e consolidação da propriedade fiduciária em nome do credor por ato do registrador imobiliário não afronta a Constituição Federal, já que o acesso ao Judiciário, a ampla defesa e o contraditório continuam assegurados ao devedor que se sentir prejudicado (AI 880.879-00/2, 5ª Câm., Rel. Des. Pereira Calças, j. 27.01.2005).

Alienação fiduciária – bem imóvel – reintegração de posse – liminar – requisitos – preenchimento – cabimento – aplicação do artigo 30, da Lei 9.514/1997. Preenchidos os requisitos dos artigos 26 e 27 da Lei 9.514/1997, de rigor a concessão da medida prevista no artigo 30 que assegura ao fiduciário, seu cessionário ou sucessores, a reintegração na posse do imóvel, a ser concedida liminarmente, para desocupação em sessenta dias, ante a comprovação da consolidação da propriedade em nome do fiduciário (AI 838.548-00/3, 11ª Câm., Rel. Juiz Clóvis Castelo, j. 15.03.2004). No mesmo sentido: AI 804.503-00/0, 9ª Câm., Rel. Juiz Gil Coelho, j. 06.08.2003, AI 834.999-00/6, 8ª Câm., Rel. Juiz Antônio Carlos Villen, j. 11.03.2004, AI 821.157-00/0, 5ª Câm., Rel. Juiz Pereira Calças, j. 28.04.2004, AI 854.806-00/3, 3ª Câm., Rel. Juiz Ferraz Felisardo, j. 08.06.2004, AI 849.421-00/7, 11ª Câm., Rel. Juiz Mendes Gomes, j. 21.06.2004, AI 857.922-00/2, 7ª Câm., Rel. Juíza Regina Capistrano, j. 03.08.2004.

Alienação fiduciária – bem imóvel – reintegração de posse – liminar – requisitos – preenchimento – cabimento – aplicação do artigo 30, da Lei 9.514/1997. Preenchidos os requisitos dos artigos 26 e 27 da Lei 9.514/1997, de rigor a concessão da medida prevista no artigo 30, que dispõe ser "assegurada ao fiduciário, seu cessionário ou sucessores, inclusive o adquirente do imóvel por força do público leilão de que tratam os §§ 1º e 2º do artigo 27, a reintegração na posse do imóvel, que será concedida liminarmente, para desocupação em sessenta dias desde que comprovada, na forma do disposto no artigo 26, a consolidação da propriedade em seu nome (AI 804.503-00/0, 9ª Câm., Rel. Juiz Gil Coelho, j. 06.08.2003).

Mesmo que assim não fosse, é sobremodo importante assinalar que a data do esbulho, ocorrido no dia da consolidação da propriedade (em XX/XXX/XXXX – documento 4), momento em que a posse deveria ser restituída posto que é o termo inicial para contagem do aluguel pena, concede larga margem para o termo final de ano e dia impeditivo da concessão de liminar, nos termos do artigo 558 do Código de Processo Civil, caso fosse aplicável.

III – Pedido

Diante de todo o exposto, serve a presente para requerer digne-se Vossa Excelência de:

a) acorde com o mandamento insculpido no art. 562, primeira parte, do Código de Processo Civil, provados os requisitos e estando a presente exordial devidamente instruída, determinar seja expedido mandado, concedida liminarmente, *inaudita altera parte*, a reintegração de posse do imóvel;

b) ao final, julgar procedente a presente ação, tornando definitiva a reintegração de posse, com a condenação do réu no pagamento das perdas e danos consubstanciadas nos alugueres de 1% do valor do contrato, por mês de ocupação, nos termos do art. 37-A da Lei 9.514/1997, pelo período em que permanecer no imóvel após a consolidação ocorrida no dia XX/XX/XXXX (documento 4), além das custas, honorários de advogado que Vossa Excelência houver por bem arbitrar e demais ônus de sucumbência;

Sucessivamente, caso Vossa Excelência entenda necessária a audiência de justificação nos termos da segunda parte do artigo 562, requer a autora a sua procedência (CPC, art. 565), com a consequente expedição de mandado de reintegração de posse, julgando Vossa Excelência, ao final, procedente a ação, tornando definitiva a reintegração de posse deferida com a condenação do réu no pagamento das perdas e danos consubstanciadas nos alugueres de 1% do valor do contrato, por mês de ocupação, nos termos do art. 37-A da Lei 9.514/1997, pelo período em que permanecer no imóvel após a consolidação ocorrida no dia XX/XX/XXXX (documento 4), além de custas, honorários de advogado e demais ônus de sucumbência.

Ainda em ordem sucessiva, caso Vossa Excelência não conceda liminarmente, e, tampouco, após a justificação, a reintegração de posse pretendida, o que se admite somente por hipótese, requer a autora a procedência da presente ação com a consequente expedição do mandado reintegratório da posse, condenado o réu no pagamento das perdas e danos consubstanciadas nos alugueres de 1% do valor do contrato, por mês de ocupação, nos termos do art. 37-A da Lei 9.514/1997, pelo período em que permanecer no imóvel após a consolidação ocorrida no dia XX/XX/XXXX (documento 4), além das custas, honorários de advogado e demais ônus de sucumbência.

IV – Citação

Nos termos do art. 246 do CPC, requer-se a citação do réu por meio eletrônico ou, não havendo cadastro, pelo correio (*ou, ainda, justificando, por Oficial de Justiça, nos termos do § 1º-A, II, do art. 246 do CPC, facultando-se ao Sr. Oficial de Justiça encarregado da diligência proceder nos dias e horários de exceção (CPC, art. 212, § 2º)*), para:

a) querendo, oferecer a defesa que tiver sob pena de confissão e efeitos da revelia (CPC, art. 344);

b) comparecer à audiência de justificação, nos termos do artigo 562, segunda parte, do Código de Processo Civil, caso esta seja designada por Vossa Excelência.

V – Provas

Requer-se provar o alegado por todos os meios de prova em direito admitidos, incluindo perícia, produção de prova documental, testemunhal, inspeção judicial, depoimento pessoal sob pena de confissão caso o réu (ou seu representante) não compareça, ou, comparecendo, se negue a depor (art. 385, § 1º, do Código de Processo Civil), inclusive em eventual audiência de justificação.

VI – Valor da causa

Dá-se à causa o valor de R$ XXXXXX (valor estimativo).

Termos em que,

pede deferimento.

Data

Advogado OAB/SP n. (...)

Acesse o QR Code e faça o *download* do modelo de peça editável

> http://uqr.to/1ye06

ALIENAÇÃO FIDUCIÁRIA – SUSTAÇÃO DE LEILÃO/EXECUÇÃO EXTRAJUDICIAL – PEDIDO DE NULIDADE DA CONSOLIDAÇÃO

13.1. PRINCIPAIS ASPECTOS

a) **Foro competente:** foro do domicílio do réu (art. 46 do Código de Processo Civil). Entretanto, tratando-se de relação de consumo, de acordo com os arts. 6º, VIII, 51, IV, e 101, I, da Lei 8.078/1990, não há como o fornecedor eleger foro distinto daquele do domicílio do consumidor, que prevalece.[1]

b) **Legitimidade ativa:** devedor (fiduciante).

c) **Legitimidade passiva:** credor (fiduciário).

d) **Valor da causa:** valor do débito (CPC, art. 292, II).[2]

---

[1] Nelson Nery Junior e Rosa Maria Andrade Nery, *Código de Processo Civil Comentado*, São Paulo: Revista dos Tribunais, 1997, nota 5 ao art. 51 da Lei 8.078/1990. Roberto Senise Lisboa, *Relação de consumo e proteção jurídica do consumidor*, São Paulo: Juarez de Oliveira, 1999, p. 50. *Tribunal de Justiça de São Paulo. Competência. Indenização. Alegação de defeito em produto adquirido. Fundamento no Código de Defesa do Consumidor. Diploma legal que concede ao autor o privilégio de demandar no foro de seu domicílio. Lei especial, ademais, que se sobrepõe à regra geral do art. 100, IV "a" do Código de Processo Civil [atual art. 53, III, "d"]. Decisão mantida. Recurso não provido. Se os autores deduzem sua pretensão em face do Código de Defesa do Consumidor, com ou sem razão, podem validamente optar pelo foro do domicílio do autor ante a permissão do art. 101, I, desse mesmo diploma legal (Agravo de Instrumento nº 19.851-0, Bauru, Rel. Yussef Cahali, CESP, v.u., 19.01.1995). Tribunal de Justiça de São Paulo. Competência. Ação de cobrança de diferença relativa à indenização securitária. Contrato regido pelo Código de Defesa do Consumidor. Possibilidade do ajuizamento da ação no foro do domicílio do autor (Código de Defesa do Consumidor, art. 100, I). Seguro, demais pactuado nesse foro, noticiando os autos pagamento significativo da indenização securitária nesse local. Competência do Foro onde a obrigação deve ser satisfeita (Código de Processo Civil, art. 100, IV, "d"]. [atual art. 53, III, "d"] (Agravo de Instrumento nº 29.109-0, Rancharia, Câm. Especial, Rel. Luís de Macedo, 11.04.1996, v.u.). Primeiro Tribunal de Alçada Civil de São Paulo. Competência. Foro de eleição. Hipótese de contrato de adesão com cláusula de eleição de foro. Abusividade caracterizada, sendo nula tal cláusula por ofender norma de Direito Público. Art. 51 do Código de Defesa do Consumidor. Inaplicabilidade, ademais, do art. 111 do Código de Processo Civil. Prevalência do foro do domicílio do consumidor. Art. 6º, VIII, do Código de Defesa do Consumidor. Exceção de incompetência desacolhido. Recurso provido para esse fim (Agravo de Instrumento nº 0820102-1, São José dos Campos, 7ª Câmara, 22.09.1998, Rel. Álvares Lobo).*

[2] *Tribunal de Justiça de São Paulo. Valor da causa. Impugnação. Revisão de cláusulas contratuais cumulada com revisional de prestações e do saldo devedor. Causa que deve ter valor correspondente ao do negócio*

e) **Petição inicial:** deverá respeitar os requisitos do art. 319 do Código de Processo Civil.

f) **Procedimento:** comum.

13.2. GENERALIDADES

O art. 30, parágrafo único, da Lei 9.514/1997 está assim redigido:

> *Parágrafo único. Arrematado o imóvel ou consolidada definitivamente a propriedade no caso de frustração dos leilões, as ações judiciais que tenham por objeto controvérsias sobre as estipulações contratuais ou os requisitos procedimentais de cobrança e leilão, excetuada a exigência de notificação do devedor e, se for o caso, do terceiro fiduciante, não obstarão a reintegração de posse de que trata este artigo e serão resolvidas em perdas e danos.*

No caso, é evidente que, levada a efeito a execução extrajudicial, restará inútil a tutela de anulação do procedimento por falhas na comunicação pessoal, tanto para a consolidação quanto para os leilões.

Deveras, a Lei 9.514/1997 exige, no seu § 2º-A do art. 27, comunicação das datas, horários e locais dos leilões ao devedor mediante correspondência dirigida aos endereços constantes do contrato, inclusive ao endereço eletrônico, até para que possa exercer o direito de preferência insculpido no § 2º-B do art. 27 da Lei 9.514/1997.

Outrossim, o devedor pode não ter sido notificado regularmente, como exige a lei, do prazo para purgação da mora antes da consolidação.

Nos termos da Lei 9.514/1997, a intimação poderá ser delegada, pelo oficial de Registro de Imóveis, ao oficial de Registro de Títulos e Documentos.

O art. 26, §§ 3º-A e 3º-B, preveem a intimação pessoal, que é considerada válida se for entregue na portaria dos edifícios, ao funcionário encarregado do recebimento das correspondências, aplicando-se, por analogia, as regras do art. 248, § 4º do CPC; admite-se, ainda, a intimação pessoal por hora certa (art. 26, § 3º-A, da Lei 9.514/1997); por fim, frustradas as intimações pessoais nas modalidades previstas, o credor pode se valer de editais, pelo oficial de Registro de Imóveis.

O que é certo é que, não efetuadas as intimações e notificações, o devedor pode ser desalojado mediante a reintegração de posse prevista no art. 30 da Lei 9.514/1997, sem possibilidade de purgar a mora ou exercer a sua preferência.

---

jurídico. Inadmissibilidade. Discussão que não alcança o contrato por inteiro. Art. 260 do Código de Processo Civil [atual art. 292, §§ 1º e 2º]. Recurso não provido. Quando a controvérsia não açambarca o contrato por inteiro, mas apenas um dos seus itens, aplica-se o art. 260 do Código de Processo Civil [atual art. 292, §§ 1º e 2º], e não o art. 259, V [atual art. 292, II, primeira parte], do mesmo diploma legal (rel. Gildo dos Santos, Agravo de Instrumento nº 241.623-2, Araçatuba, 16.06.1994).
Primeiro Tribunal de Alçada Civil de São Paulo. Valor da causa. Sistema Financeiro da Habitação. Ordinária de revisão contratual. Consideração da situação em que se encontram os recorrentes que pode se amoldar ao disposto no art. 260 do CPC [atual art. 292, §§ 1º e 2º]. Desnecessidade da complementação do reconhecimento das custas. Recurso provido para esse fim (Agravo de Instrumento 0820843-7, São Paulo, 4ª Câmara, 11.11.1998, Rel. Térsio José Negrato).
Em sentido contrário:
Primeiro Tribunal de Alçada Civil de São Paulo
Agravo de Instrumento: 0000407-4/44, origem: São Paulo, 1ª Câmara, 20.03.1989, Rel. de Santi Ribeiro, unânime – valor da causa – impugnação – revisão do contrato por alegada onerosidade excessiva – correspondência com o real valor do contrato de mútuo – art. 259, V, do Código de Processo Civil – recurso provido para esse fim.

Logo, não efetuadas regularmente as intimações e avisos, poderá o devedor fiduciante sustar os leilões ou seus efeitos e, inclusive, purgar a mora, posto que o prazo para tanto não correu por deficiência procedimental.

É verdade, também, que toda tutela jurisdicional de conhecimento dispõe do binômio segurança e efetividade, ou seja, quanto mais se conhece do fato, mais demorada será a efetividade da tutela jurisdicional.

A ação de conhecimento funciona em razão da instrumentalidade do processo civil na exata medida em que o processo é tido como instrumento para solução de uma lide, ou seja, a solução de um conflito de interesses entre as partes envolvidas.

Em consonância com o acatado, verifica-se que se a segurança for extremamente valorizada, a tutela jurisdicional de conhecimento corre o risco de se tornar inútil à parte.

É exemplo típico o caso da consolidação da propriedade nas mãos do fiduciário, o que potencialmente torna imprestável a tutela de conhecimento que no futuro será prestada.

Exatamente para evitar essa inutilidade posterior e em razão do que tratei no capítulo 12, item 12.10.1, cuja leitura se recomenda, é que existe o pedido de tutela provisória de urgência, seja de natureza cautelar ou antecipatória de tutela.

Assim, o pedido cautelar é verdadeiro instrumento do instrumento (processo de conhecimento ou de execução que lhe seguirão).

Em análise última, garante o resultado útil e eficaz do processo de execução e de conhecimento, prevenindo riscos e acautelando situações, como, por exemplo, a sustação do leilão extrajudicial no qual não foi concedida a oportunidade de purgação da mora até a data do leilão cuja realização depende de intimação pessoal nos termos da interpretação do STJ (*vide* item 12.10.1 do capítulo 12).

Para os efeitos pretendidos, o processo cautelar demandará uma tutela de urgência, priorizando a efetividade para que o conhecimento e execução posteriores não sejam inviáveis, evitando a denominada "vitória de Pirro", ou seja, ganhar, mas não levar.

Por outro lado, a tutela antecipatória, como o próprio nome sugere, antecipa os efeitos práticos do provimento jurisdicional pretendido, ou seja, concede, antecipadamente, em parte ou totalmente, exatamente o efeito prático daquilo que se pede.

Logo, é possível diferenciar os dois provimentos: a tutela cautelar garante o resultado útil e eficaz de outro processo e a tutela antecipada vai produzir satisfação, ainda que parcial, da própria esfera jurídica material pretendida pela parte, através dos efeitos práticos da tutela de mérito que depende do conhecimento.

No pedido cautelar a tutela é do resultado útil e eficaz em outro processo.

Nessa medida, o atual Código de Processo Civil não faz mais distinção, de tal sorte que a tutela provisória pode ter natureza antecipatória ou cautelar, sempre de urgência ou de evidência e, nessa medida, os seguintes dispositivos:

Art. 294. A tutela provisória pode fundamentar-se em urgência ou evidência.

Parágrafo único. A tutela provisória de urgência, cautelar ou antecipada, pode ser concedida em caráter antecedente ou incidental.

Art. 297. O juiz poderá determinar as medidas que considerar adequadas para efetivação da tutela provisória.

[...]

Art. 300. A tutela de urgência será concedida quando houver elementos que evidenciem a probabilidade do direito e o perigo de dano ou o risco ao resultado útil do processo.

§ 1º *Para a concessão da tutela de urgência, o juiz pode, conforme o caso, exigir caução real ou fidejussória idônea para ressarcir os danos que a outra parte possa vir a sofrer, podendo a caução ser dispensada se a parte economicamente hipossuficiente não puder oferecê-la.*

§ 2º *A tutela de urgência pode ser concedida liminarmente ou após justificação prévia.*

§ 3º *A tutela de urgência de natureza antecipada não será concedida quando houver perigo de irreversibilidade dos efeitos da decisão.*

Art. 301. *A tutela de urgência de natureza cautelar pode ser efetivada mediante arresto, sequestro, arrolamento de bens, registro de protesto contra alienação de bem e qualquer outra medida idônea para asseguração do direito.*

Vejamos, nessa medida, em consonância com o item 12.10.1 do capítulo anterior, a ação de consignação em pagamento cumulada com pedido declaratório de nulidade da consolidação da propriedade fiduciária:

13.3. MODELO DE AÇÃO DE CONSIGNAÇÃO EM PAGAMENTO CUMULADA COM PEDIDO DECLARATÓRIO DE NULIDADE DA CONSOLIDAÇÃO DA PROPRIEDADE FIDUCIÁRIA

MM. Juízo da (...).

(...), vem, respeitosamente, perante Vossa Excelência, por meio dos seus advogados (procuração anexa – documento 1), propor, em face da (...), pelo procedimento comum, rito ordinário, a presente:

Ação de consignação em pagamento cumulada com pedido declaratório de nulidade da consolidação da propriedade fiduciária

o que faz com supedâneo nos arts. 26, § 3º-A e § 3º-B, 27, § 2º-A e § 2º-B, da Lei 9.514/1997.

Fatos:

O autor adquiriu, no dia (...) através de contrato de compra e venda com pacto de alienação fiduciária em favor da ré (documento 2), o imóvel localizado na (...).

Nada obstante ter pago (...) das (...) parcelas convencionadas, em razão da crise que assola o País, deixou de pagar as parcelas vencidas entre os meses de (...) e (...).

Tendo em vista tratar-se da sua moradia, e preocupado com a mora, conseguiu levantar a quantia devida depois de esforço hercúleo.

Nada obstante, ao dirigir-se à agência da (...), ré neste processo, foi surpreendido pela informação segundo a qual nada mais devia posto que a propriedade havia sido consolidada em nome da instituição financeira e que "perdera" o imóvel.

Simples e violento assim.

De fato, interpretação gramatical (e incorreta) da Lei 9.514/1997 (arts. 26 e 27) estabelece a consolidação da propriedade após 45 dias da notificação para purgar a mora, o que se opera extrajudicialmente.

Nada obstante, é imprescindível a intimação pessoal do devedor para permitir a purgação da mora.

Com efeito, não poderia o banco réu se negar a receber o pagamento até os leilões e mais, não pode levar a efeito leilões sem intimar pessoalmente o autor.

Posta assim a questão, remanesce o direito do autor em purgar a mora de tal sorte a convalescer o contrato, sendo ilegal a resistência do réu em receber o que lhe é devido nos termos da planilha anexa (documento 3).

Direito:

Nos termos dos arts. 26 e 27 da Lei da Alienação Fiduciária de Imóvel (Lei 9.514/1997), com a mora, basta ao fiduciário-credor levar a efeito a notificação do fiduciante-devedor e, diante da ausência da purgação da mora no prazo de 45 dias, mediante simples recolhimento do ITBI, observar a consolidação da propriedade em seu nome na matrícula.

Seguem-se os leilões, sendo o primeiro no prazo de até trinta dias da data da consolidação na matrícula pelo preço de avaliação determinado no contrato e o segundo, frustrado o primeiro pelo valor de avaliação, em até quinze dias do primeiro leilão pelo preço mínimo da dívida.

Pelo menos esta é a solução linear e simples adotada pela sistemática da alienação fiduciária de bem imóvel, atrativa para os credores e terrivelmente violenta para os devedores que podem ver o investimento ruir no segundo leilão quando o imóvel, em verdade concedido em garantia, pode ser alienado pelo valor da dívida.

Nada sobrando da venda pelo preço mínimo da dívida no segundo leilão, o valor investido se transforma literal e integralmente em pó.

Nada obstante, a lei é clara e exige a intimação pessoal do devedor para permitir a purgação da mora, o que não ocorreu no vertente caso.

Com efeito, determina a Lei 9.514/1997:

Art. 26. Vencida e não paga, no todo ou em parte, a dívida e constituído em mora o fiduciante, consolidar-se-á, nos termos deste artigo, a propriedade do imóvel em nome do fiduciário.

§ 1º Para fins do disposto neste artigo, o devedor e, se for o caso, o terceiro fiduciante serão intimados, a requerimento do fiduciário, pelo oficial do registro de imóveis competente, a satisfazer, no prazo de 15 (quinze) dias, a prestação vencida e aquelas que vencerem até a data do pagamento, os juros convencionais, as penalidades e os demais encargos contratuais, os encargos legais, inclusive os tributos, as contribuições condominiais imputáveis ao imóvel e as despesas de cobrança e de intimação.

(...)

§ 3º-A. Quando, por duas vezes, o oficial de registro de imóveis ou de registro de títulos e documentos ou o serventuário por eles credenciado houver procurado o intimando em seu domicílio ou residência sem o encontrar, deverá, havendo suspeita motivada de ocultação, intimar qualquer pessoa da família ou, em sua falta, qualquer vizinho de que, no dia útil imediato, retornará ao imóvel, a fim de efetuar a intimação, na hora que designar, aplicando-se subsidiariamente o disposto nos arts. 252 a 254 da Lei 13.105, de 16 de março de 2015 – Código de Processo Civil.

§ 3º-B. Nos condomínios edilícios ou outras espécies de conjuntos imobiliários com controle de acesso, a intimação de que trata o § 3º-A poderá ser feita ao funcionário da portaria responsável pelo recebimento de correspondência.

Art. 27, § 2º-A. Para fins do disposto nos §§ 1º e 2º deste artigo, as datas, os horários e os locais dos leilões serão comunicados ao devedor e, se for o caso, ao terceiro fiduciante, por meio de correspondência dirigida aos endereços constantes do contrato, inclusive ao endereço eletrônico.

Art. 27, § 2º-B. Após a averbação da consolidação da propriedade fiduciária no patrimônio do credor fiduciário e até a data da realização do segundo leilão, é assegurado ao fiduciante o direito de preferência para adquirir o imóvel por preço correspondente ao valor da dívida, somado às despesas, aos prêmios de seguro, aos encargos legais, às contribuições condominiais, aos tributos, inclusive os valores correspondentes ao imposto sobre transmissão inter vivos e ao laudêmio, se for o caso, pagos para efeito de consolidação da propriedade fiduciária no patrimônio do credor fiduciário, e às despesas inerentes aos procedimentos de cobrança e leilão, hipótese em que incumbirá também ao fiduciante o pagamento dos encargos tributários e das despesas exigíveis para a nova aquisição do imóvel, inclusive das custas e dos emolumentos.

Não houve intimação para purgação da mora e tampouco comunicação da realização dos leilões.

Sobre a possibilidade de obstar a reintegração de posse no vertente procedimento, clara é a disposição do art. 30, parágrafo único da Lei 9.514/1997:

Art. 30, Parágrafo único. Nas operações de financiamento imobiliário, inclusive nas operações do Programa Minha Casa, Minha Vida, instituído pela Lei n. 11.977, de 2009, com recursos advindos da integralização de cotas no Fundo de Arrendamento Residencial, uma vez averbada a consolidação da propriedade fiduciária, as ações judiciais que tenham por objeto controvérsias sobre as estipulações contratuais ou os requisitos procedimentais de cobrança e leilão, excetuada a exigência de notificação do devedor fiduciante, serão resolvidas em perdas e danos e não obstarão a reintegração de posse de que trata este artigo.

Tudo o mais que se acrescentar, ante a clareza da interpretação do direito ora invocado pela Corte de uniformização, tornar-se-á despiciendo.

Logo, curial concluir que a negativa da ré em aceitar o pagamento oferecido pelo autor é ILEGAL, não restando alternativa senão a propositura da vertente ação.

Pedido

Nos termos do § 2º do art. 327 do Código de Processo Civil, a cumulação da consignação em pagamento pretendida com a declaração de nulidade da consolidação da propriedade em nome da ré exige a adoção do procedimento comum:

> *Superior Tribunal de Justiça. Processual civil. Recurso especial. Dissídio jurisprudencial. Comprovação. Acórdão recorrido. Fundamento inatacado. Cumulação de pedidos. Consignação em pagamento e revisão de cláusulas contratuais. Possibilidade. Emprego do procedimento ordinário. Comprova-se o dissídio jurisprudencial com a cópia dos acórdãos paradigmas ou a menção do repositório oficial nos quais estejam publicados. O recurso especial deve atacar os fundamentos do acórdão recorrido. Admite-se a cumulação dos pedidos de revisão de cláusulas do contrato e de consignação em pagamento das parcelas tidas como devidas por força do mesmo negócio jurídico. Quando o autor opta por cumular pedidos que possuem procedimentos judiciais diversos, implicitamente requer o emprego do procedimento ordinário [agora comum]. Recurso especial não conhecido"* (REsp 464439/GO, Rel. Min. Nancy Andrighi, 3ª Turma, j. 15.05.2003, DJ 23.06.2003, p. 358).

Isto posto:

a) Pedido de tutela provisória de urgência de natureza cautelar:

Tendo em vista a verossimilhança das alegações e a prova inequívoca da existência do contrato entre as partes, bem como o depósito do valor vencido, o qual será efetivado imediatamente após a distribuição, tão logo esteja disponível o número do presente processo e a respectiva vara para fins do depósito, nos termos dos arts. 294, 297, 300 e 301 do Código de Processo Civil, digne-se Vossa Excelência de conceder a tutela ora requerida para ordenar que o réu, nos termos do art. 537 do Código de Processo Civil, sob pena de multa diária de 50.000,00 (cinquenta mil reais), suspenda os leilões, caso não tenham sido realizados ou, caso tenham sido levados a termo, para sustar seus efeitos, inclusive a reintegração de posse do imóvel do autor.

b) Mérito

Diante de todo o exposto, requer o autor seja a presente ação julgada procedente, com:

a) a confirmação da tutela provisória que espera seja irrogada e/ou a declaração de nulidade dos leilões porventura levados a efeito pela ré;

b) a declaração de quitação das parcelas vencidas e vincendas que serão depositadas no curso do processo e de subsistência do contrato entre as partes;

c) a declaração de nulidade da consolidação da propriedade do imóvel do autor e, bem assim, a expedição de mandado ao (...) Oficial de Registro de Imóveis da Comarca da Capital – SP, para que cancele a Av.(...) da matrícula nº (...); e,

d) por fim, requer a condenação do réu no pagamento das custas e honorários de advogado que Vossa Excelência houver por bem arbitrar nos termos do art. 86 do Código de Processo Civil.

Citação

Nos termos do art. 246 do CPC, requer-se a citação por meio eletrônico ou, não havendo cadastro, pelo correio (*ou, ainda, justificando, por Oficial de Justiça, nos termos do § 1º-A, II, do art. 246 do CPC, facultando-se ao Sr. Oficial de Justiça encarregado da diligência proceder nos dias e horários de exceção (CPC, art. 212, § 2º)*, para eventual oferta de resposta no prazo de 15 (quinze) dias (art. 335 do Código de Processo Civil), sob pena de serem tidos por verdadeiros todos os fatos aqui alegados (art. 344 do Código de Processo Civil), devendo o respectivo mandado conter as finalidades da citação, as respectivas determinações e cominações, bem como a cópia do despacho do(a) MM. Juiz(a), comunicando, ainda, o prazo para resposta, o juízo e o cartório, com o respectivo endereço.

Audiência de Conciliação

Nos termos do art. 334, § 5º, do Código de Processo Civil, o autor desde já manifesta, pela natureza do litígio, desinteresse em autocomposição.

Ou

Tendo em vista a natureza do direito e demonstrando espírito conciliador, a par das inúmeras tentativas de resolver amigavelmente a questão, o autor desde já, nos termos do art. 334 do

Código de Processo Civil, manifesta interesse em autocomposição, aguardando a designação de audiência de conciliação.

Provas

Requer-se provar o alegado por todos os meios de prova em direito admitidos, incluindo perícia, produção de prova documental, testemunhal, inspeção judicial, depoimento pessoal, sob pena de confissão caso o réu (ou seu representante) não compareça, ou, comparecendo, se negue a depor (art. 385, § 1º, do Código de Processo Civil).

Valor da causa

Dá-se à causa o valor de R$ (...).

Termos em que,

pede deferimento.

Data

Advogado (OAB/SP)

  AAcesse o *QR Code* e faça o *download* do modelo de peça editável

> *http://uqr.to/1ye07*

Capítulo 14

CONTRATOS IMOBILIÁRIOS – NULIDADES, INTERPRETAÇÃO, JUROS, CORREÇÃO MONETÁRIA, CONSEQUÊNCIAS DA INEXECUÇÃO E REVISÃO CONTRATUAL

14.1. PRINCIPAIS ASPECTOS DA AÇÃO DE REVISÃO

a) **Foro competente:** foro do domicílio do réu (art. 46 do Código de Processo Civil). Entretanto, tratando-se de relação de consumo, de acordo com os arts. 6º, VIII, 51, IV, e 101, I, da Lei 8.078/1990, não há como o fornecedor eleger foro distinto daquele do domicílio do consumidor, que prevalece.[1]

b) **Legitimidade ativa:** promitente comprador ou mutuário.

c) **Legitimidade passiva:** promitente vendedor ou mutante.

---

[1] Nelson Nery Junior e Rosa Maria Andrade Nery, *Código de Processo Civil Comentado*, São Paulo: Revista dos Tribunais, 1997, nota 5 ao art. 51 da Lei 8.078/1990. Roberto Senise Lisboa, *Relação de consumo e proteção jurídica do consumidor*, São Paulo: Juarez de Oliveira, 1999, p. 50.
Tribunal de Justiça de São Paulo. Competência. Indenização. Alegação de defeito em produto adquirido. Fundamento no Código de Defesa do Consumidor. Diploma legal que concede ao autor o privilégio de demandar no foro de seu domicílio. Lei especial, ademais, que se sobrepõe à regra geral do art. 100, IV "a" do Código de Processo Civil. Decisão mantida. Recurso não provido. Se os autores deduzem sua pretensão em face do Código de Defesa do Consumidor, com ou sem razão, podem validamente optar pelo foro do domicílio do autor ante a permissão do art. 101, I, desse mesmo diploma legal (Agravo de Instrumento nº 19.851-0, Bauru, Rel. Yussef Cahali, CESP, v.u., 19.01.1995).
Tribunal de Justiça de São Paulo. Competência. Ação de cobrança de diferença relativa à indenização securitária. Contrato regido pelo Código de Defesa do Consumidor. Possibilidade do ajuizamento da ação no foro do domicílio do autor (Código de Defesa do Consumidor, art. 100, I). Seguro, demais pactuado nesse foro, noticiando os autos pagamento significativo da indenização securitária nesse local. Competência do Foro onde a obrigação deve ser satisfeita (Código de Processo Civil, art. 100, IV, "d"). (Agravo de Instrumento nº 29.109-0, Rancharia, Câm. Especial, Rel. Luís de Macedo, 11.04.1996, v.u.).
Primeiro Tribunal de Alçada Civil de São Paulo. Agravo de Instrumento nº 0820102-1, São José dos Campos, 7ª Câmara, 22.09.1998, Rel. Álvares Lobo. Competência. Foro de eleição. Hipótese de contrato de adesão com cláusula de eleição de foro. Abusividade caracterizada, sendo nula tal cláusula por ofender norma de Direito Público. Art. 51 do Código de Defesa do Consumidor. Inaplicabilidade, ademais, do art. 111 do Código de Processo Civil. Prevalência do foro do domicílio do consumidor. Art. 6º, VIII, do Código de Defesa do Consumidor. Exceção de incompetência desacolhida. Recurso provido para esse fim.

d) **Valor da causa:** valor da revisão pretendida (CPC, art. 292, II).[2]

e) **Petição inicial:** deverá respeitar os requisitos do art. 319 do Código de Processo Civil, além da indicação do valor incontroverso, que deverá continuar sendo pago – art. 50 da Lei 10.931/2004 e art. 330, § 2º, do CPC.

f) **Procedimento:** comum (art. 318 e seguintes do CPC).

14.2. GENERALIDADES

14.2.1. A boa-fé e os requisitos de validade dos negócios jurídicos

Os negócios jurídicos, antes de qualquer princípio e antes mesmo da obrigatoriedade do que foi convencionado, devem respeito à boa-fé.

No que pertine aos contratos, a boa-fé vem determinada nos arts. 113 e 422 do Código Civil:

> *Art. 113. Os negócios jurídicos devem ser interpretados conforme a boa-fé e os usos do lugar de sua celebração.*

> *Art. 422. Os contratantes são obrigados a guardar, assim na conclusão do contrato, como em sua execução, os princípios de probidade e boa-fé.*

Da mesma forma, nas relações de consumo, o Código de Defesa do Consumidor, Lei 8.078/1990:

> *Art. 4º A Política Nacional das Relações de Consumo tem por objetivo o atendimento das necessidades dos consumidores, o respeito à sua dignidade, saúde e segurança, a proteção de seus interesses econômicos, a melhoria da sua qualidade de vida, bem como a transparência e harmonia das relações de consumo, atendidos os seguintes princípios:*

> *(...)*

> *III – harmonização dos interesses dos participantes das relações de consumo e compatibilização da proteção do consumidor com a necessidade de desenvolvimento econômico e tecnológico, de modo a viabilizar os princípios nos quais se funda a ordem econômica (art. 170, da Constituição Federal), sempre com base na boa-fé e equilíbrio nas relações entre consumidores e fornecedores;*

> *Art. 51. São nulas de pleno direito, entre outras, as cláusulas contratuais relativas ao fornecimento de produtos e serviços que:*

> *(...)*

> *IV – estabeleçam obrigações consideradas iníquas, abusivas, que coloquem o consumidor em desvantagem exagerada, ou sejam incompatíveis com a boa-fé ou a equidade;*

---

[2]   *Tribunal de Justiça de São Paulo. Valor da causa. Impugnação. Revisão de cláusulas contratuais cumulada com revisional de prestações e do saldo devedor. Causa que deve ter valor correspondente ao do negócio jurídico. Inadmissibilidade. Discussão que não alcança o contrato por inteiro. Art. 260 do Código de Processo Civil. Recurso não provido. Quando a controvérsia não açambarca o contrato por inteiro, mas apenas um dos seus itens, aplica-se o artigo 260 do Código de Processo Civil, e não o artigo 259, V, do mesmo diploma legal [hoje o art. 292, II] (rel. Gildo dos Santos, Agravo de Instrumento nº 241.623-2, Araçatuba, 16.06.1994).*
   Primeiro Tribunal de Alçada Civil de São Paulo. Recurso: Agravo de Instrumento: 0820843-7, São Paulo, 4ª Câmara, 11.11.1998, Rel. Térsio José Negrato. Valor da causa. Sistema Financeiro da Habitação. Ordinária de revisão contratual. Consideração da situação em que se encontram os recorrentes que pode se amoldar ao disposto no art. 260 do CPC [hoje aplica-se o art. 292, II do CPC]. Desnecessidade da complementação do reconhecimento das custas. Recurso provido para esse fim.

Portanto, é possível afirmar que o respeito à boa-fé nos contratos é exigência do Código Civil e, igualmente, do Código de Defesa do Consumidor.

Aliás, o Código Civil, no art. 422, é imperativo, determinando a conduta da boa-fé pelos contratantes.

Mas o que é a boa-fé?

Da leitura dos dispositivos mencionados, especialmente dos arts. 113 e 422 do Código Civil, infere-se que a boa-fé se divide em duas vertentes:

a) Boa-fé subjetiva; e
b) Boa-fé objetiva.

A boa-fé subjetiva é aquela que representa conduta psicológica do contratante, que imagina não estar prejudicando o outro. É a consciência de não estar prejudicando com a prática do negócio jurídico.

Em outras palavras, a boa-fé subjetiva representa a convicção do contratante de que não se encontra afrontando um direito alheio.

Segundo Miguel Reale:[3]

> A boa-fé não constitui um imperativo ético abstrato, mas sim uma norma que condiciona e legitima toda a experiência jurídica, desde a interpretação dos mandamentos legais e das cláusulas contratuais até as suas últimas consequências.
>
> Daí a necessidade de ser ela analisada como *conditio sine qua non* da realização da justiça ao longo da aplicação dos dispositivos emanados das fontes do direito, legislativa, consuetudinária, jurisdicional e negocial.
>
> Em primeiro lugar, importa registrar que a boa-fé apresenta dupla faceta, a objetiva e a subjetiva. Esta última – vigorante, *v.g.*, em matéria de direitos reais e casamento putativo – corresponde, fundamentalmente, a uma atitude psicológica, isto é, uma decisão da vontade, denotando o convencimento individual da parte de obrar em conformidade com o direito. Já a boa-fé objetiva apresenta-se como uma exigência de lealdade, modelo objetivo de conduta, arquétipo social pelo qual impõe o poder-dever que cada pessoa ajuste a própria conduta a esse arquétipo, obrando como obraria uma pessoa honesta, proba e leal. Tal conduta impõe diretrizes ao agir no tráfico negocial, devendo-se ter em conta, como lembra Judith Martins Costa, "a consideração para com os interesses do alter, visto como membro do conjunto social que é juridicamente tutelado". Desse ponto de vista, podemos afirmar que a boa-fé objetiva se qualifica como normativa de comportamento leal. A conduta, segundo a boa-fé objetiva, é assim entendida como noção sinônima de "honestidade pública".
>
> Concebida desse modo, a boa-fé exige que a conduta individual ou coletiva – quer em Juízo, quer fora dele – seja examinada no conjunto concreto das circunstâncias de cada caso.
>
> Exige, outrossim, que a exegese das leis e dos contratos não seja feita *in abstrato*, mas sim *in concreto*. Isto é, em função de sua função social.
>
> Com isto quero dizer que a adoção da boa-fé como condição matriz do comportamento humano, põe a exigência de uma "hermenêutica jurídica estrutural", a qual se distingue pelo exame da totalidade das normas pertinentes a determinada matéria.
>
> Nada mais incompatível com a ideia de boa-fé do que a interpretação atômica das regras jurídicas, ou seja, destacadas de seu contexto. Com o advento, em suma, do pressuposto geral da boa-fé na estrutura do ordenamento jurídico, adquire maior força e alcance do antigo ensinamento de Portalis de que as disposições legais devem ser interpretadas umas pelas outras.

---

[3] Miguel Reale, "A boa-fé no Código Civil". Disponível em: www.miguelreale.com.br. Acesso em: 26 de setembro de 2004.

O que se impõe, em verdade, no Direito, é captar a realidade factual por inteiro, o que deve corresponder ao complexo normativo em vigor, tanto o estabelecido pelo legislador como o emergente do encontro das vontades dos contratantes.

É que está em jogo o princípio de confiança nos elaboradores das leis e das avenças, e de confiança no firme propósito de seus destinatários no sentido de adimplir, sem tergiversações e delongas, aquilo que foi promulgado ou pactuado.

Portanto, a boa-fé objetiva representa um dever de conduta, de agir de forma honesta e leal, de acordo com a função econômica e social do contrato.

Não age respeitando a boa-fé, por exemplo, aquele que impõe contrato ininteligível ao homem médio ou que deliberadamente omite o valor total a ser pago sob o manto de cláusulas redigidas com termos técnicos ou dependentes de fórmulas paramétricas para o cálculo do valor devido.

A consequência do desrespeito à boa-fé será a nulidade do contrato ou da cláusula que a afronta, inferência que emana tanto do Código Civil quanto do Código de Defesa do Consumidor.

Essa é a posição do já citado Professor Miguel Reale,[4] que *conclui que quando o art. 104 [do Código Civil] dispõe sobre a validade do negócio jurídico, referindo-se ao objeto lícito, neste está implícita a sua configuração conforme à boa-fé, devendo ser declarado ilícito todo ou parte do objeto que com ela conflite.*

Logo, como todo ato ilícito, impõe o dever de indenizar aquele que não observou a boa-fé em razão da responsabilidade, quer se considere extracontratual fundamentada no art. 186 do Código Civil, quer se considere contratual, que resta configurada nos termos do art. 389 do Código Civil.[5]

Posta assim a questão, podemos afirmar que, ao lado das causas de invalidade do negócio jurídico, como o agente absolutamente incapaz e a ausência de forma prescrita em lei, a ausência de boa-fé invalida, torna nula a disposição que a enfrenta por ser ilícita, nos termos dos arts. 104, 166, e 182 do Código Civil.

Em suma, nos termos dos arts. 104 e 166 do Código Civil, tornam nulo o negócio jurídico:

a) Ausência da forma prescrita em lei, como, por exemplo, um contrato de compra e venda de imóvel de valor superior a trinta vezes o salário mínimo por instrumento particular, vez que se exige a escritura pública (Código Civil, art. 108);

b) Ato praticado por agente absolutamente incapaz (Código Civil, art. 3º);

c) Objeto ilícito, contrário à lei (normas de ordem pública), impossível ou indeterminável.

Sendo assim, nesses casos, como se trata de nulidade absoluta, a ação declaratória para buscar esse reconhecimento não prescreve jamais e a mácula pode ser reconhecida de ofício pelo juiz.

Os efeitos desse reconhecimento são retroativos à data da prática do ato (*ex tunc*).

---

4   Ob. e loc. cits.

5   Nessa medida, o STJ entendeu que a prescrição é decenal: **Superior Tribunal de Justiça.** *A violação dos deveres anexos, também intitulados instrumentais, laterais, ou acessórios do contrato – tais como a cláusula geral de boa-fé objetiva, dever geral de lealdade e confiança recíproca entre as partes –, implica responsabilidade civil contratual, como leciona a abalizada doutrina com respaldo em numerosos precedentes desta Corte (...). O caso não se amolda nenhum dos prazos específicos do Código Civil, incidindo o prazo prescricional de dez anos previsto no artigo 205, do mencionado Diploma (REsp1.276.311, Rel. Min. Luis Felipe Salomão, j. 20.09.2011).*

Ainda que seja assim, segundo o preclaro Professor Miguel Reale,[6] *é claro que nenhum jurista pode ser contrário à elaboração de "categorias jurídicas" destinadas à disciplina dos fatos sociais, atendendo às exigências da igualdade entre fatos da mesma espécie, mas o que é criticável é pretender que tal solução seja obtida tão somente graças a fórmulas de natureza jurídica, sem levar em conta os fins éticos e econômicos, por aqueles também reclamados.*

O que aqui se critica é o exclusivismo jurídico dominante na visão positivista do Direito, que se contenta com princípios e regras de caráter empírico ou factual.

A vida do Direito não se reduz a uma sucessão de fatos desvinculados dos valores que lhes dão sentido e significado, de cuja correlação dialética emerge a *regula iuris*.

Daí a orientação assumida pelos autores do Anteprojeto do Código Civil, sistematizado e publicado em 1972, o qual, devidamente revisto culminou no Projeto de 1975, enviado ao Congresso Nacional, nele já apresentada a eticidade, cuja raiz é a boa-fé, como um dos princípios diretores que o distinguem do individualismo do Código revogado de 1916.

O resultado da compreensão superadora da posição positivista foi a preferência dada às normas ou cláusulas abertas, ou seja, não subordinadas ao renitente propósito de um rigorismo jurídico cerrado, sem nada se deixar para a imaginação criadora dos advogados e juristas e a prudente, mas não menos instituidora, sentença dos juízes.

Em outras palavras, o Código Civil encerra cláusulas gerais, permitindo a evolução do Direito e da interpretação de acordo com a boa-fé, a função social do contrato e as necessidades sociais.

14.2.2. Nulidades absolutas dos negócios jurídicos e a simulação

Prevê o Código Civil as hipóteses de nulidade absoluta dos negócios jurídicos, o que faz no art. 166:

> Art. 166. É nulo o negócio jurídico quando:
> I – celebrado por pessoa absolutamente incapaz;
> II – for ilícito, impossível ou indeterminável o seu objeto;
> III – o motivo determinante, comum a ambas as partes, for ilícito;
> IV – não revestir a forma prescrita em lei;
> V – for preterida alguma solenidade que a lei considere essencial para a sua validade;
> VI – tiver por objetivo fraudar lei imperativa;
> VII – a lei taxativamente o declarar nulo, ou proibir-lhe a prática, sem cominar sanção.

Para Emílio Betti, *a invalidade é aquela falha de idoneidade para produzir, por forma duradoura e irremovível, os efeitos essenciais do tipo.*[7]

Segundo Clóvis Beviláqua, *quando o ato ofende princípios básicos da ordem jurídica, princípios garantidores dos mais elevados interesses da coletividade, é bem de ver que a reação deve ser mais enérgica, a nulidade deve ser de pleno direito, o ato é nulo.*[8]

---

[6] Ob. e loc. cits.

[7] Emílio Betti, *Teoria geral do negócio jurídico*, trad. Fernando Miranda, Coimbra: Coimbra Editora, 1970, t. III, p. 11.

[8] Clóvis Beviláqua, *Teoria geral do direito civil*, Rio de Janeiro: Francisco Alves, 1908, p. 337.

No mesmo sentido, Bassil Dower ensina: o *ato nulo nenhum efeito produz em tempo algum, nem em juízo ou fora deste, porque tal ato não teve nascimento, nunca existiu.*[9]

Posta assim a questão, não se confirmam, não se ratificam, não se consertam (Código Civil, art. 169), devendo, se for do interesse das partes, outro ato ser praticado sem a mácula da nulidade.

Embora o ato nulo não seja passível de convalidação ou ratificação, sendo, inclusive, possível o reconhecimento de ofício pelo juiz (Código Civil, arts. 168 e 169), para Arnaldo Rizzardo, *mesmo que não produzindo efeitos no sentido legal, de acordo com o princípio latino "quod nullum est nullum producit effectum", vai o negócio tendo eficácia perante terceiros enquanto não se declarar a nulidade. Daí a necessidade de se ingressar com a ação própria para a declaração da nulidade.*[10]

Nessa medida, a sempre acatada lição do saudoso Prof. Silvio Rodrigues[11]: *o ato nulo não produz qualquer efeito, pois "quod nullum est, nullum producit effectum".* E essa nulidade, absoluta, segundo ele, repercute na sentença: *poder-se-ia sustentar que a sentença que proclama a nulidade absoluta é declaratória, enquanto o julgado afirma a nulidade relativa é constitutivo. Enquanto a nulidade relativa pode convalescer, se as partes assim o quiserem, a nulidade absoluta jamais se cura, vedado que fica ao juiz supri-la, ainda a requerimento das partes (CC, art. 168, parágrafo único, in fine).*

Entre os mais modernos, a lição clássica é mantida. Posta assim a questão, ensina Flávio Tartuce:[12] *A nulidade absoluta ofende regramentos ou normas de ordem pública, sendo o negócio absolutamente inválido, cabendo ação correspondente para declarar a ocorrência do vício.*

E essa declaração de nulidade opera seus efeitos *ex tunc*, ou seja, retroativos à data da prática do ato.[13]

Deveras, não se pode emprestar qualquer validade ou desconstituir aquilo que é nulo, diferentemente do ato anulável, este sim passível de desconstituição. Portanto, os atos nulos indubitavelmente desafiam sentença declaratória, inclusive o ato simulado nos termos do art. 168 do Código Civil, que será adiante analisado de forma específica pela importância que representa para o direito imobiliário.

Posta assim a questão, impossível cogitar-se de decadência ou de prescrição da pretensão de declaração de ato nulo, diferenciando a questão da mera anulabilidade, sendo relevante verificar, mais uma vez, a lição de Silvio Rodrigues: *a prescrição dos atos anuláveis equivale a uma ratificação presumida. Ora, os atos nulos são irratificáveis, portanto, a meu ver, imprescritíveis.*[14]

---

9   Nelson Godoy Bassil Dower, *Curso moderno de direito civil:* parte geral, 2ª ed., São Paulo: Nelpa, 1996, v. I, p. 276.

10   Ob. cit., p. 520.

11   Silvio Rodrigues, *Direito Civil*, 34ª ed., São Paulo: Saraiva, 2007, v. 1, p. 286-287.

12   Flávio Tartuce, *Direito Civil*, 8ª ed., Rio de Janeiro: Forense, 2012, v. 1, p. 401.

13   **Tribunal de Justiça de São Paulo.** *Ação anulatória. Contrato de compra e venda com cláusula de retrovenda. Nulidade do instrumento de ratificação. Falsificação da firma aposta no primeiro contrato. Nulidade absoluta de ato de disposição de bens sem a outorga uxória, sob coação, com falsificação de assinatura do cônjuge e com prejuízo a patrimônio de terceiro. Nulidade que mune a sentença de efeitos ex tunc. Verbas de sucumbência bem arbitradas. Sentença mantida. Aplicação do art. 252 do Regimento Interno do TJSP. Recurso não provido* (Apelação 0340658-92.1997.8.26.0100. Rel. Helio Faria – Comarca: São Paulo – 1ª Câmara de Direito Privado – j. 22.11.2011. Data de registro: 29.11.2011. Outros números: 3406589219978260100).

14   *Direito Civil*, São Paulo: Saraiva, v. 1, p. 290.

Nesse sentido, a jurisprudência do Tribunal de Justiça de São Paulo:

Tribunal de Justiça de São Paulo. *Anulação de negócio jurídico e cancelamento de registro imobiliário. Preliminar de prescrição rejeitada. Negócio jurídico simulado é nulo e, portanto, não se sujeita à prescrição. Nulidade do processo por ausência de litisconsortes necessários não citados. Regular composição do polo passivo. Ausência de nulidade. Imóvel adquirido por ascendente que, para evitar constrição do bem em execução fiscal, simula venda a descendente. Nova simulação de venda para outro irmão. Simulações reconhecidas. Provas orais que deixam bem evidenciado que os fatos narrados na inicial são verdadeiros. Nulidade de pleno direito reconhecida. Aplicação do artigo 252 do Regimento Interno do TJSP. Ratificação dos fundamentos da sentença. Sentença mantida. Recurso improvido (Apelação nº 0019941-29.2006.8.26.0000, Rel. Adilson de Andrade, Bauru, 3ª Câmara de Direito Privado, j. 07.06.2011, Data de registro: 07.06.2011. Outros números: 4426174400).*

Agnelo Amorim Filho esclarece, de forma prática:

Reunindo-se as três regras deduzidas acima, tem-se um critério dotado de bases científicas, extremamente simples e de fácil aplicação, que permite, com absoluta segurança, identificar, a priori, as ações sujeitas a prescrição ou a decadência, e as ações perpétuas (imprescritíveis). Assim:

1ª Estão sujeitas à prescrição: todas as ações condenatórias e somente elas (arts. 177 e 178 do Código Civil) [1916];

2ª Estão sujeitas à decadência (indiretamente), isto é, em virtude da decadência do direito a que correspondem: as ações constitutivas que têm prazo especial de exercício fixado em lei;

3ª São perpétuas (imprescritíveis): a) as ações constitutivas que não têm prazo especial de exercício fixado em lei; e b) todas as ações declaratórias.

Várias inferências imediatas podem ser extraídas daquelas três proposições. Assim: a) não há ações condenatórias perpétuas (imprescritíveis), nem sujeitas a decadência; b) não há ações constitutivas sujeitas a prescrição; e c) não há ações declaratórias sujeitas à prescrição ou à decadência.

Sobre o assunto, esclarecem, ainda, Nelson Nery Jr. e Rosa Maria de Andrade Nery: *O reconhecimento da nulidade é matéria de ordem pública, não estando sujeito à prescrição, decadência ou preclusão.*[15]

Flávio Tartuce[16] não diverge: *Inicialmente, quando há nulidade absoluta, deve ser proposta uma ação declaratória de nulidade que segue, regra geral, o rito ordinário. Essa ação, diante de sua natureza predominantemente declaratória, é imprescritível, ou melhor, tecnicamente, não está sujeita a prescrição ou decadência. A imprescritibilidade ainda está justificada porque a nulidade absoluta envolve preceitos de ordem pública, impedindo, consequentemente, que o ato convalesça pelo decurso do tempo (art. 169 do CC).*

De fato, trata-se da mais pura e direta aplicação do Código Civil, que não deixa qualquer margem para interpretações:

Art. 169. *O negócio jurídico nulo não é suscetível de confirmação, nem convalesce pelo decurso do tempo.*

A simulação é a declaração enganosa da vontade que visa produzir efeito diverso daquele declarado, ou seja, o ato possui aparência diversa ou representa fingimento de negócio para prejudicar terceiros, gerando nulidade absoluta do ato praticado.

---

[15] Nelson Nery Jr. e Rosa Maria Andrade Nery, *Código Civil anotado e legislação extravagante*, 2ª ed., São Paulo: RT, 2003, p. 228.

[16] Ob. cit., p. 403.

Esta é a previsão do Código Civil:

Art. 167. É nulo o negócio jurídico simulado, mas subsistirá o que se dissimulou, se válido for na substância e na forma.

§ 1º Haverá simulação nos negócios jurídicos quando:

I – aparentarem conferir ou transmitir direitos a pessoas diversas daquelas às quais realmente se conferem, ou transmitem;

II – contiverem declaração, confissão, condição ou cláusula não verdadeira;

III – os instrumentos particulares forem antedatados, ou pós-datados.

§ 2º Ressalvam-se os direitos de terceiros de boa-fé em face dos contraentes do negócio jurídico simulado.

Para Clóvis Beviláqua, com fundamento em Teixeira de Freitas, a *simulação é toda declaração enganosa da vontade, visando a produzir efeito diverso do ostensivamente indicado.*[17]

Nela, *as partes combinam e manifestam um contrato que aparece contrariamente ao pretendido. (...) Pretende-se realmente aquilo que se passa no interior das consciências, mas expressando algo diferente. Os terceiros é que são enganados (...) ilaqueados em sua vontade, ou decorre um prejuízo para eles.*[18]

Em linhas gerais, na simulação, a manifestação volitiva contida no negócio jurídico é mentirosa e, ainda assim, é sustentada de comum acordo entre as partes que buscam, com isto, enganar terceiros.

Assim sendo, a ação de nulidade de negócio simulado busca obter declaração de nulidade de negócios aparentemente regulares nos quais as partes colimam atingir resultado diverso daquele que externaram, seja em benefício próprio, seja em benefício de terceiro.

Nesses termos, a anulação do ato simulado pode ser requerida por terceiros prejudicados ou pelo Ministério Público, quando lhe couber intervir (Código Civil, art. 168), jamais pelas partes (*nemo auditur turpitudinem suam allegans*).

A simulação pode ser exemplificada pela venda a descendente ou concubina por interposta pessoa, uma vez que a venda direta é vedada pelo Código Civil nos arts. 496 e 550 ou, ainda, a cessão de direitos hereditários para não conceder a preferência a coerdeiro (Código Civil, art. 1.794), sob a roupagem de ato gratuito, quando, na verdade, é oneroso. Outros exemplos são a transferência simulada de bens para enganar cônjuge na separação e a execução simulada de dívidas às portas de pedido de reparação de danos contra o vendedor.

Diferencia-se da fraude contra credores, uma vez que, nesta, o negócio representa exatamente o que foi entabulado e na simulação o negócio na verdade inexiste ou esconde outro, diverso do que foi praticado.

Quanto à natureza do engano, portanto, a simulação pode ser *relativa* ou *absoluta*.

Será *relativa* na hipótese de representar ocultação de outro negócio que se quer dissimular, como é o caso do exemplo da venda a descendente por interposta pessoa para burlar a proibição do art. 496 do Código Civil.

O Código Civil, no mesmo dispositivo que prevê a nulidade do negócio jurídico simulado (art. 167), prevê a subsistência do negócio jurídico dissimulado, prevendo como requisitos para essa subsistência a sua validade na sua substância e forma.

---

[17] Clóvis Beviláqua, *Código Civil dos Estados Unidos do Brasil comentado*, Rio de Janeiro: Francisco Alves, 1953, v. I, p. 380.

[18] Arnaldo Rizzardo, *Parte geral do Código Civil*, 3ª ed., Rio de Janeiro: Forense, p. 530.

A dissimulação, do latim *dissimulatio*, de *dissimulare*, embora tenha significado próximo àquele atribuído à simulação, ou seja, o fingimento, representa ocultação.

Ensina Mário Benhame[19]: *A dissimulação caracteriza a simulação relativa mediante a qual as partes celebram um negócio jurídico que não querem celebrar, mas o fazem para disfarçar outro negócio, que realmente querem celebrar.*

Caracterizam-se na hipótese de ato dissimulado, simulação relativa, negócio efetivamente praticado, mas de forma disfarçada, sob o manto de outro que oculta e disfarça, diferentemente da simulação absoluta, na qual ato algum é praticado a não ser na mera aparência.

Por exemplo: caso herdeiro, sabendo que não pode ceder direitos hereditários a terceiros sem conceder a preferência a coerdeiro (Código Civil, art. 1.794), nada obstante o faz sob o manto de cessão gratuita, embora, na verdade, seja negócio jurídico oneroso, a cessão gratuita operada é dissimulada para esconder a verdadeira natureza onerosa do negócio.

Assim, a simulação é *absoluta* na medida do fingimento de negócio jurídico que não foi praticado, como, por exemplo, a venda de imóvel para fraudar separação.

Quanto à repercussão, a simulação poderá ser *inocente se* não prejudica terceiros. Nessa eventualidade o contrato permanece.

Em consonância com o acatado, ao ato dissimulado somente se atribui validade se respeitar a forma, quando prescrita e, ainda, se não prejudicar terceiros.

É o caso da venda de imóvel a uma namorada por homem solteiro e solvente, quando, na verdade, se trata de doação.

A simulação será *culposa* se a finalidade do contratante for prejudicar terceiros, fraudar o Fisco ou burlar a lei, o que anula o ato jurídico.

De fato, de acordo com o art. 167 do Código Civil, da simulação decorre a nulidade do negócio jurídico. Todavia, se a simulação for relativa e o ato puder subsistir porque válido na substância e na forma, mesmo que em parte, subsistirá.

É o que ocorre, por exemplo, com o valor declarado na escritura de compra e venda de imóvel, menor que o valor real do contrato, caso em que o valor real subsiste em detrimento do valor aparente, que é nulo.

A nulidade, portanto, é absoluta, ou seja, o ato não é válido, constatação que decorre diretamente do art. 167 do Código Civil.

Por fim, terceiros de boa-fé não são prejudicados pela nulidade. Nesse caso, poderão defender-se, alegando a boa-fé, ou seja, o desconhecimento da mácula que inquinava a aquisição do direito.

Assim, se alguém adquire imóvel cujo negócio anterior fora simulado e se não tiver como identificar essa mácula, não poderá ser atingido pela nulidade do negócio jurídico. Nesse sentido:

Tribunal de Justiça de São Paulo. *Locação de Imóveis. Execução. Embargos de terceiro julgados procedentes. Preliminar de cerceamento de defesa. Não reconhecimento. Súmula 84 do STJ que legitima a propositura dos embargos de terceiro pelo possuidor, porém não induz à sua procedência. Posse. Prova. Ausência. Aquisição. Contrato particular não registrado. Formalização subsequentemente à expedição do mandado de constrição judicial. Instrumento antedatado. Reconhecimento de firmas em Cartório de Notas em data imediatamente anterior à constrição. Simulação. Caracterização. Nulidade do negócio jurídico simulado. Reconhecimento. Artigo 167, "caput", do Código Civil. Inoponibilidade em face do direito de terceiro de boa-fé. Inteligência do disposto no § 2º do artigo 167, do Código Civil. Sentença reformada. Recurso provido (Apelação nº 0076622-19.2006.8.26.0000, Rel. Luis Fernando Nishi, Jaú, 32ª Câmara de Direito Privado, j. 01.09.2011, Data de registro: 03.09.2011. Outros números: 1053060200).*

---

[19] *Comentários ao Código Civil*, Coord. Luiz Antonio Scavone Junior, São Paulo: RT, 2009.

14.2.3. Os defeitos dos negócios jurídicos

A par das causas de nulidade absoluta, que não prescrevem e não decaem, os contratos podem ser anulados por sentença desconstitutiva com efeitos *ex nunc*, no prazo decadencial de quatro anos (Código Civil, art. 178) se forem alegados os defeitos e, especificamente, os vícios do consentimento: erro, dolo, coação, estado de perigo e lesão, além do vício social da fraude contra credores, que merecerá estudo especial, sem esquecer o ato praticado pelos relativamente incapazes do art. 4º do Código Civil.

Importante observar que o prazo decadencial pode ser outro, quando determinado, o que ocorre nos casos de anulação de negócio por mandatário que atua em conflito de interesses com o mandante (Código Civil, art. 119), cujo prazo é de 180 dias da conclusão do negócio (registro) e, ainda, no caso de venda sem a necessária outorga conjugal, cujo prazo é de dois anos (Código Civil, art. 1.649), ou no caso de anulação de partilha, que, nos termos do art. 2.027 do Código Civil, se submete ao prazo decadencial de um ano.

Em alguns casos a lei se omite quanto ao prazo para pleitear a anulação, a exemplo do art. 496 do Código Civil, que torna anulável a venda do ascendente para o descendente sem a anuência dos demais descendentes. Assim, na ausência de prazo específico, aplica-se a regra geral do prazo decadencial de dois anos (Código Civil, art. 179).

Quanto à incapacidade relativa ou estado do agente (pródigo, toxicômano, ébrio habitual e pessoa sem discernimento, além dos deficientes a quem se conceder curatela), de fato, se houver, constará a interdição ou a condição na sua certidão de nascimento.

Todavia, não é o reconhecimento judicial o fato que determina a incapacidade ou ausência de discernimento, mas a condição do agente, mesmo anterior ao formal reconhecimento da incapacidade ou impossibilidade de consentir.

Nessa medida, na Apelação 0165198-03.2011.8.26.0100 (TJSP) o Relator, Desembargador José Rubens Queiroz Gomes deixou consignado que "*não se revela a necessidade de interdição judicial para que seja declarada a nulidade de atos praticados por pessoa incapaz, desde que comprovada a existência da causa desta à época de sua realização*" (TJSP, Apelação Cível 0165198-03.2011.8.26.0100, Rel. José Rubens Queiroz Gomes, 7ª Câmara de Direito Privado, Foro Central Cível, 14ª Vara Cível, j. 21.02.2019, data de registro 21.02.2019).

Sobre os vícios, esclarecem Nelson Nery Junior e Rosa Maria de Andrade Nery:[20] *Não importa a natureza do vício do ato ou negócio jurídico, se vício da vontade (dolo, erro, coação) ou social (fraude contra credores, lesão, estado de perigo), o sistema lhe dá o regime da anulabilidade. (...) Enquanto não anulado por sentença judicial transitada em julgado (CC 177), o ato ou negócio anulável produz efeitos desde que é perpetrado. Seu exame depende de alegação do interessado e não pode ser proclamada de ofício. Como só produz efeito depois de declarada por sentença (CC 177), não pode ser alegada como exceção substancial (defesa), pois tem de ser objeto de ação (pedido principal). Proclamada a anulabilidade por sentença transitada em julgado, essa anulação produz efeitos a partir do trânsito em julgado (ex nunc), conservando-se válidos e eficazes os atos praticados anteriormente à anulação. Anulado o ato por sentença, as partes voltam ao seu estado anterior, mas os atos praticados desde o ato anulável até sua proclamação judicial permanecem válidos e eficazes, resguardando-se direitos de terceiros (...) A pretensão anulatória é de natureza constitutiva negativa (desconstitutiva) (...). O prazo para o exercício da pretensão anulatória é de decadência (...).*

O *erro* nada mais é que a falsa percepção da realidade, que leva o sujeito à prática de um negócio jurídico que não praticaria caso não houvesse se obrigado e, desde que escusável, torna o ato anulável.

---

[20] Nelson Nery Júnior e Rosa Maria de Andrade Nery, *Código Civil comentado*, 5ª ed., São Paulo: RT, 2007, p. 337.

O erro deve ser fundamental, tendo em vista que o ato não seria praticado se a realidade fosse aparente, o que depende das condições pessoais de quem alega. Por exemplo: o construtor não pode se escusar de ter lobrigado em erro ao adquirir materiais de construção.

O erro recai sobre:

a) *A natureza do ato:* por exemplo, se uma parte imagina estar vendendo e a outra estar recebendo por doação; não há nem uma coisa e nem outra. Trata-se de erro obstáculo de acordo com a doutrina francesa.

b) *O objeto principal da declaração:* por exemplo, um terreno comprado em rua cujo nome é igual ao do terreno realmente pretendido.

c) *As qualidades essenciais do objeto da declaração:* exemplo de Pothier e Colin e Capitant, retirado da codificação justinianeia: candelabros de bronze são adquiridos como sendo de prata, ou, no Direito Imobiliário, terreno adquirido para plantio, quando, na verdade, a terra não possui características que permitam a atividade.

d) *As qualidades essenciais da pessoa a quem se refere a declaração:* é o caso, por exemplo, de efetuar-se doação de imóvel a alguém em razão de imaginar ser sobrinho quando, na realidade, não é.

e) *O direito:* não é sobre as qualidades da pessoa ou coisa, mas sobre a existência de uma norma jurídica; falso conhecimento ou interpretação errônea como motivo principal da vontade, sem que seja norma cogente. Por exemplo: o agente adquire gleba que não admite loteamento, para parcelamento do solo, interpretando erroneamente ou ignorando a Lei 6.766/1979.

É preciso observar, contudo, que o falso motivo ou falsa causa, ou seja, a motivação do agente para a prática de negócio jurídico só anula o negócio jurídico se estiver declarado no instrumento do negócio (Código Civil, art. 140).

A principal característica do erro é a espontaneidade do agente, que não foi levado a celebrar o negócio jurídico em disparidade com a sua vontade real, mas se enganou como se enganaria qualquer pessoa diligente em seu lugar.

O *dolo* se diferencia do erro na medida em que o engano, a falsa percepção da realidade, que leva à prática de negócio jurídico que não seria praticado se o agente conhecesse a realidade, foi provocado pelo outro contratante que, mediante ardil, expediente astucioso, buscou embair a média argúcia.

A *coação* é a pressão exercida sobre uma pessoa para obrigá-lo a externar sua vontade, que não se manifesta de forma livre e consciente.

De acordo com o art. 151 do Código Civil, seus requisitos são:

a) *Causa do ato:* o consentimento se dá em virtude da violência à pessoa, à família ou aos bens de quem manifesta a vontade.

b) *Gravidade:* de acordo com o critério concreto, leva em conta as características da pessoa que manifestou a vontade (critério adotado pelo Código Civil, no art. 152); por exemplo, um homem robusto que alega ter sido coagido em razão de ameaça de agressão por homem franzino não anula o negócio jurídico. De outro lado, o contrato celebrado por empregado economicamente dependente em razão de pressão de seu patrão pode anular o negócio praticado.

c) *Injustiça (Código Civil, art. 153):* não é injusta a ameaça de execução judicial ou de protesto de título para obter pagamento (exercício regular de um direito), mesmo que o ato não se manifeste livremente; é injusta a ameaça quando, embora exercendo regularmente o direito, o agente pretende resultado injusto como, por exemplo, a ameaça de protesto para conseguir casamento, o que é ato ilícito por configurar o abuso de direito (Código Civil, art. 187).

d) *Mal iminente:* o mal não pode ser remoto; o receio deve ser atual e inevitável; admite-se o receio atual de mal futuro.

e) *Violência moral contra família e/ou bens daquele que manifesta a vontade:* por exemplo, o filho que ameaça se suicidar para conseguir doação que é condição para casamento; admite-se o temor iminente de mal injusto contra outras pessoas, que não sejam da família do coagido (parentes em linha reta, de qualquer grau e em linha colateral até o quarto grau – Código Civil, arts. 1.591 e 1.592).

O *estado de perigo* é o vício do consentimento que implica a manifestação volitiva com assunção de obrigação excessivamente onerosa motivada por necessidade de salvação da pessoa que pratica o negócio ou de terceiros ou salvar sua família (Código Civil, art. 156).

Seus requisitos são:

a) Necessidade de salvar-se ou salvar terceiros (própria pessoa que manifesta a vontade, sua família ou terceiros, a critério do juiz – art. 156, parágrafo único).

b) Necessidade grave.

c) Conhecimento do fato pela parte contrária.

d) Onerosidade excessiva da obrigação assumida.

A *lesão* é vício do consentimento que implica a manifestação volitiva em razão de premente necessidade ou inexperiência, cujo efeito é a assunção de prestação manifestamente desproporcional (Código Civil, art. 157).

Para que se configure, exige-se:

a) premente necessidade ou inexperiência; e,

b) prestação desproporcional (de acordo com os valores vigentes à data do negócio jurídico).

Como a lei não estabelece os limites da desproporção, o juiz deve analisar cada caso concreto, podendo utilizar, por analogia, o critério de 20% do art. 4º da Lei 1.521/1951, que determina ser crime a usura pecuniária ou real aquela que estipule, *em qualquer contrato, abusando da premente necessidade, inexperiência ou leviandade da outra parte, lucro patrimonial que exceda o quinto do valor corrente ou justo da prestação feita ou prometida.*

Portanto, se alguém, por inexperiência ou premente necessidade adquire ou vende imóvel cuja prestação ou preço ultrapasse 20% do valor de mercado para mais ou para menos, poderá pedir a anulação do ato jurídico, exceto se houver compensação (por parte de quem pagou menos) ou se a parte favorecida concordar com a redução do proveito (aquele que recebeu mais do que o valor corrente).

A premente necessidade ou inexperiência da lesão é menos que necessidade de salvar-se ou salvar alguém de sua consideração ou família do estado de perigo. Logo, anula-se o ato jurídico celebrado com vício de estado de perigo, mesmo no caso de a obrigação ser a corrente, desde que excessivamente onerosa, o que não ocorre na lesão, que exige desproporcionalidade das prestações.

14.2.4. Regras de interpretação dos contratos

Os contratos nada mais são que um acordo de vontades que cria, modifica ou extingue direitos de natureza patrimonial.

Se a lei não exigir forma, como na maioria das vezes exige nos negócios imobiliários – o compromisso de compra e venda deve ser escrito, ainda que o instrumento seja particular e a escritura de compra e venda deve ser pública – pode ser até verbal, como ocorre com o contrato de locação.

De qualquer forma, concluído o contrato pelo acordo de vontades – proposta e aceitação integral – esse contrato se torna, em regra, obrigatório.

Ocorre que nem sempre os contratos são claros, sendo necessário, ante sua imprecisão, proceder à sua interpretação.

Portanto, contratos confusos, extensos e contraditórios merecem interpretação para extração da vontade das partes e do conteúdo da avença.

Ao revés do que ocorre com a lei, cujas regras de interpretação estão dispostas na Lei de Introdução às Normas do Direito Brasileiro, não há um capítulo específico que verse sobre a interpretação dos negócios jurídicos no Código Civil.

Todavia, existem regras esparsas que permitem a interpretação dos negócios jurídicos ante a impossibilidade de inferir, do teor do contrato, a vontade real das partes.

Essas regras são as seguintes:

a) Se houver divergência sobre o sentido de uma cláusula, o juiz deverá buscar a intenção das partes (Código Civil, art. 112).

b) Devem ser desconsideradas as cláusulas que impliquem em renúncia a direitos inerentes ao negócio nos contratos de adesão (Código Civil, art. 424).

c) Nos contratos de adesão ou por adesão, em que uma das partes impõe condições previamente estabelecidas em contrato-padrão, a interpretação, no caso de dúvida, ambiguidade ou contradição, deve ser sempre a mais favorável ao aderente (Código Civil, art. 423 e Código de Defesa do Consumidor, arts. 46 e 47).

d) Reserva mental, ou seja, se a vontade declarada no contrato não representa a vontade real do contratante, o juiz deverá interpretar o contrato de acordo com a vontade real (reserva mental) desde que a outra parte conheça a disparidade:

> *Art. 110. A manifestação de vontade subsiste ainda que o seu autor haja feito a reserva mental de não querer o que manifestou, salvo se dela o destinatário tinha conhecimento.*

Em outras palavras, aquilo que está escrito no contrato não vale se for diferente daquilo que o contratante realmente queria se essa disparidade era conhecida do outro contratante.

Prestigia-se o princípio da boa-fé objetiva (Código Civil, art. 422) e prevalece o que o contratante queria em detrimento do que firmou no contrato.

Por exemplo: ao assinar contrato de compromisso de compra e venda de imóvel em construção, a par de o contrato prever que o elevador será cobrado a parte, o promitente comprador afirma, no momento da assinatura do contrato, que só adquirirá o imóvel se o elevador estiver incluído.

Sabendo dessa vontade do adquirente, o promitente vendedor afirma que essa cláusula não será aplicada com a frase "é só para constar (...)" ou, o que é pior, ouvindo do promitente comprador o relato que acabara de desistir de negócio relativo a outro imóvel porque o elevador seria cobrado a parte, se omite em razão da disposição do seu contrato, temendo o mesmo destino, ou seja, a desistência do adquirente.

Nesse caso, ante a má-fé do promitente vendedor, valerá a intenção do promitente comprador e o elevador não poderá ser cobrado.

Não se trata, aqui, de anular o contrato, mas de interpretá-lo, ajustando-o à vontade do contratante que agiu de boa-fé.

É a teoria da confiança, abarcada pelo art. 110 do Código Civil.

Segundo essa teoria, sempre que houver disparidade entre a vontade e a declaração no contrato, valerá a vontade se o outro contratante, a quem se dirige a declaração, souber da vontade real e se omitir ante os termos declarados.

14.2.5. Cláusula *rebus sic stantibus* e imprevisão

Sabe-se que o contrato é um acordo de vontades que cria, modifica ou extingue direitos.

Nesse sentido, alguns princípios regulam a vontade das partes, entre eles o princípio da obrigatoriedade das convenções (*pacta sunt servanda*).

De fato, os contratos foram feitos para serem cumpridos.

Todavia, a liberdade contratual e a obrigatoriedade das convenções estão vinculadas à legalidade do que foi convencionado, principalmente em razão de normas de ordem pública.

Além disso, se o contrato se tornar excessivamente oneroso, com quebra de comutatividade (equivalência das obrigações), será revisado nos termos do art. 6º, V, da Lei 8.078/1990 (Código de Defesa do Consumidor), que assegura ao consumidor a possibilidade de revisão do contrato através da *modificação de cláusulas contratuais que estabeleçam prestações desproporcionais ou sua revisão em razão de fatos supervenientes que as tornem excessivamente onerosas.*

Se assim o é, sempre que o contrato estabelecer prestações desproporcionais ou se tornar excessivamente oneroso em razão de fatos supervenientes, ainda que previstos, poderá ser revisto judicialmente.

É a cláusula *rebus sic stantibus.*

No âmbito do Código Civil, para relações que não sejam de consumo, o prejudicado poderá requerer a revisão ou a resolução. Nesse sentido:

> *Art. 317. Quando, por motivos imprevisíveis, sobrevier desproporção manifesta entre o valor da prestação devida e o do momento de sua execução, poderá o juiz corrigi-lo, a pedido da parte, de modo que assegure, quanto possível, o valor real da prestação.*
>
> *(...)*
>
> *Art. 478. Nos contratos de execução continuada ou diferida, se a prestação de uma das partes se tornar excessivamente onerosa, com extrema vantagem para a outra, em virtude de acontecimentos extraordinários e imprevisíveis, poderá o devedor pedir a resolução do contrato. Os efeitos da sentença que a decretar retroagirão à data da citação.*
>
> *(...)*
>
> *Art. 479. A resolução poderá ser evitada, oferecendo-se o réu a modificar equitativamente as condições do contrato.*
>
> *(...)*
>
> *Art. 480. Se no contrato as obrigações couberem a apenas uma das partes, poderá ela pleitear que a sua prestação seja reduzida, ou alterado o modo de executá-la, a fim de evitar a onerosidade excessiva.*

Assim, o prejudicado pela onerosidade excessiva poderá requerer:

a) a resolução do contrato;

b) a revisão do contrato.

De qualquer forma, a previsão do Código Civil, quando não houver relação de consumo, exige que o fato torne o contrato excessivamente oneroso ou desproporcional para uma das partes tenha decorrido de fato imprevisto.

Nesse sentido, se diferencia dos contratos que encerram relação de consumo na medida em que, naqueles, a imprevisão é irrelevante, bastando a desproporção, ou seja, a onerosidade excessiva para uma das partes.

Demais disso, no âmbito das relações de consumo, subsumidas ao art. 6º, V, da Lei 8.078/1990, não há a previsão de resolução, apenas de revisão.

Em resumo:

a) Nos contratos de consumo, o evento superveniente que torna o contrato desproporcional não necessita ser imprevisto e a solução legal se limita a revisão do contrato, restabelecendo a comutatividade. Admite-se, inclusive, a alteração de cláusula contemporânea à formação do contrato, que tenha previsto prestações desproporcionais entre as partes.

b) Nos contratos meramente civis, mister se faz que o evento que torne a avença excessivamente onerosa entre as partes seja superveniente à formação do contrato e, demais disso, imprevisível. Nesses casos, o prejudicado pode escolher entre a resolução ou revisão.

Ensina Silvio Rodrigues que *tanto o princípio da autonomia da vontade como o da obrigatoriedade das convenções perderam uma parte de seu prestígio, em face de anseios e preocupações novas, nem sempre atendidos no apogeu do regime capitalista.*

Com efeito, o princípio da autonomia da vontade parte do pressuposto de que os contratantes se encontram em pé de igualdade, e que, portanto, são livres de aceitar ou rejeitar os termos do contrato. Mas isso nem sempre é verdadeiro. Pois a igualdade que reina no contrato é puramente teórica (cf. Ripert...) e, via de regra, enquanto o contratante mais fraco no mais das vezes não pode fugir à necessidade de contratar, o contratante mais forte leva uma sensível vantagem no negócio, pois é ele quem dita as condições do ajuste.[21]

Nesse sentido, *contractus qui habent tractu sucessivum et dependentiam de futuro rebus sic stantibus intelliguntur.*

Assim, acorde com Maria Helena Diniz, o *Estado intervém no contrato, não só mediante a aplicação de normas de ordem pública (RT, 516:150), mas também com a adoção de revisão judicial dos contratos, alterando-os, estabelecendo-lhes condições de execução, ou mesmo exonerando a parte lesada, conforme as circunstâncias, fundando-se em princípios de boa-fé e de supremacia do interesse coletivo, no amparo do fraco contra o forte, hipótese em que a vontade estatal substitui a vontade dos contratantes, valendo a sentença como se fosse declaração volitiva do interessado.*[22]

Portanto, *a vontade continua essencial à formação dos negócios jurídicos, mas sua importância e força diminuíram, levando à relativização da noção de força obrigatória e intangibilidade do conteúdo do contrato. Aos juízes é agora permitido um controle do conteúdo do contrato, como no próprio Código Brasileiro de Defesa do Consumidor devendo ser suprimidas as cláusulas abusivas e substituídas pela norma legal supletiva (art. 51 do CDC).*[23]

---

[21] Silvio Rodrigues, *Direito Civil*, São Paulo: Saraiva, 1991, vol. 3, p. 19.

[22] Maria Helena Diniz, *Curso de Direito Civil Brasileiro, Teoria das Obrigações Contratuais e Extracontratuais*, 10ª ed., Saraiva, 1995, vol. 3, p. 28-29.

[23] Claudia Lima Marques, *Contratos no código de defesa do consumidor*, São Paulo: Revista dos Tribunais, 1995, p. 93.

14.2.6. Procedimento da ação de revisão

Atualmente, em virtude dos diversos aspectos abordados na petição inicial, muito se tem discutido acerca dos valores cobrados pelas construtoras e agentes financeiros que fornecem o denominado crédito imobiliário.

Nesse sentido, quanto às construtoras, tem-se discutido a legalidade dos contratos, principalmente em razão dos seguintes pontos:

a) Correção monetária ilegal quanto ao índice ou à periodicidade.

b) Tabela Price aplicada nos negócios entabulados fora das exceções do art. 3º da Lei 14.905/2024, considerada ilegal a teor do art. 4º do Decreto nº 22.626/33 e Súmula nº 121 do STF.[24]

c) Taxa ilegal de juros.

d) Aplicabilidade do Código de Defesa do Consumidor.

Do ponto de vista prático, mister se faz, antes de ingressar com a ação, colher um parecer, normalmente de contador habilitado, fornecendo a esse profissional os elementos para que efetue o cálculo dos valores devidos (saldo devedor e parcelas), considerando a exclusão dos fatos apontados como ilegais, com pedido, inclusive, de antecipação de tutela de urgência para pagamento das parcelas com valores recalculados, mesmo que unilateralmente, conforme vêm admitindo os Tribunais.

A rigor isso seria desnecessário, mormente que se discutirá matéria eminentemente de direito, *v.g.*, a ilegalidade da Tabela Price que, declarada ilegal, refletirá em liquidação de sentença.

Todavia, mister se faz o interesse processual, motivo pelo qual é necessário demonstrar, logo de início, que a exclusão dos aspectos ilegais do contrato acarreta redução nos valores devidos ou alteração nas condições contratuais.

Se o contrato é de trato sucessivo, não se tratando de ação consignatória (que também é possível), evidentemente que, obtida sentença favorável, os cálculos deverão ser novamente efetuados (pela terceira vez – a segunda na fase da prova pericial) em liquidação por arbitramento (Código de Processo Civil, art. 510).

14.2.6.1. Condições específicas da ação de revisão – a Lei 10.931/2004

Com a Lei 10.931, de 2 de agosto de 2004, surgiram condições específicas da ação de revisão dos contratos imobiliários.

Com efeito, surge a nítida intenção de impor ao que se dispõe a requerer a revisão do contrato, a obrigação de indicar qual o valor incontroverso da obrigação assumida.

Esse valor incontroverso nada mais é que o valor que o autor da ação entende devido.

Para esse mister, entendemos que será necessário, como sustentamos, um parecer preliminar, preparado por técnico especializado, indicando os valores com os descontos decorrentes das ilegalidades apontadas na petição inicial, como, por exemplo, o anatocismo, o uso da Tabela Price, as correções ilegais etc.

Tal providência surgiu da necessidade de bloquear a má-fé espelhada em algumas ações que, aproveitando-se da pletora de feitos que assoberba o Poder Judiciário, protelam indefinidamente o pagamento, permitindo que o autor deixe, inclusive, de pagar aquilo que na sua petição aponta como devido.

---

[24] Luiz Antonio Scavone Junior, *Juros no direito brasileiro*, 3. ed. São Paulo: Revista dos Tribunais, 2009.

De fato, o Direito não se presta a tutelar o enriquecimento sem causa, não protegendo, conseguintemente, aquele que não se dispõe a pagar aquilo que aponta como devido e age de má-fé.

Nesse sentido:

> *Art. 50. Nas ações judiciais que tenham por objeto obrigação decorrente de empréstimo, financiamento ou alienação imobiliários, o autor deverá discriminar na petição inicial, dentre as obrigações contratuais, aquelas que pretende controverter, quantificando o valor incontroverso, sob pena de inépcia.*
>
> *§ 1º O valor incontroverso deverá continuar sendo pago no tempo e modo contratados.*

Todavia, de discutível constitucionalidade, a par de determinar que o valor incontroverso deve continuar sendo objeto de depósito, os §§ 2º e 3º exigem, para suspensão do valor controvertido, seu depósito integral:

> *Art. 50. (...)*
>
> *§ 2º A exigibilidade do valor controvertido poderá ser suspensa mediante depósito do montante correspondente, no tempo e modo contratados.*
>
> *§ 3º Em havendo concordância do réu, o autor poderá efetuar o depósito de que trata o § 2º deste artigo, com remuneração e atualização nas mesmas condições aplicadas ao contrato:*
>
> *I – na própria instituição financeira credora, oficial ou não; ou*
>
> *II – em instituição financeira indicada pelo credor, oficial ou não, desde que estes tenham pactuado nesse sentido.*

Ocorre que, de acordo com a Constituição Federal, *ninguém será privado da liberdade ou de seus bens sem o devido processo legal* (art. 5º, inc. LIV).

Por evidente que esse *devido processo legal* não pode prescindir da análise dos fatos, fazendo com que o autor sofra execução hipotecária sem que, antes, veja analisado seu pedido de revisão ou que esses mesmos fundamentos sejam analisados em embargos à execução do valor controvertido, com *os meios e recursos a ele inerentes* (art. 5º, inc. LV).

De qualquer forma, a regra acaba sendo abrandada pelo § 4º, segundo o qual o juiz, diante do caso concreto, pode suspender o depósito do valor controvertido, se julgar relevantes as razões jurídicas apresentadas desde que fundamente sua decisão:

> *Art. 50. (...)*
>
> *§ 4º O juiz poderá dispensar o depósito de que trata o § 2º em caso de relevante razão de direito e risco de dano irreparável ao autor, por decisão fundamentada na qual serão detalhadas as razões jurídicas e fáticas da ilegitimidade da cobrança no caso concreto.*

Bem pensado, igualmente, se o juiz não suspender a exigibilidade do valor controvertido, deverá, da mesma forma, fundamentar sua decisão sob pena de afronta ao princípio constitucional do devido processo legal.

Outra aberração constante dessa lei consiste em exigir, quando se alega compensação com os valores já pagos em quantia superior à devida, que o autor deposite o valor integral da obrigação principal.

Imaginemos que, por relevantes questões jurídicas, como, por exemplo, a prática do anatocismo que será adiante verificado, o autor da ação alegue que sua dívida já estaria paga se essa ilegalidade fosse excluída do contrato.

Segundo o teratológico e inconstitucional dispositivo (§ 5º do art. 50), ainda que sua alegação goze de verossimilhança, terá que depositar o valor integral do saldo devedor apontado pelo credor:

Art. 50. (...)

§ 5º É vedada a suspensão liminar da exigibilidade da obrigação principal sob a alegação de compensação com valores pagos a maior, sem o depósito do valor integral desta.

Analisando a Lei de Execução Fiscal, afirma Nelson Nery Junior que *constitui negativa de acesso à justiça, com ofensa ao princípio constitucional do direito de ação, condicionar o ajuizamento de ação declaratória ou anulatória de débito fiscal ao prévio depósito valor do débito* (...).[25]

Mutatis mutandis, é exatamente o que prevê o § 5º em tela, já que o autor, mesmo alegando com verossimilhança as ilegalidades cometidas no contrato, demonstrando que o débito já está pago, ficaria compelido a depositar o valor integral para discutir essas ilegalidades. Caso contrário, sofreria os funestos efeitos da mora, até com execução e desapossamento.

Não se pode esquecer que o imóvel já garante a obrigação.

Nesse sentido, o julgado decorrente do Agravo de Instrumento 957.163-3, do Primeiro Tribunal de Alçada Civil de São Paulo, cujo relator foi o Juiz Melo Colombi:

A instituição financeira, por seu turno, não suportará qualquer prejuízo, pois poderá proceder ao levantamento dos valores depositados, em caso de desacolhimento da pretensão dos agravantes, possuindo, ainda, garantia hipotecária sobre o imóvel.

Quanto ao fato de ser realizado o depósito de acordo com cálculos efetuados unilateralmente pelos autores, de se frisar que tal circunstância não prejudica a antecipação requerida, pois tais cálculos possuem justamente a finalidade de demonstrar a divergência havida entre os valores cobrados pelo banco e os considerados devidos pelos mutuários.

Assim, existindo dúvida sobre a exatidão dos valores devidos viável se mostra o depósito judicial das prestações, evitando a constituição em mora e a consequente execução extrajudicial.

Portanto, sempre que houver verossimilhança, o juiz poderá suspender o pagamento em decisão fundamentada, ainda que se trate de compensação com os valores já pagos, mormente que não se pode deferir esse direito àquele que, no mesmo caso, não compensou (§ 4º) com aquele que já cumpriu grande parte do contrato e, em razão disso, por já dispor de pagamento suficiente para compensar o saldo devedor com as ilegalidades apontadas (§ 5º), se tornaria impedido de ver suspensa a exigibilidade daquilo que aponta como ilegal.

Se não tiver razão, ao depois sofrerá todos os efeitos de sua mora, tais como juros, correções, honorários e prejuízos que ocasionar, valores esses devidamente lastreados no próprio imóvel que garante a obrigação.

Por fim, agora prestigiando a boa-fé e vedando o enriquecimento ilícito, a Lei 10.931/2004 exige que o autor da ação pague os encargos que recaem sobre o imóvel sob pena de cassação da eventual antecipação de tutela na ação de revisão ou liminar em ação cautelar:

Art. 49. No caso do não pagamento tempestivo, pelo devedor, dos tributos e das taxas condominiais incidentes sobre o imóvel objeto do crédito imobiliário respectivo, bem como das parcelas mensais incontroversas de encargos estabelecidos no respectivo contrato e de quaisquer outros encargos que a lei imponha ao proprietário ou ao ocupante de imóvel, poderá o juiz, a requerimento do credor, determinar a cassação de medida liminar, de medida

---

[25] Nelson Nery Junior, *Princípios do Processo Civil na Constituição Federal*, 5ª ed., São Paulo: Revista dos Tribunais, 1999, p. 100.

cautelar ou de antecipação dos efeitos da tutela que tenha interferido na eficácia de cláusulas do contrato de crédito imobiliário correspondente ou suspendido encargos dele decorrentes.

14.2.7. Pagamento indevido

Os pagamentos efetuados pelo autor da ação, quando se tratar de ilegalidades contratuais, configurarão pagamento indevido, uma espécie de enriquecimento sem causa que vem disciplinado nos arts. 876 a 886 do Código Civil.

De fato, o art. 876, do Código Civil, determina que *todo aquele que recebeu o que não lhe era devido, fica obrigado a restituir*; (...).

Essa restituição far-se-á por uma espécie de ação *in rem verso* denominada ação de repetição de indébito (aquilo que é indevido).

O art. 877 do Código Civil preceitua que o pagamento deve ter sido efetuado de forma voluntária e por erro.

Esse erro é de qualquer espécie, seja escusável ou não, de fato ou de direito, que, todavia, deverá ser provado pelo autor da ação.

Não há como, entretanto, confundir as hipóteses dos arts. 876 e 877 do Código Civil.

Pagando o que não é devido em razão de cobrança a maior, o que pagou fará jus à restituição. O art. 877, do Código Civil, se aplica, apenas, aos atos de mera liberalidade, em outras palavras, aos atos gratuitos, cujo pagamento se dá pela vontade do *solvens*.

Vejamos, nesse sentido, julgado do Segundo Tribunal de Alçada Civil de São Paulo:

> **Segundo Tribunal de Alçada Civil de São Paulo**. *Repetição do indébito – pagamento sem causa – distinção entre as hipóteses dos arts. 964 e 965 do Código Civil. O art. 964 do Código Civil consagra o princípio geral do dever de restituição, nos casos de locupletamento injusto, ou pagamento indevido, a cuja repetição basta a prova da inexistência de causa jurídica. O art. 965 prevê apenas caso específico, onde a repetição está condicionada a prova de erro, ou mais propriamente, da inocorrência de liberalidade do solvens* (Apel. nº 177.605, 5ª Câm., Rel. Juiz Cézar Peluso, j. 28.02.85, JTA (RT) 97/335. Referências: Clóvis, Código Civil Comentado, SP-BH: Francisco Alves, 11ª ed., 1958, vol. IV, p. 97, nota 2 ao art. 964; Orozimbo Nonato, Curso de Obrigações, 1ª ed., Forense, 1960, segunda parte, vol. II, p. 124, nº 5; Ludovico Baressi, La Teoria Generale delle Obbligazioni, 2ª ed., Milano: A. Giuffrè, rist., 1964, vol. II, p. 370, nº 184, RTJ 61/416).

O pagamento indevido pode ser objetivo ou subjetivo.

Será objetivo se a dívida não existir ou for de menor extensão, ou seja, se o *solvens* paga valor que por erro imagina existir, mas que na realidade não existe mais ou, ainda, no caso de pagamento de valor superior àquele que é devido, como no caso *sub oculis*.

Será subjetivo se a dívida, embora existente, é paga por quem ou a quem não deveria ser paga.

Não se aplica, neste caso, a norma do art. 178 do Código Civil.

Com efeito, o pedido, nem de longe, requer a anulação do contrato e, tampouco, encontra fundamento em erro, dolo, coação, estado de perigo, lesão ou fraude.

Muito pelo contrário, se requer declaração de cumprimento do contrato em virtude de nulidade (absoluta) de algumas cláusulas.

Aliás, o § 2º do art. 51 do Código de Defesa do Consumidor preceitua que *a nulidade de uma cláusula contratual abusiva não invalida o contrato* (...).

De mais a mais, trata-se de ação de repetição de indébito, direito pessoal, cuja prescrição, antes vintenária, decorrente do art. 177 do Código Civil de 1916,[26] com o atual Código Civil, diminuiu para três anos (art. 206, § 3º, IV).

---

[26] *Tribunal de Justiça de São Paulo. Prescrição. Repetição de indébito. Inocorrência. Prazo prescricional de 20 anos. Recurso não provido (rel. Barbosa Pereira, Apel. Cív. 199.804-1, Santo André, 02.12.1993).*

Se isso não bastasse, mister se faz ressaltar a lição sempre clara de Nelson Nery Jr. e Rosa Maria Andrade Nery, quanto aos contratos disciplinados pela Lei 8.078/1990:[27]

> *O CDC tem seu próprio sistema de nulidades, de modo que aos contratos de consumo não se aplicam, inteiramente, as disposições sobre nulidades do CC, Ccom, CPC e de outras leis extravagantes. No microssistema do CDC as cláusulas abusivas são nulas de pleno direito, porque ofendem a ordem pública de proteção do consumidor.*
>
> *A nulidade da cláusula abusiva deve ser reconhecida judicialmente, por meio de ação direta (ou reconvenção), de exceção substancial alegada em defesa (contestação), ou, ainda, por ato "ex officio" do juiz. A sentença que reconhece a nulidade não é declaratória, mas constitutiva negativa. O efeito da sentença que decreta a nulidade da cláusula abusiva é "ex tunc", pois desde a conclusão do negócio jurídico de consumo já preexiste essa situação de invalidade. Sendo matéria de ordem pública (CDC, 1º), a nulidade de pleno direito das cláusulas abusivas no contrato de consumo não é atingida pela preclusão, podendo ser alegada a qualquer tempo e grau de jurisdição. Aplicam-se, por extensão, o CPC 267, § 3º, 301, § 4º, e 303 [atuais arts. 485, § 3º, 337, § 5º, e 342]. O CDC não fixou nenhum prazo para o exercimento do direito de pleitear em juízo, a nulidade de cláusula abusiva. Consequentemente, na ausência de norma nesse sentido, a pretensão e ação são imprescritíveis (Amorim, RT 300/7; Nery, CDC Coment., p. 342).*

Observe-se a jurisprudência:

Tribunal de Justiça do Paraná. *Civil. Consórcio. Desistência. Contrato que prevê a restituição das prestações pagas sem correção monetária. Nulidade, por tratar-se de cláusula abusiva, que viola o Código de Defesa do Consumidor (cf. art. 51, incs. II e IV, p. 1, incs. II e III). Aplicação da Súmula nº 35 do STJ. Prescrição. Descaracterização, por não se cuidar de anulabilidade por defeito de ato jurídico (cf. C. Civil, art. 178, § 9º, inc. V, letra" b"), mas de inaplicabilidade de cláusula por ser abusiva, segundo o Código de Defesa do Consumidor. Apelação desprovida Decisão: unânime (Apelação Cível 15.299, Rel. Des. Sydney Zappa, Comarca: Curitiba, 8ª Vara Cível, 1ª Câmara Cível, Publicação: 14.09.1998. Decisão: acordam os desembargadores integrantes da primeira câmara cível do Tribunal de Justiça do Estado do Paraná, por unanimidade de votos, em negar provimento a apelação).*

Portanto, tratando-se de ação de repetição de indébito fundada em cláusulas nulas de pleno direito nos termos do Código de Defesa do Consumidor, afrontando normas cogentes, inaplicável a norma de prescrição dos arts. 178 e 205 do Código Civil.

Ademais, o pedido é de repetição de indébito, e não de anulação do contrato, não havendo falar-se em prescrição quadrienal.

Em verdade, se se trata de nulidade absoluta (CDC), pressupõe violação a regra de direito indisponível, não sujeito a sanação.

14.3. FATO: JUROS COMO MECANISMO DE CONTROLE ECONÔMICO; CONTRÁRIOS AO OBJETIVO DO DIREITO E HISTORICAMENTE COMBATIDOS

A questão dos juros na sociedade não é nova.

Com efeito, desde o momento em que o homem passou a utilizar a moeda, surgiu a ideia da cobrança de um acréscimo pelo uso desse capital por parte de quem não o possuía.

---

[27] *Código de processo civil comentado*, São Paulo: Revista dos Tribunais, 1997, notas 2 e 3 ao art. 51 do CDC.

Sendo assim, os juros podem ser conceituados como o lucro, o rendimento de um determinado capital representado por bens fungíveis, principalmente o dinheiro.

Deveras, o dinheiro é uma espécie de bem dotado de característica que o diferencia de todos os outros bens.

Nessa medida, afirma-se que *o dinheiro é o signo dos valores. Claro é que quem tem necessidade desse signo deve alugá-lo, como faz com tudo que tem necessidade. A diferença única é que as outras coisas se podem alugar ou comprar, enquanto o dinheiro, que é o preço das coisas, se aluga e não se compra.*[28]

E esse "aluguel" se denomina juro.

Hodiernamente, a cobrança de juros se tornou um importante mecanismo de controle da economia.

Assim, se o interesse for o de fomentar a produção e o consumo, os juros são reduzidos, permitindo que o capital seja direcionado à atividade produtiva e ao consumo.

De outro lado, quando o interesse for o de arrefecer a atividade econômica em razão, principalmente, da inflação decorrente do consumo, os juros são elevados pelo Poder Público a quem cabe esse controle. Com juros elevados, a atividade produtiva é contida em decorrência do custo do crédito e do fluxo de capitais para aplicações financeiras mais rentáveis. Com menor procura, os preços tendem à estabilidade, abstraídos outros fatores.

Nessa medida, o preço exagerado do "aluguel" do dinheiro – juro – é funesto ao objetivo maior do Direito: a paz social.

É evidente que a atividade econômica reduzida em razão de juros elevados conduz ao desemprego, à fome, à miséria e à ausência de investimentos de caráter social.

Não é por outro motivo que a cobrança de juros sempre foi combatida, em menor ou maior grau.

Acorde com Ramón Herrera Bravo *a partir de la introducción del cristianismo, la patristica mantiene una actitud hostil hacia los usureros, y considera a la caridad cristiana como contraria a las exigencias de un interés. Se empieza a generalizar, la postura negativa, que el antiguo testamento había establecido entre los hebreos (Lev. XXXX, 37-38; Ex. XXII, 25; Deut. XXIII, 19-20) y se proyecta en el Evangelio de S. Lucas (VI, 35). De los planteamientos morales se pasan a las reglas jurídicas y la usura es prohibida a los clérigos en el Concilio de Nicea (c. XVII).*[29]

A questão dos juros foi enfrentada, inclusive, pela Bíblia. Moisés determinava o empréstimo gratuito aos israelenses (Levítico, 25, 36-37,[30] Êxodo 22, 25,[31] Ezequiel 18, 8).[32] Por outro lado, paradoxalmente, liberava a cobrança de juros dos estrangeiros.

Poder-se-ia redarguir, afirmando que o Novo Testamento não traz vedação expressa à cobrança de juros. Todavia, recomenda, de forma geral, a prática desinteressada da caridade (Lucas 6, 35).[33]

---

[28] M. I. Carvalho de Mendonça, *Doutrina e prática das obrigações* (aumentada e atualizada por José de Aguiar Dias), Rio de Janeiro: Forense, 1956, tomo II, p. 71-73.

[29] Ramón Herrera Bravo, *"Usurae", problemática jurídica de los intereses en derecho romano*, Jaen: Universidad de Jaen, 1997, p. 133.

[30] Leis a favor dos pobres: 36. Não receberás dele juros nem ganho (...); 37. Não lhe darás teu dinheiro com juros, nem lhe darás teu mantimento por causa de lucro.

[31] Leis civis e religiosas: 25. Se emprestares dinheiro ao meu povo, ao pobre que está contigo, não te haverás com ele como credor que impõe juros.

[32] Não dando o seu dinheiro à usura, não recebendo juros, desviando a sua mão da injustiça, e fazendo verdadeiro juízo entre homem e homem.

[33] (...) fazei o bem e emprestai, sem esperar nenhuma paga (...)

Em razão desses princípios, a Igreja Medieval adotou posição radicalmente contrária à cobrança dos juros.

Nesse sentido, a sanção de abjeção contra os clérigos e a excomunhão dos laicos a partir do século IV, presente nos seguintes Concílios: Arles (314); ecumênico de Nicea (325); Cartago (349); Tours (461); Orleans (538); Paris (829); Meaux (845); e, Pavia (850).[34]

São Tomás condenava a cobrança de juros argumentando que na prática representava vender duas vezes o mesmo objeto (cf. *Suma Teol.* II 78, 1-4).

A ideia de São Tomás era a seguinte: *Como é possível, na verdade, transferir-se ao mutuário a propriedade do dinheiro mutuado e, sem embargo, cobrar-lhe o preço pelo uso desse dinheiro que já é propriedade sua? (...) si quis seorsum vellet vendere vinum, et vellet seorsum vendere usum vini, venderet eamdem rem bis, vel venderet id quod non est: unde manifeste per injustitiam pecaret (...).*[35]

As normas canônicas medievais esposaram essa tese, o que se observa nas Decretais dos Papas Alexandre III (1159-81) e Urbano I (1185-87).

Iguais proibições à cobrança dos juros são encontradas nos cânones dos concílios ecumênicos de Latrão III (1179) e de Lião II (1274).

O concílio universal de Viena, de 1311, igualou a um herege o sujeito que ousasse negar o pecado de emprestar dinheiro com a cobrança de juros.[36]

Mesmo com a veemente oposição da Igreja à cobrança de juros, a realidade medieval era bem diferente e o "pecado" prevalecia.

Em suma, as rígidas normas canônicas eram dotadas de pouca eficácia na Europa.

Os negócios envolvendo a cobrança exagerada de juros eram numerosos em toda a Idade Média, como sói ocorrer na França dos séculos XII e XIII, com taxas de até 16% ao ano.

Curiosamente, a par do histórico repúdio à cobrança de juros, no seio da Igreja Católica surgiram os chamados "Monti di Pietá", origem daquilo que hoje conhecemos como instituições financeiras.[37]

Essas casas, nada obstante sua finalidade altruísta e, bem por isso, aprovadas pelos Papas medievais, eram dotadas de função – não objetivo – bem próxima daquela hoje atribuída a uma instituição financeira.

Os "Monti di Pietá" emprestavam dinheiro mediante penhor, cobrando juros (então chamados compensação) a uma taxa mínima, que se destinava apenas à manutenção do instituto.

De qualquer forma, a existência dessas casas gerava indignação dos teólogos da época. Mesmo assim, o concílio ecumênico de Latrão V – 1512-17 – aprovou sua existência.

O pioneiro dos inúmeros "Monti di Pietá" medievais que se alastraram pela Europa surgiu na cidade de Florença, na Itália, em 1358, fundado pelo franciscano Francesco da Empoli.

A maior parte dos "Monti di Pietá", todavia, surgiu no século XV. Com efeito, o de Perússia surgiu em 1642 com recursos advindos de esmolas recolhidas pelo Frei Barnabé de Terni.[38]

---

[34] Ramón Herrera Bravo, ob. cit., p. 133.

[35] Sancti Thomae Aquinatis, *Summa theologiae*, 3ª ed., Matriti: Biblioteca de Autores Cristianos, 1961, nº 78, art. I.

[36] Estevão Bittencourt, *Pergunte e responderemos*, Rio de Janeiro: Mosteiro de São Bento, OSB, 1958, p. 248.

[37] Noticia Ramón Herrera Bravo (ob. cit., p. 144), a existência das denominadas "casanas" a partir do século XIV, com o mesmo modo de operação do "Monti di Pietá", que cobravam juros e não simples taxas de manutenção do instituto, se bem que a taxas muito baixas.

[38] Estevão Bittencourt, ob. cit., p. 251.

Ainda assim, a existência dessas casas não era uma unanimidade na Igreja. O agostiniano Bariano considerava a praxe escandalosa.[39]

De fato, os "Monti di Pietá" foram se espalhando e passaram a ser fundados fora da Itália, perdendo, com o tempo, o objetivo altruísta original e se transformando em verdadeiras casas bancárias com finalidade lucrativa.

Certo é que o desenvolvimento social e o consequente plexo de intricadas relações jurídicas exsurgentes do desenvolvimento econômico e comercial dos séculos XV e XVI, além da posterior revolução industrial (século XVIII), não permitiram a manutenção da vetusta orientação da Igreja Católica.

Surge, então, a doutrina utilitária de Jeremy Bentham, na obra "Defense of Usury", que atendia aos interesses da burguesia em ascensão.

Embora tenha sido escrita em 1787, a publicação da obra, que defendia a usura e a frutuosidade do dinheiro, ocorreu apenas em 1816.[40]

Nessa esteira, na França, as taxas de juros foram liberadas em lei de 21 de abril de 1793, exemplo que se espalhou por toda a Europa.

Com efeito, na Espanha, por lei de 14 de março de 1856, tornou-se livre a cobrança de juros. Na Holanda, a mesma liberação ocorreu em 1857; na Dinamarca em 1855, na Suíça em 1864 e na Inglaterra em 1854.[41]

Entrementes, o comportamento europeu não foi uniforme.

Na própria França, onde inicialmente os juros foram liberados, lei de 3 de setembro de 1807 estabeleceu limite máximo da taxa de juros em 5% e 6%, respectivamente, nas matérias civis e mercantis. Lei de 19 de dezembro de 1850 implantou o crime de usura para a cobrança acima das taxas legais. Esses limites foram suprimidos em 12 de janeiro de 1886 em matéria comercial e em 19 de abril de 1918 em matéria civil.[42]

Rendendo-se aos fatos, no século retrasado, as Congregações do Santo Ofício passaram a reconhecer explicitamente a possibilidade de cobrança de juros moderados.[43]

Em suma, *el esfuerzo conjunto de las normas canónicas y civiles, fracasó en la lucha sostenida con el préstamo a interés, la usura se impone frente a las enconadas reprobaciones medievales, tolerándose o por medios más o menos clandestinos.*[44]

Ante esse breve escorço histórico, percebe-se claramente que a questão dos juros é historicamente relevante para a sociedade.

A fonte do Direito positivo é o fato socialmente relevante.

Sendo assim, resta evidente que a questão que envolve os juros é relevante para a sociedade.

---

[39] N. Bariano, *De monte impietatis*, Cremona: 1496, *apud* Estevão Bittencourt, ob. cit., p. 250.

[40] Hernani Estrela, *Direito Comercial (estudos)*, Rio de Janeiro: José Konfino, 1969, p. 46.

[41] Ramón Herrera Bravo, ob. cit., p. 145.

[42] Francisque Goyet, *Précis de droit pénal spécial*, 5ª ed., atualizada por Marcel Rousselet e Maurice Platin, Paris: LGDJ, 1949, p. 57.

[43] Estevão Bittencourt, ob. cit., p. 251.

[44] Ramón Herrera Bravo, ob. cit., p. 134. Este autor, inclusive, enumera os expedientes levados a efeito para burlar as proibições canônicas da cobrança de juros, entre elas: a) realização de um contrato de depósito com a obrigação de devolução com um *quis pluris*, os juros; b) contrato de empréstimo infrutífero conjuntamente com um contrato de arrendamento, no qual o mutuário pagava um prêmio superfaturado que incorporava os juros do empréstimo; c) realização de contratos de câmbio simulados cuja compensação representava, na verdade, o pagamento de juros; d) compra e venda simulada ou superfaturada, com juros insertos no preço.

Portanto, existem normas que regulam a aplicação dos juros no Direito, que devem ser analisadas à luz do novo Direito Privado que encontra sua gênese no Código Civil, Lei 10.406, de 10 de janeiro de 2002.

Os princípios que envolvem os contratos, em razão do novo Código, atualmente são outros.

Vislumbra-se a função social do contrato, a boa-fé (objetiva e subjetiva), a equidade e a transparência que devem decorrer de todo negócio jurídico (Código Civil, arts. 113, 421 e 422).

Rompe-se com os pendores liberais que inspiravam o Direito anterior, supedaneado no individualismo exacerbado do século retrasado, ainda sob a influência das ideias que surgiram da Revolução Francesa.

É possível afirmar que o princípio segundo o qual os contratos foram feitos para serem cumpridos (*pacta sunt servanda*) encontra, hoje, limitações nas normas de ordem pública, na legalidade e, principalmente, na boa-fé objetiva.

Nem sempre a vontade manifestada pelas partes nos contratos representa o interesse social e, nessa medida, sobrepairam as normas cogentes e a boa-fé objetiva sobre o vetusto princípio da autonomia plena da vontade.

Aliás, o descumprimento da boa-fé objetiva, segundo ensina o Prof. Miguel Reale, equivale ao objeto ilícito do negócio jurídico, e, conseguintemente, à nulidade absoluta da avença, nos termos do art. 104 do Código Civil.

Em outras palavras, os contratos devem ser transparentes. Os contratantes devem agir com lealdade desde a fase pré-contratual, passando pelo cumprimento e seguindo essa orientação mesmo após a execução do contrato, sob pena de contaminação do objeto contratual e consequente ilicitude.

Tendo em vista essas premissas, os juros, *desde que não exorbitantes, são uma justa compensação ao mutuante pela álea que corre o capital emprestado e um prêmio para induzi-lo ao empréstimo.*[45]

Ocorre que as taxas históricas praticadas no Brasil em vários períodos superam qualquer limite razoável.

A consequência da comparação entre os juros pagos e os juros cobrados é uma chocante desproporção.

Os dados mostram muitas vezes, no Brasil, diferença astronômica de mais de 1.000% (mil por cento) sobre o valor da captação (*spread*).

A consequência dessa prática está refletida no lucro dos bancos nacionais.

De fato, o lucro é parte integrante e indispensável de qualquer regime capitalista.

Entretanto, na medida em que o Direito é a norma da ação humana, na vida social, imposta de forma coativa por órgão soberano à observância de todos, deve limitar os juros, coibindo esses abusos que geram desemprego, recessão, injustiça social e concentração de renda; enfim, abusos que afrontam a paz social, objetivo maior do Direito.

Com o atual Código Civil, definitivamente, a autonomia privada está pautada pelos preceitos normativos de ordem pública, além da própria moral, limitando a ideia da liberdade individual plena, ranço de outra época.

Isso significa que as partes estão livres para convencionar os juros, desde que respeitem a lei e a boa-fé.

Seja como for, a tradição romanística, bem como as normas canônicas e civis que sempre tentaram limitar os juros, de uma forma ou de outra, foram superadas pela usura.

---

[45] J. M. de Carvalho Santos, *Código civil brasileiro interpretado*, 7ª ed., Rio de Janeiro: Freitas Bastos, 1958, vol. XVII, p. 452.

Os esforços legislativos jamais obtiveram grande êxito.

A usura parece ser um fato econômico que muitas vezes não é atingida por ataques jurídicos. Por mais detalhista que seja a lei e por mais graves que sejam as sanções, como mostra a história, os meios para contornar as proibições são sempre renovados.

No exemplo brasileiro, sequer a Constituição Federal logrou êxito em afastar a usura do cenário nacional, tendo em vista que as instituições financeiras conseguiram "passe livre" do Supremo Tribunal Federal, que interpretou o já falecido § 3º do art. 192 como norma de eficácia contida. O princípio da vedação à usura decorrente desse dispositivo desapareceu, incrivelmente, por força da Emenda Constitucional nº 40/2003, sem que, ao menos, tenha vigorado na sua plenitude.

Ainda assim, não cabe mais o conformismo da teoria clássica com a inoperância tradicional das normas.

Os tempos mudaram e, com essa mudança, vislumbra-se a existência dos "consumidores do direito"[46] com a justa expectativa da aplicação de uma ordem jurídica justa, não mais ligada aos aspectos tradicionais e formais de outrora.

É cediço que os juros excessivos são funestos ao objetivo maior do Direito: a paz social.

Se não há mais como admitir a parêmia *numus numun non gerat*, o detentor de capital, por outro lado, não pode cobrar de forma ilimitada de quem produz, gera emprego e desenvolvimento econômico e social.

De qualquer forma, ainda que os meios de burlar as normas sejam inumeráveis, subsiste um sistema que regula a aplicação dos juros no Direito brasileiro.

Por outro lado, não é apenas quem detém o capital que cobra pela sua utilização.

As instituições financeiras funcionam como intermediárias do capital, ou seja, captam dinheiro no mercado pagando juros e emprestam cobrando juros maiores pela utilização do mesmo dinheiro captado.

Em suma, as necessidades sociais impõem a aplicação do capital em atividades produtivas, geradoras de emprego, renda, e, consequentemente, de bem-estar social.

Em razão disso, entendemos que a interpretação das normas referentes aos juros deve seguir os parâmetros concebidos por Taparelli D'Azeglio,[47] cuja atualidade é mantida no decorrer de quase dois séculos.

---

[46] De acordo com o magistério do Prof. João Batista Lopes (*Tutela antecipada no processo civil brasileiro*, São Paulo, Saraiva: 2001, p. 21) a ideia de buscar uma ordem jurídica justa leva à mudança do prisma tradicional, de tal sorte que não se fala mais em jurisdicionado, mas em consumidor do Direito que, de resto, espera não só o serviço jurisdicional, mas a solução justa dos conflitos (tutela jurisdicional, através da tutela jurisdicional diferenciada, conjunto de meios, através dos quais o processo atua "pronta e eficazmente", inclusive pela sumarização, com a eliminação de atos desnecessários). A ação demanda, hoje, uma configuração teleológica, que não se restringe aos aspectos técnicos, tradicionais, mas aos meios colocados à disposição do cidadão para acesso a uma ordem jurídica justa. Verifica-se o princípio constitucional da inafastabilidade da tutela (Constituição Federal, art. 5º, XXXV), esposando a tese da abertura da justiça, ligando a ação aos postulados do estado social de direito e à garantia do devido processo legal (Cândido Rangel Dinamarco, *Execução Civil*, São Paulo: Malheiros, 1994, p. 341). Sendo assim, a simples dificuldade de prova não é, definitivamente, razão para liberar a usura como prega a doutrina tradicional espelhada em J.M. de Carvalho Santos, segundo o qual: *Com efeito, há, além do mais, um processo seguro, que desafia a justiça, pois não permite a prova da usura. Consiste simplesmente em enxergar o compromisso do mutuário. Este recebeu 100 e declara haver recebido 120, o que, em realidade, constitui juros de 20% ao ano e mesmo mais, se ela é exigível antes de um ano* (ob. cit., vol. XVII, pp. 456-457). Com efeito, as normas que tratam dos juros no Direito brasileiro, demandam uma configuração teleológica, que não se restringe aos aspectos técnicos, tradicionais, mas aos meios colocados à disposição do cidadão para o acesso a uma ordem jurídica justa.

[47] Taparelli D'Azeglio, *Essai théorique de droit naturel basé sur les faits*, Paris: Tournai, 1857, tomo II, nº 978, p. 209.

Segundo o jesuíta: a) há interesse social na circulação de capitais; b) os juros constituem um meio eficaz para facilitar essa circulação e, por tal razão, são relevantes socialmente; c) os juros devem ser suportados pelas pessoas que gozam dos benefícios decorrentes do uso do capital de que não dispõem. Todavia, a usura representa a cupidez privada que rouba o bem alheio, de tal sorte que a taxa de juros deve ser controlada e limitada pela sociedade que exerce, com todo rigor da justiça, o controle em prol do interesse comum.

Ainda assim, alguns sustentam, com razão, que, *desfigurados pela multidão das iniquidades e pelas injustiças do comércio, os juros hão de permanecer, por muito tempo ainda, faça-se o que se fizer a seu abono, conspurcados e poluídos como os trouxe, até hoje, através da história, o curso das paixões humanas.*[48]

14.3.1. A Lei de Usura – Decreto 22.626/1933 – vigência e aplicabilidade – as exceções determinadas pela Lei 14.905/2024

A Lei de Usura – Decreto 22.626/1933 – ainda está em vigor e foi revitalizada pela inspiração social que permeia a Lei 10.406/2002 – Código Civil – e confirmada pela Lei 14.905/2024 que, no art. 3º, determinou as hipóteses da sua inaplicabilidade e, a *contrario sensu*, da sua aplicabilidade.

Nada obstante se trate de um Decreto, foi editado sob a égide da Revolução de 1930, antes do advento da reconstitucionalização de 1934.

O Decreto em questão tem força de lei até hoje, vez que decorre do meio primário de introdução de normas da época.

De outro lado, não se vislumbra nenhuma hipótese de ocorrência das circunstâncias previstas no art. 2º da Lei de Introdução às Normas do Direito Brasileiro.

Não há qualquer dispositivo posterior, modificador ou revogador do Decreto 22.626/1933.

Mesmo com o Código Civil de 2002, permaneceu em vigor dispondo "*sobre os juros nos contratos*", vez que norma geral posterior não revoga norma especial anterior (*lex posterior generalis non derogat priori speciali*).[49]

A Lei de Usura, basicamente e no que interessa (sobre as espécies discorrerei adiante):

a) Proíbe a cobrança de *juros convencionais compensatórios* acima do dobro da taxa legal de juros (art. 1º);

b) Proíbe a prática do *anatocismo* (cobrança de juros sobre juros – art. 4º); e,

c) Proíbe a cobrança de *juros convencionais moratórios* acima da taxa de 1% ao mês.

Não obstante, surge a Lei 14.905, de 28 de junho de 2024, publicada no Diário Oficial no dia 1º de julho de 2024 com *vacatio legis* de 60 dias.

Essa lei, no seu art. 3º, determinou hipóteses de inaplicabilidade da Lei de Usura nesses termos:

> *Art. 3º Não se aplica o disposto no Decreto nº 22.626, de 7 de abril de 1933, às obrigações:*
>
> *I – contratadas entre pessoas jurídicas;*
>
> *II – representadas por títulos de crédito ou valores mobiliários;*

---

[48] Ruy Cirne de Lima, "Do juro do dinheiro", *Revista de direito mercantil, industrial, econômico e financeiro*, São Paulo: Max Limonad, vol. V, p. 35-46, 1955.

[49] Maria Helena Diniz, *Conflito de normas*. São Paulo: Saraiva, 2000, p. 50.

III – contraídas perante:

a) instituições financeiras e demais instituições autorizadas a funcionar pelo Banco Central do Brasil;

b) fundos ou clubes de investimento;

c) sociedades de arrendamento mercantil e empresas simples de crédito;

d) organizações da sociedade civil de interesse público de que trata a Lei nº 9.790, de 23 de março de 1999, que se dedicam à concessão de crédito; ou

IV – realizadas nos mercados financeiro, de capitais ou de valores mobiliários.

Corolário dessa exclusão é que as limitações aos juros moratórios e compensatórios e a proibição da prática do anatocismo contidas na Lei de Usura passam a ser aplicadas apenas aos negócios jurídicos celebrados com pessoas naturais (físicas) – ainda que uma das partes seja pessoa jurídica – salvo se as pessoas naturais celebrarem negócios com instituições financeiras e entidades de crédito às quais, em qualquer caso, não se aplica a Lei de Usura.

Dúvida pode ser gerada em razão da exclusão contida no inciso II do art. 3º da Lei 14.905/2024 que, a par outras interpretações, entendo que se aplica apenas às obrigações representadas por *títulos de crédito ou valores mobiliários* cujo propósito seja a circulação.

Os valores mobiliários podem ser entendidos como títulos financeiros representativos de investimento coletivo que geram direitos de participação, parceria ou remuneração.

Podem ser emitidos por entidades públicas ou privadas, como governos, instituições financeiras e sociedades anônimas.

Os valores mobiliários se dividem em valores representativos de propriedade e de crédito.

Os primeiros são as ações e os segundos, obrigações.

Importante que valores mobiliários circulam e, nessa medida, são fiscalizados e controlados pela Comissão de Valores Mobiliários (CVM) para garantir a segurança e a transparência das operações aos investidores.

A Lei 10.303/2001 incorporou esses conceitos ao art. 2º da Lei 6.385/1976.

Alguns exemplos de valores mobiliários são: cupom cambial, ações, debêntures, bônus de subscrição, certificados de depósito de valores mobiliários, cotas de fundos de investimento em valores mobiliários, notas comerciais e contratos futuros, de opções e outros derivativos.

Essas ferramentas são negociadas em mercados regulamentados, servindo de elo entre quem precisa captar recursos para financiar atividades econômicas e quem busca retorno sobre o capital investido.

Daí, quando o inciso II do art. 3º da Lei 14.905/2024 exclui da incidência da Lei de Usura as *"obrigações representadas por títulos de crédito ou valores mobiliários"* não quer permitir, por exemplo, que uma promessa de compra e venda de imóvel cujas parcelas estejam também representadas por notas promissórias, firmadas com pessoas naturais, tenha previsão de juros compostos, taxa de juros convencionais compensatórios maior que o dobro da taxa legal ou juros moratórios convencionais superiores a 1% ao mês.

O STJ tem posicionamento firme segundo o qual o título de crédito que lastreia, eventualmente, contrato, perde a natureza cambial:

Superior Tribunal de Justiça. *Civil e Processual Civil. Agravo interno no agravo em recurso especial. Execução de título extrajudicial vinculado a contrato. (...). Perda da autonomia do título. Precedentes. Agravo interno não provido. 1. Na linha dos precedentes desta Corte Superior, o título de crédito vinculado* *a um contrato não goza da autonomia. (...). (AgInt no AREsp 2.506.882/DF, Rel. Min. Moura Ribeiro, 3ª Turma, j. 19.08.2024, DJe 22.08.2024)*[50]

Quanto aos juros moratórios impostos pela Lei 14.905/2024 na *ausência de pacto*, dúvidas podem surgir acerca da aplicabilidade das novas regras da contagem.

Nessa medida, vislumbram-se as seguintes hipóteses:

a) Ausência de juros convencionais moratórios e mora configurada em obrigações para pagamento em tratos sucessivos antes da vigência da nova sistemática;

b) Existência de sentença condenatória transitada ou não transitada em julgado, determinando aplicação de juros de 1% ao mês na ausência de pacto de juros dessa espécie no contrato.

Em qualquer dos dois casos, ausente convenção expressa em contrato de juros moratórios (juros convencionais moratórios nos limites legais) os juros serão contados pela sistemática anterior à vigência da Lei 14.905/2024 (Selic integral ou 1% ao mês da redação original do art. 406 c/c art. 161, § 1º, do Código Tributário Nacional) e, depois do início da vigência da Lei 14.905/2024, pela taxa de juros legais da atual redação do art. 406.

No primeiro caso, porque os juros moratórios surgem quando a mora se opera e, se surgiram sob a égide de uma lei, essa lei deve regular seus efeitos.

À guisa de exemplo, os juros legais moratórios eram de 0,5% ao mês na vigência do Código Civil de 1916.

Quando entrou em vigor o atual Código Civil, com nova sistemática de contagem dos juros moratórios no art. 406, o assunto foi assim interpretado pelo enunciado 164 da III Jornada de Direito Civil do CJF, em 2004: *"Tendo início a mora do devedor ainda na vigência do CC/16, são devidos juros de mora de 6% ao ano, até 10/1/03; a partir de 11/1/03 (data de entrada em vigor do novo CC), passa a incidir o art. 406 do CC/02."*

Quanto à existência de sentença, transitada ou não em julgado, sobre a alteração anterior na sistemática de contagem de juros na ausência de moratórios convencionais, assim entendeu o STJ:

> **Superior Tribunal de Justiça.** *Como os juros de mora são regulados por normas de direito material, a regra geral é que as decisões judiciais a seu respeito devem se orientar pela lei vigente à data em que passaram a ser exigíveis, ou seja, à época de seus respectivos vencimentos. Logo, tendo a citação da recorrente [início dos juros de mora no caso concreto] se dado na vigência do CC revogado, em princípio, os juros devem sujeitar-se à regra do art. 1.062 do referido diploma. Todavia, com o advento do novo CC, aquele dispositivo de lei deixou de existir, passando a matéria a ser disciplinada pelo art. 406 da novel codificação. Diante disso, e também, **principalmente, do fato de os juros moratórios renovarem-se mês a mês, já que prestação de trato sucessivo, tenho que, no caso concreto, devem ser regulados, até 11/1/03, data da entrada em vigor da lei 10.406/02, pelo art. 1.062 do Código de 1916, e, a partir de então, pelo art. 406 do atual CC.** Qualquer outra solução que se pretendesse dar ao caso acarretaria a aplicação ultra-ativa do CC revogado, ou então a retroatividade dos comandos do novo Código, o que seria inadmissível. É de se ter presente que a taxa de juros moratórios, à luz do antigo e novo diploma civil, quando não convencional, é a legal. Se é a legal, é a da lei em vigor à época de sua incidência."* (REsp 594.486/MG, 3ª Turma, j. 19.05.2005, DJ 13.06.2005).

Essa, portanto, é a mesma solução que deve ser empreendida no caso de sentença transitada ou não em julgado, com menção ou não aos juros de 1% ao mês, nos termos do

---

[50] Em igual sentido: AgInt no REsp 1.862.455/SC, Rel. Min. Luis Felipe Salomão, 4ª Turma, j. 14.09.2020, *DJe* 22.09.2020; AgRg nos EDcl no REsp 1.367.833/SP, Rel. Min. Marco Aurélio Bellizze, 3ª Turma, j. 16.02.2016, *DJe* 19.02.2016.

art. 505, I, do Código de Processo Civil[51] e tema 176, julgado na sistemática dos recursos repetitivos pelo STJ.

Eis a tese firmada (tema 176) na sistemática dos recursos repetitivos no STJ: *"Tendo sido a sentença exequenda prolatada anteriormente à entrada em vigor do Novo Código Civil, fixados juros de 6% ao ano, correto o entendimento do Tribunal de origem ao determinar a incidência de juros de 6% ao ano até 11 de janeiro de 2003 e, a partir de então, da taxa a que alude o art. 406 do Novo CC, conclusão que não caracteriza qualquer violação à coisa julgada."*

Portanto, havendo a mesma razão, aplica-se o mesmo direito ou interpretação, devendo a referida tese 176 (STJ) ser lida agora assim: "Tendo sido a sentença exequenda prolatada anteriormente à entrada em vigor da Lei 14.905/2024, correto determinar a incidência de juros pela sistemática anterior até o dia 30/08/2024 e, a partir de então, da taxa a que alude o art. 406 do CC com a redação da Lei 14.905/2024, conclusão que não caracteriza qualquer violação à coisa julgada."

Posta assim a questão, aplicam-se os juros legais moratórios, portanto, em qualquer caso, pela sistemática anterior até o início da vigência da Lei 14.905/2024 (31 de agosto de 2024) e, depois dela, pela nova sistemática implementada pela redação do art. 406 do Código Civil, pela Lei 14.905/2024.[52]

14.4. JUROS – CONCEITO

O Direito romano atribui ao termo "juro" o sentido de usura, não como hoje se conhece, representando juros excessivos (usura pecuniária).

É assim a lição de Ramón Herrera Bravo, segundo o qual, *por medio del análisis del significado del término "usurae", las fuentes jurídicas romanas le otorgan el sentido simbólico de interés; frente a concepciones más cercanas a la dogmática moderna, que le otorgan un significado más unido a la idea de intereses excesivos que se corresponden con la expresión de usurarios. "Usurae" consiste en la remuneración que el deudor de dinero y de otras cosas, ha de satisfacer al acreedor por la privación que para él supone el no disfrute del capital debido. Cuando se entrega una suma de dinero en préstamo aparece la expresión "usurae", aunque los testimonios más antiguos se refieren al término "fenus", que equivale al interés del dinero prestado.*[53]

"Juro" é uma adaptação do latim "jure" – de "jus", "juris" – com o significado de direito.[54] Denota a língua portuguesa a singularidade de designar os interesses do dinheiro com a

---

[51] "Art. 505. Nenhum juiz decidirá novamente as questões já decididas relativas à mesma lide, salvo: I – se, tratando-se de relação jurídica de trato continuado, sobreveio modificação no estado de fato ou de direito, caso em que poderá a parte pedir a revisão do que foi estatuído na sentença;"

[52] A Lei 14.905 foi publicada no *Diário Oficial* no dia 1º de julho de 2024. A contagem do prazo de *vacatio legis* é feita de acordo com a Lei Complementar 95/1998, que, no art. 8º, § 1º, estabelece:
Art. 8º. A vigência da lei será indicada de forma expressa e de modo a contemplar prazo razoável para que dela se tenha amplo conhecimento, reservada a cláusula "entra em vigor na data de sua publicação" para as leis de pequena repercussão.
§ 1º A contagem do prazo para entrada em vigor das leis que estabeleçam período de vacância far-se-á com a inclusão da data da publicação e do último dia do prazo, entrando em vigor no dia subsequente à sua consumação integral (Parágrafo incluído pela Lei Complementar n. 107, de 26.4.2001).
Nesse caso, 60 dias contados da data da publicação (1º.07.2024) corresponde ao dia 30 de agosto de 2024, último dia da *vacatio legis*. Posta assim a questão, tendo em vista que a Lei Complementar 95/1998 determina a entrada em vigor no dia seguinte ao da consumação integral, resta a conclusão segundo a qual a Lei 14.905/2024 entrou em vigor no dia 31 de agosto de 2024.

[53] Ramón Herrera Bravo, ob. cit., p. 117.

[54] Antonio Geraldo da Cunha, *Dicionário Etimológico Nova Fronteira da Língua Portuguesa*, 1ª ed., São Paulo: Nova Fronteira, [s.d.]. Pedro Frederico Caldas, "As instituições financeiras e as taxas de juros", *Revista de direito mercantil*, São Paulo: Revista dos Tribunais, nº 101, p. 78, jan.-mar./1996.

expressão 'juro', que significa 'direito', como corruptela do latim jus, juris. Pereira e Souza (*Dicionário jurídico*, Lisboa, 1827, tomo II) define: *juro he synonymo de jus, direito. Senhor de juro he o que não he de mercê.*[55]

No plural – juros –, o termo significa interesses, ganhos ou lucros que o detentor do capital recebe pelo uso por alguém que não possui o capital.

Portanto, os juros podem ser definidos como frutos civis de um determinado capital.

Sendo assim, representam ganho, verdadeiro lucro em razão do uso desse capital por outrem que não o seu titular.

Nessa medida se diferenciam da simples correção monetária que não representa ganho, mas, de outro lado, simples manutenção do poder de compra da moeda.

Da mesma forma que se loca uma casa e se recebe em contrapartida o aluguel, é possível receber juros pelo empréstimo ou uso de bens fungíveis.

Logo, sua natureza jurídica é de bem acessório, simples pertença, rendimento espelhado em percentuais contados sobre o capital utilizado em razão de um lapso temporal.

A rigor, o acessório segue o principal em seu destino; o acessório assume a natureza do principal; e, o titular do principal, salvo exceção convencional ou legal, é titular do acessório.

Ocorre que, mesmo antes do atual Código Civil, quanto a essas características, Vicente Ráo já distinguia as duas subespécies de coisas acessórias: as partes integrantes e as simples pertenças.

Eis a sua lição: *Qualificam-se como partes integrantes as coisas acessórias: a) que por sua natural conexão com a coisa principal com esta forma um só todo e são desprovidas de existência material própria; b) que à coisa principal por tal modo estão unidas que, dela separadas, esta ficaria incompleta. Compreende-se entre as primeiras (letra a), além de outras e salvas as restrições legais, os produtos orgânicos ou inorgânicos do solo; entre as segundas (letra b) se incluem certas partes de um organismo vivo, ou as coisas artificiais como os edifícios em relação ao solo. Tanto os imóveis, quanto os móveis, podem ter partes integrantes; assim também se definem, de fato, a lã dos carneiros, as peças de um relógio, a encadernação de um livro. Ora, acrescentam os autores, máxima segundo a qual 'acessorium sequitur principal', 'acessorium cedit principali', só se aplica, em rigor, às coisas acessórias que fazem parte das coisas principais. Chamam-se pertences as coisas destinadas e empregadas ao uso, ao serviço, ou ao ornamento duradouro de outra coisa, a qual, segundo a opinião comum, continuaria a ser considerada como completa, ainda que estes acessórios lhe faltassem: tais são as coisas imóveis por destino, os acessórios que servem ao uso das coisas móveis como o estojo das joias, a bainha da espada etc. Ora, para essa categoria de acessórios, a máxima citada acima não tem aplicação rigorosa e absoluta, comportando, ao contrário, as limitações prescritas pela lei, em atenção aos fins a que esses acessórios se destinam.*[56]

Em consonância com a lição abalizada de Vicente Ráo, entendo que os juros pertencem à subespécie dos acessórios denominada *simples pertença*, que ora encontra fundamento nos arts. 93 e 94, do Código Civil.

Se assim o é, os juros não estão ligados de forma absoluta ao principal. Em outras palavras, não seguem obrigatoriamente o principal, como acontece com as *partes integrantes*.

De fato, a lei muitas vezes afasta o princípio *acessorium sequitur principal* no que tange aos juros.

---

55   Ruy Cirne de Lima, "Do juro do dinheiro", *Revista de direito mercantil, industrial, econômico e financeiro*, São Paulo: Max Limonad, vol. V, p. 35.

56   Vicente Ráo, *O direito e a vida dos direitos*, São Paulo: Revista dos Tribunais, 1991, nº 195, vol. II.

Isso ocorre, por exemplo, quando a lei proíbe a capitalização de juros – o fato de se somar os juros ao capital para contagem de novos juros no período seguinte – em periodicidade inferior à anual (Código Civil, art. 591 e Decreto 22.626/1933, art. 4º). Se o acessório, nessa hipótese, seguisse o principal, os juros seriam, obrigatoriamente, somados ao capital para contagem de novos juros.

Outro fato relevante diz respeito à natureza do capital sobre o qual incide a taxa de juros.

Certo é que, embora deva, necessariamente, ser representado por bem fungível, nem sempre esse bem fungível é o dinheiro.

Qualquer capital utilizado por terceiros é passível de servir de base de cálculo para a aplicação do percentual que representa a taxa de juros, embora seja mais frequente que esse capital seja mesmo o dinheiro.

Na definição de Crome,[57] citado por Serpa Lopes, os juros *são a compensação ministrada pelo devedor ao credor em razão do uso de uma quantidade de coisas fungíveis.*

De acordo com Tuhr,[58] todavia, é *a remuneração que o credor pode exigir para privar-se de uma soma em dinheiro que adiantou ao devedor.*[59]

Não só do dinheiro, repita-se, mas a privação de qualquer capital, desde que representado por bens fungíveis sobre os quais incidirá a taxa de juros.

Para acabar com a celeuma, é clarividente a lição de Mário Júlio de Almeida Costa: *deve-se notar, contudo, que o conceito de juro não implica forçosamente, quanto à obrigação de capital, que se trate de uma obrigação pecuniária, ou que o próprio juro consista em dinheiro. Tanto o capital como o juro podem ser constituídos por valores pecuniários ou por quaisquer outras coisas fungíveis (ex.: "A" deve a "B" cem arrobas de milho, obriga-se a pagar-lhe anualmente cinco arrobas desse cereal, a título de juro).*[60]

14.5. CLASSIFICAÇÃO

Ultrapassado o conceito, mister se faz classificar os juros.

Para tanto, imaginemos, inicialmente, que alguém receba por empréstimo, uma determinada quantidade de dinheiro para restituição futura, no prazo convencionado.

Imaginemos, ainda, que as partes tenham convencionado uma remuneração para o capital mutuado – mútuo feneratício – e que o devedor não devolva o capital com os juros no prazo convencionado.

Desse exemplo, facilmente identificamos os juros contratados e remunerados no prazo contratual (juros convencionais compensatórios).

Depois do prazo, além desses juros, o devedor, em razão dos arts. 389 e 395 do Código Civil, passará a ser responsável pelos juros moratórios convencionados (juros convencionais moratórios).

Se não tivessem contratado a taxa de juros, ainda assim, depois do vencimento, seriam devidos os juros moratórios em razão do art. 406 (juros legais moratórios) e do art. 395, ambos do Código Civil.

---

[57] Karl Crome, *Diritto privato francese moderno*, trad. A. Ascoli e F. Cammeo, Milão: Società Editrice Libraria, 1906, § 9º, p. 77 e ss.

[58] Andréas Von Tuhr, *Teoría General del derecho civil aleman*, Buenos Aires: Depalma, 1946, vol. I, § 9º, p. 46 e ss.

[59] Miguel Maria de Serpa Lopes, *Curso de direito civil. Obrigações em geral*, 7ª ed., Rio de Janeiro: Freitas Bastos, 2000, vol. II, p. 66.

[60] Mário Júlio de Almeida Costa, *Noções de direito civil*, Coimbra: Almedina, 1980, p. 121.

Também existem casos de juros compensatórios que resultam da lei, sem que haja mora, como, por exemplo, os juros que decorrem dos desembolsos em razão do contrato de mandato (Código Civil, art. 677), surgindo, assim, os juros legais compensatórios.

Em suma, quanto à origem, os juros podem ser:[61]

a) legais moratórios;

b) convencionais moratórios;

c) legais compensatórios; e,

d) convencionais compensatórios.

Todas essas espécies de juros, quanto à origem, podem ser capitalizadas ou não.

Nessa medida, os juros, quanto à capitalização, podem ser:

a) simples; e,

b) compostos (juros sobre juros, juros capitalizados de forma composta ou juros exponenciais).

Feita a classificação, vejamos cada uma dessas espécies.

14.6. JUROS LEGAIS MORATÓRIOS

Os juros legais são aqueles que decorrem da lei, independentemente da vontade das partes.

O termo "juros legais" é empregado, ainda, para designar a taxa de juros que deve ser aplicada na hipótese de determinação de aplicação legal e na ausência de estipulação pelas partes que convencionam juros sem taxa determinada.

A primeira e mais importante hipótese de incidência de juros em razão da lei se dá no caso de mora.

É que os arts. 389 e 395 do Código Civil determinam em decorrência do descumprimento das obrigações – mora e inadimplemento absoluto –, algumas consequências: pagamento dos prejuízos causados ao credor (perdas e danos), juros, correção monetária e honorários de advogado.

Logo, a incidência de juros, em razão do descumprimento das obrigações é uma das consequências legais e, por tal razão, independe da vontade das partes.

Diferente do que ocorria com o direito anterior (Código Civil de 1916, arts. 1.062 e 1.063) que fixava a taxa de juros legais em 0,5% (meio por cento) ao mês, o Código Civil não fixou uma taxa legal de juros moratórios.

É o que se depreende do art. 406 do Código Civil[62]:

> *Art. 406. Quando não forem convencionados, ou quando o forem sem taxa estipulada, ou quando provierem de determinação da lei, os juros serão fixados de acordo com a taxa legal.*
>
> *§ 1º A taxa legal corresponderá à taxa referencial do Sistema Especial de Liquidação e de Custódia (Selic), deduzido o índice de atualização monetária de que trata o parágrafo único do art. 389 deste Código.*

---

[61] Luiz Antonio Scavone Junior, *Juros no direito brasileiro*, São Paulo: Revista dos Tribunais, 2003.

[62] A redação anterior à Lei 14.905/2024 se referia à taxa que estivesse em vigor para a cobrança de impostos devidos à Fazenda Nacional.

§ 2º A metodologia de cálculo da taxa legal e sua forma de aplicação serão definidas pelo Conselho Monetário Nacional e divulgadas pelo Banco Central do Brasil.

§ 3º Caso a taxa legal apresente resultado negativo, este será considerado igual a 0 (zero) para efeito de cálculo dos juros no período de referência.

Portanto, a taxa legal de juros que será aplicada nas liquidações de sentenças e nos contratos para as hipóteses de mora quando a taxa não tenha sido previamente estipulada e será correspondente à taxa Selic com a dedução da taxa mensal do Índice Nacional de Preços ao Consumidor Amplo (IPCA), cuja metodologia é definida pelo Banco Central do Brasil.[63]

Se o resultado dessa dedução for negativo, não haverá qualquer acréscimo no período a título de juros moratórios (corresponderá à taxa zero), ou seja, se a dedução do IPCA da taxa Selic corresponder a índice negativo, o período manterá o valor nominal.

Caso haja taxa previamente estipulada, esta deverá ser aplicada em detrimento da taxa legal.

Os limites dessa taxa veremos adiante quando tratarmos dos juros convencionais moratórios.

Até a alteração do art. 406 do Código Civil pela Lei 14.905/2024, o artigo sob comento previa taxa legal equivalente à taxa de juros devida à Fazenda Nacional para pagamento de tributos em atraso.

Eis a anterior redação do art. 406 do Código Civil, *"Quando os juros moratórios não forem convencionados, ou o forem sem taxa estipulada, ou quando provierem de determinação da lei, serão fixados segundo a taxa que estiver em vigor para a mora do pagamento de impostos devidos à Fazenda Nacional."*

Todavia, os pressupostos e princípios que regem o Direito Público, por evidente, são bem diferentes daqueles que informam o Direito Privado.

Em consonância com o acatado era, no mínimo, esquisita a determinação legal de extensão da taxa de juros moratórios em matéria tributária para todo o Direito Privado.

Se isso não bastasse, havia celeuma jurisprudencial em razão da taxa ora aplicada para a mora no pagamento de tributos.

O estudo do Direito é deontológico, ou seja, o direito parte do estudo dos deveres.

Nessa medida, através dos três modais deônticos, o Direito positivo permite, proíbe ou determina condutas.

O Direito é a norma da ação humana, na vida social, que, emanando de autoridade soberana e competente, é imposta, coativamente, à observância de todos.

No nosso sistema – legal – a norma da ação humana é determinada pela lei que, às vezes, não é observada, gerando a sanção e a coerção pelo Poder Público.

Certo é que a lei, muitas vezes, não corresponde à norma jurídica, o que se afirma na exata medida em que a lei é um mero suporte físico da norma.

A norma é aquilo que se infere da lei, tendo em vista as relações de coordenação e hierarquia entre os diversos textos de Direito positivo.

Portanto, esses outros elementos que informam a norma jurídica demandam interpretação sistemática – ou lógica – e, principalmente, teleológica, na medida em que o aplicador – o

---

[63] Resolução CMN 5.171, de 29 de agosto de 2024: Dispõe sobre a metodologia de cálculo e a forma de aplicação da taxa legal, de que trata o art. 406 da Lei nº 10.406, de 10 de janeiro de 2002 – Código Civil.

juiz – que em última instância determina o significado da norma jurídica, deve aplicá-la tendo em vista as suas finalidades sociais e as exigências do bem comum.

A taxa Selic (Sistema Especial de Liquidação e Custódia), criada por leis ordinárias (Leis 8.981/1995 e 9.779/1999), é uma taxa de juros calculada pelo Comitê de Política Monetária (Copom), órgão do Banco Central do Brasil.

A determinação dessa taxa leva em conta, por exemplo, o crescimento ou recuo das exportações, a oferta de crédito, os indicadores de consumo e faturamento do comércio e fatores externos, como, por exemplo, a taxa de juros fixada pelo Banco Central norte-americano.

Certo é que, desde que utilizada para calcular a remuneração de títulos públicos, não é ilegal.

Na redação original do art. 406 do Código Civil[64] quanto à taxa legal de juros moratórios, era possível argumentar que:

a) *Não há lei definindo a taxa Selic*, o que afrontaria o princípio da legalidade tributária e da segurança jurídica. Deveras, as leis que instituíram a taxa Selic delegam a sua fixação ao Comitê de Política Monetária do Banco Central sem estabelecer critérios para sua fixação.

b) *A taxa Selic é direcionada e calculada por órgão do Poder Executivo*, o que seria passível de afrontar o princípio comezinho da indelegabilidade tributária.

c) *Tratar-se-ia de "bis in idem" quando cumulada com correção monetária*, o que se afirmava na medida em que a taxa Selic já contém no seu bojo a expectativa inflacionária. Se assim o é, ainda que a taxa Selic fosse legal – e estamos convencidos que, para fins tributários, não é – sua extensão ao Direito Privado, mormente como consequência da mora, quando analisada em conjunto com as demais consequências, entre elas a correção monetária, implicaria cobrar duas vezes a mesma coisa.[65] A esse respeito ensina Domingos Franciulli Netto que *entre os objetivos da taxa Selic encarta-se o de neutralizar os efeitos da inflação. A correção monetária, ainda que aplicada de maneira tão disfarçada, no mínimo obscura, é mera cláusula de readaptação do valor da moeda corroído pelos efeitos da inflação. O índice que procura reajustar esse valor imiscui-se no principal e passa, uma vez feita a operação, a exteriorizar novo valor. Isso quer dizer que o índice corretivo não é um plus, como, por exemplo, ocorre com os juros, que são adicionais, adventícios, adjacentes ao principal, com o qual não se confundem. Mesmo assim, a taxa Selic reflete, basicamente, as condições instantâneas de liquidez no mercado monetário (oferta versus demanda por recursos financeiros). Finalmente, ressalte-se que a taxa Selic acumulada para determinado período de tempo*

---

[64] *"Art. 406. Quando os juros moratórios não forem convencionados, ou o forem sem taxa estipulada, ou quando provierem de determinação da lei, serão fixados segundo a taxa que estiver em vigor para a mora do pagamento de impostos devidos à Fazenda Nacional."*

[65] Nesse sentido, trecho da ata da reunião do COPOM – 257ª Reunião – 19-20 setembro de 2023: *D) Decisão de política monetária 24. Considerando a evolução do processo de desinflação, os cenários avaliados, o balanço de riscos e o amplo conjunto de informações disponíveis, o Copom decidiu reduzir a taxa básica de juros em 0,50 ponto percentual, para 12,75% a.a., e entende que essa decisão é compatível com a estratégia de convergência da inflação para o redor da meta ao longo do horizonte relevante, que inclui o ano de 2024 e, em grau menor, o de 2025. Sem prejuízo de seu objetivo fundamental de assegurar a estabilidade de preços, essa decisão também implica suavização das flutuações do nível de atividade econômica e fomento do pleno emprego. 25. A conjuntura atual, caracterizada por um estágio do processo desinflacionário que tende a ser mais lento e por expectativas de inflação com reancoragem parcial, demanda serenidade e moderação na condução da política monetária. O Comitê reforça a necessidade de perseverar com uma política monetária contracionista até que se consolide não apenas o processo de desinflação como também a ancoragem das expectativas em torno de suas metas. (...).*

correlaciona-se positivamente com a taxa de inflação apurada ex post, *embora a sua fórmula de cálculo não contemple a participação expressa de índices de preços.*[66]

d) *Tributo não é título e não pode gerar renda;* ocorre que a taxa Selic remunera títulos públicos, o que impediria, por essa razão, sua utilização para cálculo da mora no pagamento de tributos.

e) *O art. 161, § 1º, do Código Tributário Nacional (que possui natureza de Lei Complementar, acorde com o art. 34, do ADCT), estabelece juros máximos de 1% ao mês desde o vencimento do tributo não pago,* taxa essa que é ordinariamente suplantada pela taxa Selic.

Todavia, a par de todas as razões expendidas, surgiu tendência jurisprudencial do STJ em sentido contrário, sustentando a aplicação da taxa Selic aos juros legais.

Nesse sentido:

Superior Tribunal de Justiça. *Civil. Juros moratórios. Taxa legal. Código Civil, art. 406. Aplicação da taxa Selic. 1. Segundo dispõe o art. 406 do Código Civil, "quando os juros moratórios não forem convencionados, ou o forem sem taxa estipulada, ou quando provierem de determinação da lei, serão fixados segundo a taxa que estiver em vigor para a mora do pagamento de impostos devidos à Fazenda Nacional". 2. Assim, atualmente, a taxa dos juros moratórios a que se refere o referido dispositivo é a taxa referencial do Sistema Especial de Liquidação e Custódia – SELIC, por ser ela a que incide como juros moratórios dos tributos federais (arts. 13 da Lei 9.065/1995, 84 da Lei 8.981/1995, 39, § 4º, da Lei 9.250/1995, 61, § 3º, da Lei 9.430/1996 e 30 da Lei 10.522/2002). 3. Embargos de divergência a que se dá provimento" (STJ, EDiv 0012948-4/2008 em REsp 727.842/SP, Rel. Min. Teori Albino Zavascki).*

Superior Tribunal de Justiça. *Civil. Agravo regimental. Ação de ressarcimento. Juros de mora. Taxa de 6% ao ano. Período anterior ao CC/2002. Vigência do novo Código Civil. Art. 406 do CC atual. Aplicação. 1. Cuida-se de agravo regimental interposto pela União contra decisão que discutiu a taxa de juros a ser observada na vigência do CC de 2002. 2. A jurisprudência do STJ é firme quanto a serem os juros de mora devidos à taxa de 0,5% ao mês, até a vigência do CC de 2002, a partir de quando deve ser considerada a taxa que estiver em vigor para a mora no pagamento de impostos devidos à Fazenda Nacional (art. 406 do CC). 3. Nesse sentido: 4. "Quando os juros moratórios não forem convencionados, ou o forem sem taxa estipulada, ou quando provierem de determinação da lei, serão fixados segundo a taxa que estiver em vigor para a mora do pagamento de impostos devidos à Fazenda Nacional" (art. 406 do CC). 5. A taxa à qual se refere o art. 406 do CC é a Selic, tendo em vista o disposto nos arts. 13 da Lei 9.065/1995, 84 da Lei 8.981/1995, 39, § 4º, da Lei 9.250/1995, 61, § 3º, da Lei 9.430/1996 e 30 da Lei 10.522/02. (STJ, REsp 710.385/RJ, Rel. Min. Denise Arruda, Rel. p/ acórdão Min. Teori Albino Zavascki, DJ 14.12.2006). 4. Agravo regimental não provido (STJ, AgRg no REsp 972.590/PR, 1ª T., j. 20.05.2008, Rel. Min. José Delgado, DJe 23.06.2008).*

Verifica-se, portanto, que, a par de julgados dissonantes, o STJ já havia decidido pela aplicação da taxa Selic (REsp 1.102.552/CE, Rel. Min. Teori Albino Zavascki, sujeito ao regime do art. 543-C do CPC – atual art. 1.036, j. 25.03.2009, *DJe* 06.04.2009).

Mesmo assim, precedentes posteriores ao julgamento na sistemática dos recursos repetitivos, no âmbito do próprio STJ, admitiram a taxa de 1% ao mês como nos EDcl no Recurso Especial 922.510/RJ (2007/0020486-1) julgado no dia 6 de maio de 2010.

Posta assim a questão, mencione-se que, no sistema anterior, em precedentes relatados pela Ministra Denise Arruda (REsp 830.189) e pelo Ministro Francisco Falcão (REsp 814.157), entre outros, a Primeira Turma do STJ entendeu ser de 1% ao mês, nos moldes do art. 161, § 1º, do Código Tributário Nacional, a taxa a que se referia o art. 406 do Código Civil.

Mais adiante a controvérsia foi decidida quase ao mesmo tempo em que fora editada a Lei 14.905/2024.

Deveras, o REsp 1.795.982/SP (Rel. Min. Luis Felipe Salomão, Rel. para acórdão Min. Raul Araújo, Corte Especial, por maioria, j. 21.08.2024) confirmou a solução posteriormente

---

[66] Domingos Franciulli Netto, "Da inconstitucionalidade da taxa Selic para fins tributários", *Revista Tributária e de finanças públicas*, São Paulo, nº 220, nº 33, p. 77, jul.-ago./2000.

dada pela Lei 14.905/2024, em detrimento da taxa de juros de 1% ao mês estabelecida no art. 161, § 1º, do Código Tributário Nacional.

14.7. JUROS CONVENCIONAIS MORATÓRIOS

Os juros convencionais moratórios são aqueles estipulados contratualmente pelas partes em razão da mora do devedor.

Serão aplicados para calcular os juros devidos em razão da mora do devedor tanto em relação aos contratos quanto para liquidação e atualização de débitos judiciais.

Isso porque o art. 406 do Código Civil determina a aplicação da taxa legal de juros moratórios apenas em razão da ausência de estipulação pelas partes.

Sendo assim, resta saber se as partes podem estabelecer contratualmente uma taxa maior, ainda mais que não subsiste o limite constitucional de 12% ao ano do § 3º, do art. 192, suprimido pela Emenda Constitucional nº 40/2003.

O entendimento dessa questão passa pela análise das exceções de inaplicabilidade da Lei de Usura insculpidas na Lei 14.905/2024:

> *Art. 3º Não se aplica o disposto no Decreto nº 22.626, de 7 de abril de 1933, às obrigações:*
>
> *I – contratadas entre pessoas jurídicas;*
>
> *II – representadas por títulos de crédito ou valores mobiliários;*
>
> *III – contraídas perante:*
>
> *a) instituições financeiras e demais instituições autorizadas a funcionar pelo Banco Central do Brasil;*
>
> *b) fundos ou clubes de investimento;*
>
> *c) sociedades de arrendamento mercantil e empresas simples de crédito;*
>
> *d) organizações da sociedade civil de interesse público de que trata a Lei nº 9.790, de 23 de março de 1999, que se dedicam à concessão de crédito; ou*
>
> *IV – realizadas nos mercados financeiro, de capitais ou de valores mobiliários.*

Assim, a par das demais exceções, se se tratar, por exemplo, de negócio jurídico com pessoas naturais, ainda que uma das partes seja pessoa jurídica – exceto instituições financeiras excluídas da incidência da Lei de Usura em qualquer caso – se aplicam as regras impostas pela Lei de Usura (Decreto 22.626/1933).

Observada a Lei de Usura, ainda que haja convenção de juros moratórios, a taxa convencionada não poderá suplantar 1% ao mês de acordo com o limite imposto pelo art. 5º da Lei de Usura (Decreto 22.626/1933).

Contudo, se o negócio jurídico tiver sido estabelecido nas hipóteses legais de inaplicabilidade da Lei de Usura, o limite de 1% ao mês não se aplica.

Caso contrário, o art. 5º, do Decreto 22.626/1933, admite, pela mora, a elevação dos juros em 1% e não mais.

Logo, interpretação teleológica e sistemática, levando em conta, ainda, a boa-fé e a função social do contrato, leva à conclusão da não liberação dos juros moratórios convencionais, ainda que não subsista o limite do art. 192, § 3º, da Constituição Federal, entendimento que foi reforçado pela regra imposta pelo art. 3º da Lei 14.905/2024, que trouxe as exceções à aplicação da Lei de Usura e, *a contrario sensu*, nas hipóteses não excepcionadas, a aplicabilidade dela.

Em suma, as partes podem convencionar até 1% de juros nos contratos que se submetem à Lei de Usura – *a contrario sensu*, aqueles não abarcados pelas exceções do art. 3º da Lei 14.905/2024.

Em outras palavras, quando subsistir o limite que tratamos (negócios com pessoas naturais – exceto se uma das partes for uma instituição financeira), os juros convencionais moratórios convencionados do art. 395 do Código Civil não poderão suplantar 1% ao mês.

14.8. INÍCIO DA CONTAGEM DOS JUROS MORATÓRIOS; RESPONSABILIDADE DO BANCO OFICIAL DEPOSITÁRIO NO CASO DE PENHORA OU DEPÓSITO

Verificada a taxa de juros moratórios, legais e convencionais, resta aclarar o início da contagem desses juros.

Diferentemente do que previa o direito anterior, quando a contagem de juros depois da citação se dava apenas em razão das obrigações ilíquidas, sobre o valor liquidado (Código Civil de 1916, art. 1.536, § 2º), a Lei 10.406, de 10 de janeiro de 2002 é clara:

> *Art. 405. Contam-se juros moratórios desde a citação inicial.*

Ante o cristalino mandamento insculpido nesse dispositivo, não nos resta alternativa senão afirmar que, no Código Civil, os juros moratórios, ainda que haja mora, somente poderão ser contados depois de eventual citação.

A questão semântica aqui é relevante.

Com efeito, o vocábulo "citação" possui significado determinado na lei processual e nada mais é que o chamamento do réu para responder à ação contra si proposta.

Outrossim, nos termos do art. 312 do Código de Processo Civil, a ação se considera proposta desde que distribuída, onde haja distribuição, ou despachada pelo juiz, onde não haja.

Como a citação inicial determina a integração objetiva da propositura da ação, é a partir da distribuição ou do despacho, condicionados à citação válida – art. 240 do Código de Processo Civil –, que são contados os juros moratórios.

Em outras palavras, contam-se juros desde a data da propositura da ação, desde que haja, por evidente, a citação que tem o condão de completar a relação jurídica processual, muito embora a jurisprudência não atente para a conjugação dos arts. 240 e 312 do Código de Processo Civil e determine a contagem dos juros moratórios apenas a partir da data da efetiva citação (juntada aos autos do mandado cumprido).

Nada obstante, alguns sustentam que os juros moratórios devem ser contados da citação, mas retroativamente à data da mora no caso de prestações periódicas inadimplidas.

Os que assim pensam, sustentam que a contagem de juros moratórios não pode ser desvinculada da existência da mora, que ocorre, na modalidade *ex re*, em que há dia de vencimento da obrigação, a partir do vencimento (*dies interpellat pro homine*) e, na mora *ex persona*, a partir da notificação. Nesse sentido:

Tribunal de Justiça de São Paulo. (...). Juros Moratórios. Os encargos moratórios são devidos pelo inadimplemento. Tratando-se de relação contratual, que contempla prestações periódicas, os juros moratórios, limitados a 1% ao mês, são devidos a partir de cada vencimento, e não da citação, nesse caso. Recurso desprovido neste tópico (Apelação nº 0107167-58.2009.8.26.0003, Rel. Sérgio Shimura, São Paulo, 23ª Câmara de Direito Privado, j. 07.08.2013, Registro: 13.08.2013. Outros números: 1071675820098260003).

Embargos de declaração – Acórdão que negou provimento ao recurso do embargante de devedor – insistência na alegação de excesso de execução por entender o devedor que os juros moratórios só passariam a incidir a partir de sua citação (art. 405,CC/02) – situação, contudo, em que os juros de mora incidem desde o vencimento do débito (art. 397, CC/02), conforme reiterada jurisprudência do C. STJ – inocorrência de qualquer contradição – prequestionamento anotado – embargos rejeitados. (TJSP, Embargos de Declaração Cível 1000541-60.2019.8.26.0063, Rel. Jovino de Sylos, 16ª Câmara de Direito Privado, Foro de Barra Bonita, 2ª Vara, j. 03.06.2020, data de registro 03.06.2020).

É o que se encontra em precedente do Superior Tribunal de Justiça, no qual se sustentou: *"Embargos de divergência – juros moratórios – ação monitória – nota promissória – responsabilidade contratual – vencimento da dívida. 1 – Embora juros contratuais em regra corram a partir da data da citação, no caso, contudo, de obrigação contratada como positiva e líquida, com vencimento certo, os juros moratórios correm a partir da data do vencimento da dívida. 2 – Emissão de nota promissória em garantia do débito contratado não altera a disposição contratual de fluência dos juros a partir da data certa do vencimento da dívida. 3 – O fato de a dívida líquida e com vencimento certo haver sido cobrada por meio de ação monitória não interfere na data de início da fluência dos juros de mora, a qual recai no dia do vencimento, conforme estabelecido pela relação de direito material. 4 – Embargos de Divergência providos para início dos juros moratórios na data do vencimento da dívida"* (EREsp 1.250.382/RS, Rel. Min. Sidnei Beneti, Corte Especial, j. 02.04.2014, DJe 08.04.2014).

No voto, sustentou o relator: "o artigo 405 do Código Civil, vale lembrar está geograficamente localizado no Livro I da Parte Especial, Título IV, Capítulo III, sob a rubrica 'Das Perdas e Danos'". Parece, assim, que o legislador, nessa parte do Código, quis disciplinar apenas, dos juros de mora que se vinculam à obrigação de pagar perdas e danos.

Embora a solução seja conveniente para o credor, não é legal, e, por essa razão, com todo respeito que merece, não pode ser considerada. O argumento da menção legal às perdas e danos é inconsistente na exata medida em que a responsabilidade contratual também gera "perdas e danos" (CC, arts. 389 e 395).

Ademais, outras consequências da mora são verificadas desde a sua ocorrência, e, nos termos dos arts. 389 e 395 do Código Civil, independem da citação na medida em que não foram alcançadas pelo indigitado art. 405.

Sendo assim, independem da citação os honorários de advogado, a correção monetária e as perdas e danos (ou, em caráter substitutivo, a cláusula penal).

Todavia, os juros, que também decorrem desses dispositivos, em razão do art. 405, do Código Civil, só podem ser contados a partir da citação.

A solução legal, repita-se, a par de ser inoportuna e inconveniente para o credor, é a solução legal, que, por essa simples razão, merece respeito.

Seja como for, o assunto está longe de receber tratamento harmônico e de acordo com a determinação simples que emana do art. 405 do Código Civil.

Isso porque os Tribunais, influenciados pela jurisprudência – equivocada, no nosso entendimento – do Superior Tribunal de Justiça, passaram a fazer, também, distinção que definitivamente não emana do sistema.

Com efeito, pacificaram o entendimento segundo o qual, tratando-se de responsabilidade contratual (no caso de perdas e danos decorrentes do descumprimento dos contratos), os juros de mora devem ser contados a partir da citação – tal qual determina o art. 405 do Código Civil –, mas, se for o caso de responsabilidade extracontratual, os juros moratórios devem incidir desde a prática do ato malsinado.

Nesses termos, continuam aplicando a conclusão da vetusta Súmula 54 do STJ, de 01.10.1992, segundo a qual *os juros moratórios fluem a partir do evento danoso, em caso de responsabilidade extracontratual*, o que fazem como se nada tivesse sido alterado no atual sistema que decorre da Lei 10.406/2002.

Seja como for, eis o entendimento atual sobre o termo inicial da contagem dos juros moratórios decorrentes da responsabilidade aquiliana (extracontratual):

> **Superior Tribunal de Justiça** *(...) No que se refere ao momento de fixação do marco inicial da indenização e aos juros, a jurisprudência desta Corte Superior firmou o entendimento de que, em casos de responsabilidade civil extracontratual, os juros moratórios incidem desde o evento danoso, conforme dispõe a Súmula 54 do STJ, devendo ser aplicado o IPCA. 3. Agravo Interno não provido. (AgInt no AREsp 2.351.811/MG, Rel. Min. Herman Benjamin, 2ª Turma, j. 11.03.2024, DJe 06.05.2024).[67]*

Todavia, tratando-se de responsabilidade contratual, outro é o entendimento, diametralmente oposto:

> **Superior Tribunal de Justiça.** *Agravo interno no Recurso Especial. Compra e venda. Rescisão. Termo inicial. Juros de mora. Peculiaridade do caso. Art. 405 do CC. Não aplicação do tema nº 1002. Reexame de fatos e provas. Análise de cláusula contratual. Impossibilidade. Súmulas nº 5 e 7/STJ. Dissídio jurisprudencial prejudicado. Impossibilidade da majoração dos honorários sucumbenciais. 1. Na hipótese, o tribunal de origem entendeu que o distrato não se deu na data prevista no contrato por culpa da vendedora. Rever tal conclusão demandaria o reexame das circunstâncias fáticas dos autos e a interpretação de cláusula contratual. Incidência das Súmulas nº 5 e 7/STJ. 2. A aplicação da Súmula nº 7/STJ em relação ao recurso especial interposto pela alínea "a" do permissivo constitucional prejudica a análise da mesma matéria indicada no dissídio jurisprudencial. 3. Em se tratando de responsabilidade contratual, os juros moratórios são computados a partir da citação, nos termos do artigo 405 do Código Civil. Precedentes. 4. No caso, não cabe a majoração dos honorários sucumbenciais prevista no art. 85, § 11, do Código de Processo Civil, pois o recurso tem origem em decisão interlocutória, sem a prévia fixação de honorários. 5. Agravo interno não provido. (AgInt no REsp 2.069.700/SE, Rel. Min. Ricardo Villas Bôas Cueva, 3ª Turma, j. 26.08.2024, DJe 29.08.2024).*

Em que pese a posição consolidada e espelhada no aresto acima, entendemos que, havendo a mesma razão, deve ser aplicado o mesmo direito, sendo, portanto, inadmissível a distinção entre responsabilidade civil contratual e extracontratual para o efeito de determinar diferença entre o termo inicial da contagem de juros moratórios em um ou em outro caso.

---

[67] Nada obstante, há precedente que determina o início da contagem dos juros moratórios somente a partir da fixação do valor, recomendando que o juiz leve em consideração o prazo decorrido desde o evento danoso. Eis o julgado, que abarcou o vetusto *non potest improbus videri, qui ignorat quantum solvere debeat*:

"Recurso especial. Responsabilidade civil. Infecção hospitalar. Sequelas irreversíveis. Ação de indenização. Culpa contratual. Súmula 7. Denunciação da lide. Dano moral. Revisão do valor. Juros de mora. Correção monetária. Termo inicial. Data do arbitramento. (...) 8. A indenização por dano moral puro (prejuízo, por definição, extrapatrimonial) somente passa a ter expressão em dinheiro a partir da decisão judicial que a arbitrou. O pedido do autor é considerado, pela jurisprudência do STJ, mera estimativa, que não lhe acarretará ônus de sucumbência, caso o valor da indenização seja bastante inferior ao pedido (Súmula 326). Assim, a ausência de seu pagamento desde a data do ilícito não pode ser considerada como omissão imputável ao devedor, para o efeito de tê-lo em mora, pois, mesmo que o quisesse, não teria como satisfazer obrigação decorrente de dano moral, sem base de cálculo, não traduzida em dinheiro por sentença judicial, arbitramento ou acordo (CC/1916, art. 1064). Os juros moratórios devem, pois, fluir, no caso de indenização por dano moral, assim como a correção monetária, a partir da data do julgamento em que foi arbitrada a indenização, tendo presente o magistrado, no momento da mensuração do valor, também o período, maior ou menor, decorrido desde o fato causador do sofrimento infligido ao autor e as consequências, em seu estado emocional, desta demora. 9. Recurso especial do réu conhecido, em parte, e nela não provido. Recurso especial do autor conhecido e parcialmente provido" (REsp 903.258/RS, Rel. Min. Maria Isabel Gallotti, 4ª Turma, j. 21.06.2011, *DJe* 17.11.2011). A posição espelhada neste julgado não encontrou, todavia, ressonância no Superior Tribunal de Justiça e, neste sentido, entre diversos outros:

"Agravo regimental no recurso especial. Responsabilidade civil. Danos morais. Juros de mora. Súmula 54/STJ. Improvimento. 1. A jurisprudência pacificada nesta Corte é no sentido de que os juros moratórios incidem desde a data do evento danoso quando a responsabilidade é extracontratual, aplicando-se ao caso a Súmula 54 deste Superior Tribunal de Justiça. 2. Agravo Regimental improvido" (AgRg no REsp 1.336.833/SP, Rel. Min. Sidnei Beneti, 3ª Turma, j. 25.06.2013, *DJe* 01.08.2013).

Trata-se, em ambas as espécies, de responsabilidade civil.

Outrossim, ao intérprete não é dado ignorar o comando de solar clareza insculpido no art. 405 do Código Civil, que, repita-se à exaustão, fixou a regra geral da citação como termo inicial dos juros moratórios.

O entendimento vigorante, que ignora a uniformização empreendida pelo Código Civil de 2002, gera, inclusive, odiosa distinção, como aquela relatada por Carlos Roberto Gonçalves: *se o passageiro de um ônibus sofre danos em decorrência de um acidente com o coletivo, os juros moratórios são devidos a partir da citação inicial, por se tratar de responsabilidade contratual (contrato de adesão, celebrado com a transportadora). Mas se a vítima for um pedestre, atropelado pelo ônibus, os juros são contados desde a data do fato (responsabilidade extracontratual).*[68]

Surge, ainda, outro critério quanto ao início da contagem dos juros moratórios, a serem calculados sobre o valor a ser restituído quando se tratar de resolução de compromisso de compra e venda em razão do inadimplemento do promitente comprador, seja a ação promovida pelo promitente vendedor ou pelo próprio promitente comprador nas hipóteses em que se admite a sua legitimidade.

Com efeito, asseverou o STJ:

Superior Tribunal de Justiça. Recurso Especial repetitivo. Acórdão recorrido proferido em julgamento de IRDR. Promessa de compra e venda de unidade imobiliária. Resolução imotivada pelo promitente comprador. Devolução de valores pagos. Cláusula contratual. Pedido de alteração. Sentença constitutiva. Termo inicial dos juros de mora. Trânsito em julgado. 1. Para os fins dos arts. 927 e 1.036 a 1.041 do CPC, fixa-se a seguinte tese: – Nos compromissos de compra e venda de unidades imobiliárias anteriores à Lei n. 13.786/2018, em que é pleiteada a resolução do contrato por iniciativa do promitente comprador de forma diversa da cláusula penal convencionada, os juros de mora incidem a partir do trânsito em julgado da decisão. 2. Recurso especial provido. (REsp 1740911/DF, Rel. Min. Moura Ribeiro, Rel. p/ Acórdão Min. Maria Isabel Gallotti, 2ª Seção, j. 14.08.2019, DJe 22.08.2019).

Assim sendo, "na hipótese de resolução contratual do compromisso de compra e venda por simples desistência dos adquirentes, em que postulada, pelos autores, a restituição das parcelas pagas de forma diversa da cláusula penal convencionada, os juros moratórios sobre as mesmas serão computados a partir do trânsito em julgado da decisão" (REsp 1.008.610/RJ, Rel. Min. Aldir Passarinho Junior, *DJe* 03.09.2008; igualmente: AgRg no REsp 1.151.282/MT, Rel. Min. João Otávio de Noronha, 3ª Turma, j. 20.08.2013, *DJe* 29.08.2013), por inexistir obrigação de restituir antes do trânsito em julgado.[69]

Da mesma forma na ação promovida pelo promitente vendedor em razão do inadimplemento do promitente comprador:

*Superior Tribunal de Justiça. Agravo Regimental. Recurso Especial provido em parte. Equívoco no dispositivo. Correta fixação do índice de correção monetária. Contrato de compra e venda de imóvel em construção. Utilização de índices diferenciados. Juros de mora. Consectários. Termo a quo. Trânsito em Julgado. 1. No caso de rescisão de contrato de compra e venda de imóvel em construção, o índice de atualização monetária para corrigir as parcelas a serem devolvidas pela vendedora é o INCC, por estar vinculado ao contrato; após o ajuizamento da ação, o INPC. 2. **Na hipótese em que a rescisão contratual ocorre por iniciativa da promitente-vendedora, em razão do inadimplemento das parcelas pactuadas pelo comprador, o termo inicial dos juros de mora é a data do trânsito em julgado, pois inexiste mora anterior.** 3. Agravo regimental provido em parte (AgRg no REsp 1.151.282/MT, Rel. Min. João Otávio de Noronha, 3ª Turma, j. 20.08.2013, DJe 29.08.2013).*

---

[68] Carlos Roberto Gonçalves, ob. cit., p. 43.

[69] Em igual sentido: AgRg no REsp 927.433/DF, Rel. Min. Maria Isabel Gallotti, 4ª Turma, j. 14.02.2012, *DJe* 28.02.2012; e, AgRg no REsp 759.903/MG, Rel. Min. Vasco Della Giustina – Desembargador Convocado do TJ/RS, Terceira Turma, j. 15.06.2010, *DJe* 28.06.2010.

Nesses casos, conforme abordamos no item 4.10 deste Livro II (Capítulo 4), ressalvada nossa opinião, entende o STJ que somente a partir do trânsito em julgado é que existe a mora do promitente vendedor na devolução das parcelas pagas.

Quanto aos *honorários advocatícios fixados em ação judicial*, o termo inicial dos juros moratórios é a data do trânsito em julgado nos termos da disposição expressa do § 16 do art. 85 do CPC, segundo o qual: *Quando os honorários forem fixados em quantia certa, os juros moratórios incidirão a partir da data do trânsito em julgado da decisão.*

Mesmo antes do CPC de 2015, esse era o entendimento consolidado nos tribunais:

> **Superior Tribunal de Justiça.** *Embargos de declaração. Honorários advocatícios arbitrados em valor fixo. Termo inicial para a correção monetária e juros moratórios. 1. Os honorários advocatícios arbitrados em valor fixo, nos termos do art. 20, § 4º, do CPC, sofrem correção monetária a partir do seu arbitramento. Também devem incidir juros de mora sobre a verba advocatícia, desde o trânsito em julgado da sentença que a fixou. 2. Embargos de declaração acolhidos (STJ – EDcl no REsp: 1119300 RS 2009/0013327-2, Rel. Min. Luis Felipe Salomão, j. 13.10.2010, 2ª Seção, DJe 20.10.2010).*

> **Tribunal de Justiça de São Paulo.** *Embargos de Declaração. Omissão no tocante à incidência da correção monetária e dos juros de mora e seus respectivos termos iniciais sobre a verba honorária. Incidência de correção monetária pela Tabela Prática do Egrégio Tribunal de Justiça de São Paulo, desde o arbitramento e de juros moratórios de 1% ao mês, a partir do trânsito em julgado da decisão a fixou. Embargos acolhidos, sem efeito modificativo (TJSP; Embargos de Declaração 2042141-10.2017.8.26.0000; Rel. Bonilha Filho; 26ª Câmara de Direito Privado; Foro Regional VIII – Tatuapé – 2ª Vara Cível; j. 27.07.2017; Data de Registro: 28.07.2017).*

> **Tribunal de Justiça de São Paulo.** *Despesas de condomínio – Cobrança – Fase de cumprimento de sentença – Cumprimento de sentença – Incidência devida da multa prevista no art. 523 do CPC, diante do não pagamento do débito pela executada, que, ao invés de pagar, ofereceu impugnação e não ofereceu garantia ao Juízo – Impugnação acolhida – Devida a condenação do exequente ao pagamento de honorários advocatícios, pela sucumbência na impugnação à execução – Termo inicial dos juros de mora sobre verba honorária nos termos do art. 85, § 16, CPC – Recurso provido em parte (Agravo de Instrumento nº 2050704-90.2017.8.26.0000, Rel. Des. Silvia Rocha, 29ª Câmara de Direito Privado, j. 17.05.2017).*

Verificado o termo inicial dos juros moratórios, mister se faz esclarecer que, havendo ação judicial, os juros moratórios legais são contados até a data da penhora, depósito ou bloqueio com a transferência dos valores para a instituição financeira oficial pois, a partir da disponibilização dos valores em conta judicial, o valor passa a ser remunerado pelo banco oficial depositário.

A Corte Especial do STJ julgou o Tema 667 fixando a seguinte tese (sobre juros e atualizações) nos limites do quantum depositado:

> *Tema 667 do STJ (revisada): Na execução, o depósito efetuado a título de garantia do juízo ou decorrente da penhora de ativos financeiros não isenta o devedor do pagamento dos consectários de sua mora, conforme previstos no título executivo, devendo-se, quando da efetiva entrega do dinheiro ao credor, deduzir do montante final devido o saldo da conta judicial.*

Portanto, a partir do depósito, do bloqueio ou da penhora a responsabilidade é da instituição financeira, e não do devedor, pelo pagamento de juros de mora e correção monetária sobre valores depositados em juízo na fase de execução", salvo se o depósito foi feito apenas como garantia, quando do valor devido com os juros e atualizações legais serão deduzidos os valores atualizados pela conta judicial remunerada. Nesse sentido:

> *Direito civil e processual civil. Ação de indenização. Cumprimento de sentença. Recurso especial. Procedimento de revisão do entendimento firmado no tema 677/STJ. Cumprimento de sentença. Penhora de ativos financeiros. Depósito judicial. Encargos moratórios previstos no título executivo. Incidência até a efetiva disponibilização da quantia em favor do credor. Bis in idem. Inocorrência. Natureza e finalidade distintas dos juros remuneratórios e dos juros moratórios. Nova redação do enunciado do tema 677/STJ. 1. Cuida-se, na origem, de ação de indenização, em fase de cumprimento de sentença, no bojo do qual houve a penhora on-line de ativos financeiros pertencentes ao devedor, posteriormente transferidos a conta bancária vinculada ao juízo da execução. 2. O propósito do recurso especial é dizer se o depósito judicial em garantia*

do Juízo libera o devedor do pagamento dos encargos moratórios previstos no título executivo, ante o dever da instituição financeira depositária de arcar com correção monetária e juros remuneratórios sobre a quantia depositada. 3. Em questão de ordem, a Corte Especial do STJ acolheu proposta de instauração, nos presentes autos, de procedimento de revisão do entendimento firmado no Tema 677/STJ, haja vista a existência de divergência interna no âmbito do Tribunal quanto à interpretação e alcance da tese, assim redigida: "na fase de execução, o depósito judicial do montante (integral ou parcial) da condenação extingue a obrigação do devedor, nos limites da quantia depositada". 4. Nos termos dos arts. 394 e 395 do Código Civil, considera-se em mora o devedor que não efetuar o pagamento na forma e tempos devidos, hipótese em que deverá responder pelos prejuízos a que sua mora der causa, mais juros e atualização dos valores monetários, além de honorários de advogado. A mora persiste até que seja purgada pelo devedor, mediante o efetivo oferecimento ao credor da prestação devida, acrescida dos respectivos consectários (art. 401, I, do CC/02). 5. A purga da mora, na obrigação de pagar quantia certa, assim como ocorre no adimplemento voluntário desse tipo de prestação, não se consuma com a simples perda da posse do valor pelo devedor; é necessário, deveras, que ocorra a entrega da soma de valor ao credor, ou, ao menos, a entrada da quantia na sua esfera de disponibilidade. 6. No plano processual, o Código de Processo Civil de 2015, ao dispor sobre o cumprimento forçado da obrigação, é expresso no sentido de que a satisfação do crédito se dá pela entrega do dinheiro ao credor, ressalvada a possibilidade de adjudicação dos bens penhorados, nos termos do art. 904, I, do CPC. 7. Ainda, o CPC expressamente vincula a declaração de quitação da quantia paga ao momento do recebimento do mandado de levantamento pela parte exequente, ou, alternativamente, pela transferência eletrônica dos valores (art. 906). 8. Dessa maneira, considerando que o depósito judicial em garantia do Juízo – seja efetuado por iniciativa do devedor, seja decorrente de penhora de ativos financeiros – não implica imediata entrega do dinheiro ao credor, tampouco enseja quitação, não se opera a cessação da mora do devedor. Consequentemente, contra ele continuarão a correr os encargos previstos no título executivo, até que haja efetiva liberação em favor do credor. 9. No momento imediatamente anterior à expedição do mandado ou à transferência eletrônica, o saldo da conta bancária judicial em que depositados os valores, já acrescidos da correção monetária e dos juros remuneratórios a cargo da instituição financeira depositária, deve ser deduzido do montante devido pelo devedor, como forma de evitar o enriquecimento sem causa do credor. 10. Não caracteriza bis in idem o pagamento cumulativo dos juros remuneratórios, por parte do Banco depositário, e dos juros moratórios, a cargo do devedor, haja vista que são diversas a natureza e finalidade dessas duas espécies de juros. 11. O Tema 677/STJ passa a ter a seguinte redação: "na execução, o depósito efetuado a título de garantia do juízo ou decorrente da penhora de ativos financeiros não isenta o devedor do pagamento dos consectários de sua mora, conforme previstos no título executivo, devendo-se, quando da efetiva entrega do dinheiro ao credor, deduzir do montante final devido o saldo da conta judicial". 12. Hipótese concreta dos autos em que o montante devido deve ser calculado com a incidência dos juros de mora previstos na sentença transitada em julgado, até o efetivo pagamento da credora, deduzido o saldo do depósito judicial e seus acréscimos pagos pelo Banco depositário. 13. Recurso especial conhecido e provido. (REsp 1.820.963/SP, Rel. Min. Nancy Andrighi, Corte Especial, j. 19.10.2022, DJe 16.12.2022).

Em resumo, portanto, os juros moratórios são contados:

a) no caso de prestações periódicas, a partir de cada vencimento pela interpretação dominante, a par do nosso entendimento segundo o qual deveriam ser contados a partir da citação nos termos do art. 405 do Código Civil;

b) *no caso de responsabilidade contratual (perdas e danos decorrentes do descumprimento dos contratos), a partir da citação;*[70]

---

[70] **Tribunal de Justiça de São Paulo.** *Apelação. Indenização. Vícios de Construção. 1. Reconhecimento inequívoco. Natureza que não se compraz com singela "falha de acabamento" – Não incidência das regras dos artigos 616 e 445 do CC. 2. Decadência. Defeitos estruturais caracterizados – Responsabilidade da construtora pela solidez e segurança da obra. Incidência do CDC. Aplicação conjugada e harmônica do CC e da legislação consumerista – Prazo de 05 anos (CC, art. 618), que é cláusula de garantia, não afastando a incidência do disposto no art. 27 do CDC, com previsão do prazo prescricional de 05 anos – Responsabilidade por vícios estruturais e defeitos danosos das construções civis que, na hipótese, estende-se pelo prazo máximo de 10 anos. Decadência afastada. 3. Críticas ao Perito Judicial. Prazo de entrega do laudo que não afeta sua qualidade técnica. Ademais, necessária vistoria completa do imóvel, posto abranger o pedido inicial danos nas partes comuns do edifício, bem como nas respectivas unidades autônomas. Adequação do laudo aos limites do pedido inicial. 4. Decisão "ultra petita". Inocorrência. 5. Críticas dos assistentes técnicos, em especial por parte da ré, que não tiveram o condão de abalar o*

bem fundamentado. Laudo Oficial. 6. Não há que se falar em quebra do princípio da boa-fé objetiva por parte do autor. Carta de Habite-se de 22.05.2002. Vícios construtivos que se prolongam no tempo. Dissimulação prolongada no tempo após a entrega dos imóveis por parte do autor. Inocorrência. 7. Pedido alternativo da ré. Delimitação e execução. Natureza indenizatória da ação. Impossibilidade. 8. Honorários do perito bem fixado, considerando a complexidade e o trabalho realizado. 9. Correta a incidência da correção monetária pelos danos em virtude das falhas na construção a partir do Laudo (março/2008), com base na Tabela Prática para cálculo de débitos judiciais do Tribunal de Justiça. 10. Termo inicial dos juros de mora de 1% ao mês a partir da citação. Recurso nesta parte provido. 11. Prequestionamento para prosseguir com recursos junto aos Tribunais Superiores – Possibilidade. Afastada a decadência, dá-se provimento parcial ao recurso da ré apenas quanto ao termo inicial dos juros de mora (Apelação 0012155-91.2006.8.26.0562, Rel. Egidio Giacoia, Comarca: Santos, 3ª Câmara de Direito Privado, j. 15.10.2013, Registro: 21.10.2013).

TJSP. Responsabilidade Civil. Vícios de construção. Reparação de danos materiais. Ação anterior com as mesmas partes, porém com diferente causa de pedir e pedidos. Autora que objetiva indenização pelos defeitos construtivos apresentados no imóvel adquirido dos réus e a regularização da documentação do imóvel. Matéria que não foi objeto da ação anterior. Inexistência de coisa julgada. Extinção do processo afastada. Sentença anulada. Causa madura para julgamento do mérito. Aplicação do artigo 515, § 3º, do CPC [atual art. 1.013, § 3º] – Responsabilidade dos vendedores pelos defeitos da construção apurados em perícia realizada nos autos de ação cautelar de produção antecipada de provas. Prova pericial que concluiu pela ocorrência de vários defeitos construtivos. Indenização por danos materiais devida. Valor da indenização apurado no laudo pericial. Correção monetária a partir do laudo e juros de mora a partir da citação. Obrigação dos réus a regularizar a documentação do imóvel, sob pena de multa diária. Ação procedente. Recurso provido (Apelação 0040105-51.2002.8.26.0001, Rel. Alexandre Marcondes, Comarca: São Paulo, 3ª Câmara de Direito Privado, j. 29.04.2014, Registro: 29.04.2014).

Superior Tribunal de Justiça. *Agravo regimental no agravo em recurso especial. Usurpação da competência do STJ. Não ocorrência. Juros de mora. Termo inicial. Responsabilidade contratual. Obrigação ilíquida. Data da citação (art. 219 do CPC – atual art. 240). Súmula n. 83 do STJ. 1. É possível o juízo de prelibação realizado na origem adentrar o mérito do recurso especial, uma vez que o exame de admissibilidade pela alínea "a" do permissivo constitucional, em face dos seus pressupostos constitucionais, envolve o próprio mérito da controvérsia. 2. O Tribunal a quo decidiu que, tratando-se de responsabilidade contratual, os juros de mora são devidos a partir da citação, por força do art. 219 do CPC [atual art. 240], ainda que se trate de obrigação ilíquida. 3. A perfeita harmonia entre o acórdão recorrido e a jurisprudência dominante do STJ impõe a aplicação da Súmula n. 83 do STJ. 4. Agravo regimental desprovido (AgRg no AREsp 132.301/SP, Rel. Min. João Otávio de Noronha, 3ª Turma, j. 22.04.2014, DJe 29.04.2014).*

Superior Tribunal de Justiça. *Processual civil. Reclamação. Ação indenizatória. Dívida contestada em juízo. Danos morais decorrentes de indevida suspensão do serviço de água. Responsabilidade contratual. Termo inicial dos juros de mora. Citação. Inaplicabilidade da Súmula 54/STJ. 1. Reclamação apresentada contra acórdão proferido por Juizado Especial que, em demanda que visa à reparação de danos morais suportados pelo consumidor em razão do indevido corte de água, deixou de aplicar a Súmula 54/STJ ("Os juros moratórios fluem a partir do evento danoso, em caso de responsabilidade extracontratual"). 2. A responsabilidade contratual exsurge da violação de uma obrigação prevista no pacto celebrado entre as partes, que, na hipótese, consiste no fornecimento de água. 3. Sendo assim, não há violação à Súmula 54/STJ, posto que o dever de reparar decorre da responsabilidade contratual, hipótese em que, segundo a jurisprudência desta Corte, os juros de mora devem incidir desde a citação. Precedentes: AgRg no AREsp 428.478/PR, Rel. Min. Sérgio Kukina, Primeira Turma, DJe 17.02.2014; AgRg no AREsp 261.472/PR, Rel. Min. Napoleão Nunes Maia Filho, Primeira Turma, DJe 02.08.2013; AgRg no AREsp 391.877/RS, Rel. Min. Herman Benjamin, Segunda Turma, DJe 06.03.2014; AgRg na Rcl 11.749/SC, Rel. Min. Sérgio Kukina, Primeira Turma, DJe 03.09.2013; AgRg no AREsp 170.308/RJ, Rel. Min. Arnaldo Esteves Lima, Primeira Turma, DJe 26.11.2012; REsp 937.603/RJ, Rel. Min. Castro Meira, Segunda Turma, DJ 01.08.2007. 4. Reclamação parcialmente provida (Rcl 11.751/SC, Rel. Min. Benedito Gonçalves, Primeira Seção, j. 09.04.2014, DJe 15.04.2014).*

Superior Tribunal de Justiça. *Administrativo. Processual civil. Agravo regimental. Violação ao art. 535 do CPC [atual art. 1.022]. Não ocorrência. Dano moral. Configuração. Revisão do quantum indenizatório. Reexame de matéria fática. Impossibilidade. Súmula 7/STJ. Termo inicial dos juros de mora. Responsabilidade contratual. Inaplicabilidade da Súmula 54/STJ. 1. Não se vislumbra a alegada violação ao disposto no art. 535 do CPC [atual art. 1.022], porquanto o Tribunal de origem dirimiu, de forma clara e fundamentada, as questões que lhe foram submetidas, apreciando integralmente a controvérsia. 2. A Corte local, com base nos elementos probatórios da demanda, consignou estar evidenciado o dano*

c) no caso de responsabilidade extracontratual ou aquiliana, da data do evento danoso (Súmula 54 do STJ), embora, igualmente, devessem ser aplicados a partir da citação nos exatos termos do art. 405 do Código Civil;

d) no caso de restituição dos valores decorrentes de resolução de compromisso de compra e venda por inadimplemento do promitente comprador, a partir do trânsito em julgado da ação;

e) tratando-se de honorários advocatícios decorrentes de ação judicial, a partir da data do trânsito em julgado (§ 16 do art. 85 do CPC);

f) se houver penhora ou bloqueio de valores em ação judicial, a partir da transferência dos valores à instituição financeira, os juros legais continuam a ser computados até a liberação dos valores remunerados pelo banco depositário, quando estes são computados apurando eventual diferença devida.

14.9. JUROS LEGAIS COMPENSATÓRIOS

Denominam-se juros legais compensatórios – ou remuneratórios – os juros que não decorrem da mora, mas do uso do capital por outrem em razão da lei.

No Código Civil de 1916 essa taxa era de 0,5%, idêntica à taxa de juros legais moratórios do art. 1.062.

Nesse sentido, a teor do referido art. 1.063: *serão também de 6% ao ano os juros devidos por força de lei, ou quando as partes os convencionarem sem taxa estipulada.*

O atual Código Civil falhou nesse ponto, o que se afirma na exata medida em que no seu bojo não há artigo correspondente ao vetusto art. 1.063, do Código revogado.

O atual Código se preocupou, apenas, com a taxa de juros legais moratórios, o que fez no art. 406, já analisado.

Todavia, continuam existindo casos de juros legais compensatórios.

Como exemplo, podemos citar a hipótese do art. *677*, do Código Civil, segundo o qual *as somas adiantadas pelo mandatário, para execução do mandato, vencem juros desde a data do desembolso.*

Assim, é de se indagar: qual taxa será aplicada, na ausência de taxa legal de juros compensatórios, como havia no Código Civil de 1916?

E se as partes convencionarem a aplicação de juros remuneratórios sem definir a taxa?

Nessas hipóteses, por analogia, entendemos que a taxa a ser aplicada será a mesma do art. 406, que determina a taxa legal de juros moratórios.

Onde há a mesma razão, aplica-se o mesmo direito.

---

moral experimentado pelo autor. A alteração das conclusões adotadas no acórdão recorrido, tal como colocada a questão nas razões recursais, demandaria, necessariamente, o reexame de matéria fática, providência vedada em recurso especial, nos termos da Súmula 7/STJ. 3. A jurisprudência do Superior Tribunal de Justiça admite, em caráter excepcional, que o montante arbitrado a título de danos morais seja alterado, caso se mostre irrisório ou exorbitante, em clara afronta aos princípios da razoabilidade e da proporcionalidade. No caso, a agravante não foi capaz de demonstrar que o valor da indenização seria excessivo, não logrando, portanto, afastar o óbice da Súmula 7/STJ. 4. Consoante dispõe o artigo 405 do Código Civil, em se tratando de responsabilidade civil contratual, o termo inicial para cômputo dos juros de mora é a citação do devedor. 5. A responsabilidade contratual exsurge da violação de uma obrigação prevista no pacto celebrado entre as partes, que, na hipótese, consiste no fornecimento de energia elétrica. 6. Agravo regimental a que se nega provimento (AgRg no AREsp 441.371/RJ, Rel. Min. Sérgio Kukina, Primeira Turma, j. 06.02.2014, DJe 18.02.2014).

Logo, na ausência de estipulação dos juros compensatórios, quando decorrerem da lei ou da ausência de convenção da taxa pelas partes, aplica-se a mesma solução do direito anterior, ou seja, a mesma taxa legal de juros moratórios.

Nesse sentido, como sustentamos ao tratar dos juros legais moratórios, nos termos do art. 406, § 1º, e parágrafo único do art. 389, ambos do Código Civil, a taxa legal corresponderá à taxa referencial do Sistema Especial de Liquidação e de Custódia (Selic), deduzido o índice de atualização monetária (Índice Nacional de Preços ao Consumidor Amplo – IPCA – FGV).

Essa noção fica ainda mais clara quando se observa que a única hipótese em que o atual Código tratou dos juros legais compensatórios foi no contrato de mútuo, o que fez no art. 591.

Nesse dispositivo, o atual Código Civil alterou substancialmente a conclusão que antes exsurgia do Código de 1916:

> *Art. 591. Destinando-se o mútuo a fins econômicos, presumem-se devidos juros, os quais, sob pena de redução, não poderão exceder a taxa a que se refere o art. 406, permitida a capitalização anual.*

Vislumbra-se, assim, a presunção de juros compensatórios no mútuo para fins econômicos, ainda que as partes nada tenham convencionado.

Resta saber o que é destinação econômica e se, nessa hipótese, a presunção legal é relativa ou absoluta.

A economia nada mais é que a ciência que estuda a produção e a distribuição de riquezas.

Continuando a análise semântica, mister se faz desvendar o significado de riqueza, ou seja, tudo quanto é capaz de satisfazer necessidades humanas.

Em razão disso, só não teria finalidade econômica o mútuo que não se destinasse à circulação de bens suscetíveis de satisfazer necessidades humanas.

Portanto, o termo está mal-empregado na medida em que o mútuo só terá interesse jurídico se disser respeito aos bens suscetíveis de apropriação pelo homem e, bem assim, dotados de conteúdo econômico relevante e significativo.

Sendo assim, tendo em vista a linguagem contraditória da lei, mister se faz a interpretação sistemática, o que nos leva à conclusão de a finalidade econômica não ser a altruísta, ou seja, não destinada à filantropia.

Em suma, não pode se tratar de doação – e, nesse caso, outro contrato – ou desinteresse de lucro pelo mutuante no contrato de mútuo.

De qualquer forma, mesmo ante o mistifório legal, se o mútuo não for destinado à filantropia, haverá a necessidade de devolução do equivalente ao bem emprestado, como é da essência do contrato em análise, com os juros que são presumidos pela lei (juros legais compensatórios).

Ocorre que, se o contrato for omisso, mister se faz investigar subjetivamente a intenção do mutuante. Nesse caso, repita-se, há presunção legal de interesse econômico em favor do mutuante.

Essa presunção, relativa, portanto, só pode ser afastada pela declaração expressa do mutuante em sentido contrário, renunciando ao benefício do rendimento que lhe defere a lei ou através de prova convincente de desinteresse econômico oferecida pelo mutuário, a quem cabe o ônus em razão da presunção legal.

Em outras palavras, para que não haja a contagem de juros no contrato de mútuo, mister se faz que o mutuante declare, expressamente, contemporaneamente à formação do contrato ou em ato posterior, a renúncia aos juros que a lei lhe defere ou que o

Nesta medida:

Superior Tribunal de Justiça. Embargos de divergência. Direito civil. Incorporaçã de construção. Cobrança de juros compensatórios antes da entrega das chaves. Legiliária. Imóvel em fase imobiliária, o pagamento pela compra de um imóvel em fase de produção, a riç. 1. Na incorporação obstante, pode o incorporador oferecer prazo ao adquirente para pagamento, m ser à vista. Nada preço. Afigura-se, nessa hipótese, legítima a cobrança de juros compensatórios. 2. Parcelamento do abusiva cláusula contratual que preveja a cobrança de juros antes da entrega da o se considera confere maior transparência ao contrato e vem ao encontro do direito à informação que, ademais, III, do CDC), abrindo a possibilidade de correção de eventuais abusos. 3. No caso co e, por (art. 6º, juros compensatórios convencionados entre as partes, correspondentes às parcelas p lusão dos entrega das chaves, altera o equilíbrio financeiro da operação e a comutatividade da a efetiva REsp 379.941/SP, Rel. Min. Carlos Alberto Menezes Direito, Terceira Turma, j. 03.10.2002, D entes: REsp 1.133.023/PE; REsp 662.822/DF; REsp 1.060.425/PE e REsp 738.988/DF, todos rela 306; Aldir Passarinho Júnior; REsp 681.724/DF, relatado pelo Ministro Paulo Furtado (Desemba ro do TJBA); e REsp 1.193.788/SP, relatado pelo Ministro Massami Uyeda. 5. Embargos de dive para reformar o acórdão embargado e reconhecer a legalidade da cláusula do contrato compra e venda de imóvel que previu a cobrança de juros compensatórios de 1% (um por c assinatura do contrato. (EREsp 670.117/PB, Rel. Min. Sidnei Beneti, Rel. p/ Acórdão Ministro Ferreira, Segunda Seção, j. 13.06.2012, DJe 26.11.2012).

Agravo interno no Recurso Especial. Sistema financeiro de habitação. Ação revisional de cláusu Cobrança de juros compensatórios durante a obra. Possibilidade. Entendimento do Superior Justiça. Agravo interno desprovido. 1. Conforme a jurisprudência deste Sodalício, "(...) não s abusiva cláusula contratual que preveja a cobrança de juros antes da entrega das chaves, qu confere maior transparência ao contrato e vem ao encontro do direito à informação do consu. 6º, III, do CDC), abrindo a possibilidade de correção de eventuais abusos" (EREsp n. 670.117/PB, Min. Sidnei Beneti, Rel. p/ Acórdão Min. Antonio Carlos Ferreira, Segunda Seção, DJe 26/11/2012, Agravo interno a que se nega provimento. (AgInt no REsp 1.308.926/RJ, Rel. Min. Raul Araújo, 4ª Turma, 08.08.2022, DJe 26.08.2022)

Sob o argumento segundo o qual não existe venda a prazo com preço de venda à vista, afastou-se a ilegalidade, pelo menos neste precedente, da cobrança dos chamados "juros no pé". Por maioria de seis a três, os ministros votaram pela legalidade da cobrança.

Os "juros no pé" são juros compensatórios exigidos antes da entrega das chaves nos negócios jurídicos envolvendo imóveis em construção.

O assunto, embora julgado no âmbito de embargos de divergência, ainda merece acaloradas discussões, sendo relevante verificar o teor do voto do ministro Luis Felipe Salomão na decisão revertida pela Seção, segundo o qual a prática dos "juros no pé" representa "aberrante cobrança reversa de juros", ou seja, segundo ele, são juros pagos em desfavor daquele que entrega o capital (o dinheiro) e ainda não recebeu o imóvel, em benefício da parte contratual que recebe o empréstimo (a construtora) e ainda não entregou o capital representado pelo imóvel.

Respeitável a opinião, mormente levando-se em consideração que a construção, na maioria dos casos, é levada a efeito mediante financiamento obtido pela construtora e depois repassado ao adquirente.

Seja como for, levou-se em consideração que a quitação do preço relativo à aquisição, ainda que o bem imóvel tenha previsão para entrega futura, deveria ser levada a efeito no ato e, se não o foi, concedido prazo para pagamento, cabe a cobrança dos juros compensatórios.

Segundo o argumento vencedor, ao menos neste julgado, a construtora antecipa valores aptos à consecução da construção de tal sorte que faz jus à remuneração do capital empregado.

A conclusão, segundo pensamos, não é absoluta, posto que, dependendo do negócio, o raciocínio pode ser inverso na exata medida em que os valores antecipados pelo adquirente podem ser maiores do que aqueles empregados na construção, conclusão que depende da análise de cada contrato em comparação com o fluxo de caixa da obra.

e, consequentemente mais juros (36ª Vara Cível, Foro Central, SP; Proc. nº 000.00.623029-6, Juiz Marcos Fleury Silveira Alvarenga).

O Superior Tribunal de Justiça, inclusive, já reconheceu a ilegalidade da Tabela Price por conter juros capitalizados, inicialmente, fora do âmbito dos contratos imobiliários:

Superior Tribunal de Justiça. *Recurso Especial. Contrato de financiamento de crédito educativo. Atualização monetária. Utilização da Tabela Price. Impossibilidade. Existência de juros capitalizados. Anatocismo. Caracterização de contrato bancário. Aplicação do Código de Defesa do Consumidor: arts. 3º, § 2º, 6º, V, e 51, IV, § 1º, III. Incidência de juros legais, não capitalizados. 1. O contrato de financiamento de crédito educativo, ajustado entre a Caixa Econômica Federal e o estudante, é de natureza bancária, pelo que recebe a tutela do art. 3º, § 2º, da Lei 8.078, de 1990 (Código de Defesa do Consumidor). 2. É indevida a utilização da Tabela Price na atualização monetária dos contratos de financiamento de crédito educativo, uma vez que, nesse sistema, os juros crescem em progressão geométrica, sobrepondo-se juros sobre juros, caracterizando-se o anatocismo. 3. A aplicação da Tabela Price, nos contratos em referência, encontra vedação na regra disposta nos arts. 6º, V, e 51, IV, § 1º, III, do Código de Defesa do Consumidor, em razão da excessiva onerosidade imposta ao consumidor, no caso, o estudante. 4. Na atualização do contrato de crédito educativo, deve-se aplicar os juros legais, ajustados de forma não capitalizada ou composta. 5. Recurso especial conhecido e provido (REsp 572.210/RS, REsp 2003/0148634-1, Ministro José Delgado, 1ª Turma, 06.05.2004, DJ 07.06.2004, p. 166).*

Ao depois, a mesma ilegalidade restou reconhecida em importante precedente do próprio STJ, em judicioso julgado do Ministro José Delgado que, pela importância, segue na íntegra:

Civil. Recurso especial. Sistema financeiro da habitação. Fcvs. Plano de equivalência salarial. Reajuste de acordo com a categoria profissional do mutuário. Interpretação de cláusula contratual. Súmula nº 5/STJ. Incidência. Tabela Price. Juros capitalizados. Anatocismo. Caracterização.

1. Ação ajuizada por mutuários do SFH para ter revisado o contrato de financiamento imobiliário. Acórdão do TRF/4ª Região que: 1) aplicou o CDC; 2) determinou o reajuste do saldo devedor pela UPC até o limite da variação do salário dos mutuários conforme o contratado; 3) afastou o Coeficiente de Equiparação Salarial – CES, por ser posterior ao contrato; 4) repeliu a incidência de juros compostos ao contrato e 5) condenou a CEF à restituição de quantias eventualmente pagas a maior. Recurso especial da CEF pugnando pela compensação dos valores eventualmente pagos a maior pelo mutuário com o saldo devedor do financiamento, pela não incidência do CDC, pela utilização da Tabela Price na amortização e pelo reajuste no mesmo percentual e periodicidade do aumento de salário da categoria profissional do mutuário (e não do salário do mutuário individualmente).

2. No concernente aos pedidos de compensação de valores pagos a maior pelo mutuário com o saldo devedor do financiamento, o pleito é de competência do Juízo da Execução, onde a existência dos referidos valores e a eventual possibilidade de compensação serão apurados em fase de liquidação. Pronunciar-se, em sede de recurso especial, sobre tal questão, usurparia a competência originária do juízo natural (da execução), promovendo verdadeira supressão de instância. Ademais, a CEF não fundamentou seu recurso em nenhum dos permissivos constitucionais, seja pela eventual violação à lei federal, seja pelo dissídio pretoriano. Inviável o conhecimento do recurso nesse particular. Não fosse o suficiente, a questão não foi abordada no âmbito do acórdão recorrido, faltando-lhe o necessário prequestionamento.

3. Quanto ao pleito de afastamento do Código de Defesa do Consumidor (Lei 8.078/1990), a parte recorrente deixou de indicar afronta a dispositivos de lei federal que entendesse porventura violados. Tampouco apresentou qualquer divergência jurisprudencial que abrisse a via extraordinária de jurisdição, razão pela qual o recurso, também nesse ponto, não merece ser conhecido.

4. Quanto ao pleito relativo ao reajuste do saldo devedor conforme variação de aumento e periodicidade de acordo com a categoria profissional do mutuário, e não o seu salário individualmente, o acórdão recorrido baseou-se fundamentalmente em cláusulas contratuais. Portanto, sua análise demandaria o reexame e a interpretação dessas cláusulas, o que é expressamente vedado pelo enunciado sumular nº 5/STJ.

5. A aplicação da Tabela Price aos contratos de prestações diferidas no tempo impõe excessiva onerosidade aos mutuários devedores do SFH, pois no sistema em que a mencionada Tabela é aplicada, os juros crescem em progressão geométrica, sendo que, quanto maior a quantidade de parcelas a serem pagas, maior será a quantidade de vezes que os juros se multiplicam por si mesmos, tornando o contrato, quando não impossível de se adimplir, pelo menos abusivo em relação ao mutuário, que vê sua dívida se estender indefinidamente e o valor do imóvel exorbitar até transfigurar-se inacessível e incompatível ontologicamente com os fins sociais do Sistema Financeiro da Habitação.

6. Recurso especial parcialmente conhecido e, nesta parte, desprovido (Recurso Especial 668.795, RS (2004/0123972-0), 1ª Turma, j. 03.05.2005, Rel. Min. José Delgado, DJ 13.06.2005, p. 186).

Acórdão:

Vistos, relatados e discutidos os autos em que são partes as acima indicadas, acordam os Ministros da Primeira Turma do Superior Tribunal de Justiça, por unanimidade, conhecer parcialmente do recurso especial e, nessa parte, negar-lhe provimento, nos termos do voto do Sr. Ministro Relator. Os Srs. Ministros Luiz Fux, Teori Albino Zavascki e Denise Arruda votaram com o Sr. Ministro Relator.

Ausente, ocasionalmente, o Sr. Ministro Francisco Falcão.

Brasília (DF), 03 de maio de 2005 (Data do Julgamento)

Ministro José Delgado

Relator

O Sr. Ministro José Delgado (relator): Cuida-se de recurso especial interposto pela Caixa Econômica Federal – CEF contra acórdão proferido pela 3ª Turma do TRF/4ª Região, assim ementado (fls. 484/485): "Administrativo. Sistema financeiro de habitação. Legitimidade passiva da CEF. Seguro habitacional. Código de Defesa do Consumidor. Reajuste do saldo devedor. Plano de equivalência salarial. Sistema de cálculo da evolução do saldo devedor – prévio reajuste e posterior amortização. Ces. Inaplicabilidade. Tabela Price. Anatocismo. Vedação legal. Repetição do indébito. Art. 23 da Lei 8.004/1990. Dobro legal. Art. 42, parágrafo único, do CDC. Inaplicabilidade.

1. O agente financeiro é parte legítima para integrar o polo passivo de demandas em que se busca revisar os valores cobrados a título de seguro, e não a seguradora, porquanto é a referida instituição, na qualidade de mandatária, quem aplica as regras relativas a condições gerais e limites das taxas de seguro, bem como quem recebe os valores cobrados a tal título dos mutuários.

2. O valor e as condições do seguro habitacional são previstos no contrato, de acordo com as normas editadas pela Superintendência de Seguros Privados – SUSEP, não se encontrando atrelados aos valores de mercado.

3. Caracterizada como de consumo a relação entre o agente financeiro do SFH, que concede empréstimo oneroso para aquisição de casa própria, e o mutuário, as respectivas avenças estão vinculadas ao Código de Defesa do Consumidor – Lei 8.078/1990.

4. Ao se desincumbir da sua missão, cumpre ao Judiciário sindicar as relações consumeristas instaladas quanto ao respeito às regras consignadas no CDC, que são qualificadas expressamente como de ordem pública e de interesse social (art. 1º), o que legitima mesmo a sua ação ex officio, declarando-se, v.g., a nulidade de pleno direito de convenções ilegais e que impliquem excessiva onerosidade e vantagem exagerada ao credor, forte no art. 51, IV e § 1º, do CDC.

5. Nos contratos em que o PES é adotado como limitador do reajuste dos encargos mensais, também a atualização do saldo devedor deve ficar adstrita à variação salarial da categoria profissional do mutuário, pois só assim estará preservado o equilíbrio econômico-financeiro estabelecido na gênese da relação contratual.

6. A incidência dos juros e da correção monetária sobre o saldo devedor precede a amortização decorrente do pagamento da prestação mensal.

7. Tendo sido o contrato celebrado anteriormente à vigência da Lei 8.692/1993 e não havendo no mesmo inclusão do Coeficiente de Equiparação Salarial – CES no cálculo do encargo inicial, torna-se injustificável sua cobrança.

8. A organização do fluxo de pagamento constante, nos moldes do Sistema Francês de Amortização, concebe a cotação de juros compostos, o que é vedado legalmente, merecendo ser reprimida, ainda que expressamente avençado, uma vez que constitui convenção abusiva.

9. Tolerável, contudo, a capitalização anual dos juros, a teor do art. 4º do Decreto nº 22.626/33 (É proibido contar juros dos juros: esta proibição não compreende a acumulação de juros vencidos aos saldos líquidos em conta corrente de ano a ano).

10. O art. 23 da Lei 8.004/1990 prevê expressamente a possibilidade de restituição dos valores eventualmente pagos a maior pelo mutuário.

11. Entende-se aplicável a repetição do indébito em dobro, prevista no art. 42, parágrafo único, do CDC, tão somente naquelas hipóteses em que há prova de que o credor agiu com má-fé, nos contratos firmados no âmbito do SFH.

12. Apelação parcialmente provida.

Tratam os autos de ação ajuizada por mutuários do Sistema Financeiro da Habitação – SFH contra a CEF e Habitasul Crédito Imobiliário S.A. com o desiderato de obter revisão de contrato de financiamento imobiliário. Buscam os autores a revisão das prestações, dos valores relativos aos prêmios do seguro, do saldo devedor e das taxas de juros aplicadas. Em sua exordial, às fls. 32/33, veiculam seus pedidos meritórios nos seguintes termos:

"(...)

4. A condenação da Requerida para recalcular as prestações desde a primeira, nos seguintes termos:

4.1. Que as prestações sejam recalculadas desde a primeira, com base na Tabela Price ou Sistema Francês de Amortização – SFA, adotando como juros efetivos os de 9,8157% a.a. obedecendo ao que determina a letra "e" do art. 6º da Lei 4.380/1964.

4.2. Que expurge desse cálculo o percentual de 25% cobrado desde a primeira prestação a título de C.E.S. (Coeficiente de Equiparação Salarial).

5. A condenação da Requerida a recalcular o saldo devedor nos seguintes termos:

5.1. Adotar como fator de correção do saldo devedor os mesmos índices adotados para o reajuste das prestações.

– Não sendo esse o entendimento de V. Exa. que seja adotado como indexador para correção monetária do saldo devedor, desde a assinatura do contrato, primeiramente, a BTN até Fevereiro de 1991 e o INPC – Índice Nacional de Preços ao Consumidor, a partir de março de 1991, para a atualização do saldo devedor.

5.2. Que a Requerida adote como forma de amortização da dívida primeiramente a dedução do valor da prestação paga e depois aplique a correção monetária no saldo devedor, de acordo com a letra "c", do art. 6º da Lei 4.380/1964.

6. Que sejam obedecidos os limites estabelecidos pela SUSEP no período da contratualidade até 19.06.1998, e a partir daí aplicam-se os benefícios da MP 1.691/1998, vindo a ser recalculados seus seguros obrigatórios para cobertura por "Morte e Invalidez Permanente (MIP)" e "Danos Físicos no Imóvel (DFI)" pelos índices praticados no mercado, sendo beneficiados com a livre concorrência entre as empresas deste setor.

7. Que não seja aplicada a capitalização dos juros, de acordo com a Súmula 121 do STF e art. 4º da Lei de Usura.

8. Que em liquidação de sentença sejam atualizadas as diferenças pagas e cobradas a maior, e que sobre este valor incida o dobro legal, sendo condenado o banco/réu a restituir aos autores, incidindo sobre ele, a verba honorária, bem como o direito de exercerem o instituto da Compensação, em relação ao saldo devedor e/ou prestações vincendas, após conclusão do laudo contábil, face aos excessos cobrados nas prestações.

(...)"

A sentença acolheu a preliminar de ilegitimidade passiva da Habitasul Crédito Imobiliário S.A., excluindo-a do feito. De igual modo, acolheu a preliminar de ilegitimidade passiva da CEF no que concerne ao pleito de revisão das taxas de seguro, extinguindo tal pedido sem julgamento do mérito forte no art. 267, inc. VI, do CPC. [atual art. 485, VI] No mérito, julgou improcedentes os demais pedidos deduzidos na exordial, extinguindo o feito (art. 269, inc. I, do CPC) [atual art. 487, I].

Em sede de apelação, o egrégio Tribunal a quo, à unanimidade, deu parcial provimento ao recurso dos autores nos termos da ementa supratranscrita.

Insatisfeita com o conteúdo decisório de segunda instância, a CEF interpõe recurso especial buscando reforma do acórdão. Alega violação das seguintes normas:

Art. 5º da Lei 4.380/1964 ("Observado o disposto na presente lei, os contratos de vendas ou construção de habitações para pagamento a prazo ou de empréstimos para aquisição ou construção de habitações poderão prever o reajustamento das prestações mensais de amortização e juros, com a consequente correção do valor monetário da dívida toda a vez que o salário mínimo legal for alterado");

Art. 6º da Lei 4.380/1964 ("O disposto no artigo anterior somente se aplicará aos contratos de venda, promessa de venda, cessão ou promessa de cessão, ou empréstimo que satisfaçam às seguintes condições:

a) tenham por objeto imóveis construídos, em construção, ou cuja construção, seja simultaneamente contratada, cuja área total de construção, entendida como a que inclua paredes e quotas-partes comuns, quando se tratar de apartamento, de habitação coletiva ou vila, não ultrapasse 100 (cem) metros quadrados;

b) o valor da transação não ultrapasse 200 (duzentas) vezes o maior salário mínimo vigente no país;

c) ao menos parte do financiamento, ou do preço a ser pago, seja amortizado em prestações mensais sucessivas, de igual valor, antes do reajustamento, que incluam amortizações e juros;

d) além das prestações mensais referidas na alínea anterior, quando convencionadas prestações intermediárias, fica vedado o reajustamento das mesmas, e do saldo devedor a elas correspondente;

e) os juros convencionais não excedem de 10% ao ano;

f) se assegure ao devedor, comprador, promitente comprador, cessionário ou promitente cessionário o direito a liquidar antecipadamente a dívida em forma obrigatoriamente prevista no contrato, a qual poderá prever a correção monetária do saldo devedor, de acordo com os índices previstos no § 1º do artigo anterior.

Parágrafo único. As restrições dos incisos a e b não obrigam as entidades integrantes do sistema financeiro da habitação, cujas aplicações, a este respeito, são regidas pelos arts. 11 e 12");

Art. 2º, parágrafo único, da Lei 8.692/1993 ("Os contratos de financiamento habitacional celebrados em conformidade com o Plano de Comprometimento da Renda estabelecerão percentual de no máximo trinta *por cento da renda bruta do mutuário destinado ao pagamento dos encargos mensais. Parágrafo único. Define-se como encargo mensal, para efeitos desta lei, o total pago, mensalmente, pelo beneficiário de financiamento habitacional e compreendendo a parcela de amortização e juros, destinada ao resgate do financiamento concedido, acrescida de seguros estipulados em contrato").*

Sustenta, em sua peça recursal extraordinária, que o reajuste das prestações, conforme determinam a lei e o contrato, deve obedecer ao Plano de Equivalência Salarial por Categoria Profissional – PES/CP, e não à variação do salário do mutuário, individualmente. Afirma que a utilização da Tabela Price, que também encontra amparo legal e contratual, não configura anatocismo, pois não impõe a capitalização de juros e as amortizações negativas. Por fim, alega que não haveria que se falar em aplicabilidade do Código de Defesa do Consumidor por não constituir relação de consumo e, de igual modo, tampouco haveria que se falar em restituição em dobro do indébito, pois não estaria configurada a má-fé por parte da CEF.

Contrarrazões (fls. 555/572) alegando, preliminarmente, falta de prequestionamento dos arts. 5º e 6º da Lei 4.380/1964, bem como incidência das Súmulas 5, 7 e 13 do STJ. No mérito, pugna-se pela mantença do acórdão.

É o relatório.

Voto:

O Sr. Ministro José Delgado (Relator): Em que pesem os argumentos levantados pela CEF, o recurso especial não merece prosperar.

É de se anotar que o acórdão recorrido alterou a sentença unicamente para:

1) fazer incidir ao caso os princípios inseridos no Código de Defesa do Consumidor (fls. 461/463);

2) determinar que o reajuste do saldo devedor do financiamento imobiliário seja feito com base na variação da UPC, índice adotado pelo contrato, porém, até o limite da variação do salário dos mutuários, conforme o Plano de Equivalência Salarial contratado (fls. 463/464-verso);

3) afastar a incidência do Coeficiente de Equiparação Salarial – CES do contrato, uma vez que a instituição do referido coeficiente se deu após a contratação, não sendo justificável sua retroação (fls. 464-verso/465);

4) afastar a prática do anatocismo, por meio da adoção dos juros simples para o cálculo do saldo devedor;

5) condenar a CEF a restituir as quantias eventualmente pagas a maior, a serem apuradas em liquidação.

O recurso especial da CEF, a seu turno, limita-se a postular a reforma do acórdão para:

1) que o reajuste pelo Plano de Equivalência Salarial – PES se dê no mesmo percentual e periodicidade do aumento de salário da categoria profissional do mutuário e não do salário do mutuário individualmente, conforme exposto no acórdão;

2) que não seja repelida a Tabela Price de amortização, por não configurar a capitalização dos juros;

3) que seja afastada a aplicabilidade do CDC;

4) que, caso haja condenação em restituição de valores pagos a maior pelo mutuário, seja deferida a compensação dos referidos valores com o saldo devedor.

Inicialmente, quanto ao pedido de compensação de valores eventualmente pagos a maior pelo mutuário com o saldo devedor do financiamento imobiliário, deve-se consignar que o referido pleito é de competência do Juízo da Execução, onde a existência dos referidos valores e eventual possibilidade de compensação serão apurados em fase de liquidação. Pronunciar-se, em sede de recurso especial, sobre tal questão, a meu ver, seria usurpar a competência originária do juízo natural da execução, promovendo verdadeira supressão de instância.

Ademais, deve-se consignar que, a esse respeito, a CEF não fundamentou seu recurso em nenhum dos permissivos constitucionais, seja pela eventual violação à lei federal, seja pelo dissídio pretoriano. Não fosse o suficiente, a questão não foi abordada no âmbito do acórdão recorrido, faltando-lhe o necessário prequestionamento. Assim, inviável o conhecimento do recurso nesse particular.

De igual modo, quanto à questão da incidência do Código de Defesa do Consumidor (Lei 8.078/1990), a parte recorrente deixou de indicar afronta a dispositivos de lei federal que entendesse porventura violados. Tampouco apresentou qualquer divergência jurisprudencial que abrisse a via extraordinária de jurisdição, razão pela qual o recurso, também nesse ponto, não merece ser conhecido.

No que concerne ao pleito de reajuste do saldo devedor conforme o percentual de aumento e periodicidade da categoria profissional e não do salário do mutuário individualmente, deve-se registrar que o voto condutor do acórdão deixou assim consignado (fl. 463):

"O contrato firmado entre as partes, e classificado como de adesão, fixou um indexador para a correção do saldo devedor, a UPC – Unidade Padrão de Capital, mas deixou inegavelmente expressa sua regência segundo o Plano de Equivalência Salarial (fls. 38), pelo qual o reajuste das prestações deve ser feito em função da variação do salário do mutuário."

Portanto, melhor sorte não encontra o recurso, uma vez que sua análise demandaria o reexame e a interpretação de cláusulas contratuais, o que é expressamente vedado pela Súmula 5 deste Tribunal: "A simples interpretação de cláusula contratual não enseja recurso especial".

Por fim, quanto à questão da incidência da chamada Tabela Price aos contratos de prestações sucessivas, já firmei o meu posicionamento pela impossibilidade, vez que no sistema em que a referida Tabela é aplicada, os juros crescem em progressão geométrica, sendo que, quanto maior a quantidade de parcelas a serem pagas, maior será a quantidade de vezes que os juros se multiplicam por si mesmos.

Dessa forma, o contrato se torna, quando não impossível de se adimplir, pelo menos abusivo em relação ao mutuário, que vê sua dívida se estender indefinidamente e o valor do imóvel exorbitar até transfigurar-se inacessível e incompatível ontologicamente com os fins sociais do Sistema Financeiro da Habitação.

Tal como o acórdão recorrido, em oportunidades anteriores, quando do voto proferido no Recurso Especial nº 572.210/RS, trouxe a elucidativa manifestação do eminente Des. Adão Sérgio do Nascimento Cassiano, do Tribunal de Justiça do Estado do Rio Grande do Sul, que, em 23.10.2002, na Apelação Cível 70.002.065.662, assim se pronunciou:

"Na temática da Tabela Price seguir-se-á ao longo da fundamentação deste voto, a linha do estudo feito pelo eminente autor José Jorge Meschiatti Nogueira, no seu livro "Tabela Price – Da Prova Documental e Precisa Elucidação do seu Anatocismo", Ed. Servanda, Campinas, 2002. E assim se o faz porque o estudo empreendido pelo referido autor partiu da consulta aos originais do livro de Richard Price sob o título "Observations ou Reversionary Payments", edições de 1783 e 1803, onde o religioso inglês desenvolveu as suas geniais Tabelas de Juro Composto.

Na verdade, o trabalho do inglês Richard Price, ministro presbiteriano, foi desenvolvido tendo em vista um sistema de pagamento para seguro de vida e aposentadorias, elaborado a pedido de sociedade seguradora, tendo Price construído tabelas que denominou de "Tables of Compound Interest" (Tabelas de Juro Composto). Sobre essa perspectiva histórica, da origem ou motivação do trabalho de Price, assim escreveu o autor citado (José Jorge Mesquiatti Nogueira, op. cit., p. 37-38):

'O livro Observations ou Reversionary Payments, de autoria do Dr. Richard Price, demonstra, com as devidas explicações do próprio autor, a relação dos quatro Teoremas ali propostos, com a aplicação do juro composto (juro capitalizado, juro sobre juro ou ainda anatocismo) em seu sistema de pagamentos reversíveis e parcelados. É importante destacar que Price elaborou as suas tabelas de juro composto a pedido da Society for Equitable Assurance on Live (p. 174, vol. I, ed. 1803), com a finalidade de estabelecer um método de pagamento para seguro de vida, e aposentadorias que acabou sendo usado por seguradoras do mundo todo até hoje. No caso do Brasil, sua maior utilização dá-se, até agora, na área de financiamentos de bens de consumo e do Sistema Financeiro da Habitação.

O livro ora referenciado e que apresentamos neste trabalho esclarece definitivamente pelos escritos do próprio autor que suas Tabelas, ou seja, as Tabelas de Price, tais como ele as denominou (Tables of Compound Interest), são de Juro composto. Destaco que somente no Brasil essas tabelas são conhecidas como Tabela Price, referenciando seu autor porque, se fossem conhecidas como o próprio autor as denominou, invariavelmente isso implicaria a informação de que são balizadas na capitalização de juro (...)'.

No que importa ao âmbito deste processo, para demonstração de ilegalidade ou não da Tabela Price, faz-se a seguir um comparativo entre o cálculo de juros simples ou lineares e o cálculo dos juros pela já referida Tabela Price. Primeiro se faz um comparativo com exemplos simplificados entre cálculos de 06 e de 12 meses de prazo (Situações 'A' e 'B' adiante), para facilitar o entendimento e, depois, se compara com o caso concreto do contrato em debate nos autos.

Situação A:

Juros de 10% ao mês e prazo de 06 meses:

Cálculo de juros simples ou lineares: 10% x 6 meses = 60% de juros totais em 6 meses.

Cálculo pelo Sistema Price $(1 + 10\%)6 = (1,10)6 = 1,7715 - 1 = 0,7715 \times 100 = 77,15\%$ de juros totais nos mesmos 06 meses.

> Conclusão: pelo Sistema Price não se está pagando 10% ao mês, mas sim, na verdade, 12,85% ao mês, o que ocorre em face de a aludida Tabela já conter em sua sistemática de cálculo uma função exponencial que constitui uma progressão geométrica e gera na verdade a incidência de juros sobre juros.

Situação B:

Juros de 10% ao mês e 12 meses de prazo:

Cálculo de juros simples ou lineares: 10% x 12 meses = 120% de juros totais em 12 meses.

Cálculo pelo Sistema Price: $(1 + 10\%)12 = (1,10)12 = 3,1384 - 1 = 2,1384 \times 100 = 213,84\%$ de juros totais em 12 meses.

> *Conclusão: pelo Sistema Price não se está pagando 10% ao mês, mas sim, na verdade, 17,82% ao mês, fato, como já referido na letra 'A', decorrente da função exponencial contida na fórmula da Tabela Price.*

Note-se que os juros de 10% ao mês, aplicados pela Tabela Price, na realidade, são mais altos, e quanto maior o prazo, maior é a diferença entre a Tabela Price e os juros simples: 10% em 6 meses, a juros simples ou lineares, correspondem a 60%, enquanto, pela Tabela Price, ascendem a 77,15% (uma diferença a maior de 17,15%). Estendendo-se o prazo para 12 meses, tem-se 120% a juros simples ou lineares e 213,84% pelo Sistema Price (uma diferença a maior de 93,84%). Essa situação mostra que, na verdade, o que é relevante não é propriamente a taxa de juros contratada (10%), mas sim o prazo, pois, quanto maior o prazo, maior será a quantidade de vezes que os juros se multiplicarão por eles mesmos {(10%)6.(10%)12}, o que demonstra e configura o anatocismo como traço inerente e imanente à Tabela Price.

Tendo em conta esses critérios matemáticos, sucintamente demonstrados nos comparativos acima referidos, passa-se à aplicação do mesmo raciocínio para o caso concreto do contrato dos autores, constante dos autos.

Contrato: juros de 9,72% ao ano com prazo de 192 meses:

Cálculo de juros simples ou lineares: 9,72% ao ano = 0,81 % ao mês x 16 anos = 192 meses

então: 9,72% x 16 anos = 155,52% de juros totais em 192 meses (16 anos).

Cálculo pelo Sistema Price: (1 + 0,81 %)192 = (1,0081)192 = 4,7064 – 1 = 3,7064 x 100 = 370,64% de juros totais em 192 meses (16 anos).

> *Conclusão: os autores não estão pagando 9,72% ao ano (ou 0,81% ao mês), mas sim 23,165% ao ano (ou 1,93% ao mês).*

Assim, no caso do contrato dos autores, a taxa de 9,72% ao ano (ou 0,81% ao mês), até pode, aparentemente, ser considerada baixa, todavia a questão fundamental é por quantos meses, ou por quantas vezes, ela se multiplicará por ela mesma (progressão geométrica): {(0,81%)192}, isto é, 16 anos ou 192 meses, diferenciando-se totalmente dos juros simples, os quais serão apenas multiplicados pelos meses (10% x 6; 10% x 12; 9,72% x 16, como antes demonstrado).

Por meio das fórmulas matemáticas acima explicitadas, percebe-se a estratosférica diferença entre os cálculos e a oneração respectiva deles decorrente: adotando-se a fórmula dos juros simples o crescimento é apenas aritmético e, adotando-se a fórmula da Tabela Price, o crescimento se dá em progressão geométrica (juros capitalizados ou compostos, inerentes à fórmula da Tabela Price).

Essa realidade é comprovada pela própria palavra do Reverendo Richard Price, retirada de sua obra original, demonstrando a existência congênita de capitalização ou juros compostos no Sistema Price. O eminente autor antes referido, José Jorge Meschiatti Nogueira (op. cit., p. 57), para comprovar essa indiscutível realidade, vale-se da palavra do religioso inglês, transcrevendo verbum ad verbum, a seguinte passagem do original da obra de Price, apresentando, a seguir, a respectiva tradução para o português:

'One penny put out at our Saviour's birth to five per cent, compound interest, would, in the present year 1781, have increased to a greater sum than would be contained in TWO HUNDRED MILLIONS of earths, al folid gold. But, if put out to simple interest it would, ind the same time have amounted to no more than SEVEN SHILLINGS AND SIX PENCE.'

'Um centavo de libra emprestado na data de nascimento de nosso Salvador a um juro composto de cinco por cento teria, no presente ano de 1781, resultado em um montante maior do que o contido em DUZENTOS MILHÕES de Terras, todas de ouro maciço. Porém, caso ele tivesse sido emprestado a juros simples ele teria, no mesmo período, totalizado não mais do que SETE XELINS E SEIS CENTAVOS.' (Os destaques são do original).

A passagem, a despeito do exagero do Reverendo Price, dá a exata ideia da magnitude da diferença de se computar juros simples e juros capitalizados ou compostos, e demonstra, de forma definitiva, que ditas Tabelas são constituídas à base de juros capitalizados.

Então, a primeira ilegalidade contida no cálculo pela Tabela Price é a do crescimento geométrico dos juros que configura anatocismo ou capitalização, que é legalmente proibida em nosso sistema, nos contratos de mútuo, estando excetuados da vedação apenas os títulos regulados por lei especial, nos termos da Súmula n° 93 do STJ.

A seguir, semelhantemente ao que se procedeu acima, passa-se a demonstrar como funciona o cálculo da prestação com aplicação da Tabela Price (Situação "C") e com aplicação de juros simples (Situação "D"), fazendo-se a respectiva comparação.

Situação C:

Cálculo da prestação e sistema de amortização:

Utilizando o exemplo apresentado na letra "A" antes referida:

– Juros: 10%.

– Prazo: 06 meses.

– Valor financiado: R$ 10.000,00.

> Cálculo da prestação: (1 + 10%)6 x 10% x 10.000 =

(1 +10%)6 – 1

1,771561 x 0,10 x l0.000

0,771561

R$ 2.296,07 de prestação fixa mensal.

> Sistema de amortização: Valor financiado: R$ 10.000,00 (10% de juros =1.000,00). Veja-se que R$ 1.000,00 são os juros de 10% a serem pagos na primeira prestação.

Observe-se, a seguir e como anteriormente já referido, que se abate da dívida (ou do saldo) apenas a amortização, mas não os juros, que são pagos juntamente com a amortização, embutidos em cada prestação mensal. A amortização (do saldo ou do principal) é maior ou menor segundo forem menores ou maiores os juros que compõem a parcela, com o que o saldo devedor, que serve de base para o cálculo de novos juros no mês seguinte, será maior ou menor dependendo do valor da amortização que, por sua vez depende do valor maior ou menor dos juros cobrados na parcela. Essa situação será comparada e abordada adiante. Por ora apenas demonstra-se amortização e o cálculo dos juros:

Dívida total inicial de   R$ 10.000,00

Prestações mensais:

1ª) 2.296,07 (-1.000 de juros) > – 1.296,07 de amortização

Saldo remanescente da dívida 8.703,93 (x 10% de novos juros = 870,40)

2ª) 2.296,07 (-870,40 de juros) >-1.425,67 de amortização

Saldo remanescente da dívida 7.278,26 (x 10% de novos juros = 727,83)

3ª) 2.296,07 (-727,83 de juros) >-1.568,24 de amortização

Saldo remanescente da dívida 5.710,02 (x 10% de novos juros = 571,00)

4ª) 2.296,07 (-571,00 de juros) >-1.725,07 de amortização

Saldo remanescente da dívida 3.984,95 (x 10% de novos juros = 398,49)

5ª) 2.296,07 (-398,49 de juros) >-1.897,58 de amortização

Saldo remanescente da dívida 2.087,37 (x 10% de novos juros = 208,70)

6ª) 2.296,07 (-208,70 de juros) >-2.087,37 de amortização

Saldo remanescente da dívida 0

Agora, tomando-se os mesmos dados 'valor financiado' de R$ 10.000,00, 'prazo' de 06 meses, 'juros' de 10% e 'prestação mensal' de R$ 2.296,07, procede-se ao cálculo com juros simples. Isto porque, se a Tabela Price não tem capitalização, como normalmente se sustenta, ou se ela, por alguma forma, não é ilegal, porque não cobra valor a maior do devedor do que aquilo que é devido a juros simples, então, com os mesmos dados acima, especialmente com o mesmo valor da prestação, deve-se chegar ao mesmo resultado, sem oneração do mutuário. Todavia, ver-se-á que não é isso que ocorre, pois, há, sim, maior oneração do mutuário.

Assim, tomando-se o mesmo exemplo acima, de amortização da Tabela Price, porém com cálculo a juros simples, partindo da mesma prestação, temos:

Situação D:

10% x 6 = 60%/100, o que corresponde a um coeficiente de: (0,6+1) = 1,6

Valor Financiado

R$ 10.000,00

Prestações mensais:

1ª) 2.296,07÷1,6 > -1.435,04

8.564,96

(-0,10)

2ª) 2.296,07÷ 1,5 > -1.530,71

7.034,27

(-0,10)

3ª) 2.296,07÷1,4 > -1.640,05

5.394,22

(-0,10)

4ª) 2.296,07÷1,3 > -1.766,20

3.628,02

(-0,10)

5ª) 2.296,07÷1,2 > -1.913,39

1.714,63

(-0,10)

6ª) 2.296,07÷1,1 > -2.087,33

saldo positivo 372,70

Verifica-se que, se os juros forem simples, a amortização mensal da dívida é maior desde a primeira prestação – tanto que ao final, no demonstrativo acima, o saldo é positivo (credor, e não devedor) –, com o que se verifica que a Tabela Price importa cobrança de juros maiores, pois, do contrário a amortização da dívida seria maior, ou no mínimo idêntica à dos juros simples, e o abatimento (amortização) do saldo devedor em cada parcela seria maior e, em consequência, os juros da parcela seguinte seriam calculados sobre saldo menor e, por conseguinte, os juros seriam menores. Mas, na Tabela Price acontece o contrário.

Então, como antes referido, na Tabela Price, percebe-se que somente a amortização é que se deduz do saldo devedor. Os juros jamais são abatidos, o que acarreta amortização menor e pagamento de juros maiores em cada prestação, calculados e cobrados sobre saldo devedor maior em decorrência da função exponencial contida na Tabela, o que configura juros compostos ou capitalizados, de modo que o saldo devedor é simples e mera conta de diferença. Além disso, tratando-se, como antes visto, de progressão geométrica, quanto mais longo for o prazo do contrato, mais elevada será a taxa e maior será a quantidade de juros que o devedor pagará ao credor.

Na Price o saldo devedor – como mera conta de diferença (e esse é, digamos assim, mais um dos 'truques' da Tabela) – é maior do que na incidência de juros simples, de modo que as sucessivas incidências de juros ocorrem sempre sobre um valor ou uma base maior do que no cálculo dos juros simples. E isso ocorre porque se trata de taxa sobre taxa, juros sobre juros, função exponencial, progressão geométrica, ou como se queira chamar: anatocismo, capitalização ou contagem de juros de juros.

Observa-se, claramente, que é na prestação da Price que estão embutidos ou, melhor dizendo, disfarçados, os juros compostos e onde exatamente se visualiza o anatocismo ou incidência de juros sobre juros ou taxa sobre taxa ou progressão geométrica. E isso porque, repita-se, o saldo devedor, no sistema da Price, não é propriamente o saldo devedor real, mas uma simples conta de diferença.

No segundo exemplo acima (Situação "D"), conclui-se que, no cálculo com juros simples, sem a capitalização provocada pela função exponencial da Price, o saldo é credor, em face de uma amortização maior, já que os dados da dívida pactuada são exatamente os mesmos.

Em linguagem mais simples e numa síntese conclusiva incidental, poder-se-ia dizer que a Tabela Price não dá qualquer importância ao saldo devedor (já que o considera apenas como conta de diferença), pois, v. g., numa prestação de R$ 1.000,00, não importa se os juros são de R$ 500,00 e a amortização da dívida de R$ 500,00; ou se os juros são de R$ 700,00 e a amortização de R$ 300,00; ou o inverso, se os juros são de R$ 300,00 e a amortização de R$ 700,00, pois não importa o saldo devedor, maior ou menor, pois é sempre conta de diferença. Mas, em tais circunstâncias, o que ocorre é que os juros são muito superiores aos simples ou lineares; os juros pagos em cada prestação sempre são superiores porque incidem sobre um saldo devedor maior já que a amortização foi menor em benefício dos juros; se o saldo devedor não fosse mera conta de diferença, se os juros na Price não fossem capitalizados e se a amortização fosse a real, o saldo a cada parcela seria menor e os juros – que seriam calculados em cada parcela sobre saldo menor – por simples lógica matemática, também seriam menores. Entretanto, como já referido anteriormente, na Price os juros são capitalizados porque são calculados taxa sobre taxa em razão da função exponencial já aludida, contida na fórmula.

No mesmo sentido são as percucientes palavras do Ministro Carlos Alberto Menezes Direito quando do voto proferido no REsp 410.775/PR. Naquela ocasião, a 3ª Turma desta Corte decidiu não conhecer do recurso por entender que o exame acerca da existência ou não de capitalização de juros no sistema da Tabela Price é questão de fato, a ser solucionada a partir de cláusulas contratuais e/ou provas. O voto-vencido do eminente relator retrocitado, porém, adentrou no mérito e, a meu ver, muito bem solucionou a questão nos seguintes termos:

"(...)

A questão que está sob julgamento é a aplicação da Tabela Price ao sistema de amortização das prestações, sob o ângulo da vedação da capitalização.

Como se sabe, Richard Price, filósofo e teólogo inglês, criou o sistema de amortização de empréstimos a partir da teoria dos juros compostos, sendo o sistema desenvolvido na França e consistente em amortização da dívida em prestações periódicas, iguais e sucessivas, sendo o valor da prestação composto de duas parcelas, uma de juros e outra de capital, ou amortização efetiva. Em tese, a amortização pela Tabela Price, aplicada mensalmente, acarreta a capitalização dos juros compostos.

(...)

O especial argui violação do art. 4º do Decreto nº 22.626/33, afirmando que a Tabela Price embute sempre juros capitalizados. Segundo o especial, o valor da prestação em tal sistema de amortização considera a parcela de amortização, em que estão os juros capitalizados mês a mês e os juros mensais, estes juros simples.

A base legal do acórdão recorrido, ou seja, para autorizar o uso da Tabela Price nos contratos imobiliários, não é pertinente. Os arts. 5º e 6º da Lei 4.380/1964 não autorizam a aplicação da Tabela Price, pura e simplesmente, porque cuidam da correção monetária nos contratos de vendas ou construção de habitações para pagamento a prazo ou de empréstimos para aquisição ou construção de habitações, referindo-se ao reajustamento das prestações mensais de amortização e juros. O art. 2º, parágrafo único, da Lei 8.692/1993 trata dos financiamentos habitacionais celebrados em conformidade com o denominado Plano de Comprometimento da Renda, fazendo referência, também, à amortização e aos juros, definindo o encargo mensal pago pelo beneficiário para resgatar o financiamento concedido.

Com isso, o que se vai mesmo examinar é se a aplicação da Tabela Price, em si mesma, contém a capitalização, ou não. E, na minha compreensão, implica, como bem pôs a sentença. Na dicção de Luiz Antonio Scavone Junior:

"Portanto, o que é evidente, e qualquer profissional da área sabe, até porque aprendeu nos bancos da faculdade, é que a Tabela Price é o sistema de amortização que incorpora, por excelência, os juros compostos (juros sobre juros, juros capitalizados de forma composta ou juros exponenciais).

Se incorpora juros capitalizados de forma composta, a Tabela Price abarca juros sobre juros e, portanto, é absolutamente ilegal, a teor do que dispõe o art. 4º, do Decreto nº 22.626/33 (Súmula nº 121 do STF), e isso parece que esses profissionais desconhecem" (Obrigações, Ed. Juarez de Oliveira, 2ª ed., p. 182).

Também Márcio Mello Casado em estudo publicado na Revista de Direito do Consumidor (nº 29, p. 72 e ss.), afirma que no "âmbito do modelo Price, especificamente, a capitalização dos juros se faz incontroversa", reproduzindo, para tanto, a fórmula adotada, para concluir, no ponto:

"Incontroverso que a metodologia de cálculo denominada método Francês de Amortização ou Tabela Price, acarreta a ilegal capitalização de juros. Até porque a matemática é uma ciência exata, onde não se admitem diversas explicações para o mesmo fenômeno. Assim, em havendo o elemento $(1 + i)n$ na equação, há a presença de fórmula que prestigia a contagem de juros sobre juros" (op. cit., p. 81-82).

Embora bem estruturado o raciocínio do acórdão recorrido no sentido de que sendo a parcela de juros paga mensalmente, não se pode falar na existência de juros capitalizados, não havendo acréscimo de juros ao saldo devedor, porque suficiente o valor da prestação para pagamento das parcelas de amortização e de juros, o fato é que o sistema mesmo de amortização pela Tabela Price parte do conceito de juros compostos, daí decorrendo um plano de amortização em prestações periódicas e sucessivas, considerado o termo vencido. Com isso, a aplicação de juros sobre juros é inerente ao próprio sistema.

Com essas razões, eu conheço do especial e lhe dou provimento para afastar a capitalização dos juros existente com a aplicação da Tabela Price, mantida a sucumbência como fixada na sentença."

Por fim, cito os seguintes precedentes:

"Processual. Agravo regimental. Decisão proferida em conformidade com a jurisprudência do STJ. Contrato de mútuo vinculado ao SFH. Juros. Capitalização.

– O contrato de mútuo bancário vinculado ao SFH não admite pacto de capitalização de juros, em qualquer periodicidade."

(AgRg no REsp 647.989/RS, Rel. Min. Humberto Gomes de Barros, DJ 06.12.2004, p. 308).

"Direito civil. Agravo no recurso especial. Ação de conhecimento sob o rito ordinário. Contrato de financiamento imobiliário. Sistema financeiro da habitação. Pes. Capitalização de juros.

– O contrato de empréstimo bancário vinculado ao SFH não admite pacto de capitalização de juros, em qualquer periodicidade.

Agravo no recurso especial desprovido."

(AgRg no REsp 622.550/RN, Rel. Min. Nancy Andrighi, DJ 1º.07.2004, p. 194).

"SFH. Capitalização de juros. Impossibilidade. Ausência de previsão legal. Precedentes. Súmula nº 83-STJ.

I – A jurisprudência desta Corte se firmou no sentido da impossibilidade de capitalização mensal de juros, nos contratos de mútuo vinculados ao Sistema Financeiro de Habitação, em razão da ausência de expressa autorização legal.

II – Agravo regimental desprovido"

(AgRg no REsp 524.920/RN, Rel. Min. Antônio de Pádua Ribeiro, DJ 25.10.2004, p. 337).

"Direito econômico. Sistema financeiro de habitação. Amortização de parcelas pagas. Proibição de anatocismo.

1. (...) omissis

2. (...) omissis

3. (...) omissis

4. A capitalização de juros, vedada legalmente (o art. 4º do Decreto nº 22.626/33), deve ser afastada nas hipóteses de contrato de mútuo regido pelas normas do Sistema Financeiro de Habitação, ainda que expressamente pactuada pelas partes contratantes, por constituir convenção abusiva. Incidência da Súmula nº 121/STF.

5. Recurso especial parcialmente provido."

(REsp 601.445/SE, Rel. Min. Teori Albino Zavascki, DJ 13.09.2004, p. 178).

Conforme demonstrado, há efetiva cobrança de juros capitalizados ou compostos quando utilizada a Tabela Price.

Portanto, entendo que o acórdão recorrido deve ser mantido por seus jurídicos termos.

Diante do exposto, voto no sentido de conhecer parcialmente do presente recurso especial e, nessa parte, negar-lhe provimento.

É como voto.

A par das brilhantes razões trazidas à colação pelo voto do Ministro José Delgado, ainda que não houvesse capitalização de juros na Tabela Price, como sustentam alguns,[80] existiria afronta ao Código de Defesa do Consumidor, art. 46 (desconhecimento e incompreensão do conteúdo) e, às vezes, art. 52, V (omissão da soma total), sem contar os arts. 113, 421 e 422 do Código Civil, que exigem probidade, boa-fé e transparência para validade dos contratos.

Assim, sob esses outros fundamentos, a Tabela Price continuaria sendo ilegal.

Tendo em vista a realidade brasileira, não consigo enxergar como o homem médio pode compreender o conteúdo e o alcance do que está contratando, apenas com a menção, no bojo do contrato, do termo "Tabela Price", cujo significado é uma fórmula acessível apenas aos versados em ciências exatas:

$$R = P\left(\frac{(1+i)^n \times i}{(1+i)^n - i}\right)$$

Dentre as práticas proscritas em nosso meio com o artigo 46, segundo Newton de Lucca,[81] pode-se destacar a utilização de fórmulas paramétricas complexas na determinação do verdadeiro conteúdo das obrigações assumidas pelo consumidor (...).[82]

Nesse sentido, inclusive, a lição de Arruda Alvim, Thereza Alvim, Eduardo Arruda Alvim e James Marins, segundo os quais a exposição do preço total do contrato deve ser feita de forma clara vez que, se o entendimento do preço total só for possível àqueles versados em contabilidade, o consumidor poderá alegar que o contrato não lhe obriga, invocando os arts. 46 e 52, do Código de Defesa do Consumidor.[83]

---

[80] Carlos Pinto del Mar, *Aspectos jurídicos da Tabela Price*, São Paulo: Jurídica Brasileira, 2001, p. 19.

[81] Newton de Lucca, *Direito do consumidor*, 2ª ed., Bauru: Edipro, 2000, p. 68.

[82] Márcio Mello Casado, *Proteção do Consumidor de Crédito Bancário e Financeiro*, São Paulo: Revista dos Tribunais, 2000, p. 135.

[83] Arruda Alvim; Thereza Alvim; Eduardo Arruda Alvim; James Marins, *Código do consumidor comentado*, 2ª ed., São Paulo: Revista dos Tribunais, 1995, p. 258-259 e 268.

Em suma:

a) Os arts. 4º e 6º do Decreto 22.626/1933 vedam a cobrança de juros compostos, ressalvadas as exceções em que a Lei de Usura não se aplica (Lei 14.905/2024, art. 3º).

b) Os arts. 46 e 52 do Código de Defesa do Consumidor, além dos arts. 113, 421 e 422 do atual Código Civil, exigem transparência quanto ao conteúdo e extensão dos contratos.

c) A Tabela Price contém juros compostos (segundo os matemáticos) e implica fórmula paramétrica, inacessível ao homem médio.

d) Logo, a Tabela Price é ilegal e deve ser afastada, ainda que convencionada.

Ocorre que um problema pode ser enfrentado pelo contratante que se dispõe a pleitear a revisão do contrato.

É que o Superior Tribunal de Justiça firmou posição segundo a qual a questão da Tabela Price é uma questão de fato, dependente de reapreciação de provas, o que inviabilizaria sua análise no âmbito do Recurso Especial.

Não nos parece que a matéria represente reapreciação de provas ou questão de fato.

A questão da capitalização de juros na Tabela Price não pode ser alterada, por evidente, ainda que em laudo pericial.

Sustentar o contrário como simboliza Cretella Junior com fundamento em Ulpiano, representa dizer que a coisa julgada *transforma branco em negro e o quadrado em redondo*.[84]

Todavia, o entendimento do STJ é o seguinte: determinada ou não a capitalização no Tribunal *a quo*, a questão não pode mais ser discutida.

Eis as decisões que, inclusive, julgaram o assunto com fundamento no art. 1.036 do Código de Processo Civil (recursos repetitivos), de cujo conteúdo, com todo respeito, ousamos discordar:

Superior Tribunal de Justiça. *Recurso especial repetitivo. Sistema financeiro da habitação. Capitalização de juros vedada em qualquer periodicidade. Tabela Price. Anatocismo. Incidência das súmulas 5 e 7. Art. 6º, alínea "e", da Lei 4.380/1964. Juros remuneratórios. Ausência de limitação. 1. Para efeito do art. 543-C [atual art. 1.036 do CPC]: 1.1. Nos contratos celebrados no âmbito do Sistema Financeiro da Habitação, é vedada a capitalização de juros em qualquer periodicidade. Não cabe ao STJ, todavia, aferir se há capitalização de juros com a utilização da Tabela Price, por força das Súmulas 5 e 7. 1.2. O art. 6º, alínea "e", da Lei 4.380/1964, não estabelece limitação dos juros remuneratórios. 2. Aplicação ao caso concreto: 2.1. Recurso especial parcialmente conhecido e, na extensão, provido, para afastar a limitação imposta pelo acórdão recorrido no tocante aos juros remuneratórios. (REsp 1070297/PR, Rel. Min. Luis Felipe Salomão, Segunda Seção, j. 09.09.2009, DJe 18.09.2009)*

Superior Tribunal de Justiça. *Direito Civil e Processual Civil. Recurso Especial representativo de controvérsia. Art. 543-c do CPC. [atual art. 1.036 do CPC]. Resolução STJ n. 8/2008. Tabela Price. Legalidade. Análise. Capitalização de juros. Apuração. Matéria de fato. Cláusulas contratuais e prova pericial.*

1. Para fins do art. 543-C do CPC:

1.1. A análise acerca da legalidade da utilização da Tabela Price – mesmo que em abstrato – passa, necessariamente, pela constatação da eventual capitalização de juros (ou incidência de juros compostos, juros sobre juros ou anatocismo), que é questão de fato e não de direito, motivo pelo qual não cabe ao Superior Tribunal de Justiça tal apreciação, em razão dos óbices contidos nas Súmulas 5 e 7 do STJ.

1.2. É exatamente por isso que, em contratos cuja capitalização de juros seja vedada, é necessária a interpretação de cláusulas contratuais e a produção de prova técnica para aferir a existência da cobrança de juros não lineares, incompatíveis, portanto, com financiamentos celebrados no âmbito do Sistema Financeiro da Habitação antes da vigência da Lei n. 11.977/2009, que acrescentou o art. 15-A à Lei n. 4.380/1964.

---

[84] José Cretella Junior, *O Estado e a obrigação de indenizar*, São Paulo: Saraiva, 1980, p. 264.

1.3. Em se verificando que matérias de fato ou eminentemente técnicas foram tratadas como exclusivamente de direito, reconhece-se o cerceamento, para que seja realizada a prova pericial.

2. Recurso especial parcialmente conhecido e, na extensão, provido para anular a sentença e o acórdão e determinar a realização de prova técnica para aferir se, concretamente, há ou não capitalização de juros (anatocismo, juros compostos, juros sobre juros, juros exponenciais ou não lineares) ou amortização negativa, prejudicados os demais pontos trazidos no recurso. (REsp 1124552/RS, Rel. Min. Luis Felipe Salomão, Corte Especial, j. 03.12.2014, DJe 02.02.2015)

Neste último julgado, o STJ reconhece que se a questão for tratada pelos tribunais estaduais sem o deferimento de perícia para apurar a capitalização, configurar-se-á cerceamento de defesa e mais, que depois da lei do programa "minha casa minha vida", Lei 11.977/2009, que acrescentou o art. 15-A à Lei n. 4.380/1964 e autorizou a capitalização no âmbito do SFH, não há falar-se em impossibilidade de uso da *Tabela Price* nesse sistema, conclusão que hoje decorre, sob a ótica da capitalização, da liberação geral do anatocismo pela inaplicabilidade da Lei de Usura nas hipóteses do art. 3º da Lei 14.905/2024.

No mesmo sentido, mantendo o reconhecimento do Tribunal *a quo* quanto à ilegalidade da Tabela Price:

Superior Tribunal de Justiça. *Vistos, relatados e discutidos os autos em que são partes as acima indicadas, acordam os Ministros da Terceira Turma do Superior Tribunal de Justiça, por unanimidade, negar provimento ao agravo regimental. Os Srs. Ministros Humberto Gomes de Barros, Carlos Alberto Menezes Direito, Nancy Andrighi e Castro Filho votaram com o Sr. Ministro Relator. Processual civil e administrativo – sistema financeiro da habitação (SFH) – violação aos arts. 128 e 460 do CPC [atuais arts. 141 e 492] não configurada – capitalização dos juros – decisão apoiada em perícia contábil – reexame inviável – incidência das Súmulas nos 05 e 07 STJ – aplicação da TR – contratos celebrados anteriormente à Lei 8.177/1991 – inaplicabilidade – Tabela Price – acórdão fundado em matéria de prova – Súmula nº 07/STJ – precedentes. – Não se configura decisão extra ou ultra petita se o julgador, a vista das cláusulas contratuais, após formar suas convicções sobre o tema, adota medidas de ordem operacional visando ao fiel cumprimento do pactuado entre as partes, descabendo a este Tribunal o reexame da matéria, em face dos óbices contidos nas Súmulas nos 05 e 07 do STJ. – Igualmente quanto à taxa de juros e à capitalização, a decisão atacada considerou as cláusulas contratuais e as constatações da perícia contábil, sendo inviável a reforma da decisão em sede de recurso especial, ainda à vista das Súmulas nos 05 e 07/STJ. Inaplicável a TR aos contratos celebrados antes da vigência da Lei 8.177/1991, diante do princípio de que a lei nova não se aplica a fatos pretéritos, a contratos e atos jurídicos perfeitos. Ao concluir pela necessidade de revisão dos encargos computados pela Tabela Price o acórdão utilizou-se da perícia contábil realizada, não sendo possível modificar o "decisum" nesta parte sem que se esbarre na determinação contida no Verbete nº 07/STJ. Recursos especiais de ambas as partes não conhecidos. Vistos, relatados e discutidos estes autos, acordam os Ministros da Segunda Turma do Superior Tribunal de Justiça, na conformidade dos votos e das notas taquigráficas a seguir, por unanimidade, não conhecer dos recursos. Votaram com o Relator os Srs. Ministros Eliana Calmon, João Otávio de Noronha e Castro Meira. Ausente, justificadamente, o Sr. Ministro Franciulli Netto. Presidiu o julgamento o Exmo. Sr. Ministro João Otávio de Noronha (REsp 629.009/RS, REsp 2003/0239101-9, Ministro Francisco Peçanha Martins, DJ 22.11.2004, p. 337).*

No Tribunal de Justiça de São Paulo, o assunto é polêmico, sendo relevante notar que diversas Câmaras adotam o entendimento que nos parece correto sobre a ilegalidade da Tabela Price. Nesse sentido, podemos resumir o que encontramos:

Tribunal de Justiça de São Paulo. *Compra e venda – Revisão de cláusulas contratuais – Teoria da imprevisão – Matéria preclusa – Tabela Price – Constatação pericial de incidência de juros sobre juros – Coeficiente de Equiparação Salarial (CES) – Irregularidade da cobrança na primeira parcela – Ausência de previsão contratual – Precedentes do STJ – Devolução do valor pago a mais em sede de liquidação de sentença – Indemonstrada na perícia irregularidade no cálculo da taxa de administração – Devida a cobrança do seguro habitacional e do IOF – Previsão contratual – Sucumbência recíproca – Recurso parcialmente provido. (Apelação 9000132-56.2011.8.26.0053; Rel. Theodureto Camargo; Comarca: São Paulo; 8ª Câmara de Direito Privado; j. 17.08.2016; Data de registro: 09.09.2016).*

Tribunal de Justiça de São Paulo. *Mútuo – Financiamento imobiliário – Aplicação da "Tabela Price" para amortização do capital mutuado que, por si só, constitui ilegalidade, ante a constatada capitalização de juros – Prática não permitida – Recurso nesta parte provido. MÚTUO – Financiamento imobiliário – Cláusula* *que prevê a correção monetária das prestações e do saldo devedor de acordo com coeficiente idêntico àquele utilizado para as cadernetas de poupança – TR – Contrato celebrado após a vigência da Lei 8.177/1991 – Previsão legal expressa de admissibilidade da TR – Substituição indevida – Recurso nesta parte improvido [...] (Apelação 1004447-75.2014.8.26.0405; Rel. J. B. Franco de Godoi; Comarca: Osasco; Órgão julgador: 23ª Câmara de Direito Privado; j. 30.11.2016; Data de registro: 06.12.2016).*

O assunto, entretanto, está longe de ser pacífico, e o entendimento majoritário – todavia equivocado – é em sentido contrário, emprestando validade à utilização da Tabela Price:

Tribunal de Justiça de São Paulo. *[...] TABELA PRICE – Sistema de projeção de juros amplamente utilizado que não macula o processo de apuração dos juros contratados; [...]. (Apelação 1001949-57.2016.8.26.0236; Rel. Claudia Grieco Tabosa Pessoa; Comarca: Ibitinga; 19ª Câmara de Direito Privado; j. 05.12.2016; Data de registro: 09.12.2016).*

Tribunal de Justiça de São Paulo. *(...) Inexistência de anatocismo na Tabela Price, posto que esta constitui um sistema de amortização; ainda que aparente cobrança de juros compostos, estes são compensados mês a mês ao curso do contrato de financiamento. (...). Recurso não provido (Apelação nº 0013497-35.2009.8.26.0077, Rel. William Marinho, Birigui, 18ª Câmara de Direito Privado, j. 19.06.2013, Data de registro: 05.07.2013. Outros números: 134973520098260077).*

Outro sistema muito utilizado no Brasil, como já afirmamos, é o "Sistema de Amortização Constante" – SAC.

O "Sistema de Amortização Constante", bastante simples, não envolve os labirínticos cálculos e digressões matemáticas requeridos para a compreensão do sistema francês.

Com efeito, as amortizações periódicas são todas iguais ou constantes (no "sistema francês" as amortizações crescem exponencialmente à medida que o prazo aumenta).

O SAC não é ilegal, vez que não capitaliza juros e, pelo critério do art. 6º do Decreto 22.626/1933, não há pagamento de juros em valor superior àquele cobrado sem capitalização, mesmo havendo antecipação.

Também não há necessidade de fórmulas paramétricas para sua apuração, bastando a simples divisão do capital pelo prazo, com a contagem dos juros em razão do saldo devedor amortizado, sempre menor.

O SAC consiste no plano de amortização de uma dívida em prestações periódicas, sucessivas e decrescentes, em progressão aritmética, dentro do conceito de termos vencidos, em que o valor de cada prestação é composto por uma parcela de juros e outra parcela de capital (ou amortização).

Os valores das prestações são facilmente calculados. A parcela de capital é obtida dividindo-se o valor do empréstimo (ou financiamento) pelo número de prestações, enquanto o valor da parcela de juros é obtido pela multiplicação da taxa de juros pelo saldo devedor existente no período imediatamente anterior.[85]

Por exemplo: ao amortizar R$ 50.000,00 em 5 meses, o devedor pagará R$ 10.000,00 por mês de amortização e juros de R$ 500,00 no primeiro mês, R$ 400,00 no segundo, R$ 300,00 no terceiro, R$ 200,00 no quarto e, por fim, R$ 100,00 no último mês, quando terá amortizado totalmente sua dívida.

Sendo assim, o "Sistema de Amortização Constante" não importa na capitalização composta de juros e, sob tal aspecto, não afronta o art. 4º, do Decreto 22.626/1933.

As amortizações correspondem exatamente a uma parcela do capital em razão do prazo.

Conseguintemente, não resta capital excedente para contagem de juros, como ocorre na Tabela Price.

---

[85] José Dutra Vieira Sobrinho, *Matemática Financeira*, São Paulo: Atlas, 1997, p. 230.

Nesse sentido:

Tribunal de Justiça de São Paulo. Ação revisional de contrato de mútuo hipotecário, firmado em 2010 – Sistema Financeiro de Habitação – Critério de Amortização da dívida – Improcedência – Código de Defesa do Consumidor aplicável ao caso – Correção do saldo devedor antes do abatimento das parcelas – Legitimidade – Inaplicabilidade da Lei 4.380/1964, art. 6º – Incidência da Súmula 450 do STJ – Amortização de acordo com a Circular 1.278/1988 e Resolução 1.980/1993 do Bacen – Sistema de amortização constante – Encargos financeiros – Capitalização de juros – Adoção do sistema SAC – Não configuração – Ainda que assim não fosse, admite-se a capitalização de juros em contratos firmados posteriormente à edição das Medidas Provisórias 1.963/2000 e 2.170/2001 – A previsão no contrato bancário de taxa de juros anual superior ao duodécuplo da mensal é suficiente para permitir a cobrança da taxa efetiva anual contratada – Prevalecimento, no caso, da nova orientação acolhida pelo E. Superior Tribunal de Justiça no julgamento do Recurso Especial 973.827-RS, processado nos termos do art. 543-C do CPC – Aplicação das Súmulas 539 e 541 do STJ – Improcedência da ação que deve ser mantida – Recurso improvido. (Rel. Thiago de Siqueira; Comarca: Jundiaí; 14ª Câmara de Direito Privado; j. 30.11.2016; Data de registro: 30.11.2016).

Para comprovar essa afirmação, corrobora a inferência que se extrai da comparação do valor total dos juros cobrados pelo "Sistema de Amortização Constante" com o valor total dos juros cobrados em cada parcela pela sistemática de apuração do montante (valor futuro) com juros capitalizados de forma simples, cujos resultados são idênticos.

Mas, ainda assim, poder-se-ia redarguir com a alegação de que os juros são cobrados sobre a totalidade do capital e, sendo assim, restaria ilegal sua aplicação em virtude de antecipar juros vincendos na medida em que são aplicados sobre a integralidade do capital e não sobre as parcelas.

Não é assim.

De acordo com o art. 6º do Decreto 22.626/1933, os juros, capitalizados de forma simples, devem ser pagos juntamente com a parcela do capital a que se referem.

Com supedâneo nesse dispositivo, *quando os juros ajustados forem pagos por antecipação, o cálculo deve ser feito de modo que a importância desses juros não exceda a que produziria a importância líquida da operação no prazo convencionado.*

No "Sistema de Amortização Constante" a importância líquida da operação não ultrapassa esse limite. Portanto, não há afronta ao Decreto 22.626/1933.

Ultrapassada essa barreira, surge outra dificuldade para afrontar a afirmação inicial de que não há juros capitalizados de forma composta no "Sistema de Amortização Constante", consistente na apuração de cada parcela – capital inicial – pela fórmula de obtenção do valor atual de acordo com os juros capitalizados de forma simples aplicada a cada parcela desse sistema.

Entrementes, no "Sistema de Amortização Constante" são pagos juros idênticos àqueles devidos pelo cálculo de juros capitalizados de forma simples sobre cada parcela de capital, de tal sorte que há respeito ao disposto no art. 6º do Decreto 22.626/1933.

O que a lei exige é que o valor total de juros pagos seja idêntico àquele apurado com a aplicação de juros capitalizados de forma simples às parcelas de capital.

Isso ocorre no "Sistema de Amortização Constante".

Em consonância com o acatado, seja sob a ótica da inexistência de capitalização composta de juros, seja sob o prisma de antecipação de juros com resultado idêntico quanto aos valores cobrados pelo cálculo de juros simples, não há ilegalidade no "Sistema de Amortização Constante" (SAC).

Tampouco, o "Sistema de Amortização Constante" afronta a boa-fé e o princípio da transparência exigido pelo Código de Defesa do Consumidor.

Com efeito, o valor das prestações é constante, de simples apuração, bastando, para tanto, dividir o capital pelo prazo, inexistindo, assim, fórmulas paramétricas complexas para sua apuração. Os juros contratados incidem sobre o capital amortizado.

Contudo, mesmo no "Sistema de Amortização Constante", resta imprescindível a informação do valor total a prazo, como em qualquer sistema de amortização, acorde com o disposto no art. 52 da Lei 8.078/1990.

Nada obsta essa informação, mediante simulação do valor das prestações pelo prazo convencionado.

Sendo assim, o valor total a pagar, com financiamento, deve ser informado expressamente no contrato, sob pena de nulidade, nos termos dos arts. 4º, III, 46, 52 e 54, do Código de Defesa do Consumidor.

Certo é que, se houver amortização extraordinária, o valor total pago pelo sujeito passivo da obrigação será menor, o que não impede a prestação da informação nos termos da contratação original.

14.14. OS JUROS E AS INSTITUIÇÕES FINANCEIRAS

A par da Lei 14.905/2024, que no seu art. 3º excluiu a aplicabilidade da Lei de Usura em diversas hipóteses e, notadamente, confirmando o entendimento de inaplicabilidade dela às Instituições Financeiras, por dispor de legislação especial, é certo que historicamente não têm elas se submetido aos limites impostos às taxas de juros que recaem sobre a maioria.

Hoje podemos considerar "instituições financeiras", de acordo com a Resolução do Conselho Monetário Nacional (CMN) nº 4.656, de 26 de abril de 2018, as duas modalidades de "fintechs" de crédito: a Sociedade de Crédito Direto (SCD) e a Sociedade de Empréstimo entre Pessoas (SEP), que são Sociedades Anônimas que concedem e intermedeiam operações de crédito. No primeiro caso, as empresas realizam operações com recursos próprios por meio de plataforma eletrônica. No segundo, elas são denominadas instituições de empréstimos entre pessoas, atuando como intermediárias entre credores e devedores por meio de negociações realizadas em meio eletrônico. As SCD realizam operações de empréstimo, financiamento e aquisição de direitos creditórios por meio de plataforma eletrônica, com o uso de capital próprio.

Nos termos da Lei Complementar 167/2019, também são consideradas Instituições Financeiras as Empresas Simples de Crédito (ESC), de âmbito municipal ou distrital, com atuação exclusivamente no Município de sua sede e em Municípios limítrofes, ou, quando for o caso, no Distrito Federal e em Municípios limítrofes a ele, que se destina à realização de operações de empréstimo, de financiamento e de desconto de títulos de crédito, exclusivamente com recursos próprios, tendo como contrapartes microempreendedores individuais, microempresas e empresas de pequeno porte, nos termos da Lei Complementar nº 123, de 14 de dezembro de 2006.

Nesse sentido, as Instituições Financeiras estiveram sujeitas à Súmula 596 do STF, segundo a qual a Limitação de juros do Decreto 22.626/1933 não se aplica às instituições financeiras.

Como dito, mais recente é a conclusão de inaplicabilidade da Lei de Usura às Instituições Financeiras pela redação do art. 3º da Lei 14.905/2024:

> *Art. 3º Não se aplica o disposto no Decreto nº 22.626, de 7 de abril de 1933, às obrigações:*
>
> *I – contratadas entre pessoas jurídicas;*
>
> *II – representadas por títulos de crédito ou valores mobiliários;*
>
> *III – contraídas perante:*
>
> *a) instituições financeiras e demais instituições autorizadas a funcionar pelo Banco Central do Brasil;*

b) fundos ou clubes de investimento;

c) sociedades de arrendamento mercantil e empresas simples de crédito;

d) organizações da sociedade civil de interesse público de que trata a Lei nº 9.790, de 23 de março de 1999, que se dedicam à concessão de crédito; ou

IV – realizadas nos mercados financeiro, de capitais ou de valores mobiliários.

Mesmo antes da supressão do limite constitucional de 12% ao ano, do art. 192, § 3º, pela Emenda Constitucional 40/2003, havia o entendimento corrente – embora reprovável – que esse limite decorria de norma constitucional não autoaplicável, de tal sorte que, enquanto não se regulasse o Sistema Financeiro – o que jamais ocorreu –, o limite não seria eficaz.

Nesse sentido, o seguinte julgado do extinto Primeiro Tribunal de Alçada Civil de São Paulo, publicado na *RT* 698/100: *Juros – Limite constitucional – Art. 192, § 3º, da CF – Norma que dependia de regulamentação.*

Agora, em razão da insubsistência de limite constitucional dos juros, está fortalecido o entendimento decorrente do art. 4º, IX, da Lei 4.595/1964, segundo o qual limitar taxas de juros é competência do Conselho Monetário Nacional (CMN), atualmente, Comitê de Política Monetária do Banco Central (Copom), órgão do Poder Executivo.

Inclusive, o entendimento corrente do Superior Tribunal de Justiça indica que somente há abusividade da taxa se houver comprovação que o percentual cobrado extrapolou as médias do mercado para a operação, sem que haja limite.

No REsp 1.061.530/RS (Min. Nancy Andrighi) julgado nos termos da sistemática de recursos repetitivos no STJ, ficou assentado que:

"a) As instituições financeiras não se sujeitam à limitação dos juros remuneratórios estipulada na Lei de Usura (Decreto 22.626/33), Súmula 596/STF;

"b) A estipulação de juros remuneratórios superiores a 12% ao ano, por si só, não indica abusividade;

"c) São inaplicáveis aos juros remuneratórios dos contratos de mútuo bancário as disposições do art. 591 c/c o art. 406 do CC/2002;

"d) É admitida a revisão das taxas de juros remuneratórios em situações excepcionais, desde que caracterizada a relação de consumo e que a abusividade (capaz de colocar o consumidor em desvantagem exagerada – art. 51, § 1º, do CDC) fique cabalmente demonstrada, ante as peculiaridades do julgamento em concreto."[86]

O assunto acabou sumulado no STJ: *Súmula 530: Nos contratos bancários, na impossibilidade de comprovar a taxa de juros efetivamente contratada – por ausência de pactuação ou pela falta de juntada do instrumento aos autos –, aplica-se a taxa média de mercado, divulgada pelo Bacen, praticada nas operações da mesma espécie, salvo se a taxa cobrada for mais vantajosa para o devedor (Súmula 530, Segunda Seção, j. 13.05.2015, DJe 18.05.2015).*

Aqui cabe uma observação.

A Lei 4.595/1964, determina que ao Conselho Monetário Nacional cabe *"limitar"* as taxas de juros.

---

[86] No REsp 1.061.530/RS, asseverou a Ministra Nancy Andrighi: "Como média, não se pode exigir que todos os empréstimos sejam feitos segundo essa taxa. Se isto ocorresse, a taxa média deixaria de ser o que é, para ser um valor fixo. Há, portanto, que se admitir uma faixa razoável para a variação dos juros. A jurisprudência, conforme registrado anteriormente, tem considerado abusivas taxas superiores a uma vez e meia (voto proferido pelo Min. Ari Pargendler no REsp 271.214/RS, Rel. p. Acórdão Min. Menezes Direito, *DJ* 04.08.2003), ao dobro (REsp 1.036.818, 3.ª T., minha relatoria, *DJe* 20.06.2008) ou ao triplo (REsp 971.853/RS, 4.ª T., Min. Pádua Ribeiro, *DJ* 24.09.2007) da média".

Ocorre que esse termo sempre foi entendido e compreendido como *"liberar"*, já que a constatação óbvia é que as instituições financeiras cobram aquilo que denominam "juros de mercado" com fundamento em resoluções do Banco Central.

Todavia, resolução não é lei e não poderia, jamais, afrontar o comando legal, que obriga a limitação e não a liberação das taxas de juros.

É preciso observar, entrementes, que, a rigor, um órgão do Poder Executivo, como é o caso do Conselho Monetário Nacional, não é dotado de competência constitucional para tratar de matéria financeira.

De acordo com os arts. 22, VI e VII, e 48, XIII, da Constituição, matéria financeira e de crédito é de competência exclusiva da União (Poder Legislativo).

O art. 68, § 1º, também da Constituição, proíbe a delegação de atos de competência exclusiva do Congresso Nacional.

O art. 25, § 1º, do ADCT revogou, a partir de 180 dias da vigência da Constituição, legislação pretérita que delegava competência exclusiva do Congresso Nacional a órgãos do Poder Executivo.

Não se discute se a determinação da Carta Maior está certa ou não. O fato é que se trata de comando constitucional que, por essa razão, merece respeito.

Logo, a Súmula 596 do STF, de 1975, estaria – mas não tem sido esse o entendimento jurisprudencial – ultrapassada pelas disposições da Constituição Federal de 1988.

A par dessa interessante interpretação, outra surgiu no Superior Tribunal de Justiça.

Apesar de considerar que cabe mesmo ao Conselho Monetário Nacional determinar as taxas de juros, nos termos do art. 4º, IX, da Lei 4.595/1964, exige que a Instituição demonstre qual taxa está autorizada – limitada – pelo Banco Central.

Na ausência de limitação expressa, valem os limites gerais das taxas de juros.

Vejamos uma dessas decisões, decorrente do Recurso Especial nº 172.248 (RS), de 4 de agosto de 1998, relatado pelo Ministro Ruy Rosado de Aguiar Junior: *Juros. Capitalização. Cheque especial. A capitalização dos juros somente tem sido admitida quando expressamente prevista em lei, o que não acontece com os contratos de abertura de conta com cheque especial. A instituição financeira deve demonstrar estar autorizada pelo Conselho Monetário Nacional a cobrar juros acima da taxa legal. Inexistência de omissão ou contradição no acórdão. Exclusão da multa do art. 538, do Código de Processo Civil [atual art. 1.026, § 2º], por falta de fundamentação do caráter procrastinatório do embargante. Recurso conhecido em parte, e, nessa parte, provido.*

Quanto à insegurança jurídica, argumento daqueles que não admitem a revisão dos contratos bancários, interessantes as linhas escritas por Carlos Alberto Etcheverry, Desembargador, integrante da 13ª Câmara Cível do Tribunal de Justiça do Rio Grande do Sul, em artigo de 2 de agosto de 2004, intitulado "Judiciário e insegurança jurídica – por trás da cortina de fumaça". Segundo ele, *tem-se dito já há algum tempo que os juízes, com decisões que revisam os contratos bancários, estão gerando insegurança jurídica e levando a expansão do crédito no Brasil ao risco de colapso.*

O pressuposto básico desse raciocínio é o de que a segurança jurídica, assegurada mediante a preservação inflexível do que é estabelecido pelas partes nos contratos, é um valor absoluto que deve prevalecer sobre qualquer outro, o que está muito longe de ser uma verdade. Basta pensar nas inúmeras disposições, espalhadas pelos mais diversos diplomas legais, que estabelecem limites à liberdade de contratar, em defesa de princípios juridicamente muito mais relevantes.

Os juízes também são acusados de, ao revisar as taxas de juros, violar a legislação que disciplina as instituições financeiras. É uma afirmação igualmente falsa: o que se verifica é uma divergência na interpretação da lei, perfeitamente admissível em nosso sistema jurídico. Que o Conselho Monetário Nacional tenha a atribuição de limitar as taxas de juros e, ao fazê-lo, limite-se a dizer que elas podem ser livremente estipuladas, é um fato, mas dele não se pode tirar a conclusão de que essa liberdade é absoluta. Há um limite para o que a lei pode fazer na regulação das relações sociais. Se não fosse assim, nada haveria a censurar aos juízes que, na Alemanha nazista, deram cumprimento às leis raciais, restando apenas elogiá-los pela eficiência do desempenho funcional (...).

E esse limite existe inclusive para o mercado, essa entidade a respeito da qual, no domínio que estamos a tratar, será suficiente dizer que John Williamson, conhecido como o pai do Consenso de Washington, no qual se basearam as reformas econômicas promovidas por Fernando Henrique Cardoso, opinou, pouco tempo atrás, favoravelmente à criação de uma comissão antimonopólio para investigar a provável existência de um cartel no sistema financeiro brasileiro, cuja atuação impediria a queda das taxas de juros e dos spreads.

Talvez a verdade seja mais simples e não se possa falar verdadeiramente de cartelização, mas sim de suporte governamental para a preservação de um setor da economia que simplesmente não tem condições de subsistir dentro de um sistema de efetivo livre mercado. E um suporte generosíssimo, responsável pela transferência brutal de recursos para os bancos: em 1994, as despesas financeiras das empresas não financeiras representavam 3,5% das receitas, passando a 14,2% em 1998 e atingindo 35,1% em 2002! Os números são semelhantes no que diz respeito à pessoa física: segundo a ANEFAC, em 2002 os juros consumiam 29,83% do orçamento mensal dos consumidores, elevando-se a 35,43% entre as famílias com renda entre um e cinco salários mínimos. Nesta matéria, a leitura de estudo técnico sobre as taxas de juros vigentes no Brasil, elaborado pelo Prof. Dr. Alberto Borges Matias, pode ser muito esclarecedora.

O mencionado trabalho, além de comprovar, por exemplo, que o aumento da taxa Selic gera aumento da inflação, não traz estabilidade cambial e tampouco é necessário para a venda de títulos públicos, traz algumas revelações chocantes e pouco conhecidas do público.

A mais escandalosa delas é a de que, com o Plano Real, houve uma alteração na forma de financiamento do déficit público: substituiu-se a emissão de dinheiro, geradora de altas taxas inflacionárias, pela emissão de dívida. Como a perda de receita com a aplicação de recursos sem remuneração (depósitos à vista, recursos de cobrança e recursos de terceiros em trânsito), resultante da drástica redução da inflação, conduziria os bancos à falência em cerca de três anos – "o ganho de R$ 9,3 bilhões no ano de 1994, na verdade meio ano de inflação, reduziu-se a menos de R$ 1 bilhão em 1995, com uma perda superior a R$ 8 bilhões" –, os "juros passaram a ser elevados, nas operações de crédito e na carteira de títulos, para compensar o setor bancário pela perda do floating." E, acrescenta-se, elevados também na remuneração dos títulos da dívida pública. Quanto a este ponto, aliás, os esforços do Estado para se manter solvente, às custas de aumento da carga tributária, cortes nos gastos com educação, infraestrutura e saúde, entre outros, logo encontrarão um limite.

O problema é que, então como agora, os bancos brasileiros possuem um custo operacional que é muito superior aos padrões internacionais, o que em parte é resultado do fato de ofertarem o menor volume de crédito do mundo: 24% do PIB. Isto é, são altamente ineficientes, sobrevivendo apenas porque o governo tomou a decisão política de pagar juros elevadíssimos para a rolagem da dívida pública e de permitir que os consumidores e as empresas não financeiras sejam quase literalmente extorquidos.

Sendo este o quadro, pedir aos juízes que deixem de revisar os contratos bancários é pedir que sejam cúmplices de uma política macroeconômica completamente irracional e socialmente iníqua, ou coisa pior ainda, num jogo em que só os bancos são ganhadores, sem em nada contribuir para a expansão do mercado de consumo e do financiamento da produção. Se preservada, a "segurança jurídica" nada consagraria além da permanente depauperação dos consumidores e dos outros setores da economia.

14.15. A CAPITALIZAÇÃO DE JUROS E AS INSTITUIÇÕES FINANCEIRAS

Já tratamos dos juros capitalizados, proibidos em periodicidade inferior à anual nos termos da Súmula 121 do STF e art. 4º da Lei de Usura.

Ocorre que a teor do art. 3º da Lei 14.905/2024, o Decreto 22.626/1933 não se aplica às Instituições Financeiras.

E já era assim, ainda que decorrente de meio questionável, em razão da Medida Provisória 1.963-17, de 30 de março de 2000, que hoje vigora com o número 2.170-36, de 23 de agosto de 2001, permitindo às instituições financeiras a capitalização mensal de juros.

Questionável porque essa Medida Provisória – a par de ter sido validada pelo julgamento da ADI 2.316/STF – pode ser considerada ilegal e inconstitucional, vez que compete ao Congresso legislar sobre matéria financeira (Constituição Federal, art. 48, XIII); demais disso, seria necessária Lei Complementar para regular matéria atinente às instituições financeiras (Constituição Federal, art. 192), sendo impossível, outrossim, a delegação de matérias destinadas à Lei Complementar (Constituição Federal, art. 68, § 1º).

Se isso não bastasse, há flagrante afronta ao art. 7º, II, da Lei Complementar 95/1998, que veda a inserção de matéria estranha à lei.

É isso que acontece na exata medida em que a capitalização de juros é matéria estranha à Medida Provisória em questão, que, originariamente, dispõe sobre a administração dos recursos de caixa do Tesouro Nacional, matéria que não guarda nenhuma relação com a permissão da capitalização de juros às instituições financeiras.

Ocorre que o Superior Tribunal de Justiça, em decisões que não me convenceram, pela simples existência da teratológica Medida Provisória, passou a admitir a capitalização de juros pelo sistema financeiro nacional. Neste sentido:

Civil. Processual Civil. Embargos de declaração. Agravo regimental. Princípio da fungibilidade. Capitalização mensal dos juros. MP nº 1.963-17/2000. Vigência. 31.03.2000 (...) 2. Nos contratos bancários firmados posteriormente à entrada em vigor da MP nº 1.963-17/2000 em 31.03.2000, atualmente reeditada sob o nº 2.170-36/2001, é lícita a capitalização mensal dos juros, desde que expressamente prevista no ajuste. 3. Embargos de declaração recebidos como agravo regimental, ao qual se dá provimento (STJ, EDcl no Agravo de Instrumento 1.030.065-RS (2008/0010321-6), Rel. Min. João Otávio de Noronha).[87]

Civil e processual. Recurso especial repetitivo. Ações revisional e de busca e apreensão convertida em depósito. Contrato de financiamento com garantia de alienação fiduciária. Capitalização de juros. Juros compostos. Decreto 22.626/1933. Medida provisória 2.170-36/2001. Comissão de permanência. Mora. Caracterização. 1. A capitalização de juros vedada pelo Decreto 22.626/1933 (Lei de Usura) em intervalo inferior a um ano e permitida pela Medida Provisória 2.170-36/2001, desde que expressamente pactuada, tem por pressuposto a circunstância de os juros devidos e já vencidos serem, periodicamente, incorporados ao valor principal.

---

[87] A par de tudo quanto a Ciência do Direito recomenda no caso, e a par da pendência de julgamento da ADIn 2.316 pelo STF, a 2ª Seção do Superior Tribunal de Justiça e as Turmas que a compõem firmaram entendimento de que é possível a capitalização dos juros em periodicidade inferior a um ano nos contratos celebrados com instituições financeiras após 31 de março de 2000, data da publicação da Medida Provisória 1.963-17, reeditada sob nº 2.170-36, desde que pactuada: AgRg nos EREsp 930.544/DF, Rel. Min. Ari Pargendler, *DJ* 10.04.08, AgRg nos EREsp 911.070/DF, Rel. Min. Fernando Gonçalves, *DJ* 01.04.08, AgRg nos EREsp 817.030/DF, Rel. Min. Hélio Quaglia Barbosa, *DJ* 28.06.07, AgRg nos EREsp 809.538/RS, Rel. Min Carlos Alberto Menezes Direito, *DJ* 23.10.06; AgRg nos EREsp 691.257/RS, Rel. Min. Castro Filho, *DJ* 29.06.06, REsp 603.643/RS, *DJ* 21.03.05, e REsp 602.068/RS, *DJ* 21.03.05, Rel. de ambos Min. Antônio de Pádua Ribeiro, EREsp 598.155/RS, Rel. Min. César Asfor Rocha, *DJ* 31.08.05, AgRg no REsp 966.476/RS, Rel. Min. Sidnei Beneti, *DJ* 07.05.08, AgRg no REsp 930.544/DF, Rel. Min. Aldir Passarinho Júnior, *DJ* 01.10.07, AgRg no REsp 922.150, Rel. Min. Massami Uyeda, *DJ* 17.12.07, AgRg no Ag 897.830/RS, Rel. Min. João Otávio de Noronha, *DJ* 11.02.08, AgRg no REsp 890.719/RS, Rel. Min. Humberto Gomes de Barros, *DJ* 18.12.07, AgRg no REsp 817.530/RS, Rel. Min. Jorge Scartezzini, *DJ* 08.05.06, AgRg no REsp 807.020/RS, Rel. Min. Nancy Andrighi, *DJ* 03.04.06.

Os juros não pagos são incorporados ao capital e sobre eles passam a incidir novos juros. 2. Por outro lado, há os conceitos abstratos, de matemática financeira, de "taxa de juros simples" e "taxa de juros compostos", métodos usados na formação da taxa de juros contratada, prévios ao início do cumprimento do contrato. A mera circunstância de estar pactuada taxa efetiva e taxa nominal de juros não implica capitalização de juros, mas apenas processo de formação da taxa de juros pelo método composto, o que não é proibido pelo Decreto 22.626/1933. 3. Teses para os efeitos do art. 543-C do CPC [atual art. 1.036]: "É permitida a capitalização de juros com periodicidade inferior a um ano em contratos celebrados após 31.03.2000, data da publicação da Medida Provisória 1.963-17/2000 (em vigor como MP 2.170-36/2001), desde que expressamente pactuada" – "A capitalização dos juros em periodicidade inferior à anual deve vir pactuada de forma expressa e clara. A previsão no contrato bancário de taxa de juros anual superior ao duodécuplo da mensal é suficiente para permitir a cobrança da taxa efetiva anual contratada". 4. Segundo o entendimento pacificado na 2ª Seção, a comissão de permanência não pode ser cumulada com quaisquer outros encargos remuneratórios ou moratórios. 5. É lícita a cobrança dos encargos da mora quando caracterizado o estado de inadimplência, que decorre da falta de demonstração da abusividade das cláusulas contratuais questionadas. 6. Recurso especial conhecido em parte e, nessa extensão, provido. (REsp 973.827/RS – Rel. Min. Luis Felipe Salomão – Rel. p/ Acórdão Ministra Maria Isabel Gallotti – Segunda Seção – j. 08.08.2012 – DJe 24.09.2012).

No REsp 973.827 julgado sob a sistemática dos recursos repetitivos, o STJ assentou o entendimento segundo o qual a incidência de juros sobre juros vencidos e não pagos incorporados ao capital em intervalo inferior a um ano é permitida *apenas para instituições financeiras* pela vigente MP 2.170-36.

Se já não bastasse, foi editada a Lei 11.977/2009, que instituiu o denominado programa "Minha Casa Minha Vida" e, em tese, permitiu a cobrança de juros capitalizados no âmbito do Sistema Financeiro da Habitação.

E, para rematar, a Lei de Usura foi expressamente afastada pelo art. 3º da Lei 14.905/2024 quando se trata de Instituição Financeira.

Todavia, o mesmo raciocínio quanto à inconstitucionalidade por afronta à necessidade de Lei Complementar para regular matéria atinente às instituições financeiras (Constituição Federal, art. 192) se aplica ao art. 75 da Lei 11.977/2009, que "autorizou" a cobrança de juros sobre juros para o Sistema Financeiro da Habitação e quanto ao art. 3º da Lei 14.905/2024, que afastou a incidência da Lei de Usura para as Instituições Financeiras.[88]

Deveria continuar aplicável – mas não tem sido –, assim, o seguinte entendimento, como inclusive noticiei alhures:[89]

---

[88] Art. 75. A Lei n. 4.380, de 21 de agosto de 1964, passa a vigorar com as seguintes alterações: (...)
Art. 15-A. É permitida a pactuação de capitalização de juros com periodicidade mensal nas operações realizadas pelas entidades integrantes do Sistema Financeiro da Habitação – SFH.
§ 1º No ato da contratação e sempre que solicitado pelo devedor será apresentado pelo credor, por meio de planilha de cálculo que evidencie de modo claro e preciso, e de fácil entendimento e compreensão (...)
Art. 15-B. Nas operações de empréstimo ou financiamento realizadas por instituições integrantes do Sistema Financeiro da Habitação que prevejam pagamentos por meio de prestações periódicas, os sistemas de amortização do saldo devedor poderão ser livremente pactuados entre as partes.
(...)
§ 3º Nas operações de empréstimo ou financiamento de que dispõe o caput é obrigatório o oferecimento ao mutuário do Sistema de Amortização Constante – SAC e de, no mínimo, outro sistema de amortização que atenda o disposto nos §§ 1º e 2º, entre eles o Sistema de Amortização Crescente – SACRE e o Sistema Francês de Amortização (Tabela Price).

[89] *Vide* a nossa obra *Juros no direito brasileiro*. 3. ed. São Paulo: Revista dos Tribunais, 2009, p. 303. Inclusive, lá noticiamos a existência do judicioso julgado do Tribunal de Justiça de São Paulo, cujo relator foi o eminente desembargador Andrade Marques.
Juros – Remuneratórios – Inadmissibilidade de capitalização inferior a um ano, incidente sobre capital vencido – Interpretação das Súmulas 121 e 596 do STF – MP 2.170-36 – Ausência de urgência e relevância em sua edição – Inexistência de limite para contratação por instituições financeiras – Comissão de Permanência – Legalidade, com reservas – Cláusula potestativa – Ineficácia – Substituição pelos juros

Superior Tribunal de Justiça. Administrativo. Sistema Financeiro da Habitação. Não configurados o cerceamento de defesa e o julgamento ultra petita. Capitalização de juros. Impossibilidade. 1. "Não se configura decisão extra ou ultra petita se o julgador, a vista das cláusulas contratuais, após formar suas convicções sobre o tema, adota medidas de ordem operacional visando ao fiel cumprimento do pactuado entre as partes, descabendo a este Tribunal o reexame da matéria, em face dos óbices contidos nas Súmulas 05 e 07 do STJ" (REsp 629.009/RS, Rel. Min. Francisco Peçanha Martins, 2ª Turma, DJ 03.11.2004). 2. "Não se admite a capitalização de juros nos contratos submetidos ao Sistema Financeiro da Habitação" (REsp 635.855/CE, Rel. Min. João Otávio de Noronha, 2ª Turma, DJ 07.12.2006). 3. Recurso Especial conhecido em parte e, nessa parte, improvido (REsp 807.409/CE, Rel. Min. Herman Benjamin, 2ª Turma, j. 07.08.2007, DJ 20.09.2007, p. 270).

Mas esses argumentos não convenceram o STF, que na ADI (Ação Direta de Inconstitucionalidade) 2.316/DF, que discutia a inconstitucionalidade da Medida Provisória 1.963-17, de 30 de março de 2000 (atual MP 2.170-36, de 23 de agosto de 2001),[90] liberou a cobrança de juros compostos (juros sobre juros) para todo o Sistema Financeiro Nacional, e não apenas para o Sistema Financeiro da Habitação, e decidiu pela sua constitucionalidade, liberando o anatocismo para as instituições financeiras a partir da sua edição nos seguintes termos:

Supremo Tribunal Federal. ADI 2.316. Tribunal Pleno. Relator: Min. Nunes Marques. Julgamento: 01/07/2024. Publicação: 22/08/2024. Constitucional. Ação Direta de Inconstitucionalidade. Julgamento definitivo. Prejuízo do exame da medida cautelar. Celeridade e economia processuais. Medida provisória n. 2.170-36/2001, art. 5º. Capitalização de juros com periodicidade inferior a um ano, juros sobre juros ou anatocismo. Incompetência do poder judiciário para sindicar os pressupostos de relevância e urgência na edição de medida provisória. Desvio de finalidade ou abuso do poder político do Presidente da República. Inexistência. Previsão de Lei Complementar limitada à estrutura do sistema financeiro nacional, e não a negócios jurídicos celebrados entre as instituições integrantes e seus clientes (CF, art. 192). Legislação infraconstitucional não revestida de parametricidade em sede de controle abstrato (LINDB, art. 2º). Matéria estranha ao objeto do diploma legislativo. Atecnia. Ausência de violação ao texto constitucional. Inocorrência de nulidade da norma, por força do art. 18 da Lei Complementar n. 95/1998. 1. Transcorridos 23 anos desde o ajuizamento da ação e aparelhado o processo para análise definitiva da controvérsia – presentes as informações, a manifestação da Advocacia-Geral da União e o parecer da Procuradoria-Geral da República –, não subsiste utilidade em ultimar o exame da medida cautelar iniciado. Em observância dos imperativos constitucionais da celeridade e economia processuais, cumpre providenciar-se a apreciação do mérito. Precedentes. 2. O Poder Judiciário deve abster-se de emitir juízo sobre a presença dos pressupostos de relevância e urgência na edição de medida provisória (CF, art. 62, caput), limitando-se a fazê-lo nas hipóteses marcadas por desvio de finalidade ou por abuso do poder político do Chefe do Executivo, o que não ocorre na espécie. 3. A regulação por meio de lei complementar prevista no art. 192 da Constituição Federal se refere à estrutura do Sistema Financeiro Nacional (SFN), e não aos negócios jurídicos celebrados nesse ambiente. Aludida exigência formal não se aplica, portanto, à periodicidade da capitalização dos juros contratados nos empréstimos concedidos pelas instituições integrantes do SFN. 4. A norma do art. 4º da Decreto n. 22.626/1933, por ter estatura infraconstitucional, expõe-se sem maior dificuldade a supervenientes modificações ou revogações (LINDB, art. 2º). As leis posteriores que assim fizeram não são, apenas por isso, incompatíveis com a Constituição Federal. 5. Eventual discrepância entre certa norma e o objeto do diploma legislativo que a abriga revela atecnia insuficiente para provocar nulidade, nos termos do art. 18 da Lei Complementar n. 95/1998, não havendo falar em violação à Carta da República. 6. Para que a declaração de constitucionalidade de uma norma

---

contratados, limitados à taxa média de mercado – Interpretação das Súmulas 294 e 296 do Superior Tribunal de Justiça – Execução de título extrajudicial – Definitividade – Súmula 317 do STJ – Apelações parcialmente providas (TJSP, Apelações 7.251.586-5 e 7.232.744-5, 22ª Câmara de Direito Privado, j. 26.08.2008, Rel. Des. Andrade Marques).

[90]   Art. 5º Nas operações realizadas pelas instituições integrantes do Sistema Financeiro Nacional, é admissível a capitalização de juros com periodicidade inferior a um ano. Parágrafo único. Sempre que necessário ou quando solicitado pelo devedor, a apuração do valor exato da obrigação, ou de seu saldo devedor, será feita pelo credor por meio de planilha de cálculo que evidencie de modo claro, preciso e de fácil entendimento e compreensão, o valor principal da dívida, seus encargos e despesas contratuais, a parcela de juros e os critérios de sua incidência, a parcela correspondente a multas e demais penalidades contratuais.

alcance eficácia erga omnes e efeitos vinculantes, inclusive em face dos órgãos da Administração Pública, é necessário que o pronunciamento ocorra em sede de controle abstrato. 7. Pedido julgado improcedente, para declarar a constitucionalidade do art. 5º da Medida Provisória n. 2.170-36/2001, ficando prejudicado o exame da medida cautelar.

Antes disso, por sete votos a um, o Plenário do Supremo Tribunal Federal (STF) deu provimento ao Recurso Extraordinário (RE) 592.377, no qual questionou a decisão do TJRS que declarou a referida inconstitucionalidade.

Eis a ementa:

Supremo Tribunal Federal. Constitucional. *Art. 5º da MP 2.170/2001. Capitalização de juros com periodicidade inferior a um ano. Requisitos necessários para edição de medida provisória. Sindicabilidade pelo Poder Judiciário. Escrutínio estrito. Ausência, no caso, de elementos suficientes para negá-los. Recurso provido. 1. A jurisprudência da Suprema Corte está consolidada no sentido de que, conquanto os pressupostos para a edição de medidas provisórias se exponham ao controle judicial, o escrutínio a ser feito neste particular tem domínio estrito, justificando-se a invalidação da iniciativa presidencial apenas quando atestada a inexistência cabal de relevância e de urgência. 2. Não se pode negar que o tema tratado pelo art. 5º da MP 2.170/2001 é relevante, porquanto o tratamento normativo dos juros é matéria extremamente sensível para a estruturação do sistema bancário, e, consequentemente, para assegurar estabilidade à dinâmica da vida econômica do país. 3. Por outro lado, a urgência para a edição do ato também não pode ser rechaçada, ainda mais em se considerando que, para tal, seria indispensável fazer juízo sobre a realidade econômica existente à época, ou seja, há quinze anos passados. 4. Recurso extraordinário provido (RE 592.377, Rel. Min. Marco Aurélio, Rel. p/ acórdão Min. Teori Zavascki, Tribunal Pleno, j. 04.02.2015, Acórdão Eletrônico, Repercussão Geral, Mérito DJe-055, divulg. 19.03.2015, public. 20.03.2015).*

14.15.1. A capitalização de juros no Sistema Financeiro da Habitação em razão da Lei 11.977, de 7 de julho de 2009

Desde 2009, para o Sistema Financeiro da Habitação, o anatocismo (cobrança de juros sobre juros) está liberado em razão do art. 75 da Lei 11.977, de 7 de julho de 2009 (Conversão da Medida Provisória 459, de 25 de março de 2009), que dispõe sobre o "Programa Minha Casa, Minha Vida" e, no que interessa ao tema, incluiu os arts. 15-A e 15-B à Lei 4.380, de 21 de agosto de 1964.

Com efeito e em resumo:

a) Permitiu o livre pacto de capitalização de juros no âmbito do Sistema Financeiro da Habitação; e,

b) Liberou a pactuação de sistemas de amortização nos empréstimos e financiamentos, mas obrigou a oferta do Sistema de Amortização Constante – SAC e, no mínimo, mais um, à escolha do mutuário, entre o SACRE (Sistema de Amortização Crescente) e a Tabela Price (Sistema Francês de Amortização).

Os mencionados dispositivos geram implicações importantes aos mutuários do SFH, principalmente no que diz respeito à ampliação do caos em razão das elevadas taxas de juros que são praticadas no Brasil.

A flexibilização pretendida seria absolutamente congruente se as taxas de juros brasileiras fossem viáveis.

Ocorre que não são.

É conhecido de todos que o Brasil é o país cujas taxas de juros estão entre as mais elevadas do planeta.

Assim, os defensores da legalização do anatocismo acreditam que a medida poderá reduzir as taxas entre nós praticadas.

Não cremos que apenas a proibição do anatocismo, antes tradicional entre nós, seja a causa das taxas de juros que hoje se verificam no Brasil.

O fato é que, em razão da taxa de juros escorchantes, também paga pelo Estado brasileiro, historicamente mais de 70% do orçamento é destinado às despesas financeiras.

É difícil compreender o risco passível de justificar essa situação, mormente que a soma dos lucros dos cinco maiores bancos brasileiros é sempre surpreendente.

Assim, a ordem deveria ser inversa. Primeiro as taxas deveriam ser ajustadas a níveis minimamente razoáveis e, depois, a sociedade discutiria a liberação do anatocismo por regular projeto de lei complementar como determina o art. 192 da Constituição Federal.

A inversão pode representar a continuidade do caos no Sistema Financeiro da Habitação, com dívidas impagáveis, demandas judiciais intermináveis e insegurança jurídica funesta à paz social, objetivo do Direito.

É preciso verificar que há, sobre o mesmo tema e de forma mais abrangente, a Medida Provisória 2.170-36, que foi questionada por meio de ação direta de inconstitucionalidade no Supremo Tribunal Federal (ADI 2.316/DF), liberando a cobrança de juros sobre juros para todo o Sistema Financeiro Nacional.

Como o STF entendeu que a indigitada Medida Provisória é constitucional na ADI 2.316, permitido está o anatocismo aplicado pelas Instituições Financeiras, situação que foi confirmada mais recentemente na Lei 14.905/2024, que afastou a aplicabilidade da Lei de Usura às Instituições Financeiras.

O fato é que o STJ decidiu acerca do tema nos termos da sistemática de recursos repetitivos, com as consequências processuais daí advindas, da seguinte maneira, cumprindo, de certa maneira, o prognóstico:

Superior Tribunal de Justiça. Direito Civil e Processual Civil. Recurso Especial representativo de controvérsia. Art. 543-C do CPC. [atual art. 1.036 do CPC]. Resolução STJ n. 8/2008. Tabela Price. Legalidade. Análise. Capitalização de juros. Apuração. Matéria de fato. Cláusulas contratuais e prova pericial.

1. Para fins do art. 543-C do CPC: 1.1. A análise acerca da legalidade da utilização da Tabela Price – mesmo que em abstrato – passa, necessariamente, pela constatação da eventual capitalização de juros (ou incidência de juros compostos, juros sobre juros ou anatocismo), que é questão de fato e não de direito, motivo pelo qual não cabe ao Superior Tribunal de Justiça tal apreciação, em razão dos óbices contidos nas Súmulas 5 e 7 do STJ.

1.2. É exatamente por isso que, em contratos cuja capitalização de juros seja vedada, é necessária a interpretação de cláusulas contratuais e a produção de prova técnica para aferir a existência da cobrança de juros não lineares, incompatíveis, portanto, com financiamentos celebrados no âmbito do Sistema Financeiro da Habitação antes da vigência da Lei n. 11.977/2009, que acrescentou o art. 15-A à Lei n. 4.380/1964.

1.3. Em se verificando que matérias de fato ou eminentemente técnicas foram tratadas como exclusivamente de direito, reconhece- se o cerceamento, para que seja realizada a prova pericial.

2. Recurso especial parcialmente conhecido e, na extensão, provido para anular a sentença e o acórdão e determinar a realização de prova técnica para aferir se, concretamente, há ou não capitalização de juros (anatocismo, juros compostos, juros sobre juros, juros exponenciais ou não lineares) ou amortização negativa, prejudicados os demais pontos trazidos no recurso. (REsp 1124552/RS, Rel. Min. Luis Felipe Salomão, Corte Especial, j. 03.12.2014, DJe 02.02.2015)

De fato, o assunto acabou sumulado:

Súmula 539: "É permitida a capitalização de juros com periodicidade inferior à anual em contratos celebrados com instituições integrantes do Sistema Financeiro Nacional a partir de 31.3.2000 (MP 1.963-17/00, reeditada como MP 2.170-36/01), desde que expressamente pactuada" (REsp 1.112.879, REsp 1.112.880 e REsp 973.827).

Súmula 541: "A previsão no contrato bancário de taxa de juros anual superior ao duodécuplo da mensal é suficiente para permitir a cobrança da taxa efetiva anual contratada" (REsp 973.827 e REsp 1.251.331).

14.15.2. Situação jurídica dos demais contratos, não submetidos ao Sistema Financeiro Nacional

Outra questão interessante que exsurge da análise da norma contida no art. 75 da Lei 11.977/2009, confirmada pelo Superior Tribunal de Justiça, diz respeito à situação jurídica dos demais contratos que não sejam submetidos àquela exceção ou às exceções decorrentes da inaplicabilidade da Lei de Usura em função da redação do art. 3º da Lei 14.905/2024.

É preciso notar a importância da interpretação *a contrario sensu* do art. 75 da Lei 11.977/2009, na exata medida em que, se a capitalização de juros é permitida aos contratos submetidos ao Sistema Financeiro da Habitação, corolário lógico é a vedação a todos os demais contratos não subsumidos ao indigitado sistema e, mais recentemente, às exceções do art. 3º da Lei 14.905/2024.

A conclusão, outrora clara, agora é cristalina: nesses casos continua vedada a capitalização composta de juros (juros sobre juros – anatocismo) nos exatos termos do art. 4º do Decreto 22.626/1933 e Súmula 121 do STF, inclusive, embora o assunto seja polêmico, pela aplicação do sistema de amortização da Tabela Price que incorpora os juros compostos ou capitalizados.[91]

Nesse sentido:

> **Tribunal de Justiça de São Paulo.** *Embargos à Execução. Contrato de mútuo. Juros contratuais. Limitação a 12% ao ano. Viabilidade. Apelante é empresa não integrante do Sistema Financeiro Nacional. Aplicação das regras da Lei de Usura. Anatocismo. Previsão de Tabela Price. Método que contempla capitalização de juros. A capitalização mensal dos juros é vedada pelo nosso direito, mesmo quando expressamente convencionada. Prática a ser expurgada do saldo devedor. Embargos procedentes. Recurso desprovido (Apelação nº 0170797-25.2008.8.26.0100, 20º Câmara de Direito Privado, Rel. Álvaro Torres Júnior, j. 22.04.2013).*

Na fundamentação, justificou o relator: *Também nem se argumente com a legalidade da capitalização de juros nos termos da MP 1.963-17/2000 e suas sucessivas reedições. Isso porque, como se viu, a embargada é empresa não integrante do Sistema Financeiro Nacional e se subordina à Lei de Usura.*

Em resumo, ainda que se entenda válida a permissão de capitalização determinada pelo art. 75 da Lei 11.977/2009 e para as Instituições Financeiras de uma forma geral, a teor do art. 3º da Lei 14.905/2024, não podemos esquecer que os demais contratos de financiamento imobiliário não estão subsumidos à permissão de capitalização.

Podemos citar o financiamento direto levado a efeito por construtoras, sem a participação direta de uma instituição financeira, através de compromissos de compra e venda ou instrumentos de alienação fiduciária e, ainda, vendas com garantia hipotecária, ainda que tenha a construtora colhido empréstimo para produção, posto que são relações jurídicas distintas.

14.16. OUTRAS CONSEQUÊNCIAS DO DESCUMPRIMENTO DAS OBRIGAÇÕES

14.16.1. Prejuízos e cláusula penal

Nos termos do art. 389, o Código Civil traz a regra geral das consequências da inexecução das obrigações.

> *Art. 389. Não cumprida a obrigação, responde o devedor por perdas e danos, mais juros, atualização monetária e honorários de advogado.*

---

[91] Vide, a esse respeito: Luiz Antonio Scavone Junior, *Juros no direito brasileiro*. 3. ed. São Paulo: Revista dos Tribunais, 2009, p. 207 e ss.

Na verdade, a regra acaba sendo repetida no art. 395, na hipótese de mora, o que leva à conclusão que o art. 389, embora com as mesmas consequências, é dispositivo que trata da mora e também do inadimplemento absoluto, sendo, assim, regra geral do descumprimento das obrigações.[92]

Certo é que, em qualquer caso, aquele que descumprir a obrigação responde com o seu patrimônio pelas perdas e danos, regra essa que decorre do art. 391 do Código Civil e, igualmente, do art. 789 do Código de Processo Civil.

Tratando-se de mora (Código Civil, art. 395) ou de inadimplemento absoluto, a conclusão é a mesma.

Na análise do vertente artigo, não se pode esquecer, todavia, que muitas vezes, tratando-se de responsabilidade subjetiva, a reparação e o ressarcimento podem ser excluídos por ausência de culpa, consequência dos arts. 393 e 396, que serão adiante analisados.

Se o devedor não conseguir afastar a culpa presumida pela mora ou pelo inadimplemento, invariavelmente será obrigado a pagar perdas e danos.

Conclui-se, portanto, que no âmbito do Direito das Obrigações, havendo o descumprimento culposo (mora ou inadimplemento), aquele que descumpriu responde com o seu patrimônio pelas perdas e danos decorrentes.

O alcance dessa responsabilidade por perdas e danos é tarefa cumprida pelo art. 402, segundo o qual, *salvo as exceções expressamente previstas em lei, as perdas e danos devidos ao credor abrangem, além do que efetivamente perdeu, o que razoavelmente deixou de lucrar.*

Complementando a consequência da inexecução das obrigações, seja em razão da mora ou do inadimplemento, (arts. 389 e 395), o vertente dispositivo impõe ao moroso e ao inadimplente que agiram ordinariamente com culpa ou dolo,[93] o dever de recompor os prejuízos experimentados pelo credor.

A reparação e o ressarcimento, muitas vezes denominados indiscriminadamente de indenização,[94] devem representar a ampla recomposição dos prejuízos e não devem representar lucro, embora isso possa ocorrer em razão da cláusula penal que será adiante analisada e, também, da retenção das arras ou sinal.

Não podemos esquecer que as perdas e danos descritas no art. 402 se aplicam, igualmente, aos casos de atos ilícitos extracontratuais, nos termos dos arts. 186 e 927.

Deveras, o ato ilícito é fonte das obrigações, sendo natural que, em razão da sua ocorrência, o agente que causa prejuízos a terceiros se obrigue a pagar as perdas e danos decorrentes de sua conduta.

Esses prejuízos são denominados perdas e danos e se dividem em danos materiais, compostos tanto pelo que o credor efetivamente perdeu (danos emergentes), quanto pelo que razoavelmente deixou de lucrar (lucros cessantes), além dos danos morais, ainda que decorrentes do descumprimento das obrigações.

Assim sendo, dada a amplitude das perdas e danos, alguns sistemas, como o francês, utilizam o termo *danos e interesses.*

---

92 A mora e o inadimplemento, acorde com Chironi (*La colpa contrattuale*, Turim, 1897, n° 325), geram efeitos semelhantes, o que, de fato, se observa nos arts. 389 e 395. Eis a sua lição: *È chiaro che nell'ordimaneto della legge i due fatti (inadempimento e mora) appariscono dunque formalmente distinti, sebbene identica sai la ragione d'onde procedono (ingiuria colposa) e identica la conseguenza rispetto al diritto del creditore (responsabilità).*

93 Dissemos ordinariamente, pois que, nos contratos unilaterais, aquele que só se obriga responde apenas por dolo (art. 392) e na responsabilidade objetiva esse elemento é prescindível.

94 Indenização se aplica no caso de ato ilícito, como sói ocorrer nos casos de desapropriação; reparação é o termo indicado para os danos morais e ressarcimento, para os danos materiais.

De acordo com Larenz,[95] o dano é uma perda não querida pela vítima, cujas consequências recaem sobre seus bens, saúde, integridade física, desenvolvimento profissional, expectativas de ganho, patrimônio e sobre os direitos da personalidade, como, por exemplo, a honra e a paz de espírito.

Enneccerus endossa essa ideia e defende que o dano pode atingir qualquer espécie de desvantagem a um bem jurídico, seja essa desvantagem recaindo sobre o patrimônio, a vida, a liberdade, o nome e a boa fama, entre outros bens juridicamente protegidos.[96]

Esse conceito amplo se opõe ao conceito clássico, que considerava apenas o dano patrimonial.

Em suma, aquele que descumpre a sua obrigação ou pratica um ato ilícito, defere ao credor e à vítima o direito de pleitear a reparação dos danos morais e o ressarcimento dos prejuízos materiais causados, sem esquecer a correção monetária e os honorários de advogado, além dos juros, nos termos dos arts. 389, 395 e 404 a 407.

Conceituadas as perdas e danos, é possível identificar seus requisitos legais: a culpa e a existência do prejuízo.

A culpa é elemento constitutivo da responsabilidade subjetiva, regra geral decorrente dos arts. 186, 393 e 396.

Essa culpa impõe o dever de recompor as perdas e danos materiais. Somam-se aos danos materiais os danos morais, ainda que decorrentes da mesma conduta.

Por outro lado, a responsabilidade objetiva, exceção no Código Civil (*v.g.*, art. 927, parágrafo único, e art. 931), dispensa a culpa que, nessa espécie, não é elemento constitutivo, como já tratamos ao comentar os arts. 393 e 396.

No âmbito da responsabilidade contratual, todo aquele que deixa de cumprir deliberadamente uma avença age com dolo. De outro lado, se o descumprimento decorre de negligência, o caso é de culpa.

Com a exceção do art. 392 (contratos unilaterais), caso em que o devedor só responde por dolo, verifica-se que nos contratos bilaterais, em ambos os casos (culpa ou dolo), sem alteração das consequências, é imperioso observar o dever de o inadimplente ou moroso reparar e ressarcir os danos em razão do artigo sob comento, cumulado com os arts. 389 e 395.

O segundo requisito para verificação das perdas e danos é a existência de prejuízo, de tal sorte que, a par dos danos morais, os danos materiais compreendem os danos emergentes e os lucros cessantes.

Para que o devedor moroso ou inadimplente seja obrigado a pagar as perdas e danos, é imprescindível que tenha havido prejuízo. Não podemos deslembrar que, se houver cláusula penal ou arras (Código Civil, arts. 408 e ss. e 417 e ss.), o devedor pagará o que estiver estipulado em razão da mora ou do inadimplemento, independentemente de prejuízo do credor.

O dano emergente é aquele que efetivamente pode ser aferido do comportamento culposo ou doloso daquele que pratica um ato ilícito ou descumpre uma obrigação.

A lei menciona aquilo que o prejudicado *efetivamente perdeu*. Conseguintemente, o prejuízo que decorre do dano emergente depende de prova material e efetiva do prejuízo.

Parte da doutrina coloca os juros que defluem das obrigações de pagamento em dinheiro como espécie de dano emergente.

Muito embora a discussão não tenha utilidade prática, entendemos, com a devida *vênia*, que esses juros correspondem aos lucros cessantes e, adiante, ao analisarmos o art. 404, daremos os motivos de tal inferência.

---

[95] Karl Larenz, *Lehrbuch dês schuldrechts*, 12ª ed., Beck: Munique, 1979, p. 353, 27-II.
[96] Enneccerus & Lehmann, *Derecho de obligaciones*, Barcelona, 1935, vol. 1, § 10.

De outro lado, os lucros cessantes correspondem àquilo que o credor *razoavelmente deixou de lucrar* em razão da prática de um ato ilícito, da mora ou do inadimplemento do devedor.

De fato, a subjetividade do parâmetro legal é evidente.

Sendo assim, mais uma vez nos socorremos do entendimento de Agostinho Alvim, segundo o qual o advérbio *que razoavelmente deixou de lucrar', não significa que se pagará aquilo que for razoável (ideia quantitativa) e sim que se pagará se se puder, razoavelmente, admitir que houve lucro cessante (ideia que se prende à existência mesma do prejuízo).*[97]

Portanto, a locução "o que razoavelmente deixou de lucrar" diz respeito àquilo que o bom senso indica que o credor deixaria de lucrar se não fosse praticado o ato ilícito ou houvesse o descumprimento da obrigação, tendo em vista o que de fato ocorria e não o que poderia ocorrer.

O dano, além disso, deve ser atual e certo.

Sendo assim, não são indenizáveis, como lucros cessantes, os danos hipotéticos, que poderão não se concretizar.

Em resumo, admite-se o dano futuro, ou seja, aquilo que razoavelmente se deixou de lucrar, o que envolve a ideia de existência do prejuízo e não a ideia quantitativa.

Sendo assim, a aferição, diante das provas, cabe ao prudente arbítrio do juiz, que verificará os ganhos passados e os projetará para o futuro, tendo em vista o ilícito perpetrado.

No Código Civil anterior, de 1916, o parágrafo único do art. 1.059 previa que o devedor moroso ou inadimplente só respondia pelos prejuízos que poderiam ser ou houvessem sido previstos na data da obrigação. Por exemplo: caso *A*, que tivesse locado por cinco anos um imóvel a *B*, que pretendia instalar uma loja de roupas, constatasse, ao depois, que *B* instalara no local uma loja de automóveis importados, sofrida a evicção por *B* após dois anos (perda do bem em razão de decisão judicial), *B* não poderia pleitear ressarcimento dos lucros cessantes decorrentes da atividade de venda de automóveis importados, que se supõe maiores que os decorrentes da atividade de venda de roupas.[98]

Certo é que o atual Código Civil não repetiu o parágrafo único do correspondente art. 1.059 do Código Civil de 1916, no dispositivo que ora comentamos. Sendo assim, mesmo os prejuízos não previstos merecerão ressarcimento.

A conclusão que se extrai da atual codificação é que a reparação e o ressarcimento do dano reclamam, hoje, uma configuração teleológica, que não se prende aos aspectos técnicos, tradicionais, mas aos meios colocados à disposição da vítima para o acesso a uma ordem jurídica justa.

Essa ideia pode ser verificada no princípio constitucional da ampla reparação, determinado no art. 5º, incs. V e X, da Constituição Federal, que bem espelha essa tendência, adotando a tese da ruptura com os conceitos tradicionais, criando um liame entre a reparação, os postulados do *Estado Social de Direito* e a garantia ao prejudicado de ver realizado o princípio basilar do Direito que determina seja dado a cada um o que é seu, o que demanda a recomposição completa do dano.

---

[97] Agostinho Alvim, ob. cit., p. 191, nº 146. Carlos Roberto Gonçalves, *responsabilidade civil*, 6ª ed., São Paulo: Saraiva, 1995, p. 392.

[98] **Tribunal de Justiça de São Paulo.** *Indenização. Responsabilidade civil. Perdas e danos. Inadimplemento contratual. Admissibilidade. Valor que englobará apenas o dano emergente. Lucros cessantes que não se revestem de efeito direto e imediato. Não comprovado o lucro que deixaria de auferir com o evento danoso. Recurso parcialmente provido. Não se indenizam esperanças desfeitas, nem danos potenciais, eventuais, supostos ou abstratos, mas tão somente o que de forma plausível e verossímil se deixou de auferir* (Apel. Cív. 240.724-1, São Paulo, Rel. Aldo Magalhães, 9ª Câm. Civ., v.u., 1º.12.1994).

O ressarcimento dos danos materiais e a reparação dos danos morais devem restituir, tanto quanto possível, as partes ao *status quo ante*, ou seja, ao estado anterior ao dano causado.

Sendo assim, sobre as perdas e danos apurados em razão do inadimplemento, igualmente se aplicam os consectários do art. 389 do Código Civil. Nesse sentido:

> *Art. 404. As perdas e danos, nas obrigações de pagamento em dinheiro, serão pagas com atualização monetária, juros, custas e honorários de advogado, sem prejuízo da pena convencional.*

Inicialmente, convém ressaltar que o pagamento em dinheiro sempre será útil ao credor, de tal sorte que a ausência desse pagamento configurará mora e não inadimplemento absoluto.

A par dos juros de mora, o credor de dinheiro faz jus à pena convencional (por exemplo, uma multa pelo atraso), além das custas processuais e extrajudiciais (por exemplo: gastos com notificações por meio do oficial de Títulos e Documentos, protesto de títulos etc.).

Não se pode esquecer da correção monetária e dos honorários de advogado, cuja análise da incidência pode ser verificada nos comentários que fizemos à regra geral da inexecução que emana do art. 389 do Código Civil.

Portanto, nas obrigações cujo objeto da prestação seja dinheiro, além dos juros moratórios devidos após a citação (art. 405), o devedor em mora fica responsável pela correção monetária, além da cláusula penal moratória, das custas e dos honorários de advogado, tudo isso independentemente de ação judicial.

Por exemplo: o devedor de cem mil reais em mora, cujo instrumento contratual prevê cláusula penal de 2%, ficará sujeito ao pagamento de cento e dois mil reais, sobre os quais incidirão juros moratórios de 1% ao mês (desde que convencionados neste patamar e, se não convencionados, a taxa do art. 406 do CC), ou seja, mil e cem reais por mês de juros moratórios, sem contar a correção monetária, as custas e os honorários de advogado.

Com exceção da cláusula penal, os demais consectários (juros moratórios, correção monetária, custas e honorários de advogado) serão aplicados independentemente de convenção, vez que a incidência decorre da lei.

Um ponto merece destaque. É que o presente artigo trata de direitos patrimoniais. Se assim o é, o contrato poderá afastar a incidência dessas verbas.

Agostinho Alvim[99] relata alguma controvérsia no Direito estrangeiro, em razão da mora nas dívidas de dinheiro, decorrente da interpretação dos §§ 117, 118 e 119 do Código de Obrigações suíço, de 1881.

É que esses dispositivos do Direito estrangeiro autorizam a cobrança de juros moratórios nas dívidas de dinheiro independentemente de culpa do sujeito passivo da obrigação.[100]

De fato, Chironi,[101] depois de afirmar que a mora só subsiste com culpa, aduz que as disposições dos §§ 117 e 118 do Código das Obrigações suíço só admitem a mora sem culpa para as dívidas de dinheiro, isso em razão do favorecimento que tal circunstância representa ao comércio.

Igual posição é defendida por Saleilles,[102] que defende a circunstância de não se admitir qualquer justificativa do devedor de dinheiro para afastar a mora, bastando o retardamento, o que exsurge dos citados §§ 117 e 118, mas critica a doutrina daí decorrente.

---

[99] Agostinho Alvim, ob. cit., p. 14.

[100] Correspondentes aos arts. 102, 103 e 104 do Código revisto em 1911.

[101] G. P. Chironi, *La colpa nel diritto civile odierno: colpa contratuale*, nº 326 e nota 7.

[102] Raymond Saleilles, *Étude sur la théorie générale de l'obligation d'après le premier projet de code civil pour l'empire allemand*, Paris: Arthur Rousseau, [s.d.], nº 29 e nota 11.

Essa interpretação é confirmada por Rossel,[103] *que não se restringe aos casos de dívida de dinheiro, quando dispensa o elemento culpa para o aperfeiçoamento da mora. Ele pensa que a culpa só é imprescindível quando a lei expressamente exige.*[104]

Ocorre que o Código de Obrigações suíço não dispõe de regra semelhante ao art. 396 do Código Civil brasileiro.

Logo, não há como concluir que o devedor pagará juros moratórios na hipótese de não ser culpado pela demora. No âmbito do Código Civil pátrio, os juros moratórios somente são contados a partir da citação inicial, mas, tratando-se de responsabilidade subjetiva, continuam submetidos, mesmo nessa hipótese, à existência de culpa, a teor dos seus arts. 393 e 396.

De fato, a ausência de culpa isenta o devedor da responsabilidade por perdas e danos e juros moratórios na responsabilidade subjetiva. Entrementes, dificilmente haverá a excludente no caso de dívida de dinheiro, vez que, invocado fato de possível previsão (art. 393), restará a culpa do devedor, o que torna impossível a elisão da mora, já que presentes os elementos objetivo (retardamento) e subjetivo (culpa).

Bem por isso, Agostinho Alvim defende que, *vencida e não paga uma dívida de dinheiro, os juros correm desde logo.*[105] *Mas a ausência de culpa pelo não pagamento impede os efeitos da mora.*[106]

Isto nada tem a ver com a desnecessidade evidente de o credor provar os prejuízos para cobrar os juros moratórios (art. 407) porquanto *qui tardius solvit, minus solvit* (quem paga depois do vencimento, paga menos do que deve).

É inegável, portanto, que o simples fato da retenção do capital alheio além do prazo estabelecido ou requerido (retardamento) beneficia o devedor.

Todavia, esse é o elemento objetivo da mora, que, nos casos de responsabilidade subjetiva, deve, necessariamente, ser complementado pelo elemento subjetivo, a culpa (arts. 393 e 396), sem esquecer que o termo inicial para a contagem dos juros é a citação inicial para a ação (art. 405).

Sendo assim, não resta mais qualquer dúvida acerca da desnecessidade de o credor provar prejuízo para que possa cobrar juros moratórios. Todavia, o Código Civil exige, também, a citação inicial para a ação do credor em face do devedor (art. 405).

Outro ponto interessante que surge da leitura do dispositivo ora comentado emana da lição de Agostinho Alvim, que aduz, nas obrigações representadas por dinheiro, a circunscrição das perdas e danos aos juros da mora.

Eis sua ideia: *Com relação aos juros da mora convém ponderar que, se a prova do prejuízo pode ser dispensada, por outro lado a indenização é limitada. O art. 1.061 do Código Civil (de 1916) prescreve que, nas obrigações de dinheiro, as perdas e danos consistem nos juros da mora, sem prejuízo da pena convencional. Quer dizer: consistem somente nos juros da mora.*[107]

Depois, opina que tal regra é injusta, exemplificando com a hipótese de o credor não receber mesmo tendo confiado no pagamento tempestivo, planejando viagem, recusando serviços e efetuando despesas.

---

[103] Virgile Rossel, *Manuel de droit fédéral des obligations*, n° 132. *Apud* Agostinho Alvim, ob. cit., n° 13, p. 15.

[104] Agostinho Alvim, ob. cit., n° 13, p. 15.

[105] Se bem que, quanto aos juros, não parece ser essa mais a conclusão extraída do art. 405, que determina o início da contagem dos juros de mora apenas após a citação.

[106] Agostinho Alvim, ob. cit., n° 14, p. 16.

[107] Agostinho Alvim, ob. cit., n° 145, p. 185.

Justifica, demais disso, que a regra é antiga, contida, também, no revogado art. 249 do Código Comercial e no direito anterior ao Código Civil de 1916.[108]

De fato, os códigos mais modernos, como o Código Civil italiano de 1941, dispõem de forma diferente.

Embora fixem os juros moratórios como regra das perdas e danos nas obrigações de dinheiro, permitem que o juiz, provado o prejuízo maior, atribua ressarcimento superior,[109] como, aliás, prevê o atual Código Civil brasileiro, de acordo com o parágrafo único do art. 404:

> *Art. 404. (...)*
>
> *Parágrafo único. Provado que os juros da mora não cobrem o prejuízo, e não havendo pena convencional, pode o juiz conceder ao credor indenização suplementar.*

Esse dispositivo, longe de ser inovador, é cópia do art. 327 do Anteprojeto do Código de Obrigações de 1941.

Antes de qualquer consideração, é importante alertar que se trata de prejuízos suplementares e se aplica apenas às obrigações cujo objeto da prestação seja dinheiro.

Para as demais obrigações, cujo objeto da prestação não seja dinheiro, aplica-se o parágrafo único do art. 416 do Código Civil.

Nas obrigações cujo objeto da prestação seja representado por dinheiro, a lei presume que as perdas e danos consistem nos juros de mora, decorrentes dos arts. 405 a 407, além da cláusula penal porventura convencionada, da correção monetária, das custas e dos honorários de advogado.

Dos honorários de advogado e da correção monetária tratamos.

Já os prejuízos suplementares a esses previstos, não havia, no direito anterior, autorização expressa de cobrança.

Ainda que assim fosse, pela regra geral do art. 1.056 do Código Civil de 1916, já considerávamos possível ignorar a cláusula penal moratória e cobrar os prejuízos efetivos, substituindo a cláusula penal.

Ocorre que o atual Código Civil dispõe expressamente que, para obter indenização suplementar, dois são os requisitos:

a) o credor deve provar a *insuficiência dos juros de mora* para cobrir seus prejuízos;

b) *não pode haver pena convencional*, ou seja, não pode haver cláusula penal.

No meu entendimento, a expressão "não havendo pena convencional" deve ser entendida também na hipótese de o credor ignorar a pena convencional, assumindo o ônus de provar os prejuízos e não apenas no caso de não haver disposição acerca da pena convencional, ainda mais tendo em vista a sua natureza, além de inibitória, de prefixação das perdas e danos.

De fato, a regra geral que emana do art. 389 do Código Civil preceitua que, não cumprida a obrigação, o devedor responde por perdas e danos.

Portanto, se a obrigação não for cumprida, o credor poderá pleitear, em face do devedor, o ressarcimento dos prejuízos.

---

[108] Carlos A. de Carvalho, *Nova consolidação das leis civis*, São Paulo: [s.e.], [s.d.], art. 876, parágrafo único.

[109] Walter D'Avanzo, *Codice civile, libro delle obbligazioni*, dirigido por D'Amelio e Finzi, Firenze: [s.e.], 1948, vol. I.

Todavia, a solução não é automática, de tal sorte que esses prejuízos devem ser provados e o ônus dessa prova pertence ao credor.

Para evitar essa prova, a cláusula penal surge como meio de predeterminar os prejuízos, ou seja, determinar antes que eles ocorram, fazendo com que o credor só precise demonstrar o descumprimento da obrigação e, se o devedor não pagar a cláusula penal espontaneamente, sempre restará a via judicial para tal resultado.

Por exemplo: imaginemos um contrato de locação que estipule multa de 10% em caso de atraso. É fato que essa mora poderia gerar algum prejuízo ao credor. Todavia independentemente do prejuízo e mesmo que esse não ocorra, o locador poderá cobrar a multa.

Se o valor prefixado não for suficiente para cobrir as perdas e danos em razão do descumprimento, o credor poderá deixar de lado a estipulação da cláusula penal e cobrar os prejuízos experimentados.

Assim, é forçoso concluir que não há possibilidade de o credor cumular a cobrança da cláusula penal com as perdas e danos, além dos juros moratórios, ou seja, a integralidade da cláusula penal e a integralidade das perdas e danos. Nesse sentido:

Superior Tribunal de Justiça. *Direito Civil e Processual Civil. Omissão no julgamento de apelação não configurada. Compra e venda parcelada de veículo. Rescisão por inadimplemento. Cláusula penal compensatória. Perdas e danos. Cumulação. Impossibilidade. (...) 2. A cláusula penal compensatória funciona a um só tempo como punição pelo descumprimento e como compensação previamente fixada pelos próprios contratantes pelas perdas e danos decorrentes desse mesmo inadimplemento. (...). 4. Recurso Especial a que se nega provimento (REsp 1.335.617/SP, Rel. Min. Sidnei Beneti, 3ª Turma, j. 27.03.2014, DJe 22.04.2014).*

Quanto às obrigações para pagamento em dinheiro, o parágrafo único do art. 404 do Código Civil é cristalino: somente se não houver pena convencional o juiz poderá estabelecer indenização suplementar aos juros de mora nas obrigações de pagamento em dinheiro e isso desde que os juros moratórios sejam insuficientes, cabendo ao credor o ônus da prova da insuficiência.

Em resumo, a possibilidade de se cobrar prejuízos suplementares nas obrigações que consistam em entrega de dinheiro decorre do parágrafo único do art. 404, ou seja, esses prejuízos suplementares poderão ser cobrados, além dos juros de mora que valem como indenização mínima, se não houver cláusula penal e se for provada a insuficiência dos juros de mora pelo credor.

Insistimos que não haverá cláusula penal se o credor optar por ignorá-la para buscar os prejuízos efetivos, que deverá provar.

Logo:

a) se além dos juros de mora o credor exigir a cláusula penal, não poderá ser concedida indenização suplementar;

b) se, além dos juros de mora, não existir cláusula penal, poderá ser concedida indenização suplementar aos juros moratórios;

c) se, nada obstante os juros de mora, o credor resolver provar prejuízos suplementares, poderá ignorar a cláusula penal estipulada no contrato e cobrar os prejuízos efetivos.

Nas demais obrigações, que não sejam de pagamento em dinheiro, não se aplica o presente artigo e parágrafo, mas o art. 416, segundo o qual é imprescindível uma convenção que autorize a indenização suplementar à cláusula penal, cláusula penal essa que vale como indenização mínima.

O motivo dessa vedação de pleitear prejuízos suplementares à cláusula penal parece ser a natureza de substituição predeterminada das perdas e danos que envolve a cláusula penal, moratória ou compensatória.

Assim, é natural que o credor não possa pretender cobrar a cláusula penal e, também, cumulativamente, as perdas e danos efetivamente experimentadas.

Igualmente, o credor não pode, em regra, cobrar a cláusula penal que independe de qualquer prova de prejuízo e, ao depois, provar prejuízos suplementares e impor a cobrança da diferença.

Dissemos em regra porque, nessa última hipótese, existe uma exceção.

Com efeito, se as partes convencionarem no contrato que deu origem à obrigação que não seja de dinheiro, a possibilidade de cobrança de prejuízos suplementares, essa cobrança será possível, mormente que não se trata de regra de ordem pública, mas de norma de caráter dispositivo.

Em suma, tratando-se de obrigações que não sejam de pagamento em dinheiro, desde que haja prévia convenção contratual, é possível cobrar o valor da cláusula penal e, ao depois, cobrar a diferença representada pelos prejuízos efetivos.

Um ponto nos parece relevante. Assim como defendemos para as obrigações de pagamento em dinheiro (parágrafo único do art. 404), nada impede que o credor deixe de lado a cláusula penal que estipulou e cobre os efetivos prejuízos (perdas e danos), de acordo com a regra geral dimanada dos arts. 389 e 395, ainda que não tenha convencionado a possibilidade de cobrar prejuízos suplementares.

Sendo assim, se o credor verificar que a cláusula penal previamente estabelecida é insuficiente, arcará com a missão de provar efetivamente os prejuízos que experimentou, deixando de lado a predeterminação desses prejuízos representada pela cláusula penal.

Releva notar que não se trata de cobrar prejuízos suplementares, mas os efetivos prejuízos, de tal sorte que esse procedimento que defendemos não é atingido pela proibição do parágrafo único ora comentado.

Por fim, resta verificar que o Código Civil adotou a posição que emana dos Direitos alemão, suíço e italiano, diferindo, nesse ponto, do que ocorre no Direito francês.

De fato, os Códigos suíço (art. 161) e alemão (art. 340) permitem a cobrança dos prejuízos efetivos, suplementares à cláusula penal, desde que tais prejuízos sejam efetivamente provados pelo credor. Em outras palavras, no Direito alemão e suíço, o credor cobra a cláusula penal e, ao depois, prova os prejuízos efetivos e exige do devedor o pagamento da diferença.

Mas nos parece que foi o Direito italiano que realmente inspirou o nosso "novo" Código Civil; vejamos o que diz essa legislação:

> *Art. 1.382 (Efeitos da cláusula penal). A cláusula penal mediante a qual se convenciona que, no caso de inadimplemento ou mora na execução, um dos contraentes fica obrigado a uma determinada prestação, tem o efeito de limitar a indenização à prestação prometida, se não for convencionada a possibilidade de ressarcimento de danos ulterior.*

De fato, distanciou-se, nesse particular, do Código Civil francês, que não permite cobrança suplementar à cláusula penal, de acordo com o seu art. 1.152, segundo o qual, "quando a convenção estipular o pagamento de determinada importância àquele que não cumprir a obrigação a título de perdas e danos, será vedada a concessão de indenização suplementar ou inferior àquilo que foi convencionado".

Em resumo, no Direito brasileiro:

a) o art. 416 disciplina as obrigações cujo objeto da prestação não seja dinheiro, vez que, para estas, aplica-se o art. 404;

b) em regra, é vedada a cobrança de prejuízos suplementares à cláusula penal;

c) todavia, se houver expressa convenção entre as partes, o credor poderá cobrar os prejuízos efetivos que suplantarem a previsão representada pela cláusula penal; e,

d) entendemos que o relato "não pode exigir indenização suplementar" impede apenas a cobrança de prejuízos suplementares cumulados com a prévia cobrança de cláusula penal, lembrando que a cobrança de cláusula penal independe de prova de prejuízo. Ocorre que não há nada no presente dispositivo que impeça o credor de ignorar a predeterminação dos prejuízos representada pela cláusula penal para cobrar os prejuízos efetivos e maiores que demonstrar, o que se afirma na exata medida em que não estará cobrando "indenização suplementar", mas as efetivas perdas e danos de acordo com o permissivo da regra geral dos arts. 389 e 395.

14.16.2. Cláusula penal

14.16.2.1. Conceito

O art. 389, regra geral do descumprimento das obrigações, estabelece a responsabilidade do devedor pelos prejuízos que causar ao credor em razão do descumprimento da obrigação assumida, vez que, além dos juros, da correção monetária, das custas e dos honorários, deverá pagar perdas e danos.

Todavia, essas perdas e danos demandam provas pelo credor, não incidindo automaticamente.

Se quiser evitar a difícil tarefa de provar esses prejuízos poderá estabelecer cláusula penal no instrumento de constituição da obrigação, o que servirá para prefixar os prejuízos do credor em razão da mora ou do inadimplemento do devedor.

Dessarte, se o devedor não cumprir culposamente a obrigação (nos casos de responsabilidade subjetiva, que é regra), em razão da cláusula penal, o credor só precisará demonstrar o descumprimento para exigir o valor estabelecido.

Se o devedor inadimplente ou moroso não pagar esse valor espontaneamente, a cobrança poderá ser levada a efeito judicialmente e, se isso ocorrer, só se liberará do pagamento se provar ausência de culpa e isso se o caso for de responsabilidade subjetiva.

A vantagem da estipulação de cláusula penal é antiga. No Direito romano, ensinou Molitor[110] que a cláusula penal (*stipulatio poenae*) era de grande importância, mormente que na sua ausência, era inexorável e inafastável a necessidade de o credor provar os prejuízos.

Ainda é assim.

Um exemplo esclarece a vantagem de se estabelecer a cláusula penal: imaginemos alguém que se obriga a pagar aluguéis mensalmente em dia certo. O credor poderá estipular que o pagamento com atraso implicará na obrigação de o devedor pagar cláusula penal. Poderá, igualmente, estipular cláusula penal para segurança de outra cláusula, como, por exemplo, aquela que impede estragos no imóvel locado.

É evidente que a mora no pagamento do aluguel e o estrago no imóvel poderiam gerar algum prejuízo ao credor.

Havendo cláusula penal, independentemente do valor efetivo dos prejuízos e da prova do dano, o locador terá apenas que demonstrar a mora e o estrago para que o locatário se sujeite à pena convencional, moratória no caso do atraso no pagamento e compensatória no caso do estrago no imóvel.

---

110 Molitor, *Les obligations en droit romain*, Paris, 1851, n° 151, vol. 1.

Em consonância com o acatado, definimos a cláusula penal como a obrigação acessória mediante a qual o devedor obriga-se a dar alguma coisa de tal sorte a assegurar a execução da convenção ou compensar os prejuízos do credor.

Em suma, a cláusula penal é a penalidade destinada a evitar as consequências funestas do inadimplemento absoluto ou do retardamento no cumprimento da obrigação.

A cláusula penal pode ser positiva ou negativa.

Será positiva na eventualidade de representar acréscimo ao valor original da prestação. Todavia, não é incomum a forma negativa, representada pela perda de desconto, denominada "sanção premial". Em verdade, o resultado é o mesmo, uma vez que tanto faz pagar uma quantia a mais a título de multa ou perder um desconto. Em ambos os casos o resultado é um pagamento acrescido.

Releva notar, entretanto, que a penalidade não é automática. Por outro lado, depende de convenção, o que não significa que o devedor que descumpre sua obrigação fique isento de pagar pelos prejuízos que causar, já que tal consequência decorre da regra geral do art. 389; significa, sim, que o credor que não convencionou expressamente a pena no contrato terá de provar os prejuízos que sofreu em razão do descumprimento da obrigação, nos termos da regra geral dos arts. 389, 395, 402 e 404.

Outrossim, ainda que o prejudicado disponha da cláusula penal, poderá, se quiser, provar os prejuízos efetivos que sofreu e cobrá-los, ignorando a cláusula penal, ou, em algumas hipóteses legais (arts. 404 e 416), acrescer a diferença entre a cláusula penal e os prejuízos maiores causados pelo credor.

De fato, ao devedor moroso ou inadimplente, que agiu, em regra,[111] com culpa ou dolo, impõe-se a obrigação de ressarcir e reparar os prejuízos experimentados pelo credor, compostos pelo que efetivamente perdeu (dano emergente), bem como pelo que razoavelmente deixou de lucrar (lucros cessantes).

As perdas e danos estão inseridos no conceito de cláusula penal.

Entretanto, no caso de cláusula penal, o valor predefinido pode ser maior ou menor que os prejuízos efetivos, e nisso consiste a diferença básica entre os dois institutos.

Portanto, o primeiro objetivo da cláusula penal é o de servir de *sucedâneo pré-avaliado de perdas e danos* em face da inexecução da obrigação.

A esse objetivo de avaliação prévia das perdas e danos, soma-se um segundo objetivo: o de *intimidação, reforço da obrigação*.

Supõe-se que, para fugir desse pagamento, o credor procurará cumprir a obrigação no tempo, lugar e forma convencionados.

Sendo assim, a cláusula penal representa dupla vantagem ao credor.

A primeira vantagem é representada pela desnecessidade de o credor provar os prejuízos que sofreu em razão da mora ou do inadimplemento da obrigação, autorizando a cobrança ainda que não haja qualquer prejuízo.

A segunda vantagem é o aumento da possibilidade de ver cumprida a obrigação em razão de o devedor procurar cumprir o que convencionou para não pagar o valor da pena.

O art. 409 do Código Civil permite a estipulação da cláusula penal juntamente com a constituição da obrigação principal ou em ato posterior.

Portanto, é inegável a natureza jurídica acessória da cláusula penal, ainda que não subsista norma equivalente ao art. 923 do Código Civil de 1916, que determinava a extinção da cláusula penal se não sobrevivesse a obrigação principal.

---

[111] Dissemos ordinariamente, pois que, nos contratos unilaterais, aquele que só se obriga responde apenas por dolo (art. 392).

Como continuamos a admitir que a cláusula penal possui natureza jurídica acessória, continuamos igualmente a admitir, mesmo diante da ausência expressa de norma, que a existência da cláusula penal depende da existência da obrigação principal.

O inverso não é verdadeiro. Nos termos do art. 184 do Código Civil, a nulidade da cláusula penal não induz a nulidade da obrigação principal.

Exemplificando, imaginemos que um sujeito, mediante coação, venha a assinar documento posterior à constituição legítima de obrigação principal, estipulando cláusula penal pelo descumprimento. Se essa convenção posterior vier a ser anulada nos termos do art. 171, II, a obrigação principal, que não está inquinada de nulidade, permanece sem a cláusula penal.

Identificada a natureza jurídica, importa observar que existem duas espécies de cláusula penal: a cláusula penal moratória e a cláusula penal compensatória.

14.16.2.2. Cláusula penal moratória

A *cláusula penal moratória* surge em virtude do atraso, sem contar o pagamento em local e forma não convencionados (art. 394), reforçando a obrigação e desestimulando o pagamento em outro local, por outra forma ou o pagamento com atraso.

Nos termos do art. 411 do Código Civil, tratando-se de cláusula penal moratória, em razão do pagamento atrasado ou do pagamento em outro lugar ou por outra forma, diferentes do contrato – portanto, em segurança especial de outra cláusula determinada –, o credor poderá cobrar a cláusula penal, e, como se trata de simples mora e não de inadimplemento, também exigir a satisfação conjunta da obrigação principal.

Imaginemos alguém que adquire um carro novo da cor azul e a loja entrega o mesmo modelo da cor branca. Nesse caso, pode haver estipulação de cláusula penal moratória em garantia da cláusula de entrega do carro na cor escolhida.

Por outro lado, havendo dia de vencimento, o devedor estará em mora se não efetuar o pagamento na data convencionada. Nesse caso, ao cumprir a obrigação terá que se submeter à cláusula penal estipulada no contrato.

Ao revés do que ocorre com a cláusula penal compensatória, nesse caso o credor pode exigir a prestação e, também, a cláusula penal moratória.

Por fim, convém complementar que a cobrança dos prejuízos efetivos, além da cláusula penal, depende da própria inexistência de cláusula penal nas obrigações de pagamento em dinheiro (art. 402) e de convenção para cobrança de prejuízos suplementares à cláusula penal nas demais obrigações (art. 404). Remetemos o leitor a esses artigos.

14.16.2.3. Cláusula penal compensatória e devolução ao inadimplente

Por sua vez, a *cláusula penal compensatória* é devida em razão do inadimplemento absoluto, que se configura através da impossibilidade de pagamento ou da inutilidade subjetiva ao credor (art. 389).

Nesses casos, além de sugestionar o devedor ao cumprimento da obrigação para fugir do pagamento da pena, serve de indenização preestabelecida dos prejuízos no caso de descumprimento culposo.

As semelhanças param por aí. A verdade é que há consequências diferentes para as espécies, conforme se verificará nos artigos seguintes.

De qualquer forma, as duas espécies são mutuamente exclusivas pelo mesmo fato,[112] ou seja, não pode, em regra, o mesmo fato, ensejar a pena compensatória e moratória.

---

[112] *Segundo Tribunal de Alçada Civil de São Paulo. Locação. Cobrança. Multa compensatória. Cumulação com a multa moratória. Inadmissibilidade. Incabível a pretensão do locador em exigir o pagamento*

Por outro lado, se o fato gerador for diverso, na hipótese de obrigação complexa pela multiplicidade de objetos, há possibilidade de cumulação.

É o que ocorre, por exemplo, nas locações, nas quais é comum estabelecer o dever de não sublocar o imóvel e de pagar os aluguéis. O descumprimento de ambas as obrigações autorizará a cobrança de multa compensatória e moratória. Pelos aluguéis, haverá mora, vez que ainda será útil ao credor recebê-los. Entrementes, o estrago no imóvel já se concretizou, de tal sorte que, tratando-se de obrigação de não fazer, a simples conduta de estragar o imóvel configura inadimplemento absoluto, impondo-se, consequentemente, a pena compensatória.[113]

Nos termos do art. 410, do Código Civil, a cláusula penal compensatória se torna um benefício do credor.

De fato, o credor poderá optar por uma das seguintes hipóteses:

a) pleitear a cláusula penal compensatória;
b) em algumas hipóteses provar prejuízo maior e pleitear as perdas e danos; ou,
c) exigir o cumprimento da prestação.

Releva notar que o credor poderá exigir apenas uma dessas hipóteses, sendo-lhe vedado exigir a prestação e também a cláusula penal compensatória, ou seja, a integralidade de uma e de outra.

De fato, se a cláusula penal é compensatória, servindo para compensar o prejuízo com o inadimplemento absoluto, é evidente que não pode ser cumulada com o cumprimento da obrigação ou com as perdas e danos.

Essa solução foi copiada do Código Civil francês e representa benefício e faculdade conferida ao credor. Para demonstrar nossa afirmação e até pela clareza, resta importante verificar a redação do art. 1.229, do Código Civil francês de 1804: *A cláusula penal representa compensação das perdas e danos que o credor experimenta pela inexecução da obrigação principal. Não pode o credor pedir simultaneamente o principal e a penalidade, a não ser que a cláusula penal tenha sido estipulada para o simples atraso.*

Se o benefício é do credor, não pode o devedor (sujeito passivo da obrigação) comparecer aduzindo que prefere pagar a pena compensatória a cumprir a obrigação (dar, fazer ou não fazer).

Da mesma forma, não se tratando de contrato firmado com incorporadora ou com loteadora, cujos arts. 67-A da Lei 4.591/1964 e 32-A da Lei 6.766/1979 permitem expressamente, além da cláusula penal, o desconto de outros prejuízos do promitente vendedor, não é possível, nas promessas de compra e venda em geral, cumular a cláusula penal e as perdas e danos.[114] Neste sentido:

---

cumulado da multa compensatória com a moratória por atraso de locativos (*Apel. s/ Rev. nº 528.963, 12ª Câm., Rel. Juiz Ribeiro da Silva, j. 10.09.1998*).

[113] **Segundo Tribunal de Alçada Civil de São Paulo.** *Despejo. Falta de pagamento. Multa compensatória. Cumulação com a multa moratória. Possibilidade. Redução proporcional. Admissibilidade. A multa compensatória, embora possa ser cobrada concomitantemente à moratória, em virtude de cada qual ter fundamento específico, deve ser reduzida proporcionalmente ao tempo de duração da locação* (*Apel. s/ Rev. nº 510.521, 5ª Câm., Rel. Juiz Luís de Carvalho, j. 29.07.1998*).

[114] Arbitrando a retenção, tendo em vista a ocupação do imóvel, mas limitando a penalidade ao valor da cláusula penal pactuada: *AgRg no Ag 901602 (2007/0109661-5 – 18.02.2008). Ministro Aldir Passarinho Junior – Quarta Turma – j. 11.12.2007: Ante o exposto, na esteira dos precedentes acima, e identificando circunstâncias excepcionais na espécie, conforme o § 3º do art. 544 do CPC [atual art. 1.042], converto o agravo de instrumento em Recurso Especial, e lhe dou provimento, para retirar a penalidade imposta pelo*

Superior Tribunal de Justiça. Direito civil. Rescisão de contrato de compra e venda de imóvel e reivindicatória. Cláusula penal e perdas e danos. Inacumulabilidade. É possível emendar a inicial, convertendo pleito possessório em petitório, mormente quando efetuada antes da citação dos réus. Admissível a reivindicatória quando simultaneamente rescindido o contrato de compra e venda. O pagamento de cláusula penal compensatória exclui a possibilidade de exigir-se ainda a solução de perdas e danos. Recursos especiais parcialmente conhecidos e, nessa parte, providos (REsp 556.620/MT, REsp 2003/0084103-7, Ministro Cesar Asfor Rocha, 4ª Turma, 10.05.2004).

Superior Tribunal de Justiça. Direito Civil e Processual Civil. Omissão no julgamento de apelação. Não configurada. Compra e venda parcelada de veículo. Rescisão por inadimplemento. Cláusula penal compensatória. Perdas e danos. Cumulação. Impossibilidade. (...) 2. A cláusula penal compensatória funciona a um só tempo como punição pelo descumprimento e como compensação previamente fixada pelos próprios contratantes pelas perdas e danos decorrentes desse mesmo inadimplemento. (...). 4. Recurso Especial a que se nega provimento (REsp 1.335.617/SP, Rel. Min. Sidnei Beneti, 3ª Turma, j. 27.03.2014, DJe 22.04.2014).

Quanto à cumulação da cláusula penal com a fruição do imóvel, insta analisar o seguinte julgado da lavra da Ministra Nancy Andrighi:

*Superior Tribunal de Justiça. Agravo interno no agravo em recurso especial – Ação ordinária – decisão monocrática que deu provimento ao recurso especial da parte adversa. Insurgência recursal dos réus. 1. "A indenização pelo tempo de fruição do imóvel, configura-se como um custo extraordinário que vai além daquele que naturalmente se espera quando se trata de rescisão contratual causada por uma das partes, o que justifica que a contratante faça jus **à cumulação da multa fixada na cláusula penal com a taxa de ocupação. A indenização pelo tempo de utilização do imóvel tem natureza jurídica de aluguéis e se justifica pela vedação ao enriquecimento sem causa**. Por isso, a indenização pelo tempo de fruição do bem deve basear-se no valor de aluguel do imóvel em questão e o promissário vendedor deve receber pelo tempo de permanência do comprador desistente. Não merece prosperar o entendimento de que o vendedor deve receber apenas um valor fixo estabelecido na cláusula penal compensatória, independentemente da quantidade de meses que o comprador usufruiu do imóvel, porquanto se estaria violando a teoria da reparação integral do dano" (REsp 2.024.829/SC, Rel. Min. Nancy Andrighi, 3ª Turma, j. 07.03.2023, DJe 10.03.2023).*

Esse aresto não afasta a conclusão da impossibilidade de cumulação de cláusula penal com perdas e danos, de resto levada a efeito pelo STJ – com a exceção dos contratos firmados com incorporadoras e loteadoras aos quais se aplicam o art. 67-A da Lei 4.591/1964 e o

---

tribunal local, em face do parágrafo único, do art. 538 do CPC [atual art. 1.026], bem como determinar a retenção, pela recorrente, em 25% das parcelas pagas pelos compradores, acrescido de indenização, pelo tempo de ocupação, a ser apurada em liquidação de sentença, até o limite da cláusula penal do contrato (...). Assim, a decisão agravada mostra-se correta, seguindo os precedentes do STJ quanto à retenção de 25% das parcelas pagas pelos compradores e acrescido de indenização, pelas peculiaridades do presente caso, que exige de fato tal determinação, ante a longa ocupação do imóvel pelos outros. (REsp 331.923/ RJ, Rel. Min. Aldir Passarinho Junior, DJe 25.05.2009): Civil e processual. Promessa de compra e venda de unidade imobiliária. Ação de rescisão contratual. Inadimplência do adquirente. Parcelas pagas. Devolução. Violação ao art. 535 do CPC [atual art. 1.022]. Inocorrência. Penalização contratual. Situação peculiar. Ocupação da unidade por largo período. Uso. Desgaste. I. Não padece de nulidade acórdão estadual que enfrenta as questões essenciais ao julgamento da demanda, apenas com conclusão desfavorável à parte. II. O desfazimento do contrato dá ao comprador o direito à restituição das parcelas pagas, com retenção pelo vendedor de 25% sobre o valor pago, a título de ressarcimento das despesas havidas com a divulgação, comercialização e corretagem na alienação, nos termos dos precedentes do STJ a respeito do tema (2ª Seção, EREsp n. 59.870/ SP, Rel. Min. Barros Monteiro, unânime, DJU 09.12.2002; 4ª Turma, REsp n. 196.311/MG, Rel. Min. Cesar Asfor Rocha, unânime, DJU 19.08.2002; 4ª Turma, REsp n. 723.034/ MG, Rel. Min. Aldir Passarinho Junior, unânime, DJU 12.06.2006, dentre outros). III. Caso, todavia, excepcional, em que ocorreu a reintegração da posse após a entrega da unidade aos compradores e o uso do imóvel por considerável tempo, a proporcionar enriquecimento injustificado, situação que leva a fixar-se, além da retenção aludida, um ressarcimento, a título de aluguéis, a ser apurado em liquidação de sentença. IV. Recurso especial conhecido em parte e, nessa extensão, provido parcialmente.
Em resumo, determinou-se a cumulação da retenção de 25% com indenização pela ocupação do imóvel.

art. 32-A da Lei 6.766/1979, respectivamente –, posto que deixou assentada a possibilidade de se cobrar pela fruição em razão da regra geral que veda o enriquecimento ilícito, que nada tem a ver com perdas e danos, mas com uma outra verba, decorrente do simples uso, normalmente prevista contratualmente, mas passível de cobrança ainda que não encontre previsão contratual.

Confira-se, a propósito, a seguinte passagem do voto (REsp 953.907/MS, Rel. Min. Nancy Andrighi, 3ª Turma, *DJe* 09.04.2010) que consignou, no caso, que o pagamento pela fruição decorria de cláusula contratual e integrava a cláusula penal compensatória: *"O recorrente pretende a reforma do acórdão proferido pelo TJ/MS no que diz respeito à declaração de nulidade das disposições que previam indenização por perdas e danos decorrentes da fruição do imóvel, pois 'sua previsão se confunde com a função da cláusula compensatória estabelecida para o caso de rescisão do contrato'".*

Nesse sentido, o entendimento sumulado do Tribunal de Justiça de São Paulo:

> *Súmula 1: O compromissário-comprador de imóvel, mesmo inadimplente, pode pedir a rescisão do contrato e reaver as quantias pagas, admitida a compensação com gastos próprios de administração e propaganda feitos pelo compromissário-vendedor, assim como com o valor que se arbitrar pelo tempo de ocupação do bem.*

Portanto, adotado esse entendimento, a fruição do imóvel, ou integra a cláusula penal e assim não configurará cumulação ou se trata de simples remuneração pelo uso, que não se confunde com indenização por prejuízos causados pelo inadimplente em qualquer caso.

Contudo, nos REsps 1.498.484 e 1.635.428 (tema 970), assim decidiu o STJ:[115]

> **Recurso especial representativo de controvérsia.** *Compra e venda de imóvel na planta. Atraso na entrega.* **Novel Lei n. 13.786/2018. Contrato firmado entre as partes anteriormente à sua vigência. Não incidência.** *Contrato de adesão. Cláusula penal moratória. Natureza meramente indenizatória, prefixando o valor das perdas e danos. Prefixação razoável, tomando-se em conta o período de inadimplência. Cumulação com lucros cessantes. Inviabilidade. 1. A tese a ser firmada, para efeito do art. 1.036 do CPC/2015, é a seguinte:* **A cláusula penal moratória tem a finalidade de indenizar pelo adimplemento tardio da obrigação, e, em regra, estabelecida em valor equivalente ao locativo, afasta-se sua cumulação com lucros cessantes.** *2. No caso concreto, recurso especial não provido. (REsp 1.498.484/DF, Rel. Min. Luis Felipe Salomão, 2ª Seção, j. 22.05.2019, DJe 25.06.2019).*

Ou seja, usando critérios dissonantes daqueles aplicados quando o inadimplemento é do promitente comprador que dá azo à resolução do contrato, hipótese em que se aplica a natureza punitiva da cláusula penal, possibilitando a cumulação com a indenização pela fruição, por outro lado, no caso de atraso no cumprimento da obrigação do promitente vendedor entregar o imóvel no prazo, a cláusula penal aplicada a ele parece, para o STJ

---

[115] Esse julgado muda o entendimento anterior do STJ que cumulava a cláusula penal e o valor de fruição para o adquirente que se deparava com o atraso:
Superior Tribunal de Justiça. Direito civil. Promessa de compra e venda de imóvel em construção. Inadimplemento parcial. Atraso na entrega do imóvel. Mora. Cláusula penal. Perdas e danos. Cumulação. Possibilidade. 1. – A obrigação de indenizar é corolário natural daquele que pratica ato lesivo ao interesse ou direito de outrem. Se a cláusula penal compensatória funciona como pré-fixação das perdas e danos, o mesmo não ocorre com a cláusula penal moratória, que não compensa nem substitui o inadimplemento, apenas pune a mora. 2. – Assim, a cominação contratual de uma multa para o caso de mora não interfere na responsabilidade civil decorrente do retardo no cumprimento da obrigação que já deflui naturalmente do próprio sistema. 3. – O promitente comprador, em caso de atraso na entrega do imóvel adquirido pode pleitear, por isso, além da multa moratória expressamente estabelecida no contrato, também o cumprimento, mesmo que tardio da obrigação e ainda a indenização correspondente aos lucros cessantes pela não fruição do imóvel durante o período da mora da promitente vendedora. 4. – Recurso Especial a que se nega provimento. (REsp 1.355.554/RJ, Rel. Min. Sidnei Beneti, 3ª Turma, j. 06.12.2012, DJe 04.02.2013)

– e cuja distinção é inexplicável –, ter outra natureza, eminentemente compensatória, de tal sorte que fixada em valores equivalentes ao aluguel (fruição), *"havendo cláusula penal no sentido de prefixar, em patamar razoável, a indenização, não cabe a cumulação posterior com lucros cessantes."*

Deveras, nestes termos o promitente comprador tem tratamento diverso na hipótese do seu descumprimento se comparado com o tratamento dispensado ao descumprimento obrigacional do promitente vendedor de entregar o imóvel no prazo.

Nessas duas hipóteses, a questão é saber se a fruição e o valor que se arbitra tem ou não natureza indenizatória a impedir a cumulação com a cláusula penal, a par de soluções diferentes para a mesma razão.

No que interessa ao Direito Imobiliário, a pretensão de cumulação de cláusula penal com perdas e danos ou cláusula penal abusiva pode levar à necessidade de o Tribunal arbitrar a cláusula penal compensatória, desconsiderando aquela pactuada:

> **Superior Tribunal de Justiça.** *Civil. Promessa de compra e venda. Desistência. Ação pretendendo a rescisão e a restituição das importâncias pagas. Retenção de 25% em favor da vendedora, como ressarcimento de despesas. Código de Defesa do Consumidor, arts. 51, II, 53 e 54. Código Civil, art. 924. [novo CC, art. 413]. II. O desfazimento do contrato dá ao comprador o direito à restituição das parcelas pagas, porém não em sua integralidade. Percentual de retenção fixado para 25%. Precedentes do STJ. III. Recurso especial conhecido e parcialmente provido (REsp 332.947/MG, Rel. Min. Aldir Passarinho Junior, 4ª Turma, j. 24.10.2006, DJ 11.12.2006, p. 360).*

A cumulação de cláusula penal compensatória com os prejuízos não é, portanto, admitida, salvo pacto de indenização suplementar nos termos do art. 416 do Código Civil, restando, assim, saber se os aluguéis arbitrados pelo tempo de posse do comprador inadimplente nos casos de resolução do contrato por inadimplemento do adquirente compõem ou não a cláusula penal pela interpretação das cláusulas contratuais do caso concreto.

É preciso lembrar que a devolução, ainda que no âmbito de ação de resolução, deverá ser feita em parcela única, que constará da sentença, independentemente de reconvenção do réu promitente comprador e, neste sentido, Súmulas do Tribunal de Justiça de São Paulo:

> *Súmula 2: A devolução das quantias pagas em contrato de compromisso de compra e venda de imóvel deve ser feita de uma só vez, não se sujeitando à forma de parcelamento prevista para a aquisição.*

> *Súmula 3: Reconhecido que o compromissário comprador tem direito à devolução das parcelas pagas por conta do preço, as partes deverão ser repostas ao estado anterior, independentemente de reconvenção.*

Ao interpretar o art. 918 do Código Civil de 1916, que corresponde ao art. 410 do atual Código Civil, ensinou Silvio Rodrigues: *Portanto, tem o credor a escolha. Ou prefere o remédio ordinário que a lei lhe confere, e reclama indenização dos danos, como se a cláusula penal inexistisse; ou, se lhe parecer mais conveniente, demanda apenas a multa convencional, ficando dispensado de evidenciar a existência de qualquer prejuízo.*[116]

Essa interpretação emana do art. 1.228 do Código Civil francês, segundo o qual *o credor, em lugar de pedir a penalidade estipulada contra o devedor inadimplente, pode acionar a execução da obrigação principal.*

Ocorre que a lição merece complemento inexistente no Direito anterior e no próprio Direito francês.

De fato, o art. 410 do atual Código Civil brasileiro determina que a cláusula penal é uma alternativa em benefício do credor, que pode escolher a cláusula penal ou cobrar os prejuízos, não podendo cumular.

---

[116] Silvio Rodrigues, *Direito civil. Parte geral das obrigações*, São Paulo: Saraiva, 1991, p. 93.

Todavia, no Código Civil de 1916 não existia norma equivalente ao parágrafo único do art. 416, para o qual remetemos o leitor, segundo o qual os prejuízos suplementares à cláusula penal dependem de convenção expressa entre as partes. Portanto, a par de existir cláusula penal, se o credor se dispuser a enfrentar as delongas de uma ação, provando prejuízos suplementares, poderá cobrá-los se isso estiver previamente convencionado no contrato.

Por outro lado, entendemos que o art. 410 não se aplica às dívidas de dinheiro em razão da norma especial, embora semelhante, do art. 404. Esse dispositivo determina que a indenização suplementar aos juros de mora pode ser exigida apenas se não houver cláusula penal ou, de acordo com nossa interpretação, se o credor resolver ignorá-la.

Outra vertente do artigo que ora comentamos diz respeito à confusão que normalmente se faz em razão da cláusula penal e da multa penitencial (*multa poenitentialis*).

A multa penitencial encontra seu fundamento no art. 1.152 do Código Civil francês e permite que o devedor prefira seu pagamento ao cumprimento da obrigação. Em outras palavras, em razão da multa penitencial estipulada no contrato, o devedor se libera do cumprimento pagando-a.

No nosso sistema não há regra semelhante ao art. 1.152 do Código Civil francês (Código Napoleão), que distingue claramente a cláusula penal nos arts. 1.226 e ss. e a multa penitencial no art. 1.152.

Sendo assim, nos parece evidente, evidentíssimo, aliás, que o devedor não pode comparecer com o intuito de pagar o valor referente à cláusula penal em detrimento do cumprimento da obrigação.

A teor do presente artigo, de ordem pública, essa é uma faculdade do credor, que, se preferir, poderá exigir, ainda que judicialmente, o cumprimento da avença.

Outro aspecto para confirmar a impossibilidade de multa penitencial no Direito pátrio é a limitação imposta à cláusula penal, decorrente do cogente art. 412, e que poderia ser infirmado pela multa penitencial.

Em resumo, tratando-se de cláusula penal compensatória:

a) o credor poderá escolher entre a cobrança da cláusula penal ou a exigência do cumprimento da obrigação tal qual foi convencionada;

b) esse é um benefício do credor, de tal sorte que não cabe ao devedor a opção;

c) os prejuízos suplementares à cláusula penal compensatória podem ser cobrados desde que exista contratação prévia e expressa no instrumento contratual nas obrigações que não sejam de dinheiro e, nessas, se o credor resolver ignorar a cláusula penal, provar e cobrar os prejuízos efetivos (CC, art. 416);

d) Para os contratos firmados com incorporadoras ou loteadoras, existe lei especial aplicável de tal sorte que nesses contratos é possível cumular a cláusula penal com os prejuízos enumerados no art. 67-A da Lei 4.591/1964 e no art. 32-A da Lei 6.766/1979;

e) no nosso sistema não existe a multa penitencial que, a rigor, tornaria sem efeito o vertente dispositivo e as limitações percentuais impostas à cláusula penal (art. 412).

14.16.2.4. Limites para o valor da cláusula penal

De fato, as partes podem estipular previamente o valor das perdas e danos em razão da inexecução da obrigação (mora ou inadimplemento) através da cláusula penal.

Todavia, assim como no Direito anterior, essa possibilidade não é ilimitada.

Sendo assim, a cláusula penal não pode superar o valor da obrigação principal.

Como dissemos, a restrição não é nova. Mesmo diante de uma inspiração individualista, já constava no art. 920 do Código Civil de 1916 e, antes disso, nas Ordenações Filipinas (Livro IV, Título 70).[117]

Essa limitação, que emana do art. 412 do Código Civil, representa norma cogente, de tal sorte que não pode ser afastada pela vontade das partes no contrato:

> *Art. 412. O valor da cominação imposta na cláusula penal não pode exceder o da obrigação principal.*

Em outras palavras, ainda que haja convenção, o credor não pode aplicar cláusula penal superior ao valor da obrigação principal.

A norma sob comento é freio aos pendores individualistas, impedindo o enriquecimento sem causa e a tutela cega do credor que, ordinariamente, impõe sua vontade nas convenções.

Observou-se, assim, a pendência social que permeia o Código vigente.

Posta assim a questão, não resta qualquer dúvida de que o devedor de cem, a teor do dispositivo em análise, não pode ser obrigado a pagar mais de cem a título de cláusula penal, ainda que tenha convencionado.

Esse dispositivo, entendemos, trata da cláusula penal compensatória e, nesse sentido, podemos exemplificar da seguinte forma: se um sujeito se obriga a decorar local para realização de casamento dos contratantes, em razão do que cobraria determinada quantia, não pode, ainda que descumpra a obrigação, ser obrigado a pagar cláusula penal de valor superior ao valor contratado.

Isso não significa que não se possa, como de fato pode, estabelecer contratualmente o pagamento de prejuízos suplementares porventura (Código Civil, art. 416).

Nas obrigações de dinheiro, é possível ignorar a cláusula penal para cobrar os prejuízos efetivos que os juros moratórios não satisfazem (Código Civil, art. 404, parágrafo único).

Para determinação do valor que submeterá a cláusula penal compensatória em razão de contrato que estabeleça o pagamento em prestações, deve ser considerado o valor total do contrato, ou seja, a soma das parcelas durante o prazo convencionado limitará a cláusula penal que, veremos, nos termos do art. 413, do Código Civil, deverá ser reduzida no caso de se apresentar manifestamente excessiva ou deverá ser reduzida proporcionalmente ao cumprimento da obrigação.

De acordo com o que dissemos, suponhamos cláusula penal compensatória imposta ao locatário que não cumpre, por exemplo, o dever contratual de conservar o imóvel em locação estabelecida pelo prazo de trinta meses.

Nada obstante seja comum a imposição de três aluguéis, nada impede a convenção de até trinta aluguéis, embora a redução seja praticamente certa nesse caso, a teor do que dispõe o art. 413.

A aparente clareza cessa nesses exemplos.

Em consonância com o acatado, cabe a seguinte indagação: como aplicar o dispositivo que limita a cláusula penal compensatória nas obrigações que importam em pagamento diferido, em tratos sucessivos e sem prazo, como ocorre, por exemplo, no contrato de prestação de serviços de saúde por prazo indeterminado?

---

[117] As penas convencionais, que por convenção das partes forem postas e declaradas nos contratos, não podem ser maiores, nem crescer mais que o principal.

A lei não esclarece.

Por interpretação analógica, entendemos que deve ser aplicado o mesmo critério do art. 292, §§ 1º e 2º, do Código de Processo Civil, de tal sorte que a limitação incidirá sobre uma anuidade.

Portanto, se o contrato foi concebido para vigorar por prazo indeterminado, a cláusula penal compensatória não poderá exceder o valor pecuniário correspondente à soma de doze prestações periódicas.

A limitação exsurgente do artigo ora comentado não esgota o tema, de tal sorte que resta verificar as outras limitações decorrentes de leis especiais.

Para nós, a limitação do vertente artigo se aplica apenas à cláusula penal compensatória, decorrente do inadimplemento absoluto, o que afirmamos na exata medida em que, para a *cláusula penal moratória* existem outras limitações, impostas por leis esparsas e pelo próprio Código Civil que, em razão do princípio da especialidade, se sobrepõem à norma geral do artigo sob comento.

Essas limitações à cláusula penal moratória são as seguintes:

a) 2% em razão de outorga de crédito nas relações de consumo, submetidas ao Código de Defesa do Consumidor;

b) 10%, em razão do art. 11, f, do Decreto-lei 58/37, que trata do compromisso de compra e venda de imóveis;

c) 2% para a mora no pagamento de despesas de condomínio, de acordo com o art. 1.336, § 1º, do Código Civil;

d) 10% nos demais contratos, em respeito ao que dispõe o art. 9º do Decreto 22.626/1933.

Verifiquemos, ainda que brevemente, cada uma dessas limitações.

A primeira decorre da *Lei 8.078/1990 (Código de Defesa do Consumidor), em razão da outorga de crédito*.

Desde que presentes consumidor e fornecedor na relação jurídica, aplica-se a Lei 8.078/1990, que estabelece multa de 2% nos casos em que haja outorga de crédito, como ocorre, por exemplo, na compra para pagamento em prestações.[118]

Quanto a essa outorga de crédito, ensina Fábio Ulhoa Coelho: *a concessão de crédito ao consumidor pode se viabilizar de modo direto ou indireto, isto é, o crédito pode ser aberto pelo próprio fornecedor ou através de intermediação de instituição financeira.*[119]

A definição de consumidor e fornecedor, que devem estar presentes simultaneamente na relação jurídica obrigacional para a aplicação das normas da Lei 8.078/1990 (Código

---

[118] Art. 52. No fornecimento de produtos ou serviços que envolva outorga de crédito ou concessão de financiamento ao consumidor, o fornecedor deverá, entre outros requisitos, informá-lo prévia e adequadamente sobre:

I – preço do produto ou serviço em moeda corrente nacional;

II – montante dos juros de mora e da taxa efetiva anual de juros;

III – acréscimos legalmente previstos;

IV – número e periodicidade das prestações;

V – soma total a pagar, com e sem financiamento.

§ 1º As multas de mora decorrentes do inadimplemento de obrigação no termo não poderão ser superiores a dois por cento do valor da prestação. (redação dada pela Lei 9.298, de 1º.08.1996).

§ 2º É assegurada ao consumidor a liquidação antecipada do débito, total ou parcialmente, mediante redução proporcional dos juros e demais acréscimos.

[119] Fábio Ulhoa Coelho, *O empresário e os direitos do consumidor*, São Paulo: Saraiva, 1994, p. 189.

de Defesa do Consumidor), se dá na exata medida da adequação aos parâmetros dos arts. 2º e 3º dessa lei.[120]

A teoria objetiva define o consumidor como sendo a pessoa física ou jurídica que ocupa a posição final na cadeia distributiva, à qual, pela análise do art. 2º do Código de Defesa do Consumidor, percebe-se filiar a legislação pátria ao exigir que seja destinatário final como um dos aspectos restritivos.

Em suma, o consumidor, seja pessoa física ou jurídica, é aquele que, como destinatário final, adquire produto, utiliza serviço ou atividade do fornecedor.

O indivíduo que adquire um automóvel para uso próprio, mesmo no caso de pessoa jurídica, é destinatário final, e, portanto, consumidor.

Por outro lado, a loja revendedora de automóveis não é consumidora se adquirir veículos para revenda.

Todavia, se essa mesma loja comprar um veículo da fábrica para utilização na sua atividade, servindo, por exemplo, aos vendedores externos, será consumidora nos termos da Lei 8.078/1990.

Portanto, para que haja relação de consumo e a aplicabilidade contratual do Código de Defesa do Consumidor, é imprescindível a presença simultânea do consumidor, do fornecedor e do produto ou do serviço.

Se qualquer desses elementos estiver ausente, não haverá relação de consumo e, por conseguinte, no âmbito contratual,[121] não se aplicará a própria Lei de Consumo.

Nesse sentido, não há relação de consumo na relação jurídica que se estabelece entre o condomínio e o condômino, de tal sorte que não se aplica a limitação de 2% constante do art. 52, § 1º, do Código de Defesa do Consumidor. Todavia, no caso de condomínio, a conclusão agora é a mesma e decorre do presente Código Civil que limita a pena a 2% no art. 1.336, § 1º.

Antes do atual Código Civil, a Lei 4.591/1964 permitia ao condomínio a cobrança de pena moratória de até 20%, dependendo de previsão na convenção.

O revogado art. 12, § 3º, da Lei 4.591/1964 estipulava multa de até 20%,[122] desde que fixada na Convenção, que é a norma que rege a vida nos condomínios em edifícios.

---

[120] Art. 2º Consumidor é toda pessoa física ou jurídica que adquire ou utiliza produto ou serviço como destinatário final. Parágrafo único. Equiparam-se a consumidor a coletividade de pessoas, ainda que indetermináveis, que haja intervindo nas relações de consumo.
Art. 3º Fornecedor é toda pessoa física ou jurídica, pública ou privada, nacional ou estrangeira, bem como os entes despersonalizados, que desenvolvem atividades de produção, montagem, criação, construção, transformação, importação, exportação, distribuição ou comercialização de produtos ou prestação de serviços.
§ 1º Produto é qualquer bem, móvel ou imóvel, material ou imaterial.
§ 2º Serviço é qualquer atividade fornecida no mercado de consumo, mediante remuneração, inclusive as de natureza bancária, financeira, de crédito e securitária, salvo as decorrentes das relações de caráter trabalhista.

[121] No âmbito extracontratual a responsabilidade do fornecedor desborda da existência da relação de consumo, tal qual delineamos, na exata medida da existência do *bystander* (art. 17 da Lei 8.078/1990), ou seja, aquele que é atingido pelo fato do produto ou do serviço (arts. 12 a 17 da Lei 8.078/1990), em outras palavras, qualquer pessoa exposta à atividade do fornecedor que, em virtude dela, sofre um acidente de consumo, pode se valer das disposições do Código de defesa do Consumidor mesmo que não tenha sido um consumidor, ou seja, que não tenha adquirido um produto ou serviço do fornecedor.

[122] *Art. 12. Cada condômino concorrerá nas despesas do condomínio, recolhendo, nos prazos previstos na Convenção, a quota-parte que lhe couber em rateio.*
(...)

Entendemos que a novidade representa profunda atecnia, assim como já representava a do Código de Defesa do Consumidor, motivo pelo qual entendemos que há grande probabilidade de modificações no dispositivo, como, aliás, já foi tentado, recebendo veto presidencial a lei aprovada para esse mister.

Sobre esse assunto, remetemos o leitor ao capítulo referente aos condomínios.

Uma das funções da cláusula penal é a intimidação do devedor, que procurará cumprir o que convencionou para não sofrer os efeitos do descumprimento, principalmente a cláusula penal.

Quem cumpre sua obrigação não paga um só centavo de cláusula penal.

Em razão, principalmente, da função inibitória representada pela cláusula penal é que é muito pouco o percentual de 2% do valor da obrigação.

Outra limitação genérica à cláusula penal moratória, é aquela do *Decreto 22.626/1933, também denominado Lei da Usura*.

É verdade que alguns julgados entendem que a Lei da Usura se aplica apenas aos contratos de mútuo. Fora desse caso, segundo esses precedentes, é possível a aplicação da cláusula penal moratória tal qual delineada pelo art. 412, o que permitiria às partes estipular seu valor à equivalência do valor da prestação.

De acordo com esse entendimento, uma obrigação de pagar cem pode conter estipulação de cláusula penal moratória do mesmo valor, ou seja, cláusula penal de cem, resultando no pagamento de duzentos.

Não é o que entendemos.

Como lei especial, aplica-se o vetusto, porém válido, vigente e eficaz Decreto 22.626/1933.

Esse Decreto dispõe sobre os juros nos contratos e, no art. 9º, proíbe cláusula penal superior a 10% do valor da dívida.

Não há como interpretar de forma contrária vez que outro entendimento afrontaria conhecida regra de hermenêutica: lei geral posterior não revoga ou altera a lei especial anterior (*lex posterior generalis non derogat priori speciali*).[123]

Assim, o Código Civil, de caráter geral, não revoga ou altera o Decreto 22.626/1933 (especial) porque nem expressa, nem tacitamente regula toda a matéria, nem é com ele incompatível (Lei de Introdução às Normas do Direito Brasileiro, art. 2º, § 1º).

---

§ 3º O condômino que não pagar a sua contribuição no prazo fixado na Convenção fica sujeito ao juro moratório de 1% (um por cento) ao mês, e multa de até 20% (vinte por cento) sobre o débito, que será atualizado, se o estipular a Convenção, com a aplicação dos índices de correção monetária levantados pelo Conselho Nacional de Economia, no caso da mora por período igual ou superior a 6 (seis) meses.
Segundo Tribunal de Alçada Civil de São Paulo. Condomínio. Despesas condominiais. Código de Defesa do Consumidor (Lei 8.078/1990). Inaplicabilidade. Se o débito condominial não encerra relação de consumo ou de fornecimento de bens, inaplicável se faz o Código de Defesa do Consumidor, razão pela qual a multa moratória há de ser paga pelo valor estipulado na Convenção Condominial (Apel. s/ Rev. nº 506.230, 4ª Câm., Rel. Juiz Mariano Siqueira, j. 29.01.1998).
Assim, entende-se que deve prevalecer aquilo que estipula a Convenção.
Segundo Tribunal de Alçada Civil de São Paulo, Cobrança. Condomínio. Despesas condominiais. Principal acrescido de multa moratória, juros e correção monetária previsão convencional. Admissibilidade. O condômino impontual fica sujeito às sanções estabelecidas na Convenção de condomínio, entre elas multa de até 20% sobre o débito, juros de 1% e atualização monetária.
Apelação sem revisão nº 492.802, 11ª Câmara, relator Juiz Artur Marques, j. 1º.09.1997.
Com o Código Civil atual, a cláusula penal pela mora no pagamento das despesas condominiais foi também reduzida para 2% (art. 1.336, § 1º).
[123] Maria Helena Diniz, *Conflito de normas*, São Paulo: Saraiva, 1998, p. 50.

Portanto, a limitação do dispositivo que ora comentamos, ou seja, 100% do valor da obrigação, contratualmente, no nosso entendimento, se aplica apenas à cláusula penal compensatória.

Muito embora com alguma relutância, o art. 9º do Decreto 22.626/1933, que limita a pena moratória a 10%, se aplica a qualquer contrato e não apenas àqueles de mútuo, encontrando-se em pleno vigor.

Não encontramos no aludido decreto qualquer restrição a hipóteses circunscritas.

Em nenhum momento o aludido diploma legal circunscreveu seu alcance aos contratos de mútuo, o que nos levou a concluir por sua aplicabilidade a qualquer espécie de contrato, como, aliás, é o sentido do seu art. 1º.[124]

Assim, salvo as hipóteses disciplinadas em leis especiais, como o Código de Defesa do Consumidor e a Lei de Condomínios, a cláusula penal moratória não pode exceder o limite legal de 10%.[125]

Existem outras hipóteses em que a cláusula penal compensatória pode suplantar 10%, e se limitar ao presente artigo. Isso ocorrerá nas obrigações que não encontram sua origem nos contratos, como acontece, por exemplo, nos alimentos fixados pelas partes em ação de separação. A obrigação, nesse caso, não decorre de contrato, mas diretamente da lei, de tal sorte que não se aplica a limitação do Decreto 22.626/1933.

Outro aspecto da limitação que convém analisarmos é a utilização da *sanção premial*, principalmente para burlar as limitações à cláusula penal.

A sanção premial é o desconto concedido em razão da pontualidade.

Nesses casos, o credor estabelece valor acima daquele que pretende receber e concede um desconto para pagamento na data aprazada, desconto esse que faz com que a obrigação paga na data estabelecida represente o valor real da obrigação.

Pagando fora do prazo, o devedor perde o desconto, o que, evidentemente, pode representar um meio lícito de impor cláusula penal quando esse desconto suplanta a possibilidade e os limites de aplicação da cláusula penal, excedendo os permissivos legais.

Ora, o efeito é o mesmo, ou seja, um pagamento acrescido em razão da mora, sem descartar as hipóteses de inadimplemento.

Podemos exemplificar: imaginemos que o credor ofereça 50% de desconto para pagamento pontual. É claro que o pagamento esperado é a metade daquilo que foi convencionado. É igualmente claro que a cláusula penal é de 100% e pode representar afronta à lei se, por exemplo, a pena decorrer do pagamento de condomínio, cuja limitação decorre do § 1º do art. 1.336 e não pode superar 2% do valor da contribuição mensal.

Nesse sentido, jurisprudência do Tribunal de Alçada Cível do Rio de Janeiro: *Desconto de 50%. Burla a lei e a convenção. O desconto de 50%, determinado em assembleia para*

---

[124] Art. 1º É vedado, e será punido nos termos desta lei, estipular em quaisquer contratos taxas de juros superiores ao dobro da taxa legal.

[125] *Segundo Tribunal de Alçada Civil de São Paulo. Execução. Multas moratória e compensatória. Cumulação. Nada impede que na execução de débito decorrente da relação locatícia se cumulem as multas moratória e compensatória, eis que decorrem de fatos geradores diversos, desde que devidamente pactuadas. Entretanto, reduz-se a multa moratória abusivamente fixada em 50% para 10% – art. 9º do Decreto nº 22.626/33 (Apel. c/ Rev. nº 470.419, 11ª Câm., Rel. Juiz Clóvis Castelo, j. 17.02.1997, JTA (Lex) 165/386). Em sentido contrário: Locação de imóvel. Ação de despejo por falta de pagamento cumulada com pedido de cobrança. Multa moratória. Incidência sobre cada aluguel que deixou de ser quitado até a respectiva data de vencimento. Multa moratória pactuada à taxa de 50%. Abusividade. Redução para 20%. Inaplicabilidade da Lei da Usura e do Código de Defesa do Consumidor aos contratos de locação de imóvel. Recurso parcialmente provido. (TJSP; Apelação Cível 1000584-81.2018.8.26.0596; Rel. Cesar Lacerda; 28ª Câmara de Direito Privado; J. 29.07.2019).*

condômino que efetue o pagamento até a data do vencimento, não é prêmio, e sim imposição disfarçada de multa, visando burlar a lei e a Convenção.[126]

Por fim, entendemos ser importante a distinção entre a cláusula penal e a multa penitencial.[127]

Não existe no sistema jurídico brasileiro qualquer norma semelhante ao art. 1.152 do Código Civil Francês, que dispõe sobre a multa penitencial (*multa poenitentialis*), diferentemente do que faz com a cláusula penal (arts. 1.226 e ss.).

No sistema francês, a multa penitencial permite que o devedor não cumpra a obrigação e se apresente para pagar o valor estipulado a título de *multa poenitentialis*.

No Brasil há limites para imposição de pena e só encontramos previsão de cláusula penal. Entre nós não há regra semelhante ao artigo 1.152 do Código Civil francês. Logo, é impossível estipular multa penitencial, vez que tal convenção representaria negativa de vigência das cogentes limitações impostas às penalidades em razão do inadimplemento, decorrentes de leis esparsas e do artigo sob comento.

Além disso, há cristalina disposição no art. 410, para onde remetemos o leitor, segundo o qual a cláusula penal é uma alternativa em benefício do credor e não do devedor.

14.16.2.5. Redução judicial da cláusula penal

De acordo com o art. 413 do Código Civil, haverá redução da cláusula penal convencionada entre as partes em razão de dois fatos distintos:

a) percentual excessivo; ou,

b) cumprimento parcial da obrigação que se colima reforçar.[128]

Eis o teor do dispositivo:

> *Art. 413. A penalidade deve ser reduzida equitativamente pelo juiz se a obrigação principal tiver sido cumprida em parte, ou se o montante da penalidade for manifestamente excessivo, tendo-se em vista a natureza e a finalidade do negócio.*

Estamos diante de norma cogente, impedindo que as partes a afastem no contrato. Tal disposição contratual, se existente, não geraria qualquer efeito diante da natureza de ordem pública do vertente dispositivo.

---

[126] Apelação Cível 5.793/1995, 8ª Câmara, unânime, Juiz Gamaliel Quinto de Souza, j. 27.09.1995.

[127] Nesse sentido, a lição de Pothier (ob. cit., nº 343), que inspirou o sistema francês: *Cette peine est stipulée dans l'intention de dedommager le créancier de l'inexécution de l'obligation principale: elle est par conséquent compensatoire des dommages et intérêts qu'il souffre de l'inexécution de l'obligation principale. Il suit de là, qu'il doit en ce cas choisir, ou de poursuivre l'exécution de l'obligation principale, ou la peine; qu'il doit se contenter de l'une ou de l'autre, et qui'il ne peut pas exiger les deux. Néanmoins, comme l'obligation principale; si la peine que le créancier a perçue pour l'inexécution de l'obligation principale ne le dédommageait pas suffisamment, il ne laisserait pas, quoiqu'il ait perçu cette peine, de pouvoir demander les dommages et intérêts résultants de l'inexécution de l'obligation principale, en imputant et tenat compte sur les dits dommages et intérêts de la peine qu'il a déjà perçue.*

[128] Tribunal de Justiça de São Paulo. Contrato. Cláusula penal. Caráter compensatório. Admissibilidade. Inserção de multa para suavizar os efeitos da quebra do contrato. Redução proporcional do valor, contudo, determinada. Art. 924 do Código Civil/1916. Recurso parcialmente provido para este fim (rel. Paulo Franco, Apel. Cív. 221.74-2, São Paulo, 30.06.1994).
Tribunal de Justiça de São Paulo. Cláusula Penal. Moratória. Redução. Admissibilidade. Obrigação parcialmente cumprida. Pagamento integral da multa que importaria em locupletamento indevido. Recurso não provido (rel. Accioli Freire, Apel. Cív. 184.356-2, Jundiaí, 19.03.1992).

Sendo assim, por se tratar de norma de ordem pública (cogente), o juiz deverá determinar a redução de ofício, o que acaba com a antiga celeuma que girava em torno da possibilidade de as partes afastarem a aplicabilidade do correspondente art. 924 do Código Civil de 1916.

Nossa conclusão decorre, principalmente, da imperatividade do comando exsurgente do relato "deverá".

Por outro lado, não se pode perder de vista a orientação social que inspirou o atual código, bem diferente do sentido individualista do Código Civil de 1916, de inspiração nas ideias do século XIX, que prestigiava a vontade das partes até as últimas consequências.

O presente artigo visa afastar a possibilidade de enriquecimento sem causa, mormente ante a possibilidade de se cobrar cláusula penal ainda que não haja prejuízo.

Releva notar, ainda, que a determinação de redução não se circunscreve à cláusula penal compensatória, ou seja, como o dispositivo se refere genericamente à penalidade, a conclusão é que se aplica, também, à cláusula penal moratória.

Tendo em mente essas premissas, vamos analisar, inicialmente, a hipótese de redução em razão da *excessividade da cláusula penal*.

Na vigência do Código Civil de 1916, escrevemos alhures[129] que, por se tratar de substituta predeterminada das perdas e danos, o simples fato de a cláusula penal ser excessiva não autorizava o devedor pleitear a sua redução (Código Civil de 1916, art. 927, segunda parte).

Essa era a orientação que de resto emanava do Direito francês (art. 1.152 do Código Napoleão) e refletia o individualismo extremado dessa legislação.

O atual Código Civil pátrio parte do Estado Social de Direito, rompendo com os conceitos tradicionais de outrora.

Sendo assim, em razão dos arts. 317, 413 e 478 deste Código, e tendo em vista que não há artigo semelhante ao art. 927, segunda parte, do Código Civil de 1916, concluímos que, agora, a redução deve ser determinada pelo juiz sempre que julgar excessiva a pena imposta, de acordo com as circunstâncias, ou no caso de cumprimento parcial da obrigação.

Não há mais alternativa e, repetindo o que dissemos, as partes não podem afastar a determinação cogente do presente artigo, que vale ainda que haja convenção em sentido contrário.

Portanto, a redução é obrigação do juiz à luz da função social dos contratos, que, diante de pena excessiva, e, principalmente, em razão de comando cogente de lei, é obrigado a operar a redução equitativa.

Todavia, o parâmetro para a redução, no caso de pena excessiva, não foi fornecido pela lei.

Caberá ao magistrado, portanto, o prudente arbítrio, a fim de adequar o valor da cláusula penal à culpa ou à gravidade dos efeitos da mora ou do inadimplemento absoluto, tendo em mente a natureza e a finalidade do negócio jurídico entre as partes.

Ressalte-se que ao talante do juiz caberá apenas aferir o excesso, lembrando que não haverá escolha no caso de cumprimento parcial, cuja redução deve ser determinada pelo magistrado, como adiante se verá.

Bem pensado, se o relato determina que a redução cabe no caso de excesso, ainda que o juiz deva reduzir nesse caso, não haverá grande diferença em relação ao Direito anterior, já que sempre caberá ao juiz justificar que não determinou a redução porque não entendeu ser excessiva a cláusula penal estabelecida e circunscrita aos limites legais.

---

[129] Luiz Antonio Scavone Junior, *Obrigações, abordagem didática*, 3ª ed., São Paulo: Juarez de Oliveira, 2002.

Outro ponto interessante é que o dispositivo ora comentado, que determina a redução por excesso da cláusula penal, não se aplica para ajustar aos níveis legais as estipulações que desrespeitam os limites impostos pela lei.

Se a cláusula penal convencionada for ilegal, superando uma limitação imposta pelo art. 412 ou por leis especiais, como aquela insculpida no art. 52 do Código de Defesa do Consumidor, a disposição é nula em razão da ilicitude do objeto (art. 166, II), não havendo falar em excesso, mas em anulação do pacto acessório de cláusula penal.

A nulidade alcançará apenas a cláusula penal e não a obrigação principal, tendo em vista a natureza acessória da pena convencional. É regra comezinha que a nulidade do acessório não implica nulidade do principal.

Ainda que seja nula a cláusula penal, o credor não estará impedido de cobrar os prejuízos que tiver em razão da mora ou do inadimplemento diante da regra geral dos arts. 389, 395 e 402.

Todavia, deverá se submeter à árdua missão de provar efetivamente os prejuízos decorrentes do descumprimento da obrigação, o que sempre representa um inconveniente pelas delongas, custos e vicissitudes da produção de provas no curso de qualquer processo judicial.

Esgotada a análise da redução por excesso da cláusula penal, nos resta verificar a redução da cláusula penal em razão de a *obrigação ser cumprida em parte*.

Essa redução não é nova e já era possível no Código Civil de 1916.

Ocorre que agora, também nesse caso, não se trata mais de faculdade do juiz, como era no Direito anterior (Código Civil de 1916, art. 924).

Seja em caso de inadimplemento ou de mora não há mais discricionariedade e o juiz deverá determinar a redução proporcional da cláusula penal tendo em vista um elemento objetivo: o parcial cumprimento da obrigação.

Vamos exemplificar: imaginemos que A efetue locação de imóvel para B pelo prazo de doze meses e estipule multa de três aluguéis em caso de inadimplemento. Depois de seis meses, B resolve devolver o imóvel. Nesse caso o juiz deverá reduzir o valor da pena compensatória pela metade.

Essa redução proporcional não é nova.

De fato, já era aplicada na locação de imóveis urbanos em razão da devolução do imóvel antes do prazo ajustado, de acordo com o disposto no art. 4º da Lei 8.245/1991, que remete o aplicador ao art. 924 do Código Civil de 1916, correspondente ao atual art. 413, que agora deve ser observado conforme determina o art. 2.046, segundo o qual *todas as remissões, em diplomas legislativos, aos Códigos referidos no artigo antecedente* (Código Civil de 1916 e primeira parte do Código Comercial), *consideram-se feitas às disposições correspondentes deste Código.*

Verificada a redução no caso de cumprimento parcial, uma questão pode surgir com razão: como fica essa redução nos casos em que o cumprimento parcial não é útil ao credor?

A resposta é dada com simplicidade: Nessa eventualidade, o cumprimento parcial pode ser equiparado ao descumprimento total (inadimplemento).

Podemos exemplificar: Suponhamos um vestido de noiva inacabado no dia das núpcias. De nada adiantará o cumprimento parcial da obrigação, com a entrega do vestido pela metade. Nesse caso, a credora estará autorizada a invocar o parágrafo único do art. 395 e pleitear a pena compensatória. Ao devedor só restará a esperança da redução da pena se for excessiva.

Outro aspecto que deve ser enfrentado diz respeito à possibilidade teórica de redução na hipótese de cláusula penal moratória.

O cumprimento imperfeito (em outro lugar, por outra forma ou com atraso) representa a mora, de tal sorte que é difícil imaginar uma hipótese prática de redução por cumprimento parcial.

Não vemos alternativa nesses casos de cláusula penal moratória, senão circunscrevê-los à possibilidade de redução pelo excesso da pena convencional.

14.16.3. Arras (sinal)

As arras (ou sinal), previstas nos arts. 417 a 420 do Código Civil, representam aquilo que é entregue em dinheiro ou em bens móveis, fungíveis ou infungíveis, por uma parte à outra, para garantia de um negócio jurídico.[130]

Sendo assim, prevê o Código Civil as consequências da inexecução havendo arras.

Sem distinção da espécie, prevê o art. 418 do Código Civil as consequências comuns da existência das arras nos contratos:

> *Art. 418. Na hipótese de inexecução do contrato, se esta se der:*
>
> *I – por parte de quem deu as arras, poderá a outra parte ter o contrato por desfeito, retendo-as;*
>
> *II – por parte de quem recebeu as arras, poderá quem as deu haver o contrato por desfeito e exigir a sua devolução mais o equivalente, com atualização monetária, juros e honorários de advogado.*

A primeira conclusão que se extrai da norma é que as arras somente podem ser retidas no caso de inadimplemento absoluto, jamais no caso de simples mora.

Essa conclusão decorre do relato *"inexecução do contrato"*, o que certamente não representa mora, que se configura pelo cumprimento do contrato, embora com atraso, em outro lugar ou por outra forma, que não os convencionados.

Verificadas as consequências comuns, certo é que as arras podem ser classificadas em duas espécies:

a) Arras confirmatórias; e

b) Arras penitenciais.

As *arras confirmatórias* representam penhor para garantir a execução da obrigação e cumprem a mesma finalidade da cláusula penal.

Em regra, não havendo menção expressa no instrumento contratual em sentido diverso, apontando-as como penitenciais, as arras serão confirmatórias.

Portanto, as arras penitenciais, que adiante serão tratadas, dependem de expressa convenção contratual entre as partes.

Nessa medida, as arras confirmatórias presumem a obrigatoriedade do contrato, impondo, àquele que as entregou, a perda em razão do descumprimento da avença ou a devolução em dobro em favor daquele que as recebeu no caso de descumprimento, permitindo indenização suplementar.

---

[130] CC, art. 417. Se, por ocasião da conclusão do contrato, uma parte der à outra, a título de arras, dinheiro ou outro bem móvel, deverão as arras, em caso de execução, ser restituídas ou computadas na prestação devida, se do mesmo gênero da principal.

Sendo assim, o art. 419 do Código Civil estabelece que *"a parte inocente pode pedir indenização suplementar, se provar maior prejuízo, valendo as arras como taxa mínima. Pode, também, a parte inocente exigir a execução do contrato, com as perdas e danos, valendo as arras como o mínimo da indenização".*

O vertente dispositivo trata apenas das arras confirmatórias, uma vez que, no caso de arras penitenciais, que permitem arrependimento, aplica-se o art. 420, que não admite qualquer outra indenização suplementar.

Com efeito, sendo as arras confirmatórias, característica do negócio jurídico que não admite arrependimento, impõe, além da perda do sinal ou da devolução dobrada, o que, aliás, é regra, os prejuízos suplementares àquele que descumpre a obrigação, ou seja, a diferença entre o valor da retenção ou da devolução do sinal dobrado e os prejuízos efetivamente experimentados.

Esse fato não representa nenhuma novidade.

Sendo assim, aquele que recebeu as arras pode retê-las e, além disso, provar os prejuízos suplementares e pleitear a diferença.

No caso da ação promovida pelo contratante que entregou as arras, as opções são as seguintes: ou cobra apenas o valor dobrado das arras que entregou e se isenta de provar qualquer prejuízo ou, se for o caso, prova concretamente os prejuízos efetivos e maiores e os cobra integralmente, nos termos da regra geral do art. 389 do Código Civil.

Resumindo:

a) se for o caso de apenas reter o sinal ou exigir a devolução dobrada em caso de inadimplemento, não há necessidade de prova do prejuízo efetivo;

b) a cobrança de prejuízos superiores ao sinal recebido depende da existência de arras confirmatórias e da prova efetiva dos prejuízos (vedada a cobrança no caso de arras penitenciais – art. 420);

c) igualmente, se o caso é de cobrar prejuízos suplementares ao sinal por quem o forneceu e se deparou com o inadimplemento da outra parte, não restará alternativa senão provar os prejuízos efetivos maiores que o sinal entregue e demandar o pagamento na sua integralidade.

As arras penitenciais, por outro lado, são tidas como o sinal entregue para servir de indenização no caso de desistência, de tal sorte que se converte em alternativa às partes que podem desistir do que foi convencionado caso se proponham a perder o que foi entregue (o devedor) ou restituir em dobro (o credor).

Nesse sentido, surge o art. 420 do Código Civil, segundo o qual *"se no contrato for estipulado o direito de arrependimento para qualquer das partes, as arras ou sinal terão função unicamente indenizatória. Neste caso, quem as deu perdê-las-á em benefício da outra parte; e quem as recebeu devolvê-las-á, mais o equivalente. Em ambos os casos não haverá direito a indenização suplementar".*

Releva notar que o dispositivo menciona *"indenização suplementar"*, vedada, nos seus termos, se o prejudicado resolver conservar as arras que recebeu ou exigir a devolução em dobro.

De qualquer forma, a par dessa celeuma, para que as arras sejam consideradas penitenciais, portanto, é imprescindível que as partes expressamente convencionem a possibilidade de arrependimento.

Se essa disposição não estiver presente no contrato, as arras assumem a função ordinária, ou seja, a função confirmatória dos arts. 418 e 419 do Código Civil.

O arrependimento representa uma faculdade dos contratantes, que estipulam essa possibilidade e a consequência no contrato, ou seja, a perda do sinal ou a devolução em dobro.

Sendo assim, se quem se arrepender for quem entregou o sinal, já sabe antecipadamente que irá perdê-lo em favor do outro contratante.

Por outro lado, se o arrependido for quem recebeu, não se surpreenderá com a consequência, ou seja, devolver o sinal mais o equivalente; em outras palavras, deverá devolver o que recebeu em dobro, se dinheiro for, ou, no caso de bem móvel, sua devolução acrescida de um valor equivalente ao bem recebido.

Assim como a cláusula penal, as arras penitenciais funcionam como indenização predeterminada e certa das perdas e danos sofridos pelo que não se arrependeu.

Mister se faz observar, todavia, que ainda assim não se impede, por evidente, as demais consequências do descumprimento previstas nos arts. 389, 395 e 404 do Código Civil, como a correção monetária, os juros, quando exigíveis, os honorários de advogado, além das despesas processuais.

Outrossim, existem algumas circunstâncias que conduzem as partes ao estado anterior, sem que se possa falar em retenção do sinal ou devolução dobrada, mas apenas a devolução singela do que foi recebido, com correção monetária.

É o caso de inadimplemento ou arrependimento recíproco, mesmo quando não se puder avaliar com precisão quem se arrependeu primeiro.

A mesma conclusão aplica-se à resilição bilateral (distrato), ou seja, o desfazimento do contrato pela vontade mútua dos contratantes.

Em todos esses casos, não há falar-se em retenção das arras ou devolução dobrada, mas apenas em retorno ao "status quo ante", com a devolução singela do sinal.

Também não se pode falar na retenção do sinal ou arras ou devolução dobrada em razão do princípio da exceção do contrato não cumprido, ou seja, se uma parte não cumpre a sua obrigação em razão da inexecução do outro contratante.

Por exemplo: no contrato de compromisso de compra e venda de um imóvel, o promitente comprador pode deixar de pagar o preço, não cumprindo o contrato, diante da ausência da apresentação das certidões relativas ao imóvel e à pessoa do promitente vendedor, previamente acordada no instrumento contratual e, não por isso, pode haver retenção do sinal.

Cumpre ressaltar que, além da retenção ou da devolução dobrada, o inadimplente ainda deverá pagar custas, honorários de advogado, juros desde a citação, sem contar a correção monetária, esta, evidentemente, se o caso for de restituição mais o equivalente.

De tudo o quanto foi dito até este ponto, extraímos as seguintes conclusões: a) as consequências das arras somente são aplicadas no caso de inadimplemento absoluto, ou seja, no caso de a prestação tornar-se impossível por culpa do devedor ou subjetivamente inútil para o credor; e, b) sejam confirmatórias ou penitenciais, as arras são dotadas do mesmo efeito, ou seja: diante do inadimplemento, impõe-se a devolução dobrada por quem as recebeu ou a sua retenção em detrimento de quem as deu e, em ambos os casos, não cumpriram o contrato.

Seja como for e independentemente da espécie, com o cumprimento do contrato, nos termos do art. 417 do Código Civil, as arras devem ser restituídas ou imputadas no pagamento se representarem o mesmo gênero do objeto da prestação devida.

De fato, o sinal poderá ser representado não apenas por dinheiro, mas por qualquer bem móvel, fungível ou infungível.

Se for do mesmo gênero do objeto da prestação, deve ser considerado no pagamento, caso contrário, deve ser restituído ao final, por ocasião do cumprimento integral da avença.

Exemplificando, imaginemos que, em razão da entrega de dez mil reais a título de sinal ou arras, as partes estabeleceram o pagamento de vinte parcelas de dez mil reais.

Nesse caso, o devedor poderá compensar o valor das arras com o pagamento da última parcela, quando estará cumprida a obrigação.

Por outro lado, se, na mesma obrigação, um automóvel foi entregue a título de sinal, deve ser restituído ao final dos pagamentos estabelecidos em dinheiro, vez que o bem móvel entregue não é do mesmo gênero do objeto da prestação devida.

De qualquer forma, além de representar uma forma de substituir e predeterminar as perdas e danos, as arras garantem de forma real a penalidade imposta em razão do descumprimento do contrato, cumprindo a mesma finalidade da cláusula penal e, nesta medida, com ela não pode ser cumulada:

> **Tribunal de Justiça de São Paulo.** *Ação de rescisão de compra e venda cumulada com devolução de quantias. Ajuizamento pela compromissária compradora inadimplente, pleiteando a devolução dos valores pagos. Procedência da reconvenção ofertada pela ré, promitente/vendedora. Decretada a rescisão contratual, com a determinação da perda do sinal, e, cumulativamente, a cominação de multa de 10% sobre o valor do contrato. Impossibilidade, porém, de cumulação dessas duas penalidades, uma vez que as arras já estão compreendidas no valor total do contrato, sobre o qual já incidirá um índice de retenção de valores em favor da promitente-vendedora (...). Recurso parcialmente provido (Apelação nº 9120872-91.2000.8.26.0000, 6ª Câmara de Direito Privado, Rel. Des. Sebastião Carlos Garcia, DJ 06.10.2006).*

> **Tribunal de Justiça de São Paulo.** *Compra e venda. Ação de rescisão de contrato, cumulada com restituição de valores pagos. (...). Arras. Pedido de retenção. Impossibilidade. Além do nítido caráter confirmatório, incabível a cumulação da cláusula penal com a perda das arras. Mesma natureza de prefixação de perdas e danos na hipótese de inadimplemento, o que ensejaria bis in idem e consequente enriquecimento ilícito da vendedora. Sentença mantida. Recurso desprovido. (TJSP, Apelação Cível 1003127-19.2023.8.26.0358, Rel. Salles Rossi, 8ª Câmara de Direito Privado, Foro de Mirassol – 1ª Vara, j. 27.05.2024; data de registro 27.05.2024).*

No nosso entendimento, não é difícil concluir que as arras compostas por qualquer bem móvel, fungível ou infungível, possuem alguma utilidade nos contratos de curto prazo.

Todavia, a mesma conclusão não é possível em relação aos contratos de execução diferida, em tratos sucessivos, por longo prazo.

É que, embora no caso de obrigação de pagamento em dinheiro não haja qualquer dificuldade, é improvável que alguém entregue bem móvel, aguardando sua restituição ao final do contrato, por ocasião do cumprimento integral.

Por outro lado, imaginemos que um indivíduo tenha entregue, a título de sinal, cem mil reais pela aquisição de um bem de um milhão de reais, celebrando, nessa mesma ocasião, contrato para pagamento de duzentos mil reais a título de princípio de pagamento, mais quatro parcelas de duzentos mil reais.

Caso o credor, em razão do princípio de pagamento, receba apenas mais cem mil reais, dando quitação da parcela inicial de duzentos mil reais, não estaremos mais diante de arras ou sinal, mas de simples princípio de pagamento.

Nessa eventualidade, se o devedor não cumprir a obrigação de pagar as parcelas mensais, o credor não poderá alegar que o valor entregue inicialmente representava arras ou sinal, pleiteando sua retenção.

Tratava-se de sinal até o instante em que o credor recebeu e deu quitação da parcela inicial (princípio de pagamento) do contrato.

Nesse momento, as arras, que foram "computadas no valor devido", deixaram de ser arras.

Com isso, não restará alternativa ao credor senão buscar a execução, se for o caso, da cláusula penal estabelecida no contrato.

Se não quiser utilizar a cláusula penal, ou se não a tiver estipulado, pode se submeter à cobrança das perdas e danos efetivos, os quais deverá provar (Código Civil, arts. 389 e 395).

Nesse sentido:

Tribunal de Justiça de São Paulo. *Rescisão contratual. Contrato de compromisso de venda e compra de imóvel no valor de R$ 40.000,00. Instrumento que prevê o pagamento de sinal no valor de R$ 10.000,00 e quitação do valor restante em 70 dias. Apelante que pagou a entrada e entregou um veículo no valor de R$ 14.500,00 como pagamento de parte do saldo remanescente. Valor restante não adimplido. Rescisão contratual bem decretada. Arras que devem ser restituídas porquanto estabelecidas com caráter nitidamente confirmatório. Montante pago que integra o preço, pois representa princípio de pagamento. Devida apenas a multa contratual de 10% do valor do imóvel. Impossibilidade, ademais, de cumulação da perda das arras e pagamento de multa contratual. Incidência de ambas as cominações que implicaria "bis in idem". Precedentes da Corte. Recurso parcialmente provido para determinar a restituição das arras à apelante com correção monetária contada do desembolso (Apelação nº 0003674- 85.2011.8.26.0103, Rel. Des. Mendes Pereira, j. 28.11.2012).*

O único reparo que merece o julgado diz respeito à vinculação, de resto inexistente, entre as arras confirmatórias e necessidade, só por essa natureza, de devolução.

A restituição das arras se funda, na verdade, na imputação do valor entregue no preço estipulado pelo imóvel.

Isso porque foi corrigida a redação defeituosa do art. 1.097 do Código Civil de 1916.

Com efeito, o Código Civil de 2002 determina que as arras, confirmatórias ou penitenciais, produzem o mesmo efeito.

Sendo assim, nos casos de descumprimento ou desistência do negócio (inadimplemento absoluto), em qualquer espécie de arras, aquele que as deu perde em favor da outra parte e aquele que as recebeu em razão de contrato bilateral devolve em dobro ("devolução mais o equivalente").

De fato, no caso de arras confirmatórias, o antigo art. 1.097, do Código Civil de 1916, mencionava o perdimento por quem entregava o sinal ou arras, mas deixava, inexplicavelmente, de atribuir o mesmo efeito para quem recebia, como faz o art. 418 do Código Civil de 2002.

A distinção no caso de arras confirmatórias não se justificava, ainda mais que, no caso de arras penitenciais, a solução era idêntica para quem recebia e para quem entregava o sinal.

Assim, o que diferencia uma da outra é a necessidade de pactuação de arrependimento, configurando as arras penitenciais que, por esta razão, não concedem direito à indenização suplementar; de outro lado, a perda das arras e a devolução em dobro são características comuns às arras penitenciais e confirmatórias e, nestas, posto que decorrem de contratos irretratáveis, admitem, nada obstante, em razão do inadimplemento, a cobrança de prejuízos suplementares.

Em suma: a) as arras são dotadas de natureza real (penhor de execução da obrigação), de tal sorte que sua entrega espelha uma garantia para fazer frente às perdas e danos decorrentes do eventual inadimplemento absoluto; b) além de real, o sinal (ou arras) possui natureza acessória do contrato principal, do qual depende. Portanto, não há arras se não se concretizou o contrato e qualquer valor entregue deve ser devolvido; c) na ausência de estipulação expressa em contrário (Código Civil, art. 420), as arras são confirmatórias. Sendo assim, não representam uma faculdade do inadimplente, que não pode preferir a perda ou a devolução dobrada das arras em detrimento do cumprimento da avença; d) as arras não podem ser confundidas com princípio de pagamento na exata medida em que perdem sua natureza real e deixam de existir se o contrato é de cumprimento diferido e são computadas no pagamento de qualquer parcela do preço. Nesse caso, o credor terá que se valer da cláusula penal porventura existente ou provar os efetivos prejuízos pelo descumprimento do contrato e só então cobrá-los.

14.16.4. Honorários de advogado

Além das perdas e danos, responde o devedor pelos *juros, atualização monetária* segundo índices oficiais regularmente estabelecidos e *honorários de advogado.*

O art. 389, portanto, impõe àquele que descumpre sua obrigação o pagamento de *honorários de advogado.*

Cumpre esclarecer que essa imposição é idêntica no caso de inadimplemento e no caso de mora (arts. 395 e 404).

Nesse ponto surge uma constatação: os honorários de advogado, incluídos em condenação, segundo determina o art. 23 da Lei 8.906/1994 (Estatuto da Advocacia), pertencem ao advogado.

Se assim determina a lei especial, os honorários de que tratam os arts. 389, 395 e 404 do Código Civil, evidentemente, não são aqueles decorrentes da Lei 8.906/1994, arts. 22 e 23, mas os honorários pagos diretamente pelo credor ao advogado, que constituem um prejuízo (dano emergente) decorrente da mora e do inadimplemento.

Sempre foi evidente, evidentíssimo, aliás, que se o pagamento tivesse sido feito na data convencionada, o credor não seria obrigado a contratar um advogado para tal tarefa.

Não há como negar que o pagamento dos honorários, pelo credor, para, por intermédio de advogado, buscar o cumprimento da obrigação, constitui um dano emergente que não pode ficar sem ressarcimento.

Essa conclusão, agora, resta cristalina em razão da redação dos mencionados dispositivos do Código Civil, mormente porque não havia previsão semelhante no correspondente art. 1.056 do Código Civil de 1916.

Não haveria razão para incluir essas verbas como consequência do descumprimento das obrigações se o vencedor não pudesse cobrar do devedor o que gastou com seu advogado, independentemente daquilo que o advogado recebe em razão da lei especial.

Todavia, entendemos que esses honorários não serão os efetivamente gastos, mas aqueles que o juiz fixar em liquidação por arbitramento ou previamente determinados no instrumento de constituição da obrigação, além dos honorários pagos diretamente pelo devedor na condenação (parte dos ônus de sucumbência), que pertencem ao causídico. O ilustre Desembargador paulista Hamid Bdine (1ª Câmara Reservada de Direito Empresarial do Tribunal de Justiça de São Paulo – Apelação 1011861-35.2015.8.26.0100, j. 19.10.2016) justificou em judiciosa fundamentação: "Se o credor contratar um advogado que resolveu extrajudicialmente sua questão, ao obter indenização por perdas e danos sem necessidade de ingressar em juízo, haverá prejuízo para ele se da quantia obtida tiver que deduzir os honorários devidos ao profissional. E se houve necessidade de ajuizar a ação, o prejuízo deve ser de fato ressarcido, porque o advogado não trabalhou exclusivamente pela sucumbência, sendo certo que não há prova nos autos de que teria sido possível a ele contratar advogado que o fizesse ou que não era essa a remuneração adequada ao caso. Por isso é que a disposição se revela adequada: para que a indenização devida ao credor, vítima do inadimplemento, seja plena, sem necessidade de dedução dos honorários da atuação extrajudicial. Caso o valor dos honorários contratados pelo credor se revele exagerado, haverá abuso de direito (art. 187) e só se reconhecerá a ele o direito ao pagamento de honorários adequados ao que usualmente se paga por atividades daquela espécie indicada, inclusive, pela Tabela de Honorários da OAB. Nem se imagine que o fato represente novidade no sistema indenizatório. Diariamente, condenam-se causadores de danos a indenizar o valor dos honorários médicos, que também se sujeitam à verificação de sua razoabilidade. Idêntico tratamento merecerão os honorários de advogado".

Demais disso, constata: "As dificuldades apontadas para a incidência deste dispositivo [CC, art. 389], respeitadas as opiniões divergentes, não convencem de que os honorários despendidos pela parte não culpada pelo inadimplemento não sejam reembolsáveis pelo culpado".

O enunciado n. 426 da V Jornada de Direito Civil do CJF prevê: Art. 389: "Os honorários advocatícios previstos no art. 389 do Código Civil não se confundem com as verbas de sucumbência, que, por força do art. 23 da Lei 8.906/1994, pertencem ao advogado".

Poder-se-ia contestar essa conclusão, alegando que se trata de condenar duas vezes o devedor pelo mesmo fato.

Não é assim, até porque os honorários de advogado que agora decorrem do Código Civil podem ser exigidos ainda que não haja a necessidade de prestação jurisdicional e desde que haja a participação de advogado e, se for necessária ação judicial, aplica-se, além destes, aqueles decorrentes do princípio da causalidade (conhecidos como "honorários de sucumbência").

Em decisão monocrática do Ministro Paulo de Tarso Sanseverino (STJ) no REsp 1.363.172, explicou-se: "Por certo não há confundir essa verba honorária com aquela decorrente da sucumbência, em face do ajuizamento de demanda e arbitrada pelo juízo, pois não seria necessário sequer referir o seu ressarcimento em sede de direito material, quando o Direito processual possui regra específica a disciplinar os honorários sucumbenciais. A intenção do legislador foi estampar o direito da parte autora à indenização das verbas contratadas com seu advogado, revelando-se legítima a previsão contratual que o resguarda".

No Tribunal de Justiça de São Paulo, o seguinte julgado adotou estas ideias, o que fez nos seguintes termos:

> **Tribunal de Justiça de São Paulo.** *No que tange ao ressarcimento do valor despendido a título de contrato de honorários de advogado (cf. fls. 86/88), embora decorrentes de avença estritamente particular, devem ser ressarcidos pela parte sucumbente, mesmo que esta não tenha participado do ajuste. Isto porque os honorários contratados, também conhecidos como honorários convencionais, integram o valor devido a título de perdas e danos, nos termos do quanto contido nos arts. 389, 395 e 404, do Código Civil. (Apelação nº 0002478-27.2012.8.26.0562 – Rel. Percival Nogueira – Voto nº 17078 – j. 25.10.2012).*

Nesse sentido, outro julgado do STJ:

> **Superior Tribunal de Justiça.** *Direito civil e processual civil. Prequestionamento. Ausência. (...). Honorários convencionais. Perdas e danos. Princípio da restituição integral. Aplicação subsidiária do Código Civil. (...) 4. Os honorários convencionais integram o valor devido a título de perdas e danos, nos termos dos arts. 389, 395 e 404 do CC/02. (...) (REsp 1.027.797/MG – Rel. Min. Nancy Andrighi – Terceira Turma – j. 17.02.2011 – DJe 23.02.2011).*

No seu voto, proferido ao julgar o REsp 1.027.797-MG (2008/0025078-1), no dia 17 de fevereiro de 2011, a culta relatora, Ministra Nancy Andrighi, citando obra de minha autoria, ponderou: *O princípio da restituição integral se entrelaça como os princípios da equidade, da justiça e, consequentemente, com o princípio da dignidade da pessoa humana, tendo em vista que, minimizando-se os prejuízos efetivamente sofridos, evita-se o desequilíbrio econômico gerado pelo descumprimento da obrigação e protege-se a dignidade daquele que teve o seu patrimônio lesado por um ato ilícito. Sobre o tema Luiz Antonio Scavone Júnior pondera* (Do descumprimento das obrigações: consequências à luz do princípio da restituição integral. São Paulo: J. de Oliveira, 2007, p. 172-173): "*Seja como for, o difícil equilíbrio, exigido pela função social do contrato e pela boa-fé, demanda a restituição integral que deve ser extraída da Constituição Federal como princípio apto a valorar a interpretação das normas atinentes às consequências do descumprimento das obrigações, validando, no sistema, o vetusto* alterum non laedere *que, desde Ulpiano, demanda o respeito às esferas pessoal e patrimonial alheias. A justiça, a par de suas diversas acepções, deve ser entendida e compreendida como critério de ordenação da aplicação das normas, significando, no que pertine à restituição integral, nas palavras de Paulo Hamilton Sirqueira Junior, 'a virtude de dar a cada um o que é seu'*".

Ainda com fundamento na minha obra, concluiu:

O Código Civil de 2002 determina, de forma expressa, que os honorários advocatícios integram os valores devidos a título de reparação por perdas e danos. Os arts. 389, 395 e 404 do CC/2002 estabelecem, respectivamente:

(...)

Os honorários mencionados nos referidos artigos são os honorários extrajudiciais, pois os sucumbenciais relacionam-se com o processo e constituem crédito autônomo do advogado. Assim, como os honorários contratuais são retirados do patrimônio do lesado, para que haja reparação integral do dano sofrido o pagamento dos honorários advocatícios previsto na Lei Civil só pode ser o dos contratuais.

Nesse tocante, é elucidativa a doutrina de Luiz Antonio Scavone Júnior (Do descumprimento das obrigações: consequências à luz do princípio da restituição integral. São Paulo: J. de Oliveira, 2007, p. 172-173): "Sendo assim, os honorários mencionados pelos arts. 389, 395 e 404 do Código Civil, ressarcitórios, evidentemente não são aqueles decorrentes do Estatuto da Advocacia, ou seja, os honorários de sucumbência; de outro lado, são pagos diretamente pelo credor ao advogado e constituem em prejuízo (dano emergente) decorrente da mora e do inadimplemento. (...) Assim os honorários atribuídos a título de sucumbência não se confundem com os honorários ressarcitórios, convencionais ou arbitrados. Os honorários ressarcitórios, convencionais ou arbitrados, representam dispêndio do credor e, por essa razão, perdas e danos decorrentes do inadimplemento das obrigações, notadamente em razão da necessidade de contratação de advogado para efetivar o direito de receber o objeto da prestação da relação jurídica obrigacional. Rompe-se, em razão do ordenamento jurídico, o entendimento corrente, porém equivocado, que decorria do direito anterior, segundo o qual apenas haveria lugar para a condenação do devedor nos honorários de sucumbência. Não é crível, ante o princípio da restituição integral, que os honorários pagos pelo credor sejam por ele suportados sem qualquer ressarcimento pelo devedor, que a eles deu causa".

Antonio de Pádua Soubhie Nogueira preleciona (Honorários advocatícios extrajudiciais: breve análise (e harmonização) dos artigos 389, 395 e 404 do novo Código Civil e do artigo 20 do Código de Processo Civil [atual art. 85 do Código de Processo Civil]. Revista Forense, v. 105, n. 402, p. 597-607, mar./abr. 2009, p. 602): "Pela sistemática do direito material que garante a ampla indenização, amparada no conhecido princípio da restitutio in integrum, mostra-se bastante razoável a interpretação no sentido de que os dispositivos do Código Civil visam, realmente, disciplinar a indenização dos honorários advocatícios extrajudiciais. O direito material, portanto, vai além das regras de direito processual, permitindo a recomposição de tudo aquilo que a parte despendeu para fazer valer seus interesses (em juízo ou fora dele), inclusive as verbas contratuais comprometidas aos advogados que atuam em sua representação. (...) Com efeito, na realidade forense, os honorários sucumbenciais são apenas uma parcela, cada vez mais importante, de todo remuneratório fixado pelos serviços jurídicos prestados pelo advogado. Pressupondo-se que, principiologicamente, a reparação civil deve ser integral, e não parcial, para que o cliente (vítima do ato ilícito) seja efetivamente ressarcido, de rigor que na conta indenizatória seja computada, igualmente, a chamada verba extrajudicial, na hipótese de sua contratação".

No mesmo julgado, alerta a Ministra Nancy Andrighi, como já fiz alhures na obra de minha autoria por ela mencionada (*Do descumprimento das Obrigações*, ob. cit.): *Por fim, para evitar interpretações equivocadas da presente decisão, cumpre esclarecer que, embora os honorários extrajudiciais componham os valores devidos pelas perdas e danos, o valor cobrado pela atuação do causídico não pode ser abusivo. Sendo o valor dos honorários contratuais exorbitante, o juiz poderá, analisando as peculiaridades do caso concreto, arbitrar outro valor, podendo utilizar como parâmetro a tabela de honorários da OAB.*

Mais recentemente, analisando o arbitramento dos honorários como consequência do descumprimento das obrigações no âmbito das relações de consumo, decidiu a Ministra Nancy Andrighi que os referidos honorários somente podem ser cobrados se:

a) for concedido o mesmo direito ao consumidor no contrato;

b) forem tomadas as medidas amigáveis para tentar cobrar o que do consumidor é devido; e

c) Que o valor cobrado seja estabelecido dentro do razoável.

Eis a sua decisão:

Superior Tribunal de Justiça. *Direito do consumidor. Recurso Especial. Ação civil pública. Cláusula que prevê responsabilidade do consumidor quanto aos honorários advocatícios contratuais decorrentes de inadimplemento contratual. Reciprocidade. Limites. Abusividade. Não ocorrência. 1. Os honorários contratuais decorrentes de contratação de serviços advocatícios extrajudiciais são passíveis de ressarcimento, nos termos do art. 395 do CC/2002. 2. Em contratos de consumo, além da existência de cláusula expressa para a responsabilização do consumidor, deve haver reciprocidade, garantindo-se igual direito ao consumidor na hipótese de inadimplemento do fornecedor. 3. A liberdade contratual integrada pela boa-fé objetiva acrescenta ao contrato deveres anexos, entre os quais, o ônus do credor de minorar seu prejuízo buscando soluções amigáveis antes da contratação de serviço especializado. 4. O exercício regular do direito de ressarcimento aos honorários advocatícios, portanto, depende da demonstração de sua imprescindibilidade para solução extrajudicial de impasse entre as partes contratantes ou para adoção de medidas preparatórias ao processo judicial, bem como da prestação efetiva de serviços privativos de advogado e da razoabilidade do valor dos honorários convencionados. 5. Recurso especial provido (REsp 1.274.629/AP, Rel. Min. Nancy Andrighi, 3ª Turma, j. 16.05.2013, DJe 20.06.2013).*

No seu voto, consignou a Ministra que:

I – Direito ao ressarcimento por despesas de contratação de advogado.

A adoção do princípio da restitutio in integrum no direito brasileiro, inspirada na preocupação de harmonia e restauração do equilíbrio rompido por ato de outrem, impõe ao devedor a responsabilidade por todas as despesas a que der causa em razão de mora ou inadimplemento. Assim, os arts. 389, 395 e 404 do CC/02 inserem expressamente a possibilidade de restituição de valores relativos a honorários advocatícios, independentemente de expressa previsão contratual.

Na esteira de observações por mim lançadas em voto-vista proferido no julgamento do EREsp1.155.527/MG, Rel. Min. Sidnei Beneti, Segunda Seção, DJe 28.06.2012, entendo que a expressão "honorários de advogado" utilizada nos referidos artigos deve ser interpretada de forma a excluir os honorários contratuais relativos à atuação em juízo. Essa conclusão está em perfeita concordância com os demais precedentes jurisprudenciais do STJ, em que se tem exigido a demonstração de prática de ato ilícito, contratual ou geral, para o reconhecimento do direito ao ressarcimento de despesas decorrentes da contratação de advogado. Nesse sentido: REsp 1.027.897/MG, Rel. Min. Aldir Passarinho Junior, 4ª Turma, DJe 10.11.2008; REsp 915.882/MG, Rel. Min. Honildo Amaral de Mello Castro (Desembargador convocado do TJ/AP), 4ª Turma, DJe 12.04.2010; EREsp 1.155.527/MG, Rel. Min. Sidnei Beneti, Segunda Seção, DJe 28.06.2012; e REsp 1.027.797/MG, de minha relatoria, 3ª Turma, DJe 23.02.2011.

Dessarte, a partir dessas considerações eminentemente civilistas, é de se reconhecer a possibilidade de imputação da responsabilidade ao devedor, independentemente de contratação específica, pelo ressarcimento de despesas realizadas para contratação de serviços advocatícios extrajudiciais. Todavia, na hipótese dos autos está-se diante de contrato consumerista por adesão, em que o espaço negocial de ambas as partes deve ser mais restrito e limitado, de forma a equalizar a latente desigualdade dos contratantes.

Assim, o art. 51, XII, do CDC, ao disciplinar o tratamento conferido às cláusulas abusivas em contratos consumeristas, prevê de forma expressa a nulidade das cláusulas contratuais que *"obriguem o consumidor a ressarcir os custos de cobrança de sua obrigação, sem que igual direito seja conferido ao consumidor"*.

Nesse contexto, à luz da teoria do diálogo das fontes, interpretando-se sistematicamente, de modo a manter a coerência do ordenamento jurídico, é de se impor que, nos termos dos arts. 51, XII, 54, §§ 3º e 4º, e 46 do CDC, a previsão da responsabilidade pelo reembolso de honorários advocatícios conste expressamente dos contratos consumeristas, com redação clara e ostensiva. Não cumpridos esses requisitos formais, a cláusula não obrigará o consumidor, nos termos do art. 46 do CDC.

II – Proporcionalidade da contratação. Controle teleológico de conteúdo.

Conquanto o sistema contratual brasileiro permaneça alicerçado sobre o dogma da autonomia da vontade, a reorganização do direito civil sob o enfoque constitucionalista, implementada paulatinamente pelo CDC e pelo CC/02, impôs a conformação da liberdade contratual à boa-fé objetiva e seus deveres anexos, o que resultou em manifesto alargamento do conteúdo contratual. Diante desse novo panorama, passa-se a admitir e a exigir um controle judicial de conteúdo dos contratos, a fim de proteger a vontade das partes contratantes integrada pelos deveres instrumentais *"avoluntaristas"* da boa-fé (MARTINS-COSTA, Judith e BRANCO, Gerson. Diretrizes teóricas do novo Código Civil brasileiro. São Paulo: Saraiva, 2002, p. 199).

Com essas considerações, a leitura e a interpretação do art. 51 do CDC pressupõem a extração da razão essencial da norma que objetiva afastar o resultado de cláusulas iníquas e abusivas, independentemente da existência de ato reprovável do fornecedor (boa-fé subjetiva). Noutras palavras, as cláusulas abusivas, conectadas aos paradigmas modernos da boa-fé objetiva, decorrem da mera extrapolação dos limites do direito ou da deturpação de sua finalidade.

Portanto, para a justa solução da presente controvérsia, deve-se analisar o atendimento e a relação dos honorários advocatícios com sua finalidade específica, para que se compreenda os exatos limites do adequado exercício do direito.

Nesse diapasão, convém consignar que os valores atinentes à remuneração profissional do advogado somente têm cabimento quando se verifica a efetiva prestação de serviço profissional. Nesse sentido encontra-se o enunciado nº 161 do Conselho da Justiça Federal: *"Os honorários advocatícios previstos nos arts. 389 e 404 do Código Civil apenas têm cabimento quando ocorre a efetiva atuação profissional do advogado"*.

Essas atividades profissionais, privativas do advogado, por seu essencial interesse para administração da justiça e preservação do Estado Democrático de Direito, encontram-se previstas no art. 1º da Lei 8.906/1994 – Estatuto da Advocacia. Assim, são serviços privativos dos profissionais inscritos na OAB, a representação judicial, bem como as atividades de consultoria, assessoria e direção jurídicas.

Dessarte, é a regular prestação desses serviços o fato gerador do direito ao recebimento de honorários advocatícios contratuais, fixados por arbitramento judicial e de sucumbência, nos termos do art. 22 da Lei 8.906/1994.

A partir desse entendimento, afasta-se, por consequência lógica, a cobrança de honorários advocatícios quando não houver prestação de qualquer serviço que se adéque àqueles tipicamente previstos na legislação, tais como os atos de mera cobrança (por telefone, correspondências físicas e eletrônicas, etc.).

Outrossim, vale trazer à baila o dever geral imposto aos credores, em virtude da aplicação direta da boa-fé objetiva, de minorar as próprias perdas (duty to mitigate the loss). Assim, se impõe ao credor o ônus de adotar medidas menos prejudiciais a ambas as partes contratantes, em obediência ao dever anexo de cooperação e lealdade. Nessa ordem de ideias, antes que se proceda à efetiva contratação de advogado para a cobrança de débitos inadimplidos entre partes contratantes, é de se exigir a demonstração de tentativas de solução amigável frustradas. Do contrário, se a partir da mora o credor já contrata advogado, impingindo ao *devedor um acréscimo considerável, muitas vezes, bastante superior aos encargos de mora, a contratação será desproporcional, portanto, abusiva e não sujeita ao ressarcimento.*

Em complemento, os arts. 36 e 41 do Código de Ética da OAB – CEOAB orientam o advogado a acordar o valor dos honorários de forma moderada, porém evitando o aviltamento de seus valores, servindo de parâmetro para fixação condigna a tabela de honorários da OAB. Desse modo, para evitar a excessiva oneração do consumidor, esta tabela também servirá de parâmetro eficaz para o estabelecimento de valores a serem ressarcidos.

Em síntese, será passível de ressarcimento os honorários advocatícios contratuais decorrentes de contrato de prestação de serviços advocatícios extrajudiciais, portanto, serviços privativos de bacharel de direito (consultoria, negociação efetiva de acordos com mútuos consentimentos, assessoria para adoção de medidas preparatórias etc.), atendidas as demais qualificações exigidas em lei, como inscrição profissional junto à Ordem dos Advogados do Brasil – OAB e fixação moderada e condigna do quantum devido.

A partir dessas premissas, é possível, em tese, a inclusão da responsabilidade recíproca pelas despesas de cobrança a ser suportada pelo devedor, entre as quais se inserem os honorários advocatícios contratuais extrajudiciais. Para tanto, todavia, é de se exigir que a efetiva contratação de advogado seja estritamente necessária, ante a existência de tentativas amigáveis frustradas. Ademais, o ressarcimento das despesas dependerá da prestação efetiva de serviços privativos de advogado, o que afasta sua incidência para serviços gerais de cobrança administrativa.

À míngua desses elementos na hipótese dos autos, uma vez que o contrato sub judice previu, de forma ampla e ilimitada, a possibilidade de ressarcimento dos honorários, bastando, na hipótese, que o consumidor esteja inadimplente, tem-se caracterizada a abusividade da cláusula contratual, que deverá ser afastada, nos termos do art. 46 do CDC.

Verifica-se, outrossim, que, além das perdas e danos (danos emergentes e lucros cessantes) e dos honorários de advogado, no caso de descumprimento das obrigações, o devedor responde por juros, dos quais já tratamos, e de correção monetária.

Vejamos esta última consequência.

14.16.5. Correção monetária pelo atraso e em razão do regular cumprimento das obrigações contratuais em prestações periódicas

Quanto à *correção monetária*, antes de qualquer comentário, mister se faz separar seu conceito daquele que envolve o conceito de juros.

Segundo Pedro Frederico Caldas,[131] a correção monetária encontra sua origem em 1575, na Inglaterra, em virtude do *Act for maintenance of the Colleges in the Universities, and of Winchester and Eaton*, norma segundo a qual as referidas escolas deveriam pagar aluguéis de acordo com o valor atualizado pela melhor cotação do trigo e do malte no mercado de Cambridge.

Depois de algum tempo, em razão da inflação corrosiva entre 1918 e 1922 na Alemanha, os créditos hipotecários eram vinculados à cotação do trigo e do carvão.

O Brasil sempre permitiu o pagamento em moeda estrangeira, permissão essa que foi confirmada pelo Código Civil de 1916 (art. 947, § 1º) e coarctada pelo Decreto 23.501, de 1933.

---

[131] Pedro Frederico Caldas, "As instituições financeiras e a taxa de juros", *Revista de direito mercantil*, São Paulo: RT, nº 101, p. 76-86, jan.-mar./1996.

A correção monetária, como hoje se conhece, encontra sua origem, entre nós, na Lei 4.357/1963 (arts. 1º e 7º),[132] que menciona as *variações no poder aquisitivo da moeda nacional*, rompendo com o princípio do nominalismo insculpido no art. 947 do Código Civil de 1916, o que se deu por meio da criação das Obrigações Reajustáveis do Tesouro Nacional (ORTN).

A correção monetária generalizou-se, todavia, com a Lei 6.423, de 17 de julho de 1977, cujo art. 1º passou a admitir expressamente a correção monetária pela ORTN, decorrente de negócio jurídico.[133]

Seja como for, a correção monetária não é um *plus*, mas simples manutenção do valor de compra pela variação de um índice de preços que reflete o acréscimo (inflação) ou decréscimo (deflação) dos preços no mercado.

Por exemplo: imaginemos alguém que tenha adquirido um bem imóvel em 1992, época em que a inflação mensal chegava a dois dígitos.

Suponhamos, também, que o valor combinado devesse ser pago após o prazo de um ano, ocasião em que os preços nominais dos bens já estavam acrescidos em função da inflação crônica do período. Nesse caso, como poderia o vendedor receber aquele valor nominal da época da venda?

Se fosse obrigado a receber desta forma, haveria enriquecimento ilícito do comprador, o que é absolutamente vedado pelo Direito.

Para evitar esse fato, foram adotadas cláusulas de escala móvel nos contratos, ou cláusulas de correção monetária, que fazem com que o valor nominal varie de acordo com os índices inflacionários representados por percentuais aplicados aos valores devidos.

É importante observar que os juros – frutos civis que espelham ganho real – não se confundem com a correção monetária, o que se afirma na exata medida em que esta é, portanto, o efeito dos acréscimos ou decréscimos dos preços e, em decorrência, a modificação do poder aquisitivo da moeda.

A correção monetária também espelha um percentual, assim como os juros. Todavia, esse percentual representa, apenas, a desvalorização da moeda e não lucro – rendimento ou fruto civil –, que é característica do juro, remuneração de capital e, bem assim, acréscimo real ao valor inicial.

Convém, igualmente, separar a correção monetária nos contratos:

a) durante sua regular execução;

b) no caso de descumprimento das obrigações.

14.16.5.1. *Correção monetária convencional, durante a regular execução e cumprimento dos contratos*

Durante a regular execução do contrato as partes poderão pactuar o índice de atualização (ou correção) monetária que melhor lhes aprouver.

Mesmo assim, e em que pese não haver qualquer restrição legal quanto à escolha do índice a ser utilizado, certo é que decisões sustentam, no meu entendimento de forma equivocada,

---

[132] Os débitos fiscais, decorrentes de não recolhimento, na data devida, de tributos, adicionais ou penalidades, que não forem efetivamente liquidados no trimestre civil em que deveriam ter sido pagos, terão o seu valor atualizado monetariamente, em função das variações no poder aquisitivo da moeda nacional.

[133] A correção monetária, em virtude de disposição legal ou estipulação de negócio jurídico, da expressão monetária de obrigação pecuniária somente poderá ter por base a variação nominal da Obrigação Reajustável do Tesouro Nacional – ORTN.

que o Índice Nacional de Custos da Construção (INCC) é reservado à recomposição do capital no período de obras por refletir a variação dos preços da construção civil. Nesse sentido:

> **Tribunal de Justiça de São Paulo.** *Apelação Cível. Compromisso de venda e compra – Pretensão de revisão contratual em função de suposta abusividade do teor do contrato – Legalidade da incidência da Tabela Price – Precedentes jurisprudenciais – Possibilidade de substituição do INCC como índice de correção das parcelas uma vez que o imóvel foi adquirido pronto – Ausente a previsão contratual do índice substitutivo, deve prevalecer a aplicação IGPM, desde que mais vantajoso aos adquirentes – Sucumbência recíproca. Dá-se provimento em parte ao recurso (0004975-89.2012.8.26.0634; Rel. Christine Santini; Comarca: Tremembé; Órgão julgador: 1ª Câmara de Direito Privado; Data do j. 15.09.2015; Data de registro: 16.09.2015).*

"O Índice Nacional de Custo da Construção (INCC-DI) é calculado e divulgado pela Fundação Getúlio Vargas (FGV). É um índice formado a partir de preços levantados em sete capitais estaduais (São Paulo, Rio de Janeiro, Belo Horizonte, Salvador, Recife, Porto Alegre e Brasília), auxiliando na evolução dos custos no setor da construção, um dos termômetros do nível de atividade da economia. O INCC-DI é pesquisado entre o 1º e o último dia do mês de referência."[134]

A maioria dos julgados trata da hipótese em que há previsão contratual de substituição de índice, pelo que julgam abusiva a manutenção do INCC após o prazo previsto para entrega da obra, inclusive com o cômputo de eventual cláusula de carência (normalmente seis meses).

Sustentam que não é lícito atualizar as parcelas devidas com fundamento no INCC, após a data em que a construtora deveria ter concluído as obras e entregue o imóvel, fundando-se, inclusive, em precedentes do Superior Tribunal de Justiça (STJ, AgRg no REsp 579.160/DF, Rel. Min. Maria Isabel Gallotti, Quarta Turma, j. 20.09.2012, *DJe* 25.10.2012: "não se aplica o INCC como índice de correção após a entrega da obra". Igualmente, Ag no REsp 1.113.74/BA, j. 19.10.2017). Com o mesmo entendimento: STJ, AgRg no REsp 761.275/DF, Rel. Min. Luis Felipe Salomão, 4ª T., j. 18.12.2008, *DJe* 26.02.2009; TJSP, Ap. 0058360-34.2009.8.26.0576, 7ª Câm. de Dir. Privado, Rel. Des. Luis Mario Galbetti, j. 25.09.2013; TJSP, Ap. 0074293-07.2011.8.26.0114, 7ª Câm. de Dir. Privado, Rel. Des. Percival Nogueira, j. 23.05.2013.

No Tribunal de Justiça de São Paulo, o tema foi tratado no Incidente de Resolução de Demandas Repetitivas nº 0023203-35.2016.8.26.0000 (31.08.2017), nos casos em que, embora as chaves não tenham sido entregues, o fato se deve ao atraso na entrega por culpa da construtora que desrespeita, inclusive, o prazo de carência de 180 dias normalmente admitido nos contratos, o que fez com as seguintes ponderações: "Seguindo nessa mesma linha de raciocínio e considerando que o mutuário não pode ser prejudicado por descumprimento contratual imputável exclusivamente à construtora, afigura-se igualmente inaplicável o INCC para correção do saldo devedor após o transcurso da data limite para entrega da obra" (STJ, EDcl no Resp 1.629.427/RJ, 3ª Turma, *DJe* 01.02.2017; AgInt nos EDcl no AREsp 897.311/RJ, 3ª Turma, *DJe* 07.11.2016; REsp 1.454.139/RJ; 3ª Turma, *DJe* 17.06.2014).

Se o entendimento faz algum sentido na hipótese de previsão contratual de substituição, nos casos em que se verifica atraso na entrega do imóvel ou que o financiamento se protrai além da entrega das chaves, interferir na livre capacidade negocial das partes – ainda que haja relação de consumo – nos casos em que o INCC foi contratado como único índice ou para imóveis prontos ou ainda nos casos em que não há previsão de substituição depois da conclusão das obras, é elemento gerador de insegurança jurídica, notadamente em razão de não haver qualquer proibição legal ou limitação quanto à livre escolha do índice de atualização.

---

[134] Disponível em: http://www.cbicdados.com.br/menu/custo-da-construcao/indice-nacional-de-custos-da-construcao-inccfgv. Acesso em: 12 dez. 2016.

De mais a mais, o argumento segundo o qual é índice que visa, apenas, à recomposição do capital durante as obras é falho.

Isso porque, se o capital foi empregado e o parcelamento extrapola o limite temporal de duração das obras, os custos da construtora continuam, em razão da sua atividade, a ser regidos pelos insumos e mão de obra empregados nas construções, e assim deve ser recomposto, o que, por si só, é suficiente para afastar o argumento da abusividade da previsão contratual da atualização pelo INCC após a conclusão da construção.

A correção monetária durante a regular execução e cumprimento dos contratos em tratos sucessivos ou de execução diferida,[135] a par dos arts. 316 e 487 do Código Civil, encontra dispositivos legais insculpidos em leis especiais que a disciplinam, não quanto ao índice aplicável, mas em razão da periodicidade da sua aplicação.

Na prática e em regra, esses dispositivos exigem a estipulação de pagamento pelo valor nominal e proíbem cláusula de correção monetária com periodicidade inferior a um ano, além de pactuação de reajuste para contratos com prazo inferior a um ano, com exceção dos contratos imobiliários (art. 15 da Medida Provisória 2.223, de 4 de setembro de 2001, transformada no art. 46 da Lei 10.931, de 2 de agosto de 2004).

Essa é a conclusão que se extrai do art. 28 e parágrafos da Lei 9.069/1995 e arts. 1º, 2º e parágrafos, da Lei 10.192, de 14 de fevereiro de 2001.[136]

Aliás, o § 1º da Lei 10.192/2001 veda, expressamente, inclusive, a contratação de correção monetária em contratos com prazo inferior a um ano.

Estas proibições, de acordo com os §§ 2º e 3º do art. 28 da Lei 9.069/1995[137] contam a partir: a) da conversão em real, no caso das obrigações ainda expressas em cruzeiros reais; b) da conversão ou contratação em URV, no caso das obrigações expressas em URV

---

[135] Ou seja, contratos para pagamento futuro ou para pagamento em prestações.

[136] Lei 9.069, de 29.06.1995: Art. 28. Nos contratos celebrados ou convertidos em real com cláusula de correção monetária por índices de preço ou por índice que reflita a variação ponderada dos custos dos insumos utilizados, a periodicidade de aplicação dessas cláusulas será anual.
§ 1º É nula de pleno direito e não surtirá nenhum efeito cláusula de correção monetária cuja periodicidade seja inferior a um ano.

[137] § 2º O disposto neste art. aplica-se às obrigações convertidas ou contratadas em URV até 27 de maio de 1994 e às convertidas em Real.
§ 3º A periodicidade de que trata o *caput* deste artigo será contada a partir:
I – da conversão em Real, no caso das obrigações ainda expressas em Cruzeiros Reais;
II – da conversão ou contratação em URV, no caso das obrigações expressas em URV contratadas até 27 de maio de 1994;
III – da contratação, no caso de obrigações contraídas após 1º de julho de 1994; e
IV – do último reajuste no caso de contratos de locação residencial.
Lei 10.192/2001: Art. 1º As estipulações de pagamento de obrigações pecuniárias exequíveis no território nacional deverão ser feitas em Real, pelo seu valor nominal.
Parágrafo único. São vedadas, sob pena de nulidade, quaisquer estipulações de:
(...)
II – reajuste ou correção monetária expressas em, ou vinculadas a unidade monetária de conta de qualquer natureza;
III – correção monetária ou de reajuste por índices de preços gerais, setoriais ou que reflitam a variação dos custos de produção ou dos insumos utilizados, ressalvado o disposto no artigo seguinte.
Art. 2º É admitida estipulação de correção monetária ou de reajuste por índices de preços gerais, setoriais ou que reflitam a variação dos custos de produção ou dos insumos utilizados nos contratos de prazo de duração igual ou superior a um ano.
§ 1º É nula de pleno direito qualquer estipulação de reajuste ou correção monetária de periodicidade inferior a um ano.
§ 2º Em caso de revisão contratual, o termo inicial do período de correção monetária ou reajuste, ou de nova revisão, será a data em que a anterior revisão tiver ocorrido.

contratadas até 27 de maio de 1994; c) da contratação, no caso de obrigações contraídas após 1º de julho de 1994; d) do último reajuste no caso de contratos de locação residencial.

Todavia, de acordo com o § 4º do art. 28 da Lei 9.069/1995[138] e o art. 4º da Lei 10.192/2001, existem exceções, segundo as quais não se aplica a vedação de correção monetária com prazo inferior a um ano: a) nas operações realizadas no mercado financeiro; b) nos contratos do Sistema Financeiro de Habitação – SFH; c) às instituições financeiras e demais entidades autorizadas a funcionar pelo Banco Central do Brasil, bem assim no Sistema Brasileiro de Poupança e Empréstimo – SBPE, e aos financiamentos habitacionais de entidades de previdência privada, bem como às entidades de previdência privada fechada; d) aos contratos e títulos referentes a importação ou exportação de mercadorias; e) aos contratos de financiamento ou de prestação de garantias relativos às operações de exportação de bens de produção nacional, vendidos a crédito para o exterior; f)

---

§ 3º Ressalvado o disposto no § 7º do art. 28 da Lei 9.069, de 29 de junho de 1995, e no parágrafo seguinte, são nulos de pleno direito quaisquer expedientes que, na apuração do índice de reajuste, produzam efeitos financeiros equivalentes aos de reajuste de periodicidade inferior à anual.

[138] Lei 9.069/1995, art. 28.
§ 4º O disposto neste art. não se aplica:
I – às operações realizadas no mercado financeiro e no Sistema Financeiro de Habitação – SFH, por instituições financeiras e demais entidades autorizadas a funcionar pelo Banco Central do Brasil, bem assim no Sistema Brasileiro de Poupança e Empréstimo – SBPE e aos financiamentos habitacionais de entidades de previdência privada;
II – às operações e contratos de que tratam o Decreto-lei 857, de 1969, e o art. 6º da Lei 8.880, de 27 de maio de 1994.
Decreto-lei 857, de 1969
Art. 1º São nulos de pleno direito os contratos, títulos e quaisquer documentos, bem como as obrigações que, exequíveis no Brasil, estipulem pagamento em ouro, em moeda estrangeira, ou, por alguma forma, restrinjam ou recusem, nos seus efeitos, o curso legal do cruzeiro.
Art. 2º Não se aplicam as disposições do artigo anterior:
I – aos contratos e títulos referentes a importação ou exportação de mercadorias;
II – aos contratos de financiamento ou de prestação de garantias relativos às operações de exportação de bens de produção nacional, vendidos a crédito para o Exterior;
III – aos contratos de compra e venda de câmbio em geral;
IV – aos empréstimos e quaisquer outras obrigações cujo credor ou devedor seja pessoa residente e domiciliada no Exterior, excetuados os contratos de locação de imóveis situados no território nacional;
V – aos contratos que tenham por objeto a cessão, transferência, delegação, assunção ou modificação das obrigações referidas no item anterior ainda que ambas as partes contratantes sejam pessoas residentes ou domiciliadas no País.
Parágrafo único. Os contratos de locação de bens móveis que estipulem pagamento em moeda estrangeira ficam sujeitos, para sua validade, a registro prévio no Banco Central do Brasil.
Art. 3º No caso de rescisão judicial ou extrajudicial de contratos a que se refere o item I do art. 2º deste Decreto-lei, os pagamentos decorrentes do acerto entre as partes, ou de execução de sentença judicial, subordinam-se aos postulados da legislação de câmbio vigente.
Art. 4º O presente Decreto-lei entrará em vigor na data de sua publicação, revogados o Decreto nº 23.501, de 27 de novembro de 1933, a Lei 28, de 15 de fevereiro de 1936, o Decreto-lei 236, de 2 de fevereiro de 1938, o Decreto-lei 1.079, de 27 de janeiro de 1939, o Decreto-lei 6.650, de 29 de junho de 1944, o Decreto-lei 316, de 13 de março de 1967, e demais disposições em contrário, mantida a suspensão do § 1º do art. 947 do Código Civil de 1916.
Lei 8.880 de 27.05.1994:
Art. 6º É nula de pleno direito a contratação de reajuste vinculado à variação cambial, exceto quando expressamente autorizado por lei federal e nos contratos de arrendamento mercantil celebrados entre pessoas residentes e domiciliadas no País, com base em captação de recursos provenientes do exterior. (...)
§ 5º O Poder Executivo poderá reduzir a periodicidade de que trata este artigo.
§ 6º O devedor, nos contratos com prazo superior a um ano, poderá amortizar, total ou parcialmente, antecipadamente, o saldo devedor, desde que o faça com o seu valor atualizado pela variação acumulada do índice contratual ou do IPC-r até a data do pagamento.

aos contratos de compra e venda de câmbio em geral; g) aos empréstimos e quaisquer outras obrigações cujo credor ou devedor sejam pessoas residentes e domiciliadas no exterior, excetuados os contratos de locação de imóveis situados no território nacional; h) aos contratos que tenham por objeto a cessão, a transferência, a delegação, a assunção ou a modificação das obrigações referidas no item anterior, ainda que ambas as partes contratantes sejam pessoas residentes ou domiciliadas no país; i) à contratação de reajuste vinculado à variação cambial, expressamente autorizado por lei federal; j) aos contratos de arrendamento mercantil celebrados entre pessoas residentes e domiciliadas no país, com base em captação de recursos provenientes do exterior.

Também não estão incluídos na proibição de correção com periodicidade inferior a um ano, de acordo com o § 4º do art. 2º da Lei 10.192/2001, os contratos de prazo de duração igual ou superior a três anos, cujo objeto seja a produção de bens para entrega futura ou a aquisição de bens ou direitos a eles relativos.[139]

Nesse caso, as partes poderão pactuar a atualização das obrigações, a cada período de um ano, contado a partir da contratação, bem como no seu vencimento final, considerada, para tanto, a periodicidade de pagamento das prestações, abatidos os pagamentos efetuados no período, atualizados da mesma forma.

A intenção da lei foi de não paralisar, principalmente, a indústria da construção civil, cujos contratos de longa duração, sem a possibilidade de correção mensal de acordo com os custos, tornar-se-iam inviáveis.

Com essa ideia, posteriormente, foi editada a Medida Provisória 2.223, de 4 de setembro de 2001 que, no âmbito do mercado imobiliário, seja o imóvel para entrega futura ou não, liberou a correção mensal por índices de preços, desde que o prazo de pagamento supere três anos, Medida Provisória essa que foi substituída pela Lei 10.931/2004, art. 46, nos mesmos termos.[140]

Releva notar, entretanto, que a apontada Medida Provisória, que libera o reajuste por índices de preço, só se aplica ao mercado imobiliário, seja o bem para entrega futura ou não e cujos contratos suplantem três anos. Nos demais casos, continua sendo aplicável a Lei 10.192/2001, ou seja, nos demais casos, a correção mensal só é possível para contratos com prazo superior a três anos, relativos a bens para entrega futura, e, ainda assim, com a cobrança de resíduo ao final de doze meses e ao final do contrato.

No caso da abrangência do disposto no § 4º do art. 2º da Lei 10.192/2001, o vendedor calcula mês a mês a prestação corrigida e abate o valor sem correção.

---

[139] Lei 10.192/2001, art. 2º.

§ 4º Nos contratos de prazo de duração igual ou superior a três anos, cujo objeto seja a produção de bens para entrega futura ou a aquisição de bens ou direitos a eles relativos, as partes poderão pactuar a atualização das obrigações, a cada período de um ano, contado a partir da contratação, e no seu vencimento final, considerada a periodicidade de pagamento das prestações, e abatidos os pagamentos, atualizados da mesma forma, efetuados no período.

§ 5º O disposto no parágrafo anterior aplica-se aos contratos celebrados a partir de 28 de outubro de 1995 até 11 de outubro de 1997.

§ 6º O prazo a que alude o parágrafo anterior poderá ser prorrogado mediante ato do Poder Executivo.

[140] Art. 15. Nos contratos de comercialização de imóveis, de financiamento imobiliário em geral e nos de arrendamento mercantil de imóveis, bem como nos títulos e valores mobiliários por eles originados, com prazo mínimo de trinta e seis meses, é admitida estipulação de cláusula de reajuste, com periodicidade mensal, por índices de preços setoriais ou gerais ou pelo índice de remuneração básica dos depósitos de poupança.

De nossa parte, entendemos que o índice da poupança só poderá ser utilizado se não coincidir com a Taxa Referencial, como ocorre atualmente. É que a Taxa Referencial não é índice de correção monetária, mas taxa de juros, o que impede sua utilização como mecanismo de correção.

A diferença é corrigida e somada com as demais diferenças dos meses subsequentes. Dessa soma resulta o chamado *resíduo* que, ao final de cada ano de contrato e ao final do contrato, se este coincidir com o período de doze meses, é cobrado do comprador.[141]

Em outras palavras, pode haver a contratação de reajuste mensal com a cobrança de resíduo ao final de cada período de um ano e ao final do contrato, no caso de contratação cujo objeto seja entregue futuramente e esteja sujeito a processo produtivo. Não se pode esquecer que esse mecanismo só se aplica se a contratação for para entrega futura e se o negócio jurídico não se enquadrar na exceção do mercado imobiliário, de acordo com o art. 46, da Lei 10.931/2004, que substituiu o art. 15 da Medida Provisória 2.223/2001.

Portanto, não sendo contrato relativo ao mercado imobiliário, no caso de bens prontos inadmite-se correção mensal, vez que o dispositivo menciona expressamente produção de bens para entrega futura ou a aquisição de bens ou direitos a eles relativos.

Quanto à correção monetária, surge, ainda, a questão da impossibilidade de se convencionar correção pela *variação de moeda estrangeira* (Código Civil, art. 318), ainda que seja na periodicidade permitida e mesmo que o pagamento seja convencionado na moeda corrente.

É preciso observar que, mesmo antes do art. 318, o art. 18 da Lei 10.192/2001 revogou expressamente os §§ 1º e 2º do art. 947 do Código Civil de 1916, vedando, em regra e definitivamente, a contratação de reajuste em moeda estrangeira.

Aliás, esses dispositivos são redundantes, o que se afirma na exata medida em que o art. 6º, da Lei 8.880, de 27 de maio de 1994, já proibia a utilização de moeda estrangeira, mesmo como referencial para pagamento em moeda nacional, nos seguintes termos: *É nula de pleno direito a contratação de reajuste vinculado à variação cambial, exceto quando expressamente autorizado por lei federal e nos contratos de arrendamento mercantil celebrados entre pessoas residentes e domiciliadas no país, com base em captação de recursos provenientes do exterior.*

---

[141] Gráfica e exemplificativamente, com valor da prestação inicial de R$ 1.000,00 (mil reais) e 1% de correção hipotética, teríamos:

Valor corrigido	Valor pago	Diferença	% de correção monetária	Diferença do mês anterior corrigida	Resíduo devido
1.010,00	1.000,00	10,00	1%		10,00
1.020,10	1.000,00	20,10	1%	10,10	30,20
1.030,20	1.000,00	30,20	1%	30,50	60,70
1.040,50	1.000,00	40,50	1%	61,31	101,81
1.050,97	1.000,00	50,90	1%	102,83	153,73
1.061,41	1.000,00	61,41	1%	155,27	216,68
1.072,02	1.000,00	72,02	1%	218,85	290,87
1.082,74	1.000,00	82,74	1%	293,78	376,52
1.093,57	1.000,00	93,57	1%	380,28	473,85
1.104,51	1.000,00	104,51	1%	478,59	583,10
1.115,55	1.000,00	115,55	1%	588,93	704,48
1.126,71	1.000,00	126,71	1%	711,48	838,24
				Total do resíduo ⇨	**838,24**

De qualquer forma, o inc. I do art. 1º da Lei 10.192/2001 proíbe a utilização de correção monetária em moeda estrangeira, vedando, nos seus termos, estipulações de pagamento *expressas ou vinculadas a ouro ou moeda estrangeira, ressalvado o disposto nos arts. 2º e 3º do Decreto-lei 857, de 11 de setembro de 1969, e na parte final do art. 6º da Lei 8.880, de 27 de maio de 1994*.

Colhendo as exceções, não se aplica a vedação de contratação em moeda estrangeira nas seguintes hipóteses do Decreto-lei 857/1969 e da parte final do art. 6º da Lei 8.880/1994: a) contratos e títulos referentes à importação ou exportação de mercadorias; b) contratos de financiamento ou de prestação de garantias relativos às operações de exportação de bens de produção nacional, vendidos a crédito para o exterior; c) contratos de compra e venda de câmbio em geral; d) empréstimos e quaisquer outras obrigações cujo credor ou devedor seja pessoa residente e domiciliada no exterior, excetuados os contratos de locação de imóveis situados no território nacional; e) contratos que tenham por objeto a cessão, transferência, delegação, assunção ou modificação das obrigações referidas no item anterior ainda que ambas as partes contratantes sejam pessoas residentes ou domiciliadas no país; f) resolução judicial ou resilição extrajudicial de contratos e títulos referentes à importação ou exportação de mercadorias; g) contratos de arrendamento mercantil celebrados entre pessoas residentes e domiciliadas no país, com base em captação de recursos provenientes do exterior.

Por outro lado, convém observar que não se trata apenas de exigir o curso forçado da moeda, determinação já constante do art. 1º do Decreto-lei 857/1969, mas de vedar correção monetária em moeda estrangeira, mesmo que o pagamento seja efetuado em moeda corrente, mediante conversão.

Surge, também, relacionado ao tema da correção monetária o questionamento sobre a aplicação de índices negativos (deflação).

O STJ entendeu, na sistemática de recursos repetitivos, que os índices negativos devem ser aplicados sem, contudo, implicar, no período, redução do valor nominal.

E o fez nos seguintes termos (Tema 678, REsp 1.361.191): "Aplicam-se os índices de deflação na correção monetária de crédito oriundo de título executivo judicial, preservado o seu valor nominal."

Como onde há a mesma razão deve ser aplicado o mesmo direito ou entendimento, no caso de atualização de valores contratuais, apura-se o índice acumulado durante o período de atualização, com os índices positivos e negativos.

Se o resultado final for negativo, mantém-se o valor nominal do contrato, salvo disposição expressa em sentido contrário pela vontade das partes contratantes.

Mesmo assim, em que pese o entendimento consolidado em sede de recurso repetitivo, tenho opinião diversa.

Entendo que, de acordo com a boa-fé que deve permear qualquer contrato (CC, arts. 113 e 422), se as partes decidiram aplicar cláusula de escala móvel (atualização ou correção monetária), abre-se uma via de mão dupla.

Em consonância com o acatado, se o índice acumulado apontar deflação, o valor nominal deverá ser reduzido, diferentemente do entendimento do STJ.

14.16.5.2. Correção monetária em razão do descumprimento das obrigações

Verificada a correção monetária que decorre do cumprimento das obrigações, por outro lado, não incidem as restrições até agora verificadas se o caso for de aplicar a correção em razão do descumprimento dos contratos.

Com efeito, tratando-se de ilícito contratual, ou seja, de *descumprimento das obrigações*, seu fundamento decorre do art. 395, do Código Civil.

Até a data do vencimento, nos termos do § 1º do art. 28 da Lei 9.069/1995 e arts. 1º e 2º da Lei 10.192/2001, a correção respeitará a cláusula de escala móvel pactuada no contrato com as restrições desses dispositivos, ou seja, em regra, a periodicidade anual.

Após o vencimento, a correção refletirá a efetiva desvalorização da moeda.[142]

Anteriormente, essa não era uma consequência legal da inexecução das obrigações e apenas decorria da propositura da competente ação, nos termos da Lei 6.899/1981.

De fato, nos débitos decorrentes de decisão judicial, aplicava-se o art. 1º da Lei 6.899/1981, segundo o qual a correção monetária incidia sobre qualquer débito resultante de decisão judicial, inclusive sobre custas e honorários advocatícios (*caput*). Nas execuções de títulos da dívida líquida e certa, a correção era calculada a contar do respectivo vencimento (§ 1º) e nos demais casos, o cálculo era feito a partir do ajuizamento da ação (§ 2º).

Não é mais assim. Agora, ocorrendo a inexecução da obrigação, independentemente da propositura de ação, surge para o credor o direito de pleitear em face do devedor a reparação dos prejuízos experimentados, entre eles, evidentemente, a correção monetária do débito vencido.

Ocorre que o termo inicial para a contagem da correção depende de o devedor estar constituído em mora ou de estar configurado o inadimplemento absoluto.

Se o caso for de mora, é importante verificar se trata de mora *ex re* ou de mora *ex persona*.

Se a mora for *ex re* e a prestação líquida (certa quanto à existência e determinada quanto ao objeto) como, por exemplo, aquela que se configura havendo termo para o cumprimento da obrigação de pagar em dinheiro, o dia do vencimento interpela o devedor sem qualquer providência do credor – *dies interpellat pro homine* (Código Civil, art. 397) e a correção monetária é contada a partir dessa data.

Se, por outro lado, o caso for de mora *ex persona*, em razão de não haver data determinada para o cumprimento da obrigação, é imprescindível a providência do credor, qual seja: notificação, interpelação ou protesto, contando-se a correção a partir dessa data.

Por outro lado, existem casos específicos de mora *ex persona*, nos quais se exige notificação para o efeito exclusivo de resolução contratual. Nesses casos, havendo data certa para o cumprimento da obrigação, a atualização dos valores devidos é contada a partir da data do vencimento de cada parcela.

Podemos exemplificar: no caso de compra e venda de imóveis prontos, a constituição em mora do devedor para efeito de resolução contratual exige notificação prévia, com prazo de quinze dias (Decreto-lei 745/1969).

---

142 *Tribunal de Justiça de São Paulo. Compromisso de compra e venda. Rescisão. Restituição das quantias pagas. Admissibilidade. Inadimplemento da construtora. Situação inflacionária existente no país que não serve de justificativa para tão grande demora no cumprimento de sua obrigação. Ilícito contratual caracterizado. Correção monetária devida a partir do pagamento de cada parcela. Recurso não provido (rel. Cuba dos Santos, Apel. Cív. 240.530-2, São Paulo, 13.10.1994).*
Superior Tribunal de Justiça. Acórdão nº 6.701, decisão: 20.11.1990, Recurso Especial nº 4.029, ano: 1990, SP, 4ª Turma, publicação: DJ 17.12.1990, p. 15.381, RJSTJ, vol. 38, p. 116.
Ação de rescisão contratual. Alegação de nulidade do acórdão. Correção monetária. Termo inicial. Não padece de vício o julgado que expõe de forma razoável a sua motivação, baseada na regra 'dies interpellat pro homine'. Cuidando-se de dívida de valor, oriunda de ilícito contratual, a correção monetária é devida independentemente da previsão constante da Lei 6.899/1981. Atualização cabível desde o desembolso das prestações. Pretensão inviável de reexame de matéria probatória. Súmula nº 7, do STJ. Recurso especial não conhecido. Rel. Min. Barros Monteiro. Observação: por unanimidade, não conhecer do recurso.
Tribunal de Justiça de São Paulo. Correção monetária – termo inicial – dívida de valor. Aplicação de correção monetária a partir do momento em que cada parcela se tornou devida. Recursos não providos (Apel. Cív. 240.394-1, Rio Claro, 8ª Câmara de Direito Público, Rel. Walter Theodósio).

Nesse caso, a correção conta-se a partir da data em que o objeto da prestação tornou-se exigível, e não da notificação, sob pena de premiar-se o enriquecimento ilícito do sujeito passivo da obrigação.

Nos casos em que a prestação é ilíquida, a correção monetária é contada a partir da data da liquidação, momento em que a dívida se torna líquida, ou seja, determinada quanto ao seu valor.

De qualquer forma, deve ser respeitada a data em que o objeto da prestação efetivamente tornou-se devido.

Sendo caso de dívida líquida e certa, a correção se dá a partir do vencimento da obrigação, nos termos já analisados, ou seja, havendo data estipulada para o cumprimento da obrigação, a correção se dá a partir dessa data, mesmo antes da propositura da ação.

Em verdade, esse dispositivo do Código Civil espelha tendência jurisprudencial que já se consolidava.

De forma correta e com profundidade de análise, os tribunais entendiam que a correção não é acréscimo, mas simples manutenção do poder de compra da moeda.

Sendo assim, em alguns casos não se justificava a correção nos termos de interpretação gramatical do § 2º da Lei 6.899/1981, ou seja, apenas após a propositura da ação, de tal sorte que essas decisões determinavam a correção desde a data em que o objeto da prestação tornava-se devido.[143]

É óbvio que, se houver a necessidade de apuração do valor, de fato novo ou até de simples cálculo aritmético, a correção monetária se faz a partir da liquidação, nos termos da Lei Processual (Código de Processo Civil, arts. 509 a 512).

Por exemplo: aforada ação ordinária para cobrança de perdas e danos em virtude de comodato, ou seja, os aluguéis, em virtude da mora na restituição do bem, a correção monetária seria devida a partir do ajuizamento da ação ou da liquidação?

Imaginemos que a sentença condene o comodatário que entregou o bem a destempo no pagamento dos aluguéis pelo período da demora.

Se a condenação levar em conta o valor singelo da data do uso indevido, corrigido apenas a partir do ajuizamento da ação, premiará o enriquecimento ilícito do réu. Portanto, a correção monetária é contada a partir da data em que o valor tornou-se devido, considerado o valor da época ou da data da liquidação, e não a data da propositura da ação, mesmo diante da ausência de cláusula contratual expressa nesse sentido.[144]

---

[143] **Superior Tribunal de Justiça.** *Recurso Especial nº 96.488/RN, decisão: por unanimidade, conhecer e dar provimento ao recurso, data da decisão: 20.08.1996, 6ª Turma. Previdenciário. Benefícios. Correção monetária. STJ. Jurisprudência. A correção monetária ajusta o valor formal ao significado material da prestação. Não faz sentido, notadamente quanto aos benefícios previdenciários, de caráter alimentar, subtrair qualquer período de desvalorização do poder aquisitivo da moeda. Sempre lancei reservas à interpretação da Lei 6.899/1981, deixando sem atualização o período anterior. Urge preocupar-se com o Direito justo. A justiça social não pode ser postergada. Toda lei tem a ampará-la uma norma, um princípio. A lei é mero compromisso histórico com o Direito. Se ele não realiza a justiça, deve ser corrigido. Palavras de Radbruch: "não se pode definir o Direito, inclusive o Direito positivo, senão dizendo que é uma ordem estabelecida com o sentido de servir a justiça". Fonte: DJ 16.12.1996, p. 50.986.*

[144] **Segundo Tribunal de Alçada Civil de São Paulo.** *Execução. Título judicial. Correção monetária. Omissão na sentença. Irrelevância. Incidência. Termo inicial. Data da conta atualizada. Acidente do trabalho (indenização pelo direito comum). Embargos à execução de Sentença. Correção monetária. Devida independentemente de não constar do pedido ou da decisão. Lei 6.899/1981. Termo inicial data da conta atualizada aceita pela sentença que julgou os embargos à execução de sentença. Dá-se provimento ao recurso (Apel. nº 531.154, 12ª Câm., Rel. Juiz Oliveira Prado, j. 25.02.1999).*
Primeiro Tribunal de Alçada Civil de São Paulo: *Processo nº 56.5554-1, Apelação Cível, origem: Mirassol, 11ª Câmara, j. 23.11.1995, relator Everaldo de Melo Colombi, decisão: unânime. Correção*

No caso de títulos de crédito, a correção monetária se dá a partir do vencimento da cártula.

Ocorre que nos casos em que a cártula vence à vista, nos termos das leis comerciais (arts. 20, 2ª alínea, 33 a 37 e 77 da Lei Uniforme – Decreto 57.663, de 24 de janeiro de 1966), a correção monetária somente é devida após o protesto ou a citação para a ação competente.[145]

Ainda assim, convém relatar que algumas decisões, a nosso ver acertadas, já admitiram a correção a partir do vencimento, mesmo no caso de cambiais com vencimento à vista.[146]

Tal posição se mostra coerente na exata medida em que, se a correção monetária não é acréscimo, mas simples manutenção do poder de compra da moeda, nada mais justo, vez que decisão contrária permitiria enriquecimento ilícito do devedor.

No caso de ato ilícito não há qualquer divergência e a correção monetária é contada a partir do evento danoso (Código Civil, art. 398).

Como sempre, se houver necessidade de liquidação, a partir dessa liquidação, quando se apurará o valor atualizado, é contada a correção monetária. É evidente que a liquidação representa o valor atual da condenação pelo ilícito perpetrado.[147]

---

monetária – execução por título judicial. Termo inicial. Fixação a partir da apuração do valor do débito consoante cláusula contratual expressa. Inaplicabilidade do art. 1º, § 2º, da Lei 6.899/1981 que prevê a atualização somente a partir do ajuizamento da ação – recurso provido.

[145] **Primeiro Tribunal de Alçada Civil de São Paulo.** Processo nº 422.480-0/00, Agravo de Instrumento, origem: São Paulo, órgão: 6ª Câmara, j. 20.06.1989, relator Juiz Carlos Roberto Gonçalves, decisão: unânime. Correção monetária. Cambial. Nota promissória. Emissão à vista. Título não apresentado e nem protestado. Vencimento à data da citação – arts. 20, 2ª alínea, 33 a 37 e 77 da Lei Uniforme. Termo inicial para a correção monetária. Recurso provido para esse fim.

[146] **Primeiro Tribunal de Alçada Civil de São Paulo.** Processo nº 688.662-4/00, Apelação Cível, origem: Campinas, j. 07.08.1997, relator Juiz Diogo de Salles, decisão: unânime. Prescrição. Cambial. Nota promissória. Ação de cobrança. Prazo prescricional ditado pelo art. 177 do Código Civil de 1916. Inconfundibilidade com o prazo do art. 61 da Lei 7.357/1985, por se referir a cobrança de locupletamento indevido pelo não pagamento de cheque. Prescrição inocorrente. Recurso improvido. Comissão. Corretagem. Desfazimento parcial de negócio posterior a intermediação. Irrelevância para o intermediador. Remuneração deste calculada em função do negócio efetivamente realizado. Verba integralmente devida. Cobrança procedente. Recurso improvido. Correção monetária. Cambial. Nota promissória. Termo inicial a partir do vencimento do título e não do ajuizamento da ação, sob pena de locupletamento de devedor com valor não pago. Cobrança procedente – recurso improvido. **Tribunal de Alçada do Rio Grande do Sul.** Apelação Cível 196.005.136, j. 13.03.1996, órgão: 7ª Câmara Cível, relator Juiz Vicente Barroco de Vasconcelos, origem: Porto Alegre. Ação de cobrança. Nota promissória. Não indicando a época do vencimento, é ela pagável à vista, isto é, com vencimento à vista. Juros legais. A partir da citação, nos termos do art. 219 do CPC [atual art. 240]. Correção monetária a contar da data da criação da obrigação, pois não é ônus, mas sim simples expediente de recomposição do poder liberatório da moeda. Apelo provido. Decisão: Dado provimento. Unânime.

[147] **Superior Tribunal de Justiça.** Acórdão nº 4.847, decisão: 01.04.1992, Recurso Especial nº 19.440, ano: 1992, UF: MG, 4ª Turma, publicação: DJ 20.04.1992, p. 5.259. Ação indenizatória. Responsabilidade civil. Acidente de trânsito. Termo inicial da correção monetária. A correção monetária conta-se a partir da data em que os prejuízos são tornados líquidos, quer pela comprovação do efetivo desembolso, quer pela apresentação de orçamento idôneo adotado pelo julgador na fixação do quantum do ressarcimento. Recurso especial conhecido, alínea "c", e provido. Rel. Min. Athos Carneiro. Por unanimidade, conhecer do recurso e dar-lhe provimento. Participaram do julgamento, além do signatário, os Srs. Ministros Sálvio de Figueiredo, Barros Monteiro e Bueno de Souza. **Tribunal de Justiça de São Paulo.** Correção monetária. Termo inicial. Indenização por ato ilícito. Incidência a partir de cada ato praticado. Inteligência da Súmula nº 43 do Superior Tribunal de Justiça. Recurso não provido (Apel. Cív. 220.816-1, Presidente Prudente, 8ª Câm. Civ., Rel. Desembargador Oliveira Prado, j. 07.06.1995, decisão unânime). **Tribunal de Alçada de Minas Gerais.** Processo nº 0111.018-1/01, descrição: Embargos Infringentes, origem: Belo Horizonte, órgão: 4ª Câmara Cível, j. 12.02.1992, relator Juiz Tibagy Salles, decisão: unânime.

Até o advento da Lei 14.905/2024, que alterou o art. 389 do Código Civil, proposta a ação, ainda que se tratasse de obrigação contratual descumprida e ainda que o contrato contivesse índice próprio de atualização, este, contratual, não se aplicava mais, posto que substituído por norma de ordem pública, decorrente da Lei 6.899/1981, que visava uniformizar os critérios de apuração de débitos judiciais.

Nesse sentido: "Civil. Agravo regimental. Embargos à execução. Poupança. Atualização do débito judicial. I. A correção monetária do débito judicial não segue o regime do contrato primitivo, mas os ditames da Lei n. 6.899/1981. Precedentes do STJ. II. Agravo desprovido" (AgRg no REsp1.075.627/PR, Rel. Min. Aldir Passarinho Junior, 4ª Turma, j. 20.11.2008, *DJe* 15.12.2008).[148]

Ainda: REsp162.347/SP, Rel. Min. Aldir Passarinho Junior, 4ª Turma, unânime, *DJU* 29.05.2000; REsp162.184/SP, Rel. Min. Ruy Rosado de Aguiar, 4ª Turma, unânime, *DJU* 29.06.1998.

Entendia-se de forma majoritária que a correção monetária do débito judicial somente poderia ser computada pelos índices contratuais até a data da propositura da ação.

Com o ajuizamento, o *quantum* apurado não seguiria mais o regime do contrato, mas sim os ditames da Lei 6.899/1981.

Igualmente:

Superior Tribunal de Justiça. *Agravo Regimental. Recurso Especial provido em parte. Equívoco no dispositivo. Correta fixação do índice de correção monetária. Contrato de compra e venda de imóvel em construção. Utilização de índices diferenciados. Juros de mora. Consectários. Termo a quo. Trânsito em Julgado. 1. No caso de rescisão de contrato de compra e venda de imóvel em construção, o índice de atualização monetária para corrigir as parcelas a serem devolvidas pela vendedora é o INCC, por estar vinculado ao contrato; após o ajuizamento da ação, o INPC. 2. Na hipótese em que a rescisão contratual ocorre por iniciativa da promitente-vendedora, em razão do inadimplemento das parcelas pactuadas pelo comprador, o termo inicial dos juros de mora é a data do trânsito em julgado, pois inexiste mora anterior. 3. Agravo regimental provido em parte (AgRg no REsp 1.151.282/MT, Rel. Min. João Otávio de Noronha, 3ª Turma, j. 20.08.2013, DJe 29.08.2013).*

O Superior Tribunal de Justiça firmou o entendimento segundo o qual, para o cálculo da correção monetária para efeito de atualização de débitos judiciais, aplica-se o IPC integral dos meses de março de 1990 a fevereiro de 1991 e o INPC a partir de então (REsp115.325/SP, Rel. Min. Barros Monteiro, unânime, *DJU* 02.06.1997; REsp31.896/SP, Rel. Min. Aldir Passarinho, unânime, *DJU* 30.08.1999).

Essa conclusão decorria também da redação primitiva do art. 389 do Código Civil.

Responsabilidade civil – ato ilícito – indenização – correção monetária – evento lesivo – termo inicial – em matéria de responsabilidade civil por ato ilícito prevalece o entendimento de que a indenização há de ser a mais ampla possível, de modo a recompor o desfalque patrimonial sofrido pelo ofendido, devendo a correção monetária ser aplicada a partir do evento lesivo, sob pena de se promover o enriquecimento ilícito do devedor em detrimento do credor.

[148] Em sentido contrário, admitindo a aplicação do índice contratual após a propositura da ação: **Tribunal de Justiça de São Paulo.** *(...) Correção monetária – TR. Incabível a utilização da TR como índice de correção monetária se não estiver prevista na avença. Súmula 295 do STJ. Necessidade de utilização, em lugar desse indexador, dos índices da tabela prática editada pelo TJSP, caso não esteja prevista no contrato. Escritura Pública de Confissão de Dívida com Garantia Hipotecária e Outras Avenças que prevê, explicitamente, a utilização da TR. Inexistência de óbice à sua utilização. Contrato bancário. Vencimento da dívida. Banco embargado que, após o vencimento antecipado da dívida, fez incidir somente correção monetária pelos índices da tabela prática editada pelo TJSP, juros moratórios de 1% ao mês e multa contratual. Apelos dos embargantes providos em parte (Apelação nº 9072681-05.2006.8.26.0000, Rel. José Marcos Marrone, 23ª Câmara de Direito Privado, j. 14.09.2011, Registro: 15.09.2011. Outros números: 7065229000).*

Ocorre que esse panorama mudou com a Lei 14.905/2024, que alterou a redação do art. 389. Compare:

Redação original	Nova redação
Art. 389. Não cumprida a obrigação, responde o devedor por perdas e danos, mais juros e atualização monetária **segundo índices oficiais regularmente estabelecidos**, e honorários de advogado.	Art. 389. Não cumprida a obrigação, responde o devedor por perdas e danos, mais juros, atualização monetária e honorários de advogado. Parágrafo único. **Na hipótese de o índice de atualização monetária não ter sido convencionado ou não estar previsto em lei específica**, será aplicada a variação do Índice Nacional de Preços ao Consumidor Amplo (IPCA), apurado e divulgado pela Fundação Instituto Brasileiro de Geografia e Estatística (IBGE), ou do índice que vier a substituí-lo."

Portanto, foi substituído o termo *"segundo índices oficialmente estabelecidos"* por *"na hipótese de o índice de atualização monetária não ter sido convencionado ou não estar previsto em lei específica"*.

Em consonância com o acatado pela lei, na ausência de convenção entre as partes sobre o índice, o art. 389 do Código Civil, pela redação dada pela Lei 14.905/2024, manda aplicar o Índice Nacional de Preços ao Consumidor Amplo (IPCA), apurado e divulgado pela Fundação Instituto Brasileiro de Geografia e Estatística (IBGE).

Assim, a partir de 31 de agosto de 2024, quando a nova redação entrou em vigor, restou superado o entendimento anterior e o índice pactuado deve ser respeitado, mesmo que se trate de pretensão contratual exigida judicialmente.

É preciso observar que o entendimento da dicotomia entre o índice pactuado, aplicável até a propositura da ação e, a partir daí, pelo índice uniforme adotado pela jurisprudência para débitos judiciais (AgInt no REsp 1.329.235/PR, Rel. Min. Luis Felipe Salomão, 4ª Turma, j. 09.10.2018, *DJe* 15.10.2018), fundado na vetusta orientação da Lei 6.899/1981, na maioria dos casos versava sobre ações de repetição do indébito e de expurgos, *não propriamente de execução do crédito previsto em contrato com indexador pactuado*. Nesse sentido:

Superior Tribunal de Justiça. *Agravo regimental no Recurso Especial. Depósitos judiciais. Expurgos inflacionários. Sobrestamento. Descabimento. Correção monetária. Depósito judicial. Lei nº 6.899/81. Decisão agravada mantida. Improvimento. (...)* **2. O entendimento desta Corte é firme no sentido de que correção monetária do débito judicial não segue mais o regime do contrato primitivo e sim os ditames da Lei n. 6.899/81.** *Precedentes. (AgRg no REsp 1.150.359/SP, Rel. Min. Sidnei Beneti, 3ª Turma, j. 25.06.2013, DJe 1º.08.2013).*

Ocorre que, nem de longe, a Lei 6.899/1981 prevê um índice, muito menos contém disposição capaz de afastar a vontade das partes no contrato quanto ao indexador e, tampouco, reflete a conclusão de afastar a clara disposição do art. 389 do Código Civil com a redação dada pela Lei 14.905/2024.[149]

---

[149] "Art. 1º A correção monetária incide sobre qualquer débito resultante de decisão judicial, inclusive sobre custas e honorários advocatícios.

§ 1º Nas execuções de títulos de dívida líquida e certa, a correção será calculada a contar do respectivo vencimento.

§ 2º Nos demais casos, o cálculo far-se-á a partir do ajuizamento da ação.

Nessa medida, em se tratando de condomínio:[150]

Superior Tribunal de Justiça. *Direito civil. Recurso Especial. Débitos condominiais. Condenação judicial. Correção monetária. Índice aplicável. INPC. 1. Discussão relativa ao índice de correção monetária a ser adotado para atualização de débitos de condomínio, objeto de condenação.* **2. Esta Corte decidiu que não há ilegalidade ou abusividade na adoção do IGP-M para atualização monetária de débitos, quando esse índice foi eleito pelas partes.** *3. Na hipótese, a convenção de condomínio não prevê qual índice deverá ser adotado para atualização de débitos. 4. A correção pelo INPC é adequada à hipótese, além de estar em consonância com a jurisprudência do STJ, no sentido da utilização do referido índice para correção monetária dos débitos judiciais. Precedentes. 5. Recurso especial desprovido. (REsp 1.198.479/PR, Rel. Min. Nancy Andrighi, 3ª Turma, j. 06.08.2013, DJe 22.08.2013).*

Art. 2º O Poder Executivo, no prazo de 60 (sessenta) dias, regulamentará a forma pela qual será efetuado o cálculo da correção monetária. (Regulamento)

Art. 3º O disposto nesta Lei aplica-se a todas as causas pendentes de julgamento.

Art. 4º Esta Lei entrará em vigor na data de sua publicação.

Art. 5º Revogam-se as disposições em contrário."

[150] No mesmo sentido: REsp 1.352.467, Rel. Min. Massami Uyeda, *DJe* 13.11.2012; AREsp 128.089, Rel. Min. Massami Uyeda, *DJe* 06.11.2012; AgRg no REsp 761.275/DF, Rel. Min. Luis Felipe Salomão, 4ª Turma, *DJe* 26.02.2009.

Capítulo 1

CUIDADOS NA AQUISIÇÃO DE IMÓVEIS

1.1. INTRODUÇÃO

Historicamente, a riqueza das pessoas, entre nós, é medida pela propriedade imobiliária.

Não são raros os exemplos.

Com efeito, ao fiador se requer a prova da propriedade imobiliária; nos negócios jurídicos sujeitos a pagamento em prestações, o credor procura medir a capacidade de o devedor honrar os pagamentos através da análise de seu patrimônio imobiliário etc.

Sendo assim, os negócios jurídicos envolvendo bens imóveis são numerosos, o que implica em problemas normalmente enfrentados pelos compradores e vendedores.

A aquisição de um imóvel, a rigor, exige que o vendedor seja idôneo, moral e financeiramente.

Deveras, a ausência de qualquer cautela poderá acarretar a perda do imóvel e do dinheiro nele investido, o que será objeto de estudo neste capítulo.

O fato é que não há certeza absoluta sobre a validade da aquisição já que a presunção de propriedade, no nosso sistema, é relativa.

Muita coisa pode acontecer: procuração falsa, defeito do negócio jurídico (erro, dolo, coação, estado de perigo, lesão e fraude contra credores), ausência de requisito de validade (agente incapaz, objeto ilícito e ausência da forma prescrita em lei).

Pode ocorrer, também, simulação.

Em outras palavras, inúmeras são as causas que podem invalidar o negócio jurídico de compra e venda de um imóvel.

Sendo assim, jamais haverá certeza absoluta acerca da aquisição.

Portanto, a conclusão inexorável é que o negócio em tela sempre envolverá riscos.

Essa tormentosa constatação perseguirá o trabalho profissional do advogado, do corretor e até mesmo do engenheiro ou arquiteto, envolvidos na aquisição de um imóvel.

Em resumo, a compra de imóveis deve ser analisada previamente, com toda a cautela, sob pena de se perder o dinheiro de uma vida de trabalho investido num negócio desastroso.

Em razão disso, antes de fechar o negócio, é necessário verificar se:

a) o imóvel está com os respectivos documentos em ordem;

b) o imóvel pertence a quem se diz proprietário, (ou seja, que não está sendo vendido *a non domino*, por quem não é dono ou pessoa autorizada); e,

c) esse proprietário é moral e financeiramente idôneo.

Ainda que se possa pensar que o razoável seria verificar isso quanto ao adquirente, o fato é que na aquisição dos imóveis, comprar de um vendedor em má situação financeira pode significar a perda do valor investido.

Se assim o é, mister se faz providências para uma compra de imóveis com o mínimo de riscos (os quais sempre existirão, como já dissemos, ainda que essas cautelas sejam adotadas).

1.2. CERTIDÕES DO IMÓVEL

Todo o processo de aquisição começa pela solicitação das certidões referentes ao imóvel e à pessoa do vendedor.

Vejamos, agora, quais são as certidões referentes ao imóvel, que devem ser providenciadas:

1.2.1. Certidão de propriedade

A primeira certidão que devemos obter é a de propriedade do imóvel em nome do vendedor.

Esse documento é a cópia da matrícula ou a sua transcrição fornecidas pelo oficial de Registro de Imóveis onde está matriculado ou transcrito o imóvel pretendido.

Certo é que a Lei 6.015/1973 – Lei de Registros Públicos – acabou com o regime de transcrições, procedimento antigo, da Lei 4.827, de 7 de fevereiro de 1924, que consistia em anotar as aquisições em determinado livro, sem que houvesse a matrícula, que só surgiu por ocasião dessa lei. Ocorre que ainda há imóveis transcritos, vez que não houve qualquer modificação do registro desde a vigência da Lei 6.015/1973, que entrou em vigor no dia 1º de janeiro de 1976, com as modificações da Lei 6.216, de 30 de junho de 1975.

A matrícula nada mais é que uma ficha, contendo os dados do Registro de Imóveis, um número único atribuído a cada imóvel, a descrição do imóvel e seu proprietário.

Além disso, nessa ficha vão sendo registradas as alterações de registro, como, por exemplo, as vendas (Lei 6.015/1973, art. 167).

Sendo assim, nela verificaremos se aquele que vende é realmente o proprietário.

Em consonância com o acatado, não se pode aceitar uma certidão ou cópia antiga da matrícula. Para outorga de uma escritura, a matrícula deve ter, no máximo, trinta dias contados de sua emissão, notadamente para os efeitos, dos quais tratarei adiante, do art. 54 da Lei 13.097/2015.[1]

O imóvel já pode ter sido vendido e uma certidão antiga não mostrará o novo proprietário, embora os trinta dias, a bem da verdade, não garantam plenamente que o imóvel não tenha outro dono por ocasião da escritura.

A análise cuidadosa desse documento se compara à análise de um exame pelo médico.

Explica-se: a cópia da matrícula indicará diversas máculas que eventualmente poderão incidir sobre o negócio.

Esse documento mostrará, por exemplo:

1) O estado civil do vendedor. Se for casado, mister se faz a participação do cônjuge (outorga conjugal). Exceto no regime de separação total de bens, a outorga é obrigatória (Código Civil, art. 1.647). Será obrigatória para qualquer regime de casamento para as

---

[1] Com a redação dada pela Lei 14.825/2024, que alterou a Lei 13.097, de 19 de janeiro de 2015, "para garantir a eficácia dos negócios jurídicos relativos a imóveis em cuja matrícula inexista averbação, mediante decisão judicial, de qualquer tipo de constrição judicial."

pessoas que se casaram antes do início da vigência do atual Código (casamentos celebrados até o dia 11.01.2003, inclusive) tendo em vista o que dispõe o art. 2.039 do Código Civil, ante o que dispunha o art. 235 do Código Civil de 1916.

No regime da participação final nos aquestos, a dispensa da outorga depende de pacto antenupcial (Código Civil, art. 1.656).

2) Se o imóvel já foi prometido para outra pessoa – nesse caso essas pessoas terão direito real de aquisição (Código Civil, arts. 1.225, VII, e 1.418).

3) Se o imóvel está hipotecado (direito real de garantia), garantindo alguma dívida do vendedor ou de antecessores.

4) Se está penhorado por dívidas. Nesse caso, mister se faz a verificação dos arts. 792 e 828 do Código de Processo Civil.[2]

Portanto, tratando-se de ação real, como a reivindicatória, de pretensão reipersecutória ou de execução, há fraude contra o credor ou à execução com presunção absoluta de sua ocorrência se houver averbação da pendência do processo junto à matrícula, sendo importantíssima, nessa exata medida, a verificação dela.

5) Se está gravado com usufruto, o que dá direito de uso e fruição a um terceiro, assim como se há um outro direito real de terceiros sobre o imóvel (superfície, uso, habitação, anticrese etc.).

6) Se está caucionado como garantia locatícia.

7) Se há contrato de locação registrado – nesse caso, havendo cláusula de vigência no contrato de locação, o adquirente terá que respeitá-lo e, demais disso, terá obrigatoriamente que dar a preferência ao locatário vez que, do contrário, o locatário poderá depositar o

---

[2]   Art. 792. A alienação ou a oneração de bem é considerada fraude à execução:
I – quando sobre o bem pender ação fundada em direito real ou com pretensão reipersecutória, desde que a pendência do processo tenha sido averbada no respectivo registro público, se houver;
II – quando tiver sido averbada, no seu registro do bem, a pendência do processo de execução, na forma do art. 828;
III – quando tiver sido averbado, no registro do bem, hipoteca judiciária ou outro ato de constrição judicial originário do processo onde foi arguida a fraude;
IV – quando, ao tempo da alienação ou oneração, tramitava contra o devedor ação capaz de reduzi-lo à insolvência;
V – nos demais casos expressos em lei.
§ 1º A alienação em fraude à execução é ineficaz em relação ao exequente.
§ 2º No caso de aquisição de bem não sujeito a registro, o terceiro adquirente tem o ônus de provar que adotou as cautelas necessárias para a aquisição, mediante a exibição das certidões pertinentes, obtidas no domicílio do vendedor e no local onde se encontra o bem.
§ 3º Nos casos de desconsideração da personalidade jurídica, a fraude à execução verifica-se a partir da citação da parte cuja personalidade se pretende desconsiderar.
§ 4º Antes de declarar a fraude à execução, o juiz deverá intimar o terceiro adquirente, que, se quiser, poderá opor embargos de terceiro, no prazo de 15 (quinze) dias.
Art. 828. O exequente poderá obter certidão de que a execução foi admitida pelo juiz, com identificação das partes e do valor da causa, para fins de averbação no registro de imóveis, de veículos ou de outros bens sujeitos a penhora, arresto ou indisponibilidade.
§ 1º No prazo de 10 (dez) dias de sua concretização, o exequente deverá comunicar ao juízo as averbações efetivadas.
§ 2º Formalizada penhora sobre bens suficientes para cobrir o valor da dívida, o exequente providenciará, no prazo de 10 (dez) dias, o cancelamento das averbações relativas àqueles não penhorados.
§ 3º O juiz determinará o cancelamento das averbações, de ofício ou a requerimento, caso o exequente não o faça no prazo.
§ 4º Presume-se em fraude à execução a alienação ou a oneração de bens efetuada após a averbação.
§ 5º O exequente que promover averbação manifestamente indevida ou não cancelar as averbações nos termos do § 2º indenizará a parte contrária, processando-se o incidente em autos apartados.

valor da escritura e haver para si o imóvel (adjudicar) nos termos dos arts. 8°, 27 e 33 da Lei 8.245/1991.

8) Se está clausulado por cláusula de inalienabilidade.

As cláusulas de incomunicabilidade, impenhorabilidade e inalienabilidade são pactuadas livremente nas doações de acordo com doutrina majoritária e a par de decisões em contrário que aplicam, por extensão, as regras do testamento (Tribunal de Justiça de São Paulo, AI 990.10.001924 e Apelação 613.184.4/8).

Todavia, tratando-se de testamento, o bem somente poderá ser clausulado se houver justa causa (Código Civil, art. 1.848) sobre os bens da legítima (metade dos bens deixados na sucessão).

Estas cláusulas limitam o exercício pleno da propriedade no que tange ao atributo da disposição, o que evidentemente impede a venda do imóvel, e podem ser temporárias ou vitalícias, estas últimas mais comuns e, neste caso, a morte do beneficiado as extingue, ou seja, vale a inalienabilidade durante a vida do beneficiado.

No caso de testamento, portanto, aplica-se o art. 1.848 do Código Civil: "Salvo se houver justa causa, declarada no testamento, não pode o testador estabelecer cláusula de inalienabilidade, impenhorabilidade, e de incomunicabilidade, sobre os bens da legítima".

O § 2° desse dispositivo esclarece, todavia, que "mediante autorização judicial e havendo justa causa, podem ser alienados os bens gravados, convertendo-se o produto em outros bens, que ficarão sub-rogados nos ônus dos primeiros".

Portanto, demonstrada justa causa para alienação, ocorrerá a sub-rogação dos vínculos, ou seja, a inalienabilidade e as demais cláusulas serão transmitidas para outro imóvel, o que se faz por meio do procedimento de jurisdição voluntária insculpido no art. 719 e seguintes do Código de Processo Civil mediante apresentação e avaliação do imóvel que receberá as cláusulas.

Nesse sentido, o art. 1.911 do Código Civil e seu parágrafo único estabelecem que *a cláusula de inalienabilidade, imposta aos bens por ato de liberalidade, implica impenhorabilidade e incomunicabilidade. Posta assim a questão legal, no caso de desapropriação de bens clausulados, ou de sua alienação, por conveniência econômica do donatário ou do herdeiro, mediante autorização judicial, o produto da venda converter-se-á em outros bens, sobre os quais incidirão as restrições apostas aos primeiros.*

Surge, então, a questão da possibilidade ou não de venda do imóvel sem a sub-rogação dos vínculos de inalienabilidade, incomunicabilidade e impenhorabilidade. Isto porque muitas vezes o proprietário não reúne condições para arcar com as despesas que recaem sobre o imóvel a exemplo dos impostos e taxas.

Nestes casos, entendemos que é possível requerer alvará, também pelo procedimento de jurisdição voluntária (Código de Processo Civil, art. 719 e seguintes).

Neste sentido:

Tribunal de Justiça de São Paulo. Alvará para a venda de imóvel. (...) Hipótese que, na realidade, versa sobre cancelamento da cláusula de inalienabilidade, impenhorabilidade e incomunicabilidade. Abrandamento do rigor da norma do art. 1.676, CC/1916, que permite o afastamento de cláusula restritiva em situações excepcionais, como a dos autos. Autora, donatária, que foi contemplada, assim como seus filhos menores, com legados deixados pela própria doadora, sem reunir condições financeiras de arcar com o elevado valor dos impostos de transmissão dos bens. Recurso provido para deferir o alvará. (Apelação 0005624-64.2012.8.26.0566 – 4ª Câmara de Direito Privado – Rel. Des. Maia da Cunha. j. 29.11.2012).

Nesse julgado, esclareceu o Relator:

A jurisprudência, acompanhando a evolução da sociedade, abrandou o rigor da norma insculpida no art. 1.676 do Código Civil de 1916, assim redigida: "A cláusula de inalienabilidade temporária, ou vitalícia, imposta aos bens pelos testadores ou doadores, não poderá, em caso algum, salvo os de expropriação por necessidade ou utilidade pública, e de execução por dívidas provenientes de impostos relativos aos respectivos imóveis, ser invalidada ou dispensada por atos judiciais de qualquer espécie, sob pena de nulidade".

Com o surgimento de situações que, à evidência, contrariavam a boa intenção do instituidor, passou-se a admitir o cancelamento das cláusulas restritivas em hipóteses além daquelas excepcionadas pela norma, de sorte a harmonizar o escopo do dispositivo legal com as circunstâncias extraordinárias.

Neste contexto, já há muito decidiu o Colendo Superior Tribunal de Justiça que "A regra restritiva à propriedade encartada no art. 1.676 deve ser interpretada com temperamento, pois a sua finalidade foi a de preservar o patrimônio a que se dirige, para assegurar à entidade familiar, sobretudo aos pósteros, uma base econômica e financeira segura e duradoura. Todavia, não pode ser tão austeramente aplicada a ponto de se prestar a ser fator de lesividade de legítimos interesses, desde que o seu abrandamento decorra de real conveniência ou manifesta vantagem para quem ela visa proteger associado ao intuito de resguardar outros princípios que o sistema da legislação civil encerra" (REsp 34.744/SP, 4ª Turma, Rel. Min. Cesar Asfor Rocha, DJ 18.11.1996).

E, mais recentemente: "Em princípio, a interpretação meramente literal do art. 1.676 do antigo Código Civil brasileiro tem recebido certo tempero, quando se verifique que a situação recomenda uma liberalização das restrições estabelecidas pelo doador que, em essência, buscava, na verdade, a proteção dos donatários, impedindo-os de gravar ou alienar o bem, de modo a, mantendo-o em seu patrimônio, dele fruírem, evitando cair em penúria financeira. Se a realidade revela circunstâncias adversas aos donatários, a melhor solução poderá efetivamente vir a ser a atenuação ou o afastamento das cláusulas" (REsp 327.156/MG, 4ª Turma, Rel. Min. Aldir Passarinho Junior, DJ 09.02.2005).

Não se olvida que o cancelamento das cláusulas restritivas depende da verificação de situação ou circunstância excepcional, sob pena de completo esvaziamento do art. 1.676 do Código Civil de 1916. No caso, porém, está presente a excepcionalidade que reside no fato de a apelante não reunir condições financeiras de arcar com o elevado valor dos impostos relativos aos bens legados a si e a seus filhos menores pela própria doadora/testadora.

Assim é que, adotando o entendimento do Colendo Superior Tribunal de Justiça no sentido de que "A vedação contida no art. 1.676 do CC/16 poderá ser amenizada sempre que for verificada a presença de situação excepcional de necessidade financeira, apta a recomendar a liberação das restrições instituídas pelo testador" (REsp 1.158.679/MG, 3ª Turma, Rel. Min. Nancy Andrighi, DJe 15.04.2011), afigura-se recomendável o deferimento do alvará para a venda do imóvel outrora doado à apelante, assegurando à donatária e seus filhos a manifesta vantagem da regularização dos legados, situação esta por certo desejada pela doadora/testadora.

Nada obstante, há decisão em sentido contrário que exige processo de conhecimento:

Tribunal de Justiça de São Paulo. *Pedido de alvará. Determinação para realização de avaliação dos imóveis. Inadmissibilidade. Nada consta sobre existência de condôminos incapazes. Cancelamento de cláusulas restritivas de impenhorabilidade e inalienabilidade exige processo de conhecimento amplo. Alvará não tem aptidão processual para tanto, pois envolve questão de jurisdição voluntária. Ausência de interesse de agir. Falta de uma das condições da ação impossibilita o conhecimento do recurso. Agravo não conhecido, com observação.*

Nele, o relator justificou sua posição da seguinte forma:

Assim, caberia à agravante pleitear a anulação da impenhorabilidade e da inalienabilidade que gravam os imóveis, consequentemente, não se vislumbra suporte para que, em simples procedimento de jurisdição voluntária, a pretensão tivesse amparo. Desta forma, a exclusão de cláusulas restritivas incidentes sobre o imóvel exige processo de conhecimento amplo, por conseguinte, a pretensão por alvará não tem respaldo legal e não se trata de formalismo exacerbado, mas efetivamente a observância do ordenamento jurídico vigente.

Com o respeito que a decisão merece, discordamos na exata medida em que não é possível estabelecer um processo de conhecimento sem que haja pretensão resistida. Neste caso, tratando-se de testamento, quem será integrado no polo passivo da ação?

Mesmo no caso de doação, em que pese o doador ainda estar vivo no momento do pedido de venda, não teria ele interesse para se opor em razão do ato de disposição que praticou.

9) Se o vendedor comprou do pai ou avô, tendo irmãos (Código Civil, art. 496). Nesse caso, deve ter havido a anuência dos demais descendentes e do cônjuge do vendedor sob pena de nulidade relativa, que deve ser requerida em dois anos (Código Civil, art. 179).

10) Se o vendedor é incapaz ou menor – nesse caso será obrigatória a autorização judicial (Código Civil, arts. 1.691 e 1.750).

11) Se há averbação da construção.

1.2.2. Certidão negativa de tributos municipais

Como as obrigações com tributos municipais são consideradas *propter rem*, ou seja, se vinculam ao bem em razão, principalmente, do domínio, o adquirente se tornará responsável em razão da aquisição.

Sendo assim, é importante que tenha o cuidado com a verificação da certidão de tributos municipais.

Observe-se que não basta a apresentação do último carnê quitado, o que se afirma em razão de as prefeituras receberem o valor do imposto ainda que haja débito anterior.

O vendedor tem a obrigação de apresentar tais certidões.

O art. 1.137 do Código Civil de 1916, sem paralelo no atual Código, determinava:

> *Art. 1.137. Em toda escritura de transferência de imóveis, serão transcritas as certidões de se acharem eles quites com a Fazenda Federal, Estadual e Municipal, de quaisquer impostos a que possam estar sujeitos.*
>
> *Parágrafo único. A certidão negativa exonera o imóvel e isenta o adquirente de toda responsabilidade.*

Ainda sobre impostos que recaiam sobre o imóvel, veja-se o teor do parágrafo único do art. 677 do Código Civil de 1916, também sem paralelo no atual Código:

> *O ônus dos impostos sobre prédios transmite-se aos adquirentes, salvo constando da escritura as certidões do recebimento, pelo fisco, dos impostos devidos.*

Isso significa que o ônus de impostos incidentes sobre o imóvel constitui uma obrigação *propter rem* (própria da coisa) e isso permanece no atual Código Civil, tendo em vista que os princípios são os mesmos.

Não será este ou aquele que deverá responder por este ônus e, sim, o próprio imóvel.

De qualquer forma, o comprador poderá dispensar essas certidões. Nessa hipótese – de dispensa – o adquirente assume o risco de ver o bem adquirido responder pela obrigação além de responder por ela na qualidade de titular do imóvel.

Nesse sentido, dispõe o Decreto 93.240/1986, regulamentador da Lei 7.433/1985 (que trata dos requisitos de lavratura das escrituras), no § 2º do art. 1º:

> *§ 2.º As certidões referidas na letra "a" do inc. III deste artigo, somente serão exigidas para a lavratura das escrituras públicas que impliquem a transferência de domínio e a sua apresentação poderá ser dispensada pelo adquirente que, neste caso, responderá, nos termos da lei, pelo pagamento dos débitos fiscais existentes.*

Todavia, a Lei 7.433/1985 foi alterada pela Lei 13.097/2015, para incluir o § 2º do art. 1º nos seguintes termos:

> *O Tabelião consignará no ato notarial a apresentação do documento comprobatório do pagamento do Imposto de Transmissão inter vivos, as certidões fiscais e as certidões de propriedade e de ônus reais, ficando dispensada sua transcrição. (Redação dada pela Lei 13.097, de 2015)*

Se assim o é, as certidões não devem ser dispensadas pelo comprador e serão exigidas na outorga da escritura.

Essa dispensa, no nosso entendimento, constitui verdadeira imprudência.

Ainda assim, apenas essas certidões exigidas pelo notário não são suficientes para conferir a máxima segurança ao negócio jurídico de compra e venda de imóveis.

Nada obstante, tratando-se de negócio à vista ou a prazo, o comprador deverá providenciar outros documentos e tomar outras providências, como veremos.

1.2.3. Certidão negativa de débitos condominiais; as contas de consumo de água e energia do imóvel

Os débitos condominiais, assim como os débitos com impostos imobiliários, são obrigações *propter rem*, ou seja, o imóvel responde pela obrigação, seja quem for o seu titular que, nessa condição, responderá pela ação nos termos do art. 1.345, do Código Civil.

Com a redação dada pela Lei 7.182/1984, o parágrafo único do art. 4º da Lei 4.591/1964 ficou assim redigido:

> *Art. 4º (...)*
>
> *Parágrafo único. A alienação ou transferência de direitos de que trata este artigo dependerá de prova de quitação das obrigações do alienante para com o respectivo condomínio.*

Essa declaração é fornecida pelo síndico, com firma reconhecida, sendo de rigor observar se realmente o síndico assinou nessa qualidade, verificando a ata da assembleia que o elegeu.

Em outras palavras, o tabelião não lavrará a escritura de venda, de dação em pagamento, de doação ou de cessão de direitos, sem a prova dessa quitação que, no nosso entendimento, não poderá ser dispensada pelo adquirente. Neste sentido:

> *Condomínio. Despesas condominiais. Alteração do parágrafo único do art. 4º da Lei 4.591/1964 pela Lei 7.182/1984 que não descaracterizou a natureza propter rem dos débitos. Pagamento que é condição para transferência ou alienação da unidade. (Tribunal Regional Federal 4ª Região) RT 769/419.*

Por fim, convém observar que a única pessoa legitimada a emitir essa certidão é o síndico do condomínio.

Os subsíndicos e a administradora do condomínio não podem assinar essa declaração a não ser como procuradores do síndico, regularmente constituídos.

Quanto às contas de consumo, a par de algumas companhias municipais insistirem na característica *propter rem*, certo é que não se trata de obrigação dessa natureza, notadamente tratando-se de fornecimento sujeito ao Código de Defesa do Consumidor.

Em consonância com o acatado, que impede de cobrar daquele que não usufruiu do serviço:

> **Tribunal de Justiça de São Paulo.** *Apelação 4026733-88.2013.8.26.0224 – prestação de serviços fornecimento de água – ação declaratória de inexigibilidade de débito. Ilegitimidade "ad causam" do proprietário do imóvel. Reconhecimento. A obrigação resultante do consumo de água tem natureza pessoal e não "propter rem". Proprietário que não se utilizou dos serviços prestados na época e geradores do débito apontado. Obrigação do inquilino de pagar as contas de água. Responsabilidade do proprietário somente referente a débito vencido após sua imissão na posse do imóvel. Procedência parcial. Sentença mantida. Recurso de apelação não provido. (Rel. Marcondes D'Angelo, Comarca: Guarulhos, 25ª Câmara de Direito Privado, j. 21.05.2015, Data de registro: 21.05.2015)*
>
> **Tribunal de Justiça de São Paulo.** *Apelação 0016241-08.2012.8.26.0009. Prestação de Serviço. Ação de cobrança de tarifa de água e captação de esgoto. Sentença que julgou parcialmente procedente o pedido.*

Apelos de ambas as partes. Obrigação de natureza pessoal e não propter rem. Responsabilidade daquele que usufruiu do serviço prestado. Réu que obteve a posse do imóvel em fevereiro de 2008, por contrato particular de cessão de direitos possessórios. Ausência de prova de eventual cessão dessa posse a terceiro. Manutenção da condenação do réu no pagamento das contas de consumo posteriores a essa data. Manutenção da condenação da autora no pagamento dos honorários advocatícios, pois decaiu da maior parte de seu pedido (art. 20, caput, e art. 21, parágrafo único, CPC). Pequeno valor da condenação autoriza a fixação dos honorários advocatícios por equidade (art. 20, § 4º, CPC). Apelação da autora não provida e parcialmente provida a do réu. (Rel. Morais Pucci, Comarca: São Paulo, 35ª Câmara de Direito Privado, j. 30.11.2015, Data de registro: 01.12.2015)

Tribunal de Justiça de São Paulo. *Apelação 0006527-61.2014.8.26.0071 – Ação declaratória – Tarifa de água e esgoto – Autoras proprietárias de imóvel objeto de contrato de locação – Obrigação proveniente do consumo de água e esgoto que não tem natureza propter rem, uma vez decorra de contrato entre usuário e concessionária do serviço público – Responsabilização do locatário pelo pagamento, não podendo ser transferida a quem não usufruiu do serviço – Obrigação pelo pagamento de contas de consumo de energia e de água que possui natureza pessoal, não se vinculando ao imóvel – Precedentes – Manutenção da sentença – Recurso desprovido. (Rel. Henrique Harris Júnior, Comarca: Bauru, 14ª Câmara de Direito Público, j. 25.06.2015, Data de registro: 02.07.2015)*

Superior Tribunal de Justiça. *REsp 1.267.302/SP, Segunda Turma, Rel. Ministro Mauro Campbell Marques, DJ. 17.11.2011: "Administrativo e Processual Civil. Água e esgoto. Débito. Impossibilidade de responsabilização do proprietário por dívidas contraídas por outrem. Dívida de natureza pessoal. Precedentes. 1. Trata-se na origem de ação ordinária de cobrança intentada pela concessionária de tratamento de água e esgoto em razão de inadimplemento de tarifa pelo usuário. A sentença julgou extinto o processo sem julgamento do mérito, em razão da recorrida ser parte ilegítima por não ser proprietária do imóvel à época em que o débito foi constituído. No entanto, o acórdão a quo reformou a sentença ao argumento de que o débito em questão possui natureza propter rem. É contra essa decisão que se insurge o recorrente. 2. Merecem prosperar as razões do especial. Diferentemente, do entendimento proferido pelo Tribunal de origem, a jurisprudência deste Tribunal Superior, frisa que, 'o débito tanto de água como de energia elétrica é de natureza pessoal, não se vinculando ao imóvel. A obrigação não é propter rem' (REsp 890.572, Rel. Min. Herman Benjamin, Data da Publicação 13.04.2010), de modo que não pode o ora recorrido ser responsabilizado pelo pagamento de serviço de fornecimento de água utilizado por outras pessoas. 3. Recurso especial provido."*

1.2.4. Certidão negativa de imóveis enfitêuticos

A enfiteuse, que implica direito real sobre coisa alheia, significa que o titular dispõe do domínio útil, mas a propriedade é de outra pessoa, normalmente da União.[3]

O Código Civil acabou com a enfiteuse particular, submetendo as existentes, até a sua extinção, ao regime do Código Civil de 1916.

Os terrenos de marinha continuam regulados por lei especial, o Decreto-lei 9.760/1946.

Essa norma é até mais ampla, vez que trata minuciosamente dos imóveis sujeitos à *enfiteuse*, pertencentes à União.

Nesse caso, quem for adquirir um imóvel submetido à enfiteuse deverá exigir a certidão negativa de foro e laudêmio, expedida pelo SPU (Secretaria do Patrimônio da União).

De qualquer forma, além da União, alguns particulares (*v.g.*, algumas paróquias e a Família Imperial) são proprietários de imensos terrenos.

Nesse sentido, para que essas glebas produzam alguma renda, seus titulares submetem-nas ao regime da *enfiteuse*, ou aforamento, que pode ser comparado – embora seja distinta por ser direito real – a um arrendamento perpétuo, transmitindo-se singularmente por negócio jurídico ou universalmente em razão do direito hereditário.

Aos envolvidos nessa relação jurídica dá-se o nome de *proprietário*, também chamado *senhorio*, e o *enfiteuta*, ainda conhecido como *foreiro*.

---

[3] Súmula 496 do STJ: "Os registros de propriedade particular de imóveis situados em terrenos de marinha não são oponíveis à União".

O imóvel enfitêutico gera duas espécies de renda:

a) uma renda anual, denominada foro;

b) laudêmio, que é devido cada vez que o imóvel enfitêutico é vendido.

O foro é o pagamento anual que se faz em razão do uso do imóvel enfitêutico.

O laudêmio, por sua vez, é o pagamento efetuado a cada transferência de titularidade da enfiteuse.

Foro e laudêmio constituem, igualmente, obrigações *propter rem*.

O exemplo mais comum de imóveis enfitêuticos são as terras de marinha, de domínio da União. É assim considerada uma faixa de 33 metros a partir da preamar média do ano de 1831.

A preamar média é a média entre a maré alta e a maré baixa.

Existem outros exemplos de glebas da União submetidas a esse regime formadas por uma parte da região de Barueri e Alphaville.

Além disso, a cidade de Petrópolis pertence à Família Imperial de Orleans e Bragança.

Como o domínio direto cabe ao senhorio, não pode ser usucapido. Todavia o domínio útil pode ser usucapido, preenchidos os requisitos legais.

Tudo o quanto foi dito, no que toca às cautelas, deságua num só ponto: foro e laudêmio são obrigações *propter rem*, que incidem sobre o imóvel, respondendo o seu atual titular (foreiro), ainda que anteriores à data de sua aquisição.

Se assim o é, ao adquirir um imóvel submetido à enfiteuse, é de rigor exigir a certidão negativa de foro e laudêmio, expedida pela Secretaria do Patrimônio da União.

1.2.5. O risco da desapropriação

Não terá o menor sentido uma pessoa empregar as economias de toda uma vida para adquirir um imóvel e, ao depois, se deparar com a desapropriação.

Certo é que, de acordo com a Constituição Federal (art. 182, § 3º), o proprietário deve receber prévia e justa indenização em dinheiro.

Entretanto, às vezes essa regra não é seguida e, demais disso, o interesse do adquirente é a propriedade do imóvel e não o dinheiro.

Assim, para evitar os dissabores da constatação da desapropriação, o comprador deverá, antes de efetivar o negócio ou até de entregar o sinal, verificar se o imóvel que pretende não foi declarado de utilidade pública.

Em cada localidade e para cada Pessoa Jurídica de Direito Público (sem falar nas autarquias e nas concessionárias de serviços públicos) haverá um órgão informante, que deverá ser verificado pelo adquirente. Inicialmente, essa pesquisa deve ser levada a efeito junto ao Poder Público Municipal.

1.3. CERTIDÕES REFERENTES À PESSOA DO VENDEDOR

Verificada a possibilidade de aquisição tendo em vista o imóvel, mister se faz verificar a idoneidade do vendedor.

Se a situação ruinosa do vendedor é conhecida, a aquisição não deve ser feita, ainda que o preço seja convidativo.

É que, se o vendedor não for idôneo, principalmente sob o aspecto financeiro, poderá ocorrer, por exemplo, a fraude contra credores, que tornará anulável ou ineficaz a venda em razão dos credores anteriores, fazendo que um "bom negócio" se transforme em um negócio ruinoso.

Estudaremos esses aspectos em capítulo próprio.

De qualquer forma, é preciso solicitar, do vendedor, os seguintes documentos:

1) Cópia do CPF (pessoa física, sócios)/CNPJ (pessoa jurídica). É importante conferir esses documentos com as certidões apresentadas, observando se não há divergências. Demais disso, o adquirente deve observar a idade do vendedor. A venda de imóvel de pessoa incapaz (menor de 18 anos – Código Civil, art. 4º) não se completa com a mera assistência, sendo inafastável a autorização judicial (Código Civil, arts. 1.691 e 1.750), exceto se contar com mais de 16 anos e for emancipado (Código Civil, art. 5º, parágrafo único).

2) Cópia do RG ou documento de identidade autenticado (pessoa física e sócios).

3) Certidão de Nascimento atualizada (pessoa física) para verificar se o vendedor é capaz (pode ter sido interditado ou a ele ter sido conferida curatela). Igualmente para apurar se aquele que se diz solteiro realmente o é. Se for casado, mister se faz a participação do cônjuge (outorga conjugal). Exceto no regime de separação total de bens, é obrigatória a outorga (Código Civil, art. 1.647). No regime da participação final nos aquestos, a dispensa da outorga depende de pacto antenupcial (Código Civil, art. 1.656).

Quanto à incapacidade ou estado do vendedor, de fato, se houver, estará averbada na sua certidão de nascimento a interdição e/ou a nomeação de curador. Todavia, nem sempre, sendo necessário levar em consideração que não é o ato de interdição ou de nomeação de curador que o impossibilita de praticar validamente o ato, mas a sua condição, mesmo anterior ao formal reconhecimento da incapacidade ou impossibilidade de consentir. Nessa medida, na Apelação 0165198-03.2011.8.26.0100 (TJSP) o Relator, Desembargador José Rubens Queiroz Gomes deixou consignado que "*não se revela a necessidade de interdição judicial para que seja declarada a nulidade de atos praticados por pessoa incapaz, desde que comprovada a existência da causa desta à época de sua realização*". Eis a ementa:

Apelação. Compra e venda de imóvel. Ação declaratória de nulidade de negócio jurídico. Sentença de improcedência. Inconformismo do autor. Negócio realizado em 2010, após a comprovação da incapacidade do outorgante, ainda que sem a interdição judicial. Não se revela a necessidade de interdição judicial para que seja declarada a nulidade de atos praticados por pessoa incapaz, desde que comprovada a existência da causa desta à época de sua realização. Tais provas foram carreadas aos autos, logo, imperiosa se mostra a nulidade da venda, que inclusive se deu por valor abaixo do praticado no mercado. Sentença reformada. Recurso a que se dá provimento (TJSP, Apelação Cível 0165198-03.2011.8.26.0100, Rel. José Rubens Queiroz Gomes, 7ª Câmara de Direito Privado, Foro Central Cível, 14ª Vara Cível, j. 21.02.2019, data de registro 21.02.2019).

4) Certidão negativa da Fazenda Pública Federal (Certidão de Quitação de Tributos e Contribuições Federais – pessoa jurídica e sócios), Estadual (ICMS pessoa jurídica) e Municipal – Certidão de Tributos Mobiliários – pessoa física, pessoa jurídica e sócios.

5) Certidão negativa do INSS (pessoa jurídica).

6) Certidão negativa do FGTS (pessoa jurídica).

7) Certidão da Justiça Estadual Cível – ações (pessoa física, sócios e pessoa jurídica).

8) Certidão da Justiça Estadual Cível – executivos fiscais (pessoa física, sócios e pessoa jurídica).

9) Certidão negativa da Justiça Estadual Criminal (pessoa física e sócios). Em razão da possibilidade de consequências civis de uma ação penal. Por exemplo: o vendedor pode, ao tempo da alienação, já ter causado lesões corporais e sofrer, em razão de uma ação penal, a simples liquidação dos danos materiais e morais que ocasionou à vítima.[4]

10) Certidão negativa da Justiça do Trabalho (pessoa física, sócios e pessoa jurídica). A Justiça do Trabalho não costuma levar em conta a personalidade jurídica distinta da pessoa jurídica. Assim, mesmo se o sócio não tiver ações judiciais contra si, a penhora em eventual ação em face da empresa da qual é sócio poderá acarretar a penhora de seus bens.

11) Certidão negativa da Justiça Federal – Civil, Criminal e executivos fiscais (pessoa física, sócios e pessoa jurídica – civis; pessoa física e sócios – criminais).

12) Certidão negativa dos Tabeliães de Protesto (pessoa física, sócios e pessoa jurídica).

Toda cautela é exigida na análise desses documentos que podem apontar dívidas.

O principal problema é a possibilidade de fraude contra credores e fraude à execução.

Isso ocorre quando o vendedor vende seus bens já tendo contra si uma ação ou um crédito que o torna insolvente, ou seja, incapaz de pagar suas dívidas com os bens remanescentes do seu patrimônio.

No caso de ação já em andamento quando ocorreu a venda (fraude à execução), o credor prejudicado poderá requerer a simples penhora do bem vendido nas mãos de quem quer que esteja, ainda que a escritura já tenha sido registrada, em que pese a redação do art. 54, § 2º, da Lei 13.097/2015, que não exige documento ou certidão para prova da boa-fé do adquirente. Isso porque, mesmo que a boa-fé se presuma e a má-fé careça de prova, outros meios podem ser utilizados para demonstrar a ciência, pelo adquirente, de ações propostas, como testemunhas, por exemplo.

Se não existia ação, mas estavam presentes indicativos de insolvência do devedor, como, por exemplo, protestos, o credor prejudicado poderá se valer da ação pauliana que tenciona anular a venda levada a efeito em fraude contra credores provando a má-fé do adquirente por outros meios, mesmo que a simples ausência de certidões não indique a má-fé do adquirente, a teor do citado art. 54, § 2º, da Lei 13.097/2015, com a redação dada pela Lei 14.382/2022.

Ao comprador, nessas hipóteses, não restará alternativa senão mover ação em face do vendedor, pleiteando o prejuízo que sofreu pela perda do imóvel.

---

4   Nesse sentido, os seguintes dispositivos:
Art. 387, IV, do CPP (Lei 11.719/2008): o juiz "fixará valor mínimo para reparação dos danos causados pela infração, considerando os prejuízos sofridos pelo ofendido".
Ação Civil "ex delicto": o art. 91, I, do Código Penal, determina que "são efeitos da condenação (penal) tornar certa a obrigação de indenizar o dano causado pelo crime".
O art. 63, do Código de Processo Penal, preceitua que "transitada em julgado a sentença condenatória, poderão promover-lhe a execução, no juízo cível, para efeito da reparação do dano, o ofendido, seu representante legal ou seus herdeiros.
Parágrafo único. Transitada em julgado a sentença condenatória, a execução poderá ser efetuada pelo valor fixado nos termos do inciso IV do *caput* do art. 387 deste Código sem prejuízo da liquidação para a apuração do dano efetivamente sofrido".

Ocorre que, bem pensado, não adiantará nada processar o vendedor insolvente, ou seja, o vendedor que não tem bens sequer para responder pela execução ou pela dívida que ocasionou a perda do bem pelo adquirente.

A ideia da lei, que o comprador tem que ter em mente, é a seguinte: credor sempre conta com os bens que compõem o patrimônio do devedor (Código Civil, art. 391, Código de Processo Civil, art. 789).

Sendo assim, o Código de Processo Civil determina:

> *Art. 789. O devedor responde com todos os seus bens presentes e futuros para o cumprimento de suas obrigações (...)*

No mesmo sentido, o Código Civil de 2002:

> *Art. 391. Pelo inadimplemento das obrigações, respondem todos os bens do devedor.*

Logo, quem é devedor não pode se tornar insolvente pela venda de um imóvel.

Insolvente é aquele que não dispõe de bens suficientes, que possam ser penhorados pelos credores, para responder pelas dívidas.

A rigor, quando o devedor assumiu a dívida, provavelmente dispunha de bens, ou seja, era solvente. Se não fosse, não teria crédito. Portanto, se, ao depois, vende ou doa seus bens, tornando-se insolvente, pratica fraude (fraude contra credores ou à execução) o que possibilita aos credores tornar a venda do imóvel ineficaz.

1.3.1. A proteção ao terceiro de boa-fé

O nosso direito, tradicionalmente, protege aquele que age de boa-fé.

Nesse sentido, os seguintes artigos, do Código Civil:

> *Art. 113. Os negócios jurídicos devem ser interpretados conforme a boa-fé e os usos do lugar de sua celebração.*
>
> *§ 1º A interpretação do negócio jurídico deve lhe atribuir o sentido que:*
>
> *I – for confirmado pelo comportamento das partes posterior à celebração do negócio;*
>
> *II – corresponder aos usos, costumes e práticas do mercado relativas ao tipo de negócio;*
>
> *III – corresponder à boa-fé;*
>
> *IV – for mais benéfico à parte que não redigiu o dispositivo, se identificável; e*
>
> *V – corresponder a qual seria a razoável negociação das partes sobre a questão discutida, inferida das demais disposições do negócio e da racionalidade econômica das partes, consideradas as informações disponíveis no momento de sua celebração.*
>
> *§ 2º As partes poderão livremente pactuar regras de interpretação, de preenchimento de lacunas e de integração dos negócios jurídicos diversas daquelas previstas em lei.*
>
> *(...)*
>
> *Art. 167. É nulo o negócio jurídico simulado, mas subsistirá o que se dissimulou, se válido for na substância e na forma.*
>
> *§ 1º Haverá simulação nos negócios jurídicos quando:*
>
> *I – aparentarem conferir ou transmitir direitos a pessoas diversas daquelas às quais realmente se conferem, ou transmitem;*
>
> *II – contiverem declaração, confissão, condição ou cláusula não verdadeira;*
>
> *III – os instrumentos particulares forem antedatados, ou pós-datados.*

§ 2º Ressalvam-se os direitos de terceiros de boa-fé em face dos contraentes do negócio jurídico simulado.

(...)

Art. 422. Os contratantes são obrigados a guardar, assim na conclusão do contrato, como em sua execução, os princípios de probidade e boa-fé.

(...)

Art. 686. A revogação do mandato, notificada somente ao mandatário, não se pode opor aos terceiros que, ignorando-a, de boa-fé com ele trataram; mas ficam salvas ao constituinte as ações que no caso lhe possam caber contra o procurador.

(...)

Art. 1.201. É de boa-fé a posse, se o possuidor ignora o vício, ou o obstáculo que impede a aquisição da coisa.

Parágrafo único. O possuidor com justo título tem por si a presunção de boa-fé, salvo prova em contrário, ou quando a lei expressamente não admite esta presunção.

A boa-fé subjetiva, em Direito, significa o desconhecimento, pelo comprador, de eventuais vícios do negócio.

De fato, é difícil ao comprador avaliar todas as máculas que incidem sobre o negócio que está realizando.

É muito complicado saber quanto o vendedor do imóvel deve e se, com a venda, ficará insolvente ou não.

Sendo assim, o Direito protege o comprador.

De fato, se o comprador extraiu as certidões pessoais do vendedor, tomando as cautelas exigíveis e normais do negócio, é considerado adquirente de boa-fé.

No Direito, é possível dizer que faltou o *consilium fraudis*, ou seja, o comprador não sabia e não podia saber que estava prejudicando terceiros, credores do vendedor.

De fato, se providenciou todas as certidões, tomando as cautelas devidas, não pode ser considerado de má-fé. Mesmo a ausência delas – o que não se recomenda – não determina a má-fé do adquirente, a teor do art. 54, § 2º, da Lei 13.097/2015:

§ 2º Para a validade ou eficácia dos negócios jurídicos a que se refere o caput deste artigo ou para a caracterização da boa-fé do terceiro adquirente de imóvel ou beneficiário de direito real, não serão exigidas:

I – a obtenção prévia de quaisquer documentos ou certidões além daqueles requeridos nos termos do disposto no § 2º do art. 1º da Lei 7.433, de 18 de dezembro de 1985; e

II – a apresentação de certidões forenses ou de distribuidores judiciais.

É preciso observar, entretanto, que é comum a extração de certidões do vendedor na comarca onde reside e na comarca do local do imóvel, caso seja outro.

Todavia, é possível que existam dívidas e ações em outras comarcas.

Ainda assim, como o comprador foi diligente, vez que não se exigiria, por evidente, que extraísse certidões de todas as comarcas do Brasil, a venda é válida, até porque a presunção de fraude só seria absoluta se o credor tivesse providenciado o registro da penhora antes da venda (Código de Processo Civil, art. 844).

É até possível que o imóvel seja penhorado em razão de determinação de juiz de outra comarca. Todavia, para defender o bem constrito, restará ao adquirente os embargos de terceiro, que serão adiante estudados, demonstrando a sua boa-fé.

Por outro lado, se comprou o imóvel mesmo ante a existência de apontamentos nas certidões, o comprador poderá ser considerado de má-fé se, a teor do 54, § 2º da Lei 13.097/2015, conseguir provar por outros meios, como, por exemplo, o depoimento de alguma testemunha que haja acompanhado as tratativas, que tinha conhecimento dos gravames, ações ou protestos.

Poderá, em razão disso, perder o dinheiro aplicado no negócio em razão da fraude à execução ou fraude contra credores.

Vejamos o final do art. 161, do Código Civil, correspondente ao art. 109 do Código de 1916:

> *Art. 161. A ação, nos casos dos arts. 158 e 159, poderá[5] ser intentada contra o devedor insolvente, contra a pessoa que com ele celebrou a estipulação considerada fraudulenta, ou contra terceiros adquirentes **que hajam procedido de má-fé**.*

A jurisprudência confirma:

Tribunal de Justiça de São Paulo. Ação pauliana. Escritura de compra e venda. Anulação pretendida. Inadmissibilidade. Ausência de prova do consilium fraudis. Alienação anterior ao processo de execução. Adquirente que fez todas as investigações de praxe. Inexistência de ônus impeditivo para a compra do imóvel. Estando o comprador com boa-fé o ato não pode ser anulado, ainda mais quando o autor da ação não faz prova da má-fé (Rel. Mattos Faria, Apel. Cív. nº 214.367-1, Mogi das Cruzes, 09.08.1994).

RT 644/70 – ação pauliana: Fraude contra credores. Propositura contra terceiro adquirente do imóvel. Aquisição onerosa comprovadamente feita de boa-fé. Impossibilidade de responder pelas consequências da fraude, ainda que haja prejuízo aos credores. Aplicação dos arts. 109 do CC e 53 do Dec.-lei 7.661/1945. Ação improcedente (TJSP).

RT 595/242 – fraude contra credores: Ação pauliana. Anulação de escritura de venda e compra. Insolvência do devedor. Circunstância desconhecida dos adquirentes. Inexistência de má-fé. Ação improcedente. Apelação provida (TJMG – Ement.).

RT 617/57 – fraude contra credores: Ação pauliana. Imóvel alienado sucessivamente. Propositura contra o terceiro adquirente. Inadmissibilidade. Má-fé não caracterizada. Exclusão determinada. Aplicação do art. 109 do CC. Voto vencido (TJSP).

Todavia, é preciso observar que a posição dos tribunais não é tranquila, o que se observa em razão da existência de voto vencido neste último julgado.

Normalmente, **a ação pauliana, que tenciona anular o negócio fraudulento, será procedente quando presentes um ou mais dos seguintes indícios**, que serão explorados com mais detalhes em razão do estudo do capítulo referente à fraude contra credores, que desde já se recomenda:

a) Insolvência evidente (certidões positivas de protestos, execuções etc.)

Já tratamos do assunto e constatamos que, se as certidões pessoais do vendedor indicarem algum desabono, a compra não deverá ser realizada, mesmo diante da redação do art. 54, § 2º, da Lei 13.097/2015, posto que o conhecimento dos gravames, protestos e ações pode ser demonstrado por outros meios, como, por exemplo, por testemunhas.

Se comprar, mesmo diante de certidões positivas que indiquem dívidas, o comprador poderá ser considerado de má-fé. Nesse caso será cúmplice da fraude, evidenciando, assim, o elemento "consilium fraudis".

b) Os bens alienados continuam na posse do devedor

Vamos imaginar que uma pessoa venda seu imóvel, mas permaneça residindo nele.

---

5   O termo "poderá" deve ser entendido como "deverá" na medida em que a sentença não gera efeitos contra terceiros que não participaram do processo.

Normalmente o adquirente se mudaria para o imóvel que acabou de adquirir.

Se isso não acontece, é provável que tenha havido simulação de venda para que o imóvel não responda pela dívida.

No Código Civil, a teor do art. 167, o negócio jurídico simulado é nulo e a ação meramente declaratória para o reconhecimento dessa simulação jamais prescreve, o que pode gerar sérios transtornos para o adquirente, ainda que o terceiro adquirente de boa-fé seja protegido mesmo em face da simulação.

Percebam que a demonstração de má-fé, nesse caso, independe de apresentação de certidões pelo "adquirente", mesmo com a redação do art. 54, § 2º, da Lei 13.097/2015 pela Lei 14.382/2022.

c) O vendedor que deve na praça e o adquirente são parentes

Certo é que, embora esse aspecto não represente prova insofismável da fraude, é um indício importante que também independe da apresentação de certidões para demonstração da má-fé.

d) O preço da venda é vil

Preço vil é o preço muito inferior ao valor de mercado do imóvel adquirido.

Em tese, se o imóvel foi vendido por preço de mercado não haveria prejuízo algum para os credores, isso se o dinheiro, que substituiu o imóvel, permanecer com o devedor, o que normalmente não acontece.

Todavia, se o imóvel foi vendido por preço vil, o prejuízo dos credores é evidente pela redução do patrimônio penhorável, combinado com a insolvência do devedor, ou seja, em razão dessa venda, o vendedor se tornou insolvente, o que também pode indicar má-fé do adquirente por preço irrisório, demonstração que se faz mesmo desconsiderando certidões a teor do art. 54, § 2º, da Lei 13.097/2015.

1.3.2. A boa-fé e o registro de constrições e gravames na matrícula; a Lei 13.097, de 19 de janeiro de 2015 – concentração dos atos na matrícula (Lei 14.382, de 27 de junho de 2022) e a dispensa de certidões – Súmula 375 do STJ

A questão da boa-fé do adquirente passa, necessariamente, quanto ao conhecimento de ações e protestos que incidem sobre a pessoa do vendedor, pela análise do art. 54 da Lei 13.097/2015, com a redação que lhe deu a Lei 14.382/2022.

Eis o teor do seu art. 54:

> *Art. 54. Os negócios jurídicos que tenham por fim constituir, transferir ou modificar direitos reais sobre imóveis são eficazes em relação a atos jurídicos precedentes, nas hipóteses em que não tenham sido registradas ou averbadas na matrícula do imóvel as seguintes informações:*
>
> *I – registro de citação de ações reais ou pessoais reipersecutórias;*
>
> *II – averbação, por solicitação do interessado, de constrição judicial, de que a execução foi admitida pelo juiz ou de fase de cumprimento de sentença, procedendo-se nos termos previstos no art. 828 da Lei 13.105, de 16 de março de 2015 (Código de Processo Civil);*
>
> *III – averbação de restrição administrativa ou convencional ao gozo de direitos registrados, de indisponibilidade ou de outros ônus quando previstos em lei; e*
>
> *IV – averbação, mediante decisão judicial, da existência de outro tipo de ação cujos resultados ou responsabilidade patrimonial possam reduzir seu proprietário à insolvência,*

nos termos do inciso IV do caput do art. 792 da Lei 13.105, de 16 de março de 2015 (Código de Processo Civil).[6]

§ 1º Não poderão ser opostas situações jurídicas não constantes da matrícula no registro de imóveis, inclusive para fins de evicção, ao terceiro de boa-fé que adquirir ou receber em garantia direitos reais sobre o imóvel, ressalvados o disposto nos arts. 129 e 130 da Lei 11.101, de 9 de fevereiro de 2005, e as hipóteses de aquisição e extinção da propriedade que independam de registro de título de imóvel. (Renumerado do parágrafo único com redação dada pela Lei 14.382, de 2022)

§ 2º Para a validade ou eficácia dos negócios jurídicos a que se refere o caput deste artigo ou para a caracterização da boa-fé do terceiro adquirente de imóvel ou beneficiário de direito real, não serão exigidas:

I – a obtenção prévia de quaisquer documentos ou certidões além daqueles requeridos nos termos do § 2º do art. 1º da Lei 7.433, de 18 de dezembro de 1985; e

II – a apresentação de certidões forenses ou de distribuidores judiciais.

Aqui temos uma das alterações mais substanciais entre aquelas promovidas originariamente pela Medida Provisória 1.085/2021, convertida, com alterações, na Lei 14.382 de 27 de junho de 2022.

A redação original do parágrafo único do art. 54, ora alterado pela Lei 14.382/2022, não permitia dispensar certidões, ainda que não houvesse gravame na matrícula.

Agora a situação mudou.

Assim, a redação do dispositivo facilita o procedimento de aquisição de bens imóveis, porque a dúvida antes existente foi sanada expressamente.

Em outras palavras, estão dispensadas as certidões forenses ou de distribuidores judiciais, bem como foi dispensada a obtenção prévia de quaisquer documentos ou certidões para configurar a boa-fé do adquirente, com algumas ressalvas.

Nos termos do art. 54 da Lei 13.097/2015, com a novel redação, os negócios jurídicos que tenham por fim transferir direitos reais sobre imóveis, o que inclui a propriedade, são

---

[6] Lei 13.097/2015:
Art. 56. A averbação na matrícula do imóvel prevista no inciso IV do art. 54 será realizada por determinação judicial e conterá a identificação das partes, o valor da causa e o juízo para o qual a petição inicial foi distribuída. (Vigência)
§ 1º Para efeito de inscrição, a averbação de que trata o *caput* é considerada sem valor declarado.
§ 2º A averbação de que trata o *caput* será gratuita àqueles que se declararem pobres sob as penas da lei.
§ 3º O Oficial do Registro Imobiliário deverá comunicar ao juízo a averbação efetivada na forma do *caput*, no prazo de até dez dias contado da sua concretização.
§ 4º A averbação recairá preferencialmente sobre imóveis indicados pelo proprietário e se restringirá a quantos sejam suficientes para garantir a satisfação do direito objeto da ação.
Art. 57. Recebida a comunicação da determinação de que trata o *caput* do art. 56, será feita a averbação ou serão indicadas as pendências a serem satisfeitas para sua efetivação no prazo de 5 (cinco) dias.
Art. 58. O disposto nesta Lei não se aplica a imóveis que façam parte do patrimônio da União, dos Estados, do Distrito Federal, dos Municípios e de suas fundações e autarquias.
Art. 60. A Lei 11.977, de 7 de julho de 2009, passa a vigorar com as seguintes alterações:
"Art. 41. A partir da implementação do sistema de registro eletrônico de que trata o art. 37, os serviços de registros públicos disponibilizarão ao Poder Judiciário e ao Poder Executivo federal, por meio eletrônico e sem ônus, o acesso às informações constantes de seus bancos de dados, conforme regulamento.
Parágrafo único. O descumprimento do disposto no *caput* ensejará a aplicação das penas previstas nos incisos II a IV do *caput* do art. 32 da Lei 8.935, de 18 de novembro de 1994." (NR)
Art. 61. Os registros e averbações relativos a atos jurídicos anteriores a esta Lei, devem ser ajustados aos seus termos em até 2 (dois) anos, contados do início de sua vigência. (Vigência)

eficazes em relação a atos jurídicos precedentes, nas hipóteses em que não tenham sido registradas ou averbadas na matrícula do imóvel informações, entre outras, relativas a averbação, mediante decisão judicial, da existência de outro tipo de ação cujos resultados ou responsabilidade patrimonial possam reduzir seu proprietário à insolvência, para fins de aplicação do instituto da fraude à execução.

A maior novidade deste dispositivo – e que altera substancialmente as conclusões anteriores – está prevista no § 2º, incluído pela Lei 14.382/2022, que modificou o art. 54 Lei 13.097/2015.

Ou seja, nos termos da redação original do parágrafo único do art. 54 da Lei 13.097/2015, "não poderão ser opostas situações jurídicas não constantes da matrícula no Registro de Imóveis, inclusive para fins de evicção, ao *terceiro de boa-fé* que adquirir ou receber em garantia direitos reais sobre o imóvel, ressalvados o disposto nos arts. 129 e 130 da Lei 11.101, de 9 de fevereiro de 2005,[7] e as hipóteses de aquisição e extinção da propriedade que independam de registro de título de imóvel" (como a usucapião).

Até aqui nada muda e o antigo parágrafo único se transformou em parágrafo primeiro.

Todavia – e aqui está a novidade – não serão exigidos, para a validade ou eficácia dos negócios jurídicos de aquisição da propriedade imobiliária (e outros direitos reais) ou para a caracterização da boa-fé do terceiro adquirente de imóvel ou beneficiário de direito real, as certidões forenses e de distribuidores judiciais (o que reforça, nos termos da verificação sistemática da Lei 14.382/2022, a necessidade de existência de publicidade na matrícula) e a obtenção prévia de quaisquer documentos ou certidões.

Como exceção, posto que o inciso I do § 2º do art. 54 da lei 13.097/2015 faz expressa menção ao § 2º do art. 1º da Lei 7.433, de 18 de dezembro de 1985,[8] exige-se:

---

[7] Art. 129. São ineficazes em relação à massa falida, tenha ou não o contratante conhecimento do estado de crise econômico-financeira do devedor, seja ou não intenção deste fraudar credores:
I – o pagamento de dívidas não vencidas realizado pelo devedor dentro do termo legal, por qualquer meio extintivo do direito de crédito, ainda que pelo desconto do próprio título;
II – o pagamento de dívidas vencidas e exigíveis realizado dentro do termo legal, por qualquer forma que não seja a prevista pelo contrato;
III – a constituição de direito real de garantia, inclusive a retenção, dentro do termo legal, tratando-se de dívida contraída anteriormente; se os bens dados em hipoteca forem objeto de outras posteriores, a massa falida receberá a parte que devia caber ao credor da hipoteca revogada;
IV – a prática de atos a título gratuito, desde 2 (dois) anos antes da decretação da falência;
V – a renúncia à herança ou a legado, até 2 (dois) anos antes da decretação da falência;
VI – a venda ou transferência de estabelecimento feita sem o consentimento expresso ou o pagamento de todos os credores, a esse tempo existentes, não tendo restado ao devedor bens suficientes para solver o seu passivo, salvo se, no prazo de 30 (trinta) dias, não houver oposição dos credores, após serem devidamente notificados, judicialmente ou pelo oficial do registro de títulos e documentos;
VII – os registros de direitos reais e de transferência de propriedade entre vivos, por título oneroso ou gratuito, ou a averbação relativa a imóveis realizados após a decretação da falência, salvo se tiver havido prenotação anterior.
Parágrafo único. A ineficácia poderá ser declarada de ofício pelo juiz, alegada em defesa ou pleiteada mediante ação própria ou incidentalmente no curso do processo.
Art. 130. São revogáveis os atos praticados com a intenção de prejudicar credores, provando-se o conluio fraudulento entre o devedor e o terceiro que com ele contratar e o efetivo prejuízo sofrido pela massa falida.

[8] Art. 1º Na lavratura de atos notariais, inclusive os relativos a imóveis, além dos documentos de identificação das partes, somente serão apresentados os documentos expressamente determinados nesta Lei.
....
§ 2º O Tabelião consignará no ato notarial a apresentação do documento comprobatório do pagamento do Imposto de Transmissão inter vivos, as certidões fiscais e as certidões de propriedade e de ônus reais, ficando dispensada sua transcrição. (Grifos nossos).

a) a guia do ITBI;

b) a certidão de propriedade e de ônus reais; e,

c) as certidões fiscais.

Portanto, o fisco foi tratado de forma diversa de outros credores que, agora, precisam se acautelar e levar a registro os gravames, a distribuição de ações ou a admissão de execução caso queiram alegar fraude.

É importante, outrossim, destacar que o vertente dispositivo não acaba com o instituto da fraude contra credores, mas apenas dispensa a apresentação de certidões de distribuição de ações e de protestos para demonstrar a boa-fé do adquirente.

Lembrem-se que a fraude contra credores nos atos onerosos – e à execução – demanda três elementos:

i) anterioridade do crédito;

ii) *concilium fraudis* (má-fé); e,

iii) evento danoso (a alienação que torna o devedor insolvente).

O que o dispositivo faz é não permitir que se presuma a má-fé, de resto já decorrente de princípio comezinho – pela não apresentação de certidões de distribuições de ações e de protestos.

Como a lei dispensa, doravante a má-fé não poderá ser extraída da omissão do comprador em requerer esses documentos.

Todavia, se o terceiro que se julgar prejudicado pela venda conseguir demonstrar que o comprador tinha conhecimento de demandas ou protestos capazes de reduzir o vendedor devedor à insolvência, por testemunhas, por exemplo, a fraude se caracterizará.

Outrossim, o dispositivo não impede o reconhecimento da fraude em razão de outros elementos de convicção da má-fé, como venda a preço vil, a parentes, a sociedades de parentes ou que o alienante tenha interesse ou participação e assim por diante.

O que se fez foi impedir a presunção de má-fé do alienante pela não apresentação de certidões.

Em suma, dificultou-se a demonstração de um dos elementos da fraude – a má-fé do adquirente – sem elidir a demonstração por outros meios.

Por outro lado, as cautelas quanto às dívidas fiscais continuam as mesmas.

No âmbito trabalhista, as execuções seguem a Lei de Execuções Fiscais, de tal sorte que ante a necessidade expressa de apresentação de certidões fiscais não descarto a mesma exigência levada a efeito no âmbito da Justiça do Trabalho, notadamente em razões de decisões resistentes à aplicação da Súmula 375 do STJ e da Lei da Concentração dos Atos na Matrícula.[9]

---

[9]   A esse propósito:
TRT/SP 1001201-09.2023.5.02.0071 – Processo principal TRT/SP 1000862-94.2016.5.02.0071 – Processo Embargos de Terceiro anterior 1001246-81.2021.5.02.0071 – Agravo de Petição em Embargos de Terceiro) Com todo o respeito ao entendimento adotado na Origem, dele não se partilha, porquanto, a ausência de registro da penhora ou mesmo averbação junto à matrícula do imóvel, no caso específico destes autos, não pode ser admitido como óbice ao reconhecimento de que sobre o imóvel pendia condição absolutamente restritiva da possibilidade de vir a ser alienado, em nenhuma circunstância, nem mesmo pelo credor fiduciário. Indiscutível a relevância dos registros públicos. Contudo, no caso específico destes autos, em nada altera a compreensão formada quanto à nulidade da venda do imóvel levada a efeito pelo sócio executado ao seu sobrinho (...), após reconhecida a prática em fraude à execução, em decisão

Portanto, a dificuldade imposta à demonstração da má-fé pelo art. 54 da Lei 13.097/2015, com a redação da Lei 14.382/2022, atinge apenas as dívidas civis e comerciais (empresariais), mas nada muda quanto às dívidas fiscais, merecendo cautela as trabalhistas.

Do ponto de vista pragmático, entretanto, diante da insegurança jurídica que permeia as decisões dos tribunais, recomendo – com vigor – que as certidões cíveis continuem sendo extraídas.

1.3.2.1. Posso adquirir tranquilamente um imóvel se não houver penhora, arresto, sequestro ou qualquer pendência registrada ou averbada na matrícula?

Definitivamente não.

A par de o art. 54 da Lei 13.097/2015 estabelecer a eficácia dos negócios jurídicos imobiliários sem que haja qualquer constrição ou gravame na matrícula, essa presunção, como já decorria do sistema consolidado na Súmula 375 do STJ, é relativa.

Por outras palavras, evidentemente – e não haveria necessidade da Lei 13.097/2015 para isso –, se houver registro ou averbação de gravame, a presunção de má-fé e ineficácia da aquisição ou recebimento de direitos sobre o imóvel em face de ações reais, dívidas e restrições administrativas é absoluta, ou seja, não admitirá qualquer prova em sentido contrário.

Todavia, se não houver o registro, não significa, automaticamente, que o adquirente está livre tanto da fraude contra credores quanto da fraude à execução.

Não havendo registro de qualquer pendência, a conclusão evidente, evidentíssima, aliás, é que milita em favor do adquirente *presunção relativa de boa-fé*, de tal sorte que *o ônus da prova de conhecimento do gravame ou constrição se transfere para o credor ou prejudicado.*

Conclui-se que se presume, de forma relativa, a boa-fé do adquirente e a higidez da transferência, modificação ou extinção do direito sobre o imóvel se não houver registro ou averbação do gravame ou constrição, mas não significa que não tenha havido fraude contra credores ou fraude à execução.

---

proferida no bojo da ação principal em fase de execução, assim como nos autos dos Embargos de Terceiro anteriormente ajuizados, alcançada pela imutabilidade do trânsito em julgado. Disso resulta concluir-se que, não obstante a possível presunção de boa-fé da qual estaria imbuído o embargante e ora agravado, tendo adquirido o imóvel em leilão extrajudicial, não se apresenta argumentação válida aquela embasada na inexistência de "... qualquer apontamento junto à matrícula do imóvel impedindo a transação realizada pelo Banco Itaú Unibanco S.A....", ou, ainda, de se tratar a credora fiduciária de "... pessoa totalmente estranha à reclamação trabalhista em epígrafe, caracterizando-se como flagrantes terceiros adquirentes de boa-fé, ...", sendo certo que a decisão proferida nos autos principais e reiterada ao julgamento dos Embargos de Terceiro opostos pelo primeiro adquirente, (...), tornou inválida a venda e, consequentemente, retornando o imóvel à titularidade do sócio executado, nada mais passou a existir em desproveito da constrição pretendida pelo exequente.
Respeitando a Lei da Concentração dos atos na matrícula:
TRT/SP, Processo 1001578-50.2016.5.02.0709 (AP), Rel. Ivani Contini Bramante, j. 28.08.2024. Fraude à execução. Alienação de imóvel após o ajuizamento da ação. Necessidade de averbação da penhora na matrícula do imóvel. Art. 844 do CPC/2015. Súmula 375 do STJ. Exige-se o registro da penhora para que o adquirente possa tomar conhecimento sobre a situação do bem que pretende comprar, uma vez que o registro dá publicidade ao fato (artigo 844, CPC). Aquele que adquire bem não regularmente penhorado não fica sujeito à fraude in re ipsa. Hodiernamente, a lei exige o registro da penhora na matrícula do imóvel. A exigência visa à proteção do terceiro de boa-fé e altera a tradicional concepção da fraude de execução, razão pela qual, somente a alienação posterior ao registro é que caracteriza a figura em exame. Não se pode argumentar que a execução em si seja uma demanda capaz de reduzir o devedor à insolvência e, por isso, a hipótese estaria enquadrada no artigo 792, IV, do CPC. Nesse sentido a Súmula 375, do C. STJ e a jurisprudência da SDI-II do C. TST.

Se não houver registro ou averbação de gravame, a eventual fraude será objeto de verificação fática, caso a caso, pela demonstração da má-fé do adquirente, demonstração essa que compete ao credor ou ao prejudicado.

Essa é a conclusão que se extrai do § 2º do art. 54 da Lei 13.097/2015, segundo o qual "*§ 2º Para a validade ou eficácia dos negócios jurídicos a que se refere o caput deste artigo ou para a caracterização da boa-fé do terceiro adquirente de imóvel ou beneficiário de direito real, não serão exigidas: I – a obtenção prévia de quaisquer documentos ou certidões além daqueles requeridos nos termos do § 2º do art. 1º da Lei 7.433, de 18 de dezembro de 1985; e; II – a apresentação de certidões forenses ou de distribuidores judiciais*".

Portanto, se – e percebam que o condicionante é importante – o adquirente estiver de *boa-fé* ao operar a aquisição ou o recebimento de garantia imobiliária, a ele não poderão ser opostas "situações jurídicas não constantes da matrícula", ou seja, ações, penhoras, arrestos etc.

Contudo – e aí está a confusão de muitos –, não significa que, não havendo o registro ou averbação de gravames ou constrições na matrícula, o sistema prestigie o negócio e beneficie o terceiro que haja procedido com má-fé, tornando letra morta os institutos da fraude contra credores, à execução e, bem assim, o art. 792, IV do Código de Processo Civil.

Seria até absurdo pensar o contrário.

Posso exemplificar: imaginem alguém que adquira imóvel de pessoa que, a par de não ter, em face do seu imóvel, qualquer gravame registrado ou averbado, responde por dívidas ajuizadas, possui títulos protestados e assim por diante na mesma comarca da situação do imóvel.

O adquirente poderá ser considerado "de boa-fé" nessa situação?

Depende.

Só porque não extraiu as certidões, não.

Nesses casos – de ausência de registro ou averbação do gravame ou constrição –, competirá ao credor demonstrar a má-fé do adquirente, o *consilium fraudis*, posto que em favor do adquirente do imóvel ou do recebedor da garantia consistente em imóvel militará a presunção – relativa – de boa-fé.

E como temos insistido, a má-fé pode ser demonstrada por outros meios que passo a exemplificar:

i) venda a preço vil;

ii) venda a parentes;

iii) venda a sociedades de parentes ou em que o alienante tenha interesse ou participação; continuação do vendedor na posse.

Outro exemplo pode ser dado: pela leitura do art. 54, I, da Lei 13.097/2015, exige-se o registro da citação de ações reais ou reipersecutórias (que buscam o bem).

Imaginem, então, a falsificação de documentos e a outorga de escritura com documentos falsos do vendedor que propõe, em face do adquirente, ação anulatória da escritura.

O adquirente poderia se furtar da citação, vender o imóvel para terceiro e, ainda que esse terceiro não tenha extraído qualquer certidão de distribuição de ações em face do vendedor, como não havia qualquer gravame na matrícula, a venda seria mantida e o titular do imóvel, que teve seus documentos falsificados, perderia?

Obviamente que essa não é a solução e sequer é a interpretação correta da Lei 13.097/2015.

É óbvio que, nos casos exemplificados, se o adquirente não tomou a cautela de extrair as certidões na comarca do imóvel e de residência do alienante, a presunção – relativa, é bom que se diga – de boa-fé que em seu favor milita resta facilmente afastada. A intenção demonstrada pela Lei 13.097/2015, mesmo com a redação dada pela Lei 14.382/2022, não permite inferir validade a crimes de falsificação, mas, claramente, a existência de dívidas.

Portanto, as certidões devem continuar sendo extraídas.

Sem extrair as certidões de praxe, a par de não haver qualquer constrição na matrícula, o negócio jurídico praticado será nulo nos casos de falsificações de documentos do titular do imóvel, até porque não houve vontade do alienante, tornando o negócio inexistente, sem base jurídica ou volitiva.

Pensar diferente seria premiar o crime, o que definitivamente não decorre do sistema.

É de se lamentar, entretanto, a alteração promovida na Lei 13.097/2015 pela lei 14.382/2022 quanto à inexigibilidade de certidões, o que, entretanto, determina a superação da jurisprudência que se formou antes dessa alteração, com o seguinte exemplo:

Tribunal de Justiça de São Paulo. *Embargos de terceiro – Penhora sobre bem imóvel – Alienação do bem ocorrida após o ajuizamento de ação de cobrança e regular citação dos alienantes – Possibilidade dos apelados tomarem conhecimento da existência de ação contra a alienante, mediante simples certidão do distribuidor local – Boa-fé na aquisição não caracterizada ante a negligência apontada – Fraude à execução configurada – Artigo 593, II, do CPC [atual art. 792, IV] – Recurso provido para julgar improcedentes os embargos, mantida a constrição (TJSP – Apelação 4006615-21.2013.8.26.0506 – Rel. Irineu Fava; Comarca: Ribeirão Preto; 17ª Câmara de Direito Privado; j. 22.09.2015; Data de registro: 22.09.2015).*[10]

As razões lançadas pelo Desembargador Relator são demasiadamente claras, objetivas e judiciosas: "Não se nega que o Colendo Superior Tribunal de Justiça editou a Súmula 375 no sentido de que `A ineficácia da alienação pressupõe o registro da penhora do bem alienado ou prova de má-fé do terceiro adquirente'. Assim, tem-se que o registro é o meio de presumir de forma absoluta o conhecimento de terceiro de qualquer ação e restrição sobre o imóvel. Entretanto, em que pese inexistir registro da constrição sobre o imóvel no Cartório de Registro de Imóveis, constitui regra básica de cautela a retirada de certidões dos distribuidores sobre os vendedores. Assim, em princípio até se poderia afirmar que de fato os apelantes agiram dentro da mais estrita boa-fé quando adquiriram o bem. Contudo, não se pode negar que foram negligentes, pois, tivessem providenciado certidão do distribuidor civil da Comarca em que reside a alienante e onde o bem se acha registrado, teriam constatado a existência da ação que corria contra a mesma. Assim, não

---

[10] Citando este livro e o que aqui constou em edições anteriores, encontrei o seguinte julgado:
Tribunal de Justiça de São Paulo. Apelação – Embargos de terceiro – Locação – Fraude à execução – Existência citação em processo de conhecimento – Suficiência para o reconhecimento da fraude –Dispensa de certidões do alienante – Falta de cautela que, somada aos demais elementos, que afastam a boa-fé – Aquisição por preço muito inferior ao de mercado. Deve-se ressaltar que a citação do devedor exigida como pressuposto à decretação a fraude à execução não se limita ao ato de cientificação feito no início do cumprimento de sentença. Para que se configure a fraude, basta que o executado tenha sido citado no processo de conhecimento cujo cumprimento corra o risco de ser frustrado em razão da alienação de bens do devedor. A concentração dos atos na matrícula do imóvel não é suficiente para que o adquirente deixe de adotar maiores cautelas na aquisição de bem imóvel, com a exigência de certidões de ações ajuizadas contra o vendedor. Tanto o preço informado pela apelada (fls. 142/145 e 151), quanto a constatação do digno Juízo de origem de que o preço de venda foi muito inferior ao praticado no mercado imobiliário (fl. 244), evidenciando que o bem foi adquirido por menos de cinquenta por cento de seu real valor de mercado. Desta forma, a falta de certidões do alienante e a aquisição por preço ínfimo são fatos suficientes à demonstração de que a embargante não agiu com boa-fé. Apelação desprovida (TJSP; Apelação Cível 1018510-11.2018.8.26.0100, Rel. Lino Machado, 30ª Câmara de Direito Privado, Foro Central Cível – 27ª Vara Cível, j. 12.12.2018, Data de Registro: 13.12.2018).
O que se decidiu, portanto, em que pese a Súmula 375/STJ, é que há proteção ao adquirente de boa-fé, que não contava com meios para saber de eventual gravame em face do alienante, sendo patente a má-fé daquele que adquire sem tomar a cautela mínima de verificar as certidões em nome do alienante no seu domicílio e no local do imóvel.

basta agora alegar que agiram de boa-fé na aquisição do bem, já que os fatos que permearam a aquisição demonstram que houve negligência ou falha dos apelados para conhecer a real situação do bem e da alienante. Plenamente caracterizado na hipótese que ao tempo da alienação já corria contra a alienante ação judicial apta a levá-lo à insolvência, o que demonstra que a venda se deu em evidente fraude à execução na hipótese do artigo 593, inciso II, do CPC [atual art. 792, IV]."

Posta desta maneira a questão, a Súmula 375/STJ estabelece que "O reconhecimento da fraude à execução depende do registro da penhora do bem alienado ou da prova de má-fé do terceiro adquirente", e a prova da má-fé pode emergir de indícios e presunções – agora não mais da ausência de certidões –, tendo em vista que não é crível admitir que alguém adquira imóvel sabendo que está prejudicando credores do vendedor.

Pensar o contrário premiaria a má-fé, posto que sabendo da distribuição da ação, antes do registro de constrição que, como se sabe, demanda algum tempo, bastaria ao devedor alienar o imóvel e, definitivamente, não é essa a solução que emerge do sistema.

1.3.2.2. Então o que mudou em relação ao entendimento consolidado na Súmula 375 do STJ?

Nada.

De acordo com a Súmula 375/STJ: "O reconhecimento da fraude à execução depende do registro da penhora do bem alienado ou da prova de má-fé do terceiro adquirente".

O Ministro José Delgado resume bem a questão: "Não há que se falar em fraude contra credores se, quando da alienação do bem, não havia registro de penhora. Para tanto, teria que restar nos autos provado que o terceiro adquirente tinha conhecimento da demanda executória, o que não ocorreu no caso em apreço. Precedentes. Recurso especial não provido" (REsp 791.104/PR, Rel. Min. José Delgado, *DJ* 06.02.2006, p. 222).

O que isso quer dizer?

Quer dizer exatamente aquilo que foi incorporado, com uma linguagem confusa, pela Medida Provisória 656/2014 e, depois, pela Lei 13.097/2015, ou seja, que não havendo registro na matrícula, de qualquer gravame, ao credor incumbe a prova de que o adquirente agiu de má-fé.

E essa prova pode consistir em:

i) demonstração testemunhal de conhecimento, pelo adquirente, de ações, protestos e dívidas;

ii) venda a preço vil;

iii) venda a parentes;

iv) venda a sociedades de parentes ou em que o alienante tenha interesse ou participação; continuação do vendedor na posse.

Trata-se de aplicação do art. 212, IV, do Código Civil.

Nesse sentido:

Superior Tribunal de Justiça. *Recurso especial. Embargos de terceiro. Adquirente de boa-fé. Penhora. Registro. Ônus da prova. 1 – Ao terceiro adquirente de boa-fé é facultado o uso dos embargos de terceiro para defesa da posse. Não havendo registro da constrição judicial, o ônus da prova de que o terceiro tinha conhecimento da demanda ou do gravame transfere-se para o credor. A boa-fé neste caso (ausência do registro) presume-se e merece ser prestigiada. 2 – Recurso especial conhecido e provido (REsp 493.914/SP, Rel. Min. Fernando Gonçalves, 4ª Turma, j. 08.04.2008, DJe 05.05.2008).*

O assunto foi julgado na sistemática dos recursos repetitivos pelo Superior Tribunal de Justiça nos seguintes termos:

> **Superior Tribunal de Justiça.** *Processo civil. Recurso repetitivo. Art. 543-C do CPC. Fraude de execução. Embargos de terceiro. Súmula n. 375/STJ. Citação válida. Necessidade. Ciência de demanda capaz de levar o alienante à insolvência. Prova. Ônus do credor. Registro da penhora. Art. 659, § 4º, do CPC. Presunção de fraude. Art. 615-A, § 3º, do CPC. 1. Para fins do art. 543-C do CPC, firma-se a seguinte orientação: 1.1. É indispensável citação válida para configuração da fraude de execução, ressalvada a hipótese prevista no § 3º do art. 615-A do CPC. 1.2. O reconhecimento da fraude de execução depende do registro da penhora do bem alienado ou da prova de má-fé do terceiro adquirente (Súmula n. 375/STJ). 1.3. A presunção de boa-fé é princípio geral de direito universalmente aceito, sendo milenar a parêmia: a boa-fé se presume; a má-fé se prova. 1.4. Inexistindo registro da penhora na matrícula do imóvel, é do credor o ônus da prova de que o terceiro adquirente tinha conhecimento de demanda capaz de levar o alienante à insolvência, sob pena de tornar-se letra morta o disposto no art. 659, § 4º, do CPC. 1.5. Conforme previsto no § 3º do art. 615-A do CPC, presume-se em fraude de execução a alienação ou oneração de bens realizada após a averbação referida no dispositivo. 2. Para a solução do caso concreto: 2.1. Aplicação da tese firmada. 2.2. Recurso especial provido para se anular o acórdão recorrido e a sentença e, consequentemente, determinar o prosseguimento do processo para a realização da instrução processual na forma requerida pelos recorrentes (REsp 956.943/PR, Rel. Min. Nancy Andrighi, Rel. p/ Acórdão Min. João Otávio de Noronha, Corte Especial, j. 20.08.2014, DJe 01.12.2014).*

Embora em alguns trechos o aresto deixe transparecer que favorece o adquirente desidioso, certo é que também menciona aquilo que a Súmula 375 já afirmava, ou seja: não havendo registro do gravame, o ônus da prova do conhecimento da demanda se transfere ao credor prejudicado pela alienação.

Todavia, *em nenhum momento menciona qual seria essa prova*, que dependerá das circunstâncias do caso concreto.

Eis o que consignou o voto condutor no REsp 956.943: *"Na verdade, a lei tratou de dar plenas garantias ao credor diligente, assegurando-lhe presunção absoluta de conhecimento, por terceiros, da existência de ação em curso mediante a inscrição da penhora no registro público. No entanto, se não se houver com cautela, registrando o gravame, não pode ser beneficiado com a inversão do ônus da prova. Nesse caso, terá ele de provar que o adquirente tinha conhecimento da constrição. Afirmou-se, assim, o (...) princípio geral de direito universalmente aceito, o da presunção da boa-fé, sendo mesmo milenar a parêmia: a boa-fé se presume; a má-fé se prova."*

Deveras, se o credor tivesse levado a registro a penhora ou tivesse averbado a citação, a presunção de fraude a partir seria absoluta.

Todavia, sem anotação do gravame, a presunção de boa-fé que milita em favor do credor é relativa e pode ser afastada.

Em suma, o aresto não disse como afastá-la, ou qual seria a prova suficiente para tanto.

No caso concreto, ressalvou o relator do REsp 956.943: *"Registro, ademais, que, ainda que fosse caso de acompanhar o entendimento da eminente relatora, os fatos comprovadamente presentes nos autos dão conta de que o imóvel adquirido pelos recorrentes situa-se em Santa Catarina, mesmo Estado em que tem sede a empresa alienante, enquanto o processo de execução em que houve o reconhecimento da fraude tramita no Paraná."*

Em outras palavras, o domicílio do vendedor e o local do imóvel não eram os mesmos do local da execução, o que levou à dificuldade de o adquirente ter conhecimento da existência da ação.

1.3.2.3. A alteração na Lei 7.433/1985 (que trata dos requisitos de lavratura das escrituras)

O Decreto 93.240/1986, regulamentador da Lei 7.433/1985 (que trata dos requisitos de lavratura das escrituras), no § 2º do art. 1º, está assim redigido: *"§ 2º As certidões referidas na letra 'a' do inc. III deste artigo, somente serão exigidas para a lavratura das escrituras públicas que impliquem a transferência de domínio e a sua apresentação poderá ser dispensada pelo adquirente que, neste caso, responderá, nos termos da lei, pelo pagamento dos débitos fiscais existentes".*

Observe-se, todavia, que a Lei 7.433/1985 foi alterada pela MP 656/2014 e, depois, pelo art. 59 da Lei 13.097/2015, para incluir o § 2º do art. 1º nos seguintes termos: *"O Tabelião consignará no ato notarial a apresentação do documento comprobatório do pagamento do Imposto de Transmissão inter vivos, as certidões fiscais e as certidões de propriedade e de ônus reais, ficando dispensada sua transcrição."*

Foi retirada, assim, da redação original, desde a Medida Provisória 656/2014, a necessidade de o tabelião consignar a existência de feitos ajuizados.

Isto significa que não há necessidade de exigir tais certidões?

Não.

E a resposta negativa se impõe na exata medida que a redação foi adequada para contemplar a possibilidade de a averbação do ajuizamento de feitos ser requerida diretamente pelo autor de ações reais, reipersecutórias ou que possam reduzir o devedor à insolvência.

Não significa, todavia, que o adquirente pode dispensar a sua apresentação, posto que a má-fé, como tenho insistido, pode ser demonstrada pelo comprador das certidões, por meios diversos da não apresentação.

Em outras palavras, se dispensar a apresentação das certidões de distribuição de ações, além de outras como a dos cartórios de protestos da comarca do imóvel e do domicílio do alienante se diferente for, manterá a presunção – relativa – de boa-fé, mas ainda terá o risco de a prova do conhecimento das ações ser levada a efeito por outros meios.

Conclui-se que a higidez do negócio jurídico praticado, tendo em vista nada ter sido averbado, não resiste à patente má-fé daquele que ignora deliberadamente eventuais ações distribuídas na comarca do local do imóvel, ainda que não tenham sido averbadas na matrícula.

Nesses termos, o que foi consignado no Comunicado CG n. 276/2015 (Corregedoria Geral de Justiça do Estado de São Paulo) no parecer 46/2015-E, da lavra do Juiz Swarai Cervone de Oliveira: "Daí se infere: a) devem ser averbadas as citações de ações reais ou pessoais reipersecutórias, além de, mediante decisão judicial, a existência de qualquer outro tipo de ação cujos resultados ou responsabilidade patrimonial possam reduzir o proprietário à insolvência, nos termo do art. 593, II [atual art. 792, IV], do Código de Processo Civil; b) não poderão ser opostas situações jurídicas não constantes da matrícula no Registro de Imóveis, inclusive para fins de evicção, *ao terceiro de boa-fé* que adquirir ou receber em garantia direitos reais sobre o imóvel, ressalvados o disposto nos arts. 129 e 130 da Lei 11.101, de 9 de fevereiro de 2005 [lei de falências], e as hipóteses de aquisição e extinção da propriedade que independam de registro de título de imóvel" [*v.g.*: usucapião].

A *contrario sensu*, se o adquirente exigir as certidões do vendedor e antecessores na comarca da situação do imóvel e na comarca do domicílio do alienante se diferente for, qualquer situação não constante na matrícula não poderá ser oposta à alienação sendo exatamente esta a cautela recomendada para proteger expressamente a presunção relativa de *boa-fé*.

1.3.3. Fraude e débitos tributários do alienante do imóvel

Com relação aos tributos devidos pelo vendedor do imóvel é importante salientar que não se aplica a Súmula 375/STJ segundo a qual "o reconhecimento da fraude à execução depende do registro da penhora do bem alienado ou da prova de má-fé do terceiro adquirente".

Aqui, a presunção de boa-fé do inciso I do § 2º do art. 54 da Lei 13.097/2015, com a redação da Lei 14.382/2022, não se aplica aos débitos tributários, pois o dispositivo faz expressa menção, como exceção a essa presunção, ao § 2º do art. 1º da Lei 7.433, de 18 de dezembro de 1985, de tal sorte que para aquisição de imóveis exige-se:

a) a guia do ITBI;
b) a certidão de propriedade e de ônus reais; e,
c) as certidões fiscais.

Portanto, o Fisco foi tratado de forma diversa de outros credores.

Pelo princípio da especialidade, tratando-se de débito tributário do alienante, deve ser observado o teor do art. 185 do CTN que presume a fraude *após a inscrição da dívida ativa*, matéria tratada na sistemática dos recursos repetitivos pelo STJ (REsp 1.141.990/PR, *DJe* 19.11.2010 – Tema 290, do STJ):

> CTN, Art. 185. *Presume-se fraudulenta a alienação ou oneração de bens ou rendas, ou seu começo, por sujeito passivo em débito para com a Fazenda Pública, por crédito tributário regularmente inscrito como dívida ativa.*
>
> *Parágrafo único. O disposto neste artigo não se aplica na hipótese de terem sido reservados, pelo devedor, bens ou rendas suficientes ao total pagamento da dívida inscrita. (Redação dada pela LCP nº 118, de 2005)*

Eis dois arestos que espelham o entendimento dominante sobre o tema:

> *Tributário. Agravo interno no recurso especial. Embargos de terceiro. Fraude à execução. Negócio realizado após a inscrição em dívida ativa. Presunção absoluta. Boa-fé de terceiro adquirente. Irrelevância. Matéria decidida em recurso repetitivo. Exceção do parágrafo único do art. 185 do CTN. Verificação. Necessidade. Acórdão recorrido em desconformidade com o entendimento desta corte. [...] 2. A Primeira Seção, no julgamento do REsp 1.141.990/PR, realizado na sistemática dos recursos repetitivos, decidiu que "a alienação efetivada antes da entrada em vigor da LC n.º 118/2005 (09.06.2005) presumia-se em fraude à execução se o negócio jurídico sucedesse a citação válida do devedor; posteriormente a 09.06.2005, consideram-se fraudulentas as alienações efetuadas pelo devedor fiscal após a inscrição do crédito tributário na dívida ativa". 3. Nesse contexto, não há porque se averiguar a eventual boa-fé do adquirente, se ocorrida a hipótese legal caracterizadora da fraude, a qual só pode ser excepcionada no caso de terem sido reservados, pelo devedor, bens ou rendas suficientes ao total pagamento da dívida inscrita. 4. Esse entendimento se aplica também às hipóteses de alienações sucessivas, daí porque "considera-se fraudulenta a alienação, mesmo quando há transferências sucessivas do bem, feita após a inscrição do débito em dívida ativa, sendo desnecessário comprovar a má-fé do terceiro adquirente" (REsp 1.833.644/PB, Rel. Min. Herman Benjamin, 2ª Turma, DJe 18.10.2019) 5. No caso concreto, o órgão julgador a quo decidiu a controvérsia em desconformidade com a orientação jurisprudencial firmada por este Tribunal Superior, porquanto afastou a hipótese legal caracterizadora de fraude em atenção à boa-fé do terceiro adquirente. 6. Não obstante, remanesce a possibilidade de o negócio realizado não implicar fraude, acaso ocorrida a hipótese do parágrafo único do art. 185 do CTN. Assim, os autos devem retornar ao Tribunal Regional Federal para novo julgamento, afastada a tese de boa-fé do terceiro adquirente. 7. Agravo interno não provido. (AgInt no REsp n. 1.820.873/RS, Rel. Min. Benedito Gonçalves, 1ª Turma, j. 25.04.2023, DJe 23.05.2023).*

> *TJSP. Agravo de Instrumento. Execução Fiscal. Decisão de primeira instância que reconheceu a fraude à execução tendo em vista a alienação de imóvel da executada após a propositura da execução. Insurgência da executada. Pretensão à reforma. Desacolhimento. Fraude à execução configurada. Artigo 185 do CTN que dispensa a demonstração de má-fé. Inaplicabilidade da Súmula 375 do STJ. Precedente do STJ firmado em recurso especial repetitivo. Caso concreto em que a alienação do bem imóvel foi realizada após a inscrição do débito em dívida ativa e o ajuizamento da execução fiscal. Ineficácia do negócio jurídico caracterizada. Impossibilidade de liberação do bem bloqueado. Precedentes do C. STJ. Decisão mantida. Recurso não provido (TJSP, Agravo de Instrumento 2008547-34.2019.8.26.0000, Rel. Ricardo Chimenti, 18ª Câmara de Direito Público Foro de Bauru, Setor de Execuções Fiscais, j. 27.09.2019, data de registro 27.09.2019).*

1.3.4. Desconsideração da personalidade jurídica – se o alienante é sócio de uma pessoa jurídica

Sabe-se que, nas sociedades limitadas e nas sociedades anônimas, os sócios normalmente não respondem pelas dívidas da sociedade.

Nesse sentido, se o capital estiver totalmente integralizado, dispõe o Código Civil que:

> *Art. 1.052. Na sociedade limitada, a responsabilidade de cada sócio é restrita ao valor de suas quotas, mas todos respondem solidariamente pela integralização do capital social.*

Portanto, em regra, se a sociedade deve, essa dívida não pode ser estendida ao sócio, até porque a personalidade jurídica da pessoa jurídica não se confunde com a personalidade jurídica dos sócios (Código Civil, art. 985).

Há uma separação dos patrimônios da sociedade e dos sócios.

Essa regra foi inicialmente estabelecida na Lei das Sociedades por Cotas de Responsabilidade Limitada, o Decreto 3.708, de 1919:

> *Art. 10. Os sócios gerentes ou que derem o nome à firma não respondem pessoalmente pelas obrigações contraídas em nome da sociedade (...)*

Todavia, como exceção, a parte final desse dispositivo preceituava:

> *(...) mas respondem para com esta e para com terceiros solidária e ilimitadamente pelo excesso de mandato e pelos atos praticados com violação do contrato ou da lei.*

O excesso de mandato é representado pela prática de atos que vão além dos limites impostos pelo contrato social, vale dizer, o sócio-gerente vai além daquilo que o contrato social delimita como objetivo da sociedade, em razão, por exemplo, de fraudes e atos ilegais.

A ideia foi acolhida pelo art. 50 do Código Civil, Lei 10.406/2002, para qualquer tipo de sociedade, em razão da positivação da teoria da desconsideração da personalidade jurídica que mais recentemente, com a Lei 13.874/2019, adotou a teoria maior:

> *Art. 50. Em caso de abuso da personalidade jurídica, caracterizado pelo desvio de finalidade ou pela confusão patrimonial, pode o juiz, a requerimento da parte, ou do Ministério Público quando lhe couber intervir no processo, desconsiderá-la para que os efeitos de certas e determinadas relações de obrigações sejam estendidos aos bens particulares de administradores ou de sócios da pessoa jurídica beneficiados direta ou indiretamente pelo abuso.*
>
> *§ 1º Para os fins do disposto neste artigo, desvio de finalidade é a utilização da pessoa jurídica com o propósito de lesar credores e para a prática de atos ilícitos de qualquer natureza.*
>
> *§ 2º Entende-se por confusão patrimonial a ausência de separação de fato entre os patrimônios, caracterizada por:*
>
> *I – cumprimento repetitivo pela sociedade de obrigações do sócio ou do administrador ou vice-versa;*
>
> *II – transferência de ativos ou de passivos sem efetivas contraprestações, exceto os de valor proporcionalmente insignificante; e*
>
> *III – outros atos de descumprimento da autonomia patrimonial.*
>
> *§ 3º O disposto no caput e nos §§ 1º e 2º deste artigo também se aplica à extensão das obrigações de sócios ou de administradores à pessoa jurídica.*

§ 4º A mera existência de grupo econômico sem a presença dos requisitos de que trata o caput deste artigo não autoriza a desconsideração da personalidade da pessoa jurídica.

§ 5º Não constitui desvio de finalidade a mera expansão ou a alteração da finalidade original da atividade econômica específica da pessoa jurídica.

No Código Civil, portanto, além do abuso da personalidade jurídica em razão de atos que extrapolam os objetivos sociais, o sócio de qualquer espécie de sociedade responde pessoalmente se ficar comprovada a confusão patrimonial dos seus bens com os bens da pessoa jurídica, fazendo que o sócio responda, com seus bens particulares, pelas dívidas da sociedade. Para tanto, deve ele ter agido fraudulentamente, o que não ocorre com sócios minoritários sem poderes de gerência.[11]

A Segunda Seção do Superior Tribunal de Justiça – que reúne as duas turmas especializadas em direito privado – encerrou a discussão em torno da teoria maior e da teoria menor da desconsideração da personalidade jurídica[12] ao se posicionar no sentido segundo o qual o instituto, quando sua aplicação decorre do art. 50 do Código Civil, exige a comprovação de desvio de finalidade ou confusão patrimonial entre a sociedade, os sócios e os administradores, tese que foi abarcada pela alteração do art. 50 levada a efeito pela Lei 13.874/2019.

Sustentou a relatora, Ministra Isabel Gallotti, referindo-se ao encerramento de fato da pessoa jurídica sem o pagamento de suas dívidas, que "não se quer dizer com isso que o encerramento da sociedade jamais será causa de desconsideração de sua personalidade, mas que somente o será quando sua dissolução ou inatividade irregulares tenham o fim de fraudar a lei, com o desvirtuamento da finalidade institucional ou confusão patrimonial" (EREsp 1.306.553). Eis a ementa:

Superior Tribunal de Justiça. Embargos de divergência. Artigo 50, do CC. Desconsideração da personalidade jurídica. Requisitos. Encerramento das atividades ou dissolução irregulares da sociedade. Insuficiência. Desvio de finalidade ou confusão patrimonial. Dolo. Necessidade. Interpretação restritiva. Acolhimento.

1. A criação teórica da pessoa jurídica foi avanço que permitiu o desenvolvimento da atividade econômica, ensejando a limitação dos riscos do empreendedor ao patrimônio destacado para tal fim. Abusos no uso da personalidade jurídica justificaram, em lenta evolução jurisprudencial, posteriormente incorporada ao direito positivo brasileiro, a tipificação de hipóteses em que se autoriza o levantamento do véu da personalidade jurídica para atingir o patrimônio de sócios que dela dolosamente se prevaleceram para finalidades ilícitas. Tratando-se de regra de exceção, de restrição ao princípio da autonomia patrimonial da pessoa jurídica, a interpretação que melhor se coaduna com o art. 50 do Código Civil é a que relega sua aplicação a casos extremos, em que a pessoa jurídica tenha sido instrumento para fins fraudulentos, configurado mediante o desvio da finalidade institucional ou a confusão patrimonial.

2. O encerramento das atividades ou dissolução, ainda que irregulares, da sociedade não são causas, por si só, para a desconsideração da personalidade jurídica, nos termos do Código Civil.

3. Embargos de divergência acolhidos (EREsp 1306553/SC, Rel. Min. Maria Isabel Gallotti, Segunda Seção, j. 10.12.2014, DJe 12.12.2014).

---

[11] **Tribunal de Justiça de São Paulo.** Exceção de pré-executividade – Desconsideração de personalidade jurídica de sociedade da qual o agravante é sócio minoritário (1% do capital social) – Decisão agravada que não acolheu pleito do agravante para que seus bens particulares não sejam objeto de penhora – Descabimento – Sócio-agravante possui apenas 1% do capital social, não detém poderes de gerência, os quais são exclusivos do sócio majoritário, conforme contrato social – Reforma da decisão agravada para excluir os bens particulares do agravante da execução (Agravo de Instrumento 0230978-93.2011.8.26.0000, Rel. Des. Christine Santini, j. 18.04.2012, 5ª Câmara de Direito Privado).

[12] O nosso Direito adotou duas teorias distintas para a desconsideração da personalidade jurídica: "a maior, pela qual o juiz é autorizado a ignorar a autonomia patrimonial das pessoas jurídicas, como forma de coibir fraudes e abusos praticados através dela; e, a menor, em que o simples prejuízo do credor já possibilita afastar a autonomia patrimonial" (Fábio Ulhoa Coelho, Curso de direito comercial – direito de empresa, São Paulo, Saraiva, v. 2, p. 36).

Ainda nessa linha, os débitos fiscais e trabalhistas são executados de acordo com a Lei de Execuções Fiscais (Lei 6.830, de 1980).

Com fundamento no art. 4º dessa Lei, a regra, na Justiça Federal, tem sido a penhora dos bens dos responsáveis pela sociedade, tornando padrão, de certa forma, a desconsideração da personalidade jurídica. O Código de Defesa do Consumidor prevê, no âmbito de sua aplicação:

Art. 28. O juiz poderá desconsiderar a personalidade jurídica da sociedade quando, em detrimento do consumidor, houver abuso de direito, excesso de poder, infração da lei, fato ou ato ilícito ou violação dos estatutos ou contrato social. A desconsideração também será efetivada quando houver falência, estado de insolvência, encerramento ou inatividade da pessoa jurídica provocados por má administração.

§ 1º (Vetado)

§ 2º As sociedades integrantes dos grupos societários e as sociedades controladas, são subsidiariamente responsáveis pelas obrigações decorrentes deste código.

§ 3º As sociedades consorciadas são solidariamente responsáveis pelas obrigações decorrentes deste código.

§ 4º As sociedades coligadas só responderão por culpa.

§ 5º Também poderá ser desconsiderada a pessoa jurídica sempre que sua personalidade for, de alguma forma, obstáculo ao ressarcimento de prejuízos causados aos consumidores.

Sendo assim, se o imóvel estiver sendo adquirido de sócio de pessoa jurídica, é conveniente verificar, também, a situação da própria pessoa jurídica, exigindo certidões em razão do risco de as dívidas fiscais, trabalhistas e outras da pessoa jurídica incidirem sobre os bens dos sócios.

A desconsideração seguirá o procedimento insculpido nos arts. 133 a 137 do Código de Processo Civil com as seguintes regras: (a) suspende o processo; (b) requer-se a qualquer tempo e em qualquer grau de jurisdição; (c) resposta em 15 dias; (d) cabe agravo da decisão interlocutória (CPC, art. 1.015, IV) e agravo interno se decidida por relator de recurso; (e) aplica-se ao procedimento dos Juizados Especiais Cíveis (CPC, art. 1.062); e, (f) pode ser requerida com citação do sócio ou da sociedade já requerida na inicial sem necessidade de incidente.

Nesses casos, eventual alienação é ineficaz somente após o acolhimento do pedido, ressalvada a má-fé do adquirente (CPC, art. 137) tendo em vista que a instauração do incidente é imediatamente comunicada ao distribuidor para as devidas anotações (art. 134, § 1º, do CPC), sendo curial concluir que, se houver alienação sem que o adquirente tome a cautela de extrair as certidões, não estará de boa-fé e a alienação será considerada em fraude.

Quanto aos sócios que se retiraram da sociedade, no caso de desconsideração da personalidade jurídica, responderão pelas obrigações assumidas durante o período em que figuraram como sócios nos termos do art. 1.032 do Código Civil, segundo o qual *"A retirada, exclusão ou morte do sócio, não o exime, ou a seus herdeiros, da responsabilidade pelas obrigações sociais anteriores, até dois anos após averbada a resolução da sociedade; nem nos dois primeiros casos, pelas posteriores e em igual prazo, enquanto não se requerer a averbação".*[13]

Já se entendeu que permanece a responsabilidade dos retirantes mesmo depois de "ultrapassado o prazo de dois anos (...), posto que restou evidenciado do exposto nos autos

---

[13] Cite-se também o disposto no parágrafo único do artigo 1.003 do Código Civil: *"Até dois anos depois de averbada a modificação do contrato, responde o cedente solidariamente com o cessionário, perante a sociedade e terceiros, pelas obrigações que tinha como sócio".*

que, à época de sua saída, a executada já era demandada pelos fatos ocorridos anteriormente à alteração de seus quadros" (TJSP, Agravo de Instrumento 2027225-39.2015.8.26.0000, j. 28.04.2015).[14]

Todavia, a maioria dos julgados considera que é a desconsideração que determina o marco temporal para aferição do prazo de dois anos:

---

[14] Em sentido contrário:

Tribunal de Justiça de São Paulo. Embargos à execução – Cheques – Desconsideração da personalidade jurídica – Inclusão de ex-sócia no polo passivo – Inadmissibilidade – Responsabilidade do ex-sócio extingue-se dois anos após a retirada – Arts. 1.003, parágrafo único, e 1.032 do Código Civil – Decurso do prazo antes da desconsideração da personalidade jurídica – Inclusão da embargante no polo passivo afastada – Recurso provido (Apelação 1005935-29.2014.8.26.0320, Rel. Vicentini Barroso, Comarca de Limeira, 15ª Câmara de Direito Privado, j. 27.10.2015, data de registro 03.11.2015).

Tribunal de Justiça São Paulo. Agravo de Instrumento 2217733-39.2015.8.26.0000. Julgamento em 18.11.2015, Rel. Carlos Henrique Miguel Trevisan: "Os sócios cedentes não respondem pelas dívidas posteriores à data da averbação, na forma do artigo 1.032 do Código Civil ('A retirada, exclusão ou morte do sócio, não o exime, ou a seus herdeiros, da responsabilidade pelas obrigações sociais anteriores, até dois anos após averbada a resolução da sociedade; nem nos dois primeiros casos, pelas posteriores e em igual prazo, enquanto não se requerer a averbação'), estando equivocada a interpretação dada pelo agravante ao artigo 1.003, parágrafo único, do Código Civil ('Até dois anos depois de averbada a modificação do contrato, responde o cedente solidariamente com o cessionário, perante a sociedade e terceiros, pelas obrigações que tinha como sócio'). O propósito da lei não é exatamente o de responsabilizar o sócio cedente pelos débitos da sociedade durante dois anos contados da averbação, mas sim o de possibilitar ao credor da sociedade, dentro do referido prazo, obrigar o cedente a cumprir as obrigações que tinha como sócio, limitadas, porém, à data da averbação da alteração do quadro social. Ou seja, tendo o pedido de desconsideração da personalidade jurídica para inclusão da ex-sócia sido formulado depois de dois anos da sua saída da sociedade, inviável a responsabilização pessoal perseguida, em razão do decurso do prazo de dois anos previsto nos artigos 1.003 e 1.032 do Código Civil. Assim, embora o contrato que embasou a ação de depósito tenha sido celebrado em outubro de 2004 (fls. 57/62), quando Dalva Roseli Pupin Fernandes ainda fazia parte do quadro de sócios da empresa executada, sua responsabilidade pelo cumprimento da obrigação, nos termos do mencionado parágrafo único do artigo 1.003 do Código Civil, já expirou, tendo em vista que decorrido o prazo de dois anos da sua retirada da sociedade, ocorrida em julho de 2007 (fls. 297/299). Sobre o tema, os precedentes deste Egrégio Tribunal de Justiça: *Execução de sentença arbitral. Pleito de desconsideração da personalidade jurídica da agravada executada deferido. Bloqueio de ativos financeiros de ex-sócio desta. Inadmissibilidade em razão do transcurso do tempo previsto no parágrafo único do art. 1.003 do Código Civil, ainda que a obrigação tenha se constituído anteriormente à retirada do sócio. Recurso desprovido (Agravo de Instrumento 2137464-47.2014.8.26.0000, 1ª Câmara Reservada de Direito Empresarial, Relator Desembargador Francisco Loureiro, 25.09.2014. Embargos à Execução Cheques – Desconsideração da personalidade jurídica – Inclusão de ex-sócia no polo passivo – Inadmissibilidade – Responsabilidade do ex-sócio extingue-se dois anos após a retirada – Arts. 1.003, parágrafo único, e 1.032 do Código Civil – Decurso do prazo antes da desconsideração da personalidade jurídica – Inclusão da embargante no polo passivo afastada – Recurso provido (Apelação 1005935-29.2014.8.26.0320, 15ª Câmara de Direito Privado, Relator Desembargador Vicentini Barroso, 27.10.2015). Responsabilidade de sócio retirante. A responsabilidade do sócio que se retira do quadro societário não é perpétua. O sócio que se retira da sociedade responde solidariamente perante a sociedade e terceiros até 2 (dois) anos depois de averbada a modificação do contrato (art. 1.003, Código Civil; art. 18 do Decreto nº 3.708/1916 c/c com parágrafo único do art. 108 da Lei 6.404/1976). Dever do banco de excluir o nome da autora, ex-sócia, dos cadastros e contratos celebrados pela empresa, considerando a sua retirada do quadro societário em 02.12.2010. Recurso parcialmente provido (Apelação 0048138-78.2011.8.26.0562, 23ª Câmara de Direito Privado, Relator Desembargador Sérgio Shimura, 14.05.2014).* Como observa Marcelo Fortes Barbosa Filho, "tal responsabilidade abrange, num primeiro plano, as dívidas já constituídas quando de sua saída do quadro social e remanesce pelo mesmo prazo já previsto no dispositivo acima referido, ou seja, por dois anos, contados sempre da data da averbação do instrumento de alteração do contrato social na inscrição originária da sociedade, o que deverá ser requerido ao Oficial de Registro Civil de Pessoa Jurídica" (Marcelo Fortes Barbosa Filho, *Código Civil comentado*, Coord. Min. Cezar Peluso, 8ª ed., Manole, p. 964).

Agravo de Instrumento – desconsideração da personalidade jurídica – ex-sócio – pretensão à inclusão no polo passivo – necessidade de verificação do momento da averbação do contrato social e deferimento da desconsideração – Responsabilidade do ex-sócio – Inadmissibilidade – Decurso de mais de dois anos entre a averbação da retirada do sócio e a desconsideração da personalidade jurídica – Ademais, para o deferimento da desconsideração da personalidade jurídica deve haver a demonstração nos autos não só da dissolução irregular da sociedade executada, como também a ocorrência do abuso de personalidade, caracterizado pelo desvio de finalidade ou pela confusão patrimonial – No caso, não se vislumbra a ocorrência de referidos pressupostos para caracterização da desconsideração da personalidade jurídica – Recurso não provido. Agravo de instrumento. Desconsideração da personalidade jurídica. Honorários advocatícios. O incidente de desconsideração da personalidade jurídica apresenta natureza de ação, devendo arcar a parte vencida com os honorários advocatícios de sucumbência. Aplicação do princípio da causalidade. Recurso não provido (TJSP, Agravo de Instrumento 2153527-40.2020.8.26.0000, Rel. Roberto Mac Cracken, 22ª Câmara de Direito Privado, Foro Central Cível, 14ª Vara Cível, j. 16.07.2020, data de registro 16.07.2020).

Por fim, importante consignar que se admite, também, a chamada desconsideração inversa da personalidade jurídica, podendo a sociedade ser atingida no seu patrimônio por dívidas do sócio:

Desconsideração inversa da personalidade jurídica. Presença dos requisitos necessários. Agravado que há anos vem se furtando ao pagamento do crédito da agravante, operando confusão patrimonial com a pessoa jurídica da qual é sócio, de modo a esvaziar seu patrimônio pessoal. Decisão que rejeitou o incidente reformada. Recurso provido (TJSP, Agravo de Instrumento 2065174-24.2020.8.26.0000, Rel. Paulo Alcides, 6ª Câmara de Direito Privado, Foro Central Cível, 44ª Vara Cível, j. 20.07.2020, data de registro 20.07.2020).

Portanto, é conveniente que, ao adquirir imóvel de sociedade, igualmente sejam pesquisadas as pessoas dos sócios.

1.3.5. O alienante titular de pessoa jurídica – dívidas fiscais e trabalhistas da pessoa jurídica

O vendedor pode ser titular de pessoa jurídica e essa pode dever ao fisco ou contar com ações e passivo trabalhistas.

Para saber se a pessoa natural é titular de pessoas jurídicas basta pesquisar nas Juntas Comerciais e nos Cartórios, serviço esse que é disponibilizado na maioria dos Estados de forma eletrônica.

a) *Dívidas fiscais*

É preciso ter como premissa que a presunção de boa-fé do inciso I do § 2º do art. 54 da Lei 13.097/2015, com a redação da Lei 14.382/2022, não se aplica aos débitos tributários, pois o dispositivo faz expressa menção, como exceção a essa presunção, ao § 2º do art. 1º da Lei 7.433, de 18 de dezembro de 1985, tornando imprescindíveis as certidões fiscais.

Os débitos fiscais e trabalhistas são executados de acordo com a Lei de Execuções Fiscais (Lei 6.830, de 1980) e, sendo assim, as dívidas trabalhistas entram nessa mesma exceção quanto à exigência de certidões

Quanto à responsabilidade tributária do titular de pessoa jurídica que pretenda vender ou alienar a qualquer título o seu imóvel, o Código Tributário Nacional conta com dispositivos específicos.

Com efeito, importante para a conclusão a que precisamos chegar para avaliar a segurança na aquisição de imóveis dessas pessoas físicas, é a verificação do teor dos arts. 134 e 135 do CTN que tratam da responsabilidade tributária:

Art. 134. Nos casos de impossibilidade de exigência do cumprimento da obrigação principal pelo contribuinte, respondem solidariamente com este nos atos em que intervierem ou pelas omissões de que forem responsáveis:

I – os pais, pelos tributos devidos por seus filhos menores;

II – os tutores e curadores, pelos tributos devidos por seus tutelados ou curatelados;

III – os administradores de bens de terceiros, pelos tributos devidos por estes;

IV – o inventariante, pelos tributos devidos pelo espólio;

V – o síndico e o comissário, pelos tributos devidos pela massa falida ou pelo concordatário;

VI – os tabeliães, escrivães e demais serventuários de ofício, pelos tributos devidos sobre os atos praticados por eles, ou perante eles, em razão do seu ofício;

VII – os sócios, no caso de liquidação de sociedade de pessoas.

Parágrafo único. O disposto neste artigo só se aplica, em matéria de penalidades, às de caráter moratório.

Art. 135. São pessoalmente responsáveis pelos créditos correspondentes a obrigações tributárias resultantes de atos praticados com excesso de poderes ou infração de lei, contrato social ou estatutos:

I – as pessoas referidas no artigo anterior;

II – os mandatários, prepostos e empregados;

III – os diretores, gerentes ou representantes de pessoas jurídicas de direito privado.

Fácil concluir que os débitos vinculados à pessoa jurídica podem ser direcionados ao sócio se houver a *"liquidação de sociedade de pessoas"* ou em razão de *"atos praticados com excesso de poderes ou infração de lei, contrato social ou estatutos".*

É do fisco o ônus da prova do excesso de poder ou da infração aos atos constitutivos, notadamente quando o sócio ou o administrador não constam na Certidão de Dívida Ativa.[15]

Embora o "excesso de poder" que pode atingir o sócio alienante seja termo legal indeterminado, importa ao adquirente que o simples fato de a pessoa jurídica inadimplir o tributo não é suficiente para que a cobrança seja automaticamente redirecionada ao sócio, conforme atesta a Súmula 430 do STJ: *"O inadimplemento da obrigação tributária pela sociedade não gera, por si só, a responsabilidade solidária do sócio-gerente".*

Mais preocupante é a dissolução irregular das sociedades, nas seguintes hipóteses:

a) de simplesmente se promover o distrato sem prestar contas ao fisco;

b) se a pessoa jurídica deixa de funcionar no domicílio fiscal sem prestar contas ao fisco. Esse é o teor da Súmula 435/STJ: *"Presume-se dissolvida irregularmente a empresa que deixar de funcionar no seu domicílio fiscal, sem comunicação aos órgãos competentes, legitimando o redirecionamento da execução fiscal para o sócio-gerente".*

Havendo a dissolução irregular, portanto, e, nessa medida, a cobrança pode ser redirecionada aos sócios, de tal sorte que é importante verificar a situação das pessoas jurídicas dissolvidas cujo titular seja o alienante do imóvel. Nesse sentido:

Recurso Especial. Repercussão geral. Juízo de retratação. Art. 1.040, inc. II, do Código de Processo Civil. Retratação do julgado. Execução fiscal. Prescrição. Sócios. Termo inicial do prazo prescricional para o redirecionamento da execução que se dá, no caso, a partir da constatação da dissolução irregular da empresa. Tese fixada pelo Colendo Superior Tribunal de Justiça, no julgamento do REsp 1.201.993/SP – Tema 444. A Fazenda Estadual teve conhecimento da dissolução irregular da empresa em 23.07.2009 e o pedido de inclusão do sócio no polo passivo da execução foi feito em 14.10.2010, não havendo se falar em prescrição. Retratação do v. acórdão, para negar provimento ao agravo de instrumento (TJSP, Agravo de Instrumento 2023998-12.2013.8.26.0000, Rel. Moacir Peres, 7ª Câmara de Direito Público, Foro de Itapecerica da Serra, Setor de Anexo Fiscal, j. 09.12.2013, data de registro 22.07.2020).

---

[15] AgRg no AREsp 8282/RS, Primeira Seção do Superior Tribunal de Justiça, julgado pela sistemática dos recursos repetitivos.

Execução fiscal. Pedido de redirecionamento aos sócios gerentes. Indeferimento. Distrato social registrado na junta comercial. Verificação da regularidade da dissolução. I – o distrato social, ainda que registrado na junta comercial, não garante, por si só, o afastamento da dissolução irregular da sociedade empresarial e a consequente viabilidade do redirecionamento da execução fiscal aos sócios gerentes. II – Para verificação da regularidade da dissolução da empresa por distrato social, é indispensável a verificação da realização do ativo e pagamento do passivo, incluindo os débitos tributários, os quais são requisitos conjuntamente necessários para a decretação da extinção da personalidade jurídica para fins tributários. Precedentes: REsp n. 1.764.969/SP, Rel. Min. Herman Benjamin, DJe 28.11.2018 e REsp n. 1.734.646/SP, Rel. Min. Og Fernandes, DJe 13.06.2018. III – Recurso especial provido (REsp 1777861/SP, Rel. Min. Francisco Falcão, Segunda Turma, j. 05.02.2019, DJe 14.02.2019).

Observe-se, contudo, que se a pessoa jurídica titulada pelo alienante do imóvel responde às cobranças que são feitas, em que pese o fato de simplesmente não ser localizada, não implica, necessariamente, indício de encerramento irregular de atividades, devendo o fato ser apurado por Oficial de Justiça:

Agravo de Instrumento – Execução fiscal – Insurgência contra decisão que indeferiu a inclusão do sócio no polo passivo da ação – Impossibilidade – Ausência de indícios de dissolução irregular – Devolução da carta de citação pelos correios sem cumprimento não configura indício suficiente para presumir o encerramento irregular da sociedade – Precedentes do STJ. Decisão mantida – Recurso improvido (TJSP, Agravo de Instrumento 2251548-85.2019.8.26.0000, 15ª Câmara de Direito Público Rel. Des. Eutálio Porto, j. 19.11.2019).

Tributário – agravo de instrumento – execução fiscal – crédito não tributário – exercícios de 2009 a 2010 – município de Jundiaí – inclusão de sócio. Decisão que indeferiu o pedido de inclusão dos sócios da executada no polo passivo da execução fiscal – Recurso interposto pelo Município. Da Dissolução Irregular da Empresa – A Súmula 435 do Superior Tribunal de Justiça prevê: "Presume-se dissolvida irregularmente a empresa que deixar de funcionar no seu domicílio fiscal, sem comunicação aos órgãos competentes, legitimando o redirecionamento da execução fiscal para o sócio-gerente". O C. Superior Tribunal de Justiça, no entanto, possui entendimento de que é incabível o reconhecimento da dissolução irregular da pessoa jurídica tão somente em razão do retorno do aviso de recebimento negativo, sendo imprescindível a diligência do oficial de justiça para que se possa permitir o redirecionamento – Precedentes deste E. Tribunal de Justiça no mesmo sentido. No caso dos autos, restou infrutífera a tentativa de citação da empresa executada por carta, tendo constado do aviso de recebimento a informação "endereço insuficiente" – Impossibilidade de reconhecimento da dissolução irregular da pessoa jurídica – Necessidade de diligência do oficial de justiça para que se possa permitir o redirecionamento da execução sobre o patrimônio dos sócios. Decisão mantida – Recurso desprovido (TJSP, Agravo de Instrumento 2028344-59.2020.8.26.0000, 15ª Câmara de Direito Público, Rel. Des. Eurípedes Faim, j. 04.06.2020).

Quanto à eventual fraude à execução fiscal, além do art. 792 do Código de Processo Civil, para fins tributários incide o art. 185 do CTN:

Art. 185. Presume-se fraudulenta a alienação ou oneração de bens ou rendas, ou seu começo, por sujeito passivo em débito para com a Fazenda Pública, por crédito tributário regularmente inscrito como dívida ativa.

Parágrafo único. O disposto neste artigo não se aplica na hipótese de terem sido reservados, pelo devedor, bens ou rendas suficientes ao total pagamento da dívida inscrita.

Entretanto, para atingir sócio, a aplicação do mencionado dispositivo demandaria a desconsideração da personalidade jurídica e, para tanto, a observância do § 3º do art. 792 do Código de Processo Civil que, por sua vez, não se divorcia do condicionante insculpido no art. 795, também do Código de Processo Civil, a estabelecer que *"os bens particulares dos sócios não respondem pelas dívidas da sociedade"*, cujas exceções são possíveis *"nos casos previstos em lei"*, ou seja, nos termos do CTN para créditos tributários.

Sendo assim, somente há fraude à execução após o *deferimento do pedido de redirecionamento da cobrança do débito da pessoa jurídica para o sócio.*

Enquanto não houver, o sócio não deve e nesse sentido, os seguintes precedentes:

Processual civil e tributário. Agravo interno no recurso especial. Enunciado administrativo n. 3/STJ. Execução fiscal. Redirecionamento do feito. Venda de bem. Fraude à execução caracterizada. Precedentes. Agravo interno não provido. 1. O entendimento do Tribunal de origem não destoou da jurisprudência desta Casa, no sentido de que, para o sócio-gerente, só se presume a fraude à execução após o redirecionamento da execução contra si. Antes disso, ele não é considerado devedor. Assim, demonstrada a venda do imóvel após o redirecionamento da execução, considera-se fraudulento o negócio. 2. Agravo interno não provido (AgInt no REsp 1.800.902/SC|2019/0057738-5, Rel. Min. Mauro Campbell Marques, j. 10.09.2019, publicado em 19.09.2019).

Tributário. Fraude à execução. Alienação de bens posteriormente ao deferimento do pedido de redirecionamento da execução ao sócio-gerente. 1. Hipótese em que o Tribunal de origem entendeu estar caracterizada a fraude à execução, sob o fundamento de que, "para a caracterização da fraude à execução, na hipótese de a alienação dos bens se dar após a entrada em vigor da LC 118/2005, a notificação da pessoa jurídica acerca da inscrição do crédito em dívida ativa estende seus efeitos ao sócio redirecionado. Significa dizer, na segunda hipótese, que, notificada a empresa acerca da inscrição em dívida ativa, presume-se cientificado o sócio redirecionado" (fl. 475, e-STJ). 2. O Superior Tribunal de Justiça firmou entendimento de que não se considera fraude à execução, à luz do art. 185 do CTN, a alienação feita por sócio-gerente antes do redirecionamento da execução, pois inconcebível considerá-lo devedor até aquele momento. Precedente: EDcl no AREsp 733.261/SP, Rel. Ministro Humberto Martins, Segunda Turma, j. 15.09.2015, DJe 23.09.2015. 4. In casu, colhe-se dos autos que o redirecionamento aos sócios gerentes ocorreu em 19.11.2012, e a alienação do bem em 14.04.2008; não há, portanto, falar presunção de fraude à execução prevista no art. 185 do CTN. 5. Recurso Especial provido (REsp 1.692.251/RS|2017/0204094-6, Rel. Min. Herman Benjamin, j. 12.12.2017, publicado em 07.02.2018).

Portanto, em conclusão, se o alienante do imóvel for sócio de pessoa jurídica é imprescindível verificar *se houve redirecionamento de execução fiscal.*

Entretanto, é preciso observar que a execução fiscal "é o meio de que se vale a Fazenda Pública para haver crédito de natureza tributária e não tributária inscrito na dívida ativa (art. 2º, § 2º, da Lei 6.830/1980). As normas processuais são as mesmas, mas a responsabilidade e o redirecionamento da execução em relação a terceiros diferem conforme a natureza do crédito. Sendo tributário, na forma do Código Tributário Nacional – CTN, sendo civil ou administrativo, na forma da lei civil". (TJSP, Agravo de Instrumento 3003385-07.2020.8.26.0000, Rel. Décio Notarangeli, 9ª Câmara de Direito Público, Foro das Execuções Fiscais Estaduais, Vara das Execuções Fiscais Estaduais, j. 22.07.2020, data de registro 22.07.2020).

Extrai-se do julgado acima que, em se tratando de crédito de natureza não tributária decorrente, por exemplo, de multa administrativa, não é possível o simples redirecionamento da execução em face dos sócios nos casos de *dissolução irregular*, posto que não se aplica o art. 135 do CTN.

Nesses casos, mister se faz a desconsideração da personalidade jurídica da sociedade executada apta a promover a inclusão dos sócios na execução.

Quanto aos ex-sócios, o fisco conta com o prazo de dois anos, nos termos dos arts. 1.032 e 1.086 do Código Civil, para exigir o redirecionamento nos casos legais, responsabilizando ex-sócio por atos da sociedade.

Nesta medida, "conforme interpretação do art. 135, III, do CTN, inexiste responsabilidade tributária do ex-sócio que se afastou regular e legalmente da sociedade comercial e transferiu suas cotas a terceiro, se o débito fiscal, embora contraído no período em que aquele participava de modo comum com os demais da administração da empresa, somente foi apurado e cobrado três anos depois do aditivo contratual que alterou a composição societária" (STJ-RT 774/214) e "para que se viabilize o redirecionamento da execução é indispensável que a respectiva petição descreva, como causa para redirecionar, uma das situações caracterizadoras da responsabilidade subsidiária do terceiro pela dívida do executado" (STJ, REsp 544.879-AgRg, Primeira Turma, Min. Teori Zavascki, j. 20.05.2004, *DJU* 07.06.2004).

Em consonância com o acatado:

Agravo de Instrumento em face de decisão que, em execução fiscal, rejeitou exceção de pré-executividade. Redirecionamento da execução para o agravante, ex-sócio, ocorrido após o prazo de dois anos previstos para a delimitação de sua responsabilidade pessoal e ausência de prova de que, à época do fato gerador do tributo, o ex-sócio praticou ato infracional à lei. Decisão de 1º grau reformada. Agravo provido (TJSP, Agravo de Instrumento 2110869-40.2016.8.26.0000, Rel. Isabel Cogan, 12ª Câmara de Direito Público, Foro de São José do Rio Preto, 1ª Vara da Fazenda Pública, j. 19.10.2016, data de registro 24.10.2016).

Por fim, tem o fisco o prazo legal de cinco anos contados da citação da pessoa jurídica devedora para promover o redirecionamento da execução nos casos legais, contra sócios ou ex-sócios (contra estes, desde que o desligamento os quadros sociais conte com menos de dois anos) consoante dispõe o art. 174 do CTN:

Agravo de instrumento – execução fiscal – redirecionamento – citação – ex-sócio – Prescrição. A Fazenda Pública tem o prazo de cinco anos, contados da citação da pessoa jurídica devedora, em observância ao disposto no art. 174 do CTN, para promover o redirecionamento da execução fiscal contra os responsáveis tributários relacionados no artigo 135, III, do CTN – No presente caso, forçoso reconhecer a ocorrência da prescrição, com relação aos sócios, uma vez que a empresa foi citada, em abril de 2001 e o pedido de redirecionamento se deu em novembro de 2012. Decisão reformada. Recurso provido (TJSP, Agravo de Instrumento 2244970-48.2015.8.26.0000, Rel. Danilo Panizza, 1ª Câmara de Direito Público, Foro de Regente Feijó, Vara Única, j. 02.02.2016, data de registro 04.02.2016).

Recurso Especial. Processual Civil. Tributário. Execução fiscal. Redirecionamento. Prescrição configurada. Mais de cinco anos entre a citação da empresa e a do sócio. Recurso parcialmente provido. (...). 2. Este Superior Tribunal de Justiça pacificou entendimento no sentido de que a citação da empresa interrompe a prescrição em relação aos seus sócios-gerentes para fins de redirecionamento da execução. Todavia, para que a execução seja redirecionada contra o sócio, é necessário que a sua citação seja efetuada no prazo de cinco anos a contar da data da citação da empresa executada, em observância ao disposto no citado art. 174 do CTN. 3. Decorridos mais de cinco anos entre a citação da empresa e a citação pessoal dos sócios, impõe-se o reconhecimento da prescrição. 4. Recurso especial parcialmente provido (REsp 702.211/RS, Rel. Min. Denise Arruda, j. 22.05.2007, DJ 21.06.2007).

b) Responsabilidade trabalhista

Quanto às dívidas trabalhistas da pessoa jurídica da qual o vendedor é ou foi sócio, a situação de quem compra imóvel é muito mais delicada.

Explico: a Justiça do Trabalho utiliza, divorciando-se do art. 50 do Código Civil, a "teoria menor" da desconsideração da personalidade jurídica da pessoa jurídica.

Deveras, existem duas teorias principais sobre a desconsideração da personalidade jurídica: "a maior, pela qual o juiz é autorizado a ignorar a autonomia patrimonial das pessoas jurídicas, como forma de coibir fraudes e abusos praticados através dela, e a menor, em que o simples prejuízo do credor já possibilita afastar a autonomia patrimonial".[16]

Se assim o é, não havendo patrimônio, a desconsideração é deferida por meio de incidente[17] e atinge, inclusive, sócios e ex-sócios que eventualmente se beneficiaram do trabalho do reclamante.

---

[16] Fábio Ulhoa Coelho, *Curso de direito comercial* – direito de empresa, 11ª ed., São Paulo: Saraiva, v. 2, p. 36.

[17] CLT, Art. 855-A. Aplica-se ao processo do trabalho o incidente de desconsideração da personalidade jurídica previsto nos arts. 133 a 137 da Lei 13.105, de 16 de março de 2015 – Código de Processo Civil. (Incluído pela Lei 13.467, de 2017).
§ 1º Da decisão interlocutória que acolher ou rejeitar o incidente:
I – na fase de cognição, não cabe recurso de imediato, na forma do § 1º do art. 893 desta Consolidação;
II – na fase de execução, cabe agravo de petição, independentemente de garantia do juízo;
III – cabe agravo interno se proferida pelo relator em incidente instaurado originariamente no tribunal.

Nessa medida, no Processo TRT/SP 1000691-11.2016.5.02.0372, a 16ª Turma do Tribunal Regional do Trabalho da Segunda Região, em decisão publicada no dia 25.06.2019, deixou consignado que

(...) *a jurisprudência trabalhista autoriza a constrição judicial de bens particulares dos sócios, quando evidenciado que a empresa não possui bens suficientes para suportar a execução. Permite-se, portanto, a desconsideração da personalidade jurídica da sociedade após constatada a insolvência da reclamada.*

A desconsideração da personalidade jurídica, na Justiça do Trabalho, tem fundamento na aplicação da denominada teoria menor (com amparo no artigo 28, parágrafo 5º, do Código de Defesa do Consumidor), segundo a qual não se exige prova de ato ilícito praticado pelos sócios para sua responsabilização, ressaltando-se, ainda, que os riscos da atividade econômica não podem ser suportados pelo empregado, a teor do que dispõe o artigo 2º da Consolidação das Leis do Trabalho.

Demais disso, ante o disposto no artigo 790, II, do CPC, a jurisprudência é pacífica ao admitir a responsabilidade do sócio na hipótese de não ser realizado o depósito judicial e de não serem oferecidos bens da pessoa jurídica no prazo legal, pois o sócio detém responsabilidade pela má administração e não cumprimento da legislação trabalhista e previdenciária.

Nesse julgado é citado outro precedente no mesmo sentido:

Execução. Penhora de bem de sócia da executada. Teoria da desconsideração da personalidade jurídica do devedor. Justifica-se a incidência da teoria da desconsideração da personalidade jurídica do devedor quando caracterizado o descumprimento das obrigações decorrentes do contrato de trabalho e a falta de bens suficientes da empresa executada para satisfação das obrigações trabalhistas. Correta a penhora do bem dos ex-sócios, considerando sua condição de sócio da executada durante a relação de emprego do autor, bem como a inexistência de patrimônio da empresa executada capaz de garantir a execução, conforme bem salientado na decisão proferida pelo Tribunal Regional. Agravo de instrumento não provido (AIRR 2876-43.2010.5.04.0000, Rel. Juiz Convocado Hugo Carlos Scheuermann, j. 07.12.2011, 1ª Turma, DEJT 16.12.2011).

No processo 0000333-51.2014.5.02.0075, a 7ª Turma do Tribunal Regional do Trabalho da 2ª Região, em decisão publicada no dia 18.10.2018, asseverou, espelhando a tendência que impera na Justiça especializada do Trabalho, que

(...) *a desconsideração da personalidade jurídica acarreta a responsabilização do sócio, ex-sócio ou administrador pela dívida trabalhista, nos termos do artigo 9º da Consolidação e aplicação analógica dos artigos 50 do Código Civil, 28 da Lei 8.078/1990 (CDC) e 790, II e VII do NCPC.*

Na relação trabalhista a desconsideração da personalidade jurídica da empresa decorre da ausência de patrimônio excutível, alcançando o patrimônio social. Os sócios respondem pela execução, diante da dicção do artigo 790, incisos II e VII, do NCPC. À luz da legislação em comento é inquestionável a responsabilidade do sócio por débitos trabalhistas decorrentes de preterição de disposição legal e consequente execução, conforme artigos 790, incisos II e VII e 795, respectivamente, do NCPC.

Constitui princípio informador do direito do trabalho, aplicável ao caso "sub judice", que o empregado que não participa dos lucros não pode correr os riscos do empreendimento. A contrário senso, o sócio que participa dos lucros, enriquecendo seu patrimônio particular em detrimento do credor empregado, não pode ser colocado à margem de qualquer responsabilidade quando a pessoa jurídica se apresenta incapacitada a responder por seus débitos.

Sendo assim, para fins trabalhistas, se o alienante do imóvel é ou foi administrador ou sócio de pessoa jurídica, não importando se o sócio ostentava ou não cargo de administração ou gerência, responde pela dívida trabalhista, integralmente, independentemente do percentual de sua participação societária, bastando, para tanto, que o reclamante demonstre a sua qualidade de sócio durante qualquer lapso temporal do período aquisitivo alcançado pela reclamação.

---

§ 2º A instauração do incidente suspenderá o processo, sem prejuízo de concessão da tutela de urgência de natureza cautelar de que trata o art. 301 da Lei 13.105, de 16 de março de 2015 (Código de Processo Civil).

O empregado pode reclamar no biênio subsequente ao término do contrato de trabalho, requerendo os direitos decorrentes dos cinco anos anteriores à reclamação e, nesse sentido, a Súmula 308, I, da Corte Superior Trabalhista: "Respeitado o biênio subsequente à cessação contratual, a prescrição da ação trabalhista concerne às pretensões imediatamente anteriores a cinco anos, contados da data do ajuizamento da reclamação e, não, às anteriores ao quinquênio da data da extinção do contrato".

Portanto, pode atingir ex-sócios nos termos do art. 10-A da CLT:

> *Art. 10-A. O sócio retirante responde subsidiariamente pelas obrigações trabalhistas da sociedade relativas ao período em que figurou como sócio, somente em ações ajuizadas até dois anos depois de averbada a modificação do contrato, observada a seguinte ordem de preferência: (Incluído pela Lei 13.467, de 2017)*
>
> *I – a empresa devedora;*
>
> *II – os sócios atuais; e*
>
> *III – os sócios retirantes.*
>
> *Parágrafo único. O sócio retirante responderá solidariamente com os demais quando ficar comprovada fraude na alteração societária decorrente da modificação do contrato.*

Esse é um elemento preocupante e gerador de profunda insegurança nos negócios imobiliários na exata medida em que é preciso saber se o vendedor (ou alienante em geral) é ou foi titular de sociedade.

Mesmo que não seja mais titular, podem existir reclamações em curso em face da pessoa jurídica da qual foi sócio e, não havendo patrimônio da pessoa jurídica no momento do cumprimento, o reclamante pode requerer a desconsideração, atingindo os bens de ex-sócio.

O único alívio para o adquirente do imóvel é que os bens alienados pelo sócio ou ex-sócio antes da desconsideração não respondem pela execução, sendo razoável e prudente considerar a *data da decisão de desconsideração* como marco temporal.[18]

Portanto, é imprescindível verificar as reclamações trabalhistas em nome da pessoa jurídica titulada ou antes titulada pelo alienante para saber se já há deferimento de desconsideração em reclamações trabalhistas pendentes.

Nesse sentido, a venda anterior à desconsideração da personalidade jurídica com o direcionamento da execução para o sócio ou ex-sócio não caracteriza fraude à execução:

Tribunal Superior do Trabalho. Agravo de instrumento em recurso de revista. Execução. Recurso de revista regido pelo CPC/2015 e pela instrução normativa nº 40/2016 do TST. Fraude à execução. Não caracterização. Penhora de bem do sócio. Alienação antes da desconsideração da personalidade jurídica da empresa. Inexistência de ofensa direta e literal ao artigo 5º, incisos XXXV e LIV, da Constituição Federal. Consta do acórdão regional que, ao contrário do pretendido pelo exequente, não ficou configurada fraude à execução,

---

18 Nada obstante, nos termos do CPC, Art. 792. [...] *§ 3º Nos casos de desconsideração da personalidade jurídica, a fraude à execução verifica-se a partir da citação da parte cuja personalidade se pretende desconsiderar.*

Sobre este dispositivo, em palestra proferida no III Congresso de Direito Imobiliário da Escola Paulista de Direito, o Magistrado e Professor Leonardo Aliaga Betti indagou: "De qual citação o legislador está falando? Da citação ainda na fase de conhecimento ou da citação para responder ao Incidente de Desconsideração de Personalidade Jurídica? Pelo que respondeu com o Enunciado 52 da Enfam (Escola Nacional de Formação e Aperfeiçoamento de Magistrados): 'A citação a que se refere o art. 792, § 3º, do CPC/2015 (fraude à execução) é a do executado originário, e não aquela prevista para o incidente de desconsideração da personalidade jurídica (art. 135 do CPC/2015)'. E arrematou: 'Não se trata de posição pacífica, mas a questão que se coloca põe em xeque a autonomia patrimonial da pessoa jurídica: com o ajuizamento de ação em face desta, os sócios já não estão automaticamente cientes do risco de virem a compor o polo passivo em execução?'"

uma vez que "o direcionamento da execução contra a figura do sócio alienante se deu somente em 2011, cerca de um ano após a venda do imóvel cuja fraude o agravante pretende ver reconhecida". O Regional consignou que, "à época da venda, o sócio alienante não fazia parte do polo passivo da lide, não havendo impedimento legal para que se desfizesse de bens constantes de seu acervo patrimonial", frisando que "não há nos autos, quaisquer indícios de que o agravado tenha agido de má-fé". Esta Corte superior tem adotado o entendimento de que a transferência de imóvel de sócio antes da desconsideração da personalidade jurídica da empresa, como in casu, *não configura fraude à execução. A discussão relativa à configuração de fraude à execução, além de envolver a aplicação e a interpretação de normas infraconstitucionais, no caso, o artigo 792, inciso IV, do CPC/2015, o que não se amolda à previsão contida no artigo 896, § 2º, da CLT, passaria pela análise da valoração do quadro fático-probatório dos autos feita pelas esferas ordinárias, procedimento vedado a esta instância recursal de natureza extraordinária, conforme preconizado na Súmula nº 126 do TST. Não há, portanto, como constatar ofensa direta e literal ao art. 5º, incisos XXXV e LIV, da Constituição Federal. Agravo de instrumento desprovido (AIRR 198900-26.2005.5.02.0016, Rel. Min. José Roberto Freire Pimenta, j. 19.09.2018, 2ª Turma, DEJT 21.09.2018).*

(...) II – Recurso de revista interposto sob a égide da Lei nº 13.015/2014 – fraude à execução – doação de imóvel em período anterior à desconsideração da personalidade jurídica da empresa executada. 1. Não há fraude à execução quando, no curso de Reclamação Trabalhista contra empresa, a doação do imóvel de sócio ocorre anteriormente à concentração da execução no seu patrimônio. Julgados. 2. No caso, revela-se necessária a defesa e proteção do referido bem, com fulcro na garantia constitucional à moradia (art. 6º), no direito de defesa da entidade familiar (art. 226, § 4º) e até mesmo no preceito maior da dignidade da pessoa humana (art. 1º, III). Não há controvérsia sobre o fato de que a doação do imóvel penhorado se deu em favor dos filhos – sendo um deles menor de idade à época – com usufruto à mulher, como condição de partilha em divórcio. Recurso de Revista conhecido e provido (RR 220400-55.2003.5.02.0005, 8ª Turma, Rel. Min. Maria Cristina Irigoyen Peduzzi, j. 29.11.2017, DEJT 01.12.2017).

1.3.6.   A pessoa jurídica pode vender bens do estoque

É muito comum a aquisição de imóveis de construtoras e incorporadoras.

Nesse caso, imaginemos que a construtora ou incorporadora ostente um grau elevado de endividamento.

É evidente que, na qualidade de construtora ou incorporadora, seus bens são formados por imóveis pertencentes ao ativo fixo ou permanente, ou seja, necessários para o desenvolvimento das suas atividades administrativas.

Por outro lado, existem imóveis que integram seu ativo circulante, ou seja, o estoque de imóveis destinados à venda.

Nesse segundo caso, não constituem fraude as vendas de imóveis do estoque a teor do que dispõem o art. 164 do Código Civil e o art. 55 da Lei 13.097/2015:

> *Código Civil, Art. 164. Presumem-se, porém, de boa-fé e valem os negócios ordinários indispensáveis à manutenção de estabelecimento mercantil, rural, ou industrial, ou à subsistência do devedor e de sua família.*

> *Lei 13.097/2015: Art. 55. A alienação ou oneração de unidades autônomas integrantes de incorporação imobiliária, parcelamento do solo ou condomínio edilício, devidamente registrada, não poderá ser objeto de evicção ou de decretação de ineficácia, mas eventuais credores do alienante ficam sub-rogados no preço ou no eventual crédito imobiliário, sem prejuízo das perdas e danos imputáveis ao incorporador ou empreendedor, decorrentes de seu dolo ou culpa, bem como da aplicação das disposições constantes da Lei 8.078, de 11 de setembro de 1990.*

1.3.7.   A questão do compromisso de compra e venda sem registro – a Súmula 308/STJ que desconsidera a hipoteca ante o direito do promitente comprador

Em que pese a pessoa jurídica poder vender bens do estoque (construtoras e incorporadoras), é preciso verificar se o imóvel prometido está hipotecado ou concedido em garantia real a terceiros (uma instituição financeira, por exemplo).

O compromisso de compra é definido como o contrato de natureza pessoal, cujo objeto – uma vez integralizado o preço pelo promissário comprador – é uma obrigação de fazer do promitente vendedor, qual seja: outorgar a competente escritura pública que, nos termos dos arts. 108, 1.227 e 1.245 do Código Civil transferirá a propriedade imobiliária no momento do registro.

É fato que existe a possibilidade de se ingressar com os embargos de terceiro, que será estudado no Capítulo 3 deste livro III, com supedâneo em compromisso de compra e venda não registrado.

Em verdade, o direito pessoal, representado pelo compromisso de compra e venda sem registro, pode ser contraposto, com sucesso, a outro direito pessoal que lhe seja posterior, muito embora já se tenha admitido a prevalência absoluta do direito pessoal representado pela posse do promitente comprador, como adiante se verá.

> **Tribunal de Justiça de São Paulo**. *Embargos de Terceiro. Arresto. Imóvel compromissado à venda, quitado. Escritura definitiva não lavrada. Direito pessoal entre as partes. Obrigação de outorga da escritura. Comprador com justa posse. Direito que deve prevalecer ao da penhora. Recurso não provido. Conforme as necessidades atuais do comércio jurídico, a interpretação pela qual, ao choque de interesses de dois direitos eminentemente pessoais (a própria penhora não é direito real, mas ato processual executivo), tanto um quanto outro deve prevalecer o direito daquele que está na justa posse do imóvel, como seu legítimo pretendente à aquisição, com o preço quitado face ao direito do credor, do promitente vendedor, dês que ausente, por certo, qualquer modalidade de fraude a credores ou à execução, como no caso dos autos (Apel. Cív. nº 48.836-4, Campinas, 4ª Câmara de Direito Privado, Rel. Barbosa Pereira, 18.06.1998, v.u.).*

O que não se admite mesmo é a prevalência de direito pessoal sobre direito real, como, por exemplo, a hipoteca, mesmo que superveniente.

Com efeito, a Súmula 84 do STJ deve ser entendida na exata medida da possibilidade dos embargos de terceiro, mas não do seu resultado.

É que, o entendimento anterior não admitia embargos de terceiro no caso de promessa de compra e venda sem registro (Súmula 621 do STF), mesmo em face de outro direito pessoal que ensejava penhora.

Em tempo, a distorção foi corrigida pelo Superior Tribunal de Justiça (Súmula 84 do STJ):

> **Superior Tribunal de Justiça**. *Processual civil. Embargos de terceiro. Contrato de promessa de compra e venda não inscrito no registro de imóveis. Posse. Penhora. Execução. I – O promitente comprador, com base em contrato de compromisso de compra e venda não inscrito no registro de imóveis, está legitimado, na qualidade de possuidor, a opor embargos de terceiro para pleitear a exclusão de bem objeto de penhora em processo de execução. II – Configura fraude a execução quando ao tempo da alienação havia demanda contra o vendedor, eis que, para caracterizá-la, mister haja ação ajuizada, com citação válida, como prescreve o art. 593, e incisos do Código de Processo Civil [atual art. 792]. III – Incidência das Súmulas nos 83 e 84, do STJ. IV – Recurso não conhecido (Rel. Ministro Waldemar Zveiter, DJ 22.09.1997, p. 46.444, veja: REsp 61.448-SP, REsp 20.778-SP (STJ); Humberto Theodoro Júnior, Curso de direito Processual Civil, vol. 2, p. 826) (Recurso Especial nº 102.942/RN (9600486271), decisão: por unanimidade, não conhecer do Recurso Especial, data da decisão: 30.06.1997, 3ª Turma).*

> **Superior Tribunal de Justiça**. *Processual civil. Embargos de terceiro. Contrato de promessa de compra e venda não inscrito no registro de imóvel. Posse. Penhora. Execução. Art. 1.046, § 1º, do Código de Processo Civil [atual art. 674, § 1º]. I – Inexistente fraude, encontrando-se os recorridos na posse mansa e pacífica do imóvel, estão legitimados na qualidade de possuidores a opor embargos de terceiro, com base em contrato de compra e venda não inscrito no registro de imóvel, para pleitear a exclusão do bem objeto da penhora no processo de execução, onde não eram parte, a teor do art. 1.046, § 1º, do Código de Processo Civil [atual art. 674, § 1º] – Precedentes do Superior Tribunal de Justiça. II – Recurso conhecido pela letra "c", do permissivo constitucional, a qual se nega provimento (Processo nº 00019319-6/004, Recurso Especial, Taubaté, 3ª Turma, j. 19.05.1992, Rel. Min. Waldemar Zveiter, decisão: unânime).*

> **Tribunal de Justiça de São Paulo**. *Embargos de terceiro. Execução fiscal. Penhora de imóvel. Título não registrado em cartório. Irrelevância. Possuidor regularmente imitido na posse do bem. Aquisição, ademais, em data anterior à execução. Súmula nº 621 do Supremo Tribunal Federal. Recurso não*

provido. Não é o fato de o possuidor do imóvel penhorado não dispor de título registrado no Cartório de Registro de Imóveis que o iniba de propor embargos de terceiro, comprovado que se acha regularmente imitido na posse do bem e que sua aquisição se deu em data anterior à execução, além de honrar com as obrigações fiscais que incidem sobre o mesmo (Apel. Cív. nº 244.130-2, Bebedouro, Rel. Massami Uyeda, v.u., 28.11.1994).

Interessante, outrossim, julgado a seguir:

Tribunal de Justiça do Distrito Federal. *Ramo do direito: direito processual civil. Embargos de terceiro, sucumbência. Embargos de terceiros. Fraude em execução. Compra e venda realizada após a citação do devedor nos autos da execução – honorários advocatícios – os embargos (Código de Processo Civil, 1.406, § 1º) [atual art. 674, § 1º] podem ser de terceiro senhor e possuidor, ou apenas possuidor, basta, pois, ser possuidor para o terceiro postular a alforria. O compromisso de compra e venda, fora dos casos previstos em lei (...) é direito pessoal e o direito dele decorrente enseja ao compromissário comprador presunção de mero possuidor, cuja posse suscetível de comprovação. O credor, nesses casos pode optar pela penhora somente sobre o domínio para depois em ação dominial adequada reclamar a posse, onde serão discutidos a venda, a fraude e outros defeitos do ato jurídico. Ou escolher ação pauliana, se for o caso, para alcançar anulação da venda. Entretanto comprovada a posse – independente da validade da compra e venda – julga-se procedente os embargos de terceiro, condenando o vencido na verba sucumbencial. Decisão: conhecer os recursos. Improver o recurso do embargado e prover o do embargante. Unânime (Apelação Cível nº 2.981.293-DF, 1ª Turma Cível, 05.08.1993, Rel. Eduardo de Moraes Oliveira, DJ do DF: 24.11.1993, p. 50.810).*

Dissemos que não se admite um direito pessoal prevalecendo sobre um direito de caráter real. Entretanto essa regra comporta exceções.

Bem coloca Arruda Alvim[19] que, se houver lei em sentido contrário, o direito pessoal pode preferir o real.

Por exemplo: o art. 186 do Código Tributário Nacional, que dispõe que o crédito de natureza trabalhista prefere ao tributário e, os dois, a um direito real de garantia, tal qual um mútuo com garantia hipotecária.

Outra tendência, que surge em razão da boa-fé, legalmente exigida nos negócios jurídicos em função dos arts. 113 e 422 do Código Civil, inverte definitivamente a solução tradicional.

Nesse sentido, ainda que haja uma hipoteca, direito real de garantia, o promitente comprador poderá opor os embargos de terceiro com sucesso.

É que as coisas se passam da seguinte forma:

Inicialmente, uma construtora e incorporadora adquire terreno para construção.

Evidentemente, essa instituição financeira, como condição para concessão do crédito, exige garantia hipotecária, ou por meio de alienação fiduciária, do terreno e da futura construção, nessa medida representada pelas unidades incorporadas.

Após firmar contrato de mútuo (empréstimo), dando ao banco o imóvel todo como garantia real, a construtora passa a vender o imóvel a incautos compradores.

Diga-se, de passagem, que essa prática pode ser considerada abusiva.

Tecnicamente, se a construtora paga o valor devido à instituição financeira, nenhum problema remanesce.

Todavia, se não pagar, os adquirentes por promessa de compra e venda, na qualidade de credores quirografários da outorga da escritura, sofrem o prejuízo em razão da preferência da instituição financeira.

---

19 José Manoel de Arruda Alvim. *Breves anotações para uma teoria geral dos direitos reais*. São Paulo: Saraiva, p. 49.

Ocorre que, em razão da iniquidade dessa solução, os tribunais passaram a entender que o banco não pode ignorar os adquirentes, ainda que tenham mero direito pessoal.

Se ignorarem, estarão abusando do direito (Código Civil, art. 187), vez que sabem que o crédito é concedido para construção e a construtora, por óbvio, comercializará as unidades incorporadas.

Portanto, o simples exercício da preferência com excussão do imóvel representa abuso de direito e má-fé, reclamando a prevalência do direito dos promitentes compradores que poderão, com esse fundamento, afastar a penhora através dos embargos de terceiro.

Apenas se admite ao financiador que, na execução contra a construtora, exija o saldo devedor de cada adquirente, que, dessa forma, estará protegido.

O assunto foi sumulado no Superior Tribunal de Justiça:

A hipoteca firmada entre a construtora e o agente financeiro, anterior ou posterior à celebração da promessa de compra e venda, não tem eficácia perante os adquirentes do imóvel (Súmula 308 – STJ – 30.03.2005 – DJ 25.04.2005).

Superior Tribunal de Justiça. *SFH. Casa própria. Execução. Hipoteca em favor do financiador da construtora. Terceiro promissário comprador. Embargos de terceiro. Procedem os embargos de terceiro opostos pelos promissários compradores de unidade residencial de edifício financiado contra penhora efetivada no processo de execução hipotecária promovida pela instituição de crédito imobiliário que financiou a construtora. O direito de crédito de quem financiou a construção das unidades destinadas a venda pode ser exercido amplamente contra a devedora, mas contra terceiros adquirentes fica limitado a receber deles o pagamento das suas prestações, pois os adquirentes da casa própria não assumem a responsabilidade de pagar duas dívidas, a própria, pelo valor real do imóvel, e a da construtora do prédio (REsp 187.940/SP – Decisão: 18.02.1999 – Rel. Ministro Ruy Rosado de Aguiar).*

Em que pese a Súmula 308 do STJ se referir apenas à hipoteca, aplica-se, por analogia, nos casos de alienação fiduciária concedida pela construtora/incorporadora, titular do direito de propriedade, ao agente financeiro das obras:

Direito civil. Recurso especial. Ação declaratória cumulada com obrigação de fazer. Alienação fiduciária firmada entre a construtora e o agente financeiro. Ineficácia em relação ao adquirente do imóvel. Aplicação, por analogia, da Súmula 308/STJ.

1. Ação declaratória cumulada com obrigação de fazer, por meio da qual se objetiva a manutenção de registro de imóvel em nome da autora, bem como a baixa da alienação fiduciária firmada entre a construtora e o agente financeiro.

2. Ação ajuizada em 12.03.2012. Recurso especial concluso ao gabinete em 05.09.2016. Julgamento: CPC/1973.

3. O propósito recursal é definir se a alienação fiduciária firmada entre a construtora e o agente financeiro tem eficácia perante a adquirente do imóvel, de forma a se admitir a aplicação analógica da Súmula 308/STJ.

4. De acordo com a Súmula 308/STJ, a hipoteca firmada entre a construtora e o agente financeiro, anterior ou posterior à celebração da promessa de compra e venda, não tem eficácia perante os adquirentes do imóvel.

5. A Súmula 308/STJ, apesar de aludir, em termos gerais, à ineficácia da hipoteca perante o promitente comprador, o que se verifica, por meio da análise contextualizada do enunciado, é que ele traduz hipótese de aplicação circunstanciada da boa-fé objetiva ao direito real de hipoteca.

6. Dessume-se, destarte, que a intenção da Súmula 308/STJ é a de proteger, propriamente, o adquirente de boa-fé que cumpriu o contrato de compra e venda do imóvel e quitou o preço ajustado, até mesmo porque este possui legítima expectativa de que a construtora cumprirá com as suas obrigações perante o financiador, quitando as parcelas do financiamento e, desse modo, tornando livre de ônus o bem negociado.

*7. **Para tanto, partindo-se da conclusão acerca do real propósito da orientação firmada por esta Corte – e que deu origem ao enunciado sumular em questão –, tem-se que as diferenças estabelecidas entre a figura da hipoteca e a da alienação fiduciária não são suficientes a afastar a sua aplicação nessa última hipótese, admitindo-se, via de consequência, a sua aplicação por analogia.***

8. Recurso especial conhecido e não provido.

(REsp 1.576.164/DF, Rel. Min. Nancy Andrighi, 3ª Turma, j. 14.05.2019, DJe 23.05.2019).

Nessa medida, o art. 55 da Lei 13.097/2015 estabeleceu a impossibilidade de penhora do adquirente de imóvel de incorporadora nessas condições, ratificando as conclusões decorrentes da Súmula 308/STJ:

Art. 55. A alienação ou oneração de unidades autônomas integrantes de incorporação imobiliária, parcelamento do solo ou condomínio edilício, devidamente registrada, não poderá ser objeto de evicção ou de decretação de ineficácia, mas eventuais credores do alienante ficam sub-rogados no preço ou no eventual crédito imobiliário, sem prejuízo das perdas e danos imputáveis ao incorporador ou empreendedor, decorrentes de seu dolo ou culpa, bem como da aplicação das disposições constantes da Lei 8.078, de 11 de setembro de 1990.

Não podemos nos esquecer da Súmula 375 do STJ, segundo a qual: *O reconhecimento da fraude à execução depende do registro da penhora do bem alienado ou da prova de má-fé do terceiro adquirente*, assunto que já tratamos no capítulo 1 deste livro.

Inclusive, há entendimento segundo o qual a hipoteca existente não impede a adjudicação ou a obrigação de fazer em face do promitente comprador em razão da ineficácia da garantia nesses casos (*vide* o Capítulo 5 do livro II – item 5.7):

Tribunal de Justiça de São Paulo. Obrigação de fazer – Pretensão de compromissário comprador, com o preço quitado, de receber escritura de venda e compra da promitente vendedora – Recusa da alienante fundada na existência de hipoteca sobre a unidade, constituída em favor de agente financeiro para garantia de empréstimo por ela obtido para a construção do prédio – Inadmissibilidade – Cláusula contratual autorizadora da constituição do gravame inválida, por abusiva e contrária ao princípio da boa-fé objetiva – Ofensa ao art. 51, IV, do CDC caracterizada – Defesa que nem mesmo pode ser invocada pelo credor hipotecário, sob o argumento de ser estranho à relação contratual – Ciência deste, ao aceitar a garantia, de que as unidades seriam comercializadas – Ineficácia do gravame, por consequência, contra terceiro adquirente do imóvel de boa-fé – Aplicação do disposto no art. 22 da Lei 4.864/1965 – Apelos desprovidos (Apelação Com Revisão 9079630-50.2003.8.26.0000, Rel. Galdino Toledo Júnior, 10ª Câmara de Direito Privado, Data de registro: 29.09.2006, Outros números: 0.333.229-4/3-00, 994.03.010813-1).

Embargos de Terceiro – Execução hipotecária – Penhora de unidade objeto de compromisso de venda e compra celebrado entre os adquirentes e a construtora devedora hipotecária – Incidência da hipoteca e constrição sobre o conjunto comercial dos compromissados compradores que, inclusive, já haviam recebido a escritura de venda e compra do imóvel, na qual constou a expressa quitação por parte da construtora devedora pelo recebimento do preço – Sentença de procedência dos embargos que deve ser mantida – Prevalência do interesse de terceiros de boa-fé sobre o do credor hipotecário – Súmula 308, do C. STJ – Ineficácia da hipoteca frente aos compradores – Cancelamento do registro da hipoteca da matrícula imobiliária como medida de economia processual – Preliminares de carência rejeitadas – Recurso não provido. (TJSP, Apelação 9193824-92.2005.8.26.0000, Rel. Moura Ribeiro, 11ª Câmara de Direito Privado, Foro Central Cível, 16ª VC, j. 29.04.2008, Data de Registro: 09.05.2008).

Nada obstante, infelizmente, existe insegurança jurídica neste tema, pois alguns precedentes mais recentes afastam a Súmula 308 dos limites de aquisição de imóveis residenciais.

Pior para a segurança dos negócios é o que se constata do seguinte aresto do Superior Tribunal de Justiça, *verbis*: "*De fato, como consignado na decisão agravada, em situações semelhantes, esta Corte Superior concluiu não ser aplicável o teor da Súmula nº 308/STJ ('A hipoteca firmada entre a construtora e o agente financeiro, anterior ou posterior à celebração da promessa de compra e venda, não tem eficácia perante os adquirentes do imóvel') nos casos envolvendo contratos de aquisição de imóveis não submetidos ao Sistema Financeiro de Habitação SFH. Desse modo, mesmo que comprovada a boa-fé do terceiro adquirente, isso não é suficiente para ilidir a hipoteca firmada como garantia ao financiamento imobiliário de caráter comercial, como é o caso dos autos*" (AgInt. no REsp 1.613.516/GO, Rel. Min. Ricardo Villas Bôas Cueva, 3ª T., *DJe* 29.11.2017).

Tal entendimento foi reiterado (REsp 1.852.097/MG, Rel. Min. Maria Isabel Gallotti, *Dje* 11.02.2020).

Decisões desse jaez me parecem equivocadas, a uma porque, a pretexto de proteger o direito real de garantia, relativizando o entendimento esposado na Súmula 308/STJ, estabelece o temor – fundado – nos adquirentes que, nessa exata medida, devem fugir dos riscos de adquirir imóveis previamente concedidos em garantia a agentes financeiros das construtoras e, a duas, porque, levando-se em conta os contratos "submetidos ao SFH", o próprio Banco seria credor e não haveria falar-se em afastar hipoteca ou garantia.

Seja como for, trato neste capítulo de cautelas para compra de imóveis que exigem do adquirente atenção para a constituição prévia de garantias pela construtora vendedora e, para ilustrar, seguem os seguintes julgados, relativizando a Súmula 308/STJ para imóveis comerciais:

> *Ação de obrigação de fazer – Baixa de hipotecas – Inaplicabilidade da Súmula 308 do Superior Tribunal de Justiça no caso concreto – Salas comerciais – Aplicabilidade restrita a imóveis residenciais para resguardo da função social da moradia – Sentença mantida – Recurso não provido. Nega-se provimento ao recurso. (TJSP, Apelação Cível 1126893-20.2017.8.26.0100, Rel. Marcia Dalla Déa Barone, 4ª Câmara de Direito Privado, Foro Central Cível, 43ª Vara Cível; j. 25.02.2021; Data de Registro: 26.02.2021).*

> *Demanda de obrigação de fazer para compelir os réus à liberação da hipoteca instituída sobre o imóvel objeto da ação. Sentença de procedência. Decisão alterada. 1. Entendimento consagrado com a edição da Súmula 308 do Superior Tribunal de Justiça que não se aplica a imóveis comerciais. Precedentes do Superior Tribunal de Justiça e desta corte a respeito do tema. 2. necessária redistribuição dos encargos de sucumbência. demanda julgada improcedente. Recurso provido. (TJSP, Apelação Cível 1017724-41.2018.8.26.0625, Rel. Campos Mello, 22ª Câmara de Direito Privado, Foro de Taubaté, 2ª Vara Cível, j. 08.02.2021, Data de Registro: 08.02.2021).*

> *Apelação Cível. Compra e venda de sala comercial. Quitação integral. Pleito de baixa da hipoteca fornecida ao banco que financiou a obra. Procedência. Irresignação do credor hipotecário. Preliminar. Ilegitimidade passiva ad causam. Descabimento. Existência de inequívoca relação jurídica de direito material com a parte autora, de modo que tanto a construtora quanto o agente financeiro da obra são partes legítimas para figurar no polo passivo. Mérito. Hipoteca firmada entre a construtora e a instituição financeira. Incontrovérsia quanto ao caráter comercial da unidade. Pretensão ao cancelamento da hipoteca com fulcro na Súmula 308 do C. Superior Tribunal de Justiça. Descabimento. Hipótese de distinguishing, tendo em vista que os imóveis não foram adquiridos para moradia, mas com finalidade comercial. Precedentes do C. Superior Tribunal de Justiça e deste E. Tribunal de Justiça. Sentença reformada. Recurso provido (TJSP, Apelação Cível 1004881-44.2018.8.26.0625, Rel. Rodolfo Pellizari, 5ª Câmara de Direito Privado, Foro de Taubaté, 4ª Vara Cível, j. 17.12.2020, Data de Registro: 17.12.2020).*

> *Compromisso de venda e compra – Ação de adjudicação compulsória com liberação de hipoteca e outorga de escrituras definitivas dos conjuntos comerciais quitados – Procedência decretada – Inconformismo apenas da instituição bancária – Prova de quitação do preço ajustado – Hipoteca firmada entre a construtora e o agente financeiro que não tem eficácia perante os adquirentes dos imóveis – Súmula 308 do STJ – Necessidade, porém, de se assegurar à credora o recebimento da dívida correspondente às unidades liberadas, ou ao menos a substituição da garantia – Obrigação da devedora que deverá ser providenciada no prazo de 20 dias, sob pena de multa diária, em prol da apelante, prejudicada pelo resultado da lide – Encargo que, porém, não inibe a imediata execução do j.j. prol do recorrido – Apelo provido em parte (TJSP, Apelação Cível 1057979-40.2013.8.26.0100, Rel. Galdino Toledo Júnior, 9ª Câmara de Direito Privado, Foro Central Cível, 37ª Vara Cível, j. 30.04.2020; Data de Registro: 30.04.2020).*

1.3.8. A decadência do direito de desconstituir a venda em fraude contra credores

A ação pauliana, que visa desconstituir a venda efetuada em fraude contra credores, decai em quatro anos contados da data do registro do contrato de compra e venda (escritura), tendo em vista que se trata de ato formal, cuja aquisição do direito se dá, apenas, com o registro do título aquisitivo junto ao oficial de Registro de Imóveis da circunscrição imobiliária competente (Código Civil, arts. 108, 1.245 e 1.267).

> *Superior Tribunal de Justiça. Ação pauliana. Fraude na alienação de bem imóvel. Prazo do art. 178, § 9º, inc. V, letra "b", do Código Civil. Termo a quo de fluência. Em se tratando de fraude na alienação de imóvel, o termo inicial do prazo estabelecido no art. 178, § 9º, inc. V, "b", do CC, é a data do registro do título aquisitivo*

no cartório imobiliário (precedente da Eg. 4ª Turma, STJ, Rel. Ministro Barros Monteiro, DJ 07.11.1994, p. 30.024; Pontes de Miranda, Tratado de Direito Privado, 1955, vol. 6, p. 383) (Recurso Especial nº 14.797/SP (9100191736), decisão: por unanimidade, não conhecer do recurso, j. 27.09.1994, 4ª Turma).

O Código Civil de 1916 já estabelecia esse prazo no art. 178, § 9º, V, "b", e o atual Código Civil, mantendo o prazo de quatro anos, o estabeleceu no seu art. 178, II, esclarecendo que o prazo é decadencial:

> *Art. 178. É de quatro anos o prazo de decadência para pleitear-se a anulação do negócio jurídico, contado:*
>
> *(...)*
>
> *II – no de erro, dolo, fraude contra credores, estado de perigo ou lesão, do dia em que se realizou o negócio jurídico;*

Sendo assim, é importantíssimo verificar a situação dos antecessores do vendedor, tendo em vista a verificação de alguma ação pauliana proposta dentro do prazo decadencial de quatro anos.

1.4. CONCLUSÕES E OUTRAS CAUTELAS

De tudo quanto foi dito, conclui-se que todo negócio jurídico de aquisição de imóveis envolve riscos.

O vendedor pode dever na praça sem que o comprador possa saber com certeza quanto deve.

Os documentos do imóvel podem ser viciados ou nulos.

Portanto, é possível apenas reduzir os riscos, jamais eliminá-los.

Em resumo:

1) Quando alguém (pessoa natural ou jurídica) dá crédito, espera que essa pessoa pague, contando com os bens desse devedor, já que a garantia dos credores são os bens do devedor a teor do art. 391 do Código Civil;

2) No caso de inadimplemento – ausência de pagamento – os bens do devedor servirão à penhora e leilão ou praça pública. Com o resultado dessa venda judicial, o credor é pago;

3) Se uma pessoa, tendo bens, assume uma dívida e, em seguida, vende ou faz doação de seus bens, ficando insolvente (os bens remanescentes não são suficientes para pagar os credores) pratica fraude contra credores;

4) A venda ou a doação levada a efeito em fraude contra credores pode ser anulada em razão de ação pauliana (fraude contra credores – já que ainda não havia ação pendente na ocasião da venda) ou simples pedido de penhora no curso de ação já aforada (na data da venda já havia ação pendente);

5) A consequência de se comprar imóvel em fraude contra credores ou fraude à execução é a perda do imóvel;

6) Ainda que seja assim, o comprador não fica completamente desamparado. Se todas as certidões referentes à pessoa do vendedor foram providenciadas e são negativas, o adquirente é "terceiro de boa-fé", faltando o requisito do *consilium fraudis* e não perderá o imóvel;

7) Mesmo sem as certidões civis e comerciais – pois as fiscais e trabalhistas devem ser sempre providenciadas –, milita em favor do adquirente presunção relativa de boa-fé,

a teor do art. 54 da Lei 13.097/2015, com a redação dada pela Lei 14.382/2022 que, entretanto, pode ser afastada pelo credor prejudicado por outros meios de prova que não sejam a simples ausência de certidões de dívidas civis;

8) É comum a extração de certidões do vendedor na comarca onde reside e no local do imóvel, caso seja outro. A presunção de fraude só é absoluta no caso de ação em outra comarca, se houver registro da penhora.

Neste sentido:

Superior Tribunal de Justiça – *AgRg no Agravo de Instrumento nº 929.630 – SP (2007/0174549-8) – j. 18.12.2008 – Rel. Min. Massami Uyeda – Agravo Regimental no Agravo de Instrumento – Execução – Fraude – Não ocorrência – Ausência de registro da penhora no Cartório – Reconhecimento da boa-fé dos adquirentes – Recurso improvido. 1. O agravante não trouxe qualquer subsídio capaz de alterar os fundamentos da decisão agravada. 2. A ausência de registro no Cartório, referente à penhora, impõe seja reconhecida a boa-fé dos adquirentes. 3. Agravo regimental improvido.*

Superior Tribunal de Justiça – *Recurso Especial n. 893.105 – AL (2006/0222481-4) – j. 28.11.2006 – Rel. Min. Francisco Falcão – Processual civil. Embargos de terceiro. Admissibilidade. Súmula nº 84/STJ. Alienação de bem do executado a terceiro de boa-fé anteriormente ao registro da penhora do imóvel. Fraude à execução. Inocorrência. I – Consoante o ditame do enunciado sumular nº 84 deste STJ, "É admissível a oposição de embargos de terceiro fundados em alegação de posse advinda de compromisso de compra e venda de imóvel, ainda que desprovido do registro". II – A jurisprudência desta Corte tem afastado o reconhecimento de fraude à execução nos casos em que a alienação do bem do executado a terceiro de boa-fé tenha-se dado anteriormente ao registro da penhora do imóvel. Precedentes: REsp 739.388/MG, Rel. Min. Luiz Fux, DJ 10.04.2006; REsp 724.687/PE, Rel. Min. Francisco Peçanha Martins, DJ 31.03.2006 e REsp 791.104/PR, Rel. Min. José Delgado, DJ 06.02.2006. III – Recurso especial improvido.*

Além do registro da penhora, o art. 828 do Código de Processo Civil admite o registro da distribuição de uma execução para firmar presunção absoluta da má-fé de eventual adquirente do bem do executado:

Art. 828. O exequente poderá obter certidão de que a execução foi admitida pelo juiz, com identificação das partes e do valor da causa, para fins de averbação no registro de imóveis, de veículos ou de outros bens sujeitos a penhora, arresto ou indisponibilidade.

§ 1º No prazo de 10 (dez) dias de sua concretização, o exequente deverá comunicar ao juízo as averbações efetivadas.

§ 2º Formalizada penhora sobre bens suficientes para cobrir o valor da dívida, o exequente providenciará, no prazo de 10 (dez) dias, o cancelamento das averbações relativas àqueles não penhorados.

§ 3º O juiz determinará o cancelamento das averbações, de ofício ou a requerimento, caso o exequente não o faça no prazo.

§ 4º Presume-se em fraude à execução a alienação ou a oneração de bens efetuada após a averbação.

§ 5º O exequente que promover averbação manifestamente indevida ou não cancelar as averbações nos termos do § 2º indenizará a parte contrária, processando-se o incidente em autos apartados.

O Ministro José Delgado resume bem a questão ao afirmar que a ausência de registro, por outro lado, não significa, automaticamente, ausência de fraude, sendo possível provar a má-fé por outros meios, como, por exemplo, a ausência de cautela do adquirente que não providenciou certidões na comarca do domicílio do alienante e no local do imóvel, se outro for:

Não há que se falar em fraude contra credores se, quando da alienação do bem, não havia registro de penhora. Para tanto, teria que restar nos autos provado que o terceiro adquirente tinha conhecimento da demanda executória, o que não ocorreu no caso em apreço. Precedentes. 6. Recurso especial não provido (REsp 791.104/PR, Relator Ministro José Delgado, DJ 06.02.2006, p. 222).

O assunto acabou sumulado da seguinte forma:

Súmula 375/STJ. O reconhecimento da fraude à execução depende do registro da penhora do bem alienado ou da prova de má-fé do terceiro adquirente. 18.03.2009, DJe 30.03.2009.

Neste sentido, mais um julgado do STJ:

Recurso especial. Embargos de terceiro. Adquirente de boa-fé. Penhora. Registro. Ônus da prova. 1 – Ao terceiro adquirente de boa-fé é facultado o uso dos embargos de terceiro para defesa da posse. Não havendo registro da constrição judicial, o ônus da prova de que o terceiro tinha conhecimento da demanda ou do gravame transfere-se para o credor. A boa-fé neste caso (ausência do registro) presume-se e merece ser prestigiada. 2 – Recurso especial conhecido e provido (REsp 493914/SP, Rel. Ministro Fernando Gonçalves, Quarta Turma, j. 08.04.2008, DJe 05.05.2008).

1.4.1. Se o vendedor é pessoa jurídica

É comum que o vendedor seja uma pessoa jurídica.

É sabido que as empresas estão sempre sujeitas a ações judiciais.

Se assim o é, as certidões forenses das pessoas jurídicas, quando vendedoras, devem ser analisadas com todo cuidado.

A existência de ações em face de empresas, ainda mais as de grande porte, é muito comum, principalmente as ações trabalhistas.

Ocorre que, nesse caso, o potencial dessas condenações deve ser comparado com o patrimônio da pessoa jurídica, evitando a fraude contra credores e a fraude à execução.

Se o patrimônio subsistente (descontado o imóvel a ser adquirido) for suficiente para o pagamento das ações conhecidas, não haverá fraude.

Por outro lado, se o patrimônio subsistente for pequeno, insuficiente para cobrir o valor das execuções e condenações (existentes ou eventuais), a aquisição não deve ser levada a efeito porque poderá configurar fraude contra os credores ou fraude à execução.

1.4.2. O vendedor empresário – a falência

A aquisição de imóveis do empresário é extremamente arriscada, isso em razão da possibilidade de falência.

Nos termos dos arts. 966 e 982 do Código Civil, é empresário aquele que desenvolve a atividade empresarial, ou seja, que possui uma atividade organizada e não pessoal.

É empresária, portanto, uma sociedade que conta com diversos colaboradores, funcionários, organizando-se para a atividade objeto com a participação de diversas pessoas, como, por exemplo, uma empresa de contabilidade com diversos contadores, que atende a um grande número de empresas, dispondo de departamentos de cobrança, de assessoria tributária, departamento pessoal etc.

Não é empresário um profissional liberal que presta serviços, ainda que disponha de uma sociedade de pequeno porte (sociedade simples).

O problema é que o empresário está sujeito à falência. A aquisição de imóvel de pessoa jurídica implica o risco da falência do alienante e a possibilidade de arrecadação do bem alienando no período suspeito.

Nesse caso, adquirindo imóvel de empresário, mesmo que no momento da aquisição nada seja apontado nas certidões, o adquirente corre o risco de o negócio malograr.

Em outras palavras, se o empresário "quebrar" algum tempo depois, a venda será judicialmente desconsiderada e o imóvel, como patrimônio do falido, integrará a massa falida.

É que existe um lapso temporal denominado "período suspeito" ou "termo legal da falência", contado retroativamente da data da decretação da falência.

O período suspeito, no qual os atos praticados são considerados ineficazes (não valem em relação à massa falida), retroage noventa dias da data do primeiro protesto por falta de pagamento, do pedido de falência ou de recuperação judicial nos termos do art. 99, II, da Lei n. 11.101/2005.

Portanto, desde o período suspeito, a lei presume que o empresário não dispunha mais de condições de administração do seu negócio, premido pelas dívidas e pressionado pelos credores, podendo, em razão disso, alienar bens prejudicando os credores como um todo.

Ocorre que é muito difícil prever e afastar esse risco na medida em que as certidões foram providenciadas e nada apontaram. Ainda que seja assim, se o empresário for protestado no período suspeito, ainda que seguinte à aquisição, que se dá pelo registro do título aquisitivo junto ao oficial de Registro de Imóveis da circunscrição imobiliária competente, o imóvel integrará a massa falida em razão do termo legal da falência.

Se o imóvel for compromissado, ainda que não haja registro, vale a data do compromisso para aferição do período suspeito e, nesse sentido:

Falência. Arrecadação de bem imóvel compromissado a venda, não registrado, mas quitado antes da decretação da quebra. Embargos de terceiro. Procedência correta. Quitação suficientemente comprovada. Irrelevância do registro ou não do compromisso de compra e venda (Sum. 84 do STJ). Ineficácia da hipoteca firmada entre a construtora e o agente financeiro perante o adquirente do imóvel (Sum. 308 do STJ). Honorários advocatícios sucumbenciais. Verba honorária carreada adequadamente às embargadas. Pretensão resistida. Inaplicabilidade da Sum. 303 do STJ. Precedentes. Recurso não provido (TJSP, Apelação Cível 1031268-61.2014.8.26.0100, Rel. Gilson Delgado Miranda, 1ª Câmara Reservada de Direito Empresarial, Foro Central Cível, 1ª Vara de Falências e Recuperações Judiciais, j. 03.10.2019, data de registro 03.10.2019).

Apelação Cível. Embargos de terceiro – Bloqueio de bem imóvel determinado nos autos da falência da embargada – Imóvel que teria sido adquirido pelos embargantes junto à falida anos antes da decretação da quebra, através de "instrumento particular de promessa de venda e compra" – Pretensão ao cancelamento do bloqueio – Sentença que julgou improcedentes os embargos – Recurso de apelação interposto pelos embargantes – Possibilidade, em tese, de levantamento do bloqueio sobre o imóvel mediante comprovação de que sua aquisição pelos embargantes ocorreu em data anterior à distribuição do pedido de falência da embargada e ao período suspeito – Hipótese, contudo, em que não comprovada suficientemente a aquisição do imóvel pelos embargantes e a integral quitação do preço – Eventual prescrição das "parcelas extraviadas" do compromisso de compra e venda firmado entre as partes que deverá ser discutida em ação própria – Julgamento de improcedência dos embargos que era de rigor – Manutenção da R. Sentença. Nega-se provimento ao recurso de apelação (TJSP, Apelação Cível 1081268-31.2015.8.26.0100, Rel. Christine Santini, 1ª Câmara de Direito Privado, Foro Central Cível, 8ª Vara Cível, j. 24.04.2017, data de registro 24.04.2017).

Por outro lado, se, anteriormente, houve uma doação pelo empresário, o risco é ainda maior.

No caso de doação, o termo legal ou período suspeito é de até 2 (dois) anos contados retroativamente da data da decretação da falência.

Em resumo, trata-se de um risco de difícil superação. O vendedor pode ocultar a condição de sócio de empresa. Se não ocultar, poderá ter protestos nos noventa dias seguintes ao negócio.

Assim, é possível afirmar que não há negócio jurídico de aquisição de imóvel de empresário que não envolva riscos.

1.4.3. Quem não registra não é dono e quem registra pode não o ser

O Código Civil prevê um artigo terrível para a segurança dos negócios jurídicos imobiliários, cujo conteúdo é o seguinte:

> *Art. 1.247. Se o teor do registro não exprimir a verdade, poderá o interessado reclamar que se retifique ou anule.*
>
> *Parágrafo único. Cancelado o registro, poderá o proprietário reivindicar o imóvel, independentemente da boa-fé ou do título do terceiro adquirente.*

Tendo em vista esse dispositivo, vejamos um julgado que anulou um negócio jurídico envolvendo imóvel em razão de o cedente ser falecido na data da cessão ao depois mencionada na escritura:

> *Anulação de escritura pública. Ação procedente. Inocorrência de alegado cerceamento de defesa. Revelada a eiva de vício insanável em relação ao compromisso de cessão de direitos mencionado em escritura pública. Direito de retenção sobre construções afastado ante a não comprovação de que o imóvel tenha sido adquirido de boa-fé. Recurso improvido (Tribunal de Justiça de São Paulo, Apel. Cív. nº 50.082-4, São Paulo, 9ª Câmara de Direito Privado, Rel. Silva Rico, j. 11.08.98, v.u.).*

No Direito brasileiro o contrato não transfere o domínio, regra que emana do art. 1.267 do Código Civil:

> *Art. 1.267. O domínio das coisas não se transfere pelos negócios jurídicos antes da tradição.*

A tradição nada mais é que a entrega do bem.

Antes dela o credor tem apenas um direito a essa entrega e não um direito ao bem objeto da prestação da obrigação.

É a aplicação do princípio *traditionibus, non pactis, dominia rerum transferentum*, ou seja, a tradição e não os pactos é que transferem o domínio.[20]

Nesse sentido, diz-se que a obrigação confere simples direito pessoal, e não real.

Não era assim nas Ordenações, que, de forma análoga ao art. 720 do Código Francês, atribuíam força translativa aos contratos sem qualquer outra exigência.[21]

Importante, contudo, diferenciar bens móveis de bens imóveis.

No caso de bens imóveis, a transferência do domínio por negócio jurídico somente se opera com o registro do título aquisitivo no oficial de Registro de Imóveis da circunscrição imobiliária competente (Lei 6.015/1973, art. 167), corolário dos arts. 1.245 e 1.267 do Código Civil brasileiro.

Trata-se, no caso, de tradição solene:

> *Art. 1.245. Transfere-se entre vivos a propriedade mediante o registro do título translativo no Registro de Imóveis.*
>
> *§ 1º Enquanto não se registrar o título translativo, o alienante continua a ser havido como dono do imóvel.*
>
> *§ 2º Enquanto não se promover, por meio de ação própria, a decretação de invalidade do registro, e o respectivo cancelamento, o adquirente continua a ser havido como dono do imóvel.*

---

[20] Carlos Maynz, *Curso de Derecho Romano por Antonio José Pou y Ordinas*, vol. I, § 105.

[21] Marcel Planiol; Georges Ripert; Jean Boulanger, *Traité Élémentaire*, 4ª ed., Paris, 1948, vol. I, nº 2.885.

Portanto, antes de registrar o título e adquirir o direito real, o credor possui apenas um direito pessoal, independentemente da posse.

A tradição solene no caso de imóveis possui uma função constitutiva do direito real, no caso em tela, do direito real de propriedade.

Mas não é só.

Pelo registro surge a necessária publicidade, que torna conhecido direito real e suas eventuais limitações.

Segundo Coviello, o registro representa ato de suma importância na vida moderna, seja no Direito Privado ou em outros campos da ação humana.[22]

Conforme nos ensina Allende, reportando-se ao Direito argentino:

> *La tradición es la publicidad por excelencia adoptada por el Código Civil, tanto para muebles como para inmuebles. Tiene una función esencialmente constitutiva (...) y la razón de ser de la tradición es la de transferir un derecho.*

Entretanto, a Argentina não adotou o registro, repugnado por Vélez Sársfield, que preferiu a tradição física (entrega), seja para bens móveis ou bens imóveis.

Assim, para perfeita análise do caso espelhado no acórdão ora comentado, torna-se importante a distinção da aquisição dos direitos reais em relação à transmissão, que pode ser originária ou derivada.

Será originária se não houver transmissão de um indivíduo para outro, como ocorre com a acessão natural (aluvião, por exemplo) e com a usucapião.

A aquisição será derivada desde que resultante de negócio jurídico entre o proprietário e o adquirente, negócio este que deve ser entendido como ato de transmissão do domínio por intermédio de manifestação volitiva das partes.[23]

Nesse particular, interessa à análise do acórdão *sub oculis*.

Isto porque, se o modo de transmissão é originário, adquire-se a propriedade sem qualquer mácula, limitação ou vício que a inquinava.

Por outro lado, se o modo de aquisição é derivado, a transmissão depende indelevelmente da validade do ato jurídico precedente.

Mas não é só.

Nesse caso, a propriedade é transmitida com os mesmos atributos, limitações e vícios que sobre ela recaiam, vez que ninguém pode transferir mais ou menos direitos do que possui.

A inferência que se extrai do caso concreto é a existência de ato de aquisição de propriedade derivado, proveniente, em tese, da transmissão por escritura pública.

Em verdade, o mérito resume-se na transferência de bem imóvel através de escritura pública em cumprimento de direito pessoal emanado de compromisso particular de cessão de direitos celebrado quando o cedente dos direitos sobre o bem imóvel já havia falecido há muito tempo.

De fato, em se tratando de registro público, dentre os princípios que o embasam, encontramos o da força probante (fé pública) ou presunção.

---

[22]   Nicola Coviello, *Dela transcrizione*, vol. 1, p. 2.

[23]   Caio Mário da Silva Pereira, *Instituições de Direito Civil*, 13ª ed., Rio de Janeiro: Forense, 1999, vol. IV, p. 115.

Segundo esse princípio, os registros gozam de presunção de veracidade, acorde com o mandamento insculpido no § 2º do art. 1.245 do Código Civil.

Entrementes, trata-se de presunção relativa (*juris tantum*), que admite prova em sentido contrário.

No vertente caso, os adquirentes do bem imóvel são considerados proprietários na exata medida do registro do título aquisitivo e até a demonstração do contrário, o que logrou fazer a autora da ação nos termos do art. 1.247 do Código Civil.

Nesse sentido, verifica-se sensível diferença entre o sistema registral brasileiro, o alemão e o francês.

Em verdade, podemos dizer que o sistema brasileiro encontra-se no meio-termo, sendo o domínio imobiliário adquirido pelo registro, cuja presunção é relativa, suscetível de demonstração em sentido contrário.

A Alemanha adota o sistema de registro com presunção absoluta (*juris et de jure*), que não admite prova em sentido contrário, ou seja, registrou é dono.

No sistema francês, por outro lado, o domínio é transferido pelo contrato.

Nesse caso, o registro serve apenas de publicidade para o ato, não significando a aquisição do direito.

No Brasil, apenas o Registro Torrens atribui presunção absoluta do domínio. Essa espécie de registro, criado na Austrália por Robert Richard Torrens e trazido ao sistema positivo brasileiro pelas mãos do inigualável Rui Barbosa, transformado que foi no Decreto 451-B, de 31 de maio de 1890, objetivou legalizar e sanear posse não fundada em perfeito título de propriedade.

Através do Registro Torrens, estabeleceu-se a matrícula do imóvel ocupado mediante requisitos insertos na lei, atribuindo ao requerente-ocupante o domínio, não permitindo o registro de qualquer outro contrato ou ato, mesmo anterior. Equivale, portanto, ao título legítimo de propriedade.

Só prevalecem contra o Registro Torrens os encargos, servidões e direitos lançados no livro próprio, nos termos do art. 41 do aludido Decreto.

O Código de Processo Civil de 1973 manteve o Registro Torrens para imóveis rurais, mantendo as disposições do Diploma de 1939, o que faz no seu art. 1.218.

Como o atual Código silenciou sobre o tema, continuam em vigor as regras daquele Código (Decreto-lei 1.608, de 18 de setembro de 1939, notadamente os arts. 457 a 464).

Todavia, assume caráter contencioso, sendo mister a citação dos interessados, julgamento da lide e, por via de consequência, uma sentença.

Entretanto, no sistema atual, não basta a ocupação, mister se faz o domínio, embora imperfeito (arts. 457 e seguintes do Código de Processo Civil de 1939, além das disposições do art. 277 da Lei 6.015/1973).

Para não se afastar mais que o necessário do comentário ao acórdão em tela, verifica-se, no caso, um típico caso de ato inexistente decorrente do compromisso particular de cessão e, consequentemente, da escritura pública, não obstante seu registro.

É que a escritura, lavrada em cumprimento de compromisso particular de cessão de direitos nela referido, menciona sua elaboração em data em que o cedente já não existia como pessoa natural vez que já estava morto.

O compromisso particular de cessão é um contrato que, como tal, é definido como o acordo de vontades mediante o qual as partes criam, modificam ou extinguem direitos.

Portanto, é essencial a manifestação volitiva válida das partes, sem a qual não há falar-se no aludido contrato.

Ora, nos termos do art. 6º, primeira parte, do nosso Código Civil, a existência da pessoa natural termina com a morte.

Nesse sentido, ensina Washington de Barros Monteiro que *os mortos não são mais pessoas. Não são mais sujeitos de direitos e obrigações. Não são mais ninguém. "Mors omnia solvit".*[24]

Se o morto não podia ceder, não há falar-se em nulidade, mas em inexistência do ato jurídico, do compromisso particular que serviu de causa, de supedâneo à escritura pública decorrente que, destarte, também se inquina de inexistência, fazendo-se imperiosa a declaração judicial apta a desfazer os efeitos do ato malsinado.

Da teoria dos atos jurídicos extraem-se três espécies de atos imperfeitos: os inexistentes, os nulos e os anuláveis.

Trata-se de gradação decrescente das imperfeições que maculam os atos jurídicos.

Em verdade, o legislador pátrio preocupou-se apenas com os dois últimos, o que fez nos arts. 166 e 171 do Código Civil e, mais recentemente, na órbita contratual consumerista, no art. 51 da Lei 8.078/1990, abrindo, de certa forma, a enumeração taxativa do Diploma Civil.

Considera-se o ato inexistente um nada jurídico, algo que sequer chega a existir de tal sorte que se diz não haver necessidade de regular o "nada".[25]

O ato de transmissão que gerou o registro no caso mencionado neste tópico é inexistente, afirmação que se faz na exata medida em que o falecido não podia praticar qualquer ato jurídico, posto que não existia mais como pessoa natural.

Assim, escorreita a decisão monocrática confirmada pelo acórdão, que, entretanto, referiu-se à anulação e não à inexistência.

No sistema jurídico pátrio, portanto, resta cristalina a ideia de presunção relativa de titularidade de direitos reais emanada do registro do título aquisitivo.

Conclui, a esse respeito, Silvio Rodrigues:

> *Não há, a meu ver, qualquer burla à boa-fé do adquirente que sabe, desde logo, que o fato de estar inscrito o domínio em nome do alienante não lhe oferece absoluta segurança. De modo que, se for cauteloso, só efetuará a aquisição da propriedade depois de se munir de títulos que sejam capazes de permitir a aquisição também pela usucapião.*
>
> *Com efeito, é correntio no Brasil o comprador exigir do vendedor a certidão vintenária do domínio [quinze anos, no novo Código, para aquisição por usucapião extraordinária]. Pois, se mais tarde aparecer um reivindicante, a ele será oposta não só a defesa fundada nos títulos do alienante, como também a baseada na exceção de usucapião.*[26]

Em resumo, quem não registra não é dono e quem registra pode não o ser.

Mesmo com o art. 54, § 2º, da Lei 13.097/2015, com a redação dada pela Lei 14.382/2022, que passou a não exigir certidões e documentos para caracterização de boa-fé do adquirente, à toda evidência a intenção da lei não foi dar guarida a crimes, como no caso de falsificações e, tampouco, emprestar validade a atos inexistentes.

Portanto, o referido dispositivo se aplica apenas às questões referentes à fraude contra credores e à fraude à execução e não se aplica às hipóteses previstas no parágrafo único do art. 1.247 do Código Civil, aqui tratados.

---

[24] Washington de Barros Monteiro, *Curso de Direito Civil*, 35ª ed., São Paulo: Saraiva, 1997, 1º vol., p. 70.

[25] Washington de Barros Monteiro, ob. cit., p. 271; Mário Guimarães, *Estudos de Direito Civil*, p. 71; Maria Helena Diniz, *Curso de Direito Civil Brasileiro*, São Paulo: Saraiva, 1999, 1º vol., p. 345.

[26] Silvio Rodrigues, *Direito civil*, São Paulo: Saraiva, 2003, vol. 5, p. 426.

É nesse sentido o seguinte aresto do Superior Tribunal de Justiça:

Civil e Processual Civil. Recurso Especial. Ação de declaração de nulidade e inexistência. Negativa de prestação jurisdicional. Ausência. Julgamento extra petita. Ausência. Comprovação da inexistência de escritura pública de compra e venda de imóvel. Valoração das provas. Livre convencimento motivado. Reexame de fatos e provas. Súmula 7/STJ. Cancelamento do registro fundado em escritura pública inexistente. Adquirente de boa-fé. Reivindicação do imóvel pelo legítimo proprietário. Possibilidade. 1. (...) 2. O propósito recursal é decidir se (...) (IV) se o cancelamento de registro na matrícula do imóvel, por ter sido fundado em escritura pública inexistente, autoriza a reivindicação do imóvel pelo legítimo proprietário, em detrimento do terceiro adquirente de boa-fé. 7. O art. 54, § 1º, da Lei nº 13.097/2015 não regulamenta especificamente as consequências jurídicas na hipótese de ocorrer o cancelamento do registro anterior, situação tratada expressamente no art. 1.247 do CC, que não foi revogado pela referida Lei e permanece vigente. 8. O cancelamento de registro na matrícula do imóvel, por ter sido fundado em escritura pública inexistente, autoriza a reivindicação do imóvel pelo legítimo proprietário, em detrimento do terceiro adquirente de boa-fé, nos termos do art. 1.247, parágrafo único, do CC, não se aplicando, nessa hipótese, o art. 54, § 1º, da Lei nº 13.097/2015. 9. Hipótese sob julgamento em que (I) as instâncias de origem consignaram ter ficado comprovada a inexistência da escritura pública de compra e venda celebrada entre o recorrido e sua esposa e o réu (DAVI), tendo este vendido o bem para a recorrente; (II) assim, tem o legítimo proprietário (recorrido) o direito de pleitear o cancelamento do registro e reivindicar o imóvel, independentemente da boa-fé da adquirente (recorrente), a qual poderá se valer da via indenizatória contra o réu (DAVI). 10. Recurso especial parcialmente conhecido e, nessa extensão, não provido. (REsp 2.115.178/SP, Rel. Min. Nancy Andrighi, 3ª Turma, j. 21.05.2024, DJe 24.05.2024)

1.4.4. A aquisição de imóveis em construção ou de incorporadoras

A aquisição de um imóvel para entrega futura exige, além das cautelas de praxe, outras que passamos a enumerar:

1. Verificar se a incorporadora já construiu e entregou outros edifícios – procure uma construtora idônea e sólida. Visite imóveis já construídos pelo vendedor. Uma verificação no órgão de proteção do consumidor, bem como a extração de certidões que apontem a quantidade e o tipo de ações em face dessa construtora é um bom indicativo. Por exemplo: a construtora pode estar respondendo a diversas ações sobre qualidade dos imóveis que constrói. Enfim, é preciso conhecer de quem se está comprando.

2. Evitar assinar qualquer contrato de compromisso de compra e venda no *stand* de vendas sem o auxílio de um advogado especializado. De qualquer modo, nunca antes de examinar cuidadosamente o contrato.

3. Se o estado da obra o permitir, conferir a metragem do imóvel. Essa cautela é importante na exata medida em que é comum a planta não representar a realidade.

4. Ler com cuidado a convenção de condomínio. Muitas vezes ela confere à construtora algumas prerrogativas sobre o edifício, mesmo após o término da construção, como, por exemplo, a possibilidade de explorar a fachada ou o teto com publicidade, a possibilidade de permanecer um escritório de vendas no interior do edifício por tempo indeterminado e até de permanecer ela, incorporadora, como indicada à função de síndica, ou indicando o síndico por prazo estabelecido depois do final das obras, o que pode dificultar sobremaneira eventual exercício de direito em razão de defeitos e vícios construtivos.

5. Verificar se a incorporadora é proprietária do terreno onde pretende construir. Para tanto, é de rigor a análise da cópia da matrícula.

6. Observar se a incorporação foi registrada junto ao oficial de Registro de Imóveis da circunscrição imobiliária competente, como determina a Lei 4.591, de 1964. Se não foi, a aquisição não convém, vez que, além de tudo, a construtora não respeita a lei.

7. Analisar o total a ser pago, não se limitando em saber se as prestações cabem no orçamento. Cuidado com a tabela price, que, além de ilegal, poderá, quando aplicada

em momento posterior, tornar o imóvel mais caro do que parece. É comum essa prática, indicando a aplicação da tabela price após as chaves, aumentando abissalmente as prestações.

8. Não se orientar apenas pelos folhetos, *e-mails*, *sites* de propaganda que, de qualquer maneira, devem ser guardados ou arquivados eletronicamente na exata medida em que a publicidade vincula a construtora e integra o contrato por força do Código de Defesa do Consumidor (art. 30). A importância maior deve ser dada à análise do contrato, em que pese a força vinculante da publicidade.

9. Verificar se, além do preço total, não existe cláusula de pagamento de "acessórios". Ou seja, conferir se o memorial descritivo da obra está completo. Há construtoras que não incluem pisos, equipamentos de lazer, elevadores etc., que serão cobrados à parte, ou elaboram memoriais descritivos imprecisos e lacônicos.

10. Anotar a forma de reajuste das prestações quanto à periodicidade e o índice de reajuste. Os índices setoriais de custos, como o CUB, SINDUSCON, ICC/FGV etc., normalmente utilizados durante a construção, têm um repique na data-base do reajuste dos empregados da construção. A correção só pode ser feita por índices de preço, com periodicidade anual, nos contratos com prazo de pagamento inferior a três anos, nos demais, cujo prazo seja superior a três anos, a correção pode ser mensal (art. 46, da Lei 10.931, de 2 de agosto de 2004).

11. Os prazos de início e de entrega da obra deverão estar explicitados, assim como a multa por atraso na entrega. Atentar para o prazo de carência, comum nos contratos e estabelecido no patamar de seis meses de tolerância, além do prazo previsto para a entrega das obras, havendo discussão sobre a legalidade dessa carência (recomenda-se a leitura do item 2.7, do Capítulo 2 e do Capítulo 7, ambos do Livro II). Se a construtora não entregar no prazo ou não iniciar a construção na data prevista, havendo a previsão dessas datas, o comprador poderá pleitear a resolução do contrato por inadimplemento e/ou exigir perdas e danos, minimamente representadas pelo valor equivalente ao rendimento (aluguel) que o imóvel poderia produzir.

12. A multa por atraso no pagamento das parcelas não poderá exceder a 2%. Cuidado com a cláusula penal compensatória, ou seja, aquela prevista para o caso de total inadimplemento. Algumas construtoras preveem essa cláusula de forma muito gravosa para o adquirente que, ao depois, terá que discuti-la judicialmente à luz do art. 53 do Código de Defesa do Consumidor.

13. Verificar se o imóvel está hipotecado. Se o imóvel estiver hipotecado, deve-se analisar cuidadosamente como se efetuará a liberação, lembrando que esse sempre é um risco muito grande, a par da Súmula 308 do STJ,[27] em razão dos transtornos que pode gerar e das exceções à aplicação dessa Súmula pelo STJ. Se o imóvel foi comprado à vista, o pagamento da hipoteca deverá ser feito diretamente ao agente financeiro. Leve-se em conta que existe interpretação segundo a qual a Súmula 308/STJ não se aplica a imóveis comerciais e, até, a imóveis residenciais adquiridos fora do SFH.[28]

14. Verificar quem pagará as despesas com ligações de serviços públicos. Muitos contratos preveem essa despesa por conta do comprador.

15. Observar a possibilidade de transferência para terceiros dos direitos e obrigações do contrato e o eventual valor cobrado para tanto.

---

[27]	Súmula 308 – STJ (30.03.2005 – *DJ* 25.04.2005): *A hipoteca firmada entre a construtora e o agente financeiro, anterior ou posterior à celebração da promessa de compra e venda, não tem eficácia perante os adquirentes do imóvel.*

[28]	Nesse sentido: REsp 1.852.097/MG, Rel. Min. Maria Isabel Gallotti, *DJe* 11.02.2020; TJSP, Apelação Cível 1004881-44.2018.8.26.0625, Rel. Rodolfo Pellizari, 5ª Câmara de Direito Privado, j. 17.12.2020.

16. Verificar como o contrato estabelece a época e a forma de transferência da posse, normalmente feita após a liberação do financiamento ou a outorga do "habite-se". Isso é importante porque, na data da posse, que pode ser jurídica, estabelecida pelo contrato (*constituto* possessório), a responsabilidade por tributos e encargos é transferida ao comprador (IPTU, condomínio, energia elétrica, água, gás etc.). Nada obstante, algumas construtoras impõem a obrigação de pagar os condomínios a partir do habite-se (auto de conclusão), independentemente da entrega da posse – o que é ilegal.

17. Verificar no contrato a responsabilidade pela obtenção do eventual financiamento, normalmente do adquirente que será inadimplente se não o conseguir. A análise do crédito somente é feita por ocasião da entrega das chaves, quando há parcela para pagar com recursos próprios do adquirente ou obtenção de financiamento por sua conta e risco. As construtoras e incorporadoras se recusam, outrossim, a entregar as chaves ao adquirente, titular de compromisso de compra e venda, até o recebimento da parcela de chaves, sendo muito comum que passem a computar juros moratórios, multa e correção a partir da data estipulada para o pagamento dessa substancial parcela do preço.

Até a efetiva entrega das chaves, fato negado ao adquirente enquanto não paga, com recursos próprios ou com financiamento, a denominada "parcela de chaves", ausente a posse, a construtora ou o promitente vendedor devem arcar com as despesas de condomínio, mas não é isso que se vê na prática. É nesse sentido o seguinte julgado e recomenda-se a leitura do Livro IV, Capítulo 2, item 2.5.5:

> **Superior Tribunal de Justiça**. *Civil e processual civil. Condomínio. Cobrança de taxas condominiais. Legitimidade passiva. Somente quando já tenha recebido as chaves e passado a ter assim a disponibilidade da posse, do uso e do gozo da coisa, é que se reconhece legitimidade passiva ao promitente comprador de unidade autônoma quanto às obrigações respeitantes aos encargos condominiais, ainda que não tenha havido o registro do contrato de promessa de compra e venda. Sem que tenha ocorrido essa demonstração, não há como se reconhecer a ilegitimidade da pessoa em nome de quem a unidade autônoma esteja registrada no livro imobiliário. Precedentes. Recurso especial conhecido pelo dissídio, mas improvido (REsp 660.229/SP, Rel. Min. Cesar Asfor Rocha, 4ª Turma, j. 21.10.2004, DJ 14.03.2005, p. 378).*

18. Fechado o negócio, registrar o contrato junto ao oficial de Registro de Imóveis da circunscrição imobiliária competente, fazendo com que o contrato valha contra terceiros.

19. Verificar, ao final, que, com a conclusão da obra, a instituição do condomínio (no caso de unidades condominiais) é necessária para regular as relações jurídicas entre os diversos proprietários e para a obtenção da matrícula regular da unidade imobiliária. Essa instituição (Código Civil, arts. 1.331 e 1.332) se dá com algumas providências, como, por exemplo, a especificação do condomínio com o cálculo das frações ideais. A fração ideal normalmente é calculada em razão do tamanho da unidade proporcionalmente ao todo, representando a especificação do condomínio. A essa especificação anexa-se:

a) minuta da convenção;

b) certidão comprovando recolhimento do ISS da obra (calculados conforme tabela da Municipalidade);

c) certidão do INSS – CND – obtida depois do recolhimento do INSS da obra, conforme tabela específica;

Além disso, para que o imóvel tenha matrícula, exige-se:

d) auto de conclusão ("habite-se") expedido pela municipalidade.

Só depois do pagamento desses tributos é expedido o "habite-se" e somente após o registro desses documentos junto ao oficial de Registro de Imóveis é que estará instituído o condomínio. Portanto, se a construtora não for idônea e não pagar esses tributos, o prejuízo será de rigor.

Quanto a eventual fraude contra credores ou fraude à execução, se o imóvel estiver no ativo circulante da construtora/incorporadora ou loteadora, a princípio não há fraude a teor do art. 164 do Código Civil e art. 55 da Lei 13.097/2015[29] e, nessa medida, remetemos o leitor ao capítulo 2 deste livro (item 2.8).

1.4.5. Cuidados com venda através de procurações

Nos termos do art. 653 do Código Civil, *opera-se o mandato quando alguém recebe de outrem poderes para, em seu nome, praticar atos ou administrar interesses. A procuração é o instrumento do mandato.*

Muitos negócios envolvendo imóveis são feitos através de procuradores.

Seria melhor que não fossem. Todavia, se o negócio por procuração for inevitável, alguns cuidados devem ser tomados.

Inicialmente é preciso verificar se a procuração é verdadeira e está formalmente em ordem.

A lei exige que a procuração tenha a mesma forma do negócio a ser concluído.

Sendo assim, nos negócios envolvendo imóveis de valor superior a trinta salários mínimos (Código Civil, art. 108), o mandato, mesmo que seja em causa própria, deve ser outorgado por instrumento público, lavrado por tabelião (REsp 1894758, j. 05.02.2021), ainda que depois possa ser substabelecido (poderes transferidos a outrem), por instrumento particular (Código Civil, art. 655):

> Art. 657. A outorga do mandato está sujeita à forma exigida por lei para o ato a ser praticado. Não se admite mandato verbal quando o ato deva ser celebrado por escrito.

Depois disso, é preciso tentar evitar os seguintes problemas:

a) procuração já extinta; e,

b) conflito de interesses.

O mandato já pode ter sido extinto, o que acontece, por exemplo, pela morte do mandante. Sendo assim, mister se faz entrar em contato com aquele que outorgou a procuração para saber se está tudo em ordem.

Vejamos as causas que fazem com que a procuração não tenha mais efeito:

> Art. 682. Cessa o mandato:
>
> I – pela revogação ou pela renúncia;
>
> II – pela morte ou interdição de uma das partes;
>
> III – pela mudança de estado que inabilite o mandante a conferir os poderes, ou o mandatário para os exercer;
>
> IV – pelo término do prazo ou pela conclusão do negócio.

---

[29] Código Civil: Art. 164. Presumem-se de boa-fé e valem, os negócios ordinários indispensáveis à manutenção do estabelecimento mercantil, rural (agrícola) ou industrial, ou à subsistência do devedor e de sua família.

Lei 13.097/2015: Art. 55. A alienação ou oneração de unidades autônomas integrantes de incorporação imobiliária, parcelamento do solo ou condomínio edilício, devidamente registrada, não poderá ser objeto de evicção ou de decretação de ineficácia, mas eventuais credores do alienante ficam sub-rogados no preço ou no eventual crédito imobiliário, sem prejuízo das perdas e danos imputáveis ao incorporador ou empreendedor, decorrentes de seu dolo ou culpa, bem como da aplicação das disposições constantes da Lei 8.078, de 11 de setembro de 1990.

Ainda em razão da morte do mandante – aquele que outorgou a procuração – há uma exceção.

É possível, pelo Código Civil, o mandato em causa própria, ou seja, um mandato com poderes para que o próprio mandatário possa receber o direito ou bem do mandante.

É o que acontece normalmente quando o adquirente não pretende a outorga imediata da escritura e recebe essa procuração para que possa, a qualquer tempo, outorgar a si a escritura de compra e venda.

Nesse caso, o mandato, como exceção, é irrevogável e não se extingue sequer pela morte do mandante.

Isso é o que dispõe o art. 685 do Código Civil:

> *Art. 685. Conferido o mandato com a cláusula "em causa própria", a sua revogação não terá eficácia, nem se extinguirá pela morte de qualquer das partes, ficando o mandatário dispensado de prestar contas, e podendo transferir para si os bens móveis ou imóveis objeto do mandato, obedecidas as formalidades legais.*

Outro problema que pode ocorrer com a aquisição de imóveis com escritura outorgada por procurador é o conflito de interesses.

É que o Código Civil determina:

> *Art. 119. É anulável o negócio concluído pelo representante em conflito de interesses com o representado, se tal fato era ou devia ser do conhecimento de quem com aquele tratou.*
>
> *Parágrafo único. É de cento e oitenta dias, a contar da conclusão do negócio ou da cessação da incapacidade, o prazo de decadência para pleitear-se a anulação prevista neste artigo.*

É a consagração da teoria da confiança e da boa-fé quando há disparidade entre a vontade e a declaração.

Sendo assim, se o adquirente sabia que o mandante não queria o negócio da forma que está sendo entabulado, ainda que a procuração esteja formalmente em ordem e com poderes expressos para a venda do imóvel, o negócio poderá ser anulado no prazo decadencial de seis meses.

Esse prazo deve ser contado da data do registro da escritura, tendo em vista que a conclusão do negócio com a aquisição do direito real só se dá com o competente registro da escritura junto ao oficial de Registro de Imóveis da Circunscrição Imobiliária competente.

1.4.6. O registro da aquisição

Seja a aquisição através de compromisso de compra e venda, que será analisado em capítulos posteriores, seja através de escritura pública, é importantíssimo o registro, ainda que isso represente um custo.

A promessa de compra e venda é um pré-contrato, cujo objeto é uma obrigação de fazer do promitente vendedor, que se obriga a outorgar a escritura quando receber todo o preço convencionado.

Esse documento não exige a escritura pública, embora possa também utilizar essa forma facultativamente.

A escritura de compra e venda, por outro lado, exige, nos negócios com valores superiores a trinta salários mínimos, a forma da escritura pública, sob pena de nulidade do negócio jurídico (Código Civil, arts. 104 e 108).

Para lavrar essa escritura, o tabelião exigirá a cópia atualizada da matrícula (30 dias da emissão no Estado de São Paulo), os documentos pessoais dos vendedores e compradores e, além disso, o comprovante do valor venal (último carnê do Imposto Predial, ou certidão nesse sentido).

Mas só isso não é suficiente. Em outras palavras, não basta a escritura ou a promessa de compra e venda.

Já vimos que "quem não registra não é dono".

Enquanto não procede ao registro da sua escritura, o adquirente possui apenas um direito pessoal, que não é oponível contra terceiros.

Portanto, para adquirir um direito real, seja ele de aquisição (promessa de compra e venda) ou de propriedade (escritura de compra e venda), é inafastável a necessidade do registro do título junto ao oficial de Registro de Imóveis da Circunscrição Imobiliária onde está matriculado o imóvel.

Esse fato dará publicidade ao negócio que, a partir de então, passa a valer contra terceiros (oponibilidade *erga omnes*).

Enquanto o registro não é levado a efeito, nada impede que o titular do imóvel transfira esse direito a outrem, vez que poderá extrair uma cópia da matrícula onde ainda consta como proprietário.

Se alguém adquirir o imóvel desse vendedor, a par do estelionato por ele praticado, adquirirá validamente a propriedade com o registro, ainda que a escritura seja posterior.

Demais disso, sem o registro, um credor do vendedor, por dívida posterior à aquisição, pode penhorar o imóvel que ainda permanece em seu nome.

É certo que, nesse caso, há um remédio, os embargos de terceiro.

Todavia, até que essa ação solucione o imbróglio, muito tempo pode passar ante a cediça morosidade do Poder Judiciário.

Isso representará, no mínimo, inúmeros aborrecimentos para o comprador.

Também há inconvenientes para o vendedor em razão da ausência do registro.

O comprador pode deixar de pagar despesas de condomínio e IPTU e a cobrança recair sobre o vendedor.

No caso de IPTU não terá alternativa senão sofrer a ação, tendo em vista que a Municipalidade somente aceita a modificação do cadastro com a apresentação da escritura devidamente registrada e, enquanto não se altera o cadastro municipal, o proprietário continua sendo responsável tributário.[30]

---

[30] **Primeiro Tribunal de Alçada Civil de São Paulo.** *Agravo de Instrumento nº 1.036.847, Rel. Álvaro Torres Júnior, 5ª Câmara. Ilegitimidade ad causam. Execução fiscal. Imóvel sobre o qual incide o IPTU, compromissado a outrem. Ausência, entretanto, de tomada das providências para atualizar o cadastro imobiliário municipal. Circunstância que não confere eficácia erga omnes, inviabilizando a municipalidade de tomar conhecimento do referido negócio jurídico. Inadmissibilidade, ademais, de apresentação de convenção particular relativa a responsabilidade pelo pagamento dos tributos visando modificar definição legal de sujeito passivo de obrigação tributária art. 123 do CTN). Legitimidade passiva evidenciada. Recurso improvido. Multa. Moratória. Majoração por lei ordinária. Cabimento. Lei ordinária é meio apto a criar ou aumentar tributos. Recurso improvido. Honorários de advogado. Arbitramento. Execução de pequeno valor. Fixação da verba honorária em 20% sobre o valor do débito atualizado. Admissibilidade. Atendimento dos critérios norteadores do § 3º do art. 20 do CPC [atual art. 85, § 2º]. Embargos improcedentes. Recurso improvido. j. 02.10.2002.* **Primeiro Tribunal de Alçada Civil de São Paulo.** *Processo nº 1.010.252-8, Recurso: Agravo de Instrumento, origem: São José do Rio Preto, julgador: 6ª Câmara, j. 07.08.2001, Rel. Massami Uyeda, decisão: deram provimento, v.u. Ilegitimidade ad causam. Execução fiscal. IPTU e Taxas. Ação decorrente de inadimplemento de tributos relativos a imóvel ajuizada em face de proprietária que*

Já no caso de despesas de condomínio, o alienante apenas se livrará do encargo se provar que o credor sabia da posse do adquirente.

Em outras palavras, se não houver registro da aquisição ou do compromisso, mister se faz que o condomínio saiba, de outra forma, como, por exemplo, através de uma notificação, da condição do novo titular. Nesse sentido:

> *Tribunal de Justiça de São Paulo. Agravo de instrumento. Cobrança de despesas de condomínio. Ação ajuizada em face dos antigos proprietários ilegitimidade passiva reconhecida pelo autor. Sucumbência mantida. Recurso improvido. Tendo o condomínio conhecimento da existência de adquirente em decorrência de promessa de compra e venda, não tem o vendedor legitimidade para responder a ação de cobrança das cotas condominiais (Agravo de Instrumento nº 0224430-18.2012.8.26.0000, Rel. Renato Sartorelli, São Paulo, 26ª Câmara de Direito Privado, j. 19.12.2012, Data de registro: 08.01.2013. Outros números: 02244301820128260000).[31]*

1.4.7. Imóvel em nome de pessoa menor

Os imóveis dos menores só podem ser vendidos com autorização judicial (CC, arts. 1.691 e 1.750), não bastando a representação e a assistência.

Sem essa formalidade o ato é nulo:

> *Ação de Adjudicação Compulsória. Contrato de compra e venda de imóvel. Alienação de nua-propriedade, de titularidade de menores de idade, sem prévia autorização judicial. Forma prescrita em lei. Ato jurídico nulo, nos termos do art. 1.691, do CC. Improcedência do pedido de adjudicação compulsória. Recurso provido (TJSP, Apelação Cível 1060344-36.2014.8.26.0002, Rel. Maria de Lourdes Lopez Gil, 7ª Câmara de Direito Privado, Foro Regional II, Santo Amaro, 5ª Vara Cível, j. 29.03.2019, data de registro 29.03.2019).*

E tal autorização, por procedimento de jurisdição voluntária (pedido de alvará judicial), ouvido o Ministério Público, só é concedida se houver prova do interesse do menor, avaliação judicial e depósito do valor da venda em juízo.

Caso o menor, titular do imóvel que se pretende alienar, já conte com dezesseis anos, é possível a emancipação voluntária nos termos do art. 5º, parágrafo único, I, do Código Civil para que não seja necessária a autorização judicial.

---

figura na certidão do Cartório de Registro de Imóveis. Instrumento particular de venda e compra que não exime a alienante dos encargos do imóvel se ainda não foi levado a registro. Inocorrência de transmissão do domínio, devendo a executada-alienante responder pelos encargos referentes ao imóvel. Legitimidade passiva reconhecida. Inteligência do art. 860, parágrafo único, do Código Civil. Agravo de instrumento provido.

Primeiro Tribunal de Alçada Civil de São Paulo. Processo nº 1.052.722-5, Recurso: Agravo de Instrumento, origem: São Bernardo do Campo, julgador: 2ª Câmara, j. 24.10.2001, Rel. Alberto Tedesco, decisão: Negaram Provimento, v.u. Ilegitimidade ad causam. Execução fiscal. IPTU e taxas. Hipótese em que a agravante é a legítima proprietária do imóvel e, portanto, a responsável pelo pagamento do tributo, não podendo transferir ao compromissário comprador do imóvel, sem título registrado, o ônus desse pagamento junto à credora, a Fazenda Pública do Município de São Bernardo do Campo. Legitimidade passiva reconhecida. Exceção de pré-executividade rejeitada. Recurso improvido.

[31] No mesmo sentido: JTA (Lex) 167/448, Apel. s/ Rev. nº 491.318, 2ª Câm., Rel. Juiz Peçanha de Moraes, j. 18.08.1997; Apel. c/ Rev. nº 495.370, 2ª Câm., Rel. Juiz Peçanha de Moraes, j. 18.08.1997; Apel. s/ Rev. nº 488.287, 4ª Câm., Rel. Juiz Amaral Vieira, j. 02.09.1997; Apel. s/ Rev. nº 496.517, 1ª Câm., Rel. Juiz Magno Araújo, j. 15.09.1997; Apel. s/ Rev. nº 493.984, 11ª Câm., Rel. Juiz Clovis Castelo, j. 15.09.1997; Apel. s/ Rev. nº 496.774, 11ª Câm., Rel. Juiz Donegá Morandini, j. 29.09.1997; Apel. s/ Rev. nº 504.211, 9ª Câm., Rel. Juiz Marcial Hollanda, j. 28.01.1998; Apel. s/ Rev. nº 507.510, 7ª Câm., Rel. Juiz Américo Angélico, j. 03.02.1998; Apel. s/ Rev. nº 508.513, 7ª Câm., Rel. Juiz Américo Angélico, j. 10.03.1998; Apel. s/ Rev. nº 513.024, 9ª Câm., Rel. Juiz Marcial Hollanda, j. 01.04.1998; Apel. s/ Rev. nº 516.529, 1ª Câm., Rel. Juiz Renato Sartorelli, j. 20.04.1998).

Agravo de instrumento. Alvará. Autorização para venda de imóvel do qual o agravante, menor de idade, é proprietário da parte ideal de 50%. Juízo a quo que impôs, desde logo, o depósito judicial dos valores devidos à criança por conta do preço. Insurgência do agravante. A simples alegação de que a quantia será empregada para manutenção do menor ou para compra de imóvel em seu nome não é suficiente ao deferimento do pedido. Tratando-se de interesse de incapaz, imprescindível a indicação prévia, de forma específica e baseada em documentos, da destinação que se pretende dar ao valor recebível, possibilitando o controle e fiscalização do Judiciário, a fim de assegurar a estrita observância aos interesses do incapaz. Decisão mantida. Recurso desprovido (TJSP, Agravo de Instrumento 2065415-32.2019.8.26.0000, Rel. J. B. Paula Lima, 10ª Câmara de Direito Privado, Foro Regional II, Santo Amaro, 2ª Vara da Família e Sucessões, j. 08.05.2019, data de registro 08.05.2019).

Por outro lado, para adquirir bens imóveis em nome dos menores, não há necessidade de autorização judicial, bastando a simples representação ou assistência conforme o caso, respectivamente, de incapacidade absoluta dos menores de 16 anos ou incapacidade relativa dos maiores de 16 anos e menores de 18 anos (Código Civil, arts. 4º e 5º).

1.5. COMPRANDO IMÓVEL EM HASTA PÚBLICA[32]

1.5.1. Hasta pública e sua natureza de aquisição originária

A hasta pública é uma das formas de expropriação previstas no art. 825, II, realizada de acordo com o procedimento dos arts. 879 a 903 do Código de Processo Civil e consiste na alienação compulsória dos bens que foram objeto de penhora, ou seja, apreensão de bens no curso de um processo, normalmente aquele que tenciona satisfazer o crédito do exequente.

Duas são as espécies de hasta pública: a praça, na medida em que houver imóveis entre os bens penhorados e o leilão, na hipótese desses bens serem qualificados como móveis. Considera-se a aquisição de bem em hasta pública como aquisição originária, razão pela qual não existe nenhuma relação jurídica entre o arrematante e o antigo proprietário do bem, assim como todos os débitos existentes sub-rogam-se no preço avençado.[33]

No que diz respeito à arrematação em hasta pública, em princípio, *"a arrematação, que tem conteúdo de aquisição originária, empresta ao arrematante a propriedade do bem sem os ônus que, eventualmente, sobre o mesmo incidiam, antes da arrematação. No caso se dá uma verdadeira expropriação pelo Estado do bem penhorado, que passa, assim, ao arrematante inteiramente livre"* (RSTJ 57/433).

---

[32] O termo "hasta pública", em que pese não ser mais utilizado pelo CPC de 2015, que passou a utilizar o termo único "alienação em leilão judicial eletrônico ou presencial" (CPC, art. 879, II), é gênero do qual são espécies a *praça* (para bens imóveis) e o *leilão* (para bens móveis). Ambos os termos tem significados históricos, independentemente do CPC, isto porque, quando se tratava de bens móveis, a alienação era realizada em leilão, ou seja, no próprio local em que os bens se encontravam. Nada obstante, quando o caso era de alienar judicialmente bens imóveis, o ato era realizado em praça, normalmente o local de fácil acesso e conhecimento geral nas cidades. Os termos podem e ainda são utilizados pela tradição e pelo costume.

[33] Lembrando que não podem adquirir, ainda que em hasta pública, as pessoas que estejam enquadradas no art. 497, do Código Civil:
Art. 497. Sob pena de nulidade, não podem ser comprados, ainda que em hasta pública:
I – pelos tutores, curadores, testamenteiros e administradores, os bens confiados à sua guarda ou administração;
II – pelos servidores públicos, em geral, os bens ou direitos da pessoa jurídica a que servirem, ou que estejam sob sua administração direta ou indireta;
III – pelos juízes, secretários de tribunais, arbitradores, peritos e outros serventuários ou auxiliares da justiça, os bens ou direitos sobre que se litigar em tribunal, juízo ou conselho, no lugar onde servirem, ou a que se estender a sua autoridade;
IV – pelos leiloeiros e seus prepostos, os bens de cuja venda estejam encarregados.
Parágrafo único. As proibições deste artigo estendem-se à cessão de crédito.

A aquisição em hasta pública é, portanto, originária, rompendo com todos os gravames que cercavam a propriedade, que não se transmitem ao arrematante que deve, apenas, se acautelar com as obrigações *propter rem*, como é o caso de obrigação de pagar despesas de condomínio que passam do antigo titular para o arrematante posto que se vinculam indelevelmente ao imóvel.[34]

Recomenda-se a leitura do item **2.5.7** do Livro IV, e neste sentido:

Tribunal de Justiça de São Paulo. *Agravo de Instrumento 1158657006 Rel. Irineu Pedrotti Comarca: Taboão da Serra – 34ª Câmara – Julg.: 05.03.2008 – Registro: 11.03.2008 – Ementa: Despesas de condomínio. Cobrança. Execução. Arrematação do imóvel gerador das despesas em ação diversa. Substituição processual do executado original pela arrematante. Por se tratar de obrigação "propter rem", é cabível a substituição processual em execução do título formado em cobrança de despesas condominiais, pelo arrematante do bem penhorado, que assume os débitos anteriores à arrematação. Remessa dos autos para a Justiça Federal, em razão da qualidade da parte contra quem prosseguirá a demanda (Caixa Econômica Federal).*

Superior Tribunal de Justiça. *Ação de cobrança. Despesas de condomínio. Adquirente. Arrematação. Execução extrajudicial. Obrigação propter rem. Lei 4.591/1964. O adquirente de unidade condominial, por arrematação, responde perante o condomínio pelas despesas condominiais em atraso, mesmo as anteriores à aquisição do imóvel, por constituírem-se essas em obrigações propter rem, que acompanham o imóvel. Não afasta esta obrigação a regra contida no artigo 4º, parágrafo único, da Lei 4.591/1964 (REsp. 286.081/SP, relatora Ministra Nancy Andrighi, DJ 12.12.2000).*

Recurso Especial. Direito Civil e Processual Civil. Ação de cobrança. Cotas condominiais. Cumprimento de sentença. Imóvel arrematado em hasta pública. Informação no edital acerca da existência de débitos condominiais. Caráter "propter rem" da obrigação. Responsabilidade do arrematante. Sucessão no polo passivo da execução. Cabimento. 1. Controvérsia em torno da possibilidade de inclusão do arrematante no polo passivo da ação de cobrança de cotas condominiais na fase cumprimento de sentença. (...) 5. **Em se tratando a dívida de condomínio de obrigação "propter rem", constando do edital de praça a existência de ônus incidente sobre o imóvel, o arrematante é responsável pelo pagamento das despesas condominiais vencidas, ainda que estas sejam anteriores à arrematação, admitindo-se, inclusive, a sucessão processual do antigo executado pelo arrematante.** *6. Recurso especial desprovido. (REsp 1.672.508/SP, Rel. Min. Paulo de Tarso Sanseverino, 3ª Turma, j. 25.06.2019, DJe 01.08.2019).*

Em alguns precedentes, o STJ também entendeu que se não houver, no edital, previsão de responsabilidade do arrematante, este não responde pelas despesas condominiais pendentes, o que, no meu entendimento, afronta a letra do art. 1.345 do Código Civil.

Entendo que não há necessidade de constar no edital aquilo que já está claro na lei: o adquirente – a qualquer título – responde por ser obrigação *propter rem*.

Nesse caso, como de fato a obrigação é *propter rem*, caberá ao arrematante requerer, nos autos em que procedeu a arrematação, a reserva de valores para pagamento do condomínio, a serem debitados do depósito que fez:

Superior Tribunal de Justiça. *Processo civil. Recurso especial. Alienação em hasta pública. Despesas condominiais anteriores à aquisição do imóvel. Dívida não mencionada no edital. Sub-rogação sobre o produto da arrematação. Reserva de valores. 1. As dívidas condominiais anteriores à alienação judicial – não havendo ressalvas no edital de praça – serão quitadas com o valor obtido com a alienação judicial do imóvel, podendo o arrematante pedir a reserva de parte desse valor para o pagamento das referidas dívidas. 2. Recurso especial provido (REsp 1.092.605/SP – Rel. Min. Nancy Andrighi – Terceira Turma – j. 28.06.2011 – DJe 01.08.2011).*

---

[34] Há entendimento em sentido contrário:
Tribunal de Justiça de Rio Grande do Sul – *Número do Processo: 71000812917 – Rel. Eugênio Facchini Neto – Data da publicação: 04.05.2006 – cobrança de quotas de despesas condominiais vencidas antes da arrematação do imóvel. Aquisição originária que transmite o bem livre de qualquer ônus. Ilegitimidade da adquirente para figurar no polo passivo. Ação extinta sem julgamento de mérito. Recurso ao qual se dá provimento. (Recurso Cível n. 71000812917, Terceira Turma Recursal Cível, Turmas Recursais, Rel. Eugênio Facchini Neto, j. 11.04.2006) – Tipo de Processo: Recurso Cível – Terceira Turma Recursal Cível – Comarca de Origem: Porto Alegre – Seção: Cível – Tipo de Decisão: Acórdão.*

Segue outro precedente:

Superior Tribunal de Justiça. *Agravo interno no agravo em recurso especial. Execução. Despesas condominiais. Hasta pública. Arrematação. Sucessão processual do executado originário pelo arrematante. Impossibilidade. Ausência de previsão no edital. Precedentes. Enunciado n. 83 da Súmula do STJ. Agravo interno improvido. 1. Nas hipóteses em que não existe, no edital da hasta pública, previsão acerca da responsabilidade do arrematante pelos débitos condominiais anteriores à praça, esse não responderá por tais obrigações, as quais serão satisfeitas pela quantia arrecadada, em atenção aos princípios da segurança jurídica e da proteção da confiança. 2. Agravo interno improvido (AgInt no AREsp 890.657/SP, Rel. Ministro Marco Aurélio Bellizze, Terceira Turma, j. 13.09.2016, DJe 19.09.2016).[35]*

1.5.2. O débito hipotecário ante a alienação por hasta pública

Havendo hipoteca sobre o imóvel, desde o regime anterior, do Código de Processo Civil de 1973, a alienação em hasta pública por crédito diverso daquele garantido exige que o credor hipotecário por simples petição, exerça a sua preferência nos autos da execução alheia, fazendo valer a prelação nos termos dos arts. 799, I, 804 e 889 do CPC/2015, sob pena de, na inércia, ver a extinção da garantia (STJ, REsp 110.093/MG), sendo desnecessária a utilização de embargos de terceiro nos termos do art. 674, § 2º, IV, do CPC/2015.[36]

Isto porque não cabem embargos, mas, nos termos do art. 1.425 do Código Civil, apenas o exercício da prelação com a habilitação do crédito.[37]

Neste sentido:

Tribunal de Justiça de Minas Gerais. *Embargos de terceiro – Credor hipotecário intimado da penhora sobre o bem dado em garantia real – Arguição do seu crédito – Falta de interesse de agir – Extinção dos embargos. Não há interesse processual, por parte do credor hipotecário, no ajuizamento da ação de embargos de terceiros, com vistas a arguir a existência de seu direito real de garantia, quando tiver sido o mesmo devidamente intimado da penhora realizada nos autos da Execução promovida por credor quirografário. Tal entendimento se justifica na medida em que bastava ao referido credor peticionar nos autos da ação executiva, para habilitar o seu crédito e arguir a sua preferência no produto da alienação judicial do bem (TJMG. Processo: 1.0016.04.041228-6/001(1), Rel. Wagner Wilson, Data da publicação: 24.10.2006).*

Paradigmáticas são as anotações de Theotonio Negrão aos arts. 833 e 908 do CPC:[38]

Art. 833: 9. O imóvel hipotecado pode ser penhorado por terceiro, alheio à garantia hipotecária. "Inocorre a pretendida impenhorabilidade do bem hipotecado" (STF-1ª T., RE 103.425-4, min. Néri da Silveira, j. 21.06.1985, *DJU* 27.02.1987). Assim, é penhorável, por credor quirografário, o imóvel hipotecado (RT 575/138, bem fundamentado, JTA 92/31, 92/395, 106/112), mesmo porque "o crédito hipotecário, privilegiado que é, será preferencialmente satisfeito, restando ao quirografário a sobra" (RTFR 140/131). No mesmo sentido: JTJ 298/128.

---

[35] Nesse sentido: AgInt no REsp 1582933/SP, Rel. Ministro Ricardo Villas Bôas Cueva, Terceira Turma, j. 14.06.2016, *DJE* 20.06.2016; AgRg nos EDcl no REsp 1410008/SP, Rel. Ministro Marco Buzzi, Quarta Turma, j. 04.02.2016, *DJE* 17.02.2016; AgRg no REsp 1098223/RS, Rel. Ministro Raul Araújo, Quarta Turma, j. 20.10.2015, *DJE* 19.11.2015; AgRg no AREsp 745772/SP, Rel. Ministro Marco Aurélio Bellizze, Terceira Turma, j. 05.11.2015, *DJE* 17.11.2015; AgRg no AREsp 610546/RJ, Rel. Ministro João Otávio De Noronha, Terceira Turma, j. 01.09.2015, *DJE* 08.09.2015; AgRg no AREsp 227546/DF, Rel. Ministra Maria Isabel Gallotti, Quarta Turma, j. 18.08.2015, *DJE* 27.08.2015.

[36] Theothonio Negrão – CPC, nota 9 ao art. 698 do CPC/1973 [atual art. 888] e Nelson Nery Junior, Comentários. 698 do CPC/1973.

[37] Theotonio Negrão, *Código de Processo Civil*, São Paulo: Saraiva, 1997, notas 3 e 4 ao art. 1.047 (atual art. 674) e nota 5 ao art. 711 (atual art. 908). Nelson Nery Jr. e Rosa Maria Andrade Nery, *Código de Processo Civil Comentado*, São Paulo: Revista dos Tribunais, 1997, nota ao art. 1.047 (atual art. 674).

[38] *Novo Código de Processo Civil e Legislação Processual em Vigor*. São Paulo: Saraiva, 2017.

Art. 908: 5. Para que o credor hipotecário possa requerer, nos autos da execução proposta por outro credor e em que foi penhorado o bem hipotecado, o respeito à preferência no pagamento de seu crédito, é preciso que já tenha proposto a execução e nela sido penhorado o imóvel hipotecado?

— **Não:** "O credor hipotecário, embora não tenha ajuizado execução, pode manifestar a sua preferência nos autos de execução proposta por terceiro. Não é possível sobrepor uma preferência processual a uma preferência de direito material. O processo existe para que o direito material se concretize" (STJ – 3ª T., REsp 159.930, min. Ari Pargendler, j. 06.03.2003, dois votos vencidos, *DJU* 16.06.2003). "A preferência do credor hipotecário independe de sua iniciativa na execução ou na penhora. A arrematação de imóvel gravado de hipoteca garante ao credor hipotecário a preferência no recebimento de seu crédito em relação ao exequente" (RSTJ 151/403, 4ª T.). No mesmo sentido: RT 631/154, maioria, 633/108, maioria, 838/245, RF 295/279, 302/145, JTA 94/115, 108/272, RJTAmg 22/274, bol. AASP 1.494/184.

Por outro lado, como já tratamos no capítulo referente à alienação fiduciária (Livro II, Capítulo 12, item 12.6), o Código de Processo Civil ampliou a regra que decorria do sistema processual anterior.

Explico: os arts. 889 e 804 do Código de Processo Civil, especialmente este último, no caso de direitos reais de garantia específicos, como a hipoteca, o penhor e a anticrese, exige a intimação do credor hipotecário, pignoratício ou anticrético, entre os demais que incluiu em comparação ao regime de 1973, tornando ineficaz a alienação em razão desses credores ou titulares de direitos reais não intimados.

Em que pese a ampliação do art. 804 do Código de Processo Civil de 2015 em comparação com o sistema do Diploma Processual de 1973, o atual Código de Processo Civil manteve o sistema anterior, exigindo também a intimação do proprietário fiduciário que, intimado, deve se manifestar sob pena de extinção da garantia.

Resumindo, no que interessa ao Direito Imobiliário, os credores hipotecários, anticréticos ou fiduciários (credores em contrato de alienação fiduciária) devem ser intimados e, se o foram e não se manifestaram, seguindo o sistema que antes cercava a hipoteca, verão a extinção do seu direito com a arrematação em hasta pública promovida por credor diverso.

Embora o art. 674, § 2º, IV, do Código de Processo Civil contenha previsão de utilização dos embargos de terceiros para que o titular de direito real de garantia livre o imóvel da alienação judicial, certo é que, se for intimado da constrição, só lhe resta fazer valer a prelação, não cabendo embargos (CPC, arts. 799, 804 e 889).

Por outro lado, se o credor com garantia real foi intimado da praça e não se manifestou, extingue-se a garantia e, nesse sentido:

Superior Tribunal de Justiça. *Repositório autorizado conforme Portaria n. 2 de 19 de fevereiro de 2010. Execução. Arrematação. Ato perfeito e acabado. Intimação do credor hipotecário que permanece silente. Extinção da hipoteca. – Sendo válida e eficaz a arrematação, com a intimação prévia do credor hipotecário, que, contra esse ato não se insurgiu oportunamente, é de considerar-se extinta a hipoteca nos termos do disposto no art. 849, VII do Código Civil [do CC/1916, correspondente ao art. 1.499, VI, do CC/2002] Recurso Especial não conhecido (REsp 110.093/MG, Recurso Especial 1996/0063230-8, Rel. Min. Barros Monteiro, Data da Publicação: 07.04.2003).*

Tribunal de Justiça de Minas Gerais. *Embargos de terceiro – Credor hipotecário intimado da penhora sobre o bem dado em garantia real – Arguição do seu crédito – Falta de interesse de agir – Extinção dos embargos. Não há interesse processual, por parte do credor hipotecário, no ajuizamento da ação de embargos de terceiros, com vistas a arguir a existência de seu direito real de garantia, quando tiver sido o mesmo devidamente intimado da penhora realizada nos autos da Execução promovida por credor quirografário. Tal entendimento se justifica na medida em que bastava ao referido credor peticionar nos autos da ação executiva, para habilitar o seu crédito e arguir a sua preferência no produto da alienação judicial do bem (Número do processo: 1.0016.04.041228-6/001(1), Rel. Wagner Wilson, Data da publicação: 24.10.2006).*

Nos casos de superfície ou enfiteuse, deve haver intimação dos concedentes (proprietários) para que possam obstar, eventualmente, a alienação ou pagar a dívida para exercer os direitos decorrentes do contrato que concedeu superfície ou enfiteuse.

Sem a intimação, será ineficaz a alienação, podendo ser anulada pelos meios ordinários caso tenha sido ultimada, devendo o registrador, por outro lado, negar registro a eventual carta de arrematação sem prova da intimação dos concedentes.

O art. 791 do Código de Processo Civil estabelece os limites da constrição: *Se a execução tiver por objeto obrigação de que seja sujeito passivo o proprietário de terreno submetido ao regime do direito de superfície, ou o superficiário, responderá pela dívida, exclusivamente, o direito real do qual é titular o executado, recaindo a penhora ou outros atos de constrição exclusivamente sobre o terreno, no primeiro caso, ou sobre a construção ou plantação, no segundo caso.*

Tratando-se de promessa de compra e venda registrada, se a penhora for do próprio imóvel por dívida do proprietário, o promitente comprador deve ser intimado para exercer seus direitos ou obstar a alienação por meio dos embargos, nos termos do art. 674 do Código de Processo Civil.

Caso a penhora recaia sobre imóvel por dívida do promitente comprador, o proprietário (promitente vendedor) deve ser intimado para eventualmente pagar a dívida e obstar a alienação, como sói ocorrer no caso de penhora decorrente de débito condominial de promitente comprador que conta com a posse.[39]

---

[39]   Nessa medida:

Art. 674. Quem, não sendo parte no processo, sofrer constrição ou ameaça de constrição sobre bens que possua ou sobre os quais tenha direito incompatível com o ato constritivo, poderá requerer seu desfazimento ou sua inibição por meio de embargos de terceiro.

§ 1º Os embargos podem ser de terceiro proprietário, inclusive fiduciário, ou possuidor.

§ 2º Considera-se terceiro, para ajuizamento dos embargos:

I – o cônjuge ou companheiro, quando defende a posse de bens próprios ou de sua meação, ressalvado o disposto no art. 843;

II – o adquirente de bens cuja constrição decorreu de decisão que declara a ineficácia da alienação realizada em fraude à execução;

III – quem sofre constrição judicial de seus bens por força de desconsideração da personalidade jurídica, de cujo incidente não fez parte;

IV – o credor com garantia real para obstar expropriação judicial do objeto de direito real de garantia, caso não tenha sido intimado, nos termos legais dos atos expropriatórios respectivos.

Art. 799. Incumbe ainda ao exequente:

I – requerer a intimação do credor pignoratício, hipotecário, anticrético ou fiduciário, quando a penhora recair sobre bens gravados por penhor, hipoteca, anticrese ou alienação fiduciária;

II – requerer a intimação do titular de usufruto, uso ou habitação, quando a penhora recair sobre bem gravado por usufruto, uso ou habitação;

III – requerer a intimação do promitente comprador, quando a penhora recair sobre bem em relação ao qual haja promessa de compra e venda registrada;

IV – requerer a intimação do promitente vendedor, quando a penhora recair sobre direito aquisitivo derivado de promessa de compra e venda registrada;

V – requerer a intimação do superficiário, enfiteuta ou concessionário, em caso de direito de superfície, enfiteuse, concessão de uso especial para fins de moradia ou concessão de direito real de uso, quando a penhora recair sobre imóvel submetido ao regime do direito de superfície, enfiteuse ou concessão;

VI – requerer a intimação do proprietário de terreno com regime de direito de superfície, enfiteuse, concessão de uso especial para fins de moradia ou concessão de direito real de uso, quando a penhora recair sobre direitos do superficiário, do enfiteuta ou do concessionário;

VII – requerer a intimação da sociedade, no caso de penhora de quota social ou de ação de sociedade anônima fechada, para o fim previsto no art. 876, § 7º;

VIII – pleitear, se for o caso, medidas urgentes;

IX – proceder à averbação em registro público do ato de propositura da execução e dos atos de constrição realizados, para conhecimento de terceiros.

1.5.3. O débito fiscal ante a alienação por hasta pública

Se os débitos do titular do imóvel na data da arrematação são fiscais, em tese não há risco para o arrematante, posto que o crédito tributário recairá sobre o produto da arrematação, aplicando-se o art. 130 do Código Tributário Nacional:

Superior Tribunal de Justiça – execução fiscal – IPTU – arrematação de bem imóvel – aquisição originária – inexistência de responsabilidade tributária do arrematante – aplicação do art. 130, parágrafo único, do CTN. 1. A arrematação de bem móvel ou imóvel em hasta pública é considerada como aquisição originária, inexistindo relação jurídica entre o arrematante e o anterior proprietário do bem, de maneira que os débitos tributários anteriores à arrematação sub-rogam-se no preço da hasta. 2. Agravo regimental não provido (AgRg no Ag 1225813/SP, Rel. Ministra Eliana Calmon, Segunda Turma, j. 23.03.2010, DJe 08.04.2010).

De fato, dispõe o art. 130 do Código Tributário Nacional que "os créditos tributários relativos a impostos cujo fato gerador seja a propriedade, o domínio útil ou a posse de

---

X – requerer a intimação do titular da construção-base, bem como, se for o caso, do titular de lajes anteriores, quando a penhora recair sobre o direito real de laje; (Incluído pela Lei 13.465, de 2017)

XI – requerer a intimação do titular das lajes, quando a penhora recair sobre a construção-base. (Incluído pela Lei 13.465, de 2017)

Art. 804. A alienação de bem gravado por penhor, hipoteca ou anticrese será ineficaz em relação ao credor pignoratício, hipotecário ou anticrético não intimado.

§ 1º A alienação de bem objeto de promessa de compra e venda ou de cessão registrada será ineficaz em relação ao promitente comprador ou ao cessionário não intimado.

§ 2º A alienação de bem sobre o qual tenha sido instituído direito de superfície, seja do solo, da plantação ou da construção, será ineficaz em relação ao concedente ou ao concessionário não intimado.

§ 3º A alienação de direito aquisitivo de bem objeto de promessa de venda, de promessa de cessão ou de alienação fiduciária será ineficaz em relação ao promitente vendedor, ao promitente cedente ou ao proprietário fiduciário não intimado.

§ 4º A alienação de imóvel sobre o qual tenha sido instituída enfiteuse, concessão de uso especial para fins de moradia ou concessão de direito real de uso será ineficaz em relação ao enfiteuta ou ao concessionário não intimado.

§ 5º A alienação de direitos do enfiteuta, do concessionário de direito real de uso ou do concessionário de uso especial para fins de moradia será ineficaz em relação ao proprietário do respectivo imóvel não intimado.

§ 6º A alienação de bem sobre o qual tenha sido instituído usufruto, uso ou habitação será ineficaz em relação ao titular desses direitos reais não intimado.

Art. 889. Serão cientificados da alienação judicial, com pelo menos 5 (cinco) dias de antecedência:

I – o executado, por meio de seu advogado ou, se não tiver procurador constituído nos autos, por carta registrada, mandado, edital ou outro meio idôneo;

II – o coproprietário de bem indivisível do qual tenha sido penhorada fração ideal;

III – o titular de usufruto, uso, habitação, enfiteuse, direito de superfície, concessão de uso especial para fins de moradia ou concessão de direito real de uso, quando a penhora recair sobre bem gravado com tais direitos reais;

IV – o proprietário do terreno submetido ao regime de direito de superfície, enfiteuse, concessão de uso especial para fins de moradia ou concessão de direito real de uso, quando a penhora recair sobre tais direitos reais;

V – o credor pignoratício, hipotecário, anticrético, fiduciário ou com penhora anteriormente averbada, quando a penhora recair sobre bens com tais gravames, caso não seja o credor, de qualquer modo, parte na execução;

VI – o promitente comprador, quando a penhora recair sobre bem em relação ao qual haja promessa de compra e venda registrada;

VII – o promitente vendedor, quando a penhora recair sobre direito aquisitivo derivado de promessa de compra e venda registrada;

VIII – a União, o Estado e o Município, no caso de alienação de bem tombado.

Parágrafo único. Se o executado for revel e não tiver advogado constituído, não constando dos autos seu endereço atual ou, ainda, não sendo ele encontrado no endereço constante do processo, a intimação considerar-se-á feita por meio do próprio edital de leilão.

bens imóveis, e bem assim os relativos a taxas pela prestação de serviços referentes a tais bens, ou a contribuições de melhoria, sub-rogam-se na pessoa dos respectivos adquirentes, salvo quando conste do título a prova de sua quitação". Todavia, ressalva o parágrafo único do mesmo dispositivo legal que "no caso de arrematação em hasta pública, a sub-rogação ocorre sobre o respectivo preço".

Mencione-se a seguinte decisão, da lavra do Desembargador e Professor Nuncio Theophilo Neto:

> **Tribunal de Justiça de São Paulo.** *Tributário. Apelação. IPTU. Arrematação em hasta pública. Aquisição originária do imóvel. Débitos anteriores que se sub-rogam no respectivo preço, conforme estabelecido no art. 130, parágrafo único, do CTN. Ausência de responsabilidade da apelada pelos débitos anteriores à aquisição. Hipótese diversa da aquisição por adjudicação. Precedentes do Superior Tribunal de Justiça. Recurso improvido (Apelação 0050949-05.2011.8.26.0564, Rel. Nuncio Theophilo Neto, São Bernardo do Campo, 14ª Câmara de Direito Público, j. 19.09.2013, data de registro 1º.10.2013. Outros números: 50949052011826056 4).*

A doutrina pátria, de forma pacífica, considera o adquirente do imóvel responsável pelos tributos referentes ao mesmo, em especial pelo ITBI e IPTU, ressalvadas as hipóteses de sub-rogação do tributo no preço.

Aliomar Baleeiro, a respeito do art. 130 do CTN, ensinou: *Inexistindo prova da quitação relativa aos tributos devidos pelo contribuinte-alienante à data da sucessão, dá-se, segundo o art. 130, sub-rogação, ou seja, o adquirente passa a ser, sozinho, o novo sujeito passivo da relação tributária. Em lugar de manter no polo passivo da relação tributária ambos, sucedido e sucessor, a lei exclui a responsabilidade do contribuinte perante a Fazenda Pública.*[40]

E, mais adiante, o doutrinador arremata: *Se a transmissão do imóvel se opera por venda em hasta pública, ou seja, o leilão judicial, o arrematante escapa a rigor do art. 130, porque a sub-rogação se dá sobre o preço por ele depositado. Responde este pelos tributos devidos, passando o bem livre ao domínio de quem o arrematou.*

Não de forma diversa a lição que emana de Sacha Calmon Navarro Coelho: *Os adquirentes ficam obrigados a pagar os débitos fiscais contraídos pelos seus sucedidos, salvo quando o tabelião comprove e faça constar do título aquisitivo do domínio útil, da posse (ad usucapionem) ou da propriedade (jus in re plena) a prova da quitação de tais tributos quando da sua averbação no Cartório de registro imobiliário. O arrematante, na verdade, não sai onerado da hasta pública, por isso que o montante do crédito tributário que estiver aderido ao bem imóvel é extraído do preço da arrematação. O Fisco tira o seu. O restante irá a quem de direito. É esta disciplina posta no parágrafo único do artigo comentado. A jurisprudência tem sido restritiva. Hasta pública tem sido uma "nonima" estrita sem aplicação analógica. No RE nº 20.475-0-SP, o Ministro Pádua Ribeiro fez vencer a tese de que a venda "por propostas", prevista no art. 118 do Decreto-lei 7.661 de 1945 (Lei de Falências), não equivalia à venda em hasta pública para fins de sub-rogação de créditos tributários no preço do imóvel alienado, como previsto no art. 130, parágrafo único. Mas ressalvou:* "É de admitir-se tal equivalência no caso de omissão do edital de venda quanto à responsabilidade pelos tributos. Todavia, na hipótese contrária, cumpre afastá-la". *Entendeu o Ministro Pádua Ribeiro que o parágrafo único, como exceção do caput, merecia interpretação restritiva.*[41]

---

[40]   Aliomar Baleeiro, *Direito Tributário Brasileiro*, 11ª ed. atual. por Misabel Abreu Machado Derzi. Rio de Janeiro: Forense, 1999, p. 747.

[41]   Sacha Calmon Navarro Coelho, *Comentários ao Código Tributário Nacional. Lei 5.172, de 25.10.1966*, Carlos Valder do Nascimento (coordenador), Ives Gandra da Silva Martins. Rio de Janeiro: Forense, 2001, p. 311.

Essa regra não tem sua incidência condicionada à natureza do bem, isto é, se móvel ou imóvel. É que o *caput* do art. 130 do CTN se refere a atos de alienação voluntária enquanto que o seu parágrafo tem aplicação especial às alienações forçadas, em que o Estado supre a vontade do proprietário. Em outras palavras, sendo móveis ou imóveis, os ônus incidentes sobre os bens arrematados devem ser satisfeitos pela forma da sub-rogação no preço, uma vez obedecidos os privilégios dos respectivos credores.

Caso remanesçam débitos tributários cujo preço da arrematação não seja passível de pagar, o antigo proprietário, ante a característica originária da aquisição, responderá pelo pagamento (TJSP, Apelação nº 0500442-52.2011.8.26.0541, j. 19.09.2013).

E o edital não pode dispor de forma diversa, impondo a responsabilidade ao arrematante.

No Tema 1.134[42], o Superior Tribunal de Justiça (STJ) fixou o entendimento por meio da Primeira Seção, conforme o art. 130, parágrafo único, do Código Tributário Nacional (CTN), segundo o qual é inválida a previsão em edital que transfere ao arrematante a responsabilidade por débitos tributários que incidam sobre o imóvel antes da alienação do imóvel. A decisão foi publicada em 24 de outubro de 2024.

Outrossim, é preciso cuidado, posto que não incide a regra do parágrafo único do art. 130 do CTN, na medida em que a arrematação se dá por adjudicação de vez que o dispositivo é taxativo e permite exceção apenas nos casos de arrematação em hasta pública, isso porque, em caso de adjudicação, o fisco não poderia se sub-rogar no preço do imóvel adjudicado.

O mesmo raciocínio dos créditos tributários se aplica, na exata medida do art. 908 do CPC, aos créditos de natureza *propter rem,* como os condominiais, devendo, entretanto, o adquirente, ter especial atenção com os termos do edital.[43]

Outro ponto relevante deve ser observado: nada obstante a aquisição em hasta pública seja originária, sem transmissão de propriedade, portanto, e, bem assim, ausente fato gerador

---

[42] Tese firmada: "Diante do disposto no art. 130, parágrafo único, do Código Tributário Nacional, é inválida a previsão em edital de leilão atribuindo responsabilidade ao arrematante pelos débitos tributários que já incidiam sobre o imóvel na data de sua alienação."

[43] Art. 908. Havendo pluralidade de credores ou exequentes, o dinheiro lhes será distribuído e entregue consoante a ordem das respectivas preferências.
§ 1º No caso de adjudicação ou alienação, os créditos que recaem sobre o bem, inclusive os de natureza *propter rem*, sub-rogam-se sobre o respectivo preço, observada a ordem de preferência.
§ 2º Não havendo título legal à preferência, o dinheiro será distribuído entre os concorrentes, observando-se a anterioridade de cada penhora.
Nesse sentido: "Processual. Condomínio. Despesas comuns. Cobrança. Cumprimento de sentença. Arrematação do imóvel gerador dos encargos em reclamação trabalhista. Pretensão do condomínio de pura e simples manutenção da penhora, ao argumento de ser a dívida *propter rem* e de por ela responderem automaticamente os arrematantes. Descabimento. Penhora que, como ato preparatório e de cunho provisório, se extingue com a arrematação do bem constrito, seja na própria execução seja em outra movida por credor também penhorante. Necessidade, se se pretendesse cogitar da responsabilização dos arrematantes, de outra penhora, agora em relação a eles. Imprescindibilidade, contudo, para a afirmação de sua responsabilidade pessoal, que fossem integrados ao polo passivo, com redirecionamento da execução. Condomínio, entretanto, que disso não cogita, pretendendo seguir com a execução nos mesmos termos. Arrematantes que, de toda forma, não podem na generalidade dos casos ser responsabilizados por dívida anterior à aquisição em hasta pública, de natureza originária, não derivada. Inteligência do art. 908, § 1º, do CPC. Edital de leilão, ademais, que no âmbito da reclamação trabalhista, expressamente afastou a responsabilidade de eventuais arrematantes por dívidas condominiais anteriores. Orientação do STJ em torno da exclusão de responsabilidade em casos tais. Arrematantes que respondem somente pelo débito posterior ao auto de arrematação. Decisão agravada mantida. Agravo de instrumento do condomínio-exequente desprovido (TJSP, Agravo de Instrumento 2025273-15.2021.8.26.0000, Rel. Fabio Tabosa, 29ª Câmara de Direito Privado, Foro de Arujá, 1ª Vara, j. 30.03.2021, Data de Registro: 30.03.2021).

de ITBI pelo registro da carta de arrematação, não é este o entendimento jurisprudencial sobre o tema, sendo relevante mencionar o seguinte:

> **Tribunal de Justiça de São Paulo.** *Apelação. Mandado de Segurança. ITBI Imposto sobre a Transmissão de Bens Imóveis Inter Vivos. Sentença que denegou a segurança para manter a cobrança nos moldes exigidos pelo Município. Imóveis adquiridos em hasta pública. Incidência do ITBI sobre o montante da arrematação e não com base no valor venal atribuído pela Municipalidade. Decreto nº 46.228/05 do Município de São Paulo. Afronta ao princípio da legalidade. Inconstitucionalidade declarada pelo Colendo Órgão Especial. Pretensão da cobrança do imposto contando como fato gerador a data da arrematação. Inadmissibilidade. O fato gerador do ITBI só ocorre com a transferência efetiva da propriedade, com o registro no Cartório de Registro de Imóveis. Aplicação dos artigos 1.227 e 1.245 § 1º, ambos do Código Civil. Concessão da segurança para que o tributo seja recolhido apenas no momento do registro da transmissão dos imóveis, calculado com base no montante da arrematação. Recurso provido (Apelação nº 0002730-39.2011.8.26.0053, Rel. Roberto Martins de Souza, São Paulo, 18ª Câmara de Direito Público, j. 12.09.2013, Data de registro: 17.09.2013. Outros números: 27303920118260053).*

Segundo Kiyoshi Harada, "A exemplo do que ocorre na usucapião, não há transmissão de propriedade na arrematação. De fato, na arrematação, não há transmissão de propriedade *inter vivos* caracterizada pela livre manifestação de vontade das partes que se materializa por intermédio de um ato jurídico válido, gerando direitos e obrigações recíprocas. Entretanto, não está pacificada na doutrina e na jurisprudência a questão da não incidência do ITBI nos casos de arrematação, como pacificada já se encontra em relação à usucapião. (...) Na verdade, a arrematação, tanto quanto a usucapião, têm natureza de aquisição originária. Não é possível cogitar de lançamento do ITBI por ausência absoluta do requisito essencial configurador da situação abstrata descrita na norma jurídica de imposição tributária, qual seja, a aquisição da propriedade pelo registro do título translativo no Registro de Imóveis competente (art. 1.245 do CC). Portanto, a carta de arrematação não corresponde ao título de transmissão da propriedade por ausência da pessoa do transmitente. Por força do disposto no art. 110 do CTN, o conceito de transmissão da propriedade só pode ser buscado no Direito Civil, sob pena de afrontar o princípio constitucional da discriminação de rendas tributárias. E, em termos de direito comum, a transmissão só ocorre quando alguém (proprietário) transfere a outrem o bem que é integrante de seu patrimônio. (...) Finalmente, legislações municipais que incluem a arrematação em hasta pública na definição de fato gerador do ITBI incorrem em afronta ao art. 110 do CTN por elastecer o conceito de transmissão entre vivos adotado pelo Código Civil".[44]

Portanto, equivocada é a aplicação da evidente consequência da aquisição originária no caso de sub-rogação no preço, mas não para negar o fato gerador do ITBI.

Inobstante essas razões, a posição dos tribunais é uníssona na incidência do ITBI nas arrematações, inclusive no âmbito administrativo:

> **Tribunal de Justiça de São Paulo.** *Registro de imóveis. Dúvida. Arrematação de imóvel em hasta pública. Forma. Originária de aquisição de propriedade. Inexistência de relação jurídica entre o arrematante e o anterior proprietário do bem. Imóvel penhorado com base no art. 53, § 1º, da Lei 8.212/1991. Indisponibilidade que obsta apenas a alienação voluntária. Incidência de ITBI nas arrematações judiciais por expressa determinação legal. Recurso não provido (TJSP, Conselho Superior da Magistratura, Apelação nº 007969-54.2010.8.26-0604, Rel. José Renato Nalini).*

Ora, a determinação legal não pode impor tributação sem que haja fato gerador.

Segundo Eduardo Sabbag, o fato gerador do ITBI é a *transmissão* inter vivos, *a qualquer título, por ato oneroso, de bens imóveis, por natureza ou acessão física, e de direitos reais*

---

44 Disponível em: http://genjuridico.com.br/2016/09/14/itbi-e-arrematacao-em-hasta-publica/. Acesso em: 04.08.2019.

sobre imóveis, exceto os de garantia, bem como cessão de direitos a sua aquisição (art. 156, II, da CF/1988 e art. 35 do CTN).

Em suma, se a aquisição é originária, não há *transmissão* e, não havendo, inexiste fato gerador de Imposto a par da posição contrária dos tribunais e, bem assim, pela mesma razão, por ser aquisição originária, os impostos pendentes sub-rogam-se no preço da arrematação.

Considerando que a par dessas considerações o imposto de transmissão incidirá, releva notar o quanto decidido no tema 1.113 pelo STJ.

O recurso especial representativo de controvérsia discutiu a base de cálculo do Imposto sobre Transmissão de Bens Imóveis (ITBI) e sua relação com o Imposto Predial e Territorial Urbano (IPTU).

O STJ firmou os seguintes entendimentos:

a) Distinção entre ITBI e IPTU: embora ambos os impostos usem o "valor venal" como base de cálculo, a forma de apuração desse valor é diferente, pois os fatos geradores dos tributos são distintos. O valor do ITBI deve refletir o valor de mercado do imóvel na transação;

b) Presunção de veracidade da declaração: o valor da transação declarado pelo contribuinte goza de presunção de veracidade, presumindo-se condizente com o valor de mercado. Essa presunção pode ser afastada pelo fisco, caso o valor seja incompatível com a realidade;

c) Processo administrativo para revisão: caso o fisco questione o valor declarado, deve instaurar um processo administrativo, assegurando ao contribuinte o contraditório e a apresentação de justificativas;

d) Impossibilidade de arbitramento prévio: o município não pode adotar previamente um valor de referência para arbitrar a base de cálculo do ITBI, pois isso configuraria lançamento por estimativa, subvertendo o procedimento legal previsto no Código Tributário Nacional.

Nele, foram firmadas as seguintes teses (tema 1.113/STJ):

"a) a base de cálculo do ITBI é o valor do imóvel transmitido em condições normais de mercado, não estando vinculada à base de cálculo do IPTU, que nem sequer pode ser utilizada como piso de tributação;

b) o valor da transação declarado pelo contribuinte goza da presunção de que é condizente com o valor de mercado, que somente pode ser afastada pelo fisco mediante a regular instauração de processo administrativo próprio (art. 148 do CTN);

c) o Município não pode arbitrar previamente a base de cálculo do ITBI com respaldo em valor de referência por ele estabelecido unilateralmente."

Confira-se a ementa:

Tributário. Recurso especial representativo de controvérsia. Imposto sobre transmissão de bens imóveis (ITBI). Base de cálculo. Vinculação com imposto predial e territorial urbano (IPTU). Inexistência. Valor venal declarado pelo contribuinte. Presunção de veracidade. Revisão pelo fisco. Instauração de processo administrativo. Possibilidade. Prévio valor de referência. Adoção. Inviabilidade. 1. A jurisprudência pacífica desta Corte Superior é no sentido de que, embora o Código Tributário Nacional estabeleça como base de cálculo do Imposto Predial e Territorial Urbano (IPTU) e do Imposto sobre Transmissão de Bens Imóveis (ITBI) o "valor venal", a apuração desse elemento quantitativo faz-se de formas diversas, notadamente em razão da distinção existente entre os fatos geradores e a modalidade de lançamento desses impostos. 2. Os arts. 35 e 38 do CTN dispõem, respectivamente, que o fato gerador do ITBI é a transmissão da propriedade ou de direitos reais imobiliários ou a cessão de direitos relativos a tais transmissões e que a base de cálculo do tributo é o "valor venal dos bens ou direitos transmitidos", que corresponde ao valor considerado para as negociações de imóveis em condições normais de mercado. 3. A possibilidade de dimensionar o valor dos imóveis no mercado, segundo critérios, por exemplo, de localização e tamanho (metragem), não impede que a avaliação de mercado específica de cada imóvel transacionado oscile dentro do parâmetro médio, a depender, por exemplo, da existência de outras circunstâncias igualmente relevantes e legítimas para a determinação do real valor da coisa, como a existência de benfeitorias, o estado de conservação e os interesses pessoais do vendedor e do comprador no ajuste do preço. 4. O ITBI comporta apenas duas modalidades de lançamento originário: por declaração, se a norma local exigir prévio exame das informações do contribuinte pela Administração para a constituição do crédito tributário, ou por homologação, se a legislação municipal disciplinar que caberá ao contribuinte apurar o valor do imposto e efetuar o seu pagamento antecipado sem prévio exame do ente tributante. 5. Os lançamentos por declaração ou por homologação se justificam pelas várias circunstâncias que podem interferir no específico valor de mercado de cada imóvel transacionado, circunstâncias cujo conhecimento integral somente os negociantes têm ou deveriam ter para melhor avaliar o real valor do bem quando da realização do negócio, sendo essa a principal razão da impossibilidade prática da realização do lançamento originário de ofício, ainda que autorizado pelo legislador local, pois o fisco não tem como possuir, previamente, o conhecimento de todas as variáveis determinantes para a composição do valor do imóvel transmitido. 6. Em face do princípio da boa-fé objetiva, o valor da transação declarado pelo contribuinte presume-se condizente com o valor médio de mercado do bem imóvel transacionado, presunção que somente pode ser afastada pelo fisco se esse valor se mostrar, de pronto, incompatível com a realidade, estando, nessa hipótese, justificada a instauração do procedimento próprio para o arbitramento da base de cálculo, em que deve ser assegurado ao contribuinte o contraditório necessário para apresentação das peculiaridades que amparariam o quantum informado (art. 148 do CTN). 7. A prévia adoção de um valor de referência pela Administração configura indevido lançamento de ofício do ITBI por mera estimativa e subverte o procedimento instituído no art. 148 do CTN, pois representa arbitramento da base de cálculo sem prévio juízo quanto à fidedignidade da declaração do sujeito passivo. 8. Para o fim preconizado no art. 1.039 do CPC/2015, firmam-se as seguintes teses: a) a base de cálculo do ITBI é o valor do imóvel transmitido em condições normais de mercado, não estando vinculada à base de cálculo do IPTU, que nem sequer pode ser utilizada como piso de tributação; b) o valor da transação declarado pelo contribuinte goza da presunção de que é condizente com o valor de mercado, que somente pode ser afastada pelo fisco mediante a regular instauração de processo administrativo próprio (art. 148 do CTN); c) o Município não pode arbitrar previamente a base de cálculo do ITBI com respaldo em valor de referência por ele estabelecido unilateralmente. 9. Recurso especial parcialmente provido. (REsp 1.937.821/SP, Rel. Min. Gurgel de Faria, 1ª Seção, j. 24.02.2022, DJe 03.03.2022)

1.5.4. Anulação da arrematação

Quanto à anulação da arrematação nos casos do § 1º do art. 903,[45] o Superior Tribunal de Justiça, adotando Amaral Santos, assinalou que:

"assinado o auto de arrematação, esta considerar-se-á perfeita, acabada e irretratável" (Código de Processo Civil, art. 694, caput) [atual art. 903]. A essa regra se oferecem algumas exceções, alinhadas no parágrafo único do mesmo artigo, conforme o qual, em ocorrendo determinados pressupostos, poderá dar-se o

---

[45] Art. 903. Qualquer que seja a modalidade de leilão, assinado o auto pelo juiz, pelo arrematante e pelo leiloeiro, a arrematação será considerada perfeita, acabada e irretratável, ainda que venham a ser julgados procedentes os embargos do executado ou a ação autônoma de que trata o § 4º deste artigo, assegurada a possibilidade de reparação pelos prejuízos sofridos.

§ 1º Ressalvadas outras situações previstas neste Código, a arrematação poderá, no entanto, ser:

I – invalidada, quando realizada por preço vil ou com outro vício;

II – considerada ineficaz, se não observado o disposto no art. 804;

III – resolvida, se não for pago o preço ou se não for prestada a caução.

§ 2º O juiz decidirá acerca das situações referidas no § 1º, se for provocado em até 10 (dez) dias após o aperfeiçoamento da arrematação.

§ 3º Passado o prazo previsto no § 2º sem que tenha havido alegação de qualquer das situações previstas no § 1º, será expedida a carta de arrematação e, conforme o caso, a ordem de entrega ou mandado de imissão na posse.

§ 4º Após a expedição da carta de arrematação ou da ordem de entrega, a invalidação da arrematação poderá ser pleiteada por ação autônoma, em cujo processo o arrematante figurará como litisconsorte necessário.

desfazimento, da arrematação. "O desfazimento da arrematação, tal seja o vício, poderá ser declarado até mesmo de ofício, ou a requerimento da parte interessada, quando o processo de execução ainda esteja em curso. Normalmente, porém, se procede por meio de embargos do devedor (Código de Processo Civil, art. 746), ou de embargos de terceiro (Código de Processo Civil, art. 1.048) [atual art. 1.035] ou, quando já expedida a carta de arrematação e devidamente transcrita no Registro de Imóveis, por via de ação anulatória autônoma (Código de Processo Civil, art. 486) [atual art. 966, § 4º]. Primeiras Linhas de Direito Processual Civil, Saraiva, 3º Volume, 1993, pág. 341. Nessa mesma linha de entendimento, profere Theodoro Júnior: "Quando não mais for possível a anulação da arrematação dentro dos próprios autos da execução, a parte interessada terá de propor ação anulatória pelas vias ordinárias. Não há sentença no procedimento da arrematação, de sorte que o ato processual em causa, é daqueles que se anulam por ação comum, como os atos jurídicos em geral, e não pela via especial da ação rescisória" (...). De igual, Fideles Santos, quando diz: "Ultrapassado o prazo de embargos, a questão não fica preclusa e a nulidade pode ser arguida nas vias ordinárias." (Manual de Direito Processual Civil, Saraiva, Vol. 3, 1987, pág. 181) (in RSTJ, vol. 82, 206, junho 1996). Acrescente-se, ainda, que, em princípio, "a arrematação, que tem conteúdo de aquisição originária, empresta ao arrematante a propriedade do bem sem os ônus que, eventualmente, sobre o mesmo incidiam, antes da arrematação. No caso se dá uma verdadeira expropriação pelo Estado do bem penhorado, que passa, assim, ao arrematante inteiramente livre".[46]

1.5.5. Penhoras anteriores

A arrematação em hasta pública, como se viu, é meio originário de aquisição da propriedade, de tal sorte que rompe com os gravames que cercavam o imóvel arrematado, bastando que o arrematante requeira, nos autos da ação na qual se processou a alienação, o cancelamento das penhoras.

Nada obstante, pode haver penhora por outra execução, que não aquela em que o imóvel é levado à hasta pública.

Assim sendo, havendo necessidade do cancelamento de outra penhora após a arrematação, será necessária ação autônoma. Neste sentido:

Tribunal de Justiça de Minas Gerais – *Número do processo: 2.0000.00.519994-6/000(1) – Rel. Afrânio Vilela – Data do acórdão: 05.10.2005 – Data da publicação: 21.10.2005 – cancelamento de penhora de imóvel urbano – duplicidade de constrição – execuções distintas – arrematação efetivada – legalidade – direito de preferência – inobservância – validade do ato expropriatório. É válida a arrematação procedida em processo de Execução, gerando todos seus efeitos jurídicos, mesmo que haja penhora anteriormente inscrita, restando ao credor desta o direito à participação no valor arrecadado segundo os ditames processuais. A aquisição de bem praceado, mesmo sendo objeto de constrição anterior em outro processo de execução, autoriza o cancelamento da inscrição da penhora, em respeito ao Poder Judiciário que convalidou o ato, dando-o como válido e regular.*

No caso espelhado neste acórdão mineiro, requerido o cancelamento da penhora anterior efetivada em autos distintos, contestou o titular do crédito alegando desrespeito à sua preferência.

Corretamente, asseverou o relator ao determinar o cancelamento da penhora anterior:

A penhora pode ser conceituada como ato executivo sobre determinado bem do devedor com a permissibilidade de sua ulterior expropriação para garantia do pagamento da quantia exequenda. Conseguintemente, como no caso em tela, o ato expropriatório se perfaz com a alienação do bem praceado e, efetivada a arrematação, há o nascimento da expectativa do direito de propriedade o qual ocorrera com a transcrição imobiliária no registro próprio. Não fosse isso, observo que a preferência de penhora, conquanto deva ser observada, não implica na nulidade da arrematação procedida em processo de Execução, que é válida, gerando todos seus efeitos jurídicos, mesmo que haja penhora anteriormente inscrita, restando ao credor desta o direito à participação no valor arrecadado segundo os ditames processuais (...). Não fosse isso, observo que a preferência de penhora, conquanto deva ser observada, não implica

---

na nulidade da arrematação procedida em processo de Execução, que é válida, gerando todos seus efeitos jurídicos, mesmo que haja penhora anteriormente inscrita, restando ao credor desta o direito à participação no valor arrecadado segundo os ditames processuais. Nesse norte, tenho que somente é imprescindível a intimação dos credores "pignoratício, hipotecário, ou anticrético, ou usufrutuário, quando a penhora recair sobre bens gravados por penhor, hipoteca, anticrese ou usufruto" (art. 615, II, CPC) [atual art. 799, I], obrigação legal que foi devidamente observada tanto que, após a expedição da carta de arrematação com o competente registro, foram averbados os cancelamentos das duas hipotecas e arrestos incidentes sobre o imóvel (f. 07-08). Destarte, sopesando as averbações no registro imobiliário, presume-se que foram aplicadas ao caso as regras legais obrigatórias. Assim, à luz do art. 711 do Código de Processo Civil [atual art. 908[47]], verbis, "concorrendo vários credores, o dinheiro ser-lhes-á distribuído e entregue consoante a ordem das respectivas prelações; não havendo título legal à preferência, receberá em primeiro lugar o credor que promoveu a execução, cabendo aos demais concorrentes direito sobre a importância restante, observada a anterioridade de cada penhora." Portanto, a desatenção ao direito de preferência, notadamente em relação à primeira penhora, além de não macular a arrematação, como dito, por certo outorga ao respectivo credor o direito de reclamar seu crédito daquele que recebeu indevidamente, mas numa relação distinta. "Mutatis mutandis", merece transcrição o entendimento do Superior Tribunal de Justiça, verbis: "Deve prevalecer a primeira arrematação efetivada, mesmo que decorrente de ato constritivo que não o primeiro; o produto da arrematação é que há de ser distribuído com observância da anterioridade das penhoras, respeitadas as preferências fundadas no direito material (RF 320/156). A eventual desatenção a direito de preferência, resultante de ter-se penhorado em primeiro lugar, de nenhum modo afeta a regularidade da arrematação. Diz apenas com a distribuição do produto da alienação judicial" (STJ-3ª Turma, REsp. 42.878-5-MG, Rel. Min. Eduardo Ribeiro, j. 25.10.94, não conheceram, v.u., Dju 28.11.94, p. 32.615). Certamente, outras elucubrações sobre a extinção ou não da execução referente à primeira penhora não têm o condão de elidir o direito do apelante de retirar a constrição sobre o imóvel arrematado, mormente porque o bem não poderá ser alienado mais de uma vez, nesses processos, motivo pelo qual é inócua a referida constrição. No sistema jurídico brasileiro há o princípio segundo o qual o acessório sempre depende da existência do fator principal. Neste caso, a inscrição da penhora é garantia do direito de sequela que tem o credor/exequente sobre os bens do executado, enquanto propriedade do devedor. Portanto, alterada esta pelo Poder Judiciário, por óbvio a penhora sobre o imóvel passa a não gerar o seu principal efeito, que como dito, é o de buscá-lo para a satisfação do crédito exequendo. Ocorre, por conseguinte, a transferência da responsabilidade da dívida, caucionada pela penhora do imóvel, à quantia apurada pela arrematação, como bem decidido no seguinte julgado, "verbis", "mutatis mutandis": "Na arrematação em hasta pública, a sub-rogação de créditos tributários decorrentes de impostos, taxas e contribuições de melhoria, cujo fato gerador seja a propriedade, posse ou domínio útil do imóvel arrematado, ocorre sobre o respectivo preço, que por eles responde. Tais créditos tributários, até então assegurados pelo bem, passam a ser garantidos pelo preço da arrematação, recebendo o adquirente o imóvel desonerado dos ônus tributários devidos até a realização do praceamento. Se o preço alcançado na venda judicial não for suficiente para cobrir o débito fiscal, não fica o arrematante responsável pelo eventual saldo devedor" (RT 788/275). No caso vertente, outra conclusão não há sobre a presunção de legitimidade e validade da arrematação e, por óbvio sobre todos os atos precedentes. Assim, a carta de arrematação, além de documento público que representa a conclusão perfeita e acabada dos esforços judiciais para satisfação do procedimento aquisitivo, constitui título

---

[47] "Art. 908. Havendo pluralidade de credores ou exequentes, o dinheiro lhes será distribuído e entregue consoante a ordem das respectivas preferências.

§ 1º No caso de adjudicação ou alienação, os créditos que recaem sobre o bem, inclusive os de natureza *propter rem*, sub-rogam-se sobre o respectivo preço, observada a ordem de preferência.

§ 2º Não havendo título legal à preferência, o dinheiro será distribuído entre os concorrentes, observando-se a anterioridade de cada penhora".

formal da aquisição que se perfez com a transcrição no registro do imóvel. Dessa forma, a aquisição de bem praceado, mesmo sendo objeto de constrição anterior em outro processo de execução, autoriza o cancelamento da inscrição da penhora, em respeito ao Poder Judiciário que convalidou o ato, dando-o como válido e regular. Com a transmissão da propriedade ao arrematante, ao contrário do entendimento do MM. Juiz de primeiro grau, por certo ao apelante assiste o direito de desembaraçar o bem, cediço que ao arrematante não pode ser oposta matéria afeta às relações entre exequente e executado. Nessa linha de raciocínio, é o seguinte julgado, ipsis litteris: "o registro da penhora feita em uma execução não impede a realização da praça do mesmo imóvel em outra execução, promovida por diferente credor; nesse caso, realizada a praça e expedida a carta de arrematação, nada obsta ao cancelamento do registro da penhora feita em outra execução, a fim de que se proceda ao registro de arrematação (RT 657/113)".

1.5.6. Posse do imóvel adquirido

A questão que envolve a posse do imóvel adquirido em hasta pública será tratada em dois momentos distintos, tendo em vista a qualidade do possuidor.

Neste sentido, se o imóvel estiver ocupado pelo próprio executado, basta um simples pedido, por petição, dirigida ao juiz da execução que culminou com a venda judicial do imóvel, prescindindo de qualquer outra providência.

Caso o imóvel esteja ocupado por terceiros, mister se faz diferenciar se a ocupação se dá a título de locação. Neste caso, será necessária a denúncia, nos termos do art. 8º da Lei 8.245/1991, em razão do que remetemos o leitor para o Capítulo III do Livro VII, no item 3.25.4, no qual trataremos do assunto.

Caso não seja locação e tampouco posse exercida pelo próprio executado, será o caso de ação de imissão na posse que será tratada no Livro II, Capítulo IX, item 9.5.

1.5.7. Evicção

Por fim, ainda que a aquisição seja originária e seja aperfeiçoada em hasta pública, incide o disposto no art. 447 do Código Civil, que assim enfrenta a questão: *Nos contratos onerosos, o alienante responde pela evicção. Subsiste esta garantia ainda que a aquisição se tenha realizado em hasta pública.*

O STJ, no Recurso Especial 1.577.229/MG (2016/0005234-0), cuja relatora foi a Ministra Nancy Andrighi, entendeu que o pedido do evicto tem natureza jurídica de reparação, o que atrai a aplicação do art. 206, § 3º, V, do Código Civil, de tal sorte que a prescrição da pretensão ocorre no prazo de três anos.

Posta assim a questão, o seguinte exemplo, no qual a aquisição em hasta pública sucedeu ação pauliana ou revocatória em razão de anterior alienação em fraude contra credores. Em outras palavras, o imóvel fora, em alienação anterior, vendido em prejuízo de credor que propôs ação pauliana antes da venda em hasta pública. Nesse caso, foi reconhecida a evicção do adquirente em hasta pública, o que se fez nos seguintes termos:

Tribunal de Justiça de São Paulo. *Embargos de terceiros. Aquisição de patrimônio imobiliário em hasta pública. Bens incluídos em anterior ação revocatória acolhida em definitiva decisão. Fraude reconhecida. Nulidade das transferências na forma ali declarada. Impossibilidade – Validação posterior das demais transferências. Conhecimento anterior, pela embargante, dessas circunstâncias. Obtenção das informações mediante simples consulta em certidões. Questionamento de possível direito em evicção que não sustenta o acolhimento da pretensão. Impossibilidade, de outra parte, de discussão de fatores analisados e decididos anteriormente e alheios à participação da embargante. Interesse geral a sobrepor-se ao particular. Sentença reformada. Improcedência dos embargos com inversão total da sucumbência. Recurso provido (Apelação nº 9070001-13.2007.8.26.0000, Rel. Elcio Trujillo, São Paulo, 7ª Câmara de Direito Privado, j. 12.11.2008, Data de registro: 25.11.2008. Outros números: 5376024300).*

O relator justificou sua decisão de improcedência dos embargos do terceiro adquirente em hasta pública da seguinte forma: *Portanto, por ocasião do ato judicial de alienação, tinham as partes interessadas, ainda que em possibilidade de obtenção, a informação de que a matéria – a transferência anterior e em vício – pendia de análise em regular processo anulatório tendo, portanto, com a participação na licitação, assumido os riscos inerentes a eventual resultado definitivo da demanda... A circunstância de a aquisição, pela embargante, ter ocorrido em hasta pública, ao contrário do sustentado, não tem o condão de tornar nulo o reconhecimento judicial anterior que, repetindo, decretou, pela ocorrência de vício, a nulidade de todos os atos de transferência. Ademais, em face do disposto pelo artigo 457, do Código Civil, não pode o adquirente demandar pela evicção, se sabia que a coisa era alheia ou litigiosa.*

1.6. ÚNICO IMÓVEL DO VENDEDOR – BEM DE FAMÍLIA E IMPOSSIBILIDADE DE VENDA

Em razão da proteção conferida pela Lei 8.009/1990 ao imóvel residencial ocupado pela pessoa ou pela família, pode surgir a dúvida quanto à possibilidade de venda deste imóvel e, mais, o que nos interessa, se esta venda, se possível, será considerada em fraude contra credores ou à execução.

A resposta positiva se impõe de tal sorte que se trata de fraude à execução ou contra credores e, pior, o bem que retorna ao patrimônio do devedor, por força do reconhecimento da fraude, não goza mais da proteção da impenhorabilidade disposta na Lei 8.009/1990 e pode ser penhorado, ainda que se trate do único imóvel residencial do devedor, pois seu ato é considerado atentatório à boa-fé que deve emanar de todo negócio jurídico (STJ, AgRg no REsp 1.085.381/SP, 6ª Turma, Rel. Ministro Paulo Gallotti, 10.03.2009).

Neste sentido, os seguintes julgados:

Superior Tribunal de Justiça. *Processual Civil. Lei 8.009/1990. Exceção de impenhorabilidade. Improcedência. Bem que retornou ao patrimônio dos devedores por força de ação pauliana. Possibilidade de penhora. Precedente. Recurso provido. Tendo o bem penhorado retornado ao patrimônio do devedor após acolhimento de ação pauliana, é de se excluir a aplicação da Lei 8.009, porque seria prestigiar a má-fé do devedor. Segundo a conhecida lição de Clóvis, "não é ao lado do que anda de má-fé que se deve colocar o direito; sua função é proteger a atividade humana orientada pela moral ou, pelo menos, a ela não oposta" (REsp 123.495/MG, 4ª T., Rel. Min. Sálvio de Figueiredo Teixeira, 23.09.1998).*

Tribunal de Justiça de São Paulo. *Ementa: Execução de título judicial. Ação de indenização julgada procedente. Venda de imóvel pelo réu no curso do feito. Decisão de primeiro grau que reconhece a fraude à execução e declara ineficaz a venda. Inexistência de trânsito em julgado da decisão condenatória quando da alienação do bem. Irrelevância. Suficiência do conhecimento, pelo devedor, da demanda capaz de reduzi-lo à insolvência. Alegação de que o imóvel vendido seria considerado bem de família caso ainda estivesse sob o domínio do executado. Retorno do bem ao patrimônio do devedor sem a proteção da impenhorabilidade prevista na Lei 8.009/1990, sob pena de se dar prestígio à má-fé do executado. Prova da solvência do devedor. Ônus a ele pertencente. Fraude caracterizada. Art. 593, inciso II, do Código de Processo Civil [atual art. 792, IV]. Decisão mantida. Agravo desprovido com recomendação (0124855-37.2012.8.26.0000 – Rel. Carlos Henrique Miguel Trevisan – Comarca: Tietê – 4ª Câmara de Direito Privado – j. 30.08.2012 – Data de registro: 03.09.2012 – Outros números: 1248553720128260000).*

Em sentido contrário, sustentando que não há fraude, posto que de qualquer maneira o bem não poderia servir aos credores, os seguintes arestos:

Superior Tribunal de Justiça. *Processual civil. Bem de família. Impenhorabilidade. Decisão irrecorrida. Preclusão. Fraude à execução. Impossibilidade. Irrelevância do bem para a execução. (...) 2. Não há fraude à execução na alienação de bem impenhorável nos termos da Lei n.º 8.009/1990, tendo em vista que o bem de família jamais será expropriado para satisfazer a execução, não tendo o exequente nenhum interesse jurídico em ter a venda considerada ineficaz. 3. "O reconhecimento da fraude à execução depende do registro da* *penhora do bem alienado ou da prova de má-fé do terceiro adquirente". Súmula n° 375/STJ. 4. Recurso especial não conhecido (REsp 976.566/RS, Rel. Ministro Luis Felipe Salomão, 4ª Turma, j. 20.04.2010, DJe 04.05.2010).*

Superior Tribunal de Justiça. *Tributário. Agravo regimental no agravo em recurso especial. Execução fiscal. Preliminar de deserção afastada pelo acórdão recorrido. Reexame. Súmula 7 do STJ. Bem de família. Impenhorabilidade. Proteção à moradia conferida pela CF e pela Lei 8.009/1990. Alienação de bem de família. Não ocorrência de fraude à execução. Precedentes do STJ. Incidência da Súmula 83 desta Corte. (...) Em se tratando de único bem de família, o imóvel familiar é revestido de impenhorabilidade absoluta, consoante a Lei 8.009/1990, tendo em vista a proteção à moradia conferida pela CF; segundo a jurisprudência desta Corte, não há fraude à execução na alienação de bem impenhorável, tendo em vista que o bem de família jamais será expropriado para satisfazer a execução, não tendo o exequente qualquer interesse jurídico em ter a venda considerada ineficaz. Incidência da Súmula 83 desta Corte. 3. A inversão do julgado a fim de reverter as conclusões do acórdão recorrido de que não se trata de bem impenhorável, por não ser bem de família implicaria, necessariamente, o reexame do acervo probatório dos autos, o que é defeso nesta Corte, a teor da Súmula 07/STJ. 4. Agravo regimental da Fazenda Nacional desprovido (AgRg no AREsp 255.799/RS, Rel. Min. Napoleão Nunes Maia Filho, 1ª Turma, j. 17.09.2013, DJe 27.09.2013).*

A tese da possibilidade de venda do imóvel qualificado como bem de família, em razão de posições conflitantes no STJ, é arriscada e, se adotada, pode justificar inclusive a venda do único imóvel residencial dos sócios, mesmo que titulado por pessoa jurídica:[48]

Recurso especial. Bem de família. Impenhorabilidade. Caução. Art. 3°, VII, da Lei 8.009/1990. Inaplicabilidade. Imóvel. Sociedade empresária. Proprietária. Moradia. Sócio. Extensão. Constrição judicial. Impossibilidade. (...). 2. Cinge-se a controvérsia a definir se o imóvel dado em caução em contrato de locação comercial, que pertence a determinada sociedade empresária e é utilizado como moradia por um dos sócios, recebe a proteção da impenhorabilidade de bem de família. 3. A caução oferecida em contrato de locação comercial não tem o condão de afastar a garantia da impenhorabilidade do bem de família. Precedentes. 4. Em caso de caução, a proteção se estende ao imóvel registrado em nome da sociedade empresária quando utilizado para moradia de sócio e de sua família. 5. Recurso especial provido. (REsp n. 1.935.563/SP, Rel. Min. Ricardo Villas Bôas Cueva, Terceira Turma, j. 03.05.2022, DJe 11.05.2022).

Processual Civil. Civil. Recurso Especial. Dissídio jurisprudencial. Comprovação. Bem de família. Impenhorabilidade. Imóvel de propriedade de sociedade comercial familiar. Residência do casal. (...) É impenhorável a residência do casal, ainda que de propriedade de sociedade comercial, da qual os cônjuges são sócios exclusivos. – Recurso Especial provido na parte em que conhecido. (REsp 356.077/MG, Rel. Min. Nancy Andrighi, 3ª Turma, j. 30.08.2002, DJ 14.10.2002).

---

[48] O assunto demanda verificação caso a caso:

Agravo interno no agravo em recurso especial. Civil. Execução de título executivo extrajudicial. Penhora de imóvel utilizado para integralizar o capital social de sociedade limitada. Alegação de residência por um dos sócios, sendo sócia majoritária empresa holding com sede nas ilhas virgens britânicas. Princípios da autonomia patrimonial e da integridade do capital social. Art. 789 do CPC. Arts. 49-A, 1.024, 1055 e 1059 do Código Civil. Confusão patrimonial. Desconsideração positiva da personalidade jurídica para proteção de bem de família. Lei 8.009/1990. Inaplicabilidade no caso dos autos. 1. A autonomia patrimonial da sociedade, princípio basilar do direito societário, configura via de mão dupla, de modo a proteger, nos termos da legislação de regência, o patrimônio dos sócios e da própria pessoa jurídica (e seus eventuais credores). 2. 'A impenhorabilidade da Lei 8.009/1990, ainda que tenha como destinatários as pessoas físicas, merece ser aplicada a certas pessoas jurídicas, às firmas individuais, às pequenas empresas com conotação familiar, por exemplo, por haver identidade de patrimônios' (FACHIN, Luiz Edson. Estatuto Jurídico do Patrimônio Mínimo, Rio de Janeiro, Renovar, 2001, p. 154). 3. A desconsideração parcial da personalidade da empresa proprietária para a subtração do imóvel de moradia do sócio do patrimônio social apto a responder pelas obrigações sociais apenas deve ocorrer em situações particulares, quando evidenciada confusão entre o patrimônio da empresa familiar e o patrimônio pessoal dos sócios. 4. Impõe-se também a demonstração da boa-fé do sócio morador, que se infere de circunstâncias a serem aferidas caso a caso, como ser o imóvel de residência habitual da família, desde antes do vencimento da dívida. 5. Hipótese em que inaplicável a proteção da Lei 8.009/1990 ao imóvel registrado em nome de pessoa jurídica, cujo capital social ultrapassa os três milhões de reais e pertence 99% a empresa constituída nas Ilhas Virgens, sendo a sócia moradora titular de apenas uma quota social. 6. Agravo interno a que se nega provimento (AgInt no AREsp n. 1.868.007/SP, Rel. Min. Raul Araújo, Rel. para acórdão Min. Maria Isabel Gallotti, 4ª Turma, j. 14.03.2023, DJe 30.03.2023).

Interessante consignar que o STJ já deferiu a penhora do único imóvel da família por reconhecer abuso de direito[49] na exata medida em que, vendidos todos os imóveis, o devedor permaneceu, apenas, com o imóvel em que reside e, por agir de má-fé na tentativa de não pagar suas dívidas, teve a penhora deste imóvel levada a efeito a par de ser o único:[50]

---

[49] Recomendamos a leitura do Capítulo 1 do Livro I (item 1.4.2), quanto ao conceito de abuso de direito.

[50] Quanto à ausência ou manutenção de proteção se o imóvel for de valor elevado:

Cumprimento de sentença – Penhora sobre imóvel – Arguição de impenhorabilidade sob a égide da Lei n. 8.009/1990 – Imóvel urbano que é a residência do devedor e da unidade familiar – Imóvel, no entanto, muito superior às necessidades essenciais e ao endividamento do devedor – Casa de alto padrão, com mais de 670,00 m² de área construída em terreno de mais de 1.460,00 m², avaliado em R$ 2,84 milhões – Impenhorabilidade da Lei do Bem de Família cujo fim social é garantir a moradia e não o conforto, o luxo e a suntuosidade ao devedor contumaz – Impenhorabilidade que recai sobre o que sobejar da venda do imóvel, a ser empregado na compra, a critério do executado, de outra moradia mais modesta – Recurso do devedor desprovido, com ressalva (TJSP, Agravo de Instrumento 2074064-83.2019.8.26.0000, Rel. Cerqueira Leite, 12ª Câmara de Direito Privado, Foro de Votuporanga, 3ª Vara Cível, j. 20.02.2020, data de registro 21.02.2020).

Bem de família – Imóvel – Os imóveis residenciais de alto padrão ou de luxo não estão excluídos, em razão do seu valor econômico, da proteção conferida aos bens de família consoante os ditames da Lei 8.009/1990 – Precedentes do E. STJ – Penhora levantada – Recurso provido (TJSP, Agravo de Instrumento 2014175-67.2020.8.26.0000, Rel. J. B. Franco de Godoi, 23ª Câmara de Direito Privado, Foro Central Cível, 4ª Vara Cível, j. 19.08.2020, data de registro 20.08.2020).

Agravo de instrumento – Julgamento presencial indeferido com determinação da realização do virtual, nos termos que esta Corte o tem incentivado como imperativo social e judicial em tempos de isolamento justificado pela COVID-19, o qual impõe esforços e sacrifícios a todos os atores do processo, de quem, ademais, cobra-se colaboração especialmente na concretização do princípio da razoável duração do processo. Agravo de instrumento – Cumprimento definitivo da sentença arbitral que reconhece a exigibilidade de obrigação de pagar quantia certa – Decisão recorrida que acolheu a impugnação apresentada pelo executado e, em razão do reconhecimento da natureza de bem de família, revogou a penhora incidente sobre o imóvel – Pretensão de mitigação da proteção conferida pela Lei 8.009/1990 – Impossibilidade – Imóvel do devedor que, embora tenha aspecto de bem de alto padrão, não perde o caráter impenhorável, sobretudo diante do valor da dívida – Ainda que o objetivo da lei protetiva do bem de família seja garantir a dignidade humana e o direito à moradia e não o luxo e o conforto do devedor contumaz, a dívida perseguida é quase 10 vezes maior do que o valor do imóvel, de modo que, eventual alienação do bem não permitiria, no caso concreto, que o devedor adquirisse nova moradia mais modesta, já que ausente saldo remanescente – Precedentes do STJ – Decisão recorrida mantida – Recurso desprovido (TJSP, Agravo de Instrumento 2143793-65.2020.8.26.0000, Rel. Maurício Pessoa, 2ª Câmara Reservada de Direito Empresarial, Foro Central Cível, 2ª Vara Empresarial e Conflitos de Arbitragem, j. 27.07.2020, data de registro 27.07.2020).

Agravo de instrumento – penhora – bem de família – Pretensão de reforma da r. decisão que determinou a penhora de imóvel – Cabimento – Hipótese em que ficou comprovado que o imóvel penhorado, embora configure bem de luxo, constitui bem de família – Proteção ao bem de família que não possui limitação quanto ao padrão da residência – Precedentes do STJ – Impenhorabilidade que deve ser reconhecida – Alegação de bem de família que é matéria de ordem pública e pode ser alegada em qualquer grau de jurisdição – Suficiência dos elementos de prova constantes dos autos do processo para caracterizar o imóvel como bem de família – Pretensão da devedora de alienar o bem que não enseja, automaticamente, fraude ou afastamento da proteção legal – Inocorrência da suposta indefinição do bem – Recurso Provido (TJSP, Agravo de Instrumento 2051239-14.2020.8.26.0000, Rel. Ana de Lourdes Coutinho Silva da Fonseca, 13ª Câmara de Direito Privado, Foro de Guarujá, 4ª Vara Cível, j. 01.06.2020, data de registro 01.06.2020).

Execução – Penhora – Incidência sobre bem de família – Lei 8.009/1990 que não faz distinção entre os imóveis, sendo irrelevante o fato de que ele esteja situado em bairro de luxo – Necessidade, para a caracterização da impenhorabilidade do imóvel, é que o devedor nele resida – Incontroverso que o agravante reside no imóvel objeto de penhora – Circunstância de o agravante possuir outros imóveis que, por si só, não é suficiente para autorizar a penhora sobre aquele em que constituiu residência – Precedentes do STJ e do TJSP – Agravo provido (TJSP, Agravo de Instrumento 2266609-83.2019.8.26.0000, Rel. José Marcos Marrone, 23ª Câmara de Direito Privado, Foro de Barueri, 6ª Vara Cível, j. 23.01.2020, data de registro 23.01.2020).

Superior Tribunal de Justiça. Recurso especial. Cumprimento de sentença. Venda de bens em fraude à execução. Bem de família. Afastamento da proteção. Possibilidade. Fraude que indica abuso de direito. 1. Não há, em nosso sistema jurídico, norma que possa ser interpretada de modo apartado aos cânones da boa-fé. Ao alienar todos os seus bens, menos um, durante o curso de processo que poderia levá-lo à insolvência, o devedor não obrou apenas em fraude à execução: atuou também com fraude aos dispositivos da Lei 8.009/1990, uma vez que procura utilizar a proteção conferida pela Lei com a clara intenção de prejudicar credores. 2. Nessas hipóteses, é possível, com fundamento em abuso de direito, afastar a proteção conferida pela Lei 8.009/1990. 3. Recurso especial conhecido e não provido (REsp 1.299.580/RJ – Rel. Min. Nancy Andrighi – Terceira Turma – j. 20.03.2012 – DJe 25.10.2012).

1.7. MODELO DE CARTA REQUERENDO CERTIDÕES PARA O VENDEDOR E SUGESTÃO DE *CHECKLIST* DAS CERTIDÕES NECESSÁRIAS[51]

Local e data.

Ilmo.
Dr(a). (...)

Ref.: documentos necessários à análise da compra e venda – imóvel da Rua (...).

Conforme solicitação, estou relacionando os documentos necessários para análise e aprovação da aquisição do imóvel em epígrafe.

a) Com relação ao imóvel:

• Cópia autenticada do título aquisitivo: Escritura de Compra e Venda ou equivalente (escritura de cisão, partilha em inventário, separação etc.);

• Cópia atualizada da matrícula do imóvel;

• Certidão negativa de IPTU (Imposto Predial e Territorial Urbano);

• Declaração do síndico do prédio quanto à inexistência de débitos.

b) Referentes à pessoa do vendedor e dos sócios:

• Certidão dos distribuidores cíveis em geral (incluindo ações cíveis e de família, executivos fiscais estaduais e municipais);

• Certidão dos distribuidores cíveis – Pedidos de Falência, Concordatas, Recuperações Judiciais e Extrajudiciais;

• Certidão dos distribuidores criminais (estaduais e municipais);

• Certidão de execuções criminais – SAJ (estaduais e municipais);

• Certidão de execuções criminais – SIVEC (estaduais e municipais);

• Certidão Negativa de Débitos Tributários Não Inscritos emitida pela Secretaria da Fazenda do Governo do Estado de São Paulo (emitida pela Sefaz em caso de regularidade);

• Certidão Negativa de Débitos Tributários da Dívida Ativa do Estado de São Paulo (emitida pela PGE em caso de regularidade);

• Certidão Conjunta de Débitos de Tributos Mobiliários (Secretaria Municipal da Fazenda – São Paulo);

Agravo de instrumento. Indenizatória. Cumprimento de sentença. Execução de verbas sucumbenciais, no valor de R$ 6.549,58. Determinação de penhora do único apartamento da executada, destinada à moradia familiar. Bem de família. Mitigação da proteção da Lei 8.009/1990 por se tratar de imóvel de luxo, por aplicação da denominada Teoria do Estatuto Jurídico do Patrimônio Mínimo. Impossibilidade. Ausência de previsão legal autorizando a restrição à garantia legal em razão do valor do bem. Decisão reformada. Recurso provido (TJSP, Agravo de Instrumento 2106448-70.2017.8.26.0000, Rel. Silvia Maria Facchina Esposito Martinez, 10ª Câmara de Direito Privado, Foro de Santo André, 4ª Vara Cível, j. 04.06.2019, data de registro 24.06.2019).

[51] *Vide*, também, modelo de contrato de compromisso com a obrigatoriedade de entrega das certidões.

- Certidão de distribuição de ações e execuções cíveis, fiscais, criminais e dos Juizados Especiais expedidas pela Justiça Federal de primeiro grau e Tribunal Regional Federal;
- Certidão negativa dos cartórios de protesto, período de 05 (cinco) anos;
- Certidão de Ação Trabalhista em tramitação;
- Certidão negativa de débitos trabalhistas – CNDT (emitida pelo Tribunal Superior do Trabalho);
- Certidão Conjunta Negativa de Débitos Relativos a Tributos Federais e à Dívida Ativa da União expedida pela PGFN e RFB (emitida em caso de regularidade);
- Pesquisa de titularidade de empresas na Jucesp;
- Pesquisa da titularidade de empresas – Cartórios (CDT);
- Certidão de Breve Relato (pessoa jurídica);
- Cartão CNPJ (pessoa jurídica);
- Certidão FGTS – CRF (pessoa jurídica).

Qualquer dúvida com relação aos documentos solicitados, bem como a necessidade dos mesmos, encontro-me a sua inteira disposição no telefone (...).

Atenciosamente,
Advogado

Checklist

Imóvel:
Matrícula:
Proprietário(s):

Certidões do Imóvel		
	Data	Observações
1. Matrícula		
2. Certidão de dados cadastrais		
3. Certidão de tributos mobiliários emitidos pela Prefeitura Municipal de São Paulo (emitida pela PMSP em caso de regularidade)		
4. Certidão de Recolhimento da TRSD/TRSS (2003/2004/2005)		

Certidões do vendedor (pessoa física)		
	Data	Observações
1. Certidão dos distribuidores cíveis em geral (incluindo ações cíveis e de família, executivos fiscais estaduais e municipais)		
2. Certidão dos distribuidores criminais (estaduais e municipais)		
3. Certidão dos distribuidores cíveis – Pedidos de Falência, Concordatas, Recuperações Judiciais e Extrajudiciais		
4. Certidão de execuções criminais – SAJ (estaduais e municipais)		
5. Certidão de execuções criminais – Sivec (estaduais e municipais)		

Certidões do vendedor (pessoa física)		
	Data	**Observações**
6. Certidão Negativa de Débitos Tributários Não Inscritos emitida pela Secretaria da Fazenda do Governo do Estado de São Paulo (emitida pela Sefaz em caso de regularidade)		
7. Certidão negativa de débitos tributários da Dívida Ativa do Estado de São Paulo (emitida pela PGE em caso de regularidade)		
8. Certidão Conjunta de Débitos de Tributos Mobiliários (Secretaria Municipal da Fazenda – São Paulo)		
9. Certidão de distribuição de ações cíveis, fiscais e criminais expedidas pela Justiça Federal de primeiro grau e Tribunal Regional Federal		
10. Certidão negativa dos cartórios de protesto, período de 05 (cinco) anos		
11. Certidão de Ação Trabalhista em tramitação		
12. Certidão negativa de débitos trabalhistas – CNDT (emitida pelo Tribunal Superior do Trabalho)		
13. Certidão Conjunta Negativa de Débitos Relativos a Tributos Federais e à Dívida Ativa da União expedida pela PGFN e RFB (emitida em caso de regularidade)		
14. Pesquisa de titularidade de empresas na Jucesp		
15. Pesquisa da titularidade de empresas – Cartórios (CDT)		
16. Certidão de nascimento ou casamento		

Certidões – pessoa jurídica		
	Data	**Observações**
1. Certidão dos distribuidores cíveis em geral (incluindo ações cíveis e de família, executivos fiscais estaduais e municipais);		
2. Certidão dos distribuidores cíveis – Pedidos de Falência, Concordatas, Recuperações Judiciais e Extrajudiciais		
3. Certidão dos distribuidores criminais (estaduais e municipais)		
4. Certidão de execuções criminais – SAJ (estaduais e municipais)		
5. Certidão de execuções criminais – Sivec (estaduais e municipais)		
6. Certidão Negativa de Débitos Tributários Não Inscritos emitida pela Secretaria da Fazenda do Governo do Estado de São Paulo (emitida pela Sefaz em caso de regularidade)		
7. Certidão Negativa de Débitos Tributários da Dívida Ativa do Estado de São Paulo (emitida pela PGE em caso de regularidade)		
8. Certidão Conjunta de Débitos de Tributos Mobiliários (Secretaria Municipal da Fazenda – São Paulo)		

Certidões – pessoa jurídica		
	Data	**Observações**
9. Certidão de distribuição de ações e execuções cíveis, fiscais, criminais e dos Juizados Especiais expedidas pela Justiça Federal de primeiro grau e Tribunal Regional Federal		
10. Certidão negativa dos cartórios de protesto, período de 05 (cinco) anos		
11. Certidão de Ação Trabalhista em tramitação		
12. Certidão negativa de débitos trabalhistas – CNDT (emitida pelo Tribunal Superior do Trabalho)		
13. Certidão Conjunta Negativa de Débitos Relativos a Tributos Federais e à Dívida Ativa da União expedida pela PGFN e RFB (emitida em caso de regularidade).		
14. Pesquisa de titularidade de empresas na Jucesp		
15. Pesquisa da titularidade de empresas – Cartórios (CDT)		
16. Certidão de Breve Relato		
17. Cartão CNPJ		
18. Certidão FGTS – CRF		

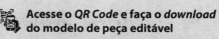

**Acesse o *QR Code* e faça o *download*
do modelo de peça editável**

> http://uqr.to/1ye08

Capítulo 2

FRAUDE CONTRA CREDORES E AÇÃO PAULIANA (OU AÇÃO REVOCATÓRIA)

2.1. PRINCIPAIS ASPECTOS

a) **Foro competente:** foro do domicílio do réu (art. 46 do Código de Processo Civil);

b) **Legitimidade ativa:** credores quirografários prejudicados pelo ato do devedor;

c) **Legitimidade passiva:** todos que participaram do ato fraudulento – alienantes e adquirentes;

d) **Valor da causa:** valor do objeto do ato fraudulento;

e) **Petição inicial:** deverá respeitar os requisitos do art. 319 do Código de Processo Civil;

f) **Procedimento:** comum.

2.2. FUNDAMENTO

O fundamento da ação pauliana é a fraude, o intuito do devedor insolvente de prejudicar seus credores, dispondo maliciosamente de seus bens, que, como se sabe, constituem a garantia geral dos seus credores (Código de Processo Civil, art. 789; Código Civil, arts. 158, 159, 160, 162, 163 e 391).

De acordo com o art. 391, do Código Civil:

> *Art. 391. Pelo inadimplemento das obrigações respondem todos os bens do devedor.*

Esses bens constituem o patrimônio, que nada mais é que o conjunto, a universalidade de bens e dívidas de uma pessoa, podendo ser positivo ou negativo. Sendo negativo, a pessoa não pode alienar seus bens, vez que está insolvente e comete fraude contra credores.

Podemos completar dizendo que responde com todos os bens, exceto os impenhoráveis, como aqueles subsumidos à lei do bem de família (Lei 8.009/1990) que comporta exceções que admitem a penhora no seu art. 3°, a exemplo do imóvel residencial do fiador de contrato de locação (Súmula 549 do STJ) ou, exemplificativamente, pelo art. 833 do Código de Processo Civil.

Por outras palavras, os bens penhoráveis de uma pessoa são a garantia dos credores quanto ao recebimento dos créditos, ainda que o devedor não os tenha hipotecado ou empenhado, por exemplo.

Normalmente uma pessoa só consegue obter crédito, consequentemente assumindo débito, se tiver bens que respondam, isto é, se for solvente.

Como regra geral, o credor concede o crédito baseado na existência de bens do devedor.

No caso de inadimplemento da obrigação, os bens do devedor serão penhorados e levados à praça (bens imóveis) ou a leilão (bens móveis).

Com o produto da arrematação, esse credor receberá o seu crédito.

De fato, o credor concede crédito com fundamento na existência concreta e real de bens do devedor.

Se o devedor, depois de assumir obrigações, vende, doa ou grava com hipoteca os seus bens, sem reservar bens suficientes para cobrir o total de suas dívidas, fica insolvente e não tem como responder por suas dívidas no caso de ação judicial.

Isso não significa, por evidente, que qualquer devedor esteja impossibilitado de vender, doar seus bens ou de hipotecar seus imóveis.

É muito comum que as pessoas tenham dívidas e, ao mesmo tempo, patrimônio.

O que o direito impede é a insolvência. Enquanto o devedor tiver bens suficientes para garantir suas dívidas, é ampla a sua liberdade para dispor desses bens.

Ensina Silvio Rodrigues:

> *Note-se, porém, que a fraude contra credores só se caracteriza quando for insolvente o devedor, ou se tratar de pessoa que, através de atos malsinados, venha a se tornar insolvente, porque, enquanto solvente o devedor, ampla é a sua liberdade de dispor de seus bens, pois a prerrogativa de aliená-los é elementar do direito de propriedade. Entretanto, se ao transferi-los a terceiros já se encontrava insolvente o devedor, permite a lei torne-se sem efeito tal alienação, quer pela prova do "consilium fraudis", quer pela presunção legal do intuito fraudulento. Aqui o direito de livre disposição do devedor esbarra na barreira representada pelo interesse dos credores, e só não é por ela vencida quando houver que respeitar interesse de terceiro de boa-fé. Se tivermos em conta que o patrimônio do devedor responde por suas dívidas, se considerarmos que o patrimônio de um indivíduo se compõe de ativo e passivo, e se imaginarmos que o devedor insolvente é aquele cujo passivo supera o ativo, podemos concluir que, ao afastar bens de seu patrimônio, o devedor insolvente, de um certo modo, está dispondo de valores que não mais lhe pertencem, pois tais valores encontram-se vinculados ao resgate de seus débitos.*[1]

2.3. ELEMENTOS DA FRAUDE CONTRA CREDORES

a) *Eventus damni*

Trata-se do elemento objetivo da fraude.

É o dano efetivo, causado ao credor por ato do devedor que aliena ou grava seus bens tornando-se insolvente.

Se não houver dano aos credores, não há falar-se em fraude.

Isso significa que, se os bens que restarem forem suficientes para pagar as dívidas, a alienação não pode ser impugnada.

b) *Consilium fraudis*

Constitui o elemento subjetivo da fraude. É a má-fé, o conluio com o objetivo de prejudicar os credores.

---

[1] Silvio Rodrigues, "Ação pauliana ou revocatória", *Enciclopédia Saraiva do Direito*, São Paulo: Saraiva, vol. 3, p. 286.

c) *Anterioridade do crédito*

Evidentemente que o credor deve ter crédito anterior à alienação, ou seja, a dívida daquele que aliena ou grava o bem deve ser anterior a essa alienação.

Se alguém assume uma dívida depois de vender ou alienar o seu bem, por evidente que não haverá fraude, o que se afirma na medida em que aquele bem não garantia mais as obrigações do devedor.

2.4. O *CONSILIUM FRAUDIS* – A NOTORIEDADE E A PRESUNÇÃO DA INSOLVÊNCIA

O *consilium fraudis* é caracterizado pela má-fé que, subjetivamente, significa o conhecimento da circunstância de a venda ou gravame prejudicar os credores por tornar o devedor insolvente.

Todavia, saber se o negócio jurídico, que está sendo praticado, prejudicará os credores é tarefa nem sempre fácil.

Normalmente são exigidas certidões pessoais do vendedor extraídas na comarca do local do imóvel a ser adquirido e no local do domicílio do vendedor.

Ocorre que o vendedor pode dever em outra comarca, sendo impossível avaliar essa dívida no momento da aquisição do imóvel.

Em suma, é muito difícil saber quanto o vendedor realmente deve.

Portanto, deve-se perquirir a insolvência através de sua notoriedade ou de sua presunção.

A notoriedade da insolvência se dá na exata medida em que as certidões pessoais do vendedor, como, por exemplo, de protesto, indicam obrigações descumpridas.

Por outro lado, há presunção de insolvência na medida em que exista motivo plausível para que o estado de insolvência, ou seja, o fato de o vendedor dever mais do que possui, seja conhecido pelo adquirente do bem (Código Civil, art. 159).

É o caso, por exemplo, daquele que, na qualidade de parente ou amigo, adquire bens do devedor insolvente.

> **Tribunal de Justiça do Paraná.** *Ação pauliana – contratos de mútuo celebrados com terceiro – títulos com aval do apelante varão – alienação de bem imóvel a terceira apelante – fraude contra credores. Se o apelante varão era avalista do apelado, garantindo, assim, dívida contraída por terceiro, em função de vários contratos de mútuo, evidente que não lhe era lícito dispor de bem imóvel de valor suficiente para cobrir tais débitos. Alienando dito imóvel a parente próximo, fê-lo em fraude contra credores, sabido que esta, no escólio de Caio Mario da Silva Pereira (Instituições de direito civil, 3ª ed., 2ª tiragem, Forense, vol. I, p. 465) é a manobra engendrada com o fito de prejudicar terceiro, e tanto se insere no ato unilateral (caso em que macula o negócio ainda que dela não participe outra pessoa), como se imiscui no ato bilateral (caso em que a maquinação é concertada entre as partes). Por outro lado, compondo-se de dois elementos, o eventus damni e o consilium fraudis, que restaram comprovados, urgia a procedência da ação revocatória ou pauliana. Recurso desprovido. Ag. nº 124.080-6-PR. Decisão: unânime (Apelação Cível nº 4.573, Rel. Des. Renato Pedroso, Curitiba, 16ª Vara Cível, 3ª Câmara Cível, 27.05.1987).*

Um dos indícios mais veementes da fraude é a venda por preço abaixo do valor de mercado.

É fácil de se imaginar que o devedor fraudulento queira deixar de pagar esvaziando seu patrimônio com a venda fictícia a amigos ou parentes.

Logo, por evidente, ainda que o negócio seja honesto, não convém receber a escritura de venda pelo valor venal do imóvel posto que, além de simulação que macula o negócio, essa atitude pode originar suspeita de fraude.

2.5. AS HIPÓTESES DE FRAUDE E A BOA-FÉ

Imaginemos, inicialmente, que a insolvência não é notória na medida em que as certidões pessoais do vendedor nada apontaram.

É preciso lembrar que o art. 54, § 2º, da Lei 13.097/2015, com a redação dada pela Lei 14.382/2022, estabelece presunção relativa de boa-fé, mesmo sem apresentação das certidões.

Ou seja, não havendo registro de qualquer gravame na matrícula, ao credor incumbe a prova de que o adquirente agiu de má-fé.

E essa prova pode consistir em:

i) demonstração testemunhal de conhecimento, pelo adquirente, de ações, protestos e dívidas;

ii) venda a preço vil;

iii) venda a parentes;

iv) venda a sociedades de parentes ou em que o alienante tenha interesse ou participação;

v) continuação do vendedor na posse.

Por outro lado, não há motivos para que a insolvência seja conhecida do adquirente do imóvel, vez que, por exemplo, o vendedor deve em outra comarca, diferente daquela onde tem seu domicílio ou onde o imóvel se localiza.

Sendo assim, resta evidente que o adquirente está de boa-fé, ou seja, agiu com o cuidado exigível de quem adquire um imóvel (boa-fé objetiva) e não possuía meios para desconfiar que estava prejudicando um devedor (boa-fé subjetiva).

Entretanto, mister se faz diferenciar as hipóteses constantes do Código Civil ante a possibilidade de a boa-fé afastar a fraude.

É que nem sempre a boa-fé é suficiente.

Vejamos:

Primeira hipótese (transmissão gratuita de bens):

Art. 158. Os negócios de transmissão gratuita de bens ou remissão de dívida, se os praticar o devedor já insolvente, ou por eles reduzido à insolvência, ainda quando o ignore, poderão ser anulados pelos credores quirografários, como lesivos dos seus direitos.

Portanto, no caso de transmissão gratuita de bens, há presunção de fraude, invertendo-se o ônus da prova, devendo o réu provar que não prejudicou terceiros, sendo suficiente o *eventus damni* (a insolvência).

Entre o direito daquele *qui certat de lucro captando* (só terá lucro, em razão da doação, por exemplo) e o direito daquele *qui certat de damno vitando* (está tentando evitar prejuízo, como é o caso do credor que viu o devedor doar o bem que garantia a obrigação), a lei prefere este último.

Segunda hipótese (transmissão onerosa de bens):

Art. 159. Serão igualmente anuláveis os contratos onerosos do devedor insolvente, quando a insolvência for notória, ou houver motivo para ser conhecida do outro contratante.

No caso de *transmissão onerosa de bens*, mister se faz os três elementos (anterioridade do crédito, *scientia fraudis* e *eventus damni*).

Sendo assim, se faltar a *scientia fraudis* ou *concilium fraudis*, estará presente a boa-fé do adquirente.

Não havendo registro de penhora, citação ou arresto, presume-se a boa-fé do adquirente e o credor deverá provar que o adquirente agiu de má-fé (Súmula 375/STJ).

Nesse sentido:

Tribunal de Justiça de São Paulo. *Embargos de terceiro. Imóvel constrito objeto de anterior permuta. Ausência de penhora registrada ou de prova de má-fé do adquirente. Súmula 375 do STJ. Cadeia sucessiva de vendas. Má-fé do adquirente que não pode ser presumida, vez que o bem não foi permutado com o executado, e sim de quem dele comprou, numa cadeia sucessiva de vendas do bem. Presunção de boa-fé do embargante. Sentença mantida. Recurso improvido. Na linha do entendimento da Corte Superior, a declaração de fraude à execução da alienação depende da existência de penhora registrada no álbum imobiliário ou prova de má-fé do adquirente (Súmula 375 do STJ), sendo insuficiente a mera propositura de demanda capaz de reduzir o devedor-alienante à insolvência. Entendimento pacificado no STJ que agregou ao referido instituto o requisito de "consilium fraudis", reforçando a necessidade de prova de má-fé do terceiro adquirente. Inexistindo penhora registrada anteriormente à permuta do imóvel, e tampouco prova de que o adquirente (terceiro embargante) tivesse ciência, no ato da negociação, da insolvência do alienante que antecedeu à cadeia de transmissões, é de se presumir a boa-fé do terceiro (adquirente), ficando a cargo do credor o ônus de provar o contrário, vale dizer, a má-fé (Apelação 0005372-77.2012.8.26.0011, Rel. Clóvis Castelo, 35ª Câmara de Direito Privado, j. 12.05.2014).*

Nessa hipótese, ainda que o crédito seja anterior e que a venda tenha tornado o devedor insolvente, não será anulada por fraude.

É o caso, por exemplo, de se adquirir imóvel de pessoa que não tenha qualquer dívida na comarca onde reside e na comarca do imóvel, sendo impossível ao comprador diligente, que solicitou as certidões pessoais, conhecer a dívida cuja penhora não tenha sido registrada junto à matrícula do imóvel (Código de Processo Civil, art. 844).

Recomenda-se, nessa medida, a leitura do item 1.4 do capítulo anterior.

Terceira hipótese (pagamento de dívida não vencida):

Art. 162. O credor quirografário, que receber do devedor insolvente o pagamento da dívida ainda não vencida, ficará obrigado a repor, em proveito do acervo sobre que se tenha de efetuar o concurso de credores, aquilo que recebeu.

No caso de o devedor quitar uma das diversas obrigações que tem com diversos credores quirografários, bastará para a fraude o *eventus damni*, além, é óbvio, da anterioridade do crédito do credor prejudicado.

O credor quirografário é aquele que não dispõe de garantias reais do seu crédito, por exemplo, uma hipoteca, que é a garantia que se estabelece através de um bem imóvel através de escritura pública e registro.

O pagamento pode se dar através da dação, meio indireto de pagamento que consiste na entrega de um bem no lugar do objeto original da obrigação.

Assim, se um devedor paga uma dívida em dinheiro através da entrega de um imóvel sem deixar bens suficientes para os demais credores e a dívida ainda não se venceu, a fraude independe da boa-fé de quem recebeu o imóvel.

Quarta hipótese (garantias concedidas pelo insolvente):

Art. 163. Presumem-se fraudatórias dos direitos dos outros credores as garantias de dívidas que o devedor insolvente tiver dado a algum credor.

Igualmente, quando o insolvente concede garantias de dívidas prestigiando um dos credores através de hipoteca, por exemplo, bastará a demonstração do *eventus damni* e a anterioridade do crédito do credor prejudicado.

2.6. AS PROVAS A PRODUZIR

Em qualquer caso, na ação pauliana deverá estar configurada a insolvência do devedor e o *eventus damni*.

O ônus da prova da solvabilidade é do devedor vendedor e do adquirente do bem:

> **Superior Tribunal de Justiça**. *Processual civil. Fraude de execução. Insolvência. Ônus da prova. Na fraude da execução não é do credor o ônus da prova do fato negativo da insolvência em face da alienação de bens após o ajuizamento da demanda. O encargo da prova de solvabilidade é do demandado. Rel. Ministro Cláudio Santos. Fonte: DJ 28.06.1993, p. 12.886. Yussef Said Cahali, Doutrina: Fraudes contra credores, pp. 533-534. Moacyr Amaral Santos, Prova judiciária no cível e comercial, vol. I, pp. 99-105 (Recurso Especial nº 13.988/ES (9100175471), decisão: por maioria, não conhecer do recurso especial, data da decisão: 04.05.1993, 3ª Turma).*

Todavia, os outros elementos devem ser provados pelo credor prejudicado.

Nas alienações a título oneroso é preciso estar presente, ainda, a má-fé, ou seja, o *consilium fraudis*, cuja prova é do autor da ação pauliana.

> **Tribunal de Justiça de São Paulo**. *Ação pauliana. Escritura de compra e venda. Anulação pretendida. Inadmissibilidade. Ausência de prova do consilium fraudis. Alienação anterior ao processo de execução. Adquirente que fez todas as investigações de praxe. Inexistência de ônus impeditivo para a compra do imóvel. Verba honorária reduzida. Recurso parcialmente provido para esse fim. Estando o comprador com boa-fé o ato não pode ser anulado, ainda mais quando o autor da ação não faz prova da má-fé (Rel. Mattos Faria, Apel. Cív. nº 214.367-1, Mogi das Cruzes, 09.08.1994).*

Já nas alienações a título gratuito não é necessária a má-fé, vez que o *consilium fraudis* é elemento irrelevante, como já vimos.

Demais disso é imprescindível a anterioridade do crédito, isto é, a existência da dívida, mesmo não vencida, quando da alienação ou gravame.

2.7. OBJETO DA AÇÃO PAULIANA

A ação pauliana tem por objetivo anular os atos praticados em fraude. Sendo assim, o pedido de anulação servirá para desconstituir o negócio jurídico fraudulento.

Nesse sentido, o teor do art. 165 do atual Código Civil:

> Art. 165. Anulados os negócios fraudulentos, a vantagem resultante reverterá em proveito do acervo sobre que se tenha de efetuar o concurso de credores.

E esse acervo de bens corresponde ao patrimônio – a esta altura exaurido – do devedor.

Assim, configurada a fraude na alienação, o bem alienado retorna ao patrimônio do devedor, permitindo, assim, que o credor o penhore, em execução por quantia certa contra devedor agora solvente.

A corrente doutrinária majoritária entende que o objeto da ação pauliana é a anulação do ato fraudulento praticado pelo devedor.

Nesse caso, a ação será constitutiva negativa ou desconstitutiva, sujeita, assim, à decadência.

Outra corrente considera que o ato fraudulento vale e a ação pauliana apenas declara o ato fraudulento ineficaz em relação aos credores, como acontece na fraude à execução, podendo o bem ser executado normalmente, mesmo estando em nome do adquirente.

Neste caso, a ação será declaratória.

2.8. EXCLUDENTES DA FRAUDE

2.8.1. O art. 164 do Código Civil

> *Art. 164. Presumem-se de boa-fé e valem, os negócios ordinários indispensáveis à manutenção do estabelecimento mercantil, rural (agrícola) ou industrial, ou à subsistência do devedor e de sua família.*

Em razão dessa norma, conclui-se, através de um exemplo, que uma construtora pode vender os bens decorrentes do seu ativo circulante, os imóveis produzidos, ainda que insolvente, sem que isso signifique fraude contra credores.

A ideia que decorre do art. 164 do Código Civil é reforçada pelo teor do art. 55 da Lei 13.097/2015:

> *Art. 55. A alienação ou oneração de unidades autônomas integrantes de incorporação imobiliária, parcelamento do solo ou condomínio edilício, devidamente registrada, não poderá ser objeto de evicção ou de decretação de ineficácia, mas eventuais credores do alienante ficam sub-rogados no preço ou no eventual crédito imobiliário, sem prejuízo das perdas e danos imputáveis ao incorporador ou empreendedor, decorrentes de seu dolo ou culpa, bem como da aplicação das disposições constantes da Lei 8.078, de 11 de setembro de 1990.*

Os referidos dispositivos, a toda evidência, se aplicam às alienações levadas a efeito pelos loteadores, construtores e incorporadores.

Surge, então, a necessidade de se distinguir o ativo imobilizado de uma empresa, em geral os bens de seu uso, do seu ativo circulante, ao qual pertence o estoque.

A fraude contra credores ocorre com a venda, doação ou gravame dos bens do ativo fixo.

Por outro lado, os bens do ativo circulante admitem alienação na medida em que se destinam à manutenção do estabelecimento.

Portanto, essa norma é de suma importância no Direito Imobiliário no que diz respeito, às construtoras, incorporadoras e aos loteadores insolventes.

Em consonância com o acatado, as unidades imobiliárias em estoque podem ser alienadas ou gravadas, sem que se configure a fraude.

2.8.2. Aquisição de insolvente mediante depósito judicial

Já vimos que a aquisição de imóvel de pessoa insolvente pode representar a fraude contra credores.

Todavia, há uma forma de evitar a ação pauliana no caso de aquisição de pessoa notoriamente insolvente.

Essa forma é estabelecida pelos art. 160, do Código Civil. Para tanto, devem ser respeitados os seguintes requisitos:

a) O adquirente não pode ter pago o preço.

b) O preço deve ser o corrente, ou seja, o preço de mercado do imóvel.

c) O adquirente deve consignar judicialmente o valor a ser pago.

d) Promover a citação, por edital, de todos os interessados.

2.8.3. Permuta

No caso de permuta, com a manutenção do patrimônio do devedor em razão do seu recebimento, da outra parte, de imóveis de mesmo valor ou de valor superior, não há falar-se em fraude.

Isso porque, mantido o patrimônio do devedor, não existe prejuízo, ou seja, não houve o evento danoso (*eventos damni*) capaz de reduzi-lo à insolvência e tampouco o *consilium fraudis* (má-fé) da outra parte.

Em resumo, com a permuta, pelo insolvente, de imóveis de igual valor ou de valor superior, inexiste prejuízo aos credores e o negócio não poderá ser anulado em ação pauliana ou até ser reconhecido como fraudulento a qualquer execução.

2.9. DECADÊNCIA

Existe um prazo para que o credor prejudicado reclame, arguindo a fraude contra credores, em razão da venda do imóvel que torna o devedor insolvente.

A possibilidade de anulação do ato fraudulento decai em quatro anos, a partir da data do registro da alienação, mormente tendo em vista que a ação, de acordo com a corrente majoritária, é desconstitutiva, com prazo determinado em lei[2] (Código Civil, art. 178, II).

> **Tribunal de Justiça de São Paulo**. *Prescrição. Ação pauliana. Artigo 178, § 9º, V, "b" do Código Civil [1916]. Inocorrência. Prescrição interrompida pela citação. Autor que tomou todas as providências que lhe cabiam, dentro do prazo. Prazo para o exercício da ação pauliana conta-se do registro da escritura no Cartório de Imóveis e não a partir do contrato. Recurso não provido. Não é possível que a contagem do prazo prescricional se inicie antes que pudesse a parte ter conhecimento do ato. Somente no momento da publicidade deste, com o registro competente, é que se pode ter como iniciado aquele lapso temporal. O direito à ação para anular a venda só pode nascer quando se consumar a transferência da propriedade, ou seja, com o registro (Rel. Barbosa Pereira, Agravo de Instrumento nº 204.041-1, General Salgado, 02.09.1993).*

> **Tribunal de Justiça de São Paulo**. *Ação Pauliana. Fraude contra credor. Decadência. Prazo decadencial de quatro anos (art. 178, II, CC).* **Termo inicial. Data do registro do título aquisitivo no Cartório Imobiliário, oportunidade em que o ato passa a ter efeito erga omnes.** *Escritura pública de compra e venda de imóvel averbada em 13.11.2009, sendo que a ação pauliana foi ajuizada em 31.10.2013. Não transcorrido o prazo decadencial de quatro anos. Fraude contra credor. Compra e venda de imóvel. Anterioridade do crédito do autor. Negócio jurídico realizado três meses depois, por preço vil, entre o devedor e pessoa jurídica, que tem como sócio majoritário e administrador, o irmão dele. Apelante que tinha condições de conhecer a situação financeira do devedor diante da proximidade entre as partes. Ato que reduziu o devedor à insolvência. Fraude contra credor caracterizada. Sentença mantida. Recurso desprovido. (TJSP; Apelação Cível 4005227-83.2013.8.26.0506; Rel. Afonso Bráz,: 35ª Câmara Extraordinária de Direito Privado, Foro de Ribeirão Preto – 8ª Vara Cível, j. 20.02.2018; Data de Registro: 20.02.2018).*

Assim, é cautela recomendável que o comprador verifique toda a cadeia dominial durante os últimos quatro anos, perquirindo se algum dos titulares do imóvel, nesse prazo, alienou o bem em estado de insolvência, evitando a anulação da sua aquisição e prejuízos iminentes.

2.10. FRAUDE CONTRA CREDORES E FRAUDE À EXECUÇÃO – DIFERENÇAS

Fraude, em sentido amplo, significa raposia, malícia e trapaça, empregadas para prejudicar terceiros.

---

2   Conforme Agnelo Amorim Filho, *RT* 744, pp. 725 e ss.

A fraude contra credores, tratada no art. 158 e seguintes do Código Civil, como temos insistido, parte do princípio de que o patrimônio do devedor é a garantia dos credores, o que, aliás, é norma do art. 789, do Código de Processo Civil, e do art. 391, do Código Civil.

O remédio para a alienação em fraude contra credores é a ação pauliana, cujos requisitos também já vimos.

a) Anterioridade do crédito, ou seja, a existência do crédito quando da alienação.

b) *Consilium fraudis*, elemento subjetivo, que se presume da lesão, bastando a simples consciência do prejuízo.

c) *Eventus damni*, ou seja, a redução do devedor à insolvência pela prática do ato de alienação.

A fraude à execução, por outro lado, é escalarmente mais grave que a fraude contra credores, vez que viola a própria atividade jurisdicional do Estado (Código de Processo Civil, art. 792).

Diferencia Antonio Cláudio da Costa Machado:

> *Fraude de execução (ou à execução) é todo e qualquer ato praticado pelo devedor (simulado ou não), com ou sem intenção enganosa, que produza como efeito a subtração de bens particularizados que devam ser entregues ao credor ou a subtração não particularizada que gere a sua insolvência. A fraude à execução não se confunde com a fraude contra credores (CC, arts. 106 a 113) por alguns motivos: a fraude à execução é ato atentatório à função jurisdicional (a contra credores é fenômeno que importa ao credor e devedor); é ato ineficaz em relação ao exequente (a contra credores é ato anulável); é ato que se declara incidentalmente no processo de execução (a contra credores só pode ser declarada por ação própria de conhecimento – ação pauliana); é ato cujo reconhecimento prescinde da constatação de fraudar (a contra credores depende da verificação da intenção fraudulenta – consilium fraudis).*[3]

Portanto, ocorrendo fraude à execução, não é necessária ação autônoma – ação pauliana – bastando simples pedido do credor nos autos da ação de execução, para penhora do bem nas mãos do adquirente de má-fé que tenha levado a efeito o negócio jurídico posterior à propositura da ação que tem o condão de levar o devedor à insolvência.

O art. 792 do Código de Processo Civil enumera as hipóteses de fraude à execução:

> Art. 792. A alienação ou a oneração de bem é considerada fraude à execução:
>
> I – quando sobre o bem pender ação fundada em direito real ou com pretensão reipersecutória, desde que a pendência do processo tenha sido averbada no respectivo registro público, se houver;
>
> II – quando tiver sido averbada, no registro do bem, a pendência do processo de execução, na forma do art. 828;
>
> III – quando tiver sido averbado, no registro do bem, hipoteca judiciária ou outro ato de constrição judicial originário do processo onde foi arguida a fraude;
>
> IV – quando, ao tempo da alienação ou da oneração, tramitava contra o devedor ação capaz de reduzi-lo à insolvência;
>
> V – nos demais casos expressos em lei.
>
> § 1º A alienação em fraude à execução é ineficaz em relação ao exequente.

---

[3] Antonio Cláudio da Costa Machado, *Código de Processo Civil Interpretado*, São Paulo: Saraiva, 1996, p. 652.

§ 2º No caso de aquisição de bem não sujeito a registro, o terceiro adquirente tem o ônus de provar que adotou as cautelas necessárias para a aquisição, mediante a exibição das certidões pertinentes, obtidas no domicílio do vendedor e no local onde se encontra o bem.

§ 3º Nos casos de desconsideração da personalidade jurídica, a fraude à execução verifica-se a partir da citação da parte cuja personalidade se pretende desconsiderar.

§ 4º Antes de declarar a fraude à execução, o juiz deverá intimar o terceiro adquirente, que, se quiser, poderá opor embargos de terceiro, no prazo de 15 (quinze) dias.

A hipótese do inciso I diz respeito à proteção ao direito de sequela, pendente ação real (*v.g.*, ação reivindicatória) sobre o bem (móvel ou imóvel), mesmo antes do julgamento da ação, exigindo-se, outrossim, que haja averbação da existência da ação junto à matrícula do imóvel, sem o que não poderá haver fraude à execução.

O mesmo ocorre quanto ao inciso II, tendo em vista que o Código de Processo Civil exige a averbação da distribuição da execução para presunção absoluta de conhecimento de terceiros.

Qualquer outra pretensão creditória não exige averbação para configurar a fraude, posto que não existe o requisito no inciso IV, cabendo ao adquirente, para se defender em eventual penhora, por meio dos embargos de terceiro, demonstrar que agiu de boa-fé.

Nos casos dos incisos I e II, acorde com os mandamentos insculpidos nos artigos 240 e 312 do Código de Processo Civil, a partir da distribuição da ação, todos os efeitos do art. 240 passam a ser verificados, dependendo, entretanto, da citação válida.

Ou seja, pende a ação a partir da distribuição, condicionada à citação válida.[4]

Os demais casos, mencionados no inciso III, são aqueles enumerados no próprio Código de Processo Civil e outras leis: art. 872, § 3º, do Código de Processo Civil, art. 240 da Lei 6.015/1973 e art. 185 do Código Tributário Nacional.

Portanto, é necessário que o credor opere o registro, no Registro Imobiliário, da citação da ação real para configurar fraude à execução (Lei 6.015/1973, art. 167, I, item 21).

Acerca desse aspecto (CPC, arts. 828 e 844), nos embargos de terceiro:

a) se houve registro da citação, arresto ou penhora, a presunção de fraude é absoluta;

b) não havendo registro, ao credor-embargado de terceiro incumbirá a prova do conhecimento do terceiro adquirente-embargante acerca da ação pendente, o que fará na contestação aos embargos.

Aliás, esse é o teor do art. 844 do Código de Processo Civil:

Art. 844. Para presunção absoluta de conhecimento por terceiros, cabe ao exequente providenciar a averbação do arresto ou da penhora no registro competente, mediante apresentação de cópia do auto ou do termo, independentemente de mandado judicial.

Portanto, ainda que o imóvel esteja sujeito a registro, haverá presunção relativa de boa-fé, que pode ser afastada pela prova de conhecimento, pelo adquirente, da existência

---

4   Theotonio Negrão, *Código de processo civil*, São Paulo: Saraiva, 1997, nota 11b ao art. 593.
Tribunal de Justiça de São Paulo. Embargos de terceiro. Execução fiscal. Exclusão da penhora – procedência. Embargante que adquiriu os bens imóveis penhorados à executada, anteriormente à inscrição da dívida. Irrelevância quanto ao fato de o domínio não estar fundado em título registrado no Registro de Imóveis. Fraude à execução não caracterizada. Impossibilidade de se confundir este incidente do processo com fraude contra credores. Recurso não provido (Apel. Cív. 166.656-2, Guarulhos, Rel. Dias Tatti, 07.03.1991).

das ações, não bastando a não obtenção de certidões para essa demonstração, a teor do art. 54 da Lei 13.097/2015.

Sendo assim, quanto aos incisos I e II do art. 792, além do ajuizamento da ação, dependente de citação válida, e da própria alienação que tenha reduzido o devedor à insolvência (presunção relativa[5] a favor do credor), é imprescindível que o adquirente saiba da ação (presunção relativa, se não consta do registro imobiliário e presunção absoluta, se já consta).

> **Superior Tribunal de Justiça**. *Recurso Especial nº 41.128/SP (9300328760), decisão: por unanimidade, conhecer em parte do recurso e, nessa parte, dar-lhe provimento, data da decisão: 17.02.1998, 4ª Turma. Processual Civil. Fraude a execução. Art. 593, II, do Código de Processo Civil [atual art. 792, I e II]. Inocorrência. Impugnação ao valor da causa. Agravo. Reexame de prova. Ausência de prequestionamento. Divergência não configurada. Quando não se trata, como no caso, de notória divergência, a simples citação de ementa é insuficiente para caracterização do dissídio jurisprudencial. Para que se tenha como de fraude a execução a alienação de bens, de que trata o inciso II do art. 593 do Código de Processo Civil [atual art. 792, I e II], é necessária a presença concomitante dos seguintes elementos: a) que a ação já tenha sido aforada; b) que o adquirente saiba da existência da ação ou por já constar no cartório imobiliário algum registro dando conta de sua existência (presunção "juris et de jure" contra o adquirente), ou porque o exequente, por outros meios, provou que do aforamento da ação o adquirente tinha ciência; e c) que a alienação ou a oneração dos bens seja capaz de reduzir o devedor à insolvência, militando em favor do exequente a presunção "juris tantum". Inocorrente, na hipótese, o segundo elemento supra indicado, não se configurou a fraude à execução. Entendimento contrário geraria intranquilidade nos atos negociais, conspiraria contra o comércio jurídico, e atingiria a confiabilidade nos registros públicos. "A pretensão de simples reexame de prova não enseja recurso especial" (Súmula nº 7/STJ) "é admissível a oposição de embargos de terceiro fundados na alegação de posse advinda de compromisso de compra e venda de imóvel, ainda que desprovida do registro" (Súmula nº 84/STJ). Falta de prequestionamento. É cabível o agravo retido para atacar decisão na impugnação ao valor da causa. Recurso especial parcialmente conhecido e, nessa parte, provido. Rel. Ministro César Asfor Rocha. Fonte: DJ 18.05.1998, p. 100.*

2.11. FORO COMPETENTE

A ação pauliana é de natureza pessoal.[6]

Portanto, o foro competente é o do domicílio do réu, seguindo-se a regra do art. 46 do Código de Processo Civil.

Ademais, fica dispensada a outorga conjugal para propositura da ação.

2.12. LEGITIMIDADE

a) Legitimidade ativa

A legitimidade ativa é dos credores quirografários prejudicados por algum ato do devedor.

Em princípio, o credor com garantia real não está legitimado a propor a ação pauliana.

Todavia, a garantia pode não ser suficiente, caso em que será credor quirografário pelo saldo devedor, o que lhe autoriza a propor a ação pauliana, presentes os requisitos legais.

---

[5] Presunção relativa admite prova em contrário (*iuris tantum*). Diferente é a presunção absoluta (*iuris et de iure*), que inadmite prova em sentido contrário.

[6] *Tribunal de Justiça de São Paulo*. *Apelação nº 172.324 1, Piracaia, Rel. Renan Lotufo, 13.09.92. Ação pauliana – fraude contra credores – inocorrência – doação realizada após a penhora e seu registro – garantia da execução assegurada – extinção do processo determinada. A ação pauliana é ação pessoal de restituição por meio da qual são as partes restituídas ao estado anterior ao ato impugnado. Uma vez que a penhora precedeu a doação, não será com a ação pauliana que se irá garantir a já garantida execução.*

b) Legitimidade passiva

Quanto ao réu da ação, é mister verificar o teor do que dispõe o art. 161 do Código Civil:

Art. 161. A ação, nos casos dos arts. 158 e 159, poderá ser intentada contra o devedor insolvente, a pessoa que com ele celebrou a estipulação considerada fraudulenta ou terceiros adquirentes que hajam procedido de má-fé.

O Código Civil, assim como já fazia o código anterior, usa a expressão "poderá", indicativa de faculdade, o que pode levar o intérprete à falsa conclusão de que a ação poderá ser proposta, alternativamente, contra o devedor insolvente, contra a pessoa que com ele celebrou a estipulação considerada fraudulenta ou contra terceiros adquirentes que hajam procedido de má-fé.

Com razão, Lauro Laertes de Oliveira[7] ensina que a lei deveria ter empregado a expressão "deverá".

Nelson Nery Júnior,[8] igualmente certo, considera que a ação pauliana deve sempre ser proposta contra todos os que participaram do ato fraudulento.

Por exemplo: Mévio vendeu imóvel a seu irmão, Tício, em fraude. Tício, por sua vez, alienou o mesmo imóvel a Augusto, que sabia da fraude, sendo, portanto, terceiro de má-fé.

A consequência evidente na fixação da legitimidade passiva, evidentíssima aliás, é que a ação deverá ser movida em face dos três, em litisconsórcio necessário unitário.

É que a sentença só pode obrigar as partes que compuseram o polo passivo, não podendo, de forma alguma, alcançar quem não foi parte e, por essa razão, sequer teve a oportunidade de se defender (Código de Processo Civil, art. 506).

Ainda que seja assim, Lauro Laertes de Oliveira noticia respeitáveis opiniões contrárias que emanam de Cândido Rangel Dinamarco[9] e Nelson Hanada.[10]

2.13. PEDIDO

Pede-se ao juiz:

a) a revogação da alienação e cancelamento do respectivo registro (considerando-se a ação pauliana como constitutiva negativa);

ou:

b) a declaração da ineficácia da alienação ou gravame (considerando-se a ação pauliana como declaratória), penhorando-se o bem, mesmo em nome do adquirente cúmplice.

2.14. VALOR DA CAUSA

Consoante o que dispõe o art. 292, do CPC, tratando-se de alienação onerosa, o valor da causa será o valor do objeto do contrato fraudulento.

---

[7]   *Da ação pauliana*, 3ª ed., São Paulo: Saraiva, 1989, p. 74.

[8]   Nelson Nery Junior, "Revista de Processo", *Revista dos Tribunais* 23/90.

[9]   Cândido Rangel Dinamarco, *RJTJSP*, 97/8.

[10] Nelson Hanada, *Da insolvência e sua prova na ação pauliana*, São Paulo: Revista dos Tribunais, 1982, p. 79.

No caso de doação, o valor da causa será o do benefício auferido pelo credor, com a desconstituição da liberalidade.

Tribunal de Justiça de São Paulo. Ação pauliana. Valor da causa. Fixação que deve ter em vista o inteiro valor do objeto do ato fraudulento. Hipótese em que a ação visa a declaração de nulidade ou ineficácia do ato jurídico, daí porque seu valor é determinado pelo valor do objeto da relação jurídica que se pretende modificar. Agravo desprovido (Agravo de Instrumento nº 27.535-4, Barretos, 1ª Câmara de Direito Privado, Rel. Guimarães e Souza, 03.12.1996, v.u.).

2.15. MODELO DE AÇÃO PAULIANA

MM. Juízo da (...)

(...), por seus procuradores (documentos 1 e 2), com escritório no endereço acima, vem, respeitosamente, perante Vossa Excelência, propor em face de (...), a competente:

Ação pauliana

O que faz com supedâneo nos arts. 159 e seguintes do Código Civil, pelos argumentos de fato e de direito a seguir aduzidos:

I – Fatos

O autor é credor do primeiro réu pela quantia de R$ (...), representada por uma nota promissória emitida em (...), não paga e protestada (documentos 2 e 3, anexos).

O crédito originou-se de transação comercial celebrada entre as partes, sendo que o autor realizou o negócio confiando no patrimônio do devedor e ora primeiro réu.

Acontece, porém, que o primeiro réu deixou de pagar o título no vencimento e alienou o único imóvel de sua propriedade, constituído do lote urbano nº 12 da quadra 20 do Loteamento (...), situado nesta cidade, com a área de 800 m², contendo uma casa de alvenaria, com 150 m², para o segundo réu, em (...), através de escritura pública de compra e venda lavrada nas notas do (...) Tabelião desta Capital em (...), às fls. (...) do livro (...), e registrada sob nº R2 da matrícula nº (...) em (...) no Registro de Imóveis da (...) Circunscrição desta Capital, pelo valor de R$ (...) (documentos 4 e 5).

Em pesquisas e diligências o autor constatou que a alienação do imóvel ocorreu em nítida fraude contra credores.

O primeiro réu realizou péssimas transações comerciais e, para salvar o seu único imóvel, resolveu aliená-lo em fraude contra credores.

Sua insolvência era notória.

Basta verificar o número de títulos protestados em seu nome (documento 6).

Não é crível que um comprador adquira um imóvel sem exigir certidões dos distribuidores de títulos para protesto e de ações cíveis.

De outro lado, o segundo réu dispunha de motivo para conhecer a insolvência do primeiro réu.

Aquele é primo da mulher deste. Frequentava a casa dos alienantes e sabia das dificuldades financeiras por eles vividas, o que será provado durante a instrução.

II – Direito

Encontram-se presentes, no caso, todos os requisitos exigidos para a configuração da fraude, a saber:

a) crédito quirografário;

b) anterioridade do crédito (o crédito do autor data de (...) e a alienação ocorreu em (...), registrada em (...);

c) *consilium fraudis* (conluio na fraude), considerando a notoriedade da insolvência do devedor e alienante, além do adquirente ter motivo para conhecê-la.

A alienação do único imóvel que poderia garantir a execução frustra qualquer tentativa de recebimento do crédito do autor. Esse fato caracteriza, portanto, o dano causado ao credor.

Dessa forma, impõe-se a declaração da ineficácia do ato perante o credor e autor.

A presunção contida no art. 159 do Código Civil é *juris et de jure*. Vale dizer, não admite prova em contrário.

Sendo assim, formula-se o:

III – Pedido

Posto isto, requer a Vossa Excelência que:

a) Julgue procedente o pedido inicial declarando a ineficácia ou revogação da alienação do imóvel e do registro "R2" da matrícula nº (...) do Registro de Imóveis da (...) Circunscrição desta Capital;

b) Condene os réus ao pagamento das despesas processuais e honorários advocatícios, estes entre os parâmetros legais.

IV – Citação

Nos termos do art. 246 do CPC, requer-se a citação por meio eletrônico ou, não havendo cadastro, pelo correio (*ou, ainda, justificando, por Oficial de Justiça, nos termos do § 1º-A, II, do art. 246 do CPC, facultando-se ao Sr. Oficial de Justiça encarregado da diligência proceder nos dias e horários de exceção (CPC, art. 212, § 2º)*), para eventual oferta de resposta no prazo de 15 (quinze) dias (art. 335 do Código de Processo Civil), sob pena de serem tidos por verdadeiros todos os fatos aqui alegados (art. 344 do Código de Processo Civil), devendo o respectivo mandado conter as finalidades da citação, as respectivas determinações e cominações, bem como a cópia do despacho do(a) MM. Juiz(a), comunicando, ainda, o prazo para resposta, o juízo e o cartório, com o respectivo endereço.

Requer-se digne-se Vossa Excelência em determinar o registro da citação junto ao Oficial de Registro de Imóveis (art. 167, I, nº 2, da Lei 6.015/1973).

V – Audiência de Conciliação

Nos termos do art. 334, § 5º, do Código de Processo Civil, o autor desde já manifesta, pela natureza do litígio, desinteresse em autocomposição.

Ou

Tendo em vista a natureza do direito e demonstrando espírito conciliador, a par das inúmeras tentativas de resolver amigavelmente a questão, o autor desde já, nos termos do art. 334 do Código de Processo Civil, manifesta interesse em autocomposição, aguardando a designação de audiência de conciliação.

VI – Provas

Requer-se provar o alegado por todos os meios de prova em direito admitidos, incluindo perícia, produção de prova documental, testemunhal, inspeção judicial, depoimento pessoal sob pena de confissão caso o réu (ou seu representante) não compareça, ou, comparecendo, se negue a depor (art. 385, § 1º, do Código de Processo Civil).[11]

Termos em que,

pede deferimento.

Data

Advogado (OAB)

 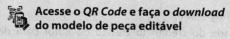

Acesse o *QR Code* e faça o *download* do modelo de peça editável

> http://uqr.to/1ye09

---

[11] Valor do bem constante do ato a ser declarado insubsistente, no caso o valor da escritura registrada.

Capítulo 3

EMBARGOS DE TERCEIRO

3.1. PRINCIPAIS ASPECTOS

a) **Foro competente:** juízo que ordenou a apreensão dos bens; tratando-se de apreensão por carta precatória, normalmente o juízo deprecado, que, em regra, ordena a constrição, salvo se tiver sido determinada, portanto, pelo juízo deprecante ou se a carta já tiver sido devolvida (Código de Processo Civil, art. 676, parágrafo único);

b) **Legitimidade ativa:** terceiro (quem não é parte) que, não fazendo parte do processo, sofra ameaça de constrição sobre bens que tenha posse ou sobre direitos (independentemente de posse), incompatível com a constrição cujo desfazimento requer (CPC, art. 674, §§ 1º e 2º);[1]

c) **Legitimidade passiva:** exequente a quem a constrição aproveita e, às vezes, também, o próprio executado, caso tenha ele nomeado bens de terceiro para a penhora (litisconsórcio – CPC, art. 677, § 4º);

d) **Valor da causa:** valor dos bens cuja penhora se embarga e não aquele da dívida executada;

e) **Petição inicial:** respeitará os requisitos do art. 319 do Código de Processo Civil, acrescida da demonstração da qualidade de terceiro, a posse e o rol de testemunhas;

f) **Procedimento:** especial, disciplinado no art. 674 e seguintes do Código de Processo Civil;

g) **Prazo para contestação:** quinze dias;

h) **Citação:** na pessoa do advogado constituído nos autos da ação que gerou a constrição, mediante publicação ou pessoal se não tiver procurador constituído (Código de Processo Civil, art. 677, § 3º);

i) **Recursos:**

a) da decisão que indefere liminarmente os embargos ou que os julga improcedentes ou procedentes, cabe recurso de apelação (Código de Processo Civil, arts. 331 e 1.009);

---

[1] No caso de inventário, a Terceira Turma do STJ entendeu que, "Enquanto estiver em tramitação o inventário, e os bens permanecerem na forma indivisa, o herdeiro não detém legitimidade para defender, de forma individual, os bens que compõem o acervo hereditário, sendo essa legitimidade exclusiva do espólio devidamente representado" (Recurso Especial 1.622.544/PE (2013/0086416-5), j. 22.09.2016).

b) do deferimento liminar dos embargos cabe agravo, posto que a decisão do art. 678 possui natureza de tutela antecipada de urgência, incidindo a norma permissiva do art. 1.015, I, do Código de Processo Civil.

3.2. O INSTITUTO

Os embargos de terceiro são a solução processual que o Código de Ritos põe à disposição de *quem, não sendo parte no processo, sofrer ameaça de constrição ou constrição sobre bens que possua ou sobre os quais tenha direito incompatível com o ato constritivo, poderá requerer sua inibição ou seu desfazimento* (CPC, art. 674).

É o caso, por exemplo, de penhora de imóvel, cuja fraude contra credores ou fraude à execução (CPC, art. 674, § 2º, II) não se configura por ausência de um de seus elementos.

Logo, no Direito Imobiliário é, principalmente, o remédio colocado à disposição daquele que se vê diante de uma penhora do imóvel adquirido sem que tenha havido fraude contra credores ou fraude à execução, cujas características estudamos no capítulo precedente.

De fato, sendo o terceiro aquele que não participa da relação jurídica de direito material, não pode ser atingido pelos efeitos dessa relação.

No escólio de Pontes de Miranda, *os embargos de terceiro são a ação do terceiro que pretende ter direito ao domínio ou outro direito, inclusive a posse, sobre os bens penhorados ou por outro modo constritos.*[2]

Portanto, não se limita aos interditos possessórios, abrangendo, em verdade, qualquer direito material incompatível com o ato judicial constritivo, incluindo, também, a propriedade e qualquer outro direito, real ou pessoal.

No sistema processual anterior, o art. 1.046 do CPC/1973 exigia a posse como requisito essencial para os embargos de terceiro. Tal requisito foi eliminado diante da redação do art. 674 do CPC de 2015, de tal sorte que, mesmo não tendo posse, mas direitos sobre o bem constrito, o terceiro está legitimado.

Os embargos são semelhantes à oposição (Código de Processo Civil, art. 682). Entretanto, na oposição o objeto é o próprio direito discutido, cuja procedência aniquila as pretensões das partes.

Por outro lado, os embargos não atacam a pretensão das partes, mas apenas o ato de constrição indevido, que ameaça bens de quem não é parte no processo.

Resumidamente, os requisitos dos embargos são:

a) ocorrência de medida constritiva em processo alheio;
b) afronta aos bens de quem disponha de direito ou posse;
c) não inclusão do embargante nas hipóteses dos arts. 790, 791 e 792 do Código de Processo Civil.

De outro modo, nos termos do art. 674 do Código de Processo Civil, qualquer ato judicial que ameace a posse, direito ou a propriedade dos bens de terceiro é atacável por intermédio de embargos.[3]

---

[2] Pontes de Miranda, *Tratado das ações*, São Paulo: Revista dos Tribunais, 1976, t. VI, § 18, p. 180.
[3] Ideia que decorre de aplicação do entendimento que decorria do direito anterior:
Tribunal de Justiça de São Paulo. Embargos de terceiro. Credor hipotecário. Preferência no levantamento da quantia depositada por força da arrematação. Admissibilidade. Banespa. Parte legítima para oferecer os embargos objetivando levantamento do arresto/penhora levado a efeito pela censuísta no rosto dos

Existe, ademais, caso especial no art. 674 do Código de Processo Civil, qual seja: a defesa da garantia real ameaçada por execução de outro credor do devedor comum.

No caso de hipoteca, tanto no regime no regime do Código de Processo Civil de 1973 quanto no atual, havendo penhora de imóvel hipotecado por dívida do proprietário, o credor hipotecário precisa, apenas, por simples petição, exercer a sua preferência nos autos da execução alheia, fazendo valer a prelação (CPC, arts. 799, I, 804, 889 e 903, II).

Caso permaneça inerte depois de intimado, o credor com garantia real enfrenta a extinção da garantia (STJ, REsp 110.093/MG), não se exigindo a utilização de embargos de terceiro nos termos do art. 674, IV, do Código de Processo Civil.[4]

Posta desta maneira a questão, a *contrario sensu*, o credor garantido por alienação fiduciária, hipoteca, penhor ou anticrese que não for intimado, não sofrerá qualquer prejuízo à sua garantia se não embargar de terceiro, posto que a garantia subsiste.

Assim, ainda que o art. 674, IV, do Código de Processo Civil traga previsão de utilização dos embargos de terceiros para que o titular de direito real de garantia livre o imóvel da alienação judicial, certo é que, se for intimado da constrição, só lhe resta fazer valer a prelação, não cabendo embargos (CPC, arts. 799, I, 804, 889 e 903, II).

Nesse sentido, os arestos seguintes ilustram o quanto se afirmou:

Superior Tribunal de Justiça. Execução. Arrematação. Ato perfeito e acabado. Intimação do credor hipotecário que permanece silente. Extinção da hipoteca. – Sendo válida e eficaz a arrematação, com a intimação prévia do credor hipotecário, que, contra esse ato não se insurgiu oportunamente, é de considerar-se extinta a hipoteca nos termos do disposto no art. 849, VII do Código Civil [do CC/1916, correspondente ao art. 1499, VI, do CC/2002]. Recurso Especial não conhecido (Repositório autorizado conforme Portaria n. 2 de 19 de fevereiro de 2010. Processo: REsp 110.093/MG; Recurso Especial 1996/0063230-8, Rel. Min. Barros Monteiro, Data da Publicação/Fonte: 07.04.2003).

Tribunal de Justiça de Minas Gerais. Embargos de terceiro – Credor hipotecário intimado da penhora sobre o bem dado em garantia real – Arguição do seu crédito – Falta de interesse de agir – Extinção dos embargos. Não há interesse processual, por parte do credor hipotecário, no ajuizamento da ação de Embargos de Terceiros, com vistas a arguir a existência de seu direito real de garantia, quando tiver sido o mesmo devidamente intimado da penhora realizada nos autos da Execução promovida por credor quirografário. Tal entendimento se justifica na medida em que bastava ao referido credor peticionar nos autos da ação executiva, para habilitar o seu crédito e arguir a sua preferência no produto da alienação judicial do bem (Número do processo: 1.0016.04.041228-6/001(1), Rel. Wagner Wilson, Data da publicação: 24.10.2006).

Nos casos de superfície ou enfiteuse, deve haver intimação dos concedentes (proprietários) para que possam se insurgir, por meio dos embargos, contra a alienação por dívida do superficiário ou enfiteuta ou pagar a dívida para exercer os direitos decorrentes do contrato que concedeu superfície ou enfiteuse.

Sem a intimação, a alienação será ineficaz, podendo ser anulada, não cabendo mais os embargos de terceiro, posto que o imóvel fora levado a leilão público.

O Oficial de Registro de Imóveis, outrossim, deve negar registro a eventual carta de arrematação sem prova da intimação dos concedentes (CPC, art. 903, II).

O art. 791 do Código de Processo Civil estabelece os limites da constrição nesses casos: *Se a execução tiver por objeto obrigação de que seja sujeito passivo o proprietário de*

---

autos da ação de execução aforada pela entidade financeira contra o donatário. Inteligência do art. 1.046 do Código de Processo Civil. Enumeração meramente exemplificativa – Recurso não provido (Apel. Cív. nº 61.818-4, Pirajú, 7ª Câmara de Direito Privado, Rel. Júlio Vidal, 16.12.1998, v.u.).

[4] Theotonio Negrão, *Código de Processo Civil*, São Paulo: Saraiva, 1997, notas 3 e 4 ao art. 1.047 [atual art. 674] e nota 5 ao art. 711 [atual art. 908]. Nelson Nery Jr. e Rosa Maria Andrade Nery, *Código de Processo Civil Comentado*, São Paulo: Revista dos Tribunais, 1997, nota ao art. 1.047 [atual art. 674].

terreno submetido ao regime do direito de superfície, ou o superficiário, responderá pela dívida, exclusivamente, o direito real do qual é titular o executado, recaindo a penhora ou outros atos de constrição exclusivamente sobre o terreno, no primeiro caso, ou sobre a construção ou plantação, no segundo caso.

Tratando-se de promessa de compra e venda registrada, se a penhora recair sobre o próprio imóvel, por dívida do proprietário, o promitente comprador deve ser intimado para exercer seus direitos ou obstar a alienação por meio dos embargos nos termos do art. 674 do Código de Processo Civil.[5]

---

5   Nessa medida:
Art. 674. Quem, não sendo parte no processo, sofrer constrição ou ameaça de constrição sobre bens que possua ou sobre os quais tenha direito incompatível com o ato constritivo, poderá requerer seu desfazimento ou sua inibição por meio de embargos de terceiro.
§ 1º Os embargos podem ser de terceiro proprietário, inclusive fiduciário, ou possuidor.
§ 2º Considera-se terceiro, para ajuizamento dos embargos:
I – o cônjuge ou companheiro, quando defende a posse de bens próprios ou de sua meação, ressalvado o disposto no art. 843;
II – o adquirente de bens cuja constrição decorreu de decisão que declara a ineficácia da alienação realizada em fraude à execução;
III – quem sofre constrição judicial de seus bens por força de desconsideração da personalidade jurídica, de cujo incidente não fez parte;
IV – o credor com garantia real para obstar expropriação judicial do objeto de direito real de garantia, caso não tenha sido intimado, nos termos legais dos atos expropriatórios respectivos.
Art. 799. Incumbe ainda ao exequente:
I – requerer a intimação do credor pignoratício, hipotecário, anticrético ou fiduciário, quando a penhora recair sobre bens gravados por penhor, hipoteca, anticrese ou alienação fiduciária;
II – requerer a intimação do titular de usufruto, uso ou habitação, quando a penhora recair sobre bem gravado por usufruto, uso ou habitação;
III – requerer a intimação do promitente comprador, quando a penhora recair sobre bem em relação ao qual haja promessa de compra e venda registrada;
IV – requerer a intimação do promitente vendedor, quando a penhora recair sobre direito aquisitivo derivado de promessa de compra e venda registrada;
V – requerer a intimação do superficiário, enfiteuta ou concessionário, em caso de direito de superfície, enfiteuse, concessão de uso especial para fins de moradia ou concessão de direito real de uso, quando a penhora recair sobre imóvel submetido ao regime do direito de superfície, enfiteuse ou concessão;
VI – requerer a intimação do proprietário de terreno com regime de direito de superfície, enfiteuse, concessão de uso especial para fins de moradia ou concessão de direito real de uso, quando a penhora recair sobre direitos do superficiário, do enfiteuta ou do concessionário;
VII – requerer a intimação da sociedade, no caso de penhora de quota social ou de ação de sociedade anônima fechada, para o fim previsto no art. 876, § 7º;
VIII – pleitear, se for o caso, medidas urgentes;
IX – proceder à averbação em registro público do ato de propositura da execução e dos atos de constrição realizados, para conhecimento de terceiros.
X – requerer a intimação do titular da construção-base, bem como, se for o caso, do titular de lajes anteriores, quando a penhora recair sobre o direito real de laje; (Incluído pela Lei 13.465, de 2017)
XI – requerer a intimação do titular das lajes, quando a penhora recair sobre a construção-base. (Incluído pela Lei 13.465, de 2017)
Art. 804. A alienação de bem gravado por penhor, hipoteca ou anticrese será ineficaz em relação ao credor pignoratício, hipotecário ou anticrético não intimado.
§ 1º A alienação de bem objeto de promessa de compra e venda ou de cessão registrada será ineficaz em relação ao promitente comprador ou ao cessionário não intimado.
§ 2º A alienação de bem sobre o qual tenha sido instituído direito de superfície, seja do solo, da plantação ou da construção, será ineficaz em relação ao concedente ou ao concessionário não intimado.
§ 3º A alienação de direito aquisitivo de bem objeto de promessa de venda, de promessa de cessão ou de alienação fiduciária será ineficaz em relação ao promitente vendedor, ao promitente cedente ou ao proprietário fiduciário não intimado.

Admitidos os embargos do credor com garantia real, a contestação do terceiro, credor, somente poderá versar sobre as matérias expostas, *numerus clausus,* no art. 680 do Código de Processo Civil:

> *Art. 680. Contra os embargos do credor com garantia real, o embargado somente poderá alegar que:*
>
> *I – o devedor comum é insolvente;*
>
> *II – o título é nulo ou não obriga a terceiro;*
>
> *III – outra é a coisa dada em garantia.*

3.3. FACULDADE DO TERCEIRO, QUE PODE UTILIZAR AS VIAS ORDINÁRIAS

Os embargos constituem faculdade do terceiro, que pode utilizar as vias ordinárias mesmo após o termo assinalado no art. 675 do Código de Processo Civil,[6] como, por exemplo, a ação reivindicatória.[7]

> **Superior Tribunal de Justiça**. *Agravo regimental no agravo de instrumento nº 88.561/AC (9500544296), decisão: por unanimidade, negar provimento ao agravo regimental, data da decisão: 26.03.1996, 3ª Turma.*

---

§ 4º A alienação de imóvel sobre o qual tenha sido instituída enfiteuse, concessão de uso especial para fins de moradia ou concessão de direito real de uso será ineficaz em relação ao enfiteuta ou ao concessionário não intimado.

§ 5º A alienação de direitos do enfiteuta, do concessionário de direito real de uso ou do concessionário de uso especial para fins de moradia será ineficaz em relação ao proprietário do respectivo imóvel não intimado.

§ 6º A alienação de bem sobre o qual tenha sido instituído usufruto, uso ou habitação será ineficaz em relação ao titular desses direitos reais não intimado.

Art. 889. Serão cientificados da alienação judicial, com pelo menos 5 (cinco) dias de antecedência:

I – o executado, por meio de seu advogado ou, se não tiver procurador constituído nos autos, por carta registrada, mandado, edital ou outro meio idôneo;

II – o coproprietário de bem indivisível do qual tenha sido penhorada fração ideal;

III – o titular de usufruto, uso, habitação, enfiteuse, direito de superfície, concessão de uso especial para fins de moradia ou concessão de direito real de uso, quando a penhora recair sobre bem gravado com tais direitos reais;

IV – o proprietário do terreno submetido ao regime de direito de superfície, enfiteuse, concessão de uso especial para fins de moradia ou concessão de direito real de uso, quando a penhora recair sobre tais direitos reais;

V – o credor pignoratício, hipotecário, anticrético, fiduciário ou com penhora anteriormente averbada, quando a penhora recair sobre bens com tais gravames, caso não seja o credor, de qualquer modo, parte na execução;

VI – o promitente comprador, quando a penhora recair sobre bem em relação ao qual haja promessa de compra e venda registrada;

VII – o promitente vendedor, quando a penhora recair sobre direito aquisitivo derivado de promessa de compra e venda registrada;

VIII – a União, o Estado e o Município, no caso de alienação de bem tombado.

Parágrafo único. Se o executado for revel e não tiver advogado constituído, não constando dos autos seu endereço atual ou, ainda, não sendo ele encontrado no endereço constante do processo, a intimação considerar-se-á feita por meio do próprio edital de leilão.

6   "Art. 675. Os embargos podem ser opostos a qualquer tempo no processo de conhecimento enquanto não transitada em julgado a sentença e, no cumprimento de sentença ou no processo de execução, até 5 (cinco) dias depois da adjudicação, da alienação por iniciativa particular ou da arrematação, mas sempre antes da assinatura da respectiva carta."

7   Humberto Theodoro Júnior, *Curso de direito processual civil*, Rio de Janeiro: Forense, 1997, vol. III, p. 333.

> *Direito civil. Processual civil. Agravo de instrumento. Agravo regimental. Terceiro interessado. Constrição judicial. Legitimidade ad causam – recurso. I – Os embargos de terceiro prejudicado visam tão somente a que não se discuta direito próprio sem um processo onde não figurou como parte. É mera faculdade processual que a lei lhe confere. A sua não utilização não prejudica o direito material existente que poderá vir a ser discutido em ação ordinária própria. II – A não inscrição da arrematação no registro de imóveis pressupõe relação jurídica meramente obrigacional, sem efeito erga omnes, vinculando apenas os sujeitos do negócio jurídico. III – Possuindo o terceiro prejudicado o registro do imóvel, é proprietário, tendo inescusável interesse (legitimidade ad causam). IV – Regimental improvido (Rel. Ministro Waldemar Zveiter, DJ 17.06.1996, p. 21.488).*

É o caso, por exemplo, de o imóvel já ter sido arrematado ou adjudicado pelo credor, hipótese que reclamará ação para anular a arrematação ou a adjudicação e reivindicar o imóvel nos termos do permissivo constante do § 4º do art. 903 do CPC, segundo o qual após a expedição da carta de arrematação ou da ordem de entrega, a invalidação da arrematação poderá ser pleiteada por ação autônoma, em cujo processo o arrematante figurará como litisconsorte necessário.[8]

Nas ações executivas *lato sensu* (*v.g.*, despejo e possessórias), mesmo após o trânsito em julgado, enquanto não cumprido o mandado cuja expedição determinou a sentença, são cabíveis os embargos de terceiro.

Se houver liminar, o termo final é o trânsito em julgado da sentença.

3.4. FRAUDE CONTRA CREDORES, FRAUDE À EXECUÇÃO E EMBARGOS DE TERCEIRO

Muito já se discutiu acerca da possibilidade do reconhecimento da fraude contra credores e da fraude à execução na própria ação de embargos de terceiro aforada pelo adquirente.

Acabou por se pacificar o entendimento de que a fraude à execução, por ser ato ineficaz, pode ser reconhecida através de alegação na própria contestação aos embargos.

Não ocorre o mesmo na fraude contra credores, cujo negócio é apenas anulável (Código Civil, arts. 158, 159 e 171, II).

---

[8] *Agravo de instrumento. Indenização. Cumprimento de sentença. Adjudicação de imóvel perfeita e acabada. Art. 685-B, CPC/1973, vigente à época (atual art. 903, CPC). Necessidade de ação anulatória. Art. 903, § 4º, CPC. Precedente do C. STJ. Recurso improvido. (TJSP, Agravo de Instrumento 2247043-22.2017.8.26.0000; Rel. Walter Exner, 36ª Câmara de Direito Privado, Foro Regional IV – Lapa – 1ª Vara Cível, j. 14.08.2018, Data de Registro: 14.08.2018).*
No regime anterior, mas cuja essência se aplica ao atual CPC, assim decidiu o STJ:
Recurso Especial. Tributário. Execução fiscal. Anulação de processo executivo. Citação por edital. Atos posteriores. Expedição de carta de arrematação. Registro imobiliário. Venda posterior do imóvel. Necessidade de ação própria. Desfazimento da arrematação. Recurso especial provido. 1. A arrematação pode ser desconstituída, ainda que já tenha sido considerada perfeita, acabada e irretratável, caso ocorra alguma das hipóteses previstas no parágrafo único do art. 694 do CPC [atual art. 903, CPC]. 2. O desfazimento da arrematação por vício de nulidade, segundo a jurisprudência consagrada neste Superior Tribunal de Justiça, pode ser declarado de ofício pelo juiz ou a requerimento da parte interessada nos próprios autos da execução. 3. Há exceção a essa orientação. Quando já houver sido expedida a carta de arrematação, bem como quando já transferida a propriedade do bem, não pode a desconstituição da alienação ser feita nos próprios autos de execução, devendo ser realizada por meio de ação própria, anulatória, nos termos do art. 486 do CPC. 4. A carta de arrematação transcrita no registro de imóvel confere presunção juris tantum de propriedade em nome daquele a quem se transcreve o imóvel arrematado. 5. No caso dos autos, considerando que houve expedição da carta de arrematação, registro do imóvel adquirido, bem como sua posterior transferência a terceiro, é necessário que o pedido de desconstituição da arrematação seja efetuado em ação própria. 6. Recurso especial provido. (REsp 577.363/SC, Rel. Min. Denise Arruda, 1ª Turma, j. 07.03.2006, DJ 27.03.2006 p. 159).

Portanto, ainda que o adquirente haja embargado, a fraude à execução pode ser alegada na contestação aos embargos desse terceiro adquirente e reconhecida no bojo dos próprios embargos.

Todavia, se o caso for de fraude contra credores, mister se faz uma ação autônoma – pauliana – apta a desconstituir o negócio malsinado ("em embargos de terceiro não se anula ato jurídico, por fraude contra credores" – Súmula 195/STJ).

Nesse sentido:

Agravo regimental – apelação – recurso não conhecido – impugnação específica em relação à parte da r. sentença – impossibilidade de declarar fraude contra credores no bojo dos embargos de terceiro – Súmula nº 195 do Superior Tribunal de Justiça – apelo improvido, na parte conhecida – agravo regimental parcialmente provido (TJSP, Agravo Interno Cível 1005190-34.2015.8.26.0637, Rel. Coutinho de Arruda, 16ª Câmara de Direito Privado, Foro de Tupã, 3ª Vara Cível, j. 11.07.2019, data de registro 11.07.2019).

3.5. VALOR DA CAUSA

O acórdão abaixo traduz o valor da causa nas ações de embargos de terceiro:

Segundo Tribunal de Alçada Civil de São Paulo. *Valor da causa – embargos de terceiro. Bem penhorado. Fixação no valor deste. Admissibilidade. O valor da causa, em sede de embargos, tem por base o valor dos bens cuja penhora se embarga e não aquele da dívida executada (AI nº 427.153, 4ª Câm., Rel. Juíza Luzia Galvão Lopes, j. 07.03.1995. No mesmo sentido: JTA (Lex) 162/359).*

3.6. FORO COMPETENTE

A competência para julgamento dos embargos é do mesmo juízo que ordenou a apreensão do bem (Código de Processo Civil, art. 676), devendo ser distribuído por dependência.

Tratando-se de execução por carta, o art. 676, parágrafo único, do Código de Processo Civil é claro:

Nos casos de ato de constrição realizado por carta, os embargos serão oferecidos no juízo deprecado, salvo se indicado pelo juízo deprecante o bem constrito ou se já devolvida a carta.

Consagrou-se o entendimento que já emanava do Superior Tribunal de Justiça:

Superior Tribunal de Justiça. *Processo civil. Embargos de terceiro. Execução por carta. Bem indicado pelo juízo deprecante. Competência do juízo que indicou o bem. Art. 1.049, Código de Processo Civil [atual art. 676], Enunciado nº 33 da Súmula do extinto Tribunal Federal de Recursos. Simpósio de Curitiba (RF 252/18), (CL. LXXIV). Precedentes. Recurso desacolhido. Se o bem penhorado na execução por carta foi indicado pelo juízo deprecante, a ele compete julgar os embargos de terceiro, com arrimo no art. 1.049, Código de Processo Civil, [atual art. 676], consoante numerosos precedentes desta Corte e na linha do enunciado nº 33 da Súmula do extinto Tribunal Federal de Recursos e da conclusão LXXIV do Simpósio de Curitiba (Rel. Ministro Sálvio de Figueiredo Teixeira, DJ 08.06.1998, p. 116) (Recurso Especial nº 130.446/MG (9700309169), decisão: por unanimidade, não conhecer do recurso, 19.03.1998, 4ª Turma).*

3.7. PETIÇÃO INICIAL

A petição inicial deverá respeitar todos os requisitos do art. 319 do Código de Processo Civil, acrescida dos seguintes requisitos:

a) demonstração da qualidade de terceiro;

b) demonstração da posse, que pode ser feita em audiência preliminar designada pelo juiz; e,

c) rol de testemunhas.

3.8. PROCEDIMENTO

O procedimento dos embargos é especial, e vem disciplinado no art. 674 e seguintes do Código de Processo Civil.

Não demonstrada a posse documentalmente, o juiz marcará audiência preliminar, na qual a demonstração da posse far-se-á através de testemunhas.

Mister se faz a citação do embargado que não tiver advogado constituído nos autos da ação principal.[9]

O possuidor direto alegará, com a sua posse, o domínio alheio (Código Civil, art. 1.197 e Código de Processo Civil, art. 677, § 2º).

Recebida a inicial, o juiz poderá:

a) rejeitá-la liminarmente (Código de Processo Civil, art. 330); ou,

b) ordenar, liminarmente, a suspensão das medidas constritivas sobre os bens litigiosos, objeto dos embargos, bem como a manutenção ou a reintegração provisória da posse (Código de Processo Civil, art. 678).

Determinada liminarmente a manutenção ou reintegração, o embargante só receberá os bens depois de prestada caução, que poderá ser dispensada pelo juiz, malgrado opiniões majoritárias em sentido contrário:

> **Tribunal de Justiça do Distrito Federal**. *Caução. Embargos de terceiro. Liberação liminar da coisa. Obrigatoriedade de segurar o juízo. Bem móvel. Agravo provido. Unânime. Malfere o texto expresso de lei a decisão judicial que dispensa o terceiro – alcançada a liberação do bem – de prestar caução. A segurança do juízo, nesses casos, vem em socorro do equilíbrio procedimental, de sorte a não permitir que uma das partes no contexto possa de algum modo inviabilizar o direito oposto, cabendo ao Juiz, assim, velar pelo bom termo da demanda e ao final dar a cada qual o que é seu. Muito ademais quando se tratar de bem móvel que pode desaparecer ou sofrer dano ou deterioração, ressabido que a prisão do depositário infiel, em sendo o caso, não satisfará o direito do credor, se exitoso na causa. Conhecer e prover o recurso. À unanimidade (Agravo nº 567.395 DF, 1ª Turma Cível, 05.02.1996, Rel. Eduardo de Moraes Oliveira, Diário da Justiça do DF: 20.03.1996, p. 3.796).*

> **Tribunal de Justiça de São Paulo**. *Embargos de terceiro. Não oferecimento de caução. Admissibilidade. Embargantes beneficiários da assistência judiciária gratuita. Recurso não provido (Agravo de Instrumento nº 81.875-4, Guarujá, 9ª Câmara de Direito Privado, Rel. Silva Rico, 23.06.1998, v.u.).*

Se os embargos versarem sobre todos os bens sujeitos à constrição judicial, o processo (de conhecimento ou de execução) ficará paralisado até que sejam julgados.

Julgados procedentes os embargos, o juiz determinará a expedição de mandado de reintegração ou de manutenção em favor do embargante.

---

9   *Tribunal de Justiça de São Paulo. Embargos de terceiro – Citação – Nos casos em que o embargado contar com procurador constituído nos autos da ação principal, a citação e a intimação para a resposta aos embargos serão feitas na pessoa do advogado, mediante simples publicação na imprensa oficial – Recurso não provido (Rel. Renato Rangel Desinano; Comarca: Andradina – 11.ª Câmara de Direito Privado – j. 18.03.2015 – Data de registro: 18.03.2015).*

Tendo havido deferimento liminar, julgados procedentes os embargos, apenas haverá a liberação da caução eventualmente prestada.

Julgados improcedentes, a caução servirá de garantia da devolução do bem com os seus rendimentos.

3.9. PRAZO PARA CONTESTAÇÃO

O prazo para contestar os embargos de terceiro é de quinze dias (CPC, art. 679).

Apresentada a contestação, o processo seguirá pelo procedimento comum dos arts. 318 e seguintes do CPC.

3.10. RECURSOS

Da decisão que indefere liminarmente os embargos ou que os julga improcedentes ou procedentes, cabe recurso de apelação (Código de Processo Civil, arts. 331 e 1.009).

O inc. III do § 1º do art. 1.012 do Código de Processo Civil, tratando dos efeitos do recurso de apelação, está assim redigido:

> *Art. 1.012. A apelação terá efeito suspensivo.*
>
> *§ 1º Além de outras hipóteses previstas em lei, começa a produzir efeitos imediatamente após a sua publicação a sentença que:*
>
> *(...)*
>
> *III – extingue sem resolução do mérito ou julga improcedentes os embargos do executado;*

Incide, inclusive, a orientação da Súmula n. 317 do STJ, segundo a qual: "É definitiva a execução de título extrajudicial, ainda que pendente apelação contra sentença que julgue improcedentes os embargos".

Nesse sentido:

Tribunal de Justiça de São Paulo. Embargos de terceiro improcedentes. Prosseguimento da execução. Expedição de carta de arrematação – cabimento – Hipótese em que os embargos de terceiro, opostos pelos ora interessados, foram julgados improcedentes, estando pendente de julgamento recurso de apelação. Exequente que busca o regular prosseguimento da execução, inclusive com a expedição de carta de arrematação em seu favor – Incabível obstar-se o prosseguimento da execução, ou condicioná-la ao trânsito em julgado daquela sentença de improcedência. Precedentes deste E. TJSP e do C. STJ. Hipótese, ademais, em que o bem imóvel já foi arrematado pelo próprio exequente, em valor equivalente ao seu crédito. Arrematação perfeita, acabada e irretratável, ainda que venham a ser julgados procedentes os embargos do executado – Inteligência do art. 649 do CPC [atual art. 903]. Efeito ativo confirmado – Decisões reformadas – Agravo provido (Rel. Salles Vieira; Comarca: São Paulo; 24ª Câmara de Direito Privado; j. 13.03.2014; Data de registro: 21.03.2014).

Tribunal de Justiça de São Paulo. Agravo de instrumento. Ação de despejo por falta de pagamento. Cumprimento de sentença. Penhora de imóveis. Pendente de julgamento Recurso Especial contra o v. acórdão que negou provimento à r. sentença de rejeição dos Embargos de Terceiro, e ausente atribuição de efeito suspensivo, não há óbice ao prosseguimento da execução. Recurso improvido (Rel. Gomes Varjão; Comarca: Itu; 34ª Câmara de Direito Privado; j. 30.03.2015; Data de registro: 01.04.2015).

Neste caso, o possuidor do bem constrito terá, a sua disposição, para evitar o curso da execução, o § 3º do art. 1.012 do Código de Processo Civil, segundo o qual:

§ 3º O pedido de concessão de efeito suspensivo nas hipóteses do § 1º poderá ser formulado por requerimento dirigido ao:

I – tribunal, no período compreendido entre a interposição da apelação e sua distribuição, ficando o relator designado para seu exame prevento para julgá-la;

II – relator, se já distribuída a apelação.

Portanto, a critério da presidência do tribunal ou do relator, diante dos fatos apresentados pelo apelante, poderá ser concedido o chamado efeito suspensivo à apelação interposta, em que pese a apelação contra a sentença que julga improcedentes os embargos ou extingue o processo sem resolução de mérito não possuir, em regra, duplo efeito.

O assunto está longe de ser pacífico, sendo relevante o seguinte entendimento do:

Superior Tribunal de Justiça. *Recurso Ordinário em Mandado de Segurança nº 3.776/SP (9300302710), decisão: por unanimidade, conhecer do recurso, mas negar-lhe provimento, 13.06.1994, 4ª Turma. Embargos de terceiro. Apelação. Ainda que se admita efeito suspensivo da apelação contra sentença que rejeite liminarmente embargos de terceiro, tal efeito não alcança a execução. Recurso Ordinário denegado (Rel. Ministro Fontes de Alencar, DJ 28.08.1995, p. 26.636).*

Nesse acórdão, manifestou-se o ministro Fontes de Alencar:

Não comporta efeito suspensivo a apelação de sentença que rejeita liminarmente embargos de terceiro, por seu conteúdo negativo vestibular. Ainda que se admita tal efeito da apelação de sentença assim, não se poderia pensar que o efeito suspensivo do apelo alcançaria a execução. Para que os embargos de terceiro afetem a relação processual executiva é mister sejam recebidos. Recebidos, poderão ensejar a suspensão da execução, se versarem sobre todos os bens nela constantes, ou seu prosseguimento apenas em relação aos bens sobre os quais não versarem os embargos.

Como o art. 1.012 do Código de Processo Civil não mencionou a hipótese de procedência dos embargos, a apelação, nesse caso, manterá suspensa a possibilidade de levantamento da constrição até que seja julgada pelo tribunal ante o duplo efeito do recurso:

Tribunal de Justiça de São Paulo. *Processo civil. Apelação. Efeitos. Embargos de terceiro julgados procedentes. Hipótese não excepcionada pelos incisos do artigo 520 do CPC [atual art. 1.012]. Duplo efeito que é irrecusável nas circunstâncias, diante da interpretação restritiva que se impõe no tocante às hipóteses em que a apelação pode ser recebida no efeito apenas devolutivo. Agravo para que se imprima apenas esse efeito denegado. (Relator(a): Sebastião Flávio; Comarca: São José dos Campos; 23ª Câmara de Direito Privado; j. 13.08.2014; Data de registro: 18.08.2014)*

Neste julgado, sustentou o Rel. "Porém, somente com a decisão transitada em julgado pode-se dar como definitiva a possibilidade de desembaraço da coisa da penhora, até porque a antecipação de tutela poderia ser causa de danos irreparáveis ou de difícil reparação ao embargado, que perderia a garantia se ocorresse a alienação da coisa após a liberação e houvesse a reversão da conclusão de primeiro grau."

Concluiu que "Certo é que a apelação nos autos do processo de embargos de terceiro não interfere no prosseguimento do processo da ação de execução, conforme é entendimento do Superior Tribunal de Justiça (REsp 1.222.626/PR), de modo que forçosamente não poderá haver o levantamento da averbação da constrição na matrícula de tal bem imóvel até o seu julgamento".

Nesse sentido:

Tribunal de Justiça de São Paulo. *Medida cautelar incidental – Pretensão dos requerentes em atribuir eficácia imediata à sentença que julgou procedentes embargos de terceiro, para o fim de levantar a constrição judicial incidente sobre ¾ do imóvel indicado – Inviabilidade – Existência de recurso de apelação recebido* *nos efeitos devolutivo e suspensivo, nos termos do art. 520, caput, do CPC [atual art. 1.012] – Matéria que já foi objeto de discussão nos autos do Agravo de Instrumento nº. 2063873-86.2013.8.26.0000, ao qual se negou provimento – Ausência, ademais, de qualquer especificidade no caso concreto que autoriza a concessão da medida – Medida cautelar julgada improcedente (Rel. Egidio Giacoia; Comarca: Barueri; 3ª Câmara de Direito Privado; j. 05.08.2014; Data de registro: 07.08.2014).*

Igualmente, o seguinte aresto:

Tribunal de Justiça de São Paulo. *Locação de imóvel – Apelação em embargos de terceiro julgados parcialmente procedentes. Recebimento no duplo efeito. Prosseguimento da execução, ficando suspensos, todavia, os atos executórios em relação à fração do bem objeto dos embargos de terceiro. Julgados parcialmente procedentes os embargos de terceiro, o processo de execução deverá manter seu curso, ficando suspensos, contudo, os atos executórios em relação à fração do bem cuja propriedade ali se discute. Recurso provido em parte. (Rel. Orlando Pistoresi; Comarca: São Paulo; 30ª Câmara de Direito Privado; j. 03.04.2013; Data de registro: 04.04.2013).*

O deferimento liminar dos embargos será atacado por intermédio do recurso de agravo (Código de Processo Civil, art. 1.015, I), posto que a decisão do art. 678 possui natureza de tutela antecipada de urgência.

3.11. LEGITIMIDADE ATIVA E PASSIVA

Aquele que, não sendo parte no processo, sofrer constrição sobre seus bens, está legitimado ativamente para propor embargos de terceiro.

É o caso dos filhos que contam com legitimidade para os embargos de terceiros quando se deparam com a penhora do bem de família:

Agravo regimental no recurso especial. *Embargos de terceiro. Penhora de imóvel. Imóvel oferecido em garantia. Filhos. Legitimidade. 1. Recurso especial interposto contra acórdão publicado na vigência do Código de Processo Civil de 1973 (Enunciados Administrativos nos 2 e 3/STJ). 2. É cabível a apresentação de embargos de terceiro pelos filhos menores dos contratantes para defender sua posse e discutir a legitimidade da penhora do imóvel hipotecado, porquanto integrantes da entidade familiar a que visa proteger a Lei nº 8.009/1990. 3. Agravo regimental não provido. (AgRg no REsp 1.490.430/PR, Rel. Min. Ricardo Villas Bôas Cueva, 3ª Turma, j. 02.09.2019, DJe 05.09.2019)*

Com a redação do art. 674 do Código de Processo Civil em vigor, restou superada a necessidade de posse que decorria do art. 1.046 do CPC de 1973, na exata medida em que basta ameaça a direito para a legitimação do terceiro.

Entretanto, há algumas exceções à condição de terceiro, como as do:

a) substituto processual, que litiga em nome próprio, um direito alheio, na exata medida em que a sentença deve atingir a parte em sentido material;

b) assistente;

c) parte no processo, cujo bem constrito não poderia sê-lo (bens inalienáveis, detenção etc.).

Outrossim, existem alguns casos de pessoas que, embora não sendo parte, não estão legitimadas a propor os embargos. São elas:

a) o sucessor da parte, a título universal ou singular, que tenha adquirido o bem litigioso no curso do processo (Código de Processo Civil, art. 790, I);

b) o que foi chamado ao processo e não interveio;

c) o sócio solidário, na execução de sentença contra a sociedade (Código de Processo Civil, art. 790, II).[10]

Outro ponto relevante diz respeito ao cônjuge que pretende defender sua meação.

Diz-se que o cônjuge pode defender sua meação através dos embargos de terceiro (Código de Processo Civil, art. 674, § 2º, I).

Todavia, a regra resta esvaziada pela previsão contida no art. 843 do Código de Processo Civil, segundo o qual tratando-se de penhora de bem indivisível, o equivalente à quota-parte do coproprietário ou do cônjuge alheio à execução recairá sobre o produto da alienação da integralidade do bem que não poderá ser arrematado, nesse caso, por valor inferior à avaliação, preservando a meação sobre o produto da arrematação.

Não se admite que o cônjuge se valha dos embargos de terceiro – mas de embargos à execução se for o caso – na hipótese em que, nos termos do § 1º, III, do art. 73, do Código de Processo Civil, for litisconsorte passivo na ação em virtude de dívidas contraídas pelo consorte em benefício da família.

Também não se admite embargos de terceiro, mas embargos à execução, em casos como o da fiança e do aval, em que o cônjuge tenha assumido o encargo conjuntamente.

No primeiro caso, de dívidas contraídas a bem da família, surge a questão do ônus da prova.

Alguns julgados, entendendo que a prova negativa não cabe ao cônjuge, atribuem o ônus ao credor.[11]

Em sentido contrário, outros acórdãos entendem que *se presume assumida em benefício do casal a dívida contraída pelo marido, cabendo à mulher a prova em contrário na defesa de sua meação por meio de embargos de terceiro.*[12]

Ensina Humberto Theodoro Júnior:

> *Diante de uma só execução, haverá ensejo para mulher participar tanto de embargos de devedor como de embargos de terceiro, mas com conteúdos diferentes.*
>
> *Tendo assim, legitimidade para propor ambos os tipos de embargos, e não havendo profunda diversidade de rito entre eles, nada impede que a mulher utilize os embargos à execução, desde logo, seja para atacar o título do credor, seja para defender sua meação, seja para ambas as finalidades. O que, todavia, não se tolera é que, tendo perdido a oportunidade dos embargos de devedor, venha a mulher a se prevalecer dos embargos de terceiro para discutir o mérito da dívida ou dos atos executivos, porque isso é matéria exclusiva dos primeiros embargos, os quais estariam preclusos depois de exaurido o prazo assinado pela lei para seu manejo.*

Assim, podemos resumir:

a) cônjuge é parte na ação ou foi incluído em virtude da dívida ter sido assumida pelo outro cônjuge a bem da família: embargos à execução;

---

[10] Humberto Theodoro Júnior, *Curso de direito processual civil*, Rio de Janeiro: Forense, 1997, vol. III, p. 331.

[11] *RT* 562/119.

[12] *RT* 676/119. No mesmo sentido: *RT* 518/197, 500/247.
A mulher casada não responde pela dívida contraída apenas pelo marido se provar que a mesma não veio em benefício do casal. Em se tratando de aval do marido, presume-se o prejuízo da mulher, salvo se o marido for sócio da empresa avalizada (a respeito. RE nº 90.341; REsp 3.263-RS, *RSTJ* 20/278). Sálvio de Figueiredo Teixeira, *Código de Processo Civil Anotado*, São Paulo: Saraiva, nota ao art. 1.046.

b) cônjuge é intimado da penhora: embargos à execução e embargos de terceiro para defesa da meação;

c) cônjuge sequer é intimado da penhora: embargos de terceiro.

O Ministro Sálvio de Figueiredo Teixeira manifestou-se da seguinte forma:

> *O posicionamento acerca da exclusão da meação da mulher casada em bens penhorados vai ganhando contornos com a seguinte distinção: a) se a esposa objetiva impugnar a pretensão executiva, o remédio adequado serão os embargos à execução; b) se deseja apenas excluir a penhora sobre a sua meação, a via hábil serão os embargos de terceiro. Não obstante com suporte nos princípios da economia e da instrumentalidade do processo, tem-se admitido que a mulher também possa postular a exclusão da sua meação em embargos à execução; c) se a execução é movida contra o casal porque ambos contraíram a obrigação, não assiste à mulher o direito aos embargos de terceiro (neste sentido, RE nº 93.764, Juriscível 106/92; RE nº 89.802, RTJ 88/717, RI 13/143).[13]*

Nesses casos, procedentes os embargos de terceiro, o bem será praceado e metade do valor entregue ao cônjuge, nos termos, inclusive, do art. 843 do Código de Processo Civil:[14]

Superior Tribunal de Justiça. *Processo civil. Execução. Mulher casada. (...) Meação. Ônus da prova. Exclusão em cada bem. Bem indivisível. Aferição no valor encontrado. Doutrina e jurisprudência. Hermenêutica. Provimento parcial. I – A esposa não responde pela dívida, contraída apenas pelo marido, se provar que a mesma não veio em benefício do casal, presumindo-se prejuízo da mulher no caso de aval do seu cônjuge, salvo se este for sócio da empresa avalizada (REsp 3.263-RS, DJ 09.10.1990). II – A exclusão da meação deve ser considerada em cada bem do casal e não na indiscriminada totalidade do patrimônio (REsp 1.164-GO, RSTJ 8/385). III – Sem embargo da controvérsia no tema, gerado pela deficiente disciplina legal, recomenda-se como mais adequada a orientação segundo a qual o bem, se for indivisível, será levado por inteiro a hasta pública, cabendo a esposa a metade do preço alcançado (Rel. Ministro Sálvio de Figueiredo Teixeira, DJ 05.04.1993, p. 5.840; RSTJ, vol. 50, p. 235; Sálvio de Figueiredo Teixeira, Código de Processo Civil anotado, 4ª ed., Saraiva, 1992, art. 1.046; Humberto Theodoro Júnior, Processo de execução, 7ª ed., Leud, cap. XIII, nº 7, p. 153) (Recurso Especial nº 16.950/MG (9100244490), decisão: por maioria, conhecer em parte do recurso e dar-lhe parcial provimento, vencidos os Ministros Relator e Fontes de Alencar, que dele conheciam, mas lhe negavam provimento, data da decisão: 03.03.1993, 4ª Turma).*

Primeiro Tribunal de Alçada Civil de São Paulo. *Embargos de terceiro. Penhora. Mulher casada. Exclusão da meação. Bem considerado como impenhorável em razão da sua indivisibilidade devendo ser levado por inteiro a hasta pública, cabendo a esposa a metade do preço alcançado. (...) Evidente interesse desta no ajuizamento da ação objetivando excluir sua parte ideal demonstrado. Rejeição liminar dos embargos afastada, facultada a dilação probatória a respeito do tema. Recurso provido para esse fim (Apelação nº 699.102-4, São Paulo, 5ª Câmara, 11.06.1997, Rel. Joaquim Garcia, decisão: unânime).*

Legitimado passivamente é o credor demandante, a quem o ato constritivo aproveita e, às vezes, também, em litisconsórcio passivo, o próprio demandado que nomeia bens ou direitos alheios à penhora (Código de Processo Civil, art. 677, § 4º).

Nos casos em que o juiz identifique a existência de terceiro com interesse em embargar, deve mandar intimá-lo pessoalmente conforme regra expressa no art. 675, parágrafo único, do CPC.[15] Sendo assim, nos casos em que, por exemplo, em processo de execução ou cumprimento de sentença, o credor requeira a penhora de bens que, mesmo em nome do devedor já se encontram na posse de terceiros com eventual interesse em embargar, deve intimá-los.

---

[13] Sálvio de Figueiredo Teixeira, *Código de Processo Civil Anotado*, São Paulo: Saraiva, nota 3 ao art. 1.046.

[14] Art. 843. Tratando-se de penhora de bem indivisível, o equivalente à quota-parte do coproprietário ou do cônjuge alheio à execução recairá sobre o produto da alienação do bem.

[15] Art. 675, parágrafo único. Caso identifique a existência de terceiro titular de interesse em embargar o ato, o juiz mandará intimá-lo pessoalmente.

É o caso de penhora de imóveis compromissados e não registrados, cuja posse já foi entregue ao terceiro mas que se encontram em nome do devedor sem que tenha havido fraude.

3.12. OS HONORÁRIOS NOS EMBARGOS DE TERCEIRO

Resta evidente que, em muitos casos, o credor, que solicita a penhora nos autos da execução, não tem como saber que o devedor alienou o bem, notadamente nos casos em que o negócio foi feito através de contrato de compromisso de compra e venda de imóvel sem registro e a titularidade formal continua com o devedor que, nada obstante, já entregou o imóvel e a posse, não configurando, portanto, a fraude.

Nesses casos, penhorado o imóvel, o adquirente embarga de terceiro e resta saber se é cabível imputar honorários ao credor que requereu a penhora.

A resposta é simples: se não resistir, desde logo admitindo os embargos em razão de só por eles tomar conhecimento do negócio, não incorrerá nas custas e honorários. Todavia, se resistir e não tiver razão, com o acolhimento dos embargos deverá suportar os ônus da sucumbência. Nesse sentido:

> **Tribunal de Justiça de São Paulo**. *Embargos de Terceiro Imóvel – Inexistência de demonstração da má-fé dos adquirentes e de qualquer restrição averbada na matrícula do bem alienado – Impossibilidade de reconhecimento da fraude à execução. Inteligência da Súmula 375/STJ. Apelante isento do ônus da sucumbência. Aplicação da Súmula 303 do STJ. Recurso provido em parte (Apelação 0006104-87.2010.8.26.0024, Rel. Irineu Fava, 17ª Câmara de Direito Privado, j. 14.11.2013).*[16]

No voto, ficou consignado que, *no caso vertente, a penhora se efetivou porque os embargantes não trataram de registrar formalmente o domínio do bem, razão pela qual não se pode considerar o embargado como sendo o causador da constrição. Destarte, em homenagem ao princípio da causalidade, não arca o recorrente com as verbas da sucumbência, notadamente honorários advocatícios.*

De fato, o entendimento está em consonância com a Súmula 303 do STJ, segundo o qual: *Em embargos de terceiro, quem deu causa à constrição indevida deve arcar com os honorários advocatícios.*

Em igual sentido:

> *Embargos de terceiro – Sentença de procedência – Sucumbência – Pretensão do embargado para que o embargante seja condenado ao pagamento da verba sucumbencial – Admissibilidade – Aplicação do princípio da causalidade, conforme a súmula nº 303 do STJ e da tese fixada em sede de recursos repetitivos (REsp 1.452.840/SP) – A ausência de registro da transferência do imóvel deu azo à formulação do pedido de constrição do bem e à consequente propositura dos presentes embargos de terceiro, razão pela qual é de rigor a responsabilidade do embargante pelo pagamento das despesas processuais e honorários advocatícios – Sentença parcialmente reformada – Recurso provido. (TJSP; Apelação Cível 1006877-82.2023.8.26.0405; Rel. Marco Fábio Morsello; 12ª Câmara de Direito Privado; j. 28.08.2023).*

No STJ:

> *Nos embargos de terceiro cujo pedido foi acolhido para desconstituir a constrição judicial, os honorários advocatícios serão arbitrados com base no princípio da causalidade, responsabilizando-se o atual proprietário (embargante), se este não atualizou os dados cadastrais. Os encargos de sucumbência serão suportados pela*

---

[16] No relatório, consignou o Desembargador Rel. Sustenta o apelante, em síntese, que a penhora recaiu sobre imóvel objeto de Escritura de Compra e Venda não levada a registro, fato que o induziu a requerer a penhora do bem objeto do presente litígio. Entende assim não ter dado causa à instauração dos presentes embargos, não devendo ser condenado no pagamento dos ônus da sucumbência.

parte embargada, porém, na hipótese em que esta, depois de tomar ciência da transmissão do bem, apresentar ou insistir na impugnação ou recurso para manter a penhora sobre o bem cujo domínio foi transferido para terceiro" (REsp 1.452.840/SP, 1ª Seção, Rel. Min. Herman Benjamin, j. 14.09.2016, DJe 05.10.2016).

3.13. MODELO DE EMBARGOS DE TERCEIRO (PETIÇÃO INICIAL)

MM. Juízo da (...)

Distribuição p/ dependência ao Processo nº (...).

(...), por seus procuradores (documentos 1 e/ 2), com escritório no endereço acima, vem, respeitosamente, perante Vossa Excelência, opor em face de (...), os presentes.

Embargos de terceiro,

o que faz com supedâneo no art. 674 e seguintes do Código de Processo Civil, pelos fatos e fundamentos jurídicos a seguir expostos:

Resumo:

Objeto: Imóvel objeto da matrícula nº (...), junto ao Oficial de Registro de Imóveis da Comarca de Cotia – SP.

Embargante: (...)

Embargado: (...)

Data da aquisição do objeto dos embargos: (...)

Data do contrato que gerou a presente ação de cobrança: (...)

Data da constrição judicial: (...)

I – Fatos

A Embargante tomou conhecimento de que, nos autos da ação ordinária de cobrança, *Processo* (...), promovida por (...) em face de (...), que se processa perante essa MM. Juízo e R. Cartório, foi penhorado o imóvel localizado (...) (documento 3).

Entretanto, nada obstante o imóvel conste em nome do réu daquela ação junto ao ofício de Registro de Imóveis, conforme se verifica da cópia da matrícula (documento 4), certo é que a embargante é promissária compradora, por Instrumento Particular de Compromisso de Compra e Venda, firmado em (...), sem registro, mas com as firmas devidamente reconhecidas.

Ora, o crédito do embargado decorre de contrato firmado no dia (...), muito depois da aquisição da posse e da assinatura do Compromisso de Compra e Venda pela embargante.

Cumpre esclarecer a Vossa Excelência que a penhora só foi deferida por esse MM. Juízo em face das informações prestadas pelo Embargado que, através da petição de fls. (...), informou ter logrado encontrar um imóvel em nome da executada, o que afirmou por desconhecer a promessa de compra e venda firmada entre as partes.

Ante as informações prestadas à fls. (...), a penhora foi efetivada em cumprimento ao Mandado nº (...), expedido por esse MM. Juízo em (...) (documento 4).

A teor do que dispõe a Súmula 84 do STJ, o direito pessoal, representado pela promessa de compra e venda sem registro, pode ser contraposto, com sucesso, a outro direito pessoal que lhe seja posterior, como é o caso do crédito do embargado.

É verdade que não eram admitidos embargos de terceiro no caso de promessa de compra e venda sem registro (Súmula 621 do STF), mesmo em face de outro direito pessoal que ensejava penhora.

Entrementes, a distorção foi corrigida há muito pelo Superior Tribunal de Justiça a partir de sua criação, inclusive com a edição da Súmula 308:

Processo nº 00019319-6/004, Recurso Especial, origem: Taubaté, 3ª Turma, j. 19.05.1992, Rel. Min. Waldemar Zveiter, decisão: unânime. Processual civil – embargos de terceiro – contrato de promessa de compra e venda não inscrito no registro de imóvel – posse – penhora – execução – (...) – Inexistente fraude, encontrando-se os recorridos na posse mansa e pacífica do imóvel, estão legitimados na qualidade de possuidores a opor embargos de terceiro, com base em contrato de compra e venda não inscrito no registro de imóvel, para pleitear a exclusão do bem objeto da penhora no processo de execução, onde não eram parte, (...) – precedentes do Superior Tribunal de Justiça. II – Recurso conhecido pela letra "c", do permissivo constitucional, a qual se nega provimento.

Recurso Especial nº 8.900.097.644. Decisão: por unanimidade, conhecer do recurso, mas negar-lhe provimento. 4ª Turma. Processual Civil. Embargos de Terceiro. A jurisprudência de ambas as Turmas componentes da Segunda Seção do Superior Tribunal de Justiça, afastando a restrição imposta pelo Enunciado da Súmula nº 621/STF, norteou-se no sentido de admitir o processamento de ação de embargos de terceiro fundados em compromisso de compra e venda desprovido de registro imobiliário (REsp 662, Rel. Ministro Waldemar Zveiter; REsp 866, Rel. Ministro Eduardo Ribeiro; REsp 633, Rel. Ministro Sálvio de Figueiredo; REsp 696, Rel. Ministro Fontes de Alencar; REsp 188 e 247, de que fui Relator). Rel. Ministro Bueno de Souza, DJ 06.08.1990, p. 7.337; RSTJ, vol. 10, p. 314; RSTJ, vol. 49, p. 330.

Recurso Especial nº 173.417/MG. Decisão: Por unanimidade, negar provimento ao recurso. Data da decisão: 20.08.1998. 1ª Turma. Processual civil. Embargos de terceiro. Execução fiscal. Fraude. Contrato de promessa de compra e venda. Terceiro de boa-fé. Precedentes. Não há fraude à execução quando no momento do compromisso particular não existia a constrição, merecendo ser protegido o direito pessoal dos promissários-compradores. Há de se prestigiar o terceiro possuidor e adquirente de boa-fé quando a penhora recair sobre imóvel objeto de execução não mais pertencente ao devedor, uma vez que houve a transferência, embora sem o rigor formal exigido. Na esteira de precedentes da Corte, os embargos de terceiro podem ser opostos ainda que o compromisso particular não esteja devidamente registrado. Recurso Especial conhecido, porém, improvido. Rel. Ministro José Delgado, DJ 26.10.1998, p. 43.

Assim, como se prova por intermédio dos documentos anexos, a posse do bem penhorado foi adquirida anteriormente ao próprio direito do embargado, bem como à ação e constrição determinada por esse MM. Juízo.

Portanto, comprovados se acham, documentalmente, a propriedade, a posse e o ato de constrição judicial.

A violência sofrida pela Embargante é evidente, razão por que não participa, em hipótese alguma, da ação de cobrança proposta pelo embargado e sua consequente execução, sendo cabível, portanto, os presentes embargos para excluir o bem da penhora.

II – Direito

É princípio geral de direito que a penhora deva recair tão somente em bens do executado, ou seja, daquele contra quem a sentença ou obrigação é exequível, devendo ser respeitados, portanto, os direitos de propriedade ou posse de outrem.

Em consonância com o acatado, os arts. 674 e seguintes, do Código de Processo Civil, defere tutela por meio dos Embargos de Terceiro àquele que, não sendo parte no processo, sofre turbação ou esbulho na posse de seus bens por ato de apreensão judicial.

III – Pedido

Requer sejam julgados procedentes os presentes Embargos, declarando-se insubsistente a penhora sobre o imóvel objeto da matrícula nº (...) junto ao oficial de Registro de Imóveis da Comarca (...), com o seu respectivo levantamento e cancelamento de eventual leilão.

Requer-se, ainda, a condenação do Embargado em custas e verba honorária.

IV – Citação

Nos termos do art. 246 do CPC, requer-se a citação por meio eletrônico ou, não havendo cadastro, pelo correio (*ou, ainda, justificando, por Oficial de Justiça, nos termos do § 1º-A, II, do art. 246 do CPC, facultando-se ao Sr. Oficial de Justiça encarregado da diligência proceder nos dias e horários de exceção (CPC, art. 212, § 2º)*, para eventual oferta de resposta no prazo de 15 (quinze) dias (art. 335 do Código de Processo Civil), sob pena de serem tidos por verdadeiros todos os fatos aqui alegados (art. 344 do Código de Processo Civil), devendo o respectivo mandado conter as finalidades da citação, as respectivas determinações e cominações, bem como a cópia do despacho do(a) MM. Juiz(a), comunicando, ainda, o prazo para resposta, o juízo e o cartório, com o respectivo endereço.

Ou, havendo procurador do embargado constituído nos autos da ação que gerou a constrição:

Requer-se a citação do Embargado através do seu patrono constituído nos autos (fls....), nos termos do art. 677, § 3º, do Código de Processo Civil, para, querendo, responder no prazo legal, sob pena de confissão e efeitos da revelia.

V – Audiência de Conciliação

Nos termos do art. 334, § 5º, do Código de Processo Civil, o autor desde já manifesta, pela natureza do litígio, desinteresse em autocomposição.

Ou

Tendo em vista a natureza do direito e demonstrando espírito conciliador, a par das inúmeras tentativas de resolver amigavelmente a questão, o autor desde já, nos termos do art. 334 do Código de Processo Civil, manifesta interesse em autocomposição, aguardando a designação de audiência de conciliação.

VI – Provas

O embargante protesta por provar o alegado através de todos os meios de prova em direito admitidos, em especial pela produção de prova documental, testemunhal, pericial e inspeção judicial, além da juntada de novos documentos e demais meios que se fizerem necessários.

No caso de Vossa Excelência entender por bem designar audiência de justificação da posse, acorde com o art. 677, § 1º, do Código de Processo Civil, requer o depoimento pessoal do Embargado, sob pena de, não comparecendo, ser-lhe imposta a pena de confissão e, nesse caso, de acordo com o art. 677, do Código de Processo Civil, a Embargante arrola as testemunhas cujo rol segue abaixo, requerendo, desde já, sejam as mesmas intimadas pessoalmente.

a) (...)

b) (...)

VII – Valor da causa

Dá-se à causa o valor de R$ (...), para os efeitos fiscais.

Termos em que, requerendo seja a presente ação distribuída por dependência aos autos da ação nº (...),

Pede deferimento.

Data

Advogado (OAB)

Modelo alternativo:

MM. Juízo da (...)

Distribuição p/ dependência ao Processo nº (...) – execução.

(...), vem, respeitosamente, perante Vossa Excelência, por seus advogados (documento 1) opor em face do (...), os presentes

Embargos de terceiro,

o que faz com supedâneo nos arts. 674 e seguintes do Código de Processo Civil, pelos fatos e fundamentos jurídicos a seguir expostos:

Resumo:

Objeto: Imóvel objeto da matrícula nº (...), junto ao (...) ofício de Registro de Imóveis da Capital – SP.

Embargante: (...)

Embargado: (...)

Data da aquisição do objeto dos embargos: (...) (fls.... da execução e documento 4 destes embargos)

Data do contrato que gerou a ação de execução: (...) (documento 06 da execução)

Data do aforamento da execução: (...)

Data da constrição judicial: (...) (fls...., da execução)

Fundamentos dos embargos: ausência de requisitos da fraude à execução do art. 792, IV, do Código de Processo Civil, vez que:

a) a alienação foi levada a efeito por devedor solvente (documento 5 – bem livre e suficiente em nome do executado);

b) não há anterioridade do crédito em relação à alienação ocorrida em (...);

c) conseguintemente não houve *consilium fraude*.

I – Fatos

O Embargante, de boa-fé, empregando as economias de uma vida de trabalho honesto, através de Escritura Pública lavrada no dia (...), adquiriu de (...), para sua residência, o imóvel localizado na (...) (documento 2), tomando todas as cautelas e extraindo todas as certidões.

Ao tentar registrar a escritura junto ao (...) oficial de Registro de Imóveis, tomou conhecimento de que o imóvel fora penhorado (documento 3) nos autos da ação de execução por quantia certa, Processo nº (...), aforada no dia (...) pelo Banco (...) em face de (...), que se processa perante essa MM. Juízo e R. Cartório.

Entretanto, o embargante é legítimo possuidor do imóvel adquirido de (...) que, por sua vez, são sucessores de (...), que adquiriu o imóvel de (...) por Instrumento Particular de Compromisso de Compra e Venda firmado em (...) (documento 4).

Sendo assim, a escritura outorgada pelo executado (...) em (...) e registrada em (...) do mesmo ano (R... da matrícula – documento 5), deu cumprimento, justamente, ao compromisso de compra e venda (documento 4), datado de (...).

Cumpre esclarecer a Vossa Excelência que a penhora só foi deferida por esse MM. Juízo em face das informações prestadas pelo exequente que, através da petição inicial, mencionou o imóvel objeto dos presentes embargos em nome do executado, acorde com o auto de penhora (fls. 36 da execução).

Portanto, a penhora foi efetivada em cumprimento ao mandado, bem como determinada a averbação de ineficácia da alienação de (...) (Av. 9 da matrícula), em (...) (documento 5) sem levar em conta a data do compromisso de compra e venda que deu origem à escritura desse negócio, até porque Vossa Excelência não conhecia esse documento.

Em suma:

a) (...) prometeu vender o imóvel a (...) em (...) (documento 4);

b) O débito do executado (...) encontra sua origem em (...), tendo sido aforada a execução apenas em (...) e registrada a penhora em (...).

Consequentemente, seja sob a ótica da data da execução (...), seja sob a ótica da data do contrato, que deu origem à execução (...), é possível verificar que o crédito do embargado foi constituído quase (...) anos depois da aquisição, da transmissão da posse e da assinatura do Compromisso de Compra e Venda do imóvel objeto dos presentes embargos (...).

Oportuno ainda mencionar que o executado se insurgiu contra a penhora durante toda a execução na exata medida em que sabia que já havia negociado o imóvel (fls. 3 dos embargos à execução).

Em consonância, o ora embargante tentou, diversas vezes, demover o embargado de seu intento, lembrando que o imóvel penhorado não mais pertencia ao executado há muito tempo, logrando, ainda, localizar outros imóveis em nome do executado para que fosse substituída a penhora (documento 6). Esses imóveis, embora penhorados por outras dívidas do executado, possuem valor bem superior aos créditos que visam garantir.

Mesmo assim, entre os imóveis localizados pelo embargante em nome do executado consta, como já constava na data do contrato de abertura de crédito e na data do aforamento da execução, um imóvel livre e desembaraçado, cuja transcrição nº (...), junto ao (...)º oficial de Registro de Imóveis segue anexa (documento 7).

Ocorre que mesmo diante da ausência de fraude sobejamente demonstrada nas linhas precedentes, quer pela ausência da anterioridade do crédito, quer pela ausência de insolvência do executado, o embargado preferiu fazer ouvidos moucos e manter a penhora, causando compreensível aflição ao embargante que adquiriu o imóvel com o produto de uma vida de trabalho honesto.

É forçoso concluir, como se prova por intermédio dos documentos anexos, que o bem penhorado foi adquirido anteriormente ao direito do embargado e, também, por conseguinte, à própria ação e à constrição determinada por esse MM. juízo, sem contar a existência de outros bens do executado passíveis de constrição.

Portanto, comprovados se acham, documentalmente, a propriedade, a posse e o ato de constrição judicial.

A violência sofrida pela Embargante é evidente, razão por que não participa, em hipótese alguma, da ação de execução do embargado, sendo cabível, portanto, os presentes embargos para excluir o bem da penhora.

II – Direito

É princípio geral de direito que a penhora deva recair tão somente em bens do executado, ou seja, daquele contra quem a sentença ou obrigação é exequível, devendo ser respeitado, portanto, o direito de propriedade ou posse de outrem.

Em consonância com o acatado, os arts. 674 e seguintes, do Código de Processo Civil, defere tutela por meio dos Embargos de Terceiro àquele que, não sendo parte no processo, sofre turbação ou esbulho na posse de seus bens por ato de apreensão judicial.

a) Compromisso de compra e venda e embargos de terceiro

No caso em tela, a aquisição, bem anterior à execução (...), se deu por compromisso de compra e venda (documento 4).

Nesse sentido, poder-se-ia redarguir que o compromisso de compra venda sem registro não empresta supedâneo aos embargos de terceiro.

Não é assim.

A teor do que dispõe a Súmula 84 do STJ, o direito pessoal, representado pela promessa de compra e venda sem registro, pode ser contraposto, com sucesso, a outro direito pessoal que lhe seja posterior, como é o caso do crédito do embargado.

É verdade que não eram admitidos embargos de terceiro no caso de promessa de compra e venda sem registro (Súmula 621 do STF), mesmo em face de outro direito pessoal que ensejava a penhora.

Entrementes, a distorção foi corrigida pelo Superior Tribunal de Justiça a partir de sua criação:

Processo nº 00019319-6/004, Recurso Especial, origem: Taubaté, 3ª Turma, j. 19.05.1992, Rel. Min. Waldemar Zveiter, decisão: unânime. Processual civil – embargos de terceiro – contrato de promessa de compra e venda não inscrito no registro de imóvel – posse – penhora – execução – (...) I – Inexistente fraude, encontrando-se os recorridos na posse mansa e pacífica do imóvel, estão legitimados na qualidade de possuidores a opor embargos de terceiro, com base em contrato de compra e venda não inscrito no registro de imóvel, para pleitear a exclusão do bem objeto da penhora no processo de execução, onde não eram parte, (...) – precedentes do Superior Tribunal de Justiça. II – Recurso conhecido pela letra "c", do permissivo constitucional, a qual se nega provimento.

Recurso Especial nº 8.900.097.644. Decisão: por unanimidade, conhecer do recurso, mas negar-lhe provimento. 4ª Turma. Processual Civil. Embargos de Terceiro. A jurisprudência de ambas as Turmas componentes da Segunda Seção do Superior Tribunal de Justiça, afastando a restrição imposta pelo Enunciado da Súmula nº 621/STF, norteou-se no sentido de admitir o processamento de ação de embargos de terceiro fundados em compromisso de compra e venda desprovido de registro imobiliário (REsp 662, Rel. Ministro Waldemar Zveiter; REsp 866, Rel. Ministro Eduardo Ribeiro; REsp 633, Rel. Ministro Sálvio de Figueiredo; REsp 696, Rel. Ministro Fontes de Alencar; REsp. nos 188 e 247, de que fui Relator). Rel. Ministro Bueno de Souza. DJ 06.08.1990, p. 7.337; RSTJ, vol. 10, p. 314; RSTJ, vol. 49, p. 330.

Recurso Especial nº 173.417/MG, decisão: por unanimidade, negar provimento ao recurso, data da decisão: 20.08.1998, 1ª Turma. Processual civil. Embargos de terceiro. Execução fiscal. Fraude. Contrato de promessa de compra e venda. Terceiro de boa-fé. Precedentes. Não há fraude à execução quando no momento do compromisso particular não existia a constrição, merecendo ser protegido o direito pessoal dos promissários-compradores. Há de se prestigiar o terceiro possuidor e adquirente de boa-fé quando a penhora recair sobre imóvel objeto de execução não mais pertencente ao devedor, uma vez que houve a transferência, embora sem o rigor formal exigido. Na esteira de precedentes da Corte, os embargos de terceiro podem ser opostos ainda que o compromisso particular não esteja devidamente registrado. Recurso Especial conhecido, porém, improvido. Rel. Ministro José Delgado. DJ 26.10.1998, p. 43.

b) Requisitos da fraude à execução

O art. 792 do Código de Processo Civil determina os requisitos da fraude à execução:

Art. 792. A alienação ou a oneração de bem é considerada fraude à execução:

(...)

IV – quando, ao tempo da alienação ou da oneração, tramitava contra o devedor ação capaz de reduzi-lo à insolvência;

O Superior Tribunal de Justiça traz lapidar e esclarecedor acórdão:

Recurso Especial nº 41.128/SP (9300328760), decisão: por unanimidade, conhecer em parte do recurso e, nessa parte, dar lhe provimento, data da decisão: 17.02.1998, 4ª Turma. Processual Civil. Fraude a execução. Art. 593, II, do Código de Processo Civil. Inocorrência. Impugnação ao valor da causa. Agravo. Reexame de prova. Ausência de prequestionamento. Divergência não configurada. Quando não se trata, como no caso, de notória divergência, a simples citação de ementa é insuficiente para caracterização do dissídio jurisprudencial. Para que se tenha como de fraude a execução à alienação de bens, de que trata o inc. II do art. 593 do Código de Processo Civil [atual art. 792, IV], é necessária a presença concomitante dos seguintes elementos:

a) que a ação já tenha sido aforada;

b) que o adquirente saiba da existência da ação ou por já constar no cartório imobiliário algum registro dando conta de sua existência (presunção "juris et de jure" contra o adquirente), ou porque o exequente, por outros meios, provou que do aforamento da ação o adquirente tinha ciência; e

c) que a alienação ou a oneração dos bens seja capaz de reduzir o devedor a insolvência, militando em favor do exequente a presunção "juris tantum". Inocorrente, na hipótese, o segundo elemento supra indicado, não se configurou a fraude à execução. Entendimento contrário geraria intranquilidade nos atos negociais, conspiraria contra o comércio jurídico, e atingiria a confiabilidade nos registros públicos. "A pretensão de simples reexame de prova não enseja recurso especial" (Súmula nº 7/STJ) "é admissível a oposição de embargos de terceiro fundados na alegação de posse advinda de compromisso de compra e venda de imóvel, ainda que desprovida do registro" (Súmula nº 84/STJ). Falta de prequestionamento. É cabível o agravo retido para atacar decisão na impugnação ao valor da causa. Recurso especial parcialmente conhecido e, nessa parte, provido. Rel. Ministro César Asfor Rocha. Fonte: DJ 18.05.1998, p. 100.

Portanto, de acordo com o STJ, são três os requisitos básicos da fraude à execução, sendo que a ausência de qualquer deles a descaracteriza:

a) insolvência do executado (*eventus damni*);

b) anterioridade do crédito;

c) conhecimento da ação pelo adquirente em razão do registro da penhora.

No caso em tela, nenhum desses requisitos está presente. Vejamos:

b.1) Devedor executado solvente – ausência do *eventus damni*

No caso vertente a ação não era suficiente para reduzir o devedor à insolvência, inexistindo, por via de consequência, o *eventus damni*.

O devedor é proprietário de outros imóveis, inclusive um livre e desembaraçado de ônus, titularidade essa anterior à data da execução e do crédito (documentos 6 e 7).

Demonstrou o Superior Tribunal de Justiça que é absolutamente imprescindível *eventus damni* para que se configure a fraude à execução.

É no mesmo sentido a lição de Antonio Cláudio da Costa Machado:[17]

Fraude de execução (ou à execução) é todo e qualquer ato praticado pelo devedor (simulado ou não), com ou sem intenção enganosa, que produza como efeito a subtração de bens particularizados que devam ser entregues ao credor ou a subtração não particularizada que gere a sua insolvência.

Não de forma diferente, com a costumeira clareza, Silvio Rodrigues:[18]

Note-se, porém, que a fraude contra credores só se caracteriza quando for insolvente o devedor, ou se tratar de pessoa que, através de atos malsinados, venha a se tornar insolvente, porque, enquanto solvente o devedor, ampla é a sua liberdade de dispor de seus bens, pois a prerrogativa de aliená-los é elementar do direito de propriedade.

---

[17] Antonio Cláudio da Costa Machado, *Código de Processo Civil Interpretado*, São Paulo: Saraiva, 1996, p. 652.

[18] Silvio Rodrigues, "Ação pauliana ou revocatória", *Enciclopédia Saraiva do Direito*, São Paulo, vol. 3, p. 286.

b.2) Crédito posterior à alienação – ausência de anterioridade do crédito

A par da solvência do executado, não restam dúvidas quanto à inexistência da ação ao tempo da alienação, inexistindo, assim, o requisito da anterioridade do crédito para configuração da fraude à execução.

A alienação original é datada de (...) (documento 4) e a ação, bem como o crédito do exequente, de (...) e de (...), respectivamente.

b.3) Inexistência de registro da penhora na data da alienação – boa-fé

Se não bastassem esses elementos, verifica-se, ainda, que o embargante estava de boa-fé, não sabia da existência da ação, até em razão de o registro da penhora somente ter sido verificado após a aquisição, bastando, para tanto, verificar as datas da escritura que lhe foi outorgada e do registro da penhora na matrícula. Nesse sentido, a certidão extraída na data do negócio, bem como as certidões negativas em nome do vendedor (documento 8).

Nesse sentido:

> Súmula 375/STJ: O reconhecimento da fraude à execução depende do registro da penhora do bem alienado ou da prova de má-fé do terceiro adquirente (18.03.2009, DJe 30.03.2009).

O STJ julgou a questão na sistemática dos recursos repetitivos, o que fez nos seguintes termos:

> **Superior Tribunal de Justiça.** Processo civil. Recurso repetitivo. Art. 543-C do CPC. Fraude de execução. Embargos de terceiro. Súmula n. 375/STJ. Citação válida. Necessidade. Ciência de demanda capaz de levar o alienante à insolvência. Prova. Ônus do credor. Registro da penhora. Art. 659, § 4º, do CPC. Presunção de fraude. Art. 615-A, § 3º, do CPC. 1. Para fins do art. 543-C do CPC, firma-se a seguinte orientação: 1.1. É indispensável citação válida para configuração da fraude de execução, ressalvada a hipótese prevista no § 3º do art. 615-A do CPC. 1.2. O reconhecimento da fraude de execução depende do registro da penhora do bem alienado ou da prova de má-fé do terceiro adquirente (Súmula n. 375/STJ). 1.3. A presunção de boa-fé é princípio geral de direito universalmente aceito, sendo milenar a parêmia: a boa-fé se presume; a má-fé se prova. 1.4. Inexistindo registro da penhora na matrícula do imóvel, é do credor o ônus da prova de que o terceiro adquirente tinha conhecimento de demanda capaz de levar o alienante à insolvência, sob pena de tornar-se letra morta o disposto no art. 659, § 4º, do CPC. 1.5. Conforme previsto no § 3º do art. 615-A do CPC, presume-se em fraude de execução a alienação ou oneração de bens realizada após a averbação referida no dispositivo. 2. Para a solução do caso concreto: 2.1. Aplicação da tese firmada. 2.2. Recurso especial provido para se anular o acórdão recorrido e a sentença e, consequentemente, determinar o prosseguimento do processo para a realização da instrução processual na forma requerida pelos recorrentes (REsp 956.943/PR, Rel. Ministra Nancy Andrighi, Rel. p/ Acórdão Ministro João Otávio De Noronha, Corte Especial, j. 20.08.2014, DJe 01.12.2014).

Concluindo, Excelência, a teor do art. 792, IV, do Código de Processo Civil, é possível afirmar com segurança jurídica que não existe fraude à execução na exata medida em que estão ausentes todos os seus requisitos, nada obstante a suficiência da ausência de apenas um para descaracterizar a fraude.

É a pura aplicação da lei.

III – Pedido

Provados de forma incontestável os fatos alegados, especialmente a qualidade de terceiro, a propriedade, a posse indireta e o ilegal ato de apreensão judicial, requer o Embargante digne-se Vossa Excelência, sejam julgados procedentes os presentes Embargos, declarando-se insubsistente a penhora e a ineficácia da transmissão que recaem sobre o imóvel objeto da matrícula nº (...) (Av.....,.e R.....) junto ao (...) oficial de Registro de Imóveis da (...), com o seu respectivo levantamento e cancelamento de eventual hasta pública.

Requer-se, ainda, a condenação do Embargado em custas e verba honorária.

IV – Citação

Nos termos do art. 246 do CPC, requer-se a citação por meio eletrônico ou, não havendo cadastro, pelo correio (ou, ainda, justificando, por Oficial de Justiça, nos termos do § 1º-A, II, do art. 246 do CPC, facultando-se ao Sr. Oficial de Justiça encarregado da diligência proceder nos dias e horários de exceção (CPC, art. 212, § 2º), para eventual oferta de resposta no prazo de 15 (quinze) dias (art. 335 do Código de Processo Civil), sob pena de serem tidos por verdadeiros todos os fatos aqui alegados (art. 344 do Código de Processo Civil), devendo o respectivo mandado conter as finalidades da citação, as respectivas determinações e cominações, bem como a cópia do despacho do(a) MM. Juiz(a), comunicando, ainda, o prazo para resposta, o juízo e o cartório, com o respectivo endereço.

Ou, havendo procurador do embargado constituído nos autos da ação que gerou a constrição:

Requer-se a citação do Embargado através do seu patrono constituído nos autos (fls....), nos termos do art. 677, § 3º, do Código de Processo Civil, para, querendo, responder no prazo legal, sob pena de confissão e efeitos da revelia.

V – Audiência de Conciliação

Nos termos do art. 334, § 5º, do Código de Processo Civil, o autor desde já manifesta, pela natureza do litígio, desinteresse em autocomposição.

Ou

Tendo em vista a natureza do direito e demonstrando espírito conciliador, a par das inúmeras tentativas de resolver amigavelmente a questão, o autor desde já, nos termos do art. 334 do Código de Processo Civil, manifesta interesse em autocomposição, aguardando a designação de audiência de conciliação.

VI – Provas

O embargante protesta por provar o alegado através de todos os meios de prova em direito admitidos, em especial pela produção de prova documental, testemunhal, pericial e inspeção judicial, além da juntada de novos documentos e demais meios que se fizerem necessários.

No caso de Vossa Excelência entender por bem designar audiência de justificação da posse, acorde com o art. 677, § 1º, do Código de Processo Civil, requer o depoimento pessoal do Embargado, sob pena de, não comparecendo, ser-lhe imposta a pena de confissão e, nesse caso, de acordo com o art. 677, do Código de Processo Civil, a Embargante arrola as testemunhas cujo rol segue abaixo, requerendo, desde já, sejam as mesmas intimadas pessoalmente.

a) (...)

b) (...)

VII – Valor da causa

Dá-se à causa o valor de R$ (...), para os efeitos fiscais.

Termos em que, requerendo seja a presente ação distribuída por dependência aos autos da ação nº (...),

Pede deferimento.

Data

Advogado (OAB)

Acesse o *QR Code* e faça o *download* dos modelos de peças editáveis

> http://uqr.to/1ye0a

3.14. FLUXOGRAMA

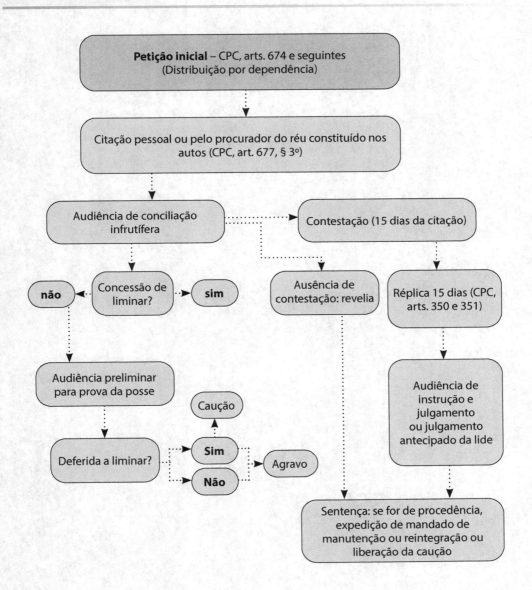

3.14. FLUXOGRAMA

Livro IV

CONDOMÍNIO

Capítulo 1

CONDOMÍNIO[1]

1.1. ESPÉCIES DE CONDOMÍNIO

A par de outras classificações normalmente encontradas na doutrina com fundamento no Código Civil, certo é que, do ponto de vista das consequências, conseguintemente do ponto de vista prático, existem duas espécies de condomínio:

a) condomínio geral (que pode ser: convencional, eventual e necessário); e,

b) condomínio edilício.

No condomínio geral, os poderes inerentes ao domínio são titulados por duas ou mais pessoas, ou seja, a propriedade é dividida entre dois ou mais condôminos, que são proprietários de uma fração ideal do todo e, por tal razão, passam a ser denominados comproprietários, coproprietários ou, simplesmente, condôminos.

Quanto à origem, esse condomínio pode ser voluntário na medida em que decorre da vontade das partes, normalmente em razão de negócio jurídico – compra e venda – pela aquisição de um imóvel por duas ou mais pessoas.

Pode ser eventual, todavia, se a situação condominial decorre de vontade de terceiros, como no caso de doação ou testamento.

Será necessário na medida em que decorrer de determinação da lei. É o que ocorre com o condomínio decorrente do direito hereditário, enquanto não operada a partilha e o condomínio de paredes, cercas, muros e valas que surge das normas referentes ao direito de vizinhança (Código Civil, arts. 1.297, 1.298, 1.304 a 1.307 e 1.327), tratado neste trabalho em capítulo distinto e ao qual se remete o leitor.

Quanto à forma de exercício, ainda que o imóvel seja único, as partes podem convencionar a utilização exclusiva de uma parcela determinada, surgindo, assim, o condomínio *pro diviso*.

É preciso muita cautela com essa modalidade, na medida em que pode representar burla às regras sobre o parcelamento do solo urbano e à Lei 6.766/1979. Nesse sentido, recomendamos a leitura do capítulo referente aos negócios jurídicos imobiliários, especialmente o tópico referente às "fórmulas mirabolantes no ato de parcelar o solo urbano".

---

[1]   Cf. Jorge Tarcha; Luiz Antonio Scavone Junior, *Despesas ordinárias e extraordinárias de condomínio*. São Paulo: Juarez de Oliveira, 1999.

O condomínio edilício, por outro lado, é aquele existente em edificações compostas por unidades autônomas que, juntas, formam uma edificação maior e, nessa medida, participam com frações ideais do todo.

1.2. CONDOMÍNIO GERAL

1.2.1. Características

1.2.1.1. *As faculdades conferidas aos condôminos – a questão da cessão dos direitos hereditários*

De acordo com o art. 1.314 do Código Civil, cada condômino pode:

a) usar livremente a coisa toda;

b) reivindicá-la de terceiro;

c) defender a sua posse;

d) alhear a respectiva parte indivisa ou gravá-la;

e) responsabilizar os demais pelos danos ou frutos que recebeu (inclusive aluguéis pelo uso exclusivo).

A lei defere, ainda, ao condômino, o direito de: exigir a divisão do bem condominial divisível ou a venda do indivisível com a repartição do preço.

Portanto, inicialmente, pode usar livremente a coisa, ou seja, pode usar o bem de acordo com sua finalidade sem impedir que os demais proprietários também utilizem.

Por exemplo: se dois amigos são proprietários de um sítio de veraneio, ambos podem usar e, inclusive, como veremos, estabelecer regras de utilização, desde que um não impeça o uso do outro.

Poderão, assim, convencionar o uso livre por ambos, se o imóvel comportar.

Será lícito, também, estabelecer o compartilhamento da propriedade em períodos alternados.

Ainda de acordo com o art. 1.314, do Código Civil, pode reivindicar de terceiros, ainda que isoladamente, direito, inclusive, do herdeiro, enquanto não realizada a partilha, já que, nessa medida, é considerado condômino dos demais herdeiros (Código Civil, arts. 1.791 e 1.827).

Cada condômino possui o direito de propriedade que contém, na sua constituição, o direito de reivindicar, podendo este ser exercido isoladamente.

Ora, se são dotados do direito de reivindicar, os condôminos podem, igualmente, se valer dos remédios possessórios, ou seja, das ações de reintegração e manutenção de posse, além do interdito proibitório nos casos de esbulho (perda da posse), turbação (interferência na posse) e ameaça, respectivamente.

Se a posse em condomínio for *pro diviso*, ou seja, em parte determinada da propriedade, entende-se que é possível a proteção possessória em face dos demais condôminos.

O condômino pode, ainda, gravar a sua parte.

Por exemplo: o coproprietário pode hipotecar sua fração, concedendo-a em garantia real em função de uma obrigação contratual que tenha assumido (Código Civil, art. 1.420).

O art. 1.314, do Código Civil permite, igualmente, ao condômino, alienar a sua quota parte, desde que dê preferência aos demais (Código Civil, art. 504).

Como dissemos, o herdeiro, enquanto não operada a partilha, é condômino.

Todavia, nessa qualidade, não pode alienar, cedendo um bem do acervo hereditário considerado singularmente (Código Civil, art. 1.793).

Deveras, enquanto não encerrada a sucessão com a partilha, cada herdeiro não sabe qual bem específico do acervo lhe será cabível.[2]

A cessão de direitos hereditários depende da formalidade da escritura pública e só pode ser feita na integralidade, como bem coletivo e com a participação de todos os herdeiros.

Se se tratar de um bem específico da herança, a cessão dependerá da participação de todos os herdeiros, em escritura pública e prévia autorização judicial, mediante alvará.

Assim recomenda-se um compromisso de cessão, com assinatura de todos os herdeiros, a juntada deste nos autos do inventário com requerimento de autorização judicial para que a escritura do bem particular seja outorgada.

Ensina Jorge Shiguemitsu Fujita:

A nenhum herdeiro é dado o direito de promover a cessão de direitos hereditários sobre um bem determinado da herança, sob pena de sua ineficácia, porquanto todos os bens deverão permanecer em condomínio até a partilha. O herdeiro, legítimo ou testamentário, poderá tão somente ceder a sua fração ideal na herança. A cessão hereditária de um bem certo e determinado da herança poderá ser levada a efeito, se todos os herdeiros estiverem de acordo e, ainda, se houver a autorização prévia do magistrado.[3]

É nesse sentido a jurisprudência:

Tribunal de Justiça de São Paulo. *Nulidade. Negócio jurídico. Permuta. Cessão de direitos hereditários sobre bem considerado singularmente. Demais coerdeiros que não anuíram ao negócio jurídico. Inobservância da forma prescrita em lei (escritura pública). Art. 1.793, caput e § 2º do CC. Reconhecimento da nulidade da permuta que se impõe. Recurso desprovido (Apelação nº 0005611-06.2011.8.26.0306, Rel. Des. Moreira Viegas, j. 27.03.2013).*

Tribunal de Justiça de São Paulo. *Nulidade de Negócio jurídico. Contrato verbal de compra e venda de imóvel entabulado por viúvo meeiro sem a anuência dos herdeiros coproprietários. Cessão de direitos hereditários que só é admissível por escritura pública. Inobservância da solenidade do artigo 1.793 do CC. Vício insanável. Negócio jurídico anulado. Restituição das partes no seu "status quo ante". Restituição do imóvel pelo réu-reconvinte mediante devolução do preço pago apenas pelo viúvo meeiro ante a inexistência de solidariedade dos herdeiros coautores que não participaram da avença. Pedido indenizatório dos autores reconvindos acolhido em parte. Condenação do réu-reconvinte no pagamento da taxa de ocupação e nas despesas de caráter "propter rem" (impostos, água e energia elétrica) incidentes sobre o imóvel, mediante apuração em liquidação de sentença. Aplicação dos artigos 166, incisos IV e V c/c 182 do Código Civil. Pedido principal parcialmente acolhido e julgada improcedente a reconvenção. Sucumbência em maior parte do réu-reconvinte que impõe a sua condenação no pagamento das custas, despesas do processo e honorários advocatícios de R$ 2.500,00. Sentença reformada. Recurso dos autores reconvindos parcialmente provido (Ap. nº 0006032-80.2011.8.26.0084, 7ª Câmara de Direito Privado, Rel. Des. Mendes Pereira, j. 20.02.2013).*

---

[2] A herança pode ser objeto de cessão de direitos, como ato negocial inerente ao domínio dos bens por qualquer dos herdeiros. Na vigência do Código Civil de 1916, à falta de disposição expressa em contrário, admitia-se formalização da cessão por escritura pública, instrumento particular ou termo nos autos. O novo Código Civil, porém, traz significativa mudança ao dispor, no artigo 1.793, que a cessão de direitos sobre a sucessão aberta ou sobre quinhão individual da herança pode ser objeto de escritura pública, com isso restringindo a utilização de instrumento particular. Mas nada impede que se efetue a cessão nos próprios autos do processo de inventário, por termo próprio, na forma de renúncia translativa da herança (...), uma vez que admitida igual forma de procedimento para a renúncia propriamente dita (art. 1.806 do NCC) (Euclides de Oliveira e Sebastião Amorim. Inventários e Partilhas – Direito das Sucessões, 15ª ed., São Paulo: Universitária, 2003, p. 60).

[3] Coord. Luiz Antonio Scavone Junior, Carlos Eduardo Nicoletti Camilo, Glauber Moreno Talavera e Jorge Shiguemitsu Fujita. *Comentários ao Código Civil.* São Paulo: Revista dos Tribunais, 2009, p. 2.089.

Embora o condômino possa vender a coisa a terceiros, essa faculdade está condicionada à concessão do direito de preferência aos demais condôminos (Código Civil, arts. 504, 1.794 e 1.795).

Todavia, se vender a outro condômino não precisa conceder a preferência como, inclusive, já decidiu o STJ em didático aresto:

> **Superior Tribunal de Justiça.** *Recurso Especial. Direito Civil. Condomínio sobre imóvel indivisível. Direito de preferência. Interpretação do art. 504 do código civil. Aplicação apenas à alienação da fração ideal a estranhos e não a condôminos. Norma restritiva de direitos. Interpretação também restritiva. Exegese literal e teleológica desta e de outras normas do sistema a estabelecer semelhante disposição. 1. Controvérsia em torno do direito de preferência na venda de fração ideal de imóvel indivisível em condomínio a outros condôminos, em face do disposto no art. 504 do Código Civil. 2. A exegese do enunciado normativo do art. 504, caput, do CC, denota que o direito de preferência ali regulado contempla a hipótese fática em que um dos condôminos vende parte do bem condominiado a estranhos, omitindo-se de o oferecer aos demais cotitulares interessados. 3. Interpretação restritiva desse dispositivo legal por representar restrição ao direito de propriedade e à liberdade de contratar, notadamente, de dispor do bem objeto do domínio, alienando-o a quem o condômino bem entenda. 4. A concorrência estabelecida entre os condôminos, prevista no parágrafo único do art. 504 do CC, preferindo aquele que possua benfeitorias de maior valor ou, em segundo plano, aquele que detenha a maior fração condominiada, somente incidirá quando a premissa para o exercício do direito de preferência constante no caput desse dispositivo legal tenha sido verificada, ou seja, quando, alienada a fração ideal do imóvel a um estranho, não se tenha ofertado previamente aos demais condôminos tanto por tanto. 5. Não há direito potestativo de preferência na hipótese em que um dos condôminos aliena sua fração ideal para outro condômino, já que não se fez ingressar na compropriedade pessoa estranha ao grupo condominial, razão pela qual fora erigida a preempção ou preferência. 6. Exegese sistemático-teleológica das disposições do Código Civil à luz do princípio da autonomia privada. 7. Precedentes específicos da 3ª e 4ª Turmas do STJ. 8. Recurso Especial provido. (REsp 1526125/SP, Rel. Min. Paulo de Tarso Sanseverino, 3ª Turma, j. 17.04.2018, DJe 27.04.2018.)*

Sendo assim, o condômino pode adjudicar a coisa se não lhe for dada a preferência e for vendida a fração do consorte a estranhos, desde que requeira essa adjudicação no prazo decadencial de cento e oitenta dias da venda.

Sabemos que o imóvel só se considera vendido se houver o registro do título aquisitivo junto ao oficial de registro de imóveis da circunscrição imobiliária competente, quando a venda se torna pública e o terceiro adquire a propriedade.

Todavia há decisões que admitem a contagem da ciência da venda (STF, *RTJ* 57/322, 59/591).

Faculta-se, ainda, ao condômino, a extinção do condomínio.

De fato, a situação de indivisão é passageira. A copropriedade vai de encontro com a natureza humana do domínio que aponta para a exclusividade do direito.

Tanto é assim que todos os regimes que tencionaram extirpar ou tornar a propriedade um bem de uso comum não conseguiram êxito.

Portanto, a lei presume o incômodo e facilita a extinção do condomínio, evitando conflitos de maior proporção que situação condominial é capaz de gerar.

Essa noção decorre do Direito Romano, onde já se afirmava que o condomínio é a "mãe das rixas" (*communio mater rixarum*).

Posta assim a questão, a lei facilita a divisão da coisa entre os condôminos ou, impossível a divisão, a venda da coisa comum.

Inicialmente, se o bem for divisível, o condômino pode exigir a divisão da coisa, respondendo a parte de cada um pelas despesas de divisão (Código Civil, art. 1.320; Código de Processo Civil, art. 588 e ss.).

A ação de divisão é tratada neste livro, em capítulo apartado, ao qual se remete o leitor.

Se a coisa for indivisível, não restará alternativa ao condômino insatisfeito senão exigir a venda da coisa comum indivisível (Código Civil, art. 1.322; Código de Processo Civil, arts. 588 e ss.).

São exemplos de imóveis indivisíveis:

a) imóvel rural que já se encontra de acordo com o módulo mínimo, tendo em vista que o Estatuto da Terra, Lei 4.504/1964, art. 65, proíbe a divisão em áreas de dimensão inferior ao módulo rural; e,

b) lote urbano de 125 m2 em razão de a Lei do Parcelamento do Solo proibir lotes urbanos com medida inferior a 125 m2 (Lei 6.766/1979, art. 4º, II).

Essa venda é levada a efeito, por evidente, se um dos condôminos não quiser adquirir a quota do insatisfeito, tendo preferência neste caso, segundo o que dispõe o art. 1.322 do Código Civil, estabelecendo a seguinte ordem:

a) o condômino que tiver benfeitorias de maior valor;

b) não havendo, o de quinhão maior; e,

c) não havendo condômino com benfeitorias de maior valor ou de quinhão maior, licita-se entre estranhos e, antes da adjudicação a este estranho, licita-se novamente entre os condôminos, preferindo ao estranho em condições iguais e, entre os condôminos, aquele que pagar mais.

Por fim, o condômino pode exigir a compensação a título de aluguel, do seu consorte que use exclusivamente o bem (Código Civil, art. 1.319).

Se o imóvel é comum e está sendo utilizado por um dos condôminos com exclusividade, nos parece evidente que o uso exclusivo deve representar a compensação pelo comproprietário, em respeito ao direito de fruição inerente à parte do domínio que o compete.

Assim, por exemplo, se irmãos são proprietários de imóvel recebido em razão de sucessão, nada obsta que aquele que não esteja na posse direta do imóvel cobre aluguel daquele que está fruindo na sua totalidade, proporcionalmente à quota do prejudicado.

O termo inicial da contagem do aluguel é a notificação dirigida ao condômino que faz uso exclusivo do bem imóvel, embora haja entendimento em sentido contrário, determinando a citação para a ação de arbitramento dos aluguéis como termo inicial. De qualquer forma, estabelecida a necessidade de notificação, nesta deve constar, de forma clara, o valor da compensação pretendida, circunscrita aos valores de mercado.[4]

Nesse sentido:

Superior Tribunal de Justiça. *Comodato. Extinção. Ocupação exclusiva de parcela dos condôminos. Indenização. Aluguéis. Possibilidade. Vedação ao enriquecimento sem causa. Mora. (...) 4. Cessado o comodato, por meio de notificação judicial ou extrajudicial, o condômino privado da posse do imóvel tem direito ao recebimento de aluguéis proporcionais a seu quinhão dos proprietários que permaneceram na posse exclusiva do bem, medida necessária para evitar o enriquecimento sem causa da parte que usufrui da coisa. Precedentes. 5. A subsistência de fundamento jurídico inatacado obsta o conhecimento do*

---

4   *Condômino – Uso exclusivo – Possibilidade – Uso que se presume gratuito –Posterior notificação para pagamento de aluguel – Obrigação – Valor não informado – Liquidação a ser feita em Juízo – Termo inicial do aluguel – Citação. O condômino tem o direito de posse inerente ao domínio, podendo usar da coisa em comum até que os demais decidam alugá-lo, a partir de quando, feita a notificação de forma clara e precisa, com o respectivo valor, deverá pagar o aluguel aos demais, em proporção a cada quinhão. Omissa a notificação quanto ao valor e havendo tratativas imprecisas, com oposição, e delas não constando qualquer proposta determinada, o litígio impõe a obrigação após a citação (TJMG 2.0000.00.423486-6/000(1) Rel.: Des. Teresa Cristina da Cunha Peixoto. Publicação: 30.10.2004).*

recurso especial a teor do que orienta a nota n. 283 da Súmula do STF. 5.1. Na espécie, a conclusão da Corte local encontra fundamento, também, no princípio geral de direito que veda o enriquecimento sem causa (CC/2002, art. 884), motivação não expressamente impugnada nas razões recursais. 6. Conforme orientação dominante do STJ, inexistindo notificação extrajudicial dos condôminos que usufruem com exclusividade o imóvel comum, a constituição em mora poderá ocorrer pela citação nos autos da ação de arbitramento de aluguéis, momento a partir do qual o referido encargo é devido, como é a situação dos autos. (...) (REsp 1.953.347/SP, Rel. Min. Antonio Carlos Ferreira, Quarta Turma, j. 09.08.2022, DJe 16.08.2022).

Se a propriedade está dividida igualmente entre comproprietários, aquele que está usando o bem com exclusividade deverá pagar o valor proporcional do aluguel àquele que não a usa.[5]

Nesse sentido:[6]

Tribunal de Justiça de São Paulo. *Ementa: Indenizatória – Reconhecimento de direito hereditário nos autos de outra demanda – Condomínio – Uso exclusivo do imóvel pelos réus conferindo aos autores o direito ao recebimento de aluguel na proporção de sua parte ideal – Locativo devido equivalente ao quinhão respectivo pela não fruição da moradia – Débito derivado do vínculo da copropriedade – Sentença mantida – Recurso improvido (Apelação 994040264092 (3678054600) – Rel. Joaquim Garcia – Comarca: Jundiaí – Órgão julgador: 8ª Câmara de Direito Privado – j. 14.04.2010 – Data de registro: 19.04.2010).*

Deve-se observar, evidentemente, o prazo prescricional de três anos do art. 206, § 3º, do Código Civil, bem como o prazo prescricional aquisitivo.

Explica-se: a posse mansa e pacífica, da totalidade do imóvel, sem oposição dos demais condôminos, pode gerar a usucapião, cujo capítulo se recomenda a leitura.

---

5   *TJSP – Apelação 994040685616 (3516644000) – Rel. Egidio Giacoia – Comarca: Garça – Órgão julgador: 3ª Câmara de Direito Privado – j. 27.04.2010 – Data de registro: 03.05.2010 - Apelação – Coisa Comum Arbitramento de indenização (aluguel) pelo uso exclusivo de coisa comum – Indenização devida à condômina que não usufrui do bem comum – Possibilidade, sob pena de enriquecimento injustificado. Decisão modificada. Recurso provido.*
Segundo Maria Berenice Dias, aplica-se a regra aos cônjuges, mesmo antes da separação judicial e independentemente da propositura da ação de partilha, sob pena de prestigiar-se o enriquecimento injustificado – ("in" Manual de Direito das Famílias, São Paulo: Revista dos Tribunais, p. 296).
Neste sentido, no Tribunal de Justiça de São Paulo, as Apelações Cíveis nºs. 678.438.4/3-00, 4ª Câmara de Direito Privado, Rel. Des. Francisco Loureiro; 332.383.4/8-00, 1ª Câmara, Rel. Des. Elliot Akel; 273.277-4/5-00 e 282.775-4/9-00, 2ª Câmara, Rel. Des. Neves Amorim; 994.09.275682-7/5000 (691.515), 4ª Câmara, Rel. Des. Maia Da Cunha.

6   Neste julgado, são mencionados os seguintes, do Superior Tribunal de Justiça:
Condomínio – Condômino que ocupa integralmente imóvel de que é coproprietário – Necessidade de pagamento de aluguel aos demais condôminos – Medida que visa assegurar o direito inerente ao domínio e percepção dos frutos produzidos pela coisa comum – Inteligência dos artigos 623, 627 e 638 do Código Civil. (REsp 72.190/SP, Sexta Turma, Rel. Min. Vicente Leal).
Recurso especial. Civil. Ação de cobrança de aluguel. Utilização exclusiva de imóvel em condomínio. Possibilidade. – É possível a cobrança de alugueres pelo uso exclusivo de imóvel em condomínio quando houver resistência do ocupante à fruição concomitante do imóvel. – Igualmente factível essa cobrança, quando a simples ocupação do bem por um dos consortes representar impedimento de cunho concreto, ou mesmo psicológico, à utilização simultânea pelos demais condôminos (...). (REsp 622472/RJ, Ministra Nancy Andrighi, Terceira Turma, DJ 20.09.2004, p. 293).
Civil. Processual Civil. Propriedade comum de imóvel. Uso integral por um condômino. Efeitos. Obrigação de pagar aluguel. Legitimidade passiva. – Quem ocupa integralmente imóvel de que é coproprietário, nele mantendo estabelecimento industrial de sua propriedade, deve pagar aluguel aos demais condôminos, tendo legitimidade para figurar no polo passivo de ação de arbitramento de aluguel. – Na propriedade em comum, cada condômino pode exercer os direitos inerentes ao domínio e perceber os frutos produzidos pela coisa comum (...). Recurso conhecido e provido. (REsp 41.113/SP; Recurso Especial 1993/0032807-7. Ministro Vicente Leal. Sexta Turma. j. 25.03.1996).

Por fim, o coproprietário que usa a propriedade exclusivamente e, por essa razão, deve pagar aos demais proporcionalmente, não goza da proteção da Lei do bem de família na execução da sentença que lhe cobra tal ressarcimento:

> **Superior Tribunal de Justiça.** *Recurso Especial. Direito Processual Civil. Ação de arbitramento de aluguel. Cobrança. Cumprimento de sentença. Copropriedade. Posse exclusiva. Obrigação indenizatória. Obrigação de pagar aluguel pelo uso exclusivo do bem. Despesas condominiais. Obrigação propter rem. Inadimplência. Afastamento. Impenhorabilidade do bem de família. 1. Ação de arbitramento de aluguel cumulada com cobrança proposta por coproprietário que não exerce a posse. 2. O propósito recursal consiste em definir a possibilidade de penhora de imóvel, em regime de copropriedade, quando é utilizado com exclusividade, como moradia pela família de um dos coproprietários, o qual foi condenado a pagar alugueres devidos em favor do coproprietário que não usufrui do imóvel. 3. Segundo o disposto no art. 1.315, do Código Civil, o coproprietário é obrigado, na proporção de sua parte, a concorrer para as despesas de conservação ou divisão da coisa e a suportar os ônus a que estiver sujeita. 4. É dominante a jurisprudência no STJ que a natureza propter rem da obrigação afasta a impenhorabilidade do bem de família. Precedentes. 5. Constituem determinantes da obrigação de natureza propter rem: a vinculação da obrigação com determinado direito real; a situação jurídica do obrigado; e a tipicidade da conexão entre a obrigação e o direito real. 6. A primazia da posse sobre a forma de exercício da copropriedade e a vedação do enriquecimento ilícito são dois fatores que geram dever e responsabilidade pelo uso exclusivo de coisa comum. Precedentes. 7. A posse exclusiva (uso e fruição), por um dos coproprietários, é fonte de obrigação indenizatória aos demais coproprietários, porque fundada no direito real de propriedade. 8. A obrigação do coproprietário de indenizar os demais que não dispõe da posse, independe de sua declaração de vontade, porque decorre tão somente da cotitularidade da propriedade. 9. Recurso especial conhecido e não provido (REsp 1.888.863/SP, Rel. Ministro Ricardo Villas Bôas Cueva, Rel. para acórdão Ministra Nancy Andrighi, Terceira Turma, j. 10.05.2022, DJe 20.05.2022).*

Na fundamentação que emana desse julgamento, colhe-se que "se apenas um dos condôminos utiliza o bem de forma exclusiva, impedindo o usufruto comum do imóvel pelos demais condôminos, surge o direito do outro de ser ressarcido, sob pena de enriquecimento ilícito, em ofensa ao art. 884 do Código Civil. Logo, a posse exclusiva (uso e fruição), por um dos coproprietários, é fonte de obrigação indenizatória aos demais coproprietários, porque fundada no direito real de propriedade", complementando que se trata de obrigação *propter rem* e, se assim o é, cabível a "penhorabilidade do bem de família, ao também já estabelecido dever de pagar aluguel pelo uso exclusivo do bem."

Com fundamento segundo o qual esse ressarcimento, decorrente de obrigação vinculada à coisa estaria incluso nas exceções do art. 3º, inciso IV, da Lei 8.009/1990, afastou-se a impenhorabilidade do bem de família.

1.2.1.2. A proibição de alteração da destinação e locação

Ao invés de extinguir o condomínio, os comproprietários poderão deliberar pela administração do bem.

Se isso ocorrer, ainda que também seja proprietário, o condômino não pode alterar a destinação ou alugar a coisa sem consentimento dos demais condôminos (Código Civil, art. 1.314, parágrafo único e art. 1.323).

Qualquer deliberação nesse sentido deve respeitar a decisão da maioria das quotas. Assim, é possível que os condôminos se reúnam para decidir a alteração da destinação ou a locação do bem comum. A maioria, considerada em relação ao quinhão, decidirá.

Ressalte-se que o condômino tem direito de preferência em relação a estranhos na locação da coisa comum.

Portanto, antes de locar a terceiros, ainda que essa seja a vontade da maioria, todos os condôminos devem ser consultados, sob pena de despejo do terceiro (art. 5º, da Lei 8.245/1991) pelo condômino preterido.

Assim, antes de locar um imóvel, deve o pretenso locatário verificar a existência de condomínio e, se houver, exigir a anuência dos demais condôminos no contrato de locação conforme atesta o seguinte julgado que, entretanto, entendeu ser adequada a via da ação reivindicatória:

> *Apelação. Condomínio. Ação reivindicatória. Ação proposta por condômino visando retomada do bem que se encontra na posse de terceiro em razão de locação firmada com um dos condôminos, sem anuência dos demais. Acolhimento. Nenhum dos condôminos pode dar posse, uso ou gozo da coisa comum a estranhos sem o consenso dos outros (art. 1.314, parágrafo único do CC), o que autoriza ação do condômino para retomar a posse do bem, seja por meio de possessória ou até mesmo com ação reivindicatória. Adequação da medida, não se exigindo ação de despejo, pois perante o condômino que não consentiu a posse exercida não é legítima e não decorre de relação contratual. Alegação de que a locação antecede a constituição do condomínio e que foi firmada com herdeiro e condômino que seria representante do proprietário. Não acolhimento. Contrato original firmado em nome próprio do condômino e não como procurador. Ausência de demonstração da representação. Alegação do réu de que vem reiteradamente renovando e renegociando a locação com o condômino, o que constitui a irregularidade que autoriza os demais condôminos reclamarem restituição da coisa. Não se trata de obrigação assumida validamente antes da constituição do condomínio e que vincularia os sucessores. Recurso improvido (TJSP, Apelação Cível 1002230-65.2017.8.26.0272, Rel. Enéas Costa Garcia, 1ª Câmara de Direito Privado, Foro de Itapira, 1ª Vara, j. 29.06.2020, data de registro 29.06.2020).[7]*

O locatário sequer pode alegar boa-fé na medida em que a situação condominial consta na matrícula do imóvel, sendo, assim, oponível a terceiros.

Ninguém se escusa de cumprir a lei alegando que não a conhece (Lei de Introdução às normas do Direito Brasileiro, art. 3º).

Como a lei determina a preferência e a situação de condomínio geral da propriedade é pública em razão da matrícula, o locatário deverá ser diligente e colher a anuência dos condôminos, bem como se certificar de que foi concedida a preferência.

1.2.1.3. As despesas com a conservação da coisa

De acordo com o artigo 1.315 do Código Civil, os condôminos devem concorrer, na proporção da sua parte, para as despesas com a conservação da coisa.

Se, por exemplo, três condôminos são proprietários de uma casa em partes iguais, deverão repartir entre si as despesas, de tal sorte que cada comproprietário pagará um terço das despesas com impostos que recaiam sobre o imóvel, bem como com gastos de conservação, material de limpeza, vigias etc.

---

[7]   Em sentido contrário:
Declaratória. Existência de condomínio em razão de separação judicial. Imóvel que foi locado sem anuência da co-usufrutuária. Retomada imediata. Impossibilidade. Locadores que não podem ser prejudicados. Contrato de locação em vigência há quase um ano – Decisão mantida. Recurso desprovido (TJSP, Agravo de Instrumento 0257477-80.2012.8.26.0000, Rel. Fortes Barbosa, 6ª Câmara de Direito Privado, Foro de Cerquilho, Vara Única, j. 14.03.2013, data de registro 16.03.2013).
Locação. Contrato celebrado sem a anuência de condômino. Ação buscando a invalidação do negócio. Sentença de improcedência. Confirmação da decisão. Condomínio não constituído legitimamente, por falta de registro do título de instituição. Condômina/locadora, ademais, que exercia posse exclusiva sobre o imóvel, locando edificações outras ali situadas, havia anos. Locatário, terceiro de boa-fé, desconhecendo a comunhão e os atritos entre os condôminos. Validade do contrato de locação. Situação que, no caso, enseja outras consequências jurídicas, entre elas a de autorizar ao condômino prejudicado exigir do outro o pagamento de indenização, também a título de ressarcimento pela fruição exclusiva da coisa (TJSP, Apelação com Revisão 9118363-85.2003.8.26.0000, Rel. Ricardo Pessoa de Mello Belli, 25ª Câmara do Terceiro Grupo (Ext. 2° TAC), Foro de Jundiaí, 3ª Vara Cível, j. 06.09.2005, data de registro 14.09.2005).

1.2.2. Administração do condomínio

Como foi visto, os condôminos podem preferir desfazer o condomínio através da venda da coisa comum indivisível ou divisão do bem divisível.

Todavia, podem deliberar pela administração do bem.

Nesse caso, o administrador, ainda que seja um terceiro, será escolhido pela maioria dos condôminos.

Os condôminos deliberarão também acerca da forma de administrar, remuneração do administrador, prestação de contas etc. (Código Civil, art. 1.323).

Se um dos condôminos passa a administrar sem oposição dos demais, será representante comum, podendo, inclusive, efetuar as despesas e cobrar dos demais na proporção de suas quotas (Código Civil, arts. 1.318 e 1.324).

Para se ver ressarcido do que despendeu, a ação do condômino que pagou as despesas sem oposição dos demais é a ação de prestação de contas, na modalidade "dar contas" pelo procedimento comum (Código de processo Civil, art. 318 e seguintes).

No Código de Processo Civil de 2015, diferentemente do anterior que previa a ação de prestação de contas abrangendo as modalidades "dar contas" e "exigir contas", o arts. 550 só prevê, pelo procedimento especial, a modalidade "exigir contas".

O condômino que não concordar com os valores apresentados pelo administrador poderá, também, exigir as contas através da mesma ação, qual seja, prestação de contas, ainda que se trate de administrador tácito.

1.3. CONDOMÍNIO EDILÍCIO

1.3.1. Definição

O condomínio edilício é definido como o conjunto de propriedades exclusivas em um imóvel considerado unitário, com áreas comuns que se vinculam às unidades autônomas (apartamentos, escritórios, lojas, casas, lotes de terreno, garagens etc.).

Até 1928, não havia entre nós qualquer lei que regulamentasse essa espécie de condomínio.

O Código Civil anterior, de 1916, não tratava do assunto.

A primeira norma que regulamentou o condomínio edilício ou em edificações foi o Decreto-lei 5.481/1928.

Até a entrada em vigor do Código Civil de 2002, o que ocorreu no dia 12 de janeiro de 2003, o assunto vinha completamente tratado na Lei 4.591/1964.

No nosso entendimento, resta derrogada a primeira parte da Lei 4.591/1964 na parte conflitante com o Código Civil, que tratou da matéria nos arts. 1.331 a 1.356.

É o que determina o art. 2º da Lei de Introdução às Normas do Direito Brasileiro.

Seja como for, para caracterizar o condomínio edilício, imaginemos um edifício residencial.

Cada apartamento é considerado um imóvel exclusivo, independente dos demais.

Ocorre que o edifício é composto de partes comuns, ou seja, de uso comum, como, por exemplo, as garagens, a piscina, a sala de ginástica, o salão de festas, os corredores, os jardins, o teto etc.

Nesse sentido, o Código Civil:

Art. 1.331. Pode haver, em edificações, partes que são propriedade exclusiva, e partes que são propriedade comum dos condôminos.

§ 1° As partes suscetíveis de utilização independente, tais como apartamentos, escritórios, salas, lojas e sobrelojas, com as respectivas frações ideais no solo e nas outras partes comuns, sujeitam-se a propriedade exclusiva, podendo ser alienadas e gravadas livremente por seus proprietários, exceto os abrigos para veículos, que não poderão ser alienados ou alugados a pessoas estranhas ao condomínio, salvo autorização expressa na convenção de condomínio. (Redação dada pela Lei 12.607, de 2012).

§ 2° O solo, a estrutura do prédio, o telhado, a rede geral de distribuição de água, esgoto, gás e eletricidade, a calefação e refrigeração centrais, e as demais partes comuns, inclusive o acesso ao logradouro público, são utilizados em comum pelos condôminos, não podendo ser alienados separadamente, ou divididos.

Sendo assim, é preciso administrar essa edificação e estabelecer regulamentos de uso dessas áreas comuns que, aliás, diferentemente do que ocorre no condomínio geral, são inalienáveis independentemente da unidade, ou seja, não podem ser destacadas da unidade a que se referem e alienadas a terceiros.

Assim, ainda que a quadra esportiva não esteja sendo utilizada e ainda que todos os condôminos concordem, não é possível a venda dessa área comum.

De outro lado, cada apartamento deve contribuir para as despesas comuns, como o salário dos empregados (zelador, porteiros, faxineiros etc.), as taxas de água e luz das partes comuns, a manutenção dos elevadores, a aquisição de material de limpeza etc.

Portanto, mister se faz um sistema que vincule essas unidades autônomas, no nosso exemplo os apartamentos, a uma proporção das áreas e coisas comuns.

Com essa proporção, se fixa a fração de cada unidade em relação ao todo.

Essa fração servirá para o rateio das despesas bem como para determinar a proporção da participação dos condôminos titulares das unidades autônomas nas deliberações condominiais.

1.3.2. Instituição do condomínio, sua natureza jurídica, sua responsabilidade por obrigações e as implicações para os condôminos

A instituição do condomínio é o ato que torna jurídico o condomínio edilício, tornando possível regular as relações jurídicas entre os diversos proprietários.

De fato, com a instituição, as unidades autônomas são discriminadas, separadas das áreas comuns, estabelecendo-se, demais disso, as regras de convívio no conjunto de edificações.

A instituição do condomínio segue o que determina o artigo 1.332 do Código Civil:

Art. 1.332. Institui-se o condomínio edilício por ato entre vivos ou testamento, registrado no Cartório de Registro de Imóveis, devendo constar daquele ato, além do disposto em lei especial:

I – a discriminação e individualização das unidades de propriedade exclusiva, estremadas uma das outras e das partes comuns;

II – a determinação da fração ideal atribuída a cada unidade, relativamente ao terreno e partes comuns;

III – o fim a que as unidades se destinam.

No sistema anterior ao Código Civil, regulado pela Lei 4.591/1964, a instituição do condomínio era efetuada mediante cálculo das frações em razão do tamanho das unidades.

O Código Civil, Lei 10.406, de 10 de janeiro de 2002, que entrou em vigor no dia 12 de janeiro de 2003, estabeleceu o critério do valor, nos termos do § 3° do art. 1.331:

Art. 1.331, § 3° A fração ideal no solo e nas outras partes comuns é proporcional ao valor da unidade imobiliária, o qual se calcula em relação ao conjunto da edificação.

Sendo assim, inicialmente era verificado o valor da unidade em razão do valor do todo no momento da especificação.

Com essa conta, cada unidade representava um percentual de participação sobre as chamadas áreas comuns.

Uma construção contendo 10 unidades de igual valor, por exemplo, 100 mil, com valor global de um milhão, resultava no percentual de participação nas áreas comuns de dez por cento para cada unidade.

A Lei 10.931/2004 alterou novamente o dispositivo, deixando de estabelecer o parâmetro que, nesse caso, entendemos, fica ao talante do instituidor, podendo ser feito pelo cálculo das áreas em razão do todo, como antes, em razão da Lei 4.591/1964 ou pelo valor em razão do todo:

> § 3º A cada unidade imobiliária caberá, como parte inseparável, uma fração ideal no solo e nas outras partes comuns, que será identificada em forma decimal ou ordinária no instrumento de instituição do condomínio.

Com esse percentual, portanto, as frações ideais no terreno são calculadas.

O resultado é a especificação do condomínio.

A especificação torna jurídico o fracionamento do imóvel em unidades autônomas, ou seja, discrimina, no âmbito da edificação, o que será objeto do domínio exclusivo e o que será objeto do domínio comum, fixando, ainda, a fração ideal das unidades autônomas em relação às áreas comuns.

É evidente que não é possível efetuar o rateio das despesas condominiais sem que haja especificação, fixando as frações ideais.

A especificação delimita a propriedade ao descrever o imóvel e suas confrontações, com áreas privativas e áreas comuns.

Portanto, as frações ideais no terreno atribuídas a cada unidade pelo critério estabelecido na especificação do condomínio servirão, salvo disposição diversa da Convenção (CC, 1.334, I), para o cálculo da contribuição da unidade (CC, 1.336, I) e para estabelecer a proporção dos votos (CC, 1.352, parágrafo único).

Sendo assim, a alteração da especificação, depois da instituição do condomínio, significa alteração do direito de propriedade.

Por tal razão, essa alteração reclama a unanimidade dos condôminos com a outorga uxória/marital, quando for exigível, não sendo possível admitir alteração no direito de propriedade pelo quórum do art. 1.351 do Código Civil (2/3).[8]

---

[8]   Nesse sentido:
   Registro de Imóveis – Retificação parcial do projeto de construção – Eliminação de um salão social – Alteração de metragens da área comum e da área total construída das unidades autônomas – Concordância da totalidade dos adquirentes de frações ideais correspondentes às unidades autônomas – Necessidade (artigo 43, IV, da Lei 4.591/1964) – Desqualificação registral confirmada – Averbação descabida – Recurso desprovido (Processo CGJ/SP, j. 20.02.2013, Data de Aprovação: 25.03.2013, Data de Publicação: 08.04.2013, Campinas, Rel. Luciano Gonçalves Paes Leme, Legislação: art. 43, IV, da Lei 4.591/1964).
   Nada obstante, de forma equivocada pelo que se explicou, o STJ já admitiu a alteração do critério de rateio pelo voto de 2/3:
   Superior Tribunal de Justiça. *"Ainda que, na vigência do CC/1916, tenha sido estipulado, na convenção original de condomínio, ser irrevogável e irretratável cláusula que prevê a divisão das despesas do condomínio em partes iguais, admite-se ulterior alteração da forma de rateio, mediante aprovação de 2/3 dos votos dos condôminos, para que as expensas sejam suportadas na proporção das frações ideais. De fato, não há como obrigar – sem que haja previsão legal – que os atuais condôminos ou os eventuais futuros adquirentes das unidades fiquem eternamente submetidos às regras impostas na convenção original.*

A especificação é um fato. Como tal, não pode ser alterada por sentença, o que se afirma na medida em que o juiz não pode alterar os fatos.

À especificação do condomínio, o instituidor deve anexar a minuta da convenção.

Em consonância com o acatado, importante verificar o teor dos arts. 1.333 e 1.334 do Código Civil:

> *Art. 1.333. A convenção que constitui o condomínio edilício deve ser subscrita pelos titulares de, no mínimo, dois terços das frações ideais e torna-se, desde logo, obrigatória para os titulares de direito sobre as unidades, ou para quantos sobre elas tenham posse ou detenção.*
>
> *Parágrafo único. Para ser oponível contra terceiros, a convenção do condomínio deverá ser registrada no Cartório de Registro de Imóveis.*
>
> *Art. 1.334. Além das cláusulas referidas no art. 1.332 e das que os interessados houverem por bem estipular, a convenção determinará:*
>
> *I – a quota proporcional e o modo de pagamento das contribuições dos condôminos para atender às despesas ordinárias e extraordinárias do condomínio;*
>
> *II – sua forma de administração;*
>
> *III – a competência das assembleias, forma de sua convocação e quorum exigido para as deliberações;*
>
> *IV – as sanções a que estão sujeitos os condôminos, ou possuidores;*
>
> *V – o regimento interno.*
>
> *§ 1º A convenção poderá ser feita por escritura pública ou por instrumento particular.*
>
> *§ 2º São equiparados aos proprietários, para os fins deste artigo, salvo disposição em contrário, os promitentes compradores e os cessionários de direitos relativos às unidades autônomas.*

Em que pese a necessidade de registro da convenção, é preciso verificar que a previsão é restrita para que valha contra terceiros, não impedindo sua validade entre os condôminos e, nesta medida:

> *Súmula 260/STJ – A convenção de condomínio aprovada, ainda que sem registro, é eficaz para regular as relações entre os condôminos.*

Nesse sentido:

Superior Tribunal de Justiça. *Civil e processual. Condomínio instituído sobre loteamento. Ausência de inscrição do registro de imóveis. Efeito erga omnes inexistente. Validade, entretanto, da convenção entre os firmatários. Súmula n. 260/STJ. Cobrança de contribuições devidas. Lei 4.591/1964, art. 9º. Exegese. I. A falta*

Basta imaginar a existência de condomínios centenários, cujas unidades imobiliárias já passaram por várias gerações de proprietários sem que remanescesse nenhum proprietário original. Nesse cenário, ao admitir a perpetuação de cláusula pétrea, estar-se-ia engessando de maneira desarrazoada a vontade dos condôminos e a soberania das deliberações assembleares, que nem mesmo pela unanimidade de votos poderiam alterar as cláusulas gravadas pela irrevogabilidade e pela irretratabilidade. Na hipótese em análise, reforça a legitimidade da alteração o fato de ser aprovada pela maioria dos condôminos e de obedecer ao quórum legal de 2/3 dos condôminos (art. 1.351 do CC/2002), observando-se a forma de rateio (na proporção da fração ideal) prevista no novo Código Civil (art. 1.336, I), o que afasta qualquer alegação, por parte de eventual condômino que não concorde com a modificação, de ofensa aos princípios da razoabilidade, da proporcionalidade ou da vedação ao enriquecimento ilícito. Além disso, tendo em vista a natureza estatutária da convenção de condomínio, que autoriza a aplicação imediata do regime jurídico previsto no novo Código Civil, não há espaço para falar em violação do direito adquirido e do ato jurídico perfeito (REsp 722.904-RS, Terceira Turma, DJ 1º.07.2005; e REsp 1.169.865-DF, Quarta Turma, DJe 02.09.2013)" (REsp 1.447.223-RS, Rel. originário Min. Paulo de Tarso Sanseverino, Rel. para acórdão Min. Ricardo Villas Bôas Cueva, j. 16.12.2014, DJe 05.02.2015).

de registro da convenção de condomínio obsta a sua oposição a terceiros, mas obriga, todavia, aqueles que dela participaram, instituindo, voluntariamente, direitos e obrigações disciplinando as relações da coletividade, inclusive no tocante à contribuição proporcional nas despesas comuns (Súmula n. 260/STJ). II. Precedentes do STJ. III. Recurso especial conhecido e provido (REsp 503.768/RJ, Rel. Ministro Aldir Passarinho Junior, Quarta Turma, j. 05.06.2003, DJ 01.09.2003, p. 299).

Além da especificação e da convenção, mister se faz anexar o comprovante de recolhimento do ISS (Imposto Sobre Serviços) da obra, calculado conforme tabela da Municipalidade.

Demais disso, se deve juntar a Certidão Negativa de Débitos previdenciários (CND), comprovando o recolhimento do INSS da obra, conforme tabela específica.

A esses documentos, é ainda preciso anexar o auto de conclusão ("habite-se"), expedido pela Municipalidade, comprovando a regularidade da construção, de acordo com o projeto aprovado.

Todos esses documentos (especificação, minuta da convenção, comprovantes de recolhimento do ISS e do INSS, além do "habite-se") são levados ao oficial de Registro de Imóveis com a ata da Assembleia de Instituição e eleição do primeiro síndico.

Com o registro, pelo oficial, o condomínio estará instituído (Lei 6.015/1973, art. 167, I, "17").

A instituição pode ocorrer, igualmente, através da incorporação imobiliária.

A incorporação é imprescindível nos casos de edifícios a construir, vendidos através de oferta pública, para entrega futura.

Como o incorporador oferece um bem para entrega futura, é mister que esses documentos sejam registrados no ato denominado "incorporação" para conceder alguma segurança aos adquirentes (Lei 4.591/1964, arts. 28 e 68).

Assim, a incorporação implica o registro de diversos documentos e certidões na matrícula do terreno onde se erguerá o edifício junto ao oficial de Registro de Imóveis.

Com isso, passa a ser possível vender as unidades a serem construídas na planta ou em obras, a público indeterminado, mediante oferta pública.

Esses documentos devem ser juntados pelo incorporador àqueles necessários à instituição do condomínio, acorde com o art. 32 da Lei 4.591/1964:

Art. 32. O incorporador somente poderá alienar ou onerar as frações ideais de terrenos e acessões que corresponderão às futuras unidades autônomas após o registro, no registro de imóveis competente, do memorial de incorporação composto pelos seguintes documentos:

a) título de propriedade de terreno, ou de promessa, irrevogável e irretratável, de compra e venda ou de cessão de direitos ou de permuta do qual conste cláusula de imissão na posse do imóvel, não haja estipulações impeditivas de sua alienação em frações ideais e inclua consentimento para demolição e construção, devidamente registrado;

b) certidões negativas de impostos federais, estaduais e municipais, de protesto de títulos de ações cíveis e criminais e de ônus reais relativamente ao imóvel, aos alienantes do terreno e ao incorporador;

c) histórico dos títulos de propriedade do imóvel, abrangendo os últimos 20 anos, acompanhado de certidão dos respectivos registros;

d) projeto de construção devidamente aprovado pelas autoridades competentes;

e) cálculo das áreas das edificações, discriminando, além da global, a das partes comuns, e indicando, cada tipo de unidade a respectiva metragem de área construída;

f) certidão negativa de débito para com a Previdência Social, quando o titular de direitos sobre o terreno for responsável pela arrecadação das respectivas contribuições;

g) memorial descritivo das especificações da obra projetada, segundo modelo a que se refere o inciso IV, do art. 53, desta Lei;

h) avaliação do custo global da obra, atualizada à data do arquivamento, calculada de acordo com a norma do inciso III, do art. 53 com base nos custos unitários referidos no art. 54, discriminando-se, também, o custo de construção de cada unidade, devidamente autenticada pelo profissional responsável pela obra;

i) instrumento de divisão do terreno em frações ideais autônomas que contenham a sua discriminação e a descrição, a caracterização e a destinação das futuras unidades e partes comuns que a elas acederão;

j) minuta de convenção de condomínio que disciplinará o uso das futuras unidades e partes comuns do conjunto imobiliário;

l) declaração em que se defina a parcela do preço de que trata o inciso II do art. 39;

m) certidão do instrumento público de mandato, referido no § 1º do artigo 31;

n) declaração expressa em que se fixe, se houver, o prazo de carência (art. 34);

o) (revogada);

p) declaração, acompanhada de plantas elucidativas, sobre o número de veículos que a garagem comporta e os locais destinados à guarda dos mesmos.

Verifica-se que a especificação é solicitada nas letras "e" e "i" e a minuta da convenção é requerida na letra "j".

Posta assim a questão, com o registro da incorporação, ao final, o condomínio estará instituído com a juntada das certidões do INSS e do ISS, além do "habite-se".

Nos dois casos, com a instituição decorrente ou não de incorporação imobiliária, o condomínio passa, a partir daí, a ser ente despersonalizado.

Deveras, não é dotado de personalidade jurídica e não se trata de pessoa jurídica, mas de ente a que se admite personalidade para a prática dos atos que lhe são próprios.

Caio Mário da Silva Pereira ensina: "A reunião dos condôminos é destituída de personalidade. Falta completamente a 'affectio societatis'. E, se um vínculo jurídico os congrega, não é, certamente, pessoal, mas real, representados os direitos dos condôminos pelos atributos dominiais sobre a unidade e uma copropriedade indivisa, indissociável daqueles, sobre as coisas comuns. (...) Seu fundamento contratualista, outrora admitido, hoje perdeu terreno, porque sua força coercitiva ultrapassa as pessoas que assinaram o instrumento de sua constituição, para abarcar qualquer indivíduo que, por ingressar no agrupamento ou penetrar na esfera jurídica de irradiação das normas particulares, recebe os seus efeitos em caráter permanente ou temporário".[9]

Posta assim a questão, por ser ente despersonalizado e não pessoa jurídica com personalidade distinta, as obrigações contraídas pelo condomínio também obrigam os condôminos.

E essa noção, por analogia, está presente nas obrigações assumidas pelo espólio e pela sociedade de fato, igualmente considerados entes despersonalizados.

Nada obstante, a realidade já demanda outra solução.

Isto porque o mercado imobiliário sofreu profundas alterações nas últimas décadas, de tal sorte que o conceito tradicional daquele condomínio composto por um edifício voltado para rua e com poucas unidades já foi superado.

---

[9]   Caio Mário da Silva Pereira, *Condomínio e incorporações*, 12ª ed., Rio de Janeiro: Forense, 2016, p. 56 e 99.

Com efeito, surgem megaempreendimentos, com centenas de unidades autônomas, expondo a inadequação do tratamento jurídico dado pelo Código Civil ao condomínio edilício.

Frederico Henrique Viegas de Lima explica: "A cada dia vemos uma proliferação de novas edificações divididas em planos horizontais que, até mesmo por fatores de segurança cidadã, transforma estas formas de habitação em verdadeiros conjuntos ou complexos isolados, onde é possível que seus habitantes encontrem, no interior dos mesmos, todo o necessário para si e sua família, como áreas de lazer, piscinas, pequenos complexos de lojas compostos de supermercados, padarias, cabeleireiros, videoclubes, lavanderia, farmácia, dentre outros. Existindo, até mesmo, escolas particulares de excelente nível, que ali se instalam dado o poder econômico das pessoas que os habitam. Formando, assim, verdadeiros complexos imobiliários – 'ensembles immobiliers' ou supercondomínios –, distintos de uma edificação condominial que poderíamos chamar simples".[10]

Logo, merece revisão a ideia de considerar o condomínio um "ente despersonalizado" na medida em que, muitas vezes, presta serviços e administra atividades distantes daquelas pensadas pelo Código Civil atual, cujo anteprojeto remonta a década de 1960 e muito pouco alterou a concepção da Lei 4.591/1964.

Ora, é comum nessas edificações modernas o desempenho de atividades econômicas (administração de serviços como escolas, restaurantes, clubes etc.), sendo difícil imaginar um ente despersonalizado se envolvendo em atividades desse jaez.

Igualmente, mostra-se necessário, diante da realidade que se lhe apresente, que o condomínio possa comprar ou vender imóveis para ampliar ou reduzir sua área e, bem assim, exercer direitos de adjudicar unidades inadimplentes.

E questiona-se – embora já se tenha admitido – a possibilidade de o condomínio ser titular de imóvel, fora da hipótese prevista no art. 63, § 3º, da Lei 4.591/1964 (arrematação do imóvel do condômino inadimplente).

Essa concepção de ente despersonalizado tem impedido, também, que o condomínio possa experimentar danos morais, posto que, não contando com personalidade jurídica, não haveria falar-se em dano moral próprio.

Tudo isso vem passando por abrandamentos doutrinários e jurisprudenciais.

Segundo Frederico Henrique Viegas de Lima, "a personificação jurídica da comunidade de coproprietários em condomínios especiais em edificações é decorrente das necessidades econômicas e sociais da atualidade. No século XXI, a complexidade das relações jurídicas que uma comunidade de coproprietários em condomínios especiais em edificações atingiu já não permite que esta continue a ser encarada com a visão existente na década de 1960, quando no direito suíço passou a figurar no ZGB. Nem, tampouco, para o direito brasileiro, de acordo com a legislação derrogada – Lei n. 4.591/64 – e repetida no CCB. (...) No Brasil, na atualidade, temos uma proliferação dos grandes condomínios – il supercondominios, na doutrina italiana. Compõe-se de um grande espaço de terreno onde se instalam não somente as edificações (...), mas também uma série de equipamentos que facilitam a vida moderna, tais como vagas de garagem, piscinas, quadras poliesportivas e até mesmo campos de golfe. Isso sem falar em lojas e até mesmo escolas. O principal fundamento para tanto é que, no Brasil existe, até mesmo nas grandes cidades, grandes imóveis que permitem a instalação de grandes condomínios, cobrando importância crescente à admissão da personificação jurídica da comunidade de coproprietários em condomínios especiais em edificações".[11]

---

[10] Frederico Henrique Viegas de Lima, "Marcos teóricos para a personificação jurídica dos condomínios edilícios", *Revista Brasileira de Direito Comparado*, n. 32, p. 203, 2007.

[11] Frederico Henrique Viegas de Lima, *Condomínio em edificações*, São Paulo: Saraiva, 2010, p. 189.

Da I e III Jornadas de Direito Civil do Conselho da Justiça Federal a esse respeito, extrai-se o Enunciado n. 90: "Deve ser reconhecida personalidade jurídica ao condomínio edilício" (redação dada pelo En. 246).

Nessa medida já se considerou possível a desconsideração dessa existência própria e peculiar para, depois de esgotados os meios, responsabilizar os condôminos:

Superior Tribunal de Justiça. Recurso especial. Processual civil. Execução contra condomínio edilício. Redirecionamento contra os condôminos. Possibilidade em tese. Doutrina. Precedente. Caso concreto. Penhora de créditos. Opção pela medida menos gravosa. 1. Controvérsia acerca da possibilidade de redirecionamento contra os condôminos de uma execução ajuizada por credor do condomínio horizontal. 2. Distinção entre condomínio horizontal e pessoa jurídica. Voto divergente no tópico de um dos integrantes da Terceira Turma. 3. Desnecessidade de aplicação da teoria da desconsideração da personalidade jurídica aos condomínios. 4. Possibilidade de redirecionamento da execução em relação aos condôminos após esgotadas as tentativas de constrição de bens do condomínio, em respeito ao princípio da menor onerosidade para o devedor. 5. Hipótese em que houve penhora de créditos, mas não se esgotaram as possibilidades de realização desses créditos em favor do exequente. 6. Redirecionamento da execução descabido no caso concreto. 7. Recurso especial desprovido (REsp 1486478/PR, Rel. Min. Paulo de Tarso Sanseverino, Terceira Turma, j. 05.04.2016, DJe 28.04.2016).

Nada obstante, trata-se de precedente apenas, que se junta a outro que admitiu a responsabilização do condômino, por dívida do condomínio, na proporção da sua fração por se tratar a responsabilidade do ente despersonalizado como uma obrigação "propter rem", subtraindo, inclusive, a possibilidade de alegar bem de família em razão da exceção insculpida no art. 3º, IV, da Lei 8.009/1990:

Recurso especial. Ação de indenização. Responsabilidade do condomínio por danos a terceiro. Obrigação do condômino pelas despesas condominiais, na medida de sua cota-parte. Fato anterior à constituição da propriedade. Dívida propter rem. Penhorabilidade do bem de família. Possibilidade. Lei n. 8.009/1990, art. 3º, IV. 1. Constitui obrigação de todo condômino concorrer para as despesas condominiais, na proporção de sua cota-parte, dada a natureza de comunidade singular do condomínio, centro de interesses comuns, que se sobrepõe ao interesse individual. 2. As despesas condominiais, inclusive as decorrentes de decisões judiciais, são obrigações propter rem e, por isso, será responsável pelo seu pagamento, na proporção de sua fração ideal, aquele que detém a qualidade de proprietário da unidade imobiliária ou seja titular de um dos aspectos da propriedade (posse, gozo, fruição), desde que tenha estabelecido relação jurídica direta com o condomínio, ainda que a dívida seja anterior à aquisição do imóvel. 3. Portanto, uma vez ajuizada a execução em face do condomínio, se inexistente patrimônio próprio para satisfação do crédito, podem os condôminos ser chamados a responder pela dívida, na proporção de sua fração ideal. 4. O bem residencial da família é penhorável para atender às despesas comuns de condomínio, que gozam de prevalência sobre interesses individuais de um condômino, nos termos da ressalva inserta na Lei n. 8.009/1990 (art. 3º, IV). 6. Recurso especial não provido (REsp 1473484/RS, Rel. Min. Luis Felipe Salomão, Quarta Turma, j. 21.06.2018, DJe 23.08.2018).

Para fim de indenização por dano moral, cuja maioria não admite, contudo, há precedente que de certa forma abrandou a ausência de personalidade jurídica do condomínio e, conseguintemente, a ausência dos chamados direitos da personalidade, como é o direito à honra:

Superior Tribunal de Justiça. Processual civil e administrativo. Agravo regimental em agravo em recurso especial. Concessionária de serviço público. Corte no fornecimento de energia elétrica. Apuração unilateral de fraude no medidor. Ilegalidade. Condomínio. Equiparação à pessoa jurídica. Dano moral não configurado. Ausência de prova de ofensa à honra objetiva. Precedentes do STJ. Súmula 7/STJ. Agravo regimental desprovido. I. É ilegítima a suspensão do fornecimento de energia elétrica, quando o débito decorrer de suposta fraude no medidor de consumo de energia, apurada unilateralmente pela concessionária. Precedentes do STJ. II. Embora o condomínio não possua personalidade jurídica, deve-lhe ser assegurado o tratamento conferido à pessoa jurídica, no que diz respeito à possibilidade de condenação em danos morais, sendo-lhe aplicável a Súmula 227 desta Corte, in verbis: "A pessoa jurídica pode sofrer dano moral" (...) (AgRg no AREsp 189.780/SP, Rel. Min. Assusete Magalhães, Segunda Turma, j. 09.09.2014, DJe 16.09.2014).

João Batista Lopes, apoiado na lei e na maioria doutrinária – e jurisprudencial –, nada obstante, ensina: "O condomínio em edifícios não se identifica com qualquer dos institutos jurídicos tradicionais (condomínio geral, sociedade, servidão, comunhão, universalidade de fato e de direito), mas constitui um instituto jurídico novo, formado pela propriedade exclusiva e pelo condomínio sobre as partes comuns. É insustentável a tese da personalização do patrimônio comum, recusada pelas legislações mais modernas e pela melhor doutrina".[12]

Essa é a posição prevalente. Nessa exata medida, o seguinte aresto do STJ:

> **Superior Tribunal de Justiça.** *Agravo interno em recurso especial. Ação de obrigação de fazer cumulada com indenização por danos morais. Natureza jurídica do condomínio. Ente despersonalizado. Violação da honra objetiva. Dano moral não configurado. 1. O propósito recursal consiste em determinar a possibilidade jurídica do pedido de reparação de danos morais formulado por condomínio, antes a publicação de conteúdo potencialmente lesivo em redes sociais por moradores temporários. 2. No âmbito das Turmas que compõem a Segunda Seção do STJ, prevalece a corrente de que os condomínios são entes despersonalizados, pois não são titulares das unidades autônomas, tampouco das partes comuns, além de não haver, entre os condôminos, a "affectio societatis", tendo em vista a ausência de intenção dos condôminos de estabelecerem, entre si, uma relação jurídica, sendo o vínculo entre eles decorrente do direito exercido sobre a coisa e que é necessário à administração da propriedade comum. 3. Caracterizado o condomínio como uma massa patrimonial, não há como reconhecer que seja ele próprio dotado de honra objetiva. Precedente. 4. Agravo interno não provido (AgInt no REsp 1837212/RJ, Rel. Min. Nancy Andrighi, Terceira Turma, j. 31.08.2020, DJe 03.09.2020).*

1.3.3. A unidade autônoma e as áreas comuns

A unidade autônoma, que decorre da instituição do condomínio, pode ser alienada livremente, independentemente da vontade dos demais condôminos.

Essa unidade está indissoluvelmente ligada às partes comuns e delas não pode ser destacada.

Assim, diferentemente do que se passa no condomínio geral, o condômino em edifícios não pode alienar a sua fração ideal (Código Civil, art. 1.331, § 2º), mas, apenas, a unidade autônoma, que obrigatoriamente será acompanhada pela fração das partes comuns:

> Art. 1.331. Pode haver, em edificações, partes que são propriedade exclusiva, e partes que são propriedade comum dos condôminos.
>
> § 1º As partes suscetíveis de utilização independente, tais como apartamentos, escritórios, salas, lojas e sobrelojas, com as respectivas frações ideais no solo e nas outras partes comuns, sujeitam-se a propriedade exclusiva, podendo ser alienadas e gravadas livremente por seus proprietários, exceto os abrigos para veículos, que não poderão ser alienados ou alugados a pessoas estranhas ao condomínio, salvo autorização expressa na convenção de condomínio. (Redação dada pela Lei 12.607, de 2012).
>
> § 2º O solo, a estrutura do prédio, o telhado, a rede geral de distribuição de água, esgoto, gás e eletricidade, a calefação e refrigeração centrais, e as demais partes comuns, inclusive o acesso ao logradouro público, são utilizados em comum pelos condôminos, não podendo ser alienados separadamente, ou divididos.

Verifica-se, portanto, a impossibilidade absoluta de alienação de áreas comuns do condomínio edilício separadamente das unidades autônomas.

Conseguintemente, se as áreas comuns não podem ser alienadas, não podem, igualmente, ser objeto de usucapião.

---

[12] João Batista Lopes, *Condomínio*, 10ª ed., São Paulo: Revista dos Tribunais, 2008, p. 253.

De acordo com o professor João Batista Lopes, *como corolário dessa afirmação, incivil seria premiar com usucapião o condômino que revelou desprezo pelo diploma legal a que devem obediência todos os que vivem no universo do condomínio.*[13]

1.3.4. O síndico, seus deveres e seus poderes. Pode o síndico conceder desconto aos inadimplentes?

O síndico do condomínio edilício é escolhido pela maioria para exercer as funções de administração do condomínio, o que normalmente faz com o auxílio de uma administradora que presta serviços ao condomínio.

A princípio, não há remuneração pelo seu trabalho, cabendo, entretanto, à assembleia decidir sobre eventual pagamento pelos serviços, assunto que trataremos no item 1.3.4.1.

Seja como for, com ou sem isenção, nos termos do art. 1.347 do Código Civil, a assembleia escolherá um síndico para administrar o condomínio, por prazo não superior a dois anos, permitida a reeleição.

Mesmo assim, esse prazo não é rígido, e, havendo justa causa, o condomínio não fica sem representante se o mandato expirar, pois, até que ocorra nova eleição, presume-se em vigor o mandato anterior e, nesse sentido:

> *Apelação – ação de cobrança (taxas e despesas condominiais) – sentença de procedência – [...] Mandato da síndica que ainda estava em vigor quando da outorga da procuração e propositura da ação – mesmo que assim não fosse, presume-se a prorrogação do mandato do último síndico até a ocorrência de assembleia para nova eleição – sentença mantida – recurso parcialmente provido. (TJSP; Apelação Cível 1000629-67.2016.8.26.0075; Rel. Cesar Luiz de Almeida; 28ª Câmara de Direito Privado; Foro de Bertioga – 1ª Vara; j. 29.01.2021; Data de Registro: 29.01.2021).*

Esse síndico não precisa ser condômino (Código Civil, art. 1.347) e pode ser profissional, inclusive pessoa jurídica (Código Civil, art. 1.348, §§ 1º e 2º, e Lei 4.591/1964, art. 22, § 4º).

Caso seja pessoa jurídica ou síndico profissional, respeitados os termos da convenção, a assembleia deliberará sobre a remuneração.

As funções do síndico se encontram perfeitamente delimitadas no Código Civil:

> *Art. 1.348. Compete ao síndico:*
>
> *I – convocar a assembleia dos condôminos;*
>
> *II – representar, ativa e passivamente, o condomínio, praticando, em juízo ou fora dele, os atos necessários à defesa dos interesses comuns;*
>
> *III – dar imediato conhecimento à assembleia da existência de procedimento judicial ou administrativo, de interesse do condomínio;*
>
> *IV – cumprir e fazer cumprir a convenção, o regimento interno e as determinações da assembleia;*
>
> *V – diligenciar a conservação e a guarda das partes comuns e zelar pela prestação dos serviços que interessem aos possuidores;*
>
> *VI – elaborar o orçamento da receita e da despesa relativa a cada ano;*
>
> *VII – cobrar dos condôminos as suas contribuições, bem como impor e cobrar as multas devidas;*

---

[13] João Batista Lopes, *Condomínio*, 8ª ed., São Paulo: Revista dos Tribunais, 2003, p. 135.

VIII – prestar contas à assembleia, anualmente e quando exigidas;

IX – realizar o seguro da edificação.

Portanto, o condomínio é administrado por um síndico, cujos deveres gerais são impostos pela lei e complementados pela convenção, que regula a vida comum nessas edificações.

Tais poderes, a toda evidência do art. 1.348 do Código Civil, são de simples administração, de tal sorte que atos que fujam desses limites devem ser submetidos à assembleia.

Poderá o síndico, outrossim, transferir os poderes de representação ou administração, desde que seja a matéria aprovada em assembleia, a teor do que dispõe o art. 1.348, § 2º, do Código Civil, segundo o qual "o síndico pode transferir a outrem, total ou parcialmente, os poderes de representação ou as funções administrativas, mediante aprovação da assembleia, salvo disposição em contrário da convenção".

Em outras palavras, se decidir contratar uma administradora de condomínios para auxiliá-lo ou para efetivamente desenvolver as atividades administrativas deve, antes, buscar a aprovação de assembleia.

Neste sentido se extrai do julgado do Tribunal de Justiça de São Paulo o seguinte:[14]

> *Sem sustentação, também, a alegação de que cabe ao Síndico escolher uma empresa de sua confiança para delegar o poder de administrar as contas do condomínio. Nos termos do art. 1.348, IV, do CC – compete ao síndico – "cumprir e fazer cumprir a convenção, o regimento interno e as determinações da assembleia". Da mesma forma, o parágrafo 2º deste mesmo artigo dispõe que "o síndico pode transferir a outrem, total ou parcialmente, os poderes de representação ou as funções administrativas, mediante aprovação da assembleia, salvo disposição em contrário da convenção".*

> **Tribunal de Justiça de São Paulo**. *Prestação de serviços. Administração condominial. Rescisão do contrato pelo condomínio. Ação de cobrança de multa por rescisão injustificada proposta pela administradora. Contratação não aprovada em assembleia. Sentença de improcedência. Impossibilidade de o síndico contratar empresa administradora do condomínio sem aprovação da assembleia. Inteligência do artigo 1.348, § 2º do Código Civil. Aplicação do artigo 252 do Regimento Interno do Tribunal de Justiça do Estado de São Paulo. Apelação desprovida (Apelação nº 0010253-28.2010.8.26.0477, Rel. Carlos Henrique Miguel Trevisan, Praia Grande, 4ª Câmara de Direito Privado, j. 19.01.2012, Data de registro: 20.01.2012. Outros números: 10253282010826 0477).*

Esclareceu o voto condutor: "Em que pese a administradora não substituir o síndico e somente o auxiliar nas suas funções administrativas, exercendo parte de suas atribuições, é necessária a aprovação em razão da clara disposição do 1.348, § 2º, do Código Civil".[15]

---

14   *Apelação 994080349568 (5727174400) – Rel. Enio Zuliani – Comarca: São Paulo – Órgão julgador: 4ª Câmara de Direito Privado – j. 16.07.2009 – Data de registro: 07/.08.2009 – Ementa: Condomínio – Assembleia Geral Ordinária que deliberou, por maioria dos presentes, a troca de administradora do condomínio – Legalidade – Síndico que permaneceu inerte mesmo depois de intimado judicialmente para cumprimento da decisão – Multa diária pelo descumprimento devida – Sentença mantida – Não provimento.*

15   Em igual sentido:
Prestação de serviços. Administração de condomínio. Ação de cobrança. Contratação da autora não aprovada em assembleia (art. 1.348, § 2.º, CC/2002). Ausência de comprovação, pela autora, dos serviços alegadamente prestados ao ente condominial (art. 333, I, CPC/1973; art. 373, I, NCPC). Demonstração inequívoca de que a participação da empresa autora se tratou de "assessoria direta" à síndica então em exercício, a denotar a atuação em nome próprio desta, não em nome do condomínio réu. Sentença mantida. Recurso não provido. (TJSP; Apelação 0029649-50.2013.8.26.0003; Rel. Alfredo Attié; Órgão Julgador: 26ª Câmara de Direito Privado; Foro Regional III – Jabaquara – 1ª Vara Cível; j. 27.07.2017; Data de Registro: 28.07.2017.)
Prestação de serviços. Administração condominial. Rescisão do contrato pelo condomínio. Ação de cobrança da multa estipulada para a rescisão imotivada. Aprovação da contratação em assembleia. Necessidade. Ausente disposição em contrário na convenção do condomínio, a contratação de administrador, com

A respeito do tema, ensina Sílvio de Salvo Venosa: *"o síndico pode contratar administrador, pessoa natural ou jurídica, delegando-lhe funções administrativas. Deve submeter a aprovação do administrador à assembleia"*.[16]

Isto porque é o síndico quem deve administrar o condomínio representando os interesses comuns, inclusive podendo constituir advogado para propor ações versando sobre vícios, inclusive nas partes exclusivas das unidades ou outros interesses considerados de todos.[17]

Em consonância com o acatado, não pode representar os condôminos em relação aos seus interesses particulares, a não ser por meio de mandato.[18]

Tampouco é lícito ao síndico extrapolar os limites impostos pela lei e pela convenção em razão das matérias que cabem à assembleia.

Como exemplo, não pode o síndico conceder, sem autorização de assembleia específica, desconto ao inadimplente.

Deveras, na maioria dos condomínios, as penalidades, juros e multas encontram previsão na convenção.

Sendo assim, somente a alteração da convenção em assembleia convocada especialmente para esse fim, pelo quórum qualificado de 2/3 (CC, art. 1.351), poderia autorizar descontos.

Ademais, tal ato – de concessão de descontos – foge dos poderes de mera administração dos interesses comuns que o Código Civil lhe atribui e, nesse sentido:

Responsabilidade civil. Ex-síndico. Ação de reparação de danos. Alegação de que as ações e omissões do síndico causaram prejuízos ao condomínio. Acordo celebrado com condômino com a concessão de desconto expressivo no débito, sem poderes especiais e sem votação em Assembleia. Culpa verificada. Prejuízo caracterizado. Dever de indenizar reconhecido. Prescrição de débitos condominiais em prejuízo da coletividade. Ausência de especificação das cotas inadimplidas a permitir a aferição de eventual prescrição. Dolo ou culpa não demonstrados. Improcedência mantida. Recurso parcialmente provido (TJSP, Apelação Cível 1000300-14.2015.8.26.0003, Rel. Cesar Lacerda, 28ª Câmara de Direito Privado, Foro Regional III, Jabaquara, 2ª Vara Cível, j. 07.07.2017, data de registro 07.07.2017).

Indenizatória. Síndica que, movida por interesses pessoais, teria concedido indevidamente, no curso de processo de execução, significativo desconto a condômina, sua filha. Acordo celebrado nitidamente contra os interesses do condomínio. Eventual erro de cálculo anterior ao reconhecimento da dívida por antiga proprietária. Irrelevância. Novos proprietários que, quando da aquisição do imóvel, assumiram a dívida como reconhecida pela vendedora. Ato ilícito consistente no descumprimento, por síndica, do dever de agir

---

delegação a este de funções administrativas do síndico, requer autorização em assembleia. Exegese do art. 1.348, § 2º, do Código Civil. Recurso provido. (TJSP; Apelação 0003431-87.2009.8.26.0564; Rel. Cesar Lacerda; Órgão Julgador: 28ª Câmara de Direito Privado; Foro de São Bernardo do Campo – 6ª. Vara Cível; j. 19.06.2012; Data de Registro: 21.06.2012.)

[16] Silvio de Salvo Venosa. *Direito Civil – Direitos Reais*. 7. ed. São Paulo: Editora Atlas, 2007, vol. V, p. 354.

[17] AgInt no AREsp 1152602, Rel. Min. Ricardo Villas Boas Cueva, j. 02.08.2018.

[18] **Tribunal de Justiça de São Paulo.** *Legitimidade de parte ativa. Ocorrência. Indenizatória proposta por condomínio. Admissibilidade. Danos reclamados que se referem à existência de defeitos apenas nas áreas de interesse comum da edificação. Preliminar rejeitada. Os danos reclamados são os existentes nas áreas comuns da edificação, e a legitimidade para reclamar a sua indenização é exatamente do condomínio, e não dos condôminos, individualmente* (Apel. Cív. nº 206.628-2, Rel. Scarance Fernandes, São Paulo, 29.06.1993).
Superior Tribunal de Justiça. *Direitos civil e processual civil. Condomínio. Defeitos de construção. Área comum. Legitimidade ativa. Interesses dos condôminos. Irrelevância. Prescrição. Prazo. Enunciado nº 194 da Súmula/STJ. Interesses individuais homogêneos. Solidez e segurança do prédio. Interpretação extensiva. Leis nºs 4.591/64 e 8.078/1990 (Código de Defesa do Consumidor). Precedentes. Recurso desacolhido. I – O condomínio tem legitimidade ativa para pleitear reparação de danos por defeitos de construção ocorridos na área comum do edifício, bem como na área individual de cada unidade habitacional, podendo defender tanto os interesses coletivos quanto individuais homogêneos dos moradores (...). Fonte: DJU, 24.11.1997, p. 61.222 (Recurso Especial nº 66.565/MG (9500252201), 4ª Turma, 21.10.1997).*

na defesa dos interesses do condomínio autor, vindo a, por isso, causar-lhe prejuízos. Inteligência do art. 1.348, II, do Código Civil. Não há, contudo, conduta ilícita praticada pelos corréus proprietários de unidade autônoma que se beneficiaram do acordo. Corréu advogado que, posteriormente ao ato, veio a emitir parecer atestando pela regularidade deste. Inocorrência de conluio. Não demonstrada necessária unidade de desígnios. Não se identifica tampouco ato ilícito quanto à conduta deste profissional apenas porque emitido posicionamento que ora se reputa equivocado. Ainda que assim não fosse, não haveria nexo causal entre a conduta do advogado e os danos alegados de modo a ensejar dever de indenizar. Recurso do autor desprovido. Recurso dos réus provido em parte (TJSP, Apelação Cível 0116804-04.2007.8.26.0100, Rel. Ana Lucia Romanhole Martucci, 6ª Câmara de Direito Privado, Foro Central Cível, 28ª Vara Cível, j. 02.10.2014, data de registro 03.10.2014).[19]

Entre os demais deveres impostos ao síndico, dois chamam especialmente a atenção: o dever de prestar contas e o dever de conservar as partes comuns.

As contas devem ser prestadas pelo síndico, anualmente ou no prazo previsto na convenção, desde que inferior, em assembleia ordinária (Código Civil, art. 1.350) ou especialmente convocada para esse fim.

Se não prestar as contas, a assembleia poderá ser convocada por um quarto dos condôminos e, na ausência do síndico, deliberar, inclusive, por sua destituição.

Segundo João Nascimento Franco,[20] *"tem legitimidade para exigir prestação de contas o condômino que contesta determinadas verbas ou questiona a necessidade de serem elas despendidas. Mas nesse caso, a ação não é proposta contra o síndico, mas contra o próprio condomínio, que, ao cobrar as despesas, assume a obrigação de prestar contas"*.

Entretanto, complementa aduzindo que *"se a assembleia aprovar as contas, nenhum condômino tem legitimidade para, posteriormente, exigir nova prestação. Do ponto de vista legal, a aprovação de contas pela assembleia equivale a uma quitação oponível a todos os condôminos"*.

A jurisprudência, nada obstante a lição de Nascimento Franco, permite que o síndico seja colocado no polo passivo da ação de prestação de contas, o que faz nos seguintes termos:[21]

---

[19] Em sentido contrário, admitindo poderes ao síndico para dar descontos:
Condomínio edilício. Ação de indenização proposta contra ex-síndica que celebrou acordo judicial concedendo desconto de 30% do saldo devedor para pagamento à vista a condômino inadimplente, sem autorização expressa em assembleia. Existência de dívidas tributárias. Ausência de prejuízo ao condomínio. Higidez de conduta da ex-síndica. Solução consensual dos conflitos prestigiada pelo CPC/2015. Sentença reformada. Recurso provido (TJSP, Apelação Cível 1013134-54.2017.8.26.0011, Rel. Nestor Duarte, 34ª Câmara de Direito Privado, Foro Regional XI, Pinheiros, 1ª Vara Cível, j. 04.07.2019, data de registro 04.07.2019).
Condomínio edilício. Ação de indenização movida contra ex-síndica. Pedido julgado improcedente. Recurso de apelação do condomínio. Celebração de acordo em processo judicial de cobrança de débitos condominiais com desconto aproximado de 30% sobre o saldo devedor, com pagamento à vista. Ausência de consulta à assembleia. Existência de dívidas tributárias no imóvel que superariam o desconto efetuado. Inexistência de prejuízo efetivo aos condôminos. Pretensão do condomínio meramente punitiva e desprovida de efetividade. Inexistência de qualquer indício de dolo ou culpa por parte da ex-síndica. Solução consensual dos conflitos como política pública, norteadora das condutas de todos os atores processuais. Inteligência do art. 3º do CPC/15. Outras inovações trazidas pelo CPC/15 e pela legislação especial que reafirmam a busca pelo encaminhamento consensual dos conflitos. Além disso, pretensões puramente punitivas dos condôminos, em decorrência de atos que não causaram prejuízo ao condomínio, trata-se de matéria interna corporis, não desafiando a atuação do poder judiciário. Honorários recursais. Majoração. Recurso não provido (TJSP, Apelação Cível 1035257-76.2016.8.26.0562, Rel. Alfredo Attié, 26ª Câmara de Direito Privado, Foro de Santos, 8ª Vara Cível, j. 04.09.2018, data de registro 04.09.2018).

[20] João Nascimento Franco, *Condomínio*, São Paulo: Revista dos Tribunais, 1999, pp. 63 e 64.

[21] Em sentido contrário, sustentando que a ação seria pelo procedimento comum:
Tribunal de Justiça de São Paulo. Prestação de contas. Primeira fase. Condomínio contra ex-síndico. Rejeição de contas em assembleia geral. Falta de interesse de agir. Sentença de procedência. Reforma. Contas apresentadas anteriormente pelo síndico, referente ao período de dezembro de 2008 a outubro de 2011, e rejeitadas pela assembleia geral. Demonstrativo de diferenças de movimentação de conta

Tribunal de Justiça de São Paulo. Condomínio. Prestação de contas. Legitimidade ad causam. Ação ajuizada por condômino, isoladamente, contra síndico. Possibilidade. Ausência de prova de que as contas foram aprovadas em assembleia geral. Ajuizamento da ação. Via administrativa. Exaurimento. Desnecessidade. Decreto de extinção afastado. Aplicação do artigo 515, § 3º, do CPC [atual art. 1.013, § 3º]. Dever do síndico de prestar contas por exercer a administração de bens alheios. Obrigação que decorre de disposição legal (...). Contas que devem ser apresentadas na forma mercantil. Previsão do art. 917 do Código de Processo Civil [atual art. 551]. Sentença reformada. Recurso provido para afastar a extinção. Ação julgada procedente (Apelação nº 0347795-17.2009.8.26.0000, Rel. Neves Amorim, São Paulo, 2ª Câmara de Direito Privado, j. 14.08.2012, Registro: 15.08.2012).

De fato, sustentou o relator que a ação de prestação de contas não é passível de propositura individual pelo condômino na exata medida em que o art. 1.348, VIII, do Código Civil, dispõe que o síndico deve prestá-las em assembleia geral.

Entretanto, se o síndico deixa de prestá-las, qualquer condômino é parte legítima para exigi-las individualmente na forma adequada do art. 551 do CPC, caso queira.

O STJ entende, todavia, que o condômino individualmente não pode exigir as contas, mas, tão somente, exigir a convocação de assembleia para que as contas sejam prestadas pelo síndico:

Superior Tribunal de Justiça. (...). 3. As contas do síndico devem ser prestadas perante assembleia e, caso não o sejam, é cabível a ação de prestação de contas pelo condomínio. 4. O condômino, individualmente, não possui legitimidade para propor ação de prestação de contas, pois a obrigação do síndico é de prestar contas à assembleia de condomínio. Precedentes. 5. Agravo interno provido. (AgInt no AREsp 2.408.594/SP, Rel. Min. João Otávio de Noronha, 4ª Turma, j. 16.09.2024, DJe 18.09.2024)

Superior Tribunal de Justiça. (...). 5. O condômino não tem legitimidade para propor, individualmente, a ação de exigir contas. O síndico tem a obrigação de prestar contas a todos os condôminos, na assembleia de condomínio. O condômino somente pode atuar sozinho para requerer a reunião da assembleia e ¼ dos condôminos podem convocar a assembleia se o síndico não o fizer (art. 1.350, §§ 1º e 2º, do CC/02). O direito de examinar os livros e documentos relativos ao condomínio não se confunde com o direito da coletividade dos condôminos de obter a prestação de contas da administração do condomínio. 6. Na espécie, portanto, a recorrida (condômina) não tem legitimidade para a propositura da presente ação de exigir contas. 7. Recurso especial conhecido e provido. (REsp 2.050.372/MT, Rel. Min. Nancy Andrighi, 3ª Turma, j. 25.04.2023, DJe 27.04.2023)

O entendimento está equivocado na exata medida em que o síndico pode simplesmente não prestar as contas e o único e fraco remédio seria a convocação – sempre muito complicada – de assembleia por ¼ dos condôminos.

E se o síndico se perpetua – notadamente com uso de inúmeras procurações – e não cumpre sua obrigação?

A contrario sensu, prestadas e aprovadas, impossível o pedido judicial:

Tribunal de Justiça de São Paulo. Ação de prestação de contas. Condomínio em edificações. Propositura contra o ex-síndico, em relação a período de sua administração em que teve as respectivas contas aprovadas em assembleia geral. Descabimento, provimento para julgar a ação improcedente. Mantida a exclusão quanto aos demais réus, um deles um dos membros do Conselho Fiscal, o outro simples empreiteiro com o qual a administração condominial operava. Improvido o apelo do condômino, dá-se provimento ao do ex-síndico para julgar a ação improcedente (Apelação nº 9122665-65.2000.8.26.0000, Rel. Luiz Ambra, São Vicente, 8ª Câmara de Direito Privado, j. 19.11.2008, Registro: 16.12.2008. Outros números: 1605424600).

---

poupança do condomínio, na própria inicial da ação de prestação de contas. Diferenças já contestadas anteriormente, afirmando o ex-síndico que não teria documentos comprobatórios de parte das despesas. Eventual ressarcimento ou regularização das contas a serem resolvidos em ação própria, não no procedimento estrito da prestação de contas. Ausência de interesse de agir. Precedentes. Carência de ação. Processo extinto sem julgamento do mérito (art. 267, inciso VI, CPC). Recurso provido. (Relator(a): Carlos Alberto de Salles; Comarca: São Paulo; Órgão julgador: 3ª Câmara de Direito Privado; j. 10.03.2015; Data de registro: 13.03.2015).

Se as contas forem prestadas e rejeitadas, ainda assim não caberá a ação de prestação de contas, posto que esta representa o remédio processual para que as contas sejam apresentadas. Nesse caso, a ação é de indenização em razão da rejeição das contas prestadas administrativamente e não aprovadas:

Tribunal de Justiça de São Paulo. Responsabilidade civil. Condomínio. Ação de obrigação de fazer cumulada com pedido de indenização por danos materiais movida em face de ex-síndico. Alegação de irregularidade na contratação de serviço que teria causado prejuízo ao condomínio. Nulidade da sentença. Inocorrência. Não identificada a necessidade ou mesmo a utilidade da pretendida produção de prova testemunhal, não há que se falar em cerceamento de defesa. Instalação de grelhas metálicas em torno de árvores situadas no passeio público do condomínio. Prova técnica que licitou o mesmo serviço e constatou sobrepreço substancial na contratação em comparação com o preço médio praticado por outras empresas prestadoras desse serviço. Críticas infundadas ao laudo pericial. **Não aprovação das contas do condomínio relativas ao exercício em que a obra em discussão foi contratada e inobservância do ex-síndico do dever de zelar pela boa administração dos recursos do condomínio, a justificar sua condenação à reparação dos prejuízos que causou à massa condominial.** *Recurso não provido. (TJSP, Apelação Cível 1086275-04.2015.8.26.0100, Rel. Cesar Lacerda, 28ª Câmara de Direito Privado, Foro Central Cível – 3ª Vara Cível, j. 20.08.2019, Data de Registro: 27.08.2019)*

Tribunal de Justiça de São Paulo. Prestação de contas. Primeira fase. Condomínio contra ex-síndico. Rejeição de contas em assembleia geral. Falta de interesse de agir. Sentença de procedência. Reforma. Contas apresentadas anteriormente pelo síndico, referente ao período de dezembro de 2008 a outubro de 2011, e rejeitadas pela assembleia geral. Demonstrativo de diferenças de movimentação de conta poupança do condomínio, na própria inicial da ação de prestação de contas. Diferenças já contestadas anteriormente, afirmando o ex-síndico que não teria documentos comprobatórios de parte das despesas. Eventual ressarcimento ou regularização das contas a serem resolvidos em ação própria, não no procedimento estrito da prestação de contas. Ausência de interesse de agir. Precedentes. Carência de ação. Processo extinto sem julgamento do mérito (...). Recurso provido (Apelação 0058332-34.2012.8.26.0100, Rel. Carlos Alberto de Salles, Comarca: São Paulo, 3ª Câmara de Direito Privado, j. 10.03.2015, data de registro: 13.03.2015).

A ação de prestação de contas é cabível na exata medida em que alguém administra bens ou valores de outra pessoa. Segundo Ovídio A. Baptista da Silva,[22] "todo aquele que, de qualquer modo, administra bens ou interesses alheios está obrigado a prestar contas dessa administração, do mesmo modo que aquele que tenha seus bens ou interesses administrados por outrem tem direito a exigir as contas correspondentes a essa gestão".

Para Humberto Theodoro Júnior, "consiste a prestação de contas no relacionamento e na documentação comprobatória de todas as receitas e de todas as despesas referentes a uma administração de bens, valores ou interesses de outrem, realizada por força de relação jurídica emergente da lei ou do contrato".[23]

Outrossim, quem presta contas ao condomínio é o síndico, e não os membros de eventual Conselho Fiscal ou prestadores de serviço para o condomínio.

Esses são partes flagrantemente ilegítimas.

Todavia, ainda que as contas tenham sido aprovadas em regular assembleia, não se descarta a possibilidade de o condômino, individualmente, promover eventual anulação da assembleia em razão de irregularidade formal. Assim, consignou-se que *só é possível a renovação da prestação de contas se for arguida e comprovada a nulidade da assembleia uma vez que a administração de prédios em condomínio se rege pelo princípio da vontade majoritária dos condôminos.* Complementando que *a evidente possibilidade de se recorrer à tutela judicial para coarctação de abusos em situações semelhantes não vai, todavia, ao ponto*

---

22   Ovídio A. Baptista da Silva. *Comentários ao Código de Processo Civil.* São Paulo: RT, 2000, vol. 13, p. 169.

23   Humberto Theodoro Junior. Curso de Direito Processual Civil. Rio de Janeiro: Forense, vol. III, 41ª ed., p. 79. Em complemento, Pontes de Miranda ensina que "o direito de exigir prestação de contas pode resultar de muitas situações jurídicas, como ocorre no caso de procuração, mandato, cumprimento de comodato, de anticrese, ou de atividade de comissionário, de testamenteiro, de inventariante, ou de falecido" (*Comentários ao Código de Processo Civil,* Ed. Forense, Tomo XIII, 2ª ed., p. 102).

de conferir a cada condômino, individualmente, legitimidade para reclamar contas ao síndico (*RT* 594/195 e *JTJ* 108/161).

No mesmo sentido, o entendimento sempre acatado do Professor João Batista Lopes,[24] para quem "*permitir que o condômino, isoladamente, intente ação de prestação de contas será instalar tumulto na vida condominial, porque eventual vitória em sobredita ação terá reflexos sobre os demais condôminos sujeitos a novos encargos decorrentes de eventual restituição das verbas cobradas irregularmente*".

Certo é que se tem entendido que:

a) Se o síndico não prestou as contas, caberá ação de prestação de contas e, além disso, destituição do síndico;

b) Se as contas foram prestadas, ainda que rejeitadas, não caberá ação de prestação de contas, mas, eventualmente, ação de indenização;

c) Se as contas foram prestadas e aprovadas, embora não sejam satisfatórias, não se admitirá mais qualquer discussão;

d) Eventual flagrante malversação dos recursos pode ensejar ação direta de ressarcimento dos danos comprovados com fundamento nos arts. 186, 927 e 1.348 do Código Civil, independentemente de prestação das contas em face do síndico que administrou mal.

De minha parte, ainda que a jurisprudência seja relutante, inadmitindo discussão posterior à aprovação das contas, diante de afronta aos direitos individuais e à constitucional inafastabilidade da tutela jurisdicional pelo Poder Judiciário (CF, art. 5º, XXXV), admito que os condôminos possam exigir indenização, defendendo direito próprio, desde que tenham votado contra a aprovação das contas na assembleia convocada para esse fim.

Em outras palavras, entendemos que a aprovação passa a ser oponível aos condôminos que aprovaram as contas e àqueles que preferiram não comparecer à assembleia, mas não vincula, de forma alguma, aqueles que rejeitaram as contas e, nessa medida, estão autorizados a exigir a reparação judicial de eventual dano:

> **Tribunal de Justiça de São Paulo**. *Indenização. Ato ilícito. Prejuízos causados a condomínio, em virtude das irregularidades cometidas na administração do dinheiro arrecadado. Responsabilização do síndico, eis que a ele compete a gestão interna da edificação. Ação procedente. Recurso provido em parte para reduzir a verba devida* (Rel. Luiz Tâmbara, Apel. Cív. nº 193.185-2, São José dos Campos, 30.06.92).

Essa ação, de indenização poderá ser proposta por qualquer condômino, individualmente, ou pelo condomínio.

Nessa medida, também é dever do síndico permitir que qualquer condômino tenha acesso às pastas, aos balancetes e demais documentos.

Evidentemente não entregará os documentos cuja guarda lhe compete, mas facultará ao condômino o seu exame e, se negar, caberá a exibição através dos seguintes meios processuais colocados à disposição do interessado no Código de Processo Civil, a saber:[25]

a) Pedido incidental, em eventual ação proposta contra o síndico, medida esta prevista nos arts. 396 a 400 e 404 do CPC com possibilidade, inclusive, de pedido de tutela provisória de urgência de natureza cautelar ou antecipada incidentais;

---

[24] João Batista Lopes, *Condomínio*, São Paulo: Revista dos Tribunais, 2003, p. 160.

[25] Marcos André Franco Montoro. *Código de Processo Civil anotado*. Coord: José Rogério Cruz e Tucci; Manoel Caetano Ferreira Filho; Ricardo de Carvalho Aprigliano; Rogéria Fagundes Dotti e Sandro Gilbert Martins. Rio de Janeiro: GZ,: 2016, p. 560.

b) Ação autônoma para buscar a exibição (obrigação de fazer) pelo procedimento comum dos arts. 318 e ss. do CPC, em face de terceiros, com aplicação dos arts. 401 a 404 do CPC, inclusive com possibilidade de imposição de multa diária para compelir a exibição (CPC, arts. 380 e 403, ambos nos seus parágrafos únicos) ou diante do próprio síndico em razão da sua obrigação de exibir, inclusive, nas duas hipóteses, com pedido de tutela provisória de urgência de natureza cautelar ou antecipada incidentais;

c) Através das tutelas provisórias de urgência, de natureza cautelar (arts. 305 a 310 do CPC) ou antecipada prevista nos arts. 303 e 304 do CPC, requeridas em caráter antecedente.

Nesses casos, a legitimidade para responder pela exibição é do síndico, conforme reiterados julgados do Superior Tribunal de Justiça:

Superior Tribunal de Justiça. Agravo regimental no agravo em recurso especial. Ação cautelar de exibição de documentos. Condomínio [...] 2. A legitimidade passiva na ação cautelar de exibição de documentos é do síndico, pois trata-se de obrigação pessoal de guarda de documentos. 3. Estando o acórdão recorrido em consonância com a jurisprudência pacífica desta Corte, tem incidência a Súmula 83/STJ. [...] (AgRg no AREsp 430.735/MG, Rel. Ministro Ricardo Villas Bôas Cueva, Terceira Turma, j. 16.06.2016, DJe 24.06.2016).[26]

Por outro lado, o síndico tem o dever de conservar o edifício.

Ao tratar das incumbências do síndico, o novo Código Civil acrescentou o dever de conservação, antes ausente na derrogada Lei 4.591/1964, que disciplinava a matéria.

Portanto, como não há na lei comandos inúteis, vislumbramos importantes consequências decorrentes da novidade.

Com efeito, sob a égide da Lei 4.591/1964, se a assembleia não autorizasse, o síndico nada podia fazer para impedir a deterioração das partes comuns.

De fato, basta verificar o estado de conservação – talvez fosse melhor dizer "estado de deterioração" – de alguns edifícios, para descobrir, sem muita dificuldade, que em nome da falsa economia colocam em risco a vida e a saúde dos que o habitam e até de terceiros.

Deixando de lado os extremos, podemos exemplificar: são comuns os edifícios cujo revestimento externo demanda pintura.

Essa pintura, além de embelezar a construção, impermeabiliza a fachada.

Também é sabido que os fabricantes das tintas recomendam que a pintura seja refeita, com o fechamento de pequenas fissuras, a cada período de três ou cinco anos.

Ocorre que, em nome da economia ou desautorizados pela assembleia especialmente convocada para votar a pintura do edifício, essas construções passam anos além do prazo sem que a indispensável providência seja tomada.

Quando, enfim, se decide pela pintura, os gastos são muito maiores em razão do avançado estado de deterioração da fachada, desmascarando a falsa economia.

Outros exemplos podem ser dados: postergação da troca de colunas de água, caixilhos, fiação, impermeabilização de lajes etc.

As consequências são desastrosas.

Certa vez um edifício comercial teve toda sua parte elétrica incendiada, colocando em risco a vida dos condôminos e demais ocupantes, em razão da negligência na manutenção.

---

[26] No mesmo sentido: REsp 827326/MG, Rel. Ministro José Delgado, Primeira Turma, j. 18/05/2006, *DJ* 08.06.2006; REsp 557379/DF, Rel. Ministro Barros Monteiro, Quarta Turma, j. 05.02.2004, *DJ* 03/05/2004; REsp 224429/RJ, Rel. Ministra Nancy Andrighi, Terceira Turma, j. 15/05/2001, *DJ* 11.06.2001.

De qualquer forma, ainda que não haja esse risco que, afinal, não consta do dispositivo, o síndico deve diligenciar e conservar as partes comuns.

Não há mais escolha: fazer ou deixar de fazer. A conservação é um dever do síndico que, se não for respeitado, pode lhe impor responsabilidade civil em razão da omissão bem como motivar a sua destituição nos termos do art. 1.349 do Código Civil, que defere à maioria absoluta dos membros da assembleia a faculdade de destituir o síndico que não cumprir seus deveres. O acórdão abaixo bem espelha a questão ora proposta e, responsabilizado o condomínio, o síndico poderá igualmente ser responsabilizado regressivamente:

> **Tribunal de Justiça de São Paulo.** *Obrigação de fazer cumulada com indenização por perdas e danos. Prejuízos constatados em unidade condominial, causados em razão da má conservação de telhado do edifício. Área de uso comum dos condôminos. Responsabilidade do condomínio. Indenização por perdas e danos devida. Ausência de pedido quanto aos lucros cessantes e danos emergentes. Hipótese em que a escolha do profissional para a efetivação dos serviços deve ser feita pelo réu. Recursos desprovidos (Apelação com Revisão 9147895-12.2000.8.26.0000, Rel. Guimarães e Souza, 1ª Câmara de Direito Privado, Foro de Santos, 7ª Vara Cível, j. n/a, data de registro 09.12.2002).*[27]

De fato, um quarto dos condôminos pode convocar a assembleia e deliberar acerca da destituição do síndico que não conservar as partes comuns de acordo com o que lhe impõe a lei.

Com ou sem a destituição, o síndico omisso, ou seja, aquele que deixar de conservar as partes comuns, será responsabilizado civilmente pelos prejuízos que causar.

Voltando aos exemplos, se o síndico não providenciou a pintura, a impermeabilização ou a recuperação da fachada no momento oportuno e, ao depois, essa pintura, impermeabilização ou recuperação demandar maiores gastos em comparação com os gastos decorrentes do mesmo serviço no tempo oportuno, a diferença pode ser imposta judicialmente ao síndico omisso.

O suporte para tal inferência se encontra no próprio Código Civil, que, assim como no direito anterior, impõe o dever de reparar e ressarcir os danos a todo aquele que os causar por ação ou omissão voluntária, negligência ou imprudência (Código Civil, art. 186 c/c o art. 927).

Mas poder-se-ia redarguir, alegando que, nesses casos, a aprovação das despesas pela assembleia sempre deve existir.

Não!

O § 1º do art. 1.341 do novo Código Civil, é claro e determina, em consonância com o inciso V do art. 1.348, que "as obras ou reparações necessárias podem ser realizadas, independentemente de autorização, pelo síndico, ou, em caso de omissão ou impedimento deste, por qualquer condômino".

Ao depois, determina que essas obras, desde que urgentes, podem ser feitas sem autorização da assembleia e apenas devem ser comunicadas a ela posteriormente.

Mas poder-se-ia redarguir novamente, alegando que, na ausência de urgência, como é o caso da pintura, a aprovação da assembleia para as despesas sempre deve existir.

De fato, determina o § 3º do art. 1.341, que, *não sendo urgentes, as obras ou reparos necessários, que importarem em despesas excessivas, somente poderão ser efetuadas após autorização da assembleia (...).*

Haveria contradição ou antinomia no novo Código?

Como a conservação pode ser um dever do síndico se essa mesma conservação deve ser submetida à aprovação da assembleia?

---

[27] Em igual sentido: Tribunal de Justiça de São Paulo. Apelação nº 0336916-48.2009.8.26.0000, j. 28.10.2010.

As respostas, pelo que entendemos, são mais simples do que parecem e resumem tudo o que foi dito:

a) O síndico deve conservar o edifício sob pena de omissão, responsabilidade civil e destituição (Código Civil, arts. 1.348, V, e 1.349).

b) Se a despesa com a conservação for de pequena monta, não há, sequer, a necessidade de assembleia (Código Civil, art. 1.341, § 1º).

c) Se a despesa com a conservação for excessiva e a obra urgente, o síndico realiza de qualquer forma e, ao depois, dá ciência à assembleia, não havendo necessidade de prévia aprovação, como pode ocorrer, por exemplo, com o rompimento da coluna de água (Código Civil, art. 1.341, § 2º).

Segundo Tribunal de Alçada Civil de São Paulo. *Condomínio. Despesas Condominiais Extraordinárias. Obra imprescindível. Assembleia. Desnecessidade. Despesas de condomínio consistentes em serviços que impliquem benefício de todos os condôminos, como troca de canos para evitar vazamentos, mormente os de ordem pública, como os de esgoto, prescindem de Assembleia autorizadora dos gastos, quando efetuados dentro dos parâmetros razoáveis. Carência afastada. Recurso provido (Apel. s/ Rev. nº 487.613, 4ª Câm., Rel. Juiz Moura Ribeiro, j. 30.07.1997. No mesmo sentido: quanto a conserto de fossa séptica: Apel. s/ rev. nº 491.216, 4ª Câm., Rel. Juiz Moura Ribeiro, j. 26.08.1997).*

d) Se a despesa com a conservação for excessiva e a obra não for urgente (Código Civil, art. 1.341, § 3º), o síndico providencia orçamentos e os submete à assembleia que apenas decidirá de que forma será feita a conservação e qual dos orçamentos será aprovado, jamais se a obra – que é um dever seu – será ou não realizada. O exemplo é a pintura ou a recuperação da fachada. Portanto, em razão do dever de conservação imposto ao síndico, mesmo que a obra não seja urgente, a assembleia não pode mais decidir pela não realização da despesa que for destinada a conservar o edifício. Poderá, apenas, decidir como será feita a conservação.

Ninguém discute se os funcionários do edifício devem ser ou não pagos e muito menos se o rateio para esse pagamento deve ou não deve ser feito. É dever do síndico diligenciar para cumprir essa obrigação como agora também é um dever seu a conservação do edifício.

Por fim, a lei não disse o que é uma despesa excessiva. Sendo assim, repetindo o que já dissemos alhures[28] transcreve-se a crítica do insigne Desembargador Gildo dos Santos[29] à alínea "g" do art. 23 § 1º da Lei 8.245/1991, que impõe ao locatário o pagamento de *pequenos reparos nas dependências (...)* e pode ser aproveitada por analogia:

(...) sabe-se que é condenável a existência de adjetivos nos textos legais, exatamente porque, sendo pequeno um qualificativo de significação abstrata, não se pode saber, com exatidão, o que é um reparo ou conserto pequeno. É de se prever, portanto, infindáveis elucubrações sobre a caracterização do que sejam pequenos reparos nas dependências e instalações elétricas e hidráulicas de uso comum.

Tentando solucionar a respeitável crítica do ilustre Desembargador, ousamos definir um critério levando em consideração o valor do reparo.

Desse modo, já que a lei não definiu o critério de despesa excessiva, naquela oportunidade demos nossa sugestão e aproveitamos aqui o mesmo critério.

---

28 Luiz Antonio Scavone Junior e Jorge Tarcha, *Despesas ordinárias e extraordinárias de condomínio*, 2ª ed., São Paulo: Juarez de Oliveira, 2000, pp. 34 e 35.

29 Gildo dos Santos, *Locação e despejo*, 2ª ed., São Paulo: Revista dos Tribunais, 1992, p. 86.

Vamos a ele: se, após o rateio, a despesa não ultrapassar metade do valor da despesa ordinária de condomínio do mês em que ocorrer, não será excessiva.

Em suma, se a despesa de conservação superar a metade do valor da despesa ordinária do mês em que ocorrer, será qualificada como *despesa excessiva*, caso contrário, não o será.

É conveniente, contudo, que essa circunstância conste da convenção. Observe-se que, no caso de cobrança parcelada, o valor total da despesa rateada deve ser levado em conta, não a parcela mensal.

1.3.4.1. A isenção do pagamento das despesas de condomínio concedida ao síndico

De acordo com João Nascimento Franco, *quando se trata de condômino que gratuitamente aceita o cargo, é usual isentá-lo da cota correspondente à sua unidade nas despesas ordinárias, cabendo-lhe, porém, pagar normalmente a cota que lhe for atribuída nas despesas extraordinárias.*[30]

Portanto, só poderá haver isenção das despesas ordinárias e, ainda assim, desde que a deliberação seja tomada em assembleia regularmente convocada para esse fim:

> **Tribunal de Alçada Cível do Rio de Janeiro.** *Condomínio. Apelação Cível nº 10.066/93, 8ª Câmara, unânime, Juiz: Helena Bekhor, j. 20.10.1993. Isenção concedida ao síndico. Despesas extraordinárias. Isenção concedida ao Síndico por consenso dos condôminos, com relação às despesas ordinárias. Necessidade de observância dessa norma, devendo a cobrança se restringir às cotas extraordinárias. Contradição na sentença não impugnada pelo recurso adequado. Reforma parcial do julgado para que a liquidação se faça por cálculo do Contador, excluídas as despesas ordinárias.*

De fato, é comum que a assembleia o isente de pagar as despesas ordinárias de condomínio, sendo ele condômino, desde que a convenção não proíba a isenção, obrigando-o, contudo, ao pagamento das despesas extraordinárias e ao fundo de reserva. Nesse sentido:

> **Tribunal de Justiça de São Paulo.** *Despesas de condomínio. Síndico. Isenção das taxas mensais. Limitação. É fato absolutamente incomum que o síndico, a título de contraprestação pelos serviços que presta ao condomínio, seja dispensado não apenas de pagar as despesas ordinárias, mas também as despesas extraordinárias e as de fundo de reserva, salvo expressa disposição da convenção condominial (Apelação 9081688-21.2006.8.26.0000, Rel. Renato Sartorelli, 26ª Câmara do D. Terceiro Grupo (Ext. 2° TAC), j. 12.02.2007, Data de registro: 22.02.2007. Outros números: 1081152000).*

Consignou o relator, com propriedade: "Com efeito, a obrigação de pagar as cotas condominiais decorre da simples da titularidade sobre o bem, mas a isenção de seu pagamento, por aberrar aquela regra geral, exige prova incontroversa de quem dela se diz isentado. Some-se a isso o fato de ser absolutamente incomum que o síndico, a título de contraprestação pelos serviços que presta ao condomínio, seja dispensado não apenas de pagar as despesas ordinárias, mas também as despesas extraordinárias e as de fundo de reserva, salvo expressa disposição da convenção condominial, o que não é o caso".

Nota-se que se trata de posição mais rigorosa, que entende ser possível a isenção do pagamento do fundo de reserva e das despesas extraordinárias se a convenção expressamente permitir, e não apenas no silêncio.

E a razão é simples: o pagamento de despesas extraordinárias extrapola a previsibilidade das ordinárias e retira do condômino a faculdade de decidir debruçado sobre o fato que ensejou a referida despesa.

Nada obstante, há quem entenda que é possível, desde que a convenção igualmente não proíba, que ao síndico seja deferida, por decisão de assembleia, inclusive, a isenção total do pagamento, o que inclui as despesas extraordinárias e o fundo de reserva:

---

[30] João Nascimento Franco, ob. cit., p. 31.

Tribunal de Justiça de São Paulo. Despesas de condomínio. Cobrança. Reconhecimento de ofício de prescrição. Revelia. Inocorrência. Isenção das taxas condominiais ordinárias e extraordinárias para aquele que ocupa o cargo de síndico, por expressa determinação na assembleia. Sucumbência recíproca. Recursos parcialmente providos (Apelação 1272820002, Rel. Melo Bueno, São Paulo, 35ª Câmara de Direito Privado, j. 06.07.2009, Data de registro: 06.08.2009).

Seja como for, não incide Imposto de Renda sobre o valor da isenção:

Tributário. Recurso Especial. Imposto de renda de pessoa física. Isenção da quota condominial do síndico. Ausência de acréscimo patrimonial. Fato gerador de imposto de renda não configurado. Não incidência da exação. Recurso especial do contribuinte provido, em conformidade com o parecer do Ministério Público Federal. 1. Buscou-se com a impetração, na origem, o reconhecimento de que a isenção de quota condominial pelo Síndico não configura renda para fins de incidência do Imposto de Renda de Pessoa Física. Defende o impetrante que não recebeu pagamento por prestação de serviços. 2. A teor do disposto no art. 43 do CTN, o aspecto material da regra matriz de incidência tributária do Imposto de Renda é a aquisição de disponibilidade econômica ou jurídica de renda ou proventos de qualquer natureza, sendo certo que o conceito de renda envolve o produto do capital, do trabalho ou da combinação de ambos. 3. Logo, renda, para fins de incidência tributária, pressupõe acréscimo patrimonial ao longo de determinado período, ou seja, riqueza nova agregada ao patrimônio do contribuinte. Consoante jurisprudência firmada nesta Corte Superior, o imposto sobre a renda incide sobre o produto da atividade de auferir renda ou proventos de qualquer natureza, que constitua riqueza nova agregada ao patrimônio do contribuinte, e deve se pautar pelos princípios da progressividade, generalidade, universalidade e capacidade contributiva, nos termos dos artigos 153, III, § 2º, I, e 145, § 1º da Constituição da República Federativa do Brasil de 1988. Sob o viés da matriz constitucional, foi recepcionado o conceito do artigo 43 do CTN, de renda e proventos, que contém em si uma conotação de contraprestação pela atividade exercida pelo contribuinte (EREsp 1.057.912/SP, Rel. Min. Luiz Fux, DJe 26.4.2011). 4. A quota condominial, contudo, é obrigação mensal imposta a todos os condôminos para cobrir gastos necessários à manutenção de um condomínio, ou seja, é despesa, um encargo devido pelos condôminos por convenção condominial. Assim, a dispensa do adimplemento das taxas condominiais concedida ao Síndico pelo labor exercido não pode ser considerada pró-labore, rendimento e tampouco acréscimo patrimonial, razão pela qual não se sujeita à incidência do Imposto de Renda de Pessoa Física, sob pena, inclusive, de violar o princípio da capacidade contributiva. Não se verifica, de fato, qualquer alteração entre o patrimônio preexistente e o novo, inexistindo ingresso de riqueza nova em seu patrimônio que justifique a inclusão do valor correspondente à sua quota condominial como ganho patrimonial na apuração anual de rendimentos tributáveis. 5. A interpretação das regras justributárias deve ser feita sob a inspiração dos princípios regedores da atividade estatal tributária, cujo escopo é submeter a potestade do Estado à restrições, limites, proteções e garantias do Contribuinte. Por tal motivo, não se pode, do ponto de vista jurídico-tributário, elastecer conceitos ou compreensões, para definir obrigação em contexto que não se revele prévia e tipicamente configurador de fato gerador. 6. Recurso Especial do Contribuinte provido, em conformidade com o parecer do MPF (REsp 1606234/RJ, Rel. Min. Napoleão Nunes Maia Filho, Primeira Turma, j. 05.12.2019, DJe 10.12.2019).

1.3.5. Destituição do síndico

Assim como o síndico é eleito por assembleia dos condôminos especialmente convocada para esse fim, também pode ser destituído por decisão tomada em assembleia, antes do termo final de sua administração.

Convém ressaltar que as hipóteses previstas no art. 1.349 do Código Civil, que enseja a destituição, referem-se ao síndico que não prestar contas, que praticar irregularidades ou não administrar convenientemente o condomínio, entrevendo-se, quanto a esta última, algum subjetivismo.

O art. 1.349 do Código Civil menciona, também, que a assembleia será *especialmente convocada*, o que significa que deverá constar da ordem do dia a deliberação para destituição do síndico, não sendo exigível a exclusividade da matéria, ou seja, pode haver outras deliberações na convocação.

A destituição se dá pelo voto da maioria absoluta dos membros da assembleia, convocada por um quarto de todos os condôminos (Código Civil, arts. 1.349 e 1.355), visto restar evidente que, no mais das vezes, o síndico não convocará assembleia para votar sua própria destituição.

E podem convocar a assembleia para o fim de destituir o síndico – embora da assembleia não possam participar – os inadimplentes. Nesse sentido:

> **Tribunal de Justiça de São Paulo.** *Condomínio. Assembleia geral extraordinária. Destituição do cargo de síndico. Anulação. Inadmissibilidade. Convocação regular. Condôminos inadimplentes que não podem votar, mas podem convocar a assembleia. Hipótese em que, mesmo após desconsideração de assinaturas inválidas, completou-se o quórum mínimo exigido. Sentença mantida. Recurso improvido, com observação (Apelação 4000437-82.2013.8.26.0562, Rel. Vito Guglielmi, 6ª Câmara de Direito Privado, j. 15.01.2014, Data de registro: 15.01.2014. Outros números: 40004378220138260562).*

Surge, aqui, antigo problema de interpretação que não foi corrigido pelo Código Civil, posto que manteve a confusa redação do dispositivo que estabelece o *quorum* para a deliberação da destituição (art. 1.349).

A par da divergência, entendemos que o *quorum* da maioria absoluta dos membros da assembleia representa metade mais um dos presentes na assembleia e não da totalidade dos condôminos, permitindo a eficácia do poder fiscalizador da assembleia.

Isto porque, assim como o síndico é eleito por assembleia dos condôminos especialmente convocada para esse fim, também pode ser destituído por decisão tomada em assembleia, antes do termo final de sua administração, pelo voto da maioria absoluta dos presentes.

Não é suficiente um abaixo-assinado para destituição do síndico. É necessária, repita-se, uma assembleia convocada por, no mínimo, um quarto de todos os condôminos, especialmente para deliberar sobre a destituição, desde que na convocação conste a matéria a ser deliberada.

É verdade que os dispositivos citados permitem a interpretação que aponta a necessidade da maioria absoluta de todos os condôminos e não apenas dos presentes à assembleia para destituição de síndico. Mesmo assim, com supedâneo na interpretação que prestigia os interessados, pensamos que a deliberação pela maioria dos presentes representa a intenção do Código, que prima pela socialidade.

Nesse sentido:

> **Tribunal de Justiça de São Paulo.** *Agravo de instrumento. Condomínio. Destituição do síndico. Alegados erros administrativos. Adoção do quórum previsto no art. 1.349 do Código Civil (maioria absoluta dos presentes em assembleia). Inaplicabilidade, na espécie, da convenção de condomínio, por de estabelecer quórum mais rígido do que previsto no Código Civil. A decisão refletiu a vontade da maioria dos condôminos presentes na Assembleia. Não comprovadas, por ora, as irregularidades da Assembleia que destituiu o síndico. Ausência de prova inequívoca nas alegações do síndico destituído. Deve-se manter no cargo a nova síndica escolhida, até prova em contrário. Tutela antecipada afastada dos autos principais. Agravo provido (Agravo de Instrumento 0061359-97.2013.8.26.0000, Rel. Pedro de Alcântara da Silva Leme Filho, 8ª Câmara de Direito Privado, j. 28.08.2013, Registro: 03.09.2013. Outros números: 613599720138260000).*

> **Tribunal de Justiça de São Paulo.** *Embargos infringentes. Destituição de síndico – Aplicação do artigo 1.349 do Código Civil. Necessidade do quórum da maioria absoluta dos presentes à Assembleia. Doutrina e Jurisprudência. Prevalência da autoridade do entendimento majoritário da Turma Julgadora. Embargos infringentes rejeitados (Embargos Infringentes 9247992-39.2008.8.26.0000, Rel. Beretta da Silveira, 3ª Câmara de Direito Privado, j. 16.04.2013, Registro: 16.04.2013. Outros números: 92479923920088260000050000).*

O Superior Tribunal de Justiça agasalhou essa tese, admitindo expressamente o voto da maioria presente à assembleia, dando a correta interpretação do art. 1.349 do Código Civil:

> **Superior Tribunal de Justiça.** *Recurso especial. Direito Civil. Condomínio. Síndico. Destituição. Quórum de votação. Art. 1.349 do Código Civil. Interpretação. Maioria dos membros presentes na assembleia. 1. O quórum exigido no Código Civil para a destituição do cargo de síndico do condomínio é a maioria absoluta dos condôminos presentes na assembleia geral extraordinária. 2. Interpretação literal e teleológica do artigo 1.349 do Código Civil. 3. Recurso Especial desprovido (REsp 1.266.016/DF, Rel. Min. Paulo de Tarso Sanseverino, 3ª Turma, j. 18.12.2014, DJe 05.02.2015).*

Ainda neste sentido a abalizada doutrina do saudoso João Nascimento Franco: *O quorum para a destituição, segundo o art. 1.349, é a maioria dos membros da assembleia e não da massa condominial.*[31]

De outro lado, entendemos que se trata de atitude drástica e, por essa razão, a destituição do síndico deve ser motivada e só é possível se houver comprovação da prática de irregularidades, ausência de prestação de contas e administração temerária do condomínio pelo síndico, inclusive ausência de cumprimento dos deveres enumerados no art. 1.348 do Código Civil, permitida, em qualquer caso, a possibilidade de defesa do síndico na assembleia.

Além da destituição, por evidente, o síndico se submete ao ressarcimento dos danos que causou, de acordo com as regras gerais de responsabilidade civil.

1.3.6. Conselho consultivo

De acordo com o art. 1.356, do Código Civil, o conselho consultivo do condomínio deve ser formado por três condôminos.

> *Art. 1.356. Poderá haver no condomínio um conselho fiscal, composto de três membros, eleitos pela assembleia, por prazo não superior a dois anos, ao qual compete dar parecer sobre as contas do síndico.*

O conselho terá mandato de dois anos, permitida a reeleição e sua função é, apenas, de órgão consultivo do síndico, assessorando-o na solução dos problemas do condomínio e conferindo as contas.

Todavia, nada obsta que a convenção lhe atribua outras funções.

Surge, assim, a questão de um membro do conselho não aprovar as contas apresentadas pelo síndico.

Não há, na lei, qualquer consequência dessa reprovação, a não ser a possibilidade de rejeição dessas contas por ocasião da assembleia destinada a esse fim, vez que é obrigação do síndico prestar contas:

> *Art. 1.348. Compete ao síndico:*
>
> *(...)*
>
> *VIII – prestar contas à assembleia, anualmente e quando exigidas;*

A assembleia pode ser convocada a qualquer tempo para essa finalidade, por um quarto dos condôminos (Código Civil, art. 1.355), podendo, inclusive, deliberar pela destituição do síndico que não cumprir esse mister.

1.3.7. Os deveres legais e da convenção impostos aos condôminos e as contribuições, inclusive da construtora/incorporadora pagar enquanto não transmite a posse

O Código Civil estabelece, no seu artigo 1.336, alguns deveres básicos de todos os condôminos.

A par desses deveres legais, a convenção de condomínio pode impor outros, desde que não afronte a moral, os bons costumes e, evidentemente, a lei.

---

[31] João Nascimento Franco, *Condomínio*. 5ª ed. São Paulo: RT, 2005, p. 69.

Em outras palavras, a convenção, estipulada no art. 1.333 do Código Civil, estabelece outras regras de convívio no condomínio, como, por exemplo, o dever de o condômino levar seu cão no colo quando transitar pelas áreas comuns. A par dos deveres legais e da convenção, existe, ainda, o regulamento ou regimento interno que, todavia, não pode afrontar a convenção.

O regulamento – ou regimento – interno que deve estar no bojo da Convenção (Código Civil, art. 1.334, V), com ela se confunde e deve respeitar o quórum de 2/3 de todos os condôminos para alteração (Código Civil, art. 1.351). Nesse sentido:

> *Declaratória. Realização de assembleia para constituição do condomínio onde o apelante detém a propriedade de sete unidades. Convenção de Condomínio editada, na forma do art. 1.332, inc. III, do CC, que não contém qualquer referência impeditiva de locação por temporada. Elaboração do Regimento Interno, cuja previsão foi estabelecida nos termos do art. 1.334, inc. V, do CC, o qual veda a locação por temporada dos imóveis localizados no Condomínio recorrido. Impossibilidade. Regimento Interno que é sede inadequada para instituir limitação não prevista na Convenção Condominial. Registro da Convenção de Condomínio para que tenha eficácia perante os condôminos. Irrelevância. Imposição do ato registrário tão somente no que tange a terceiros. Inteligência do art. 1.333, parágrafo único, do CC. Locação por temporada que não é incompatível com os fins residenciais das unidades condominiais de propriedade do recorrente. Recurso provido para julgar-se procedente o pedido. Sucumbência. Inversão. Ocorrência (Apelação nº 0009004-11.2012.8.26.0400, Rel. Des. João Batista Vilhena, 10ª Câm. Dir. Privado, j. 25.02.2014).*

Nos termos desse julgado, "o regimento, cuja elaboração vem prevista no art. 1.334, inc. V, do Código Civil, é conjunto de regras complementar à convenção, devendo ser redigido segundo aquela primeira, limitando-se a ditar as regras do dia a dia do condomínio, logo, estando claro que o regimento trata de situações comezinhas, tanto que pode ser alterado por quórum estabelecido na convenção, ou, simples, no silêncio daquela, enquanto a convenção mesma somente poderá vir a ser alterada por 2/3 dos condôminos, na forma do caput, do art. 1.333, do Código Civil".[32]

Portanto, a alteração do regulamento respeitará o quórum previsto na convenção e, na ausência de previsão, maioria simples desde que não altere, por evidente, em qualquer caso de quórum inferior ao 2/3, quando admitido para alteração do regulamento, as regras contidas na convenção que exigem quórum mínimo de 2/3 legal para sua alteração.[33]

---

[32] *Superior Tribunal de Justiça. Condomínio edilício. Recurso especial. Quórum para alteração do regimento interno de condomínio. Matéria que deve ser disciplinada pela convenção de condomínio, com a vigência da Lei n. 10.931/2004, que alterou a redação do art. 1.531 do Código Civil, conferindo, no ponto, liberdade para que a convenção condominial discipline a matéria. Admissão de alteração do regimento interno por maioria simples dos condôminos, em inobservância à norma estatutária. Descabimento. 1. O art. 1.333 do Código Civil, ao dispor que a convenção que constitui o condomínio edilício torna-se, desde logo, obrigatória para os titulares de direito sobre as unidades, ou para quantos sobre elas tenham posse ou detenção, não tem, assim como toda a ordem jurídica, a preocupação de levantar paredes em torno da atividade individual. É intuitivo que não pode coexistir o arbítrio de cada um com o dos demais, sem uma delimitação harmônica das liberdades, por isso, na verdade, o direito delimita para libertar: quando limita, liberta (REALE, Miguel. Lições Preliminares de Direito. 27. ed. São Paulo: Saraiva, 2004, p. 64). 2. Com efeito, para propiciar a vida em comum, cabe aos condôminos observar as disposições contidas na convenção de condomínio, que tem clara natureza estatutária. Nesse passo, com a modificação promovida no art. 1.351 do Código Civil, pela Lei n. 10.931/2004, o legislador promoveu ampliação da autonomia privada, de modo que os condôminos pudessem ter maior liberdade no que tange à alteração do regimento interno; visto que, à luz dos arts. 1.334, III e V, do Código Civil e art. 9º da Lei n. 4.591/1964, é matéria a ser disciplinada pela convenção de condomínio. 3. No caso em julgamento, a pretendida admissão de quórum (maioria simples), em dissonância com o previsto pelo estatuto condominial – que prevê maioria qualificada (dois terços dos condôminos) – resultaria em violação da autonomia privada, princípio constitucionalmente protegido. 4. Recurso especial não provido (REsp 1.169.865/DF, Rel. Min. Luis Felipe Salomão, Quarta Turma, j. 13.08.2013, DJe 02.09.2013).*

[33] *Condomínio – ação anulatória – cláusulas da convenção de condomínio – alteração – quórum especial preestabelecido na convenção não atendido – sentença de procedência mantida – recurso não provido. Se o próprio Condomínio decidiu em sua Convenção qual o quórum pretenderá exigir para os casos*

Pensar diferente seria admitir, por via oblíqua, a alteração da convenção em desrespeito ao quórum dos arts. 1.333 e 1.351 do Código Civil.

Essas regras convencionais e do regulamento não podem, contudo, representar afronta aos deveres mínimos impostos pela lei e, igualmente, não podem afrontar qualquer norma de ordem pública.

Não se admite, assim, que uma regra da convenção impeça, por exemplo, o direito de o condômino habitar com crianças no apartamento.

Ora, a propriedade é o direito real de usar, fruir, dispor e reivindicar.

Essa vedação hipotética representaria, portanto, uma limitação ilegal ao direito de propriedade, insculpido no art. 5º, XXII, da Constituição Federal, bem como ao art. 1.228 do Código Civil, que garantem ao proprietário o direito de usar a coisa.

Vejamos, assim, os deveres mínimos impostos pelo Código Civil aos condôminos, a par das regras da convenção condominial:

> Art. 1.336. São deveres do condômino:
>
> I – contribuir para as despesas do condomínio na proporção das suas frações ideais, salvo disposição em contrário na convenção;
>
> II – não realizar obras que comprometam a segurança da edificação;
>
> III – não alterar a forma e a cor da fachada, das partes e esquadrias externas;
>
> IV – dar às suas partes a mesma destinação que tem a edificação, e não as utilizar de maneira prejudicial ao sossego, salubridade e segurança dos possuidores, ou aos bons costumes.

1.3.8. O dever de não realizar obras que comprometam a segurança da edificação

É evidente, e dispensa maiores comentários, que o condômino está proibido de realizar obras que comprometam a edificação.

Assim, se essas obras estiverem sendo realizadas, poderão ser paralisadas através de ação de nunciação de obra nova, cujo capítulo se recomenda a leitura, além de ações de obrigação de fazer.

Demais disso, o condômino que prejudicar a segurança da edificação será responsabilizado por perdas e danos, sendo possível cumular a ação de nunciação de obra nova – para paralisar a eventual obra potencialmente danosa – com perdas e danos.

Por exemplo: é comum, hoje, o sistema construtivo de alvenaria estrutural.

Nesse caso, a remoção de uma parede interna de um apartamento pode causar prejuízos estruturais ao prédio, assim como causaria a remoção de uma coluna na alvenaria tradicional.

Sendo assim, os condôminos não poderão realizar essas obras sob pena de responderem por perdas e danos, sem prejuízo das multas determinadas na convenção.

Compete ao síndico, outrossim, fiscalizar as obras nas unidades condominiais, tudo em razão dos deveres a ele impostos pelo art. 1.348 do Código Civil.

---

de alteração no Regimento Interno, desejando manter, inclusive, o mesmo patamar necessário para as Convenções Condominiais, que também é de 2/3 dos condôminos, era mesmo de rigor a anulação da aprovação do regimento interno ocorrida na Assembleia realizada em 07.06.2014, eis que não observado o quórum legal exigido para tanto, devendo prevalecer acima de tudo a vontade da massa condominial estampada na Convenção (TJSP, Apelação Cível 0003881-66.2014.8.26.0075, Rel. Paulo Ayrosa, 31ª Câmara de Direito Privado, Foro de Bertioga, 1ª Vara, j. 04.10.2016, data de registro 04.10.2016).

Com efeito, determina o art. 1.348, II, do Código Civil brasileiro:

Art. 1.348. Compete ao síndico:

(...)

II – representar, ativa e passivamente, o condomínio, praticando, em juízo ou fora dele, os atos necessários à defesa dos interesses comuns;

Evidentemente que a menção aos interesses comuns impõe, inclusive, o dever de o síndico diligenciar no sentido de impedir obras irregulares tanto no âmbito administrativo, mediante fiscalização, aplicação de multas e outras medidas necessárias, quanto no âmbito judicial, por meio de ações de nunciação de obra nova ou ações de obrigação de não fazer.

Nessa medida, no dia 18 de abril de 2014, entrou em vigor a norma da Associação Brasileira de Normas Técnicas, a NBR 16.280/2014, que traça parâmetros para execução de reformas em edificações, nas áreas privativas e comuns.

A par de essas normas expedidas pela ABNT não contarem com a eficácia de lei, é possível afirmar que a sua observância é obrigatória no âmbito dos condomínios.

Assim, a omissão na sua observância pelo síndico gerará sua responsabilidade civil e pessoal, em razão do dever imposto pelo art. 1.348, II, do Código Civil, quanto à necessidade de defender os "interesses comuns".

De mais a mais, havendo qualquer litígio, é cediço que as perícias levarão em conta a ABNT NBR 16.280/14 como parâmetro.

Em suma, os danos causados por obras irregulares podem gerar graves consequências, e a inobservância da ABNT NBR 16.280/14 acarretará a responsabilidade civil e até criminal do síndico e do titular da unidade.

A ABNT NBR 16.280/14 impõe, ao proprietário ou ao possuidor, a obrigação de: a) contratar profissional responsável (arquiteto ou engenheiro) antes do início das obras na unidade condominial e encaminhar ao síndico, para aprovação, o plano das obras que pretende levar a efeito; e b) durante as obras, respeitar a Convenção e a legislação edilícia, como, por exemplo, aquela que determina o dever de não fechar sacadas em desrespeito ao projeto aprovado, que pode acarretar irregularidade da edificação quanto ao coeficiente de aproveitamento do projeto do edifício.

Quanto ao arquiteto ou ao engenheiro responsável, a ABNT NBR 16.280/14 impõe: a) o dever de elaborar o plano de execução e detalhar os impactos da obra nos sistemas e equipamentos, a entrada e saída de materiais, os horários de trabalho, os projetos e desenhos descritivos, a identificação de atividades que gerem ruídos, a identificação dos profissionais e o planejamento de descarte de resíduos; e b) o dever de emissão de ART (Anotação de Responsabilidade Técnica) se for engenheiro, ou o RRT (Registro de Responsabilidade Técnica) se for arquiteto, que lhe impõe responsabilidade pela obra e pelas informações que prestou.

Tanto a administradora delegada pelo síndico quanto o próprio síndico devem, em razão da ABNT NBR 16.280/14, antes do início das obras ou da reforma na unidade, receber plano de execução e projetos da obra e, com base nesses documentos, consultar técnico eleito pelo condomínio (engenheiro ou arquiteto) e, igualmente, advogado para obter parecer sobre a legalidade da obra ou da reforma que somente pode ser autorizada com fundamento em ambas as análises.

Assim, o síndico deve responder à solicitação de obra ou reforma aprovando-a, aprovando-a com ressalvas ou rejeitando-a.

Durante a realização das obras ou da reforma, o síndico é o responsável pela verificação do respeito ao plano apresentado e aprovado, de tal sorte que, no caso de desrespeito aos preceitos legais ou da Convenção e, ainda, qualquer condição de risco iminente à edificação, deve tomar as medidas legais para obstar a continuidade da obra irregular, sob pena de responder pela sua omissão em razão do dever de zelar pelos interesses comuns (Código Civil, art. 1.348, II).

Com o fim da obra ou reforma, o síndico tem o dever de vistoriá-los e obter do titular da unidade condominial declaração escrita de encerramento dos trabalhos e, bem assim, arquivar a documentação, tanto para orientar futuros síndicos e administradores quanto para prevenir a sua responsabilidade.

Resta evidente que, diante do dever de zelar pelos interesses comuns (Código Civil, art. 1.348, II), o síndico deve obstar a entrada de insumos e prestadores de serviço enquanto todos os requisitos para realização das obras ou reformas não forem preenchidos.

A ABNT NBR 16.280/14 conceitua a reforma como sendo toda alteração na edificação que tenha como objetivo recuperar, melhorar ou ampliar as condições de habitabilidade, uso ou segurança e que não se configure simples manutenção.

Posta assim a questão, são consideradas intervenções de simples manutenção e não exigem prévia aprovação, os serviços de pintura, pequenos reparos elétricos ou hidráulicos, instalação de redes de proteção nos termos aprovados pela Convenção ou assembleia e assim por diante.

Por outro lado, são consideradas obras ou reformas a troca de pisos, o fechamento de sacadas ou varandas, a automação, a instalação de ar-condicionado, exaustão, ventilação e revestimentos, a impermeabilização, a troca de esquadrias externas, as intervenções hidráulicas e nas instalações de gás ou elétricas que impliquem o aumento ou redução de carga e qualquer outra intervenção com potencialidade de afetar a estrutura, como sói ocorrer com a remoção ou acréscimo de paredes, furos e aberturas.

Em conclusão, as obras e reformas levadas a efeito pelos titulares das unidades condominiais ou possuidores devem respeitar os requisitos da ABNT NBR 16.280/14, com prévio plano e projeto aprovado pelo síndico e contar com engenheiro ou arquiteto responsável.

1.3.9. O dever de não alterar a forma e a cor da fachada, das partes e esquadrias externas – as redes e o envidraçamento das sacadas

Todo condômino está impedido de alterar a cor e a forma da fachada, salvo decisão unânime dos condôminos.

Na dicção da lei (Código Civil, art. 1.336, III), percebe-se que a fachada não pertence ao condômino a quem se veda, individualmente, modificá-la ao seu talante:

Art. 1.336. São deveres do condômino:

III – não alterar a forma e a cor da fachada, das partes e esquadrias externas;

A fachada[34] é considerada parte comum que, por essa razão, não é passível de destinação exclusiva ou modificação.

Segundo Caio Mário da Silva Pereira, "a nenhum condômino se concede mudar a forma da fachada externa ou decorar as paredes e esquadrias externas com tonalidades ou cores diversas no conjunto do edifício, porque este, embora formado de apartamentos autônomos

---

[34] O que é considerado fachada? O Tribunal de Justiça de São Paulo responde: Apelação Cível nº 1029684-59.2014.8.26.0002. j. 15.12.2016. Rel. Des. Hugo Crepaldi. *Note-se que como se pretende a tutela do interesse comum, não há de se considerar como fachada apenas os aspectos estritamente externos ou visíveis da via pública, mas é preciso adotar um conceito mais amplo, que abarque toda forma de alteração que quebre a harmonia arquitetônica, vista sob diferentes perspectivas.*

como propriedade individual de cada condômino, e sem perder esta qualidade, apresenta-se como um todo, na sua individualidade externa, inconfundível com outro". Prossegue: "Na sua individualidade real está a conservação das suas condições arquitetônicas, cujo rompimento ofende o plano inicial, que nasceu da manifestação da vontade coletiva e que não pode ser alterado pela expressão volitiva individual. A aplicação dessa proibição converte-se em dever de todos os condôminos quanto à conservação das linhas exteriores do prédio, bem como à sua cor, ao seu desenho etc., e praticamente significa que cada um é compelido a conservar, sem alterações, a porção da fachada correspondente à sua unidade autônoma, porque a fachada do edifício é um bem comum a todos os coproprietários, e, como tal, não pode qualquer condômino nela inovar sem o assentimento de todos".[35]

Nesse ponto, válido destacar as palavras do Ministro Ricardo Villas Bôas Cueva quando do julgamento do REsp n. 1.483.733/RJ: "Admitir-se que apenas as alterações visíveis do térreo possam caracterizar alteração da fachada, passível de desfazimento, poderia firmar o entendimento de que, em arranha-céus, os moradores dos andares superiores, quase que invisíveis da rua, não estariam sujeitos ao regramento em análise. O entendimento adotado pelo Tribunal de origem poderia ensejar a descaracterização do padrão arquitetônico da obra, ainda que a alteração da fachada seja avistável apenas dos prédios vizinhos em andares correspondentes, visto posicionar-se em área recuada. Há de se considerar que recuos são recursos arquitetônicos comuns e que, se localizados na face externa da edificação, não deixam de compor a fachada. De fato, fachada não é somente aquilo que pode ser visualizado do térreo. Assim, isoladamente, a alteração em tela pode não ter afetado diretamente o preço dos demais imóveis do edifício, mas deve-se ponderar que, se cada proprietário de unidade superior promovesse sua personalização, empregando cores de esquadrias que entendesse mais adequadas ao seu gosto pessoal, a quebra da unidade arquitetônica seria drástica, com a inevitável desvalorização do condomínio. Registre-se, por fim, que não se ignoram as discussões doutrinárias e jurisprudenciais a respeito da alteração de fachada, mais especificamente acerca de fechamento de varandas com vidros incolores, instalação de redes de segurança e até substituição de esquadrias com material diverso do original, quando este não se encontra mais disponível no mercado, mas, na hipótese em apreço, foi utilizada esquadria de cor diversa do conjunto arquitetônico, alteração jamais admitida e em flagrante violação do texto legal".[36]

---

[35] Caio Mário da Silva Pereira. Apud J. Nascimento Franco, *Condomínio*, 5ª ed., Editora Revista dos Tribunais, 2005, p. 200.

[36] *Recurso especial. Civil. Condomínio edilício. Alteração de fachada. Esquadrias externas. Cor diversa da original. Art. 1.336, III, do Código Civil. Art. 10 da Lei 4.591/1964. Violação caracterizada. Anuência da integralidade dos condôminos. Requisito não cumprido. Desfazimento da obra. 1. Cuida-se de ação ajuizada contra condômino para desfazimento de obra que alterou a fachada de edifício residencial, modificando as cores originais das esquadrias (de preto para branco). 2. A instância ordinária admitiu a modificação da fachada pelo fato de ser pouco perceptível a partir da vista da rua e por não acarretar prejuízo direto no valor dos demais imóveis do condomínio. 3. Os arts. 1.336, III, do Código Civil e 10 da Lei 4.591/1964 traçam critérios objetivos bastante claros a respeito de alterações na fachada de condomínios edilícios, os quais devem ser observados por todos os condôminos indistintamente. 4. É possível a modificação de fachada desde que autorizada pela unanimidade dos condôminos (art. 10, § 2º, da Lei 4.591/1946). Requisito não cumprido na hipótese. 5. Fachada não é somente aquilo que pode ser visualizado do térreo, mas compreende todas as faces de um imóvel: frontal ou principal (voltada para rua), laterais e posterior. 6. Admitir que apenas as alterações visíveis do térreo possam caracterizar alteração da fachada, passível de desfazimento, poderia firmar o entendimento de que, em arranha-céus, os moradores dos andares superiores, quase que invisíveis da rua, não estariam sujeitos ao regramento em análise. 7. A mudança na cor original das esquadrias externas, fora do padrão arquitetônico do edifício e não autorizada pela unanimidade dos condôminos, caracteriza alteração de fachada, passível de desfazimento, por ofensa aos arts. 1.336, III, do Código Civil e 10 da Lei 4.591/1964. 8. Recurso especial provido (REsp 1483733/RJ, Rel. Min. Ricardo Villas Bôas Cueva, Terceira Turma, j. 25.08.2015, DJe 01.09.2015).*

Tem-se entendido que a modificação que depende da unanimidade é aquela promovida por um dos condôminos, como, por exemplo, a troca das esquadrias externas da sua unidade,[37] diferentes do padrão da edificação, o que não inclui a decisão para pintura do prédio de cor diversa de forma uniforme ou a troca de todas as esquadrias externas, ainda que isso represente alteração de fachada.

A esse respeito a doutrina se manifesta, de longa data, no sentido de diferenciar a alteração feita por um dos condôminos na porção da fachada relativa à sua unidade da alteração feita de forma harmônica pelo condomínio que mantém a uniformidade arquitetônica.

Cite-se a doutrina de Biasi Ruggiero:

> *Diferente, contudo, quando a alteração, se é que se pode chamar assim, é total, fruto de deliberação da assembleia geral, e atinge toda a fachada, que, desse jeito, manterá identidade e uniformidade estética, conservando a harmonia anterior, embora de aparência diferente. Diversa, mas harmônica.*
>
> *A norma brasileira preocupou-se em proibir ao condômino, não ao condomínio, alterar a fachada, mostrando, assim, claramente que a vontade do legislador foi a proteção permanente da harmonia do conjunto, e não da forma ou aspecto com que foi originariamente concebido.*
>
> *Se uma fachada é revestida com pintura e a assembleia resolve trocar esse revestimento por pastilhas, a lei não estabelece qualquer restrição. O que coibiu, e acertadamente, foi que um ou alguns condôminos revestissem a parte externa de suas unidades de forma diferente da do conjunto, causando, assim, indiscutível lesão na harmonia do todo da fachada.[38]*

A jurisprudência não diverge:

> *Condomínio edilício. Ação cominatória. Imposição ao condomínio do desfazimento de obra na fachada de edifício. Substituição do revestimento. Obra necessária. Alteração da cor da pastilha que não descaracterizou o caráter necessário da obra. Irrelevância da aprovação em assembleia por quórum não qualificado. Pintura das paredes do "hall" que também consistiu em obra necessária após a colocação das portas corta-fogo. Serviço de pequena monta que podia*

---

[37] *Tribunal de Justiça de São Paulo. Apelação 0125596-05.2011.8.26.0100/Direitos/Deveres do Condômino. Rel. Salles Rossi. Comarca: São Paulo. Órgão julgador: 8ª Câmara de Direito Privado. j. 01.06.2016. Data de registro: 03.06.2016. Condomínio Edifício – Ação de obrigação de fazer – (...) Prova pericial conclusiva, no sentido de que as reformas efetuadas pelos autores culminaram na alteração da fachada do edifício (demolição de esquadrias e paredes, mudança de cor das paredes externas) – Descumprimento de dever legal estampado no art. 1.336, inciso III, do Código Civil. Correta a determinação de regularização das obras, na forma delimitada pela perícia que, por seu turno, concluiu que o terraço do 22º andar pertence à unidade dos autores, não se cuidando de área comum – Valor da multa, pelo descumprimento da tutela antecipada (R$ 100.000,00) que, no entanto, é excessivo – Impossibilidade de subversão da natureza da multa, que visa compelir o cumprimento de determinação judicial e não possui caráter indenizatório – Cominação de astreintes que não faz coisa julgada material – Possibilidade assegurada pelo art. 461, § 6º, do CPC, de o julgador rever, a qualquer tempo, inclusive de ofício, o valor da multa arbitrada que, aqui, fica reduzida à importância de R$ 20.000,00 – Recurso dos réus parcialmente provido para este fim, improvido o do autor.*
Tribunal de Justiça de São Paulo. *Apelação 0008435-76.2013.8.26.0011. Comarca: São Paulo. 33ª Câmara de Direito Privado. Direito de vizinhança. Obrigação de fazer. Ação movida pelo condomínio contra reforma efetuada pela condômina envolvendo envidraçamento de sacada e eliminação da parede divisória entre ela e a sala. Reformas estruturais efetuadas que importam em alteração de fachada. Precedente do Superior Tribunal de Justiça. Determinado o restabelecimento das esquadrias, reconstrução da alvenaria e pintura nos mesmos padrões do restante do edifício, embora tenha sido permitido o envidraçamento. Sentença mantida.*

[38] Biasi Ruggiero. *Questões Imobiliárias*. São Paulo: Saraiva, 1997, p. 98/99.

ser determinado diretamente pelo síndico no exercício de suas atribuições, sem necessidade de prévia autorização de assembleia. Ação improcedente. Ajuizamento após assembleia ter aprovado a reforma, associado à notícia acerca da resistência do autor aos atos do síndico, que autorizava imposição de multa por litigância temerária. Recurso não provido.[39]

No acórdão mencionado, constata-se a seguinte reprodução de parte da sentença: "Constato, ainda, que houve uma modificação total e padronizada da fachada do edifício, afastando-se a proibição legal, destinadas exclusivamente aos condôminos, de não alteração da forma e cor da fachada. Nenhuma irregularidade, portanto, na contratação e realização da obra impugnada na exordial."

De qualquer forma, entendemos que é dever dos condôminos a manutenção da arquitetura original da edificação, a cor, o desenho e outras características, sob pena de afronta ao plano inicial do edifício que surgiu em decorrência da vontade coletiva.

Em consonância com o acatado, cada condômino deve conservar a parte da fachada que corresponde à sua unidade na forma original na exata medida em que se trata de bem comum de todos os coproprietários.

O motivo dessa norma é evidente, evidentíssimo, aliás: a edificação se desvalorizaria e se tornaria, no mínimo, estranha se cada condômino pudesse alterar as características da fachada correspondente à sua unidade autônoma.

Neste sentido:

Tribunal de Justiça de São Paulo. Ementa: Nunciação de obra nova. Condômino. Obra realizada pelo condomínio em área comum. Sentença de procedência. Juntada de documentos com a apelação. Inadmissibilidade. Inteligência do art. 397 do CPC [atual art. 435]. Preliminar. Ausência de interesse processual. Não ocorrência. Condomínio que não provou a conclusão da obra quando ajuizada a ação. Mérito. Incontestável a realização das obras. Área comum caracterizada. Edificação que alterou o aspecto arquitetônico do conjunto condominial. Violação à Convenção Condominial. Necessidade de aprovação por unanimidade de todos os condôminos em assembleia. Fixação de astreintes em valor razoável. Sentença mantida. Recurso desprovido, com observação (Apelação com Revisão 2585174100 – Relator(a): A Santini Teodoro – Órgão julgador: 2ª Câmara de Direito Privado – Data de registro: 19.04.2007).

Outrossim, com a necessidade de segurança que se impõe em razão de crianças, tem sido muito comum o fechamento das sacadas e janelas dos apartamentos com redes de *nylon*.

Essa providência, já decidiu o Tribunal de Justiça de São Paulo, não representa alteração de fachada:

Condomínio. Apelação Cível nº 169.216 2, Bauru, 16ª Câmara, Rel. Desembargador Climaco de Godoy, 19.02.1992. Condomínio – retirada de rede de nylon da sacada de apartamento – inadmissibilidade – determinação não constante do regulamento interno do condomínio – ademais, a modificação, que pode ser considerada de pequena proporção, não quebrou a unidade estética da fachada e sequer chegou a comprometer a harmonia arquitetônica do edifício – recursos improvidos.

Tem sido igualmente comum o envidraçamento das sacadas, que, sendo discreto, não implica em alteração de fachada. Nesse sentido:

Tribunal de Justiça de São Paulo. Condomínio. Modificação de fachada. Fechamento por meio de vidros transparentes incolores. Não caracterização da infração ao art. 1.336, III, do Código Civil, antiga previsão do art. 10, I, da Lei n. 4.591/64, ou da norma da Convenção Condominial. Os vidros transparentes não alteram a forma da fachada, não influindo na estética do edifício, não alterando o aspecto externo. Ausência de

---

[39] TJSP, Apelação Cível 1005528-76.2021.8.26.0223, Rel. Arantes Theodoro, Órgão Julgador 36ª Câmara de Direito Privado, Foro de Guarujá – 3ª Vara Cível, j. 31.05.2022, Data de Registro: 31.05.2022.

especificação de proibição de fechamento de sacadas por envidraçamento e, nele, por vidros transparentes incolores. Possibilidade por opção de realização. Sentença de improcedência. Apelação desprovida (Apelação nº 0070516-80.2002.8.26.0000, Rel. Oscarlino Moeller, 5ª Câmara de Direito Privado, j. 18.02.2009, Registro: 06.03.2009. Outros números: 2636974300).

Essa modificação, de acordo com o entendimento jurisprudencial, depende de verificação pericial em cada caso concreto para apurar se houve ou não a alteração de fachada a exigir unanimidade por ser dever dos condôminos não alterá-la individualmente:

Tribunal de Justiça de São Paulo. *Julgamento antecipado da lide. Inadmissibilidade. Condomínio. Alteração da fachada externa do edifício. Envidraçamento de varanda ou sacada. Matéria que requer prova pericial. Interpretação do art. 10, I, da Lei 4.591/64 (TJSP) RT 751/243.*

Tribunal de Justiça de São Paulo. *Condomínio. Modificação de fachada. Fechamento de sacada com caixilhos finos e vidros transparentes. Não caracterização de violação da norma do art. 10, I, da Lei 4.591/64 e da convenção do condomínio. Inexistência de prejuízo estético. Recurso provido. O fechamento de sacada com caixilhos finos e vidros transparentes não caracteriza ofensa ao art. 10, I, da Lei 4.591/64 e de norma prevista na convenção de condomínio, porque constatado em perícia, e até declarado pelo autor intelectual do projeto da edificação, a inexistência de quebra da harmonia arquitetônica (Apel. Cív. nº 116.497-4, São Paulo, 9ª Câmara de Direito Privado, Rel. Ruiter Oliva,. 28.09.1999, v.u.).*

De fato, a depender das características do edifício, somente a perícia técnica, de arquitetura, poderá definir se houve ou não a alteração proibida.

Já decidiu de forma peremptória o Superior Tribunal de Justiça:

Superior Tribunal de Justiça. *Ao contrário do que pretende fazer crer a recorrente, o envidraçamento de sacadas em prédios de apartamento compromete a estética do edifício, afetando o visual harmônico que deve ser preservado. Há alteração da forma externa da fachada (como se constata pelas diversas fotografias trazidas aos autos), o que não pode ser admitido por não haver consenso absoluto dos condôminos (REsp 164.661-SP – 4ª Turma do Superior Tribunal de Justiça – v. un. – Rel. Min. Sálvio de Figueiredo Teixeira – 03.12.1998 – DJU 16.08.1999 – p. 74).*

No caso, tratava-se de envidraçamento com caixilhos e modificação do projeto original.

Ainda assim, o que se entende majoritariamente é que a colocação de vidros transparentes e sem caixilhos, especificamente aqueles que permitem a abertura total, não representa alteração de fachada e pode ser aprovado e padronizado pelo voto da maioria simples em assembleia.

Nada obstante, não se tratando de alteração de fachada, já se decidiu que o quórum é de 2/3 dos condôminos, posto tratar-se de obra em parte comum:

Tribunal de Justiça de São Paulo. *Condomínio. Ação de anulação de assembleia. Vícios de forma e conteúdo. Deliberações em afronta à convenção e ao ordenamento jurídico. Questionamentos em relação ao quórum mínimo de votação. Decisão de primeiro grau que indefere pedido de tutela antecipada voltado a anular a assembleia. Agravo interposto pelo autor. Despesas a envolver, na maior parte, obras úteis, de caráter voluptuário e em áreas comuns. Quórum mínimo de votação desrespeitado. Inteligência do artigo 1.341, incisos I e II, e do artigo 1.342, ambos do Código Civil. Parcial presença dos requisitos legais da relevância das razões do recurso e do perigo de dano de difícil reparação. Situação de fato que enseja a concessão parcial da tutela antecipada. Agravo provido em parte (Agravo de Instrumento 0254275-95.2012.8.26.0000, Rel. Carlos Henrique Miguel Trevisan, Comarca: São Paulo, Quarta Câmara de Direito Privado, j. 17.01.2013, data de registro: 18.01.2013 – Outros números: 2542759520128260000).*

Consignou o relator, nesse aresto, que "a fachada à qual pertence faz parte da área comum do condomínio e, portanto, a deliberação acerca da matéria exige o quórum especial de 2/3, nos termos do artigo 1.342 do Código Civil ('A realização de obras, em partes comuns, em acréscimo às já existentes, a fim de lhes facilitar ou aumentar a utilização, depende da aprovação de dois terços dos votos dos condôminos, não sendo permitidas construções, nas partes comuns, suscetíveis de prejudicar a utilização, por qualquer dos condôminos, das partes próprias, ou comuns')."

Todavia, a colocação de cortinas nos vidros das sacadas se amolda ao julgado do STJ de tal sorte que, abstraída a questão da irregularidade da edificação por utilização ilegal do coeficiente de aproveitamento, indubitavelmente trata-se de alteração de fachada e, nesta medida, o seguinte aresto:[40]

> **Tribunal de Justiça de São Paulo.** *Condomínio. Modificação de fachada. Colocação de cortina "rolo" em parte externa e pintura das portas social e de serviço. Caracterização da infração ao art. 1.336, III, do Código Civil, antiga previsão do art. 10, I, da Lei n. 4.591/64, ou da norma da Convenção Condominial. Prova robusta das modificações ocorridas. Sentença de improcedência, com reconvenção acolhida. Apelação não provida (Apelação nº 9133925-37.2003.8.26.0000, Rel. Oscarlino Moeller, 5ª Câmara de Direito Privado, j. 24.06.2009, Registro: 29.06.2009. Outros números: 2837824800).*

Da mesma maneira e pelas mesmas razões que o fato de cada morador fechar a varanda de uma forma diferente e sem padrão definido deprecia o patrimônio, também o deprecia a alteração do piso, do forro, das paredes e das portas em área comum ou, ainda, a colocação de cortinas e persianas nos vidros das sacadas.

Posta assim a questão, conclui-se que o fechamento simples da sacada com vidros que permitem a abertura total, notadamente transparentes e desprovidos de caixilhos sem remoção das esquadrias de saída da sala ou dormitório para a varanda, não representa alteração da fachada, desde que respeite o padrão devidamente aprovado em assembleia e desde que, principalmente, não se permita a colocação de cortinas, especialmente porque, neste caso, além da alteração da fachada, verificar-se-á a irregularidade da edificação em razão do aproveitamento ilegal de área não computável.[41]

E a legitimidade para exigir o desfazimento da alteração de fachada é tanto do condomínio quanto dos condôminos individualmente:

> **Tribunal de Justiça de São Paulo.** *Agravo de instrumento. Condomínio edilício. Tutela cautelar em caráter antecedente. Pedido de condômino de suspensão de obra em curso promovida por outro condômino na fachada e parte frontal do edifício. Decisão de deferimento. Requisitos para concessão*

---

[40] Em sentido contrário:
Tribunal de Justiça de São Paulo. *Apelação nº 1013198-25.2016.8.26.0003 – 33ª Câmara de Direito Privado. Julgamento 13.03.2017. Rel. Sá Moreira de Oliveira. Condomínio edilício. Instalação de cortinas de tecido nas varandas. Aprovação em Assembleia Geral Extraordinária. Obediência a padrão de cor, modelo e forma de instalação. Ausência de alteração da fachada. Demonstrada a manutenção do padrão e harmonia arquitetônica do edifício, sem prejuízo à estética. Caso concreto em que não se exige a deliberação por unanimidade dos condôminos. Sentença mantida.*
Contudo, ressalvou-se, nesse mesmo julgado, que a questão do aproveitamento da sacada pode ter implicações fiscais que não eram objeto da discussão naquele processo (discutia-se, apenas, se no caso havia ou não alteração de fachada): "*Por fim, observo que o disposto na Tabela 10.12.1 da Lei 11.228/1992, em nada altera o desate da lide, já que apenas dispõe sobre o enquadramento, em determinadas situações, da sacada como área útil computável. A questão é irrelevante para a matéria discutida nestes autos; sendo, eventualmente, importante para fins fiscais*".

[41] Já se decidiu o contrário quanto às esquadrias:
Tribunal de Justiça de São Paulo. *Obrigação de fazer e não fazer. Condomínio. Retirada das esquadrias das portas que separam o terraço das salas de jantar e estar. Pretensão do condomínio improcedente na origem, acolhido o pleito do autor voltado à manutenção da alteração. Recurso do condomínio. Inexistência de alteração da fachada. Descabida a incidência da regra limitadora prevista no Artigo 1.336 do Código Civil, bem como a autorização de assembleia, posto que a modificação da unidade foi realizada em área não comum, de difícil visibilidade externa, inalteradas, portanto, a estrutura e a harmonia arquitetônica do edifício. Sentença mantida. Recurso do condomínio autor não provido. (Apelação 0026275-31.2010.8.26.0003, Rel. Alexandre Bucci, 9ª Câmara de Direito Privado, Foro Regional III – Jabaquara – 3ª Vara Cível, j. 25.11.2014, Data de Registro: 26.11.2014).*

da tutela provisória. Legitimidade extraordinária do condômino em defender a coisa comum. Art. 1314, CC. Exceção à regra do art. 18 do CPC. Convenção que impõe a necessidade de unanimidade para alteração de fachada e partes comuns. Assembleia realizada que deliberou sobre a obra, ainda que impugnada. Recurso desprovido. O condômino tem legitimidade para defender a coisa comum, inclusive isoladamente, nos termos do art. 1314, do CC, sendo caso de exceção à regra do art. 18 do CPC. Em juízo de preponderância do direito afirmado, tem-se a mudança realizada por condômino na fachada e parte frontal do edifício, bem como o regramento da Convenção que dispõe sobre a necessidade de unanimidade para a alteração de fachada e partes comuns (arts. 6º, § 1º, e 8º). Cabe considerar a assembleia ocorrida e que deliberou pela suspensão da obra, ainda que haja impugnação sobre questões formais. Nestes termos, correta a suspensão da obra. (TJSP; Agravo de Instrumento 2250904-16.2017.8.26.0000; Rel. Kioitsi Chicuta; Órgão Julgador: 32ª Câmara de Direito Privado; Foro Central Cível – 40ª Vara Cível; j. 22.03.2018; Data de Registro: 22.03.2018.)

Isto porque se aplica a regra geral da legitimidade do condômino em relação a outro condômino para defender a coisa comum, nos termos da regra geral insculpida no art. 1.314 do Código Civil que se aplica extensivamente ao condomínio edilício.

De fato, tornou-se comum, além do simples fechamento das sacadas dos edifícios pelos proprietários ou possuidores com vidros transparentes sem caixilhos, o que em regra não corresponde à alteração de fachada, em alguns casos, o acréscimo da retirada das esquadrias externas, alteração do piso e colocação de cortinas, fazendo da sacada ou terraço uma extensão da sala ou do dormitório.

Todavia, a praxe é ilegal, não só por compreender alteração de fachada em alguns casos, mas, igualmente e principalmente, por tornar a edificação irregular como um todo, sujeitando o condomínio a multas e, até, a fechamento administrativo.

Antes de tratar especificamente do tema, analisemos a questão de acordo com lição prática de Renato Saboya.[42]

Posta assim a questão, a taxa de ocupação é "a relação percentual entre a projeção da edificação e a área do terreno. Ou seja, ela representa a porcentagem do terreno sobre o qual há edificação".

Desta maneira, esta taxa de ocupação não se relaciona com o número de pavimentos do edifício, desde que mantida a projeção da edificação do térreo posto que se algum pavimento tiver projeção para fora dos limites do térreo, a taxa de ocupação abrangerá o excesso.

Neste sentido, a ilustração de Renato Saboya (ob. cit.):

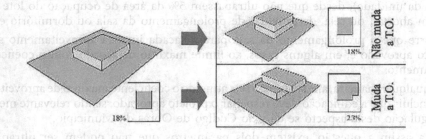

Já o coeficiente de aproveitamento nos termos da definição do mesmo autor, "é um número que, multiplicado pela área do lote, indica a quantidade máxima de metros quadrados que podem ser construídos em um lote, somando-se as áreas de todos os pavimentos".

---

42   Renato Saboya, *Taxa de ocupação e coeficiente de aproveitamento*, disponível em: http://urbanidades. arq.br/2007/12/taxa-de-ocupacao-e-coeficiente-de-aproveitamento/. Acesso em: 23 dez. 2012.

Eis o exemplo de Saboya para um lote de 360 m² e coeficiente de aproveitamento de três vezes:

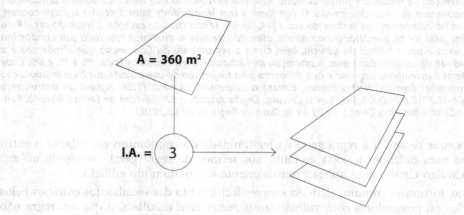

Trata-se de exemplo em que, segundo ele, é possível construir 1.080 m², comportando variadas soluções, como três pavimentos de 360 m² ou seis pavimentos de 180 m².

Além da taxa de ocupação e do coeficiente de aproveitamento, outros parâmetros edilícios são utilizados, como os recuos e o número máximo de pavimentos (em quantidade e/ou altura).

Tais parâmetros são definidos por legislação municipal, como, por exemplo, é o caso da Cidade de São Paulo, em que as possibilidades são observadas na lei de uso e ocupação do solo, no plano diretor e no código de obras (ou de edificações) que estabelecem os limites máximos para cada um dos parâmetros, em cada zona da cidade.

O importante é que existem aspectos semelhantes nas legislações municipais, de tal sorte que não são computáveis no limite do aproveitamento ou no projeto aprovado: a) as sacadas, de acordo com um limite máximo; b) as garagens e, em alguns casos, apenas as localizadas em subsolos; e c) áreas abertas, como as piscinas.

Em São Paulo, os arts. 108 e 118 da Lei Municipal 16.642/2017 (Código de Obras do Município de São Paulo) estabelece que as sacadas (terraços) não fazem parte da área construída computável para o coeficiente de aproveitamento (embora componham a área privativa da unidade), desde que não ultrapassem 5% da área de ocupação do lote e desde que sejam abertas, ou seja, desprovidas de prolongamento da sala ou dormitório etc.

Ocorre que o prolongamento da sala para a sacada implica aproveitamento superior ao projeto aprovado e, em alguns casos, ao limite máximo de acordo com o coeficiente de aproveitamento.

De qualquer maneira, ainda que não seja atingido o coeficiente máximo de aproveitamento, curial concluir que a edificação deve respeitar o projeto aprovado, sendo relevante mencionar que a regulação deste aspecto se dá pelo Código de Obras do Município.

Posta assim a questão, existem dois parâmetros que não podem ser ultrapassados, especialmente no que diz respeito às sacadas nos condomínios edilícios:

a) os limites do projeto aprovado; e

b) o coeficiente máximo de aproveitamento.

Assim, o fechamento de sacadas com caixilhos e, principalmente, colocação de cortinas, implica aproveitamento superior ao projeto aprovado e, em alguns casos, ao limite máximo de acordo com o coeficiente de aproveitamento.

No primeiro caso, de afronta ao projeto aprovado por aproveitamento superior ao projetado, independentemente das multas que serão aplicadas, a regularização da edificação demandará a apresentação e aprovação de novos projetos com aplicação de multas e até fechamento administrativo da edificação (interdição mediante cassação do certificado de conclusão – em São Paulo, exemplificativamente, art. 64[43] e anexo 3 do Código de Obras).

No segundo caso, somente o retorno da edificação ao padrão original e aprovado tornará a edificação regular, se não houver possibilidade de aquisição de potencial construtivo suplementar pela outorga onerosa, sem prejuízo, igualmente, da aplicação de multas e fechamento administrativo da edificação.

Portanto, se a edificação já se encontra no limite máximo do coeficiente de aproveitamento ou se este limite já foi ultrapassado pela aquisição de potencial construtivo suplementar, a regularização do fechamento das sacadas deverá ser acompanhada, se houver essa possibilidade, de nova aquisição de Certificado de Potencial Construtivo Adicional – CEPAC, caso disponível e possível no município, além do pagamento das multas aplicadas em razão da irregularidade da edificação.[44]

1.3.10. O dever de dar à unidade autônoma a mesma destinação que tem a edificação (quórum para alteração da destinação), e não a utilizar de maneira prejudicial ao sossego, saúde e segurança dos demais possuidores ou aos bons costumes – *Supressio*

O condômino não pode, sob pena de infração legal, alterar a destinação original de sua unidade autônoma, salvo decisão unânime dos condôminos reunidos em assembleia.

A alteração da destinação do prédio dependia da unanimidade dos condôminos até o advento da Lei 14.405/2022, que alterou o art. 1.351 do Código Civil para estabelecer que tal alteração demanda o voto de 2/3 dos condôminos.

Ainda assim, entendo que tal disposição, impondo à minoria a alteração de um dos atributos do seu direito de propriedade (o uso), sem consentimento, afronta o art. 5º, XXII, da Constituição Federal que, como subprincípio, garante a conservação do seu conteúdo e a compensação, tudo em razão de posição estática decorrente da publicidade registral.

Imagine a alteração da destinação, promovida pelo novel quórum de 2/3, contra uma minoria, em imóvel residencial, que teria, inclusive, afronta ao seu direito de moradia (CF, art. 6º), ou mesmo o contrário, ou seja, alguém que desenvolva a sua atividade profissional em condomínio e seja forçado a abandonar o lugar em razão de alteração da destinação contra a sua vontade.

A atual redação do art. 1.351, portanto, se aplica, por exemplo, à simples alteração de destinação de área especificada.

Exemplifico: imaginem um condomínio que contemple uma brinquedoteca e a maioria, formada pelo indigitado quórum de 2/3, queira transformar o local em academia. Dois terços serão suficientes.

---

[43] Art. 64. O Certificado de Conclusão, o Certificado de Regularização, o Certificado de Acessibilidade e o Certificado de Segurança perdem sua eficácia caso ocorram alterações de ordem física no imóvel em relação às condições regularmente aceitas pela Prefeitura.

[44] A Prefeitura de São Paulo, por meio da Secretaria Municipal de Planejamento, atual Secretaria Municipal de Desenvolvimento Urbano, publica, no sítio da Prefeitura na Internet, a situação do estoque de potencial construtivo, segundo os distritos do Município. Disponível em: http://www.prefeitura.sp.gov.br/cidade/secretarias/desenvolvimento_urbano/legislacao/estoques_de_potencial_construtivo/index.php?p=1384.

Seja como for, o condômino, sem a regular alteração da destinação do condomínio, não é possível transformar uma unidade residencial em escritório ou o contrário e, ainda, alterar a destinação de uma unidade especificada para determinado fim, como, por exemplo, uma unidade especificada como um restaurante que se pretenda dar outra destinação, lembrando que essas unidades são comuns em flats e, ainda como exemplo, condomínios destinados a consultórios médicos que se pretenda ver transformados em condomínios de uso comercial geral.

Posta assim a questão, é proibido aos condôminos e, igualmente, aos ocupantes das unidades condominiais, destinar a unidade a utilização diversa da finalidade do prédio ou da própria unidade (art. 1.336, IV, do Código Civil), o que encontra, de outro lado, o dever do síndico de cumprir e fazer cumprir a convenção e as decisões de assembleia (art. 1.348, IV, do Código Civil). Nesse sentido, o STJ já decidiu que acórdão que admite utilização exclusiva de área comum (no caso, o uso exclusivo do *hall* dos elevadores) é ilegal (AgRg no REsp 1197014/MG, Rel. Ministra Maria Isabel Gallotti, Quarta Turma, j. 11.12.2012, *DJe* 01.02.2013).

Portanto, a alteração da instituição do condomínio e da destinação de unidade não dispensa a anuência da unanimidade dos condôminos e seus consortes (incluídos os compromissários compradores com título registrado), na exata medida em que, tratando-se de alterar a propriedade, a simples vontade da maioria não pode suprimir, total ou parcialmente, ou mesmo alterar, o direito real dos comunheiros, cabendo, entretanto, alterar a finalidade de área especificada para uma finalidade, sem afetar diretamente o direito de propriedade, pelo quórum de 2/3 do art. 1.351 do Código Civil.

E a unanimidade, a par do art. 1.351 do Código Civil, vem claramente estabelecida no art. 43 da Lei 4.591, de 16.12.1964 segundo o qual: "Quando o incorporador contratar a entrega da unidade a prazo e preços certos, determinados ou determináveis, mesmo quando pessoa física, ser-lhe-ão impostas as seguintes normas: IV – é vedado ao incorporador alterar o projeto, especialmente no que se refere à unidade do adquirente e as partes comuns, modificar as especificações, ou desviar-se do plano da construção, salvo autorização unânime dos interessados ou exigência legal".

Portanto, trata-se de regra inafastável, decorrente da *oponibilidade "erga omnes"* do registro da especificação e da convenção condominial, que não podem sofrer qualquer alteração quanto à destinação ou uso das unidades – não de áreas comuns onde se admite a alteração por 2/3 – sem a aprovação unânime dos condôminos.

Assim, a alteração de projeto ou destinação de incorporação de edifício em condomínio registrado exige consenso unânime dos interessados, tal como atesta a jurisprudência, incluída aquela que emana do Supremo Tribunal Federal (Recurso Extraordinário 71.285/PR – Segunda Turma – 18.10.1974 – Min. Antonio Neder – *Revista Trimestral de Jurisprudência*, vol. 71, p. 425-430; Recurso Extraordinário 89.869-9/RJ – Segunda Turma – 08.06.1979 – Min. Cordeiro Guerra – *Revista de Direito Imobiliário*, vol. 5, p. 65-67; Recurso Extraordinário 94.861/PR – Primeira Turma – 24.11.1981 – Min. Rafael Mayer – *Revista de Direito Imobiliário*, vol. 9, p. 55-57). A este respeito, merece sublinhar, ainda, o parecer de José Celso do Mello Filho, Curador de Registros Públicos da Capital, nos autos da dúvida 659/84, da 1ª Vara de Registros Públicos de São Paulo, no qual são citados inúmeros outros julgados dos Tribunais paulistas. A doutrina não diverge pelo que se observa das obras de Pontes de Miranda (*Tratado do Direito Privado*, par. 1.342, n. 2) e J. Nascimento Franco e Nisske Gondo (*Incorporações Imobiliárias*, São Paulo, 1984, p. 23 e 135).

No aspecto registral, o óbice ao registro da alteração da especificação do condomínio sem a unanimidade é resultado de uma necessária segurança estática: o titular de um direito registral posicional não pode ser afrontado na sua posição tabular sem manifestação inequívoca e formal da sua vontade, com exceção das hipóteses taxativamente enumeradas na lei (por exemplo: sujeição, prescrições extintiva e aquisitiva, perempção).

E a especificação de condomínio individualiza cada unidade condominial, sua identificação, destinação e discriminação.

A este respeito, no Estado de São Paulo, as "Normas de Serviço da Corregedoria-Geral da Justiça" dispõem que "A alteração da especificação exige a anuência da totalidade dos condôminos" (item 74, cap. XX).

Certo abrandamento dessa regra surge em razão do prolongado uso em desacordo com a convenção e com a especificação, consolidando o costume em razão da *supressio*, ou seja, conforme Luiz Rodrigues Wambier: "*A supressio significa o desaparecimento de um direito, não exercido por um lapso de tempo, de modo a gerar no outro contratante ou naquele que se encontra no outro polo da relação jurídica a expectativa de que não seja mais exercido. Pode-se dizer que o que perdeu o direito teria abusado do direito de se omitir, mantendo comportamento reiteradamente omissivo, seguido de um surpreendente ato comissivo, com que já legitimamente não contava a outra parte*".[45]

Em outras palavras, exige-se comportamento linear.

Por outro lado, se houve tolerância, por longo período, da utilização em desconformidade com o previsto na especificação e convenção, a ninguém é dado, em razão da boa-fé (Código Civil, arts. 113 e 422) que deve pautar as relações entre condôminos, exigir o cumprimento da regra expressa na convenção.

Nesse sentido, quanto ao uso das vagas de garagem por prolongado período, em desacordo com a especificação e convenção:

Tribunal de Justiça de São Paulo. *Condomínio edilício. Vagas de garagem determinadas. Divisão das vagas de garagem que não se encontra de acordo com o Registro Imobiliário. Vagas previstas como de uso comum (nos 18 e 19) são utilizadas exclusivamente por determinados condôminos. Pedido de novo proprietário de unidade autônoma para reestabelecer a divisão das garagens conforme previsto no Registro Imobiliário. Situação relativa às alterações das vagas de garagem que perdura há mais de 28 anos, de modo que já se consolidou no tempo e foi aceita tacitamente pelos condôminos, configurando caso típico da teoria da supressio. Boa-fé objetiva e sua função de controle do exercício de direitos. Supressio e venire contra factum proprium Sentença mantida. Recurso não provido (Apelação 0018336-48.2012.8.26.0223, Rel. Francisco Loureiro, Guarujá, 6ª Câmara de Direito Privado, j. 30.10.2014, Data de registro: 30.10.2014).*

Esclarece o relator que "no *venire contra factum proprium* não é permitido agir em contradição com comportamento anterior. A conduta antecedente gera legítimas expectativas em relação à contraparte, de modo que não se admite a volta sobre os próprios passos, com quebra da lealdade e da confiança (Menezes de Cordeiro, *Da boa-fé no direito civil*, Coimbra: Almedina, 1997, nos. 742/752; Laerte Marrone de Castro Sampaio, *A boa-fé objetiva na relação contratual*. Coleção Cadernos de Direito Privado da Escola Paulista da Magistratura. Barueri: Manole, p. 78-79).

"Na *supressio*, a situação de um direito que, não tendo em certas circunstâncias sido exercido, por um determinado lapso de tempo, não mais pode sê-lo, por defraudar a confiança gerada (Menezes de Cordeiro, obra citada, p. 797-823)."

Tratando de área de corredor em edifício:

Superior Tribunal de Justiça. *Condomínio. Área comum. Prescrição. Boa-fé. Área destinada a corredor, que perdeu sua finalidade com a alteração do projeto e veio a ser ocupada com exclusividade por alguns condôminos, com a concordância dos demais. Consolidada a situação há mais de vinte anos sobre área não indispensável à existência do condomínio, é de ser mantido o statu quo. Aplicação do princípio da boa-fé (supressio). Recurso conhecido e provido (STJ, REsp 199/042832-3, 4ª Turma, Rel. Min. Ruy Rosado de Aguiar, DJ 16.01.1999).*

---

45 Revista dos Tribunais 915/280, jan./2012.

Reconhecendo que área comum não pode ser apropriada, mas o uso exclusivo, sem oposição, por mais de trinta anos, impede que assembleia altere convenção para impor pagamento pelo uso consolidado no tempo:

Superior Tribunal de Justiça. *Recurso especial – Pretensão de anular assembleia condominial que, por mais de dois terços dos votos, explicitou a impossibilidade de o uso exclusivo de área comum (terraço) ser transmitido a terceiros, assim como impôs contribuição pecuniária pelo exercício de tal direito, de modo a alterar situação consolidada por mais de trinta anos – reconhecimento da improcedência da ação pelas instâncias ordinárias. Insurgência dos demandantes. 1. Hipótese em que os condôminos, proprietários da unidade mais alta do edifício, a quem foi conferido o uso exclusivo de área comum (terraço) por ocasião da especificação condominial – cujo exercício prolonga-se por mais de trinta anos –, pretendem o reconhecimento da nulidade da assembleia de condomínio que, por mais de dois terços dos votos, explicitou a impossibilidade de transmissão de tal direito por ato inter vivos ou causa mortis, bem como impôs contribuição não inferior à taxa condominial pelo correlato exercício. 1.1. Ação julgada improcedente pelas instâncias ordinárias, ao fundamento de que as alterações, além de se encontrarem arrimadas em quorum legal suficiente, não obstaram o uso da área comum, conforme concedido no ato instituidor. 1.2. A mera explicitação de que o uso exclusivo do terraço não é transmissível a terceiros, além de convergir com a natureza transitória do instituto, não frustra qualquer expectativa do condômino beneficiado. Entretanto, a superveniente exigência de uma remuneração pelo uso (não inferior à taxa condominial), após o transcurso de mais de trinta anos de exercício sem contraprestação de ordem pecuniária (apenas de conservação e manutenção), destoa da boa-fé objetiva que deve permear a relação jurídica sub judice. 2. A destinação da área comum, em princípio, é definida necessariamente pela convenção condominial, de modo a refletir, naquele momento, a vontade dos condôminos. Tal destinação, é certo, pode ser eventualmente alterada por meio de assembleia, denotando, assim, além da transitoriedade de tal estipulação, a necessária atuação dos demais envolvidos de modo a viabilizar o exercício do direito (arts. 1.351 do Código Civil e 9º da Lei 4.591/1961). Assim, não se afigura possível atribuir feições de direito real ao uso exclusivo de área comum. A alteração da convenção de condomínio, apenas explicitando que o direito de uso privativo do terraço não poderá ser transferido por ato inter vivos ou causa mortis, além de não frustrar qualquer expectativa do condômino beneficiado, já que preserva o direito de uso enquanto perdurar a sua propriedade, é consentânea com a própria natureza transitória do instituto. Do contrário, estar-se-iam consolidando, em verdade, os direitos inerentes à propriedade de área comum nas mãos de um dos condôminos, o que destoa dos contornos gizados no § 2º do art. 1.331 do Código Civil. 3. Em se tratando de relação contratual sui generis, o comportamento dos contratantes deve, igualmente, pautar-se pelos princípios da probidade e da boa-fé objetiva, com observância destacada dos deveres de lealdade e de confiança entre si. 3.1. Nessa medida, a alteração do direito de uso exclusivo de área comum conferido a algum condômino somente se aperfeiçoará se não frustrar as legítimas expectativas auferidas pelas partes envolvidas, provenientes não só da conclusão do contrato (convenção), como também de sua execução (art. 422 do Código Civil). 3.2. A superveniente imposição de pagamento de determinada quantia não só limita ou condiciona o uso do terraço, alterando, por si só, uma situação inegavelmente consolidada no tempo (trinta anos), mas também, a considerar o valor da contraprestação, pode, por via transversa, perfeitamente inviabilizar o próprio exercício do direito subjetivo de uso conferido aos condôminos beneficiados. 3.3. A legítima perspectiva dos proprietários beneficiados, consistente no uso privativo e permanente do terraço, responsabilizando-se, tão somente, pelas despesas provenientes desta área (conservação, limpeza, etc.), é oriunda do proceder convencional do condomínio, que, durante longos e seguidos anos, reconheceu a suficiência da contraprestação assim exigida, deixando (ou renunciando tacitamente) de exercer o direito de instituir a pretendida contribuição de ocupação. 4. Recurso Especial parcialmente provido (REsp 1035778/SP, Rel. Ministro Marco Buzzi, Quarta Turma, j. 05.12.2013, DJe 03.03.2015).*

Nada obstante, diversos julgados entendem que o Instituto da *supressio* não pode ser utilizado para justificar aquisição de área comum, que não é passível de posse exclusiva de uma unidade, mesmo que tenha sido permitida por longo período pelo condomínio, tendo em vista que é impossível a usucapião ou apropriação exclusiva dessa parte. Nesse sentido:

Condomínio. Ação demolitória c.c. Restituição de área comum. Eventuais obras irregulares. Comprovação de que foi convencionada a utilização exclusiva do 25º andar pelos moradores da cobertura. Edificação de cobertura que altera a fachada do prédio. Direito do condomínio de exigir o seu desfazimento. Área comum do 26º andar. Ocupação indevida. Supressio não verificada. Comprovado que a ocupação do 25º andar remonta à própria construção do edifício, indevida a alegação do condomínio de que os moradores da cobertura invadiram parte do imóvel destinado ao zelador o qual está situado no andar térreo. A área comum de condomínio edilício não é suscetível de posse exclusiva de um único morador. Por mais que a ocupação exclusiva da área comum tenha sido tolerada e permitida por longo período, tal fato não pode gerar posse com animus domini, tornando inviável a pretensão aquisitiva. Não conheço em parte do recurso do autor e na parte conhecida a ele nego provimento, nego ao do corréu Samir e dou parcialmente ao da corré Maria Aparecida, com observação. (TJSP; Apelação 1003989-76.2014.8.26.0011; Rel. Gilberto Leme; 35ª Câmara de Direito Privado; j. 25.09.2017).

Ação de reintegração de posse c.c. desfazimento de construção – Inocorrência de cerceamento de defesa em razão do julgamento antecipado da lide – Área ocupada por condômina, na qual foi erguida uma pequena edificação, localizada sobre a laje de cobertura do condomínio autor – Posse precária incidente sobre área comum de condomínio, decorrente de mera tolerância, incapaz de gerar direito à usucapião – Ocupante que não pode beneficiar-se da figura da "supressio" – Caso em que a construção contraria as normas urbanísticas e vem causando sérios problemas de infiltrações nas unidades condominiais – Ação procedente. Recurso improvido. (TJSP; Apelação 0003806-83.2013.8.26.0100; Rel. Márcia Cardoso; Órgão Julgador: 12ª Câmara de Direito Privado; Foro Central Cível – 20ª Vara Cível; j. 13.11.2015; Data de Registro: 13.11.2015.)

Condomínio. Reintegração na posse c.c. indenização. Ocupação de área comum na laje do prédio. Prescrição já analisada em grau de recurso. Preclusão. Cerceamento de defesa inocorrente. Prova pericial suficiente. Autorização concedida ao condômino em assembleia de 1977, sem detalhamento, mas consignada "carta branca". Não cabimento do instituto da supressio. Ato de mera tolerância e permissão. Posse precária. Laudo pericial conclusivo acerca da ocupação de área de uso comum. Divergências entre a escritura e planta aprovada com a matrícula e cadastro no Município. Identificação de grande terraço social e de serviço pertencente à unidade. Reconhecimento da correta dimensão da área comum somente em juízo. Termo inicial da cobrança pela ocupação sem refeito retroativo. Data do laudo como marco inicial. Percentual dos honorários reduzidos para 15% da condenação. Recurso parcialmente provido. A prescrição já foi apreciada em saneador e houve recurso. Ainda que se trate de matéria de ordem pública, está coberta pela preclusão, sendo vedada sua reapreciação. Tampouco há cerceamento de defesa, pois a prova pericial é suficiente para o deslinde da questão. Não pode a área de uso comum ser utilizada exclusivamente por um condômino e não cabe aqui exclusiva aplicação do instituto da supressio, pois o ato de tolerância à ocupação não traz direito adquirido, que pode vir a ser alterado, porquanto a prova colhida identifica que o condômino reconhecia ocupação de área comum, bem como o condomínio pretendeu receber pela ocupação, mas sem a devida formalidade, o que ensejou indeferimento de pleito judicial. Tem-se o caráter precário de qualquer autorização, pois não se tem relação obrigacional, mas de natureza real com imperativa adstrição ao interesse da massa condominial que pretende retomar a área. O laudo pericial esclareceu pontos duvidosos da documentação em relação à área real privativa da unidade 181, pois havia mesmo divergências da matrícula com a escritura e a planta aprovada, o que identificou área privativa da unidade na laje, sendo a ocupação de uso comum restrita a 40,5m². Identificada a metragem, somente a partir de então pode incidir a indenização, pois havia dúvida relevante com relação ao real espaço ocupado de uso comum. O percentual da verba honorária imposta ao apelante deve ser reduzida para 15%, segundo os critérios legais, considerando-se a remuneração digna ao advogado. (TJSP; Apelação Cível 0007543-21.2010.8.26.0223; Rel. Kioitsi Chicuta; 32ª Câmara de Direito Privado; j. 30.03.2017).

Apelação – Interdito proibitório – Utilização exclusiva de área comum – Condomínio edilício – Cobertura de edifício – Sentença de improcedência. Argumentos da autora que não convencem – Ausência de direito à utilização perpétua da área comum – Condomínio que, em posterior convenção, pode revogar anterior autorização para utilização exclusiva da cobertura do edifício por parte de determinado condômino – É da essência do comodato sua temporariedade – Supressio não verificada – Ausência, no caso concreto, de criação de legítima expectativa, confiança, de que a parte autora poderia usar indefinidamente, de forma exclusiva, a área comum tratada nos autos. Sentença mantida – Recurso desprovido. (TJSP; Apelação 1114152-50.2014.8.26.0100; Rel. Sergio Gomes; Órgão Julgador: 37ª Câmara de Direito Privado; Foro Central Cível – 32ª Vara Cível; j. 15.09.2015; Data de Registro: 17.09.2015.)

Apelação cível. Ação de obrigação de fazer. Reconvenção. Parcial procedência da ação e da reconvenção. Apelos de ambas as partes. Apelação das corrés não conhecida. Deserção. O requerimento de assistência judiciária, efetuado após o protocolo do recurso, não isenta as apelantes do recolhimento das custas recursais. Benefícios que produzem efeitos a partir de seu protocolo nos autos, não alcançando os atos anteriores. O prazo para o recolhimento das custas recursais já se escoou, sendo deserto esse recurso. Ocupação exclusiva de áreas comuns do condomínio pelas corrés, proprietárias do apartamento de cobertura. Situação fática incontroversa e estabelecida há mais de 40 anos. Em que pese a conclusão da r. sentença no sentido de que se operou a supressio, insta salientar que a área comum de condomínio edilício não é suscetível de posse exclusiva de um único morador. Existência de duas situações diversas no presente caso, tratadas separadamente. Quanto ao terraço que circunda o salão, há planta aprovada na qual consta esse terraço com acesso exclusivo ao salão. Conclusão de que a utilização exclusiva do terraço remonta à própria construção do edifício, não socorrendo ao condomínio a alegação de que as rés se apossaram indevidamente dessa área. Quanto às outras duas áreas, tem-se que não pode ser admitida sua ocupação exclusiva, pois se tratam de (a) área construída para ser área técnica da caixa d'água, que abriga também as tubulações que abastecem o reservatório e alimentam as unidades e área comum, denominado atualmente como barrilete, e (b) área que foi concebida para abrigar a cobertura da edificação, mas nela foi construída "área gourmet", com avanço, inclusive, sobre parte do apartamento situado no piso inferior, com risco de sobrecarga na laje. Ação julgada parcialmente procedente para serem tais áreas restituídas ao condomínio. Manutenção da condenação imposta na reconvenção. A ocupação exclusiva de áreas pelas rés, embora possa ter dificultado, não tornou impossível a realização de manutenção, pelo condomínio, no decorrer dos anos, devendo ele responder pelos danos materiais que elas experimentaram em razão do mencionado vazamento oriundo dessas áreas. Apelação das corrés não conhecida, porque deserta. Apelação do autor parcialmente provida. (TJSP; Apelação Cível 1010790-62.2018.8.26.0562; Rel. Morais Pucci; 35ª Câmara de Direito Privado; j. 17.05.2021).[46]

Outrossim, a ninguém é lícito afrontar a saúde, o sossego e a segurança dos demais ocupantes do condomínio.

Essa determinação, inserta no inciso IV do art. 1.336 do Código Civil, guarda estreita relação com as normas que pautam o direito de vizinhança, capítulo que se recomenda a leitura.

Nessa medida, surge, nos condomínios, a questão dos animais, principalmente – mas não somente – cães e gatos.

Verificando as convenções de condomínio, vislumbram-se três hipóteses, identificadas pelo Professor João Batista Lopes:[47]

a) omissão da convenção quanto à permanência de animais;

b) proibição de animais no caso de transtornos por eles causados;

c) proibição incondicional na convenção.

As duas primeiras hipóteses não causam qualquer dificuldade.

De fato, se a convenção for omissa ou se determinar que os animais são admitidos apenas se não causarem prejuízos à saúde, ao sossego e à segurança dos condôminos, a solução é a mesma, ou seja, os animais somente serão admitidos na eventualidade de não afrontar o direito de vizinhança dos demais, tudo em razão da determinação legal que obriga aos condôminos o respeito a esses aspectos.

Assim, os animais são admitidos desde que não comprometam a saúde, o sossego e a segurança dos demais ocupantes do condomínio.

O problema surge na hipótese de a convenção determinar a proibição absoluta de animais no condomínio.

De antemão, entendemos que essa proibição não pode ser levada a efeito, pelo menos em termos absolutos, sem afrontar o direito de propriedade e representar abuso de direito (Código Civil, art. 187).

Portanto, é ilegal a determinação da convenção de proibição absoluta da permanência de animais no condomínio por afronta ao direito constitucional de propriedade (Constituição Federal, art. 5º, XXII).

---

[46] Em igual sentido:
Apelação – Ação reivindicatória – Condomínio edilício – Alegação de uso exclusivo de área comum – Ação reivindicatória procedente e reconvenção improcedente. A instituição do condomínio deu-se em 03.02.1992 e, desde sempre, a parte ré utiliza a piscina e o solário com exclusividade, cujo acesso se dá pela escada interna do seu apartamento. Prescrição operada conforme Código Civil revogado (art. 177). Ainda que não ocorrida a prescrição, seria de se aplicar, como decidido em sentença, a supressio. Apesar disso, a reconvenção é improcedente. A solução simplista de excluir da área comum piscina e solário e acrescer à área do apartamento de cobertura não pode ser acolhida. Seria imprescindível a participação de todos os condôminos, eis que tal decisão impacta diretamente nas frações ideais a eles pertencentes, sem falar na necessidade de perícia para eventual decisão a respeito. Sucumbência recíproca. Mantida condenação da sentença quanto à denunciação da lide. Sentença reformada para julgar improcedente a reconvenção. Recurso do autor acolhido em parte (TJSP; Apelação Cível 3006401-71.2013.8.26.0595; Rel. Cristina Medina Mogioni; 6ª Câmara de Direito Privado; j. 28.01.2021).

[47] João Batista Lopes, *Condomínio*, São Paulo: Revista dos Tribunais, 2003, p. 132.

Quais transtornos podem causar, por exemplo, peixes ornamentais ou pequenos e comportados cães de companhia, tratados de forma higiênica?

De fato, essa é a tendência doutrinária e jurisprudencial:

Recurso Especial. Condomínio. Animais. Convenção. Regimento interno. Proibição. Flexibilização. Possibilidade. 1. Recurso especial interposto contra acórdão publicado na vigência do Código de Processo Civil de 2015 (Enunciados Administrativos nºs 2 e 3/STJ). 2. Cinge-se a controvérsia a definir se a convenção condominial pode impedir a criação de animais de qualquer espécie em unidades autônomas do condomínio. 3. Se a convenção não regular a matéria, o condômino pode criar animais em sua unidade autônoma, desde que não viole os deveres previstos nos arts. 1.336, IV, do CC/2002 e 19 da Lei 4.591/1964. 4. Se a convenção veda apenas a permanência de animais causadores de incômodos aos demais moradores, a norma condominial não apresenta, de plano, nenhuma ilegalidade. 5. Se a convenção proíbe a criação e a guarda de animais de quaisquer espécies, a restrição pode se revelar desarrazoada, haja vista determinados animais não apresentarem risco à incolumidade e à tranquilidade dos demais moradores e dos frequentadores ocasionais do condomínio. 6. Na hipótese, a restrição imposta ao condômino não se mostra legítima, visto que o condomínio não demonstrou nenhum fato concreto apto a comprovar que o animal (gato) provoque prejuízos à segurança, à higiene, à saúde e ao sossego dos demais moradores. 7. Recurso especial provido (REsp 1.783.076/DF, Rel. Min. Ricardo Villas Bôas Cueva, Terceira Turma, j. 14.05.2019, REPDJe 19.08.2019, DJe 24.05.2019).[48]

---

[48] Em igual sentido o AgInt no REsp 1.631.586/DF julgado no dia 04.05.2020.

O assunto não é novo nos tribunais:

Segundo Tribunal de Alçada Civil de São Paulo. Consignação em pagamento – despesas de condomínio – presença de animais – vedação pelo regimento interno – possibilidade de permanência de animais de pequeno porte. Desde que a permanência dos animais de pequeno porte não moleste o sossego dos demais condôminos, nada obsta que o morador do condomínio possa mantê-los em seu apartamento, apesar da cláusula proibitiva do Regimento Interno (Apel. c/ Rev. 484.038, 2ª Câm., Rel. Juiz Felipe Ferreira, j. 07.04.1997).

Segundo Tribunal de Alçada Civil de São Paulo. Condomínio – proibição da permanência de animais de médio porte na unidade autônoma – prejuízo inexistente – desrespeito à convenção condominial – inocorrência – inadmissibilidade – inteligência dos artigos 10, III e 19 da Lei 4.591/64. As regras estabelecidas pelos condôminos, nas propriedades horizontais, hão de ter por parâmetros os mandamentos contidos nos artigos 10, inciso III, e 19 da Lei de Condomínios e Incorporações, a fim de que não afrontem o justo exercício do direito de propriedade em condomínio e não se prestem a forma de ditadura da vontade das maiorias, em evidente abuso de direito (Apel. s/ Rev. 518.347, 1ª Câm., Rel. Juiz Vieira de Moraes, j. 02.03.1998. Referências: JTJ 167/32. Apelação Cível 237.094-2, Campinas, Rel. Des. Bueno Magano, j. 23.08.1994).

Segundo Tribunal de Alçada Civil de São Paulo. Despejo – infração a cláusula condominial – permanência de animal no imóvel – prejuízo inexistente aos condôminos – descaracterização. Lícita a inclinação pela corrente que recomenda moderação na aplicação das cláusulas proibitivas, de que resulta que só sejam obstados os animais nocivos ou impertinentes (Apel. c/ Rev. 230.453, 6ª Câm., Rel. Juiz Soares Lima, j. 30.11.1988, in JTA (RT) 115/315. Referência: João Batista Lopes, "Condomínio – Problemas Fundamentais da Propriedade Horizontal", 2ª ed., Ed. Rev. Tribunais, 1985, p. 82).

Segundo Tribunal de Alçada Civil de São Paulo. Ação declaratória – condomínio – direito de manutenção de animais de pequeno porte em apartamento – prejuízo inexistente – admissibilidade. Não demonstrada a prejudicialidade dos cães em relação aos demais integrantes do condomínio, há de se respeitar o direito de propriedade que ampara os moradores, declarando-se a nulidade da cláusula proibitiva (Apel. c/ Rev. 520.104, 10ª Câm., Rel. Juiz Marcos Martins, j. 05.08.1998. Referência: J. Nascimento Franco e Nisske Gondo, "Condomínio em Edifícios", 5ª ed., Ed. RT, p. 220).

Tribunal de Justiça de São Paulo. Condomínio. Norma do regimento interno proibitória da presença de animais. Permanência de cachorro da raça "poodle", que não causa incômodo aos demais moradores. Ação cominatória improcedente. Recurso não provido (Apel. Cív. 262.223-2, Taubaté, 15ª Câm. Civ., Rel. Maurício Vidigal, j. 08.08.1995, v.u.).

Primeiro Tribunal de Alçada Civil de São Paulo. Direito de vizinhança – condomínio – poluição sonora – manutenção pelo autor, em seu apartamento, de ave cujo canto é de tonalidade irritante – caracterização de ruído excessivo anormal e insuportável – proibição pela convenção do Condomínio de animais irritantes – cominatória procedente (Processo 00396348-5/00, Apelação Cível, 8ª Câmara, 21.12.1988, Rel. Toledo Silva, unânime, JTA 117/43).

Tribunal de Justiça de São Paulo. Cominatória. Objeto. Retirar animal de apartamento. Tutela antecipada. Concessão. Cachorro de grande porte. Hipótese não autorizada pelo regimento interno do condomínio.

Consignou o relator, Ministro Ricardo Villas Bôas Cueva:

"[...] é verdade que a vida em condomínio impõe diversas restrições ao direito de uso das unidades autônomas com o intuito de possibilitar a convivência harmônica entre os moradores. Todavia, tais limitações podem ser apreciadas pelo Poder Judiciário sob o aspecto da legalidade e da necessidade do respeito à função social da propriedade (art. 5º, XXII, da Constituição Federal).

[...] podem surgir três situações: a) a convenção não regula a matéria; b) a convenção veda a permanência de animais causadores de incômodos aos demais condôminos e c) a convenção proíbe a criação e guarda de animais de quaisquer espécies. Na primeira situação – convenção omissa –, o condômino pode criar animais em sua unidade autônoma, desde que não viole os deveres previstos nos supracitados arts. 1.336, IV, do CC/2002 e 19 da Lei 4.591/1964. Por conseguinte, a inexistência de regra impeditiva no estatuto condominial não confere autorização irrestrita para a manutenção de bichos de estimação em partes exclusivas. [...] Na segunda hipótese, a norma condominial não apresenta, de plano, nenhuma ilegalidade, cabendo eventual controvérsia ser analisada no caso concreto, prevalecendo, assim, o ajuste aprovado na respectiva assembleia. [...] No terceiro cenário, a proibição pode se revelar desarrazoada, haja vista que determinados animais não apresentam risco à incolumidade e à tranquilidade dos demais moradores e dos frequentadores ocasionais do condomínio. O impedimento de criar animais em partes exclusivas se justifica na preservação da segurança, da higiene, da saúde e do sossego. Por isso, a restrição genérica contida em convenção condominial, sem fundamento legítimo, deve ser afastada para assegurar o direito do condômino, desde que sejam protegidos os interesses anteriormente explicitados".

1.3.11. O descumprimento dos deveres e as multas; o comportamento antissocial do condômino[49]

O descumprimento de deveres, como vimos, pode ocorrer de diversas formas no âmbito dos condomínios edilícios.

Além dos deveres impostos legalmente, a convenção, desde que não afronte normas de ordem pública, pode determinar outras regras que devem ser observadas pelos condôminos.

Sendo assim, ante o descumprimento desses deveres, é preciso observar, a teor do que dispõe o inciso VII do art. 1.348, que o síndico pode impor o pagamento de multas.

Todavia, não pode impor multas por deveres que não estejam expressos na convenção ou na lei:

Segundo Tribunal de Alçada Civil de São Paulo. *Condomínio – Despesas condominiais – Multa – Infração – Previsão na convenção – Ausência – Aplicação pelo síndico – Inadmissibilidade. Inaplicável multa infracional quando o comportamento do condômino não se consubstancia, ao menos em tese, em infração conforme as disposições da convenção condominial ou o regulamento interno. Desnecessária, destarte, a produção de prova quanto ao fato. Ap. s/ Rev. 840.287-00/8 – 8ª Câm. – Rel. Juiz Rocha de Souza – j. 15.4.2004 (quanto a conduta imputada ao condômino). Sobre o tema: Ap. s/ rev. 698.775-00/4 – 12ª Câm. – Rel. Juiz Romeu Ricupero – j. 31.07.2003, com as seguintes referências: J. Nascimento Franco – "Condomínio", RT, 3ª ed., São Paulo, 2001, nº 237, p. 200; João Batista Lopes – "Condomínio", RT, 7ª ed., São Paulo, 2000, p. 182. No mesmo sentido: Quanto a vaga de garagem – falta de cadastramento do veículo: Ap. s/ Rev. 588.201-00/5 – 11ª Câm. – Rel. Juiz Artur Marques – j. 25.09.2000. Quanto a mau cheiro – manutenção de animal sem as devidas condições de higiene: Ap. s/ Rev. 734.768-00/0 – 6ª Câm. – Rel. Juiz Andrade Neto – j. 18.02.2004. Quanto a estacionamento de veículos em número superior ao permitido: Ap. s/ Rev. 698.775-00/4 – 12ª Câm. – Rel. Juiz Romeu Ricupero – j. 31.07.2003.*

Tribunal de Justiça de São Paulo. *Despesas Condominiais. Conduta legítima do autor-apelado que torna abusiva a cobrança de multa pelo Condomínio. Exercício regular de direito. Infração condominial inexistente.*

Espécie, ademais, que oferece risco aos demais moradores. Prevalência da segurança e sossego dos condôminos. Verossimilhança e perigo na demora demonstrados. Recurso não provido. JTJ 236/218. Tribunal de Justiça de São Paulo. Cominatória. Retirada de animal de apartamento. Tutela antecipada concedida. Regimento interno que somente permite animais de pequeno porte. Cachorro da raça pit bull. Risco para a segurança e sossego dos condôminos. Recurso não provido (Agravo de Instrumento 171.801-4, São Paulo, 10ª Câmara de Direito Privado, Rel. Maurício Vidigal, j. 24.10.2000, v.u.).

[49] Quanto à legitimidade passiva, remete-se o leitor ao Capítulo 2 deste livro (item 2.5.8).

Sentença mantida. Recurso não provido (Apelação 0017372-55.2011.8.26.0008, Rel. Rosa Maria de Andrade Nery, 34ª Câmara de Direito Privado, j. 25.03.2013).

Tribunal de Justiça de São Paulo. *Condomínio – convenção condominial – obras de reforma em unidade condominial – multa por infração. Não fixando a convenção condominial critérios objetivos a serem obedecidos pelos condôminos que necessitarem ou decidirem reformar total ou parcialmente suas respectivas unidades autônomas, como, "verbi gratia", previsão de horário para execução das obras, especificação dos dias da semana em que não seriam permitidas, proibição de utilização dos elevadores para transportar materiais e entulhos, menos ainda prazo limite para a realização das reformas, inviável ao condomínio imputar a qualquer condômino responsabilidade por violá-las, menos ainda aplicar-lhe multa por essa "suposta" infração. A aplicação de penalidades pressupõe a violação a norma objetiva, sendo inviável sua imposição pelo alegado desrespeito a critérios subjetivos estabelecidos caso a caso pelo síndico ou outros condôminos incomodados. 2 Condomínio – convenção condominial – obras de reforma em unidade condominial – multa por infração – Os alegados transtornos causados pela realização de obra de reforma de longa duração não ultrapassaram os limites da razoabilidade, mormente levando-se em consideração as características do edifício com poucas unidades condominiais, dotado de apenas um elevador, uma escadaria e entrada única – Fixação de prazo para a conclusão da obra, deliberada em Assembleia Geral – Inadmissibilidade por ausência de amparo legal (Apelação 9088539-76.2006.8.26.0000, Rel. Amaral Vieira, 28ª Câmara, j. 12.12.2006. Outros números: 001.03.973590-0).*

Tampouco pode desrespeitar o direito constitucional de ampla defesa e do contraditório, inculpido no inciso LV, do art. 5º, da Constituição Federal.

Sendo assim, a multa deve ser aplicada, apenas, se houver descumprimento da lei ou da convenção e, ainda assim, a infração deve ser notificada ao condômino para que, se quiser, apresente sua defesa em prazo razoável.

O desrespeito a esses preceitos implica em inviabilidade da cobrança judicial da multa na medida em que essa cobrança deve ser instruída com a prova da notificação e da eventual defesa rejeitada.

Nesse sentido:

Superior Tribunal de Justiça. *Direito civil. Recurso especial. Condomínio. Ação de cobrança de multa convencional. Ato antissocial (art. 1.337, parágrafo único, do Código Civil). Falta de prévia comunicação ao condômino punido. Direito de defesa. Necessidade. Eficácia horizontal dos direitos fundamentais. Penalidade anulada. 1. O art. 1.337 do Código Civil estabeleceu sancionamento para o condômino que reiteradamente venha a violar seus deveres para com o condomínio, além de instituir, em seu parágrafo único, punição extrema àquele que reitera comportamento antissocial, verbis: "O condômino ou possuidor que, por seu reiterado comportamento antissocial, gerar incompatibilidade de convivência com os demais condôminos ou possuidores, poderá ser constrangido a pagar multa correspondente ao décuplo do valor atribuído à contribuição para as despesas condominiais, até ulterior deliberação da assembleia". 2. Por se tratar de punição imputada por conduta contrária ao direito, na esteira da visão civil-constitucional do sistema, deve-se reconhecer a aplicação imediata dos princípios que protegem a pessoa humana nas relações entre particulares, a reconhecida eficácia horizontal dos direitos fundamentais que, também, deve incidir nas relações condominiais, para assegurar, na medida do possível, a ampla defesa e o contraditório. Com efeito, buscando concretizar a dignidade da pessoa humana nas relações privadas, a Constituição Federal, como vértice axiológico de todo o ordenamento, irradiou a incidência dos direitos fundamentais também nas relações particulares, emprestando máximo efeito aos valores constitucionais. Precedentes do STF. 3. Também foi a conclusão tirada das Jornadas de Direito Civil do CJF: En. 92: Art. 1.337: As sanções do art. 1.337 do novo Código Civil não podem ser aplicadas sem que se garanta direito de defesa ao condômino nocivo. 4. Na hipótese, a assembleia extraordinária, com quórum qualificado, apenou o recorrido pelo seu comportamento nocivo, sem, no entanto, notificá-lo para fins de apresentação de defesa. Ocorre que a gravidade da punição do condômino antissocial, sem nenhuma garantia de defesa, acaba por onerar consideravelmente o suposto infrator, o qual fica impossibilitado de demonstrar, por qualquer motivo, que seu comportamento não era antijurídico nem afetou a harmonia, a qualidade de vida e o bem-estar geral, sob pena de restringir o seu próprio direito de propriedade. 5. Recurso especial a que se nega provimento (REsp 1.365.279/SP, Rel. Min. Luis Felipe Salomão, Quarta Turma, j. 25.08.2015, DJe 29.09.2015).*

Tribunal de Justiça de São Paulo. *Apelação. Condomínio. Ação Declaratória de Nulidade de Multa Condominial. Pretensão autoral voltada à declaração de nulidade de multa que violou o princípio do contraditório e da ampla defesa. Pedido julgado procedente. Com a elevação do princípio da dignidade da pessoa ao patamar de metanorma (art. 3º, I, da CF), a doutrina e a jurisprudência das Cortes Superiores passou* *a defender a aplicação imediata dos princípios e garantias constitucionais nas relações particulares, o que se denomina de eficácia horizontal dos direitos fundamentais. Diante dessa nova concepção, tem-se que as garantias constitucionais também devem incidir nas relações condominiais, devendo ser assegurados, na medida do possível, a ampla defesa e contraditório. Caso dos autos em que restou demonstrada a falta de oportunização de defesa ao condômino, em clara violação às garantias constitucionais. Precedentes judiciais. Sentença mantida. Recurso não provido (Apelação Cível 1006966-05.2018.8.26.0010, Rel. Carlos Nunes, 31ª Câmara de Direito Privado, Foro Regional X, Ipiranga, 2ª Vara Cível, j. 25.08.2020, Data de Registro: 26.08.2020).*

Tribunal de Justiça de São Paulo. *Despesas de condomínio. Cobrança. Infração a norma condominial. Procedimento próprio. Formalização da aplicação da penalidade. Inocorrência. Cota condominial regular. Mora parcialmente configurada. Valores. Correspondentes aos encargos definidos em regular assembleia e convenção. Legalidade. Sentença parcialmente reformada. Recurso em parte provido. Não basta haver expressa disposição regulamentar para que se possa reconhecer a legalidade da imposição de multa convencional. Em obediência ao princípio do devido processo legal, ao que os anglo-americanos denominam due process of law, assim como ao princípio da ampla defesa, constante do art. 5º, inciso LV, da CF, se impunha que fosse instaurado um procedimento administrativo onde fosse facultada ao acusado a ampla defesa, por meio do contraditório, o que inexistiu. Por outro lado, aprovados os valores cobrados em convenção regular e dentro dos limites impostos pela Lei 4.591/64, é lícita a cobrança dos valores condominiais e demais encargos (Apelação 0036655-59.2010.8.26.0506, 31ª Câmara de Direito Privado, Rel. Paulo Ayrosa, j. 23.07.2013).*

Nesse julgado, asseverou o Rel. *pelo que dos autos consta, não há registro de reclamações, sobrevindo a multa (fls. 39), sem que houvesse a instauração de procedimento adequado, na forma retrorreferida. Por conseguinte, ilegal a multa aqui combatida.*

Outros arestos no mesmo sentido podem ser mencionados para ilustrar a questão.[50]

Tribunal de Justiça de São Paulo. *Condomínio. Multas por infração a regimento interno. Falta de prova do fato jurígeno. Situação de animosidade envolvendo litigantes – inviabilidade do apenamento. No atual estágio do direito brasileiro, penalidade administrativa não pode ser imposta sem concessão do direito de defesa. Sentença confirmada. Apelo não provido (Apelação 0008418-69.2010.8.26.0003, Rel. Giffoni Ferreira, 2ª Câmara de Direito Privado, j. 03.06.2014).*

Tribunal de Justiça de São Paulo. *Despesa de Condomínio. Cobrança. Encargos condominiais. Multa. Infração de norma do regimento interno. Ação julgada improcedente. Reconvenção. Pretensão à indenização por danos morais, ante a cobrança judicial indevida. Reconvenção julgada improcedente. Apelação do condomínio. Preliminar. (...) Pretensão à condenação dos réus no pagamento de multa por alegada infração da convenção condominial. Descumprimento de norma interna. Ausência de contraditório e de ampla defesa na aplicação da penalidade. Necessidade de submissão aos referidos princípios constitucionais. Inobservância das regras previstas na convenção condominial para aplicação e exigibilidade da multa. Ausente prova de que tenham os réus sido comunicados da imposição da multa. Ônus da prova de quem alega (art. 333, I, do CPC) [atual art. 373, I]. Autor que não se desincumbiu desse mister. Multa condominial bem afastada. Sentença mantida. Recurso improvido. (Apelação 0045967-22.2009.8.26.0562, Rel. Francisco Occhiuto Júnior, 32ª Câmara de Direito Privado, j. 03.04.2014).*

Tribunal de Justiça de São Paulo. *Despesa de Condomínio. Cobrança. Encargos condominiais. Multa. Infração de norma do regimento interno. Ressarcimento de danos materiais. Réu que danificou arandelas. Ação de cobrança julgada parcialmente procedente. Danos materiais devidos. Pedido contraposto. Multa indevida. Devolução em dobro da quantia indevidamente cobrada. Acolhimento. Aplicação do art. 940 do CC. Pedido contraposto acolhido em parte. Apelação do condomínio. Renovação dos argumentos anteriores. Documento*

---

50 **Primeiro Tribunal de Alçada Civil de São Paulo.** *Condomínio – despesas condominiais – cobrança de multa por infração administrativa – necessidade da demonstração da falta cometida, seu fundamento e a realização de reunião do conselho para a aplicação das multas – inocorrência – recurso parcialmente provido para excluí-las (Apelação Cível 518961-3/00, São Paulo, 2ª Câmara Especial, j. 08.07.1993, Rel. Alberto Tedesco, Decisão: Unânime).*

Tribunal de Alçada do Rio Grande do Sul. *Embora assista ao síndico a aplicação de multas por infrações ao regimento interno do condomínio, para que estas possam ser cobradas juntamente com as quotas de despesas, é indispensável que, além de descritas na inicial, esta venha acompanhada da notificação que antecedeu a aplicação de cada multa. Ação procedente em parte sentença mantida apelo improvido. Decisão: negado provimento. Unânime (Apelação cível 190013896, 10.04.1990, Porto Alegre, 5ª Câmara Cível, Rel. Ramon Georg Von Berg).*

trazido com o recurso. Exegese do art. 396 do CPC [atual art. 355]. Documento que não estampa a característica de novidade para que seja examinada sua juntada extemporaneamente. Pretensão à condenação do réu no pagamento de multa por infração da convenção. Ausência de contraditório e ampla defesa na aplicação da penalidade. Inobservância das regras previstas na convenção condominial para exigibilidade da multa. Encargo condominial corretamente afastado. Pretensão ao afastamento da repetição da quantia cobrada. Não configurada a má-fé do apelante, fica afastada a aplicação do art. 940 do Código Civil. Precedentes. Sentença reformada em parte, para julgar improcedente o pedido contraposto. Sucumbência recíproca reconhecida. Recurso parcialmente provido (Apelação 0022248-87.2010.8.26.0590, Rel. Francisco Occhiuto Júnior, 32ª Câmara de Direito Privado, j. 14.11.2013).

Tribunal de Justiça de São Paulo. *Apelação – Condomínio – Imposição de multa a condômino – Ação declaratória de inexigibilidade c/c restituição – Sentença de procedência – Manutenção – Necessidade – Incontroversa imposição da penalidade sem prévio direito de defesa – Aplicar a multa para depois conceder ao condômino direito de resposta é medida que afronta o direito à ampla defesa e ao contraditório prévio – "As sanções do art. 1.337 do novo Código Civil não podem ser aplicadas sem que se garanta direito de defesa ao condômino nocivo" (Enunciado nº 92 do Conselho da Justiça Federal) – Precedente – Sentença mantida – Recurso Desprovido. (TJSP, Apelação Cível 1013593-73.2023.8.26.0002, Rel. Michel Chakur Farah, 28ª Câmara de Direito Privado, Foro Regional II – Santo Amaro – 7ª Vara Cível, j. 30.08.2024, data de registro: 30.08.2024).*

E o contraditório precisa preceder à aplicação da multa. Aplicar a multa para depois conceder o contraditório contamina irremediavelmente a penalidade aplicada que deve ser anulada, quer na sua cobrança como matéria de defesa ou embargos, quer diretamente em ação declaratória.

Nesse sentido:

Tribunal de Justiça de São Paulo. *Apelação. Ação indenizatória. Multa condominial. Utilização irregular de vagas de garagem. Sentença que julga parcialmente procedentes os pedidos, condenando o condomínio à devolução da multa aplicada. Violação da ampla defesa e contraditório devidamente caracterizada nos autos.* **Irrelevância da apreciação de impugnação da multa aplicada pelo Conselho Consultivo, haja vista a necessária preservação do contraditório prévio, a anteceder à própria aplicação da sanção,** *em ordem a oportunizar-se ao condômino apontado como infrator influir na formação do convencimento do representante legal do condomínio. Precedentes jurisprudenciais. Sentença mantida. Recurso desprovido. (TJSP, Apelação Cível 1003056-44.2017.8.26.0320, Rel. Airton Pinheiro de Castro, 29ª Câmara de Direito Privado, Foro de Limeira – 2ª Vara Cível, j. 1º.04.2020, data de registro 1º.04.2020).*

Tribunal de Justiça de São Paulo. *Apelação – Condomínio – Imposição de multa a condômino – Ação declaratória de inexigibilidade c/c restituição – Sentença de procedência – Manutenção – Necessidade –* **Incontroversa imposição da penalidade sem prévio direito de defesa – Aplicar a multa para depois conceder ao condômino direito de resposta é medida que afronta o direito à ampla defesa e ao contraditório prévio –** *"As sanções do art. 1.337 do novo Código Civil não podem ser aplicadas sem que se garanta direito de defesa ao condômino nocivo" (Enunciado nº 92 do Conselho da Justiça Federal) – Precedente – Sentença mantida – Recurso desprovido. (TJSP, Apelação Cível 1013593-73.2023.8.26.0002, Rel. Michel Chakur Farah, 28ª Câmara de Direito Privado, Foro Regional II – Santo Amaro – 7ª Vara Cível, j. 30.08.2024, data de registro 30.08.2024)*

Tribunal de Justiça de São Paulo. *Apelação. Condomínio. Ação indenizatória c.c. anulatória de multa aplicada contra condômino por suposto comportamento antissocial. Sanção promovida de forma unilateral pelo síndico, sem observância do prévio exercício do contraditório e ampla defesa. Violação a direito constitucional. Precedente do Superior Tribunal de Justiça. Multa devidamente anulada. Sentença mantida. Recurso improvido. (TJSP, Apelação Cível 1005914-19.2023.8.26.0100, Rel. Walter Exner, 36ª Câmara de Direito Privado, Foro Central Cível – 28ª Vara Cível, j. 17.09.2024, data de registro 17.09.2024)*

Tribunal de Justiça de São Paulo. *Apelação – Ação declaratória de inexistência de débito cumulada com pedido de indenização por danos morais – Multa por infração condominial. Respeitável sentença de parcial procedência afastou a pretensão indenizatória. Irresignação do condomínio – Apelante ressalta que a apelada é reincidente; e, que deveria ter recorrido da penalidade na assembleia posterior. Reincidência que não afasta a necessidade do contraditório e ampla defesa ao infrator das regras do condomínio –* **recurso administrativo que somente pode ser apresentado na assembleia condominial seguinte à aplicação da sanção; e, na prática, sujeita o condômino aos efeitos da multa antes de apresentar defesa – precedente – débitos que devem ser declarados inexigíveis.** *Recurso desprovido. (TJSP, Apelação Cível 1018296-97.2022.8.26.0223, Rel. Dario Gayoso, 27ª Câmara de Direito Privado, Foro de Guarujá – 3ª Vara Cível, j. 24.10.2023, data de registro 25.10.2023)*

As decisões judiciais citadas seguem uma linha uniforme ao garantir a observância do contraditório e da ampla defesa antes da aplicação de sanções condominiais.

A imposição de multas sem defesa prévia é nula, independentemente de fatores como reincidência ou possibilidade de defesa posterior.

O direito constitucional à ampla defesa e ao contraditório é um princípio fundamental e deve ser respeitado em todas as situações que envolvem a imposição de penalidades, conforme reforçado pelos tribunais de São Paulo e pelo STJ.

Em suma, os precedentes citados sustentam a conclusão de que a aplicação de multas condominiais sem prévio contraditório é ilegal.

Em todos os casos mencionados, a ausência de oportunidade de defesa prévia foi a razão principal para a anulação das penalidades.

A jurisprudência, portanto, reforça a ideia de que a aplicação de sanções deve respeitar o devido processo legal, com fundamento em firme interpretação do direito constitucional à ampla defesa, confirmada tanto pelos tribunais estaduais quanto pelo Superior Tribunal de Justiça.

Essa é, inclusive, a ideia que emana do Enunciado 92 das Jornadas de Direito Civil do Conselho da Justiça Federal: *"As sanções do art. 1.337 do novo Código Civil não podem ser aplicadas sem que se garanta direito de defesa ao condômino nocivo".*

A mesma razão se aplica a todas as multas previstas no Código Civil, passíveis de aplicação aos condôminos.

Isso porque o direito ao contraditório não se restringe ao âmbito judicial, mas estende-se a todos os procedimentos que possam resultar em prejuízo, sanção ou restrição de direitos.

Trata-se de garantia fundamental em qualquer processo punitivo, refletindo a eficácia horizontal dos direitos fundamentais, o que inclui a máxima eficácia do direito ao contraditório e à ampla defesa.

Paradigmático, nesse sentido, o seguinte julgado do Superior Tribunal de Justiça:

Direito Civil. Recurso Especial. Condomínio. Ação de cobrança de multa convencional. Ato antissocial (art. 1.337, parágrafo único, do Código Civil). Falta de prévia comunicação ao condômino punido. Direito de defesa. Necessidade. Eficácia horizontal dos direitos fundamentais. Penalidade anulada. 1. O art. 1.337 do Código Civil estabeleceu sancionamento para o condômino que reiteradamente venha a violar seus deveres para com o condomínio, além de instituir, em seu parágrafo único, punição extrema àquele que reitera comportamento antissocial, verbis: "O condômino ou possuidor que, por seu reiterado comportamento antissocial, gerar incompatibilidade de convivência com os demais condôminos ou possuidores, poderá ser constrangido a pagar multa correspondente ao décuplo do valor atribuído à contribuição para as despesas condominiais, até ulterior deliberação da assembleia". 2. Por se tratar de punição imputada por conduta contrária ao direito, **na esteira da visão civil-constitucional do sistema, deve-se reconhecer a aplicação imediata dos princípios que protegem a pessoa humana nas relações entre particulares, a reconhecida eficácia horizontal dos direitos fundamentais que, também, deve incidir nas relações condominiais, para assegurar, na medida do possível, a ampla defesa e o contraditório. Com efeito, buscando concretizar a dignidade da pessoa humana nas relações privadas, a Constituição Federal, como vértice axiológico de todo o ordenamento, irradiou a incidência dos direitos fundamentais também nas relações particulares, emprestando máximo efeito aos valores constitucionais.** *Precedentes do STF. 3. Também foi a conclusão tirada das Jornadas de Direito Civil do CJF: En. 92: Art. 1.337: As sanções do art. 1.337 do novo Código Civil não podem ser aplicadas sem que se garanta direito de defesa ao condômino nocivo. 4. Na hipótese, a assembleia extraordinária, com quórum qualificado, apenou o recorrido pelo seu comportamento nocivo, sem, no entanto, notificá-lo para fins de apresentação de defesa. Ocorre que a gravidade da punição do condômino antissocial, sem nenhuma garantia de defesa, acaba por onerar consideravelmente o suposto infrator, o qual fica impossibilitado de demonstrar, por qualquer motivo, que seu comportamento não era antijurídico nem afetou a harmonia, a qualidade de vida e o bem-estar geral, sob pena de restringir o seu próprio direito de propriedade. 5. Recurso especial a que se nega provimento. (REsp 1.365.279/SP, Rel. Min. Luis Felipe Salomão, 4ª Turma, j. 25.08.2015, DJe 29.09.2015)*

Quanto às multas, recomenda-se, ainda, a leitura do item 2.9, do Capítulo 2, deste Livro IV, quanto à impossibilidade de cumular a multa pela transgressão com a cobrança das quotas normais de condomínio em atraso. Em suma, as cobranças devem ser separadas e a inobservância dessa regra pelo condomínio autoriza a consignação em pagamento:

Tribunal de Justiça de São Paulo. *Consignação em pagamento – Dívida condominial mensal – Direito do condômino a efetuar tal pagamento, sem inclusão de multa por infração, da qual discorda. Direito do condomínio, querendo, de ajuizar ação para cobrança da multa. O condômino tem direito de pagar a despesa mensal normal do condomínio, sem inclusão de multa por infração, da qual discorda. O condomínio tem a obrigação de emitir boletos diversos para cada tipo de cobrança, não podendo condicionar o recebimento da despesa mensal normal ao pagamento da multa, sob pena de seu ato caracterizar a "mora creditoris", que autoriza o ajuizamento de ação de consignação em pagamento por parte do condômino. Recurso provido (Apelação 0278097-84.2010.8.26.0000, Rel. Manoel Justino Bezerra Filho, 28ª Câmara de Direito Privado, j. 19.03.2013).*

Seja como for, já vimos os deveres impostos legalmente pelo Código Civil aos Condôminos, de acordo com o art. 1.336, cujo descumprimento impõe a multa:

Art. 1.336. São deveres do condômino:

I – contribuir para as despesas do condomínio na proporção das suas frações ideais, salvo disposição em contrário na convenção;

II – não realizar obras que comprometam a segurança da edificação;

III – não alterar a forma e a cor da fachada, das partes e esquadrias externas;

IV – dar às suas partes a mesma destinação que tem a edificação, e não as utilizar de maneira prejudicial ao sossego, salubridade e segurança dos possuidores, ou aos bons costumes.

Inicialmente, o § 1º do art. 1.336 do Código Civil, impõe o dever de pagar as taxas condominiais, sob pena de multa de 2% do valor do débito, além de juros, correção monetária e honorários de advogado:

Art. 1.336, § 1º O condômino que não pagar a sua contribuição ficará sujeito à correção monetária e aos juros moratórios convencionados ou, não sendo previstos, aos juros estabelecidos no art. 406 deste Código, bem como à multa de até 2% (dois por cento) sobre o débito.

Os aspectos e as consequências referentes à ausência de pagamento serão verificados no próximo tópico.

Por outro lado, o § 2º do mesmo art. 1.336 do Código Civil, estipula penalidades para o descumprimento dos demais deveres, o que faz nos seguintes termos:

Art. 1.336, § 2º O condômino, que não cumprir qualquer dos deveres estabelecidos nos incisos II a IV, pagará a multa prevista no ato constitutivo ou na convenção, não podendo ela ser superior a cinco vezes o valor de suas contribuições mensais, independentemente das perdas e danos que se apurarem; não havendo disposição expressa, caberá à assembleia geral, por dois terços no mínimo dos condôminos restantes, deliberar sobre a cobrança da multa.

Sendo assim, as consequências e multas estipuladas no § 2º do art. 1.336, se referem aos demais deveres, excluído o dever de pagamento que encontra regra específica no § 1º e, por tal razão, não poderão ser aplicadas ao condômino que deixa de pagar as contribuições.

Aliás, o dispositivo legal é claro, determinando que apenas o condômino que *não cumprir os deveres estabelecidos nos incisos II a IV do art. 1.336 do Código Civil,* é que se submete às sanções especiais, excluindo dessas sanções o descumprimento ao inciso I, que se refere ao dever de pagar as contribuições condominiais.

Posta assim a questão, se houver descumprimento dos demais deveres, determinados pelos incisos II a IV, além daqueles estabelecidos na convenção, as soluções legais são as seguintes:

a) Se a multa estiver estabelecida na convenção, será aplicada automaticamente pelo síndico e notificada ao condômino para que apresente sua defesa, não podendo ser superior a cinco vezes a contribuição condominial vigente;

b) Se não houver previsão específica na convenção para o valor da multa, mister se faz uma assembleia com o voto de, no mínimo, dois terços dos demais condôminos – que não praticaram a infração – para aplicação de multa que será deliberada, e, igualmente, não poderá suplantar cinco vezes a contribuição mensal.

É preciso insistir que ninguém pode ser compelido a pagar multa por descumprimento de dever que não esteja expresso na lei ou na convenção.

Assim, o Código Civil permite, apenas, que se delibere pela aplicação do *valor da multa* inexistente na convenção ou na lei, mas que se refira a *dever previsto* na lei ou na convenção.

Não é possível à assembleia, por evidente, criar um dever em razão de um fato passado e, ato contínuo, aplicar a multa.

Por outro lado, o descumprimento dos deveres legais ou convencionais, *inclusive o pagamento*, pode ser reiterado e, nessa medida, agravar a multa a ser aplicada.

Eis o teor do Código Civil, que prevê o agravamento da multa:

> Art. 1.337. O condômino, ou possuidor, que não cumpre reiteradamente com os seus deveres perante o condomínio poderá, por deliberação de três quartos dos condôminos restantes, ser constrangido a pagar multa correspondente até ao quíntuplo do valor atribuído à contribuição para as despesas condominiais, conforme a gravidade das faltas e a reiteração, independentemente das perdas e danos que se apurem.

O descumprimento reiterado do dever de pagar as cotas condominiais pode ser cumulado – como qualquer outro dever – com a multa específica que, no caso, é de 2% do valor devido.

Ocorre que não há, na lei, a definição do que seja o "descumprimento reiterado".

De nossa parte, entendemos que cada caso concreto determinará a quantidade e o intervalo aptos a configurar a reiteração exigida por lei, o que passará pelo prudente arbítrio do juiz.

Posta assim a questão, se o condômino descumprir reiteradamente os deveres impostos pela convenção e pelo art. 1.336 do Código Civil, será de rigor uma assembleia que deliberará, pelo voto de três quartos dos condôminos restantes, pela aplicação de uma penalidade suplementar à multa já aplicada, que não pode ultrapassar cinco vezes a contribuição mensal.

Resta, então, delinear qual seria o quórum para aprovação da multa pelo reiterado descumprimento dos deveres, que será cumulada com a multa prevista para o descumprimento, vez que se trata de punir a reiteração, fato gerador diverso da multa ordinária, que também será aplicada.

Nessa medida, adotamos a posição do Desembargador Américo Izidoro Angélico, para quem *o termo "restantes"* [dos arts. 1.336 e 1.337 do CC] *significa excluir o condômino a ser constrangido, se presente estiver, valendo então o número restante presente em assembleia, assim ¾ dos condôminos restantes, excluindo-se o constrangido (se presente estiver), contando-se ¾ dentre os "presentes restantes".*[51]

O fundamento do entendimento por nós esposado é a necessidade de todos serem convocados para a assembleia e, igualmente, buscar um *"quórum facilitador das aplicações das inovadoras multas"* que impedem o mau uso da propriedade.

Não há possibilidade de previsão uniforme na convenção para aplicação dessa penalidade, o que se afirma na medida em que o dispositivo menciona a necessidade de averiguação da gravidade e da reiteração, o que só pode ser feito em cada caso concreto.

Qualquer abuso nessa aferição pela assembleia poderá ser submetido ao Poder Judiciário que, em última análise, verificará a legalidade da multa aplicada, coibindo o abuso de direito eventualmente cometido (Código Civil, art. 187). Ao multado sempre será possível o recurso às vias judiciais para discutir se houve ou não o descumprimento dos deveres e sua reiteração.

Por fim, o Código Civil trata do *reiterado comportamento antissocial:*

> *Art. 1.337. (...)*
> *Parágrafo único. O condômino ou possuidor que, por seu reiterado comportamento antissocial, gerar incompatibilidade de convivência com os demais condôminos ou possuidores, poderá ser constrangido a pagar multa correspondente ao décuplo do valor atribuído à contribuição para as despesas condominiais, até ulterior deliberação da assembleia.*

Nesse caso, de reiterado comportamento antissocial gerador de incompatibilidade de convivência, a multa será correspondente ao décuplo do valor da contribuição mensal.

Essa multa, ainda que a redação legal seja imprecisa, dependerá de aprovação em assembleia, votada por três quartos dos demais condôminos, vez que vinculada ao *caput* do art. 1.337, como agravante.

Discute-se muito qual seria a configuração do comportamento antissocial gerador de incompatibilidade de convivência.

As opiniões são diversas e as soluções também. Assim sendo, entendemos que cada caso concreto determinará a adequação aos critérios legais.

Podemos, todavia, tentar exemplificar: imaginemos um edifício residencial e familiar que passe a ser frequentado por rapazes, inclusive nas áreas comuns, em razão de moradora que se preste à prostituição. Se essas pessoas passam a utilizar a piscina praticando atos libidinosos e a situação perdura a par das multas aplicadas pelo síndico, a sanção multiplicada por dez poderá ser deliberada e votada em assembleia na medida do reiterado comportamento antissocial.

O mesmo se aplica se o condômino, reiteradamente, passa a promover festas com barulho excessivo, atrapalhando a saúde e o sossego dos demais moradores.

Também a falta de pagamento reiterada e prolongada pode ensejar a penalidade decorrente do comportamento antissocial:

> *Recurso especial. Direito condominial. Devedor de cotas condominiais ordinárias e extraordinárias. Condômino nocivo ou antissocial. Aplicação das sanções previstas nos arts. 1.336, § 1º, e 1.337, caput, do Código Civil. Possibilidade. Necessidade de conduta reiterada e contumaz quanto ao inadimplemento dos débitos condominiais. Inexistência de bis in idem. Recurso não provido. 1. De acordo com o art. 1.336, § 1º, do Código Civil, o condômino que não pagar a sua contribuição ficará sujeito aos juros moratórios convencionados ou, não sendo previstos, os de 1% (um por cento) ao mês e multa de até 2% (dois por cento) sobre o débito. 2.*

---

51   Américo Izidoro Angélico. *Quórum no Condomínio. In Diário das Leis Imobiliário* – BDI – ano XXVII, nº 1.

*O condômino que deixar de adimplir reiteradamente a importância devida a título de cotas condominiais poderá, desde que aprovada a sanção em assembleia por deliberação de 3/4 (três quartos) dos condôminos, ser obrigado a pagar multa em até o quíntuplo do valor atribuído à contribuição para as despesas condominiais, conforme a gravidade da falta e a sua reiteração. 3. **A aplicação da sanção com base no art. 1.337, caput, do Código Civil exige que o condômino seja devedor reiterado e contumaz em relação ao pagamento dos débitos condominiais,** não bastando o simples inadimplemento involuntário de alguns débitos. 4. A multa prevista no § 1º do art. 1.336 do CC/2002 detém natureza jurídica moratória, enquanto a penalidade pecuniária regulada pelo art. 1.337 tem caráter sancionatório, uma vez que, se for o caso, o condomínio pode exigir inclusive a apuração das perdas e danos. 5. Recurso especial não provido. (REsp 1.247.020/DF, Rel. Min. Luis Felipe Salomão, 11.11.2015).*

De qualquer forma, ainda assim, ou seja, ainda que se configure o comportamento antissocial, não é possível privar esses condôminos do uso ou restringir o seu direito de propriedade.

Na vigência da Lei 4.591/1964, aduziu o Desembargador Roberto Bedran[52] que *não há previsão de "despejo" compulsório do condômino que apresente comportamento incompatível (...).*

Tampouco há previsão legal de perda de propriedade nessas situações.

Em suma, ante a ausência de norma específica, o condômino com comportamento antissocial e aquele que não cumpre os deveres convencionais ou legais, poderá, apenas, sofrer as sanções pecuniárias representadas pelas multas aplicadas.

Claro que, se o condômino não pagar essas multas, será cobrado e a ausência de pagamento judicial das multas pode levar sua unidade à penhora e consequente alienação em hasta pública.

Mas, nesse caso, a perda da propriedade se dará em razão da responsabilidade patrimonial decorrente do descumprimento da obrigação de pagar na medida em que o devedor responde com seus bens por suas obrigações (Código Civil, art. 391).

Essa é a posição que defendo e que encontra respaldo em jurisprudência assim exemplificada:

Apelação. Condomínio. Ação de exclusão de ocupante antissocial. Sentença de improcedência. Ausência de previsão legal expressa no ordenamento jurídico que permita a expulsão de condômino por mau comportamento. Aplicação estrita do disposto no art. 1.337 do Código Civil de 2002. Ainda que o direito de propriedade esteja limitado em sua função social, devendo o condômino observar regras mínimas de bom comportamento e convívio, a medida de expulsão não encontra amparo legal. Hipótese em que o condomínio pode aplicar multas de elevado valor, como forma de compelir o proprietário a sair de sua zona de conforto e tomar providências quanto à sua locatária. Expulsão que se mostra ainda mais temerária quando se observa estarmos diante de situação emergencial em razão da pandemia da COVID-19, além de ser a Ré pessoa de extrema vulnerabilidade por ser pessoa idosa. Sentença mantida. Honorários majorados. Recurso Desprovido (TJSP, Apelação Cível 1029307-52.2018.8.26.0001, Rel. L. G. Costa Wagner, 34ª Câmara de Direito Privado, Foro Regional I, Santana, 4ª Vara Cível, j. 26.01.2021; Data de Registro: 26.01.2021).

Ação de obrigação de fazer – expulsão de condômino por comportamento antissocial – moradora interditada que sofre de transtorno maníaco-depressivo (bipolar) – direito fundamental à propriedade – ausência de previsão legal para expulsão – observância do disposto no art. 1.337, do Código Civil; 1 – O desfecho dessa querela passa, invariavelmente, pelo sopesamento entre o direito fundamental à propriedade (CF, art. 5º, caput, e XXII) e a função social da propriedade (CF, art. 5º, XXIII). É certo que a função social visa coibir eventuais abusos de direito pelo proprietário do imóvel, ou de quem exerce a posse direta do imóvel, como é o presente caso. Entretanto, sua aplicação não pode dar azo à aplicação de sanções que não estejam previstas na legislação pátria. Nesse sentido, ainda que se considere incontroversa a conduta antissocial da apelada, não há como julgar procedentes as pretensões veiculadas pelo condomínio por meio da presente ação, por ausência de previsão legal; 2 –- O legislador já estipulou a sanção cabível (multa pecuniária) para o caso narrado pelo apelante (CC, art. 1.337, parágrafo único), de maneira que o Judiciário não possa extrapolá-lo. Verifica-se a prevalência, nessa hipótese, do direito fundamental à propriedade, restando ao condomínio a aplicação de multas que visem coagir o condômino problemático a

---

[52] Apelação Cível nº 112.574. Segunda Câmara. Tribunal de Justiça de São Paulo. 09.05.2000.

cessar com o comportamento nocivo. Recurso improvido (TJSP, Apelação Cível 1023982-32.2014.8.26.0100, Rel. Maria Lúcia Pizzotti, 30ª Câmara de Direito Privado, Foro Central Cível, 13ª Vara Cível, j. 31.07.2019, data de registro 01.08.2019).

Expulsão de condômino por comportamento antissocial. Impossibilidade. Ausência de previsão legal. O Código Civil permite no art. 1.337 a aplicação de multas que podem ser elevadas ao décuplo em caso de incompatibilidade de convivência com os demais condôminos. Multa mensal que tem como termo inicial a citação e o final a publicação da r. sentença, a partir de quando somente será devida por fatos subsequentes que vierem a ocorrer e forem objeto de decisão em assembleia. Recursos parcialmente providos (TJSP, Apelação Cível 0318734-14.2009.8.26.0000, Rel. Maia da Cunha, 4ª Câmara de Direito Privado, Foro de Barueri, j. 01.10.2009, data de registro 19.10.2009).

Nada obstante, existe corrente que defende a possibilidade de expulsão do condômino antissocial.

E o faz com os seguintes argumentos: "Nestes casos, a despeito da inexistência de previsão legal específica, pode ser o condômino impedido de utilizar a propriedade, a depender da gravidade e reiteração da conduta perpetrada. Não se pode olvidar que o artigo 1.277 do Código Civil consagrou o direito do proprietário ou possuidor fazer cessar interferências que prejudiquem o sossego, a saúde e a segurança, causados pelo mau uso da propriedade vizinha. Assim, não se pode albergar o uso nocivo da propriedade, permitindo que persista por meio da aplicação de medidas que não sejam suficientes para obstá-lo. Ainda segundo Beviláqua (Beviláqua, Clóvis. *Direito das Coisas*, Vol. 1. Brasília: Senado Federal, Conselho Editorial, 2003, p. 188), 'Se o incômodo excede ao que é razoavelmente tolerável, segundo as circunstâncias, haverá mau uso da propriedade. Não havendo medida precisa para o direito do vizinho queixoso, o juiz decidirá segundo o seu justo critério, quando o caso não se mostrar suficientemente claro'" (TJSP, Apelação Cível 1013115-73.2019.8.26.0562, 26ª Câmara de Direito Privado, j. 27.04.2020).[53]

---

[53] Eis a ementa desse julgado:
Condomínio Edilício. Apelação. Ação movida pelo condomínio, objetivando a expulsão de condômino que apresenta comportamento antissocial. Sentença de improcedência. Apelo do autor. Possibilidade jurídica do pedido. O direito de propriedade encontra limites no direito de vizinhança e deve observar a função social. Art. 1.337 e parágrafo único do Código Civil que não esgotam as medidas possíveis para fazer cessar o uso da propriedade que coloque em risco a segurança, o sossego ou a saúde dos vizinhos, cabível, em tese e em situações de extrema gravidade, a remoção judicial de condômino. Exclusão que constitui medida gravosa, possível somente em caso de condutas graves que tenham persistido mesmo após a aplicação de multas. Precedentes. Caso concreto em que não se vislumbra a reiteração das condutas graves praticadas pelo réu no passado. Gritos proferidos no interior da unidade autônoma do autor que não são prejudiciais ao ponto de restringir seu acesso à sua propriedade. Réu que cessa os barulhos quando sua mãe é acionada pela zeladoria. Improcedência do pedido de remoção do condômino antissocial. Sentença mantida. Eventual persistência de conduta antissocial que poderá dar ensejo a multa e a nova ação, para exame do cabimento da exclusão, à luz de fatos novos, o que fica ressalvado. Apelo desprovido, com ressalva (TJSP, Apelação Cível 1013115-73.2019.8.26.0562, Rel. Carlos Dias Motta, 26ª Câmara de Direito Privado, Foro de Santos, 4ª Vara Cível, j. 07.04.2020, data de registro 07.04.2020).
Nesse sentido:
Condomínio – condômino antissocial – exclusão – possibilidade – Requerida mantém grande acúmulo de sujeira em prédio de apartamentos – Risco de incêndio – sentença de extinção (...) – Sanções pecuniárias do art. 1.337 do Código Civil não esgotam as providências para fazer cessar a conduta ilícita do condômino – Requerida utiliza da propriedade de maneira nociva aos demais condôminos. Possibilidade de imposição de obrigação de não utilizar o imóvel – Recurso do autor provido, para julgar procedente a ação, vedando a Requerida de fazer uso direto do imóvel, com a desocupação em 60 dias (imóvel limpo e higienizado), sob pena de execução, arcando a Requerida com as custas e despesas processuais e honorários advocatícios dos patronos do Autor (fixados em R$ 7.000,00), além da multa de 1% do valor da causa (a que foi atribuído o valor de R$ 10.000,00) e de indenização de 20% do valor da causa, em decorrência da litigância de má-fé (Apelação 0003122-32.2010.8.26.0079, 2ª Câmara de Direito Privado, Rel. Des. Flavio Abramovici, j. 27.08.2013).

Corroborando esse entendimento, em casos de excepcional gravidade:

Apelação. Condomínio edilício. Ação de obrigação de fazer consistente na expulsão do réu e de sua família do condomínio. Apresentação de reiterado comportamento antissocial. Sentença de procedência. Apelo do réu. Possibilidade jurídica do pedido. Limitação do direito de propriedade pelo direito de vizinhança. Função social da propriedade. Risco à paz, à segurança, ao sossego e à integridade física dos vizinhos. Situação grave excepcional. Réu que levou 18 multas que foram judicialmente contestadas e mantidas por este E. Tribunal de Justiça. Condutas comprovadas em diversas ações, tanto cíveis quanto criminais, inclusive com imagens de câmera do condomínio, pela narrativa dos condôminos e pela existência de inúmeros boletins de ocorrência contra o réu. Expulsão do réu votada em assembleia condominial em quórum qualificado. Existência de precedentes. Caso concreto em que não se vislumbra outra solução a não ser expulsão do réu e de sua família do condomínio. Sentença mantida. Recurso não provido. (TJSP; Apelação 1009323-33.2019.8.26.0006; Rel. Lidia Conceição; 36ª Câmara de Direito Privado; j. 12.12.2022).

Nesse sentido, o Enunciado 508, da V Jornada de Direito Civil, dispõe que: "verificando-se que a sanção pecuniária mostrou-se ineficaz, a garantia fundamental da função social da propriedade (arts. 5º, XXIII, da CRFB e 1.228, § 1º, do CC) e a vedação ao abuso do direito (arts. 187 e 1.228, § 2º, do CC) justificam a exclusão do condômino antissocial, desde que a ulterior assembleia prevista na parte final do parágrafo único do art. 1.337 do Código Civil delibere a propositura de ação judicial com esse fim, asseguradas todas as garantias inerentes ao devido processo legal".

Em resumo, a questão das penalidades importa nos seguintes aspectos:

a) Descumprimento dos deveres legais (fachada; segurança; vizinhança etc., exceto pagamento) e convencionais (Código Civil, § 2º, do art. 1.336): multa prevista, de até cinco vezes o valor do condomínio;

b) Descumprimento de deveres legais e da Convenção (exceto pagamento) e ausência de multa na convenção (Código Civil, § 2º, do art. 1.336): multa votada por 2/3 dos condôminos restantes (caso a caso), de até cinco vezes o valor do condomínio;

c) Descumprimento reiterado dos deveres (Código Civil, art. 1.337 – inclusive descumprimento reiterado do dever de pagamento): pagamento de até cinco vezes o valor do condomínio como multa, votada por ¾ dos condôminos restantes (caso a caso), independentemente da multa específica aplicada pela infração cometida.

c.1) Cumulação da multa específica com a multa por descumprimento reiterado: *Apelação sem Revisão 916995008 – Rel. Luiz Felipe Nogueira – Comarca: São Paulo – Órgão julgador: 30ª Câmara de Direito Privado – j. 14.11.2007 – Data de registro: 29.11.2007 – Ementa: Despesas condominiais. Cumulação das multas previstas nos arts. 1.336, § 1º e 1.337, caput, do CC de 2002. Possibilidade. Não configuração de "bis in idem". Inadimplemento reiterado conforme critério definido pelos próprios condôminos e que não esvazia a previsão do art. 1.336, § 1º. Apelo não provido.* (Em igual sentido, admitindo a cumulação com a multa por comportamento antissocial: REsp 1.247.020/DF, Rel. Min. Luis Felipe Salomão, 4ª Turma, j. 15.10.2015, *DJe* 11.11.2015).

d) A interpretação do termo "condôminos restantes" significa desconsiderar aquele que cometeu a infração e considerar os demais condôminos *presentes* à assembleia (não a totalidade dos condôminos) que deliberarão sobre a multa.

e) Reiterado comportamento antissocial gerador de incompatibilidade de convivência (Código Civil, art. 1.337): multa correspondente a dez vezes o valor da contribuição mensal, até ulterior deliberação em assembleia (¾ dos condôminos restantes), sendo que o judiciário, em regra, não invade a decisão soberana da assembleia quanto ao mérito da interpretação daquilo que se considera "reiterado comportamento antissocial gerador de incompatibilidade de convivência".

Nesse sentido:

Tribunal de Justiça de São Paulo. *Administração de condomínio – obrigação de fazer c.c. indenização – Insurgência quanto à decisão assemblear (que deliberou pela paralisação das obras de reparo e pintura na unidade condominial do autor, impondo a ele multa por comportamento antissocial) – Descabimento – Irresignação adstrita ao mérito de decisão assemblear – Nulidade ou vício formal da assembleia não suscitado – Assunto "interna corporis" que não comporta intervenção judicial – Medida de desagravo que, por conta disso, também não possui pertinência – Perdas e danos – Descabimento – Ausência de nexo causal a amparar referida postulação – Improcedência corretamente decretada – Sentença mantida – Recurso improvido, prejudicado o agravo retido (perda do objeto) (Apelação com Revisão 5596244400 Rel. Salles Rossi Comarca: São Paulo – Órgão julgador: 8ª Câmara de Direito Privado – j. 10.04.2008 – Data de registro: 05.05.2008).*

1.3.12. O dever específico de contribuir com as despesas condominiais e as penalidades – a multa de 2% e sua aplicabilidade – direito intertemporal em razão de convenções existentes à época da entrada em vigor do atual Código Civil; juros e honorários de advogado – sanção premial

O primeiro dever do condômino, por evidente, é pagar as despesas comuns por meio da contribuição condominial recolhida de acordo com a previsão orçamentária preparada pelo síndico e aprovada pela assembleia.

O condômino paga suas despesas na proporção de sua fração ideal, salvo disposição em sentido contrário de forma expressa na convenção (Código Civil, art. 1.336, I).[54]

Assim, nada obsta que a convenção determine o pagamento de despesas idênticas, ainda que as frações sejam diferentes.

Nada havendo nesse sentido, o condomínio, que representa o rateio das despesas ordinárias e extraordinárias, é dividido entre os condôminos na proporção de suas frações determinadas na especificação.

Eis os julgados que respaldam a conclusão:

Superior Tribunal de Justiça. *Recurso Especial. Condomínio. Convenção. Despesas ordinárias. Apartamentos em cobertura. Rateio. Fração ideal. Art. 1.336, I, do CC/2002. Regra. Legalidade. 1. Recurso especial interposto contra acórdão publicado na vigência do Código de Processo Civil de 2015 (Enunciados Administrativos nos 2 e 3/STJ). 2. Cinge-se a controvérsia a definir se a convenção condominial pode instituir, para unidades de apartamentos em coberturas, o pagamento de taxa com base na proporção da fração ideal. 3. A taxa condominial destina-se ao pagamento das despesas de conservação e/ou manutenção do edifício, como limpeza, funcionamento dos elevadores, contratação de empregados, consumo de água e de luz, bem como para possibilitar a realização de obra ou inovações aprovadas pela assembleia geral e pagar eventuais indenizações, tributos, seguros etc. 4. A divisão do valor da taxa condominial se dá com base na fração ideal da unidade imobiliária, podendo a convenção estabelecer forma diversa (art. 1.336, I, do CC/2002). Precedentes. 5. As unidades imobiliárias com fração ideal maior pagarão taxa condominial em valor superior às demais unidades com frações menores, salvo previsão contrária na convenção. 6. Não há ilegalidade no pagamento a maior de taxa condominial por apartamentos em cobertura decorrente da fração ideal do imóvel. 7. Na hipótese, a norma que estabelece o pagamento de cota condominial ordinária é a prevista*

---

54 Embora reflita indiretamente na obrigação do condômino, o STJ decidiu na sistemática de recursos repetitivos que a companhia de água e esgoto não pode cobrar a tarifa mínima multiplicada pelo número de unidades quando houver apenas um hidrômetro na edificação: **Superior Tribunal de Justiça.** *Recurso especial representativo de controvérsia. Fornecimento de água. Tarifa mínima multiplicada pelo número de unidades autônomas (economias). Existência de único hidrômetro no condomínio. 1. A cobrança pelo fornecimento de água aos condomínios em que o consumo total de água é medido por único hidrômetro deve se dar pelo consumo real aferido. 2. O Superior Tribunal de Justiça firmou já entendimento de não ser lícita a cobrança de tarifa de água no valor do consumo mínimo multiplicado pelo número de economias existentes no imóvel, quando houver único hidrômetro no local. 3. Recurso especial improvido. Acórdão sujeito ao procedimento do art. 543-C do Código de Processo Civil (REsp 1166561/RJ, Rel. Ministro Hamilton Carvalhido, Primeira Seção, j. 25.08.2010, DJe 05.10.2010).*

no art. 3º da Convenção do Condomínio Edifício Torre Blanca, cuja base de rateio despesas é a fração ideal do imóvel. 8. Recurso Especial não provido (REsp 1.778.522/SP, Rel. Min. Ricardo Villas Bôas Cueva, Terceira Turma, j. 02.06.2020, DJe 04.06.2020).

Superior Tribunal de Justiça. *Agravo regimental no agravo em recurso especial. Ação de cobrança. Taxa condominial. Despesas de conservação e manutenção do condomínio. Rateio. Cálculo pela fração ideal dos imóveis. Convenção condominial. Legalidade. Súmula 83/STJ. 1. Nos termos do art. 1.336, inciso I, do Código Civil, é dever do condômino "contribuir para as despesas do condomínio, na proporção das suas frações ideais, salvo disposição em contrário da convenção". 2. Consoante a jurisprudência desta Corte, é obrigatória a observância do critério de rateio das despesas condominiais expressamente previsto na respectiva convenção do condomínio, especialmente quando o critério eleito é justamente aquele previsto como regra geral para as hipóteses em que ausente tal estipulação. 3. Estando o acórdão recorrido em harmonia com a jurisprudência do Superior Tribunal de Justiça, incide a Súmula 83 desta Corte, aplicável por ambas as alíneas autorizadoras. 4. Agravo regimental não provido (AgRg no AREsp 583.848/MG, Rel. Ministro Ricardo Villas Bôas Cueva, Terceira Turma, j. 18.06.2015, Dje 06.08.2015).*

Superior Tribunal de Justiça. *Direito civil. Despesas condominiais. Critério de rateio na forma igualitária estabelecido em convenção condominial. Admissibilidade. A assembleia dos condôminos é livre para estipular a forma adequada de fixação da quota dos condôminos, desde que obedecidos os requisitos formais, preservada a isonomia e descaracterizado o enriquecimento ilícito de alguns condôminos. O rateio igualitário das despesas condominiais não implica, por si só, enriquecimento sem causa dos proprietários de maior fração ideal. Recurso parcialmente conhecido e, nessa parte, provido (REsp 541.317/RS, Rel. Ministro Cesar Asfor Rocha, Quarta Turma, j. 09.09.2003, DJ 28.10..10.2003, p. 294).*[55]

O Ministro Cesar Asfor Rocha fundamentou:

O tribunal de origem assentou que o critério de rateio de forma igualitária acarreta enriquecimento ilícito da maioria dos condôminos em prejuízo ocupantes de espaço menor. [...] A convenção condominial é livre para estipular a forma adequada de fixação da quota dos condôminos, desde que obedecidas as regularidades formais, preservada a isonomia e descaracterizado o enriquecimento ilícito. O rateio igualitário das quotas não implica, por si só, a ocorrência de enriquecimento sem causa dos proprietários de maiores unidades, uma vez que os gastos mais substanciais suportados pelo condomínio – *v.g.*, o pagamento dos funcionários, a manutenção das áreas comuns e os encargos tributários incidentes sobre essas áreas – beneficiam de forma equivalente todos os moradores, independentemente de sua fração ideal. Assim, não prevalece a presunção do aresto hostilizado de que os proprietários de menores economias "acarretam menor despesa", porquanto os custos, em sua maior parte, não são proporcionais aos tamanhos das unidades, mas das áreas comuns, cujos responsabilidade e aproveitamento são de todos os condôminos indistintamente. Ressalte-se que, *in casu*, a fração ideal é irrelevante nas votações e decisões da assembleia condominial. Ora, ao afastar a adoção de critério igualitário no rateio das despesas, entendido indevidamente como ensejador de enriquecimento ilícito, o acórdão recorrido aplicou inadequadamente o art. 12, § 1º, da Lei n. 4.591/1964, afrontando o dispositivo.

O condômino que não paga suas despesas será compelido a pagar a cláusula penal de dois por cento, juros, além de honorários de advogado (Código Civil, arts. 389 e 395).

Demais disso, será impedido de votar e participar das assembleias (Código Civil, art. 1.335, III).

---

55 Em igual sentido: REsp 1213551/SP, Rel. Ministro Luis Felipe Salomão, Quarta Turma, j. 17.09.2015, *DJE* 20.10.2015; AgRg no AREsp 583848/MG, Rel. Ministro Ricardo Villas Bôas Cueva, Terceira Turma, j. 18.06.2015, *DJE* 06.08.2015; REsp 784940/MG, Rel. Ministro Raul Araújo, Rel. p/ Acórdão Ministro Marco Buzzi, Quarta Turma, j. 20.03.2014, *DJE* 16.06.2014; REsp 493723/DF, Rel. Ministro Cesar Asfor Rocha, Rel. p/ Acórdão Ministro Jorge Scartezzini, Quarta Turma, j. 22.08.2006, *DJ* 19.03.2007.

Neste ponto surge importante questão: os condomínios instituídos antes do Código Civil, sob a égide da Lei 4.591/1964, devem continuar respeitando essa lei, que permitia multas de até vinte por cento, se esse percentual estiver previsto na convenção?

Assim, a celeuma encontra origem no artigo 1.336, § 1º, do Código Civil, que limita a cláusula penal a dois por cento do valor do condomínio em atraso.

Eis o teor do dispositivo:

> *Art. 1.336, § 1º O condômino que não pagar a sua contribuição ficará sujeito à correção monetária e aos juros moratórios convencionados ou, não sendo previstos, aos juros estabelecidos no art. 406 deste Código, bem como à multa de até 2% (dois por cento) sobre o débito. (Redação dada pela Lei nº 14.905/2024).*

Não se discute a profunda atecnia representada pela taxa ínfima, vez que, do ponto de vista ontológico, a cláusula penal possui a função de inibir o devedor, que procura pagar no tempo, lugar e forma convencionados para fugir do pagamento da multa, além de predeterminar as perdas e danos em razão do descumprimento da obrigação.

É evidente que dois por cento representa cláusula penal que não força ninguém a cumprir seus compromissos, tampouco serve para predeterminar as perdas e danos.

Em razão disso, a crítica pode ser estendida ao percentual limitador da cláusula penal no âmbito do Código de Defesa do Consumidor, do qual já tratamos.

Podemos exemplificar: imaginemos um sujeito que, mesmo não sendo devedor contumaz, enfrenta dificuldades financeiras.

Imaginemos, também, que esse indivíduo seja devedor de condomínio e imposto predial.

Nesse caso, se dispuser de recursos suficientes para adimplir apenas uma das obrigações, é evidente, evidentíssimo, aliás, que procurará adimplir aquela que lhe impõe maiores prejuízos em razão da mora.

Sendo assim, pagará em dia o tributo, que lhe onera mais, e, ao depois, quando for possível, pagará o condomínio, cuja pena é menor.

Esse fato é desastroso para a vida em condomínio, cuja contribuição de todos propicia pagamento de despesas comuns, como água, salário dos funcionários, energia do elevador, limpeza das áreas comuns etc.

Bem pensado, a regra que agora exsurge depõe contra a inspiração social que emana do atual Código Civil.

De qualquer forma, a lei deve ser respeitada.

Quanto aos condomínios constituídos após o início da vigência do Código (Lei 10.406/2002, que entrou em vigor no dia 12 de janeiro de 2003),[56] dúvidas não pairam e a cláusula penal terá que se submeter ao limite de dois por cento imposto pela norma.

---

[56] Nelson Nery Junior, *Código Civil Anotado*. São Paulo: Revista dos Tribunais, 2003, p. 853. O Código Civil de 2002 foi publicado no Diário Oficial da União no dia 11.01.2002. A contagem, segundo Nelson Nery Junior, é feita de acordo com a Lei Complementar 95/1998, que, no art. 8º, § 1º, estabelece: Art. 8º A vigência da lei será indicada de forma expressa e de modo a contemplar prazo razoável para que dela se tenha amplo conhecimento, reservada a cláusula "entra em vigor na data de sua publicação" para as leis de pequena repercussão. § 1º A contagem do prazo para entrada em vigor das leis que estabeleçam período de vacância far-se-á com a inclusão da data da publicação e do último dia do prazo, entrando em vigor no dia subsequente à sua consumação integral (Parágrafo incluído pela Lei Complementar nº 107, de 26.04.2001). Nesse caso, aplica-se, inclusive, a Lei 810/1949, que, no art. 1º, estabelece que o prazo em ano se conta "do dia do início ao dia e mês correspondente do ano seguinte". Posta assim a questão, tendo em vista que a Lei Complementar nº 95/1998 determina

A celeuma surge exatamente quanto aos condomínios já constituídos sob a égide da Lei 4.591/1964, que anteriormente os regulava.

Uma análise precatada da questão passa pelo estudo da eficácia da lei no tempo.

A lei penal só retroage para beneficiar o réu e a lei processual entra em vigor imediatamente, atingindo os processos em curso.

Contudo, a regra que se aplica à lei civil é diferente.

Com efeito, uma norma de direito material retroage, em regra; apenas não retroage para atingir o ato jurídico perfeito, o direito adquirido e a coisa julgada (Constituição Federal, art. 5º, inciso XXXVI; Lei de Introdução às normas do Direito Brasileiro, art. 6º, § 1º).

Resta, então, saber se as convenções de condomínio que hoje preveem até vinte por cento de multa se enquadram no conceito de ato jurídico perfeito e, nesse caso, não são atingidas pelo Código Civil de 2002, continuando reguladas pela Lei 4.591/1964, que, no art. 12, § 3º, permitia cláusula penal de até vinte por cento em razão do atraso no pagamento das despesas condominiais.

Antecipadamente, entendemos que a conclusão não é essa.

Em verdade, as convenções de condomínio não possuem natureza contratual. Portanto, não podem ser consideradas como ato jurídico perfeito.

As convenções condominiais possuem natureza jurídica institucional normativa.

Conseguintemente, não há falar-se em continuidade de aplicação de leis anteriores aos condomínios existentes.

Em consonância com o acatado, o capítulo que trata do condomínio edilício no Código Civil, Lei 10.406, de 10 de janeiro de 2002, aplica-se a todos os condomínios a partir da sua entrada em vigor, que ocorreu no dia 12 de janeiro de 2003.

Em outras palavras, qualquer vencimento de despesa condominial após essa data terá que se submeter ao limite de dois por cento de cláusula penal moratória.

Por outro lado, quanto às despesas condominiais vencidas até o dia 11 de janeiro de 2003, os condomínios podem, ainda que a cobrança seja posterior, impor ao moroso a multa prevista na convenção, limitada a vinte por cento, de acordo com a Lei 4.591/1964.

Essa é a conclusão que decorre da lição de Caio Mário da Silva Pereira.

Segundo ele, a convenção de condomínio não é um contrato. Portanto, não é ato jurídico perfeito.

Eis a sua lição:

> (...) alguns consideram a convenção uma relação contratual (Serpa Lopes e Campos Batalha). E na sua origem assemelha-se ela, na verdade, a um contrato, porque nasce do acordo de vontades. Mas a sua ligação ao contrato é apenas formal. Na essência, ela mais se aproxima da lei. Com efeito, repete-se com frequência e autoridade que o contrato faz lei entre as partes, pois que quanto a terceiros, é 'res inter alios'. Já o mesmo não se dá com a convenção que desborda dos que participaram de sua elaboração ou de sua votação. Estendendo-se para além dos que a assinaram e seus sucessores e sub-rogados, vai alcançar também pessoas estranhas. Não encontraria, por exemplo, explicação na teoria do contrato uma disposição regulamentar proibitiva do uso do elevador social para subida de certos volumes, pois que uma tal 'cláusula contratual' seria oponível ao signatário da convenção, ao seu sucessor 'inter vivos' ou 'causa mortis', ao seu locatário etc. Mas a um estranho ela não se aplicaria. E, no entanto, obriga. É porque algo mais existe do que uma relação

a entrada em vigor no dia seguinte ao da consumação integral, resta a conclusão segundo a qual o Código Civil de 2002 entrou em vigor no dia 12 de janeiro de 2003.

contratual. Neste sentido decidiu o Tribunal de Alçada de Minas Gerais, distinguindo-a de contrato (ADV, 1984, nº 16.188). Dada a sua própria natureza, as regras de comportamento de cada edifício têm sentido normativo. Obrigam aos que compõem aquele condomínio e aos que habitam o edifício ou dele se utilizam, ainda que eventualmente.[57]

Posta assim a questão, é possível ilustrar entendimento diverso.

A primeira norma que regulou os condomínios foi o Decreto 5.481, de 25.06.1928, seguindo o Decreto-lei 5.234, de 08.02.1943, a Lei 285, de 05.07.1948 e a Lei 4.591, de 16.12.1964, até chegarmos ao Código Civil de 2002.

Imaginemos um condomínio edilício constituído antes do Código Civil de 1916.

Será que alguém sustentaria a aplicação das Ordenações Filipinas e da "Lei da Boa Razão", que por aqui vigoraram até 31.12.1916?

Por outro enfoque, muitos edifícios que foram erigidos até a entrada em vigor do novo Código, ante as modernas técnicas construtivas, poderão durar cem, duzentos anos e, quiçá, mais tempo.

Imaginemos, então, que estamos cem anos no futuro.

Seria absurdo que alguém propugnasse pela aplicação da Lei 4.591/1964 ou, então, para um condomínio constituído sob os auspícios do Decreto 5.481, de 25.06.1928, a aplicação desta norma.

O direito é dinâmico.

As normas são alteradas em razão das necessidades sociais.

Mesmo assim, é difícil concordar com o limite de apenas dois por cento imposto pelo Código Civil.

Esse limite, é bom repetir, nega as funções inibitória e de predeterminação das perdas e danos da cláusula penal.

Em verdade, há uma confusão entre estabilidade econômica, correção monetária que agora decorre da mora (art. 389 do Código Civil) e cláusula penal.

É claro que vinte por cento, em razão do atraso de um só dia, é muito.

É evidente, também, que dois por cento, por três ou quatro meses de atraso, é pouco.

Assim, a melhor solução seria escalonar a pena.

Por exemplo: até cinco dias de atraso, dois por cento de multa, de seis a quinze dias, cinco por cento de multa e, acima de dezesseis dias, dez por cento de multa.

Ocorre que a lei não quer dessa forma.

De qualquer maneira, algumas alternativas decorrem do Código Civil.

Inicialmente é possível a cobrança de juros de mora, que, a teor do art. 1.336, § 1º,[58] na ausência de previsão na convenção ou assembleia que tenha deliberado maior taxa, serão contados pela taxa legal do art. 406 do Código Civil a partir de cada vencimento:

Condomínio edilício. Despesas comuns. Execução fundada em título extrajudicial. Embargos da executada. Alegação de excesso de execução. Juros moratórios sobre as cotas condominiais vencidas que devem incidir dos respectivos vencimentos, não da data da citação. Obrigações líquidas e com termo certo de vencimento. Mora ex re. Incidência do art. 397, caput, do Código Civil. Inclusão, ao lado da cota inadimplida de despesas comuns, também de honorários advocatícios contratuais, contudo, inadmissível. Valor que não se confunde

---

57   Caio Mário da Silva Pereira. *Condomínio e incorporações.* 10ª ed., Rio de Janeiro: Forense, 1997, p. 125.

58   § 1º O condômino que não pagar a sua contribuição ficará sujeito à correção monetária e aos juros moratórios convencionados ou, não sendo previstos, aos juros estabelecidos no art. 406 deste Código, bem como à multa de até 2% (dois por cento) sobre o débito.

com a noção de contribuições ordinárias ou extraordinárias a que se refere o art. 784, X, do CPC, referentes ao rateio de despesas entre a massa de condôminos. Cobrança que, no caso, tem por base imputação individualizada e de caráter ressarcitório. Taxatividade do rol de títulos executivos extrajudiciais. Sentença reformada para acolher parcialmente os embargos à execução. Apelação da executada-embargante parcialmente provida. (TJSP, Apelação Cível 1003292-34.2019.8.26.0220, Rel. Fabio Tabosa, 29ª Câmara de Direito Privado, j. 25.05.2022)

A par da possibilidade de a Convenção estabelecer taxa de juros maior que a taxa legal do art. 406 do Código Civil,[59] os tribunais têm afastado taxas que consideram abusivas, como nos seguintes arestos:

Apelação. Cobrança de taxas condominiais. Sentença de procedência. Insurgência do autor. Pretensão de cobrança de juros de mora de 10% ao mês, estabelecido em convenção condominial. Descabimento. Desproporcionalidade e onerosidade excessiva. **Convenção Condominial que estabelece juros de mora de 10% ao mês contraria a prática de mercado e caracteriza onerosidade excessiva. Juros de mora que possui natureza indenizatória, não remuneratória. Taxa de juros moratórios estipulada na convenção condominial que, inclusive, é superior aos juros remuneratórios cobrados por diversas instituições financeiras, o que demonstra o desvirtuamento da natureza indenizatória dos juros de mora no caso concreto.** *(...). Sentença mantida. Recurso desprovido. (TJSP, Apelação Cível 1010850-09.2022.8.26.0590, Rel. Rômolo Russo, 34ª Câmara de Direito Privado, Foro de São Vicente – 1ª Vara Cível, j. 29.05.2023).*

Condomínio – Ação de cobrança – Artigo 1.336, §1º, do Código Civil – **Convenção de condomínio que prevê aplicação de juros de 10% ao mês sobre o valor do débito em caso de inadimplemento – Abusividade – Percentual que implica em ofensa aos princípios da razoabilidade, proporcionalidade, equidade, boa-fé objetiva, função social, e vedação do enriquecimento sem causa** *– Necessidade de observar o artigo 1º da Lei de Usura – Sentença mantida. Apelação não provida. (TJSP, Apelação Cível 1019077-67.2020.8.26.0554, Rel. Sá Moreira de Oliveira, 33ª Câmara de Direito Privado, Foro de Santo André – 7ª Vara Cível, j. 08.02.2023, data de registro 08.02.2023)[60]*

Assim sendo, a grande possibilidade de minimizar o problema decorre dos arts. 389 e 395 do Código Civil, que permitem a cobrança de honorários de advogado, independentemente de ação judicial, apenas em razão da mora e da intervenção desse profissional.

Trata-se de permissivo legal que não pode, de forma alguma, ser confundido com meio de burlar a limitação da cláusula penal.

Assim, mister se faz uma alteração na convenção com a previsão de envio da cobrança a um advogado ou escritório de advocacia, poucos dias após a mora.

Portanto, mesmo que os honorários pertençam ao advogado e não sejam vertidos aos cofres do condomínio, poderão alcançar, por exemplo, dez por cento do valor do débito condominial, valor esse que pode inibir o aumento da inadimplência.

Logo, além da cláusula penal de dois por cento, o condômino inadimplente poderá ser compelido, com supedâneo no Código Civil de 2002, a pagar juros moratórios (art. 1.336, § 1º, do Código Civil), correção monetária e honorários de advogado (Código Civil, arts. 389 e 395).

Quanto aos juros, de fato não há mais limitação constitucional, de tal sorte que, em tese, a convenção ou a assembleia poderão estipular a taxa de juros, inclusive de mercado.

Todavia, até por analogia, é possível que o juiz, a requerimento do moroso, exerça controle sobre a taxa excessiva estipulada, reduzindo-a, utilizando, para tanto, o art. 1º, da Lei de Usura (Decreto 22.626/1933), que veda juros moratórios convencionais superiores

---

[59] Calculada pelo Banco Central e divulgada pelos tribunais nos termos da redação dada pela Lei 14.905/2024.

[60] Aqui, de forma que entendo correta, se aplicou, por extensão, os parâmetros da Lei de Usura em razão do exagero dos juros contidos na Convenção, ainda que não se trate ela de contrato, possuindo natureza institucional normativa.

ao dobro da taxa legal. Antes da alteração empreendida pela Lei 14.905/2024, a taxa legal, na ausência de pacto, estipulada no art. 1.336, § 1º, do Código Civil, era de 1% ao mês, de tal sorte que seria possível que a Convenção contivesse previsão de até 2% ao mês.

Hoje, se se considerar a aplicação da Lei de Usura, tendo em vista que o art. 3º da Lei 14.905/2024 não excepcionou os condomínios nas hipóteses de inaplicabilidade da Lei de Usura, o limite seria o dobro da taxa legal variável prevista no art. 406 do Código Civil.[61]

Entretanto, o STJ já entendeu que não se aplica a Lei de Usura aos condomínios em razão da natureza institucional normativa das convenções e, nessa medida:

> *Agravo interno no agravo interno no agravo em recurso especial. Condomínio. Juízo de retratação. Incompetência do julgador monocrático para reconsiderar decisão proferida pela presidência do STJ. Não ocorrência. Prequestionamento. Verificação. Súmula 7/STJ. Não incidência. Redução dos juros moratórios previstos pela convenção condominial mediante a aplicação da lei de usura. Impossibilidade. Precedentes. Agravo desprovido. (...) 4. Após art. 1.336, § 1º, do CC/2002, é possível à convenção de condomínio a fixação de juros moratórios acima de 1% ao mês, em caso de inadimplemento das obrigações condominiais, sendo impossível a redução de tais juros com base na lei de usura, regulatória dos contratos de mútuo e inaplicável à convenção que possui a natureza de estatuto normativo ou institucional, e não de contrato. Precedentes. 5. Agravo interno desprovido (AgInt no AgInt no AREsp 1.041.312/SP, Rel. Min. Marco Aurélio Bellizze, 3ª Turma, j. 05.06.2018, DJe 14.06.2018).*

Em suma:

a) o Código Civil estipulou cláusula penal de dois por cento pelo atraso no pagamento das despesas condominiais (Código Civil, art. 1.336, § 1º);

b) a convenção de condomínio possui natureza jurídica institucional normativa e não contratual, de tal sorte que mesmo aquelas convenções anteriores ao Código Civil são atingidas pelas suas disposições, entre elas, a limitação de dois por cento, impingida à cláusula penal;

c) assim como é teratológico propugnar pela aplicação das Ordenações do Reino para o conjunto de edificações constituído antes do Código Civil de 1916, será igualmente estranho pleitear a aplicação da anterior Lei 4.591/1964 no futuro;

d) os débitos condominiais vencidos até o dia 11 de janeiro de 2003 poderão ser acrescidos da multa prevista na convenção, de até vinte por cento, de acordo com a Lei 4.591/1964;

---

61   Nesse sentido, em condomínio cuja assembleia fixou juros de mora de 6% ao mês:
Despesas de condomínio. Ação de cobrança. (...). Juros moratórios. Possibilidade de fixação, na convenção do condomínio, de juros moratórios acima de 1% ao mês em caso de inadimplemento das tarifas condominiais, observando-se, contudo, o teto estabelecido na Lei de Usura. Juros moratórios fixados em 2% ao mês. Sentença mantida. Recurso não provido (TJSP, Apelação Cível 1025840-35.2013.8.26.0100, Rel. Alfredo Attié, 26ª Câmara de Direito Privado, Foro Central Cível, 22ª Vara Cível, j. 24.08.2017, data de registro 28.08.2017.
Em sentido contrário, quanto aos juros superiores fixados na convenção:
Agravo interno no agravo interno no agravo em recurso especial. Condomínio. Juízo de retratação. Incompetência do julgador monocrático para reconsiderar decisão proferida pela presidência do STJ. Não ocorrência. Prequestionamento. Verificação. Súmula 7/STJ. Não incidência. Redução dos juros moratórios previstos pela convenção condominial mediante a aplicação da lei de usura. Impossibilidade. Precedentes. Agravo desprovido. (...) 4. Após art. 1.336, § 1º, do CC/2002, é possível à convenção de condomínio a fixação de juros moratórios acima de 1% ao mês, em caso de inadimplemento das obrigações condominiais, sendo impossível a redução de tais juros com base na lei de usura, regulatória dos contratos de mútuo e inaplicável à convenção que possui a natureza de estatuto normativo ou institucional, e não de contrato. Precedentes. 5. Agravo interno desprovido (AgInt no AgInt no AREsp 1.041.312/SP, Rel. Min. Marco Aurélio Bellizze, Terceira Turma, j. 05.06.2018, DJe 14.06.2018).

e) os débitos condominiais vencidos a partir do dia 12 de janeiro de 2003 poderão ser acrescidos de juros livremente estabelecidos na convenção ou na assembleia de condôminos, podendo, em tese, sofrer redução por aplicação analógica da Lei de Usura (art. 1º do Decreto 22.626/1933), ressalvados os precedentes de inaplicabilidade da Lei de Usura pelo STJ; na ausência de outra taxa estipulada na convenção, a taxa de juros, após a Lei 14.905/2024, será aquela imposta pelo Código Civil (taxa de juros legais – art. 406), ainda que a convenção seja anterior;

f) a solução para o inadimplemento nos condomínios é a cobrança de cláusula penal de dois por cento, juros moratórios, correção monetária e honorários de advogado (Código Civil, arts. 389 e 395), no montante de dez por cento, por exemplo, que entendemos razoável, desde que haja intervenção do profissional do direito, ainda que extrajudicial.

É nesse sentido, inclusive, a lição sempre clara do Professor João Batista Lopes:[62]

Não vigora, aqui, o princípio "tempus regit actum", mas o que a doutrina denomina "lei do progresso social", afigurando-se impróprio falar em direito adquirido à manutenção do regime alterado pela lei nova. À luz dessas considerações, não pode o condomínio, invocando cláusula da convenção, pretender cobrar multa superior ao limite de dois por cento agora estabelecido. Esclareça-se, porém, que os fatos ocorridos na vigência da Lei 4.591/64 (v.g., infrações à convenção) por ela serão regidos em respeito às situações jurídicas definitivamente constituídas. Há que se distinguir, pois, duas situações: a) infrações cometidas na vigência da lei anterior que a ela ficam submetidas e b) infrações praticadas após o advento da lei nova, que se sujeitam ao seu comando.

1.3.12.1. O desconto por pontualidade (sanção premial) – ilegalidade

Para contornar a limitação da multa no âmbito dos condomínios, tem surgido, outrossim, a prática de se conceder desconto para o pagamento pontual.

Em verdade, essa prática do denominado "desconto por pontualidade" tenciona burlar a proibição da multa superior a 2% da contribuição condominial.

Trata-se de sanção premial, cuja prática é ilegal se o objetivo for burlar a limitação legal da multa.

Se a lei determina um limite, a imposição de valor irreal com a concessão de "desconto" para pagamento pontual implica em imposição disfarçada de multa.

É a cláusula penal às avessas, cuja prática não é nova e já foi repelida outrora e que agora retorna:

Tribunal de Alçada Cível do Rio de Janeiro. Desconto de 50%. Burla a lei e a convenção. O desconto de 50%, determinado em Assembleia para condômino que efetue o pagamento até a data do vencimento, não é prêmio, e sim imposição disfarçada de multa, visando burlar a lei e a convenção (Apel. Cív. nº 5.793/1995, 8ª Câm., unânime, Juiz: Gamaliel Quinto de Souza, j. 27.09.1995).

Tribunal de Justiça de São Paulo. Contribuições condominiais. Execução de título extrajudicial. Abusividade da cumulação da perda do "abono pontualidade" e acréscimo de multa moratória. Inteligência do art. 1.336, § 1º, do CC. Recurso parcialmente provido (Ap. 1054997-69.2017.8.26.0114, Des. Rel. Pedro Baccarat, 36ª Câmara de Direito Privado, j. 29.08.2020).

Tribunal de Justiça de São Paulo. Apelação. Contribuições condominiais. Ação de cobrança. Sentença de parcial procedência. Apelo de ambas as partes. Alegação de ilegalidade da aplicação do desconto de pontualidade. Reconhecimento. Nula a aplicação da cláusula de desconto quando houver cumulação com multa moratória, caso dos autos. Mantida apenas a multa moratória de 2%. Pretensão do autor à condenação

---

62   João Batista Lopes. *Condomínio*. 8ª ed., São Paulo: Revista dos Tribunais, 2003, p. 183.

da ré ao pagamento de honorários advocatícios estabelecidos na Convenção de Condomínio. Descabimento. Honorários advocatícios que são arbitrados pelo juiz. Apelo da ré provido e apelo do autor desprovido. (TJSP, Apelação Cível 1000285-60.2016.8.26.0116, Rel. Carlos Dias Motta, 29ª Câmara de Direito Privado, Foro de Campos do Jordão – 1ª Vara, j. 04.12.2018, data de registro 04.12.2018)

Admitindo a multa de 2% sobre o valor do condomínio com o desconto:

Tribunal de Justiça de São Paulo. *Condomínio – Cobrança – Ação julgada parcialmente procedente – Desconto de pontualidade e multa moratória – Natureza de cláusula penal – Duplicidade – Impossibilidade de cobrança do valor cheio com a multa, caracterizando bis in idem na penalização – É válida a incidência de multa conjuntamente com a aplicação da bonificação sobre a obrigação mensal inadimplida – Precedentes deste E. Tribunal – Sentença mantida. Apelação não provida. (TJSP, Apelação Cível 1004011-47.2017.8.26.0006, Rel. Sá Moreira de Oliveira, 33ª Câmara de Direito Privado, Foro Regional VI – Penha de França – 1ª Vara Cível, j. 28.01.2019, data de registro 28.01.2019).*[63]

Em sentido contrário:

Tribunal de Justiça de São Paulo. *Despesas de condomínio. Ação de consignação de pagamento. Ação julgada parcialmente procedente. Apelação dos autores. Insistência quanto à ilegalidade do abono de pontualidade. Não ocorrência. Inexistência de vedação legal para a cobrança do valor do condomínio sem o desconto de pontualidade, porque não se confunde com a multa. Precedentes do STJ. Decisão mantida. Recurso improvido. (TJSP, Apelação Cível 1005754-35.2017.8.26.0704, Rel. Francisco Occhiuto Júnior, 32ª Câmara de Direito Privado, Foro Regional XV – Butantã – 2ª Vara Cível, j. 15.01.2020, data de registro: 15.01.2020)*

Tribunal de Justiça de São Paulo. *Despesas Condominiais – Ação de cobrança julgada procedente – Ação proposta, suficientemente instruída com documentos aptos a comprovar o valor e a origem do débito – Responsabilidade do apelante, proprietário da unidade condominial, pelas dívidas condominiais – Reconhecimento da dívida pelo réu, em razão de dificuldade financeira – Desconto por pontualidade previsto em assembleia – Inadimplemento – Devida também a multa de 2%, porque a sua incidência está prevista na Convenção de Condomínio – Cumulação com multa moratória – Possibilidade – Precedente do STJ – Resp nº 1.424.814/SP – Sentença mantida – Recurso improvido. (TJSP, Apelação Cível 1005139-63.2021.8.26.0006, Rel. Caio Marcelo Mendes de Oliveira, 32ª Câmara de Direito Privado, Foro Regional VI – Penha de França – 3ª Vara Cível, j. 21.10.2022, data de registro 21.10.2022)*

Em relação a contratos de prestação de serviços educacionais, em tudo diversos dos pressupostos que regulam o condomínio, o aresto a seguir admitiu a cumulação da perda do desconto com a multa prevista contratualmente:

Superior Tribunal de Justiça. *São distintas as hipóteses de incidência da multa, que têm por propósito punir o inadimplemento, e a do desconto de pontualidade, que, ao contrário, tem por finalidade premiar o adimplemento, o que, por si só, afasta qualquer possibilidade de bis in idem, seja em relação à vantagem, seja em relação à punição daí advinda. Entendimento que se aplica ainda que o desconto seja dado até a data do vencimento. Primeiro, não se pode olvidar que a estipulação contratual que concede o desconto por pontualidade até a data de vencimento é indiscutivelmente mais favorável ao consumidor do que aquela que estipula a concessão do desconto até a data imediatamente anterior ao vencimento. No tocante à materialização do preço ajustado, tem-se inexistir qualquer óbice ao seu reconhecimento, pois o pagamento efetuado até a data do vencimento toma por base justamente o valor contratado, sobre o qual incidirá o desconto; já o pagamento feito após o vencimento, de igual modo, toma também por base o valor contratado,*

---

[63] Na fundamentação desse aresto: "Em tese, possível o desconto de pontualidade. Não obstante, o referido benefício foi pactuado pelos condôminos como bonificação para a pontualidade no pagamento, desestimulando o inadimplemento, tendo, na verdade, natureza de cláusula penal, se confundindo, pois, com a multa moratória. A multa moratória é cláusula penal, meio de reforçar o cumprimento da obrigação, mas também pré-fixar as perdas e danos ocorrida a inexecução culposa da obrigação. No caso, o que se constata, é a previsão tanto do desconto de pontualidade como de multa moratória. Logo, as duas penalidades previstas para o caso de inadimplemento possuem a mesma natureza de cláusula penal. Assim, a cumulação da forma pretendida importaria em verdadeiro *bis in idem*, impondo dupla penalidade pelo mesmo fato. Ou seja, implicaria em, por duas vezes, prefixar os danos pela mesma ação transgressora do pactuado."

sobre o qual incidirá a multa contratual. Tem-se, nesse contexto, não ser possível maior materialização do preço ajustado do que se dá em tal hipótese. 4. Recurso especial provido. (STJ, REsp 1.424.814/SP, Rel. Min. Marco Aurélio Bellizze, 3ª Turma, j. 04.10.2016).

1.3.13. A impossibilidade de o condômino inadimplente ser impedido de utilizar as áreas comuns. A interrupção do fornecimento de água, gás e outras utilidades à unidade inadimplente

Segundo Roberto Barcelos de Magalhães:[64]

Além das penas pecuniárias previstas, nenhuma outra que importe em privação de direitos condominiais pode ser estabelecida em convenção ou aplicada pelo condomínio ao faltoso. Não seria lícito, assim, imputar-se-lhe a privação do uso e gozo da coisa comum, como a supressão do fornecimento de água, luz e gás, ou de outros direitos (...), já que os meios de coerção ao cumprimento da obrigação de pagar são estritamente aqueles que a lei faculta à convenção cominar. Os limites penais encontram-se definidos legalmente, não podendo os condôminos excedê-los.

O entendimento de João Nascimento Franco, porém, é outro. Segundo ele, não é crível que o condomínio tenha de custear serviços de que se servem também os condôminos faltosos, principalmente quando se verifica que o devedor tem recursos para pagar e não paga.

Segundo ele, ultrapassado, pois, certo limite de tolerância, por exemplo, um trimestre vencido, torna-se injusto impor ao condomínio a obrigação de financiar a cota do condômino relapso.

Eis exatamente o que ensina João Nascimento Franco: "A punição pelo atraso, com juros de mora, multa e correção monetária do débito, não impede que a Convenção opte por medida mais enérgica, porque não é justo que o inadimplente preserve todos os direitos e o condomínio tenha de custear serviços de que se servem também os condôminos faltosos, principalmente quando se verifica que o devedor tem recursos para pagar e não paga suas contribuições. Ultrapassado, pois, certo limite de tolerância (um trimestre vencido, por exemplo), torna-se injusto impor ao condomínio a obrigação de financiar a quota do condômino relapso, num estímulo para que ele continue a utilizar-se normalmente de todos os serviços e instalações, para só pagar ao fim de uma demorada e onerosa cobrança judicial".[65]

Nesse sentido, admitindo a restrição de o inadimplente utilizar os equipamentos de lazer do condomínio, tais como as quadras, salas de ginástica, piscinas, saunas e churrasqueiras:

Tribunal de Justiça de São Paulo. Ação anulatória de assembleia condominial. Deliberação que impede o condômino inadimplente de se valer do gerador do edifício e de usufruir dos equipamentos de lazer do condomínio. Inexistência de ilegalidade a envolver a deliberação. Providência que não alcança serviços essenciais. Restrição ao inadimplente introduzida pelo novo Código Civil quanto à participação em assembleias (art. 1.335, inciso III, Código Civil), que pode ser ampliada pela assembleia geral, órgão soberano do condomínio. Intolerável uso dos equipamentos de lazer pelo inadimplente à custa daqueles que pagam em dia a quota condominial. Improcedência da demanda preservada. Apelo improvido (Apelação com Revisão 5161424000 – Rel. Donegá Morandini – Comarca: São Paulo – 3ª Câmara de Direito Privado – j. 21.10.2008 – Data de registro: 24.10.2008).

Tribunal de Justiça de São Paulo. Despesas de condomínio inadimplência restrição de uso de área comum ilegalidade ou abusividade não vislumbradas. Recurso não provido. Restou incontroverso nos autos que pende sobre a unidade condominial débitos relativos ao pagamento de cotas condominiais, não se mostrando, mesmo, justo que moradores da unidade inadimplente usufruam dos mesmos serviços que os demais, gerando gastos

---

[64] Roberto Barcelos de Magalhães, *Teoria e prática dos condomínios*, Rio de Janeiro: José Konfino, 1966, p. 128.

[65] João Nascimento Franco. Condomínio em edifícios. 5ª ed. São Paulo: RT, 2005, p. 64.

com consumo e manutenção, sem a contraprestação devida, acarretando enriquecimento sem causa, razão pela qual se mostra perfeitamente possível a restrição de uso advinda do inadimplemento. Saliente-se que a restrição se impôs somente sobre área de uso não essencial, não incidindo qualquer restrição quanto ao uso das demais áreas comuns (garagens, elevadores e outros), que podem ser livremente utilizadas, inclusive pelos inadimplentes. (TJSP, Apelação Cível 4001354-95.2013.8.26.0564, Rel. Clóvis Castelo, 35ª Câmara de Direito Privado, Foro de São Bernardo do Campo – 1ª Vara Cível, j. 09.06.2014, Data de Registro: 09.06.2014).

Tribunal de Justiça de São Paulo. Condomínio. Proibição de uso de área comum por condômino inadimplente. Dívida sub judice. Alteração do Regimento Interno realizada em assembleia válida. Possibilidade. Sentença mantida. Recurso improvido. (TJSP, Apelação Cível 0018816-26.2012.8.26.0223, Rel. Nestor Duarte, 34ª Câmara de Direito Privado, Foro de Guarujá – 4ª Vara Cível, j. 24.02.2016, Data de Registro: 26.02.2016).

Seguindo o primeiro entendimento, de Roberto Barcelos de Magalhães, o Tribunal de Justiça de São Paulo já repeliu a possibilidade de vedar a utilização da área comum pelo inadimplente.

Tribunal de Justiça de São Paulo. Condomínio. Assembleia geral. Deliberação. Nulidade. Ocorrência. Proibição do uso de parte comum e de lazer do edifício, em face do atraso do pagamento das despesas condominiais. Inadmissibilidade. Alteração dos termos da própria convenção do Condomínio e do Regulamento de Utilização da Área Comunitária que não fazem qualquer restrição ao uso das partes comuns e comunitárias. Recurso provido (Rel. Ralpho Oliveira, Apel. Cív. nº 225.752-2, São Paulo, 09.06.1994).

Tribunal de Justiça de São Paulo. Apelação – Condomínio – Ação de obrigação de fazer ajuizada em face do condomínio réu com o intuito de obstar o impedimento de usufruto de áreas comuns por condôminos inadimplentes – Pedidos parcialmente acolhidos – Como é cediço, com o fito de garantir cumprimento do dever de contribuição para as despesas condominiais, a lei conferiu meios coercitivos de natureza pecuniária para a satisfação do crédito – Ausência de discricionariedade por parte do condomínio réu de imposição de outras sanções que não as previstas em lei, em especial restrições a áreas de uso comum – Isso porque o direito de o condômino fazer uso das partes comuns não decorre de ele estar ou não adimplente com as despesas condominiais, na medida em que provém do direito de propriedade sobre a unidade imobiliária, que abrange não só a fração ideal como as partes comuns – Restrição, ademais, que malfere o princípio da dignidade da pessoa humana, na medida em que expõe desnecessariamente a situação de inadimplência do condômino em seu meio social – Precedente do STJ – Incidência da Teoria da Eficácia Horizontal dos Direitos Fundamentais – Sentença mantida – Recurso não provido. (TJSP, Apelação Cível 1013466-78.2016.8.26.0068, Rel. Carlos Nunes, 31ª Câmara de Direito Privado, Foro de Barueri – 4ª Vara Cível, j. 27.03.2018, Data de Registro: 27.03.2018).

O relator, Desembargador Carlos Nunes, enumerou as providências legais coercitivas que podem ser tomadas pelo condomínio em substituição da restrição de uso das áreas comuns, "tais quais: (i) imposição de juros moratórios de 1% ao mês e multa de até 2% (art. 1.336, § 1º, do CC); (ii) cominação de multa de até o quíntuplo dos débitos condominiais, desde que comprovado o reiterado inadimplemento e aprovada a sanção por 3/4 dos condôminos (art. 1.337, "caput", do Código Civil); (iii) possibilidade de penhora da unidade autônoma [sem aplicação da Lei do Bem de Família] (L. 8.009/1990); e (iv) viabilidade do ajuizamento de execução de título extrajudicial (art. 784, VIII, do CPC)".

Também favorável ao condômino inadimplente, a decisão do Paraná:

Tribunal de Alçada do Paraná. Ação declaratória de reconhecimento de arbitrariedade no exercício da função administrativa cumulada com indenização por dano moral – medida cautelar inominada – condomínio que determina o corte no fornecimento de gás e a suspensão da comunicação via interfone de morador inadimplente. Arbitrariedade configurada – ação julgada procedente, condenando-se o condomínio a indenizar o autor por danos morais em dez salários mínimos preliminares de ilegitimidade passiva e inépcia da inicial rejeitadas – recurso improvido (Apel. Cív. nº 106.032.800, Londrina, Juiz Ronald Schulman, 1ª Câm. Cív., j. 01.07.1997, Acórdão nº 8.190, publicação: 01.08.1997).

O STJ tratou da questão neste mesmo sentido:

Superior Tribunal de Justiça. Recurso especial. Restrição imposta na convenção condominial de acesso à área comum destinada ao lazer do condômino em mora e de seus familiares. Ilicitude. Reconhecimen-

to. 1. Direito do condômino de acesso a todas as partes comuns do edifício, independentemente de sua destinação. Inerência ao instituto do condomínio. 2. Descumprimento do dever de contribuição com as despesas condominiais. Sanções pecuniárias taxativamente previstas no Código Civil. 3. Idôneos e eficazes instrumentos legais de coercibilidade, de garantia e de cobrança postos à disposição do condomínio. Observância. Necessidade. 4. Medida restritiva que tem o único e espúrio propósito de expor ostensivamente a condição de inadimplência do condômino e de seus familiares perante o meio social em que residem. Desbordamento dos ditames do princípio da dignidade humana. Verificação. 5. Recurso especial improvido. 1. O direito do condômino ao uso das partes comuns, seja qual for a destinação a elas atribuídas, não decorre da situação (circunstancial) de adimplência das despesas condominiais, mas sim do fato de que, por lei, a unidade imobiliária abrange, como parte inseparável, não apenas uma fração ideal no solo (representado pela própria unidade), bem como nas outras partes comuns que será identificada em forma decimal ou ordinária no instrumento de instituição do condomínio (§ 3º do art. 1.331 do Código Civil). Ou seja, a propriedade da unidade imobiliária abrange a correspondente fração ideal de todas as partes comuns. A sanção que obsta o condômino em mora de ter acesso a uma área comum (seja qual for a sua destinação), por si só, desnatura o próprio instituto do condomínio, limitando, indevidamente, o correlato direito de propriedade. 2. Para a específica hipótese de descumprimento do dever de contribuição pelas despesas condominiais, o Código Civil impõe ao condômino inadimplente severas sanções de ordem pecuniária, na medida de sua recalcitrância. 2.1 Sem prejuízo da sanção prevista no art. 1.336, § 1º, do Código Civil, em havendo a deliberada reiteração do comportamento faltoso (o que não se confunde o simples inadimplemento involuntário de alguns débitos), instaurando-se permanente situação de inadimplência, o Código Civil estabelece a possibilidade de o condomínio, mediante deliberação de 3/4 dos condôminos restantes, impor ao devedor contumaz outras penalidades, também de caráter pecuniário, segundo gradação proporcional à gravidade e à repetição dessa conduta (art. 1.337, caput e parágrafo único – multa pecuniária correspondente até o quíntuplo ou até o décuplo do valor da respectiva cota condominial). 2.2 O art. 1.334, IV, do Código Civil apenas refere quais matérias devem ser tratadas na convenção condominial, entre as quais, as sanções a serem impostas aos condôminos faltosos. E nos artigos subsequentes, estabeleceu-se, para a específica hipótese de descumprimento do dever de contribuição com as despesas condominiais, a imposição das sanções pecuniárias acima delineadas. Inexiste, assim, margem discricionária para outras sanções, que não as pecuniárias, nos limites da lei. 3. Além das sanções pecuniárias, a lei adjetiva civil, atenta à essencialidade do cumprimento do dever de contribuir com as despesas condominiais, estabelece a favor do condomínio efetivas condições de obter a satisfação de seu crédito, inclusive por meio de procedimento que privilegia a celeridade. 3.1 A Lei n. 8.009/1990 confere ao condomínio uma importante garantia à satisfação dos débitos condominiais: a própria unidade condominial pode ser objeto de constrição judicial, não sendo dado ao condômino devedor deduzir, como matéria de defesa, a impenhorabilidade do bem como sendo de família. E, em reconhecimento à premência da satisfação do crédito relativo às despesas condominiais, o Código de Processo Civil de 1973 estabelecia o rito mais célere, o sumário, para a respectiva ação de cobrança. Na sistemática do novo Código de Processo Civil, aliás, as cotas condominiais passaram a ter natureza de título executivo extrajudicial (art. 784, VIII), a viabilizar, por conseguinte, o manejo de ação executiva, tornando a satisfação do débito, por meio da incursão no patrimônio do devedor (possivelmente sobre a própria unidade imobiliária) ainda mais célere. Portanto, diante de todos esses instrumentos (de coercibilidade, de garantia e de cobrança) postos pelo ordenamento jurídico, inexiste razão legítima para que o condomínio dele se aparte. 4. A vedação de acesso e de utilização de qualquer área comum pelo condômino e de seus familiares, independentemente de sua destinação (se de uso essencial, recreativo, social, lazer, etc.), com o único e ilegítimo propósito de expor ostensivamente a condição de inadimplência perante o meio social em que residem, desborda dos ditames do princípio da dignidade humana. 5. Recurso especial improvido (REsp 1564030/MG, Rel. Ministro Marco Aurélio Bellizze, Terceira Turma, j. 09.08.2016, DJe 19.08.2016).

Superior Tribunal de Justiça. *Direito civil. Recurso especial. Condomínio. Regulamento interno. Proibição de uso de área comum, destinada ao lazer, por condômino inadimplente e seus familiares. Impossibilidade. Sanções pecuniárias taxativamente previstas no Código Civil. 1. No condomínio edilício, o titular da unidade autônoma, cotitular das partes comuns, exerce todos os poderes inerentes ao domínio, mas, em contrapartida, sujeita-se à regulamentação do exercício destes mesmos direitos, em razão das necessidades impostas pela convivência em coletividade 2. O Código Civil, ao estabelecer um regramento mínimo sobre o condomínio edilício (arts. 1.332 e 1.334), determinou que a convenção deverá definir, entre outras cláusulas, "as sanções a que estão sujeitos os condôminos, ou possuidores" (art. 1.334, IV, do CC), tendo como contraponto, para tal mister, os deveres destes. 3. Segundo a norma, é direito do condômino "usar das partes comuns, conforme a sua destinação, e contanto que não exclua a utilização dos demais compossuidores" (CC, art. 1.335, II). Portanto, além do direito a usufruir e gozar de sua unidade autônoma, têm os condôminos o direito de usar e gozar das partes comuns, já que a propriedade da unidade imobiliária abrange a correspondente fração ideal de todas as partes de uso comum. 4. É ilícita a prática de privar o condômino inadimplente do uso de áreas comuns do edifício, incorrendo em abuso de direito a disposição condominial que proíbe a utilização como medida coercitiva para obrigar o adimplemento* *das taxas condominiais. Em verdade, o próprio Código Civil estabeleceu meios legais específicos e rígidos para se alcançar tal desiderato, sem qualquer forma de constrangimento à dignidade do condômino e dos demais moradores. 5. O legislador, quando quis restringir ou condicionar o direito do condômino, em razão da ausência de pagamento, o fez expressamente (CC, art. 1.335). Ademais, por questão de hermenêutica jurídica, as normas que restringem direitos devem ser interpretadas restritivamente, não comportando exegese ampliativa. 6. O Código Civil estabeleceu meios legais específicos e rígidos para se alcançar tal desiderato, sem qualquer forma de constrangimento à dignidade do condômino inadimplente: a) ficará automaticamente sujeito aos juros moratórios convencionados ou, não sendo previstos, ao de um por cento ao mês e multa de até dois por cento sobre o débito (§ 1º, art. 1.336); b) o direito de participação e voto nas decisões referentes aos interesses condominiais poderá ser restringido (art. 1.335, III); c) é possível incidir a sanção do art. 1.337, caput, do CC, sendo obrigado a pagar multa em até o quíntuplo do valor atribuído à contribuição para as despesas condominiais, conforme a gravidade da falta e a sua reiteração; d) poderá haver a perda do imóvel, por ser exceção expressa à impenhorabilidade do bem de família (Lei 8.009/1990, art. 3º, IV). 7. Recurso especial provido. (REsp 1.699.022/SP, Rel. Min. Luis Felipe Salomão, 4ª Turma, j. 28.05.2019, DJe 01.07.2019).*

Acrescente-se que o direito veda a autotutela.

Práticas desse jaez significam o retorno aos primórdios da civilização, impondo-se a lei do mais forte.

O fato de o condômino estar inadimplente não autoriza o rompimento dos serviços, e, tampouco, o impedimento à utilização de salões de festa, piscinas, churrasqueiras, quadras e demais equipamentos comuns, até porque o condomínio possui meios processuais e legais de fazer valer seu direito subjetivo de receber as quotas em atraso, inclusive pela aplicação de multas nos termos do art. 1.337 do Código Civil.

Na efetiva cobrança das quotas certamente não haverá desconto pelo fato de o condômino não ter utilizado esses equipamentos e serviços durante o período da mora.

Muito pelo contrário, verifica-se que, de acordo com os arts. 1.336 e 1.337 do Código Civil, o condômino já será penalizado com multa e juros sobre o valor do débito.

Portanto, é forçoso concluir que o impedimento de uso de equipamentos, áreas comuns e serviços do edifício constitui verdadeiro *bis in idem*, vez que, em virtude de um só débito, poderia o condômino sofrer duas penas, ou seja, além de não ter podido utilizar os equipamentos e serviços do edifício – o que não se restabelece jamais – ainda pagaria a multa moratória determinada na convenção.

Em verdade, mesmo o inadimplente não pode ser submetido a tratamento degradante, isto por força do art. 5º, III, da Constituição Federal.

É preciso que os síndicos se acautelem, já que é exclusivamente sua a responsabilidade penal, vez que já houve reconhecimento de crime de exercício arbitrário das próprias razões em consequência de fatos como esses:

Tribunal de Alçada Criminal de São Paulo. *Exercício arbitrário das próprias razões. Síndico de prédio que, diante do não pagamento do condomínio pela vítima, exerce poderes abusivos. Configuração: comete o crime do art. 345 do Código Penal o síndico de prédio que, diante do não pagamento do condomínio pela vítima, por três meses, proíbe sua entrada em seu imóvel, assim como de outras pessoas, suspende serviços de coleta de lixo, uso de interfone e corta a água daquela unidade, pois os poderes exercidos pelo agente não existem em lugar algum e são fruto de má interpretação da função (Apel. nº 909.125, 15.12.1994, Rel. Damião Cogan, 1ª Câm.).*

A aplicação de outras sanções afronta os direitos fundamentais dos condôminos, ainda que previstas na convenção, notadamente aquelas que vedam a utilização do imóvel e de áreas e equipamentos comuns. Isto porque os direitos fundamentais do condômino, previstos no art. 1.335 do Código Civil e, entre eles, o direito de utilizar as áreas comuns do inciso II, são cogentes, de ordem pública e aplicabilidade imediata, o que derroga os preceitos em sentido contrário das convenções e regimentos internos.

Nesse sentido:

Tribunal de Justiça de São Paulo. *Responsabilidade Civil – Indenização – Despesas de condomínio em atraso – Restrição indevida ao uso de áreas comuns do condomínio edilício – Impossibilidade de discriminação entre os condôminos adimplentes e os inadimplentes no sorteio das vagas de garagem – Danos morais – Inteligência dos arts. 1.335 e 1.336, § 1º, do Código Civil – Inadmissibilidade de aplicação de sanção lateral ao inadimplemento do condômino, não prevista em lei nem na convenção – Ato ilícito – Comportamento ilícito e imoral do autor, que contribuiu de modo decisivo para a ocorrência dos fatos – Conduta do autor que não justifica o ato ilícito do condomínio réu, mas reflete, todavia, no valor da indenização – Recurso parcialmente provido (Apelação Cível 5101004500 – Rel. Francisco Loureiro – Comarca: São Paulo – Órgão julgador: 4ª Câmara de Direito Privado – j. 29.05.2008 – Data de registro: 09.06.2008).*

Situação diversa, ainda não abordada pelo STJ, é a questão que envolve a suspensão do fornecimento de água e gás quando o condomínio individualiza a cobrança, em que pese ficar responsável perante o fornecedor.

Admitindo o corte pelo condomínio:

Tribunal de Justiça de São Paulo. *Despesas condominiais. Ação declaratória – alegação de indevido corte do fornecimento de água. – Providência amparada em ato assemblear – validade e eficácia – inadimplência dos réus configurada – improcedência reconhecida – recurso não provido. Por deliberação da assembleia de condôminos, adotou-se a individualização da medição de consumo de água, de modo que cada unidade passou a pagar as respectivas despesas na exata proporção de seu consumo. Também foi deliberada providência do corte de fornecimento em caso de inadimplência, uma vez decorrido o prazo de "sessenta" dias do aviso para regularização, como forma de garantir o equilíbrio da coletividade condominial, que continua responsável pelo pagamento integral da tarifa perante a concessionária prestadora do serviço. Tal medida não encontra óbice legal e vincula a todos os condôminos; não constitui violação a qualquer direito, até porque a coletividade não pode ser obrigada a responder pelo pagamento de valores relativos ao consumo exclusivo da unidade condominial, sob pena de colocar em risco a sua própria continuidade. Recurso não provido. (TJSP, Agravo de Instrumento 0228357-89.2012.8.26.0000, Rel. Fábio Podestá, 5ª Câmara de Direito Privado, Foro de Jandira – 1ª Vara Judicial, j. 08.05.2013, Data de Registro: 07.06.2013).*

O relator justificou: "perante a concessionária, o condomínio é o responsável pelo pagamento da tarifa. Mas, em relação a cada condômino, tem o direito de receber o valor referente ao consumo individualizado, que é objeto de um rateio específico e, portanto, constitui despesa condominial (...). De outra parte, não se vislumbra verdadeira ofensa a qualquer norma constitucional. Não se pode obrigar a coletividade dos condôminos a arcar indefinidamente com a responsabilidade de efetuar o pagamento das despesas de consumo, reiteradamente inadimplidas pelos titulares da unidade. Não incumbe aos demais condôminos qualquer responsabilidade pela prestação de assistência social em favor dos autores e, exatamente por isso não vingam os argumentos apresentados para justificar o desfrute da continuidade do consumo de água indefinidamente, às custas da comunidade condominial".

Adotado esse entendimento, é necessária a prévia aprovação em assembleia geral e prévio aviso ao inadimplente possibilitando a regularização pela unidade antes do corte do fornecimento.

Deveras, quando a lei não trata de determinada situação jurídica, o fato se torna campo fértil para soluções judiciais "criativas", isso para tratar do assunto com muito abrandamento.

Sem fugir da insegurança jurídica que assola a aplicação do Direito, motivada por evidente ativismo que impera, honrosas exceções, em toda a estrutura do Poder Judiciário nacional, a questão que envolve a interrupção do fornecimento de água, gás e outras utilidades que são fornecidas de forma individualizada e, por tal razão, mensuráveis individualmente para cada unidade condominial, passa constantemente por soluções judiciais de toda a espécie.

O Poder Judiciário vai, volta, depois vai novamente sem rumo, sem direção, gerando perplexidade àqueles que se deparam com soluções dadas ao talante do juiz que julga.

Com efeito, para o corte promovido pelas concessionárias de serviços públicos, a Lei 8.987/1995, que dispõe sobre o regime de concessão e permissão da prestação de serviços públicos, prevê, no art. 6º, § 3º, que somente não se configura a descontinuidade do serviço – o serviço deve ser contínuo – se sua interrupção ocorrer em situação de emergência ou após prévio aviso (nesse sentido, TJSP, Apelação Cível 1000908-15.2019.8.26.0280, Rel. L. G. Costa Wagner, 34ª Câmara de Direito Privado, j. 30.03.2021).

E se o corte se der pelo condomínio, a solução é a mesma?

Explica-se a pergunta: nos condomínios, a cobrança da água (e de outras utilidades como o gás) pode ser feita:

i) Por rateio, na forma prevista na convenção, pela fração ideal na maioria dos casos, sem individualização da cobrança que vai embutida no valor do condomínio, notadamente nas construções mais antigas que não previam nos seus projetos sequer a possibilidade de individualização (CC, arts. 1.331, § 3º, e 1.334, I);

ii) Em alguns condomínios mais modernos, através de relógios de água e gás com cobrança individualizada pela própria concessionária, especialmente de fornecimento de água, lembrando que os novos condomínios, a partir de julho de 2021, por força da Lei 13.312/2016, com vigência a partir do dia 13 de julho de 2021, serão obrigados a ter medição individual de água por força da alteração que essa lei levou a efeito no § 3º do art. 29 Lei 11.445/2007, sendo que os condomínios antigos poderão – faculdade – adotar essa mesma solução nos termos do § 5º do mesmo art. 29, cuja redação foi dada pela Lei 14.026/2020;

iii) A medição individualizada é feita pelo próprio condomínio, de tal sorte que a concessionária cobra o consumo global do condomínio e este faz o rateio pelo efetivo consumo medido pelos relógios internos, de modo que, além do rateio das despesas comuns, os condôminos são cobrados pelo consumo medido. Em outras palavras, o condomínio é cobrado pela concessionária de serviço público, de fornecimento de água ou gás, por exemplo, e, internamente, o condomínio faz a cobrança pelo consumo de cada uma das unidades cuja medição é feita por relógios do condomínio, não sendo importante se a cobrança se dá ou não em boleto separado, desde que se faça pelo consumo de cada unidade condominial verificável no instrumento de cobrança.

Nada obstante, descolando da solução dada quando o corte é levado a afeito pelas concessionárias de serviços públicos, nessa última hipótese de cobrança individualizada pelo condomínio, algumas decisões impediam que o condomínio fizesse o mesmo corte em desfavor dos seus condôminos (TJSP, Apelação Cível 1001240-81.2013.8.26.0606, Rel. Maria Cristina de Almeida Bacarim, 29ª Câmara de Direito Privado, j. 08.11.2017).

Ocorre que a jurisprudência é oscilante e começaram a surgir decisões que passaram a admitir o corte pelo condomínio, desde que faça a cobrança individualizada do consumo de água e gás.

Não há mesmo razão para tratar o assunto diversamente, pelo menos em linhas gerais.

Nesse sentido:

Condomínio. Ação de obrigação de fazer. Ilegitimidade passiva da administradora. Fornecimento de água pelo condomínio às unidades condominiais de forma individualizada. Possibilidade de corte, uma vez identificada a inadimplência por parte de condômino. Medida autorizada por deliberação assemblear válida e eficaz. Possibilidade de sua adoção. Improcedência reconhecida. Recurso provido. 1. A administradora foi contratada para praticar atos em decorrência exclusiva da incumbência que lhe conferiu o condomínio, de modo que não tem legitimidade passiva para a causa. 2. Por deliberação da assembleia geral válida e eficaz, foi adotado o sistema de individualização do fornecimento de água do condomínio às respectivas unidades, com a previsão de corte na hipótese de inadimplemento. 3. A autora deixou de efetuar o pagamento respectivo. Assim, trata-se de providência amparada em deliberação assemblear e nenhum obstáculo de ordem legal existe à sua adoção, que objetiva assegurar a continuidade do próprio condomínio e o equilíbrio nas relações entre os condôminos, como fator de proteção à coletividade. Daí advém o reconhecimento da improcedência do pedido voltado ao afastamento da medida. 4. De igual modo, não há fundamento jurídico para se determinar que a cobrança de conta de água de cada unidade seja realizada de forma autônoma em relação à taxa condominial respectiva, aspecto que não tem relevância na hipótese, pois nenhuma iniciativa houve no sentido de realizar o depósito dos valores decorrentes do fornecimento (TJSP, Apelação Cível 1011504-10.2019.8.26.0005, Rel. Antonio Rigolin, 31ª Câmara de Direito Privado, Foro Regional V, São Miguel Paulista, 2ª Vara Cível, j. 15.02.2021, Data de Registro: 15.02.2021).

Condomínio edilício. Indenização por danos morais e materiais. Ação julgada improcedente. Corte no fornecimento de água e atrasos nos pagamentos das contas individualizadas, além de mora nas despesas de condomínio. Ausência de conduta ilícita por parte do condomínio e do síndico a justificar danos morais. Indenização indevida. ... Consoante se depreende dos autos, a própria condômina não nega a mora no pagamento das cotas condominiais dos meses de abril e maio de 2020 e, não caracterizado ilícito civil por parte dos réus, sem qualquer intenção de solver a dívida, indevida é a indenização por danos morais. A alegada conduta irregular deve ser sopesada, diante da contribuição da autora para o ocorrido, não fazendo sentido onerar a massa condominial em prol da autora inadimplente, com evidente prejuízo à coletividade... (TJSP, Apelação Cível 1009276-22.2020.8.26.0007, Rel. Kioitsi Chicuta, 32ª Câmara de Direito Privado, Foro Regional VII, Itaquera, 4ª Vara Cível, j. 23.02.2021, Data de Registro: 23.02.2021).

Portanto, as conclusões que são extraídas desses julgados, que bem ilustram a minha posição sobre o tema, são as seguintes:

i)   O condomínio pode suspender o fornecimento de água e/ou gás dos inadimplentes;

ii) Para tanto, além da medição e da cobrança individualizada, a assembleia, pela maioria simples, deve autorizar a medida;

iii) A cobrança precisa ser individualizada, não necessariamente cobrada em boleto apartado das despesas condominiais;

iv) Por analogia ao que a lei determina para o corte promovido pelas concessionárias de serviços públicos, é necessário aviso prévio com tempo hábil e razoável para o pagamento;

v)   *A contrario sensu*, o condômino inadimplente pode pagar apenas o rateio do consumo para evitar o corte e, em caso de negativa de recebimento pelo condomínio, consignar essa parte.

1.3.14. Possibilidade de se divulgar a relação de inadimplentes e de apontar o condômino impontual em cadastro negativo

O art. 42 do Código de Defesa do Consumidor proíbe que o credor exponha o devedor ao ridículo ou a qualquer constrangimento moral.

Entretanto, como se verá em tópico destacado deste capítulo, não se aplica o Código de Defesa do Consumidor na relação jurídica entre os condôminos, o que levaria à conclusão da permissão da divulgação incondicional de inadimplentes, como, por exemplo, em quadro de avisos do edifício.

Não é a nossa opinião.

Embora não se aplique a Lei Consumerista entre os condôminos, o quadro de avisos será visto por pessoas estranhas ao edifício e, o que é mais grave, pelos seus empregados, visitas e parentes.

Trata-se de constrangimento ilegal.

Todavia, essa relação poderá figurar nos balancetes mensais, de acesso exclusivo da massa condominial na exata medida em que a prestação de contas é um dever do síndico que corresponde ao direito de os condôminos conhecerem aqueles que não estão cumprindo com o dever de pagar as despesas comuns. Nesse sentido:

Tribunal de Justiça de São Paulo. *Indenização – Dano moral – Débito de despesas condominiais – Inclusão do número do apartamento inadimplente em previsão mensal de gastos do Condomínio, com nome da interessada em documento interno – Impossibilidade de candidatura de inadimplentes ao cargo de síndico e subsíndico em assembleia – Exercício regular do direito que não expôs inadimplente a constrangimento – Cumprimento do dever de prestar contas perante todos os condôminos e justificar o aumento da quota condominial mensal inclusive em razão dos débitos daquela unidade – Recurso da autora improvido. (Relator(a): Campos Petroni; Comarca: Ribeirão Preto; Órgão julgador: 27ª Câmara de Direito Privado; j. 10.08.2010; Data de registro: 18.08.2010; Outros números: 884517700).*

Fundamentou o Rel. "A administração de condomínio tem o dever de, permanentemente, prestar contas relativas aos recursos comuns dos condôminos. Deve haver transparência em relação aos valores arrecadados e também sua destinação. A apresentação de lista de devedores faz parte desta prestação de contas. Afinal, o não pagamento das despesas e taxas interfere no rateio mensal dos gastos globais. Dúvida não há de que se cuida de simples exercício regular de um direito. Aos moradores que pagam em dia as despesas sempre é facultado conhecer aqueles que assim não o fazem. Não está presente, assim, abusividade em tal conduta."

Por outro lado, nada impede que se remeta os dados do devedor ao cadastro de proteção ao crédito.

Trata-se de lídimo direito do condomínio em face do inadimplemento do titular da unidade.

Entretanto, essa atitude demanda deliberação em assembleia regularmente convocada para esse fim e que autorize expressamente o síndico a incluir o nome do devedor em cadastro negativo.

De fato, o art. 43 e parágrafos da Lei Consumerista, que não se aplica à relação entre os condôminos, encerra uma série de restrições aos cadastros dos consumidores efetuados pelos fornecedores.

Ainda assim, mesmo no âmbito das relações de consumo, há possibilidade da mantença de dados negativos em banco de dados desde que, cumulativamente, a restrição negativa não ultrapasse cinco anos da data do evento e não contenha impedimentos de caráter exclusivo daquele que se vê afrontado nos seus interesses por direito legítimo do consumidor.

Como exemplo, é vedado elaborar, manter e divulgar cadastro de consumidores que eventualmente tenham aforado ação consignatória (Código de Defesa do Consumidor, art. 39, inciso VII, cumulado com artigo 43, § 1°).

O consumidor deve ser comunicado, por escrito, da abertura de cadastro quando não solicitada por ele que, de qualquer forma, terá amplo conhecimento dos dados contidos nas informações obtidas sobre sua pessoa (Código de Defesa do Consumidor, art. 43, § 2°).

Adverte Fábio Ulhoa Coelho que *a disciplina se aplica a qualquer armazenamento de informações, informatizado ou não, precário ou altamente organizado. O pequeno fornecedor que mantém uma agenda com dados de sua clientela deve, tanto quanto o grande empresário, observar o conjunto de regras definidas em defesa do consumidor.*[66]

---

[66]　Fábio Ulhoa Coelho, *Comentários ao código de proteção do consumidor*, obra coletiva, São Paulo: Saraiva, 1991, p. 175.

De qualquer forma, mesmo não sendo obrigatório esse procedimento em razão da inaplicabilidade do Código de Defesa do Consumidor à relação existente entre o condômino e o condomínio, *ad cautelam*, é conveniente que sejam observados os mesmos critérios estabelecidos para o consumidor.

Em qualquer caso, sempre há possibilidade de responsabilidade civil por danos materiais e morais em caso de engano no apontamento, como, por exemplo, a inclusão de pessoa que não seja titular da unidade porque já alienou e informou ao condomínio ou até de condômino que esteja em dia com suas obrigações.

1.3.15. O dever de pagar as despesas no condomínio irregular

Efetivamente, o direito não pode se divorciar da realidade.

Inúmeros são os condomínios em situação irregular, vale dizer, que não foram regularmente instituídos, quer em razão da ausência de instituição, quer em razão do fechamento de loteamentos que, a rigor, não são loteamentos.

Esses "condomínios" efetivamente funcionam: contratam pessoas, prestam serviços, pagam despesas comuns etc.

Assim, havendo um condomínio de fato, não registrado, com diversas pessoas utilizando coisas e serviços comuns, não seria lícito que apenas alguns custeassem despesas de todos.

Assim decidiu o Tribunal de Justiça do Rio de Janeiro:

Agravo de Instrumento n° 2.932/1997, Diário da Justiça, RJ: 14.05.1998, p. 208. I – Não é moralmente admissível que o condômino usufrua dos benefícios a custa dos demais condôminos, o que representaria locupletamento indevido a custa alheia, que o direito e a moral veementemente repelem. II – Prestados os serviços, legitimado está o Condomínio para a cobrança da taxa, porquanto a convenção é de observância obrigatória, não só para os condôminos, como para qualquer ocupante da unidade, como prevê expressamente o parágrafo 2° do art. 9° da Lei 4.591/64, tornando-se, com o registro, oponível "erga omnes", daí dizer Marco Aurélio Viana que o registro só é importante para validade contra terceiros (Teoria e Prática do Direito das Coisas, Saraiva, 1983, p. 112). Precedentes do STJ. III – Provimento do agravo a fim de que, reformada a decisão, se prossiga na ação de cobrança reconhecendo-se, destarte, a legitimidade do condomínio para a cobrança em relação ao condômino, independentemente do registro da convenção.

Posta assim a questão, as decisões mais abalizadas, admitem a cobrança de despesas condominiais ainda que não haja um condomínio de direito:

Tribunal de Alçada do Rio Grande do Sul. Condomínio. O direito de cobrar despesas de conservação e manutenção das coisas comuns não nasce só com o registro da convenção, mas decorre da existência fática da situação condominial. Carência de ação que se revoga, em parte, pois o único legitimado ativo é o condomínio conjunto residencial Jardim Medianeira. Decisão: dado provimento parcial. Unânime (Apelação Cível n° 185.005.410, 28.02.1985, 3ª Câmara Cível, Rel. Sérgio Pilla da Silva, origem: Porto Alegre).

1.3.16. O dever de pagar as despesas de condomínio dos titulares de lojas ou apartamentos de andar térreo, que integram o condomínio e contam com saída direta para a rua

As despesas com elevadores e outras das áreas comuns podem ser cobradas dos inquilinos condôminos.

A cobrança é válida, mesmo que as unidades autônomas não utilizem esse equipamento e demais dependências, por terem saída direta para a rua.

É até lógico, o que se afirma na medida em que, indiretamente, utilizam os elevadores e áreas comuns, mesmo de forma mínima.

Por exemplo: as caixas d'água quase sempre se encontram no último pavimento, sendo que a sua manutenção demanda a utilização de elevadores e demais áreas do prédio.

Na maioria dos casos, as unidades do andar térreo utilizam essa mesma água, proveniente do reservatório comum.

Interpretação diversa levaria ao absurdo de se ratear despesas de elevador proporcionalmente ao andar que se encontra a unidade, uma vez que aquela localizada no primeiro andar utiliza menos esse equipamento que aquela que se encontra no último andar.

Seguindo o mesmo raciocínio, unidades desabitadas poderiam se furtar do pagamento de condomínio por não estarem utilizando os serviços oferecidos a todos os condôminos.

Não é assim e, nesse sentido, os seguintes julgados:

Primeiro Tribunal de Alçada Civil de São Paulo. *Condomínio – despesas condominiais – pretensão dos condomínios localizados no andar térreo ou em lojas com frente direta para via pública na exclusão do pagamento de despesas referentes à manutenção de elevadores, escadarias, halls, antenas coletivas que não se utilizam – inexistência de previsão na convenção que exclui o pagamento dessas despesas – cobrança procedente – recurso improvido (Processo nº 00574674-0/007, Apelação Cível, origem: Campos do Jordão, 5ª Câmara, 16.10.1994, Rel. Silvio Venosa, decisão: unânime).*

Supremo Tribunal Federal. *Descrição: Embargos em Recurso Extraordinário nº 72.365, j. 12.12.1974. Condomínio. Despesas de elevador. Se o acórdão embargado reconheceu que deve suportar, em rateio, as despesas de manutenção de elevador, o condômino da loja que dele se utiliza para controle de dispositivos seus na cobertura, a divergência só pode ser demonstrada por decisão em sentido contrário nas mesmas ou equiparáveis circunstâncias (Súmula nº 290). Observação: Documento incluído sem revisão do STF, ano: 1975, 05.03.1975, origem: Paraná, publicação: Diário de Justiça 07.03.1975, Rel. Aliomar Baleeiro, Sessão: Tribunal Pleno.*

Primeiro Tribunal de Alçada Civil de São Paulo. *Condomínio – despesas com o uso e a manutenção dos elevadores – responsabilidade do condômino titular de loja no andar térreo, porque a convenção não o exime – exame da doutrina – cobrança procedente – decisão mantida (Apelação nº 00523735-1/006, origem: São Vicente, 3ª Câmara Especial, j. 07.07.1993, Rel. Aloísio Toledo, decisão: unânime).*

Primeiro Tribunal de Alçada Civil de São Paulo. *Condomínio – despesas condominiais – cobrança – despesas referentes a elevadores – condômino proprietário de loja com saída própria para a rua – convenção condominial que obriga a todos ao pagamento dos encargos, inclusive a aqueles condôminos que não se utilizam das coisas comuns – validade – cobrança procedente – recurso improvido. No mesmo sentido: Apelação Cível nº 574.453-8, Rel. Silveira Paulilo, 11ª Câmara, j. 24.03.1994 (Apelação nº 523.398-3/003, origem: São Paulo, 4ª Câmara Especial, j. 30.07.1993, Rel. Tersio Negrato, decisão: unânime).*

Primeiro Tribunal de Alçada Civil de São Paulo. *Recurso – apelação – arguição de nulidade da sentença porque omissa quanto a apreciação da questão referente ao artigo 12, inciso 5, da Lei de Condomínios – matéria implicitamente apreciada em embargos de declaração – preliminar rejeitada. Condomínio – despesas condominiais – loja situada na parte térrea do edifício – despesas de interesse geral dos proprietários aprovadas em Assembleia condominial, vinculadas a limpeza, conservação de maquinário do imóvel (elevadores e bomba de água) e segurança – serviços que não lhe proporcionam alguma vantagem direta, embora indiretamente seja beneficiada, pois as partes comuns também lhes pertencem – artigos 9º, 12 e 25 da Lei 4.591/64 – convenção de condomínio que tem forca cogente obrigando os condôminos sem exceção – cobrança procedente – recurso provido para esse fim (Apelação nº 543.765-0/000, origem: São Paulo, 1ª Câmara Especial, Rel. Antonio de P. F. Nogueira, decisão: unânime).*

Esta é a posição do Superior Tribunal de Justiça, ou seja, havendo previsão de pagamento de contribuição condominial pela convenção a loja ou unidade, ainda que conte com saída direta para a via pública, deve contribuir. *A contrario sensu*, se a convenção for omissa ou dispensar a cobrança, o pagamento não é devido. Em resumo, vale o que dispuser, neste sentido, a convenção:

Superior Tribunal de Justiça. *Agravo regimental no agravo em recurso especial. Ação anulatória. Convenção condominial. Loja térrea. Autônoma. Critério de rateio expresso. Validade. 1. A loja térrea, com acesso próprio à via pública, não concorre com gastos relacionados a serviços que não lhe sejam úteis, salvo disposição condominial em contrário. Soberania da convenção do condomínio. Precedentes.*

2. Agravo regimental não provido (AgRg no AREsp 495.526/RJ, Rel. Ministro Ricardo Villas Bôas Cueva, Terceira Turma, j. 15.12.2015, DJe 02.02.2016).⁶⁷

Não obstante, existem algumas decisões em contrário, como as abaixo transcritas:

Tribunal de Alçada do Rio Grande do Sul. *Ação de cobrança. Cotas de condomínio extraordinárias. Conserto de elevador. Lojas com saída direta para a rua. O proprietário de lojas sitas no pavimento térreo, com entrada e saída autônomas para a rua, não tem obrigação de contribuir com as despesas de conserto de elevador, sem utilidade para ele e seus clientes, salvo ajuste convencional expresso em contrário. Apelo improvido. Decisão: negado provimento. Unânime (Apelação Cível nº 186.012.050, 16.04.1986, 3ª Câmara Cível, Rel. Celeste Vicente Rovani, origem: Passo Fundo).*

Tribunal de Alçada Cível do Rio de Janeiro. *Condomínio – despesas. Apelação Cível nº 82.168, 7ª Câmara, decisão: unânime, Juiz: Hilário de Alencar, j. 06.04.1983. Loja – despesa de instalação de elevadores. Os condôminos ou proprietários de lojas e de apartamentos do primeiro pavimento (térreo) de edifício de propriedade horizontal em condomínio, estão sujeitos ao rateio das despesas comuns de administração e conservação do prédio, mas deverão ser excluídos do pagamento de despesas com benfeitorias que não são do seu interesse e que em nada lhes beneficie economicamente. A instalação de elevadores não beneficia e nem interessa ou valoriza economicamente as lojas e apartamentos do edifício situado no pavimento térreo. Ementário: 04/84. Número da ementa: 21.823.*

1.3.17. Instalação de TV a cabo e comodidades que podem ser adquiridas individualmente ante as despesas condominiais

O Primeiro Tribunal de Alçada Civil de São Paulo já decidiu que a despesa com instalação de TV a cabo, longe de se tratar despesa condominial, só obriga os condôminos que anuíram.

É que houve entendimento de que tal despesa, assim como qualquer outra despesa que pode ser realizada individualmente e de acordo com o interesse de cada condômino, não obriga aquele que não assentiu expressamente.

Portanto, para que se cobre essa despesa, mister se faz o consentimento expresso do condômino, só a este obrigando:

Primeiro Tribunal de Alçada Civil de São Paulo. *Condomínio – convenção – instalação de aparelhagem para TV a cabo. Tratando-se de comodidade que pode ser obtida individualmente, necessário o consentimento expresso do condômino – Somente as despesas restritas a manutenção e segurança do edifício, decididas em assembleia, a todos os condôminos obriga – sentença mantida – recurso improvido (Apelação nº 585.791-5/000, origem: São Paulo, 6ª Câmara, j. 26.01.1995, Rel. Joaquim Chiavegato, decisão: unânime).*

1.3.18. O dever de pagar as despesas ainda que o imóvel não esteja ocupado

A lei não distingue entre unidades autônomas abertas e fechadas, e, tampouco, entre condôminos que utilizam e que não utilizam os serviços e equipamentos do prédio, como elevadores, por exemplo.

O Código Civil determina:

> Art. 1.336. São deveres do Condômino:
>
> I – contribuir para as despesas do condomínio na proporção das suas frações ideais, salvo disposição em contrário na convenção;

---

⁶⁷ REsp 784940/MG, Rel. Ministro Raul Araújo, Rel. p/ Acórdão Ministro Marco Buzzi, Quarta Turma, j. 20/03/2014, *DJE* 16.06.2014.

Os equipamentos e serviços do edifício estão à disposição do condômino, que não os usa porque não quer, e, portanto, por eles deverá pagar.

1.3.19. O dever de o incorporador pagar despesas de condomínio das unidades ainda não vendidas ou cuja posse não entregou

O incorporador deve pagar as despesas, mesmo de unidades não negociadas.

Enquanto não são vendidas, as unidades autônomas pertencem ao incorporador, que é o titular da unidade, sendo esse fato suficiente para afirmar que deve arcar com o pagamento de todas as despesas condominiais, ordinárias ou extraordinárias, da unidade vaga.

A existência de cláusula que isente o incorporador ou que conceda a ele desconto por unidades não comercializadas é obra dele próprio, que busca livrar-se do cumprimento daquilo que a lei determina.

Assim, disposição convencional nesse sentido é nula, vez que afronta o disposto de forma cogente do art. 1.336, I, do Código Civil, segundo o qual é dever do condômino *contribuir para as despesas do condomínio na proporção das suas frações ideais, salvo disposição em contrário na convenção.*

Nesse sentido, julgado abaixo do Tribunal de Alçada Cível do Rio de Janeiro:

> *Condomínio. Despesas. Embargos Infringentes na Apelação Cível nº 83.694, Terceiro Grupo, por maioria, Juiz: Thiago Ribas Filho, j. 26.10.1983. Responsabilidade do incorporador. Pelas despesas de condomínio, necessárias à conservação do prédio e utilização das coisas comuns, são responsáveis os proprietários das unidades que compõem a edificação, não podendo o incorporador delas se eximir a pretexto de que os débitos acompanham as unidades e passarão à responsabilidade dos adquirentes e nem, tampouco, em razão de cláusula da convenção reguladora por ele próprio elaborada, que o isenta, que se reputa como não escrita. Ementário: 20/84 – Núm. ementa: 22.264.*

Em verdade, disposição convencional desse jaez afronta o maior dos princípios constitucionais: o da igualdade.

Não há uma correlação lógica entre o fator de discrímen e a desequiparação procedida,[68] vez que tanto a incorporadora quanto os demais adquirentes são titulares da unidade, e, nos termos do art. 1.336, I, do Código Civil, devem suportar as despesas condominiais.

Por sujeitar uma parte ao arbítrio da outra, nos termos do art. 122 do Código Civil, não é lícita qualquer disposição da convenção que isente a incorporadora do pagamento das despesas de condomínio ou a ela conceda descontos, mesmo que limitada às unidades que ainda não foram vendidas:

> **Superior Tribunal de Justiça**. *Condomínio. Despesas condominiais. Cláusula da convenção condominial que isenta a construtora e incorporadora do empreendimento do pagamento de taxas das unidades que ainda não foram vendidas. Abusividade e invalidade da previsão, nos termos do art. 115 do Código Civil [atual art. 122]. Recurso Especial nº 151.758-MG, 4a Turma, j. 05.05.1998, Rel. Ministro Rosado de Aguiar, Diário de Justiça da União: 29.06.1998 (RT 756/186).*

> **Superior Tribunal de Justiça.** *Recurso Especial. Condomínio. Art. 1.022 do CPC/2015. Violação. Inexistência. Convenção. Outorga. Construtora. Taxa condominial. Redução. Impossibilidade. 1. Recurso especial interposto contra acórdão publicado na vigência do Código de Processo Civil de 2015 (Enunciados Administrativos nºs 2 e 3/STJ). 2. Cinge-se a controvérsia a discutir se a convenção de condomínio pode estabelecer, apenas para unidades imobiliárias ainda não comercializadas, o correspondente a 30% (trinta por cento) do valor integral da taxa condominial devida. 3. A convenção outorgada pela construtora/incorporadora não pode estabelecer benefício de caráter subjetivo a seu favor com a finalidade de reduzir ou isentar do pagamento*

---

68 Celso Antonio Bandeira de Mello, *Conteúdo Jurídico do Princípio da Igualdade*, São Paulo: Malheiros Editores, 1993, p. 37.

da taxa condominial. 4. A taxa condominial é fixada de acordo com a previsão orçamentária de receitas e de despesas, bem como para constituir o fundo de reserva com a finalidade de cobrir eventuais gastos de emergência. 5. A redução ou isenção da cota condominial a favor de um ou vários condôminos implica oneração dos demais, com evidente violação da regra da proporcionalidade prevista no inciso I do art. 1.334 do CC/2002 6. Recurso Especial provido (REsp 1.816.039/MG, Rel. Min. Ricardo Villas Bôas Cueva, Terceira Turma, j. 04.02.2020, DJe 06.02.2020).

Igualmente a incorporadora deverá arcar com as despesas condominiais se não entregar a posse do imóvel, tendo em vista que apenas a titularidade de compromisso de compra e venda não torna o promitente comprador responsável pela despesa sem que tenha tomado posse.

Vale, assim, para fixação da legitimidade passiva para cobrança de despesas condominiais, a propriedade da construtora.

Nesse sentido:

Superior Tribunal de Justiça. *Civil e processual civil. Condomínio. Cobrança de taxas condominiais. Legitimidade passiva. Somente quando já tenha recebido as chaves e passado a ter assim a disponibilidade da posse, do uso e do gozo da coisa, é que se reconhece legitimidade passiva ao promitente comprador de unidade autônoma quanto às obrigações respeitantes aos encargos condominiais, ainda que não tenha havido o registro do contrato de promessa de compra e venda. Sem que tenha ocorrido essa demonstração, não há como se reconhecer a ilegitimidade da pessoa em nome de quem a unidade autônoma esteja registrada no livro imobiliário. Precedentes. Recurso especial conhecido pelo dissídio, mas improvido (REsp 660.229/SP, Rel. Ministro Cesar Asfor Rocha, 4ª Turma, j. 21.10.2004, DJ 14.03.2005, p. 378).*

Todavia, se a posse já foi transferida, em razão de a despesa ser *propter rem*, atribui-se ao adquirente a responsabilidade pelo pagamento das quotas condominiais, devendo, depois, carrear à construtora que não pagou as despesas até a entrega das chaves, em ação de regresso, as despesas condominiais que pagou enquanto não recebeu as chaves, ainda que por conveniência da construtora vendedora ou do contrato firmado. Assim, antes de receber as chaves, o adquirente deverá se preocupar em saber se a *construtora* pagou as despesas anteriores à entrega da posse (grifo nosso).

Superior Tribunal de Justiça. *Civil. Condomínio. Quotas. Para se escusar do pagamento de quotas o condômino não pode opor ao condomínio o atraso na entrega das chaves de sua unidade imobiliária; a responsabilidade pela entrega tardia deve ser cobrada da construtora. Recurso especial não conhecido (REsp 489.647/RJ, Rel. Ministro Ari Pargendler, 3ª Turma, j. 15.04.2003, DJ 19.05.2003, p. 231).*

1.3.20. As despesas com ações judiciais e o condômino que litiga com o condomínio

O condômino que litiga com o condomínio deve participar do rateio das despesas judiciais, tais como honorários contratuais de advogado, custas do processo, perícia etc.?

Em primeiro lugar, cumpre esclarecer que, nesse caso, o condômino pode ser autor ou réu.

Qualquer que seja a hipótese, na opinião sempre abalizada de João Nascimento Franco[69] *quando entram em conflito interesses estranhos à simples administração e conservação do edifício, o condômino dissidente desliga-se da coletividade condominial e passa, no curso dos processos judiciais, a ser considerado terceiro, para todos os efeitos jurídicos (Gargat, "De la Copropriété Immobiliaire à Grenoble"). Daí o magistério de Giuseppe Branca, segundo o qual o*

---

[69] João Nascimento Franco, "Despesas de Condomínio", *Revista de Direito Imobiliário* nº 4, pp. 47 e ss., jul.-dez./1979.

condômino tem direito de separar-se do condomínio quando ocorre conflito entre este e terceiros ("*Condomínio negli Edifici*", 4ª ed., p. 526) o que, ainda segundo os melhores tratadistas, se verifica quando a controvérsia se estabelece entre o dissidente e a massa condominial, visto como é inadmissível que alguém possa mover ação contra si mesmo.

Resta claramente demonstrado pelo entendimento de Nascimento Franco que, sendo o autor da ação em face do condomínio, o condômino deve ficar à margem do rateio das despesas condominiais decorrentes do processo judicial.

Por outro lado, existe a hipótese de o condômino ser réu da ação movida pelo condomínio, o que justificaria a inviabilidade lógica de participar do rateio nessa hipótese vez que, se sucumbir, o condômino arcará com o pagamento das custas processuais além de honorários do advogado do condomínio.

Em sentido contrário ao entendimento de Nascimento Franco, os seguintes julgados:

Superior Tribunal de Justiça. *Recurso Especial. Ação de cobrança. Condomínio. Débito decorrente do rateio de despesas processuais de demanda ajuizada pelo condomínio contra o próprio condômino. Dever de pagar. 1. O condômino demandado pelo condomínio deve participar do rateio das despesas do litígio contra si proposto, por se tratar de interesse comum da coletividade condominial e que se sobrepõe ao individual. 2. Recurso especial conhecido e provido. (REsp 1.185.061/SP, Rel. Ministro Ricardo Villas Bôas Cueva, Terceira Turma, j. 16.09.2014, DJe 30.09.2014)*

Superior Tribunal de Justiça. *Agravo regimental no agravo em recurso especial. Condomínio. Rateio de despesas processuais entre os condôminos, ainda que estes tenham ajuizado a demanda. Interesse comum que se sobrepõe ao individual. Agravo Improvido. 1. Compete ao condômino arcar com sua parte nas despesas do condomínio, e estando este último em juízo na defesa de seus interesses, ainda que em ação ajuizada pelo próprio condômino, todos, sem distinção, devem ratear os custos da demanda, por se tratar de defesa de interesse comum que se sobrepõe ao individual. 2. Agravo regimental a que se nega provimento. (AgRg no REsp 1.445.788/MG, Rel. Ministro Marco Aurélio Bellizze, Terceira Turma, j. 06.11.2014, DJe 14.11.2014)*

Superior Tribunal de Justiça. *Condomínio. Rateio de despesas processuais entre os condôminos, ainda que estes tenham ajuizado a demanda. Interesse comum que se sobrepõe ao individual. Agravo conhecido para negar provimento ao recurso especial. (...) Tudo à luz do artigo 1.336 do Código Civil: despesas em benefício de todos, e seu rateio de sorte que a alegação de diversidade de tratamento não detém o menor adminículo de admissibilidade. De sorte que todos os proprietários são contribuintes e igualmente responsáveis pelas despesas extraordinárias ocorridas. E aqui tudo gira em torno do mór Princípio: o do não enriquecimento sem causa. (Agravo em Recurso Especial nº 938.918 – SP (2016/0161887-3); Rel. Min. Marco Aurélio Bellizze, j. 23.11.2016.)*

1.3.21. O protesto do boleto de despesa condominial

A Lei 9.492/1997 estabelece que são protestáveis *os títulos e outros documentos de dívida*.

Pode-se entender perfeitamente que o documento demonstrativo do débito condominial, eventualmente cobrado por meio de boleto bancário, seria considerado outro documento de dívida.

A lei, de fato, pretendeu estender a qualquer dívida documentada, a possibilidade de protesto.

A Lei Estadual 13.160, de 21 de julho de 2008, do Estado de São Paulo, alterou a Lei 11.331 de 2002, permitindo que os tabelionatos de protesto de títulos recebam para protesto o crédito condominial que decorre das despesas condominiais e da aplicação de multas.

A par dessa possibilidade, a matéria deveria ser tratada por lei federal, e, nesta medida, recomendamos a leitura do item 2.13 do próximo capítulo.

Demais disso, qualquer falha no controle da despesa ou da sua titularidade – considerando a existência de promessas de compra e venda sem registro – e consequente responsabilidade por danos morais do condomínio e do síndico, não recomenda a providência.

1.3.22. O uso das áreas comuns e de lazer por empregados e serviçais da unidade

A maioria das convenções limita o uso das áreas comuns por moradores, o que exclui a possibilidade do uso por visitantes e, igualmente, por empregados e serviçais.

E notem que a convenção não precisa ser expressa, proibindo o uso pelos empregados das unidades, bastando que restrinja a utilização das áreas comuns por moradores e, às vezes, por seus visitantes.

E visitantes, a toda evidência, caso sejam permitidos nas áreas comuns, não se confundem com os empregados e prestadores de serviço das unidades autônomas.

Logo, a questão é simples e deve ser tratada à luz da previsão convencional.

Inexistente proibição ou circunscrição aos moradores e às vezes seus visitantes, por outro lado, o uso por empregados é obviamente permitido, ainda que os casos omissos na convenção sejam minoria.

É o que conclui, também, Fábio Hanada, segundo o qual, posta a questão nesses termos, não há nenhuma ilegalidade de proibição de uso das áreas de lazer do condomínio, inclusive da piscina e da sala de ginástica, por quem não esteja na situação mencionada na Convenção Condominial ou no Regimento Interno do Condomínio.[70]

Em que pese o que penso, o assunto está longe de ser tranquilo.

Com efeito, segundo o Desembargador paulista James Siano, "consta no art. 5º, II, da Convenção de Condomínio ser direito dos condôminos 'usar e gozar das partes comuns do Edifício desde que não impeça idêntico direito por parte dos demais condôminos, com as mesmas restrições da alínea anterior' (...) Quanto à sala de ginástica o Regimento Interno do Condomínio dispõe no item 25.5: 'O condomínio recomenda que todos os condôminos e moradores, antes de utilizarem a sala de ginástica, se submetam à avaliação médica por profissionais habilitados, para certificar-se da ausência de quaisquer problemas de saúde que restrinjam ou impeçam a prática de exercícios físicos' (f. 226/227). O termo 'morador', apesar da sua generalidade e atecnia, não pode ser interpretado além da expressão jurídica compossuidor. Quem reside no imóvel por força de contrato de trabalho não é compossuidor, mas sim detentora da posse ou fâmula da posse, porque a presença no apartamento está subordinada à sua condição de empregado, ainda que tenha sido construída com o passar do tempo uma relação também de afeto com o empregador. Apenas o condômino ou quem ostenta vinculação possessória com o imóvel pode usufruir das áreas comuns. Não há como interpretar de forma mais abrangente, uma vez que a Convenção de Condomínio já delimita em prol do condômino esse direito. Descabe interpretar norma de regulamento interno como se fosse mais extensiva do que dispositivo presente na Convenção ou mesmo de artigo estabelecido no Código Civil. A empregada, portanto, não faz jus ao uso impositivo da sala de ginástica, ainda que tenha sido autorizada pela condômina autora" (TJSP, Apelação 0150648-03.2011.8.26.0100, 5ª Câmara de Direito Privado, j. 02.02.2015).

Para Carlos Alberto Garbi, "o fato de a autora residir e permanecer naquele local, inclusive durante suas folgas, não exclui a sua condição de empregada dos condôminos e moradores daquela unidade. Vale ressaltar que a relação preponderante entre a autora e os proprietários e moradores da referida unidade condominial é a relação empregatícia. A residência da autora foi estabelecida em decorrência do contrato de trabalho. É o que se observa do cadastro de prestadores de serviços domésticos, pelo qual sua empregadora autorizou ao condomínio a sua entrada e saída em todos os dias da semana, inclusive no

---

70 Fábio Hanada, "Empregados" de unidades têm direito a utilizar as áreas comuns? Disponível em: https://www.universocondominio.com.br/empregados-de-unidades-tem-direito-a-utilizar-as-areas-comuns/?fbclid=IwAR0wVFQS88-vzI8zzX86gd.... Acesso em: 7 jan. 2020.

período noturno (...). Portanto, perante o Condomínio, a autora está cadastrada como empregada doméstica, sendo, inclusive, vedada a sua permanência nas áreas comuns, consoante o art. 3º do Regulamento Interno que integra a Convenção Condominial (fls. 89). Consoante o art. 1º do Regulamento da Sala de Ginástica do Condomínio, 'a sala de ginástica é de uso exclusivo dos condôminos e moradores devidamente cadastrados, através do sistema implantado pelo condomínio (formulários, carteirinhas etc.), com a taxa condominial paga, sendo vedado o seu uso por visitantes' (fls. 55) (assinalei em negrito). (...) Enquadram-se no conceito de 'moradores', nos termos do Regulamento e da Convenção mencionados, as pessoas detentoras de direitos sobre a unidade condominial, como, por exemplo, os locatários, os comodatários etc. A autora, no caso, não tem nenhum direito sobre a unidade condominial, apenas reside com seus empregadores, benefício que lhe é concedido em decorrência do contrato de trabalho" (TJSP, Apelação 0009487-78.2011.8.26.0011, 3ª Câmara de Direito Privado, j. 06.12.2011).

Posta assim a questão, não há nenhuma ilegalidade no discrímen eventualmente decorrente da convenção, até porque "o que se veda são as diferenciações arbitrárias, as discriminações absurdas, pois o tratamento desigual dos casos desiguais, na medida em que se desigualam, é exigência do próprio conceito de Justiça, pois o que realmente protege são certas finalidades, somente se tendo por lesado o princípio constitucional quando o elemento discriminador não se encontra a serviço de uma finalidade acolhida pelo direito, sem que se esqueça, porém, como ressalvado por Fábio Konder Comparato, que as chamadas liberdades materiais têm por objetivo a igualdade de condições sociais, meta a ser alcançada não só por meio de leis, mas também pela aplicação de políticas ou programas de ação estatal (*Direito público*: estudos e pareceres. São Paulo: Saraiva, 1996, p. 59)".[71]

Portanto, nos termos do aresto da relatoria do Desembargador paulista Galdino Toledo Junior, se "o estatuto do condomínio é expresso quanto à proibição do uso das piscinas por empregados e seus dependentes" não há "que se falar em ato discriminatório em relação ao autor (...). Ademais, a cláusula restritiva é genérica, incluindo os empregados e seus dependentes, inexistindo exceção nem àqueles que residem no condomínio" (TJSP, Apelação 0103873-32.2008.8.26.0100, 9ª Câmara de Direito Privado, j. 02.06.2015).

1.3.23. Assembleia Geral – forma de convocação; necessidade de inclusão da matéria na ordem do dia; irregularidades da assembleia e sua anulação; votos e sua composição; direitos das minorias; direito ao voto e impossibilidade de participação do inadimplente; quórum para as deliberações, inclusive para obras e propositura de medidas judiciais pelo condomínio; procurações em assembleias; assembleias permanentes e assembleias eletrônicas

1.3.23.1. *Finalidade da assembleia*

A assembleia dos condôminos se destina à deliberação dos assuntos constantes da ordem do dia, sendo que, de acordo com João Nascimento Franco, *a assembleia geral situa-se no plano mais alto, razão pela qual suas deliberações obrigam o síndico, o Conselho Consultivo, os condôminos e demais ocupantes do edifício, salvo no que eventualmente conflitarem com a lei, com a convenção de condomínio, ou quando violarem direitos individuais dos condôminos. Conclui, nesse sentido que soa mal, por conseguinte, o chavão que "a assembleia é soberana", comumente utilizado pelo presidente da assembleia para atemorizar os que discordam da condução dos trabalhos ou do império da maioria. Na*

---

71 Alexandre de Moraes, *Direitos humanos fundamentais*, São Paulo: Atlas, 1998, p. 92, n. 5.4.

verdade a assembleia é soberana na medida em que decide de conformidade com a lei e respeitando os direitos dos condôminos.[72]

O resultado da assembleia, em tese, vincula a todos, mesmo os que não compareceram e votaram, devendo ser comunicada, o que a Lei 4.591/1964 exigia que se fizesse nos 8 (oito) dias subsequentes à sua realização (Lei 4.591/1964, art. 24, §§ 1º e 2º), por escrito e com aviso de recepção para a prova do ato.

O Código Civil não repetiu a regra, de tal sorte que apenas se exige a comunicação do resultado sem os rigores formais antes determinados pela Lei 4.591/1964.

1.3.23.2. Espécies de assembleias

As assembleias podem ser ordinárias (Código Civil, art. 1.350), destinadas à aprovação das contas e do orçamento para o ano e, eventualmente, alterar o regimento ou eleger substituto do síndico.

As assembleias também podem ser extraordinárias (Código Civil, art. 1.355), destinadas a deliberar sobre assuntos de interesse dos condôminos, como, por exemplo, a realização de obras, a necessária aprovação da contratação de uma administradora para auxiliar o síndico (Código Civil, art. 1.348, § 2º), a aplicação de multa a condômino que descumpre reiteradamente seus deveres (Código Civil, art. 1.337) etc.

1.3.23.3. Forma para a convocação

A assembleia – ordinária ou extraordinária –, será convocada pelo síndico (Código Civil, arts. 1.348, I, e 1.350), ou por um quarto dos condôminos (Código Civil, arts. 1.350, § 1º, e 1.355) respeitando a forma prevista na convenção.

A Lei 14.309/2022 trouxe a possibilidade da convocação por meio eletrônico, não havendo vedação expressa na convenção.

Como em regra não há vedação, ainda que a Convenção tenha outra previsão de forma de convocação, não está excluída a possibilidade de convocação por qualquer meio eletrônico inequívoco.

Entretanto, diante da omissão, recomenda-se cautela, como, por exemplo, deliberação quanto à forma eletrônica de convocação de assembleias futuras em assembleia convocada, inicialmente, pelo meio tradicional.

Isso porque é nula a assembleia que não for precedida de convocação de todos os condôminos (Código Civil, art. 1.354).

Nesse sentido:

Tribunal de Justiça de São Paulo. *Ação anulatória de assembleia. Condomínio edilício. Pretensão em razão do desrespeito à forma de convocação estipulada na convenção. Sentença de procedência. (...). Apela o réu sustentando ser costume a convocação com aviso de recebimento apenas para moradores que não residem no local, para o restante o edital é colocado na caixa de correio individual, além de ser afixado nos elevadores e murais; pugna que seja determinada a data final de validade dos atos praticados pelo então síndico. Descabimento. Inobservância da forma de convocação exigida pela Convenção, por carta registrada ou sob protocolo, com antecedência mínima de oito dias. Falha na ciência prévia interfere no direito elementar de conhecimento e possibilidade de manifestação de todos os condôminos. Questão acerca da data final de validade dos atos praticados pelo então síndico extrapola os limites da lide. Apelante não inovou o que já havia sido exposto nos autos e rebatido na sentença. Motivação da sentença adotada como fundamentação do julgamento em segundo grau. Adoção do art. 252 do RITJ. Recurso improvido (Apelação 0006685-93.2010.8.26.0609, Rel. James Siano, 5ª Câmara de Direito Privado, j. 23.05.2012).*

---

[72] João Nascimento Franco, *Condomínio*, São Paulo: Revista dos Tribunais, 1999, p. 66.

Tribunal de Justiça de São Paulo*. Agravo de instrumento. Anulação de assembleia condominial. Aumento das despesas e aprovação de obras. Condômino não convocado. Art. 1.354, CC. Tutela antecipada parcialmente deferida. Recurso parcialmente provido. 1. Ação anulatória de assembleia. Decisão agravada que indeferiu o pedido de tutela antecipada. Suspensão dos efeitos das decisões tomadas na assembleia, e determinação ao réu para que apresente a cópia da ata. 2. Documentos apresentados nos autos que são suficientes, em sede de cognição sumária, para demonstrar a verossimilhança do direito invocado pelo recorrente. 3. E-mail enviado pelo próprio síndico, no qual reconhece que o autor não foi convocado para a assembleia, em virtude de erro na digitação de seu endereço eletrônico. 4. Impossibilidade de deliberação em assembleia se todos os condôminos não foram convocados. Art. 1.354, CC. 5. Apresentação de cópia da respectiva ata, que é de interesse do próprio réu, sendo desnecessária qualquer determinação nesse sentido. 6. Tutela de urgência parcialmente deferida, para suspender os efeitos das decisões tomadas na assembleia realizada em 27.05.2013. 7. Agravo de instrumento parcialmente provido (Agravo de Instrumento 2009265-41.2013.8.26.0000, Rel. Alexandre Lazzarini, 9ª Câmara de Direito Privado, j. 17.09.2013).*

A respeito do art. 1.354 do Código Civil, comenta Francisco Loureiro: "O artigo em estudo [art. 1.354] não tem correspondente no Código Civil de 1916, nem na Lei 4.591/1964. Embora não houvesse expressa previsão legal, sempre se entendeu nula a assembleia realizada sem a prévia convocação de todos os condôminos. Nula será ainda que se constate o voto do condômino não convocado ser irrelevante para reverter o resultado da votação, pois poderia ele debater, expor seu ponto de vista e convencer os demais comunheiros de seu acerto".[73]

E a convocação deve seguir a forma determinada na Convenção. Nesse sentido:

Tribunal de Justiça de São Paulo*. Apelação. Assembleia condominial. Ausência de convocação dos condôminos na forma prevista na convenção. Nulidade da assembleia. Fundamentos trazidos em recurso que não têm o condão de validar o ato praticado em desatenção à formalidade essencial. Recurso improvido. Para a validade da assembleia faz-se necessária a convocação dos condôminos por meio de carta protocolada ou registrada, expedida com a antecedência mínima de 10 (dez dias). O condomínio confessa que realmente deixou de atender a forma prevista na cláusula 12ª Convenção Condominial, ou seja, não se convocou por carta registrada com aviso de recebimento à totalidade dos moradores. Mas atesta que todos os assuntos discutidos na assembleia foram levados a efeito e todos os atos realizados pelas decisões daquela assembleia foram em favor do condomínio trazendo apenas benefícios aos condôminos. Todavia, tais fundamentos não têm o condão de validar o ato, pois realizado em desatenção à formalidade essencial. Para que as decisões tomadas sejam consideradas legais e possam ser impostas, todos devem ser convocados para assembleia, pois a coletividade tem o direito de participar das discussões e opinar sobre os temas a serem abordados (Apelação 0019067-60.2013.8.26.0562; Rel. Adilson de Araujo; Comarca: Santos; Órgão julgador: 31ª Câmara de Direito Privado; j. 01.09.2015; Data de registro: 02.09.2015).*

1.3.23.4. A necessária inclusão das matérias que serão discutidas, de forma expressa, na ordem do dia

É nula a deliberação em assembleia de matéria que não conste expressamente da ordem do dia (*JTACSP* 60/153; *JTJ* (*Lex*) 173/29), *salvo*, de acordo com João Nascimento Franco, *quando se trata de um assunto de extrema urgência*. Nesse sentido, cita julgado decorrente da Apelação Cível nº 87.265, publicado na Revista dos Tribunais nº 323/104: *são aplicáveis, a propósito, as normas das Sociedades Anônimas, invocadas pelo apelado, com apoio em Carvalho de Mendonça, que afirma: "sobre matéria não contemplada na Ordem do Dia, pode-se discutir, nunca, porém, deliberar"*, ressalvada apenas a hipótese de destituição dos administradores e do Conselho Fiscal, em face do risco de se deixar o condomínio sob o controle de pessoas que desmereçam a confiança dos condôminos, até convocação de outra Assembleia.[74]

A ordem do dia deve ser obedecida para que os condôminos não sejam apanhados de surpresa.

---

[73] Francisco Loureiro, *Código Civil comentado* – doutrina e jurisprudência, 3ª ed., Coord. Min. Cezar Peluso, Barueri: Manole, 2009, p. 1.363.

[74] João Nascimento Franco, ob. cit., p. 117.

Há ressalva, feita por Nascimento Franco,[75] que admite que a urgência previamente deliberada na própria assembleia pode autorizar a deliberação tida por inadiável, desde que realmente o seja. De nossa parte, exceto situações excepcionalíssimas, como, por exemplo, a realização de intervenção que implique na saúde e na segurança dos condôminos e que tenha ocorrido depois da convocação a justificar o aproveitamento da assembleia, não admitimos a banalização da deliberação, pelos presentes, da urgência para votar matéria que não conste da ordem do dia.

Tampouco há possibilidade de aprovação de qualquer despesa sem a necessária convocação específica sob o argumento comum de que sua discussão estaria implícita nos chamados "assuntos gerais" que se tornaram de estilo nas convocações.

De fato, nada impede que da ordem do dia conste o título "assuntos gerais".

O que não se permite é que sob essa rubrica aprovem-se despesas ou assuntos que não foram objeto de pauta, surpreendendo os demais condôminos.

Tribunal de Justiça de São Paulo. *Ação de anulação de deliberação de assembleia. Condomínio. Isenção concedida pelos condomínios à construtora em razão da execução às suas expensas de clube recreativo. Tentativa de modificação do acordo firmado por meio de nova decisão assemblear. Inadmissibilidade. Existência de vícios formais e materiais. Necessidade de apresentação da questão em assembleia geral extraordinária específica, não podendo se admitir a validade da deliberação quando esta não foi incluída na "ordem do dia" prevista no edital. Além disso, convenção firmada entre as partes assumiu contornos de negócio jurídico bilateral, que como tal só pode ser rescindido nas hipóteses legais, sendo incabível a rescisão unilateral da forma realizada. Sentença reformada. Recurso provido (Apelação 001457-49.2004.8.26.0286, Rel. Paulo Alcides, 6ª Câmara de Direito Privado, j. 25.10.2012).*

Tribunal de Alçada Cível do Rio de Janeiro. *Ação de cobrança, Apelação Cível nº 3.915/1992, 3ª Câmara, decisão unânime, Juiz: Gabriel Curcio da Fonseca, j. 10.09.1992. Condomínio. Despesas Extraordinárias. Cobrança de despesas extraordinárias aprovadas em Assembleia irregularmente convocada. Omissão do tema na ordem do dia. Pedido julgado improcedente.*

1.3.23.5. As irregularidades da assembleia e a sua anulação

Como são atos jurídicos, as assembleias estão sujeitas à anulação nos termos dos arts. 166 e 171 do Código Civil.

Assim, irregularidades podem ocorrer, maculando a forma e, conseguintemente, gerando nulidade da assembleia, total ou parcial, lembrando que a nulidade parcial não prejudica a parte válida (Código Civil, art. 184).

São comuns as seguintes nulidades:

a) irregularidade da convocação;

b) irregularidade na deliberação;

c) ausência de quórum específico;

d) abuso na direção dos trabalhos;

e) abuso de direito;

f) deliberação de matéria não constante da ordem do dia.

Todavia, alguns princípios devem ser observados:

a) não existe nulidade sem prejuízo;

b) a nulidade de uma parte não prejudica a parte válida da assembleia (Código Civil, art. 184).

---

[75] João Nascimento Franco, ob. cit., p. 122.

A ação, de procedimento comum, será desconstitutiva e pode ser proposta por qualquer condômino, ainda que seja promitente comprador ou cessionário desses direitos (*RT* 574/84) e até pelo locatário, nos termos da Lei 9.276/1996.[76]

Há entendimento segundo o qual o sucessor não pode discutir a assembleia anterior à aquisição da titularidade, salvo se houver reflexos e efeitos futuros.[77]

O valor da causa será pautado pelo conteúdo econômico da assembleia que se pretende anular.

Assim, se a pretensão for de anular assembleia que aprovou obra no condomínio, o valor da causa será aquele correspondente à contratação supostamente aprovada de forma irregular.

Nesse sentido:

Tribunal de Justiça de São Paulo. Condomínio. Anulação de assembleia. Agravo de instrumento. Decisão agravada que determinou o aditamento da inicial para adequação do valor da causa. Irresignação desacolhida. Anulação de deliberação da assembleia condominial que poderá alcançar contrato firmado com terceiros. Interesse econômico correspondente ao valor do contrato, cuja execução poderá ser paralisada, caso procedente o pedido dos autores-agravados. Decisão mantida. Recurso desprovido (Agravo de Instrumento nº 0304713-62.2011.8.26.0000, 8ª Câmara de Direito Privado, Rel. Theodureto Camargo, j. 21.03.2012).

Por outro lado, nas situações em que se pretende a anulação de assembleias condominiais que deliberam sobre orçamentos, prestações de contas ou eleições para os cargos de síndico e afins, o valor da causa é estimado pelo autor e pautado pelo art. 291 do Código de Processo Civil.

O condomínio, representado pelo síndico, integrará o polo passivo dessa ação, jamais os condôminos, não havendo litisconsórcio necessário.

Qualquer irregularidade na assembleia, no nosso entendimento, impede a cobrança decorrente da deliberação e permite que o fato seja arguido como defesa na ação de cobrança movida pelo condomínio.

Nesse sentido, a lição de João Nascimento Franco,[78] para quem *o prejudicado pela deliberação ilegal tem a faculdade de propor ação judicial de nulidade, ou alegá-la em defesa em qualquer outra oportunidade, ou, ainda, pleitear seja a questão reexaminada em outra assembleia* que anulará a decisão anterior por quórum regular.

Lamentavelmente, há decisões em sentido contrário, exigindo a prévia anulação da assembleia para, somente depois, o condômino pleitear a restituição do que foi pago.

De acordo com esse entendimento, enquanto a assembleia não for judicialmente anulada, as deliberações nela tomadas são válidas, obrigando ao pagamento decorrente da decisão que somente deverá ser ressarcido após a anulação:

Primeiro Tribunal de Alçada Civil de São Paulo. Condomínio – despesas condominiais – cobrança de despesas extraordinárias – arguição de nulidade das Assembleias por falta de "quorum" específico – inadmissibilidade – hipótese em que os atos jurídicos atacados são anuláveis[79] e não nulos de pleno direito, devendo a matéria

---

[76] Lei 9.267, de 25 de março de 1996. Altera a redação do § 4º do art. 24 da Lei 4.591, de 16 de dezembro de 1964, que dispõe sobre o condomínio em edificações e as incorporações imobiliárias.
Art. 1º O § 4º do art. 24 da Lei 4.591, de 16 de dezembro de 1964, acrescido pelo art. 83 da Lei 8.245, de 18 de outubro de 1991, passa a vigorar com a seguinte redação:
Art. 24. (...)
§ 4º Nas decisões da Assembleia que não envolvam despesas extraordinárias do condomínio, o locatário poderá votar, caso o condômino-locador a ela não compareça.
Art. 2º Esta Lei entra em vigor na data de sua publicação.

[77] João Nascimento Franco, ob. cit., p. 120.

[78] Ob. cit., p. 119.

[79] Ora, não se trata de desrespeito à forma prescrita em lei e, portanto, de nulidade absoluta (Código Civil, arts. 104 e 166)?

arguida ser discutida em ação própria, prevalecendo a validade do que foi decidido até declaração judicial em contrário – artigos 147 e 152 do Código Civil – obrigação de pagamento não elidida – recurso improvido (Apelação Cível nº 638.129-2/0, São Paulo, 2ª Câmara Especial, j. 05.07.1995, Rel. Ribeiro de Souza, unânime).

De fato, em regra, o juiz não deve intervir no condomínio.

Todavia, há casos em que essa intervenção se torna imprescindível, desde que provados os motivos da medida, sob pena de se instaurar a tirania nos edifícios.

São exemplos de casos que exigem a intervenção e anulação das assembleias: falta de *quorum*, ata em desacordo com a realidade dos fatos, ausência de convocação etc.

Como regra geral, anulada a assembleia, são nulas as deliberações tomadas, exceto o que puder ser aproveitado (Código Civil, art. 184).

Sendo assim, até em prestígio da economia processual, esse reconhecimento pode ser feito em razão da contestação apresentada pelo condômino cobrado.

Esse é o entendimento do festejado professor João Batista Lopes, que cita, inclusive, o seguinte voto vencido:[80]

(...) é de se reconhecer, via de consequência, que, se não houve convocação do condômino para a assembleia, nem se lhe deu ciência da deliberação e do rateio das despesas, inegável a eficácia da pretendida cobrança. Por isso que também não tem sentido a conclusão a que, em resumo, chegou a sentença ao afirmar que o réu, se pretende anular a assembleia, deve se valer das vias ordinárias, sujeitando-se, porém, ao pagamento das despesas cobradas nesta ação. Em suma, o que de certo modo afirma a sentença é que o réu deve se subordinar ao princípio solve et repete, quando, a toda evidência, se reconhece que nem mesmo no âmbito das execuções fiscais, em que as certidões de inscrição de dívida gozam de presunção legal de liquidez e certeza, se nega ao executado o direito à defesa apoiada em nulidade da própria execução (RT 566/III, Juiz Olavo Silveira, Apel. Cív. nº 295.169, 4ª Câmara do Primeiro Tribunal de Alçada Civil de São Paulo).

1.3.23.6. Composição dos votos

Os votos são proporcionais às frações ideais (Código Civil, art. 1.331, § 3º), salvo disposição diversa na convenção (Código Civil, art. 1.352, parágrafo único).

Assim, a convenção pode determinar o voto por unidade, ainda que a fração da cobertura, por exemplo, seja maior e pague mais condomínio que as demais e até limitar os votos daquele titular de várias unidades:

Superior Tribunal de Justiça. *Agravo interno no agravo em recurso especial. Ação anulatória. Cláusula de convenção de condomínio. Limitação de votos em assembleia geral. Proporcionalidade. Ausência de violação ao art. 1.352 do CC. Recurso não provido. 1. O art. 1.352, parágrafo único, do Código Civil possibilita a Convenção de Condomínio dispor sobre a proporcionalidade dos votos das frações ideais nas assembleias. 2. Na hipótese, ausente ilegalidade na cláusula que limita votos para aqueles que possuem muitas unidades no condomínio. 3. Agravo interno a que se nega provimento (AgInt no AREsp 1.077.879/DF, Rel. Min. Lázaro Guimarães, DJe 31.10.2017).[81]*

1.3.23.7. Abuso de direito e direito das minorias

A rigor, o Código Civil parece subjugar a minoria à vontade da maioria, de forma incondicional.

---

[80] Nesse sentido: João Batista Lopes, *Condomínio*, São Paulo: Revista dos Tribunais, 2003, p. 157.
[81] Nesse caso, só se admitiram dez votos (limite convencional) pelo titular de 29 unidades.

Portanto, o condômino que disponha de mais de 50% das frações pode, em tese, controlar o condomínio.

Seria o "poder tirânico" da "maioria de um só".[82]

Não nos parece, todavia, que esse controle seja absoluto, a ponto de prejudicar a minoria.

É que o abuso de direito passa a ser previsto de forma geral no Código Civil:

> *Art. 187. Também comete ato ilícito o titular de um direito que, ao exercê-lo, excede manifestamente os limites impostos pelo seu fim econômico ou social, pela boa-fé ou pelos bons costumes.*

Para Josserrand:[83]

> Os direitos se realizam, não em uma direção qualquer, mas em uma ambiência social, em função de sua missão e na conformidade destes princípios que são, como se disse, subjacentes à legalidade, e constituem, em seu conjunto, um direito natural de conteúdo variável e como uma superlegalidade (...) é a teoria do abuso de direito que o mantém em seu caminho, e o impede de se afastar dele, conduzindo-o assim num impulso seguro até a finalidade a atingir.

De acordo com João Nascimento Franco,[84] *o poder deliberativo da maioria não é absoluto. Em todas as comunidades de interesses, desde as sociedades anônimas até os simples clubes associativos, impera o respeito aos direitos subjetivos de seus membros e à opinião da minoria, que tem o direito de se fazer ouvir, pois é para isso que são convocados todos os condôminos ou pessoas a eles equiparados.*

Assim, se houver abuso de direito, com evidente ausência de interesse econômico ou social, afronta a boa-fé e aos bons costumes, a deliberação, ainda que tomada regularmente, poderá ser anulada.

É o caso, por exemplo, da decisão que resolve, ao invés de conservar o revestimento do prédio ainda novo, refazer toda a fachada desnecessariamente.

Ainda que essa deliberação seja tomada pelo quórum exigido em assembleia regular, poderá ser anulada por abuso de direito.

1.3.23.8. Quem pode votar

São considerados condôminos e podem votar o proprietário, o promitente comprador e o cessionário dos direitos decorrentes da promessa de compra e venda, estes desde que sejam possuidores.

Nesse sentido, os arts. 1.333 e 1.334 do Código Civil:

> *Art. 1.333. A convenção que constitui o condomínio edilício deve ser subscrita pelos titulares de, no mínimo, dois terços das frações ideais e torna-se, desde logo, obrigatória para os titulares de direito sobre as unidades, ou para quantos sobre elas tenham posse ou detenção.*
>
> *Art. 1.334. Além das cláusulas referidas no art. 1.332 e das que os interessados houverem por bem estipular, a convenção determinará: (...)*
>
> *§ 2º São equiparados aos proprietários, para os fins deste artigo, salvo disposição em contrário, os promitentes compradores e os cessionários de direitos relativos às unidades autônomas.*

---

82   João Batista Lopes, ob. cit., p. 105.

83   Josserrand, *De l'esprit des droits et de leur rélativité*, 1939, p. 415.

84   Ob. cit., p. 118.

O STJ enfrentou a questão de um condômino que, na qualidade de promitente comprador com posse, teve seu voto negado pelo condomínio:

> *Recurso especial. Condomínio. Promitente comprador. Direito a voto. Assembleia. Ciência da alienação. Imissão na posse. Ocorrência. Dano moral. Súmulas nº 283 e 284/STF. 1. (...) 2. Cinge-se a controvérsia a (i) definir se o adquirente de unidade imobiliária em condomínio, portador de promessa de compra e venda sem averbação no registro de imóveis, tem direito de voto na respetiva assembleia condominial e (ii) a verificar a existência de abalo moral e o direito à respectiva indenização. 3. Os promissários compradores têm legitimidade para participar das assembleias – ordinária ou extraordinária –, desde que tenha havido a imissão na posse da unidade imobiliária e a cientificação do condomínio acerca da transação. 4. A deficiência de argumentos e a ausência de impugnação de fundamento do acórdão recorrido atraem, por analogia, os óbices das Súmulas nºs 283 e 284/STF, impedindo o conhecimento do apelo especial quanto à indenização por danos morais. 5. Recurso especial parcialmente conhecido e, nessa extensão, provido. (REsp 1.918.949/RJ, Rel. Ministro Ricardo Villas Bôas Cueva, Terceira Turma, j. 07.12.2021, DJe 13.12.2021).*

Nas palavras de J. Nascimento Franco,[85] *assim é desde o dia em que recebe a posse direta, o titular de uma unidade autônoma obriga-se pela respectiva cota nas despesas de administração e conservação do edifício. Isso porque a obrigação de custear proporcionalmente as despesas decorre da existência, de fato, da comunhão sobre o imóvel e da possibilidade de sua utilização. Logo, é a posse direta do apartamento que torna o compromissário comprador responsável pelas despesas de condomínio, mesmo que não tenha sido ainda recebida qualquer escritura. Mas para isso deverá o compromissário comprador, ou o condômino promitente vendedor comunicar à administração do condomínio a promessa de venda e a transmissão de posse da unidade autônoma.*

Outrossim, a assembleia sempre conta com um presidente dos trabalhos e um secretário que redigirá a ata, que podem ou não ser condôminos.

Se forem condôminos, evidentemente que poderá votar, além de presidir e secretariar os trabalhos, posto que tal mister não lhes pode tolher o direito de todo condômino, exceto conflito de interesses.

Na ausência do condômino, o locatário, no nosso entendimento, pode votar (Lei 4.591/1964, art. 24, § 4º, com a redação da Lei 9.267, de 25.03.1996), salvo nas decisões sobre despesas extraordinárias. Portanto, permite-se ao locatário, inclusive, eleger o síndico.

Eis o teor do dispositivo:

> § 4º Nas decisões da Assembleia que não envolvam despesas extraordinárias do condomínio, o locatário poderá votar, caso o condômino-locador a ela não compareça.

Todavia, há corrente que não admite mais o voto do locatário com supedâneo no art. 7º, IV, da Lei Complementar 95/1998, segundo o qual *o mesmo assunto não poderá ser disciplinado por mais de uma lei, exceto quando a subsequente se destine a complementar lei básica, vinculando-se a esta por remissão expressa.*

Quem assim pensa, funda sua posição no fato de o condomínio edilício ter sido regulado pelo Código Civil que não repetiu a regra contida na Lei 4.591/1964, especificamente aquela que decorre do art. 1.335, III, do Código Civil, segundo o qual apenas aos condôminos é deferido o direito de *votar nas deliberações da assembleia e delas participar, estando quite.*

Assim pensa Marco Aurélio S. Viana, para quem *o direito de voto será exercido pelo condômino. O locatário dela (assembleia geral) não participa nem vota, porque não há, no Código Civil, dispositivo como o que estava na Lei 4.591/64, art. 24, § 4º.*[86]

---

85 Ob. cit., p. 218.

86 Marco Aurélio S. Viana, *Manual do condomínio edilício*, Rio de Janeiro: Forense, 2009, p. 50.

Todavia, o Código Civil, lei geral, não altera e tampouco revoga lei especial anterior, exceto naquilo que for incompatível.

Não tendo regulamentado a matéria – voto do locatário – e não sendo a norma decorrente do art. 1.335, III, do atual Código Civil, incompatível com o que dispõe a Lei 4.591/1964, art. 24, § 4º, com a redação da Lei 9.267, de 25.03.1996, nada obstante, mantemos nossa posição da possibilidade de o locatário votar nos assuntos que não tratem de despesas extraordinárias, desde que ausente o locador-condômino ou seu representante.

São escassas as decisões sobre o assunto, sendo relevante mencionar a seguinte ementa:

> *Declaratória de nulidade de assembleia. Alegação de irregularidades durante a eleição de síndico. Improcedência do pedido. Inconformismo. Acolhimento em parte. Impedimento dos inquilinos de votarem sem procuração que é ilegal. Direito garantido pelo art. 24, § 4º, da Lei 4.591/1964. Dispositivo não derrogado pelo Código Civil de 2002. Convenção que não proíbe expressamente o locatário de votar. Votos não computados que teriam o condão de mudar o resultado da eleição. Assembleia que deve ser anulada. Nulidade que, entretanto, terá efeito apenas para fins de sucumbência. Tempo de tramitação longa deste feito que foi suficiente para a realização de mais 3 eleições. Retroação da nulidade que apenas tumultuaria a vida em condomínio. Sentença reformada. Recurso parcialmente provido (TJSP, Apelação Cível 0135730-96.2008.8.26.0100, Rel. J. L. Mônaco da Silva, 5ª Câmara de Direito Privado, Foro Central Cível, 14ª Vara Cível, j. 26.08.2015, Data de Registro: 27.08.2015).*

1.3.23.8.1. A impossibilidade de o condômino inadimplente se candidatar a síndico e votar em assembleia

De acordo com o art. 1.335, III, do Código Civil, somente pode votar e participar da assembleia o condômino que está em dia com o pagamento das despesas de condomínio.

Nesse sentido:

Art. 1.335. São direitos do condômino:

(...)

III – votar nas deliberações da assembleia e delas participar, estando quite.

Entende-se, inclusive, que se o condômino sequer pode participar da assembleia, evidentemente que não pode se candidatar a síndico, subsíndico ou conselheiro tendo em vista que essa eleição se dá na assembleia.

Nesse sentido, decisão que tratou, também, da possibilidade de menção da unidade inadimplente na prestação de contas:

> **Tribunal de Justiça de São Paulo**. *Indenização – Dano moral – Débito de despesas condominiais – Inclusão do número do apartamento inadimplente em previsão mensal de gastos do Condomínio, com nome da interessada em documento interno – Impossibilidade de candidatura de inadimplentes ao cargo de síndico e subsíndico em assembleia – Exercício regular do direito que não expôs inadimplente a constrangimento (...) – Recurso da autora improvido. (Relator(a): Campos Petroni; Comarca: Ribeirão Preto; Órgão julgador: 27ª Câmara de Direito Privado; j. 10.08.2010; Data de registro: 18.08.2010; Outros números: 884517700).*

Embora o comando seja claro, dessa proibição é possível inferir duas indagações interessantes:

a) Se o condômino inadimplente efetuou acordo e está em dia com suas obrigações, ainda assim não poderá participar da assembleia e votar?

b) No caso de a lei exigir unanimidade, como na hipótese de alteração de fachada, a assembleia poderá deliberar sem a presença do inadimplente?

c) E se o condômino é titular de várias unidades e está quite com o pagamento das cotas condominiais de algumas, mas de outras não?

A primeira indagação passa pela análise da transação.

A transação define-se como ato jurídico bilateral que visa extinguir ou prevenir litígios mediante concessões recíprocas das partes interessadas, ou, ainda, a composição com troca de vantagens pecuniárias.

De fato, dispõe o art. 840, do Código Civil, *que é lícito aos interessados prevenirem ou terminarem o litígio mediante concessões mútuas.*

Com o acordo (transação), o condômino pode, por exemplo, parcelar o débito vencido.

O Código Civil não traz mais a transação como meio de pagamento indireto, mas, de outro lado, disciplina o instituto juntamente com os contratos nominados (Código Civil, arts. 840 a 850).

Segundo o Código Civil de 1916, a transação possuía efeito de coisa julgada, rescindindo-se apenas por dolo, violência ou erro quanto à pessoa ou coisa (Código Civil de 1916, art. 1.030).

Portanto, a lei conferia à transação força comparável àquela do pronunciamento judicial definitivo (que não cabe mais recurso), seguindo a lição de Carnelutti,[87] para quem a *transação é a solução contratual da lide*, e, por tal razão, *equivalente contratual da sentença.*

Com a nova disciplina trazida à colação pelo Código Civil de 2002, a transação perdeu essa característica, não possuindo mais natureza de coisa julgada, mormente que não há artigo equivalente ao art. 1.030 do Código Civil de 1916.

Ainda que agora seja assim, a transação é meio extintivo das obrigações, vez que, por definição, desvincula o obrigado da relação jurídica que existia anteriormente, o que se infere do art. 845 do Código Civil, segundo o qual a obrigação extinta pela transação não revive, repetindo a regra do art. 1.032 do Código Civil de 1916.

Se assim o é, se a obrigação, com a transação, se extingue, nascendo outra, o condômino que a ela se submete está quite.

Portanto, se está em dia com os pagamentos do acordo e das despesas condominiais, não poderá ser impedido de votar, sob pena, inclusive, de anulação da assembleia que eventualmente se realizar com o ilegal impedimento do seu voto.

A segunda indagação é, pelo menos do ponto de vista legal, mais complexa, o que se afirma na exata medida em que, levadas a extremos, as proibições conduziriam o intérprete a uma antinomia jurídica.

Ora, se alguns assuntos exigem a unanimidade, como é o caso da alteração da fachada (Código Civil, art. 1.336, III), basta um condômino inadimplente, a rigor, para que a matéria não possa ser deliberada.

Por outro lado, se for deliberada, não estará presente a unanimidade dos condôminos, vez que o inadimplente não pode votar.

Posta assim a questão, mister se faz analisar um exemplo para, ao depois, tentar extrair a conclusão.

Imaginemos a alteração da destinação do prédio residencial para o uso comercial.

Suponhamos que haja o interesse de todos os condôminos, inclusive do inadimplente.

Não seria justo que toda a coletividade condominial ficasse impedida de proceder à alteração que interessa a todos em razão de um inadimplente que está legalmente impedido de votar e, pior, está de acordo com os demais.

A solução, nesse caso, seria colher a anuência – não voto – do inadimplente e realizar a assembleia com o voto unânime dos demais condôminos.

---

87 Carnelutti, *Rivista di diritto commerciale*, Milão, 1914, p. 575.

Por outro lado, se o condômino inadimplente não estiver de acordo, não nos parece que a solução correta ou legal seria simplesmente ignorá-lo na matéria que exige a unanimidade.

É que, nesse caso, o condômino, ainda que não esteja momentaneamente em dia, poderia ser compelido, por exemplo, a alterar o uso do seu imóvel, inclusive a sua residência, o que, definitivamente, não foi a *mens legis* (intenção da lei).

Quanto à última indagação, o STJ responde em julgado com o qual concordo, admitindo o voto pelas unidades adimplentes tendo em vista a natureza *propter rem*, que vincula a unidade e não a pessoa do seu titular ao débito:

Superior Tribunal de Justiça. Direito civil. Recurso especial. Condomínio. Assembleia. Direito de participação e voto. Dissídio jurisprudencial. Cotejo analítico e similitude fática. Ausência. Condômino que é proprietário de diversas unidades. Inadimplemento em relação a uma delas. Direito de voto que prevalece em relação às outras unidades. Artigo analisado: 1.335, III, do CC/02. 1. Ação ajuizada em 30.07.2010, na qual o condômino visa à participação em assembleia de condomínio edilício. Dessa ação foi extraído o presente recurso especial, concluso ao Gabinete 24.04.2013. 2. Cinge-se a controvérsia a definir se o condômino que é proprietário de diversas unidades autônomas de um condomínio edilício, mas está inadimplente em relação a alguma delas, tem direito a participação e voto em assembleia. 3. O dissídio jurisprudencial deve ser comprovado mediante o cotejo analítico entre acórdãos que versem sobre situações fáticas idênticas. 4. A unidade isolada constitui elemento primário da formação do condomínio edilício, e se sujeita a direitos e deveres, que devem ser entendidos como inerentes a cada unidade, o que é corroborado pela natureza propter rem da obrigação condominial. 5. Estando a obrigação de pagar a taxa condominial vinculada não à pessoa do condômino, mas à unidade autônoma, também o dever de quitação e a penalidade advinda do seu descumprimento estão relacionados a cada unidade. 6. O fato de um condômino ser proprietário de mais de uma unidade autônoma em nada altera a relação entre unidade isolada e condomínio. 7. Se o condômino está quite em relação a alguma unidade, não pode ter seu direito de participação e voto – em relação àquela unidade –tolhido. 8. Negado provimento ao recurso especial (REsp 1.375.160/SC, Rel. Min. Nancy Andrighi, Terceira Turma, j. 01.10.2013, DJe 07.10.2013).

1.3.23.9. Quórum para as deliberações em geral e para realização de obras – a questão da assembleia em continuação para atingir o quórum necessário

O Código Civil determina, para algumas matérias, quóruns específicos que devem ser respeitados sob pena de nulidade da deliberação tomada.

Evidentemente, a convenção pode estabelecer outro quórum, desde que não reduza aquele mínimo estabelecido por lei.

Por exemplo: para alteração da convenção, se exige aprovação por dois terços dos condôminos. Assim, se não houver a presença de, no mínimo, dois terços dos condôminos à assembleia, a matéria sequer pode ser deliberada. Nada obsta que a convenção estabeleça quórum de três quartos dos condôminos, mas não pode estabelecer um terço.

Nas matérias cujo quórum exigido pode inviabilizar a deliberação, sempre se sustentou a possibilidade da denominada assembleia em continuação ou permanente.

Rendendo-se ao costume, a Lei 14.309/2022 incluiu expressamente a possibilidade no art. 1.353, § 1º, do Código Civil.

Com efeito, a assembleia em continuação ou permanente é o termo utilizado para designar a assembleia que não encerra os trabalhos e deliberações no mesmo dia do seu termo inicial e encontra utilização para as matérias que exigem quórum qualificado, como, por exemplo, aquele de dois terços de todos os condôminos para o efeito de alteração da Convenção.

Nesse sentido, mesmo antes da positivação da matéria, João Nascimento Franco observava que *há questões que nem sempre podem ser discutidas e votadas no mesmo dia. Os motivos são os mais variados, tais como serem obtidas informações especializadas, questões dependentes de manifestações de outros condôminos e até mesmo o horário avançado da noite. Em tais casos, qualquer condômino pode sugerir que a Assembleia se designe em caráter permanente e designe data para continuação dos trabalhos.*

Nos termos do § 1º do art. 1.353 do Código Civil, não há convocação, desde logo, para a assembleia permanente, mas na assembleia regularmente convocada sua continuidade é deliberada pelos presentes, adotando-se, mais uma vez, a sugestão de Nascimento Franco, para quem, *assim decidido* [a assembleia em continuação], *o presidente encerra os trabalhos do dia e determina que o secretário lavre ata antes da nova reunião [nova reunião que não pode suplantar o prazo de 60 dias – CC, art. 1.353, § 1º, I] e, finalmente, declara convocados todos os presentes,* de modo que a carta de convocação será enviada apenas aos ausentes com a comunicação da continuação e ata parcial, referente às assembleia antecedente com transcrição dos argumentos e votos para, querendo, comparecerem, nos termos do que prevê o *CC, art. 1.353, § 1º, II.*

Assim, os votos podem ser colhidos entre os presentes e convocados os ausentes para a continuação e respectivo voto em outras datas, notadamente nos dias atuais em que a participação de grande número de condôminos, aptos a viabilizar a aprovação de matérias que exigem quórum qualificado, restaria inviabilizada, notadamente nos grandes centros.

As atas vão sendo elaboradas em continuação da primeira, parcialmente redigida, consolidando-se as deliberações.

Com a regulamentação expressa no Código Civil (CC, art. 1.353, § 3º), que não admite interpretação pela clareza do texto, as assembleias em continuação não podem suplantar o prazo de 90 dias da assembleia original, sob pena de nulidade, por tratar-se de aspecto formal.

Todas as assembleias ou somente aquelas – e conseguintemente os votos – colhidos depois do prazo?

Nulas serão as assembleias – e conseguintemente os votos – ultrapassantes.

Se a nulidade atingisse tudo, não haveria prazo. Tal entendimento, em vez de enfraquecer a assembleia permanente, a fortalece, permitindo que se separe o válido do nulo.

Posta assim a questão, as assembleias realizadas além do prazo serão nulas, devendo o julgador se limitar à declaração de nulidade daqueles atos praticados além do prazo de 90 dias.

Com ou sem assembleia em continuação, de forma esquemática, seguem as matérias que exigem quórum especial mínimo para aprovação, exceto outro maior na convenção:

a) *Alteração de fachada por um ou alguns dos condôminos:* unanimidade, tendo em vista que a lei veda a prática isolada (Código Civil, art. 1.336);

b) *Imposição de multa que não esteja na convenção:* 2/3 dos condôminos restantes, ou seja, desconsidera-se o faltoso, se estiver presente, e aprova-se a multa não prevista por 2/3 dos presentes à assembleia, que não praticaram a infração (Código Civil, art. 1.336, § 2º – *vide* item 1.3.7.4):

c) *Imposição de multa por reiterada infração legal ou convencional, bem como por comportamento antissocial:* ¾ dos condôminos restantes, ou seja, desconsidera-se o faltoso, se estiver presente, e aprova-se a multa por ¾ dos presentes à assembleia, que não praticaram a infração (Código Civil, art. 1.337 – *vide* item 1.3.7.4);

d) *Alteração da convenção:* 2/3 de todos os condôminos (art. 1.351). Interessante verificar que, ainda que a convenção alterada não tenha sido registrada, prestigiando a vontade manifestada validamente na assembleia, o STJ lhe empresta validade entre os condôminos;[88]

---

[88] Súmula 260/STJ: A convenção de condomínio aprovada, ainda que sem registro, é eficaz para regular as relações entre os condôminos.

e) *Alteração da destinação ou uso*: pela literalidade do art. 1.351 do Código Civil, 2/3 dos condôminos; todavia, se afetar direito de propriedade da própria unidade, a unanimidade se impõe, sendo de questionável constitucionalidade a alteração no art. 1.351 do Código Civil, levada a efeito pela Lei 14.405/2022 para alterar a finalidade da própria unidade (de residencial para comercial, por exemplo), sendo admissível, entretanto, para alterar a destinação de áreas comuns, como uma brinquedoteca em academia;

f) *Obras* (Código Civil, art. 1.341):

I. Voluptuárias: 2/3 de todos os condôminos;

II. Úteis; maioria de todos os condôminos;

III. Necessárias – pequenos reparos: independem de assembleia;

IV. Necessárias – obras urgentes que importem em despesas excessivas, independe de assembleia, mas a ela deve ser comunicada imediatamente;

g) *Obras em partes comuns que impliquem em aumento às já existentes:* 2/3 de todos os condôminos (Código Civil, art. 1.342), vedada a construção em área comum que prejudique o uso;

h) *Construção de outro pavimento ou de novas unidades no terreno:* unanimidade (Código Civil, art. 1.343);

i) *Destituição do síndico:* maioria absoluta dos membros da assembleia, ou seja, dos presentes (50% mais um condômino, considerados os presentes à assembleia), convocada por ¼ de todos os condôminos (Código Civil, arts. 1.349, 1.350, § 1º, e 1.355).

As demais deliberações, às quais não se exige *quorum* especial, serão deliberadas da seguinte forma (Código Civil, arts. 1.352 e 1.353):

j) *Primeira convocação:* presença de pelo menos metade das frações e voto pela maioria dessas frações (Código Civil, art. 1.331, § 3º e art. 1332, II);

k) *Segunda convocação:* maioria dos votos dos presentes à assembleia.

Assim, nas matérias em que o Código Civil não exigiu quórum específico, a assembleia poderá deliberar pelo voto da maioria dos presentes. Nesta medida, o art. 1.353 do Código Civil, segundo o qual *em segunda convocação, a assembleia poderá deliberar por maioria dos votos dos presentes, salvo quando exigido quórum especial.*

Havendo empate e se a convenção permitir, o voto de minerva (voto de desempate) será do presidente que, ainda que já tenha votado, vota novamente desempatando a deliberação. Nesse sentido:

> **Tribunal de Justiça de São Paulo.** *Anulação de assembleia geral ordinária – Eleição de síndico pelo voto de minerva do presidente da mesa, após o empate verificado na votação – Nulidade – Omissa a convenção a respeito, nada autorizava o duplo voto do presidente, como condômino e presidente da assembleia – Recurso improvido (Apelação 0070319-04.1997.8.26.0000; Rel. Ruy Camilo; 10ª Câmara Direito Privado A; Data de registro: 25.02.1999; Outros números: 708774300).*[89]

---

[89] Em sentido contrário, admitindo o voto de minerva mesmo diante de ausência de previsão na Convenção, o seguinte julgado: *Tribunal de Justiça de São Paulo.* Ação anulatória de assembleia condominial, com pedido de tutela antecipada – Preliminar que se confunde com o mérito e com ele será apreciada – Ausência de vícios na assembleia – Irrelevância na denominação do ato, por ausência de previsão legal nesse sentido (art. 1.347, CC) – Regularidade na convocação do ato – Validade no critério de desempate para eleição do síndico e subsíndico, pelo voto de minerva da presidente da assembleia – Validade das procurações sem firma reconhecida, porquanto não prevista exigência em

Nada obstante as linhas gerais ora traçadas, é muito comum a discussão sobre o quórum para realização de obras no condomínio.

Algumas convocações mascaram a pauta, colocando as obras sob outras rubricas, como, por exemplo, dando a elas a denominação de "melhorias".

Nada obstante, a exata significação de obra é aqui necessária, sendo curial concluir que se trata, de maneira geral, nos termos da definição do dicionário Michaelis,[90] *de coisa feita ou produzida por um agente*, ou seja, *o resultado de uma ação ou trabalho* e, ainda, *de construção ou reparação em um edifício*.

Em suma, é o resultado de qualquer trabalho no condomínio.

Certo é que o assunto é tratado pelos arts. 1.341 e 1.342 do Código Civil, que estão assim redigidos:

> *Art. 1.341. A realização de obras no condomínio depende:*
>
> *I – se voluptuárias, de voto de dois terços dos condôminos;*
>
> *II – se úteis, de voto da maioria dos condôminos.*
>
> *§ 1º As obras ou reparações necessárias podem ser realizadas, independentemente de autorização, pelo síndico, ou, em caso de omissão ou impedimento deste, por qualquer condômino.*
>
> *§ 2º Se as obras ou reparos necessários forem urgentes e importarem em despesas excessivas, determinada sua realização, o síndico ou o condômino que tomou a iniciativa delas dará ciência à assembleia, que deverá ser convocada imediatamente.*
>
> *§ 3º Não sendo urgentes, as obras ou reparos necessários, que importarem em despesas excessivas, somente poderão ser efetuadas após autorização da assembleia, especialmente convocada pelo síndico, ou, em caso de omissão ou impedimento deste, por qualquer dos condôminos.*
>
> *§ 4º O condômino que realizar obras ou reparos necessários será reembolsado das despesas que efetuar, não tendo direito à restituição das que fizer com obras ou reparos de outra natureza, embora de interesse comum.*
>
> *Art. 1.342. A realização de obras, em partes comuns, em acréscimo às já existentes, a fim de lhes facilitar ou aumentar a utilização, depende da aprovação de dois terços dos votos dos condôminos, não sendo permitidas construções, nas partes comuns, suscetíveis de prejudicar a utilização, por qualquer dos condôminos, das partes próprias, ou comuns.*

O Tribunal de Justiça de São Paulo já enfrentou a questão das obras úteis e voluptuárias, já que as necessárias podem ser feitas até sem assembleia (art. 1.341, § 2º, do Código Civil), o que fez nos seguintes termos:

> **Tribunal de Justiça de São Paulo**. *Condomínio. Ação de anulação de assembleia. Vícios de forma e conteúdo. Deliberações em afronta à convenção e ao ordenamento jurídico Questionamentos em relação ao quórum mínimo de votação. Decisão de primeiro grau que indefere pedido de tutela antecipada voltado a anular a assembleia. Agravo interposto pelo autor. Despesas a envolver, na maior parte, obras úteis, de caráter voluptuário e em áreas comuns. Quórum mínimo de votação desrespeitado. Inteligência do artigo 1.341, incisos I e II, e do artigo 1.342, ambos do Código Civil. Parcial presença dos requisitos legais da relevância das razões do recurso e do perigo de dano de difícil reparação Situação de fato que enseja a concessão parcial da tutela antecipada. Agravo provido em parte (Agravo de Instrumento*

---

sentido contrário na Convenção de Condomínio – Sentença de improcedência que merece manutenção – Aplicação do art. 252 do Regimento Interno deste Egrégio Tribunal de Justiça – Recurso não provido (Apelação 0192968-39.2009.8.26.0100 Relator(a): Fábio Quadros; Comarca: São Paulo; Órgão julgador: 4ª Câmara de Direito Privado; j. 14.11.2013; Data de registro: 07.12.2013).

90 *Moderno Dicionário da Língua Portuguesa*, Melhoramentos, 2009.

0254275-95.2012.8.26.0000 – Rel. Carlos Henrique Miguel Trevisan – Comarca: São Paulo – 4ª Câmara de Direito Privado – j. 17.01.2013 – Data de registro: 18.01.2013 – Outros números: 25427595201282600000).

Nesse julgado, o condômino que se sentiu prejudicado alegou que *o condomínio é composto de 368 apartamentos, que compareceram 67 condôminos e que, por maioria, foram votados e aprovados (i) a instalação da academia de ginástica, mediante a locação de equipamentos, (ii) o envidraçamento das sacadas, (iii) a reforma de um dos salões de festas, com custo inicial de R$ 50.000,00, e (iv) a extinção do exame médico para uso das piscinas.*

Alegou, ainda, que as deliberações que em assembleia aprovaram a execução dos itens (i), (ii) e (iii) se deram por maioria simples, quando a convenção de condomínio, em seu item 26, e o Código Civil, em seu artigo 1.341, inciso I, preveem quórum qualificado de 2/3 dos condôminos.

No voto condutor, asseverou o relator:

> *A controvérsia posta à apreciação reside na definição de obras úteis ou voluptuárias, e se em área comum ou não, o que distingue o quórum necessário à sua aprovação pelos condôminos, conforme estabelece a convenção do condomínio e preveem os artigos 1.341, incisos I e II, e 1.342, ambos do Código Civil.*

> *São úteis as benfeitorias quando aumentam ou facilitam o uso da coisa, melhorando-a ou valorizando-a, as quais, embora não sendo indispensáveis para a conservação da coisa, se mostram de visível utilidade. Voluptuárias, as destinadas ao mero deleite ou recreio de quem as fez, não se mostrando necessárias ao uso habitual da coisa, nem de maior valia para seu dono, mesmo que por elas se tenha tornado mais agradável.*

> *Em análise ao documento de fls. 47/49, do qual consta a ata da assembleia, com a relação das obras e despesas do condomínio cuja aprovação foi posta à votação na assembleia que se pretende anular, verifica-se que a instalação da academia de ginástica trata-se de obra voluptuária, não se mostrando necessária ao uso habitual, de modo que o quórum de aprovação pela assembleia não poderia ser o de maioria simples, mas sim o quórum especial de 2/3, nos termos do artigo 1.341, inciso I, do Código Civil ("A realização de obras no condomínio depende: I – se voluptuárias, de voto de dois terços dos condôminos").*

> *Com relação ao envidraçamento das varandas (sacadas), aprovado também por maioria simples, verifica-se que, embora a instalação seja opcional a cada condômino, a fachada à qual pertence faz parte da área comum do condomínio e, portanto, a deliberação acerca da matéria exige o quórum especial de 2/3, nos termos do artigo 1.342 do Código Civil ("A realização de obras, em partes comuns, em acréscimo às já existentes, a fim de lhes facilitar ou aumentar a utilização, depende da aprovação de dois terços dos votos dos condôminos, não sendo permitidas construções, nas partes comuns, suscetíveis de prejudicar a utilização, por qualquer dos condôminos, das partes próprias, ou comuns").*

> *Quanto à reforma de um dos salões de festas, aprovada por maioria simples, verifica-se que se trata de área comum e, portanto, também se exige a aprovação por quórum especial de 2/3, nos termos do artigo 1.342.*

Concluiu o voto pela antecipação de tutela com a *suspensão do deliberado na assembleia que se quer anular, e que, sopesando os interesses em conflito, não há dúvida de que é o agravante quem se encontra na iminência de sofrer dano de difícil reparação, na eventualidade de se manter integralmente a decisão hostilizada.*

Nada obstante, alguns julgados, em razão da equivocada interpretação do art. 1.353 do Código Civil, admitem a votação pela maioria simples dos presentes em segunda convocação, ainda que se tratem de obras úteis ou voluptuárias, o que significa evidente afronta ao dispositivo mencionado, posto que, nesses casos, a toda evidência, a lei exigiu *quórum especial* nos arts. 1.341 e 1.342 do Código Civil.

1.3.23.10. As assembleias, a legitimidade e a aprovação de medidas judiciais pelo condomínio

É evidente que, na qualidade de réu, a ação deve ser defendida pelo condomínio, representado pelo síndico, sem necessidade de autorização de assembleia, devendo, ao depois, a ela ser comunicada.

Qualquer pretensão do condômino deve ser dirigida ao condomínio e não ao síndico ou à administradora contratada, exceto nos casos de responsabilidade pessoal destes, que desbordem dos atos praticados na administração do condomínio:

> **Tribunal de Justiça de São Paulo.** *Condomínio edilício. Ação declaratória de nulidade de convocação e de deliberações tomadas em assembleia geral extraordinária, com pedido de antecipação de tutela. Matéria em discussão referente à destituição de síndico. Indeferimento da petição inicial. Carência de ação. Ilegitimidade ativa ad causam. Inconformismo da autora. A despeito de se reconhecer a legitimidade para propor a ação a um condômino isolado, existe outro motivo a impedir o processamento da demanda. Ilegitimidade passiva ad causam cognoscível de plano. Pretensão de anulação de assembleia que deveria ser, em tese, direcionada contra o condomínio. Extinção do processo sem resolução do mérito mantida, ora sob outro fundamento. Alteração de valor da causa ex officio. Possibilidade. Negaram provimento ao recurso (Apelação nº 0103767-55.2003.8.26.0000, 9ª Câmara de Direito Privado, Rel. Piva Rodrigues, j. 20.09.2011).*

> **Tribunal de Justiça de São Paulo.** *Legitimidade passiva. Condômino que agiu em nome próprio, apesar de sua condição de síndico. Preliminar rejeitada. Denunciação da lide ao condomínio. Inocorrência de hipótese legal. Preliminar rejeitada. Responsabilidade civil. Danos morais. Calúnia. Sentença procedente. Condenações criminais comprovadas. Respeitabilidade. Dado provimento ao recurso principal, prejudicado o adesivo (Apelação nº 0113912-54.2009.8.26.0100, Rel. Lucila Toledo, 9ª Câmara de Direito Privado. Outros números: 1139125420098260100).[91]*

Todavia, às vezes, o condomínio é obrigado a se valer das vias judiciais para defender seus direitos.

Nessa medida, surge a seguinte indagação: é necessária autorização da assembleia para que o condomínio proponha ação judicial?

A resposta nos parece simples.

Com efeito, se a ação versar sobre problemas rotineiros, de simples administração, como, por exemplo, a cobrança judicial do condômino inadimplente, não se faz mister a realização de uma assembleia de condôminos.

Por outro lado, se a ação a ser proposta não se referir à administração normal, será de rigor a consulta prévia à assembleia especialmente convocada para esse fim.

1.3.23.11. Utilização de procurações nas assembleias

Salvo disposição expressa que regulamente ou limite a utilização de procurações na Convenção, a utilização de procurações é possível, sendo mister, entretanto, que os instrumentos contenham a firma do mandante devidamente reconhecida, se assim for exigido por qualquer condômino presente à assembleia, bem como, principalmente, haja prova de titularidade da unidade pelo mandante.

Dispunha o art. 1.289, § 3º, do Código Civil, que "O reconhecimento da firma no instrumento particular é condição essencial à sua validade, em relação a terceiros."

---

[91] Segundo o relatório, *o apelante [síndico] teria chamado o apelado de ladrão e dito que ele teria dois RGs e teria roubado toca CD de veículo do condomínio, teria roubado mangueiras do prédio e adquirido moto roubada. Evidentemente, é parte legítima para figurar no polo passivo da relação jurídica processual.* Concluiu que o síndico agiu em nome próprio e, ainda que a ação tivesse sido dirigida ao Condomínio, este teria ação de regresso em face dele, síndico que praticou o ato desairoso.

De qualquer forma, ainda que a norma tenha sofrido atenuação pelo Código Civil de 2002 (art. 654, § 2º), ainda há previsão da necessidade de reconhecimento de firmas e, nessa medida, estabelece que *o terceiro com quem o mandatário tratar poderá exigir que a procuração traga a firma reconhecida* (TJSP, Apelação nº 9222837-44.2002.8.26.0000, Rel. Des. Luiz Antonio de Godoy).

Deveras, a exigência do reconhecimento de firmas, desde que requerida pelo terceiro com quem o mandatário tratar, o que inclui os demais condôminos presentes à assembleia, deve ser cumprida no momento da representação, isto é, no momento em que a assembleia se realiza e não depois, posto que o ato já teria sido praticado sem a exigência legal, o que, por razões de obviedade ululante, poderia tumultuar as deliberações.

Em suma, a procuração deve ser apresentada com firma reconhecida no ato da assembleia, se houver exigência de qualquer condômino ou do presidente dos trabalhos.

O Superior Tribunal de Justiça já decidiu desta maneira no paradigmático julgado abaixo, sempre citado quanto ao tema, não admitindo sequer a ratificação posterior:

> **Superior Tribunal de Justiça.** *Direito civil. Condomínio. Assembleia geral. Anulação. Vício apontado. Procurações outorgadas ao síndico. Irregularidade. Inexistência de firma reconhecida. Legitimidade ativa dos condôminos. Legitimidade passiva do condomínio. Ratificação dos poderes. Impossibilidade. Extemporaneidade. Art. 1.296, CC. Recurso desacolhido.*
>
> *I – Em se tratando de anulação de assembleia geral de condomínio, por ter sido instalada como procurações sem reconhecimento de firma, inviável a pretendida ratificação após seu encerramento e somente depois da sentença proferida na competente ação judicial instaurada.*
>
> *II – Os condôminos têm legitimidade e interesse para pleitear a anulação de assembleia geral do condomínio, se irregularmente foram iniciados os trabalhos da reunião, sendo parte passiva legítima o condomínio, por ser ele o que vai sofrer os efeitos da sentença de procedência.*
>
> *(REsp 112.185/RJ – Rel. Min. Sálvio de Figueiredo Teixeira – Quarta Turma – j. 12.05.1998 – DJ 08.09.1998 – p. 67).*

A decisão é clara e, nesta medida, asseverou o relator que *não há como se aceitar, na espécie, a ratificação dos poderes, porque pretendida extemporaneamente.* Com efeito, se o negócio jurídico para o qual foi utilizado o instrumento de procuração já se concluiu, independentemente de qualquer condição suspensiva ou resolutiva, impossível admitir-se a pretendida ratificação.

O voto, extraído do julgamento do recurso pelo Ministro Sálvio de Figueiredo Teixeira, esclarece ainda que *a validação do ato por outro subsequente, embora permitida, fica, portanto, dependendo do momento próprio para ser efetivada, de modo que, após o término da assembleia geral instaurada indevidamente, não se poderia conceber a apresentação de novas procurações formalmente regulares.*

O Tribunal de Justiça de São Paulo assim já entendeu em casos específicos, notadamente em hipóteses de grandes condomínios, nos quais é impossível a verificação da higidez das procurações apresentadas no momento da assembleia.

Nesse sentido:

> *Condomínio – Ação anulatória de assembleia geral cumulada com perdas e danos – ação improcedente – Arrematação de imóvel – Impedimento de participação em assembleia – Possibilidade – Exigência de reconhecimento de firma em procuração – cabimento – Sentença mantida – Recurso não provido. (TJSP; Apelação Cível 1031569-19.2017.8.26.0224; Rel. Luiz Eurico; Órgão Julgador: 33ª Câmara de Direito Privado; Foro de Guarulhos – 8ª Vara Cível; j. 17.09.2018).*

Nesse precedente, ficou consignado que "no referido instrumento não há o reconhecimento da firma da proprietária. Assim, no que tange ao reconhecimento da firma, é uma faculdade do terceiro, no caso do condomínio, podendo ser exigida ou não tal formalidade, segundo o § 2º do art. 654 do Código Civil, neste sentido: 'Art. 654. Todas as pessoas capazes são aptas para dar procuração mediante instrumento particular, que valerá desde que tenha a assinatura do outorgante. [...] § 2º O terceiro com quem o mandatário tratar poderá exigir que a procuração traga a firma reconhecida"'.

A par da clareza do texto e dos mencionados julgados, entendemos que a providência é salutar na medida em que, na prática, o uso indiscriminado de instrumentos de mandato, sem qualquer controle ou verificação da regular representação, é funesto aos interesses comuns.

Infelizmente, o controle da apresentação destes instrumentos bem como da qualidade de condômino daquele que os outorga na maioria dos casos não passa pelo menor controle, distorcendo as deliberações, muitas vezes sobre importantes pontos para a vida comum nos condomínios edilícios.

Recomenda-se mesmo que a qualidade de titular da unidade daquele que outorga o mandato seja rigorosamente conferida, inclusive no que diz respeito à outorga por todos os coproprietários nos casos em que a unidade pertencer a mais de uma pessoa, mesmo que a propriedade comum decorra do regime patrimonial de casamento, sob pena de nulidade da deliberação.

Por outro lado, há quem sustente que a exigibilidade constante do § 2º, do art. 654, do Código Civil, só tem aplicação se a Convenção prever expressamente a possibilidade de o condômino exigir o reconhecimento de firmas.

Com a devida *vênia*, a convenção não pode, de forma alguma, se sobrepor à lei.

Posta assim a questão, importante observar o teor do art. 654 do Código Civil, segundo o qual *todas as pessoas capazes são aptas para dar procuração mediante instrumento particular, que valerá desde que tenha a assinatura do outorgante*, sendo relevante verificar que o § 2º determina que *o terceiro com quem o mandatário tratar poderá exigir que a procuração traga a firma reconhecida*.

Apesar da polêmica, resta evidente que o terceiro pode ser considerado não só o condomínio, representado pelo síndico, como os condôminos presentes à assembleia na exata medida em que estes dela participam (CC, art. 1.335, III) e os atos lá praticados e as deliberações tomadas com as referidas procurações os atingirão, o que os enquadra como *terceiro* [que não é o mandante] *com quem o mandatário trata* os assuntos comuns, deliberando em nome do outorgante.

Seja como for, o que importa é a *mens legis* e não a literalidade do dispositivo.

Com efeito, pretendeu-se dificultar o uso indiscriminado de instrumentos que, na prática, não passariam pela mais branda análise, distorcendo as deliberações assembleares.

Por outro lado, se não for exigido o reconhecimento das firmas nas procurações apresentadas, mesmo sem tal formalidade a procuração poderá ser utilizada na assembleia.

Na Apelação 454.736-4/0-00, da 9ª Câmara de Direito Privado do Tribunal de Justiça de São Paulo (j. 13.05.2008), sustentou-se que, *naquilo que poderia comprometer o resultado da votação, tem-se que o simples reconhecimento de firma nas procurações passadas pelos condôminos não invalida os mandatos por eles conferidos, não tendo sido contestada, especificamente, nenhuma dessas assinaturas.*

De qualquer modo, o assunto é polêmico, e a 2ª Câmara do Tribunal de Justiça de São Paulo, em acórdão datado de 07.02.2012 (Apelação nº 9144980-43.2007.8.26.0000), decidiu pela inexigibilidade do reconhecimento de firmas nas procurações: *outro ponto alegado pelo autor foi quanto à formalidade das procurações. Ora, não se faz necessário o reconhecimento de firma para que sejam válidas as procurações quando utilizadas em condomínios*, entendimento este apresentado por Nascimento Franco, o qual adoto: *"a procuração para representação dos condôminos dispensa forma solene e reconhecimento de firma, não mais exigida em inúmeros atos e até nos mandatos judiciais".*

No mesmo sentido:

Tribunal de Justiça de São Paulo. *Ação anulatória de assembleia condominial, com pedido de tutela antecipada – Ausência de vícios na assembleia [...]. Validade das procurações sem firma reconhecida, porquanto não prevista exigência em sentido contrário na Convenção de Condomínio – Sentença de improcedência que merece manutenção [...]. Recurso não provido (Apelação 0192968-39.2009.8.26.0100 Rel. Fábio Quadros; Comarca: São Paulo; 4ª Câmara de Direito Privado; j. 14.11.2013; Data de registro: 07.12.2013).*

1.3.23.12. Assembleia por meio eletrônico e híbrida

A assembleia – ordinária ou extraordinária – pode ser convocada por meio eletrônico, nos termos do que já tratamos acima, com supedâneo no art. 1.354-A do Código Civil, e sua realização pode se dar igualmente por meio eletrônico ou híbrido, nos termos da previsão do mesmo dispositivo.

Não nos cabe, aqui, discorrer sobre os meios de certificação digital e de segurança na internet, como, por exemplo, a assinatura digital mediante sistema criptográfico de chave pública ou qualquer outro que possa sucedê-lo em razão do célere desenvolvimento tecnológico.

Em consonância com o acatado, desde que um meio tecnicamente idôneo seja utilizado, permitindo o direito de voz, debate e voto dos participantes à distância (CC, art. 1.354-A, II), é possível a realização de assembleias por meio eletrônico ou híbridas, por meio eletrônico e presenciais, obedecidos os preceitos de instalação, funcionamento e encerramento previstos nos editais de convocação.

Aliás, problemas de conexão, falhas nos equipamentos de informática dos condôminos ou de seus representantes não invalidam a assembleia por expressa disposição legal contida no § 2º do art. 1.354-A do Código Civil.

Quanto à instalação da assembleia, a forma é imposta pela convenção condominial, nos termos do art. 1.334, III, do Código Civil.

Pelo *quod plerumque fit*, não foge de um *script*, em regra, com pequenas variações.

Assim, mister se faz analisar o procedimento, demonstrando, do ponto de vista pragmático, a possibilidade da assembleia por meio eletrônico à luz do art. 1.354-A do Código Civil:

a) Livro ou lista de presença

É comum que a instalação da assembleia seja precedida de um livro ou lista de presenças, até para verificação dos votos, quando exigidos por lei, ou daqueles que estão impedidos de votar.

Assim, nada obsta que a "presença" seja aferida por meio de acesso mediante senha, com identificação eletrônica do condômino.

Os mais céticos poderão redarguir, afirmando que a ausência física do condômino poderá resultar em fraudes.

Todavia, as fraudes também são possíveis na forma presencial da assembleia, na medida em que falsas procurações podem ser apresentadas e, muitas vezes, nem sequer são exigidos documentos daqueles que comparecem.

Sentimos que a utilização de senhas já cadastradas e os meios comuns de identificação eletrônica são tão ou mais eficazes que os meios tradicionais.

b) Escolha de presidente e secretário

Instalada a Assembleia, serão escolhidos o presidente e o secretário, o que, igualmente, poderá ser feito por meio eletrônico, através da apresentação dos candidatos, podendo a escolha recair sobre participantes por meio eletrônico, ainda que a assembleia se desenvolva de forma híbrida.

c) Ordem do dia – matérias para discussão e deliberação

Neste ponto, entendemos, a assembleia por meio eletrônico demonstra sua maior utilidade, permitindo a eliminação da indiferença e da tirania que se instala nos condomínios, cujas críticas doutrinárias são de todo procedentes.

Ao final, as deliberações serão tomadas por votação eletrônica, cujo resultado poderá ser apresentado no ambiente eletrônico onde se processa na medida em que os votos forem proferidos.

Esses votos serão tomados durante a assembleia e obrigatoriamente divulgados aos participantes.

Todos esses elementos farão parte da ata que será lavrada de forma eletrônica, no ato ou em ato posterior, pelo secretário, que fará constar a presença, as discussões e as deliberações.

Com efeito, resta evidente que os abusos normalmente praticados em razão da direção dos trabalhos, bem como a votação pelo repudiado e indesejável *sistema comodista de se apurar a votação pela contagem dos braços erguidos, quase sempre ensejadora de manipulações e até de fraude e, por isso, condenada pelos melhores tratadistas da propriedade horizontal*[92], restam mitigados pela assembleia por meio eletrônico que permite, pelas ferramentas atuais, mais precisão na tomada das deliberações.

Todo esse procedimento depende da criação do ambiente eletrônico, apto a atender os requisitos de validade e segurança para o desenvolvimento da assembleia.

Esse ambiente não é novidade e já se desenvolvia mesmo antes das alterações no Código Civil empreendidas pela Lei 14.309/2022.

Outrossim, nada obsta que o novo serviço seja prestado pelas administradoras condominiais contratadas pelo síndico que, na sua grande maioria, possuem portais e páginas na rede.

Por fim, cumpre salientar que, embora não seja imprescindível, podendo a assembleia se desenvolver de forma eletrônica nos termos do art. 1.354-A do Código Civil, os condomínios poderão – e coloca-se, aqui, como faculdade – estabelecer regras em regulamento aprovado por maioria simples.

Entendo, mesmo assim, em razão do rápido desenvolvimento tecnológico, não é desejável engessar o procedimento em regulamento, demandando assembleias para aprimoramento do procedimento a cada novidade tecnológica.

O art. 1.354-A do Código Civil já traz os parâmetros que podem ser aproveitados com o sistema aberto criado pela lei civil.

1.3.24. As vagas de garagem

As vagas de garagem têm gerado infindáveis problemas no âmbito dos condomínios edilícios.

Seja como for, há duas espécies de vagas:

a) Unidades autônomas, com escritura e registro próprios.

b) Direito de uso de vagas previamente demarcadas em área comum, que não se separa da fração (Código Civil, art. 1.339).

A segunda espécie, mais frequente, é a vaga de garagem constituída por área comum, de acordo com o instrumento de especificação e instituição do condomínio, que não pode

---

92 João Nascimento Franco. *Condomínio*. Cit., p. 132.

ser alienada separadamente da unidade a que se refere nos termos do art. 1.331, § 2º, do Código Civil.

Normalmente essas vagas se submetem ao sorteio periódico, na forma da convenção, cujo critério não pode ser alterado em detrimento de alguns condôminos (Tribunal de Justiça de São Paulo, Apel. Cív. nº 129.521-2, 12ª Câm. Cív., Rel. Carlos Ortiz, j. 12.04.1988), embora haja decisão que admita a mudança por decisão tomada pela maioria em assembleia (Tribunal de Justiça de São Paulo, Apel. Cív. nº 104.545-2, *RJTJESP* 102/178).

Ocorre que também existem as garagens como unidades autônomas, exclusivas, não vinculadas a qualquer outra unidade autônoma.

A jurisprudência que tratava do assunto permitia a venda e locação das vagas constituídas por unidades autônomas:

Segundo Tribunal de Alçada Civil de São Paulo. Condomínio – vaga em garagem – unidade autônoma – especificação e discriminação – locação – admissibilidade. É perfeitamente possível na especificação e discriminação do condomínio, tratar a vaga da garagem como unidade autônoma, hipótese em que lhe deve ser atribuída fração ideal de terreno, assim desvinculando-se da unidade habitacional. Pode ser livremente alienada tanto a condômino quanto a estranhos, bem como ser alugada, por extensão do direito de propriedade. Inteligência dos §§ 1º e 2º do art. 2º da Lei 4.591/64 (Apel. nº 196.364, 7ª Câm., Rel. Juiz Guerrieri Rezende, j. 23.09.86, in JTA (RT) 105/296).

De fato, sempre se entendeu que a vaga de garagem constituída por unidade autônoma poderia ser livremente alienada ou locada, em respeito ao direito real de propriedade.

Nesse sentido, a restrição do § 2º, do art. 2º, da Lei 4.591/1964, apenas se aplicava às vagas de garagem constituídas por áreas comuns, acessórias dos apartamentos.

É o que se depreende da parte final do § 1º, do art. 2º, da Lei 4.591/1964, que ressalvava:

Art. 2º, § 1º (...), no caso de não lhe ser atribuída fração ideal específica de terreno.

Vejamos:

Art. 2º Cada unidade com saída para a via pública, diretamente ou por processo de passagem comum, será sempre tratada como objeto de propriedade exclusiva, qualquer que seja o número de suas peças e sua destinação, inclusive edifício-garagem, com ressalva das restrições que se lhe imponham.

§ 1º O direito à guarda de veículos nas garagens ou locais a isso destinados nas edificações ou conjuntos de edificações será tratado como objeto de propriedade exclusiva, com ressalva das restrições que ao mesmo sejam impostas por instrumentos contratuais adequados, e será vinculada à unidade habitacional a que corresponder, no caso de não lhe ser atribuída fração ideal específica de terreno.

§ 2º O direito de que trata o § 1º deste artigo poderá ser transferido a outro condômino, independentemente da alienação da unidade a que corresponder, vedada sua transferência a pessoas estranhas ao condomínio.

§ 3º Nos edifícios-garagem, às vagas serão atribuídas frações ideais de terreno específicas.

No mesmo sentido:

Tribunal de Justiça de São Paulo. Condomínio. Locação de vagas em garagem. Admissibilidade – matrículas autônomas – fruição do direito constitucional de propriedade. Hipótese em que não houve alteração da destinação do imóvel. Recurso provido. A vaga especificada como unidade autônoma pode ser alienada, onerada, alugada ou emprestada a pessoas não titulares de qualquer unidade autônoma do edifício (Apel. Cív. nº 250.871-2, São Paulo, Rel. Marcondes Machado, 14.02.1995).

Essa era a lição de Caio Mário da Silva Pereira (*Condomínio e incorporações*, 10ª ed., Rio de Janeiro: Forense, 1998, p. 74):

Nada obstante a interpretação literal levar à inalienabilidade da vaga de garagem a estranhos, mesmo quando se lhe atribui fração ideal, a tendência atual, através de doutrina pretoriana, é em sentido contrário, isto é: somente quando não ligada à fração ideal é que é vedada a alienação. Em caso contrário é alienável. Se a convenção não o proibir, é lícito o aluguel da vaga correspondente.

De fato, essa posição encontrava supedâneo no art. 4º da Lei 4.591/1964:

Art. 4º A alienação de cada unidade, a transferência de direitos pertinentes à sua aquisição e a constituição de direitos reais sobre ela independerão do consentimento dos condôminos.

No mesmo sentido, o art. 1.331 do Código Civil:

Art. 1.331. Pode haver, em edificações, partes que são propriedade exclusiva, e partes que são propriedade comum dos condôminos.

§ 1º As partes suscetíveis de utilização independente, tais como apartamentos, escritórios, salas, lojas, sobrelojas ou abrigos para veículos, com as respectivas frações ideais no solo e nas outras partes comuns, sujeitam-se à propriedade exclusiva, podendo ser alienadas e gravadas livremente por seus proprietários.

Ocorre que a Lei 12.607, de 4 de abril de 2012, publicada no Diário Oficial da União no dia 5 de abril com uma *vacatio legis* de 45 dias, alterou a redação do § 1º, do art. 1.331, do Código Civil para restringir a venda ou a locação apenas a condôminos, exceto autorização expressa da Convenção:

§ 1º As partes suscetíveis de utilização independente, tais como apartamentos, escritórios, salas, lojas e sobrelojas, com as respectivas frações ideais no solo e nas outras partes comuns, sujeitam-se a propriedade exclusiva, podendo ser alienadas e gravadas livremente por seus proprietários, exceto os abrigos para veículos, que não poderão ser alienados ou alugados a pessoas estranhas ao condomínio, salvo autorização expressa na convenção de condomínio.

Nota-se que esse dispositivo é aplicável às vagas de garagem que possuem matrícula e constituem unidades autônomas.

Em outras palavras, o Código Civil enumera as unidades condominiais exclusivas, permitindo a livre alienação ou gravame por seus proprietários, independentemente do consentimento dos demais proprietários de outras unidades, estabelecendo a exceção das vagas de garagem, que só concedem o mesmo direito se alienadas ou locadas a outros condôminos, salvo se a convenção permitir a venda ou a locação para terceiros, estranhos ao condomínio.

Alguns, sem razão, confundem a possibilidade de vender as unidades condominiais autônomas com a vedação do art. 1.339 e seu § 2º, que está assim redigido:

Art. 1.339. Os direitos de cada condômino às partes comuns são inseparáveis de sua propriedade exclusiva; são também inseparáveis das frações ideais correspondentes as unidades imobiliárias, com as suas partes acessórias.

(...)

§ 2º É permitido ao condômino alienar parte acessória de sua unidade imobiliária a outro condômino, só podendo fazê-lo a terceiro se essa faculdade constar do ato constitutivo do condomínio, e se a ela não se opuser a respectiva assembleia geral.

É evidente, evidentíssimo, aliás, que às vagas autônomas de garagem não se aplica esse dispositivo, aplicando-se, em verdade, o já citado art. 1.331, § 1º.

Então, o que seria parte acessória da unidade, que somente pode ser alienada a terceiros com autorização da convenção e da assembleia?

A resposta, no que concerne às vagas de garagem, nos parece muito simples: caso a convenção estabeleça que ainda que a vaga seja autônoma, com matrícula própria, seja, também, acessória da unidade, aplica-se o § 2º, do art. 1.339, do Código Civil, e o seu titular só poderá alienar a terceiro se essa faculdade constar da convenção e, demais disso, deverá submeter a venda à aprovação da assembleia, que deliberará pela maioria dos presentes, sendo mister convocação específica, não se aplicando, neste caso, o art. 1.331 do Código Civil.

Seja como for, quanto à redação do § 1º, do art. 1.331, do Código Civil, dada pela Lei 12.607/2012, à luz da Constituição Federal, em seu Título II, Capítulo I, que trata dos Direitos e Deveres Individuais e Coletivos, é preciso observar que a lei não excluirá da apreciação do Poder Judiciário, lesão ou ameaça a direito (artigo 5º, XXXV), não prejudicará o direito adquirido, bem como determina que ninguém será privado da liberdade ou de seus bens sem o devido processo legal (art. 5º, LIV).

Assim, o artigo 5º, inciso XXII, da Carta Magna estabelece ser garantida aos brasileiros e estrangeiros a inviolabilidade do direito à propriedade.

A propriedade, no Direito Civil, consiste na fruição plena e exclusiva, por uma pessoa, de um determinado bem.

A sua definição é, portanto, extraída das prerrogativas que o domínio oferece: usar, gozar, dispor reivindicar a coisa de quem quer que indevidamente a detenha.

O direito de propriedade pressupõe sempre a existência de um bem ou de uma coisa determinada, sobre a qual incide a ação de seu titular. E vigilante está a proteção legal, emanada da *norma agendi*, a fim de que possa submetê-la a seu poder, pelo modo mais amplo.

Por sua vez, no artigo 170 da Constituição Federal, vê-se estipulado que a ordem econômica deverá observar vários princípios, entre os quais a propriedade privada (art. 170, inciso II).

Se assim o é, o condômino, dispondo de propriedade constituída por vaga autônoma de garagem, não pode ser privado ou ter o seu uso, fruição, disposição e reivindicação modificado por lei posterior.

Posta desta maneira a questão, a nova redação do § 1º, do art. 1.331, do Código Civil, dada pela Lei 12.607, de 4 de abril de 2012, publicada no Diário Oficial da União no dia 5 de abril com uma *vacatio legis* de 45 dias, que restringiu a venda ou a locação de vagas autônomas, com matrícula própria, apenas a condôminos, exceto autorização expressa da Convenção, só se aplica aos condomínios instituídos após a sua vigência.

Em sentido contrário ao que penso e justifiquei, o Tribunal de Justiça de São Paulo, sustentando que inexiste direito adquirido à manutenção de regime jurídico, já decidiu em sentido contrário, restringindo o direito pretérito de propriedade:

Tribunal de Justiça de São Paulo. *Direito civil. Coisas. Propriedade em condomínio. Questão controversa envolvendo possibilidade de locação de vagas de garagem para terceiros não moradores do condomínio. Sentença de procedência do pleito cominatório deduzido pelo condomínio autor, definitiva a tutela antecipada outrora concedida (fls. 41). Requerido condenado a abster-se de locar a vaga de garagem para terceiros não moradores do condomínio autor, sob pena de multa diária de R$ 100,00, deliberando-se, ainda, no sentido de que providenciasse imediatamente, a rescisão de eventual locação já formalizada, com a retirada do veículo pertencente ao locatário, sob pena de pagamento da mesma multa diária. Recurso de Apelação do requerido. Preliminares recursais. (...). Mérito recursal. Deliberações condominiais guerreadas pelo apelante nem longe se mostravam ofensivas ao direito de propriedade ou ao ato jurídico perfeito, inexistindo o inequívoco direito de locar nos moldes defendidos nas razões recursais. Em razão do advento da Lei 12.607/2012 que trouxe atual redação ao parágrafo primeiro do artigo 1331 do Código Civil vê-se expressamente indicada a* *necessidade de autorização da Convenção do condomínio para a locação de vagas de garagem a pessoas estranhas ao condomínio. Diante deste regramento legal, imperioso adotar-se como premissa que não há direito absoluto, inclusive, em relação à possibilidade de locação de vagas de garagem, contenham estas últimas, ou não, matrícula e delimitação autônoma. Na espécie, absolutamente legítima a vedação defendida pelo condomínio autor no sentido de que proprietários de vagas de garagem não possam alugar o espaço para terceiros não moradores do condomínio, seguindo-se Convenção e o Regimento Interno. Independentemente da data de celebração da locação defendida pelo requerido e indesejada pela maioria dos condôminos, o certo é que inexiste direito adquirido à manutenção de regime jurídico. Aplicáveis os efeitos do novo e vinculante regramento legal também em relação aos eventos contratuais ocorridos depois de sua entrada em vigor. Demais questionamentos assembleares e regimentais, inclusive, aqueles afetos aos ônus de sucumbência que se mostravam infundados. Sentença de procedência do pedido que merece prestígio. Recurso de Apelação do requerido, portanto, não provido. (TJSP, Apelação Cível 0002004-26.2013.8.26.0011, Rel. Alexandre Bucci, 9ª Câmara de Direito Privado, Foro Regional XI – Pinheiros – 2ª Vara Cível j. 30.08.2016, Data de Registro: 02.09.2016).*

1.3.24.1. A possibilidade de locação e de penhora de vagas de garagem

De outro lado, o art. 1.338 do Código Civil, permite a locação de vagas, seja qual for a espécie (vaga autônoma ou fração ideal), estabelecendo, apenas, a necessidade de se atribuir preferência aos condôminos:

> *Art. 1.338. Resolvendo o condômino alugar área no abrigo para veículos, preferir-se-á, em condições iguais, qualquer dos condôminos a estranhos, e, entre todos, os possuidores.*

Com a permissão de locação de vaga de garagem ou abrigo de veículo, o Código Civil assegura o direito de fruir, condicionando, contudo, o exercício desse direito.

Nota-se que o dispositivo não estabelece distinção entre vaga autônoma e o direito a vaga de veículo enquanto fração ideal a que o condômino faz jus.

De qualquer forma, embora não atribua exclusividade na locação, oferece ao condômino direito de preferência em relação a estranhos, desde que em igualdade de condições, e, entre todos, os possuidores.

Como visto no item anterior, a Lei 12.607, de 4 de abril de 2012, publicada no Diário Oficial da União no dia 5 de abril com uma *vacatio legis* de 45 dias, alterou-se a redação do § 1º do art. 1.331 do Código Civil para restringir a venda ou a locação de vagas de garagem constituídas como unidades autônomas apenas a condôminos, exceto autorização expressa da convenção.

Sendo assim, a aplicação do art. 1.338 do Código Civil, no que diz respeito à locação de vagas de garagem a estranhos, para os condomínios instituídos após o início da vigência da Lei 12.607/2012, dependerá de expressa autorização da convenção, ainda que se trate de vaga de garagem qualificada como fração ideal por uma questão de lógica e interpretação sistemática.

A penhora isolada das vagas de garagem, às quais sequer pode ser oposta a proteção da Lei do Bem de Família (Lei 8.009/1990), depende da sua natureza.

Com efeito, se for autônoma, pode ser penhorada e o executado, ainda que seja residencial a unidade a ela vinculada, não pode alegar proteção (Súmula 449/STJ).

Nesse sentido:

Superior Tribunal de Justiça. *Agravo regimental em agravo em recurso especial. Box de garagem. Penhora. 1. Esta Corte já decidiu que "em condomínio edilício, a vaga de garagem pode ser enquadrada como: (i) unidade autônoma (art. 1.331, § 1º, do CC), desde que lhe caiba matrícula independente no Registro de Imóveis, sendo, então, de uso exclusivo do titular; (ii) direito acessório, quando vinculado a um apartamento, sendo, assim, de uso particular; ou (iii) área comum, quando sua fruição couber a todos os condôminos indistintamente" (REsp 1.152.148/SE, de minha relatoria, Quarta Turma, j. 13.08.2013, DJe 02.09.2013) 2. "A vaga de garagem que possui matrícula própria no registro de imóveis não constitui bem de família para efeito de penhora" (Súmula 449, Corte Especial, j. 02.06.2010, DJe 21.06.2010). 3. No caso dos autos, o benefício* *da impenhorabilidade que recai sobre o imóvel residencial do devedor não se estende ao box de garagem residencial, porque ele possui matrícula própria. 4. Agravo regimental a que se nega provimento (AgRg no AREsp 779.583/RS, Rel. Min. Luis Felipe Salomão, Quarta Turma, j. 01.03.2016, DJe 15.03.2016).*

Mesmo na hipótese de a Convenção vedar a alienação para terceiros, estranhos ao condomínio, a penhora é válida e o leilão deve se restringir aos condôminos:

Superior Tribunal de Justiça. *Civil. Recurso especial. Penhora. Vaga de garagem. Matrícula própria. Registro de imóveis. Terceiro. Pessoa estranha. Condomínio. Proibição. Convenção condominial. Impossibilidade. Recurso parcialmente provido. 1. É possível a penhora de vaga de garagem com matrícula própria em registro público associada a imóvel considerado bem de família, conforme estabelecido na Súmula n. 449 do STJ. 2. A vedação à alienação de vaga de garagem para terceiro estranho ao condomínio, sem autorização expressa na convenção condominial, prevista no art. 1.331, § 1º, do CC/2002, prevalece mesmo no caso de alienação judicial por hasta pública. 3. Recurso especial parcialmente provido para, reconhecendo a possibilidade de penhora da vaga de garagem, apenas determinar que a hasta pública seja restrita aos condôminos. (REsp 2.095.402/SC, Rel. Min. Antonio Carlos Ferreira, 4ª Turma, j. 06.08.2024, DJe 08.08.2024).*

1.3.25. Locação de área comum nos condomínios em edifícios e *quorum* necessário para a deliberação

Questão que tem surgido hodiernamente, em virtude da necessidade de diminuição de despesas nos condomínios edilícios, é o interesse dos condôminos em locar áreas comuns, principalmente – mas não exclusivamente – para instalação de antenas de telefonia móvel e placas de publicidade.

No direito privado, tudo aquilo que não foi proibido está permitido.

A verdade é que não há qualquer proibição legal para a locação da parte comum, inferência que se extrai do art. 1.331 do Código Civil:

> Art. 1.331. Pode haver, em edificações, partes que são propriedade exclusiva, e partes que são propriedade comum dos condôminos.
>
> § 1º As partes suscetíveis de utilização independente, tais como apartamentos, escritórios, salas, lojas e sobrelojas, com as respectivas frações ideais no solo e nas outras partes comuns, sujeitam-se a propriedade exclusiva, podendo ser alienadas e gravadas livremente por seus proprietários, exceto os abrigos para veículos, que não poderão ser alienados ou alugados a pessoas estranhas ao condomínio, salvo autorização expressa na convenção de condomínio. (Redação dada pela Lei 12.607, de 2012).
>
> § 2º O solo, a estrutura do prédio, o telhado, a rede geral de distribuição de água, esgoto, gás e eletricidade, a calefação e refrigeração centrais, e as demais partes comuns, inclusive o acesso ao logradouro público, são utilizados em comum pelos condôminos, não podendo ser alienados separadamente, ou divididos.

Portanto, não se verificando qualquer atividade de divisão, alienação ou utilização exclusiva de condôminos, como bem asseverou Thomaz Henrique Monteiro Whately,[93] é forçoso concluir pela possibilidade de locação, assunto que tem gerado polêmica nos condomínios.

Pois muito bem.

A questão da possibilidade ou não de locação para o efeito pretendido, inicialmente e necessariamente, deve passar pela questão da capacidade (*lato sensu*) do condomínio.

A Lei 4.591/1964, e agora o Código Civil, estabelecem um condomínio especial, diverso daquele ordinário e, por conseguinte, dão origem a uma situação jurídica de fato, possibilitando ao Condomínio agir ativa ou passivamente na defesa de seus interesses.

---

[93] Thomaz Henrique Monteiro Whately, *Diário das Leis Imobiliário* – BDI – 35/12.

Nada obstante isso, o Condomínio carece de personalidade jurídica, assim como o espólio, a massa falida, a sociedade irregular etc.

De fato, os *leading cases* aderiram à tese, mormente pela similitude com a situação das Câmaras Municipais, que, sem personalidade jurídica, assim como o condomínio, possuem personalidade judiciária, de tal sorte que a ausência daquela não obsta a capacidade processual.

Não há como deixar de reconhecer uma comunhão de interesses dos condôminos, comunhão essa, desde que autorizada por assembleia, apta a atribuir ao condomínio, representado pelo síndico, a possibilidade de praticar atos jurídicos em nome de todos.

Em sentido contrário, o Conselho Superior da Magistratura do Estado de São Paulo, acolhendo dúvida, já negou registro de escritura de compra e venda de imóvel a condomínio edilício, entendendo que estava ausente a personalidade jurídica (*RDI* 33/160).

De qualquer forma, mesmo partindo dos pressupostos de possibilidade e capacidade, a verdade é que necessariamente a locação deverá ser aprovada pela unanimidade dos condôminos reunidos em assembleia especificamente convocada para esse fim.

Tratando-se de espaços para publicidade que alterem o aspecto da fachada (o que naturalmente ocorre), a exigência da unanimidade dos condôminos em assembleia especificamente convocada é cristalina, decorrente do art. 1.336, III, do Código Civil, que autoriza, inclusive, a propositura de ação de nunciação de obra nova pelos condôminos dissidentes, ainda que individualmente.[94]

No caso de locação de outras áreas, como o teto para colocação de antenas de telefonia celular, não se trata de alteração de fachada.

De fato, a colocação de antena no teto do edifício está longe de ser considerada alteração desse jaez, a justificar a unanimidade antes decorrente do art. 10 da Lei 4.591/1964 e agora implícita no art. 1.336, III, do Código Civil, posto que, se ao condômino é vedado alterar a fachada, qualquer alteração demanda a unanimidade.

Ora, não se tratando de alteração de fachada, qual seria, então, o motivo da exigência do *quorum* especial (unanimidade) do qual falamos?

A primeira razão reside, exatamente, no fato da ausência de personalidade jurídica do condomínio.

Mesmo sendo legalmente possível lhe atribuir capacidade judiciária, em verdade, por se tratar de um ente personalizado, só pode agir nos atos referentes à administração comum do condomínio, jamais em operações especulativas.

Com efeito, mesmo considerando a possibilidade de locação de áreas comuns em face da ausência de norma proibitiva, faltaria essa mesma possibilidade em virtude de lacuna legal quanto à personalidade jurídica do condomínio.

Interessante, nesse sentido, a orientação de Edith Kischinewsky-Brocquisse,[95] que, em excelente monografia, enumera as hipóteses em que há necessidade de unanimidade, dentre as quais, as *decisões sobre operações especulativas*, como é o caso da locação da laje de cobertura para instalação de antena de telefonia celular.

---

[94] Nesse sentido: *Tribunal de Alçada de Minas Gerais*. *Nunciação de obra nova. Placa de propaganda. Condomínio. Área de uso comum. Alteração. A colocação de placa de propaganda que altere a fachada de prédio se insere no conceito de obra nova, para os efeitos da ação prevista no* caput *do art. 934 do CPC* [atualmente pelo procedimento comum do art. 318 e seguintes], *visto que a expressão deve ser compreendida em seu significado mais amplo. A nunciação de obra nova é o remédio processual adequado para fazer cessar obra que, alterando a parte comum do edifício, não foi devidamente autorizada pelos demais condôminos (Processo nº 164.037-3/00, Apelação, Belo Horizonte, 5ª Câmara Cível, Rel. Juiz Aloysio Nogueira, j. 25.11.1993, decisão: unânime, DJ 06.07.1994 e RJTAMG 53/143).*

[95] Edith Kischinewsky-Brocquisse, *La copropriété des immeubles bâtis*, 4. ed., Paris: Litec, 1989, p. 768 *et seq.*

Assim, só a unanimidade dos condôminos terá o condão de legitimar a pretensa locação, autorizando o condomínio, representado pelo síndico, a praticar o ato negocial estranho às suas atividades.

Mas não é só. É de se verificar que a Assembleia, ausente a unanimidade, não possui amplos poderes para vulnerar o Código Civil que, neste ponto, está assim redigido:

> *Art. 1.332. Institui-se o condomínio edilício por ato entre vivos ou testamento, registrado no Cartório de Registro de Imóveis, devendo constar daquele ato, além do disposto em lei especial:*
>
> *I – a discriminação e individualização das unidades de propriedade exclusiva, estremadas uma das outras e das partes comuns;*
>
> *II – a determinação da fração ideal atribuída a cada unidade, relativamente ao terreno e partes comuns;*
>
> *III – o fim a que as unidades se destinam.*

Por sua vez, o art. 1.342 do Código Civil não permite *construções, nas partes comuns, suscetíveis de prejudicar a utilização, por qualquer dos condôminos, das partes próprias ou comuns.*

Os mencionados dispositivos indicam a inviolabilidade do uso das partes comuns pelos condôminos, bem como a estrita vinculação atribuída pela especificação do condomínio.

O teto e o telhado, nos termos do art. 1.331 do Código Civil, são áreas de uso comum, assim como são as demais áreas não privativas do edifício, onde poderão ser instalados diversos equipamentos, como, por exemplo, antenas coletivas, heliportos, solários, quadras, churrasqueiras etc.

De fato, dirão alguns que a assembleia é soberana, e, por esse motivo, poderia autorizar a locação.

Entretanto, essa soberania deve ser entendida na exata medida em que as decisões assembleares não se submetem a qualquer outro órgão, possuindo validade e eficácia imediata.

Mister se faz observar, todavia, que essas decisões submetem-se à lei, e, depois, à convenção.

Assim, a deliberação em assembleia não pode afrontar o direito de uso das partes comuns por qualquer condômino insculpido no art. 1.336, IV, do Código Civil, mesmo que se verifique, subjetivamente, benefício gerado pela percepção dos alugueres, redução das despesas ou, até, formação de um fundo comum.

Pode ser que esse não seja o interesse de alguns, que, mesmo não contando com livre acesso a algumas dessas áreas comuns, como é o caso do teto do edifício, podem ser levados ao desinteresse por questões de segurança, notadamente pelo direito que possuem de não verem o edifício frequentado por estranhos, como, por exemplo, pelo acesso frequente de funcionários de manutenção de antenas de telefonia celular nas dependências comuns.

Convém lembrar que a discordância, embora amparada por lei, não pode representar abuso de direito (Código Civil, art. 187).

Não teria sentido, por exemplo, negar a anuência na hipótese de locação de teto para instalação de pequena antena, capaz de gerar benefício a todos os condôminos.

Nesse caso, todavia, mister se faz o suprimento judicial da vontade daquele que a nega sem razão, o que pode ser considerado ato ilícito:

> *Art. 187. Também comete ato ilícito o titular de um direito que, ao exercê-lo, excede manifestamente os limites impostos pelo seu fim econômico ou social, pela boa-fé ou pelos bons costumes.*

Por conseguinte, conclui-se que, salvo abuso de direito e negativa movida por espírito de emulação, só a unanimidade poderá deliberar pela locação da área de uso comum na medida em que altera o direito de propriedade.

Não se pode olvidar que a locação impedirá o uso dos condôminos, embora haja fruição.

Se a lei faculta a utilização, a fruição representa alteração da propriedade vinculada às áreas comuns e, consequentemente, torna imprescindível a unanimidade.

O motivo é juridicamente cristalino: uso e fruição não se confundem.

Usar representa utilizar a coisa para a finalidade que foi criada. Fruir (gozar), diferente disso, significa a extração dos frutos da coisa, no caso *sub oculis*, frutos civis (aluguéis).

De fato, a doutrina esposa essa tese.

Interpretando a norma contida no art. 19 da Lei 4.591/1964, ensina João Batista Lopes[96] que, para alteração da forma do uso e destinação das partes comuns, necessariamente deverá haver unanimidade.

Como tratei no item 1.3.10, a alteração da destinação do prédio depende, pela literalidade do art. 1.351 do Código Civil, de 2/3 dos votos dos condôminos.

Nada obstante, entendo que tal disposição, impondo à minoria a alteração de um dos atributos do seu direito de propriedade (o uso), sem consentimento, não é compatível com o art. 5º, XXII, da Constituição Federal, que, como subprincípios, garante a conservação do seu conteúdo e a compensação do seu valor em razão de posição estática decorrente da publicidade registral.

Sendo assim, a alteração do art. 1.351 do Código Civil, pela Lei 14.405 de 12.07.2022, é absolutamente inconstitucional para admitir alteração, por exemplo, de finalidade residencial para finalidade comercial, sendo admissível, entretanto, para alterar a finalidade de áreas comuns, como, por exemplo, uma brinquedoteca em academia de ginástica.

Outra questão, não menos importante, inevitavelmente surge na hipótese de a convenção permitir a locação e estipular *quorum* diferente da unanimidade para a deliberação acerca da locação ou, até mesmo, a desnecessidade de assembleia.

Seria válida essa norma?

Por evidente que não.

A convenção, assim como a assembleia, deve respeito à lei e, pelas razões retroapontadas, dispositivo convencional nesse sentido é nulo de pleno direito em virtude da absoluta incompatibilidade com os arts. 1.336 e 1.342 do Código Civil.

A exceção da necessidade de voto unânime para a locação e vedação de inclusão da matéria nas convenções existe e se liga aos condomínios complexos, com partes destinadas, desde logo, na especificação, à exploração de serviços, como sói ocorrer naquelas edificações que contam com restaurantes e outros serviços e espaços previstos na convenção e que, por esta razão, poderão ser locados mediante autorização de assembleia e voto da maioria simples dos condôminos presentes que poderão preferir, também, outra modalidade de exploração dos referidos serviços, diferente da locação dos espaços a eles destinados, como, por exemplo, mediante gestão própria.

E se a convenção vedar a locação das partes comuns?

Nesse caso, será necessária a alteração da convenção, respeitadas formalidades legais e o quórum mínimo de dois terços do art. 1.351 do Código Civil.

Por óbvio que essa alteração não poderá estipular, sob pena de nulidade, outra forma de aprovação da locação senão pela unanimidade.

---

[96] João Batista Lopes, *Condomínios*, 6ª ed., São Paulo: Editora Revista dos Tribunais, 1998, p. 173.

É que, podendo a convenção ser alterada por dois terços dos condôminos, seria forma oblíqua de conseguir aquilo que diretamente seria impossível.

De qualquer modo, suprimida a proibição, ou substituída por norma permissiva, a posterior deliberação acerca da locação da parte comum dependerá de assembleia e de voto da totalidade dos condôminos.

Nada obstante essas razões, o Tribunal de Justiça de São Paulo já admitiu o quórum de dois terços de todos os condôminos (não só dos presentes), para a referida locação, o que fez nos seguintes termos:

> **Tribunal de Justiça de São Paulo.** *Condomínio. Assembleia Geral Extraordinária. Ação de anulação. Decisão por 2/3 dos condôminos de locar o topo do prédio para colocação de antena de telefonia celular. Suficiência de quórum, porque não alterada destinação da área comum. Alegação de que a decisão feriu a Convenção Condominial e que representa alteração da finalidade da área comum. Alegação, ademais, de prejuízo ao funcionamento de eletroeletrônicos, afastada. Prejuízo, igualmente, à saúde dos condôminos e moradores em decorrência do funcionamento do equipamento. Questão nova, não suscitada na petição inicial. Demonstração, de todo modo, suficiente de que a radiação não causa nenhuma nocividade. Sentença de improcedência mantida (Apelação n° 0030205-08.2006.8.26.0000 (457.765.4/3-00), Voto 16.918, j. 14.02.2012).*

Nesse caso, adotou-se a lição de João Nascimento Franco, para quem basta a deliberação tomada por dois terços dos condôminos.[97]

Entendeu-se, também, que a instalação da pretensa antena de telefonia celular mediante locação do teto do edifício não é prejudicial ao uso dos moradores na medida em que *a ele não têm acesso como moradores, seja porque não os impede de livre acesso e uso de suas unidades privativas.*

A decisão se fundou na vetusta distinção trazida à colação por Carlos Maximiliano quanto aos atos de administração e aos atos de disposição nos condomínios, sendo que apenas para estes é necessária a unanimidade.

Todavia, trata-se de aplicação restrita ao condomínio geral e, demais disso, por evidente, sem observância do Código Civil de 2002.

Eis a lição: *Atos de administração referem-se ao aproveitamento e à conservação do objeto da copropriedade e são efeitos transitórios; não extinguem, modificam ou transmitem uma relação jurídica que afete a essência da coisa comum; visam o melhor uso e gozo da mesma e lhe aumentam a utilidade: por exemplo, instalar água, luz e gás, segurar contra incêndio. Consideram-se atos de disposição os que atingem diretamente um direito ou relação jurídica, extinguindo-os, modificando-os, transmitindo-os. Autoriza os atos de administração a maioria dos compartes; para os de disposição é indispensável a unanimidade. Gaio assim doutrinou: "Nenhum dos consortes pode alienar mais do que a sua parte, ainda que seja condôminos dos bens todos...".*[98]

Essa era a noção da década de cinquenta do século passado, em que sequer era cogitada a possibilidade, por exemplo, de acesso de pessoas estranhas ao condomínio, o que de resto é evidente com a deambulação de estranhos, funcionários do locatário, afastando-se, outrossim, completamente, da finalidade da edificação que no mais das vezes não conta com previsão de locação de área comum.

Nesse ponto mais uma importante razão para sustentar a unanimidade.

Ora, se a área não foi inicialmente especificada com esta destinação – a locação –, a iniciativa deve ser tomada por todos os condôminos pois afeta o seu direito de propriedade.

---

[97] J. Nascimento Franco, *Condomínio...* ob. cit., p. 214.

[98] Carlos Maximiliano, *Condomínio terras, apartamento e andares perante o direito*, 4ª ed., Rio de Janeiro: Freitas Bastos, 1956, p. 40 e 41.

Não é demais lembrar que houve alteração do art. 1.331, § 1º, do Código Civil pela redação dada pela Lei 12.607, de 2012, para proibir, salvo expressa permissão da Convenção, até a locação de vagas de garagens a estranhos.

A *mens legis* (intenção da lei) é evidente: impedir o acesso de estranhos, interferindo na segurança dos condôminos (Código Civil, art. 1.336, IV) e na vida condominial.

Assim, podemos concluir que:

a) é possível a locação das áreas comuns, inclusive da laje de cobertura para instalação de antenas de telefonia celular;

b) essa locação deve ser deliberada em assembleia por decisão da totalidade (unanimidade) dos condôminos (100% das frações), salvo abuso de direito e suprimento judicial da vontade (Código Civil, art. 187); e,

c) a convenção não poderá, sob pena de nulidade, estipular forma e, tampouco, quórum diverso, salvo nos condomínios complexos com especificação no memorial de incorporação e respectiva convenção de áreas destinadas a locação ou prestação de serviços.

1.3.26. O dano, furto ou roubo de bens dos condôminos

Se houver dano, furto ou roubo de bens no interior do condomínio, surge a questão da sua responsabilidade pelo ressarcimento.

O assunto é tratado exaustivamente pela jurisprudência, que vislumbra duas hipóteses:

a) a convenção dispõe acerca da responsabilidade, admitindo-a ou excluindo-a;

b) a convenção não estabelece essa responsabilidade.

Nesse sentido, se a convenção dispõe acerca da responsabilidade do condomínio, admitindo-a ou excluindo-a (cláusula de não indenizar), deve ser respeitada *in integrum*:

Tribunal de Alçada de Minas Gerais. *Responsabilidade civil – condomínio – garagem – convenção – cláusula contratual – veículo – dano. É válida a cláusula de não indenizar convencionada pelos próprios condôminos, exonerando o condomínio de qualquer responsabilidade por danos causados a veículo no interior da garagem do edifício (Apelação nº 224.418-8/00, origem: Juiz de Fora, 4ª Câmara Cível, j. 06.11.1996, relatora: Juíza Maria Elza, decisão: unânime).*

Superior Tribunal de Justiça. *Condomínio de apartamentos. Danos sofridos por veículos. Responsabilidade. Convenção. Prevendo a convenção que o condomínio não é responsável pelos danos sofridos por veículos estacionados na garagem do prédio, não é admissível, em caso de furto, pleitear-se indenização, porque lícita a cláusula de não indenizar. Precedentes da 3ª Turma do STJ: Recursos Especiais nº 10.285 e nº 13.027. Recurso especial não conhecido. Rel. Ministro Nilson Naves. Observação: Por unanimidade, não conhecer do recurso especial. Veja: Recurso Especial nº 6.584, Recurso Especial nº 8.977, Recurso Especial nº 10.285, Recurso Especial nº 13.027 (STJ). Sucede: Recurso Especial nº 45.565-SP, decisão: 24.05.1994, Diário da Justiça: 13.06.1994, p. 15.107, RSTJ, volume 67, p. 457 (Acórdão 00034255, decisão: 29.03.1993, Recurso Especial nº 31.124, ano: 92, SP, 3ª Turma, publicação: Diário da Justiça, 17.05.93, p. 9.334).*

Superior Tribunal de Justiça. *Condomínio. Furto. Dever de indenizar. O dever de indenizar imposto ao condômino por dano sofrido pelo condomínio há que decorrer da inequívoca demonstração de culpa daquele por ato de seu preposto. A mera alegação de insuficiência de dispositivos de segurança não enseja a responsabilidade do condomínio, que, aliás, poderá ser afastada em cláusula de não indenizar aposta na convenção. Recurso não conhecido. Rel. Ministro Cláudio Santos. Observação: por unanimidade, não conhecer do recurso especial (Acórdão nº 00008368, decisão: 22.08.1995, Recurso Especial nº 45.902, ano: 1994, SP, 3ª Turma, Publicação: Diário de Justiça: 09.10.1995, p. 33.548).*

Tribunal de Justiça do Distrito Federal. *Furto em apartamento. Responsabilidade do condomínio. Existência de dano. Valor. Sendo incontroverso que houve a violação de um apartamento, é indiscutível a ocorrência de dano presumível pelo estado de completo desalinho das dependências da unidade residencial, atestado por laudo pericial oficialmente produzido. Para a indenização do condômino lesado não é fundamental a* *indicação do valor do dano, que pode ser definido em liquidação do julgado. Por tais danos responde o condomínio se de sua convenção não consta a cláusula de não indenizar e a violação se devera à desídia de seus prepostos, encarregados da vigilância e segurança do edifício. Decisão: Dar-se provimento por maioria, vencido o relator. Redigirá o acórdão o revisor. Referências Legislativas: Código de Processo Civil, art. 333, I; art. 1.521, III (...) – Doutrina: Tratado de Direito Privado, Pontes de Miranda (Apelação Cível nº 35.265/95-DF, Acórdão nº 88.785, j. 13.09.1996, 2ª Turma Cível, Rel. Desembargador Joazil Gardés. Relator designado: Desembargador Natanael Caetano. Publicação: Diário da Justiça – Seção II / Seção III, 23.10.1996, p. 19.040).*

Tribunal de Justiça do Distrito Federal. *Civil – condomínio – furto – responsabilidade expressamente estabelecida na convenção do condomínio – dever de indenizar. Existente na convenção cláusula que expressamente estabeleça a responsabilidade do condomínio a respeito do controle e vigilância do edifício recai sobre o mesmo o dever de indenizar quando da ocorrência de furto em suas dependências. Decisão: Conhecer da apelação e prove-la, unânime (Apelação Cível nº 36.686/95-DF, Acórdão nº 83.528, j. 04.12.1995, 5ª Turma Cível, Rel. Desembargador Dácio Vieira, publicação: Diário da Justiça – Seção II / Seção III, 17.04.1996, p. 5.601).*

Tribunal de Justiça do Distrito Federal. *Civil e processual civil – furto de bicicleta em garagem de edifício residencial – responsabilidade do condomínio não configurada – cláusula de não indenizar expressa em convenção – validade – preliminar de cerceio de defesa pelo julgamento antecipado da lide – rejeitada – alegação de litigância de má-fé afastada – provimento parcial do recurso. Incorre cerceamento de defesa pelo julgamento antecipado da lide se presentes as condições que ensejam o conhecimento direto do pedido. A regra contida no art. 330 do CPC [atual art. 295] é cogente. Estando o processo em condições de receber sentença é dever do juiz prolatá-la desde logo. Existindo na convenção condominial cláusula de não indenizar, não cabe pedido de indenização por furto de bicicleta ocorrido nas dependências do edifício. Verificada a inexistência de elementos que indicam a litigância de má-fé impõe-se o afastamento da pena imposta a este título. Decisão. Conhecer da apelação, rejeitar as preliminares. No mérito, dar parcial provimento. Unânime (Apelação Cível nº 36.550/95-DF, Acórdão nº 83.113, j. 30.11.1995, 5ª Turma Cível, Rel. Desembargador Dácio Vieira, publicação: Diário da Justiça – Seção II / Seção III, 02.04.96, p. 4.777).*

Tribunal de Justiça do Distrito Federal. *Responsabilidade civil. Condomínio. Furto de peças e danificação de veículo em área privativa de estacionamento. Ausência, na convenção, de cláusula excludente de indenizar. Negligência na vigilância não contestada. Inexistindo cláusula excludente na convenção, que é lícita, incumbe ao condomínio exercer a vigilância dos veículos deixados em local privativo destinado à sua guarda, devidamente cercado, gradeado e demarcado, com entrada e saída por portão eletrônico acionado mediante controle remoto. Para isso pode contratar, diretamente, empregados, ou os serviços de empresa especializada em vigilância. Se a vigilância lhe compete diretamente, e é bem exercida, não há responsabilidade sua. Se não o é, há. A prova de culpa segue a regra geral, ou seja, deve ser feita pela vítima do dano. No caso, não contestou o condomínio a omissão do vigia noturno contratado especificamente para a guarda dos veículos, restando, assim, por força do art. 302, caput, in fine, do CPC [atual art. 341], incontroversa a negligência no exercício da vigilância, a caracterizar a responsabilidade civil. Decisão: Negar provimento. Unânime. Referências Legislativas – Lei 4.591/64, art. 22, § 1º, letra b (Apelação Cível nº 37.775/95-DF, Acórdão nº 82.453, j. 18.12.1995, 3ª Turma Cível, Rel. Desembargador Mário Machado, publicação: Diário da Justiça – Seção II / Seção III, 13.03.1996, p. 3.378).*

Há decisão do Tribunal de Justiça de São Paulo que admitiu a indenização mesmo com a existência da cláusula de não indenizar, em face de haver sistema pago de vigilância no edifício, o que elidiria a precitada cláusula:

Tribunal de Justiça de São Paulo. *Indenização. Furto de motocicleta. Responsabilidade do condomínio. Caracterização. Fato que se verificou no interior da garagem do edifício. Irrelevância da cláusula de não indenizar. Sistema de segurança pago. Recurso provido (Apel. Cív. nº 251.102-1, Mogi das Cruzes, 7ª Câmara de Direito Privado, Rel. Sousa Lima, 22.05.1996, maioria de votos).*

Por outro lado, se a convenção não estabelece a responsabilidade do condomínio e não estabelece cláusula de não indenizar, duas são as soluções.

Alguns julgados, em consonância com este último que mencionamos, sustentam que a existência de segurança ostensiva no edifício, contratação de serviços específicos, sofisticados sistemas de alarme, existência de funcionário encarregado da vigilância impõem ao condomínio o dever de indenizar independentemente da existência de culpa.

Não entendemos que a simples existência de equipamentos e funcionários de segurança tenha o condão de estabelecer a socialização dos prejuízos no condomínio edilício e a responsabilidade.

Por outro lado, entendemos, na esteira de judiciosos julgados, que o dever de indenizar decorre da prova da culpa do preposto, ou seja, do funcionário do condomínio ou terceiro contratado, especialmente aquele encarregado do controle de entrada no edifício.

Assim, restando demonstrada a negligência, imprudência ou imperícia dos prepostos, ainda que não haja obrigação convencional expressa de indenizar, já se entendeu que o condomínio responde pelos prejuízos.

Tribunal de Justiça de São Paulo. *Indenização – Danos materiais e morais – Prejuízos decorrentes de furto/ roubo sofrido em unidade de uso exclusivo de condômino. Alegação de negligência de Condomínio com a segurança do local. Não configuração – Conduta ilícita inexistente. Na falta de regulamentação sobre a responsabilidade do condomínio, compete à parte comprovar a existência de dolo ou culpa em conduta de preposto para a caracterização do ilícito passível de indenização – Ausência de nexo causal entre qualquer conduta comissiva ou omissiva dos requeridos e os danos suportados pela autora – Sentença de improcedência mantida Recurso não provido (Apelação 0004667-55.2009.8.26.0344, Rel. Moreira Viegas, Comarca: Marília, 5ª Câmara de Direito Privado, j. 31.10.2012).*

Não que se exija um aparato maior que o normal.

Tampouco se prega que o condomínio oriente seus prepostos a travar tiroteios com marginais armados.

Na verdade, o que não se admite é a negligência que se tem verificado pela inobservância dos mais comezinhos princípios no controle de quem entra e sai do edifício.

Nesse sentido, sem dúvida, diz-se que há culpa *in vigilando* (daquele que vigiou mal) e *in eligendo* (daquele que escolheu mal seus empregados) do condomínio, que deve responder pelos prejuízos.

Dirão alguns que a solução alvitrada é injusta, vez que entre os condôminos não existe oposição, mas uma comunhão de interesses.

Entretanto, a contratação e orientação de funcionários e a forma de administração do condomínio decorrem da deliberação de todos os condôminos, ou, pelo menos, lhes é dada a oportunidade de deliberar a respeito por meio de modificação da convenção, eleição do síndico etc.

Assim, o prejuízo experimentado por um dos condôminos, decorrente da deliberação falha de todos, por todos deve ser suportado, operando-se a socialização interna dos prejuízos.[99]

---

[99] **Tribunal de Justiça de São Paulo.** *Condomínio. Furto de veículo estacionado na garagem do edifício – indenização devida – Culpa in vigilando – Convenção de condomínio que concede ao síndico poderes para zelar pela segurança dos moradores do prédio e do edifício (ato de gestão) a teor do disposto no art. 22, § 1º, da Lei 4.521/64 (Apel. Cív. 28.728-4, São Paulo, 7ª Câmara de Direito Privado, Rel. Júlio Vidal, 22.04.1998, maioria de votos).*
Tribunal de Justiça de São Paulo. *Indenização. Responsabilidade civil. Furto de automóvel em garagem de condomínio. Edifício dotado de rígido controle de segurança a fim de salvaguardar o patrimônio dos moradores, donde se infere ter assumido o condomínio a obrigação de guarda. Presunção de culpa decorrente do inadimplemento. Presumida, ainda, a culpa dos prepostos do condomínio, contratados perante terceiros. Recurso parcialmente provido para decretar a procedência do pedido pertinente aos danos materiais (Apel. Cív. 282.345-1, São Paulo, 2ª Câmara de Direito Privado, Rel. Vasconcellos Pereira, 17.06.1997, votação unânime).*
Tribunal de Justiça de São Paulo. *Indenização. Responsabilidade civil. Furto de motocicleta da garagem de condomínio. Fato demonstrado e decorrente de falha no sistema de segurança existente. Condomínio que responde pelos danos causados por culpa de seu preposto. Ação procedente. Recurso não provido (Apel. Cív. 244.951-1, Ribeirão Preto, 1ª Câmara de Férias A de Direito Privado, Rel. Ricardo Feitosa, 1º.03.1996, votação unânime).*
Tribunal de Justiça de São Paulo. *Responsabilidade Civil. Furto de toca-fitas em veículo estacionado na garagem de condomínio. Não cabimento. Ausência de empregado com função específica de vigiar a garagem, bem como de cláusula da convenção condominial que determine o ressarcimento. Preliminar*

Ressalva-se, todavia, posição do STJ segundo a qual a indenização, em qualquer hipótese, depende de cláusula expressa na Convenção que a justifique e, ainda, que o roubo com arma de fogo exclui a responsabilidade do condomínio:

Superior Tribunal de Justiça. *Agravo Regimental no Agravo em Recurso Especial. Responsabilidade do condomínio por furto em área comum. Necessidade de previsão expressa na convenção de condomínio. Ausência da convenção ou regimento interno do condomínio. Agravo regimental a que se nega provimento. 1. Ausente a Convenção de Condomínio, ou Regimento Interno do mesmo, inviável aferir se há previsão expressa de responsabilidade nos casos de furto em área comum. A presença da cláusula é condição para a responsabilização do condomínio nos termos da jurisprudência pacífica desta Corte. Precedentes. 2. Agravo regimental a que se nega provimento (AgRg no AREsp 9.107/MG, Rel. Min. Luis Felipe Salomão, 4ª Turma, j. 18.08.2011, DJe 24.08.2011).*

Superior Tribunal de Justiça. *Processual civil. Agravo interno no recurso especial. Embargos declaratórios. Ausência de vício. Assalto em condomínio. Emprego de arma de fogo. Exclusão da responsabilidade. Decisão mantida. (...) 3. Caracterizado o fortuito externo pelo emprego de arma de fogo no roubo realizado nas dependências do condomínio, afasta-se o nexo causal pretendido pelo recorrente, conforme a jurisprudência do STJ. 4. Agravo interno a que se nega provimento (AgInt no REsp 1.528.112/SP, Rel. Min. Antonio Carlos Ferreira, Quarta Turma, j. 04.09.2018, DJe 13.09.2018).*

A par dessas decisões, ousamos, pelas razões já expendidas, sustentar que, além da culpa *in vigilando* e *in elegendo*, os prejuízos devem ser sempre socializados na ausência de cláusula de não indenizar, desde que o condômino por sua própria incúria não seja responsável pelo infortúnio.

Na verdade, mesmo havendo emprego de ameaça ou violência, não seria jurídico que, por exemplo, uma unidade roubada ou furtada "por azar" fosse a única a suportar o prejuízo.

O condomínio poderá livrar-se da responsabilidade desde que prove que a culpa foi exclusivamente do condômino, por exemplo, permitindo a entrada de pessoas que, ao depois, cometeram furtos ou roubos no interior do edifício, caso em que a responsabilidade será exclusiva desse condômino que, inclusive, deverá indenizar o seu par lesado:

Primeiro Tribunal de Alçada Civil de São Paulo. *Responsabilidade civil – condomínio – furto de moto da garagem do edifício por rapaz que dizia ser amigo da família da corré, que ao ser consultada pelo porteiro, consentiu que subisse ao seu apartamento – culpa do porteiro não demonstrada – responsabilidade do condomínio inexistente – indenizatória improcedente – recurso provido – voto vencido (Apelação Cível nº 189.386-2/00, origem: São Paulo, 7ª Câmara, j. 24.03.1993, Rel. Sousa Lima. Decisão: Por maioria).*

No caso de furto no interior das unidades autônomas, a conclusão é a mesma, conforme se observa das decisões abaixo do Segundo Tribunal de Alçada Civil de São Paulo:

Condomínio – responsabilidade civil – indenização – furto no interior de apartamento – prova hábil de propriedade dos bens – não demonstração – cláusula convencional – inexistência – inadmissibilidade. Não há que se falar em responsabilidade do condomínio quanto aos bens furtados no interior de apartamento, se inexiste cláusula convencional a respeito, e não há prova hábil de propriedade dos bens. Apelação com revisão nº 517.729 – 2ª Câmara, Rel. Juiz Gilberto dos Santos, j. 16.03.98. Referências: J. Nascimento Franco, Condomínio, Editora Revista dos Tribunais, 1997, p. 58. Biasi Rugiero – in artigo publicado no jornal O Estado de S. Paulo, de 17.05.91. Condomínio – responsabilidade civil – indenização – furto ocorrido em apartamento – prova bastante da subtração dos bens – responsabilidade decorrente de culpa, não seu dever de guarda – admissibilidade – Inexistindo o dever de guarda do condomínio, expressamente assumido em convenção

---

rejeitada. Recurso provido (Apel. Cív. 18.818-4, São Paulo, 10ª Câmara de Direito Privado, Rel. Roberto Stucchi, 19.05.1998, votação unânime).
Tribunal de Justiça de São Paulo. *Indenização. Responsabilidade civil. Condomínio. Furto de motocicleta na garagem. Inexistência de equipamentos ou estrutura de segurança adequados. Obrigação de guarda e vigilância não prevista em convenção condominial. Responsabilidade objetiva inocorrente. Culpa subjetiva não evidenciada. Ação improcedente. Apelação não provida (Apel. Cív. 251.409-1, São José dos Campos, 2ª Câmara de Direito Privado, Rel. Correia Lima, 14.05.1996, votação unânime).*

ou deliberação assemblear regular, pelos bens dos condôminos que se achem nas respectivas unidades autônomas, a responsabilidade daquele pela reparação dos danos em razão de furto deles, só emerge se ficar comprovado que concorreu, por ação ou omissão, para sua verificação, agindo culposamente, por si ou por preposto seu (Apel. c/ rev. nº 519.648, 1ª Câm., Rel. Juiz Vieira de Moraes, j. 13.04.98. Referências: Sistema Juis – Jurisprudência Informatizada Saraiva – CD nº 11/1º Trimestre/98; Recurso Especial nº 9.191, 4ª Turma, Rel. Ministro Barros Monteiro, j. 10.09.1991, Diário de Justiça da União: 30.09.1991, p. 13.491; Recurso Especial nº 20.303, 4ª Turma, Rel. Ministro Sálvio de Figueiredo, j. 26.05.1992, Diário de Justiça da União: 31.08.1992, p. 13.650 (RSTJ 39/555); Recurso Especial nº 36.968, 4ª Turma, Rel. Ministro Sálvio de Figueiredo, j. 22.03.1994, Diário de Justiça da União, 18.04.1994, p. 8.501; Recurso Especial nº 45.902, 3ª Turma, Rel. Ministro Cláudio Santos, j. 22.08.1995, Diário de Justiça da União: 09.10.95, p. 33.548; Apel. Cív. nº 228.293, SP, 7ª Câm. Cív. do Tribunal de Justiça, Rel. Leite Cintra, j. 16.08.1995, votação unânime).

1.3.27. Condomínio e Código de Defesa do Consumidor

Mister se faz ressaltar que, para aplicação do Código de Defesa do Consumidor, de acordo com o critério objetivo e legal, faz-se imprescindível a presença concomitante do consumidor e do fornecedor, definidos nos arts. 2º e 3º da Lei 8.078/1990:

Art. 2º Consumidor é toda pessoa física ou jurídica que adquire ou utiliza produto ou serviço como destinatário final.

Parágrafo único. Equiparam-se a consumidor a coletividade de pessoas, ainda que indetermináveis, que haja intervindo nas relações de consumo.

Art. 3º Fornecedor é toda pessoa física ou jurídica, pública ou privada, nacional ou estrangeira, bem como os entes despersonalizados, que desenvolvem atividades de produção, montagem, criação, construção, transformação, importação, exportação, distribuição ou comercialização de produtos ou prestação de serviços.

§ 1º Produto é qualquer bem, móvel ou imóvel, material ou imaterial.

§ 2º Serviço é qualquer atividade fornecida no mercado de consumo, mediante remuneração, inclusive as de natureza bancária, financeira, de crédito e securitária, salvo as decorrentes das relações de caráter trabalhista.

A teoria objetiva define o consumidor como aquele que ocupa a posição final na cadeia distributiva, à qual, pela análise do art. 2º, da Lei de Consumo, percebe-se filiar o legislador pátrio ao exigir que seja destinatário final como um dos aspectos restritivos.

O consumidor, portanto, seja pessoa física ou jurídica, é aquele que, como destinatário final, adquire produto, utiliza serviço ou atividade do fornecedor.

Assim, aquele que adquire um automóvel para uso próprio, mesmo em caso de pessoa jurídica, será destinatário final, e, portanto, consumidor.

A loja revendedora de automóveis não é consumidora na exata medida em que adquire veículos para revenda.

Entretanto, no mesmo caso, se a loja revendedora de automóveis adquire um veículo da fábrica para utilização na sua atividade, para servir os vendedores externos, por exemplo, será consumidora nos termos da lei de consumo.

Segundo a doutrina maximalista, o Código de Defesa do Consumidor é texto legal que normatiza as relações de consumo de acordo com a definição legal de consumidor.

Este pode ser consumidor ou fornecedor de acordo com a sua posição na relação jurídica de consumo, assim identificada de acordo com o critério objetivo do destinatário final.

Essa tendência é prevalente na jurisprudência, inclusive em razão de ser este o pensamento orientador da elaboração do projeto pelo Conselho Nacional de Defesa do Consumidor do Ministério da Justiça, datado de 1989.

Tal posição reflete a aplicação do texto dos arts. 2º e 3º do Código de Defesa do Consumidor, sendo, outrossim, adequada à finalidade da lei.

Sendo assim, tratando-se de relação entre condomínio e condômino, não existe relação de consumo, vez que não há um fornecedor e um consumidor de acordo com a definição legal.[100]

Há, sim, uma comunhão de interesses.

Entretanto, a relação que se estabelece entre o condomínio e a administradora, aquela que presta serviços elaborando os balancetes, controlando as contas, enfim, administrando o condomínio, é relação de consumo na exata medida da adequação aos conceitos de fornecedor e consumidor dos arts. 2º e 3º da Lei 8.078/1990; igualmente na relação entre o condomínio e a construtora.[101]

É fato que o condomínio, representado pelo síndico, utiliza os serviços da administradora como destinatário final e, assim, é consumidor nos termos do *caput* do art. 2º da Lei 8.078/1990.

Por outro lado, também é verdade que a administradora de condomínio presta esse serviço de forma remunerada e reiterada de tal sorte que se amolda ao conceito de fornecedora.

Fecha-se assim o conceito de relação de consumo nos polos e no objeto da relação jurídica que se estabelece entre o condomínio e a administradora.

1.3.28. O seguro da edificação

O seguro contra incêndio ou outro sinistro que cause destruição no todo ou em parte é obrigatório nos termos do artigo 13 da Lei 4.591/1964[102] e do artigo 23 do Decreto

---

[100] Nesse sentido: AgRg no REsp 1096723/PR, Rel. Ministro Marco Buzzi, Quarta Turma, j. 07.04.2015, *DJE* 14.04.2015; AgRg no AREsp 506687/DF, Rel. Ministra Maria Isabel Gallotti, Quarta Turma, j. 05.02.2015, *DJE* 20.02.2015; REsp 860064/PR, Rel. Ministro Raul Araújo, Quarta Turma, j. 27.03.2012, *DJE* 02.08.2012; AgRg no Ag 1122191/SP, Rel. Ministro Luis Felipe Salomão, Quarta Turma, j. 22.06.2010, *DJE* 01.07.2010; RMS 017605/GO, Rel. Ministra Eliana Calmon, Segunda Turma, j. 15.06.2010, *DJE* 24.06.2010.

[101] **Superior Tribunal de Justiça**. Recurso especial. Consumidor e processual civil. Demanda envolvendo condomínio de adquirentes de unidades imobiliárias e a construtora/ incorporadora. Patrimônio de afetação. Relação de consumo. Coletividade de consumidores. Possibilidade de inversão do ônus da prova. Distribuição dinâmica do ônus probatório. Precedentes do STJ. 1. Polêmica em torno da possibilidade de inversão do ônus da prova para se atribuir à incorporadora demandada a demonstração da destinação integral do produto de financiamento garantido pela alienação fiduciária de unidades imobiliárias na incorporação em questão (patrimônio de afetação). 2. Aplicabilidade do Código de Defesa do Consumidor ao condomínio de adquirentes de edifício em construção, nas hipóteses em que atua na defesa dos interesses dos seus condôminos frente a construtora/incorporadora. 3. O condomínio equipara-se ao consumidor, enquanto coletividade que haja intervindo na relação de consumo. Aplicação do disposto no parágrafo único do art. 2º do CDC. 4. Imposição de ônus probatório excessivamente complexo para o condomínio demandante, tendo a empresa demandada pleno acesso às provas necessárias à demonstração do fato controvertido. 5. Possibilidade de inversão do ônus probatório, nos termos do art. 6º, VIII, do CDC. 6. Aplicação da teoria da distribuição dinâmica do ônus da prova (art. 373, § 1º, do Novo CPC). 7. Precedentes do STJ. 8. Recurso especial provido (REsp 1560728/MG, Rel. Ministro Paulo de Tarso Sanseverino, Terceira Turma, j. 18.10.2016, *DJe* 28.10.2016).

[102] Art. 13. Proceder-se-á ao seguro da edificação ou do conjunto de edificações, neste caso, discriminadamente, abrangendo todas as unidades autônomas e partes comuns, contra incêndio ou outro sinistro que cause destruição no todo ou em parte, computando-se o prêmio nas despesas ordinárias do condomínio. Parágrafo único. O seguro de que trata este artigo será obrigatoriamente feito dentro de 120 (cento e vinte) dias, contados da data da concessão do "habite-se", sob pena de ficar o condomínio sujeito à multa mensal equivalente a um doze avos do imposto predial, cobrável executivamente pela Municipalidade.

61.867/1967.[103] Caso este seguro não seja efetuado, há multa mensal de 1/12 avos do imposto predial cobrado pela Prefeitura Municipal.

Segundo o Código Civil:

> *Art. 1.346. É obrigatório o seguro de toda a edificação contra o risco de incêndio ou destruição, total ou parcial.*
>
> *(...)*
>
> *Art. 1.348. Compete ao síndico:*
>
> *(...)*
>
> *IX – realizar o seguro da edificação.*

Este seguro abrange não só as partes comuns como também as unidades autônomas. Deve cobrir todo e qualquer risco que possa causar a destruição do prédio e não só o incêndio.

O motivo é simples: há necessidade, em caso de sinistro, da reconstrução total do edifício, o que não seria possível caso fossem excluídas as unidades autônomas.

Se o condomínio for composto por um conjunto de edificações, o contrato de seguro, de acordo com a lei, deve discriminar os edifícios aos quais será atribuído um valor suficiente para a cobertura do sinistro.

Nesse caso, as partes comuns, tais como piscinas, reservatório de água, jardins, *playground*, quadras, churrasqueiras etc., devem dispor de outro seguro rateado pelas unidades totais.

O síndico deve se acautelar e contratar o seguro pelo valor real de reedificação sob pena de, em virtude de uma cláusula constante em quase todas as apólices de seguro – cláusula de rateio – o condomínio se autossegurar pela diferença em caso de sinistro, vez que será recebido menos que o necessário para reconstrução.

Agindo de forma negligente, imprudente ou imperita, o síndico pode ser responsabilizado patrimonialmente e acionado pela diferença, mormente que a ele compete realizar o seguro.

Nada impede que o proprietário, tendo em vista alterações e melhoramentos efetuados na sua unidade, contrate seguro complementar ao obrigatório, que deverá ser efetuado de forma clara, evitando surpresas.

Assim, na apólice de seguro suplementar deve ser discriminada a existência de seguro básico para reposição do tipo de unidade padronizada e das benfeitorias objeto do novo seguro complementar.

Por fim, as unidades adquiridas através de instituição financeira são garantidas por outra apólice, obrigatoriamente contratada por ocasião do financiamento.

Nessa eventualidade, o síndico deveria excluir essas unidades da contratação obrigatória.

Todavia, existem julgados que, de forma percuciente, defendem que o seguro legal deve sobrepor-se àquele do contrato de financiamento imobiliário.

É a nossa posição, vez que o seguro contratual, por força de norma meramente regulamentar, não pode sobrepor-se ao seguro decorrente de lei federal.

De fato, um seguro que se torna obrigatório por força de contrato de financiamento, circunscrito apenas aos danos na unidade, não pode se sobrepor ao seguro legal e obrigatório, que garante a reconstrução de todo o edifício.

Portanto o condômino não poderá se furtar ao pagamento da totalidade da sua quota no seguro legal alegando que sua unidade já se encontra garantida por seguro decorrente de contrato de financiamento bancário do imóvel.

---

[103] Art. 23. O seguro obrigatório garantindo riscos provenientes de danos físicos de causa externa, de acordo com o art. 13 da Lei 4.591, de 16 de dezembro de 1964, relativos a edifícios divididos em unidades autônomas, será contratado pelo valor de reposição.

Ademais, este último seguro garante apenas a unidade e o seguro legal é mais abrangente, vez que garante, além da unidade autônoma, também as áreas comuns.[104]

1.3.29. A solução arbitral dos conflitos no condomínio

A arbitragem pode ser definida como o meio privado e alternativo de solução de conflitos referentes aos direitos patrimoniais e disponíveis por meio do árbitro, que apresentará uma sentença arbitral com força de sentença judicial transitada em julgado (CPC, art. 515, VII).

O árbitro foi equiparado por lei ao juiz para o exclusivo efeito da sentença que prolata, que, por sua vez, não está sujeita a recurso ou a homologação pelo Poder Judiciário nos termos do art. 18 da Lei 9.307/1996.

Por outro lado, é cediço que as relações jurídicas no Condomínio Edilício podem gerar uma série de conflitos, de tal sorte que resta saber se a arbitragem pode ser o meio de solução dessas pendengas.

Vejamos, nesta medida, as espécies de conflitos decorrentes do condomínio edilício e as hipóteses de cabimento da arbitragem:

a) *Conflitos entre o condomínio e os condôminos.*

Os conflitos entre o condomínio e os condôminos podem ser exemplificados, principalmente, pela ausência de pagamento das cotas condominiais a que todo condômino está obrigado, discussões sobre a validade de deliberações e quórum para aprovação de

---

[104] **Tribunal de Alçada Cível do Rio de Janeiro.** *Condomínio – despesas. Seguro obrigatório concorrendo com seguro de mútuo do SFH. O condômino é obrigado a contribuir para as despesas de seguro da edificação mesmo que seja vinculado por contrato de mútuo do SFH. O seguro obrigatório de condomínio decorre de norma imperativa, não podendo concorrer com seguro estipulado em contrato de mútuo, mesmo que regulamentado pelo SFH. O poder regulamentar não pode contrariar disposição de Lei. Seguro. É nulo o contrato se alguém segura a mesma coisa mais de uma vez. A nulidade pode atingir o seguro estipulado no contrato de mútuo não o estabelecido na Lei 4.591/64 (Apel. Cív. nº 34.166, 6ª Câm., unânime, Juiz: Martinho Campos, j. 29.10.85).*
Tribunal de Alçada do Rio Grande do Sul. *Condomínio – despesas com seguro obrigatório de economia de uso privativo do condômino autorizadas pela lei e pela convenção, que não se limitam à contratação de cobertura para incêndio. Cláusulas acessórias de cobertura de outros riscos que possam comprometer a totalidade ou parte da edificação. Sentença de procedência da ação de cobrança das despesas com a realização de seguro pelo condomínio, relativamente a uma das economias, que se confirma. Decisão: negado provimento. Decisão unânime. Recurso nº 184.036.051, 29.08.1984, 3ª Câmara Cível, Rel. Sérgio Pilla da Silva, origem: Porto Alegre.*
Tribunal de Alçada do Rio Grande do Sul. *Condomínio. Seguro obrigatório (art. 13, Lei 4.591/1964, e art. 20, G, Decreto-lei 73/1966). Cabendo ao síndico a responsabilidade respectiva, e sendo obrigatório o seguro, não só das economias autônomas, como das áreas e equipamentos de uso comum do edifício, "pelo valor de reposição", não se poderá eximir do rateio do valor do prêmio o condômino que tenha contratado seguro em separado, de sua unidade autônoma. Máxime quando notificado previamente pelo condomínio para que assim não procedesse. Ação anulatória julgada improcedente e procedente a de cobrança. Recurso do condomínio provido, para majoração da verba honorária. Decisão: dado provimento á primeira. Negado provimento a segunda. Decisão unânime. Recurso: Apelação nº 188.071.211, 05.10.1988, 3ª Câmara Cível, Rel. Elvio Schuch Pinto, origem: Porto Alegre.*
Tribunal de Alçada Cível do Rio de Janeiro. *Condomínio. Apelação Cível nº 9.076/1993, 6ª Câmara, decisão unânime, Juiz: Nilson de Castro Diao, j. 27.09.1993. Seguro de edificação. Obrigatoriedade. Consignação em pagamento colimando excluir a parte relativa ao seguro coletivo. Improcedência. O art. 13 da Lei 4.591/64 estabelece a obrigatoriedade do seguro da edificação, abrangendo todas as unidades autônomas e partes comuns, contra incêndio ou outro sinistro que cause destruição no todo ou em parte computando-se o prêmio nas despesas ordinárias do condomínio. Assim não é lícito ao condômino pretender excluir-se da obrigação de contribuir com a sua parte, sob o pretexto de que contratou, isoladamente, o seguro de sua unidade residencial. Esse seguro particular poderá responder pelo sinistro que atingir aos móveis e utensílios que guarnecem a sua moradia, já que o seguro obrigatório não cobre a indenização, nesse particular.*

matérias em assembleia e conflitos versando acerca da aplicação de sanções, como as multas pela transgressão à lei ou à própria convenção de condomínio.

Antes de se chegar a qualquer conclusão quanto ao cabimento da arbitragem para dirimir os conflitos entre o condomínio e os condôminos, é preciso partir da premissa segundo a qual, para regular a vida entre os condôminos e entre o condomínio e os condôminos, a lei determina a existência de uma norma denominada "convenção de condomínio".

Nesse sentido, importante verificar o teor dos arts. 1.333 e 1.334 do Código Civil, em razão dos quais é possível afirmar que a Convenção é obrigatória para todos os condôminos e, demais disso, pode estipular livremente as cláusulas que, na instituição do condomínio, os interessados quiserem incluir.

Não é demais lembrar, também, que a convenção de condomínio pode ser alterada pelo voto de 2/3 dos condôminos, conforme previsão do art. 1.351 do Código Civil.

Posta assim a questão, nos parece evidente que a convenção pode conter cláusula arbitral e, se contiver, os conflitos entre os condôminos e o condomínio deverão ser dirimidos pela jurisdição arbitral.

Mas poder-se-ia redarguir, afirmando que o condômino que adquire a unidade condominial depois da instituição do condomínio não pode vincular-se à arbitragem, posto que não a pactuou expressamente.

Não é o que pensamos em razão da natureza jurídica da convenção de condomínio.

Embora sua origem seja um pacto subscrito pelos titulares de, no mínimo, 2/3 das frações ideais no momento da instituição do condomínio, não tem natureza contratual, mas, nos termos do que ensina Caio Mário da Silva Pereira, institucional normativa. Em resumo, é um pacto e, daí, o nome "convenção de condomínio", porém, depois de pactuada, assume natureza diversa.

Eis a lição de Caio Mário: "... alguns consideram a convenção uma relação contratual (Serpa Lopes e Campos Batalha). E na sua origem assemelha-se ela, na verdade, a um contrato, porque nasce do acordo de vontades. Mas a sua ligação ao contrato é apenas formal. Na essência, ela mais se aproxima da lei. Com efeito, repete-se com frequência e autoridade que o contrato faz lei entre as partes, pois que quanto a terceiros, é 'res inter alios'. Já o mesmo não se dá com a convenção que desborda dos que participaram de sua elaboração ou de sua votação. Estendendo-se para além dos que a assinaram e seus sucessores e sub-rogados, vai alcançar também pessoas estranhas. Não encontraria, por exemplo, explicação na teoria do contrato uma disposição regulamentar proibitiva do uso do elevador social para subida de certos volumes, pois que uma tal 'cláusula contratual' seria oponível ao signatário da convenção, ao seu sucessor 'inter vivos' ou 'causa mortis', ao seu locatário etc. Mas a um estranho ela não se aplicaria. E, no entanto, obriga. É porque algo mais existe do que uma relação contratual. (...). Dada a sua própria natureza, as regras de comportamento de cada edifício têm sentido normativo. Obrigam aos que compõem aquele condomínio e aos que habitam o edifício ou dele se utilizam, ainda que eventualmente".[105]

Se assim o é, mesmo aqueles que não firmaram a convenção por ocasião da instituição do condomínio, ficam subordinados ao que nela ficou estabelecido, até em razão da ampla possibilidade de consultar o seu teor antes de adquirir a unidade, em função da necessária publicidade que lhe é dada pelo registro no Livro Auxiliar junto ao Cartório de Registro de Imóveis, nos termos do art. 173 da Lei 6.015/1973 (Lei de Registros Públicos).

Neste sentido:

Tribunal de Justiça de Goiás. *Ação ordinária de nulidade. (...). 3 – Quando estipulado na convenção do condomínio, cláusula arbitral, exclui-se a participação do Poder Judiciário, na solução de qualquer controvérsia,*

---

[105] Caio Mário da Silva Pereira, *Condomínio e incorporações*, 10ª ed., Rio de Janeiro: Forense, 1997, p. 125.

eis que as partes firmam, de comum acordo, a competência material para a solução de todas as questões que venham a se originar daquele "negócio jurídico". Apelo conhecido e improvido (Processo: 200700100410, Acórdão: 106919-4/188, j. 31.07.2007, Publicação: 27.08.2007, Rel. Gilberto Marques Filho).

Nessa exata medida, em consonância com as edições anteriores deste livro, decidiu o Superior Tribunal de Justiça:

Civil e Processual Civil. Recurso Especial. Recurso manejado sob a égide do NCPC. Condomínio. Convenção condominial devidamente registrada. Natureza jurídica institucional normativa. Cláusula compromissória arbitral. Novo condômino. Subordinação à convenção. Incompetência do juízo estatal. Doutrina. Precedentes. Recurso especial não provido. (...) 2. A matéria discutida no âmbito da Convenção de condomínio é eminentemente institucional normativa, não tendo natureza jurídica contratual, motivo pelo qual vincula eventuais adquirentes. Diz respeito aos interesses dos condôminos e, como tal, não se trata de um contrato e não está submetida às regras do contrato de adesão. Daí a desnecessidade de assinatura ou visto específico do condômino. 3. Diante da força coercitiva da Convenção Condominial com cláusula arbitral, qualquer condômino que ingressar no agrupamento condominial está obrigado a obedecer às normas ali constantes. Por consequência, os eventuais conflitos condominiais devem ser resolvidos por arbitragem. 4. Havendo cláusula compromissória entabulada entre as partes elegendo o Juízo Arbitral para dirimir qualquer litígio envolvendo o condomínio, é inviável o prosseguimento do processo sob a jurisdição estatal. 5. Recurso especial não provido. (REsp 1733370/GO, Rel. p/ Acórdão Ministro Moura Ribeiro, 3ª Turma, j. 26.06.2018, DJe 31.08.2018.)

Tampouco, pelas razões lançadas por Caio Mário, é necessário o negrito ou a assinatura ou visto específico do condômino, já que não se trata de contrato de adesão.

Igualmente, é possível que inicialmente um condomínio não tenha cláusula arbitral em sua convenção, mas que, depois, os condôminos, pelo voto de 2/3, queiram incluir a possibilidade de arbitragem mediante alteração da convenção condominial.

Neste caso, todavia, como ninguém pode ser compelido à solução arbitral, a alteração exigirá a unanimidade.

Em outras palavras, em regra, a alteração da convenção pode ser feita pelo voto de 2/3 (Código Civil, art. 1.351). Entretanto, como ninguém pode ser compelido a se submeter à arbitragem, a alteração destinada à inclusão da cláusula arbitral deverá ser levada a efeito por todos os condôminos.

Por fim, mesmo que não haja qualquer previsão na convenção, é evidente que o condomínio e o condômino poderão firmar compromisso arbitral, levando o conflito à decisão de um árbitro.

b) *Conflitos entre os condôminos.*

Havendo previsão na convenção, os conflitos entre os condôminos decorrentes do convívio condominial deverão ser dirimidos no âmbito da arbitragem, sem prejuízo de cláusula escalonada prevendo, antes, a conciliação ou a mediação nos termos da Lei 13.140/2015, quer decorrentes de direito de vizinhança, quer em razão de problemas construtivos, notadamente de vazamentos, muito comuns nas unidades em edifícios.

Para tanto, a cláusula arbitral inserta na convenção deve prever expressamente a hipótese, vinculando os condôminos e terceiros nos termos do art. 1.333 do Código Civil.

Não havendo cláusula arbitral na convenção ou, se houver, não for específica quanto a esta matéria, os condôminos poderão eleger a arbitragem em razão de conflitos decorrentes de direitos patrimoniais e disponíveis existentes entre elas, o que farão por meio do compromisso arbitral.

c) *Conflitos entre o condomínio e fornecedores e entre o condomínio e eventual administradora que, nos termos do art. 1.348, § 2º, do Código Civil, for contratada para auxiliar o síndico nas funções administrativas do condomínio.*

Neste caso, como as relações jurídicas obrigacionais decorrerão de contratos autônomos e, no caso da administradora, de contrato de prestação de serviços, não serão atingidos pela cláusula arbitral da convenção de condomínio, hipótese em que a arbitragem dependerá de novo pacto (cláusula arbitral ou compromisso arbitral).

E assim entendemos na medida em que, ainda que a convenção possa atingir terceiros em razão do seu registro, o fornecimento de bens e serviços ao condomínio e a administração do condomínio constituem relações jurídicas laterais, que não são atingidas pelos objetos legalmente tratados pela convenção condominial, que regula a relação entre o condomínio e os condôminos e entre as pessoas que habitam ou ingressam no condomínio.

1.3.30. Acessibilidade nos condomínios

A Lei Brasileira da Inclusão da Pessoa com Deficiência (Lei 13.146, de 6 de julho de 2015) prevê o seguinte:

> *Art. 3º Para fins de aplicação desta Lei, consideram-se:*
>
> *I – acessibilidade: possibilidade e condição de alcance para utilização, com segurança e autonomia, de espaços, mobiliários, equipamentos urbanos, edificações, transportes, informação e comunicação, inclusive seus sistemas e tecnologias, bem como de outros serviços e instalações abertos ao público, de uso público ou privados de uso coletivo, tanto na zona urbana como na rural, por pessoa com deficiência ou com mobilidade reduzida; (...)*
>
> *Art. 47. Em todas as áreas de estacionamento aberto ao público, de uso público ou privado de uso coletivo e em vias públicas, devem ser reservadas vagas próximas aos acessos de circulação de pedestres, devidamente sinalizadas, para veículos que transportem pessoa com deficiência com comprometimento de mobilidade, desde que devidamente identificados.*
>
> *§ 1º As vagas a que se refere o caput deste artigo devem equivaler a 2% (dois por cento) do total, garantida, no mínimo, 1 (uma) vaga devidamente sinalizada e com as especificações de desenho e traçado de acordo com as normas técnicas vigentes de acessibilidade.*
>
> *§ 2º Os veículos estacionados nas vagas reservadas devem exibir, em local de ampla visibilidade, a credencial de beneficiário, a ser confeccionada e fornecida pelos órgãos de trânsito, que disciplinarão suas características e condições de uso. (...)*
>
> *Art. 57. As edificações públicas e privadas de uso coletivo já existentes devem garantir acessibilidade à pessoa com deficiência em todas as suas dependências e serviços, tendo como referência as normas de acessibilidade vigentes.*

Posta assim a questão, dúvidas não pairam de que as adaptações decorrentes da acessibilidade determinadas em lei devem ser respeitadas pelos condomínios, inclusive naqueles antigos, anteriores, na sua instituição, a essas regras, que devem assim se adaptar, levando a efeito as obras necessárias.

Essa é a conclusão dos seguintes arestos:

> *Apelação – ação de obrigação de fazer cumulada com danos morais – condomínio edilício – moradoras portadoras de deficiência – ausência de acessibilidade – danos morais configurados – vagas de garagem – dilação de prazo para realização das obras no local – O Estatuto da Pessoa com Deficiência prevê que as regras de acessibilidade se aplicam às edificações já existentes – rampa de acesso, porta de vidro, rebaixamento dos interfones, vagas de garagem – Dano moral configurado: negligência da síndica e do condomínio para com as autoras, pois mesmo após pedidos de auxílio e mudanças internas, as medidas não foram feitas, além de ter sido negado auxílio dos funcionários – Dilação do prazo para realização das obras na garagem do condomínio. Recurso parcialmente provido (TJSP, Apelação Cível 1021847-76.2016.8.26.0003, Rel. Maria Lúcia Pizzotti, 30ª Câmara de Direito Privado, Foro Regional III, Jabaquara, 3ª Vara Cível, j. 28.02.2018, data de registro 07.03.2018).*
>
> *Condomínio edilício. Obra de acessibilidade. Edificação de rampa de acesso. Morador com capacidade de locomoção reduzida. Instalação que se impõe. Lei federal nº 10.048/2000 c/c artigos 5º e 244 da Constituição*

Federal. Sentença modificada para determinar a adaptação dos acessos, sob pena de multa diária. Danos morais. Ocorrência. Ofensa que atingiu o deficiente físico, que foi tratado com indiferença pelo Condomínio requerido, frente às suas dificuldades de locomoção. Indenização devida. Danos materiais. Inocorrência. Verba indenizatória que não pode ser destinada à cobertura de despesas que a parte teve para atuar em juízo. Recurso provido em parte (TJSP, Apelação Cível 9000248-47.2010.8.26.0037, Rel. Araldo Telles, 10ª Câmara de Direito Privado, j. 13.12.2016).

1.3.31. Normas da ABNT

As normas da ABNT (Associação Brasileira de Normas Técnicas) devem ser observadas pelo condomínio.

Portanto, piscina (que aliás conta com lei especial para regular o seu funcionamento – Lei 14.327/2022), segurança, acessibilidade, equipamentos de uso coletivo como aqueles disponibilizados em salas de ginástica, entre outros aspectos, devem estar de acordo com as normas da ABNT.

Além de eventuais sanções administrativas, inclusive multas decorrentes de legislação municipal, o condomínio poderá responder por eventuais danos experimentados pelos que habitam a edificação, desde que haja nexo de causalidade com a omissão no atendimento das referidas normas.

Nessa medida:

Apelação Cível – Interposição contra sentença que julgou parcialmente procedente ação de indenização por danos morais, materiais e estéticos. Acidente sofrido por menor de idade nas dependências do condomínio. Laudo pericial que se apresenta conclusivo, apontando a falta de conformidade do local com as diretrizes da Associação Brasileira de Normas Técnicas (ABNT). Omissão quanto às normas de segurança que reflete na prática de ilícito, causadora do dano moral. Valor da indenização arbitrado que se afigura adequado, proporcional ao dano e distanciado do enriquecimento indevido. Pedido de minoração rejeitado. Honorários advocatícios majorados em vista do ofício desenvolvido na fase recursal. Aplicação do artigo 85, § 11, do Código de Processo Civil. Sentença mantida (TJSP; Apelação Cível 1017445-92.2018.8.26.0451; Rel. Mario A. Silveira; Órgão Julgador: 33ª Câmara de Direito Privado; Foro de Piracicaba – 4ª Vara Cível; j. 25.08.2022; Data de registro: 25.08.2022).

1.4. CONDOMÍNIO EM MULTIPROPRIEDADE

1.4.1. Características

O Código Civil, nos arts. 1.358-B a 1.358-U, regulamenta o condomínio em multipropriedade.

O art. 1.358-C do Código Civil define o condomínio em multipropriedade nos seguintes termos:

> *[...] multipropriedade é o regime de condomínio em que cada um dos proprietários de um mesmo imóvel é titular de uma fração de tempo, à qual corresponde a faculdade de uso e gozo, com exclusividade, da totalidade do imóvel, a ser exercida pelos proprietários de forma alternada.*

Em suma, trata-se de condomínio especial, estabelecido pelo tempo de uso compartilhado de cada condômino.

A ideia foi de criar condomínio estabelecido em razão da fração de tempo que cada condômino pode usufruir em relação à propriedade, criando um direito real decorrente desse direito, notadamente com a abertura de matrícula para cada fração determinada no ato de instituição do condomínio em multipropriedade.

Essa situação jurídica contará, ainda, com uma convenção e um administrador próprios que não se confundem com a convenção de condomínio e com o síndico do eventual condomínio edilício onde seja estabelecida a multipropriedade em unidades autônomas.

Interessante que, ainda que haja um só titular de todas as frações de tempo em condomínio, as frações de tempo continuam hígidas, de tal sorte que o titular poderá, quando lhe parecer conveniente, alienar as frações de tempo de que dispõe.

Observe-se, contudo, que o instrumento de instituição da multipropriedade pode limitar as frações de titularidade de um único multiproprietário (Código Civil, art. 1.358-H).

Estabelece o art. 1.358-E do Código Civil que as frações de tempo, individualmente consideradas, não podem ser inferiores a 7 (sete) dias seguidos ou intercalados, admitindo-se que cada condômino adquira frações maiores, podendo ser:

I – fixo e determinado, no mesmo período de cada ano;

II – flutuante, caso em que a determinação do período será realizada de forma periódica, mediante procedimento objetivo que respeite, em relação a todos os multiproprietários, o princípio da isonomia, devendo ser previamente divulgado; ou

III – misto, combinando os sistemas fixo e flutuante.

O imóvel contará, nesses termos, com uma matrícula na qual se fará menção à existência das matrículas próprias referentes às frações de tempo (Lei 6.015/1973, art. 176, II, item 6). Portanto, haverá outra matrícula, distinta da matrícula do imóvel onde se estabeleça a multipropriedade, para cada "fração de tempo".

Essa matrícula das frações de tempo servirá aos registros e às averbações dos atos referentes a cada fração, com exceção de fração de tempo destinada à realização de reparos (inciso II do § 1º do art. 1.358-N do Código Civil), cuja menção será feita em cada matrícula de fração de tempo (§ 12 do art. 176 da Lei 6.015/1973), podendo haver atribuição de tempo para reparos ao instituidor da multipropriedade ou descontado dos multiproprietários, proporcionalmente a respectiva fração, salvo reparo emergencial que poderá ser feito durante a fração de qualquer multiproprietário.

1.4.2. Instituição da multipropriedade

A multipropriedade pode ser instituída por testamento ou por escritura pública (Código Civil, art. 108), em que pese a omissão do art. 1.358-F do Código Civil, posto tratar-se, a toda evidência de "direito real de multipropriedade."

Na instituição, além das regras particulares de cada multipropriedade, a divisão das frações de tempo será estipulada uma *convenção específica de condomínio da multipropriedade* que não se confunde com a convenção do eventual condomínio edilício em que se situe e será registrada no livro auxiliar junto ao oficial de registro de imóveis (Lei 6.015/1973, art. 178, III), na qual deverão estar presentes regras sobre (art. 1.358-G do Código Civil):

I – os poderes e deveres dos multiproprietários, especialmente em matéria de instalações, equipamentos e mobiliário do imóvel, de manutenção ordinária e extraordinária, de conservação e limpeza e de pagamento da contribuição condominial;

II – o número máximo de pessoas que podem ocupar simultaneamente o imóvel no período correspondente a cada fração de tempo;

III – as regras de acesso do administrador condominial ao imóvel para cumprimento do dever de manutenção, conservação e limpeza;

IV – a criação de fundo de reserva para reposição e manutenção dos equipamentos, instalações e mobiliário;

V – o regime aplicável em caso de perda ou destruição parcial ou total do imóvel, inclusive para efeitos de participação no risco ou no valor do seguro, da indenização ou da parte restante;

VI – as multas aplicáveis ao multiproprietário nas hipóteses de descumprimento de deveres.

1.4.3. Direitos e obrigações do multiproprietário, inclusive quanto ao pagamento de cota de condomínio edilício

O Código Civil estabelece direitos e obrigações ao multiproprietário que podem ser acrescidos de outros constantes da instituição e da convenção de condomínio específica da multipropriedade.

Assim como no condomínio edilício, são equiparados aos multiproprietários para os direitos e obrigações que decorram da multipropriedade, os *promitentes compradores e os cessionários de direitos relativos a cada fração de tempo*, desde que, obviamente, estejam investidos dos direitos de uso da fração de tempo, aplicando-se, no que diz respeito à cobrança da cota de cada um pela multipropriedade, as considerações há muito consolidadas sobre o condomínio, de tal sorte que o direito efetivo dos equiparados à fração de tempo e o conhecimento pelo administrador da multipropriedade são condições para que responda pelas cotas condominiais do condomínio em multipropriedade.

Posta assim a questão, são direitos básicos dos condôminos multiproprietários e equiparados das frações de tempo de uso do imóvel:

I – usar e gozar, durante o período correspondente à sua fração de tempo, do imóvel e de suas instalações, equipamentos e mobiliário;

II – ceder a fração de tempo em locação ou comodato;

III – alienar (por escritura pública) a fração de tempo, por ato entre vivos ou por causa de morte, a título oneroso ou gratuito, ou onerá-la, devendo a alienação e a qualificação do sucessor, ou a oneração, ser informadas ao administrador;

IV – participar e votar, pessoalmente ou por intermédio de representante ou procurador, desde que esteja quite com as obrigações condominiais, em:

a) assembleia geral do condomínio em multipropriedade, e o voto do multiproprietário corresponderá à quota de sua fração de tempo no imóvel;

b) assembleia geral do condomínio edilício, quando for o caso, e o voto do multiproprietário corresponderá à quota de sua fração de tempo em relação à quota de poder político atribuído à unidade autônoma na respectiva convenção de condomínio edilício.

Ressalte-se que o direito de alienar e gravar deve ser informado ao administrador da multipropriedade, presumindo-se a comunicação pelo efeito publicitário do registro junto à matrícula específica da fração de tempo alienada.

No mais, cada multiproprietário vota em assembleia do condomínio em multipropriedade e na assembleia do condomínio edilício, onde está inserta a multipropriedade e, neste último, pela representação proporcional que sua fração de tempo represente na propriedade da unidade autônoma.

Assim, exemplificativamente, se a propriedade está dividida em condomínio em multipropriedade com 20 frações de tempo, cada condômino multiproprietário exercerá o voto equivalente a 1/20 sobre o voto da fração da unidade condominial.

Como deveres mínimos, igualmente podendo sofrer acréscimo de outros constantes da instituição ou da convenção de condomínio em multipropriedade, o art. 1.358-J do Código Civil estabelece o seguinte:

I – pagar a contribuição condominial do condomínio em multipropriedade e, quando for o caso, do condomínio edilício, ainda que renuncie ao uso e gozo, total ou parcial, do imóvel, das áreas comuns ou das respectivas instalações, equipamentos e mobiliário;

Cada multiproprietário ou equiparado é responsável pela sua cota perante a multipropriedade.

Quanto às despesas do condomínio edilício (não do condomínio em multipropriedade), pela redação original do projeto, haveria a inclusão do § 5º do art. 1.358-J com a seguinte redação: *"cada multiproprietário de uma fração de tempo responde individualmente pelo custeio das obrigações, não havendo solidariedade entre os diversos multiproprietários".*

Tal dispositivo, aprovado pelo Congresso Nacional, foi vetado, assim como os §§ 3º e 4º do art. 1.358-J, que estabeleciam a responsabilidade tributária e por cotas do condomínio edilício unicamente pela fração de tempo, com documentos de cobrança individualizados.

Com o veto, resta a responsabilidade da unidade condominial sujeita à multipropriedade e, sendo obrigação *propter rem*, solidária, pode a execução ser manjada em face de qualquer dos multiproprietários.[106]

Em suma, com o veto, a cobrança dos tributos e do condomínio não se fará de forma individualizada para cada multiproprietário.[107]

Assim, o condômino em multipropriedade inserida em condomínio fica sujeito à cobrança que o administrador da multipropriedade fará dos multiproprietários, referente à cota de cada um pelas despesas específicas de conservação e manutenção do imóvel

---

[106] **Tribunal de Justiça de São Paulo.** *Débitos Condominiais – Ação de cobrança – Embargos de terceiro – Cumprimento de sentença – Penhora da unidade condominial – Meação da esposa que não participou da ação de cobrança, em fase de execução – Inadmissibilidade – As despesas de condomínio são de obrigação "propter rem",* **implicando na solidariedade entre os proprietários do imóvel pelo seu pagamento** *– Percentual indicado em edital em no mínimo 50% – Preço vil – Inocorrência – Embargos improcedentes – Recurso desprovido, com observação. (TJSP; Apelação 1037450-58.2017.8.26.0100; Rel. Melo Bueno; Órgão Julgador: 35ª Câmara de Direito Privado; Foro Central Cível – 11ª Vara Cível; j. 12.11.2018; Data de Registro: 14.11.2018.)*

[107] Mensagem de veto nº 763, de 20 de dezembro de 2018 (Lei 13.777/2018):
Senhor Presidente do Senado Federal,
Comunico a Vossa Excelência que, nos termos do § 1º do art. 66 da Constituição, decidi vetar parcialmente, por inconstitucionalidade e contrariedade ao interesse público, o Projeto de Lei 10.287, de 2018 (nº 54/17 no Senado Federal), que "Altera as Leis nos 10.406, de 10 de janeiro de 2002 (Código Civil), e 6.015, de 31 de dezembro de 1973 (Lei dos Registros Públicos), para dispor sobre o regime jurídico da multipropriedade e seu registro".
Ouvido, o Ministério da Fazenda manifestou-se pelo veto aos seguintes dispositivos:
§§ 3º, 4º e 5º do art. 1.358-J, da Lei da Lei 10.406, de 10 de janeiro de 2002 (Código Civil), acrescidos pelo art. 1º do projeto de lei
"§ 3º Os multiproprietários responderão, na proporção de sua fração de tempo, pelo pagamento dos tributos, contribuições condominiais e outros encargos que incidam sobre o imóvel.
§ 4º A cobrança das obrigações de que trata o § 3º deste artigo será realizada mediante documentos específicos e individualizados para cada multiproprietário.
§ 5º Cada multiproprietário de uma fração de tempo responde individualmente pelo custeio das obrigações, não havendo solidariedade entre os diversos multiproprietários".
Razões do veto
"Os dispositivos substituem a solidariedade tributária (art. 124 do Código Tributário Nacional) pela proporcionalidade quanto à obrigação pelo pagamento e pela cobrança de tributos e outros encargos incidentes sobre o imóvel com multipropriedade. No entanto, cabe à Lei Complementar dispor a respeito de normas gerais em matéria tributária (art. 146, III, da Constituição). Ademais, geram insegurança jurídica ao criar situação de enquadramento diversa para contribuintes em razão da multipropriedade, violando o princípio da isonomia (art. 150, II, da Constituição). Por fim, poderiam afetar de forma negativa a arrecadação e o regular recolhimento de tributos."

sujeito à multipropriedade, na qual deve haver previsão para cobrir a cota devida pelos inadimplentes, posto que, perante o condomínio edilício, a cota da unidade será cobrada na sua integralidade, devendo o administrador efetuar o pagamento no âmbito da administração da unidade em multipropriedade.

Nada obstante o veto aos §§ 3º, 4º e 5º do art. 1.358-J, interessante é que, em execução da cota condominial, prevê o art. 1.358-P, IX do Código Civil, que o condomínio edilício poderá adjudicar a fração de tempo *correspondente ao multiproprietário inadimplente* cuja própria adjudicação e respectiva alienação da fração pelo condomínio que adjudicou, todavia, dependerá do que dispuser a convenção de condomínio (não a convenção da multipropriedade).

Esse dispositivo estava em consonância com a responsabilidade individual de cada multiproprietário pela cota condominial, ideia que acabou derrubada pelo veto presidencial.

Nesta medida, a única interpretação possível é que, sendo o caso de adjudicação, sem prejuízo da solidariedade de todos os multiproprietários pela satisfação da cota condominial, preferir-se-á a adjudicação da cota do inadimplente, o que não inibe o condomínio de, sendo esta insuficiente, invadir o patrimônio dos demais multiproprietários.

Outrossim, a unidade destinada à multipropriedade pode ter sido instituída para destinação de *pool* de locações, matéria regulada pelo art. 1.358-S, parágrafo único, do Código Civil.

Nessa eventualidade, tendo em vista a obrigatoriedade ou a faculdade de submeter a fração de tempo à locação por administração única com repartição das receitas independentemente da ocupação de cada unidade, a convenção de condomínio poderá estabelecer que:

I – o inadimplente fique proibido de utilizar o imóvel até a integral quitação da dívida;

II – a fração de tempo do inadimplente passe a integrar o pool da administradora;

III – a administradora do sistema de locação fique automaticamente munida de poderes e obrigada a, por conta e ordem do inadimplente, utilizar a integralidade dos valores líquidos a que o inadimplente tiver direito para amortizar suas dívidas condominiais, seja do condomínio edilício, seja do condomínio em multipropriedade, até sua integral quitação, devendo eventual saldo ser imediatamente repassado ao multiproprietário.

Outras obrigações do multiproprietário ou equiparado são (art. 1.358-J):

i – responder por danos causados ao imóvel, às instalações, aos equipamentos e ao mobiliário por si, por qualquer de seus acompanhantes, convidados ou prepostos ou por pessoas por ele autorizadas;

ii – comunicar imediatamente ao administrador os defeitos, as avarias e os vícios no imóvel dos quais tiver ciência durante a utilização;

iii – não modificar, alterar ou substituir o mobiliário, os equipamentos e as instalações do imóvel;

iv – manter o imóvel em estado de conservação e limpeza condizente com os fins a que se destina e com a natureza da respectiva construção;

v – usar o imóvel, bem como suas instalações, equipamentos e mobiliário, conforme seu destino e natureza;

vi – usar o imóvel exclusivamente durante o período correspondente à sua fração de tempo;

vii – desocupar o imóvel, impreterivelmente, até o dia e hora fixados no instrumento de instituição ou na convenção de condomínio em multipropriedade, sob pena de multa diária, conforme convencionado na convenção de condomínio em multipropriedade;

viii – permitir a realização de obras ou reparos urgentes, independentemente do tempo reservado para tanto (inciso II do § 1º do art. 1.358-N do Código Civil), cuja menção será feita em cada matrícula de fração de tempo.

Em que pese a existência de deveres legais – além dos convencionais –, certo é que as penalidades impostas ao multiproprietário devem estar estipuladas na convenção de condomínio em multipropriedade, podendo constituir:

a) multa por descumprimento de qualquer de seus deveres; e,

b) multa progressiva e perda temporária do direito de utilização do imóvel no período correspondente à sua fração de tempo, no caso de descumprimento reiterado de deveres, cujos critérios para aferir a reiteração devem constar da convenção de condomínio em multipropriedade.

Ocorrendo necessidade de reparos no imóvel objeto da multipropriedade, estes serão pagos por todos, na proporção de suas cotas se se tratar de desgaste natural ou pelo responsável pelo uso anormal que, além de pagar pelo prejuízo que ocasionou, ficará responsável pela multa que estiver estabelecida.

Para tanto, é imprescindível que os administradores mantenham rígido controle com vistorias documentadas de entrada e saída dos multiproprietários.

1.4.4. Transferência da multipropriedade

Nos termos do art. 1.358-L do Código Civil, *a transferência do direito de multipropriedade e a sua produção de efeitos perante terceiros dar-se-ão na forma da lei civil*, ou seja, dependerão, nos termos do art. 108 do Código Civil, de escritura pública e de registro junto à matrícula específica da "fração de tempo" *e não dependerão da anuência ou cientificação dos demais multiproprietários.*

É importante que o adquirente da fração de tempo colha, junto ao administrador, declaração de quitação dos débitos do alienante sob pena de se transformar em devedor solidário das cotas em aberto, decorrentes da fração adquirida do condomínio em multipropriedade (§ 2º do art. 1.358-L do Código Civil).

Em outras palavras, não haverá direito de preferência por regra específica aplicável ao condomínio em multipropriedade, decorrente do § 1º do art. 1.358-L do Código Civil.

1.4.5. Administração

O imóvel submetido à multipropriedade será administrado por pessoa designada pelos critérios estabelecidos no instrumento de instituição ou na convenção específica da multipropriedade e, na falta de designação nesses documentos, será escolhido em assembleia geral que, na ausência de quórum específico estipulado no art. 1.358-M do Código Civil, será eleito por maioria simples, salvo outro estabelecido na instituição ou na convenção da multipropriedade.

Além de outras atribuições que a convenção de condomínio em multipropriedade determinar ao administrador, terá ele as seguintes incumbências:

I – coordenação da utilização do imóvel pelos multiproprietários durante o período correspondente a suas respectivas frações de tempo;

II – determinação, no caso dos sistemas flutuante ou misto, dos períodos concretos de uso e gozo exclusivos de cada multiproprietário em cada ano;

III – manutenção, conservação e limpeza do imóvel;

IV – salvo se outra coisa estiver estipulada na convenção (§ 2º do art. 1.358-M do Código Civil) coordenar a troca ou substituição de instalações, equipamentos ou mobiliário, inclusive:

a) determinar a necessidade da troca ou substituição;

b) providenciar os orçamentos necessários para a troca ou substituição;

c) submeter os orçamentos à aprovação pela maioria simples dos condôminos em assembleia;

V – elaboração do orçamento anual, com previsão das receitas e despesas;

VI – cobrança das quotas de custeio de responsabilidade dos multiproprietários;

VII – pagamento, por conta do condomínio edilício ou voluntário, com os fundos comuns arrecadados, de todas as despesas comuns.

Nos termos do art. 1.358-R do Código Civil, caso a multipropriedade tenha sido instituída em unidades condominiais, na totalidade ou não das unidades autônomas, o síndico será, obrigatoriamente, um administrador profissional, cujo prazo do contrato de administração será livremente convencionado com o condomínio.

O administrador do condomínio, que será o síndico, podendo ou não ser prestador de serviços de hospedagem, acumulará a função de administrador comum de todas as unidades em multipropriedade, inclusive na qualidade de mandatário legal dos multiproprietários para fins de atos de gestão ordinária da multipropriedade, incluindo manutenção, conservação e limpeza do imóvel e de suas instalações, equipamentos e mobiliário, podendo, nesta qualidade, inclusive, modificar o regimento interno quanto aos aspectos.

1.4.6. Multipropriedade inserida no condomínio edilício

A multipropriedade pode ser instituída no contexto jurídico do condomínio edilício, podendo haver:

a) *multipropriedade total*, no caso de todas as unidades autônomas estarem submetidas à divisão de frações de tempo; e

b) *parcial ou mista*, no caso de conviverem unidades condominiais simples e unidades submetidas à divisão de frações de tempo.

Resta saber como ficam as relações entre os multiproprietários nessa situação, tendo em vista que há obrigações referentes à multipropriedade e também deveres e despesas comuns que recaem sobre a unidade autônoma na forma de multipropriedade por fração de tempo.

Com efeito, o raciocínio deve ser o mesmo que se emprega em relação, por exemplo, a um apartamento. No caso de um apartamento simples, o proprietário deve custear as despesas com seus móveis e equipamentos da unidade e, também, pagar a cota condominial para fazer frente às despesas comuns com funcionários, com a conservação das áreas comuns, como a fachada, jardins etc.

Não é diferente com a multipropriedade, diferindo que as despesas específicas da unidade serão rateadas entre os multiproprietários e cobradas pelo administrador.

Seria funesto aos demais condôminos, caso o condomínio em multipropriedade não tenha surgido com a instituição do condomínio, que se pudesse, sem assembleia, unilateralmente instituir a multipropriedade.

Por tal razão, apenas se institui a multipropriedade em condomínio edilício se desta forma a especificação e a convenção do condomínio contiverem previsão nesse sentido.

Para tanto, o art. 1.358-P do Código Civil exige que a convenção, que está entre os documentos exigidos pelo art. 32, "j" da Lei das Incorporações (Lei 4.591/1964), contenha as regras do condomínio em multipropriedade nela mencionadas (Código Civil, art. 1.358-G) e mais:

i – a identificação das unidades sujeitas ao regime da multipropriedade, no caso de empreendimentos mistos, ou seja, que contenham unidades em multipropriedade entre outras que não estejam sujeitas a esse regime;

ii – a indicação da duração das frações de tempo de cada unidade autônoma sujeita ao regime da multipropriedade;

iii – a forma de rateio, entre os multiproprietários de uma mesma unidade autônoma, das contribuições condominiais relativas à unidade, que, salvo se disciplinada de forma diversa no instrumento de instituição ou na convenção de condomínio em multipropriedade, será proporcional à fração de tempo de cada multiproprietário;

iv – a especificação das despesas ordinárias, cujo custeio será obrigatório, independentemente do uso e gozo do imóvel e das áreas comuns, ou seja, ainda que o multiproprietário não as utilize;

v – os órgãos de administração da multipropriedade;

vi – a indicação, se for o caso, de que o empreendimento conta com sistema de administração de intercâmbio, na forma prevista no § 2º do art. 23 da Lei 11.771, de 17 de setembro de 2008[108], seja do período de fruição da fração de tempo, seja do local de fruição, caso em que a responsabilidade e as obrigações da companhia de intercâmbio limitam-se ao contido na documentação de sua contratação;

vii – a competência para a imposição de sanções e o respectivo procedimento, especialmente nos casos de mora no cumprimento das obrigações de custeio e nos casos de descumprimento da obrigação de desocupar o imóvel até o dia e hora previstos;

viii – o quórum exigido para a deliberação de adjudicação da fração de tempo na hipótese de inadimplemento do respectivo multiproprietário;

ix – o quórum exigido para a deliberação de alienação, pelo condomínio edilício, da fração de tempo adjudicada em virtude do inadimplemento do respectivo multiproprietário, de tal sorte que a adjudicação da fração em razão do inadimplemento das cotas condominiais desde que deliberado em assembleia, permitirá a venda dessa fração, o que também dependerá de deliberação em assembleia.

O art. 1.358-S do Código Civil estabelece a possibilidade de adjudicação, pelo condomínio, da fração de tempo do inadimplente. Todavia, essa adjudicação, nos termos dos incisos VIII e IX do art. 1.358-P, deverá ser autorizada por assembleia, que poderá, nada obstante, votar por maioria simples – já que não há quórum especial na lei – critério uniforme para os casos de inadimplemento, não sendo necessária a convocação de uma assembleia para cada caso.

---

[108] *Art. 23. Consideram-se meios de hospedagem os empreendimentos ou estabelecimentos, independentemente de sua forma de constituição, destinados a prestar serviços de alojamento temporário, ofertados em unidades de frequência individual e de uso exclusivo do hóspede, bem como outros serviços necessários aos usuários, denominados de serviços de hospedagem, mediante adoção de instrumento contratual, tácito ou expresso, e cobrança de diária.*

§ 1º Os empreendimentos ou estabelecimentos de hospedagem que explorem ou administrem, em condomínios residenciais, a prestação de serviços de hospedagem em unidades mobiliadas e equipadas, bem como outros serviços oferecidos a hóspedes, estão sujeitos ao cadastro de que trata esta Lei e ao seu regulamento.

§ 2º Considera-se prestação de serviços de hospedagem em tempo compartilhado a administração de intercâmbio, entendida como organização e permuta de períodos de ocupação entre cessionários de unidades habitacionais de distintos meios de hospedagem.

§ 3º Não descaracteriza a prestação de serviços de hospedagem a divisão do empreendimento em unidades hoteleiras, assim entendida a atribuição de natureza jurídica autônoma às unidades habitacionais que o compõem, sob titularidade de diversas pessoas, desde que sua destinação funcional seja apenas e exclusivamente a de meio de hospedagem.

§ 4º Entende-se por diária o preço de hospedagem correspondente à utilização da unidade habitacional e dos serviços incluídos, no período de 24 (vinte e quatro) horas, compreendido nos horários fixados para entrada e saída de hóspedes.

Facultativamente, no sistema de *pool* de locações, a convenção também poderá estabelecer – neste caso é faculdade – regras para o inadimplemento das cotas nos termos do art. 1.358-S, parágrafo único, do Código Civil, aspecto que já tratamos quando analisamos os deveres dos multiproprietários.

Por fim, a convenção também poderá – faculdade –, nos termos do art. 1.358-U do Código Civil, limitar ou impedir a instituição de multipropriedade, disposição que somente poderá ser alterada pela maioria absoluta (50% mais um) dos condôminos.

O dispositivo permite inferir que a multipropriedade poderá ser instituída em condomínios edilícios cuja convenção não tenha qualquer previsão, por deliberação que permita a multipropriedade, votada por maioria absoluta que, nesta medida, alterará, neste particular, a convenção condominial.

Ora, se se permite derrubar a proibição por maioria absoluta, a permissão, por decorrência lógica, pode ser concedida também por maioria absoluta.

Neste caso, havendo omissão da convenção, é a interpretação que decorre do sistema de tal sorte que, embora a convenção somente admita a sua alteração pelo voto de 2/3 (Código Civil, art. 1.351), aqui se trata de exceção de tal sorte que a alteração para adequar ao sistema de multipropriedade pode ser objeto de deliberação da maioria absoluta dos condôminos (50% mais um).

O Código Civil também menciona a existência de regulamento interno, instituído por escritura pública ou instrumento particular, em ambos os casos junto com a instituição do condomínio ou por alteração do existente, depois, em assembleia, na hipótese de multipropriedade em condomínio edilício, que disporá sobre:

I – os direitos dos multiproprietários sobre as partes comuns do condomínio edilício;

II – os direitos e obrigações do administrador, inclusive quanto ao acesso ao imóvel para cumprimento do dever de manutenção, conservação e limpeza;

III – as condições e regras para uso das áreas comuns;

IV – os procedimentos a serem observados para uso e gozo dos imóveis e das instalações, equipamentos e mobiliário destinados ao regime da multipropriedade;

V – o número máximo de pessoas que podem ocupar simultaneamente o imóvel no período correspondente a cada fração de tempo;

VI – as regras de convivência entre os multiproprietários e os ocupantes de unidades autônomas não sujeitas ao regime da multipropriedade, quando se tratar de empreendimentos mistos, ou seja, que contemplem unidades em multipropriedade por fração de tempo e unidades condominiais ordinárias;

VII – a forma de contribuição, destinação e gestão do fundo de reserva específico para cada imóvel, para reposição e manutenção dos equipamentos, instalações e mobiliário, sem prejuízo do fundo de reserva do condomínio edilício;

VIII – a possibilidade de realização de assembleias não presenciais, inclusive por meio eletrônico;

IX – os mecanismos de participação e representação dos titulares;

X – o funcionamento do sistema de reserva, os meios de confirmação e os requisitos a serem cumpridos pelo multiproprietário quando não exercer diretamente sua faculdade de uso;

XI – a descrição dos serviços adicionais, se existentes, e as regras para seu uso e custeio.

Importante a distinção, pois esses aspectos podem ser alterados por maioria simples, o que não se permite no caso de matérias que devam ser tratadas na convenção, cuja alteração, nos termos do art. 1.351 do Código Civil, exige, em regra, o voto de 2/3 de todos os condôminos.

Capítulo 2

COBRANÇA DE DESPESAS CONDOMINIAIS[1]

2.1. PRINCIPAIS ASPECTOS

Antes de ingressar na ação de execução de despesas condominiais, mister se faz verificar o que diz a lei quanto à arrecadação dessas despesas.

A Lei 4.591/1964, Lei dos Condomínios e Incorporações, que antes regulava a matéria, determinava no § 2º do seu art. 12:

Art. 12, § 2º Cabe ao síndico arrecadar as contribuições competindo-lhe promover, por via executiva, a cobrança judicial das quotas atrasadas.

Nada obstante, sempre se entendeu que os rateios das despesas condominiais padeciam de falta de liquidez e certeza, elementos absolutamente indispensáveis aos títulos executivos.

O Código Civil, que passou a regular a matéria a partir do dia 12 de janeiro de 2003, não determinou a espécie de ação:

Art. 1.348. Compete ao síndico:

VII – cobrar dos condôminos as suas contribuições, bem como impor e cobrar as multas devidas;

O Código de Processo Civil de 1973, que surgiu nove anos após a Lei 4.591/1964, dispunha, no seu art. 275, que a ação de cobrança das despesas de condomínio seguia o então denominado procedimento comum, rito sumário, em processo de conhecimento:

Art. 275. Observar-se-á o procedimento sumário:

II – nas causas, qualquer que seja o valor,

b) de cobrança ao condômino de quaisquer quantias devidas ao condomínio;

Posta assim a questão, era indispensável a obtenção de sentença condenatória, que constituía o título executivo judicial.

Nada obstante, principalmente no Estado de São Paulo, alguns juízes determinavam, já na primeira decisão do processo, quanto à citação do réu, a conversão do rito sumário para o rito ordinário, justificando essa providência na dificuldade de se marcar a audiência de conciliação.

---

[1] Cf. Jorge Tarcha; Luiz Antonio Scavone Jr. *Despesas ordinárias e extraordinárias de condomínio.* São Paulo: Juarez de Oliveira, 2000.

Todavia, o atual Código de Processo Civil incluiu o crédito documentalmente comprovado, decorrente de despesas condominiais, como título executivo extrajudicial, o que fez no seu art. 784, X, de tal sorte que voltamos à ideia original da Lei 4.591/1964.

Voltaremos a esse assunto adiante.

Na execução, portanto, que segue o procedimento executivo de título extrajudicial, serão cobrados valores referentes ao rateio das despesas não pagas no respectivo vencimento, além das multas e dos juros moratórios previstos na convenção ou aprovados em regular assembleia.

O Código Civil, que prevalece sobre o art. 12, da Lei 4.591/1964, que antes regulava a matéria, ainda que atecnicamente, confundindo correção monetária com cláusula penal, limitou a multa moratória (por atraso) a 2% do valor do condomínio atrasado, o que fez no § 1º do art. 1.336:

> *Art. 1.336, § 1º O condômino que não pagar a sua contribuição ficará sujeito à correção monetária e aos juros moratórios convencionados ou, não sendo previstos, aos juros estabelecidos no art. 406 deste Código, bem como à multa de até 2% (dois por cento) sobre o débito. (Redação dada pela Lei nº 14.905, de 2024)*[2]

Sobre essa multa e o direito intertemporal, ou seja, a sua aplicabilidade aos condomínios já existentes quando da entrada em vigor do Código Civil, recomendamos a leitura do capítulo referente ao condomínio.

De qualquer forma, a convenção pode estipular correção monetária desde o vencimento da obrigação e, ainda que a convenção seja omissa, a correção decorre legalmente do inadimplemento e da mora (Código Civil, arts. 389 e 395), ou seja, ainda que a convenção silencie a respeito, a correção poderá ser cobrada com fundamento no Código Civil, não se aplicando mais o art. 1º da Lei 6.899/1981 (Lei da Correção Monetária).

Quanto aos juros, serão aqueles da convenção e, na ausência, o equivalente à taxa do art. 406 do Código Civil (juros legais), antes com fundamento no § 3º do art. 12 da Lei 4.591/1964 e, hoje, com fundamento no § 1º do art. 1.336 do Código Civil..

2.1.1. Procedimento

Por força do art. 784, X, do Código de Processo Civil, a ação segue o procedimento de execução de título extrajudicial:[3]

> *Art. 784. São títulos executivos extrajudiciais:*
> *(...)*

---

[2]   A redação anterior também previa multa de 2%. A alteração legislativa, decorrente da Lei 14.905/2024, tratou dos juros, antes de 1% e agora aquele do art. 406 na ausência de previsão na Convenção.

[3]   No âmbito do Código de Processo Civil de 1973, a ação era de conhecimento e o procedimento se amoldava ao comum, rito sumário, nada obstante alguns juízes determinassem, já na primeira decisão do processo, quanto à citação do réu, a conversão do rito sumário para o rito ordinário, justificando essa providência na dificuldade de se marcar a audiência de conciliação.
Entendíamos que a providência era ilegal, vez que afrontava dispositivo da lei processual que não pode ser modificado por vontade do magistrado.
Demais disso, no rito sumário, o réu apresentava contestação na audiência e, no rito ordinário, em quinze dias contados da juntada do comprovante de citação nos autos.
Eventualmente, o réu poderia deixar de contestar em quinze dias da data da juntada do comprovante de citação nos autos, esperando a data da audiência para ultimar a providência.
Tal fato, por evidente, podia gerar confusão e recurso de agravo por parte do prejudicado, em razão de eventual decreto de revelia.

X – o crédito referente às contribuições ordinárias ou extraordinárias de condomínio edilício, previstas na respectiva convenção ou aprovadas em assembleia geral, desde que documentalmente comprovadas;

De qualquer forma, ainda que haja previsão de execução dos encargos decorrentes de locação e, entre eles, as despesas de condomínio, o que o Código de Processo Civil faz no art. 784, VIII, não permite confundir a cobrança, pela via executiva, de débitos condominiais em face do condômino com a possibilidade de cobrança, também pela via executiva, de despesas de condomínio do locatário como encargo da locação determinado no contrato.

A cobrança de despesas condominiais em face do locatário (com fundamento no contrato de locação – encargos da locação) será efetuada exclusivamente pelo locador e não pelo condomínio – Código de Processo Civil, art. 784, VIII –, comprovada a obrigação por contrato escrito, mesmo sem testemunhas, já que se executa o crédito que não se confunde com o título do inciso III do art. 784 do Código de Processo Civil.

Por outro lado, a execução em face do condômino é levada a efeito pelo condomínio (art. 784, X, do Código de Processo Civil), que não pode cobrar diretamente do locatário por ausência de relação jurídica de direito material com este.

Importantíssimo, todavia, esclarecer que a via executiva é uma opção do condomínio credor, que pode propor ação de conhecimento, pelo procedimento comum dos arts. 319 e seguintes para obter título executivo judicial.

Este é o mandamento insculpido no art. 785 do Código de Processo Civil:

Art. 785. A existência de título executivo extrajudicial não impede a parte de optar pelo processo de conhecimento, a fim de obter título executivo judicial.

Em que pese o crédito do condomínio constituir título executivo extrajudicial (art. 784, X, do Código de Processo Civil), a opção pela ação de conhecimento, pelo procedimento comum (CPC, arts. 318 e ss. e art. 323), poderia representar vantagem, posto que, além do interesse em constituir título judicial, certo é que, em tese, interpretação razoável não admitiria a inclusão de vincendas na ação executiva.

Isso porque a execução deve referir-se a título líquido, certo e exigível (CPC, art. 783).

E a exigibilidade deve se manifestar no momento da propositura da ação (as cotas já devem estar vencidas).

E assim o é na medida em que a via executiva exige que a obrigação certa, ou seja, certa quanto à existência e determinada quanto ao objeto, exatamente o valor executado, carecendo as vincendas, assim, de exigibilidade, permitindo que os embargos possam, se for o caso, contraditar os valores exigidos.

Em consonância com o acatado, por outro lado, a opção pela execução com esta interpretação obrigaria o condomínio credor a propor diversas ações, enquanto perdurasse o inadimplemento, pois somente estaria autorizado a incluir as vencidas até a data da propositura.

Posta assim a questão, a inclusão das vincendas apenas seria possível se a opção do condomínio fosse pelo procedimento comum, possibilitando a utilização da faculdade insculpida no art. 323 do Código de Processo Civil:

Art. 323. Na ação que tiver por objeto cumprimento de obrigação em prestações sucessivas, essas serão consideradas incluídas no pedido, independentemente de declaração expressa do autor, e serão incluídas na condenação, enquanto durar a obrigação, se o devedor, no curso do processo, deixar de pagá-las ou de consigná-las.[4]

---

[4]   Essa regra emanava do art. 290 do Código de Processo Civil de 1973 e a jurisprudência já havia pacificado o entendimento da sua aplicação à ação de cobrança de débitos condominiais: **Tribunal de Justiça de**

Nessa medida:

Tribunal de Justiça de São Paulo. *Despesas de Condomínio – Execução de título extrajudicial – Pedido de inclusão das parcelas condominiais vincendas na ação executiva – Impossibilidade – Ainda que a dívida executada nos autos diga respeito a obrigação consistente em prestações periódicas, é certo que o art. 323 do CPC não se aplica no âmbito do processo de execução, uma vez que carece de exigibilidade a dívida ainda não vencida no momento do ajuizamento da demanda – Recurso não provido, com a manutenção da r. decisão de Primeiro Grau (Agravo de Instrumento 2044995-74.2017.8.26.0000 – Rel. Carlos Nunes; Comarca: São Paulo; Órgão julgador: 31ª Câmara de Direito Privado; j. 04.04.2017; Data de registro: 06.04.2017).*

Nada obstante, o Tribunal de Justiça de São Paulo, em interpretação diversa, entendeu ser possível a inclusão das vincendas em ação de execução de cotas condominiais.

Tribunal de Justiça de São Paulo. *Execução de título extrajudicial. Despesas de condomínio. Decisão que indeferiu pedido do exequente para que sejam incluídas na execução as cotas condominiais vincendas. Não cabimento. Aplicação subsidiária do art. 323 do CPC por se tratar de obrigação a ser cumprida em prestações sucessivas. Princípios da efetividade e da celeridade processual. Decisão reformada. Agravo de instrumento provido. 33ª Câmara de Direito Privado. Agravo de Instrumento 2122435-83.2016.8.26.0000; 33ª Câm. Direito Privado; TJSP; j. 18.07.2016.*

O Relator, Desembargador Eros Picelli, fundamentou seu voto com os seguintes argumentos:

"O parágrafo único do art. 771 do Código de Processo Civil permite a aplicação subsidiária, à execução, das disposições do Livro I de sua Parte Especial, que estabelece as regras do processo de conhecimento e do cumprimento da sentença."

"E o art. 323 desse Código determina que, nas ações relativas a obrigações a serem cumpridas em prestações periódicas, estarão incluídas na condenação as prestações que se vencerem no curso da demanda e não forem adimplidas pelo devedor."

"Não existe qualquer impedimento a que se aplique tal dispositivo à execução de título extrajudicial de débitos de condomínio, especialmente porque, como bem lembrado no julgamento do Agravo de Instrumento 2080029-47.2016.8.26.0000, pela 27ª Câmara de Direito Privado deste Tribunal, relatora a Desembargadora Ana Catarina Strauch, em 07.06.2016, o parágrafo único do art. 786 do Código de Processo Civil prevê que a necessidade de simples operações aritméticas para apurar o crédito exequendo não retira a liquidez da obrigação constante do título."

"Frise-se que solução diversa da aqui adotada acarretaria situação ilógica e indesejada pela nova sistemática processual vigente, pois acabaria por obrigar a propositura de execuções de título extrajudicial distintas para cada débito condominial a vencer. Certamente não é essa a ideia que deve prevalecer no moderno processo civil. O objetivo é a diminuição de novos processos, e não o incentivo ao surgimento de vários outros."

A tese pacificou-se no Tribunal bandeirante:

Tribunal de Justiça de São Paulo. *Agravo de instrumento. Despesas de condomínio. Ação de execução de título extrajudicial. Pretensão de recebimento das cotas condominiais vincendas, nos termos do art. 323 do atual CPC. Possibilidade. Incidência subsidiária do art. 318, parágrafo único, art. 323, e art. 771, parágrafo*

_____

São Paulo. (...) "Na ação de cobrança de rateio de despesas condominiais, consideram-se incluídas na condenação as parcelas vencidas e não pagas no curso do processo até a satisfação da obrigação" (Súmula 13 do TJSP). Termo inicial dos juros de mora de obrigação positiva e líquida é o vencimento (CC, art. 397). Multa moratória. Cabimento. Redução de ofício. Por ser questão de ordem pública, redução do percentual de cálculo da multa moratória não configura reformatio in pejus (CC, art. 1.336, § 1º). Sucumbência. Correção monetária das despesas processuais decorre de lei. Verba honorária. Adequação (CPC, art. 20, § 3º) [atual art. 85, § 2º]. Recurso do réu improvido. Recurso adesivo do autor provido em parte (Apelação 0005914-04.2008.8.26.0022, Rel. Hamid Bdine, 29ª Câmara de Direito Privado, j. 05.02.2014).

único, do atual CPC. Providência que atende aos princípios da economia e celeridade processual, evitando-se o ajuizamento de diversas execuções, sem que, com isso, represente afronta ao direito do contraditório e ampla defesa do devedor. Agravo de instrumento provido, nos termos do acórdão (Agravo de Instrumento 2217159-79.2016.8.26.0000 Relatora: Cristina Zucchi; Comarca: São Paulo; Órgão julgador: 34ª Câmara de Direito Privado; j. 11.12.2016; Data de registro: 11.12.2016).

Tribunal de Justiça de São Paulo. *Agravo de Instrumento. Condomínio. Execução de Título Extrajudicial. Determinação de citação do executado para pagamento do débito. Oposição de Embargos de Declaração, por omissão, quanto ao pedido de inclusão das cotas vincendas. Decisão que rejeitou os Aclaratórios, sob entendimento de inaplicabilidade do art. 323, CPC, aos processos de execução. Inclusão do crédito referente às cotas condominiais vencidas durante o processo, até a satisfação da obrigação. Possibilidade. Prestações periódicas e de trato sucessivo, exigíveis enquanto durar a obrigação. Art. 323, que tem aplicação subsidiária aos processos de execução de despesas condominiais, nos termos do art. 771, parágrafo único, do aludido Código. Primazia dos princípios da economia e celeridade processual, bem como da efetividade da prestação jurisdicional. Decisão reformada. Recurso provido (Agravo de Instrumento 2037112-76.2017.8.26.0000 – Rel. Bonilha Filho; Comarca: São Paulo; Órgão julgador: 26ª Câmara de Direito Privado; j. 06.04.2017; Data de registro: 07.04.2017).*

E igualmente está assentada em precedentes do STJ:

Superior Tribunal de Justiça. *Direito processual civil. Recurso especial. Ação de execução de título executivo extrajudicial. Débitos condominiais. Inclusão das cotas condominiais vincendas. Possibilidade. 1. Ação de execução de título executivo extrajudicial, tendo em vista a inadimplência no pagamento de cotas condominiais.(...) 3. O propósito recursal é definir se, à luz das disposições do CPC/2015, é válida a pretensão do condomínio exequente de ver incluídas, em ação de execução de título executivo extrajudicial, as parcelas vincendas no débito exequendo, até o cumprimento integral da obrigação do curso do processo. 4. O art. 323 do CPC/2015, prevê que, na ação que tiver por objeto cumprimento de obrigação em prestações sucessivas, essas serão consideradas incluídas no pedido, independentemente de declaração expressa do autor, e serão incluídas na condenação, enquanto durar a obrigação, se o devedor, no curso do processo, deixar de pagá-las ou de consigná-las. 5. A despeito de referido dispositivo legal ser indubitavelmente aplicável aos processos de conhecimento, tem-se que deve se admitir a sua aplicação, também, aos processos de execução. 6. O art. 771 do CPC/2015, na parte que regula o procedimento da execução fundada em título executivo extrajudicial, admite a aplicação subsidiária das disposições concernentes ao processo de conhecimento à lide executiva. 7. Tal entendimento está em consonância com os princípios da efetividade e da economia processual, evitando o ajuizamento de novas execuções com base em uma mesma relação jurídica obrigacional. 8. Recurso especial conhecido e provido (REsp 1.756.791/RS, Rel. Min. Nancy Andrighi, Terceira Turma, j. 06.08.2019, DJe 08.08.2019).*

2.1.2. Documentos que deverão instruir a inicial

Tanto na ação de execução de despesas de condomínio, em razão da exigência contida no art. 784, X, do Código de Processo Civil, de o débito ser documentalmente comprovado, quanto na ação de conhecimento pelo procedimento comum, em razão da necessidade de juntar documentos hábeis a comprovar as alegações contidas na inicial em razão do art. 434 do Código de Processo Civil, a petição deverá ser acompanhada de alguns documentos sob pena de elisão do título executivo ou do contraditório.

De fato, se a opção for pela execução, o art. 784, X, do Código de Processo Civil exige que as contribuições sejam *documentalmente comprovadas*.

Inicialmente, é necessária a ata da assembleia geral que deliberou a respeito da despesa, ou seja, a assembleia que aprovou o orçamento.

A Lei 4.591/1964 impunha a prova de que o síndico efetuou a comunicação, aos condôminos, do valor a ser pago, em oito dias.[5]

---

[5] *Art. 24. Haverá, anualmente, uma assembleia geral ordinária dos condôminos, convocada pelo síndico na forma prevista na convenção, à qual compete, além das demais matérias inscritas na ordem do dia, aprovar, por maioria dos presentes, as verbas para as despesas de condomínio, compreendendo as de conservação da edificação ou conjunto de edificações, manutenção de seus serviços e correlatas.*

O Código Civil de 2002 não traz mais a previsão de comunicação do resultado da assembleia nos oito dias subsequentes.

De qualquer forma, manteve a imprescindível assembleia para aprovação do orçamento:

> *Art. 1.350. Convocará o síndico, anualmente, reunião da assembleia dos condôminos, na forma prevista na convenção, a fim de aprovar o orçamento das despesas, as contribuições dos condôminos e a prestação de contas, e eventualmente eleger-lhe o substituto e alterar o regimento interno.*
>
> *§ 1º Se o síndico não convocar a assembleia, um quarto dos condôminos poderá fazê-lo.*
>
> *§ 2º Se a assembleia não se reunir, o juiz decidirá, a requerimento de qualquer condômino.*

Quanto às despesas extraordinárias, é necessário apresentar a ata da assembleia geral extraordinária (AGE) que discutiu e aprovou regularmente a matéria.

Qualquer que seja o caso, a deliberação deve ter sido tomada pelo *quorum* estatuído na convenção de condomínio.

No âmbito do Código Civil, as obras voluptuárias, como, por exemplo, a construção de uma churrasqueira ou piscina, dependem da aprovação de dois terços dos condôminos; as úteis, como a instalação de alarmes, dependem de voto da maioria dos condôminos (Código Civil, art. 1.341).

Anote-se que, em casos excepcionais e urgentes, se tem admitido a aprovação posterior das despesas.

Essa possibilidade é expressa no Código Civil, acorde com o mesmo art. 1.341, que admite as obras urgentes sem autorização, realizadas pelo síndico ou, no seu impedimento, por qualquer condômino.

Todavia, se essas obras urgentes implicarem em despesas excessivas, a assembleia deverá ser convocada para comunicação formal, o que não se confunde com aprovação ou ratificação.

É evidente que o síndico não pode ficar a mercê da assembleia quando, por exemplo, se romper um cano de esgoto que importe em gastos urgentes e dispendiosos.

Contudo, essa despesa deverá ser comunicada e justificada em assembleia.

Qualquer condômino, ao depois, provando que a despesa não era necessária ou urgente, poderá responsabilizar judicialmente o síndico.

Se a despesa com manutenção for excessiva, mas não urgente, ainda que se trate de uma obrigação do síndico (Código Civil, art. 1.348), é mister provar a realização de assembleia com a aprovação da despesa efetuada, mesmo que a assembleia, como temos defendido, não possa deixar de aprovar, mas, apenas, deliberar sobre qual orçamento é mais conveniente.

Nesse sentido, recomendamos a leitura do capítulo 1 deste livro.

Não há, no Código Civil, a necessidade de assembleia para aprovação de despesas ordinárias, de manutenção corriqueira e administração do condomínio.

Portanto, os documentos que deverão instruir a inicial, são:

a) comprovante da regular eleição do síndico através da juntada da ata da assembleia que o elegeu;

---

§ 1º *As decisões da assembleia, tomadas, em cada caso, pelo* quorum *que a convenção fixar, obrigam todos os condôminos.*

§ 2º *O síndico, nos oito dias subsequentes à assembleia, comunicará aos condôminos o que tiver sido deliberado, inclusive no tocante à previsão orçamentária, o rateio das despesas, e promoverá a arrecadação, tudo na forma que a convenção previr.*

b) procuração;

c) cópia da matrícula atualizada e, se for o caso, cópia do compromisso de compra e venda ou cessão de direitos que, eventualmente, for de conhecimento do condomínio para comprovar a legitimidade passiva decorrente da qualidade de condômino do devedor;

d) demonstrativo do débito;

e) orçamento aprovado por assembleia geral ordinária (art. 24 da Lei 4.591/1964 e art. 1.350 do Código Civil) – despesas ordinárias;

f) ata de assembleia geral extraordinária que aprovou a despesa (no caso de despesa extraordinária), bem como comprovante de convocação específica para aprovação da despesa;

g) ata de aprovação das contas quando a cobrança abarcar período anterior ao exercício em que a ação é proposta.

2.2. ASPECTOS PROCESSUAIS

a) **Foro competente:** Foro do lugar do imóvel, que é o lugar onde deverá ser cumprida a obrigação;

b) **Legitimidade ativa:** o condomínio, representado pelo síndico;

c) **Legitimidade passiva:** o condômino proprietário que não paga as despesas condominiais ou, havendo promessa de compra e venda, o promitente comprador e, ainda, o cessionário dos direitos sobre a unidade autônoma, o usufrutuário e o fiduciante, desde que estejam na posse direta do imóvel com conhecimento da administração do edifício. Neste caso será notificado o titular do domínio pleno ou útil, inclusive o promitente vendedor ou o fiduciário (art. 72 da Lei 11.977/2009). O locatário não é condômino e só responde pelas despesas em razão do contrato de locação perante o locador.

d) **Valor da causa:** o valor do débito; se a opção for pelo procedimento comum (ação de conhecimento), havendo inclusão de despesas vincendas, estas serão somadas ao valor do débito pelo valor de uma anuidade (CPC, arts 292, §§ 1º e 2º, e 323);

e) **Petição inicial:**

e.1) se a opção for pela ação de conhecimento, pelo procedimento comum, deve respeitar os requisitos dos arts. 318 e seguintes do Código de Processo Civil;

e.2) se a opção for pela execução, deverá respeitar os requisitos dos arts. 783, 784, X, 786, e 824 e seguintes do Código de Processo Civil.

f) **Procedimento:** comum ou de execução de título judicial, à escolha do credor.

2.3. COMPETÊNCIA

O foro competente para julgar a ação de cobrança de despesas de condomínio pelo procedimento comum ou pela via executiva é, em regra, o foro da localização do edifício, que é o lugar onde a obrigação deve ser cumprida (*RT* 501/192; Código de Processo Civil, art. 53, III, *d*).

Todavia, se o local de cumprimento da obrigação for outro, nada obsta que a ação seja proposta neste local.

Não há nulidade se a ação for proposta em outro local, como o domicílio do réu. A uma, porque não há prejuízo e, a duas, porque se trata de incompetência relativa que deve ser arguida pelo prejudicado.

2.4. LEGITIMIDADE ATIVA

A ação em tela será ajuizada pelo condomínio.

A norma do art. 1.348, VII, do Código Civil, segundo a qual cabe ao síndico arrecadar as contribuições, deve ser entendida com a devida cautela.

É que o síndico apenas arrecada e, mesmo assim, na qualidade de representante legal do condomínio.

Ainda que o condomínio não disponha de personalidade jurídica, o fato é que ostenta capacidade postulatória, ou seja, é dotado de capacidade de estar em juízo, assim como a massa falida e o espólio, representados, respectivamente, pelo síndico da massa e pelo inventariante.

Assim sendo, cabe ao condomínio, representado pelo síndico, postular as despesas não pagas.

Portanto, a inicial deverá ser acompanhada do comprovante da regular eleição do síndico através da juntada da ata da assembleia que o elegeu.

2.5. LEGITIMIDADE PASSIVA – OBRIGAÇÃO *PROPTER REM*

Legitimado passivo é o condômino inadimplente com suas obrigações condominiais.

Portanto, como se trata de obrigação *propter rem*, isto é, vinculada à coisa e não à pessoa, seja lá quem for o condômino, responderá pela despesa de condomínio.

O locatário jamais responde perante o condomínio, posto que não é condômino e deve as despesas condominiais ao locador na qualidade de encargos, por força do contrato de locação.

Nesse sentido, inclusive, a Súmula 614 do STJ quanto aos tributos que recaem sobre o imóvel, sobre os quais se aplica o mesmo raciocínio: "O locatário não possui legitimidade ativa para discutir a relação jurídico-tributária de IPTU e de taxas referentes ao imóvel alugado nem para repetir indébito desses tributos".

Portanto, responde o titular (condômino), sendo relevante notar que se trata de obrigação *propter rem* (do titular do imóvel), inferência que se extrai do art. 1.345 do Código Civil:

> *Art. 1.345. O adquirente de unidade responde pelos débitos do alienante, em relação ao condomínio, inclusive multas e juros moratórios.*

A jurisprudência do STJ consolidou o entendimento segundo o qual o adquirente responde por débitos anteriores à aquisição, visto que o responsável é sempre o condômino em razão da natureza *propter rem* das cotas condominiais, posto que é tido como condômino.[6]

---

6   Nesse sentido: AgRg no AREsp 215.906/RO, 3ª Turma, Rel. Min. João Otávio de Noronha, j. 15.03.2016, *DJE* 28.03.2016; AgRg no Ag nº 1.375.488/SP, 4ª Turma, Rel. Min. Maria Isabel Gallotti, j. 01.03.2016, *DJE* 07.03.2016; AgRg no REsp 1.370.088/DF, 3ª Turma, Rel. Min. Paulo de Tarso Sanseverino, j. 23.06.2015, DJE 26.06.2015; REsp 1.440.780/RJ, 3ª Turma, Rel. Min. Marco Aurélio Bellizze, j. 17.03.2015, *DJE* 27.03.2015; AgRg no REsp 1.370.016/PR, 4ª Turma, Rel. Min. Luis Felipe Salomão, j. 09.09.2014, *DJE* 16.09.2014; REsp 1.366.894/RS, 3ª Turma, Rel. Min. Nancy Andrighi, j. 22.04.2014, *DJE* 02.06.2014.

Os herdeiros, contudo, enquanto não efetivada a partilha não respondem diretamente pelo débito que deve recair, até lá, sobre o imóvel e, nesse sentido:

Superior Tribunal de Justiça. *Na hipótese em exame, ainda está em curso a ação de inventário dos bens deixados pelo proprietário do imóvel gerador do débito condominial, não tendo havido a partilha de seus bens, razão pela qual os recorrentes, seus herdeiros, não podem ser imediata, direta e pessoalmente responsabilizados pelo débito, ainda que tenham participado da fase de cumprimento de sentença em virtude da regra do art. 12, § 1º, do CPC/73. 9 – Recurso especial conhecido e provido, para reconhecer a impossibilidade de responsabilização direta dos recorrentes e, consequentemente, o descabimento da constrição realizada em seus patrimônios pessoais. (REsp 2.042.040/SP, Rel. Min. Nancy Andrighi, 3ª Turma, j. 21.05.2024, DJe 24.05.2024)*

Mas quem é tratado como "condômino", responsável pelas despesas?

A princípio, é o proprietário da unidade autônoma, aquele que consta como tal na matrícula junto ao registro imobiliário.

O vocábulo "condômino" abrange também o usufrutuário, o nu-proprietário, o fiduciário, o compromissário comprador, o promitente cessionário de direito à compra, ou qualquer outro titular de direito à aquisição das unidades autônomas do edifício.

Essa era a inferência que se extraía do § 4º, do art. 12, da Lei 4.591/1964 e, também, do art. 9º do mesmo diploma legal.

§ 4º As obras que interessarem à estrutura integral da edificação ou conjunto de edificações, ou ao serviço comum, serão feitas com o concurso pecuniário de todos os proprietários ou titulares de direito à aquisição de unidades, mediante orçamento prévio aprovado em assembleia geral, podendo incumbir-se de sua execução o síndico, ou outra pessoa, com aprovação da assembleia (grifamos).

Da mesma forma, além do já citado art. 1.345, a referência dos arts. 1.333 e 1.334 do Código Civil, ainda mais claros:

Art. 1.333. A convenção que constitui o condomínio edilício deve ser subscrita pelos titulares de, no mínimo, dois terços das frações ideais e torna-se, desde logo, obrigatória para os titulares de direito sobre as unidades, ou para quantos sobre elas tenham posse ou detenção.

Art. 1.334. Além das cláusulas referidas no art. 1.332 e das que os interessados houverem por bem estipular, a convenção determinará:

(...)

§ 2º São equiparados aos proprietários, para os fins deste artigo, salvo disposição em contrário, os promitentes compradores e os cessionários de direitos relativos às unidades autônomas.

De acordo com João Nascimento Franco,[7]

Assim é desde o dia em que recebe a posse direta, o titular de uma unidade autônoma obriga-se pela respectiva cota nas despesas de administração e conservação do edifício.

Isso porque a obrigação de custear proporcionalmente as despesas decorre da existência, de fato, da comunhão sobre o imóvel e da possibilidade de sua utilização.

Logo, é a posse direta do apartamento que torna o compromissário comprador responsável pelas despesas de condomínio, mesmo que não tenha sido ainda recebida qualquer escritura.

---

[7] João Nascimento Franco, *Condomínio*, São Paulo: Revista dos Tribunais, 1998, p. 218.

Mas para isso deverá o compromissário comprador, ou o condômino promitente vendedor comunicar à administração do condomínio a promessa de venda e a transmissão de posse da unidade autônoma.

(...)

Predomina o entendimento de que a promessa de venda e compra, mesmo não registrada, investe o compromissário comprador na condição de "quase proprietário" e na posse do imóvel, o que lhe permite defendê-la por embargos de terceiro, pleitear indenização em caso de desapropriação e praticar atos análogos.

Sendo o compromissário comprador considerado "quase proprietário", a promessa de venda constitui "quase alienação".

Outorgada uma promessa de venda e compra, o domínio remanescente com o promitente vendedor é meramente residual e de minguados efeitos jurídicos.

Por isso é que, reportando-se ao magistério de Barbosa Lima, no sentido de que a escritura definitiva constitui mera prestação de fato, dado que os direitos reais básicos antes dela se transmitem por via da promessa de venda e da transmissão da posse direta do imóvel, José Osório de Azevedo Júnior pondera, na abordagem do compromisso de venda e compra com reserva de domínio, que "à medida que o crédito vai sendo recebido, aquele pouco que restava do direito de propriedade junto ao compromitente vendedor, isto é, aquela pequena parcela do poder de dispor, como que vai desaparecendo até apagar de todo" (cf. Compromisso de compra e venda, apud Jether Sotano, in Boletim do IRIB 212/2).

Tratando-se de usufruto, os tribunais reconhecem solidariedade entre o usufrutuário e o nu-proprietário, em que pese meu entendimento segundo o qual a legitimidade deveria ser exclusiva do usufrutuário com intimação do nu-proprietário para possibilitar a penhora da própria unidade.[8] Neste sentido:

Despesas de condomínio – Ação de cobrança – Legitimidade passiva – Usufruto – Nu-proprietário – Dívida 'propter rem' – Débito demonstrado – Ação procedente – Recurso desprovido (TJSP, Apelação Cível 0000296-52.2011.8.26.0223, Rel. Melo Bueno, 35ª Câmara de Direito Privado, Foro de Guarujá, 4ª Vara Cível, j. 29.08.2016, data de registro 29.08.2016).

Despesas de condomínio – Cobrança – Julgamento antecipado da lide – Desnecessidade de produção de provas – Admissibilidade. Verificada a desnecessidade de socorrer-se de outros meios probatórios, é lícito ao juiz proferir o julgamento antecipado da lide, não se configurando cerceamento de defesa. Despesas de condomínio – Cobrança – Legitimidade passiva – Usufruto – Usufrutuário e nu-proprietário – Reconhecimento. Sendo a unidade condominial onerada com usufruto, pelos encargos condominiais e perante o Condomínio respondem usufrutuário e nu-proprietário, solidariamente. Despesas de condomínio – Cobrança –- Demonstração da origem dos débitos lançados no demonstrativo de débito apresentado pelo credor – Reconhecimento. Reconhecida a legitimidade de parte passiva e restando cumpridamente demonstrada nos autos a origem dos débitos condominiais objeto da presente ação de cobrança e caracterizado o seu inadimplemento, a declaração da procedência da ação era medida de rigor. Recurso improvido (TJSP, Apelação Cível 0055578-70.2009.8.26.0506, Rel. Orlando Pistoresi, 30ª Câmara de Direito Privado, Foro de Ribeirão Preto, 1ª Vara Cível, j. 19.03.2014, data de registro 20.03.2014).

---

[8]   Em sentido contrário há precedente que afirma que a legitimidade neste caso é do nu-proprietário: *Despesas de condomínio. Ação de cobrança. Alegação de nulidade de citação. Pleito em nome próprio de direito alheio. Impossibilidade. Inteligência do art. 6º do CPC. Imóvel condominial dado em usufruto. Legitimidade passiva do nu-proprietário. Obrigação* propter rem *que assim impõe. Multa e juros. Observância do princípio* tempus regit actum. *Imperatividade. A condenação do vencido ao pagamento das verbas da sucumbência é de rigor, mesmo sendo beneficiário da gratuidade judiciária, hipótese em que a cobrança ficará suspensa. Dicção do art. 12 da Lei 1.060/50. Não caracterização da litigância de má-fé, ante a não configuração das situações elencadas no art. 17 do CPC. Recurso principal provido em parte. Desprovimento do recurso adesivo (TJSP, Apelação Cível 9242587-22.2008.8.26.0000, Rel. Dimas Rubens Fonseca, 28ª Câmara de Direito Privado, Foro Central Cível, 31ª Vara Cível, j. 29.04.2014, data de registro 06.05.2014).*

Portanto, não basta ser titular da unidade (usufrutuário, o nu-proprietário, o fiduciário, o compromissário comprador, o promitente cessionário de direito à compra, ou qualquer outro titular de direito à aquisição das unidades autônomas do edifício), mas, além disso e principalmente mister se faz a posse e, nesse sentido:

Superior Tribunal de Justiça. *Direito Civil. Recurso Especial. Compromisso de venda e compra. Responsabilidade. Cotas condominiais. Registro na matrícula do imóvel. Imissão na posse. Ciência inequívoca. Artigos analisados: arts. 267, V e VI; 472 do CPC [atuais arts. 485, V e VI, e 506]; arts. 1.225, VII; 1.345; 1.417 do Código Civil. 1. Ação de cobrança de cotas condominiais, ajuizada em 02.05.2003. Recurso especial concluso ao Gabinete em 14.12.2011. 2. Discussão relativa à responsabilidade do antigo proprietário de imóvel pelo pagamento das cotas condominiais. 3. É cediço que, à luz do art. 472 do CPC [atual art. 506], os limites subjetivos da coisa julgada material consistem na produção de efeitos apenas em relação aos integrantes na relação jurídico-processual em curso, de maneira que, em regra, terceiros não podem ser beneficiados ou prejudicados. 4. Vários aspectos da responsabilidade da recorrente foram analisados, não tendo o Tribunal de origem invocado a preliminar de coisa julgada para extinguir o processo, nos termos do art. 267, V, do CPC [atual art. 485], apesar de mencionar o resultado da outra ação e utilizá-lo como reforço de argumentação para acolher o pedido condenatório. 5. Consoante o princípio da obrigação propter rem, responde pela contribuição de pagar as cotas condominiais, na proporção de sua fração ideal, aquele que possui a unidade e que, efetivamente, exerce os direitos e obrigações de condômino. A dívida, assim, pertence à unidade imobiliária e deve ser assumida pelo proprietário ou pelo titular dos direitos sobre a unidade autônoma, desde que esse tenha estabelecido relação jurídica direta com o condomínio. 6. No que tange especificamente às hipóteses de compromissos de compra e venda, o entendimento amparado na jurisprudência desta Corte é no sentido da possibilidade de ajuizamento de ação para cobrança de quotas condominiais tanto em face do promitente vendedor quanto sobre o promissário comprador dependendo das circunstâncias do caso concreto. 7. Ficando demonstrado que (i) o promissário-comprador imitira-se na posse e (ii) o condomínio tivera ciência inequívoca da transação, deve-se afastar a legitimidade passiva do promitente-vendedor para responder por despesas condominiais relativas a período em que a posse foi exercida pelo promissário-comprador. 8. **O que define a responsabilidade pelo pagamento das obrigações condominiais não é o registro do compromisso de venda e compra, mas a relação jurídica material com o imóvel, representada pela imissão na posse e pela ciência do credor acerca da transação.** 9. Embora o registro do compromisso firmado em caráter irrevogável e irretratável, na matrícula do imóvel, seja apto a constituir o direito real à aquisição do bem. Nos termos dos arts. 1.225, VII; e 1.417 do Código Civil, no entendimento desta Corte, ele não implica necessariamente a obrigação de prestação condominial. 10. Uma vez comprovada a inexistência da obrigação do compromissário comprador quanto ao pagamento das cotas condominiais, referentes ao período compreendido entre novembro de 1998 e julho de 1999, porque não imitido na posse do bem, não se pode, agora, afirmar o contrário somente porque atualmente, ele é o efetivo proprietário do bem ou porque assumira essa responsabilidade, perante a recorrente, no compromisso de compra e venda 11. A existência de eventual cláusula no compromisso de venda e compra, atribuindo de forma diversa a responsabilidade pelo pagamento das cotas condominiais, quando não há imissão na posse do bem pelo promitente comprador, obriga somente os contratantes e poderá fundamentar o exercício do direito de regresso, mas não vincula o condomínio. 12. Recurso especial não provido (REsp 1297239/RJ, Rel. Ministra Nancy Andrighi, Terceira Turma, j. 08.04..04.2014, DJe 29.04.2014).*

O tema – legitimidade passiva para responder por débitos condominiais – foi afetado e julgado pela sistemática de apreciação de recursos repetitivos, e a situação do conhecimento do condomínio acerca de titulares de direitos sobre o imóvel restou consolidada nos seguintes termos:

Superior Tribunal de Justiça. *Processo civil. Recurso especial representativo de controvérsia. Art. 543-C do CPC [atual art. 1.036]. Condomínio. Despesas comuns. Ação de cobrança. Compromisso de compra e venda não levado a registro. Legitimidade passiva. Promitente vendedor ou promissário comprador. Peculiaridades do caso concreto. Imissão na posse. Ciência inequívoca. 1. Para efeitos do art. 543-C do CPC [atual art. 1.036], firmam-se as seguintes teses: a) O que define a responsabilidade pelo pagamento das obrigações condominiais não é o registro do compromisso de compra e venda, mas a relação jurídica material com o imóvel, representada pela imissão na posse pelo promissário comprador e pela ciência inequívoca do condomínio acerca da transação. b) Havendo compromisso de compra e venda não levado a registro, a responsabilidade pelas despesas de condomínio pode recair tanto sobre o promitente vendedor quanto sobre o promissário comprador, dependendo das circunstâncias de cada caso concreto. c) Se ficar comprovado: (i) que o promissário comprador se imitira na posse; e (ii) o condomínio teve ciência inequívoca da transação,* *afasta-se a legitimidade passiva do promitente vendedor para responder por despesas condominiais relativas a período em que a posse foi exercida pelo promissário comprador. 2. No caso concreto, recurso especial não provido (REsp 1345331/RS, Rel. Ministro Luis Felipe Salomão, Segunda Seção, j. 08.04.2015, DJe 20.04.2015).[9]*

2.5.1. O imóvel foi prometido à venda e o contrato não foi levado a registro (contrato "de gaveta") ou está gravado com direito real sobre coisa alheia (hipoteca, alienação fiduciária, usufruto etc.). Quem responde pelas despesas? E a penhora, é da própria unidade ou dos direitos?

A preleção sempre clara de João Nascimento Franco não deixa dúvidas quanto ao fato de os promitentes compradores e até os cessionários dos seus direitos serem condôminos.

Ainda assim, surge um sério problema, no caso de ter sido a unidade autônoma vendida por meio dos chamados "contratos de gaveta", ou seja, a promessa ou a cessão sem o registro junto ao Cartório de Registro de Imóveis da circunscrição imobiliária competente.

O fato é que o débito por despesa condominial é obrigação *propter rem*, ou seja, vinculada à própria coisa e por ela responderá o seu titular, ainda que não seja proprietário.

Mesmo assim, a jurisprudência chegou a se dividir.

Alguns arestos determinavam a cobrança apenas em face do proprietário, que é aquele que figura na matrícula junto ao oficial de Registro de Imóveis como tal.

Outros acórdãos imputavam a responsabilidade pelo pagamento ao promitente comprador.

Havia, nesse caso, portanto, duas tendências jurisprudenciais distintas.

A primeira levava em conta o proprietário como sujeito passivo único:

Segundo Tribunal de Alçada Civil de São Paulo. Condomínio. Despesas condominiais. Ônus do proprietário. A responsabilidade pelas despesas condominiais é do proprietário da unidade autônoma, por se tratar de obrigações "propter rem" (Apel. s/ rev. nº 492.802, 11ª Câm., Rel. Juiz Artur Marques, j. 1º.09.1997. No mesmo sentido: Apel. s/ rev. nº 496.381, 11ª Câm., Rel. Juiz Artur Marques, j. 29.09.1997).

Tribunal de Alçada Cível do Rio de Janeiro. Condomínio. Despesas. Obrigação decorrente de domínio. A obrigação de pagamento das cotas condominiais decorre do domínio, e não da posse. (Apelação Cível nº 29.304, 5ª Câmara, decisão unânime, Juiz: Antonio Lindberg Montenegro, j. 14.08.1985).

A segunda tendência jurisprudencial entendeu (e, a meu ver, com razão), que o responsável pelo pagamento das despesas de condomínio e legitimado passivo é o promitente comprador, ainda que o contrato não esteja registrado, desde que, além de ter a posse, o condomínio saiba, por qualquer forma, que o promitente comprador ou seu cessionário é o novo titular.

Prestigiou-se o critério que impõe a obrigação ao beneficiário das despesas ao mesmo tempo em que não se descuidou da segurança jurídica ao exigir-se, para que o titular sem registro seja legitimado, a ciência do condomínio.

Assim, responde pelos débitos condominiais quem tem a posse direta, quem desfruta das comodidades do edifício, comodidades essas que dão origem às despesas condominiais, especialmente quando o alienante tomou o cuidado de informar à administração do edifício sobre quem tem a posse direta da unidade (o promissário comprador), não como locatário,

---

9   Nesse sentido: AgInt no AREsp 733.185/SP, 3ª Turma, Rel. Min. Moura Ribeiro, j. 24.05.2016, *DJE* 01.06.2016; AgRg no REsp 1.565.550/PR, 4ª Turma, Rel. Min. Antonio Carlos Ferreira, j. 23.02.2016, *DJE* 01.03.2016; AgRg no AREsp 804.332/RJ, 4ª Turma, Rel. Min. Maria Isabel Gallotti, j. 17.12.2015, *DJE* 01.02.2016; AgRg no AREsp 729.405/DF, 4ª Turma, Rel. Min. Marco Buzzi, j. 24.11.2015, *DJE* 30.11.2015; AgRg no REsp 1.542.365/RJ, 3ª Turma, Rel. Min. Ricardo Villas Bôas Cueva, j. 20.10.2015, *DJE* 29.10.2015; REsp 1.345.331/RS, 2ª Seção, Rel. Min. Luis Felipe Salomão, j. 08.04.2015, *DJE* 20.04.2015.

mas como promitente comprador ou cessionário, independentemente do registro imobiliário da promessa de sua titularidade do direito real de propriedade.

Portanto, o condomínio toma ciência da existência do promitente comprador ou de seu cessionário porque foi avisado, notificado (por qualquer meio inequívoco), tomou ciência por meios próprios – a ser demonstrado pelo interessado, no caso o proprietário indevidamente acionado – ou, como é evidente, em razão do efeito publicitário gerado pelo registro da promessa de compra e venda ou da cessão junto à matrícula do imóvel.

Em outras palavras, o proprietário que prometeu vender o imóvel por contrato de promessa de compra e venda, ainda que não esteja registrado junto à matrícula do imóvel, não responde pelas despesas condominiais que deverão, assim, ser cobradas do promitente comprador, desde que o condomínio conheça a situação e que o promitente comprador, titular da unidade, conte com a posse:

> **Superior Tribunal de Justiça.** *Civil e processual civil. Agravo no recurso especial. Ação de cobrança. Despesas de condomínio. Legitimidade passiva. Proprietário. Compromisso compra e venda. Havendo a imissão na posse pelo promitente-comprador e a ciência inequívoca da transação, pelo Condomínio, resta afastada a legitimidade passiva ad causam do promitente-vendedor para responder pelas cotas condominiais vencidas no período em que a posse passou a ser exercida pelo adquirente da unidade habitacional. Agravo não provido (AgRg no REsp 1.323.646/RS, Rel. Min. Nancy Andrighi, 3ª Turma, j. 13.11.2012, DJe 20.11.2012).*

Nesse mesmo sentido, os seguintes julgados do Superior Tribunal de Justiça: AgRg no REsp 1.227.260/RS, Rel. Min. Nancy Andrighi, 3ª Turma, j. 18.08.2011, *DJe* 24.08.2011; REsp 1.079.177/MG, Rel. Min. Massami Uyeda, 3ª Turma, j. 02.06.2011, *DJe* 17.06.2011; REsp 1.342.203-SP, Rel. Min. Marco Buzzi, *DJE* 18.09.2012.

O assunto foi tratado pelo STJ no âmbito dos recursos repetitivos (Tema 886), resultando nas seguintes conclusões:

> **Superior Tribunal de Justiça.** *(...) 1. Para efeitos do art. 543-C do CPC [de 1973, atual art. 1.036 do CPC de 2015], firmam-se as seguintes teses: a) O que define a responsabilidade pelo pagamento das obrigações condominiais não é o registro do compromisso de compra e venda, mas a relação jurídica material com o imóvel, representada pela imissão na posse pelo promissário comprador e pela ciência inequívoca do condomínio acerca da transação. b) Havendo compromisso de compra e venda não levado a registro, a responsabilidade pelas despesas de condomínio pode recair tanto sobre o promitente vendedor quanto sobre o promissário comprador, dependendo das circunstâncias de cada caso concreto. c) Se ficar comprovado: (i) que o promissário comprador se imitira na posse; e (ii) o condomínio teve ciência inequívoca da transação, afasta-se a legitimidade passiva do promitente vendedor para responder por despesas condominiais relativas a período em que a posse foi exercida pelo promissário comprador. (...) (REsp 1345331 RS, Rel. Ministro Luis Felipe Salomão, Segunda Seção, j. 08.04.2015, DJe 20.04.2015).*

Nesse sentido, julgados posteriores reafirmam a tese do REsp 1.345.331:

> **Superior Tribunal de Justiça.** *Agravo interno no recurso especial. Civil e processual civil. Ação de exoneração de dívida condominial. Compromisso de compra e venda. Rescisão. Reaquisição da titularidade do imóvel. Responsabilidade do promissário vendedor. Agravo improvido. 1. A jurisprudência do Superior Tribunal de Justiça firmou-se no sentido de que "o promitente vendedor, sem prejuízo do seu direito de regresso, pode ser responsabilizado pelos débitos condominiais posteriores à alienação e contemporâneos à posse do promissário comprador, se readquirir a titularidade do direito real sobre o bem imóvel anteriormente alienado" (AgInt nos EDcl no REsp 1.407.443/PR, Rel. Ministro Luis Felipe Salomão, Quarta Turma, DJe 17.09.2018). 2. Conforme reiteradamente decidido por esta Corte: "Em regra, o promitente vendedor não pode ser responsabilizado pelos débitos condominiais posteriores à alienação, contemporâneos à posse do promissário comprador, pois, ao alienar o imóvel, tem a intenção de desvincular-se do direito real sobre o bem. Entretanto, quando o promitente vendedor obtém a retomada do bem anteriormente alienado, em virtude da reaquisição, sua condição de proprietário e/ou titular de direito real sobre a coisa não se rompe, razão por que o adquirente de imóvel em condomínio responde pelas cotas condominiais em atraso, ainda que anteriores à aquisição, ressalvado o seu direito de regresso contra o antigo proprietário/possuidor" (AgInt no REsp 1.229.639/PR, Rel. Ministro Marco Buzzi, Quarta Turma, DJe 20.10.2016). 3. Agravo interno não provido. (AgInt no REsp 1565327/PR, Rel. Min. Raul Araújo, 4ª Turma, j. 21.03.2019, DJe 02.04.2019).*

(...) Segundo a jurisprudência desta Corte, o promitente comprador só passa a ser responsável pelas despesas de condomínio a partir da efetiva posse, o que se dá com a entrega das chaves pela construtora. (...) (AgInt no REsp 1.839.746/RS, Rel. Min. Marco Aurélio Bellizze, 3ª Turma, j. 04.05.2020, DJe 08.05.2020).

Superior Tribunal de Justiça. *Agravo interno no agravo em recurso especial. Condomínio. Legitimidade passiva para cobrança condominial de unidade alienada condicionada à imissão na posse e ao conhecimento prévio do condomínio sobre a alienação. Tese firmada em recurso repetitivo. Agravo desprovido. 1. A legitimidade passiva do compromissário comprador para responder à cobrança condominial em caso de alienação de unidade não registrada está condicionada à imissão na posse e ao conhecimento prévio do condomínio. Tese firmada em recurso repetitivo. Caso concreto no qual, segundo o Tribunal de origem, o condomínio teve pleno conhecimento da alienação. 2. Agravo interno desprovido. (AgInt no AREsp 887.226/SP, Rel. Min. Marco Aurélio Bellizze, 3ª Turma, j. 24.10.2017, DJe 30.10.2017).*

Nesse julgado, assim fundamentou o Ministro Rel. "A Segunda Seção do STJ, por ocasião do julgamento do REsp 1.345.331/RS, submetido ao rito dos recursos repetitivos, estabeleceu a orientação de que, em caso de compromisso de compra e venda não levado a registro, a responsabilidade pelo pagamento das obrigações condominiais será afastada do compromitente vendedor quando o compromissário comprador tenha sido imitido na posse e haja ciência inequívoca do condomínio acerca da alienação".

Uma distinção, todavia, deve ser feita.

Isso porque, no REsp 1.442.840[10] (j. 06.08.2015, *DJe* 21.08.2015), ficou decidida a legitimidade do promitente vendedor para figurar no polo passivo, consequência da sua condição de proprietário na medida em que, ao readquirir a titularidade do imóvel por inadimplemento do promitente comprador, volta, nesse caso, a assumir o ônus que sobre este recaía, por se tratar de obrigação *propter rem*.

Importante frisar que não houve alteração na tese firmada pelo STJ no REsp 1.345.331, mas complemento para abarcar hipóteses, em que o proprietário, promitente vendedor, readquiriu ou retomou o imóvel não podendo, nessas condições, se eximir de pagar os valores devidos ao condomínio, ainda que decorrentes do período de posse do promitente comprador, e tampouco deduzir ilegitimidade passiva. Julgados posteriores, que já mencionei, ratificam o entendimento firmado no REsp 1.345.331 (julgado sob a sistemática dos recursos repetitivos).[11]

Convém ressaltar que, no caso de cessão do contrato, o cessionário sub-roga-se nos direitos e obrigações do cedente.

Na hipótese, os créditos e os débitos do imóvel são transmitidos ao cessionário, acorde com a norma insculpida no art. 287 do Código Civil.

Destarte, a partir da cessão operada, responsabiliza-se o cessionário pelo pagamento de valores condominiais cobrados desde que o condomínio conheça a cessão porque foi notificado ou porque soube por qualquer forma.

A contrario sensu, se o condomínio não foi comunicado ou não tomou conhecimento, a legitimidade do proprietário é mantida:

Tribunal de Justiça de São Paulo. *Despesas de condomínio. Promitente vendedor. Ilegitimidade passiva. Não reconhecimento. Recurso improvido. O promitente-vendedor é parte legítima para responder à ação de cobrança de despesas condominiais se o condomínio não tiver ciência da promessa de transferência da unidade a terceiro, operada através de compromisso de compra e venda não registrado (Apelação nº 0014642-50.2009.8.26.0361, 26ª Câm. Dir. Priv. Rel. Des. Renato Sartorelli, j. 14.03.2012).*

---

10   Eis o que, literalmente, se decidiu na parte útil: *A legitimidade da COHAB, para figurar no polo passivo da lide, decorre da sua condição de proprietária, pois ao readquirir o imóvel, assumiu para si o ônus que sobre este recaía, por se tratar de obrigação* "propter rem".

11   AgInt no REsp 1.565.327/PR, Rel. Min. Raul Araújo, 4ª Turma, j. 21.03.2019, *DJe* 02.04.2019; AgInt no AREsp 887.226/SP, Rel. Min. Marco Aurélio Bellizze, 3ª Turma, j. 24.10.2017, *DJe* 30.10.2017.

Tribunal de Justiça de São Paulo. Condomínio. Ação de cobrança de despesas. Propositura em face dos titulares do domínio. Alegação de ilegitimidade passiva, por ter sido compromissada a venda a terceiro. Ausência de prova de comunicação ao condomínio. Extinção afastada. Prescrição. Desacolhimento. Evidência do inadimplemento, a justificar a procedência do pedido. Recurso provido. 1. A simples existência de compromisso de compra e venda não registrado é suficiente para afastar a legitimidade passiva dos promitentes vendedores, mas isto desde que efetivada a transmissão da posse e ciente o condomínio. No caso em exame, não houve demonstração da efetiva ciência por parte do autor, o que justifica o afastamento da extinção e o julgamento do mérito, na forma do artigo 515, § 3º, do CPC [atual art. 1.013, § 3º]. 2. Nos termos do artigo 205 do Código Civil, o prazo prescricional para a cobrança das despesas de condomínio é de dez anos, à falta de disposição legal específica. 3. Incontroverso o inadimplemento, impõe-se reconhecer a procedência do pedido (Apelação nº 0000152-28.2012.8.26.0002, São Paulo, 31ª Câmara de Direito Privado, Voto nº 28420-2, Rel. Des. Antonio Rigolin, j. 13.08.2013).

Conclusão extraída do sistema é que as despesas de condomínio não são de responsabilidade daquele que detém o título registrado, devendo, em verdade, operar-se em face do adquirente da unidade que conte com a posse, independentemente do fato de o título aquisitivo não estar registrado na competente circunscrição imobiliária:

Segundo Tribunal de Alçada Civil de São Paulo. Cobrança. Legitimidade passiva. Despesas condominiais. Adquirente do imóvel. Posse já transmitida. Título aquisitivo não registrado. Irrelevância. Reconhecimento. A responsabilidade pelo pagamento das despesas de condomínio não é exclusiva do proprietário-condômino, devendo recair sobre o adquirente da unidade, sendo irrelevante o fato de o título aquisitivo não estar registrado no cartório imobiliário (Apel. s/ rev. nº 482.804, 1ª Câm., Rel. Juiz Renato Sartorelli, j. 26.05.1997. Referências: JTA 147/66; Recurso Especial nº 40.263-RJ, 3ª Turma, Rel. Ministro Cláudio Santos).[12]

Tribunal de Justiça de São Paulo. Apelação Sem Revisão 1168263001. Rel. Manoel Justino Bezerra Filho. Comarca: Santo André – Órgão julgador: 35ª Câmara de Direito Privado – j. 15.09.2008 – Data de registro: 19.09.2008 – Ementa: Despesas de condomínio – Cobrança – Obrigação "propter rem" – Compromissário comprador que firmou instrumento particular com a proprietária sem ter recebido as chaves do imóvel – inadmissibilidade da cobrança – Embora o compromissário comprador tenha legitimidade para responder pelas despesas condominiais, não responderá por elas se demonstrar, como no caso, que não houve imissão na posse e que está pedindo, em juízo, a rescisão do contrato firmado. Nenhum serviço foi prestado ao compromissário pelo condomínio, nada havendo a ser cobrado. Condenação do Condomínio em custas e honorários, afastando-se pedido contraposto para condenação em despesas com advogado – Recurso parcialmente provido, v.u.

Como se depreende, é a orientação que mais se coaduna com a lei, vez que no mundo fático é sabida a existência dos chamados "contratos de gaveta", prática já arraigada nos negócios imobiliários que não tem sido ignorada pelo Poder Judiciário, atento à realidade social.

Em consonância com o acatado, obrigar o cedente ou o proprietário ao pagamento de despesas de exclusiva responsabilidade do promitente comprador ou cessionário que tomou posse – o que é imprescindível no caso – seria premiar o enriquecimento ilícito destes que, afinal, são os verdadeiros possuidores e titulares do imóvel.

---

12 No mesmo sentido:

a) JTA (Lex) 167/448; Apelação sem Revisão nº 491.318, 2ª Câmara, Rel. Juiz Peçanha de Moraes, j. 18.08.1997;

b) Apelação com Revisão nº 495.370, 2ª Câmara, Rel. Juiz Peçanha de Moraes, j. 18.08.1997;

c) Apelação sem Revisão nº 488.287, 4ª Câmara, Rel. Juiz Amaral Vieira, j. 02.09.1997;

d) Apelação sem Revisão nº 496.517, 1ª Câmara, Rel. Juiz Magno Araújo, j. 1º.09.1997;

e) Apelação sem Revisão nº 493.984, 11ª Câmara, Rel. Juiz Clovis Castelo, j. 15.09.1997;

f) Apelação sem Revisão nº 496.774, 11ª Câmara, Rel. Juiz Donegá Morandini, j. 29.09.1997;

g) Apelação sem Revisão nº 504.211, 9ª Câmara, Rel. Juiz Marcial Hollanda, j. 28.01.1998;

h) Apelação sem Revisão nº 507.510, 7ª Câmara, Rel. Juiz Américo Angélico, j. 03.02.1998;

i) Apelação sem Revisão nº 508.513, 7ª Câmara, Rel. Juiz Américo Angélico, j. 10.03.1998;

j) Apelação sem Revisão nº 513.024, 9ª Câmara, Rel. Juiz Marcial Hollanda, j. 01.04.1998;

k) Apelação sem Revisão nº 516.529, 1ª Câmara, Rel. Juiz Renato Sartorelli, j. 20.04.1998.

Ora, quem reside no imóvel e usufrui os serviços, consome água e utiliza os elevadores e demais equipamentos do prédio?

Por evidente que, nesses casos, não são os proprietários ou cedentes.

A jurisprudência atual acerca do caso em tela está em consonância com a lição inserta no "Fausto", de Goethe, segundo o qual a evolução reflete o social primando sobre o individual, a realidade se impondo à ficção, o fato triunfando sobre a palavra, construção jurisprudencial, aliás, que não é nova:

> **Primeiro Tribunal de Alçada Civil de São Paulo.** Ilegitimidade "ad causam". Condomínio. Despesas condominiais. Compra e venda de unidade condominial, imitidos os promitentes compradores imediatamente na posse. Irrelevância da não transcrição da escritura no Cartório de Registro de Imóveis. Ilegitimidade do promitente vendedor para responder pela ação de cobrança. Cobrança improcedente. Recurso provido (Apelação nº 605.062-1/00, São Paulo, 4ª Câmara, Rel. Franco de Godoi, j. 28.07.1995, decisão: unânime).[13]

No caso de cobrança aforada pelo condomínio conhecedor da cessão em face do cedente, mesmo que por "contrato de gaveta", faltará uma das condições da ação, qual seja: a pertinência subjetiva ou a titularidade do direito material.

Claro está que, se o promitente vendedor ou o cedente não tiveram o cuidado de informar o condomínio da promessa ou da cessão, ou o condomínio não tomou conhecimento desses contratos, não se aplica a regra da legitimidade do promitente comprador possuidor. Isso porque, do contrário, não haverá como o condomínio conhecer a circunstância da promessa ou da cessão que não constam do Registro de Imóveis.

Nesse sentido, recomenda-se que o cedente notifique, para que o condomínio tome conhecimento e providencie a mudança do nome do titular nos boletos de cobrança, sem o que poderá ser parte legítima para responder pela ação de cobrança de despesas condominiais.

Entretanto, mesmo que o cedente não tenha notificado o condomínio, tendo este tomado conhecimento da cessão por outros meios, desde que provada essa circunstância, o cessionário será parte ilegítima.

---

[13] No mesmo sentido:
Primeiro Tribunal de Alçada Civil de São Paulo. Condomínio. Ação de cobrança de despesas condominiais movida contra compromissária-compradora do apartamento, imitida na posse direta, mas sem título dominial registrado. Inicial indeferida. Recurso provido para que a ação prossiga, admitida a legitimação da ré (Apelação nº 556.676-8/00, São Paulo, 8ª Câmara, Rel. Márcio Franklin Nogueira, j. 27.04.1994, decisão: por maioria, publicação: JTA (Lex) 147/65).
Tribunal de Alçada do Paraná. Apelação cível. Cobrança. Taxas condominiais. Compromisso de compra e venda. Responsabilidade pelo pagamento. Recurso improvido. O promitente-vendedor não é responsável pelo pagamento das taxas condominiais do imóvel vendido. Legislação: Código Civil, art. 530; Doutrina: Washington de Barros Monteiro, Curso de direito civil, 28ª ed., 1990, vol. 3; Orlando Gomes, Direitos reais, 10ª ed., 1994; Caio Mário da Silva Pereira, Condomínio e incorporações, 5ª ed., Editora Forense, 1988, p. 143 (Apel. Cív. nº 109.031.300, Curitiba, Juiz Manasses de Albuquerque, 8ª Câm. Cív., j. 01.09.1997, Acórdão nº 6.253, publicação: 19.09.1997).
Tribunal de Alçada Cível do Rio de Janeiro. Condomínio. Despesas. Cobrança de cotas. Adquirente. Legitimidade passiva. Em face de recente alteração do parágrafo único do art. 4º da Lei 4.591/64, reputa-se com legitimidade passiva, para responder pelos débitos condominiais, o adquirente da unidade imobiliária, como tal considerado o cessionário dos direitos à aquisição da mesma, ainda que o instrumento respectivo não se ache registrado no RGI pertinente. Precedente do STJ. Num. ementa: 40.474 (Apelação Cível nº 2.504/1995, 6ª Câmara, decisão por maioria, Juiz: Luiz Odilon Gomes Bandeira, j. 16.05.1995).
Tribunal de Justiça do Distrito Federal. Processual Civil. Ação de Cobrança. Dívida de condomínio. Caráter propter rem. Responsabilidade do cessionário de direito sobre o imóvel. 1 – As obrigações oriundas de dívidas de condomínio em edifício têm caráter propter rem, aderindo à coisa e não à pessoa que as contraiu, de forma que o atual cessionário dos direitos sobre o imóvel respectivo responde por elas. 2 – Recurso desprovido. Decisão: Conhecer e improver. Unânime. (Apelação Cível nº 0041548/96-DF, Acórdão: 89.909, Rel. Des. João Mariosa, j. 14.10.1996, 4ª Turma Cível, DJ 20.11.1996, p. 21.183).

Há prova do conhecimento da cessão pelo condomínio, por exemplo, pelo envio de cartas de cobrança ao cessionário, mesmo que os recibos de cobrança ainda permaneçam em nome do cedente ou, em alguns casos, pela inclusão do promitente comprador sem título registrado no polo passivo da demanda.

Nesse sentido:

Tribunal de Justiça de São Paulo. *Despesas condominiais. Cobrança. Compromissário comprador. Posse da unidade condominial. Ciência por parte do condomínio. Ilegitimidade passiva da proprietária reconhecida. Procedência. Recurso provido. Tendo o condomínio autor ciência do contrato de compromisso de venda e compra firmado entre a proprietária e o compromissário-comprador e estando este na posse direta do imóvel, mesmo que não registrado, é de se reconhecer a legitimidade apenas do possuidor para figurar no polo passivo da ação de cobrança por encargos condominiais inadimplidos e não daquela em cujo nome esteja registrado o imóvel, vez que se trata de obrigação "propter rem" (Apelação nº 0007671-89.2009.8.26.0477, Rel. Paulo Ayrosa, Praia Grande, 31ª Câmara de Direito Privado, j. 02.07.2013, Data de registro: 05.07.2013. Outros números: 76718920098260477).*

Na fundamentação, esclareceu o Desembargador relator, Paulo Ayrosa: *Ao que se infere da leitura dos autos, a ré/apelante apenas figura como proprietária do imóvel junto ao Cartório de Registro de Imóveis, já que a posse foi transferida a (...) (fls. 39/41), cessionário dos direitos referentes à unidade condominial geradora das despesas postas em cobrança nesta demanda. O condomínio tinha plena ciência deste fato, conquanto o adquirente ainda não tivesse registrado o instrumento pelo qual adquiriu a posse do imóvel, tanto que incluiu o morador no polo passivo da ação.*

Nesta medida, complementou: *não há necessidade de notificação formal ou mesmo de prenotação do compromisso no CRI para que se possa reconhecer a ciência por parte do condomínio quanto a quem seja o legítimo possuidor da unidade condominial em referência. Basta que o condomínio demonstre ciência quanto a este fato, ou seja, que a posse do bem recaia sobre terceiros, compromissários compradores e não mais àquele cujo nome consta no registro imobiliário, como ocorre in casu. Desta forma, de se reconhecer que, quem tem legitimidade para figurar no polo passivo da demanda é o compromissário comprador e não a ré, ora apelante.*

Tratando-se de imóvel gravado com direito real, a solução é a mesma, e o sujeito passivo será o fiduciante ou o proprietário que concedeu o imóvel em hipoteca, devendo o credor fiduciário ou hipotecário, respectivamente, serem intimados.

O art. 72 da Lei 11.977/2009 reforça o meu entendimento na exata medida em que exige a notificação do proprietário, promitente vendedor, fiduciário ou outro titular do domínio pleno ou útil. Percebe-se que, pela redação do dispositivo, não são réus, mas notificados, ou seja, intimados, em razão de possível interesse, permitindo, se quiserem, atuar como assistentes:

Art. 72. Nas ações judiciais de cobrança ou execução de cotas de condomínio, de imposto sobre a propriedade predial e territorial urbana ou de outras obrigações vinculadas ou decorrentes da posse do imóvel urbano, nas quais o responsável pelo pagamento seja o possuidor investido nos respectivos direitos aquisitivos, assim como o usufrutuário ou outros titulares de direito real de uso, posse ou fruição, será notificado o titular do domínio pleno ou útil, inclusive o promitente vendedor ou fiduciário.

Adotando este entendimento, o seguinte julgado que ressaltou a necessidade de intimação do titular do domínio:

Tribunal de Justiça de São Paulo. *Cumprimento da sentença – Cobrança de despesas de condomínio – Penhora dos direitos que a ré possui sobre a unidade autônoma geradora da dívida – Dívida propter rem que autoriza solução diversa, deferindo-se a penhora da própria unidade, com a cautela de se intimar pessoalmente da constrição e das designações das futuras praças aquele que figura como titular do domínio, além da* *devedora indicada no título – Agravo de instrumento provido para esse fim (TJSP; Agravo de Instrumento 2037700-20.2016.8.26.0000; Relator (a): Sá Duarte; Órgão Julgador: 33ª Câmara de Direito Privado; Foro Central Cível – 21ª Vara Cível; j. 14.03.2016; Data de registro: 15.03.2016).*

Se a opção do credor for pela execução (CPC, art. 784, X), a orientação do Código de Processo Civil no art. 799 não diverge e determina a intimação do proprietário sempre que o imóvel for penhorado por débitos de condômino que for o titular do domínio:

Art. 799. Incumbe ainda ao exequente:

I – requerer a intimação do credor pignoratício, hipotecário, anticrético ou fiduciário, quando a penhora recair sobre bens gravados por penhor, hipoteca, anticrese ou alienação fiduciária;

(...)

IV – requerer a intimação do promitente vendedor, quando a penhora recair sobre direito aquisitivo derivado de promessa de compra e venda registrada;

(...)

VI – requerer a intimação do proprietário do terreno com regime de direito de superfície, enfiteuse, concessão de uso especial para fins de moradia ou concessão de direito real de uso, quando a penhora recair sobre direitos do superficiário, do enfiteuta ou do concessionário;

(...)

E a ausência de intimação ensejará a ineficácia da alienação em razão do proprietário ou cedente não intimados, ainda que tanto o art. 799 quanto o art. 804 se refiram aos direitos aquisitivos, quando se sabe que, em razão de a despesa de condomínio ser *propter rem*, se admite a penhora da própria unidade condominial na ação promovida em face do promitente comprador, superficiário:

Art. 804. A alienação de bem gravado por penhor, hipoteca ou anticrese será ineficaz em relação ao credor pignoratício, hipotecário ou anticrético não intimado.

(...)

§ 3º A alienação de direito aquisitivo de bem objeto de promessa de venda, de promessa de cessão ou de alienação fiduciária será ineficaz em relação ao promitente vendedor, ao promitente cedente ou ao proprietário fiduciário não intimado.

(...)

§ 5º A alienação de direitos do enfiteuta, do concessionário de direito real de uso ou do concessionário de uso especial para fins de moradia será ineficaz em relação ao proprietário do respectivo imóvel não intimado.

§ 6º A alienação de bem sobre o qual tenha sido instituído usufruto, uso ou habitação será ineficaz em relação ao titular desses direitos reais não intimado.

Certo é que o dispositivo padece de profunda atecnia quando se trata de obrigação de pagar condomínios, posto que, a uma, não observou que, no caso de usufruto, a legitimidade é do usufrutuário para responder pela execução de débitos condominiais e, a duas, em razão de, neste e nos demais casos, mencionar penhora dos direitos e não do próprio imóvel, esquecendo-se da despesa de condomínio que, por ser *propter rem – e por esta importante razão que decorre do art. 1.345 do Código Civil* – admite a penhora do próprio imóvel, ainda que a execução não seja movida em face do titular do domínio.

Em suma, deixou de trazer a mesma consequência do art. 72 da Lei 11.977/2009, mas que deve ser aplicada por interpretação sistemática.

Trata-se de evidente confusão de conceitos fundar a conclusão na impossibilidade de quebra do princípio da continuidade, vedando, conseguintemente, a penhora da própria unidade, desconsiderando princípio comezinho que emana do direito material, notadamente do art. 1.345 do Código Civil, que indica a natureza *propter rem* da obrigação de pagar condomínio, com a penhora dos direitos do legitimado passivo e não da própria unidade, como deveria ser.[14]

Posta assim a questão, por interpretação extensiva e sistemática, a alienação do imóvel em execução de despesas de condomínio promovida em face do usufrutuário, do promitente comprador, do fiduciante[15] ou de outro titular qualquer sobre o imóvel que deve responder pelas despesas condominiais, será ineficaz sem intimação do proprietário e, nesses casos, tratando-se de despesa de condomínio, pela sua natureza *propter rem* como se tem insistido, *não serão os direitos, mas o próprio imóvel que deverá ser penhorado.*

---

[14] Nesse sentido, em que pese a primeira decisão com a ressalva de ausência de participação do credor fiduciário:

    TJSP. Agravo de Instrumento – Ação de cobrança em fase de cumprimento de sentença – Despesas Condominiais – Impossibilidade de penhora do imóvel, cuja titularidade é do credor fiduciário, proprietário resolúvel – Dívida propter rem que, por sua vez, não autoriza a responsabilidade patrimonial de terceiros que não participaram da formação do título executivo judicial – Possibilidade de penhora dos direitos do executado sobre o bem – Negado provimento. (2033479-57.2017.8.26.0000 Relator(a): Hugo Crepaldi; Comarca: Cotia; Órgão julgador: 25ª Câmara de Direito Privado; j. 23.03.2017; Data de registro: 06.04.2017).

    TJSP. Despesas de condomínio – embargos de terceiro – compromisso de compra e venda sem registro – alegação de nulidade por vício de consentimento – necessidade do ajuizamento de ação própria – compromissários compradores – dívida condominial – solidariedade – penhora que só pode recair sobre os direitos pertencentes aos promitentes compradores, e não sobre a própria unidade, haja vista encontrar-se registrada em nome de terceiro – recurso improvido, rejeitada a preliminar, com observação. Ausente o registro de transferência da propriedade, a penhora somente pode recair sobre os direitos pertencentes ao adquirente do imóvel. (Apelação 1043795-14.2015.8.26.0002 – Relator(a): Renato Sartorelli; Comarca: São Paulo; Órgão julgador: 26ª Câmara de Direito Privado; j. 06.04.2017; Data de registro: 06.04.2017).

[15] Até porque neste caso, de alienação fiduciária, é a inferência que se extrai da própria lei que trata do condomínio como obrigação que recai *sobre o imóvel* e não sobre o titular, deixando clara a natureza *propter rem* da obrigação:

    Art. 23. Constitui-se a propriedade fiduciária de coisa imóvel mediante registro, no competente Registro de Imóveis, do contrato que lhe serve de título.

    Parágrafo único. Com a constituição da propriedade fiduciária, dá-se o desdobramento da posse, tornando-se o fiduciante possuidor direto e o fiduciário possuidor indireto da coisa imóvel.

    Art. 26. Vencida e não paga, no todo ou em parte, a dívida e constituído em mora o fiduciante, consolidar-se-á, nos termos deste artigo, a propriedade do imóvel em nome do fiduciário.

    § 1º Para os fins do disposto neste artigo, o fiduciante, ou seu representante legal ou procurador regularmente constituído, será intimado, a requerimento do fiduciário, pelo oficial do competente Registro de Imóveis, a satisfazer, no prazo de quinze dias, a prestação vencida e as que se vencerem até a data do pagamento, os juros convencionais, as penalidades e os demais encargos contratuais, os encargos legais, inclusive tributos, as contribuições condominiais imputáveis ao imóvel, além das despesas de cobrança e de intimação.

    Art. 27, § 8º. Responde o fiduciante pelo pagamento dos impostos, taxas, contribuições condominiais e quaisquer outros encargos que recaiam ou venham a recair sobre o imóvel, cuja posse tenha sido transferida para o fiduciário, nos termos deste artigo, até a data em que o fiduciário vier a ser imitido na posse.

    Nesse sentido: "[...] 3. Nos contratos de alienação fiduciária em garantia de bem imóvel, a responsabilidade pelo pagamento das despesas condominiais recai sobre o devedor fiduciante enquanto estiver na posse direta do imóvel. 4. O credor fiduciário somente responde pelas dívidas condominiais incidentes sobre o imóvel se consolidar a propriedade para si, tornando-se o possuidor direto do bem." (REsp 1.696.038 – SP, j. 28.08.2018.)

A penhora dos direitos, além de não decorrer do sistema conforme sustentei, pode gerar situações insolúveis, notadamente quando a dívida do possuidor legitimado com o proprietário suplantar o valor do imóvel, hipótese na qual os direitos dele nada valem.

Nesses casos, do que adiantará a penhora de direitos que não existem?

O débito condominial constitui espécie peculiar de ônus real, gravando o próprio imóvel, eis que a Lei Federal (Código Civil, art. 1.345) lhe imprime poder de sequela, independente da titularidade, o que pode ser observado nos seguintes arestos:

Superior Tribunal de Justiça. *Processual civil e civil. Agravo interno nos embargos de declaração no recurso especial. Ação de cobrança de cotas condominiais. Penhora do imóvel gerador dos débitos condominiais no bojo de ação de cobrança na qual o proprietário do bem não figurou como parte. Possibilidade. Obrigação propter rem. Agravo interno a que se nega provimento. 1. Cuida-se, na origem, de ação de cobrança de cotas condominiais, em fase de cumprimento de sentença, na qual a Corte de origem compreendeu pela possibilidade de penhora do imóvel gerador da dívida condominial, mesmo não tendo o atual proprietário integrado a fase de conhecimento do processo. 2. A jurisprudência do STJ é no sentido de que, em se tratando a dívida de condomínio, obrigação de natureza propter rem, o próprio imóvel gerador das despesas constitui garantia de pagamento da dívida, podendo o proprietário do imóvel ter esse bem penhorado na ação de cobrança, na fase de cumprimento de sentença, mesmo não tendo participado do feito na fase de conhecimento. Precedentes. Aplicação da Súmula 83/STJ. 3. Agravo interno a que se nega provimento. (AgInt nos EDcl no REsp 1.937.719/PR, Rel. Ministro Raul Araújo, Quarta Turma, j. 22.11.2021, DJe 03.12.2021).*

Tribunal de Justiça de São Paulo. *Cobrança de despesas condominiais – Fase de cumprimento de sentença. Em se tratando de execução de débito de condomínio, a penhora recairá de modo preferencial sobre o imóvel gerador da despesa, por força da natureza propter rem da obrigação, que não se ocupa com o nome do titular do domínio nem com a causa que vincula alguém ao bem: a coisa responde por si, mesmo que seja objeto de alienação fiduciária – Agravo não provido (Agravo 2178736-84.2015.8.26.0000, Rel. Silvia Rocha, Comarca: São Bernardo do Campo, Órgão julgador: 29ª Câmara de Direito Privado, data do j. 16.09.2015, data de registro: 17.09.2015).*[16]

---

[16] No mesmo sentido, mas admitindo a ação em face do fiduciário:
Tribunal de Justiça de São Paulo. Agravo de Instrumento. Cobrança de despesas condominiais. Cumprimento de sentença. Penhora sobre bem imóvel objeto de alienação fiduciária em garantia. Possibilidade. Preferência do crédito condominial sobre o crédito da fiduciária. Decisão reformada. Recurso provido. Se a despesa condominial é dívida "propter rem" que onera o próprio bem, pode ser exigida de todos e qualquer titular de um direito real sobre a coisa, sendo irrelevante o fato de constituir objeto de contrato de alienação fiduciária em garantia. (Agravo 2172995-63.2015.8.26.0000 Rel. Francisco Occhiuto Júnior; Comarca: Franca; Órgão julgador: 32ª Câmara de Direito Privado; j. 10.09.2015; Data de registro: 12.09.2015)
Em sentido contrário, desconsiderando a natureza *propter rem* da despesa condominial e admitindo, apenas, a penhora dos direitos:
Superior Tribunal de Justiça. Recurso Especial. Civil. Despesas condominiais. Promissário comprador. Ação de cobrança. Compromisso de compra e venda. Penhora dos direitos. Possibilidade. Constrição. Imóvel gerador da dívida. Inadmissibilidade. Princípio da continuidade. 1. Cinge-se a controvérsia a saber se, não tendo o proprietário do bem figurado na ação de cobrança de cotas condominiais, mas tão somente o promissário comprador, é possível, em execução, a penhora do próprio imóvel que gerou a dívida ou apenas a constrição sobre os direitos aquisitivos decorrentes do compromisso de compra e venda. 2. Ajuizada a ação contra o promissário comprador, este responde com todo o seu patrimônio pessoal, o qual não inclui o imóvel que deu origem ao débito condominial, haja vista integrar o patrimônio do promitente vendedor, titular do direito de propriedade, cabendo tão somente a penhora do direito à aquisição da propriedade. 3. A penhora da unidade condominial em execução não pode ser autorizada em prejuízo de quem não tenha sido parte na ação de cobrança na qual se formou o título executivo. Necessária a vinculação entre o polo passivo da ação de conhecimento e o polo passivo da ação de execução. 4. Pelo princípio da continuidade registrária (arts. 195 e 237 da Lei 6.216/1975), a transferência de direito sobre o imóvel depende de que este preexista no patrimônio do transferente, o que, no caso, torna inviável a penhora do próprio imóvel em virtude da ausência de título anterior em nome dos executados. 5. Recurso especial não provido (REsp 1.273.313/SP, Rel. Ministro Ricardo Villas Bôas Cueva, Terceira Turma, *DJe* 12.11.2015).
Tribunal de Justiça de São Paulo. Ação de Cobrança de despesas condominiais – Decisão do juízo de primeiro grau que indeferiu a penhora do imóvel gerador da dívida, tendo em vista que o proprietário

Tribunal de Justiça de São Paulo. *Agravo de instrumento. Ação de execução de título extrajudicial. despesas condominiais. Decisão que indeferiu o pedido para que a penhora recaia apenas sobre os direitos do devedor. Legitimidade recursal do banco agravante que decorre de sua qualidade de terceiro prejudicado, nos termos do artigo 996, caput, do Código de Processo Civil, pois figura como credor fiduciário do executado nos autos principais. Inexistência de impedimento para que a constrição se dê sobre a própria unidade autônoma, ainda que objeto de alienação fiduciária. Obrigação de adimplemento de despesas condominiais que é revestida de caráter propter rem, motivo pelo qual não só se revela legítima a referida penhora, como também a preferência do crédito do condomínio agravado sobre os créditos de instituições financeiras, inclusive hipotecários. Precedentes do TJSP. Decisão objurgada mantida. Recurso improvido. (TJSP; Agravo de Instrumento 2104958-76.2018.8.26.0000; Rel. Marcos Gozzo; Órgão Julgador: 27ª Câmara de Direito Privado; Foro Regional XI – Pinheiros – 3ª Vara Cível; j. 18.07.2018; Data de Registro: 18.07.2018).*

Tribunal de Justiça de São Paulo. *Processual civil. Ação de cobrança de despesas condominiais. Fase de cumprimento de sentença. Decisão que determinou que se procedesse à retificação do termo de penhora para constar que a constrição recai sobre os direitos possessórios do devedor, e não sobre o imóvel. Pretensão à reforma manifestada pelo condomínio credor. Viabilidade. Prevalência do entendimento de que se cuida, aqui, de execução de crédito do condomínio, que é garantido pela própria unidade autônoma (obrigação propter rem), não afastando a possibilidade de penhora o fato do imóvel ter sido objeto de alienação fiduciária, nos termos da fundamentação. Agravo Provido. (Agravo 2244301-92.2015.8.26.0000, Rel. Mourão Neto, Comarca: São Bernardo do Campo, Órgão julgador: 27ª Câmara de Direito Privado, j. 23.02.2016, Data de registro: 26.02.2016)*

Tribunal de Justiça de São Paulo. *Cumprimento de sentença. Condomínio. Despesas condominiais. Decisão agravada que determinou a penhora dos direitos sobre o imóvel do executado sobre o qual pesa alienação fiduciária. Insurgência recursal acolhida. Dívida propter rem, incidente sobre o imóvel. Garantia de oponibilidade por meio do direito de sequela, constituindo-se em direito sobre a coisa, de modo a permitir a perseguição do bem para satisfação da dívida. Réu que ostenta posição jurídica de proprietário fiduciário. Eventuais direitos da credora fiduciária devem ser exercidos pela via adequada. Recurso provido. Diante da regra jurídica acerca da natureza da obrigação propter rem, sendo a lei protetiva, tem-se que os encargos devidos atingem o imóvel em sua integralidade. Ou seja, a dívida está garantida pela unidade condominial, independentemente de quem detenha a titularidade dos direitos de propriedade, inclusive porque conserva o fiduciante a propriedade material. O condômino é proprietário fiduciário (Agravo de Instrumento nº 2006531-78.2017.8.26.0000; 32ª Câmara de Direito Privado. Rel. Kioitsi Chicuta. j. 09.03.2017).*

Tribunal de Justiça de São Paulo. *Recurso – Agravo de instrumento – Despesas condominiais – Fase de cumprimento de sentença – Constrição judicial. Penhora da unidade condominial, que não pode ser obstada em razão de alienação fiduciária. Obrigação propter rem, que prevalece sobre o direito do credor fiduciário. Os interesses do condomínio devem ser resguardados, a fim de possibilitar a própria manutenção do edifício. Decisão reformada. Recurso de agravo provido para reconhecer a possibilidade de penhora do bem objeto da ação. (Agravo 2245943-66.2016.8.26.0000 – Relator(a): Marcondes D'Angelo; Comarca: São Vicente; Órgão julgador: 25ª Câmara de Direito Privado; j. 30.03.2017; Data de registro: 03.04.2017).*

é pessoa estranha à lide – Restou demonstrado nos autos que os executados detêm a propriedade resolúvel do bem, em virtude de contrato garantido por alienação fiduciária – Possibilidade da penhora dos direitos dos agravados sobre o bem alienado fiduciariamente – Necessidade, contudo, de intimação do credor fiduciário a respeito da constrição – Precedentes Jurisprudenciais – Recurso parcialmente provido. (Agravo 2143171-59.2015.8.26.0000. Rel. Neto Barbosa Ferreira; Comarca: Poá; Órgão julgador: 29ª Câmara de Direito Privado; j. 21.10.2015; Data de registro: 22.10.2015)

TJSP. Agravo de Instrumento. Ação de cobrança. Despesas condominiais. Fase de cumprimento de sentença. Penhora da própria unidade autônoma, alienada fiduciariamente. Impossibilidade. Viabilidade de constrição sobre os direitos dos condôminos executados, que são devedores fiduciantes. Instituição financeira não integrou o processo durante a fase de conhecimento. Decisão reformada. Recurso provido. (Agravo 2134904-98.2015.8.26.0000 Relator(a): Azuma Nishi; Comarca: São Paulo; Órgão julgador: 27ª Câmara de Direito Privado; j. 15.09.2015; Data de registro: 18.09.2015)

TJSP. Ação de cobrança de despesas condominiais. Cumprimento de sentença. Imóvel gerador dos débitos condominiais. Alienação fiduciária. Penhora. Impossibilidade. Propriedade resolúvel do imóvel pertencente a terceira pessoa estranha à lide. Sendo os réus na ação de cobrança de despesas condominiais apenas os possuidores diretos do imóvel alienado fiduciariamente à instituição financeira, por força de contrato de financiamento, descabida à penhora do bem, cuja propriedade resolúvel pertence à credora-fiduciária. Recurso desprovido. (Agravo 2147112-17.2015.8.26.0000. Relator(a): Gilberto Leme; Comarca: Jacareí; Órgão julgador: 35ª Câmara de Direito Privado; j. 28.09.2015; Data de registro: 06.10.2015)

Tribunal de Justiça de São Paulo. *Agravo de instrumento. Condomínio em edifício. Ação de cobrança. Indeferimento de penhora dos imóveis por ausência de comprovação da propriedade. Prova documental que evidencia ser a agravada condômina compromissária compradora. Obrigação propter rem. Imóvel que deve responder pela dívida. Questão já definida pelo STJ. Decisão agravada reformada. Agravo de instrumento provido, nos termos do acórdão (Agravo 2040418-53.2017.8.26.0000 – Relator(a): Cristina Zucchi; Comarca: São Paulo; Órgão julgador: 34ª Câmara de Direito Privado; j. 05.04.2017; Data de registro: 07.04.2017).*

Tribunal de Justiça de São Paulo. *Agravo de Instrumento. Despesas condominiais. Penhora da unidade condominial geradora do débito. Possibilidade. Independentemente de quem figure na qualidade de proprietário do bem, perante o Cartório de Registro de Imóveis. Obrigação de natureza propter rem. Recurso provido. (TJSP, Agravo de Instrumento 2115879-65.2016.8.26.0000, Rel. Maria de Lourdes Lopez Gil, 36ª Câmara de Direito Privado, Foro de Barueri – 6ª Vara Cível, j. 02.09.2016, Data de Registro: 20.10.2016).*

Tribunal de Justiça de São Paulo. *Agravo de Instrumento – Condomínio – Cobrança de despesas condominiais – Cumprimento de sentença – Penhora do imóvel gerador da dívida – Possibilidade – Ausência de ofensa ao artigo 655, do C.P.C. – Obrigação propter rem – Decisão reformada. Agravo de Instrumento provido. (TJSP, Agravo de Instrumento 2012622-24.2016.8.26.0000; Rel. Jayme Queiroz Lopes, 36ª Câmara de Direito Privado, Foro Regional II – Santo Amaro – 4ª Vara Cível, j. 18.02.2016, Data de Registro: 22.02.2016).*

Tribunal de Justiça de São Paulo. *Agravo de instrumento. Ação de cobrança de despesas condominiais. Fase de cumprimento de sentença. Deferida penhora somente dos direitos do executado devedor fiduciante. Descabimento. Obrigação de natureza "propter rem". Possibilidade de constrição do imóvel. Precedentes da jurisprudência. Recurso provido. (TJSP, Agravo de Instrumento 2196945-67.2016.8.26.0000, Rel. Milton Carvalho, 36ª Câmara de Direito Privado; Foro de Guarulhos – 4ª Vara Cível, j. 08.11.2016, Data de Registro: 08.11.2016). Na fundamentação: "Respeitado o entendimento do Juízo da causa, tratando-se de obrigação propter rem (artigo 1.345 do Código Civil), o bem imóvel deve ser excutido para o pagamento do débito condominial, consoante entendimento jurisprudencial consolidado deste Egrégio Tribunal...*

Tribunal de Justiça de Santa Catarina. *Agravo de Instrumento. Condomínio edilício. Execução de Título Extrajudicial. Cobrança de Despesas Condominiais. Interlocutório que indeferiu o pedido de penhora da unidade imobiliária ensejadora do débito. Imóvel objeto de alienação fiduciária. Obrigação propter rem. Possibilidade de penhora do bem. Precedentes. Recurso conhecido e provido. (TJSC, Agravo de Instrumento nº 4034506-61.2018.8.24.0000, de Palhoça, Rel. Des. Jairo Fernandes Gonçalves, 5ª Câmara de Direito Civil, j. 26.03.2019).*

Tribunal de Justiça do Paraná. *Agravo de Instrumento. Execução de Título Extrajudicial. Dívida referente às despesas condominiais. Imóvel alienado fiduciariamente. Penhora. Possibilidade. Dívida condominial que constitui obrigação propter rem. Débito ligado ao imóvel, que segue a sorte deste. Bem que deve responder pela dívida, independentemente de ser de propriedade da instituição financeira em virtude da alienação fiduciária. Decisão reformada para a retomada dos atos expropriatórios. Recurso conhecido e provido. (TJPR, Agravo de Instrumento nº 0037255-78.2017.8.16.0000, Rel. Des. Josély Dittrich Ribas, 13ª C.Cível, São José dos Pinhais, j. 12.12.2018).*

Tribunal de Justiça do Rio Grande do Sul. *Agravo de instrumento. Cumprimento de sentença. Dívida condominial. Obrigação propter rem. Levantamento da penhora. Não cabimento. Manutenção da constrição. Incidência do art. 1.345 do CCB. Determinação de cumprimento do contido nos arts. 799, I e 835, § 3º, do CPC. Credor com garantia real que deve ser intimado da penhora incidente sobre o bem dado em garantia. Tratando-se de dívida propter rem, esta adere ao imóvel, e, por tal motivo, a consolidação da propriedade fiduciária na pessoa do credor fiduciário não afasta a responsabilização do imóvel quanto às cotas condominiais inadimplidas. Manutenção da penhora sobre o imóvel é medida que se impõe. Necessidade de intimação do credor fiduciário nos moldes do contido nos arts. 799, I e 835, § 3º, do CPC. Agravo de instrumento parcialmente provido. (TJRS, Agravo de Instrumento nº 70077142529, Rel. Heleno Tregnago Saraiva, 18ª Câmara Cível, j. 24.05.2018).*

Tribunal de Justiça de Minas Gerais. *Agravo de instrumento – direito processual civil – cumprimento de sentença proferida em ação de cobrança de cotas condominiais – dívida condominial – obrigação propter rem – penhora – possibilidade. – A obrigação condominial edilícia é propter rem e a execução das suas quotas autoriza a penhora da unidade independente de estar, ainda, registrada em nome de promitente vendedor. (TJMG, Agravo de Instrumento, Cv 1.0024.09.724417-2/002, Rel. Des. Mota e Silva, 18ª Câmara Cível, j. 12.08.2014, publicação da súmula em 18.08.2014).*

Tribunal de Justiça do Rio de Janeiro. *Agravo de instrumento. Ação de cobrança de cotas condominiais. Impugnação ao cumprimento de sentença. Penhora. Imóvel alienado fiduciariamente. Alegação de impenhorabilidade. Descabimento. Obrigação propter rem. Decisão mantida. Recurso a que se nega seguimento. 1. Interposição de recurso contra decisão singular que rejeitou a impugnação ao cumprimento de sentença oferecida nos autos da ação de cobrança de cotas condominiais fundado na impenhorabilidade do imóvel alienado fiduciariamente. 2. O dever dos condôminos de contribuir com as despesas do condomínio, na proporção das suas frações ideais, corresponde a uma obrigação propter rem, própria da coisa, que se* *destina à conservação do imóvel. 3. A alegação de impenhorabilidade, na hipótese, não prevalece em relação ao condomínio por se tratar o crédito executado de despesas condominiais em atraso, sendo desimportante o fato de o imóvel estar gravado com cláusula de alienação fiduciária em garantia. 4. Recurso a que se nega seguimento, nos termos do artigo 557, caput, do CPC. (TJRJ, Agravo de Instrumento, 0055091-22.2013.8.19.0000, Rel. Des. Elton Martinez Carvalho Leme, 17ª Câmara Cível, j. 05.11.2013).*

Em suma, tratando-se de alienação fiduciária, embora o imóvel seja de propriedade do credor fiduciário que não é parte no processo, exige-se que seja ele regularmente intimado para fins de cientificação da existência da demanda nos termos dos arts. 72 da Lei nº 11.977/2009 e arts. 799, I, e 889, V, do Código de Processo Civil.[17]

A intimação do proprietário fiduciário é necessária exatamente porque as taxas condominiais são devidas pelos devedores fiduciantes até o momento em que o fiduciário consolida a propriedade em seu nome, a partir do que passa a ser parte legítima para responder pelas despesas nos termos do art. 1.368-B do Código Civil,[18] tudo em razão das disposições dos arts. 27, § 8º, da Lei 9.514/1997 e 1.345 do Código Civil, que decorre do art. 1.336, I, também do Código Civil, o que não interfere na penhora, sempre da unidade, independentemente de quem seja parte legítima para responder em razão da natureza *propter rem* da obrigação.[19]

De qualquer modo não se deve confundir a penhora que sempre deve recair sobre a unidade condominial em razão da natureza *propter rem* da despesa (CC, art. 1.345) com a legitimidade para responder pela ação que nem sempre recai sobre o proprietário.

Digno de nota, nesse sentido e em consonância com o acatado, o aresto da pena do Desembargador Sá Duarte no Agravo 2163796-46.2017.8.26.0000, do Tribunal de Justiça de São Paulo, que pôs fim a qualquer dúvida acerca da possibilidade da penhora de imóvel com ônus real: "Nesse passo, dada a natureza da dívida exigida 'propter rem' é certo que a própria unidade autônoma pode ser penhorada para sua satisfação, independentemente de

---

[17]   Lei nº 11.977/2009, Art. 72. Nas ações judiciais de cobrança ou execução de cotas de condomínio, de imposto sobre a propriedade predial e territorial urbana ou de outras obrigações vinculadas ou decorrentes da posse do imóvel urbano, nas quais o responsável pelo pagamento seja o possuidor investido nos respectivos direitos aquisitivos, assim como o usufrutuário ou outros titulares de direito real de uso, posse ou fruição, será notificado o titular do domínio pleno ou útil, inclusive o promitente vendedor ou fiduciário.
CPC, Art. 799. Incumbe ainda ao exequente: I – requerer a intimação do credor pignoratício, hipotecário, anticrético ou fiduciário, quando a penhora recair sobre bens gravados por penhor, hipoteca, anticrese ou alienação fiduciária;
CPC, Art. 889. Serão cientificados da alienação judicial, com pelo menos 5 (cinco) dias de antecedência: (...) V – o credor pignoratício, hipotecário, anticrético, fiduciário ou com penhora anteriormente averbada, quando a penhora recair sobre bens com tais gravames, caso não seja o credor, de qualquer modo, parte na execução;

[18]   CC, art. 1.368-B, parágrafo único. O credor fiduciário que se tornar proprietário pleno do bem, por efeito de realização da garantia, mediante consolidação da propriedade, adjudicação, dação ou outra forma pela qual lhe tenha sido transmitida a propriedade plena, passa a responder pelo pagamento dos tributos sobre a propriedade e a posse, taxas, despesas condominiais e quaisquer outros encargos, tributários ou não, incidentes sobre o bem objeto da garantia, a partir da data em que vier a ser imitido na posse direta do bem.

[19]   Lei 9.514/1997, Art. 27. (...) § 8º Responde o [devedor] fiduciante pelo pagamento dos impostos, taxas, contribuições condominiais e quaisquer outros encargos que recaiam ou venham a recair sobre o imóvel, cuja posse tenha sido transferida para o fiduciário, nos termos deste artigo, até a data em que o fiduciário vier a ser imitido na posse.
CC, Art. 1.345. O adquirente de unidade responde pelos débitos do alienante, em relação ao condomínio, inclusive multas e juros moratórios.
CC, Art. 1.336. São deveres do condômino: I – contribuir para as despesas do condomínio na proporção das suas frações ideais, salvo disposição em contrário na convenção;

quem esteja no polo passivo da lide, bastando que a atual proprietária seja intimada dos atos processuais, de modo a poder exercer os direitos que eventualmente possua sobre a coisa, providência que já foi adotada no presente caso, dado que a proprietária GAFISA já ingressou no feito e vem acompanhando todo o desenrolar do processo. Com isso, não haverá qualquer prejuízo ao condomínio credor no tocante a futura excussão da garantia representada pela própria unidade, posto que, constando da carta de arrematação que o titular do domínio foi devidamente intimado da penhora e da designação das praças, penso que não haverá dificuldade para registro na matrícula do imóvel. O que, com todo respeito, não pode prevalecer é o entendimento de que não cabe a penhora da própria unidade autônoma".

Em sede dos Embargos Declaratórios nº 2163796-46.2017.8.26.0000/50000, também perante o Tribunal de Justiça de São Paulo, o Juízo esclarece a inocuidade da penhora sobre os direitos dos executados que decorrem da alienação fiduciária e ratifica a constrição sobre o bem imóvel, em nome da efetividade da execução e da preferência do condomínio: "Cumpre também observar que no julgamento anterior mencionado pela embargante esta Turma Julgadora, de fato, adotou entendimento diferente. Nada obstante, por conta da gama de problemas que a penhora de direitos aquisitivos acarretou é que evoluiu para possibilitar a penhora da própria unidade condominial. Em vários casos deparava-se com a situação em que o compromissário comprador estava inadimplente não apenas para com o condomínio, mas em relação às obrigações assumidas no próprio compromisso, do que resultava, ao final, o esvaziamento da penhora, protelando a solução da dívida condominial".

Em que pese a menção à r. Decisão Monocrática da Il. Ministra Maria Isabel Gallotti no Agravo em REsp 1.048.774/PR de que a única medida cabível ao caso é a da penhora dos direitos dos executados, cumpre destacar que em Acórdão proferido no AgRg no REsp 650.570/SP, pela mesma ministra, restou assentado que: "As despesas condominiais são consideradas dívidas *propter rem*, de modo que podem ensejar a penhora da unidade autônoma devedora, não prevalecendo contra o condomínio cláusulas de impenhorabilidade e inalienabilidade em contratos celebrados com terceiros".[20]

De forma mais incisiva, a Ministra Nancy Andrighi admitiu até a inclusão do proprietário na fase de cumprimento de sentença de ação ordinária de cobrança da qual não participou para, em respeito à obrigação *propter rem*, permitir a penhora do imóvel e não de direitos:

Direito Civil. Recurso Especial. Embargos de terceiro. Penhora do imóvel gerador dos débitos condominiais no bojo de ação de cobrança na qual a proprietária do bem não figurou como parte. Possibilidade. Obrigação propter rem. *1. Embargos de terceiro opostos pela proprietária do imóvel, por meio dos quais se insurge contra a penhora do bem, realizada nos autos de ação de cobrança de cotas condominiais, já em fase de cumprimento de sentença, ajuizada em face da locatária.(...) 3. O propósito recursal é definir se a proprietária do imóvel gerador dos débitos condominiais pode ter o seu bem penhorado no bojo de ação de cobrança, já em fase de cumprimento de sentença, da qual não figurou no polo passivo, uma vez que ajuizada, em verdade, em face da então locatária do imóvel. 4. Em se tratando a dívida de condomínio de obrigação* propter rem *e partindo-se da premissa de que o próprio imóvel gerador das despesas constitui garantia ao pagamento da dívida, o proprietário do imóvel pode ter seu bem penhorado no bojo de ação de cobrança, já em fase de cumprimento de sentença, da qual não figurou no polo passivo. 5. A solução da controvérsia perpassa pelo princípio da instrumentalidade das formas, aliado ao princípio da efetividade do processo, no sentido de se utilizar a técnica processual não como um entrave, mas como um instrumento para a realização do direito material. Afinal, se o débito condominial possui caráter ambulatório, não faz sentido impedir que, no âmbito processual, o proprietário possa figurar no polo passivo do cumprimento de sentença. 6. Em regra, deve prevalecer o interesse da coletividade dos condôminos, permitindo-se que o condomínio receba as despesas indispensáveis e inadiáveis à manutenção da coisa comum. 7. Recurso especial conhecido e provido (REsp 1.829.663/SP, Rel. Min. Nancy Andrighi, Terceira Turma, j. 05.11.2019, DJe 07.11.2019).[21]*

---

[20]   AgRg no REsp 650.570/SP, Rel. Min. Maria Isabel Gallotti, 4ª Turma, j. 07.08.2012, *DJe* 15.08.2012.

[21]   No mesmo sentido:
        Direito processual civil. Agravo interno no agravo em recurso especial. Taxas condominiais. Cobrança. Promitente-vendedor. Retomada do imóvel. Responsabilidade. Decisão mantida. 1. "Em se tratando a

Colhe-se, ainda do STJ, o reconhecimento da natureza "propter rem" da obrigação de pagar condomínio no caso de alienação fiduciária, estabelecendo a legitimidade do devedor (fiduciante) até a consolidação da propriedade (Código Civil, art. 1.368-B, parágrafo

---

dívida de condomínio de obrigação propter rem e partindo-se da premissa de que o próprio imóvel gerador das despesas constitui garantia ao pagamento da dívida, o proprietário do imóvel pode figurar no polo passivo do cumprimento de sentença, ainda que não tenha sido parte na ação de cobrança originária, ajuizada, em verdade, em face dos promitentes compradores do imóvel" (REsp 1.696.704/ PR, Rel. Ministra Nancy Andrighi, Terceira Turma, j. 08.09.2020, DJe 16.09.2020). 2. Agravo interno a que se nega provimento. (AgInt no AREsp 1.691.909/SP, Rel. Ministro Antonio Carlos Ferreira, Quarta Turma, j. 16.08.2021, DJe 19.08.2021).

Processual civil. Agravo interno no recurso especial. Ação de cobrança de cotas condominiais. Penhora do imóvel gerador dos débitos condominiais no bojo de ação de cobrança na qual a proprietária do bem não figurou como parte. Possibilidade. Obrigação propter rem. Súmula 568/STJ. 1. Cuida-se, na origem, de ação de cobrança de cotas condominiais, em fase de cumprimento de sentença. 2. A jurisprudência do STJ é no sentido de que, em se tratando a dívida de condomínio de obrigação propter rem, em razão do que o próprio imóvel gerador das despesas constitui garantia ao pagamento da dívida, o proprietário do imóvel pode ter seu bem penhorado no bojo de ação de cobrança, já em fase de cumprimento de sentença, ainda que não tenha participado da fase de conhecimento. 3. Sob o enfoque do direito material, aplica-se a regra do art. 1.345 do CC/02, segundo o qual "o adquirente de unidade responde pelos débitos do alienante, em relação ao condomínio, inclusive multa e juros moratórios". Por outro lado, no plano processual, a penhora do imóvel e a inclusão da proprietária no polo passivo da lide é viável ante o disposto no art. 109, § 3º, do CPC/15, no sentido de que os efeitos da sentença proferida entre as partes originárias se estendem ao adquirente ou cessionário. Precedentes. 4. Agravo interno não provido. (AgInt no REsp 1.851.742/PR, Rel. Ministra Nancy Andrighi, Terceira Turma, j. 29.06.2020, DJe 01.07.2020.)

Direito civil. Recurso especial. Embargos de terceiro. Prequestionamento. Ausência. Súmula 211/STJ. Penhora do imóvel gerador dos débitos condominiais no bojo de ação de cobrança na qual a proprietária do bem não figurou como parte. Possibilidade. Obrigação propter rem. Honorários advocatícios. Majoração. 1. Embargos de terceiro opostos em 28.04.2014. Recurso especial interposto em 17/05/2016 e concluso ao gabinete em 24.07.2017. j. CPC/2015. 2. O propósito recursal consiste em definir se a proprietária do imóvel gerador dos débitos condominiais pode ter o seu bem penhorado no bojo de ação de cobrança, já em fase de cumprimento de sentença, da qual não figurou no polo passivo, uma vez que tramitou apenas em face de seu ex-companheiro. (...). 4. Segundo o reiterado entendimento deste Superior Tribunal de Justiça, a obrigação de pagamento das despesas condominiais é de natureza propter rem, ou seja, é obrigação "própria da coisa", ou, ainda, assumida "por causa da coisa". Por isso, a pessoa do devedor se individualiza exclusivamente pela titularidade do direito real, desvinculada de qualquer manifestação da vontade do sujeito. 5. Em havendo mais de um proprietário do imóvel, como ordinariamente ocorre entre cônjuges ou companheiros, a responsabilidade pelo adimplemento das cotas condominiais é solidária, o que, todavia, não implica a existência de litisconsórcio necessário entre os coproprietários, podendo o condomínio demandar contra qualquer um deles ou contra todos em conjunto, conforme melhor lhe aprouver. Precedente. 6. Hipótese dos autos em que, à época da fase de conhecimento, o imóvel encontrava-se registrado em nome dos dois companheiros, mostrando-se válido e eficaz, portanto, o acordo firmado pelo ex-companheiro da recorrente com o condomínio. 7. Descumprido o acordo e retomada a ação, e em não sendo efetuado o pagamento do débito, é viável a penhora do imóvel gerador das despesas, ainda que, nesse novo momento processual, esteja ele registrado apenas em nome da recorrente, que não participou da fase de conhecimento. 8. Sob o enfoque do direito material, aplica-se a regra do art. 1.345 do CC/02, segundo o qual "o adquirente de unidade responde pelos débitos do alienante, em relação ao condomínio, inclusive multa e juros moratórios". Por outro lado, no plano processual, a penhora do imóvel e a inclusão da proprietária no polo passivo da lide é viável ante o disposto no art. 109, § 3º, do CPC/15, no sentido de que os efeitos da sentença proferida entre as partes originárias se estendem ao adquirente ou cessionário. 9. Ademais, a solução da controvérsia perpassa pelo princípio da instrumentalidade das formas, aliado ao princípio da efetividade do processo, no sentido de se utilizar a técnica processual não como um entrave, mas como um instrumento para a realização do direito material. Afinal, se o débito condominial possui caráter ambulatório, não faz sentido impedir que, no âmbito processual, o proprietário possa figurar no polo passivo do cumprimento de sentença. 10. Recurso especial parcialmente conhecido e, nessa extensão, não provido, com majoração de honorários advocatícios. (REsp 1.683.419/RJ, Rel. Ministra Nancy Andrighi, Terceira Turma, j. 20.02.2020, DJe 26.02.2020).

único), ainda que, nos termos que explanei, o próprio imóvel – e não os direitos – seja objeto de excussão:

> **Superior Tribunal de Justiça.** *Recurso Especial. Ação de cobrança. Condomínio. Alienação fiduciária. Imóvel. Pagamento. Responsabilidade. Despesas condominiais. Devedor fiduciante. Posse direta. Art. 27, § 8º, da Lei 9.514/1997. 1. Recurso especial interposto contra acórdão publicado na vigência do Código de Processo Civil de 2015 (Enunciados Administrativos nºs 2 e 3/STJ).*
>
> *2. Cinge-se a controvérsia a definir se o credor fiduciário, no contrato de alienação fiduciária em garantia de bem imóvel, tem responsabilidade pelo pagamento das despesas condominiais juntamente com o devedor fiduciante.*
>
> *3. Nos contratos de alienação fiduciária em garantia de bem imóvel, a responsabilidade pelo pagamento das despesas condominiais recai sobre o devedor fiduciante enquanto estiver na posse direta do imóvel.*
>
> *4. O credor fiduciário somente responde pelas dívidas condominiais incidentes sobre o imóvel se consolidar a propriedade para si, tornando-se o possuidor direto do bem.*
>
> *5. Com a utilização da garantia, o credor fiduciário receberá o imóvel no estado em que se encontra, até mesmo com os débitos condominiais anteriores, pois são obrigações de caráter propter rem (por causa da coisa).*
>
> *6. Na hipótese, o credor fiduciário não pode responder pelo pagamento das despesas condominiais por não ter a posse direta do imóvel, devendo, em relação a ele, ser julgado improcedente o pedido.*
>
> *7. Recurso especial provido.*
>
> *(REsp 1696038/SP, Rel. Min. Ricardo Villas Bôas Cueva, 3ª Turma, j. 28.08.2018, DJe 03.09.2018)*

Mesmo assim, o assunto continua tormentoso, gerando todo tipo de interpretação, inclusive concluindo pela impossibilidade de penhora do próprio imóvel, admitindo-se a penhora, apenas, dos direitos do devedor fiduciante.

Essa solução não faria a menor diferença para o condomínio se os direitos, em todas as hipóteses, tivessem valor econômico.

Entretanto, existem casos em que o débito do fiduciante já superou o valor do imóvel sobre o qual recai a garantia e o credor fiduciário permanece inerte, pois sabe que, se levar a efeito os leilões, não conseguirá arrematante e, se adjudicar, consolidará a propriedade podendo ser executado, inclusive pela diferença não suportada pela execução do condomínio.

Eis o entendimento que espelha a impossibilidade de penhora do próprio imóvel no caso de alienação fiduciária:

> **Superior Tribunal de Justiça.** *(...) Execução de despesas condominiais. Imóvel alienado fiduciariamente. Responsabilidade do devedor fiduciante. Arts. 27, § 8º, da Lei 9.514/1997 e 1.368-B, parágrafo único, do CC/2002. Penhora do imóvel. Impossibilidade. Bem que não integra o patrimônio do devedor fiduciante. Penhora do direito real de aquisição. Possibilidade. Arts. 1.368-B, caput, do CC/2002, c/c o art. 835, XII, do CPC/2015. (...) 2. O propósito recursal é definir se é possível a penhora de imóvel alienado fiduciariamente, em ação de execução de despesas condominiais de responsabilidade do devedor fiduciante. (...) 6. A natureza ambulatória (ou propter rem) dos débitos condominiais é extraída do art. 1.345 do CC/2002, segundo o qual "o adquirente de unidade responde pelos débitos do alienante, em relação ao condomínio, inclusive multas e juros moratórios". 7. Apesar de o art. 1.345 do CC/2002 atribuir, como regra geral, o caráter ambulatório (ou propter rem) ao débito condominial, essa regra foi excepcionada expressamente, na hipótese de imóvel alienado fiduciariamente, pelos arts. 27, § 8º[22], da Lei 9.514/1997 e 1.368-B, parágrafo único, do CC/2002[23], que atribuem a responsabilidade pelo pagamento das despesas condominiais ao devedor fiduciante, enquanto*

---

22 § 8º Responde o fiduciante pelo pagamento dos impostos, taxas, contribuições condominiais e quaisquer outros encargos que recaiam ou venham a recair sobre o imóvel, cuja posse tenha sido transferida para o fiduciário, nos termos deste artigo, até a data em que o fiduciário vier a ser imitido na posse.

23 Art. 1.368-B. A alienação fiduciária em garantia de bem móvel ou imóvel confere direito real de aquisição ao fiduciante, seu cessionário ou sucessor. (Incluído pela Lei 13.043, de 2014).

Parágrafo único. O credor fiduciário que se tornar proprietário pleno do bem, por efeito de realização da garantia, mediante consolidação da propriedade, adjudicação, dação ou outra forma pela qual lhe tenha sido transmitida a propriedade plena, passa a responder pelo pagamento dos tributos sobre a propriedade e a posse, taxas, despesas condominiais e quaisquer outros encargos, tributários ou não,

estiver na posse direta do imóvel. Precedentes. 8. No direito brasileiro, afirmar que determinado sujeito tem a responsabilidade pelo pagamento de um débito, significa dizer, no âmbito processual, que o seu patrimônio pode ser usado para satisfazer o direito substancial do credor, na forma do art. 789 do CPC/2015. 9. Ao prever que a responsabilidade pelas despesas condominiais é do devedor fiduciante, a norma estabelece, por consequência, que o seu patrimônio é que será usado para a satisfação do referido crédito, não incluindo, portanto, o imóvel alienado fiduciariamente, que integra o patrimônio do credor fiduciário. 10. Assim, não é possível a penhora do imóvel alienado fiduciariamente em execução de despesas condominiais de responsabilidade do devedor fiduciante, na forma dos arts. 27, § 8º, da Lei 9.514/1997 e 1.368-B, parágrafo único, do CC/2002, uma vez que o bem não integra o seu patrimônio, mas sim o do credor fiduciário, admitindo-se, contudo, a penhora do direito real de aquisição derivado da alienação fiduciária, de acordo com os arts. 1.368-B, caput, do CC/2002, c/c o art. 835, XII, do CPC/2015. 11. Hipótese em que o Tribunal de origem decidiu pela possibilidade da penhora do imóvel, apesar de estar alienado fiduciariamente, em razão da natureza propter rem do débito condominial positivado no art. 1.345 do CC/2002. 12. Recurso especial parcialmente conhecido e, nessa extensão, provido, para julgar parcialmente procedentes os pedidos formulados na inicial dos embargos à execução, a fim de declarar a impenhorabilidade do imóvel na espécie, por estar alienado fiduciariamente, ficando ressalvada a possibilidade de penhora do direito real de aquisição. (REsp n. 2.036.289/RS, relatora Ministra Nancy Andrighi, Terceira Turma, j. 18.04.2023, DJe 20.04.2023).

Parece-me que está havendo confusão entre a legitimidade – que de fato é do fiduciante (devedor) – e a natureza *propter rem* da obrigação de pagar os condomínios (CC art. 1.345), esta a indicar a penhora do imóvel ainda que o proprietário fiduciário não seja parte legítima para responder pela dívida, devendo ser intimado para exercer direito sobre o saldo (CPC, arts. 799, I, e 889, V, e Lei 11.977/2009, art. 72), pelo menos até a consolidação da propriedade, sendo escorreito o seguinte entendimento que, inclusive, corretamente, sustenta a necessidade de intimação do credor fiduciante para receber, querendo, o saldo nos mesmos autos da execução do condomínio:

Agravo de instrumento. Execução de título extrajudicial. Despesas condominiais. Possibilidade da penhora da unidade devedora ainda que a ré não seja proprietária do imóvel. Natureza propter rem da obrigação. Jurisprudência do STJ. Decisão reformada. Recurso provido. (TJSP; Agravo de Instrumento 2083690-87.2023.8.26.0000; Rel. Ana Lucia Romanhole Martucci; 33ª Câmara de Direito Privado; j. 24.05.2023; Data de Registro: 24.05.2023).

No mesmo sentido, decisão da Quarta Turma do STJ, divergente daquela que emana da Terceira Turma, que entendeu que é possível a penhora da própria unidade, requerendo a citação, também, do credor fiduciário, o que fez nos seguintes termos:

*Civil. Recurso especial. Ação de cobrança. Contribuições condominiais. Cumprimento de sentença. Natureza propter rem do débito. Alienação fiduciária em garantia. Penhora do imóvel. Possibilidade. Recurso especial provido. 1. As normas dos arts. 27, § 8º, da Lei 9.514/1997 e 1.368-B, parágrafo único, do CC/2002, reguladoras do contrato de alienação fiduciária de coisa imóvel, apenas disciplinam as relações jurídicas ente os contratantes, sem alcançar relações jurídicas diversas daquelas, nem se sobrepor a direitos de terceiros não contratantes, como é o caso da relação jurídica entre condomínio edilício e condôminos e do direito do condomínio credor de dívida condominial, a qual mantém sua natureza jurídica propter rem. 2. A natureza propter rem se vincula diretamente ao direito de propriedade sobre a coisa. Por isso, se sobreleva ao direito de qualquer proprietário, inclusive do credor fiduciário, pois este, na condição de proprietário sujeito à uma condição resolutiva, não pode ser detentor de maiores direitos que o proprietário pleno. 3. **Em execução por dívida condominial movida pelo condomínio edilício é possível a penhora do próprio imóvel que dá origem ao débito, ainda que esteja alienado fiduciariamente,** tendo em vista a natureza da dívida condominial, nos termos do art. 1.345 do Código Civil de 2002. 4. Para tanto, o condomínio exequente deve promover também a citação do credor fiduciário, além do devedor fiduciante, a fim de vir aquele integrar a execução para que se possa encontrar a adequada solução para o resgate dos créditos, a qual depende do reconhecimento do dever do proprietário, perante o condomínio, de quitar o débito, sob pena de ter o imóvel penhorado e levado à praceamento. Ao optar pela quitação da dívida, o credor fiduciário se sub-roga*

---

incidentes sobre o bem objeto da garantia, a partir da data em que vier a ser imitido na posse direta do bem. (Incluído pela Lei 13.043, de 2014).

nos direitos do exequente e tem regresso contra o condômino executado, o devedor fiduciante. 5. Recurso especial provido. (REsp 2.059.278/SC, Rel. Min. Marco Buzzi, Rel. para acórdão Min. Raul Araújo, 4ª Turma, j. 23.05.2023, DJe 12.09.2023).[24]

Do voto vencedor do Ministro Raul Araújo:

A razão para tanto está em que não se pode cobrir o credor fiduciário de imunidade contra dívida condominial, outorgando-lhe direitos maiores do que aqueles que tem qualquer proprietário. Quer dizer, o proprietário fiduciário não é um proprietário especial, detentor de maiores direitos do que o proprietário comum de imóvel em condomínio edilício. As normas dos arts. 27, § 8º, da Lei 9.514/1997 e 1.368-B, parágrafo único, do CC/2002, não impedem a compreensão acima (...).

Nesse acórdão, o Ministro relator reconheceu que o credor fiduciário não é o devedor, mas o imóvel deve responder pela despesa, posto que não se pode privilegiar o credor, proprietário fiduciário, mais que qualquer outro proprietário, assim se manifestando:

A interpretação que se vem dando a tais dispositivos, portanto, mostra-se equivocada e sem apoio em boa lógica jurídica, ao estender as disposições da legislação especial a terceiros não contratantes e ao pretender conferir ao credor fiduciário, titular da propriedade resolúvel de coisa imóvel, um direito de propriedade mais privilegiado ou superior ao direito de propriedade plena de qualquer proprietário de imóvel condominial.

Com isso, a equivocada interpretação jurisprudencial está a possibilitar a situação esdrúxula e antijurídica do presente caso, onde o devedor fiduciante embora quite mensalmente as prestações do contrato de alienação fiduciária da coisa imóvel adquirida, simplesmente não paga as contribuições condominiais mensais, as quais, por sua vez, também não são assumidas pelo credor fiduciário, que se julga imune a tal obrigação propter rem. Com isso, a dívida daquele condômino voluntariamente inadimplente é acumulada mensalmente e assumida, na prática, por todos os demais condôminos, até que, algum dia, se alcance uma solução para a dívida.

Não faz sentido esse absurdo!

Qualquer proprietário comum de um imóvel existente num condomínio edilício se submete à obrigação de pagar as despesas. Se essas despesas não forem pagas pelo devedor fiduciante nem pelo credor fiduciário, elas serão suportadas pelos outros condôminos, o que, sabemos, não é justo, não é correto.

---

[24] No mesmo sentido:

Tribunal de Justiça de São Paulo. *Cobrança de despesas condominiais – Fase de cumprimento de sentença – Em se tratando de execução de débito de condomínio, a penhora recairá de modo preferencial sobre o imóvel gerador da despesa, por força da natureza propter rem da obrigação, que não se ocupa com o nome do titular do domínio nem com a causa que vincula alguém ao bem: a coisa responde por si, mesmo que seja objeto de alienação fiduciária – Agravo provido. (TJSP, Agravo de Instrumento nº 2092262-76.2016.8.26.0000, Rel. Silvia Rocha, 29ª Câmara de Direito Privado, j. 08.06.2016).*

Tribunal de Justiça de São Paulo. *Despesas condominiais Cobrança Execução do julgado Imóvel gravado com alienação fiduciária Possibilidade de penhora Dívida propter rem. 2. Crédito condominial que prefere ao fiduciário Agravo provido. (TJSP, Agravo de Instrumento 2061878-33.2016.8.26.0000, Rel. Vianna Cotrim, 26ª Câmara de Direito Privado, j. 05.05.2016).*

Tribunal de Justiça de São Paulo. *Despesas de condomínio. Cobrança. Cumprimento de sentença. Decisão que defere apenas a penhora dos direitos dos réus sobre o imóvel objeto da lide. Pretensão à penhora da unidade condominial objeto de alienação fiduciária em garantia. Possibilidade. Preferência do crédito condominial sobre o crédito da fiduciária. Decisão reformada. Recurso provido. Se a despesa condominial é dívida propter rem que onera o próprio bem, pode ser exigida de todos e qualquer titular de um direito real sobre a coisa, sendo irrelevante o fato de constituir objeto de contrato de alienação fiduciária em garantia (TJSP, Agravo de Instrumento nº 2237278-95.2015.8.26.0000, Rel. Francisco Occhiuto Júnior, 32ª Câmara de Direito Privado, j. 03.12.2015).*

Tribunal de Justiça de São Paulo. *Agravo de instrumento – despesas condominiais – cobrança – cumprimento de sentença – penhora do próprio imóvel alienado fiduciariamente – possibilidade – dívida propter rem – decisão reformada. Agravo de Instrumento provido. (TJSP, Agravo de Instrumento nº 2045696-06.2015.8.26.0000, Rel. Jayme Queiroz Lopes, 36ª Câmara de Direito Privado, j. 07.05.2015).*

O rateio das despesas é inerente à propriedade de uma unidade em um condomínio edilício.

A natureza propter rem se sobreleva ao direito do próprio credor fiduciário, dado que não é justo que se coloque nos ombros dos demais condôminos a obrigação de arcar com o rateio daquelas despesas, tendo em vista que, de um lado, o devedor fiduciante se sente confortável em não pagar, porque sabe que o apartamento não poderia – nessa tese até aqui apresentada pelo em. Relator – ser objeto de nenhuma constrição; e, de outro lado, o credor fiduciário se sente tranquilo também, porque, recebendo o dinheiro correspondente ao empréstimo que realizou, não será importunado no seu direito de propriedade, apesar da existência de débitos condominiais que pairam sem uma definição de pagamento.

Cabe a todo credor fiduciário, para seu melhor resguardo, estabelecer, no respectivo contrato, não só a obrigação de o devedor fiduciante pagar a própria prestação inerente ao financiamento, como também apresentar mensalmente a comprovação da quitação da dívida relativa ao condomínio.

Nada obstante o que defendo e a decisão exposta anteriormente do STJ, ou seja, que a penhora, sempre, deve ser do imóvel e não dos direitos, caso solução diversa tenha sido adotada no caso concreto, penhorando-se os direitos de promitente comprador ou de fiduciante, são os direitos – e não o imóvel – que deverão ser avaliados.

E esses direitos, a toda evidência, devem ser avaliados pelo resultado da conta consistente em apurar o valor de mercado do imóvel e subtrair, desse valor, o saldo devedor pela aquisição.

É essa a expressão do valor dos "direitos", sendo possível chegar-se à conclusão de que nada valem se o saldo devedor pela aquisição for maior que o valor do imóvel, o que reforça a conclusão de sempre haver penhora do imóvel em se tratando de obrigação de pagar condomínio, de natureza "propter rem".

Nesse sentido:

Tribunal de Justiça de São Paulo. Agravo – Penhora – Imóvel alienado fiduciariamente – Possibilidade de a constrição recair, tão somente, sobre os direitos do devedor sobre tal bem – Art. 835, XII, do CPC/2015 – Direitos que só serão auferidos com a extinção da dívida – Impossibilidade de avaliação e leilão do imóvel, uma vez que a penhora recai apenas sobre os direitos aquisitivos decorrentes de alienação fiduciária – Recurso desprovido (TJSP, Agravo de Instrumento 2028520-09.2018.8.26.0000, Rel. Jonize Sacchi de Oliveira, 24ª Câmara de Direito Privado, Foro de Assis, 1ª Vara Cível, j. 05.07.2018, data de registro 11.07.2018).

2.5.2. Separação e partilha ainda não registrada – legitimidade para responder pelas despesas de condomínio

Havendo a separação, segue-se a partilha dos bens, de acordo com o regime de casamento.

Assim, o cônjuge que permaneceu com o imóvel deveria arcar com as despesas de condomínio na integralidade, isso desde que o condomínio tenha sido informado ou tenha conhecido da circunstância por qualquer modo.

Entretanto, não foi o que decidiu o Primeiro Tribunal de Alçada Civil de São Paulo:

Ilegitimidade "ad causam" – Condomínio – Despesas condominiais – Pretensão do réu em ser responsabilizado apenas por despesas extraordinárias, uma vez que divorciado de sua mulher ficou esta com a propriedade da unidade condominial – Inadmissibilidade – Ausência de averbação do acordo patrimonial no registro imobiliário fazendo com que, perante terceiros, as despesas condominiais de qualquer natureza sejam de responsabilidade do réu – Legitimidade ativa reconhecida – Recurso improvido (Processo: 00678094-1/00, Apelação Cível, Origem: São Paulo, 6ª Câmara Especial, j. 13.08.1996, Rel. Massami Uyeda, Decisão: unânime).

2.5.3. O proprietário do imóvel faleceu. Quem responde pelas despesas condominiais?

Com o falecimento do titular do imóvel está aberta a sucessão.

Nesse momento são transmitidos os bens aos herdeiros legítimos e testamentários do falecido, cuja personalidade jurídica se extinguiu com a sua morte. Essa é a regra dos arts. 6º e 1.784 do Código Civil.

O espólio responde pelas dívidas enquanto não houver a partilha dos bens, e, após a partilha, responderão os herdeiros, aos quais couber o imóvel.

Entretanto, mister se faz que o inventário já tenha sido iniciado.

Se o inventário ainda não foi aberto, faz-se necessária a providência.

Nesse caso, se aquele que estiver na posse dos bens não requerer a abertura, nos termos do art. 615 do Código de Processo Civil, o condomínio poderá requerer com fundamento na permissão do art. 616, VI, do mesmo diploma legal.

O motivo é simples: sendo credor, não poderá ficar eternamente a mercê da abertura do inventário para cobrar o que lhe é devido.

2.5.4. Mais de um titular e solidariedade no pagamento de despesas de condomínio

A solidariedade constitui exceção à regra *concursu partes fiunt*, isto é, a regra da repartição da obrigação em tantos quantos forem os devedores ou credores.

A regra sofre duas exceções: uma no caso de indivisibilidade do objeto – que não se aplica ao débito condominial – e a outra no caso de solidariedade.

E no que consiste a solidariedade?

Segundo Silvio Rodrigues,[25] consiste na exceção à regra pela qual cada um dos credores pode exigir a totalidade da dívida do devedor comum (solidariedade ativa) ou, no caso que interessa à análise da despesa condominial, cada um dos devedores é devedor do todo, devendo pagar ao credor a totalidade e depois recobrar a quota de cada um dos coobrigados (solidariedade passiva).

De acordo com o art. 264 do Código Civil, *há solidariedade, quando na mesma obrigação concorre mais de um credor, ou mais de um devedor, cada um com direito, ou obrigação à dívida toda.*

Resta, por fim, ressaltar acerca da solidariedade, que esta *não se presume, decorre da lei ou da vontade das partes* (Código Civil, art. 265).

Se considerarmos que a convenção de condomínio possui natureza jurídica institucional-normativa,[26] podemos afirmar que não há solidariedade nos débitos condominiais em face dos cotitulares, mesmo no caso de cônjuges.

Nada há na lei acerca dessa solidariedade.

Por outro lado, em verdade, não há falar-se em natureza contratual da convenção, o que permitiria admitir a hipótese de determinação da solidariedade no seu bojo.

Nesse sentido, preleciona Caio Mário da Silva Pereira:

> Seu fundamento contratualista, outrora admitido, hoje perdeu terreno, porque sua força coercitiva ultrapassa as pessoas que assinaram o instrumento de sua constituição, para abraçar qualquer indivíduo que, por ingressar no agrupamento ou penetrar na esfera jurídica de irradiação das normas particulares, recebe os seus efeitos sem caráter permanente ou temporário.[27]

---

[25] Silvio Rodrigues, *Direito Civil – Parte geral das obrigações*, 20ª ed., São Paulo: Saraiva, 1991, p. 66.

[26] João Batista Lopes, *Condomínio*, 6ª ed., São Paulo: Revista dos Tribunais, 1998, p. 73.

[27] Caio Mário da Silva Pereira, *Condomínio e incorporações*, 10ª ed., Rio de Janeiro: Forense, 1997, pp. 130-131.

De fato, não só os condôminos devem respeitar a convenção, mas também os locatários, os adquirentes a qualquer título e todos aqueles que de alguma forma estabelecem contato com o condomínio.

Verifica-se que, no caso de mudança, entrega de mercadorias, visitas e prestação de serviços na unidade autônoma, todas as pessoas envolvidas estarão adstritas aos termos da convenção,[28] e, por evidente, não possuem legitimidade para modificá-la, e, tampouco, participaram de qualquer modo de sua elaboração.

Portanto, pelo caráter institucional-normativo da convenção e inexistindo lei que determine a solidariedade nos termos do art. 265 do Código Civil, não há como sustentar que a convenção poderia dispor a respeito, representando a vontade das partes e estabelecendo a solidariedade entre os coproprietários.

Em virtude dessas considerações, é forçoso concluir que não há falar-se em solidariedade passiva pela obrigação de pagar as despesas condominiais, até em virtude do princípio da relatividade dos efeitos dos contratos cujo conteúdo determina que os contratos só valem entre os contratantes, não atingindo a terceiros.

Exatamente assim decidiu o

Segundo Tribunal de Alçada Civil de São Paulo. *Condomínio – despesas condominiais – cobrança – titularidade comum de direitos sobre unidade condominial – solidariedade entre os cotitulares – ausência – inteligência do artigo 896 do Código Civil [atual 265]. Na propriedade em comum, mesmo que relativa a unidade condominial, não existe solidariedade entre os condôminos, certo que esta não se presume, decorrendo da lei ou do contrato, na forma do que dispõe o artigo 896 do Código Civil. Ausente a solidariedade, impõe-se o litisconsórcio passivo necessário na ação de cobrança de despesas condominiais (Apel. s/ rev. nº 507.873, 9ª Câm., Rel. Juiz Marcial Hollanda, j. 28.01.1998).*

Nesse caso, querendo cobrar o todo, restaria ao condomínio a possibilidade de incluir os cotitulares em litisconsórcio passivo necessário, ou seja, o condomínio deverá incluir todos como réus na mesma ação.

Entretanto, é em sentido contrário a jurisprudência mais numerosa, entendendo que há solidariedade entre os coproprietários.[29]

---

[28] João Batista Lopes, ob. cit., p. 72.

[29] *Tribunal de Justiça de São Paulo.* (...). *Ação de cobrança. Condomínio. Legitimidade passiva do cônjuge casado em regime de comunhão universal de bens. Litisconsórcio passivo. Desnecessidade. Solidariedade. Possibilidade de cobrança em face de apenas um dos devedores. Obrigação propter rem. Responsabilidade do proprietário e não do suposto locatário ou administrador do imóvel. Incidência de multa de 2%. Inocorrência de dupla incidência. Recurso desprovido (Apelação 0144431-41.2011.8.26.010, Rel. Milton Carvalho, Comarca: São Paulo, 36ª Câmara de Direito Privado, j. 24.09.2015, data de registro: 25.09.2015). Tribunal de Justiça de São Paulo. Despesas condominiais. Cobrança – Compromissários compradores – Solidariedade – Decreto de procedência mantido – Apelação improvida. Detendo marido e mulher os direitos sobre contrato de compromisso de unidade condominial e, consequentemente, solidariedade, é facultado ao condomínio endereçar a cobrança a um, outro ou ambos na forma do art. 275 do Código Civil de 2002; eventuais divergências entre os compromissários compradores devem ser resolvidas pelos arts. 283 e 285, do mesmo Codex) (Apelação 9059401-98.2005.8.26.0000, Rel. Norival Oliva, Comarca: Aguaí, 26ª Câmara, j. 22.08.2005; data de registro: 31.08.2005 – Outros números: 909728800) Segundo Tribunal de Alçada Civil de São Paulo. Condomínio – Despesas condominiais – Cobrança – Coproprietário – Responsabilidade solidária. Pertencendo o imóvel a mais de um proprietário, tal circunstância em nada impede que a cobrança das despesas condominiais recaia apenas sobre um deles (Apel. s/ rev. nº 507.180, 12ª Câm., Rel. Juiz Gama Pellegrini, j. 26.03.1998. Referência: Darnley Villas Boas, Condomínio Urbano, 4ª ed., Editora Destaque, 1996, p. 99). Segundo Tribunal de Alçada Civil de São Paulo. Condomínio – Despesas condominiais – Cobrança – Condômino casado – Regime da comunhão parcial de bens – Imóvel adquirido anteriormente ao casamento – Citação do cônjuge – Desnecessidade – Solidariedade reconhecida. Solidariedade entre comunheiros que permite o direcionamento da ação contra qualquer deles, dispensando o litisconsórcio (Apel. c/ rev. nº*

Em São Paulo, o assunto foi sumulado pelo Tribunal de Justiça nos seguintes termos:

Súmula 12: A ação de cobrança pode ser direcionada contra todos ou qualquer dos condôminos individualmente, no caso de unidade autônoma pertencente a mais de uma pessoa.

Todavia, mesmo essas decisões devem respeito ao art. 265 do Código Civil.

Ora, se a solidariedade deve decorrer da vontade das partes, partindo do pressuposto da natureza contratual da convenção, a solidariedade somente poderia ser admitida na hipótese de disposição expressa a respeito.

Com o risco da tautologia, enfatizamos que a natureza contratual da convenção não é a nossa posição.

2.5.5. Imóvel novo; quem responde pelas despesas: a construtora ou o adquirente?

Tem sido muito comum, depois da assembleia de instituição dos novos condomínios, pelas mais variadas causas, que as construtoras e incorporadoras neguem a entrega das chaves ao adquirente, titular de compromisso de compra e venda.

Os motivos da negativa da entrega da posse são diversos, como, por exemplo, atraso na obtenção de financiamento bancário e atraso nas parcelas pelo adquirente.

Seja como for, a legitimidade do promitente comprador, como vimos, depende, inexoravelmente, da sua qualidade de possuidor do imóvel.

Ausente a posse, a construtora ou o promitente vendedor, que não entregaram as chaves, devem arcar com as despesas de condomínio.

É neste sentido o seguinte julgado:

Superior Tribunal de Justiça. Civil e processual civil. Condomínio. Cobrança de taxas condominiais. Legitimidade passiva. Somente quando já tenha recebido as chaves e passado a ter assim a disponibilidade

---

514.490, 12ª Câm., Rel. Juiz Arantes Theodoro, j. 23.04.1998. Referências: J. Nascimento Franco e Nisske Gondo, Condomínio em Edifícios, 4ª ed., Editora Revista dos Tribunais, p. 164; J. Nascimento Franco, Condomínio, Editora Revista dos Tribunais, 1997, p. 220; RT 397/227).
Segundo Tribunal de Alçada Civil de São Paulo. *Condomínio – Despesas condominiais – Cobrança – Condômino casado – Citação do cônjuge – Desnecessidade – Solidariedade reconhecida – Admissibilidade. Na ação de cobrança promovida contra condômino casado, não é necessária a citação de sua mulher, pois para o pagamento de despesas condominiais não é possível decompor uma unidade autônoma em duas partes, o que permite concluir, com base no artigo 891 do Código Civil [atual 259, caput], que o condomínio pode executar qualquer um dos coproprietários do apartamento, ficando este, na forma do parágrafo único do mesmo artigo, sub-rogado no direito do credor em relação aos outros coobrigados (Apel. s/ rev. nº 512.392, 7ª Câm., Rel. Juiz S. Oscar Feltrin, j. 24.03.1998. Referência: JTACSP 106/160).*
Segundo Tribunal de Alçada Civil de São Paulo. *Cobrança – Legitimidade passiva – Pluralidade de proprietários – Despesas condominiais – Solidariedade. É solidária a obrigação de pagar despesas de condomínio. Apelação sem revisão nº 490.668, 4ª Câmara, Rel. Juiz Antonio Vilenilson, j. 21.10.1997. Referências: Pontes de Miranda, Tratado de Direito Privado, tomo XII, § 1.392. Agravo de Instrumento nº 393.367, do Primeiro Tribunal de Alçada Civil. Apelações nºs 392.219, 498.277 e 603.244, do Primeiro Tribunal de Alçada Civil. No mesmo sentido: Agravo de Instrumento nº 533.173, 8ª Câmara, Rel. Juiz Ruy Coppola, j. 10.06.1998.*
Primeiro Tribunal de Alçada Civil de São Paulo. *Apelação nº 603.244-5/00, Origem: São Paulo, 1ª Câmara Especial, julho/1995, j. 03.07.1995, Rel. Salles de Toledo, Decisão: unânime. Condomínio – Despesas condominiais – Unidade autônoma com dois proprietários – Cobrança movida contra apenas um deles – Admissibilidade – Existência de solidariedade passiva onde qualquer um dos titulares responde pelos encargos condominiais – Hipótese, ademais, de obrigação "in solidum" que não depende de texto legal ou de ato de vontade – Cobrança procedente – Recurso improvido.*

da posse, do uso e do gozo da coisa, é que se reconhece legitimidade passiva ao promitente comprador de unidade autônoma quanto às obrigações respeitantes aos encargos condominiais, ainda que não tenha havido o registro do contrato de promessa de compra e venda. Sem que tenha ocorrido essa demonstração, não há como se reconhecer a ilegitimidade da pessoa em nome de quem a unidade autônoma esteja registrada no livro imobiliário. Precedentes. Recurso especial conhecido pelo dissídio, mas improvido (REsp. 660.229/SP, Rel. Ministro Cesar Asfor Rocha, Quarta Turma, j. 21.10.2004, DJ 14.03.2005, p. 378).

No acórdão, afirmou o ilustre relator que, apesar do instrumento particular de compromisso de compra e venda em favor da ré, ela se tornou inadimplente do negócio, deixou de receber as chaves e não tomou posse dos imóveis.

Assim, ausente a qualidade de possuidora, à promitente compradora foi negada a legitimidade para responder pelas despesas de condomínio.

Por outro lado, a conclusão, aqui, não é afastada pelo registro ou não da promessa de compra e venda, irrelevante para a conclusão ora expendida.

Nesse sentido, a Terceira Turma, também do Superior Tribunal de Justiça, se pronunciou no julgamento do Recurso Especial nº 238.099/SP, relatado pelo Ministro Waldemar Zveiter (*DJ* 26.06.2000), segundo o qual somente quando ficar patente a disponibilidade da posse, do uso e do gozo da coisa, é que se reconhece legitimidade passiva ao promitente comprador de unidade autônoma quanto às obrigações respeitantes aos encargos condominiais, ainda que não tenha havido o registro do contrato de promessa de compra e venda.

Todavia, a par dessas conclusões, um cuidado deve ser tomado.

Se o adquirente, ainda que titular de promessa de compra e venda sem registro, recebe a posse do imóvel que conta com quotas condominiais em atraso, passa a ser legitimado passivo para a posterior ação de cobrança de despesas de condomínio, pela integralidade do débito.

A partir da posse, portanto, responde pelas despesas de condomínio vencidas, ainda que anteriores à entrega da posse, em razão da natureza *propter rem* que cerca os débitos condominiais.

Se pagar quotas anteriores à entrega da posse, deve carreá-las à construtora em ação própria, não podendo opor ao condomínio qualquer óbice em razão do atraso na entrega das chaves. Neste sentido:

Superior Tribunal de Justiça. *Civil. Condomínio. Cotas. Para se escusar do pagamento de quotas o condômino não pode opor ao condomínio o atraso na entrega das chaves de sua unidade imobiliária; a responsabilidade pela entrega tardia deve ser cobrada da construtora. Recurso especial não conhecido (REsp. 489.647/RJ, Rel. Ministro Ari Pargendler, Terceira Turma, j. 15.04.2003, DJ 19. 05.200, p. 231).*

Tribunal de Justiça de São Paulo. *Despesas Condominiais. Ação de cobrança. Cobrança de despesas de condomínio anteriores à imissão de posse do imóvel pelo demandado, atual proprietário. Obrigação propter rem". Legitimidade do demandado para responder pelo débito, ressalvado direito de regresso contra a Construtora. Sentença mantida. Recurso improvido. (Apelação 0165733-92.2012.8.26.0100. 26ª Câmara de Direito Privado. Rel. Bonilha Filho. j. 11.03.2015).*

2.5.6. A ausência de reparos ou de cumprimento de deveres por parte do condomínio autoriza a suspensão do pagamento das quotas condominiais?

É muito comum a alegação, por parte dos condôminos, de não cumprimento, por parte do condomínio, de suas obrigações, como, por exemplo, o conserto de uma coluna com vazamentos.

Sendo assim, pretendem deixar de pagar o valor do condomínio em razão do princípio da exceção do contrato não cumprido (Código Civil, art. 476), segundo o qual a parte que se depara com o descumprimento da obrigação da outra, a quem antes competia cumpri-la, pode deixar, igualmente, de cumprir a sua parte sem sofrer qualquer sanção (*exceptio non adimpleti contractus*), o que, inclusive, poderia ser discutido em sede de embargos do devedor (Código de Processo Civil, arts. 914 e seguintes), com fundamento no art. 798, I, "d", também do CPC.

Todavia, não é assim.

Isto porque a convenção de condomínio não possui natureza contratual, mas institucional normativa.

Nesse sentido:

> *Superior Tribunal de Justiça. Condomínio. Despesas condominiais. Recusa do condômino de pagá-las, sob a alegação de que o condomínio não cumpriu a obrigação de reparar os danos havidos em sua unidade habitacional. Exceptio non adimpleti contractus. Inadmissibilidade da arguição. Art. 1.092 do Código Civil de 1916. – Não ostentando a Convenção de Condomínio natureza puramente contratual, inadmissível é ao condômino invocar a exceção de contrato não cumprido para escusar-se ao pagamento das cotas condominiais. Recurso especial não conhecido (REsp. 195.450/SP, Rel. Ministro Barros Monteiro, Quarta Turma, j. 08.06.2004, DJ, 04.10.2004, p. 301).[30]*

Nesse julgado, o Ministro Barros Monteiro deixa claro que os prejuízos advindos ao apartamento em virtude de infiltrações e vazamentos, cuja responsabilidade é atribuída ao Condomínio, geram direito subjetivo, mas não podem servir como escusa para não cumprir o dever de contribuir para as despesas condominiais.

2.5.7. Responsabilidade e legitimidade do adquirente e do arrematante pelos condomínios não pagos pelo alienante e pelo executado

Interessante, também, que, se o imóvel for adquirido, arrematado ou adjudicado, ainda que pelo credor hipotecário, o adquirente ou o arrematante (ou o adjudicatário) fica obrigado pelas despesas remanescentes.

Nesse sentido, de acordo com João Nascimento Franco,[31] "para garantir o equilíbrio econômico e financeiro do condomínio, a lei considera dívida *propter rem* a cota-parte atribuível a cada apartamento nas despesas ordinárias e extraordinárias".

Posta assim a questão, complementa: "por se tratar de débito vinculado ao imóvel, o adquirente responde pelas despesas não pagas pelo alienante, embora possa regressivamente voltar-se contra este reclamando o respectivo reembolso, caso a escritura de venda tenha estabelecido este direito".

Por fim, conclui que "o próprio arrematante responde, pois a lei é genérica e abrange todas as formas de alienação (*JTACSP* 121/60)."

Isso porque o art. 1.345 do Código Civil é claro ao determinar que *o adquirente de unidade responde pelos débitos do alienante, em relação ao condomínio, inclusive multas e juros moratórios*, sem fazer qualquer distinção entre o adquirente em hasta pública ou em razão de outra causa ou título.

É esse o entendimento do Superior Tribunal de Justiça[32]:

---

[30] O mesmo fundamento foi utilizado no AgInt no AREsp 779424/SP, Rel. Min. Marco Aurélio Bellizze, *DJe* 16.03.2017.

[31] João Nascimento Franco. *Condomínio*. São Paulo: Revista dos Tribunais, 1999, p. 224.

[32] Quanto à alienação fiduciária, o raciocínio deve ser o mesmo e, consolidada a propriedade, responde o credor fiduciário que consolida a propriedade ou o posterior adquirente da unidade:

*Recurso Especial. Direito Civil e Processual Civil. Ação de cobrança. Cotas condominiais. Cumprimento de sentença. Imóvel arrematado em hasta pública. Informação no edital acerca da existência de débitos condominiais. Caráter 'propter rem' da obrigação. Responsabilidade do arrematante. Sucessão no polo passivo da execução. Cabimento. 1. Controvérsia em torno da possibilidade de inclusão do arrematante no polo passivo da ação de cobrança de cotas condominiais na fase cumprimento de sentença. 2. Em recurso especial não cabe invocar ofensa à norma constitucional. 3. Os arts. 204 e 206, § 5º, I, do CC não contêm comandos capazes de sustentar a tese recursal, atraindo o óbice da Súmula 284/STF. 4. Não há violação aos arts. 489, § 1º, IV e 1.022, II e parágrafo único, II, do CPC quando a matéria em exame foi devidamente enfrentada pelo Tribunal de origem, que emitiu pronunciamento de forma fundamentada, ainda que em sentido contrário à pretensão da parte recorrente. 5. **Em se tratando a dívida de condomínio de obrigação "propter rem", constando do edital de praça a existência de ônus incidente sobre o imóvel, o arrematante é responsável pelo pagamento das despesas condominiais vencidas, ainda que estas sejam anteriores à arrematação, admitindo-se, inclusive, a sucessão processual do antigo executado***

Tribunal de Justiça de São Paulo. Agravo de instrumento – Cobrança – Despesas condominiais – Cumprimento de sentença - Penhora – Imóvel com alienação fiduciária. Obrigação propter rem *significa apenas que a obrigação de pagar as despesas condominiais é não só do proprietário anterior que deu causa ao inadimplemento, mas também atinge os proprietários posteriores, sem desvinculação daqueles primeiros quanto às obrigações vencidas sob sua responsabilidade – De acordo com o art. 1.345 do CC, "O adquirente de unidade responde pelos débitos do alienante, em relação ao condomínio, inclusive multas e juros moratórios". Neste sentido, ver a lição de Theotonio Negrão e outros: "O adquirente de imóvel em condomínio responde pelas cotas condominiais em atraso, ainda que anteriores à aquisição, ressalvado o seu direito de regresso contra o antigo proprietário" (STJ, 3ª T., REsp 1.119.090, Min. Nancy Andrighi, j. 22.02.2011, DJ 02.03.2011). "O adquirente do imóvel do qual se originaram as despesas de condomínio é responsável pelo pagamento dos débitos anteriores à aquisição, de modo que admissível a substituição do polo passivo da execução como autoriza o disposto no art. 1.345 do CC/2002" (JTJ 302/380)" (Código Civil e legislação civil em vigor. 35. ed. São Paulo: Saraiva, 2017. Nota 1 ao art. 1.345, p. 539). Agravo provido. (Agravo de Instrumento 2077850-72.2018.8.26.0000 – Rel. Lino Machado – Órgão Julgador: 30ª Câmara de Direito Privado; Foro de Sumaré – 3ª Vara Cível – j. 25.07.2018 – Data de Registro: 27.07.2018).*

Tribunal de Justiça de São Paulo. Despesas de condomínio – Execução de título extrajudicial – Substituição processual – Agravo de Instrumento tirado contra r. decisão de Primeiro Grau que deferiu, em ação de execução de título extrajudicial, o pedido de substituição do polo passivo pela credora fiduciária, atual proprietária da unidade condominial – Cabível a sucessão processual, vez que o débito condominial tem caráter 'propter rem', devendo acompanhar a coisa – Credora fiduciária que deve assumir o débito na condição de adquirente, nos termos do art. 1.345 do CC – R. decisão mantida – Recurso improvido. (Agravo de Instrumento 2101000-48.2019.8.26.0000 – Rel. José Augusto Genofre Martins – Órgão Julgador: 31ª Câmara de Direito Privado; Foro de Guarujá – 3ª Vara Cível – j. 03.06.2019 – Data de Registro: 03.06.2019)

Em sentido contrário:

Tribunal de Justiça de São Paulo. Agravo de instrumento. Cobrança de despesas de condomínio. Cumprimento de sentença condenatória. Penhora sobre os direitos decorrentes do imóvel alienado fiduciariamente. Consolidação da propriedade resolúvel em nome da instituição financeira e ordem para cancelamento da penhora da unidade, geradora das despesas. Pretensão à aplicação do art. 109, do CPC. Substituição processual. Impossibilidade. Precedentes jurisprudenciais. Decisão mantida. Recurso desprovido. A penhora recaiu tão só sobre os direitos decorrentes do imóvel alienado fiduciariamente, gerador das despesas condominiais e, uma vez consolidada a propriedade em favor do credor fiduciário, que não integrou o polo passivo da demanda, a constrição de imóvel de sua titularidade violaria a garantia constitucional do devido processo legal, o que não se pode admitir (Agravo de Instrumento 2246738-04.2018.8.26.0000 – Rel. Kioitsi Chicuta – Órgão Julgador: 32ª Câmara de Direito Privado – Foro de São Bernardo do Campo – 7ª Vara Cível – j. 08.02.2019 – Data de Registro: 08.02.2019).

Tribunal de Justiça de São Paulo. Agravo de instrumento – Condomínio – ação de cobrança – Fase de cumprimento de sentença – Substituição do polo passivo e penhora do imóvel –Impossibilidade. Embora ocorrida a sub-rogação do credor fiduciário nos direitos que os agravados, condôminos, tinham em relação ao imóvel que deu causa à ação de cobrança, haja vista a consolidação da propriedade nas mãos da instituição financeira, não pode o exequente voltar-se contra esta mediante simples sucessão processual ou penhorar o bem nesses autos. Cabe-lhe, sim, a propositura de ação autônoma, a fim de constar o banco no título executivo judicial. Recurso desprovido (Agravo de Instrumento 2158950-49.2018.8.26.0000 – Rel.: Antonio Nascimento – Órgão Julgador: 26ª Câmara de Direito Privado – Foro de Ribeirão Preto – 10ª Vara Cível – j. 20.09.2018 – Data de Registro: 20.09.2018).

pelo arrematante. 6. Recurso especial desprovido. (REsp 1672508/SP, Rel. Min. Paulo de Tarso Sanseverino, 3ª Turma, j. 25.06.2019, DJe 01.08.2019).

Nessa medida, admite-se, inclusive, a substituição processual se a ação do condomínio estiver em curso no momento da alienação:

Tribunal de Justiça de São Paulo. *Despesas de Condomínio. Cobrança. Unidade condominial objeto de arrematação judicial. Ato formal de transmissão da propriedade imóvel. Débitos condominiais de responsabilidade da arrematante, ainda que anteriores à arrematação. Obrigação de natureza propter rem. Condenação mantida. Honorários advocatícios arbitrados em percentual adequado, devendo, porém, incidir sobre o valor integral da condenação, incluindo-se todas as prestações vincendas até a data do efetivo pagamento. Recurso do réu improvido, provido parcialmente o do autor. (0010167-53.2004.8.26.0223 – Apelação – Rel. Ruy Coppola – Comarca: Guarujá –32ª Câmara de Direito Privado – j. 17.01.2013 – Data de registro: 13.02.2013 – Outros números: 101675320048260223).*

Tribunal de Justiça de São Paulo. *Despesas de condomínio. Substituição processual. Ação de cobrança. Agravo de Instrumento tirado em face da decisão de Primeiro Grau que deferiu a substituição do polo passivo pelo arrematante do imóvel. Posicionamento acertado, resultando no improvimento do reclamo. Manejo de Recurso Especial pelo agravante. Decisão do Superior Tribunal de Justiça que devolveu o recurso a esta E. Corte, determinando o reexame da questão relativa à responsabilidade do arrematante, considerando o fato dos débitos condominiais que originaram esta causa constarem ou não do edital de praceamento do imóvel. Em que pese o respeito devido ao entendimento exposto pelo Exmo. Ministro Relator da decisão, entendemos que a questão colocada não tem relevância suficiente a afastar a responsabilização do arrematante pelo débito, em razão de sua patente natureza propter rem. Por certo que lhe resta ressalvada a possibilidade de regresso em face do antigo proprietário. De regra, a substituição do polo passivo na presente demanda, nos expressos termos do artigo 42, § 3º, do Código de Processo Civil [atual art. 109, § 3º]. Recurso improvido, mantendo a r. decisão guerreada. (0157090-91.2011.8.26.0000 – Agravo de Instrumento – Rel. Carlos Nunes – Comarca: Guarujá – 33ª Câmara de Direito Privado – j. 28.01.2013 – Data de registro: 28.01.2013 – Outros números: 1570909120118260000).*

A substituição processual se dá mesmo na fase de execução (§ 3º do art. 109 do CPC) e, por aplicação do *caput* do art. 109 do CPC, ainda que a opção seja pela execução de título extrajudicial:

Tribunal de Justiça de São Paulo. *Execução – Título judicial – Despesas condominiais – Obrigação propter rem – Polo passivo – Substituição processual – Novo adquirente da unidade condominial – Possibilidade. Em se tratando de obrigação propter rem em havendo alteração na titularidade do domínio da unidade condominial geradora das despesas cobradas em ação de cobrança, na qual houve descumprimento do acordo entabulado pelas partes, **ora em fase de execução de título judicial, permite-se a sucessão processual mesmo porque a nova proprietária é também atingida pela sentença, na forma do art. 42, § 3º, do Código de Processo Civil** [atual art. 109, § 3º] (AI 1.152.493-0/0 – 31ª Câmara – j. 01.04.2008).*

É este o teor do art. 109, § 3º, do Código de Processo Civil:

Art. 109. A alienação da coisa ou do direito litigioso por ato entre vivos, a título particular, não altera a legitimidade das partes.

§ 1º O adquirente ou cessionário não poderá ingressar em juízo, sucedendo o alienante ou cedente, sem que o consinta a parte contrária.

§ 2º O adquirente ou cessionário poderá intervir no processo como assistente litisconsorcial do alienante ou cedente.

§ 3º Estendem-se os efeitos da sentença proferida entre as partes originárias ao adquirente ou cessionário.

Nada obstante, ignorando a clara disposição do § 3º do art. 109 do CPC, o STJ já entendeu diversamente:

Superior Tribunal de Justiça *[...] Não há, ademais, como falar em legitimidade do arrematante adquirente, quando não houve participação deste no processo de conhecimento, que constituiu o título executivo judicial,* *não se tendo formado, portanto, título executivo contra ele, não podendo essa matéria ser intrometida na execução anterior, embora possa ser objeto de pretensão, em outro processo, contra o novo proprietário, o arrematante, observado o prazo prescricional. Agravo Regimental improvido (AgRg nos EREsp 835.221/RS, Rel. Ministro Sidnei Beneti, Segunda Seção, j. 23/02/2011, DJe 10.03.2011).[33]*

Em que pese o precedente que lamentavelmente contraria a letra do Código de Processo Civil, entendo que caberá ao condomínio prosseguir em face do novo titular, para cobrar as despesas de condomínio, nos termos do art. 109, § 3º, do CPC, segundo o qual se *estendem os efeitos da sentença proferida entre as partes originárias ao adquirente ou cessionário,* excepcionando a regra do art. 108 do mesmo CPC.

Nada obstante, em outros precedentes, o STJ decidiu que o arrematante não responde pelas despesas condominiais anteriores à arrematação do imóvel em hasta pública que não constaram do edital, cabendo a ele, entretanto, requerer a reserva de valores. Neste sentido:

Recurso Especial – execução – praça – arrematação – débitos fiscais e condominiais – responsabilidade do arrematante, desde que haja previsão expressa no edital – precedentes do STJ – hipótese ocorrente, na espécie – dissídio jurisprudencial não demonstrado – recurso improvido.

I – Em regra, o preço apurado na arrematação serve ao pagamento do IPTU e de taxas pela prestação de serviços incidentes sobre o imóvel (art. 130, parágrafo único, do CTN); II – Contudo, havendo expressa menção no edital acerca da existência de débitos condominiais e tributários incidentes sobre o imóvel arrematado, a responsabilidade pelo seu adimplemento transfere-se para o arrematante; III – No tocante ao alegado dissídio jurisprudencial, é certo que não houve cotejo analítico, bem como não restou demonstrada a perfeita similitude fática entre o acórdão impugnado e os paradigmas colacionados; IV – Recurso especial improvido. (REsp 1.114.111/RJ – Rel. Min. Massami Uyeda – Terceira Turma – j. 20.10.2009 – DJe 04.12.2009).

Processo Civil. Recurso especial. Alienação em hasta pública. Despesas condominiais anteriores à aquisição do imóvel. Dívida não mencionada no edital. Sub-rogação sobre o produto da arrematação. Reserva de valores. 1. As dívidas condominiais anteriores à alienação judicial – não havendo ressalvas no edital de praça – serão quitadas com o valor obtido com a alienação judicial do imóvel, podendo o arrematante pedir a reserva de parte desse valor para o pagamento das referidas dívidas. 2. Recurso especial provido. (REsp 1.092.605/ SP – Rel. Min. Nancy Andrighi – 3ª Turma – j. 28.06.2011 – DJe 01.08.2011).

Mesmo assim, há que se ponderar que, na hipótese de o imóvel ser arrematado em hasta pública, o adquirente passa a ser o responsável pelas despesas pendentes, podendo, depois, se voltar contra o antigo proprietário.

Nesse sentido, manifestou-se o Ministro Castro Filho, do Superior Tribunal de Justiça, no Recurso Especial 400.997-SP: "A Segunda Seção desta Corte, interpretando o parágrafo único do art. 4º da Lei 4.591/1964, com a redação dada pela Lei 7.182/1984, assentou o entendimento de ser do adquirente, inclusive por arrematação, a responsabilidade pelas cotas condominiais em atraso, resguardado o direito de regresso contra o devedor primitivo, em razão de o débito estar vinculado ao imóvel (dívida *propter rem*)."

Igualmente:

Superior Tribunal de Justiça. *Ação de cobrança. Despesas de condomínio. Adquirente. Arrematação. Execução extrajudicial. Obrigação propter rem. Lei 4.591/1964. O adquirente de unidade condominial, por arrematação, responde perante o condomínio pelas despesas condominiais em atraso, mesmo as anteriores à aquisição do imóvel, por constituírem-se essas em obrigações propter rem, que acompanham o imóvel.*

---

[33] No mesmo sentido: **Superior Tribunal de Justiça.** *Agravo regimental nos embargos de declaração no agravo regimental no agravo em recurso especial. Cotas condominiais. Ação de cobrança. Inclusão do arrematante. Imóvel. Hasta pública. Cumprimento de sentença. Impossibilidade. [...] 1. Indevida a inclusão de arrematante de bem imóvel em ação de cobrança de cotas condominiais na fase cumprimento de sentença, tendo em vista que não participou do processo de conhecimento que constituiu o título executivo judicial que lhe pretendem imputar. Precedentes. 2. A verba honorária foi fixada de forma proporcional. 3. Agravo regimental não provido (AgRg nos EDcl no AgRg no OF no AREsp 373.066/SP – Rel. Ministro Ricardo Villas Bôas Cueva – Terceira Turma, j. 08.03.2016 – DJe 15.03.2016).*

Não afasta esta obrigação a regra contida no art. 4º, parágrafo único, da Lei 4.591/1964" (REsp. 286.081/ SP, relatora Ministra Nancy Andrighi, DJ 12.12.2000).

Superior Tribunal de Justiça. *Civil – Ação de consignação em pagamento – Despesas de condomínio – Adjudicação – Execução extrajudicial – Obrigação propter rem – Lei 7.182/1984. I – Os encargos condominiais constituem-se espécie peculiar de ônus real, gravando a própria unidade do imóvel, eis que a lei lhe imprime poder de sequela. II – Assentado na jurisprudência da Terceira Turma o entendimento no sentido de que, ainda na vigência da primitiva redação do parágrafo único do art. 4º da Lei 4.591/1994, a responsabilidade assumida pelo adquirente de unidade autônoma de condomínio não significava ficasse exonerado o primitivo proprietário (REsp. 7.128-SP, Rel. Ministro Waldemar Zveiter, DJ 16.09.1991).*

Seja como for, a leitura do edital é de fundamental importância, pelo menos na prática.

Isso porque, como vimos, precedente do STJ sustenta que o arrematante não responde pelas despesas pendentes se o edital for omisso, embora, sem afastar sua obrigação, tenha afirmado que pode ele exigir que haja reserva de valores decorrentes do depósito da arrematação para pagamento dos condomínios pendentes, o que, de certa forma, atende ao comando do art. 1.345 do Código Civil.[34]

Por esse dispositivo o adquirente – a qualquer título – responde por ser obrigação *propter rem.*

Não haveria, portanto, necessidade de constar no edital aquilo que já está claro no Código Civil, e ninguém se escusa de cumprir a lei alegando que não a conhece (art. 3º da LINDB, Decreto-lei 4.657/1942).

Em que pesem esses argumentos, segue precedente:

Superior Tribunal de Justiça. *Agravo interno no agravo em recurso especial. Execução. Despesas condominiais. Hasta pública. Arrematação. Sucessão processual do executado originário pelo arrematante. Impossibilidade. Ausência de previsão no edital. Precedentes. Enunciado n. 83 da Súmula do STJ. Agravo interno improvido. 1. Nas hipóteses em que não existe, no edital da hasta pública, previsão acerca da responsabilidade do arrematante pelos débitos condominiais anteriores à praça, esse não responderá por tais obrigações, as quais **serão satisfeitas pela quantia arrecadada**, em atenção aos princípios da segurança jurídica e da proteção da confiança. 2. Agravo interno improvido (AgInt no AREsp 890.657/SP, Rel. Ministro Marco Aurélio Bellizze, Terceira Turma, j. 13.09.2016, DJe 19.09.2016).[35]*

Entende-se, ainda, que a expedição de carta de adjudicação ao credor hipotecário está condicionada ao pagamento das despesas de condomínio:

Segundo Tribunal de Alçada Civil de São Paulo. *Execução – Penhora – Expedição da carta de arrematação – Acordo não cumprido – Depósito de valor devido – Ausência – Inadmissibilidade. Agravo de Instrumento. Despesas de condomínio. Ação de cobrança. Execução de acordo não cumprido. Arrematação da unidade condominial por credora hipotecária, à conta e em benefício de parte de seu crédito. Decisão que condiciona a expedição da carta de arrematação ao prévio depósito das custas e despesas processuais, honorários advocatícios e de todas as despesas condominiais em aberto, dentro e fora do processo. Para gozar os cômodos da preservação da garantia hipotecária e poder havê-la em execução alheia, cabe à credora hipotecária suportar os incômodos custos desta e daquela, sob pena de restar violado o princípio geral que veda o enriquecimento sem causa (AI 689.432-00/8 – 12ª Câm. – Rel. Juiz Palma Bisson – j. 21.06.2001. Sobre o tema: AI 689.432-00/8 – 12ª Câm. – Rel. Juiz Palma Bisson – j. 21.06.2001, com a seguinte referência: J. M. Carvalho Santos, citando Martins Teixeira, Código Civil Brasileiro Interpretado, 4. ed., Livraria Freitas Bastos, 1952, vol. XXI, pp. 476 e 485).*

---

34 REsp 1.092.605/SP – Rel. Min. Nancy Andrighi – Terceira Turma – j. 28.06.2011 – *DJe* 01.08.2011.

35 Nesse sentido: AgInt no REsp 1.582.933/SP, 3ª Turma, Rel. Min. Ricardo Villas Bôas Cueva, j. 14.06.2016, *DJE* 20.06.2016; AgRg nos EDcl no REsp 1.410.008/SP, 4ª Turma, Rel. Min. Marco Buzzi, j. 04.02.2016, *DJE* 17.02.2016; AgRg no REsp 1.098.223/RS, 4ª Turma, Rel. Min. Raul Araújo, j. 20.10.2015, *DJE* 19.11.2015; AgRg no AREsp 745.772/SP, 3ª Turma, Rel. Min. Marco Aurélio Bellizze, j. 05.11.2015, *DJE* 17.11.2015; AgRg no AREsp 610.546/RJ, 3ª Turma, Rel. Min. João Otávio de Noronha, j. 01.09.2015, *DJE* 08.09.2015; AgRg no AREsp 227.546/DF, 4ª Turma, Rel. Min. Maria Isabel Gallotti, j. 18.08.2015, *DJE* 27.08.2015.

Pelas mesmas razões, já se decidiu que, havendo retomada do imóvel pelo promitente comprador, os débitos condominiais devem ser por ele suportados e qualquer direito que possa ter deve ser resolvido em ação de regresso.

Eis o entendimento que determinou, inclusive, a exclusão do promitente comprador em ação contra ele e o promitente vendedor ajuizada:

> **Tribunal de Justiça de São Paulo.** *Condomínio. Cobrança de despesas. Ação proposta em face da construtora e do compromissário comprador. Compromisso de compra e venda rescindido após a propositura da ação. Obrigação que vincula apenas a construtora, a quem cabe agir de regresso para reaver o valor referente ao período em que não teve posse. Ilegitimidade passiva do compromissário comprador reconhecida. Recurso provido. A notícia de que o compromisso de compra e venda firmado entre os réus foi resolvido, com o restabelecimento da situação anterior, determina o reconhecimento de sua ilegitimidade para a demanda em que são cobradas as despesas condominiais. Tratando-se de obrigação "proter rem", o sujeito passivo é aquele que tem a titularidade do direito sobre a unidade condominial, não importando a época a que se refere a dívida. Cabe-lhe responder pela obrigação e, se o caso, agir de regresso em relação a quem exerceu a posse anteriormente (Apelação nº 0010593-11.2006.8.26.0477, 31ª Câmara de Direito Privado, Rel. Antonio Rigolin, j. 25.06.2013).*

2.5.8. Responsabilidade e legitimidade do condômino pelas cotas em aberto, inclusive pelas multas e penalidades da unidade locada

Nos termos daquilo que foi tratado neste tópico, a responsabilidade pelo pagamento das despesas condominiais, inclusive dos acessórios, como são as multas aplicadas à unidade devedora, competem exclusivamente ao condômino.

E a caracterização do condômino, já abordamos, salientando que se trata do titular da unidade, ainda que tal qualidade decorra de compromisso de compra e venda ou cessão sem registro, desde que o fato seja, por qualquer forma, conhecido pelo condomínio.

Seja como for, ainda que se trate de penalidade imposta à unidade locada pelo condômino, sua responsabilidade está mantida, posto que, a toda evidência, compõe a despesa condominial.

Nesse sentido, interpretadas sistematicamente, as normas que regulam o condomínio indicam o caráter acessório da multa, que, uma vez aplicada, onera a unidade.

Isso porque, ao tratar do adquirente, o art. 1.345 do Código Civil estabelece que *o adquirente de unidade responde pelos débitos do alienante, em relação ao condomínio, inclusive multas e juros moratórios.*

O seguinte julgado atesta nossa posição sobre o tema:

> **Tribunal de Justiça de São Paulo.** *Apelação. Ação de cobrança. Multa condominial. Sentença de procedência. Inconformismo da parte ré. Cerceamento de defesa. Inocorrência. Mérito. Alegação de que os fatos que ensejaram a multa por violação à convenção de condomínio foram realizados pelo inquilino da parte apelante, e não por ela. Não colhimento. Multa que é vinculada à unidade imobiliária. Obrigação propter rem. Chamamento ao processo. Não cabimento. Eventual restituição da condenação deverá ser buscada em face do inquilino, na respectiva ação de regresso. Direito de defesa na esfera administrativa violado. Não acolhimento. inexistência de específica violação, sob esse aspecto, nas regras da convenção de condomínio. Sem embargo, a prova dos autos mostra extenso período de diálogo entre os envolvidos, permitindo que a locadora pudesse apresentar qualquer matéria que entendesse cabível como defesa, o que de fato ocorreu. Intenção de se eximir do pagamento da multa que encontra óbice no fato de ser proprietária da unidade, por ela respondendo, ainda que o uso indevido seja executado por seu locatário, e não por si. Sentença mantida. Recurso não provido. (TJSP; Apelação Cível 1000071-63.2021.8.26.0223; Relator (a): Rogério Murillo Pereira Cimino; Órgão Julgador: 27ª Câmara de Direito Privado; Foro de Guarujá – 3ª Vara Cível; j. 17.12.2021; Data de Registro: 17.12.2021)[36]*

---

[36] O assunto não é novo:
TJSP. Ação de cobrança. Despesas condominiais. Procedência. Sugerida ilegitimidade passiva, por estar a unidade locada. Não caracterização. Obrigação cabível ao condômino, por imposição legal, não a

Nos termos do art. 1.336, inciso I, do Código Civil, os condôminos contribuem na proporção de suas frações ideais, salvo disposição diversa, estabelecendo outro critério, contida na convenção.

A teor dos arts. 1.333 e 1.334, § 2º, do Código Civil, devem ser havidos como tal os proprietários, os promitentes compradores, os cessionários ou promitentes cessionários de cada unidade autônoma.

Não há, em consonância com o legalmente acatado, previsão alguma que confira ao condomínio o direito de cobrar o rateio dessas despesas, inclusive relativa às multas, do locatário ou de ocupante do imóvel a outro título.

Posta desta maneira a questão, as multas por infração às normas insculpidas na convenção condominial, resultantes de atos praticados pelos ocupantes da unidade, devem ser cobradas do titular da unidade (condômino), e não do locatário, do comodatário ou ocupante a outro título que não contam com vínculo jurídico com o credor.

Adotando essas ideias, também encontramos os seguintes arestos:

Tribunal de Justiça de São Paulo. Despesas de condomínio. Cobrança de multa por infração. Locação. Locatária. Ilegitimidade passiva ad causam. Recurso improvido. O proprietário do imóvel é responsável pelo adimplemento das despesas condominiais, como também das multas por infração ao Regimento Interno do Condomínio, já que inexistente relação jurídica entre o inquilino e o condomínio (Apelação nº 9143023-85.1999.8.26.0000, Rel. Willian Campos, Cabreúva, 7ª Câmara do Quarto Grupo (Extinto 2º TAC), j. 21.11.2000, Data de registro: 30.11.2000. Outros números: 594338100).

Tribunal de Justiça de São Paulo. Condomínio. Cobrança. Multa. Conduta antissocial imputada ao inquilino da unidade condominial. Infração configurada. Responsabilidade do titular do domínio. Obrigação propter rem. Reconhecimento. Sentença mantida. A responsabilidade do proprietário do imóvel pelo pagamento dos débitos relativos à unidade condominial, sejam eles decorrentes de despesas comuns ou de multas impostas por conduta antissocial de eventual locatário, decorre da natureza propter rem da obrigação. Recurso improvido (Apelação nº 0021019-65.2010.8.26.0114, Rel. Orlando Pistoresi, Campinas, 30ª Câmara de Direito Privado, j. 20.06.2012, Data de registro: 20.06.2012. Outros números: 210196520108260114).

Tribunal de Justiça de São Paulo. Condomínio edilício. Alteração de fachada. Imóvel dado em locação. Inquilino que se retira sem restaurar o padrão anterior. Responsabilidade dos condôminos-proprietários. Mera tolerância do condomínio com alterações que não significa renúncia ao direito de retorno ao status quo ante. Recurso provido para esse fim (Apelação n. 0234790-42.2008.8.26.0100 – Rel. Mendes Pereira – Comarca: São Paulo. Órgão julgador: 7ª Câmara de Direito Privado. j. 31.07.2013. Data de registro: 13.08.2013. Outros números: 2347904220088260100).

Nesses casos, tem-se admitido o direito de regresso, ou seja, paga a despesa pelo condômino, cabe ação de regresso em face do faltoso, sendo comuns cláusulas que impõem essa obrigação – o que até seria desnecessário – nos contratos de locação:

---

ocupante do imóvel a outro título. Pretendido excesso no percentual da multa cobrada. Desacolhimento. Penalidade com previsão legal e convencional expressas. Inaplicáveis os preceitos do Código de Defesa do Consumidor. Inexistência de relação de consumo. Litigância de má-fé dos devedores, ademais, caracterizada. Preliminar rejeitada e recurso improvido, com observação. Se verdade que o artigo 23, inciso XII, da Lei do Inquilinato impõe ao locatário a obrigação de pagar as despesas ordinárias de condomínio, a relação obrigacional existente, de natureza locatícia, estabelece-se entre ele e seu senhorio, não fazendo cessar a responsabilidade deste pelo adimplemento do rateio que lhe couber em tais despesas comuns e não sendo oponível ao condomínio. Não se aplica na cobrança de encargos condominiais a restrição do artigo 52, § 1º, da Lei nº 8.078/1990, em sua anterior ou na vigente redação, porquanto inexiste relação de consumo, ao não fazer o condomínio qualquer prestação de serviços ao mercado consumidor, por meio de remuneração, mas, simplesmente, executar os necessários à propriedade comum, ressarcindo-se das despesas daí decorrentes. Litiga deslealmente a parte que, sem qualquer embasamento jurídico, interpõe apelação, notoriamente com o único intuito de postergar o pagamento de sua dívida (Apelação nº 9168488-57.2003.8.26.0000, Rel. Vieira de Moraes, Agudos, 1ª Câmara do Primeiro Grupo (Extinto 2º TAC), j. 25.11.2003, Data de registro: 26.11.2003, Outros números: 793423400).

Tribunal de Justiça de São Paulo. *Despesas de condomínio. Cobrança. Imposição de multa por infração a Convenção Condominial. Cabimento. Não pagamento pelo locatário causador das infrações. Responsabilidade do proprietário do imóvel. Possibilidade, a posteriori, de ação regressiva. Reconhecimento. Sentença mantida. Recurso improvido (Apelação nº 9113883-93.2005.8.26.0000, Rel. Rocha de Souza, São Paulo, 32ª Câmara de Direito Privado, j. 22.07.2010, Data de registro: 27.07.2010. Outros números: 1015015100).*

Nada obstante, existem decisões em sentido contrário que, embora mereçam respeito, pelas razões que lançamos até agora, não nos parecem corretas:

Tribunal de Justiça de São Paulo. *Condomínio. Cobrança. Multa por infração condominial. Locatário. Suposto transgressor. Responsabilidade. Proprietário da unidade. Sentença mantida. 1. Objetivando a ação, a cobrança de multa por ato infracional ao Regulamento do Condomínio, a que todos os ocupantes estão, pessoalmente, sujeitos, a responsabilidade pelo ato é de quem o praticou e não do proprietário do imóvel. 2. Recurso improvido (Apelação nº 0202222-31.2012.8.26.0100, Rel. Artur Marques, São Paulo, 35ª Câmara de Direito Privado, j. 26.08.2013, Data de registro: 26.08.2013. Outros números: 2022223120128260100).*

Tribunal de Justiça de São Paulo. *Condomínio. Multa por infração às normas da convenção condominial natureza pessoal da obrigação. Ilegitimidade passiva ad causam do proprietário. Recurso improvido. As despesas comuns de condomínio, posto que geradas pelas próprias unidades que o compõem, têm caráter propter rem e se atrelam ao imóvel. Inadmissível estender tal entendimento à multa gerada por conduta daquele que desatende as regras de convivência previstas na convenção condominial, ocupante ou ex-proprietário do imóvel. (Rel. Renato Sartorelli. Comarca: Araçatuba. Órgão julgador: 26ª Câmara de Direito Privado. j. 19.12.2012; Data de registro: 08.01.2013.)*

Tribunal de Justiça de São Paulo. *Recurso – apelação cível – condomínio – infrações condominiais cometidas por ocupante de imóvel em condomínio – (...). Recurso – apelação cível – condomínio – infrações condominiais cometidas por ocupante de imóvel em condomínio – ação de cobrança - mérito. Autor objetivando a condenação do espólio requerido no pagamento de multa por infrações cometidas pelo ocupante do imóvel. Impossibilidade. Não constituindo despesas ordinárias ou extraordinárias, pois não se destinam à finalidade de custeio, as multas, que têm caráter sancionatório, não ostentam a qualidade de obrigações "propter rem", o que desautoriza afirmar a sua vinculação a quem se tornar o proprietário após a sua aplicação. Por isso, correta a solução adotada pela respeitável sentença recorrida. Improcedência na origem. Sentença mantida. Recurso de apelação do requerente não provido, majorada a verba honorária sucumbencial de 10% (dez por cento) para 12% (doze por cento) sobre o valor atualizado dado à causa com base no artigo 85, parágrafo 11, do Código de Processo Civil. (TJSP; Apelação Cível 1119253-58.2020.8.26.0100; Relator (a): Marcondes D'Angelo; Órgão Julgador: 25ª Câmara de Direito Privado; Foro Central Cível – 38ª Vara Cível; j. 27.01.2022; Data de registro: 27.01.2022).*

Adotando essa tese, diversa daquela que esposamos, o Des. Eros Picelli já ressaltou que *a penalidade de que trata o artigo 1.337, parágrafo único, do Código Civil, dado o seu caráter pessoal, não alcança o proprietário do imóvel. Atinge apenas o locatário e causador direto da infração. O caput do art. 1.337 do código é claro ao dispor que o responsável pelo pagamento da multa é o condômino ou o possuidor. Com todo o respeito, não parece que a lei tenha pretendido impor solidariedade quando existente locação, isto é, entre locador e locatário da unidade. O contrato de locação não impõe às partes vínculo de subordinação, por isso o locatário não se equipara à condição de preposto do locador. Apenas ele, locatário, é responsável pelo ato que praticou, nos termos do artigo 927 do Código Civil* (Ap. s/ Rev. nº 0012254-56.2009.8.26.0562, 33ª Câm. de Direto Privado, j. 28.11.2011).

Outro precedente sustenta que, *se o locatário da unidade condominial descumpre a convenção mantendo dentro dela um cachorro, sem se discutir se tal obrigação de não fazer desborda da legalidade, não pode pelo descumprimento responder o condômino-proprietário, porque não a habita* (Ap. s/ Rev. nº 611.993-0/4, Rel. Moura Ribeiro, 4ª Câm. do ex-2º TAC, j. 26.06.2001).

Por fim, ressalte-se que há quem entenda haver solidariedade entre o ocupante e o condômino. Todavia, a solidariedade *não se presume, decorre da lei ou da vontade das partes* (Código Civil, art. 265) e, nesse caso, a única possibilidade decorre do parágrafo único do art. 942 do Código Civil, considerada a multa decorrente do ilícito praticado.

Bem pensado, não se pode olvidar que *o proprietário da unidade responde solidariamente por fato imputável ao seu locatário, tendo em vista a obrigação de vigilância que deve ter o titular de domínio sobre os acontecimentos relacionados ao imóvel de sua propriedade* (Apelação n° 9056449-78.2007.8.26.0000, 30ª Câm., Rel. Lino Machado, j. 20.07.2011). É assim o seguinte julgado:

> **Tribunal de Justiça de São Paulo.** *Apelação. Condomínio. Ação de cobrança de multa por infração às normas condominiais praticada por locatário. Sentença de procedência da ação. Irresignação do Réu que não se sustenta. Responsabilidade solidária entre o proprietário do imóvel e o possuidor direto por multas aplicadas em decorrência de infração à Convenção e ao Regulamento Interno. Proprietário do imóvel que tem obrigação de fiscalizar a regular utilização do imóvel locado, de modo a evitar a violação das regras condominiais pelo seu inquilino, mormente aquelas que dizem respeito ao sossego, salubridade, segurança e bons costumes. Inteligência do artigo 1.336, IV, do CC. (...). (TJSP; Apelação Cível 4000968-36.2012.8.26.0100; Rel. L. G. Costa Wagner; Órgão Julgador: 34ª Câmara de Direito Privado; Foro Central Cível – 42ª Vara Cível; j. 23.02.2021; Data de Registro: 23.02.2021)[37].*

2.5.9. Falência do devedor de cotas condominiais – legitimidade e competência

Falindo o devedor, não há suspensão de eventual processo em curso, tampouco competência do juízo da falência como atesta remansosa jurisprudência:

> *Agravo de Instrumento. Execução de título extrajudicial. Despesas de condomínio. Suspensão da Execução por decreto de falência. Obrigação propter rem que onera a própria coisa. Despesas condominiais que não se sujeitam à suspensão prevista na Lei 11.101/05. Precedentes do STJ e TJSP. Decisão reformada. Recurso Provido (TJSP, Agravo de Instrumento 2130334-64.2018.8.26.0000, Rel. L. G. Costa Wagner, 34ª Câmara de Direito Privado, Foro de Santo André, 8ª Vara Cível, j. 02.12.2018, data de registro 11.12.2018).*

> *Agravo de instrumento. Despesas condominiais. Execução de título extrajudicial. Crédito extraconcursal não sujeito à habilitação na falência, por se tratar de despesa com administração do ativo (Lei 11.101/2005, art. 84, III). O crédito condominial, por ser "propter rem", tem natureza extraconcursal, não se sujeitando aos efeitos da falência. É que a despesa condominial visa a manutenção do próprio condomínio, não podendo se submeter à falência do devedor onerando terceiros, os demais condôminos, que terão que suprir a cota de inadimplência de outrem. Decisão reformada. Recurso provido (TJSP, Agravo de Instrumento 2126038-62.2019.8.26.0000, Rel. Felipe Ferreira, 26ª Câmara de Direito Privado, Foro Regional III, Jabaquara, 2ª Vara Cível, j. 03.10.2017, data de registro 04.09.2019).*

Nesse sentido já decidiu o Superior Tribunal de Justiça:

> *Processual civil. Agravo interno no recurso especial. Recurso manejado sob a égide do NCPC. Ação de cobrança das despesas condominiais. Posterior falência da ora recorrente. Taxas condominiais anteriores à falência que se referem à manutenção da coisa. Natureza propter rem. Preferência sobre os créditos atribuídos à massa falida. Impossibilidade de suspensão da execução dos créditos. Caráter extraconcursal. Entendimento dominante nesta corte. Súmula n° 568 do STJ. Agravo interno não provido, com imposição de multa. A atual jurisprudência desta Corte Superior é no sentido de que a taxa de condomínio se enquadra no conceito de despesa necessária à administração do ativo, tratando-se, portanto, de crédito extraconcursal, não se sujeitando à habilitação de crédito, tampouco a suspensão determinada pelo art. 99 da Lei de Falências. Precedentes (AgInt no REsp 1.646.272/SP, Min. Moura Ribeiro, Terceira Turma, j. 24.04.2018).*

> *Recurso especial. Falência. Despesas condominiais. Crédito extraconcursal. Ação de cobrança. Suspensão. Descabimento. Julgados desta corte superior. 1. Controvérsia acerca da necessidade de suspensão de ação de*

---

[37] Em igual sentido: *Cobrança. Multa por infração a convenção condominial. Imóvel locado. Sentença que atribuiu a responsabilidade pelo pagamento somente à locatária, excluindo o locador. Inadmissibilidade. Artigo 1.337 do CC. Solidariedade entre ocupante do imóvel e condômino. Dever de vigilância e responsabilidade pela escolha do possuidor direto do imóvel deste. Proveito econômico gerado pela locação que enseja a responsabilidade do locador perante o condomínio pelo mau uso do bem pelo locatário. Recurso provido (TJSP. Apelação n° 0231608-82.2007.8.26.0100, Rel. Francisco Loureiro, São Paulo, 6ª Câmara de Direito Privado, j. 13.06.2013, Data de registro: 17.06.2013. Outros números: 2316088220078260100).*

cobrança de despesas condominiais ante a superveniência da decretação da falência do devedor. 2. Caráter extraconcursal do crédito decorrente de despesas condominiais, não se sujeitando, portanto, à habilitação e inclusão no quadro geral de credores. 3. Desnecessidade de suspensão da ação de cobrança de despesas condominiais, por se tratar de crédito extraconcursal. 4. Recurso Especial desprovido (REsp 1.534.433/SP, Rel. Min. Paulo de Tarso Sanseverino, Terceira Turma, j. 27.03.2017).

Isto porque a despesa condominial é *propter rem*, de tal sorte que o imóvel deve responder e, também, por se tratar de despesa com administração do ativo do falido.

Apenas se exige a propositura da ação em face da massa falida ou a intimação do administrador judicial para representar a massa falida que passará a atuar no feito em curso quando da decretação da quebra, tendo em vista que, de acordo com o art. 103, parágrafo único[38] da Lei de Falência, a representação da massa falida em Juízo compete ao administrador judicial. E, uma vez decretada a falência, a legitimidade processual ativa e passiva é transferida à massa falida, representada pelo administrador judicial.

Segundo Rubens Requião, "*o fato, não o esqueçamos, é que o falido não perde o direito de propriedade sobre o patrimônio arrecadado, enquanto não alienado por força da lei, podendo pois ter legítimo interesse em preservá-lo. Mas poderá apenas agir como assistente processual (...)*".[39]

Nesse sentido:

Execução de título judicial. Falência da acionada antes do ajuizamento da ação. Ilegitimidade passiva. Conhecimento de ofício. Extinção do processo. Agravo prejudicado. Com a decretação da falência ocorre a perda da legitimação ativa e passiva do falido, razão pela qual se fazia imprescindível que a ação fosse direcionada contra a massa falida, constituída pelo conjunto de credores e pelo patrimônio remanescente do devedor. Assim, a ocorrência da falência da empresa acionada antes da propositura da ação enseja sua ilegitimidade para figurar no polo passivo da demanda, matéria essa que, por ser de ordem pública, pode ser conhecida de ofício, a qualquer tempo e grau de jurisdição (Agravo de Instrumento 2065963-67.2013.8.26.0000, Rel. Des. Clóvis Castelo, 35ª Câmara de Direito Privado, j. 7.4.2014).

2.6. O RATEIO DAS DESPESAS ORDINÁRIAS COMO ENCARGO DE LOCAÇÃO

Se a unidade autônoma estiver locada, o locatário será responsável, perante o locador, pelo pagamento das despesas ordinárias, a teor do inciso XII do art. 23 da Lei 8.245/1991, jamais perante o condomínio.

Nesse caso, o pagamento da quota condominial estará a cargo do condômino, normalmente o locador, que é aquele que responde diretamente perante o condomínio.

Todavia, mesmo que não tenha efetuado esse pagamento, tem ele legitimidade para cobrar, ao depois, do locatário, as mencionadas despesas ordinárias que será fatalmente obrigado a pagar ao condomínio.

Essa cobrança será efetuada como encargo do contrato de locação, desde que previstas nesse contrato.

Inadimplidos o aluguel e seus encargos, ou apenas estes, caberá a ação de despejo por falta de pagamento, que nada tem a ver com a ação de cobrança do rateio de despesas condominiais.

---

[38] Art. 103. Desde a decretação da falência ou do sequestro, o devedor perde o direito de administrar os seus bens ou deles dispor. Parágrafo único. O falido poderá, contudo, fiscalizar a administração da falência, requerer as providências necessárias para a conservação de seus direitos ou dos bens arrecadados e intervir nos processos em que a massa falida seja parte ou interessada, requerendo o que for de direito e interpondo os recursos cabíveis.

[39] Rubens Requião, *Curso de direito falimentar*, São Paulo: Saraiva, 1995, p. 169.

O legitimado ativo será o locador que executará o crédito decorrente da locação, nos exatos termos do art. 784, VIII, do Código de Processo Civil, desde que comprove a obrigação por contrato escrito, mesmo sem testemunhas, já que se executa o crédito que não se confunde com o título do inciso III do art. 784 do Código de Processo Civil.

Sendo assim:

a) crédito do condomínio em face do condômino: ação de conhecimento, pelo procedimento comum (CPC, art. 318 e seguintes e art. 785) ou de execução (CPC, arts. 784, X); e,

b) crédito do locador em face do locatário por contrato escrito de locação: execução (CPC, art. 784, VIII). O condomínio não pode, assim, propor ação em face do locatário, mas, sempre, em face do titular da unidade.

Por sua vez, o titular da unidade poderá agir regressivamente, em ação autônoma, em face do seu locatário, desde que a despesa de condomínio esteja expressa como encargo no contrato de locação.

2.7. COBRANÇA DAS PRESTAÇÕES VINCENDAS

Entende João Nascimento Franco[40] que, para evitar o ajuizamento de sucessivas ações de cobrança, o condomínio autor pode pedir, na inicial, que sejam cobradas as prestações que se vencerem até a satisfação da obrigação, acrescidas de juros e correção monetária.

Basta, para isso, a juntada, aos autos, dos recibos não resgatados até aquela fase do processo (*RT* 753/275), isso desde que, nos termos do art. 785 do Código de Processo Civil, o condomínio opte pela ação de conhecimento, pelo procedimento comum dos arts. 318 e seguintes do CPC e não pela execução (CPC, art. 784, X), posto que esta exige liquidez e exigibilidade no momento da propositura da ação (CPC, arts. 798, I, "b", e 803, I).

> *Tribunal de Justiça de São Paulo. Execução. Título extrajudicial. Contrato locatício. Cobrança de aluguéis vincendos. Prestações vincendas. Impossibilidade de abrangência. Não aplicação do artigo 290 do CPC [atual art. 323]. Agravo improvido. A norma do artigo 290 do CPC [atual art. 323] só tem aplicação no âmbito do processo de conhecimento. Não havendo norma específica que autoriza a inclusão de prestações vincendas no âmbito da execução por título extrajudicial, prevalece a restrição do artigo 586 do CPC [atual art. 783], que impõe a prévia exigibilidade como condição para o exercício da ação executória (Agravo de Instrumento 001.17.462200-3, Rel. Antonio Rigolin, São Paulo, 31ª Câmara de Direito Privado, j. 13.05.2008).*

Portanto, mostra-se, aí, a vantagem da propositura da ação de conhecimento no lugar da execução e arriscamos afirmar que é a melhor alternativa diante da quase certeza do recebimento em razão da garantia representada pelo imóvel nas obrigações *propter rem*, evitando a propositura de múltiplas ações executivas.

O Tribunal de Justiça de São Paulo sumulou o assunto nos seguintes termos:

> *Súmula 13: Na ação de cobrança de rateio de despesas condominiais, consideram-se incluídas na condenação as parcelas vencidas e não pagas no curso do processo até a satisfação da obrigação. (Art. 290, do CPC) [atual art. 323].*

Ainda assim, embora a maioria das decisões seja em sentido contrário, temos opinião diferente.[41]

---

40 Ob. cit., p. 259.
41 Jorge Tarcha e Luiz Antonio Scavone Junior, *Despesas Ordinárias e Extraordinárias de Condomínio*, São Paulo: Juarez de Oliveira, 2000, p. 68.

Baseados no princípio constitucional da ampla defesa, consideramos que a cobrança das prestações vincendas no decorrer da tramitação processual impõe a condenação sobre valores não discutidos, conferindo-se liquidez e certeza a valores incertos.

Estaria impossibilitada a impugnação de novos valores, que seriam cobrados ao talante dos credores, sobre valores não discutidos e, o que é pior, sob a tutela da coisa julgada.

Nesse sentido:

> **Segundo Tribunal de Alçada Civil de São Paulo.** *Condomínio. Despesas Condominiais. Cobrança. Parcelas Vincendas. Inclusão. Inadmissibilidade. Inaplicabilidade do artigo 290, do Código de Processo Civil [atual art. 323] mostra-se inviável a condenação das contas condominiais que se venceram no decorrer da tramitação processual, sendo inaplicável o artigo 290 do Código de Processo Civil [atual art. 323], sob pena de se impor condenação sobre valores não discutidos, conferindo-se liquidez e certeza a valores incertos (Apel. s/ rev. nº 515.601, 5ª Câm., Rel. Juiz Pereira Calças, j. 03.06.1998).*

O julgado consagra o princípio constitucional da ampla defesa (Constituição Federal, art. 5º, LV), já que entendimento contrário impossibilitaria impugnação dos novos valores.

De fato, permitida a cobrança de débitos condominiais vincendos, o demandado encontrar-se-á diante de condição puramente potestativa,[42] proibida por lei, vez que os débitos condominiais não possuem valores fixos.

Aliás, Theotonio Negrão, na nota 4 ao artigo 290 do CPC [atual art. 323], transcreve:

> *Tratando-se de prestações periódicas, consideram-se elas incluídas no pedido, sem mais formalidades, enquanto durar a obrigação. O princípio, entretanto, não é absoluto, sendo aplicável quando conhecidos os valores, não quando discutível o valor das prestações, sujeito a constantes alterações (STJ, 2ª Turma, REsp 31.164-RJ, Rel. Min. Hélio Mosimann, j. 20.11.1995, não conheceram, v.u., DJU 04.12.1995, p. 42.100, 2ª col., em.).[43]*

2.8. PENHORA DA UNIDADE DEVEDORA, MESMO SENDO "BEM DE FAMÍLIA", OU GRAVADA COM A CLÁUSULA DE IMPENHORABILIDADE

É possível a penhora da própria unidade ainda que se trate de compromisso de compra e venda e ação movida em face do promitente comprador, não incidindo, assim, a proteção do bem de família (Lei 8.009/1990, art. 3º, IV). Considera-se que:

a) o fato gerador da despesa condominial é a própria utilização do imóvel; e,

b) não se trata de dívida pessoal do condômino, mas, sim, obrigação propter rem, ou seja, de responsabilidade do próprio imóvel, pouco importando quem seja o seu proprietário.

Assim sendo, o entendimento de João Nascimento Franco[44] é pela possibilidade de o imóvel ser penhorado por despesas de condomínio, considerando, ainda, ineficazes, as cláusulas de impenhorabilidade que possam gravar a unidade autônoma.

---

[42] Código Civil, art.122. São lícitas, em geral, todas as condições não contrárias à lei, à ordem pública ou aos bons costumes; entre as condições defesas se incluem as que privarem de todo efeito o negócio jurídico, ou o sujeitarem ao puro arbítrio de uma das partes.

[43] Theotonio Negrão, *Código de Processo Civil e Legislação Processual em Vigor*, 28ª ed., São Paulo: Saraiva, 1997, nota 4 ao art. 290.

[44] Ob. cit., p. 255.

Assim fundamenta, de forma irreparável, a sua posição:

> *Realmente, não é admissível que um apartamento proporcione ao beneficiário apenas vantagens, transferindo-se aos demais condôminos os encargos, num parasitismo que se enquadra na categoria de autêntico enriquecimento ilícito.*[45]

Neste sentido, o inciso IV do art. 3º da Lei 8.009/1990, que dispõe sobre o bem de família, considera afastada de proteção a penhora do imóvel familiar por motivo de cobrança de impostos, predial ou territorial, taxas e contribuições devidas em função desse imóvel, o que inclui as despesas condominiais.

A jurisprudência segue essa orientação:

Superior Tribunal de Justiça. *Agravo regimental no recurso especial. Cobrança. Taxas condominiais. Bens móveis guarnecedores da casa. Jurisprudência. Precedentes. Súmula 7/STJ. 1. A jurisprudência do Superior Tribunal de Justiça firmou o entendimento de que é possível a penhora de bem de família quando a dívida é oriunda de cobrança de taxas e despesas condominiais. 2. Para prevalecer a pretensão em sentido contrário à conclusão do tribunal de origem, que reconheceu a penhorabilidade do bem, mister se faz a revisão do conjunto fático-probatório dos autos, o que, como já decidido, é inviabilizado, nesta instância superior, pela Súmula 7 desta Corte. 3. Agravo regimental não provido (AgRg no REsp 1196942/MG, Rel. Ministro Ricardo Villas Bôas Cueva, Terceira Turma, j. 12.11.2013, DJe 21.11.2013).*[46]

2.9. A MULTA POR TRANSGRESSÃO DA CONVENÇÃO NÃO PODE SER COBRADA JUNTAMENTE COM AS DEMAIS DESPESAS

É entendimento jurisprudencial, como já vimos nos aspectos gerais do condomínio, que a multa deve ser objeto de notificação prévia, com possibilidade de defesa, cuja prova compete ao autor da ação: o condomínio.

Além disso, impugnada administrativamente a sua imposição, deve ser cobrada separadamente da cota condominial, configurando-se injusta a recusa do recebimento simples:

Tribunal de Justiça de São Paulo. *Consignatória. Boleto contendo cobrança da taxa de condomínio e do valor de multa imposta por infração cometida pelo condômino. Pretensão à quitação apenas da taxa de condomínio, já que a multa será objeto de discussão. Cabimento. Arguição da administradora de que não houve cobrança de forma cumulada que não se sustenta, à vista do boleto de fls. 21 (...). Pressupostos processuais que também se encontram presentes, já que do boleto enviado à autora não consta possibilidade de pagamento parcial, apenas total, tornando necessária a presente ação. Inocorrência de cerceamento de defesa, na medida em que a prova oral pretendida não teria o condão de se sobrepor à prova documental coligida aos autos. Sentença que deu pela procedência do pedido de consignação apenas do valor da taxa de condomínio que cabe ser mantida. Inteligência do art. 252 do Regimento Interno deste tribunal. Recurso desprovido (Apelação nº 0012649-28.2009.8.26.0019, Rel. Jacob Valente, 12ª Câmara de Direito Privado, j. 13.03.2013, Registro: 15.03.2013. Outros números: 126492820098260019).*

Tribunal de Alçada do Paraná. *Condomínio de Apartamentos. Vazamento de óleo de veículo na garagem – multa imposta ao condômino ou morador – consignação do valor das despesas sem inclusão da multa – recusa injusta – ação julgada improcedente – apelo provido. Como as multas, por sua natureza punitiva, não se confundem com as despesas condominiais, não podem ser consideradas acessórias destas e, sendo*

---

[45]   João Nascimento Franco, *Condomínio*, São Paulo: Revista dos Tribunais, 1997, pp. 244 e 245.

[46]   No mesmo sentido: AgRg no AgRg no AREsp 198.372/SP, 4ª Turma, Rel. Min. Raul Araújo, j. 19.11.2013, *DJE* 18.12.2013; REsp 1.401.815/ES, 3ª Turma, Rel. Min. Nancy Andrighi, j. 03.12.2013, *DJE* 13.12.2013; AgRg no REsp 1.196.942/MG, 3ª Turma, Rel. Min. Ricardo Villas Bôas Cueva, j. 12.11.2013, *DJE* 21.11.2013; EDcl no Ag nº 1.384.275/SP, 3ª Turma, Rel. Min. Paulo de Tarso Sanseverino, j. 13.03.2012, *DJE* 20.03.2012; AgRg no Ag nº 1.041.751/DF, 4ª Turma, Rel. Min. João Otávio de Noronha, j. 06.04.2010, DJE 19.04.2010; AgRg no Ag nº 1.164.999/SP, 3ª Turma, Rel. Min. Sidnei Beneti, j. 06.10.2009, *DJE* 16.10.2009.

impugnadas pelo condômino, a sua cobrança somente poderá ser exigida pela via judicial (parágrafo único do artigo 21, da Lei 4.591/64). Por isso, deve ser tida como injusta a recusa do condomínio ao recebimento das taxas condominiais sem inclusão do valor da multa, pelo que se dá provimento ao apelo para julgar-se procedente a consignatória (Apel. Cív. nº 0099964200, Curitiba, Juiz Domingos Ramina, 3ª Câm. Cív., j. 30.09.1997, Ac. nº 9.072, 10.10.1997).

Neste mesmo sentido, já decidiu o Segundo Tribunal de Alçada Civil de São Paulo que se configura injusta a recusa do Condomínio que se nega a receber a despesa condominial sem a inclusão da multa, ensejando a consignação em pagamento:

Consignação em pagamento. Condomínio. Despesas condominiais. Fundamento. Injusta recusa. Condicionamento à inclusão de multa. Caracterização. Cabimento. A circunstância de o condomínio emitir boleto único, visando à sua própria comodidade, não impede que o condômino opte, por sua conta e risco, por satisfazer apenas uma das obrigações, já que contribuição mensal e multa por infração são obrigações distintas, uma não condicionada ao cumprimento da outra (Apel. c/ rev. nº 830.670-00/2, 12ª Câm., Rel. Juiz Arantes Theodoro, j. 12.02.2004 (quanto à infração ao regulamento do edifício). No mesmo sentido: Quanto à infração cometida por filho de condômino: EI nº 622.621-01/4. JTA (Lex) 194/624. Apel. c/ rev. nº 602.880-00/2, 10ª Câm., Rel. Juiz Nestor Duarte, j. 17.04.2001. Quanto à penalidade estabelecida em assembleia sem quórum mínimo: Apel. c/ rev. nº 495.465-00/8, 9ª Câm., Rel. Juiz Eros Piceli, j. 06.08.1997. Quanto à infração à convenção condominial: Apel. c/ rev. nº 842.273-00/1, 2ª Câm., Rel. Juiz Norival Oliva, j. 12.04.2004).

Todavia, se não houver impugnação da aplicação da multa pelo condômino notificado de sua imposição, possível a cobrança conjunta:

Segundo Tribunal de Alçada Civil de São Paulo. *Condomínio – despesas condominiais – cobrança – multa – regimento interno ou convenção condominial – infração – exigência concomitante com a cota condominial – cabimento. É possível a exigência concomitante da cota condominial com a multa por infração ao regimento interno do edifício (Apel. c/ rev. nº 636.764-00/0, 5ª Câm., Rel. Juiz S. Oscar Feltrin, j. 27.06.2002 (quanto à agressão verbal e ofensa moral ao síndico). No mesmo sentido: Quanto à manutenção de animal em unidade autônoma: Apel. c/ rev. nº 479.178-00/8, 5ª Câm., Rel. Juiz Pereira Calças, j. 02.04.1997).*

Nada obstante, como não há certeza para configurar o título executivo – deveras, não é certo quanto à existência ou determinado quanto ao objeto, tampouco líquido, comportando discussão e defesa no âmbito jurisdicional –, a cobrança deve ser feita pelas vias ordinárias e não por execução. Nesse sentido:

Execução por título extrajudicial. Multa por infração ao regimento interno de condomínio. Crédito não dotado de força executiva, já que não corresponde a contribuição condominial, sendo-lhe por isso inaplicável o disposto no inciso X do artigo 784 do CPC. Cabimento da ordem para excluir aquela verba do cálculo de haveres do autor. Recurso improvido (TJSP, Agravo de Instrumento 2147846-26.2019.8.26.0000, Rel. Arantes Theodoro, 36ª Câmara de Direito Privado, Foro Regional VI, Penha de França, 2ª Vara Cível, j. 18.10.2019, data de registro 18.10.2019.)

2.10. A POSSIBILIDADE DE O CONDOMÍNIO ADJUDICAR OU ARREMATAR O IMÓVEL EM HASTA PÚBLICA

Como o condomínio, em tese, não é dotado de personalidade jurídica, sendo considerado um ente personalizado que pratica apenas os atos determinados na lei para o seu funcionamento, não se tem deferido a ele a possibilidade de adquirir os imóveis, ainda que por adjudicação.

Nesse sentido, o Conselho Superior da Magistratura, acolhendo dúvida, já negou registro de escritura de compra e venda de imóvel a condomínio, sob a égide da Lei 4.591/1964, entendendo que estava ausente a personalidade jurídica (*RDI* 33/160).

Não é o que entendemos.

Ainda que não haja personalidade jurídica, a adjudicação e a arrematação da unidade levada a hasta pública em razão da ausência do pagamento das despesas condominiais são providências que prestigiam o interesse coletivo da massa condominial e, por tal razão, devem ser admitidas.

A decisão abaixo, em sede de dúvida registral do Terceiro oficial de Registro de Imóveis de São Paulo, da Primeira Vara de Registros Públicos da Comarca de São Paulo, é esclarecedora:

> *Os fatos e o avanço social reclamam por um novo tratamento e uma nova abordagem, pois a intensidade da vida jurídica dos condomínios determina uma inversão acentuada, para efeito de se considerar como "regra", e não como "exceção" tais disposições legais que admitem a personalização (art. 63). A adjudicação ou arrematação de bem imóvel pelo condomínio em ação de cobrança da taxa interna, atende, evidentemente, os propósitos condominiais. Evidente que nestes casos pode nascer uma nova obrigação tributária determinada pelo eventual lucro imobiliário, o que não significa risco ou prejuízo para os condôminos. As unidades autônomas sempre estarão preservadas, pois não compõem o acervo coletivo ou condominial, assim como a parte comum, que mesmo estando registrada em nome do condomínio, representa frações que tocam a cada um dos condôminos. Dúvida levantada em nota devolutiva pelo Oficial do 3º Registro de Imóveis julgada improcedente, com a consequente expedição de mandado para o registro da carta de arrematação (1ª Vara de Registros Públicos de São Paulo; Dúvida nº 508.000.01.040948-3-São Paulo-SP; Juiz Venício Antonio de Paula Salles; j. 10.07.2001; BAASP, 2.284/610-e, de 07.10.2002).*

2.11. UNIDADE HIPOTECADA, DÉBITOS TRIBUTÁRIOS E PREFERÊNCIA PARA RECEBIMENTO DOS CRÉDITOS DECORRENTES DE VENDA JUDICIAL

Questão intrigante e que agora merece tratamento é a venda da unidade condominial hipotecada em razão de execução dos valores decorrentes da condenação por despesas condominiais.

Nesse caso, surge a questão: a quem cabe a preferência para recebimento dos valores decorrentes da hasta pública: ao condomínio ou ao credor hipotecário?

Sempre se sustentou que a preferência é do Condomínio:

> **Segundo Tribunal de Alçada Cível de São Paulo**. *Execução – Penhora – Preferência de créditos – Condomínio – Despesas condominiais – Privilégio sobre o crédito hipotecário – Reconhecimento. Agravo de instrumento. Execução. Despesas condominiais. Adjudicação da unidade por credor hipotecário. Preferência do crédito condominial. Ineficácia do ato perante o condomínio. Penhora mantida. AI 704.248-00/1 – 4ª Câm. – Rel. Juiz Francisco Casconi – j. 27.09.2001 – in JTA (LEX) 191/375. Sobre o tema: Artigo 1.564 do Código Civil. Clóvis Bevilágua." Código Civil, Livraria Francisco Alves, volume V, tomo 2º, 1926.*

Acontece que esse entendimento encontrava supedâneo no art. 1.564 do Código Civil de 1916, que não foi repetido no atual Código Civil:

> *Art. 1.564. Do preço do imóvel hipotecado, porém, serão deduzidas as custas judiciais de sua execução, bem como as despesas de conservação com ele feitas por terceiro, mediante consenso do devedor e do credor, depois de constituída a hipoteca.*

Assim, surgiu corrente segundo a qual:

> **Segundo Tribunal de Alçada Civil São Paulo**. *Execução – Condomínio – Despesas condominiais – Cobrança – Credor hipotecário – Direito de preferência – Reconhecimento. Regularmente constituída a hipoteca, tem o credor hipotecário direito de fazer valer essa sua preferência sobre o bem e buscar que seja, primeiramente, satisfeito seu crédito com o produto da venda judicial dele, por estar munido de direito real de garantia. Pode mesmo fazer valer esse seu direito, ainda que não esteja promovendo a execução, se a constituição de semelhante garantia foi anterior à propositura desta e à constrição nela realizada, porquanto coberto*

por título legal de preferência. A condição de obrigação propter rem somente determina que o crédito siga o destino do bem imóvel a que está ligado, importando isso em que o novo titular de seu domínio, o arrematante, deve responder pelas dívidas relativas ao mesmo, mas não cria vínculo algum em relação ao produto da venda judicial desse bem, quando penhorado, por não haver previsão legal – diversamente do que ocorre com os créditos tributários – de sub-rogação nele (AI 678.055-00/2 – 1ª Câm. – Rel. Juiz Vieira de Moraes – j. 08.05.2001).

Seja como for, entendemos que a natureza *propter rem* da despesa não permite concluir a preferência do credor hipotecário, até porque, nos termos de decisões reiteradas do Superior Tribunal de Justiça, tais despesas, por acompanharem o imóvel, acompanham igualmente a garantia real e sua própria integridade:

Civil. Crédito do condomínio por conta de quotas não pagas. Preferência sobre o crédito hipotecário. As quotas de condomínio dizem respeito à conservação do imóvel, sendo indispensáveis à integridade do próprio crédito hipotecário, inevitavelmente depreciado se a garantia perder parte do seu valor; pagamento preferencial, nesse contexto, das quotas de condomínio. Recurso especial não conhecido (REsp 208.896/RS, Rel. Ministro Ari Pargendler, Terceira Turma, j. 07.11.2002, DJ, 19.12.2002, p. 361). No mesmo sentido: REsp. 592.427-RS; REsp 654.651-SP; REsp 605.056-SP; REsp 469.915-RJ; REsp 315.963-RJ.

Processo civil. Recurso especial. Arrematação. Crédito hipotecário. Crédito oriundo de despesas condominiais em atraso. Preferência. Débito condominial não mencionado no edital. Responsabilidade pelo pagamento. Por se tratar de obrigação propter rem, o crédito oriundo de despesas condominiais em atraso prefere ao crédito hipotecário no produto de eventual arrematação. A responsabilidade pelo pagamento de débitos condominiais e tributários existentes sobre imóvel arrematado, mas que não foram mencionados no edital de praça, não pode ser atribuída ao arrematante. Se débito condominial não foi mencionado no edital de praça pode ser feita a reserva de parte do produto da arrematação para a quitação do mesmo. Recurso especial não conhecido (REsp 540.025/RJ, Rel. Ministra Nancy Andrighi, Terceira Turma, j. 14.03.2006, DJ, 30.06.2006, p. 214).

Nada obstante, ainda que a despesa de condomínio seja *propter rem* (Código Civil, art. 1.345), e até por isso:

a) alguns julgados passaram a adotar o entendimento segundo o qual o credor hipotecário dispõe de preferência e recebe antes do condomínio na alienação;

b) desta maneira, o adquirente, em razão de a despesa continuar gravando o imóvel, passa a ser o responsável pelas despesas de condomínio anteriores;

c) em razão disto, cabe, ao condomínio, prosseguir em face do novo titular do imóvel, para cobrar as despesas de condomínio (CPC, art. 108: *No curso do processo, somente é lícita a sucessão voluntária das partes nos casos expressos em lei. CPC, art. 109, § 3º: Estendem-se os efeitos da sentença proferida entre as partes originárias ao adquirente ou cessionário*).

Nesse sentido:

Tribunal de Justiça do Estado de São Paulo. *Condomínio edilício. Despesas. Ação de cobrança. Penhora da unidade geradora do débito. Ulterior adjudicação extrajudicial pela credora hipotecária. Substituição processual do devedor pela adjudicatária. Possibilidade. Por se tratar de obrigação "propter rem" é cabível a substituição processual do devedor originário pela credora hipotecária, que se tornou adjudicatária do bem penhorado. (Agravo de Instrumento 1118343001 – Rel. Irineu Pedrotti – Comarca: São Paulo – Órgão julgador: 34ª Câmara de Direito Privado – j. 31.10.2007 – Data de registro: 12.11.2007).*

Tribunal de Justiça do Estado de São Paulo. *Execução – Título Judicial – Despesas Condominiais – Obrigação propter rem – Polo passivo – Substituição processual – Novo adquirente da unidade condominial – Possibilidade. Em se tratando de obrigação propter rem, em havendo alteração na titularidade do domínio da unidade condominial geradora das despesas cobradas em ação de cobrança, na qual houve descumprimento do acordo entabulado pelas partes, ora em fase de execução de título judicial permite-se a sucessão processual mesmo porque a nova proprietária é também atingida pela sentença, na forma do artigo 42, § 3º, do Código de Processo Civil [atual art. 109, § 3º]. (Agravo de Instrumento 1.152.493-0/0 – 31ª Câmara – j. 01.04.2008).*

Tribunal de Justiça do Estado de São Paulo. Despesas de condomínio. Cobrança. Execução. Arrematação do imóvel gerador das despesas em ação diversa. Substituição processual do executado original pela arrematante. Por se tratar de obrigação propter rem, é cabível a substituição processual em execução do título formado em cobrança de despesas condominiais, pelo arrematante do bem penhorado, que assume os débitos anteriores à arrematação. Remessa dos autos para a Justiça Federal, em razão da qualidade da parte contra quem prosseguirá a demanda (Caixa Econômica Federal). (Agravo de Instrumento 1158657006 – Rel. Irineu Pedrotti – Comarca: Taboão da Serra – Órgão julgador: 34ª Câmara – j. 05.03.2008 – Registro: 11.03.2008).

Todavia, nos casos em que a despesa de condomínio se aproxima ou supera o valor do imóvel, resta evidente que não haverá arrematante em hasta pública, posto que ninguém se disporá a adquirir um imóvel, pagar o preço e ainda se tornar devedor do valor do imóvel pela dívida condominial que permanece pela sua natureza "propter rem".

Esta salgalhada instituída pelo atual Código Civil gerou, evidentemente, insegurança jurídica, uma vez que ninguém se dispõe a adquirir um imóvel hipotecado em hasta pública, decorrente de ação de cobrança de despesas condominiais, sem saber se o valor por ele ofertado será destinado ao condomínio, isso na medida em que;

a) adotado o entendimento da preferência hipotecária, o adquirente se torna o novo devedor das despesas de condomínio acumuladas, nos termos do art. 1.345 do Código Civil; e,

b) adotado o entendimento da preferência do condomínio, a arrematação extingue a hipoteca do credor intimado (Código de Processo Civil, arts. 799, I, 804 e 889, V, e Código Civil, arts. 1.499, VI, e 1.501) e exonera o arrematante do pagamento de despesas de condomínio, para quem o valor apurado é destinado.

Posta desta maneira a questão e em razão da celeuma gerada a partir do atual Código Civil, surgiu a Súmula 478 do Superior Tribunal de Justiça, que merece nosso aplauso, segundo a qual:

Na execução de crédito relativo a cotas condominiais, este tem preferência sobre o hipotecário.

Nesse sentido:

Superior Tribunal de Justiça. Agravo regimental no recurso especial. [...]. O Superior Tribunal de Justiça tem entendimento firme de que o crédito condominial prefere ao hipotecário. 3. Estando o acórdão recorrido em consonância com a jurisprudência pacífica desta Corte, tem incidência a Súmula 83/STJ, aplicável por ambas as alíneas autorizadoras. 4. Agravo regimental não provido (AgRg no REsp 1479319/GO, Rel. Ministro Ricardo Villas Bôas Cueva, Terceira Turma, j. 23.06.2015, DJe 06.08.2015).[47]

Deveras, a arrematação é aquisição originária e, como forma de alienação, extingue a garantia em razão dos arts. 1.499, VI, a 1.501 do Código Civil:

Art. 1.499. A hipoteca extingue-se:

(...)

VI – pela arrematação ou adjudicação.

---

[47] No mesmo sentido: AgRg no AREsp 305.214/SP, 3ª Turma, Rel. Min. Paulo de Tarso Sanseverino, j. 20.11.2014, *DJE* 28.11.2014; AgRg no Ag nº 1.382.719/SP, 4ª Turma, Rel. Min. Maria Isabel Gallotti, j. 18.08.2011, *DJE* 29.08.2011; REsp 511.003/SP, 4ª Turma, Rel. Min. Aldir Passarinho Junior, j. 18.05.2010, *DJE* 28.05.2010; AgRg no AgRg no Ag nº 1.115.989/SP, 4ª Turma, Rel. Min. Luis Felipe Salomão, j. 17.12.2009, *DJE* 08.02.2010; AgRg no Ag nº 1.085.775/RS, 3ª Turma, Rel. Min. Massami Uyeda, j. 19.05.2009, *DJE* 29.05.2009.

Art. 1.500. Extingue-se ainda a hipoteca com a averbação, no Registro de Imóveis, do cancelamento do registro, à vista da respectiva prova.

Art. 1.501. Não extinguirá a hipoteca, devidamente registrada, a arrematação ou adjudicação, sem que tenham sido notificados judicialmente os respectivos credores hipotecários, que não forem de qualquer modo partes na execução.

Assim, a natureza *propter rem* do débito condominial prevalece com a arrematação em razão de o crédito hipotecário depender, para sua própria higidez, do pagamento dos condomínios.

Importante ressaltar, outrossim, que o condomínio goza de preferência absoluta em razão da sua natureza e, nessa medida, admite-se até que, em razão de execução promovida por terceiros contra o condômino inadimplente, faça prevalecer sua preferência mediante penhora no rosto dos autos para receber o produto de eventual arrematação.

Nesse sentido:

Tribunal de Justiça de São Paulo. Despesas de Condomínio – Cobrança – Cumprimento de sentença – Deferimento de penhora do saldo de arrematação do imóvel gerador das despesas, no rosto dos autos de outra demanda – Possibilidade – Decisão mantida – Arrematado o imóvel gerador da despesa de condomínio em execução de terceiro contra o condômino, pode o condomínio que executa despesas condominiais penhorar o produto da arrematação no rosto dos autos da execução do terceiro. A dívida de condomínio, "propter rem", goza de preferência absoluta e pode sub-rogar-se no produto da arrematação do imóvel. – Recurso não provido (Agravo de Instrumento 0054142-71.2011.8.26.0000, Rel. Manoel Justino Bezerra Filho, São Paulo, 35ª Câmara de Direito Privado, j. 18.04.2011).

Tribunal de Justiça de São Paulo. Embargos de terceiro. Despesas de condomínio. Disputa entre credor hipotecário e condomínio. Preferência absoluta do crédito do condomínio. Manutenção da penhora do condomínio sobre o imóvel hipotecado. Necessidade apenas de intimação do credor hipotecário, nos termos dos artigos 615, inciso II, e 619, do CPC. Dívida relativa a despesas condominiais, por sua natureza "propter rem", goza de preferência absoluta, preferindo credor hipotecário, interesse de massa falida, credor fiscal, bem de família, etc. Até porque, se o débito condominial não for pago, o imóvel desaparece como "valor de mercado", pois a ausência de administração condominial reduzirá o valor do imóvel a praticamente nenhum. Curiosamente, pode-se afirmar que a preferência do crédito condominial é absoluta, só não incidindo sobre o próprio imóvel, pelo que exceder o valor do próprio imóvel, sob pena de criar-se um bem fora do comércio. Esta formulação, embora aparentemente complexa, é de simples intelecção: se acaso o valor do débito condominial exceder o valor do próprio imóvel, apenas neste caso o valor do excesso ficará a descoberto e não poderá ser executado contra o novo proprietário, que terá adquirido o imóvel em hasta pública. Ou seja, apenas neste raro caso, neste único caso, é que o imóvel não "responderá" pelo débito. Recurso não provido, v.u. (TJSP; Apelação Com Revisão; Rel. Manoel Justino Bezerra Filho; Órgão Julgador: 35ª Câmara de Direito Privado; j. 17.12.2007; Data de Registro: 21.12.2007.)

Tratando-se de débito tributário, notadamente com a Municipalidade (Impostos Prediais e Territoriais), jurisprudência remansosa reconhece a preferência da Municipalidade com fundamento nos arts. 130, parágrafo único, e 186 do CTN (REsp 1.333.412, Rel. Min. Massami Uyeda, j. 23.08.2013; AI 2014877-57.2013.8.26.0000, Rel. Des. Morais Puci, j. 24.09.2013; e AI 2003801-36.2013.8.26.0000, Rel. Des. Campos Petroni, j. 27.08.2013). Nesse sentido:

Superior Tribunal de Justiça. Direito processual civil. Recurso Especial. Ação de cobrança de cotas condominiais. Cumprimento de sentença. Preferência do crédito tributário ao condominial. (...) 2. O propósito recursal é definir se há – sobre o produto da alienação do bem do executado – preferência do crédito tributário em face do crédito condominial. 3. Nos termos da jurisprudência pacificada desta Corte, o crédito fiscal possui preferência absoluta sobre o crédito condominial. 4. Recurso especial conhecido e provido. (REsp 1584162/SP, Rel. Min. Nancy Andrighi, 3ª Turma, j. 09.05.2017, DJe 16.05.2017.)

Tribunal de Justiça de São Paulo. Agravo de instrumento. Cobrança de condomínio. Cumprimento de sentença. Preferência. Crédito tributário e despesas condominiais. Crédito tributário relativo ao IPTU goza de preferência legal sobre crédito condominial. Inteligência dos arts. 908, §1º do CPC cc. 130, parágrafo único, 186 do CTN. Impossibilidade de imediato levantamento do crédito no caso de eventual arrematação, mas apenas reserva do respectivo crédito tributário nestes autos na hipótese de eventual arrematação, ficando o seu levantamento condicionado, todavia, ao ajuizamento de execução própria pelo Município e penhora. Decisão reformada. Recurso do terceiro parcialmente provido. (TJSP; Agravo de Instrumento 2138964-12.2018.8.26.0000; Rel. Berenice Marcondes Cesar; Órgão Julgador: 28ª Câmara de Direito Privado; Foro de Guarujá; 3ª Vara Cível; j. 28.09.2018; Data de Registro: 28.09.2018.)

Em resumo:

a) a obrigação é *propter rem* (Código Civil, art. 1.345) e o condomínio goza de preferência em razão do crédito hipotecário (Súmula 478/STJ): do pagamento do condomínio depende a própria higidez do crédito hipotecário;

b) o arrematante na execução pelo credor hipotecário não se torna o devedor do condomínio (o valor decorrente da arrematação deve ser destinado ao condomínio);

c) não deve haver adjudicação ou arrematação sem o prévio pagamento do condomínio. Todavia, se houver adjudicação ou arrematação sem pagamento do condomínio, o adjudicatário ou arrematante passa a ser o devedor, devendo haver cautela na análise do edital. No último caso, basta ao condomínio requerer a substituição processual (CPC, art. 109, § 3º), ainda que seja na fase de execução;

d) a arrematação na execução promovida pelo condomínio extingue a hipoteca do credor intimado (CC, arts. 1.499, VI, e 1.501; CPC arts. 799, I, 804 e 889, V) e exonera o arrematante do pagamento de despesas de condomínio. O valor apurado é destinado com preferência ao Condomínio, respeitada a preferência do crédito tributário que prevalece sobre o condominial em razão dos arts. 130, parágrafo único, e 186 do CTN.

2.12. PRESCRIÇÃO

A prescrição da pretensão de cobrar as despesas de condomínio, sob a égide do Código anterior, era de vinte anos.

Com o atual Código Civil, como não há prazo específico no art. 206, por muito tempo se aplicou a regra geral do art. 205, de tal sorte que a prescrição era considerada no prazo de dez anos, contado o prazo do vencimento de cada parcela não paga e em função dessa parcela.

Nesse sentido:

Tribunal de Justiça de São Paulo. *Despesas condominiais. Impugnação ao cumprimento de sentença. Alegação de prescrição intercorrente. 1. É de 10 (dez) anos o prazo prescricional para a cobrança de despesas condominiais, aplicando-se a regra geral do artigo 205 do Código Civil em vigor. Precedentes da Corte. 2. A cobrança das cotas condominiais decorre da lei, podendo ser exigida até mesmo em se tratando de "condomínio de fato", quando ausente a convenção condominial, razão pela qual não há falar-se em cobrança de dívida constante de instrumento público ou particular a ensejar o prazo quinquenal, mas de cobrança oriunda de determinação legal. Precedentes da Corte. 3. Negaram provimento ao recurso (Agravo de Instrumento 0015697-13.2013.8.26.0000 – Rel. Vanderci Álvares – 25.ª Câmara de Direito Privado – j. 20.02.2013).*[48]

---

[48] Em igual sentido:
Tribunal de Justiça de São Paulo. *Condomínio. Ação de cobrança. Prescrição. Inocorrência. Pelo Código de 1916 o prazo de prescrição era vintenário (art. 177), sendo agora de dez anos, ex vi do art. 205 do Código Civil vigente. Apresentação de ata da assembleia que autorizou a cobrança. Desnecessidade. A ausência de juntada aos autos das atas de assembleias que aprovaram as contas do período cobrado não obsta a propositura da ação de cobrança, pois presumida a legitimidade das despesas cobradas pelo condomínio. Preliminares rejeitadas. Recurso improvido (Apelação 0131273-16.2011.8.26.0100, Rel. Antonio Nascimento, São Paulo, 26ª Câmara de Direito Privado, j. 11.04.2012, data de registro: 13.04.2012. Outros números: 01312731620118260100).*

Nada obstante, o assunto que outrora se encontrava pacificado sofreu alteração jurisprudencial em razão de precedentes do Superior Tribunal de Justiça que sustentam ser quinquenal o prazo prescricional nesses casos.

De fato, o atual Código de Processo Civil passou a tratar o débito de condomínio como título executivo extrajudicial, autorizando, assim, a cobrança pela via executiva (art. 784, X, do CPC), mesmo que seja opção do credor cobrar por meio de ação de conhecimento em razão da faculdade inserida no art. 785, igualmente do CPC.

Seja como for, a par da celeuma que, *data venia*, sem razão, cerca o assunto, o prazo de prescrição quinquenal não deveria prosperar.

Entendo, nada obstante, que a hipótese não está abarcada pela letra do art. 206, § 5º, I, do Código Civil, posto que, embora a cobrança admitida a via executiva (CPC, art. 784, X) e a dívida possa ser considerada líquida, não se trata, a toda evidência, de dívida constante de *instrumento* público ou particular.

No direito anterior, o prazo prescricional da ação de cobrança de despesas condominiais, por se tratar de ação de natureza pessoal, seguia a regra do art. 177 do Código Civil de 1916.

Portanto, o prazo era de vinte anos, de acordo com entendimento consolidado sobre a matéria.

No atual Código Civil, o prazo geral de prescrição, quando não há previsão de prazo específico, foi reduzido para dez anos nos exatos termos daquilo que estabelece o art. 205 da Lei 10.406, de 10 de janeiro de 2002 (Código Civil).[49]

E assim deveria ser – mas não é – no caso de cobrança de débito condominial.

Isso porque não foi tratado de maneira especial, quer pela Lei 4.591/1964, quer pelo Código Civil, o que deveria atrair a aplicação da regra geral de dez anos.

Tribunal de Justiça do Estado de São Paulo. Condomínio. Ação de cobrança. Prescrição. Inocorrência. Prazo decenal. Art. 205 do Código Civil. Recurso parcialmente provido. Prescrição da cobrança das despesas condominiais, de cunho pessoal, era regulada pelo art. 177 do Código Civil de 1916, que estabelecia o prazo de vinte anos para as ações pessoais em geral. Atualmente, o novo diploma material reduziu o lapso de vinte para dez anos, consoante previsão do seu art. 205 (Apelação 990100924737, Rel. Artur Marques, Diadema, 35ª Câmara de Direito Privado, j. 19.04.2010, Data de registro: 23.04.2010).
Tribunal de Justiça de São Paulo. Condomínio. Ação de cobrança de despesas. Prescrição. Incidência da regra geral do prazo de dez anos. Prescrição não verificada. Reconhecimento do direito do autor ao recebimento das prestações respectivas. Procedência integral reconhecida. Recurso provido. Nos termos do art. 205 do Código Civil, o prazo prescricional para a cobrança das despesas de condomínio é de dez anos, à falta de disposição legal específica. Uma vez incontroversa a existência do inadimplemento, impõe-se reconhecer a procedência integral do pedido, para que a condenação compreenda todas as prestações (Apelação 0014578-13.2011.8.26.0606, Rel. Antonio Rigolin, Suzano, 31ª Câmara de Direito Privado, j. 01.10.2013, data de registro: 01.10.2013. Outros números: 145781320118260606).
Tribunal de Justiça de São Paulo. Despesas de condomínio. Cobrança. Prescrição. Prazo de dez anos. Exegese do art. 205 do Código Civil de 2002. O prazo prescricional para cobrança de despesas condominiais, ação de cunho pessoal, segundo a regra estampada no art. 177 do Código Civil de 1916, era de vinte anos e foi reduzido para dez, conforme estabelece o art. 205 da Lei 10.406, de 10 de janeiro de 2002. Recurso improvido (Apelação 0058781-29.2011.8.26.0002, Rel. Orlando Pistoresi, São Paulo, 30ª Câmara de Direito Privado, j. 02.10.2013, data de registro: 03.10.2013. Outros números: 587812920118260002).

[49]   Nesse contexto, nos termos do que dispõe o art. 2.028 do Código Civil, em vigor a partir de 12 de janeiro de 2003 (art. 2.044), havendo redução pela lei nova (como houve, de vinte para dez anos) e decurso de mais da metade do prazo antigo, o lapso prescricional é regido pela lei anterior (20 anos). *A contrario sensu*, se, na data do início da vigência do atual Código, não havia transcorrido, ainda, mais da metade do prazo de vinte anos, o novo prazo de dez anos passa a ser contado do início da vigência do atual Código, ou seja, contados a partir do dia 12.01.2003 (início da vigência do atual Código Civil).

Em resumo, a prescrição da pretensão relativa à cobrança das cotas condominiais não deveria se amoldar às situações específicas tratadas no art. 206 do Código Civil.

Em consonância com o acatado, de acordo com a regra geral do art. 205 do Código Civil, o prazo prescricional a ser considerado deveria ser de dez anos.

Nada obstante essas razões, como dito, o Superior Tribunal de Justiça, em jurisprudência consolidada que não me convence, entende que deve incidir o prazo de cinco anos previsto no art. 206, § 5º, I, do Código Civil.

Ora, mister se faz observar que a obrigação de pagar as despesas condominiais decorre da lei (Código Civil, art. 1.336, I) e *não de instrumento*, vinculando o titular da unidade exatamente por ostentar essa qualidade.

É nesse sentido a lição de Adriano César da Silva Álvares:[50]

> *Além dos fundamentos aventados pelos arestos jurisprudenciais, no nosso sentir, há outro, mais forte, que está ligado na natureza da obrigação em que estão instituídos os condôminos. A sua vinculação é de natureza institucional e constitucional (artigos 1.332, I a III, 1.333 e 1.334 do CC/02). Através da convenção condominial, fixa-se a quota condominial proporcional e o modo de pagamento das contribuições das despesas ordinárias e extraordinárias...*
>
> *Nos prazos especiais não há item que se amolde a essa generalidade que representa a quota condominial, ou seja, uma representatividade particular de uma instituição especial, regida pela convenção condominial e pela assembleia geral. A natureza do condomínio determina que: os valores serão recolhidos antecipadamente e convencionados em assembleia, que vincula inclusive quem não participou, com perspectivas futuras de gastos, os quais serão aprovados no exercício posterior, podendo a assembleia deliberar sobre eventuais sobras ou ajustes.*
>
> *Os itens que mais se aproximam seriam os parágrafos 3º, inciso IV e V; e 5º, inciso I, todos do artigo 206, porém, nenhum deles admite subsunção da cobrança da quota condominial. (...)*

Portanto, em razão de irrefutáveis argumentos, a toda evidência, a pretensão de cobrar cotas condominiais não pode se tratar de "pretensão de cobrança de dívidas líquidas *constantes de instrumento público ou particular*", tal qual exige o art. 206, § 5º, I, tampouco constituindo, as planilhas unilateralmente produzidas pelo credor, o condomínio, o necessário "instrumento particular", ainda que lastreadas ou acompanhadas de outros documentos referentes aos gastos do condomínio.

Com efeito, o próprio Superior Tribunal de Justiça já decidiu que "*tendo em vista a interpretação de caráter restritivo que deve ser feita acerca das normas que tratam de prescrição (...) não é possível ampliar sua abrangência, de modo a abarcar outras pretensões*" (Recurso Especial nº 1.273.311/SP – 2011/0144262-4, j. 01.10.2013).

De qualquer maneira, seguem arestos em sentido contrário, do Superior Tribunal de Justiça:

Superior Tribunal de Justiça. *Recurso Especial 1.139.030-RJ (2009/0086844-6) – Civil e Processual civil. Ação de cobrança. Cotas condominiais. Embargos de declaração. Omissão, contradição ou obscuridade. Não ocorrência. Prescrição da pretensão de cobrança de quotas condominiais. Incidência do art. 206, § 5º, I do CC/02. 1. Ausentes os vícios do art. 535 do CPC [atual art. 1.022], rejeitam-se os embargos de declaração. 2. Na vigência do CC/16, o crédito condominial prescrevia em vinte anos, nos termos do seu art. 177. 3. Com a entrada em vigor do novo Código Civil, o prazo prescricional aplicável à pretensão de cobrança das quotas condominiais passou a ser de cinco anos, nos termos do art. 206, § 5º, I, do CC/02, observada a regra de transição do art. 2.028 do CC/02. 4. Recurso especial parcialmente provido.*

---

[50] Adriano César da Silva Álvares, *Manual da Prescrição Aspectos Relevantes do Código Civil*, São Paulo: Juarez de Oliveira, 2009, p. 101-102.

Neste julgado, consignou-se:

> *"Assim, na linha dessa perspectiva hermenêutica, o art. 206, § 5º, I, do CC/2002 incide nas hipóteses de obrigações líquidas – independentemente do fato jurídico que deu origem à relação obrigacional –, definidas em instrumento público ou particular.*
>
> *"Dessa forma, tendo em vista que a pretensão de cobrança do débito condominial é lastreada em documentos aplica-se o prazo prescricional de 5 anos, conforme estabelece o art. 206, § 5º, I do CC/02.*
>
> *"Isso porque apenas quando o condomínio define o valor das cotas condominiais, à luz da convenção (arts. 1.333 e 1.334 do CC/02) e das deliberações das assembleias (arts. 1.350 e 1.341 do CC/2002), é que o crédito passa a ser líquido, tendo o condômino todos os elementos necessários para cumprir a obrigação a ele imposta".*

> **Superior Tribunal de Justiça.** *Agravo interno no agravo em recurso especial. Ação de cobrança. Taxa condominial. Prescrição quinquenal. Súmula 83/STJ. Indicação de precedentes contemporâneos. Necessidade. 1. A jurisprudência desta Corte firmou-se no sentido de que o prazo prescricional aplicável à pretensão de cobrança de taxas condominiais é de cinco anos. 2. A impugnação da incidência da Súmula 83/STJ só se aperfeiçoa com a indicação de precedentes contemporâneos ou supervenientes aos referidos na decisão agravada, de forma a demonstrar que outra é a orientação jurisprudencial nesta Corte Superior. 3. Agravo interno não provido (AgInt no AREsp 883.973/DF, Rel. Ministro Ricardo Villas Bôas Cueva, Terceira Turma, j. 07.06.2016, DJe 20.06.2016).*

> **Superior Tribunal de Justiça.** *A pretensão de cobrança de cotas condominiais, por serem líquidas desde sua definição em assembleia geral de condôminos, bem como lastreadas em documentos físicos, adequa-se com perfeição à previsão do art. 206, § 5º, inc. I, do CC/2002, razão pela qual aplica-se o prazo prescricional quinquenal. Incidência da Súmula 83/STJ (AgRg no AREsp 813.752/PR, Rel. Ministro Marco Buzzi, Quarta Turma, j. 04.02.2016, DJe 17.02.2016).*[51]

Arnaldo Rizzardo afirma o seguinte: *no tocante à cobrança das despesas, pensa-se que incide a regra do artigo 206, § 5º, I, do Código Civil, prevendo a prescrição em cinco anos para a "pretensão de cobrança de dívidas líquidas constantes de instrumento público ou particular". Realmente, as dívidas decorrentes de despesas condominiais estão lastreadas em documentos, pois correspondem a compras de mercadorias, ao pagamento de empregados e prestadores de serviço, e de toda sorte de despesas havidas no edifício. Ademais encontra amparo na convenção e em assembleias e são calculadas em função da área de condôminos existentes, já que divididas entre todos, em função da área de titularidade de cada um.*[52]

Não nos parece que seja assim.

O argumento utilizado é juridicamente inadmissível ao afirmar lastro em documentos.

As planilhas com indicação de valores devidos pelos condôminos e os demais "documentos" não podem constituir "instrumento particular".

Nada obstante, o STJ pacificou a questão no REsp 1483930/DF (2014/0240989-3), julgado no dia 23.11.2016 pela sistemática de recursos repetitivos, e a tese firmada, para efeito do art. 1.036 do CPC, foi a seguinte:

> *Na vigência do Código Civil de 2002, é quinquenal o prazo prescricional para que o condomínio geral ou edilício (horizontal ou vertical) exerce a pretensão de cobrança da taxa condominial ordinária ou*

---

[51] No mesmo sentido: AgRg no AgRg no AREsp 359.259/DF, 4ª Turma, Rel. Min. Raul Araújo, j. 02.02.2016, *DJE* 16.02.2016; AgRg no REsp 1.524.380/RS, 3ª Turma, Rel. Min. João Otávio de Noronha, j. 03.12.2015, *DJE* 14.12.2015; AgRg nos EDcl no AREsp 745.276/MG, 4ª Turma, Rel. Min. Maria Isabel Gallotti, j. 22.09.2015, *DJE* 01.10.2015; AgRg no REsp 1.490.550/PR, 3ª Turma, Rel. Min. Paulo de Tarso Sanseverino, j. 01.09.2015, *DJE* 08.09.2015.

[52] Arnaldo Rizzardo, *Condomínio edilício e incorporação imobiliária*, Rio de Janeiro: Forense, 2011, p. 131.

extraordinária constante em instrumento público ou particular, a contar do dia seguinte ao vencimento da prestação.

Posta assim a questão e em resumo, a par da orientação clara do Superior Tribunal de Justiça que merece respeito, respeito não significa submissão acadêmica à decisão, de tal sorte mantemos nossa posição e afirmamos que o prazo deveria ser de dez anos (Código Civil, art. 205) em razão da inexistência de previsão expressa de outro prazo prescricional que se amolde à pretensão de cobrar condomínios em aberto.

Por fim, cumpre consignar que já se entendeu que a propositura da ação em face de parte ilegítima interrompe a prescrição, notadamente quando a ação não é desarrazoada, como no caso de ação proposta em face do proprietário e não do promitente comprador, quando a posse não restou clara.

Neste sentido:

Tribunal de Justiça de São Paulo. *Despesas de Condomínio. Ação de cobrança. Sentença de parcial procedência. (...). 1) Pleito para afastar o decreto de prescrição parcial dos débitos condominiais. Reconhecimento. Ação ajuizada anteriormente em face de parte ilegítima. Citação válida que é causa de interrupção da prescrição mesmo em processo extinto, sem julgamento do mérito. Tese fixada pelo C. Superior Tribunal de Justiça, em sede de recurso repetitivo (REsp 1.091.539/AP). Contagem do prazo prescricional que se reinicia da data do último ato do processo, ou seja, do trânsito em julgado do processo extinto sem julgamento do mérito, (...). Aplicação da prescrição quinquenal prevista no art. 206, § 5º, inc. I, do CC, para as ações de cobrança de cotas condominiais. Entendimento fixado pelo C. Superior Tribunal de Justiça, em sede de recurso repetitivo (REsp 1.483.930/DF). (...). Condenação que deve abranger parcelas condominiais vencidas no curso do processo e vincendas, enquanto durar a obrigação, nos termos do art. 290 do CPC e enunciado da súmula nº 13 deste E. TJ/SP. Apelo provido (Apelação Cível 0009597-05.2013.8.26.0562, Rel. Carlos Dias Motta, 27ª Câmara Extraordinária de Direito Privado, Foro de Santos, 11ª Vara Cível, j. 08.05.2017, Data de Registro: 09.05.2017).*[53]

---

[53] No mesmo sentido, tratando de prestação de serviços:
Contrato de serviços profissionais. Ação de cobrança extinta nos termos do artigo 269, IV, C.P.C. Demanda anterior promovida contra parte ilegítima que interrompe a prescrição, quer porque não restou inerte o autor, quer porque a demanda não era desarrazoada – sentença reformada para afastar a prescrição. Apelação provida (TJSP, Apelação 0031631-47.2012.8.26.0161, Rel. Jayme Queiroz Lopes, 36ª Câmara de Direito Privado, Foro de Diadema, 1ª Vara Cível, j. 26.03.2015, Data de Registro: 28.03.2015).
Em sentido contrário:
Apelação. Despesas de Condomínio. Ação de Cobrança. Sentença que reconheceu a prescrição de parte das parcelas condominiais. Insurgência do Condomínio Autor. No caso dos autos, a ação foi proposta contra parte ilegítima, tendo a substituição processual sido solicitada apenas após quatro anos do ajuizamento da demanda. Neste cenário, o despacho que determinou a citação de parte desprovida da pertinência subjetiva não implica na interrupção da prescrição, já que mencionado efeito apenas se opera quando a petição inicial reúne as condições de desenvolvimento válido e regular do processo. Assim, o prazo prescricional deve ser contabilizado a partir do pedido de substituição processual. Sentença parcialmente reformada. Recurso parcialmente provido. (...). (TJSP, Apelação Cível 1002203-81.2014.8.26.0565, Rel. José Augusto Genofre Martins, 31ª Câmara de Direito Privado, Foro de São Caetano do Sul, 4ª Vara Cível, j. 30.06.2020, Data de Registro: 30.06.2020).
Despesa de condomínio. Embargos à execução. Reconhecimento pelo não pagamento das cotas condominiais. Dificuldades financeiras. Embargos à execução julgados improcedentes. Apelação da embargante. Renovação dos argumentos anteriores. Prescrição parcial da dívida. Conhecimento de ofício. Ação anterior com citação válida de parte ilegítima não tem o condão de interromper a prescrição. Precedentes do STJ e desta C. Câmara. Alegação de dificuldades financeiras. Insurgência contra penhora de ativos financeiros. Penhora ainda não realizada. Ausência de arguição das matérias previstas no art. 917 do CPC. Sentença mantida. Prescrição parcial da dívida decretada de ofício. Recurso improvido (TJSP, Apelação Cível 1078564-40.2018.8.26.0100, Rel. Francisco Occhiuto Júnior, 32ª Câmara de Direito Privado, Foro Central Cível, 18ª Vara Cível, j. 31.01.2020; Data de Registro: 31.01.2020).

2.13. PROTESTO DE COTAS CONDOMINIAIS

Surge, por fim, quanto à cobrança de cotas condominiais, a questão da possibilidade ou não do protesto das cotas não pagas.

O assunto é polêmico, mas pode ser facilmente solucionado em razão da competência legislativa para matéria civil e comercial claramente estabelecida pelo art. 22, I, da Constituição Federal.

Na ausência de lei dessa natureza, que estabeleça a possibilidade do indigitado protesto, sua inconstitucionalidade salta aos olhos.

No Estado de São Paulo, a ADIn 0209782-04.2010.8.26.0000, julgada no dia 25.05.2011 pelo Órgão Especial do Tribunal de Justiça, declarou-se a inconstitucionalidade da Lei Estadual 13.160/2008, que altera a Lei 11.331/2002, e trata dos emolumentos relativos aos atos praticados pelos serviços notariais e de registro.

Nos termos do voto condutor da pena do Desembargador José Roberto Bedran, o protesto de títulos é claramente matéria de Direito Civil e Comercial, de tal sorte que a competência legislativa exclusiva é da União quanto à matéria, o que fundamentou da seguinte maneira: "Padece, inexoravelmente, da inconstitucionalidade declarada no v. acórdão suscitante, porquanto invade esfera de competência legislativa privativa da União. Ao enumerar títulos e documentos protestáveis e disciplinar a forma e o modo de protestá-los, dentre os quais o contrato de locação e o recibo de aluguel, a lei estadual, pelas normas impugnadas, versando matéria de Direito Civil e Comercial, viola os princípios federativo e da reserva legal".

A par de o acórdão tratar dos contratos de locação, aplica-se igualmente às cotas condominiais, cujo protesto é tratado pela mesma lei, o que se infere do próprio teor do julgado. Nessa medida:

Tribunal de Justiça de São Paulo. *Condomínio. Despesas de conservação da coisa comum rateadas. Inadimplemento de condômino. Protesto dos boletos relativos às prestações vencidas e não pagas. Impossibilidade. Intuito de obter pagamento de modo compulsório. Desvio das finalidades do protesto. Credor que, ademais, dispõe de sentença com trânsito em julgado. Agravo provido para impedir a publicidade daquele ato (Rel. Sebastião Flávio; Comarca: São Sebastião; 25ª Câmara de Direito Privado; j. 09.11.2010; Data de registro: 25.11.2010; Outros números: 990103475305).*

Se estas razões não fossem suficientes, restaria, ainda, a questão do protesto indevido, com consequências funestas ao condomínio pela certa condenação por danos morais.

É preciso verificar que a fixação do polo passivo da obrigação de pagar condomínio não é simples e envolve intermináveis questionamentos em razão de compromissos de compra e venda sem registro e cessões ("contratos de gaveta") e a ciência ou não do condomínio, além da questão da posse.

Não se pode esquecer a necessidade de rígido controle dos valores pagos, o que, em ação de cobrança, se resolve na improcedência parcial ou total da ação de conhecimento ou dos embargos à execução, conforme o caso e nada mais.

Nesta medida:

Tribunal de Justiça de São Paulo. *Apelação com revisão – condomínio – ação de indenização por danos morais – protesto indevido – prova da quitação da parcela – confissão do erro por parte do condomínio – dano moral "in re ipsa" – valor que deve ser punitivo, sem ensejar enriquecimento sem causa. O apelante não impugnou, em sua defesa, a inexigibilidade do valor cobrado, alegando que se tratava, em verdade, de outra parcela em atraso. Autores que comprovaram a regular quitação da despesa referente ao mês de novembro de 2009. Diante do protesto indevido, é cabível a indenização por danos morais. Dano "in re ipsa". Valor fixado que está de acordo com as circunstâncias do caso e a situação econômica das partes. Litigância de má-fé não configurada. Recurso Desprovido. (0023698-80.2010.8.26.0003 – Apelação – Rel. Antonio Nascimento – Comarca: São Paulo – 26ª Câmara de Direito Privado – j. 12.09.2012 – Data de registro: 14.09.2012 – Outros números: 00236988020108260003).*

2.14. MODELO DE AÇÃO DE COBRANÇA DE DÉBITOS CONDOMINIAIS – PROCEDIMENTO COMUM

Exmo(a). Sr(a). Dr(a). Juiz(a) de Direito da (...)

(...), vem, respeitosamente, perante Vossa Excelência, por seu advogado (documento 1 – convenção de condomínio, ata de eleição do síndico e procuração) aforar, pelo procedimento comum, em face de (...), a competente

Ação de cobrança de despesas condominiais

o que faz com supedâneo no art. 318 e seguintes do Código de Processo Civil, arts. 1.336, I, e 1.348, VII, do Código Civil, e pelos argumentos de fato e de direito a seguir aduzidos:

I – Fatos e Direitos

Antes até da narração dos fatos, esclarece o condomínio autor que possui interesse na formação de título executivo judicial em que pese o fato da admissão da via executiva, nos termos do art. 784, X, do Código de Processo Civil.

Nesse sentido, o mandamento insculpido no art. 785 do Código de Processo Civil:

Art. 785. A existência de título executivo extrajudicial não impede a parte de optar pelo processo de conhecimento, a fim de obter título executivo judicial.

Posta assim a questão, o réu é proprietário do imóvel onde reside, ostentando, portanto, a condição de condômino.

Todavia, não vem cumprindo a obrigação de pagar as despesas condominiais do seu imóvel (documento 2 – cópia da matrícula), estando em débito com o pagamento dos meses de (...).

O réu também não cumpriu a obrigação de pagar a cota extra aprovada na Assembleia de (...) deste ano, por unanimidade, para instalação de porteiro eletrônico, serviço inclusive já realizado na sua unidade (documento 3 – ata da Assembleia, bem como cópia da convocação específica).

A cota extra, referente ao porteiro eletrônico, importa em R$ (...).

A Convenção de Condomínio (documento 1) estabelece o vencimento dos rateios de despesas condominiais no primeiro dia útil de cada mês, multa de 2% (dois por cento) para pagamento após o vencimento, prevendo, ainda, juros de mora de 1% (um por cento) ao mês e autoriza a cobrança de correção monetária desde o vencimento da obrigação, além de honorários de advogado de 10% (Código Civil, art. 395).

Até a presente data, assim está demonstrado o débito do Réu:

	Despesa extraordinária	Condomínio	Multa	Juros	Correção	Honorários	Total
Janeiro							
Fevereiro							
Março							
Abril							
Maio							
						Total =	

Anexa à presente exordial, o autor oferece cópia da ata da Assembleia Geral Ordinária que aprovou a previsão orçamentária (documento 4).

II – Pedido

Diante de todo o exposto, requer o autor seja a presente ação julgada procedente com a condenação do réu no pagamento da importância de R$ (...), bem como das despesas condominiais que vencerem no curso do processo até a satisfação da obrigação. (Súmula 13 do Tribunal de Justiça de São Paulo; CPC, art. 323), acrescidas de juros de 1% ao mês, correção monetária e honorários de advogado que Vossa Excelência houver por bem arbitrar, respeitados os parâmetros legais.

III – Citação

Nos termos do art. 246 do CPC, requer-se a citação por meio eletrônico ou, não havendo cadastro, pelo correio (*ou, ainda, justificando, por Oficial de Justiça, nos termos do § 1º-A, II, do art. 246 do CPC, facultando-se ao Sr. Oficial de Justiça encarregado da diligência proceder nos dias e horários de exceção (CPC, art. 212, § 2º)*, para eventual oferta de resposta no prazo de 15 (quinze) dias (art. 335 do Código de Processo Civil), sob pena de serem tidos por verdadeiros todos os fatos aqui alegados (art. 344 do Código de Processo Civil), devendo o respectivo mandado conter as finalidades da citação, as respectivas determinações e cominações, bem como a cópia do despacho do(a) MM. Juiz(a), comunicando, ainda, o prazo para resposta, o juízo e o cartório, com o respectivo endereço.

IV – Audiência de Conciliação

Nos termos do art. 334, § 5º, do Código de Processo Civil, o autor desde já manifesta, pela natureza do litígio, desinteresse em autocomposição.

Ou

Tendo em vista a natureza do direito e demonstrando espírito conciliador, a par das inúmeras tentativas de resolver amigavelmente a questão, o autor desde já, nos termos do art. 334 do Código de Processo Civil, manifesta interesse em autocomposição, aguardando a designação de audiência de conciliação.

V – Provas

Requer-se provar o alegado por todos os meios de prova em direito admitidos, incluindo perícia, produção de prova documental, testemunhal, inspeção judicial, depoimento pessoal sob pena de confissão caso o réu (ou seu representante) não compareça, ou, comparecendo, se negue a depor (art. 385, § 1º, do Código de Processo Civil).

VI – Valor da causa

Dá-se à presente o valor de R$ (valor do débito e, se houver pedido de cotas vincendas, acrescido de 12 cotas vincendas – CPC, art. 292, §§ 1º e 2º).

Termos em que,

pede deferimento.

Data

Advogado (OAB)

2.15. MODELO DE CONTESTAÇÃO DE AÇÃO DE COBRANÇA DE DÉBITOS CONDOMINIAIS

MM. Juízo da (...)

Autos nº (...)

(...), vem, respeitosamente, perante Vossa Excelência, por seus procuradores, que recebem intimações na (...), nos autos da ação de cobrança de débitos condominiais pelo rito comum, procedimento sumário, que lhes move o (...), processo em epígrafe, apresentar sua

Contestação,

o que fazem com supedâneo nos argumentos fáticos e jurídicos que a seguir, articuladamente, passam a aduzir:

I – Resumo da inicial

O autor pretende receber dos réus valores referentes a débitos condominiais – "ação de cobrança de encargos patrimoniais" (sic) – além das parcelas que se vencerem no curso da ação. Tal pretensão, como se verá, é completamente despida de fundamento fático e jurídico.

II – Fatos

No dia (...) os réus adquiriram o apartamento (...) do Condomínio (...) da empresa (...), o que fizeram através de instrumento particular de venda e compra com financiamento e pacto adjeto de hipoteca sob nº (...), devidamente registrado à margem da matrícula do imóvel, financiamento este que foi concedido pelo Banco (...).

Todavia, cederam todos os direitos e obrigações referentes ao aludido imóvel através de contrato particular de compromisso de compra e venda, datado de (...) (documento 1), a (...), que passou a residir no imóvel.

Como bem sabe o autor, já que enviou os avisos de cobrança ao cessionário (*vide* fls. 11 e 12 – documentos 3 e 4 da inicial), a partir do momento em que se operou a cessão (...) – todos os pagamentos devidos pelas despesas condominiais são de responsabilidade e foram efetuados pelo cessionário-adquirente, Sr. (...).

Pelo que se observa, a exordial falta com a verdade, vez que jamais houve *"insistentes contatos promovidos pelo condomínio"*, até porque os avisos foram enviados ao próprio Sr. (...) e não aos réus! (fls. 11 e 12 – item 3 da inicial) (documento 2 em anexo extraído das fls.).

Portanto, se os pagamentos não foram efetuados, não o foram em face de já ter sido operada a cessão dos direitos e obrigações da unidade 73 a terceiro – Sr. (...) – fato esse de pleno conhecimento do autor, até porque a esse terceiro enviou as "cartas de cobrança" (fls. 11 e 12).

Os réus receberam uma única correspondência (telegrama – documento 3) em (...), que, de maneira falaciosa, informava que a ação (já proposta!) – seria aforada em 48 horas no caso de não atendimento.

Imediatamente após o recebimento da missiva, o corréu (...) esteve no escritório dos patronos do autor, tendo sido recebido pelo Dr. (...).

Nessa oportunidade, demonstrando boa-fé, entregou-lhe cópia do contrato de cessão firmado com o Sr. (...), quando foi ratificada a inverdade de que o condomínio ainda não havia ingressado com a ação de cobrança.

Aos réus ainda foi dito que é fato notório no prédio, e de conhecimento do "síndico", a circunstância do atual titular ser o Sr. (...), já que o mesmo pretendeu candidatar-se a síndico, o que só não foi possível em virtude de encontrar-se em débito com as contribuições e, por tal razão, impedido de concorrer nos termos da Convenção.

Mesmo assim os réus notificaram o condomínio no sentido de esclarecer que nenhum direito ou obrigação mais lhes competia em face da unidade 73 (documento 4).

Diante de tudo o quanto foi exposto, com surpresa, receberam a citação para a presente ação de cobrança de débitos condominiais.

III – Preliminares

a) Ilegitimidade passiva

Os réus são partes manifestamente ilegítimas para figurar no polo passivo da presente ação.

Como se prova do instrumento de cessão (documento 1) e das próprias cartas enviadas pelo condomínio (fls. 11 e 12 – item 3 da inicial) (documento 2 em anexo extraído das fls.), desde (...) o Sr. (...), tomou posse e passou a residir no imóvel, sendo o titular da unidade condominial e parte legítima para responder a qualquer cobrança de débitos da unidade (...) do Edifício (...).

Convém ressaltar que em caso de cessão de contratos, o cessionário sub-roga-se nos direitos e obrigações do cedente.

Nesse caso, os créditos e os débitos do imóvel são transmitidos ao cessionário.

Destarte, a partir da cessão operada, responsabiliza-se o cessionário pelo pagamento de valores condominiais cobrados.

Aliás, essa é exatamente a decisão abaixo do Tribunal de Justiça de São Paulo:

> *Ação de cobrança. Despesas condominiais. Existência de instrumento particular de cessão de direitos não registrado. Ciência inequívoca do condomínio autor quanto à posse do cessionário à época da propositura da ação evidenciada pela emissão dos boletos de cobrança em seu nome. Ilegitimidade passiva ad causam dos cedentes declarada com acerto. Vinculação do cessionário à integralidade das despesas condominiais vencidas e não pagas. (...). Recurso do réu Raphael desprovido, provido em parte o apelo do condomínio autor (Apelação 0121978-28.2006.8.26.0100, Rel. Airton Pinheiro de Castro, 32ª Câmara de Direito Privado, j. 23.01.2014).*

Nem poderia o Condomínio alegar desconhecimento do fato da cessão, vez que, além da notificação, o cessionário – verdadeiro titular da unidade – até postulou o cargo de síndico, conforme dito alhures. Ademais, os *"insistentes contatos promovidos pelo condomínio"*, foram promovidos em face deste – Sr. (...) – e não dos réus, conforme prova os documentos trazidos à colação pelo próprio autor – documentos 3 e 4 da inicial – fls. 11 e 12 dos autos.

Como se pode notar, a hodierna e remansosa orientação jurisprudencial é no sentido de considerar que as despesas de condomínio não são de responsabilidade daquele que detém o título registrado, devendo, em verdade, operar-se em face do adquirente da unidade, independentemente do fato do título aquisitivo não estar registrado na competente Circunscrição Imobiliária:

> **Tribunal de Justiça de São Paulo**. *Apelação cível. Ação de cobrança. Despesas condominiais. Sentença que julgou extinto o processo, sem resolução do mérito, nos termos do artigo 267, inciso VI, do Código de Processo Civil [atual art. 485, VI]. Inconformismo. Não acolhimento. Transmissão da posse aos promissários compradores, mediante contrato de compromisso de compra e venda de imóvel. A ausência de outorga uxória da esposa do promitente comprador não impede a validade do referido contrato. Ilegitimidade passiva do promitente vendedor configurada. Fato presumidamente de conhecimento do condomínio autor. Decisão bem fundamentada. Ratificação da sentença, nos termos do artigo 252, do Regimento Interno. Recurso não provido (Apelação 0014336-56.2008.8.26.0510, Rel. Penna Machado, 30ª Câmara de Direito Privado, j. 23.07.2014).*[54]

Como se depreende, é a orientação que mais se coaduna com a lei e com a justiça, vez que no mundo fático é sabida a existência dos chamados "contratos de gaveta", prática já arraigada nos negócios imobiliários que não tem sido ignorada pelo Judiciário, atento à realidade social.

Sendo assim, obrigar o cedente ao pagamento de despesas de exclusiva responsabilidade do cessionário-adquirente seria premiar o enriquecimento ilícito deste que, afinal, é o verdadeiro possuidor e titular do imóvel.

Ora, quem reside no apartamento e usufrui os serviços, água, elevadores e demais equipamentos do prédio?

Por evidente que não são os cedentes, ora réus, que nenhum direito mais possuem sobre o imóvel.

Aliás, a jurisprudência atual acerca do caso em tela, em consonância com os artigos 9º e 12 da Lei 4.591/1964 (arts. 1.334, § 2º, e 1.333, do Código Civil), não é nova e segue a lição de Wilson Melo da Silva, em obra admirável, inclusive reportando-se ao "Fausto", de Goethe, segundo o qual a evolução reflete o social primando sobre o individual, a realidade se impondo à ficção, o fato triunfando sobre a palavra:

> **Primeiro Tribunal de Alçada Civil de São Paulo**. *Ilegitimidade ad causam – condomínio – despesas condominiais – compra e venda de unidade condominial, imitidos os promitentes compradores imediatamente na posse – irrelevância da não transcrição da escritura no Cartório de Registro de Imóveis – ilegitimidade do promitente vendedor para responder pela ação de cobrança – cobrança improcedente – recurso provido (Apelação Sumaríssimo nº 605.062-1/00, São Paulo, 4ª Câmara, 28.07.1995, Rel. Franco de Godoi, decisão: unânime).*

> **Primeiro Tribunal de Alçada Civil de São Paulo**. *Condomínio – ação de cobrança de despesas condominiais movida contra compromissária-compradora do apartamento, imitida na posse direta, mas sem título dominial registrado – inicial indeferida – recurso provido para que a ação prossiga, admitida a legitimação da ré (Apelação nº 556.676-8/00, São Paulo, 8ª Câmara, 27.04.1994, Rel. Márcio Franklin Nogueira. Por maioria – JTA (Lex) 147/65).*

---

[54] No mesmo sentido, antiga orientação do Tribunal:
a) JTA (Lex) 167/448; Apelação sem revisão nº 491.318, 2ª Câmara, Rel. Juiz Peçanha de Moraes, j. 18.08.1997;
b) Apelação com revisão nº 495.370, 2ª Câmara, Rel. Juiz Peçanha de Moraes, j. 18.08.1997;
c) Apelação sem revisão nº 488.287, 4ª Câmara, Rel. Juiz Amaral Vieira, j. 02.09.1997;
d) Apelação sem revisão nº 496.517, 1ª Câmara, Rel. Juiz Magno Araújo, j. 1º.09.1997;
e) Apelação sem revisão nº 493.984, 11ª Câmara, Rel. Juiz Clovis Castelo, j. 15.09.1997;
f) Apelação sem revisão nº 496.774, 11ª Câmara, Rel. Juiz Donegá Morandini, j. 29.09.1997;
g) Apelação sem revisão nº 504.211, 9ª Câmara, Rel. Juiz Marcial Hollanda, j. 28.01.1998;
h) Apelação sem revisão nº 507.510, 7ª Câmara, Rel. Juiz Américo Angélico, j. 03.02.1998;
i) Apelação sem revisão nº 508.513, 7ª Câmara, Rel. Juiz Américo Angélico, j. 10.03.1998;
j) Apelação sem revisão nº 513.024, 9ª Câmara, Rel. Juiz Marcial Hollanda, j. 1º.04.1998;
k) Apelação sem revisão nº 516.529, 1ª Câmara, Rel. Juiz Renato Sartorelli, j. 20.04.1998.

Segundo Tribunal de Alçada Civil de São Paulo. Cobrança – Legitimidade passiva – Despesas condominiais – Promitente comprador – Vencimento anterior e posterior a aquisição – Reconhecimento. O promitente comprador de imóvel responde pelas dívidas de sua unidade condominial, quer vencidas antes, quer vencidas após a aquisição. E pode, ao depois, voltar-se contra quem deixou de pagá-las ao condomínio, por obrigação contratualmente assumida. Apelo provido para acolher integralmente a demanda (Apel. s/ rev. nº 481.786, 4ª Câm., Rel. Juiz Mariano Siqueira, j. 10.06.1997. No mesmo sentido: Apel. s/ rev. nº 481.960, 6ª Câm., Rel. Juiz Carlos Stroppa, j. 11.06.1997, quanto a promitente comprador ou arrematante: Apel. s/ rev. nº 503.639, 11ª Câm., Rel. Juiz Mendes Gomes, j. 1º.12.1997, quanto a adquirente: Apel. s/ rev. nº 513.564, 4ª Câm., Rel. Juiz Celso Pimentel, j. 31.03.1998).

Tribunal de Alçada do Paraná. Apelação cível – Cobrança – Taxas condominiais compromisso de compra e – Venda – Responsabilidade pelo pagamento – Recurso improvido. O promitente-vendedor não é responsável pelo pagamento das taxas condominiais do imóvel vendido. Legislação: CC – art. 530. Doutrina: Washington de Barros Monteiro, Curso de direito civil, 28ª ed., 1990, vol. 3. Orlando Gomes, Direitos reais, 10ª ed., 1994. Caio Mário da Silva Pereira, Condomínio e Incorporações, 5ª ed., Editora Forense, 1988, p. 143 (Apel. Cív. nº 109.031.300, Curitiba, Juiz Manasses de Albuquerque, 8ª Câm. Cív., j. 1º.09.1997, Ac. nº 6.253, public.: 19.09.1997).

Tribunal de Alçada Cível do Rio de Janeiro. Condomínio. Despesas. Apelação Cível nº 2.504/1995, reg. 1973-2, cód. 95.001.02504, 6ª Câmara, por maioria, Juiz: Luiz Odilon Gomes Bandeira, j. 16.05.1995. Cobrança de cotas. Adquirente. Legitimidade passiva. Em face de recente alteração do parágrafo único do art. 4º. da Lei 4.591/64, reputa-se com legitimidade passiva, para responder pelos débitos condominiais, o adquirente da unidade imobiliária, como tal considerado o cessionário dos direitos à aquisição da mesma, ainda que o instrumento respectivo não se ache registrado no RGI pertinente. Precedente do STJ. Num. Ementa: 40.474.

Tribunal de Justiça do Distrito Federal. Processual Civil – ação de cobrança – dívida de condomínio – caráter propter rem – responsabilidade do cessionário de direito sobre o imóvel. 1 – As obrigações oriundas de dívidas de condomínio em edifício têm caráter propter rem, aderindo à coisa e não à pessoa que as contraiu, de forma que o atual cessionário dos direitos sobre o imóvel respectivo responde por elas. 2 – Recurso desprovido. Decisão: Conhecer e improver. Unânime (Apelação Cível nº 41.548/1996 DF, 14.10.1996, 4ª Turma Cível, Rel. Desembargador João Mariosa, Diário da Justiça, Seção II/Seção III, 20.11.1996, p. 21.183).

Falta, portanto, uma das condições da ação, qual seja: a pertinência subjetiva ou a titularidade do direito material.

Assim, deve o autor ser declarado carecedor da ação, extinto o processo sem julgamento de mérito (art. 485, VI, c/c o art. 337, XI, do CPC), condenado a pagar despesas e verba honorária, consoante apreciação equitativa de Vossa Excelência.

b) Ilegitimidade ativa

O Código Civil estabelece que:

Art. 1.347. A assembleia escolherá um síndico, que poderá não ser condômino, para administrar o condomínio, por prazo não superior a dois anos, o qual poderá renovar-se.

Todavia, não se trata de norma cogente, devendo ser aplicada a convenção do condomínio.

A Convenção do Condomínio (fls. 8 dos autos – cap. V – cláusula primeira) estipula que:

(...) o condomínio será administrado e representado por um síndico, pessoa física ou jurídica, condômino do edifício, eleito em Assembleia Geral Ordinária, com mandato no máximo, de 01 (um) ano (...).

Este comando da Convenção é repetido na cláusula dez do mesmo capítulo.

Entretanto, pelo que consta – fls. 7 (documento 1 da inicial) verifica-se que o síndico, além de não ser condômino (síndico profissional), foi eleito por Assembleia Geral Extraordinária, forma vedada pela Convenção do condomínio.

A Convenção é soberana. Conforme preleciona João Batista Lopes sua natureza jurídica é institucional e normativa.

Em consonância com o acatado, à evidência que, da leitura do texto do art. 1.347 do Código Civil, não se extrai a inferência de que se trate de norma cogente.

Sendo assim, pode ser derrogada pela Convenção Condominial que, afinal, *in casu*, proibiu síndico que não seja condômino bem como sua eleição por Assembleia Extraordinária. Esta é a lição de João Nascimento Franco:

> *(...) o síndico pode ser condômino, ou pessoa física ou jurídica estranha ao condomínio. À convenção cabe optar pela alternativa legal ou estabelecer critério próprio (...)*[55]

Portanto não há representação regular do condomínio para a propositura da presente ação. Por via de consequência, inexiste capacidade postulatória dos patronos, vez que constituídos por quem não os podia constituir.

> RT 582/173. *Condomínio. Síndico. Gestão finda. Reeleição. Assembleia. Convocação irregular. Atos não ratificados. Ilegitimidade para estar em juízo. Processo extinto (TJBA).*

c) Inépcia da petição inicial

É de ser indeferida a petição inicial, nos termos dispostos no artigo 295, I, do Código de Processo Civil, em face da previsão contida no parágrafo único, inciso II, do citado artigo.

> *A petição inicial contém um silogismo. É lição velha. Nela está uma premissa maior (fundamentos de direito), uma premissa menor (fundamentos de fato) e uma conclusão (o pedido). Consequentemente, entre os três membros desse silogismo deve haver, para que se apresente como tal, um nexo lógico. Portanto, se o fato não autoriza as consequências jurídicas, a conclusão é falha; se as consequências jurídicas não guardam coerência com os fatos, igualmente; e por último, se a conclusão está em desarmonia com as premissas, ela é inconsequente.*[56]

A ação de cobrança, conforme proposta, é ação que emana de uma obrigação de pagar.

Em razão disso, deveria o autor juntar demonstrativo das despesas do condomínio (ordinárias; extraordinárias, fundo de reserva etc.), ou, ao menos, os alegados "recibos", até porque, só para exemplificar, não cabe multa sobre a parcela de fundo de reserva, entretanto, o réu incluiu multa de 20 % sobre um valor total, sem que na exordial haja qualquer elemento que especifique quais são as despesas cobradas, sequer um documento nesse sentido.

Na verdade, o autor limitou-se à juntada de uma memória de cálculos (fls. 30), não demonstrando do que é composta a alegada despesa condominial constante do "recibo" que não juntou.

> **Segundo Tribunal de Alçada Civil de São Paulo.** *Cobrança – condomínio – despesas condominiais – petição inicial – multa – infração contratual – inclusão – necessidade. Necessidade de inclusão na inicial de demonstrativo do débito, até para permitir contestação específica (Apel. s/ rev. nº 497.357, 8ª Câm., Rel. Juiz Narciso Orlandi, j. 19.11.1997. No mesmo sentido: Apel. s/ rev. nº 505.658, 2ª Câm., Rel. Juiz Peçanha De Moraes, j. 29.01.1998).*

Conforme nos ensina J. Nascimento Franco:

> *A cobrança das despesas depende do preenchimento dos seguintes requisitos:*
>
> *a) orçamento previamente aprovado pela Assembleia Geral Ordinária para as despesas rotineiras (art. 24), ou por Assembleia Geral Extraordinária regularmente convocada, para os gastos eventuais não previstos no orçamento anual do condomínio;*
>
> *b) aprovação por quórum regular previsto na Convenção (art. 24, § 2º);*
>
> *c) exibição dos comprovantes.*[57]

O autor, além de não juntar os recibos ou demonstrativos, não anexou à exordial cópia da ata da Assembleia Geral que aprovou as despesas (se é que existe esse documento), nos termos do estatuído pelo artigo 24 da Lei 4.591/1964 (art. 1.350 do Código Civil). Nem sequer há qualquer comprovação de que foi cumprida a exigência do § 2º do mesmo artigo.

---

[55] João Nascimento Franco, *Condomínio*, São Paulo: Revista dos Tribunais, 1997, p. 24.

[56] José Joaquim Calmon de Passos, *Comentários ao CPC – Arts. 270-331* [CPC/1973]. Rio de Janeiro: Forense, vol. III.

[57] João Nascimento Franco, *Condomínio*, São Paulo: Revista dos Tribunais, 1997, pp. 237-238.

Sendo assim, não há como os réus rebaterem o mérito e nem como aferir a exatidão da cobrança, o que viola o mandamento insculpido no artigo 5º, inciso LV, da Constituição Federal!

Se os réus devem pagar ao autor, qual a fonte e o fundamento de pagar a quantia alegada? Com que fundamento fático teriam obrigação desse jaez, já que não se juntou o demonstrativo das despesas e tampouco os comprovantes dos requisitos da Lei 4.591/1964?

Posta assim a questão, inexiste um silogismo na enunciação fático-jurídica. Em razão disso, não há lógica no pedido do autor. Portanto, é inepta a petição inicial, devendo o presente processo ser julgado extinto, sem apreciação do mérito.

Em virtude de tudo o quanto foi até aqui exposto, sobretudo em face das questões preliminares levantadas, há manifesta inépcia da inicial, o que impede a defesa de mérito, além de ilegitimidade ativa e passiva para a presente ação, de modo que, *data venia*, a petição inicial deveria ter sido liminarmente indeferida nos termos do artigo 330, incisos I e II, do Código de Processo Civil.

Em suma Excelência, a ação padece por múltiplos fatores, impondo-se, por via de consequência, a extinção do processo sem julgamento de mérito com supedâneo nos artigos 485, incisos I, IV e VI; 330, I e II; 337, IV e X, do Código de Processo Civil, arcando o autor com os ônus da sucumbência.

Se, no entanto, assim não for entendido, o que se admite só por hipótese, à evidência, deve o pedido ser rejeitado estudando-se o:

IV – Mérito *ad cautelam*

Pelas questões preliminares levantadas, mormente a questão da inépcia da inicial, os réus encontram-se cerceados no seu direito de defesa, posto que desconhecem a origem a exatidão e a composição das despesas que lhes são imputadas.

Pelo princípio da eventualidade, *ad argumentandum tantum*, pelo amor ao debate, passam os réus a rebater o mérito, já que têm plena convicção de que a Vossa Excelência, à luz do direito, e em face da costumeira justiça e correção das decisões que toma, irá acolher as preliminares arguidas.

a) Multa incidindo sobre o fundo de reserva

É fato, Excelência, que todo condomínio, nos termos do artigo 1.334, do Código Civil, defere à convenção a faculdade de estipular a forma de constituição do fundo de reserva.

Da leitura da convenção (Capítulo...), verifica-se a forma de sua constituição, inclusive pelas multas cobradas dos condôminos.

Nesse caso, cobrar multa sobre a parcela do fundo de reserva constitui um verdadeiro *bis in idem*.

É de verificar-se que, mesmo não apontando qual o percentual sobre o total do "recibo" se trata de fundo de reserva, impossibilitando a defesa de mérito por ausência do próprio recibo ou de demonstrativos, é incontroverso que o autor calculou a multa sobre o total, inclusive sobre o fundo de reserva, o que é inadmissível:

Segundo Tribunal de Alçada Civil de São Paulo. Cobrança – Condomínio – Fundo de reserva – Valor acrescido da multa – Descabimento. As parcelas referentes ao fundo de reserva do condomínio não podem ser acrescidas de multa, porque esta deve se destinar apenas ao provimento de despesas ordinárias, que sugere dano ou prejuízo do credor (Apel. s/ rev. nº 481.922, 6ª Câm., Rel. Juiz Carlos Stroppa, j. 30.07.1997).

Impõe-se, por conseguinte, a exclusão da multa a incidir sobre o valor de eventual fundo de reserva, nos termos da jurisprudência e da convenção, já que o fundo de reserva já é constituído pelas multas.

b) Pretensão às quotas vincendas

Percebe-se que o autor pretende receber as parcelas vincendas nos termos do artigo 323 do Código de Processo Civil.

Todavia, não especifica o termo final e nem protesta pela juntada de novos documentos, no caso, os demonstrativos dessas despesas.

Os Tribunais consideram que, no caso de ação de cobrança de despesas condominiais, o termo final das quotas vincendas é o da audiência:

Primeiro Tribunal de Alçada Civil de São Paulo. Apelação nº 697.126-7/00, São Paulo, 12a Câmara, 26.09.1996, Rel. Kioitsi Chicuta, Decisão: unânime. Juros – Despesas condominiais – Incidência a partir da citação quando então constituída a mora do devedor – Recurso da ré provido. Condomínio – Despesas condominiais – Cobrança

– Pretensão do condomínio no alongamento do termo final das prestações vincendas admissibilidade apenas da cobrança das prestações vencidas no curso do processo até a data da audiência – Cobrança, nestes termos procedentes – Recurso da ré provido, improvido o do autor.

Nem poderia ser diferente, já que diante do princípio constitucional da ampla defesa (Constituição Federal, art. 5º, LV), estariam os réus diante de condição puramente potestativa, vez que os débitos condominiais não possuem valores prefixados em contrato. Destarte, há necessidade da juntada de demonstrativos até a data da audiência, desde que a juntada seja requerida na exordial – o que não ocorreu – isso para que se permita aos réus impugnar os novos valores se assim entenderem.

c) Da multa, dos juros e da correção monetária (Código Civil)

De acordo com o art. 1.336, § 1º, do Código Civil:

§ 1º O condômino que não pagar a sua contribuição ficará sujeito à correção monetária e aos juros moratórios convencionados ou, não sendo previstos, aos juros estabelecidos no art. 406 deste Código, bem como à multa de até 2% (dois por cento) sobre o débito. <u>Redação dada pela Lei nº 14.905, de 2024).</u>

Portanto, descabida a pretensão de se cobrar multa moratória de 20%, como pretende o autor.

c.1) Juros de mora e multa

Os juros moratórios, nos termos do art. 405 do Código Civil, somente são devidos após a citação para a presente ação:

Primeiro Tribunal de Alçada Civil de São Paulo. Apelação nº 697.126-7/00, São Paulo, 12a Câmara, 26.09.1996, Rel. Kioitsi Chicuta, Decisão: unânime. Juros – Despesas condominiais – Incidência a partir da citação quando então constituída a mora do devedor – Recurso da ré provido.

Devem, assim, ser excluídos do cálculo do autor, que inclui juros moratórios sem respeitar o comando cogente e cristalino do art. 405 do Código Civil.

c.2) Correção monetária. O autor aplica a correção monetária, sem, contudo, citar qual o índice que está aplicando. Pela variação constante da memória de cálculos deduz-se a aplicação da variação diária da TR (Taxa Referencial).

Entrementes, a TR não reflete a desvalorização da moeda como se pode esperar de um índice de correção monetária, aliás, o Excelso Pretório asseverou que:

Supremo Tribunal Federal. A Taxa Referencial (TR) não é índice de correção monetária, pois, refletindo as variações do custo primário da captação dos depósitos a prazo fixo, não constitui índice que reflita a variação do poder aquisitivo da moeda (ADIN nº 493-DF).

Neste sentido os Tribunais pátrios têm se manifestado de forma remansosa:

Superior Tribunal de Justiça. Acórdão nº 00025646, decisão: 06.09.1994, Recurso Especial nº 52.961, ano: 94, UF: RJ, 6ª Turma, Diário de Justiça: 10.10.1994, p. 27.198. Processual civil. Recurso especial. Cálculo de liquidação de aluguéis (pagamento de benefício previdenciário). Inclusão da taxa referencial – TR como fator de correção monetária. Vedação. ADIN nº 493-DF. I – O Supremo Tribunal Federal, ao julgar a ADIN nº 493-DF, deixou posto que: "a taxa referencial (TR) não é índice de correção monetária, pois, refletindo as variações do custo primário da captação dos depósitos a prazo fixo, não constitui índice que reflita a variação do poder aquisitivo da moeda". II – Recurso Especial conhecido e provido. Rel. Ministro Pedro Acioli, por unanimidade, conhecer e dar provimento ao recurso. Veja: REsp 38.660-RJ, (STJ).

Superior Tribunal de Justiça. Acórdão nº 00009307, decisão: 02.05.1995, Recurso Especial nº 0046372, ano: 94, UF: SP, 3ª Turma, Diário de Justiça: 04.12.1995, p. 42.110. Comercial – Taxa referencial (TR) inaplicável – Correção monetária pelo IPC. I – A jurisprudência do STJ pacificou entendimento no sentido de que o indexador adequado para corrigir valores é o IPC do IBGE. II – O mesmo direito pretoriano não admite a taxa referencial (TR) como índice de reajuste do poder real da moeda, sendo certo que este deve ceder lugar em prol do índice de preços. III – Recurso conhecido e parcialmente provido. Rel. Ministro Waldemar Zveiter – Observação: por unanimidade, conhecer do recurso especial e lhe dar provimento parcial para adotar como indexador o INPC. Veja: REsp 37.997-GO, REsp 39.285-SP, REsp 34.094-RS, REsp 31.024-GO, REsp 39.315-RS, REsp 36.623, (STJ); ADIN 493, (STF).

Superior Tribunal de Justiça. Acórdão nº 00049414, decisão: 25.10.1995, Recurso Especial nº 0075575, ano: 95, UF: SP, 1ª Turma, Diário de Justiça: 04.12.1995, p. 42.090. Liquidação de sentença. Correção monetária. Variação do IPC. TR. I – É pacífica a jurisprudência desta corte no sentido de que é correta a inclusão dos índices correspondentes às inflações ocorridas nos meses de março de 1990 a fevereiro de 1991, nos cálculos de liquidação de sentença. II – A Taxa Referencial configura coeficiente de remuneração do capital, portanto, não traduzindo a variação do poder aquisitivo da moeda, não pode ser utilizada como indexador para efeito de atualização monetária. Precedentes. III – Recurso da Fazenda desprovido. Apelo de (...), provido. Rel. Ministro José de Jesus Filho – Observação: por unanimidade, negar provimento ao recurso da Fazenda e dar provimento ao recurso do espólio.

Segundo Tribunal de Alçada Civil de São Paulo. Execução – correção monetária – Utilização da TR – Inadmissibilidade. A taxa referencial (TR) não pode ser usada como índice de correção nos cálculos de atualização destinados a refletir a perda de poder aquisitivo da moeda por força da espiral inflacionária, visto configurar coeficiente de remuneração de capital, não traduzindo variação do aludido poder aquisitivo (AI nº 486.133, 3ª Câm., Rel. Juiz Milton Sanseverino, j. 13.05.1997. Referências: RTJ 143/724, REsp 70.431-RS, 1ª Turma, Rel. Min. José de Jesus Filho, DJ 27.10.1995, p. 35.634; REsp 44.089-SP, 1ª Turma, Rel. Min. Humberto Gomes de Barros, DJ 11.12.1995, p. 43.185; REsp 31.033-SP, 1ª Turma, Rel. Min Humberto Gomes de Barros, DJ 27.06.1994, p. 16.907. No mesmo sentido: Apel. c/ rev. nº 489.160, 11ª Câm., Rel. Juiz Mendes Gomes, j. 11.08.1997).

d) Prescrição

O condomínio autor cobra parcelas vencidas desde (...).

Posta desta maneira a questão, resta evidente que estão prescritas a cotas vencidas até (...) tendo em vista a consolidada jurisprudência sobre a prescrição quinquenal da pretensão de cobrança de condomínios, como se observa do seguinte julgado:

Superior Tribunal de Justiça. Recurso Especial representativo de controvérsia. Direito Civil. Cobrança de taxas condominiais. Dívidas líquidas, previamente estabelecidas em deliberações de assembleias gerais, constantes das respectivas atas. Prazo prescricional. O art. 206, § 5º, I, do Código Civil de 2002, ao dispor que prescreve em 5 (cinco) anos a pretensão de cobrança de dívidas líquidas constantes de instrumento público ou particular, é o que deve ser aplicado ao caso. 1. A tese a ser firmada, para efeito do art. 1.036 do CPC/2015 (art. 543-C do CPC/1973), é a seguinte: Na vigência do Código Civil de 2002, é quinquenal o prazo prescricional para que o Condomínio geral ou edilício (vertical ou horizontal) exerce a pretensão de cobrança de taxa condominial ordinária ou extraordinária, constante em instrumento público ou particular, a contar do dia seguinte ao vencimento da prestação. 2. No caso concreto, Recurso Especial provido (REsp 1483930/DF, Rel. Ministro Luis Felipe Salomão, Segunda Seção, j. 23.11.2016, DJe 01.02.2017).

V – Pedido

Pelo exposto, requerem os réus que sejam acolhidas as preliminares de extinção do processo e, se assim não entender Vossa Excelência, que seja a presente ação julgada totalmente improcedente, ou, se procedente, que o seja parcialmente, nos termos do pedido sucessivo abaixo, condenado o autor no pagamento de custas e honorários advocatícios que Vossa Excelência houver por bem arbitrar, assim como demais ônus da sucumbência.

Aclarando o pedido, requer-se:

I – Preliminarmente:

a) declaração de ilegitimidade passiva dos réus, em face do artigo 485, VI, c/c o art. 337, XI, do CPC;

b) declaração de ilegitimidade ativa de parte em face de não haver síndico regular nos termos da Convenção, com fundamento nos artigos 1.347 do Código Civil e 485, VI c/c o art. 337, XI, do Código de Processo Civil;

c) declaração da inépcia da inicial, uma vez que da narração dos fatos não decorreu logicamente o pedido, já que não foram juntados demonstrativos de despesa aptos a embasar a pretensão e também a defesa dos réus, extinguindo-se o processo sem julgamento do mérito; artigos 485, incisos IV e VI; 330, I, II e § 1º, IV; 337, IV e XI, todos do Código de Processo Civil;

d) condenação do autor nos ônus de sucumbência, custas e honorários de advogado que Vossa Excelência houver por bem arbitrar.

II – Ou, no caso de as preliminares não serem acatadas, *de meritis*:

a) julgamento da total improcedência desta ação, em virtude da ausência de qualquer obrigação dos réus em pagar o autor;

b) condenação do autor nos ônus de sucumbência, custas e honorários de advogado que Vossa Excelência houver por bem arbitrar.

Subsidiariamente (CPC, art. 326), somente para argumentar, caso a presente ação seja julgada procedente, no que não acreditam os réus à luz da Lei, da Justiça e do Direito, que o seja parcialmente, termos em que requerem:

a) seja excluída a correção com base na TR (Taxa Referencial) e aplicada a correção de acordo com tabela do Tribunal de Justiça publicada no DOE Just., 17.08.1998, p. 61, nos termos do já decido pelo Supremo Tribunal Federal (ADIN nº 493-DF) e de forma pacífica pelos demais Tribunais;

b) sejam excluídos os juros anteriores à citação (Código Civil, art. 405), bem como aqueles incidentes sobre valor do fundo de reserva eventualmente embutidos no "recibo" citado no demonstrativo de fls. 30;

c) seja considerado o termo final para as quotas vincendas o da audiência de conciliação;

d) Sejam declaradas prescritas as quotas vencidas até (...) nos termos da fundamentação, de acordo com o julgado pela sistemática dos recursos repetitivos pelo STJ no REsp 1483930/DF;

e) seja condenado o autor a pagar custas e honorários de advogado nos termos do artigo 86, parágrafo único, do Código de Processo Civil.

VI – Provas

Requerem provar o alegado por todos os meios em direito admitidos, especialmente pela produção de prova documental, juntada de novos documentos, oitiva de testemunhas abaixo arroladas, depoimento pessoal do autor na pessoa do síndico sob pena de confissão se não comparecer, ou comparecendo, se negar a depor (CPC, art. 385, § 2º) e perícia.

Cumpridas as necessárias formalidades legais, deve a presente ser recebida e juntada aos autos, renovado o processo nos termos da preliminar, ou, no mérito, rejeitado o pedido.

Termos em que,

P. deferimento.

Data

Advogado OAB/SP (...)

Documento 1

Cessão de direitos e obrigações da unidade (...) ao Sr. (...), comprovando a legitimidade passiva para a presente ação.

Documento 2

"Insistentes contatos do condomínio" com o Sr. (...) não com os réus, extraído dos documentos 3 e 4 trazidos à colação pelo autor (fls. 11 e 12), comprovando que o item 3 da inicial falta com a verdade e que o Condomínio já possuía pleno conhecimento do novo titular da unidade 73.

Documento 3

Telegrama enviado aos réus em (...), que de maneira falaciosa, sem compromisso com a boa-fé, informava que a ação, já proposta, seria aforada em 48 hs.

Documento 4

Notificação enviada ao Condomínio

2.16. MODELO DE EXECUÇÃO POR QUANTIA CERTA

MM. Juízo da (...)

(...), por seus advogados (documento 01), vem, respeitosamente, à presença de Vossa Excelência, aforar, em face de (...), a competente:

Ação de execução por quantia certa contra devedor solvente

o que faz com supedâneo nos arts. 323, 771, 783, 784, X, 786, 824 e ss. do Código de Processo Civil, expondo e requerendo o quanto segue:

O Condomínio exequente é credor da importância de R$ (...) devida pelos executados, proprietários da unidade (...) asilada no edifício (...), nos termos da matrícula anexa (documento 2).

As cotas inadimplidas pelos executados constam de previsão orçamentária aprovada em assembleia (documento 3).

Trata-se, portanto, de título extrajudicial (CPC, art. 784, X) de obrigação certa, líquida e exigível (CPC, art. 783).

A presente execução decorre, portanto, da ausência de pagamentos, pelos executados, de (...) parcelas mensais das cotas condominiais, cujo demonstrativo do débito, de acordo com o art. 798, I, *b*, é o que segue (ou, se a planilha for anexada: segue anexo à presente execução – documento 4):

(...)

Baldos os esforços do condomínio credor, que, sem sucesso, tentou amigavelmente receber o valor que lhe é devido, negam-se os devedores a saldar o débito, obrigando-o a socorrer-se do Poder Judiciário, o que faz por intermédio da presente ação de execução.

I – Citação e Pedido

Não restando outro meio de receber, é a presente para requerer digne-se Vossa Excelência a:

a) Determinar sejam citados os executados, pelo correio, nos termos dos arts. 246, I; 247 e 248 do Código de Processo Civil (ou, subsidiariamente, justificando: por intermédio do Sr. Oficial de Justiça, com os permissivos do art. 212, § 2°, do Código de Processo Civil) para pagar, em três dias, o valor de R$ (...), bem como os valores que se vencerem no curso da presente execução até o efetivo pagamento nos termos dos arts. 323 e 771 do Código de Processo Civil, valor este acrescido de juros legais, correção monetária, custas e honorários advocatícios de 5% nos termos do art. 827 do Código de Processo Civil.

Frise-se que o Tribunal de Justiça de São Paulo já firmou entendimento do cabimento de inclusão das vincendas, cuja advertência para pagamento deve constar do mandado:

TJSP. Execução de título extrajudicial. Despesas de condomínio. Decisão que indeferiu pedido do exequente para que sejam incluídas na execução as cotas condominiais vincendas. Não cabimento. Aplicação subsidiária do art. 323 do CPC por se tratar de obrigação a ser cumprida em prestações sucessivas. Princípios da efetividade e da celeridade processual. Decisão reformada. Agravo de instrumento provido. 33ª Câmara de Direito Privado. Agravo de Instrumento 2122435-83.2016.8.26.0000; 33ª Câm. Direito Privado – TJSP; j. 18.07.2016.

TJSP. Agravo de Instrumento. Condomínio. Execução de Título Extrajudicial. Determinação de citação do executado para pagamento do débito. Oposição de Embargos de Declaração, por omissão, quanto ao pedido de inclusão das cotas vincendas. Decisão que rejeitou os Aclaratórios, sob entendimento de inaplicabilidade do art. 323, CPC, aos processos de execução. Inclusão do crédito referente às cotas condominiais vencidas durante o processo, até a satisfação da obrigação. Possibilidade. Prestações periódicas e de trato sucessivo, exigíveis enquanto durar a obrigação. Art. 323, que tem aplicação subsidiária aos processos de execução de despesas condominiais, nos termos do art. 771, parágrafo único, do aludido Código. Primazia dos princípios da economia e celeridade processual, bem como da efetividade da prestação jurisdicional. Decisão reformada. Recurso provido. (Agravo de Instrumento 2037112-76.2017.8.26.0000 – Rel. Bonilha Filho; Comarca: São Paulo; Órgão julgador: 26ª Câmara de Direito Privado; j. 06.04.2017; Data de registro: 07.04.2017.

Caso não haja pagamento no prazo legal de três dias, requer-se, desde já, o acréscimo aos honorários, que deverão ser de 10% do valor executado (CPC, art. 827) com a penhora de dinheiro (CPC, art. 835, I e § 1°) pelo sistema do Banco Central.

Se frustrando a penhora de dinheiro, requer-se a expedição de mandado de penhora do imóvel consistente em (...) (documento 2), mediante termo nos autos, de acordo com o art. 837 e o art. 845, § 1°, do CPC.

Caso o executado não seja encontrado para citação, *ex vi legis* (CPC, art. 830), requer o arresto do imóvel indicado e cuja matrícula segue anexa (documento 2), cumpridas as formalidades legais, seguindo o processo nos termos da Lei com a citação do executado por edital findo o qual haverá automática conversão do arresto em penhora (CPC, art. 830, § 3°), o que admite a jurisprudência: "Ação de execução de título extrajudicial. Citação realizada por edital. Validade. Citação ficta ocorrida após diligências visando à obtenção de novo endereço do executado.

Aplicação do disposto no art. 231, II, CPC [atual art. 256, II]. Prescrição. Inocorrência. Interrupção do prazo prescricional. Inteligência do art. 219, CPC [atual art. 240]. Agravo improvido" (TJSP; 0221360-90.2012.8.26.0000; Relator(a): Soares Levada; Comarca: Sorocaba; Órgão julgador: 34ª Câmara de Direito Privado; j. 05.11.2012; data de registro: 08.11.2012; Outros números: 2213609020128260000).

b) Requer-se a intimação da penhora por meio dos advogados do executado, constituídos nos autos (CPC, art. 841) ou por via postal, caso não tenha advogado constituído.

c) Requer, outrossim, digne-se Vossa Excelência de fixar liminarmente os honorários para a presente execução, nos termos do art. 827 do Código de Processo Civil, que serão reduzidos pela metade no caso de pagamento em três dias da citação.

d) Por fim, tendo em vista o teor dos arts. 837 e 845, § 1º, do Código de Processo Civil, requer o exequente que a penhora seja registrada por meio eletrônico ou, impossível a prática do ato por meio eletrônico pela serventia, a expedição de certidão de inteiro teor do ato, para registro na matrícula do imóvel a ser penhorado/arrestado, de propriedade do executado (documento 2), nos termos dos arts. 167, I, 5 e 239 da Lei 6.015/1973.

II – Provas

Pela natureza da ação (execução), protesta por provar o alegado unicamente por intermédio dos documentos que instruem a exordial.

III – Valor da Causa

Atribui-se à presente execução o valor de R$ (...).

Termos em que,

pede deferimento.

Data

Advogado(a)

Documento 1

Procuração

Documento 2

Matrícula do imóvel

Documento 3

Ata da assembleia que aprovou a previsão orçamentária

Documento 4

Planilha de débitos

 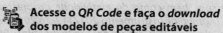

**Acesse o *QR Code* e faça o *download*
dos modelos de peças editáveis**

> http://uqr.to/1ye0b

Capítulo 3

AÇÃO DIVISÓRIA

3.1. PRINCIPAIS ASPECTOS

a) **Foro competente:** é o foro da situação da coisa (Código de Processo Civil, art. 47). Se o imóvel estiver situado em mais de uma comarca, inclusive de outro Estado, a competência se firma pela prevenção de uma delas (Código de Processo Civil, art. 60).

Se houver interesse da União, entidade autárquica ou empresa pública federal, a competência é da Justiça Federal (CF, art. 109, I).

b) **Legitimidade ativa e passiva:** Na ação divisória são ativa e passivamente legitimados os cotitulares do direito real sobre a coisa, quer a comunhão se refira ao direito de propriedade, quer a outro direito real, como o usufruto, o uso ou a enfiteuse.

Como o pedido de divisão se classifica no rol das chamadas *ações reais imobiliárias*, o cônjuge deverá dar seu consentimento para a propositura da ação e será citado, quando o outro for o réu (Código de Processo Civil, art. 73).

c) **Valor da causa:** o valor real de avaliação do imóvel (CPC, art. 292, IV).

d) **Petição inicial:** além dos requisitos do art. 319, a petição inicial deverá conter, ainda, aqueles do art. 320, ambos do Código de Processo Civil. O imóvel deve ser descrito com precisão, indicando-se a denominação, situação, limites e características peculiares. A origem da comunhão também deve ser indicada, com referência expressa ao título primitivo.

A divisão só se processa perante todos os condôminos. Se um deles deixar de comparecer à relação processual, por falta ou nulidade de citação, a sentença é ineficaz, não valendo mesmo contra os que foram citados.

e) **Defesa do réu:** poderá ser a mais ampla possível. Poderá alegar pacto ou estipulação de indivisão, usucapião do imóvel todo ou de apenas parte dele etc.

Havendo contestação e sendo procedente o pedido de divisão, o contestante sofre o ônus da sucumbência.

As custas da segunda fase, porém, são proporcionais ao quinhão de cada um.

f) **Prazo para contestar:** quinze dias (Código de Processo Civil, arts. 577 e 578).

3.2. FINALIDADE

A situação de indivisão deve ser sempre temporária, dado o caráter de exclusividade do direito de propriedade.

Se assim o é, a lei adota a tese segundo a qual a situação de comunhão é incômoda, na medida em que o uso comum da coisa tende a gerar conflitos entre os comproprietários (*communio mater rixarum*).

Posta assim a questão, a lei facilita a divisão do bem entre os condôminos.

Surge, desse modo, a ação de divisão, prevista no art. 569, II, do Código de Processo Civil, que tem por finalidade extinguir a comunhão, com a partilha da coisa comum entre os comunheiros.

3.2.1. A divisão nem sempre é possível

Nem sempre a divisão é possível.

Condição para a propositura da ação de divisão, por óbvio, é que o imóvel seja divisível, o que nem sempre ocorre.

A indivisibilidade pode ser natural, convencional ou legal (Código Civil, art. 88).

Pode haver indivisibilidade por determinação legal, como é o caso do Estatuto da Terra (Lei 4.504/1964, art. 65), que proíbe a divisão em áreas de dimensão inferior ao módulo rural e, ainda, a Lei 6.766/1979, que proíbe lotes urbanos com medida inferior a 125 m² (Lei 6.766/1979, art. 4º, II).

A indivisibilidade natural da coisa imóvel, que não admite divisão cômoda, pode ser representada por uma casa ou apartamento.

É possível igualmente estabelecer a indivisibilidade, pelo prazo máximo de cinco anos, nos termos do art. 1.320 e parágrafos do Código Civil, ressalvada a possibilidade de o juiz autorizar a divisão antes do prazo por motivos graves que a justifiquem.

A solução para esses casos será a adjudicação do imóvel a um só condômino, ou a venda judicial da coisa comum, repartindo-se o preço (Código Civil, art. 1.322) vista neste trabalho em capítulo próprio, que desde já se recomenda a leitura.

3.3. PROCEDIMENTO DA DIVISÃO – DUAS FASES DISTINTAS

A divisão de terras, assim como a demarcação, é procedimento que comporta duas fases.

Na primeira fase, os requeridos são citados para contestar em quinze dias, seguindo o procedimento comum, sendo que o juiz decidirá, por sentença (CPC, arts. 577, 578 e 589), sobre a pretensão de dividir, podendo, por exemplo, negar esse direito se se deparar com a indivisibilidade do imóvel.

Quando, na primeira fase, é verificada a impossibilidade completa da divisão por ofensa às dimensões do módulo ou do lote, o juiz desde logo indeferirá o pedido.

Na segunda, executam-se os trabalhos divisórios.

3.3.1. Nomeação de agrimensor e arbitradores

Transitada em julgado a sentença que julgou procedente a pretensão de dividir, é nomeado perito para os trabalhos divisórios.

As partes têm direito a assistentes técnicos.

3.4. CUMULAÇÃO DE DIVISÃO E DEMARCAÇÃO

É possível a cumulação de pedido de divisão com o de demarcação, citando-se condôminos e confrontantes.

As pretensões de demarcar e dividir se solucionam na primeira fase.

Julgados procedentes ambos os pedidos, demarca-se primeiro. Homologada a demarcação, divide-se (Código de Processo Civil, art. 570).

3.5. APRESENTAÇÃO DOS TÍTULOS – PEDIDO DE QUINHÕES

Julgada a pretensão de divisão por sentença, o que seguiu o procedimento comum, os condôminos serão intimados para, no prazo de dez dias, apresentar seus títulos e requerer quinhões (Código de Processo Civil, art. 591).

Nessa fase, as partes alegam e requerem o que julgar necessário para esclarecimentos e atribuição de quinhões.

O juiz, tendo em vista os pedidos, decide em seguida (Código de Processo Civil, art. 592), determinando os parâmetros que deverão ser seguidos pelo perito, tendo em vista as impugnações. Não havendo impugnação, o juiz determina a divisão geodésica do imóvel.

3.6. OPERAÇÕES DA DIVISÃO

Com base na decisão descrita no art. 592 do CPC, o perito propõe, em laudo fundamentado, a demarcação, seguindo as regras da decisão judicial e ouvidas as partes (Código de Processo Civil, art. 595).

Sobre o laudo, ouvidas as partes no prazo de quinze dias, o juiz decide sobre a partilha (CPC, art. 596) e, em cumprimento dessa decisão, o perito demarca os quinhões.

As operações de divisão se iniciam pela medição do imóvel, de acordo com o título de propriedade e a decisão descrita no art. 596 do Código de Processo Civil.

Concluídos os trabalhos, o perito desenha na planta das primeiras operações os quinhões, organizando novo memorial, onde são descritos todos os quinhões individualmente, conforme foram traçados (Código de Processo Civil, art. 597), expedindo-se o auto de divisão assinado pelo juiz e pelo perito com prolação de sentença homologatória de divisão.

3.7. DIVISÃO AMIGÁVEL

A divisão poderá ser feita amigavelmente, por escritura pública ou particular, desde que todos sejam capazes.

Nesse sentido, o art. 571 do Código de Processo Civil:

> Art. 571. A demarcação e a divisão poderão ser realizadas por escritura pública, desde que maiores, capazes e concordes todos os interessados, observando-se, no que couber, os dispositivos deste Capítulo.

3.8. MODELO DE AÇÃO DE DIVISÃO DE TERRAS PARTICULARES

Exmo(a). Sr(a). Dr(a). Juiz(a) de Direito da (...)

(...), vem, respeitosamente, por seus advogados e procuradores (documento 1), com escritório na (...), onde receberão intimações, propor, em face de (...), a competente

Ação divisória

o que faz com supedâneo no artigo 1.320 do Código Civil e arts. 588 e seguintes do Código de Processo Civil, pelos fatos e razões a seguir expostos:

I – Fatos

O imóvel, situado no distrito de (...), deste Município, é de copropriedade do requerente e do requerido.

Os comunheiros receberam o imóvel por herança de seu pai, segundo formal de partilha ora exibido (documento 2).

Com (...) hectares de área, o imóvel encontra-se perfeitamente descrito e individualizado na matrícula anexa (documento 3), da seguinte forma:

(Descrição do imóvel: situação, limites e característicos e todas as benfeitorias e acessões nele contidas).

Atualmente o imóvel que se requer a divisão destina-se à cultura de (...), tendo as seguintes acessões: (descrever as acessões).

O requerente, que reside no imóvel, nele realizou as seguintes benfeitorias (descrever as benfeitorias realizadas pelo requerente e indicar a respectiva situação).

II – Direito

A todo tempo é lícito ao condômino exigir a divisão da coisa comum (Código Civil, art. 1.320).

Portanto, cabe ação de divisão ao condômino para obrigar os demais consortes a partilhar a coisa comum (Código de Processo Civil, art. 569, II).

Sendo assim, não convindo ao requerente a continuidade do estado de comunhão, quer promover a divisão geodésica do imóvel.

III – Pedido

Em razão dos fatos e do direito ora exposto, requer-se o julgamento da procedência da vertente ação, dividindo-se e partilhando-se o imóvel em testilha.

IV – Citação

Em face do exposto, requer a Vossa Excelência a citação do consorte indicado no preâmbulo, para os termos da presente ação, citação essa nos moldes do artigo 247 do Código de Processo Civil, seguindo-se, após a eventual resposta, o procedimento comum (CPC, art. 578).

V – Audiência de Conciliação

Tendo em vista a natureza do direito e demonstrando espírito conciliador, a par das inúmeras tentativas de resolver amigavelmente a questão, o autor desde já, nos termos do art. 334 do Código de Processo Civil, manifesta interesse em autocomposição, aguardando a designação de audiência de conciliação.

VI – Provas

Protesta a autora por provar o alegado através de todos os meios de prova em direito admitidos, especialmente pela produção de prova documental, pericial e inspeção judicial.

VI – Valor da causa

Dá-se à causa o valor de R$ (...), valor de avaliação do imóvel (documento 4).

Termos em que,

pede deferimento.

Data

Advogado (OAB/SP)

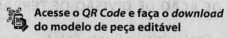

Acesse o *QR Code* e faça o *download* do modelo de peça editável

> http://uqr.to/1ye0c

Capítulo 4

AÇÃO DE EXTINÇÃO DE CONDOMÍNIO

4.1. ASPECTOS PROCESSUAIS

a) **Competência:** é competente o foro de situação da coisa, não obstante tratar-se de procedimento de jurisdição voluntária.

De fato, a ação de extinção de condomínio sobre imóvel versa sobre propriedade e envolve direito real. Assim, inafastável é a aplicação da regra do art. 47 do Código de Processo Civil, que define o foro da situação da coisa como competente, não cabendo opção pelo foro do domicílio ou de eleição.

b) **Legitimidade ativa:** condômino que desejar a extinção, e seu cônjuge.

Observe-se que, consoante o princípio dispositivo, estatuído no art. 2º do Código de Processo Civil, a tutela jurisdicional somente será prestada se e quando a parte, ou o interessado, a requerer, nos casos e formas legais, não podendo o juiz proceder de ofício.

O princípio mencionado vale para os procedimentos de jurisdição voluntária, ainda que de forma atenuada, pois o juiz toma, em alguns casos, a iniciativa de prestar a tutela jurisdicional (por exemplo, nos casos dos arts. 730, 738, 746 e 762 do Código de Processo Civil).[1]

Normalmente, porém, o procedimento de jurisdição voluntária terá início mediante a apresentação do pedido formulado pelo interessado ou pelo órgão do Ministério Público.

Quem é interessado? É aquela pessoa que tenha legitimidade e interesse para requerer a providência judicial.

Deve demonstrar essa legitimidade e esse interesse processual (Código de Processo Civil, art. 17), sob pena de ver indeferida liminarmente sua petição (art. 330, II e III – carência).

c) **Legitimidade passiva:** demais condôminos (e respectivos cônjuges).

d) **Valor da causa:** o valor dado à causa será por estimativa do autor, para fins meramente fiscais.

Veja-se a jurisprudência inserta na *RT* 511/231:

Na extinção de condomínio pela venda judicial da coisa comum indivisível, onde restrição se opõe somente à conveniência de sua alienação, ocorre ao autor liberdade para estipular o valor da causa, atitude que

---

[1]   Antonio Carlos Marcato, *Procedimentos especiais*, São Paulo: Malheiros Editores, 1997.

não fere as regras do art. 259 do Código de Processo Civil [atual art. 292], *nem mesmo em face do preço atribuído em avaliação judicial, ao imóvel.*

e) **Petição inicial:** para propor a ação de extinção de condomínio, o autor deve juntar à peça inaugural seu título de propriedade, para provar que tem legitimidade para requerer a venda judicial do bem imóvel.

4.2. PRINCIPAIS ASPECTOS DE DIREITO MATERIAL

4.2.1. O condomínio comum ou tradicional e a natureza da sua extinção

Segundo Rubens Limongi França,[2] o condomínio *é a espécie de propriedade em que dois ou mais sujeitos são titulares, em comum, de uma coisa indivisa (pro indiviso), atribuindo-se a cada condômino uma parte ou fração ideal da mesma coisa.*

Não se deve confundir esse tipo de condomínio, tradicional, com aquele decorrente de unidades autônomas, no qual apenas as áreas e coisas comuns estão em condomínio indiviso.

O condomínio tradicional, ou seja, a propriedade comum, comunhão, copropriedade ou compropriedade, é uma situação anômala, o que se afirma na exata medida em que o exercício do direito de propriedade tende à exclusividade.

Aliás, ensina Caio Mário da Silva Pereira que *a comunhão não é modalidade natural da propriedade. É um estado anormal (Clóvis Beviláqua), muito frequentemente gerador de rixas e desavenças, e fomentador de discórdias e litígios. Por isso mesmo, considera-se um estado transitório, destinado a cessar a todo tempo. A propósito, vige então a ideia central que reconhece aos condôminos o direito de lhe pôr termo.*[3]

Abarcando essa ideia, o Código Civil facilita a extinção da situação condominial.

Se o bem for indivisível – materialmente ou juridicamente – um dos condôminos deve adjudicar a coisa pagando ao outro ou aos outros a parte que lhes cabe.[4]

Se não houver acordo, promover-se-á a venda da coisa comum, sem que os demais condôminos possam impedir essa alienação.

Por outro lado, sendo possível a partilha física da coisa comum, qualquer condômino pode exigi-la a qualquer tempo, ainda que seja por intermédio de ação de divisão, cujo capítulo neste trabalho se recomenda a leitura.

Determina o Código Civil:

> *Art. 1.320. A todo tempo será lícito ao condômino exigir a divisão da coisa comum, respondendo o quinhão de cada um pela sua parte nas despesas da divisão.*
>
> *§ 1º Podem os condôminos acordar que fique indivisa a coisa comum por prazo não maior de cinco anos, suscetível de prorrogação ulterior.*
>
> *§ 2º Não poderá exceder de cinco anos a indivisão estabelecida pelo doador ou pelo testador.*

---

2   Rubens Limongi França, verbete "condomínio", *in Enciclopédia Saraiva de Direito*, São Paulo: Saraiva, vol. 17, p. 396.

3   Caio Mario da Silva Pereira, *Instituições de direito civil*, v. IV. 17ª ed. Rio de Janeiro: Forense, 2002, p. 123.

4   No capítulo referente à ação de divisão tratamos do assunto mencionando que a indivisibilidade pode ser natural, convencional ou legal (Código Civil, art. 88). Pode haver indivisibilidade por determinação legal, como é o caso do Estatuto da Terra (Lei 4.504/1964, art. 65), que proíbe a divisão em áreas de dimensão inferior ao módulo rural e, ainda, a Lei 6.766/1979, que proíbe lotes urbanos com medida inferior a 125 m². (Lei 6.766/1979, art. 4º, II). A indivisibilidade natural da coisa imóvel, que não admite divisão cômoda, pode ser representada por uma casa ou apartamento.

§ 3º A requerimento de qualquer interessado e se graves razões o aconselharem, pode o juiz determinar a divisão da coisa comum antes do prazo.

Em suma, se o bem for indivisível, a lei proporciona uma forma de fazer cessar a incômoda situação reinante entre os comunheiros.[5]

Para tanto, dispõe o art. 1.322, do Código Civil:

Art. 1.322. Quando a coisa for indivisível, e os consortes não quiserem adjudicá-la a um só, indenizando os outros, será vendida e repartido o apurado, preferindo-se, na venda, em condições iguais de oferta, o condômino ao estranho, e entre os condôminos aquele que tiver na coisa benfeitorias mais valiosas, e, não as havendo, o de quinhão maior.

Parágrafo único. Se nenhum dos condôminos tem benfeitorias na coisa comum e participam todos do condomínio em partes iguais, realizar-se-á licitação entre estranhos e, antes de adjudicada a coisa àquele que ofereceu maior lanço, proceder-se-á à licitação entre os condôminos, a fim de que a coisa seja adjudicada a quem afinal oferecer melhor lanço, preferindo, em condições iguais, o condômino ao estranho.

Assim, o direito material instituiu um mecanismo especial, para fazer cessar o indesejável condomínio, sobre coisas que não podem ser divididas fisicamente.

Em primeiro lugar, a lei prevê a possibilidade de adjudicação, como forma de solução amigável.

A adjudicação significa o fato de um só dos comunheiros haver para si a totalidade da propriedade, pagando aos demais condôminos o valor de suas quotas.

Se todos forem maiores e capazes, a adjudicação pode ser feita por meio de escritura pública de compra e venda, sem depender de autorização judicial.

Por outro lado, se não houver acordo entre os comproprietários ou resistência de um dos comunheiros, a medida judicial aplicável será a alienação forçada do imóvel em hasta pública, com a preferência dos condôminos em relação a estranhos.

Já se reconheceu, todavia, que é abuso de direito, com fundamento no art. 187 do Código Civil, o pedido de venda da coisa comum no caso de imóvel pertencente a ex-cônjuges, sendo autor da ação o ex-cônjuge varão que possui outros imóveis e pretende desalojar a ex-mulher e filhos.

Superior Tribunal de Justiça. *Condomínio. Bem indivisível. Alienação judicial. Falta de citação do condômino. Moradia da família. O condômino do imóvel indivisível que se quer alienar judicialmente deve ser citado. Art. 1105 do CPC [atual art. 721]. Servindo o imóvel modesto para a moradia da ex-mulher e dos filhos do autor, a imposição da perda do bem com a alienação forçada caracteriza abuso de direito, pois a medida servirá apenas para preservar 25% da propriedade do autor. Art. 187 do Novo Código Civil. Recurso conhecido e provido (REsp 367.665/SP, Rel. Ministro Ruy Rosado de Aguiar, Quarta Turma, j. 15.05.2003, DJ, 15.12.2003 p. 314).*

Do ponto de vista material, importante ainda ressaltar que a transmissão da propriedade por intermédio de procedimento de alienação judicial nada mais é que modalidade de aquisição derivada.

Em consonância com o acatado, o direito de propriedade é transmitido com todos os ônus e direitos reais que incidem sobre o domínio.

Segundo Silvio de Salvo Venosa, *na aquisição originária, não se consideram vícios anteriores da propriedade porque não existe anterior titular a ser levado em conta. Na aquisição*

---

5   Humberto Theodoro Júnior, *Curso de Direito Processual Civil*, Rio de Janeiro: Forense, 1998, vol. III, p. 406.

derivada, a coisa chega ao adquirente com as características anteriores, tanto atributos ou virtudes como defeitos ou mazelas. Desse modo, a alienação de bem hipotecado ou onerado com servidão, por exemplo, não extingue esses ônus. A aquisição por direito hereditário, a derivada de contrato e a tradição são exemplos de modalidades derivadas de aquisição.[6]

Nesse sentido:

Tribunal de Justiça do Rio Grande do Sul *– Agravo 595065103 – Sexta Câmara Cível – Rel. Milton Carlos Loff – j. 05.09.1995. Condomínio – Venda de bens onerados com usufruto. A existência de usufruto sobre o bem não é impeditiva de alienação do bem, sem extinção, obviamente do usufruto que será respeitado pelo novo proprietário como o era pelo anterior.*

4.3. PRINCIPAIS ASPECTOS DE DIREITO PROCESSUAL

A ação de extinção de condomínio, mediante a venda (ou alienação) forçada, está inserida no Capítulo XV do Título III (Dos Procedimentos Especiais) do Livro I da Parte Especial (Do Processo de Conhecimento e do Cumprimento de Sentença) do Código de Processo Civil, que trata dos procedimentos especiais de jurisdição voluntária (CPC, art. 725, IV).

4.3.1. Sobre a jurisdição voluntária

Antônio Cláudio da Costa Machado,[7] citando José Alberto dos Reis, considera que a jurisdição voluntária não é jurisdição e nem voluntária.

Não é jurisdição porque as características da verdadeira *jurisdictio* não se fazem presentes.

De fato, não há substitutividade na jurisdição voluntária na medida em que a atividade que o magistrado desenvolve é integrativa, ou seja, o juiz não substitui as partes, mas soma a sua atividade à dos interessados para a obtenção de certo efeito jurídico.

Por outro lado, a jurisdição voluntária não pressupõe litígio, ou lide, como a contenciosa. A atividade é tipicamente administrativa, nada tendo de jurisdicional.

Ademais, na jurisdição voluntária o juiz não está limitado ao critério da legalidade estrita.

O art. 723 do Código de Processo Civil preceitua:

Art. 723. O juiz decidirá o pedido no prazo de 10 (dez) dias.

Parágrafo único. O juiz não é obrigado a observar critério de legalidade estrita, podendo adotar em cada caso a solução que considerar mais conveniente ou oportuna.

4.4. PROCEDIMENTO

O procedimento é o dos arts. 730 e 879 a 903 do Código de Processo Civil, observadas as seguintes preferências (Código Civil, art. 1.322):

a) Em condições iguais, o condômino tem preferência sobre o estranho.

b) Entre os condôminos, a preferência será daquele que tiver benfeitorias de maior valor.[8]

---

6   Sílvio de Salvo Venosa, *Direito Civil*. Volume V. São Paulo: Atlas, 2009, p. 192.

7   Antônio Cláudio da Costa Machado, *Código de Processo Civil interpretado*, São Paulo: Saraiva, p. 1.322.

8   O juiz fixa prazo comum para a prova da existência das benfeitorias e os valores, inclusive, se for o caso, com a determinação de perícia.

c) Não havendo benfeitorias, o proprietário do maior quinhão terá preferência.

d) Não existindo nenhum padrão de preferência entre os condôminos, os interessados deverão licitar, sendo vencedor aquele que oferecer maior preço.

Todos os condôminos serão citados para acompanhar o procedimento da alienação judicial e participar da hasta pública, quando deverão exercer, querendo, a preferência legal.

Se o arrematante, estranho, tiver a melhor oferta, o condômino deverá manifestar-se, oferecendo lanço igual. Se não lançou, oferecendo preço igual ao do arrematante, não exercitou, no tempo adequado, sua preferência.

4.5. INTERVENÇÃO DO MINISTÉRIO PÚBLICO

As linhas mestras da atuação do Ministério Público estão traçadas na Constituição Federal, nos arts. 127 a 130.

Com efeito, o Ministério Público é definido como a instituição permanente e essencial à função jurisdicional do Estado, incumbindo-lhe a defesa da ordem jurídica, do regime democrático e dos interesses sociais e individuais indisponíveis (art. 1º da Lei 8.625, de 12.02.1993 – Lei Orgânica Nacional do Ministério Público).

Além das importantes funções que exerce no âmbito criminal, o Ministério Público possui, ainda, relevante participação no processo civil, quer como parte, na defesa dos interesses difusos, coletivos e individuais indisponíveis, quer como fiscal da lei, atualmente denominado "fiscal da ordem jurídica", ou, ainda, como substituto processual.

Como parte, o Ministério Público é titular da ação civil, ou seja, a lei lhe defere legitimidade para promover algumas ações, tais como a de interdição (Código de Processo Civil, art. 747, IV), rescisória (Código de Processo Civil, art. 967, III), entre outras (Código de Processo Civil, arts. 177 e 178).

Como fiscal da ordem jurídica, o Ministério Público intervém no processo, sob pena de nulidade:

a) em todas as causas em que haja interesses de incapazes, autores ou réus no processo (Código de Processo Civil, art. 178, II);

b) nas causas que envolvam litígios coletivos pela posse de terra rural ou urbana (art. 178, III);

c) nas causas em que há interesse público evidenciado pela natureza da lide ou pela qualidade da parte (art. 178, I), tais como a ação popular (art. 6º, § 4º, da Lei 4.717/1965);

d) nos procedimentos de jurisdição voluntária (Código de Processo Civil, art. 720), visando, com sua intervenção, resguardar interesses privados em debate, bem como fiscalizar a exata aplicação da lei pelo juiz.

A alienação, a locação e a administração da coisa comum, atualmente, têm o seu procedimento como de jurisdição voluntária, na forma estabelecida nos arts. 719 a 725 do Código de Processo Civil, por força do art. 725, IV, da mesma lei processual, sendo necessária a citação do Ministério Público nas hipóteses do art. 178 da Lei Processual.[9] A falta desse requisito acarreta a nulidade do processo (*RT* 492/155).

---

[9] *Art. 178. O Ministério Público será intimado para, no prazo de 30 (trinta) dias, intervir como fiscal da ordem jurídica nas hipóteses previstas em lei ou na Constituição Federal e nos processos que envolvam:*

Nesse sentido, decidiu o Segundo Tribunal de Alçada Civil de São Paulo, em acórdão relatado pelo Juiz Nóbrega de Salles:

> *Jurisdição Voluntária. Alienação de coisa comum. Falta de intervenção do Ministério Público. Nulidade. (...)*

Mais recentemente, o Tribunal de Justiça de São Paulo:

> *Ministério Público. Intervenção. Procedimento de jurisdição voluntária. Obrigatoriedade da citação. Art. 1.105 do Código de Processo Civil* [atual art. 721] *(Rel. Des. Nigro Conceição, RJTJSP, 93:179).*

Ainda assim, Theotonio Negrão, na nota 1, ao art. 1.105 do CPC de 1973,[10] que corresponde ao atual art. 721 do Código de Processo Civil, menciona aresto em sentido contrário, sustentando a desnecessidade da atuação do Ministério Público nos procedimentos de jurisdição voluntária de alienação de coisa comum, aspecto hoje claro, posto que o vigente CPC apenas exige a intervenção nas hipóteses do seu art. 178:

> *Alienação judicial de imóvel em condomínio. Intervenção do MP. Não é obrigatória. Na jurisdição voluntária a intervenção torna-se obrigatória nos casos "em que a lei explicitamente a reclama" (STJ-3ª Turma, Ag.Rg. nº 41.605-4-SP, Rel. Min. Nilson Naves, j. 08.11.93, negaram provimento, v.u., DJU 06.12.93, p. 26.665).*
>
> *Contra, entendendo que, ainda quando não haja interesse de incapazes, é obrigatória, em todos os procedimentos de jurisdição voluntária, a intervenção do MP: RJTJESP 105/168, RJTJERGS 173/322, RP 26/275 (alienação judicial).*

4.6. MODELO DE AÇÃO DE EXTINÇÃO DE CONDOMÍNIO

MM. Juízo da (...)

(...), vem, respeitosamente, perante Vossa Excelência, por seus advogados, pelo procedimento de Jurisdição Voluntária dos artigos 719 e seguintes do Código de Processo Civil, requerer em face de (...), a presente

Ação de extinção de condomínio

o que faz com fundamento nos artigos 725, IV, e seu parágrafo único, 730, e 745 do Código de Processo Civil, art. 1.322 do Código Civil e pelos argumentos de fato e de direito a seguir aduzidos:

Os requerentes são titulares de domínio de 25% de um apartamento localizado na cidade de São Paulo, que assim se descreve e se caracteriza (...) (documento 2 – cópia atualizada da matrícula).

Esse imóvel foi adquirido em condomínio com o requerido, conforme escritura pública lavrada no (...) Tabelião de Notas da Capital, livro (...) fls. (...), devidamente registrada sob o nº 1 na matrícula n (...), junto ao (...) oficial de Registro de Imóveis da Capital – SP.

O condômino-requerido possui a parte ideal de 50% no apartamento já referido.

Ocorre que não é possível fazer cessar comunhão pela divisão e partilha do apartamento entre os condôminos, na proporção de seus direitos, em virtude da indivisibilidade do imóvel.

Tampouco é viável acordo amigável com a adjudicação do bem a um dos condôminos, mediante reposição do preço.

Isto posto, os requerentes, não desejando permanecer em comunhão com o requerido e coproprietário, vêm requerer a venda da referida propriedade por intermédio da presente ação de extinção de condomínio.

I – *interesse público ou social; II – interesse de incapaz; III – litígios coletivos pela posse de terra rural ou urbana. Parágrafo único. A participação da Fazenda Pública não configura, por si só, hipótese de intervenção do Ministério Público.*

10. Theotonio Negrão, *Código de processo civil*, São Paulo: Saraiva, 1997.

Pedido

Em consonância com o acatado, requer-se a procedência da ação com a venda judicial do bem, nos termos dos arts. 879 a 903 do Código de Processo Civil.

Citação

Nos termos do art. 246 do CPC, requer-se a citação por meio eletrônico ou, não havendo cadastro, pelo correio (*ou, ainda, justificando, por Oficial de Justiça, nos termos do § 1º-A, II, do art. 246 do CPC, facultando-se ao Sr. Oficial de Justiça encarregado da diligência proceder nos dias e horários de exceção (CPC, art. 212, § 2º)*), para eventual oferta de resposta no prazo de 15 (quinze) dias (art. 335 do Código de Processo Civil).

Requer-se, ainda, nos termos do art. 721 do Código de Processo Civil, a intimação do Ministério Público.

Provas

Os requerentes protestam por provar o alegado através de todos os meios de prova em direito admitidos, especialmente pela produção de prova documental, testemunhal, pericial e inspeção judicial, depoimento pessoal da requerida, inclusive em eventual audiência a ser designada por Vossa Excelência com fundamento no art. 723, parágrafo único do Código de Processo Civil.

Valor da causa

Dá-se à causa o valor de R$ (...).

Termos em que,

pedem deferimento.

Data

Advogado (OAB)

Acesse o *QR Code* e faça o *download* do modelo de peça editável

> http://uqr.to/1ye0d

Termos em que,

pedem deferimento.

Data.

Advogado(OAB).

Livro V

VIZINHANÇA

DIREITO DE VIZINHANÇA – AÇÃO DE DANO INFECTO E AÇÃO DE NUNCIAÇÃO DE OBRA NOVA

1.1. ASPECTOS GERAIS: A PROPRIEDADE, SUA FUNÇÃO SOCIAL E O DIREITO DE VIZINHANÇA

A noção de propriedade está insculpida no estudo dos direitos reais do Direito Civil.

Nada obstante, também constitui garantia constitucional do artigo 5º, inciso XXII, da Carta Magna.

Todavia, a Constituição Federal contém imposições correspondentes à sua função no ordenamento jurídico, ou seja, de norma das normas ou norma de estrutura.

Portanto, a Constituição define tão só o perfil dos direitos, estabelecendo, genericamente, as limitações que os condicionam, assim como a propriedade e a função social que a limita.

A Constituição consagra os direitos e as liberdades fundamentais, como, por exemplo, o de reunião, de associação, de trabalho, de culto, de propriedade etc.

Destarte, tais direitos, embora garantidos constitucionalmente, possuem seu exercício regulado por lei, onde encontram suas respectivas limitações.

A Constituição Federal é que possui, realmente, a finalidade de assegurar o direito de propriedade, de acordo com as limitações previstas no ordenamento jurídico, limitações essas que encontram fundamento na função social que o domínio deve constitucionalmente respeitar.

Diz-se que a propriedade é direito real por excelência, assim considerada porquanto dela emanam todos os outros direitos reais dispostos *numerus clausus* no Código Civil e na legislação extravagante.

De fato, só a lei possui o condão de criar direitos reais, especialmente a propriedade.

Entre as inúmeras teorias que tentam explicar a propriedade, a que mais se aproxima da realidade é a teoria da natureza humana, mormente que, desde os primórdios da sociedade, é instituto inerente ao ser humano como condição de sua existência e pressuposto de sua liberdade.

Muito embora diversos regimes tentassem atenuá-la ou até extirpá-la, nenhum conseguiu o intento com êxito, o que vem reforçar a tese da natureza humana do domínio.

Nosso ordenamento jurídico não traz uma definição legal de propriedade. Assim, sua definição é extraída do artigo 1.228, do Código Civil, que define o proprietário.

Em consonância com o acatado, podemos afirmar que a propriedade é definida como o direito real de usar, gozar, dispor e reivindicar a coisa de quem quer que injustamente a detenha (este espelha o direito de sequela).

Aliás, convém lembrar que a propriedade é o único direito real que não recai sobre o direito de outrem. Outrossim, todo direito subjetivo representa um vínculo que, no caso do direito real de propriedade, configura um liame que se forma entre o proprietário e a coletividade, cuja fonte se encontra na lei.

Já se observou alhures[1] que, depois das novas ideias geradas pela Declaração dos Direitos do Homem, já sob o influxo da preponderância do social sobre o particular, a ideia romanística do direito de propriedade encontraria as restrições conhecidas hoje.

É de se observar que as chamadas limitações ao direito dominial hoje atingem o direito pleno e absoluto, ora através de ordens negativas (*non facere*), ora positivas (*facere*), mas sempre prestigiando a sua função social.

Essas limitações e imposições, contudo, se adequam, ainda que não perfeitamente, à ideia original da propriedade, consubstanciada no vetusto *jus utendi, fruendi* e *abutendi* dos romanos, representando antes de uma radical mudança, sua evolução normal, o seu aperfeiçoamento.

Verifica-se, portanto, que a propriedade, por dilargado lapso histórico, esteve encampada de maneira exclusiva pelo Direito Privado.

A interferência do Direito Público no direito de propriedade é recente, abrandando o conceito original, remanescente da ideia da propriedade plena e ilimitada que não vigora mais no Código Civil, respeitando o comando constitucional.

Em verdade, agigantaram-se sobre a noção de propriedade do Diploma Civil, impregnado pela teoria econômica liberalista do século retrasado, imposições de natureza constitucional e, também, de Direito Administrativo.

Da evolução do Direito Público decorreu o sentido social da propriedade, impondo limitações que condicionam o seu uso.

Essas limitações, porém, não aniquilaram o direito de propriedade, que continua a existir com os atributos e elementos originais, sendo, inclusive, garantido pela Constituição de 1988 (Constituição Federal, art. 5º, XXII).

Em verdade, o direito de propriedade encontra supedâneo na Constituição, cabendo ao Direito Civil apenas a sua regulamentação, com disposições referentes às relações entre os particulares, como, sem sombra de dúvida, são as disposições do próprio Código Civil, especialmente no que tange ao direito de vizinhança:

Tribunal de Alçada de Minas Gerais. *Processo nº 0262086-0/00, Apelação, Itaúna, 3ª Câmara Cível, j. 26.08.1998, Rel. Juiz Dorival Guimarães Pereira, unânime. Direito de vizinhança – mau uso da propriedade – dano infecto – obra – perdas e danos – o proprietário tem o direito de usar e gozar da coisa, ficando limitado o exercício dessa prerrogativa quando a utilização do bem se tornar nociva, causando dano ou prejuízo a outrem. Assim, se a propriedade está na iminência de gerar ruína a terreno vizinho, pode o proprietário deste lançar mão da ação de dano infecto visando a sanar a irregularidade e afastar o risco de que o prejuízo se efetive – ex vi do disposto no art. 97 do Código de Águas, não poderá o dono do prédio abrir poço junto ao prédio vizinho, sem guardar as distâncias necessárias ou tomar as precisas precauções para que ele não sofra prejuízo sob pena de responder pelas perdas e danos.*

De fato, seria absurdo que todos pudessem exercitar o direito ao domínio conforme exerciam os romanos, ilimitadamente, pois conduta desse jaez implicaria o abuso do direito, ou seja, que o direito exercido por uns prejudicasse o direito dos demais cidadãos.

---

[1] Antonio Augusto Queiroz Telles, *Estudo Elementar de Introdução à Ciência do Direito*, com nossa colaboração, p. 133.

Impôs-se, por via de consequência, que o Estado, investido de sua potestade, ordenasse a prática deste direito, até mesmo pela observância do princípio constitucional maior da igualdade de todos perante a lei.

Entretanto, qualquer limitação, é bom que se diga, deve decorrer expressamente de lei, de vez que no Brasil *ninguém é obrigado a fazer ou deixar de fazer alguma coisa, senão em virtude da lei.*

Portanto, o direito de propriedade está previsto na Carta Maior, da mesma forma que as condições necessárias ao seu exercício estão previstas na legislação extravagante e no Código Civil, incluídas aí as limitações decorrentes do direito de vizinhança.

Duas observações:

a) O conceito de vizinho é amplo: vizinho não é apenas o limítrofe, mas todo o prejudicado.

b) Há, aqui, uma situação paradoxal: como é que se pode falar em direitos, se estamos tratando de limitações?

Este paradoxo justifica-se pelo provérbio latino *jus et obligatio sunt correlatas*: a cada direito corresponde uma obrigação.

A limitação imposta a um proprietário equivale a um direito do seu vizinho e reciprocamente.

Por exemplo: existe a obrigação de não construir terraço a menos de metro e meio do terreno confinante, para não o devassar.

A esta obrigação corresponde o direito, do confinante, de mandar demolir o terraço.

Portanto, estamos diante de direitos e deveres recíprocos entre vizinhos.

Há dois tipos de regras no Direito de Vizinhança:

a) Regras de abstenção de certos atos.

b) Regras de sujeição, vale dizer, que sujeitam o proprietário a uma invasão da sua órbita de domínio.

Exemplo clássico de regra de abstenção está espelhado no artigo 1.277 do Código Civil, segundo o qual o vizinho deve abster-se de praticar qualquer ato que prejudique a segurança, o sossego e a saúde do proprietário ou do inquilino de um prédio.

Exemplo de regra de sujeição é encontrado na obrigação de o vizinho do prédio encravado conceder passagem forçada.

Observem que, em qualquer caso, há uma profunda restrição ao direito individual, em benefício do vizinho.

Silvio Rodrigues[2] estabelece uma classificação das regras do Direito de Vizinhança, acorde com o Código Civil, o que faz da seguinte forma:

a) Regras que ordenam a abstenção da prática de certos atos:

a.1) Artigo 1.277 do Código Civil: abster-se de fazer uso do prédio capaz de prejudicar a saúde, ao sossego ou a segurança do vizinho;

a.2) Artigo 1.301 do Código Civil: abster-se de abrir janela, eirado ou terraço, a menos de metro e meio do prédio confinante.

---

2   Silvio Rodrigues, *Direito Civil. Direito das coisas*, São Paulo: Saraiva, 1991, vol. 5, p. 117.

b) Regras que sujeitam a uma invasão de propriedade:

b.1) Artigos 1.285 e 1.286 do Código Civil: o vizinho do prédio encravado é obrigado a conceder-lhe passagem, inclusive para tubulações, cabos e dutos referentes a serviços públicos, mediante indenização cabal;

b.2) Artigo 1.288 do Código Civil: o dono do prédio (terreno) inferior é obrigado a receber as águas que fluem naturalmente do superior;

b.3) Artigo 1.297 do Código Civil: o proprietário pode ser obrigado por seu confinante a demarcar os respectivos prédios, repartindo-se as despesas;

b.4) Artigo 1.313 do Código Civil: da mesma maneira, deve permitir a entrada do vizinho em seu prédio, quando seja indispensável à reparação, construção e reconstrução da casa daquele;

b.5) Artigo 1.293 do Código Civil: o dono do prédio rústico não se pode opor a que terceira pessoa por ali canalize, em proveito agrícola ou industrial, as águas a que tenha direito.

Hely Lopes Meirelles,[3] na sua magistral obra *Direito de Construir*, apresenta uma relação de ações de vizinhança:

a) Ação de indenização de danos de vizinhança.

b) Ação de nunciação de obra nova.

c) Ação demolitória.

d) Caução de dano iminente.

e) Ação de construção e conservação de tapume divisório.

f) Ação de travejamento em parede divisória.

g) Ação de passagem forçada.

h) Ação de servidão de aqueduto.

i) Ações possessórias.

j) Ações de demarcação e de divisão.

k) Ações de loteamento.

l) Ações de condomínio.

No Código Civil, o direito de vizinhança é tratado através dos seguintes temas:

a) Mau uso da propriedade.

b) Árvores limítrofes.

c) Passagem forçada.

d) Passagem de cabos e tubulações.

e) Águas.

f) Limites entre prédios – direito de tapagem.

g) Direito de construir.

Vejamos esses tópicos.

---

[3] Hely Lopes Meirelles, *Direito de construir*, São Paulo: Malheiros, 2000, p. 293.

1.2. MAU USO OU USO ANORMAL DA PROPRIEDADE

A propriedade, como vimos, deve ser exercida com respeito à função social e ao direito dos vizinhos, ou seja, de acordo com a boa-fé e os bons costumes, conforme sua finalidade econômica e social.

É evidente que, diante disso, se impede o mau uso ou uso anormal da propriedade, ou seja, o uso – um dos atributos do domínio –, que afronta a saúde, o sossego e a segurança dos vizinhos.

Para conter esse mau uso, os vizinhos encontram a ação de dano infecto, que será adiante analisada e encontra fundamento material nos arts. 1.277 a 1.281, do Código Civil, segundo os quais:

Art. 1.277. O proprietário ou o possuidor de um prédio tem o direito de fazer cessar as interferências prejudiciais à segurança, ao sossego e à saúde dos que o habitam, provocadas pela utilização de propriedade vizinha.

Parágrafo único. Proíbem-se as interferências considerando-se a natureza da utilização, a localização do prédio, atendidas as normas que distribuem as edificações em zonas, e os limites ordinários de tolerância dos moradores da vizinhança.

Art. 1.278. O direito a que se refere o artigo antecedente não prevalece quando as interferências forem justificadas por interesse público, caso em que o proprietário ou o possuidor, causador delas, pagará ao vizinho indenização cabal.

Art. 1.279. Ainda que por decisão judicial devam ser toleradas as interferências, poderá o vizinho exigir a sua redução, ou eliminação, quando estas se tornarem possíveis.

Art. 1.280. O proprietário ou o possuidor tem direito a exigir do dono do prédio vizinho a demolição, ou a reparação deste, quando ameace ruína, bem como que lhe preste caução pelo dano iminente.

Art. 1.281. O proprietário ou o possuidor de um prédio, em que alguém tenha direito de fazer obras, pode, no caso de dano iminente, exigir do autor delas as necessárias garantias contra o prejuízo eventual.

Preliminarmente, convém ressaltar que os direitos de vizinhança protegidos pelos artigos citados são decorrentes de proximidade e não, necessariamente, de contiguidade.

Portanto, mesmo aquele que não seja vizinho de parede pode, eventualmente, ser prejudicado pelo mau uso de propriedade próxima.

Constituem mau uso da propriedade e justificam a ação de dano infecto as situações presentes, nas quais o dano ainda está ocorrendo, ou seja, nas situações presentes e dotadas de continuidade.

Se o dano já se consumou não haverá alternativa senão uma ação de reparação por responsabilidade civil, com supedâneo no art. 186 do Código Civil.

Convém verificar que nem sempre o dano decorre de ato jurídico (ato humano), podendo, muitas vezes, decorrer de fatos jurídicos (fatos da natureza).

Exemplificando, se um muro vizinho ameaça desabar[4] em virtude de forte temporal, esse fato não afastará a possibilidade jurídica e o sucesso da ação de dano infecto, pouco

---

4   **Tribunal de Alçada Cível do Rio de Janeiro.** *Direito de vizinhança. Apelação Cível nº 89.732, 4ª Câmara, unânime, Juiz: Raul Quental, j. 28.06.1983. Ação de dano infecto. Barranco que ameaça ruir, danificando o muro pertencente ao dono do imóvel vizinho. Procedência da ação proposta visando a compelir o réu a fazer obras de contenção do barranco, sendo irrelevante que não tenha culpa do surgimento do risco.*

importando, nesse caso, se o réu da ação tomou ou não todas as cautelas ou, ainda, se o muro foi construído de acordo com todas as normas técnicas.

Outro exemplo: não é porque uma indústria se instalou em local inabitado, povoado ao depois, que gozará de imunidade quanto à emissão de gases poluentes, atentatórios ao direito de vizinhança.

Nesse sentido, inaplicável, hodiernamente, na maioria dos casos, a noção de pré-ocupação esposada por Demolombe,[5] segundo o qual aquele que ocupa determinado local em primeiro lugar possui o condão de fixar-lhe a destinação.

Muitos elementos podem entrar na formação da convicção do juiz, como, por exemplo, a zona onde se dá o conflito.

Os elementos de perturbação causados por uma fábrica localizada em bairro residencial devem ser vistos com muito mais rigor do que os mesmos elementos em bairro industrial.

As pessoas que residem em bairro fabril já contam com algum elemento de perturbação, em função daquela atividade.

Vejam o caso de casas noturnas: são comuns as decisões ordenando o fechamento de danceterias instaladas no andar térreo de edifício residencial.

Nada obstante, já houve decisão em sentido contrário (*RT* 95/595 e 354/404): Trata-se de vetusta ação movida contra casa noturna situada na Avenida São João, Capital de São Paulo, local, na época, de grande movimento.

Os autores da ação reclamavam do barulho excessivo produzido pela música até altas horas da madrugada e, demais disso, das confusões armadas pelos frequentadores do lugar.

A ação acabou sendo julgada improcedente, entendendo o acórdão que todo aquele que vai residir deliberadamente em local já ocupado por alguma atividade, é obrigado a suportar a inconveniência de sofrer perturbações deste tipo.

Data venia, não podemos concordar com tal decisão.

A teoria da pré-ocupação considera que a pessoa que ocupa em primeiro lugar determinado local acaba, deste modo, fixando-lhe a destinação futura.

A ideia é injusta. Não há como admitir que, apenas pelo fato da ocupação prévia alguém possa impor aos futuros ocupantes a sua atividade nociva.

Por outro lado, como ensina Silvio Rodrigues, *é fácil compreender que a pessoa que se instala à beira de uma estrada de ferro não pode pleitear a cessação dos incômodos que ela pode causar.*[6]

1.2.1. Os critérios para verificação do uso anormal da propriedade e o abuso de direito

O uso da propriedade, ainda que dentro dos limites da lei, pode ensejar um ato ilícito.

É, de fato, tarefa árdua identificar se o ato praticado pelo vizinho decorre de exercício regular de direito ou abuso de direito.

Se decorrer de exercício regular de direito, a reclamação do prejudicado seria inócua, vez que o ato do vizinho não se sujeitaria, destarte, a qualquer espécie de sanção jurídica.

Todavia, pode representar abuso de direito.

---

[5] *Cours de code napoleon – Traité des servitudes*, Paris, 1876, vol. XII, tomo II, nº 659.

[6] Silvio Rodrigues, ob. cit., p. 128.

Exsurge, assim, para proteger os direitos dos vizinhos, a teoria do abuso de direito, supedâneo para a ação de dano infecto na exata medida em que nenhum proprietário ou possuidor poderá exercer seu direito, mesmo regular, prejudicando o direito dos vizinhos.

Se for verdade que os atributos da propriedade são derivados do *jus utendi, fruendi e abutendi* dos romanos, não é menos verdade que o atributo "abusar" foi substituído por "dispor com limites", principalmente em razão da função social da propriedade inserta no inciso XXIV, do art. 5º, da Constituição Federal.

Nesse sentido, aquele que extrapola o limite da concepção do direito de propriedade, *de maneira inconsiderada, anormal, irregular, em desacordo com a sua finalidade social,*[7] deve cessar a conduta que colide com o regular direito dominial infrativo do direito de vizinhança.

O Código Civil já prevê o abuso de direito no art. 187:

> *Art. 187. Comete ato ilícito o titular de um direito que, ao exercê-lo, excede manifestamente os limites impostos pelo seu fim econômico ou social, pela boa-fé ou pelos bons costumes.*

No mesmo sentido, o art. 1.228 do Código Civil:

> *Art. 1.228, § 2º São defesos os atos que não trazem ao proprietário qualquer comodidade, ou utilidade, e sejam animados pela intenção de prejudicar outrem.*

Exemplo interessante nos fornece o magistério do preclaro Professor José Manoel de Arruda Alvim Netto: proprietário de terreno, ao lado do qual funcionava atividade que dependia de entrada e saída de caminhões, colocou, no seu terreno, estrategicamente, um poste que passou a impedir a entrada de veículos pesados e, conseguintemente, impediu o desenvolvimento regular da atividade empresarial do imóvel lindeiro ao seu. Nesse caso foi reconhecido o abuso de direito, mormente que o poste havia sido colocado apenas para impedir aquela entrada de veículos, não possuindo, assim, qualquer outra função.

Não se pode negar, outrossim, a dificuldade do magistrado na solução do conflito que lhe é apresentado.

Com efeito, *o que apenas a um incomoda, a outro causa verdadeiro dano, e a um terceiro talvez não seja sequer desagradável.*[8]

Posta assim a questão, ainda que os critérios não sejam objetivos, o juiz deve ponderar e verificar (Código Civil, art. 1.277, parágrafo único):

a) a natureza da utilização;

b) a localização do prédio; e,

c) a tolerância ordinária entre vizinhos.

Tudo de acordo com as normas municipais de zoneamento.

Outrossim, havendo interesse público, o vizinho é obrigado a tolerar a interferência nociva à sua saúde, sossego ou segurança, mas pode exigir indenização (Código Civil, art. 1.278).

Mesmo obrigado a suportar a interferência, o prejudicado, além da indenização, pode exigir a redução ou eliminação, quando se tornar possível, como, por exemplo, a instalação de filtros para fumaça (Código Civil, art. 1.279).

Em suma, o que é intolerável em pequena cidade do interior, pode ser absolutamente normal em grande centro urbano.

---

7   Silvio Rodrigues, *Direito Civil*, ob. cit., p. 123.

8   San Tiago Dantas, *Conflito de vizinhança e sua composição*, 2ª ed., Rio de Janeiro: Forense, 1972, p. 148.

Assim, o que se deve levar em conta, nos termos da lei, é a saúde, o sossego, o conforto, a intimidade e a segurança, tendo em vista a vetusta noção de homem médio e de bom pai de família ("*bonus pater* famílias"), conceitos igualmente úteis ao magistrado na solução dos conflitos exsurgentes do direito de vizinhança.

1.2.2. Casuística

Percebe-se que as normas que impedem o uso anormal da propriedade colimam garantir a utilização social da propriedade, em respeito às normas de Direito Público, de Direito Privado, ou mesmo as normas institucionais normativas decorrentes de convenções condominiais.

As manifestações turbativas da vizinhança podem ser olfativas (*v.g.*, emissão de gases poluentes), materiais (*v.g.*, infiltrações) ou auditivas (*v.g.*, ruídos excessivos).

Os danos morais, decorrentes dessas manifestações turbativas, também podem ser verificados.

Portanto, os distúrbios podem ser sonoros, gasosos, comportamentais etc.

De fato, o simples comportamento desairoso, perturbativo do sossego alheio, pode configurar infração ao direito de vizinhança.

Odores insuportáveis, gases perigosos, ruídos excessivos, comportamentos que atentem contra a moral e os bons costumes e manutenção de animais em local impróprio e inadequado são exemplos de fatos que podem ensejar a ação de dano infecto.

Os casos que podem ensejar a ação de dano infecto são, de fato, os mais diversos.

Nesse sentido, de forma exemplificativa, podemos citar alguns fatos extraídos de análise jurisprudencial, que já deram causa à ação de dano infecto, em razão do uso anormal da propriedade:

a) manutenção de animais (gatos) em apartamento, sem condições de higiene, em desacordo com a convenção;[9]

b) construção de aterro junto à parede divisória;[10]

c) utilização de produtos tóxicos em lava-rápido;[11]

---

[9] *Tribunal de Justiça do Espírito Santo*. *Processo nº 24.930.075.296, 20.06.1995, Desembargador: Renato de Mattos, Apelação Cível, Juízo de Vitória. Ação de dano infecto – presença de gatos em apartamento – prejudicialidade a saúde dos condôminos e demais moradores do prédio – sentença confirmada. Em se sabendo que o direito de propriedade sofre as restrições que as necessidades da vida social determinam, em obediência ao velho axioma jurídico de que a ninguém é lícito lesar os direitos alheios, entre os quais cumpre destacar as necessidades oriundas dos direitos de vizinhança, pode-se afirmar que o direito de cada um é limitado pela proibição de causar dano ao direito igual do proprietário vizinho, e em assim sendo, a permanência de gatos no apartamento da recorrente, prejudicando a saúde dos condôminos e demais moradores do prédio, além da higiene do próprio edifício, infringe a letra "g" do artigo 13 da Convenção, complementado pelo artigo 7º. Do regimento interno. Confirmação da sentença de primeiro grau.*

[10] **Tribunal de Alçada de Minas Gerais,** Processo nº 0219546-4/00, Apelação, origem: Passos, 3ª Câmara Cível, j. 11.09.1996, Rel. Juiz Wander Marotta.

[11] *Tribunal de Alçada de Minas Gerais. Processo nº 0253242-9/00, Apelação, origem: Tajobeiras, 4ª Câmara Cível, j. 15.04.1998, Rel. Tibagy Salles, decisão: unânime, publicação: DJ 18.06.98. Direito de vizinhança – mau uso da propriedade – obrigação de fazer – substância tóxica – perícia – voto vencido – julgamento extra petita – ausência de nulidade – a decisão que concede menos do que se pediu não é extra petita. – não se proclama a nulidade processual se o prejuízo da parte é irrelevante. A utilização de substâncias tóxicas no exercício de atividade comercial que dela necessita acarreta a obrigação de retê-las no local onde são aplicadas, porque provocam males às pessoas.*

d) construção de esterqueira sem os requisitos de higiene;[12]

e) insuficiência, no prédio vizinho, dos mecanismos destinados à exaustão da fumaça e gases da gordura;[13]

f) produção excessiva de ruídos;[14]

g) infiltrações decorrentes de apartamento vizinho;[15]

h) desaterro, provocando erosão;[16] e,

i) produção de fumaça decorrente de churrasqueira.[17]

1.2.3. Atuação do Ministério Público

O Ministério Público exerce a defesa dos interesses difusos e coletivos.

V. V. – comprovado por prova pericial que os produtos utilizados em serviço de lavagem de veículos são tóxicos, nocivos à saúde dos vizinhos, devem eles ser proibidos, impondo-se a procedência da ação de dano infecto (juiz Ferreira Esteves).

[12] **Tribunal de Alçada Cível do Rio de Janeiro.** *Direito de vizinhança, Apelação Cível nº 49.383, 1ª Câmara, unânime, Juiz: Julio da Rocha Almeida, j. 05.06.1980. Mau uso de propriedade rural. Reparações, multa. Ação defensiva contra o dano infecto pela qual se procura impedir o mau uso da propriedade vizinha, prejudicial à segurança, sossego ou à saúde dos que naquele habitam. Diligência realizada pelo julgador na qual ficou averiguado, que na propriedade rural em causa existe uma esterqueira construída sem observância dos requisitos de higiene, tanto que os dejectos ficam expostos permanentemente poluindo o meio ambiente. Ação procedente, reparado apenas o valor da cominação para o caso de transgressão do preceito, que deve ser elevado para um mil cruzeiros (Cr$ 1.000,00) diários, a fim de assegurar-se o cumprimento da obrigação legal.*

[13] **Tribunal de Alçada Cível do Rio de Janeiro.** *Condomínio, Direito de vizinhança, Apelação Cível nº 54.601, 1ª Câmara, unânime, Juiz: Carpena Amorim, j. 10.02.1987. Uso nocivo da propriedade. Ação de dano infecto promovida pelo condomínio contra as lojas do térreo, objetivando fazer sustar o incômodo. Perícia que veio confirmar a insuficiência dos mecanismos destinados à exaustão da fumaça e gases da gordura e também ao esgotamento das pias.*

[14] **Tribunal de Alçada Cível do Rio de Janeiro.** *Direito de vizinhança, Apelação Cível nº 55.920/87, 6ª Câmara, unânime, Juiz: Arruda Franca, j. 17.03.1987. Ruídos prejudiciais. Interdição de estabelecimento. Dano infecto é também cabível na hipótese de ocorrência de dano ao sossego e decorrente de atividade prejudicial do vizinho, com esteio no art. 554 do CC. Improvada a causa do prejuízo, a frequência em decibéis do som emitido pelo local da música ao vivo, a interdição do estabelecimento deferida liminarmente na Cautelar e sacramentada na sentença única, proferida na ação de indenização movida pela empresa hoteleira, proprietária dos hotéis vizinhos, é medida arbitrária, ficando improcedente a ação principal e invertido o ônus da sucumbência.*

[15] **Tribunal de Alçada Cível do Rio de Janeiro.** Condomínio. Infiltrações. Apelação Cível nº 54.724, 3ª Câmara, unânime, Juiz: Astrogildo de Freitas, j. 03.06.1980.

[16] **Tribunal de Alçada Cível do Rio de Janeiro.** *Direito de vizinhança. Apelação Cível nº 11.845/1992, 8ª Câmara, unânime, Juiz: Murilo Andrade de Carvalho, j. 11.11.1992. A ação de dano infecto. Desnivelamento de terreno. Demonstrado que o desaterro da parte posterior do terreno, junto à divisória, sem a técnica adequada, deixou desprotegida a faixa de terra marginal que, com a erosão permanente e silenciosa, já causou desbarrancamento, inutilizando uma escada de alvenaria do imóvel lindeiro e provocando trinca na base do muro divisório, é dever do desaterrador construir um muro de arrimo, que impeça o agravamento inevitável dos efeitos do desnivelamento dos lotes, evitando a movimentação das terras e consequente probabilidade de maiores danos, com possibilidade de desmoronamento. Provimento do recurso, para julgar procedente o pedido, invertida a imposição sucumbencial.*

[17] **Tribunal de Alçada Cível do Rio de Janeiro.** *Direito de vizinhança. Apelação Cível nº 69.304/88, 3ª Câmara, unânime, Juiz: João Wehbi Dib, j. 12.05.1988. Ação de dano infecto – exalação de vapores oriundos de sauna e churrasqueira. Direito de vizinhança. Ação de dano infecto. Sauna e churrasqueira dotadas de chaminé, que deita fumaça para a casa lindeira. Falta de toxidade da fumaça não ofende saúde, mas o desassossego é evidente. Desfazimento do tubo de combustão. Possibilidade de instalação de exaustor.*

Sendo assim, a par da ação de dano infecto, que veremos a seguir, cuja legitimidade ativa é individual, do vizinho prejudicado, como o meio ambiente é bem difuso, o Ministério Público está igualmente legitimado à utilização dos mecanismos colocados à sua disposição, nos exatos termos do art. 127, da Constituição Federal de 1988, através da Ação Civil Pública precedida de inquérito civil.

1.3. ÁRVORES LIMÍTROFES

Ainda no âmbito dos direitos de vizinhança, o Código Civil trata das árvores limítrofes nos seguintes termos:

> *Art. 1.282. A árvore, cujo tronco estiver na linha divisória, presume-se pertencer em comum aos donos dos prédios confinantes.*
>
> *Art. 1.283. As raízes e os ramos de árvore, que ultrapassarem a estrema do prédio, poderão ser cortados, até o plano vertical divisório, pelo proprietário do terreno invadido.*
>
> *Art. 1.284. Os frutos caídos de árvore do terreno vizinho pertencem ao dono do solo onde caíram, se este for de propriedade particular.*

Portanto, o Código Civil presume que as árvores que estejam no limite dos prédios pertencem a ambos os proprietários dos imóveis.

Assim pode ser chamada de árvore-meia.

Por outro lado, as raízes e ramos que invadem o prédio vizinho podem ser cortados, independentemente de indenização e notificação, já que a lei não prevê.

Todavia, o direito deve ser exercido dentro dos limites impostos pela boa-fé e justificado por interesse legítimo, sob pena de abuso de direito (Código Civil, art. 187 e art. 1.228, § 2º).

Assim, é evidente que se a raiz for cortada provocando a queda ou a morte da árvore, poderá ser exigida indenização, sem contar a eventual afronta às normas ambientais especiais.

Por outro lado, invertendo a regra segundo a qual o acessório segue o principal no seu destino e o dono do principal também é dono do acessório, os frutos que caem pertencem ao dono do solo.

Com isso, pelo menos em tese, a lei busca evitar conflitos decorrentes da invasão do vizinho para buscar os frutos caídos de sua árvore.

1.4. PASSAGEM FORÇADA

Preceitua o Código Civil:

> *Art. 1.285. O dono do prédio que não tiver acesso a via pública, nascente ou porto, pode, mediante pagamento de indenização cabal, constranger o vizinho a lhe dar passagem, cujo rumo será judicialmente fixado, se necessário.*
>
> *§ 1º Sofrerá o constrangimento o vizinho cujo imóvel mais natural e facilmente se prestar à passagem.*
>
> *§ 2º Se ocorrer alienação parcial do prédio, de modo que uma das partes perca o acesso a via pública, nascente ou porto, o proprietário da outra deve tolerar a passagem.*
>
> *§ 3º Aplica-se o disposto no parágrafo antecedente ainda quando, antes da alienação, existia passagem através de imóvel vizinho, não estando o proprietário deste constrangido, depois, a dar uma outra.*

A passagem forçada se liga às normas referentes aos direitos de vizinhança na medida em que, havendo um prédio encravado, ou seja, sem passagem ou com passagem extremamente gravosa para via pública, nascente ou porto, seu proprietário pode compelir o vizinho a conceder passagem desde que pague indenização para tanto.

Segundo Francisco Eduardo Loureiro: "a) o encravamento deve ser absoluto, ou seja, não há acesso possível a via pública, nascente ou porto; b) o encravamento deve ser natural, ou seja, não provocado pelo próprio requerente; c) a passagem é onerosa e somente é exercida mediante pagamento de indenização cabal ao vizinho prejudicado" e, ainda: "o juízo é sempre de necessidade e não de mera comodidade ou conforto. Não basta, assim, que o acesso existente à via pública seja mais longo, ou tenha obstáculos superáveis, para se exigir do vizinho passagem forçada. Os obstáculos e as dificuldades deverão ser de tal monta que exijam esforço ou despesas desproporcionais do proprietário, ou seja, que configurem um juízo de necessidade".[18]

Não se trata de servidão, que é um direito real sobre coisa alheia em razão de negócio jurídico e comodidade do imóvel dominante. Diferente disso, a passagem forçada é limitação ao direito de propriedade, decorrência das normas que tratam da vizinhança e de decisão judicial, sempre pelo modo menos gravoso.

De fato, se as partes estiverem de acordo, ainda que já haja uma passagem, poderão estabelecer outra, em razão de mera comodidade do imóvel dominante, ou seja, para melhorar a utilidade do imóvel que utilizará a servidão no imóvel serviente.

A passagem forçada, por outro lado, surge apenas para impedir o encravamento e está limitada às necessidades do imóvel encravado, sempre pelo modo menos oneroso ao imóvel que dará passagem, cessando no momento em que houver passagem.

Podemos, assim, estabelecer a semelhança e as diferenças entre a passagem forçada e a servidão:

Semelhança: ambas resultam em passagem e indenização;[19]

Diferenças:

Servidão: direito real sobre coisa alheia (comodidade) e negócio jurídico;

Passagem forçada: limitação ao direito de propriedade, tratando-se de norma relativa ao direito de vizinhança (interesse social) e possibilidade por decisão judicial se não houver acordo.

Cumpre salientar a lição de Hely Lopes Meirelles, segundo o qual, "passagem forçada é restrição ao direito de propriedade, decorrente das relações de vizinhança. Não é servidão predial, cujos fundamentos e pressupostos são outros. A passagem forçada é uma imposição

---

[18] Francisco Eduardo Loureiro. Código Civil Comentado: Doutrina e Jurisprudência, Cezar Peluso (coord.), Barueri/SP: Manole, 2013, 7ª ed., rev. e atual., p. 1.286.

[19] **Tribunal de Justiça de São Paulo**. *Competência Recursal. Ação versando sobre direito de passagem. Competência do Egrégio Tribunal de Alçada Civil. Artigo 1º, IX, da Resolução nº 108/1998, do Egrégio Tribunal de Justiça de São Paulo. Dúvida procedente. O direito de passagem forçada é imposto pela lei quando o prédio esteja naturalmente encravado e não tenha saída alguma para a via pública, fonte ou porto, mas é oneroso, sendo obrigado o proprietário do prédio encravado a pagar indenização cabal (artigos 559 e 560, do Código Civil de 1916), instituindo-se compulsoriamente uma servidão, sendo a indenização o seu preço. Há, por conseguinte, similitude entre o direito de passagem e a servidão de caminho, pois que em servidão aquele direito também resultará com o pagamento da indenização. A diferença está que uma servidão é convencional e a outra é sempre compulsória. Coerente com essa realidade jurídica, a Resolução nº 108/1998 estabeleceu para uma e para outra a competência recursal do Egrégio Primeiro Tribunal de Alçada Civil. Quer dizer, essa competência recursal compreende as causas versando sobre a servidão, não só a convencional, a de caminho, mas também a legal, a decorrente do direito de passagem forçada (Dúvida de Competência nº 92.301-0, São Carlos, Grupo Especial das Seções Civis, Rel. 01.04.02, v.u.).*

da solidariedade entre vizinhos e resulta da consideração de que não pode um prédio perder a sua finalidade e valor econômico, por falta de acesso à via pública, fonte ou porto, permanecendo confinado entre propriedades que o circundam, limítrofes ou não. Quando tal situação ocorre, permite a lei que o prédio rural ou urbano, assim, encerrado, obtenha dos vizinhos o acesso necessário".[20]

Trata-se de direito potestativo e, nessa medida, não prescreve a pretensão de um vizinho exigir do outro o acesso à via pública, porto ou nascente, mediante indenização.

Outrossim, importante observar que a passagem forçada se limita às relações de vizinhança, no âmbito do direito privado, que são reguladas pelo Código Civil.

Portanto, não se aplica quando envolve bem público.

Posta assim a questão, a par de alguma divergência doutrinária e jurisprudencial, o Supremo Tribunal Federal definiu que "As faixas de domínio público de vias públicas constituem bem público, inserido na categoria dos bens de uso comum do povo. Os bens de uso comum do povo são entendidos como propriedade pública" (cf. RE nº 581.947/RO, Rel. Min. Eros Grau, j. 27.05.2010).

Mister se faz observar, todavia, que os tribunais, com fundamento na Súmula 415, do Supremo Tribunal Federal, têm concedido proteção possessória às situações consolidadas, ainda que não contem com os requisitos para a passagem forçada:

> *Primeiro Tribunal de Alçada Civil de São Paulo. Servidão de passagem. Alegação de propriedade não encravada. Pretensão ao fechamento da passagem, haja vista a utilização a título de mera tolerância. Depoimentos testemunhais que comprovam a utilização do caminho há mais de quarenta anos. Prova pericial que demonstra com exatidão o trecho percorrido e a ausência de outra via de saída. Imóvel considerado encravado. Negatória improcedente. Recurso desprovido. 02.09.2003 (Agravo de Instrumento nº 835.559-3, Rel. Carlos Luiz Bianco, 5ª Câm., 16.10.2002).*

> *Primeiro Tribunal de Alçada Civil de São Paulo. Servidão de passagem. Propriedade não encravada. Decisão que determinou o desbloqueio da passagem entre o condomínio réu e a propriedade rural da autora. Hipótese em que não se discute direito de passagem forçada, tendo em vista que não se trata de imóvel encravado. Situação que versa sobre a utilidade e necessidade da manutenção da passagem. Aplicação da Súmula nº 415 do STF. Agravo improvido (Processo nº 1.045.793 3, Rel. Windor Santos, 6ª Câm., 13.11.2001).*

Outrossim, é possível a usucapião da servidão, conforme decidiu o Tribunal de Justiça de São Paulo:

> *Servidão. Passagem. Negatória. Usucapião alegado como defesa. Posse contínua e inconteste por mais de vinte anos. Irrelevância que se trate de propriedades encravadas. Prescrição aquisitiva operada. Ação improcedente. Recurso provido. Votos vencedor e vencido JTJ 203/134.*

A servidão é direito real, e não obrigacional, porque onera a coisa e não seu titular, de tal sorte que não é possível imaginar servidões que constituem limitações em face de determinada pessoa e não de imóvel.[21]

Não há, pois, que se falar em instituição em face de proprietário, mas do imóvel serviente (aquele que concede a servidão). Segundo Maria Helena Diniz, "cabe ainda destacar que, pela servidão, o proprietário do prédio serviente perde alguns de seus direitos dominicais ou fica obrigado a tolerar que dele se utilize, para certo fim, o dono do prédio dominante".[22] Logo, a servidão é um direito real de fruição ou gozo de coisa imóvel alheia, limitado e imediato, que impõe um encargo ao prédio serviente em proveito do dominante.

---

[20]   Hely Lopes Meirelles. Direito de construir, 4ª ed., São Paulo: RT, 1983, p. 58.

[21]   Maria Helena Diniz, *Curso de direito civil brasileiro*, 17ª ed., São Paulo: Saraiva, 2010, v. IV, p. 348.

[22]   *Curso de direito civil brasileiro*, op. cit., p. 345.

Quanto às servidões de luz (iluminação) e vista, remetemos o leitor ao item 1.8 deste capítulo.

1.5. PASSAGEM DE CABOS, TUBULAÇÕES E AQUEDUTOS

Mediante indenização, sempre de modo menos gravoso, à custa do interessado, é possível a passagem de cabos e tubulações por prédio vizinho, sendo impossível outra forma.

É possível, inclusive, que o proprietário do imóvel que dá passagem faça a remoção para outro local de sua conveniência, dentro do imóvel.

Trata-se de uma limitação ao direito de propriedade na medida em que o proprietário, embora seja indenizado, não pode impedir seu vizinho de passar esses cabos e tubulações indispensáveis ao exercício de seu direito.

Assim, se não houver outra forma, poderá o dono do imóvel localizado na parte superior da quadra, por exemplo, fazer passar tubulações de esgoto para ligação na via pública defronte o vizinho da parte inferior da quadra.

Nesse sentido:

> *Art. 1.286. Mediante recebimento de indenização que atenda, também, à desvalorização da área remanescente, o proprietário é obrigado a tolerar a passagem, através de seu imóvel, de cabos, tubulações e outros condutos subterrâneos de serviços de utilidade pública, em proveito de proprietários vizinhos, quando de outro modo for impossível ou excessivamente onerosa.*
>
> *Parágrafo único. O proprietário prejudicado pode exigir que a instalação seja feita de modo menos gravoso ao prédio onerado, bem como, depois, seja removida, à sua custa, para outro local do imóvel.*
>
> *Art. 1.287. Se as instalações oferecerem grave risco, será facultado ao proprietário do prédio onerado exigir a realização de obras de segurança.*
>
> *Art. 1.293. É permitido a quem quer que seja, mediante prévia indenização aos proprietários prejudicados, construir canais, através de prédios alheios, para receber as águas a que tenha direito, indispensáveis às primeiras necessidades da vida, e, desde que não cause prejuízo considerável à agricultura e à indústria, bem como para o escoamento de águas supérfluas ou acumuladas, ou a drenagem de terrenos.*

1.6. ÁGUAS

Ainda tratando do direito de vizinhança, a lei trata das águas que fluem entre os prédios vizinhos.

Nesse sentido, encontramos, além das normas do Código Civil,[23] aquelas do Código de Águas, Decreto 24.643/1934.

---

[23] Art. 1.288. O dono ou o possuidor do prédio inferior é obrigado a receber as águas que correm naturalmente do superior, não podendo realizar obras que embarcem o seu fluxo; porém a condição natural e anterior do prédio inferior não pode ser agravada por obras feitas pelo dono ou possuidor do prédio superior.
Art. 1.289. Quando as águas, artificialmente levadas ao prédio superior, ou aí colhidas, correrem dele para o inferior, poderá o dono deste reclamar que se desviem, ou se lhe indenize o prejuízo que sofrer. Parágrafo único. Da indenização será deduzido o valor do benefício obtido.
Art. 1.290. O proprietário de nascente, ou do solo onde caem águas pluviais, satisfeitas as necessidades de seu consumo, não pode impedir, ou desviar o curso natural das águas remanescentes pelos prédios inferiores.

Em suma, o vizinho é obrigado a receber as águas que fluem naturalmente do prédio superior (Código Civil, art. 1.288 e Código de Águas, art. 69).

Por exemplo: proíbem-se muros que impeçam o curso natural das águas.

Todavia, se as águas que foram artificialmente levadas ao prédio superior fluem ao inferior, o dono deste pode exigir indenização ou desvio, a seu critério (Código Civil, art. 1.289), ainda que o Código de Águas, preveja apenas a indenização (Código de Águas, art. 92).

É que, em regra, embora lei geral posterior não revogue ou altere lei especial anterior, no caso de a lei geral posterior ser incompatível há de prevalecer sobre a lei especial anterior, como é o caso.

No caso de nascente (Código Civil, art. 1.290) e águas que caem (Código de Águas, art. 103), o proprietário do terreno onde nascem ou caem poderá as utilizar, sem que abuse de seu direito (Código Civil, arts. 187 e 1.228, § 2º) e, nesse caso, apenas o que sobrar é destinado ao prédio vizinho posterior.

No caso de represas, ainda que o proprietário as possa construir, se essa construção causar prejuízo, o dono do prédio vizinho invadido pela represa poderá requerer indenização, descontado eventual benefício trazido pela represa (Código Civil, art. 1.292).

1.7. DIREITO DE TAPAGEM

Ainda como mais um aspecto do direito de vizinhança, surge o direito de tapagem, ou seja, o direito de estabelecer limites no terreno.

Com efeito, o vizinho tem o direito de cercar, murar e valar, exigindo do confinante a demarcação ou que os marcos sejam aviventados (Código Civil, art. 1.297, e Código de Processo Civil, arts. 569 e seguintes), com a repartição de despesas.

Art. 1.291. O possuidor do imóvel superior não poderá poluir as águas indispensáveis às primeiras necessidades da vida dos possuidores dos imóveis inferiores; as demais, que poluir, deverá recuperar, ressarcindo os danos que estes sofrerem, se não for possível a recuperação ou o desvio do curso artificial das águas.

Art. 1.292. O proprietário tem direito de construir barragens, açudes, ou outras obras para represamento de água em seu prédio; se as águas represadas invadirem prédio alheio, será o seu proprietário indenizado pelo dano sofrido, deduzido o valor do benefício obtido.

Art. 1.293. É permitido a quem quer que seja, mediante prévia indenização aos proprietários prejudicados, construir canais, através de prédios alheios, para receber as águas a que tenha direito, indispensáveis às primeiras necessidades da vida, e, desde que não cause prejuízo considerável à agricultura e à indústria, bem como para o escoamento de águas supérfluas ou acumuladas, ou a drenagem de terrenos.

§ 1º Ao proprietário prejudicado, em tal caso, também assiste direito a ressarcimento pelos danos que de futuro lhe advenham da infiltração ou irrupção das águas, bem como da deterioração das obras destinadas a canalizá-las.

§ 2º O proprietário prejudicado poderá exigir que seja subterrânea a canalização que atravessa áreas edificadas, pátios, hortas, jardins ou quintais.

§ 3º O aqueduto será construído de maneira que cause o menor prejuízo aos proprietários dos imóveis vizinhos, e a expensas do seu dono, a quem incumbem também as despesas de conservação.

Art. 1.294. Aplica-se ao direito de aqueduto o disposto nos arts. 1.286 e 1.287.

Art. 1.295. O aqueduto não impedirá que os proprietários cerquem os imóveis e construam sobre ele, sem prejuízo para a sua segurança e conservação; os proprietários dos imóveis poderão usar das águas do aqueduto para as primeiras necessidades da vida.

Art. 1.296. Havendo no aqueduto águas supérfluas, outros poderão canalizá-las, para os fins previstos no art. 1.293, mediante pagamento de indenização aos proprietários prejudicados e ao dono do aqueduto, de importância equivalente às despesas que então seriam necessárias para a condução das águas até o ponto de derivação.

Parágrafo único. Têm preferência os proprietários dos imóveis atravessados pelo aqueduto.

De outro lado, as cercas vivas ou árvores que servem de marcos não podem ser retiradas sem o mútuo consentimento dos vizinhos.

A tapagem especial, ou seja, para evitar dano, como, por exemplo, a passagem de animais, deve ser custeada pelo vizinho que der causa à necessidade especial (Código Civil, art. 1.297, § 3º).

O Código Civil presume, até prova em contrário, que a divisão física existente entre os prédios pertence aos vizinhos em comum.

Essa presunção, todavia, é relativa. Provada a propriedade de um dos vizinhos, o outro é obrigado a pedir indenização de metade do valor referente à construção e conservação (Código Civil, art. 1.297, § 1º).

Trata-se de *direito de vizinhança, isto é, de limitação ao direito de propriedade, no intuito de evitar conflitos entre os vizinhos.*[24]

Eis os dispositivos do Código Civil:

Art. 1.297. O proprietário tem direito a cercar, murar, valar ou tapar de qualquer modo o seu prédio, urbano ou rural, e pode constranger o seu confinante a proceder com ele à demarcação entre os dois prédios, a aviventar rumos apagados e a renovar marcos destruídos ou arruinados, repartindo-se proporcionalmente entre os interessados as respectivas despesas.

§ 1º Os intervalos, muros, cercas e os tapumes divisórios, tais como sebes vivas, cercas de arame ou de madeira, valas ou banquetas, presumem-se, até prova em contrário, pertencer a ambos os proprietários confinantes, sendo estes obrigados, de conformidade com os costumes da localidade, a concorrer, em partes iguais, para as despesas de sua construção e conservação.

§ 2º As sebes vivas, as árvores, ou plantas quaisquer, que servem de marco divisório, só podem ser cortadas, ou arrancadas, de comum acordo entre proprietários.

§ 3º A construção de tapumes especiais para impedir a passagem de animais de pequeno porte, ou para outro fim, pode ser exigida de quem provocou a necessidade deles, pelo proprietário, que não está obrigado a concorrer para as despesas.

Art. 1.298. Sendo confusos, os limites, em falta de outro meio, se determinarão de conformidade com a posse justa; e, não se achando ela provada, o terreno contestado se dividirá por partes iguais entre os prédios, ou, não sendo possível a divisão cômoda, se adjudicará a um deles, mediante indenização ao outro.

1.7.1. Parede-meia

A parede-meia é aquela que se encontra no limite entre os prédios e decorre, no nosso entendimento, do direito de tapagem, ainda que as normas que a regulam estejam na seção do direito de construir do Código Civil.

A parede-meia pode ser utilizada pelo vizinho com as seguintes condições:

a) Não colocar em risco a segurança e separação dos prédios vizinhos;

b) Não colocar armários ou obras semelhantes correspondentes às existentes no lado oposto;

c) Não colocar fornos, chaminés aparelhos e depósitos suscetíveis de infiltração ou interferência prejudiciais à saúde, sossego e segurança do vizinho; e

d) Comunicação prévia ao dono do prédio vizinho, se houver qualquer possibilidade de afronta ao seu sossego.

---

[24] Silvio Rodrigues, *Direito civil*, São Paulo: Saraiva, 2003, vol. 5, p. 158.

Nesse sentido, o Código Civil:

Art. 1.306. O condômino da parede-meia pode utilizá-la até ao meio da espessura, não pondo em risco a segurança ou a separação dos dois prédios, e avisando previamente o outro condômino das obras que ali tenciona fazer; não pode sem consentimento do outro, fazer, na parede-meia, armários, ou obras semelhantes, correspondendo a outras, da mesma natureza, já feitas do lado oposto.

Art. 1.307. Qualquer dos confinantes pode altear [erguer ou aumentar] a parede divisória, se necessário reconstruindo-a, para suportar o alteamento; arcará com todas as despesas, inclusive de conservação, ou com metade, se o vizinho adquirir meação também na parte aumentada.

Art. 1.308. Não é lícito encostar à parede divisória chaminés, fogões, fornos ou quaisquer aparelhos ou depósitos suscetíveis de produzir infiltrações ou interferências prejudiciais ao vizinho.

Parágrafo único. A disposição anterior não abrange as chaminés ordinárias e os fogões de cozinha.

1.8. DIREITO DE CONSTRUIR

As normas que regulam o direito de construir, como parte do direito de vizinhança, cuidam das limitações impostas ao direito de propriedade, no que pertine à prerrogativa de construir ante os direitos dos vizinhos.

O cerne do direito de construir se encontra no art. 1.299, do Código Civil:

Art. 1.299. O proprietário pode levantar em seu terreno as construções que lhe aprouver, salvo o direito dos vizinhos e os regulamentos administrativos.

Segundo esse dispositivo, o proprietário de um imóvel, um terreno, por exemplo, tem ampla liberdade de erguer nele as construções que quiser.

Todavia, deverá respeitar as limitações decorrentes de regulamentos administrativos, como, por exemplo, leis municipais de zoneamento, além dos direitos dos vizinhos que já vimos.

De acordo com o art. 1.300, do Código Civil, o beiral do telhado de um prédio não poderá despejar goteiras sobre o imóvel do confinante.

Também não é possível abrir janela, ou construir terraço a menos de metro e meio da divisa (Código Civil, art. 1.301).

A finalidade do dispositivo é, em tese, a de preservar a intimidade, evitando que a propriedade seja devassada. Nesse sentido, as janelas cuja visão não incida sobre a linha divisória, bem como as perpendiculares, podem ser abertas a setenta e cinco centímetros da divisa.

Por outro lado, essas vedações não incidem sobre as aberturas para luz ou ventilação, não maiores de dez centímetros de largura sobre vinte de comprimento e construídas a mais de dois metros de altura de cada piso.

De acordo com o artigo seguinte, caso não seja proposta ação de nunciação de obra nova, o Código Civil impõe o prazo de ano e dia para propositura da ação demolitória que tencione afastar a afronta ao dever de não abrir a janela ou deitar goteira:

Art. 1.302. O proprietário pode, no lapso de ano e dia após a conclusão da obra, exigir que se desfaça janela, sacada, terraço ou goteira sobre o seu prédio; escoado o prazo, não poderá, por sua vez, edificar sem atender ao disposto no artigo antecedente, nem impedir, ou dificultar, o escoamento das águas da goteira, com prejuízo para o prédio vizinho.

Parágrafo único. Em se tratando de vãos, ou aberturas para luz, seja qual for a quantidade, altura e disposição, o vizinho poderá, a todo tempo, levantar a sua edificação, ou contramuro, ainda que lhes vede a claridade.

Nesse sentido:

Tribunal de Justiça de São Paulo. *Nunciação de obra nova. Construção que prejudicará a iluminação das janelas do prédio vizinho. Imóvel do nunciante anteriormente construído em desacordo com a lei civil, abrindo janelas a menos de metro e meio. Fato sobre o qual não houve oposição, ocorrendo decadência da pretensão de desfazimento. Circunstância que não gera, porém, servidão de luz em favor do dono das janelas. Possibilidade de o vizinho, a todo o tempo, levantar sua casa ou contramuro, ainda que vedando a claridade. Inteligência dos arts. 573, § 2º, e 576 do CC (TJSP) RT 693/118.*

Isto significa que o prazo aludido no art. 1.302 do Código Civil diz respeito ao pedido de desfazimento de obra concluída há mais de ano e dia, sem qualquer menção à configuração de servidão de luz apta a restringir o direito de construção no terreno lindeiro.

Por outro lado, considerando-se que a servidão de luz não se presume, compete ao proprietário de imóvel lindeiro, que pretenda garantir eventual direito neste aspecto, providenciar o registro da limitação no álbum imobiliário.

Como ensina Carlos Roberto Gonçalves,[25] se as aberturas para luz tiverem dimensão superior a dez centímetros de largura sobre vinte de comprimento, serão consideradas janelas e caberá ao proprietário prejudicado impugná-las dentro do prazo de ano e dia, sob pena de consumar-se contra si a prescrição prevista no art. 1.302 do Código Civil.

Depois do prazo de ano e dia, todavia, não surge, para aquele que infringiu as normas referentes ao direito de construir, qualquer servidão de luz por usucapião.

Isto porque o proprietário do prédio vizinho poderá construir junto à divisa, nos termos do parágrafo único, do mesmo dispositivo legal, acima mencionado, mesmo que a construção vede a claridade e, inclusive, por extensão, a ventilação e a vista de determinado imóvel.

Neste sentido, o Superior Tribunal de Justiça esclarece: "Não se opondo o proprietário, no prazo de ano e dia, à abertura de janelas sobre seu prédio, ficará impossibilitado de exigir desfazimento da obra, mas daí não resulta servidão".[26]

Todavia, entende-se que a decadência para propositura de ação demolitória, no caso de obra irregular, ou seja, que desrespeita as regras de edificação, não é atingida pelo art. 1.302 do Código Civil:

Tribunal de Justiça de Santa Catarina. *Demolitória. Obra clandestina. Pressupostos configurados. Decadência. Inocorrência. Nulidade da intimação e da citação inexistente. Sentença confirmada. Apelo desprovido. – A decadência do direito de propositura da ação demolitória, no prazo de até um ano e dia após a conclusão da obra, é preceito que, nos moldes do art. 576 do Estatuto Unitário Civil [art. 1.302 do atual Código] não se estende às demolições decorrentes da clandestinidade da obra, dizendo respeito, apenas, aos litígios demolitórios consequentes ao descumprimento das normas regulamentadoras do direito de vizinhança (TJSC – Apelação Cível nº 97.002612-9).*

Ainda em razão do direito de construir, é evidente que, se o proprietário causa dano ao vizinho em razão de sua construção, deverá indenizá-lo.

É o caso de desaterramentos que obriguem o vizinho a construir muro de arrimo.

Igualmente, a responsabilidade que surge em razão do art. 1.311 do Código Civil, segundo o qual as obras que importem em deslocamento de terra ou que, de qualquer

---

25 Carlos Roberto Gonçalves, *Direito das Coisas*, São Paulo: Saraiva, 1997, p. 118.
26 REsp 37.897-4-SP, 3ª Turma, Rel. Min. Eduardo Ribeiro, j. 01.04.1997.

forma, impliquem em risco, não podem ser efetuadas senão depois de tomadas as medidas acautelatórias.

Todavia, essas obras acautelatórias não impedem o ressarcimento pelos danos verificados a par das medidas técnicas para evitá-los:

> *Art. 1.311. Não é permitida a execução de qualquer obra ou serviço suscetível de provocar desmoronamento ou deslocação de terra, ou que comprometa a segurança do prédio vizinho, senão após haverem sido feitas as obras acautelatórias.*
>
> *Parágrafo único. O proprietário do prédio vizinho tem direito a ressarcimento pelos prejuízos que sofrer, não obstante haverem sido realizadas as obras acautelatórias.*

Essa responsabilidade não depende de prova de culpa.

Em outras palavras, trata-se de responsabilidade objetiva, o que se afirma na exata medida em que, ainda que as obras acautelatórias, de escoramento, por exemplo, tenham sido tomadas, sem que se verifique atitude negligente, imprudente ou imperita do dono da obra ou de seu preposto, a indenização será de rigor.

Aliás, trata-se de uma peculiaridade dos direitos de vizinhança, o risco assumido por todo ato lesivo ou fato danoso, seguindo a regra geral das atividades de risco que impõem responsabilidade objetiva – sem culpa – nos termos do art. 932 do Código Civil.

Pergunta-se: quem responde, o proprietário ou o empreiteiro?

Há, nesse caso, solidariedade entre ambos (Código Civil, arts. 932, III, e 933).

Portanto, no caso de danos causados por obras vizinhas, existe solidariedade entre o proprietário e o construtor, ou seja, o engenheiro, arquiteto ou sociedade autorizada a construir.

Trata-se da solidariedade passiva, nos termos dos arts. 294 e 942 do Código Civil, e refere-se à obrigação que tenha dois ou mais devedores.

Suas regras principais são as seguintes:[27]

a) O credor tem o direito de escolher qual devedor deverá pagar.

b) O que foi escolhido deverá pagar a totalidade da dívida e não apenas a sua parte.

c) Tendo pago o total, poderá voltar-se regressivamente contra os demais.

d) Dos demais devedores somente poderá receber a quota-parte.

No caso de o prejudicado responsabilizar exclusivamente um devedor, o proprietário, por exemplo, este terá ação regressiva contra o engenheiro, arquiteto, sociedade, entre outros.

O fundamento legal dessa ação, além do art. 186 do Código Civil, é o art. 1.299, que já vimos.

1.8.1. Direito de travejar

O direito de travejar, que decorre do direito de construir, surgiu nas Ordenações do Reino de Portugal (Ordenações, Liv. I, tít. 68, § 35) nos seguintes termos:

> *E ninguém poderá meter trave em parede, em que não tiver parte; porém, se quiser pagar a metade do que dita parede custou ao senhor dela, poderá madeirar, sendo parede para isso.*

---

27 *Vide*, a esse respeito: Luiz Antonio Scavone Junior, *Obrigações – abordagem didática*, São Paulo: Juarez de Oliveira, 2002, p. 61.

O Código Civil, pelo que se vê, mantém semelhante orientação:

> *Art. 1.304. Nas cidades, vilas e povoados cuja edificação estiver adstrita a alinhamento, o dono de um terreno pode nele edificar, madeirando na parede divisória do prédio contíguo, se ela suportar a nova construção; mas terá de embolsar ao vizinho metade do valor da parede e do chão correspondentes.*

> *Art. 1.305. O confinante, que primeiro construir, pode assentar a parede divisória até meia espessura no terreno contíguo, sem perder por isso o direito a haver meio valor dela se o vizinho a travejar, caso em que o primeiro fixará a largura e a profundidade do alicerce.*

> *Parágrafo único. Se a parede divisória pertencer a um dos vizinhos, e não tiver capacidade para ser travejada pelo outro, não poderá este fazer-lhe alicerce ao pé sem prestar caução àquele, pelo risco a que expõe a construção anterior.*

Como aquele que primeiro constrói pode ser submetido à cessão de metade da parede ao seu vizinho contíguo que lhe suceder na construção, o Código Civil o permite invadir, com muro ou parede, até a metade da espessura, no terreno vizinho que depois construirá.

Este, que chega ao depois, se quiser travejar deverá pagar metade da parede, sendo que o invasor determinará a largura e a profundidade do alicerce.

Se houver risco, o primeiro pode exigir caução, através de ação cautelar, para garantir eventuais danos.

O assunto, todavia, não goza, na atualidade, de importância prática. Isto porque, em razão de normas edilícias, dificilmente alguém poderá construir até o limite do seu terreno, exceto no caso de casas geminadas e construídas simultaneamente.

1.9. AÇÃO DE DANO INFECTO

1.9.1. Principais aspectos

a) **Foro competente:** foro do domicílio do réu – Código de Processo Civil, art. 46.

b) **Legitimidade ativa:** proprietário ou possuidor (direto ou indireto) do imóvel prejudicado, não sendo necessária a participação do cônjuge, exceto nos atos por ambos praticados.

c) **Legitimidade passiva:** proprietário (tratando-se de reparação) ou possuidor (direto ou indireto) do imóvel de onde emana o ato turbativo.

d) **Valor da causa:** valor estimado pelo autor (Código de Processo Civil, art. 291). Havendo pedido de reparação, o valor do reparo (Código de Processo Civil, art. 292, V).

e) **Procedimento:** comum.

f) **Petição inicial:** deverá respeitar os requisitos do art. 319 do Código de Processo Civil.

1.9.2. Legitimidade ativa

Não só o proprietário, mas os possuidores em geral (locatários, usufrutuários, comodatários etc.), prejudicados pelo mau uso de propriedade próxima, podem invocar as normas do Código Civil e ingressar com ação de dano infecto.

Aliás, o Código Civil é claro nesse sentido:

Art. 1.277. O proprietário ou o possuidor de um prédio tem o direito de fazer cessar as interferências prejudiciais à segurança, ao sossego e à saúde dos que o habitam, provocadas pela utilização de propriedade vizinha.

O Código Civil de 1916 não incluía o possuidor e, acorde com Sílvio de Salvo Venosa, nesse ponto, disse menos do que pretendia.[28]

Segundo Pontes de Miranda, *a posse tem o mesmo conteúdo, de modo que o possuidor tem ação para exigir medidas preventivas que o proprietário poderia exigir.*[29]

Releva notar, ainda, que o Município também é dotado de legitimidade para propor ação de nunciação de obra nova visando à demolição de obra que desatende as normas edilícias:

Tribunal de Justiça do Rio Grande do Sul. *Ação de nunciação de obra nova. Município. (...) Preliminares rejeitadas: falta de citação do cônjuge. Perícia. Prova testemunhal. Prejuízo. 1. A ação de nunciação de obra nova não envolve direito real, mas pessoal, mostrando-se desnecessária a citação da esposa do demandado. 2. Viável a negativa de prova testemunhal e de perícia judicial, quando estas não se mostravam aptas a afastar as irregularidades detectadas pelo município. Assim, tal dilação se mostrou desnecessária, nos termos do art. 334, II e III, do CPC. 3. Em ação de nunciação de obra nova ajuizada pelo próprio Município por descumprimento de normas municipais de uso e ocupação do solo urbano (...), mostra-se despicienda a prova de prejuízo. A prova de prejuízo é necessária apenas em pedidos ajuizados por particular, o que não ocorre no caso. 4. A ausência de estipulação de prazo no auto de infração constitui mera irregularidade que não afasta a pretensão do município visando à demolição de obra iniciada sem projeto aprovado. Rejeitaram as preliminares e negaram provimento ao apelo. Unânime (Apelação Cível nº 70014494009, Décima Oitava Câmara Cível, Tribunal de Justiça do RS, Rel. Mario Rocha Lopes Filho, Julgado em 05.04.2007).*

1.9.3. Legitimidade passiva

Na ação de dano infecto, o responsável pelo dano deve figurar no polo passivo.

Portanto, não é o proprietário, exclusivamente, sujeito passivo da ação, podendo figurar como réu o locatário, o comodatário, o detentor etc.

No caso de ato ilícito, aquele que o pratica responde. Por exemplo: se um locatário de loja instala exaustor de modo a incomodar, pela fumaça, os ocupantes de prédio vizinho, é o locatário, e não o locador, quem deve responder pela ação de dano infecto.

Sendo dever de reparar o imóvel, a ação deve ser proposta em face do proprietário, do titular de compromisso de compra e venda ou cessão desses direitos. É assim nos casos em que a ação de dano infecto visar, por exemplo, a recuperação de muro divisório na iminência de ruína ou o conserto de vazamento em apartamento de andar superior.

Nesse sentido:

Tribunal de Justiça do Distrito Federal. *Direito civil. Nunciação de obra nova. Construção. Ponto de táxi. Distrito Federal. Ilegitimidade passiva. A ação de nunciação de obra nova não necessitada, necessariamente, ser intentada contra o proprietário do imóvel; e sim em face do responsável pela sua construção. Com efeito, se o Distrito Federal delegou poderes à Novacap para construir o ponto de táxi objeto da ação deve-se reconhecer sua ilegitimidade para compor o polo passivo da ação de nunciação de obra nova (Apelação Cível nº 20010111002980APC – DF – Rel. Asdrubal do Nascimento Lima – 12.05.2005).*

---

[28] Sílvio de Salvo Venosa, *Direitos reais*, São Paulo: Atlas, 1999, p. 227.

[29] Pontes de Miranda, *Tratado de direito privado*, 3ª ed., Rio de Janeiro: Borsoi, 1971, vol. 13, p. 310.

1.9.4.   Valor da causa

Na ação de dano infecto o valor da causa será estimado pelo autor ante a impossibilidade de se aferir economicamente o proveito do pedido, *v.g.*, retirar, de apartamento, animais em condições insalubres.

Sendo possível a avaliação, como no caso de ação de dano infecto para que o vizinho do andar mais alto promova a cessação de vazamento ou infiltração, cabível a fixação pelo valor do conserto.

> **Primeiro Tribunal de Alçada Civil de São Paulo**. *Valor da causa – direito de vizinhança – uso nocivo da propriedade (dano infecto) – impossibilidade de se aferir o benefício patrimonial pretendido – admissibilidade de se determinar o valor por estimativa provisória (Processo nº 0000387-5/57, Agravo de Instrumento, São Vicente, 3ª Câmara, j. 29.02.1988, Rel. Antonio de P. F. Nogueira, unânime).*

1.9.5.   Natureza da ação de dano infecto

Apesar da sua posição topológica no Código Civil, a verdade é que a ação de dano infecto é uma ação pessoal.

Nada obstante a posição de certos autores, que chegam a considerar que as relações decorrentes da vizinhança *têm natureza real, mas não são reais*,[30] certo é que as ações reais são aquelas que nascem do *jus in re*, competindo a quem tem esse direito contra o réu.

As pessoas, por outro lado, possuem gênese nas obrigações de dar, fazer ou não fazer alguma coisa, *in casu*, especificamente, de fazer e de não fazer.

A ação de dano infecto é ação de obrigação de fazer ou de não fazer, com supedâneo material nos arts. 1.277 a 1.281 do Código Civil, e processual nos arts. 500, 536 e 537 do Código de Processo Civil.

Nesse sentido, é ação pessoal, sendo, inclusive, absolutamente possível o pedido de antecipação de tutela específica das obrigações de fazer e de não fazer.

1.9.6.   Antecipação de tutela – tutela específica das ações de obrigação de fazer e de não fazer – Código de Processo Civil, arts. 294, parágrafo único, 297, 300, 301, 500, 519, 536 e 537

Características:

a) possibilidade de cominação de multa diária pelo descumprimento da tutela concedida;

b) possibilidade de perdas e danos, independentemente da multa;

c) em casos extremos, possível a requisição de força policial para cumprimento do preceito.

Requisitos:

a) probabilidade, ou seja, relevância do fundamento da demanda;

b) *periculum in mora;*

c) *fumus boni iuris.*

---

[30]   Vilson Rodrigues da Silva, *apud* Sílvio de Salvo Venosa, ob. cit., p. 228.

A ação de obrigação de fazer, acorde com a lição sempre clara dos professores Nery,[31] é condenatória, de conhecimento, dispondo de eficácia mandamental.

Repetindo a regra do art. 84 do Código de Defesa do Consumidor, o descumprimento das obrigações de fazer e não fazer, desde que presentes os requisitos, desafia a tutela específica insculpida nos arts. 500, 519, 536 e 537 do Estatuto Processual.

O juiz pode deferir, a título de tutela de urgência, o resultado prático equivalente ao adimplemento.

Assim, poderá o juiz, inclusive, determinar a aplicação de multa diária para que o réu seja compelido a cessar o uso nocivo da propriedade (*astreintes*).

Portanto, desde que presentes o *fumus boni juris* e o *periculum in mora*, sendo provável o direito do autor, poderá o juiz determinar, antecipando o provimento final, que o réu faça ou deixe de fazer o que está obrigado.

No que importa ao dano infecto, a tutela específica de urgência consistirá na adoção de providências necessárias ao respeito do direito de vizinhança, sob pena de multa diária (*astreintes*).

Essa multa é requerida pelo autor em valor elevado, que deve ser deferido pelo juiz na exata medida em que *a multa tem a finalidade de compelir o devedor a cumprir a obrigação na forma específica e inibi-lo de negar-se a cumpri-la. Essa multa não é pena, mas providência inibitória. Daí por que pode e deve ser fixada em valor elevado. O juiz não deve ficar com receio de fixar o valor da multa em quantia alta, pensando no pagamento. O objetivo das astreintes não é obrigar o réu a pagar o valor da multa, mas obrigá-lo a cumprir a obrigação na forma específica.*[32]

A multa, fixada liminarmente ou na sentença, poderá ser exacerbada caso se mostre insuficiente para inibir o descumprimento, ou reduzida caso demonstre ser excessiva, tudo nos termos da cláusula *rebus sic stantibus*.

Nos termos do art. 537 do Código de Processo Civil, a multa, passível de alteração pelo juiz e que pertence ao exequente, pode ser executada provisoriamente:

Art. 537. A multa independe de requerimento da parte e poderá ser aplicada na fase de conhecimento, em tutela provisória ou na sentença, ou na fase de execução, desde que seja suficiente e compatível com a obrigação e que se determine prazo razoável para cumprimento do preceito.

1º O juiz poderá, de ofício ou a requerimento, modificar o valor ou a periodicidade da multa vincenda ou excluí-la, caso verifique que:

I – se tornou insuficiente ou excessiva;

II – o obrigado demonstrou cumprimento parcial superveniente da obrigação ou justa causa para o descumprimento.

§ 2º O valor da multa será devido ao exequente.

§ 3º A decisão que fixa a multa é passível de cumprimento provisório, devendo ser depositada em juízo, permitido o levantamento do valor após o trânsito em julgado da sentença favorável à parte (redação dada pela Lei 13.256/2016).

§ 4º A multa será devida desde o dia em que se configurar o descumprimento da decisão e incidirá enquanto não for cumprida a decisão que a tiver cominado.

---

[31] Nelson Nery Junior e Rosa Maria Andrade Nery, *Código de Processo Civil Comentado*, São Paulo: Revista dos Tribunais, 1997, p. 671.

[32] Nelson Nery Junior e Rosa Maria Andrade Nery, ob. cit., notas 9 e 15 ao art. 461.

§ 5º O disposto neste artigo aplica-se, no que couber, ao cumprimento de sentença que reconheça deveres de fazer e de não fazer de natureza não obrigacional.

É preciso observar, nos termos da Súmula 410 do Superior Tribunal de Justiça, havendo antecipação de tutela de obrigação de fazer com imposição de multa diária, que o réu deve ser intimado pessoalmente, sem o que a decisão não vale contra ele, não sendo suficiente a intimação na pessoa do advogado.

Todavia, o § 4º do art. 537 do Código de Processo Civil, inexistente no CPC/1973, estabelece que a multa é devida desde o dia em que se configurar o descumprimento judicial.

Resta saber se a referida Súmula continuará sendo aplicada, condicionando a contagem à intimação pessoal do réu, o que não nos perece ser a *mens legis*.

O juiz poderá, para a concessão da tutela de urgência, *conforme o caso, exigir caução real ou fidejussória idônea para ressarcir os danos que a outra parte possa vir a sofrer, podendo a caução ser dispensada se parte economicamente hipossuficiente não puder oferecê-la* (Código de Processo Civil, art. 301, § 1º).

Julgada improcedente, a ação resolver-se-á em perdas e danos suportados pelo autor (Código de Processo Civil, art. 302).

A tutela de urgência pode ser concedida antecipadamente, *inaudita altera parte*, ou após justificação prévia (Código de Processo Civil, art. 300, § 2º, I).

O réu não será ouvido quando essa oitiva importar em perigo de ineficácia da medida antecipatória ou quando for urgente a ponto de não suportar a citação e a resposta.

Por fim, o autor pode optar pelas perdas e danos ou, então, formular pedido subsidiário de perdas e danos (Código de Processo Civil, art. 326).

1.9.7. Prescrição

O art. 178, § 10, IX, do Código Civil de 1916, estipulava que era de cinco anos a prescrição da ação de danos causados à propriedade, como, por exemplo, a ação demolitória.

No atual Código Civil, esse prazo é de dez anos, a teor do art. 205.

Entretanto esse prazo prescricional não corre enquanto não cessar o risco ou o dano em continuidade e, portanto, é imprescritível a ação de dano infecto, que só pode ser proposta no caso de dano presente e em continuidade.

Assim, enquanto houver, por exemplo, um vazamento ou infiltração, não há falar-se em prescrição da ação.

Primeiro Tribunal de Alçada Civil de São Paulo. *Cominatória – direito de vizinhança – dano em prédio urbano – dano infecto contra dano iminente – art. 555 do CC – inocorrência da prescrição enquanto o risco existir – inaplicabilidade, na hipótese, do art. 178, § 10, IX, do CC – decisão mantida. Petição inicial – cominatória – direito de vizinhança – dano infecto – requisitos – art. 295 do CPC [atual art. 330] – observância – ajuizamento contra proprietária atual – matéria de mérito a ser apreciada no final – Decisão mantida, afastando-se a inépcia da inicial (Processo nº 387-3/04, Agravo de Instrumento, Diadema, 6ª Câmara, j. 29.03.1988, Rel. Pinheiro Franco, unânime).*

1.9.8. Procedimento

O procedimento da ação de dano infecto é comum e seguirá o procedimento dos arts. 319 e seguintes do Código de Processo Civil.

1.9.9. Caução de dano infecto

De acordo com o Código Civil:

Art. 1.280. O proprietário ou o possuidor tem direito a exigir do dono do prédio vizinho a demolição, ou a reparação deste, quando ameace ruína, bem como que lhe preste caução pelo dano iminente.

É muito comum que a construção de um grande prédio, com a necessidade de estaqueamento profundo, cause rachaduras e, em casos mais graves, até a possibilidade de ruína de prédios vizinhos ou próximos.

Ocorrendo isso, surgem dois caminhos ao prejudicado.

Todo aquele que, em virtude de construção vizinha, sofrer qualquer prejuízo em sua propriedade, poderá ingressar com ação de dano infecto, buscando a efetiva reparação de sua propriedade.

Se o prédio vizinho ameaçar ruir, a solução será a ação demolitória ou de nunciação de obra nova, estudadas a seguir.

Além disso, o prejudicado poderá exigir, cautelarmente, em qualquer caso, caução de dano infecto, preventiva, como pedido cautelar nos termos dos arts. 294, 297, 301 e 305 e seguintes do Código de Processo Civil.

Portanto, para garantia do resultado útil e eficaz da ação de conhecimento, pode ser conveniente, mesmo ante a possibilidade de tutela antecipatória, a prestação de caução requerida cautelarmente, o que, é bom que se diga, encontra supedâneo legal no art. 1.280 do Código Civil.

A responsabilidade do dono da obra prejudicial é objetiva, independendo de culpa.[33]

A ação de dano infecto nesses casos pode ser cumulada com perdas e danos, materiais (danos emergentes e lucros cessantes) e morais.

1.9.10. A caução de dano infecto ante o mandamento do art. 1.313 do Código Civil

Art. 1.313. O proprietário ou ocupante do imóvel é obrigado a tolerar que o vizinho entre no prédio, mediante prévio aviso, para:

I – dele temporariamente usar, quando indispensável à reparação, construção, reconstrução ou limpeza de sua casa ou do muro divisório;

II – apoderar-se de coisas suas, inclusive animais que aí se encontrem casualmente.

§ 1º O disposto neste artigo aplica-se aos casos de limpeza ou reparação de esgotos, goteiras, aparelhos higiênicos, poços e nascentes e ao aparo de cerca viva.

§ 2º Na hipótese do inciso II, uma vez entregues as coisas buscadas pelo vizinho, poderá ser impedida a sua entrada no imóvel.

§ 3º Se do exercício do direito assegurado neste artigo provier dano, terá o prejudicado direito a ressarcimento.

Parágrafo único. As mesmas disposições aplicam-se aos casos de limpeza ou reparação dos esgotos, goteiras e aparelhos higiênicos, assim como dos poços e fontes já existentes.

---

[33] *JTACSP 144/128 – Danos em prédio urbano. Obra vizinha com mudanças estruturais profundas, rompendo o equilíbrio até então existente, produzindo danos no imóvel dos autores – perícia concludente sobre o nexo causal dos autores – responsabilidade objetiva – ação de indenização procedente.*
Silvio Rodrigues, ob. cit., p. 158.

Acorde com esse dispositivo do Código Civil brasileiro, é possível ao dono de prédio a utilização de propriedade vizinha nos casos enumerados.

Entretanto, na exata medida em que garante o direito de utilização, a lei garante ao vizinho o direito de reparação dos danos eventualmente verificados pelo uso.

Nesse sentido, o dono do prédio vizinho poderá, também, exigir caução de que serão reparados os danos.

Essa caução poderá ser exigida na própria contestação de eventual pedido cominatório daquele que pretende utilizar a propriedade vizinha ou, até, mediante tutela provisória de urgência de natureza cautelar dos arts. 294, 297, 301 e 305 e seguintes do Código de Processo Civil.

> **Tribunal de Alçada do Rio Grande do Sul.** *Direito de vizinhança (art. 587 do CC). Caução de dano infecto. A permissão de entrada no prédio vizinho se defere ao proprietário que necessita usar dele, temporariamente, para construir, reconstruir, reparar ou limpar a sua casa. A permissão diz respeito ao direito de construir, uma das faculdades compreendidas no direito de dispor da propriedade. Ao direito de vizinhança corresponde a obrigação de tolerância. E a indenização por danos se dá como compensação. O proprietário vizinho, assim, tem o direito de exigir a prestação de caução de dano infecto para permitir que o dono do prédio limítrofe entre em seu imóvel a fim de executar obras em sua propriedade. Decisão: dado provimento parcial. Unânime. Jurisprudência: RT 421/127 (Apelação Cível nº 185.010.535, 21.05.1985, 1ª Câmara Cível, Rel. Lio Cezar Schmitt, origem: Cruz Alta).*

1.9.11. O dano moral na ação de dano infecto

O dano moral, com fundamento no art. 186 do Código Civil, em casos extremos de uso anormal da propriedade, pode ser requerido de forma cumulada ao pedido de cessação da interferência nociva à saúde, sossego e segurança do vizinho prejudicado da mesma forma que se admite a cumulação com o pedido de dano material.

Entretanto, a aptidão de gerar danos morais não é inerente a qualquer fato ou qualquer descumprimento obrigacional.

Como salienta Antonio Chaves, o dano moral não espelha o "reconhecimento que todo e qualquer melindre, toda suscetibilidade exacerbada, toda exaltação do amor-próprio pretensamente ferido, a mais suave sombra, o mais ligeiro roçar das asas de uma borboleta, mimos, escrúpulos, delicadezas excessivas, ilusões insignificantes desfeitas, possibilitando sejam extraídas da caixa de Pandora do direito centenas de milhares de cruzeiros".[34]

Na vida social, em todas as suas modalidades, é evidente que podem ocorrer os danos morais, ou seja, os danos que interferem na esfera de consideração pessoal (intimidade, honra, afeição, segredo), ou na esfera de consideração social (reputação, conceito, consideração, identificação) da vítima.

Todavia, a reparação por dano moral visa compensar e não recompor os prejuízos, além de servir de exemplo à sociedade, inibindo práticas semelhantes.

Com efeito, sua fixação cabe ao prudente arbítrio do juiz, "que há de apelar para o que lhe parecer equitativo e justo".[35]

Portanto, ao arbitrar os danos morais, deve o juiz considerar a posição social do ofensor e da vítima, o grau de seu sofrimento, a função inibitória e o grau de dolo ou culpa com que se houve o autor da ofensa.[36]

---

[34] Antonio Chaves. *Tratado de direito civil*, vol. III. São Paulo: Revista dos Tribunais, 1985, p. 637.

[35] Wilson Melo da Silva. *O dano moral e sua reparação*. Rio de Janeiro: Forense, 1969. pp. 250 e 513.

[36] Tribunal de Justiça de São Paulo. Apelação Cível n. 57.235.4/9 – Piracicaba – Rel. Ivan Sartori. j. 03.12.1998.

Para Humberto Theodoro Júnior, "impõe-se a rigorosa observância dos padrões adotados pela doutrina e jurisprudência, inclusive dentro da experiência registrada no direito comparado para evitar-se que as ações de reparação de dano moral se transformem em expedientes de extorsão ou de espertezas maliciosas e injustificáveis. As duas posições, sociais e econômicas, da vítima e do ofensor, obrigatoriamente, estarão sob análise, de maneira que o juiz não se limitará a fundar a condenação isoladamente na fortuna eventual de um ou na possível pobreza do outro. Assim, nunca poderá o juiz arbitrar a indenização do dano moral tomando como base tão somente o patrimônio do devedor. Sendo a dor moral insuscetível de uma equivalência com qualquer padrão financeiro, há uma universal recomendação, nos ensinamentos dos doutos e nos arestos dos tribunais, no sentido de que 'o montante da indenização será fixado equitativamente pelo Tribunal' (Código Civil Português, art. 496, inciso 3). Por isso, lembra R. Limongi França a advertência segundo a qual 'muito importante é o juiz na matéria, pois a equilibrada fixação do *quantum* da indenização muito depende de sua ponderação e critério' (Reparação do Dano Moral, *RT*, 631/36)".[37]

Ao final, aduz que o arbitramento, pelo magistrado, deve respeitar: a) o nível econômico do ofendido; e b) o porte econômico do ofensor.[38]

Em consonância com o acatado, em razão das características que envolvem o dano moral, o pedido de reparação é genérico, de tal sorte que. Embora o Código de Processo Civil exija a indicação do valor pretendido, caberá ao juiz arbitrar definitivamente o valor (Código de Processo Civil, arts. 292, V, e 324, § 1º, II).[39]

Nessa medida, ao tratar especificamente do dano moral em razão de ação de dano infecto decorrente de vazamentos e infiltrações de apartamento superior, é esclarecedor o seguinte julgado do Superior Tribunal de Justiça:

> **Superior Tribunal de Justiça**. *Indenização. Dano moral. Condenação. Direito de vizinhança. Danos em apartamento inferior provocados por infiltração em apartamento superior. Duração por longo tempo resultando constante e intenso sofrimento psicológico. Desídia de responsável em reparar a infiltração. 1 – Condena-se ao pagamento de indenização por dano moral o responsável por apartamento de que se origina infiltração não reparada por longo tempo por desídia, provocadora de constante e intenso sofrimento psicológico ao*

---

[37] Humberto Theodoro Junior. *Dano Moral*. São Paulo: Editora Juarez de Oliveira, 2000, pp. 36 e 37.

[38] Humberto Theodoro Junior, *Dano Moral*. Cit., p. 36; Tribunal de Justiça de São Paulo, apelação n. 198.945-1, Rel. Desembargador Cezar Peluso.

[39] REsp n. 80.501/RJ; STJ. Nesse caso, o autor estima o valor e, só depois o completa em execução, quando apurado, se for maior (REsp n. 8.323/SP, STJ; agravo de instrumento n. 92.186-4, Tribunal de Justiça de São Paulo.
Primeiro Tribunal de Alçada Civil de São Paulo: "Petição inicial – responsabilidade civil – danos morais – determinação do seu aditamento para correção do valor da causa, com discriminação do *quantum* indenizatório – descabimento, por tratar-se de pedido genérico – art. 286, II, do CPC [atual art. 324, § 1º, II] – recurso provido.
Sendo assim, o pedido nas ações de reparação por danos morais poderia ser feito da seguinte forma: com fundamento nos argumentos de fato e de direito trazidos à colação, requer o autor seja a presente ação julgada totalmente procedente para condenar os réus no pagamento do valor a ser arbitrado a título de danos morais (CPC, art. 286, II, atual art. 324, § 1º II), tendo em vista a posição social do autor, bem como a dos ofensores, ou outro valor que Vossa Excelência venha a arbitrar, condenando-os, demais disso, nas custas, honorários de advogado, juros desde a prática do ato e demais despesas. (Processo n. 0820142-5 – Agravo de Instrumento – 6ª Câmara – 22.09.1998 – Rel. Oscarlino Moeller. Decisão: Unânime).
Superior Tribunal de Justiça. "Processual civil – danos morais – arbitramento do "quantum debeatur" pelo magistrado – inteligência do art. 286, I a III, do CPC [atual art. 324, § 1º, I e II]. O direito pretoriano acolhe entendimento no sentido de que o dano moral, não havendo outro critério de avaliação deve ficar ao prudente critério do juiz, sua quantificação. Recurso conhecido e provido. Rel. Ministro Waldemar Zveiter". (Recurso especial 108.155/RJ (9600588457) – Decisão: por unanimidade, conhecer do recurso especial e lhe dar provimento – 04.12.1997 – Terceira Turma).

vizinho, configurando mais do que mero transtorno ou aborrecimento. 2 – Recurso Especial provido. (Recurso especial 1.313.641 – RJ (2012/0032506-8) – j. 26.06.2012 – Rel. Min. Sidnei Beneti).

No seu voto, esclareceu o Ministro relator:

O Tribunal de origem, conforme relatado, proveu a apelação da Ré e julgou prejudicada a da Autora. Fez isso aos seguintes argumentos (fls. 170): 'Ainda que se admita que a ré, segunda apelante, descumpriu o dever legal previsto no artigo 1.277 do CC/2002 ("o proprietário ou possuidor de um prédio tem o direito de fazer cessar as interferências prejudiciais à segurança, ao sossego e à saúde dos que o habitam, provocadas pela utilização de propriedade vizinha"), de sua conduta não se vislumbra lesão a direitos de personalidade da autora (honra, crédito, imagem, integridade física e psíquica), de modo a justificar a pretendida reparação por dano moral. Assim orienta o verbete 75 da Súmula deste TJRJ – "O simples descumprimento de dever legal ou contratual, por caracterizar mero aborrecimento, em princípio não configura dano moral, salvo se da infração advém circunstância que atenta contra a dignidade da parte".

(...)

Consultando a jurisprudência desta Corte é possível localizar, inclusive, precedentes que afirmam tratar-se a infiltração em apartamento de um mero dissabor (AgRg no Ag 1.331.848/SP, Rel. Ministra Maria Isabel Gallotti, Quarta Turma, DJe 13.09.2011; e REsp 1.234.549/SP, Rel. Ministro Massami Uyeda, Terceira Turma, DJe 10.02.2012).

(...)

No caso dos autos, porém, tem-se situação de grande constrangimento, que perdurou durante muitos meses. Vale lembrar que a casa é, em princípio, lugar de sossego e descanso, se o seu dono assim o desejar. Não se pode, portanto, considerar de somenos importância os constrangimentos e aborrecimentos experimentados pela Recorrente em razão do prolongado distúrbio da tranquilidade nesse ambiente – sobretudo quando tal distúrbio foi claramente provocado por conduta negligente da ré e perpetuado pela inércia e negligência desta em adotar providência simples, como a substituição do rejunte do piso de seu apartamento.

(...)

A situação descrita nos autos não caracteriza, portanto, um mero aborrecimento ou dissabor comum das relações cotidianas. Na hipótese, tem-se verdadeiro dano a direito de dignidade, passível de reparação por dano moral".

No mesmo sentido:

Superior Tribunal de Justiça. *Responsabilidade civil. Desgaste das instalações hidráulicas. Infiltrações e vazamentos. Danos materiais e morais. 1. Admitindo o réu ser responsável pelos danos materiais, decorrentes de infiltrações e vazamentos que causaram prejuízo à autora, deve esta, por isso, ser indenizada tanto no que se refere aos danos morais quanto no que se refere aos danos materiais. (REsp 168.073/RJ – Rel. Min. Carlos Alberto Menezes Direito – Terceira Turma – DJ 25.10.1999).*

1.9.12. Modelo de ação de dano infecto

MM. Juízo da (...)

Urgente – com pedido de antecipação de tutela.

(...), vem, respeitosamente, perante Vossa Excelência, por seu procurador (documento 1), aforar, pelo procedimento comum, rito ordinário, em face de (...), a competente

Ação de dano infecto, com pedido de antecipação de tutela, cumulada com perdas e danos,

o que faz com supedâneo nos artigos 1.277 e 1.280 do Código Civil, 294, 297, 300, 500, 536 e 537 do Código de Processo Civil, expondo e requerendo o quanto segue:

I – Fatos

A autora é proprietária do imóvel onde reside (matrícula – documento 2), tendo como vizinho, no andar superior, o réu (matrícula – documento 3).

Ocorre que, há 6 meses, o lavabo do imóvel do réu apresenta vazamentos e infiltrações na parede, que ocasionaram, inclusive, o desabamento de parte do gesso do forro e danos no piso de madeira do imóvel da autora (fotos – documento 4).

Nada obstante os insistentes contatos pessoais e notificações enviadas para que o réu providenciasse o conserto (documento 5), certo é que permaneceu inerte, deixando transcorrer *in albis* todos os prazos concedidos.

Assim, baldos os esforços da autora para composição razoável e amigável, não lhe restou alternativa senão socorrer-se do Poder Judiciário para obter cominação de multa diária (*astreinte*) para que o réu providencie (obrigação de fazer) os reparos necessários.

II – Direito

Dispõem os artigos 1.277 e 1.280 do Código Civil:

> *Art. 1.277. O proprietário ou o possuidor de um prédio tem o direito de fazer cessar as interferências prejudiciais à segurança, ao sossego e à saúde dos que o habitam, provocadas pela utilização de propriedade vizinha.*

> *Art. 1.280. O proprietário ou o possuidor tem direito a exigir do dono do prédio vizinho a demolição, ou a reparação deste, quando ameace ruína, bem como que lhe preste caução pelo dano iminente.*

Ora, é evidente, mormente ante as fotos apresentadas, que o réu está usando nocivamente sua propriedade, prejudicando a segurança o sossego e a saúde da autora.

III – Relevante fundamento desta demanda – probabilidade do Direito e perigo da demora (CPC, arts. 297, 300 e 301)

A Autora está ameaçada de sofrer danos irreparáveis, haja vista que o forro de seu apartamento ameaça ruir integralmente, podendo, inclusive, causar lesões nos ocupantes do imóvel, entre os quais um menor de tenros três anos de idade (documento 6 – certidão de nascimento do filho da autora).

A tutela provisória de urgência na presente ação evitará o caos, além de imensuráveis prejuízos à Autora.

Verifica-se, pois, que a necessidade e principalmente o direito que possui a Autora da utilização regular de seu móvel, está ameaçado de sofrer danos irreparáveis em face da atitude omissiva adotada pelo réu. Isto posto, deduz-se o:

IV – Pedido de tutela antecipada (CPC, arts. 294, 297, 301 e 537)

Como é natural, ante a pletora de feitos que assoberba o Poder Judiciário, o processo demandará tempo, aquele necessário para a devida instrução e demais atos que lhe são pertinentes.

Até que decisão final seja proferida, independentemente da vontade de Vossa Excelência, os prejuízos experimentados pela autora serão exacerbados.

Assim, pede-se e espera-se que Vossa Excelência conceda a tutela de urgência ora requerida, ordenando ao réu que dê início, no prazo de 10 (dez dias) contados da citação, aos serviços de reparação dos vazamentos e infiltrações, sob pena de multa diária (*astreinte*) de R$ (...), perfeitamente adequada à tutela inibitória ora requerida, ou outro valor que Vossa Excelência entender suficiente;

V – Pedido de mérito

A autora requer digne-se Vossa Excelência de julgar procedente a presente ação, imputando ao réu pena de multa diária de R$ (...) pelo descumprimento da final decisão (CPC, art. 500), independentemente da antecipação de tutela para *que cumpra definitivamente sua obrigação de reparar os vazamentos e infiltrações no seu imóvel.*

Requer, outrossim, a Autora nos termos do art. 500 do CPC, *além da multa diária, a condenação do réu no pagamento do valor dos estragos causados no imóvel da autora, fixados, acorde com os orçamentos anexos (documento 7), em R$ (...), somados aos danos morais, fixados equitativamente* *por Vossa Excelência ante o desproporcional sofrimento psicológico do autor em razão dos fatos (Superior Tribunal de Justiça – Recurso especial 1.313.641/RJ (2012/0032506-8) – j. 26.06.2012 – Rel. Min. Sidnei Beneti).*

c) Condenação do réu no pagamento das despesas, custas e honorários advocatícios que Vossa Excelência houver por bem arbitrar.

VI – Citação

Nos termos do art. 246 do CPC, requer-se a citação por meio eletrônico ou, não havendo cadastro, pelo correio (*ou, ainda, justificando, por Oficial de Justiça, nos termos do § 1º-A, II, do art. 246 do CPC, facultando-se ao Sr. Oficial de Justiça encarregado da diligência proceder nos dias e horários de exceção (CPC, art. 212, § 2º)*, para eventual oferta de resposta no prazo de 15 (quinze) dias (art. 335 do Código de Processo Civil), sob pena de serem tidos por verdadeiros todos os fatos aqui alegados (art. 344 do Código de Processo Civil), devendo o respectivo mandado conter as finalidades da citação, as respectivas determinações e cominações, bem como a cópia do despacho do(a) MM. Juiz(a), comunicando, ainda, o prazo para resposta, o juízo e o cartório, com o respectivo endereço.

VII – Audiência de Conciliação

Nos termos do art. 334, § 5º, do Código de Processo Civil, o autor desde já manifesta, pela natureza do litígio, desinteresse em autocomposição.

Ou:

Tendo em vista a natureza do direito e demonstrando espírito conciliador, a par das inúmeras tentativas de resolver amigavelmente a questão, o autor desde já, nos termos do art. 334 do Código de Processo Civil, manifesta interesse em autocomposição, aguardando a designação de audiência de mediação.

VIII – Provas

Requer-se provar o alegado por todos os meios de prova em direito admitidos, incluindo perícia, produção de prova documental, testemunhal, inspeção judicial, depoimento pessoal sob pena de confissão caso o réu (ou seu representante) não compareça, ou, comparecendo, se negue a depor (art. 385, § 1º, do Código de Processo Civil).

IX – Valor da causa

Dá-se à presente o valor de R$ (...).

Termos em que,

Pede deferimento

Data

Advogado

OAB/SP (...)

1.10. AÇÃO DE NUNCIAÇÃO DE OBRA NOVA

Segundo De Plácido e Silva,[40] etimologicamente, nunciação significa ato de anunciar.

A expressão "nunciação" segundo De Plácido e Silva, deriva do latim *nuntiatio*, que quer dizer ação de anunciar, declaração.

Juridicamente significa *intimação para que se pare o que se está fazendo*, ou de *embargo*, ou seja, impedimento ou obstáculo ao que se está fazendo.[41]

Assim, segundo o mesmo lexicógrafo, nunciação de obra nova *designa a ação que tem por finalidade intimar a pessoa que está construindo em prejuízo a interesse alheio, para que não continue com a construção.*

---

40 De Plácido e Silva, *Vocabulário Jurídico*, Rio de Janeiro: Forense, 1993.

41 *Vocabulário jurídico*, ob. cit.

É uma forma de proteção aos direitos de vizinhança por obra abusiva ou ilegal através da cominação de multa (*astreinte*) com o intuito de paralisar a obra.

É preciso observar que, após a conclusão, a obra não pode ser considerada nova.

Portanto, não cabe o embargo da construção, mas, apenas a ação demolitória.

1.10.1. Principais aspectos

a) **Competência – ação real ou pessoal?** Nas ações fundadas em direito real sobre imóveis é competente o foro da situação da coisa (Código de Processo Civil, art. 47). Pode o autor, entretanto, optar pelo foro do domicílio ou de eleição, não recaindo o litígio sobre direito de propriedade, vizinhança, servidão, posse, divisão e demarcação de terras e nunciação de obra nova. Todavia, acorde com Theotonio Negrão, em sua nota 16 ao art. 95 do Código de Processo Civil de 1973, correspondente ao atual art. 47, a despeito do disposto no referido dispositivo, há acórdãos que consideram a ação de nunciação de obra nova pessoal, e não real (*RT* 507/70, 510/106, maioria, 594/105, *RTJESP* 89/200). Portanto, é competente, nesse caso, o foro do domicílio do réu (Código de Processo Civil, art. 46). Seja como for, porém, é conveniente a citação do cônjuge do proprietário nunciado (*JTJ* 162/102).[42]

b) **Legitimidade ativa:** Dispunha o art. 934, do Código de Processo Civil de 1973, que tratava desta ação entre os procedimentos especiais, mas que pode ser aproveitado quanto a ideia nele contida, que a ação de nunciação de obra nova compete: *I – ao proprietário ou possuidor, a fim de impedir que a edificação de obra nova em imóvel vizinho lhe prejudique o prédio, suas servidões ou fins a que é destinado; II – ao condômino, para impedir que o coproprietário execute alguma obra com prejuízo ou alteração da coisa comum; III – ao Município, a fim de impedir que o particular construa em contravenção da lei, do regulamento ou de postura.*

Quanto à ação proposta em razão de violação de normas de edificação, é preciso observar que a fiscalização e aprovação de projeto de construção, bem como a análise da sua legalidade cabem à autoridade administrativa, somente podendo ser invocado por particular quando lhe *resultar prejuízo*.

Quanto à necessidade de demonstração de prejuízo e consequente interesse processual, é remansosa a jurisprudência, cabendo mencionar, entre outros,[43] o seguinte julgado:

> **Tribunal de Justiça de São Paulo.** *Direito de vizinhança. Nunciação de obra nova. Alegação de violação de posturas administrativas sem referência a prejuízo ao imóvel vizinho. Ausência de legitimidade ativa. Carência reconhecida. Recurso improvido, com observação. Pode o vizinho invocar infração a posturas municipais como fundamento para a ação de nunciação da obra nova desde que invoque, em razão disso,* **a ocorrência de prejuízo ao seu imóvel** *(...). Simples alusão genérica a não obediência de normas, sem*

---

42   *Código Civil e Legislação Processual em vigor*, 30ª ed., 1999.

43   Nessa mesma linha já se pronunciava o 2º Tribunal de Alçada Civil de São Paulo:
Direito de vizinhança – nunciação de obra nova – infringência à postura municipal – prejuízo ao imóvel vizinho – inocorrência – descabimento. O proprietário somente pode embargar obra edificada em desacordo com as posturas municipais, se dessa irregularidade resultar prejuízo para o seu imóvel (2º TACivSP, Ap c/ Rev. 547 363-00/0, 10ª Câm., Rel. Juiz Gomes Varjão, j. 07.04.1999).
Direito de vizinhança – nunciação de obra nova – infringência a posturas municipais – prejuízo ao imóvel vizinho – inocorrência – descabimento. As irregularidades relativas a posturas municipais só podem ser processadas pelo Poder Público. Havendo irregularidades na obra que não prejudiquem o vizinho, elas só podem ser objeto de ação estatal (2º TACivSP-Ap c/ Rev 559 987-00/6, 12ª Cam., Rel. Juiz Campos Petroni, j. 16.03.2000).

indicação de prejuízo específico ao seu próprio bem não é suficiente para identificar a sua legitimidade que neste caso é exclusiva do Município (...). A falta de legitimidade ativa determina a carência de ação (Apelação Com Revisão 790342005, Rel. Antonio Rigolin, São Paulo, 31ª Câmara de Direito Privado, j. 16.09.2008, Data de registro: 22.09.2008).

Neste aresto, asseverou o Ilustre Relator que a ação de nunciação de obra nova:

> *Tem por finalidade a proteção ao direito de vizinhança. Dela faz uso o vizinho para evitar que a edificação de obra nova venha a lhe causar dano. Diversamente, cabe ao Município a legitimidade para a ação voltada a "impedir que o particular construa em contravenção da lei, do regulamento ou de postura" (...), de modo que ao particular não cabe a iniciativa de atuar apenas para defender genericamente a norma, sem a existência de qualquer dano ao seu imóvel.*

Ensina Adroaldo Furtado Fabrício que

> *(...) a infração de regras pertinentes à polícia de construções, por si só, não legitima o vizinho à causa. Se da infração resulta prejuízo ou ameaça ao prédio vizinho, o dono ou possuidor do mesmo tem ação de embargo por este e não por aquele motivo. Há legitimação concorrente dele e do Município, por fundamentos diversos, e não é de excluir-se possível litisconsórcio ativo.[44]*

Em igual sentido, quanto à necessidade de provar prejuízo ao autor da ação:

> **Tribunal de Justiça de São Paulo**. *Direito de vizinhança – Ação de nunciação de obra nova c/c demolitória e indenização por perdas e danos – Imóveis lindeiros – Obra irregular feita pelos réus, culminando na geminação dos mesmos – **Prejuízos ao autor demonstrados** – Astreintes – Manutenção do limite fixado – Observância dos princípios da razoabilidade e proporcionalidade – Ação procedente – Recursos desprovidos. (TJSP; Apelação 1098563-18.2014.8.26.0100; Rel. Melo Bueno; Órgão Julgador: 35ª Câmara de Direito Privado; Foro Central Cível – 18ª Vara Cível; j. 17.09.2018; Data de Registro: 18.09.2018).*

Portanto, resta evidente que a qualidade de vizinho, bem como a situação danosa (de prejuízo) ao imóvel vizinho constituem inafastáveis fundamentos e não podem deixar de integrar a causa de pedir.

O município atuando isoladamente não precisa provar prejuízo:

> *Ação de nunciação de obra nova. Município. (...). Preliminares rejeitadas: falta de citação do cônjuge. Perícia. Prova testemunhal. Prejuízo. 1. A ação de nunciação de obra nova não envolve direito real, mas pessoal, mostrando-se desnecessária a citação da esposa do demandado. 2. Viável a negativa de prova testemunhal e de perícia judicial, quando estas não se mostravam aptas a afastar as irregularidades detectadas pelo município. Assim, tal dilação se mostrou desnecessária, (...). 3. Em ação de nunciação de obra nova ajuizada pelo próprio Município por descumprimento de normas municipais de uso e ocupação do solo urbano (...), mostra-se despicienda a prova de prejuízo. A prova de prejuízo é necessária apenas em pedidos ajuizados por particular, o que não ocorre no caso. 4. A ausência de estipulação de prazo no auto de infração constitui mera irregularidade que não afasta a pretensão do município visando à demolição de obra iniciada sem projeto aprovado. Rejeitaram as preliminares e negaram provimento ao apelo. Unânime. (Apelação Cível nº 70014494009, Décima Oitava Câmara Cível, Tribunal de Justiça do RS, Rel. Mario Rocha Lopes Filho, j. 05.04.2007).*

Todavia, em razão da atuação autoexecutória da Administração, a ação de nunciação é apenas uma alternativa, sendo possível o embargo administrativo, desde que previsto na legislação municipal, sob pena, inclusive, de crime de desobediência.

---

[44] Adroaldo Furtado Fabrício, *Comentários ao Código de Processo Civil*, Rio de Janeiro: Forense, 1999, v. VIII, t. III, p. 599.

c) **Legitimidade passiva:** É sempre do dono da obra, não do construtor ou do simples possuidor. A despeito da participação fática do construtor e dos operários da obra, somente o dono da obra (não necessariamente o proprietário)[45] será citado para ocupar o polo passivo.[46] Pode ser utilizada contra o condômino que busca alterar a coisa comum (Código Civil, art. 1.314).[47]

d) **Procedimento:** A nunciação de obra deixou de fazer parte do rol dos procedimentos especiais posto que não há previsão nesse sentido no atual Código de Processo Civil, como havia no Código de 1973, nos arts. 934 a 940. Portanto, o procedimento será comum, incidindo o art. 318 e seguintes do Código de Processo Civil.

e) **Valor da causa:** *a ação de nunciação de obra nova não envolve questões possessórias ou petitórias. De fato, o seu conteúdo econômico não é o valor do imóvel do autor, pois o objetivo é impedir a edificação de obra em imóvel vizinho. Sendo assim, deve ser considerada, ainda que por estimativa e de forma provisória, podendo ser revista ao final da demanda, a importância indicada na inicial, porque, nesta fase, é impossível quantificar, com exatidão, o conteúdo econômico pretendido* (TJSP – Agravo de Instrumento nº 0169650-65.201.8.26.000. Julg. 13.11.2012). Aplica-se, assim, a estimativa do autor nos termos do art. 291 do Código de Processo Civil e o valor, ao final, deve ser fixado tendo em vista os prejuízos apurados ao autor da ação.[48]

1.10.2. Principais aspectos de direito material

Como vimos os arts. 1.300 e 1.301, do Código Civil, dispõem que o proprietário pode embargar obras do vizinho nas seguintes hipóteses:[49]

---

[45] Nesse sentido: *Direito civil. Nunciação de obra nova. Construção. Ponto de táxi. Distrito Federal. Ilegitimidade passiva. A ação de nunciação de obra nova não necessita, necessariamente, ser intentada contra o proprietário do imóvel; e sim em face do responsável pela sua construção. Com efeito, se o Distrito Federal delegou poderes à Novacap para construir o ponto de táxi objeto da ação deve-se reconhecer sua ilegitimidade para compor o polo passivo da ação de nunciação de obra nova* (Apelação Cível 20010111002980APC – DF – Rel. Asdrubal do Nascimento Lima – 12.05.2005).

[46] Antonio Carlos Marcato, *Procedimentos Especiais*, p. 129.

[47] Vicente Greco Filho, *Direito Processual Civil Brasileiro*, 16ª ed., São Paulo: Saraiva, 2003, 3º vol., p. 229.

[48] No mesmo sentido:
(...) Nunciação de Obra Nova. Valor da causa fixado por estimativa. Ofertada impugnação ao valor da causa. Acolhimento para considerar o valor da causa o do valor venal do imóvel. Inadmissibilidade. Estimativa pericial quanto aos danos. Inexistência. Estimativa final a ser feita na sentença. Mantido o valor da causa atribuído na petição inicial. Recurso conhecido em parte, e, na parte conhecida provido. Na ação de Nunciação de Obra Nova não se pede divisão, demarcação ou reivindicação de imóvel, sendo incabível a incidência do art. 259, inc. VII do Código de Processo Civil, que não admite aplicação analógica, para atribuição do valor da causa (Agravo de instrumento nº 1.129.733-0/2, Rel. Des. Francisco Occhiuto Junior, 32ª Câmara, j. 06.12.2007).
Em sentido contrário, exigindo o valor venal do imóvel:
TJSP. Impugnação ao valor da causa. Ação de nunciação de obra nova cc. Demolitória. Valor ínfimo de custas iniciais. Possibilidade de aplicação do valor venal do imóvel em valor da causa de ação de nunciação de obra nova. Complementação das custas iniciais com base no valor venal do imóvel. Alegação de nulidade e má-fé do agravante. Inocorrência. Recurso não provido. (TJSP; Agravo de Instrumento 0116113-67.2005.8.26.0000; Rel. Berenice Marcondes Cesar; Órgão Julgador: 27ª Câmara do D. 4º Grupo (Ext. 2º TAC); Foro de São Bernardo do Campo; 6ª. Vara Cível; j. 11.07.2006; Data de Registro: 08.08.2006).

[49] *Código Civil de 1916:* Art. 573. O proprietário pode embargar a construção do prédio que invada a área do seu, ou sobre este deite goteiras, bem como a daquele, em que, a menos de metro e meio do seu, se abra janela, ou se faça eirado, terraço ou varanda.
Código Civil: Art. 1.300. O proprietário construirá de maneira que o seu prédio não despeje águas, diretamente, sobre o prédio vizinho.

a) construção de prédio que invada a área do seu;

b) se o prédio vizinho deitar goteiras;

c) se, a menos de metro e meio do seu, abrirem-se janelas, ou se fizer terraço ou varanda.

Na ação de nunciação de obra nova, o perito tem a incumbência de constatar até que ponto o réu infringiu as regras do direito de vizinhança que já tratamos.

Como salienta Antonio Carlos Marcato,[50] a lei pretendeu *não só proteger o direito de propriedade, e harmonizar a convivência entre os vizinhos, como, ainda, evitar o devassamento da propriedade alheia.*

Consequentemente, não só na hipótese dos arts. 1.300 e 1.301 do Código Civil, mas toda vez que haja a possibilidade de prejuízo à propriedade alheia, ou violação da lei, de regulamento ou de postura municipal em virtude de obra nova, o vizinho prejudicado poderá embargá-la, valendo-se da ação de nunciação de obra nova.

1.10.2.1. Conceito de obra nova

Enquanto a obra ainda não se iniciou, mesmo que sua iminência seja de conhecimento do vizinho, não cabe a ação de nunciação de obra nova, mesmo se já houver plantas e alvará para construção vez que, nesse caso, não há obra para embargar.

Todavia, quando a intenção do dono da obra se exterioriza através de fatos, como, por exemplo, depósito de materiais, demarcações no terreno e canteiros de obras, já existe a obra, ainda que em fase de preparação.

Depois da sua conclusão, a obra também não pode mais ser considerada nova, não sendo o caso, assim, de ação de nunciação.

No momento em que a obra que afronta o direito do vizinho está pronta, possível apenas a ação demolitória, na qual o prejudicado pleiteará o desfazimento da obra.

Nesse sentido:

> *Concluída a obra, já não cabe a nunciação, e sim a demolitória; inversamente, se a obra ainda não está concluída cabe a nunciação; e é possível converter aquela nesta (RJTJESP 113/343, JTJ 165/114).*
>
> *Não se reconhece a carência de ação de nunciação de obra nova só e só porque a construção está "praticamente concluída", sobretudo quando, como na hipótese, o requerimento de embargo é cumulado com outros pedidos compatíveis, como o indenizatório (STJ-4ª Turma, REsp 64.323-SC, Rel. Min. César Rocha, j. 03.09.1996, não conheceram, v.u., DJU 23.09.1996, p. 35.113).*

1.10.2.2. Conceito amplo de obra e de vizinho

O conceito de obra nova deve ser compreendido em sentido amplo.

Obra não se restringe apenas à edificação, mas, igualmente, à demolição, reparos e reformas daquilo que já está construído.

Ademais, a noção de vizinho não significa, necessariamente, a noção de contiguidade.

Art. 1.301. É defeso abrir janelas, ou fazer eirado, terraço ou varanda, a menos de metro e meio do terreno vizinho.

§ 1º As janelas cuja visão não incida sobre a linha divisória, bem como as perpendiculares, não poderão ser abertas a menos de setenta e cinco centímetros.

§ 2º As disposições deste artigo não abrangem as aberturas para luz ou ventilação, não maiores de dez centímetros de largura sobre vinte de comprimento e construídas a mais de dois metros de altura de cada piso.

50 Procedimentos Especiais.

Basta a proximidade.

Por exemplo: as fundações de um edifício podem abalar outras edificações da região e não apenas as lindeiras à obra.

De qualquer forma, ainda que o prédio não seja vizinho, sustenta Vicente Greco Filho,[51] *cabe ao particular, mediante ação de preceito cominatório, nos termos do art. 287 do Código de Processo Civil* [atuais arts. 536 e 537], *com redação dada pela Lei 10.444/2002, o direito de judicialmente compelir o Município a atuar contra outro particular que tenha construído ou exerça atividade contrariamente às disposições legais locais, uma vez que se encontra impedido de fazê-lo contra ele diretamente porque não participa de relação jurídica que lhe seja comum.*

1.10.2.3. A ação demolitória

Concluída a obra, ainda que esteja na fase de acabamento, não é cabível a ação de nunciação, mas, apenas, ação demolitória, com o pedido de desfazimento da obra pronta.

O autor poderá também pedir, alternativamente, a condenação no pagamento dos prejuízos causados pela construção irregular.

> **Tribunal de Justiça de São Paulo**. *Nunciação de obra nova. Obra em fase de conclusão. Insurgência quanto à determinação do prosseguimento do feito para exame do pedido de demolição do que estiver irregular. Inadmissibilidade, uma vez que tal pedido já estava contido na inicial da nunciação, portanto, não se tratando de conversão. Ademais, tanto a nunciação quanto a demolitória contém idêntica pretensão de direito material. Decisão mantida. Recurso não provido (Rel. Campos Mello, Agravo de Instrumento nº 149.161-1, Rio Claro, 15.05.1991).*

> **Tribunal de Justiça de São Paulo**. *Direito de vizinhança. Ação demolitória com pedido alternativo de indenização. Obras irregulares realizadas no imóvel lindeiro. Caracterização. Existência de prejuízo econômico. Pedido alternativo acolhido. Recurso não provido (Apel. Cív. nº 13.120-4, Conchas, 7ª Câmara de Direito Privado, Rel. Leite Cintra, 05.11.1997, v.u.).*

1.10.2.4. Conversão em perdas e danos

Como já verificamos no caso das construções, se o réu agiu de boa-fé e se a demolição da obra construída irregularmente lhe acarretaria vultoso prejuízo sem razoável vantagem para o autor, a pretensão demolitória pode ser convertida em perdas e danos.

Nesse sentido, convém repetir as disposições do Código Civil acerca das plantações e construções:

a) Boa-fé e construção/plantação na totalidade do solo no caso de a construção/plantação exceder o valor do solo: aquele que plantou/edificou adquire a propriedade do solo, mediante indenização fixada pelo juiz (Código Civil, art. 1.255).

b) Invasão parcial (até 5%) e boa-fé: aquele que construiu/plantou adquire mediante indenização da parte do solo invadido e da desvalorização do restante (Código Civil, art. 1.258).

c) Invasão parcial (até 5%) e má-fé: sendo impossível a demolição, mesma solução anterior com o décuplo da indenização (Código Civil, art. 1.258).

d) Invasão parcial (mais de 5%) e boa-fé: o construtor adquire mediante indenização da parte do solo, do acréscimo de valor à construção e da desvalorização do restante (Código Civil, art. 1.259).

e) Invasão parcial (mais de 5%) e má-fé: demolição e pagamento de perdas e danos em dobro (Código Civil, art. 1.259).

---

51 Ob. cit., p. 234.

Nesse caso, mediante indenização, o autor perde a faixa de terreno invadida (*RJTJESP* 96/192).

No mesmo sentido a *RT* 606/97 (invasão de parte mínima do terreno do vizinho). Ou, ainda;

Servidão de luz. Decisão que, reconhecendo a servidão, determinou, em lugar da demolição da obra, o pagamento de indenização. Ausência de violação do disposto no art. 576 do Código Civil (STJ-3ª Turma, REsp 30.980-7-RJ, Rel. Min. Eduardo Ribeiro, j. 15.12.1993, não conheceram, v.u., DJU 07.02.1994, p. 1.173).

1.10.3. Tutela de urgência e pedido

De acordo com o Código de Processo Civil:

Art. 294. A tutela provisória pode fundamentar-se em urgência ou evidência.

Parágrafo único. A tutela provisória de urgência, cautelar ou antecipada, pode ser concedida em caráter antecedente ou incidental.

(...)

Art. 297. O juiz poderá determinar as medidas que considerar adequadas para efetivação da tutela provisória.

Parágrafo único. A efetivação da tutela provisória observará as normas referentes ao cumprimento provisório da sentença, no que couber.

(...)

Art. 300. A tutela de urgência será concedida quando houver elementos que evidenciem a probabilidade do direito e o perigo de dano ou o risco ao resultado útil do processo.

§ 1º Para a concessão da tutela de urgência, o juiz pode, conforme o caso, exigir caução real ou fidejussória idônea para ressarcir os danos que a outra parte possa vir a sofrer, podendo a caução ser dispensada se a parte economicamente hipossuficiente não puder oferecê-la.

§ 2º A tutela de urgência pode ser concedida liminarmente ou após justificação prévia.

§ 3º A tutela de urgência de natureza antecipada não será concedida quando houver perigo de irreversibilidade dos efeitos da decisão.

Art. 301. A tutela de urgência de natureza cautelar pode ser efetivada mediante arresto, sequestro, arrolamento de bens, registro de protesto contra alienação de bem e qualquer outra medida idônea para asseguração do direito.

(...)

Art. 497. Na ação que tenha por objeto a prestação de fazer ou de não fazer, o juiz, se procedente o pedido, concederá a tutela específica ou determinará providências que assegurem a obtenção de tutela pelo resultado prático equivalente.

(...)

Art. 500. A indenização por perdas e danos dar-se-á sem prejuízo da multa fixada periodicamente para compelir o réu ao cumprimento específico da obrigação.

(...)

Art. 536. No cumprimento da sentença que reconheça a exigibilidade de obrigação de fazer ou de não fazer, o juiz poderá, de ofício ou a requerimento, para a efetivação da tutela específica ou a obtenção de tutela pelo resultado prático equivalente, determinar as medidas necessárias à satisfação do exequente.

§ 1º Para atender ao disposto no caput, o juiz poderá determinar, entre outras medidas, a imposição de multa, a busca e apreensão, a remoção de pessoas e coisas, o desfazimento de obras e o impedimento de atividade nociva, podendo, caso necessário, requisitar o auxílio de força policial.

§ 2º O mandado de busca e apreensão de pessoas e coisas será cumprido por 2 (dois) oficiais de justiça, observando-se o disposto no art. 846, §§ 1º a 4º, se houver necessidade de arrombamento.

§ 3º O executado incidirá nas penas de litigância de má-fé quando injustificadamente descumprir a ordem judicial, sem prejuízo de sua responsabilização por crime de desobediência.

§ 4º No cumprimento de sentença que reconheça a exigibilidade de obrigação de fazer ou de não fazer, aplica-se o art. 525, no que couber.

§ 5º O disposto neste artigo aplica-se, no que couber, ao cumprimento de sentença que reconheça deveres de fazer e de não fazer de natureza não obrigacional.

Art. 537. A multa independe de requerimento da parte e poderá ser aplicada na fase de conhecimento, em tutela provisória ou na sentença, ou na fase de execução, desde que seja suficiente e compatível com a obrigação e que se determine prazo razoável para cumprimento do preceito.

§ 1º O juiz poderá, de ofício ou a requerimento, modificar o valor ou a periodicidade da multa vincenda ou excluí-la, sem eficácia retroativa, caso verifique que:

I – se tornou insuficiente ou excessiva;

II – o obrigado demonstrou cumprimento parcial superveniente da obrigação ou justa causa para o descumprimento.

§ 2º O valor da multa será devido ao exequente.

§ 3º A decisão que fixa a multa é passível de cumprimento provisório, devendo ser depositada em juízo, permitido o levantamento do valor após o trânsito em julgado da sentença favorável à parte (redação dada pela Lei 13.256/2016).

§ 4º A multa será devida desde o dia em que se configurar o descumprimento da decisão e incidirá enquanto não for cumprida a decisão que a tiver cominado.

§ 5º O disposto neste artigo aplica-se, no que couber, ao cumprimento de sentença que reconheça deveres de fazer e de não fazer de natureza não obrigacional.

Sendo assim, o juiz concederá o embargo liminarmente, a título de tutela de urgência, ou, ao não se convencer da necessidade urgente (*periculum in mora*) e da probabilidade do direito do nunciante (*fumus boni juris*), marcará audiência de justificação, com o fim exclusivo de conceder o direito de o nunciante provar esses elementos.

A teor dos arts. 297, 300, 301, 536 e 537 do Código de Processo Civil, o nunciante poderá cumular os seguintes pedidos:

a) embargo liminar da obra, para que ela fique suspensa até decisão final;

b) desfazimento da obra, sua modificação ou restauração, a fim de que se restabeleça o estado anterior;

c) cominação de pena pecuniária para a eventualidade de o nunciado (réu) violar a ordem contida no mandado liminar de embargo;

d) condenação do nunciado ao pagamento de perdas e danos sofridos pelo nunciante em virtude da obra; e,

e) apreensão e depósito dos materiais e produtos;

f) colheita, corte de madeira, extração de minérios e obras semelhantes.

O desfazimento, modificação ou restauração da obra, total ou parcialmente, somente será apreciado pelo juiz por ocasião da sentença, acolhendo ou não o pedido, com base nas provas produzidas em juízo.

A cominação de pena, portanto, visa apenas impor ao nunciado uma multa diária caso desatenda à determinação judicial de suspensão da obra, concedida como tutela de urgência.

O pedido de condenação do nunciado em perdas e danos visa fazer frente aos prejuízos em virtude da obra.

Situações há, porém, em que a indenização por perdas e danos tem caráter substitutivo, vale dizer, ao invés de o nunciado ser compelido a desfazer a obra embargada, será imposto o pagamento de indenização ao prejudicado.

As perdas e danos, previstas no art. 500 do Código de Processo Civil, serão devidas pelo nunciado independentemente do desfazimento da obra.

Assim, a par da reposição do imóvel ao seu estado anterior, o nunciado será condenado a indenizar o nunciante pelos prejuízos sofridos.

Mister se faz observar que a indenização pode ter caráter substitutivo.

Nesse caso a obra é mantida e o nunciante recebe ressarcimento que o compense pelos prejuízos sofridos.

É o que ocorre, por exemplo, quando a obra tenha invadido ínfima parcela de seu terreno, observada a boa-fé do nunciado, não se justificando, em face do pequeno prejuízo experimentado, a imposição da demolição.

A apreensão e o depósito de produtos e materiais ocorrem na medida em que a obra corresponda à demolição, colheita, corte de madeiras, extração de minérios e outras semelhantes.

1.10.4. Modelo de petição inicial da ação de nunciação de obra nova

MM. Juízo da (...)

(...), por seus procuradores (documento 1), com escritório na (...), vem, respeitosamente, perante Vossa Excelência, propor em face de (...), a presente

Ação de nunciação de obra nova

o que faz com supedâneo nos arts. 1.300 e 1.301 do Código Civil e nos argumentos de fato e de direito que passa a aduzir:

I – Fatos

O autor, nunciante, é proprietário e possuidor do imóvel onde reside (planta e cópia atualizada da matrícula – documento 2).

O réu é proprietário do prédio e terreno vizinho contíguos, sob o nº (...), onde inicia construção de um barracão (fotos anexas – documento 3), que não somente invade a área do terreno do autor como ainda deita sobre ele o beiral, cujas goteiras irão precipitar-se necessariamente sobre o terreno do demandante.

A construção do réu fere as posturas municipais, vez que não se trata de obra autorizada.

Além disso, em face da altura das paredes, o autor ficará desprovido de ventilação e claridade, experimentando considerável prejuízo, mormente que possui um escritório ao lado da construção nova, recebendo claridade e ventilação pelas janelas do dito lado.

II – Direito

O Direito ampara o vizinho contra os prejuízos no prédio de sua propriedade, suas servidões, ou fins a que é destinado, proveniente da obra nova em outro prédio, que prejudique o prédio.

O proprietário pode embargar a construção de imóvel que lhe cause prejuízo (CC, art. 1.299):

Art. 1.299. O proprietário pode levantar em seu terreno as construções que lhe aprouver, salvo o direito dos vizinhos e os regulamentos administrativos.

III – Pedido

Em face do exposto, nos termos dos arts. 294 e seguintes e 301 do Código de Processo Civil, em razão da urgência, requer a concessão da tutela antecipada, sem prejuízo das perdas e danos (Código de Processo Civil, arts. 294, 297, 300, 500, 536 e 537) para embargar a construção, ordenando a sua suspensão liminar e, ao final, seu desfazimento, sob pena de multa de R$ (...) pela desobediência, determinando ainda a intimação do construtor (...) e dos operários que se encontrarem na obra, do embargo que eventualmente seja deferido a título de tutela de urgência ora pleiteada, através de mandado, para que não continuem os trabalhos, sob pena de desobediência.

Requer, ainda, em razão dos prejuízos experimentados pelo autor e que serão objeto de prova no curso da instrução, posto que houve impedimento do uso do seu imóvel, a condenação do réu, além do desfazimento, no valor desde já estimado em R$ (...) a título de perdas e danos, além das custas e honorários que Vossa Excelência arbitrar nos termos do art. 85 do CPC.

IV – Citação do réu e intimação do construtor e operários

Nos termos do art. 246, § 1º-A, II, do Código de Processo Civil, e em razão de, além do ato citatório do réu, ser necessária a intimação do construtor (...) e dos operários que se encontrarem na obra, lembrando que estes (construtor e operários) serão apenas intimados para paralisar os trabalhos sob pena de desobediência e não são réus, justifica-se o pedido que ora se faz para que os atos sejam praticados por intermédio do Sr. Oficial de Justiça de tal sorte que, intimados, o construtor e os operários paralisem os trabalhos e, citado, o réu, querendo, responda no prazo de 15 (quinze) dias (art. 335 do Código de Processo Civil), sob pena de serem tidos por verdadeiros todos os fatos aqui alegados (art. 344 do Código de Processo Civil), devendo o respectivo mandado conter as finalidades da citação, as respectivas determinações e cominações, bem como a cópia do despacho do(a) MM. Juiz(a), comunicando, ainda, o prazo para resposta, o juízo e o cartório, com o respectivo endereço, facultando-se ao Sr. Oficial de Justiça encarregado da diligência proceder nos dias e horários de exceção (CPC, art. 212, § 2º).

V – Audiência de Conciliação

Nos termos do art. 334, § 5º, do Código de Processo Civil, o autor desde já manifesta, pela natureza do litígio, desinteresse em autocomposição.

Ou:

Tendo em vista a natureza do direito e demonstrando espírito conciliador, a par das inúmeras tentativas de resolver amigavelmente a questão, o autor desde já, nos termos do art. 334 do Código de Processo Civil, manifesta interesse em autocomposição, aguardando a designação de audiência de conciliação.

VI – Provas

Requer-se provar o alegado por todos os meios de prova em direito admitidos, incluindo perícia, produção de prova documental, testemunhal, inspeção judicial, depoimento pessoal sob pena de confissão caso o réu (ou seu representante) não compareça, ou, comparecendo, se negue a depor (art. 385, § 1º, do Código de Processo Civil).

Dá-se à presente, para efeitos fiscais, o valor de R$ (...)

Termos em que,

pede deferimento.

Data

Advogado (OAB/SP)

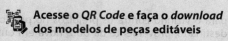

**Acesse o *QR Code* e faça o *download*
dos modelos de peças editáveis**

> http://uqr.to/1ye0e

Capítulo 2

AÇÃO DEMARCATÓRIA

2.1. PRINCIPAIS ASPECTOS

a) **Foro competente:** é o foro da situação da coisa (Código de Processo Civil, art. 47). Se o imóvel estiver situado em mais de uma comarca, inclusive de outro Estado, a competência se firma pela prevenção de uma delas (Código de Processo Civil, art. 60). Se houver interesse da União, entidade autárquica ou empresa pública federal, a competência é da Justiça Federal (Constituição Federal, art. 109, I).

b) **Legitimidade ativa:** do proprietário, de modo que a ação deverá ser instruída com a certidão de propriedade.

O condômino, o enfiteuta e o nu-proprietário também são legitimados, assim como o promissário comprador, com contrato sem cláusula de arrependimento.

c) **Legitimidade passiva:** do proprietário do imóvel confinante.

d) **Valor da causa:** o valor real de avaliação do imóvel mais valioso (CPC, art. 292, IV), já que a linha demarcanda a ambos beneficia.

e) **Petição inicial:** além dos requisitos do art. 319, a petição inicial deverá conter, ainda, aqueles do art. 574, ambos do Código de Processo Civil. O imóvel deve ser indicado pela sua situação e denominação, sendo descritos os limites que se pretende constituir, aviventar ou renovar.

A descrição dos limites não precisa ser minuciosa, bastando as indicações de seus pontos extremos, mesmo porque o que se objetiva, na demarcação, é exatamente aclarar o que está confuso e apagado.

Os respectivos confrontantes devem ser citados. Não necessariamente todos os confinantes do imóvel, mas, sim, os da linha a ser demarcada.

f) **Defesa do réu:** poderá ser a mais ampla possível. Poderá alegar a desnecessidade da demarcação, por já estar o imóvel demarcado; impugnar a legitimidade do autor, contestando seu título de propriedade; alegar usucapião de área já possuída etc.

g) **Prazo para contestar:** quinze dias (Código de Processo Civil, art. 577).

2.2. CONCEITO DE DEMARCAÇÃO

Demarcação é uma operação segundo a qual se assinala a linha divisória entre dois prédios com a finalidade de torná-la visível.

Demarcar significa *fixar por meio de marcos, cravar marcos*.

O próprio título de domínio, em geral, traz os limites. Mas, pode ocorrer de os sinais identificadores da linha divisória do solo desaparecerem ou estarem apagados.

Caberá, assim, a demarcatória para afastar dúvidas.

2.2.1. Ação de demarcação de terras particulares

Uma das características do direito de propriedade é a exclusividade, ou seja, o direito de o proprietário usar, gozar e dispor do que é seu, sem a interferência de outrem.

Sendo assim, esse atributo fica prejudicado se o proprietário não conhece precisamente o que lhe pertence.

Sendo assim, a fim de não tornar difícil ou mesmo impossível o exercício exclusivo do direito de propriedade o Código Civil determina:

> *Art. 1.297. O proprietário tem direito a cercar, murar, valar ou tapar de qualquer modo o seu prédio, urbano ou rural, e pode constranger o seu confinante a proceder com ele à demarcação entre os dois prédios, a aviventar rumos apagados e a renovar marcos destruídos ou arruinados, repartindo-se proporcionalmente entre os interessados as respectivas despesas.*

O art. 569, I, do Código de Processo Civil tem praticamente o mesmo sentido.

2.3. OBJETO DA AÇÃO DEMARCATÓRIA

A ação demarcatória visa fazer cessar a confusão de limites entre imóveis confinantes, seja fixando novos limites para cada um, seja aviventando os limites existentes, mas que se encontram apagados.

O requisito primordial da ação é a existência de dois ou mais imóveis confrontantes e a ausência de limites certos entre eles.

A ação demarcatória pode ser simples na medida em que o seu objeto é apenas a demarcação.

Será qualificada se houver pedido possessório de reintegração de posse ou de manutenção de posse, o que é possível nos termos do art. 581, parágrafo único, do Código de Processo Civil.

Não se trata de ação cumulada, mas de demarcatória *com queixa de esbulho ou turbação*.[1]

Será total, quando levada a efeito para atingir todo o perímetro do prédio, ou parcial, quando alcança apenas parte dele.

A ação demarcatória não se confunde com a ação de retificação de registro na exata medida em que nesta o objeto é a correção da descrição imprecisa na matrícula e naquela a cessação da confusão entre limites de descrições precisas.

2.4. REQUISITOS DO DIREITO DE DEMARCAR

A lei impõe que o imóvel a ser demarcado seja de domínio particular, rural ou urbano.

Não importa que o vizinho seja o Poder Público.

---

[1] Antonio Carlos Marcato, *Procedimentos especiais*, 7ª ed., São Paulo: Malheiros Editores, 1997, p. 150.

Ademais, os imóveis devem ser limítrofes. Se entre dois terrenos, como limite natural, existe um rio ou uma estrada, não há falar em demarcação.

Finalmente, é preciso que não haja limites materializados no solo.

Incabível ação demarcatória entre propriedades separadas por muro (*RT* 521/118).

2.5. CARÁTER DÚPLICE

Tanto as ações demarcatórias como as divisórias têm caráter dúplice, isto é, as partes da relação jurídica processual são simultaneamente autor e réu, vez que sua pretensão é comum.

O autor é aquele que toma a iniciativa de promover a ação. Nada impede, porém, que o réu, tendo em vista a similaridade da sua pretensão, faça também um pedido para que o juiz resolva a demanda de maneira a mais atender os seus interesses.

Não há, pois, necessidade de reconvenção.

2.6. DUAS FASES DO PROCEDIMENTO

O procedimento especial determinado para a demarcação respeita duas fases.

Na primeira fase acerta-se o direito material à demarcação ou à divisão.

Define-se o direito de demarcar ou dividir, reconhecendo a procedência da pretensão do autor.

Na segunda fase levam-se a efeito as operações técnicas, tornando efetivas a demarcação ou divisão que já estudamos por ocasião do estudo do condomínio (naturalmente pressupondo-se o acolhimento da pretensão apreciada e decidida na primeira fase).

O processo é uno, pois o pedido é apenas um. Todavia, existem duas sentenças de mérito:

a) a primeira sobre o fundamento do pedido;

b) a segunda, homologatória, julgando a demarcação.

2.7. PRIMEIRA FASE

A contestação do pedido demarcatório ou divisório é feita na primeira fase, com prazo de quinze dias após a citação (Código de Processo Civil, art. 577).

A ação prossegue pelo procedimento comum até a sentença que, encerrando a primeira fase, acolhe ou rejeita o pedido (Código de Processo Civil, art. 578).

2.8. SEGUNDA FASE

Na segunda fase, denominada fase executória, o procedimento demonstra a especialidade que o qualifica, observando-se o determinado pelos arts. 574 a 587, do Código de Processo Civil.

Após o trânsito em julgado da sentença de acolhimento do pedido demarcatório terá início a sua execução material, com a colocação, pelo agrimensor, dos marcos divisórios das áreas confinantes (Código de Processo Civil, art. 582).

2.9. PERÍCIA

A perícia é parte do procedimento e não pode ser dispensada.

Nesse sentido, determina o Código de Processo Civil:

> *Art. 579. Antes de proferir a sentença, o juiz nomeará um ou mais peritos para levantar o traçado da linha demarcanda.*
>
> *Art. 580. Concluídos os estudos, os peritos apresentarão minucioso laudo sobre o traçado da linha demarcanda, considerando os títulos, os marcos, os rumos, a fama da vizinhança, as informações de antigos moradores do lugar e outros elementos que coligirem.*
>
> *Art. 581. A sentença que julgar procedente o pedido determinará o traçado da linha demarcanda.*
>
> *Parágrafo único. A sentença proferida na ação demarcatória determinará a restituição da área invadida, se houver, declarando o domínio ou a posse do prejudicado, ou uma e outra.*
>
> *Art. 582. Transitada em julgado a sentença, o perito efetuará a demarcação e colocará os marcos necessários.*
>
> *Parágrafo único. Todas as operações serão consignadas em planta e memorial descritivo com as referências convenientes para a identificação, em qualquer tempo, dos pontos assinalados, observada a legislação especial que dispõe sobre a identificação do imóvel rural.*

2.9.1. Plantas, memoriais e operações de campo

Todas as operações de campo são consignadas em planta e memorial descritivo, de forma que possa haver identificação a qualquer tempo.

A planta e o memorial são peças essenciais do procedimento. Sem elas não há demarcação e qualquer sentença homologatória da demarcação que se profira é nula de pleno direito.

Os requisitos técnicos que devem ser seguidos constam do art. 583 do Código de Processo Civil.

2.9.2. Conferência, eventuais divergências

Concluídos os trabalhos do perito, a linha deverá ser percorrida para conferência dos marcos e rumos (Código de Processo Civil, art. 585).

Havendo desencontro dos dois arbitradores, o juiz não decide de plano, devendo ouvir as partes sobre os relatórios (Código de Processo Civil, art. 586).

Feitas as correções necessárias, lavrar-se-á auto de demarcação, assinado pelo juiz e peritos.

A seguir é proferida sentença homologatória de demarcação (Código de Processo Civil, art. 587).

2.10. DEMARCAÇÃO AMIGÁVEL

A demarcação pode ser feita amigavelmente, por escritura pública, desde que maiores, capazes e concordes todos os interessados (Código de Processo Civil, art. 571).

2.11. DEMARCAÇÃO DE TERRAS PÚBLICAS

Quando se tratar de terras registradas em nome da União, Estados, Municípios, Distrito Federal e Territórios, a demarcação se fará por meio da ação discriminatória (Lei 6.383, de 07.12.1976).

2.12. MODELO DE AÇÃO DE DEMARCAÇÃO

MM. Juízo da (...)

(...), vem, mui respeitosamente, por seus advogados e procuradores (documento 1), com escritório na Av. Brig. Faria Lima, nº 141, 19º andar, São Paulo – SP, onde receberão intimações, propor, em face de (...), a competente

Ação de demarcação de terras particulares

o que faz com supedâneo no art. 1.297, do Código Civil, e arts. 574 e seguintes do Código de Processo Civil, pelos fatos e razões a seguir expostos:

I – Fatos

O requerente, por escritura pública, lavrada no Tabelião de Notas de (...) (documento 2), adquiriu, mediante contrato de compra e venda, uma gleba de terras com (...) hectares, devidamente caracterizada na matrícula nº (...) (documento 3).

O imóvel, denominado (...), é situado no distrito de (...), neste Município.

São confrontantes:

a) pelo lado norte (qualificar proprietários ou indicar outros marcos, tais como rio, estrada etc.) cujas divisas e demarcações são perfeitas;

b) a oeste (qualificar proprietários ou indicar outros marcos, tais como rio, estrada etc.), também com divisas e demarcações perfeitas;

c) ao sul o requerido, cuja demarcação ora se requer.

Todos os confrontantes residem neste Município.

O imóvel não tem marcos assinalando os seus limites com o imóvel do requerido.

Desse modo, podem surgir dúvidas futuras, que o requerente quer evitar, demarcando o imóvel de sua propriedade.

Não tendo havido composição amigável, baldos os esforços do requerente (notificações anexas – documento 4), não lhe restou alternativa senão a propositura da presente ação.

II – Direito

Todo proprietário pode obrigar o seu confinante a proceder com ele à demarcação entre dois prédios, repartindo-se proporcionalmente, entre os interessados, as respectivas despesas (Código Civil, art. 1.297).

A ação de demarcação compete ao proprietário de um prédio contra os possuidores do prédio confinante, buscando a fixação de rumos ou aviventação dos existentes (Código de Processo Civil, art. 569, I).

III – Pedido

Diante do exposto e provado o seu domínio sobre o imóvel com a escritura devidamente registrada junto ao oficial de Registro de Imóveis, requer digne-se Vossa Excelência de julgar procedente a ação, determinando o traçado da linha demarcanda com a consequente demarcação pelo perito nomeado por Vossa Excelência, homologando-se a demarcação efetuada (Código de Processo Civil, arts. 581 e 587), condenando o requerido em custas e honorários nos limites legais.

IV – Citação

Requer a Vossa Excelência a citação do confinante da linha demarcanda, indicado no preâmbulo, por meio eletrônico ou, não havendo cadastro, pelo correio (*ou, ainda, justificando, por Oficial de Justiça, nos termos do § 1º-A, II, do art. 246 do CPC, facultando-se ao Sr. Oficial de Justiça encarregado da diligência proceder nos dias e horários de exceção (CPC, art. 212, § 2º)*, para, querendo, oferecer a defesa que tiver sob pena de revelia (Código de Processo Civil, arts. 344) citação essa nos moldes do arts. 246 do Código de Processo Civil, seguindo-se, após a eventual resposta, o procedimento comum (CPC, art. 578).

V – Audiência de Conciliação

Tendo em vista a natureza do direito e demonstrando espírito conciliador, a par das inúmeras tentativas de resolver amigavelmente a questão, o autor desde já, nos termos do art. 334 do Código de Processo Civil, manifesta interesse em autocomposição, aguardando a designação de audiência de conciliação.

VI – Provas

Protesta a autora por provar o alegado através de todos os meios de prova em direito admitidos, especialmente pela produção de prova documental, testemunhal, pericial e inspeção judicial.

VI – Valor da causa

Dá-se à causa o valor de R$ valor de avaliação do imóvel (documento 5 – cópias).

Termos em que,

pede deferimento.

Data

Advogado (OAB/SP)

 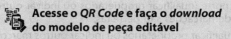

Acesse o *QR Code* e faça o *download* do modelo de peça editável

> http://uqr.to/1ye0f

Livro VI

POSSE E SUAS CONSEQUÊNCIAS

Capítulo 1

POSSE E AÇÕES POSSESSÓRIAS

1.1. PRINCIPAIS ASPECTOS DAS AÇÕES POSSESSÓRIAS

a) **Foro competente:** foro da situação da coisa – competência absoluta (*forum rei sitae* – art. 47, § 2º, do Código de Processo Civil – *§ 2º A ação possessória imobiliária será proposta no foro de situação da coisa, cujo juízo tem competência absoluta.*).

b) **Legitimidade ativa:** possuidor (direto ou indireto), não sendo necessária a participação do cônjuge, exceto nos casos de composse e nos atos por ambos praticados (Código de Processo Civil, art. 73, § 2º).[1]

c) **Legitimidade passiva:** esbulhador, ainda que possuidor indireto (nunca o mero detentor ou fâmulo da posse).

d) **Valor da causa:** valor do bem (por analogia: art. 292, IV, do Código de Processo Civil). Alguns julgados admitem a estimativa do autor. Já se decidiu, em razão da omissão legal, tarifar a posse em 1/3 do valor do imóvel. O STJ conta com precedente que, diante da omissão legal, determina a aplicação, por analogia, da lei do Inquilinato, determinando o valor equivalente a 12 (doze) aluguéis no caso de reintegração de posse decorrente de comodato (REsp 1.230.839/MG).

e) **Procedimento:** especial, no caso de ação de força nova (menos de um ano e um dia do esbulho ou turbação), cuja especialidade reside apenas na possibilidade de tutela liminar.

f) **Petição inicial:** deve observar os requisitos dos arts. 319 e 561 do Código de Processo Civil.

g) **Concessão liminar da proteção possessória:** preenchidos e demonstrados os requisitos do art. 561 do Código de Processo Civil, deverá ser deferida, *inaudita altera parte*. Não demonstrados, haverá audiência de justificação (Código de Processo Civil, art. 562).

h) **Recurso da decisão que concede ou não a liminar:** agravo, diretamente interposto no Tribunal, com possibilidade de concessão de efeito ativo ou efeito suspensivo, nada obstante o art. 1.015, I, do Código de Processo Civil mencione apenas o cabimento no caso de decisão que concede ou nega tutela provisória. A natureza jurídica da liminar na ação possessória é de tutela provisória, de tal sorte que entendemos o cabimento do agravo, matéria que deverá ser pacificada pela jurisprudência.

---

[1] Nada obstante, é possível a intervenção, na qualidade de terceiro, do ente público: Súmula 637 do STJ: "O ente público detém legitimidade e interesse para intervir, incidentalmente, na ação possessória entre particulares, podendo deduzir qualquer matéria defensiva, inclusive, se for o caso, o domínio".

i) **Prazo para contestação:** 15 (quinze) dias, contados: a) da citação, caso seja ação de força velha (procedimento comum) ou ação de força nova com concessão, *inaudita altera parte*, da liminar requerida; b) da intimação, pela imprensa, da decisão acerca da liminar, no caso de ação de força nova e audiência de justificação.

j) **Antecipação de tutela, ausentes os requisitos de concessão da liminar:** embora o assunto seja polêmico, em casos extremos é admitida, desde que presentes os requisitos dos arts. 294 e 300 do Código de Processo Civil. Anote-se, todavia, que a maioria dos julgados não reconhece tal possibilidade caso seja ultrapassado o prazo de um ano e um dia (posse nova), limite para concessão da liminar prevista no procedimento especial.

1.2. POSSE

A posse nada mais é que o exercício de fato, pleno ou não, de um dos poderes inerentes ao domínio.

De fato, a propriedade é o direito real de usar, gozar ou fruir, dispor e reivindicar (os quatro atributos do direito de propriedade).

Assim, aquele que atribui, por exemplo, o uso à propriedade, é considerado possuidor.

Para conceder mais efetividade à propriedade, o direito protege o possuidor.

Trata-se de situação de fato, um direito especial, vez que não se enquadra na definição de direito real ou pessoal, mas de exteriorização do domínio em relação ao bem (Código Civil, art. 1.196).

Há, nada obstante, discussão doutrinária sobre a posse e sua natureza, se é apenas um fato ou um direito.

Entendo que se trata de um fato protegido pelo direito e, bem assim, pode, inclusive, ser partilhado por ter evidente conteúdo econômico e, dadas determinadas circunstâncias, atribuir a propriedade ao seu titular através do instituto da usucapião.

Nessa medida:

Civil e Processual Civil. Direito das Sucessões. Partilha de direitos possessórios sobre áreas rurais não escrituradas. Autonomia entre o direito de propriedade e o direito possessório sobre bens imóveis. Expressão econômica do direito possessório que pode ser objeto de tutela. Partilha do direito possessório. Resolução particular da questão em relação aos herdeiros com posterior resolução da questão fundiária. Possibilidade. (...) 2- O propósito recursal é definir se é admissível, em ação de inventário, a partilha de direitos possessórios sobre bens imóveis alegadamente pertencentes ao falecido e que não se encontram devidamente escriturados. 3- Não apenas de propriedades formalmente constituídas é composto o acervo partilhável em razão do falecimento do autor da herança, na medida em que existem bens e direitos com indiscutível expressão econômica que, por vícios de diferentes naturezas, não se encontram legalmente regularizados ou formalmente constituídos sob a titularidade do falecido. 4- Diante da autonomia existente entre o direito de propriedade e o direito possessório, a existência de expressão econômica do direito possessório como objeto de partilha e a existência de parcela significativa de bens que se encontram em situação de irregularidade por motivo distinto da má-fé dos possuidores, é possível a partilha de direitos possessórios sobre bens imóveis não escriturados. 5- A partilha imediata dos direitos possessórios permite resolver, em caráter particular, a questão que decorre da sucessão hereditária, relegando-se a um segundo momento a discussão acerca da regularidade e da formalização da propriedade sobre os bens inventariados. Precedente. 6- Na hipótese, dado que a exclusão da partilha dos direitos sobre as terras se deu apenas ao fundamento de que seria impossível a partilha de áreas não escrituradas, impõe-se que, afastado esse óbice, seja determinado o regular prosseguimento da ação de inventário a fim de que seja apurada a existência dos direitos possessórios e a qualidade da posse alegadamente exercida, dentre outras questões relevantes para o reconhecimento do eventual direito a ser partilhado. 7- Recurso especial conhecido e provido, a fim de, afastado o óbice à partilha apontado no acórdão recorrido, determinar seja dado regular prosseguimento à ação de inventário. (REsp n. 1.984.847/ MG, relatora Ministra Nancy Andrighi, Terceira Turma, j. 21.06.2022, DJe 24.06.2022.)

Em razão disso, ainda que o possuidor não seja proprietário, gozará de proteção à posse autônoma (*jus possessionis*) ou decorrente de direito seu (*jus possidendi*).

O locatário, o comodatário e o arrendatário, somente para exemplificar, não são proprietários, mas a sua posse é protegida, às vezes até contra o proprietário.

É o caso, por exemplo, de o locador procurar retomar o bem sem ação de despejo. Nesse caso, o locatário poderá requerer a proteção possessória contra o locador, ainda que este seja proprietário.

É preciso lembrar, também, que detentor não é possuidor (Código Civil, art. 1.198). É denominado "fâmulo da posse" e pode ser exemplificado na figura do caseiro, que detém o imóvel em nome do possuidor. Portanto, o caseiro, como "fâmulo da posse", exerce a posse em nome de outrem e, por tal razão, não conta com as prerrogativas atribuídas a um possuidor, como, por exemplo, a possibilidade de propor ações possessórias.

1.2.1. Teorias sobre a posse

Para explicar a posse, existem diversas teorias.

Todavia, duas são as principais.

A primeira é a *teoria subjetiva*, preconizada por Fréderic Charles Savigny, para quem o direito subjetivo é a atuação da vontade de acordo com a permissão legal, ou seja, é o poder de atuação da vontade.

Sendo assim, a posse nada mais é que o poder exercido sobre a coisa com a intenção de tê-la para si, isso na medida em que a posse é direito subjetivo.

Para Savigny a posse é a junção do *corpus* (detenção física do bem) e do *animus* (elemento subjetivo, ou seja, vontade de ter a coisa como sua).

Por outro lado, existe a *teoria objetiva*, de Rudolf von Jhering.

Para Jhering, o direito subjetivo é o interesse juridicamente protegido.

Sendo assim, a posse é o exercício de fato dos poderes sobre a coisa.

Portanto, basta o *corpus*.

Todavia, o *corpus* de Jhering não é a detenção física da coisa, mas conduta de dono.

O possuidor que não está com a coisa, mas age como se dono fosse, exerce de fato poderes inerentes ao domínio porque tem conduta de dono.

Isso permite que a posse seja exercida de longe, sem a necessidade de detenção física da coisa.

Percebe-se, assim, que o Direito brasileiro adotou, em regra, a teoria objetiva da posse.

1.2.2. Espécies de posse

1.2.2.1. Posse direta e posse indireta

Sabendo que o nosso Código Civil adotou, em regra, a teoria objetiva, vejamos as espécies de posse, começando pela *posse direta e indireta*.

De fato, a posse pode ser desdobrada, surgindo a posse direta, daquele que está com o bem, como, por exemplo, a posse do comodatário, do locatário, do arrendatário etc.

Essa espécie não gera usucapião.

Por outro lado existe a posse indireta, ou posse *longa manus*.

É uma posse exercida de longe. Ainda que seja assim, à distância, é possível manter o poder sobre a coisa e, portanto, ser possuidor, invocando, se necessário, a proteção possessória.

É o caso do locador que vê a posse do imóvel locado ser esbulhada em razão de invasão.

A ele se defere a proteção possessória ainda que o possuidor direto não tome as providências para defender a posse direta.

1.2.2.2.   Posse justa e posse injusta

Quanto à forma de aquisição, a posse pode ser *justa ou injusta.*

A posse justa (Código Civil, art. 1.200) é aquela que não está maculada, ou seja, que não é violenta, clandestina ou precária.

A posse injusta é, assim, a posse violenta, clandestina ou precária.

Mister se faz verificar que a posse é qualificada como injusta em relação à determinada pessoa, ou seja, o possuidor que perdeu a posse em razão da violência, da clandestinidade ou da precariedade.

Todavia, é justa contra terceiros. Para proteção possessória, que veremos neste capítulo, basta que a posse seja justa em face do adversário.

Seja como for, vejamos as hipóteses tratadas no Código Civil quanto às máculas que inquinam a posse:

a) Posse violenta:

A violência inquina a posse, como ocorre, por exemplo, com o esbulho possessório com emprego de força.

Enquanto ocorre violência não há posse.

Cessada a violência, a posse é injusta perante o possuidor esbulhado, porém é posse e, mais, posse justa em face de terceiros.

b) Posse clandestina:

É a posse daquele que a adquire sorrateiramente, sem violência, como ocorre, por exemplo, com a invasão na calada da noite, sem que o invasor (esbulhador) cometa qualquer violência contra o possuidor.

Da mesma forma, cessada a clandestinidade, embora com origem injusta, passa a ser posse jurídica, gerando efeitos e até justa em face de terceiros.

Dizer que a posse é jurídica – embora injusta quanto à origem – significa dizer que essa posse gera efeitos jurídicos, como, por exemplo, a possibilidade de ações possessórias.

De fato, ainda que a posse seja injusta, maculada pelos vícios da violência ou clandestinidade quanto à origem, não deixa de ser posse e, depois de cessados os atos violentos ou clandestinos, autoriza o possuidor, que não foi molestado, a requerer, inclusive, a usucapião.

c) Posse precária:

A posse precária é aquela obtida com abuso de confiança.

Portanto, esse vício se diferencia dos demais em razão do momento em que a mácula se configura.

No caso do vício da precariedade, a posse inicialmente é justa, diferente dos demais vícios.

A posse só se torna injusta na medida em que a restituição não é levada a efeito, ocorrendo o denominado *abuso de confiança.*

Podemos exemplificar: a posse do comodatário – aquele que recebe o bem por contrato de empréstimo (comodato) – inicialmente é qualificada como posse justa.

Todavia, se o comodatário não restituir o bem no momento determinado no contrato (*dies interpellat pro homine* – Código Civil, art. 397) ou em razão de notificação, caso não haja prazo ou se o prazo inicial se prorrogar, passará a ser esbulhador, com posse injusta em razão da precariedade.

Demais disso, a par de opiniões em sentido contrário, a precariedade não permite qualificar a posse como posse jurídica.

Isso se afirma na exata medida em que não foi mencionada – como também não foi no direito anterior – nos casos em que a posse pode gerar efeitos quando cessam os atos que a qualificam como injusta.

Nesse sentido, o art. 1.208 do Código Civil:

> *Art. 1.208. Não induzem posse os atos de mera permissão ou tolerância assim como não autorizam a sua aquisição os atos violentos, ou clandestinos, senão depois de cessar a violência ou a clandestinidade.*

Sendo assim, a posse precária não gera aquisição e, nesta medida, por exemplo, a usucapião.

Uma curiosidade encontrada na doutrina: no Direito Penal, a violência pode ser comparada ao roubo, a clandestinidade, ao furto e a precariedade à apropriação indébita.

Convém verificar, outrossim, que se presume a manutenção da origem da posse, independentemente de se tornar posse jurídica.

> *Art. 1.203. Salvo prova em contrário, entende-se manter a posse o mesmo caráter com que foi adquirida.*

Por essa razão afirmamos que a posse precária jamais pode gerar efeitos.

Ora, o art. 1.208 não autoriza a aquisição de posse jurídica em razão da precariedade.

Assim, como a posse precária manterá essa característica – de não gerar alguns efeitos – não poderá, por exemplo, autorizar a usucapião.

De outro lado, não procede a ideia segundo a qual a posse convalesce depois de ano e dia, o que se afirmava em razão do Código de Processo Civil de 1939, que não permitia mais ação possessória depois desse prazo.

Não é mais o caso. Como veremos, depois de um ano e um dia do esbulho não é possível a obtenção de liminar, mas se permite a ação possessória ordinária até que o esbulhador adquira a propriedade por usucapião.

Por fim, é mister verificar que o artigo 1.200 do Código Civil não esgota as hipóteses de posse injusta.

Com efeito, para exemplificar, aquele que ingressa pacificamente na posse de um imóvel de outrem sem se esconder, não usa a violência ou a clandestinidade para a aquisição. Tampouco se trata de posse precária.

Mesmo assim, a posse será injusta.

1.2.2.3. Posse de boa-fé e posse de má-fé – benfeitorias e posse-trabalho

A posse também pode ser qualificada em *posse de boa-fé e posse de má-fé*.

A posse de boa-fé (Código Civil, art. 1.201) é a posse daquele que ignora a injustiça da posse durante todo o prazo que a exerce (Código Civil, art. 1.202).

Por outro lado, a posse de má-fé é a posse daquele que não ignora a injustiça da posse.

O fato de a posse ser de má-fé não impede que o possuidor – e vejam que é considerado como tal – proponha as ações possessórias em face de terceiros.

A classificação da posse como de boa-fé é importante para as benfeitorias, para a posse-trabalho e para a usucapião, mas não para as ações possessórias.

Nesse sentido, o possuidor de boa-fé (Código Civil, art. 1.219), faz jus às benfeitorias úteis e necessárias, podendo levantar as voluptuárias; demais disso, tem direito de retenção e faz jus aos frutos percebidos (Código Civil, art. 1.214).

Por sua vez, o possuidor de má-fé (Código Civil, art. 1.220), faz jus apenas às benfeitorias necessárias, sem direito de retenção.

Além disso, responde pelos frutos colhidos e que deixou de colher, tendo direito, apenas, às despesas de produção (Código Civil, art. 1.216).

A posse de boa-fé gera, juntamente com outros requisitos, uma espécie de desapropriação privada.

É a chamada *posse-trabalho* insculpida no art. 1.228, §§ 4º e 5º, cujos requisitos são:

a) posse ininterrupta de interesse social e econômico relevante;
b) extensa área;
c) boa-fé;
d) número considerável de pessoas;
e) lapso temporal de cinco anos.

A consequência é uma sentença fixando indenização devida ao proprietário, que valerá como título aquisitivo.

A posse ininterrupta de boa-fé é passível de identificação, sendo caracterizada como a posse justa ou a posse daquele que ignora a mácula de sua posse.

Todavia, os demais requisitos, como a extensa área e o número considerável de pessoas, demandarão percuciente análise do juiz em cada caso em razão da ausência de parâmetros legais para sua definição.

1.2.3. Direito de retenção

As benfeitorias são conceituadas como as melhorias efetuadas na coisa por meio de intervenção humana (Código Civil, art. 97) e podem ser úteis, necessárias e voluptuárias (Código Civil, art. 96).

As benfeitorias úteis melhoram o imóvel ou a sua utilização, como, por exemplo, a instalação de piso cerâmico; as benfeitorias necessárias visam evitar a deterioração ou objetivam conservar o imóvel, como a troca do telhado deteriorado; por fim, as benfeitorias voluptuárias são aquelas de mero deleite, que visam tornar o uso do imóvel mais agradável.

O possuidor considerado possuidor de boa-fé, que é aquele que ignora a origem injusta da sua posse ou mantém posse com origem justa, conta com o direito de receber o que despendeu em razão de benfeitorias úteis e necessárias, podendo levantar – retirar – as voluptuárias que não causem dano ao imóvel (Código Civil, art. 1.219).

É o caso, por exemplo, do promitente comprador que, inadimplente, fez benfeitorias no imóvel prometido e sai vencido em razão de ação de resolução contratual cumulada com reintegração de posse.

Igual solução se aplica ao comodatário que, antes da devolução, fez no imóvel benfeitorias indenizáveis (úteis às quais não renunciou e também as necessárias).

Deveras, é possível renunciar contratualmente ao direito de indenização e retenção, ressalvadas as benfeitorias necessárias no caso de relação de consumo, tendo em vista que o art. 51, XVI, do CDC (Lei 8.078/1990) considera abusiva cláusula de renúncia às benfeitorias necessárias.

Se a posse decorre de contrato de locação, a Lei do Inquilinato (Lei 8.245/1991, arts. 35 e 36) estabelece que o locatário faz jus às benfeitorias úteis, desde que autorizadas e às necessárias, mesmo que não autorizadas, salvo disposição diversa no contrato.

Certo é que o possuidor com direito ao recebimento do valor despendido com as benfeitorias que efetuou no imóvel e que são consideradas indenizáveis (Código Civil, art. 1.219) conta, também, como o denominado *direito de retenção* além de fazer jus aos frutos percebidos (Código Civil, art. 1.214).

O *direito de retenção*, como o nome sugere, é o direito conferido ao possuidor de reter o bem, no caso o imóvel, mesmo vencido em ação de reintegração, resolução ou despejo até que as benfeitorias sejam pagas.

Resta saber se o exercício do direito de retenção se faz com ou sem pagamento pelo uso.

E a resposta se dá com simplicidade jurídica: pelo princípio que veda o enriquecimento sem causa, em que pese o direito subjetivo de retenção (faculdade), liberar o possuidor de pagar a remuneração pelo uso implicará o seu enriquecimento ilícito.

Uma coisa é o direito de retenção que, se lhe for conferido, utilizará de tal sorte que não será removido do imóvel.

Todavia, se utilizar essa faculdade, não poderá se furtar de pagar pelo uso que faz, o que não interfere no reconhecimento do direito de reter e de ser indenizado.

Nesse sentido:

Tribunal de Justiça de São Paulo. *Indenização. Pedido de indenização pelo uso de imóvel. Ocupante do imóvel realizou benfeitorias no imóvel. Direito ao recebimento de indenização. Pedido de compensação de créditos. Sentença que julgou improcedente a ação. Interposição de recurso de apelação pelo autor. Imóvel ocupado pela apelada foi arrematado, em leilão, pelo apelante. Apelada se recusou a desocupar o imóvel. Propositura de ação de usucapião pela apelada. Improcedente. Propositura de ação de imissão na posse pelo apelante. Procedente. Reconhecimento do direito de a apelada reter o imóvel até o recebimento de indenização pelas benfeitorias. Apelada continuou ocupando o imóvel do apelante, sem o pagamento de qualquer contraprestação, por considerar que a sua posse era amparada pelo direito de retenção da coisa. Conduta da apelada que não pode ser admitida, visto que caracteriza enriquecimento sem causa. Direito de retenção da coisa não é absoluto. Embora faça jus à retenção do imóvel até o recebimento de indenização pelas benfeitorias realizadas no bem, a apelada tem o dever de pagar uma contraprestação pela utilização da coisa retida, sob pena de caracterização de enriquecimento sem causa. Ausência de contrato de locação entre as partes. Contraprestação devida pela apelada que não se trata propriamente de aluguel, mas sim de indenização pelo uso do imóvel. Fixação do valor da indenização. Apelada não impugnou especificamente o valor indicado pelo apelante, o qual deve ser tido como adequado e suficiente para indenização pelo uso do imóvel (R$ 500,00). Obrigação de pagar indenizações pelo uso do imóvel que se inicia a partir do momento em que a apelada foi constituída em mora, por meio de citação. Inteligência do artigo 219 do CPC/1973. Afastada a pretensão de condenação por período anterior à citação. Homenagem ao princípio da economia processual. Acolhimento da pretensão de compensação dos créditos recíprocos das partes, uma vez que ambos são líquidos, certos e exigíveis. Reforma da r. sentença, para condenar a apelada a pagar ao apelante indenização pelo uso do imóvel. Verbas de sucumbência pela apelada. Apelação parcialmente provida.* (TJSP, Apelação Cível 0000852-29.2011.8.26.0102, Rel. Carlos Dias Motta, 27ª Câmara Extraordinária de Direito Privado, Foro de Cachoeira Paulista – Vara Única, j. 12.12.2016, data de Registro: 14.12.2016).[2]

---

[2]   No mesmo sentido:
Tribunal de Justiça de São Paulo. Ação de indenização. Comodato verbal. Sentença de procedência. Apelação. Reconhecido o direito autora sobre o imóvel. Escritura pública em nome da autora. Direito da proprietária de exigir alugueres da ocupante, sua ex-nora, após a resilição do comodato verbal. Enquanto exerce o direito de retenção, o comodatário deve ao comodante o pagamento de alugueres pelo uso do imóvel. Entendimento em sentido contrário que representaria enriquecimento sem causa do comodatário.

O STJ corrobora com o entendimento segundo o qual o exercício do direito de retenção nos casos legais não afasta a necessidade daquele que a exerce pagar pelo uso, pelo tempo inteiro de posse:

Processual civil. Agravo em Recurso Especial. (...) 5. Pelo princípio da gravitação jurídica, as benfeitorias, bens acessórios, acompanham o bem imóvel, bem principal, de forma que, em algumas hipóteses, esses melhoramentos introduzidos no imóvel pelo possuidor direto entram para o patrimônio do proprietário, possuidor indireto, quando o bem principal retorna à sua posse. 6. Na forma do art. 1.029 do CC/02, o possuidor de boa-fé tem o direito de reter o imóvel alheio até que lhe seja paga a indenização pelas benfeitorias necessárias e úteis por ele introduzidas no bem. 7. A utilização do imóvel objeto do contrato de compra e venda enseja o pagamento de aluguéis ou de taxa de ocupação pela integralidade do tempo de permanência, independentemente de quem tenha sido o causador do desfazimento do negócio e da boa ou má-fé da posse exercida pelo adquirente, pois se trata de meio de evitar o enriquecimento ilícito do possuidor pelo uso de propriedade alheia. Precedentes. 8. Ainda que o adquirente possua direito de retenção por benfeitorias, não pode ser isento, no período de exercício desse direito, da obrigação de pagar ao vendedor aluguéis ou taxa de ocupação pelo tempo que usou imóvel alheio. 9. O direito de retenção não é absoluto e deve ser exercido nos limites dos valores da correspondente indenização pelas benfeitorias, que devem ser compensados com o montante devido pela ocupação do imóvel alheio – aluguéis ou taxa de ocupação. 10. Na hipótese dos autos, o acórdão recorrido isentou o recorrido (adquirente) do pagamento de aluguéis ou de taxa de ocupação no período em que estivesse exercendo o direito de retenção pelas benfeitorias por ele inseridas no citado bem, desviando-se, assim, da jurisprudência desta Corte sobre o tema. 11. Recurso especial provido (REsp 1.854.120/PR, Rel. Min. Nancy Andrighi, 3ª Turma, j. 09.02.2021, DJe 11.02.2021).

1.2.4. Ações possessórias

Antes de ingressar no tema, mister se faz observar que há duas formas colocadas à disposição do prejudicado para defender a sua posse:

a) A primeira se dá pela *legítima defesa e pelo desforço imediato* (Código Civil, art. 1.210, § 1º):

§ 1º O possuidor turbado, ou esbulhado, poderá manter-se ou restituir-se por sua própria força, contanto que o faça logo; os atos de defesa, ou de desforço, não podem ir além do indispensável à manutenção, ou restituição da posse.

Nesse caso, o possuidor esbulhado ou turbado pode restituir a sua posse (desforço imediato), desde que sua reação seja imediata, ou manter-se na posse (legítima defesa da posse), usando a força que não pode ultrapassar o indispensável.

O subjetivismo impera na avaliação do que é realmente "indispensável à manutenção, ou restituição da posse", bem como quanto à extensão do termo "logo", ensejando as mais variadas interpretações.

Conseguintemente, ultrapassados esses limites, a defesa não é legítima e o desforço pelas próprias mãos é ilícito, posto que se trata de exceções à necessidade de prestação de tutela jurisdicional, restando, inclusive, a prática de ilícitos penais.

b) Pelos Interditos Possessórios: Ações Possessórias.

Releva, agora, a verificação das ações possessórias.

Os fatos que ensejam essas ações partem das máculas que podem tornar a posse injusta.

Em consonância com o acatado, o imóvel pode ter sido invadido ou ameaçado de invasão.

Precedente do STJ. Sentença mantida. Recurso desprovido (Apelação Cível 1000415-75.2015.8.26.0604, Rel. Virgilio de Oliveira Junior, 21ª Câmara de Direito Privado, Foro de Sumaré, 1ª Vara Cível, j. 24.11.2016; Data de Registro: 24.11.2016).

Em alguns casos, não há invasão, mas alguém atrapalha o uso do imóvel.

Assim, as ações possessórias podem ser classificadas de acordo com a gravidade da ofensa à posse.

Da mais grave até a mais branda ofensa, temos a reintegração de posse, a manutenção de posse e o interdito proibitório.

Vejamos cada um desses remédios.

1.2.4.1. Reintegração de posse

A reintegração de posse cabe no caso de esbulho, ou seja, de invasão e perda da posse, que ocorre, às vezes, de forma violenta.

Visa, assim, restabelecer a posse que fora perdida pelo autor da ação.

É uma ação executiva *lato sensu*, assim como o despejo, de tal sorte que sua efetividade se manifesta no mesmo procedimento, sem necessidade de fase de execução.

1.2.4.2. Manutenção de posse

A manutenção de posse é aplicada no caso de turbação – perturbação –, não havendo a perda da posse.

Neste caso o réu impede que o autor exerça plenamente sua posse ou, então, perturba o exercício, sem, entretanto, chegar a esbulhar.

O objetivo da ação de manutenção de posse é fazer cessar a turbação efetiva da posse.

Vejamos um exemplo jurisprudencial:

> **Primeiro Tribunal de Alçada Civil de São Paulo**. *Possessória. Manutenção de posse. Interposição por corréu que não sofreu prejuízo algum com a decisão de primeira instância. Inadmissibilidade. Interesse para recorrer ausente. Não conhecimento. Possessória. Manutenção de posse. Hipótese em que os réus lançaram detritos em área do autor, estando tal fato comprovado por inúmeras autuações municipais sofridas pelos réus. Ação procedente. Recurso provido para esse fim (Apelação nº 634.096-3, Guarulhos, 4ª Câmara, julgamento: 16.12.1998, Rel. Franco de Godoi, revisor: Gomes Corrêa).*

1.2.4.3. Interdito proibitório

O interdito proibitório, por sua vez, cabe no caso de ameaça ao exercício da posse por fatos concretos.

Com base no anúncio de moléstia à posse, o interdito é concedido colimando evitar que a ameaça se concretize.

A tutela do interdito encerra uma obrigação de não fazer.

É tutela de natureza preventiva, inibitória, visando proteger o autor da ameaça concreta, antes que se materialize.

1.3. FUNGIBILIDADE

Se, por qualquer motivo, houver engano no pedido de proteção possessória ou modificação da situação fática inicial, diz-se que há fungibilidade entre as ações possessórias, nos termos do art. 554 do Código de Processo Civil, de tal sorte que o juiz deverá conceder o remédio possessório adequado.

Por exemplo: o autor pode pedir a manutenção, em virtude de mera perturbação e, até a decisão, o esbulho se materializar, implicando a perda da posse.

Nesse caso, o juiz concederá a reintegração de posse.

Pode ocorrer, por outro lado, o simples requerimento da proteção inadequada.

Segundo Marcato[3] *a fungibilidade se justifica na exata medida em que o autor pede a proteção possessória pertinente, sendo irrelevante, demonstrada a necessidade e a ofensa à posse, que tenha requerido o remédio correto.*

Assim decidiu o:

Segundo Tribunal de Alçada Civil de São Paulo. *Possessória – interdito proibitório – conversão em reintegração de posse – admissibilidade – aplicação do princípio da fungibilidade. O princípio que o artigo 920 do Código de Processo Civil [atual art. 554] permite a aproveitabilidade dos interditos, qualquer que seja a situação ocorrente, possibilitando o deferimento da proteção possessória adequada, embora tenha sido erroneamente escolhido pelo autor (AI nº 297.329, 2ª Câm., Rel. Juiz Artur Marques, j. 18.03.1991. Referência: Clóvis do Couto e Silva, Comentários ao Código de Processo Civil, São Paulo: Ed. Revista dos Tribunais, 1977, vol. XI, p. 127).*

Entretanto, *o princípio da fungibilidade das possessórias exclui aquelas que não o sejam em sentido estrito. Daí ser inadmissível a conversão de ação de reintegração de posse em de imissão. O contrário, todavia, se permite.*[4]

É que *uma coisa é a mera recuperação da posse, e outra, bem diferente, é a imissão de posse, cuja índole dominial espanca a possibilidade da aplicação do princípio da fungibilidade, ou da conversibilidade, previsto no art. 920 do Código de Processo Civil* [atual art. 554], *pois esse preceito só alcança as possessórias em sentido estrito.*[5]

1.4. CUMULAÇÃO DE DEMANDAS

De acordo com o sistema processual brasileiro, as cumulações podem ser (Código de Processo Civil, art. 327):

a) Simples (sem ponto em comum, *v.g.*, duas cobranças distintas).

b) Subsidiárias (uma prejudica a outra).

c) Alternativas (*v.g.*, abatimento no preço ou substituição da coisa defeituosa). As ações devem, entretanto, ser compatíveis.

Nas ações possessórias (Código de Processo Civil, art. 555), se o autor quiser, é possível o pedido de cominação de multa para evitar novo esbulho, turbação ou ameaça (Código de Processo Civil, art. 555, parágrafo único).

Há, também, possibilidade de pedir, cumulativamente, indenização por perdas e danos (*v.g.*, pela demolição de muro ou danificação de plantação), inclusive indenização pelos frutos, além do desfazimento, que é uma obrigação de fazer (*v.g.*, demolição de barraco etc.).

---

[3]   Antonio Carlos Marcato, *Procedimentos especiais*, 7ª ed., São Paulo: Malheiros, 1997, p. 115.

[4]   Agravo de instrumento nº 189.892, 4ª Câmara, Rel. Juiz Accioli Freire, j. 23.09.1986, *in JTA* (RT) 108/225.

[5]   Apelação nº 159.628, 2ª Câmara, Rel. Juiz Franciulli Netto, j. 15.08.1983, *in JTA* (RT) 85/342.

1.5. NATUREZA DÚPLICE

Normalmente, para que o réu, além de se defender, contra-ataque, mister se faz uma reconvenção (Código de Processo Civil, art. 343).

A reconvenção nada mais é do que a ação do réu (reconvinte), em face do autor (reconvindo), admitida até por economia processual na contestação.

Assim, se o réu apenas contesta sem nela incluir reconvenção, o juiz não poderá acolher eventual pedido seu, apenas o do autor, acolhendo-o ou rejeitando-o, total ou parcialmente (Código de Processo Civil, art. 490).

Entretanto, em algumas ações, exceções à regra, permite a lei que o réu contra-ataque sem necessidade de reconvenção.

Surgem, assim, as ações dúplices, como ocorre com as ações possessórias em virtude do art. 556 do Código de Processo Civil.

Esse artigo permite ao réu, na contestação, alegar que foi ele o ofendido na posse, demandando proteção possessória e indenização pelos prejuízos decorrentes da ação do autor.

Segundo Tribunal de Alçada Civil de São Paulo. Arrendamento mercantil – "leasing" – reintegração de posse – pedido reconvencional – natureza dúplice da ação possessória – descabimento. Não cabe reconvenção na ação possessória, pois a sua natureza dúplice significa exatamente a possibilidade do réu, na contestação, demandar a proteção possessória e a indenização por eventual prejuízo resultante do esbulho ou turbação cometido em relação ao bem de que sofreu desapossamento (Apel. c/ rev. nº 520.062, 2ª Câm., Rel. Juiz Andreatta Rizzo, j. 03.08.1998. Referência: Pontes de Miranda, Comentários, 1977, tomo XIII, p. 195-198).

1.6. EXCEÇÃO DO DOMÍNIO

Com fundamento no art. 1.210 do Código Civil e no art. 557 do Código de Processo Civil, não há como misturar o juízo possessório com o juízo petitório. Isto porque a posse concede proteção autônoma ao seu titular.

É que, embora a posse seja exteriorização do domínio, com ele não se confunde.

Pode ocorrer, por exemplo, que o proprietário tenha, legitimamente, transferido sua posse direta a um comodatário ou locatário.

Nessa esteira, via de regra, pendente ação possessória, não se permite que haja discussão de domínio pelas partes, permitida a discussão em face de terceiros.

Entretanto, iniciada a ação possessória com prova no domínio, ou seja, caso o autor pretenda a proteção possessória, demonstrando a qualidade de possuidor sob fundamento de ser proprietário e o réu também se defenda com o mesmo fundamento, o juiz decidirá favoravelmente àquele que provar ser o proprietário.

Convém observar que não há reconhecimento da propriedade, a não ser incidentalmente, na motivação da sentença.

Explica a respeito do tema, João Batista Monteiro,[6] para quem *o requisito básico e irremovível de qualquer ação possessória é a existência de uma situação possessória.*

Mais adiante, completa: *isso não significa, porém, que o autor esteja proibido de alegar o seu título. Se o fizer, será apenas "ad colorandam possessionem", para reforçar e provar a situação possessória que alega em juízo; se não o fizer, ainda que titular do direito, isso não obstará à tutela jurisdicional, desde que prove a sua posse efetiva. O que o autor não poderá, na ação possessória, é pedir que se lhe entregue a posse que não tinha.*

---

[6]   João Batista Monteiro, *Ação de Reintegração de Posse*, São Paulo: RT, 1987, p. 112-113.

Mesmo invocando sua condição de proprietário, a demanda é possessória, de tal sorte que não se enfrenta a questão do domínio.[7]

Neste sentido:

Tribunal de Justiça de São Paulo. Possessória. Pretendido debate sobre o domínio pelo autor, que, no entanto, deduziu demanda de natureza possessória. Irrelevância (...). Posse assegurada à ré diante da prova que assegura que ela é que a exerce há anos. Ausência de demonstração da posse pelo autor e do esbulho afirmado. Discussão sobre o domínio irrelevante. Improcedência. Agravo retido por cerceamento de defesa prejudicado em virtude da decisão favorável ao agravante. Agravo prejudicado. Apelação improvida (Apelação 991050423224 (3005713500) – Rel. Hamid Charaf Bdine Júnior – Comarca: Bauru – 15ª Câmara de Direito Privado D – Data do j. 07.05.2010 – Registro: 09.06.2010).

Tribunal de Justiça de São Paulo. Ação – carência – art. 923 do Código de Processo Civil [atual art. 557] – Inadm. – Hipótese em que ambas as partes discutem a posse sob a luz do domínio – inteligência do art. 505 do CC e da Súmula/STF nº 487. O que veda o artigo 923 do Código de Processo Civil [atual art. 557] é o exercício da ação intentando o reconhecimento de domínio, enquanto perdura o processo possessório. Mas, se a posse é discutida à luz do domínio, é evidente que este pode ser invocado, como deflui dos mandamentos do art. 505 do CC e da Súmula/STF nº 487 (Agravo de Instrumento nº 229.142 1, São Paulo, 8ª Câmara Cível, Rel. Walter Theodosio, data: 15.06.1994).

1.7. PRÁTICA DAS AÇÕES DE REINTEGRAÇÃO E MANUTENÇÃO DE POSSE

1.7.1. Foro competente

O foro da situação da coisa é o competente (competência absoluta) para as ações possessórias (lugar onde se encontra a coisa – *forum rei sitae* – art. 47, § 2º, do Código de Processo Civil).

Tribunal de Justiça de São Paulo. Competência. Conflito. Ação possessória imobiliária – competência do foro em que se localiza o imóvel. Caráter absoluto desse critério. Conflito procedente. (Conflito de Competência nº 30.058-0, São Paulo, Câmara Especial, Rel. Luís de Macedo, 22.02.1996, v.u.).

1.7.2. Legitimidade

São partes legítimas para figurar nas ações possessórias:

Legitimidade ativa: possuidor (direto ou indireto), não sendo necessária a participação do cônjuge, exceto nos casos de composse e nos atos por ambos praticados (Código de Processo Civil, art. 73, § 2º).

No caso de condomínio ou posse decorrente de direito hereditário, cada condômino ou herdeiro conta, individualmente, com legitimidade ativa para defender a posse que é comum (Código Civil, arts. 1.314 e 1.791, parágrafo único). Nessa medida:

Tribunal de Justiça de São Paulo. Possessórias. Ação de reintegração de posse. Sentença de extinção do processo sem resolução do mérito da ação, por ilegitimidade ativa ad causam. Transmissão da propriedade e da posse pelo princípio da saisine. Presença das condições da ação, initio litis. Extinção anômala afastada.

---

[7] Neste sentido as decisões do Superior de Justiça: *"Na linha de precedentes da Corte, e mesmo sem desafiar a vigência da segunda parte do art. 505 do Código Civil [de 1916], 'a proteção possessória independe da alegação de domínio', sendo certo que não cabe, nessa sede, 'a discussão sobre o domínio, salvo se ambos os litigantes disputam a posse alegando propriedade ou quando duvidosas as posses alegadas'"* (Recurso Especial n. 157.788, Rel. Min. Carlos Alberto Menezes Direito, j. 16.03.1999);
"Não cabe, em sede possessória, a discussão sobre o domínio, salvo se ambos os litigantes disputam a posse alegando propriedade ou quando duvidosas ambas as posses alegadas" (Recurso Especial n. 5.462, Rel. Min. Athos Carneiro, j. 20.08.1991).

A transmissão da posse ao herdeiro se dá ex lege. O exercício fático da posse não é requisito essencial, para que este tenha direito à proteção possessória contra eventuais atos de turbação ou esbulho, tendo em vista que a transmissão da posse (seja ela direta ou indireta) dos bens da herança se dá ope legis, independentemente da prática de qualquer outro ato. Em relação a terceiros, qualquer dos compossuidores pode valer-se dos interditos possessórios, cujos efeitos a todos aproveitará. Do contrário, estar-se-ia a afastar dos demais compossuidores o acesso ao Judiciário para defesa do bem, diante da inércia do inventariante. Fica reconhecida a legitimidade da autora para figurar no polo ativo da demanda, uma vez que as condições da ação são verificadas initio litis (no início da lide), in status assertionis (em estado de asserção). Se ela faz jus (ou não) à almejada proteção possessória é questão que deverá ser resolvida com o mérito, após cognição exauriente. Apelação provida (TJSP; Apelação 1010383-10.2016.8.26.0309; Rel. Sandra Galhardo Esteves; 12ª Câmara de Direito Privado; Foro de Jundiaí – 4ª Vara Cível; j. 29.05.2017; Data de Registro: 29.05.2017).

Legitimidade passiva: esbulhador ou turbador, ainda que detentor da posse indireta, como no caso do locador,[8] tomando-se o cuidado de não incluir no polo passivo um preposto ou empregado (mero detentor ou "fâmulo da posse").

Superior Tribunal de Justiça. *Processual civil. Reintegração na posse. Prescindibilidade de convocação de ambos os cônjuges. Código de Processo Civil, art. 10. Lei 8.952/1994. Discussão superada. Exclusão da mulher do processo. Recurso provido. I – a citação de ambos os cônjuges nas ações possessórias somente se faz imprescindível quando se trata de composse ou ato por ambos praticados. II – a discussão viu-se superada, no caso, em razão da modificação do art. 10 do Código de Processo Civil pela Lei 8.952/1994, que normatizou a posição majoritariamente construída por doutrina e jurisprudência. Rel. Min. Sálvio de Figueiredo Teixeira (Recurso Especial nº 76.721/PR (9500525895), decisão: por unanimidade, conhecer em parte do recurso e, nessa parte, dar-lhe provimento, data da decisão: 19.02.1998, 4ª Turma).*

Se o esbulhador for desconhecido, incide o § 2º do art. 319 do CPC, de tal sorte que a qualificação e identificação será feita pelo Oficial de Justiça no momento da citação.

Nesse sentido, Theotônio Negrão menciona: Não constitui óbice ao prosseguimento do feito o fato de, em ação possessória, o autor não indicar, desde logo, na inicial, todas as pessoas que acusa de esbulho (RT 704/123).[9]

Inclusive é cabível, nessas hipóteses, a citação de eventuais réus desconhecidos por edital:

Superior Tribunal de Justiça. *Reintegração de posse. Imóvel invadido por terceiros. Impossibilidade de identificação dos ocupantes. Indeferimento da inicial. Inadmissibilidade. Citação pessoal dos ocupantes requerida pela autora, os quais, identificados, passarão a figurar no polo passivo da lide. Medida a ser adotada previamente no caso. Há possibilidade de haver réus desconhecidos e incertos na causa, a serem citados por edital (...). Precedente: REsp n. 28.900-6/RS. Recurso especial conhecido e provido (REsp 362365-SP, Min. Barros Monteiro, j. 03.02.2005, publ. DJ 28.03.2005, pág. 259; RDDP vol. 26 pág. 233 e vol. 27 pág. 141).*

Agravo de instrumento. Posse. Reintegração de posse. Ação de reintegração de posse. Possessória. Qualificação dos réus. Dados desconhecidos. Nas ações possessórias de imóveis é possível a propositura da demanda sem nominar ou qualificar invasores não conhecidos. Não tendo o autor como qualificá-las ou inviabilizada a identificação por diligência de oficial de justiça enseja-se citação por edital. Circunstância dos autos em que se impõe afastar a alegação de nulidade. (...). (Agravo de Instrumento 70076040732, 18ª Câmara Cível, Tribunal de Justiça do RS, Rel. João Moreno Pomar, j. 28.11.2017).

1.7.3. Valor da causa

Há celeuma jurisprudencial quanto à fixação do valor da causa nas ações possessórias.

---

[8] **Segundo Tribunal de Alçada Civil de São Paulo.** *Possessória – manutenção de posse – turbação pelo locador – cabimento. É a possessória ação adequada para o locatário manuter-se na posse pretensão turbada pelo locador. Apelação c/ Rev. nº 344.383, 1ª Câmara, Rel. Juiz Fábio Gouvêa, j. 21.06.1993, in JTA (Lex) 146/421 (em.). Referência: Grinover e Dinamarco Cintra, Teoria Geral do Processo, 8. ed., RT, p. 230; Guido Arzua, Posse o Direito e o Processo, 2. ed., RT, 1978, p. 30; RT 632/170.*

[9] Theotônio Negrão. *Código de Processo civil e legislação processual em vigor.* 39ª Edição. São Paulo: Saraiva, 2007, p. 423. Nota 5b.

Alguns julgados admitem a estimativa efetuada pelo autor, baseada no benefício econômico que busca com a ação, desde que demonstrado.

Entendemos que esse é o critério mais adequado, principalmente nas ações de interdito proibitório e manutenção de posse.[10]

Entretanto, aplicando o art. 292, IV, por analogia, como valor da causa nas ações possessórias, a jurisprudência dominante aplica o valor do bem, ou seja, proporcionalmente à parte que se pretende retomar.[11]

---

[10] **Primeiro Tribunal de Alçada Civil de São Paulo.** *Agravo de Instrumento nº 395-3/24, São Paulo, 1ª Câmara, julgamento: 29.08.1988, Rel. Guimarães e Souza, decisão: unânime. Valor da causa. Possessória. Reintegração de Posse. Correspondência ao proveito econômico perseguido pelo autor. Decisão mantida. No mesmo sentido: Ag. nº 416.608-1, Rel. Guimarães e Souza.*
   Segundo Tribunal de Alçada Civil de São Paulo. *Valor da causa – possessória – cessação de comodato – estimativa pelo autor – admissibilidade. Nas causas onde se demanda a posse da coisa, por cessação do comodato, consoante os artigos 258 a 261 do Código de Processo Civil, [atuais arts. 291 a 293] o valor é fixado pelo requerente (AI nº 163.798, 4ª Câm., Rel. Juiz Accioli Freire, j. 15.05.1984, in JTA (RT) 92/267. Referências: RJTJESP 64/205, AI nº 146.748, RT 494/200. No mesmo sentido: AI nº 188.742, 3ª Câm., Rel. Juiz Gastão Santos, j. 08.04.1986, RT 494/200. Fixando em valor corresponde ao valor fiscal do imóvel: JTA (Saraiva) 80/146. Fixando em valor inferior ao valor da propriedade: JTA (Saraiva) 77/242. Fixação no valor do contrato quanto à possessória c/c rescisão contratual: RT 500/94. Fixação igual à estimativa fiscal no interdito proibitório: Boletim AASP 1.043/238).*
   Primeiro Tribunal de Alçada Civil de São Paulo. *Agravo de Instrumento nº 758.129-1, Ribeirão Preto, 10ª Câmara, julgamento: 22.09.1997, Rel. Antonio de P. F. Nogueira, decisão: unânime. Valor da causa. Possessória. Reintegração de posse onde a discussão é o contrato de comodato e não o imóvel. Valor da causa a ser determinado pelo preceito econômico perseguido pelo autor – fixação visando a posse, atendendo-se o objeto da demanda. Recurso improvido.*
   Tribunal de Alçada Cível do Rio de Janeiro. *Valor da causa. Agravo de Instrumento nº 23.951, 7ª Câmara, unânime, Juiz: Hilário de Alencar, julgamento: 10.08.1983. Ementa: manutenção de posse. Se o litígio não abrange a posse e domínio do imóvel, mas apenas a manutenção na sua posse, o valor da causa deverá ser fixado em quantia que corresponda a esse direito e não ao da propriedade do imóvel. Quando a pretensão do autor não tem valor econômico determinado, pode por estimativa ser fixado o valor da causa.*

[11] **Primeiro Tribunal de Alçada Civil de São Paulo.** *Valor da causa. Possessória. Reintegração de posse. Fixação segundo o valor venal do imóvel, na proporcionalidade da parte que se pretende retomar. Possibilidade. Art. 258 do Código de Processo Civil [atual art. 291]. Recurso provido para esse fim (Acórdão nº 28.958, Agravo de Instrumento, São Paulo, 6ª Câmara, Rel. Oscarlino Moeller, j. 24.03.1998, decisão: unânime).*
   Tribunal de Justiça de São Paulo. *Agravo de instrumento. Valor da causa. Ação possessória. Inexistência de critério legal. Artigo 259, VII do CPC [atual art. 292, IV]. Aplicação por analogia. Inadmissibilidade. Valor que deve refletir o benefício econômico pleiteado (posse). Fixação em um terço do valor venal do imóvel. Admissibilidade. Recurso provido (Agravo de Instrumento nº 0140626-26.2010.8.26.0000, Rel. Octavio Helene, São Paulo, 10ª Câmara de Direito Privado, j. 01.02.2011, Data de registro: 14.03.2011. Outros números: 990101406268).*
   Tribunal de Justiça de São Paulo. *Processual civil. Valor da causa. Ação possessória. Determinação de emenda da inicial para corresponder ao valor venal do imóvel. Descabimento no caso. Demanda que visa unicamente à reintegração na posse de parte da faixa de duto que a autora afirma ter sido invadida pelo réu, com área de 15,28 m2, não abrangendo, assim, a totalidade do imóvel. Valor fixado pela autora que superaria o valor venal desta área invadida. Determinação de emenda da inicial que deve ser afastada. Recurso provido para tanto (Agravo de Instrumento nº 0567285-07.2010.8.26.0000, Rel. Thiago de Siqueira, São Paulo, 14ª Câmara de Direito Privado, j. 23.02.2011, Data de registro: 10.03.2011. Outros números: 990105672850).*
   Segundo Tribunal de Alçada Civil de São Paulo. *Valor da causa. Possessória. Fixação correspondente ao valor fiscal do imóvel. Na ausência de outros elementos, que autorizem uma real estimativa do valor do imóvel, impõe-se que o valor da causa seja fixado de acordo com o valor constante do cadastro da Municipalidade, vigente à data da distribuição da ação, valor esse que corresponderá ao valor da demanda (AI nº 459.064, 8ª Câmara, Rel. Juiz Renzo Leonardi, j. 25.04.1996, in JTA (Lex) 159/295). No mesmo sentido: JTA (Saraiva) 80/146.*

Como a Lei não foi específica, surge critério que consiste em tarifar a posse em 1/3 do valor do imóvel. Nesse sentido:

Tribunal de Justiça de São Paulo. Agravo de Instrumento – interdito proibitório – valor da causa – decisão que determinou o aditamento da inicial para adequação do valor atribuído à causa – Compatibilização ao art. 259 VII do CPC [atual art. 292, IV] – Impossibilidade – Reforma – Hipótese em que a tutela possessória pretendida corresponde a parte do direito de propriedade do imóvel, de modo que o valor correspondente à posse deve ser proporcional a 1/3 do valor da área litigiosa – Adoção do mesmo critério utilizado para a fixação do valor do usufruto em relação ao valor da nua propriedade – Recurso parcialmente provido (0025728-34.2009.8.26.0000, Agravo de Instrumento, Posse, Rel. Walter Fonseca, Dracena, 17ª Câmara de Direito Privado, j. 04.08.2010, Data de registro: 20.08.2010 – Outros números: 7384966-6/00, 991.09.025728-7).

De fato, não se pode negar o despropósito de se atribuir à posse o valor do imóvel para bitolar o valor das causas possessórias.

Isto porque o proveito econômico almejado no juízo petitório é muito diferente daquele esperado no juízo possessório.

Nas possessórias o autor não busca a retomada da propriedade ou domínio, mas, de outro lado, busca exercer plenamente o domínio sobre o imóvel e, às vezes, sequer ostenta a propriedade.

Em consonância com o acatado, o valor do imóvel é equivalente à integralidade da propriedade e, por outro lado, a pretensão possessória recai apenas sobre parcela dela, ou seja, a posse.

Em razão dessas ideias, o critério decorrente do julgado acima, na absoluta ausência de critério no Código de Processo Civil, sustenta que a posse corresponde a 1/3 do valor do domínio por analogia ao critério utilizado para a fixação do valor do usufruto em relação ao da nua-propriedade.

Não se pode negar que a posse é apenas a exteriorização do domínio.

Se assim o é, não nos parece razoável fixar o valor da causa com base no valor venal do bem.

Outrossim, também em razão da ausência de critério na norma processual, o STJ já entendeu que, na reintegração de posse decorrente de contrato de comodato, o valor da causa deve seguir, por analogia, o critério estabelecido para as ações de despejo, de tal sorte que determinou a fixação pelo arbitramento do valor equivalente a doze aluguéis do imóvel a ser reintegrado (Lei 8.245/1991, art. 58, III):

Superior Tribunal de Justiça. Processo civil. Recurso especial. Ação de reintegração de posse. Contrato de comodato. Valor da causa. 1. Por ausência de expressa disposição do CPC acerca da fixação do valor da causa nas ações possessórias, a jurisprudência desta Corte tem entendido que ele deve corresponder ao benefício patrimonial pretendido pelo autor. 2. Embora o contrato de comodato não tenha conteúdo econômico imediato, o benefício patrimonial pretendido na ação de reintegração consubstancia-se no valor do aluguel que a autora estaria deixando de receber enquanto o réu permanece na posse do bem. 3. É razoável a aplicação analógica do disposto no art. 58, III, da Lei de Locações, para estabelecer o valor da causa na possessória que busca a posse por rompimento do contrato de comodato. 4. Recurso especial parcialmente provido (REsp 1.230.839/MG, Rel. Min. Nancy Andrighi, 3ª Turma, j. 19.03.2013, DJe 26.03.2013).

Neste julgado a Ministra relatora resumiu os diversos critérios adotados pelo Superior Tribunal de Justiça sobre o tema: *Nesse sentido, já se decidiu, por exemplo, que, em ação*

Primeiro Tribunal de Alçada Civil de São Paulo. Valor da causa. Possessória. Reintegração de posse. Fixação sobre o valor venal do imóvel. Admissibilidade. Pretensão do autor em apontar como base de cálculo o benefício econômico buscado rejeitada. Aplicação analógica do artigo 259, VII [atual art. 292, IV], do Código de Processo Civil. Impugnação ao valor da causa acolhida. Recurso improvido (Agravo de Instrumento nº 662.344-5, São Paulo, 3ª Câmara, Rel. Antonio Rigolin, j. 27.02.1996, decisão: unânime).

de imissão na posse, deve prevalecer como valor da causa o montante que levou à aquisição da posse, (REsp 490.089/RS, 3ª Turma, de minha Relatoria, DJ 09.06.2003); que em ação de manutenção de posse, o valor deve corresponder ao preço pago pela posse em razão da assinatura de contrato de promessa de compra e venda (RESp 176.366, de minha relatoria, DJ 19.11.2001); que, em ação de reintegração de posse proposta com lastro em contrato de arrendamento mercantil inadimplido deve ser estimado pelo saldo devedor, ou seja, pelo valor do contrato, descontadas as prestações adimplidas (REsp nº 165.605, Rel. Min. Waldemar Zveiter, DJ 24.05.1999).

1.7.4. Denunciação da lide

Com fundamento no inciso II do art. 125 do Código de Processo Civil, em virtude do contrato, é possível que o possuidor indireto, demandado, denuncie a lide ao possuidor direto.

> **Tribunal de Justiça de São Paulo**. *Denunciação da lide. Apelação nº 129.451 1, Campinas, 7ª Câmara Cível, Rel. Benini Cabral, data: 14.11.1990. Denunciação da lide. Construção clandestina. Vistoria desejada pela municipalidade, destinada a regularizar a obra. Recusa em permiti-la, por parte de locatário. Demanda ajuizada em face do locador, que não residia no imóvel. Denunciação do locatário por este – denunciado que confessou a recusa em atender e permitir o trabalho dos agentes municipais. Procedência das lides principal e secundária. Direito de regresso assegurado.*

Outrossim, a denunciação da lide não é uma necessidade absoluta e tampouco obrigatória nas hipóteses do art. 125 do Código de Processo Civil.

No caso em tela, é possível a simples alegação, em preliminar de contestação, da ilegitimidade de parte.

Se não denunciar e não for admitida a preliminar, ao depois, o possuidor demandado deverá provar exatamente o seu direito e, ainda mais, que envidou todos os esforços para evitar a sentença eventualmente desfavorável.[12]

> **Tribunal de Justiça de São Paulo**. *Ilegitimidade de parte passiva. Ocorrência. Ação. Ajuizamento em face de locatário do imóvel. Não obrigatoriedade, ademais, de promover-se a denunciação da lide ou nomeá-la à autoria. Processo extinto sem julgamento do mérito. Recurso não provido (rel. Campos Mello, Apel. Cív. nº 140.459 -1, Socorro, 24.04.91).*

A denunciação, no caso de possessória, será feita pelo réu, em tópico destacado da contestação (Código de Processo Civil, art. 126), para citação do denunciado.

1.7.5. Procedimento

Diz-se que o procedimento das ações de reintegração e manutenção é especial. Entretanto, a especialidade consiste apenas na possibilidade de obtenção da liminar possessória.

Daí falar-se em ação de força nova e ação de força velha.

Ocorrido o esbulho ou turbação, o autor da ação terá o prazo de ano e dia para ingressar com a ação de reintegração ou manutenção de posse, passíveis de obtenção de mandado liminar de reintegração ou manutenção, sendo esta a denominada *ação de força nova* (arts. 558 e 562 do Código de Processo Civil).

---

12 Vicente Greco Filho, *Direito processual civil brasileiro*, São Paulo: Saraiva, 1996, 1º vol., pp.142-143. Nelson Nery Junior e Rosa Maria Andrade Nery, *Código de Processo Civil Comentado*, São Paulo: Revista dos Tribunais, 1997, nota 4 ao art. 70.

Após a concessão – ou não – liminar da proteção possessória, a ação segue o rito ordinário.

E se for ultrapassado o prazo de ano e dia do esbulho ou turbação?

Nesse caso, o autor também poderá ingressar com a ação. Entretanto, a esta não se atribuirá liminar, seguindo o procedimento comum (*ação de força velha* – Código de Processo Civil, arts. 558 e 566).[13]

1.7.6. Petição inicial

São requisitos da petição inicial, aqueles enumerados no art. 319 do Código de Processo Civil.

Além disso, mister se faz provar, nos termos do art. 561 do Código de Processo Civil:

a) a posse;

b) o esbulho ou a turbação praticados pelo réu;

c) a data da ofensa, com base na qual se apurará o procedimento adequado;

d) perda da posse, no caso de reintegração, e a continuação na posse, no caso de turbação.

1.7.7. Concessão liminar da proteção possessória

Nos termos do art. 562 do Código de Processo Civil, preenchidos os requisitos legais, o juiz deferirá, obrigatoriamente, a expedição do mandado liminar de manutenção ou reintegração de posse, independentemente da oitiva do réu, ou seja, *inaudita altera parte*.

Para tanto, ressalte-se, o autor deve provar os elementos do art. 561, além de ingressar com a ação, de acordo, ainda, com remansosa jurisprudência, no prazo de ano e dia do esbulho (perda da posse) ou turbação.

---

[13] *Segundo Tribunal de Alçada Civil de São Paulo. Reintegração de posse – liminar – requisito – data do esbulho – comprovação – necessidade. A data do esbulho é da maior importância e deve ser caracterizada, eis que fundamental para se entender se a posse é de força velha ou de força nova, sendo que só neste último caso é que a medida provisória pode ser deferida (AI nº 274.396, 6ª Câm., Rel. Juiz Soares Lima, j. 08.08.1990). Tribunal de Alçada do Paraná. Possessória – reintegração – posse com mais de ano e dia – ocorrência – artigo 508 do Código Civil e 927 do Código de Processo Civil [atual art. 561] – impossibilidade de reintegração "in limine" – decisão mantida – agravo improvido. O esbulho deve datar de menos de ano e dia. Por esse prazo extintivo é que se estabelece a distinção entre posse nova e posse velha (arts. 507 e 508, do Código Civil e 927 do Código de Processo Civil). Assim, somente no segundo caso, nas ações de força nova, tem cabimento a expedição de mandado liminar de reintegração, após apreciação superficial pelo juiz, em "summaria cognitio", das provas colhidas na justificação prévia. Doutrina: Alexandre de Paula, Código de Processo Civil Anotado. Washington de Barros Monteiro, Curso de Direito Civil – Direito das Coisas, vol. III. Jurisprudência: RT 607/200 (Agravo de Instrumento nº 72.366.200, Palmas, Juiz Hirose Zeni, 8ª Câm. Cív., j. 14.11.1994, public.: 25.11.1994). Tribunal de Alçada do Paraná. Agravo de instrumento. (...) – o lapso de ano e dia alusivo as ações de força nova (Código Civil, art. 523) conta-se da data do efetivo esbulho ou turbação, como se infere do inciso III, do art. 927 do Código de Processo Civil, [atual art. 561, III] e não da data em que o possuidor tomou conhecimento desses fatos. Mesmo a doutrina que sustenta que esse prazo flui da data do conhecimento desses atos, em caso de clandestinidade, descartam esse termo "a quo" quando a ignorância deriva de negligência do possuidor (Carvalho Santos, vol. VII, p. 264). Doutrina: Washington de Barros Monteiro, Curso de direito civil, Ed. Saraiva, 1979, vol. 3, p. 61. Silvio Rodrigues, Direito civil – direito das coisas, Ed. Saraiva, 1988, vol. 5, p. 62. Pontes de Miranda, Tratado de direito privado, vol. X, p. 439 (Agravo de Instrumento nº 80.577.000, Jandaia do Sul, Juiz Mendonça de Anunciação, 7ª Câm. Cív., j. 24.06.1996, public.: 09.08.1996).*

Tribunal de Justiça de São Paulo. *Agravo de Instrumento 2050697-40.2013.8.26.0000 – Esbulho – Turbação – Ameaça – Rel. Maury Bottesini. Comarca: São Roque. 38ª Câmara de Direito Privado. j. 14.08.2014. Agravo de Instrumento. Reintegração na posse Audiência de justificação. Incerteza da data do suposto esbulho. Ausência de requisito do CPC, art. 927 [atual art. 561]. Prova de que o réu está na posse dos imóveis há mais de ano e dia. Desautorização da liminar na ação possessória. Precedentes jurisprudenciais. Perigo de dano irreparável ou de difícil reparação afastado. Impossibilidade do deferimento da tutela com fundamento no art. 273 do CPC [atuais arts. 294 e 300]. Liminar revogada. Recurso provido.*

Tribunal de Justiça de São Paulo. *Ação de reintegração de posse. Medida liminar. Revogação Pose direta Esbulho datado de mais de ano e dia Ação de força velha Aplicação do artigo 924, segunda parte, do Código de Processo Civil. [atual art. 558] (TJSP, 23ª Câm. Dir. Priv., Ag. Inst. 020381-78.2013.8.26.00, Rel. Des. Sá Moreira de Oliveira, j. 03.04.2013).*

Para obtenção da liminar em ação possessória, é preciso demonstrar apenas que o direito vindicado é plausível. Não há necessidade, nessas ações, de provar exaustivamente e de forma aprofundada a existência dos requisitos do art. 561 do Código de Processo Civil, tarefa que será levada a efeito apenas na fase de instrução processual.

Portanto, basta provar a probabilidade da posse e que esta está sofrendo esbulho, turbação ou ameaça a menos de ano e dia.

Em consonância com o acatado, não se fala em prova exaustiva e cabal dos pressupostos da ação possessória sob pena de tornar letra morta a possibilidade de liminar nas possessórias.

Nessa medida, provada a propositura da ação em menos de ano e dia, não há necessidade de prova de prejuízo ou perigo da demora, diferentemente do caso da tutela provisória antecipada de urgência nos termos do art. 300 do Código de Processo Civil, que, nos seus termos, exige *elementos que evidenciem a probabilidade do direito e o perigo de dano ou o risco ao resultado útil do processo*, mais se aproximando da tutela de evidência do art. 311 do Código de Processo Civil.

Mesmo assim, em que pese a semelhança, tampouco é necessário o preenchimento dos requisitos da tutela antecipada de evidência na ação possessória proposta em até ano e dia.

Ou seja, não se exigirá prova de caracterização do *abuso do direito de defesa ou o manifesto propósito protelatório da parte* ou, ainda, que os fatos narrados na exordial podem ser provados *apenas documentalmente e houver tese firmada em julgamento de casos repetitivos ou em súmula vinculante.*

Em consonância com o acatado, no julgamento do Agravo de Instrumento 2050697-40.2013.8.26.0000 (TJSP), o Desembargador paulista Maury Bottesini afirmou no seu voto: *Em que pese haver a possibilidade da concessão da liminar em ações possessórias de "força velha", em que o esbulho ou a turbação seja datado de mais de ano e dia do ajuizamento, art. 273 do CPC [atuais arts. 294, 300 e 311 – tutelas provisórias antecipadas de urgência e de evidência], há prova de que o réu está na pose do imóvel desde (...), afasta à pretensão o requisito da lei de que haja fundado receio de dano irreparável ou de difícil reparação antes do julgamento do mérito da ação possessória.*[14]

---

[14] Nesse sentido:

Agravo de instrumento – Reintegração de posse intentada há mais de ano e dia – Juízo a quo que indeferiu liminar de reintegração, com fulcro no art. 560 do CPC – Pretensão de reforma – Inadmissibilidade – Ação de força velha – Concessão de tutela antecipada que exige, portanto, o preenchimento dos requisitos do art. 300 do CPC – Ausência de comprovação de periculum in mora e da plausibilidade dos fatos afirmados – Decisão mantida – Recurso desprovido (TJSP, Agravo de Instrumento 2137419-33.2020.8.26.0000, Rel. Marco Fábio Morsello, 11ª Câmara de Direito Privado, j. 04.08.2020, data de registro 04.08.2020).

Tutela de evidência – Ação de reintegração de posse – Imóvel ocupado pelo réu no perímetro de área arrendada à autora no Pátio Ferroviário de Santos em processo de desestatização da Rede Ferroviária Federal – Tutela deferida ao ser entregue laudo por perito do juízo, em condições de corroborar os documentos juntados pela autora à petição inicial – Réu ocupante de casa que se destinava a empregados vinculados à rede ferroviária federal e compreendida na área do arrendamento – Tese do réu baseada

Em resumo, como veremos no item 17.11, abaixo, é possível a concessão de liminar a título de antecipação de tutela nas ações possessórias aforadas depois de ano e dia, pelo procedimento comum, nos termos do art. 558 do Código de Processo Civil, provando, contudo, os requisitos da urgência ou da evidência (CPC, arts. 300 ou 311).

Posta assim a questão, tratando-se de litígio coletivo pela posse (CPC, art. 565), a liminar após ano e dia a que se refere o dispositivo é aquela de urgência ou de evidência (CPC, arts. 300 e 311), posto que, pensar o contrário, geraria contradição e não faria sentido.

Isto porque, não se pode admitir a concessão da liminar da ação possessória apenas com a prova dos requisitos do art. 561, após ano e dia, nessa espécie de possessória (litígio coletivo pela posse) quando nos demais casos, à luz do art. 558 do CPC, após ano e dia não se deferiria a liminar por não ser aplicável a especialidade da seção II do Capítulo III do Título III da parte especial (arts. 560 a 566 do CPC), exatamente a que prevê a possibilidade de liminar no art. 562 somente com a prova dos requisitos do art. 561.

Em suma:

a) Para obtenção de liminar na ação possessória, basta a prova dos requisitos do art. 561;

b) Para tanto, nos termos do art. 558 do CPC, a ação deve ser proposta em até ano e dia;

c) Proposta a ação após este prazo, seguirá o procedimento exclusivamente comum (arts. 319 e seguintes do CPC), cabendo a tutela provisória antecipada de urgência ou de evidência prevista nos arts. 300 e 311 do CPC, inclusive no conflito coletivo pela posse, conforme prevê o CPC no seu art. 565.

Basta, para se chegar a esta conclusão, analisar cuidadosamente os seguintes dispositivos, buscando, assim, a harmonia na interpretação:

Art. 558. Regem o procedimento de manutenção e de reintegração de posse as normas da Seção II deste Capítulo quando a ação for proposta dentro de ano e dia da turbação ou do esbulho afirmado na petição inicial.

Parágrafo único. Passado o prazo referido no caput, será comum o procedimento, não perdendo, contudo, o caráter possessório. (...)

Seção II – Da Manutenção e da Reintegração de Posse.

Art. 560. O possuidor tem direito a ser mantido na posse em caso de turbação e reintegrado em caso de esbulho.

Art. 561. Incumbe ao autor provar:

I – a sua posse;

II – a turbação ou o esbulho praticado pelo réu;

III – a data da turbação ou do esbulho;

IV – a continuação da posse, embora turbada, na ação de manutenção, ou a perda da posse, na ação de reintegração.

Art. 562. Estando a petição inicial devidamente instruída, o juiz deferirá, sem ouvir o réu, a expedição do mandado liminar de manutenção ou de reintegração, caso contrário,

---

na garantia do direito à moradia contida na Constituição Federal – Direito à moradia que não autoriza a justiça pelas próprias mãos e é norma programática – Posse do réu viciada e que mantém o mesmo caráter com que foi adquirida, insuscetível de modificação "ex arbitrio" – Moradia, ademais, demolida e hoje o terreno é usado para o estacionamento de container e veículo de carga – Tutela com amparo no art. 311, inciso IV, do novo CPC e cabível no procedimento comum da ação possessória de força velha – Recurso desprovido (TJSP, Agravo de Instrumento 2088961-53.2018.8.26.0000, Rel. Cerqueira Leite, 12ª Câmara de Direito Privado, j. 22.08.2018, data de registro 27.08.2018).

determinará que o autor justifique previamente o alegado, citandos e o réu para comparecer à audiência que for designada.

(...)

Art. 565. *No litígio coletivo pela posse de imóvel, quando o esbulho ou a turbação afirmado na petição inicial houver ocorrido há mais de ano e dia, o juiz, antes de apreciar o pedido de concessão da medida liminar, deverá designar audiência de mediação, a realizar-se em até 30 (trinta) dias, que observará o disposto nos §§ 2º e 4º.*

§ 1º Concedida a liminar, se essa não for executada no prazo de 1 (um) ano, a contar da data de distribuição, caberá ao juiz designar audiência de mediação, nos termos dos §§ 2º a 4º deste artigo.

§ 2º O Ministério Público será intimado para comparecer à audiência, e a Defensoria Pública será intimada sempre que houver parte beneficiária de gratuidade da justiça.

§ 3º O juiz poderá comparecer à área objeto do litígio quando sua presença se fizer necessária à efetivação da tutela jurisdicional.

§ 4º Os órgãos responsáveis pela política agrária e pela política urbana da União, de Estado ou do Distrito Federal e de Município onde se situe a área objeto do litígio poderão ser intimados para a audiência, a fim de se manifestarem sobre seu interesse no processo e sobre a existência de possibilidade de solução para o conflito possessório.

§ 5º Aplica-se o disposto neste artigo ao litígio sobre propriedade de imóvel.

Quanto à idade da posse e à possibilidade de antecipação de tutela, caso tenha sido ultrapassado o prazo de ano e dia da perda da posse, remete-se o leitor ao item 1.7.11 abaixo.

Em face das pessoas jurídicas de direito público, mister se faz a justificação, que será adiante analisada, não se concebendo liminar *inaudita altera parte*, a teor do que dispõe o art. 562, parágrafo único, do Código de Processo Civil.

Primeiro Tribunal de Alçada Civil de São Paulo. *Agravo de Instrumento nº 393.897-7/00, São Paulo, 7ª Câmara, 13.09.1988, Rel. Renato Takiguthi, decisão: unânime. Possessória. Interdito proibitório – ajuizamento contra Autarquia Estadual (USP). Necessidade de audiência de justificação prévia para concessão de liminar. Art. 928, parágrafo único [atual art. 562, parágrafo único] e art. 933 [atual art. 568] do Código de Processo Civil. Recurso provido para esse fim. Obs.: interpostos Embargos de Declaração, foram os mesmos rejeitados.*

1.7.8. Recurso da decisão que concede ou não a liminar

Tratando-se de decisão interlocutória que concede ou nega liminar, com nítido caráter de tutela provisória de natureza antecipatória de urgência, caberá o recurso de agravo, ao qual, presentes os requisitos legais, poderá ser atribuído efeito suspensivo ou efeito ativo pelo relator, desde que requerido pela parte.

Nada obstante o art. 1.015, I, do Código de Processo Civil, no rol das decisões que admitem enfrentamento pelo agravo de instrumento, mencione apenas o cabimento no caso de decisão que concede ou nega tutela provisória, não é possível afastar a mesma natureza jurídica da liminar na ação possessória, de tutela provisória, de tal sorte que entendemos o cabimento do agravo.

Nada obstante, a matéria deverá, ainda, passar pelo crivo da jurisprudência em razão dos inúmeros casos que deverão frequentar os tribunais pátrios.

Segundo Tribunal de Alçada Civil de São Paulo. *Recurso. Agravo de Instrumento. Possessória. Despacho que aprecia pedido de medida liminar. Admissibilidade. Exegese do art. 930 do Código de Processo Civil [atual art. 564]. Cabe agravo de instrumento do ato judicial que defere ou não a medida liminar na hipótese do art. 930 do Código de Processo Civil [atual art. 564]. Embora o citado dispositivo denomine tal ato despacho e não decisão, o critério que prevalece é o da natureza do pronunciamento e não o da denominação legal.*

AI nº 124.852, 9ª Câmara, Rel. Juiz Joaquim de Oliveira, julgamento: 07.10.1981, in JTA (Saraiva) 73/264. Referências: RT 482/109, 490/99, 495/195 e 480/174; RJTJESP 52/250. Boletim AASP 892/8 e 1.038/210 (todos relacionados na nota 2 ao art. 928, do Dr. Theotonio Negrão, Código de Processo Civil e legislação processual em vigor, 9. ed.).

1.7.9. Justificação prévia

Acorde com o art. 562, do Código de Processo Civil, caso o juiz não se convença da prova dos requisitos do art. 561, designará audiência prévia de justificação, deixando, inclusive, de deferir, de plano, a liminar pleiteada.

A audiência servirá, portanto, para que o autor prove os requisitos necessários para concessão da liminar possessória.

Tribunal de Justiça de São Paulo*. Comodato. Reintegração de posse. Esbulho ocorrido a menos de ano e dia. Indeferimento da reintegração liminar. Descabimento. Necessidade de audiência de justificação. Recurso provido. Inteligência do artigo 298 do Código de Processo Civil [atual art. 335, § 1º]. Tendo o esbulho ocorrido a menos de ano e dia, se a petição inicial da ação de reintegração de posse não estiver devidamente instruída, indispensável a designação de audiência de justificação para suprir a deficiência (Agravo de Instrumento nº 58.113-4, Botucatu, 5ª Câmara de Direito Privado, Rel. Boris Kauffmann, 28.08.97, v.u.).*

No caso de comodato verbal, normalmente a audiência é necessária e a ação deve ser precedida de notificação para configurar o esbulho decorrente da posse precária do comodatário. Neste sentido, a Súmula 15 do Tribunal de Justiça de São Paulo:

Súmula 15: É cabível medida liminar em ação possessória decorrente de contrato verbal de comodato, desde que precedida de notificação e audiência de justificação de posse para verificação dos requisitos estabelecidos no art. 927 do Código de Processo Civil [atual art. 561].

Mister se faz ressaltar que referida audiência não é obrigatória em todo e qualquer caso, o que se afirma na exata medida em que, presentes os requisitos legais, a liminar deverá ser deferida independentemente dela:

Primeiro Tribunal de Alçada Civil de São Paulo*. Mandado de Segurança nº 409.701-7/00, São Paulo, 3ª Câmara, julgamento: 27.02.1989, Rel. Andrade Mesquita, decisão: unânime, JTA 115. Possessória. Reintegração de posse. Liminar concedida – petição inicial suficientemente instruída – art. 928 do Código de Processo Civil [atual art. 562]. Desnecessidade da realização da audiência de justificação prévia. No mesmo sentido: MS 417.630-7, Rel. José Bedran; MS 429.231-5, Rel. Toledo Silva; MS 429.233-9, Rel. Toledo Silva, MF 530/53; MS 446.203-5, Rel. Alexandre Germano; Ag. Nº 470.492-7, Rel. Joaquim Chiavegato.*

O réu será citado, inicialmente, apenas para comparecer à audiência de justificação.

A contestação deverá ser apresentada somente após a intimação da decisão acerca da concessão ou não da liminar, cujo prazo de 15 (quinze) dias flui a partir da intimação efetuada pela imprensa, ao advogado do réu. Não é necessária nova citação.

Nessa audiência, o autor produzirá provas, especialmente testemunhais, que demonstrarão a ocorrência dos fatos enumerados no art. 561 do CPC.

Colima-se, portanto, com a audiência de justificação, unicamente, demonstrar os fatos do art. 561 do Código de Processo Civil, aptos a ensejar a concessão da liminar pleiteada, não se confundindo com audiência de instrução.

Segundo Tribunal de Alçada Civil de São Paulo*. Reintegração de posse – liminar deferida – designação de audiência de justificação prévia – necessidade – exegese do artigo 928 do Código de Processo Civil [atual art. 562]. O título de domínio, por si só, não comprova a posse, revelando-se necessária a audiência de justificação, para a colheita de melhores subsídios que possam, em tese, autorizar a liminar. AI nº 413.703,*

6ª Câmara, Rel. Juiz Paulo Hungria, julgamento: 03.08.1994. Referência: Theotonio Negrão, C.P.C.L.P.V., 22. ed., p. 504, nota remissiva ao artigo 928 (IV ENTA – concl. 44, aprovado por unanimidade).

Deferida ou não a liminar, observar-se-á o procedimento comum (Código de Processo Civil, art. 566).

Caso o réu, citado, não compareça à audiência de justificação, deferida ou não a liminar pleiteada, será ele intimado, pessoalmente, para oferecer contestação, passando o prazo a fluir a partir dessa intimação.[15]

1.7.10. Prazo para contestação

Concedida a liminar de reintegração ou manutenção *inaudita altera parte*, o autor deverá providenciar a citação do réu em 5 (cinco) dias, para que responda no prazo ordinário de 15 (quinze dias) (Código de Processo Civil, art. 564).

Como assim? O que o autor deverá providenciar? Se já juntou cópias para contrafé ou, no processo eletrônico, a inicial foi protocolizada, bem como a diligência do oficial de justiça providenciada, o próprio cartório judicial procederá à expedição do mandado de citação.

Havendo audiência de justificação designada pelo juiz, a contestação deverá ser apresentada no prazo de 15 (quinze) dias, contados da data da intimação, ao advogado, da decisão que conceder ou não a liminar, independentemente de qualquer outra providência ou renovação da citação.

> **Segundo Tribunal de Alçada Civil de São Paulo.** *Possessória. Liminar não concedida "inaudita altera parte". Citação para audiência de justificação (artigo 928, 2ª parte do Código de Processo Civil)* [atual art. 562]. *Renovação após decisão da liminar. Desnecessidade. Interpretação do artigo 930, "caput", do Código de Processo Civil. A redação do caput do artigo 930* [atual art. 564] *dá margem a dúvidas, pois aparentemente impõe nova citação do réu, tão logo seja proferida decisão a respeito do pedido de concessão de liminar; mas já tendo sido ele citado (artigo 928, 2ª parte)* [atual art. 562] *nada justifica ou autoriza a renovação de tal ato, posto que, uma vez perfeccionado, vale para todos os termos ulteriores do processo (AI nº 359.734, 7ª Câm., Rel. Juiz Antonio Marcato, j. 08.09.1992, in JTA (Lex) 142/380).*

A intimação pessoal do réu só é necessária caso não seja ele representado por advogado na audiência, ou a ela não compareça.

Caso não haja pedido de proteção possessória liminar e, consequentemente, audiência de justificação, o prazo para resposta, de 15 (quinze) dias, começa a fluir a partir da citação.[16]

---

[15] Notem que a intimação pessoal (mesmo pelo correio) ao réu, só é necessária na eventualidade do seu não comparecimento à audiência de justificação. Caso contrário, comparecendo à audiência, a intimação será feita pela imprensa, ao seu advogado.

[16] **Tribunal de Alçada do Rio Grande do Sul.** *Agravo nº 196.041.602, 09.05.1996, 6ª Câmara Cível, Rel. Arminio José Abreu Lima da Rosa, Veranópolis. Ação de reintegração de posse. Prazo para contestação. Conta-se o prazo para contestação, na demanda reintegratória de posse, uma vez aprazada audiência de justificação de posse, da intimação da decisão que apreciar a liminar. Caso em que a contestação deu ingresso após tal lapso. Revelia. Presunção de veracidade dos fatos. É de natureza relativa a presunção decorrente da revelia o que, obviamente, não empece a que o juiz, se não convencido, designe audiência de instrução. Agravo provido, mas em parte.*
Segundo Tribunal de Alçada Civil de São Paulo. *Reintegração de posse – liminar indeferida – intimação pessoal do réu – inexistência de advogado constituído – necessidade Não tendo o réu comparecido na audiência de justificação em ação de reintegração de posse, onde foi indeferida a liminar, deve ser intimado pessoalmente, para início da fluência do prazo de contestação, quando não representado nos autos por advogado devidamente constituído, pois a ausência àquela não implica na revelia (AI nº 374.286, 8ª Câm., Rel. Juiz Cunha Cintra, j. 26.11.1992. Referência: Adroaldo Furtado Fabrício, Comentários, 3. ed., Forense, vol. VIII, p. 456-457).*

1.7.11. Possibilidade de antecipação de tutela

Intentada a ação após o prazo de ano e dia do esbulho ou turbação (ação de força velha), impossível a liminar, alguns julgados têm admitido a tutela antecipatória, de urgência ou de evidência, de reintegração de posse, desde que presentes os requisitos e nas hipóteses dos arts. 294, 297, 300 e 311 do Código de Processo Civil, em casos extremos:

> **Primeiro Tribunal de Alçada Civil de São Paulo.** *Tutela antecipada – Possessória – Reintegração de posse – Invasão de área de linha de transmissão de energia elétrica, onde não pode haver edificação – Posse velha sobre o bem demonstrada – Circunstância que não impede a concessão da liminar – Perigo de dano irreparável ou de difícil reparação verificado – Esbulho caracterizado – Efeito suspensivo mantido – Antecipação da tutela deferida – Recurso provido (Processo: 2002439-1; Agravo de Instrumento; Itapecerica da Serra; 12ª Câmara (Extinto 1º TAC); j. 22.03.2005; Rel. Beretta da Silveira; Deram Provimento, VU).*

Aliás, esta é a posição de Nelson Nery Junior e Rosa Maria Andrade Nery.[17]

Ocorre que o assunto está longe de ser remansoso, havendo numerosas decisões em sentido contrário:

> **Primeiro Tribunal de Alçada Civil de São Paulo.** *Agravo de Instrumento nº 751.769-2/00, Paraguaçu Paulista, 8ª Câmara, 01.10.1997, Rel. Márcio Franklin Nogueira, JTA (Lex) 167/90. Tutela antecipada. Possessória. Reintegração de posse. Inviabilidade. Existência de procedimento específico, que prevê a possibilidade da concessão da medida liminar, desde que preenchidos os requisitos próprios. Inaplicabilidade do artigo 273 do Código de Processo Civil, pois tal norma não foi editada para alterar o regime próprio dos procedimentos especiais. Tutela antecipada denegada. Recurso provido para esse fim.*

Há quem sustente, entretanto, que a distinção entre posse nova (de menos de ano e dia) e posse velha (de mais de ano e dia) não existe.

Eis os argumentos que emprestam supedâneo a esta corrente, extraídas de julgado do tribunal estadual paulista:

> **Tribunal de Justiça de São Paulo.** *Reintegração de posse. Liminar. Tutela antecipada. O novo Código Civil não mais incorpora a diferença entre posse nova e velha permitindo concluir que na ação possessória é possível conceder-se liminar ou antecipação de tutela, diante de prova de violação iminente ou de turbação ou esbulho. Recurso não provido (0340079-02.2010.8.26.0000, Agravo de Instrumento, Posse, Rel. Itamar Gaino, Guarujá, 21ª Câmara de Direito Privado, j. 18.08.2010, Data de registro: 31.08.2010 – Outros números: 990.10.340079-8).*

Neste julgado, sustentou o relator, "*conforme já se decidiu, é possível a concessão de tutela antecipada de reintegração de posse, mesmo nas ações de força velha espoliativa (Ag. 718.150-4, São Paulo, RT 740/329), caso restem evidenciados os requisitos necessários à concessão da tutela de urgência, que não são os mesmos exigíveis à concessão da liminar prevista na demanda especial, estabelecida em lei para a hipótese na qual o esbulho tenha ocorrido há menos de ano e dia do ajuizamento. Do Superior Tribunal de Justiça, colhe-se o seguinte precedente: 'em relação à posse de mais de ano e dia (posse velha), não se afasta de plano a possibilidade da tutela antecipada, tornando-a cabível a depender do caso concreto*" (REsp 201.219/ES, DJU 24.02.03).' Neste passo, convém registrar que o novo Código Civil já não mais incorpora a diferença entre a posse nova e a posse velha, não reproduzindo os

---

Primeiro Tribunal de Alçada Civil de São Paulo. *Agravo de Instrumento nº 401.372-0/00, São Paulo, 5ª Câmara, 30.11.1988, Rel. Paulo Bonito, decisão: unânime. Prazo. Contestação. Possessória. Reintegração de posse. Audiência de justificação realizada. Fluência do prazo a partir do dia imediato a retirada dos autos de cartório e não da data da publicação – intempestividade reconhecida – decisão mantida.*

[17] Nelson Nery Junior e Rosa Maria Andrade Nery, *Código de Processo Civil Comentado*, 3. ed., São Paulo: Revista dos Tribunais, 1997, nota 7 ao art. 928.

artigos 507 e 508 do Código Civil de 1916. Todavia, dispõe o artigo 1.211 que 'Quando mais de uma pessoa se disser possuidora, manter-se-á provisoriamente a que tiver a coisa, se não estiver manifesto que a obteve de alguma das outras por modo vicioso".

1.7.12. Litígio coletivo pela posse

O litígio coletivo pela posse é aquele no qual se estabelece o polo passivo por meio de um número considerável de pessoas que praticaram esbulho, turbação ou ameaça à posse.

O art. 554, §§ 1°, 2° e 3°, além do art. 565 do Código de Processo Civil, estão assim redigidos:

> *Art. 554. A propositura de uma ação possessória em vez de outra não obstará a que o juiz conheça do pedido e outorgue a proteção legal correspondente àquela cujos pressupostos estejam provados.*
>
> *§ 1° No caso de ação possessória em que figure no polo passivo grande número de pessoas, serão feitas a citação pessoal dos ocupantes que forem encontrados no local e a citação por edital dos demais, determinando-se, ainda, a intimação do Ministério Público e, se envolver pessoas em situação de hipossuficiência econômica, da Defensoria Pública.*
>
> *§ 2° Para fim da citação pessoal prevista no § 1°, o oficial de justiça procurará os ocupantes no local por uma vez, citando-se por edital os que não forem encontrados.*
>
> *§ 3° O juiz deverá determinar que se dê ampla publicidade sobre a existência da ação prevista no § 1° e dos respectivos prazos processuais, podendo, para tanto, valer-se de anúncios em jornal ou rádio locais, da publicação de cartazes na região do conflito e de outros meios. (...)*
>
> *Art. 565. No litígio coletivo pela posse de imóvel, quando o esbulho ou a turbação afirmado na petição inicial houver ocorrido há mais de ano e dia, o juiz, antes de apreciar o pedido de concessão da medida liminar, deverá designar audiência de mediação, a realizar-se em até 30 (trinta) dias, que observará o disposto nos §§ 2° e 4°.*
>
> *§ 1° Concedida a liminar, se essa não for executada no prazo de 1 (um) ano, a contar da data de distribuição, caberá ao juiz designar audiência de mediação, nos termos dos §§ 2° a 4° deste artigo.*
>
> *§ 2° O Ministério Público será intimado para comparecer à audiência; e a Defensoria Pública será intimada sempre que houver parte beneficiária de gratuidade da justiça.*
>
> *§ 3° O juiz poderá comparecer à área objeto do litígio quando sua presença se fizer necessária à efetivação da tutela jurisdicional.*
>
> *§ 4° Os órgãos responsáveis pela política agrária e pela política urbana da União, de Estado ou do Distrito Federal e de Município onde se situe a área objeto do litígio poderão ser intimados para a audiência, a fim de se manifestarem sobre seu interesse no processo e sobre a existência de possibilidade de solução para o conflito possessório.*
>
> *§ 5° Aplica-se o disposto neste artigo ao litígio sobre propriedade de imóvel.*

Portanto, inovando em relação ao direito processual anterior, o atual Código de Processo Civil estabelece que nos casos em que a ação possessória contar com grande número de pessoas no polo passivo, será feita a citação pessoal dos ocupantes que forem encontrados no local e, os que não forem, demandarão a citação por edital.

Demais disso, haverá intimação do Ministério Público (Código de Processo Civil, art. 178, III) e, se envolver pessoas em situação de hipossuficiência econômica, da Defensoria Pública.

Posta assim a questão, há expressa determinação para que o oficial de justiça procure os ocupantes no local por uma vez apenas, não havendo necessidade de retornar ou cumprir nova diligência que, sendo única, implicará na citação por edital dos que não forem identificados.

Para a publicidade da ação proposta e dos prazos processuais, o juiz ainda poderá, sendo esta uma faculdade e não obrigação, utilizar de anúncios em jornais ou rádios locais, publicação de cartazes na região dos conflitos ou de outros meios que julgar suficientes.

Mais importante é a possibilidade que abre a lei de concessão de liminar, ainda que se trate de ação de força velha, aforada há mais de um ano e um dia do esbulho ou da turbação.

Nesse caso, no litígio coletivo pela posse de imóvel, nos termos daquilo que escrevemos alhures (item 1.7.7, cuja leitura se recomenda), proposta a ação após ano e dia, a ação seguirá o procedimento exclusivamente comum (arts. 319 e seguintes do CPC), cabendo a liminar específica (antecipação de tutela de urgência ou de evidência, CPC, arts. 300 e 311).

Antes da concessão da liminar, o juiz deverá designar audiência de mediação, a realizar-se em até trinta dias. A audiência de mediação também deverá ocorrer na hipótese de o requerente da possessória que tenha obtido liminar, posto que proposta em até ano e dia da turbação ou do esbulho, não execute a medida deferida no prazo de um ano da concessão.[18]

Na audiência de conciliação deverão comparecer, mediante intimação, o representante do Ministério Público e da Defensoria Pública, este último se houver beneficiário de justiça gratuita.

Além desses, intimar-se-ão os órgãos responsáveis pela política agrária e pela política urbana da União, de Estado ou do Distrito Federal, e de Município onde se situe a área objeto do litígio, para que se manifestem sobre seu interesse na causa e a existência de possibilidade de solução para o conflito possessório.

---

[18] Na ADPF 828, o Supremo Tribunal Federal tratou da prorrogação do prazo de vigência da Lei 14.216/2021, que suspendeu os despejos e as reintegrações de posse durante o período da pandemia do coronavírus. A referida suspensão, nos termos da Lei, vigoraria até 31 de dezembro de 2021, mas acabou sendo prorrogada até 31 de outubro de 2022, tendo, finalmente, para as posses coletivas abrangidas pela indigitada ação, sido decidido o seguinte:
"O Tribunal, por maioria, referendou a tutela provisória incidental parcialmente deferida, para determinar a adoção de um regime de transição para a retomada da execução de decisões suspensas na presente ação, nos seguintes termos: (a) Os Tribunais de Justiça e os Tribunais Regionais Federais deverão instalar, imediatamente, comissões de conflitos fundiários que possam servir de apoio operacional aos juízes e, principalmente nesse primeiro momento, elaborar a estratégia de retomada da execução de decisões suspensas pela presente ação, de maneira gradual e escalonada; (b) Devem ser realizadas inspeções judiciais e audiências de mediação pelas comissões de conflitos fundiários, como etapa prévia e necessária às ordens de desocupação coletiva, inclusive em relação àquelas cujos mandados já tenham sido expedidos. As audiências devem contar com a participação do Ministério Público e da Defensoria Pública nos locais em que esta estiver estruturada, bem como, quando for o caso, dos órgãos responsáveis pela política agrária e urbana da União, Estados, Distrito Federal e Municípios onde se situe a área do litígio, nos termos do art. 565 do Código de Processo Civil e do art. 2º, § 4º, da Lei 14.216/2021; (c) As medidas administrativas que possam resultar em remoções coletivas de pessoas vulneráveis devem (i) ser realizadas mediante a ciência prévia e oitiva dos representantes das comunidades afetadas; (ii) ser antecedidas de prazo mínimo razoável para a desocupação pela população envolvida; (iii) garantir o encaminhamento das pessoas em situação de vulnerabilidade social para abrigos públicos (ou local com condições dignas) ou adotar outra medida eficaz para resguardar o direito à moradia, vedando-se, em qualquer caso, a separação de membros de uma mesma família. Por fim, o Tribunal referendou, ainda, a medida concedida, a fim de que possa haver a imediata retomada do regime legal para desocupação de imóvel urbano em ações de despejo (Lei 8.245/1991, art. 59, § 1º, I, II, V, VII, VIII e IX). Tudo nos termos do voto do Relator, vencidos, parcialmente, os Ministros André Mendonça e Nunes Marques, nos termos de seus votos. Plenário, Sessão Virtual Extraordinária de 01.11.2022 (18h) a 02.11.2022."
Importante observar que a abrangência do que se decidiu não atinge ocupações coletivas ocorridas depois de 31 de março de 2021 nos termos do art. 7º da Lei 14.216/2021.

1.7.13. Modelo de notificação

Notificado: (...).

Endereço: (...).

Ref.: Comodato do imóvel localizado no endereço *supra*.

(...), serve-se da presente para notificá-la do quanto segue:

Desde (...), V. Sª. ocupa o imóvel localizado na Rua (...), a título de empréstimo gratuito.

Entretanto, não mais interessa à notificante a manutenção do empréstimo do referido imóvel.

Convém lembrar que V. Sª. se obrigou a desocupar o imóvel, nos termos da cláusula 2ª do contrato de comodato firmado em (...), no prazo de 30 dias da notificação.

Diante do exposto, fica V. Sª. notificada a desocupar o imóvel no prazo improrrogável de 30 dias sob pena de, assim não o fazendo, tomarem-se as medidas judiciais cabíveis, inclusive ação de reintegração de posse com pedido de liminar, sem prejuízo das perdas e danos, consubstanciadas, principalmente, nos aluguéis do imóvel, ora fixados em R$ (...), acorde com o disposto no art. 582, do Código Civil.

Era o que havia para notificar.

Data

Notificante

1.7.14. Modelo de ação de reintegração de posse (petição inicial)

MM. Juízo da (...)

(...), vem, respeitosamente, por seus advogados e procuradores (documento 1), com escritório na (...), propor, em face de (...), a competente:

Ação de reintegração de posse cumulada com perdas e danos

o que faz com supedâneo nos artigos 554 e seguintes do Código de Processo Civil, pelos fatos e razões a seguir expendidos:

I – Fatos

De acordo com a cópia da certidão da matrícula anexa (documento 2), a autora é proprietária e possuidora indireta do imóvel localizado na Rua (...).

Nessa qualidade, emprestou gratuitamente o imóvel ao réu, tendo, assim, celebrado contrato de comodato por prazo indeterminado no dia (...) (documento 3).

Cumpre assinalar que nesse contrato ficou convencionado que:

Na hipótese do comodante necessitar do imóvel ora dado em comodato para qualquer fim, o comodatário será previamente notificado dessa intenção, com prazo de 30 (trinta) dias para desocupação do imóvel, obrigando-se o comodatário a restituir o imóvel, inteiramente livre e desembaraçado de pessoas e coisas em perfeito estado de conservação e uso, tal como está recebendo, sob pena de responder por perdas e danos.

Apesar disso, e não obstante as insistentes tentativas da autora que, sem sucesso, tentou amigavelmente fazer com que o réu restituísse o imóvel emprestado, a verdade é que este permanece irredutível, negando-se a devolver a posse à autora.

Sendo assim, em (...), a autora, na qualidade de possuidora indireta do imóvel, constituiu o réu em mora, tendo logrado notificá-lo para que desocupasse o imóvel no prazo de 30 dias (documento 4).

Decorrido *in albis* o prazo concedido, quedando-se inerte, o réu não desocupou o imóvel.

Portanto, a partir do prazo concedido a posse do réu passou a ser viciada, precária e não restou alternativa à autora senão ingressar com a presente ação de reintegração de posse.

II – Direito

Dispõe o artigo 1.210 do Código Civil, que o possuidor tem o direito à reintegração no caso de esbulho, inclusive liminarmente (Código de Processo Civil, arts. 558 e 562) e, mais adiante, o artigo 555, I, do Código de Processo Civil, permite a cobrança de perdas e danos.

Por outro lado, tratando-se de comodato, o art. 582 do Código Civil preceitua:

Art. 582. O comodatário constituído em mora, além de por ela responder, pagará, até restituí-la, o aluguel da coisa que for arbitrado pelo comodante.

O Código de Processo Civil determina, no artigo 560, que o possuidor tem o direito a ser reintegrado em caso de esbulho e, antes, defere, no artigo 555, I, a possibilidade de cumulação do pedido possessório com indenização por perdas e danos.

a) Posse

Certo é, Excelência, que o primeiro requisito para o aforamento de ação de reintegração é a prova da posse (art. 561, I, do Código de Processo Civil).

Nesse sentido, resta inequivocamente provada a posse indireta do imóvel, pela autora, em virtude do contrato de comodato, além da própria certidão da matrícula do imóvel, vez que a posse é a exteriorização do domínio.

Portanto, Nobre Julgador, a autora cedeu a posse direta em face do contrato de comodato, que agora busca recuperar.

b) Do esbulho e sua data – perda da posse

O segundo requisito para a ação é o esbulho praticado pelo réu e sua data, para que se fixe o prazo de ano e dia a ensejar o rito especial dos artigos 560 a 566 do Código de Processo Civil, tudo nos termos do artigo 561, incisos II a IV, do mesmo diploma legal.

O *"esbulho da posse é o acto em que o possuidor é privado da posse, violentamente, clandestinamente ou com abuso de confiança".*[19]

Com efeito, o autor foi esbulhado da posse com abuso de confiança, porque, em (...), o réu foi devidamente constituído em mora, com prazo de 30 dias para desocupação do imóvel e, não o fazendo, praticou esbulho, vez que sua posse, antes justa, passou a ser injusta pelo vício da precariedade a partir do dia (...).

Ensina Carlos Roberto Gonçalves:

A precariedade difere dos vícios da violência e da clandestinidade quanto ao momento de seu surgimento. Enquanto os fatos que caracterizam estas ocorrem no momento da aquisição da posse, aquela somente origina-se de atos posteriores, ou seja, a partir do instante em que o possuidor direto recusa-se a obedecer à ordem de restituição do bem ao possuidor indireto. A concessão da posse precária é perfeitamente lícita. Enquanto não chegado o momento de devolver a coisa, o possuidor tem posse justa. O vício manifesta-se quando fica caracterizado o abuso de confiança. No instante em que se recusa a restituí-la, sua posse torna-se viciada e injusta, passando à condição de esbulhador.[20]

É sobremodo importante assinalar que a data do esbulho, ocorrido em (...), concede larga margem para o termo final de ano e dia impeditivo da concessão de liminar, nos termos do artigo 558 do Código de Processo Civil.

III – Pedido

Diante de todo o exposto, serve a presente para requerer digne-se Vossa Excelência de:

a) acorde com o mandamento insculpido no artigo 562, primeira parte, do Código de Processo Civil, provados os requisitos e estando a presente exordial devidamente instruída, determinar seja expedido mandado, concedida liminarmente, inaudita altera parte, a reintegração de posse do imóvel situado na Rua (...);
b) ao final, julgar procedente a presente ação, tornando definitiva a reintegração de posse, com a condenação do réu no pagamento das perdas e danos consubstanciadas nos alugueres de R$ (...) por mês, nos termos do art. 582, do Código Civil, pelo período em que permanecer no imóvel após o prazo que na notificação (documento 4) lhe fora concedido para desocupação, além das custas, honorários de advogado que Vossa Excelência houver por bem arbitrar e demais ônus de sucumbência;

---

19 Clóvis Bevilacqua, *C.C. dos EE. UU. do Brazil*, Rio de Janeiro: Fc. Alves, 1917, III/25.
20 Carlos Roberto Gonçalves, *Direito das Coisas*, São Paulo: Saraiva, 1997, p. 15.

Subsidiariamente, caso Vossa Excelência entenda necessária a audiência de justificação nos termos da segunda parte do artigo 562 do Código de Processo Civil, requer a autora digne-se Vossa Excelência de considerar suficiente (Código de Processo Civil, art. 563), com a consequente expedição de mandado de reintegração de posse, julgando Vossa Excelência, ao final, procedente a ação, tornando definitiva a reintegração de posse deferida com a condenação do réu no pagamento das perdas e danos consubstanciadas nos alugueres de R$ (...) por mês, pelo período em que permanecer no imóvel após o prazo (...) que na notificação (documento 4) lhe fora concedido para desocupação, além de custas, honorários de advogado e demais ônus de sucumbência.

Ainda subsidiariamente, caso Vossa Excelência não conceda liminarmente, e, tampouco, após a justificação, a reintegração de posse pretendida, o que se admite somente por hipótese, requer a autora a procedência da presente ação com a consequente expedição do mandado reintegratório da posse, condenado o réu no pagamento das perdas e danos consubstanciadas nos alugueres de R$ (...) por mês, pelo período em que permanecer no imóvel após o prazo que na notificação (documento 4) lhe fora concedido para desocupação, além das custas, honorários de advogado e demais ônus de sucumbência.

IV – Citação

Requer-se a citação do Réu por meio eletrônico ou, não havendo cadastro, pelo correio (*ou, ainda, justificando, por Oficial de Justiça, nos termos do § 1º-A, II, do art. 246 do CPC, facultando-se ao Sr. Oficial de Justiça encarregado da diligência proceder nos dias e horários de exceção (CPC, art. 212, § 2º)*), para:

a) querendo, oferecer a defesa que tiver sob pena de confissão e efeitos da revelia (Código de Processo Civil, art. 344);

b) comparecer à audiência de justificação, nos termos do artigo 562, segunda parte, do Código de Processo Civil, caso esta seja designada por Vossa Excelência.

V – Provas

Protesta a autora por provar o alegado através de todos os meios de prova em direito admitidos, especialmente pela produção de prova documental, testemunhal, pericial e inspeção judicial, depoimento pessoal do réu sob pena de confissão, caso não compareça, ou, comparecendo, se negue a depor (art. 385, § 1º, do Código de Processo Civil), inclusive em eventual audiência de justificação.

VI – Valor da causa

Dá-se à causa o valor de R$ (...).

Termos em que,

pede deferimento.

Data

Advogado OAB

1.7.15. Modelo de ação de manutenção de posse (petição inicial)

MM. Juízo da (...)

(...), vem, mui respeitosamente, por seus advogados e procuradores (documento 1), com escritório na (...), propor, em face do (...) na pessoa de seu representante legal, com sede na Rua (...), a competente ação de

Manutenção de posse

o que faz com fundamento nos artigos 1.210, do Código Civil, e 554 e seguintes do Código de Processo Civil e nos argumentos de fato e de direito a seguir aduzidos.

I – Fatos e Direito

De acordo com a cópia da certidão da matrícula anexa (documento 2), a autora é proprietária e possuidora do imóvel localizado na Rua (...).

O imóvel da autora é destinado ao cultivo permanente de eucalipto para corte, conforme prova a última declaração do ITR (documento 3), dispondo, também, de uma casa onde funciona o alojamento dos empregados.

Ocorre que, em virtude de greve nacional dos trabalhadores rurais, o sindicato da região convocou grevistas a fim de impedir a extração da madeira já vendida à Companhia (...), conforme cópia de recibo anexo (documento 4).

De fato, a partir do último dia (...), os grevistas permanecem durante todo o dia em frente aos portões da propriedade da autora, impedindo a entrada de caminhões (documento 4).

Turbação praticada pelo réu (Código de Processo Civil, art. 561, II)

> *Perturbação da posse é todo acto praticado contra a vontade do possuidor, que lhe estorve o gozo da coisa possuída, sem della o excluir, completamente (vis inquietativa). Ela pode ser positiva; p. ex., o turbador corta árvores da propriedade, ou negativa, p.ex., o turbador impede o possuidor de cortá-las.*[21]

Com efeito, a autora foi turbada da posse, porque, embora não tenha perdido a posse, está impedida de extrair a madeira vendida, causando-lhe imensuráveis prejuízos.

Data da turbação (Código de Processo Civil, art. 561, III)

A turbação ocorreu no dia (...), ou seja, há apenas dois meses, dentro do prazo de ano e dia exigido por lei (Código de Processo Civil, art. 558).

Continuação da posse (CPC, art. 561, IV).

Verifica-se que a autora continua na posse do imóvel, estando, apenas, impedida de extrair a madeira vendida, configurando-se, claramente, a turbação apta a ensejar a presente ação.

II – Pedido

Diante de todo o exposto, serve a presente para requerer digne-se Vossa Excelência de:

a) acorde com o mandamento insculpido no artigo 562, primeira parte, do Código de Processo Civil, provados os requisitos e estando a presente exordial devidamente instruída, determinar seja expedido mandado, concedida liminarmente, inaudita altera parte, a manutenção de posse do imóvel situado na (...), com a requisição de força policial;

b) ao final, julgar procedente a presente ação, tornando definitiva a manutenção de posse, cominando a multa diária de R$ (...) se houver nova turbação pelo mesmo réu, além da condenação em custas, honorários de advogado que Vossa Excelência houver por bem arbitrar e demais ônus de sucumbência;

Subsidiariamente, caso Vossa Excelência entenda necessária a audiência de justificação nos termos da segunda parte do art. 562 do Código de Processo Civil, requer a autora digne-se Vossa Excelência de considerar suficiente (Código de Processo Civil, art. 563), com a consequente expedição de mandado de manutenção de posse, julgando Vossa Excelência, ao final, procedente a ação, tornando definitiva a manutenção de posse, cominando a multa diária de R$ (...) se houver nova turbação pelos mesmos réus, além da condenação em custas, honorários de advogado que Vossa Excelência houver por bem arbitrar e demais ônus de sucumbência.

Ainda em ordem subsidiária, caso Vossa Excelência não conceda liminarmente, e, tampouco, após a justificação, a manutenção de posse pretendida, o que se admite somente por hipótese, requer a autora a procedência da presente ação com a consequente expedição do mandado de manutenção da posse, cominando-se multa diária de R$ (...) no caso de nova turbação, além da condenação em custas, honorários de advogado e demais ônus de sucumbência.

III – Citação

Requer-se, tendo em vista a natureza da ação e os atos necessários para a citação dos réus, que seja essa levada a efeito por oficial de justiça, nos termos do artigo 246, § 1º-A, inciso II, do Código de Processo Civil, requerendo-se desde já que o encarregado da diligência proceda nos dias e horários de exceção (Código de Processo Civil, art. 212, § 2º), e, tratando-se de conflito coletivo pela posse, a citação pessoal dos ocupantes que forem encontrados no local e, os que

---

[21] Clóvis Bevilacqua, *C.C. dos EE. UU. do Brazil*, Rio de Janeiro: Fc. Alves, 1917, III/24.

não forem na diligência que deve ser única (CPC, art. 554, § 2º), a citação por edital e, demais disso, a intimação do Ministério Público e, se envolver pessoas em situação de hipossuficiência econômica, da Defensoria Pública, tudo para:

a) querendo, oferecer a defesa que tiverem sob pena de confissão e efeitos da revelia (Código de Processo Civil, art. 344);

b) comparecer à audiência de justificação, nos termos do artigo 562, segunda parte, do Código de Processo Civil, caso esta seja designada por Vossa Excelência.

IV – Provas

Protesta a autora por provar o alegado através de todos os meios de prova em direito admitidos, especialmente pela produção de prova documental, testemunhal, pericial e inspeção judicial, depoimento pessoal do réu sob pena de confissão, caso não compareça, ou, comparecendo, se negue a depor (art. 385, § 1º, do Código de Processo Civil), inclusive em eventual audiência de justificação.

V – Valor da causa

Dá-se à causa o valor de R$ (...).

Termos em que,

pede deferimento.

Data

Advogado OAB

1.8. PRÁTICA DO INTERDITO PROIBITÓRIO

1.8.1. Procedimento

O interdito proibitório será sempre processado pelo rito especial, pois nele não há falar em força nova ou velha, vez que a ameaça é sempre atual.

A petição inicial deve conter os requisitos do art. 319 e demonstrar cabalmente o justo receio de que seja molestado na sua posse.

Trata-se de tutela inibitória, ou seja, de um veto, um preceito de não fazer (não esbulhar ou turbar a posse do autor), sob pena de cominação de multa pela transgressão (Código de Processo Civil, art. 567).

No mais, aplicam-se os mesmos requisitos já estudados para as demais ações possessórias (Código de Processo Civil, art. 568).

1.8.2. Modelo de interdito proibitório (petição inicial)

MM. Juízo da (...)

(...), vem, mui respeitosamente, por seus advogados e procuradores (documento 1), com escritório na (...), onde receberão intimações, propor, em face do (...), o competente

Interdito proibitório

o que faz com fundamento no artigo 1.210 do Código Civil, nos artigos 567 e 568 do Código de Processo Civil e nos argumentos de fato e de direito a seguir aduzidos.

I – Fatos

De acordo com a cópia da certidão da matrícula anexa (documento 2), a autora é proprietária e possuidora do imóvel localizado na (...).

O imóvel da autora é destinado ao cultivo permanente de eucalipto para corte, conforme prova a última declaração do ITR (documento 3), dispondo, também, de uma casa onde funciona o alojamento dos empregados.

Ocorre que, em virtude de greve nacional dos trabalhadores rurais, o sindicato da região está convocando grevistas a fim de invadir a propriedade da autora, o que se prova através dos inclusos panfletos que estão sendo distribuídos na cidade de (...) (documento 4).

A ameaça do líder do movimento e presidente do sindicato foi perpetrada categoricamente, perante inúmeras testemunhas, conforme declarações anexas (documento 5).

II – Direito

O artigo 1.210 do Código Civil defere proteção ao possuidor ameaçado, cujo procedimento é regulado pelo Código de Processo Civil nos artigos 567 e 568.

Outrossim, é remansosa a jurisprudência acolhendo o interdito nessas hipóteses:

Primeiro Tribunal de Alçada Civil de São Paulo. Acórdão nº 29.455, Processo nº 778.091-8, Agravo de Instrumento, São Paulo, 2ª Câmara, julgamento: 12.08.1998, Rel. Salles de Toledo, decisão: unânime. Competência. Possessória. Interdito proibitório – turbação da posse por movimento grevista. Alegação pelo sindicato recorrente de competir à Justiça do Trabalho tal julgamento. Descabimento, porque não se questiona o direito de posse do banco recorrido. Recurso improvido. Possessória. Interdito proibitório. Turbação da posse por movimento grevista. Liminar deferida, porque presente o requisito exigido pelo artigo 932 do Código de Processo Civil [atual art. 567]. Recurso improvido.

Primeiro Tribunal de Alçada Civil de São Paulo. Acórdão nº 28.285, Processo nº 767.124-5, Agravo de Instrumento, Itapeva, 2ª Câmara, julgamento: 04.03.1998, Rel. Ribeiro de Souza, decisão: unânime. Interdito proibitório. Possessória. Direito de greve. Liminar concedida porque a posse fora molestada e ameaçada por sindicalizados – admissibilidade, uma vez que estaria se evitando a interrupção da produção com consequente prejuízo. Hipótese, ademais, em que o abuso do exercício do direito de greve sujeita os responsáveis às penas da lei, reconhecida a competência da justiça comum, pois a relação existente entre as partes é de invocação dos interditos – liminar mantida – recurso improvido.

III – Pedido

Diante do exposto, requer a autora a procedência da presente ação com a consequente concessão do mandado proibitório, impondo-se ao réu pena pecuniária de R$ (...) por dia no caso de efetivação do esbulho ou turbação, além da condenação em custas e honorários de advogado.

Requer, ainda, a concessão liminar do mandado proibitório com a fixação da pena pecuniária de R$ (...) por dia no caso de transgressão;

IV – Citação

Requer-se a citação do réu por meio eletrônico ou, não havendo cadastro, pelo correio (*ou, ainda, justificando, por Oficial de Justiça, nos termos do § 1º-A, II, do art. 246 do CPC, facultando-se ao Sr. Oficial de Justiça encarregado da diligência proceder nos dias e horários de exceção (CPC, art. 212, § 2º),* para:

a) querendo, oferecer a defesa que tiverem sob pena de confissão e efeitos da revelia (Código de Processo Civil, art. 344);

b) comparecer à audiência de justificação, nos termos do artigo 562, segunda parte, do Código de Processo Civil, caso esta seja designada por Vossa Excelência.

V – Provas

Protesta a autora por provar o alegado através de todos os meios de prova em direito admitidos, especialmente pela produção de prova documental, testemunhal, pericial e inspeção judicial, depoimento pessoal do réu sob pena de confissão, caso não compareça, ou, comparecendo, se negue a depor (art. 385, § 1º, do Código de Processo Civil), inclusive em eventual audiência de justificação.

VI – Valor da causa

Dá-se à causa o valor de R$ (...).

Termos em que,

pede deferimento

Data

Advogado OAB

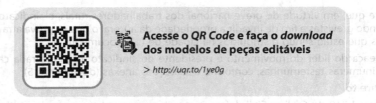

1.9. FLUXOGRAMA

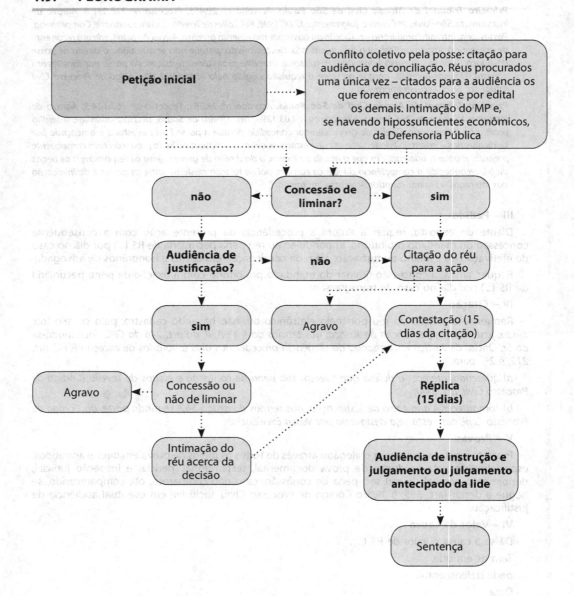

Capítulo 2

USUCAPIÃO

2.1. PRINCIPAIS ASPECTOS

a) **Foro competente:** sendo ação real imobiliária,[1] deverá ser proposta, nos termos do art. 47 do Código de Processo Civil, no foro onde está localizado o imóvel (*forum rei sitae*), no juízo especializado (se houver, uma das Varas de Registros Públicos).[2] Será processada na Justiça Federal se o imóvel confrontar com outro de propriedade da União, Autarquias ou Empresas Públicas, exceto se não houver Vara Federal, prevalecendo, neste caso, a Justiça Estadual.[3]

b) **Legitimidade ativa:** possuidor que atenda aos requisitos da usucapião, sendo absolutamente necessário o consentimento[4] do cônjuge, por se tratar de ação real imobiliária (Código de Processo Civil, art. 73).[5] Na usucapião coletiva será, também, parte legítima, como substituto processual, a associação dos moradores com personalidade jurídica, desde que autorizada pelos representados (Lei 10.257, de 11 de julho de 2001, art. 12, III).

c) **Legitimidade passiva:** *proprietário e seu cônjuge* (litisconsórcio passivo necessário), a teor do que dispõe o inciso I do § 1º do art. 73 do Código de Processo Civil, salvo se casados pelo regime da separação total de bens, além dos *confinantes*, sem esquecer que serão intimados (não são réus), para eventualmente manifestar interesse na causa, os representantes da *Fazenda Pública da União, dos Estados, do Distrito Federal, dos Territórios e dos Municípios*, nos termos do art. 269, § 3º, do Código de Processo Civil segundo o qual a intimação da União, dos Estados, do

---

[1] É preciso distinguir a existência de pretensão sobre bem imóvel (pretensão imobiliária) daquela que, além disso, representa pretensão real imobiliária, esta sim ação fundada em direito real sobre bem imóvel. Arruda Alvim, *Curso de direito processual civil*, São Paulo: RT, p. 498.

[2] No Estado de São Paulo, *vide* o art. 4º da Lei Estadual nº 3.947, de 8 de dezembro de 1983.

[3] Nelson Nery Junior e Rosa Maria Andrade Nery, *Código de Processo Civil Comentado*, São Paulo: RT, 2010, nota ao art. 942 do CPC 1973. *Vide* Súmula 11 do STJ.

[4] Por qualquer forma: instrumento particular, público ou até pela outorga de procuração conjunta (Nelson Nery Junior e Rosa Maria Andrade Nery, *Código de Processo Civil Comentado*, São Paulo: Revista dos Tribunais, 1997, nota 6 ao art. 10). Não há litisconsórcio ativo, vez que não há necessidade do cônjuge que autoriza integrar o polo ativo da relação jurídica de direito processual. Entretanto, nos comentários dos profs. Nery, verifica-se acórdão contemplando litisconsórcio ativo necessário (*RJTJSP* 139/165).

[5] A ausência de consentimento do cônjuge gera incapacidade processual e não ilegitimidade de parte. Nesse caso o juiz deverá assinar prazo para a regularização da capacidade processual (Código de Processo Civil, art. 13) [atual art. 76] sob pena de extinção do processo sem julgamento de mérito (Código de Processo Civil, art. 267, IV) [atual art. 485, IV].

Distrito Federal, dos Municípios e de suas respectivas autarquias e fundações de direito público será realizada perante o órgão de Advocacia Pública responsável por sua representação judicial.

d) **Valor da causa:** Existem divergências:

d.1) valor do bem usucapiendo, de acordo com a corrente majoritária: Código de Processo Civil, art. 292, IV, por analogia: *Art. 292. O valor da causa constará da petição inicial ou da reconvenção e será: (...) IV – na ação de divisão, de demarcação e de reivindicação, o valor de avaliação da área ou do bem objeto do pedido* (*RJTJSP* 114/363, (TJRS, 5ª Câm., AgI nº 585.034.424, Rel. Des. Ruy Rosado de Aguiar Junior, *RJTJRS*, 112/318);[6]

d.2) valor estimado pelo autor: TJSC, 1ª Câmara, Apelação nº 9.790, Rel. Des. Ivo Sell; Alexandre de Paula, Código de Processo Civil Anotado, São Paulo: Revista dos Tribunais, 1980, vol. 1, p. 646);

e) **Petição inicial:** respeitará os requisitos do art. 319 do Código de Processo Civil com as seguintes peculiaridades antes existentes nos arts. 941 e 942 do Código de Processo Civil de 1973, sem equivalência no atual que atrai exclusivamente o procedimento comum, mas que continuam pautando os elementos que devem integrar a exordial:

e.1) descrição minuciosa do imóvel acompanhada de planta (não simples croqui);

e.2) certidão do Registro de Imóveis, comprovando a legitimidade passiva do proprietário;

e.3) certidão negativa da existência de ação possessória que tenha por objeto o imóvel usucapiendo, em razão da vedação inserta no art. 557 do Código de Processo Civil;

e.4) pedido de intervenção do Ministério Público na usucapião constitucional urbano ou coletivo (Lei 10.257, de 11 de julho de 2001, art. 12, § 1º e art. 178, III, do Código de Processo Civil);

e.5) pedido de assistência judiciária gratuita na usucapião constitucional urbano ou coletivo, que deverá ser deferido (Lei 10.257, de 11 de julho de 2001, art. 12, § 2º).

f) **Procedimento:** originalmente se tratava de procedimento comum, rito especial, regulado pelos arts. 941 a 945 do Código de Processo Civil de 1973. Entretanto, com a retirada da audiência preliminar (inciso I da antiga redação do art. 942 do Código de Processo Civil) pela Lei 8.951/1994, o procedimento passou a ser comum e o rito ordinário, com as peculiaridades dos arts. 941 e seguintes do CPC de 1973. Agora, o procedimento deixou de ser tratado no rol dos procedimentos especiais, de tal sorte que seguirá exclusivamente o comum, dos arts. 319 e seguintes do Código de Processo Civil, inclusive na hipótese de usucapião constitucional urbano ou coletivo, ainda que o art. 14 da Lei 10.257, de 11 de julho de 2001, preveja o procedimento comum, rito sumário, na medida em que este não mais existe no sistema.

---

[6] **Tribunal de Justiça de São Paulo.** *Agravo de Instrumento 2053167-10.2014.8.26.0000. Usucapião Ordinária. Rel. Mauro Conti Machado. Comarca: Itapevi. 9ª Câmara de Direito Privado. j. 15.07.2014. Data de registro: 17.07.2014. Agravo de instrumento. Usucapião. Emenda da inicial. Determinado o recolhimento do valor dado à causa sobre o valor venal do imóvel. Alegação dos agravantes de que a decisão oriunda deste processo não é constitutiva de domínio, mas declaratória de sua preexistência. Descabimento. Valor dado à causa que deve corresponder à estimativa oficial para lançamento do tributo. Aplicação, por analogia, do artigo 259, VII, do Código de Processo Civil [atualmente art. 292, IV, que substituiu o valor venal pelo valor real do bem]. Recurso a que se nega provimento.*

2.2. USUCAPIÃO (DIREITO MATERIAL)

2.2.1. Conceito

Antes de ingressar nos aspectos processuais, mister se faz compreender o instituto da usucapião.

O tempo determina a aquisição do direito na usucapião. Destarte, a usucapião também é denominada "prescrição aquisitiva".

Se assim o é, necessário observar que os prazos de usucapião que veremos, não são contados no período que vai de 12.06.2020 (data da publicação da Lei 14.010/2020) até 30.10.2020, nos termos do art. 10 da Lei 14.010 de 10 de junho de 2020 em razão de lei advinda da pandemia de coronavírus:

> *Art. 10. Suspendem-se os prazos de aquisição para a propriedade imobiliária ou mobiliária, nas diversas espécies de usucapião, a partir da entrada em vigor desta Lei até 30 de outubro de 2020.*

Em consonância com o acatado, tratando-se de prescrição aquisitiva, diferencia-se da prescrição extintiva, normatizada pelos arts. 189 a 211 do Código Civil, que tratam da perda da pretensão, ou seja, da perda do direito subjetivo pela inércia do seu titular.

A usucapião, como prescrição aquisitiva, difere, portanto, da prescrição extintiva, pois que, em verdade, não é o proprietário que está perdendo e sim o possuidor que está adquirindo um direito real sobre coisa alheia.

O proprietário só perde o seu direito porque o possuidor o adquire, isso em virtude da exclusividade dos direitos reais.

Contudo, segundo Silvio Rodrigues, uma semelhança há entre a prescrição aquisitiva e a extintiva, qual seja: o interesse em atribuir-se juridicidade a uma situação de fato persistente no tempo.[7]

A prescrição aquisitiva, regulada pelo Direito das Coisas, é definida como modo originário de aquisição da propriedade e de direitos reais que podem ser exercidos continuamente pelo decurso do tempo na posse (*v.g.*, servidões e usufrutos).

O art. 1.244 do Código Civil, determina que *se estende ao possuidor o disposto quanto ao devedor acerca das causas que obstam, suspendem ou interrompem a prescrição, as quais também se aplicam à usucapião.*

Nesse sentido, não há usucapião entre cônjuges enquanto durar o casamento e entre descendentes e ascendentes, durante o exercício do poder familiar.

Não corre, ainda, a prescrição aquisitiva, em face dos absolutamente incapazes (Código Civil, arts. 3º e 198).

Igualmente, a decretação de falência gera a interrupção do curso da prescrição aquisitiva da propriedade da massa falida. Isto porque "o possuidor, (seja ele o falido ou terceiros), perde a posse pela incursão do Estado na sua esfera jurídica" (REsp 1.680.357-RJ, j. 10.10.2017, Rel. Min. Nancy Andrighi). Da mesma maneira, por extensão, em face de instituição financeira em liquidação.[8]

7   Silvio Rodrigues, *Direito Civil – Direito das Coisas*, São Paulo: Saraiva, 1991, vol. 5, p. 114.

8   ***Superior Tribunal de Justiça.*** *Recurso especial. Ação de usucapião. Bem imóvel. Propriedade. Instituição financeira. Liquidação extrajudicial. Decretação. Efeitos. Indisponibilidade. Prescrição aquisitiva. Prazo. Fluência. Interrupção. Proprietário. Inércia. Não ocorrência. (...) 2. Na origem, cuida-se de ação de usucapião proposta contra instituição financeira em processo de liquidação extrajudicial, objetivando o reconhecimento de domínio do imóvel, julgada improcedente em primeiro grau, com sentença mantida em apelação. 3. Cinge-se a controvérsia a definir se os bens pertencentes a instituição financeira em processo*

A usucapião, nada obstante a previsão nos arts. 1.238, 1.239, 1.240 e 1.242 do Código Civil, se apresenta como uma forma de aquisição de coisas móveis e imóveis e, portanto, deve ser analisado como gênero.

Assim sendo, a usucapião deve ser encarada como forma de aquisição de um direito real que requer determinadas condições para manifestar-se na órbita jurídica, seja ela de bens móveis ou imóveis.

De um modo simplista, havendo a posse por certo lapso temporal determinado em lei, genericamente, haverá autorização para aquisição da propriedade.

A usucapião nada mais faz do que transformar um fato (a posse) em um direito (propriedade).

Portanto, reconhece uma situação de fato atribuindo características que a transformam em direito real de propriedade ou em direitos reais que comportam decurso de prazo na posse (*v.g.*, usufruto e servidão).

Não obstante certo grau de injustiça para alguns, é uma realidade jurídica que também funciona como um dos meios de levar a efeito a função social da propriedade.[9]

De fato, corrige uma injustiça social ao penalizar o proprietário desidioso, que não concede à sua propriedade a necessária função social constitucionalmente requerida.

Nesse sentido manifestou-se Silvio Rodrigues:

> A usucapião dá prêmio a quem ocupa a terra, pondo-a a produzir. É verdade que o verdadeiro proprietário perdeu seu domínio, contra sua vontade. Mas, não é injusta a solução legal, porque o prejudicado concorre com sua desídia para a consumação de seu prejuízo. Em rigor, já vimos, o direito de propriedade é conferido ao homem para ser usado de acordo com o interesse social e, evidentemente, não o usa dessa maneira quem deixa sua terra ao abandono por longos anos.[10]

Logo, uma vez manifestado, caracteriza a desídia do proprietário que merece sofrer o prejuízo – *dormientibus non sucurrit jus.*

---

de liquidação extrajudicial estão sujeitos à aquisição por usucapião. 4. O bem imóvel de propriedade de instituição financeira que se encontra em regime de liquidação extrajudicial é insuscetível de usucapião. 5. Na liquidação extrajudicial de instituição financeira, a exemplo do que ocorre no processo falimentar, cujas disposições contidas na Lei de Falências têm aplicação subsidiária por força do artigo 34 da Lei 6.024/1974, ocorre a formação de um concurso universal de credores que buscam satisfazer seus créditos de forma igualitária por intermédio do patrimônio remanescente unificado (princípio da par conditio creditorum). 6. Da mesma forma que ocorre no processo falimentar, a decretação da liquidação extrajudicial obsta a fluência do prazo da prescrição aquisitiva sobre bens inseridos na universalidade de bens já marcados pela indisponibilidade, pois, apesar de suscetíveis de comercialização, só podem ser alienados em certas circunstâncias, com o objetivo de atender aos interesses econômicos e sociais de determinadas pessoas. 7. A aquisição da propriedade pela via da usucapião pressupõe a inércia do proprietário em reaver o bem, que não pode ser imputada ao titular do domínio que, a partir da decretação da liquidação extrajudicial, não conserva mais todas as faculdades inerentes à propriedade: usar, fruir e dispor livremente da coisa (...) (REsp n. 1.876.058/SP, Rel. Min. Ricardo Villas Bôas Cueva, Terceira Turma, j. 24.05.2022, DJe 26.05.2022).

[9] A Constituição Federal de 1988, ao tratar "Da Política Urbana" e "Da Política Agrícola e Fundiária e da Reforma Agrária", nos arts. 182 e 184 estabeleceu critérios para levar a efeito a função social da propriedade estabelecida no inciso XXIII do art. 5º. Nos mesmos Capítulos estão insertos a usucapião constitucional urbana e rural que, no nosso entendimento, representam meios efetivos de se levar a efeito a função social da propriedade. Ressalte-se, entretanto, que, mesmo sem a função social da propriedade, a usucapião é admitida desde que presentes seus requisitos. Portanto, é bom que se diga, a função social atribuída à propriedade não é requisito da usucapião ordinária e extraordinária.

[10] Silvio Rodrigues, ob. cit., p. 106.

Em consonância com o acatado, sob prisma possível, a usucapião também pode ser encarada como instrumento para que prevaleça a função social da propriedade.

Quanto ao modo de aquisição, diz-se que a usucapião é o *modo originário de aquisição do domínio.*[11]

Segundo, ainda, Silvio Rodrigues, a usucapião é *o modo originário de aquisição do domínio, através da posse mansa e pacífica, por determinado espaço de tempo, fixado na lei.*[12]

Nesta medida, por ser modo originário de aquisição, não importa se o bem foi penhorado, está hipotecado ou está clausulado.[13]

Conforme ensina Carlos Roberto Gonçalves, se a usucapião é modo originário de aquisição da propriedade, *passa ao patrimônio do adquirente escoimada de quaisquer limitações ou vícios que porventura a maculavam,* enquanto pelo modo derivado, *a transmissão é feita com os mesmos atributos e eventuais limitações que anteriormente recaíram sobre a propriedade.*[14]

Posto que a aquisição por usucapião é modo originário de aquisição da propriedade, não existe transmissão de propriedade de tal sorte que não existe fato gerador do ITBI (Imposto de Transmissão de Bens Imóveis).

Nesse sentido:

> **Tribunal de Justiça de São Paulo.** *Apelação Cível. Mandado de Segurança. Município de São Caetano do Sul. ITBI. Usucapião representa modo originário de aquisição de propriedade, inexistindo transmissão. Não ocorrência de fato gerador. Sentença mantida. Recursos oficial não conhecido e voluntário improvido (Apelação nº 0017251-68.2012.8.26.0565, Rel. Silvana Malandrino Mollo, São Caetano do Sul, 14ª Câmara de Direito Público, j. 25.07.2013, Data de registro: 29.07.2013. Outros números: 172516820128260565).*

Caio Mário da Silva Pereira,[15] seguindo a lição de Girard,[16] ao revés do entendimento de Silvio Rodrigues e da maioria doutrinária nacional, entende, nada obstante, que a usucapião é meio de aquisição derivado, o que faz justificando *ser a aquisição por usucapião relacionada*

---

[11]   Silvio Rodrigues, ob. cit., p. 106; Maria Helena Diniz, *Curso de Direito Civil Brasileiro, Direito das Coisas,* São Paulo: Saraiva, 1996.

[12]   Silvio Rodrigues, ob. cit., p. 108.

[13]   *TJSP. Usucapião Extraordinária Recurso: AC 162772 1 Origem: Barretos Órgão: CCIV 1 – Rel. Renan Lotufo Data: 02.06.1992. Usucapião Extraordinária – indeferimento face as cláusulas de inalienabilidade – inadmissibilidade – Tais cláusulas não são obstáculo para impedir o direito de usucapir, visto que a aquisição está baseada em situação de fato consolidada no tempo – recurso provido. A inalienabilidade é uma proibição dirigida a pessoa do proprietário, e não a coisa em si mesma, compreendendo-se que o que está proibido é simplesmente a doação, a venda, a permuta, e não a aquisição de tais coisas pelos modos originários da acessão, da ocupação ou da prescrição aquisitiva, os quais se realizam exatamente contra aquela vontade e nem sequer constituem, em termo próprio, alienações.*

[14]   Carlos Roberto Gonçalves, *Direito Civil Brasileiro – Direito das Coisas,* São Paulo, Saraiva, 2006, vol. V, p. 232.
       Nesse sentido, extrai-se da fundamentação da apelação nº 477521-4/7 – julgamento: 07.08.2007 – 1ª Câmara do Tribunal de Justiça de São Paulo – Des. Luiz Antonio de Godoy: *O certo é que, se procedente a ação, a apelante passaria a ser proprietária do imóvel em questão, sem que fosse transmitida a penhora que sobre ele recai, acarretando desnecessidade de cumprimento pelo requerido (...) da obrigação assumida junto ao banco recorrido. Isso porque, sendo a usucapião modo originário de aquisição da propriedade, esta "passa ao patrimônio do adquirente escoimada de quaisquer limitações ou vícios que porventura a maculavam", enquanto pelo modo derivado, "a transmissão é feita com os mesmos atributos e eventuais limitações que anteriormente recaíram sobre a propriedade"* (Carlos Roberto Gonçalves, *Direito Civil Brasileiro – Direito das Coisas,* São Paulo, Saraiva, 2006, vol. V, p. 232).

[15]   Caio Mário da Silva Pereira, *Instituições de Direito Civil,* 13ª. ed., Rio de Janeiro: Forense, 1999, vol. IV, p. 104.

[16]   Girard, *Manuel Élémentaire de droit romain,* 6. ed., p. 300, nota 2, p. 316.

com outra pessoa que já era proprietária da mesma coisa, e que perde a titularidade da relação jurídica dominial em proveito do adquirente.

A distinção é importante na exata medida em que, havendo aquisição derivada, o bem usucapido é transmitido com todas as características que o gravavam.

Já De Ruggiero ensina que se trata de classe intermediária, entre as formas de aquisição originária e derivada e, desta forma, não estariam apagados os ônus que recaem sobre a coisa usucapida.[17]

Nada obstante, para Maria Helena Diniz, *pelos princípios que presidem as mais acatadas teorias sobre a aquisição da propriedade é de se aceitar que se trata de modo originário, uma vez que a relação jurídica formada em favor do usucapiente não deriva de nenhuma relação com o seu antecessor.*[18]

Se uma propriedade desaparece e outra surge, não significa que a propriedade se transmite.[19]

Logo, a usucapião opera-se diretamente, pelo beneficiário, prescindindo da existência de qualquer outra pessoa, ou seja, não há transmissão voluntária.

Por esse motivo, entende-se, a rigor, tratar-se de forma originária de aquisição de direito real.

Em verdade, a única transferência se opera de uma situação de fato para uma situação de direito, o que, por via de consequência, gera a modificação da titularidade do direito.[20]

Seja como for, a sentença na ação de usucapião é meramente declaratória, e não constitutiva de direito.

Delineado o instituto, ainda que brevemente, verificaremos a seguir as espécies de usucapião.

2.2.2. Usucapião extraordinária

O fundamento da usucapião extraordinária está inserto no art. 1.238 do Código Civil.

É denominada extraordinária na medida em que a conjugação dos elementos abaixo discriminados dispensa o justo título e a boa-fé.

Assim, a origem da posse na violência ou clandestinidade, quando cessarem, autorizam essa espécie de usucapião, como adiante se verificará.

2.2.2.1. Requisitos para a usucapião extraordinária

2.2.2.1.1. Possessio ou posse

A posse é exteriorização do domínio, e, nesse sentido, diz-se que a usucapião decorre da posse. Contudo, não é qualquer posse que faz nascer a usucapião.

---

17   De Ruggiero, *Ist. di Diritto Civile*, 6. ed., Milano, § 78, p. 455.

18   Maria Helena Diniz, *Curso de Direito Civil Brasileiro, Direito das Coisas*, São Paulo: Saraiva, 1996, p. 121.

19   Washington de Barros Monteiro, *Curso de Direito Civil*, 18. ed., São Paulo: Saraiva, 1979, vol. 3, p. 124.

20   Silvio Rodrigues (ob. cit., p. 111), não obstante, ao revés da maioria dos escritores, considera que a sentença tem caráter constitutivo. Nesse sentido, ensina que até o trânsito em julgado há mera expectativa de direito, v.g., aquele possuidor que exerceu sua posse por mais de vinte anos, tendo sido esbulhado, não logrou êxito na reintegração. Nesse caso, não pode mais usucapir porquanto perdeu a posse, pressuposto dessa ação. Se a sentença fosse meramente declaratória, já teria adquirido o domínio e não poderia lhe ser negado este direito. Da mesma forma e pelo mesmo motivo, o possuidor esbulhado, que por negligência deixou decorrer *in albis* o prazo da possessória, não poderá intentar a reivindicatória. Entretanto, parece abstrair a possibilidade da ação publiciana.

Na exata medida em que a usucapião atribui juridicidade a uma situação de fato, mister se faz uma posse mansa e pacífica, capaz de autorizar o possuidor a adquirir o direito.

Requer-se, destarte, atitude ativa do possuidor que se encontra exercendo poderes inerentes à propriedade, além de atitude passiva do proprietário, omisso e permissivo quanto à situação de fato ao longo do tempo. Por outro lado, a posse deve ser continuada. Mesmo assim, explica Benedito Silvério Ribeiro que *"sendo a posse continuada um dos esteios primaciais da prescrição aquisitiva, deixará de ser contínua quando totalmente cessarem os atos de posse. Consiste na perda da posse pela ausência do corpus, antes de completado o tempo prescricional fixado em lei. Aqui está a interrupção natural, que pode ser invocada por quem tenha interesse, mas, uma vez recuperada a posse, será considerada como nunca interrompida".*[21]

Esta posse, mansa e pacífica, é aquela exercida à revelia do dono, que não toma qualquer atitude para defender sua posse. Assim, a posse é mansa e pacífica em relação ao dono que, conhecendo a posse, não questiona a existência da situação de fato, a posse pelo terceiro.

Nesse sentido, o possuidor não sofre oposição pelo proprietário em relação ao exercício de sua posse. O proprietário, desidioso em verdade, não está pleiteando a retomada da coisa.

Portanto, a posse pode até ter origem injusta, na violência ou clandestinidade do possuidor.

Apesar da possível origem injusta, enquanto não cessar a violência ou a clandestinidade não há falar-se em posse, e, consequentemente, em posse *ad usucapionem*.

É verdade que a posse subsiste como injusta. Todavia, cessando a violência e clandestinidade, que qualificam a posse como tal, abre-se caminho para a posse *ad usucapionem*.[22]

Nesse sentido, ensina Caio Mário que a posse é violenta ou clandestina em relação à vítima; em relação a terceiros a posse produz seus efeitos normais. Ensina, também, que *a posse injusta não pode se converter em posse justa, quer pela vontade, quer pela ação do possuidor: "nemo sibi ipse causam possessionis mutare potest"* (Digesto, Livro 41, Tít. III, fr. 33, § 1º) *quer pelo decurso do tempo: "quod ab initio vitiosum est, non potest tractu temporis convalescere."*

Entretanto, não levando em conta o art. 497 do Código Civil de 1916 e, agora, o art. 1.208, do atual Código Civil, mais adiante, Caio Mário inadmite a posse violenta ou clandestina (já que não se modifica) como apta a ensejar a usucapião, posição essa não adotada pela maioria doutrinária e pela jurisprudência.[23]

Outrossim, é de se verificar que o vício da precariedade não autoriza a posse *ad usucapionem* e, nesse caso, não há divergências.

Portanto, a posse precária não se transforma em posse *ad usucapionem*, como ocorre no caso de violência ou clandestinidade.

---

[21]   Benedito Silvério Ribeiro. *Tratado de Usucapião.* 7. ed. São Paulo: Saraiva, 2010. Vol. 1. p. 760.

[22]   O tema é polêmico. Com efeito, ensina Silvio Rodrigues (ob. cit., p. 28): *contempla a lei a hipótese de a violência cessar e, isso ocorrendo, aquela posse, originariamente viciada, pode convalescer do vício e ganhar juridicidade.* Mais adiante, sobre a posse clandestina: *verifica-se a possibilidade da posse convalescer do vício da clandestinidade. (...) aquela posse, que de início era clandestina, deixa de o ser, ganha juridicidade, possibilitando ao seu titular a invocação da proteção possessória.* Segundo o precitado autor, o convalescimento da posse dar-se-ia após ano e dia. No seu entendimento, a posse que era injusta, tornar-se-ia justa. No mesmo sentido é a lição de Maria Helena Diniz (ob. cit., p. 126) ao referir-se à posse 'ad usucapionem': *Tal posse há de ser justa, isto é, sem os vícios da violência e da clandestinidade ou precariedade, pois se a situação de fato for adquirida por meio de atos violentos ou clandestinos ela não induzirá posse enquanto não cessar a violência ou clandestinidade e, se for adquirida a título precário, tal situação não se convalescerá jamais.*

[23]   *O possuidor não pode (...) tê-la maculada de vícios ou defeitos ('vi, clam aut precario'), ainda que depois de iniciada venha perder a falha de origem, pois é certo que o vício não se apaga pelo decurso de tempo* (Caio Mario da Silva Pereira, ob. cit., p. 105).

A posse é precária em razão da quebra de confiança em face de outra pessoa, mácula insanável que jamais caracteriza a posse jurídica.

Neste sentido, ensina Silvio Rodrigues que *a posse precária não convalesce jamais porque a precariedade não cessa nunca. O dever do comodatário, do depositário, do locatário, etc., de devolverem a coisa recebida, não se extingue jamais, de modo que o fato de a reterem, e de recalcitrarem em não entregá-la de volta, não ganha jamais foros de juridicidade, não gerando, em tempo algum, posse jurídica.*[24]

Cumpre assinalar o disposto no Código Civil:

> *Art. 1.208. Não induzem posse os atos de mera permissão ou tolerância assim como não autorizam a sua aquisição os atos violentos, ou clandestinos, senão depois de cessar a violência ou a clandestinidade.*

> *Art. 1.203. Salvo prova em contrário, entende-se manter a posse o mesmo caráter com que foi adquirida.*

Sobre a posse, requisito da usucapião, ensina Silvio Rodrigues que *tal posse há de ser justa, ou seja, sem os vícios da violência, clandestinidade, ou precariedade,*[25] *pois, como já vimos, se a situação de fato foi adquirida através de atos violentos ou clandestinos, ela não induzirá posse enquanto não cessar a violência ou clandestinidade; e se foi adquirida a título precário, tal situação não convalesce jamais.*[26]

Assim sendo, para ilustrar, suponhamos que duas pessoas estabeleçam um comodato por prazo indeterminado. Notificado, o comodatário não restitui o imóvel após o prazo estabelecido, e, decorridos 22 anos da notificação, ingressa com ação de usucapião.

Podemos afirmar com segurança jurídica que mesmo tendo sido notificado sem que nenhuma providência tenha sido tomada ao depois pelo comodante, a posse do comodatário continua sendo precária, porquanto foi esta a sua origem que não se modificou.

Logo, como precária, não autoriza prescrição aquisitiva, sob pena de cometer-se a mesma quimera de se permitir aquisição por usucapião ao locatário que não devolve o imóvel depois de notificado.

A origem da posse não se modifica, posto que derivada, o que vai de encontro com a natureza da usucapião, meio originário de aquisição da posse.

O fato da inércia do titular do domínio, se for o caso, não lhe retira o direito de, quando achar conveniente, reaver a posse que entregou de boa-fé.

Caso fosse admitida a posse *ad usucapionem* em razão de posse precária, premiar-se-ia a quebra de confiança, o que, inclusive, afronta o princípio da segurança dos negócios jurídicos e a paz social buscada pelo Direito.

Com muita propriedade, esta é a orientação consentânea com o sistema e que emana de decisões abalizadas dos nossos Tribunais, inclusive do Excelso Pretório.[27]

---

[24] Silvio Rodrigues, ob. cit., p. 29.

[25] Ressalva-se, aqui, que a posse injusta não convalesce, como ensina Caio Mário. Com efeito, a posse continua sendo injusta, muito embora autorize a usucapião após cessar a violência e clandestinidade nos termos do art. 497.

[26] Silvio Rodrigues, ob. cit., p. 109.

[27] **Supremo Tribunal Federal.** *Recurso Extraordinário nº 8.209, Rel. Min. José Linhares, julgamento: 01.08.1951. Ação reivindicatória. A posse precária não induz a usucapião. Inaplicabilidade do disposto no art. 156, parágrafo terceiro, da Constituição Federal. Não cabimento do Recurso Extraordinário.* **Tribunal de Justiça de São Paulo.** *Usucapião. Imóvel. Inadmissibilidade. Ocupação do imóvel que não se dá com o ânimo de proprietário e, sim, por mera tolerância da autora. Posse da ré que é precária,*

Vejamos um exemplo:

Tribunal de Justiça de São Paulo. Usucapião. Imóvel recebido em comodato. Uso por 20 anos. Posse precária. Inexistência do "animus domini". "De cujus" que autorizou sua mãe a ocupar o imóvel. Recurso não provido (Apel. Cív. 194.053-1, Getulina, 21.10.1993, Rel. Des. Godofredo Mauro).

2.2.2.1.2. Lapso temporal

Para aquisição, por usucapião extraordinária, o Código Civil de 1916 exigia prazo vintenário (Código Civil, art. 550).

O atual Código Civil reduziu o prazo para quinze anos no art. 1.238.

Todavia, se o imóvel tiver sido utilizado para moradia habitual ou nele o possuidor realizar obras ou serviços de caráter produtivo como, por exemplo, uma fábrica ou plantações, o prazo para aquisição por usucapião extraordinária é reduzido para dez anos.

Esse lapso temporal deve ser ininterrupto quanto ao seu exercício. Contudo, de acordo com o art. 1.243 do Código Civil, as posses mansas e pacíficas anteriores podem ser somadas. Já se admitiu que o prazo seja completado no curso da ação de usucapião:

> *O prazo, na ação de usucapião, pode ser completado no curso do processo, em conformidade com o disposto no art. 462 do CPC/1973 (correspondente ao art. 493 do CPC/2015). A contestação não tem a capacidade de exprimir a resistência do demandado à posse exercida pelo autor, mas apenas a sua discordância com a aquisição do imóvel pela usucapião. A interrupção do prazo da prescrição aquisitiva somente poderia ocorrer na hipótese em que o proprietário do imóvel usucapiendo conseguisse reaver a posse para si. Precedentes (STJ, REsp 1.361.226/MG, Rel. Min. Ricardo Villas Bôas Cueva, Terceira Turma, j. 05.06.2018, DJe 09.08.2018).*[28]

---

despida de animus ad usucapionem. Recurso não provido (rel. Álvaro Lazzarini, Apel. Cív. 203.211-1, São Paulo, 08.02.1994).

Usucapião. Imóvel. Carência da ação. Impossibilidade jurídica do pedido. Admissibilidade. Hipótese em que, cuidando-se de situação jurídica nova, seus efeitos não hão de retroagir para alcançar prescrições em curso. Promovente que não atende ao requisito de que seja o imóvel usucapiendo ocupado apenas para morada. Apelante que possui posse precária do imóvel ante o consentimento dos proprietários. Recurso não provido (rel. Walter Moraes, Apel. Cív. 199.540-1, Bananal, 22.02.1994).

Usucapião. Imóvel. Inadmissibilidade. Ocupação do imóvel que não se dá com o ânimo de proprietário e, sim, por mera tolerância da autora. Posse da ré que é precária, despida de animus ad usucapionem. Recurso não provido (Apel. Cív. 203.211-1, São Paulo, 08.02.1994, Rel. Des. Álvaro Lazzarini).

Usucapião Extraordinária. Requisitos. Animus domini. Ausência. Posse precária. Liberalidade do proprietário. Mera detenção do imóvel que não leva à prescrição aquisitiva. Inteligência dos artigos 492 e 497 do Código Civil. Sentença confirmada. Recurso não provido (Apel. Cív. 229.631-1, São Paulo, 7ª Câm. Civ., Rel. Leite Cintra, 09.08.1995, v.u.).

Segundo Tribunal de Alçada Civil de São Paulo. Usucapião – ocupação em caráter precário e a título gratuito. Mera tolerância – inadmissibilidade – aplicação dos artigos 492 e 497 do Código Civil. Inexistente o animus dominus de quem detenha a coisa, malgrado a posse longeva e de boa fé, mas exercida de forma transitória, gratuita, precária, é impossível a invocação, em sede de defesa, da usucapião extraordinária (Apel. s/ Rev. nº 429.995, 2ª Câm., Rel. Juiz Andreatta Rizzo, j. 17.04.1995. Referências: Caio Mário da Silva Pereira, Curso de Direito Civil, vol. III, p. 126; JTA (Saraiva) 76/220; No mesmo sentido: JTA (Lex) 153/372).

[28] Nesse sentido:

Usucapião ordinário. Autora que comprovou os requisitos à sua concessão, com prazo complementado durante o processo. Possibilidade de aproveitamento do tempo de duração da ação para a consumação da prescrição aquisitiva. Inteligência do artigo 462 do Código de Processo Civil. Precedentes jurisprudenciais. Prova pericial produzida conclusiva a respeito do exercício da posse mansa, pacífica e ininterrupta. Contrato de compra e venda que, embora não possa ser considerado justo título, é indicativo do início da posse. Boa-fé da Autora que não foi infirmada pela prova produzida nos autos. Sentença de improcedência reformada. Recurso provido (TJSP, Apelação Cível 9000004-07.2002.8.26.0100, Rel. João Pazine Neto, 3ª Câmara de Direito Privado, Foro Central Cível, 2ª Vara de Registros Públicos, j. 27.08.2013, data de registro 28.08.2013).

Francisco Eduardo Loureiro, comentando o art. 1.238 do Código Civil, deduz que "a posse mansa e pacífica não se interrompe quando o possuidor direto propõe medidas judiciais contra o suposto turbador, especialmente se tais medidas de proteção são declaradas improcedentes (STJ, AR 3.449/GO, Rel. Min. Humberto Gomes de Barros, 2ª Seção, j. 13.02.2008)".[29]

Segundo Cristiano Chaves de Farias e Nelson Rosenvald, "a citação feita ao proprietário na ação de usucapião não se insere dentre as causas interruptivas da usucapião. Ora, o art. 202, inciso I, do Código Civil foi instituído em proveito daquele a quem o prazo da usucapião prejudicaria apenas nas ações por ele ajuizadas, mas não naquelas contra ele promovidas. Daí a necessidade de se outorgar eficácia jurídica ao fato superveniente, pois a lide mudou de configuração no seu curso".[30]

Discordo: não se trata de interromper a prescrição por propositura de ação, mas de requisito que qualifica a posse *ad usucapionem* como posse *mansa e pacífica* durante todo o prazo de prescrição aquisitiva. Somente poder-se-ia cogitar de decurso do prazo de posse mansa e pacífica durante a ação de usucapião se não houvesse insurgência por parte do titular do domínio.

Portanto, "*deve o prazo previsto na Lei para a respectiva espécie de usucapião pretendida ter-se completado antes da propositura da ação, e não durante a mesma*".[31]

Em consonância com o acatado, consignou a Desembargadora Christiane Santini: "*o preenchimento dos pressupostos para a aquisição de propriedade imóvel por usucapião deve ser demonstrado no momento da propositura da ação, sendo absolutamente impossível a contagem de prazo posterior à propositura da ação para satisfação do requisito temporal da prescrição aquisitiva, tal como pretende o requerente*" (TJSP, Apelação Cível 0030482-74.2012.8.26.0562, Rel. Christine Santini, 1ª Câmara de Direito Privado, j. 23.08.2018).

No mesmo sentido:

Usucapião – Apelação – Os Autores não possuem a posse mansa e pacífica do bem pelo tempo alegado. – O prazo de vinte anos para usucapião extraordinária não havia se completado até a data do ajuizamento da ação, mas sim durante o transcorrer do processo – Os herdeiros do transmitente, anteriormente, exerceram a posse legítima do imóvel, razão pela qual não pode período anterior se somar ao da posse dos autores – O tempo deve estar completado até a data do ajuizamento da ação – Do exame das provas documental, pericial e testemunhai, não se pode chegar à conclusão de que houve continuação da posse exercida pelo transmitente – Apelo da terceira interessada provido para julgar a ação improcedente (Voto 18378) (TJSP, Apelação Cível 9143614-66.2007.8.26.0000, Rel. Ribeiro da Silva, 8ª Câmara de Direito Privado, 2ª Vara Cível, j. 16.06.2010, data de registro 29.06.2010).

Nada obstante, admitindo que o prazo se complete no curso da ação:

Superior Tribunal de Justiça. Recurso Especial. (...) É possível o reconhecimento da prescrição aquisitiva ainda que o prazo exigido por lei se complete apenas no curso da ação de usucapião. Precedentes. 8. A contestação não tem a capacidade de exprimir a resistência do demandado à posse exercida pelo autor, mas apenas a sua discordância com a aquisição do imóvel pela usucapião. 9. Recurso especial conhecido e provido (REsp 1.909.276/RJ, Rel. Min. Ricardo Villas Bôas Cueva, Terceira Turma, j. 27.09.2022, DJe 30.09.2022).

A prova da interrupção do prazo prescricional cabe ao proprietário em caso de ação. Se este, após o prazo da usucapião, ingressar com ação reivindicatória, o possuidor poderá defender-se com a denominada exceção de usucapião.

---

29 Ob. cit., p. 1.214.

30 Cristiano Chaves de Farias e Nelson Rosenvald, *Direitos reais*, 5. ed., Rio de Janeiro: Lumen Juris, 2008, p. 272.

31 Nelson Luiz Pinto, "Usucapião – alguns aspectos de direito material", *Revista dos Tribunais*, v. 681, p. 53.

Resta importante salientar, portanto, que o art. 1.238 do Código Civil, reduziu o prazo da usucapião extraordinária para quinze ou dez anos.

2.2.2.1.3. Animus domini[32]

O possuidor deve agir em relação ao bem com ânimo de dono, o que decorre da teoria subjetiva de Savigny que, nesse particular, não foi de todo repelida pelo legislador pátrio.

Há lógica no sistema legal vez que, se assim não fosse, o caseiro (fâmulo da posse), o locatário e o comodatário, só para ilustrar, após quinze anos, tornar-se-iam proprietários em virtude da prescrição aquisitiva em evidente abuso de confiança.

2.2.2.1.4. Res habilis ou objeto hábil a ser usucapido

Para que se verifique a usucapião, mister se faz, também, um bem apto à usucapião. Nesse sentido, todo e qualquer imóvel particular, urbano ou rural, é suscetível de usucapião.

Portanto, estão excluídos os bens públicos, sobre os quais não incide a usucapião a teor do que dispõe o art. 191, parágrafo único, da Constituição Federal.[33]

Por outro lado, muito se discute acerca da possibilidade de usucapir imóveis que não constam com matrícula (v.g. sobra de loteamento ou área), bem como imóveis urbanos e rurais de tamanho inferior à área ou ao módulo mínimo.

Na primeira hipótese, de sobras sem matrícula, nenhum óbice existe e por ocasião do registro da sentença a matrícula deve ser aberta com fundamento nos elementos apurados na necessária perícia no curso do processo.

No Agravo de Instrumento nº 508.048-4/7-00, consignou o Desembargador Silvério Ribeiro, do Tribunal de Justiça de São Paulo:

> *A hipótese é viável, permitindo a doutrina e a jurisprudência que se declare o domínio via usucapião, haja vista que a medida possibilitará a identificação, a certeza e a plenitude da propriedade (RT 263/122, 357/400 e 731/369, JTJSP 96/249 e 217/183). A perícia é necessária, uma vez que se busca em causas como a presente a certeza e a verdade dos dados registrários, sendo de interesse público os assuntos atinentes aos registros públicos, como pacificado na doutrina e na jurisprudência de nossos tribunais (RDI 2/68; JTJSP 75/141, 108/335, 113/389, 132/326, 147/221, 184/153 e 286/385; RT 512/150, 524/79 e 564/95).*

Possível, nesta medida, a usucapião de lote, ainda que o loteamento seja irregular ou não conte com matrícula, hipótese que desafiará, como dissemos, perícia com individualização da área a ser usucapida e que servirá de parâmetro para o registro da sentença:

> **Tribunal de Justiça de São Paulo.** *Usucapião – Imóvel urbano – Loteamento irregular – Sentença de extinção – Inadmissibilidade – A usucapião, por ser modo originário de aquisição da propriedade, sempre foi considerada hábil a regularizar a aquisição de domínio de lote integrante de parcelamento ou desmembramento irregular – Inexiste óbice ao reconhecimento da prescrição aquisitiva, por constituir a circunstância mera irregularidade administrativa – Extinção afastada para determinar o normal prosseguimento do feito – Recurso provido (Apelação Cível n 379.658-4/7-00 – Socorro – 5ª Câmara de Direito Privado – Rel. Oldemar Azevedo – 15.03.2006 – v.u. – Voto n. 10.153).*

Ainda no âmbito do Tribunal de Justiça de São Paulo, na Apelação n. 568.403-4/7-00, consignou o Relator, Desembargador Vicentini Barroso:

> *Para constar, o fato de o imóvel usucapiendo encontrar-se, eventualmente, em área de parcelamento irregular não obsta processamento de ação que vise à usucapião. Realmente, esta, porque modo originário de aquisição*

---

32 Esse aspecto também está tratado nas ementas precitadas.

33 Súmula 340 do STF; art. 2º; Decreto-lei 9.760/1946, art. 200: "Art. 200. Os bens imóveis da União, seja qual for a sua natureza, não são sujeitos a usucapião".

da propriedade, sempre foi considerada hábil a regularizar a aquisição de domínio de lote integrante de parcelamento ou desmembramento irregular, constituindo a circunstância mera irregularidade administrativa.

No mesmo sentido:

Tribunal de Justiça de São Paulo – *"Apelação. Ação de Usucapião. Extinção sem exame do mérito afastada. Ação de usucapião que se presta a declarar a propriedade do imóvel, como também constitui meio de se regularizar aquisição por meio de títulos imperfeitos. Requisitos para ação de usucapião que em tese se encontram presentes. Processo que demanda instrução processual. Recurso provido, com determinação de retorno dos autos à origem." (Apelação n. 0000780-31.2010.8.26.0408 – Ourinhos – 3ª Câmara de Direito Privado – 10.9.2013 – Rel. Des. João Pazine Neto – v.u.)*

Quanto à usucapião em desacordo com o módulo rural mínimo, é mister observar que existem julgados que admitem a aquisição também a pretexto de a aquisição ser originária.[34]

O STJ admitiu essa tese no tema 985, mediante julgamento de recursos repetitivos nos seguintes termos: *"O reconhecimento da usucapião extraordinária, mediante o preenchimento dos requisitos específicos, não pode ser obstado em razão de a área usucapienda ser inferior ao módulo estabelecido em lei municipal"* (REsp 1.667.842/SC e REsp 1.667.843/SC, j. 03.12.2020, Publicação: 05.04.2021).

Ouso discordar.

O pedido, neste caso, é juridicamente impossível, posto não se tratar de mera irregularidade administrativa, devendo ser rejeitado.

Isto porque a determinação de módulo rural mínimo, o que se aplica igualmente a lotes com tamanho inferior ao permitido por lei (*v.g.*, art. 4º, II, da Lei 6.766/1979), afronta normas de ordem pública e, igualmente, afronta a função social da propriedade em razão do desrespeito às políticas de desenvolvimento urbano e rural.[35]

O mesmo se aplica se o caso for de imóvel urbano, em loteamento clandestino, que não respeite o lote mínimo de 125 m² determinado na Lei 6.766/1979.

Em outras palavras, embora se admita a ação de usucapião para regularização de lotes em loteamentos clandestinos, o mesmo não é possível afirmar se houver desrespeito à metragem mínima determinada pela lei federal.

Neste sentido e de forma mais rigorosa que os julgados antes mencionados, inadmitindo, inclusive, usucapião para imóvel desprovido de matrícula, o seguinte julgado:

Tribunal de Justiça de São Paulo. *Apelação 0011168-60.2010.8.26.0224 – Rel. Paulo Eduardo Razuk – Comarca: Guarulhos – 1ª Câmara de Direito Privado – j. 01.02.2011 – Data de registro: 25.02.2011 – Outros números: 990103788109 – Usucapião Especial – Imóvel urbano – O apelante pretende usucapir lote de*

---

[34] *TJSP - Apel. Cível nº 92.316-4/5 – Relator Mattos Faria – Usucapião – Extraordinário – Improcedência – Impossibilidade de aplicação do artigo 65 do Estatuto da Terra – Aquisição originária – Recurso provido. Ação de usucapião extraordinária julgada improcedente antecipadamente porque o artigo 65 do Estatuto da Terra impede divisão de gleba rural que resulte em área de tamanho inferior ao do módulo rural previsto para a região. Apelação da autora visando à inversão do julgado, com parecer dos ilustres representantes do Ministério Público pelo provimento. É o relatório. Os pareceres ministeriais estão de acordo com o decidido por este Relator em ações idênticas anteriores. Em primeiro lugar por ser ação meramente declaratória da já existente, não podendo ser aplicado como consequência o impedimento do módulo rural. Em segundo, porque a usucapião é forma originária de aquisição, não há alienação. A regra do artigo 65 do Estatuto da Terra se aplica aos casos de aquisição derivada e teve como escopo impedir o surgimento de minifúndios. Pelo exposto, dou provimento em termos de prosseguimento e para dilação probatória.*

[35] Nesta medida:
Tribunal de Justiça de São Paulo. *Usucapião de imóvel rural – Área inferior ao módulo rural – Impossibilidade jurídica do pedido reconhecida – Extinção do processo sem apreciação do mérito acertada. Recurso desprovido (Apelação 498 865-40-00, Atibaia, 10ª Câmara de Direito Privado, Rel. Des. Lucas Tambor Bueno, j. 08.08.2007).*

terreno em loteamento clandestino – Lote situado em área que não foi objeto de regular parcelamento de solo – O lote tem 112,97 m2, área inferior ao do módulo urbano – O art. 183 da Constituição Federal, prevê a usucapião especial urbano de imóvel urbano com área de até 250 m2, àquele que o possuir de maneira ininterrupta e sem oposição, por cinco anos, desde que não seja proprietário de outro imóvel urbano ou rural – O art. 182 da Lei Maior estatui que o parcelamento do solo urbano deve atender as exigências do plano diretor, tendo em vista a ordenação da cidade, como política de desenvolvimento e de expansão urbana – O art. 4º da Lei 6.766/1979 impõe requisitos mínimos para o parcelamento do solo urbano, entre os quais área mínima de 125 m2 – Interpretação sistemática – Não pode ser admitido usucapião especial urbano de modo contrário ao regramento do parcelamento do solo, previsto na própria Constituição, na lei federal que regula o tema e na lei municipal que estabelece o módulo urbano – A usucapião não é via adequada à regularização de loteamento clandestino – À falta de matrícula, não é possível o registro de sentença que concedesse a usucapião – Configurada a inutilidade do provimento jurisdicional pleiteado – Sentença mantida – Recurso improvido.

2.2.2.1.5.   Justo título e boa-fé[36]

Na usucapião extraordinária não se perquire a presença de justo título e boa-fé. São presumidos o *titulus* (justo título) e o *fides* (boa-fé), não se admitindo, tampouco, prova em sentido contrário, posto tratar-se de presunção absoluta (*juris et de jure*).

Assim sendo, prestigia-se o possuidor que manteve a posse por mais tempo.

2.2.3.   Usucapião ordinária

A usucapião ordinária possui os mesmos requisitos da usucapião extraordinária, com acréscimo dos requisitos do justo título e da boa-fé.

O lapso temporal na usucapião ordinária é substancialmente menor, ou seja, dez ou cinco anos, decorrência do justo título e da boa-fé, requisitos essenciais para a redução do tempo de posse para a prescrição aquisitiva.

A posse, conforme dispunha o parágrafo único do artigo 551 do Código Civil de 1916, era pelo período de dez anos entre presentes e de quinze anos entre ausentes.

A noção de presença se dava em função da coincidência do domicílio do possuidor com o domicílio do proprietário do imóvel a ser usucapido.

Caso o possuidor residisse parte do período no mesmo local do proprietário do imóvel a ser usucapido e parte em outro local, era necessária uma relação de proporcionalidade, ou seja, o prazo de ausência deveria ser multiplicado por 1,5. Assim, se o caso fosse de 8 anos entre presentes, restariam, ainda, 3 anos (2 anos faltantes para 10 anos, multiplicados por 1,5; 2 X 1,5 = 3), e a usucapião dar-se-ia em 11 anos.

O atual Código Civil reduziu esse prazo para dez anos, em qualquer caso, no art. 1.242, não fazendo mais distinção entre presentes ou ausentes.

Interessante, entretanto, que, de acordo com o parágrafo único do mesmo artigo, no caso de aquisição onerosa com supedâneo em título registrado e posteriormente cancelado, o prazo será de cinco anos, desde que o possuidor tenha estabelecido sua residência no imóvel ou efetivado investimentos de caráter social ou econômico, como, por exemplo, parcelamento do solo, construções, plantações.

O justo título e a boa-fé, requisitos acrescidos à usucapião ordinária em relação à extraordinária, serão objeto de estudo detalhado a seguir.

Portanto, a diferença existente entre a usucapião ordinária e a usucapião extraordinária reside no fato do lapso temporal reduzido naquele que, por sua vez, requer, de forma indelével, o justo título e a boa-fé.

---

[36]   Este assunto será tratado adiante.

A boa-fé, no entendimento de Virgílio de Sá Pereira,[37] é a integração ética do justo título.

Nada mais é, assim, que a convicção do titular de direito em função de um título, de que não se encontra afrontando um direito alheio.

No estudo da posse, diz-se de boa-fé o possuidor que ignora o vício ou obstáculo impeditivo da aquisição da posse (Código Civil, art. 1.201, parágrafo único).

Trata-se, portanto, de conceito psicológico e subjetivo da crença do possuidor de se encontrar em situação legítima.[38]

Consiste, ainda, no que interessa ao justo título, no erro representado pela convicção do possuidor que se julga regularmente com o direito.

O exemplo que se dá é do testamento inquinado de nulidade que transmite a convicção de aquisição legítima ao que recebe o objeto, vez que ignora a circunstância da ilegitimidade do título. É uma crença calcada em título defeituoso, embora aparentemente legal, cuja integração com o aspecto subjetivo faz nascer a boa-fé.

O elemento psíquico não pode ser evidenciado diretamente, fazendo-se mister uma inversão de conceitos, perquirindo-se um elemento negativo, a ausência de má-fé, ou seja, até prova em contrário, o possuidor por justo título é considerado de boa-fé.[39]

Ora, se o justo título é hábil para a transferência do direito, sendo, entretanto, inválido, ilegítimo para a aquisição, estará agindo de boa-fé aquele que adquiriu um direito mediante um título ignorando a circunstância da invalidade e da ilegitimidade.

Assim, o possuidor por justo título, um título jurídico, é aquele que ignora os vícios decorrentes do seu título.

Por dispor de justo título, presume-se que o possuidor ignora a circunstância do título ilegítimo e, portanto, está imbuído de boa-fé.

Nesse sentido, o Código Civil brasileiro estabelece presunção *juris tantum,* ou seja, admite prova em contrário de boa-fé em favor daquele que possua justo título.

---

[37] Virgílio de Sá Pereira, *Manual do Código Civil de Paulo Lacerda*, vol. VIII, nos 34 e 68 e ss.

[38] Ensina Caio Mário da Silva Pereira (ob. cit., p. 24-25): *O conceito de boa-fé é fluido. Uns entendem que ela se resume na falta de consciência de que dado ato causará dano e, desta sorte, imprimem-lhe um sentido negativo, equiparando-a à ausência de má-fé* (Ferrini). *Outros exigem um faturamento positivo, e reclamam a convicção do procedimento leal. Nem a própria certeza satisfaz* (Digesto, Livro 41, Tít. III, fr. 33, § 1º).
Considera-se de má-fé aquele que possui na consciência da ilegitimidade de seu direito. De boa-fé está aquele que tem a convicção de que procede na conformidade das normas. Esta opinião poderá corresponder à realidade, mas é também possível que se origine de um erro, de fato ou de direito, quanto à legitimidade da posse. Não deixará de estar de boa-fé o possuidor que ignora o obstáculo a que possua, ou que equivocadamente tenha razão de supor escorreita a sua condição, embora na verdade não seja.
O problema da prova da boa-fé, em matéria possessória, não escapa aos tormentos da demonstração da boa-fé em geral. Em virtude do postulado da boa-fé nas relações jurídicas, todo aquele que a invoca, para extrair proveito ou vantagem, é bastante que prove a diligência ou a cautela normais, presumindo-lhe a boa-fé, e incumbindo ao reivindicante a demonstração de que o possuidor conhecia os vícios de seu título (Marcel Planiol, Traité Élémentaire, vol. I, nº 2.294). É uma circunstância de fato, que se supõe existir até que o contendor convença de que o possuidor possui indevidamente, em razão de conhecer o vício ou de ter havido uma inversão do título geradora de má-fé superveniente. Argui-se, contra o princípio legal (Cód. Civil, art. 491) a dificuldade de se investigar a má-fé, penetrando no ânimo do agente. Não obstante, o alicerce moral do preceito é óbvio, pois que, se as circunstâncias induzem a presunção de que o possuidor não ignora que possui indevidamente, não se deve mobilizar em seu prol o aparelho jurídico processual (Tito Fulgêncio).

[39] Caio Mário da Silva Pereira, ob. cit., p. 113.

Trata-se de presunção relativa,[40] decorrente do parágrafo único do art. 1.201 do Código Civil, que ampara o detentor do justo título, transferindo o ônus da prova da má-fé à parte contrária, que deverá demonstrar que, não obstante o justo título, o possuidor conhecia a circunstância da injustiça da sua posse.

Caio Mário ensina que a boa-fé, *como fator psíquico, não é elemento de demonstração direta. Daí recorrer-se, na sua comprovação, a uma inversão de conceitos, para determiná-lo como elemento negativo – ausência de má-fé – o que no terreno prático significa que o possuidor com justo título considera-se de boa-fé até que se prove o contrário – "donec probetur contrarium".*[41]

Ensina Orlando Gomes que se *presume a boa-fé quando o possuidor tem justo título. A presunção é "juris tantum". Prova em contrário a destrói. Há casos, todavia, em que a lei não admite. O título é o elemento objetivo na posse de boa-fé. No seu aspecto substancial, apresenta-se como a causa jurídica da relação possessória, o ato ou fato que justifica a sua aquisição. É justo quando se inclui dentre os meios hábeis a aquisição do direito sobre a coisa.*[42]

Lenine Nequete define a boa-fé como *a crença em que se acha o possuidor, a) de que a coisa possuída lhe pertence; b) de que o título o tornou proprietário; c) de que o transmitente era, em virtude de um título inatacável, proprietário do imóvel transmitido; d) de que a aquisição não acarretou nenhum prejuízo ao verdadeiro titular da coisa; e) de que adquiriu ao legítimo dono.*[43]

O direito alemão define a boa-fé no art. 937, no sentido da crença do possuidor na sua propriedade, o que faz nos seguintes termos: *Quem, durante dez anos, tiver uma coisa móvel em posse a título de propriedade, adquire a propriedade (usucapião). A usucapião está excluída quando o adquirente, por ocasião da aquisição da posse a título de propriedade, não estava de boa-fé, ou quando, mais tarde, vier a saber que a ele não cabe a propriedade.*

De acordo com Manoel Antonio Laquis, o Direito argentino exige a boa-fé ao lado do justo título para que se configure a usucapião no lapso temporal mais curto.[44]

Nada obstante, não há como imiscuir os conceitos de justo título e de boa-fé.

A boa-fé é conceito genérico, que se verifica em todos os ramos do Direito e até fora do Direito, sendo a característica daquele que ignora uma ilegitimidade.

No âmbito do Direito Civil, a noção do justo título é característica do estudo da usucapião e, por conseguinte, do estudo do Direito das Coisas.

Nesse sentido, para que haja a usucapião ordinária, mister que estejam presentes o justo título e a boa-fé, sem o que não se adquire o domínio pela prescrição aquisitiva no prazo menor, sem contar a usucapião constitucional urbana e constitucional rural, nos quais não se requer o justo título.

Pode haver boa-fé sem justo título, cujo exemplo nos dá Ebert Chamoun, *quando o possuidor supõe que recebeu a coisa por doação e ela lhe foi simplesmente comodada.* Da mesma forma pode haver justo título sem que se apresente a boa-fé, no caso do possuidor obter *a coisa mediante doação, mas não ignora que ela não pertence ao doador.*[45]

Em relação ao momento, exige-se a boa-fé não só no instante da aquisição do direito, mas durante todo o período da posse, período esse necessário à aquisição do direito por usucapião.

---

40   Na usucapião extraordinária a presunção é absoluta.
41   Caio Mário da Silva Pereira, ob. cit., p. 113.
42   Orlando Gomes, *Direitos Reais*, 11. ed., Rio de Janeiro: Forense, 1995, p. 39.
43   Lenine Nequete, *Da prescrição aquisitiva*, 3. ed., Porto Alegre: Ajuris, 1981, p. 222.
44   Manoel Antonio Laquis, *Derechos Reales*, Buenos Aires: Ed. Depalma, 1975, tomo I, p. 357.
45   Ebert Chamoun, *Enciclopédia Saraiva do Direito*, verbete justo título.

Essa é a lição de Washington de Barros Monteiro segundo o qual *a boa-fé deve existir no ato da aquisição pelo usucapiente e persistir durante todo o tempo da posse.*[46]

Em verdade é o mais puro entendimento do art. 1.202 do Código Civil, nos seguintes termos: *A posse só perde este caráter no caso e desde o momento em que as circunstâncias façam presumir que o possuidor não ignora que possui indevidamente.*

Por fim, resta importante ressaltar que a boa-fé possui relevância no Direito pátrio nos casos de usucapião ordinária, de frutos e acessões da coisa possuída e, no âmbito do Direito das Obrigações, no caso de perda e deterioração da coisa.

2.2.4. Usucapião constitucional ou especial urbana

Ao lado das espécies já analisadas, a Constituição Federal de 1988 trouxe a lume duas outras espécies de usucapião: o constitucional urbano e o constitucional rural.

A primeira espécie – constitucional ou especial urbano – é especial pelo fato de ter sido criado pelo mandamento insculpido no art. 183 da Magna Carta.

O Código Civil praticamente repete as regras da Constituição, o que faz no art. 1.240.

O Estatuto da Cidade, Lei 10.257, de 11 de julho de 2001, também regula o instituto de forma idêntica ao Código Civil, o que faz no art. 9º.

Certo é que dessas normas são extraídos alguns requisitos específicos, ou seja:

a) posse mansa e pacífica, sem oposição;

b) lapso temporal quinquenal, podendo haver soma das posses do antecessor, desde que o atual possuidor seja herdeiro legítimo e já resida no imóvel por ocasião da abertura da sucessão;

c) *animus domini* especial, ou seja, o possuidor deve agir com ânimo de dono em relação ao imóvel que pretende usucapir, nele residindo e, ademais, não ser proprietário de outro imóvel, urbano ou rural, ainda que seja comproprietário do imóvel usucapiendo[47] e não ter usucapido de forma especial anteriormente; e,

d) por fim, objeto constituído de imóvel urbano particular que não ultrapasse 250 m².

---

[46] *RJTJSP (Lex)* 120/290.

[47] Pode, entretanto, ser condômino do imóvel que pretende usucapir, ressalvada minha posição sobre o tema, nos termos do seguinte julgado do Superior Tribunal de Justiça:
Recurso Especial. Civil. Direito das Coisas. Alteração fática substancial. Natureza. Posse. Transmudação. Possibilidade. *Animus domini*. Caracterização. Propriedade. Metade. Imóvel. Usucapião constitucional. Reconhecimento. Usucapião extraordinária. Prazo. Curso do processo. Contestação. Interrupção. Não ocorrência. 1. Recurso especial interposto contra acórdão publicado na vigência do Código de Processo Civil de 2015 (Enunciados Administrativos 2 e 3/STJ). 2. Cinge-se a controvérsia a definir se (i) falha a prestação jurisdicional; (ii) a aquisição de metade do imóvel usucapiendo caracteriza a propriedade de outro imóvel, impedindo o reconhecimento da usucapião constitucional; (iii) o ajuizamento de ação cautelar de vistoria pode ser considerada como oposição à posse, impedindo o reconhecimento da usucapião extraordinária e (iv) o caráter original da posse pode ser transmudado na hipótese dos autos. 3. O fato de os possuidores serem proprietários de metade do imóvel usucapiendo não recai na vedação de não possuir "outro imóvel" urbano, contida no artigo 1.240 do Código Civil. 4. É firme a jurisprudência desta Corte no sentido de ser admissível a usucapião de bem em condomínio, desde que o condômino exerça a posse do bem com exclusividade. 5. A posse exercida pelo locatário pode se transmudar em posse com *animus domini* na hipótese em que ocorrer substancial alteração da situação fática. 6. Na hipótese, os possuidores (i) permaneceram no imóvel por mais de 30 (trinta) anos, sem contrato de locação regular e sem efetuar o pagamento de aluguel, (ii) realizaram benfeitorias, (iii) tornaram-se proprietários da metade do apartamento, e (iv) adimpliram todas as taxas e tributos, inclusive taxas extraordinárias de condomínio, comportando-se como proprietários exclusivos do bem

A respeito do tema, Benedito Silvério Ribeiro[48] anota que:

Não pode ser ultrapassado o limite de duzentos e cinquenta metros quadrados, seja para a área do solo, seja para a área construída, prevalecendo a que for maior, dentro da limitação. A propriedade com área superior ao parâmetro constitucional não será passível de usucapião na modalidade especial urbana...

Tampouco é possível cogitar a possibilidade de ignorar o excedente sob pena de evidente afronta ao dispositivo constitucional que criou a espécie sob análise. Em consonância com o acatado, julgado da 6ª Câmara de Direito Privado do Tribunal de Justiça de São Paulo, extraído dos autos da Apelação Cível 579.516-4/8, que teve como Relator o Desembargador Sebastião Carlos Garcia, decidiu a questão da seguinte forma:

Usucapião Urbana – Pleito ajuizado com fulcro no artigo 183 da Constituição Federal – Área do imóvel superior a 250 metros quadrados – Impossibilidade de reconhecimento da usucapião – Descabimento da pretensão de usucapir apenas a área referida no dispositivo constitucional, remanescendo a área que ultrapassa aquela metragem – Improcedência da ação – Recurso improvido.

No corpo do Julgado encontramos as seguintes razões: "Entendemos, ainda, não ser possível ao prescribente, que exerce posse sobre área com mais de duzentos e cinquenta metros quadrados, pretender usucapir área igual ou menor que a de duzentos e cinquenta metros quadrados, situada dentro de área maior, fundando sua pretensão no art. 183 da Constituição. Com efeito, se isso fosse possível, consagrada estaria a burla ao dispositivo constitucional em exame, porque bastaria ao prescribente instalar-se em área maior do que a prevista no referido artigo, esperar o decurso do tempo (cinco anos) e preencher os demais requisitos previstos naquela norma para, posteriormente, contornar o preceito constitucional, reduzindo suas pretensões a área igual a duzentos e cinquenta metros quadrados ou, ainda menor. E seria burla também sob o aspecto de que o proprietário dormidor, escudado na circunstância de que a usucapião só se consubstanciaria em prazo maior (...), poderia ter deixado a adoção de providências visando à recuperação de seu imóvel para ocasião mais oportuna, dentro daquele prazo maior, vindo a ser surpreendido, entretanto, pela usucapião especial urbana, cujo reconhecimento seria pleiteado pelo prescribente em prazo menor (cinco anos), sobre área igual ou menor que a de duzentos e cinquenta metros quadrados, situada dentro da área maior inicialmente ocupada e possuída...".

A questão é específica e o imóvel não poderá ser usucapido de maneira especial ou constitucional caso não concorram todos os requisitos, restando, na ausência deles, as formas ordinária ou extraordinária.

A propriedade de imóvel prejudica o pedido pelo caráter social da espécie, o que também se caracteriza na usucapião constitucional rural e coletiva.

Benedito Silvério Ribeiro deduz que "no caso do usucapiente, tem-se que não poderá ser proprietário de outro imóvel urbano ou rural. Significa que tanto no período anterior ao início do prazo prescricional, como naquele de seu curso, desde que ostente domínio, terá inviabilizada a ação buscando o reconhecimento da propriedade. Há opiniões no sentido de que antes do início da prescrição ou mesmo após o seu decurso não há impedimento de que seja o pretendente da usucapião urbana proprietário, por alcançar a vedação constitucional

---

7. É possível o reconhecimento da prescrição aquisitiva ainda que o prazo exigido por lei se complete apenas no curso da ação de usucapião. Precedentes. 8. A contestação não tem a capacidade de exprimir a resistência do demandado à posse exercida pelo autor, mas apenas a sua discordância com a aquisição do imóvel pela usucapião. 9. Recurso especial conhecido e provido (REsp 1.909.276/RJ, Rel. Min. Ricardo Villas Bôas Cueva, Terceira Turma, j. 27.09.2022, *DJe* 30.09.2022).

[48] Benedito Silvério Ribeiro, *Tratado de Usucapião*, 6. ed. São Paulo: Saraiva, 2008, p. 862.

apenas os cinco anos necessários à integralização do instituto ora examinado. Em que pese a interpretação tirada dos termos do dispositivo legal citado, não pode ser deslembrado que a ideia fundamental para a criação dessa modalidade usucapional foi a de possibilitar àquele destituído de qualquer teto para abrigar-se ou sua família, adquirir a sua moradia. Considerando que a prescrição aquisitiva configura-se com o perfazimento de todos os requisitos legais, sendo a sentença o meio declaratório dessa circunstância, não cabe aceitar fato posterior àquela ocorrência, uma vez que não tem o condão de interromper posse *ad usucapionem*, patenteada com todos os pressupostos que lhe qualificam. Em vista disso é que se torna viável afirmar que aquisição por ato *inter vivos* ou *causa mortis*, superveniente à perfecção dos requisitos da usucapião urbana, não obstará o reconhecimento do domínio pretendido judicialmente". Complementa deduzindo que: "Apesar da aparente simplicidade nesse particular podem aflorar circunstâncias especialíssimas, como a aquisição involuntária (*causa mortis* ou deixa testamentária) no período impeditivo para tanto. O fato de haver sido no passado proprietário o possuidor não induz obstáculo para usucapir, bastando que haja verificado a destituição do domínio anteriormente ao início do prazo para a prescrição encetada".[49]

Portanto, durante o período em que foi proprietário, não corre o prazo de prescrição aquisitiva.[50]

A sentença declarará a propriedade de um, de outro ou de ambos os cônjuges, independentemente do estado civil (Código Civil, art. 1.240, § 1º), evidentemente se ambos requererem em conjunto o reconhecimento da posse *ad usucapionem*, não no caso de mera autorização do cônjuge, necessária em se tratando de ação real nos termos do art. 73 do Código de Processo Civil.

2.2.5. Usucapião constitucional ou especial rural

Diz-se usucapião especial ou rural, pois encontra supedâneo no artigo 191 da Constituição Federal.

O Código Civil disciplina o instituto no art. 1.239, repetindo o mandamento constitucional.

Em sendo especial, seu campo de incidência é restrito aos requisitos essenciais emanados da norma constitucional, porquanto o constituinte estabeleceu uma série de requisitos que limitam a caracterização do instituto, donde se conclui que esta espécie só se caracteriza naquelas circunstâncias.

Não obstante, sendo impossível a utilização dessa modalidade, o possuidor poderá se valer das outras (ordinária ou extraordinária) que não são excluídas, assim como na usucapião constitucional urbana.

Os requisitos para essa espécie são:

a) objeto hábil, que, nesse caso, é o imóvel rural particular de até 50 hectares;

b) posse mansa e pacífica;

---

[49] Benedito Silvério Ribeiro, *Tratado de usucapião*, 6. ed., São Paulo: Saraiva, v. 1. p. 947-948.

[50] Nesse sentido:

Apelação Cível. Ação de usucapião constitucional urbana – Sentença que julgou improcedente a ação – Recurso interposto pelos autores – (...) Autor que afirma exercer posse mansa, pacífica e ininterrupta sobre o imóvel descrito na inicial, com área total inferior a 250 m², utilizando-o como sua residência, há mais de 5 (cinco) anos – Autor que era coproprietário de dois outros imóveis antes, durante e depois da propositura da ação – Prazo prescricional que não flui durante esse período – Impossibilidade de contagem após a propositura da ação – Não preenchimento, no caso concreto, dos requisitos necessários à prescrição aquisitiva – Manutenção da R. Sentença. Nega-se provimento ao recurso de apelação (TJSP, Apelação Cível 0030482-74.2012.8.26.0562, Rel. Christine Santini, 1ª Câmara de Direito Privado, 6ª Vara Cível, j. 15.10.2019, data de registro 16.10.2019).

c) lapso temporal quinquenal; e,

d) *animus domini* especial que inclui a necessidade do possuidor ou sua família tornar a propriedade produtiva – o que nada mais é que outro aspecto da função social consagrada na Constituição –, estabelecer sua moradia além de não ser proprietário de qualquer outro imóvel, urbano ou rural, seja em que município for, aproveitando, aqui, o que escrevi na espécie anterior que contempla o mesmo requisito da ausência de propriedade pelo usucapiente.

2.2.6. Usucapião coletiva

A usucapião coletiva encontra-se disciplinada pelo art. 10 da Lei 10.257, de 10 de julho de 2001, denominada "Estatuto da Cidade", com a redação dada pela Lei 13.465/2017.

De acordo com essa norma, desde que a área não suplante duzentos e cinquenta metros quadrados por possuidor, considerada a área total pretendida, pode ser usucapida em cinco anos, desde que os possuidores não sejam proprietários de outros imóveis, rurais ou urbanos, formando-se, a partir daí, um condomínio especial e indivisível.

Na hipótese de algum possuidor ser proprietário, não será possível a usucapião coletiva, fato esse que afetará irremediavelmente o direito dos demais.

Cada possuidor usucapirá uma fração ideal idêntica, independentemente da fração de terreno que ocupe, salvo se houver acordo entre os condôminos na ação de usucapião ou em ato posterior, e, neste último caso, caberá à unanimidade dos coproprietários estabelecer frações ideais diferenciadas.

Em resumo, são esses os requisitos da usucapião coletiva, contidos no art. 10, do Estatuto da Cidade:

a) posse mansa e pacífica, sem oposição, em conjunto por diversos possuidores cuja área total, dividida pelo número de possuidores não suplante duzentos e cinquenta metros quadrados;

b) lapso temporal quinquenal, podendo haver soma das posses dos antecessores, desde que contínuas;

c) *animus domini* especial, ou seja, os possuidores devem agir com ânimo de dono em relação ao imóvel que pretendem usucapir, nele residindo, e, demais disso, não podem ser proprietários de outro imóvel, urbano ou rural;

d) por fim, objeto constituído de imóvel urbano, qualquer que seja a metragem.

Aspecto curioso trazido à colação pelo novel instituto é o condomínio que se forma pelo reconhecimento da usucapião coletiva.

Esse condomínio é indivisível, somente permitindo-se a divisão se houver posterior urbanização da área usucapida e, ainda assim, por deliberação de dois terços dos coproprietários.

A administração do condomínio, de acordo com o Estatuto da Cidade, será levada a efeito pela maioria de condôminos presentes, obrigando também os ausentes.

A lei não estipulou a forma de convocação, de votação e, tampouco, de administração.

Nesse sentido, entendemos, por analogia, que deverão ser aplicadas as normas referentes ao condomínio edilício.

Longe de ser uma inovação digna de aplausos, a usucapião coletiva é inconveniente na exata medida em que permite a ocupação desordenada e sem qualquer critério urbanístico, vez que assenta uma situação fática contrária à lei.

Posta assim a questão, em tese, está aberta a oportunidade para que parcelamentos de solo clandestinos, que desrespeitam normas urbanísticas e ambientais, sejam regularizados, de forma simples, por sentença de usucapião coletiva.

Demais disso, é cediço que a copropriedade é fonte inesgotável de rixas, motivo pelo qual o Código Civil facilita sua extinção.

Na contramão dos fatos, o Estatuto da Cidade contempla a formação de imensos condomínios, o que, certamente, gerará inúmeros conflitos.

Imaginemos uma ocupação irregular, sem os mínimos requisitos urbanísticos, por centenas de famílias, em condomínio gerado por usucapião coletivo. É evidente, evidentíssimo, aliás, que a transferência posterior de frações sem a devida formalização gerará o caos registral e fonte inesgotável de ações em razão da afronta ao direito de preferência de que dispõe o coproprietário, sem mencionar os conflitos gerados pelas despesas suportadas por alguns em benefício de todos.

Por outro lado, é preciso verificar a teratologia e flagrante inconstitucionalidade representada pelo art. 55 do indigitado Estatuto da Cidade, que alterava a Lei de Registros Públicos (Lei 6.015/1973), determinando a nova redação da alínea 28, do art. 167, nos seguintes termos: *No registro de imóveis, além da matrícula, serão feitos: I – o registro (...) 28 das sentenças de usucapião, independentemente da regularidade do parcelamento urbano.*

Ora, a jurisprudência levou anos para entender que a venda de frações ideais em condomínio representa burla aos preceitos da Lei 6.766/1979.

Nesse sentido, a excelente obra *Questões de Condomínio no Registro de Imóveis* (Editora Malheiros) do grande registrador de Campinas, Dr. Elvino Silva Filho.

O Estatuto da Cidade, nesse ponto, *data venia*, passou por cima da Lei 6.766/1979, das normas ambientais e de toda legislação edilícia dos Municípios, motivo pelo qual já entendíamos que, ao se deparar com afronta a essas normas, o Juiz deveria julgar improcedente o pedido de usucapião coletivo, até em razão do art. 182, da Constituição Federal, que exige da política urbana o respeito ao bem-estar dos habitantes.

Em razão disso a parte final, "independentemente da regularidade do parcelamento urbano", foi derrogada pela MP nº 2.220/2001.

Certamente que esse bem-estar a que se refere à Constituição não será atingido com o reconhecimento jurídico de adensamentos populacionais sem qualquer respeito às normas de edificação, saneamento e meio ambiente.

Outro ponto negativo do art. 10, da Lei 10.257/2001, era a menção à *população de baixa renda* como parte legítima a usucapir de forma especial. A subjetividade do texto legal – o que não se recomenda – era latente, motivo pelo qual nas edições anteriores deste livro fazia eu as ressalvas que, em boa medida, foram objeto de acatamento com a retirada do termo pela novel redação do dispositivo dada pela Lei 13.465/2017.

2.2.7. Usucapião por abandono do lar

O Código Civil foi acrescido do art. 1.240-A, pela Lei 12.424/2011, que instituiu a usucapião por abandono do lar, nos seguintes termos:

> *Art. 1.240-A. Aquele que exercer, por 2 (dois) anos ininterruptamente e sem oposição, posse direta, com exclusividade, sobre imóvel urbano de até 250m² (duzentos e cinquenta metros quadrados) cuja propriedade divida com ex-cônjuge ou ex-companheiro que abandonou o lar, utilizando-o para sua moradia ou de sua família, adquirir-lhe-á o domínio integral, desde que não seja proprietário de outro imóvel urbano ou rural.*
>
> *§ 1º O direito previsto no caput não será reconhecido ao mesmo possuidor mais de uma vez.*
>
> *§ 2º (Vetado)*

Em decorrência do conteúdo dos dispositivos legais acrescidos ao Código Civil pela Lei 12.424/2011, podemos enumerar os seguintes requisitos desta modalidade de usucapião:

a) Posse mansa e pacífica: durante o prazo de posse (de dois anos) determinado como período aquisitivo, a posse não pode ser contestada pelo marido ou companheiro, ainda que tenha abandonado o lar;

b) Lapso temporal: a posse deve ser exercida sobre a totalidade do imóvel, durante o prazo de dois anos;

c) *Res habilis*: o imóvel a ser usucapido, assim como na usucapião constitucional urbana, deve ser urbano, utilizado para moradia do cônjuge abandonado ou dele e de sua família e não pode ultrapassar 250 m² de área total, nos exatos termos que tratamos na hipótese da usucapião constitucional urbana; e,

d) *Animus domini* especial, ou seja, o possuidor deve agir com ânimo de dono em relação ao imóvel que pretende usucapir, nele residindo e, ademais, não ser proprietário de outro imóvel, urbano ou rural.

Feita a análise inicial, resta a conclusão da absoluta atecnia da redação em vigor.

Isto porque, na medida em que menciona a propriedade dividida entre ex-cônjuges ou companheiros de duas uma: ou impropriamente se refere a ex-cônjuge ou companheiro quando, na verdade, deveria se referir ao cônjuge que abandonou o lar ou, caso se entenda o contrário, a ação de usucapião de que trata será aplicada apenas na hipótese de divórcio sem partilha, com a permanência do ex-cônjuge abandonado no lar conjugal, sem oposição daquele que se afastou.

Considerada a possibilidade do pedido entre cônjuges, por ocasião do divórcio, o imóvel usucapido deverá ser excluído da partilha, independentemente do regime patrimonial adotado.

São duas interpretações possíveis e a jurisprudência deverá resolver o imbróglio.

2.3. JUSTO TÍTULO

Em virtude da celeuma que gira em torno da conceituação de justo título, mister se faz discorrer e analisar o instituto de tão divergentes opiniões, que é requisito para a usucapião ordinária.

2.3.1. Requisitos

Já verificamos, entre outros casos de aplicação do justo título, que o Código Civil brasileiro exige alguns requisitos para que um direito seja adquirido através de lapso temporal menor de posse pela usucapião ordinária (Código Civil, arts. 1.238 e 1.260).

Para a usucapião ordinária, portanto, além do lapso temporal e ao lado da boa-fé, exige-se um justo título, cuja definição não é tão clara quanto parece.

Não obstante, seu conceito é estritamente jurídico, ou seja, exclui outros aspectos que não aqueles atinentes à Ciência do Direito, mais especificamente do Direito Civil.

De qualquer forma, o justo título, na sua acepção jurídica, também possui alguns requisitos que constituem sua própria definição, e que serão abaixo estudados:

2.3.1.1. Ilegitimidade do título

O justo título deve ser um fato jurídico que serve de supedâneo a um direito subjetivo.

Entretanto, deve-se abstrair do conceito a ideia de título justo,[51] no sentido puro de justiça e seus ideais, bem como a ideia de título legítimo, que satisfaça a ideia de validade dos atos jurídicos, pois, se assim fosse, haveria cumprido o seu mister.

A ilegitimidade do título é necessária para que haja justo título vez que, se o título fosse legítimo, em virtude dele o direito teria sido validamente transferido, e, portanto, o seu estudo seria inócuo.

Assim, o título que possui o condão de validamente cumprir seu mister não é qualificado como justo título. Este, acorde com o preclaro prof. Arruda Alvim, *envolve um erro, o qual, é ignorado por quem dele seja portador.*[52]

A necessidade da ilegitimidade fica ainda mais clara na medida em que se analisa a definição de justo título de Caio Mário da Silva Pereira, segundo o qual *a conceituação de justo título leva, pois, em consideração, a faculdade abstrata de transferir a propriedade* (em relação à usucapião), *e é neste sentido que se diz justo qualquer fato jurídico que tenha o poder em tese de efetuar a transmissão, embora na hipótese lhe faltem os requisitos para realizá-la.*[53]

Dissemos que o justo título interessa especialmente à prescrição aquisitiva (especificamente à usucapião ordinária) e, bem assim, muitas vezes, associado a uma ilegitimidade, a uma lesão de direito subjetivo de um titular do domínio que perderá o seu direito real em face da aquisição do possuidor que, em verdade, adquire de forma originária.

2.3.1.2. Existência do título

O ato jurídico gerador do direito há que ser ilegítimo, porém existente. Não se cogita de justo título, não obstante a boa-fé, em relação àquele que o titular imagina existente (título putativo).

Por exemplo: o possuidor imagina que o título se refere à coisa possuída, mas, em verdade, trata-se de outra coisa, completamente distinta.

Segundo Lenine Nequete, *se a crença errônea na existência de um título bastasse, resultaria que só a última condição bastava, pois que o justo título não seria mais que um elemento de boa-fé. Além disto, se é certo que o título nulo não pode servir de base à prescrição, com muito mais razão o título inexistente.*[54]

Ensina-nos Pontes de Miranda: *O título putativo. i.e., crer-se que se adquiriu sem existir o título não basta (...). O Código Civil exige o título existente, que não haja sido transferido; não lhe basta o título 'in existimatione'. O título há de ser existente, posto que, para a constituição do direito real, ineficaz. Se não existe, não pode ser justo, não pode ser idôneo.*[55]

---

[51]   Neste sentido, faz-se crítica ao entendimento segundo o qual o justo título seria o papel conforme a razão, a equidade e a justiça, na exata medida em que o título não é necessariamente um papel ou instrumento, mas o fundamento do direito. Ademais, a conceituação de justo título como título justo, abstrairia os conceitos científicos e jurídicos, deixando a definição ao talante do juiz.

[52]   José Manoel de Arruda Alvim Netto, *Direito Civil – coleção estudos e pareceres*, São Paulo: Revista dos Tribunais, 1995, p. 138.

[53]   Caio Mário da Silva Pereira, ob. cit., p. 112.

[54]   Lenine Nequete, *Da prescrição aquisitiva*, 3. ed., Porto Alegre: Ajuris, 1981, p. 218. Ressalvamos a posição do ilustre jurista vez que a nulidade, como veremos em tópico específico, não é critério para se determinar o justo título, mormente em razão de sua maior causa: a venda a *non domino*, que é ato nulo por excelência (Código Civil, arts. 82 e 145, II).

[55]   Pontes de Miranda, *Tratado de direito privado*, 2. ed., Borsói, 1955, tomo 11, p. 142.

Nesse sentido, julgado do Tribunal de Alçada de Minas Gerais que asseverou:

Sendo a escritura nula por falta de assinatura do outorgante vendedor, não é possível que possa constituir-se em título justo para dar lugar à prescrição aquisitiva por meio da usucapião.[56]

No caso acima, o título não é nulo, é inexistente. Se a escritura é um contrato solene, faltou-lhe elemento essencial, qual seja: a manifestação volitiva de uma das partes. Essa é a inferência que se extrai da própria definição de contrato como um acordo de vontades com o objetivo de adquirir, modificar ou extinguir direitos.

No direito anterior ao Código Civil de 1916, prevalecia entre a doutrina o entendimento de que o título putativo poderia ensejar o justo título, o que, inadvertidamente, foi considerado válido para o direito decorrente do Código Civil de 1916 por Carvalho Santos, entre outros.[57]

2.3.1.3. Coisa certa e determinada

Mister se faz, também, a referência do título à coisa, que deverá ser certa e determinada, sem que paire qualquer dúvida em relação ao seu objeto.

Segundo Oliveira Almeida, se a coisa não é certa, confundindo-se com outra, não há falar-se em prescrição aquisitiva e, nesse caso, o título deixa de produzir os efeitos que se pretende.[58]

Nesse sentido, não recai sobre coisas não constantes do título, como, por exemplo, área maior em caso de bem imóvel.

2.3.1.4. Ato jurídico puro

Segundo a lição sempre clara de Lenine Nequete,[59] o ato jurídico concernente ao justo título deve ser puro e simples, ou seja, desprovido de condição ou termo (Código Civil, arts. 125, 127 e 128).

Entretanto, há exceções.

Se o ato jurídico que origina o título está subordinado a condição resolutiva ou termo, configurar-se-á o justo título enquanto não operada a condição ou atingido o termo.

No caso de condição suspensiva, haverá justo título depois de operada a condição.

2.3.2.   Conceito de justo título na doutrina nacional moderna

2.3.2.1. Arruda Alvim

O ínclito Prof. Dr. Arruda Alvim, reportando-se ao art. 490 do Código Civil de 1916, que corresponde ao art. 1.201 do atual Código Civil, ensina que:

1º) se constitui o justo título naquele título que, segundo a "comunis opinio" levaria à aquisição do direito, pois se reveste de todos os requisitos extrínsecos;

2º) apenas, e, tão somente, verifica-se que não provido daquele de quem, efetivamente deveria provir. O justo título, portanto, envolve um erro, o qual, é ignorado por quem dele

---

[56]   Apelação Cível 6.012, Rel. Mendes dos Reis.

[57]   J. M. Carvalho Santos, *Código Civil Brasileiro Interpretado*, VII, art. 551, nº 7, *apud* Lenine Nequete, ob. cit., p. 218.

[58]   Antonio de Almeida Oliveira, *A prescrição em Direito Comercial e Civil*, Maranhão: Tip. A Vapor de Frias Filho & Cia., 1896, p. 286, notas 13 e 1914, p. 212.

[59]   Lenine Nequete, *Da prescrição aquisitiva*, 3. ed., Porto Alegre: Ajuris, 1981, p. 217.

seja portador (confira-se, nesse sentido, sentença do juiz José Davis Filho, confirmada por ac. Un. da 2ª Câmara do Tribunal de Justiça de São Paulo, Apel. nº 797, Rel. Des. Abeilard Pires, in *RT* 110/683).[60]

2.3.2.2. Caio Mário da Silva Pereira

Caio Mário descreveu o justo título, inicialmente, com o conceito de título, que, segundo ele, seria *a causa ou o elemento criador da relação jurídica*.

Ao depois, passou a definir o justo título, que na sua sempre lúcida preleção seria *o título hábil em tese para transferir a propriedade. Basta que seja em tese, isto é, independentemente de circunstâncias particulares ao caso. Uma escritura de compra e venda é título hábil para gerar a transmissão da 'res vendicta'. Se lhe faltarem requisitos para, na espécie, causar aquela transferência, o adquirente que recebe a coisa, possui com título justo, porque o fundamento de sua posse é um título que seria hábil à transmissão dos bens, se não lhe faltasse o elemento que eventualmente está ausente. Ao tratar da usucapião define como justo o título hábil em tese para a transferência do domínio, mas que não a tenha realizado na hipótese por padecer de algum defeito ou lhe faltar qualidade específica.*[61]

2.3.2.3. Lenine Nequete

Para esse autor, *justo título (justa causa possessionis), é todo ato formalmente adequado a transferir o domínio ou o direito real de que trata, mas que deixa de produzir tal efeito (e aqui a enumeração é meramente exemplificativa) em virtude de não ser o transmitente senhor da coisa ou do direito, ou de faltar-lhe o poder de alienar.*[62]

Esclarece que a hipótese mais comum é da aquisição a *non domino*, admitindo, entretanto, a impossibilidade do transmitente alienar a coisa, como no caso de ausência da outorga uxória, da incapacidade relativa do agente (já que não admite o ato nulo como justo título), bem como todos os atos anuláveis.

2.3.2.4. Maria Helena Diniz

Maria Helena Diniz conceitua o justo título como o documento capaz de transferir o domínio ao possuidor (título), sendo hábil e idôneo à aquisição da propriedade. Exemplifica com a escritura de compra e venda, doação, legado, arrematação, adjudicação, formal de partilha etc.[63]

2.3.2.5. Orlando Gomes[64]

Orlando Gomes, inicialmente e de forma percuciente, distingue o modo de aquisição e título propriamente dito como meio de aquisição da propriedade. Ensina que no nosso Direito se faz necessário o *modus acquisicionis*, segundo a tradição romana.

---

[60] José Manoel de Arruda Alvim Netto, *Direito Civil – coleção estudos e pareceres,* São Paulo: Revista dos Tribunais, 1995, p. 138.

[61] Caio Mário da Silva Pereira, ob. cit., p. 112.

[62] Lenine Nequete, *Da prescrição aquisitiva,* Porto Alegre: Ajuris, 1981, p. 209.

[63] Maria Helena Diniz, *Curso de Direito Civil Brasileiro, Direito das Coisas,* São Paulo: Saraiva, 1996, vol. 4, p. 127. Convém uma ressalva a lição da insigne autora: não se cogita, como visto, de título hábil, idôneo e legítimo. Se o fosse, o direito visado teria sido validamente transferido e não se discutiria a existência de justo título.

[64] Orlando Gomes, *Direitos Reais,* 11. ed., Rio de Janeiro: Forense, 1995, p. 126; 127; 158 a 160.

Nesse sentido, o título não transfere a propriedade, fazendo-se mister um modo de aquisição que, no caso de bens móveis, se dá pela entrega física da coisa (Código Civil, arts. 1.267 e 1.226) e, no caso de bens imóveis, pelo registro do título aquisitivo junto ao oficial de Registro de Imóveis da circunscrição imobiliária competente (Código Civil, arts. 1.245 e 1.227).

Assim, o título, no que interessa à aquisição, é apenas a causa da aquisição. Em consonância com o acatado, o *"modus" é, em suma, o fato jurídico "lato sensu" a que a lei atribui o efeito de produzir a aquisição da propriedade. Pressupõe título conforme ao direito e só existe se reconhecido na lei.*

Por fim, ensina que a boa-fé se presume em existindo justo título, mas não o contrário, ou seja, da existência de boa-fé não se extrai a inferência do justo título.

Preleciona que não há como confundir o título com o instrumento,[65] ou seja, com o documento escrito. Sendo assim, ensina que o título é sinônimo de ato jurídico e, mais adiante, dilarga o conceito, vez que explica que a posse nem sempre encontra fundamento em ato jurídico.[66] A justiça do título, segundo o autor, reside na idoneidade para transferir, ou seja, significa título hábil, que representa um negócio jurídico hábil à transferência do direito, referindo-se especificamente à propriedade.

Entretanto, como adiante se verá, abranda o conceito de idoneidade, admitindo, inclusive, o erro no modo de aquisição, e, por conseguinte, o vício formal, dando o exemplo da aquisição de propriedade imóvel por instrumento particular,[67] apto a configurar justo título, posição essa que, embora admitida pela jurisprudência pátria, representa adequação aos critérios de equidade, faltando, contudo, suporte jurídico a lhe dar supedâneo.

Nesse sentido, emprega a seguinte definição de justo título: *é o ato jurídico cujo fim, abstratamente considerado, é habilitar alguém a adquirir a propriedade de uma coisa. Todo negócio jurídico apto a transferir o domínio considera-se justo título.* Entretanto, não obstante a existência desse título, o direito não se transfere, motivo pelo qual, exige-se um lapso temporal suficiente para que se ultime a prescrição aquisitiva.

Resumindo, complementa: *todo fato jurídico apto a transferir o domínio pode servir para a sua aquisição mediante usucapião ordinária, se o seu efeito específico não se produziu em virtude de um dos obstáculos apontados.*

Os atos translativos mais comuns, que podem ser considerados justo título, são: *a) compra e venda; b) a troca; c) a dação em pagamento; d) a doação; e) o dote; f) o legado; g) a arrematação; h) a adjudicação.*[68]

2.3.2.6. Silvio Rodrigues

Silvio Rodrigues conceitua o justo título como aquele *hábil para conferir ou transmitir direito à posse, se proviesse do verdadeiro possuidor ou proprietário,* ou, ainda, o *documento capaz de transferir-lhe* [ao possuidor] *o domínio, se proviesse do verdadeiro dono.*[69]

2.3.2.7. Washington de Barros Monteiro

Washington de Barros Monteiro define o justo título como aquele *título hábil a transferir o domínio e que realmente o transferiria, se tivesse emanado do verdadeiro proprietário.*[70]

---

65 Ato reduzido a escrito, em forma apropriada, para que se constitua um documento que o torne concreto, autêntico e provável.

66 Ob. cit., p. 127. *V.g.*, a posse decorrente da morte do antigo possuidor (fato jurídico).

67 Ob. cit., p. 159.

68 Ob. cit., p. 160.

69 Silvio Rodrigues, ob. cit., p. 32 e 108.

70 Washington de Barros Monteiro, *Direito das Coisas*, São Paulo: Saraiva, p. 37.

2.3.3. Justo título e desnecessidade de registro

O registro do título não é requisito para que o possuidor invoque a usucapião e, tampouco, obsta a produção de efeitos da usucapião em face de registro, ou seja, em face de quem tenha o título registrado. Esta é a lição de Pontes de Miranda.[71]

Observa-se, entretanto, que o registro imperfeito do título, por si só, justifica a existência do justo título, já que é modo de aquisição de propriedade imobiliária (Código Civil, arts. 1.245 e 1.227).

Nesse sentido, hodiernamente, remansosa jurisprudência não exige o registro para que se configure o justo título.

> **Superior Tribunal de Justiça.** *Recurso Especial nº 32.972, decisão: 19.03.1996, UF: SP, 3ª Turma, publicação: DJ 10.06.1996, p. 20.320. Usucapião ordinária. Promessa de compra e venda. Justo título. Conceito. Tendo direito a aquisição do imóvel, o promitente- comprador pode exigir do promitente vendedor que lhe outorgue a escritura definitiva de compra e venda, bem como pode requerer ao juiz a adjudicação do imóvel. Segundo a jurisprudência do STJ, não são necessários o registro e o instrumento público, seja para o fim da Súmula nº 84, seja para que se requeira a adjudicação. Podendo dispor de tal eficácia, a promessa de compra e venda, gerando direito a adjudicação, gera direito a aquisição por usucapião ordinária. Inocorrência de ofensa ao art. 551 do Código Civil. Recurso conhecido pela alínea "c", mas não provido. Rel. Min. Cláudio Santos. Relator acórdão: Ministro Nilson Naves. Por maioria, conhecer do recurso, mas negar-lhe provimento. Veja: REsp 12-SP; REsp 6.957; REsp 30; REsp 5.643; REsp 9.945; REsp 10.383; REsp 19.414 (STJ) – RE 78.881; RE 6.750 (STF).*

É bem verdade que nem sempre o título sem registro foi admitido como justo título.

Sob a égide do direito anterior ao Código Civil de 1916 (Decreto 3.453 de 26.04.1865), Lafayete Rodrigues Pereira[72] ensinou que *a prescrição fundada em título não registrado pode ser oposta e prevalece contra terceiros, exceto se forem credores por hipoteca inscrita ou antes, só não vale contra hipoteca inscrita.*

Visceralmente contrário a Lafayete, insurgiu-se Lacerda de Almeida, que assim se manifestou: *Como assim, se a transcrição é hoje em dia, com respeito a imóveis, a própria tradição ou a forma legal e solene de tradição, forma única, sem o que a transferência não se opera, reduzindo o ato a simples contrato entre alienante e adquirente?*[73]

A doutrina pátria, em parte, ainda considera indispensável o registro para a configuração do justo título.

Nesse sentido, a posição de Lenine Nequete[74] e também de Washington de Barros Monteiro, para quem mister se faz o registro para que o título seja considerado justo. Segundo esse último festejado autor, sem tal formalidade não se adquire o domínio, motivo pelo qual não há como falar-se em justo título nos termos requeridos pela Lei.[75]

O Egrégio Tribunal de Justiça de São Paulo já se manifestou nos seguintes termos: *ou consideremos a transcrição como a tradição solene do imóvel (Lafayete e Teixeira de Freitas), ou vejamos nela o meio de prova único, solene, autêntico, da alienação, como quer Lacerda, é indubitável que o título não transcrito falta essa solenidade externa. E como, no conceito de todos, ao título a que faltam as solenidades prescritas por lei não é válido para a prescrição, segue-se evidente que o título não registrado é inválido.*[76]

---

71 Ob. cit., tomo 11, p. 140.

72 Lafayete Rodrigues Pereira, *Direito das coisas*, São Paulo: Freitas Bastos, 1943, p. 242.

73 Francisco de Paula Lacerda de Almeida, *Direito das Coisas*, Rio de Janeiro: J. Ribeiro dos Santos Livreiro e Editor, 1908, p. 203.

74 Ob. cit., p. 209.

75 Washington de Barros Monteiro, ob. cit., p. 130. Nesse sentido: *RT* 60/461, 78/111, 136/227, 186/191 e 187/128.

76 *RT* 60/461.

Verifica-se, pois, que até há pouco tempo encontravam-se decisões abalizadas exigindo o registro para configuração do justo título:

Supremo Tribunal Federal. *Recurso Extraordinário nº 78.881, julgamento: 17.10.1975. 1. Justo título para o efeito do que expressa o art. 551 do Código Civil é o instrumento hábil, formalizado e registrado mas, bem se vê, que manifeste aquisição a 'non donino'. 2. Precedentes da Corte. 3. Recurso Extraordinário provido em parte. Votação: unânime. Resultado: conhecido e provido em parte. Origem: GO – Goiás. Publicação: DJ 12.12.1975. RTJ vol. 76-02, p. 555. Rel. Antonio Neder. 1ª Turma.*

Supremo Tribunal Federal. *Apelação Cível 9.691, julgamento: 06.11.1985. Governo estrangeiro. Aquisição de imóvel. Escritura não inscrita no registro de imóveis. Imóvel levado a praça, arrematado e registrado por terceira pessoa. Ação de usucapião julgada improcedente. I – Não tendo o Estado-autor adquirido a propriedade do terreno enquanto titular da licença do Ministério das Relações Exteriores (Lei 4.331/1964) não poderia mais tarde adquiri-lo, fosse por compra, fosse por usucapião. II – Não há justo título em caso de omissão do registro imobiliário (precedentes no S. T. F.). III – Contudo, não tendo havido reconvenção, não podia a sentença recorrida determinar que o autor entregasse ao réu o imóvel em causa, mas tão só declarar improcedente a ação de usucapião. Apelação provida em parte mínima. Observação: votação: unânime. Resultado: provido em parte mínima. Veja RE 78.881/75; RTJ 76/555, RE 6750, origem: DF – Distrito Federal, publicação: DJ 19.12.85, p. 23.623. Ement. vol. 1405-01, p. 175, Rel. Francisco Rezek, Sessão: TP – Tribunal Pleno.*

Abarcaram, à época, a noção de que o justo título só se configurava em se tratando de instrumento já transcrito, seguindo, também, a lição de Guillouard,[77] levando em conta apenas a validade do título e a aquisição a *non domino.*

É sabido que o Direito francês influiu de maneira importante no Direito brasileiro, levando os juristas pátrios a adotar a necessidade do registro para a configuração do justo título.

Entretanto, mesmo no Direito francês, é possível encontrar posição segundo a qual o registro seria necessário em relação a terceiros, mas dispensável em face do proprietário, inferência que se extrai da obra de Baudry et Tissier.[78]

Não se pode olvidar o Direito italiano, cujas lições de Pacifici Mazzoni[79] e Ricci,[80] exigem o registro de forma indelével, mesmo contra o proprietário, enrijecendo a lição de *Baudry et Tissier,* segundo a qual o registro seria necessário apenas em face de terceiros.

Nessa esteira, se o justo título seria aquele hábil à transferência do direito, sendo incapaz, assim, de operar seus efeitos em função de um vício intrínseco decorrente da ausência de registro, não haveria a presença do justo título naquele título não registrado, que antigamente deveria ser *translatício da propriedade e o prescribente não pode*[ria] *invocar como esteio da prescrição ordinária, porque esse título, mesmo quando nenhum vício tivesse, era inábil para fazê-lo senhor da coisa e não podia logicamente incutir-lhe o ânimo de possuir a coisa como sua.*[81]

2.3.4. Justo título decorrente de atividade jurídica relacionada ao fundamento do direito

A existência de um justo título, por outro lado, requer a indagação acerca da atividade jurídica a ele relacionada.

---

[77] L. Guillouard, *Traité de la prescription,* 2. ed., Paris: A Pedrone, Editeur, 1901, vol. 2, nº 544.

[78] G. Baudry-Lacantinerie et Albert Tissier, *De la prescription, Traité theórique et pratique de droit civil,* 4. ed., Paris: Librairie de la Société du Recueil Sirey, León Tenin, Directeur, 1924, vol. XXVIII, nº 674.

[79] Emidio Pacifici Mazzoni, *Instituzioni di Diritto Civile Italiano,* 4. ed., Florença, 1905/1907, vol. 3, nº 128.

[80] Ricci, *Corso di Diritto Civile,* vol. 5, nº 241.

[81] Virgílio de Sá Pereira, "Da propriedade", *in Manual do Código Civil brasileiro de Paulo Lacerda,* Rio de Janeiro: J. Ribeiro dos Santos, 1924, vol. VIII, p. 242.

Em outras palavras, é necessário perquirir se da atividade jurídica decorre o fundamento de um direito, especificamente, a transferência do domínio ou posse no que concerne ao estudo do Direito das Coisas.

Nesse sentido, o justo título, portanto, é aquele que, configurando um ato jurídico, serve de fundamento à aquisição de um direito na exata medida em que a atividade que representa contém a capacidade abstrata de gerar o direito subjetivo a que se refere.

Pode constituir, por si só, um modo de sua transferência, uma verdadeira natureza atributiva do direito, ideia que vem esposada por acórdão do Desembargador Cardoso Filho, segundo o qual *com a locução justo título, o que se designa é o ato jurídico cujo fim, abstratamente considerado, é habilitar alguém a adquirir a propriedade de uma coisa. Mas, se a despeito de sua existência, a propriedade não se transfere, é preciso, para que a transferência se legitime, que o adquirente possua o bem pelo tempo necessário para usucapi-lo.*[82]

Assim, se o ato jurídico objetiva a transferência de um imóvel, mister se faz verificar se a atividade seria suscetível de registro, vez que no Direito brasileiro é o registro que transfere a propriedade (Código Civil, arts. 1.227, 1.245 e 1.267).

Mister se faz, também, a verificação da ilegitimidade do título no caso concreto, mormente no caso de usucapião, vez que é assente que o justo título não é legítimo, pois se o fosse, teria operado a transferência do direito a que se refere.

Ebert Chamoun conceitua o justo título como *a adequação do ato inválido ao tipo de negócio hábil para dar ensejo à transferência do domínio (ou do direito real suscetível de adquirir por usucapião).*[83] Com isso cita, ao depois, diversos títulos, como a compra e venda, a doação, a troca etc.

Nesse sentido, exemplifica, inclusive, com a sucessão, seja a título universal ou singular, modo de transferência da propriedade, sendo, pois, justo título se proveniente de testamento inválido.

2.3.5. Justo título e promessa de compra e venda[84]

2.3.5.1. *Promessa de compra e venda e transferência do domínio*

Todo o problema decorrente de se saber se a promessa de compra e venda é justo título decorre da vetusta orientação do Supremo Tribunal Federal.

Entendia-se, à época, que o registro do compromisso era imprescindível para a adjudicação compulsória.

Passou-se, então, a invocar a obrigação de fazer, outorgar a escritura, que também não encontrou respaldo no Excelso Pretório.

Assim, restando uma situação fática insolúvel, passou-se a admitir a promessa de compra e venda como justo título na exata medida em que, sendo irretratável e irrevogável, infunde no seu titular a crença de que *virá, inexoravelmente, tornar-se dono.*[85]

---

[82] Apelação Cível 177.395, Tribunal de Justiça de São Paulo.

[83] Ebert Chamoun, *Enciclopédia Saraiva do Direito*, verbete Justo título.

[84] A promessa e o compromisso receberam, aqui, tratamento indistinto. Todavia, convém ressaltar que parte da doutrina faz distinção. Com efeito, ensina Orlando Gomes que *é pois a promessa de venda – que melhor se diria compromisso de venda para prevenir ambiguidades – o contrato típico pelo qual as partes se obrigam reciprocamente a tornar eficaz a compra e venda de um imóvel, mediante a reprodução do consentimento no título hábil.* A característica principal do compromisso, ao revés da promessa, é a irretratabilidade da venda.

[85] Magistério de José Manoel de Arruda Alvim Netto.

Acorde com a lição de Ricardo Arcoverde Credie[86] e Mário de Aguiar Moura,[87] segundo os quais a adjudicação compulsória é ação de natureza pessoal, a hodierna jurisprudência entende que não há necessidade de registro para que o promissário comprador se valha da ação adjudicatória, desde que a promessa de compra e venda seja irretratável. Por esse motivo, admitida a adjudicação compulsória, o interesse da promessa de compra e venda como justo título reduziu-se substancialmente.

A promessa de compra e venda é o contrato mediante o qual alguém, mesmo não sendo proprietário, se obriga a transferir o domínio, normalmente de bem imóvel.

A transferência da propriedade não se ultima com a promessa de compra e venda que, na verdade, cria uma relação jurídica de natureza obrigacional, meramente pessoal.

Posto isso, temos que a obrigação pode ser definida como o vínculo jurídico transitório (extingue-se normalmente pelo pagamento) mediante o qual o devedor (sujeito passivo) fica adstrito a dar, fazer ou não fazer (prestação) alguma coisa em favor do credor (sujeito ativo), sob pena de, não cumprindo a obrigação espontaneamente, ver seu patrimônio responder pelo equivalente, e, às vezes, por perdas e danos.

Portanto, tratando-se de promessa de compra e venda sem registro, estar-se-á diante de uma relação jurídica obrigacional, mediante a qual o sujeito passivo se obriga a posteriormente emitir uma declaração de vontade, a escritura definitiva, esta sim com a possibilidade de ser justo título, passível de transferir o direito, especialmente o domínio no caso de imóveis.

No sistema jurídico brasileiro o contrato não transfere o domínio. Nesse sentido, o teor do art. 1.267 do Código Civil:

> *Art. 1.267. A propriedade das coisas não se transfere pelos negócios jurídicos antes da tradição.*

A esse respeito, tratando-se de bens móveis, a decisão abaixo colacionada bem demonstra a posição jurisprudencial a respeito do tema:

> **Tribunal de Alçada do Rio Grande do Sul.** *Apelação Cível 197.004.443, data: 03.04.1997, órgão: 5ª Câmara Cível, Rel. Márcio Borges Fortes, origem: São Pedro do Sul. Ação de retomada de bem móvel. A propriedade de bem móvel se transfere pela simples tradição, sendo o certificado de propriedade de veículo mera questão administrativa, cuja irregularidade não leva a conclusão da inexistência de um contrato de compra e venda. Apelação desprovida.*

Verifica-se que o art. 237, do Código Civil, estipula que *até a tradição, pertence ao devedor a coisa...*

A tradição nada mais é que a entrega do bem. Antes dela o credor tem apenas um direito a essa entrega e não um direito ao bem objeto da prestação da obrigação.

É a aplicação do princípio *traditionibus, non pactis, dominia rerum transferentum*, ou seja, a tradição e não os pactos é que transferem o domínio.

Não operada a tradição, o devedor deverá contentar-se com as perdas e danos em face do sujeito passivo que responderá com o seu patrimônio (Código Civil, arts. 389 e 475).

Bem por isso diz-se que a obrigação confere simples direito pessoal e não real.

Importante, contudo, diferenciar bens móveis de bens imóveis, até porque, no caso de bens móveis, tirante a posse de boa-fé, que é presumida no caso de possuidor por justo título, este possui reduzida importância em virtude do modo de aquisição do direito (pela tradição física).

---

[86]   Ricardo Arcoverde Credie, *Adjudicação compulsória*, São Paulo: Malheiros, 1997, p. 40.

[87]   Mário de Aguiar Moura, *Promessa de Compra e Venda*, Rio de Janeiro: Aide, 1986, p. 160.

Todavia, no caso de bens imóveis, a transferência do domínio somente se opera com o registro do título aquisitivo no oficial de Registro de Imóveis da circunscrição imobiliária competente. Trata-se, no caso, de tradição solene.[88]

A esse respeito, os arts. 108 e 1.245 do Código Civil brasileiro:

> *Art. 108. Não dispondo a lei em contrário, a escritura pública é essencial à validade dos negócios jurídicos que visem à constituição, transferência, modificação ou renúncia de direitos reais sobre imóveis de valor superior a trinta vezes o maior salário mínimo vigente no País.*
>
> *Art. 1.245. Transfere-se entre vivos a propriedade mediante registro do título translativo no Registro de Imóveis.*
>
> *§ 1º Enquanto não se registrar o título translativo, o alienante continua a ser havido como dono do imóvel.*
>
> *§ 2º Enquanto não se promover, por meio de ação própria, a decretação de invalidade do registro, e o respectivo cancelamento, o adquirente continua a ser havido como dono do imóvel.*

Portanto, antes de registrar o título e adquirir o direito real, o credor possui apenas um direito pessoal, independentemente de contar com a posse.

2.3.5.2. Promessa de compra e venda sem registro e justo título

Com fundamento no sistema positivo pátrio, parte da doutrina e da jurisprudência conclui que a promessa de compra e venda não registrada, como contrato preliminar, não constitui justo título, vez que não é negócio hábil para ensejar a transferência do domínio, mas, como direito pessoal que é, apenas uma obrigação do titular do direito receber o título.

Faltar-lhe-ia, portanto, uma relação de causalidade direta para operar a aquisição do direito, sem o que não há falar-se juridicamente em justo título.

Lenine Nequete defende que o compromisso de compra e venda não pode ser conceituado como justo título antes de obtida a sentença de adjudicação ou a própria escritura, divorciando-se do conceito da maior parte dos autores que o admite como tal.

O faz com muita propriedade jurídica e científica nos seguintes termos: *Nem parece que escape à conceituação proposta o compromisso de compra e venda devidamente inscrito, desde que – anote-se – obtida a escritura ou a sentença de adjudicação e levadas (aquela ou esta) a registro. Pois o que então sucede é que os efeitos da transcrição, por força do art. 5º do Decreto-lei 58, de 10.12.1937 (regulamentado pelo Decreto nº 3.079, de 15.09.1938, e posteriormente modificado pelos Decretos nos 4.857, de 09.11.1939, e 5.318, de 29.02.1940, e pelas Leis nos 649, de 11.03.1949, e 6.014, de 27.12.1973), retroagem à data da averbação do compromisso. Em outras palavras: é justo título a promessa de compra e venda irretratável, feita a um 'non dominus', e desde a data de sua inscrição no Registro Público, sob a condição, porém, de que o promitente comprador venha a obter e registrar a escritura definitiva ou a carta adjudicatória.*[89]

Em nota de rodapé, importante observação do ilustre jurista nos seguintes termos: *São por demais escassas e vagas, na jurisprudência, as referências à possibilidade de se encarar a promessa de compra e venda como justo título. O que se encontra, em geral, é apenas um simples aceno, 'en passant', e sem reflexo no decisório, à afirmação de que o pré-contrato de compra e venda, capaz de autorizar a adjudicação compulsória, é de ser atualmente tido*

---

[88] Silvio Rodrigues, ob. cit., p. 23.

[89] Lenine Nequete, *Da prescrição aquisitiva*, Porto Alegre: Ajuris, 1981, p. 209.

como justo título para efeito de usucapião de breve tempo (...) Isto é, sugere-se – e nada mais que isto – que a promessa de compra e venda, irretratável e irrevogável, há de ser tratada como título hábil à usucapião abreviada, sem se levar em conta, porém, que o enunciado é incompleto: enquanto não consubstanciadas as circunstâncias que acima apontamos (a escritura definitiva ou a sentença de adjudicação, regularmente transcrita, que fazem retroagir os efeitos da inscrição do compromisso), a promessa, embora inscrita, não é translativa do domínio e, como tal, refoge ao conceito em que se pretende subsumi-la.

Esse entendimento esposa a tese segundo a qual o compromisso de compra e venda não é documento hábil para a transferência do domínio e, bem assim, sem as condições formais exigidas por lei.

Portanto, não poderia configurar-se justo título, apto a ensejar a usucapião ordinária.

O fundamento da impossibilidade de título não registrado configurar-se justo título advém da proteção e do privilégio atribuído pelo sistema jurídico positivo brasileiro aos direitos reais, especialmente à propriedade, atribuindo-lhes diversas garantias e prerrogativas, dentre as quais, só para ilustrar, a tipologia ou tipicidade com a consequente enumeração taxativa – *numerus clausus* – naturalmente limitativa da definição de justo título que, assim, foi interpretada restritivamente.[90]

Nesse sentido, a seguinte decisão:

Tribunal de Justiça de São Paulo. Usucapião. Ordinária. Justo título. Falta. Compromisso de compra e venda. Documento inábil à transmissão de domínio. Mera promessa de cessão de direitos. Hipótese, ademais, em que não se comprovou a posse. Reivindicatória procedente. Recurso provido. Título justo, no sentido que lhe é atribuído pelo artigo 551 do Código Civil, há de ser aquele idôneo para a transmissão do domínio. Daí, entendimento de que a qualificação de justo, dada pela referida norma legal, é imprópria, porque melhor teria sido se houvesse aludido a título "hábil" (rel. Márcio Bonilha, Apel. Cív. 179.177-1, São Paulo, 26.11.1992).

Tenha-se presente, entretanto, que essa posição esposa o pensamento da doutrina estrangeira do século retrasado, especialmente a francesa, que, como se sabe, privilegiou a classe burguesa e o liberalismo exacerbado, acorde com a teoria econômica de Adam Smith.

Por esse motivo, no século XXI, a função social da propriedade vem trazendo à colação uma limitação ao direito absoluto do proprietário usar, gozar, dispor e reivindicar o seu bem.

Não que se tenha abolido o direito à propriedade. Nem de longe.

A Constituição Federal brasileira, ao garantir o direito à propriedade privada, logrou limitar esse mesmo direito, o que fez ao exigir o respeito a sua função social.

Uma das formas de limitação é, exatamente, a destinação, a posse e o uso que um terceiro oferece à propriedade.

Assim, hodiernamente, como se verá, a promessa de compra e venda vem sendo admitida como justo título, mesmo sem registro e mesmo que aparentemente afronte o sistema positivo decorrente do Código Civil.

2.3.5.3. *Posição que admite a promessa de compra e venda registrada como justo título*

Verifica-se que a posição doutrinária que desconsidera o compromisso de compra e venda como justo título depende da circunstância do aludido contrato não se encontrar registrado.

E assim o é em face da realidade atribuída ao registro do compromisso de compra e venda pelo Decreto-lei 58/1937 e pelo art. 1.418 do Código Civil.

---

[90] RT 575:136; 575:262; RJTJSP 74:193; *Jurisprudência brasileira* 21:251.

Pontes de Miranda admite o justo título sem o registro, todavia, distingue a eficácia real do efeito *erga omnes*. Ensina que *não se pode apresentar como título para se adquirir, por usucapião contra alguém, escrito particular que não tem efeito "erga omnes". Não se confunda o efeito erga omnes com efeito real: se o título tivesse eficácia real, seria "bis in idem" pensar-se em usucapião.*[91]

Nesse sentido as decisões a seguir colacionadas, com natural abrandamento da posição de Lenine Nequete, admitindo a promessa de compra e venda registrada, mesmo sem a escritura ou sentença adjudicatória:

> **Superior Tribunal de Justiça**. *Recurso Especial nº 12, decisão: 08.08.1989, UF: SP, 4ª Turma, publicação: DJ 25.09.1989, p. 14952, RSTJ, vol. 4, p. 1.468. Recurso Especial. Usucapião ordinária. Conceito de justo título. Justo título, aludido no artigo 551 do Código Civil, é o título válido, em tese, para transferir o domínio, mas ineficaz, na hipótese, por não ser o transmitente o titular do direito ou faltar-lhe o poder de alienar. Abonada doutrina e precedentes jurisprudenciais exigem esteja o título registrado. Não é justo título, para os efeitos da usucapião de breve tempo, o compromisso de venda por instrumento particular não registrado e não registrável, embora o preço integralmente pago. Recurso Especial conhecido, com base na letra 'c' do permissivo constitucional, e provido. Ação de usucapião improcedente e ação reivindicatória procedente. Relator Ministro Athos Carneiro. Por unanimidade, conhecer e prover o recurso.*

> **Tribunal de Alçada do Paraná**. *Usucapião ordinária – promitente vendedor que não registra o título aquisitivo do imóvel – contrato posteriormente desfeito – promitente comprador sem condições de registrar a promessa pactuada – ausência de justo título – ação procedente – apelo provido. I – Justo título, aludido no art. 551, do Código Civil, é o título válido, em tese, para transferir o domínio, mas ineficaz, na hipótese, por faltar ao transmitente o poder de alienar. Abonada doutrina e precedentes jurisprudenciais exigem esteja o título registrado. II – Não é justo título, para os efeitos da usucapião de breve tempo, o compromisso de compra e venda por instrumento particular não registrado e não registrável, embora esteja o preço integralmente pago. Doutrina: José Osório de Azevedo Junior, Compromisso de compra e venda, 2. ed., São Paulo: Ed. Saraiva, 1983, p. 77; Nelson Luiz Pinto, Ação de usucapião, São Paulo: Ed. Revista dos Tribunais, 1987, p. 122; Serpa Lopez, Curso de direito civil, Rio de Janeiro: Ed. Freitas Bastos S/A, 1960, vol. 6, p. 553-554; Orlando Gomes, Direitos Reais, Ed. Forense, 1958, p. 232-233.*

2.3.5.4. Posição que admite a promessa de compra e venda mesmo sem registro como justo título

A aplicação do Direito, às vezes, deixa de lado os aspectos puramente científicos e passa a considerar circunstâncias metajurídicas.

De fato, o direito não pode se divorciar da realidade. Em consonância com o acatado, o aplicador – o juiz – depara-se com situações que demandam justiça e, de certa forma, requerem a aplicação da finalidade máxima do Direito: a paz social.

Concretamente, a aplicação pura do Direito no caso *sub oculis* poderia gerar sérias distorções, privando aquele que de boa-fé, durante anos, aplicou à propriedade sua função social, tal qual delineada na Constituição Federal.

Ensina José Osório de Azevedo Junior que *diante de tais ensinamentos, forçoso é admitir o compromisso como título hábil para gerar usucapião ordinária. Trata-se de um negócio jurídico que, abstratamente considerado, leva à aquisição do domínio, pois, negando-se o promitente-vendedor a outorgar a escritura definitiva, a sentença produzirá os mesmos efeitos. Caracteriza-se, portanto, como ato translativo, como temos insistido. Se por algum motivo, revelou-se ineficaz, a deficiência de aquisição ficará sanada pelo decurso do tempo, da forma com que ocorre com outro ato translativo qualquer, como a compra e venda, a doação, a permuta, etc. O fundamental, em matéria de justo título, é a existência de uma razão, de um motivo, de uma causa que dê substrato jurídico e torne explicável a posse "animus domini" do adquirente.*[92]

---

[91]   Pontes de Miranda, ob. cit., tomo XI, p. 145.

[92]   José Osório de Azevedo Junior, *Compromisso de Compra e venda*, 2. ed., São Paulo: Saraiva, 1983, p. 77.

Nelson Luiz Pinto, no mesmo sentido, admitindo a possibilidade de justo título em relação ao compromisso de compra e venda sem registro, pondera: *No nosso sentir, não se pode deixar de reconhecer ao compromissário-comprador, que quita o preço, o "animus domini", a intenção de possuir a coisa como sua, como proprietário, independentemente de estar ou não o instrumento registrado.*[93]

Defende o justo título, inclusive, em relação a *qualquer outro documento que retrate uma "justa causa possessionis", posse com "animus domini", e que possibilitaria ao possuidor futura transcrição desse documento ou substituição por outro definitivo, como é o caso, por exemplo, da promessa de cessão de direitos hereditários, de dação em pagamento, desde que, naturalmente, cumprida a contraprestação do adquirente.*[94]

Nesse sentido, em alguns casos, os Tribunais pátrios têm admitido o compromisso de compra e venda, mesmo sem registro, como justo título, especialmente para a usucapião ordinária, seguindo, também, a lição de Orlando Gomes[95] e Lafayete Rodrigues Pereira:[96]

Tribunal de Justiça de São Paulo. *Reivindicatória. Lote de terreno incluído em área de maior extensão. Usucapião ordinária invocada. Requisitos preenchidos. Posse mais de 15 anos, fundada em título justo e boa-fé. Recurso não provido. Para fins de usucapião ordinária, por justo título se entende o ato jurídico cujo fim, abstratamente considerado, é habilitar alguém a adquirir a propriedade de uma coisa. Nessa conceituação se enquadra a posse adquirida em função de negócio de compromisso de compra e venda. Transcorrido prazo superior a 15 anos a posse mansa e pacífica sem solução de continuidade, fundada em justo título e boa-fé, está-se diante de posse "ad usucapionem" que embaraça a reivindicação pretendida pelo "dominus". A aptidão dessa posse para a aquisição do domínio não se desqualifica pelo fato de ter sido o imóvel em determinado período utilizado como moradia, e em outro para fins comerciais – Todos são meios exuberantes da exteriorização do domínio, compatíveis com a aptidão econômica da coisa (Apel. Cív. 7.192-4, São Paulo, 9ª Câmara de Direito Privado, Rel. Ruiter Oliva, 03.03.1998, v.u.).*

Interessa ao tema, outrossim, as decisões abaixo do Tribunal de Justiça de São Paulo, que exigiram a quitação do preço para a configuração do compromisso de compra e venda como justo título:

Usucapião – ordinária – justo título – compromisso de compra e venda quitado – caracterização – falta de registro – irrelevância – ação procedente. Compromisso de compra e venda do imóvel, ou cessão de transferência de seus direitos, com ou sem presença do cônjuge, e cujo preço já tenha sido pago, considera-se justo título, para efeito de usucapião ordinária, ainda que seu instrumento não tenha sido registrado (Apelação Cível 195.715 1, origem: Indaiatuba, 2ª Câmara Cível, Rel. Cezar Peluso, data: 21.12.1993).

Usucapião. Compromisso de compra e venda. Preço ainda não quitado. Inadmissibilidade. Possibilidade de promitente vendedor recuperar o domínio e posse do imóvel pela resilição do contrato. Inexistência de justo título. Legitimação para causa inocorrente. Carência decretada (rel. Cezar Peluso, Apel. Cív. 168.853-1, Mogi Mirim, 11.08.1992).

No mesmo sentido, decisão que emana do Tribunal de Alçada do Rio Grande do Sul:

Ação de usucapião. Promessa de compra e venda. Preço parcelado. Falta de quitação. Posse "ad usucapionem". 1. Usucapião extraordinária. Não exercendo a promitente posse com "animus domini", não pode somar a posse do proprietário para efeito de aquisição via usucapião. 2. Usucapião ordinária. Ausência de justo título. Promessa de compra e venda por instrumento particular não quitada não se constitui em título aos efeitos do artigo 551 do Código Civil. Prazo incompleto. Entre a data da celebração do contrato e o ajuizamento da ação não decorreram 10 anos. Recurso desprovido. Decisão: Negado provimento. Unânime (Apelação Cível 195.194.378, data: 25.06.1996, 9ª Câmara Cível, Rel. Maria Isabel de Azevedo Souza, origem: Uruguaiana).

---

[93] Nelson Luiz Pinto, "Usucapião – alguns aspectos de direito material", *RT* 681/59.

[94] Nelson Luiz Pinto, ob. cit., p. 60.

[95] Ob. cit., p. 126, 127 e 158 a 160.

[96] Lafayete Rodrigues Pereira, *Direito das Coisas*, 5. ed., Freitas Bastos, 1943, p. 234.

Dilargando um pouco mais o conceito, abrangendo não só a promessa de compra e venda quitada, mas, também, aquela irretratável e irrevogável, a decisão abaixo do:

> **Tribunal de Justiça de São Paulo**. *Usucapião. Ordinária. Justo título. Promessa de compra e venda, ou cessão e transferência de promessa de compra e venda, irretratável e irrevogável, ou cujo preço haja sido pago. Caracterização. Falta de registro. Irrelevância. Recurso provido (rel. Cezar Peluso, Apel. Cív. 146.026-1, São Paulo, 01.10.1991).*

Portanto, é forçoso concluir que a jurisprudência atual admite o justo título representado pela promessa de compra e venda sem registro, exigindo, entretanto, quitação do preço e irretratabilidade e irrevogabilidade do instrumento. Nesse caso, diz-se que a promessa irretratável e irrevogável quitada infunde a crença no seu titular de que virá inexoravelmente a ser dono.

Eis judiciosa decisão neste sentido:

> **Tribunal de Justiça de São Paulo**. *Usucapião ordinária. Autores que requerem a declaração de propriedade sobre imóvel, sob a alegação de que, somada sua posse à dos antecessores, tem-se mais de 10 anos. Compromissos de compra e venda devidamente quitados celebrados pelos antecessores e pelos autores, de 1997 a 2010, acostados aos autos. Ausência de contestação dos titulares do domínio e demais elementos dos autos, em especial antigos contratos de compromisso de venda e compra, que conferem verossimilhança ao pedido inicial. Prova testemunhal que confirma a posse mansa, pacífica e ininterrupta exercida pelos autores e por seus antecessores. Confrontantes que confirmam a alegação dos autores. Requisitos da usucapião ordinária dispostos no art. 1.242 do CC. Justo título como aquele potencialmente hábil para a transferência da propriedade ou de outros direitos reais. Compromissos de compra e venda acostados aos autos, juntamente com a prova testemunhal, que permitem aferir que o autor e seus antecessores exercem a posse do imóvel com justo título. Recurso provido (Apelação 0001953-45.2011.8.26.0638; Rel. Francisco Loureiro; Comarca: Tupi Paulista; 6ª Câmara de Direito Privado; j. 13.12.2012; Data de registro: 14.12.2012).*

2.3.6. Justo título, nulidade absoluta e nulidade relativa

Parte da doutrina abarca a teoria das nulidades como critério para configurar ou não o justo título. Nesse sentido, procedem à diferenciação entre ato nulo e ato anulável. Assim, alguns autores admitem o justo título como ato nulo ou anulável. Outros o admitem apenas como ato anulável.

Passaremos a registrar essas opiniões, lembrando que, a rigor, a nulidade não pode ser considerada como critério apto à verificação da existência do justo título, o que se afirma na exata medida em que sua principal motivação fática é a venda *a non domino*.[97]

Em verdade, o justo título está relacionado com a crença que infunde no titular e não com o fato do título nulo ou anulável.

Entrementes, para Orlando Gomes,[98] se o título for nulo de pleno direito não há falar-se em justo título, ao menos para a usucapião ordinária.[99]

Nesse sentido, decisão do Superior Tribunal de Justiça:

> **Superior Tribunal de Justiça**. *Acórdão nº 6.934, decisão: 21.05.1991, Recurso Especial nº 10.038, ano: 91, UF: MS, 3ª Turma, publicação: DJ 17.06.1991, p. 8.209, RSTJ, vol. 26, p. 510. Civil. Venda de ascendente a descendente. Nulidade. Usucapião como defesa. 1. A venda de ascendente a descendente, sem o consentimento expresso dos demais descendentes, é nula e prescreve em vinte anos a ação para declarar essa nulidade. 2. A posse do imóvel em virtude de alienação em fraude da lei não se apresenta apta a aquisição do domínio, por usucapião ordinária, por lhe faltar o requisito do justo título e da boa-fé. Rel. Min. Dias Trindade. Observação: por unanimidade, não conhecer do recurso especial.*

---

97 A venda a *non domino* é ato nulo (Cód. Civil, arts. 82 e 145, II).

98 Orlando Gomes, ob. cit., p. 158 a 160.

99 Orlando Gomes, ob. cit., p. 159.

Ensina o mestre baiano, ainda, que pode ocorrer erro no modo de aquisição, de tal sorte que admite o justo título no caso de aquisição por instrumento particular na hipótese em que, na verdade, tratando-se de imóvel, seria necessário o instrumento público.[100]

Ora, nesse caso, o título é nulo de pleno direito por força do art. 166, IV, do Código Civil.

Ademais, como se viu linhas acima, o instrumento particular consubstanciado em compromisso de compra e venda, embora não seja nulo em virtude do direito obrigacional que representa, em verdade, não é hábil para transferir a propriedade, de tal sorte que não se pode defini-lo como justo título, não obstante, abalizada jurisprudência em sentido contrário que o admite levando em conta mais a equidade do que a Ciência do Direito.

O que se quer dizer é que da atividade jurídica não decorre o fundamento de um direito, qual seja: a transferência do domínio.

Em consonância com a doutrina pátria, Orlando Gomes faz distinção entre justo título e boa-fé.

Posta assim a questão, ressalta a importância da existência real do título, afastando o putativo, cujo entendimento contrário levaria à absorção do conceito de justo título pelo de boa-fé. Nesse sentido, sustenta sua tese de inadmissibilidade de título nulo de pleno direito como justo título.

Interessante é o confronto da posição taxativa de Orlando Gomes com outra, visceralmente contrária, que decorre da lição de Ebert Chamoun, segundo o qual *não se exclui a possibilidade de se configurar o justo título, inclusive quando o ato jurídico é nulo (nulidade absoluta). O que é indispensável para que haja título justo é que o ato jurídico dele constitutivo exista, vale dizer, contenha os seus elementos conceptuais. A nulidade não acarreta necessariamente a ineficácia, e entre os efeitos do ato nulo pode inserir-se a aquisição da posse (tradição nula). O parágrafo único do art. 622 do CC, que é a bandeira desfraldada por quem advoga a tese contrária (J. M. Carvalho Santos, Código Civil brasileiro interpretado, 7. ed., 1961, vol. 7, p. 438; Pontes de Miranda, Tratado de direito privado, 1955, vol. 11, p. 140), não constitui obstáculo ao nosso entendimento. É certo que a tradição, que tem por título um ato nulo, não transfere o domínio, mas transfere a posse, a posse ad usucapionem. Não o transfere, mas é suscetível de gerá-lo mediante a usucapião, ordinária e extraordinária. Aliás, se verdadeiro o argumento, a tradição não ensejaria sequer a aquisição da propriedade pela usucapião extraordinária, o que é inadmissível. Não há assim razão, de ordem doutrinária, para que se circunscreva o âmbito da usucapião ordinária à existência de título meramente anulável. A usucapião alargar-se-á, melhor preenchendo as suas relevantes funções sociais.*[101]

Lição abalizada, entrementes, e coincidente com a de Orlando Gomes, provém de Lenine Nequete,[102] segundo o qual o título deve ser válido, ou seja, não inquinado de nulidade absoluta, que, segundo ele, deve ser declarada *ex officio* pelo juiz (Código Civil, art. 168, parágrafo único).

Justifica sua posição esclarecendo que em caso de nulidade absoluta, o pronunciamento judicial considera inexistente o ato, sem que se tenha verificado nenhum efeito jurídico, sendo que a declaração operar-se-á *ex tunc*, para o presente e para o passado, citando, para tanto, Pontes de Miranda.[103]

Assim, só nos casos expressos no art. 171 do Código Civil (nulidade relativa), é que se admite justo título, não nos casos do art. 166 do Código Civil (nulidade absoluta).

---

[100] Orlando Gomes, ob. cit., p. 158.

[101] Ebert Chamoun, ob. cit.

[102] Ob. cit., p. 214.

[103] Ob. cit., tomo XI, § 1.197.

Portanto, segundo essa corrente doutrinária, não há justo título: a) se o ato for praticado por absolutamente incapaz; b) se o objeto for ilícito ou impossível; c) se o ato não respeitar a forma prescrita em lei; d) se for preterida alguma solenidade ou, ainda; e) se a lei taxativamente declara nulo o ato ou nega-lhe efeito.

Nesse sentido, decisão do:

Tribunal de Justiça do Paraná. *Apelação Cível, Acórdão n° 4.785, Rel. Des. Maximiliano Stasiak, Comarca: Campo Mourão, 1ª Vara Cível, órgão: 3ª Câmara Cível, publicação: 01.09.1987. Venda de imóveis rurais realizada com utilização de procuração falsa – ato nulo que nulifica também as vendas sucessivas dali decorrentes – tratando-se de venda nula, o título correspondente a mesma não pode respaldar a invocação de usucapião nos termos do artigo 551 do Código Civil, porque não é justo título a que se refere esse dispositivo legal – se o direito de retenção condicionado a existência de benfeitorias, cuja apuração foi relegada a execução de sentença ali pode haver compensação com os danos causados a propriedade e os prejuízos sofridos pelos autores.*

No caso de ato anulável (Código Civil, art. 171) não há celeuma, sendo possível a aquisição pela prescrição aquisitiva ordinária em virtude do justo título deste ato jurídico decorrente.

2.3.7. Justo título, transação, sentenças e escrituras que operam a divisão de coisa comum

Diz-se que a transação não constitui justo título, corolário de seu efeito meramente declaratório.

A transação define-se como ato jurídico bilateral que visa extinguir ou prevenir litígios mediante concessões recíprocas das partes interessadas ou, ainda, a composição com troca de vantagens pecuniárias.

De fato, dispõe o art. 840 do Código Civil, *que é lícito aos interessados prevenirem, ou terminarem o litígio mediante concessões mútuas.*

O instituto é de utilidade para as partes que evitam perdas ou delongas na solução da lide mediante composição, principalmente ante a pletora de feitos que assoberba o Poder Judiciário.

A transação não cria ou transmite direitos. Portanto, diz-se que os direitos são apenas declarados ou reconhecidos como preexistentes no patrimônio de cada um dos transatores (Código Civil, art. 843) e, por esta razão, seus efeitos operam-se *ex tunc.*

Trata-se de presunção absoluta de efeito meramente declaratório da transação.

As partes não são obrigadas a garantir os direitos que reconhecem na exata medida de ausência de transferência de direitos. Entretanto, a lei (Código Civil, art. 845) abre uma exceção em caso de evicção.

Diz a norma: *Dada a evicção da coisa renunciada por um dos transigentes, ou por ele transferida à outra parte, não revive a obrigação extinta pela transação; mas ao evicto cabe o direito de reclamar perdas e danos.*

Para não levar aos seus extremos a ficção do efeito meramente declaratório da transação, trazendo indesejável insegurança às relações jurídicas, vem tal regra amenizar os efeitos da presunção do art. 843 do Código Civil.

De qualquer modo, o efeito da transação é meramente declaratório e, assim, não há falar-se em justo título no caso de reconhecimento de um direito preexistente.

Pelas mesmas razões jurídicas, as sentenças e escrituras que operam a divisão de coisa comum são apenas declaratórias de direitos preexistentes e, por isso mesmo, impossíveis de constituir um justo título.

Nesse sentido, ensina Lenine Nequete que *nem a transação, nem o julgado na sentença divisória ou a sucessão se podem ter como justos títulos no sistema do nosso Código: são todos atos meramente declaratórios e não constitutivos, e, ainda, que o título translativo deve ser buscado no ato anterior, que não na sentença ou partilha amigável que lhe puseram fim.*[104]

2.3.8. Vícios de forma e justo título

Como visto, muitas são as correntes na doutrina nacional e estrangeira que tratam dos requisitos delineadores do justo título.

Existe aquela corrente mais liberal que, adotando uma linha menos exigente, admite o justo título mesmo na hipótese de forma inidônea para a transferência do direito, exigindo apenas um vício proveniente do modo de aquisição desse mesmo direito.

Nesse sentido, Orlando Gomes preleciona que o erro no modo de aquisição é apto a tornar justo o título.[105]

É o caso da aquisição de imóveis por instrumento particular, na hipótese em que lei exige o instrumento público (Código Civil, art. 108), no caso, a escritura pública.

Segundo o renomado autor, embora haja defeito de forma, lembrando a ninguém é lícito desconhecer a lei (especificamente os arts. 107 e 108, do Código Civil), admite que devem ser considerados igualmente o erro de direito e o erro de fato, que acabam convertendo-se em boa-fé, sem que se possa confundir ambos os conceitos.[106]

Em seguida, acorde com Orlando Gomes, há necessidade de se investigar a causa da ineficácia do ato jurídico que não cumpriu sua finalidade, qual seja, a transferência do direito.

Assim, determina três causas:

a) aquisição a *non domino;*

b) aquisição *a domino*, na qual o transmitente não tem o direito de dispor ou a transferência se dá por ato inquinado de nulidade; e,

c) erro no modo da aquisição.

Aquele que adquire de quem não é dono realiza negócio ineficaz, ou seja, ninguém pode adquirir mais direitos que aqueles do seu antecessor. Se este não era o dono, resta não transferida a propriedade.

Entretanto, se o adquirente ignora essa circunstância, o título que serve como causa servirá também para a aquisição mediante a usucapião ordinária. Mister se faz, entrementes, que o título seja adequado à transferência.

Por outro lado, ainda segundo o mestre baiano, o título pode emanar do verdadeiro titular do direito, e, apesar disso, não transferir esse mesmo direito. É o que ocorre no caso de ato jurídico translativo inquinado de nulidade relativa.

Como dissemos, Orlando Gomes sustenta a possibilidade de justo título em função de erro no modo de aquisição, como ocorre normalmente no caso de aquisição de imóvel por instrumento particular, posição respeitável que, pelos motivos apontados nessa pequena análise, ousamos discordar do ponto de vista da Ciência do Direito, mas não em razão da equidade.

No mesmo sentido, Lafayete, que defende a possibilidade de justo título na aquisição a *non domino*, no caso do transmitente não ser o senhor do direito transferido; no caso de ausência de poder legal para transferir o direito; ou na hipótese de erro no modo de aquisição.[107]

---

104 Lenine Nequete, ob. cit., p. 212-213.

105 Orlando Gomes, ob. cit., p. 159.

106 Orlando Gomes, ob. cit., pp 159-160.

107 Lafayete Rodrigues Pereira, *Direito das Coisas*, 5. ed., Freitas Bastos, 1943, p. 234.

Lenine Nequete define justo título como *todo ato formalmente adequado a transferir o domínio, ou o direito real de que trata, mas deixa de produzir tal efeito em virtude de não ser o transmitente senhor da coisa, ou do direito, ou de faltar-lhe poder legal de alienar.*[108]

Nesse sentido, ao revés das posições precitadas, inadmite o compromisso de compra e venda sem inscrição, conforme análise no tópico próprio deste trabalho. Portanto, não admite o erro formal, ou seja, o erro no modo de aquisição.

2.3.9.   Conclusão

O estudo do justo título interessa especialmente à análise da usucapião ordinária, do qual é um dos requisitos ao lado da boa-fé, da posse mansa e pacífica e do lapso temporal exigido conforme o caso (Código Civil, art. 1.238).

Convém notar, outrossim, que o justo título também dispõe de requisitos próprios.

O primeiro deles é a necessidade de tratar-se de título ilegítimo à transferência do direito a que se refere, vez que, se fosse legítimo, o direito nele inserto teria, em virtude dele, sido validamente transferido. De outro lado, não há que se confundir a ideia de justo título com a de título justo, no sentido de equidade e de justiça, não obstante a função social da propriedade.

Verifica-se, do mesmo modo, a necessária existência do título, não havendo falar-se em justo título putativo, supedaneado na errônea crença da sua existência. Em análise última, essa crença trata-se, em verdade, de elemento da boa-fé.

Mister também ressaltar que há premente necessidade de o título referir-se a coisa certa e determinada, não havendo falar-se em justo título se dúvidas pairam acerca do seu objeto. Tampouco há que se falar do instituto em relação às coisas que não constam claramente do título.

O ato jurídico relacionado ao título deve ser, em regra, puro e simples, isto é, despido de condição ou termo. Entrementes, há exceções. A primeira delas diz respeito à existência de condição resolutiva ou termo configurando o justo título enquanto não verificada a condição ou atingido o termo. A segunda exceção se dá em relação à condição suspensiva, havendo justo título depois de operada a condição.

Posta assim a questão, o justo título pode ser definido como aquele que infunde a crença da aquisição de um direito pelo seu titular e, ademais, é apto à aquisição desse direito mesmo que a *non domino* ou decorrente da ausência do poder legal de alienar (*v.g.* nulidade). Resta duvidosa na doutrina a possibilidade de sua admissão no caso de erro no modo de aquisição (v.g., aquisição imobiliária por instrumento particular).

Verificando o que dispõem os Direitos francês e italiano, é possível concluir que esses sistemas jurídicos não admitem qualquer outra causa que não a aquisição a *non domino* e a ausência de capacidade de dispor do titular. Portanto, o justo título deve ser hábil para a transferência do direito a que se destina, inclusive pelo registro no caso de bens imóveis, afastada a possibilidade de sua existência se alguma solenidade ou formalidade para o ato for preterida.

As legislações latino-americanas, influenciadas especialmente pelo Direito francês, acabaram por encampar a rigidez do sistema franco-italiano que, de certa forma, também foi agasalhada pela jurisprudência pátria de épocas nem tão remotas.

Nesse sentido, o art. 4.010 do Código Civil argentino, que, para a existência do justo título, exige escritura pública peremptoriamente.

Essa orientação, proveniente de exacerbado liberalismo do século passado, interessou especialmente aos anseios da burguesia exsurgente, não espelhando os interesses sociais

---

[108]   Lenine Nequete, *Da prescrição aquisitiva*, Porto Alegre: Ajuris, 1981, p. 207.

nacionais do limiar do século XXI, mormente ante o que dispõe a Constituição Federal brasileira, que encampou a função social da propriedade.

Outra questão que se afigura é a desnecessidade de registro para que se configure justo título no sistema jurídico pátrio, o que se infere de hodierna orientação jurisprudencial do Superior Tribunal de Justiça, espelhando os fins colimados pela Súmula 84.

Mas nem sempre foi assim. Impregnados pela noção de justo título trazido à colação pelo Direito francês e italiano e ainda sob influência do direito anterior, que não previa a transcrição como meio de aquisição de direitos reais sobre imóveis, abalizada doutrina nacional pregava a necessidade de registro para que se configurasse o justo título. Nesse sentido, manifestaram-se Lafayete, Lenine Nequete, Washington de Barros Monteiro dentre outros, que foram seguidos por remansosa jurisprudência.

Por outro lado, o justo título deve decorrer de ato jurídico relacionado com o fundamento do direito a que se refere, ou seja, mister se faz questionar se da atividade jurídica decorre o fundamento do direito inserto no título. Em outras palavras, há que se perquirir se o título que se pretende atribuir a qualidade de justo é capaz de gerar o direito a que se refere. *V.g.*: tratando-se da transferência de bens imóveis, há necessidade de questionar a possibilidade de registro do título, mormente que, no Direito pátrio, o registro (tradição solene) é meio de aquisição de direitos reais imobiliários (Código Civil, arts. 108, 1.245 e 1.227).

Outro aspecto de interesse diz respeito à circunstância de saber se o compromisso de compra e venda constitui ou não justo título para os efeitos legais, fazendo-se mister a diferenciação do contrato registrado daquele sem registro.

Como a promessa de compra e venda não registrada constitui mero direito pessoal, com rigor científico e jurídico, em verdade, não poderia ser considerada justo título na exata medida em que é inábil à transferência do domínio e, bem assim, despida dos requisitos formais exigidos legalmente (Código Civil, arts. 108, 1.227, 1.245 e 1.267).

Essa tese foi esposada por remansosa jurisprudência que só há pouco foi alterada.

Em virtude da realidade atribuída pelo registro nos termos do art. 5º do Decreto-lei 58/1937 e art. 167, I, da Lei 6.015/1973, já se admitia o justo título consubstanciado na promessa de compra e venda, mesmo ao revés de abalizada doutrina, como a proveniente de Lenine Nequete.

A jurisprudência evoluiu, admitindo, hoje, a existência de justo título independentemente do registro da promessa de compra e venda. Na esteira da Súmula 84, o Superior Tribunal de Justiça considera que, possibilitando a adjudicação, a promessa de compra e venda não registrada enseja a usucapião de breve tempo.[109] Entrementes, não se dispensa a irretratabilidade e irrevogabilidade da promessa, bem como a quitação do preço.

Outra questão surge em relação à possibilidade ou não do título nulo configurar o justo título. Em verdade, as nulidades relativa e absoluta não são critérios para a configuração de justo título. Assim o é em virtude da sua principal causa ensejadora: a aquisição a *non domino*, ato nulo por definição.

Orlando Gomes, verificando os termos do art. 166 do Código Civil, não admite o título nulo constituindo justo título. Entretanto, tolera o erro no modo de aquisição, como, por exemplo, a aquisição de imóvel por instrumento particular. Esta posição, de certa forma, representa contradição na abalizada lição na exata medida dos arts. 104, 108, 1.227, 1.245 e 1.267 do Código Civil.

Nesse sentido, visceralmente contrário à posição de Orlando Gomes, Ebert Chamoun sustenta que o ato inquinado de nulidade não elide um fato, ou seja, a posse ensejando a

---

109   Recurso Especial nº 32.972.

usucapião ordinária. Ensina que, admitida tese contrária, tampouco seria possível a usucapião extraordinária em virtude de transmissão de posse por ato nulo.

Embora haja coerência, a lição de Ebert Chamoun, é bom que se diga, não é adotada pela jurisprudência e por outros autores, dentre os quais, além de Orlando Gomes, podemos citar Lenine Nequete e Pontes de Miranda.

Todavia, tratando-se de nulidade relativa, a totalidade dos autores admite o justo título, ensejando a usucapião de breve tempo.

No caso de transação, não há falar-se em justo título, inferência que se extrai do seu efeito meramente declaratório e não constitutivo de direitos. A transação representa apenas o reconhecimento de direitos preexistentes.

O vício formal é outro aspecto que traz celeuma ao estudo do justo título.

Verificam-se na doutrina, em verdade, três causas ensejadoras da ineficácia do título: a aquisição a *non domino*; aquisição *a domino*, na qual o transmitente não pode dispor do bem ou se verifica ato inquinado de nulidade; e, erro no modo de aquisição.

Com efeito, Orlando Gomes admite erro no modo de aquisição ensejando o justo título, como ocorre, por exemplo, com a aquisição imobiliária por instrumento particular. No mesmo sentido é a lição de Lafayete Rodrigues Pereira.

Em verdade, parece que, ao equiparar o erro de direito com o erro de fato, há mistura das noções de justo título e de boa-fé, embora taxativamente sustentem que não.

Lenine Nequete inadmite o erro formal ou erro no modo de aquisição apto a ensejar existência de justo título.

Finalmente, ainda que brevemente, analisa-se a boa-fé, que nada mais é que a integração ética do justo título, ou seja, a convicção daquele que recebeu a posse em virtude de um título, de que não se encontra afrontando direito alheio.

Verifica-se claramente tratar-se de elemento psicológico referente à crença de situação legítima em relação a um direito.

Como a boa-fé não pode ser evidenciada diretamente, o possuidor por justo título, até prova em contrário, é considerado de boa-fé. Trata-se de presunção *juris tantum* decorrente do art. 1.201, parágrafo único, do Código Civil.

Registra-se, ainda, que o justo título não se confunde com a boa-fé. Em verdade, pode haver justo título sem que haja boa-fé e, também, boa-fé sem a existência de justo título, como, por exemplo, no caso de o comodatário encontrar-se convicto de que recebeu a coisa mediante doação.

Outrossim, para que se configure posse *ad usucapionem*, decorrente de justo título, mister se faz a observância da boa-fé durante todo o lapso temporal da prescrição aquisitiva.

Em conclusão, nos parece que o justo título é aquele com possibilidade abstrata de transferência do direito – mas que não transfere de fato – e que, ademais, infunde a crença no titular de que realmente adquiriu o direito a ele relacionado.

2.4. USUCAPIÃO E CONDOMÍNIO

A propriedade pode ser comum, isto é, ter diversos titulares.

Sendo assim, questão interessante é a de se saber se é possível aos condôminos a ação de usucapião de um, que exerce a posse exclusiva, contra os outros.

Segundo julgado do Tribunal de Justiça de São Paulo, *não sendo exclusiva a posse do condômino, ela não é apta a gerar a propriedade por usucapião* (TJSP – RT 449/248).

Portanto, sendo exclusiva, é possível a usucapião de um condômino em face dos outros *desde que exerce posse "pro suo", com exclusividade, em área delimitada, demonstrando inequivocamente o animus domini, pelo prazo previsto em lei* (TJRS – *RT* 427/82), ou seja, desde que impeça a posse pelos demais condôminos, sem oposição, sobre a área toda (STF – *RT* 493/239).[110]

A questão foi analisada pelo STJ, segundo o qual "pode o condômino usucapir, desde que exerça posse própria sobre o imóvel, posse exclusiva" (REsp 10.978/RJ, 3ª T., Rel. Min. Nilson Naves, *DJ* 09.08.1993). Ainda assim: REsp 214.680/SP, 4.ª T., Rel. Min. Ruy Rosado de Aguiar, *DJ* 16.11.1999 e REsp 101.009/SP, 2ª T., Rel. Min. Ari Pargendler, *DJ* 16.11.1998. Esse mesmo raciocínio se aplica a herdeiros, posto que são condôminos, sendo relevante mencionar o Resp 1.631.859 – SP, relatado pela Ministra Nancy Andrighi (j. 22.05.2018), segundo o qual, a partir da transmissão, no momento da morte (Código Civil, art. 1.784), "cria-se um condomínio *pro indiviso* sobre o acervo hereditário, regendo-se o direito dos coerdeiros, quanto à propriedade e posse da herança, pelas normas relativas ao condomínio, como mesmo disposto no artigo 1.791, parágrafo único, do CC/02", concluindo que o "condômino tem legitimidade para usucapir em nome próprio, desde que exerça a posse por si mesmo, ou seja, desde que comprovados os requisitos legais atinentes à usucapião, bem como tenha sido exercida posse exclusiva com efetivo *animus domini* pelo prazo determinado em lei, sem qualquer oposição dos demais proprietários.

Nada obstante, entendo que a possibilidade de aquisição da propriedade por usucapião se restringe à parcela da posse *pro diviso*, ou seja, à parcela decorrente da divisão fática de um imóvel titulado por mais de uma pessoa.

Não seria possível juridicamente sustentar o contrário na exata medida em que, permitir ao condômino usucapir a propriedade comum como um todo, seria premiar a posse precária, com origem na permissão e na tolerância do coproprietário e, por esta razão, aquela que não convalesce jamais em razão do disposto nos arts. 1.203 e 1.208 do Código Civil.

Nesse sentido:

Tribunal de Justiça de São Paulo. Usucapião. Decreto de procedência. Insurgência dos autores de que o pedido foi acolhido parcialmente, faltando a área correspondente a 2/56 avos do imóvel. Cabimento – Condomínio pro diviso sobre área maior. Autores proprietários de frações ideais. Possibilidade do reconhecimento do domínio sobre área certa e devidamente individualizada, ocupada com exclusividade pelos autores, sem oposição por parte dos demais condôminos ou confrontantes – Usucapião que não é somente modo originário de aquisição da propriedade pelo possuidor, mas também modo de sanar os vícios de propriedade ou outros direitos reais adquiridos a título derivado, insuscetível de lhe assegurar o domínio – Sentença reformada para declarar o domínio sobre as duas áreas descritas na petição inicial. Recurso provido. Apelação Cível 9130001-08.2009.8.26.0000 – 8ª Câmara de Direito Privado Rel. Des. Sales Rossi.

Ainda assim, recomendamos àqueles que procuram evitar a usucapião requerida contra si pelo coproprietário que utiliza a propriedade como um todo, que regularizem o uso da parte que não lhes pertence, o que pode ser feito por contrato de comodato ou de

---

[110] *Tribunal de Justiça de São Paulo. Usucapião – Imóvel rural – Cessão de direitos de posse – Antecessores titulares de parte ideal – Não é possível o reconhecimento do instituto da usucapião sobre parte ideal incerta em imóvel em condomínio – Recurso improvido.* (Apelação Cível n. 485.929-4/2-00 – Bragança Paulista – 7ª Câmara de Direito Privado – Rel. Luiz Antonio Costa – 18.04.2007 – v.u. – Voto n. 07/519). *Tribunal de Justiça de São Paulo. Usucapião – Possibilidade de o condômino pleitear usucapião desde que a posse seja exercida com exclusividade sobre o bem almejado – Hipótese em que a usucapião de parte certa e determinada de condomínio, tem o efeito de, nesta medida individualizar a área desapossada como propriedade exclusiva – Condições da ação presente – Extinção do processo afastada – Recurso provido para esse fim.* (Apelação n. 390.646-4/3-00 – Mococa – 3ª Câmara de Direito Privado – 05.09.2006 – Rel. Des. Beretta da Silveira – v.u.).

locação, aptos a descaracterizar a posse *ad usucapionem* na exata medida em que, a partir da renitência na restituição, a posse será precária, o que impedirá a prescrição aquisitiva.

A possibilidade de usucapião entre condôminos não se aplica ao condomínio edilício (em edifícios), no qual é impossível a usucapião de partes comuns.

Isso porque o § 2º do art. 1.331 do Código Civil determina que as áreas comuns são inalienáveis e inseparáveis do todo.

Logo, não podem ser usucapidas em partes.

É esta a lição sempre clara do Prof. João Batista Lopes: *como corolário dessa afirmação, incivil seria premiar com usucapião o condômino que revelou desprezo pelo diploma legal a que devem obediência todos os que vivem no universo do condomínio.*[111]

Nesse sentido:

Tribunal de Justiça de São Paulo. Extinção do processo – Usucapião – Vaga indeterminada de garagem em condomínio – Pretensão de registro de área localizada – Impossibilidade – Área comum com atribuição mediante sorteio em assembleia de condôminos – Impossibilidade jurídica do pedido – Reconhecimento – Processo extinto – Recurso provido (Apelação Cível com Revisão nº 396.173-4/8-00 – São Paulo – 3ª Câmara de Direito Privado – Rel. Elcio Trujillo – 07.02.2006 – v. u. – Voto nº 2.018).

Usucapião – Área comum – Não tem amparo legal a pretensão de condômino de usucapir área comum do edifício – Posse, mesmo que prolongada, é sempre dotada de precariedade, revogável a qualquer tempo a autorização de uso, pela Massa Condominial – Além do mais, as áreas comuns são institucionais, constituindo-se requisitos para a caracterização do condomínio horizontal e não podem ser usucapidas (Apelação Cível 74.501-4 – Marília – 3ª Câmara de Direito Privado – Rel. Alfredo Migliore – 09.02.1999 – v.u.).

2.5. PROCEDIMENTO

2.5.1. Citações, intimações e distribuição dos ônus processuais

Recebida a inicial, os proprietários, confinantes do imóvel e respectivos cônjuges serão citados pessoalmente (Código de Processo Civil, art. 114).

Nada obstante, os confinantes, inicialmente, não são requeridos, mas devem ser citados para, eventualmente, manifestar interesse e, até, se opor, contestando o pedido do autor, com exceção do condomínio edilício em que o pedido de usucapião dispensa a citação dos confinantes por expressa disposição do art. 246, § 3º, do Código de Processo Civil.

Caso os requeridos não sejam localizados, mister se faz a citação ficta (aquela realizada por edital ou com hora certa), com exceção dos confinantes, que deverão ser citados pessoalmente a teor do que dispõe o art. 246, § 3º, do Código de Processo Civil, segundo o qual: *Na ação de usucapião de imóvel, os confinantes serão citados pessoalmente, exceto quando tiver por objeto unidade autônoma de prédio em condomínio, caso em que tal citação é dispensada.*

Além desses, de qualquer forma, mister se faz a citação de pessoas incertas ou desconhecidas que tenham interesse na demanda, o que, por evidente, se fará por edital nos termos do que preveem os arts. 257 e 259, I do Código de Processo Civil.

A falta de citação dos proprietários torna nula a sentença desafiando, inclusive, ação reivindicatória promovida pelo proprietário com fundamento no art. 1.228 do Código Civil, tendo em vista que não pode rescindir sentença relativa a ação da qual não foi parte, fazendo que o ajuizamento da ação reivindicatória com declaração de nulidade de sentença seja o meio processual próprio para manejar a insurgência e, nesse sentido:

---

[111] João Batista Lopes, *Condomínio*, 8. ed., São Paulo: Revista dos Tribunais, 2003, p. 135.

Apelação – Ação anulatória e reivindicatória – Autor que demonstrou ser proprietário registral de bem imóvel – Anterior ação de usucapião na qual se reconheceu a aquisição da propriedade pela ré – Ausência de citação do autor naquela ação – Nulidade – Reconhecimento – Cancelamento do registro – Indenização por lucros cessantes – Improcedência do pedido por ausência de prova do período de ocupação – Recurso provido em parte (TJSP, Apelação Cível 1014621-76.2017.8.26.0361, Rel. Luis Mario Galbetti, 7ª Câmara de Direito Privado, 2ª Vara Cível, j. 12.05.2020, data de registro 12.05.2020).

"A citação daquele em cujo nome esteja transcrito o imóvel é obrigatória, pois é pessoa certa e presumidamente o proprietário, nos moldes do disposto no art. 859 do Código Civil de 1916 (art. 1.245 do atual). Como interessado certo, deve ser citado pessoalmente, nas formas previstas na lei adjetiva civil." Ademais, "a não observância no tocante à citação do confrontante acarreta a nulidade do processo, sendo a decisão proferida contra literal disposição de lei, podendo ser pronunciada a nulidade por ação comum que não a via rescisória".[112]

Deveras, a ausência de citação do proprietário registral constitui nulidade insanável:

Com relação ao proprietário e seu cônjuge, constantes no registro de imóveis, é indispensável, na ação de usucapião, a citação deles (e demais compossuidores e condôminos) como litisconsortes necessários, sob pena de a sentença ser absolutamente ineficaz, inutiliter data, tratando-se de nulidade insanável (STJ, REsp 1.432.579/MG, Rel. Min. Luis Felipe Salomão, Quarta Turma, j. 24.10.2017, DJe 23.11.2017).[113]

Nesses casos deve ser observado, contudo, o art. 115, II, do CPC: "A sentença de mérito, quando proferida sem a integração do contraditório, será: (...) II – ineficaz, nos outros casos, apenas para os que não foram citados". Trata-se de regra comezinha acerca da legitimidade: só pode arguir nulidade por falta de citação aquele que deveria ter sido citado e não o foi, cujo interesse só diz respeito à pessoa jurídica em cujo nome o imóvel está registrado.[114]

Serão intimados (não citados) os representantes da Fazenda Pública do Estado (ou do Distrito Federal) e do Município para, querendo, ingressarem no processo respondendo ao pedido do autor, intimação essa nos termos do art. 269, § 3º, do Código de Processo Civil, segundo o qual a intimação da União, dos Estados, do Distrito Federal, dos Municípios e de suas respectivas autarquias e fundações de direito público será realizada perante o órgão de Advocacia Pública responsável por sua representação judicial.

Em que pese o Código de Processo Civil de 2015 não contemplar a previsão antes insculpida no art. 943 do Código de Processo Civil de 1973, referente à necessidade de intimação de União, Estado, Distrito Federal e Município, "há que se atentar para a importância da matéria, que se reveste de interesse público, especialmente pelo fato de que possa ser público o bem objeto de prescrição e ainda pelas consequências perante o registro público. A falta de ciência às Fazendas Públicas, apesar de ser considerada por alguns como mera irregularidade no processo de usucapião, acarreta a sua nulidade integral, constituindo a omissão desatendimento de formalidade essencial".[115]

No âmbito do Código de Processo Civil de 1973 o representante do Ministério Público (curador de Registros Públicos) era intimado para intervir no feito, atuando como fiscal

---

[112] Benedito Silvério Ribeiro, *Tratado de usucapião*, São Paulo: Saraiva, 2007, v. 2, p. 1.256 e 1.263.

[113] Se assim o é, trata-se de "(...) *vício que, por sua gravidade, pode ser reconhecido mesmo após o trânsito em julgado, mediante simples ação declaratória de inexistência de relação jurídica (querela nullitatis insanabilis), não sujeita a prazo prescricional ou decadencial e fora das hipóteses taxativas do art. 485 do CPC (ação rescisória)*" (STJ, REsp 1.199.884/BA, Rel. Min. Eliana Calmon, Segunda Turma, j. 24.08.2010, *DJe* 08.09.2010).

[114] Nesse sentido: TJSP, Apelação Cível 1001054-31.2017.8.26.0699, Rel. Marcus Vinicius Rios Gonçalves, 6ª Câmara de Direito Privado, j. 30.03.2020.

[115] Benedito Silvério Ribeiro, ob. cit., p. 1.295.

da lei (*custos legis*) (Código de Processo Civil de 1973, art. 944), embora muitos sustentem a desnecessidade dessa intervenção em razão dos interesses privados que estão em jogo. Atualmente, essa intimação só será levada nas causas que, nos termos do art. 178 do Código de Processo Civil, envolvam interesse público ou social; nas causas que envolvam interesse de incapaz; e, nas causas que envolvam litígios coletivos pela posse de terra rural ou urbana. A usucapião não envolve, diretamente, litígio pela posse, mas pela propriedade. Todavia, tratando de interesse coletivo, aplicando-se por extensão os art. 554, § 1º e 565 do Código de Processo Civil, deverá ser intimado.

Se houver interesse de incapaz, outro representante do Ministério Público intervirá, exercendo a função de curador de incapazes.

Se algum dos réus for citado fictamente (edital ou hora certa) e se tornar revel, mister se faz a presença do curador especial (Código de Processo Civil, art. 72, II).[116]

Quanto aos confinantes, caso apenas defendam os limites da sua propriedade em razão, por exemplo, de incorreção na descrição autoral, notadamente quando não se opõem ao pedido, não devem ser condenados nos ônus sucumbenciais.

Nessa medida:

> **Tribunal de Justiça de São Paulo.** *Usucapião extraordinária. Imóvel rural. Preenchimento dos pressupostos básicos e provas dos demais requisitos legais a caracterizar a usucapião, cumpridos. Inconformismo dos autores apenas quanto ao ônus de sucumbência. Confinante que se limitou a resguardar os limites de sua propriedade. Além do mais, laudo pericial apurou diferença de área para menor que a indicada pelos autores, sem impugnação das partes. Ausência de oposição. Ônus sucumbenciais a cargo dos autores – Sentença confirmada – Recurso não provido (Apelação 9061275-79.2009.8.26.0000. Usucapião especial (constitucional). Rel. Elcio Trujillo. 10ª Câmara de Direito Privado. j. 05.06.2012. Outros números: 006.79.398470-0).*

No voto, consignou o relator: "Embora o confinante tenha apresentado contestação, não se opôs propriamente ao pedido dos autores de declaração de domínio sobre a área contígua à dele, mas apenas procurou assegurar que não houvesse qualquer divergência quanto à metragem da área usucapienda que pudesse invadir os limites de sua propriedade."

Benedito Silvério Ribeiro sustenta que "o confrontante, interessado na limitação e preservação de sua propriedade, desde que venha aos autos de usucapião apenas para resguardar os seus direitos, sem oferecer oposição ao pretendido pelo prescribente, não deve ser incluído no polo passivo, inexistindo necessidade quanto a figurar nos registros cartorários forenses, em especial no distribuidor. Consequentemente, não responderá por despesas processuais nem por sucumbência"[117].

Em igual sentido:

> **Tribunal de Justiça de São Paulo.** *Outros números: 004.77.435440-0. Honorários de advogado. Sucumbência. Usucapião. Confinante contestante. Pretensão resistida. Honorários devidos. Sucumbência que deve observar o art. 20, § 4º, do Código de Processo Civil [atual art. 85, § 8º] e o disposto nas alíneas a, b e c do § 3º [atual art. 85, § 2º, I e II] do mesmo artigo, porque extinto o processo sem julgamento do mérito, em relação ao*

---

[116] Alexandre de Paula, *apud* Antonio Cláudio da Costa Machado, *Código de Processo Civil anotado jurisprudencialmente*, São Paulo: Saraiva, 1996, p. 20, entende que é *desnecessária a nomeação de curador especial aos réus incertos e desconhecidos, revéis na ação de usucapião*, por isso que o art. 9º do *Código de Processo Civil*, só cuida da curatela especial de pessoas definidas como parte, o que não ocorre na hipótese enfocada. Essa posição é adotada por Antonio Carlos Marcato (*Procedimentos especiais*, São Paulo: Malheiros, 7. ed., 1997, p. 140), segundo o qual apenas a citação ficta de confinantes e proprietários, que não apresentem resposta, não dos terceiros *incertos,* implicará a nomeação de curador especial para defesa (no mesmo sentido: Humberto Theodoro Júnior, *Curso de Direito processual civil*, 15. ed., Rio de Janeiro: Forense, 1997, vol. III, nº 1.344).

[117] *Tratado de usucapião*, 5. ed., São Paulo: Saraiva, 2007, vol. 2, p. 1.266.

confinante contestante. Apelação parcialmente provida (Apelação 0120628-14.2006.8.26.0000. Usucapião. Rel. Carvalho Viana. Comarca: Birigui. 10ª Câmara de Direito Privado. j. 04.12.2007).

O mesmo raciocínio se aplica ao proprietário requerido que não resiste ao pedido.

Isto porque "a ação de usucapião implica em processo necessário, regido, quanto à imposição dos ônus processuais, pelo princípio do interesse e não pelos princípios do sucumbimento ou da causalidade" (STJ, 4ª Turma, REsp 23369/PR, Rel. Min. Athos Carneiro, j. 2.09.1992, v.u.).

É nessa direção a jurisprudência:[118]

Tribunal de Justiça de São Paulo. *Usucapião. Condenação dos contestantes em sucumbência. Inconformismo. Acolhimento em parte. Uma das contestações apresentadas ofereceu resistência ao pedido. Contestação de que não assistia razão à contestante. Sucumbência devida. Excluídas da condenação as contestantes que ingressaram nos autos apenas para manifestar o desinteresse no feito. Condenação que se restringe aos honorários advocatícios. Verba honorária que dispensa pedido expresso. Peculiaridade da ação de usucapião que afasta a necessidade de pedido nesse sentido e, por outro lado, impede que sejam carreadas ao contestante vencido as custas e despesas processuais. Sentença reformada para excluir parte das contestantes da condenação, bem como as custas e despesas processuais. Recurso de três contestantes provido e o da autora provido em parte. (Apelação 9121540-18.2007.8.26.0000, Rel. Des. Grava Brazil, 9ª Câmara de Direito Privado, j. 24.03.2009).*

Tribunal de Justiça de São Paulo. *Apelação cível. Usucapião extraordinário. Procedência, com condenação do confrontante ao pagamento das custas, despesas processuais e honorários advocatícios fixados em 10% do valor da causa, corrigido desde o ajuizamento da ação. Apelo do confrontante [...] sustentando descabida sua condenação nas verbas da sucumbência e pugnando, alternativamente, pela redução dos honorários de advogado. [...]. Resistência infundada. Sujeição do confrontante à sucumbência, porém, restrita aos honorários de advogado. Despesas a cargo de quem o provimento jurisdicional beneficia [...] Recurso parcialmente provido (TJ/SP, Apelação 9069789-21.2009.8.26.0000, Rel. Des. Viviani Nicolau, 9ª Câmara de Direito Privado, j. 23.08.2011).*

Já se decidiu que "a contestação por negativa geral não equivale à ausência de contestação e confere litigiosidade ao feito":

Tribunal de Justiça de São Paulo. *Usucapião extraordinária. Sentença de procedência. Ausência de condenação dos réus ao pagamento de honorários se sucumbência. Princípio da causalidade. Contestação por negativa geral que confere litigiosidade ao feito. Condenação dos réus ao pagamento de honorários advocatícios. Recurso provido (Apelação 0327183-49.2009.8.26.0100; Rel. Beretta da Silveira; Comarca: São Paulo; 3ª Câmara de Direito Privado; j. 10.08.2016; Data de registro: 10.08.2016).*

2.5.2. Prazo para resposta

Como se trata de procedimento comum, o prazo para resposta, de 15 dias, começará a fluir a partir da finalização da(s) audiência(s) de conciliação ou do protocolo da petição do réu dispensando a audiência, se o autor fez o mesmo na inicial (Código de Processo Civil, art. 335).

Caso os réus tenham sido citados pessoalmente e não tenham apresentado resposta, caberá, em tese, a aplicação da pena de revelia (Código de Processo Civil, art. 344).

Nesse caso, o juiz julgará antecipadamente o pedido, nos termos do art. 335, II, caso o réu não ingresse no processo a tempo de requerer a sua produção.

Não ocorrendo o julgamento antecipado do mérito (Código de Processo Civil, art. 355), o juiz saneará o processo, determinando a realização de prova pericial (se necessária) e designará audiência de instrução e julgamento.

---

[118] Em igual sentido: TJSP, Apelação 0001953-45.2011.8.26.0638, j 13.12.2012.

2.5.3. Impossibilidade de oposição e embargos de terceiro na ação de usucapião

Em virtude da citação de todos os interessados, não cabem embargos de terceiro ou oposição contra a ação de usucapião.[119]

2.5.4. Sentença

A sentença que acolhe o pedido de usucapião é meramente declaratória e não constitutiva do direito de propriedade, valendo como título de domínio que será submetido a registro. Em outras palavras, a sentença reconhece a aquisição que já se operou com o cumprimento dos requisitos da espécie de usucapião.

Evidentemente que o registro da sentença mediante mandado dependerá do cumprimento das exigências fiscais,[120] e será levada a efeito junto ao oficial de Registro de Imóveis da circunscrição imobiliária competente (Lei 6.015/1973, arts. 167, I, 28, e 226).

O fato da inexigibilidade do Imposto de Transmissão no caso da usucapião decorre da natureza originária da aquisição.

Nesse sentido, é cristalina a lição de Benedito Silvério Ribeiro: *O entendimento dominante, entretanto, é o de que a aquisição usucapional é originária, sem qualquer relacionamento com o anterior proprietário, não ocorrendo transmissão. (...) A aquisição originária provém de um ato de vontade unilateral, praticado pelo adquirente apenas, tornando-se proprietário sem participação de alguém que desponte como transmitente, não derivando o título de nenhum outro.*[121]

Em outras palavras, não há transmissão e, nessa medida, não há fato gerador para a incidência de tributo:

Tribunal de Justiça de São Paulo. *Agravo de Instrumento 9043014-66.2009.8.26.0000. Usucapião Ordinária. Rel. Grava Brazil. 9ª Câmara de Direito Privado. j. 03.11.2009. Outros números: 006.74.945480-0. Ementa: Usucapião – Decisão que determina o recolhimento do ITBI – Inconformismo – Acolhimento – Imposto que tem como fato gerador a transmissão onerosa de bens, por ato inter vivos – Usucapião que constitui modo de aquisição originária, inexistindo relação sucessória – Inexigibilidade do imposto – Decisão reformada – Recurso provido.*

Tribunal de Justiça de São Paulo. *Agravo de Instrumento 0071009-08.2012.8.26.0000. Usucapião Extraordinária. Rel. Carlos Alberto Garbi. Comarca: Piracaia. 3ª Câmara de Direito Privado. j. 19.06.2012. Processual Civil. Usucapião. Agravo de instrumento contra a decisão, proferida em ação de usucapião de bem imóvel rural, que determinou a realização de certificação georreferenciada do INCRA, bem como condicionou o registro da propriedade ao recolhimento do imposto sobre transmissão de bem imóvel (ITBI). 1. A existência do memorial descritivo é o que basta para garantir o prosseguimento da demanda. Neste primeiro momento, ocasião na qual sequer foram produzidas as provas a respeito do tempo de posse e do justo título apresentado, não se pode exigir, desde já, o cumprimento dos requisitos inerentes ao registro do imóvel (art. 225, § 3º, da Lei 6.015/1973. 2. Exigir, desde já, o cumprimento dos requisitos do registro do imóvel seria impedir o exame da pretensão do agravante, o que representaria, por consequência, afronta ao princípio da inafastabilidade da Jurisdição (art. 5º, inc. XXXV, da Constituição Federal). 3. No que tange ao recolhimento do imposto sobre transmissão de bens imóveis (ITBI), o tributo não pode ser exigido diante da falta de fato gerador. O agravante recebeu o imóvel por instrumento de cessão de direitos possessórios. Não ocorreu transmissão de propriedade, pois o reconhecimento da usucapião representa modo originário de aquisição de propriedade. Logo, o imposto não pode ser exigido. Precedentes deste Tribunal. Recurso provido para afastar a exigibilidade do recolhimento do ITBI, bem como para afastar a apresentação da certificação georreferenciada pelo INCRA.*

---

[119] Humberto Theodoro Junior, ob. cit., nº 1.343, p. 213.

[120] O que não inclui a incidência do imposto de transmissão entre vivos, em razão da aquisição originária.

[121] Benedito Silvério Ribeiro. *Tratado de Usucapião.* 8. ed. São Paulo: Saraiva: 2012. p. 1.402.

A sentença de improcedência também faz coisa julgada material. Entretanto, não obsta novo pedido com fundamento em nova causa para ensejar o domínio, como, por exemplo, se a sentença for de improcedência por ausência de lapso temporal que, ao depois, é completado, ensejando nova ação.

2.6. USUCAPIÃO EXTRAJUDICIAL[122]

O Código de Processo Civil de 2015 alterou a Lei de Registros Públicos (Lei 6.015/1973) para incluir a usucapião extrajudicial.

Pouco depois, a Lei 13.465/2017 alterou novamente o dispositivo, que ficou com a seguinte redação:

Art. 1.071. O Capítulo III do Título V da Lei 6.015, de 31 de dezembro de 1973 (Lei de Registros Públicos), passa a vigorar acrescida do seguinte art. 216-A:

"Art. 216-A. Sem prejuízo da via jurisdicional, é admitido o pedido de reconhecimento extrajudicial de usucapião, que será processado diretamente perante o cartório do registro de imóveis da comarca em que estiver situado o imóvel usucapiendo, a requerimento do interessado, representado por advogado, instruído com:

I – ata notarial lavrada pelo tabelião, atestando o tempo de posse do requerente e de seus antecessores, conforme o caso e suas circunstâncias, aplicando-se o disposto no art. 384 da Lei 13.105, de 16 de março de 2015 – Código de Processo Civil;

II – planta e memorial descritivo assinado por profissional legalmente habilitado, com prova de anotação de responsabilidade técnica no respectivo conselho de fiscalização profissional, e pelos titulares de direitos registrados ou averbados na matrícula do imóvel usucapiendo ou na matrícula dos imóveis confinantes;

III – certidões negativas dos distribuidores da comarca da situação do imóvel e do domicílio do requerente;

IV – justo título ou quaisquer outros documentos que demonstrem a origem, a continuidade, a natureza e o tempo da posse, tais como o pagamento dos impostos e das taxas que incidirem sobre o imóvel.

§ 1º O pedido será autuado pelo registrador, prorrogando-se o prazo da prenotação até o acolhimento ou a rejeição do pedido.

§ 2º Se a planta não contiver a assinatura de qualquer um dos titulares de direitos registrados ou averbados na matrícula do imóvel usucapiendo ou na matrícula dos imóveis confinantes, o titular será notificado pelo registrador competente, pessoalmente ou pelo correio com aviso de recebimento, para manifestar consentimento expresso em 15 (quinze) dias, interpretado o seu silêncio como concordância.

§ 3º O oficial de registro de imóveis dará ciência à União, ao Estado, ao Distrito Federal e ao Município, pessoalmente, por intermédio do oficial de registro de títulos e documentos, ou pelo correio com aviso de recebimento, para que se manifestem, em 15 (quinze) dias, sobre o pedido.

§ 4º O oficial de registro de imóveis promoverá a publicação de edital em jornal de grande circulação, onde houver, para a ciência de terceiros eventualmente interessados, que poderão se manifestar em 15 (quinze) dias.

§ 5º Para a elucidação de qualquer ponto de dúvida, poderão ser solicitadas ou realizadas diligências pelo oficial de registro de imóveis.

---

[122] *Vide* Provimento CNJ 65/2017, que estabelece diretrizes para o procedimento da usucapião extrajudicial nos serviços notariais e de registro de imóveis.

§ 6º Transcorrido o prazo de que trata o § 4º deste artigo, sem pendência de diligências na forma do § 5º deste artigo e achando-se em ordem a documentação, o oficial de registro de imóveis registrará a aquisição do imóvel com as descrições apresentadas, sendo permitida a abertura de matrícula, se for o caso.

§ 7º Em qualquer caso, é lícito ao interessado suscitar o procedimento de dúvida, nos termos desta Lei.

§ 8º Ao final das diligências, se a documentação não estiver em ordem, o oficial de registro de imóveis rejeitará o pedido.

§ 9º A rejeição do pedido extrajudicial não impede o ajuizamento de ação de usucapião.

§ 10. Em caso de impugnação justificada do pedido de reconhecimento extrajudicial de usucapião, o oficial de registro de imóveis remeterá os autos ao juízo competente da comarca da situação do imóvel, cabendo ao requerente emendar a petição inicial para adequá-la ao procedimento comum, porém, em caso de impugnação injustificada, esta não será admitida pelo registrador, cabendo ao interessado o manejo da suscitação de dúvida nos moldes do art. 198 desta Lei.

§ 11. No caso de o imóvel usucapiendo ser unidade autônoma de condomínio edilício, fica dispensado consentimento dos titulares de direitos reais e outros direitos registrados ou averbados na matrícula dos imóveis confinantes e bastará a notificação do síndico para se manifestar na forma do § 2º deste artigo.

§ 12. Se o imóvel confinante contiver um condomínio edilício, bastará a notificação do síndico para o efeito do § 2º deste artigo, dispensada a notificação de todos os condôminos.

§ 13. Para efeito do § 2º deste artigo, caso não seja encontrado o notificando ou caso ele esteja em lugar incerto e não sabido, tal fato será certificado pelo registrador, que deverá promover a sua notificação por edital mediante publicação, por duas vezes, em jornal local de grande circulação pelo prazo de 15 (quinze) dias cada um, interpretado o silêncio do notificando como concordância.

§ 14. Regulamento do órgão jurisdicional competente para a correição das serventias poderá autorizar a publicação do edital em meio eletrônico, caso em que ficará dispensada a publicação em jornais de grande circulação.

§ 15. No caso de ausência ou insuficiência dos documentos de que trata o inciso IV do caput deste artigo, a posse e os demais dados necessários poderão ser comprovados em procedimento de justificação administrativa perante a serventia extrajudicial que obedecerá, no que couber, ao disposto no § 5º do art. 381 e ao rito previsto nos arts. 382 e 383 da Lei 13.105, de 16 março de 2015 (Código de Processo Civil). (NR)"

O assunto está regulamentado pelo Provimento 149 do CNJ, de 30.08.2023, arts. 398 a 423.

Nesta medida, podemos extrair os requisitos dessa forma de reconhecimento das espécies de usucapião, que não demanda ação judicial e é fundada em justo título ou outro documento que comprove a origem da posse.

Com efeito, o requerimento a ser apresentado ao Oficial de Registro de Imóveis respeitará, no que couber, os requisitos de uma petição inicial contemplados no art. 319 do CPC assinada por advogado ou defensor público, com os elementos do art. 400 e os documentos originais exigidos pelo art. 401 do Provimento 149/2023 do CNJ.

O inciso II do art. 216-A exige que os titulares de direitos averbados ou registrados na matrícula, inclusive reais sobre o imóvel pretendido, assinem a planta.

Assim, apesar da possibilidade de reconhecimento de usucapião pela via extrajudicial de imóvel sobre o qual pese garantia real, dificilmente esta será a forma, posto que é improvável a concordância de credor com garantia real sobre o imóvel pretendido.

Deveras, seria mesmo absurdo pensar no reconhecimento de usucapião extrajudicial sem que os titulares do domínio e de outros direitos reais estejam de acordo, sob pena de ferimento do princípio segundo o qual *ninguém será privado da liberdade ou de seus bens sem o devido processo legal* (CF, art. 5º, LIV).

Igualmente, exige-se a assinatura dos titulares de direitos averbados ou registrados nas matrículas dos imóveis confinantes.

Não conseguindo ou não sendo possível colher a assinatura de qualquer dos titulares de direitos sobre o imóvel e sobre imóveis confinantes, que podem ser atingidos pela aquisição originária representada pela usucapião, o registrador deverá providenciar a notificação pessoal, podendo delegar a incumbência ao oficial de títulos e documentos, ou pelo correio e, neste caso, no meu entendimento, em mão própria, para manifestação em 15 dias, sob pena de o silêncio significar concordância, fugindo da tradição do nosso direito.

Tendo em vista a importância da notificação pessoal, notadamente em razão de o silêncio representar concordância do notificado, é de todo recomendável que os titulares se acautelem e averbem a alteração de seus endereços de domicílio nas matrículas dos seus imóveis, evitando que a notificação se dê por edital que, diante da inércia, representará concordância com a usucapião. Como se sabe, na prática, esses editais representam apenas uma formalidade, pois dificilmente o seu teor chega, de fato, ao conhecimento do destinatário.

Com efeito, caso o notificado esteja em local incerto e não sabido ou não seja encontrado, a notificação se dará por edital publicado em jornal de grande circulação, por duas vezes, com prazo de 15 dias cada um, ou por meio eletrônico regulamentado pelo Tribunal Estadual para manifestação dos interessados, igualmente interpretado o silêncio como concordância.

No caso de condomínio edilício, basta notificar o síndico. Se não estiver regularmente instituído, será necessária a anuência de todos os titulares de direitos constantes da matrícula.

Mesmo que se pudesse redarguir, afirmando que não há mais titular de direito real tendo em vista a aquisição originária do possuidor, além de os direitos reais, notadamente a propriedade, constarem da matrícula, a questão constitucional exigirá a assinatura na planta ou a notificação – ainda que por edital, na forma da lei – daquele que ostenta, no álbum imobiliário, a condição de titular do domínio, sem o que, embora haja possibilidade de reconhecimento da usucapião, o pedido deve ser judicial.

A necessidade de anuência do titular do domínio é ainda mais clara na medida em que:

a) O § 2º do art. 216-A da Lei de Registros Públicos exige anuência do titular de direitos reais: "§ 2º Se a planta não contiver a assinatura de *qualquer um dos titulares de direitos reais e de outros direitos registrados ou averbados na matrícula do imóvel usucapiendo* e na matrícula dos imóveis confinantes, esse será notificado pelo registrador competente, pessoalmente ou pelo correio com aviso de recebimento, para manifestar seu consentimento expresso em 15 (quinze) dias, interpretado o seu silêncio como concordância".

b) O § 10 do art. 216-A da Lei de Registros Públicos menciona a necessidade de notificação, nas hipóteses em que não houver a assinatura do memorial e da planta pelos titulares de direitos reais (inclusive, por óbvio, de propriedade) e consequente "caso de impugnação do pedido de reconhecimento extrajudicial de usucapião, apresentada por qualquer um dos titulares de direito reais e de outros direitos registrados ou averbados na matrícula do imóvel usucapiendo e na matrícula dos imóveis confinantes". Assim, havendo impugnação o pedido será remetido ao juiz competente (corregedor ou titular da Vara de Registros) para apresentação de inicial (a lei fala impropriamente em emenda) para conversão no pedido em ação judicial de usucapião. Em outras palavras, a toda evidência, como a propriedade é direito real, o proprietário que não concordar com o pedido administrativo deve ser notificado (§ 2º do art. 216-A da Lei de Registros Públicos) e, se impugnar, a ação será judicial.

Na prática não haverá emenda de inicial, mas novo pedido, tendo em vista que o requerimento perante o registrador não tem natureza jurisdicional, não havendo como falar-se em "emenda da inicial" como impropriamente se refere a norma.

Pensamos que, ao remeter o procedimento ao Juízo competente, caberá ao possuidor protocolizar, se quiser, complementando os documentos, a petição inicial seguindo, a partir daí o procedimento dos arts. 318 e seguintes do Código de Processo Civil pelo procedimento comum.

Em resumo, entendemos que não deverá ser deferida a usucapião extrajudicial sem a concordância daquele que consta no álbum imobiliário como titular de direito real sobre o imóvel usucapiendo, ainda que, notificado, presuma-se a concordância pelo silêncio.

Resta saber se a presunção de concordância é relativa ou absoluta. Isto porque, considerada absoluta a presunção, não haverá como, depois do prazo, discutir a aquisição originária.

Todavia, se a presunção de concordância for relativa, a discussão poderá ser reaberta. De minha parte, entendo que a presunção que decorre do silêncio é absoluta. Ainda assim, para que grave consequência seja produzida – o reconhecimento da perda da propriedade –, a tentativa de notificação pessoal deve ser séria e dirigida a todos os endereços conhecidos do proprietário, o que reforça a minha recomendação para que esses se acautelem averbando seu endereço junto ao Oficial de Registro de Imóveis.

Posta dessa maneira a questão, qualquer falha na tentativa de localização anulará a aquisição, não em razão de a presunção ser relativa, mas em função de não se atingir a presunção que decorre de comunicação válida feita pelo postulante da usucapião ao proprietário.

Portanto, o deferimento sem tal formalidade ou com falhas na notificação pessoal, pelo correio ou por edital ensejará, pelo proprietário, pedido de anulação do registro e consequente ação reivindicatória em razão do princípio da conservação que cerca o direito de propriedade insculpido no art. 5º, XXII, da Constituição Federal.

Aos demais titulares, a ausência da formalidade de sua concordância ensejara, igualmente, a ação anulatória por ausência da formalidade prescrita em lei.

III – certidões negativas dos distribuidores da comarca da situação do imóvel e do domicílio do requerente;

Tal exigência se faz necessária para prova da posse, que em qualquer caso de usucapião deve ser mansa e pacífica.

A posse deve ser mansa e pacífica em relação aos titulares anteriores que, conhecendo a posse do requerente, não questionaram a existência da situação de fato durante todo o prazo.

Nesse sentido, o possuidor não sofre oposição pelo titular atual do direito real, que deve assinar a planta e pelos anteriores, em relação ao exercício de sua posse, o que se prova pelas certidões.

IV – justo título ou quaisquer outros documentos que demonstrem a origem da posse, continuidade, natureza e tempo, tais como o pagamento dos impostos e taxas que incidirem sobre o imóvel.

A prova da posse e do lapso temporal podem advir tanto do justo título, cujo estudo fizemos no item 2.3, quanto de outros documentos que comprovem a posse e a sua origem, exemplificando a lei pela apresentação de impostos que tenham incidido sobre o imóvel e cujo pagamento tenha, durante o tempo da posse a ser provada, sido levado a efeito pelo requerente da usucapião.

Portanto, a princípio, admite-se tanto a usucapião ordinária (com justo título e prazos inerentes) quanto extraordinária além das espécies especiais urbana e rural.

Recebido o pedido, o oficial de Registro de Imóveis deverá dar ciência às Fazendas Públicas para manifestação em 15 (quinze) dias sobre o pedido, o que fará pelo correio, com aviso de recebimento, por meio eletrônico, ou, ainda, por intermédio do oficial de registro de títulos e documentos.

Demais disso, o Oficial deverá mandar publicar editais para conhecimento de terceiros que poderão se manifestar igualmente no prazo de 15 (quinze) dias da data da publicação.

Não havendo qualquer impugnação e se a documentação estiver em ordem, cabendo a formulação de exigências pelo oficial, o imóvel será registrado em nome do requerente, inclusive com abertura de nova matrícula que, entretanto, nos termos do art. 418 do Provimento 149/2023 do STJ não extinguirá automaticamente no registro eventuais gravames judiciais cuja baixa deve ser requerida pelo adquirente diretamente ao órgão jurisdicional que determinou a constrição.

Por se tratar de *aquisição originária*, a regra é estranha e inconveniente na exata medida em que impõe ônus que não decorre da forma de aquisição que, a toda evidência, admite extinção automática dos ônus e gravames os quais incidiam sobre a propriedade, sendo injustificável a necessidade – que não consta da lei – de requerer a baixa de cada autoridade emissora da ordem, gerando incidentes desnecessários, posto que outra não será a conclusão senão a insubsistência deles.

Caso haja impugnação de qualquer titular de direito real sobre o imóvel pretendido, o Oficial de Registro de Imóveis tentará promover a conciliação ou a mediação entre as partes e, não havendo composição, as remeterá para as vias ordinárias, ou seja, para a ação de usucapião, sendo mister a jurisdição.

Havendo negativa de registro, caberá o procedimento de dúvida registral do qual tratamos no capítulo 2 do Livro I, nos termos do § 7º do art. 216-A da Lei 6.015/1973, sendo que essa possibilidade vem expressamente prevista, também, para o caso de impugnação rejeitada, nos termos do § 10 do mesmo art. 216-A, com a redação da Lei 14.382/2022.

2.6.1. A ata notarial no requerimento de usucapião extrajudicial

O atual Código de Processo Civil (Lei 13.105, de 16 de março de 2015) trouxe, portanto, a previsão da "ata notarial lavrada pelo tabelião, atestando o tempo de posse do requerente e seus antecessores, conforme o caso e suas circunstâncias" (art. 216-A da Lei 6.015/1973 – Lei de Registros Públicos, com a redação dada pelo art. 1.071 do Código de Processo Civil) como elemento indispensável ao reconhecimento extrajudicial da usucapião.

Resta, aqui, na minha opinião, preocupação quanto ao instituto: o notário deverá, praticamente, julgar, posto que deve ingressar no mérito da existência da posse, tendo em vista que a posse é o exercício pleno ou não de um dos poderes inerentes ao domínio (Código Civil, art. 1.196) e pode, inclusive, responder pelos prejuízos que a falha (negligência) nessa constatação causar ao proprietário ou a terceiros.

Sendo assim, caberá ao tabelião exigir do solicitante todos os elementos que impliquem o reconhecimento da posse que atestará, tais como:

a) instrumentos particulares e respectivos recibos, se houver;

b) comprovantes de recolhimento de IPTU e foro/laudêmio, se for o caso de usucapião de enfiteuse;

c) declarações de bens que mencionem o imóvel, a critério do solicitante em razão do sigilo fiscal;

d) contas de consumo referentes ao imóvel pretendido (água, energia etc.);

e) planta do imóvel assinada por profissional habilitado e pelas partes, com a anotação de responsabilidade técnica – ART (engenheiro) ou registro de responsabilidade técnica RRT (arquiteto); e

f) memorial descritivo.

Além disso, o tabelião deverá diligenciar no local e ouvir os confrontantes do imóvel sobre o tempo de posse do solicitante, bem como sobre o conhecimento de qualquer oposição contra a posse.

A ata notarial mencionará, ainda, o valor, que será aquele informado pelo solicitante se não houver valor de referência para lançamento do imposto.

O tabelião deverá mencionar, na ata notarial, ainda, as certidões dos feitos ajuizados em face do solicitante, relativos às ações pessoais, reais e reipersecutórias (referentes às obrigações sobre o imóvel assumidas pelo solicitante) referentes ao imóvel, não devendo lavrar a ata se a posse for litigiosa, posto que não será, na hipótese, mansa e pacífica, requisito primordial de qualquer espécie de usucapião que o solicitante pretenda reconhecimento.

Se houver proprietário tabular (titular do imóvel perante o Registro de Imóveis), é imprescindível, como dissemos, a sua anuência, a teor do que dispõe o § 2º do art. 216-A da Lei 6.015/1973, segundo o qual:

*Se a planta não contiver a assinatura de qualquer um dos titulares de direitos registrados ou averbados na matrícula do imóvel usucapiendo ou na matrícula dos imóveis confinantes, o titular será notificado pelo registrador competente, pessoalmente ou pelo correio com aviso de recebimento, para manifestar consentimento expresso em 15 (quinze) dias, **interpretado o seu silêncio como concordância**.*

Ademais, aos tabeliães se impõem as seguintes obrigações: a) emissão da DOI (Declaração sobre Operações Imobiliárias), contudo, como não há transmissão, tratando-se de aquisição originária, deverá ser dispensada a informação do CPF/CNPJ do transmitente e ainda que haja transmissão de posse documentada pelo solicitante; b) Consulta ao CNIB – Centro Nacional de Indisponibilidade de Bens –, em que pese a indisponibilidade ser dirigida ao titular, não atingindo a aquisição originária por usucapião. Ainda assim, por cautela, deve ser mencionada no ato; c) também entendo que haverá necessidade de a CENSEC[123] – Central Notarial de Serviços Eletrônicos Compartilhados – se estruturar para receber a informação da existência dessas atas notariais, corroborando com a segurança nas relações jurídicas e notadamente protegendo terceiros que poderão se valer das informações referentes a atas notarias lavradas, referentes ao imóvel pretendido.

O detalhamento dos requisitos formais para elaboração da ata notarial de constatação da posse e seu tempo, bem como do registro, estão estampados no Provimento 149/2023 do Conselho Nacional de Justiça, devendo ser elaborada pelo tabelião do município onde se encontra o imóvel usucapiendo (art. 402 do Provimento 149/2023 do CNJ).

Por fim, resta evidente que o tabelião responde pelos prejuízos que causar em razão de não tomar as cautelas para certificar a posse, responsabilidade esta que sob a ótica administrativa emerge dos arts. 31 a 36 da Lei 8.935/1994 com penas de represão, multa, suspensão e até perda da delegação, impostas pelo Poder Judiciário, sem prejuízo da responsabilidade civil e penal decorrente de dolo, tendo em vista que o art. 24 da Lei 8.935/1994 determina que a responsabilidade penal será individualizada e que se aplica, no

---

[123] A Central Notarial de Serviços Eletrônicos Compartilhados – CENSEC – é um sistema administrado pelo Colégio Notarial do Brasil – Conselho Federal – CNB-CF – cuja finalidade é gerenciar banco de dados com informações sobre existência de testamentos, procurações e escrituras públicas de qualquer natureza, inclusive separações, divórcios e inventários lavradas em todos os cartórios do Brasil.

que couber, a legislação relativa aos crimes contra a administração pública, lembrando que o delegatário é funcionário público para efeitos penais (art. 327 do Código Penal) e pode cometer crimes contra a administração pública (Código Penal, arts. 312 a 326) e leis especiais.

Nos termos do art. 22 da Lei 8.935/1994, a responsabilidade por danos advindos de atos notariais ou registrários é pessoal do notário ou oficial responsável pela delegação, bem como de seus prepostos.

Deveras, o art. 22 da Lei 8.935/1994 estabelece o direito de regresso do notário titular e trata do direito de regresso do oficial titular da delegação em face de seus prepostos, em caso de ato causado por conduta dolosa ou culposa destes, sem isenção de responsabilidade do titular do cartório.

Quanto à responsabilidade civil solidária entre o notário e o Estado, interessante julgado:

Tribunal de Justiça de São Paulo. *Apelação Cível – Ação indenizatória – Responsabilidade civil do Estado – Ato praticado por notário – Estado que responde solidariamente pelo ato do tabelião – Desempenho de funções estatais, por delegação – Preliminar de ilegitimidade passiva ad causam rejeitada. Mérito – Negócio jurídico invalidado em razão de prática de ato fraudulento – Perda de propriedade imobiliária que supera o mero dissabor – Dano moral indenizável. Condenação do Estado ao pagamento de custas processuais afastada, bem como reajustado o valor da verba honorária e os critérios de correção monetária e de incidência de juros – Sentença reformada em parte – Recurso parcialmente provido. (Apelação 1017989-24.2014.8.26.0224, Rel. José Carlos Ferreira Alves, Comarca: Guarulhos, 2ª Câmara de Direito Privado, j. 17.05.2016, Data de registro: 17.05.2016)*

Segundo Walter Ceneviva, "o serviço registrário fez de seu titular um delegado do Poder Público, com a possibilidade, nos limites da lei, de proceder, examinar, julgar, representar, resolver quanto se refira às questões que lhe sejam pertinentes. Afirma, pois, sua condição de prestador de serviço público, ou, melhor ainda, de agente público. Ele recebe, com a delegação, competência e autoridade para cumprir funções estatais que visam à realização de fins públicos. A qualidade de delegado decorre de outorga pelo Estado, que o habilita ao exercício da função estatal (...)". Assim, "a dupla condição de agente público e de atuante em caráter privado suscita a persistência da responsabilidade do Estado pelos danos causados, como decorrência do disposto no art. 37, § 6º, da Constituição".[124]

Portanto, agindo com dolo ou culpa, não tomando as cautelas, notadamente na verificação efetiva da posse *ad usucapionem*, responderá o tabelião pelos prejuízos decorrentes da ata notarial que lavrar e, neste caso, o estado, independentemente de culpa pelo ato do delegatário, sendo de rigor observar que à luz do art. 236 da Constituição Federal, já se reconheceu até a responsabilidade objetiva do notário, posto que "assume posição semelhante à das pessoas jurídicas de direito privado prestadoras de serviços públicos – § 6º do artigo 37 também da Carta da República." (RE 201.595/SP, STF, 2ª Turma, Rel. Min. Marco Aurélio, j. 28.11.2000, *DJ* 20.04.2001, p. 138, v.u.).

Ademais, o § 15 do art. 216-A da Lei de Registros Públicos dispõe que, "No caso de ausência ou insuficiência dos documentos de que trata o inciso IV do caput deste artigo [justo título ou quaisquer outros documentos que demonstrem a origem, a continuidade, a natureza e o tempo da posse, tais como o pagamento dos impostos e das taxas que incidirem sobre o imóvel], a posse e os demais dados necessários poderão ser comprovados em procedimento de justificação administrativa perante a serventia extrajudicial que obedecerá, no que couber, *ao disposto no § 5º do art. 381 e ao rito previsto nos arts. 382 e 383 da Lei 13.105, de 16 março de 2015 (Código de Processo Civil)*". Em outras palavras, o dispositivo estabelece procedimento de produção de provas por meio do que denominou "justificação administrativa", notadamente para suprir a prova da posse.

---

[124] Walter Ceneviva. *Lei dos Registros Públicos Comentada*. 18. ed. São Paulo: Saraiva, 2008, p. 55-56, nota 53 ao Capítulo VI.

Nela, as mesmas cautelas que o tabelião deve tomar para lavrar a ata notarial devem ser tomadas para o procedimento de justificação administrativa, sob pena de sua responsabilidade pessoal, além das penalidades administrativas previstas na Lei.

O procedimento seguirá, no que couber, as determinações do Código de Processo Civil para a produção antecipada de provas, especialmente o disposto nos arts. 381, § 5º, 382 e 383.[125]

2.6.2.   Modelo de ata notarial de usucapião extrajudicial

ATA NOTARIAL DE USUCAPIÃO EXTRAJUDICIAL

Aos (...) do mês de (...) do ano de (...), no cartório do (...) Tabelião de Notas de (...), perante mim, escrevente, compareceu, como REQUERENTE, (...) (*é necessária a indicação de endereço eletrônico*). Então, pelo requerente me foi dito, de livre e espontânea vontade, que, nos termos dos artigos 216-A, da Lei 6015, de 31 de dezembro de 1973, desejando promover o reconhecimento extrajudicial da usucapião de bem imóvel, solicita a lavratura desta ata notarial para o fim de atestar o tempo de posse sua e de seus antecessores, fazendo-o nos seguintes termos:

1 – IMÓVEL: (descrição do imóvel)

1.1. O imóvel ainda não se encontra individualizado no serviço registral da respectiva circunscrição imobiliária, conforme comprova a certidão emitida em (...), pelo (...) Oficial de Registro de Imóveis de (...), tendo a seguinte descrição e características, obtidas na planta e no memorial descritivo elaborados pelo responsável técnico (...) (CREA/(...) nº (...), ao qual foi emitida a Anotação de Responsabilidade Técnica – ART nº (...): *descrição e características do imóvel (com indicação de edificação, benfeitorias e qualquer acessão nele existente)*

1.2. O imóvel encontra-se cadastrado na Prefeitura do Município de (...) sob nº (...), ao qual foi atribuído o valor para fins de cálculo de IPTU de R$ (...).

1.3. A pretensão aquisitiva do requerente abrange um único imóvel, conforme acima descrito, estando ele localizado integralmente na (...) Circunscrição Imobiliária de (...).

OU

1.1. O imóvel objeto desta ata notarial está matriculado sob nº (...) no (...)º Oficial de Registro de Imóveis da Cidade de (...), com a seguinte descrição: (...).

Como proprietário do imóvel, consta (...), o qual se encontra em local desconhecido do requerente.

OU

Como proprietário do imóvel figura (...) que não se opõe à aquisição por usucapião nos termos da escritura declaratória lavradas no (...).

1.2. O imóvel encontra-se cadastrado na Prefeitura do Município de (...) sob nº (...), ao qual foi atribuído o valor para fins de cálculo de IPTU de R$ (...)

---

[125]   *CPC, art. 381, § 5º. Aplica-se o disposto nesta Seção àquele que pretender justificar a existência de algum fato ou relação jurídica para simples documento e sem caráter contencioso, que exporá, em petição circunstanciada, a sua intenção.*

Art. 382. Na petição, o requerente apresentará as razões que justificam a necessidade de antecipação da prova e mencionará com precisão os fatos sobre os quais a prova há de recair.

§ 1º O juiz determinará, de ofício ou a requerimento da parte, a citação de interessados na produção da prova ou no fato a ser provado, salvo se inexistente caráter contencioso.

§ 2º O juiz não se pronunciará sobre a ocorrência ou a inocorrência do fato, nem sobre as respectivas consequências jurídicas.

§ 3º Os interessados poderão requerer a produção de qualquer prova no mesmo procedimento, desde que relacionada ao mesmo fato, salvo se a sua produção conjunta acarretar excessiva demora.

§ 4º Neste procedimento, não se admitirá defesa ou recurso, salvo contra decisão que indeferir totalmente a produção da prova pleiteada pelo requerente originário.

Art. 383. Os autos permanecerão em cartório durante 1 (um) mês para extração de cópias e certidões pelos interessados.

Parágrafo único. Findo o prazo, os autos serão entregues ao promovente da medida.

1.3. A pretensão aquisitiva do requerente abrange um único imóvel, conforme acima descrito, estando ele localizado integralmente na (...) Circunscrição Imobiliária de São Paulo.

2 – TEMPO DE POSSE: O tempo de posse exercida por ele, requerente (e seus antecessores), de forma mansa, pacífica e sem interrupções, tem início na data de (...), tendo sido exercido nos seguintes períodos: a) requerente: de (...) a (...); antecessor (...): de (...) a (...); antecessor (...): de (...) a (...).

2.1. O requerente (...) adquiriu do antecessor (...) a posse do imóvel objeto desta ata notarial, nos termos do contrato de (...).

O antecessor (...), por sua vez, adquiriu de (...) a posse do mesmo imóvel, nos termos do contrato (...).

3 – MODALIDADE DE USUCAPIÃO PRETENDIDA: Em decorrência do tempo de posse exercida pelo requerente e por seus antecessores, o requente declara que pretende adquirir a propriedade do imóvel identificado no item 1 da presente ata por meio da usucapião prevista no artigo (...) do Código Civil Brasileiro ou (...) da Constituição Federal, tendo sido cientificado por este Tabelião que a presente ata notarial não tem valor como confirmação ou estabelecimento de propriedade, servindo a presente ata apenas para a instrução de requerimento extrajudicial de usucapião para processamento perante o registrador de imóveis competente.

4 – VALOR DO IMÓVEL: Ao imóvel é atribuído o valor lançado para fins de imposto predial e territorial urbano pela Prefeitura do Município de (...), para o presente exercício (*ou, se não lançado ainda, o do ano anterior*).

OU

4 – VALOR DO IMÓVEL: Considerando que não existe lançamento fiscal pela Prefeitura do Município de (...), para o imóvel objeto desta ata notarial, conforme demonstra a certidão expedida no dia (...), o requerente atribui ao imóvel o valor de R$ (...) (*valor de mercado aproximado*).

5 – DOCUMENTOS COMPROBATÓRIOS DA POSSE: O outorgante afirma que sua posse sobre o imóvel acima descrito é comprovada pelos seguintes documentos (*descrever e individualizar os documentos apresentados – pode arquivar em cartório alguns documentos, em pasta própria*): a) contratos de cessão de posse; b) recibos de pagamento da cessão da posse; c) carnês e recibos de pagamento do IPTU dos anos de (...); d) recibos de pagamento de contas de água, luz, gás dos meses de (...), e e) outros contratos e documentos com a indicação do endereço do outorgante, tais como contratos bancários, de matrícula em escola de filhos etc.

6 – DECLARAÇÕES PRESTADAS POR CONFINANTES: Além dos documentos acima mencionados, que objetivam confirmar a posse do requerente sobre o imóvel, este também apresenta as informações prestadas pelos proprietários/possuidores dos imóveis confrontantes (*qualificar os confrontantes e discriminar os imóveis*), informações essas tomadas nas escrituras declaratórias lavradas no (...).

7 – DECLARAÇÕES PRESTADAS POR TESTEMUNHAS E/OU SÍNDICO: O requerente também apresenta as escrituras públicas declaratórias lavradas no (...) Tabelião de Notas de São Paulo, com informações prestadas pelas seguintes testemunhas e/ou síndico que foram alertados sobre a responsabilidade penal do crime de falsidade acerca de qualquer declaração falsa que tenham feito:

a) testemunha (...), Livro (...), Páginas (...);

b) (...)

c) (...)

(*se o imóvel for apartamento em condomínio edilício regularmente constituído e com construção averbada, é necessária a anuência do síndico do condomínio*)

(*se o imóvel for apartamento em condomínio edilício de fato, sem o registro da incorporação, instituição ou sem averbação da construção, é necessária a anuência de todos os titulares de direitos constantes na matrícula*)

8 – DECLARAÇÕES DO REQUERENTE: O requerente declara, sob responsabilidade civil e penal, o seguinte: a) o tempo de posse exercido por si e seus antecessores sobre o imóvel acima descrito sempre foi de forma mansa, pacífica, de forma contínua, sem interrupções e sem oposição de terceiros, tendo sempre agido com ânimo de dono, nele estabelecendo sua moradia e de sua família; b) desconhece a existência de qualquer ação possessória ou reivindicatória em trâmite envolvendo o imóvel usucapiendo; c) não é proprietário de nenhum outro imóvel (*caso seja, indicar*).

9 – JUSTIFICATIVA PARA O ÓBICE À CORRETA ESCRITURAÇÃO DAS TRANSAÇÕES: O requerente justifica a impossibilidade de realizar a transferência do imóvel, afirmando que *(indagar o motivo ao requerente)*. *Exemplos:*

– Quando ingressou no imóvel, não tinha conhecimento quem era o proprietário, o qual não se encontrava no local e nunca compareceu no imóvel.

– Ingressou no imóvel o proprietário não se encontrava no local e jamais tomou qualquer providência ou compareceu no imóvel.

– Adquiriu a posse do imóvel de um antecessor que não era o proprietário e que não conhecia o titular do domínio.

– Adquiriu a posse do imóvel por meio de contrato de promessa de compra e venda, mas não tendo sido possível a lavratura da escritura pública de compra e venda porque o proprietário faleceu sem deixar herdeiros.

– Adquiriu a posse do imóvel por meio de contrato de promessa de compra e venda, mas não tendo sido possível a lavratura da escritura pública de compra e venda porque o proprietário se encontra em local incerto e não sabido.

10 – CONSIDERAÇÕES FINAIS: O requerente foi informado de que: a) a presente ata notarial não tem valor como confirmação ou estabelecimento de propriedade, servindo apenas para instrução de requerimento extrajudicial de usucapião para processamento perante o registrador de imóveis; b) a prestação de declaração falsa neste instrumento configurará crime de falsidade, sujeito às penas da lei; c) a prestação de declaração falsa na justificativa para óbice à correta escrituração da transação configurará crime de falsidade, sujeito às penas da lei

Assim o disse, dou fé. Pediu-me e lhe lavrei a presente ata notarial, a qual, feita e lida, foi achada em tudo conforme, outorgou, aceitou e assina.

Custas e Emolumentos: Emolumentos: R$ _____ – Estado: R$ _____ – IPESP: R$ _____ – Registro Civil: R$ _____ – Trib. de Justiça: R$ _____ – Santa Casa: R$ _____ – Total: R$ _____. A parte interessada declara que lhe foi entregue nesta data o recibo referente às custas e emolumentos devidos pela prática do ato.

2.7. MODELO DE AÇÃO DE USUCAPIÃO

MM. Juízo da (...)

(...), vêm, respeitosamente, perante Vossa Excelência, por seu advogado, conforme mandato anexo (documento 1), propor, pelo procedimento comum, em face de (...), a competente:

Ação de usucapião

o que fazem com fundamento nos artigos 318 e seguintes do Código de Processo Civil, art. 1.238 do Código Civil e pelas razões de fato e de direito a seguir aduzidas:

I – Fatos

Os autores são possuidores de um imóvel localizado na Rua (...), onde residem.

O imóvel usucapiendo, discriminado na cópia da matrícula anexa (documento 2), encontra-se na posse mansa e pacífica dos autores desde (...), conforme comprovam as contas de consumo de água, energia elétrica, além dos pagamentos de IPTUs durante todo o período (documento 3).

Sublinhe-se que o Imposto Predial e Territorial Urbano, além das taxas referentes ao imóvel possuído pelos autores, foi por eles liquidado, nas datas de vencimento, desde (...), quando iniciaram a posse mansa e pacífica (documento 4).

Durante a posse, os autores não sofreram oposição de quem quer que seja, fato esse que se comprova documentalmente pela juntada de certidões negativas de distribuição de ações em seu nome (documento 5) e, se necessário, poderá ser comprovado oportunamente pelo depoimento de vizinhos contemporâneos.

Continuam os autores na posse do imóvel e, tendo sido ultrapassada a barreira dos 15 anos da usucapião extraordinária, encontram-se preenchidos os requisitos dessa espécie de usucapião.

II – Direito

O artigo 1.238 do Código Civil defere ao possuidor com *animus domini* a possibilidade de requerer judicialmente a declaração do domínio que servirá de título a ser registrado na circunscrição imobiliária competente.

III – Pedido

Diante de todo o exposto, requerem os autores digne-se Vossa Excelência de determinar a citação dos réus nomeados e qualificados no preâmbulo, em nome dos quais se encontra registrado o imóvel usucapiendo (documento 2), bem como dos confinantes:

a) Fulano (nome completo) (qualificação) (endereço);

b) Semprônio (nome completo) (endereço); e,

c) Beltrano (nome completo) (qualificação) (endereço);

Por meio eletrônico ou, não havendo cadastro, pelo correio (*ou, ainda, justificando, por Oficial de Justiça, nos termos do § 1º-A, II, do art. 246 do CPC, facultando-se ao Sr. Oficial de Justiça encarregado da diligência proceder nos dias e horários de exceção (CPC, art. 212, § 2º)*), para, querendo, oferecerem resposta.

Requerem, ainda, a citação, por edital, de eventuais interessados (CPC, art. 259, I) e a intimação, nos moldes do art. 269, § 3º, do Código de Processo Civil, dos representantes da Fazenda Pública da União, do Estado e do Município de (...), para, querendo manifestar interesse na causa, (*apenas se for a hipótese do art. 178 do Código de Processo Civil:* além da intimação do Excelentíssimo representante do Ministério Público para que passe a intervir no feito, nos termos da lei).

Isto posto, dispensando (ou requerendo) a audiência de conciliação, pedem a procedência da presente ação com a consequente declaração do domínio dos autores e expedição de mandado para registro, dirigido ao oficial de Registro de Imóveis, contendo:[126]

a) o nome de Vossa Excelência com especificação do cargo;

b) a natureza e o número do processo;

c) o nome e a qualificação dos autores;

d) a descrição completa do bem imóvel, de acordo com a cópia da matrícula anexa (documento 2);

e) a cópia autenticada da sentença e certidão do trânsito em julgado e demais peças processuais.

IV – Provas

Requerem, outrossim, provar o alegado por todos os meios de prova em direito admitidos, especialmente pelo depoimento pessoal do réu sob pena de confissão, oitiva de testemunhas, perícias, vistorias, juntada de novos documentos e demais meios probantes que se fizerem necessários.

V – Valor da causa

Dá-se à causa o valor de R$ (...) (valor do imóvel usucapiendo).

Termos em que, juntando a planta do imóvel (documento 6)

Pedem deferimento.

Data

Advogado (OAB)

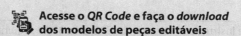

Acesse o *QR Code* e faça o *download* dos modelos de peças editáveis

> http://uqr.to/1ye0h

---

126 Desembargador Márcio Martins Bonilha. Títulos Judiciais. Corregedoria-Geral da Justiça do Estado de São Paulo, Biênio 1996/1997.

2.8. FLUXOGRAMA

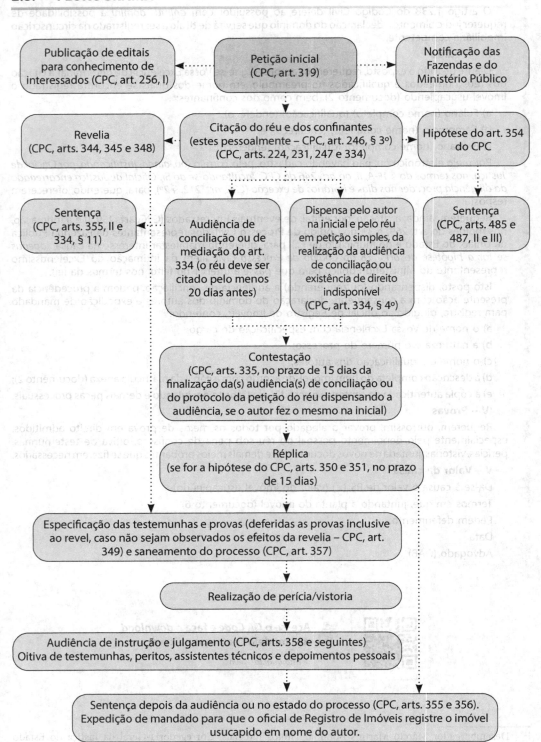

Publicação de editais para conhecimento de interessados (CPC, art. 256, I)

Petição inicial (CPC, art. 319)

Notificação das Fazendas e do Ministério Público

Revelia (CPC, arts. 344, 345 e 348)

Citação do réu e dos confinantes (estes pessoalmente – CPC, art. 246, § 3º) (CPC, arts. 224, 231, 247 e 334)

Hipótese do art. 354 do CPC

Sentença (CPC, arts. 355, II e 334, § 11)

Audiência de conciliação ou de mediação do art. 334 (o réu deve ser citado pelo menos 20 dias antes)

Dispensa pelo autor na inicial e pelo réu em petição simples, da realização da audiência de conciliação ou existência de direito indisponível (CPC, art. 334, § 4º)

Sentença (CPC, arts. 485 e 487, II e III)

Contestação (CPC, arts. 335, no prazo de 15 dias da finalização da(s) audiência(s) de conciliação ou do protocolo da petição do réu dispensando a audiência, se o autor fez o mesmo na inicial)

Réplica (se for a hipótese do CPC, arts. 350 e 351, no prazo de 15 dias)

Especificação das testemunhas e provas (deferidas as provas inclusive ao revel, caso não sejam observados os efeitos da revelia – CPC, art. 349) e saneamento do processo (CPC, art. 357)

Realização de perícia/vistoria

Audiência de instrução e julgamento (CPC, arts. 358 e seguintes) Oitiva de testemunhas, peritos, assistentes técnicos e depoimentos pessoais

Sentença depois da audiência ou no estado do processo (CPC, arts. 355 e 356). Expedição de mandado para que o oficial de Registro de Imóveis registre o imóvel usucapido em nome do autor.

Livro VII

LOCAÇÃO DE IMÓVEIS URBANOS

LOCAÇÃO DE IMÓVEIS URBANOS – DEFINIÇÃO E ASPECTOS GERAIS DAS AÇÕES LOCATÍCIAS

1.1. LOCAÇÃO DE IMÓVEIS URBANOS – DEFINIÇÃO

Silvio Rodrigues define a locação como o *contrato pelo qual uma das partes, mediante remuneração que a outra paga, se compromete a fornecer-lhe, durante um certo lapso de tempo, ou o uso e gozo de uma coisa infungível (locação de coisas); ou a prestação de um serviço (locação de serviços); ou a execução de algum trabalho determinado (empreitada).*[1]

Orlando Gomes é mais sucinto, definindo o instituto como *o contrato pelo qual uma das partes se obriga, mediante contraprestação em dinheiro, a conceder à outra, temporariamente, uso e gozo de coisa não fungível.*[2]

Percebe-se nítida diferença entre os dois conceitos.

Com efeito, o primeiro admite incluir, como espécies do gênero locação, a locação de coisas infungíveis e a locação de serviços.

Negando essa definição, o segundo autor considera que apenas a coisa não fungível – não substituível – é passível de ser objeto da relação jurídica locatícia.

O Direito romano sistematizava o instituto de nome *locatio conductio*, subdividindo-o em três espécies distintas.[3]

Na primeira espécie denominada *locatio rei*, o *locator* cedia temporariamente ao *conductor* que era chamado de *inquilinus*, tratando-se de prédio urbano e *colunus* se, por outro lado, fosse rural.

Essa modalidade resultou, hodiernamente, na locação de coisas infungíveis de modo geral, muito embora o Direito romano tratasse apenas de imóveis.

Na segunda espécie, a *locatio operarum*, uma pessoa se obrigava a prestar um serviço independentemente do resultado obtido, cobrando, para tanto, uma contraprestação denominada "mercês". Claramente, tal instituto romanístico desenvolveu-se, dando lugar à locação de serviços.

Na terceira, a *locatio operis faciendi*, o serviço era contratado como um todo, independentemente do tempo e do esforço empregado, o que, com clareza, configura hoje o instituto da empreitada ou da locação de obra.

---

[1] Silvio Rodrigues, *Direito civil*, São Paulo: Saraiva, 1991, p. 230.

[2] Orlando Gomes, *Contratos*, Rio de Janeiro: Forense, 1994, p. 272.

[3] *Apud* Orlando Gomes, ob. cit., pp. 272-275.

Não é mais assim.

Com efeito, hoje, os institutos que antes se agrupavam, formando espécies do gênero locação (*locatio conductio*), com a evolução da sociedade e das relações jurídicas, passaram a ser figuras autônomas, completamente distintas umas das outras.

O exemplo mais gritante é o da "locação de serviços" que, apesar de timidamente disciplinada no Código Civil de 1916, nos artigos 1.216 a 1.236, em parte repetidos nos artigos 593 a 609 do atual Código Civil ("prestação de serviço") teve tais disposições esvaziadas em face do advento da Consolidação das Leis do Trabalho, que regulou a matéria e hoje se aplica, apenas, na hipótese de não haver vínculo trabalhista.

Tal contrato conquistou sua autonomia a ponto de constituir ramo da Ciência do Direito, contando com institutos, método de estudo e princípios próprios.

Orlando Gomes[4] nos ensina que a classificação dos contratos não comporta mais os contratos de trabalho, de empreitada, de emprego privado, além do contrato de aprendizagem e o de trabalho doméstico, entre outros, como espécies do gênero locação.

Nem poderia ser diferente, vez que o contrato de locação possui como característica o retorno da coisa infungível ao seu possuidor indireto, e a prestação de serviços, mesmo a empreitada, possui a particularidade de transferência do serviço prestado àquele que pagou, não sendo passível de restituição jamais.

Aliás, não é de se admitir que o trabalho humano seja comparado às coisas, sob pena de retorno à sociedade romana, cuja economia estava fundamentada na exploração da mão de obra escrava.

Destarte, conclui-se com segurança que a locação é constituída, hodiernamente, apenas pelo contrato que tem por objeto as coisas infungíveis e assim será considerado para a definição de sua natureza jurídica.

Restou demonstrado, portanto, que os contratos erigidos à locação por nosso Código Civil, estão eivados com a prisca classificação romanística, que não mais se admite.

Certamente, à exceção de Orlando Gomes, outros civilistas pátrios, destinados à descrição mais simples das disposições do aludido Código, mantiveram a tradicional classificação, de resto já superada.

Assim sendo, podemos definir, já com alguma clareza, a locação predial urbana e sua natureza jurídica, a fim de não distanciar mais que o necessário do objetivo das presentes linhas.

A locação predial urbana é um contrato sinalagmático pelo qual o locador se obriga, no decurso de lapso temporal determinado ou indeterminado, mediante remuneração previamente acordada, paga pelo locatário, a fornecer-lhe o uso de imóvel residencial, não residencial ou comercial.

É, portanto, um contrato bilateral, porquanto a prestação de um tem por causa, por razão de ser, a prestação do outro.

Com efeito, o locador apenas fornece o imóvel se o locatário pagar.

Este, por sua vez, só se obriga a pagar o aluguel se o locador lhe fornecer o imóvel.

Locador e locatário são, ao mesmo tempo, credores e devedores uns dos outros.

Da precitada definição é possível extrair que a locação predial urbana é também onerosa, dado seu propósito especulativo.

Caracteriza-se, também, por não ser solene, porquanto a lei não estipula qualquer solenidade específica, *v.g.*, escritura pública, e, tampouco, qualquer forma, como, por exemplo,

---

4   Ob. cit., p. 273.

a escrita, podendo, inclusive, ser verbal,[5] conquanto não se recomende pela ilação que se extrai dos artigos 46, 47 e 51, I, da Lei 8.245/1991.

Por derradeiro, o contrato de locação predial urbana é comutativo.

Assim o é na exata medida em que locatário e locador conhecem, desde a celebração do contrato, ao menos em tese, a prestação que lhes será fornecida e a que pretendem dar, presumindo-se, *juris tantum*, equivalentes.

Maria Helena Diniz[6] ainda cita outras características que entendemos ser inerentes à própria essência do indigitado contrato.

A saber:

a) cessão temporária do uso e gozo do prédio, sem transferência da propriedade;

b) contratualidade;

c) execução continuada; e,

d) presença das partes intervenientes – locador e locatário.

Já se pode afirmar que a natureza jurídica da locação predial urbana é de um contrato bilateral, oneroso, não solene e comutativo, de cessão temporária de uso de imóvel urbano.

Acrescente-se a isso que a locação predial não se restringe aos imóveis construídos.

Praedium era a denominação dada pelos romanos para o imóvel construído ou não.

Por isso, é indiferente o uso das expressões "locação predial urbana" ou "locação de imóveis urbanos".

A matéria é regulada pela Lei 8.245/1991, também chamada Lei do Inquilinato.

Trata-se de norma cogente, inferência que se extrai do art. 45 da Lei 8.245/1991: "São nulas de pleno direito as cláusulas do contrato de locação que visem a elidir os objetivos da presente lei, notadamente as que proíbam a prorrogação prevista no art. 47, ou que afastem o direito à renovação, na hipótese do art. 51, ou que imponham obrigações pecuniárias para tanto."

Posta assim a questão, as normas que decorrem da Lei do Inquilinato são de ordem pública, ou seja, não valem as cláusulas contratuais que busquem afastar a aplicação das consequências por ela estabelecidas.

Podemos exemplificar: não valem cláusulas que imponham ao inquilino a responsabilidade pelo desgaste normal do imóvel, por se tratar se obrigação imposta, pela Lei do Inquilinato, ao locador e, tampouco, pela mesma razão, cláusula que imponha ao inquilino a obrigação de pagar despesas extraordinárias de condomínio, como reformas e acréscimos:

Tribunal de Justiça de São Paulo. *Locação de Imóveis – Monitória – Alugueres – Contrato escrito – Título executivo – Cabimento da ação monitória, que permite a discussão sobre a origem da dívida. – O locador responde com exclusividade pelo desgaste resultante do uso normal do imóvel, em face de preceito de natureza cogente, sendo nula cláusula contratual que impõe ao inquilino a obrigação de restituir o bem com pintura nova (Lei 8.245/91, art. 45), a não ser que haja prova de que assim o tenha recebido. – Multa devida em montante proporcional ao tempo que faltava para completar o período da locação ajustada entre*

---

[5]   *Art. 46. Nas locações ajustadas por escrito e por prazo igual ou superior a trinta meses, a resolução do contrato ocorrerá findo o prazo estipulado, independentemente de notificação ou aviso.*

    Art. 47. Quando ajustada verbalmente ou por escrito e com prazo inferior a trinta meses (...)

    Art. 51, I. O contrato a renovar tenha sido celebrado por escrito e com prazo determinado.

    Portanto, exceto o artigo 47, que prevê expressamente a possibilidade de contrato verbal, os artigos 46 e 51, I, a ele fazem menção indireta ao determinar certos efeitos, caso o contrato tenha ou não sido celebrado por escrito.

[6]   Maria Helena Diniz, *Lei de locação de imóveis urbanos comentada*, São Paulo: Saraiva, 1995, pp. 3-4.

as partes. – A renúncia ao benefício de ordem propicia ao credor o direito de exigir a dívida de qualquer dos devedores, fiador ou afiançado. – Acessórios, os encargos, entre eles o IPTU, exigem-se com o aluguel, a obrigação principal – Apelo parcialmente provido (Apelação 0009635-41.2001.8.26.0302, Rel. Silvia Rocha, 29ª Câmara de Direito Privado, j. 06.02.2013).[7]

Tribunal de Justiça de São Paulo. *Locação de imóvel. Ação declaratória c. c. repetição de indébito. Preliminar de carência de ação afastada – Despesas extraordinárias de condomínio Obrigação do locador e não do locatário. Norma cogente – Nulidade da cláusula que repassa tal responsabilidade ao locatário. Interpretação conjunta dos arts. 22, X, 25 e 45, todos da Lei 8.245/91. Sentença de procedência mantida. É nula a cláusula do contrato de locação que carreia ao locatário a obrigação de pagar as despesas extraordinárias do condomínio e, em consequência, confirma-se a sentença que condena o locador a devolver o que houver sido pago a tal título pelo locatário. – Recurso não provido (Apelação 0130435-92.2005.8.26.0000, Rel. Manoel Justino Bezerra Filho, 35ª Câmara de Direito Privado, j. 05.09.2011).*

Circunscrevem-se à Lei 8.245/1991 tanto os imóveis edificados quanto os não edificados, dependendo, apenas, de sua destinação.

Com efeito, descarta-se a localização para a definição de imóvel urbano, imperando o critério da destinação como determinante da aplicabilidade da lei de locações de imóveis urbanos à relação jurídica *sub examen*.

Assim tem entendido a jurisprudência:

Segundo Tribunal de Alçada Civil de São Paulo. *Apelação sem Revisão 716451100 – Rel. Rosa Maria de Andrade Nery – Comarca: Valinhos – j. 31.10.2001. Locação de imóveis. Despejo por falta de pagamento. O que caracteriza ser o imóvel, objeto de locação, urbano ou rústico, é sua destinação e não o local onde se situa, se em zona urbana ou rural. Prova exclusivamente testemunhal só deve ser aceita nas ações que não excedam dez vezes o salário mínimo vigente. Multa moratória, prevista em contrato locatício, deve prevalecer, porque pactuada.*

Tribunal de Justiça de São Paulo. *Apelação com Revisão 921177008 – Relator: Nestor Duarte – Comarca: Boituva – 34ª Câmara de Direito Privado – j. 26.09.2007. Locação. Imóvel urbano. Locação para fins agrícolas. A classificação dos imóveis em rústicos e urbanos leva em conta a destinação e não a localização, mas pode o município, na zona urbana, limitar o seu uso. Finalidade vedada. Contrato nulo. Pedidos prejudicados. Recurso não conhecido.*

Outrossim, não se aplica a Lei 8.245/1991, de acordo com o seu art. 1º, aos contratos de locação de:

a) vagas autônomas de garagem;

b) espaços para publicidade;

c) *leasing* (arrendamento mercantil);

d) apart-hotéis (que prestam serviços regulares); aos quais se aplicam os artigos do Código Civil referentes à locação de coisas (arts. 565 a 578); e,

e) imóveis da União, Estados, Municípios, suas autarquias e fundações, aos quais se aplicam os Decretos 9.760/1946 e 6.874/1944.

Não é só.

No âmbito da Lei 8.245/1991, que regula a matéria, podem ser detectados seis tipos de locação.

---

[7] *No mesmo sentido: Tribunal de Justiça de São Paulo. Cobrança. Locação residencial. Carência de ação por falta de interesse de agir. Não ocorrência. Despesas suportadas pelo locador para reparar danos no imóvel locado. Obrigação que não se reveste de liquidez, certeza e exigibilidade nesse ponto, sendo necessário prévio processo de conhecimento. Artigos 586 e 618, I, do Código de Processo Civil. Despesas de manutenção das condições de uso do imóvel. Ônus do locador. Artigo 22, X e parágrafo único, "a", da Lei 8.245/91. Desgaste natural do imóvel que deve ser suportado pelo proprietário. Natureza cogente da Lei 8.245/91. Abusividade reconhecida. Artigo 45 da Lei 8.245/91. Recurso provido (Apelação 0029250-11.2008.8.26.0451, Rel. Hamid Bdine, 31ª Câmara de Direito Privado, j. 16.04.2013).*

Assim, a locação predial urbana classifica-se em:

a) *Residencial*: destinada a residência e celebrada com pessoa física.

b) *Empresarial*: que é aquela passível de ação renovatória. Possui fundo de comércio protegido por ter fonte no contrato celebrado entre o locador e um empresário. Segundo Fran Martins,[8] o empresário é *a pessoa, natural ou jurídica, que, profissionalmente exercita atos de intermediação e prestação de serviços com o intuito de lucro*. Os requisitos para que se configure um empresário são: a) intermediação; b) habitualidade.

c) *Não residencial*: cujo critério é uma conjugação do polo ativo da relação jurídica locatícia com o objeto locado. Com efeito, a locação será assim classificada se tiver por objeto um imóvel destinado à habitação, cujo locatário seja pessoa jurídica, empresário ou não. Da mesma maneira serão classificadas as locações entre sociedades simples ou mesmo entre pessoas físicas, no caso de locação de imóveis que não se destinem à residência, *v.g.*, um escritório de advocacia. Também são classificadas desta forma as locações que poderiam ser consideradas empresariais mas não preenchem os requisitos da ação renovatória.

d) *Mista*: na qual o critério definidor será da preponderância da destinação.

e) *Para temporada*.

f) *Em lojas de shopping center*.

Não obstante, as três últimas podem ser enquadradas nas três primeiras.

Assim, a locação para temporada é subespécie, ora da locação residencial, ora da não residencial.

O mesmo ocorre com a mista, pois, uma vez detectada a preponderância, enquadrar-se-á em uma das três primeiras espécies.

As lojas em *shopping centers* serão empresariais ou não residenciais com algumas características determinadas pela lei.

Portanto, nesse particular, está delimitada a abrangência da Lei 8.245/1991 e, como se trata de obra prática, passaremos a discorrer sobre alguns aspectos gerais das ações locatícias.

1.2. SOLIDARIEDADE (ART. 2º)

A solidariedade é uma das exceções à regra *concursu partes fiunt*, ou seja, a regra por intermédio da qual o objeto divisível da obrigação se reparte entre tantos credores ou devedores quantos integrem a relação jurídica.

A solidariedade pode ser ativa ou passiva.

Na solidariedade ativa (no caso do locador), cada credor pode exigir a totalidade da obrigação.

Na solidariedade passiva (locatário), cada devedor pode ser obrigado pela totalidade da obrigação.[9]

Entretanto, a solidariedade não se presume, resulta da lei ou da vontade das partes (Código Civil, art. 265).

No caso de locação, não tendo sido excluída a solidariedade no contrato, sua aplicação resulta da lei (Lei 8.245/1991, art. 2º).

---

8 Fran Martins, *Curso de Direito Comercial*, 18ª ed., Rio de Janeiro: Forense, 1994, p. 83.

9 Luiz Antonio Scavone Junior, *Obrigações, abordagem didática*, 2ª ed., São Paulo: Juarez de Oliveira, 2000, p. 61.

Nesse sentido, *havendo mais de um locador ou mais de um locatário, entende-se que são solidários se o contrário não se estipulou.*

Se não restam dúvidas a respeito da possibilidade de cobrança dos alugueres de qualquer dos locatários ou por qualquer dos locadores, a mesma certeza não socorre à possibilidade de ajuizamento da ação de despejo, revisional, renovatória ou consignatória em face de apenas um dos locatários ou por apenas um dos locadores.[10]

Com efeito, tem prevalecido o entendimento segundo o qual *a solidariedade prevista no art. 2º da Lei 8.245/1991 diz respeito às obrigações patrimoniais decorrentes do contrato de locação, estabelecendo que qualquer dos locatários é responsável pela satisfação dos alugueres e demais encargos locatícios. Do mesmo modo, em se cuidando de mais de um locador, poderá o locatário efetuar o pagamento dos alugueres a qualquer dos locadores. Entretanto, no que tange ao pedido de despejo, há que prevalecer as regras de direito processual, impondo-se a necessária participação de todos os locatários, a fim de que a sentença que decrete a rescisão contratual possa prevalecer contra todos.*[11]

Esse entendimento está baseado na regra dos arts. 114 e 506 do Código de Processo Civil, segundo a qual a sentença só faz coisa julgada entre as partes, não beneficiando ou prejudicando terceiros, bem como na necessidade do litisconsórcio, na ação cuja sentença atingirá direitos daquele que, por esta razão, deve participar da relação jurídica processual.

Entretanto, não podemos concordar com essa posição, mesmo que baseada em autorizada doutrina.

Ora, uma regra de direito processual não pode prevalecer sobre uma regra de direito material.

Se há solidariedade, cada qual responde individualmente pela obrigação, não havendo falar-se em litisconsórcio necessário.

A sentença não atingirá quem não participou da relação processual.

Aquele que não foi escolhido para integrar a lide pelo autor da ação e, portanto, não é réu, está representado processualmente pelo demandado escolhido em virtude da lei e dos efeitos da solidariedade.

Esta é a posição adotada em escorreitos julgados, como o seguinte:[12]

---

[10] Gilberto Koening, "A solidariedade nos contratos de locação", *Ajuris* 63/274.

[11] *JTA* (Lex) 151/282.
No mesmo sentido:
Segundo Tribunal de Alçada Civil de São Paulo. *Despejo – pluralidade de locatários – ocorrência de litisconsórcio necessário – solidariedade prevista no artigo 2º, da Lei 8.245/1991 afastada. A solidariedade prevista no artigo 2º da Lei 8.245 diz respeito às obrigações patrimoniais decorrentes do contrato de locação; entretanto, no que tange ao pedido de despejo, há de prevalecer as regras de direito processual (artigo 47, caput, do Código de Processo Civil – atual art. 115), eis que trata-se de litisconsórcio necessário decorrente da própria natureza da relação ex locato (Apel. c/ Rev. nº 395.253, 6ª Câm., rel. Juiz Paulo Hungria, j. 26.01.94, JTA (Lex) 151/282. Referência: Sylvio Capanema de Souza, A Nova Lei do Inquilinato Comentada, Ed. Forense, pp. 19-20. Maria Helena Diniz, Lei de Locação de Imóveis Urbanos Comentada, Ed. Saraiva, p. 39. Nagib Slaibi Filho, Comentários à Nova Lei do Inquilinato, Ed. Forense, pp. 25-26. Paulo Restiffe Neto, Locação – Questões Processuais, 2ª ed., Ed. RT, p. 33).*

[12] **Segundo Tribunal de Alçada Civil de São Paulo**. *Despejo – legitimidade passiva – pluralidade de locatários – ação proposta contra um deles – solidariedade passiva – admissibilidade – exegese do artigo 2º, da Lei 8.245/1991. Havendo uma só locação, com um único instrumento, no qual figurem como locatários solidários, marido e mulher, pode a ação de despejo ser movida contra ambos ou um deles (Apel. s/ Rev. nº 482.966, 10ª Câm., rel. Juiz Adail Moreira, j. 04.06.97. No mesmo sentido: Apel. s/ Rev. nº 430.709, 7ª Câm., rel. Juiz Antonio Marcato, j. 20.06.95. Apel. s/ Rev. nº 433.931, 2ª Câm., rel. Juiz Vianna Cotrim, j. 19.06.95. Apel. s/ Rev. nº 514.445, 6ª Câm., rel. Juíza Isabela Gama de Magalhães, j. 03.06.98).*

Tribunal de Justiça de São Paulo. *Locação de imóvel. Despejo por falta de pagamento. Litisconsórcio passivo facultativo existente entre os locatários, tendo em vista que são devedores solidários dos débitos locatícios. Inexistência de litisconsórcio necessário, podendo o locador demandar qualquer um dos inquilinos ou ambos, à sua escolha. Desistência da ação em relação a um dos locatários. Possibilidade, sem necessidade de anuência do outro réu, já que o litisconsórcio é facultativo. Preliminar rejeitada (Apelação nº 0017591-37.2008.8.26.0602, Rel. Des. Carlos Nunes, 33ª Câmara de Direito Privado).*

Reconheceu-se, com percuciência, que, em se tratando de obrigação solidária entre os inquilinos, o litisconsórcio passivo é facultativo, de tal sorte que o locador pode, inclusive, desistir da ação eventualmente proposta em relação a um dos réus, independentemente da concordância ou manifestação do outro réu.

No mesmo sentido:

Tribunal de Justiça de São Paulo. *Agravo de instrumento. Locação de imóvel. Despejo por denúncia vazia. 1. A notificação extrajudicial firmada por procuradora é eficaz desde que ratificada por mandato outorgado pela locadora. Inteligência da Súmula 22, do TJSP. 2. A solidariedade ativa à que se refere o art. 2º, da Lei 8.245/1991, não exige formação do litisconsórcio necessário, podendo cada um dos locadores mover ação de despejo por denúncia vazia, conforme comando do art. 267, do Código Civil. 3. Preenchidos os requisitos do art. 59, parágrafo 1º, inciso VIII da Lei 8.245/91, de rigor o deferimento da liminar. Decisão mantida. Recurso desprovido (Agravo de Instrumento 2109825-54.2014.8.26.0000/SP, Rel. Felipe Ferreira, 26ª Câmara de Direito Privado, j. 13.08.2014).*

Tribunal de Justiça de São Paulo. *Locação residencial. Despejo por falta de pagamento cumulado com cobrança. Preliminar. Nulidade da sentença afastada. Inexistência de litisconsórcio necessário entre os locatários. Hipótese de solidariedade legal. Artigo 2º da Lei 8.245/1991. Abandono do imóvel pela locatária em virtude do rompimento da relação com o locatário. Aplicabilidade do disposto no artigo 12 da Lei 8.245/1991. Mérito. Multa moratória de 10% que não se configura abusiva. Inaplicabilidade do Código de Defesa do Consumidor. Impossibilidade de compensação da caução prestada com o débito pendente. Não comprovação de que o locatário prestou qualquer garantia. Não apresentação do recibo específico previsto no instrumento. Juros moratórios. Incidência desde o vencimento de cada prestação. Obrigação líquida e certa. Artigo 397 do Código Civil. Recurso improvido (Apelação 0017109-63.2010.8.26.0006/SP, Rel. Hamid Bdine, 29ª Câmara de Direito Privado, j. 28.05.2014, Data de registro: 28.05.2014).*

Segundo Tribunal de Alçada Civil de São Paulo. *Despejo – legitimidade passiva – pluralidade de locatários – ação proposta contra um deles – solidariedade passiva (artigos 896 e ss. do Código Civil) – admissibilidade – exegese do artigo 2º, da Lei 8.245/1991. Diante da solidariedade estabelecida, a teor dos artigos 896 e ss. do Código Civil, cabível a interposição de ação de despejo contra um dos locatários (Apel. s/ Rev. nº 416.087, 9ª Câm., rel. Juiz Radislau Lamotta, j. 28.09.94. No mesmo sentido: quanto à Lei 6.649/79, artigo 1º, parágrafo 5º: JTA (RT) 86/436. Apel. c/ Rev. nº 325.901, 4ª Câm., Rel. Juiz Mariano Siqueira, j. 11.08.92. Apel. c/ Rev. nº 349.006, 4ª Câm., Rel. Juiz Amaral Vieira, j. 20.10.92. Em sentido contrário: quanto à Lei 6.649/79, artigo 1º, parágrafo 5º: RT 592/158; Apel. c/ Rev. nº 353.872, 3ª Câm., Rel. Juiz João Saletti, j. 24.11.92).*

Tribunal de Justiça de São Paulo. *Embargos à execução – Improcedência – Cerceamento de defesa – Inocorrência – Legitimidade ativa e passiva – Ocorrência – Litigância de má-fé – Caracterização – Recurso improvido. Qualquer dos locadores é legitimado a ajuizar ação de despejo e, por conseguinte, a execução dela decorrente. O apelante é parte legítima a figurar na execução porque além da transferência do estabelecimento não vincular terceiros, o contrato não permite o negócio levado a efeito pelo recorrente, inexistindo, ademais, consentimento por escrito do locador a respeito do pormenor. O exequente requer a citação do devedor para pagar o montante inserido no cálculo do débito, o que revela a adequação da cobrança com a condenação imposta na sentença. Inexiste prova de que o bem seja imprescindível ao apelante, cuja conduta processual justifica o reconhecimento da litigância de má-fé. (Apelação Cível 771.374-0/8, Campinas, Rel. Jesus Lofrano, 27ª Câmara de Direito Privado, 17.05.2005, v. u.)*

Segundo Tribunal de Alçada Civil de São Paulo. *Litisconsórcio necessário – locação – pluralidade de locadores – ação ajuizada por apenas um – solidariedade ativa – desnecessidade. Existindo pluralidade de locadores, pode um deles ajuizar a ação revisional objetivando o aumento do valor do aluguel sem necessidade de litisconsórcio ativo (Apel. s/ Rev. nº 463.050, 5ª Câm., rel. Juiz Laerte Sampaio, j. 27.08.96 (quanto à revisional de aluguel), in JTA (Lex) 162/566. No mesmo sentido: – quanto a despejo: REsp. nº 451.902-SP, 6ª Turma, rel. Min. Luiz Viccente Cernicchiaro, j. 1º.09.97, DJU 13.10.97. JTA (Lex) 139/370, Apel. c/ Rev. nº 371.252, 5ª Câm., rel. Juiz Ricardo Dip, j. 02.12.92 – quanto à cobrança de aluguéis: JTA (Saraiva) 72/331, Apel. c/ Rev. nº 532.180, 7ª Câm., rel. Juiz Willian Campos, j. 1º.12.98).*

1.3. A REFORMA DA LEI DO INQUILINATO PELA LEI 12.112/2009

Partindo do Código Civil de 1916, a locação de imóveis era disciplinada pela lei geral, na parte especial dos contratos. Naquela ocasião, terminado o contrato, cabia imediata reintegração da posse, tendo em vista o esbulho cometido pelo locatário que não devolvia o imóvel locado.

Como a fonte do direito positivo é o fato socialmente relevante, evidentemente que, diante da escassez de imóveis, notadamente residenciais, pela relevância da matéria, logo surgiu a primeira lei especial para regular a locação de imóveis urbanos.

Com efeito, a Lei 4.403, de 22 de janeiro de 1921, estabeleceu, pela primeira vez, a prorrogação automática do contrato e, por alteração decorrente da Lei 4.624, de 28 de dezembro de 1922, possibilitou ao inquilino provar que o senhorio não necessitava do imóvel para impedir a reintegração de posse.

O fato é que, durante todo o século passado, a matéria passou por inúmeras leis que a regulamentavam, até ser tratada pela Lei 6.649, de 16 de maio de 1979, emendada pela Lei 6.698, de 15 de outubro de 1979, que proibiu a chamada "denúncia vazia", ou seja, o pedido de retomada do imóvel locado independentemente de motivo, apenas pelo fim do contrato.

Com isso, a situação da moradia urbana se agravou, notadamente pelo acirramento da inflação. Como não podiam retomar os imóveis pelo fim do contrato e diante da inflação galopante da década de oitenta, imóveis eram adquiridos e mantidos trancados como meio de proteção patrimonial.

Com efeito, nesse contexto surge a Lei 8.245, de 18 de outubro de 1991, que estabeleceu a possibilidade de retomada ao final do contrato, condicionando o despejo, no caso de locação residencial, à celebração de contrato por prazo mínimo de trinta meses, sob pena de a denúncia somente ser possível após o decurso do prazo de cinco anos de vigência da locação.

Em outras palavras, para se valer da prerrogativa de requerer o imóvel ao final do contrato, a Lei 8.245/1991 exigiu que o locador concedesse ao locatário o prazo de trinta meses em contrato escrito. O desrespeito a essa regra passou a impor-lhe a necessidade de aguardar o decurso do prazo de sessenta meses contados do início do contrato para o mesmo efeito, ou seja, a retomada por denúncia vazia (imotivada, apenas pelo fim do contrato).

A Lei 8.245/1991 também incorporou as disposições básicas do Decreto 24.150, de 20 de abril de 1934, que conferia proteção ao "ponto comercial".

Percebeu-se, com percuciência, que a proteção exacerbada ao locatário se voltava contra ele, na medida em que as restrições e dificuldades absolutas de retomada do imóvel impostas ao locador desestimulam a construção e aquisição de imóveis para locação.

Desde 1991, todavia, a Lei 8.245 não passava por grandes alterações.

Ocorre que o quadro social e econômico foi substancialmente alterado, de tal sorte que alterações se mostravam necessárias.

Com efeito, surgiu a Lei 12.112, de 9 de janeiro de 2009, que adaptou socialmente a Lei 8.245, de 18 de outubro de 1991 e corrigiu algumas distorções.

Nessa medida:

a) Regulamentou a devolução do imóvel pelo locatário antes do prazo final de duração do contrato, deixando clara a possibilidade de o locatário devolver o imóvel desde que pague a multa pactuada no contrato, proporcionalmente ao que descumpriu (não havendo mais referência à regra da redução equitativa do art. 413 do Código Civil), vedada a recusa de recebimento do imóvel pelo locador (art. 4º da Lei 8.245/1991 – posteriormente alterado pela Lei 12.744/2012);

b) Tratou da sub-rogação do contrato de locação no caso de separação de fato, separação judicial, divórcio ou dissolução da união estável, limitando a hipótese à locação residencial. Nesses casos, exigiu comunicações do sub-rogado (aquele que assumiu o contrato de locação por força de lei) ao locador e ao fiador acerca da sub-rogação legal. Estabeleceu a possibilidade de o fiador comunicado da sub-rogação se exonerar por simples notificação dirigida ao locador no prazo de trinta dias do recebimento da comunicação, ficando responsável por cento e vinte dias a partir do recebimento da notificação pelo locador. Estendeu, também, as consequências da sub-rogação às hipóteses do art. 11 (art. 12);

c) Dispôs expressamente sobre a extensão das garantias até a efetiva entrega das chaves, ainda que haja prorrogação legal do contrato por prazo indeterminado (art. 39);

d) Ainda que as garantias perdurem até a entrega das chaves, permitiu que o fiador se exonere após o prazo contratual, se houver prorrogação legal do contrato por prazo indeterminado, desde que notifique o locador e fique responsável por mais cento e vinte dias, exigindo, todavia, nesta eventualidade e nas demais hipóteses de insubsistência da garantia, que o locatário ofereça nova garantia no prazo de trinta dias da exigência formal feita pelo locador, sob pena de infração contratual e despejo com possibilidade de liminar (art. 40);

e) Incluiu novas possibilidades de liminares nas ações de despejo, ou seja: ação de despejo com fundamento na necessidade de se produzir reparações urgentes no imóvel, determinadas pelo poder público, que não possam ser normalmente executadas com a permanência do locatário, ou, podendo, ele se recuse a consenti-las; ação de despejo pelo término do prazo notificatório de trinta dias previsto no parágrafo único do art. 40, nas hipóteses de extinção da garantia, sem apresentação de outra apta a manter a segurança inaugural do contrato; ação de despejo pelo término do prazo da locação não residencial, tendo sido proposta a ação em até trinta dias do termo ou do cumprimento de notificação comunicando o intento de retomada; e ação de despejo por falta de pagamento de aluguel e acessórios da locação no vencimento, desde que o contrato esteja desprovido de qualquer das garantias previstas no art. 37, por não ter sido contratada ou em caso de extinção ou pedido de exoneração dela, independentemente de motivo (incisos VI a IX e § 3º do art. 59);

f) Promoveu alterações procedimentais na ação de despejo por falta de pagamento de aluguéis e encargos, como: inclusão, como já admitia a jurisprudência, do descumprimento de outras obrigações, não só do pagamento do aluguel, como motivo da ação de despejo por falta de pagamento, ou seja, da obrigação de pagar aluguel provisório, diferenças de aluguéis, ou, exclusivamente, acessórios da locação, como é o caso do condomínio e dos impostos, estes desde que previstos no contrato; solução da antiga polêmica da cumulação da ação de despejo e cobrança em face da integração do fiador no polo passivo da demanda; exigência da purgação da mora, mediante depósito, no prazo da contestação, sob pena de despejo; e impedimento à simples purgação da mora se a faculdade já houver sido utilizada por uma única vez nos últimos vinte e quatro meses anteriores à propositura da ação (art. 62);

g) Uniformizou o prazo de quinze dias a ser concedido pela sentença que decreta o despejo nas hipóteses do art. 9º, ou seja, em decorrência da "prática de infração legal ou contratual" ou "em decorrência da falta de pagamento do aluguel e demais encargos" (já previstas) com as demais hipóteses, ou seja, no despejo decretado em razão do descumprimento de mútuo acordo (inciso I) e "para a realização de reparações urgentes determinadas pelo Poder Público, que não possam ser normalmente executadas com a permanência do locatário no imóvel ou, podendo, ele se recuse a consenti-las" (inciso IV) (art. 63);

h) Dispensou a prestação de caução para execução provisória do despejo por falta de pagamento, reduziu seus valores para o limite que vai de seis a doze aluguéis e esclareceu que a caução não é apenas depositada, mas genericamente prestada, tendo em vista que se admite caução de bens, direitos e até dos aluguéis eventualmente vencidos (art. 64);

i) Alterou o procedimento para a ação revisional, notadamente pela adequação do rito da ação revisional de aluguel à reforma do procedimento sumário (que deixou de ser denominado sumaríssimo), nos termos da Lei 9.245/1995, posterior à Lei de Locações; criou um limitador para o aluguel provisório requerido pelo locatário; e modificou a sistemática de revisão do aluguel provisório pela suspensão do prazo para interposição de agravo da decisão até que o juiz avalie o pedido de reconsideração e revisão do valor fixado liminarmente, tanto para revisionais propostas pelo locador quanto para revisionais propostas pelo locatário (art. 68);

j) Estabeleceu, na ação renovatória, a necessidade de prova de idoneidade financeira do fiador na petição inicial, mesmo que seja o mesmo fiador do contrato a renovar (art. 71);

k) Alterou o prazo para desocupação, no caso de improcedência da ação renovatória, de seis meses para trinta dias (art. 74) e possibilitou a execução provisória do despejo no caso de improcedência da ação renovatória desde que haja pedido na contestação.

Na redação final, aprovada pelo Senado Federal, constavam, ainda, as seguintes alterações que foram vetadas:

a) Equiparava a transferência do controle acionário do locatário à cessão do contrato de locação, exigindo, sob pena de infração legal e despejo, a anuência do locador (§ 3º do art. 13);

b) Suprimia a indenização no caso de a ação renovatória ser julgada improcedente em razão de melhor proposta de terceiro (§ 3º do art. 52);

c) Alterava as consequências da defesa fundada em melhor proposta de terceiro, de tal sorte que acabava com a indenização antes imputada ao terceiro e ao locador, solidariamente, como também previa a possibilidade de liminar para desocupação em quinze dias, caso, na réplica, o locatário não aceitasse cobrir a oferta do terceiro (art. 74, § 1º).

Seja como for, a maioria das alterações sancionadas espelham adequações à jurisprudência decorrente da atividade dos Tribunais pátrios perante às locações de imóveis urbanos.

No material suplementar existe quadro comparativo da redação original com aquela decorrente da Lei 12.112/2009.

1.3.1.   Vigência da Lei 12.112/2009 no tempo

A redação original da Lei 12.112/2009 não previa *vacatio legis*. Todavia, o dispositivo foi vetado nos seguintes termos (razões do veto): "Nos termos do art. 8º, *caput*, da Lei Complementar 95, e 26 de fevereiro de 1998, a entrada em vigor imediata somente deve ser adotada em se tratando de normas de pequena repercussão, o que não é o caso do presente projeto de lei. Assim, de modo a garantir tempo hábil para que os destinatários da norma examinem o seu conteúdo e estudem os seus efeitos, propor-se (*sic*) que a cláusula de vigência seja vetada, fazendo-se com que o ato entre em vigor em quarenta e cinco dias, nos termos do art. 1º do Decreto-Lei 4.657, de 4 de setembro de 1942 – Lei de Introdução às Normas do Direito Brasileiro."

Assim, a *vacatio legis* foi estabelecida, nos termos da regra geral, em de quarenta e cinco dias.

Isto porque a Lei 12.112, de 9 de dezembro de 2009 foi publicada no Diário Oficial da União no dia 10 de dezembro de 2009.

A contagem do prazo, segundo Nelson Nery Junior,[13] é feita de acordo com a Lei Complementar 95/1998, que, no art. 8º, § 1º, estabelece: "Art. 8º A vigência da lei será indicada de forma expressa e de modo a contemplar prazo razoável para que dela se tenha amplo conhecimento, reservada a cláusula 'entra em vigor na data de sua publicação' para as leis de pequena repercussão. § 1º A contagem do prazo para entrada em vigor das leis que estabeleçam período de vacância far-se-á com a inclusão da data da publicação e do último dia do prazo, entrando em vigor no dia subsequente à sua consumação integral."

Posta assim a questão, tendo em vista que a Lei Complementar 95/1998 determina a entrada em vigor no dia seguinte ao da consumação integral, resta a conclusão segundo a qual o início da vigência da Lei 12.112/2009 foi o dia 24 de janeiro de 2010.

Com a vigência da Lei 12.112/2009, todas as locações em curso serão atingidas nos aspectos processuais tratados pela reforma.

Isto porque, no âmbito processual, "a lei nova atinge o processo em curso no ponto em que este se achar, no momento em que ela entrar em vigor, sendo resguardada a inteira eficácia dos atos processuais até então praticados. São os atos posteriores à lei nova que se regularão conforme os preceitos desta".[14]

Assim, com o início da vigência da lei, seus dispositivos geram efeitos imediatos, por exemplo, quanto ao art. 59 e seus incisos, que tratam das liminares nas ações de despejo, aos arts. 62 e 63, que tratam da ação de despejo por falta de pagamento, ao art. 68, que cuida da ação revisional de aluguéis e aos arts. 71 e 74, que disciplinam a ação renovatória.

Neste sentido:

Tribunal de Justiça de São Paulo. *Agravo de Instrumento. Decisão que negou pedido de liminar em ação de despejo por falta de pagamento sob o fundamento de que o contrato de locação foi firmado em data anterior à vigência da Lei 12.112/2009. Norma processual. Aplicação imediata. Esvaziamento da garantia. Aplicação do art. 59, § 1º, IX, da Lei 8.245/91, com as alterações da Lei 12.112/2009. Prestação de caução. Necessidade. Recurso parcialmente provido (0251005-34.2010.8.26.0000, Agravo de Instrumento/Locação de Imóvel, Rel. Pedro Baccarat, Campinas, 36ª Câmara de Direito Privado, j. 01.07.2010, Data de registro: 07.07.2010 – Outros números: 990.10.251005-0).*

---

13   Nelson Nery Junior. *Código Civil Anotado*. São Paulo: Revista dos Tribunais, 2003, p. 853.

14   Moacyr Amaral Santos. *Primeiras linhas de direito processual civil*, p. 31.

Às demais alterações, que tratam de aspectos materiais e contratuais, aplica-se a regra insculpida no art. 6º da Lei de Introdução às Normas do Direito Brasileiro,[15] orientação esta que consta no art. 5º, XXXVI da Constituição Federal.

Com efeito, quanto à lei que cuida do direito material, ensina Silvio Rodrigues: "entre nós a lei é retroativa, e a supressão do preceito constitucional que, de maneira ampla, proibia leis retroativas constituiu um progresso técnico. A lei retroage, apenas não se permite que ela recaia sobre o ato jurídico perfeito, sobre o direito adquirido e sobre a coisa julgada".[16]

Apenas se faz ressalvas em casos de interesse social, quando, também de acordo com o que nos ensina Silvio Rodrigues, "deve a lei nova ter aplicação imediata. Assim, por exemplo, a lei que traga um novo impedimento matrimonial deve ser aplicada *incontinenti*, porque a razão que conduziu o legislador a criá-lo é de evidente interesse social. Do mesmo modo, a lei que veda o divórcio, ou que o permite, deve, fora de dúvida, ter aplicação imediata. Apenas, permitindo a retroatividade da lei, devem-se preservar aquelas situações consolidadas em que o interesse individual prevalece".

A par de opiniões em sentido contrário, sustentando que a Lei do Inquilinato implica em interesse social, em prestígio ao princípio constitucional que determina o respeito ao ato jurídico perfeito, entendemos que o contrato de locação não pode ser atingido pelas alterações ora comentadas nos seus aspectos materiais, como é o caso da nova disciplina da exoneração da fiança (arts. 12 e 40, X).

Quanto ao ato jurídico perfeito, comenta o Professor Paulo Hamilton Siqueira Junior: "A sua garantia é uma forma de assegurar o próprio direito adquirido pela proteção que se concede ao seu elemento gerador. Ora, se a lei nova considerasse como inexistente, ou inadequado, ato já consumado sob o amparo da norma que a precedeu, o direito adquirido desapareceria por falta de fundamento. Haveria destruição de direitos subjetivos, formados sob o amparo do antigo preceito legal, prejudicando interesses legítimos dos seus titulares e causando desarmonia na sociedade (Uadi Lammêgo Bulos. *Constituição Federal anotada*, 8. ed., São Paulo, Saraiva, 2008, p. 185)."[17]

1.4. PRAZO E MULTA PELA DEVOLUÇÃO ANTECIPADA DO IMÓVEL PELO LOCATÁRIO

Durante o prazo do contrato, o locador não pode reaver o imóvel, a não ser que haja, por parte do inquilino, infração legal ou contratual.

A retomada, durante o prazo convencionado, não é possível sequer para uso próprio.

Este é o teor do art. 4º, primeira parte, da Lei 8.245/1991:

> *Art. 4º Durante o prazo estipulado para a duração do contrato, não poderá o locador reaver o imóvel alugado.*

Nesse sentido, ilustra a ideia do art. 4º da Lei do Inquilinato o seguinte aresto, no qual a locadora propôs ação de despejo durante o prazo do contrato por força maior, alegando,

---

[15] "Art. 6º A Lei em vigor terá efeito imediato e geral, respeitados o ato jurídico perfeito, o direito adquirido e a coisa julgada. § 1º Reputa-se ato jurídico perfeito o já consumado segundo a lei vigente ao tempo em que se efetuou. § 2º Consideram-se adquiridos assim os direitos que o seu titular, ou alguém por ele, possa exercer, como aqueles cujo começo do exercício tenha termo prefixo, ou condição preestabelecida inalterável, a arbítrio de outrem. § 3º Chama-se coisa julgada ou caso julgado a decisão judicial de que já não caiba recurso."

[16] Silvio Rodrigues. *Direito Civil*, vol. I, p. 29.

[17] Paulo Hamilton Siqueira Junior, *Comentários ao Código Civil*, p. 90.

a esse título, a inesperada recondução de seu marido ao posto de trabalho na localidade do imóvel, o que foi repelido:

Tribunal de Justiça de São Paulo. Locação residencial – Ação de rescisão contratual por força maior – Inocorrência. Improcedência mantida. Apelação Improvida. 1. Descabe o pedido de retomada durante o prazo estipulado para a duração do contrato locativo (art. 4º da Lei nº 8.245/91). 2. Não se constitui em força maior justificadora da inexecução contratual e da retomada, a transferência de local de trabalho do locador por ter ele a possibilidade de alugar imóvel semelhante para a moradia até o término do prazo avençado.

Importante, portanto, tratar dos prazos nos contratos de locação.

Nessa medida, nos termos do art. 3º da Lei do Inquilinato, o contrato de locação pode ser celebrado por qualquer prazo, dependendo de vênia conjugal se o prazo for igual ou maior de 10 anos.

Isto significa que o cônjuge do locador não é obrigado a respeitar o prazo que suplantar 10 anos, o que o autoriza à propositura da ação de despejo a partir do dia em que se completa o referido prazo do contrato de locação.

Portanto, o contrato não é nulo ou anulável. A única consequência é a desobrigação do cônjuge que não consentiu – e não se trata de ser locador, mas, apenas, anuir no contrato – respeitar o contrato, podendo propor ação de despejo e, nesse sentido remetemos o leitor ao capítulo 3 deste livro, que trata da ação de despejo, inclusive na vertente hipótese, que será especificamente desenvolvida.

Importante observar que embora exista liberdade quanto à fixação do prazo, o locador deverá observar o prazo de 30 meses se a locação for residencial.

Isto porque, caso contrário, nos termos do art. 47 da Lei do Inquilinato, só poderá retomar o imóvel por denúncia vazia (pelo término do prazo contratual) depois do prazo de 5 anos de vigência do contrato.

Outrossim, diferentemente do locador, que não pode exigir o imóvel antes do prazo estipulado, exceto se houver infração contratual ou legal, falta de pagamento de aluguel ou encargos ou para reparação urgente, tudo nos termos dos incisos II a IV, do art. 9º, o art. 4º da Lei 8.245/1991 estabelece a possibilidade de o locatário devolver o imóvel a qualquer tempo.

Caso encontre resistência do locador, a pretexto, por exemplo, de estragos no imóvel, poderá consignar as chaves, mas estará sujeito a consequências como a reparação dos danos e lucros cessantes decorrentes da impossibilidade da locação durante o prazo necessário para eventual produção de provas e para os consertos (vide, infra, o item 1.9.4).

Nessa medida, os seguintes precedentes:

Locação – Consignação de chaves – cobrança – Cabível a rescisão contratual, com a consignação de chaves em juízo pelos Autores (locatários) – Eventuais pendências referentes ao imóvel locado não obstam a rescisão contratual, tampouco justificam a recusa dos Requeridos (locadores) ao recebimento das chaves – Término do contrato de locação em 6 de novembro de 2020 (data da decisão que deferiu a consignação das chaves do imóvel) – Devido o reembolso dos valores pagos com despesas extraordinárias incorridas pelos Autores (locatários)[18] – Sentença de parcial procedência, para declarar a rescisão do contrato e condenar os Requeridos ao pagamento "dos valores relativos às despesas extraordinárias comprovadamente despendidos" pelos Autores – Sentença contém omissão (quanto à incidência de correção monetária e juros moratórios) – Recurso dos requeridos improvido, e declarado (de ofício) que sobre o valor da restituição das despesas extraordinárias incidem correção monetária desde os desembolsos e juros moratórios de 1% ao mês desde a citação. (TJSP; Apelação Cível 1018506-17.2020.8.26.0451; Rel. Min. Flavio Abramovici; 35ª Câmara de Direito Privado; j. 27.02.2023).

---

[18] No vertente caso, o locador também incorreu na ilegal cobrança de despesas extraordinárias de condomínio que a teor do art. 22, X, da Lei do Inquilinato são de responsabilidade exclusiva dele.

É possível a entrega das chaves do imóvel objeto de locação em cartório judicial, na hipótese em que o locador se recusa a recebê-lo sem a realização de reforma pelo locatário, porque, além de ser um direito de este devolver o imóvel ao fim do prazo do contrato, a exigência do locador caracteriza condição potestativa, ressaltando-se que eventual prejuízo deve ser discutido em ação própria. (STJ, AgInt nos EDcl no REsp 1.617.757/PR, Rel. Min. Moura Ribeiro, 3ª Turma, j. 22.10.2018).

Os contratos de locação se prorrogam por prazo indeterminado depois de 30 dias do término do prazo contratual, sem que haja insurgência do locador mediante propositura da ação de despejo (art. 46, § 1º e art. 56, parágrafo único). Sendo assim, s*e o locatário pretender devolver o imóvel durante a prorrogação legal do contrato* (art. 6º da LI), deve avisar com 30 dias de antecedência, sob pena de pagar um mês de aluguel.

Todavia, se a devolução se der antes do prazo estipulado no contrato, pagará a multa que for pactuada.

Trata-se de favorecimento legal ao locatário, que pode se liberar da obrigação mediante pagamento da cláusula penal compensatória.

Afastando a remissão ao art. 924, do revogado Código Civil de 1916, correspondente ao art. 413, do atual Código Civil, o art. 4º da Lei 8.245/1991, com a redação dada pela Lei 12.112/2009 determina, de forma imperativa, a redução proporcional ao período de cumprimento do contrato. Manteve-se tal determinação com a Lei 12.744/2012, que alterou o citado art. 4º.

Rompe-se, portanto, com a possibilidade defendida por parte da doutrina, de redução equitativa preconizada pelo referido art. 413 do Código Civil, ainda que alhures já constasse nossa defesa da possibilidade de redução proporcional no caso de cumprimento parcial da obrigação.[19]

Seja como for, a ideia de proporcionalidade da redução surge expressa na Lei do Inquilinato, em razão da redação do seu art. 4º empreendida pela Lei 12.112/2009, que revogou o Enunciado 357 da IV Jornada de Direito Civil do Conselho da Justiça Federal.[20]

Posta assim a questão, por exemplo, em contrato de trinta meses, com cláusula penal compensatória de três aluguéis, a devolução do imóvel pelo locatário depois de quinze meses de vigência implicará o pagamento de cláusula penal de um aluguel e meio.

---

[19]   O art. 413, do Código Civil, está assim redigido: "Art. 413. A penalidade deve ser reduzida equitativamente pelo juiz se a obrigação principal tiver sido cumprida em parte, ou se o montante da penalidade for manifestamente excessivo, tendo-se em vista a natureza e a finalidade do negócio."
Sobre este dispositivo, escrevemos (*Do descumprimento das obrigações*, p. 295):
"Resta, agora, enfrentar a alteração da norma no que pertine ao relato 'proporcionalmente', constante do Código Civil de 1916 (art. 924), para 'equitativamente' do Código Civil vigente (art. 413).
A par de opiniões que sustentam que o critério da proporcionalidade está superado no direito atual, não é o que pensamos.
Por uma questão lógica, a redação do art. 413, do Código Civil, contém pequena adequação para recepcionar a segunda e novel causa de redução: a excessividade.
Esta, sem dúvida, não comporta redução proporcional, mas, de acordo com a ética da situação, redução que permita à cláusula penal cumprir seus objetivos de predeterminação das perdas e danos e de pena imposta ao inadimplente ou moroso.
De fato, seria estranho pensar em redução proporcional por excessividade.
Todavia, a redução, no caso de obrigação cumprida em parte, salvo raríssimas exceções, deverá ser proporcional e, com isso, equitativa."
Pensava diferente Christiano Cassetari (*Multa contratual*, p. 186.). Agora, no que se refere à Lei do Inquilinato, pela alteração legislativa, nos parece que a precisa lição do renomado jurista está a merecer revisão.

[20]   "Enunciado 357. Art. 413. O art. 413 do Código Civil é o que complementa o art. 4º da Lei 8.245/1991. Revogado o Enunciado 179 da III Jornada."

O raciocínio é simples: descumprido o contrato pela metade, o locatário pagará metade da multa pactuada para o descumprimento integral.

Trata-se de norma cogente, de tal sorte que, a teor do art. 45 da Lei 8.245/1991, não pode ser afastada pelo contrato.

Assim, as cláusulas comumente encontradas nos pactos de locação que determinam o pagamento da multa de forma integral, independentemente do prazo contratual, não produzem qualquer efeito.

É possível o arbitramento judicial da multa, a requerimento do locador, em razão de ausência de previsão expressa de cláusula penal compensatória no contrato.

A hipótese é rara em razão da praxe contratual. De qualquer forma, ausente o pacto, poderá o locador, não havendo acordo, exigir a multa mediante arbitramento. Sugerimos a aplicação do costume neste caso, de tal sorte que será razoável o arbitramento proporcional, com o acatamento da multa usual de três aluguéis.

Convém notar que não há qualquer limitação à multa na Lei do Inquilinato que, a rigor, está limitada apenas ao valor do contrato nos termos do art. 412, do Código Civil, ou seja, ao valor do aluguel multiplicado pelo número de meses da vigência contratada. Todavia, a praxe indica que normalmente é estipulada em três meses de aluguel.

Francisco Carlos Rocha de Barros afirma, neste caso, que "poderá o locatário, ainda, recorrer à justiça quando a multa tiver sido fixada em valor abusivo, hipótese, por exemplo, em que do contrato conste multa equivalente a tantos aluguéis quantos forem os meses aprazados para a locação. Ora, se para um contrato de doze meses fica ajustada multa que representa a soma de doze aluguéis, a redução proporcional resta francamente inútil".[21]

Isto porque seria restaurado o critério de pagamento de multa pelo prazo que faltar, determinado pelo revogado art. 1.193 do Código Civil de 1916, que a Lei 8.245/1991 nitidamente quis afastar e que não vigora mais sequer no Código Civil de 2002, que trouxe no seu art. 571, para a locação comum, o mesmo critério da Lei do Inquilinato.

Cumpre consignar a possibilidade geral de o juiz interferir na excessividade da multa.

É possível que, a par da redução proporcional ao cumprimento, a pena ainda se mostre excessiva.

Nesse caso, nada obsta e, de outro lado, se recomenda, que o juiz leve a efeito nova redução, apta a atender integralmente o comando do art. 413 do Código Civil, que se aplica subsidiariamente neste caso.

De fato, diante das premissas da redução, especialmente a vedação do enriquecimento sem causa, a norma não teria integral respeito se o juiz se recusasse a reduzir a cláusula penal já minorada em razão do cumprimento parcial, ainda que se mostrasse, depois disso, excessiva.

Isto porque, em razão do princípio da boa-fé e da função social do contrato, a excessividade da cláusula penal não se admite em qualquer hipótese, ainda que a redução proporcional ao cumprimento tenha sido operada.

Por outro lado, mesmo com os critérios de gravidade da culpa e de vedação do enriquecimento sem causa, ante a inexistência de critério legal objetivo para aferir a excessividade, a redução da cláusula penal sob este fundamento será submetida ao prudente arbítrio do juiz, de acordo com a situação que se lhe apresente, em consonância com a técnica de cláusulas gerais ou abertas e de conceitos legais indeterminados que pautaram a elaboração

---

21 Francisco Carlos Rocha de Barros. *Comentários à Lei do Inquilinato*, p. 18. Ressalva-se a possibilidade expressa de multa no valor do contrato se a locação for da espécie "por encomenda", tratada no item 1.12 deste capítulo (art. 54-A, § 2º da Lei do Inquilinato).

do Código Civil de 2002, "propiciadoras de ampla compreensão hermenêutica e de maior interferência do juiz na solução dos conflitos".[22]

Essa redução, igualmente, como dissemos, levará em conta a função social do contrato insculpida no art. 421, do Código Civil, e, tendo em vista que "a função social é cláusula geral, o juiz poderá preencher os claros atribuindo significado à função social, valores jurídicos, sociais, econômicos e morais. A solução será dada diante do que se apresentar, no caso concreto, ao juiz".[23]

Por fim, é comum, nas locações residenciais, que o locatário não queira se submeter ao prazo de 30 meses para devolução do imóvel.

Nesses casos, o locador, embora nos termos dos arts. 46 e 47 da Lei do Inquilinato tenha que pactuar o prazo de 30 meses a que se subordina, pode concordar com cláusula que dispense o locatário de pagar a multa proporcional depois do número de meses que as partes negociarem.

Como consequência, o locador de imóvel residencial é obrigado a respeitar o prazo mínimo de 30 meses, mas o locatário pode devolver o imóvel após o prazo pactuado para dispensa da multa pactuada.

Para ilustrar, a cláusula pode ser redigida nos seguintes termos: "Embora a presente locação tenha sido celebrada pelo prazo de 30 meses, vinculando o locador, o locatário poderá devolver o imóvel após 12 meses de vigência do presente contrato, sem qualquer penalidade, mediante prévio aviso com prazo de 30 dias. Caso não comunique sua intenção de desocupar o imóvel com prazo mínimo de 30 dias, o que somente poderá fazer depois da vigência de 12 meses da presente locação, pagará o equivalente a 1 aluguel vigente. Caso devolva o imóvel antes do prazo de 12 meses, ficará responsável pela multa proporcional, considerado o prazo de 30 meses, nos termos do art. 4º da Lei 8.245/1991."

O inquilino estará, contudo, isento do pagamento da multa se desocupar o imóvel antes do prazo em razão da transferência da localidade de prestação de serviços determinada pelo seu empregador. Esse é o mandamento insculpido no parágrafo único do art. 4º da Lei do Inquilinato, segundo o qual *o locatário ficará dispensado da multa se a devolução do imóvel decorrer de transferência, pelo seu empregador, privado ou público, para prestar serviços em localidades diversas daquela do início do contrato, e se notificar, por escrito, o locador com prazo de, no mínimo, trinta dias de antecedência.*

Exige-se, assim determinação pelo empregador – não iniciativa do locatário – e relação empregatícia ou funcional.

Nessa medida, a lição de Silvio de Salvo Venosa: *Note-se que a lei se refere à mudança no local de prestação de serviços por iniciativa do empregador. Não se aplica o dispositivo se o pedido de transferência é de iniciativa do próprio empregado.*[24]

Complementa Gildo dos Santos: *Essa transferência, porém, há de ser determinada pelo empregador (CLT, art. 469, §§ 1º a 3º) ou pela repartição pública, de modo que, se é o próprio empregado quem solicita, no seu exclusivo interesse, a transferência de emprego que impõe a mudança de seu domicílio, descabe a liberação da multa.*[25]

Nesse sentido:

Tribunal de Justiça de São Paulo. *Locação rescisão transferência de local de trabalho relação de emprego não configurada multa devida recurso improvido. Não caracterizada relação de emprego, incabível a dispensa*

---

[22]   Miguel Reale. *A sanção da lei que instituiu o novo Código Civil*, p. 345.

[23]   Nelson Nery Junior e Rosa Maria de Andrade Nery. *Código Civil anotado*, p. 181.

[24]   Sílvio de Salvo Venosa, *Lei do Inquilinato comentada*: doutrina e prática. 10ª ed. São Paulo: Atlas, 2010, p. 50.

[25]   Gildo dos Santos, *Locação e despejo*: Comentários à Lei 8.245/91. 6ª ed. São Paulo: RT, 2010, p. 82.

de multa por rescisão antecipada nos termos do artigo 4º, parágrafo único, da Lei de Locações (Ap. 0025378-66.2011.8.26.0003, rel. Des. Clóvis Castelo, j. 15.04.2013).

Tribunal de Justiça de São Paulo. *A liberação da multa devida ao locador pelo rompimento antecipado do contrato tem como pressuposto não só a transferência do local de trabalho do locatário para outra cidade, mas que este, em razão da prestação de serviços em localidade diversa, tenha que para lá se mudar com sua família. Não é o que ocorre na hipótese dos autos, em que o locatário não comprovou ser empregado. Pelo contrário, apresentou-se como empresário quando da assinatura do contrato de locação, restando documentado nos autos ser ele titular de sociedade (Ap. 992.08.057613-2, rel. Des. Cristiano Ferreira Leite, j. 26.04.2010).*

Tribunal de Justiça de São Paulo. *Embargos à execução – Locação de imóveis – Multa compensatória – pretensão a isenção fundada em alegação de transferência de trabalho – Não comprovação. A devolução do imóvel, com a isenção do pagamento da multa compensatória, deve ocorrer em razão de transferência, pelo empregador privado ou público, e não pela própria vontade do empregado, além da notificação escrita com o prazo de 30 dias de antecedência, também inocorrente na espécie (Ap. 630122-0, rel. Des. Cristina Zucchi, j. 18.12.2002).*

1.5. DIVÓRCIO OU MORTE DO LOCATÁRIO E DO LOCADOR: SUB-ROGAÇÃO

Morrendo o locador, o contrato de locação é transmitido aos herdeiros, nos termos do que determina o art. 10 da Lei do Inquilinato.

Neste caso não há necessidade de qualquer providência por se tratar de sub-rogação legal.

Sendo assim, mesmo antes da partilha é conferida legitimidade aos herdeiros para propositura de ação de despejo, em conjunto ou isoladamente, em razão da solidariedade legal imposta pelo art. 2º da Lei do Inquilinato.[26]

Com a partilha, a locação prossegue com o herdeiro a quem for destinado o imóvel locado.

Por sua vez os arts. 11 e 12 da Lei 8.245/1991[27] estabelecem a possibilidade de substituição do locatário por sub-rogação, independentemente da vontade do locador.

---

[26] **TJSP** – *Agravo de Instrumento 1152026008 – Relator): Clóvis Castelo – Comarca: Ribeirão Preto – 35ª Câmara de Direito Privado – j. 07.07.2008 – Data de registro: 14.07.2008 – Locação de imóveis – despejo – locador falecido – sub-rogação imediata dos sucessores – herdeiro – legitimidade ativa – artigo 10 da lei n.º 8.245/91 – recurso improvido. O artigo 10 da Lei do Inquilinato dispõe que "morrendo o locador, a locação transmite-se aos herdeiros", ou seja, com a morte do locador, transfere-se aos seus herdeiros os direitos da locação. A transmissão opera-se desde logo com a abertura da sucessão, face o princípio da 'saisine', adotado pelo legislador no que toca à transmissão da posse e domínio.*
TJSP. *Locação residencial – Ação de despejo – Legitimidade ativa dos herdeiros da locadora reconhecida – Inteligência do artigo 10 da lei do inquilinato – Contrato de locação subscrito por procurador com poderes específicos para tanto – Sentença mantida. – Recurso desprovido. (Apelação nº 1036109-08.2014.8.26.0001 Rel. Edgard Rosa; Comarca: São Paulo; 25ª Câmara de Direito Privado; j. 16.02.2017; Data de registro: 17.02.2017).*

[27] "Art. 11. Morrendo o locatário, ficarão sub-rogados nos seus direitos e obrigações:
I – nas locações com finalidade residencial, o cônjuge sobrevivente ou o companheiro e, sucessivamente, os herdeiros necessários e as pessoas que viviam na dependência econômica do *de cujus*, desde que residentes no imóvel;
II – nas locações com finalidade não residencial, o espólio e, se for o caso, seu sucessor no negócio.
Art. 12. Em casos de separação de fato, separação judicial, divórcio ou dissolução da união estável, a locação residencial prosseguirá automaticamente com o cônjuge ou companheiro que permanecer no imóvel.
§ 1º Nas hipóteses previstas neste artigo e no art. 11, a sub-rogação será comunicada por escrito ao locador e ao fiador, se esta for a modalidade de garantia locatícia.
§ 2º O fiador poderá exonerar-se das suas responsabilidades no prazo de 30 (trinta) dias contado do recebimento da comunicação oferecida pelo sub-rogado, ficando responsável pelos efeitos da fiança durante 120 (cento e vinte) dias após a notificação ao locador."

Assim, no caso de morte, separação de fato,[28] divórcio ou dissolução de união estável, a locação prossegue[29] automaticamente com o cônjuge ou companheiro que não faz parte do contrato originalmente celebrado, mas permanece no imóvel residencial locado.[30]

Por outro lado, aquele que se afastou do lar está automaticamente exonerado do polo da relação jurídica contratual.

No caso de morte, ficam sub-rogados sucessivamente, na ausência de cônjuge ou companheiro, os herdeiros necessários e as pessoas que viviam na dependência econômica do *de cujus*, desde que residentes no imóvel.[31] No caso de locações com finalidade não residencial, sub-rogam-se o espólio e, se for o caso, seu sucessor no negócio.[32]

1.5.1. Limitação da sub-rogação legal à hipótese de locação residencial

A redação primitiva do art. 12 da Lei do Inquilinato, que trata da sub-rogação do cônjuge ou companheiro no caso de divórcio ou dissolução da união estável do locatário, não se limitava às locações residenciais, embora colidisse com o teor do art. 11, I.

Depois da Lei 12.112/2009, a substituição automática do locatário nessas circunstâncias (de divórcio ou dissolução da união estável) se circunscreve às locações residenciais, em consonância com o disposto no art. 11, I, que trata da sub-rogação legal da locação nessa hipótese.[33]

---

[28] A doutrina costuma apontar a dificuldade da prova, posto que a separação de fato não encontra supedâneo em documento que possa comprovar a situação.

[29] Estamos falando de sub-rogação, de tal sorte que embora lá resida, o cônjuge ou companheiro não fez parte do contrato, posto que, se tivesse feito, seria solidário (art. 2º da Lei do Inquilinato) e não haveria motivo para falar-se em sub-rogação.

[30] *TJSP. Apelação da ré – Locação – Ação de despejo por falta de pagamento cumulada com cobrança de aluguéis e outros encargos – Procedência – (...). Preliminar de inépcia da inicial por ilegitimidade passiva ad causam e pleito subsidiário de nulidade por ausência de chamamento ao processo do espólio ou dos herdeiros – Não acolhimento – A apelante é parte legítima, tendo em vista que figura no contrato de locação como colocatária – Ademais, locatário remanescente, marido dela, faleceu antes da constituição do débito – Subsistência da locação apenas em nome da colocatária, cônjuge sobrevivente, que, ademais, se sub-roga na locação nos termos do art. 11, I, Lei 8.245/91. Sentença de procedência mantida – Preliminares afastadas – Recurso não provido (Apelação 1006951-09.2014.8.26.0032 – Rel. Antonio Tadeu Ottoni; Comarca: Araçatuba; 34ª Câmara de Direito Privado; j. 16.09.2015; Data de registro: 21.09.2015).*

[31] *TJSP. Despejo por falta de pagamento. Ilegitimidade passiva da ré, irmã da locatária falecida. Inocorrência. Nos termos do art. 11, I, da Lei 8.425/91, morrendo o locatário originário, os direitos e obrigações da locação são sub-rogados aos seus herdeiros necessários, na inexistência de cônjuge, como ocorre no caso. Sentença de procedência mantida. Apelo improvido (Apelação 0000863-30.2008.8.26.0404 – Rel. Soares Levada; Comarca: Orlândia; 34ª Câmara de Direito Privado; j. 15.10.2012; Data de registro: 17.10.2012).*

[32] *TJSP – Apelação Sem Revisão 992040258881 (877550100) – Rel. Orlando Pistoresi – Comarca: São Bernardo do Campo – 32ª Câmara do Sexto Grupo – j. 09.06.2005 – Data de registro: 20.06.2005 – Locação – Cessão – Consentimento prévio e escrito – Admissibilidade – Artigo 13 da Lei nº 8.245/91. A cessão da locação depende de consentimento prévio e escrito do locador. Locação – Finalidade não residencial – Morte do locatário – Sub-rogação – Espólio – Admissibilidade. "Enquanto não ultimada a partilha, o espólio ocupará a posição do locatário falecido. Findo o inventário, desaparecerá a figura do espólio, e a sub-rogação será conferida ao herdeiro que for o sucessor no negócio". Fiança – Contrato intuitu personae. O contrato de fiança, sendo intuitu personae, extingue-se com a morte do afiançado.*

[33] Na exposição de motivos, lemos: "A regra do *caput* do art. 12 da Lei de Locações tem por objetivo a proteção da moradia do cônjuge ou companheiro em caso de dissolução do vínculo conjugal ou da sociedade concubinária, não dizendo respeito às locações não residenciais (corrobora esse entendimento o tratamento dado pelo art. 11 a uma hipótese análoga – prosseguimento somente da locação residencial em caso de morte do cônjuge ou companheiro locatário). A modificação proposta visa a explicitar que a regra versa apenas sobre locações residenciais. Quanto ao parágrafo único deste artigo, propõe-se que a correta substituição de garantias prevista na lei seja estendida também às hipóteses do art. 11, que igualmente tratam de casos nos quais há sub-rogação da locação com exoneração do primitivo fiador".

Demonstra a lei a intenção de proteção à dignidade da pessoa e prestigia o direito constitucional à moradia, do art. 6º da Constituição Federal de 1988.

1.5.2. Comunicações ao locador e fiador acerca da sub-rogação legal

Com a lei 12.112/2009 além da comunicação, por escrito, ao locador, acerca da sub-rogação, foi acrescida a necessidade legal de igual comunicação ao fiador.

A lei não esclareceu a forma da notificação, de tal sorte que o aviso deve ser feito por escrito, sem qualquer exigência formal, e será válido ainda que o meio seja eletrônico, desde que haja recebimento da notificação.

Recomenda-se, todavia, que seja feita notificação através de Cartório de Títulos e Documentos, para evitar questionamentos acerca do recebimento da comunicação a que alude a lei.

Embora a lei não mencione de forma expressa, já se decidiu que a ausência de comunicação da sub-rogação mantém o vínculo jurídico inalterado, de tal sorte que o locatário original que tenha deixado o lar e não tomou a providência continua vinculado:

> **Tribunal de Justiça de São Paulo.** *Apelação – Locação de imóvel residencial – Cobrança de locativos – (...) Sub-rogação legal – Art. 12, parágrafo único, da Lei 8.245/91. Separação de fato ou judicial, divórcio ou dissolução de sociedade conjugal. Comunicação ao locador. Inocorrência, in casu. Vínculo jurídico que se mantêm inalterado entre as partes originárias. Ausência de prova de pagamento do débito reclamado. Aplicação do artigo 62, I, da Lei 8.245, de 18 de outubro de 1991 e do artigo 319 do Código Civil. Sentença mantida. (...) (Apelação 0044573-74.2010.8.26.0002 Rel. Luis Fernando Nishi; Comarca: São Paulo; 32ª Câmara de Direito Privado; j. 09.02.2017; Data de registro: 09.02.2017).*

Trata-se de evidente aplicação da cláusula geral da boa-fé objetiva que obriga a cooperação entre os contratantes.

1.5.3. A sub-rogação não implica exoneração automática do fiador: necessidade de o fiador se exonerar notificando o locador

Diferentemente do que ocorria antes da Lei 12.112/2009, a substituição do locatário em razão da lei, o que inclui os casos dos arts. 11 e 12, não implica em exoneração automática do fiador.[34]

---

[34] Neste sentido, o entendimento anterior à alteração da Lei 12.112/2009:
Segundo Tribunal de Alçada Civil de São Paulo. Fiança – locação – morte do afiançado – extinção da garantia – ocorrência. Com a morte da locatária extingue-se a fiança. Ap. c/ Rev. 491.549 – 3ª Câm. – Rel. Juiz Ribeiro Pinto – j. em 07.10.97.
Segundo Tribunal de Alçada Civil de São Paulo. Fiança – locação – exoneração – sub-rogação da locação – morte do locatário – admissibilidade – responsabilidade até entrega das chaves – irrelevância. Dada a sub-rogação, dela tendo ciência o locador, pela substituição da locatária pela filha, genro e netos, na relação "ex-locato", esta subsiste, mas não a fiança, em razão do falecimento da locatária, fato jurídico a desonerar os fiadores. Ap. c/ Rev. 491.549 – 3ª Câm. – Rel. Juiz Ribeiro Pinto – j. em 07.10.97. No mesmo sentido: JTA (Saraiva) 71/264, 75/194 RT 357/139, 570/167, 573/177 JTACSP 69/209, 76/184, JTARS 55/247 JTACSP 75/194 Ap. c/ Rev. 410.225 – 2ª Câm. – Rel. Juiz Acayaba de Toledo – j. em 29.08.94.
Havia entendimento divergente, de resto agora superado, quanto ao momento da exoneração:
Segundo Tribunal de Alçada Civil de São Paulo. Fiança – locação – morte do afiançado – extinção da garantia – reconhecimento – comunicação ao locador – necessidade. A morte do locatário extingue sua relação locatícia com o locador, e, por consequência do caráter personalíssimo da fiança, justifica-se a desoneração dos fiadores em relação a este. Essa desoneração, porém, não se dá sem que os fiadores adotem a iniciativa de comunicar a morte do afiançado ao locador, de maneira que ele inequivocamente

Ainda assim, não foi quebrada a regra geral do caráter *intuitu personae* da fiança, ou seja, de ser contrato assessório que se vincula exclusivamente ao afiançado original, aspecto que tem sido reconhecido em outras hipóteses, como aquela que decorre da possibilidade de exoneração em razão de fiança dada à pessoa jurídica em função da alteração de sócios.[35]

Neste caso, de substituição legal do locatário (inclusive nas hipóteses do art. 11), exige a lei que o fiador, se essa for a modalidade de garantia, seja comunicado para que possa, no prazo de trinta dias, pedir a exoneração mediante notificação dirigida ao locador.

Houve inversão do ônus. Antes, o fiador estava automaticamente exonerado em razão da alteração do locatário.

Com efeito, caberá ao fiador, igualmente notificado da sub-rogação, também notificar o locador, informando-o que não permanecerá mais como garante, sob pena de, ao não tomar esta providência no prazo de trinta dias, permanecer na condição que estava até o término do contrato de fiança, garantindo o sub-rogado.

Ainda assim, mesmo que notifique o locador, a lei estabeleceu que a exoneração não é automática, cabendo a responsabilidade do fiador por mais cento e vinte dias contados da efetiva notificação do locador.

Cumpre esclarecer que a obrigação de comunicar o locador e o fiador da sub-rogação é do sub-rogado, de tal sorte que poderá ser despejado por infração legal se não cumprir a exigência da lei.[36]

Isto porque se trata de sub-rogação legal e, neste caso, nenhuma obrigação remanesce, por exemplo, com o cônjuge ou companheiro que se afastou do lar e, por força de lei, teve a relação *ex locato* rompida com o locador.

A lei não previu a situação do fiador ante a hipótese de o sub-rogado não levar a efeito a comunicação que lhe compete.

Neste caso, como não há a exoneração automática, resta saber a consequência da omissão.

Parece-nos que caberá ao juiz verificar as peculiaridades do caso concreto.

---

conheça a notícia. *Ap. c/ Rev. 325.538 – 4ª Câm. – Rel. Juiz Carlos Stroppa – j. em 18.03.93 Referências: Caio Mário da Silva Pereira – "Instituição de Direito Civil", vol. III, ed., 1991, p. 363. Carvalho de Mendonça – "Contratos no Direito Civil Brasileiro" – tomo II, 4ª ed., pp. 441 e ss.*
Segundo Tribunal de Alçada Civil de São Paulo. *Fiança – responsabilidade – morte do afiançado – dívida anterior ao falecimento – subsistência. A extinção das obrigações assumidas pelo fiador ocorre a partir da data do óbito. Correspondendo a dívida objeto da execução a período anterior ao falecimento do afiançado, mantem-se o fiador obrigado por todos os efeitos anteriores ao fato determinante da extinção da fiança. Ap. c/ Rev. 496.846 – 8ª Câm. – Rel. Juiz Walter Zeni – j. em 16.10.97.*

[35] *"Agravo regimental nos embargos de declaração no recurso especial. Locação. Fiança prestada em razão de parentesco com sócio da empresa inquilina. Retirada do sócio da pessoa jurídica. Dissolução da sociedade afiançada. Exoneração da fiadora. 1. O contrato acessório de fiança obedece à forma escrita, é consensual, deve ser interpretado restritivamente e no sentido mais favorável ao fiador. Desse modo, não pode a fiança subsistir à mudança no quadro societário da locatária, sem que, expressamente, tenha o garante a esse fato anuído. 2. Decisão agravada que se mantém por seus próprios fundamentos. 3. Agravo regimental desprovido" (AgRg nos EDcl no REsp 586.370/SP, 5ª Turma, j. 24.05.2005, rel. Min. Laurita Vaz, DJ 20.06.2005, p. 343)*
"Locação. Fiança. Pessoa jurídica. Exoneração dos fiadores. Saída de sócios. É assente neste Tribunal o entendimento de que o instituto da fiança não comporta interpretação extensiva, obedecendo, assim, disposição expressa do art. 1.483 do Código Civil [art. 819 do NCC]. Não obstante distinção entre a pessoa do sócio e a pessoa jurídica, é possível a exoneração da garantia prestada à sociedade após a retirada dos sócios aos quais se deu a garantia originalmente. Recurso não conhecido" (REsp 373.671/MG, 5ª Turma, j. 19.02.2002, rel. Min. Felix Fischer, DJ 11.03.2002, p. 274).

[36] Neste sentido: Francisco Carlos Rocha de Barros, ob. cit., p. 72.

Posta assim a questão, se o locador recebe os aluguéis de terceira pessoa, e se o sub-rogado conhece a circunstância e se cala, nos parece que o fiador não pode ser responsabilizado por futura inadimplência.

Todavia, se o locador não foi comunicado e desconhece a sub-rogação, mormente quando os pagamentos continuam sendo feitos em nome do locatário original através de meio eletrônico ou bancário, o risco será do fiador, a quem compete fiscalizar a titularidade do contrato de locação e, se for o caso, substituir o sub-rogado na tarefa de comunicar o locador, aproveitando a oportunidade para notificá-lo da exoneração no prazo de cento e vinte dias.

1.5.4. Extensão das consequências da sub-rogação às hipóteses do art. 11

A Lei 12.112/2009 incluiu outras hipóteses de sub-rogação do art. 11 da Lei do Inquilinato nas consequências do art. 12, quais sejam, as hipóteses de sub-rogação do espólio e, se for o caso, seu sucessor no negócio, nas locações com finalidade não residencial, além dos herdeiros necessários e das pessoas que viviam na dependência econômica do *de cujus* na locação residencial (art. 11, I, parte final, da Lei 8.245/1991).

Nesses casos, igualmente o fiador, comunicado da sub-rogação, poderá se exonerar notificando o locador em até trinta dias do recebimento da comunicação, ficando responsável por mais cento e vinte dias.

1.5.5. Possibilidade de exigência de novo fiador, sob pena de despejo

Cumpre esclarecer que, no caso de sub-rogação e exoneração do fiador comunicado, não há a previsão da possibilidade antes da Lei 12.112/2009 existente de o locador "exigir, no prazo de trinta dias, a substituição do fiador ou o oferecimento de qualquer das garantias previstas nesta lei".

Isto porque a hipótese já está prevista, a título de exoneração do fiador, no art. 40, IV,[37] que possibilita a exigência de novo fiador no prazo de trinta dias, sob pena de infração legal e despejo.

1.5.5.1. Notificação comunicando a sub-rogação no contrato de locação

Local e data

Ilmo. Sr. Locador (...)

Endereço: (...)

Ilmo. Sr. Fiador (...)

Endereço: (...)

Prezados Senhores,

Na qualidade de ex-cônjuge do locatário original do imóvel da Rua (...), que foi locado e afiançado por Vossas Senhorias, nos termos do § 1º do art. 12 da Lei 8.245/1991, sirvo-me da presente para notificá-los que, em virtude de sentença anexa do Juízo de Direito da (...) Vara de Família e Sucessões desta Capital, foi homologada a separação judicial da notificante e seu cônjuge.

---

[37] "Art. 40. O locador poderá exigir novo fiador ou a substituição da modalidade de garantia, nos seguintes casos: (...) IV – exoneração do fiador; (...) Parágrafo único. O locador poderá notificar o locatário para apresentar nova garantia locatícia no prazo de 30 (trinta) dias, sob pena de desfazimento da locação."

Terá, assim, o Sr. Fiador, querendo, o prazo legal de trinta dias, a contar do recebimento desta, para requerer exoneração nos termos do § 2º, do art. 12, da Lei 8.245 de 18 de outubro de 1991.

Atenciosamente,

_____

Notificante (cônjuge do locatário original, que permanece no imóvel, ou procurador com poderes específicos e instrumento de procuração anexo)

1.5.5.2. Notificação encaminhada pelo fiador, dando notícia de sua exoneração

Local e data.

Ilmo. Sr. Locador (...).

Endereço: (...)

Prezado Senhor,

Em virtude do permissivo do § 2º, do art. 12, da Lei 8.245/1991, na qualidade de fiador do contrato de locação celebrado entre Vossa Senhoria e o Sr. (...), serve a presente para, tempestivamente, notificá-lo da minha exoneração da fiança prestada em razão de sub-rogação legal no contrato de locação nos termos do documento anexo.

Posta assim a questão, fica Vossa Senhoria notificada de que a garantia fidejussória permanecerá por mais cento e vinte dias contados do recebimento desta ou da substituição eventualmente operada pelo atual locatário antes do prazo legal de subsistência da garantia.

Atenciosamente,

_____

Notificante (Fiador, ou procurador com poderes específicos e instrumento de procuração anexo)

1.5.5.3. Notificação exigindo novo fiador

Data e local

Ilma. Sra. (locatária sub-rogada)

Endereço: (...)

Prezada Senhora,

Na qualidade de locador do imóvel da Rua (...), que se encontra locado a Vossa Senhoria, em virtude da insubsistência da garantia prestada, sirvo-me da presente para, nos termos do parágrafo único do art. 40, da Lei 8.245/1991, notificá-la para substituir a garantia, no prazo improrrogável de trinta dias, sob pena de infração legal e consequente despejo.

Para tanto, deverá Vossa Senhoria apresentar certidões negativas de protestos e distribuição de ações do fiador e seu cônjuge, bem como da matrícula atualizada (até trinta dias de expedição) de imóvel da propriedade dos garantidores, livre e desembaraçado de ônus reais, no mesmo Município deste contrato, além de declaração em que concorde(m) com a assunção da obrigação, diligenciando para que compareça(m) para assinar aditivo ao vertente contrato.

Atenciosamente,

_____

Notificante (Locador, ou procurador com poderes específicos e instrumento de procuração anexo)

1.5.5.4. Petição inicial de ação de despejo em face da não apresentação de novo fiador em razão da exoneração do original, com pedido de liminar

MM. Juízo da (...).

Urgente: requer a concessão de liminar.

(...), por seus procuradores (doc. 1), com escritório na (...), onde receberão intimações, vem, respeitosamente, perante Vossa Excelência, aforar, em face de (...), a competente

Ação de despejo,

o que faz com supedâneo nos arts. 12, § 2º, 40, parágrafo único e 59, § 1º, VII, da Lei 8.245, de 18 de outubro de 1991, e pelas razões de fato e de direito que, a seguir, articuladamente, passa a aduzir.

O autor celebrou com o marido da ré, no dia (...), contrato de locação do imóvel localizado na (...), pelo prazo de (...) meses e aluguel mensal de R$ (...) (doc. 2).

Ocorre que, em razão de separação judicial (doc. 3), observou-se a sub-rogação legal, passando a ré, que permaneceu no imóvel, a figurar na relação jurídica como locatária, nos termos do art. 12 da Lei 8.245/1991.

Tendo em vista a sub-rogação, o fiador logrou se exonerar por regular notificação enviada ao autor, nos termos do § 2º, do art. 12, da Lei 8.245/1991 (doc. 4), ficando responsável por cento e vinte dias.

Posta assim a questão, a teor do parágrafo único do art. 40, o locador promoveu a notificação da atual locatária, ora ré, para apresentar nova garantia no prazo de trinta dias (doc. 4), sem que obtivesse êxito.

Baldos os esforços do autor, ultrapassado *in albis* o prazo da notificação sem que a locatária tivesse oferecido nova garantia, não lhe restou alternativa senão a propositura da vertente ação, inclusive com possibilidade de obtenção de liminar para desocupação em quinze dias (art. 59, § 1º, VII, da Lei 8.245/1991).

Citação e pedido

Isto posto, requer o autor:

a) Seja a ré citada, por meio eletrônico ou, não havendo cadastro, pelo correio (*ou, ainda, justificando, por Oficial de Justiça, nos termos do § 1º-A, II, do art. 246 do CPC, facultando-se ao Sr. Oficial de Justiça encarregado da diligência proceder nos dias e horários de exceção (CPC, art. 212, § 2º*), para que, no prazo da lei, ofereça a defesa que tiver, sob pena de aplicar-lhe os efeitos da revelia;

Audiência de Conciliação

Nos termos do art. 334, § 5º, do Código de Processo Civil, o autor desde já manifesta, pela natureza do litígio, desinteresse em autocomposição.

Ou

Tendo em vista a natureza do direito e demonstrando espírito conciliador, a par das inúmeras tentativas de resolver amigavelmente a questão, o autor desde já, nos termos do art. 334 do Código de Processo Civil, manifesta interesse em autocomposição, aguardando a designação de audiência de conciliação.

Pedido de liminar:

b) Nos termos do art. 59, § 1º, VII, da Lei 8.245/1991, a concessão de desocupação liminar, no prazo de quinze dias.

Ex positis, requer, ainda, digne-se Vossa Excelência:

c) Julgar, ao final, procedente a ação, declarando extinta a relação *ex locato*, decretando o despejo, com a condenação da ré no pagamento de custas processuais e honorários de advogado.

Provas:

Protesta por provar o alegado através de todos os meios de prova em direito admitidos, especialmente por documentos, oitiva de testemunhas oportunamente arroladas, além do depoimento pessoal da ré, o que desde já se requer, sob pena de confissão.

Valor da causa:

Dá-se à causa o valor de R$ (doze vezes o aluguel vigente).

Termos em que,

Pede deferimento.

(Local e data)

(Nome do advogado e número de inscrição na OAB)

1.6. SUBLOCAÇÕES

A sublocação nada mais é que o contrato que decorre da locação original, mediante o qual o sublocador (locatário no contrato principal), se obriga a ceder ao sublocatário, um terceiro que não figura no contrato de locação, o uso e o gozo de imóvel urbano por tempo determinado ou não, mediante pagamento de aluguel.

Os pressupostos para que haja contrato regular de sublocação são:

a) contrato de locação em curso;

b) sublocador que figura como locatário no contrato principal;

c) Transferência do uso e gozo do imóvel recebido pelo locatário, ao sublocatário, mediante pagamento, por este, de aluguéis ao sublocador (locatário do contrato principal), limitando a transferência aos direitos decorrentes do contrato original.

Com relação a este último item, o sublocador, locatário do contrato original, não poderá ampliar os direitos de que dispõe no contrato de sublocação.

Outrossim, não existe, na sublocação, qualquer relação jurídica entre o sublocatário e o locador original.

Dispõe a lei do inquilinato que o aluguel da sublocação não poderá ter caráter especulativo. Todavia, excepciona a hipótese de sublocação de habitações coletivas multifamiliares, permitindo, na espécie, que o sublocador cobre do sublocatário o dobro daquilo que paga ao locador, incentivando a habitação social e premiando aquele que emprega a função social da propriedade.

Eis o dispositivo do art. 21 da Lei 8.245/1991:

> *Art. 21. O aluguel da sublocação não poderá exceder o da locação; nas habitações coletivas multifamiliares, a soma dos aluguéis não poderá ser superior ao dobro do valor da locação.*
>
> *Parágrafo único. O descumprimento deste artigo autoriza o sublocatário a reduzir o aluguel até os limites nele estabelecidos.*

Mesmo assim, tanto o empréstimo quanto a sublocação ou a cessão do contrato de locação dependem de anuência expressa do locador sob pena de infração à lei e despejo (arts. 13 e 9º, II, da Lei do Inquilinato).

Nesta medida, remetemos o leitor ao capítulo 3 deste livro, onde trataremos da ação de despejo por esta razão e abordaremos outros aspectos que envolvem a matéria, notadamente a questão da cessão da participação societária de pessoas jurídicas.

Outrossim, terminada a locação (qualquer que seja a causa), termina a sublocação, podendo o sublocatário pedir indenização do sublocador (art. 15 da Lei do Inquilinato).

Por outro lado, se faz mister observar, nos termos do art. 16 da Lei do Inquilinato, que o sublocatário tem responsabilidade subsidiária pelo que dever ao sublocador, quando este for acionado pelo locador e, durante a lide, pelos aluguéis vencidos.

O dispositivo é de difícil aplicação na medida em que a legitimidade do sublocatário para eventual ação demanda a prova de inadimplemento quanto aos alugueres e encargos devidos ao sublocador e locatário, o que dificilmente ocorrerá.

Nesta medida, com o fundamento da ausência de solidariedade asseverou a Desembargadora Beatriz Braga: *Portanto, poderá o sublocatário ser demandado, em ação própria, pelas quantias devidas ao sublocador na hipótese de inadimplemento deste perante o locador, não configurando, portanto, obrigação solidária* (TJSP – Agravo de Instrumento 1135183004 – 27ª Câmara de Direito Privado – j. 30.10.2007).

O art. 16 da lei do inquilinato está assim redigido:

> *Art. 16. O sublocatário responde subsidiariamente ao locador pela importância que dever ao sublocador, quando este for demandado e, ainda, pelos aluguéis que se vencerem durante a lide.*

Segundo Silvio de Salvo Venosa, *a regra geral de que não há relação jurídica alguma entre o locador e o sublocatário sofre uma exceção. O sublocatário ficará obrigado a pagar ao locador os aluguéis que o locatário deixar de pagar, até o valor que este dever. Não só aluguéis, mas também demais encargos devidos. Conforme expõe Clovis Beviláqua, opera-se, por determinação expressa de lei, um transporte de crédito em benefício do credor (1934, v. 4:392). A responsabilidade do sublocatário aflora da notificação da ação proposta pelo locador. Qualquer ação que vise à responsabilidade pela locação: ação de despejo, de cobrança pelo rito ordinário ou executivo e outras. Desde então os aluguéis e encargos devidos e os que se vencerem durante a lide devem ser pagos ao locador. Responderá também pelo valor da multa contratual. Doutro modo haveria um injusto enriquecimento do locatário devedor.*

A redação final da lei suprimiu o parágrafo constante do projeto, que estava assim redigido: *Na hipótese deste artigo [art. 16], cientificado o sublocatário da ação proposta, se não declarar logo que adiantou aluguéis ao sublocador, presumir-se-ão fraudulentos todos os recibos de pagamentos adiantados, salvo prova inequívoca em contrário.*

Sobre a regra em análise, continua Venosa, mencionando que, *tendo em vista ser a disposição tradicional em nossa legislação e estava presente no Código Civil de 1916, por força do art. 79 da presente Lei, entendemos que continua aplicável o princípio, já que a lei inquilinária foi omissa. E não há razão para se entender diferentemente acerca dessa questão que diz respeito à sublocação e à tentativa de se evitar conluio entre sublocador e sublocatário.*[38]

Por fim, como será tratado no âmbito do capítulo 3 deste livro (3.10), nos termos do § 2º do art. 59 da Lei do Inquilinato, o sublocatário legítimo (apenas o legítimo, que é o devidamente autorizado pelo locador) deve ser intimado da existência da ação de despejo movida pelo locador contra o locatário sob pena de a sentença não o atingir.

Neste sentido:

Tribunal de Justiça de São Paulo. *Agravo de instrumento. Ação de despejo por falta de pagamento. Procedência. Desocupação do imóvel. Alegação de sublocação. Intimação do sublocatário. Desnecessidade. Sublocação não consentida. Ilegitimidade de parte. Inteligência dos arts. 13 e 59 da Lei 8.245/91. Recurso improvido. A exigência de intimação do sublocatário só ocorre quando se trata de sublocação legítima. Se ilegítima, não cabe obrigatoriedade da ciência (Rel. Adilson de Araujo; Comarca: São Paulo; 31.ª Câmara de Direito Privado; j. 01.03.2011; Data de registro: 01.03.2011).*

Locação – interdito proibitório – ocupante não reconhecido como sublocatário legítimo – despejo por infração contratual – desnecessidade de cientificação – liminar visando a suspensão do mandado de despejo – descabimento. A sublocação não consentida constitui grave violação de obrigação legal e/ou contratual, não gerando qualquer direito ao sublocatário. A ciência é obrigatória somente ao sublocatário legítimo, isto é, aquele que está no imóvel com o consentimento prévio e expresso do locador (Lei 8.245/91, arts. 13 e 59, §2º) (TJSP, Agravo de Instrumento 0025377-71.2003.8.26.0000, Rel. Clóvis Castelo, 11ª Câmara do Sexto Grupo, j. 07.04.2003).

---

[38] Silvio de Salvo Venosa. *Lei do Inquilinato Comentada.* 8ª ed. São Paulo: Atlas, 2008, p. 98.

Quanto ao direito de preferência no caso de alienação do imóvel locado, esclarece o art. 30 da Lei do Inquilinato a posição jurídica do sublocatário:

> *Art. 30. Estando o imóvel sublocado em sua totalidade, caberá a preferência ao sublocatário e, em seguida, ao locatário. Se forem vários os sublocatários, a preferência caberá a todos, em comum, ou a qualquer deles, se um só for o interessado.*

Sobre esta regra, comenta Francisco Carlos Rocha De Barros: *Claro que o preceito só tem aplicação quando se trata de sublocação legítima, ou seja, consentida pelo locador (art. 13). Esta lei não confere direitos a sublocatário ilegítimo.*[39]

Eis, assim, um julgado que corrobora com o quanto foi afirmado:

> *Tribunal de Justiça de São Paulo. Ação de adjudicação compulsória. Locatária preterida em seu direito de preferência. Ausência de averbação do contrato não elide a preferência do locatário se o adquirente tem prévia ciência da locação. Somente a sublocação legítima transfere o direito de preferência ao sublocatário. Art. 30 da Lei 8.245/91. Sentença reformada. Somente a sublocação legítima, aquela com consentimento prévio e escrito do locador, transfere ao sublocatário o direito de preferência na aquisição do imóvel locado. A ausência de averbação do contrato de locação não elide o direito do locatário em postular adjudicação compulsória se o adquirente tem prévio conhecimento da locação. Recurso provido (Rel. Gilberto Leme; Comarca: São Paulo; 27.ª Câmara de Direito Privado; j. 27.11.2012; Data de registro: 04.12.2012).*

1.7. ALUGUEL

O valor do aluguel, regulado pelos arts. 17 a 21 da Lei do Inquilinato, é de livre convenção entre as partes, inclusive no que diz respeito aos reajustes, vedada a vinculação à moeda estrangeira ou ao salário mínimo.

Nada obstante, há limites quanto aos reajustes que veremos mais adiante neste tópico.

No que diz respeito à data de vencimento, exceto no caso de locação desprovida de garantias ou na locação para temporada – esta veremos adiante no Capítulo 3 (3.25.6) –, o locador não pode exigir o pagamento antecipado do aluguel sob pena de configurar contravenção penal (art. 43, III, da Lei 8.245/1991), que será adiante analisada.

Nada obstante, em que pese a proibição de cobrança adiantada de aluguéis com as exceções mencionadas, já se considerou que a exigência de cheques para depósito no dia do vencimento não se trata de cobrança antecipada, bem como que a ausência de compensação dos cheques implica inadimplemento do locatário com as consequências daí advindas.[40]

---

[39] Francisco Carlos Rocha de Barros, *Comentários à Lei do Inquilinato*. 2ª ed. São Paulo: Saraiva, 1997, p. 150.

[40] *TJSP – Apelação sem Revisão 992000501327 (638713600) – Relator: Miguel Cucinelli – Comarca: Presidente Prudente – 7ª Câmara do Quarto Grupo (Extinto 2º TAC) – j. 06.08.2002 – Registro: 14.08.2002 – Locação de imóveis – Despejo por falta de pagamento cumulado com cobrança – Recibo de aluguel emitido pelo locador – Cheque sem provisões – Quitação – Inexistência. A quitação somente é válida se o cheque que tencionava pagar o aluguel tiver fundos e o locador efetivamente receber pela locação, caso contrário, a mera emissão de recibo não afasta a obrigação do locatário. Locação de imóveis – Contrato prorrogado por tempo indeterminado – Multa compensatória – Cobrança – Impossibilidade – Exegese do artigo 4º, da Lei do Inquilinato. A multa compensatória estabelecida no contrato prevista no artigo 4º da Lei 8.245/91 é devida apenas quando, durante a sua vigência, há desocupação do imóvel pelo inquilino e, ainda assim, proporcionalmente, em obediência ao artigo 924 do Código Civil. Estando a locação vigendo por tempo indeterminado, sua cobrança é indevida. Locação de imóveis – Emissão adiantada de cheques visando ao pagamento de alugueres futuros – Artigo 43 da Lei do Inquilinato – Infringência – Não ocorrência, na hipótese. O mero fato de ter recebido o locador cheques meses antes, não configura, necessariamente, cobrança antecipada dos alugueres. No caso em questão, eles foram descontados apenas nas datas dos*

Assim, o aluguel pactuado em contrato provido de garantias pode ser cobrado apenas depois do mês de uso do imóvel.

Esclarece Marcelo Chiavassa de Mello Paula Lima "o artigo 42 da Lei de Locação, mencionado no *caput* do artigo 20, deixa esta ideia bem cristalina, na medida em que estabelece expressamente que *não estando a locação garantida por qualquer das modalidades, o locador poderá exigir do locatário o pagamento do aluguel e encargos até o sexto dia útil do mês vincendo.* A expressão *até o sexto dia útil* deixa a cargo do locador o momento da cobrança antecipada, que pode se dar em qualquer um dos seis primeiros dias úteis do mês que se inicia. Ademais, o adiantamento apenas pode ser de 1 (um) mês, e não por tempo superior."[41]

Por exemplo: se o contrato de locação teve seu início no primeiro dia do mês, o aluguel pode ser cobrado no último dia do mês.

Por outro lado, caso o contrato esteja desprovido de garantias, o locador poderá exigir do locatário o pagamento do aluguel e encargos até o sexto dia útil do mês a vencer.

Mas poderia o locador receber aluguéis adiantados a pedido do inquilino, já que exigir ficou claro que não pode?

A resposta é dada por Sylvio Capanema de Souza: "Parece-nos que a lei só considera contravenção penal quando o locador exige do locatário o pagamento antecipado, ou seja, quando é dele a iniciativa da cobrança, ao arrepio do interesse do inquilino. Se, ao contrário, é da iniciativa do locatário, e, no seu interesse, o pagamento antecipado, não vemos porque inibi-lo."[42]

Assim, o entendimento segue a interpretação literal que não proíbe o recebimento do valor ofertado pelo inquilino, mas, apenas, a exigência do valor antecipado que, todavia, diante do risco da contravenção apta a gerar multa de até 12 aluguéis não se recomenda (art. 43, III, da Lei 8.245/1991).

No caso de sublocação, o aluguel cobrado pelo sublocador não pode gerar lucro, ou seja, o aluguel pago pelo sublocatário não pode exceder o da locação, permitindo-se, neste caso, a redução unilateral.

No caso de sublocação em habitações multifamiliares, o aluguel cobrado pelo sublocador não pode exceder, na sua totalidade, ao dobro do valor do aluguel pactuado na locação, evitando o lucro que é proibido no caso (Lei 8.245/1991, art. 21).

Caso a cobrança excessiva seja imposta pelo sublocador, além da contravenção do art. 43, I, da Lei do Inquilinato, o exercício do direito subjetivo limitado à redução do valor cobrado é do sublocatário e não do locador.

Outrossim, em que pese opiniões em sentido contrário,[43] entendemos que as regras econômicas que disciplinam o aluguel na Lei do Inquilinato ostentam a natureza de norma cogente (art. 45 da Lei 8.245/1991) de tal sorte que, ainda que o sublocatário tenha pagado valor maior que aquele cobrado pela locação espontaneamente, terá, além do direito à adequação, evidente direito à restituição (repetição) do que pagou indevidamente, limitado ao prazo prescricional de três anos do art. 206, § 3º, do Código Civil, não por se tratar de enriquecimento sem causa (inc. IV), posto que o valor pago encontra supedâneo contratual,

---

vencimentos, daí porque não tendo tido o locatário de desembolsar adiantadamente valores por futuro uso do imóvel, não sofreu prejuízo algum. Desta feita, não ocorreu a contravenção penal a que se refere o artigo 43 da Lei 8.245/91.

[41] Luiz Antonio Scavone Junior (org.), Tatiana Bonati Peres (org.). *Lei do Inquilinato Comentada*. Rio de Janeiro: Forense, 2016.

[42] Sylvio de Capanema de Souza. *A lei do inquilinato comentada*. Rio de Janeiro: GZ Editora, 2010, p. 104.

[43] Sílvio de Salvo Venosa. *Lei do inquilinato comentada* – doutrina e prática. São Paulo: Atlas, 2010, p. 112.

mas por se tratar de pretensão referente a aluguel (inc. I), ainda que a pretensão seja à restituição de aluguéis indevidos.

Ora, cobrar aluguel acima do permitido é ato ilícito, inclusive de natureza penal, que não pode ter validade.

Há exceção admitida jurisprudencialmente com a qual concordamos, decorrente de investimentos efetuados pelo locatário (sublocador), como, por exemplo, a implantação de benfeitorias aptas a transformar o imóvel locado, por exemplo, em posto de gasolina:

> **Tribunal de Alçada de Minas Gerais.** *Contrato de locação – Sublocação – Igualdade de aluguel – Impossibilidade – Objeto da sublocação mais amplo – Tratando-se de contrato de sublocação não residencial, em que a sublocadora transforma prédio rústico em ponto de comércio de combustível, construindo benfeitorias às suas expensas, inadmissível a aplicação da regra prevista no art. 21 da Lei 8.245/91 (Apelação nº 2.0000.00.447896-4/000, 8ª Câmara Cível do TAMG, Des. rel. Sebastião Pereira de Souza, j. 18.11.2004).*[44]

A multa pelo pagamento em atraso tem sido estipulada em 20% do valor do aluguel posto que aos contratos de locação não são aplicáveis as disposições do Código de Defesa do Consumidor e, neste sentido, não se aplica a limitação de 2% da cláusula penal (multa contratual).[45]

Recomendamos, outrossim, com fundamento no art. 9º do Decreto 22.626/1933 que a multa seja pactuada no limite de 10% do valor do aluguel, acrescida de juros de 1% ao mês e atualização monetária desde o vencimento pelo índice pactuado.[46]

---

[44] Em igual sentido: "(...) Não há dúvidas de que, em regra, 'o aluguel da sublocação não poderá exceder o da locação', conforme dispõe expressamente o artigo 21 da Lei 8.245/91, elemento cerne da reconvenção ajuizada pela sublocatária. Ocorre, contudo, que o caso dos autos é particular o suficiente para que essa regra geral seja afastada: conforme se verifica claramente do contrato de fls.47/53, firmado entre proprietários e sublocador após o termo daquele de fls. 120/126, no imóvel originalmente alugado o sublocador introduziu diversas benfeitorias que, por sua natureza, modificaram profundamente o imóvel e, certamente, possibilitaram seu uso atual pela sublocatária, benfeitorias essas que, inclusive, deveriam ser-lhe indenizadas com o fim da locação, segundo consta no contrato firmado com os proprietários. A alteração foi tamanha que releva o fato de que o contrato de sublocação foi chamado pelo sublocador de 'contrato de locação' (fls. 10). Destarte, não é mesmo razoável limitar o valor do aluguel da sublocação ao da locação; o bem sublocado não é mais exatamente o mesmo do alugado, o que justifica, repito, a diferença constatada. (...)." (Apelação 0113530-20.2007.8.26.0007, 28ª Câmara de Direito Privado, rel. Des. Gilson Delgado Miranda, j. 19.03.2013)

[45] *TJSP – Apelação 992080476618 (1203613300) – Rel. Sá Duarte – Comarca: São Paulo – 33ª Câmara de Direito Privado – j. 14.06.2010 – Data de registro: 29.06.2010 – Execução de título extrajudicial (contrato de locação) – Embargos dos devedores julgados improcedentes – Cerceamento de defesa e julgamento "citra petita" não verificados – Bem de família – Impenhorabilidade não aplicável ao caso, por força do disposto no inciso VII, do artigo 3º, da Lei 8.009/90 – Constitucionalidade afirmada pelo Pleno do Supremo Tribunal Federal – Excesso de execução – Não ocorrência – Inaplicabilidade do Código de Defesa do Consumidor, de vez que não se trata de relação de consumo – Multa moratória de 20% ratificada – Multa aplicada por conta do julgamento de embargos declaratórios mantida, dado seu caráter protelatório – Honorários advocatícios – Redução que não se justifica, no caso – Recurso não provido, com imposição de sanções por litigância de má-fé.*

[46] *Segundo Tribunal de Alçada Civil de São Paulo – Execução – multas moratória e compensatória – cumulação. Nada impede que na execução de débito decorrente da relação locatícia se cumule as multas moratória e compensatória, eis que decorrem de fatos geradores diversos, desde que devidamente pactuadas. Entretanto, reduz-se a multa moratória abusivamente fixada em 50% para 10% – art. 9º, do Decreto n. 22.626/1933. Apelação com revisão n. 470.419 – 11ª Câm. – Relator: Juiz Clóvis Castelo – j. 17.2.1997, JTA (LEX) 165/386.* Em sentido contrário: *Locação de imóvel. Ação de despejo por falta de pagamento cumulada com pedido de cobrança. Multa moratória. Incidência sobre cada aluguel que deixou de ser quitado até a respectiva data de vencimento. Multa moratória pactuada à taxa de 50%. Abusividade. Redução para 20%. Inaplicabilidade da Lei da Usura e do Código de Defesa do Consumidor aos contratos*

A multa compensatória fixada no contrato para o descumprimento dos deveres legais ou contratuais é perfeitamente cumulável com a multa moratória pela impontualidade no pagamento dos aluguéis. "Isso porque ambas possuem fundamentos diversos e finalidades distintas. A moratória visa impelir o locatário a pagar os aluguéis até os respectivos vencimentos, enquanto a compensatória tem por escopo a prefixação de perdas e danos em decorrência do descumprimento do contrato."[47]

Em outras palavras, é perfeitamente possível cumular a cláusula penal moratória com a compensatória, impondo dupla penalidade, uma para cada fato: multa de mora em decorrência do simples atraso no pagamento dos aluguéis e encargos e multa compensatória pela infração contratual ou legal cometida pelo locatário.

Por outro lado, pelo mesmo fato não é possível cumular penalidades, ainda que haja previsão contratual, como, por exemplo, em razão do atraso no pagamento de aluguéis, a cumulação da multa moratória (normalmente de 10% a 20%) com a multa compensatória pelo descumprimento genérico das obrigações contratuais (comumente de 3 aluguéis), posto que a cumulação porventura pretendida representaria *bis in idem*.[48]

Na hipótese vertente, a infração contratual é dúplice, vale dizer, retardamento no pagamento dos aluguéis, bem como a infração de outra obrigação secundária do contrato de locação, frustrando, com isso, as expectativas do locador tanto quanto à pontualidade do pagamento dos locativos, quanto ao cumprimento das demais obrigações assumidas pelo locatário.

Por outro lado, tem sido comum o pacto de desconto por vencimento antecipado.

O assunto é polêmico posto que o desconto, juridicamente, representa a denominada sanção premial, ou seja, o pagamento atrasado, com a perda do desconto, representa multa.

As soluções adotadas pelos tribunais em razão da discussão sobre essas cláusulas têm sido as mais diversas.

Em comum, os julgados não admitem a cumulação da perda do desconto com a multa contratual por entender que há dupla cobrança de penalidade neste caso.

Há acórdão que sustenta que o valor do aluguel é aquele com o desconto, devendo sobre ele incidir a multa contratual.[49]

---

de locação de imóvel. Recurso parcialmente provido. (TJSP; Apelação Cível 1000584-81.2018.8.26.0596; Relator: Cesar Lacerda; 28ª Câmara de Direito Privado; j. 29.07.2019).

[47] *TJSP* – Apelação sem revisão n° 1.140.526-0/5 – São Paulo.

[48] Neste sentido:
TJSP – *Apelação 992060382251 (1065222200) – Relator: Júlio Vidal – Comarca: São Paulo – 28ª Câmara de Direito Privado – j. 01.06.2010 – Data de registro: 21.06.2010. Locação de imóveis. Despejo por falta de pagamento. Multa moratória cumulada com multa compensatória. Previsão contratual. Inadmissibilidade. A cumulação da forma pretendida importaria em verdadeiro bis in idem, impondo dupla penalidade pelo mesmo fato. Recurso provido.*
TJSP – *Apelação 992051242213 (945461800) – Rel. Emanuel Oliveira – Comarca: Suzano – 27ª Câmara de Direito Privado – j. 15.12.2009 – Data de registro: 19.01.2010. Locação de imóveis – embargos à execução – multa compensatória – cumulação com multa moratória – inadmissibilidade. A falta de pagamento de aluguéis e encargos locatícios tem punição própria que é a do despejo por falta de pagamento, e se satisfaz com multa moratória, não a compensatória. Recurso improvido.*

[49] *TJSP* – *Apelação 992090372912 (1248175100) – Relator: Adilson de Araujo – Comarca: Campinas – 31ª Câmara de Direito Privado – j. 23.02.2010 – Data de registro: 08.03.2010 – (...) Processual civil e civil. Locação de imóvel – não residencial. Ação de execução de título extrajudicial (contrato de locação). Cumulação da suspensão do abono pontualidade com a multa moratória. Impossibilidade. "Bis in idem" configuração. Apelo da embargante parcialmente provido. Confira-se que, em verdade, a chamada "bonificação ou abono pontualidade" ostenta subliminarmente a natureza de evidente "multa moratória", porquanto tem o desiderato de infligir pena à impontualidade. Isso foi reconhecido pela Magistrada. Mesmo assim, força é convir que a douta Magistrada não cravou o melhor desate à lide, visto que deve ser entendido como real valor do aluguel a quantia líquida resultante do desconto do dito abono pontualidade.*

A maioria dos julgados, todavia, determina que a perda do desconto já representa multa contratual (cláusula penal) de tal sorte que admitem a perda do desconto mas impedem a cumulação com a multa do contrato.[50]

Quanto aos reajustes, como escrevemos alhures,[51] os dispositivos legais pertinentes à correção (ou atualização) monetária que hoje vigoram, na prática, exigem a estipulação de pagamento pelo valor nominal, em Reais, e proíbem pactuação de correção monetária com periodicidade inferior a um ano, além de pactuação de reajuste, por óbvio, para contratos com prazo inferior a um ano, com exceções que não se aplicam ao contrato de locação (art. 46 da Lei 10.931 de 2004).

Essa é a inferência que se extrai do art. 28 § 1º da Lei 9.069/1995 e arts. 1º e 2º e parágrafos da Lei 10.192, de 14.02.2001.[52]

---

[50] **TJSP** – *Apelação 992051151650 (969958600) – Relator: Irineu Pedrotti – Comarca: Araraquara – 34ª Câmara de Direito Privado – j. 23.11.2009 – Data de registro: 10.12.2009 – (...) Desconto por pontualidade. No cálculo apresentado foi indicado o valor do aluguel sem o desconto, com incidência dos juros e correção monetária. Não há cobrança de multa moratória para afastar eventual "bis in idem". A subsistência da delongada mora faz incidente o valor efetivamente contratado, sem a bonificação pela pontualidade.*

TJSP – *Apelação com Revisão 852604002 – Relator: Carlos Nunes – Comarca: São Paulo – 28ª Câmara de Direito Privado – j. 04.11.2008 – Data de registro: 11.11.2008. Locação (...) Locação de imóveis – Ação de cobrança – Desconto por pontualidade efetuado em parte do valor do aluguel, por mera liberalidade da locadora – Cumulação com multa moratória – Inadmissibilidade, em razão da identidade do fato gerador – "Bis in idem" – Ocorrência – O desconto ou abatimento por pontualidade, se instituído de forma ampla e geral, deve ser considerado como verdadeira cláusula penal, de modo que, para a apuração dos valores devidos a título de alugueres não pagos, deverá ser considerado o valor líquido do aluguel, descontado o valor do abatimento por pontualidade. (...)*

TJSP – *Apelação com Revisão 992040202517 (871896000) – Relator: Norival Oliva – Comarca: Americana – 26ª Câmara de Direito Privado – j. 05.05.2008 – Data de registro: 13.05.2008. Execução – aluguéis e encargos – fiança – multa moratória cumulada com abono de pontualidade – duplicidade de penalização – sentença reformada – apelação parcialmente provida. O chamado abono de pontualidade – desconto pelo pagamento do aluguel no prazo avençado – revestindo-se de natureza de multa moratória é com esta inacumulável.*

[51] Luiz Antonio Scavone Junior. *Juros no direito brasileiro.* São Paulo: Revista dos Tribunais, 2009, pp. 372 e ss.

[52] Lei 9.069, de 29.06.1995:
"Art. 28. Nos contratos celebrados ou convertidos em REAL com cláusula de correção monetária por índices de preço ou por índice que reflita a variação ponderada dos custos dos insumos utilizados, a periodicidade de aplicação dessas cláusulas será anual.
§ 1º É nula de pleno direito e não surtirá nenhum efeito cláusula de correção monetária cuja periodicidade seja inferior a um ano."
Lei 10.192/2001:
"Art. 1º As estipulações de pagamento de obrigações pecuniárias exequíveis no território nacional deverão ser feitas em REAL, pelo seu valor nominal.
Parágrafo único. São vedadas, sob pena de nulidade, quaisquer estipulações de:
(...)
II – reajuste ou correção monetária expressas em, ou vinculadas a unidade monetária de conta de qualquer natureza;
III – correção monetária ou de reajuste por índices de preços gerais, setoriais ou que reflitam a variação dos custos de produção ou dos insumos utilizados, ressalvado o disposto no artigo seguinte.
Art. 2º É admitida estipulação de correção monetária ou de reajuste por índices de preços gerais, setoriais ou que reflitam a variação dos custos de produção ou dos insumos utilizados nos contratos de prazo de duração igual ou superior a um ano.
§ 1º É nula de pleno direito qualquer estipulação de reajuste ou correção monetária de periodicidade inferior a um ano.
§ 2º Em caso de revisão contratual, o termo inicial do período de correção monetária ou reajuste, ou de nova revisão, será a data em que a anterior revisão tiver ocorrido.

O § 1º, do art. 2º, da Lei 10.192/2001 veda, expressamente, inclusive, a contratação de correção monetária em contratos com prazo inferior a um ano.

Assim, o contrato de locação pode prever reajuste anual por qualquer índice de inflação, sendo mais comum a utilização do IGP-M (Índice Geral de Preços de Mercado da Fundação Getulio Vargas) sendo vedada a estipulação ou vinculação a moeda estrangeira.

Noticia Marcelo Chiavassa de Mello Paula Lima, na obra *Lei do Inquilinato Comentada*,[53] julgado do Tribunal de Justiça de São Paulo que fornece a ideia dos índices admitidos, que devem espelhar a inflação, em que pese a ausência de regulamentação: *"(...) A Lei 8.245/91 não restringiu e nem especificou o índice a ser aplicado para correção monetária. Contrariamente, em seu artigo 17 previu a livre convenção do aluguel, vedando somente a estipulação em moeda estrangeira e a sua vinculação à variação cambial ou ao salário mínimo. Em seu parágrafo único, previu ainda a livre escolha de critérios de reajustes, desde que observada a legislação específica. Assim sendo, para o contrato de locação é válida a fixação de qualquer índice oficial, desde que não esteja restrito a um setor da economia diverso. O Conselho Regional de Corretores de Imóveis de São Paulo (Creci-SP) aponta como 'índices de aluguel' os seguintes: a) Índice de Custo de Vida – ICV/Dieese; b) Índice Geral de Preço Disponibilidade Interna – IGP-DI/FGV; c) Índice Geral de Preço do Mercado – IGPM/FGV; d) Índice Nacional de Preços ao Consumidor INPC/IBGE; e) Índice de Preços ao Consumidor IPC/FIPE e; f) Índice Nacional de Preços ao Consumidor Amplo – IPCA (IBGE)."*[54]

O art. 18 da Lei 10.192/2001 revogou expressamente os §§ 1º e 2º do art. 947 do Código Civil de 1916, vedando, em regra e definitivamente, a contratação de reajuste em moeda estrangeira, reforçando o teor do art. 17 da Lei do Inquilinato.

Aliás, trata-se de superfetação legal, vez que o art. 6º da Lei 8.880, de 27.05.1994, já proibia a utilização de moeda estrangeira, mesmo como referencial para pagamento em moeda nacional, nos seguintes termos: "É nula de pleno direito a contratação de reajuste vinculado à variação cambial, exceto quando expressamente autorizado por lei federal e nos contratos de arrendamento mercantil celebrados entre pessoas residentes e domiciliadas no País, com base em captação de recursos provenientes do exterior".

De qualquer forma, o inciso I, do parágrafo único, do art. 1º da Lei 10.192/2001, proíbe a utilização de correção monetária em moeda estrangeira, vedando, nos seus termos, estipulações de pagamento "expressas em, ou vinculadas a ouro ou moeda estrangeira, ressalvado o disposto nos arts. 2º e 3º do Decreto-lei 857, de 11 de setembro de 1969, e na parte final do art. 6º da Lei 8.880, de 27 de maio de 1994".

É preciso observar que não se trata apenas de exigir o curso forçado da moeda, determinação já constante do art. 1º do Decreto-lei 857/1969, mas de vedar a correção monetária em moeda estrangeira, mesmo que o pagamento seja efetuado em moeda corrente, mediante conversão.

O art. 318 do Código Civil de 2002 mantém essa orientação na exata medida em que proíbe a correção monetária com base na variação do ouro ou da moeda estrangeira bem como o pagamento em ouro ou moeda estrangeira, com as exceções tratadas em lei especial, nos seguintes termos: "São nulas as convenções de pagamento em ouro ou em

---

§ 3º Ressalvado o disposto no § 7º do art. 28 da Lei 9.069, de 29 de junho de 1995, e no parágrafo seguinte, são nulos de pleno direito quaisquer expedientes que, na apuração do índice de reajuste, produzam efeitos financeiros equivalentes aos de reajuste de periodicidade inferior à anual."

[53] Luiz Antonio Scavone Junior (org.), Tatiana Bonati Peres (org.). *Lei do Inquilinato Comentada*. Rio de Janeiro: Forense, 2016.

[54] Apelação 0002351-50.2011.8.26.0457, 28ª Câmara de Direito Privado TJSP, Des. rel. Dimas Rubens Fonseca, j. 24.03.2015.

moeda estrangeira, bem como para compensar a diferença entre o valor desta e o da moeda nacional, excetuados os casos previstos em legislação especial".[55]

Outro assunto interessante nesse contexto é a questão da não aplicação dos reajustes por liberalidade.

Poderiam ser exigidas as diferenças não cobradas? Em outras palavras, a ausência do exercício da faculdade contratual de reajustar concederia o direito de o locador cobrar as diferenças que não cobrou, obviamente respeitada a prescrição de três anos do art. 206, § 3º, I, do Código Civil?

A resposta negativa se impõe em razão do princípio da boa-fé e da *supressio* que indica a possibilidade de redução do conteúdo obrigacional pela inércia qualificada de uma das partes, ao longo da execução do contrato, em exercer direito ou faculdade, criando para a outra a legítima expectativa de ter havido a renúncia àquela prerrogativa (REsp 1.202.514/RS, rel. Min. Nancy Andrighi, 3ª Turma, j. 21.06.2011).

1.8. BENFEITORIAS E ACESSÕES

Nos termos dos arts. 35 e 36 da Lei do Inquilinato o locatário faz jus às benfeitorias úteis, desde que autorizadas e às necessárias, mesmo que não tenham sido autorizadas pelo contrato, podendo levantar as voluptuárias que não causem prejuízo ao imóvel. Consigne-se que esse direito só surge ao final do contrato, não durante seu curso.[56]

Sobre as benfeitorias que tem direito, o locatário pode exercer o direito de retenção, aduzido em contestação a ação de despejo.

O prazo para reclamar começa a contar da data em que transitar em julgado a ação que declara a resilição do contrato de locação e, nos termos do que foi decidido pelo STJ no REsp 1791837 (j. 17.11.2020), esse prazo é 3 (três) anos, tendo em vista tratar-se de pretensão de ressarcimento de enriquecimento sem causa (art. 206, § 3º, IV, do CC/02).

A hipótese é rara tendo em vista que os contratos normalmente contemplam – e vale – a cláusula de renúncia às benfeitorias e, conseguintemente, à retenção pelo locatário. Todavia, se ocorrer, o exercício desse direito não o isenta de pagar os aluguéis durante o prazo que se mantiver no imóvel sob pena de enriquecer ilicitamente.

---

[55] Nesse sentido, não se aplica a vedação de contratação em moeda estrangeira apenas nas seguintes hipóteses do Decreto-lei 857/1969 e da parte final do art. 6º da Lei 8.880/1994: a) contratos e títulos referentes a importação ou exportação de mercadorias; b) contratos de financiamento ou de prestação de garantias relativos às operações de exportação de bens de produção nacional, vendidos a crédito para o exterior; c) contratos de compra e venda de câmbio em geral; d) empréstimos e quaisquer outras obrigações cujo credor ou devedor seja pessoa residente e domiciliada no exterior, excetuados os contratos de locação de imóveis situados no território nacional; e) contratos que tenham por objeto a cessão, transferência, delegação, assunção ou modificação das obrigações referidas no item anterior ainda que ambas as partes contratantes sejam pessoas residentes ou domiciliadas no país; f) rescisão judicial ou extrajudicial de contratos e títulos referentes a importação ou exportação de mercadorias; g) contratos de arrendamento mercantil celebrados entre pessoas residentes e domiciliadas no País, com base em captação de recursos provenientes do exterior. Portanto, nos termos do item "d", mesmo que as pessoas sejam domiciliadas no exterior, é vedado o pacto de aluguel em moeda estrangeira, ainda que seja para compensar a moeda nacional.

[56] *(...). No curso da relação locatícia, enquanto o locatário tem a posse do bem, não há direito a pleitear indenização das benfeitorias, pois só com o fim da locação será possível inferir se as benfeitorias eventualmente feitas no imóvel ainda existem, agregando utilidade ou valor ao imóvel do retomante. Apelação desprovida (TJSP, Apelação Cível 0000678-22.2013.8.26.0596, Rel. Lino Machado, 30ª Câmara de Direito Privado, Foro de Serrana, 1ª Vara, j. 02.09.2020, data de registro 02.09.2020).*

Nesse sentido:

> *(...) Reconhecimento do direito de retenção em decorrência de benfeitorias que não assegura ao titular o direito de posse do imóvel sem o pagamento de contraprestação – Vedação ao enriquecimento sem causa – Sentença mantida – Recurso não provido. (TJSP; Apelação Cível 1001105-86.2017.8.26.0361; Rel. Denise Andréa Martins Retamero; Foro de Mogi das Cruzes – 4ª Vara Cível; j. 30.06.2020).*

Outrossim, é válida a cláusula de renúncia do locatário à indenização por benfeitorias realizadas no imóvel.

Portanto, incide o disposto no artigo 35 da Lei 8.245/1991, isto é, havendo disposição contratual expressa, as benfeitorias de qualquer espécie não serão indenizadas.

Sobre o tema referente à indenização de benfeitoria no imóvel locado, o Superior Tribunal de Justiça já pacificou o entendimento por meio da Súmula 335: "Nos contratos de locação é válida a cláusula de renúncia à indenização das benfeitorias e ao direito de retenção".

Todavia, as benfeitorias não podem ser confundidas com acessões por construções ou plantações levadas a efeito no imóvel locado.

As acessões, previstas pelo Código Civil no art. 1.248, V, "são caracterizadas por obra nova que se ajuntam às existentes, decorrente do empenho humano e que valoriza o imóvel, sendo denominadas na doutrina como industriais, diferenciando das benfeitorias, divididas em voluptuárias ou suntuárias, úteis e necessárias, que tem a característica de conservação, melhoria e embelezamento do imóvel ou bem preexistente".[57]

Nesse caso, efetuada construção de boa-fé, nos termos do art. 1.255 do Código Civil, a literalidade do art. 35 da Lei do Inquilinato indica que o locatário fará jus à indenização, sem contar, todavia, com qualquer direito de retenção por se tratar de direito diverso daquele previsto no art. 35 da Lei do Inquilinato.[58]

---

[57] 2º TACiv-SP – Ap s/rev. 618.754-00/3 – Sétima Câmara – Rel. Paulo Ayrosa – J. 6/7/2001.

[58] Neste sentido:
TJSP – Apelação 992060347081 (1060000300) – Relator: Sá Moreira de Oliveira – Comarca: São Paulo – 33ª Câmara de Direito Privado – j. 03.05.2010 – Data de registro: 14.05.2010 – LOCAÇÃO – Indenização – Acessão – Edificação de prédio em terreno locado – Anuência do proprietário – Boa-fé do locatário – Direito de indenização. Apelação não provida.
TJSP – Apelação 992050065288 (1013347600) – Rel. Cristina Zucchi – Comarca: Campinas – 34ª Câmara de Direito Privado – j. 01.03.2010 – Data de registro: 11.03.2010 – locação de imóveis – despejo por falta de pagamento – valor do aluguel em URV convertido para reais – reajustes livremente pactuados – cobrança devida – reconvenção – edificação de casa e galpão em imóvel locado – construço que não caracteriza benfeitoria, mas sim acessão (art. 536, V, do Código Civil de 1916, atual art. 1248, V, do CC/2002) – reconhecimento – indenização devida – verbas sucumbenciais corretamente repartidas entre as partes – sentença mantida. Recursos de apelação e adesivo improvidos.
TJSP – Apelação 992080433706 (1197340200) – Rel. Antonio Rigolin – Comarca: Ourinhos – 31ª Câmara de Direito Privado – j. 02.03.2010. Data de registro: 17.03.2010 – locação. Ação de despejo por falta de pagamento e cobrança de aluguéis. Alegação do direito de retenção por acessões. Inadmissibilidade. Despejo que se determina. Recurso parcialmente provido. A edificação em terreno alheio constitui acessão, conferindo apenas, em caso de boa-fé, o direito de haver indenização. Não tem o locatário, nesse caso, o direito de retenção por acessões, mas, tão somente, a possibilidade de pleitear a indenização respectiva. Por isso, cabe desde logo a determinação de efetivação do despejo. Locação. Ação reconvencional. Pedido de indenização por acessões. Direito do locatário a reparação, configurada a boa-fé. Recurso do reconvindo improvido, nesse aspecto. Ao locatário que realizou a edificação no imóvel objeto da locação, cuja boa-fé se apresenta evidente, faz jus a indenização pelo que construiu. Locação. Ação reconvencional de indenização. Sentença condenatória ao pagamento de valor a ser apurado em liquidação. Irrelevância da existência de pedido determinado, ante a falta de recurso por parte do reconvinte. Recurso do reconvindo improvido, nesse aspecto. Embora configurada a falta de simetria entre o pedido determinado e o preceito condenatório

Mesmo assim, "ainda que a construção de prédio em terreno locado possa ser tecnicamente considerada acessão, e não benfeitoria, válida é a cláusula contratual que exclui o respectivo direito de indenização, porque cuida-se, em última análise, de estipulação envolvendo direito disponível. E, porque não vedada pela lei, insere-se no âmbito daquelas matérias albergadas pelo princípio da chamada autonomia de vontade".[59]

Os tribunais, em diversos precedentes, equiparam, para os fins do art. 35 da Lei do Inquilinato, benfeitorias e acessões.

Nessa medida, já se decidiu que é irrelevante a distinção, valendo a cláusula de renúncia por benfeitorias também para as acessões:

> *Despejo por denúncia vazia – locação comercial – indenização por acessões – cláusula contratual expressa de exclusão. É válida a cláusula de renúncia do direito de indenização em relação às benfeitorias realizadas no imóvel, sendo tal regime aplicável às acessões. Súmula n. 335 do STJ, mostrando-se irrelevância a distinção entre benfeitorias e acessões, na medida em que a cláusula contratual de renúncia abarca quaisquer modificações realizadas no imóvel. Locatário que alugou o imóvel ciente de que se tratava de terreno vazio, no qual seria imprescindível a realização de obras para qualquer atividade que fosse ser desenvolvida, ciente também de que não haveria indenização respectiva. Recurso improvido (TJSP, Apelação Cível 1018459-97.2018.8.26.0100, Rel. Maria Lúcia Pizzotti, 30ª Câmara de Direito Privado, j. 04.12.2019, data de registro 05.12.2019).*

Na doutrina, Orlando Gomes[60] consigna que as benfeitorias "têm cunho complementar" e que as acessões "são coisas novas, como as plantações e construções".

Para Cristiano Chaves de Farias e Nelson Rosenvald, "Acessões artificiais e benfeitorias são institutos que não se confundem. As benfeitorias são incluídas na classe das coisas acessórias (art. 96, CC), conceituadas como obras ou despesas feitas em uma coisa para conservá-la (necessárias), melhorá-la (útil) ou embelezá-la (voluptuária). Já as acessões artificiais inserem-se entre os modos de aquisição da propriedade imobiliária, consistindo em obras que criam coisas novas e distintas, aderindo à propriedade preexistente. Seguindo o exemplo dado por Maria Helena Diniz, 'não constitui uma acessão a conservação de plantações já existentes, pela substituição de algumas plantas mortas. Esse caso é uma benfeitoria por não haver nenhuma alteração na substância e destinação da coisa. Se fizermos um pomar em terreno alheio, onde nada havia anteriormente, teremos uma acessão por plantação, que se caracteriza pela circunstância de produzir uma mudança, ainda que vantajosa, no destino econômico do imóvel'".[61]

---

ilíquido, isso não constitui razão para qualquer reconhecimento de vício, pois apenas o autor pode levantar questionamento a respeito (STJ, Súmula 318).

TJSP – *Apelação sem Revisão 992080200108 (1169701000) – Rel. Adilson de Araújo – Comarca: São Bernardo do Campo – 31ª Câmara de Direito Privado – j. 26.05.2009 – Data de registro: 29.06.2009 – 1. Processual civil e civil. Locação de imóvel não residencial (terreno vazio). Ação de despejo por falta de pagamento cumulada com cobrança de alugueres e encargos. Apelo do réu improvido. A despeito das alegações negando sua condição de locatário, as provas coligidas nos autos são robustas e suficientes a fornecer um juízo de certeza da existência de uma avença locacional. Prevalência do princípio "pacta sunt servanda". 2. Processual civil e civil. Locação de imóvel não residencial (terreno vazio). Ação de despejo por falta de pagamento cumulada com cobrança de alugueres e encargos. Realização de acessões. Indenização. Necessidade. Direito de retenção. Cabimento. Apelo da autora improvido. As obras realizadas no imóvel em questão não podem ser classificadas como benfeitorias (úteis, necessárias ou voluptuárias), mas, sim, como verdadeira acessão, visto tratar-se de construção nova de moradia em terreno outrora vazio. Imperiosa a indenização, sob pena de se consagrar o odioso enriquecimento sem causa.*

[59] 2º TACivSP – Ap s/rev. 495 975 – Sexta Câmara – Rel. Paulo Hungria – J. 30/9/1997.

[60] Orlando Gomes. *Direitos Reais*. 8ª ed. Rio de Janeiro: Forense, 1983, p. 64.

[61] Cristiano Chaves de Farias e Nelson Rosenvald. *Curso de Direito Civil*. 9ª edição. Salvador: JusPodivm, 2013, vol. 5 – Reais, p. 487.

Os mesmos autores equiparam as acessões às benfeitorias para efeito do direito de retenção disciplinado no art. 1.215 do Código Civil, o que fazem nos seguintes termos: "Em comum, sobre benfeitorias e acessões, exercita-se o direito à retenção, pelas melhorias que acarretam à coisa. Apesar de o Código Civil ter perdido uma bela oportunidade de sanar a omissão – pois apenas refere-se ao direito de retenção no que concerne às benfeitorias (art. 1.219 do CC), silenciando em relação ao tratamento das acessões artificiais – aplica-se a elas, por analogia, o dispositivo citado".[62]

O STJ esposa essa opinião:

> **Superior Tribunal de Justiça.** *Recurso Especial. Ação de manutenção de posse. Direito de retenção por acessão e benfeitorias. Contrato de comodato modal. Cláusulas contratuais. Validade. 1. A teor do artigo 1.219 do Código Civil, o possuidor de boa-fé tem direito de retenção pelo valor das benfeitorias necessárias e úteis e, por semelhança, das acessões, sob pena de enriquecimento ilícito, salvo se houver estipulação em contrário. (...) 4. Recurso especial não provido (REsp nº 1.316.895/SP, rel. originária Ministra Nancy Andrighi, rel. para acórdão Ministro Ricardo Vilas Bôas Cueva, Terceira Turma, DJe 28.06.2013).*

> **Superior Tribunal de Justiça.** *Civil. Recurso Especial. Locação. Acessões. Direito de retenção. Possibilidade de recurso especial conhecido e improvido. 1. Conforme entendimento do Superior Tribunal de Justiça, é possível a retenção do imóvel, pelo possuidor de boa-fé, até que seja indenizado pelas acessões nele realizadas. Precedentes. 2. Recurso especial conhecido e improvido (REsp nº 805.522/RS, rel. Ministro Arnaldo Esteves Lima, Quinta Turma, DJ 05.02.2007).*

No seu voto, o Ministro Arnaldo Esteves Lima fundamenta: "Outro não é o entendimento de Sylvio Capanema de Souza (*Da Locação do Imóvel Urbano* – Direito e Processo, 1. ed., Rio de Janeiro: Forense, 2002, item 150, p. 226), que, não obstante reconheça a diferença entre acessão e benfeitoria, e, ainda, que o art. 35 da Lei 8.245/91 faça referência tão somente às benfeitorias, posiciona-se no sentido de que a regra insculpida em tal dispositivo deve ser estendida para alcançar as acessões, porquanto na prática 'não se faz a nítida distinção entre acessão e benfeitoria, sendo comum que se aluda a benfeitorias, quando se trata de acessão, ou vice-versa.'"

Nesse caso, adotado o entendimento do STJ, aplica-se a regra do art. 35 da Lei 8.245/1991 às acessões por analogia, de tal sorte que os locatários contam com o direito de ser indenizados e de reter o imóvel pelas acessões, salvo disposição em contrário.

Todavia, como há divergência e a conclusão não decorre da literalidade do art. 35 da Lei do Inquilinato, notadamente porque as cláusulas renunciativas de direitos devem ser interpretadas restritivamente (Código Civil, art. 114), recomendo fortemente que a questão das acessões seja completamente e expressamente disciplinada no contrato, em conjunto com as benfeitorias, sob pena de se entender que a simples renúncia às benfeitorias não se estende às acessões não mencionadas no contrato.

Nesse sentido, o seguinte aresto do Superior Tribunal de Justiça:

> *Recurso especial. Direito civil. Ofensa ao devido processo legal. Ausência de prequestionamento. Contrato de locação de imóvel urbano não residencial. Cláusula de renúncia à indenização por benfeitorias. Validade. Extensão à acessão. Impossibilidade. Recurso especial parcialmente conhecido e, nessa extensão, provido. 1. O propósito recursal consiste em definir se houve ofensa ao princípio do devido processo legal e se a cláusula de renúncia às benfeitorias constante em contrato de locação pode ser estendida às acessões. (...) 3. Consoante o teor da Súmula n. 335/STJ, "nos contratos de locação, é válida a cláusula de renúncia à indenização das benfeitorias e ao direito de retenção". 4. Os negócios jurídicos benéficos e a renúncia interpretam-se estritamente (art. 114 do CC). Assim, a renúncia expressa à indenização por benfeitoria e adaptações realizadas no imóvel não pode ser interpretada extensivamente para a acessão. 5. Aquele que edifica em terreno alheio perde, em proveito do proprietário, a construção, mas se procedeu de boa-fé, terá direito à indenização (art. 1.255 do CC). Na espécie, a boa-fé do locatário foi devidamente demonstrada. 6. Recurso especial parcialmente conhecido e, nessa extensão, provido. (REsp 1.931.087/SP, Rel. Min. Marco Aurélio Bellizze, 3ª Turma, j. 24.10.2023, DJe 26.10.2023)*

---

[62] Ob. cit. p. 487.

1.8.1. **Acessões e benfeitorias realizadas pelo locatário – impossibilidade de avaliar o aluguel com fundamento nesses acréscimos na ação revisional e possibilidade na ação renovatória**

É comum, nos termos do art. 35 da Lei 8.245/1991, como vimos, que os contratos de locação contenham cláusula de renúncia ao direito de receber os valores investidos pelo locatário com benfeitorias e acessões.

Resta saber se o locador pode, respeitado o intervalo de três anos sem alteração do valor do aluguel, requerer a fixação do novo aluguel em ação revisional, *considerando as benfeitorias e as acessões implantadas pelo locatário sem compensação.*

A resposta negativa se impõe – em que pese a jurisprudência oscilante – e recomendo a leitura complementar do capítulo referente à ação revisional de aluguéis, notadamente o item 6.12 deste livro, no qual abordo esse assunto.

1.9. DEVERES DO LOCADOR E DO LOCATÁRIO E SUAS CONSEQUÊNCIAS

Os artigos 22 e 23 da Lei 8.245/1991 estabelecem as obrigações legais impostas, respectivamente, aos locadores e aos locatários, o que faz nos seguintes termos:

> ***Art. 22. O locador é obrigado a:***
>
> *I – entregar ao locatário o imóvel alugado em estado de servir ao uso a que se destina;*
>
> *II – garantir, durante o tempo da locação, o uso pacífico do imóvel locado;*
>
> *III – manter, durante a locação, a forma e o destino do imóvel;*
>
> *IV – responder pelos vícios ou defeitos anteriores à locação;*
>
> *V – fornecer ao locatário, caso este solicite, descrição minuciosa do estado do imóvel, quando de sua entrega, com expressa referência aos eventuais defeitos existentes;*
>
> *VI – fornecer ao locatário recibo discriminado das importâncias por este pagas, vedada a quitação genérica;*
>
> *VII – pagar as taxas de administração imobiliária, se houver, e de intermediações, nestas compreendidas as despesas necessárias à aferição da idoneidade do pretendente ou de seu fiador;*
>
> *VIII – pagar os impostos e taxas, e ainda o prêmio de seguro complementar contra fogo, que incidam ou venham a incidir sobre o imóvel, salvo disposição expressa em contrário no contrato;*
>
> *IX – exibir ao locatário, quando solicitado, os comprovantes relativos às parcelas que estejam sendo exigidas;*
>
> *X – pagar as despesas extraordinárias de condomínio.*
>
> *Parágrafo único. Por despesas extraordinárias de condomínio se entendem aquelas que não se refiram aos gastos rotineiros de manutenção do edifício, especialmente:*
>
> *a) obras de reformas ou acréscimos que interessem à estrutura integral do imóvel;*
>
> *b) pintura das fachadas, empenas, poços de aeração e iluminação, bem como das esquadrias externas;*
>
> *c) obras destinadas a repor as condições de habitabilidade do edifício;*
>
> *d) indenizações trabalhistas e previdenciárias pela dispensa de empregados, ocorridas em data anterior ao início da locação;*
>
> *e) instalação de equipamentos de segurança e de incêndio, de telefonia, de intercomunicação, de esporte e de lazer;*

f) despesas de decoração e paisagismo nas partes de uso comum;

g) constituição de fundo de reserva.

Art. 23. O locatário é obrigado a:

I – pagar pontualmente o aluguel e os encargos da locação, legal ou contratualmente exigíveis, no prazo estipulado ou, em sua falta, até o sexto dia útil do mês seguinte ao vencido, no imóvel locado, quando outro local não tiver sido indicado no contrato;

II – servir-se do imóvel para o uso convencionado ou presumido, compatível com a natureza deste e com o fim a que se destina, devendo tratá-lo com o mesmo cuidado como se fosse seu;

III – restituir o imóvel, finda a locação, no estado em que o recebeu, salvo as deteriorações decorrentes do seu uso normal;

IV – levar imediatamente ao conhecimento do locador o surgimento de qualquer dano ou defeito cuja reparação a este incumba, bem como as eventuais turbações de terceiros;

V – realizar a imediata reparação dos danos verificados no imóvel, ou nas suas instalações, provocados por si, seus dependentes, familiares, visitantes ou prepostos;

VI – não modificar a forma interna ou externa do imóvel sem o consentimento prévio e por escrito do locador;

VII – entregar imediatamente ao locador os documentos de cobrança de tributos e encargos condominiais, bem como qualquer intimação, multa ou exigência de autoridade pública, ainda que dirigida a ele, locatário;

VIII – pagar as despesas de telefone e de consumo de força, luz e gás, água e esgoto;

IX – permitir a vistoria do imóvel pelo locador ou por seu mandatário, mediante combinação prévia, de dia e hora, bem como admitir que seja o mesmo visitado e examinado por terceiros, na hipótese prevista no art. 27;

X – cumprir integralmente a convenção de condomínio e os regulamentos internos;

XI – pagar o prêmio do seguro de fiança;

XII – pagar as despesas ordinárias de condomínio.

§ 1º Por despesas ordinárias de condomínio se entendem as necessárias à administração respectiva, especialmente:

a) salários, encargos trabalhistas, contribuições previdenciárias e sociais dos empregados do condomínio;

b) consumo de água e esgoto, gás, luz e força das áreas de uso comum;

c) limpeza, conservação e pintura das instalações e dependências de uso comum;

d) manutenção e conservação das instalações e equipamentos hidráulicos, elétricos, mecânicos e de segurança, de uso comum;

e) manutenção e conservação das instalações e equipamentos de uso comum destinados à prática de esportes e lazer;

f) manutenção e conservação de elevadores, porteiro eletrônico e antenas coletivas;

g) pequenos reparos nas dependências e instalações elétricas e hidráulicas de uso comum;

h) rateios de saldo devedor, salvo se referentes a período anterior ao início da locação;

i) reposição do fundo de reserva, total ou parcialmente utilizado no custeio ou complementação das despesas referidas nas alíneas anteriores, salvo se referentes a período anterior ao início da locação.

§ 2º O locatário fica obrigado ao pagamento das despesas referidas no parágrafo anterior, desde que comprovadas a previsão orçamentária e o rateio mensal, podendo exigir a qualquer tempo a comprovação das mesmas.

§ 3º No edifício constituído por unidades imobiliárias autônomas, de propriedade da mesma pessoa, os locatários ficam obrigados ao pagamento das despesas referidas no § 1º deste artigo, desde que comprovadas.

Importante ressaltar que a afronta aos deveres do locatário implica em infração legal, apta a justificar, pelo locador, a propositura da ação de despejo com supedâneo no art. 9º, II, da Lei 8.245/1991, sem prejuízo da multa eventualmente prevista, que pode ser cumulada ou não com o pedido de rompimento da locação e despejo.

1.9.1. Despesas ordinárias e extraordinárias de condomínio – obrigações do locador e do locatário

No caso de imóvel locado, os locadores respondem pelas despesas de condomínio chamadas extraordinárias. Os locatários, por outro lado, devem pagar as denominadas despesas ordinárias de condomínio na qualidade de encargos da locação, salvo se o contrato isentar o inquilino dessa obrigação, o que é comum nos casos em que o locador aluga com o chamado "pacote", ou seja, inclui todas as despesas no valor do contrato.

Essa é a inferência que se extrai do art. 23, XII, da Lei 8.245/1991.

Como visto, o locador paga as despesas extraordinárias de condomínio e o locatário, as ordinárias.

Como escrevemos alhures,[63] o art. 22, parágrafo único, da Lei 8.245/1991, determina que, por despesas extraordinárias de condomínio, se entendem aquelas que não se refiram aos gastos rotineiros de manutenção (e administração) do edifício, enumerando exemplificativamente algumas hipóteses.

A definição de despesas ordinárias consta do art. 23, § 1º, da Lei 8.245/1991.

Por despesas ordinárias de condomínio se entendem as necessárias à administração do condomínio e seu funcionamento.

1.9.1.1. *Despesas extraordinárias de condomínio*

Com exceção das hipóteses legais do art. 22, parágrafo único, da Lei 8.245/1991, as despesas extraordinárias, que nos imóveis locados devem ser pagas pelo locador, são aquelas que não se referem a gastos de manutenção, nem são necessárias para a administração do condomínio, mas interessam à estrutura do edifício ou, de alguma forma, aumentam o seu valor.

Poder-se-ia redarguir afirmando que certas obras, consideradas despesas extraordinárias, não valorizam o edifício.

Entretanto, de alguma forma, o tornam mais atraente para a venda ou locação.

Assim, mesmo que o proprietário não obtenha valorização pecuniária propriamente dita, ou seja, mesmo que tais despesas não determinem a valorização do imóvel, elas proporcionam melhor impressão a um pretendente, seja à locação, seja à aquisição.

São exemplos dessas despesas: compra de mobília para decoração do *hall* de entrada, construção de churrasqueira ou piscina, aquisição de geladeira para o salão de festas ou compra de equipamentos de ginástica.

Da mesma forma, são despesas extraordinárias (do locador), a realização de obras de grande porte que recoloquem o imóvel em condições de uso, como, por exemplo, as impermeabilizações, a troca de encanamentos, de pisos etc.

---

63   Luiz Antonio Scavone Junior e Jorge Tarcha. *Despesas ordinárias e extraordinárias de condomínio*. 2ª ed. São Paulo: Juarez de Oliveira, 2000.

Importante ressaltar, exemplificando, o seguinte: a aquisição de mobília de decoração do *hall* de entrada ou a construção de uma piscina são despesas extraordinárias. Todavia, a sua conservação deve ser considerada despesa ordinária.

Muito embora a Lei do Inquilinato (Lei 8.245/1991) tenha discriminado de forma detalhada tais despesas, algumas ainda exigem maior atenção para que possam ser classificadas como ordinárias ou como extraordinárias.

Na Lei do Inquilinato, especificamente no parágrafo único e no inciso X do art. 22, há uma tentativa de relacionar as despesas extraordinárias de condomínio e, nesta medida, ao definir de forma geral as despesas extraordinárias como "aquelas que não se refiram aos gastos rotineiros de manutenção do edifício", passa a enumerar, de forma exemplificativa, algumas dessas despesas, quais sejam:

a) Obras de reformas ou acréscimos que interessem à estrutura integral do imóvel

Como exemplo destas obras, podemos citar a substituição de piso da entrada do prédio, a construção de piscinas, de churrasqueiras, de quadras poliesportivas, substituição de esquadrias, entre outras.[64]

b) Pintura das fachadas, empenas, poços de aeração e iluminação, bem como das esquadrias externas

A pintura externa embeleza o prédio e acresce o seu valor de venda ou de locação. Portanto, cabe ao locador.

Do mesmo modo, é de responsabilidade do locador a pintura da fachada, das empenas e dos poços de aeração e iluminação, comuns em prédios mais antigos, que possuem, no seu interior, um vão de iluminação e de tomada de ar.

Também se considera aqui a pintura de esquadrias (janelas) da parte externa.[65]

c) Obras destinadas a repor as condições de habitabilidade do edifício

Habitabilidade significa possibilidade de ser habitado, ou seja, de residir com as características pertinentes e inerentes ao ato.

Não possui condição de habitabilidade, por exemplo, um prédio residencial que não disponha de telhado, ou que, por motivo de desgaste de seus componentes, tenha ficado sem fornecimento de água, energia elétrica, gás, entre outros, assim entendidos como elementos imprescindíveis à habitação.

Como exemplo destas despesas podemos mencionar: reforma de pisos, substituição de canos que impeçam o fornecimento de água, troca de componentes elétricos, impermeabilização e conserto de vazamentos de grandes proporções.

Nestes casos, deve-se atentar para a dimensão da obra.

---

[64] Assim decidiu o Tribunal de Alçada Cível do Rio de Janeiro em dois julgados:
Obras para aumentar a segurança do prédio. Elevação de muro e construção de guarita. Impossibilidade de transferência de tais encargos à locatária, quer por força da lei, quer do contrato. Apelação Cível 50.528 – Quarta Câmara – Juiz: Marcus Faver – j. 30/9/1986.
São despesas extraordinárias de condomínio, pelas quais responde o locador, as relativas a obras de impermeabilização de playground e as de aumento da carga de eletricidade instalada no prédio. Cláusula contratual que dispõe em sentido inverso é nula. Provada a injusta recusa do credor em receber a soma devida, impõe-se a declaração de procedência da pretensão liberatória. Apelação cível n. 1604/92 – Oitava Câmara – Juiz: Wilson Marques – j. 8/4/1992.

[65] Neste sentido:
Segundo Tribunal de Alçada Civil de São Paulo *– A pintura externa de prédio de apartamentos consubstancia despesa extraordinária de condomínio, pela qual o locador deve responder. Apelação com revisão n. 278.641 – 1ª Câmara – Relator: Juiz Quaglia Barbosa – j. 1.10.1990, in JTA (RT) 129/363.*

É claro que não configuram despesas extraordinárias a mera substituição de torneira com vazamento, de peça de ladrilho danificada, de lâmpadas e disjuntores queimados ou o conserto de um pequeno vazamento.

Por outro lado, será considerada extraordinária (do locador) a obra que consistir na substituição de todo o ramo de distribuição de água ou de toda a fiação elétrica em virtude do prolongado uso.

De fato, os exemplos mencionados constituem obras que implicam na reposição do prédio às condições de habitabilidade.

Sobre estas obras destinadas a repor as condições de habitabilidade do edifício, vejamos alguns exemplos comuns:

c.1) Elevadores

Esta fonte de despesa causa muita divergência entre locadores e locatários.

Se for o caso de reforma ou substituição, a despesa será extraordinária (do locador).

Se, por outro lado, tratar-se apenas de manutenção do elevador (ainda que haja contrato para tanto), será do locatário.[66]

c.2) Impermeabilizações

A impermeabilização de corredor de condomínio e a reforma do piso da garagem do mesmo, ainda que necessárias, são encargos do locador, a quem, na Lei Inquilinária, incumbe a obrigatoriedade de manter o imóvel em condições de habitabilidade, pois, sua é a obrigação de assegurar ao locatário o uso normal da coisa locada. 2º TACCiv – SP – Apelação com revisão n. 221.704 – 7ª Câmara – Relator: Juiz Demóstenes Braga – j. 21-6-88. Referência: RT 442/166.

c.3) Telhado

Locação – encargo – reparo no telhado – responsabilidade do locador. O reparo em telhado é da responsabilidade do locador, e não do inquilino. 2º TACCiv – SP – Apelação com revisão n. 469.517 – 12ª Câmara – Relator: Juiz Ribeiro Da Silva – j. 21-11-96, JTA (LEX) 162/409 – Anotação da Comissão: No mesmo sentido: JTA (RT) 130/331.

---

[66]   **Segundo Tribunal de Alçada Civil de São Paulo.** *A reforma de elevadores, longe de representar simples serviços de manutenção e conservação – estes, sim, despesas ordinárias – consubstancia despesa extraordinária de condomínio, a ser suportada pelo locador e não pelo locatário. Apelação n. 160.522 – 2ª Câmara – Relator: Juiz Boris Kauffmann – j. 24-10-83, in JTA (RT) 87/342; Referência: JTA (Saraiva) 76/253 – anotação da comissão: No mesmo sentido: JTA (Saraiva) 74/199, 76/253; Apelação n. 111.149 – 4ª Câmara – Relator: Juiz Arthur de Godoy – j. 30/6/1980; Apelação n. 187.693 – 5ª Câmara – Relator: Juiz Alves Bevilacqua – j. 4/2/1986. Quanto à Lei 8.245/91: Apelação com revisão n. 427.583 – 7ª Câmara – Relator: Juiz Luiz Henrique – j. 25/7/1995.*
Segundo Tribunal de Alçada Civil de São Paulo. *Extrai-se da mens legis (arts. 22, X, parágrafo único, a e c, e 23, XII, § 1º, f, da Lei 8.245/91) que as despesas de condomínio, em relação a elevadores, a cargo do locatário se restringem àquelas derivadas do uso desse equipamento, dentre as quais não se inclui a despesa para a troca de seus cabos, que é despesa extraordinária, de obrigação do locador, por ter a mesma natureza de reforma deles, a qual é da responsabilidade do locador. Apelação com revisão n. 427.583 – 7ª Câmara – Relator: Juiz Luiz Henrique – j. 25-7-95 – Anotação da comissão: No mesmo sentido: Quanto à Lei 6.649/79 – JTA (RT) 87/342; JTA (Saraiva) 74/199, 76/253, 112/424; Apelação n. 111.149 – 4ª Câmara – Relator: Juiz Arthur de Godoy; j. 30-6-80; Apelação n. 187.693 – 5ª Câmara. Relator: Juiz Alves Bevilacqua – j. 4/2/1986.*
Tribunal de Alçada Cível do Rio de Janeiro. *Cotas extras condominiais para reforma ou reparo de elevadores. As obrigações condominiais de responsabilidade do locatário são "taxativas", porque enumeradas no art. 19, § 10, da Lei 6.649/79. As despesas condominiais não especificadas no referido dispositivo legal, enquadram-se como extraordinárias e, como tal, são de obrigação do locador, em face da norma prevista no art. 19, in fine, e seu § 1º, da referida Lei do Inquilinato. Reforma ou reparo não significa manutenção e conservação, mas sim conserto, restauração, recuperação. Apelação Cível n. 634/91 – 6ª Câmara – Decisão Unânime – Juiz: Clarindo de Brito Nicolau – j. 28-5-91.*

c.4) Vazamentos de água – despesas de valor elevado

Locação – despesas extraordinárias – condições de habitabilidade – conserto de valor elevado – ônus do locador – exegese do inciso X, e parágrafo único, letra c do art. 22 da Lei 8.245/91. Constituem despesas extraordinárias, relativas à habitabilidade do imóvel, as respeitantes a conserto, de valor elevado, de vazamento de água, cuja incumbência é do senhorio. 2º TACCiv – SP – Apelação com revisão n. 422.607 – 4ª Câmara – Relator: Juiz Rodrigues da Silva – j. 02.05.1995.

c.5) Troca de canos para evitar vazamentos

Condomínio – despesas condominiais extraordinárias – obra imprescindível – assembleia – desnecessidade. Despesas de condomínio consistentes em serviços que impliquem benefício de todos os condôminos, como troca de canos para evitar vazamentos, mormente os de ordem pública, como os de esgoto, prescindem de Assembleia autorizadora dos gastos, quando efetuados dentro dos parâmetros razoáveis. Carência afastada. Recurso provido. 2º TACCiv – SP – Apelação sem revisão n. 487.613 – 4ª Câmara – Rel. Juiz Moura Ribeiro – j. 30.07.1997. Anotação: No mesmo sentido: – Quanto a conserto de fossa séptica: Apelação sem revisão n. 491.216 – 4ª Câmara. – Relator: Juiz Moura Ribeiro – j. 26-8-97.

c.6) Troca de coluna geral de água

Consignação em pagamento – Condomínio – Despesas. Tribunal de Alçada Cível do Rio de Janeiro – Apelação cível n. 10.958/91 – 6ª Câmara – decisão unânime – Juiz: Arruda França – julgamento: 14.05.1991 – despesas extraordinárias do condomínio. Injusta recusa da locadora em receber e dar a quitação de alugueres, porque o locatário deixou de incluir os custos cobrados com obras da troca da coluna geral de água e troca da coluna de água/esgoto. Sendo tais despesas extraordinárias do condomínio, são encargos da locadora, pois são tendentes a repor o imóvel locado em condições de habitabilidade. Ementário: 20/91 – Número da ementa: 33.917.

d) Indenizações trabalhistas e previdenciárias pela dispensa de empregados, ocorridas em data anterior ao início da locação

As indenizações por dispensa de empregado ocorrida antes do início da locação não podem ser atribuídas ao locatário.

Entretanto, aplicada interpretação literal, ainda que o locatário tenha ocupado o imóvel recentemente, observada a dispensa de empregado do condomínio, terá que pagar por tal despesa.

Contudo, o bom senso leva à necessidade de efetuar-se proporcionalmente o cálculo da indenização trabalhista.

Deste modo, o locatário será responsável apenas pelo período em que realmente usufruiu dos serviços do empregado dispensado.

Todavia, se a dispensa deu-se antes do início da locação, a indenização não poderá ser cobrada do locatário.

Nesse caso, o locador deve pagar e, ao depois, cobrar essas despesas do locatário anterior ou do seu fiador, o que não será fácil, pois que eles deverão ser localizados.

Ocorre que dificilmente essas despesas são discriminadas, sendo muitas vezes de difícil apuração nos balancetes. De qualquer modo, a lei faz a distinção, cabendo ao locador cobrar apenas aquilo que é devido do locatário.

e) Instalação de equipamentos de segurança e de incêndio, de telefonia, de intercomunicação, de esporte e de lazer

Nessas despesas estão contidas as instalações (nunca a manutenção, que é do locatário) de alarmes de qualquer espécie, câmeras de vídeo, sensores, portões eletrônicos, extintores (não sua recarga), interfones, equipamentos para quadras, salas de ginástica (esteiras, aparelhos de musculação etc.), equipamentos para provimento de serviço de internet etc.[67]

---

[67] Neste sentido:
Tribunal de Alçada Cível do Rio de Janeiro – condomínio – despesas – Apelação Cível n. 58.582 – 1ª Câmara – Unânime – Juiz: Edil Pereira da Silva – j. 26.05.1987. Despesas extraordinárias. O locatário

f) Despesas de decoração e paisagismo nas partes de uso comum

Como já vimos, incumbem ao locador as despesas de contratação de serviços de decoração, aquisição de móveis e objetos de decoração para áreas comuns (*hall* de entrada, sala de recepção do prédio, piscina, churrasqueira, sala de ginástica etc.), implantação ou substituição de jardins.

Portanto, incumbe ao locador pagar as despesas com jardineiros para este fim: decoradores, paisagistas, aquisição de móveis e objetos de decoração, sementes, terra, mudas de plantas etc.

Importante ressaltar, mais uma vez, que não são do locador as despesas de manutenção dos móveis, equipamentos e decoração do prédio, assim como do jardim já existente.

g) Constituição de fundo de reserva

O fundo de reserva deve ser constituído por contribuições do locador (art. 22, X, e parágrafo único).

Portanto, o rateio dos pagamentos destinados à sua formação deve ser considerado despesa extraordinária.

Imaginemos que, por qualquer motivo, seja necessária a utilização de parte ou do total dessa verba.

O condomínio pode recorrer ao fundo de reserva no caso de situações urgentes e imprevistas ou, então, naqueles casos em que determinada despesa atribua ônus excessivo para o orçamento doméstico dos condôminos, mediante prévia aprovação de assembleia geral.

Pergunta-se: os rateios destinados à reposição do que foi utilizado constituem despesa ordinária ou extraordinária?

Depende. Se o fundo foi utilizado para as despesas de manutenção do edifício, para aquelas que normalmente seriam consideradas despesas ordinárias, a sua reposição terá a mesma classificação.

Por outro lado, se o fundo foi utilizado, total ou parcialmente, para despesas extraordinárias (como, por exemplo, reforma substancial dos elevadores), assim também será considerado o rateio para a reposição.

Como veremos adiante, há possibilidade de criação de fundo específico destinado à manutenção, ou até outros fundos diversos do fundo de reserva, como, por exemplo, o fundo de obras.

Criado o fundo de manutenção, seu rateio não é despesa extraordinária, mas ordinária, vez que na exata medida de sua utilização, necessariamente o será na manutenção do edifício, que é despesa ordinária.

1.9.1.2. *Despesas ordinárias de condomínio*

O locatário deve pagar as despesas ordinárias de condomínio.

Por despesas ordinárias, além das expressamente discriminadas no art. 23, § 1º, da Lei 8.245/1991, entendem-se aquelas de manutenção e aquelas necessárias à administração do condomínio, tais como salários e demais encargos dos empregados; consumo de água, coleta de esgoto do edifício (em alguns casos, consumo geral do edifício, rateado entre as unidades); luz e gás das áreas comuns; limpeza, conservação e pintura das áreas internas de

---

só está obrigado a pagar as despesas condominiais denominadas ordinárias e que se relacionam com a manutenção e conservação do prédio, incluindo-se pequenos reparos. As despesas extraordinárias, ou seja, as que cuidam de reformas ou instalações de equipamentos, são de responsabilidade do locador.

uso comum; manutenção de equipamentos, máquinas e utensílios de qualquer natureza, tais como elevadores; pequenos reparos nas instalações elétricas e hidráulicas de uso comum; reposição do fundo de reserva para as despesas ordinárias; seguro; materiais de limpeza; honorários do administrador; e, isenção do síndico.

Não se pode esquecer que a enumeração contida na lei é meramente exemplificativa, sendo que as hipóteses legais servem de base para tantas outras despesas não relacionadas, como, por exemplo, gastos com cópias reprográficas, manutenção de conta bancária, correios para envio de balancetes etc.

Analisemos, pois, as hipóteses legais.

a) Salários, encargos trabalhistas, contribuições previdenciárias e sociais dos empregados do condomínio

Em contrapartida ao disposto na letra d, do parágrafo único, do art. 22 (que trata das indenizações), o locatário é obrigado a pagar as despesas com salários e demais encargos.[68]

Além disso, paga pelas verbas atinentes à dispensa de funcionários, proporcionalmente ao período em que residiu no imóvel.

Em tal classificação, incluem-se aquelas devidas em virtude de contratação de empresa de vigilância e síndico remunerado.

Quanto às despesas com salários e encargos, não há nenhum problema, uma vez que deverão ser pagas pelo inquilino.

Todavia, as referentes à dispensa de empregados do condomínio, como já dito, ser-lhe-ão imputadas na exata medida de sua permanência, ou seja, de forma proporcional.

Exemplificando: se o inquilino está no imóvel há 12 meses e verifica-se a dispensa de um empregado contratado há 24 meses, só será possível a cobrança, do inquilino, da metade da indenização devida.

E a outra metade?

Se havia inquilino anterior, há possibilidade de cobrança desse inquilino proporcionalmente ao tempo em que usufruiu dos serviços do empregado dispensado.

b) Consumo de água e esgoto, gás, luz e força das áreas de uso comum

Estas despesas não merecem maiores comentários pela clareza do texto legal.

c) Limpeza, conservação e pintura das instalações e dependências de uso comum

A lei, neste particular, também é clara: serão do locatário, todas as despesas referentes à pintura interna, tais como contratação de serviços de pintor, compra de tintas, lixas e demais materiais.[69]

---

[68] **Tribunal de Alçada do Paraná** – Consignatória – locação residencial – recusa dos inquilinos ao pagamento dos serviços de vigilância e de remuneração do síndico – despesas autorizadas em Assembleia condominial da qual participaram – depósito insuficiente – ação improcedente – apelo improvido. I – o locatário é parte legítima para discutir as despesas ordinárias de condomínio, que são de sua responsabilidade. II – se o síndico foi expressamente autorizado a contratar os serviços de empresa de vigilância, não podem os inquilinos se escusar do rateio da verba correspondente, enquanto vigorar o contrato. Apelação Cível n. 0067275300 – Curitiba – Juiz: Munir Karam – 1ª Câmara Cível – j. 7-6-94 – Acórdão n. 4654 – Publicação: 17-6-94.

[69] **Segundo Tribunal de Alçada Civil de São Paulo** – locação – encargo – pintura interna e externa do imóvel carreada ao locatário – cláusula que a prevê – inadmissibilidade – falta de previsão no art. 23, § 1º, c, 5 da Lei 8.245/91. É leonina a cláusula de contrato pela qual o locatário se obriga a realizar pintura interna e externa do imóvel quando do término da locação, vez que não integra a responsabilidade prevista no art. 23, § 1º, c, da Lei 8.245/91. Apelação sem revisão n. 418.090 – 3ª Câmara – Relator: Juiz Francisco Barros – j. 25-10-94.

Entretanto, normalmente, quando contratam este serviço, os síndicos o fazem de maneira global, para todo o prédio, não separando os valores correspondentes à pintura externa (art. 22, parágrafo único, "b") e interna das áreas comuns, causando, por conseguinte, problemas para locadores e locatários.

Melhor seria se, ao contratar essas despesas, o fizessem de modo separado ou discriminado.

Já se decidiu que a pintura interna que não tenha o objetivo de restaurar pintura estragada pelo uso ou tempo, mas apenas embelezar o prédio, não pode ser cobrada do inquilino.

Quanto ao material de limpeza, bem como aos salários dos faxineiros que tratam da área de uso comum, as despesas, por óbvio, são do inquilino.

d) Manutenção e conservação das instalações e equipamentos hidráulicos, elétricos, mecânicos e de segurança, de uso comum

O texto nesse caso também é claro. Todas as despesas com manutenção, ou seja, com medidas necessárias para a conservação de instalações, equipamentos hidráulicos, elétricos, mecânicos e de segurança, de uso comum ou cuidados técnicos indispensáveis ao seu funcionamento regular e permanente, serão carreadas ao locatário.

Não se incluem neste contexto: a troca desses equipamentos, o conserto de grandes proporções, em que há necessidade de substituição de peças custosas ou mesmo do equipamento todo.

Por exemplo, a substituição de uma bomba hidráulica, desgastada após muitos anos de uso, não é despesa de manutenção, mas obra destinada a repor as condições de habitabilidade do edifício.

Deve, portanto, de acordo com a letra "c" do parágrafo único, e do inciso X, do art. 22, da Lei do Inquilinato, ser suportada pelo locador.

Por outro lado, não elidindo o raciocínio, há jurisprudência no sentido de permitir a formação de fundo de manutenção, diverso do fundo de reserva, o qual deve ser entendido como despesa ordinária.[70]

e) Manutenção e conservação das instalações e equipamentos de uso comum destinados à prática de esportes e lazer

As mesmas observações efetuadas na letra anterior valem para este tópico.

Assim, serão do locatário as despesas com a manutenção de bombas hidráulicas, aquecedores de piscina, pintura de quadra esportiva, manutenção de equipamentos de eventual sala de ginástica e sala de jogos.

Tribunal de Alçada do Rio Grande do Sul – Apelação Cível n. 185009198 – DATA: 18-4-85 – Órgão: Quarta Câmara Cível – Relator: Alfredo Guilherme Englert – Origem: Porto Alegre – Locação. Consignatória. Pintura interna de corredores de edifício. Prova demonstrando que houve apenas o intuito de embelezamento, não podendo o inquilino ser condenado ao pagamento dessa obra. Honorários advocatícios – provimento em parte do recurso para reduzir a honorária. Decisão: dado provimento parcial. Unânime.

[70] *Superior Tribunal de Justiça. Acórdão n. 38085 – Decisão: 29.05.1995 – Processo n. 0059958/94 – RJ – Quarta Turma – Agravo Regimental no Agravo de Instrumento – Diário da Justiça: 19/6/1995, p. 18712. Civil. Condomínio. Criação pela Assembleia Geral de "fundo de manutenção". Inexistência de afronta ao art. 9º, § 3º, da Lei 4.591/64. Norma legal que não veda a criação de outro fundo diferente do "fundo de reserva". Processo civil. Competência. Conflito inexistente, arguição impertinente e formulada incidentalmente. Forma equivocada e momento processual inoportuno. Agravo desprovido. I. O art. 9º, § 3º, da Lei 4.591/64 obriga a previsão, na Convenção de condomínio, de um "fundo de reserva", não decorrendo de sua redação, outrossim, a vedação para a instituição de outro fundo, chamado "de manutenção". Relator Ministro Sálvio de Figueiredo – Por unanimidade, negar provimento ao agravo regimental, referência: Lei 4.591/1964.*

Por outro lado, será despesa do locador a aquisição desses equipamentos.

De fato, eles interessam à estrutura integral do imóvel e, principalmente, aumentam o seu valor, seja valorizando, seja facilitando a venda ou a locação (Lei do Inquilinato, art. 22, parágrafo único, "a").

f) Manutenção e conservação de elevadores, porteiro eletrônico e antenas coletivas

Pelo que se observa, a intenção da lei foi a de responsabilizar o locatário pela manutenção de equipamentos de forma geral.[71]

Assim, não obstante as discussões que se verificam na prática, apenas as despesas de manutenção serão de responsabilidade do locatário.

São, assim, as medidas necessárias para a conservação ou a permanência das instalações, equipamentos hidráulicos, elétricos, mecânicos e de segurança de uso comum, ou os cuidados técnicos indispensáveis ao funcionamento regular e permanente desses equipamentos.

Portanto, as despesas com contratos de manutenção preventiva firmados entre o condomínio e empresa de manutenção de elevadores, porteiros eletrônicos e antenas coletivas, serão de responsabilidade do inquilino.

Por outro lado, a substituição desses equipamentos ou a reforma de valor elevado, por não se enquadrarem no conceito de manutenção, serão do locador.

Assim, exemplificando, a troca de cabine do elevador ou a substituição de motores e cabos serão do locador.

Todavia, mesmo não existindo contrato de manutenção, serão do inquilino as despesas para a mantença do uso normal, bem como a troca de peças necessárias a esse uso.

O mesmo se aplica, como princípio, aos interfones, porteiros eletrônicos, antenas e demais sistemas elétricos ou eletrônicos do edifício.

g) Pequenos reparos nas dependências e instalações elétricas e hidráulicas de uso comum

Aqui, a lei se refere a pequenos reparos,[72] merecendo crítica de Gildo dos Santos: "(...) sabe-se que é condenável a existência de adjetivos nos textos legais, exatamente porque, sendo pequeno um qualificativo de significação abstrata, não se pode saber, com exatidão, o que é um reparo ou conserto pequeno. É de se prever, portanto, infindáveis elucubrações sobre a caracterização do que sejam pequenos reparos nas dependências e instalações elétricas e hidráulicas de uso comum".[73]

Seguindo a respeitável opinião, pensamos em critério, levando em consideração o valor do reparo. Deste modo, já que a lei não definiu o critério de grande e pequeno valor, fica a nossa sugestão para o rateio dessas despesas nos seguintes termos: se, após o rateio, a

---

[71] **Tribunal de Alçada Cível do Rio de Janeiro** – *Condomínio – Despesas – Apelação Cível n. 43017 – 1ª Câmara – Decisão Unânime – Juiz: Laerson Mauro – j. 08.04.1986. Despesas. Elevadores. Responsabilidade do locatário. Despesas de condomínio. Responsabilidade do locatário, se trata de gasto visando a preservar a regular utilização de parte comum do edifício, como tal entendendo-se os pequenos reparos feitos nos elevadores. Situação amparada pela Lei (...), não sendo de confundir-se cota-extra com despesa extraordinária. Desprovimento do apelo.*

[72] **Tribunal de Alçada Cível do Rio de Janeiro** – *Condomínio – Despesas – Apelação Cível n. 58582 – 1ª Câmara – Decisão Unânime – Juiz: Edil Pereira da Silva – j. 26.05.1997. Despesas Extraordinárias. O locatário só está obrigado a pagar as despesas condominiais denominadas ordinárias e que se relacionam com a manutenção e conservação do prédio, incluindo-se pequenos reparos. As despesas extraordinárias, ou seja, as que cuidam de reformas ou instalações de equipamentos, são de responsabilidade do locador.*

[73] Gildo dos Santos. *Locação e Despejo.* 2ª ed. São Paulo: Revista dos Tribunais, 1992, p. 86.

despesa não ultrapassar metade do valor da despesa ordinária de condomínio do mês em que ocorrer, será de pequeno valor.

Portanto, se o conserto superar a metade do valor da despesa ordinária do mês em que ocorrer, será do locador, caso contrário, será do inquilino.

Observe-se que, no caso de cobrança parcelada, deve ser levado em conta o valor total da despesa rateada, não a parcela mensal.

Por outro lado, mister se faz considerar a circunstância do reparo destinar-se à reposição das condições de habitabilidade do edifício, vez que, nesse caso, independentemente do valor, o rateio correspondente será considerado despesa extraordinária (Lei 8.245/1991, art. 22, X, parágrafo único, "c").

O mesmo critério acima pode ser adotado para as despesas na unidade autônoma.

h) Rateios de saldo devedor, salvo se referentes a período anterior ao início da locação

O rateio do saldo devedor deve ser pago pelo inquilino, com exceção daquele anterior ao início da locação, que poderá ser cobrado de inquilino anterior, se correspondente ao seu período.

Em outras palavras, existindo saldo devedor do condomínio antes do ingresso de novo inquilino, este não possui qualquer responsabilidade de pagamento. Nesse caso, resta ao condômino (titular da unidade) a cobrança do locatário anterior, se houver.

Obviamente que o saldo devedor deve ser gerado por despesa classificada como ordinária, assim como o critério da letra seguinte, pois se extraordinária for, o próprio titular da unidade deverá quitá-la.

i) Reposição do fundo de reserva, total ou parcialmente utilizado no custeio ou complementação das despesas referidas nas alíneas anteriores, salvo se referentes a período anterior ao início da locação

A constituição do fundo de reserva é de responsabilidade do locador, por expressa determinação do art. 22, X, e parágrafo único, "g", da Lei 8.245/1991.

Se esse fundo de reserva foi utilizado para o custeio de despesas ordinárias (por exemplo, a pintura de dependências internas de uso comum), a sua reposição poderá ser cobrada do locatário.

Por outras palavras, o rateio mensal para constituição do fundo de reserva, por expressa disposição legal, deve ser suportado pelo locador.

Entretanto, na medida da utilização do fundo de reserva, de acordo com o destino, poderá o rateio ser carreado ao locatário.

Imaginemos que haja necessidade de utilização do fundo de reserva para pintura das áreas internas do condomínio.

Verificando a Lei 8.245/1991, observamos que essa despesa é ordinária (do locatário), por força do art. 23, § 1º, "c".

Portanto, na prática, no momento dessa despesa, mesmo que a reposição seja feita posteriormente, entendemos que o locador poderá cobrá-la do locatário.

É de se verificar que, nesse instante, não haverá nenhum rateio para a despesa, vez que, para tanto, serão utilizados os recursos existentes no fundo de reserva.

Assim, basta que o locador comprove que os valores retirados do fundo de reserva foram utilizados para despesas ordinárias para que lhe seja deferida a cobrança da despesa do locatário.

Portanto, será possível cumprir, na prática, o que determina o art. 23, XII, "i". De outro modo, dificilmente seria possível precisar que a reposição do fundo de reserva, se houver, seria em relação àquela despesa ordinária que foi efetuada.

É óbvio que, se o fundo de reserva foi utilizado para uma despesa extraordinária, sua reposição não poderá ser carreada ao locatário.

É intuitivo e lógico que é no momento da utilização do fundo, e não de sua reposição – consequência natural –, que se verifica se a despesa é ordinária ou extraordinária.

Entrementes, outros fundos podem ser criados. É comum a formação de um fundo de manutenção, diverso do fundo de reserva, cujo rateio deve ser entendido como despesa ordinária e cobrada do locatário.

Se o fundo foi criado sob essa rubrica, impede-se, por conseguinte, sua utilização para outra finalidade, sob pena de cobrar-se do inquilino uma despesa que, ao depois, desrespeitado o título do fundo, seja extraordinária.

Infelizmente nem sempre o síndico e o corpo diretivo do condomínio lembram-se da circunstância da existência de locatários que pagam apenas as despesas ordinárias, de tal sorte que destinam os recursos do fundo de manutenção para despesas extraordinárias de condomínio. Nesse caso, entendemos que o locatário deve ser compensado pela redução das despesas ordinárias.

O raciocínio inverso também é válido. Assim, criado um fundo para reforma do edifício (despesa extraordinária), se sua utilização se dá de forma diversa, para pagar despesas ordinárias do condomínio, o locatário deverá compensar o locador.

Outro fundo comum é decorrente de previsão para inadimplência, cuja classificação em ordinária e extraordinária dependerá da utilização, quando ocorrer, de acordo com o precitado critério.

Verificada a necessidade de sua utilização em face de inadimplência no condomínio, nesse momento, classificar-se-á a despesa de acordo com a destinação dos recursos, carreando-se a responsabilidade de reembolso ao locatário no caso de utilização para despesas ordinárias.[74]

1.9.1.3. Cláusulas nos contratos de locação que determinam divisão nas despesas de condomínio de forma diversa da lei entre locador e locatário

A divisão de despesas está estipulada na Lei do Inquilinato e não pode ser alterada por cláusula do contrato de locação.

As normas insculpidas na Lei 8.245/1991 são cogentes (ou "de ordem pública"), ou seja, não admitem disposição contratual em contrário, o que se infere do seu art. 45.

Assim, quando a Lei diz que a despesa de pintura da fachada do edifício é extraordinária (do locador), mesmo que o contrato estabeleça que o locatário concorda em pagar esta despesa e ainda que ele assine o contrato, não será compelido a pagá-la, e, se pagar, terá o prazo de três anos para ingressar com ação judicial de repetição de indébito pelo rito ordinário ou sumário conforme o valor, pedindo de volta o que pagou indevidamente.[75]

---

[74] **Primeiro Tribunal de Alçada Civil de São Paulo** – *Processo n. 00586689-1/009 – Apelação sumaríssima – Origem: São Paulo – j. 04.01.1995 – Relator: Torres Junior – Decisão: Unânime. Condomínio – despesas condominiais – cobrança de despesas denominadas como "previsão para inadimplência" sem prévia aprovação em Assembleia – admissibilidade – desnecessidade de aprovação prévia para a cobrança pois configuram-se como despesas de manutenção dos serviços comuns – descaracterização como gastos extraordinários – cobrança procedente – recurso provido.*

[75] Neste sentido:
Segundo Tribunal de Alçada Civil de São Paulo – *Locação – contrato – cláusula – despesas extraordinárias atribuídas ao locatário – Nulidade. Ao atribuir despesas extraordinárias ao locatário, inserindo no contrato de locação cláusula expressa impossível, o locador afronta a lei e, consequentemente, torna nula*

Por outro lado, a Lei 8.245/1991 possui caráter nitidamente protetivo do inquilino, historicamente considerado mais fraco.

Assim, nada há que obste disposição contratual que estipule o pagamento das despesas ordinárias pelo locador, notadamente nas locações em que o mercado convencionou chamar a remuneração de "pacote".

1.9.1.4. *Despesas cuja classificação não decorre diretamente da lei*

Existem despesas que não se mostram, desde logo, inseridas entre as ordinárias ou extraordinárias, até porque a Lei 8.245/1991 não as classificou expressamente.

Assim, mister se faz classificá-las diante dos critérios fornecidos pela própria. Neste sentido:

a) Impermeabilização

A infiltração de água e umidade, por falta de impermeabilização adequada, pode causar riscos à saúde dos moradores.

Os tribunais, na maioria, entendem que os problemas de segurança abrangem não apenas a eventualidade de desabamento total ou parcial do edifício, mas também as perfeitas condições de habitabilidade e salubridade da edificação.

Na medida em que esta obra é destinada a repor as condições de habitabilidade do edifício, a despesa com a sua execução é extraordinária.

Por exemplo: a impermeabilização da caixa d'água é feita com o propósito de evitar vazamentos. Não deixa de ser despesa destinada a repor as condições de habitabilidade do edifício. Portanto, é despesa extraordinária e, nesta medida, deve ser paga pelo locador.

Em geral, as impermeabilizações são consideradas despesas extraordinárias e, portanto, de responsabilidade do locador.

b) Lavagem e recuperação da fachada

A lavagem da fachada não é uma operação simples. Demanda mão de obra especializada, balancins, aplicação de detergentes etc.

---

a disposição. Apelação n. 359.553 – 4ª Câmara – Relator: Juiz Carlos Stroppa – j. 23.11.1993, publicado em Julgados do Trib. de Alçada da Ed. Lex, n. 151, p. 265. No mesmo sentido: Apelação 361.342 – 8ª Câmara. – Relator: Juiz Milton Gordo – Julgado em 2/2/1993.

***Tribunal de Alçada do Paraná** – Locação – despesas condominiais extraordinárias – obrigação do locador – direito de restituição das despesas extraordinárias pagas pelo inquilino – prescrição – incoerência – ação parcialmente procedente – recurso improvido. (...) Os serviços que escapam à simples manutenção e conservação do prédio, porque dizem respeito à sua aparência interna ou externa e as suas condições de habitabilidade, constituem despesas condominiais extraordinárias, não devendo ser suportadas pelo inquilino. Se as pagou indevidamente, tem direito a restituição. Apelação Cível n. 0042301200 – Curitiba – Juiz Leonardo Lustosa – 7ª Câmara Cível – Julgado em: 09.02.1992 – Acórdão n. 1375 – Publicado em 27.03.1992.*

Entretanto, há precedente do Rio de Janeiro não admitindo a cobrança dessas despesas se pagas e aceitas pelo locatário. Ressalte-se que esta posição não é dominante nos Tribunais:

***Tribunal de Alçada Cível do Rio de Janeiro** – repetição do indébito condomínio – despesas – Apelação Cível n. 5733/91 – 5ª Câmara – Unânime – Juiz: Ralph Lopes Pinheiro – j. 14.08.1991. Obrigações assumidas pelo locatário. Contrato locativo pelo qual o locatário assumiu a obrigação de pagar não só as despesas normais de condomínio mas também as extraordinárias. Se ele por essa forma acordou livremente e deu cumprimento ao contrato por alguns anos, não lhe é lícito, agora, quando está sendo acionado através de ação de retomada do imóvel, vir alegar nulidade de tal cláusula e pretender reaver valores anteriormente pagos, sem qualquer reclamação.*

É muito comum que a lavagem venha acompanhada de reparos nas juntas de dilatação da fachada, nos rejuntes, caixilhos, bem como implique na reposição de cerâmicas soltas.

Posta assim a questão, como a pintura da fachada é classificada legalmente como despesa extraordinária, a lavagem, por analogia, deverá ser assim considerada.

Poder-se-ia redarguir, afirmando que a necessidade da lavagem deriva da deterioração da sua aparência e decorre do uso normal, o que a levaria a ser classificada como ordinária.

Não pensamos desta forma. Como a necessidade de pintura também deriva do uso normal e considera-se despesa extraordinária (Lei 8.245/1991, art. 22, parágrafo único, "b"), a recuperação da fachada, como trabalho de porte, deve ser considerada despesa extraordinária e, portanto, suportada pelo locador.

c) Substituição corretiva ou preventiva de coluna hidráulica, ramais, outras tubulações e condutores

A instalação hidráulica de um edifício compreende colunas e ramais.

Denomina-se coluna a tubulação central. É aquela parte da instalação hidráulica que se situa fora da unidade autônoma.

Ramal, por seu turno, é a instalação hidráulica que se situa dentro da unidade autônoma, constituindo a tubulação secundária.

Como regra, toda despesa com reparo ou substituição de colunas é extraordinária.[76]

Já a despesa com reparo ou substituição do ramal é considerada ordinária ou extraordinária, dependendo de, na prática, verificar-se tratar de despesa de pequeno ou grande porte.

Entretanto, como já dissemos, se o reparo ou substituição do ramal implicar na reposição das condições de habitabilidade do edifício, até mesmo da unidade autônoma, será despesa extraordinária por força do art. 22, X, e parágrafo único, "c", da Lei 8.245/1991.

Exemplificando, o reparo de um ramal que, danificado, impeça a utilização de água na unidade autônoma, deverá ser suportado pelo locador, posto que é evidente que a indisponibilidade de água na unidade condominial impede a possibilidade de o locatário habitar o imóvel.

No caso de outros tipos de tubulação existentes no edifício, tais como as de gás, condutores elétricos, interfones etc., a solução é a mesma, devendo ser aplicado o mesmo critério das colunas e ramais hidráulicos.

d) Instalação de antenas

A instalação de antenas ou sistemas de TV a cabo é extraordinária, de acordo com interpretação extensiva da letra "e" do parágrafo único, do art. 22, da Lei 8.245/1991, segundo a qual "se considera despesa extraordinária a *instalação de equipamentos de segurança e de incêndio, de telefonia, de intercomunicação, de esporte e de lazer.*"

Leve-se em conta que a manutenção e conservação destes equipamentos constituem despesa ordinária (letra "f", do § 1º, do art. 23).

---

[76] O Tribunal de Alçada Cível do Rio de Janeiro, sob a égide da Lei 6.649/1979, decidiu dessa forma, cujos argumentos, não obstante, ainda são de valor: *Consignação em pagamento – condomínio – despesas – encargos – Apelação Cível n. 10958/91 – 6ª Câmara – Decisão unânime – Juiz: Arruda Franca – j. 14.05.1991. Despesas extraordinárias do condomínio. Injusta recusa da locadora em receber e dar a quitação de alugueres, porque o locatário deixou de incluir os custos cobrados com obras da troca da coluna geral de água e troca da coluna de água/esgoto. Sendo tais despesas extraordinárias do condomínio, são encargos da locadora pois são tendentes a repor o imóvel locado em condições de habitabilidade (...).*

1.9.2. Requisito da Lei do Inquilinato para que o locatário fique obrigado ao pagamento das despesas ordinárias

Nos termos do § 2º, do art. 23, da Lei do Inquilinato, "o locatário fica obrigado ao pagamento das despesas referidas ao parágrafo anterior, desde que comprovadas a previsão orçamentária e o rateio mensal, podendo exigir a qualquer tempo a comprovação das mesmas."

A obrigatoriedade de pagamento das despesas pelo locatário fica condicionada à apresentação de previsão orçamentária e do rateio mensal.

Todavia, ao locador não é possível apresentar comprovantes das despesas constantes da previsão na medida em que tais documentos são acessíveis somente ao síndico e ao corpo diretivo do condomínio.[77]

É comum, hoje, a disponibilidade das informações sobre as despesas condominiais pela rede mundial de computadores e até no próprio boleto de pagamento, o que nos parece suficiente.

---

[77] Foi o que decidiu o Segundo Tribunal de Alçada Civil de São Paulo:
Locação – despesas de condomínio discriminadas – locatário que as exige do locador – descabimento. Não se pode confundir o dever do locador de comprovar as despesas condominiais ordinárias, mediante exibição da documentação relativa à previsão orçamentária e rateio condominiais, com a prestação de contas de cada uma das despesas efetivadas pelo condomínio, mesmo porque não tem disponibilidade dessa documentação eis que privativa do síndico. Apelação sem revisão n. 383.916 – 5ª Câmara – Relator: Juiz Laerte Sampaio – j. 08.02.1994, in JTA (LEX) 151/459.
Locação – encargos – despesas de condomínio – previsão orçamentária e rateio mensal – necessidade – garantia do locatário – aplicação do art. 23, § 2º, da Lei 8.245/91. A regra contida no parágrafo segundo do art. 23 da Lei 8.245/91 garante o locatário contra cobranças indevidas, seja de despesas não ordinárias, seja de valores que superam o gasto efetivamente realizado. Apelação sem revisão n. 437.371 – 3ª Câmara – Relator: Juiz Francisco Barros – j. 29-8-95, JTA (LEX) 157/509.
Já se admitiu ação de prestação de contas em face do locador:
Locação – despesas de condomínio – prestação de contas – locatário que a exige de seu locador – admissibilidade. Tendo obrigação contratual de arcar com despesas, o locatário tem direito de saber exatamente o que está pagando ou vai pagar. Apelação n. 171.947 – 2ª Câmara – Relator: Juiz Ferreira de Castro – j. 30.10.1984, in JTA (RT) 96/257.
Prestação de contas – condomínio – legitimidade passiva – administradora – ação proposta por locatário – não reconhecimento – aplicação do art. 24, § 4º, da Lei 4.591/64 e arts. 22, IX, e 23, XII, e § 2º da Lei 8.245/91.
Não se admite a legitimidade da administradora de condomínio para responder pela ação movida pelo locatário:
A administradora do condomínio é parte ilegítima passiva na ação de prestação de contas proposta por inquilino individualmente, ex vi dos arts. 24, § 4º, da Lei 4.591/64 e arts. 22, inciso IX, 23, inciso XII e § 2º, da Lei 8.245/91. Apelação com revisão n. 479.249 – 11ª Câmara – Relator: Juiz Clóvis Castelo – j. 3-3-97, JTA (LEX) 167/356.
Prestação de Contas – Legitimidade Passiva – Condomínio – Ação Proposta por Locatário – Não Reconhecimento. A relação jurídica do locatário é diretamente com o locador, não reunindo legitimidade para exigir contas diretamente do condomínio. Apelação com revisão n. 487.667 – 9ª Câmara – Relator: Juiz Francisco Casconi – j. 14.05.1997.
Acórdão cuja ementa é abaixo transcrita, do Tribunal de Alçada do Rio Grande do Sul, admite que a administradora da locação (não do condomínio) seja ré na ação de prestação de contas aforada pelo locatário:
Agravo de Instrumento n. 186031373 – 18/6/1986 – 3ª Câmara Cível – Relator: Elvio Schuch Pinto – Origem: Porto Alegre. Prestação de contas. Locação. Encargos de condomínio. Carece de ação o locatário contra o condomínio, para exigir prestação de contas, relativamente aos encargos que lhe são adicionados ao aluguel, em razão de relação ex-locato com um condômino, legitimado passivamente, no caso, é o locador, proprietário da unidade imobiliária alugada; admitida, também, a legitimação passiva da imobiliária administradora da locação. Agravo provido, com a extinção do processo ... Decisão: dado provimento. Unânime.

Outrossim, se for do seu interesse, o locatário poderá requerer ao locador autorização para examinar as pastas, sempre disponíveis nas administradoras de condomínio.

1.9.3. Edifício de um só dono, ausência de assembleias e despesas ordinárias

No caso de edifício pertencente de forma integral ao locador, normalmente não há assembleias e, neste caso, aplica-se o § 3º do art. 23: "No edifício constituído por unidades imobiliárias autônomas, de propriedade da mesma pessoa, os locatários ficam obrigados ao pagamento das despesas referidas no § 1º deste artigo, desde que comprovadas."

Todo o critério utilizado para a divisão de despesas, entre ordinárias e extraordinárias, também se aplica a edificações constituídas por unidades pertencentes integralmente ao locador.[78]

A única diferença é que, nesse caso, não poderá haver cobrança com fundamento em previsão, mas em despesa efetivamente realizada.

Em outras palavras, o proprietário realiza as despesas e cobra depois, ao passo que, no condomínio propriamente dito, a cobrança é efetuada antes, com base na previsão de despesas do mês.

1.9.4. Dever de o locador entregar o imóvel em condições de uso e do locatário restituí-lo nas mesmas condições – consequências do descumprimento pelo inquilino

O locador tem o dever de entregar o imóvel ao locatário em condições de uso.

Caso haja desrespeito por parte do locador, especialmente quanto ao dever insculpido no inciso I do art. 22 da Lei do Inquilinato, ou seja, o dever de entregar o imóvel locado em condições de uso, a conclusão é a possibilidade deferida ao locatário de requerer o desfazimento do contrato (ação de resolução do contrato de locação), a cobrança de eventual multa ou as perdas e danos experimentadas.[79]

Nesse sentido:

Tribunal de Justiça de São Paulo. Locação de imóveis – Cobrança – Rescisão contratual – Inadimplemento da locadora – Indenizabilidade – Recurso improvido. Deve o locador indenizar o locatário, nos termos constantes do contrato, se a inviabilidade do negócio jurídico decorreu do seu inadimplemento (Apelação 992020403533 (753608500), rel. Luís de Carvalho, Comarca: São Paulo, 29ª Câmara de Direito Privado, j. 16.06.2010, data de registro: 29.06.2010).

---

[78] *Tribunal de Alçada de Minas Gerais – Processo: 0010657-0/00 – Descrição: Apelação – Origem: Divinópolis – Órgão: 2ª Câmara Cível – j. 6-2-91 – Relator: Juiz Orlando Carvalho – Decisão: Unânime. Locação residencial – prédio de apartamentos – único proprietário – Lei 4.591/64 – seguro contra incêndio – ônus do pagamento – o fato de um prédio de apartamentos pertencer a um só proprietário não o descaracteriza como condomínio por unidades autônomas, aplicando-se as normas da Lei 4.591/64 que inclui o pagamento de seguro contra incêndio como despesa ordinária do condomínio, devendo ser carregada ao inquilino.*

[79] *TJSP – Apelação com Revisão 992070340152 (1124206000) – Rel. Andrade Neto. Comarca: São Paulo – 30ª Câmara de Direito Privado – j. 16.04.2008 – Data de registro: 25.04.2008 – locação residencial – infração contratual – locadora que não garantiu o bom estado de conservação do imóvel – desabamento do teto da sala – débito locatício compreendido entre a data do fato e a entrega das chaves – inexigibilidade. Ocorrido o desabamento, tem-se por concretizada a inadimplência contratual do locador, incidindo ele em mora. Se assim é, inexigível o pagamento de alugueres após tal fato e até a desocupação do imóvel pelo locatário, sendo inteiramente aplicável à espécie o princípio da exceção do contrato não cumprido (art. 476 do C. Civil). Apelação desprovida.*

No vertente julgado, consignou o Desembargador relator: "Destarte, a rescisão contratual se deu em virtude do inadimplemento da locadora, que não providenciou a autorização para utilização da área pela recorrida no prazo assinado no contrato."

Assim, determinou-se a resolução do contrato, bem como a aplicação de multa ao locador pelo descumprimento de suas obrigações contratuais.

Importante, todavia, observar o teor do art. 26 da Lei 8.245/1991, que impõe, no caso de reparos de responsabilidade do locador, prazos para que efetue os consertos, notadamente aqueles que visem repor o imóvel em condições de uso, como sói ocorrer com infiltrações, rachaduras, problemas no telhado, encanamento etc.

Nessa medida:

> *Art. 26. Necessitando o imóvel de reparos urgentes, cuja realização incumba ao locador, o locatário é obrigado a consenti-los.*
>
> *Parágrafo único. Se os reparos durarem mais de dez dias, o locatário terá direito ao abatimento do aluguel, proporcional ao período excedente; se mais de trinta dias, poderá resilir o contrato.*

Interessante é que, pelos inconvenientes dos dez primeiros dias, nada é deferido ao locatário a quem nada cabe, senão se conformar com os prejuízos, salvo se houver necessidade de desocupação do prédio, hipótese que autoriza a cobrança de perdas e danos, notadamente despesas com novo imóvel e locomoção, lembrando que a resolução do contrato (não resilição, como diz o texto) só será possível e pelo meio jurisdicional, após trinta dias sem que a solução seja dada no sentido de reparar o imóvel.

Diante do descumprimento das obrigações do locador, o locatário poderá se utilizar da exceção do contrato não cumprido (Código Civil, art. 476)[80] e, em situações graves,[81]

---

[80]   *TJSP – Apelação 992050971394 (947099100) – Relator: Andrade Neto – Comarca: São Paulo – 30ª Câmara de Direito Privado – j. 09.12.2009 – Data de registro: 05.01.2010 – Locação comercial – imóvel que quando dado em locação se encontrava interditado pela municipalidade – pretensão dos locadores de recebimento de aluguéis vencidos até a data em que se imitiram na posse do bem – impossibilidade – exceção de contrato não cumprido – inteligência do art. 476 do CC – improcedência mantida. Se o locador descumpriu sua obrigação de entregar o objeto locado em condições de uso regular, legítimo o direito da locatária de descumprir sua obrigação de pagamento dos aluguéis, sendo hipótese de atuação do art. 476 do C. Civil. Apelação desprovida.*
    TJSP – Apelação sem Revisão 992040074594 (858481500) – Rel. Regina Capistrano – 31ª Câmara do Sexto Grupo (Ext. 2º TAC) – j. 02.08.2005 – Data de registro: 08.08.2005. Locação de imóveis – despejo por falta de pagamento – exceção de contrato não cumprido – prova de que o imóvel não se prestava à habitação – suspensão dos alugueres a partir da data da ruína do bem – admissibilidade – provando os réus que o imóvel locado não se prestava à habitação, existindo umidade camuflada por pintura nova e sérias rachaduras, ainda que decorrentes do início da obra realizada no imóvel lindeiro, correta a suspensão dos alugueres e desocupação do bem, porque ao locador incumbe entregar e manter o imóvel em condições hábeis aos fins a que contratualmente se destina. Recursos aos quais se nega provimento.
    Em sentido contrário:
    TJSP – Apelação sem Revisão 1086865005 – Rel. Renato Sartorelli – Comarca: São Paulo – 26ª Câmara de Direito Privado – j. 05.05.2008 – Data de registro: 12.05.2008. Locação – ação de despejo por falta de pagamento cumulada com cobrança – exceção de contrato não cumprido – inadmissibilidade – recurso improvido. Deixando o locador de cumprir a relação que o vincula ao locatário, a este cabe pleitear a rescisão do contrato com perdas e danos, sendo-lhe defeso, porém, suspender o pagamento dos aluguéis mensalmente devidos.

[81]   *TJSP – Apelação sem Revisão 1140526005 – Rel. Orlando Pistoresi – Comarca: São Paulo – 30ª Câmara de Direito Privado – j. 06.05.2009 – Data de registro: 05.06.2009. Locação de imóveis – Fiança – Empresa – Proibição expressa constante de seu estatuto social – Irrelevância – Subsistência da garantia. Dispondo o contrato social da empresa fiadora expressamente acerca da impossibilidade de se prestar fiança, deveria ela abster-se de praticar tal ato, não sendo lícito, diante do inadimplemento evidenciado,*

havendo necessidade de desocupar o imóvel, suspender o pagamento dos aluguéis mesmo antes dos dez dias, recomendando-se fazê-lo mediante prévia notificação apta a configurar a sua boa-fé.[82]

O prazo de dez dias previsto no art. 26 da Lei do Inquilinato, o qual o locatário deve suportar os pagamentos mesmo diante da necessidade de reparos, se aplica, portanto, para os casos em que as obras não impliquem desocupação do imóvel.

Por outro lado, embora seja obrigação de o locador entregar o imóvel em condições de uso, é lícito contratar de forma diversa, respeitado, igualmente, o princípio da boa-fé.

Consignou-se em julgado no qual se discutia a impossibilidade de fornecimento de energia elétrica ao imóvel locado: "A apelante, ao celebrar o contrato de locação, conhecia a situação do imóvel locado, e se comprometeu expressamente por instâncias próprias a promover o restabelecimento do fornecimento de energia elétrica ao dito imóvel. Se não teve a apelante sucesso na empreitada, as consequências advindas são de sua inteira responsabilidade, do que não pode se queixar. Com isso, não pode invocar a exceção de contrato não cumprido, para não honrar os aluguéis."[83]

O locatário, por sua vez, deve restituir o imóvel, finda a locação, no estado em que recebeu e, não o fazendo, fica responsável, além do valor suficiente para os reparos no imóvel, pelos aluguéis durante o período necessário para reposição do imóvel no seu estado original, ressalvadas as deteriorações decorrentes do uso normal pelas quais não responde.

Em outras palavras, devolvido o imóvel locado com reparos a efetuar, além da indenização pelos estragos, o inquilino fica responsável pelos lucros cessantes que incluem os aluguéis durante o período que o imóvel esteve disponível para a vistoria pericial, acrescidos dos aluguéis pelo tempo necessário para os reparos, apurado na perícia.

Nesse sentido, os seguintes julgados:

Locação de imóvel não residencial – Ação de cobrança e de indenização – Ao celebrar contrato de locação, a Administração Pública, em qualquer de suas esferas, sujeita-se às normas da Lei 8.245/1991 – A entrega das chaves põe fim às obrigações locatícias a partir de então – O laudo da perícia judicial realizada nos autos da ação de produção antecipada de provas comprova os danos no imóvel locado –

---

alegar a nulidade da garantia prestada, porquanto nemmo auditur propriam turpitudinem allegans (a ninguém é dado alegar a própria torpeza em seu proveito). Locação de imóveis – Ação de despejo por falta de pagamento cumulada com cobrança – Ausência de comprovação de comportamento irregular da locadora no que diz respeito à carência contratual concedida – Oposição pela locatária da exceção de contrato não cumprido – Descabimento. Para justificar a oposição da exceção de contrato não cumprido o descumprimento de uma obrigação deve guardar força, importância e eficácia em relação ao objeto da avença e de tal modo que ela se revele suficiente para inviabilizar a execução do ajuste, circunstância não positivada nestes autos. Locação – IPTU – Pagamento – Obrigação do locatário – Reconhecimento. O ajuste versando sobre o pagamento do imposto predial pelo locatário constitui obrigação acessória da locação e seu descumprimento permite a cobrança pelo locador, independentemente deste comprovar a realização de pagamento perante o órgão competente.

[82] *TJSP – Agravo de Instrumento 990092304674 – Rel. Clóvis Castelo – Comarca: Sorocaba – 35ª Câmara de Direito Privado – j. 26.10.2009 – Data de registro: 16.11.2009. Tutela antecipada. Despejo por falta de pagamento c.c. Cobrança. Locação de imóveis – Mora confessada – Inexistência de pedido de purga da mora – Caráter procrastinatório da defesa – Risco de ampliação do dano patrimonial. Antecipação dos efeitos da decisão final – admissibilidade. Recurso desprovido. O inadimplemento confessado, a falta de qualquer reclamo durante a relação locatícia quanto às condições de habitabilidade do imóvel, associada à existência de cláusula contratual afirmando que o bem fora entregue com pintura nova e em perfeitas condições de uso, configuram provas inequívocas dos fatos constitutivos do direito alegado pelo autor, e evidenciam o caráter procrastinatório da defesa. O longo lapso temporal da mora confere urgência à tutela pleiteada, já que a continuidade da relação locatícia, no caso, só fará implementar o dano patrimonial experimentado pelo locador (...).*

[83] *TJSP – Apelação sem revisão nº 1.203.597-0/9 – Rel.: Sebastião Flávio – j. 31.03.2009.*

Ausência de prova a infirmar a conclusão pericial – Configurada a obrigação do réu ao ressarcimento e ao pagamento dos aluguéis até a entrega das chaves e da indenização material e por lucros cessantes. – A indenização por lucros cessantes compreende, também, o período entre o ajuizamento da ação de produção antecipada de prova e seu desfecho, a que o réu deu causa e o que impediu o autor de dispor do seu imóvel para locação – Recurso do réu não provido, provido em parte o recurso do autor. (TJSP; Apelação Cível 1003809-73.2019.8.26.0047; Rel. Silvia Rocha; 29ª Câmara de Direito Privado; Foro de Assis – Vara da Fazenda Pública; j. 24.01.2023)

Apelação – Locação – Rescisão contratual – Responsabilidade pelos reparos necessários ao imóvel – Lucros cessantes. Existindo estipulação contratual expressa com relação à responsabilidade pelos desgastes decorrentes do uso, entendo que não deve prevalecer a redução do valor da condenação por perdas e danos referentes à reforma do imóvel, feitas no voto condutor. Os lucros cessantes devem corresponder aos meses pelos quais o imóvel ficou efetivamente impossibilitado de nova locação, ou seja, lapso temporal descrito no laudo pericial como necessário à realização da obra (90 dias). Tendo a locatária realizado reformas/alterações nos elevadores e para-raios, era de sua responsabilidade obter os respectivos alvarás e autorizações, cujas ausências podem ensejar imposições de multas e sanções administrativas aos proprietários, pelas quais poderá a sublocadora responder regressivamente, razão pela qual, mantém-se a condenação à exibição de documentos, com a exclusão da obrigação de apresentar alvará de funcionamento. Em virtude da autora ter pleiteado indenização por perdas e danos, no que foi contemplada em valor superior à multa, impossível acrescer à condenação a multa penal prevista no contrato. Não sendo verossímil que a autora tenha permanecido inerte durante mais de 10 anos recebendo aluguéis menores que os efetivamente devidos, sem qualquer oposição ou ressalva, inviável o acolhimento do pleito em relação aos aluguéis pagos a menor. Recurso da autora improvido. Recurso da ré provido em parte. (TJSP, Apelação 0170966-15.2008.8.26.0002/SP, Rel. Maria Lúcia Pizzotti, 30ª Câmara de Direito Privado, j. 24.02.2016, data de registro: 06.04.2016).

No mesmo sentido, de reparar integralmente o dano sofrido:[84]

Recursos de apelação – Ação indenizatória – Locação – Devolução do imóvel em mau estado de conservação – Realidade apurada em medida cautelar de produção antecipada de provas – Necessidade de ressarcimento dos danos emergentes reconhecidos no laudo, bem como de lucros cessantes, cujo valor será apurado em liquidação de sentença – Fiadores que respondem solidariamente, conforme previsto no contrato – Negado provimento ao recurso dos corréus e recurso dos autores parcialmente provido. (TJSP. Rel. Hugo Crepaldi, 25ª Câmara de Direito Privado, j. 06.04.2016, data de registro: 07.04.2016).[85]

---

[84] **Tribunal de Justiça de Santa Catarina.** *Contratos – Locação – Despejo – Locatário – Deveres – Prédio – Indenização – Danos emergentes – Lucros cessantes – Vistoria – Restauração – Cumpre ao locatário "restituir o imóvel, finda a locação, no estado em que o recebeu, salvo as deteriorações decorrentes do seu uso normal" e "tratá-lo com o mesmo cuidado como se fosse seu" (Lei 8.245, art. 23, III e II). Não satisfazendo a obrigação, deve indenizar os prejuízos causados, inclusive os lucros cessantes, consistentes no tempo necessário ao processamento da vistoria judicial e à restauração do prédio locado. (Apelação nº 97.014676-0-SC, 1ª Câmara Cível, rel. Des. Newton Trisotto).* **Tribunal de Justiça de São Paulo.** *Locação. Indenização. Danos ao imóvel. Responsabilidade do locatário. Aplicação do artigo 23, inciso III, da Lei 8.245/91. Finda a locação, cabe ao locatário restituir o prédio no estado em que o recebeu, salvo as deteriorações provenientes do tempo e do uso normal da coisa, pois, do contrário, sujeita-se à indenização por perdas e danos, correspondente a tudo quanto o proprietário perder e/ou deixar de ganhar em virtude dos danos regularmente apurados (...). (Apelação 426.541/SP, 3ª Câmara Cível, Rel. Des. Milton Sanseverino, j. 07.02.1995).*

[85] Tratando de fato diverso (serviço defeituoso de reforma), já se entendeu que a reparação deveria corresponder a 1/3 do valor do aluguel:
Tribunal de Justiça de São Paulo. Responsabilidade civil. Prestação de serviços. Impermeabilização. Ação de indenização por danos materiais e morais. Reconvenção (...). Prova pericial que constatou que o serviço prestado era defeituoso, não observou a norma técnica que disciplina sua execução e utilizou material diverso do contratado, bem como que o imóvel em que o serviço fora prestado ficou indisponível para uso ou locação até a realização dos reparos necessários. Laudo pericial que forneceu subsídios suficientes para a solução da lide e não foi infirmado por nenhum outro elemento probatório. Condenação da prestadora do serviço defeituoso ao pagamento do valor equivalente a 1/3 do aluguel do imóvel, durante o período de indisponibilidade. Razoabilidade, ante a perda da chance de locar o imóvel a terceiro. (...) (Apelação Cível 0159350-69.2010.8.26.0100, Rel. Cesar Lacerda, 28ª Câmara de Direito Privado, j. 18.03.2013, Registro: 19.03.2013).

Nesse julgado, o relator esclareceu que "*é notório, portanto, a existência de lucros cessantes diante da necessidade de realização de reparos, pois isso implica impossibilidade de locação pelo tempo que perdurar a reforma, e, consequentemente, a perda de um ganho esperável. Assim, correta a configuração dos lucros cessantes nesse ponto*".

É preciso observar, entretanto, os termos do art. 23, III, da Lei de Locação, que obriga o inquilino "*restituir o imóvel, finda a locação, no estado em que o recebeu, salvo as deteriorações decorrentes do seu uso normal*".

Portanto, não se impõe ao locatário a devolução do imóvel absolutamente livre de deteriorações.

Os imóveis se estragam naturalmente em função do tempo, desgastando-se pelo uso normal, fato que não pode, nos termos da cogente Lei do Inquilinato, ser carreado ao inquilino.

Sylvio Capanema de Souza ensina: "O imóvel locado deverá ser restituído nas mesmas condições, salvo as deteriorações decorrentes do uso normal. Sendo a locação um contrato de duração, que se projeta no futuro, através de atos reiterados de execução, não seria possível a restituição da coisa rigorosamente no mesmo estado, pelo que constou do inciso a ressalva de sua parte final. O decurso do tempo deixa marcas indeléveis e inevitáveis, tanto nas pessoas, quanto nos materiais, e por mais cuidadoso que fosse o locatário, após um certo tempo, o imóvel apresentaria danos, que lhe não são imputáveis".[86]

Conseguintemente, apenas o mau uso, aquele que foge da normalidade e causa danos ao imóvel, implica a responsabilização do inquilino pela reparação.

E, para tanto, revela-se imprescindível, para constatação do estado do imóvel ao término da relação locatícia com a entrega do imóvel:

a) a prova pericial; ou

b) a vistoria final em conjunto com o inquilino.

Importante, assim, que seja preparado concomitantemente ao início da locação um termo de vistoria com memorial descritivo completo do imóvel acrescido de imagens que acompanharão o contrato como anexo e outro termo de vistoria ao final, igualmente firmado pelo inquilino, com descrição dos reparos necessários e, se possível, com prazo para que sejam efetuados. Vejamos um caso em que o termo final foi suficiente para instruir a ação de cobrança visto que firmado pelo inquilino:[87]

---

[86] Sylvio Capanema de Souza. *A Lei do Inquilinato Comentada*, 9ª ed., Rio de Janeiro: Forense, 2014, p. 128

[87] Em igual sentido: *Cobrança – Reparação de danos materiais – Locação imobiliária residencial por escrito – Danos constatados em vistoria final – Necessidade de reparos a serem realizados – Orçamentos encartados – Ciência da ré dos danos provocados com a assinatura da vistoria – Obrigação da locatária em realizar os reparos de avarias não constatadas na vistoria inicial, bem como efetuar a pintura do imóvel – Débito de encargos reconhecido pela ré – Cobrança de seguro – Cabimento – Devida a condenação da ré nos termos do contrato a que se obrigou, excluído o valor relativo ao conserto de vidro que se apresentava quebrado ao início da locação, bem como observado o abatimento do valor da caução atualizado – Sentença mantida – Recurso desprovido. (TJSP, Apelação Cível 1004668-17.2017.8.26.0320, Rel. Claudio Hamilton, 25ª Câmara de Direito Privado, Foro de Limeira – 3ª Vara Cível, j. 25.10.2018, Data de Registro: 25.10.2018).*
Admitindo a notificação para acompanhamento da vistoria como supostamente suficiente, o que não se recomenda:
Locação de imóvel. Ação de indenização por danos materiais. Alegação de avarias causadas no imóvel locado pelo inquilino durante sua ocupação. Vistoria de saída. Inexistência. Notificação da fiadora e do locatário para acompanhamento. Ausência. Fotografias e orçamentos. Insuficiência de provas. Requerimento

Contrato de locação de imóvel. Ação declaratória C. C. Reparação de dano material. Preliminar de ilegitimidade passiva da fiadora afastada, porquanto houve compromisso expresso de garantia do contrato, o que inclui os eventuais danos ao imóvel causados durante a vigência do pacto. Obrigação do locatário de restituir o imóvel no mesmo estado em que o recebeu. Dicção do artigo 23, III, da Lei 8.245/91. Danos no imóvel devidamente demonstrados por fotografias e por documento firmado pelo locatário quando da entrega das chaves, contendo descrição detalhada dos reparos necessários. Ausência de impugnação específica do orçamento apresentado. Dever de ressarcimento configurado. Sucumbência recíproca, visto que o autor decaiu em seu pleito declaratório de débito. Recursos desprovidos. (TJSP; Apelação Cível 1009948-07.2017.8.26.0566; Rel. Dimas Rubens Fonseca; 28ª Câmara de Direito Privado; Foro de São Carlos – 1ª Vara Cível; j. 11.10.2018; Data de Registro: 11.10.2018)

Isto posto, não cabe ao locador a recusa no recebimento das chaves, tendo em vista que o locatário pode devolvê-las a qualquer tempo, podendo até consigná-las (*vide*, neste Livro VII, o item 5.5 do capítulo 5).

Nesse sentido:

Tribunal de Justiça de São Paulo. *Consignação – Chaves – Recusa do locador em recebê-las – Imóvel em mau estado de conservação – Irrelevância – Eventual prejuízo a ser perseguido em ação própria – Inadmissibilidade. Sendo de natureza potestativa o direito do locatário de restituir o imóvel a qualquer tempo, não pode ser obstaculizado pelo locador, ainda que existam locativos e encargos impagos ou o imóvel necessite de reparos. Os valores relativos aos débitos pendentes ou às reformas que o imóvel está a exigir devem ser buscados em ação autônoma, na qual se fixará, também, o prazo para execução dos reparos, que se debitará ao locatário. Ap. c/ Rev. 645.021-00/3 – 5ª Câm. – Rel. Juiz Luís de Carvalho – j. 03.09.2003. Sobre o tema: Gildo dos Santos –Locação e Despejo, RT, 3ª ed., 1999, p. 39. Ap. 555.481 – 8ª C. – Rel. Juiz Orlando Pistoresi. Ap. c/ Rev. 741.133-00/3 – 4ª Câm. – Rel. Juiz Amaral Vieira – j. 26.11.2002, com as seguintes referências: RT 453/157, JTACSP-RT 114/223. No mesmo sentido: Ap. c/ Rev. 641.990-00/5 – JTA (LEX) 186/460; Ap. c/ Rev. 377.749-00/0 – 5ª Câm. – Rel. Juiz Alves Bevilacqua – j. 31.05.1994; Ap. c/ Rev. 477.455-00/1 – 3ª Câm. – Rel. Juiz João Saletti – j. 24.07.1997; Ap. c/ Rev. 561.810-00/0 – 10ª Câm. – Rel. Juiz Soares Levada – j. 15.12.1999; Ap. c/ Rev. 569.075-00/2 – 8ª Câm. – Rel. Juiz Kioitsi Chicuta – j. 17.02.2000; Ap. c/ Rev. 741.133-00/3 – 4ª Câm. – Rel. Juiz Amaral Vieira – j. 26.11.2002; Ap. c/ Rev. 651.453-00/8 – 11ª Câm. – Rel. Juiz Mendes Gomes – j. 27.01.2003.*

Agravo de instrumento. Locação de bem imóvel. Tutela antecipada antecedente. Tutela de urgência. A suposta não entrega do imóvel no estado em que se encontrava quando do início da locação não justifica ou legitima a recusa em receber as chaves do imóvel locado. Decisão reformada. Recurso provido, confirmando a liminar concedida por este Relator (TJSP, Agravo de Instrumento 2070520-24.2018.8.26.0000, Rel. Des. Felipe Ferreira, 26ª Câmara de Direito Privado, j. 03.07.2018).

Locação de imóvel. Ação de consignação das chaves. Notificação prévia informando a saída dos locatários. Realização de vistoria. Apontamentos de danos. A recusa dos locadores em receber as chaves colocadas à sua disposição é ilegal e ilegítima, independentemente da realização de obras destinadas a repor o imóvel ao estado primitivo ou à quitação de débitos que recaem sobre o imóvel. Pretensões que não obstam a rescisão contratual e devem ser perseguidas pela via própria. Garantia. Depósito caução. Juros de mora de 1% ao mês incidentes a partir da citação, conforme valores dos aluguéis que serão dele descontados. Sucumbência recíproca na reconvenção. Encargos moratórios repartidos proporcionalmente. Recurso parcialmente provido (TJSP, Apelação Cível 1007381-88.2019.8.26.0127, Rel. Cesar Lacerda, 28ª Câmara de Direito Privado, j. 17.09.2020, data de registro 17.09.2020).

Na fundamentação desse último julgado, consignou o Relator que "(...) *a locatária tem o direito de a qualquer tempo devolver o imóvel, mediante a entrega das chaves, seja diretamente aos locadores ou, caso haja recusa destes em recebê-las, consignando-as judicialmente*".

O locador deve receber as chaves, esteja o imóvel nas condições que estiver, fazendo a ressalva no recibo de entrega de chaves.

Ao depois, se não houver termo de vistoria final com descrição dos reparos necessários, deverá providenciar a *produção antecipada de provas* (*vide* Livro VIII, Capítulo I) e, em ambas

---

de produção de oitiva de testemunhas. Necessidade. Sentença anulada. Recurso parcialmente provido. (TJSP, Apelação Cível 1005237-52.2015.8.26.0008, Rel. Gilberto Leme, 35ª Câmara de Direito Privado, Foro Regional VIII – Tatuapé – 4ª Vara Cível, j. 23.01.2019, Data de Registro: 23.01.2019).

as hipóteses, cobrar os prejuízos que experimentar, ou seja os estragos anormais causados pelo mau uso do inquilino – danos emergentes – além dos lucros cessantes consubstanciados no tempo que o imóvel permaneceu à disposição da perícia somado àquele que a perícia apurar ser o necessário para repor o imóvel nas condições recebidas.

É lição velha: a "indenização mede-se pela extensão do dano" (CC, art. 944, *caput*).

Mas seria mesmo necessária a perícia produzida judicialmente no âmbito da produção antecipada de provas (ação probatória autônoma) ou a simples comparação entre os termos de vistoria inicial e final são suficientes?

A resposta não é simples.

Uma primeira e mais conservadora atitude a ser tomada pelo locador, caso o inquilino não tenha firmado ou se recuse a firmar em conjunto o termo de vistoria final, é a propositura da produção antecipada de provas.

Isto porque parte da jurisprudência adota entendimento segundo o qual aquele termo feito unilateralmente pelo locador não se presta como prova e, nesta medida, *se o inquilino não participou da vistoria final com descrição pormenorizada dos reparos necessários*, os orçamentos, fotos e outros elementos produzidos unilateralmente não poderão ser aproveitados na ação de cobrança dos prejuízos.[88]

Pior: se o locador se adiantou e fez os reparos, sob essa perspectiva, a prova, ao depois, não poderá ser feita na ação de cobrança dos prejuízos que promoverá em face do inquilino.

Nessa medida, os seguintes julgados, sendo que o primeiro defere, conforme defendemos, inclusive, indenização pelo período em que o imóvel esteve indisponível para realização da prova pericial judicial:

Locação de imóvel não residencial – Ação de cobrança e de indenização – Ao celebrar contrato de locação, a Administração Pública, em qualquer de suas esferas, sujeita-se às normas da Lei nº 8.245/91 – A entrega das chaves põe fim às obrigações locatícias a partir de então – o laudo da perícia judicial realizada nos autos da ação de produção antecipada de provas comprova os danos no imóvel locado – Ausência de prova a infirmar a conclusão pericial – Configurada a obrigação do réu ao ressarcimento e ao pagamento dos aluguéis até a entrega das chaves e da indenização material e por lucros cessantes. – A indenização por lucros cessantes compreende, também, o período entre o ajuizamento da ação de produção antecipada de prova e seu desfecho, a que o réu deu causa e o que impediu o autor de dispor do seu imóvel para locação – Recurso do réu não provido, provido em parte o recurso do autor. (TJSP, Apelação Cível 1003809-73.2019.8.26.0047, Rel. Silvia Rocha, 29ª Câmara de Direito Privado, Foro de Assis – Vara da Fazenda Pública, j. 24.01.2023, data de registro: 24.01.2023)

Apelação – Locação – Ação de reparação de danos – Alegação de que o locatário devolveu o imóvel à locadora em mau estado de conservação – Ausência de prova idônea do fato constitutivo do direito das autoras – Inexistência de laudos de vistoria inicial e final constatando o estado do imóvel – Fotos sem data e orçamentos feitos a pedido das autoras que não podem ser admitidos como prova dos danos que invocaram. Impossível acolher como provas dos danos invocados pela locadora as fotos sem data e tiradas por ela própria e orçamentos feitos por prestadores de serviço a seu pedido, sem a participação do locatário, uma vez que documentos assim produzidos são unilaterais e não se prestam a comprovar a existência dos danos nem que estes sejam imediatamente decorrentes de condutas praticadas pelo locatário. Segundo prescreve o artigo 23, III, da Lei de Locação, "restituir o imóvel, finda a locação, no estado em que o recebeu, salvo as deteriorações decorrentes do seu uso normal". Percebe-se que o locatário não tem a obrigação de devolver o imóvel totalmente isento de deteriorações, pois as coisas comumente se deterioram pelo uso, pelo decurso do tempo e pela ação de elementos naturais, situações que se qualificam como desgaste consequente do uso normal do imóvel. Imprescindível, portanto, que a alegação de existência de danos no imóvel, não decorrentes do uso normal do imóvel pelo locatário, seja devidamente aferida em vistoria conjunta ou por

---

[88] Ação de cobrança. Locação de imóvel residencial. Danos no imóvel. Laudo de vistoria unilateralmente produzido pela locadora. Provas insuficientes acerca dos prejuízos alegados. Ônus que competia à autora, que dele não se desincumbiu. Precedentes da jurisprudência. Sentença reformada. Recurso provido. (TJSP, Apelação nº 1018792-36.2016.8.26.0224, Rel. Milton Carvalho, 36ª Câmara de Direito Privado, j. 10.08.2017).

perícia produzida por sujeito imparcial. Apelação desprovida. (TJSP, Apelação Cível 1014461-92.2016.8.26.0003, Rel. Lino Machado, 30ª Câmara de Direito Privado, Foro Central Cível, 40ª Vara Cível, j. 11.07.2018, Data de Registro: 12.07.2018).

Neste aresto, de forma paradigmática, consignou o relator: "Impossível acolher como prova dos danos invocados pela autora o laudo de vistoria unilateral, sem a participação do locatário e dos fiadores, uma vez que documento assim produzido é unilateral e não se presta a comprovar a existência dos danos nem que estes sejam imediatamente decorrentes de condutas praticadas pelo locatário. Cabia à locadora notificar o locatário do dia e hora de realização da vistoria, pois a configuração da mora, nesse caso, está atrelada à regra segundo a qual, 'não havendo termo, a mora se constitui mediante interpelação judicial ou extrajudicial' (CC, art. 397, parágrafo único), uma vez que era necessário um ato de comunicação para constituí-los em mora. Se tivesse havido negativa do locatário em fazer a vistoria em conjunto, a conduta esperada da autora, assistida por pessoa jurídica especializada em administração imobiliária (fls. 15/18 e 28), era a postulação de produção de prova pericial para avaliar o estado do imóvel e constatar se foi restituído ao locador com danos, dimensionando-se, eventualmente, o valor necessário aos reparos. A propósito, Gildo dos Santos leciona que a prova técnica é imprescindível para dimensionar a extensão dos danos e constatar se eles decorreram do uso normal ou anormal do bem, pois, segundo explica o doutrinador, 'a prova pericial, numa ação por ressarcimento desses danos, comprova que estes são dos que se não podem atribuir ao uso regular da coisa, o que mais destaca a responsabilidade do inquilino' (*Locação e Despejo Comentários à Lei 8.245/91*, 7ª ed., São Paulo: RT, 2013, pág. 191)".

Produzida a prova antecipadamente é possível, inclusive, requerer a tutela provisória de evidência prevista no art. 311, IV, do Código de Processo Civil, para que seja deferido o pagamento antecipado dos valores necessários à reparação do imóvel devolvido sem que o locatário tivesse cumprido a obrigação de conservá-lo e restituí-lo nas condições em que recebeu (Lei 8.245/1991, art. 23, II e III).

Entretanto se sabe que na prática nem sempre o locatário e seu fiador, se houver, compareçam para a vistoria agendada ou, se compareçam, em razão dos estragos perpetrados no imóvel ou discordância de sua responsabilidade, se negam a assinar o termo final de vistoria.

Alguns julgados admitem, nesses casos, que o locador comunique o inquilino e seu fiador (se houver), por meio idôneo[89], a data e a hora da vistoria e, não comparecendo injustificadamente, que a vistoria final seja elaborada com a dispensa da assinatura do locatário e do fiador, autorizando a cobrança dos prejuízos apurados.

Eis um aresto neste sentido:

Locação comercial. Ação declaratória de inexigibilidade de débito c.c. Indenizatória por danos morais. Sentença de improcedência da ação, parcial procedência da reconvenção proposta pelos locadores e procedência da reconvenção proposta pela seguradora. Apelo dos autores reconvindos. Alegação de irregularidade no pagamento do prêmio do seguro fiança e unilateralidade do laudo de vistoria final. Seguro que é contratado pelo locador e não pelo locatário, que figura apenas como "garantido". Autorização contratual expressa de pagamento do prêmio pela administradora quando inadimplido pelo locatário. Garantia que, ademais, vigora pelo prazo da locação. Tese sobre o cancelamento anterior da apólice que beira à má-fé e visa ao enriquecimento sem causa. **Locatários cientificados quanto à data e à hora da realização da vistoria final quando da assinatura do termo de entrega de chaves. Ausência não justificada que não invalida o ato da vistoria.** *Laudo, ademais, não impugnado pelos locatários. Problemas de infiltração que não condizem com as avarias apontadas na vistoria final e que datam do início do contrato, lá permanecendo os autores por mais 3 (três) anos sem nada reclamar, presumindo-se, portanto, o conserto a contento. Recurso adesivo do locador. Imóvel que, a despeito da entrega das*

---

[89] Como sugestão, convém estabelecer no contrato meio eletrônico (e-mail) para envio das comunicações e, de forma conservadora, ata notarial constatando o envio do e-mail.

chaves, permaneceu indisponível devido à necessidade dos reparos comprovados nos autos. Aluguéis e encargos devidos pelo período correspondente. Desconto concedido que não previa como condição a permanência do locatário no imóvel. Dano material relativo à diferença entre o valor total desembolsado para os reparos e a indenização paga pela seguradora não postulado em sede de reconvenção. Sentença parcialmente reformada. Apelo dos autores reconvindos não provido, provido em parte o recurso adesivo do réu reconvinte. (TJSP, Apelação Cível 1013742-68.2020.8.26.0004, Rel. Alfredo Attié, 27ª Câmara de Direito Privado, Foro Central Cível – 29ª Vara Cível, j. 19.05.2023).

Apelação cível locação de imóvel residencial. Execução ajuizada por locador em face dos fiadores. Embargos à execução. Pretendido decote dos valores atrelados ao reparo de vícios constatados em vistoria final. Inconsistência. Ausência do locatário à vistoria final, nada obstante a tanto previamente notificado. Responsabilidade pelos danos evidenciada. Produção de prova pericial à apuração da origem dos vícios. Desnecessidade – dispensabilidade, demais, de notificação dos fiadores acerca do exame final obrigação de natureza solidária sentença preservada recurso improvido. (TJSP, AC 1011319-41.2020.8.26.0003, Rel. Tercio Pires, 21.06.2021).

Apelação. Locação de imóvel para fins não residenciais. Cobrança de aluguéis e acessórios c.c. restituição de valores desembolsados para reforma do imóvel. Ação ajuizada contra o locatário e os fiadores. Sentença de procedência do pedido. Apelo dos réus. Danos no imóvel apurados por meio de laudo de vistoria final. Locatário que foi cientificado para participar do procedimento, mas permaneceu inerte. Ausência de prova de que o imóvel foi entregue nas mesmas condições apontadas no laudo de vistoria inicial. Dever dos apelantes de ressarcir os danos e de pagar os aluguéis e encargos moratórios previstos no contrato. Inclusão dos nomes dos devedores no rol de maus pagadores. Exercício regular de direito. Falta de notificação prévia da dívida. Obrigação que deve ser imputada à mantenedora do cadastro de proteção ao crédito. Dicção da Súmula nº 359 do C. STJ. Sentença mantida. Recurso não provido (TJSP, AC 1003795-37.2020.8.26.0344, Rel. Cármen Lúcia da Silva, j. 12.11.2021).

Contudo, trata-se de solução arrojada que pode encontrar resistência em razão da prova unilateral dos estragos, como atesta o seguinte exemplo:

Apelação Cível – Locação – Ação de indenização – Pretensão de cobrança de danos no imóvel locado – Sentença de improcedência – Insurgência da autora – Cerceamento de defesa não caracterizado – Vistorias de entrada e de saída realizadas sem a presença do locatário e fiador – Inadmissibilidade – Laudo produzido, de forma unilateral, que não é hábil a demonstrar o real estado de conservação do bem quando da entrega das chaves – Imóvel, ademais, que se encontra locado a terceiro – Elementos dos autos que não comprovam as alegações da autora – Sentença mantida – Recurso improvido. (TJSP, Apelação Cível 1017233-42.2021.8.26.0071, Rel. João Antunes, 25ª Câmara de Direito Privado, Foro de Bauru – 7ª Vara Cível, j. 12.12.2023, data de registro 12.12.2023).

Saliento que eventual imobiliária que presta serviços ao locador não responde pelos danos causados pelo inquilino se não agiu de forma negligente em razão dos serviços que presta ou do mandato que exerce e, nesse sentido:

Locação de imóvel residencial. Ação de cobrança cumulada com pedido de indenização por danos materiais e morais ajuizada em face do locatário, fiadora e imobiliária. Responsabilidade da imobiliária afastada, eis que mera intermediária da locação. Prova testemunhal e laudos de vistoria inicial e final, esta acompanhada pelo locatário, que demonstram irregularidades no imóvel condizentes com o desgaste natural. Orçamento realizado com base no laudo de vistoria final. Danos em maior extensão não demonstrados pela Autora. Ônus que lhe incumbia, nos termos do artigo 373, inciso I do CPC. Litigância de má-fé não configurada. Recurso desprovido. (TJSP, Apelação Cível 1031773-45.2015.8.26.0576, Rel. Pedro Baccarat, 36ª Câmara de Direito Privado, Foro de São José do Rio Preto, 7ª Vara Cível, j. 26.09.2018, Data de Registro: 26.09.2018).

Locação. Imóvel residencial. Ação de responsabilidade civil por danos materiais e morais ajuizada em face da administradora do imóvel. Extinção do processo sem resolução do mérito. Ilegitimidade passiva da administradora da locação. Mera mandatária do locador e que não integra a relação jurídica locatícia. Reconhecimento. Recurso desprovido, com observação. A administradora do imóvel, por ser mera mandatária do locador, não é parte legítima para figurar, em nome próprio, em ação de indenização com fundamento em vício do objeto em contrato de locação. (TJSP, Apelação nº 1017754-84.2016.8.26.0451, Rel. Kioitsi Chicuta. 32ª Câmara de Direito Privado, j. 19.03.2018).

Por fim, importante ressaltar que a questão da restituição do imóvel com pintura nova costuma frequentar o foro em discussões intermináveis.

Já se entendeu que a pintura, por sofrer desgaste natural e por ser, nessa medida, de responsabilidade do locador (Lei 8.245/1991, art. 23, III), não comporta que a obrigação seja carreada ao locatário, ainda que haja cláusula nesse sentido, muito comum nos contratos de locação, salvo se houver prova cabal, notadamente na vistoria que deve acompanhar o contrato, que aponte o recebimento do imóvel, pelo inquilino, com pintura nova.

Nesse sentido:

Tribunal de Justiça de São Paulo. *Locação de imóveis – Monitória – Alugueres – Contrato escrito – Título executivo – Cabimento da ação monitória, que permite a discussão sobre a origem da dívida. – O locador responde com exclusividade pelo desgaste resultante do uso normal do imóvel, em face de preceito de natureza cogente, sendo nula cláusula contratual que impõe ao inquilino a obrigação de restituir o bem com pintura nova (Lei 8.245/1991, art. 45), a não ser que haja prova de que assim o tenha recebido. – Multa devida em montante proporcional ao tempo que faltava para completar o período da locação ajustada entre as partes. – A renúncia ao benefício de ordem propicia ao credor o direito de exigir a dívida de qualquer dos devedores, fiador ou afiançado. – Acessórios, os encargos, entre eles o IPTU, exigem-se com o aluguel, a obrigação principal. – Apelo parcialmente provido (Apelação 0009635-41.2001.8.26.0302, Rel. Silvia Rocha, 29ª Câmara de Direito Privado, j. 06.02.2013).*

Contudo, essa conclusão não é absoluta tendo em vista que, mesmo entregue com pintura nova, o desgaste natural da pintura a obrigar o inquilino a refazê-la feriria o disposto no art. 23, III, da Lei do Inquilinato que, como tenho salientado, é norma de ordem pública (art. 45 da Lei do Inquilinato) e não pode ser afastada pelas partes:

Tribunal de Justiça de São Paulo. *Locação residencial. Locadora que pretende indenização por supostos danos verificados no imóvel locado. Pretensão que se aparelha em orçamento único, não impugnado de modo específico. Locatária que, embora regularmente notificada, deixou de comparecer à vistoria de saída. Laudo que lhe é oponível, inclusive por força de expressa previsão contratual. Reparos cuja necessidade se aponta, no entanto, que, em sua maioria, não incumbem à ré, seja por extrapolarem o dever de entrega do imóvel nas mesmas condições em que recebido, seja porque ausente comprovação de avarias provocadas por mau uso. Exigência de pintura nova de todo o imóvel, quando dano nesse ponto não se identifica, que afronta norma cogente. Inteligência do art. 23, III, da Lei n° 8.245/1991. Precedentes da Corte. Responsabilidade diminuída. Os honorários advocatícios previstos no contrato de locação não vinculam e/ou subordinam o exercício da jurisdição. Pedido parcialmente procedente. Sucumbência redimensionada, em maior grau da autora. Recurso provido em parte. (TJSP, Apelação Cível 1055585-88.2022.8.26.0506, Rel. Ferreira da Cruz, 28ª Câmara de Direito Privado, Foro de Ribeirão Preto – 2ª Vara Cível, j. 28.08.2024, data de registro: 28.08.2024)*

Neste último aresto, consignou o relator: "a exigência de pintura nova de todo o imóvel afronta a norma cogente do art. 23, III, da Lei 8.245/1916, além de violar expressa previsão contratual, pela qual a locatária deveria devolver o bem nas mesmas condições em que o recebe, qual seja, em perfeito estado de conservação, pintura e funcionamento dos pertences, de acordo com o Termo de Vistoria Inicial..."

O assunto, conforme previsto, encontra múltiplas interpretações, sendo que há inúmeros julgados que admitem a obrigação contratual imposta ao inquilino de restituir o imóvel com pintura nova:

Tribunal de Justiça de São Paulo. *Locação. Ação de cobrança. Pretensão atinente à multa por rescisão antecipada do contrato e gastos necessários à recomposição do imóvel ao estado em que se encontrava no início da locação. Multa proporcional ao período de vigência do contrato que é devida. Insurgência dos réus restrita ao valor do aluguel considerado no cálculo elaborado pela autora. Descabimento. Atualização monetária pelo IGP-M que foi livremente pactuada entre as partes. Contrato celebrado quando o referido índice já se encontrava em alta. Ausência de fundamento a autorizar a sua revisão. Inexistência de nulidade na cláusula que impõe aos locatários a obrigação de devolver o imóvel com pintura nova. Obrigação que decorre da norma do art. 23, III, da Lei 8.245/91, uma vez que, conforme laudo de vistoria inicial firmado por ambas as partes, nestas condições o imóvel foi recebido. Réus que deixaram de comparecer à vistoria final* *sem qualquer justificativa. Conjunto probatório que demonstra, contudo, que os armários dos banheiros já estavam estufados, que o assento sanitário e a porta do banheiro social já apresentavam avarias no início da locação. Reparo de vazamentos que, do mesmo modo, não pode ser imputado aos locatários. Recurso parcialmente provido. (TJSP, Apelação Cível 1005368-44.2022.8.26.0602, Rel. Milton Carvalho, 36ª Câmara de Direito Privado, Foro de Sorocaba – 3ª Vara Cível, j. 23.07.2024; data de registro: 23.07.2024)*

Deste julgado extrai-se o seguinte trecho da fundamentação: "A previsão de que o locatário deve restituir o imóvel com pintura nova, acaso assim tenha recebido o imóvel é lícita e muito comum em contratos de locação, exatamente porque se trata de obrigação inserida na norma do artigo 23, III, da Lei 8.245/91."

Tribunal de Justiça de São Paulo. *Locação de imóvel. Ação de cobrança de aluguéis e encargos da locação com pedido cumulado de ressarcimento de despesa com material e mão de obra atinente à pintura e a reparos do imóvel. Antecipado julgamento em concreto autorizado. Locatária que no contrato admitiu que o imóvel lhe fora entregue pintado e em perfeitas condições de uso, tendo se obrigado a devolvê-lo nas mesmas condições. Cumprimento integral da obrigação não demonstrado. (...) Procedência da ação autorizada. Sentença confirmada. Recurso improvido. (TJSP, Apelação Cível 1000400-55.2023.8.26.0595, Rel. Arantes Theodoro, 36ª Câmara de Direito Privado, j. 18.06.2024)*

1.9.5. Modelo de ação de reparação de danos pela entrega do imóvel locado deteriorado

MM. Juízo da (...)

(...), por seus procuradores (documento 01), vem, respeitosamente, à presença de Vossa Excelência, aforar em face de (...), a competente:

Ação de reparação de danos materiais pela deterioração de imóvel locado

o que faz com fundamento no art. 23, III, IV e V, da Lei 8.245/1991 e nos arts. 389 e 402 a 405, todos do Código Civil.

I – Fatos

O autor é proprietário do imóvel constituído por (...) e, nessa qualidade, celebrou com o réu, por contrato escrito e prazo de (...) meses, contrato de locação (documento 2) que findou pela entrega das chaves no dia (...), conforme anexa cópia do recibo de entrega de chaves (documento 3).

Na cláusula (...) do contrato entre as partes, o réu se obrigou a restituir o imóvel ao final da locação em perfeito estado de conservação e limpeza.

Insta observar que, no início da locação, como anexo do contrato, foi devidamente firmado pelas partes termo de vistoria do imóvel acompanhado de fotos e memorial descritivo (documento 4).

Ocorre que o réu restituiu o imóvel em péssimo estado, denotando muito mais que simples desgaste, mas mau uso.

Nessa medida, foi feita a ressalva no recibo de entrega de chaves, no qual constou que o imóvel não estava sendo restituído nos termos das obrigações legais e contratuais.

O fato é que o imóvel do autor se encontra, agora, deteriorado, conforme produção antecipada de provas anexada (documento 5), na qual foram apurados os seguintes danos e valores necessários para os reparos:

(...)

O perito apurou, ainda, o tempo necessário para as reformas que deverão ser levadas a efeito para repor o imóvel em condições de uso e, bem assim, o tempo necessário para os trabalhos (documento 5, item,...).

Portanto, a extensão dos danos materiais envolve tanto os danos emergentes, representados pelos estragos perpetrados pelo réu e apurados no laudo pericial constante da produção antecipada de provas, além do próprio valor despendido com as medidas judiciais necessárias, quanto pelos lucros cessantes, decorrentes do tempo necessário para repor o imóvel em condições, inclusive o tempo em que o imóvel ficou à disposição da perícia, prejuízos esses causados pelo réu que não cumpriu a obrigação de restituir o imóvel nas condições que o recebeu, obrigando o autor às medidas extremas materializadas na vertente refrega.

Em espécie, a importância dos danos emergentes foi apurada no laudo pericial em R$ (...) (documento 5, item...).

Já a título de lucros cessantes, ou seja, aquilo que, no caso concreto, o autor razoavelmente deixou de ganhar em razão da evidente inexecução obrigacional, devem ser apurados os locativos mensais estabelecidos no contrato e contados durante o período em que o imóvel ficou à disposição da perícia somado ao tempo necessário para repô-lo em condições de uso e nova locação, o que representa (...) meses, perfazendo a quantia de R$ (...).

A este propósito, oportuna a verificação da planilha anexa (documento 6).

Posta assim a questão, baldo os esforços para receber amigavelmente os danos que foram causados, não restando alternativa, o autor se socorre do presente meio processual com o singular objetivo de se ver integralmente ressarcido dos danos materiais que lhe foram causados pela atitude do réu, que não observou os deveres de conduta a si contratual e legalmente impostos.

II – Direito

A obrigação é o vínculo jurídico transitório – que normalmente extingue-se com o pagamento, pois é o ato que por natureza finaliza a obrigação – por meio do qual o devedor compromete-se a dar, fazer ou não fazer algo ou alguma coisa em prol do credor.

Assim, o descumprimento da obrigação é excepcional e patológico. Uma vez manifestado, surge a responsabilidade, consequência jurídica patrimonial do inadimplemento.

E a solução legal irreprochável para tal conduta é legada pela letra do art. 389 do Código Civil, segundo o qual, *ipsis litteris*:

> *Não cumprida a obrigação, responde o devedor por perdas e danos, mais juros, atualização monetária e honorários de advogado.*

Além da regra geral insculpida no art. 389 do diploma civil, verifica-se o princípio constitucional da ampla reparação, que bem espelha tal tendência, pois esposa a tese da ruptura com os conceitos tradicionais, ligando a reparação aos postulados do Estado Social de Direito e à garantia ao prejudicado de ver realizado o princípio basilar do direito que determina seja dado a cada um o que é seu, demandando a recomposição do dano a partir da tônica da reparação integral, que hoje rege o direito obrigacional.

É, inclusive, o que determina o art. 402 do Código Civil, assim redigido:

> *Salvo as exceções expressamente previstas em lei, as perdas e danos devidas ao credor abrangem, além do que ele efetivamente perdeu, o que razoavelmente deixou de lucrar.*

Dentro desta perspectiva, o autor teve diversos prejuízos materiais decorrentes da inexecução, pelo réu, da sua obrigação de levar a efeito todos os reparos necessários sobre o imóvel objeto da locação de modo a devolvê-lo nas mesmas condições em que dele o recebeu.

No que tange à indenização pelos danos causados ao imóvel, o art. 23, incs. II e III, da Lei do Inquilinato estabelece claramente a obrigação do locatário ao encerrar a relação locatícia, *in verbis*:

> *Art. 23. O locatário é obrigado a:*
>
> *(...)*
>
> *II – servir-se do imóvel para o uso convencionado ou presumido, compatível com a natureza deste e com o fim a que se destina, devendo tratá-lo com o mesmo cuidado como se fosse seu;*
>
> *III – restituir o imóvel, finda a locação, no estado em que o recebeu, salvo as deteriorações decorrentes do seu uso normal;*

Nesse sentido, o seguinte julgado:

Tribunal de Justiça de São Paulo. Apelação – Locação – Rescisão contratual – Responsabilidade pelos reparos necessários ao imóvel – Lucros cessantes. Existindo estipulação contratual expressa com relação à responsabilidade pelos desgastes decorrentes do uso entendo que não deve prevalecer a redução do valor da condenação por perdas e danos referentes à reforma do imóvel, feitas no voto condutor. Os lucros cessantes devem corresponder aos meses pelos quais o imóvel ficou efetivamente impossibilitado de nova locação, ou seja, lapso temporal descrito no laudo pericial como necessário à realização da obra (90 dias). Tendo a locatária realizado reformas/alterações nos elevadores e para-raios, era de sua responsabilidade obter os respectivos alvarás e autorizações, cujas ausências podem ensejar imposições de multas e sanções administrativas aos proprietários, pelas quais poderá a sublocadora responder regressivamente, razão pela qual, mantém-se a condenação à exibição de documentos, com a exclusão da obrigação de apresentar alvará de funcionamento. Em virtude da autora ter pleiteado indenização por perdas e danos, no que foi contemplada em valor superior à multa, impossível acrescer à condenação a multa penal prevista no contrato. Não sendo verossímil que a autora tenha permanecido inerte durante mais de 10 anos recebendo aluguéis menores que os efetivamente devidos, sem qualquer oposição ou ressalva, inviável o acolhimento do pleito em relação aos aluguéis pagos a menor. Recurso da autora improvido. Recurso da ré provido em parte. (Apelação 0170966-15.2008.8.26.0002, rel. Maria Lúcia Pizzotti, Comarca: São Paulo, 30ª Câmara de Direito Privado, j. 24.02.2016, Data de registro: 06.04.2016)

No mesmo sentido, de reparar integralmente o dano sofrido:

Tribunal de Justiça de São Paulo. *Recursos de apelação – Ação indenizatória – Locação – Devolução do imóvel em mau estado de conservação – Realidade apurada em medida cautelar de produção antecipada de provas – Necessidade de ressarcimento dos danos emergentes reconhecidos no laudo, bem como de lucros cessantes, cujo valor será apurado em liquidação de sentença – Fiadores que respondem solidariamente, conforme previsto no contrato – Negado provimento ao recurso dos corréus e recurso dos autores parcialmente provido (Apelação 0002461-09.2011.8.26.0244, Rel. Hugo Crepaldi, 25ª Câmara de Direito Privado, j. 06.04.2016, data de registro 07.04.2016).*[90]

Quanto à obrigação de restituir integralmente os prejuízos, inclusive os valores decorrentes do tempo necessário para a perícia somado aquele estimado para os reparos, as paradigmáticas ementas a seguir transcritas:

Embargos de Declaração – Omissão verificada – Ausência de manifestação quanto à incidência de lucros cessantes pelo período em que pendente a medida cautelar de produção antecipada de provas – Condenação ao período entre ajuizamento da demanda e elaboração do laudo – Embargos parcialmente acolhidos (TJSP, Embargos de Declaração Cível 0002461-09.2011.8.26.0244, Rel. Hugo Crepaldi, 25ª Câmara de Direito Privado, j. 27.10.2016, data de registro 27.10.2016).

Tribunal de Justiça de São Paulo. *Consignação – Chaves – Recusa do locador em recebê-las – Imóvel em mau estado de conservação – Irrelevância – Eventual prejuízo a ser perseguido em ação própria – Inadmissibilidade. Sendo de natureza potestativa o direito do locatário de restituir o imóvel a qualquer tempo, não pode ser obstaculizado pelo locador, ainda que existam locativos e encargos impagos ou o imóvel necessite de reparos. Os valores relativos aos débitos pendentes ou às reformas que o imóvel está a exigir devem ser buscados em ação autônoma, na qual se fixará, também, o prazo para execução dos reparos, que se debitará ao locatário. Ap. c/ Rev. 645.021-00/3 – 5ª Câm. – Rel. Juiz Luís de Carvalho – j. 03.09.2003. Sobre o tema: Gildo dos Santos –Locação e Despejo, RT, 3ª ed., 1999, p. 39. Ap. 555.481 – 8ª C. – Rel. Juiz Orlando Pistoresi. Ap. c/ Rev. 741.133-00/3 – 4ª Câm. – Rel. Juiz Amaral Vieira – j. 26.11.2002,*

---

[90] Tratando de fato diverso (serviço defeituoso de reforma), já se entendeu que a reparação deveria corresponder a 1/3 do valor do aluguel:
Tribunal de Justiça de São Paulo. Responsabilidade civil. Prestação de serviços. Impermeabilização. Ação de indenização por danos materiais e morais. Reconvenção (...). Prova pericial que constatou que o serviço prestado era defeituoso, não observou a norma técnica que disciplina sua execução e utilizou material diverso do contratado, bem como que o imóvel em que o serviço fora prestado ficou indisponível para uso ou locação até a realização dos reparos necessários. Laudo pericial que forneceu subsídios suficientes para a solução da lide e não foi infirmado por nenhum outro elemento probatório. Condenação da prestadora do serviço defeituoso ao pagamento do valor equivalente a 1/3 do aluguel do imóvel, durante o período de indisponibilidade. Razoabilidade, ante a perda da chance de locar o imóvel a terceiro. (...) (Apelação Cível 0159350-69.2010.8.26.0100, Rel. Cesar Lacerda, 28ª Câmara de Direito Privado, j. 18.03.2013, Registro: 19.03.2013).

com as seguintes referências: RT 453/157, JTACSP-RT 114/223. No mesmo sentido: Ap. c/ Rev. 641.990-00/5 – JTA (LEX) 186/460; Ap. c/ Rev. 377.749-00/0 – 5ª Câm. – Rel. Juiz Alves Bevilacqua – j. 31.05.1994; Ap. c/ Rev. 477.455-00/1 – 3ª Câm. – Rel. Juiz João Saletti – j. 24.07.1997; Ap. c/ Rev. 561.810-00/0 – 10ª Câm. – Rel. Juiz Soares Levada – j. 15.12.1999; Ap. c/ Rev. 569.075-00/2 – 8ª Câm. – Rel. Juiz Kioitsi Chicuta – j. 17.02.2000; Ap. c/ Rev. 741.133-00/3 – 4ª Câm. – Rel. Juiz Amaral Vieira – j. 26.11.2002; Ap. c/ Rev. 651.453-00/8 – 11ª Câm. – Rel. Juiz Mendes Gomes – j. 27.01.2003.

III – Pedido

Com fundamento nos argumentos de fato e de direito trazidos à colação, requer o autor:

a) a condenação dos réus ao pagamento do valor de R$ (...), a título de danos emergentes, tendo em vista o valor pericialmente apurado a fim de providenciar a reforma tendente a reaver o estado original em que o imóvel objeto da locação foi ao réu efetivamente entregue;

b) a condenação do réu ao pagamento de R$ (...), a título de lucros cessantes, tendo em vista tudo aquilo que, no caso concreto, o autor razoavelmente deixou de ganhar em razão dos (...) alugueres que deixou de perceber ante a impossibilidade material, por culpa da mesma figura, de locar a unidade imobiliária, estimando-se o valor do locativo mensal no mesmo em que seria atualmente praticado segundo novo contrato entre as partes, qual seja, de R$ (...);

c) a condenação dos réus nas custas, honorários de advogado, juros legais moratórios desde a citação inicial (art. 405 do Código Civil), correção monetária de todos os valores a serem apurados de acordo com a tabela prática para cálculo de atualização monetária dos débitos judiciais do Tribunal de Justiça do Estado de São Paulo e demais despesas inerentes do presente feito, nos termos do art. 85 do Código de Processo Civil.

IV – Citação

Nos termos do art. 246 do CPC, requer-se a citação por meio eletrônico ou, não havendo cadastro, pelo correio *(ou, ainda, justificando, por Oficial de Justiça, nos termos do § 1º-A, II, do art. 246 do CPC, facultando-se ao Sr. Oficial de Justiça encarregado da diligência proceder nos dias e horários de exceção (CPC, art. 212, § 2º)*, para eventual oferta de resposta no prazo de 15 (quinze) dias (art. 335 do Código de Processo Civil), sob pena de serem tidos por verdadeiros todos os fatos aqui alegados (art. 344 do Código de Processo Civil), devendo o respectivo mandado conter as finalidades da citação, as respectivas determinações e cominações, bem como a cópia do despacho do(a) MM. Juiz(a), comunicando, ainda, o prazo para resposta, o juízo e o cartório, com o respectivo endereço.

V – Audiência de Conciliação

Nos termos do art. 334, § 5º, do Código de Processo Civil, o autor desde já manifesta, pela natureza do litígio, desinteresse em autocomposição.

Ou

Tendo em vista a natureza do direito e demonstrando espírito conciliador, a par das inúmeras tentativas de resolver amigavelmente a questão, o autor desde já, nos termos do art. 334 do Código de Processo Civil, manifesta interesse em autocomposição, aguardando a designação de audiência de conciliação.

VI – Provas

Requer-se provar o alegado por todos os meios de prova em direito admitidos, incluindo perícia, produção de prova documental, testemunhal, inspeção judicial, depoimento pessoal sob pena de confissão caso o réu (ou seu representante) não compareça, ou, comparecendo, se negue a depor (art. 385, § 1º, do Código de Processo Civil).

VII – Valor da causa

Dá-se à causa o valor de (...)

Termos em que,

pede deferimento.

Data

Advogado (OAB/SP)

1.10. PENALIDADES CRIMINAIS E CIVIS

Nos termos dos artigos 43 e 44 da Lei 8.245/1991, é contravenção penal, punível com prisão simples de 5 dias a 6 meses ou multa de 3 a 12 aluguéis atualizados, revertida para o locatário:

a) exigir do locatário valores superiores ao aluguel e encargos permitidos, como, por exemplo, despesas extraordinárias ou reajustes ilegais;

b) com as mesmas consequências, é contravenção exigir mais de uma espécie de garantia. Em outras palavras, o locador não pode exigir do fiador que lhe conceda a caução do imóvel, prática comum, mas ilegal. O contrato deve apenas prever que o fiador, por exemplo, apresenta como prova de sua capacidade econômica o imóvel de sua propriedade e não que o concede em garantia posto que, neste caso, configura-se a contravenção pela dupla garantia de fiança e caução do imóvel;

c) cobrar antecipadamente o aluguel, salvo locação para temporada e locação desprovida de garantias, nas quais se permite, como vimos, a cobrança do aluguel até o sexto dia útil do mês vincendo (art. 42 da Lei do Inquilinato).

Nada obstante, as penalidades previstas, inclusive a multa, demandam por interpretação corrente, a condenação criminal, sendo insuficiente o mero pedido em ação civil.[91]

Por outro lado, considera-se crime de ação pública, com previsão de detenção de 3 meses a um 1 ano, que poderá ser substituída pela prestação de serviços à comunidade:

a) nas locações multifamiliares, deixar o locador de fornecer recibo discriminado de aluguéis e encargos;

b) o retomante deixar de utilizar o imóvel em 180 dias, ou não utilizá-lo por 1 ano, quando o pedido (de imóvel não residencial) for para seu uso, de seu cônjuge ou companheiro, ou para uso residencial de ascendente ou descendente que não disponha (e seus cônjuges), de outro imóvel residencial (47, III);

c) não iniciar obras em sessenta dias nos casos de despejo com supedâneo no inciso IV do art. 9º, inciso IV do art. 47, inciso I do art. 52 ou inciso II do art. 53;

d) executar despejo sem observar o § 2º do art. 65, ou seja, em até 30 dias do falecimento do cônjuge, ascendente, descendente ou irmão das pessoas que habitem o imóvel.

Nesses casos, diferentemente das contravenções, o prejudicado pode pleitear a multa de 12 a 24 meses de aluguel (o último ou aquele que estiver sendo cobrado de novo locatário) a ser arbitrada pelo juiz, em ação civil autônoma de cobrança, na qual se provará o desvio, não sendo necessária a condenação penal.[92]

---

[91] **TJSP** – *Apelação sem Revisão 992000437610 (623061400) – Relator: Celso Pimentel – Comarca: Tremembé – 4ª Câmara do Segundo Grupo (Extinto 2º TAC) – j. 06.11.2001 – Data de registro: 22.11.2001 – A imposição de multa por eventual prática de contravenção, a exigência de aluguel antecipado e de dupla garantia da locação, pressupõe processo penal e condenação com trânsito em julgado.*

[92] **TJSP** – *Apelação com Revisão 992010022456 (700522100) – Relator: Walter Cesar Exner – 32ª Câmara do Sexto Grupo (Ext. 2º TAC) – j. 24.01.2007 – Data de registro: 29.01.2007 – Locação. Imóvel alienado. Denúncia vazia. Necessidade de prévia notificação do locatário, nos termos do artigo 8º da Lei 8.245/91. Pedido de retomada que, ademais, estava fundamentado na necessidade de reformas visando incorporação ao imóvel vizinho para uso próprio. Acordo judicial visando a desocupação do prédio locado. Fato que não afasta a obrigação do locador de utilizar o imóvel na forma do pedido formulado na petição inicial da ação de despejo. Imóvel posteriormente locado a terceiro. Desvio de uso caracterizado. Multa devida. Recurso improvido.*

1.11. LOCAÇÃO EM *SHOPPING CENTERS*

A locação em *shopping centers* é uma locação não residencial ou empresarial que se submete à Lei 8.245/1991 com algumas particularidades.

A propósito do tema, autorizada lição de Sylvio Capanema de Souza:

> *Embora já esteja superada a discussão doutrinária quanto à natureza jurídica do contrato celebrado entre o empreendedor e o lojista de um* shopping center*, agora definido pela lei como sendo de locação, é inegável que ele se reveste de peculiaridades, que decorrem da própria técnica de venda ali desenvolvida.*
>
> *Desde o início do debate firmamos nossa posição de que se tratava, realmente, de um contrato de locação, ainda que contendo algumas cláusulas atípicas, que, entretanto, não eram suficientes para descaracterizar a relação ex* locato.
>
> *Não se poderia tratar, igualmente, a locação tradicional de uma loja de frente de rua, autônoma em relação às demais do mesmo logradouro, a e de um espaço em* shopping center*, onde, como já se viu, existe um mix, e um irresistível polo de atração de clientela.*
>
> *Na locação comum, o fundo de comércio pertence exclusivamente ao locatário, sendo por ele criado, com seu trabalho diuturno. Daí por que cabe a ele, e só a ele, escolher o ramo de atividade, decidir quanto à decoração da loja, fixar o seu horário de funcionamento, sua política de promoção de vendas, o melhor momento para proceder a uma liquidação e tudo mais que diga respeito à sua atividade comercial.*
>
> *Nos* shopping centers*, ao contrário, coexistem dois fundos de comércio, sendo um do locatário e outro do próprio complexo econômico, que funciona como polo de atração de clientela, mercê das facilidades que oferece e da segurança que proporciona, com áreas comuns de estacionamento, lazer, alimentação etc.*
>
> *Por outro lado, toda a filosofia de atuação de um* shopping center *repousa no equilíbrio das ofertas, fazendo-se um perfeito balanceamento das diversas modalidades e ramos de comércio, o que se chama de* tenant-mix.
>
> O shopping center *atua como um conjunto, atraindo a clientela e a distribuindo entre os lojistas.*
>
> *Justifica-se, assim, a adoção, nos respectivos contratos de locação, de cláusulas especiais, que preservem a metodologia de vendas e que resultam no interesse de ambas as partes contratantes.*
>
> *A Lei do Inquilinato ficou atenta ao problema, e, se por um lado, procurou pacificar as tensas relações entre empreendedores e lojistas, por outro, tratou de preservar o sistema, hoje definitivamente incorporado à vida urbana.*
>
> *Entre as disposições especiais, livremente pactuadas, nos contratos de locação de espaços em* shopping centers*, podemos citar, em caráter meramente enunciativo, as seguintes: a) a que estabelece sistema dúplice de cobrança do aluguel, sendo um fixo, mínimo, e outro percentual, sobre o total da receita mensal, sendo devido o maior deles, a cada mês; b) a que prevê o pagamento de aluguel em dobro, no mês de dezembro; c) a que obriga o locatário a se inscrever na Associação dos Lojistas e participar do fundo comum de promoções, propaganda e* marketing*; d) a que obriga o locatário a abrir e fechar a loja nos horários determinados pelo empreendedor e a não fazer promoções ou liquidações, senão na mesma época, sendo-lhe*

TJSP – *Embargos Infringentes 992990076597 (595257001) – Rel. Arantes Theodoro – Comarca: Batatais – 12ª Câmara do Sexto Grupo (Extinto 2º TAC) – j. 28.06.2001 – Data de registro: 29.06.2001 – Locação. Despejo para uso próprio. Demanda encerrada por acordo que culminou com a restituição do prédio. Multa por desvio de uso. Cabimento. Se as partes no acordo nada ressalvaram no tocante à multa e nem ficou o locador liberado para usar o imóvel como lhe conviesse, devida ela se mostra. Ter o litígio se encerrado por vontade das partes não significa dizer que tenha uma delas abdicado de direito sobre o qual não se manifestou e nem se revela objetivamente incompatível com a própria transação. Embargos infringentes rejeitados.*

ainda vedado mudar o ramo de negócio; e) a que permite o controle, até mesmo na 'boca do caixa', da contabilidade do lojista, por parte do empreendedor, para se aferir a veracidade de suas informações quanto à receita auferida a cada mês, e incidência do aluguel percentual; f) a que impede o lojista de modificar a decoração da loja, sem a anuência do locador.

São essas as condições, de caráter puramente econômico e empresarial, que o art. 54 autoriza e valida.

Sem elas o sistema de shopping center *resultaria ferido de morte, o que acarretaria pesados prejuízos à população e aos próprios comerciantes.*

Como essas disposições não se amoldam à vala comum das locações comerciais, era indispensável a autorização legal, sem a qual poderiam ser elas atacadas em juízo, pelos locatários, sob o argumento da abusividade.

É evidente que não serão toleradas as cláusulas que colidam com os objetivos fundamentais da lei, especialmente as que impeçam ou dificultem a renovação dos contratos, ou que admitam majorações de aluguel fora dos critérios legais.

Quanto a estas, realmente abusivas, aplicar-se-á a regra genérica e protetora do art. 45, já comentada, e que as fulminará de nulidade.

Caberá ao prudente arbítrio do juiz, diante do caso concreto, decidir se a cláusula contratual é de natureza econômica e necessária ao funcionamento do sistema, ou se, ao contrário, traduz vantagem desproporcional, em benefício do empreendedor, quando, então, deverá ser escoimada do contrato.[93]

Posta assim a questão, nos termos do art. 54 da Lei do Inquilinato prevalecem as condições livremente pactuadas nos contratos e as disposições procedimentais da legislação inquilinária.

Neste sentido, é comum o pacto do aluguel pelo denominado "mínimo percentual", ou seja, pactua-se um valor mínimo atribuído ao contrato, bem como um percentual variável decorrente das vendas do locatário lojista, admitindo-se, inclusive, nos termos daquilo que vamos tratar a este respeito em capítulo próprio, da revisão do valor mínimo, respeitados os requisitos da ação revisional.[94]

---

[93] Sylvio Capanema de Souza. *Da Locação do Imóvel Urbano*, Rio de Janeiro, Forense, 2001, n° 257, p. 361-362.

[94] *TJSP – Apelação 992080414930 (1195018900) – Relator: Kioitsi Chicuta – Comarca: Praia Grande – 32ª Câmara de Direito Privado – j. 11.03.2010 – Data de registro: 26.03.2010 – Locação. Espaço em* shopping center. *Ação de despejo por falta de pagamento cumulada com cobrança julgada procedente e improcedente a reconvenção. Cerceamento de defesa. Não ocorrência. Desnecessidade de dilação probatória. Observância de cláusula que prevê aluguel calculado em percentual sobre o faturamento bruto. Possibilidade. Obrigação de pagar os encargos e o fundo de promoção. Validade da cláusula de renúncia à indenização pelas benfeitorias. Mora demonstrada no pagamento dos alugueres e encargos. Recurso desprovido. O juiz é o destinatário maior das provas e a ele compete determinar a realização daquelas necessárias ao seu convencimento. O valor do aluguel, assim como os encargos, estão expressos no contrato, mostrando-se dispensável oitiva de testemunhas ou mesmo a realização de perícia civil até porque, enquanto não revisado o contrato pela via adequada, não há sentido demonstrar, em ação de despejo por falta de pagamento, que o valor locativo é inferior àquele cobrado ou mesmo que a cobrança é excessiva. É lícita e válida cláusula de locação de espaços em* shopping center *e na qual se fixa o aluguel em percentual do faturamento, observado o mínimo estabelecido, suportando a locatária, ainda, com os encargos próprios como aqueles previstos em escritura de normas gerais. Não purgando a mora nem demonstrando pagamento dos valores devidos, a ação de despejo foi corretamente julgada procedente. TJSP – Agravo de Instrumento 992090770993 (1290059700) – Relator: Orlando Pistoresi – Comarca: São Paulo – 30ª Câmara de Direito Privado – j. 26.08.2009 – Data de registro: 17.09.2009. Locação de imóveis – Revisão contratual – Espaço comercial situado em* shopping center – *Tutela antecipada para a fixação do aluguel mensal com base em percentual sobre o faturamento – Inadmissibilidade – Revisão que deve enfocar o aluguel mínimo com base no valor de mercado – Necessidade – Ausência de elementos*

Igualmente, em razão da liberdade de contratar, são comuns, quanto ao aluguel, as cláusulas de performance ou garantia de desempenho do lojista locatário, mediante as quais este se obriga a atingir determinado volume de vendas a fim de manter o movimento comercial do *shopping*, sob pena de infração contratual. Na verdade, tal cláusula se presta a garantir um mínimo para o aluguel variável pretendido pelo empreendedor que, nesta medida, obriga o locatário a manter volume mínimo de vendas.

Por conseguinte, são comuns as cláusulas insculpidas nos contratos de locação de lojas em *shopping centers*, segundo as quais, após 6 meses, o locatário deve suportar o denominado "aluguel performance" pela parte variável.

Verificam-se, ainda, na prática, quanto à fixação dos aluguéis sob a égide da liberdade contratual, as remunerações criadas com o intuito de pagar por investimentos que beneficiem os lojistas locatários, nos quais se inserem os valores estipulados para campanhas promocionais do *shopping center*. Na prática, cláusulas deste jaez representam o equivalente ao percentual que varia de 10% a 20% do valor do aluguel mínimo.

É preciso observar, todavia, que se estes valores forem mal geridos ou se as informações sobre a sua utilização forem insuficientes, é possível ao locatário manejar ação de prestação de contas em face do locador ou até ação declaratória de inexigibilidade da cobrança.[95]

---

informadores a esse respeito – Recurso provido. "Em contrato de locação de espaço em 'shopping center', contendo cláusula que determina seja o aluguel correspondente a um valor fixo ou a um percentual sobre o faturamento bruto, se superior ao primeiro, apenas aquele comporta revisão judicial, por se relacionar ao mercado locatício. Assim, inadmissível se apresenta o arbitramento de aluguel provisório com base apenas em informes sobre o faturamento, sem qualquer análise a respeito do mercado, mediante prova pericial".
Em sentido contrário, admitindo a revisão do valor percentual:
STJ – Recurso Especial 4.926 – Min. Barros Monteiro "Em princípio, pois o quantum do percentual deve ser mantido, por supor-se que esse quantum é que traduz o equilíbrio da própria vida do 'shopping center'. Isso não impedirá, no entanto, que em casos excepcionais, uma perícia que leve em conta os critérios utilizados originariamente no estabelecimento do percentual venha a alterá-lo, para mais ou para menos, por ocasião da renovatória".
Outros julgados sobre a licitude do aluguel "mínimo percentual":
TJSP – Apelação com Revisão 1183720002 – Relator: Ruy Coppola – Comarca: Mauá – 32ª Câmara de Direito Privado – j. 27.11.2008 – Data de registro: 18.12.2008 – Locação. Revisional de contrato de cessão de direito de uso (shopping center) c.c. pedidos de restituição de quantia e indenização material. Cerceamento de defesa. Não realização da prova pericial requerida pela ré. Inocorrência. Não constitui cerceamento de defesa o indeferimento da produção de provas a respeito de fatos suficientemente demonstrados por documentos juntados pelas partes, devendo o juiz, ao dirigir a instrução processual, evitar a produção de provas desnecessárias ou inúteis ao seu convencimento e a justa solução da lide posta em juízo. Alegação de abusividade de cláusulas contratuais. Contrato de adesão. Abusividade inexistente. Ausência de demonstração de conduta irregular do locador. Ausência de demonstração de onerosidade excessiva. Possibilidade de pactuação de aluguel mínimo e em percentual. Possibilidade de cobrança de aluguel em dobro no mês de dezembro. Cláusulas previamente acordadas. Contrato que se submete ao artigo 54 da Lei Inquilinária. Retenção e indenização por benfeitorias expressamente afastada por cláusula legal. Observância da regra do artigo 421 do Código Civil. Sentença de improcedência mantida.
[95] *TJSP – Apelação 990092295373 – Relator: Artur Marques – Comarca: Guarulhos – 35ª Câmara de Direito Privado – j. 23.11.2009 – Data de registro: 07.12.2009. Civil. Condomínio em shopping center. Ação de prestação de contas ajuizada individualmente por lojista – possibilidade – presença do binômio necessidade e adequação – contas que, contudo, devem ser prestadas como previsto na lei civil, facultada a impugnação específica – recurso parcialmente provido. "O modo como o condomínio haverá de prestar contas não corresponde ao idealizado na petição inicial, em especial porque as partes mantiveram-se unidas contratualmente entre 03.08.1998 a 19.07.2004, de sorte que a juntada de 'contas analíticas acompanhadas de comprovantes, previsões orçamentárias, fluxos de caixa, contratos, recibos e notas fiscais de todo o período' revela-se impraticável se considerado o vulto do empreendimento. Destarte, haverá o condomínio de providenciar a juntada dos balanços analíticos, tal como determina a lei, resguardado o direito de impugnação específica pela parte contrária, quando se conceberá a necessidade de juntada de documentos ou a nomeação de perito contábil para que diligencie, 'in loco', no local em que arquivados".*

O art. 54, § 2º, da Lei 8.245/1991 prevê prazo de 60 dias.

Todavia, não se trata de prazo decadencial de 60 (sessenta) dias para que se formule pedido de prestação de contas em face de contrato de locação de loja em *shopping center*.

Trata-se de prazo mínimo para essa prestação, ou seja, o locatário pode exigi-las a cada 60 dias, não menos.

Quanto ao prazo para a pretensão de exigir contas, ante a natureza pessoal da ação, incide o prazo prescricional geral de 10 (dez) anos previsto no art. 205 do Código Civil.

Por fim, é ainda comum outro pagamento, anterior à própria vigência do contrato de locação, pela reserva do uso de área em *shopping center* que ainda será construído, o que se convencionou chamar de "res sperata".[96]

Nesses casos, se o empreendimento não for entregue, é indubitável o dever de restituir as quantias recebidas, sem prejuízo de perdas e danos ou multa contratual eventualmente pactuada.

TJSP – Apelação com Revisão 992060070683 (1032242000) – Relator: José Malerbi – Comarca: São Paulo – 35ª Câmara de Direito Privado – j. 27.04.2009 – Data de registro: 29.05.2009 – Prestação de Contas – Locação – Espaço shopping center – Procedência – Todo aquele que de qualquer modo, administra bens ou interesses alheios está obrigado a prestar contas dessa administração, do mesmo modo que aquele que tenha seus bens ou interesses administrados por outrem tem direito a exigir contas correspondentes a essa gestão – Tem a locatária direito de exigir a comprovação das despesas que lhe forem cobradas pela administradora – Inteligência dos artigos 22, VI e IX e 54, § 2º, da Lei 8.245/91 – A ação de prestação de contas consiste em aclarar qual o estado, em determinado momento, das relações de débito e crédito entre os interessados – Primeira fase limitada ao dever de prestação das contas pela ré – Obrigação caracterizada – Não há relação de conexidade entre as ações de prestação de contas e a de despejo por falta de pagamento porque o pedido e causa de pedir são distintos – Apelo improvido.

[96] *TJSP – Apelação com Revisão 984983004 – Relator: Silvia Rocha Gouvêa – Comarca: São Paulo – 28ª Câmara de Direito Privado – j. 04.11.2008 – Data de registro: 13.11.2008. Locação – Embargos à execução – Ação direcionada contra empresa locatária e sua fiadora – Embargos à execução ofertados por sócia da locatária – Ilegitimidade reconhecida – Extinção devida dos embargos em relação à parte ilegítima – A exigência da chamada "res sperata", nos contratos de reserva de espaço em "shopping centers", não é nula nem ofende o artigo 29 do Decreto nº 24.150/34 (que foi revogado pela Lei 8.245/91), posto tratar-se da remuneração pela cessão ao lojista da parcela do fundo de comércio pertencente ao empreendedor – A solidariedade entre fiadora e locatária afiançada e a renúncia da primeira ao benefício de ordem determina a legitimidade de ambas na execução de dívida proveniente da locação – Recurso não provido.*
TJSP – Apelação 994010157760 (2188774000) – Relator: Ferraz Felisardo – Comarca: Santo André – 29ª Câmara de Direito Privado – j. 12.05.2010 – Data de registro: 18.05.2010. Contrato atípico de locação de espaço em shopping center. Construção futura – res sperata – processo julgado extinto, sem apreciação do mérito – carência da ação por ilegitimidade de partes e falta de interesse processual – inocorrência – documentos constantes dos autos – provas de que as rés assumiram a entrega da obra – prazo para o término – previsão posterior à contratação – validade – expectativa de conclusão da obra – inexistência – sentença anulada – julgamento do mérito – possibilidade – inteligência do art. 515, § 3º, CPC [atual art. 1.013, § 3º] – abandono da construção desde a estrutura de sustentação – várias ações propostas nesta justiça – inadimplemento contumaz das rés – rescisão dos contratos e restituição de valores – cabimento – indenizações por lucros cessantes e dano moral – improcedência dos pedidos – juros moratórios a partir da citação – correção monetária desde o desembolso – sucumbência recíproca – ação parcialmente procedente – recurso provido em parte.
TJSP – Apelação 990092577557 – Relator: Ruy Coppola – Comarca: Campinas – 32ª Câmara de Direito Privado – j. 08.04.2010 – Data de registro: 16.04.2010. Locação. Ação declaratória de nulidade de contrato de cessão de direito de uso (shopping center) c.c. pedidos de restituição de quantia. Ausência de demonstração de onerosidade excessiva. Cláusulas previamente acordadas. Contrato que se submete ao artigo 54 da Lei Inquilinária. É válido o contrato de reserva de uso de área em "Shopping Center" ("res sperata") quando atender aos requisitos dos contratos em geral, quais sejam, capacidade das partes, objeto lícito e forma prescrita ou não defesa em lei. Retenção e indenização por benfeitorias expressamente afastada por cláusula legal. Observância da regra do artigo 421 do Código Civil. Sentença de improcedência. Apelo improvido.

1.11.1. Restrições à liberdade das partes no contrato de locação em *shopping centers*: despesas que não podem ser cobradas

A par da liberdade das partes no contrato, a lei impõe algumas regras de natureza cogente. Continua sua lição, a este respeito, Sylvio Capanema de Souza:

> *Os edifícios que abrigam* shopping centers, *até mesmo pela técnica de atração de clientela, costumam ser dotados de sofisticados equipamentos de conforto, segurança e lazer, revestindo-se até de certo luxo, empregando-se, na decoração, materiais nobres. Seus custos de manutenção são elevadíssimos, sendo rateados entre os lojistas, na proporção de suas áreas ocupadas...*
>
> *Embora o prédio, como um todo, pertença, em geral, a uma só pessoa, nada impede que as despesas de conservação e administração sejam rateadas entre os lojistas. A lei, entretanto, não permite que se repassem aos lojistas as despesas referidas nas alíneas a, b e d do parágrafo único do art. 22.*
>
> *Pelo argumento a* contrario sensu, *as demais despesas relacionadas no parágrafo único do art. 22 poderão ser atribuídas aos lojistas, o que os onera bastante.*[97]

Em consonância com o acatado, a Lei do Inquilinato não permite a cobrança das despesas referidas nas alíneas "a", "b" e "d" do parágrafo único do art. 22, quais sejam:

> *a) obras de reformas ou acréscimos que interessem à estrutura integral do imóvel;*
>
> *b) pintura das fachadas, empenas, poços de aeração e iluminação, bem como das esquadrias externas;*
>
> *(...)*
>
> *d) indenizações trabalhistas e previdenciárias pela dispensa de empregados, ocorridas em data anterior ao início da locação.*

Também não poderão ser cobradas *despesas com obras ou substituições de equipamentos, que impliquem modificar o projeto ou o memorial descritivo da data do habite-se e obras de paisagismo nas partes de uso comum.*

Posta assim a questão, *o locador pode cobrar as seguintes despesas, desde que previstas em orçamento, salvo urgência comprovada:*

> *c) obras destinadas a repor as condições de habitabilidade do edifício;*
>
> *(...)*
>
> *e) instalação de equipamento de segurança e de incêndio, de telefonia, de intercomunicação, de esporte e de lazer;*
>
> *f) despesas de decoração e paisagismo nas partes de uso comum;*
>
> *g) constituição de fundo de reserva.*

Percebe-se nitidamente que a lei foi absolutamente atécnica ao permitir a cobrança de despesas de decoração e paisagismo nas partes de uso comum (art. 54, § 1.º, *b*, da Lei 8.245/1991) e, ao mesmo tempo, proibir obras de paisagismo nas partes de uso comum, o que demandará interpretação sobre a diferença, no caso concreto, entre despesas e obras de paisagismo (ora, a obra não é geradora de despesas?).

---

[97] Ob. cit., n.º 258, p. 363.

1.11.2. Risco do negócio e eventual indenização pelo fracasso do empreendimento

Notadamente quando o locatário faz a reserva da locação através da já tratada "res sperata", pode se deparar, ao depois, com o malogro do empreendimento.

Resta saber se a ausência do movimento esperado, com o fracasso do *shopping center*, ainda que superveniente à sua construção, pode ensejar indenização devida ao locatário.

Parece-nos que a resposta positiva se impõe com o dever de indenizar se for demonstrado o nexo de causalidade entre o fracasso do *shopping center* e a culpa do locador empreendedor, notadamente em razão de gestão temerária do lugar ou descumprimento de obrigações contratuais, como, por exemplo, a obrigação de levar a efeito a divulgação do centro comercial.[98]

1.11.3. Impossibilidade da defesa fundada em uso próprio na ação renovatória manejada pelo locatário

Trataremos, em capítulo específico deste livro, da ação renovatória do contrato de locação, que se aplica *in totum* à locação de espaços em *shopping centers*.

Seja como for, neste caso, ao locador não cabe a defesa do inciso II do art. 52, em face da ação renovatória proposta pelo locatário.

Em outras palavras, não cabe a defesa fundada na hipótese de o imóvel ser utilizado pelo próprio locador ou para transferência de fundo de comércio existente há mais de um ano, sendo detentor da maioria do capital o locador, seu cônjuge, ascendente ou descendente.

Nesta medida, remetemos o leitor ao capítulo referente à ação renovatória, no item referente às defesas do locador.

1.12. LOCAÇÃO POR TEMPORADA E POR INTERMÉDIO DE PLATAFORMAS DIGITAIS: LOCAÇÃO OU HOSPEDAGEM? VEDAÇÕES PELOS CONDOMÍNIOS: LEGALIDADE? CASUÍSTICA

A locação temporária de imóveis em condomínios tem se tornando uma das questões mais tormentosas a serem enfrentadas pelo Direito Imobiliário.

---

[98] *TJSP – Apelação com Revisão 994010216842 (2262314700) – Relator: José Roberto Bedran – Comarca: São Paulo – 2ª Câmara de Direito Privado – j. 09.12.2008 – Data de registro: 18.12.2008. Responsabilidade civil. Contrato de cessão de direitos de uso sobre salão comercial em shopping center. Rescisão pelo fracasso do empreendimento, com pedido de devolução de quantias e indenização por perdas e danos. Procedência, em parte, quanto a um dos corréus, e improcedência em relação aos demais. Ausência de demonstração de culpa exclusiva dos réus pelo insucesso do negócio. Riscos empresariais cuja avaliação competiria a todos os envolvidos. Verbas de locação do espaço, taxas de condomínio e fundo de propaganda devidas até a data da entrega das chaves. Caução para garantia de participação restituída. Sentença mantida. Apelação não provida.*
TJSP – Apelação com Revisão 991980458359 (811257200) – Rel. Maia da Cunha – 11ª Câmara (Extinto 1° TAC) – j. 25.09.2000 – Data de registro: 17.10.2000. Acórdão indenização - construção de shopping center que não deu o resultado esperado - o fracasso do empreendimento está nos limites do risco empresarial - ao apelante cumpria verificar todos os aspectos do projeto antes do fechamento do negócio - anúncio que ressaltou qualidades do empreendimento que não se mostrou enganoso a ponto de gerar o dever de indenizar pelo insucesso - ausência de dolo ou culpa - improcedência - recurso improvido.

As plataformas digitais fazem parte da nova cultura decorrente da sociedade da informação que permite às pessoas oferecer, em todo ou em parte, seu imóvel para, mediante remuneração, acomodar outra pessoa.

A problematização da questão foi bem identificada na Apelação 1009601-48.2016.8.26.0100 do Tribunal de Justiça de São Paulo.[99]

Com efeito, pelo que se extrai do aresto do Tribunal Bandeirante, em razão de momentos de crise no mercado de locações bem como em função dos custos que envolvem a manutenção, notadamente dos imóveis em condomínios, tem sido comum a fruição desses imóveis por meio de locações por curto espaço de tempo, principalmente com a utilização, para tal mister, de ferramentas tecnológicas como os conhecidos sites e aplicativos que permitem oferta entre os interessados.

Entretanto, alguns condomínios resistem à prática, alegando que a elevada rotatividade altera a convivência normal nas dependências comuns.

Tal resistência, muitas vezes, é traduzida por vedações constantes das convenções condominiais.

Outras tantas vezes decorrem de simples alteração do regulamento, e, ainda, encontrei hipóteses em que a proibição se deu apenas por decisão assemblear.

Resta saber se tais proibições, na forma e no conteúdo, são possíveis e, se forem, em que medida podem tolher a fruição, uma das prerrogativas do exercício do direito de propriedade.

Em resumo, temos as seguintes situações fáticas nos condomínios com destinação residencial:

a) *Condomínios nos quais não há vedação na Convenção ou em razão de decisão assemblear;*

b) *Condomínios nos quais a Convenção não proíbe, mas a proibição decorre de decisão assemblear, alterando ou não o regulamento interno.*

Antes de se chegar a qualquer conclusão sobre a tormentosa questão, é preciso lembrar que a locação para temporada é locação residencial – e bem assim a define o art. 48 da Lei 8.245/1991 – qualificada pelo motivo que enseja a locação.

E o motivo, sob a ótica do locatário, é temporário, sendo que as hipóteses do art. 48 incluem, exemplificativamente, entre outras, a residência em razão de lazer, realização de cursos e tratamento de saúde do inquilino:

> Art. 48. Considera-se locação para temporada aquela destinada à **residência** temporária do locatário, para prática de lazer, realização de cursos, tratamento de saúde, feitura de obras em seu imóvel, e outros fatos que decorrem tão somente de determinado tempo, e contratada por prazo não superior a noventa dias, esteja ou não mobiliado o imóvel.

Em suma, qualquer motivo temporário para residência do locatário pode ensejar a espécie.

O contrato deverá mencionar o motivo temporário que enseja a locação para temporada.

---

[99] *Apelação – Ação de obrigação de fazer e não fazer – Condomínio que pretende obstar a ré de locar sua unidade por curto período de tempo – Ausência de vedação em convenção condominial – Utilização que não se equipara a fim não residencial – Inexistente qualquer justificativa jurídica a restringir o direito de propriedade da ré – Eventuais abusos devem ser analisados pontualmente, tendo o Condomínio à sua disposição meios inclusive extrajudiciais de reprimenda – Recurso provido. (TJSP, Apelação Cível 1009601-48.2016.8.26.0100, Rel. Hugo Crepaldi, 38ª Câmara Extraordinária de Direito Privado, Foro Central Cível – 16ª Vara Cível, j. 26.10.2017; Data de Registro: 27.10.2017).*

Como característica da espécie, o locador poderá cobrar antecipadamente o aluguel pelo tempo contratado e, ainda assim, excepcionalmente, exigir qualquer das garantias do art. 37 da Lei do Inquilinato (art. 49 da Lei 8.245/1991), o que não se admite nas demais modalidades de locação.

Expirado o prazo contratual, que não poderá exceder noventa dias e não admite prorrogação ou aditivo sob pena de descaracterizar a hipótese, disporá o locador de mais trinta dias para aforar a ação de despejo, que dispensa a notificação prévia.

Importante é que se a ação não for aforada tempestivamente, no prazo de trinta dias do término, a denúncia imotivada só será possível após trinta meses do início da locação, com notificação prévia concedendo trinta dias para a desocupação. Antes disso, será possível nas hipóteses do art. 47 (entretanto, será denúncia motivada).

Nesse sentido:

Locação para temporada. Ação de despejo. Tutela antecipada. Constatação de seguidas prorrogações superando o prazo máximo previsto em lei. Hipótese de conversão em locação por prazo indeterminado, a desautorizar o deferimento da medida. Recurso provido. Nos termos do artigo 59, § 1º, inciso III, da Lei 8.245/91, é facultado ao locador obter a concessão liminar de despejo nas hipóteses de término do prazo da locação para temporada, desde que seja proposta a ação de despejo em até trinta dias após o vencimento do contrato. No caso em exame, a ocorrência de seguidas prorrogações do prazo de vigência, fazendo superar em muito o limite legal, leva necessariamente à conclusão de que se operou a conversão do contrato em locação por prazo indeterminado, de onde decorre a impossibilidade de deferir a medida liminar (TJSP, Agravo de Instrumento 0029042-17.2011.8.26.0000, Rel. Antonio Rigolin, 31ª Câmara de Direito Privado, j. 19.04.2011, data de registro 19.04.2011).

Não se aplica o art. 61 da Lei do Inquilinato e o despejo deve ser decretado liminarmente (art. 59, § 1º, III, da Lei do Inquilinato).

Em suma trata-se de locação para temporada regida pela Lei do Inquilinato e, assim sendo, pouco importa o meio pelo qual o contrato foi celebrado, sendo comum a oferta de imóveis dessa natureza em aplicativos e na internet de maneira geral em razão dos meios colocados à disposição dos locadores pela sociedade da informação.

De qualquer maneira, adiantando minha conclusão diante do tema, entendo que o contrato será de locação e não de hospedagem, aplicando-se, obrigatoriamente, em razão da natureza cogente da Lei do Inquilinato (art. 45[100]), as regras da espécie (arts. 48 a 50 da Lei do Inquilinato).

1.12.1. Possibilidade da locação para temporada se não houver vedação na convenção ou se a convenção simplesmente determinar a destinação residencial

A questão da locação por aplicativos eletrônicos é analisada no âmbito das tecnologias disruptivas.

Com efeito, a Quarta Turma do STJ passou a apreciar a questão no REsp 1.819.075, julgado no dia 20.04.2021, do qual são extraídas algumas conclusões do voto do relator, com as quais já concordávamos:

a) Não se trata de contrato de hospedagem que, nos termos da Lei 11.771/2008, exige uma série de serviços não prestados em razão da espécie em discussão, sendo que eventual prestação de serviço pelo locador, como, por exemplo, lavagem de roupas de cama, não é suficiente para caracterizar "hospedagem" pois é atividade circunstancial;

---

[100] Art. 45. São nulas de pleno direito as cláusulas do contrato de locação que visem a elidir os objetivos da presente lei, (...).

b) Os aplicativos, como o AIRBNB em discussão, Booking, HomeAway etc., fazem parte da moderna economia de compartilhamento;

c) há "nítido propósito de destinação residencial a terceiros, mediante contraprestação pecuniária", caracterizando contrato de locação por temporada;

d) a jurisprudência do STJ indica que a norma condominial restritiva é sopesada pelos critérios de razoabilidade e legitimidade em face do direito de propriedade;

e) "a locação realizada por tais métodos (plataforma virtual) é até mais segura – tanto para o locador como para a coletividade que com o locatário convive, porquanto fica o registro de toda a transação financeira e dos dados pessoais deste e de todos os que vão permanecer no imóvel, inclusive com histórico de utilização do sistema".

Nada obstante, o fato tratado neste recurso era bastante peculiar.

Como fundamento central, alegou o Condomínio infringência à convenção decorrente da "alteração da destinação residencial do edifício para comercial" e, também, reforma com fracionamento, criando novos quartos em unidade integrante do condomínio edilício; aquisição, pelos recorrentes, de mais uma unidade para a mesma finalidade; alta rotatividade; serviços esporádicos de lavanderia (e internet) prestados aos "clientes".

Com efeito, o voto divergente e vencedor da pena do Ministro Raul Araújo, negando a possibilidade no caso concreto, justificou que "a relação jurídica analisada é atípica, assemelhando a contrato de hospedagem. O que não pode ser admitido, em face da convenção condominial, *é a alteração do contrato típico em convento*, a qual restou evidenciada *pela prova dos autos*".

O Ministro mencionou "convento" provavelmente com o sentido da origem "conventus", ou seja, reunião, assembleia, colônia romana.

Isto porque, no local, o proprietário cedia quartos da unidade para pessoas distintas e transformou a sua unidade em pensão, cedendo um quarto para cada hóspede.[101]

No caso concreto, tratava-se mesmo de hospedagem atípica de pessoas que não maninham qualquer vínculo, ou seja, uma espécie de pensão nos cômodos da residência inserida em condomínio.

Deveras, não se enquadrava no conceito legal de locação por temporada prevista no art. 48 da Lei 8.245/1991.

O Ministro Raul Araújo, que abriu a divergência, continuou na sua exposição deduzindo que "essa peculiar recente forma de hospedagem não encontra ainda clara definição doutrinária ou mesmo legislação reguladora no Brasil. Não se confunde com aquelas espécies tradicionais de locação, nem mesmo com aquela menos antiga, denominada de aluguel por temporada. Tampouco se mistura com os usuais tipos de hospedagem ofertados de modo formal por hotéis e pousadas".

---

[101] Eis o que alegou, extraído do seu depoimento: "[...] Aí me vi apertada, até que um,' porteiro, o seu Neto, que já não trabalha mais lá, me disse 'tem um casal procurando um apartamento, e aí eu disse, 'o apartamento não está pronto, e ele disse 'mostra, não custa'. [...] E a gente virou muito amigo, ele viu a minha luta, inclusive quando ele viajou, não lembro mais pra onde ele foi, se pra Itália ou pra França, ele disse 'tu não te esquece de botar o azulejo assim, e viu a minha luta, e tinha uma amiga da ex-namorada dele que também estava procurando um lugar pra alugar e ela acabou vindo pra lá, e disse assim pra mim: 'Porque tu não aluga, não anuncia na PUC, porque ela trabalhava na PUC, e aí veio o primeiro francês e viram a **minha luta desenfreada pra tentar pagar aquele monte de dívida que estava acontecendo** e eles 'porque tu não anuncia na PUC, aí eles mesmo fizeram a instalação da Internet, até a senha foi a guria que fez lá, e o tal francês esse primeiro que veio disse pra mim 'liga para um hostel, e pediu para falar com alguém que falasse francês, e eles me deram a ideia de dividir a sala, que era bem ampla, com uma divisória de escritório, até porque eu ria, queria muito fazer isso, era uma coisa provisória pra tentar saldar dívida [...]'."

Em suma, nesse julgado, como se tratava de verdadeira pensão à moda antiga, instalada em unidade condominial, utilizando-se acidentalmente da plataforma Airbnb, a situação jurídica fática não se amoldava a qualquer hipótese de locação, mais se aproximando da hospedagem.

Logo, o caso concreto não se tratava de hospedagem tal qual delimitada pelo art. 23 da Lei 11.771/2008.[102]

Continuou o voto vencedor: "Trata-se de modalidade singela e inovadora de hospedagem de pessoas, sem vínculo entre si, em ambientes físicos de estrutura típica residencial familiar, exercida sem inerente profissionalismo por aquele que atua na produção desse serviço para os interessados, sendo a atividade comumente anunciada por meio de plataformas digitais variadas, tais como Airbnb, Alugue Temporada (Home Away), Vrbo, Booking e outros." (...) "Atentas a tais aspectos, frise-se, as instâncias ordinárias afastaram expressamente a hipótese de locação por temporada, sob o fundamento de que 'esta última' estabelece prazo máximo de 90 dias (e-STJ, fl. 554 – acórdão), o que não teria sido verificado no caso concreto" (...) "Ocorre que a divergência entre os litigantes não está em que os ora recorrentes possam alugar regularmente seus apartamentos por período de tempo mais duradouro a determinados inquilinos, mas sim na prática frequente e continuada de, mediante remuneração, admitirem e acolherem terceiros, estranhos entre si, em cômodos existentes nos apartamentos, por curtos períodos de tempo, com considerável rotatividade de ocupantes."(...) "Como se vê, diferentemente do caso sob exame, a locação por temporada não prevê aluguel informal e fracionado, de quartos existentes num imóvel, para hospedagem de distintas pessoas sem vínculo entre si, mas sim a locação plena e formalizada de imóvel adequado a servir de residência temporária para determinado locatário e, por óbvio, seus familiares ou amigos, por prazo não superior a noventa dias".

Portanto, curial concluir que o Recurso Especial não tratou do fato lá analisado como contrato de locação por temporada com o uso de plataformas digitais, mas, pelas circunstâncias peculiares do caso, de contrato atípico de hospedagem.

Extrai-se do acórdão: "Assim, mostra-se correto o entendimento das instâncias ordinárias de que os negócios jurídicos realizados pelos recorrentes não se enquadram nas hipóteses de locação previstas na Lei 8.245/91, configurando, na prática, contrato atípico de hospedagem. (...) Contrato atípico de hospedagem porque também inexistente, nas peculiares circunstâncias em que se dá a prestação do serviço, qualquer estrutura ou profissionalismo suficiente, exigidos na legislação pertinente, para a caracterização da atividade como empresarial e, assim, atrair a incidência da Lei 11.771/2008, referente ao turismo e à atividade de hospedagem típica".[103]

---

[102] "O contrato de hospedagem encerra múltiplas prestações devidas pelo fornecedor hospedeiro ao consumidor hóspede, sendo o acesso às unidades de repouso individual, apesar de principal, apenas uma parcela do complexo de serviços envolvido em referido acordo de vontades. [...] OS SERVIÇOS abrangidos pelo contrato de hospedagem devem ser oferecidos aos consumidores pelo prazo de 24 horas, entre os quais se inserem os de limpeza e organização do espaço de repouso, razão pela qual a garantia de acesso aos quartos pelo período integral da diária não é razoável nem proporcional" (REsp 1.734.750/SP, Rel. Min. Nancy Andrighi, 3ª Turma, j. 09.04.2019, DJe 12.04.2019).

[103] A Portaria nº 100/2011 do Ministério do Turismo, o Sistema Brasileiro de Classificação de Meios de Hospedagem (SBClass) e o art. 23, caput, da Lei Federal 11.771/2008 dispõem sobre a Política Nacional de Turismo nos seguintes termos: Art. 23. Consideram-se meios de hospedagem os empreendimentos ou estabelecimentos, independentemente de sua forma de constituição, destinados a prestar serviços de alojamento temporário, ofertados em unidades de frequência individual e de uso exclusivo do hóspede, bem como outros serviços necessários aos usuários, renominados de serviços de hospedagem, mediante adoção de instrumento contratual, tácito ou expresso, e cobrança de diária". O Decreto 84.910, de 15 de julho de 1980, por sua vez, estipula: "Art. 3º Somente poderão explorar ou administrar Meios de Hospedagem de Turismo, Restaurantes de Turismo e Acampamentos Turísticos, no País, empresas ou entidades registradas na Empresa Brasileira de Turismo – Embratur". Logo, resta evidente que um edifício residencial não comporta contrato típico de hospedagem.

Pensar o contrário e atribuir a esse precedente a impossibilidade de se levar a efeito contrato de locação por temporada *residencial*, nos termos do art. 48 da Lei do Inquilinato, segundo o qual *"considera-se locação para temporada aquela **destinada à residência temporária do locatário"** para lazer, tratamento de saúde, realização de cursos entre outras motivações temporárias, por até 90 dias, apenas pelo meio utilizado pelo locador para divulgação do seu imóvel*, significaria negar vigência ao referido dispositivo da Lei do Inquilinato e afrontar o direito de propriedade garantido pelo art. 5º, XXII, da Constituição, notadamente em razão do atributo da fruição.

Seja como for, independentemente deste precedente, peculiar pelos fatos nele tratados, a matéria continuará controvertida, até porque não há caráter vinculante.

Posteriormente, a terceira turma do STJ analisou outro caso (REsp 1884483/PR).

O relator, Ministro Vilas Boas Cueva, desconsiderando o art. 48 da Lei do Inquilinato, agasalhava a tese segundo a qual, naqueles condomínios com finalidade residencial, a locação por temporada, especialmente pactuada por meios eletrônicos por curto espaço de tempo, desvirtuaria a finalidade residencial do condomínio, argumento com o qual, com todo respeito, não posso concordar ante a clareza do dispositivo, segundo o qual a locação por temporada se trata de locação com finalidade residencial.

A negativa de provimento do recurso, todavia, embora mantida no referido aresto, o foi *por fundamentos diversos*, ou seja, não só pelos fundamentos do relator, mas dos votos dos demais Ministros, cada um convergindo quanto ao resultado por diferentes fundamentos e, entre eles:

a) Afirmou, no seu voto, o Ministro Marco Aurélio Bellizze que a locação por aplicativos "em nada se afasta da locação por temporada prevista no art. 48 da Lei 8.245/1991. (...) Se a própria lei define um prazo máximo da locação para assim qualificá-la como sendo "de temporada", não se me afigura possível que o intérprete possa, diante da detida observância desse prazo máximo no caso em exame, desqualificá-lo, baseando-se justamente no fator tempo (por considerar ser de curto ou curtíssimo espaço de tempo) (...) é preciso aferir, casuisticamente, se a locação por temporada não é desvirtuada, com a fragmentação do imóvel para acolher pessoas estranhas entre si; com oferecimento de serviços aos locatários, tais como limpeza ou refeições, etc., caso em que se evidenciaria uma nítida finalidade comercial, a desbordar, aí sim, da finalidade residencial prevista na Convenção condominial. (...) A deliberação condominial que proíbe a locação por temporada é legítima não porque desbordaria da finalidade residencial, circunstância, ao meu ver, absolutamente inocorrente na hipótese retratada nos presentes autos. A proibição é legítima pois, a despeito de a locação por temporada convergir com a finalidade residencial estabelecida na convenção condominial, esse tipo de exploração econômica da unidade, sobretudo em razão do modo como é ela atualmente operacionalizada e potencializada pelas plataformas digitais do segmento, produz, de modo intrínseco, intenso reflexo na vida condominial (no tocante à segurança, à harmonia e à salubridade), surgindo daí conflitos de interesses entre os condôminos";

b) A Ministra Nancy Andrighi, por sua vez, asseverou nos seus fundamentos que "A modificação da convenção com o intuito de inserir vedação à locação de unidade residencial por temporada por meio de aplicativos da internet não tem o propósito de alterar a destinação (residencial ou comercial) das unidades. Por consequência, não é necessária a unanimidade, sendo suficientes votos favoráveis de 2/3 dos condôminos. Na hipótese, portanto, não há que se falar em nulidade da alteração da convenção por ausência de decisão unânime dos condôminos."

No caso julgado, o condomínio havia alterado a Convenção para proibir locação questionada, o que respeitou o quórum legal (CC, art. 1.351) de 2/3 dos condôminos.

Da minha parte, conforme discorrerei mais adiante no item 1.12.2, concordo que a Convenção possa bitolar o uso e a fruição.

Contudo, como aqui se trata de limitar a fruição, um dos atributos do direito de propriedade, ressalvo o meu entendimento segundo o qual a alteração deve ser unânime, não sendo suficiente o quórum ordinário de 2/3 já admitido no precedente do STJ, que serve para outras alterações que não impliquem em limitar o direito de propriedade originalmente previsto na instituição, o que afirmo por ser necessário preservar a segurança jurídica decorrente de posição tabular decorrente do registro da especificação do condomínio.

O STJ está, portanto, longe de pacificar a questão, havendo notícia, até o fechamento desta edição, de outro recurso versando sobre a matéria, pendente de julgamento (REsp 1.954.824, Min. João Otávio de Noronha).

Nem se diga, como afirmam alguns arestos, que a fruição do imóvel por curtos períodos por intermédio de meios eletrônicos contraria a destinação residencial da unidade, prevista na convenção.

Essa estipulação, por si só, não pode limitar a fruição como atributo do direito de propriedade.

O período curto – que por lei não pode ser superior a 90 dias – pouco importa para qualificar a espécie de contrato de locação: *para temporada.*

Igualmente não é possível afirmar que, por ser temporária e com anúncios eletrônicos por plataformas de oferta de imóveis para temporada, a locação deixe de ser residencial.

Isto porque a locação para temporada é – conforme afirma textualmente o art. 48 da Lei do Inquilinato que a define – "destinada à *residência...* do locatário":

> *Art. 48. Considera-se locação para temporada aquela **destinada à residência temporária do locatário**, para prática de lazer, realização de cursos, tratamento de saúde, feitura de obras em seu imóvel, e outros fatos que decorrem tão somente de determinado tempo, e contratada **por prazo não superior a noventa dias**, esteja ou não mobiliado o imóvel.*

Nesse sentido, sobre a destinação residencial da locação para temporada, ainda que sejam utilizados meios eletrônicos para a contratação, o seguinte julgado do Tribunal de Justiça de São Paulo:

> *Condomínio Edilício. Ação de obrigação de não fazer. Condomínio que obsta a entrada de pessoas que celebraram com o apelante contratos de locação por temporada. Restrição ao direito de propriedade. Matéria que deve ser versada na convenção do condomínio. **Ocupação do imóvel por pessoas distintas, em espaços curtos de tempo (Airbnb) que não descaracteriza a destinação residencial do condomínio.** Precedentes. Recurso provido em parte, por maioria. (TJSP, Apelação Cível 1002697-72.2018.8.26.0704, Rel. Milton Carvalho, 36ª Câmara de Direito Privado, Foro Regional XV – Butantã – 2ª Vara Cível, j. 21.02.2019, Data de Registro: 27.02.2019).[104]*

---

[104] Em igual sentido:

*Ação anulatória de decisão assemblear e de obrigação de fazer. Assembleia condominial que, por maioria, deliberou proibir a locação por temporada. Restrição ao direito de propriedade. Matéria que deve ser versada na convenção do condomínio. **Ocupação do imóvel por pessoas distintas, em espaços curtos de tempo (Airbnb) que não descaracteriza a destinação residencial do condomínio.** Precedentes. Recurso desprovido. (TJSP, Apelação Cível 1065850-40.2017.8.26.0114, Rel. Milton Carvalho, 36ª Câmara de Direito Privado, Foro de Campinas – 1ª Vara Cível, j. 12.07.2018, Data de Registro: 12.07.2018)*

Do Tribunal de Justiça do Rio de Janeiro extrai-se:

*Agravo de instrumento. Ação de obrigação de não fazer. Indeferimento da tutela antecipada. Condomínio. Locação por temporada. Possibilidade. Manutenção do decisum. Requisitos do artigo 300 do CPC/2015 não configurados em sede de cognição sumária. Necessidade de dilação probatória no processo matriz. Decisão recorrida que não se revela teratológica, contrária à lei ou à evidente prova dos autos. Incidência do verbete nº 59, da súmula da jurisprudência deste e. Tribunal de justiça. Desprovimento do recurso. Cuida-se, na origem, de ação em que o agravante alega que a parte ré, ora agravada, estaria exercendo atividade de hotelaria dentro do condomínio, sendo que o regimento interno proibiria o uso da unidade residencial para fins comerciais. A locação por temporada encontra previsão legal no artigo 48 da Lei 8.245/1991 e é aquela contratada por prazo não superior a 90 dias. Entre os direitos do proprietário, está o direito de usufruir o bem, inclusive locando a terceiros, por temporada, não podendo tal direito ser limitado pela Convenção nem pelo Regimento Interno do Condomínio, sob pena de indevida interferência e restrição no direito exclusivo de propriedade do condômino sobre a sua unidade residencial. Dentre as prerrogativas dos titulares do domínio, insere-se a de locar, ou mesmo dar em comodato, bem imóvel. Repise-se, **é vedada a locação comercial do imóvel em questão, mas não a locação por temporada, até porque, analisa-se a destinação do imóvel pelo fim que lhe é dado, que, no caso, é a moradia de turistas que visitam a cidade. Ademais, a parte agravada não comprovou o uso indevido do imóvel, não havendo especificação de condutas indevidas pelos locatários, tampouco qualquer situação inóspita criada no condomínio em função da locação do imóvel. Manutenção do decisum. Desprovimento do recurso.** (TJRJ, Agravo de Instrumento, 1ª Ementa, 0054469-98.2017.8.19.0000, Des. Guaraci de Campos Vianna, 19ª Câmara Cível, j. 05.06.2018).*

Outro óbice normalmente imposto pelos condomínios é o curtíssimo lapso temporal da locação, muitas vezes alguns dias ou até um final de semana.

Sylvio Capanema[105] ensina que "ao disciplinar as locações por temporada, a Lei do Inquilinato limitou-se a fixar, para elas, um prazo máximo de 90 dias, como antes assinalado. Mas não aludiu ao prazo mínimo, até porque, na época em que foi promulgada, não se poderiam prever as profundas modificações que a tecnologia provocou no mercado locativo. Diante do silêncio da lei, não seria possível ao intérprete distinguir onde a lei não o faz".

Deveras, o art. 48 da Lei do Inquilinato que a qualifica estabelece que a locação em exame deve ser "contratada por prazo não superior a noventa dias".

Portanto, não havendo vedação na lei à contratação por pequenos prazos, resta evidente a aplicação da parêmia do direito privado segundo a qual aquilo que a lei não proibiu está, automaticamente, permitido.

De mais a mais, sendo inferior a noventa dias e por curto espaço de tempo, não difere daquela temporalmente estendida até o limite.

Em ambos os casos, o locador recebe o aluguel pactuado, sem que isso desnature a utilização da unidade em si, que continua sendo destinada para fins residenciais.

Não se trata, a toda evidência, de utilização comercial, como seria o caso de utilização para funcionamento de escritório, consultório, loja etc.

A finalidade residencial, portanto, resta mantida e respeitada em que pese a rotatividade que, afinal, foi permitida por lei.

A questão do pequeno lapso temporal da locação, por si só, não altera a destinação residencial do imóvel.

Igualmente não há falar-se em contrato de hospedagem de vez que este tem, como elemento caracterizador, nos termos da lição de Sylvio Capanema de Souza, "a prestação regular de serviços aos usuários, tais como, por exemplo, lavanderia, arrumação dos quartos, restaurantes, central de recados, sala de jogos ou reuniões etc. Deve haver uma conjugação

---

105 Sylvio Capanema de Souza. *A lei do inquilinato comentada artigo por artigo.* 11ª ed., Rio de Janeiro: Forense, 2019, p. 236.

de dois contratos típicos, um de locação de coisa, e outro de prestação de serviços, a gerar um terceiro, que não se subordina à legislação inquilinatícia".[106]

É certo que alguns condomínios modernos oferecem alguns desses serviços aos seus moradores em geral.

Nada obstante os locatários acabem por deles usufruir, não serão serviços prestados com caráter de contraprestação, como sói ocorrer em hotéis e hospedarias.

Desse modo, não havendo qualquer vedação decorrente de destinação especial na Convenção e na especificação do condomínio residencial é impossível juridicamente afirmar que a locação por temporada altera a destinação de modo a classificá-la como "não residencial".

Não há supedâneo jurídico para sustentar a pretendida restrição do direito de propriedade pelos condomínios cuja convenção não proíba expressamente, restringindo a destinação.

Poder-se-ia redarguir, ainda, afirmando que os inquilinos por curto espaço de tempo sobrecarregam os funcionários e a estrutura das áreas comuns do condomínio.

Ocorre que os funcionários estariam à disposição do locador caso ele residisse no imóvel e, igualmente, de locatários de contratos por maior lapso temporal.

Tudo poderia ser utilizado fosse lá por quem residisse no imóvel, não sendo justificativa para o impedimento, tampouco, a necessária instrução de uso das partes comuns, pois é irrelevante e não altera a função dos empregados do condomínio.

O possível uso nocivo pelos inquilinos de curto espaço de tempo é fato que não pode ser presumido.

Caso ocorra, a unidade responderá pelas penalidades convencionais e, se constante for, podem ser aplicadas as penalidades por reiteração de descumprimento ou por reiterado comportamento antissocial, ambas com supedâneo nos arts. 1.336, IV, e 1.337 do Código Civil.[107]

Deveras, conforme se depreende da sentença mencionada no aresto da lavra do Desembargador Luiz Fernando Nishi (TJSP, Apelação 1002129-52.2017.8.26.0361), "cabe à administração e zeladoria do condomínio a verificação dos documentos dos novos ingressantes, ressaltando-se no mais que *os requerentes proprietários continuam responsáveis pelos danos gerados pelos locatários de suas unidades*".[108]

---

[106] Sylvio Capanema de Souza. ob. cit., p. 17.

[107] *Condomínio edilício – ação declaratória de nulidade de dispositivo do regimento interno que veda a instalação de habitação coletiva para moradia estudantil (república de estudantes) mesmo sob o pálio da proteção da tranquilidade e do sossego, o uso nocivo da propriedade não pode ser presumido, pois depende da prática de atos concretos pelo ocupante do imóvel, que efetivamente causem um prejuízo à convivência harmônica – ademais, o condomínio possui instrumentos legais suficientes para coibir, se o caso, o uso anormal da propriedade, bem como as eventuais interferências prejudiciais à segurança, ao sossego e à saúde dos que nele habitam (art. 1.337 do Código Civil), não havendo justificativa plausível para limitar o exercício pleno do direito de propriedade sentença mantida. – recurso desprovido. (TJSP, Apelação nº 1006520-81.2016.8.26.0071, 2 Des. Rel. Edgard Rosa, 5ª Câmara de Direito Privado, j. 09.03.2017).*

[108] *Apelação – obrigação de não fazer – condomínio em edifício – utilização de meio eletrônico para locação temporária (Airbnb) – pretensão autoral de abstenção de aplicação de sanções pelo réu – locações temporárias que são realizadas em caráter residencial e unifamiliar – inexistência de proibição na convenção e no regimento interno do condomínio – ausência de demonstração de concreta ameaça à segurança dos demais condôminos – sentença mantida – recurso improvido, com observação. (TJSP, Apelação Cível 1002129-52.2017.8.26.0361, Rel. Luis Fernando Nishi, 32ª Câmara de Direito Privado, Foro de Mogi das Cruzes – 5ª Vara Cível, j. 13.08.2018; Data de Registro: 13.08.2018).*

Não se pode olvidar o conteúdo jurídico do direito de propriedade garantido pelo art. 5º, XXII, da Constituição Federal, cuja restrição é medida de exceção.

Se não houver justificativa plausível e suporte legal para condicionar o uso e, no caso concreto, condicionar ou limitar a destinação da unidade condominial, é de rigor o exercício da propriedade conforme o art. 1.335, I, do Código Civil, segundo o qual "São direitos do condômino: I – usar, fruir e livremente dispor das suas unidades".

1.12.2. A questão deve ser tratada na Convenção. *Quorum* para a alteração

A destinação da edificação deve ser indicada, nos termos do art. 1.332, III, do Código Civil, no ato de instituição do condomínio.

E o ato de instituir o condomínio requer o registro, junto ao oficial de registro de imóveis, além da especificação, também da convenção do condomínio que regulará a relação entre os condôminos e as regras que pautarão a convivência nas áreas comuns.

E a convenção espelhará a destinação da edificação determinada na sua instituição.

Sendo residencial e não havendo vedação *expressa na convenção condominial*, a possibilidade da locação para temporada sequer deveria ser discutida.

Tampouco a simples alteração de regulamento interno, que não exige *quorum* qualificado, pode restringir a fruição como um dos atributos da propriedade se a convenção não restringiu e, nessa medida:

> *Ação declaratória e cominatória – deliberação em assembleia que alterou o regulamento interno do condomínio para proibir a locação por temporada das unidades por período inferior a quinze dias – pedido de tutela provisória visando a afastar a restrição imposta – possibilidade – presença de verossimilhança das alegações – **limitação ao uso da propriedade que depende da alteração da própria convenção condominial, mediante aprovação por quorum qualificado** – tutela concedida – decisão reformada agravo provido. (TJSP, Agravo de Instrumento 2253643-59.2017.8.26.0000, Rel. Andrade Neto, 30ª Câmara de Direito Privado, Foro Plantão – 1ª CJ – Santos – Vara Plantão – Santos, j. 08.08.2018, Data de Registro: 10.08.2018).[109]*

> *Declaratória. Realização de assembleia para constituição do condomínio onde o apelante detém a propriedade de sete unidades. **Convenção de Condomínio editada, na forma do art. 1.332, inc. III, do CC, que não contém qualquer referência impeditiva de locação por temporada**. Elaboração do Regimento Interno, cuja previsão foi estabelecida nos termos do art. 1.334, inc. V, do CC, o qual veda a locação por temporada dos imóveis localizados no Condomínio recorrido. Impossibilidade. **Regimento Interno que é sede inadequada para instituir limitação não prevista na Convenção Condominial**. Registro da Convenção de Condomínio para que tenha eficácia perante os condôminos. Irrelevância. Imposição do ato registrário tão somente no que tange a terceiros. Inteligência do art. 1.333, parágrafo único, do CC. Locação por temporada que não é incompatível com os fins residenciais das unidades condominiais de propriedade do recorrente. Recurso provido para julgar-se procedente o pedido. Sucumbência. Inversão. Ocorrência. (Apelação nº 0009004-11.2012.8.26.0400, Rel. Des. João Batista Vilhena, 10ª Câm. Dir. Privado, j. 25.02.2014).*

Nos termos desse julgado, a cujas judiciosas razões me filio, "o regimento, cuja elaboração vem prevista no art. 1.334, inc. V, do Código Civil, é conjunto de regras complementar à convenção, *devendo ser redigido segundo aquela primeira*, limitando-se a ditar as regras do dia a dia do condomínio, logo, estando claro que o regimento trata de situações comezinhas, tanto que pode ser alterado por *quorum* estabelecido na convenção, ou, simples, no silêncio

---

[109]   Nesse sentido, os seguintes precedentes do Tribunal Paulista:
Anulação de ato jurídico. Tutela antecipada. Assembleia geral extraordinária. Suspensão. Mudança de regulamento interno. Locação por temporada vetada. Restrição à propriedade. Avulta ilícito, de início, limitar o direito de propriedade por meio de regulamento interno. Tutela antecipada concedida. Decisão parcialmente reformada. Agravo parcialmente provido" (Agravo de Instrumento nº 2085717-58.2014.8.26.0000, Rel. Des. Percival Nogueira, 6ª Câm. Dir. Privado, j. 21.07.2014).

daquela, enquanto a convenção mesma somente poderá vir a ser alterada por 2/3 dos condôminos, na forma do *caput*, do art. 1.333, do Código Civil".

Não se descuida, aqui, de admitir que o condicionamento da destinação da unidade condominial, como é o caso de restringir a destinação residencial vedando a locação para temporada, deve ser tratada na convenção conforme venho insistindo e nos termos que afirmam inúmeros precedentes.

Deveras, resta saber qual o *quorum* para alteração de convenção que, originalmente, não preveja a vedação, restringindo o uso residencial.

Isto porque é absolutamente possível a restrição convencional. São frequentes os casos não só prevendo destinação genérica nos edifícios em comercias e residenciais, mas ampliando a descrição da destinação que passa a ser específica.

É o caso, por exemplo, de edifícios destinados a consultórios médicos, sendo vedado qualquer outro tipo de prestação de serviços.

Não há nenhuma ilegalidade no fato.

Não afirmei que a proibição eventualmente imposta à locação por temporada é ilegal, mas apenas que, em tese, as restrições ao direito de propriedade devem constar da convenção condominial.

Em consonância com o acatado, por se tratar de restrição ao direito de propriedade, entendo, nos termos do que prevê o art. 1.332, III, do Código Civil, de acordo com a garantia constitucional do direito de propriedade insculpido no art. 5º, XXII, da Constituição Federal, notadamente quanto ao atributo da fruição, se a convenção original não bitolou a destinação residencial, a restrição que visa a impedir a locação por temporada por meio de aplicativos *deve ser aprovada pela unanimidade dos condôminos em assembleia especialmente convocada,* não sendo suficiente alterar a destinação pelo voto de 2/3 nos termos do art. 1.351 do Código Civil, ainda que se considere a alteração havida no art. 1.351 do Código Civil pela Lei 14.405/2022, que determinou o quórum de 2/3 para alterar destinação em substituição da unanimidade anterior para tanto.

Recomendo a leitura do item 1.3.10 do Livro IV (Condomínio), onde traço a diferença entre alterar a destinação, interferindo no direito de propriedade e fazer a mesma coisa sem interferir nesse direito, garantido pelo art. 5º, XXII, da CF.

Aqui, insista-se, se trata de limitar a fruição, um dos atributos do direito de propriedade e não apenas alterar a destinação de áreas comuns. Uma coisa é obrigar alguém cessar o uso original da sua unidade, transformada, por exemplo, em unidade comercial e, outra, é alterar a destinação de áreas comuns, como uma brinquedoteca em sala de ginástica.

São coisas diversas.

Em consonância com o acatado, a alteração que interfere no direito de propriedade deve ser unânime, não sendo suficiente o quórum ordinário de 2/3 já admitido pelo STJ e diversos precedentes[110], ou seja, aquele previsto no art. 1.351 do Código Civil, por ser

---

[110] *Condomínio. Preliminar de nulidade da sentença. Rejeição. Locação por temporada por meio da plataforma "Airbnb". Possibilidade. A locação de imóvel residencial por curtos períodos de tempo por meio de plataformas digitais deve ser enquadrada no conceito de locação para temporada do artigo 48 da Lei 8.245/1991, de modo que, para impedi-la, ao menos em tese, a proibição deve, no mínimo, constar expressamente na convenção do condomínio, para cuja alteração exige-se o quórum especial de 2/3 de todos os condôminos aptos a deliberar, na forma do artigo 1.351 do Código Civil, ou outro mais qualificado constante da própria convenção. Sentença de procedência que anulou a proibição da locação e declarou indevidas as multas aplicadas aos condôminos. Manutenção. Recursos não providos. (TJSP; Apelação 1022208-54.2020.8.26.0100; Rel. Gilson Delgado Miranda; 35ª Câmara de Direito Privado; j. 28.06.2023).*

necessário preservar a segurança jurídica decorrente de posição tabular que advém do registro da especificação do condomínio.

O Desembargador Milton Carvalho, em judicioso aresto esclareceu que "na falta de disposição específica na convenção de condomínio, não se revela legítima a proibição imposta aos proprietários quanto à locação de suas unidades autônomas para temporada e por meio da utilização da plataforma Airbnb. Isso porque, por se tratar de limitação ao exercício do direito de propriedade é de rigor que sua disciplina seja prevista na convenção condominial, uma vez que, nos termos do artigo 1.332, III, do Código Civil, o fim a que as unidades se destinam é matéria que deve constar do referido documento. De fato, conforme já decidido no julgamento do Agravo de Instrumento nº 2087769-85.2018.8.26.0000, a convenção é o ato normativo da copropriedade, em que devem ser estabelecidos os direitos e obrigações dos condôminos entre si e perante terceiros. Portanto, em princípio, apenas mediante alteração da convenção de condomínio é que o direito de propriedade do apelante poderia ser restringido".[111]

Posta assim a questão, em que pese, de fato, ser necessária a alteração da convenção, a alteração do capítulo referente à destinação das unidades autônomas ou de restrições à destinação residencial, como é o caso, *não se trata de simples alteração da convenção, mas, como tenho insistido, de alteração qualificada que implica alteração da destinação, e mais, com restrição ao direito de propriedade no atributo da fruição, o que, por tudo, exige a aquiescência de todos.*

É preciso notar que a destinação, embora prevista na convenção, decorre da especificação do condomínio que integra os documentos necessários à instituição do condomínio edilício nos termos do art. 1.332, III, do Código Civil.

Art. 1.332. **Institui-se o condomínio edilício** *por ato entre vivos ou testamento, registrado no Cartório de Registro de Imóveis,* **devendo constar daquele ato,** *além do disposto em lei especial:*

*III – **o fim a que as unidades se destinam.***

Segundo escólio de Marco Aurélio S. Viana:[112] "(...) Se a alteração da convenção de condomínio, por exemplo, implicar restrição ao direito de propriedade, é intuitivo que não prevalecerá, *dependendo da unanimidade dos condôminos.*" Posta assim a questão, se a assembleia se reúne para alterar a convenção de condomínio e essa alteração envolve modificar o conteúdo do direito de propriedade, notadamente a fruição, a decisão demanda a concordância de todos os proprietários e não apenas de dois terços.

A alteração da especificação do condomínio exige, portanto, unanimidade dos interessados, tal como a lei exige e tal como perfilhado pela jurisprudência, incluída a do Egrégio Supremo Tribunal Federal (Recurso Extraordinário nº 71.285-PR, 2ª Turma, 18.10.74. Min. Antonio Neder, *Revista Trimestral de Jurisprudência,* vol. 71, p. 425-430; Recurso Extraordinário nº 89.869-9-RJ, 2ª Turma, 8.6.79, Min. Cordeiro Guerra, *Revista de Direito Imobiliário,* vol. 5, p. 65-67; Recurso Extraordinário nº 94.861-PR, 1ª Turma, 24.11.81, Min. Rafael *Mayer, Revista de Direito Imobiliário,* vol. 9, p. 55-57).

Cite-se, ainda, parecer do Dr. José Celso do Mello Filho, Curador de Registros Públicos da Capital/SP, nos autos da Dúvida nº 659/84, da 1ª Vara de Registros Públicos de São Paulo, no qual diversos outros julgados do Tribunal Paulista são mencionados.

---

[111] TJSP, Apelação Cível 1002697-72.2018.8.26.0704, Rel. Milton Carvalho, 36ª Câmara de Direito Privado, Foro Regional XV – Butantã – 2ª Vara Cível, j. 21.02.2019, Data de Registro: 27.02.2019.

[112] Marco Aurélio S. Viana. *Comentários ao Novo Código Civil. Dos Direitos Reais. Arts. 1.225 a 1.510.* Volume XVI. São Paulo: Forense. 2ª ed., 2004, p. 502.

Para rematar, abalizada doutrina adota o entendimento da unanimidade, nos termos das lições de Pontes de Miranda[113] e J. Nascimento Franco e Nisske Gondo.[114]

No aspecto registral, portanto, o entrave à alteração da convenção, no que diz respeito à alteração ou restrição à destinação, é que implica alteração da especificação do condomínio.

E a unanimidade, nesse caso, decorre de exigência da segurança estática: *o titular de um direito posicional no registro não pode ser atingido na sua posição tabular, sem que haja, expressamente, sua manifestação volitiva,* salvo nas hipóteses determinadas na lei *numerus clausus,* como no caso de prescrições extintiva e aquisitiva, reclamando, todavia, vias ordinárias.

A título exemplificativo, as "Normas de Serviço da Corregedoria-Geral da Justiça do Tribunal de Justiça de São Paulo", disciplinando mais amplamente a modificação de especificações condominiais, dispõem:

A alteração da especificação exige a anuência da totalidade dos condôminos (item 74, cap. XX – atualmente item 84 da subseção V do cap. XX).

Sem observar essa importante distinção, notadamente que a restrição ao uso determinado no ato de instituição do condomínio se trata de alteração da destinação a exigir a unanimidade, alguns julgados se contentam com alteração da convenção pelo voto de 2/3 dos condôminos, tal qual delineada pela primeira parte do art. 1.351.[115]

Tribunal de Justiça de São Paulo. Condomínio. Preliminar de nulidade da sentença. Rejeição. Locação por temporada por meio da plataforma "Airbnb". Possibilidade. A locação de imóvel residencial por curtos períodos de tempo por meio de plataformas digitais deve ser enquadrada no conceito de locação para temporada do artigo 48 da Lei n. 8.245/91, de modo que, para impedi-la, ao menos em tese, a proibição deve, no mínimo, constar expressamente na convenção do condomínio, para cuja alteração exige-se o quórum especial de 2/3 de todos os condôminos aptos a deliberar, na forma do artigo 1.351 do Código Civil, ou outro mais qualificado constante da própria convenção. Sentença de procedência que anulou a proibição da locação e declarou indevidas as multas aplicadas aos condôminos. Manutenção. Recursos não providos (TJSP; Apelação Cível 1022208-54.2020.8.26.0100; Rel. Gilson Delgado Miranda; 35ª Câmara de Direito Privado; 22ª Vara Cível; j. 28.06.2023; Data de Registro: 28.06.2023).

---

[113] Pontes de Miranda. *Tratado do Direito Privado.* par. 1.342. n. 2.

[114] J. Nascimento Franco e Nisske Gondo. *Incorporações imobiliárias.* São Paulo: RT, 1984, pp. 23 e 135.

[115] TJSP, Apelação Cível 1002697-72.2018.8.26.0704, Rel. Milton Carvalho, 36ª Câmara de Direito Privado, Foro Regional XV – Butantã – 2ª Vara Cível, j. 21.02.2019, Data de Registro: 27.02.2019. Neste aresto, em que pese a proibição ter sido afastada, assim se pronunciou o Desembargador Arantes Theodoro na declaração de voto vencedor: "Com efeito, por se cuidar de restrição a direito assegurado na convenção condominial aquela sorte de deliberação reclamava aprovação por 2/3 dos titulares das unidades, consoante previam o artigos 1.351 do Código Civil...".
Apelação – Ação anulatória de assembleia condominial c.c obrigação de não fazer – Sentença de procedência – Assembleia que deliberou sobre proibição de locação de unidade condominial por prazo inferior a doze meses – Deliberação que implica na (sic) alteração da convenção do condomínio que não estabelece limitações à locação – Necessidade de observância do *quorum* qualificado previsto no artigo 1.351, do Código Civil – Maioria qualificada não observada – Nulidade da assembleia – Sentença mantida – Necessidade de majoração dos honorários advocatícios em grau recursal – Recurso desprovido. (TJSP, Apelação Cível 1021565-70.2018.8.26.0002, Rel. Cesar Luiz de Almeida, 28ª Câmara de Direito Privado, Foro Regional II – Santo Amaro – 1ª Vara Cível, j. 10.12.2018, Data de Registro: 10.12.2018).
Agravo de instrumento – Condomínio – Tutela de urgência – Deliberação em assembleia que estabeleceu prazo para locação de curta temporada – Convenção de condomínio que era silente em relação a este ponto – Necessidade de alteração da convenção com o *quorum* previsto no artigo 1.351 do CC e convocação específica – Decisão reformada. Agravo de Instrumento provido. (TJSP, Agravo de Instrumento 2224345-22.2017.8.26.0000, Rel. Jayme Queiroz Lopes, 36ª Câmara de Direito Privado, Foro Central Cível – 32ª Vara Cível, j. 23.03.2018, Data de Registro: 23.03.2018).

Quanto ao respeito da destinação residencial e à exigência de alteração da convenção, o seguinte aresto:[116]

Ação declaratória de inexigibilidade de débito c/c obrigação de não fazer – Ação julgada improcedente, procedente a reconvenção – Falta de fundamentação da sentença – Inocorrência – Locação por temporada por meio do site Airbnb que não desnatura a utilização da unidade condominial com destinação residencial – Restrição que, embora decidida em assembleia, não está prevista expressamente na convenção, o que invalida a aplicação de multa – Discussão acerca do cabimento da limitação e vícios da assembleia que ultrapassam a pretensão autoral – Razões acolhidas para julgar procedente a ação e improcedente a reconvenção, invertidas as sucumbências – Sentença modificada – Recurso provido, rejeitada a preliminar. (TJSP, Apelação Cível 1117942-37.2017.8.26.0100, Rel. Claudio Hamilton, 25ª Câmara de Direito Privado, Foro Central Cível – 23ª Vara Cível, j. 16.05.2019, Data de Registro: 20.05.2019).

Nada obstante, já se entendeu que eventuais vícios na assembleia que alterou a convenção devem ser questionados pelas vias ordinárias, aplicando-se o entendimento segundo o qual a assembleia gera efeitos até que seja invalidada.[117]

---

[116] Da fundamentação se extrai: O fato de a autora locar o imóvel por temporada, ainda que por locação diária através do site Airbnb não desqualifica a natureza residencial da utilização do imóvel, admitida pelo artigo 48 da Lei de Locação. Em outras palavras, a utilização do imóvel para locação por curtíssimo espaço de tempo não implica descumprimento à destinação residencial imposta na convenção de condomínio. Isso porque a restrição imposta pelo condomínio envolve a destinação das unidades condominiais, portanto, nos termos do artigo 1.332, III, deve estar prevista em convenção condominial.
Em igual sentido:
Ação anulatória de decisão assemblear e de obrigação de fazer. Assembleia condominial que, por maioria, deliberou proibir a locação por temporada. Restrição ao direito de propriedade. Matéria que deve ser versada na convenção do condomínio. Ocupação do imóvel por pessoas distintas, em espaços curtos de tempo (Airbnb) que não descaracteriza a destinação residencial do condomínio. Precedentes. Recurso desprovido. (TJSP, Apelação 1065850-40.2017.8.26.0114, Rel. Milton Carvalho, 36ª Câmara de Direito Privado, j. 12.07.2018).
Ação declaratória e cominatória – Deliberação em assembleia que alterou o regulamento interno do condomínio para proibir a locação por temporada das unidades por período inferior a quinze dias – Pedido de tutela provisória visando a afastar a restrição – Imposta – Possibilidade – Presença de verossimilhança das alegações limitação ao uso da propriedade que depende da alteração da própria convenção condominial, mediante aprovação por *quorum* qualificado – Tutela – concedida – Decisão reformada. Agravo provido. (TJSP, Agravo de Instrumento 2253643-59.2017.8.26.0000, Rel. Andrade Neto, 30ª Câmara de Direito Privado Foro Plantão – 1ª CJ – Santos – Vara Plantão – Santos, j. 08.08.2018, Data de Registro: 10.08.2018).

[117] Enquanto não anulada, a decisão votada em assembleia tem plena eficácia e produz todos os seus efeitos, devendo ser respeitada por todos os condôminos. Ademais, descabe em sede de ação de cobrança discussão acerca de nulidade da assembleia. Apelação desprovida (TJSP, Apelação sem Revisão 0048843-31.2002.8.26.0000, Rel. Andrade Neto, 6ª Câmara do Terceiro Grupo (Extinto 2º TAC), Foro Central Cível – 16ª V. Cível, j. 18.02.2004, Data de Registro: 26.02.2004).
Apelações – ação de obrigação de não fazer cumulada com declaratória de inexigibilidade de multa – Condomínio réu que pretende obstar a autora de locar sua unidade por curto período de tempo, disponibilizando o imóvel na plataforma digital "Airbnb", tendo inclusive lhe aplicado multa por conta disso – Sentença de improcedência – Recurso adesivo do réu – Não conhecimento – Ausência de interesse recursal – Formulação de pedido que coincide com o que se reconheceu em seu favor na sentença apelada – (...). Recurso da autora – Ausência de vedação em convenção condominial à época da propositura da ação – Utilização que não desconfigura a finalidade residencial do edifício – Inexistia qualquer justificativa jurídica para restringir o direito de propriedade da ré, impondo-se a anulação da multa que lhe foi aplicada – Alteração da convenção condominial no curso do processo, que passou a incluir vedação expressa à situação tratada nos autos – Eventuais vícios, formais ou materiais, da assembleia e da convenção devem ser impugnados pelas vias próprias, uma vez que transbordam a causa de pedir e os pedidos da presente ação – Perda superveniente do objeto que foi causada pelo réu, devendo este arcar com a integralidade das custas, despesas processuais e honorários advocatícios (art. 85, § 10, do Código de Processo Civil) – Recurso da autora parcialmente provido – Recurso adesivo do réu não conhecido. (TJSP, Apelação Cível 1033138-05.2018.8.26.0100, Rel.

Nessa medida:

> *Ação de obrigação de não fazer – Locação de curta temporada em condomínio residencial – Tutela de urgência deferida – Garantia da segurança e sossego dos demais moradores – convenção condominial recém-modificada para proibir expressamente a locação nos moldes efetuados pela plataforma "Airbnb" – Agravo de instrumento não provido. (TJSP, Agravo de Instrumento 2253219-80.2018.8.26.0000, Rel. Eros Piceli, 33ª Câmara de Direito Privado, Foro de Valinhos – 3ª Vara, j. 27.02.2019, Data de Registro: 27.02.2019).*

O Desembargador Eros Piceli, relator desse caso, deixou consignado que "a alteração é válida e obriga a agravada, assim como os demais condôminos, enquanto não impugnada judicialmente".

1.12.3. Corrente que sustenta a impossibilidade de locação por temporada nos condomínios com destinação residencial por se tratar de destinação não residencial

A par do meu entendimento sobre o tema, é importante consignar que existe corrente diversa sustentando que a locação por curta temporada, notadamente por meio de aplicativos e por meios eletrônicos de oferta, não respeita a destinação residencial, ou seja, por se tratar de exploração do imóvel por curto lapso temporal, com rotatividade elevada, a utilização, somente por esse aspecto, seria "não residencial", se aproximando do contrato de hospedagem[118].

Para quem assim pensa, a destinação residencial implica permanência do residente por tempo razoável e a locação por curto espaço não respeitaria esse requisito, transformando a locação em "não residencial".

Com todo respeito a quem assim sustenta, me parece que o entendimento está divorciado da lei e, por esta simples razão, não prospera.

Com efeito, repita-se o teor do art. 48 da Lei 8.245/1991 que trata da locação por temporada, até noventa dias sem estabelecer prazo mínimo, como locação residencial:

> *Art. 48. Considera-se locação para temporada aquela **destinada à residência** temporária do locatário, para prática de lazer, realização de cursos, tratamento de saúde, feitura de obras em seu imóvel, e outros fatos que decorrem tão somente de determinado tempo, e contratada **por prazo não superior a noventa dias**, esteja ou não mobiliado o imóvel.*

Extraem-se do voto vencido do Desembargador paulista Pedro Baccarat[119] as razões da referida corrente[120] da qual me divorcio pelas razões já expostas.

Hugo Crepaldi, 25ª Câmara de Direito Privado, Foro Central Cível – 13ª Vara Cível, j. 13.12.2018; Data de Registro: 14.12.2018).

[118] No STJ, REsp 1884483/PR, foi nesse sentido o voto do relator designado.

[119] TJSP, Apelação Cível 1002697-72.2018.8.26.0704, Rel. Milton Carvalho, 36ª Câmara de Direito Privado, Foro Regional XV – Butantã – 2ª Vara Cível, j. 21.02.2019, Data de Registro: 27.02.2019.

[120] Apelação – Ação de obrigação de não fazer – Sentença de procedência – Unidade condominial que passou a ser locada por curta temporada através de plataformas digitais – Situação que se assemelha à hotelaria e hospedaria – Característica não residencial – Convenção condominial e regimento interno que preveem a finalidade estritamente residencial – Impossibilidade do tipo de locação pretendida pelo autor – Sentença reformada – Recurso provido. (TJSP, Apelação Cível 1027326-50.2016.8.26.0100, Rel. Cesar Luiz de Almeida, 28ª Câmara de Direito Privado, Foro Central Cível – 2ª Vara Cível, j. 15.10.2018, Data de Registro: 15.10.2018).
Apelação cível – Interposição contra sentença que julgou procedente ação de obrigação de não fazer e improcedente a ação ordinária conexa. Imóvel residencial que passou a ser oferecido para locação por meio do site Airbnb.com.br. Situação que se assemelha à hotelaria e hospedaria. Característica não residencial. Observação da cláusula quarta, parágrafo único, da Convenção do Condomínio, e do

Na sua fundamentação, reconhece que o art. 1.336, IV, do Código Civil, autoriza o condômino fruir, ou seja, admite que a locação está autorizada, pois a fruição é um dos atributos do direito de propriedade, mas, na medida em que a destinação estampada na convenção é residencial, sustenta que só se admite a residência "em caráter permanente, ou quando menos, em caráter duradouro", visto que, do contrário, possui finalidade característica de hotelaria ou hospedaria, e, assim, não residencial.

Nos termos do seu voto, argumenta que "a noção de residência não se extrai apenas da oposição ao uso comercial, mas especialmente de sua duração. Residente é o que se acha em determinado lugar em caráter permanente, esta a noção que distingue residentes de turistas, domicílios eleitorais ou tributários. Impõe-se, então, reconhecer que nos condomínios cujas convenções referem-se ao uso residencial cumpre aos que pretendem fazer uso de suas unidades para locações de curta duração e compartilhadas, promoverem a alteração da norma interna, para nela consignar a possibilidade deste uso não residencial. Em síntese, são os que pretendem dar novo uso às unidades condominiais que devem promover a alteração da convenção, sendo suficientes aos moradores que exijam o cumprimento da convenção que antes fixou o uso exclusivamente residencial".[121]

---

artigo 1.336, IV, do Código Civil. Honorários advocatícios majorados, nos termos do artigo 85, § 11, do Código de Processo Civil de 2015. Sentença mantida. (TJSP, Apelação Cível 1001165-97.2017.8.26.0510, Rel. Mario A. Silveira, 33ª Câmara de Direito Privado, Foro de Rio Claro – 2ª Vara Cível, j. 27.08.2018, Data de Registro: 31.08.2018).

Apelação – Locação residencial – Ação de despejo por infração às disposições contratuais – Sublocação do imóvel por meio de plataformas eletrônicas (Casa Férias, Mercado Livre, Airbnb) – Infração caracterizada – Despejo bem decretado. A locadora autorizou a ocupação do imóvel por pessoas distintas da do locatário, temporariamente, ainda que de forma remunerada. Essa cláusula, contudo, não parece conferir permissão ao locatário para descaracterizar a finalidade da locação, dando ao imóvel uso diverso do previsto no contrato. Deve-se entender que os hóspedes poderiam ser recebidos pelo locatário, desde que ele lá mantivesse sua residência habitual, o que não descaracterizaria a finalidade convencionada para o uso do imóvel, pois essa interpretação é a única que pode ser dada ao conjunto das disposições contratuais. Ao divulgar o imóvel para locação nas plataformas digitais, o locatário descaracterizou a finalidade residencial da locação, pois na linha do entendimento prevalente desse Tribunal a locação de imóvel em plataformas não tem caráter residencial. Os anúncios colacionados ao processo dão a entender que todo o imóvel era disponibilizado para locação, até para grupos relativamente grandes (15 pessoas), e por tempo indeterminado, o que revela não estar recebendo pessoas, esporádica e temporariamente, enquanto o locatário mantinha no imóvel sua morada habitual. Apelação desprovida. (TJSP, Apelação Cível 1001110-67.2017.8.26.0116, Rel. Lino Machado, 30ª Câmara de Direito Privado, Foro de Campos do Jordão – 1ª Vara, j. 05.12.2018, Data de Registro: 06.12.2018).

Condomínio – Ação de obrigação de não fazer com pedido de tutela de evidência – Decisão de Primeiro Grau que revogou a liminar anteriormente concedida, para fim de obstar o condomínio de vedar ou criar embaraços à locação dos imóveis das autoras na modalidade 'on-line' por temporada (AIRBNB) – Regulamento Interno do Condomínio que veda tal prática – Utilização de imóvel residencial com contornos de hotelaria, em condomínio, configurando-se, tal modalidade, na prática, uma atividade com fins comerciais – Alta rotatividade de pessoas no condomínio, que altera a rotina e a segurança do local, não se vislumbrando, por ora, restrição ao direito de propriedade, mas sim, medida proibitiva e protetiva do interesse geral dos moradores – Decisão mantida – Recurso não provido. (TJSP, Agravo de Instrumento 2187081-34.2018.8.26.0000, Rel. Carlos Nunes, 31ª Câmara de Direito Privado, Foro Regional II – Santo Amaro – 8ª Vara Cível, j. 07.01.2019, Data de Registro: 07.01.2019).

[121] No mesmo sentido:

Agravo de instrumento. Condomínio. Tutela de urgência de natureza antecedente. Pretensão para que possa o proprietário livremente locar seu imóvel por temporada mediante uso de aplicativos, bem como para ser afastada a restrição de uso das áreas comuns pelos inquilinos. Locação por uso de aplicativos ou plataformas eletrônicas ('Airbnb' e afins) que possui finalidade característica de hotelaria ou hospedaria. Deliberações tomadas em assembleia geral ordinária por medida de segurança aos condôminos. Inteligência do art. 300 do CPC/2015. Necessidade de dilação probatória. Recurso improvido" (Agravo de Instrumento nº 2102787-49.2018, Rel. Des. Adilson de Araújo, j. 14.06.2018).

Nesse sentido, o seguinte julgado:

*Condomínio – Ação de obrigação de não fazer com pedido de tutela de urgência – Decisão de Primeiro Grau que concedeu a tutela de urgência para fim de que o condomínio requerido se abstenha de multar o requerente pelo recebimento de visitas em sua residência, que caracterizem locação temporária inferior a 180 dias, sob pena de multa a ser oportunamente fixada – Pretensão de locação do imóvel do autor em qualquer modalidade, inclusive 'on-line' por temporada (AIRBNB) – Convenção Condominial que veda tal prática ao dispor que **as unidades autônomas possuem destinação residencial – Utilização de imóvel residencial com contornos de hotelaria, em condomínio, configurando-se, tal modalidade, na prática, uma atividade com fins comerciais** – Alta rotatividade de pessoas no condomínio que altera a rotina e a segurança do local, não se vislumbrando, por ora, restrição ao direito de propriedade, mas sim, medida proibitiva e protetiva do interesse geral dos moradores – Decisão reformada – Recurso provido. (TJSP, Agravo de Instrumento 2257026-11.2018.8.26.0000, Rel. José Augusto Genofre Martins, 31ª Câmara de Direito Privado, Foro Central Cível – 6ª Vara Cível, j. 11.03.2019, j. Data de Registro: 11.03.2019).*

Nesse aresto, foi admitida a regulamentação – não alteração – da Convenção, estabelecendo que "a locação temporária não poderia ser inferior a 180 dias", dispensado o quorum qualificado, o que, no meu entendimento, desvirtua a norma cogente da Lei do Inquilinato insculpida no art. 48, que diz exatamente o contrário, ou seja, que a locação temporária não pode ultrapassar 90 dias sob pena de se considerar locação por 30 meses.

Portanto, não só não se pode desvirtuar norma cogente quanto a restrição, por atingir atributo do direito de propriedade – a fruição – deveria ser tomada à unanimidade.

Também nesse julgado, sustentou-se que a locação por aplicativo tem natureza comercial, afrontando o teor do art. 48 da Lei do Inquilinato, o que fez nos seguintes termos: "nesse tipo de modalidade de locação on-line temporária, contratada por aplicativo Airbnb, o que se tem é o uso do imóvel, pelo proprietário, para uma espécie de locação, tida como para temporada, mas que, entretanto, tem contornos de hotelaria, semelhantes à finalidade hoteleira ou de hospedaria e pensão, o que é vedado pelo condomínio, em suas normas internas, configurando-se, tal modalidade, na prática, uma nítida atividade comercial."

Nada obstante, conforme tratei acima com supedâneo em abalizada doutrina, para que se caracterize contrato de hospedagem os serviços prestados devem ter caráter de contraprestação, pois assim ocorre em hotéis e hospedarias.

Nada disso ocorre em locação para temporada em condomínios edilícios cujos serviços, ainda que existam, estão à disposição dos moradores, e não se trata de contraprestação do locador.

Simples oferta de arrumação e limpeza tampouco alteram a natureza jurídica do contrato pela irrelevância diante da flagrante preponderância da locação.

Justificou-se, ainda, no interesse de manter a segurança dos condôminos e na dificuldade de fiscalização, o que se fez com os seguintes argumentos: "como se sabe, a alta rotatividade de pessoas estranhas no espaço coletivo acaba alterando a sua rotina, dificultando a fiscalização e a segurança do condomínio, criando riscos a todos os demais moradores. Assim sendo, não se vislumbra, no caso, uma restrição pura e simples ao direito de propriedade do autor, mas, sim, a tomada de medidas protetivas dos interesses gerais dos moradores, pelo grupo que integra a gestão do Condomínio, em prol da manutenção das normas estabelecidas na Convenção".

Como afirmei alhures, a unidade fica sujeita às penalidades decorrentes do descumprimento das normas legais e convencionais pelos inquilinos, não sendo possível e sequer razoável presumir, por antecipação, que ocorrerá violação. De mais a mais, cabe aos condomínios se organizar com cadastros e resumo das normas, obrigando os locadores a entregar tais documentos dentro do poder de regulamentar o uso, mas não impedir a locação permitida por norma cogente (art. 48 da Lei do Inquilinato) pressupondo a violação dos deveres impostos aos residentes.

Curioso julgado, embora tenha admitido a possibilidade de locação para temporada, ateve-se à forma de divulgação da locação que ressaltava as características do condomínio que possui, no seu interior, um clube para os moradores, como se tal fato, por si só, desnaturasse o uso residencial.

Eis o julgado:

> *Condomínio Edilício – Ação de procedimento comum proposta por condômina contra condomínio, buscando que este permita o acesso de qualquer pessoa autorizada aos seus apartamentos, declarar nula deliberação tomada em assembleia de alteração de regimento interno,[122] julgada improcedente – Segundo a convenção, os edifícios que constituem o condomínio possuem natureza exclusivamente residencial – Convenção condominial que é dotada de força cogente e obriga a toda a coletividade condominial, devendo os condôminos se comportar com respeito e obediência a ela – Locação de unidades condominiais por temporada através de plataforma de hospedagens on-line (Airbnb, booking e afins) – **Situação que autorizaria a locação, não fosse a evidente intenção da autora, em anúncio publicado, de oferecer a terceiros frequência a um clube – Característica não residencial** – Sentença mantida – Recurso improvido, com observação. (TJSP, Apelação Cível 1067304-03.2017.8.26.0002, Rel. Caio Marcelo Mendes de Oliveira, 32ª Câmara de Direito Privado, Foro Regional II – Santo Amaro – 7ª Vara Cível, j. 24.04.2019, Data de Registro: 24.04.2019).*

Nesse precedente, assim como nos demais, há distinção que decorre da forma da oferta – que no meu entendimento é irrelevante – de tal sorte que ao mencionar a oferta de "acomodações" para viajantes, o Airbnb se assemelharia à oferta de hospedaria/hotelaria.

Na fundamentação, o julgado ateve-se aos termos constantes do site Airbnb: "Hóspede uma experiência", "Acomodações únicas para sua próxima viagem" e "Acomodações para seu tipo de viagem".

Extrai-se do julgado: "Neste ponto, cumpre registrar que segundo o dicionário Houaiss da língua portuguesa, Ed. Objetiva, 2009, 'acomodação' é definido como '1. ato de alojar(-se), de hospedar(-se)', 'hóspede' é definido como '1. indivíduo que se acomoda por tempo provisório em casa alheia, hotel, albergue etc...'. e 'hospedaria' é definido como '1. estabelecimento que oferece hospitalidade, mediante pagamento; hospedagem, pousada; 1.1 em certas comunidades, casa que serve de abrigo para viajantes, romeiros etc.; albergue, alojamento'".

Todavia, também se hospeda em residências, sendo comum o termo "quarto dos hóspedes".

De mais a mais, trata-se de forma gramatical para forçar a interpretação segundo a qual o uso não seria residencial, mas comercial, o que não se sustenta em razão, insisto, do teor do art. 48 da Lei do Inquilinato.

E literalidade por literalidade, também se colhe do *site* Airbnb: "Conheça suas Obrigações Legais. Você é responsável por compreender e cumprir todas as leis, regras, regulamentos e contratos com terceiros que se aplicam ao seu Anúncio ou Serviços de Anfitrião. Por

---

[122] Regulamento mencionado no corpo do julgado:
É proibido:
1. Utilizar, alugar, ceder, emprestar ou explorar, no todo ou em parte, o imóvel para fins que não seja estritamente residencial, em especial para situações análogas a apart hotel, (flat), bem como para Repúblicas e para residência multifamiliar (residência compartilhada para mais de uma família).
2. Alugar, ceder ou empresar o imóvel para diferentes pessoas em período inferior a 90 (noventa) dias, de modo a impedir a utilização desordenada das áreas comuns por pessoas estranhas e garantir a segurança dos demais condôminos.
§ 1º Na hipótese de locação do imóvel, válida somente com finalidade residencial, o proprietário deverá comunicar imediatamente a Administração do Condomínio e apresentar cópia autenticada do Contrato de Locação, devidamente assinado, com as firmas reconhecidas de todas assinaturas, antes do início de sua vigência, que deverá conter o nome dos locatários, moradores, telefones, placas de veículos e prazo contratual para fins de contrato.
§ 2º Os funcionários do Condomínio estão orientados a não permitir a entrada de pessoas no Condomínio, cuja autorização não tenha sido fornecida na forma descrita acima, bem como em caso de exceder os limites impostos por este Regulamento Interno.

exemplo: alguns proprietários, contratos de locação ou normas de associações de proprietários e condomínios restringem ou proíbem sublocações, aluguéis de curta temporada e/ou estadias de longa duração. Algumas cidades têm leis de zoneamento ou outras normas que restringem o aluguel de curta duração em imóveis residenciais".[123]

No Tribunal de Justiça do Rio de Janeiro, se extrai o seguinte aresto:

Apelação. Condomínio residencial. Locação de apartamento por temporada em curto período de poucos dias. Assembleia ordinária e extraordinária que criou regras restringindo a locação por temporada no condomínio ao prazo mínimo de 30 (trinta) dias, bem como, limitou a habitação de 6 (seis) pessoas por unidade. Ação proposta pela proprietária objetivando a declaração de nulidade da referida cláusula aprovada na referida assembleia condominial que restringiu o prazo mínimo para o contrato de aluguel por temporada e limitou a habitação de pessoas por unidade. Sentença de procedência, pautando-se no direito de propriedade garantido pela Constituição Federal e no art. 1228 do Cód. Civil que confere ao proprietário a faculdade de usar, gozar e dispor da coisa. Inconformismo do condomínio. Sentença que merece reforma. Direito de propriedade que não pode ser exercido de forma absoluta, em prejuízo ao sossego e segurança dos demais condôminos. Aplicação da teoria da pluralidade dos direitos limitados. Precedentes. Apelação provida.

1. O condômino pode dispor da sua unidade conforme melhor lhe convier, que é um direito que lhe assiste por força do art. 1.335 do Código Civil e em função do exercício regular do direito de propriedade descrito na Constituição Federal. Por outro lado, existem limitações ao exercício desse direito e o limite é a perturbação ao sossego, saúde, segurança e aos bons costumes daqueles que detêm a copropriedade, além das limitações impostas pelo direito de vizinhança (art. 1.277 e 1.336, IV, do CC). E, ainda, há limitação ao exercício do direito de propriedade em função da supremacia do interesse coletivo daqueles condôminos (em geral) diante do direito individual de cada condômino (teoria da pluralidade dos direitos).

2. É lícito ao proprietário emprestar a sua unidade, ocupá-la pelo número de pessoas que julgar conveniente, seja a título gratuito ou oneroso, não cabendo ao condomínio regular tal prática, salvo se a mesma estiver interferindo na rotina do prédio, ou seja, causando perturbação ao sossego, saúde, segurança, aos bons costumes, ou estiver desviando a finalidade do prédio. No caso, a própria autora confessa, às fls. 4 (índice 00003), que "o apartamento foi alugado 22 vezes durante a totalidade do ano de 2015 (até o final de dezembro)". Portanto, restou reconhecido que a apelada utiliza sua unidade, situada em prédio estritamente residencial, como se fosse hotel de alta rotatividade, o que por certo, em razão da grande quantidade de pessoas estranhas no condomínio, causa insegurança aos demais condôminos.

3. Por certo que, no caso, não foi o fato de a unidade da autora ser locada por temporada que levou o Condomínio réu a convocar a Assembleia, mas, sim, a ocupação em alta rotatividade, comumente por poucos dias, e o comportamento inadequado dos locatários (turistas e/ou estrangeiros), causando abalo ao sossego e à segurança dos demais condôminos, como restou comprovado no relato prestado pelo Condomínio através da sua síndica no termo circunstanciado da 13ª Delegacia de Polícia (fls. 142/145 – índice 0000141) que ocasionou o processo em trâmite perante o 4º Juizado Especial Criminal do Leblon (processo nº 0498447-28.2015.8.19.0001).

4. Ressalte-se, ainda, que na verdade a autora realiza locação diária, conforme minuta de contrato de locação trazido às fls. 40/41 (índice 000040), onde consta que "o valor da diária é de R$ ...., totalizando o período da locação o valor de R$ ....". Ora, a locação por diárias é exclusiva de meios de hospedagem e é necessário que o estabelecimento seja enquadrado como comercial e tenha autorização de funcionamento, sendo que um prédio residencial não pode funcionar dessa forma por inúmeros fatores, inclusive sob pena de autuação da municipalidade, já que depende de enquadramento específico (Decreto nº 84.910/80; Portaria nº 100/2011 do Ministério do Turismo, o Sistema Brasileiro de Classificação de Meios de Hospedagem (SBClass) e Lei Federal nº 11.771/2008 – Política Nacional de Turismo).

5. A locação por diária, que vem ocorrendo por meio de sites especializados, vem representando efetivamente uma concorrência aos apart-hotéis, flats e similares, e, por isso, desvia da finalidade do edifício residencial, trazendo inclusive encargos extras à portaria, principalmente quanto à segurança do condomínio. E, nesse sentido, os tribunais regionais têm decidido com base na Teoria da Pluralidade dos Direitos Limitados. Trata-se de limitação ao exercício do direito de propriedade em função da supremacia do interesse coletivo daquela coletividade. O proprietário tem todo direito em emprestar, ceder, alugar, alugar por temporada, ou seja, exercer livremente seu direito sobre o bem, escolhendo como deseja ocupá-lo. O que não pode é causar perturbação, desassossego, insegurança aos demais condôminos. Portanto, em função das múltiplas propriedades dentro do condomínio existe limite entre o exercício do direito de propriedade individual e o interesse coletivo.

---

[123] Disponível em: https://www.Airbnb.com.br/terms. Acesso em: 20.08.2023.

6. Convenção que prevê em seu art. 2º que "cada coproprietário tem o direito de gozar e dispor do apartamento ou loja que lhe pertencer, como lhe aprouver, sem entretanto, prejudicar os apartamentos ou lojas dos demais coproprietários, nem comprometer a segurança e solidez do prédio ou o seu bom nome, tudo sem prejuízo dos dispositivos na presente convenção."

7. Postura adotada pela apelada, disponibilizando o apartamento em locações por diárias, em curtos períodos, ocasionando alta rotatividade de pessoas, que interfere na finalidade residencial de um condomínio, o que autoriza aos demais condôminos se reunir em assembleia, com o quorum legal, a fim de regrar as condições necessárias para o seu funcionamento.

8. Cláusula aprovada em assembleia que não afronta o direito de propriedade da apelada, garantindo o direito de usar e fruir de sua unidade, desde que não cause dano ou incômodo aos demais condôminos. Como cediço, o direito de propriedade não mais é considerado como absoluto, de vez que sofre limitações impostas pela lei, e, no caso, tratando-se, como se trata de condomínio edilício, há regra específica vedando a utilização das unidades de maneira prejudicial aos demais condôminos. Precedentes Jurisprudenciais.

9. Sentença merece reforma para julgar improcedentes os pedidos autorais, invertendo-se os ônus da sucumbência estabelecidos na sentença.

10. Apelação à que se dá provimento. (TJRJ, Apelação 0486825-49.2015.8.19.00010, Des. Juarez Fernandes Folhes, j. 16.05.2017, 19ª Câmara Cível).

Em suma, com todo respeito que merecem, as decisões que nesses termos sustentam a natureza "não residencial" da locação para temporada afrontam, a toda evidência, o art. 48 da Lei 8.245/1991.

O que se deve coibir nos termos da lei é a conduta que afronta os direitos dos condôminos, notadamente decorrentes do sossego, saúde e segurança, mas não proibir aquilo que a lei permite.

O condomínio tem, à sua disposição, a possibilidade de multar a unidade infratora, inclusive impondo, se o caso, a pena pecuniária do décuplo do valor da cota condominial por reiterado comportamento antissocial gerador de incompatibilidade de convivência ou de 5 condomínios no caso de reiterado descumprimento dos deveres (1.336, IV e § 2º, e 1.337 do Código Civil), sendo, portanto, ilegal, por não comportar supedâneo na lei e inconstitucional por afrontar o direito de propriedade (CF, art. 5º, XXII) na sua vertente da fruição, vedar a locação por temporada, ainda que haja rotatividade pois a lei não restringe.

1.12.4. Natureza jurídica das plataformas de oferta de imóveis por curto espaço de tempo e a questão da necessidade de respeitar as normas que regulam a intermediação de negócios imobiliários

Outra discussão que sobrepaira as plataformas de oferta de imóveis para temporada é a sua natureza jurídica e, conseguintemente, a necessidade ou não de respeitar as normas que regulam a atividade de intermediação imobiliária no Brasil.

De um lado, as plataformas eletrônicas de oferta de imóveis sustentam que não fazem intermediação de locações e, nessa medida, servem, apenas, como meio colocado à disposição dos locadores para oferta de imóveis pela rede mundial de computadores, notadamente porque: i) a atividade principal é o desenvolvimento de ações voltada para a área de marketing; ii) a plataforma Airbnb consiste em um espaço disponibilizado por meio de um sítio eletrônico na internet apenas para "conectar" pessoas; iii) que tratativas são realizadas diretamente e exclusivamente pelos "hóspedes" e pelos "anfitriões" sem qualquer interferência do Airbnb nos negócios celebrados; iv) que não é proprietária dos imóveis anunciados; v) a sua atividade comercial é similar aos classificados de imóveis.

Nos autos do processo nº 5016668-76.2017.4.03.6100, perante a 5ª Vara Cível Federal de São Paulo, na ação anulatória de multa promovida pelo Airbnb em face do Creci/SP, o juízo concedeu liminar, posteriormente confirmada na sentença, para suspender a cobrança da multa imposta pelo conselho com a seguinte fundamentação:

(...) Assim, à primeira vista, tem-se que a atividade desempenhada pela autora consiste na disponibilização de plataforma digital que permite a interação entre usuários com interesses comuns, não atuando propriamente na intermediação da compra, venda, permuta ou locação de imóveis.

Trata-se do fornecimento de ambiente interativo para obtenção do resultado final pretendido pelas partes, sobre o qual a parte autora não interfere, na medida em que nada dispõe sobre valores, forma de contratação ou responsabilidades. É dizer, o negócio é entabulado diretamente entre as partes, que se utilizam apenas do ambiente digital para busca das informações que necessitam, de onde se extrai não se enquadrar propriamente no conceito de corretagem descrito pela legislação. (...)

Em suma, o fundamento utilizado pelo Airbnb é que restringe-se ele a "tão somente disponibilização do espaço eletrônico (*marketplace*) com informações a partir das quais os usuários irão realizar um negócio jurídico..." e que "não compete à plataforma qualquer interferência na relação entre usuários...", concluído que "a plataforma do Airbnb não realiza a apresentação ou aproximação das partes; não as aconselha; não revê os negócios por elas celebrado e não se manifesta sobre o negócio entabulado pelas partes."

No Juízo da 1ª Vara Federal de João Pessoa, Seção Judiciária da Paraíba-PB, na ação anulatória 0809588-64.2017.4.05.8200, em que o Creci/PB saiu vencido em primeiro grau de jurisdição, a sentença enfrentou o enquadramento do Airbnb e a descrição da sua atividade da seguinte maneira; "em que pese a descrição da atividade econômica 'corretagem de aluguel de imóveis' na inscrição da autora junto à Receita Federal, deve-se atentar para a atuação fática da empresa, que se consubstancia na mera disponibilização da plataforma digital de marketing e divulgação dos anúncios de acomodações por pessoas de todo o mundo. Por conseguinte, parece desarrazoada a tese de que a Airbnb deveria estar inscrita no Creci/PB para veicular anúncios digitais e auferir comissão com as contratações celebradas, pois o fornecimento do serviço de forma gratuita seria enriquecimento indevido dos anunciantes, além de que, assumindo a validade dessa exigência, haveria de se reconhecer, também, a obrigatoriedade da inscrição de todos os veículos de anúncios imobiliários, a exemplo dos jornais com classificados de imóveis e demais "sites" ou aplicativos criados com a mesma finalidade".

Em suma, admitiu-se a tese segundo a qual o Airbnb funciona, apenas, como meio eletrônico de anúncios.

Contrapondo-se a esses fundamentos, o Creci de São Paulo sustenta que existe a interferência do Airbnb nos negócios celebrados pelos usuários, o que faz nos seguintes termos, extraídos dos autos do processo nº 5016668-76.2017.4.03.6100 perante a 5ª Vara Cível Federal de São Paulo: "... as atividades desenvolvidas pela autora indubitavelmente invadem as atividades privativas dos corretores de imóveis nos exatos termos da lei de regência, à lume do parágrafo único do art. 3º, da Lei 6.530/78 c/c arts. 2º e 3º do Decreto 81.871/78. Inadequado seria se olvidar que a mencionada Lei Federal define não só a atuação do corretor de imóveis, mas sim *disciplina o sistema de transação imobiliária no país* (interpretação sistemática e teleológica), deixando claro, portanto, a necessidade da existência do corretor de imóveis no *comércio de transações imobiliárias*.

Em outras palavras, sustenta o Creci, com fundamento nas normas que regulam a atividade de corretagem imobiliária, que toda transação imobiliária no Brasil com a participação de um terceiro submete-se às normas que regulam a atividade do corretor de imóveis.

Nessa medida, invoca os seguintes dispositivos:

Lei Federal nº 6.530/78:

Art. 3º Compete ao Corretor de Imóveis exercer a intermediação na compra, venda, permuta e locação de imóveis, podendo, ainda, opinar quanto à comercialização imobiliária.

Parágrafo único. As atribuições constantes deste artigo poderão ser exercidas, também, por pessoa jurídica inscrita nos termos desta lei.

Decreto 81.871/78

Art. 2º Compete ao Corretor de Imóveis exercer a intermediação na compra, venda, permuta e locação de imóveis e opinar quanto à comercialização imobiliária.

Art. 3º As atribuições constantes do artigo anterior poderão, também, ser exercidas por pessoa jurídica, devidamente inscrita no Conselho Regional de Corretores de Imóveis da Jurisdição.

Parágrafo único. O atendimento ao público interessado na compra, venda, permuta ou locação de imóvel, cuja transação esteja sendo patrocinada por pessoa jurídica, somente poderá ser feito por Corretor de Imóveis inscrito no Conselho Regional da jurisdição.

Código Civil:

Art. 729. Os preceitos sobre corretagem constantes deste Código não excluem a aplicação de outras normas da legislação especial.

Invoca-se, também, o objeto social do Airbnb que inclui "promover a intermediação de serviços de hospedagem de curto e longo prazo e promover a intermediação de serviços de hospedagem de curto e longo prazo em casas e apartamentos particulares", de tal sorte que foi cadastrado junto à Receita Federal com descrição de atividades secundárias de *corretagem de aluguel de imóveis*.

Sustenta o Creci, inclusive, que "o pagamento é realizado pelo 'hóspede' para a empresa Autora que deduz desse valor seus honorários pelos serviços de intermediação prestados (quota-parte 'hóspede' e quota-parte 'anfitrião') e repassa o pagamento, abatida tais despesas para o 'anfitrião'". Conclui que, por essa razão, "não há como sustentar que essa operação não configura intermediação de locação de imóvel para temporada", inclusive porque, pela informação contida no próprio *site* da Airbnb (https://www.Airbnb.com.br/help/article/1857/what-are-Airbnb-service-fees), cobra sua remuneração sob a rubrica de 'prestação de serviço'".

Nesse sentido, o Creci/SP, ainda nos autos do processo nº 5016668-76.2017.4.03.6100, perante a 5ª Vara Cível Federal de São Paulo, menciona a defesa levada a efeito pelo Airbnb no processo número 1009888-93.2017.8.26.0320, perante a 4ª Vara Cível da Comarca de Limeira-SP, no qual o Airbnb confessa "efetiva intervenção nos negócios havidos entre seus clientes, notadamente, para solucionar problemas nas locações por temporada que são negociadas em sua plataforma, extrapolando a previsão do objetivo social e invadindo as atividades privativas do profissional Corretor de Imóveis".[124]

---

[124] "26. Nota-se que o Airbnb, tão logo cientificado do problema pela Anfitriã, prontamente contatou a Hóspede para prestar-lhe assistência (Doc. 04). Situações em que o Hóspede enfrenta uma questão negativa na viagem são excepcionais na comunidade Airbnb. A despeito disso, **a plataforma prevê medidas de assistência e auxílio ao Hóspede** (Doc. 02 – O que é a Política de Reembolso Airbnb), **que vão desde o reembolso dos valores até o auxílio para a locação de novas acomodações, similares à originalmente reservada, na mesma área**. Para tanto, é necessário que o Hóspede **entre em contato com o Airbnb** dentro de 24 horas a contar do momento em que descobrir a existência de uma Questão Negativa na Viagem, comprovando a questão por meio de fotos, vídeos ou documentos.

27. Fica claro, portanto, que, ao contrário do que alega, a Hóspede não contatou o Airbnb antes de deixar o imóvel para que a empresa pudesse atuar no caso e fornecer uma solução para o problema, deixando de observar os Termos de Uso da plataforma, acerca da política de reembolso por questões negativas na viagem, com os quais anuiu previamente (Doc. 02):" (g.n.) (cópia anexa para simples conferência – fls. 131): 05. Como se vê, com apenas dois parágrafos é possível constatar todas as inverdades que a Autora sustenta em todo o seu longo arrazoado. Ora, alegar como alega a Autora reiteradamente em sua inicial e manifestações que não tem qualquer ingerência nos negócios realizados

Assim, se intervém de forma significativa, extrapola os limites 'que permitiriam qualificar-se como mero instrumento eletrônico de divulgação, passando, na verdade, a atuar na intermediação de negócios imobiliários, o que requer o respeito às normas que normatizam a atividade no Brasil, notadamente a Lei Federal 6.530/78 e sua regulamentação.

1.13. CONTRATO "BUILT-TO-SUIT" E A LOCAÇÃO POR ENCOMENDA – LEI 12.744/2012

Em edições anteriores deste livro, ponderei que o atual estágio do Direito Imobiliário implicou o surgimento de estrangeirismo contratual e, conseguintemente, na adoção, segundo muitos, de uma "nova" modalidade de contrato que chamaram de "built-to-suit" (no vernáculo, "construído para servir").

O contrato "built-to-suit" decorre de negócio jurídico mediante o qual uma das partes, o locatário, contrata a construção de imóvel de acordo com as suas necessidades e recebe do locador o prédio de acordo com as diretrizes e nos termos da sua encomenda.

Portanto, a construção é levada a efeito pelo contratado (locador) e para justificar o investimento do locador no prédio encomendado pelo locatário e construído de acordo com as suas necessidades, a cessão onerosa do imóvel mediante locação se faz, ordinariamente, por longo prazo.

É comum, neste tipo de contrato, que, além do contratante (o locatário, que recebe o imóvel encomendado) e do contratado (o locador, que providencia a construção e cede o seu imóvel), esteja presente um terceiro, ou seja, uma companhia securitizadora de recebíveis.

Em outras palavras, o contratado (locador) constrói ou manda construir, cede o seu imóvel ao contratante (locatário) mediante pagamentos mensais e transfere os seus créditos para uma companhia securitizadora, recebendo, antecipadamente, o valor estabelecido no contrato.

A companhia securitizadora, por sua vez, emite Certificado de Recebíveis Imobiliários nos termos do art. 6º da Lei 9.514/1997, legalmente definido como um "título de crédito nominativo, de livre negociação, lastreado em créditos imobiliários" que "constitui promessa de pagamento em dinheiro" e providencia a averbação junto ao Oficial de Registro de Imóveis da circunscrição imobiliária competente, ou seja, no local da matrícula do imóvel objeto do contrato "built-to-suit".

Esses créditos poderão assumir o regime fiduciário da Lei 9.514/1997 em benefício dos adquirentes dos títulos lastreados nos recebíveis decorrentes do contrato "built-to-suit", permitindo, assim, que a companhia securitizadora coloque os títulos no mercado.

Em tese, para segurança dos investidores, os créditos permanecem afetados de tal sorte que não se confundem com o patrimônio da companhia securitizadora, nos termos do art. 27 da Lei 14.430/2022.

Em resumo, os créditos decorrentes do contrato "built-to-suit" são cedidos a uma companhia securitizadora que os transforma em lastro de Certificados de Recebíveis Imobiliários (CRIs) e os coloca no mercado, na forma da Lei 9.514/1997.

É comum, igualmente, que o contratado, para fazer frente à construção, recorra ao denominado empréstimo "bridge loan" ou "bridging advance", ou seja, o empréstimo de curto prazo, de acordo com a evolução da obra, enquanto conclui a securitização dos recebíveis.

---

entre seus clientes, ultrapassa os limites da boa-fé, ao arrepio das regras consagradas nos artigos 5º, 77, inciso I, 80, inciso II, pois nítido o intuito de induzir esse MM. Juízo ao erro alterando a verdade dos fatos.

Em consonância com o acatado, delineado o pacto "built-to-suit", é frequente ouvir de seus adeptos que novas modalidades contratuais são necessárias em razão das transformações sociais e econômicas, fato inegável.

Com base nessa premissa, costumava-se sustentar a inaplicabilidade da Lei 8.245/1991 (Lei do Inquilinato) ao contrato "built-to-suit".

Todavia, mister se faz observar que a liberdade de contratar e a autonomia da vontade estão bitoladas pelas normas de ordem pública.

Normas cogentes ou de ordem pública são aquelas que não podem ser derrogadas pela vontade das partes.

Como define Caio Mário da Silva Pereira, "tendo em vista a natureza especial da tutela jurídica e a finalidade social do interesse em jogo, compõem uma categoria de princípios que regem relações entre particulares, a que o Estado dá maior relevo em razão do interesse público em jogo".[125]

Normas de ordem pública, portanto, são aquelas que não admitem alteração pela vontade das partes, vez que sua aplicação interessa à sociedade como um todo.

Nos termos do que ensina Silvio Rodrigues, *a ideia de ordem pública é constituída por um conjunto de interesses jurídicos e morais que incumbe à sociedade preservar. Por conseguinte, os princípios de ordem pública não podem ser alterados por convenção entre os particulares – "jus publicum privatorum pactis derrogare non potest".*[126]

Nessa medida, esclarece o art. 45 da Lei 8.245/1991: "São nulas de pleno direito as cláusulas do contrato de locação que visem a elidir os objetivos da presente lei, notadamente as que proíbam a prorrogação prevista no art. 47, ou que afastem o direito à renovação, na hipótese do art. 51, ou que imponham obrigações pecuniárias para tanto."

Conclui-se, portanto, com meridiana clareza, que algumas normas que decorrem da Lei 8.245/1991 são cogentes, de tal sorte que não podem ser afastadas pela vontade das partes.

Restava saber se o contrato "built-to-suit" era ou não um contrato de locação subsumido à Lei do Inquilinato.

Ainda nas edições anteriores desta obra, afirmei que a resposta positiva se impunha. Não é, por óbvio, pelo simples fato de se alterar o nome de um contrato ou de sua contraprestação que também se alterará a sua natureza jurídica.

Seja como for, com a popularização desta modalidade negocial, durante muito tempo foi comum encontrar quem sustentasse a inaplicabilidade da Lei do Inquilinato (Lei 8.245/1991) ao contrato "built-to-suit".

Os argumentos utilizados, que jamais me convenceram, eram os seguintes:

a) *Diferentemente da locação ordinária de imóvel urbano, o contrato "built-to-suit" se caracteriza pela cessão de imóvel construído de acordo com as necessidades do locatário.*

Nada obstante, o simples fato de o prédio ter sido edificado sob encomenda não desnatura o contrato de locação submetido à lei especial, notadamente em razão do art. 45 da Lei 8.245/1991, que veda cláusulas que afastem os objetivos da lei, evidentemente de ordem pública.

É de obviedade ululante a constatação segundo a qual o fato de o locador construir no seu terreno a fim de atender as peculiares necessidades do locatário, não afasta, de maneira

---

[125] Caio Mário da Silva Pereira, *Instituições de direito civil*, 18ª ed. Rio de Janeiro: Forense, 1996, vol. I, p. 13.

[126] Silvio Rodrigues, *Direito Civil – Parte Geral*, 32ª ed. São Paulo: Saraiva, 2002, vol. I, p. 16.

alguma, a necessária aplicação da lei do inquilinato a este contrato, em respeito ao cogente dispositivo insculpido no art. 45 da Lei 8.254, de 18 de outubro de 1991.

Não menos relevante é a definição jurídica da locação de imóveis urbanos, ou seja, a cessão temporária de uso de imóvel para fins urbanos mediante pagamento de retribuição denominada aluguel e submetida à Lei Especial 8.245/1991, exatamente o que ocorre no contrato "built-to-suit".

Sustentaram, ainda, o seguinte óbice:

b) O parágrafo único, do art. 473, do Código Civil, condiciona a denúncia unilateral dos contratos, nos quais uma das partes houver feito investimentos consideráveis, ao decurso de prazo suficiente para justificar o vulto dos gastos. Todavia, a Lei do Inquilinato, por outro lado e em dissonância com o comando do dispositivo do Código Civil, permitia esta denúncia no seu art. 4º, exigindo, apenas, o pagamento de multa proporcional.

Quanto a este ponto, escrevi igualmente nas edições anteriores deste livro que "a única conclusão a que se chega do parágrafo único do art. 473 do Código Civil, até em razão dos princípios da boa-fé, da eticidade e da socialidade que devem permear de qualquer negócio jurídico a teor dos arts. 113 e 422, do mesmo Código, ainda que o imóvel conte com características particulares e tenha sido construído de acordo com a planta fornecida pelo locatário, é que, pelo princípio da especialidade, aplica-se a segunda parte do art. 4º da Lei do Inquilinato, segundo a qual o locatário poderá devolver o imóvel antes do prazo pagando a multa pactuada, proporcionalmente ao período que descumpriu.[127] Todavia, esta multa (cláusula penal) deverá ser elevada, tendo em vista a natureza do negócio, posto que o seu limite é o valor do contrato (Código Civil, art. 412) e, na sua falta, será judicialmente arbitrada, não havendo, assim, qualquer incompatibilidade com o art. 473, parágrafo único, do Código Civil."

Como se verá, a ideia foi completamente contemplada pelo art. 4º e pelo art. 54-A da Lei 8.245/1991, nos termos da redação dada aos dois dispositivos pela Lei 12.744, de 19 de dezembro de 2012.

Por fim, costumava-se alegar:

c) A Lei do Inquilinato, no seu art. 19, prevê a possibilidade de revisão dos aluguéis, o que poderia ferir o equilíbrio econômico do contrato "built-to-suit".

Da mesma forma, rebatendo aqueles que propugnavam pela inaplicabilidade da Lei do Inquilinato, escrevi nas edições anteriores o seguinte: "penso ser injustificada a preocupação. Isto porque os tribunais pacificaram o entendimento segundo o qual o contrato – e no caso, inclusive, de "built-to-suit" – pode estabelecer a renúncia ao direito de pedir revisão sem ferir o art. 45 da Lei de Regência das Locações. Nesse sentido, o Desembargador paulista Clóvis Castelo asseverou que "não infringe os objetivos da Lei 8.245/1991, nem malfere princípios assegurados constitucionalmente, cláusula contratual na qual as partes renunciam à ação revisional durante o prazo contratual" (Apelação 1.030.632-0/5 – 35ª Câmara de Direito Privado do TJSP – 21.05.2007), posição esta já adotada no STJ (6ª Turma – REsp 243.283/RJ – Rel. Min. Fernando Gonçalves – j. 16.03.2000).

Abarcando esta análise, a Lei 12.744/2012 trouxe expressamente a possibilidade de renúncia ao direito de pedir revisão no contrato "built-to-suit".

Vejamos, pois, as alterações trazidas pela Lei 12.744, de 19 de dezembro de 2012, e em vigor no dia de sua publicação no *Diário Oficial da União* de 20 de dezembro de 2012:

---

[127] Nesse sentido, minha obra: *Comentários às Alterações da Lei do Inquilinato*. São Paulo: RT, 2010, p. 19.

Art. 4º da Lei 8.245/1991:

Redação antiga	Atual redação
Art. 4º Durante o prazo estipulado para a duração do contrato, não poderá o locador reaver o imóvel alugado. O locatário, todavia, poderá devolvê-lo, pagando a multa pactuada, proporcionalmente ao período de cumprimento do contrato, ou, na sua falta, a que for judicialmente estipulada.	**Art. 4º** Durante o prazo estipulado para a duração do contrato, não poderá o locador reaver o imóvel alugado. *Com exceção ao que estipula o § 2º do art. 54-A,* o locatário, todavia, poderá devolvê-lo, pagando a multa pactuada, proporcional ao período de cumprimento do contrato, ou, na sua falta, a que for judicialmente estipulada.

Art. 54-A da Lei 8.245/1991:

Redação antiga	Atual redação
Não existia.	**Art. 54-A.** *Na locação não residencial de imóvel urbano na qual o locador procede à prévia aquisição, construção ou substancial reforma, por si mesmo ou por terceiros, do imóvel então especificado pelo pretendente à locação, a fim de que seja a este locado por prazo determinado, prevalecerão as condições livremente pactuadas no contrato respectivo e as disposições procedimentais previstas nesta Lei.* *§ 1º Poderá ser convencionada a renúncia ao direito de revisão do valor dos aluguéis durante o prazo de vigência do contrato de locação.* *§ 2º Em caso de denúncia antecipada do vínculo locatício pelo locatário, compromete-se este a cumprir a multa convencionada, que não excederá, porém, a soma dos valores dos aluguéis a receber até o termo final da locação.*

Portanto, algumas conclusões podem ser extraídas das alterações empreendidas na Lei do Inquilinato. Vejamos, articuladamente, cada uma delas:

a) *Tipificação (definição legal) do contrato "built-to-suit" e sua nova abrangência – "locação por encomenda"*

A Lei 12.744/2012 estabeleceu definição legal para o contrato *built-to-suit*, ampliando sua abrangência, que não se circunscreve mais apenas à construção, de tal sorte que passa a ser aquele contrato de locação não residencial mediante o qual o locador, ou alguém por ele, em razão de especificações descritas pelo locatário no contrato, leva a efeito aquisição, construção ou reforma do imóvel antes da ocupação, de acordo com as necessidades do locatário, submetendo o pacto à Lei do Inquilinato.

Verifica-se, na medida do texto legal, que se exige *prévia* aquisição, reforma ou construção a pedido do locatário.

É óbvio que a anterioridade exigida por lei para configurar o contrato em questão se refere à ocupação do locatário e não ao pacto em si.

Isto porque é evidente, evidentíssimo, aliás, que a aquisição, reforma ou construção será descrita no contrato, possibilitando ao locador, com o pacto firmado, o investimento de acordo com a necessidade do locatário em troca da legítima expectativa do retorno gerado pelos alugueres durante o prazo convencionado.

Trata-se de contrato bilateral, de tal sorte que a obrigação do locador de construir, reformar ou adquirir para entregar o imóvel à locação tem como causa, como motivo da sua existência, a obrigação do locatário de pagar os aluguéis pactuados.

A lei se refere, ainda, à possibilidade de a construção ou reforma ser levada a efeito pelo próprio locador ou por terceiros.

A par da análise gramatical, a expressão "por si mesmo ou por terceiros" envolve a possibilidade de o locador mandar construir ou reformar, contratando, para tanto, por exemplo, empreiteira ou construtora.

Todavia, penso que a aquisição deve ser levada a efeito pelo próprio locador, que poderá se valer de corretores para a aquisição, mas deverá adquirir ele próprio de acordo com as necessidades do locatário espelhadas no contrato.

Outrossim, exigiu-se, expressamente, para configuração do contrato de locação por encomenda, que o prazo seja determinado, eliminando a hipótese de celebrá-lo, desde o início, por prazo indeterminado.

É evidente que, vencido o prazo, por se tratar de contrato de locação não residencial, abstraída a hipótese de renovação compulsória que tratarei mais adiante, o contrato vigerá por prazo indeterminado nos termos da regra geral estampada no art. 56, parágrafo único, da Lei do Inquilinato.

Por fim, não me parece adequado denominar o contrato ora tipificado pela Lei do inquilinato de *built-to-suit*, posto que, além da construção, a lei abarcou também a aquisição e a reforma.

Assim, o contrato *built-to-suit* seria apenas uma parte da definição, sendo conveniente denominar a modalidade descrita no art. 54 de "locação *por encomenda*".

b) *Renúncia ao direito de pedir revisão*

Abarcando alguns precedentes, o § 1º do art. 54-A permite, expressamente, na locação por encomenda, que as partes pactuem a renúncia ao direito de pedir revisão do contrato.

Se a possibilidade para as demais modalidades de contrato de locação é discutível e até questionável a teor do art. 45 da Lei do Inquilinato, que determina a característica de ordem pública das normas da Lei 8.245/1991, a norma agora excepcionou expressamente a modalidade de locação por encomenda, na qual não existe mais qualquer dúvida quanto à possibilidade de as partes renunciarem ao direito de pedir revisão.

E a regra vem com razão, tendo em vista que o investimento do locador não pode ficar à mercê de revisão pela redução eventual do valor da locação, tendo em vista que o aluguel remunerará investimento feito exclusivamente para atender as necessidades do locatário.

De fato, a iniciativa merece aplauso, posto que, não sendo obrigatória e decorrendo do poder negocial das partes, premia o equilíbrio do contrato ante o investimento feito pelo locador.

De outro lado, embora o dispositivo não seja expresso, em razão dos princípios da equidade, da socialidade e da boa-fé, que devem permear dos contratos, o pacto de renúncia ao direito de pedir revisão deve abranger ambas as partes, de tal sorte que locador e locatário renunciarão ao direito estampado no art. 19 da Lei do Inquilinato.

c) *Cláusula penal (multa) por devolução antecipada equivalente à soma dos aluguéis até o final do contrato*

Nos termos do art. 4º da Lei do Inquilinato, nas locações de imóveis urbanos, residenciais ou não residenciais, a multa por devolução antecipada é proporcional, ou seja, a multa estipulada no contrato deve ser reduzida proporcionalmente ao cumprimento do prazo.

Assim, por exemplo, em contrato de 30 meses com multa equivalente a 3 aluguéis, a devolução antecipada pelo locatário, depois de 15 meses de vigência do contrato, implicará a incidência de multa equivalente a 1,5 aluguéis, ou seja, descumprida a metade do prazo contratual, o locatário paga a metade da multa. No mesmo exemplo, se devolvesse o imóvel depois de 20 meses de vigência, teria descumprido 1/3 do contrato e pagaria multa de 1 aluguel (1/3 da multa pactua) pela devolução antecipada.

Depois do prazo, por outro lado, basta ao locatário avisar com 30 dias de antecedência sob pena de pagar o "aviso prévio", ou seja, se, no período de prorrogação legal (arts. 47 e 56, parágrafo único, da Lei 8.245/1991), após o final do prazo contratado, resolver devolver o imóvel, deve avisar com 30 dias de antecedência sob pena de pagar o equivalente a um aluguel na data da devolução (art. 6º da Lei do Inquilinato).

Voltando à multa proporcional por devolução antecipada, em razão da proporcionalidade exigida por lei, nas demais hipóteses de locação não se admite pacto de multa equivalente ao número de meses do contrato de locação (multa no valor total do contrato nos termos do art. 412 do Código Civil, lei geral) e isto por uma simples razão: a redução proporcional determinada pelo art. 4º da Lei do Inquilinato (lei especial) seria inócua.

Por exemplo: se no contrato de locação com prazo de 30 meses houver pacto de multa de 30 aluguéis, a devolução do imóvel, depois de 15 meses, implicará o pagamento da metade da multa (metade do prazo não foi cumprido), o que representaria multa equivalente aos meses restantes e a proporcionalidade restaria prejudicada.

Ocorre que, no contrato de locação por encomenda (inclusive no *built-to-suit*), a cobrança dos meses restantes como multa se justifica em função do equilíbrio que se espera nesta modalidade de contrato de locação.

Por esta simples razão jurídica, sempre defendi, como exceção, a legalidade do pacto de multa irredutível pelo número de meses restantes no contrato *built-to-suit* e, agora, no contrato de locação sob encomenda (aquisição, reforma ou construção por encomenda do locatário).

Neste contrato há um diferencial: o locador investiu a pedido e por encomenda do locatário, sendo legítima a sua expectativa de receber os aluguéis pelo período contratado, verificando o retorno do seu investimento.

Muitas vezes, trata-se de construção ou reforma cuja disposição serve exclusivamente aos interesses do locatário e, ainda que não seja o caso, o investimento foi feito com a finalidade específica daquela locação e sob encomenda.

Posta assim a questão, a Lei 12.744/2012 estabelece de forma cristalina que o limite da multa por devolução antecipada nos contratos de locação por encomenda seja *a soma dos valores dos aluguéis a receber até o termo final da locação*.

Importante observar que a multa aplicada deve ter como parâmetro o valor do aluguel vigente à época da sua aplicação, sem os encargos, posto que se trata de aplicação de penalidade e a norma deve ser interpretada restritivamente.

Esta multa não é automática e depende de pacto, mas se pactuada for, entendo que é irredutível em razão do necessário equilíbrio do contrato, não se aplicando o art. 413 do Código Civil, que determina a redução equitativa por excesso.

Trata-se da aplicação do princípio da especialidade e, portanto, dos arts. 4º e 54-A, § 2º, da Lei 8.245/1991, com a redação dada pela Lei 12.744/2012.

Em sentido contrário ao que penso, aplicando o art. 413 do Código Civil e conseguintemente reduzindo a multa, os seguintes arestos do Tribunal de Justiça de São Paulo:

Locação de imóvel. Ação de despejo por falta de pagamento c/c cobrança de aluguéis. Preliminar de nulidade da sentença por cerceamento de defesa afastada. Prova exclusivamente documental. Julgamento antecipado da lide. Possibilidade. Inaplicabilidade do CDC. Previsão contratual de renúncia ao direito de revisão dos locativos. Possibilidade. Não configurada onerosidade excessiva decorrente da superveniência de um evento imprevisível, alterador da base econômica objetiva do contrato. Multa contratual compensatória. Réus que apontam abusividade em cláusula contratual que impõe indenização com base na remuneração mensal vigente ao tempo da rescisão até a data do termo final do pacto firmado pelo período de dez anos. Contrato de locação não residencial atípico, com contornos da modalidade built to suit. *Construção do prédio para atender às necessidades dos locatários. Redução da cláusula penal. Possibilidade. Valor que se mostra excessivo. Autora que continua proprietária do imóvel e que firmou contrato de locação com outra empresa logo após a desocupação do imóvel pelos locatários. Cláusula penal que deve ser reduzida equitativamente pelo juiz se o montante da penalidade for manifestamente excessivo, tendo em vista a natureza e a finalidade do negócio. Inteligência do art. 413 do Código Civil. Recurso provido em parte (TJSP, Apelação Cível 1002019-57.2016.8.26.0274, Rel. Alfredo Attié, 27ª Câmara de Direito Privado, j. 24.09.2019, data de registro 27.09.2019).*

Locação de imóvel comercial. Ação de despejo por falta de pagamento. (...). Instrumento particular atípico similar a modalidade "built to suit". Multa compensatória devida. Redução. Possibilidade. Exegese do art. 413 do CC. Observância a peculiaridades do caso concreto. Equilíbrio entre a remuneração pelo uso do imóvel e a amortização dos investimentos efetuados pelos locadores para a concretização do negócio. Vedação ao enriquecimento indevido. Recurso parcialmente provido (TJSP, Apelação Cível 1001214-09.2015.8.26.0220, Rel. Gilberto Leme, 35ª Câmara de Direito Privado, j. 28.10.2018, data de registro 05.11.2018).

d) *Condições livremente pactuadas e as disposições procedimentais da Lei do Inquilinato*

O *caput* do art. 54-A traz norma curiosa, mas não nova, segundo a qual, no contrato de locação por encomenda que agora define, "prevalecerão as condições livremente pactuadas no contrato respectivo e as disposições procedimentais previstas nesta Lei" (Lei 8.245/1991).

A ideia não é mesmo nova e repete a atecnia duramente e unanimemente criticada pela doutrina, constante do art. 54 que trata das locações em *shopping centers*.

Quanto a esta crítica, que se aplica integralmente à redação do art. 54-A, interessante verificar o que escreveu Waldir de Arruda Miranda Carneiro: "[prevalecerão] sobre o quê? A redação da norma dá absurda impressão de que a prevalência é sobre a própria norma inquilinária. A melhor doutrina, porém, assumiu que, com essa ressalva, o legislador pretendeu simplesmente deixar claro que as convenções incomuns às locações em geral, mas próprias àquelas estabelecidas em centros comerciais [agora nas locações por encomenda, idem], não afastariam a natureza locatícia do contrato".[128]

De fato, a redação defeituosa do art. 54, agora repetida no art. 54-A, levou outros autores de espeque sobre o tema a afirmarem a impropriedade do texto.

Com efeito, afirmou Francisco Carlos Rocha de Barros: "Em primeiro lugar, exceção à norma do art. 45 só se admitiria se adotada explicitamente. Da imprecisão da expressão 'prevalecerão as condições livremente pactuadas' não se pode extrair tratamento privilegiado para o locador (...)".[129]

Não de forma diferente, Gildo dos Santos, para quem se trata de "regra desnecessária [dizer que se aplicam as condições livremente pactuadas], por isso que, pelo princípio da liberdade de contratar, as disposições ajustadas pelas partes sempre prevalecem, salvo se atentarem contra a lei, a moral, os bons costumes, a ordem pública".[130]

Por fim, apenas para ilustrar o teor das críticas à igual expressão do art. 54, Sílvio de Salvo Venosa afirmou: "que se aplicam as disposições contratuais entre as partes, que não contrariarem a presente lei, disso não há dúvida".[131]

---

[128] Waldir de Arruda Miranda Carneiro. *Anotações à Lei do Inquilinato.* São Paulo: RT, 2000, anotação ao art. 54.

[129] Francisco Carlos Rocha de Barros. *Comentários à lei do inquilinato.* 2ª ed. São Paulo: Saraiva, 1997, p. 342.

[130] Gildo dos Santos, *Locação e despejo.* 6ª ed. São Paulo: RT, 2010, p. 366.

[131] Sílvio de Salvo Venosa, *Lei do inquilinato comentada.* 8ª ed. São Paulo: Atlas, 2008, p. 252.

Portanto, a correta interpretação indica a possibilidade de as partes acrescentarem pactos peculiares à modalidade de locação por encomenda à avença locatícia, notadamente quanto aos parâmetros da construção, reforma ou aquisição pelo locador, prazo para a conclusão das obras e início do vencimento dos aluguéis e da relação locatícia, além de penalidades em razão do desrespeito a esses prazos, entre outras avenças peculiares, como o pagamento de luvas se se tratar de contrato empresarial com os requisitos para a ação renovatória.

O que é claro é que a locação decorrente de encomenda, com prévia construção, reforma ou aquisição pelo locador se submete integralmente à lei do inquilinato, quer nos aspectos materiais, quer nos aspectos processuais, a par de o contrato conter cláusulas especiais e atípicas que não possuem o condão de desnaturar o pacto, afastando-o da aplicação da cogente Lei do Inquilinato nos termos do art. 45.

É de meridiana clareza a constatação segundo a qual as normas que decorrem da Lei 8.245/1991 são, em regra, cogentes, de tal sorte que não podem ser afastadas pela vontade das partes.

A decantada liberdade de contratar e a autonomia da vontade estão bitoladas, neste caso, pelas normas de ordem pública, que são aquelas que não admitem alteração pela vontade das partes, posto que a sua aplicação interessa à sociedade como um todo preservar em razão dos interesses jurídicos e morais em jogo ("jus publicum privatorum pactis derrogare non potest").

Em consonância com o acatado, e até porque se aplicam expressamente as regras procedimentais da Lei 8.245/1991, é inafastável o direito do locatário (que dispõe dos requisitos necessários) de promover, nos termos dos arts. 51 e 71 da Lei 8.245/1991, a ação renovatória da locação celebrada, ainda que tenha dado ao contrato a denominação estrangeira, ou qualquer outra que se queira atribuir.

Todavia, havendo ação renovatória procedente, outro será o contrato, perdendo as características peculiares como a eventual renúncia à revisão anteriormente estipulada entre as partes e multa integral, caso contratada originariamente, que passará a ser proporcional de acordo com a regra geral do art. 4º da Lei do Inquilinato.

Isso porque, ainda que se considere a renovação do contrato, a especialidade do contrato em tela não mais se justifica tendo em vista que se presume que o prazo original tenha sido suficiente para garantir o retorno do investimento do locador.

No mais, a ação de despejo é igualmente aplicável ao contrato de locação por encomenda, tanto em decorrência de infração contratual quanto ao final do prazo estabelecido, neste caso se não for a hipótese de ação renovatória, o que se afirma nos termos do art. 5º da Lei 8.245/1991, que está assim redigido: "seja qual for o fundamento do término da locação, a ação do locador para reaver o imóvel é a de despejo."

Para terminar, reforço, como já fiz alhures, que tudo recomenda, diante da natureza econômica do negócio, cláusula arbitral, perfeitamente possível neste caso.

A celeridade empreendida ao processo pelo procedimento arbitral, nos termos da Lei 9.307/1996, meio alternativo de solução de conflitos referentes a direitos patrimoniais e disponíveis, é de todo desejável para resolver as questões exsurgentes do contrato de locação por encomenda (*built-to-suit*, por reforma ou aquisição) e, nessa medida, nossa obra: *Manual de Arbitragem* (4. ed., São Paulo: Revista dos Tribunais, 2011, p. 43).[132]

---

[132] Nada obstante, no REsp 1481644, a Quarta Turma do Superior Tribunal de Justiça entendeu que, por contemplar natureza executória, a ação de despejo por falta de pagamento deve ser submetida ao Poder Judiciário, em que pese existir compromisso arbitral firmado entre as partes.

Em resumo:

a) O *contrato de locação por encomenda* (que inclui o contrato *built-to-suit*) é contrato de locação não residencial mediante o qual o locador ou alguém por ele, em razão de especificações descritas pelo locatário no contrato, leva a efeito aquisição, construção ou reforma do imóvel antes da ocupação, de acordo com as necessidades do locatário, submetendo o pacto à Lei do Inquilinato.

b) As suas características são:

b.1) Destinação não residencial;

b.2) Descrição, no contrato, das necessidades do locatário e dos parâmetros para aquisição, reforma ou construção do imóvel;

b.3) Aquisição, pelo locador, do imóvel encomendado pelo locatário ou, ainda, construção ou reforma pelo locador ou por alguém por ele determinado;

b.4) Contrato firmado por prazo determinado, qualquer que seja;

b.5) Possibilidade de renúncia ao direito de pedir revisão do aluguel (Lei 8.245/1991, art. 54-A, § 1º) por ambas as partes;

b.6) Possibilidade de pactuar cláusula penal (multa), no caso de devolução antecipada, até o limite determinado pela soma dos aluguéis a receber até o final do contrato;

c) Tratando-se de contrato típico, regulado por lei especial e normas em regra cogentes, as partes não podem afastar a aplicabilidade da Lei 8.245/1991 (Lei do Inquilinato), mas podem incluir pactos peculiares à modalidade de locação por encomenda, notadamente quanto aos parâmetros da construção, reforma ou aquisição pelo locador, prazo para a conclusão das obras, início da relação locatícia e aluguéis, além de penalidades em razão do desrespeito a esses prazos, entre outras avenças peculiares;

d) O contratante (locatário) poderá devolver o imóvel antes do prazo contratado, nos termos dos arts. 4º e 54-A, § 2º, da Lei 8.245/1991, pagando a multa pactuada, irredutível, cujo limite é *a soma dos valores dos aluguéis desde a devolução até a data final estipulada no contrato*;

e) O direito à renovação compulsória do contrato, respeitados os requisitos dos arts. 51 e 71 da Lei 8.245/1991, não pode ser afastado no contrato de locação por encomenda, a teor do art. 45 da mesma Lei, não contando o novo contrato, entretanto, com as características peculiares, como renúncia à ação revisional e multa integral por devolução antecipada;

f) Ao término do contrato, se não for o caso de ação renovatória, a ação para retomada será a de despejo (Lei 8.245/1991, art. 5º); e

g) Recomenda-se, diante da natureza econômica do contrato, a utilização de cláusula arbitral nos termos da Lei 9.307/1996, garantindo celeridade à solução de eventuais conflitos exsurgentes do negócio entabulado.

1.14. FORO COMPETENTE (ART. 58, II)

Art. 58. Ressalvados os casos previstos no parágrafo único do art. 1º, nas ações de despejo, consignação em pagamento de aluguel e acessório da locação, revisionais de aluguel e renovatórias de locação, observar-se-á o seguinte:

(...)

II – é competente para conhecer e julgar tais ações o foro do lugar da situação do imóvel, salvo se outro houver sido eleito no contrato;

O foro competente para julgar as ações decorrentes da Lei 8.245/1991 (ações de despejo, renovatórias, revisionais e consignatórias de aluguéis) é, ordinariamente, o foro da situação (lugar) do imóvel locado (*forum rei sitae*).

A exceção criada pela Lei 8.245/1991 só é válida para as ações de despejo, consignatórias de aluguéis e acessórios, revisionais e renovatórias da locação. Nos demais casos de ações, mesmo decorrentes do contrato de locação, respeitar-se-á o foro do domicílio do réu.

Aplica-se, aqui, o princípio da especialidade.

Todavia, admite-se foro de eleição no contrato, hipótese em que prevalecerá sobre o foro da situação do imóvel.

Portanto, trata-se de competência relativa.[133]

Entretanto, há quem sustente que, tendo sido a ação aforada no domicílio do réu, se o autor provar que não haverá qualquer prejuízo para a defesa, não será admitida a alegação de incompetência.[134]

No que toca ao foro das grandes comarcas, como o da cidade de São Paulo, discute-se se a competência é absoluta ou relativa, com a diferenciação das consequências de acordo com os arts. 64 e 337, II, do Código de Processo Civil.

É que, se a incompetência é absoluta, pode ser arguida em qualquer fase do processo e em qualquer grau de jurisdição, inclusive como preliminar de contestação.

A incompetência, absoluta ou relativa, é arguida na contestação (Código de Processo Civil, art. 337, II), precluindo o direito de alegar a relativa – não a absoluta – se não for oposta no prazo da contestação (Código de Processo Civil, art. 64 § 1º).

---

[133] **Segundo Tribunal de Alçada Civil de São Paulo.** *Competência – foro – locação – competência relativa – inteligência do artigo 58, inciso II, da Lei 8.245/1991. Seja qual for o fundamento do término da locação e qualquer que seja o autor da iniciativa – locador ou locatário – a lide será locacional, sendo a regra de competência do foro da situação do imóvel ou, excepcionalmente, o foro eleito no contrato. Daí, considera-se que a competência ou incompetência será relativa e não absoluta (AI nº 457.967, 6ª Câm., Rel. Juiz Carlos Stroppa, j. em 21.05.1996).*
A Lei 8.245/1991 inovou ao dispor que o foro competente para conhecer e julgar as ações locatícias é o da situação do imóvel, salvo a estipulação de foro de eleição no contrato (artigo 58, II). A regra legal, portanto, contém uma competência relativa, que pode ser afastada por acordo das partes, expresso ou tácito. Haverá acordo expresso quando constar de cláusula do contrato locatício ou de documento à parte firmado pelos contratantes, prevendo, a sujeição voluntária a foro diverso do da situação do imóvel (artigo 111, do CPC) (TJSP, Agravo de instrumento 2096017-45.2015.8.26.0000, Rel. Des. Pedro Baccarat, 36ª Câmara de Direito Privado do TJSP, j. 18.06.2015).
Locação de imóvel. Despejo por falta de pagamento cumulado com pedido de cobrança. (...) Competência relativa. Eleição de foro. Exceção prevista no inciso II do artigo 58, da Lei 8.245/91. Extinção do feito, sem apreciação do mérito, por perda superveniente do objeto, decorrente da desocupação voluntária. Artigo 485, VI, do CPC/15. Ônus sucumbencial carreado à ré. Princípio da causalidade. Condenação indicada na sentença. Correção monetária e juros moratórios. Recurso parcialmente provido (TJSP, Apelação Cível 1001567-64.2017.8.26.0451, Rel. Walter Exner, 36ª Câmara de Direito Privado, j. 21.02.2018, data de registro 21.02.2018).
Em sentido contrário, Sylvio Capanema de Souza (ob. e loc. cit.) considera absoluta a incompetência, não havendo foro de eleição. Assim, segundo ele, nessa hipótese, sendo a ação ajuizada em outro lugar que não o foro da situação do imóvel, não caberia exceção de incompetência, mas alegação de incompetência absoluta em preliminar de contestação (Código de Processo Civil, art. 113 c/c 301, II) [atual art. 64, § 1º].

[134] Conclusão nº 8 do VI Encontro Nacional dos Tribunais de Alçada: *Mesmo havendo eleição de foro, não fica a parte inibida de propor a ação no domicílio da outra, desde que não demonstrado o prejuízo.* **Tribunal de Justiça de São Paulo:** *Competência. Declinação ex officio. Inadmissibilidade. Ausência de exceção declinatória. Incompetência relativa. Hipótese, ademais, em que a autora abriu mão do foro de eleição para ajuizar a demanda no domicílio da ré. Ausência de prejuízo. Competência prorrogada. Recurso provido* (rel. Oliveira Santos, Agravo de Instrumento nº 260.030-2, São Paulo, 19.04.95).

Pacificou-se a jurisprudência no sentido de considerar que a competência dos foros regionais é funcional, em razão da função social, do interesse coletivo, aproximando o Poder Judiciário do local de residência dos consumidores do direito. Portanto, não se trata de competência em razão da matéria ou do território.

Nesse sentido, a competência é absoluta e não relativa.

Assim, estabelecendo-se o foro competente, o juízo será aquele do foro regional do local do imóvel, seja lá qual for o valor da causa, respeitada a peculiaridade da lei estadual aplicável.[135]

Por exemplo, estando o imóvel localizado em São Paulo, não tendo sido eleito outro foro, não caberá escolha de juízo, como, por exemplo, Central, de Pinheiros etc.

Isso porque o foro da Capital é um só, dividido em diversos juízos, cuja competência é funcional (absoluta) e determinada por normas de organização judiciária.[136]

1.14.1. Alegação de incompetência nas ações decorrentes da Lei 8.245/1991

Tratando-se de incompetência relativa, nos exatos termos do art. 337, II, do Código de Processo Civil, não se admite que o juiz decline de ofício sua incompetência (Código de Processo Civil, art. 337, § 5º).[137]

---

[135] **Segundo Tribunal de Alçada Civil de São Paulo.** *Competência – despejo – foro regional – imóvel situado em seu território – aplicação do art. 4º da Lei 3.947, de 08.12.83. Com a criação dos foros regionais pela Lei 3.947, a competência para o julgamento das ações de despejo de qualquer espécie e valor quando o imóvel estiver situado no distrito ou subdistrito é uma das varas cíveis do Foro Regional a ele correspondente (AI nº 214.105, 7ª Câm., rel. Juiz Boris Kauffmann, j. em 29.09.87, in JTA (RT) 108/348). TJSP – Apelação sem Revisão 992990359092 (574018100) – Relator: Amorim Cantuária – 1a Câmara do Primeiro Grupo (Extinto 2º TAC) – j. 02.05.2000 – Data de registro: 09.05.2000. Despejo por falta de pagamento cumulado com cobrança. Valor da causa. Competência. Foro regional. O foro da Capital do Estado é único, e a distribuição da competência entre foros Central e Regionais é estabelecida pelas leis estaduais de organização judiciária para otimização da entrega da prestação jurisdicional. O valor da causa superior a 20 salários mínimos é irrelevante, quando se tratar de ação de locação. Matéria já decidida em anterior agravo de instrumento ajuizado pelas partes. Preclusão. (...).*

[136] Os julgados abaixo são elucidativos:
Tribunal de Alçada Cível do Rio de Janeiro. *Agravo de Instrumento nº 937/95, 8ª Câmara, unânime, 23.08.95. Ação de despejo. Imóvel situado em área abrangida por vara regional. Foro de eleição. Prevalência. É válida a cláusula de eleição do foro para os processos oriundos do contrato (artigo 58, II, da Lei 8.245/91 e Súmula do STF, verbete nº 335). Todavia, uma vez definida a competência do foro, é preciso estabelecer a competência do juízo, que rege pelas normas de organização jurídica. Se o imóvel está localizado em área abrangida por Vara Regional, a competência é desta, estabelecida pelo critério funcional territorial. Ajuizada a ação erroneamente em outro juízo, o juiz deve declarar-se incompetente, de ofício, por se tratar de incompetência absoluta e improrrogável.*
Segundo Tribunal de Alçada Civil de São Paulo. *Competência – divisão. Foro Central e Regionais da Capital – natureza absoluta – critério funcional – declaração de ofício – admissibilidade. A divisão da competência na Capital entre o foro central e os regionais, estabelecida na Lei de Organização Judiciária, é absoluta e não relativa, porque assentada no critério funcional. Logo, pode ser declarada de ofício (AI nº 532.031, 1ª Câm., rel. Juiz Diogo de Salles, j. em 15.06.98. Referências: AI nº 29.256-4, TJ, Campinas, 3ª Câmara de Direito Privado, rel. Toledo César, j. em 10.12.96. Conflito de Competência 29.901-0, TJ, SP, Câm. Esp., rel. Lair Loureiro, j. em 07.12.95. Conflito de Competência 28.939-0, TJ, SP, Câm. Esp., rel. Nigro Conceição, j. em 15.02.96. Conflito de Competência 30.652-0, TJ, SP, Câm. Esp., rel. Dirceu de Mello, j. em 04.07.96. Conflito de Competência 30.238-0, TJ, SP, Câm. Esp., rel. Carlos Ortiz, j. em 15.08.96. Conflito de Competência 32.554-0, TJ, Câm. Esp., rel. Luís de Macedo, j. em 29.08.96. Conflito de Competência 33.102-0, TJ, SP, Câm. Esp., rel. Lair Loureiro, j. em 07.11.96).*

[137] **Segundo Tribunal de Alçada Civil de São Paulo.** *Competência – locação – incompetência do juízo em razão do foro de eleição – caráter relativo – arguição por exceção – necessidade – exegese do artigo 112 do Código de Processo Civil. A incompetência do juízo, em razão do foro de eleição dos contratantes, deve ser arguida por exceção, nos termos do artigo 112 do Código de Processo Civil (Apel. s/ Rev. nº 468.040, 6ª Câm., rel. Juiz Lagrasta Neto, j. em 29.10.96).*

Assim, na contestação, cujo prazo é de quinze dias, deverá o réu apresentar a alegação de incompetência relativa em preliminar da contestação, sob pena de preclusão.

Certo é que, nos termos do art. 335 do Código de Processo Civil, *o réu poderá oferecer contestação, por petição, no prazo de 15 (quinze) dias, cujo termo inicial será a data:*

I – da audiência de conciliação ou de mediação, ou da última sessão de conciliação, quando qualquer parte não comparecer ou, comparecendo, não houver autocomposição;

II – do protocolo do pedido de cancelamento da audiência de conciliação ou de mediação apresentado pelo réu, quando ocorrer a hipótese do art. 335, § 4º, inciso I;

III – prevista no art. 231, de acordo com o modo como foi feita a citação, nos demais casos.

Em suma, o art. 334 do Código de Processo Civil determina *que o juiz designará audiência de conciliação ou de mediação com antecedência mínima de trinta dias, devendo ser citado o réu com pelo menos vinte dias de antecedência,* quando, então, até dez dias antes dela, poderá manifestar desinteresse na audiência caso o autor também tenha mostrado o mesmo desinteresse, começando do protocolo dessa petição, a correr o prazo da contestação.

Todavia, se o autor manifestou interesse na conciliação, o prazo para contestação só se inicia depois dessa audiência.

Nesse caso, como a incompetência relativa deve ser arguida na contestação, justificada está a circunstância de o réu apresentar a contestação antes da audiência, o que se infere do art. 340, §§ 3º e 4º, do Código de Processo Civil, segundo os quais, apresentada a contestação com alegação de incompetência, o juiz suspende a audiência já designada que será remarcada pelo juízo competente, que pode até ser o mesmo.

1.15. VALOR DA CAUSA

Art. 58. Ressalvados os casos previstos no parágrafo único do art. 1º, nas ações de despejo, consignação em pagamento de aluguel e acessório da locação, revisionais de aluguel e renovatórias de locação, observar-se-á o seguinte:

(...)

III – o valor da causa corresponderá a doze meses de aluguel, ou, na hipótese do inciso II do art. 47, a três salários vigentes por ocasião do ajuizamento;

O inciso III do art. 58 não deixa qualquer dúvida acerca do valor da causa nas ações decorrentes da Lei 8.245/1991.

Portanto, o valor da causa será de 12 (doze) meses de aluguel (considerado o vigente e não o constante do contrato), nas ações de *despejo,* ações de *consignação*

Tribunal de Justiça do Distrito Federal. Agravo de Instrumento nº 717.296 DF, 5ª Turma Cível, 24.02.1997, Rel. Maria Beatriz Parrilha, Diário da Justiça do DF: 06.08.1997, p. 17.318 – observação: STJ, REsp. nº 68.730-SP, 58.138-9-SP, 64.298-1-SP; Súmula nº 33. Contrato de locação. Eleição de foro diverso da localização do imóvel. Incompetência relativa – impossibilidade de arguição de ofício. 1 – A cláusula de eleição de foro, em contrato de adesão, só é considerada abusiva quando dela decorrerem circunstâncias excepcionais, como ausência de compreensão da cláusula ou dificuldade de acesso ao Judiciário. 2 – Nos termos do artigo 58, II, da Lei 8.245/1991, é possível às partes estabelecerem foro contratual diferente daquele da localização do imóvel locado. 3 – A incompetência relativa, conforme estatuído na lei e respaldado pela Súmula nº 33 do STJ, não pode ser declarada de ofício. Conhecer e dar provimento ao agravo de instrumento. Unânime.

em pagamento de aluguel e acessórios da locação, ações *revisionais de aluguel* e ações renovatórias de locação.[138]

Não se incluirão os encargos para o cálculo do valor da causa, que deve considerar apenas o aluguel vigente.

No caso do inciso III do art. 47, tratando-se de ação de despejo em virtude de extinção do contrato de trabalho, o valor da causa será correspondente a 3 (três) salários, considerado o último pago, vez que é evidente, ao revés do texto, que na data da propositura já não haverá contrato de trabalho e, por via de consequência, salário vigente.

Com o atual Código de Processo Civil, o juiz pode determinar a correção do valor da causa de ofício (CPC, art. 292, § 3º) ou, se não o fizer, caberá ao réu a impugnação em sede de preliminar de contestação e não por impugnação autônoma.

Nesse sentido, o art. 293 do Estatuto Processual:

> *Art. 293. O réu poderá impugnar, em preliminar da contestação, o valor atribuído à causa pelo autor, sob pena de preclusão, e o juiz decidirá a respeito, impondo, se for o caso, a complementação das custas.*

1.16. FÉRIAS FORENSES

> *Art. 58. Ressalvados os casos previstos no parágrafo único do art. 1º, nas ações de despejo, consignação em pagamento de aluguel e acessório da locação, revisionais de aluguel e renovatórias de locação, observar-se-á o seguinte:*
>
> *I – os processos tramitam durante as férias forenses e não se suspendem pela superveniência delas;*

Os processos enumerados no art. 58 da Lei 8.245/1991 tramitam durante as férias forenses, aplicando-se o art. 215, III, do Código de Processo Civil.

Ressalte-se, entretanto, que outras ações, não enumeradas no art. 58, mesmo que relacionadas com locação de imóveis urbanos, não tramitam durante as férias.

Por exemplo: uma ação declaratória de existência de relação *ex locato* não tramita durante as férias forenses.

1.17. CITAÇÃO, NOTIFICAÇÃO E INTIMAÇÃO

> *Art. 58. Ressalvados os casos previstos no parágrafo único do art. 1º, nas ações de despejo, consignação em pagamento de aluguel e acessório da locação, revisionais de aluguel e renovatórias de locação, observar-se-á o seguinte:*
>
> *(...)*
>
> *IV – desde que autorizado no contrato, a citação, intimação ou notificação far-se-á mediante correspondência com aviso de recebimento, ou, tratando-se de pessoa jurídica ou*

---

[138] **Segundo Tribunal de Alçada Civil de São Paulo.** *Valor da causa – ações abrangidas pela Lei 8.245/1991 – critério de fixação – renda anual do imóvel – aluguel vigente à época do seu ajuizamento. O elemento de apuração do valor da causa é o aluguel efetivamente em vigor no momento da propositura da ação, à luz do que dispõe o artigo 58, III, da Lei 8.245/1991, que se aplica a toda e qualquer ação abrangida por essa legislação especial, inclusive a renovatória (AI nº 453.258, 9ª Câm., rel. Juiz Claret de Almeida, j. em 14.02.96. No mesmo sentido: JTA (Lex) 147/250, 161/517. AI nº 375.748, 7ª Câm., rel. Juiz Antonio Marcato, j. em 16.03.93. AI nº 383.754, 7ª Câm., rel. Juiz Garrido de Paula, j. em 25.05.93. AI nº 393.620, 5ª Câm., rel. Juiz Ricardo Dip, j. em 23.11.93. AI nº 450.299, 1ª Câm., rel. Juiz Renato Sartorelli, j. em 18.12.95).*

firma individual, também mediante telex ou fac-símile, ou, ainda, sendo necessário, pelas demais formas previstas no Código de Processo Civil;

Enunciado n° 20 do Centro de Estudos do Segundo Tribunal de Alçada Civil de São Paulo (arts. 374 do Código de Processo Civil [atual art. 413] e 58, IV, da Lei 8.245/1991): A autorização para as citações, intimações e notificações por telex ou fac símile deve conter o número ou designação da estação destinatária nos autos, devendo ser juntado o original do ato expedido ou a cópia indelével, comprobatória da expedição.

Verifica-se que, ressalvadas as exceções do art. 247 do Código de Processo Civil, tanto a citação quanto a intimação podem ser levadas a efeito por meio eletrônico ou pelo correio.

A citação é o ato por intermédio do qual se chama o réu ou interessado a juízo, a fim de se defender (Código de Processo Civil, art. 238). É requisito de existência do processo (CPC, art. 239).

A intimação, por sua vez, é ato pelo qual se dá ciência de atos ou termos do processo (Código de Processo Civil, art. 269).

Não há como confundir citação e intimação com notificação, que não é ato de comunicação processual e significa manifestar uma intenção, produzindo efeitos jurídicos determinados na lei.

Veremos adiante os casos de necessidade de notificação nas ações decorrentes de locação.

Impropriamente, a Lei 8.245/1991 chamou algumas intimações de notificações. Fê-lo nos artigos 59, § 1º, 63 e 74, nos termos do art. 65.

Nesse particular, segundo Henri de Page, os equívocos quanto às palavras ensejam dúvidas quanto às coisas.[139]

Esses atos constituem comunicações processuais e, deste modo, intimações.

Para efeito de despejo, é bom que se diga, mister se faz a intimação do art. 65, cujo prazo se inicia de acordo com a forma:[140] a) correio: data da juntada do aviso de recebimento aos autos; b) oficial de justiça: data da juntada do mandado cumprido aos autos; e c) feita em cartório: data que se efetivou.

É preciso, entretanto, notar o seguinte: o Código de Processo Civil determina, em regra, a citação por meio eletrônico diante da redação do art. 246, dada pela Lei 14.195/2021.

Também as intimações, como regra, são feitas precipuamente por meio eletrônico, acorde com os arts. 269 a 275 do Código de Processo Civil.

Nada obstante, há regra especial e o inciso V, do art. 58, da Lei do Inquilinato, somente permite as citações e intimações pelo correio se houver autorização no contrato, e às pessoas jurídicas, nas mesmas condições, se houver autorização contratual, também pelo *fac-símile*, que, aliás, está em desuso.

Contudo, entendo que nesse ponto há necessidade de interpretação sistemática.[141]

Isto porque, na elaboração da Lei 8.245/1991, o sistema processual em vigor prestigiava a citação por intermédio do Oficial de Justiça (CPC de 1973).[142]

---

[139] Henri de Page, *Traité élémentaire de droit civil belge*, 2ª ed., Bruxelas: Émile Buylant, 1948.

[140] Código de Processo Civil, arts. 238 e 241.

[141] Araken de Assis, *Manual do processo de execução*, São Paulo: Revista dos Tribunais, 1998, p. 994. No mesmo sentido a lição de Paulo Henrique dos Santos Lucon (*Embargos à execução*, São Paulo: Saraiva, 1996, pp. 222-223).

[142] Na redação original do art. 222 do CPC/73, a citação postal era exceção, *verbis: "Art. 222. A citação pelo correio só é admissível quando o réu for comerciante ou industrial, domiciliado no Brasil."* A citação pelo correio como regra somente foi introduzida, com alteração do art. 222 do CPC de 1973, pela Lei 8.710, de 24 de Setembro de 1993.

Com a alteração, inicialmente do próprio CPC de 1973, prestigiando a citação pelo correio, forma essa prestigiada pela redação original do atual CPC de 2015 e que agora, por força da Lei 14.195/2021, passa a trazer como regra a citação por meio eletrônico, o novo sistema deve ser aplicado também às ações locatícias.

Não se admite um sistema citatório fracionado quando, na origem, não o era.

As ações locatícias contam com a Lei especial 8.245/1991, que disciplina particularidades do procedimento, o que este autor não deixa de lado.

Todavia, não se pode aceitar um sistema que nasceu parelho e que agora possa regular de modo diferente um mesmo fato: a forma da prática de um ato processual.

Também não esqueci que lei geral posterior não revoga e tampouco altera lei especial anterior.

Entretanto, a *mens legis,* à toda evidência, não foi a de estabelecer regras diferentes de citação para o Código de Processo Civil e para a Lei 8.245/1991.

A lei especial antes, repetia o Código de Processo Civil e, por esse motivo, a alteração da norma geral deve ser aplicada, neste caso, à lei especial com fundamento no art. 2º, § 1º, da Lei de Introdução às Normas do Direito Brasileiro.

1.18. EFEITOS DO RECURSO DE APELAÇÃO

> *Art. 58. Ressalvados os casos previstos no parágrafo único do art. 1º, nas ações de despejo, consignação em pagamento de aluguel e acessório da locação, revisionais de aluguel e renovatórias de locação, observar-se-á o seguinte:*
>
> *(...)*
>
> *V – Os recursos interpostos contra as sentenças terão efeito somente devolutivo.*

Nas ações de que trata o art. 58, a apelação terá efeito apenas devolutivo, autorizando que o locador apelado promova a execução provisória.

A execução provisória se fará nos termos dos arts. 520 a 522 do Código de Processo Civil.

Como o inciso se refere apenas ao recurso de apelação, certo é que interpostos embargos de declaração (Código de Processo Civil, art. 1.022), o cumprimento da decisão restará suspensa.

Assim como os demais incisos do art. 58, também este possui sua aplicabilidade restrita às ações relacionadas *numerus clausus* no *caput*.[143]

Outrossim, dispõe o art. 995 do Código de Processo Civil:

> *Art. 995. Os recursos não impedem a eficácia da decisão, salvo disposição legal ou decisão judicial em sentido diverso.*
>
> *Parágrafo único. A eficácia da decisão recorrida poderá ser suspensa por decisão do relator, se da imediata produção de seus efeitos houver risco de dano grave, de difícil ou impossível reparação, e ficar demonstrada a probabilidade de provimento do recurso.*

---

[143] Nada obstante, já se concedeu, excepcionalmente, efeito suspensivo à ação de despejo: **Segundo Tribunal de Alçada Civil de São Paulo.** *Recurso. Apelação – duplo efeito (devolutivo e suspensivo). Despejo. Falta de pagamento. Caráter excepcional. Admissibilidade. Existindo a possibilidade de que a efetivação do despejo cause à parte lesão de difícil reparação, razoável que se atribua ao recurso também o efeito suspensivo, nos termos do artigo 558 do Código de Processo Civil (AI nº 798.276-00/9, 3ª Câm., rel. Juíza Regina Capistrano, j. em 29.07.2003).*

Portanto, a critério do relator, diante dos fatos apresentados pelo apelante, poderá ser concedido o chamado efeito suspensivo à apelação interposta.

Entendemos que o presente artigo se aplica *in integrum* à apelação interposta em razão da sentença que decreta o despejo, o que se afirma com fundamento no art. 79 da Lei do Inquilinato.

Assim, poderá o locatário-réu, nas hipóteses previstas, pleitear efeito suspensivo de que não dispõe o recurso.

Aliás, foi exatamente essa a *mens legis*, qual seja: de conceder ao relator a oportunidade de conceder efeito suspensivo a todos os casos em que se observar recurso que não disponha desse efeito.

Nesse sentido, a lição de Theotonio Negrão, referindo-se ao equivalente, no CPC de 1973:

> O preceito não se aplica apenas aos processos regulados pelo Código de Processo Civil, mas também às leis especiais (p. ex. às apelações nas ações locatícias).[144]

Um problema logo surge, bem identificado por Theotonio Negrão:

> Mas, na hipótese... em que o recurso cabível é a apelação, com efeito meramente devolutivo, os autos só chegam ao relator depois de um demorado processamento do recurso, em primeiro e segundo graus de jurisdição. Essa demora em que o relator decida se lhe dará ou não efeito suspensivo pode causar prejuízo de difícil reparação à parte. Como proceder? Admitir que o interessado oponha, desde logo, agravo de instrumento pleiteando efeito suspensivo à apelação, enquanto esta se processa, ou até mesmo antes de interposta? Parece, a nosso ver, esta a única solução razoável.[145]

Antes da modificação do art. 558 do CPC de 1973 pela Lei 9.139, de 30.11.1995, o remédio era o mandado de segurança[146] ou a ação cautelar.

Nos termos da redação atribuída ao art. 558 do CPC de 1973, contudo, o agravo se justificava.

---

[144] Theotonio Negrão, *Código de Processo Civil*, São Paulo: Saraiva, 1997, nota 5 ao art. 558.

[145] Theotonio Negrão, *Código de Processo Civil*, São Paulo: Saraiva, 1997, nota 9 ao art. 558.
Neste sentido:
Segundo Tribunal de Alçada Civil de São Paulo: *Mandado de segurança ou ação cautelar – decisão judicial – efeito suspensivo à apelação – inadmissibilidade – exegese do parágrafo único do artigo 558 do Código de Processo Civil (redação da Lei 9.139/95). O autor que interpõe Ação Cautelar para obter a suspensão da execução provisória de despejo é carecedor de interesse de agir e o processo é extinto sem julgamento do mérito. O meio idôneo para atacar decisão que recebeu apelação no efeito meramente devolutivo é o Agravo de Instrumento e não a Ação Cautelar ou Mandado de Segurança (A. Caut. nº 476.062, 9ª Câm., rel. Juiz Eros Piceli, j. em 27.11.96, in JTA (Lex) 163/541. No mesmo sentido: JTA (Lex) 160/303,161/587, 161/550, 162/551, 163/515. MS nº 461.097, 5ª Câm., rel. Juiz Pereira Calças, j. em 14.08.96. MS nº 457.637, 5ª Câm., rel. Juiz Laerte Sampaio, j. em 19.06.96. MS nº 466.749, 9ª Câm., rel. Juiz Radislau Lamotta, j. em 02.10.96. MS nº 467.785, 2ª Câm., rel. Juiz Norival Oliva, j. em 14.10.96. MS nº 466.747, 9ª Câm., rel. Juiz Eros Piceli, j. em 20.11.96. A. Caut. nº 538.664, 11ª Câm., rel. Juiz Mendes Gomes, j. em 27.07.98. A. Caut. nº 543.451, 11ª Câm., rel. Juiz Mendes Gomes, j. em 10.08.98).*

[146] **Segundo Tribunal de Alçada Civil de São Paulo.** *Mandado de segurança – Despejo – Efeito suspensivo à apelação – Possibilidade de acolhimento desta – Irreparabilidade do dano derivado do efeito devolutivo – Segurança concedida. Diante da probabilidade de perpetração de dano irreparável é de se atribuir efeito suspensivo à apelação (MS 350.583, 7ª Câm., rel. Juiz Demóstenes Braga, j. em 12.05.1992. No mesmo sentido: JTA (Lex) 137/474 (em.), JTA (Saraiva) 71/270, 76/237. MS 173.136, 2ª Câm., rel. Juiz Walter Moraes, j. em 10.10.1984; MS 195.117, 7ª Câm., rel. Juiz Boris Kauffmann, j. em 04.10.1986; MS 321.417, 7ª Câm., rel. Juiz Antonio Marcato, j. em 08.10.1991).*

Todavia, atualmente, nos termos do § 3º do art. 1.012 do Código de Processo Civil, o pedido de concessão de efeito suspensivo será formulado por requerimento dirigido ao tribunal, no período compreendido entre a interposição da apelação e sua distribuição, ficando o relator designado para seu exame prevento para julgá-la, o que resolve o problema antes proposto por Theotônio Negrão.

Outro ponto importante acerca dos efeitos dos recursos diz respeito à cumulação da ação de despejo com ação de cobrança. Isto porque, como essa última dispõe de efeito suspensivo, alguns julgados estendem o mesmo efeito à de despejo, o que fazem alegando a incindibilidade da sentença.[147]

Não achamos que seja a melhor orientação.

Nada obsta a execução provisória somente do despejo, atribuindo-se efeito suspensivo à cobrança ou, então, a interpretação pura e simples de que a hipótese do art. 62 está incluída no rol do art. 58.[148]

---

[147] ***Segundo Tribunal de Alçada Civil de São Paulo.*** *Despejo – falta de pagamento – cumulação com cobrança – apelação – duplo efeito – cobrança não inserida no elenco do artigo 520 do Código de Processo Civil – extensão ao despejo – concessão. Recurso interposto contra sentença que julga ação de despejo por falta de pagamento e cobrança de alugueres e encargos de locação, deve ser recepcionado com duplo efeito, suspensivo e devolutivo, porque a cobrança não está no elenco do artigo 520 do Código de Processo Civil. Assim o duplo efeito do recurso cabível contra sentença que decide a ação de cobrança contamina a ação de despejo (MS nº 452.099, 6ª Câm., rel. Juiz Carlos Stroppa, j. em 28.02.96. No mesmo sentido: AI nº 464.380, 6ª Câm., rel. Juiz Carlos Stroppa, j. em 07.08.96).*

Segundo Tribunal de Alçada Civil de São Paulo. *Despejo – falta de pagamento – cumulação com cobrança de alugueres – apelação – duplo efeito – não previsão do artigo 58, V, da Lei 8.245/1991 – admissibilidade. Não se aplica, à apelação interposta contra sentença que também contém julgamento, de pedido de cobrança de aluguéis, a ressalva do inciso V do artigo 58 da Lei 8.245/1991 (AI nº 459.178, 7ª Câm., rel. Juiz Antonio Marcato, j. em 14.05.96. Referências: Código de Processo Civil – artigos 520 e 1.184. Barbosa Moreira, Comentários ao Código de Processo Civil, 2ª ed., Forense, 1976, vol. V, nº 248, p. 439. Mendonça Lima, Introdução aos Recursos Cíveis, 2ª ed., RT, 1976, nº 190, pp. 294 e ss. No mesmo sentido: JTA (Lex) 149/453, 160/198, 170/314).*

[148] ***Segundo Tribunal de Alçada Civil de São Paulo.*** *Despejo e cobrança de aluguéis – cumulação – recurso – apelação – efeito somente devolutivo – aplicação do artigo 62, VI da Lei 8.245/1991. A Lei 8.245/1991 confere à rescisão da locação uma certa principalidade em relação ao pedido de cobrança. A última constitui um seu acidente modal, favorecendo a conclusão de que a estatuição, relativa ao sujeito (ou suposto) se há de participar ao acidente; ademais, a mesma lei, para a hipótese de procedência de ambas as pretensões, prescreve o início da execução do pedido de cobrança antes da desocupação do imóvel (artigo 62, VI, da Lei 8.245/1991) (AI nº 393.264, 5ª Câm., rel. Juiz Ricardo Dipp, j. em 14.09.93).*

Segundo Tribunal de Alçada Civil de São Paulo. *Despejo – falta de pagamento – cumulação com cobrança de alugueres – apelação – efeito devolutivo – aplicação do artigo 58, V, da Lei 8.245/1991. Tem efeito meramente devolutivo a apelação interposta contra sentença prolatada nos autos de ação de despejo por falta de pagamento cumulada com cobrança, segundo a regra do artigo 58, inciso V, da Lei 8.245/1991 (AI nº 527.716, 9ª Câm., rel. Juiz Ferraz de Arruda, j. em 20.05.98. No mesmo sentido: JTA (Lex) 157/477. AI nº 404.573, 7ª Câm., rel. Juiz Demóstenes Braga, j. em 10.05.94. AI nº 429.963, 11ª Câm., rel. Juiz Felipe Pugliesi, j. em 23.03.95. Apel. s/ Rev. nº 436.421, 4ª Câm., rel. Juiz Celso Pimentel, j. em 08.08.95. AI nº 439.970, 4ª Câm., rel. Juiz Mariano Siqueira, j. em 17.10.95. AI nº 411.113, 1ª Câm., rel. Juiz Morato de Andrade, j. em 30.10.95. AI nº 452.936, 8ª Câm., rel. Juiz Milton Gordo, j. em 29.02.96. AI nº 459.336, 12ª Câm., rel. Juiz Ribeiro da Silva, j. em 09.05.96. AI nº 470.493, 2ª Câm., rel. Juiz Fábio Gouvêa, j. em 21.10.96. Apel. s/ Rev. nº 474.516, 11ª Câm., rel. Juiz Clóvis Castelo, j. em 03.03.97. AI nº 507.704, 1ª Câm., rel. Juiz Ricardo Tucunduva, j. em 15.09.97. AI nº 531.560, 3ª Câm., rel. Juiz João Saletti, j. em 04.08.98. AI nº 539.81, 7ª Câm., rel. Juiz S. Oscar Feltrin, j. em 11.08.98. AI nº 552.739, 7ª Câm., rel. Juiz S. Oscar Feltrin, j. em 20.10.98).*

1.19. PROCEDIMENTO

Segundo Rodrigo Cunha Lima Freire, processo "é a via pela qual o Estado realiza a jurisdição[149], em face do exercício de ação".[150]

Podemos complementar: não só o Estado, mas também o árbitro ou o tribunal arbitral exerce a função jurisdicional, ou seja, de aplicação do direito material, em razão da existência da arbitragem como meio alternativo de solução de conflitos.

Nessa medida, assevera Paulo Hamilton Siqueira Junior: "Processo é o conjunto de atos dirigidos para cumprir uma finalidade: aplicação da norma (...), solução de um conflito. A doutrina denomina procedimento a sequência dos atos coordenados. O procedimento é a forma como o processo se exterioriza e se materializa no mundo jurídico".[151]

Em suma, o direito constitucional de ação é exercido através do processo. Nesse sentido temos as ações de conhecimento, de execução e as ações cautelares.

As ações de conhecimento, cuja tutela pode ser declaratória, constitutiva ou condenatória, podem ser exercidas pelos procedimentos comum ou especial.

Na ação de despejo, a teor do que dispõe o art. 59, *caput*, da Lei 8.245/1991, o procedimento é comum, com as modificações constantes do capítulo II, arts. 59 a 66.

> *Art. 59. Com as modificações constantes deste capítulo, as ações de despejo terão o rito ordinário.*

A Lei do Inquilinato, como se vê, menciona o rito ordinário.

Entretanto, como não existe mais o rito sumário e, portanto, não há mais distinção entre rito ordinário ou sumário no Estatuto Processual vigente, deve ser entendida que a referência do art. 59 da Lei 8.245/1991 é feita ao procedimento comum do art. 318 e seguintes do Código de Processo Civil.

Isso significa, por exemplo, que a audiência de conciliação do art. 334 e seguintes do CPC será obrigatória caso uma das partes insista na sua realização.

Há uma exceção: despejo para uso próprio, por pessoa física (Lei 9.099/1995, art. 8º), cujo procedimento será aquele da Lei 9.099/1995, caso o autor opte por aforar a ação no Juizado Especial Cível.

A ação revisional, por disposição do art. 68 da Lei 8.245/1991, seguia o rito sumário, nos termos do art. 275 e seguintes do Código de Processo Civil de 1973.

Todavia, o rito sumário não foi previsto no Código de Processo Civil atual. Assim, fica sem efeito a referência levada a efeito pelo art. 68 da Lei do Inquilinato, devendo a ação seguir o procedimento comum, igualmente com as suas características insculpidas no art. 318 e seguintes do Código de Processo Civil, inclusive a conciliação do art. 334 e seguintes do mesmo diploma legal.

A ação renovatória, da mesma forma, seguirá o procedimento comum, respeitados os requisitos do art. 71 e seguintes da Lei do Inquilinato.

Em suma, a Lei do Inquilinato traz aspectos procedimentais que devem ser respeitados e, subsidiariamente, devem ser aplicadas as regras do procedimento comum estampadas

---

[149] A tutela jurisdicional não se confunde com a mera prestação jurisdicional. Aquela importa em dar a cada um o que é seu, ou seja, conceder à parte tudo o que tem direito, uma tutela de mérito justa, enquanto esta implica apenas no serviço jurisdicional.

[150] Rodrigo Cunha Lima Freire. *Condições da ação*, 2ª ed., São Paulo: RT, 2001, p. 34.

[151] Paulo Hamilton Siqueira Junior. *Direito processual constitucional*, São Paulo: Saraiva, 2006, p. 25-26.

no Código de Processo Civil, regra que vale tanto para as ações de despejo, quanto para as ações renovatórias e revisionais, inferência que se extrai do art. 79 da Lei 8.245/1991:

> *Art. 79. No que for omissa esta lei aplicam-se as normas do Código Civil e do Código de Processo Civil.*

De maneira geral, as ações locatícias possuem as seguintes características principais:

a) Possibilidade de liminar nas ações de despejo (§ 1º do art. 59).

b) Efeito meramente devolutivo ao recurso de apelação.

c) Ausência de sentença mandamental de despejo, apenas declaração de extinção da relação *ex locato* no caso de abandono do imóvel que, a rigor, representa reconhecimento da procedência do pedido.[152]

d) Normas específicas para emenda da mora na ação de despejo por falta de pagamento.

e) Os processos tramitam durante as férias.

f) É competente o foro da situação do imóvel, salvo se houver foro de eleição, que prevalecerá.

g) O valor da causa corresponde a 12 meses de aluguel atualizado, salvo despejo em virtude da extinção de contrato de trabalho, cujo valor será de três salários, considerado o último salário percebido.

h) Desde que autorizadas no contrato, as intimações serão feitas pelo correio e, tratando-se de pessoa jurídica, por *fac-símile*.

Por fim, o procedimento para a consignação de aluguéis e acessórios da locação é especial, traçado nos arts. 539 a 549 do Código de Processo Civil, com as peculiaridades do art. 67 da Lei 8.245/1991.

Veremos cada um deles nos capítulos deste livro VII.

1.20. PRAZOS E DIFERENCIAÇÃO DE PRAZOS DECORRENTES DO DIREITO MATERIAL E DO DIREITO PROCESSUAL – A CONTAGEM DE PRAZOS EM DIAS ÚTEIS

É sabido que o Código de Processo Civil de 2015 trouxe importante modificação na regra de contagem de prazos processuais em dias que, doravante, passam a ser considerados apenas nos dias úteis.

Nessa medida, prescreve o art. 219 da Lei 13.105/2015:

> *Art. 219. Na contagem de prazo em dias, estabelecido por lei ou pelo juiz, computar-se-ão somente os dias úteis.*
> *Parágrafo único. O disposto neste artigo aplica-se somente aos prazos processuais.*

Portanto, a novel contagem de prazos do CPC de 2015 se subordina a dois requisitos fundamentais:

a) Os prazos devem ser estabelecidos na lei em dias, excluindo da regra, portanto, os prazos em meses ou anos; e,

b) Apenas os prazos processuais se subordinam à nova regra, que não atinge, assim, os prazos decorrentes do direito material.

---

[152] Celso Anicet Lisboa, *A nova lei de locações sob enfoque processual*, Rio de Janeiro: Forense, p. 17.

Certo é que, mesmo depois do atual Código de Processo Civil, as regras processuais da Lei 8.245/1991 continuam em vigor e prevalecem sobre aquelas, inferência que se extrai do § 2º do art. 1.046 do CPC, segundo o qual *"Permanecem em vigor as disposições especiais dos procedimentos regulados em outras leis, aos quais se aplicará supletivamente este Código."*

Por sua vez, a Lei do Inquilinato não tratou da forma de contagem dos prazos processuais, atraindo, portanto, a aplicação do seu art. 79, segundo o qual: *"No que for omissa esta lei aplicam-se as normas do Código Civil e do Código de Processo Civil".*

Posta desta maneira a questão pelo CPC de 2015, é preciso observar que a Lei do Inquilinato é fértil na determinação dos mais diversos prazos, tendo eu contado a existência de 51 (cinquenta e um) prazos de todas as espécies.

Em suma, a Lei do Inquilinato, n. 8.245/1991, contempla prazos de direito processual, de direito material e até de direito penal.

E os prazos de natureza jurídica diversa estão lá dispostos em dias, meses e anos.

Em consonância com o constatado, resta, então, a definição daqueles que se enquadram na nova regra, o que deve ser feito com parcimônia em razão da existência de zona cinzenta na doutrina e na jurisprudência, apta a gerar insegurança jurídica.

Explico: os prazos para purgação da mora encontram acesa controvérsia doutrinária e jurisprudencial,[153] de tal sorte que melhor será considerá-los, por cautela, prazos decorrentes de direito material, o que será suficiente para evitar as consequências do decurso *in albis*.

Em suma, levando em consideração o exposto e que apenas os prazos processuais (não os materiais) e ainda assim apenas aqueles estabelecidos em dias estão subordinados à nova regra de contagem nos dias úteis, preparei a seguinte tabela:

ARTIGO DA LEI 8.245/1991	ATO, PROVIDÊNCIA OU DESCRIÇÃO DO PRAZO	PRAZO	NATUREZA DO PRAZO
3º	Prazo determinado no contrato para exigir vênia conjugal (não outorga) de pessoa casada, exceto no regime da separação total de bens (CC, art. 1.647) após a vigência do Código Civil de 2002 (Lei 10.406, de 10.01.2002, publicado no *DOU* 11.01.2002, que entrou em vigor no dia 12.01.2003 nos termos da LC 95/98.	10 anos	Material em anos

---

[153] Neste sentido:

Tribunal de Justiça de São Paulo. Locação de imóveis – Despejo por falta de pagamento cumulado com cobrança de alugueres e demais encargos – Pedido de purga da mora protocolizado no trigésimo dia após a juntada do mandado citatório – Ausência de contestação – Revelia decretada Nulidade da sentença afastada. Purgação da mora constitui ato de natureza material, não processual, do que resulta descabido o prazo em dobro em favor da parte defendida pela Procuradoria do Estado – Assistência Judiciária – Decisão mantida – Procedência – Recurso não provido. (Apelação 9105971-16.2003.8.26.0000, rel. Marcondes D'Angelo, Comarca: São José do Rio Preto, 25ª Câmara do Terceiro Grupo, j. 16.08.2005; Data de registro: 29.08.2005, Outros números: 824909800)

Tribunal de Justiça de São Paulo. O prazo para purgação da mora em ação de despejo por falta de pagamento, apesar de resultar do próprio direito material da parte, mas sendo ela assistida por defensor público ou por quem exerça função equivalente, adquire, também, natureza processual, daí porque incide o benefício do prazo em dobro para o seu exercício. (Agravo 9006522-22.2002.8.26.0000, rel. Mendes Gomes, Comarca: Cabreúva, 11ª Câmara do Sexto Grupo, j. 08.04.2002, Data de registro: 11.04.2002, Outros números: 730770000).

ARTIGO DA LEI 8.245/1991	ATO, PROVIDÊNCIA OU DESCRIÇÃO DO PRAZO	PRAZO	NATUREZA DO PRAZO
4°, parágrafo único	Para o locatário avisar, com antecedência, o locador que desocupará o imóvel, tendo em vista a transferência, pelo empregador, do local de prestação de serviços, isto se quiser ficar isento da multa proporcional pela desocupação antes do fim do prazo contratual.	30 dias	Material
6°	Para denúncia, pelo locatário, do contrato prorrogado por prazo indeterminado, isentando-o do pagamento do aluguel correspondente a um mês de locação.	30 dias	Material
7°	Para desocupação voluntária pelo inquilino no caso de denúncia, pelo proprietário, em razão de extinção de usufruto ou fideicomisso, em contrato firmado pelo usufrutuário ou fiduciário.	30 dias	Material
7°, parágrafo único	Para o proprietário denunciar o contrato em razão de extinção de usufruto ou fideicomisso, em contrato firmado pelo usufrutuário ou fiduciário.	90 dias	Material
8°	Prazo para desocupação voluntária do locatário notificado pelo adquirente que não está obrigado a respeitar o contrato, desde que o contrato não contenha cláusula de vigência e esteja em vigor.	90 dias	Material
8°, § 2°	Para o adquirente denunciar o contrato, contado o prazo da data do registro da alienação ou do registro do compromisso, sob pena de concordância com a continuidade com a locação feita pelo alienante e sub-rogação da posição contratual do locador.	90 dias	Material
12, § 2°	Para o fiador se exonerar, notificando o locador, a partir da data em que receber a notificação da sub-rogação a ele dirigida acerca da sub-rogação legal, notificação esta encaminhada pelo cônjuge/companheiro (em caso de morte, separação ou divórcio do locatário), pelos herdeiros necessários (ascendentes ou descendentes, além do cônjuge) ou pelas pessoas que viviam sob a dependência do locatário morto (esta notificação da sub-rogação também é encaminhada ao locador).	30 dias	Material
12, § 2° e 40, X	Prazo de responsabilidade do fiador que notifica o locador, contado da data da notificação que a este, o locador, encaminhar, dando conta da sua exoneração, permitindo, inclusive, que o locador exija novo fiador idôneo sob pena de despejo do locatário, com liminar (arts. 40, IV, X, parágrafo único e 59, § 1°, VII).	120 dias	Material
13, § 2°	Para o locador manifestar sua oposição à cessão da locação comunicada pelo locatário, não havendo sua anuência prévia no contrato ou em documento apartado, configurando infração legal à vedação da cessão da locação sem a anuência do locador (art. 13).	30 dias	Material
19	De vigência do contrato ou do acordo anteriormente realizado quanto ao aluguel, para viabilizar a ação revisional.	3 anos	Material em anos

ARTIGO DA LEI 8.245/1991	ATO, PROVIDÊNCIA OU DESCRIÇÃO DO PRAZO	PRAZO	NATUREZA DO PRAZO
26, parágrafo único	De duração dos consertos, para que o locatário, depois de esgotado este prazo, tenha direito ao abatimento proporcional no aluguel, no caso de o imóvel necessitar de reparos que incumbam ao locador.	10 dias	Material
26, parágrafo único	De duração dos consertos, para que o locatário, depois de esgotado este prazo, tenha direito a requerer a resilição do contrato, no caso de o imóvel necessitar de reparos que incumbam ao locador.	30 dias	Material
28	Para o locatário comunicado da venda do imóvel e das condições do negócio, manifestar de forma inequívoca sua concordância com as condições, aceitando integralmente a proposta e exercendo, assim, a sua preferência.	30 dias	Material
33	Para o locatário preterido no seu direito de preferência exigir perdas e danos ou requerer a adjudicação do imóvel vendido, depositando o valor da venda a terceiros mais as despesas de transferência.	6 meses	Material e em meses
33	Prazo de antecedência de averbação do contrato de locação junto à matrícula para presumir o conhecimento do adquirente, sujeitando-o aos efeitos da adjudicação ou das perdas e danos.	30 dias	Material
38, § 3º	Para substituição da caução em títulos e ações, em caso de concordata, falência ou liquidação das sociedades emissoras.	30 dias	Material
40, parágrafo único	Para o locatário apresentar nova garantia no caso de extinção da original, nas hipóteses dos incs. do art. 40, sob pena de despejo liminar, ainda que o contrato esteja em vigor quanto ao prazo contratado (art. 59, § 1º, VII).	30 dias	Material
43	Prisão simples no caso de contravenção por cobrança excessiva de aluguel e encargos, exigência de mais de uma modalidade de garantia ou cobrança antecipada de aluguel fora das hipóteses em que é permitida (ausência de garantias – art. 42 e locação para temporada).	5 dias a 6 meses	Penal
44	Detenção no caso de crime de ação pública, nas hipóteses de: a) recusa, pelo locador ou sublocador, a fornecer recibos discriminados nas locações coletivas multifamiliares; b) deixar o locador de usar o imóvel para a finalidade declinada no despejo (art. 47, III – pedido para uso próprio); e, c) não iniciar a demolição ou a reparação do imóvel, nos casos dos arts. 9º, IV (despejo para reparações urgentes determinadas pelo poder público), 47, IV (despejo para a realização de obras aprovadas pelo Poder Público, que aumentem a área construída, em, no mínimo, vinte por cento ou, se o imóvel for destinado à exploração de hotel ou pensão, em cinquenta por cento), 52, I (despejo em razão de determinação do Poder Público, para realizar no imóvel obras que importarem na sua radical transformação; ou	3 meses a 1 ano	Penal

ARTIGO DA LEI 8.245/1991	ATO, PROVIDÊNCIA OU DESCRIÇÃO DO PRAZO	PRAZO	NATUREZA DO PRAZO
44	para fazer modificações de tal natureza que aumente o valor do negócio ou da propriedade); e, 53, II (despejo para demolição, edificação, licenciada ou reforma que venha a resultar em aumento mínimo de cinquenta por cento da área útil); e, por fim, se executar despejo no período de luto do art. 65, § 2º (até 30 dias do falecimento de cônjuge, descendente, ascendente ou irmão de pessoas que habitem o imóvel).	3 meses a 1 ano	Penal
44, II	Para que o locador utilize o imóvel retomado por no mínimo 1 ano para o fim declarado no despejo sob pena de crime.	180 dias	Material
44, III	Para o locador iniciar a demolição ou a reparação do imóvel pedido para essa finalidade.	60 dias	Material
46 e 47	Do contrato de locação residencial para permitir, ao seu término, a denúncia vazia. Caso seja verbal, ou por escrito com prazo inferior a 30 meses, a denúncia vazia só pode ser exercida depois de 5 anos (art. 47, V).	30 meses	Material e em meses
46, § 1º	Para se considerar a prorrogação automática, por força da lei, depois do fim do prazo contratual de locação residencial escrito firmado por no mínimo 30 meses.	30 dias	Material
46, § 2º	Para desocupação voluntária do imóvel residencial pelo locatário após a denúncia notificada do contrato de locação residencial escrito firmado por no mínimo 30 meses, prorrogado por prazo indeterminado.	30 dias	Material
47, V	De vigência do contrato verbal, ou por escrito com prazo inferior a 30 meses, para permitir denúncia vazia.	5 anos	Material em anos
48	Prazo máximo do contrato para considerar a locação "para temporada", permitindo despejo em até 30 dias do término do prazo contratual.	90 dias	Material
50	Para o locador exercer a pretensão de retomada (despejo), com possibilidade de liminar (art. 59, § 1º, III), sob pena de se considerar a locação para temporada prorrogada até o prazo de 30 meses da celebração do contrato (art. 50, parágrafo único).	30 dias	Material
50, parágrafo único	De inércia do locador, que não ingressa com a ação de despejo no caso de imóvel para temporada, prazo este contado do término do prazo contratado, para considerar o contrato prorrogado por 30 meses contados do seu início.	30 dias	Material
51, II	Prazo mínimo constante do contrato de locação de imóvel para fins empresariais com ponto, para ensejar a ação renovatória, valendo, para tanto, contrato escrito que contenha expressamente este prazo ou prazo maior e, ainda, a soma de prazos constantes do contrato que atinja no mínimo este prazo, admitidos pequenos espaços de tempo entre um contrato e outros (jurisprudencialmente não superiores a 6 meses).	5 anos	Material em anos

ARTIGO DA LEI 8.245/1991	ATO, PROVIDÊNCIA OU DESCRIÇÃO DO PRAZO	PRAZO	NATUREZA DO PRAZO
51, III	Prazo mínimo de exploração da atividade empresarial que demande ponto para ensejar a ação renovatória do contrato de locação.	3 anos	Material em anos.
51, § 5º	Para propositura da ação renovatória (decadencial), contados da data prevista para o fim do contrato que contemple os requisitos da ação renovatória: a) contrato de 5 anos ou soma de prazos ininterruptos de 5 anos; b) exploração trienal da atividade empresarial; c) perfeito cumprimento do contrato renovando; d) proposta de novo aluguel de mercado; e e) proposta de nova garantia para o contrato.	1 ano no máximo a 6 meses no mínimo	Material
52, II	Prazo mínimo de existência efetiva do fundo de comércio que se pretenda instalar no imóvel, cuja maioria do capital pertença ao locador ou seu cônjuge, ascendente ou descendente para ensejar a contestação da ação renovatória fundada em instalação do fundo de comércio. Lembrando que a ação renovatória também pode ser contestada para uso do próprio locador e não para instalação de fundo de comércio.	1 ano	Material em ano
52, § 3º	Para o locador dar o destino alegado ou iniciar as obras determinadas pelo Poder Público ou que declarou pretender realizar, quando for este o fundamento da contestação da ação renovatória (art. 52, I e II), sob pena de pagar danos emergentes (despesas com mudança, perda de valor do fundo de comércio etc.) e lucros cessantes.	3 meses	Material em meses
54, § 2º	Periodicidade para exigir comprovação das despesas na locação em *shopping centers*, pelo locatário ou entidade de classe.	60 dias	Material
56, parágrafo único	Para se considerar a prorrogação automática, por força da lei, depois do fim do prazo contratual de locação não residencial.	30 dias	Material
57	Para desocupação voluntária do imóvel residencial pelo locatário após a denúncia notificada do contrato prorrogado por prazo indeterminado.	30 dias	Material
59, § 1º	Para desocupação no caso de concessão de liminar nas ações de despejo que comportem a providência.	15 dias	Processual
59, § 1º, I	Prazo mínimo para desocupação a ser concedido no instrumento de resilição bilateral do contrato (distrato), no caso de o locador pretender contar com a liminar para desocupação em 15 dias na hipótese de descumprimento do acordo.	6 meses	Material em meses
59, § 3º	Para purgar a mora na ação de despejo com liminar concedida, evitando a retomada, desde que não tenha exercido este direito nos últimos 2 anos.	15 dias	Controvertido e, nesse caso, por segurança, considerar material, sem contagem em dias úteis

ARTIGO DA LEI 8.245/1991	ATO, PROVIDÊNCIA OU DESCRIÇÃO DO PRAZO	PRAZO	NATUREZA DO PRAZO
61	Para desocupação do inquilino que concorda com a procedência do pedido nas hipóteses legais (§ 2º do art. 46 e nos incs. III e IV do art. 47): a) despejo por denúncia vazia do contrato de locação residencial por escrito com prazo superior a 30 meses prorrogado por prazo indeterminado; e, b) despejo por denúncia motivada no contrato de locação residencial verbal ou escrito, mas com prazo inferior a 30 meses (este com despejo proposto após o prazo, ainda que inferior a 30 meses), com pedido de retomada nas hipóteses de uso próprio ou demolição e edificação ou aumento de área de no mínimo 50%.	6 meses	Processual em meses
62, II	Para o locatário purgar a mora na ação de despejo por falta de pagamento, contado da citação (e não da audiência do art. 334 do CPC).	15 dias	Controvertido e, nesse caso, por segurança, considerar material, sem contagem em dias úteis
62, III	Para complementar o depósito inicial impugnado pelo locador, no caso despejo por falta de pagamento, contado da intimação.	10 dias	Controvertido e, nesse caso, por segurança, considerar material, sem contagem em dias úteis
63	Prazo ordinário para desocupação constante do mandado de despejo.	30 dias	Processual
63, § 1º	Prazo para desocupação constante da sentença e do mandado de despejo se: a) entre a citação e a sentença de primeira instância houver decorrido mais de quatro meses; ou, b) o despejo houver sido decretado com fundamento no art. 9º (mútuo acordo descumprido, infração legal ou contratual ou falta de pagamento) ou no § 2º do art. 46 (denúncia de contrato residencial prorrogado por prazo indeterminado).	15 dias	Processual
63, § 1º, "a"	De prazo de tramitação do processo, contado entre a citação e a sentença de primeira instância, para considerar redução do prazo constante do mandado de despejo de 30 dias para 15 dias.	4 meses	Processual em meses
63, § 2º	Para desocupação, constante do mandado no caso de despejo de estabelecimento de ensino autorizado e fiscalizado pelo Poder Público, devendo o juiz fazer coincidir com o período de férias escolares.	Mínimo de 6 meses e máximo de 1 ano	Processual em meses ou ano

ARTIGO DA LEI 8.245/1991	ATO, PROVIDÊNCIA OU DESCRIÇÃO DO PRAZO	PRAZO	NATUREZA DO PRAZO
63, § 3º	Para desocupação, constante do mandado, no caso de despejo de hospitais, repartições públicas, unidades sanitárias oficiais, asilos, estabelecimentos de saúde e de ensino autorizados e fiscalizados pelo Poder Público, bem como por entidades religiosas devidamente registradas e o despejo for decretado com fundamento no inc. IV do art. 9º (para a realização de reparações urgentes determinadas pelo Poder Público, que não possam ser normalmente executadas com a permanência do locatário no imóvel ou, podendo, ele se recuse a consenti-las) ou no inc. II do art. 53 (pedido para demolição, edificação licenciada ou reforma que venha a resultar em aumento mínimo de cinquenta por cento da área útil).	1 ano ou 6 meses se entre a citação e a sentença transcorreu mais de 1 ano	Processual em meses ou ano
67, VII	Para o locatário complementar o depósito inicial na ação de consignação de aluguéis e acessórios, contado da data da intimação da contestação que argui a insuficiência, o que fará para evitar o despejo, embora, neste caso, fique responsável pelas custas e honorários de 20%.	5 dias	Controvertido e, nesse caso, por segurança, considerar material, sem contagem em dias úteis
74	Para desocupação voluntária, contido no mandado expedido após a sentença que julga improcedente a ação renovatória, desde que tal pedido seja feito na contestação.	30 dias	Processual
78	Para desocupação voluntária, a ser concedida na notificação de denúncia de contrato de locação residencial firmado antes da Lei 8.245/1991 (publicada no *DOU* 21.10.1991 com *vacatio legis* de 60 dias, ainda que tenha havido aditamentos.	12 meses	Material

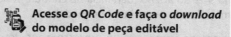

Acesse o *QR Code* e faça o *download* do modelo de peça editável

> http://uqr.to/1ye0i

Capítulo 2

GARANTIAS DA LOCAÇÃO

2.1. ESPÉCIES DE GARANTIA – PANORAMA GERAL

A garantia pode ser definida como a declaração convencional ou legal que se presta a proteção e acautelamento de uma obrigação pré-constituída, de caráter pessoal ou real, e que beneficia o credor no caso de inadimplemento do devedor. São exemplos: aval, penhor, hipoteca, fiança, depósito, anticrese etc.

O artigo 37 da Lei 8.245/1991, de maneira cogente, estabelece quais são as garantias possíveis ao contrato de locação de imóveis urbanos, a saber: I – caução, II – fiança, III – seguro de fiança locatícia e IV – cessão fiduciária de quotas de fundo de investimento.

Portanto, não há falar-se em outras modalidades de garantia senão estas discriminadas *numerus clausus*.

O parágrafo único do artigo 37 veda a utilização de mais de uma modalidade de garantia para o mesmo contrato de locação.

Sendo norma de ordem pública, não pode ser derrogada pelas partes, de sorte que é nula a segunda garantia prestada no mesmo contrato, podendo ser declarada *ex officio* pelo Juiz (art. 168, parágrafo único, do Código Civil), sem prejuízo da sanção penal em face da contravenção estipulada no inciso II do artigo 43, da Lei 8.245/1991. Com relação à contravenção e suas consequências, recomendamos a leitura do item 1.9 deste livro.

De qualquer forma, pergunta-se: observando-se duas ou mais garantias, todas serão nulas? Se não forem, qual será considerada válida?

A resposta nos dá Francisco Carlos Rocha de Barros,[1] ensinando que deve prevalecer a garantia dada antes e, se fornecidas simultaneamente, a que primeiro foi mencionada no contrato e, ainda, se uma foi dada no contrato de locação e outra em documento apartado, anula-se esta, reputando-se válida a do contrato locatício.

Esclarece, todavia, que mesmo sobrevivendo uma das garantias, não há como excluir a contravenção que estará tipificada no momento em que as duas garantias foram exigidas.

O mesmo autor admite a existência de dupla garantia de obrigações diversas, como, por exemplo, fiador para os aluguéis e encargos e caução para ressarcimento de danos causados ao imóvel locado.

---

[1] Francisco Carlos Rocha de Barros, *Comentários à Lei do inquilinato*, 2ª ed., São Paulo: Saraiva, 1997, p. 37.

Respeitável e jurídica opinião, todavia, não nos parece prudente, ainda mais em face do risco de contravenção penal do artigo 43, II, em caso de entendimento em contrário com supedâneo no texto expresso do parágrafo único do artigo 37.[2]

Por fim, resta importante ressaltar que a garantia, seja ela qual for, é acessória da obrigação principal (contrato de locação), sendo nula em caso de nulidade da locação (Código Civil, artigo 184). Entrementes, nula a garantia (acessória), válido será o contrato de locação que assim possa ser considerado. Pontes de Miranda entende que os contratantes podem modificar essa regra, estabelecendo, por exemplo, que nulo o contrato permanecerá a fiança.[3]

Exceção também está estipulada no artigo 824 do Código Civil, vez que, se a nulidade decorre de incapacidade do contratante principal, permanecerá a fiança, que por interpretação extensiva, pode ser aplicada às outras espécies de garantia.

---

[2] **Segundo Tribunal de Alçada Civil de São Paulo.** *Locação – fiança e dupla garantia – caução em dinheiro – invalidade – interpretação – Confirmada a existência de mais de uma modalidade de garantia num mesmo contrato de locação e tendo o locador já recebido o valor caucionado, torna-se irretorquível a conclusão de que o depósito em caução deve prevalecer. Ap. c/ Rev. 267.949 – 3ª Câm. – Rel. Juiz Melo Junior (subst.) – j. em 03.05.90, in JTA (RT) 125/476.*
Segundo Tribunal de Alçada Civil de São Paulo. *Fiança – locação – previsão de mais de uma garantia – nulidade da excedente – aplicação do artigo 37, parágrafo único, da Lei 8.245/91 e artigo 31, da Lei 6.649/79. A nulidade cominada pelo parágrafo único do artigo 37 da Lei 8.245/91, a exemplo do que ocorria na Lei 6.649/79, atinge apenas a garantia excedente, quer dizer, a que se seguiu à primeira, e assim por diante, e não toda a garantia. Ap. c/ Rev. 387.108 – 3ª Câm. – Rel. Juiz João Saletti – j. em 21.06.94, JTA (Lex) 154/222 Referência: locação e despejo – "Comentários à Lei 8.245/91" – Editora Revista dos Tribunais, pág. 86. Silvio de Salvo Venosa – "Nova Lei do Inquilinato Comentada" – Doutrina e Prática – Editora Atlas, p. 135. No mesmo sentido: JTA (RT) 101/300 JTA (Lex) 157/429.*
Segundo Tribunal de Alçada Civil de São Paulo. *Fiança – Locação – Previsão de mais de uma garantia – Caução e fiança – Nulidade tão só da caução – Aplicação do artigo 37, parágrafo único, da Lei 8.245/91. Sendo oferecida conta de fiança em garantia de locação, e caução pelo próprio fiador, revela-se nula esta última modalidade de garantia, por força do que dispõe o artigo 37, parágrafo único, da Lei 8.245/91, repetição do artigo 31, parágrafo único, da Lei 6.649/79. Ap. c/ Rev. 444.595 – 10ª Câm. – Rel. Juiz Euclides de Oliveira – j. em 19.12.95, in JTA (Lex) 158/328.*
Tribunal de Alçada do Paraná. *(...) 2. Locação – fiança e entrega de nota promissória, assinada em branco – exigência abusiva e descabida, por se constituir em dupla garantia inerente a um mesmo contrato, que esbarra na vedação prevista no art. 31, parágrafo único, da Lei 6.649/79 – prevalência da garantia representada pela fiança, por estar embutida no contrato – preenchimento e cobrança da cambial inadmissíveis. Não pode o locador, num mesmo contrato de locação, exigir da locatária fiança e entrega de uma nota promissória, assinada em branco, visto que se trata de uma dupla garantia, respeitante a mesma avença contratual, que se ofende a regra estabelecida no art. 31, parágrafo único, da Lei 6.649/79, hipótese em que deve subsistir a primeira, por estar contida no corpo do aludido contrato, sendo descabida e espúria a postura consistente no preenchimento e na cobrança do valor aposto unilateralmente na cártula. (Apelação Cível – 0035487600 – Curitiba – Juiz conv. Duarte Medeiros – Terceira Câmara Cível – j. em 26.02.91 – Ac 0502506.*
Tribunal de Alçada do Paraná. *Locação – execução ajuizada contra os fiadores – fiança e caução exigidas pelos locadores – duplicidade de garantia vedada pela lei do inquilinato – invalidade da garantia constituída em excesso – interpretação do parágrafo único do artigo 31 da Lei 6.649/79. A lei do inquilinato, ao vedar a constituição de dupla garantia no contrato de locação, não comina sanção expressa para a infringência do dispositivo pertinente. Assim, na hipótese em que o locador tenha exigido dupla garantia, não há que se declarar a nulidade de ambas, justamente por falta de previsão legal neste sentido, mas sim invalidar a garantia instituída em excesso, no caso a caução, prevalecendo a fiança, prestada em primeiro lugar. Doutrina e jurisprudência. Parcial provimento do recurso por unanimidade de votos. (...) Jurisprudência: RT 657/135; JTARGS 66/247; RT 615/132; RT 601/161; STJ REsp. nº 2973-RJ, rel. Min. Sálvio de Figueiredo – DJU 18.06.90; (...) (Apelação Cível – 0061669100 – Paranavaí – Juiz Ulysses Lopes – Quarta Câmara Cível – j. em 29.12.93 – Ac.: 4486 – Public.: 04.02.94).*

[3] Francisco C. Pontes de Miranda, *Tratado de direito privado*, Borsoi, 1954-1969, t. 4, p. 58.

Quanto à forma, qualquer das garantias estipuladas no artigo 37 devem ser fornecidas por escrito, mesmo que o contrato seja verbal, o que não é vedado pela Lei 8.245/1991 (arts. 47 e 51, I).

As garantias da locação são válidas até a efetiva entrega das chaves, salvo disposição contratual em contrário, de acordo com o artigo 39 da Lei 8.245/1991. Esta é a posição adotada por Maria Helena Diniz,[4] Sílvio de Salvo Venosa,[5] Carlos Alberto Dabus Maluf,[6] entre outros.

Há quem resista, fundamentando posição contrária no artigo 819 do Código Civil, que veda interpretação extensiva da fiança no silêncio do contrato, e 114 do mesmo diploma legal, que determina que os contratos benéficos devem ser interpretados restritivamente, o que se aplica a qualquer das modalidades de garantia do artigo 37 da Lei 8.245/1991.

Isso porque, de acordo com o § 1º do artigo 2º da Lei de Introdução às Normas do Direito Brasileiro, o artigo 39 da Lei Inquilinária não logrou regular totalmente o contrato de fiança. Portanto, como ensina Rocha de Barros, "para segurança do locador, convém expressar no contrato a subsistência da garantia até a devolução do imóvel. Cautela e caldo de galinha não fazem mal a ninguém, diz a voz do povo".[7]

Em suma, o art. 39 estabelece que as garantias no contrato de locação se estendem até a efetiva entrega das chaves, ainda que o contrato tenha sido prorrogado por prazo indeterminado por força de lei, o que ocorre depois de trinta dias do final do contrato sem manifestação do locador ou devolução do imóvel por parte do locatário.

É assim, portanto, na caução (em dinheiro, bens móveis ou imóveis), no seguro-fiança e na cessão fiduciária de quotas de fundo de investimento (art. 37).

Todavia, modificando radicalmente a jurisprudência que se firmou no STJ a partir de 2007, o inciso X e o seu parágrafo único, acrescidos ao art. 40 pela Lei 12.112/2009, estabelecem a possibilidade de o fiador se exonerar da fiança no termo final do contrato, independentemente de sua prorrogação por prazo indeterminado, como veremos adiante.

Em outras palavras, a fiança só se estende até a efetiva entrega das chaves caso o fiador não tome a providência de pedir exoneração, nos termos do inciso X, do art. 40, da Lei 8.245/1991.

---

[4] *Lei de Locações de Imóveis Comentada*, 3ª ed., São Paulo: Saraiva, 1995.

[5] *Lei do Inquilinato Comentada*, 3ª ed., São Paulo: Atlas, 1997.

[6] *Comentários à Lei de Locação de Imóveis Urbanos*. Obra coletiva – coordenação de Juarez de Oliveira. São Paulo: Saraiva, 1992.

[7] Francisco Carlos Rocha de Barros. Ob. cit., p. 188.
Segundo Tribunal de Alçada Civil de São Paulo. *Fiança – Locação – Contrato prorrogado – Subsistência da garantia até efetiva devolução do imóvel – Aplicação do artigo 39 da Lei 8.245/91. A prorrogação do prazo contratual não caracteriza extinção da obrigação, "ex vi" do artigo 39 da Lei do Inquilinato, quando os fiadores assumiram a responsabilidade solidária pelos afiançados até a efetiva entrega das chaves do imóvel livre de pessoas e coisas. Ap. s/ Rev. 498.593 – 11ª Câm. – rel. Juiz Clóvis Castelo – j. em 20.10.97.*
Segundo Tribunal de Alçada Civil de São Paulo. *Locação (Lei 8.245/91) – dano no imóvel – indenização – responsabilidade – cessão não consentida (artigo 13, § 1º) – persistência do locatário e fiador até a entrega das chaves (artigo 39). Não havendo documento escrito firmado pela locadora assentindo a transferência da locação, persiste a responsabilidade da locatária e da fiadora pelas obrigações assumidas até a efetiva entrega das chaves. Ap. c/ Rev. 424.243 – 11ª Câm. – rel. Juiz Clóvis Castelo – j. em 16.02.95.*
Segundo Tribunal de Alçada Civil de São Paulo. *Locação – Fiança – Novação – Contrato prorrogado – Descaracterização – Subsistência da garantia. A simples prorrogação do contrato, após vencimento do prazo, sem nenhuma alteração de cláusula, não configura novação, de modo que persiste a responsabilidade dos fiadores. Ap. c/ Rev. 437.709 – 10ª Câm. – rel. Juiz Euclides de Oliveira – j. em 04.10.95.*

2.2. CAUÇÃO

2.2.1. Introdução

A caução, sinônimo de garantia, é a cautela, precaução e, juridicamente, submissão de um bem ou uma pessoa a uma obrigação ou dívida pré-constituída. Portanto a caução ou garantia é gênero, do qual são espécies a hipoteca, o penhor, a anticrese, o aval, a fiança etc.[8]

A matéria-prima do Direito é a linguagem escrita. Assim, mister se faz a análise da linguagem para que se obtenha do significado (o texto de direito positivo), sua significação.

A caução possui a seguinte significação, necessária para a delimitação precisa do instituto: "Qualquer meio de assegurar o cumprimento de ajuste ou obrigação; depósito em dinheiro ou títulos para responder pela execução de um contrato ou pelos possíveis desfalques da parte dos fiéis, tesoureiros e outros empregados: cautela, garantia, segurança".[9]

Ensina a doutrina que a caução pode ser processual, legal ou convencional.

Entre as cauções legais, como aquelas dos arts. 1.280 e 1.400 do Código Civil, e 678, parágrafo único, 895, § 1º e 903, § 1º, III, do Código de Processo Civil, estão aquelas dos arts. 59, § 1º, e 64 da Lei 8.245/1991.

A caução processual decorre do poder geral de cautela (CPC, arts. 297 e 300, § 1º) e como contracautela nas liminares em medidas de urgência de natureza cautelar (CPC, art. 300, § 1º).

A caução convencional, como aquela referente à garantia da locação, pode ser exemplificada pelo penhor, hipoteca e fiança.

O Direito Civil classifica a caução em real (penhor, hipoteca, anticrese e caução de títulos – direitos reais de garantia – Código Civil, artigos 1.419 a 1.510) e fidejussória (fiança – Código Civil, artigos 818 a 839).

Apesar disso, muita confusão se faz em razão da própria Lei 8.245/1991 estabelecer a caução como uma espécie de garantia, levando alguns autores a estabelecê-la como uma espécie autônoma, quando, na verdade, é sinônimo de garantia, como já dissemos.

A celeuma minimiza na exata medida em que a Lei 8.245/1991, no seu artigo 38, estabelece que a caução poderá ser em bens móveis ou imóveis, referindo-se, destarte, à caução convencional real.

Em consonância com o acatado, a Lei 8.245/1991 estabelece a caução real (penhor, hipoteca, anticrese – direitos reais de garantia) e fidejussória (fiança).

É importante lembrar, a par do enquadramento da fiança locatícia nas exceções da proteção conferida pela Lei do Bem de Família, que o imóvel caucionado (se for o caso de averbação da simples caução e não de hipoteca) pode ser considerado entre as exceções do art. 3º da Lei 8.009/1990, de modo que, sendo imóvel único da entidade familiar ou do casal, ou móvel que guarneça este imóvel nos termos do art. 1º dessa Lei, põe em risco a garantia, já que poderá ter a proteção conferida ao bem de família.

---

[8] Aliás, o art. 827 do Código de Processo Civil de 1973 determinava: *Art. 827. Quando a lei não determinar a espécie de caução, esta poderá ser prestada mediante depósito em dinheiro, papéis de crédito, títulos da União ou dos Estados, pedras e metais preciosos, hipoteca, penhor e fiança.*

[9] Antenor Nascentes, *Dicionário Ilustrado da Língua Portuguesa da Academia Brasileira de Letras*, Rio de Janeiro: Bloch Editores S/A, 1971, vol. II.

Não se trata, *in casu*, de obrigação decorrente de fiança, que está, em tese, excluída pelo inciso VII do artigo 3º da Lei 8.009/1990.[10]

Nesse sentido:

> *A caução levada a registro, embora constitua garantia real, não encontra previsão em qualquer das exceções contidas no artigo 3º da Lei 8.009/1990, devendo, em regra, prevalecer a impenhorabilidade do imóvel, quando se tratar de bem de família. STJ. Quarta Turma; REsp 1.789.505/SP; j. 22.03.2022.*

> *Agravo de instrumento. Execução de título extrajudicial. Decisão que rejeitou exceção de pré-executividade calcada em impenhorabilidade de bem de família. Inconformismo da parte executada. Acolhimento. Imóvel que foi concedido como garantia de contrato de locação a título de caução, não de fiança. Exceção à impenhorabilidade prevista na Lei do Bem de Família que é específica para a fiança. Interpretação restritiva de texto legal que visa tolher direitos. Impenhorabilidade reconhecida. Decisão reformada. Recurso provido. (TJSP; Agravo de Instrumento 2132288-43.2021.8.26.0000; Rel. Rogério Murillo Pereira Cimino; 27ª Câmara de Direito Privado; Foro de Sertãozinho – 2ª Vara Cível; j. 31.03.2022; Data de registro: 31.03.2022).*

Nem é possível que o fiador estabeleça a caução, por se configurar dupla garantia vedada expressamente pelo parágrafo único do artigo 37 e artigo 43, II, ambos da Lei 8.245/1991, como já dissemos.

Entretanto, julgados existem que acabam por afastar a alegação da existência de bem de família da Lei 8.009/1990 em face do imóvel caucionado, posto que se trata de garantia concedida pelo próprio titular da propriedade e espontaneamente, não se justificando a proteção. Neste sentido[11]:

---

10 Neste sentido:
Tribunal de Justiça de São Paulo. *Locação de imóveis – execução – penhora sobre imóvel oferecido em caução – impenhorabilidade – bem de família – reconhecimento – art. 6º da Constituição Federal (Emenda Constitucional nº 26/2000) – insubsistência da penhora – sentença parcialmente reformada. Apelação parcialmente provida (9169607-82.2005.8.26.0000, Apelação, Locação de Imóvel, Rel. Cristina Zucchi, Santos, 34ª Câmara de Direito Privado, j. 03.12.2009, Data de registro: 23.12.2009 – Outros números: 1014822/2-00, 992.05.103129-8).*
Tribunal de Justiça de São Paulo. *Locação de imóveis. Execução provisória. Imóvel oferecido em caução. Bem de família. Impenhorabilidade. Benefício legal instituído em favor da família. Direito indisponível. Recurso improvido (0067167-25.2009.8.26.0000, Agravo de Instrumento, Locação de Imóvel, Rel. Rosa Maria de Andrade Nery, São Bernardo do Campo, 34ª Câmara de Direito Privado, j. 31.08.2009, Data de registro: 25.09.2009 – Outros números: 1279826/9-00, 992.09.067167-7).*

11 Em igual sentido: *Locação de Imóvel – Embargos à Execução – Rejeição – Sentença mantida. Quem dá imóvel em caução para garantia de contrato de locação, abre mão de arguir a sua impenhorabilidade como bem de família (TJSP. Processo n. 9087395-62.2009.8.26.0000, Apelação, Rel. Mendes Gomes, Santo André, 35ª Câmara de Direito Privado, j. 14.03.2011, Data de registro: 18.03.2011 – Outros números: 992090746618).*
Tribunal de Justiça de São Paulo. Locação comercial – execução – legitimidade passiva da caucionante – reconhecimento – limitação do patrimônio ao imóvel dado em garantia. Por se tratar de garantia real e não fidejussória, o imóvel dado em caução é o único bem da garantidora passível de constrição para satisfação do crédito do locador. Nenhum outro bem integrante do seu patrimônio poderá responder pelo débito, mesmo em caso de insuficiência do valor do imóvel dado em garantia. Penhora sobre bem de família da caucionante – possibilidade. Quem espontaneamente oferece bem de família para garantia de débito, abdica da proteção legal conferida pela cláusula de impenhorabilidade. Ademais, a caução real prestada nada mais é senão uma hipoteca, o que faz incidir à espécie o artigo 3º, V, da Lei 8.009/90, que diz ser inoponível a impenhorabilidade do bem de família nos processos para execução de hipoteca sobre o imóvel oferecido como garantia real pelo casal ou pela entidade familiar. Litigância de má-fé – oferecimento de embargos à execução – ausência de violação ao princípio da boa-fé e lealdade processual – condenação afastada – apelação parcialmente provida (9084923-64.2004.8.26.0000, Apelação, Locação de Imóvel, Rel. Andrade Neto, São Bernardo do Campo, 30ª Câmara de Direito Privado, j. 10.02.2010, Data de registro: 19.02.2010 – Outros números: 873250/0-00, 992.04.003258-1).

Tribunal de Justiça de São Paulo. Agravo de instrumento. Locação de imóvel para fins comerciais. Cobrança. Cumprimento de sentença. Bem de família. Condição não comprovada. Alegar e não provar é quase não alegar. 1. A expressa indicação de bem imóvel como garantia (CAUÇÃO) em contrato de locação acarreta a renúncia ao benefício da impenhorabilidade do bem de família, sob pena de violação da boa-fé que deve nortear os negócios jurídicos. 2. Não comprovada a condição de bem de família do imóvel, de rigor a rejeição da impugnação à penhora. Decisão mantida. Recurso desprovido. (TJSP; Agravo de Instrumento 2016555-92.2022.8.26.0000; Rel. Felipe Ferreira; 26ª Câmara de Direito Privado; Foro Central Cível – 30ª Vara Cível; j. 27.04.2022; Data de registro: 27.04.2022).

2.2.2. Caução de bens imóveis

Inicialmente, há que se considerar que os direitos reais e obrigacionais possuem gênese diferenciada.

Os direitos obrigacionais têm como fonte mediata a vontade das partes, o elemento volitivo com liberdade criadora, desde que, por óbvio, disponha dos requisitos do art. 104 do Código Civil (agente capaz, objeto lícito, possível, determinado ou determinável e forma prescrita ou não defesa em lei). Bem por isso não se limitam aos contratos nominados ou de expressa definição legal.

Quanto aos direitos reais, é importante mencionar que somente um elemento é capaz de dar-lhes vida jurídica: a lei, que reconhece com exclusividade a existência de direitos reais, pouco importando a vontade das partes.

O surgimento do direito real depende, portanto, do reconhecimento da lei e não das partes. O artigo 1.225 do Código Civil enumera os direitos reais, muito embora qualquer diploma legal possa lhes dar gênese, como ocorre com a alienação fiduciária de bem imóvel, em razão da Lei 9.514/1997.

Neste ponto surge o problema, vez que ao citar atecnicamente a caução de bens imóveis como espécie de garantia, não a tendo estabelecido, outrossim, como direito real, parte da doutrina entende tratar-se de espécie sem qualidade de direito real, não possuindo, assim, as características desse mesmo direito, a saber: a) oponibilidade *erga omnes* que nada mais é que a possibilidade de oposição a todos do direito do qual sou titular, que recai sobre toda a coletividade em geral; b) sequela – prerrogativa concedida ao titular de direito real de seguir a coisa nas mãos de quem quer que a detenha, de apreendê-la para sobre a mesma exercer o seu direito real; c) direito de preferência. Só os direitos reais de garantia são sujeitos à preferência.

Mister se faz, então, a análise intrínseca da caução de bens imóveis.

Segundo Francisco Carlos Rocha de Barros, a caução é espécie autônoma de garantia, até em face de atecnia da própria Lei de Registros Públicos (Lei 6.015/1973) que admite a averbação de caução de bens imóveis (art. 167, II, nº 8).

Todavia, a própria Lei de Registros Públicos, no artigo 172, atribui a essa averbação o efeito de se tornar eficaz em relação a terceiros.

Nessa linha, comenta o citado autor: *Assim, ainda que não se reconheça direito real de garantia, da averbação da caução de imóvel deverá resultar alguma segurança para o locador. Eventual alienação do bem não significará que terá desaparecido a garantia. O adquirente, que não poderá alegar ignorância da caução, deverá responder – até o limite do valor do imóvel caucionado – pelas obrigações do locatário garantidas pela caução.*

A perplexidade continua: *Alguma realidade há de decorrer da averbação (Walter Ceneviva, Lei dos Registros Públicos Comentada, Saraiva, 1979, art. 167), ainda que o locador, no caso, não possa excutir o imóvel dado em caução.*[12]

---

[12] Francisco Carlos Rocha de Barros. Ob. cit., p. 182.

Nesse sentido, inclusive, para quem assim entende, argumenta-se que, ao estabelecer a possibilidade da caução em bens imóveis, admitido o ingresso no fólio real por meio de averbação (Lei 6.015/1973, art. 167, II, n° 8), criou-se garantia real anômala, mais simples e menos formal que as outras espécies conhecidas de garantia, notadamente a hipoteca que se circunscreve, nada obstante as relações locatícias e, nesse sentido, o vetusto entendimento do Dr. Marcelo Fortes Barbosa Filho (Parecer n° 696/97, proferido no proc. CG n° 1.578/97): *Resta, simplesmente, questionamento com respeito à natureza da caução sobre imóveis, mas, não havendo dúvida de que ela não se confunde com a hipoteca ou a anticrese, a única solução plausível se resume em admitir o surgimento de uma garantia real anômala, restrita ao âmbito locatício.*

Outrossim, no julgado abaixo, embora admitida a averbação, não foi reconhecida a vinculação sobre o imóvel, o que torna, de qualquer maneira, ante a insegurança jurídica, garantia de eficácia questionável:

Tribunal de Justiça de São Paulo. *Registro de Imóveis. Garantia contratual. Caução em bem imóvel. Averbação. Possibilidade exclusivamente na hipótese de locação. Previsão excepcional em lei especial (Lei 8.245/91, art. 38, § 1°). Nos demais casos, deve ser formalizada como hipoteca, passível de registro. Inteligência do art. 167, inciso II, item 8, da Lei 6.015/73. Averbação viável apenas quando a caução incide sobre direitos relativos a imóvel, pois, se incidente sobre o bem em si mesmo, será imperativa, em regra, a feição hipotecária. Qualificação de acordo com a situação tabular existente ao tempo da apresentação do título. Recurso provido. Acesso negado (Processo CG n° 110/2005, Data: 08.03.2005, São Paulo, Dr. José Antônio de Paula Santos Neto).*

Com todo respeito, pensamos que, ou se trata de direito real e a averbação atribuirá direito de sequela e oponibilidade *erga omnes*, ou de nada adiantará a caução do imóvel que, afinal, não será garantia alguma ou, na melhor das hipóteses, garantia pessoal limitada a um único bem.

Portanto, a melhor interpretação, que não é, lamentavelmente, a da maioria, me leva a crer que a caução (garantia) de bens imóveis a que se refere o artigo 38 da Lei 8.245/1991, nada mais é que uma hipoteca, com todas as suas características.

A hipoteca consiste na garantia real pela qual se satisfaz uma obrigação pela excussão de um imóvel previamente determinado na constituição da obrigação.

Ensina com muita propriedade, o preclaro Elvino Silva Filho: E se se tratar de imóvel – existirá caução de imóvel? *Não há dúvida que sim. Entretanto, sendo a caução, de acordo com o conceito que inicialmente fixamos, garantia para o cumprimento de uma obrigação, o oferecimento de imóvel para efetivar essa garantia somente poderá se realizar através do direito real de hipoteca. Atente-se aqui que a caução não tem por objeto os direitos reais sobre coisa alheia ("jura in re aliena"), mas o próprio imóvel, em sua totalidade, e, em sua plenitude de direitos. O direito a ser dado em garantia é o próprio "jus in re", o direito de propriedade. A caução nada mais sendo que direito real de garantia, o imóvel dado em caução fica sujeito, por vínculo real, ao cumprimento da obrigação (art. 755 do Código Civil de 1916 – Art. 1.419 do Código Civil de 2002). Assim, oferecido pelo devedor um imóvel para ser dado em caução, para garantir o cumprimento de uma obrigação, essa garantia somente poderá se constituir através da constituição de um direito real de garantia e que no caso específico é a hipoteca.*[13]

Não assiste razão, outrossim, conforme ainda ensina Elvino Silva Filho, aos que insistem em proceder exclusivamente a averbação da caução de imóveis, vez que o ato pode ser de registro.

É que, segundo preleciona, a caução (garantia) é genérica, abrangendo os direitos reais de garantia, desde a fiança, até o depósito para garantia de execuções, o que se dá em virtude da divisão da caução em legal, convencional e judicial como já vimos.

Em consonância com o acatado, a caução de bens imóveis, do próprio domínio, só se constitui pela hipoteca.

---

[13] Elvino Silva Filho, *A Caução no Registro de Imóveis*, Campinas, 1979, pp. 18/19.

Ora, a hipoteca, por sua vez, só se constitui através de registro, pelo qual se torna um direito real de garantia, de tal sorte que não se concebe averbação de hipoteca, figura teratológica apenas concebida por atecnia legal.

O artigo 1.227 do Código Civil é claro:

> *Os direitos reais sobre imóveis constituídos ou transmitidos por atos entre vivos só se adquirem com o registro no Cartório de Registro de Imóveis dos referidos títulos (arts. 1.245 a 1.247) (...)*

Comentando o correspondente art. 676, do Código Civil de 1916, ensina João Luiz Alves: *Salvo tratando-se de servidões legais e de impostos, não conhecemos outros casos em que direitos reais se possam adquirir independentemente de registro, quando constituídos ou adquiridos por atos entre vivos.*[14]

A averbação é ato apenas que visa ao complemento do registro, não podendo, jamais, constituir um direito por simples averbação.

Conclui Elvino Silva Filho: *A caução de imóvel é direito de garantia conferido pelo devedor ao credor para o cumprimento de uma obrigação. Em nossa legislação, o direito de garantia que recai sobre um imóvel para tal fim é o direito real de hipoteca. E a hipoteca somente tem eficácia constitutiva através da inscrição (registro) no Registro de Imóveis, jamais por averbação.*[15]

Em se tratando, portanto, de caução de imóveis nos contratos de locação, mister se faz uma escritura pública, que não é necessária na hipoteca judicial (caução de imóveis), como aquela do artigo 300, § 1º do CPC, substituída por termos nos autos do processo líquido em razão dos bens do caucionário, bem como com os requisitos que se exigem para esse direito real de garantia.

Não se deve confundir a caução do domínio do imóvel com a caução de imóvel objeto de promessa de compra e venda, vez que, em verdade, esta se trata da garantia através de um crédito de natureza pessoal do promissário comprador. Não se cauciona a propriedade e sim o direito de recebê-la que, portanto, é objeto de averbação e não registro, exatamente por se tratar de caução representada por penhor de crédito *stricto sensu*, que será abaixo analisado.

Na prática pode haver alguma dificuldade na exata medida em que *a hipoteca, direito real, é direito de garantia; de modo que há crédito que ela garante.*[16] Na locação não há crédito a ser garantido na constituição da caução. O artigo 176, § 1º, III, nº 5, da Lei 6.015/1973 (Lei de Registros Públicos), exige a especificação do valor do crédito, exigência que é repetida pelo artigo 1.424 do Código Civil.

Não se resolve esse obstáculo com a argumentação de tratar-se de condição suspensiva, vez que esse fato não traz à colação o valor do débito.

Todavia, consideramos que o inciso I do artigo 1.424 do Código Civil admite a indeterminação desde que, no futuro, a dívida seja passível de determinação, sendo estimada no ato da constituição através do critério que nos fornece o artigo 58, III, da Lei 8.245/1991, ou seja, doze meses de aluguel.

De fato, no momento da execução, haverá uma dívida certa e determinada que, portanto, respeitará o requisito do aludido artigo, podendo, no ato da escritura de hipoteca,

---

[14] João Luiz Alves, *Código Civil Anotado*, 3ª ed., Rio de Janeiro: Borsoi, 1958, 3º vol., p. 162.

[15] Elvino Silva Filho. ob cit. p. 27.

[16] Pontes de Miranda. Ob. cit., t. 20, p. 57.

ser estimada, como expressamente requerido pelo inciso I do artigo 1.424: "o valor total do crédito, sua estimação ou valor máximo."

Tampouco o requisito do prazo fixado para pagamento será óbice, vez que o prazo é aquele estipulado no contrato, pouco importando que haja renovação legal, até porque o artigo 39 da Lei 8.245/1991 expressamente estipula que "salvo disposição contratual em contrário, qualquer das garantias da locação se estende até a efetiva devolução do imóvel."

Certo é que pode haver alguma resistência para lavratura da escritura de hipoteca e, ultrapassada essa barreira, também para o registro dessa mesma escritura. Segundo prevê Rocha de Barros, tais embaraços deverão ser solucionados pela doutrina e pela jurisprudência.[17]

Registre-se, ainda, que a caução de bens imóveis tal qual se concebe (tecnicamente como hipoteca), pode ser prestada pelo próprio locatário ou por terceiros, exceto, por se tratar de dupla garantia, pelo fiador, como temos insistido.

Por outro enfoque, *legem habemus* e, por enquanto, mesmo que com profunda atecnia, a averbação de contratos de locação em que se estipula a caução de bens imóveis é efetuada. A par disso, como dissemos, para nós, desta forma levada a efeito, *se trata apenas de uma garantia pessoal circunscrita a um imóvel e, o que é pior, suscetível de proteção das disposições concernentes ao bem de família,* como vem decidindo o STJ (Lei 8.009/1990).

Nesse sentido:

> **Superior Tribunal de Justiça.** *Recurso Especial 1.873.203-SP (2020/0106938-8). Rel. ministra Nancy Andrighi. Direito Civil. Recurso Especial. Ação de execução de título executivo extrajudicial. Contrato de locação. Caução. Bem de família. Impenhorabilidade. 1. Ação de execução de título executivo extrajudicial – contrato de locação. (...) 3. O propósito recursal é definir se imóvel – alegadamente bem de família – oferecido como caução imobiliária em contrato de locação pode ser objeto de penhora. 4. Em se tratando de caução, em contratos de locação, não há que se falar na possibilidade de penhora do imóvel residencial familiar. 5. Recurso especial conhecido e provido (j. 24.11.2020).*

Neste caso, justificou-se: "Considerando que a possibilidade de expropriação do imóvel residencial é exceção à garantia da impenhorabilidade, a interpretação às ressalvas legais deve ser restritiva, sobretudo na hipótese sob exame, em que o legislador optou, expressamente, pela espécie (fiança), e não pelo gênero (caução), não deixando, por conseguinte, margem a dúvidas".

Trata-se, assim, de garantia fraca, sem sentido, portanto, já que melhor seria, nesses casos, a própria fiança concedida pelo proprietário desse imóvel.

O mistifório se torna ainda maior na exata medida em que o artigo 40, VII, da Lei 8.245/1991, concede ao locador a faculdade de exigir substituição da caução nos casos de alienação do bem imóvel.

Em face do retrocitado artigo da Lei de Locações, a doutrina se encontra perplexa e, demonstrando isso, ensina Rocha Barros: *O que se deve entender é que, constatada a ineficácia da caução, desaparece a garantia da locação.*[18]

2.2.3. Caução de bens móveis

Com relação à caução de bens móveis, da mesma forma, *mutatis mutandis*, tratar-se-á de penhor, devendo haver a tradição efetiva do bem caucionado para o próprio locador (Código Civil, artigos 1.431 e seguintes).

---

17 Francisco Carlos Rocha de Barros. Ob. cit., p. 183.
18 Francisco Carlos Rocha de Barros. Ob. cit., p. 206.

Aplica-se, no caso, todas as disposições do Código Civil concernentes ao penhor.

Mister se faz lembrar que não há como o credor pignoratício ou hipotecário apropriar-se do objeto em caso de inadimplemento, a não ser depois do vencimento e a título de dação em pagamento (Código Civil, artigo 1.428).

2.2.4. Caução em dinheiro

A caução em dinheiro, da mesma forma, é permitida pelo § 2º do artigo 38 da Lei do Inquilinato que, todavia, limita a três meses de aluguel.

Pode ser ofertada pelo locatário ou por terceiro, que não se confunde com o fiador, sendo do depositante o dinheiro dado em caução, que deverá ser restituído ao fim da locação acrescido de juros e correção monetária, aqueles atribuídos pela poupança.

Caso o locador inadvertidamente não efetue o depósito, ficará responsável pela devolução com os mesmos consectários, como se fosse em conta de poupança, sem prejuízo de eventual delito de apropriação indébita.

O depósito deverá ser efetuado em conta em nome do locador e do locatário. A compensação, é bom que se diga, não é automática.

O locatário não poderá pleitear a compensação em caso de mora ou inadimplemento por se tratar de garantia e, destarte, sofrerá, não obstante a caução, as consequências de sua mora por intermédio de ação executiva e despejo por falta de pagamento:

Tribunal de Justiça de São Paulo. Locação de imóvel. Ação de despejo por falta de pagamento c.c. cobrança. (...) Compensação do débito locativo com o depósito-caução. Descabimento. Multa contratual prevista de 10%. Pedido de redução para se adequar ao CDC. Inaplicabilidade (...). A caução em dinheiro serve para garantir o cumprimento das obrigações locativas durante a vigência do contrato, devendo, ao final da locação, ser restituída ao locatário. Descabimento, na espécie, da compensação da caução com a dívida locativa em aberto. O Código de Defesa do Consumidor, no que se refere à multa pelo atraso no pagamento do aluguel, não é aplicável às locações prediais urbanas. As relações locativas possuem lei própria que as regula, sendo inaplicável as disposições do Código do Consumidor, por faltar-lhes as características delineadoras da relação de consumo apontadas nos arts. 2º e 3º da Lei 8.078/90. Recurso não conhecido com relação à corré e desprovido no que tange ao corréu (Apelação 1057769-86.2013.8.26.0100, rel. Gilberto Leme, Comarca: São Paulo, 35ª Câmara de Direito Privado, data do julgamento: 23.03.2015, data de registro: 25.03.2015).

O locador, por seu turno, não poderá, só pelo fato de ser credor, se apoderar do dinheiro que, afinal, deve ser penhorado em ação própria ou compensado, mas esta hipótese – de compensação – apenas na execução ou cobrança jurisdicional dos aluguéis em atraso:

Tribunal de Justiça de São Paulo. Locação – Imóvel residencial – Ação de despejo por falta de pagamento cumulada com cobrança de alugueis e encargos – Sentença de procedência parcial – Apelo dos réus – Caução em dinheiro – Atualização monetária para posterior compensação com o crédito do locador – Admissibilidade – Débitos amortizados já considerados pela sentença – Termo inicial de incidência da correção monetária e dos juros de mora corretamente fixado – Recurso parcialmente provido (Apelação 0000602-31.2012.8.26.0564, rel. Carlos Henrique Miguel Trevisan, Comarca: São Bernardo do Campo, 29ª Câmara de Direito Privado, data do julgamento: 16.09.2015, Data de registro: 17.09.2015).

A jurisprudência admite que, se a locação sofrer aumento por vontade das partes – não simples correção, já que o depósito também é corrigido – o locador poderá exigir complemento do valor inicialmente depositado para que corresponda a três meses do novo aluguel.

Em verdade, na prática, é bom que se diga, a limitação a três meses de aluguel inviabiliza a caução, porquanto acaba por não se mostrar suficiente para cobrir eventual débito em ação de despejo por falta de pagamento, considerados eventuais estragos no imóvel e, principalmente, a demora das ações até o definitivo despejo.[19]

Por fim, o prazo para o inquilino exigir a restituição da caução é de três anos, contados do fim do contrato de locação, independentemente da propositura de ação de cobrança pelo locador.

Entende-se que o mesmo prazo que tem o locador para a cobrança dos aluguéis deve ser aplicado à cobrança da caução prestada pelo inquilino, ou seja, o prazo de 3 (três) anos do art. 206, § 3º, I, do CC:

> *Recurso Especial. Ação monitória. Pedido de restituição de caução prestada em contrato de locação. Prescrição. Prazo trienal. Art. 206, § 3º, I, do CC. Ausência de interrupção em decorrência do ajuizamento de ação de cobrança pelo locador. Recurso especial desprovido. 1. O propósito recursal consiste em definir qual*

---

[19] ***Segundo Tribunal de Alçada Civil de São Paulo.*** *Locação – caução – levantamento – falta de autorização do locatário – pedido de alvará para tal fim – impossibilidade – O levantamento do depósito garantidor do débito pendente só pode ocorrer mediante mandado judicial, após o locador promover a execução, penhorando o depósito retido, e não mediante alvará judicial. Ap. 163.810 – 1ª Câm. – Rel. Juiz Franklin Neiva – j. em 22.11.83, in JTA (RT) 88/383 Referências: Rogério Lauria Tucci e Villaça Azevedo – "Tratado de Locação Predial Urbana", vol. 1º, p. 342 – Oswaldo Optiz e Silvia Optiz – "Locação Predial Urbana", pág. 139 J. C. Pestana Aguiar – "Nova Lei do Inquilinato Comentada", p. 83. No mesmo sentido: JTA (Saraiva) 71/247.*
> ***Segundo Tribunal de Alçada Civil de São Paulo.*** *Despejo – Contrato – Caução – Complementação quando defasada – Admissibilidade. É legítima a exigência do locador no sentido de que o inquilino complemente o valor da caução, toda vez que a soma de três meses do aluguel renovado e corrigido suplante o montante da caução realizada pelo locatário no início da locação e suas eventuais complementações. Ap. c/ Rev. 237.114 – 7ª Câm. – Rel. Juiz João Salleti (aux.) – j. 30.5.89, in JTA (RT) 119/344 Referência: Silvio Rodrigues – "Da Locação Predial", 2ª ed., Saraiva, 1980, p. 117.*
> ***Tribunal de Alçada Civil do Rio de Janeiro.*** *Despejo por falta de pagamento – obrigações – Apelação Cível 6613/96 – Reg. 4675-3. Cód. 96.001.06613. Oitava Câmara – Unânime. Juiz: Cássia Medeiros – j. em 09.10.96. Cumulação com cobrança. Caução. Compensação. Impossibilidade. Estipulado no contrato que o pagamento do aluguel será feito na sede da locadora, a inércia do locatário caracteriza a mora solvendi. Afigura-se ilegítima a suspensão do pagamento de aluguel ao fundamento de que o vice-presidente da sociedade locadora teria sido condenado na Justiça Federal pela prática de crimes. A caução em dinheiro em mãos do locador constitui garantia locatícia e não pagamento antecipado de aluguéis. Portanto, somente quando finda a locação se pode cogitar de compensação nos termos do artigo 38, parágrafo 2, da Lei 8245/91, entretanto, a caução em dinheiro não pode exceder o equivalente a três meses de aluguel e deve ser depositada em caderneta de poupança, revertendo as vantagens dela decorrentes. Rescindida a locação por sentença e condenado o réu ao pagamento dos aluguéis e encargos vencidos e vincendos, deve ser determinada a compensação do débito com o valor da caução, devidamente corrigido pelo rendimento das cadernetas de poupança no período. Núm. ementa: 44981.*
> ***Segundo Tribunal de Alçada Civil de São Paulo.*** *Locação – caução – depósito em caderneta de poupança – inocorrência – correção monetária, juros e multa – restituição acrescida de tais vantagens – admissibilidade – exegese do art. 32, § 2º, da Lei 6.649/79. Deixando o locador de depositar em caderneta de poupança a importância que, a título de caução, recebeu de seu inquilino, terá de devolvê-la acrescida de correção monetária e juros que a mesma produziria se tal depósito houvesse sido realizado, além de multa no valor de tais vantagens. Ap. Sum. nº 194.799 – 4ª Câm. – Rel. Juiz Accioli Freire – j. em 23.9.86 Referência: Silvio Rodrigues – "Da Locação Predial", 2ª ed., Saraiva, 1980, p. 117.*
> ***Segundo Tribunal de Alçada Civil de São Paulo.*** *Locação – Caução – Correção Monetária – Admissibilidade. A caução ofertada em garantia das cláusulas contratuais e depositada em conta de poupança, reverte-se ao locatário, devidamente atualizada, finda a locação. Ap. s/ Rev. 471.812 – 11ª Câm. – Rel. Juiz Clóvis Castelo – j. em 16.12.96. Anotação da Comissão. No mesmo sentido: JTA (RT) 85/318, 90/323, 101/250, 129/332 Ap. 183.509 – 7ª Câm. – Rel. Juiz Almeida Ribeiro – j. em 29.10.85 – Ap. c/ Rev. 424.920 – 3ª Câm. – Rel. Juiz João Saletti – j. em 07.02.95.*
> ***Tribunal de Alçada Civil do Rio de Janeiro.*** *Garantias locatícias. Apelação Cível 42541 – Reg. 703. Quinta Câmara – Unânime. Juiz: Carpena Amorim – j. em 05.03.86. Falta de Depósito. Caução que não foi depositada pelo locador em caderneta de poupança. Obrigação de devolver o depósito mais juros e correção monetária. Desprovimento do recurso. Ementário: 41/86. Núm. Ementa: 26056.*

o prazo prescricional aplicável à pretensão de restituição da caução prestada em contrato de locação e se houve interrupção do lapso temporal em razão de ajuizamento de ação de cobrança pelo locador. 2. O art. 37, I, da Lei 8.425/1991 prevê a caução como uma das garantias possíveis de serem prestadas no contrato de locação, constituindo-se, assim, um acessório do contrato principal. Em homenagem ao princípio da gravitação jurídica, aplica-se o prazo trienal, previsto no art. 206, § 3º, I, do CC, à pretensão de restituição da caução locatícia. 3. A propositura de ação de cobrança pelo locador não interrompe o prazo para que o locatário exerça o seu direito de ver restituída a quantia referente à caução. 4. Recurso especial desprovido. (REsp n. 1.967.725/SP, relator Ministro Marco Aurélio Bellizze, Terceira Turma, j. 15.02.2022, DJe 21.02.2022).

2.2.5. Caução de títulos de crédito e de créditos

A caução de títulos de crédito não é comum em sede de locação. Não se pode olvidar que a caução de títulos de crédito representa espécie do gênero "direitos reais de garantia".

Aplica-se a esse tipo de garantia as regras dos artigos 1.451 a 1.460 do Código Civil e também as regras referentes à caução em dinheiro quanto à reversão dos títulos ao que ofertou a garantia desde que cumprida a obrigação principal.

O § 3º do artigo 38 da Lei 8.245/1991 determina que deve haver substituição em caso de liquidação ou concordata do emitente/sacador pelo óbvio motivo que deixarão, nessa hipótese, de garantir a locação.

É mister lembrar lição de Pontes de Miranda, segundo o qual *a caução de títulos de crédito é penhor, como os outros penhores.*[20]

O Código Civil disciplina a matéria nos arts. 1.451 e seguintes, de tal sorte que se constitui mediante instrumento público ou particular devidamente registrados junto ao Registro Público de Títulos e Documentos (Código Civil, art. 1.452), com notificação ao devedor (Código Civil, art. 1.453) e, eventualmente, a entrega dos títulos, salvo interesse em conservá-los por parte do devedor (Código Civil, art. 1.452, parágrafo único).

Todavia, não são apenas os títulos de crédito que são passíveis de caução. Os direitos obrigacionais são considerados móveis (Código Civil, art. 83, III). Como se depreende, qualquer móvel pode ser objeto de penhor (espécie de garantia/caução) e, portanto, os créditos podem ser objeto de penhor (Código Civil, art. 1.451).

Há diferença na exata medida em que no crédito *stricto sensu* não há título ou coisa que o represente, não sendo passível de tradição, como sói acontecer com os títulos de crédito.

O Código Civil de 1916 não disciplinava o penhor de créditos obrigacionais (bem incorpóreo), como faz o atual Diploma Civil. Pela omissão, parte da doutrina chegou a entender que não caberia esta espécie de penhor. Todavia, prevaleceu a posição que considera a permissão implícita.

Importante também salientar que, a nosso ver, a caução de imóvel de promissário comprador por contrato de compromisso de compra e venda trata-se de penhor de crédito de natureza obrigacional. É que o compromisso de compra e venda representa um direito pessoal do promissário receber a propriedade.

Destarte, enquanto promessa de compra e venda, representa um crédito obrigacional (de receber a propriedade) que pode ser objeto de penhor de crédito conforme retroanalisado, acrescido, aí sim, da averbação junto à matrícula do imóvel para maior publicidade, nos termos do artigo 167, II, da Lei de Registros Públicos.

Formalmente, em resumo, tanto o penhor de títulos de crédito quanto os de créditos decorrentes de obrigações (créditos *stricto sensu*) tornam imprescindível o respectivo instrumento (contrato de locação ou instrumento apartado) registrados no registro de Títulos e Documentos, de acordo com os arts. 127, II e III, da Lei 6.015/1973 e 1.452, do

---

[20] Pontes de Miranda, Francisco. Ob. cit., t. XX, parágrafo 2.590, p. 468.

Código Civil, além da notificação formal ao devedor, para que não pague diretamente ao seu credor (devedor pignoratício, que prestou a caução).

Acrescente-se que o Código Civil autoriza, com o vencimento da dívida, que o credor pignoratício (da caução), o locador no caso, cobre o crédito empenhado e efetue a retenção do seu crédito, restituindo o que sobejar ao devedor – o locatário.

Caso ainda não tenha havido o vencimento ou não haja inadimplemento dos aluguéis, no caso de locação, será possível a cobrança e o depósito em local e forma indicados no contrato de locação com constituição da garantia (Código Civil, art. 1.455).

Por fim, o titular do crédito sujeito ao penhor somente poderá receber com a devida anuência do credor pignoratício – o locador (Código Civil, art. 1.457).

2.3. FIANÇA

2.3.1. Introdução

Trata-se da espécie de garantia mais utilizada nos contratos de locação, até por razões práticas.

É muito mais simples exigir que o próprio locatário se incumba de fornecer a fiança, que não exige as formalidades de registro, como aquela da caução de bens móveis ou imóveis e, tampouco, os custos do seguro-fiança.

A fiança, do latim *fidere*, significa fiar, confiar. É o contrato acessório mediante o qual o fiador garante o cumprimento da obrigação principal pelo afiançado, no caso o locatário, se este não vier a cumpri-la (Código Civil, artigo 818).

Posta assim a questão, surge a questão de o locatário ser fiador de si mesmo.

A resposta – negativa – é dada pela seguinte ementa:

Tribunal de Justiça de São Paulo. Apelação Cível. Bem de família. Locação. Embargos à Execução. Penhora incidente sobre bem pertencente à locatária. Contrato de locação com cláusula de responsabilização desta como inquilina e fiadora. Sentença de improcedência dos embargos admitindo a possibilidade do locatário assumir também a condição de fiador. Inadmissibilidade. Exegese do inc. VII do art. 3º da Lei 8.009/90. Recurso provido para desconstituir a penhora. "Ninguém pode ser – a um só tempo – inquilino e fiador de si mesmo. O conceito jurídico de fiança é de garantia, ou seja, o fiador abona obrigação alheia. A cláusula contratual que institui o próprio locatário como fiador é nula, não produzindo qualquer efeito jurídico (9085391-67.2000.8.26.0000, Apelação com Revisão, Locação de Imóvel, Rel. Rui Stoco, 12ª Câmara do Sexto Grupo, Extinto 2º TAC, j. 29.04.2004, Data de registro: 06.05.2004 – Outros números: 668421/9-00, 992.00.012000-5).

Nessa medida ensina Alessandro Schirrmeister Segalla na sua dissertação de mestrado que tive a honra de participar na qualidade de examinador e ora transformada em excelente obra:[21] *Em um dos poucos precedentes sobre o tema, o Superior Tribunal de Justiça, nos autos do recurso especial 62198-SP (leading case), j. 16.05.1997, tendo sido relator o Ministro Adhemar Maciel, da 2ª Turma, decidiu que nula seria a fiança em que a mesma pessoa figurasse no contrato na condição de fiador e fiadora: "Cível e Processual Civil. Execução fiscal. Fiança bancária. Mesma pessoa figurando como devedor-afiançado e fiador: impossibilidade. Recurso não conhecido. I – A fiança bancária, como toda fiança, pressupõe três pessoas distintas: o credor, o devedor-afiançado e o banco-fiador. Não é juridicamente possível que uma pessoa (in casu, a Caixa Econômica Federal) seja simultaneamente devedora-afiançada e fiadora. II – Inteligência do art. 1.481 do CC e do art. 9º, II, da Lei 6.830/1980. III – Recurso especial não conhecido" (REsp nº 62198/SP, rel. Min. Adhemar Maciel, 2ª Turma, j. em 16.05.1997, DJ*

---

21 Alessandro Schirrmeister Segalla, *Contrato de fiança*, São Paulo: Atlas, 2013, p. 257.

09.06.1997, p. 25.497). Neste caso, julgado pelo Superior Tribunal de Justiça, o voto-condutor do relator considerou que a estrutura do contrato de fiança exigiria, pelo menos, a presença de três pessoas distintas: (a) a do credor, (b) a do devedor-afiançado e a (c) do terceiro-fiador.

Seja como for, a fiança pode ser judicial, quando determinada pelo juiz; legal, imposta pela lei, e convencional, como aquela tratada pelo art. 37 da Lei 8.245/1991, e que interessa ao presente tema.

A fiança é contrato acessório, não subsiste sem o principal, com as ressalvas feitas no introito.

É também solene, vez que o artigo 819 do Código Civil exige forma escrita, não se admitindo interpretação extensiva, ou seja, o fiador não responderá, senão pelo que expressamente tenha se obrigado no contrato de fiança, preceito ao qual se soma o do artigo 114.

2.3.2. Outorga uxória ou marital na fiança

Exige-se para a fiança, outorga uxória ou marital (Código Civil, artigo 1.647, III), que nada mais é que a autorização do cônjuge para que o outro, fiador, preste a garantia, sem tornar aquele que simplesmente autorizou e não se declarou garante também fiador.

Em outras palavras, o cônjuge pode praticar o ato na qualidade de fiador ou simplesmente conceder o seu assentimento. Neste último caso, não garantirá as obrigações com a sua meação, e eventual morte do fiador extingue a garantia.

Resta saber se a falta da outorga implica ato nulo ou anulável.

A par de opiniões em contrário,[22] sob a égide do Código Civil de 1916 sustentava-se a nulidade absoluta e não a anulabilidade da fiança prestada sem a autorização conjugal.[23]

---

[22]   Francisco Carlos Rocha de Barros, *Comentários à Lei do Inquilinato*. Ob. cit.

[23]   ***Superior Tribunal de Justiça.*** *REsp. nº 832669/SP; Recurso Especial 2006/0060124-0. j. 17.05.2007. Civil. Locação. Alegada violação ao art. 1.483 do Código Civil de 1916 e ao art. 586 do Código de Processo Civil [atual art. 783]. Ausência de prequestionamento. Súmula nº 211/STJ. Fiança. Outorga uxória. Ausência. Vício que invalida totalmente a garantia, mas que só pode ser alegado pelo cônjuge que não concedeu a vênia conjugal. Precedentes.*
1. Este Superior Tribunal de Justiça pacificou o entendimento, cristalizado no Enunciado da Súmula 211/ STJ, segundo o qual a mera oposição de embargos declaratórios não é suficiente para suprir o requisito do prequestionamento, sendo indispensável o efetivo exame da questão pelo acórdão objurgado.
2. É pacífico neste Superior Tribunal de Justiça o entendimento de que a falta da outorga uxória invalida a fiança por inteiro.
3. No caso dos autos, todavia, a falta da vênia conjugal foi arguida tão somente pelo cônjuge que prestou a fiança sem a autorização de sua esposa. Nesse caso, é de se aplicar a orientação desta Corte nos termos do art. 1.650 do atual Código Civil.
4. Recurso especial parcialmente conhecido e improvido.
Superior Tribunal de Justiça. *Civil e Processo Civil. Locação. Fiança. Ausência de outorga uxória. Nulidade.*
1. O Superior Tribunal de Justiça firmou compreensão de que a fiança prestada por um dos cônjuges sem outorga é nula de pleno direito, alcançando inclusive a meação do outro cônjuge.
2. Recurso provido (REsp. nº 555.238/RS, Rel. Ministro Paulo Gallotti, Sexta Turma, j. 21.10.2003, DJ 26.03.2007, p. 304).
Segundo Tribunal de Alçada Civil de São Paulo. *Fiança – outorga uxória – ausência – nulidade da garantia – aplicação do artigo 235, III, do Código Civil [1.647, III]. A fiança dada pelo marido sem a anuência da mulher é absolutamente nula (e não simplesmente anulável), por infração a preceito de natureza cogente (ou seja, de observância obrigatória ou imperativa) contido no artigo 235, III [1.647, III], do Código Civil, c/c o seu artigo 145, IV [166, V]. Ap. c/ Rev. 454.332 – 3ª Câm. - Rel. Juiz Milton Sanseverino - j. em 21.05.96. Referências: Washington de Barros Monteiro – "Curso de Direito Civil", Saraiva, São Paulo, 1994, 27ª ed., 5º vol., p. 359, parte final. Orlando Gomes – "Contratos", Forense, Rio, 1994, 13ª ed., p. 436, nº*

370, 1º tópico. Lauro Laertes de Oliveira – "Da Fiança" – Saraiva, São Paulo, 1981, nº 16, pp 35 e 38, "in fine", letra "a" Silvio Rodrigues – "Direito Civil", Saraiva, São Paulo, 1993, 21ª ed., vol. III, pág. 399, nº 179-A, nota 332-A, parte final – Clóvis Bevilacqua – "Código Civil Comentado", Liv. Francisco Alves, Rio, 1960, 12ª ed., vol. II, p. 94, nº 3, 1º tópico – Pontes de Miranda – "Direito de Família", Jacintho R. dos Santos, editor, Rio, 1917, 1ª ed., p. 102. No mesmo sentido: JTA (LEX) 25/93 JTA (Saraiva) 72/264 JTA (RT) 86/441, 88/307, 92/359, 97/193, 105/72, 106/372, 108/244, 114/290 RT 449/238, 472/117, 473/219, 479/204, 487/215, 527/229, 530/133, 532/161, 537/229 Jur. Cat. 38/224. Ap. 208.795 – 4ª Câm. – Rel. Juiz Aldo Magalhães – j. em 11.08.87 Ap. 265.106 – 5ª Câm. – Rel. Juiz Sebastião Amorim – j. em 08.08.90 Ap. c/ Rev. 351.453 – 5ª Câm. – Rel. Juiz Ismeraldo Farias – j. em 29.09.93 Ap. c/ Rev. 397.162 – 2ª Câm. – Rel. Juiz Diogo de Salles – j. em 07.02.94 Ap. c/ Rev. 384.742 – 4ª Câm. – Rel. Juiz Amaral Vieira – j. em 22.03.94 Ap. c/ Rev. 408.249 – 1ª Câm. – Rel. Juiz Magno Araújo – j. em 08.08.94 Ap. c/ Rev. 406.131 – 4ª Câm. – Rel. Juiz Celso Pimentel – j. em 09.08.94 EI c/ Rev. 400.192 – 3ª Câm. – Rel. Juiz João Saletti – j. em 30.01.95 Ap. c/ Rev. 419.616 – 11ª Câm. – Rel. Juiz Felipe Pugliesi – j. em 30.03.95 EI 417.688 – 3ª Câm. – Rel. Juiz Milton Sanseverino – j. em 25.04.95 Ap. c/ Rev. 428.028 – 8ª Câm. – Rel. Juiz Narciso Orlandi – j. em 04.05.95 Ap. c/ Rev. 448.651 – 8ª Câm. – Rel. Juiz Melo Bueno – j. em 15.02.96 Ap. c/ Rev. 471.974 – 1ª Câm. – Rel. Juiz Renato Sartorelli – j. em 16.12.96 EI 471.974 – 1ª Câm. – Rel. Juiz Magno Araújo – j. em 12.05.97 E. Esp. 5.934 – SP – STJ – 5ª T., Rel. Min. Edson Vidigal, j. em 26.02.96.

Segundo Tribunal de Alçada Civil de São Paulo. *Fiança – outorga uxória – ausência – nulidade – arguição privativa do cônjuge prejudicado. A nulidade da fiança pela falta de outorga uxória não pode ser levantada pelo próprio fiador, na medida em que é sua obrigação providenciar a assinatura da esposa ou, caso esta não concorde, deve ele se abster de prestar fiança. Ap. c/ Rev. 496.846 – 8ª Câm. – Rel. Juiz Walter Zeni – j. em 16.10.97. No mesmo sentido: JTA (LEX) 133/308, 139/292, 145/319, 151/309 JTA (Saraiva) 71/339, 72/288 JTA (RT) 105/341, 106/427, 129/306 RT 270/765, 274/332, 434/236, 473/129, 485/135 RTJ 56/512 Arquivo Judiciário 114/157 Ap. c/ Rev. 274.563 – 2ª Câm. – Rel. Juiz Acayaba de Toledo – j. em 10.09.90 Ap. c/ Rev. 414.264 – 4ª Câm. – Rel. Juiz Rodrigues da Silva – j. 27.9.94 Ap. c/ Rev. 409.001 – 4ª Câm. – Rel. Juiz Carlos Stroppa – j. em 25.10.94 Ap. c/ Rev. 418.146 – 12ª Câm. – Rel. Juíza Isabela Gama de Magalhães – j. em 3.11.94 AI 423.296 – 4ª Câm. – Rel. Juiz Rodrigues da Silva – j. em 29.11.94 Ap. c/ Rev. 420.623 – 5ª Câm. – Rel. Juiz Alves Bevilacqua – j. em 22.02.95 Ap. c/ Rev. 402.345 – 11ª Câm. – Rel. Juiz José Malerbi – j. em 23.02.95 Ap. s/ Rev. 430.105 – 10ª Câm. – Rel. Juiz Euclides de Oliveira – j. em 17.05.95 Ap. s/ Rev. 438.544 – 6ª Câm. – Rel. Juiz Carlos Stroppa – j. 18.11.95 EI c/ Rev. 437.554 – 5ª Câm. – Rel. Juiz Adail Moreira – j. em 28.02.96 Ap. c/ Rev. 464.463 – 2ª Câm. – Rel. Juiz Vianna Cotrim – j. em 23.09.96 Ap. c/ Rev. 491.079 – 1ª Câm. – Rel. Juiz Renato Sartorelli – j. em 25.8.97.*

Segundo Tribunal de Alçada Civil de São Paulo. *Fiança – outorga uxória – ausência – inexistência de probabilidade de prejuízo – irrelevância – nulidade da garantia. Pode a mulher casada pedir a nulidade da fiança, por ausência de outorga uxória, mesmo que não haja probabilidade de prejuízo. Ap. c/ Rev. 462.584 – 1ª Câm. – Rel. Juiz Magno Araújo – j. em 02.09.96.*

Segundo Tribunal de Alçada Civil de São Paulo. *Fiança – Embargos de Terceiro – Fiança – Outorga Uxória inexistente. Oposição pela mulher – Cabimento. Embargos de Terceiro é o meio adequado para discutir a nulidade da fiança prestada sem outorga uxória, se a embargante não é parte na execução. Ap. c/ Rev. 226.771 – 8ª Câm. – Rel. Juiz Narciso Orlandi – j. em 4.10.88, in JTA (RT) 114/290. No mesmo sentido: JTA (RT) 106/372 JTA (Lex) 66/219 Ap. 92.498 – 3ª Câm. – Rel. Juiz Carvalho Pinto – j. em 17.07.79 Ap. c/ Rev. 412.120 – 3ª Câm. – Rel. Juiz João Saletti – j. em 08.11.94.*

Segundo Tribunal de Alçada Civil de São Paulo. *Fiança – outorga uxória – ausência – nulidade da garantia – aplicação do artigo 242, I c/c o artigo 235, III, do Código Civil [1.647, III do Código Civil de 2002] – interpretação do item I do artigo 5º c/c o § 4º do artigo 226, ambos da Constituição da República. A nulidade da fiança por ausência de outorga uxória é absoluta e não convalesce; descabendo incluir-se meação de pessoa que sequer foi parte do contrato de fiança e que, por isto, dispensada do ônus de provar. Ap. c/ Rev. 290.938 – 1ª Câm. – Rel. Juiz Lagrasta Neto – j. em 06.05.91 Referência: RTJ 81/564. No mesmo sentido: JTA (Lex) 135/357.*

Segundo Tribunal de Alçada Civil de São Paulo. Fiança – Outorga Uxória – Ausência – Casamento posterior ao ato – Validade. O casamento posterior à fiança não a nulifica nem impõe outorga uxória de quem, à época, não era cônjuge. Ap. c/ Rev. 417.584 – 4ª Câm. – Rel. Juiz Celso Pimentel – j. em 08.11.94, JTA (LEX) 154/225.

Segundo Tribunal de Alçada Civil de São Paulo. *Fiança – outorga uxória – ausência – nulidade – fiador comerciante individual – firma idêntica a seu nome civil – irrelevância. A fiança prestada pelo marido sem o consentimento da mulher não tem validade, sendo irrelevante o fato do fiador ser comerciante individual*

Com o Código Civil atual é aplicável a anulabilidade e não a nulidade absoluta da fiança, como se depreende do teor do seu art. 1.649:

> *Art. 1.649. A falta de autorização, não suprida pelo juiz, quando necessária (art. 1.647), tornará anulável o ato praticado, podendo o outro cônjuge pleitear-lhe a anulação, até dois anos depois de terminada a sociedade conjugal.*

Portanto, em razão da solar clareza do art. 1.649, do Código Civil, é possível afirmar, com segurança jurídica, que o ato é anulável,[24] aplicando-se, além do mencionado dispositivo legal, o art. 1.650, segundo o qual a ação para pleitear a anulação só poderá ser demandada pelo cônjuge a quem cabia concedê-la, ou por seus herdeiros.

Neste sentido:

> **Tribunal de Justiça de São Paulo.** *(...) a fiança prestada sem a outorga uxória é ato anulável, reclamando ação própria, de iniciativa exclusiva do cônjuge que não consentiu (...); art. 1.650, Código Civil de 2002 – Manutenção do executado fiador no polo passivo da execução, sendo, por conseguinte, descabido o*

---

com firma idêntica a seu nome civil, pois, tal não implica na existência de duas pessoas, mas em uma só, com um único patrimônio, que responde pelas obrigações assumidas, sejam de natureza mercantil ou não. Ap. 208.795 – 4ª Câm. – Rel. Juiz Aldo Magalhães – j. em 11.08.87, in JTA (RT) 108/447. Em sentido contrário:

Segundo Tribunal de Alçada Civil de São Paulo. Fiança – outorga uxória – ausência – nulidade tão somente da parte do cônjuge prejudicado. Estabelecida a exclusão da comunhão como consequência da ausência de um dos cônjuges na fiança, segue que, a respectiva meação constituirá o limite da pretensão anulatória ou de ineficácia. Ap. c/ Rev. 441.736 – 4ª Câm. – Rel. Juiz Celso Pimentel – j. em 12.12.95.

Segundo Tribunal de Alçada Civil de São Paulo. Fiança – outorga uxória – ausência – nulidade – interposição e ação declaratória com este fim – cabimento. A mulher possui legitimidade ativa "ad causam" para defender a sua meação frente a fiança prestada pelo marido sem o seu consentimento. Ap. c/ Rev. 466.642 – 6ª Câm. – Rel. Juiz Lagrasta Neto – j. em 16.10.96, "in" JTA (LEX) 163/536 (em.).

Superior Tribunal de Justiça. Processual Civil. Locação. Fiança. Prequestionamento. Inexistência. Súmulas nos 282/STF e 211/STJ. Ausência da outorga uxória. Nulidade relativa. Arguição pelo cônjuge que prestou a fiança. Ilegitimidade. Decretação de ofício pelo magistrado. Impossibilidade. Recurso especial conhecido e improvido. 1. É pacífica a jurisprudência do Superior Tribunal de Justiça no sentido de que é nula a fiança prestada sem a necessária outorga uxória, não havendo considerá-la parcialmente eficaz para constranger a meação do cônjuge varão.

2. É inadmissível recurso especial pela alínea "a" do permissivo constitucional, quando os dispositivos infraconstitucionais tidos por violados não foram debatidos no acórdão recorrido, malgrado tenham sido opostos embargos declaratórios, restando ausente seu necessário prequestionamento. Tal exigência tem como desiderato principal impedir a condução ao Superior Tribunal de Justiça de questões federais não examinadas no tribunal de origem. Aplicação das Súmulas nos 282/STF e 211/STJ.

3. Nos termos do art. 239 do Código Civil de 1.916 (atual art. 1.650 do novo Código Civil), a nulidade da fiança só pode ser demandada pelo cônjuge que não a subscreveu, ou por seus respectivos herdeiros.

4. Afasta-se a legitimidade do cônjuge autor da fiança para alegar sua nulidade, pois a ela deu causa. Tal posicionamento busca preservar o princípio consagrado na lei substantiva civil segundo a qual não poder invocar a nulidade do ato aquele que o praticou, valendo-se da própria ilicitude para desfazer o negócio.

5. A nulidade da fiança também não pode ser declarada ex officio, à falta de base legal, por não se tratar de nulidade absoluta, à qual a lei comine tal sanção, independentemente da provocação do cônjuge ou herdeiros, legitimados a arguí-la. Ao contrário, trata-se de nulidade relativa, válida e eficaz entre o cônjuge que a concedeu, o afiançado e o credor da obrigação, sobrevindo sua invalidade quando, e se, legitimamente suscitada, por quem de direito, vier a ser reconhecida judicialmente, quando, então, em sua totalidade será desconstituído tal contrato acessório.

24 Tratando-se de fiadores profissionais, por outro lado:

Segundo Tribunal de Alçada Civil de São Paulo. Fiança – Outorga uxória – Ausência – Fiadores profissionais – Nulidade – Inexistência. Constituindo a prestação de fiança uma atividade profissional do casal, exercida de comum acordo, com uma anuência ampla e genérica, a falta de outorga uxória não invalida a garantia prestada (Ap. Sum. 170.450, 8ª Câm., Rel. Juiz Martins Costa, j. 13.06.1984, in JTA (RT) 92/435).

levantamento da penhora dos imóveis constritos – Recurso Provido (TJSP. Agravo de Instrumento 2196660-74.2016.8.26.0000 – Relator: Sérgio Shimura; Comarca: São Paulo; 23ª Câmara de Direito Privado; j. 01.02.2017; Data de registro: 03.02.2017).

Tribunal de Justiça de São Paulo. *Civil – Locação – Fiança – Ausência de outorga uxória – validade em relação ao cônjuge signatário do instrumento de locação – Recurso Improvido. "A fiança prestada pelo cônjuge sem outorga uxória ou marital não é nula, mas anulável por provocação do cônjuge que não assentiu, ou por seus herdeiros" (0001699-56.2009.8.26.0472, Apelação, Locação de Imóvel, Rel. Artur Marques, Porto Ferreira, 35ª Câmara de Direito Privado, j. 22.02.2010, Data de registro: 05.03.2010 – Outros números: 990.09.369763-7).*

Tribunal de Justiça de São Paulo. *Despejo por falta de pagamento c.c. cobrança de aluguéis e encargos – fiança – ausência de outorga uxória – anulabilidade – alegação tecida pelo cônjuge garantidor – ilegitimidade – tolerância do locador em receber locativos em atraso ou de forma parcelada – ausência de "animus novandi" – exoneração da garantia – descabimento – cumulação da multa compensatória com a multa moratória inadmissibilidade – A fiança prestada sem outorga uxória é anulável, e não nula, cabendo somente ao cônjuge que não consentiu, ou a seus herdeiros, buscar a eventual declaração nesse sentido. Contudo, prevalece a decisão que limitou a garantia à meação do cônjuge varão, haja vista a ausência de recurso pelo demandante nesse ponto e a impossibilidade de "reformatio in pejus" (...) (9210535-41.2006.8.26.0000, Apelação, Locação de Imóvel, Rel. José Malerbi, São João da Boa Vista, 35ª Câmara de Direito Privado, j. 23.11.2009, Data de registro: 07.12.2009 – Outros números: 1075197/4-00, 992.06.048049-0).*

Como ato anulável que é, aplicam-se os arts. 171 e 182 do Código Civil, de tal sorte que:

a) O interesse é individual e, nesta medida, depende dos legitimados nos termos do art. 1.650 do Código Civil, ou seja, o cônjuge ou, se vier a falecer antes do final do prazo decadencial, os seus herdeiros;[25]

b) Os efeitos de eventual sentença desconstitutiva operam-se *ex nunc*, ou seja, somente após a propositura da ação[26] (arts. 240 e 312 do Código de Processo Civil);

c) Admite-se ratificação do ato de forma expressa ou tácita, v.g.: pagamento parcial pelo cônjuge que não anuiu (Código Civil, arts. 172, 176 e 1.649);

d) O direito de requerer a anulação decai em dois anos contados da data do término da sociedade conjugal (Código Civil, art. 1.649);

e) Na esteira da Súmula 332 do STJ, será anulada toda a fiança e não apenas a meação daquele que não anuiu.

Sendo assim, recomenda-se, por cautela, caso o fiador se declare solteiro, que se exija dele certidão de nascimento atualizada, na qual se poderá constatar se o alegado procede ou não, mormente em face das consequências advindas da fiança sem a autorização do cônjuge.

Seja como for, em se tratando de fiador que posteriormente à concessão da fiança se casa, a garantia subsiste, seja lá qual for o regime de casamento, isso em respeito ao ato jurídico perfeito e ao direito adquirido.

Interessante ressaltar que já se decidiu pela outorga tácita em caso de fiadores profissionais, mesmo que um dos cônjuges não tivesse assinado o contrato, vez que se presumiu concordar em face da prova existente quanto à atividade de ambos (fiança profissional).

Outrossim, só o cônjuge prejudicado[27] possui legitimidade para arguir a nulidade da fiança prestada sem o seu assentimento que, se em fase de execução, deverá ser por intermédio de embargos de terceiro e, nos demais casos, por ação declaratória.

---

[25] Paulo Lobo, *Famílias*, 2ª ed., São Paulo: Saraiva, 2009, p. 310.

[26] Entendemos que os efeitos da sentença devem retroagir à data da propositura da ação, não podendo ser imputada ao requerente eventual demora na prolação da sentença. Em sentido contrário, entendendo que os efeitos da anulabilidade operam-se a partir da sentença: TJSP, Apelação com Revisão 0023569-31.2003.8.26.0000, j. 03.11.2009.

[27] Ou seus herdeiros, caso faleça antes do final do prazo decadencial de 2 anos contados do fim da sociedade conjugal (Código Civil, art. 1.649).

Cumpre assinalar, como já adiantamos, que o assunto foi sumulado no Superior Tribunal de Justiça antes da vigência do Código Civil atual e indica, no caso de ação anulatória, a ineficácia total da garantia e não apenas da meação do cônjuge que não anuiu.

Com efeito, o verbete 332, da Súmula STJ, tem a seguinte redação: *A anulação de fiança prestada sem outorga uxória implica a ineficácia total da garantia.*

Entendemos que a Súmula pode prevalecer. Se a anulação for demandada pelo cônjuge que não assentiu, anular-se-á toda a fiança e não apenas a metade.

Por outro lado, enquanto não pleiteada a anulação, válida – embora anulável – a fiança, de tal sorte que a meação do cônjuge fiador subsiste garantindo o débito até a sentença que a anular.

Quando anular, nos termos da Súmula 332 do STJ, toda garantia será considerada ineficaz. Contudo, pela característica determinada por lei, de ato anulável, os seus efeitos foram produzidos até este momento, posto que a sentença será desconstitutiva.

Em outras palavras, entendemos que a meação do cônjuge que concedeu a fiança responde pelas obrigações não cumpridas até a sentença anulatória, quando toda a fiança restará anulada.[28]

Essa responsabilidade gera, portanto, o dever de pagar aluguéis e encargos vencidos até a data da desconstituição da fiança por sentença anulatória. A esse respeito, com solar clareza, esclarecem Nelson Nery Júnior e Rosa Maria de Andrade Nery: *Não importa a natureza do vício do ato ou negócio jurídico, se vício da vontade (dolo, erro, coação) ou social (fraude contra credores, lesão, estado de perigo), o sistema lhe dá o regime da anulabilidade. (...) Enquanto não anulado por sentença judicial transitada em julgado (CC 177), o ato ou negócio anulável produz efeitos desde que é perpetrado. Seu exame depende de alegação do interessado e não pode ser proclamada de ofício. Como só produz efeito depois de declarada por sentença (CC 177), não pode ser alegada como exceção substancial (defesa), pois tem de ser objeto de ação (pedido principal). Proclamada a anulabilidade por sentença transitada em julgado, essa anulação produz efeitos a partir do trânsito em julgado (ex nunc), conservando-se válidos e eficazes os atos praticados anteriormente à anulação. Anulado o ato por sentença, as partes voltam ao seu estado anterior, mas os atos praticados desde o ato anulável até sua proclamação judicial permanecem válidos e eficazes, resguardando-se direitos de terceiros (...) A pretensão anulatória é de natureza constitutiva negativa (desconstitutiva) (...). O prazo para o exercício da pretensão anulatória é de decadência (...).*[29]

---

[28] Nesse sentido:
Tribunal de Justiça de São Paulo. *Despejo c.c. cobrança. Execução. Fiança. Falta de outorga uxória. Nulidade postulada em embargos, pelo fiador. Rejeição Sentença que reconhece a invalidade da ação declaratória proposta pelo cônjuge. Recurso pendente interposto contra esse julgado. Locador que postula o levantamento de valores depositados pelo fiador na ação de despejo. Ilegitimidade do fiador para obstar, em nome próprio, levantamento do valor da condenação por ele depositada espontaneamente. Indeferimento do levantamento e suspensão da execução inadmissíveis. Efeitos "ex nunc" da procedência do pleito declaratório de nulidade da fiança. Eficácia apenas a partir do trânsito em julgado, que ainda não ocorreu na hipótese dos autos. Precedentes desta Col. Câmara. Decisão reformada. Recurso provido (Agravo de Instrumento nº 0092597-71.2012.8.26.0000, rel. Reinaldo Caldas, 26ª Câmara de Direito Privado, j. em 26.09.2012, Registro: 28.09.2012. Outros números: 925977120128260000).*

[29] Nelson Nery Júnior e Rosa Maria de Andrade Nery, *Código Civil comentado*, 5. ed., São Paulo: RT, 2007, p. 337.
Superior Tribunal de Justiça. *Processual civil. Locação. Fiança. Prequestionamento. Inexistência. Súmulas 282/STF e 211/STJ. Ausência da outorga uxória. Nulidade relativa. Arguição pelo cônjuge que prestou a fiança. Ilegitimidade. Decretação de ofício pelo magistrado. Impossibilidade. Recurso especial conhecido e improvido. 1. É pacífica a jurisprudência do Superior Tribunal de Justiça no sentido de que é nula a fiança prestada sem a necessária outorga uxória, não havendo considerá-la parcialmente eficaz para*

É também preciso observar que o art. 1.647 dispensa a anuência no caso de fiança outorgada por pessoa casada pelo regime da separação absoluta de bens, isto desde que o casamento tenha sido celebrado após o dia 12 de janeiro de 2003, início de vigência do atual Código Civil.

Isto porque, sob a égide do Código Civil de 1916, a anuência era necessária, ainda que o regime fosse o da separação, e os casamentos celebrados anteriormente à vigência do atual Código Civil continuam regidos pelo Diploma de 1916 (Código Civil atual, art. 2.035).

Quanto à convivência, o Superior Tribunal de Justiça entendeu que é válida fiança prestada durante união estável sem anuência do companheiro.

O Relator do Recurso Especial 1.299.894 (julgamento em 25.02.2014), o Ministro Luis Felipe Salomão, afirmou que "é por intermédio do ato jurídico cartorário e solene do casamento que se presume a publicidade do estado civil dos contratantes, de modo que, em sendo eles conviventes em união estável, hão de ser dispensadas as vênias conjugais para a concessão de fiança".

Assim, deu provimento ao recurso do locador em face do acórdão do TJDF que anulava a fiança, admitindo e acolhendo os embargos de terceiro pela companheira com o seguinte argumento: "Em que pese o Superior Tribunal de Justiça entender não ser cabível à fiadora alegar a nulidade da fiança a que deu causa, ao companheiro é admitida a oposição de embargos de terceiro quando não prestou outorga uxória na fiança prestada por seu par."

---

constranger a meação do cônjuge varão. 2. É inadmissível recurso especial pela alínea "a" do permissivo constitucional, quando os dispositivos infraconstitucionais tidos por violados não foram debatidos no acórdão recorrido, malgrado tenham sido opostos embargos declaratórios, restando ausente seu necessário prequestionamento. Tal exigência tem como desiderato principal impedir a condução ao Superior Tribunal de Justiça de questões federais não examinadas no tribunal de origem. Aplicação das Súmulas 282/STF e 211/STJ. 3. Nos termos do art. 239 do Código Civil de 1.916 (atual art. 1.650 do Novo Código Civil), a nulidade da fiança só pode ser demandada pelo cônjuge que não a subscreveu, ou por seus respectivos herdeiros. 4. Afasta-se a legitimidade do cônjuge autor da fiança para alegar sua nulidade, pois a ela deu causa. Tal posicionamento busca preservar o princípio consagrado na lei substantiva civil segundo a qual não poder invocar a nulidade do ato aquele que o praticou, valendo-se da própria ilicitude para desfazer o negócio. 5. A nulidade da fiança também não pode ser declarada ex officio, à falta de base legal, por não se tratar de nulidade absoluta, à qual a lei comine tal sanção, independentemente da provocação do cônjuge ou herdeiros, legitimados a arguí-la. Ao contrário, trata-se de nulidade relativa, válida e eficaz entre o cônjuge que a concedeu, o afiançado e o credor da obrigação, sobrevindo sua invalidade quando, e se, legitimamente suscitada, por quem de direito, vier a ser reconhecida judicialmente, quando, então, em sua totalidade será desconstituído tal contrato acessório. 6. Recurso especial conhecido e improvido (REsp 772.419/SP, Rel. Min. Arnaldo Esteves Lima, 5ª Turma, j. 16.03.2006, DJ 24.04.2006, p. 453).
Em parte:
Tribunal de Alçada do Rio Grande do Sul. *Embargos de Terceiro. Mulher casada. Fiança. Outorga uxória. É nula a fiança sem outorga uxória. Não modifica essa definição o fato de o fiador ter sido qualificado como solteiro. Embargos de terceiro julgados procedentes. Apelação improvida. Decisão: negado provimento. Unânime. RF. LG.: CC-235 PAR-III; LF-4121 DE 1962 ART-3 Jurisp.: Julgados TARGS V-40 P-330, V-34 P-282. (Recurso: Apc 28089. Data: 19.05.1982, Órgão: 3ª Câmara Cível, Rel. Ruy Rosado de Aguiar Junior, Origem: Porto Alegre).*
Em sentido contrário, quando o fiador se declara solteiro:
Supremo Tribunal Federal. *Fiança sem outorga uxória é anulável e não nula. O recorrente, ao declarar-se solteiro, procedeu com malícia, recurso não conhecido (Recurso Extraordinário 56.693, Rel. Hermes Lima, 2ª Turma, j. 30.10.1964, DJ 03.12.1964, p. 04.431).*
Emprestando validade até a anulação:
Tribunal de Alçada do Rio Grande do Sul. *Embargos do devedor. Fiança. Outorga uxória. Suspensão do processo. A fiança, ainda que prestada pelo marido sem outorga uxória, é válida, e como tal gera seus efeitos até ser anulada. O fiador deve responder com sua meação, ainda que a fiança venha a ser anulada através de ação própria intentada por sua esposa, porque se declarou solteiro ao assinar o contrato. Apelo improvido. Decisão: negado provimento. Unânime (Apelação 186012829, 09.04.1986, Órgão: 3ª Câmara Cível, Rel. Silvio Manoel de Castro Gamborgi, Origem: Passo Fundo).*

Embora o cônjuge possa anular a fiança cuja anuência não outorgou, o que se afirma a teor do que dispõe a Súmula 332 do STJ, segundo a qual a fiança prestada sem autorização de um dos cônjuges implica a ineficácia total da garantia, sua aplicabilidade está limitada ao casamento, em razão da publicidade a este conferida, posto que a outorga para a prestação de fiança demanda "absoluta certeza, por parte dos interessados, quanto à disciplina dos bens vigentes, segurança que só se obtém pelo ato solene do casamento."

Asseverou o Ministro Luis Felipe Salomão, nesta medida, que "toda e qualquer diferença entre casamento e união estável deve ser analisada a partir da dupla concepção do que seja casamento – por um lado, ato jurídico solene do qual decorre uma relação jurídica com efeitos tipificados pelo ordenamento jurídico, e, por outro lado, uma entidade familiar, das várias outras protegidas pela Constituição".

Afirmou que "o casamento, tido por entidade familiar, não se difere em nenhum aspecto da união estável – também uma entidade familiar –, porquanto não há famílias timbradas como de segunda classe pela Constituição de 1988".

Todavia, sustentou que há diferença formal entre um instituto e outro, notadamente em razão da publicidade, "e apenas em razão dessas diferenças que o tratamento legal ou jurisprudencial diferenciado se justifica" e, ainda que a união estável tenha sido levada a efeito por escritura pública, a formalidade não constitui a união estável, "mas se presta apenas como prova relativa de uma união fática, que não se sabe ao certo quando começa nem quando termina".

Por fim, concluiu que solução diversa, permitindo que o convivente pudesse anular a fiança com a qual não anuiu, mesmo com contrato de convivência registrado, demandaria do locador, para tomar conhecimento da união estável, a necessidade de percorrer todos os cartórios de notas do Brasil, "o que se mostra inviável e inexigível".

2.3.3. Efeitos da fiança

Os efeitos da fiança são benefício de ordem e solidariedade entre os cofiadores (Código Civil, art. 829).

O benefício de ordem (Código Civil, artigo 827) nada mais é que o direito de o fiador exigir que os bens do afiançado sejam excutidos antes dos seus, desde que apresente bens livres e desembaraçados, de propriedade do devedor, no município.

Entretanto, a maioria dos contratos contém cláusula de renúncia, permitida pelo artigo 828 do Código Civil, por remansosa jurisprudência, que também estabelece outros casos, como o do fiador que se obrigou solidariamente com o locatário, ou, ainda, a inaplicabilidade do benefício de ordem se o afiançado for insolvente ou falido.[30]

---

[30] *Superior Tribunal de Justiça. Direito civil. Processual civil. Recurso especial. Locação. Citação. Nulidade. Não ocorrência. Benefício de ordem. Renúncia pelo fiador. Possibilidade. Fiança. Ausência da outorga uxória. Recurso que não ataca os fundamentos do acórdão recorrido. Súmula 283/STF. Nulidade da fiança. Arguição pelo cônjuge que prestou a fiança. Ilegitimidade. Recurso especial conhecido e improvido. 1. Não há falar em nulidade da citação do réu realizada por edital, quando convalidada por posterior citação realizada pelo oficial de justiça. 2. É válida a cláusula contratual em que o fiador renuncia ao benefício de origem. Inteligência do art. 1.492, I, do Código Civil de 1916 [art. 827 do atual Código Civil]. 3. "É inadmissível o recurso extraordinário, quando a decisão recorrida assenta em mais de um fundamento suficiente e o recurso não abrange todos eles" (Súmula 283/STF). 4. Nos termos do art. 239 do Código Civil de 1.916 (atual art. 1.650 do novo Código Civil), a nulidade da fiança só pode ser demandada pelo cônjuge que não a subscreveu, ou por seus respectivos herdeiros. 5. Dissídio jurisprudencial não comprovado. 6. Recurso especial conhecido e improvido (REsp 851.507/RS, Rel. Min. Arnaldo Esteves Lima, 5ª Turma, j. 08.11.2007, DJ 07.02.2008, p. 418).*

Sempre que houver mais de um fiador, todos serão solidários em face de expresso mandamento insculpido no artigo 829 do Código Civil, vez que a solidariedade não se presume, decorre da lei, como é o caso, ou da vontade das partes.

O mesmo artigo permite, desde que expressamente estipulado no contrato, que se reserve o benefício da divisão, ou seja, cada fiador responde por uma parte proporcional do débito. Se nada estiver estipulado, os fiadores respondem solidariamente.

Nessa medida, o locador poderá escolher qualquer fiador que, cobrado pela totalidade, se sub-rogará no direito de cobrar a quota parte dos outros fiadores, ou seja, não se permite que cobre a totalidade de outro fiador, descontando a sua quota, permite-se, em verdade, que cobre apenas a quota parte de cada um dos outros fiadores, solidários nesse caso para o credor apenas (Código Civil, artigos 283 e 831).

2.3.4. Fiança prestada por pessoa jurídica contra determinação do ato constitutivo

A princípio, o ato praticado à revelia do ato constitutivo da pessoa jurídica não é válido nos termos do art. 1.015, parágrafo único, I, do Código Civil.

Todavia, em prestígio à boa-fé que deve emanar de qualquer contrato já se decidiu que *incabível pretensão da empresa fiadora de exonerar-se do pagamento dos aluguéis com base em cláusula contratual que a proíbe de prestar fiança, se quando assinou o contrato de locação na qualidade de fiadora nenhuma ressalva fez nesse sentido. Aplica-se, no caso, o princípio geral de que a ninguém é lícito beneficiar-se da própria torpeza* (AP. c/ Rev. 623.040-00/1 – 5ª Câm. – 2º TAC, Rel. Luis de Carvalho, j. 20.03.2002).

Por outro lado, com origem anglo-saxônica, sustenta-se a aplicação da teoria *ultra vires societatis*, ou seja, além do objeto da sociedade, segundo a qual a violação do objeto social constante do ato constitutivo pelo administrador não pode ser carreado à sociedade, exceto naquilo que a beneficiar, cabendo esta prova ao destinatário do ato jurídico.[31]

Segundo Tribunal de Alçada Civil de São Paulo. Execução – Fiador – Benefício de Ordem – Renúncia – Admissibilidade. É permitida a renúncia ao benefício de ordem, pelo fiador maior e capaz. Ap. s/ Rev. 465.818 – 9ª Câm. – Rel. Juiz Eros Piceli – j. em 25.9.96, "in" JTA (LEX) 161/578 (em).

Segundo Tribunal de Alçada Civil de São Paulo. Execução – Fiador – Legitimidade Passiva – Título Judicial – Cientificação para ação de despejo – Reconhecimento – Se o fiador é garante solidário, até a efetiva entrega das chaves, constando renúncia expressa do direito de benefício de ordem, depois de intimado na ação de despejo por falta de pagamento, está legitimado a figurar no polo passivo da execução, ainda que promovida somente contra ele. Tal se justifica por causa da solidariedade. Ap. s/ Rev. 500.637 – 3ª Câm. – Rel. Juiz Aclibes Burgarelli – j. em 25.11.97. Referência: JTA (LEX) 149/251. No mesmo sentido: JTA (LEX) 164/572 (em.) Ap. s/ Rev. 466.322 – 11ª Câm. – Rel. Juiz Artur Marques – j. em 14.10.96 AI 497.555 – 11ª Câm. – Rel. Juiz José Malerbi – j. em 04.08.97.

31 Neste sentido, o art. 1.015 do Código Civil:
Art. 1.015. No silêncio do contrato, os administradores podem praticar todos os atos pertinentes à gestão da sociedade; não constituindo objeto social, a oneração ou a venda de bens imóveis depende do que a maioria dos sócios decidir.
Parágrafo único. O excesso por parte dos administradores somente pode ser oposto a terceiros se ocorrer pelo menos uma das seguintes hipóteses:
I – se a limitação de poderes estiver inscrita ou averbada no registro próprio da sociedade;
II – provando-se que era conhecida do terceiro;
III – tratando-se de operação evidentemente estranha aos negócios da sociedade.
Tribunal de Justiça de São Paulo. Declaratória de Nulidade de Ato Jurídico (Confissão de dívida e notas promissórias). Confissão de dívida e notas promissórias emitidas por um único sócio da empresa. Necessidade de presença dos demais sócios, em razão de a gerência ser exercida conjuntamente por todos, nos termos do contrato social. Obrigação contraída pelo sócio que não pode se estender à sociedade. Credor que não observou a mínima cautela de exigir a necessária prova de representação societária, além de não

Com a resistência da aplicação da referida teoria, a par da previsão legal, costuma-se aplicar a teoria da aparência, ou seja, a teoria que determina a validade dos atos praticados na gestão dos negócios sob a aparência de regularidade.[32]

2.3.5. Morte do fiador

A fiança se extingue com a morte do fiador, vez que sem a sua figura não há fiança, cabendo, entretanto, aos herdeiros, responder até essa data – da morte do fiador – e até os limites da herança (Código Civil, artigos 836, 1.792, 1.821 e 1.997).

No caso de fiança prestada com outorga uxória ou marital, também se extingue pela morte do que prestou a fiança, não daquele que a autorizou.

Entretanto, se o outro cônjuge participou do contrato prestando também a fiança e não simplesmente autorizando-a, permanecerá garante da obrigação principal, vez que também é fiador e não simples anuente.

Assim, a morte de cônjuge não exonera aquele que também se obrigou, como é comum nos contratos de locação.

Para tanto, ressalte-se, há necessidade de o cônjuge sobrevivente ser garantidor e não apenas anuente.

Nesse sentido:

Superior Tribunal de Justiça. *Locação. Fiança. Ilegitimidade passiva. Prorrogação. Inexistência de prequestionamento. Garantia prestada pelo casal. Exoneração da esposa por morte do marido. Inadmissibilidade. 1. No exame de recurso especial, não se conhece de matéria que não foi objeto de apreciação pelo Tribunal de origem, ausente assim o necessário prequestionamento. 2. Tendo a recorrente se obrigado de forma solidária, como garante dos valores relativos à avença então firmada, não há que se falar em mera outorga uxória, devendo responder pelos aluguéis e demais obrigações contratuais não honrados pelo locatário. 3. Recurso especial a que se nega provimento (REsp. nº 690.401/MS, Rel. Ministro Paulo Gallotti, Sexta Turma, j. 03.05.2007, DJ 21.05.2007, p. 623).*

O locador poderá exigir novo fiador se, em função da morte do cônjuge, sobrevier redução na garantia da locação, sendo esta a motivação e não a morte do cofiador.

Em caso de morte, falência ou insolvência do fiador, o locador deverá notificar o locatário para que forneça novo fiador, não lhe sendo lícito, injustificadamente recusar. Deverá, portanto, justificar a eventual recusa de novo garante ou garantia.

Caberá, nesse caso, ao locatário, desde que notificado, fornecer novo fiador idôneo ou nova garantia, sob pena de infração contratual e despejo (art. 9º, II c/c art. 40, I, da Lei 8.245/1991).

---

ter compulsado o registro público assentado na Junta Comercial. Qualidade específica do suposto credor que afasta o invocado socorro à sua boa-fé negocial. Decretação de nulidade do ato jurídico. Sentença reformada. Apelação provida (9184410-12.2001.8.26.0000, Apelação com Revisão, Rel. James Siano, 19ª Câmara de Direito Privado, j. 27.03.2007, Data de registro: 15.06.2007 – Outros números: 1057883300, 991.01.061381-2).

[32] Neste sentido:
Tribunal de Justiça de São Paulo. *Monitoria – Cheque prescrito. Alegação de assinatura irregular por sócia da pessoa jurídica emitente – Prática de atos ultra vires societatis – Improcedência – Aplicabilidade da teoria da aparência – Conluio entre terceiro e o administrador social não comprovado. Responsabilidade da empresa pelos atos praticados sob a aparência de regularidade na gestão dos negócios – Embargos improcedentes – Recurso improvido (9181876-32.2000.8.26.0000, Apelação com Revisão, Rel. Ricardo Negrão, 19ª Câmara de Direito Privado, j. 31.01.2006, Data de registro: 22.02.2006 – Outros números: 965207500, 991.00.032116-0).*

Mesmo que o contrato já disponha a respeito, torna-se necessária a notificação, devendo o locatário obedecer ao que pactuou, fornecendo novo fiador ou nova garantia no tempo e modo estipulados, sem o que o locador poderá alegar infração contratual e propor, por conta disto, a ação de despejo.[33]

---

[33] Vejamos algumas decisões sobre o tema:
Segundo Tribunal de Alçada Civil de São Paulo. *Fiança – responsabilidade – cônjuges fiadores – morte de um deles – subsistência do outro que a prestou conjuntamente. A mulher que, com o marido, assina na qualidade de fiadora não é mera figurante, mas fiadora e sua obrigação persiste mesmo após a morte do marido. Ap. c/ Rev. 285.031 – 8ª Câm. – Rel. Juiz Narciso Orlandi – j. em 06.03.91. No mesmo sentido: JTA (Lex) 18/26, 30/99, 51/193, 133/311 JTA (Saraiva) 79/252 JTA (RT) 113/391, 114/226, 118/318 RT 345/439, 503/166. Ap. c/ Rev. 235.514 – 4ª Câm. – Rel. Juiz Telles Corrêa – j. em 16.05.89. Ap. c/ Rev. 379.610 – 4ª Câm. – Rel. Juiz Amaral Vieira – j. em 03.05.94. Ap. c/ Rev. 409.493 – 9ª Câm. – Rel. Juiz Francisco Casconi – j. em 17.08.94. Ap. c/ Rev. 417.647 – 7ª Câm. – Rel. Juiz Demóstenes Braga – j. em 22.11.94. Ap. c/ Rev. 424.570 – 3ª Câm. – Rel. Juiz Gomes Varjão – j. em 07.02.95. Ap. c/ Rev. 436.670 – 7ª Câm. – Rel. Juiz Luiz Henrique – j. em 29.08.95. Ap. c/ Rev. 441.990 – 2ª Câm. – Rel. Juiz Norival Oliva – j. em 20.11.95. Ap. s/ Rev. 453.656 – 7ª Câm. – Rel. Juiz Emmanoel França – j. em 16.4.96. Ap. c/ Rev. 491.549 – 3ª Câm. – Rel. Juiz Ribeiro Pinto – j. em 07.10.97. Em sentido contrário: Ap. c/ Rev. 428.431 – 2ª Câm. – Rel. Juiz Diogo De Salles – j. em 08.05.95.*
Segundo Tribunal de Alçada Civil de São Paulo. *Locação – fiança – morte do fiador – manutenção da obrigação pela mulher – não figuração no contrato como fiadora – extinção da garantia. Limitando-se a ré a autorização da fiança pelo marido, não há cogitar da sua manutenção como obrigada a débitos cobrados após a morte dele, ademais, não tendo figurado no contrato como fiadora. Ap. c/ Rev. 408.395 – 8ª Câm. – Rel. Juiz Milton Gordo – j. em 11.08.94 – JTA (LEX) 153/328. No mesmo sentido: Ap. c/ Rev. 463.884 – 5ª Câm. – Rel. Juiz Pereira Calças – j. em 06.11.96.*
Segundo Tribunal de Alçada Civil de São Paulo. *Fiança – responsabilidade – morte de um fiador – extinção da garantia quanto ao cônjuge que a prestou conjuntamente. Entendendo-se que o fiador é o casal, por força do artigo 235, III, do Código Civil, e não o marido ou a mulher individualmente considerados, há de se reconhecer que o falecimento de um deles acarreta a extinção do contrato acessório de fiança a partir da data do passamento. Em consequência não poderá ser cobrado ao sobrevivente a dívida do afiançado posterior a esse termo. Ap. c/ Rev. 428.431 – 2ª Câm. – Rel. Juiz Diogo de Salles – j. em 08.05.95. Referências: Fran Martins – "Contratos e Obrigações Comerciais", 6ª ed., Forense, 81, pág. 605. Caio Mario da Silva Pereira – "Instituições de Direito Civil", Vol. III, Editora Forense, p. 360. João Luiz Alves – "Código Civil Anotado", RT, 643/227 Orlando Gomes – "Contratos", 12ª ed., Forense, 92, pág. 497. Em sentido contrário: JTA (LEX) 18/26, 30/99, 51/193, 133/311 JTA (Saraiva) 79/252 JTA (RT) 113/391, 114/226, 118/318 RT 345/439, 503/166 Ap. c/ Rev. 235.514 – 4ª Câm. – Rel. Juiz Telles Corrêa – j. em 16.05.89. Ap. c/ Rev. 285.031 – 8ª Câm. – Rel. Juiz Narciso Orlandi – j. em 06.03.91. Ap. c/ Rev. 379.610 – 4ª Câm. – Rel. Juiz Amaral Vieira – j. em 03.05.94. Ap. c/ Rev. 409.493- 9ª Câm. – Rel. Juiz Francisco Casconi – j. em 17.08.94. Ap. c/ Rev. 417.647 – 7ª Câm. – Rel. Juiz Demóstenes Braga – j. em 22.11.94. Ap. c/ Rev. 424.570 – 3ª Câm. – Rel. Juiz Gomes Varjão – j. em 07.02.95. Ap. c/ Rev. 436.670 – 7ª Câm. – Rel. Juiz Luiz Henrique – j. em 29.08.95.*
Segundo Tribunal de Alçada Civil de São Paulo. *Fiança – locação – morte do fiador – extinção da garantia – responsabilidade dos herdeiros restrita aos débitos vencidos até o óbito – aplicação do artigo 1.501 do Código de Processo Civil [de 1916, atual art. 836 do CC de 2002]. Limita-se a responsabilidade dos herdeiros do fiador falecido à data do óbito do mesmo, ficando esclarecido ainda que tal responsabilidade não pode ultrapassar as forças da herança. Ap. c/ Rev. 463.884 – 5ª Câm. – Rel. Juiz pereira calças – J. 6.11.96. No mesmo sentido: JTA (LEX) 157/278 JTA (Saraiva) 70/148, 72/267, 79/252. Ap. s/ Rev. 330.660 – 1ª Câm. – Rel. Juiz Renato Sartorelli – 8.3.93. Ap. c/ Rev. 434.113 – 5ª Câm. – Rel. Juiz Antonio Maria – j. em 26.09.95. Ap. c/ Rev. 429.710 – 6ª Câm. – Rel. Juiz Gamaliel Costa – j. em 20.09.95. Ap. c/ Rev. 473.590 – 12ª Câm. – Rel. Juiz Luís De Carvalho – j. em 27.02.97.*
Segundo Tribunal de Alçada Civil de São Paulo. *Locação – fiança – morte de um dos fiadores – substituição por outro – recusa pelo locador – necessidade de fundamentação. O locador poderá recusar a fiança prestada por determinada pessoa apontada pelo locatário, desde que o faça fundamentadamente. Ap. s/ Rev. 469.788 – 5ª Câm. – Rel. Juiz Laerte Sampaio – j. em 20.11.96, "in" JTA (LEX) 163/496.*
Segundo Tribunal de Alçada Civil de São Paulo. *Despejo – infração contratual – nova fiança não prestada – morte de um dos fiadores – garantia mantida pelos restantes – descaracterização. Não tem o locador direito de exigir a substituição de fiador falecido quando subsiste a obrigação com fiadora solidária. Ap. s/ Rev. 438.037 – 11ª Câm. – Rel. Juiz Clovis Castelo – 25.9.95, "in" JTA (LEX) 157/425.*

Tendo em vista que há solidariedade entre os fiadores, vejamos, a título exemplificativo, uma contestação baseada na ação de exoneração fundamentada na morte do marido da fiadora:

MM. Juízo da (...)

Processo nº (...)

(...), por seu procurador (documento 01), com escritório na Rua (...), São Paulo – SP, onde recebe intimações, nos autos da ação de exoneração de fiança que lhe move (...), vem, respeitosamente, perante Vossa Excelência, apresentar sua:

Contestação

o que faz tempestivamente, com supedâneo nos argumentos de fato e de direito que, a seguir, passa a aduzir:

Preliminarmente

Quanto à legitimidade passiva para a propositura da ação de exoneração de fiança, resta importante ressaltar que o locatário é parte legítima, devendo integrar o polo passivo juntamente com o locador em virtude dos mandamentos insculpidos nos artigos 114 do Código de Processo Civil, e 40, IV, da Lei 8.245/1991.

Nem poderia ser diferente, vez que eventual – embora improvável – exoneração atingirá também o locatário, que deve inexoravelmente integrar o polo passivo da ação.

> *Segundo Tribunal de Alçada Civil de São Paulo. Ação declaratória – legitimidade passiva. Locador e locatário. Fiança. Reconhecimento. O artigo 47 do Código de Processo Civil [atual art. 114] contempla a existência de litisconsórcio necessário entre o locador e o afiançado, tendo em vista, ainda, o disposto no artigo 40, inciso IV, da Lei 8.245/1991 (Apel. s/ rev. nº 541.984, 11ª Câm., rel. Juiz Melo Bueno, j. em 15.03.99 (quanto à exoneração de fiança). Referências: Arnaldo Marmitt, Fiança Civil e Comercial, Ed. Aide, p. 227. Artigo 47 do Código de Processo Civil [atual art. 114]. Artigo 40 da Lei 8.245/1991. No mesmo sentido: – quanto à nulidade da fiança: AI nº 505.647, 5ª Câm., rel. Juiz Francisco Thomaz, j. em 17.09.97).*

Não foi isso que ocorreu no caso vertente, sendo mister observar que a ação foi proposta somente em face da locadora, não da locatária, não sendo suficiente sua simples ciência, como requerido.

---

1. No mesmo sentido: *Ap. c/ Rev. 235.514 – 4ª Câm. – Rel. Juiz Telles Corrêa – j. em 16.05.89*. 2. Em sentido contrário: *Ap. s/ Rev. 443.485 – 5ª Câm. – Rel. Juiz Laerte Sampaio – j. em 10.10.95*.
Segundo Tribunal de Alçada Civil de São Paulo. *Despejo – infração contratual (artigo 9º, II, da Lei 8.245/91) – nova fiança não prestada – morte de um dos fiadores – desfalque da garantia – caracterização. A falta de substituição do fiador implica em inadimplemento contratual capaz de legitimar a rescisão contratual. Ap. s/ Rev. 443.485 – 5ª Câm. – Rel. Juiz Laerte Sampaio – j. em 10.10.95. Em sentido contrário: Ap. c/ Rev. 235.514 – 4ª Câm. – Rel. Juiz Telles Corrêa – j. em 16.05.89.*
Segundo Tribunal de Alçada Civil de São Paulo. *Despejo – infração contratual – nova fiança não prestada – morte do fiador – notificação inexistente – descaracterização. Morto o fiador, tem o senhorio o direito irrecusável de exigir a sua substituição por outro idôneo; cumpre-lhe, porém, assegurar ao inquilino, através de aviso premonitório, o direito de apresentar novo garante, pois a ausência de notificação, verdadeira condição de procedibilidade para o exercício da ação de despejo, impede o locador de pleitear a rescisão da avença por infração ao contrato. Ap. c/ Rev. 288.846 – 1ª Câm. – Rel. Juiz Renato Sartorelli – j. em 29.04.91 – Referência: Lauria Tucci e Villaça Azevedo – "Tratado da Locação Predial Urbana", vol. 1º, págs. 357/358. No mesmo sentido: JTA (RT) 111/275.*
Segundo Tribunal de Alçada Civil de São Paulo. *Despejo – infração contratual – nova fiança não prestada – obrigação estabelecida no contrato – caracterização – medida cautelar anterior – desnecessidade. Havendo cláusula contratual estabelecendo que o locatário deve, dentro de certo prazo, prestar nova fiança, em caso de morte, falência ou insolvência do primeiro fiador, caracteriza-se infração contratual se o inquilino, notificado, não cumpre aquela obrigação. Nesse caso, a ação de despejo não está condicionada à prévia medida cautelar (...) para constranger o locatário a apresentar novo garante. Ap. 148.794 – 8ª Câm. – Rel. Juiz José Cardinale – j. em 22.09.82, in JTA (Saraiva) 79/190 Referências: Lauria Tucci e Villaça Azevedo – "Tratado da Locação Predial Urbana", 1º vol., ed. 1980, pág. 358, Silva Pacheco – "Tratado das Ações de Despejo" – 5ª ed., pág. 149, Oswaldo Opitz e Silvia Opitz – "Locação Predial Urbana", 2ª ed., p. 163.*

Mas qual o efeito de a fiadora, autora da ação, não incluir, na ação de exoneração, o locador e o locatário, propondo a ação, como no caso, somente em face da locadora?

A resposta nos dá Luiz Rodrigues Wambier, Flávio Renato Correia de Almeida e Eduardo Talamini. Segundo eles, a sentença que exonerar o fiador será inexistente, vez que proferida em processo que igualmente inexistiu, na medida em que faltou pressuposto processual de existência (a citação de todos que deveriam ter sido citados).

Conseguintemente, sequer haverá necessidade de ação rescisória, vez que não se rescinde o que não existe, sendo de rigor a extinção do processo sem resolução de mérito, nos termos do art. 485, IV, do Código de Processo Civil.

Mérito

a) Falecimento de um dos fiadores – solidariedade que resulta na responsabilidade do remanescente

Convém verificar que o contrato (documento 02) estabeleceu a solidariedade passiva entre a locatária e a autora e seu marido, estes dois últimos fiadores do contrato de locação, inferência que se extrai da cláusula 12.

Portanto, Nobre julgador, na cláusula 12 do contrato entre as partes, a fiadora, ora autora, obrigou-se, juntamente com seu marido, solidariamente, pelas obrigações contratuais da afiançada.

Mesmo que o contrato não fosse expresso nesse sentido, a conclusão seria extraída do art. 829, do Código Civil, segundo o qual:

> *A fiança conjuntamente prestada a um só débito por mais de uma pessoa importa o compromisso de solidariedade entre elas, se declaradamente não se reservarem o benefício de divisão.*

> *Nesse sentido, é remansosa a jurisprudência:*

> ***Segundo Tribunal de Alçada Civil de São Paulo.*** *Fiança – responsabilidade – cônjuges fiadores – morte de um deles – subsistência do outro que a prestou conjuntamente. Não se extinguiu a garantia da locação que subsiste na pessoa da esposa do fiador falecido e também executada, que assinou o contrato sendo, consequentemente, devedora solidária (Apel. c/ rev. nº 533.009, 7ª Câm., rel. Juiz Américo Angélico, j. em 10.11.98).*[34]

b) Exoneração da faculdade de pedir renúncia

(cláusula 12 do contrato)

Alega a autora que "constituiu a requerida em mora" (*sic*). Na verdade, a notificação levada a efeito não teve qualquer consequência jurídica e, demais disso, a locadora, ora requerida, logrou contranotificar a requerente (documento 03).

De qualquer forma, ao revés do que menciona a petição inicial, o contrato expressamente estabeleceu renúncia à faculdade de a fiadora pedir exoneração da fiança, na exata medida em que previu a fiança até a efetiva entrega das chaves:

> *Cláusula 12. Assina também este contrato solidariamente com o locatário por todas as obrigações aqui exaradas, (...), brasileiro, casado, portador do RG (...), e sua esposa, (...), portadora do RG. (...), ambos inscritos no CPF (...), residentes à (...), cuja responsabilidade subsistirá até a entrega, real e efetiva das chaves do imóvel locado.*

---

[34] No mesmo sentido: JTA (Lex) 18/26, 30/99, 51/193, 133/311, 144/519 (em.); JTA (Saraiva) 79/252, JTA (RT) 113/391, 114/226, 118/318, RT 345/439, 503/166; Apel. c/ rev. nº 235.514, 4ª Câm., rel. Juiz Telles Corrêa, j. em 16.05.89; Apel. c/ rev. nº 285.031, 8ª Câm., rel. Juiz Narciso Orlandi, j. em 06.03.91; Apel. c/ rev. nº 379.610, 4ª Câm., rel. Juiz Amaral Vieira, j. em 03.05.94; Apel. c/ rev. nº 409.493, 9ª Câm., rel. Juiz Francisco Casconi, j. em 17.08.94; Apel. c/ rev. nº 417.647, 7ª Câm., rel. Juiz Demóstenes Braga, j. em 22.11.94; Apel. c/ rev. nº 424.570, 3ª Câm., rel. Juiz Gomes Varjão, j. em 07.02.95; Apel. c/ rev. nº 436.670, 7ª Câm., rel. Juiz Luiz Henrique, j. em 29.08.95; Apel. c/ rev. nº 441.990, 2ª Câm., rel. Juiz Norival Oliva, j. em 20.11.95; Apel. s/ rev. nº 453.656, 7ª Câm., rel. Juiz Emmanoel França, j. em 16.04.96; Apel. / rev. nº 491.549, 3ª Câm., rel. Juiz Ribeiro Pinto, j. em 07.10.97; Apel. c/ rev. nº 535.602, 2ª Câm., rel. Juiz Felipe Ferreira, j. em 08.02.99.

A disposição contratual, livremente celebrada pelas partes (cláusula 12 do contrato), responsabiliza o fiador até a efetiva entrega das chaves. Conseguintemente, implica em renúncia ao direito de pedir a vertente exoneração da fiança. Por essa simples razão, o presente pedido deve ser repelido por Vossa Excelência.

A fiadora solidária, ora requerente, não pode descumprir o que avençou, ou seja, se responsabilizar até a efetiva entrega das chaves (*pacta sunt servanda*). Essa é a inferência que se extrai dos julgados abaixo colacionados, entre centenas de outros do Egrégio Segundo Tribunal de Alçada Civil de São Paulo:

> **Segundo Tribunal de Alçada Civil de São Paulo.** *Fiança. Exoneração – (Artigo 1.500 do Código Civil). Renúncia. Validade. Responsabilidade até a entrega das chaves. A improcedência decorre do fato de que o contido no artigo 1.500 do Código Civil não é norma cogente, podendo as partes livremente contratar acerca da sua renúncia expressa, segundo se lê da cláusula da avença locatícia, onde restou ressaltada a responsabilidade dos fiadores até a efetiva entrega das chaves (Apel. c/ rev. nº 546.499, 2ª Câm., rel. Juiz Vianna Cotrim, j. em 03.05.99. Referências: RT 675/144 e 703/122).*[35]

Pedido

Pelo exposto, requer seja acolhida a preliminar de extinção do processo em virtude do reconhecimento de sua inexistência e, se assim não entender Vossa Excelência, que seja determinada a citação do litisconsorte nos termos do parágrafo único do art. 115 do Código de Processo Civil para que, ao final, seja a presente ação julgada totalmente improcedente, condenando a autora ao pagamento de custas e honorários advocatícios que Vossa Excelência houver por bem arbitrar, assim como demais ônus da sucumbência.

Aclarando o pedido requer-se:

Preliminarmente, reconhecimento de inexistência do processo por ausência de formação de litisconsórcio necessário e extinção do processo sem resolução de mérito com fundamento nos arts. 114 e 485, VI, do Código de Processo Civil e art. 40, IV, da Lei 8.245/1991;

Ou, caso a preliminar não seja acatada, no mérito:

a) o julgamento da total improcedência do pedido, em razão do contrato prever, expressamente, a responsabilidade da fiadora solidária até a entrega das chaves, o que ainda não ocorreu;

b) a condenação da autora nos ônus de sucumbência, custas e honorários de advogado que Vossa Excelência houver por bem arbitrar.

Provas

Requer provar o alegado por todos os meios em direito admitidos, especialmente pela produção de prova documental, e oitiva de testemunhas, depoimento pessoal da autora sob pena de confissão se não comparecer ou, comparecendo, se negar a depor (Código de Processo Civil, art. 385, § 1º).

---

[35] No mesmo sentido: JTA (Lex) 136/398, 143/332, 144/518 (em.), 147/389, 149/302, 153/471 (em.); JTA (RT) 95/258, 103/300, 106/367, 124/269, 128/240, RT 482/162, 521/184, 593/155, 612/247; Apel. Sum. nº 160.527, 9ª Câm., rel. Juiz Flávio Pinheiro, j. em 17.08.83; Apel. nº 166.606, 9ª Câm., rel. Juiz Marcello Motta, j. em 04.04.84; Apel. nº 194.217, 6ª Câm., rel. Juiz Soares Lima, j. em 05.08.86; Apel. nº 197.435, 3ª Câm., rel. Juiz Ferreira de Carvalho, j. em 16.09.86; Apel. c/ rev. nº 268.942, 2ª Câm., rel. Juiz Batista Lopes, j. em 21.05.90; Apel. c/ rev. nº 268.039, 5ª Câm., rel. Juiz Sebastião Amorim, j. em 08.08.90; Apel. s/ rev. nº 262.999, 2ª Câm., rel. Juiz Batista Lopes, j. em 03.09.90; Apel. s/ rev. nº 287.962, 2ª Câm., rel. Juiz Batista Lopes, j. em 15.04.91; Apel. c/ rev. nº 322.636, 8ª Câm., rel. Juiz Narciso Orlandi, j. em 10.12.92; Apel. c/ rev. nº 341.679, 1ª Câm., rel. Juiz Renato Sartorelli, j. em 24.05.93; Apel. c/ rev. nº 407.070, 2ª Câm., rel. Juiz Diogo de Salles, j. em 04.07.94; Apel. c/ rev. nº 427.607, 7ª Câm., rel. Juiz Antonio Marcato, j. em 09.05.95; Ap. s/ rev. nº 432.248, 5ª Câm., rel. Juiz Laerte Sampaio, j. em 17.05.95; Apel. s/ rev. nº 432.309, 2ª Câm., rel. Juiz Norival Oliva, j. em 22.05.95; Apel. c/ rev. nº 452.362, 11ª Câm., rel. Juiz Mendes Gomes, j. em 15.04.96; Apel. c/ rev. nº 463.565, 5ª Câm., rel. Juiz Sebastião Amorim, j. em 04.09.96; Apel. c/ rev. nº 465.169, 2ª Câm., rel. Juiz Andreatta Rizzo, j. em 23.09.96; EI nº 465.530, 5ª Câm., rel. Juiz Laerte Sampaio, j. em 29.01.97; Apel. c/ rev. nº 473.261, 1ª Câm., rel. Juiz Renato Sartorelli, j. em 03.02.97; Apel. c/ rev. nº 528.099, 1ª Câm., rel. Juiz Diogo de Salles, j. em 30.11.98; Apel. c/ rev. nº 528.171, 12ª Câm., rel. Juiz Oliveira Prado, j. em 18.03.99.

Cumpridas as necessárias formalidades legais, deve a presente ser recebida e juntada aos autos, renovado o processo nos termos da preliminar, ou, no mérito, rejeitado o pedido.

Termos em que,

Pede deferimento.

Data

Advogado (OAB)

2.3.6. Ausência, interdição, falência ou insolvência do fiador

Nos termos do inciso II do artigo 40 da Lei 8.245/1991, de acordo com a regra do artigo 826 do Código Civil, pode haver exigência de novo fiador em caso de ausência (Código Civil, art. 22); interdição (Código Civil, art. 1.767); falência (Lei 11.101/2005) ou insolvência civil.

Nesses casos há presunção *iuris et de iure* de que não há mais como garantir a dívida.

O art. 40, II, da Lei 8.245/1991, com a redação da dada pela Lei 12.112/2009, corrige as possibilidades de exigência de novo fiador, incorporando a hipótese de recuperação judicial do fiador original, nos termos da Lei 11.101/2005.

Portanto, agora expressamente, ocorrendo a recuperação judicial do fiador, além das demais hipóteses enumeradas no art. 40, poderá o locador exigir nova garantia sob pena de infração legal e despejo.

2.3.7. Ato de disposição de imóveis do fiador

Dispondo por qualquer modo (hipoteca, venda etc.), nos termos do inciso III do art. 40 da Lei 8.245/1991, pode o locador exigir novo fiador, sob pena de despejo. Caso o contrato disponha a respeito, seguir-se-á o convencionado, caso contrário, o locador deverá notificar o locatário do ocorrido para que providencie novo fiador.

Ora, se o patrimônio do fiador é que garante as obrigações assumidas pelo contrato (Código de Processo Civil, art. 789, Código Civil, art. 391), tendo ele alienado seus imóveis, presume-se não mais garantir.

O mesmo dispositivo sob exame, também confere ao locador a possibilidade de exigir novo fiador em caso de mudança de domicílio deste sem a comunicação ao locador, norma que repete, em parte, a disposição do artigo 825 do Código Civil.[36]

2.3.8. Exoneração do fiador após o término do prazo contratual

A exoneração do fiador sempre gerou acaloradas discussões doutrinárias e jurisprudenciais, notadamente no que pertine à permanência do fiador após o término do contrato.

A polêmica surgiu em razão de antigo entendimento, já alterado no Superior Tribunal de Justiça, o qual julgava que a fiança somente obriga o fiador durante o prazo contratado,

---

[36] **Tribunal de Alçada do Rio Grande do Sul.** *AGI 196056444 – 28.08.1996 – Terceira Câmara Cível – Relator: Gaspar Marques Batista. Porto Alegre. Ação revisional de aluguel. Mudança de endereço do fiador sem comunicação ao locador. Não há dúvida que o locador pode exigir a substituição da modalidade de garantia quando ocorrer a mudança de residência do fiador sem comunicação àquele. Todavia, não pode o Estado compelir o locatário a tal procedimento, notadamente ao ensejo de ação revisional. A forma admissível é mediante notificação com prazo de trinta dias. Incidência na espécie do inciso III do artigo 40 da Lei 8.245, de 18.10.1991. Negado provimento. Unânime. RF. LG.: LF-8245 de 1991, art. 40.*

não depois desse prazo, no período da prorrogação legal do contrato, tendo em vista que a fiança se interpreta restritivamente.

Sendo assim, se, por exemplo, na locação residencial, o prazo fosse de trinta meses, permanecendo o locatário no imóvel, o fiador restava automaticamente exonerado em razão do término do prazo contratado, ainda que houvesse cláusula de responsabilidade até a efetiva entrega das chaves.[37]

---

[37]　Nesse sentido: STJ, AgRg no AgIn 633.522/PR (2004/0142389-0), rel. Min. Paulo Gallotti: *"Agravo regimental. Locação. Fiança. Interpretação restritiva. 1. O contrato de fiança deve ser interpretado restritivamente, limitando a responsabilidade dos fiadores ao prazo originariamente firmado, ainda que haja cláusula prevendo sua responsabilidade até a entrega das chaves. 2. Ressalva do ponto de vista do relator. 3. Agravo improvido."*
Acórdão:
"Vistos, relatados e discutidos estes autos, acordam os Ministros da Sexta Turma do Superior Tribunal de Justiça, na conformidade dos votos e das notas taquigráficas a seguir, por unanimidade, negar provimento ao agravo regimental, nos termos do voto do Sr. Ministro Relator. Os Srs. Ministros Paulo Medina, Hélio Quaglia Barbosa, Nilson Naves e Hamilton Carvalhido votaram com o Sr. Ministro Relator. Brasília (DF), 14 de junho de 2005 (data do julgamento). Ministro Paulo Gallotti, Presidente e Relator".
Relatório:
(...) Conforme o entendimento predominante no Superior Tribunal de Justiça, o contrato de fiança deve ser interpretado restritivamente, não vinculando o fiador a prorrogação do pacto locatício sem sua expressa anuência, ainda que haja cláusula prevendo sua responsabilidade até a entrega das chaves. Ressalvo, contudo, meu ponto de vista em sentido contrário, entendendo que, havendo disposição específica prevendo a responsabilidade do fiador no caso de renovação do pacto locatício por prazo indeterminado até a entrega das chaves, a hipótese não é de interpretação extensiva, mas de simples aplicação de cláusula contratual (voto vencido no REsp 421.098/DF, DJU 26.04.2004). Esse, todavia, não é o entendimento que veio a prevalecer no âmbito da Terceira Seção desta Corte, como se vê dos seguintes precedentes: A – "Civil. Locação. Fiança. Interpretação não extensiva. Responsabilidade. Restrita ao período originalmente contratado. Continuidade da garantia sem anuência do fiador. Impossibilidade. Cláusula que obrigue o fiador até a efetiva entrega das chaves. Irrelevância. Súmula 214/STJ. I – A obrigação decorrente da fiança locatícia deve se restringir ao prazo originalmente contratado, descabendo se exigir do garantidor o adimplemento de débitos que pertinem ao período de prorrogação da locação, à qual não anuiu, consoante a regra dos arts. 1.003 e 1.006 do Estatuto Civil [1916]. Precedentes. II – A impossibilidade de conferir interpretação extensiva à fiança locativa, consoante pacífico entendimento desta Eg. Corte, torna, na hipótese, irrelevante, para o efeito de se aferir o lapso temporal da obrigação afiançada, cláusula contratual que preveja a obrigação do fiador até a entrega das chaves, bem como aquela que pretenda afastar a disposição prevista no art. 1.500 do Código Civil [1916]. III – Consoante dispõe a Súmula 214 desta Corte: 'O fiador na locação não responde por obrigações resultantes de aditamento ao qual não anuiu.' IV – Embargos de divergência acolhidos (EREsp 302.209/MG, rel. Min. Gilson Dipp, DJU 18.11.2002). B – 'Processual civil. Embargos de divergência. Locação. Fiança. Interpretação restritiva. Divergência superada. Súmula 168/STJ. A jurisprudência assentada nesta Corte construiu o pensamento de que, devendo ser o contrato de fiança interpretado restritivamente, não se pode admitir a responsabilização do fiador por encargos locatícios decorrentes de contrato de locação prorrogado sem a sua anuência, ainda que exista cláusula estendendo sua obrigação até a entrega das chaves e que tenha sido renunciado ao direito de exonerar-se da garantia. São incabíveis embargos de divergência na hipótese em que a jurisprudência do Tribunal se firmou no mesmo sentido do acórdão embargado, consoante verbete contido na Súmula 168/STJ. Agravo regimental desprovido' (AgRg no EREsp 275.383/MG, rel. Min. Vicente Leal, DJU 17.06.2002). Ante o exposto, nego provimento ao agravo de instrumento" (fls. 115/117). (...)
Voto: *"O Senhor Ministro Paulo Gallotti (Relator): A decisão agravada deve ser mantida por seus próprios fundamentos, visto que, na verdade, reflete a atual e predominante jurisprudência do Superior Tribunal de Justiça, valendo anotar, em reforço, os seguintes precedentes. Em reforço, confiram-se: A – 'Agravo em embargos de divergência em recurso especial. Processual Civil e Civil. Súmula 168 do STJ. Locação. Fiança. Interpretação restritiva. Prorrogação do contrato de locação. Falta de anuência do fiador. Responsabilidade. Inexistência. Súmula 214/STJ. O contrato de fiança deve ser interpretado restritivamente, pelo que é inadmissível a responsabilização do fiador por obrigações locativas resultantes de prorrogação do contrato de locação sem a anuência daquele, sendo irrelevante a existência de cláusula estendendo a obrigação fidejussória até a entrega das chaves. Precedentes. Não cabem embargos de*

O assunto gerou todo tipo de opinião e, a par de ser objeto de vetustas linhas doutrinárias, com algumas vozes divergentes, inicialmente firmou-se o entendimento segundo o qual, mesmo havendo cláusula expressa que previsse a obrigação até a entrega das chaves, o fiador não poderia ser responsabilizado por débitos referentes ao período de prorrogação ao qual não anuiu, na esteira do Enunciado 214 da Súmula do STJ.

Nessa medida, voto do Min. Gilson Dipp, que afirmou textualmente: "o Superior Tribunal de Justiça possui entendimento no sentido de que a fiança é contrato benéfico, não se admitindo a sua interpretação extensiva, não tendo eficácia a cláusula contratual que preveja a obrigação fidejussória até a entrega das chaves, ou que pretenda afastar a disposição do art. 819 do Código Civil (1.483 do CC/1916). Assim, há que se ter como termo final do período a que se obrigaram os fiadores a data na qual se extinguiu a avença locativa originária, impondo-se afastar, para fins de responsabilização afiançatória, o lapso temporal que se seguiu, creditado à conta de prorrogação do contrato à qual não anuíram os fiadores" (AgRg no REsp 833.492/SP, j. 12.09.2006, *DJ* 09.10.2006, p. 354).

No mesmo sentido, asseverou a Min. Laurita Vaz que "o contrato acessório de fiança obedece à forma escrita, é consensual, deve ser interpretado restritivamente e no sentido mais favorável ao fiador. Desse modo, a prorrogação do pacto locatício por tempo indeterminado, compulsória ou voluntariamente, desobriga o garante que a ela não anuiu" (AgRg no REsp 832.271/SP, j. 19.10.2006, *DJ* 20.11.2006, p. 359).

Portanto, não importava se o fiador havia firmado contrato mediante o qual se obrigou até a efetiva entrega das chaves ou mesmo se renunciou ao direito de pedir exoneração.

Isto porque, terminado o prazo originalmente contratado, o fiador estava livre do pesado mister de garantir a locação.

Tudo porque a fiança, contrato acessório e normalmente benéfico, deve ser interpretado restritivamente, por expressa disposição do art. 819, do Código Civil, segundo o qual "a fiança dar-se-á por escrito, e não admite interpretação extensiva".

O entendimento então esposado por larga maioria no Superior Tribunal de Justiça gerava, por evidente, descontentamento dos locadores e de seus representantes.

---

divergência quando a jurisprudência do Tribunal se firmou no mesmo sentido do acórdão embargado (Súmula 168 do STJ). Agravo regimental a que se nega provimento' (AgRg no EREsp 440.110/SP, rel. Min. Paulo Medina, DJU 09.03.2005). B – 'Agravo regimental. Recurso especial. Locação. Fiança. Prorrogação do contrato sem a anuência dos fiadores. Responsabilidade. Ausência. Agravo regimental improvido. 1. A jurisprudência deste Superior Tribunal de Justiça é firme no sentido de que o contrato acessório de fiança deve ser interpretado de forma restritiva, vale dizer, a responsabilidade do fiador fica delimitada a encargos do pacto locatício originariamente estabelecido, de modo que a prorrogação do contrato por tempo indeterminado, compulsória ou voluntária, sem a anuência dos fiadores, não os vincula, pouco importando a existência de cláusula de duração da responsabilidade do fiador até a efetiva devolução do bem locado. 2. 'O fiador na locação não responde por obrigações resultantes de aditamento ao qual não anuiu' (Súmula do STJ, Enunciado 214). 3. Agravo regimental improvido' (AgRg no REsp 588.403/RS, rel. Min. Hamilton Carvalhido, DJU 04.04.2005). 'Embargos de declaração. Agravo regimental. Agravo de instrumento. Omissão. Inexistência. Efeito infringente. Impossibilidade. Fiança. Prorrogação automática do contrato. Exoneração do fiador. Prequestionamento de matéria constitucional. Inadequação. Embargos rejeitados. 1. Os embargos de declaração destinam-se a suprir omissão, afastar obscuridade ou eliminar contradição existentes no julgado, não sendo cabível para rediscutir matéria já suficientemente decidida. 2. A jurisprudência desta Corte se firmou no sentido de que o contrato de fiança deve ser interpretado de forma restritiva e benéfica, razão pela qual o fiador somente responderá por encargos decorrentes do pacto locatício até o momento da sua extinção, sendo irrelevante a existência de cláusula estendendo a obrigação fidejussória até a entrega das chaves. Precedentes. 3. A via especial, destinada à uniformização da interpretação do direito federal, não se presta à análise de dispositivos da Constituição da República, ainda que para fins de prequestionamento. 4. Embargos declaratórios rejeitados' (EDcl no AgRg no Ag 560.438/SC, rel. Min. Laurita Vaz, DJU 23.05.2005). (...). Ante o exposto, nego provimento ao agravo regimental. É como voto. – Relator".

Costumava-se sustentar, *ad terrorem*, impressionando sem razão, a instabilidade jurídica e o desestímulo a novos investimentos no setor de locação.

Argumentava-se que imóveis permaneciam ociosos em razão do relatado posicionamento da Corte Superior.

Não nos parecia que fosse assim.

A uma, porque é cediço que o mercado imobiliário vem sendo impulsionado por iniciativa de políticas públicas.

Com isso, os investidores verificam no crédito imobiliário uma opção rentável, sem contar a crescente participação dos fundos de investimento imobiliário.

Sob outro enfoque, a proteção, com fundamento na lei, antes concedida pelo Superior Tribunal de Justiça aos fiadores, refletia a moderna concepção de função social do contrato e boa-fé objetiva no âmbito contratual.

Sendo assim, a função social do contrato à luz da boa-fé implica em pautar as relações jurídicas pelo equilíbrio das prestações.

Em consonância com o acatado, ainda que o contrato obrigue o fiador até a entrega das chaves, mister se faz verificar que é obrigação do locatário devolvê-las na data pactuada no contrato (art. 23, III, da Lei 8.245/1991).

Como se sabe, se não devolve, abre, ao locador, ordinariamente, a possibilidade de despejo sem a necessidade de notificação.

Posta assim a questão, entendíamos que não podia mesmo o fiador ser responsabilizado por prazo superior ao originariamente contratado, ainda que a lei determine, como já determinava, a prorrogação automática.

A conclusão decorria da própria Lei do Inquilinato, segundo a qual a resolução do contrato se dá "findo o prazo estipulado, independentemente de notificação ou aviso" (Lei 8.245/1991, arts. 46 e 56).

Com isso, se a fiança deve ser interpretada restritivamente, não podia, no contrato de locação, ultrapassar o prazo de ajuste original, ainda que houvesse cláusula obrigando o fiador até a entrega das chaves que, insista-se, deve ser feita ao final do prazo contratado.

Era nosso entendimento, posto que, movido por comodidade, o locador que permitisse a permanência do locatário-afiançado sem se preocupar em instar o fiador a anuir com novo prazo não poderia, ao depois, diante do inadimplemento superveniente ao termo final contratado, responsabilizar o fiador com o seu patrimônio em razão da natureza do contrato acessório de fiança.

Ao Superior Tribunal de Justiça rendíamos nossos aplausos, pois espelhava a mais moderna concepção do direito material e prestigiava os deveres éticos, de honestidade e equilíbrio das relações jurídicas decorrentes da função social do contrato, da boa-fé objetiva, da solidariedade, da proteção, da justiça social, da equidade e da transparência (Código Civil, arts. 113, 421 e 422).

Ocorre que a posição acima, que parecia consolidada, foi radicalmente alterada.

Nessa medida, o seguinte julgado do Superior Tribunal de Justiça:

Civil. Locação. Embargos de divergência em recurso especial. Contrato de locação por tempo determinado. Fiança. Término do prazo originalmente pactuado. Exoneração. Impossibilidade. Responsabilidade dos fiadores até a efetiva entrega das chaves do imóvel. Embargos de divergência acolhidos. 1. A Terceira Seção do Superior Tribunal de Justiça, no julgamento do EREsp 566.633/CE, firmou o entendimento de que, havendo, como no caso vertente, cláusula expressa no contrato de aluguel de que a responsabilidade dos fiadores perdurará até a efetiva entrega das chaves do imóvel objeto da locação, não há falar em desobrigação por parte destes em razão do término do prazo originalmente pactuado. 2. Embargos de divergência rejeitados (EREsp 791.077/SP, 3ª Seção, j. 28.03.2007, rel. Min. Arnaldo Esteves Lima, DJ 28.05.2007, p. 286).

No mesmo sentido:

Civil. Locação. Contrato por prazo determinado. Fiança. Cláusula que a prorroga até a entrega das chaves. Possibilidade. Anuência expressa do fiador. Súmula 214/STJ. Inaplicabilidade. Precedente. 1. A 3ª Seção deste Tribunal, no julgamento do EREsp 566.633/CE, rel. Min. Paulo Medina, assentou a validade de cláusula de contrato de locação por prazo certo que prorrogue a fiança até a entrega das chaves do imóvel, se expressamente aceita pelo fiador que não se exonerou do encargo na forma do art. 835 do Diploma Civil atual, correspondente ao art. 1.500 do Código Civil de 1916. 2. A controvérsia em análise não contempla hipótese de aditamento ao contrato de locação, razão por que não se aplica ao caso a Súmula 214/STJ. 3. O aresto atacado, ao ter por legítimo o prolongamento da garantia fidejussória no contrato de locação em tela, não divergiu do entendimento pacificado nesta Corte Superior de Justiça, devendo, pois, ser mantido. 4. Recurso especial conhecido e improvido (REsp 900.007/RS, 6ª Turma, j. 17.04.2007, rel. Min. Maria Thereza de Assis Moura, DJ 07.05.2007, p. 369).[38]

---

[38] Neste julgado, que espelha o posicionamento atual da Corte, afirmou-se: *"Cuida-se de recurso especial, interposto por (...), contra acórdão proferido pelo Tribunal de Justiça do Estado do Rio Grande do Sul, que negou provimento às apelações, conforme se verifica da sua ementa: 'Apelação cível. Locação. Ação ordinária de cobrança. 1) Fiador. Término do prazo do contrato. O fiador é responsável pelos encargos até a desocupação do imóvel, não a prorrogação do contrato causa de extinção da fiança. 2) Verba honorária sucumbencial mantida em 15% sobre a condenação. 3) Prequestionamento afastado. 4) Multa moratória. Mantida a multa moratória no percentual de 10% sobre o débito, ausente abusividade a ensejar a intervenção do Estado-Judiciário. 5) Despesas com reparos no imóvel. Sustenta-se a inicial quando o réu, ao contestar, infirma o direito do autor, sem nada demonstrar. 6) Juros de mora. Ainda que não previstos no contrato os juros de mora, incidem por força da lei e a partir de cada vencimento já estabelecido, não da citação. Apelos improvidos. O recorrente se insurge contra a sua responsabilização por débitos posteriores ao término do prazo da fiança em contrato de locação. Alega, para tanto, violação aos arts. 1.006, 1.090 e 1.483 do Código Civil de 1916, que disciplinam referida garantia fidejussória, especialmente no que toca à sua interpretação restritiva. Pugna, outrossim, pela aplicação da Súmula 214/ STJ, que afasta a responsabilidade do fiador por obrigações decorrentes de aditamentos que não anuiu. Aponta, de outra parte, dissídio jurisprudencial com arestos desta Corte, que firmaram entendimento diverso sobre a controvérsia em discussão. Com contrarrazões, o apelo especial foi admitido pela decisão de fl. 164/168. É o relatório. (...)'"* Voto: *"Conforme mencionado no relatório, busca o recorrente, por meio do presente apelo especial, afastar sua responsabilização por encargos posteriores ao término da fiança por ele assumida em contrato de locação. O Tribunal a quo, no julgamento dos apelos manejados por ambas as partes, assentou a legitimidade da cláusula décima primeira do pacto locatício firmado entre o recorrente, como fiador, e a recorrida, na qualidade de locadora. Referida disposição contratual, além de determinar da renúncia, pelo fiador, ao benefício do art. 1.500 do Código Civil pretérito, estabelece que a 'garantia fidejussória desta cláusula persistirá até a entrega das chaves ao locador(a)'. Estatuiu a Corte gaúcha que citada cláusula está em consonância com a regra do art. 39 da Lei 8.245/1991 (Lei do Inquilinato) [redação anterior], a saber: 'Salvo disposição contratual em contrário, qualquer das garantias da locação se estende até a efetiva devolução do imóvel'. Entendeu também não ser aplicável a Súmula 214 desta Corte, porquanto a controvérsia não cuida de aditamento ao pacto locatício, mas de aplicação de disposição originalmente prevista no contrato. A discussão trazida pelo recorrente não é nova nesta Corte superior. Em um primeiro momento, não obstante alguns julgados em sentido contrário (REsp 435.449/PR, 6.ª Turma, rel. Min. Fernando Gonçalves, DJ 10.09.2002 e REsp 329.067, 6.ª Turma, rel. Min. Paulo Gallotti, DJ 02.08.2004), prevalecia o entendimento de que o fiador se exime dos encargos posteriores ao fim do contrato de locação (prazo determinado), a despeito de cláusula que estabeleça a sua responsabilidade até a efetiva restituição do imóvel, diante da interpretação restritiva conferida à garantia fidejussória da fiança, bem como em face da orientação constante da Súmula 214/STJ. Nesse sentido, confiram-se as seguintes ementas: 'Processual civil. Locação. Agravo regimental no agravo de instrumento. Ausência da assinatura do advogado na apelação. Irregularidade sanável nas instâncias ordinárias. Fiador. Prorrogação do contrato sem a anuência do garante. Súmula 214/STJ. Arts. 82 e 115 do CC/1916. Ausência de prequestionamento. (...) II – A orientação jurisprudencial desta Corte é no sentido de que a responsabilidade do fiador em relação ao contrato de locação deve ser interpretada restritivamente. Daí decorre que, na presente situação, o fiador somente responderá por encargos, decorrentes do contrato de locação, até o momento da sua extinção, mesmo que exista cláusula estendendo a sua obrigação até a entrega das chaves. (...) Agravo regimental desprovido' (AgRg no Ag 714.327/DF, 5.ª Turma, j. 15.12.2005, rel. Min. Felix Fischer, DJ 13.02.2006, p. 845). (...) Em recente assentada, contudo, a partir da exegese do art. 39 da Lei 8.245/1991 e da Súmula*

Assim, possível resumir o posicionamento que acabou prevalecendo no Superior Tribunal de Justiça até a alteração da Lei do Inquilinato, decorrente da Lei 12.112/2009:

a) havendo cláusula contratual, como na maioria dos casos há, que imponha a fiança até a efetiva entrega das chaves, a aludida cláusula era válida, não implicando em exoneração do fiador de forma automática após o prazo contratual original, exceto cláusula expressa nesse sentido (de fiança com prazo certo, o que é raro), entendimento que, como se verá, não foi agasalhado pela alteração da Lei 8.245/1991;

b) Após o prazo original, o fiador poderia pedir exoneração nos termos do art. 835, do Código Civil, se não tivesse renunciado a este direito, sendo controvertida a validade dessa renúncia ao direito de pedir exoneração.

Vejamos, pois, o panorama após as alterações da Lei do Inquilinato empreendidas pela Lei 12.112/2009.

2.3.8.1. *Exoneração do fiador após o prazo contratual, ainda que haja prorrogação legal do contrato*

Modificando radicalmente a jurisprudência que se firmou no STJ a partir de 2007,[39] o inciso X e o parágrafo único, ambos acrescidos ao art. 40 pela Lei 12.112/2009, estabelecem a

---

214/STJ, a 3.ª Seção deste Tribunal, no julgamento de hipótese análoga, o EREsp 566.633/CE, rel. Min. Paulo Medina, reviu o posicionamento anterior, ao ter como válida disposição em contrato de locação por prazo certo que estenda a fiança até a entrega das chaves do imóvel, se expressamente aceita pelo fiador que não se exonerou do encargo na forma do o art. 835 do Diploma Civil atual, correspondente ao art. 1.500 do Código Civil de 1916. Na ocasião, o Colegiado resolveu remeter o acórdão para a Comissão de Jurisprudência desta Corte, para possível reapreciação da aludida Súmula 214 deste Tribunal. Essa diretriz jurisprudencial já é adotada pela 5.ª Turma deste Tribunal, conforme se verifica do seguinte aresto: 'Civil. Processual civil. Locação. Embargos de declaração. Contrato de locação por tempo determinado. Prorrogação legal por prazo indeterminado. Anuência do fiador. Exoneração. Impossibilidade. Embargos de declaração rejeitados. (...) 2. Por sua vez, a Terceira Seção do Superior Tribunal de Justiça, no julgamento do EREsp 566.633/CE, firmou a compreensão de que, havendo, como no caso vertente, cláusula expressa no contrato de aluguel de que a responsabilidade do fiador perdurará até a efetiva entrega das chaves do imóvel objeto da locação, não há falar em desobrigação por parte deste, ainda que o contrato tenha se prorrogado por prazo indeterminado. 3. Embargos de declaração rejeitados' (EDcl no REsp 620.072/SP, 5.ª Turma, j. 06.02.2007, rel. Min. Arnaldo Esteves Lima, DJ 26.02.2007, p. 632). De igual forma, a novel orientação vem sendo observada em decisões monocráticas proferidas por ministros de ambas as Turmas componentes da 3.ª Seção do Superior Tribunal de Justiça. A propósito, destaco o REsp 877.630/RS, rel. Min. Paulo Medina, DJ 09.03.2007, REsp 900.349, rel. Min. Hamilton Carvalhido, DJ 28.02.2007 e REsp 885.151, rel. Min. Felix Fischer, DJ 22.02.2007. No caso concreto, a partir do exame dos autos, verifica-se que a locação tinha prazo certo: 1º de março de 2000 a 1º de março de 2001. Operou-se, todavia, a prorrogação do contrato por prazo indeterminado (art. 46, § 1º, da Lei do Inquilinato) até a entrega das chaves pelo locatário em 9 de junho de 2003. Conforme antes mencionado, nos termos da cláusula décima primeira do pacto, o fiador manifestamente concordava com a ampliação da garantia até a devolução do imóvel. Por fim, não se tem notícia no processo de aditamentos ao contrato, tampouco de exoneração da fiança, pelo recorrente, após a dilação automática do ajuste. Diante de tais circunstâncias, considerada a recente jurisprudência fixada pela 3ª Seção desta Corte e a regra do art. 39 da Lei 8.245/1991, o recorrente continua responsável pelos débitos relativos ao período entre o término do contrato (1º de março de 2001) e a entrega das chaves (9 de junho de 2003), pois expressamente anuiu a essa possibilidade quando firmou a avença em apreço, não incidindo, na espécie, a Súmula 214/STJ, na medida em que a orientação nela contida se aplica tão somente às hipóteses de aditamento ao ajuste. O aresto atacado, ao ter por válido o prolongamento da garantia fidejussória no contrato de locação em tela, não divergiu do entendimento pacificado nesta Corte Superior de Justiça, devendo, pois, ser mantido. Diante do exposto, conheço do presente recurso especial e a ele nego provimento. É como voto".

39 Antes de 2007, como se viu, o entendimento pode ser espelhado no seguinte julgado, que agora se retoma: "Processual civil. Locação. Cláusula que obrigue o fiador até a efetiva entrega das chaves. Irrelevância. Responsabilidade. Restrição ao período originariamente contratado. Prorrogação da locação

possibilidade de o fiador colocar fim à fiança no termo final do contrato, independentemente de sua prorrogação por prazo indeterminado.

Em outras palavras, ao término do prazo contratado para a locação, ou o locador cuida de obter a anuência expressa do fiador com a prorrogação legal ou o fiador poderá notificar o locador, ficando responsável por cento e vinte dias após a efetiva notificação, ou até antes, se novo fiador for apresentado pelo locatário e aceito pelo locador previamente ao termo final de cento e vinte dias.[40]

Poder-se-ia redarguir, afirmando que o inciso X só se aplica no caso de prorrogação convencional do contrato.

Não é o que pensamos. A uma, porque a lei não distinguiu, e, a duas, porque não haveria a menor necessidade da alteração legislativa para tal mister, posto que a prorrogação convencional sem a anuência expressa do fiador evidentemente o exonera, por força dos arts. 365 e 366 do Código Civil.

Portanto, entendemos que a subsistência das garantias até a devolução das chaves do art. 39 se aplica indistintamente às outras modalidades de garantia.[41]

---

com anuência do fiador. Extinção da garantia. Súmula 214/STJ. Inaplicabilidade. Recurso desprovido. I. O Superior Tribunal de Justiça já pacificou entendimento no sentido de que a fiança como contrato benéfico, não admite a sua interpretação extensiva, não tendo eficácia a cláusula contratual que preveja a obrigação fidejussória até a entrega das chaves, ou que pretenda afastar a disposição do art. 819 do Código Civil (1.483 do CC/1916). Assim, há que se ter como termo final do período a que se obrigaram os fiadores a data na qual se extinguiu a avença locativa originária, impondo-se afastar, para fins de responsabilização afiançatória, o lapso temporal que se seguiu, creditado à conta de prorrogação do contrato. II. A impossibilidade de conferir interpretação extensiva à fiança locativa, consoante pacífico entendimento desta Eg. Corte, torna, na hipótese, irrelevante, para o efeito de se aferir o lapso temporal da obrigação afiançada, cláusula contratual que preveja a obrigação do fiador até a entrega das chaves. Precedentes. III. Na hipótese dos autos, há pormenor relevante. Consoante consignado pelo Juízo de Primeiro grau, 'os embargantes aceitaram a prorrogação da obrigação, ao anuírem ao acordo celebrado entre a embargada e o afiançado após o término do prazo de vigência originário (fls. 16/17)' (fl. 45). IV. Nos termos do enunciado 214 da Súmula do STJ, 'o fiador na locação não responde por obrigações resultantes de aditamento ao qual não anuiu'. V. Agravo interno desprovido" (AgRg no REsp 833.492/SP, 5ª Turma, j. 12.09.2006, rel. Min. Gilson Dipp, DJ 09.10.2006, p. 354).
Depois de 2007, o STJ modificou o entendimento, nos termos do julgado abaixo, que agora merecerá revisão:
"Locação. Fiança. Prorrogação do contrato. Cláusula que prevê a obrigação até a entrega das chaves. Exoneração do fiador. Impossibilidade. Entendimento consolidado a partir do julgamento do EREsp 566.633/CE. Precedentes. 1. A Egrégia Terceira Seção desta Corte pacificou o entendimento no sentido de que, havendo, no contrato locatício, cláusula expressa de responsabilidade do garante até a entrega das chaves, responde o fiador pela prorrogação do contrato, a menos que tenha se exonerado na forma do art. 1.500 do Código Civil de 1916 ou do art. 835 do Código Civil vigente, a depender da época da avença. 2. Agravo regimental desprovido" (AgRg no REsp 923.347/RS, rel. Min. Laurita Vaz, DJ 06.08.2007).

[40] Assim, críticas à possibilidade de exoneração, como aquelas do Desembargador paulista Luís Camargo Pinto de Carvalho (Da extinção da responsabilidade dos fiadores, em contrato de locação. Pronunciamentos contra legem do STJ, Revista da Escola da magistratura do Rio de Janeiro, vol. 6, n. 24, Rio de Janeiro, 2003, p. 38), ficam sem efeito ante a possibilidade expressa de exoneração na redação atual do inciso X do art. 40. Eis os comentários que agora merecem revisão: "A regra do Código atual inova a respeito, comportando discutir se tem aplicação em matéria de locação de prédios urbanos, à vista do disposto no art. 39 da Lei 8.245/1991 e no art. 2.036 do Código vigente, ambos acima transcritos. Temos para nós que não se aplica às locações. E as razões são análogas às empregadas para sustentação da responsabilidade do fiador, após o término do contrato, ou seja, a lei inquilinária é lei especial, que convive paralelamente à lei geral, que é o Código Civil, como está expresso na Lei de Introdução, e como também o próprio Código Civil, no art. 2.036, deixou expresso ao registrar que a locação regida pela Lei do Inquilinato, por esta continuaria a ser disciplinada."

[41] Nesse sentido, de acordo com o entendimento atual do STJ, em consonância com a redação dada ao art. 39 da Lei do Inquilinato pela Lei 12.112/2009, fica sem efeito a Súmula 214/STJ que determinava a exoneração automática do fiador com o término do prazo contratual.

Todavia, no caso de garantia fidejussória, a teor do novel inciso X do art. 40, a subsistência da garantia fica condicionada à hipótese de o fiador deixar de notificar o locador, comunicando sua intenção de não permanecer como garantidor das obrigações contratuais do locatário, obrigando-se pelas obrigações do afiançado decorrentes do contrato de locação pelo prazo de cento e vinte dias.

Em suma, com a prorrogação legal do contrato de locação, o fiador pode se exonerar desde que comunique o locador a qualquer tempo no curso da prorrogação legal e desde que fique responsável por todos os efeitos da fiança pelo prazo de 120 dias. É neste sentido a Súmula 7 do Tribunal de Justiça de São Paulo:

> *Súmula 7: Nos contratos de locação, responde o fiador pelas suas obrigações mesmo após a prorrogação do contrato por prazo indeterminado se não se exonerou na forma da lei.*

Resta saber se seria válida cláusula já inserida no contrato de locação, prevendo a responsabilidade até a efetiva entrega das chaves, mesmo após o prazo inicial.

Seria uma cláusula de prorrogação convencional da fiança prevista no contrato principal e previamente.

A Súmula 656 do STJ parece autorizar a eficácia de cláusula desse jaez: "É válida a cláusula de prorrogação automática de fiança na renovação do contrato principal. A exoneração do fiador depende da notificação prevista no art. 835 do Código Civil (Segunda Seção, j. 9.11.2022, *DJe* 16.11.2022)".

Posta assim a questão, caso o fiador tenha firmado contrato com previsão de sua garantia até o advento da entrega das chaves, ainda que haja prorrogação legal ou convencional apenas com o locatário, em razão da sua vontade antes manifestada, estaria ele vinculado à garantia que prestou.

É neste sentido o teor do REsp 1.326.557/PA:
Fiança em locação de imóvel urbano. Recurso Especial. Omissão, contradição ou obscuridade. Inexistência. Prequestionamento. Imprescindibilidade. A melhor interpretação do art. 39 da Lei do Inquilinato, em sua redação primitiva, é a de que, em não havendo expressa pactuação no contrato de fiança acerca da prorrogação desse pacto acessório, a prorrogação do contrato de locação por prazo indeterminado, não implica a manutenção do fiador como garante. Jurisprudência consolidada no âmbito do STJ. Redação atual do art. 39 da Lei do Inquilinato, com a alteração de sua redação promovida pela Lei 12.112/2009. A prorrogação do contrato de locação por prazo indeterminado, por força da Lei do Inquilinato, resulta na manutenção da fiança, salvo expressa disposição contratual em contrário.
1. Com o julgamento dos EREsp 566.633/CE, ficou pacificado no âmbito do STJ a admissão da prorrogação da fiança nos contratos locatícios prorrogados por prazo indeterminado, contanto que expressamente prevista no contrato (*v.g.*, a previsão de que a fiança subsistirá "até a entrega das chaves"). 2. Todavia, a jurisprudência consolidada apreciou demandas à luz da redação primitiva do art. 39 da Lei do Inquilinato (Lei 8.245/1991). Com a nova redação conferida ao dispositivo pela Lei 12.112/2009, para contratos de fiança firmados a partir de sua vigência, salvo disposição contratual em contrário, a garantia, em caso de prorrogação legal do contrato de locação por prazo indeterminado, também prorroga-se automaticamente (*ope legis*), resguardando-se, durante essa prorrogação, evidentemente, a faculdade de o fiador de exonerar-se da obrigação mediante notificação resilitória. 3. No caso, a ação de execução foi ajuizada no ano de 2008, por conseguinte, o contrato de fiança é anterior à vigência da Lei 12.112/2009, de modo que a prorrogação do contrato de locação só poderia implicar a prorrogação da fiança, no caso de expressa pactuação a respeito no contrato acessório. Contudo, a Corte local, interpretando as cláusulas contratuais, apurou que não havia previsão contratual de manutenção da recorrida como garante, em caso de prorrogação por prazo indeterminado da locação, de modo que só se concebe a revisão da decisão recorrida por meio de interpretação das cláusulas contratuais – vedada pela Súmula 5/STJ. 4. Recurso especial não provido. (REsp 1.326.557/PA – Rel. Min. Luis Felipe Salomão – Quarta Turma – j. 13.11.2012 – *DJe* 03.12.2012).

Outrossim, se ocorrer a renúncia do fiador, caberá ao locador exigir nova garantia do locatário sob pena de, ao não oferecê-la, incorrer em infração legal e despejo, nos termos do dispositivo do parágrafo único.

Pode-se questionar acerca da possibilidade de o fiador notificar o locador cento e vinte dias antes do término do contrato, para que sua responsabilidade cesse juntamente com o prazo originariamente fixado.

Entendemos que essa possibilidade não existe.

A uma, em função de o inciso X mencionar expressamente a possibilidade somente quando da prorrogação legal do contrato. A duas, por ser este um sucedâneo da exoneração antes tratada pela regra geral do art. 835 do Código Civil, que exige fiança prestada sem limitação de tempo, o que só ocorre com a prorrogação legal, tendo a Lei do Inquilinato apenas optado, no caso de fiança concedida em contrato de locação, por estender de sessenta para cento e vinte dias contados da data da notificação o prazo de responsabilidade do fiador que pede exoneração.

2.3.8.2. Impossibilidade da renúncia ao direito de pedir exoneração

Ainda que o assunto seja polêmico,[42] havendo quem sustente a possibilidade de renúncia ao direito de pedir exoneração, entendemos, inclusive com suporte no art. 45,[43] que o novel inciso X encerra norma cogente e não comporta renúncia prévia no contrato.

Pensar o contrário significaria tornar a renúncia uma cláusula de estilo apta a afastar completamente a intenção da lei, que é de proteger o fiador quando da prorrogação automática do contrato, notadamente em razão da possibilidade de o locador exigir nova garantia do locatário, sob pena de infração contratual e despejo.

---

[42]   *TJSP, Ap. 992060402481 (1070487400), São Paulo, 25ª Câm. Dir. Priv., j. 01.10.2009, rel. Des. Antonio Benedito Ribeiro Pinto, registro 24.10.2009: "Locação de imóveis (finalidade não residencial). Ação de exoneração de fiança. Cerceamento de defesa não configurado. A renúncia à faculdade de exonerar-se da fiança é nula, por tratar-se de norma de ordem pública. A fiança tem caráter eminentemente pessoal (intuitu personae) e cunho benéfico. Os fiadores não podem ser obrigados a garantir a relação locatícia eternamente, mormente diante da alteração do polo passivo da relação locatícia, com substituição do afiançado. Recurso não provido".*
TJSP, Ap. 7307509900, São Paulo, 13ª Câm. Dir. Priv., j. 15.04.2009, rel. Des. Ulisses do Valle Ramos, registro 21.05.2009: "Fiança. Contrato celebrado com prazo indeterminado. Pretensão de exoneração das obrigações respectivas, depois de notificado o credor. Inadmissibilidade. Fiança estabelecida com expressa renúncia ao direito previsto no art. 835 do Código Civil. Improcedência bem decretada, diante dos limites do pedido e da causa de pedir. Apelação provida em parte apenas para alterar o valor da honorária derivada da sucumbência".
2º TACivSP, Ap. c/ Revisão 452.362, 11ª Câm., j. 15.04.1996, rel. Juiz Mendes Gomes: "Fiança. Exoneração (art. 1.500 do Código Civil/1916 – art. 835 do Código Civil/2002). Renúncia. Validade. Responsabilidade até a entrega das chaves. Sendo lícito ao fiador renunciar à aplicação do art. 1.500 do Código Civil/1916, incompreensível que o próprio renunciante, depois, venha a juízo invocar a extinção da sua responsabilidade com o término do prazo do contrato de locação, quando, repita-se, a isto renunciou no contrato que assinou". No mesmo sentido: JTA (Lex) 144/518 (em.), 147/389, 149/302, 153/471 (em.), JTA (RT) 95/258, 103/300, 106/367, 124/269, 128/240, RT 482/162, 521/184, 593/155, 612/247.
2º TACivSP, Ap. c/ Revisão 268.039, 5ª Câm., j. 08.08.1990, rel. Juiz Sebastião Amorim: "Locação. Fiança. Exoneração (art. 1.500 do Código Civil/1916 – Art. 835 do Código Civil/2002). Renúncia. Inadmissibilidade. Obrigando-se o fiador pela responsabilidade da fiança até a efetiva entrega das chaves, não pode exonerar-se do encargo, tendo em vista a renúncia à faculdade prevista no art. 1.500 do Código Civil (art. 835 do Código Civil/2002).

[43]   *"Art. 45. São nulas de pleno direito as cláusulas do contrato de locação que visem a elidir os objetivos da presente lei (...)".*

Em reforço à impossibilidade de renúncia prévia ao direito de o fiador pedir exoneração, é preciso observar que a maioria dos contratos de locação amoldam-se à ideia de contrato de adesão, posto que são apresentados prontos, em regra pelo locador.

Com efeito, Nelson Nery Junior, com fundamento em Raymond Saleilles (*De la declaratión de volonté*. Paris: Librairie Générale de Droit et de Jurisprudence, 1929), distingue o contrato de adesão e o contrato por adesão, lembrando que o Direito brasileiro fundiu os conceitos, denominando ambos como "contratos de adesão", que se contrapõem ao contrato de comum acordo (*contrat de ré à gré*).[44]

Neste caso, aplica-se o art. 424 do Código Civil, segundo o qual, "nos contratos de adesão, são nulas as cláusulas que estipulem a renúncia antecipada do aderente a direito resultante da natureza do negócio".

Posta desta maneira a questão, a fiança deve ser interpretada restritivamente (Código Civil, art. 819[45]), de tal sorte que é da sua natureza possibilitar ao fiador a exoneração ao final do prazo contratado, cuja renúncia prévia implica em limitação de direito resultante da natureza do negócio jurídico e não deve ser admitida.

Nesse sentido, ensina Clóvis Bevilacqua:

A fiança pode ter um prazo próprio estipulado pelo fiador, independente da limitação de tempo da obrigação principal; ou terá o prazo estabelecido para esta. No primeiro caso, o advento do termo extingue, "ipso facto", e de pleno direito, a obrigação do fiador. No segundo, só extinguirá, se o credor não executar, desde logo, o devedor, porque a moratória concedida ao devedor, sem intervenção do fiador, extingue a fiança (art. 1.503, 1).

Pode a fiança não ter limitação de tempo e aderir a uma obrigação, que também não o tenha. A fiança, ato benéfico, desinteressado, não pode ser uma túnica de Nessus. Assim como o fiador, livremente, a tomou sobre si, livremente, lhe sacode o jugo, quando lhe convier, pois não tendo prometido conservá-la por tempo certo, contra a sua vontade, não poderá permanecer indefinidamente obrigado.

É tão intuitiva esta regra de direito que os Códigos Civis a supõem contida no conceito de fiança, e se abstêm de mencioná-la. Alguém afiança o pagamento do aluguel de um prédio. A locação é por tempo indeterminado; a fiança não tem prazo; o fiador exonera-se no momento em que não lhe convier mais responder pela obrigação do locador. É também evidente que até o momento em que se exonera da fiança, fica obrigado pelos efeitos dela, isto é, no exemplo dado, pela dívida do locador.[46]

---

[44] Nelson Nery Junior *et alii*. *Código de Defesa do Consumidor comentado pelos autores do anteprojeto*, p. 551. Nesta obra, tratando da relação de consumo, explica o autor: "'Contrato de adesão' é aquele em que não há qualquer escolha, ou seja, o consumidor não pode optar por outro fornecedor, devendo aceitar o contrato caso deseje o produto ou serviço, como ocorre, atualmente, por exemplo, com o fornecimento de água. Já no 'contrato por adesão' existe escolha. Com efeito, apesar de o contrato ter sido redigido pelo fornecedor com apresentação de cláusulas prontas, o consumidor poderá optar por outro fornecedor, caso não concorde com o negócio imposto pelo fornecedor".

[45] "Art. 819. A fiança dar-se-á por escrito, e não admite interpretação extensiva".

[46] Clóvis Beviláqcua, *Código Civil Comentado*, Livraria Francisco Alves, 1957, vol. 5º, p. 202. Neste sentido:

Segundo Tribunal de Alçada Civil de São Paulo. *Fiança – locação – exoneração (artigo 1.500 do Código Civil) – responsabilidade até entrega das chaves – contrato prorrogado – cláusula de renúncia – irrelevância – admissibilidade. A renúncia contratual ao direito à exoneração só gera efeitos enquanto perdurar o prazo locatício certo. Tornado ele indefinido, admite-se ação de exoneração (Apel. c/ rev. nº 544.616, 12ª Câm., rel. Juiz Arantes Theodoro, j. em 08.04.99. Referências: Clóvis Bevilacqua, "Código Civil dos Estados Unidos do Brasil Comentado", Ed. histórica da Livraria Francisco Alves, vol. V, tomo II, p. 266. Caio Mário da Silva Pereira, "Instituições de Direito Civil", Ed. Forense, vol. III, p. 360. Carlos Maximiliano, "Hermenêutica e Aplicação do Direito", 3ª ed., Livraria e Editora Freitas Bastos, p. 82. RSTJ 11/364, JTACSP (Lex) 133/304; REsp. nº 45.214/94, SP, rel. Min. Assis Toledo, STJ, DJU 30.05.94.*

2.3.8.3. Necessidade de o locatário oferecer nova garantia sob pena de infração contratual e despejo com possibilidade de liminar

Nos termos do parágrafo único do art. 40 da Lei 8.245/1991, com o recebimento da notificação enviada pelo fiador dando notícia da exoneração e da sua responsabilidade por apenas cento e vinte dias, imediatamente "o locador poderá notificar o locatário para apresentar nova garantia locatícia no prazo de 30 (trinta) dias, sob pena de desfazimento da locação".

Claro que, se tal garantia for prestada no prazo de trinta dias e antes do prazo de cento e vinte dias, limite da responsabilidade do fiador, este estará automaticamente exonerado pela substituição operada.

Seja como for, diante da exoneração do fiador original e da exigência feita por notificação encaminhada pelo locador, competirá ao locatário, sob pena de infração legal e despejo, oferecer o novo fiador no prazo de trinta dias contados do efetivo recebimento da notificação, provando a anuência daquele, bem como a capacidade econômica de suportar a garantia, ainda que o parágrafo único não tenha se referido ao inciso V do art. 71, que prevê a necessidade.

Aplica-se, assim, a regra geral do art. 825 do Código Civil, segundo o qual: "Quando alguém houver de oferecer fiador, o credor não pode ser obrigado a aceitá-lo se não for pessoa idônea, domiciliada no município onde tenha de prestar a fiança, e não possua bens suficientes para cumprir a obrigação."

Por cautela, em razão da omissão, recomenda-se que a exigência de idoneidade financeira esteja prevista no contrato.

Francisco Carlos Rocha de Barros, "Comentários à Lei do Inquilinato", Saraiva, 1995, p. 177. No mesmo sentido: JTA (Lex) 146/291, JTA (Saraiva) 74/230, 74/323, 77/302, 81/154, JTA (RT) 85/232, 86/401, 96/336, 97/249, 101/341, 101/366; EI n° 194.764, 7ª Câm., rel. Juiz Gildo dos Santos, j. em 30.03.87; Apel. s/ rev. n° 275.967, 8ª Câm., rel. Juiz Martins Costa, j. em ago. 90; EI c/ rev. n° 328.380, 3ª Câm., rel. Juiz Francisco Barros, j. em 08.02.94; Apel. c/ rev. n° 361.888, 7ª Câm., rel. Juiz Antonio Marcato, j. em 08.02.94; Apel. c/ rev. n° 386.924, 3ª Câm., rel. Juiz Francisco Barros, j. em 1°.03.94; Apel. c/ rev. n° 382.102, 3ª Câm., rel. Juiz Francisco Barros, j. em 15.03.94; Apel. c/ rev. n° 414.450, 6ª Câm., rel. Juiz Paulo Hungria, j. em 14.12.94; Apel. s/ rev. n° 425.541, 2ª Câm., rel. Juiz Fabio Gouvêa, j. em 03.04.95; Apel. c/ rev. n° 429.535, 3ª Câm., rel. Juiz Francisco Barros, j. em 30.05.95; Apel. c/ rev. n° 437.306, 6ª Câm., rel. Juiz Paulo Hungria, j. em 20.09.95; Apel. s/ rev. n° 444.800, 1ª Câm., rel. Juiz Magno Araújo, j. em 18.12.95; Apel. s/ rev. n° 449.789, 9ª Câm., rel. Juiz Radislau Lamotta, j. em 31.01.96; Apel. c/ rev. n° 456.524, 6ª Câm., rel. Juiz Paulo Hungria, j. em 29.05.96; Apel. s/ rev. n° 456.700, 3ª Câm., rel. Juiz João Saletti, j. em 13.08.96; Apel. s/ rev. n° 463.942, 9ª Câm., rel. Juiz Eros Piceli, j. em 04.09.96; Apel. c/ rev. n° 457.565, 12ª Câm., rel. Juiz Luis de Carvalho, j. em 26.09.96; Apel. c/ rev. n° 467.537, 4ª Câm., rel. Juiz Celso Pimentel, j. em 12.11.96; Apel. c/ rev. n° 472.376, 10ª Câm., rel. Juiz Euclides de Oliveira, j. em 19.02.97; Apel. s/ rev. n° 474.519, 5ª Câm., rel. Juiz Pereira Calças, j. em 26.02.97; Apel. c/ rev. n° 511.035, 6ª Câm., rel. Juiz Paulo Hungria, j. em 30.04.98; Apel. c/ rev. n° 512.237, 4ª Câm., rel. Juiz Moura Ribeiro, j. em 26.05.98; Apel. c/ rev. n° 518.315, 5ª Câm. rel. Juiz Francisco Thomaz, j. em 27.05.98; Apel. c/ rev. n° 523.755, 1ª Câm., rel. Juiz Magno Araújo, j. em 14.09.98).
Em sentido contrário:
Segundo Tribunal de Alçada Civil de São Paulo. *Fiança – locação – exoneração (artigo 1.500 do Código Civil de 1916) – renúncia – validade. Se o fiador pode dispor livremente sobre a prestação da fiança, disponível também é o direito à exoneração da garantia, sendo válida a renúncia expressamente firmada no contrato. Sentença reformada para a improcedência da ação. Recurso provido (Apel. c/ rev. n° 509.004, 2ª Câm., rel. Juiz Felipe Ferreira, j. em 06.04.98. No mesmo sentido: JTA (Lex) 20/34, 37/329, 60/217, 149/302, 154/303 (em.), JTA (RT) 90/303, 95/258, 98/234, 106/445 (em.), 117/256. Apel. Sum. n° 165.405, 5ª Câm., rel. Juiz Menezes Gomes, j. em 30.11.83; Apel. n° 166.606, 9ª Câm., rel. Juiz Marcello Motta, j. em 04.04.84; Apel. n° 188.417, 1ª Câm., rel. Juiz Fraga Teixeira, j. em 21.05.86; Apel. c/ rev. n° 222.610, 4ª Câm., rel. Juiz Telles Corrêa, j. em 14.06.88; Apel. c/ rev. n° 396.599, 2ª Câm., rel. Juiz Diogo de Salles, j. em 04.04.94; Apel. c/ rev. n° 540.015, 2ª Câm., rel. Juiz Felipe Ferreira, j. em 15.03.99).*

Em suma, agora, a possibilidade de exigir a substituição do fiador também se aplica no caso de prorrogação legal do contrato sem a anuência expressa do antigo garante, tendo este notificado o locador de sua responsabilidade por cento e vinte dias. Neste caso, aplica-se o *caput* do art. 40, podendo o locador exigir novo fiador, moral e financeiramente idôneo, sob pena de infração legal por parte do locatário e despejo.

Outrossim, ainda que a prerrogativa de exigir qualquer das demais modalidades de garantia nas hipóteses do art. 40 seja do locador, tal faculdade não se aplica à fiança.

No nosso entendimento, se o locador originariamente aceitou a garantia fidejussória, deve se restringir a exigir novo fiador, não sendo possível inovar esta espécie inicialmente pactuada, até pelo sentido do *caput* do art. 40 da Lei do Inquilinato, segundo o qual "o locador poderá exigir novo fiador *ou* a substituição da modalidade de garantia (...)", ou seja, outra modalidade de garantia se o pacto original não contemplou fiança.

Por fim, embora o parágrafo único do art. 40 da Lei 8.245/1991 tenha sido econômico, mencionando apenas o desfazimento do contrato em razão do não oferecimento de nova garantia, resta evidente que o "desfazimento" a que alude a Lei decorre do descumprimento de obrigação imposta por norma e, portanto, de resolução do contrato, com o consequente despejo por infração legal.

E esta ação de despejo, nos termos do art. 59, § 1º, VII, conta com a possibilidade de concessão de liminar para desocupação em quinze dias.

2.3.8.4. Modelo de notificação encaminhada pelo fiador, dando notícia de sua exoneração

(Local e data)

Ilmo. Sr. Locador (...).

Endereço: (...)

Prezado Senhor,

Em virtude do permissivo do art. 40, X, da Lei 8.245/1991, na qualidade de fiador do contrato de locação celebrado entre Vossa Senhoria e o Sr. (...), que se encontra prorrogado por prazo indeterminado, serve a presente para notificá-lo da minha exoneração da fiança prestada.

Posta assim a questão, fica Vossa Senhoria notificado de que a garantia fidejussória permanecerá por mais cento e vinte dias contados do recebimento desta ou da substituição eventualmente operada pelo locatário antes do prazo legal de subsistência da garantia.

Atenciosamente,

_____

Notificante

(Fiador, ou procurador com poderes específicos e instrumento de procuração anexo)

2.3.8.5. Modelo de notificação exigindo novo fiador

(Data e local)

Ilma. Sra. (locatária)

Endereço: (...)

Prezada Senhora,

Na qualidade de locador do imóvel da Rua (...), que se encontra locado a Vossa Senhoria, em virtude da insubsistência da garantia prestada pela exoneração do seu fiador, apresentado originariamente no contrato e que logrou notificar-me nos termos do art. 40, X, da Lei 8.245/1991 (documento anexo), sirvo-me da presente para, nos termos do parágrafo único, do art. 40, da Lei 8.245/1991, notificá-la para substituir a garantia, no prazo improrrogável de trinta dias, sob pena de infração legal e consequente despejo.

Para tanto, deverá V. Sa. apresentar certidões negativas de protestos e distribuição de ações do fiador e seu cônjuge, bem como da matrícula atualizada (até trinta dias de expedição) de imóvel da propriedade dos garantidores, livre e desembaraçado no mesmo Município deste contrato, além de declaração em que concorde(m) com a assunção da obrigação, diligenciando para que compareçam para assinar aditivo ao vertente contrato.

Atenciosamente,

_____

Notificante

(Locador, ou procurador com poderes específicos e instrumento de procuração anexo)

2.3.8.6. *Modelo de petição inicial de ação de despejo em face da não apresentação de novo fiador em razão da exoneração do original, com pedido de liminar*

MM. Juízo da (...).

Urgente: requer a concessão de liminar.

(...), por seus procuradores (doc. 1), com escritório na (...), onde receberão intimações, vem, respeitosamente, perante Vossa Excelência, aforar, em face de (...), a competente

Ação de despejo,

o que faz com supedâneo nos arts. 40, X, parágrafo único e 59, § 1º, VII, da Lei 8.245, de 18 de outubro de 1991, e pelas razões de fato e de direito que, a seguir, articuladamente, passa a aduzir:

O autor celebrou com a ré, no dia (...), contrato de locação do imóvel localizado na (...), pelo prazo de (...) meses e aluguel mensal de R$ (...) (doc. 2).

Ocorre que, terminado o prazo regular da locação, o fiador logrou se exonerar em razão de notificação, nos termos do art. 40, X, da Lei 8.245/1991 (doc. 3), ficando responsável por cento e vinte dias. Em razão da exoneração, a teor do parágrafo único do art. 40 da Lei 8.245/1991, o locador promoveu a notificação da locatária, ora ré, para apresentar nova garantia no prazo de trinta dias (doc. 4), sem que obtivesse êxito.

Baldos os esforços do autor, ultrapassado *in albis* o prazo da notificação sem que a locatária, ora ré, tenha oferecido nova garantia, não lhe restou alternativa senão a propositura da vertente ação, inclusive com possibilidade de obtenção de liminar para desocupação em quinze dias (art. 59, § 1º, VII, da Lei 8.245/1991).

Citação e pedido

Pedido de liminar:

Nos termos do art. 59, § 1º, VII, da Lei 8.245/1991, a concessão de desocupação liminar, no prazo de quinze dias.

Pedido

Ex positis, requer, ainda, digne-se Vossa Excelência:

Julgar, ao final, procedente a ação, declarando extinta a relação *ex locato*, decretando ou confirmando o despejo, com a condenação da ré no pagamento de custas processuais e honorários de advogado.

Citação

Requer-se que a citação da ré seja efetuada pelo correio, nos termos dos arts. 246, I, 247 e 248 do Código de Processo Civil, para responder no prazo de 15 (quinze) dias (art. 335 do Código de Processo Civil), sob pena de serem tidos por verdadeiros todos os fatos aqui alegados (art. 344 do Código de Processo Civil), devendo o respectivo mandado conter as finalidades da citação, as respectivas determinações e cominações, bem como a cópia do despacho do(a) MM. Juiz(a), comunicando, ainda, o prazo para resposta, o juízo e o cartório, com o respectivo endereço.

Ou

Nos termos do art. 246, II, do Código de Processo Civil (*justificar o motivo, posto que a citação por Oficial de Justiça é subsidiária*), requer-se a citação da ré por intermédio do Sr. Oficial de Justiça para, querendo, responder no prazo de 15 (quinze) dias (art. 335 do Código de Processo Civil), sob pena de serem tidos por verdadeiros todos os fatos aqui alegados (art. 344 do Código de Processo Civil), devendo o respectivo mandado conter as finalidades da citação, as respectivas determinações e cominações, bem como a cópia do despacho do(a) MM. Juiz(a), comunicando, ainda, o prazo para resposta, o juízo e o cartório, com o respectivo endereço, facultando-se ao Sr. Oficial de Justiça encarregado da diligência proceder nos dias e horários de exceção (CPC, art. 212, § 2º).

Audiência de Conciliação

Nos termos do art. 334, § 5º, do Código de Processo Civil, o autor desde já manifesta, pela natureza do litígio, desinteresse em autocomposição.

Ou

Tendo em vista a natureza do direito e demonstrando espírito conciliador, a par das inúmeras tentativas de resolver amigavelmente a questão, o autor desde já, nos termos do art. 334 do Código de Processo Civil, manifesta interesse em autocomposição, aguardando a designação de audiência de conciliação.

Provas

Requer-se provar o alegado por todos os meios de prova em direito admitidos, incluindo perícia, produção de prova documental, testemunhal, inspeção judicial, depoimento pessoal sob pena de confissão caso o réu (ou seu representante) não compareça, ou, comparecendo, se negue a depor (art. 385, § 1º, do Código de Processo Civil).

Valor da causa:

Dá-se à causa, o valor de R$ (doze vezes o aluguel vigente).

Termos em que,

Pede deferimento.

(Local e data)

(Nome do advogado e número de inscrição na OAB)

2.3.9. Outros casos em que se possibilita ao locador exigir novo fiador

Além dos casos já examinados, existem outros casos de possibilidade de exigência de nova garantia, nos termos do artigo 40 da Lei do Inquilinato, ou seja, a cessação da fiança dada por prazo determinado, raramente observada na prática e o desaparecimento de imóveis dados em caução.

O caso de alienação do bem imóvel, previsto que está no inciso VII do artigo 40 da Lei de Locações, já foi analisado em virtude da caução.

2.3.10. Morte do afiançado e alteração do quadro social de pessoa jurídica afiançada – exoneração do fiador

A fiança é prestada *intuitu personae*, de sorte que a morte do afiançado exonera o fiador, desde que trate este de notificar o locador no prazo de 30 dias da comunicação da sub-rogação nos termos do § 2º do art. 12 da Lei 8.245/1991, comunicação esta levada a efeito pelo sub-rogado.

Portanto, neste caso, a simples notificação no prazo exonera o fiador.

Caso não notifique o locador no prazo de 30 dias, o fiador se transformará em garante do sub-rogado.

Mesmo que se trate de locação *intuitu familae*, nos termos dos artigos 11 e 12 da Lei de Locações, o fiador não mais responderá se tomar a providência de notificar o locador, no prazo de 30 dias em que tomar ciência da sub-rogação, comunicando que não mais será fiador do sub-rogado. Como nos ensina Rocha de Barros, *a locação pode ser intuitu familae, mas a fiança é* intuitu personae.[47] Recomendamos, neste ponto, a leitura do item 1.4 deste livro VII, inclusive quanto aos modelos de notificação.

A exceção é feita quando o fiador expressamente tenha admitido no contrato sua continuação mesmo em caso de morte do afiançado e sub-rogação legal.[48]

No caso de alteração do quadro societário de pessoa jurídica à qual se prestou a fiança, admite-se a exoneração do fiador (STJ, AgRg-REsp n. 1.082.678-PR, 6ª Turma, j. 05.03.2009, rel. Min. Paulo Gallotti) desde que notifique a sociedade afiançada em prestígio à boa-fé que deve permear todo negócio jurídico e, havendo recusa quanto à exoneração, seja proposta ação para a exoneração do fiador:

> **Tribunal de Justiça de São Paulo** – *Apelação sem Revisão 992060495510 (1080547900) – Relator: Mendes Gomes – 35ª Câmara do D. OITAVO Grupo (Ext. 2º TAC) – j. 23.07.2007. Data de registro: 24.07.2007. Fiança – locação – responsabilidade do fiador – novação – descaracterização – subsistência da garantia. O acordo feito entre locador e o locatário, para simples parcelamento de aluguéis atrasados, sem agravamento da situação dos fiadores, não implica exoneração destes. Despejo – falta de pagamento – fiador solidário – alteração no corpo social da pessoa jurídica afiançada – Fiadores responsáveis, solidariamente, pelo débito. Alterações no corpo social da pessoa jurídica afiançada. Irrelevância. Exoneração possível, apenas, em sede de ação declaratória própria.*

O fundamento é que a fiança é prestada *intuitu personae* e, demais disso, deve ser interpretada restritivamente.[49]

Já se entendeu, nada obstante o aresto acima, que a exoneração se dá por simples notificação nos moldes do artigo 835 do Código Civil e do artigo 40, inciso X, da Lei 8.245/1991, decorridos 120 dias da comunicação, dispensada ação, posto que "admite-se, pelo caráter *intuitu personae*, a exoneração da fiança prestada à pessoa jurídica quando da alteração de seu quadro societário, desde que promovida a notificação, se no sistema do Código Civil de 2002, e ainda que na vigência de contrato por prazo determinado" (TJSP, Embargos Infringentes n. 0208011-45.2011.8.26.0100/50000, 28ª Câmara de Direito Privado, j. 09.09.2014, rel. Des. Celso Pimentel).[50]

---

[47] Francisco Carlos Rocha de Barros. *Comentários à Lei do Inquilinato.* Ob. cit., p. 196.

[48] **Segundo Tribunal de Alçada Civil de São Paulo.** *Fiança – morte do afiançado – sub-rogação da locação (artigo 11 da Lei 8.245/91) – não repercussão no contrato de fiança – ausência de previsão contratual. Ante o falecimento do locatário, impõe-se que nova garantia seja feita, inviável a pretendida elasticidade sem a anuência do fiador em novo contrato e com nova garantia. Ap. c/ Rev. 498.721 – 11ª Câm. – Rel. Juiz Melo Bueno – j. em 17.11.97 Referência: RT 711/140 Ap. c/ Rev. 447.299 – Rel. Juiz Artur Marques. No mesmo sentido: JTA (Lex) 152/379, 155/351 Ap. c/ Rev. 463.221 – 2ª Câm. – Rel. Juiz Batista Lopes – j. em 09.09.96 Ap. s/ Rev. 489.963 – 7ª Câm. – Rel. Juiz Luiz Henrique – j. em 16.09.97.*

[49] Nesse sentido:
Superior Tribunal de Justiça. *Agravo regimental nos embargos de declaração no recurso especial. Locação. Fiança prestada em razão de parentesco com sócio da empresa inquilina. Retirada do sócio da pessoa jurídica. Dissolução da sociedade afiançada. Exoneração da fiadora. 1. O contrato acessório de fiança obedece à forma escrita, é consensual, deve ser interpretado restritivamente e no sentido mais favorável ao fiador. Desse modo, não pode a fiança subsistir à mudança no quadro societário da locatária, sem que, expressamente, tenha o garante a esse fato anuído. 2. Decisão agravada que se mantém por seus próprios fundamentos. 3. Agravo regimental desprovido (AgRg nos EDcl no REsp. 586.370/SP, Rel. Ministra Laurita Vaz, Quinta Turma, j. 24.05.2005, DJ 20.06.2005, p. 343).*

[50] Em igual sentido:
Tribunal de Justiça de São Paulo. *Apelação – Locação – Despejo por falta de pagamento cumulado com cobrança – Fiança – Exoneração – Ocorrência – Contrato intuito personae – Alteração do quadro societário com retirada de sócio que, por vínculo pessoal e familiar, justificou a concessão da fiança – Comunicação da alteração do quadro societário ao locador e interesse na exoneração da garantia que se extrai do contexto probatório e da forma como se deram os fatos (...). (TJSP; Apelação Cível 1002780-38.2015.8.26.0011; Rel. Luís Fernando Nishi; 32ª Câmara de Direito Privado; Foro Regional XI – Pinheiros – 2ª Vara Cível; j. 13.05.2021).*

2.3.10.1. Modelo

MM. Juízo da (...)

(...), por seus procuradores (documento 1), com escritório na (...), onde receberão intimações, vem, respeitosamente, perante Vossa Excelência, aforar, pelo procedimento comum, em face de (...), a competente

Ação declaratória de exoneração de fiança,

o que faz com supedâneo nos argumentos de fato e de direito a seguir expendidos:

I – Fatos

A autora é fiadora da primeira ré, em virtude de contrato de locação do imóvel não residencial localizado na (...) (documento 2), que esta firmou com a segunda ré em (...), pelo prazo de (...), cujo aluguel atual importa em R$ (...) mensais.

A locação teve início no mesmo dia da assinatura, ou seja, em (...).

Portanto, o contrato vigora por prazo determinado.

De fato, a cláusula (...) do contrato, nos termos da Lei do Inquilinato, estipula a responsabilidade do fiador até a entrega das chaves.

Todavia, a sociedade afiançada sofreu modificações no seu quadro social, e, diante disso, o antigo sócio majoritário, Senhor (...), deixou de figurar como sócio.

Ocorre que a fiança só foi prestada pela autora em razão da amizade íntima que mantinha com o Senhor (...), que desempenhava a gerência da sociedade.

Não sendo obrigada legalmente a permanecer fiadora do locatário nessas condições, a autora notificou os réus de sua intenção, para que, amigavelmente, procedessem a sua exoneração (documento 3), sem que tivesse sido atendida.

Assim, não restou alternativa à autora senão ingressar com a presente ação para ver reconhecida a exoneração da fiança.

II – Direito

Há jurisprudência sobre a vertente pretensão nos seguintes termos:

> **Superior Tribunal de Justiça.** *Agravo regimental nos embargos de declaração no recurso especial. Locação. Fiança prestada em razão de parentesco com sócio da empresa inquilina. Retirada do sócio da pessoa jurídica. Dissolução da sociedade afiançada. Exoneração da fiadora. 1. O contrato acessório de fiança obedece à forma escrita, é consensual, deve ser interpretado restritivamente e no sentido mais favorável ao fiador. Desse modo, não pode a fiança subsistir à mudança no quadro societário da locatária, sem que, expressamente, tenha o garante a esse fato anuído. 2. Decisão agravada que se mantém por seus próprios fundamentos. 3. Agravo regimental desprovido (AgRg nos EDcl no REsp. 586.370/SP, Rel. Ministra Laurita Vaz, Quinta Turma, j. 24.05.2005, DJ 20.06.2005, p. 343).*

III – Pedido

Diante do exposto, requer a autora a procedência da ação, declarando Vossa Excelência a exoneração da fiança prestada pela autora desde a data da notificação enviada às rés (documento 3), condenando-as ao pagamento das despesas, custas e honorários advocatícios que Vossa Excelência houver por bem arbitrar.

Quanto ao pedido de exoneração desde a data da notificação, releva notar o que ensina Clóvis Bevilacqua:

> *Poderá acontecer que o credor não queira lhe reconhecer esse direito, e não lhe restitua a carta de fiança. Recorrerá, então ao Poder Judiciário, que o libertará por sentença. Até a decisão definitiva do juiz, durarão os efeitos da fiança, diz o nosso artigo. Não é justo. Se o juiz reconhece que o fiador tinha o direito de exonerar-se da fiança, não devia o Código sujeitá-lo às consequências do capricho do credor. Desde o momento em que este tivesse sido notificado da resolução do fiador de eximir-se aos ônus da fiança, deviam cessar os efeitos da fiança de tempo indeterminado, quer se conformasse o credor com a nova situação, quer, sem fundamento jurídico, pretendesse permanência da anterior.*[51]

---

[51] Clóvis Beviláqcua, *Código Civil Comentado*, Livraria Francisco Alves, 1957, vol. 5º, p. 202.
Segundo Tribunal de Alçada Civil de São Paulo. *Fiança – locação – exoneração – termo inicial – fluência a partir da data do ajuizamento da ação. A previsão do artigo 1.500 do Código Civil não se coaduna com o fato de ter a exoneração motivação precedente ao próprio ajuizamento. Para que o fiador não sofra com a morosidade do processo, a ele não imputável, razoável fixar-se a data da exoneração*

Para evitar essa injustiça, poderá a sentença declarar o momento em que cessaram os efeitos da fiança. Evitará, por esse modo ao fiador, um acréscimo de responsabilidade, que ele declarou não aceitar.[52]

IV – Citação

Nos termos do art. 246 do CPC, requer-se a citação por meio eletrônico ou, não havendo cadastro, pelo correio (*ou, ainda, justificando, por Oficial de Justiça, nos termos do § 1º-A, II, do art. 246 do CPC, facultando-se ao Sr. Oficial de Justiça encarregado da diligência proceder nos dias e horários de exceção (CPC, art. 212, § 2º)*), para eventual oferta de resposta no prazo de 15 (quinze) dias (art. 335 do Código de Processo Civil), sob pena de serem tidos por verdadeiros todos os fatos aqui alegados (art. 344 do Código de Processo Civil), devendo o respectivo mandado conter as finalidades da citação, as respectivas determinações e cominações, bem como a cópia do despacho do(a) MM. Juiz(a), comunicando, ainda, o prazo para resposta, o juízo e o cartório, com o respectivo endereço.

V – Audiência de Conciliação

Nos termos do art. 334, § 5º, do Código de Processo Civil, o autor desde já manifesta, pela natureza do litígio, desinteresse em autocomposição.

Ou

Tendo em vista a natureza do direito e demonstrando espírito conciliador, a par das inúmeras tentativas de resolver amigavelmente a questão, o autor desde já, nos termos do art. 334 do Código de Processo Civil, manifesta interesse em autocomposição, aguardando a designação de audiência de conciliação.

VI – Provas

Requer-se provar o alegado por todos os meios de prova em direito admitidos, incluindo perícia, produção de prova documental, testemunhal, inspeção judicial, depoimento pessoal sob pena de confissão caso o réu (ou seu representante) não compareça, ou, comparecendo, se negue a depor (art. 385, § 1º, do Código de Processo Civil).

VII – Valor da causa

Dá-se à presente o valor de R$ (...).

Termos em que,

pede deferimento.

Data

Advogado (OAB)

2.3.11. Novação e exoneração do fiador

O fiador também restará exonerado se houver novação levada a efeito entre o locador e o locatário sem a sua participação, motivo pelo qual se recomenda que qualquer aditivo contratual seja firmado, inclusive, pelos fiadores.

A conclusão surge do mandamento insculpido nos arts. 364, 366 e 819 do Código Civil.

A novação pode ser concebida como a conversão de uma dívida em outra para extinguir a primeira, quer mudando o objeto da prestação (novação objetiva), quer substituindo o credor ou o devedor por terceiros (novação subjetiva).

Destarte, extingue-se a obrigação, mas, no mesmo instante, nasce outra, por meio de ato único, surgindo nova relação jurídica distinta da anterior.

Extinguem-se, da mesma forma, os acessórios da dívida original, tais como juros e, no que nos interessa, as garantias, salvo estipulação em contrário, de acordo com o art. 364, do Código Civil.

---

correspondendo à da propositura (Apel. c/ rev. nº 544.616, 12ª Câm., rel. Juiz Arantes Theodoro, j. em 08.04.99. No mesmo sentido: Apel. c/ rev. nº 522.394, 12ª Câm., rel. Juiz Oliveira Prado, j. em 04.02.99).

[52] Clóvis Bevilaqcua, *Código Civil Comentado*, Livraria Francisco Alves, 1957, vol. 5º, p. 202.

A causa da extinção da obrigação original é o surgimento de uma nova obrigação que substitui a anterior.

A segunda obrigação necessariamente deve possuir um elemento novo – *aliquid novi* – para se distinguir da primeira, sem o que não há novação.

Esse elemento novo pode ser objetivo (objeto) ou subjetivo (sujeitos da obrigação).

Outro pressuposto fundamental é o *animus novandi*, sem o qual não se caracterizará a novação (Código Civil, art. 361).

As partes devem estar conscientes da extinção da obrigação anterior e da constituição da nova.

Mas não é só.

Mister se faz que esta nova obrigação seja o motivo da extinção da primeira, sendo que os tribunais, em diversos julgados, decidiram que a novação deve ser provada por quem a alega.[53]

---

[53] Vejamos algumas decisões a respeito deste tema:
Segundo Tribunal de Alçada Civil de São Paulo. *Novação – consignatória improcedente e decretado o despejo – inexistência do* animus novandi *– principal requisito caracterizador – inocorrência. A novação exige a presença de requisitos objetivos. Dentre estes, merece destaque o* animus novandi *que não se presume; resulta de declaração das partes ou de modo inequívoco das obrigações inconciliáveis entre si.* Ap. c/ rev. 431.188 – 11ª Câm. – rel. Juiz Artur Marques – julgamento: 22.5.1995.
Segundo Tribunal de Alçada Civil de São Paulo. *Fiança – exoneração – garantias extraordinárias prestadas por terceiro – novação – descaracterização – subsistência da garantia. O fato de apenas ser trazido à relação de sublocação mais um devedor solidário não faz entrever exclusão de qualquer das relações jurídicas preexistentes. A contrário, dessume-se tenha ocorrido confirmação da obrigação que permanece com seu característico. O* animus novandi *não se presume (art. 1.000, do Código Civil).* Apelação sem revisão n. 222.701 – 4ª Câm. – Relator: Juiz Telles Corrêa – j. 29.6.1988. Anotação da comissão no mesmo sentido: JTA (RT) 103/376.
Segundo Tribunal de Alçada Civil de São Paulo. *Locação – fiança – novação – aditamento contratual para estabelecer valor do aluguel e condições de pagamento – descaracterização. Subsistência da garantia. A novação importa em uma obrigação que, ao nascer, extingue outra preexistente, vale dizer: não há, aqui, mera alteração ou modificação dos seus elementos secundários. É mister a sua profundidade, e o seu impacto sobre os essenciais, a ponto de operar a extinção dela e a terminação do vínculo existente. Se se encarar exclusivamente a obrigação primitiva, tem-se de admitir que ela desaparece, tal como ocorreria se houvesse pagamento. Por isso que a novação é colocada entre as causas extintivas da obrigação.* Ap. 185.924 – 3ª Câm. – Rel. Juiz Corrêa Vianna – j. 29.10.1985, in JTA (RT) 102/252. Referências: Clóvis Bevilacqua – Comentários, vol. II/126; Caio Mário – Instituições, 7ª ed., vol. II, p. 155.
Segundo Tribunal de Alçada Civil de São Paulo. *Locação comercial – fiança – responsabilidade dos fiadores – novação – locação prorrogada com locatária estranha aos fiadores – ampliação inadmissível da garantia. Não se estende a fiança à nova inquilina com a qual a locação se prorrogou, se para essa sucessão não obteve o locador consentimento dos fiadores.* Ap. 131.406 – 9ª Câm. – Rel. Vallim Bellocchi – j. 20.5.1981, in JTA (Saraiva) 71/264.
Segundo Tribunal de Alçada Civil de São Paulo. *Locação – fiança – exoneração – novação sem consentimento do fiador – reconhecimento. Na hipótese de novação, exonera-se o fiador quando não há menção expressa da prorrogação ou renovação da fiança, bem como da prova de sua anuência ao novo contrato* (Apel. c/ rev. nº 379.656, 2ª Câm., rel. Juiz Assumpção Neves, j. em 22.11.93. No mesmo sentido: JTA (RT) 83/376 – quanto a locação prorrogada com locatária estranha aos fiadores: JTA (Saraiva) 71/264 – quanto a locação por tempo indeterminado: JTA (RT) 98/234 – quanto a novo contrato: Apel. c/ rev. nº 434.374, 2ª Câm., rel. Juiz Vianna Cotrim, j. em 19.06.95).
Segundo Tribunal de Alçada Civil de São Paulo. *Fiança – locação – exoneração – novação sem anuência do fiador – reconhecimento. Cuidando-se de novo acordo de vontades e ausente a assinatura do fiador é de se ter como inexistente a fiança, que exige, para a respectiva validade, seja dada por escrito, nos termos do artigo 1.483 do Código Civil* (Apel. c/ rev. nº 434.374, 2ª Câm., rel. Juiz Vianna Cotrim, j. em 19.06.95 (novo contrato). No mesmo sentido: – sem especificação: JTA (RT) 83/375 – quanto a locação prorrogada com locatária estranha aos fiadores: JTA (Saraiva) 71/264 – quanto a locação por tempo indeterminado: Apel. c/ rev. nº 379.656, 2ª Câm., rel. Juiz Assumpção Neves, j. em 22.11.93 – quanto a

Em consonância com o que acatamos, já se decidiu que o simples parcelamento do débito do locatário sem a participação do fiador não o exonera:

> **Tribunal de Justiça de São Paulo.** *Alugueres e encargos. Cumulação com reparação de danos. Acordo firmado entre locador e locatária que não caracterizou novação da dívida ou concessão de moratória sem a anuência da fiadora apelante. Simples parcelamento de débito que não tem o condão de ensejar a exoneração da fiança prestada no contrato de locação. Fiadora que é responsável pelos débitos inadimplidos até a data da entrega das chaves. Sentença mantida. Recurso improvido. (Apelação 0108761-39.2011.8.26.0100 Relator: Ruy Coppola; Comarca: São Paulo; 32ª Câmara de Direito Privado; j. 25.06.2015; Data de registro: 26.06.2015)*

> **Tribunal de Justiça de São Paulo.** *Execução de título extrajudicial. Confissão de dívida. Penhora do bem de família dos fiadores da locação e avalistas da confissão de dívida. Os termos da rescisão do contrato indicam que o acordo celebrado entre as partes limita-se ao parcelamento da dívida decorrente da locação. Não alterada a natureza do débito, é incabível reconhecer a existência de novação e, portanto, a impenhorabilidade do imóvel constrito. Recurso improvido. (Agravo 2172537-80.2014.8.26.0000. Rel. Gomes Varjão; Comarca: Barueri; 34ª Câmara de Direito Privado; j. 24.11.2014; Data de registro: 24.11.2014).*

2.3.11.1. Ação declaratória de exoneração do fiador por novação

A ação para que o fiador se desincumba da obrigação assumida em virtude do contrato de fiança, acessório do contrato de locação, é a ação declaratória de exoneração de fiança, com supedâneo no art. 115, I, do Código de Processo Civil.

Quanto à legitimidade passiva, resta importante ressaltar que o locatário é parte legítima, devendo integrar o polo passivo juntamente com o locador em virtude dos mandamentos insculpidos nos artigos 47, do Código de Processo Civil, e 40, IV, da Lei 8.245/1991.[54]

Mas qual o efeito de o fiador, autor da ação, não incluir, na ação de exoneração, o locador e o locatário, propondo a ação, por exemplo, somente em face do locador?

A resposta nos dá Luiz Rodrigues Wambier, Flávio Renato Correia de Almeida e Eduardo Talamini.[55] Segundo eles, a sentença que exonerar o fiador será inexistente, vez que *proferida em processo que igualmente inexistiu, na medida em que faltou pressuposto processual de existência (a citação de todos que deveriam ter sido citados)*. Conseguintemente, sequer haverá necessidade de ação rescisória, vez que não se rescinde o que não existe.

Vejamos, pois, resumidamente, os principais aspectos processuais e o modelo proposto:

a) **Foro competente:** foro do domicílio do réu, salvo foro de eleição, que deverá ser respeitado (Código de Processo Civil, art. 46);

---

transferência do locador: JTA (Lex) 135/461 – quanto a novação da dívida: JTA (Lex) 162/381 – quanto a acordo para distrato: Apel. c/ rev. nº 545.513, 1ª Câm., rel. Juiz Diogo de Salles, j. em 05.04.99).
8.3.2. Modelo
TJSP – Apelação com Revisão 992060156529 (1019379500) – Relator: Dyrceu Cintra – 36ª Câmara do oitavo Grupo (Ext. 2º TAC) – j. 29.03.2007 – Data de registro: 02.04.2007. Locação. Execução baseada em acordo de parcelamento feito entre a locadora e a locatária em ação de despejo. Novação (artigo 838, I, CC). Exoneração do fiador. Apelo provido para julgar procedentes os embargos e extinguir a execução. Neste julgado, asseverou o Relator: O fiador não responde pela novação da dívida ou moratória, como é o caso (artigo 364 e artigo 838, I, do CC/2002).

[54] **Segundo Tribunal de Alçada Civil de São Paulo.** Ação declaratória – legitimidade passiva – locador e locatário – fiança – reconhecimento. O artigo 47 do Código de Processo Civil [atuais arts. 114, 115 e 116] contempla a existência de litisconsórcio necessário entre o locador e o afiançado, tendo em vista, ainda o disposto no artigo 40, inciso IV da Lei 8.245/1991 (Apel. s/ rev. nº 541.984, 11ª Câm., rel. Juiz Melo Bueno, j. em 15.03.99 (quanto a exoneração de fiança). Referências: Arnaldo Marmitt, "Fiança Civil e Comercial", Ed. Aide, p. 227. Artigo 47 do Código de Processo Civil Artigo 40 da Lei 8.245/1991. No mesmo sentido: – quanto a nulidade da fiança: AI nº 505.647, 5ª Câm., rel. Juiz Francisco Thomaz, j. em 17.09.97).

[55] Curso Avançado de Processo Civil, 2ª ed., São Paulo: Revista dos Tribunais, 1999, vol. 1, p. 242.

b) **Legitimidade ativa:** fiador;

c) **Legitimidade passiva:** locador e locatário;

d) **Valor da causa:** valor estimado pelo autor (CPC, art. 291), por ausência de conteúdo econômico imediato.[56]

> *Tribunal de Justiça de São Paulo. Agravo. Locação. Ação de exoneração de fiança. Valor da causa atribuído por estimativa. Admissibilidade. Ordem de emenda da inicial afastada. Recurso provido. A ação de exoneração de fiança não possui critérios específicos para atribuição do valor da causa, pois inexiste previsão legal. Inexistindo valor patrimonial a ser aferido, depreende-se que não incide, no caso vertente, a regra contida no art. 259, V, do CPC [atual art. 292, II]. Não se aplica, também, a norma do art. 58, III, da Lei 8.245/1991, pois esta dispõe sobre a atribuição do valor da causa apenas nas ações que especifica. Logo, a fim de atender a exigência do art. 258 do CPC [atual art. 291], tem-se como razoável o valor estimado pelos autores na exordial (Agravo de Instrumento 2005336-97.2013.8.26.0000, rel. Adilson de Araujo, 31ª Câmara de Direito Privado, j. em 23.07.2013).*

e) **Petição inicial:** deve respeitar os requisitos do art. 318 e seguintes do Código de Processo Civil.

f) **Procedimento:** comum.

2.3.11.2. *Modelo de ação declaratória de exoneração de fiança*

MM. Juízo da (...)

(...), por seus procuradores (documento 01), com escritório na (...), onde receberão intimações, vem, respeitosamente, perante Vossa Excelência, aforar, pelo procedimento comum, rito ordinário, em face de (...) a competente

Ação declaratória de exoneração de fiança,

o que faz com supedâneo nos artigos 364, 366 e 819 do Código Civil, expondo e requerendo o quanto segue:

I – Fatos

A autora é fiadora do primeiro réu, em virtude de contrato de locação do imóvel localizado na (...) (documento 02), firmado em (...), cujo aluguel atual importa em R$ (...) mensais.

Ocorre que, no último dia (...), ante a proximidade do fim do prazo contratual, os corréus firmaram novo contrato, com prazo de (...) meses e aluguel de (...) mensais (documento 03), maior que o aluguel original.

Tendo havido novação sem a participação da autora, a fiança não subsiste.

Ocorre que, ante ao inadimplemento do primeiro réu e locatário, a segunda ré notificou a autora para que efetuasse o pagamento (documento 04).

Nada obstante a contranotificação enviada pela autora, a verdade é que lhe foi enviada uma segunda missiva, cobrando os valores devidos pelo primeiro réu (documento 05).

Assim, não restou alternativa à autora senão ingressar com a presente ação para ver reconhecida a exoneração da fiança.

II – Direito

O art. 366 do Código Civil estipula:

> *Importa exoneração do fiador a novação feita sem seu consenso com o devedor principal.*

A jurisprudência admite a exoneração do fiador nesses casos:

---

[56] *Para outras ações, ainda que oriundas de locação predial urbana, o valor da causa será apurado pelas regras do Código de Processo Civil* (Francisco Carlos Rocha de Barros, *Comentários à lei do inquilinato*, São Paulo: Saraiva, 1997, p. 364).

Tribunal de Alçada Cível do Rio de Janeiro. Apelação nº 5.289, 5ª Câmara, unânime, Juiz Oswaldo Portella de Oliveira, julgamento: 13.06.84. Novação sem intervenção do fiador. Ação declaratória de exoneração de fiança por haver-se celebrado novação, sem a interveniência da fiadora. Confirmação da sua procedência. Não provimento da apelação pela não interveniência da fiadora, no acordo celebrado entre locador e locatário e por não admitir a fiança interpretação extensiva.

Tribunal de Alçada de Minas Gerais. Apelação nº 246.112-5/00, Uberlândia, 3ª Câmara Cível, julgamento: 26.11.1997, relator: Juiz Wander Marotta, decisão unânime, RJTAMG 69/356. Ação de Cobrança. Aluguel. Contrato de locação. Fiança. Novação – art. 1.006 do CC. A fiança é contrato benéfico que não admite interpretação extensiva. Garantida obrigação primitiva pela fiança, esta, por sua própria natureza acessória, desaparece com a extinção do pacto inicial e, mesmo havendo concordância entre credor e devedor quanto à garantia, ela somente gerará efeitos com a anuência do fiador, nos termos do art. 1.006 do CC, pois a novação é causa da exoneração automática da fiança.

III – Pedido

Diante do exposto, requer a autora a procedência da ação, declarando Vossa Excelência a exoneração da fiança prestada pela autora desde a data da novação, condenando os réus ao pagamento das despesas, custas e honorários advocatícios que Vossa Excelência houver por bem arbitrar.

IV – Citação

Nos termos do art. 246 do CPC, requer-se a citação por meio eletrônico ou, não havendo cadastro, pelo correio (ou, ainda, justificando, por Oficial de Justiça, nos termos do § 1º-A, II, do art. 246 do CPC, facultando-se ao Sr. Oficial de Justiça encarregado da diligência proceder nos dias e horários de exceção (CPC, art. 212, § 2º), para eventual oferta de resposta no prazo de 15 (quinze) dias (art. 335 do Código de Processo Civil), sob pena de serem tidos por verdadeiros todos os fatos aqui alegados (art. 344 do Código de Processo Civil), devendo o respectivo mandado conter as finalidades da citação, as respectivas determinações e cominações, bem como a cópia do despacho do(a) MM. Juiz(a), comunicando, ainda, o prazo para resposta, o juízo e o cartório, com o respectivo endereço.

V – Audiência de Conciliação

Nos termos do art. 334, § 5º, do Código de Processo Civil, o autor desde já manifesta, pela natureza do litígio, desinteresse em autocomposição.

Ou

Tendo em vista a natureza do direito e demonstrando espírito conciliador, a par das inúmeras tentativas de resolver amigavelmente a questão, o autor desde já, nos termos do art. 334 do Código de Processo Civil, manifesta interesse em autocomposição, aguardando a designação de audiência de conciliação.

VI – Provas

Requer-se provar o alegado por todos os meios de prova em direito admitidos, incluindo perícia, produção de prova documental, testemunhal, inspeção judicial, depoimento pessoal sob pena de confissão caso o réu (ou seu representante) não compareça, ou, comparecendo, se negue a depor (art. 385, § 1º, do Código de Processo Civil).

VII – Valor da causa

Dá-se à presente o valor de R$ (...).

Termos em que,

pede deferimento.

Data

Advogado (OAB)

2.3.12. Foro competente para execução do fiador

A execução do fiador deve ser levada a efeito no foro da situação do imóvel objeto da locação.

Assim sendo, não é conveniente que o fiador resida em outra comarca, vez que as dificuldades de citação e penhora serão flagrantes.

Nem se fale de imóveis do fiador em outra comarca que não aquela do local da locação, que passa a exigir precatórias com todas as dificuldades práticas daí advindas.[57]

2.3.13. Bem de família e fiança

A possibilidade de penhorar o único imóvel do fiador de contrato de locação vem contemplada no art. 3º da Lei 8.009/1990: *A impenhorabilidade é oponível em qualquer processo de execução civil, fiscal, previdenciária, trabalhista ou de outra natureza, salvo se movida por obrigação decorrente de fiança concedida em contrato de locação.*

Depois de o assunto referente à inaplicabilidade da Lei do Bem de Família (Lei 8.009/1990) à fiança locatícia ter se pacificado na jurisprudência, surgiu, em razão da Emenda Constitucional 26/2000, nova discussão em torno da matéria.

A Lei 8.009, de 29 de março de 1990, não continha a exceção que possibilitava a penhora do único imóvel do fiador, de tal sorte que, com a sua entrada em vigor, os contratos de fiança celebrados estavam sob sua proteção e o fiador não podia ter seu único imóvel penhorado.

Certo é que, ao depois, foi acrescentado o inciso VII do artigo 3º da Lei 8.009, de 29 de março de 1990 – Lei do Bem de Família –, excluindo da impenhorabilidade o bem de fiador de contrato de locação, inciso que foi acrescido pelo artigo 82, da Lei 8.245, de 18 de outubro de 1991.

Portanto, aos contratos de locação garantidos por fiança, a partir da Lei 8.245, de 18 de outubro de 1991, não se aplicava a impenhorabilidade do bem de família do fiador.

Por outro lado, os contratos de fiança celebrados antes da Lei 8.009/1990 já contavam com a possibilidade de penhora do único bem do fiador e, sendo o contrato um ato jurídico perfeito, não poderia ser invocado, depois da Lei 8.245/1991, qualquer direito adquirido.[58]

O problema começou a surgir na exata medida dos contratos firmados entre o lapso temporal existente entre a data da publicação da Lei 8.009/1990 e da Lei 8.245/1991.

Nesse período, todos que aceitassem a qualidade de fiador contavam com a nova Lei e, por via de consequência, com a impenhorabilidade do bem de família.

Como *tempus regit actum,* a regra que rege esses contratos é da impenhorabilidade do bem de família, mesmo no caso de fiador.

Portanto, a esses contratos de fiança não pode haver discussão em razão do ato jurídico perfeito e do direito adquirido, amparados pelo artigo 5º, inciso XXXVI, da Constituição Federal, que garante que "a lei não prejudicará o direito adquirido, o ato jurídico perfeito e a coisa julgada."

Ora, o contrato perfeito e acabado faz lei entre as partes e constitui ato jurídico perfeito nos termos do § 1º da Lei de Introdução às Normas do Direito Brasileiro, de tal sorte que, firmado nesse lapso temporal, entre o advento da Lei 8.009/1990 e a Lei 8.245/1991, não autorizará, hoje, a penhora do bem de família.[59]

---

[57]   *Segundo Tribunal de Alçada Civil de São Paulo. Competência – execução contra fiador – aluguéis e encargos – foro de situação do imóvel. Os artigos 95 e 111 do Código de Processo Civil* [atuais arts. 47, 62 e 63] *permitem, nas ações pessoais, a eleição de foro, comarca e não propriamente a eleição de "Juízo". O foro ou comarca da Capital é uma só, compreendendo todos os Foros Regionais. Embora não se cuidando de ação de despejo de imóvel, mas de execução de aluguéis e encargos contra fiadores, prevalece, no caso, o foro de situação do imóvel, pois a fiança é instituto acessório da locação, o que equivale dizer que a execução dos fiadores deve ser ajuizada na área de competência do foro da situação do imóvel. AI 519.667 – 7ª Câm. – Rel. Juiz S. Oscar Feltrin – j. em 27.01.98.*

[58]   A respeito, *vide* Francisco Carlos Rocha de Barros. Ob. cit., pp. 197/200.

[59]   De certa forma, com posicionamento contrário entendendo que vale a data da propositura da ação: Superior Tribunal de Justiça – *Recurso Especial nº 0083608 – 26.08.1997 – Sexta Turma* – DJ *22.09.1997,*

Ocorre que precedente do Supremo Tribunal Federal tencionava modificar a orientação até então vigente, decorrente do inciso VII do art. 3º da Lei 8.009/1990. Posta assim a questão, o imóvel do fiador voltou a ser considerado bem de família, impenhorável, ainda que seja para o pagamento de dívida contraída por contrato de fiança.

O precedente surgiu a partir de decisão do ministro Carlos Velloso, que julgou Recurso Extraordinário de um casal de fiadores de São Paulo.

O casal, fiador em contrato de locação, recorreu ao Supremo Tribunal Federal para excluir seu imóvel da penhora em razão de execução de aluguéis decorrentes do contrato acessório de fiança.

O Ministro Carlos Velloso observou que, embora a Lei 8.245, de 18 de outubro de 1991, permita a penhora de imóvel qualificado como bem de família por "obrigação decorrente de fiança concedida em contrato de locação", vez que acresceu o inciso VII ao art. 3º à Lei 8.009/1990 (Lei do Bem de Família), o artigo 6º da Constituição, com a redação da Emenda Constitucional nº 26, de 14 de fevereiro de 2000, não recepcionou o dispositivo.

Sendo assim, segundo o Ministro, o impedimento à penhora do único imóvel do fiador ocorreu a partir da Emenda Constitucional 26, promulgada em 14 de fevereiro de 2000, que incluiu a moradia entre os direitos sociais garantidos pela Constituição, impedindo a aplicação, por inconstitucionalidade, do inciso VII do art. 3º da Lei 8.009/1990, que está assim redigido: "A impenhorabilidade é oponível em qualquer processo de execução civil, fiscal, previdenciária, trabalhista ou se outra natureza, salvo se movido:.. VII – por obrigação decorrente de fiança concedida em contrato de locação" (inc. VII acrescentado pela Lei 8.245/1991).

Posta assim a questão, a partir da Emenda Constitucional 26/2000, nos termos do precedente do STF, somente seria possível a penhora de imóvel não qualificado como bem de família em razão da proteção conferida pela Lei 8.009/1990.

Em razão disso, como era de se esperar, os locadores passaram a exigir a prova de propriedade de dois imóveis dos fiadores ou a prova de o imóvel do fiador não ser residencial para moradia, retornando ao estágio anterior à Lei 8.245/1991.

É preciso observar, contudo, que a Lei 8.245/1991 excluiu o fiador da proteção do bem de família para proteger o locatário, facilitando o seu acesso à moradia, exatamente em razão da dificuldade que os locatários encontravam para levar a efeito os contratos de locação nos quais eram exigidos fiadores com dois ou mais imóveis.

Em suma, essa exceção, abstraindo a proteção ao fiador, surgiu exatamente para facilitar as locações, que se tornavam inviáveis.

Eis a decisão do Supremo Tribunal Federal, de 2005:

Recurso extraordinário 352.940-4 São Paulo; Relator: Min. Carlos Velloso; Constitucional. Civil. Fiador: Bem de Família. Imóvel residencial do casal ou de entidade familiar. Impenhorabilidade. Lei 8.009/90, arts. 1º e 3º. Lei 8.245, de 1991, que acrescentou o inciso VII, ao art. 3º, ressalvando a penhora "por obrigação decorrente de fiança concedida em contrato de locação": sua não recepção pelo art. 6º, C.F., com a redação da EC nº 26/2000. Aplicabilidade do princípio isonômico e do princípio de hermenêutica: ubi eadem ratio, ibi eadem legis dispositio: onde existe a mesma razão fundamental, prevalece a mesma regra de Direito. Recurso extraordinário conhecido e provido. DJ 09.05.2005, p. 106.

---

p. 46.562 – Locação. Fiança. Penhora. Bem de família. Lei nova. O art. 82 da Lei 8.245/1991, que exclui a impenhorabilidade do bem de família em processo de execução, decorrente de fiança concedida em contrato de locação, se aplica às ações ajuizadas após o advento do citado diploma legal, não importando em violação ao ato jurídico perfeito. Outrossim, a recorrente, desprezando as recomendações do art. 541, par. único c/c o art. 255 e parágrafos do RISTJ, não logrou demonstrar, de forma analítica, com transcrição de trechos divergentes, o apontado dissídio jurisprudencial, incidindo, pois, na espécie, o óbice da Súm. 284/STF. Recurso não conhecido. Relator Ministro Fernando Gonçalves.

Decisão: "Vistos. O acórdão recorrido, em embargos à execução, proferido pela Quarta Câmara do Eg. Segundo Tribunal de Alçada Civil do Estado de São Paulo, está assim ementado: A norma constitucional que inclui o direito à moradia entre os sociais (artigo 6º do Estatuto Político da República, texto conforme a Emenda 26, de 14 de fevereiro de 2000) não é imediatamente aplicável, persistindo, portanto, a penhorabilidade do bem de família de fiador de contrato de locação imobiliária urbana.

A imposição constitucional, sem distinção ou condicionamento, de obediência ao direito adquirido, ao ato jurídico perfeito e à coisa julgada é inarredável, ainda que se cuide, a regra eventualmente transgressora, de norma de alcance social e de ordem pública." (fl. 81).

Daí o RE, interposto por (...), fundado no art. 102, III, a, da Constituição Federal, sustentando, em síntese, o seguinte:

a) impenhorabilidade do bem de família do fiador em contrato de locação, dado que o art. 6º da Constituição Federal, que se configura como autoaplicável, assegura o direito à moradia, o que elidiria a aplicação do disposto no art. 3º, VII, da Lei 8.009/90, redação da Lei 8.245/91;

b) inexistência de direito adquirido contra a ordem pública, porquanto "(...) a norma constitucional apanha situações existentes sob sua égide, ainda que iniciadas no regime antecedente" (fl. 88).

Admitido o recurso, subiram os autos.

A Procuradoria-Geral da República, em parecer lavrado pela ilustre Subprocuradora-Geral da República, Drª Maria Caetana Cintra Santos, opinou pelo não conhecimento do recurso.

Autos conclusos em 15.10.2004.

Decido.

A Lei 8.009, de 1990, art. 1º, estabelece a impenhorabilidade do imóvel residencial do casal ou da entidade familiar e determina que não responde o referido imóvel por qualquer tipo de dívida, salvo nas hipóteses previstas na mesma Lei, art. 3º, incisos I a VI.

Acontece que a Lei 8.245, de 18.10.91, acrescentou o inciso VII, a ressalvar a penhora "por obrigação decorrente de fiança concedida em contrato de locação."

É dizer, o bem de família de um fiador em contrato de locação teria sido excluído da impenhorabilidade.

Acontece que o art. 6º da CF, com a redação da EC nº 26, de 2000, ficou assim redigido:

"Art. 6º São direitos sociais a educação, a saúde, o trabalho, a moradia, a segurança, a previdência social, a proteção à maternidade e à infância, a assistência aos desamparados, na forma desta Constituição."[60]

Em trabalho doutrinário que escrevi "Dos Direitos Sociais na Constituição do Brasil", texto básico de palestra que proferi na Universidade de Carlos III, em Madri, Espanha, no Congresso Internacional de Direito do Trabalho, sob o patrocínio da Universidade Carlos III e da ANAMATRA, em 10.3.2003, registrei que o direito à moradia, estabelecido no art. 6º, CF, é um direito fundamental de 2ª geração – direito social que veio a ser reconhecido pela EC nº 26, de 2000.

O bem de família – a moradia do homem e sua família – justifica a existência de sua impenhorabilidade: Lei 8.009/90, art. 1º. Essa impenhorabilidade decorre de constituir a moradia um direito fundamental.

Posto isso, veja-se a contradição: a Lei 8.245, de 1991, excepcionando o bem de família do fiador, sujeitou o seu imóvel residencial, imóvel residencial próprio do casal, ou da entidade familiar, à penhora. Não há dúvida que ressalva trazida pela Lei 8.245, de 1991, inciso VII do art. 3º feriu de morte o princípio isonômico, tratando desigualmente situações iguais, esquecendo-se do velho brocardo latino: ubi eadem ratio, ibi eadem legis dispositio, ou em vernáculo: onde existe a mesma razão fundamental, prevalece a mesma regra de Direito.

Isto quer dizer que, tendo em vista o princípio isonômico, o citado dispositivo, inciso VII do art. 3º, acrescentado pela Lei 8.245/91, não foi recebido pela EC nº 26, de 2000.

Essa não recepção mais se acentua diante do fato de a EC nº 26, de 2000, ter estampado, expressamente, no art. 6º, CF, o direito à moradia como direito fundamental de 2ª geração, direito social. Ora, o bem de família – Lei 8.009/90, art. 1º – encontra justificativa, foi dito linha atrás, no constituir o direito à moradia um direito fundamental que deve ser protegido e por isso mesmo encontra garantia na Constituição. Em síntese, o inciso VII do art. 3º da Lei 8.009, de 1990, introduzido pela Lei 8.245, de 1991, não foi recebido pela CF, art. 6º, redação da EC nº 26/2000. Do exposto, conheço do recurso e dou-lhe provimento, invertidos os ônus da sucumbência.

---

[60] O art. 6º da CF/1988 sofreu alteração em sua redação de acordo com a EC 64/2010, inserindo em seu rol o direito à alimentação.

Sérgio Iglesias Nunes de Souza[61] liga o direito à habitação ao direito à moradia. Segundo ele, "a finalidade do dispositivo é a preservação e a facilitação do direito à moradia. Entendemos que o direito à moradia é aquele estabelecido pela atual Constituição Federal de 1988, no art. 6º, mas não só direito constitucional, como também um dos direitos humanos à luz do ordenamento jurídico internacional e, sob o enfoque do Direito Civil, um direito da personalidade, pertencente ao plano da integridade pessoal, com caráter extrapatrimonial, irrenunciável, indisponível, universal, indivisível, interdependente, autônomo, intransmissível e imprescritível. O bem "moradia" é inerente à pessoa e independe do objeto físico para a sua existência e proteção jurídica, tratando-se de uma qualificação legal reconhecida como direito inerente a todo o ser humano, que, destarte, deverá ser preservado, facilitado e respeitado não só por particulares (daí o caráter de direito da personalidade, posto que deve ser obedecido por todos), mas também pelo Estado Democrático de Direito... O direito de habitação é exercido e aplicado com a finalidade de preservação e proteção da dignidade do ser humano através do bem da personalidade que concebemos: a moradia."

Adotada a ideia do Prof. Sérgio Iglesias, pelo motivo de ser um Direito Social, o locatário deve ter o acesso à moradia facilitado.

Posta assim a questão, a conclusão a partir das ideias de Sérgio Iglesias implica considerar, no caso de locação comercial, a proteção ao fiador, tal qual delineada no citado acórdão do Supremo Tribunal Federal, da lavra do Ministro Carlos Velloso.

Todavia, se a locação for residencial, teríamos dois direitos à moradia em conflito: o direito à moradia dos fiadores e o direito à moradia dos locatários de imóveis residenciais, de tal sorte que o direito dos locatários prevalece sobre os direitos dos fiadores, o que se afirma na exata medida da facilitação do acesso à moradia pelo contrato de locação.

Portanto, não há dúvidas quanto à fiança concedida para locação residencial: o imóvel do fiador poderá ser penhorado, ainda que seja o único, não discrepando essa conclusão, daquela levada a efeito na decisão do Excelso Pretório.

Ocorre que o precedente mencionado, de 2005, não vingou no Supremo Tribunal Federal e o fiador, de qualquer espécie de contrato de locação, passou a não encontrar qualquer proteção na Lei 8.009/1990.

Nesse sentido, decisão do STF, logo em seguida, no ano de 2006, sustentou o seguinte:

> **Supremo Tribunal Federal.** *Fiador. Locação. Ação de despejo. Sentença de procedência. Execução. Responsabilidade solidária pelos débitos do afiançado. Penhora de seu imóvel residencial. Bem de família. Admissibilidade. Inexistência de afronta ao direito de moradia, previsto no art. 6º da CF. Constitucionalidade do art.3º, inc. VII, da Lei 8.009/90, com a redação da Lei 8.245/91. Recurso extraordinário desprovido. Votos vencidos. A penhorabilidade do bem de família do fiador do contrato de locação, objeto do art. 3º, inc. VII, da Lei 8.009, de 23 de março de 1990, com a redação da Lei 8.245, de 15 de outubro de 1991, não ofende o art. 6º da Constituição da República (RE 407688, Relator: Min. Cezar Peluso, Tribunal Pleno, j. 08.02.2006, DJ 06-10-2006 PP-00033 Ement Vol-02250-05 PP-00880 RTJ VOL-00200-01 PP-00166 RJSP v. 55, n. 360, 2007, p. 129-147).*[62]

---

[61]　Luiz Antonio Scavone Jr. *et. al.*, *Comentários ao Código Civil*, 2ª ed., São Paulo: Revista dos Tribunais, 2009.

[62]　No mesmo sentido:
Supremo Tribunal Federal. Ementa: Agravo regimental. Recurso Extraordinário. Penhora. Bem de Família. Lei 8.009/90. Direito à moradia. Art. 6º da Magna Carta (redação da EC 26/2000). Precedente plenário. O Plenário deste excelso Tribunal, no julgamento do RE 407.688, Relator o Ministro Cezar Peluso, decidiu que "... a penhora do bem de família do recorrente não viola o disposto no art. 6º da CF, com a redação dada pela EC 26/2000 (...) mas com ele se coaduna, já que é modalidade de viabilização do direito à moradia (...) porquanto, atendendo à própria ratio legis da exceção prevista no art. 3º, VII, da Lei 8.009/90, facilita e estimula o acesso à habitação arrendada, constituindo reforço das garantias contratuais dos locadores, e afastando, por conseguinte, a necessidade de garantias mais onerosas, tais como a fiança bancária..." (Informativo nº 415 do STF). Fiquei vencido, na companhia dos eminentes Ministros Eros Grau e Celso de Mello. Nesse mesmo sentido, foram proferidas as seguintes

Neste sentido o Recurso Especial 1.088.962, relatado pelo Ministro Sidnei Beneti, que assim se pronunciou: *o Supremo Tribunal Federal, em votação plenária, proferiu julgamento no Recurso Extraordinário 407.688, segundo o qual o único imóvel (bem de família) de uma pessoa que assume a condição de fiador em contrato de aluguel pode ser penhorado, em caso de inadimplência do locatário.*

Posta assim a questão, tanto o Superior Tribunal de Justiça quanto o Supremo Tribunal Federal consolidaram o entendimento segundo o qual o bem de família do fiador, em contrato de locação de qualquer espécie, pode ser objeto de penhora:

> *Bem de família fiador em contrato de locação – Constitucionalidade. O Tribunal, no julgamento do Recurso Extraordinário nº 407.688-8/SP, declarou a constitucionalidade do inciso VII do artigo 3º da Lei 8.009/90, que excepcionou da regra de impenhorabilidade do bem de família o imóvel de propriedade de fiador em contrato de locação. (STF, RE nº 495.105/SP, Rel. Min. Marco Aurélio, DJ: 27.11.2013).*

> *Fiador. Locação. Ação de despejo. Sentença de procedência. Execução. Responsabilidade solidária pelos débitos do afiançado. Penhora de seu imóvel residencial. Bem de família. Admissibilidade. Inexistência de afronta ao direito de moradia, previsto no art. 6º da CF. Constitucionalidade do art.3º, inc. VII, da Lei 8.009/90, com a redação da Lei 8.245/91. Recurso extraordinário desprovido. Votos vencidos. A penhorabilidade do bem de família do fiador do contrato de locação, objeto do art. 3º, inc. VII, da Lei 8.009, de 23 de março de 1990, com a redação da Lei 8.245, de 15 de outubro de 1991, não ofende o art. 6º da Constituição da República (STF, RE 407688, Rel. Min. Cezar Peluso, Tribunal Pleno, DJ: 06.10.2006).*

> *Processo Civil. Direito Civil. Recurso Especial representativo de controvérsia. Art. 543-C do CPC. Execução. Lei 8.009/1990. Alegação de bem de família. Fiador em contrato de locação. Penhorabilidade do imóvel. 1. Para fins do art. 543-C do CPC: 'É legítima a penhora de apontado bem de família pertencente a fiador de contrato de locação, ante o que dispõe o art. 3º, inciso VII, da Lei 8.009/1990'. 2. No caso concreto, recurso especial provido. (REsp 1.363.368/MS, Rel. Min. Luis Felipe Salomão, Segunda Seção, DJ: 12.11.2014).*

Em suma, no julgamento do Recurso Extraordinário nº 407.688/AC, o STF entendeu, com repercussão geral, que a excepcionalidade da proteção do bem de família é constitucional, sem afronta ao art. 6º da Constituição, que prevê como direito social o direito à moradia.

Isto porque o direito à moradia não significa, necessariamente, o direito a ter propriedade, podendo ser materializado pelo Estado por diversas maneiras, dentre as quais, "*a implementação de norma jurídica que estimule e favoreça o incremento da oferta de imóveis para fins de locação habitacional, mediante previsão do reforço das garantias contratuais dos locadores*" (Min. Cezar Peluso).

O assunto foi sumulado pelo Tribunal de Justiça de São Paulo nos seguintes termos:

> *Súmula 8: É penhorável o único imóvel do fiador em contrato locatício, nos termos do art. 3º, VII, da Lei 8.009, de 29.03.1990, mesmo após o advento da Emenda Constitucional nº 26, de 14.02.2000.*

Igualmente, o STJ uniformizou a interpretação ratificando a possibilidade de penhora do imóvel do fiador em qualquer caso, o que fez da seguinte maneira:

> *Súmula 549: É válida a penhora de bem de família pertencente a fiador de contrato de locação.*

Mais recentemente, até de forma surpreendente, o STF retomou o assunto e decidiu de forma diversa, ressuscitando a tese segundo a qual não pode ser penhorado o único

---

decisões singulares: RE 467.638, Relator o Ministro Gilmar Mendes; RE 477.366, Relator Ministro Ricardo Lewandowski; RE 397.725, Relator o Ministro Sepúlveda Pertence; RE 475.855, Relatora a Ministra Ellen Gracie; e RE 432.253, Relator o Ministro Cezar Peluso. Agravo regimental a que se nega provimento, com a ressalva do entendimento divergente do Relator. (RE 464586 AgR, Relator: Min. Carlos Britto, Primeira Turma, j. 06.06.2006, DJ 24.11.2006, p. 00073 – Ement., vol. 2257-07, p. 1.336).

imóvel do fiador se a fiança foi concedida em razão de locação não residencial (RE 605709, j.: 12.06.2018).

Tantas alterações de entendimento são funestas à segurança jurídica e, portanto, à paz social, notadamente quando provenientes de um Tribunal de Uniformização.

Em suma, caso esse entendimento prosperasse, retornar-se-ia à necessidade de os locadores de imóveis não residenciais se acautelarem e exigirem outra garantia ou verificarem com cuidado se o imóvel pertencente ao garante não se trata do seu único imóvel residencial.

Acórdãos dos tribunais estaduais posteriores ao RE 605.709 de 12.06.2018 resistiram em aplicar o entendimento esposado nesse Recurso Extraordinário.

Para tanto, sustentaram que o RE 605.709 de 12.06.2018 não é dotado de vinculação aos demais órgãos jurisdicionais, ao contrário do RE 407.688-8, de 08.02.2006, julgado com repercussão geral.

Deveras, a "decisão proferida por órgão fracionário do Supremo Tribunal Federal no recurso extraordinário n° 605.709/SP, no sentido de ser impenhorável bem de família do fiador em contrato de locação comercial, não altera a tese definida sobre o tema pela Corte Superior [STJ], sob o regime dos recursos repetitivos, eis que se tratou de decisão pontual, com expresso afastamento de efeitos gerais nos debates realizados.

O STF, ao não reconhecer a existência de repercussão geral sobre a questão jurídica no RE 605.709 de 12.06.2018, permite concluir que não analisou questões relevantes do ponto de vista econômico, político, social ou jurídico, que ultrapassem os interesses subjetivos das partes (art. 322, parágrafo único, do RISTF), não cabendo às instâncias inferiores a revisão da anterior conclusão com repercussão geral que não distingue a fiança e não concede proteção ao fiador de contrato de locação, seja ele residencial ou não residencial, espelhada no RE 407.688-8 de 08.02.2006.

Nessa medida, julgados posteriores:

Agravo de Instrumento – Ação de Execução – Insurgência contra a decisão que autorizou o levantamento da penhora outrora deferida sobre imóvel dos executados – Penhorabilidade de imóvel de fiador em sublocação comercial – Possibilidade prevista pelo art. 3°, inciso VII, da Lei 8.009/90 – Súmula 549 do STJ – Entendimento do Supremo Tribunal Federal de que a excepcionalidade da proteção do bem de família é constitucional (RE n° 407.688/AC) – Ausência de fato novo a justificar a revisitação do tema quanto à possiblidade de penhora de bem de família de fiador de contrato de locação comercial – Notícia de decisão isolada do Supremo Tribunal Federal, sem vinculatividade, que considerou peculiaridades do caso, e que, assim, não tem o condão de afastar as conclusões tomadas em sede de anterior Recurso Extraordinário com repercussão geral – Precedente deste Tribunal Recurso provido (TJSP, Agravo de Instrumento 2006236-70.2019.8.26.0000, Rel. Hugo Crepaldi, 25ª Câmara de Direito Privado, Foro Central Cível, 5ª Vara Cível, j. 21.03.2019, data de registro: 21.03.2019).

Agravo de instrumento. Ação de despejo por falta de pagamento c.c. cobrança. Fase de cumprimento de sentença. Contrato de locação de imóvel para fins não residenciais. Insurgência contra decisão que rejeitou a alegação de impenhorabilidade de imóvel residencial, sob o argumento de se tratar de bem de família protegido pela Lei 8.009/90. Não acolhimento. Agravante que figura no contrato como fiador. Imóvel próprio do agravante que foi dado como garantia em contrato de locação de imóvel para fins comerciais. Caracterização de renúncia à proteção do bem de família conferida pela Lei 8.009/90. Impenhorabilidade do bem de família que não pode ser oponível pelo fiador no caso em exame. Lei Especial que não faz distinção quanto à destinação do uso de imóvel locado para incidência do seu art. 3°, inc. VII. Precedentes do C. STJ e do C. STF em julgados afetados sob os regimes de recurso repetitivo e de repercussão geral. Impossibilidade da aplicação da tese firmada pela 1ª Turma do C. STF, no julgamento do RE 605.709/SP, por tratar de entendimento isolado, de acordo com as circunstâncias analisadas, sem efeito vinculante em relação aos Tribunais inferiores. Necessidade de estrita observância ao disposto no art. 927, incs. II e IV, do CPC. Nulidade da fiança. Ausência de outorga uxória. Ilegitimidade do cônjuge fiador que prestou a fiança para invocar o vício, competindo exclusivamente ao cônjuge prejudicado a arguição de invalidade do ato. Inteligência do art. 1.650, do CC, além do que ninguém poderá pleitear, em nome próprio direito alheio (art. 18, do CPC). Decisão mantida. Agravo não provido (TJSP, Agravo de Instrumento 2050526-39.2020.8.26.0000, Rel. Carmen Lucia da Silva, 25ª Câmara de Direito Privado, j. 28.05.2020, data de registro 28.05.2020).

Em 27.03.2020, houve alteração desse entendimento no âmbito da Primeira Turma, no RE 1.240.968:

Direito civil. Agravo interno em embargos de declaração em recurso extraordinário. Penhora. Bem de família. Garantia comercial. Possibilidade. Precedente em repercussão geral. 1. O Supremo Tribunal Federal entende que o art. 3º, VII, da Lei 8.009/1990, ao tratar da garantia qualificada, não fez qualquer diferenciação quanto à natureza do contrato de locação, dessa forma independe se a garantia é residencial ou comercial (RE 612.360-RG, Rel. Min. Ellen Gracie). 2. Inaplicável o art. 85, § 11, do CPC/2015, uma vez que não houve prévia fixação de honorários advocatícios de sucumbência. 3. Agravo interno a que se nega provimento. (DJe 06.04.2020).

Em igual sentido:

Recurso Extraordinário. Constitucional. Civil. Processual civil. Agravo de instrumento. Execução de título extrajudicial. Contrato de locação de imóvel comercial. Bem de família de fiador. Penhora. Possibilidade. Precedentes. Existência de coisa julgada afirmada pelo tribunal de origem. (...) (STF, RE 1.274.290, 1ª Turma, Rel. Min. Luiz Fux, j. 31.08.2020).

A Primeira Turma do STF, portanto, mudou o entendimento que teve no RE 605.709 de 12.06.2018, voltando a admitir a penhora do bem de família do fiador em contrato de locação de imóvel comercial, o que fez nos agravos internos interpostos nos autos do RE 1.268.476, Rel. Min. Roberto Barroso, do RE 1.269.550, Rel. Min. Alexandre de Moraes (atas de julgamentos publicadas no *DJe* 28.08.2020), do RE 1.277.487, Rel. Min. Alexandre de Moraes (julgamento finalizado em 28.08.2020), bem como do RE 1.274.290, Rel. Min. Luiz Fux, julgado no dia 31 de agosto de 2020.[63]

Para restabelecer alguma segurança jurídica diante do tema, o assunto voltou ao plenário do STF para novo julgamento do Tribunal Pleno, com repercussão geral, no RE 1.307.334, cuja tese no tema 1.127 foi a seguinte:

Tema 1.127: É constitucional a penhora de bem de família pertencente a fiador de contrato de locação, seja residencial, seja comercial.

Supremo Tribunal Federal. *Constitucional e civil. Artigo 3º, VII, da Lei 8.009/1990. Contrato de locação de imóvel comercial. Penhorabilidade do bem de família do fiador. Respeito ao direito de propriedade, à livre iniciativa e ao princípio da boa-fé. Não violação ao artigo 6º da constituição federal. Recurso extraordinário desprovido. 1. Os fundamentos da tese fixada por esta Corte quando do julgamento do Tema 295 da repercussão geral (É constitucional a penhora de bem de família pertencente a fiador de contrato de locação, em virtude da compatibilidade da exceção prevista no art. 3º, VII, da Lei 8.009/1990 com o direito à moradia consagrado no art. 6º da Constituição Federal, com redação da EC 26/2000), no tocante à penhorabilidade do bem de família do fiador, aplicam-se tanto aos contratos de locação residencial, quanto aos contratos de locação comercial. 2. O inciso VII do artigo 3º da Lei 8.009/1990, introduzido pela Lei 8.245/1991, não faz nenhuma distinção quanto à locação residencial e locação comercial, para fins de excepcionar a impenhorabilidade do bem de família do fiador. 3. A exceção à impenhorabilidade não comporta interpretação restritiva. O legislador, quando quis distinguir os tipos de locação, o fez expressamente, como se observa da Seção III, da própria Lei 8.245/1991 – que, em seus artigos 51 a 57 disciplinou a "Locação não residencial". 4. No pleno exercício de seu direito de propriedade, o fiador, desde a celebração do contrato (seja de locação comercial ou residencial), já tem ciência de que todos os seus bens responderão pelo inadimplemento do locatário – inclusive seu bem de família, por expressa disposição do multicitado artigo 3º, VII, da Lei 8.009/1990. Assim, ao assinar, por livre e espontânea vontade, o contrato de fiança em locação de bem imóvel – contrato este que só foi firmado em razão da garantia dada pelo fiador –, o fiador abre mão da impenhorabilidade de seu bem de família, conferindo a possibilidade de constrição do imóvel em razão da dívida do locatário, sempre no pleno exercício de seu direito de propriedade. 5. Dentre as modalidades de garantia que o locador poderá exigir do locatário, a fiança é a mais usual e mais aceita pelos locadores, porque menos burocrática*

---

[63] Nada obstante, no RE 1.278.427, julgado no dia 31 de julho de 2020 pela Min. Carmen Lúcia, concluiu-se em sentido totalmente contrário da aparente orientação da Primeira Turma, ainda fazendo referência ao RE 605.709 de 12.06.2018. Lamentavelmente, não há orientação segura do STF sobre o assunto, o que em nada colabora com a segurança jurídica.

que as demais, sendo a menos dispendiosa para o locatário e mais segura para o locador. Reconhecer a impenhorabilidade do imóvel do fiador de locação comercial interfere na equação econômica do negócio, visto que esvazia uma das principais garantias dessa espécie de contrato. 6. A proteção à moradia, invocada pelo recorrente, não é um direito absoluto, devendo ser sopesado com (a) a livre-iniciativa do locatário em estabelecer seu empreendimento, direito fundamental também expressamente previsto na Constituição Federal (artigos 1º, IV e 170, caput); e (b) o direito de propriedade com a autonomia de vontade do fiador que, de forma livre e espontânea, garantiu o contrato. 7. Princípio da boa-fé. Necessária compatibilização do direito à moradia com o direito de propriedade e direito à livre iniciativa, especialmente quando o detentor do direito, por sua livre vontade, assumiu obrigação apta a limitar sua moradia. 8. O reconhecimento da impenhorabilidade violaria o princípio da isonomia, haja a vista que o fiador de locação comercial, embora também excepcionado pelo artigo 3º, VII, da Lei 8.009/1990, teria incólume seu bem de família, ao passo que o fiador de locação residencial poderia ter seu imóvel penhorado. 9. Recurso Extraordinário desprovido (RE 1.307.334, Tribunal Pleno, Rel. Min. Alexandre de Moraes. j. 09.03.2022, Publicação: 26.05.2022).

2.3.14. Sub-rogação pelo fiador que paga a dívida e bem de família

Constata-se, outrossim, que o fiador que paga a dívida do seu afiançado, ou seja, paga ao locador os aluguéis e encargos inadimplidos pelo seu afiançado – o locatário – se sub-roga nos direitos de cobrar dele, afiançado, a dívida que pagou em razão da garantia que prestou.

Ensina Alessandro Schirrmeister Segalla: "por força do disposto no art. 831, do Código Civil, o fiador que *pagar integralmente* a dívida ficará sub-rogado nos direitos do credor e assumirá integralmente o crédito originário com todas as suas qualidades e vicissitudes."[64]

Deveras, esse é a claro mandamento insculpido no art. 831 do Código Civil, segundo o qual "O fiador que *pagar integralmente* a dívida fica sub-rogado nos direitos do credor; mas só poderá demandar a cada um dos outros fiadores pela respectiva quota".

O direito de regresso do fiador contra seu afiançado, portanto, se subordina e se condiciona à *quitação integral da dívida pelo fiador*, nos exatos termos do que exige o art. 831 do Código Civil.

Assim sendo, para substituir ao credor originário – o locador –, o fiador deve pagar integralmente o que o seu afiançado, o inquilino, deve.

Caso o fiador não tenha quitado integralmente a dívida, a obrigação continua a existir em relação ao locador, o que impossibilita ao fiador, que eventualmente pagar parcialmente, possa demandar o seu afiançado, o locatário.

Caio Mário da Silva Pereira ensina: "Mas, para que lhe compita a sub-rogação, deverá pagar integralmente a dívida, pois que, sendo garante do afiançado, não pode concorrer com o credor, não totalmente satisfeito, na excussão dos bens do devedor."[65]

Processualmente, a falta de comprovação da quitação do débito conduz à extinção do processo manejado pelo fiador contra seu afiançado sem resolução do mérito, por ausência de interesse processual, nos termos do art. 485, VI, do Código de Processo Civil, tendo em conta que a sub-rogação só ocorre se o "fiador pagar integralmente a dívida" (CC, art. 831, *caput*).

Caso o pagamento tenha sido feito nos autos de ação de despejo, o fiador pode, nos mesmos autos, ou em execução própria se assim preferir, perseguir o que pagou na qualidade de sub-rogado tal como prevê o art. 794, § 2º, do Código de Processo Civil, segundo o qual "o fiador que pagar a dívida poderá executar o afiançado nos autos do mesmo processo."

---

[64] Alessandro Schirrmeister Segalla. *Contrato de Fiança*. São Paulo: Atlas, 2013, p. 145.

[65] Caio Mário da Silva Pereira. *Instituições de Direito Civil*. Contratos, volume 3, 12ª ed., Rio de Janeiro: Forense, 2008, pp. 500/501.

Nesse sentido:

Apelação. Locação não residencial. Fiança. Ação de regresso dos fiadores contra o afiançado. Inexistência de comprovação de quitação integral da dívida. Ausência de interesse processual. Sub-rogação. Cobrança pela via executiva. O direito de regresso do fiador contra seu afiançado está condicionado à quitação integral da dívida pelo garante; para substituir ao credor originário, o fiador precisa ter realizado o pagamento total da quantia devida pelo afiançado (CC, art. 831), que, não comprovado, impõe o reconhecimento de que falta aos autores interesse processual. Se a transação se efetivou no bojo dos autos da ação de despejo, lá se realizando os pagamentos, o fiador deveria naquele feito, ou em execução própria, buscar a satisfação de seu suposto crédito, (...). Julgaram extinto o processo, sem resolução do mérito, nos termos do artigo 267, VI, do Código de Processo Civil; prejudicada a apelação. (TJSP; Apelação Cível 0112463-27.2010.8.26.0100; Relator: Lino Machado; 30ª Câmara de Direito Privado; Foro Central Cível – 22ª Vara Cível; j. 11.06.2014; Data de Registro: 11.06.2014).

Nada obstante, ainda que se sub-rogue nos direitos de cobrar o valor devido pelo afiançado, por interpretação majoritária, o fiador não poderá penhorar bem de família, vez que a esta outra cobrança não incidem as exceções do art. 3º da Lei 8.009/1990.[66]

A solução legal é injusta e inconveniente, conforme salienta o Prof. Alessandro Schirrmeister Segalla em excelente monografia, segundo o qual, *se o credor originário demandasse o devedor principal pela obrigação não cumprida em contrato de locação, por exemplo, não poderia penhorar e levar à hasta o seu único imóvel, na medida em que incidiria a proteção conferida pela Lei 8.009/90 ao bem de família em cujo texto não foi contemplada nenhuma exceção em favor do credor. Neste caso, se a obrigação não cumprida estivesse garantida por fiança, e o garante viesse a ser demandado pelo credor originário, o único imóvel do fiador poderia vir a ser demandado e levado à hasta pública porque a proteção legal conferida ao bem de família não se estenderia ao fiador, ex vi do seu artigo 3º, VII.*

Assim, conclui que *o fiador que pagasse a dívida do devedor principal visando salvaguardar o seu patrimônio não poderia, em demanda de regresso, penhorar e levar à hasta o único bem imóvel do devedor porventura existente, uma vez que a condição legal de bem de família impediria tanto que o credor como fiador atingissem o patrimônio do devedor principal. Ora, esta disciplina legal viola a lógica do sistema porque o fiador é o responsável pelo adimplemento, mas não é obrigado pela dívida, enquanto o devedor*

---

[66] ***Segundo Tribunal de Alçada Civil de São Paulo.*** *Execução. Penhora. Bem de família. Fiador que se sub-roga no direito do credor. Impenhorabilidade do bem do devedor afastada. Aplicação da Lei 8.009/90, artigo 3º, VII c/c artigo 988 do Código Civil/16 (art. 349 do Código Civil de 2002). À ação intentada por fiador, que se sub-rogou nos direitos do locador, aplica-se o disposto no artigo 3º, VII, da Lei 8.009/90 (Ap. c/ Rev. nº 464.002, 2ª Câm., rel. Juiz Batista Lopes, j. em 23.09.1996). No mesmo sentido: JTA (LEX) 158/308.*
Segundo Tribunal de Alçada Civil de São Paulo. *Execução. Penhora. Bem de família. Fiança. Impenhorabilidade da Lei 8.009/90 afastada pela Lei 8.245/91. Inexistência de ofensa constitucional. Se a lei ordinária pôde livrar os bens de família da constrição judicial (Lei 8.009/90), outra da mesma natureza (Lei 8.245/91) pode dispor que, em certas e determinadas circunstâncias, tal lei não se aplica, isso sem ofender princípios constitucionais (Ap. c/ Rev. nº 391.023, 2ª Câm., rel. Juiz Assumpção Neves, j. em 20.12.1993, JTA (LEX) 149/297).*
Tribunal de Alçada do Rio Grande do Sul. *Impenhorabilidade. Bem de família. Lei 8.009/90, art. 3º, inc. VI. Fiança em contrato de locação anterior a Lei 8009/90. Execução e penhora posteriores a vigência da Lei 8.245/91. Direito adquirido. Inocorrência. A Lei que não tem vigência temporária terá vigor até que outra a modifique ou revogue. A Lei 8.254/91, que modificou a de nº 8.009/90, restabeleceu o status quo ante sobre a fiança anteriormente prestada. A execução e penhora posteriores à Lei 8.009/90, já com a nova redação dada pela Lei 8.245/91, a constrição não fere direito que não se enquadra no conceito de adquirido. A fiança prestada quando inexistente a Lei 8.009/90, o bem era penhorável, fato por certo considerado pelas partes. No caso dos autos, a execução é posterior à Lei 8.245/91, quando o fiador já tinha ciência da possibilidade de constrição sobre seus bens. Agravo desprovido. Negado provimento. Unânime (Agravo de Instrumento nº 194039301, 14.04.1994, 5ª Câmara Cível, rel. Jasson Ayres Torres, Porto Alegre).*

principal é o responsável pelo débito e o obrigado pela dívida, o que demonstra que a situação jurídica do fiador é muito mais grave do que a do devedor principal! Com efeito, este incongruência demonstra que o legislador brasileiro intervém no sistema normativo sem qualquer critério ou consistência, atuando de afogadilho apenas na vã tentativa de tentar resolver situações pontuais; todavia, a bem dizer, acaba por remendar o tecido normativo e cria mais problemas do que soluções.[67]

Em suma, a exceção da impenhorabilidade da Lei 8.009/1990 insculpida no inciso VII do art. 3º só diz respeito ao imóvel que possa ser considerado bem de família do próprio fiador e não do afiançado.

Portanto, a execução do fiador em face do locatário (afiançado) subsumir-se-á às disposições protetivas da lei do bem de família.

Nesse sentido:

Tribunal de Justiça de São Paulo. *Locação de Imóveis. Cobrança. Ação proposta pelo fiador da locação em face do locatário. Sub-rogação dos direitos do credor primitivo. Execução. Penhora do único bem imóvel de propriedade do locatário. Exceção de pré-executividade. Arguição de impenhorabilidade. Rejeição. Inadmissibilidade. Bem de família. Reconhecimento. Insubsistência da penhora. Decisão reformada. Pagando o fiador o débito locatício, embora sub-rogado nos direitos e ações, não há como estender-lhe a exceção da penhorabilidade, visto que nem mesmo o locador a dispunha, na qualidade de credor primitivo. Recurso provido (Agravo de Instrumento nº 1148784007, rel. Walter Zeni, 32ª Câmara de Direito Privado, j. em 03.04.2008, Registro: 07.04.2008).*

Igualmente, o seguinte julgamento do Superior Tribunal de Justiça:

Locação. Embargos à execução em caráter regressivo. Outorga uxória em fiança. Falta de prequestionamento. Sub-rogação do fiador que paga a dívida oriunda de débitos locatícios. Impenhorabilidade do bem de família do locatário. A nova Lei do Inquilinato restringiu o alcance do regime de impenhorabilidade dos bens patrimoniais residenciais instituído pela Lei 8.009/90, considerando passível de constrição judicial o bem familiar dado em garantia por obrigação decorrente de fiança concedida em contrato locatício. Com o pagamento da dívida pelo fiador da relação locatícia, fica este sub-rogado em todas as ações, privilégios e garantias que tinha o locador-credor em relação ao locatário-devedor, nos termos do Código Civil, art. 988. A jurisprudência já pacificou entendimento no sentido de ser vedada a penhora de bem de família do locatário, em execução proposta pelo locador a fim de solver dívida advinda da relação locatícia. Se ao locador-credor não é possibilitado constringir judicialmente o imóvel do locatário, e a sub-rogação transmite os direitos e ações que possuía o credor, consequência lógica é que ao fiador tal privilégio não pode ser assegurado, de vez que não existia para o credor primitivo. Recurso especial conhecido e provido (REsp nº 263.114/SP, rel. Min. Vicente Leal, 6ª Turma, j. em 10.04.2001, DJ 28.05.2001, p. 217).

Todavia, interessante – e judiciosa – a interpretação totalmente contrária dada pelo Tribunal de Justiça de São Paulo com a qual concordo e adoto:

Locação. Embargos à execução. Sub-rogação do fiador que paga a dívida oriunda de contrato de fiança. Penhorabilidade do bem de família do locatário. A ação regressiva promovida pelo fiador em face do afiançado lastreia-se em obrigação decorrente de contrato de fiança, razão porque, por aplicação do disposto no inciso VII do art. 3º da Lei 8.009/90, não pode o locatário invocar a impenhorabilidade do bem de família (Apelação nº 9144953-70.2001.8.26.0000, rel. Clóvis Castelo, Poá, 11ª Câmara do Sexto Grupo (Extinto 2º TAC), j. em 25.10.2004, Registro: 09.11.2004. Outros números: 681834600).

Neste aresto, fundamentou o relator que *o fiador que paga a dívida do locatário afiançado, sub-roga-se nos mesmos créditos, direitos, privilégios e vantagens que a lei confere ao locador sub-rogado (CC, art. 988 c.c. art. 3º, VII da Lei 8.009/90), razão porque, numa eventual ação regressiva, não poderá o locatário-afiançado invocar a impenhorabilidade do bem de família, já que as partes estarão litigando por obrigação decorrente de fiança. Ademais, sustentar-se*

---

[67] Alessandro Schirrmeister Segalla. *Contrato de fiança*. São Paulo: Atlas, 2013, p. 207.

o contrário, creio configurar grave injustiça além de afrontar o princípio da razoabilidade. Este, aliás, é o entendimento que tem prevalecido nesta Câmara: "Quando a ação regressiva promovida pelos fiadores em face de sua afiançada estiver lastreada em obrigação advinda de contrato de fiança, o locatário terá igual tratamento àquele dispensado ao fiador pelo artigo 3º, inciso VII, da Lei 8.009/90" (Agravo de Instrumento nº 727472-00/8, Rel. Juiz Artur Marques, DJ 08.04.02). E também nesta Corte: AI nº 789.371-00/6, 3ª Câm., Rel. Juiz Regina Capistrano, j. 29.07.2003; AI nº 701.575-00/1, 5ª Câm., Rel. Juiz Pereira Calças, j. 27.06.2001; JTA(LEX) 158/308.

2.4. SEGURO-FIANÇA

O seguro-fiança está previsto como uma das modalidades de garantia estabelecidas *numerus clausus* no artigo 37 da Lei 8.245/1991.

Explica Gildo dos Santos: "(...) o seguro fiança locatícia nada mais é do que um contrato de seguro, sabendo-se que, por este, uma das partes (seguradora) se obriga para com a outra (locador), mediante o pagamento de um prêmio, a indenizá-la do prejuízo resultante de riscos predeterminados contratualmente (CC/1916, art. 1.432, e CC/2002, art. 757). Pode também ser contratante do seguro o locatário, mas beneficiário da indenização, a ser estipulado na apólice, será o senhorio".[68]

Caso fosse largamente utilizado – e não é – haveria drástica redução dos custos, vez que somente o aumento do contingente de segurados possui o condão de reduzir o valor dos prêmios, o que o tornaria extremamente vantajoso em relação às demais modalidades de garantia.

Tenha-se presente que a utilização do seguro-fiança evita o aborrecimento de se passar pelo constrangimento dos desagradáveis pedidos de favor aos fiadores, além do dispêndio excessivo com cauções em dinheiro e os inconvenientes da caução em bens móveis e imóveis, outras modalidades previstas na Lei do Inquilinato.

Nem se fale dos riscos para o locador de submeter o contrato aos "fiadores profissionais", facilmente encontrados em publicidade e na internet.

O seguro de fiança locatícia é regulamentado pela Lei do Inquilinato e, supletivamente, pela Circular SUSEP nº 671/2022, que estabelece as diretrizes para sua contratação e execução e, dessa Circular, destaca-se a questão do prazo:

> *Art. 13. O prazo de vigência do contrato de seguro fiança locatícia é o mesmo do respectivo contrato de locação.*
>
> *§ 1º Na hipótese de prorrogação do contrato de locação por prazo indeterminado, ou por força de ato normativo, a cobertura do seguro somente persistirá mediante análise do risco e aceitação de nova proposta por parte da seguradora.*
>
> *§ 2º Caso a seguradora aceite a proposta mencionada no § 1º deste artigo, a apólice será renovada pelo prazo estipulado entre segurado e garantido, com possibilidade de renovações posteriores, na forma da legislação vigente.*
>
> *§ 3º As renovações posteriores mencionadas no § 2º deste artigo também dependerão de análise de risco e aceitação de nova proposta por parte da seguradora.*

A regra, de certa forma, contradiz o art. 39 da Lei 8.245/1991, segundo o qual, "salvo disposição contratual em contrário, qualquer das garantias da locação se estende até a

---

[68] Gildo dos Santos, *Locação e Despejo: comentários à Lei 8.245/91*, 7ª ed. rev., ampl. e atual. com as alterações da Lei 12.112/2009, São Paulo: RT, 2011, p. 238-239.

efetiva devolução do imóvel, ainda que prorrogada a locação por prazo indeterminado, por força desta Lei".

Isso porque a Circular impõe restrições à vigência da apólice de seguro no prazo de prorrogação legal do contrato de locação.

Não obstante todas as vantagens, como dito, o seguro-fiança vem sendo pouco utilizado.

Os motivos são os mais diversos, entre os quais está, além do custo, que em tese não existe nas outras modalidades, principalmente, as exigências e limitações impostas pela Circular nº 671, de 1º.08.2022, expedida pela Superintendência de Seguros Privados.

Aliás, é de se dizer que os termos dessa circular são praticamente ininteligíveis e inacessíveis ao leigo.[69]

Importante ressaltar, paralelamente, que o art. 41 da Lei 8.245/1991 impõe que o seguro-fiança abranja a totalidade das obrigações do locatário, ou seja, todas aquelas estipuladas no contrato de locação que, afinal, visa garantir. Trata-se de exceção à regra do art. 1.432 do Código Civil pelo princípio da especialização, vez que não há margem para negociação de coberturas no contrato:

> *Art. 41. O seguro de fiança locatícia abrangerá a totalidade das obrigações do locatário.*

A norma contida na Lei 8.245/1991 é cristalina, não diz que poderá abranger, diz: "abrangerá".

Entretanto, normalmente, os contratos de seguro-fiança são estipulados com espécies de coberturas distintas que, afrontando o texto legal, não garantem todas as obrigações.

Com efeito, há cobertura básica, que garante apenas o aluguel, acrescido dos encargos, outra, mais sofisticada, que prevê ressarcimento por danos no imóvel e uma terceira modalidade que adiciona multas contratuais.

No mais, a restrição imposta pela Circular nº 671 da SUSEP, que somente garante cobertura no caso de prorrogação legal do contrato de locação *se houver aceitação da proposta* – dando a entender que pode ser recusada –, fere o já mencionado art. 39 da Lei do Inquilinato, que exige que a garantia persista até a efetiva entrega das chaves.

Insta observar que a restrição imposta pela seguradora, ainda que acrescida ao contrato, não se trata de disposição contratual "entre as partes", já que se tratará, quando muito, de condição imposta pela seguradora que é garantidora e não parte da relação jurídica *ex locato*. No direito das obrigações, garantidor não é o obrigado, mas o responsável.

Tenha-se presente que, nesse ponto, as empresas seguradoras se amparam no texto da Circular nº 671 para restringir as coberturas do seguro-fiança.

Entretanto, circular não é lei, não consta da enumeração do artigo 59 da Constituição Federal, não podendo, jamais, restringir direitos e impor obrigações e, tampouco, inovar a ordem jurídica, inferência que se extrai do disposto no artigo 5º, inciso II, da Constituição Federal: *ninguém será obrigado a fazer ou deixar de fazer alguma coisa senão em virtude de lei.*

---

[69] Em razão da ausência de transparência, inclusive, já se decidiu: *Segundo Tribunal de Alçada Civil de São Paulo. Locação – contrato – seguro-fiança – exigências para seu recebimento não comunicadas ao beneficiário (locador) – inobservância das disposições – irrelevância – indenizabilidade. A seguradora nada tendo manifestado ao beneficiário quanto às exigências para o recebimento do seguro, não pode, escudando-se nas disposições da Circular nº 1/92, da Superintendência de Seguros Privados, pretender esquivar-se do pagamento sob alegação de não observância, por aquele, daquelas disposições. Ap. s/ Rev. 462.318 – 11ª Câm. – Rel. Juiz Mendes Gomes – j. em 02.09.96.*

Pergunta-se, se o contrato contiver todas as obrigações acima (aluguéis, encargos, danos no imóvel e multas), como fica o seguro contratado no período de prorrogação legal diante do texto expresso do artigo 39 da Lei 8.245/1991, que colide com o art. 12, § 1º, da Circular nº 671 da Susep, da qual falamos?

Juridicamente a circular, como todos os outros instrumentos secundários de introdução de normas, não passa de ato normativo subordinado à lei, meramente administrativo, cujas características são: a) não inovar o ordenamento, apenas subsidiar a aplicação das fontes primárias; b) limitar-se à lei, não podendo ampliar, restringir ou contrariar seu alcance; c) ser inerente, basicamente, à função administrativa, à executoriedade da lei.

A simplicidade jurídica se impõe na exata medida em que a Constituição não previu nada com tal forma (circular) no artigo 59, como já dito.

Sendo um ato administrativo motivado, conclui-se que o propósito da indigitada Circular nº 671 da Susep foi o de regulamentar os arts. 39 e 41 da Lei 8.245/1991. Entretanto, da leitura desses artigos, nada se encontra acerca da possibilidade de cisão ou limitação das obrigações do locatário, exceto contratação entre as partes – locador e locatário.

Conclui-se, com rigor científico e jurídico, que a Circular nº 671, expedida pela Superintendência de Seguros Privados, sob o falso manto regulamentar, transmudou-se em verdadeira lei, restringindo aquilo que a Lei 8.245/1991 não permite, ou seja, admitindo cobertura parcial e limitada no tempo, sendo, portanto, absolutamente inconstitucional nos termos do art. 5º, II, da Constituição Federal.

O fato não é de se estranhar, vez que se tornou comum no Brasil uma verdadeira parafernália legal: medidas provisórias, portarias, instruções normativas, circulares etc. Não há respeito aos mais comezinhos princípios constitucionais, assim como ao processo legislativo. O cidadão probo assiste, estarrecido, a "balões de ensaios", onde a sociedade passa a ser cobaia dos "tecnocratas" de plantão.

Com uma circular, que não é lei, por absurdo, restringe-se direito do locatário na mais completa desobediência à ordem jurídica e, por via de consequência, ao Estado de Direito. Infelizmente, não se trata de ato isolado. Observa-se em todas as áreas um aviltamento da segurança jurídica sob argumentos despidos de qualquer suporte legal, utilizados como fundamento para toda a sorte de desrespeito aos direitos e garantias constitucionalmente previstas.

Na realidade, prevalecendo a tese de que uma circular pode afrontar a lei que deveria regulamentar, estar-se-á concedendo instrumento até mais poderoso que a medida provisória, vez que circular não passa pelo controle e processo legislativo.

Não há como deixar de transcrever a lição de Paulo de Barros Carvalho:

> Os instrumentos secundários são todos os atos normativos que estão subordinados à lei. Não obrigam os particulares e, quanto aos funcionários públicos, devem-lhe obediência não propriamente em vista de seu conteúdo, mas por obra da lei que determina sejam observados os mandamentos superiores da Administração.
>
> *As circulares, igualmente, encerram normas jurídicas de caráter infralegal e visam à ordenação uniforme do serviço administrativo. Seu campo de validade, porém, é restrito a setores específicos, destinando-se a orientar determinados agentes cometidos de atribuições especiais.*[70]

---

[70]   Paulo de Barros Carvalho. *Curso de Direito Tributário*, 8ª ed., São Paulo: Saraiva, 1996, p. 11.

Não de forma diferente, o preclaro Hely Lopes Meirelles:

Os atos ordinatórios da Administração só atuam no âmbito interno das repartições e só alcançam os servidores hierarquizados à chefia que os expediu. Não obrigam os particulares... Não criam, normalmente, direitos e obrigações para os administrados...[71]

Assim, aqueles que se sentirem prejudicados, poderão invocar a prestação jurisdicional para que o vigente, válido e eficaz artigo 39 da Lei 8.245/1991 seja aplicado *in integrum* aos contratos de seguro-fiança.

É sempre bom lembrar que há necessidade da inserção, no contrato de locação, de cláusula que imponha a obrigação de renovação por parte do locatário.[72] Assim, e só nesse caso, ainda que o seguro persista com o pagamento feito pelo locador para não ver o seguro cancelado por falta de pagamento e ainda que esta obrigação seja do locatário, o locador poderá pleitear o despejo por infração contratual.[73]

Outro aspecto importante diz respeito à sub-rogação da seguradora no direito de cobrar o afiançado.

Certo é que, pagando o valor ao locador, a jurisprudência vem admitindo a cobrança da seguradora em face do afiançado, em ação própria, assim como o fiador que paga pode recobrar o afiançado nos termos do art. 831 do Código Civil.

E nem se diga que eventual pagamento do prêmio pela seguradora inibe a propositura da ação de despejo pelo locador.

Isso porque o sinistro caracteriza-se, normalmente, nos termos dos contratos: a) pela decretação do despejo; b) pela imissão judicial ou extrajudicial na posse; ou c) pela entrega amigável das chaves."

Caracterizado o sinistro, a seguradora se obriga ao pagamento do prêmio ao locador e convalida eventual antecipação, também nos termos do contrato, em efetiva indenização.

Se isso ocorrer – adiantamento –, o beneficiário – locador – se obriga, igualmente por cláusula contratual, a devolver o valor antecipado à seguradora caso lhe seja pago pelo locatário e, no prazo avençado, propor a ação de despejo na exata medida em que a seguradora é parte ilegítima:

> **Tribunal de Justiça de São Paulo.** *Ação de despejo por falta de pagamento. Seguro-fiança. Inadimplemento do locatário consumado. Encargos locatícios suportados pela seguradora que, em razão disso, ajuíza ação de despejo contra o locatário. Impossibilidade. Ausência de legitimidade ativa "ad causam", a qual está reservada ao locador. Legitimidade extraordinária não constatada, ausente sub-rogação. Sentença extintiva mantida recurso improvido* (Apelação nº 9098216-96.2007.8.26.0000, 31ª Câmara de Direito Privado, rel. Francisco Casconi, São Paulo, j. em 01.03.2011).

A ilegitimidade da seguradora para figurar no polo ativo da ação de despejo por falta de pagamento surge da natureza do seguro-fiança, acessório ao instrumento de locação e firmado apenas entre fiador e afiançado (seguradora e locatário, tendo o locador como beneficiário).

---

[71]   Hely Lopes Meirelles, *Direito Administrativo Brasileiro*, 20ª ed., São Paulo: Malheiros, 1995, p. 167.

[72]   Nada obstante, já se decidiu, diante da renitência da seguradora, o seguinte: *Segundo Tribunal de Alçada Civil de São Paulo. Fiança – seguro-fiança – locação – responsabilidade até a efetiva devolução do imóvel – admissibilidade. A seguradora tem obrigação de indenizar, já que a garantia da fiança subsiste até a efetiva devolução do imóvel e a locadora cumpriu o prazo estabelecido no contrato para a propositura da ação* (Ap. c/ Rev. 511.721, 8ª Câm., rel. Juiz Milton Gordo, j. em 02.04.1998).

[73]   **Segundo Tribunal de Alçada Civil de São Paulo.** *Despejo – infração contratual – não renovação do seguro-fiança – ausência de previsão legal ou contratual apta a ensejar a infração – descabimento. Não sendo prevista, no contrato de locação, infração contratual pela não renovação do seguro-fiança impossível a rescisão da avença locatícia* (Ap. s/ Rev. 456.157, 2ª Câm., rel. Juiz Vianna Cotrim, j. em 27.05.1996).

De outro lado, o Código de Processo Civil está calcado na ideia da legitimação ordinária (art. 17 do Código de Processo Civil), segundo a qual ao lesado é assegurada pretensão ligada ao seu próprio direito.

Com efeito, a hipótese de legitimação extraordinária, com fundamento na qual é possível pleitear, em nome próprio, direito alheio, decorre do art. 18 do CPC, segundo o qual "ninguém poderá pleitear direito alheio em nome próprio, salvo quando autorizado pelo ordenamento jurídico".

Como não há essa autorização legal, a seguradora é parte ilegítima para figurar no polo ativo de eventual ação de despejo por falta de pagamento, ainda que haja entregue o prêmio, adiantando valores ao locador, beneficiário do seguro a quem cabe propor a ação de despejo nos termos do art. 5º da Lei 8.245/1991.

O que é certo é que tal adiantamento ao locador, pela seguradora, não se trata, a toda evidência, de purgação de mora, fazendo-se necessária a ação para desfazer o contrato e, eventualmente, obter a desocupação do imóvel: despejo.

Ressalte-se que, nesses casos, em que o locador recebe o prêmio, não há descaracterização da inadimplência contratual do locatário e, em razão da sub-rogação da seguradora na titularidade da cobrança dos valores pagos a título de aluguel inadimplido, o locador deve ajuizar tão somente ação de despejo por falta de pagamento (não cumulada com cobrança) para resolver o contrato, bem como reaver o imóvel em face do inadimplemento contratual, posto que a cobrança, nesse caso, caberá à seguradora. Nesse sentido:

Tribunal de Justiça de São Paulo. *Locação de imóveis. Despejo por falta de pagamento. Seguro fiança locatícia. Pagamento da indenização pela seguradora. Descaracterização de inadimplemento. Improcedência da ação. Cobrança de dívida paga. Repetição do indébito. Descabimento. Sentença mantida. Apelo improvido. O fato de o contrato de locação estar garantido por Seguro Fiança Locatícia e de ter a locadora recebido da seguradora os valores atrasados pelo réu, até a data do ajuizamento da ação, não descaracteriza a inadimplência contratual dos locatários a ensejar o ajuizamento de ação de despejo por falta de pagamento. Inaplicável a regra contida no art. 940 do CC, eis que é preciso, para que incida a pena lá prevista, que tenha havido cobrança judicial de valor já pago, o que não ocorreu in casu (Apelação nº 0008357-19.2012.8.26.0011, São Paulo, 31ª Câmara de Direito Privado, rel. Des. Armando Toledo, j. em 16.04.2013).*

Tribunal de Justiça de São Paulo. *Locação de imóvel. Despejo por falta de pagamento. Adiantamento pela seguradora. O adiantamento feito pela seguradora ao locador por conta de seguro-fiança não impede o prosseguimento da ação de despejo por falta de pagamento. Inexistente prova de pagamento dos aluguéis indicados pelo locador como inadimplidos e não purgada a mora, impõe-se a decretação do despejo. Recurso provido (Apelação nº 0052293-52.2007.8.26.0114, Campinas, 28ª Câmara de Direito Privado, rel. Des. Cesar Lacerda, j. em 18.10.2011).*

Outrossim, a possibilidade de o locatário purgar a mora na ação de despejo proposta pelo locador, nos termos do permissivo da Lei do Inquilinato, no prazo da contestação, não representa cobrança indevida do débito de aluguéis ou demais encargos em atraso, bem como não induz à aplicação da penalidade prevista no citado art. 940 do Código Civil, posto que, de fato, não pagou e, nesse sentido, a "contratação de seguro-fiança não exime o locatário de pagar os alugueres. Ação procedente. Recurso desprovido" (Apelação nº 0124335-49.2009.8.26.0011, 36ª Câmara de Direito Privado, rel. Des. Pedro Baccarat, j. em 24.05.2012).

Assim, se o locatário purgar a mora na ação de despejo, restará vedada a cobrança da seguradora em face do locatário, hipótese na qual o locador deverá reembolsar a seguradora que eventualmente adiantou o prêmio.

Por fim, é preciso observar que há profundas diferenças entre a fiança e o seguro-fiança que não podem escapar à análise.

A fiança, do latim *fidere*, significa fiar, confiar. É o contrato acessório, gratuito e unilateral (só gera obrigações), mediante o qual o fiador garante o cumprimento da obrigação principal pelo afiançado, no caso o locatário, se este não vier a cumpri-la.

O seguro-fiança, por sua vez, é contrato de seguro pelo qual o afiançado, mediante um prêmio, tem o direito de ver paga eventual inadimplência sua em face do contrato de locação durante o prazo contratado para o seguro. Jamais se confunde com o contrato de fiança, gratuito, em regra, e unilateral.

Neste, há quem sustente que o locatário também é segurado. Isso porque, se o contrato de seguro-fiança garante o locador da inadimplência do locatário, também garante o locatário quanto ao pagamento dos aluguéis.

Nessa medida, poderia ser considerada descabida a cobrança manejada pela seguradora em face do próprio segurado que pagou o prêmio – no caso o locatário, nos termos do art. 23, XI, da Lei 8.245/1991 –, não se aplicando o art. 831 do Código Civil.

Todavia, há respeitáveis decisões, com as quais concordamos, admitindo a referida cobrança em face do locatário, não o considerando segurado:[74]

> **Tribunal de Justiça de São Paulo.** *Locação de bem imóvel. Seguro-fiança. Declaratória de inexistência de débito c/c indenizatória. Seguradora que se sub-roga nos direitos do locador. Autores que não comunicam à seguradora a alteração societária. Manutenção da responsabilidade solidária até a entrega das chaves. Ausência de comunicação do encaminhamento do nome do devedor pelo órgão de proteção ao crédito. Danos morais não comprovados. Ação improcedente e reconvenção procedente. Recurso desprovido (Apelação nº 0008052-47.2009.8.26.0526, rel. Des. Melo Bueno, j. em 17.10.2011).*

Sendo assim, é bom que se diga, admitida a cobrança pela seguradora, deverão incidir as restrições da Lei 8.009/1990, vez que o afiançado não se enquadra nas exclusões do art. 3º da aludida Lei, aplicável apenas na relação entre locador e locatário.

Acesse o *QR Code* e faça o *download* dos modelos de peças editáveis

> http://uqr.to/1ye0j

---

[74] **Segundo Tribunal de Alçada Civil de São Paulo.** *Cobrança. Legitimidade. Seguradora. Contrato de seguro-fiança. Alugueres e encargos da locação. Sub-rogação no crédito. Direito de regresso contra o locatário. Admissibilidade. Nos casos de seguro-fiança, a seguradora assume a posição de fiadora e, uma vez tendo pago o aluguel à locadora, sub-roga-se no crédito e tem legitimidade para cobrar do afiançado a quantia paga (Ap. c/ Rev. nº 512.034, 6ª Câm., rel. Juiz Paulo Hungria, j. em 01.04.1998).*

Capítulo 3

AÇÃO DE DESPEJO

3.1. PRINCIPAIS ASPECTOS PROCESSUAIS

a) **Foro competente:** Foro do lugar do imóvel objeto do contrato de locação, salvo foro de eleição, que deverá ser respeitado (Lei 8.245/1991, art. 58, II).

b) **Legitimidade ativa:** ordinariamente, o locador (legitimado ativo); anterior nu-proprietário ou fideicomissário[1] (art. 7º da Lei 8.245/1991); adquirente (art. 8º); cônjuge que não anuiu, na locação por prazo superior a dez anos (art. 3º).

c) **Legitimidade passiva:** locatário, mesmo que sub-rogatário, como no caso do art. 12 da Lei 8.245/1991; sublocatário legítimo (LI, arts. 14, 15, 16 e 59, § 1º, V); pessoas não autorizadas, após a morte do locatário (LI, arts. 11, I, e 59, § 1º, IV).

d) **Valor da causa:** doze meses de aluguel vigente ou três salários, considerado o último, na ação de despejo por extinção do contrato de trabalho (LI, art. 47, II).

e) **Petição inicial:** deve respeitar os requisitos do art. 319 do Código de Processo Civil, tendo em vista que a Lei do Inquilinato, no art. 59, dispõe: "Com as modificações constantes deste capítulo, as ações de despejo terão o rito ordinário". Nos termos do Código de Processo Civil em vigor, a referência deve ser entendida em razão do procedimento comum, posto que não há, nele, divisão de ritos em razão da extinção do rito sumário. De qualquer forma, devem ser acrescidas as peculiaridades de cada ação de despejo, *v.g.*, na ação de despejo por falta de pagamento, o requerimento para que o réu seja citado para contestar ou solicitar autorização para purgar a mora (Lei 8.245/1991, art. 62).

f) **Procedimento:** comum, exceto despejo para uso próprio (art. 3º, III, da Lei 9.099/1995), por pessoa física, cuja ação poderá, se o autor quiser (opção), ser aforada no Juizado Especial Cível, seguindo o procedimento da Lei 9.099/1995, art. 8º.

3.2. AÇÃO DE DESPEJO COMO ÚNICA FORMA DE O LOCADOR REAVER O IMÓVEL – EXCEÇÕES

A ação de despejo é, em regra, a forma de reaver imóvel cuja origem da posse direta decorre de contrato de locação.

---

[1] O fideicomisso (CC, art. 1.733), nada mais é que *uma disposição complexa por meio da qual o testador institui alguém, por certo tempo ou condição, ou até sua morte, seu herdeiro ou legatário, o qual recebe bens em propriedade resolúvel, denominado fiduciário, para que, com o implemento da condição, advento do termo ou de sua morte, passe os bens a um outro nomeado, o fideicomissário* (Silvio de Salvo Venosa, *Direito das sucessões*. São Paulo: Atlas, 1991, p. 174).

Em consonância com o acatado, mister se faz verificar a norma inserta no artigo 5º da Lei 8.245/1991:

> *Art. 5º Seja qual for o fundamento do término da locação, a ação do locador para reaver o imóvel é a de despejo.*

Nesse sentido:

Recurso especial. Reintegração de posse. Imóvel alugado. Descabimento. Ação de despejo. Via adequada. Recurso provido. 1. A via processual adequada para a retomada, pelo proprietário, da posse direta de imóvel locado é a ação de despejo, na forma do art. 5º da Lei 8.245/1991, não servindo para esse propósito o ajuizamento de ação possessória. 2. Recurso especial provido para julgar extinta ação de reintegração de posse. (STJ. REsp 1.812.987/RJ, Rel. Min. Antonio Carlos Ferreira, 4ª Turma, j. 27.04.2023, DJe 04.05./2023).

Nesse aresto, o relator deixou consignado que "a *contrário sensu*, ao se permitir o ajuizamento de ação possessória em substituição da ação de despejo, nega-se vigência ao conjunto de regras especiais da Lei de Locação, tais como prazos, penalidades e garantias processuais. Nessa perspectiva, José da Silva Pacheco ensina ser inadequada a via possessória para recuperar bem imóvel locado: '*Não é lícito adotar a via possessória para recuperar terras locadas. Se houver locação, a ação de despejo será a própria. Na possessória, porém, não poderá o locador arrimar-se, porque, nesta ação, a recuperação da posse decorre do esbulho, e não da prévia rescisão do contrato de locação. Poderia ser aproveitado o processado? Não o poderia, porque importaria em alteração substancial da demanda, sustentam alguns juristas e julgados.*' (*Tratado das Locações, Ações de Despejo e outras*. 11. ed.. São Paulo: RT, 2000, p. 95)".

É cediço, como veremos inclusive, que muitas vezes é necessária a notificação que antecede a ação de despejo.

Todavia, a notificação não tem qualquer força capaz de obrigar o locatário a deixar o imóvel. Seu papel é, apenas, o de fazer cessar a locação, por não interessar mais ao locador.

O locador deverá, findo o prazo da notificação sem que o locatário tenha desocupado o imóvel, ajuizar a competente ação de despejo, que poderá durar vários meses.

Outrossim, ainda a título introdutório, não há como deixar de mencionar a regra do art. 1º da Lei 8.245/1991:

> *Art. 1º A locação de imóvel urbano regula-se pelo disposto nesta Lei.*
> *Parágrafo único. Continuam regulados pelo Código Civil e pelas leis especiais:*
> *a) as locações:*
> *1. de imóveis de propriedade da União, dos Estados e dos Municípios, de suas autarquias e fundações públicas;*
> *2. de vagas autônomas de garagem ou de espaços para estacionamento de veículos;*
> *3. de espaços destinados à publicidade;*
> *4. em apart-hotéis, hotéis-residência ou equiparados, assim considerados aqueles que prestam serviços regulares a seus usuários e como tais sejam autorizados a funcionar.*
> *b) o arrendamento mercantil, em qualquer de suas modalidades.*

Sendo assim, as hipóteses enumeradas no parágrafo único do art. 1º, continuam reguladas pelo Código Civil e legislação extravagante, de tal sorte que a retomada nessas locações será feita, em regra, através da ação de reintegração de posse.

Os imóveis de propriedade do Estado não se submetem à Lei 8.245/1991. O arrendamento desses imóveis é regulado pelos Decretos-Lei 9.760/1946 e 6.874/1944, além da Lei 9.636/1998 e do Decreto 3.725/2001.

Entretanto, se as pessoas jurídicas de direito público interno se colocam como locatários, devem se submeter à Lei 8.245/1991.[2]

Importante frisar que a locação de vaga de garagem sem que esteja vinculada a qualquer unidade para fins urbanos (comercial ou residencial) desafia a retomada através da ação de reintegração de posse.[3]

Na alienação fiduciária de bem imóvel, igualmente, o contrato de locação depende da higidez da garantia de tal sorte que, em razão de lei especial, consolidada a propriedade nas mãos do credor (fiduciário), este poderá promover a reintegração de posse atingindo o locatário em razão da norma insculpida nos arts. 27, § 7º, e 30 da Lei 9.514/1997, devendo o contrato destacar a condição resolutiva do contrato de locação e desde que o fiduciário notifique o locatário no prazo de até 90 dias da consolidação para desocupação em 30 dias, seguindo-se a reintegração de posse com liminar para desocupação em 60 dias e não o despejo.

Voltemos, então, ao art. 5º. Terminada a locação, qualquer que seja o fundamento desse término, o inquilino deverá deixar o imóvel.

Mas, como vimos acima, pela leitura do artigo 5º da Lei do Inquilinato, deverá ser obedecido o devido processo legal.

Vale dizer: haverá uma resistência à pretensão do locador, no sentido de reaver a posse direta do imóvel.

Essa pretensão resistida origina uma ação de despejo –, cuja natureza jurídica é a de uma ação que engloba uma fase de conhecimento e uma fase de execução não autônoma – que consiste, precisamente, em colocar o inquilino para fora do imóvel.

Vejamos, pois, como se dá a retomada do imóvel locado.

---

[2]   *Vide*, entretanto, o benefício conferido pelo § 3º do art. 63.

[3]   **Segundo Tribunal de Alçada Civil de São Paulo.** *Locação – vaga de garagem – caráter independente – Lei 8.245/1991 afastada (artigo 1º, parágrafo único, item 2) – aplicação das normas do Código Civil. A locação de uma vaga de garagem, sem relação com a unidade residencial ou comercial existente no edifício, está, conforme dicção da Lei 8.245/1991, excluída do seu alcance, aplicando-se as normas do Código Civil (Apel. c/ rev. nº 414.871, 9ª Câm., rel. Juiz Claret de Almeida, j. em 26.10.1994, in JTA (Lex) 154/211. Referências: Carlyle Popp, "Comentários à Nova Lei do Inquilinato", 2ª ed., Juruá Editora, p. 26; Silvio de Salvo Venosa, "Nova Lei do Inquilinato Comentada", Atlas, 1992, p. 26; Sylvio Capanema de Souza, "A Nova Lei do Inquilinato Comentada", 4ª ed., Forense, p. 14).*
Segundo Tribunal de Alçada Civil de São Paulo. *Consignação em pagamento – aluguel – vaga de garagem – parte integrante da locação do imóvel – unidade não autônoma – admissibilidade inaplicabilidade do artigo 1º, alínea "a", item 2 da Lei 8.245/1991. A vaga em garagem pertencente ao mesmo locador do imóvel, por não se tratar de vaga autônoma, a teor da Lei 8.245/1991, não se aplica na espécie, o Código Civil Brasileiro (Apel. c/ rev. nº 493.388, 12ª Câm., rel. Juiz Gama Pellegrini, j. em 16.10.1997. Referências: RT 584/163, 629/186, JTA (Lex) 154/211. Gildo dos Santos, Locação e Despejo, Comentários à Lei 8.245/1991, 2ª ed., Ed. Revista dos Tribunais, p. 17).*
Segundo Tribunal de Alçada Civil de São Paulo. *Locação – vaga em garagem – prazo indeterminado – notificação premonitória – necessidade – aplicação do art. 1.209 do Código Civil. Se o contrato locatício é elaborado sem determinação de prazo, incide a norma do art. 1.188 do C.C., e só poderá ser rompido mediante notificação consoante o art. 1.209 do mesmo estatuto (Apel. nº 196.364, 7ª Câm., rel. Juiz Guerrieri Rezende, j. em 23.09.1986, in JTA (RT) 105/296).*
Não há prazo no Código Civil, de tal sorte que após o término está o Locador autorizado a ingressar com a ação de reintegração de posse, exceto se não se manifestar, hipótese que se considerará prorrogada a locação por prazo indeterminado:
Art. 573. A locação por tempo determinado cessa de pleno direito findo o prazo estipulado, independentemente de notificação ou aviso.
Art. 574. Se, findo o prazo, o locatário continuar na posse da coisa alugada, sem oposição do locador, presumir-se-á prorrogada a locação pelo mesmo aluguel, mas sem prazo determinado.
Art. 575. Se, notificado o locatário, não restituir a coisa, pagará, enquanto a tiver em seu poder, o aluguel que o locador arbitrar, e responderá pelo dano que ela venha a sofrer, embora proveniente de caso fortuito.
Parágrafo único. Se o aluguel arbitrado for manifestamente excessivo, poderá o juiz reduzi-lo, mas tendo sempre em conta o seu caráter de penalidade.

3.3. HIPÓTESES DE DESPEJO

Para se saber as hipóteses de despejo, mister se faz a análise das causas de pedir dessas ações no âmbito da Lei 8.245/1991.[4]

Temos assim:

a) Hipóteses comuns a todas as locações (residenciais, para temporada e não residenciais)

a) Artigo 7º: extinção do usufruto ou fideicomisso, sendo passível do nu-proprietário ou fideicomissário, que não anuíram na locação celebrada pelo usufrutuário ou fiduciário, denunciá-la.

b) Artigo 8º: alienação, onerosa ou gratuita, do imóvel locado, que autoriza o adquirente exercer a denúncia.

c) Artigo 9º, I: resilição bilateral do contrato que, prevendo prazo de seis meses para a desocupação, tendo sido subscrito por duas testemunhas, autoriza o despejo liminar (art. 59, i).

d) Artigo 9º, II: infração contratual ou legal.

e) Artigo 9º, III: falta do pagamento do aluguel e dos acessórios da locação.

f) Artigo 9º, IV: necessidade de realização de obras urgentes, determinadas pela autoridade pública.

g) Artigo 59, parágrafo 1º, V: permanência do sublocatário após a dissolução da locação por qualquer causa. O despejo nesse caso pode ser liminar;

h) Artigo 3º, parágrafo único: ausência de vênia conjugal em contratos com prazo que iguale ou suplante 10 anos, quando o cônjuge não estará obrigado a observar o prazo excedente.

b) Hipótese especial, relativa à locação para temporada

Artigo 50: término do prazo ajustado, que não poderá exceder noventa dias.

c) Hipóteses especiais, relativas às locações não residenciais

a) Artigo 52, I: determinação, pelo Poder Público, para que o locador leve a efeito obras de radical transformação no imóvel locado, ou, ainda, a realização de obras que aumentem o valor do negócio ou da propriedade.

b) Artigo 57: término do prazo contratual, na locação que não esteja submetida à proteção da renovatória, não mais convindo ao locador mantê-la.

c) Artigo 72, III: melhor proposta de terceiro.

d) Artigo 52, II: necessidade de retomar o imóvel para o próprio uso do locador, transferência do fundo de comércio existente há mais de um ano.

e) Artigo 51, § 5º: decadência do direito de propor ação renovatória.

f) Artigo 53: em hospitais, unidades sanitárias, asilos estabelecimentos de saúde e de ensino, se ocorrer as hipóteses do art. 9º (infração contratual, falta de pagamento, acordo e reparações urgentes determinadas pelo Poder Público) para demolição e nova edificação ou para reforma com aumento de 50% da área útil.

d) Hipóteses especiais, atinentes às locações residenciais

a) Artigo 46: término do prazo do contrato celebrado por escrito e com prazo superior a trinta meses;

---

4   De acordo com Sylvio Capanema de Souza: *Da ação de despejo*. Rio de Janeiro: Forense, 1994, p. 206.

b) Artigo 47, V: decurso do prazo de cinco anos, na eventualidade de contrato celebrado verbalmente ou por escrito com prazo inferior a trinta meses.[5]

c) Artigo 47, III: retomada para uso próprio do locador, seu cônjuge ou companheiro e, ainda, de ascendente ou descendente que não disponha de imóvel residencial próprio assim como seu cônjuge.

d) Artigo 47, IV: demolição e edificação licenciada ou realização de obras aprovadas pelo poder público, que aumente pelo menos em 20% a área construída ou 50% de destinada a hotel ou pensão.

e) Artigo 47, II: dissolução do contrato de trabalho do qual decorra a locação.

f) Artigo 59, parágrafo 1º, IV: permanência de pessoas estranhas à relação ex locato, após a morte do locatário, desde que não estejam legitimadas a sucedê-lo.

g) Artigo 78: locações residenciais celebradas anteriormente à vigência da Lei 8.245/1991, vigorando por prazo indeterminado.

Temos, portanto, os fundamentos legais para retirar o locatário do imóvel.

É preciso observar que o inquilino poderá ser despejado com facilidade, ao final do contrato, se houver permissão para a denúncia vazia da locação.

Entrementes, se o caso concreto não permitir a denúncia vazia, imotivada, fica mais difícil o despejo.

Qual a razão desta diferença?

Imaginemos que o caso concreto permita a denúncia vazia, ou seja, imotivada, bastando alegar, na ação de despejo, o término do prazo concedido para a locação.

Isto significa que, ao final do contrato, o locador poderá, por seu advogado, entrar em juízo com uma ação de despejo (jurisdição estatal ou arbitral, se for prevista no contrato), sem dizer os motivos pelos quais quer o imóvel de volta.[6]

Ou seja, não há a menor necessidade de explicar, nesta ação de despejo, as suas razões. Quer, porque quer. Dirá ao juiz apenas e tão somente, que a locação não mais lhe interessa.

Por isso a denúncia do contrato leva o nome de vazia, ou imotivada. É oca, sem motivo.

Por outro lado, suponhamos que o caso não permita que se despeje o inquilino sem que sejam declinados os motivos na competente ação, como veremos. Neste caso, o despejo somente se fará por denúncia cheia ou motivada. A ação de despejo deverá ter um fundamento.

A denúncia vazia é como uma espada, pendurada sobre a cabeça do inquilino. A qualquer momento, após o término do contrato, ele poderá ser despejado.

Esta a grande, a enorme importância da denúncia vazia, para o locador. Com ela, o locatário estará vulnerável ao final do contrato.

Posta assim a questão, apenas as hipóteses dos artigos 7º, 8º, 46, 47, V, 50, 57 e 78, da Lei 8.245/1991, segundo Sylvio Capanema de Souza,[7] são de denúncia imotivada pelo locador, ou seja, não convindo mais ao locador a locação, poderá ele denunciá-la.

A denúncia imotivada, chamada de resilição unilateral do locador, no âmbito da lei *sub examen*, se faz somente quando a lei permitir.

Tais hipóteses, como dissemos, são conhecidas como "denúncia vazia".

---

5   *Súmula 24 do Tribunal de Justiça de São Paulo: A locação verbal presume-se por tempo indeterminado.*

6   É evidente, como vimos, que em alguns casos, para denúncia da locação, como condição de procedibilidade da ação de despejo, mister se faz a notificação.

7   Sylvio Capanema de Souza, *Da ação de despejo*. Rio de Janeiro: Forense, 1994.

Entrementes, a rigor, poder-se-ia criticar o termo "vazia", vez que, de qualquer forma, haverá o fim do contrato autorizando-a.

Diferencia-se da denúncia cheia ou motivada pelo fato de não haver um fim expresso, declarado, que não possa ser desviado, como elemento motivador da denúncia.

Não há, na espécie, falar-se em sinceridade ou necessidade do pedido, sendo irrelevante que o retomante possua um ou mais imóveis, mesmo desocupados, ou que já tenha retomado o mesmo imóvel.

Por isso mesmo, nada obstante a praxe, é mais correto o termo "denúncia condicionada".

3.4. NOTIFICAÇÃO

No âmbito da Lei 8.245/1991, a notificação é exigida em algumas hipóteses de ação de despejo como condição de procedibilidade e em outras hipóteses que serão adiante analisadas.

De fato, sempre resta a dúvida: em quais hipóteses há necessidade de notificação?

Trataremos de dirimir essas dúvidas, explanando analiticamente os casos em que se faz necessária a notificação para denúncia da locação.

Expliquemos, agora, o que vem a ser denúncia.

Antes, mister se faz observar que qualquer contrato pode ser extinto pela vontade das partes.

Se ambas querem pôr fim à avença, teremos o distrato (resilição bilateral).

Todavia, poderá ocorrer que apenas uma das partes deseje a extinção desse pacto, falando-se em extinção unilateral, a que se convencionou denominar "denúncia".

Portanto, denunciar um contrato significa extingui-lo unilateralmente.

Na lição de Francisco Carlos Rocha de Barros, a denúncia *é a declaração unilateral de vontade que põe fim a uma relação jurídica. É receptícia, ou seja, independe de aceitação do denunciado. Basta que chegue ao conhecimento deste para que se considere aperfeiçoada.*[8]

Mesmo com o contrato extinto, em virtude da lei (Lei 8.245/1991, art. 5º), o locatário permanece no imóvel até o termo final do prazo assinado ou da ação de despejo, notificação para desocupação e cumprimento do mandado.

O locatário também poderá denunciar a locação, e a lei o beneficia nesse contexto. Não há, no caso, necessidade de ação judicial para entrega do imóvel.

Se o contrato está em vigor, o locatário pagará a multa estipulada no contrato ou na sua falta aquela que for arbitrada judicialmente, reduzida proporcionalmente ao tempo de utilização do imóvel.

Se o contrato já terminou e vige por tempo indeterminado, o locatário não pagará multa alguma. Bastará notificar o locador (ou seja, denunciar o contrato – art. 6º da Lei 8.245/1991), comunicando que deixará o imóvel em trinta dias.

A denúncia, por escrito, poderá ser efetuada judicial ou extrajudicialmente, esta por qualquer forma inequívoca, desde que haja prova do recebimento (cartório de títulos e documentos, carta etc.), com prazo determinado em lei para a desocupação,[9] contado a partir da ciência do locatário. No caso de citação editalícia, o prazo flui a partir do prazo concedido no edital.

---

[8]   *Comentários à lei do inquilinato*. São Paulo: Saraiva, 1997, p. 161.

[9]   O prazo será de trinta dias, nos casos enumerados nos artigos 46, § 2º, e 57. Será, entretanto, de doze meses no caso do art. 78, e de noventa dias no caso do art. 8º, § 2º.

Bem diferente é o caso da denúncia pelo locador. Não havendo acatamento pelo inquilino do prazo concedido, mesmo que o caso seja de denúncia vazia, é indispensável o ajuizamento da ação de despejo.

Na ação de despejo, quando se faz necessária, a notificação (denúncia) é condição de procedibilidade. Sua ausência nessas hipóteses implicará a extinção do processo sem resolução de mérito:

> *Segundo Tribunal de Alçada Civil de São Paulo. Despejo. Denúncia motivada. Imóvel residencial. Prazo indeterminado. Notificação com prazo de doze meses. Exigência como condição de procedibilidade. Exegese do artigo 78 da Lei 8.245/1991. A regra do artigo 78 da Lei 8.245/1991 é de que a notificação premonitória, em que se concede ao locatário o tempo de doze meses, é requisito da ação de despejo se desatendida a denúncia, independente de haver explicitado o motivo para uso próprio, uso de ascendentes ou descendentes, uma vez que, mesmo motivado o pedido, deve ser aplicada para tal hipótese, a regra da denúncia vazia (EI nº 372.255, 7ª Câm., rel. Juiz Emmanoel França, j. em 11.05.1993. Referências: Humberto Theodoro Júnior, A Lei do Inquilinato, Anotada e Comentada, p. 184. Silvio de Salvo Venosa, Nova Lei do Inquilinato Comentada, pp. 282-283. Carlos Celso Orcesi da Costa, Locação de Imóvel Urbano, pp. 414-415. Carlos Stroppa, Apelação nº 370.246-7).*

Importante ressaltar que a notificação (denúncia) não poderá ser antecipada tampouco conceder prazo inferior ao determinado em lei, pois que, nesses casos, o locador será carecedor da ação.

Também a ação de despejo deve ser proposta somente após o prazo concedido para desocupação, sob pena de carência de ação.[10]

> *Segundo Tribunal de Alçada Civil de São Paulo. Extinção do processo – despejo – denúncia vazia – imóvel não residencial – notificação – ajuizamento prematuro – citação após o decurso – irrelevância – decretação. Distribuída a ação prematuramente em desrespeito ao prazo legal, é de secundária importância a citação do réu após o decurso daquele, porquanto a falta no nascedouro tolhe de pronto a vida da ação (Apel. c/ Rev. nº 308.524, 3ª Câm., rel. Juiz Remolo Palermo, j. em 12.11.1991; in JTA (Lex) 136/384).*

Entendemos correto o posicionamento acima, vez que, de acordo com os artigos 240 e 312 do Código de Processo Civil, a ação considera-se proposta no momento da distribuição, sendo a citação apenas uma condição de validade, ou seja, a ação considera-se proposta na data da distribuição, condicionada à existência de citação válida.

O assunto não é pacífico:

> *Segundo Tribunal de Alçada Civil de São Paulo. Despejo – notificação – ajuizamento no prazo para desocupação – carência da ação – inocorrência, se a citação ocorreu após este prazo. Inocorre carência da ação quando a citação se der somente após o decurso do prazo ofertado para a desocupação voluntária, que, de rigor, não foi atendido pelo réu (Apel. s/ Rev. nº 438.696, 10ª Câm., rel. Juiz Marcos Martins, j. em 08.11.1995, in JTA (Lex) 158/423).*

Também é carecedor de ação aquele que, na notificação, concede prazo dissonante daquele legalmente previsto:

> *Segundo Tribunal de Alçada Civil de São Paulo. Despejo – denúncia vazia – imóvel alienado – notificação – inobservância do prazo estabelecido no artigo 8º da Lei 8.245/1991 – carência. É carecedor da ação de despejo o adquirente de imóvel locado, com contrato vigente por tempo indeterminado, que notifica o locatário à desocupação do imóvel em trinta (30) dias. Recurso Provido (Apel. s/ Rev. nº 473.973, 3ª Câm., rel. Juiz Teixeira de Andrade, j. em 18.02.1997. No mesmo sentido: JTA (Lex) 152/ 509 (em). Apel. s/ Rev. nº 489.210, 3ª Câm., rel. Juiz Milton Sanseverino, j. em 02.09.1997).*

---

[10]   JTASP 118/370; RT 698/129.

Existem decisões em sentido contrário:

Segundo Tribunal de Alçada Civil de São Paulo. *Despejo – denúncia vazia – imóvel alienado – notificação – prazo equivocado – cumprimento dos requisitos do artigo 8º da Lei 8.245/1991 – validade. Ainda que esteja previsto na notificação prazo equivocado de 30 dias para desocupação, torna-se irrelevante a menção feita ao prazo menor, se observado pelo adquirente o prazo determinado no artigo 8º da Lei 8.245/1991, quando do ajuizamento da ação de despejo (Apel. s/ Rev. nº 455.698, 2ª Câm., rel. Juiz Vianna Cotrim, j. em 13.05.1996).*

Por outro lado, a ação de despejo deve ser proposta logo após o prazo concedido na notificação. Caso contrário, perderá a eficácia.[11]

Entretanto, o assunto não está disciplinado na lei, não havendo qualquer norma acerca do prazo para ajuizamento da ação.

Alguns julgados reconhecem que não é carecedor de ação aquele que propõe a ação no prazo de até seis meses da notificação:

Segundo Tribunal de Alçada Civil de São Paulo. *Despejo – notificação – ajuizamento da ação após pequeno lapso temporal – irrelevância – eficácia. A notificação premonitória não perde a eficácia pelo fato de a ação de despejo não ser proposta no prazo do artigo 806 do Código de Processo Civil [atual art. 308] (Apel. s/ Rev. nº 458.330, 5ª Câm., rel. Juiz Adail Moreira, j. em 19.06.1996 (2 meses), in JTA (Lex) 160/323).*

Este entendimento acabou consolidado em São Paulo pela Súmula 23 do Tribunal de Justiça:

Súmula 23: A notificação premonitória não perde a eficácia pelo fato de a ação de despejo não ser proposta no prazo do art. 806 do Código de Processo Civil [atual art. 308].

Neste sentido:

a) 30 dias: Apel. s/ Rev. nº 495.271, 11ª Câm., rel. Juiz Mendes Gomes, j. em 22.09.1997;

b) 3 meses: JTA (Lex) 161/479. Apel. s/ Rev. nº 523.637, 2ª Câm., rel. Juiz Gilberto dos Santos, j. em 30.07.1998;

c) 4 meses: JTA (RT) 130/390. Apel. s/ Rev. nº 433.624, 10ª Câm., rel. Juiz Euclides de Oliveira, j. em 07.06.1995. Apel. s/ Rev. nº 457.368, 8ª Câm., rel. Juiz Ruy Coppola, j. em 07.06.1996;

d) 6 meses: Apel. c/ Rev. nº 421.321, 6ª Câm., rel. Juiz Paulo Hungria, j. em 26.01.1995;

e) sem mencionar o prazo: Apel. s/ Rev. nº 432.375, 2ª Câm., rel. Juiz Norival Oliva, j. em 22.05.1995. Apel. s/ Rev. nº 510.675, 4ª Câm., rel. Juiz Moura Ribeiro, j. em 30.06.1998.

Segundo Tribunal de Alçada Civil de São Paulo. *Despejo – denúncia vazia – notificação – (artigo 57 da Lei 8.245/1991) – ajuizamento após lapso temporal – irrelevância – validade – carência da ação – inocorrência. Após vencido o prazo da notificação, o locador deverá ajuizar a ação de despejo nos seis meses seguintes, e apenas se assim não agir é que se tornará carecedor da ação (Apel. s/ Rev. nº 476.926, 12ª Câm., rel. Juíza Isabela Gama de Magalhães, j. em 22.05.1997).*

Não se tem admitido notificação levada a efeito antes do término do prazo contratual:

Segundo Tribunal de Alçada Civil de São Paulo. *Despejo. Término do contrato. Notificação premonitória. Efetivação na vigência do pacto ajustado. Inadmissibilidade. A notificação promovida pelo senhorio, antes do*

---

[11] *JTACSP* 115/214.

término do prazo contratualmente ajustado, não pode ser havida como oposição à prorrogação da locação. Para ser válida, deve ser manifestada somente após findo o prazo ajustado (Apel. s/ Rev. nº 496.952, 11ª Câm., rel. Juiz Mendes Gomes, j. em 22.09.1997).

Segundo Tribunal de Alçada Civil de São Paulo. *Despejo. Imóvel não residencial. Prazo da denúncia. Previsão contratual. Notificação antecipada. Irregularidade. Carência. Estipulado contratualmente que a ação de despejo só poderá ser ajuizada após o prazo nele estabelecido, forçoso será concluir pela carência da ação proposta antecipadamente nos termos do art. 267, inciso VI, do Código de Processo Civil [atual art. 485, VI], eis que é condição da ação regular notificação premonitória (Apel. c/ Rev. nº 213.196, 4ª Câm., rel. Juiz Accioli Freire, j. em 08.03.1988, in JTA (RT) 109/423).*

3.4.1. Casos em que a notificação se faz necessária para a ação de despejo

Nas ações de despejo, a notificação que denuncia o contrato é necessária em todos os casos em que a locação termina e a ação não é proposta no prazo de até trinta dias, quando assim a Lei 8.245/1991 permite.

Cumpre observar que nas locações residenciais celebradas verbalmente, ou por escrito com prazo inferior a trinta meses, nos termos do art. 47, V, mister se faz a notificação com prazo de 30 dias para desocupação, o que somente será possível após cinco anos ininterruptos de locação, contados do início do contrato (STJ, REsp 1511978, j. 02.03.2021).

A notificação deverá conceder o prazo de 30 dias para desocupação do imóvel, exceto no caso de despejo em virtude da alienação do imóvel durante a locação (90 dias, art. 8º, § 2º) e ação de despejo referente à locação residencial celebrada antes da Lei 8.245/1991, cujo prazo deverá ser de doze meses para desocupação (art. 78).

Resumidamente, exige-se notificação nos seguintes casos:

a) *ação de despejo em virtude da extinção do usufruto ou fideicomisso (art. 7º);*

b) *ação de despejo em virtude da alienação do imóvel durante a locação (art. 8º);*

c) *ação de despejo de imóvel residencial com contrato escrito por prazo superior a 30 meses, por denúncia vazia (art. 46, § 1º), ultrapassados 30 dias do fim do contrato;*

d) *ação de despejo de imóvel residencial com contrato verbal ou escrito com prazo inferior a 30 meses, por denúncia vazia (art. 47, V), passados 5 anos da data de início do contrato;*

e) *ação de despejo na locação não residencial, após 30 dias do fim do contrato (arts. 56 e 57);*

f) *ação de despejo referente à locação residencial anterior à Lei 8.245 de 18 de outubro de 1991, que esteja vigorando por prazo indeterminado, com prazo de 12 meses para desocupação (art. 78).*

Não será necessária a notificação na:

a) *ação de despejo por sublocação, cessão ou empréstimo não consentido (art. 13).*

b) *ação de despejo por extinção da sublocação com pedido liminar (arts. 14, 15, 16 e 59).*

c) *ação de despejo por denúncia cheia (arts. 47, incisos I, II, III,[12] IV, e 9º).*

d) *ação de despejo referente a locação residencial com contrato escrito por prazo superior a 30 meses, por denúncia vazia (art. 46), proposta em até 30 dias do fim do contrato.*

e) *ação de despejo referente a locação não residencial, proposta em até 30 dias do fim do contrato (arts. 55 a 57):*

---

[12] Nessa hipótese há controvérsias, recomendando-se, *ad cautelam*, a notificação com prazo de trinta dias para desocupação.

Segundo Tribunal de Alçada Civil de São Paulo. *Despejo. Notificação. Contrato findo – (artigo 46, da Lei 8.245/1991). Desnecessidade. A propositura (artigo 263 do Código de Processo Civil) [atual art. 312] da ação de despejo por denúncia vazia logo após o termo final do prazo do contrato basta a impedir sua prorrogação por tempo indefinido, desnecessária a notificação premonitória (Apel. s/ Rev. nº 440.625, 4ª Câm., rel. Juiz Rodrigues da Silva, j. em 28.11.1995. No mesmo sentido: JTA (Lex) 159/386, 159/418, 160/323 (em.). Apel. s/ Rev. nº 437.000, 12ª Câm., rel. Juíza Isabela Gama de Magalhães, j. em 29.06.1995; Apel. s/ Rev. nº 434.329, 3ª Câm., rel. Juiz Milton Sanseverino, j. em 28.07.1995. Apel. s/ Rev. nº 451.465, 6ª Câm., rel. Juiz Carlos Stroppa, j. em 30.01.1996. Apel. s/ Rev. nº 454.466, 12ª Câm., rel. Juiz Luis de Carvalho, j. em 30.04.1996).*

Segundo Tribunal de Alçada Civil de São Paulo. *Despejo – denúncia vazia – imóvel residencial – contrato findo – prazo de 30 dias para a propositura da ação independente de notificação – citação efetivada após esse prazo – irrelevância – exegese do artigo 46 da Lei 8.245/1991. Para o despejo previsto no artigo 46 da Lei 8.245/1991 é necessário que o locador, opondo-se à continuação de locação, interponha a ação de despejo dentro de trinta dias contados do termo final da locação, sendo irrelevante que o locatário seja citado antes ou depois desse prazo, ou até que o seja por edital (Apel. s/ Rev. nº 451.434, 6ª Câm., rel. Juiz Carlos Stroppa, j. em 30.01.1996).*

f) ação de despejo referente a locação para temporada (arts. 48 a 50 e 59, § 1º, III).

Questão tormentosa diz respeito ao recebimento dos aluguéis após a denúncia.

Entendemos que o aluguel é a contraprestação pelo uso do imóvel, de tal sorte que o seu recebimento, mesmo depois de denunciada a locação, não representa novação ou renúncia ao direito de ingressar com a ação de despejo:

Tribunal de Alçada Cível do Rio de Janeiro. *Apelação nº 50.251, Reg. 3281, 4ª Câmara, unânime, Juiz: Humberto Manes, 16.09.1986. Retomada por novo adquirente, recebimento de aluguéis. Enquanto não desocupar o imóvel, deve o réu pagar o aluguel, mesmo após previamente notificado e, posteriormente, citado para responder aos termos da ação de despejo. O recebimento dos aluguéis não torna, por si só, ineficaz a denúncia da relação ex locato (...)*

Segundo Tribunal de Alçada Civil de São Paulo. *Consignação em pagamento – fundamento – injusta recusa – adquirente – denúncia da locação – irrelevância – dever de respeitar o contrato até a desocupação – caracterização. Porque o adquirente está sujeito à prorrogação da locação mesmo vencido o prazo contratual e à persistência de suas condições ainda que denunciada, não é justa a recusa em receber o aluguel ofertado pelo locatário na forma e pelo valor consequente ao contrato de locação vigente (Apel. c/ Rev. nº 416.081, 7ª Câm., rel. Juiz Luiz Henrique, j. em 07.03.1995. No mesmo sentido: JTA (Saraiva) 72/229, 75/360, 76/202, JTA (RT) 86/345, 103/389, 112/256. Apel. nº 195.847, 6ª Câm., rel. Juiz Macedo Cerqueira, j. em 07.10.1986. Apel. c/ Rev. nº 297.455, 7ª Câm., rel. Juiz Antonio Marcato, j. em 19.09.1991. Apel. c/ Rev. nº 310.153, 8ª Câm., rel. Juiz Renzo Leonardi, j. em 26.03.1992. Apel. c/ Rev. nº 326.686, 4ª Câm., rel. Juiz Carlos Stroppa, j. em 05.03.1993. Apel. c/ Rev. nº 404.082, 5ª Câm., rel. Juiz Ricardo Dip, j. em 31.05.1994. Apel. c/ Rev. nº 492.983, 9ª Câm., rel. Juiz Francisco Casconi, j. em 10.09.1997).*

Exige-se que a notificação assinada por procurador seja acompanhada de cópia do instrumento de mandato.

Todavia, proposta a ação de despejo, consideram-se ratificados os poderes para a notificação, ainda que tenha sido levada a efeito desacompanhada de cópia da procuração.

Neste sentido a Súmula 22 do Tribunal de Justiça de São Paulo:

Súmula 22: Em casos de notificação premonitória desacompanhada de procuração, consideram-se ratificados os poderes para a prática do ato com a juntada do competente instrumento de mandato ao ensejo da propositura da ação.

Vejamos, pois, alguns modelos de notificação, nos casos enumerados.[13]

---

13 Baseados em Sylvio Capanema de Souza, *Da ação de despejo.* Rio de Janeiro: Forense, 1994.

3.4.1.1. Modelo de notificação para ação de despejo em virtude da extinção do usufruto ou fideicomisso (art. 7º)

Data

Ilmo. Sr.

(...)

Prezado senhor,

Na qualidade de representante legal do locador do imóvel da rua (...), que se encontra locado a V.Sa., para fins residenciais e por prazo indeterminado, não convindo manter a locação, sirvo-me da presente para denunciá-la, na forma do art. 78 da Lei 8.245, de 18 de outubro de 1991.

Terá, assim, V.Sa., o prazo legal de 30 (trinta) dias para a desocupação do referido imóvel, sob pena de, decorrido o prazo, lhe ser proposta a competente ação de despejo, com as demais cominações de estilo.

Atenciosamente,

Notificante (proprietário ou procurador com poderes específicos e instrumento de procuração anexo)

3.4.1.2. Modelo de notificação para ação de despejo em virtude da alienação do imóvel durante a locação (art. 8º)

Data

Ilmo. Sr.

(...)

Prezado senhor,

Na qualidade de nova proprietária do imóvel da rua (...), que se encontra locado a V.Sa., e não convindo manter a locação, sirvo-me da presente para denunciá-la, na forma do artigo 8º da Lei 8.245, de 18 de outubro de 1991.

Terá, assim, V.Sa., o prazo legal de 90 (noventa) dias para a desocupação do referido imóvel, sob pena de, decorrido o prazo, lhe ser proposta a competente ação de despejo, com as demais cominações de estilo.

Atenciosamente,

Notificante (locador ou procurador com poderes específicos e instrumento de procuração anexo)

3.4.1.3. Modelo de notificação para ação de despejo de imóvel residencial com contrato escrito por prazo superior a 30 meses, por denúncia vazia (art. 46, § 1º), ultrapassados 30 dias do fim do contrato

Data

Ilmo. Sr.

(...)

Prezado senhor,

Na qualidade de locador do imóvel da rua (...), que se encontra locado a V. Sa. mediante contrato escrito celebrado pelo prazo de 30 (trinta) meses, e que já se expirou, estando agora vigorando por prazo indeterminado, e não convindo manter a locação, sirvo-me da presente para denunciá-la, com fundamento no artigo 46, § 2º, da Lei 8.245, de 18 de outubro de 1991.

Terá, assim, V. Sa., o prazo legal de 30 (trinta) dias para a desocupação do referido imóvel, sob pena de, decorrido o prazo, lhe ser proposta a competente ação de despejo, com as demais cominações de estilo.

Atenciosamente,

Notificante (locador ou procurador com poderes específicos e instrumento de procuração anexo)

3.4.1.4. *Modelo de notificação para ação de despejo de imóvel residencial com contrato verbal ou escrito com prazo inferior a 30 meses, por denúncia vazia (art. 47, V), passados 5 anos da data de início do contrato*

Data

Ilmo. Sr.

(...)

Prezado senhor,

Na qualidade de locador do imóvel da rua (...), que se encontra locado a V.Sa. mediante contrato escrito celebrado por prazo inferior a 30 (trinta) meses, e que vigora por prazo indeterminado, durante mais de cinco anos, e não convindo manter a locação, sirvo-me da presente para denunciá-la, com fundamento no artigo 47, V, da Lei 8.245, de 18 de outubro de 1991.

Terá, assim, V.Sa., o prazo legal de 30 (trinta) dias para a desocupação do referido imóvel, sob pena de, decorrido o prazo, lhe ser proposta a competente ação de despejo, com as demais cominações de estilo.

Atenciosamente,

Notificante (locador ou procurador com poderes específicos e instrumento de procuração anexo)

3.4.1.5. *Modelo de notificação para ação de despejo na locação não residencial, após 30 dias do fim do contrato (arts. 56 e 57)*

Data

Ilmo. Sr.

(...)

Prezado senhor,

Na qualidade de locador do imóvel da rua (...), que se encontra locado a V.Sas. mediante contrato escrito pelo prazo de dois anos, e que já se expirou, estando agora vigorando por prazo indeterminado, e não convindo manter a locação, sirvo-me da presente para denunciá-la, com fundamento no artigo 57, da Lei 8.245, de 18 de outubro de 1991.

Terão, assim, V.Sas., o prazo legal de 30 (trinta) dias para a desocupação do referido imóvel, sob pena de, decorrido o prazo, lhes ser proposta a competente ação de despejo, com as demais cominações de estilo.

Atenciosamente,

Notificante (locador ou procurador com poderes específicos e instrumento de procuração anexo)

3.4.1.6. *Modelo de notificação para ação de despejo referente à locação anterior à Lei 8.245, de 18 de outubro de 1991, que esteja vigorando por prazo indeterminado, com prazo de 12 meses para desocupação (art. 78)*

Data

Ilmo. Sr.

(...)

Prezado Senhor,

Na qualidade de representante legal do locador do imóvel da Rua da Bica, 349, que se encontra locado a V.Sa., para fins residenciais e por prazo indeterminado, não convindo manter a locação, sirvo-me da presente para denunciá-la, na forma do art. 78 da Lei 8.245, de 18 de outubro de 1991.

Terá, assim, V.Sa., o prazo legal de 12 (doze) meses, a contar do recebimento desta, para a desocupação voluntária do imóvel, sob pena de, não o fazendo, lhe ser proposta a competente ação de despejo, com as cominações de estilo.

Atenciosamente,

Notificante (locador ou procurador com poderes específicos e instrumento de procuração anexo)

3.4.1.7. **Modelo de notificação para possibilitar sublocação, cessão ou empréstimo não consentido (art. 13, § 2º)**

Observação: esta notificação só terá utilidade se o contrato for verbal ou, se escrito, não contiver vedação à sublocação, empréstimo ou cessão.

Havendo essa vedação, o consentimento poderá ser posterior, novando o contrato de locação.

Convém notar, outrossim, que a notificação cujo modelo abaixo se sugere é consultiva e não serve para comunicar a sublocação, empréstimo ou cessão que, nestes termos, configurará infração legal e despejo.

Data

Ilmo. Sr.

(...)

Prezado senhor,

Na qualidade de locatário do imóvel da rua (...), que foi locado por V.Sa. mediante contrato escrito, no qual não consta qualquer vedação ao empréstimo, cessão ou sublocação, nos termos do art. 13, § 2º, da Lei 8.245/1991, sirvo-me do presente para notificar Vossa Senhoria de minha intenção de sublocar (emprestar ou ceder) o imóvel locado a (...), brasileiro, casado, empresário, que atualmente está domiciliado na Rua (...), nesta Capital

Terá, assim, V.Sa., o prazo legal de 30 (trinta) dias para manifestar sua oposição sob pena de autorização tácita da referida sublocação.

Atenciosamente,

Notificante (locador ou procurador com poderes específicos e instrumento de procuração anexo)

3.4.1.8. **Modelo de notificação do locatário, ao locador, denunciando o contrato**

Data

Ilmo. Sr.

(...)

Prezado senhor,

Na qualidade de locatário do imóvel da rua (...), que se encontra locado por V.Sa., mediante contrato escrito, celebrado por prazo de 30 (trinta) meses, que vigora por prazo indeterminado, não convindo manter a locação, sirvo-me da presente para denunciá-la, com fundamento no artigo 6º, da Lei 8.245, de 18 de outubro de 1991.

Sendo assim, as chaves serão devolvidas a V. S.ª, no prazo legal de 30 (trinta) dias a partir de sua ciência, ficando o imóvel, desde já, à sua disposição para as vistorias que se fizerem necessárias.

Atenciosamente,

Notificante (locatário ou procurador com poderes específicos e instrumento de procuração anexo)

Data

Ilmo. Sr.

(...)

Prezado senhor,

Na qualidade de locatário do imóvel da rua (...), que se encontra locado por V. S.ª, mediante contrato escrito, celebrado por prazo de 30 (trinta) meses, e que vigora por prazo indeterminado, tendo em vista a transferência, por meu empregador, para prestar serviços na cidade de Curitiba (documento anexo), sirvo-me da presente para denunciá-la, com fundamento no parágrafo único do artigo 4º da Lei 8.245, de 18 de outubro de 1991.

Sendo assim, as chaves serão devolvidas a V. S.ª, no prazo legal de 30 (trinta) dias a partir de sua ciência, ficando o imóvel, desde já, à sua disposição para as vistorias que se fizerem necessárias.

Atenciosamente,

Notificante (locatário ou procurador com poderes específicos e instrumento de procuração anexo).

3.5. LEGITIMIDADE ATIVA E PASSIVA

Ordinariamente, são partes legítimas nas ações de despejo: o locador (legitimado ativo) e o locatário (legitimado passivo), mesmo que sub-rogatário, como no caso do art. 12 da Lei 8.245/1991, partes no contrato de locação.

Entretanto, a Lei 8.245/1991 traz outras pessoas que, nada obstante, não participem do contrato de locação, também são legitimados (ativa ou passivamente) para a ação de despejo.

Passamos a enumerar essas hipóteses:

a) *Ação de despejo em virtude da extinção do usufruto ou fideicomisso (art. 7º): nesse caso, o proprietário – anterior nu-proprietário – ou fideicomissário[14] (em virtude da resolução da propriedade do fiduciário) que não anuíram na locação, serão legitimados para a propositura da ação de despejo.*

b) *Ação de despejo em virtude da alienação do imóvel durante a locação (art. 8º): nessa eventualidade, o adquirente será legitimado ativo.*

c) *Ação de despejo por extinção da sublocação com pedido liminar (arts. 14, 15, 16 e 59, § 1º, V): extinta a locação, também estará extinta a sublocação. Nesse caso, se o sublocatário for legítimo (consentido), mesmo sem ser parte no contrato de locação, será legitimado passivamente para a ação de despejo.[15]*

d) *Ação de despejo em virtude da permanência de pessoas não autorizadas após a morte do locatário (arts. 11, I, e 59, § 1º, IV): para essa hipótese, legitimado passivo será aquele que permanecer indevidamente no imóvel, sem estar circunscrito na enumeração do art. 11, I (para locações residenciais).*

e) *Ação de despejo em virtude de contrato de locação sem vênia conjugal por prazo superior a dez anos (art. 3º): aqui, o cônjuge, que não anuiu, estará legitimado à propositura da ação de despejo desde que ultrapassado o prazo de dez anos.*

3.5.1. Menor pode locar? Nesse caso, quem ingressa com a ação de despejo? O despejo em face de pessoa menor

O civilmente menor pode locar, ser locatário e propor ação de despejo, desde que seja representado ou assistido (Código Civil, arts. 3º, 4º, 1.634 e 1.747; Código de Processo Civil, art. 71).

Nesse caso, na ação de despejo, mister se faz a manifestação do Ministério Público, nos termos dos arts. 178, II e 179, do Código de Processo Civil.

Mesmo sem assistência, o relativamente capaz (entre dezesseis e dezoito anos – Código Civil, art. 4º, I) poderá ser legitimado quando presentes as hipóteses do art. 180 do Código Civil, ou seja, se, inquirido pelo locador, dolosamente declarar-se capaz ou ocultar sua idade.[16]

---

14 O fideicomisso (Código Civil, art. 1.951), nada mais é que *uma disposição complexa por meio da qual o testador institui alguém, por certo tempo ou condição, ou até sua morte, seu herdeiro ou legatário, o qual recebe bens em propriedade resolúvel, denominado fiduciário, para que, com o implemento da condição, advento do termo ou de sua morte, passe os bens a um outro nomeado, o fideicomissário* (Silvio de Salvo Venosa, *Direito das sucessões*. São Paulo: Atlas, 1991, p. 174).

15 Francisco Carlos Rocha de Barros, *Comentários à lei do inquilinato*. São Paulo: Saraiva, 1997, p. 384.

16 *Segundo Tribunal de Alçada Civil de São Paulo. Execução – aluguéis e encargos – contrato assinado por menor, com 18 (dezoito) anos – emancipação declarada (artigo 155 do Código Civil) [atual art. 180] – cumprimento da obrigação – admissibilidade. O menor, com 18 (dezoito) anos, não pode se eximir*

Melhor será, nos termos do art. 1.689, do Código Civil, que a locação seja levada a efeito pelos pais na qualidade de locatários, usufrutuários que são dos bens dos filhos menores, o que evitará a participação do Ministério Público.[17]

3.5.2. Prova de propriedade nas ações de despejo (arts. 47, § 2º, e 60)

Não se exige, para que se figure no polo ativo da locação, que o locador seja proprietário ou compromissário comprador:

> **Tribunal de Justiça de São Paulo.** *Extinto 2º. TAC, Ap. s/ Rev 616.771-00/9 – 10ª. Câm. – Rel. Juiz Marcos Martins – J. 30.7.2001.– Despejo – Prova de propriedade – Desnecessidade. O autor da ação de despejo não precisa ser necessariamente proprietário do imóvel locado, porque a locação é relação de direito pessoal, e a Lei do Inquilinato regula as hipóteses excepcionais em que tal exigência se faz presente (artigo 47, § 2º, e artigo 60, da Lei 8.245/1991).*

> **Tribunal de Justiça de São Paulo.** *Apelação – Locação de imóveis – Ação de despejo c/c cobrança – Ação de despejo por falta de pagamento – Ilegitimidade ativa – Alegação de nulidade na venda do imóvel, a ensejar a ausência de comprovação da titularidade do imóvel – Irrelevância – Hipótese que não se exige a condição de proprietário – Inadimplência comprovada – Provas que indicam a existência de contrato verbal – Prova da quitação que deveria se realizar mediante apresentação dos recibos de quitação – Ônus do qual não se desincumbira o locatário – Sentença Mantida – Recurso improvido (Apelação 1001883-96.2015.8.26.0047; Relator: Azuma Nishi; Comarca: Assis; 25ª Câmara de Direito Privado; j. 19.05.2016; Data de registro: 24.05.2016).*

De fato, a locação nada mais é que a cessão temporária do uso e gozo de bem infungível, mediante o pagamento de aluguéis.

Portanto, basta ser possuidor para estar legitimado a ceder o imóvel em locação, como ocorre com o usufrutuário, o fideicomissário, entre outros.

Nesse sentido:

> **Superior Tribunal de Justiça.** *Recurso especial. Locação. Natureza jurídica. Direito pessoal. Ação de despejo por prática de infração legal ou contratual e por inadimplemento de aluguéis. Legitimidade ativa. Prova da propriedade. Desnecessidade. Doutrina. 1. Tendo em vista a natureza pessoal da relação de locação, o sujeito ativo da ação de despejo identifica-se com o locador, assim definido no respectivo contrato de locação, podendo ou não coincidir com a figura do proprietário. 2. A Lei 8.245/1991 (Lei de Locações) especifica as hipóteses nas quais é exigida a prova da propriedade para a propositura da ação de despejo. Nos demais casos, é desnecessária a condição de proprietário para o seu ajuizamento. 3. Recurso especial conhecido e não provido (REsp 1196824/AL, Rel. Ministro Ricardo Villas Bôas Cueva, Terceira Turma, j. 19.02.2013, DJe 26.02.2013).*

Nos termos da ementa *supra*, em algumas hipóteses determinadas na Lei 8.245/1991, a ação de despejo somente pode ser exercida pelo proprietário ou compromissário comprador.

Vejamos em que hipóteses isso ocorre:

a) *Nas ações de despejo em face de hospitais, unidades sanitárias oficiais, asilos, estabelecimentos de saúde e de ensino autorizados, bem como entidades religiosas registradas, no caso de pedido de retomada para demolição, edificação licenciada ou reforma que resulte em acréscimo de cinquenta por cento de área útil.*

---

das obrigações locatícias se, ao assinar o contrato, se declarou emancipado (artigo 155 do Código Civil) (Apel. c/ Rev. nº 522.479, 2ª Câm., rel. Juiz Norival Oliva, j. em 28.08.1998).

[17] Art. 1.689. O pai e a mãe, enquanto no exercício do poder familiar:
I – são usufrutuários dos bens dos filhos;
II – têm a administração dos bens dos filhos menores sob sua autoridade.

b) *Nas locações residenciais, celebradas por escrito, com prazo inferior a trinta meses ou, ainda, nessas locações celebradas verbalmente, se o fundamento da retomada (denúncia cheia) for:*

b.1) *uso próprio, do cônjuge ou companheiro, ou para uso residencial de ascendente ou descendente (art. 47, III);*

b.2) *demolição e edificação ou realização de obras que aumentem a área construída em vinte por cento e, ainda, se houver destinação para hotel ou pensão, caso em que o aumento da área construída deverá ser de, no mínimo, cinquenta por cento (art. 47, IV).*

c) *Para realização de obras urgentes, determinadas pelo Poder Público, que não possam ser realizadas com a permanência do locatário.*[18]

Essa prova é feita mediante cópia atualizada da matrícula do imóvel. Outro documento poderá ser impugnado, restando ao autor da ação a necessidade de provar por esse meio definitivo.

A situação do compromissário comprador exige, também, a apresentação da certidão da matrícula onde conste o compromisso registrado.

Muito se tem discutido acerca da necessidade desse registro, tanto da escritura quanto do compromisso.

Abaixo, decisão abrangente não exige o registro, mesmo no caso de compromisso:

Segundo Tribunal de Alçada Civil de São Paulo. *Despejo – uso próprio – legitimidade – promitente comprador – compromisso anterior à locação – título não registrado – desnecessidade – reconhecimento. Desnecessário a prova de compromisso registrado para legitimar o locador à propositura de retomada para uso próprio, se anterior, o compromisso, à celebração da locação que se pretende rescindir (Apel. c/ Rev. nº 307.176, 6ª Câm., rel. Juiz Francisco Barros, j. em 23.10.1991).*

Um pouco mais rigorosa, a decisão abaixo não exigiu o registro apenas da escritura pública:

Segundo Tribunal de Alçada Civil de São Paulo. *Despejo – uso próprio (art. 52, X da Lei 6.649/1979) – prova de propriedade – título registrado no Registro de Imóveis. Desnecessidade. A exigência de título registrado, representando um requisito a mais, no sentido de equiparar os promitentes, comprador e cessionário, ao proprietário do imóvel, tanto quanto os outros requisitos, refere-se às hipóteses de promessa de compra e venda e de cessão (Apel. c/ Rev. nº 240.374, 8ª Câm., rel. Juiz Erix Ferreira (aux.), j. em 29.06.1989, in JTA (RT) 118/300. Referência: José da Silva Pacheco, Comentários à Nova Lei do Inquilinato, Ed. de 1980, nº 498, p. 260. Em sentido contrário: JTA (Lex) 133/296, JTA (RT) 111/357, 114/230. Apel. c/ Rev. nº 304.558, 8ª Câm., rel. Juiz Narciso Orlandi, j. em 15.10.1991; Apel. c/ Rev. nº 323.934, 3ª Câm., rel. Juiz João Saletti, j. em 26.05.1992; Apel. c/ Rev. nº 360.371, 4ª Câm., rel. Juiz Amaral Vieira, j. em 1º.12.1992).*

---

[18] *Não deixa de ser irônica essa situação: o prédio está pondo em risco a vida dos seus ocupantes. O Poder Público determinou obras urgentes que não podem ser executadas com a permanência do locatário, mas o locador, porque ainda não teve regularizado seu título, não pode mover a ação de despejo. Diante desse desafio o juiz deverá buscar solução inteligente para contornar a exigência da lei. Aliás, é de se estranhar que para esse tipo de ação a lei não tenha permitido a concessão de liminar para desocupação (art. 59, § 1º). (Francisco Carlos Rocha de Barros, Comentários à lei do inquilinato. São Paulo: Saraiva, 1997, p. 30). No mesmo sentido, Sylvio Capanema de Souza: Seria o caso de perguntar: não sendo o locador proprietário, nem estando seu compromisso de compra e venda registrado, deixariam as obras de ser urgentes e necessárias, e, o que é pior, seria conveniente colocar em risco a saúde e a segurança dos ocupantes e terceiros? (Da ação de despejo. Rio de Janeiro: Forense, 1994, p. 216). Nesses casos, portanto, mister se faz admitir a ação, mesmo sem a prova exigida pelo art. 60.*

Interpretação ainda mais rigorosa emana das ementas abaixo, que se referem a acórdãos que inadmitem a ausência de registro:

Ação de despejo para uso próprio. Alienação do imóvel locado. Denúncia da locação pelos adquirentes. Ausência de registro do compromisso de compra e venda. Inobservância dos requisitos do art. 8º da Lei 8.245/91. Carência da ação. Extinção do processo sem resolução do mérito. Sentença mantida. Apelo desprovido (TJSP, Apelação Cível 0016123-88.2009.8.26.0477, Rel. Mendes Gomes, 35ª Câmara de Direito Privado, j. 17.12.2012).[19]

Segundo Tribunal de Alçada Civil de São Paulo. *Despejo – uso próprio – imóvel alienado – contrato – registro no cartório imobiliário – necessidade – exegese do artigo 8º, § 1º, da Lei 8.245/1991. O adquirente por compromisso de venda e compra poderá exercer o direito de retomada para uso próprio, quando tiver promovido o registro do instrumento no registro imobiliário (artigo 8º, § 1º, da Lei 8.245/1991) (Apel. s/ Rev. nº 435.497, 4ª Câm., rel. Juiz Carlos Stroppa, j. em 13.07.1995).*

Não se pode esquecer a regra do art. 321 do Código de Processo Civil, que determina ao juiz que conceda a oportunidade de regularização em quinze dias, sob pena de indeferimento da inicial, caso seja verificada a ausência de documento indispensável.

3.6. LIMINARES

Dispõe o art. 59 da Lei 8.245/1991:

Art. 59. Com as modificações constantes deste Capítulo, as ações de despejo terão o rito ordinário.

§ 1º Conceder-se-á liminar para desocupação em 15 (quinze) dias, independentemente da audiência da parte contrária e desde que prestada a caução no valor equivalente a três meses de aluguel, nas ações que tiverem por fundamento exclusivo:

I – o descumprimento do mútuo acordo (art. 9º, inciso I), celebrado por escrito e assinado pelas partes e por duas testemunhas, no qual tenha sido ajustado o prazo mínimo de 6 (seis) meses para desocupação, contado da assinatura do instrumento;

II – o disposto no inciso II do art. 47, havendo prova escrita da rescisão do contrato de trabalho ou sendo ela demonstrada em audiência prévia;

III – o término do prazo da locação para temporada, tendo sido proposta a ação de despejo em até 30 (trinta) dias após o vencimento do contrato;

IV – a morte do locatário sem deixar sucessor legítimo na locação, de acordo com o referido no inciso I do art. 11, permanecendo no imóvel pessoas não autorizadas por lei;

V – a permanência do sublocatário no imóvel, extinta a locação, celebrada com o locatário;

VI – o disposto no inciso IV do art. 9.º, havendo a necessidade de se produzir reparações urgentes no imóvel, determinadas pelo poder público, que não possam ser normalmente executadas com a permanência do locatário, ou, podendo, ele se recuse a consenti-las;

---

[19] Nesse sentido: ***Segundo Tribunal de Alçada Civil de São Paulo.*** *Despejo – uso de descendente – imóvel residencial próprio – alienação – título registrado – inexistência – requisito legal não preenchido – inadmissibilidade. A alienação do imóvel do beneficiário, sem registro do compromisso no Cartório de Registro de Imóveis, ou mesmo escritura pública de compra e venda lavrada no curso da ação de despejo, não gera efeito erga omnes a autorizar dar-se por preenchido o requisito da disponibilidade do bem (Apel. 201.405, 2ª Câm., Rel. Juiz Acayaba de Toledo, j. 04.02.1987, in JTA (RT) 107/408.* Referências: Lauria Tucci e Villaça Azevedo, Tratado de locação predial urbana, v. 2, p. 656; José da Silva Pacheco, Comentários à nova Lei do Inquilinato, p. 262. No mesmo sentido: Apel. c/ Rev. 229.409, 7ª Câm., Rel. Juiz Boris Kauffmann, j. 08.11.1988).

VII – o término do prazo notificatório previsto no parágrafo único do art. 40, sem apresentação de nova garantia apta a manter a segurança inaugural do contrato;

VIII – o término do prazo da locação não residencial, tendo sido proposta a ação em até 30 (trinta) dias do termo ou do cumprimento de notificação comunicando o intento de retomada;

IX – a falta de pagamento de aluguel e acessórios da locação no vencimento, estando o contrato desprovido de qualquer das garantias previstas no art. 37, por não ter sido contratada ou em caso de extinção ou pedido de exoneração dela, independentemente de motivo.

§ 2º Qualquer que seja o fundamento da ação dar-se-á ciência do pedido aos sublocatários, que poderão intervir no processo como assistentes.

§ 3º No caso do inciso IX do § 1.º deste artigo, poderá o locatário evitar a rescisão da locação e elidir a liminar de desocupação se, dentro dos 15 (quinze) dias concedidos para a desocupação do imóvel e independentemente de cálculo, efetuar depósito judicial que contemple a totalidade dos valores devidos, na forma prevista no inciso II do art. 62.

Vale aqui, lembrar a regra do art. 5º da Lei 8.245/1991, determinando que, seja qual for o fundamento do término da locação, a ação do locador para reaver o imóvel é a de despejo.

Portanto, mesmo em algumas hipóteses em que, aparentemente, caberia reintegração de posse, mormente que não há relação jurídica de direito material entre as partes, por expressa disposição legal, cabe a ação de despejo.[20]

Assim, a lei optou por solução intermediária, mantendo a tradição da ação de despejo para o término da locação, mas adotando a possibilidade de liminar em algumas hipóteses.

Concedida a liminar nas hipóteses legais, mister se faz, nos termos do § 1º do art. 59, caução de três aluigueres.

Essa caução, segundo Francisco Carlos Rocha de Barros, deve ser real, não fidejussória, o que afirma interpretando o § 1º do art. 64, que não se referiu às liminares, e § 2º do mesmo artigo, que manda reverter a caução em proveito do réu no caso de reforma da decisão.[21]

Tenha-se presente que esse valor representa uma indenização mínima, podendo o réu provar prejuízo maior e reclamá-lo em ação de indenização.

Entende-se, também, com fundamento no texto legal, que não se concederá liminar se a pretensão, mesmo calcada numa das hipóteses do art. 59, vier cumulada com outro pedido.[22]

A liminar será concedida com prazo de quinze dias para desocupação, contados da intimação (impropriamente denominada notificação) a que alude o art. 65.

Seja como for, o art. 59 da Lei 8.245/1991 trata das hipóteses de concessão de liminar em ação de despejo.

Muito se discute acerca da possibilidade de concessão de antecipação de tutela (tutela provisória de urgência de natureza antecipada) no caso de despejo, havendo celeuma jurisprudencial sobre o cabimento e julgados que não a admitem em razão da circunscrição das hipóteses na legislação especial (Lei 8.245/1991).

Neste sentido:

Tribunal de Justiça de São Paulo. *Agln 1259521000, São Paulo, 35.ª Câm. Dir. Priv., j. 15.06.2009, rel. Des. José Malerbi, registro 14.07.2009: Despejo. Tutela antecipada. A antecipação do despejo somente é admissível nas hipóteses taxativamente previstas no art. 59 da Lei de Locações. Necessidade do contraditório, ante a alegação de afetação de imagem comercial pela sublocação de área para permanecer máquina de serviços*

---

[20] Essas hipóteses são: a) morte do locatário sem deixar sucessores; b) resilição bilateral do contrato; e, c) permanência de sublocatário após finda a locação.

[21] Francisco Carlos Rocha de Barros, *Comentários à lei do inquilinato.* São Paulo: Saraiva, 1997, p. 379.

[22] Em sentido contrário: Sylvio Capanema de Souza, *Da ação de despejo.* Rio de Janeiro: Forense, 1994, p. 122.

de locação de filmes aos clientes da sublocadora. Ausência de comprovação de dano irreparável ou de difícil reparação. Agravo improvido.[23]

A orientação não é nova pelo que se verifica do Enunciado 31 do extinto Segundo Tribunal de Alçada Civil de São Paulo, que dispõe: "É incabível nas ações de despejo a antecipação da tutela de que trata o art. 273 do Código de Processo Civil [atuais arts. 294 e 300], em sua nova redação".

Não de forma diferente a doutrina, sendo relevante mencionar a seguinte, de Silvio de Salvo Venosa: *Como o art. 59 em testilha, porém, é específico e restritivo quanto a determinadas ações de despejo de forma exclusiva, deve prosperar o entendimento segundo o qual apenas nessas hipóteses do parágrafo primeiro é liminar de desocupação, que se traduz em antecipação de tutela. Ainda mais porque nessas hipóteses o legislador inquilinário estabeleceu a caução expressamente no valor equivalente a três meses de alugueres. Segue-se o princípio pelo qual a norma especial derroga a geral. Leva-se em conta, também, o microssistema que representa a lei inquilinária no nosso ordenamento.*[24]

Conquanto não entenda eu possível, tendo em vista que as hipóteses de tutela provisória estão enumeradas no art. 59 da Lei do Inquilinato, incidindo na espécie o princípio da especialidade, eis um julgado que cogitou da hipótese, com supedâneo, inclusive, em precedentes do STJ:

Tribunal de Justiça de São Paulo. *Locação residencial. Ação de despejo cumulada com cobrança. Tutela antecipada. Hipótese não expressamente enquadrada na lei específica. Possibilidade de deferimento com base no artigo 300 do Código de Processo Civil. Ausência, porém, de fundamento para a sua concessão inaudita altera pars, com a ressalva da possibilidade de o exame ocorrer mais adiante. Recurso improvido, com observação. 1. A situação trazida a exame não se enquadra no elenco do artigo 59, § 1º, da Lei 8.245/1991, o que impossibilita o deferimento da medida antecipatória liminarmente. 2. Embora seja também admissível a concessão de tutela antecipada com base no artigo 300 do Código de Processo Civil, para tanto, evidentemente, devem ser atendidos os requisitos específicos, o que não ocorre na hipótese, ao menos neste momento. A situação de perigo exposta não é suficiente para gerar o deferimento inaudita altera pars, ficando desde logo ressalvada a possibilidade de novo exame após a obediência ao contraditório e colheita de outros elementos de convicção. (Agravo de Instrumento 2110631-21.2016.8.26.0000 – Rel. Antonio Rigolin; Comarca: Praia Grande; 31º Câmara de Direito Privado; j. 21.06.2016; Data de registro: 21.06.2016).*

Superior Tribunal de Justiça. *1. O rol previsto no art. 59, § 1º, da Lei 8.245/1994, não é taxativo, podendo o magistrado acionar o disposto no art. 273 do CPC [atuais arts. 294 e 300] para a concessão da antecipação de tutela em ação de despejo, desde que preenchidos os requisitos para a medida. 2. Ainda que se verifique a evidência do direito do autor, para a concessão da tutela antecipada com base no inciso I do art. 273 do CPC [atuais arts. 294 e 300] não se dispensa a comprovação da urgência da medida, tudo devidamente fundamentado pela decisão concessiva, nos termos do § 1º do mencionado dispositivo. A ausência de fundamentação acerca de todas as exigências legais conduz à nulidade da decisão (REsp 1207161/AL, 4ª T., Rel. Min. Luis Felipe Salomão, DJe 18.02.2011).*

---

23   Em sentido contrário:
     TJSP. *Agravo de Instrumento 990092304674 – Rel. Clóvis Castelo – Comarca: Sorocaba – 35ª Câmara de Direito Privado – j. 26.10.2009 – Data de registro: 16.11.2009. Tutela antecipada. Despejo por falta de pagamento c.c. Cobrança. Locação de imóveis – mora confessada – inexistência de pedido de purga da mora – caráter procrastinatório da defesa – risco de ampliação do dano patrimonial. Antecipação dos efeitos da decisão final – admissibilidade. Recurso desprovido. O inadimplemento confessado, a falta de qualquer reclamo durante a relação locatícia quanto às condições de habitabilidade do imóvel, associada à existência de cláusula contratual afirmando que o bem fora entregue com pintura nova e em perfeitas condições de uso, configuram provas inequívocas dos fatos constitutivos do direito alegado pelo autor, e evidenciam o caráter procrastinatório da defesa. O longo lapso temporal da mora confere urgência à tutela pleiteada, já que a continuidade da relação locatícia, no caso, só fará implementar o dano patrimonial experimentado pelo locador (CPC, art. 273, I e II) [atuais arts. 294 e 300].*

24   Sílvio de Salvo Venosa. *Lei do Inquilinato comentada – Doutrina e prática,* p. 280.

Superior Tribunal de Justiça. A jurisprudência do Superior Tribunal de Justiça, em consonância com abalizada doutrina, tem se posicionado no sentido de que, presentes os pressupostos legais do art. 273 do CPC [atuais arts. 294 e 300], é possível a concessão de tutela antecipada mesmo nas ações de despejo cuja causa de pedir não estejam elencadas no art. 59, § 1º, da Lei 8.245/1991 (REsp 702205/SP, 5ª T., Rel. Min. Arnaldo Esteves Lima, DJ 09.10.2006, p. 346).

Ainda assim, mantenho minha convicção, notadamente em razão de vislumbrar, no art. 59, § 1º, da Lei 8.245/1991, hipóteses específicas de tutelas de urgência e de evidência a afastar a regra geral, nos termos do § 2º do art. 1.046 do CPC.

A Lei 12.112/2009, em consonância com o acatado, acrescentou hipóteses de liminar nas ações de despejo.

Como não se devem admitir tutelas de urgência e de evidência gerais do CPC nessas ações, a alteração pode ser considerada importante na medida em que representa novas hipóteses de desocupação célere do imóvel locado.

Sendo assim, analisemos cada uma das novéis hipóteses de liminar.

3.6.1. Ação de despejo com fundamento na necessidade de se produzir reparações urgentes no imóvel, determinadas pelo Poder Público, que não possam ser normalmente executadas com a permanência do locatário, ou, podendo, ele se recuse a consenti-las

Evidentemente que se trata de hipótese em que a demora implica risco para o próprio locatário.

Assim, inexplicável a anterior omissão quanto à possibilidade de liminar para desocupação em quinze dias na redação original do art. 59.

Portanto, corrigida a falha, a ação de despejo pode ser promovida em razão da necessidade de reparações urgentes no imóvel locado, determinadas pelo Poder Público, sem que possam ser realizadas na presença do locatário, com a concessão de liminar para desocupação em quinze dias.

Sendo a reparação urgente e colocando em risco a integridade dos que habitam o imóvel, não se descarta a possibilidade de concessão de liminar ainda que não haja determinação do Poder Público.[25]

Em ambos os casos, entendemos que caberá ação autônoma do locatário para haver perdas e danos em razão de o locador ter descumprido obrigação legal de entregar o imóvel em condições de uso (art. 22, I), salvo se houver pacto expresso, em prestígio à boa-fé (Código Civil, arts. 113 e 422), com aceitação das condições do imóvel pelo locatário.

3.6.2. Ação de despejo pelo término do prazo notificatório previsto no parágrafo único do art. 40, sem apresentação de nova garantia apta a manter a segurança inaugural do contrato

Em todos os casos enumerados no art. 40 da Lei 8.245/1991, não subsiste a garantia originariamente concedida. São eles: I – morte do fiador; II – ausência, interdição, recuperação judicial, falência ou insolvência do fiador, declaradas judicialmente; III – alienação ou gravação de todos os bens imóveis do fiador ou sua mudança de residência sem comunicação ao locador; IV – exoneração do fiador; V – prorrogação da locação por prazo indeterminado, sendo a fiança ajustada por prazo certo; VI – desaparecimento dos bens móveis; VII – desapropriação ou alienação do imóvel; VIII – exoneração de garantia

---

[25] Nesse sentido: Francisco Carlos Rocha de Barros, ob. cit., p. 62.

constituída por quotas de fundo de investimento; IX – liquidação ou encerramento do fundo de investimento de que trata o inciso IV do art. 37; X – prorrogação da locação por prazo indeterminado, uma vez notificado o locador pelo fiador de sua intenção de desoneração, ficando obrigado por todos os efeitos da fiança, durante 120 (cento e vinte) dias após a notificação ao locador.

Lembre-se o que tratamos no capítulo II deste livro VII que é possível ao fiador, ao final do prazo contratado, exonerar-se mediante simples notificação dessa intenção ao locador, a partir do que fica responsável por mais cento e vinte dias, restando automaticamente exonerado depois disso ou até antes, se novo fiador for apresentado pelo locatário previamente ao termo final de cento e vinte dias.

Igualmente a novel possibilidade de exoneração decorrente de sub-rogação legal (arts. 11 e 12) com notificação comunicando a responsabilidade pelo prazo legal de 120 dias enviada pelo fiador ao locador no prazo de 30 dias do recebimento da notificação da sub-rogação (esta encaminhada pelo sub-rogado ao fiador e ao locador).

Seja como for, em todos esses casos de insubsistência da garantia, nos termos do parágrafo único do art. 40, o locador poderá notificar o locatário para apresentar nova garantia locatícia no prazo de trinta dias, sob pena de desfazimento da locação e ação de despejo.

E esta ação de despejo, agora, conta com a possibilidade de liminar para desocupação em 15 dias.

3.6.3. Ação de despejo por falta de pagamento de aluguel e acessórios da locação no vencimento, estando o contrato desprovido de qualquer das garantias previstas no art. 37, por não ter sido contratada ou em caso de extinção ou pedido de exoneração dela, independentemente de motivo

O pagamento dos aluguéis sempre foi a principal obrigação do locatário e, nada obstante, não havia previsão de desocupação mediante concessão de liminar na ação de despejo por falta de pagamento de aluguéis e encargos.

Não se pode esquecer que é possível, inclusive, que a ação de despejo tenha como fundamento apenas a ausência de pagamento de encargos, como as despesas ordinárias de condomínio e os impostos,[26] ainda que os aluguéis tenham sido pagos.

Como se sabe, ante a pletora de feitos que assoberba o Poder Judiciário, as ações de despejo normalmente demoram mais do que seria razoável e, durante todo o seu trâmite, pelo menos em primeiro grau, em razão da possibilidade de execução provisória, o locador deixa de ter a justa retribuição pelo uso do imóvel.

Os efeitos desta constatação muitas vezes são funestos, mormente quando o locador depende desses recursos para sua subsistência e de sua família, hipótese muito comum.

De certa forma, a distorção foi parcialmente corrigida.

Isto porque a concessão de liminar para desocupação em quinze dias depende da inexistência ou insubsistência das garantias (estas, nos termos do art. 40, para cujos comentários remetemos o leitor).

---

[26] Estes, desde que impostos por cláusula contratual, posto que: "Art. 22. O locador é obrigado a: (...) VIII – pagar os impostos e taxas, e ainda o prêmio de seguro complementar contra fogo, que incidam ou venham a incidir sobre o imóvel, salvo disposição expressa em contrário no contrato; (...)".

Nesses casos, seja a locação residencial ou não, a ação de despejo por falta de pagamento conta com a possibilidade de concessão de liminar para desocupação em 15 dias, que se condiciona à ausência de depósito judicial do valor devido no prazo de desocupação e evidentemente da prestação da caução de três aluguéis.

Nesta medida:

Tribunal de Justiça de São Paulo. Agravo de instrumento ação de despejo por falta de pagamento cumulada com cobrança decretação liminar do desalijo. Contrato de locação. Garantia seguro-fiança. Hipótese que desautoriza concessão de tutela antecipada inciso IX, do par. 1º, do art. 59 da Lei do Inquilinato. Verossimilhança das alegações não demonstrada sob crivo da sumária cognição – recurso provido (0384718-08.2010.8.26.0000, Agravo de Instrumento, Rel. Francisco Casconi, Piracicaba, 31ª Câmara de Direito Privado, j. 18.01.2011, Data de registro: 18.01.2011 – Outros números: 3847180820108260000).

Por outro lado, surge entendimento segundo o qual também há possibilidade de liminar se as garantias se tornarem insuficientes, como no caso de a caução em dinheiro, limitada legalmente a três aluguéis, ser superada pelo débito do locatário.

Eis um julgado neste sentido:

Tribunal de Justiça de São Paulo. Despejo – liminar – falta de pagamento e de garantia locatícia – art. 59, § 1º, IX da Lei 8.2245/91, alteração da Lei 12.112/09 – possibilidade – valor da caução superada pelo valor do débito – extinção da garantia do art. 37. Com a ampliação das hipóteses de despejo liminar do § 1º do art. 59 da Lei de Locação pela Lei 12.112/09, é direito do locador de imóvel obter a desocupação, antes do contraditório e audiência, se inexistente ou extinta garantia locatícia prevista no art. 37 da Lei de Locação. É considerada extinta a caução cujo montante já está superado pelo valor do débito. A garantia que deixa de ser efetiva deve ser considerada extinta para os termos do inciso IX do § 1º do art. 59. Liminar concedida. Agravo provido (0503900-85.2010.8.26.0000, Agravo de Instrumento/Locação de Imóvel, Rel. José Malerbi, São Paulo, 35ª Câmara de Direito Privado, j. 13.12.2010, Data de registro: 21.12.2010 – Outros números: 990.10.503900-6).

Em igual sentido:

A caução, referida no art. 37 da lei de locação, deve ter valor econômico para assegurar ao locador o recebimento do débito em caso de inadimplência do locatário. Interpreta-se que a inclusão do inciso IX às hipóteses de liminar de despejo tem como escopo o não prolongamento do débito nos casos em que não há garantia ao credor do recebimento da dívida, seja pela sua inexistência ou pela sua extinção. A respeito, elucida o eminente desembargador Pedro Baccarat (Declaração de voto n. 11.021 no A.I. n. 990.10.309533-1, 36º, 29.07.2010): '... o inciso IX refere-se não apenas ao contrato desprovido de qualquer garantia, mas também àquele que deixou de ter garantias por terem sido elas extintas ou por terem sido exonerados os garantidores, isto é, a liminar deve ser concedida para não ampliar o prejuízo do locador que não tiver, por qualquer das formas previstas no art. 37, a satisfação de seu crédito assegurado.' A extinção da garantia se dá justamente pela incapacidade de se assegurar o crédito do locador. E no mais, o § 3º do art. 59 oportuniza ao locatário a purga da mora no mesmo prazo de 15 dias concedidos para a desocupação, evitando-se a medida drástica do despejo e da rescisão contratual, nos termos do art. 62, também modificado pela Lei 12.112/09. Como bem apontado pelo Ilustre Desembargador Adilson de Araújo (A.I. n. 990.10.434953, 31º, 05.10.2010)...: 'dada a particularidade da garantia, não se vislumbra interpretação ampliativa em prejuízo do locatário, mas sistemática.' Busca-se o equilíbrio na solução dos problemas decorrentes do regime jurídico das locações. Note-se que o reconhecimento da tutela antecipadamente não favorece apenas o locador, cujo prejuízo é mitigado com a mais rápida disponibilização do imóvel para outra locação, mas também ao locatário que, impossibilitado de continuar a arcar com o aluguel, não se sujeita a débito ainda maior. (Agravo de Instrumento 0078663-80.2011.8.26.0000, Rel. Des. José Malerbi, j. 23.05.2011).

Com todo respeito à judiciosa fundamentação, ainda que se possa admitir que os aluguéis não pagos que sobejarem o valor da caução estão desprovidos de garantia, é preciso ponderar que a lei é clara no sentido de exigir que o contrato esteja desprovido de qualquer garantia ou que a garantia existente tenha sido extinta e não que seja apenas insuficiente.

É prerrogativa do locador abrir mão das garantias no início da locação – e esta foi a intenção da lei – para obtenção da liminar.

Optou-se por exigir garantia, ainda que depois se mostre insuficiente, com respeito à posição contrária, não poderá pleitear a liminar.

Entendimento contrário poderá levar os tribunais à difícil tarefa de julgar intermináveis discussões sobre a condição econômica dos fiadores, por exemplo, quando da propositura de ação de despejo por falta de pagamento.

Em outras palavras, admitida a hipótese de extinção da garantia pelo excesso de débito comparado com a garantia, o locador poderia requerer liminar com a alegação de impossibilidade econômica de o fiador suportar o débito, competindo ao juiz avaliar o patrimônio dos garantes a cada ação de despejo proposta nessas condições.

A hipótese não nos parece abarcada pela lei na exata medida em que a garantia fidejussória é pessoal e não real, de tal sorte que o cumprimento da obrigação pelo fiador se liga à sua pessoa e não ao seu patrimônio, o que levou o saudoso Francisco Carlos Rocha de Barros a afirmar: "Não cremos que se recuse fiança prestada pelo presidente do Tribunal de Justiça, ainda que esse cidadão disponha apenas do salário que recebe mensalmente."[27]

Seja como for, sustentamos que o juiz poderá, desde logo, ao determinar a citação, conceder a liminar (desde que seja oferecida a caução de três aluguéis) e condicionar a sua eficácia à ausência do aludido depósito previsto no novel § 3º, de tal sorte que o locatário já será citado e informado da concessão da liminar caso não deposite o valor devido no prazo de quinze dias contados da própria citação.

Assim, diante da possível ausência do depósito, caberá ao locador, autor da ação, requerer já na inicial a expedição de mandado de despejo com as cláusulas de arrombamento e requisição de força, se necessária, com a remoção dos bens para depositário, caso não os queira retirar o réu, na hipótese de não ser purgada a mora no prazo de quinze dias.

3.6.4. Ação de despejo pelo término do prazo da locação não residencial, tendo sido proposta a ação em até 30 (trinta) dias do termo ou do cumprimento de notificação comunicando o intento de retomada

A ação de despejo por denúncia vazia, ou seja, pelo simples término do prazo contratual, não contava com a possibilidade de liminar.

Agora, prevê-se a possibilidade de concessão de desocupação liminar do imóvel, desde que a locação seja não residencial, a saber: a) em *shopping center*; b) destinada à atividade empresarial, desde que não esteja sujeita à ação renovatória e, nos termos do art. 55, ainda que para fins residenciais, exigindo-se que o locatário seja pessoa jurídica e o imóvel destinar-se ao uso de seus titulares, diretores, sócios, gerentes, executivos ou empregados.

Nesses casos, proposta a ação em até trinta dias do término do prazo contratual, não há necessidade de notificação prévia para propositura da ação de despejo, pelo simples fato de a devolução do imóvel ser uma obrigação imposta ao locatário (art. 23, III[28]).

Contudo, se não o faz, passados trinta dias sem qualquer providência no sentido de exigir a retomada judicialmente por parte do locador, a locação se prorroga por prazo indeterminado (parágrafo único do art. 56[29]). Com o prazo contratual prorrogado

---

[27] Francisco Carlos Rocha de Barros, *Comentários à Lei do Inquilinato*, São Paulo: Saraiva, 1997, p. 600.

[28] "Art. 23. O locatário é obrigado a:(...) III – restituir o imóvel, finda a locação, no estado em que o recebeu, salvo as deteriorações decorrentes do seu uso normal; (...)".

[29] "Art. 56. Nos demais casos de locação não residencial, o contrato por prazo determinado cessa, de pleno direito, findo o prazo estipulado, independentemente de notificação ou aviso. Parágrafo único. Findo o

legalmente, quando o locador decidir pela retomada, terá que notificar o locatário, concedendo a ele o prazo de trinta dias para desocupação voluntária antes de propor a ação de despejo (art. 57[30]).

Em ambos os casos, a ação conta com a possibilidade de concessão de desocupação liminar no prazo de quinze dias.

Nada obstante, em razão do dispositivo ora comentado, surge interpretação segundo a qual, nos casos de contrato prorrogado por prazo indeterminado ou de locação já contratada por prazo indeterminado, se faz imprescindível a propositura da ação de despejo no prazo de trinta dias contados do término do prazo para desocupação voluntária, sem o que não existe possibilidade jurídica de concessão de desocupação liminar.

Nesta medida, o seguinte julgado do Ilustre Desembargador Paulista Manoel Justino Bezerra Filho:

Tribunal de Justiça de São Paulo. Locação de imóvel comercial – Ação de despejo por denúncia vazia – Nova hipótese de liminar, introduzida pela Lei 12.112 de 09.12.09 – Art. 59, § 1º, VIII da Lei 8.245/91 – Requisitos preenchidos – Caução no valor de 3 (três) meses de aluguel – Notificação para desocupação voluntária em 30 dias – Ação proposta em até 30 dias do término do prazo da notificação – Liminar concedida – Decisão reformada – O art. 59, § 1º, inciso VIII da Lei do Inquilinato, prevê como nova hipótese para a concessão de liminar de despejo, a denúncia vazia nos contratos de locação de imóvel não residencial, desde de que, além da caução no valor correspondente a 3 meses de aluguel, a ação de despejo seja proposta em até 30 dias do término do prazo contratual ou do cumprimento da notificação do art. 57 da Lei 8.245/91. Neste último caso, ou seja, quando houver notificação para desocupação do imóvel em contrato por prazo indeterminado, conta-se o prazo de propositura da ação, a partir do término do prazo de desocupação concedido ao locatário. Estando os requisitos preenchidos, autoriza-se a concessão da liminar. – Agravo provido, v.u. (TJSP – Agravo de Instrumento/Locação de Imóvel 990103337891 – Santa Bárbara D'Oeste – 35ª Câmara de Direito Privado – j. 16.08.2010 – Data de registro: 25.08.2010).

No seu voto, esclarece o culto relator: "A r. decisão atacada entendeu que a presente ação não foi interposta dentro do prazo de 30 dias exigido pelo referido inciso VIII do § 1º do art. 59 da Lei, pois considerou como início, a data da notificação da locatária, ou seja, 20.04.10. No entanto, respeitado o entendimento do nobre magistrado, é de se observar que, de fato como argumenta o agravante, *o trintídio legal deve ser contado a partir do término do prazo concedido na notificação para a desocupação do imóvel. Não haveria sentido, contar-se o prazo para o locador propor a ação de despejo, concomitantemente com o prazo concedido ao locatário para a desocupação voluntária do imóvel.* Até porque, se houvesse a desocupação do imóvel, o locador perderia o interesse de ação. Assim, a melhor exegese do referido dispositivo é que, para obtenção da liminar na ação de despejo por denúncia vazia em contrato de locação não residencial por prazo indeterminado, a ação deve ser proposta em até 30 (trinta) dias do término do prazo concedido ao locatário para a desocupação voluntária do imóvel."[31]

---

prazo estipulado, se o locatário permanecer no imóvel por mais de 30 (trinta) dias sem oposição do locador, presumir-se-á prorrogada a locação nas condições ajustadas, mas sem prazo determinado".

[30] "Art. 57. O contrato de locação por prazo indeterminado pode ser denunciado por escrito, pelo locador, concedidos ao locatário 30 (trinta) dias para a desocupação".

[31] Citando outra obra de nossa autoria, mencionou o Ilustre Desembargador Manoel Justino Bezerra Filho: "A propósito, Luiz Antônio Scavone Júnior, nos comentários sobre o inciso VIII do § 1º do art. 59 da referida, a respeito dos contratos de locação não residencial por prazo indeterminado, diz que "quando o locador decidir pela retomada, terá que notificar o locatário, concedendo a ele o prazo de trinta dias para desocupação voluntária antes de propor a ação de despejo (art. 57). ('Comentários às alterações da Lei do Inquilinato – Lei 12.112, de 09.12.2009', Editora RT, p. 79/80)" (TJSP – Agravo de Instrumento/Locação de Imóvel 990103337891 – Santa Bárbara D'Oeste – 35ª Câmara de Direito Privado – j. 16.08.2010 – Data de registro: 25.08.2010).

De nossa parte, entendemos que a propositura da ação no trintídio posterior ao prazo da notificação para desocupação voluntária (que também é, em regra, de 30 dias) se trata de cautela que deve ser tomada na prática forense.

Todavia, ainda que respeitemos a decisão acima, é preciso ponderar que a conjunção alternativa contida no texto do inciso VIII, do § 1º, do art. 59, da Lei do Inquilinato, com a redação dada pela Lei 12.112/2009, leva o intérprete a conclusão diversa.

Outrossim, não foi, sistematicamente, alterado o art. 57 e, nesta medida, não nos parece que foi a intenção da lei estabelecer o prazo de 30 dias para propositura da ação após o prazo da notificação.

Aliás, sempre se discutiu qual seria este prazo, sendo relevante destacar o seguinte julgado:

> **Segundo Tribunal de Alçada Civil de São Paulo.** *Despejo – Notificação prévia – Ação ajuizada sete meses depois – Inadmissibilidade – Lapso temporal demasiadamente longo – Presunção de renúncia, pelo locador, aos efeitos da denúncia – Falta de pressuposto de constituição válida e regular do processo. Carência decretada. RT 692/122.*

Assim, apenas se houver demora excessiva na propositura da ação, sem que haja prazo legal para tanto, apto a presumir a continuidade tácita da locação, é que deve ser considerada a carência da ação e, conseguintemente, da liminar.

Outra questão que surge nos Tribunais decorre do equivocado entendimento segundo o qual, no caso de contrato prorrogado por prazo indeterminado e notificação para desocupação em 30 dias, a obtenção da liminar ficaria condicionada à propositura da ação de despejo no prazo para desocupação voluntária.

Nada mais incongruente.

Se o locatário atender a notificação e desocupar o imóvel no prazo legal, não há falar-se na ação de despejo.

Nesta medida, a lúcida decisão do Desembargador e Preclaro Professor Carlos Alberto Garbi:

> **Tribunal de Justiça de São Paulo.** *Agravo de instrumento contra decisão que, em ação de despejo por denúncia vazia, indeferiu a liminar para a desocupação do imóvel. Contrato de locação não residencial. O agravado recebeu notificação extrajudicial para desocupação do imóvel em 30 dias, nos termos do art. 57, da Lei de Locações. Decorrido esse prazo, como não desocupou o imóvel, o agravante promoveu o despejo com pedido de liminar "inaudita altera pars", com fundamento no art. 59, § 1º, VIII, da Lei nº 8.245/91, com redação dada pela Lei nº 12.112/09, que foi indeferido porque o agravante teria feito o pedido de despejo fora do prazo legal de 30 dias. Sucede que a liminar de desocupação "inaudita altera pars" poderá ser deferida sempre que ajuizada a ação de despejo de imóvel não residencial no prazo de 30 dias, contados do término do contrato ou do cumprimento da notificação comunicando a intenção da retomada. Concedido o prazo de 30 dias para a desocupação voluntária do imóvel, somente ao término do trintídio poderia o locador movimentar-se no sentido de reaver o imóvel. Nada justificaria a exigência do ajuizamento da ação de despejo dentro do prazo concedido para a desocupação voluntária do imóvel. Precedente. Decisão reformada para conceder a liminar reclamada, mediante caução. Recurso provido (TJSP – 0497015-55.2010.8.26.0000 – Agravo de Instrumento – Rel. Carlos Alberto Garbi – São Paulo – 26ª Câmara de Direito Privado – j. 18.01.2011 – Data de registro: 26.01.2011 – Outros números: Agravo 990104970156.*

Em suma, a ação proposta após a necessária notificação com prazo de 30 dias para desocupação voluntária, nos casos de contratos prorrogados por prazo indeterminado ou já contratados desta forma, não necessita – embora se recomende – ser proposta em até 30 dias do termo final para desocupação.

Sylvio Capanema de Souza ensina com solar clareza: "Se a ação foi ajuizada nos 30 (trinta) dias subsequentes ao término do prazo determinado no contrato, não é necessário notificar previamente o locatário, para a desocupação voluntária. A ação pode ser diretamente ajuizada, desde que respeitado o trintídio legal. Muitas vezes, entretanto, a locação se prorroga, sem oposição do locador, passando a vigorar por prazo indeterminado. Neste caso, já tendo decorrido 30 (trinta) dias do término do prazo do contrato, a ação de despejo, com o pedido de liminar, exigirá, como condição essencial, que o locatário tenha sido notificado premonitoriamente, para a desocupação voluntária. *Terá o locador que aguardar o decurso deste prazo e, caso deseje obter a liminar, será preciso ajuizar a ação de despejo dentro de 30 (trinta) dias, a contar da expiração do prazo concedido na notificação.*"[32]

E assim vem se pacificando a jurisprudência a par das minhas observações:

> *Agravo de instrumento. Locação de imóvel. Ação de despejo por denúncia vazia. Tutela liminar concedida. Possibilidade. Inteligência do art. 59, § 1º, VIII, da Lei de Locação, com redação dada pela Lei 12.112/09. Ação proposta dentro de trinta dias após expiração do prazo da notificação premonitória. Caução devidamente prestada. Requisitos legais preenchidos. Recurso improvido. A tutela liminar para desocupação do imóvel, no caso de denúncia vazia, pode ser concedida se preenchidos alguns requisitos: a prestação de caução equivalente a três meses de aluguel e a propositura da ação em até 30 dias do término do contrato ou do cumprimento da notificação que revela a intenção da retomada do bem pelo locador. No caso, observa-se que a existência de contrato de locação não residencial celebrado entre as partes é verbal, sendo a ação de despejo por denúncia vazia ajuizada no prazo de 30 dias depois de expirado o prazo da notificação premonitória. Não bastasse isso, dessume-se dos autos que a locadora prestou a caução exigida legalmente, cumprindo assim, todos os requisitos autorizadores para a concessão liminar da medida, nos termos do art. 59, § 1º, VIII, da Lei 8.245/91 (TJSP, Agravo de Instrumento 2122364-76.2019.8.26.0000, Rel. Adilson de Araujo, 31ª Câmara de Direito Privado, j. 22.07.2019, data de registro 22.07.2019).*

E a recomendação – e utilizamos cuidadosamente o termo – parece razoável sob a ótica pragmática na exata medida da jurisprudência que começa a se formar, sustentando, neste caso, que a obtenção da liminar fica condicionada à propositura da ação no prazo de 30 dias contados do fim do prazo para desocupação voluntária.

De qualquer forma, entendemos que, ultrapassado o prazo de 30 dias sem a propositura da ação, no caso de contrato prorrogado por prazo indeterminado, nada obsta que nova notificação para desocupação voluntária seja providenciada, renovando-se o prazo subsequente de 30 dias para a propositura da ação, que contará com a concessão da liminar para desocupação em 15 dias.

Por outro lado, como já dissemos, caso a ação seja proposta em até 30 dias do termo final do contrato, não há necessidade de qualquer notificação. A uma, por não haver previsão legal, posto que, pelo contrário, a Lei do Inquilinato coloca fim ao contrato "independentemente de notificação ou aviso" (art. 56 da Lei 8.245/1991) e, a duas, por constituir obrigação do locatário devolver o imóvel ao final do prazo (art. 23, III).

Neste sentido, o teor do voto do Desembargador Eduardo Sá Pinto Sandeville:

> **Tribunal de Justiça de São Paulo.** *Tendo a ação sido proposta em até trinta dias do termo do prazo contratual não se exige notificação prévia. "Nesses casos, proposta a ação em até trinta dias do término do prazo contratual, não há necessidade de notificação prévia para a propositura da ação de despejo, pelo simples fato de a devolução do imóvel ser uma obrigação imposta ao locatário (art. 23, III)". (Luiz Antonio Scavone Júnior, Comentários às alterações da Lei do Inquilinato – Lei 12.112, de 09.12.2009, São Paulo: Revista dos Tribunais, 2009, p. 79) (Agravo de Instrumento 990103485254 – Rel. Eduardo Sá Pinto Sandeville – São Paulo – 28ª Câmara de Direito Privado – j. 17.08.2010 – Data de registro: 27.08.2010).*[33]

---

[32] Sylvio Capanema de Souza, *A Lei do Inquilinato comentada,* 6ª ed., Editora GZ, 2009, p. 264.

[33] Em igual sentido: TJSP – Agravo de Instrumento 990.10.139624-6 – Rel. Silvia Rocha Gouvêa – Comarca: Itapevi – 27ª Câmara de Direito Privado – j. 17.08.2010 – Data de registro: 27.08.2010.
Ainda, a seguinte decisão: "TJSP – Agravo n. 990.10.348525-4 – São Paulo – Foro Reg. Lapa – 4ª Vara Cível – j. 04.10.2010 – Ação de despejo fundada no término do contrato – Locação não residencial – Ação ajuizada nos trinta dias subsequentes do termo do prazo contratual – Oferecimento de caução – Presença dos requisitos do art. 59, § 1º, VIII da Lei 8.245/97 – Recurso provido."

3.7. ANTECIPAÇÃO DE TUTELA

Como dissemos no item anterior, há muita discussão acerca do cabimento – ou não – da antecipação de tutela em sede de ação de despejo, sendo descartada a hipótese por alguns autores, em razão do art. 59 da Lei Inquilinária, lei especial, que já dispõe acerca das hipóteses em que se admite a tutela de urgência, de caráter antecipatório.

Vimos que existem julgados que sustentam o não cabimento da concessão de antecipação de tutela fora dos limites impostos pelo § 1º, do art. 59, da Lei 8.245/1991. Assim, também nos casos de ação revisional e renovatória, com possibilidade de fixação de aluguel provisório (Lei 8.245/1991, arts. 68, II, e 72, § 4º).

Isto porque a tutela seria irreversível, sendo remota a possibilidade de retorno ao imóvel.[34]

Foi esta a posição adotada pelo Enunciado 31 do centro de estudos do extinto Segundo Tribunal de Alçada Civil de São Paulo:

> *Artigo 273 do Código de Processo Civil, redação dada pela Lei 8.952, de 13.12.1994 [atuais arts. 294 e 300]. É incabível, nas ações de despejo, a antecipação da tutela de que trata o artigo 273 do Código de Processo Civil [atuais arts. 294 e 300], em sua nova redação.*

Neste sentido:

> ***Segundo Tribunal de Alçada Civil de São Paulo.*** *Tutela antecipada – Despejo – Descabimento. É incabível a tutela antecipada prevista no artigo 273, do Código de Processo Civil [atuais arts. 294 e 300], nas ações de despejo (AI nº 502.851, 5ª Câm., rel. Juiz Francisco Thomaz, j. em 07.10.1997. No mesmo sentido: JTA (Lex) 160/231, 161/337. A. Rg. nº 466.755, 5ª Câm., rel. Juiz Laerte Sampaio, j. em 04.09.1996; AI nº 486.941, 4ª Câm., rel. Juiz Antonio Vilenilson, j. em 10.06.1997).*

A rigor, a norma que estabeleceu a antecipação de tutela no Código de Processo Civil é posterior. Sendo assim, possibilita sua aplicação mesmo às ações decorrentes da Lei 8.245/1991.

Aliás, algumas Câmaras do próprio Segundo Tribunal de Alçada, atual Tribunal de Justiça, reconheceram essa circunstância em alguns casos, mesmo contra o Enunciado 31, retro mencionado.[35]

O Tribunal de Justiça de São Paulo parece admitir, em casos excepcionais, a antecipação de tutela:

> ***Tribunal de Justiça de São Paulo.*** *Agravo de Instrumento 990102586430. Relator: Adilson de Araujo. Comarca: São Paulo. 31ª Câmara de Direito Privado. j. 29.06.2010. Data de registro: 07.07.2010. Voto nº*

---

[34] Francisco Carlos Rocha de Barros, *Comentários à lei do inquilinato*. São Paulo: Saraiva, 1997, pp. 378-379. Entretanto, a irreversibilidade nem sempre é medida pela possibilidade de recomposição *in natura*.

[35] ***Segundo Tribunal de Alçada Civil de São Paulo.*** *Tutela antecipada – despejo – prova inequívoca do risco iminente – necessidade. A antecipação dos efeitos da tutela, conquanto admissível, em tese, nas ações de despejo, reclama prova inequívoca do risco iminente, sobretudo em face da possibilidade de sua aplicação apenas em casos excepcionais (AI nº 531.523, 6ª Câm., rel. Juiz Paulo Hungria, j. em 29.07.1998. Referência: Cândido Rangel Dinamarco, A Reforma do Código de Processo Civil, 2ª ed., Malheiros, p. 143).* ***Segundo Tribunal de Alçada Civil de São Paulo.*** *Tutela antecipatória – despejo – infração contratual – documentos comprobatórios da alegação – existência – admissibilidade. A tutela antecipatória pode ser deferida em ação de despejo por infração contratual – onde o autor juntou documentos demonstrando a verossimilhança da alegação – na medida em que se buscou a antecipação do próprio direito pretendido e não mera viabilidade do provimento almejado, o que é viável em todas as ações de conhecimento (AI nº 499.435, 1ª Câm., rel. Juiz Souza Aranha, j. em 28.07.1997. Referências: Max Hirschberg, La sentença errônea en el Processo Penal, trad. de Tomas A. Banz, Buenos Aires: EJEA, 1969, pp. 126 e ss. Cândido Rangel Dinamarco, A Reforma do Código de Processo Civil, 2ª ed, São Paulo: Malheiros, 1995, p. 143).*

8.487. Agravo. Locação de imóvel. Ação de despejo por falta de pagamento de aluguéis. Despejo antecipado indeferido. Indícios veementes de fraude na caução oferecida pelo locatário. Hipótese de antecipação de tutela fundada no art. 273 CPC [atuais arts. 294 e 300] combinada com os requisitos do artigo 59, § 1º, inciso IX, da Lei 8.245/1991, com as alterações da Lei nº 12.112/09. Aplicação sistemática. Agravo provido com determinação. 1. – O art. 59 da Lei nº 8.245/1991, com a redação dada pela Lei nº 12.112/09, autoriza a tutela antecipada de efetivação do despejo do inquilino que se encontra em débito de aluguéis, desde que, também, o contrato não esteja protegido por uma das garantias do art. 37 dessa lei, por (a) não contratada, (b) extinta e (c) pedida sua exoneração por qualquer motivo (inciso IX). 2 – Havendo fundados indícios de fraude na apresentação de caução pelo locatário, aliados ao intuito protelatório do locatário inadimplente no recebimento da citação e desocupação do imóvel, possível o despejo antecipado com respaldo na presença dos requisitos do art. 273 do CPC [atuais arts. 294 e 300], aplicável sistematicamente com o art. 59, § 1º, inciso IX, da Lei de Locações vigente, pela excepcionalidade do caso, com o objetivo de eficácia da tutela jurisdicional. Deverá o locador, todavia, depositar a caução prevista no referido art. 59, § 1º. 3. – Neste caso, objetiva-se a supressão do comportamento protelatório do réu e o induz a apresentar sua defesa. Poderá evitar a rescisão do contrato e o despejo decorrente da medida liminar, se, no prazo de 15 dias concedidos para a desocupação, efetuar depósito judicial que contemple a totalidade dos valores devidos, na forma prevista no inciso II do artigo 62, da vigente Lei de Locações.[36]

Tribunal de Justiça de São Paulo. *Agravo de Instrumento 990102152324. Relator: Felipe Ferreira. Comarca: São Paulo. 26ª Câmara de Direito Privado. j. 30.06.2010. Data de registro: 07.07.2010. Agravo de instrumento. Locação de imóvel. Despejo por falta de pagamento. É possível a antecipação de tutela em ações de despejo, desde que preenchidos os requisitos do artigo 273 do CPC [atuais arts. 294 e 300], quando se tratar de caso excepcional, de evidente lesão ao direito do locador de retomar o imóvel. Decisão mantida. Recurso improvido.*

Tribunal de Justiça de São Paulo. *Agravo Regimental. Locação de imóvel residencial – ação de despejo para uso próprio. Decisão monocrática que negou provimento a agravo de instrumento que deferiu liminar para decretar despejo. Presença dos requisitos autorizadores à concessão da liminar. Decisão mantida. Recurso desprovido. (35ª Câmara – Agravo Regimental 0119875-47.2012.8.26.0000/50000).*

Nesse sentido, ensina Luiz Fux,[37] cujo pioneirismo e clareza da lição merece transcrição:

A Tutela Antecipada nas Ações de Despejo

Afirmamos precedentemente que o legislador do inquilinato, nos casos de despejo liminar, consagrou hipóteses de tutela antecipada antes mesmo do advento da reforma do Código de Processo Civil.

Os casos mencionados pelo artigo 59 da lei são de tutela antecipada da "evidência", porque neles se corporificam direitos líquidos e certos de o locador obter imediatamente a posse do imóvel locado. Assim é que concede-se o despejo liminar: por descumprimento de mútuo acordo; quando há rescisão do contrato de trabalho e a locação foi encetada para o empregado enquanto mantido o vínculo; ao término da locação por temporada, recusando-se o locatário a desocupar o imóvel; permanecendo no imóvel pessoas não sucessíveis do locatário no vínculo locatício na forma da lei, bem como nos casos de permanência do sublocatário no imóvel depois de extinta a locação com o locatário-sublocador.

Nesses casos opera-se em prol do locador muito mais do que o fumus boni juris, que autoriza a concessão de liminar nas ações cautelares, senão um direito evidente calcado em prova inequívoca autorizadora da tutela antecipada.

---

[36] Neste caso, ainda que houvesse caução, o que impede a liminar no despejo por falta de pagamento, o relator considerou "veemente indício de fraude no uso de documentos falsos para celebração do contrato, que, certamente, vem beneficiando o locatário; depois, a deliberada falta de pagamento dos aluguéis por ele, que também se escondeu para não receber citação pessoal, e ainda permanece no imóvel com sua família há mais de um ano após o ajuizamento da ação. Essa fraude já é conhecida da polícia civil de São Paulo, não se tratando de caso único ou de pouca ocorrência, mas resultado *de atuação de criminosos que agem reiteradamente com formação de quadrilha.* Considero que a hipótese, para efeito da tutela antecipada, equipara-se à falta de caução, com aplicação do preceito do art. 273 do CPC, combinado com o art. 59, § 1º e seu inciso IX, e § 3º, da Lei de Locações."

[37] Luiz Fux, *Tutela antecipada e locações.* Rio de Janeiro: Destaque, 1996, pp. 134-136.

Observada a ressalva anterior de que fora desses casos a evidência, em princípio, não autoriza a tutela antecipada, mister assentar que há casos de direito em estado de periclitação que reclamam a tutela antecipada de segurança e que escapam à letra do artigo 59 da lei. Assim é que cabe a tutela antecipada de segurança nos seguintes casos a seguir enunciados de forma bastante exemplificativa:

a) Tutela antecipada de retomada para realização de reparações urgentes

Há obras que não podem ser realizadas com a presença do locatário no imóvel e outras que prescindem de sua saída, mas o inquilino resiste em deixar que elas se realizem.

Em ambos os casos a retomada é iminente e urgente, suscitando a tutela antecipada até para que o locador não suporte os riscos de sinistro que a coisa está prestes a engendrar.

Observe-se que, de resto, o dispositivo foi ditado levando em conta as obras passíveis de aguardar as delongas da ordinariedade com a necessária realização da perícia não menos demorada.

b) Tutela antecipada de despejo em caso de falta de pagamento

Inúmeras hipóteses da prática judiciária denotam que nem sempre o locador vive de rendas e o locatário é a parte economicamente hipossuficiente do contrato.

Os exemplos que se colhem também revelam locadores que vivem dos parcos aluguéis que recebem de locatários que ostentam condições econômico-financeiras melhores do que o senhorio, ou porque possuem bens próprios ou porque podem pagar aluguel mais expressivo do que aquele que está em atraso. Há situações aflitivas em que o juízo deve prover imediatamente, permitindo o desalijo imediato para a relocação tão necessária à subsistência do senhorio miserável. Relembre-se que a praxe noticiou um caso em que uma senhora, detentora de inúmeros imóveis, recebia de aluguel, por todos juntos, quantia inferior a um salário mínimo (...).

A tutela antecipada coíbe tamanha iniquidade.

c) Tutela antecipada no despejo em que se sustenta como causa petendi a cessão da locação para a exploração de atividade nociva aos bons costumes ou que implique atividade nociva para o imóvel

A simples modificação subjetiva do vínculo é severamente punida pela lei ao considerar grave infração a cessão, empréstimo ou sublocação não consentidas por escrito pelo locador. A hipótese aventada é mais grave ainda. O locatário desvirtua a finalidade da locação, instalando, v.g., uma casa de jogos ou de tolerância no imóvel residencial do locador ou explorando, v.g., uma cozinha industrial com a utilização de bujões que submetem a grave risco a própria integridade do imóvel e de seus vizinhos.

Além das multas imputáveis ao imóvel, o locador suporta riscos incalculáveis, somente arrostáveis pela tutela antecipada de segurança.

d) Tutela antecipada de rescisão da locação em caso de abandono do imóvel com imissão de posse deferida

O abandono do imóvel antes do ajuizamento da ação autoriza a imissão na posse por iniciativa do próprio locador, ao passo que após o ajuizamento deve ser requerida e deferida pelo juízo essa recuperação do bem. Em ambos os casos, à míngua de distrato, faz-se mister a rescisão judicial do contrato, o que demanda tempo, máxime no caso de abandono, que suscitará do autor a citação editalícia do réu.

Por outro lado, a realocação do bem é imperiosa para o locador, que teoricamente tem que aguardar a decisão da causa, passível, inclusive, de impugnação pelo curador especial (artigo 9, II, do Código de Processo Civil) [atual art. 72, II]. A tutela antecipada reabre a possibilidade de o locador realugar o imóvel, legitimando a posse do novo inquilino.

e) Tutela antecipada de reocupação do imóvel

Esse instrumento de natureza satisfativo-antecipatória minimiza a irreversibilidade da concessão do despejo em casos de ilegalidade da decisão ou de sentença de mérito quando ausentes os requisitos prévios para sua prolação.

Ademais, serve também de medida requerida nas ações em que se visa coibir o desvio de finalidade das retomadas, impedindo que o locador, após o desalijo, alugue o bem a outrem ou encete a sua alienação. Estando o imóvel vazio, o pedido de tutela antecipada requerida na ação que objetive denunciar o desvio de finalidade e impor a obrigação de relocar, revela-se em instrumento notável de proteção da lei e da dignidade da justiça, que concedeu o despejo baseada na presunção de sinceridade do locador.

f) Tutela antecipada genérica nas retomadas

O subtítulo parece chocar-se com o afirmado anteriormente, de que os casos de retomada onde estão previstos a tutela antecipada esgotam essa forma de proteção jurisdicional na lei do inquilinato.

Sucede que no campo da segurança revela-se casuístico o cabimento da antecipação.

Sob essa ótica, é possível afirmar-se que toda vez que nos pedidos de retomada comprovar-se que o locador retomante está na iminência de sofrer despejo do imóvel onde reside e que o locatário dispõe de imóvel próprio vazio para se mudar, caberá a tutela antecipada que fixe ao inquilino um prazo compatível com a alocação de ambas as partes em seus respectivos bens.

É evidente que, nas demais ações ordinárias, que não aquelas enumeradas no art. 58, mesmo que derivadas de relação *ex locato*, cabível antecipação de tutela, desde que presentes seus requisitos.

Neste sentido:

Segundo Tribunal de Alçada Civil de São Paulo. *Locação – rescisão contratual – pedido de antecipação parcial de tutela para depósito das chaves em juízo – relação locatícia falida – admissibilidade – reversibilidade da medida excepcional – indenização por perdas e danos. Admite-se a antecipação parcial da tutela para depósito das chaves do imóvel objeto da ação de rescisão de contrato, quando a relação locatícia já encontra--se falida com a manifestação inequívoca do desinteresse de uma das partes em continuá-la. Neste caso, a reversibilidade da medida excepcional traduz no direito à indenização da parte contrária que sofreu perdas e danos com o desfazimento da locação (AI nº 555.079, 7ª Câm., rel. Juiz Willian Campos, j. em 20.10.1998).*

3.8. PRAZOS PARA DESOCUPAÇÃO NAS AÇÕES DE DESPEJO

Art. 63. Julgada procedente a ação de despejo, o juiz determinará a expedição de mandado de despejo, que conterá o prazo de 30 (trinta) dias para a desocupação voluntária, ressalvado o disposto nos parágrafos seguintes.

§ 1º O prazo será de 15 (quinze) dias se:

a) entre a citação e a sentença de primeira instância houverem decorrido mais de 4 (quatro) meses; ou

b) o despejo houver sido decretado com fundamento no art. 9.º ou no § 2.º do art. 46.

§ 2º Tratando-se de estabelecimento de ensino autorizado e fiscalizado pelo Poder Público, respeitado o prazo mínimo de 6 (seis) meses e o máximo de 1 (um) ano, o juiz disporá de modo que a desocupação coincida com o período de férias escolares.

§ 3º Tratando-se de hospitais, repartições públicas, unidades sanitárias oficiais, asilos e estabelecimentos de saúde e de ensino autorizados e fiscalizados pelo Poder Público, bem como por entidades religiosas devidamente registradas, e o despejo for decretado com fundamento no inciso IV do art. 9º ou no inciso II do art. 53, o prazo será de 1 (um) ano, exceto no caso em que entre a citação e a sentença de primeira instância houver decorrido mais de 1 (um) ano, hipótese em que o prazo será de 6 (seis) meses.

§ 4º A sentença que decretar o despejo fixará o valor da caução para o caso de ser executada provisoriamente.

Com a alteração do *caput*, do art. 63, da Lei 8.245/1991 pela Lei 12.112/2009, pretendeu-se abreviar o trâmite da retomada.

Com efeito, na sentença, o juiz determinará a expedição de mandado de despejo, evitando que, além da necessidade de intimar o locatário, novo pedido para expedição do mandado de despejo seja necessário com o objetivo de ultimar as providências do art. 65,[38] no caso de desatendimento da notificação (tecnicamente, intimação do locatário) para desocupação.

Em resumo, o mandado de intimação já conterá o prazo para desocupação voluntária e a ordem de despejo, caso o prazo para cumprimento espontâneo da sentença não seja atendido pelo locatário, de tal sorte que o oficial de justiça permanecerá com a ordem até o seu efetivo cumprimento.

Nos casos em que a intimação for deferida por esta forma, entendo que o oficial de justiça deve permanecer com uma via do mandado, juntando aos autos a outra via, a partir de quando começará a fluir o prazo para desocupação voluntária.[39]

Verificada a hipótese de desatendimento do prazo concedido na sentença para desocupação voluntária nos termos do art. 63, não haverá mais a necessidade de novo requerimento e o despejo será executado com fundamento no mandado já expedido.

Outrossim, na redação anterior do art. 63, a decretação do despejo se dava com a fixação do prazo de quinze dias para desocupação nas hipóteses dos incisos II e III do art. 9.º, ou seja, "em decorrência da prática de infração legal ou contratual" ou "em decorrência da falta de pagamento do aluguel e demais encargos".

Na verdade, o dispositivo já dispunha de pequena importância prática, tendo em vista que também se prevê o mesmo prazo, a ser concedido na sentença, na hipótese de a ação de despejo durar mais de quatro meses, contados entre a data da citação e a data da sentença, o que ocorre em regra.

Seja como for, agora, em regra, o prazo a ser concedido será de quinze dias também nas demais hipóteses do art. 9.º, a saber, no despejo decretado em razão do descumprimento de mútuo acordo (inciso I) e "para a realização de reparações urgentes determinadas pelo Poder Público, que não possam ser normalmente executadas com a permanência do locatário no imóvel ou, podendo, ele se recuse a consenti-las" (inciso IV).

É preciso lembrar, também, que, na hipótese do inciso IV do art. 9.º, a ação conta com a possibilidade de concessão de liminar para desocupação no prazo de quinze dias, nos termos do inciso VI, acrescido ao § 1.º do art. 59.

No caso de mútuo acordo (inciso I do art. 9.º), a liminar somente será concedida se o prazo para desocupação voluntária previsto for de seis meses (inciso I, do § 1.º, do art. 59).

De qualquer forma, não concedida a liminar, em ambos os casos, a sentença que decretar o despejo concederá o prazo de quinze dias para desocupação, uniformizando as hipóteses.

---

[38] "Art. 65. Findo o prazo assinado para a desocupação, contado da data da notificação, será efetuado o despejo, se necessário com emprego de força, inclusive arrombamento".

[39] Embora a hipótese seja remota, admitimos que a intimação seja feita, também em cartório, contando-se o prazo para desocupação voluntária da data em que se efetivou. Não se descarta, excepcionalmente, por analogia, a intimação por edital, nos termos dos arts. 231 a 233 do Código de Processo Civil. Nesse sentido, TJSP, AgIn 1097988400, 26.ª Câm. Dir. Priv., 3.º Grupo, j. 16.04.1997, rel. Des. Felipe Ferreira: *Agravo de instrumento. Locação de imóveis. Despejo. Execução. Se o réu se encontra em local incerto e não sabido, perfeitamente cabível a notificação para despejo voluntário por edital. Decisão mantida. Recurso improvido.* **TJSP.** *Ap. s/ rev. 680086600, Cabreúva, 5.ª Câm. do 3.º Grupo, j. 20.10.2004, rel. Des. Pereira Calças: Locação de Imóveis. Despejo. Validade da notificação judicial feita por edital. Inexistência de nulidade. Caracterizada a litigância de má-fé, eis que o requerido alterou intencionalmente a verdade dos fatos. Determinada a expedição de ofício ao Ministério Público para as devidas providências. Recurso improvido.*

Em suma, o prazo para desocupação do imóvel começará a fluir da data da intimação do réu (impropriamente denominada de notificação), nos termos do art. 65 da Lei 8.245/1991.

A simples publicação da sentença não é suficiente para dar início à contagem do prazo. Mister se faz a intimação do réu.

Importante lembrar que a intimação somente terá eficácia se levada a efeito quando a sentença se tornar exequível, definitiva (sentença transitada em julgado) ou provisoriamente.

Sendo execução provisória (pendendo julgamento de recurso no efeito meramente devolutivo), proceder-se-á nos termos do art. 520 do Código de Processo Civil. Para execução provisória do despejo, acorde com o que dispõe o artigo 64 da Lei 8.245/1991, o autor também deverá prestar caução fixada na sentença, e trataremos deste assunto em seguida.

O Código de Processo Civil, diante da redação do art. 246, dada pela Lei 14.195/2021, nos revela que tanto as citações como também as intimações, em regra, são feitas precipuamente por meio eletrônico, acorde com os arts. 269 a 275 do Código de Processo Civil.

Ainda que haja regra especial e o inciso V do art. 58 da Lei do Inquilinato somente permita as citações e as intimações pelo correio se houver autorização no contrato, e às pessoas jurídicas, nas mesmas condições, se houver autorização contratual, por *fac-símile*, que, aliás, está em desuso, conforme justifiquei quando tratei especificamente das citações (Capítulo 1 deste Livro VII, item 1.17), não há como admitir sistema diverso quando na origem não era.

Se o réu estiver em local incerto far-se-á a intimação por edital.

Se o réu se recusar a exarar sua assinatura na intimação, o oficial de justiça relatará o fato, certificando que deu ciência, deixando-lhe cópia da petição.

Só o réu será intimado (notificado), não sendo necessária a mesma providência em relação aos demais ocupantes tendo em vista que a locação é *intuitu familiae*.

Neste sentido, já se decidiu pela desnecessidade de intimação (notificação) das filhas do locatário:

Tribunal de Justiça de São Paulo. Despejo por falta de pagamento c.c. cobrança – liminar de desocupação do imóvel deferida – contrato de locação – relação jurídica obrigacional da locatária e não de suas filhas – interesse de menor – ausência – intervenção do Ministério Público – desnecessidade – nulidade não reconhecida. Ausente interesse de incapaz, até porque a locatária é responsável direta pelas obrigações assumidas no contrato de locação e, não, em conjunto com a filha menor, ora agravante, que como ocupante do imóvel locado, está sujeita à eficácia de ato judicial de despejo, não se vislumbra a necessidade de intervenção do Ministério Público nos moldes do art. 82, I, do CPC [atual art. 178, II] (Agravo de Instrumento 990102750493, rel. Paulo Ayrosa, Comarca: Osasco, 31ª Câmara de Direito Privado, j. em 06.07.2010, Data de registro: 13.07.2010).

O prazo fluirá nos termos dos arts. 218 a 235 do Código de Processo Civil, podendo ser executado o despejo mesmo nas férias, a teor do que dispõe o inciso I do art. 58.

A contagem do prazo respeitará o disposto no art. 224 do Código de Processo Civil, ou seja, excluir-se-á o dia do começo e incluir-se-á o dia do vencimento, contando-se os dias úteis apenas (Código de Processo Civil, art. 219).

Normalmente, o prazo para desocupação voluntária concedido na sentença e que se conta da intimação do locatário é de 30 (trinta) dias.

Entretanto, em alguns casos o prazo é diverso, dada a sua peculiaridade.

Enumeremos, então, os prazos para desocupação, dispostos na Lei 8.245/1991, que deverão ser respeitados pela sentença:

a) 30 dias: regra geral (art. 63, caput);

b) 15 dias: nos seguintes casos:

    b.1) Despejo liminar (art. 59);

       Casos do art. 63, § 1º:

b.2) Ter decorrido mais de quatro meses entre a citação inicial e a sentença;

b.3) Despejo por falta de pagamento de aluguéis e/ou encargos;

b.4) Despejo por infração legal ou contratual;

b.5) Despejo em razão do descumprimento de mútuo acordo;

b.6) Despejo motivado pela realização de obras urgentes determinadas pelo Poder Público;

b.7) Despejo por denúncia imotivada (locação residencial, por escrito e prazo mínimo de 30 meses, prorrogada por prazo indeterminado).

c) *6 meses a 1 ano: no caso de despejo de estabelecimento de ensino autorizado, que ministre ensino regular (exclui autoescolas, creches, escolas de computação etc.), com exceção das hipóteses do prazo seguinte;*

d) *Um ano: de despejo de hospital, repartição pública, asilos, estabelecimento de ensino autorizado, que ministre ensino regular, nas hipóteses do inciso IV do art. 9º e II do art. 53 (reparação urgente determinada pelo Poder Público[40] ou demolição, edificação ou reforma com aumento mínimo de 50% na área útil) (art. 63, § 3º);*

e) *6 meses:*

e.1) *Na hipótese anterior "d", se já houver decorrido mais de um ano entre a citação e a sentença. O réu poderá utilizar expediente comum e astucioso: requerer, por simples petição, a prorrogação de prazo para desocupação. Nesse caso, o juiz manda ouvir o autor que, por evidente, não concorda. Entretanto, sempre demandará algum tempo, até que seja intimado e se manifeste (...)*

e.2) *No caso de concordância do réu com a desocupação, nos termos do art. 61 da Lei 8.245/1991, nos casos lá permitidos (§ 2º do art. 46 e incisos III e IV do art. 47), ou seja, nos casos de locação residencial celebrada por escrito com prazo superior a 30 meses prorrogada por prazo indeterminado e despejo por denúncia vazia após a notificação que concede prazo de 30 dias para desocupação, bem como na hipótese de locação residencial celebrada verbalmente ou por escrito com prazo inferior a trinta meses e pedido para uso próprio ou para edificação que aumente a utilização do imóvel. Nessas hipóteses, não haverá necessidade de intimação para desocupação em razão da concordância do réu e prazo de seis meses começa a fluir a partir da citação para a ação de despejo.[41]*

3.8.1. Caução e execução provisória do despejo (art. 64)

Art. 64. Salvo nas hipóteses das ações fundadas no art. 9.º, a execução provisória do despejo dependerá de caução não inferior a 6 (seis) meses nem superior a 12 (doze) meses do aluguel, atualizado até a data da prestação da caução.

§ 1º A caução poderá ser real ou fidejussória e será prestada nos autos da execução provisória.

§ 2º Ocorrendo a reforma da sentença ou da decisão que concedeu liminarmente o despejo, o valor da caução reverterá em favor do réu, como indenização mínima das perdas e danos, podendo este reclamar, em ação própria, a diferença pelo que a exceder.

---

[40] Ora, ora, ora... se a obra é urgente, como aguardar um ano após a intimação da sentença!? Com a pletora de feitos que assoberba o Poder Judiciário, esse prazo é cediçamente superior a dois anos!

[41] Waldir de Arruda Miranda Carneiro, *Anotações à lei do inquilinato*. São Paulo: Revista dos Tribunais, 2000, p. 495.

A execução provisória do despejo (CPC, art. 520), tendo em vista que a apelação da sentença que decreta o despejo não conta com efeito suspensivo nos termos do art. 58, V, da Lei 8.245/1991, far-se-á por intermédio de petição com prestação de caução, em regra, salvo nos casos previstos no art. 521 do Código de Processo Civil,[42] e juntada dos documentos enumerados no art. 522 do Código de Processo Civil, ou seja:

> *Art. 522. O cumprimento provisório da sentença será requerido por petição dirigida ao juízo competente.*
>
> *Parágrafo único. Não sendo eletrônicos os autos, a petição será acompanhada de cópias das seguintes peças do processo, cuja autenticidade poderá ser certificada pelo próprio advogado, sob sua responsabilidade pessoal:*
>
> *I – decisão exequenda;*
>
> *II – certidão de interposição do recurso não dotado de efeito suspensivo;*
>
> *III – procurações outorgadas pelas partes;*
>
> *IV – decisão de habilitação, se for o caso;*
>
> *V – facultativamente, outras peças processuais consideradas necessárias para demonstrar a existência do crédito.*

O art. 64 da Lei do Inquilinato, portanto, trata das hipóteses de caução pela execução provisória do despejo, lembrando que a regra, agora, igualmente se aplica para prestação de caução no caso de julgamento de improcedência da ação renovatória e pedido de retomada pelo locador na contestação, nos termos do art. 74.

Assim, em todos os casos de execução provisória,[43] haverá necessidade de caução determinada na sentença.[44]

É preciso verificar, nos termos do art. 58, V, que "os recursos interpostos contra as sentenças terão efeito somente devolutivo", permitindo, por iniciativa do autor, seja expedida a ordem de despejo ainda que pendente recurso de apelação da sentença que o decretar.

Por outro lado, nas hipóteses do art. 9º, entretanto, não há caução.

Nesse sentido, é preciso observar, nos termos da justificação do projeto que resultou na Lei 12.112/2009, que alterou a Lei 8.245/1991, "doutrina e jurisprudência entendem que o legislador cometeu um erro ao incluir, entre as hipóteses de dispensa da caução na execução provisória do despejo, apenas os incisos I, II e IV do art. 9º. Por meio de interpretação sistemática, vários Tribunais vêm dispensando também a prestação de caução na hipótese do inciso III do mesmo art. 9.º, uma vez que a falta de pagamento (inciso III) constitui espécie de infração contratual (inciso II). Propõe-se retificar o dispositivo, esclarecendo-se, no art. 64, que prescinde de caução a execução provisória do despejo fundado em qualquer

---

[42] Art. 521. A caução prevista no inciso IV do art. 520 poderá ser dispensada nos casos em que:
I – o crédito for de natureza alimentar, independentemente de sua origem;
II – o credor demonstrar situação de necessidade;
III – pender o agravo do art. 1.042 (redação dada pela Lei 13.256/2016);
IV – a sentença a ser provisoriamente cumprida estiver em consonância com súmula da jurisprudência do Supremo Tribunal Federal ou do Superior Tribunal de Justiça ou em conformidade com acórdão proferido no julgamento de casos repetitivos.
Parágrafo único. A exigência de caução será mantida quando da dispensa possa resultar manifesto risco de grave dano de difícil ou incerta reparação.

[43] Execução do despejo enquanto pendente recurso com efeito meramente devolutivo.

[44] Caso a sentença não logre fixar o valor da caução, o autor deverá interpor recurso de embargos de declaração para que seja suprida a omissão.

das hipóteses do art. 9.º. Em condições tais, a caução fica mantida para situações realmente justificáveis, como na retomada por melhor oferta de terceiro ou para a realização de obras".

Assim, na hipótese de ação de despejo por falta de pagamento de aluguéis, o despejo será decretado e a execução provisória independerá de qualquer caução.

Por outro lado, nas hipóteses em que a caução é exigida, o valor está limitado, a critério do juiz, ao valor que vai de seis a doze aluguéis atualizados.

Seja como for, não há confundir a hipótese ora aventada, de dispensa de caução na execução provisória do despejo por falta de pagamento, com aquela que decorre da concessão da liminar prevista no inciso IX do § 1º do art. 59, na hipótese de despejo por falta de pagamento e ausência ou extinção das garantias da locação, quando a retomada exigirá prestação de caução no valor equivalente a três meses de aluguel.

Quem fixa a caução é o juiz. Todavia, respeitará os parâmetros legais insculpidos no art. 64, *caput*, da Lei 8.245/1991 (máximo de doze e mínimo de seis aluguéis vigentes).

Diz a lei que a caução será real ou fidejussória.

Caução real é aquela prestada em dinheiro ou outros bens.

Fidejussória é a caução prestada mediante fiança.

A caução será prestada através de simples depósito ou termo nos autos, autorizados pelo juiz, sujeitos à impugnação do réu.

Não aceita a impugnação, caberá agravo.

Nos casos previstos, a caução servirá para fazer frente a eventuais prejuízos do locatário-réu, na hipótese de provimento do seu recurso (art. 588).

É que, sendo o réu despejado e, ao depois, provido seu recurso, inevitavelmente restarão prejuízos. Nesse caso, a caução servirá como indenização mínima, cabendo ao locatário provar prejuízo em montante maior e pleitear a diferença em ação indenizatória.

Se a caução tiver sido prestada em dinheiro, o locatário poderá, desde logo, levantar a importância.

Sendo representada por outros bens ou por fiança, não lhe restará alternativa senão executar o valor da caução determinado na sentença.

Observe-se que a expressão "depósito da caução", prevista na redação original da Lei 8.245/1991, foi substituída por "prestação da caução" pela Lei 12.112/2009, abarcando o entendimento pretoriano segundo o qual a prestação da caução não se limita ao dinheiro, admitindo qualquer outro bem ou crédito.

Podemos, assim, exemplificar com a jurisprudência, as hipóteses em que não se exigia qualquer depósito, justificando a adequação:

a) Genericamente, considerando qualquer espécie de caução:

Tribunal de Justiça de São Paulo. *AgIn 1290634002, Cerquilho, 27.ª Câm. Dir. Priv., j. 11.08.2009, rel. Des. Antonio Maria, registro 04.09.2009: "Despejo. Caução. A execução provisória de despejo, qualquer que seja o seu fundamento, pode ser exercitável mediante prévia caução que poderá ser real, fidejussória, ou ainda, recair sobre bens móveis, direitos ou créditos, incluindo-se, entre estes, os próprios locativos em débito, cabendo ao credor a opção por uma dessas formas. Decisão mantida. Recurso improvido".*

b) Caução através dos aluguéis vencidos:

Tribunal de Justiça de São Paulo. *AgIn 992090823230 (1295391400), São Paulo, 29.ª Câm. Dir. Priv., j. 07.10.2009, rel. Des. Luís de Carvalho, registro 27.10.2009: "Despejo por falta de pagamento. Execução provisória. Recurso interposto pelo exequente contra a decisão que rejeitou, para início da execução provisória, os aluguéis em atraso como caução. Possibilidade. Recurso provido. É possível, em execução provisória de ação de despejo por falta de pagamento, que o locador dê em caução os aluguéis em atraso".*

c) Caução através do próprio imóvel locado:

TJSP. *Agln 992090643690 (1276888400), Taboão da Serra, 34.ª Câm. Dir. Priv., j. 23.10.2009, rel. Des. Antonio Nascimento, registro 23.10.2009: "Agravo de instrumento. Locação de imóveis. Despejo por falta de pagamento. Execução provisória. Arrolamento do imóvel locado como caução para a execução provisória. Possibilidade. Recurso improvido. Além de inexistir norma de ordem pública proibitiva da situação, certo é que também nenhum prejuízo daí advirá à pessoa do agravante, sendo absolutamente admissível a indicação do próprio imóvel alugado como garantia para a execução provisória".*

TJSP. *Agln 992090669060 (1279552001), Santo André, 34.ª Câm. Dir. Priv., j. 17.08.2009, registro 11.09.2009: "Locação de imóveis. Despejo por falta de pagamento. Execução provisória. Oferecimento do próprio imóvel locado em caução. Admissibilidade. Decisão mantida. Agravo de instrumento improvido".*

3.8.1.1. Petição para execução provisória do despejo

MM. Juízo da (...)

Processo nº (...)

(...), nos autos da ação de despejo que move em face de (...), tendo sido julgado procedente o pedido, e decretado o despejo, vem, respeitosamente, perante Vossa Excelência, por seu advogado, expor e requerer o quanto segue:

Tendo em vista o recurso de apelação, recebido apenas no efeito devolutivo, requer a juntada dos documentos enumerados no art. 522 do CPC.

Requer, ainda, com fundamento no que dispõe o artigo 64 da Lei 8.245/1991, digne-se Vossa Excelência de autorizá-la a prestar a caução fixada na R. Sentença[45] de fls., *em dinheiro, no valor de R$ (...), que corresponde a (...) meses de aluguel vigente nesta data ou a ser representada pelo próprio imóvel que é objeto da ação. Para tanto, junta cópia autenticada e atualizada da matrícula, prova de que o imóvel está livre e desembaraçado de qualquer ônus judicial ou extrajudicial, sendo de valor muito superior ao da caução fixada ou mediante fiança a ser prestada pelo Sr. C (qualificar) e sua mulher, D (se casado for, qualquer que seja o regime de bem), os quais estão de acordo em assumir a responsabilidade, conforme declaração anexa, e provam sua idoneidade econômica e financeira através da cópia da matrícula atualizada do imóvel de que são proprietários, estando, portanto, aptos a assumir o encargo de pagamento da caução, em dinheiro, na hipótese de provimento do recurso do réu. Requer a autora, assim, seja lavrado o respectivo termo de caução para que produza os efeitos legais.*

Por fim, com a prestação da caução arbitrada na R. sentença, requer a autora a expedição do mandado de intimação do réu para que desocupe o imóvel no prazo de (...) dias, cominado na sentença, sob pena de execução do despejo de acordo com mandado de despejo que deve acompanhar a intimação nos termos do que fora determinado na sentença, a teor do art. 63 da Lei 8.245/1991, com as cláusulas de arrombamento, requisição de força e remoção dos bens.

Requer-se, ainda, ciência aos eventuais ocupantes e sublocatários do imóvel.

Termos em que,

pede deferimento.

Data

Advogado (OAB)

3.8.1.2. Petição para levantamento de caução pelo autor

MM. Juízo da (...)

Processo nº (...)

(...), nos autos da ação de despejo que move em face de (...), tendo sido julgado procedente o pedido, e decretado o despejo, vem, respeitosamente, perante Vossa Excelência, por seu advogado, expor e requerer o quanto segue:

---

45 Caso a sentença não tenha fixado o valor da caução, mister se faz embargos de declaração para que a omissão seja suprida.

Tendo transitado em julgado a sentença que decretou o despejo, conforme prova a certidão de fls., requer a autora o levantamento da caução, expedindo-se a competente guia, com os acréscimos de lei, inclusive juros e correção monetária.

Termos em que,

pede deferimento.

Data

Advogado (OAB)

Observação: Se a caução recaiu sobre imóvel, tendo sido averbada, requerer que se oficie ao oficial de Registro de Imóveis, para cancelar a averbação junto à matrícula. Tratando-se de caução fidejussória, requerer termo de exoneração do fiador.

3.8.1.3. Petição para levantamento de caução pelo réu

MM. Juízo da (...)

Processo nº (...)

(...), nos autos da ação de despejo que lhe move (...), vem, respeitosamente, perante Vossa Excelência, por seu advogado, expor e requerer o quanto segue:

Tendo sido provido o recurso de apelação interposto, reformada a sentença de 1º grau que julgou procedente o pedido e decretou o despejo, transitada em julgado esta decisão, requer o réu digne-se Vossa Excelência de autorizar o levantamento da caução, como início do ressarcimento de perdas e danos, expedindo-se a competente guia, incluindo os juros e correção monetária.

Protesta o réu por reclamar, em ação própria, o ressarcimento integral de seus prejuízos, não importando em quitação o levantamento ora requerido.

Termos em que,

Pede deferimento.

Data

Advogado (OAB)

Observação: Se a caução tiver recaído em outro bem que não dinheiro, o réu deverá requerer execução para consequente avaliação e hasta pública do bem caucionado.

3.8.2. Execução definitiva do despejo (art. 65); eventual remoção dos bens do locatário por depositário e responsabilidade pelos bens removidos

Art. 65. Findo o prazo assinado para a desocupação, contado da data da notificação, será efetuado o despejo, se necessário com emprego de força, inclusive arrombamento.

§ 1º Os móveis e utensílios serão entregues à guarda de depositário, se não os quiser retirar o despejado.

§ 2º O despejo não poderá ser executado até o trigésimo dia seguinte ao do falecimento do cônjuge, ascendente, descendente ou irmão de qualquer das pessoas que habitem o imóvel.

Com exceção do despejo decorrente de inobservância do prazo de seis meses do art. 61 da Lei 8.245/1991,[46] que não exige notificação, vimos que, mesmo na execução provisória, ou até na concessão de liminar de despejo, o locatário deverá ser intimado pessoalmente (por qualquer das formas já analisadas, Código de Processo Civil, art. 274, inclusive pelo correio).

Não é diferente na execução definitiva.[47]

---

[46] Havendo concordância do réu com o pedido nos casos taxativamente permitidos (§ 2º do art. 46 e incisos III e IV do art. 47).

[47] A sentença transitou em julgado, não pendendo mais recurso.

Nada obstante a lei fale impropriamente em notificação que, como vimos, trata-se de intimação.

O prazo para desocupação só se inicia após a intimação, que se verifica de forma diferente dependendo da forma:[48]

a) Correio: da data da juntada do aviso de recebimento aos autos.

b) Oficial de Justiça: da juntada do mandado cumprido aos autos.

c) Feita em cartório, pelo chefe de secretaria ou escrivão: da data que se efetivou.

Segundo Tribunal de Alçada Civil de São Paulo. Despejo – notificação – prazo para desocupação – locatário advogado em causa própria – necessidade. Ainda que o locatário vencido na ação de despejo advogue em causa própria, é necessário seja notificado a desocupar o imóvel no prazo assinado na sentença. Esse ato não tem o escopo de cientificá-lo do processo e da decisão, mas de convocá-lo a cumprir a determinação judicial e marcar o início do prazo para que o faça (AI nº 424.426, 2ª Câm., rel. Juiz Diogo de Salles, j. em 24.04.1995).

Vimos a admissão da intimação pessoal feita pelo correio, em virtude da redação do art. 274 do Código de Processo Civil.

É possível aplicar a presunção de entrega da intimação remetida ao endereço constante dos autos, nos termos do art. 274, parágrafo único, do Código de Processo Civil.

Quanto ao edital, mesmo não prevista tal forma no Código de Processo Civil, é admitido excepcionalmente, aplicando-se, por analogia, as regras dos arts. 256 a 259 do Código de Processo Civil.

É conveniente que a intimação abarque os sublocatários e demais ocupantes, muito embora tal providência não esteja legalmente prevista.

Ultrapassado *in albis* o prazo para desocupação, o despejo será executado nos termos do mandado que já deve ter sido expedido e estará com o oficial de justiça para cumprimento nos termos da redação do art. 63 da Lei 8.245/1991, com a redação da Lei 12.112/2009.

O despejo se executará por um oficial de justiça apenas.

Caso o réu resista, certificado o fato pelo oficial de justiça, o juiz autorizará o emprego de força e arrombamento, requisitando auxílio policial.

Importante ressaltar que se despeja o imóvel, não sendo necessária a cientificação de sublocatários e ocupantes nesse momento na medida em que a lei não exige.

Portanto, o imóvel será desocupado de pessoas e coisas, ainda que essas pessoas não tenham sido cientificadas para desocupação no prazo assinalado na sentença e, nesse sentido:

Agravo de instrumento – locação – despejo por denúncia vazia – sentença de procedência – mandado de desocupação do imóvel – imóvel ocupado por terceiro – irrelevância – ausência de impedimento da execução do despejo. Agravo de Instrumento improvido. (TJSP; Agravo de Instrumento 2237950-06.2015.8.26.0000; Rel. Jayme Queiroz Lopes; 36ª Câmara de Direito Privado; Foro de São Caetano do Sul – 4ª. Vara Cível; j. 10.12.2015; Data de Registro: 11.12.2015).

Locação – ação de despejo por falta de pagamento em fase de execução – possibilidade de o despejo atingir os sublocatários ilegítimos encontrados no imóvel – o que se despeja é o imóvel e não as pessoas que o ocupam – existênde ação de usucapião – ausência de impedimento da execução do despejo – recurso improvido. Se proposta ação de despejo contra o locatário e, no imóvel, são encontrados ocupantes ilegítimos – intrusos –, em respeito aos princípios da instrumental idade das formas e principalmente da economia processual, podem estes ser desalijados por essa ação já ajuizada e transitada em julgado, sem que seja necessário o manejo, pelo locador, de ação possessória. O mero ajuizamento de ação de usucapião não impede o cumprimento da decisão do despejo, transitada em julgado, visto que a execução daquele não retio direito invocado na ação de usucapião, que, se reconhecido, poderá recuperar o imóvel. (TJSP; Agravo de Instrumento 0331636-62.2010.8.26.0000; Relator: Luís de Carvalho; 29ª Câmara de Direito Privado; Foro Regional I – Santana – 8ª Vara Cível; j. 18.08.2010; Data de Registro: 27.08.2010)

---

48   Código de Processo Civil, art. 238.

Não retirando os móveis, o locador providenciará os meios para a remoção por depositário, caso não queira permanecer como tal (o que não se recomenda).

As despesas com remoção e depositário serão acrescidas à sucumbência.

Nos termos do que decidiu o STJ, o depositário responde pelos danos que, por dolo ou culpa, causar ao inquilino, sem prejuízo da responsabilidade penal e da sanção pela prática de ato atentatório à dignidade da justiça (art. 161 do CPC):

> *Recurso Especial. Ação indenizatória. Despejo. Bens. Depósito. Devolução parcial. Locador. Ilegitimidade passiva. Teoria da asserção. 1. Recurso especial interposto contra acórdão publicado na vigência do Código de Processo Civil de 2015 (Enunciados Administrativos nºs 2 e 3/STJ). 2. Cinge-se a controvérsia a definir se, na hipótese, o locador é parte legítima para responder pelos danos causados ao locatário diante da alegada devolução parcial dos bens após a execução da ordem de despejo. 3. A parte que obtém a tutela jurisdicional não responde, em regra, pelos danos advindos da execução da referida ordem concedida pelo magistrado da causa. 4. A partir do momento em que o Estado avoca para si o monopólio do exercício da jurisdição, ele se torna, em tese, responsável pelos danos que causar aos litigantes. 5. O depositário é a parte legítima para figurar no polo passivo de ação na qual se discute os danos decorrentes da ausência de devolução dos bens retirados do imóvel locado. Precedente. 6. O locador somente responderá por eventuais perdas e danos se tiver atuado diretamente no cumprimento da ordem judicial de despejo. 7. Na hipótese, os argumentos deduzidos na petição inicial não possibilitam afirmar abstratamente a legitimidade passiva da 4R's Participações e Desenvolvimento Imobiliário Ltda. 8. Recurso especial não provido (STJ, REsp 1.819.837/SP, Rel. Min. Ricardo Villas Bôas Cueva, Terceira Turma, j. 20.08.2019, DJe 28.08.2019).*

Igualmente, mister se faz observar o disposto no art. 629 do Código Civil, segundo o qual "o depositário é obrigado a ter na guarda e conservação da coisa depositada o cuidado e diligência que costuma com o que lhe pertence, bem como a restituí-la (...) quando o exija o depositante".

Assim, resta evidente que o depositário responde e não o locador, desde que não tenha assumido a incumbência do depósito.

Colhe-se da doutrina: "(...) Depositário e administrador respondem pelos prejuízos que, dolosa ou culposamente, causem às partes, perdendo o direito à remuneração, mas têm o direito de haver aquilo que legitimamente tenham despendido no exercício do encargo (CPC, art. 161). O depositário infiel, além disso, responde civilmente e suporta as sanções pela prática de ato atentatório à dignidade da justiça, sem prejuízo de sanção penal que se revele adequada (art. CPC, 161, parágrafo único)".[49]

Segundo Cassio Scarpinella Bueno, "a responsabilidade do depositário ou administrador é subjetiva, dependente, pois, de ocorrência de dolo e culpa. No cômputo da indenização, deve ser levado em conta o valor que legitimamente empregou no exercício do encargo, perdendo, de qualquer sorte, a remuneração arbitrada em seu favor (CPC, art. 161, *caput*). Tratando-se de depositário infiel, isto é, aquele que não devolve os bens que estão sob sua guarda, embora instado a tanto, a responsabilidade civil não afasta a penal e a imposição por sanção por ato atentatório à dignidade da justiça (CPC, art. 161, parágrafo único)".[50]

Nesse contexto, o locador não responde, em regra, pelos danos decorrentes da execução do despejo na exata medida em que o Estado é o detentor da Jurisdição (art. 5º, LIII, da Constituição Federal), e, nesta medida, responsável pelos danos que as medidas coercitivas gerarem ao inquilino de cujo imóvel fora despejado.

Em suma, de acordo com a Lei do Inquilinato, art. 65, § 1º, encontrei judiciosa decisão do Tribunal de Justiça de São Paulo sobre o assunto, invocando a doutrina de Maria Helena

---

49   Alexandre Freitas Câmara, *O novo processo civil brasileiro*, 5ª ed., São Paulo: Atlas, 2019, p. 118.

50   Cassio Scarpinella Bueno, *Manual de direito processual civil*, 4ª ed., São Paulo: Saraiva Educação, 2018, volume único, p. 217.

Diniz, concluindo que a responsabilidade pela guarda de objetos da executada não é do locador, mas do depositário:

Responsabilidade civil – Retomada de imóvel locado com remoção dos bens para local designado pelo depositário – Extravio dos bens, não encontrados com o depositário – Responsabilidade civil do depositário – Locador que não responde pela guarda dos bens – Inquilino que, na época do despejo, não se importou em retirar os seus bens e, ademais, deu causa ao despejo, ao deixar de pagar a renda locatícia – Dúvida, ademais, acerca da legitimidade da autora, pois o ex-locador, pessoa física, sempre alegou ser o dono dos equipamentos. Sentença reforma, com inversão dos encargos de sucumbência. Agravo retido desprovido (TJSP, Apelação 0202185-38.2011.8.26.0100, Rel. Edgard Rosa, 25ª Câmara de Direito Privado, j. 22.06.2017, data de registro 31.08.2017).

Na fundamentação, o desembargador paulista deixou assentado que:

Também não pairam dúvidas de que no ato do despejo do imóvel, os bens (relacionados no auto de despejo remoção e depósito de fls. 42/43), que guarneciam o imóvel locado, foram removidos (...), sendo nomeado fiel depositário Antônio Felipe Ribeiro, que deles não cuidou com o zelo esperado, de modo que os bens não mais foram localizados. (...)

Maria Helena Diniz leciona, a respeito, que: "se o inquilino despejado não quiser retirar os móveis, utensílios ou pertenças do prédio, os oficiais de justiça entregá-los-ão à guarda ou custódia de depositário judicial da Comarca onde o imóvel se situa, se houver, ou de depositário particular, que poderá ser o próprio retomante, desde que nomeado no auto do despejo pelos oficiais de justiça e tenha consentido na indicação (RT, 484:151). Mas, na prática, o próprio locador-retomante os removerá e constituir-se-á depositário, até que o locatário os reclame. O depositário perceberá a título de remuneração uma quantia fixada pelo magistrado, atendendo à situação dos bens, ao tempo de serviço e às dificuldades de sua execução (CPC, art. 149). O depositário terá direito de receber o que despendeu no exercício da guarda, mas deverá responder pelos danos que dolosa ou culposamente vier a causar, podendo perder, inclusive, a remuneração que lhe foi arbitrada (CPC, art. 150)".

Assim, no caso em exame, cabe ao depositário dos bens responder pelos danos que, dolosa ou culposamente, causou.

Os bens são exatamente aqueles relacionados no auto de despejo, remoção e depósito de fls. 42, que foram entregues ao depositário, tendo em vista o desinteresse do então inquilino em os receber, mesmo após ser despejado, por falta de pagamento dos alugueres.

Este é o ponto fulcral, porque o despejo ocorreu por falta de pagamento dos alugueres devidos e o inquilino não se interessou em retirar os bens do local, obrigando o oficial de justiça a recorrer a depositário, que assumiu a obrigação de guardar tudo o que recebeu por força do munus.

O artigo 65, § 1º, da Lei do Inquilinato é claro ao dispor que: "Os móveis e utensílios serão entregues à guarda do depositário, se não os quiser retirar o despejado". É dizer que a escolha cabe ao inquilino, que tem o direito de retirar os seus bens do imóvel e, caso não o faça, assumirá os riscos inerentes à sua entrega ao depositário. O que não se justifica é onerar o locador, que já não recebeu o seu crédito no tempo devido, com a obrigação de responder pela guarda dos bens confiados a depositário, que atua na qualidade de auxiliar do Juízo.

A lei não consagra a responsabilidade civil pela guarda direta dos bens, ao locador, pois determina que eles serão entregues à guarda do depositário, que responde, pessoalmente, por eventual extravio ou dissipação.

Não pode o locador responder por atos de terceiro, na medida em que não praticou qualquer ato ilícito, ao revés, meramente exerceu o seu direito de retomar a posse direta de seu imóvel, pois o inquilino deixara de pagar os alugueres devidos. Quem agiu de modo ilícito, incivil, portanto, e deu causa a todo o problema foi o ex-inquilino, que inicialmente deixou de pagar os alugueres, dando ensejo ao despejo, e depois não se interessou em retirar os seus bens do imóvel do locador.

Na realidade, verificou-se, no caso em exame, patente desídia do inquilino, que sabia do despejo e nada fez em relação dos bens, demonstrando desinteresse em os levar para local diverso, o que ensejou a nomeação de depositário.

Não se executará o despejo no prazo de trinta dias contados do óbito das pessoas enumeradas no § 2º do art. 65, no caso de locação residencial.

Segundo alguns, o rol é exemplificativo, devendo o juiz analisar cada caso concreto.

Não há ressalva no caso de doença, que pode ser considerada em casos excepcionais.[51]

Ressalte-se que estará tipificado o crime previsto no inciso IV, do art. 44, se o despejo for executado com inobservância da ressalva do § 2º. O crime em tela não é do locador, mas do oficial de justiça.

Convém alertar que a resistência ao mandado de despejo poderá tipificar, também, crimes previstos no Código Penal:

a) Resistência (art. 329);

b) Desobediência (art. 330); e,

c) Desacato (art. 331).

3.8.2.1. Pedido de intimação do réu (art. 65)

MM. Juízo da (...)

Processo nº (...)

(...), nos autos da ação de despejo que move em face de (...), tendo sido julgado procedente o pedido e decretado o despejo, vem, respeitosamente, perante Vossa Excelência, por seu advogado, expor e requerer o quanto segue:

Nos termos do art. 65 da Lei 8.245/1991 e 231 do Código de Processo Civil, requer a autora digne-se Vossa Excelência de determinar a intimação pessoal do réu, para que desocupe o imóvel no prazo de (...) dias, fixados na R. sentença, sob pena de, não o fazendo, proceder-se ao despejo judicial do imóvel.

Requer, ainda, seja expedido o mandado de despejo que deverá acompanhar a intimação para o caso de resistência do locatário, mandado este cuja emissão já fora determinada na sentença, nos termos do art. 63, da Lei 8.245/1991, cientificados os eventuais ocupantes e sublocatários do imóvel despejando.

Termos em que, juntada a guia de recolhimento da diligência do Sr. Oficial de Justiça, pede deferimento.

Data

Advogado (OAB)

3.9. EMBARGOS DE RETENÇÃO POR BENFEITORIAS

Na ação de despejo, nada obstante abalizadas opiniões em sentido contrário, não cabem embargos de retenção por benfeitorias.[52]

---

[51] Francisco Carlos Rocha de Barros, *Comentários à Lei do Inquilinato*. São Paulo: Saraiva, 1997, p. 475.

[52] Tercílio Pietroski, "Momento de se arguir embargos de benfeitorias nas ações executivas *lato sensu*", *RT* 648/55.

Segundo Tribunal de Alçada Civil de São Paulo. Despejo – execução – embargos de retenção por benfeitorias – descabimento. Inadmissível o cabimento de embargos de retenção na ação de despejo (Apel. c/ Rev. nº 384.402, 8ª Câm., rel. Juiz Cintra Pereira, j. em 05.05.1994. No mesmo sentido: Apel. c/ Rev. nº 388.006, 4ª Câm., rel. Juiz Carlos Stroppa, j. em 16.08.1994).

Segundo Tribunal de Alçada Civil de São Paulo. Despejo – retenção por benfeitorias (artigo 35, da Lei 8.245/1991) – discussão na fase de conhecimento – necessidade. Em ação de despejo não cabem embargos à execução de sentença e o direito de retenção deve ser pleiteado no processo de conhecimento, não em execução (Apel. s/ Rev. nº 476.644, 7ª Câm., rel. Juiz Luiz Henrique, j. em 13.05.1997. No mesmo sentido: Apel. c/ Rev. nº 413.837, 9ª Câm., rel. Juiz Eros Piceli, j. em 21.09.1994).

Tribunal de Alçada Cível do Rio de Janeiro. Apelação nº 69.186, 4ª Câmara, unânime, Juiz: Renato Maneschy. Retenção por benfeitorias. Como modalidade especial de embargos à execução fundada em sentença, os embargos de retenção só cabem quando há processo de execução. Sendo a ação possessória executiva, como a de despejo, de cognição contemporânea à execução, pois a sentença mesma manda executar o vencido, não comporta ela processo de execução, e, consequentemente, embargos a tal execução.

É que não há, na ação de despejo, em suma, "instância executória" apta a ensejá-los, o que se afirma na exata medida em que o despejo é cumprido mediante simples expedição de mandado.

Então, como fazer valer o art. 35 da Lei 8.245/1991, que garante retenção por benfeitorias úteis autorizadas e necessárias, desde que não haja disposição em sentido contrário no contrato?[53]

Nas ações possessórias, em virtude de sua natureza dúplice, a pretensão pode ser deduzida em sede de contestação.

Não é o que ocorre com o despejo. Não há caráter dúplice nas ações decorrentes da Lei 8.245/1991.

Logo, na ação de conhecimento, o único meio hábil para exercer o direito às benfeitorias (pretensão do réu) é através de reconvenção:

Segundo Tribunal de Alçada Civil de São Paulo. *Despejo – reconvenção – direito de retenção ou indenização por benfeitorias – via adequada. Exceto em se tratando de ação de natureza dúplice descabe o julgamento do pedido de indenização por benfeitorias pelo réu na contestação (Apel. s/ Rev. nº 439.673, 7ª Câm., rel. Juiz Antonio Marcato, j. em 12.12.1995, in JTA (Lex) 159/405. No mesmo sentido: JTA (RT) 115/425. Apel. c/ Rev. nº 416.089, 7ª Câm., rel. Juiz Antonio Marcato, j. em 08.11.1994. Apel. c/ Rev. nº 417.808, 1ª Câm., rel. Juiz Morato de Andrade, j. em 06.02.1995. 2. Em sentido contrário: JTA (Lex) 28/193, 37/352, 57/36, 79/231; JTA (RT) 84/300, 108/283, 110/300, 113/456, 114/405; RT 480/76. Apel. c/ Rev. nº 271.440, 2ª Câm., rel. Juiz Acayaba de Toledo, j. em 21.05.1990. Apel. c/ Rev. nº 332.690, 2ª Câm., rel. Juiz Batista Lopes, j. em 09.12.1992. Apel. c/ Rev. nº 410.761, 11ª Câm., rel. Juiz Artur Marques, j. em 25.08.1994).*

Tribunal de Justiça de São Paulo. *Agravo de Instrumento 1230911005 – Relator: Irineu Pedrotti – São Paulo – 34ª Câmara de Direito Privado – j. 16.03.2009 – Ação de despejo por falta de pagamento c.c. cobrança. Reconvenção. Em tese cabe reconvenção em ação de despejo por falta de pagamento c.c. Cobrança, quando ela (reconvenção) objetivar indenização por benfeitorias e a contestação expressamente adotar esse fundamento como defesa. Indenização por benfeitorias. Exclusão expressa pelo contrato. Pedido juridicamente impossível. Afastado o direito e incorporadas as benfeitorias ao imóvel, por cláusula expressa, não há indenização a ser aferida que autorize o manejo de pretensão (indenizatória). O pedido contido na reconvenção – "pagamento das benfeitorias introduzidas" – é, diante da lei e do contrato de locação, juridicamente impossível, razão pela qual a peça (inicial da reconvenção) afigura-se inepta e fica indeferida liminarmente, nos termos do artigo 295, inciso I e parágrafo único, inciso III do Código de Processo Civil.*

Tribunal de Justiça de São Paulo. *Agravo de Instrumento 992090700936 (1282862500) – Relator: Eduardo Sá Pinto Sandeville – Socorro – 28ª Câmara de Direito Privado – j. 01.09.2009. Ação de despejo – Reconvenção objetivando indenização por benfeitorias – Admissibilidade – Recurso provido.*

A solução não é pacífica.

Ensina José da Silva Pacheco que *a via de reconvenção encontra resistência de juízes e doutores, influenciados pela doutrina, jurisprudência e legislação anteriores. O art. 315 do atual Código de Processo Civil [atual art. 343], porém, não limita. O Supremo Tribunal Federal a reconhece como válida.*[54]

Segundo Tribunal de Alçada Civil de São Paulo. *Despejo – reconvenção – direito de retenção – inadmissibilidade. Inadmissível o oferecimento de reconvenção nas ações de despejo, principalmente, se objetiva o reconhecimento do direito de retenção por benfeitorias (Apel. c/ Rev. nº 410.761, 11ª Câm., rel. Juiz Artur Marques, j. em 25.08.1994. No mesmo sentido: JTA (Lex) 28/191, 37/352, 57/36, 79/231; JTA (RT) 84/300, 108/283, 110/30, 113/456, 114/405; RT 480/76, 576/168. Apel. c/ Rev. nº 271.440, 2ª Câm., rel. Juiz Acayaba de Toledo, j. em 21.05.1990. Apel. c/ Rev. nº 332.690, 2ª Câm., rel. Juiz Batista Lopes, j. em 09.11.1992. Em sentido contrário: JTA (RT) 115/425. Apel. c/ Rev. nº 416.089, 7ª Câm., rel. Juiz Antonio Marcato, j. em 08.11.1994).*

Tribunal de Justiça de São Paulo. *Apelação 992051011149 (962351300) – Relator: Manoel Justino Bezerra Filho – São Paulo – 35ª Câmara de Direito Privado – j. 05.10.2009 – Locação de imóvel residencial – Contrato verbal – Ação de despejo julgada procedente e reconvenção improcedente – Pedido reconvencional de indenização do locatário pelas benfeitorias realizadas no imóvel locado – Reconvenção descabida em ação*

---

[53] Súmula 335/STJ: "Nos contratos de locação, é válida a cláusula de renúncia à indenização das benfeitorias e ao direito de retenção".

[54] José da Silva Pacheco, *Tratado das locações, ações de despejo e outras*. São Paulo: Revista dos Tribunais, 1998, p. 611.

de despejo por falta de pagamento, devendo o locatário, querendo, valer-se dos meios ordinários cabíveis. A Lei 8.245/91 estabeleceu forma célere para as ações de despejo por falta de pagamento, que não se confunde com o rito das ações ordinárias de despejo. Por isto mesmo, é mais recomendável que não se admita a reconvenção em ações por falta de pagamento, podendo o requerido, se quiser, valer-se dos meios ordinários à sua disposição para pleitear o que entender de direito. – Anulação de ofício da r. sentença de improcedência da reconvenção, julgando-se extinta a reconvenção, com fundamento no art. 267, inciso VI, do CPC, por falta de interesse de agir, v.u.

Dissemos que não cabem embargos de retenção de benfeitorias.

O cabimento da reconvenção, meio tecnicamente correto, é discutível na jurisprudência.

Então, como têm decidido majoritariamente os tribunais? A resposta é simples, assim como o meio: alegar o direito de retenção na contestação.

Não podemos concordar com essa solução, mormente que o réu pode preferir se conformar com o pedido, nos termos do art. 61,[55] e seria obrigado a contestar só para fazer valer um direito, abrindo mão de outro, justamente o do art. 61.

Segundo Tribunal de Alçada Civil de São Paulo. *Embargos de retenção por benfeitorias – direito não alegado na ação principal (contestação) – inadmissibilidade. Por não existir na espécie de ação de despejo a "actio judicati", toda a matéria de defesa, inclusive, portanto, a pertinente a benfeitorias, nos termos do artigo 741 da norma de rito, há de ser deduzida na contestação para que seja objeto de apreciação e de decisão o eventual pedido de retenção ou de indenização (Apel. s/ Rev. nº 507.877, 4ª Câm., rel. Juiz Mariano Siqueira, j. em 17.03.1998 (quanto a despejo). No mesmo sentido: – quanto a despejo: JTA (Lex) 134/311, JTA (Saraiva) 75/310, 75/279, 81/150, 82/240, JTA (RT) 96/367, 103/259, 103/260, 117/384, 129/420 (em.), RT 173/189, 180/368, 551/141. Apel. c/ Rev. nº 286.637, 5ª Câm., rel. Juiz Ricardo Brancato, j. em 24.04.1991. Apel. c/ Rev. nº 318.150, 4ª Câm., rel. Juiz Mariano Siqueira, j. em 1º.12.1992. Apel. c/ Rev. nº 385.308, 5ª Câm., rel. Juiz Ricardo DIP, j. em 22.02.1994. Apel. c/ Rev. nº 388.006, 4ª Câm., rel. Juiz Carlos Stroppa, j. em 16.08.1994. Apel. c/ Rev. nº 421.753, 3ª Câm., rel. Juiz Oswaldo Breviglieri, j. em 30.01.1995. Apel. s/ Rev. nº 466.526, 3ª Câm., rel. Juiz Milton Sanseverino, j. em 15.10.1996 – quanto à reintegração de posse: Apel. c/ Rev. nº 446.306, 8ª Câm., rel. Juiz Narciso Orlandi, j. em 08.02.1996 – quanto a despejo por falta de pagamento: Apel. s/ Rev. nº 465.137, 9ª Câm., rel. Juiz Radislau Lamotta, j. em 02.10.1996. Apel. s/ Rev. nº 470.029, 4ª Câm., rel. Juiz Celso Pimentel, j. em 19.11.1996. Apel. s/ Rev. nº 501.967, 4ª Câm., rel. Juiz Celso Pimentel, j. em 02.12.1997).*

Adotando a tese por nós considerada correta, o seguinte julgado:

Tribunal de Justiça de São Paulo. *Apelação 992060547897 (1037673100) – Rel. Antonio Rigolin – Comarca: Araçatuba – 31ª Câmara de Direito Privado – j. 20.04.2010 – Data de registro: 27.04.2010. Locação. Ação de cobrança de aluguéis e encargos. Multa moratória de 10%. Possibilidade de sua pactuação. Inaplicabilidade do Código de Defesa Do Consumidor. Recurso improvido. Não se identificando, na locação, uma relação de consumo, não há como invocar a lei protetiva do consumidor para limitar o percentual da multa moratória. Nenhum óbice existe a que seja pactuada em 10% sobre o valor do débito, por encontrar amparo no artigo 920 do Código Civil (artigo 412 do atual). Locação. Ação de cobrança de aluguéis e encargos. Reclamo de compensação com o valor relacionado à introdução de benfeitorias. Inadmissibilidade. Matéria que enseja discussão por reconvenção, não apresentada. Existência, ademais, de cláusula de renúncia. Procedência reconhecida. Recurso improvido. Além de não ser apropriada a discussão a respeito do pretendido direito de indenização por benfeitorias, pois necessária a propositura de reconvenção, depara-se com cláusula de renúncia a esse direito, cuja validade e eficácia são incontestáveis (STJ, Súmula 335). Locação. Ação de cobrança de aluguéis e encargos. Alegação de inexigibilidade do valor de IPTU, porque objeto de parcelamento em curso. Desacolhimento. Obrigação que decorre do contrato locatício e independe de outros fatores. Procedência reconhecida. Recurso improvido. O locatário deixou de pagar as parcelas do IPTU nos vencimentos oportunos, e isso autoriza o acolhimento do pleito de condenação, que tem amparo no contrato locatício. É irrelevante o fato de a Fazenda ter concedido parcelamento ao credor, pois esse fato e inerente a outra relação jurídica,*

---

[55] Despejo decorrente de contrato de locação de imóvel residencial, por escrito, com prazo mínimo de trinta meses, prorrogado por prazo indeterminado (art. 46); nos contratos de locação celebrados verbalmente, ou por escrito com prazo inferior a trinta meses, quando o imóvel for pedido para uso próprio, de cônjuge ou companheiro, ou de ascendente ou descendente; e, ainda, para demolição e edificação ou obras que aumentem a área em 20% ou hotel/pensão, desde que haja aumento de área em 50% (arts. 47, II e III).

da qual não participa o locatário. Ação de cobrança. Julgamento de procedência. Sucumbência. Pleito de repartição dos encargos porque prejudicado restou o pedido de despejo. Recurso improvido. A desocupação do imóvel no curso do processo tornou prejudicado o julgamento do pedido de despejo, mas isso não interfere no resultado da disciplina da responsabilidade sucumbencial, dado que o réu, cuja inadimplência se tornou inconteste, deu causa ao ajuizamento.

Repetimos nosso entendimento, segundo o qual a via adequada é a reconvenção, ressaltando que ao advogado caberá a escolha, sujeita a entendimento diverso, das seguintes opções:

a) Pedido de retenção inserido na contestação (arts. 335 e seguintes e 810 do Código de Processo Civil).

b) Reconvenção (arts. 286, parágrafo único, e 343 do CPC), em virtude da conexão com a ação principal e da inexistência do rito sumário na ação de despejo.

c) Embargos de retenção por benfeitorias, em apartado e apenso ao processo principal de despejo (art. 914 e seguintes, especialmente o art. 917, IV, do Código de Processo Civil).

Caso haja opção pelos embargos de retenção de benfeitorias, o mesmo deve ser interposto no prazo de 15 (quinze) dias que seguem à intimação (impropriamente chamada de notificação) para desocupação do art. 65 da Lei do Inquilinato.

Segundo Tribunal de Alçada Civil de São Paulo. *Despejo – execução – embargos de retenção por benfeitorias – prazo para oposição – aplicação do artigo 738 do Código de Processo Civil [atual art. 915]. Os embargos de retenção por benfeitorias devem ser opostos no mesmo prazo dos embargos à execução, isto é, no decêndio [atualmente 15 dias, art. 915 do CPC] que se segue à notificação, que é o ato pelo qual se inicia a execução do despejo (Apel. c/ Rev. nº 286.637, 5ª Câm., rel. Juiz Ricardo Brancato, j. em 24.04.1991. Referências: RT 511/102, RJTJESP 64/190).*

Por fim, mesmo sem exercer o direito de retenção, nada obsta que o réu prove as benfeitorias e reclame-as em ação autônoma de indenização, com supedâneo no art. 35 da Lei 8.245/1991.

3.10. CIÊNCIA A SUBLOCATÁRIOS E FIADORES

Determina o § 2º, do art. 59, da Lei 8.245/1991:

Art. 59, § 2º Qualquer que seja o fundamento da ação dar-se-á ciência do pedido aos sublocatários, que poderão intervir no processo como assistentes.

Nada obstante a posição topológica da regra, que deveria constar como artigo e não como parágrafo, já que poderia induzir o intérprete a aplicá-la apenas às hipóteses do *caput*, a verdade é que se aplica indistintamente a todas as ações de despejo.

Outrossim, a sublocação mencionada é aquela legítima, assentida ou não proibida pelo contrato:

Segundo Tribunal de Alçada Civil de São Paulo. *Despejo – sublocação ilegítima – ciência ao sublocatário – desnecessidade – Não logrando demonstrar sua condição de sublocatário legítimo, ou seja, não exibindo em juízo prova documental do consentimento prévio do locador a respeito, o sublocatário equipara-se a terceiro não interessado, tornando-se desnecessária a cientificação exigida pela Lei 8.245/1991 (Apel. c/ Rev. nº 495.518, 11ª Câm., rel. Juiz Donegá Morandini, j. em 13.10.1997. No mesmo sentido: JTA (Saraiva) 76/236, JTA (RT) 108/444 (em.). Apel. nº 203.184, 2ª Câm., rel. Juiz Batista Lopes, j. em 31.03.1987. Apel. c/ Rev. nº 220.953, 2ª Câm., rel. Juiz Batista Lopes, j. em 25.05.1988. AI nº 309.232, 5ª Câm., rel. Juiz Alves Bevilacqua, j. em 07.05.1991. AI nº 538.403, 2ª Câm., rel. Juiz Gilberto dos Santos, j. em 17.08.1998).*

O sublocatário legítimo não cientificado da ação de despejo não pode ser alcançado pela eficácia da sentença:

Segundo Tribunal de Alçada Civil de São Paulo. Despejo – sublocação legítima – execução – ciência ao sublocatário inocorrente – inadmissibilidade – interpretação ao artigo 59, § 2º, da Lei 8.245/1991. Sublocatário legítimo, a quem não se deu ciência da ação de despejo, movida contra o locatário sublocador, não pode ser alcançado pela ordem de desocupação (MS nº 436.623, 6ª Câm., rel. Juiz Gamaliel Costa, j. em 16.08.1995. No mesmo sentido: JTA (Lex) 137/451. MS nº 435.662, 6ª Câm., rel. Juiz Gamaliel Costa, j. em 16.08.1995. MS nº 436.259, 6ª Câm., rel. Juiz Gamaliel Costa, j. em 16.08.1995).

Para defesa da posse, o sublocatário legítimo[56] poderá valer-se dos embargos de terceiro:

Segundo Tribunal de Alçada Civil de São Paulo. Mandado de segurança – despejo – sublocatário não intimado (artigo 59, § 2º, da Lei 8.245/1991) – inadmissibilidade – embargos de terceiro – cabimento. Na medida em que não participou do processo de despejo, por ausência da intimação a que alude o parágrafo 2º do artigo 59 da Lei 8.245/1991, o sublocatário deve valer-se, para proteção de seus direitos, da ação de embargos de terceiro, nada justificando a impetração de mandado de segurança (MS nº 377.376, 7ª Câm., rel. Juiz Antonio Marcato, j. em 13.04.1993. No mesmo sentido: JTA (Lex) 162/570.

Ora, adotado o mesmo raciocínio dos embargos de retenção, não seriam admitidos embargos de terceiro nas ações de despejo.

Aliás, já decidiu o STJ "que a ordem judicial de despejo não se enquadra, de qualquer forma, em ato de apreensão judicial, a fim de autorizar a oposição dos embargos de terceiro" (Recurso Especial 1.714.870).

Entretanto, em casos excepcionais, os embargos têm sido admitidos para proteção da posse direta e legítima de quem não possui relação jurídica direta com o autor da demanda.[57]

Cientificado da ação, o sublocatário legítimo atuará como assistente (Código de Processo Civil, arts. 119 a 124).

Não cientificado, como dito, a sentença não atingirá o sublocatário legítimo, restando ao locador outra ação de despejo com possibilidade de liminar, nos termos do art. 59, § 1º, V, da Lei 8.245/1991.

A teor do art. 15 da Lei 8.245/1991, o sublocatário poderá ingressar com ação indenizatória pelos prejuízos que provar, em virtude da prematura cessação da sublocação.

Nesse caso, legitimado passivo será o sublocador, jamais o locador, que não possui nenhuma relação jurídica de direito material com o sublocatário.

Quanto ao fiador, mister se faz a sua ciência da ação de despejo proposta em face do afiançado para que possa responder pelas verbas sucumbenciais.

Na via inversa, se o fiador não for cientificado da ação de despejo, embora possa ser executado de forma autônoma pelos aluguéis e encargos da locação eventualmente não pagos pelo afiançado em razão do contrato, como a sentença da ação de despejo não o atingirá, não poderá ser cobrado das custas e honorários decorrentes da ação de despejo da qual não teve ciência.

---

[56] O sublocatário legítimo pode, no meu entendimento, se opor por meio de embargos de terceiro, em que pese não haver, propriamente, ato de constrição no caso. Ressalvo posição contrária já adotada pelo STJ no REsp 1714870. Ao contrário, o sublocatário que não ocupa o imóvel com expressa concordância do locador é ilegítimo e nada pode pleitear, sendo atingido pela ordem de despejo: *Agravo de Instrumento. Embargos de Terceiro. Insurgência do agravante contra decisão que indeferiu a concessão do efeito suspensivo à ação principal de despejo. Terceiro que não comprova sua qualidade de sublocatário legítimo. Ocupação irregular. Sublocação sem a anuência expressa do locador. Precedentes desta E. Corte de Justiça. Negado provimento (TJSP, Agravo de Instrumento 2188573-56.2021.8.26.0000, Rel. Hugo Crepaldi, 25ª Câmara de Direito Privado, Foro de Santo André, 9ª Vara Cível, j. 02.09.2021, Data de Registro: 02.09.2021).*

[57] Theotonio Negrão, *Código de Processo Civil.* São Paulo: Saraiva, 1997, nota 15 ao art. 59 da Lei 8.245/1991.

Neste sentido:

Tribunal de Justiça de São Paulo. Locação de imóvel. Execução ajuizada contra os fiadores. Aplicação da regra do § 3º do art. 176 do Código Civil de 1916, repetida no § 3º do art. 204 do Código Civil de 2002, segundo a qual "a interrupção produzida contra o principal devedor prejudica o fiador". Ausência de cientificação dos fiadores acerca do ajuizamento da ação de despejo c.c. cobrança contra os locatários afiançados. Irrelevância. A alegação dos fiadores de que não foram cientificados da propositura da ação de despejo não constitui aspecto relevante, pois a eficácia executiva do título independe de tal providência; aqui não se executa a sentença da ação de despejo e sim o débito locatício em aberto. Prescrição afastada. (...) Embargos rejeitados. Determinação de prosseguimento da execução – Sentença reformada. Recurso provido. VU. (Apelação 9219884-63.2009.8.26.0000 – Rel. Des. Manoel Justino Bezerra Filho – j. 17.10.2011).

Tribunal de Justiça de São Paulo. Locação de imóveis. Embargos à execução. Título extrajudicial. Fiadora. Responsabilidade. O crédito de aluguéis e encargos previstos em contrato escrito constitui título executivo extrajudicial, por força de lei, revestido de liquidez, certeza e exigibilidade. A fiadora é parte legítima para responder pelo pagamento de aluguéis e encargos previstos em contrato escrito de locação, independentemente de ter sido cientificada da ação de despejo por falta de pagamento. Inaplicabilidade da Súmula 268 do STJ. Recurso não provido (Apelação 1011651-32.2014.8.26.0451. Relator: Cesar Lacerda – julg. 09.06.2016).

Segundo este último julgado, "a Súmula 268 do STJ citada pela recorrente simplesmente afasta a responsabilidade do fiador pela execução do julgado, quando ele não integrou a ação de despejo, norma que não se aplica ao caso concreto, tendo em vista que, como já afirmado, trata-se de ação fundada em título extrajudicial".

Deveras, o entendimento se funda na ideia segundo a qual se executará de forma autônoma o crédito decorrente do contrato e não a sentença.

Não se desconhece ou se ignora o verbete 268 da Súmula/STJ, segundo o qual "o fiador que não integrou a relação processual na ação de despejo não responde pela execução do julgado".

Isto porque, a par de o fiador não ter sido cientificado da ação de despejo eventualmente cumulada com cobrança de aluguéis, proposta exclusivamente em face dos locatários afiançados, nada obsta e tudo recomenda que o locador utilize a via executiva autônoma para a satisfação de seu crédito concernente aos aluguéis e encargos não pagos.

Neste caso, o locador não dirigirá o cumprimento de sentença da ação de despejo aos fiadores, e sequer poderia fazer isto, em razão de evidente ineficácia desta sentença contra quem não foi parte ou tomou ciência, de nenhum modo, da ação (Código de Processo Civil, art. 506); pelo contrário, manejará pretensão executiva autônoma, com supedâneo em crédito decorrente de locação (Código de Processo Civil, art. 784, VIII), na qual o fiador será devidamente citado e tomará expressa ciência do débito.

Neste sentido:

Tribunal de Justiça de São Paulo. Embargos à execução – Locação – Título extrajudicial – Ajuizamento contra fiador – Não cientificação do processo de conhecimento – Irrelevância Cabimento – A alegação de que a parte fiadora não foi cientificada do inadimplemento ou da propositura da ação de despejo não constitui aspecto relevante, pois dessas providências não está a depender a eficácia executiva do título, que atende aos requisitos do art. 586 do Código de Processo Civil [atual art. 783] (TJSP – Apelação c/ Revisão 700.245-00/5 – 31ª Câmara – Rel. Des. Antonio Rigolin – j. 28.06.2005).

Cientificados em ação de despejo, os fiadores responderão em execução autônoma, fundada em título executivo extrajudicial (Código de Processo Civil, art. 784, VIII), inclusive pelas custas e pelos honorários daquela condenação.

Explica-se: embora não possam sofrer cumprimento de sentença de ação de despejo da qual não foram réus, mas apenas cientificados, podem ser cobrados das custas e dos honorários daquela ação em execução autônoma de título extrajudicial em razão de as custas e os honorários decorrentes de despejo se tratarem de "encargos" do contrato de locação nos exatos termos do CPC, art. 784, VIII, inclusive legitimados estão pelo art. 779, IV, do Código de Processo Civil, ideia que está refletida no seguinte julgado:

> **Tribunal de Justiça de São Paulo.** *Locação De Imóveis – Execução De Título Executivo Extrajudicial – Embargos À Execução – Fiador – Ilegitimidade De Parte Não Reconhecida – Recurso Do Embargante Não Provido. É irrelevante para a execução por aluguéis e encargos, a ausência de participação do fiador na ação de despejo. Locação de imóveis – Execução de título executivo extrajudicial – embargos à execução – Contrato escrito – Cobrança de honorários advocatícios e despesas processuais decorrentes da ação de despejo – Responsabilidade do fiador pelo pagamento, desde que cientificado de sua propositura – Obrigação inerente ao contrato locatício – Improcedência dos embargos reconhecida – Recurso do embargado provido. Dentre os encargos locatícios de responsabilidade do fiador, está a verba sucumbencial decorrente da ação de despejo por falta de pagamento, cuja propositura lhe foi cientificada. Assim, por se tratar de obrigação inerente ao contrato locatício, perfeitamente admissível a execução dessas verbas. (TJSP; Apelação 1016478-33.2015.8.26.0037; Rel. Paulo Ayrosa; 31ª Câmara de Direito Privado; Foro de Araraquara; 1ª Vara Cível; j. 12.04.2016; Data de Registro: 12.04.2016)*

Esta também é a lição de Yussef Said Cahali, segundo o qual

> *[...] basta a simples cientificação ou ciência pessoal do fiador, quanto à propositura da ação de despejo contra o locatário, para responsabilizá-lo pelo ônus daí decorrente, não sendo necessária a sua "citação" para a demanda para ficar submetido a tal obrigação, pois esse não é parte na ação movida contra o inquilino, uma vez que não se trata de ação de cobrança, mas sim de ação de despejo por infração contratual, consistente na falta de pagamento do aluguel convencionado. Em síntese, se o fiador foi "citado", cientificado ou notificado da ação de despejo por infração contratual (falta de pagamento) ajuizada contra o locatário, responde pelas custas e pelos honorários de advogado impostos ao afiançado vencido; se não o foi, exclui-se-lhe a responsabilidade pelos encargos processuais da referida ação.*[58]

A prescrição para cobrança dos aluguéis, de três anos (Código Civil, art. 206, § 3º, I), se interrompe pela propositura de eventual ação de despejo apenas em face do locatário afiançado – e ainda que o fiador não tenha sido cientificado[59] – e começa a correr na data do trânsito em julgado da ação de despejo.

O nosso entendimento encontra supedâneo, inclusive, no aresto do Tribunal de Justiça de São Paulo, decorrente da apelação 9219884-63.2009.8.26.0000, da pena do Eminente Desembargador Paulista, Manoel Justino Bezerra Filho.

De fato, aplica-se, aqui, a regra do § 3º do art. 204 do Código Civil, segundo o qual *"a interrupção produzida contra o principal devedor prejudica o fiador"*. Neste sentido:

> **Tribunal de Justiça de São Paulo.** *Fiança – locação – prescrição da dívida – interrupção quanto ao devedor principal – extensão desta ao fiador – reconhecimento (...) – Como a fiança é contrato acessório, e este segue o destino do principal, se a interrupção for promovida apenas contra o principal devedor ou afiançado, o prazo se restabelece também contra o fiador, que fica, assim, prejudicado. (TJSP – Apelação c/ Revisão 876.347-00/5 – 26ª Câmara – Rel. Des. Gilberto dos Santos – j. 07.03.2005).*

> **Tribunal de Justiça de São Paulo.** *Locação. Execução embasada em contrato escrito e movida contra fiadores. Oferta de exceção de executividade. Sentença de extinção com reconhecimento de prescrição. Cabimento da exceção. Matéria de ordem pública e situação que não exige dilação probatória, pois trata*

---

[58] Yussef Said Cahali, *Honorários advocatícios*, 3. ed. São Paulo, Ed. Revista dos Tribunais, 1997, p. 1.063.

[59] No mesmo sentido: **Tribunal de Justiça de São Paulo.** *Ação de execução de débitos e encargos locatícios. Exceção de pré-executividade rejeitada. Afastamento da prescrição alegada. A interrupção do prazo prescricional atinge devedor principal e fiador em razão da solidariedade. Art. 204, § 1º, C.Civil. Garantia locatícia que se estende até a efetiva entrega das chaves. Súmula 214 do STJ inaplicável ao caso. Inadmissibilidade de penhora de fração ideal de bem de família. A impenhorabilidade da fração de imóvel indivisível contamina a totalidade do bem, impedindo sua alienação em hasta pública. Levantamento da penhora determinada. Agravo provido em parte, com determinação (Agravo de Instrumento nº 0285711-09.2011.8.26.0000)*

da exigibilidade do título. Não fluência do prazo prescricional. Art. 204, § 3.°, do Código Civil. Exceção à pessoalidade da interrupção da prescrição. Princípio da acessoriedade. Locatária acionada em anterior ação de despejo por falta de pagamento cumulada com cobrança com julgamento de procedência. Prazo trienal e contagem com o trânsito em julgado da ação de despejo. Litigância de má-fé não caracterizada. Recurso provido para prosseguimento da execução. Cabível a exceção de pré-executividade em relação à discussão que está afeta a matéria de ordem pública (legitimidade e prescrição) e matéria de exigibilidade do título mediante análise documental. Os fiadores assumiram posição de devedores solidários e a interrupção da prescrição operada em ação de despejo c.c. cobrança movida contra a locatária também os prejudica, nos termos do art. 204, §§ 1.° e 3.°, CC. Logo, sendo o prazo prescricional trienal, com reinício de contagem a partir do trânsito em julgado da sentença na ação de despejo, a prescrição deve ser afastada. A particularidade de os fiadores terem sido excluídos da execução de sentença não afeta o direito de promover a execução pautada na garantia contratual, porquanto o fundamento anterior foi decorrente da não participação na fase de conhecimento (Súmula 268, STJ). A litigância de má-fé não está caracterizada, pois não configurada conduta maliciosa da parte (TJSP; Apelação 1006060-03.2014.8.26.0609; Rel. Kioitsi Chicuta; 32ª Câmara de Direito Privado; Foro de Taboão da Serra – 2ª Vara Cível; j. 27.04.2017; Data de Registro: 28.04.2017).

Tribunal de Justiça de São Paulo. *Apelação. Locação de imóvel não residencial. Embargos à execução. Sentença de improcedência. Recurso que se limita a arguir prescrição da pretensão autoral e ilegitimidade passiva ad causam. Interrupção do curso do prazo prescricional pela citação dos locatários em ação de despejo cumulada com cobrança. Artigo 204, § 3º, do Código Civil. Interrupção da prescrição operada contra devedor principal prejudica o fiador. Trânsito em julgado da ação de despejo cumulada com cobrança ocorreu em maio de 2014. Inocorrência da prescrição. Inteligência do art. 206, § 3º, inciso I, do CC. Legitimidade passiva reconhecida. Suposta sublocação não afasta a responsabilidade do fiador pelos alugueres e demais encargos. Sentença mantida. Recurso desprovido. (TJSP; Apelação 1001838-42.2016.8.26.0602; Rel. Azuma Nishi; 25ª Câmara de Direito Privado; Foro de Sorocaba – 4ª Vara Cível; j. 22.06.2017; Data de Registro: 22.06.2017).*

3.11. SENTENÇA

Em todos os casos, procedente a ação, não é exclusivamente para a decretação do despejo. Mister se faz a desconstituição da relação jurídica locatícia, tanto é assim que a ação não perde o objeto tendo o locatário abandonado o imóvel durante a ação, o que é muito comum.

No que tange ao despejo propriamente dito, é sentença mandamental, ou condenatória, para quem não admite a quarta espécie.

Pede-se, portanto, a desconstituição da relação jurídica *ex locato*, com a consequente condenação no despejo. Na hipótese de o locatário abandonar o imóvel, requer-se a constatação do fato e a imissão na posse.

3.12. AÇÃO DE DESPEJO POR SUBLOCAÇÃO, CESSÃO OU EMPRÉSTIMO NÃO CONSENTIDO (ART. 13)

Art. 13. A cessão da locação, a sublocação e o empréstimo do imóvel, total ou parcialmente, dependem do consentimento prévio e escrito do locador.

§ 1º Não se presume o consentimento pela simples demora do locador em manifestar formalmente a sua oposição.

§ 2º Desde que notificado por escrito pelo locatário, de ocorrência de uma das hipóteses deste artigo, o locador terá o prazo de trinta dias para manifestar formalmente a sua oposição.

Ocorrendo uma das hipóteses do art. 13, haverá infração contratual, apta a autorizar a ação de despejo nos termos do art. 9º, II, da Lei 8.245/1991.

Convém notar que consentir não se confunde com assentir.

Sem o consentimento não se forma o contrato, vez que emana de quem é parte na avença (os condôminos consentem na venda integral de bem indivisível – sem o consentimento de um deles não se realizará a venda do todo).

Assentimento é anuência, autorização de quem não é parte no contrato (o condômino assente na venda de quota parte do outro para terceiro, que, ausente, é ineficaz durante seis meses – Código Civil, art. 504).

Para cessão da locação se faz necessário o consentimento. Todavia, para a sublocação ou empréstimo, o caso é de assentimento.

Interessante é o comentário seguinte, acerca do § 2º do referido artigo: *por outro lado o locatário interessado em sublocar ou emprestar não cometerá a imprudência de afrontar o locador comunicando-lhe ter sublocado ou emprestado o imóvel. Ou o locatário trata de obter o assentimento prévio ou corre o risco, na esperança de ver concretizada uma anuência tácita do locador. Será exemplo de santa ingenuidade comunicar a prática de uma infração agarrando-se na expectativa de que o locador não haja no prazo de trinta dias.*[60]

Outrossim, a locação de imóveis urbanos tem caráter *intuitu familiae*. Todavia, esta característica deve ser interpretada restritivamente, de tal sorte que permanecendo parentes não dependentes economicamente do locatário, configurar-se-á infração legal.

Segundo Tribunal de Alçada Civil de São Paulo. *Despejo – infração contratual – cessão não consentida – permanência de familiares no imóvel – dependência econômica não demonstrada – caracterização. Ao permitir a moradia no prédio locado de irmãos e cunhada não dependentes economicamente e sem o prévio consentimento do locador, incorre o locatário em flagrante violação do contrato (Apel. c/ rev. nº 364.643, 8ª Câm., rel. Juiz Renzo Leonardi, j. em 10.02.1994, JTA (Lex) 151/278).*

A demora do autor em promover a ação não pode ser entendida como aceitação:

Segundo Tribunal de Alçada Civil de São Paulo. *Despejo – infração contratual – cessão – inércia do locador que não importa em anuência tácita – caracterização – exegese do artigo 13, § 1º, da Lei 8.245/1991. A eventual inércia do locador não implica a presunção de tácito consentimento quanto à cessão de locação a terceiro, nos termos do § 1º, do artigo 13, restando caracterizada a infração contratual autorizadora do despejo (Apel. c/ rev. nº 394.895, 6ª Câm., rel. Juiz Paulo Hungria, j. em 25.05.1994. Referência: RT 629/187. No mesmo sentido: Apel. s/ rev. nº 437.527, 2ª Câm., rel. Juiz Vianna Cotrim, j. em 25.09.1995).*

Portanto, há no § 1º do art. 13 expressa exceção à aplicação da *supressio*, ou seja, a tolerância, aqui, não é considerada, pois o silêncio não gera assentimento tácito, tampouco gera o recebimento de alugueres (STJ, Recurso Especial nº 4.224/SP). Neste sentido:

Tribunal de Justiça de São Paulo. *Locação. Execução de aluguéis e encargos. Embargos à execução. Locatária e fiadores. Afirmativa de extinção da responsabilidade, ante a venda do estabelecimento comercial instalado no imóvel. Cessão da locação não comprovada. Desacolhimento. Recurso improvido. A cessão de locação pela locatária deve pressupor a existência de consentimento escrito do locador, não sendo admissível falar em anuência tácita. Assim, fixada a premissa de que a alegada cessão não surtiu qualquer efeito em relação à locadora, o vínculo contratual persiste incólume com as mesmas pessoas, remanescendo íntegra a responsabilidade da locatária e dos fiadores, ora embargantes, pelos aluguéis e encargos inadimplidos no período de vigência do contrato, ainda que terceiro estivesse ocupando o imóvel (Apelação 0022394-78.2012.8.26.0196 – Rel. Antonio Rigolin; Comarca: Franca; 31ª Câmara de Direito Privado; j. 03.06.2014; Data de registro: 03.06.2014).*

O silêncio não gera assentimento tácito, tampouco o recebimento de alugueres (STJ, Recurso Especial nº 4.224/SP (9000071925).

Nada obstante, a supressio pode ser considerada (a jurisprudência não admite).

---

60   Francisco Carlos Rocha de Barros, *Comentários à Lei do Inquilinato*. São Paulo: Saraiva, 1997, p. 81.

Discussão maior é a que envolve o recebimento de aluguéis pelo locador. Questiona-se se tal ato implicaria assentimento/consentimento.

Entendemos que o aluguel é o preço pela utilização do imóvel.

Com efeito, mesmo nos casos de cessão sem consentimento ou sublocação/empréstimo sem assentimento, o simples recebimento dos aluguéis não pode representar anuência, mormente se constar ressalva nos recibos.

O Superior Tribunal de Justiça já se manifestou sobre o assunto, com voto vencido:

Superior Tribunal de Justiça. Recurso Especial nº 4.224/SP (9000071925), decisão: por maioria, vencido o Sr. Ministro Athos Carneiro, conhecer do recurso e dar-lhe provimento, data da decisão: 04.12.1990, 4ª Turma. Locação. Rompimento da locação por morte do usufrutuário locador. A simples demora na propositura da ação de despejo e o recebimento de alugueres por parte do nu-proprietário não configura assentimento deste no prosseguimento da locação. Recurso Especial conhecido e provido. Relator: Ministro Barros Monteiro. DJ 22.04.1991, p. 4.792. Rogério Lauria Tucci e Álvaro Villaça Azevedo, Tratado de locação predial urbana, ed., 1990, p. 84.

O assunto é polêmico:

Tribunal de Alçada do Rio Grande do Sul. Apelação nº 196176663, 17.10.1996, 6ª Câmara Cível, relator: Marcelo Bandeira Pereira, Santa Cruz do Sul – ações de despejo e consignatória. Conexão. Sentença. Nulidade. Sublocação. Consentimento manifestado pelo reiterado recebimento de aluguéis. Manifesta é a conexão entre as ações de despejo por falta de pagamento de aluguéis e sublocação não consentida e a de consignação em pagamento manejada exatamente pelo sublocador. Ações cujo desate emergira da solução de ponto comum: legitimidade da sublocação. A íntima vinculação entre as ações exige que a parte produza, na audiência realizada nos autos de uma delas, prova completa do que lá alega, não lhe sendo dado, assim, queixar-se, após, pelo fato de a outra, julgada conjuntamente, não ter comportado audiência de instrução e julgamento. Cerceamento de defesa inocorrente. A falta de expresso e prévio consentimento da sublocação pode ser suprida por comportamento posterior do locador, consistente no recebimento dos aluguéis ofertados pelo sublocatário, a quem passou os recibos alusivos. Negado provimento. Unânime.

Por fim, resta saber se, no caso de empréstimo ou cessão sem assentimento, cabe a ação de despejo ou a ação de reintegração de posse.

A resposta é fornecida pela jurisprudência e, à luz da maioria, verifica-se que, não havendo rompimento do contrato de locação, a ação será de despejo, até em razão do art. 5º da Lei do Inquilinato. Se houvesse o rompimento da locação com a permanência de pessoas não autorizadas, seria o caso de reintegração de posse.

Em resumo, nesses casos a medida correta é o despejo em face do inquilino[61] e a execução do despejo em face do ocupante irregular.

Neste sentido:[62]

---

61   Ainda que tenha abandonado o imóvel. Anote-se, a propósito, o seguinte julgado:
     Tribunal de Justiça de São Paulo. Locação de Imóveis – Despejo por falta de pagamento – Abandono do imóvel antes da propositura da ação – Situação em que não se pode presumir o término do contrato – Necessidade de reconhecimento judicial do abandono e decreto de imissão na posse – Interesse de agir – Ocorrência – Recurso provido para anular sentença (1176984007, Apelação sem Revisão, Rel. Marcondes D'Angelo, São José dos Campos, 25ª Câmara de Direito Privado, j. 14.10.2008, Data de registro: 05.11.2008).

62   Verificam-se, ainda, os seguintes julgados sobre o tema:
     Tribunal de Justiça de São Paulo. Locação de imóveis. Despejo por falta de pagamento. Contrato de locação firmado pelos proprietários de imóvel localizado no denominado "Morro de Santa Maria" e seus moradores, ocupantes ilegais do bem, em decorrência de acordo firmado judicialmente em anterior ação de reintegração de posse. Casa ocupada por sobrinho do locatário/falecido. Inexistência de elementos de convicção a configurar eventual sub-rogação nos direitos e obrigações da relação locação, nos termos do art. 11, I da Lei 8.245/91. Prematura extinção do processo sem julgamento do mérito. Impossibilidade. Não se vislumbrando nos autos elementos de convicção suficientes para se aferir eventual sub-rogação

Tribunal de Justiça de São Paulo. *Agravo de instrumento. Locação de imóveis. Ordinária de Despejo. Sublocação ou ocupação irregular. Ausência de direito à proteção da posse. Desocupação do imóvel. Execução contra ocupante ou sublocatário irregular. Possibilidade. Decisão reformada. Recurso a que se dá provimento (1153062008, Agravo de Instrumento, Rel. Francisco Occhiuto Júnior, Jacareí, 32ª Câmara de Direito Privado, j. 03.04.2008, Data de registro: 07.04.2008).*

Consignou o relator:

Anoto, por oportuno, que não é o agravado quem está sendo despejado, e sim o imóvel que está sendo retomado, livre de pessoas e coisas que se encontrem em seu interior. Nesse sentido, o ilustre Desembargador Walter Zeni, desta Câmara, assim decidiu no agravo de instrumento nº 759.465-0/9: "Agravo de instrumento. Locação de imóveis. Despejo. Sublocação ou ocupação irregular. Ausência de direito à proteção da posse. Desocupação do imóvel. Liminar concedida. Admissibilidade. Decisão mantida. Sem consentimento prévio e escrito do tocador, não lhe é oponível a cessão irregular ou de fato do pacto sublocatício e subsequente posse, pois o cessionário não autorizado não passa de simples ocupante clandestino do imóvel ou mero intruso, não merecendo, pois, amparo a sua posse, devendo ser cumprido o mandado de despejo. Recurso improvido" (8ª Câmara do extinto 2º TAC, j. 03.10.2002).

A Lei do inquilinato prevê liminar no caso de morte e permanência de pessoas não autorizadas, obviamente em ação de despejo (Lei 8.245, art. 59, § 1º, IV – a morte do locatário sem deixar sucessor legítimo na locação, de acordo com o referido no inciso I do art. 11, permanecendo no imóvel pessoas não autorizadas por lei).

nos direitos e obrigações da relação locatícia nos termos do art. 11, I da Lei 8.245/91, em decorrência de eventual dependência econômica do atual ocupante do bem em relação ao locatário falecido, mostra-se precipitada a extinção do processo sem apreciação do mérito, denotando-se imprescindível, in casu, a regular instrução do feito. Recurso parcialmente provido (9208597-21.2000.8.26.0000, Apelação sem Revisão/Locação de Imóvel, Rel. Ruy Coppola, Santos, 8ª Câmara do Quarto Grupo (Extinto 2º TAC), j. 04.06.2004, Data de registro: 25.06.2004 – Outros números: 675406/6-00, 992.00.010348-8).

Neste julgado asseverou o relator:

É obrigação da locatária restituir a coisa à locadora constante do contrato, sendo seu dever também levar ao seu conhecimento as turbações por pretensão de terceiros, ainda que se pretendam fundadas em direito. Assim sendo, a alegação de que o imóvel está sendo ocupado por terceiro, estranho à relação contratual, e em se tratando de despejo por falta de pagamento, tal circunstância não obsta a execução da sentença. Acertada se mostrou a r. decisão agravada, portanto, em determinar o despejo, já que o mandado de desocupação deve ser executado contra quem quer que se encontre no imóvel, seja a que título for...

Igualmente o seguinte acórdão:

Tribunal de Justiça de São Paulo. *Sublocatário não consentido é ocupante irregular, tem interesse econômico, mas não interesse jurídico – Não havendo interesse jurídico do mero ocupante, não se acolhe seu pedido de intervenção no feito como assistente simples ou litisconsorcial do inquilino, em despejo por falta de pagamento – Agravo não provido (1263206001, Agravo de Instrumento, Rel. Silvia Rocha Gouvêa, Campinas, 28ª Câmara de Direito Privado, j. 28.04.2009, Data de registro: 01.06.2009).*

Todavia, em casos de desistência ou rompimento da locação, cabível a reintegração de posse:

Tribunal de Justiça de São Paulo. *Reintegração de Posse. Imóvel locado. Cessão ou sublocação irregular, sem consentimento prévio e por escrito do locador. Negócio que só produz efeitos entre as partes que o contrataram, não vinculando o locador. Esbulho configurado, pois o ocupante do imóvel entregue pelo locatário que, em seu favor, desistiu da locação, não passa de intruso, possuidor sem título. Ação procedente. Recurso não provido. A lei impõe ao locatário uma obrigação negativa, que é a de não ceder, sublocar ou emprestar o imóvel, sem o prévio consentimento escrito do locador (art. 13, Lei 8.245/91). Se isso é descumprido, é óbvio que não pode o cessionário ou sublocatário ilegítimo valer-se da infração legal e contratual para impor-se perante o locador. Logo, se o detentor do imóvel não estiver ligado ao senhorio por vínculo locatício, incabível será o despejo, ter-se-á esbulho, ensejando-se a reintegração de posse, pois o ocupante do imóvel entregue pelo locatário que, em seu favor, desistiu da locação, não passa de intruso, possuidor em título (9089232-02.2002.8.26.0000, Apelação com Revisão/Posse, Rel. Gilberto dos Santos, 11ª Câmara de Direito Privado, j. 15.12.2005, Data de registro: 02.01.2006 – Outros números: 1109275600, 991.02.024049-0).*

Ainda assim, sustenta Maria Helena Diniz, de modo diverso, afirmando ser opção do locador: *Se o detentor do imóvel não estiver ligado ao senhorio por vínculo locatício, incabível será o despejo, ter-se-á esbulho, ensejando-se a reintegração de posse. Na cessão da locação com infração contratual, o locador poderá propor ação de despejo contra o inquilino ou, então, reintegração de posse contra o intruso.*[63]

3.12.1. Modelo de ação de despejo por sublocação, cessão ou empréstimo não consentido

MM. Juízo da (...)

(...), por seus procuradores (documento 01), com escritório na (...), onde receberão intimações, vem, respeitosamente, perante Vossa Excelência, aforar, em face de (...), a competente

Ação de Despejo,

o que faz com supedâneo nos artigos 9º, II, e 13, da Lei 8.245, de 18 de outubro de 1991, e pelas razões de fato e de direito que, a seguir, articuladamente, passa a aduzir:

A autora celebrou com o réu, no dia (...), contrato de locação do imóvel localizado na (...), pelo prazo de 30 (trinta) meses e aluguel mensal de R$ (...) (documento 2).

A cláusula doze do referido pacto veda expressamente ao locatário a sublocação, cessão ou empréstimo, como, aliás, é disposição do art. 13 da Lei 8.245, de 18 de outubro de 1991.

Nada obstante, chegou ao conhecimento da autora que o imóvel foi sublocado, sem qualquer assentimento seu, ao Sr. (...), isso na exata medida em que este a procurou para efetuar o pagamento dos aluguéis e demais encargos, apresentando, inclusive, cópia do contrato de sublocação (documento 3).

Nesse sentido, resta cristalina a infração contratual e legal por parte do réu, autorizando a presente ação de despejo com supedâneo no art. 13 da Lei 8.245/1991.

Citação e do pedido

Isto posto, requer a autora:

a) Nos termos do art. 246 do CPC, a citação por meio eletrônico ou, não havendo cadastro, pelo correio (ou, ainda, justificando, por Oficial de Justiça, nos termos do § 1º-A, II, do art. 246 do CPC, facultando-se ao Sr. Oficial de Justiça encarregado da diligência proceder nos dias e horários de exceção (CPC, art. 212, § 2º), para eventual oferta de resposta no prazo de 15 (quinze) dias (art. 335 do Código de Processo Civil), sob pena de serem tidos por verdadeiros todos os fatos aqui alegados (art. 344 do Código de Processo Civil), devendo o respectivo mandado conter as finalidades da citação, as respectivas determinações e cominações, bem como a cópia do despacho do(a) MM. Juiz(a), comunicando, ainda, o prazo para resposta, o juízo e o cartório, com o respectivo endereço;

b) a ciência da presente ao sublocatário, Sr. (...) (art. 59, § 2º, da Lei 8.245/1991);[64]

Ex positis, requer, ainda, digne-se Vossa Excelência:

Julgar, ao final, procedente a ação, declarando extinta a relação *ex locato*, decretando o despejo, com a condenação do réu no pagamento de custas processuais e honorários de advogado.

Audiência de Conciliação

Nos termos do art. 334, § 5º, do Código de Processo Civil, o autor desde já manifesta, pela natureza do litígio, desinteresse em autocomposição.

Ou

Tendo em vista a natureza do direito e demonstrando espírito conciliador, a par das inúmeras tentativas de resolver amigavelmente a questão, o autor desde já, nos termos do art. 334 do

---

[63]   Maria Helena Diniz. Lei de Locações de Imóveis Urbanos Comentada. 7ª ed. São Paulo: Saraiva, 2003, p. 52.

[64]   Convém observar que não há necessidade dessa ciência, vez que, nos termos da Lei, apenas ao sublocatário legítimo dar-se-á ciência da ação.

Código de Processo Civil, manifesta interesse em autocomposição, aguardando a designação de audiência de conciliação.

Provas

Requer-se provar o alegado por todos os meios de prova em direito admitidos, incluindo perícia, produção de prova documental, testemunhal, inspeção judicial, depoimento pessoal sob pena de confissão caso o réu (ou seu representante) não compareça, ou, comparecendo, se negue a depor (art. 385, § 1º, do Código de Processo Civil).

Valor da causa

Dá-se à causa, o valor de R$ (...) (doze vezes o aluguel vigente).

Termos em que,

Pede deferimento.

Data

Advogado (OAB)

3.12.2. Alteração do quadro social da sociedade locatária

No caso de sociedade, mudando seu quadro social, a rigor não há falar-se em cessão não consentida, mormente que o art. 20 do vetusto Código Civil de 1916 preceituava que *as pessoas jurídicas têm existência distinta da dos seus membros*. Embora o atual Código Civil não traga disposição expressa, como fez o Código de 1916, a conclusão é a mesma e exsurge da interpretação a *contrario sensu* do art. 50.

Seja como for, com fundamento no art. 13 da Lei 8.245/1991, a cessão da locação depende de anuência do locador.

Neste sentido:

Tribunal de Justiça de São Paulo. *Ap. sem Revisão 962280800, 35.ª Câm., j. 16.04.2007, rel. Des. Clóvis Castelo, registro 18.04.2007: "Locação comercial. Cessão. Fundo de comércio. Anuência. Locador. A ausência de consentimento expresso do locador, pactuado no contrato, implica na clandestinidade da sublocação da cessão do fundo de comércio celebrada entre locatárias-cedentes e cessionários, portanto, não gera efeitos jurídicos em relação ao locador (LI, art. 13).*[65]

Assim, expediente muito comum utilizado por locatários que buscam burlar a proibição de cessão do contrato de locação sem a anuência do locador é a cessão das quotas ou do controle da sociedade locatária.[66]

---

[65] No mesmo sentido: *TJSP. Ap. c/ Revisão 759161800, Adamantina, 25.ª Câm., j. 19.12.2005, rel. Des. Amorim Cantuária, registro 03.01.2006: Locação não residencial. Embargos à execução. Extinção da fiança. Alienação do ponto comercial e do fundo de comércio. Transferência do imóvel locado a terceiro. Impossibilidade. Alegada anuência tácita do locador. Inadmissibilidade, ante a previsão contratual exigindo consentimento por escrito do locador. Inteligência do art. 13 da Lei 8.245/1991. Exoneração dos garantes. Descabimento. Inadmissível a pretendida extinção de fiança pelos garantes de obrigação locatícia, ou mesmo de sua exoneração, sob a alegação de haver o locador consentido tacitamente com a cessão do imóvel locado pelo locatário a terceiro, haja vista a existência de cláusula contratual prevendo a necessidade de prévio consentimento por escrito do locador, bem como da regra acolhida pelo art. 13 da Lei 8.245/1991.*

[66] De acordo com a justificação do projeto: *O texto inserido no novo § 3.º do art. 13 reforça o caráter personalíssimo também das locações não residenciais, usualmente celebradas com pessoas jurídicas. Busca-se evitar que manobras societárias permitam ao locatário transferir, indiretamente, a locação a terceiros, burlando o legítimo direito de o locador escolher a quem deseja locar seu imóvel. Observe-se que já é da tradição do direito brasileiro que a cessão da locação só é possível quando autorizada pelo locador, conforme estabelece o* caput *do artigo.*

Tal expediente astucioso para embair a média argúcia, caso fosse mantida a redação aprovada na Lei 12.112/2009 para o art. 13 da Lei 8.245/1991, seria considerado expressamente como cessão da locação. Todavia, a alteração proposta foi vetada.[67]

Nada obstante, caso o locador pretenda regular a questão, deverá fazê-lo por cláusula contratual que disporá sobre a equiparação da cessão das quotas sociais à cessão da locação,[68] de tal sorte a demandar a autorização do locador.

Nesse sentido:

> **Segundo Tribunal de Alçada Civil de São Paulo**. *Despejo – infração contratual – cessão de cotas da sociedade locatária – cláusula proibitória livremente pactuada – violação – caracterização. Não há vedação na Lei 8.245, de 18.10.1991, para que as partes estipulem a exigência do prévio consentimento do locador para prosseguimento do contrato locativo – firmado intuitu personae em relação aos sócios da locatária – quando houver alteração do quadro social. Configura infração contratual a falta desse consentimento ensejando a rescisão e o consequente despejo (Apel. s/ rev. nº 511.924, 2ª Câm., rel. Juiz Norival Oliva, j. em 16.02.1998. No mesmo sentido: JTA (RT) 111/398, Apel. c/ rev. nº 327.443, 6ª Câm., rel. Juiz Eros Piceli, j. em 15.06.1992. 2. Em sentido contrário: JTA (RT) 118/429(em.), Apel. c/ rev. nº 236.523, 4ª Câm., rel. Juiz Telles Correa, j. em 20.06.1989).*

Nesta eventualidade, com a previsão no contrato, caso não haja a anuência do locador, tratar-se-á de infração contratual pela locatária, o que permitirá o despejo.

Assim, a cessão das quotas será, em razão de previsão contratual, cessão da locação por equiparação. Com isso, por se tratar propriamente de infração contratual (art. 9.º, II), ensejará ação de despejo que deve ser dirigida à locatária original, ou seja, à pessoa jurídica, que será citada na pessoa de seus representantes legais atuais.

Qualquer direito da sociedade locatária em face dos anteriores sócios será resolvida em ação autônoma, não cabendo discussão na ação de despejo por infração contratual movida pelo locador em face da sociedade locatária.

Outrossim, é preciso observar, nos termos do art. 51, § 1.º, da Lei do Inquilinato,[69] que o direito assegurado aos locatários de propor ação renovatória, quando cabível, poderá ser exercido pelos seus cessionários ou sucessores.

Na verdade, o titular clássico da ação renovatória é o locatário, titular do fundo de comércio, seja ele pessoa física (empresário individual) ou jurídica.

---

[67] Eis as razões do veto: *Não é possível confundir a estruturação societária da pessoa jurídica, que, independentemente da formação do quadro de sócios, tem personalidade jurídica própria, com o contrato de locação havido entre o locador e a própria pessoa jurídica. Ou seja, em outras palavras, o contrato de locação firmado entre locador e pessoa jurídica não guarda qualquer relação de dependência com a estruturação societária de pessoa jurídica locatária, considerando, essencialmente, a distinção da personalidade jurídica de cada um (sócios e a própria pessoa jurídica), conferida pelo ordenamento jurídico pátrio para cada um dos entes. Além do mais, cabe registrar que exigências assim impediriam ou dificultariam sobremaneira operações societárias de transferência de cotas sociais ou ações de sociedades empresárias, tal como, exemplificativamente, a incorporação, fusão ou aquisição da participação majoritária de grandes empresas.*

[68] Sugerimos a seguinte redação: "A cessão de quotas da sociedade locatária é equiparada, pela vontade das partes contratantes, à cessão da locação, obrigando-se a locatária, sob pena de infração contratual e despejo, a colher a anuência expressa e por escrito do locador para continuidade da locação com a nova composição societária."

[69] "Art. 51. Nas locações de imóveis destinados ao comércio, o locatário terá direito a renovação do contrato, por igual prazo, desde que, cumulativamente: I – o contrato a renovar tenha sido celebrado por escrito e com prazo determinado; II – o prazo mínimo do contrato a renovar ou a soma dos prazos ininterruptos dos contratos escritos seja de 5 (cinco) anos; III – o locatário esteja explorando seu comércio, no mesmo ramo, pelo prazo mínimo e ininterrupto de 3 (três) anos. § 1.º O direito assegurado neste artigo poderá ser exercido pelos cessionários ou sucessores da locação; no caso de sublocação total do imóvel, o direito a renovação somente poderá ser exercido pelo sublocatário. (...)"

Todavia, a pretensão renovatória poderá também ser exercida pelo cessionário, que é aquele a quem o locatário transfere a locação.

Mas de que cessão está tratando a lei, quando discute a ação renovatória e da legitimidade para sua propositura?

Cediço que a cessão poderá ser do fundo de comércio, que não está abarcada pela restrição do art. 13 – e nem poderia sê-lo –, inexigindo anuência do locador.

Hipótese diversa é a cessão da locação, que exige anuência expressa do locador.[70]

É verdade que a cessão pode ser autorizada no contrato e, nessa hipótese, por evidente, autorizada estará.

Todavia, mister se faz acentuar que, na cessão da locação desprovida da cessão do fundo de comércio, o locatário não poderá pleitear a renovação, na exata medida em que não dispõe de fundo de comércio a ser protegido.

Igualmente, o cessionário apenas do fundo de comércio não poderá exercer a renovatória sem que tenha obtido a cessão da locação, vez que não é locatário, posto que não se reconhece a cessão.

Destarte, aí está mais um motivo para que o titular de fundo de comércio e locação protegida pela possibilidade de ação renovatória tome a cautela de colher a anuência do locador antes de operar a cessão da locação, ainda que seja previamente por cláusula contratual.

3.12.3. Modelo de petição inicial de ação de despejo por cessão da locação em razão da cessão das quotas sociais

MM. Juízo da (...).

(...), por seus procuradores (documento 1), com escritório na (...), onde receberão intimações, vem, respeitosamente, perante Vossa Excelência, aforar, em face de (...),

a competente

Ação de despejo,

o que faz com supedâneo nos arts. 9º, II, e 13, da Lei 8.245, de 18 de outubro de 1991, e pelas razões de fato e de direito que, a seguir, articuladamente, passa a aduzir:

A autora celebrou com a ré, no dia (...), contrato de locação do imóvel localizado na Rua (...), pelo prazo de (...) e aluguel mensal de R$ (...).

A cláusula doze do referido pacto veda expressamente à locatária a sublocação, cessão ou empréstimo, como, aliás, é disposição do art. 13, da Lei 8.245, de 18 de outubro de 1991, e equipara a cessão de quotas sociais à cessão da locação, exigindo, sob pena de infração contratual, a anuência prévia da locadora.

Nada obstante, chegou ao conhecimento da autora que houve cessão das quotas sociais (documento 3).

Nesse sentido, resta cristalina a infração contratual por parte da ré, autorizando a presente ação de despejo com supedâneo nos arts. 9º, II, e 13, da Lei 8.245/1991.

Citação e pedido

Isto posto, requer a autora:

---

[70] Neste sentido: "Sucessão. Fundo de comércio. Distingue-se sucessão na titularidade do fundo de comércio da sucessão na posição do contratante locatário. São negócios jurídicos diferentes, não se confundem nem são interdependentes. Para a primeira dispensável a concordância expressa do locador. Para a segunda a anuência é obrigatória. Não havendo consentimento expresso do locador na cessão da locação ela não se presume. (Apelação Sem Revisão 574938000 – Relator: Des. Irineu Pedrotti – Comarca: São José dos Campos – 10ª Câmara do extinto 2º TAC – SP – j. 05.04.2000 – Data de registro: 07.04.2000).

a) Seja a ré citada, por intermédio do Sr. Oficial de Justiça, com os permissivos do art. 212, § 2°, do Código de Processo Civil,[71] para que, no prazo da lei, ofereça a defesa que tiver, sob pena de aplicar-lhe os efeitos da revelia;

b) A ciência do fiador, Sr. (...).

Ex positis, requer, ainda, digne-se Vossa Excelência:

c) Julgar, ao final, procedente a ação, declarando extinta a relação *ex locato,* decretando o despejo, com a condenação da ré no pagamento de custas processuais e honorários de advogado.

Audiência de Conciliação

Nos termos do art. 334, § 5°, do Código de Processo Civil, o autor desde já manifesta, pela natureza do litígio, desinteresse em autocomposição.

Ou

Tendo em vista a natureza do direito e demonstrando espírito conciliador, a par das inúmeras tentativas de resolver amigavelmente a questão, o autor desde já, nos termos do art. 334 do Código de Processo Civil, manifesta interesse em autocomposição, aguardando a designação de audiência de conciliação.

Provas

Requer-se provar o alegado por todos os meios de prova em direito admitidos, incluindo perícia, produção de prova documental, testemunhal, inspeção judicial, depoimento pessoal sob pena de confissão caso o réu (ou seu representante) não compareça, ou, comparecendo, se negue a depor (art. 385, § 1°, do Código de Processo Civil).

Valor da causa

Dá-se à causa o valor de R$ (...) (doze vezes o aluguel vigente).

Termos em que,

Pede deferimento.

(Local e data)

(Nome do advogado e número de inscrição na OAB)

3.13. PEDIDO DE ASSISTÊNCIA DO SUBLOCATÁRIO

Qualquer que seja o fundamento da ação de despejo, será dada ciência ao sublocatário, que poderá intervir, querendo, como assistente (Lei 8.245/1991, art. 59, § 2°).

Todavia, convém observar que o sublocatário, de que trata o dispositivo, é o sublocatário legítimo, autorizado.

Aquele que se encontra no imóvel locado sem autorização expressa do locador é intruso, o que configura, inclusive, ilícito civil autorizador da ação de despejo.

Portanto, esse intruso não poderá ingressar no processo como assistente, ficando despido de qualquer proteção legal em razão da ação de despejo do locador.

É verdade que poderá, ao depois, desde que demonstre boa-fé, ingressar com ação pleiteando perdas e danos do sublocador que não poderia sublocar.

A assistência de que trata o art. 59, § 2°, da Lei 8.245/1991 é a assistência simples, não litisconsorcial.

Com efeito, o assistente não litiga por direito seu. Apenas possui interesse jurídico no deslinde favorável ao assistido – que o beneficia –, apesar de não estar sendo discutido o seu direito.[72]

---

[71] É possível substituir pelo termo "por via postal", caso essa forma esteja autorizada no contrato.

[72] Celso Agrícola Barbi, *Comentários ao Código de Processo Civil,* vol. I, tomo I, p. 290.

Por outras palavras, o assistente possui interesse no êxito do assistido na demanda. Entrementes, não discute o seu direito e, tampouco, a sua relação jurídica.

É que, nos termos do art. 15 da Lei 8.245/1991, terminada a locação, terminam as sublocações, inclusive com possibilidade de despejo liminar em face do sublocatário.

Juntado o pedido de assistência, o juiz mandará ouvir as partes (autor e réu) para que, no prazo de 5 (cinco) dias, manifestem discordância ao pedido, valendo o silêncio como aceitação da assistência requerida.

Impugnado ou não o pedido, o juiz decidirá em mais cinco dias, podendo ouvir testemunhas.

A impugnação será autuada em apenso, juntando-se o pedido de assistência.

A decisão acerca do pedido de assistência é interlocutória, desafiando recurso de agravo.

Tratando-se de assistência simples, o assistente não poderá agir contra o assistido.

Somente admitir-se-á a ampliação de sua participação, como gestor de negócios, no caso de revelia do assistido, isso nos termos dos arts. 861 a 875 do Código Civil.

Coisa julgada não atinge o assistente que, se for desalojado, poderá agir regressivamente e pleitear perdas e danos do sublocador.

3.13.1. Modelo

MM. Juízo da (...)

(...) residente e domiciliado na (...), por seus procuradores (documento 01), com escritório na (...), onde receberão intimações, nos autos da Ação de Despejo que (nome do Autor) promove em face de (nome do réu), vem respeitosamente diante de Vossa Excelência, com fundamento no art. 59, § 2º, da Lei 8.245, de 18 de outubro de 1991 e art. 119 e seguintes do Código de Processo Civil, requerer digne-se Vossa Excelência de admiti-lo como Assistente do Réu, pelas razões de fato e de direito que, a seguir, passa a expor:

O requerente, ao revés do que afirma a autora, é sublocatário legítimo do imóvel localizado na (...) (documento 2).

Em verdade, nada obstante a cláusula doze do contrato celebrado entre a autora e o réu, posteriormente foi obtida autorização expressa para que fosse celebrada a sublocação (documento 3).

Assim, o requerente não entende o motivo da presente ação em face do sublocador, ora réu, que lhe fora cientificada.

Outrossim, resta evidente que o requerente, na qualidade de sublocatário legítimo, tem interesse jurídico de que a sentença favoreça o réu, para que subsista a relação *ex locato*, o que o torna parte absolutamente legítima para intervir no processo como assistente adesivo.

Ante o exposto, requer digne-se Vossa Excelência de mandar ouvir as partes, para que, no prazo de 15 (quinze) dias, manifestem sua concordância com o presente requerimento ou impugnem o pedido, decidindo a matéria em igual prazo, admitindo a assistência, mesmo no caso de impugnação, autorizando, assim, que o requerente atue no processo como assistente, exercendo os mesmos poderes e sujeitando-se aos mesmos ônus processuais do assistido, atuando como gestor de negócios no caso de revelia.

Termos em que,

Pede deferimento.

Data.

Advogado (OAB)

3.14. AÇÃO DE DESPEJO POR EXTINÇÃO DA SUBLOCAÇÃO COM PEDIDO LIMINAR (ARTS. 14, 15, 16 E 59)[73]

Com fundamento no art. 15 da Lei 8.245/1991, possível a ação de despejo em razão do término da locação, movida pelo locador em face do sublocatário nos termos do que dissemos alhures, no capítulo 1, onde tratamos das sublocações.

Nesta medida:

MM. Juízo da (...)

(...), por seus procuradores (documento 01), com escritório na (...), onde receberão intimações, vem, respeitosamente, perante Vossa Excelência, aforar, em face de (...), a competente

Ação de despejo com pedido liminar,

o que faz com supedâneo no artigo 15, cumulado com o art. 59, § 1º, V, da Lei 8.245 de 18 de outubro de 1991, e pelas razões de fato e de direito que, a seguir, articuladamente, passa a aduzir:

Autora celebrou com o réu, no dia (...) contrato de locação do imóvel localizado nesta Capital de São Paulo, na Rua (...) (documento 02), pelo prazo de 30 (trinta) meses, mediante aluguel mensal de R$ (...).

Decorridos 12 (doze meses) de locação, o locatário solicitou consentimento da autora para sublocar o imóvel ao réu, autorização que foi concedida conforme se observa do documento anexo (documento 3).

Ocorre que, no último dia (...), o então locatário e a autora resolveram, de comum acordo, resilir a locação (documento 4), tendo o inquilino se obrigado a devolver as chaves em 3 (três) meses.

Decorridos mais de 3 (três) meses, nenhuma providência foi tomada para a devolução das chaves do imóvel objeto do contrato entre as partes.

Mesmo sem que haja qualquer exigência legal (art. 15 da Lei 8.245/1991), *ad cautelam*, no dia (...), a autora notificou o réu para que desocupasse o imóvel em 30 (trinta) dias.

Decorrido *in albis* o prazo concedido, sem que houvesse a devolução, não restou outra alternativa à autora senão ingressar com a presente ação.

Citação e pedido

Isto posto, requer a autora:

a) seja concedida desocupação liminar do imóvel, com prazo de 15 dias, independentemente da oitiva do réu, deferindo o depósito judicial, a título de caução, de 3 (três) aluguéis, nos termos do § 1º, do art. 59, da Lei 8.245/1991;

b) seja o réu citado, por meio eletrônico ou, não havendo cadastro, pelo correio (*ou, ainda, justificando, por Oficial de Justiça, nos termos do § 1º-A, II, do art. 246 do CPC, facultando-se ao Sr. Oficial de Justiça encarregado da diligência proceder nos dias e horários de exceção (CPC, art. 212, § 2º)*, para que, no prazo da lei, ofereça a defesa que tiver, sob pena de aplicar-lhe os efeitos da revelia, comunicando-lhe, inclusive, a liminar concedida, intimando-o do prazo de 15 dias para desocupação voluntária (Lei 8.245/1991, arts. 59, § 1º, V, e 65);[74]

c) a ciência da presente a eventuais ocupantes e sublocatários (art. 59, § 2º, da Lei 8.245/1991);

Ex positis, requer, ainda, digne-se Vossa Excelência de:

Julgar, ao final, procedente a ação, declarando extinta a relação *ex locato*, confirmando a liminar, decretando em definitivo o despejo, com a condenação do réu no pagamento de custas processuais e honorários de advogado.

---

[73] No caso de sublocatário legítimo, o remédio para defesa da posse consistirá nos embargos de terceiro.

[74] Waldir de Arruda Miranda Carneiro, *Anotações à Lei do Inquilinato*, São Paulo: Revista dos Tribunais, 2000, p. 479.

Audiência de Conciliação

Nos termos do art. 334, § 5º, do Código de Processo Civil, o autor desde já manifesta, pela natureza do litígio, desinteresse em autocomposição.

Ou

Tendo em vista a natureza do direito e demonstrando espírito conciliador, a par das inúmeras tentativas de resolver amigavelmente a questão, o autor desde já, nos termos do art. 334 do Código de Processo Civil, manifesta interesse em autocomposição, aguardando a designação de audiência de conciliação.

Provas

Requer-se provar o alegado por todos os meios de prova em direito admitidos, incluindo perícia, produção de prova documental, testemunhal, inspeção judicial, depoimento pessoal sob pena de confissão caso o réu (ou seu representante) não compareça, ou, comparecendo, se negue a depor (art. 385, § 1º, do Código de Processo Civil).

Valor da causa

Dá-se à causa, o valor de R$ (...) (doze vezes o aluguel vigente).

Termos em que,

Pede deferimento.

Data

Advogado (OAB)

3.15. AÇÃO DE DESPEJO POR INFRAÇÃO DE MÚTUO ACORDO (ART. 47, I, C/C ARTS. 9º, I, E 59, § 1º, I)

Assim como as partes celebram o contrato, lhes é facultado dissolvê-lo através da chamada resilição bilateral ou distrato.[75]

A Lei 8.245/1991 denominou a resilição bilateral de *mútuo acordo para desfazer a locação.*

Não importa o prazo que tenha sido concedido para desocupação, que deverá ser respeitado, desde que, por óbvio, o acordo atenda aos requisitos impostos a qualquer ato jurídico, quais sejam: aqueles enumerados no art. 104, do atual Código Civil (agente capaz, objeto lícito, possível, determinado ou determinável e forma não defesa em lei), além do determinado pelo art. 472, do Código Civil, segundo o qual *o distrato faz-se pela mesma forma exigida para o contrato.*[76]

> **Segundo Tribunal de Alçada Civil de São Paulo**. *Locação – contrato escrito – rescisão verbal – inadmissibilidade. Inaceitável qualquer alegação de pacto verbal resilindo o contrato escrito vigorante entre as partes, pois distrato se faz pela mesma forma que o contrato (art. 1.093, do Código Civil) (Apel. c/ rev. nº 402.711, 11ª Câm., rel. Juiz Mendes Gomes, j. em 1º.09.1994. No mesmo sentido: JTA (Lex) 170/384).*

Ocorre que, se esse prazo for inferior a seis meses, não caberá liminar na ação de despejo (art. 59, § 1º, I), seguindo a ação o rito ordinário tradicional.

De fato, tendo sido o acordo celebrado por escrito, assinado pelas partes e por duas testemunhas, fixando prazo mínimo de seis meses para desocupação, será possível liminar para execução em quinze dias.

O distrato é irrevogável, cabendo apenas arguição de nulidade nos termos dos arts. 166 e 171 do Código Civil.

---

[75] Extinção do contrato por causa superveniente à sua formação, que pode ser bilateral ou unilateral (no caso, denúncia imotivada).

[76] Princípio do paralelismo das formas.

Não há necessidade de que os sublocatários, mesmo legítimos, participem do distrato, vez que entre estes e o locatário não há relação jurídica direta. Assim a extinção da locação acarreta a extinção da sublocação, a teor do que dispõe o art. 15 da Lei 8.245/1991.

São devidos aluguéis durante o prazo para desocupação, sem que se configure novação, mormente que entendimento contrário representaria enriquecimento ilícito do locatário. Nada obsta que haja exoneração do pagamento no instrumento de distrato.

É conveniente, entretanto, que essas circunstâncias fiquem claras no documento firmado entre as partes.

No caso em tela, por fim, surge a inevitável questão acerca da conveniência de se estabelecer no distrato o longo prazo de seis meses para desocupação, com possibilidade de liminar, ou prazo bem inferior, v.g., trinta dias, permitindo ao locador, desde logo, aparelhar a pretensão referente ao despejo.

A prática forense tem demonstrado que é mais conveniente a primeira hipótese, ou seja, estabelecer o prazo de seis meses para contar com a liminar de desocupação em quinze dias.

A petição inicial, preenchendo os requisitos do art. 319 do Código de Processo Civil, deverá incluir pedido destacado de concessão de liminar (se o caso).

Discute-se acerca da alegação, em contestação, do vício de vontade, redarguindo alguns que seria necessária ação própria para alegá-lo.[77]

Razão lhes assiste, vez que os vícios decorrentes do art. 172 do Código Civil (agente relativamente incapaz, erro, dolo, coação, estado de perigo, lesão ou fraude contra credores) tornam o contrato meramente anulável, de tal sorte que mister se faz ação declaratória de nulidade de ato jurídico, não bastando simples alegação em contestação.

Admissível reconvenção.[78]

3.15.1. Modelo de ação de despejo por infração de mútuo acordo com pedido de desocupação liminar

MM. Juízo da (...)

(...), por seus procuradores (documento 01), com escritório na (...), onde receberão intimações, vem, respeitosamente, perante Vossa Excelência, aforar, em face de (...), a competente

Ação de despejo com pedido de desocupação liminar,

o que faz com supedâneo nos artigos 9º, I, e 59, § 1º, I, da Lei 8.245/1991, e pelas razões de fato e de direito que, a seguir, articuladamente, passa a aduzir:

A autora locou ao réu o imóvel residencial localizado na Rua (...).

O referido imóvel foi locado ao réu no dia (...), por contrato escrito, com prazo de 30 (trinta) meses, que se encontra prorrogado por prazo indeterminado.

O aluguel ajustado, atualmente, é equivalente a R$ (...) mensais.

Ocorre que, não convindo mais manter a locação, as partes celebraram, no dia (...), por escrito, acordo para resilir o contrato de locação firmado pelas partes e duas testemunhas.

---

77 Sylvio Capanema de Souza, *Da ação de despejo*. Rio de Janeiro: Forense, 1994, p. 211.

78 ***Tribunal de Alçada do Rio Grande do Sul***. *Apelação nº 196.186.985, 13.11.1996, 7ª Câmara Cível, relator: Ricardo Raupp Ruschel, Porto Alegre. Ação de despejo por infração contratual (falta de pagamento). Litigância de má-fé. Penalidade do art. 1.531 do CC. A falta de pagamento dos locativos e encargos, infração contratual de relevância acentuada, recebeu tratamento específico na Lei do Inquilinato, onde permitida a purga da mora, o que afasta a rescisão do contrato. Sustentar tese contra texto expresso de lei, insistindo temerariamente no prosseguimento do feito, após o pagamento devido, constitui-se em litigância de má-fé. A sanção do art. 1.531 do CC só é cabível quando demonstrado dolo ou culpa da parte, devendo ser o pedido instrumentalizado através de reconvenção ou ação própria. Apelações desprovidas.*

No referido acordo, foi estipulada a desocupação no prazo de 6 (seis) meses, que já se expirou no último dia (...), sem que houvesse cumprimento do que foi avençado.

Assim, decorrido *in albis* o prazo para desocupação, não restou alternativa à autora senão ingressar com a presente ação.

Citação e pedido

Isto posto, requer a autora:

a) seja concedida desocupação liminar do imóvel, com prazo de 15 dias, independentemente da oitiva do réu, deferindo o depósito judicial, a título de caução, de 3 (três) aluguéis, nos termos do § 1º, I, do art. 59 da Lei 8.245/1991;

b) seja o réu citado, por meio eletrônico ou, não havendo cadastro, pelo correio (*ou, ainda, justificando, por Oficial de Justiça, nos termos do § 1º-A, II, do art. 246 do CPC, facultando-se ao Sr. Oficial de Justiça encarregado da diligência proceder nos dias e horários de exceção (CPC, art. 212, § 2º)*, para que, no prazo da lei, ofereça a defesa que tiver, sob pena de aplicar-lhe os efeitos da revelia, comunicando-lhe, inclusive, a liminar concedida, intimando-o do prazo de 15 dias para desocupação voluntária (Lei 8.245/1991, art. 65);[79]

c) a ciência da presente a eventuais ocupantes e sublocatários (art. 59, § 2º da Lei 8.245/1991;

Ex positis, requer, ainda, digne-se Vossa Excelência:

Julgar, ao final, procedente a ação, declarando extinta a relação *ex locato*, confirmando a liminar, decretando em definitivo o despejo, com a condenação do réu no pagamento de custas processuais e honorários de advogado.

Audiência de Conciliação

Nos termos do art. 334, § 5º, do Código de Processo Civil, o autor desde já manifesta, pela natureza do litígio, desinteresse em autocomposição.

Ou

Tendo em vista a natureza do direito e demonstrando espírito conciliador, a par das inúmeras tentativas de resolver amigavelmente a questão, o autor desde já, nos termos do art. 334 do Código de Processo Civil, manifesta interesse em autocomposição, aguardando a designação de audiência de conciliação.

Provas

Requer-se provar o alegado por todos os meios de prova em direito admitidos, incluindo perícia, produção de prova documental, testemunhal, inspeção judicial, depoimento pessoal sob pena de confissão caso o réu (ou seu representante) não compareça, ou, comparecendo, se negue a depor (art. 385, § 1º, do Código de Processo Civil).

Valor da causa

Dá-se à causa, o valor de R$ (...) (doze vezes o aluguel vigente).

Termos em que,

Pede deferimento.

Data.

Advogado (OAB)

3.16. AÇÃO DE DESPEJO POR INFRAÇÃO LEGAL OU CONTRATUAL (ART. 47, I, C/C ART. 9º, II)

O contrato de locação é classificado como bilateral, ou seja, impõe direitos e obrigações para ambas as partes, formando um sinalagma.[80]

---

[79] Waldir de Arruda Miranda Carneiro, *Anotações à lei do inquilinato*. São Paulo: Revista dos Tribunais, 2000, p. 479.

[80] É evidente que todo o contrato, quanto aos polos, é bilateral. A classificação em unilateral e bilateral imposta aos contratos diz respeito à reciprocidade ou não de obrigações. Assim, se apenas uma se obriga, diz-se que o contrato é unilateral.

Ensina Silvio Rodrigues:

O que é relevante considerar, no contrato bilateral, é que a prestação de uma das partes tem por razão de ser, e nexo lógico, a prestação do outro contratante. Melhor se diria que a obrigação de um contratante tem como causa a prestação do outro contratante. Cada uma das partes é a um tempo credora e devedora da outra e a reciprocidade acima apontada constitui a própria característica desta espécie de negócio.[81]

Destarte, havendo infração de uma obrigação ou dever legal,[82] nos termos do art. 9º, II, da Lei 8.245/1991, autorizado estará o despejo ou o desfazimento do vínculo obrigacional.

Os deveres legais impostos ao locador e ao locatário estão espalhados por toda a Lei 8.245/1991, como, por exemplo, o dever de não ceder, emprestar ou sublocar o imóvel sem o consentimento ou assentimento do locador.

Entretanto, há uma concentração maior de deveres nos arts. 22 e 23, que já estudamos no Capítulo I deste Livro VII, o que não afasta deveres outros, impostos pelo Código Civil e legislação extravagante.

Portanto, se o infrator for o locatário, autorizado estará o despejo. A recíproca é verdadeira, de tal sorte que, se o locador for o infrator, o locatário estará autorizado, pelos meios ordinários, a ingressar com ação para desfazer o vínculo, cumulando, se for o caso, com pedido de indenização.

Muito se discute acerca da possibilidade de aparelhamento da ação de despejo por infração que já cessou.

A jurisprudência não é uniforme.

Se a infração cessou, sem deixar vestígios, seria excessivo rigor impor o despejo.

Podemos exemplificar. O locatário: a) emprestou o imóvel, mas já tratou de retomá-lo; b) causou danos, mas já os reparou sem deixar vestígios.

Vejamos um exemplo:

Tribunal de Alçada do Rio Grande do Sul. *Apelação nº 189.079.692, 12.10.1989, 4ª Câmara, relator: Jauro Duarte Gehlen, Porto Alegre. Despejo – infração contratual – atividade artesanal em apartamento – improcedência. Não demonstrado que a atividade artesanal desenvolvida no apartamento pela inquilina configurasse alteração da destinação do imóvel, que continuou sendo precipuamente a residencial, e cessada ela assim que o condomínio a isso se opôs através de abaixo assinado, não se acolhe tal fato como justificador de despejo por infração ao contrato de locação. Inexiste a gravidade para autorizar essa medida extrema, máxime quando mitigada essa conduta irregular, pela necessidade de aumentar a inquilina a renda familiar para a subsistência de seus familiares, vez que não podia trabalhar fora do lar em razão da sua condição de paraplégica. No mesmo sentido: RT 622/149.*

A solução dependerá de cada caso concreto. Todavia, com respaldo em autorizada doutrina, entendemos que se a infração cessou após o aforamento da ação, via de regra a ação deve ser julgada procedente.

É o caso do empréstimo não assentido que, após o ajuizamento da ação, enseja a retirada do ocupante pelo locatário.

Não se faz mister prévia notificação, vez que nesse caso a mora é *ex re*.

---

[81]   Silvio Rodrigues, *Direito Civil*, 20ª ed. São Paulo: Saraiva, 1991, vol. 3, p. 29.

[82]   A Lei 8.245/1991, embora com muitos pontos positivos, às vezes é hilária. O art. 9º, II, menciona "infração legal". Ora, como pode ser cometida uma "infração legal"? Por isso, melhor dizer infração a um dever ou obrigação legal.

Caso frequente é a infração às normas contidas em convenção condominial, ensejando o despejo.

Embora não estejam contidas no contrato, essas normas representam um dever legal do locatário (art. 23, X), principalmente ante ao caráter institucional normativo da Convenção.[83]

Há julgado entendendo que essa infração deve ter motivado a reação do condomínio:

> **Segundo Tribunal de Alçada Civil de São Paulo**. *Despejo – infração contratual – desobediência às regras condominiais – reação expressa do condomínio – ausência – inadmissibilidade. A infração contratual locatícia por desobediência às regras condominiais deve ser de tal maneira grave que provoque a justificada reação do condomínio quanto à presença do locatário no seio da coletividade (Apel. c/ rev. nº 341.116, 2ª Câm., rel. Juiz Ferraz de Arruda, j. em 14.06.1993, in JTA (Lex) 145/302).*

Há entendimento doutrinário segundo o qual o condomínio pode ingressar com ação de preceito cominatório (obrigação de fazer), para compelir o locador a ingressar com ação de despejo em face do locatário, ante a infração por ele cometida.[84]

Outrossim, condenações penais sem qualquer relação com a locação não ensejam o despejo.

Por exemplo: condenação do locatário por estelionato não enseja o despejo. Entretanto, se há condenação por prática reiterada de aborto no imóvel, poderá o locador ingressar a ação com supedâneo no mau uso (art. 23, II).

3.16.1. Modelo de ação de despejo por desvio de uso do imóvel (art. 23)

MM. Juízo da (...)

(...), por seus procuradores (documento 01), com escritório na (...), onde receberão intimações, vem, respeitosamente, perante Vossa Excelência, aforar, em face de (...), a competente

Ação de despejo,

o que faz com supedâneo nos artigos 9º, II, e 23, II, da Lei 8.245/1991, e pelas razões de fato e de direito que, a seguir, articuladamente, passa a aduzir:

A autora, no dia (...), locou ao réu o imóvel residencial localizado na Rua (...), por contrato escrito, com prazo de 30 (trinta) meses, que se encontra prorrogado por prazo indeterminado (documento 2).

O aluguel atual corresponde a R$ (...) mensais.

A cláusula 13 do referido contrato estipula, claramente, que o imóvel locado foi destinado para fins exclusivamente residenciais.

Entretanto, ao contrário do que se obrigou, o réu instalou no local uma empresa de consultoria, recebendo diversos clientes, o que, inclusive, motivou o condomínio a enviar carta de advertência (documento 3).

Oportuno se torna dizer que o prédio onde se encontra o imóvel locado é exclusivamente residencial, conforme faz prova a inclusa cópia da convenção condominial (documento 4).

Cometeu, assim, o locatário, ora réu, grave infração à lei e ao contrato, ensejando sua resolução.

Citação e pedido

Isto posto, requer a autora:

a) seja o réu citado por meio eletrônico ou, não havendo cadastro, pelo correio (*ou, ainda, justificando, por Oficial de Justiça, nos termos do § 1º-A, II, do art. 246 do CPC, facultando-se ao Sr. Oficial de Justiça encarregado da diligência proceder nos dias e horários de exceção (CPC, art. 212, § 2º)*, para que, no prazo da lei, ofereça a defesa que tiver, sob pena de aplicar-lhe os efeitos da revelia;

---

[83] Jorge Tarcha e Luiz Antonio Scavone Junior, *Despesas ordinárias e extraordinárias de condomínio*. São Paulo: Juarez de Oliveira, 1999.

[84] Sylvio Capanema de Souza, *Da ação de despejo*. Rio de Janeiro: Forense, 1994, p. 239.

b) a ciência da presente a eventuais ocupantes e sublocatários (art. 59, § 2º, da Lei 8.245/1991);

Ex positis, requer, ainda, digne-se Vossa Excelência de:

Julgar, ao final, procedente a ação, declarando extinta a relação *ex locato* por infração às normas legais e contratuais, decretando o despejo, com a condenação do réu no pagamento de custas processuais e honorários de advogado.

Audiência de Conciliação

Nos termos do art. 334, § 5º, do Código de Processo Civil, o autor desde já manifesta, pela natureza do litígio, desinteresse em autocomposição.

Ou

Tendo em vista a natureza do direito e demonstrando espírito conciliador, a par das inúmeras tentativas de resolver amigavelmente a questão, o autor desde já, nos termos do art. 334 do Código de Processo Civil, manifesta interesse em autocomposição, aguardando a designação de audiência de conciliação.

Provas

Requer-se provar o alegado por todos os meios de prova em direito admitidos, incluindo perícia, produção de prova documental, testemunhal, inspeção judicial, depoimento pessoal sob pena de confissão caso o réu (ou seu representante) não compareça, ou, comparecendo, se negue a depor (art. 385, § 1º, do Código de Processo Civil).

Valor da causa

Dá-se à causa o valor de R$ (...) (doze vezes o aluguel vigente).

Termos em que,

Pede deferimento

Data

Advogado (OAB)

3.17. AÇÃO DE DESPEJO POR FALTA DE PAGAMENTO DE ALUGUÉIS E ENCARGOS (ART. 47, I, C/C ARTS. 62, 63, 66 E 9º, III)

O art. 62, da Lei 8.245/1991, trata da ação de despejo por falta de pagamento de aluguéis e encargos.

É preciso lembrar, conforme já tratamos, que esta ação, nos termos do inciso IX, acrescido ao art. 59 pela Lei 12.112/2009, conta com a possibilidade de desocupação liminar, desde que a locação não tenha garantia ou que tenha havido exoneração do fiador, que pode se livrar da fiança nos termos do art. 40, X, da Lei do Inquilinato.

Seja como for, a maior das infrações contratuais do locatário, sem dúvida, é a falta de pagamento dos aluguéis e dos encargos.

Bem por isso, a Lei 8.245/1991 reservou procedimento específico para essa ação, inclusive com a possibilidade de emenda da mora, destacando a infração do inciso II – onde a rigor estaria incluída – colocando-a no inciso III do art. 9º como infração autônoma ao contrato de locação.

É preciso verificar que a Lei do Inquilinato, em que pese ser anterior ao CPC de 2015, é especial e, como tal, nos limites da especialidade, deve ser atendida conforme mandamento insculpido no § 2º do art. 1.046 do Código de Processo Civil, segundo o qual "permanecem em vigor as disposições especiais dos procedimentos regulados em outras leis, aos quais se aplicará supletivamente este Código".

Sendo assim, o réu será citado para purgar a mora no prazo de 15 (quinze) dias conforme determina o inciso II do art. 62 da Lei 8.245/1991. Contudo, se decidir contestar, deverá aguardar a audiência de conciliação (CPC, art. 334) juntando o depósito daquilo que entende devido com a contestação apresentada nos termos e no prazo do art. 335 do Código de Processo Civil.

Quanto ao procedimento, a ação de despejo por falta de pagamento encontra sua disciplina no art. 62 da Lei 8.245/1991:

> *Art. 62. Nas ações de despejo fundadas na falta de pagamento de aluguel e acessórios da locação, de aluguel provisório, de diferenças de aluguéis, ou somente de quaisquer dos acessórios da locação, observar-se-á o seguinte:*
>
> *I – o pedido de rescisão da locação poderá ser cumulado com o pedido de cobrança dos aluguéis e acessórios da locação; nesta hipótese, citar-se-á o locatário para responder ao pedido de rescisão e o locatário e os fiadores para responderem ao pedido de cobrança, devendo ser apresentado, com a inicial, cálculo discriminado do valor do débito;*
>
> *II – o locatário e o fiador poderão evitar a rescisão da locação efetuando, no prazo de 15 (quinze) dias, contado da citação, o pagamento do débito atualizado, independentemente de cálculo e mediante depósito judicial, incluídos:*
>
> *a) os aluguéis e acessórios da locação que vencerem até a sua efetivação;*
>
> *b) as multas ou penalidades contratuais, quando exigíveis;*
>
> *c) os juros de mora;*
>
> *d) as custas e os honorários do advogado do locador, fixados em 10% (dez por cento) sobre o montante devido, se do contrato não constar disposição diversa;*
>
> *III – efetuada a purga da mora, se o locador alegar que a oferta não é integral, justificando a diferença, o locatário poderá complementar o depósito no prazo de 10 (dez) dias, contado da intimação, que poderá ser dirigida ao locatário ou diretamente ao patrono deste, por carta ou publicação no órgão oficial, a requerimento do locador;*
>
> *IV – não sendo integralmente complementado o depósito, o pedido de rescisão prosseguirá pela diferença, podendo o locador levantar a quantia depositada;*
>
> *V – os aluguéis que forem vencendo até a sentença deverão ser depositados à disposição do juízo, nos respectivos vencimentos, podendo o locador levantá-los desde que incontroversos;*
>
> *VI – havendo cumulação dos pedidos de rescisão da locação e cobrança dos aluguéis, a execução desta pode ter início antes da desocupação do imóvel, caso ambos tenham sido acolhidos.*
>
> *Parágrafo único. Não se admitirá a emenda da mora se o locatário já houver utilizado essa faculdade nos 24 (vinte e quatro) meses imediatamente anteriores à propositura da ação.*

3.17.1. Espécie de mora e prazo para sua ocorrência

A questão das hipóteses de ocorrência ou não da mora é matéria de direito material em virtude do que remetemos o leitor a essa doutrina.[85]

Convém apenas destacar que a mora aqui tratada é *ex re*.

Sendo assim, nos termos dos arts. 394 e 397 do Código Civil, o vencimento sem o necessário pagamento regular, por si só, já coloca o locatário na condição de moroso, independentemente de notificação ou aviso.

Nesse caso, *dies interpellat pro homine* (o dia do vencimento interpela pelo homem).

É muito comum entre os leigos o entendimento – sem qualquer fundamento – segundo o qual o despejo por falta de pagamento só é possível após três meses de aluguéis não pagos.

Definitivamente não é esta a conclusão.

---

[85] Luiz Antonio Scavone Junior, *Obrigações, abordagem didática*, 4ª ed. São Paulo: Juarez de Oliveira, 2006.

No dia seguinte ao dia do vencimento, o locador já está autorizado a ingressar com a competente ação de despejo.

3.17.2. Vencimento apenas dos encargos ou de diferenças de aluguel autoriza o despejo?

O *caput* do art. 62 da Lei 8.245/1991 inclui na possibilidade de despejo por falta de pagamento o descumprimento de obrigações concernentes ao aluguel provisório, às diferenças de aluguéis ou exclusivamente os acessórios da locação, como é o caso do condomínio e dos impostos, estes últimos desde que previstos no contrato.

Os juros de mora, no caso de diferenças de aluguéis, são contados desde o atraso, na exata medida em que, tratando-se de pagamento a menor no curso normal da locação, não deixa de haver mora – pela diferença – de obrigação positiva e líquida, nos termos do art. 397 do Código Civil.

Portanto, os juros, em qualquer caso de falta de pagamento de aluguéis ou encargos, total ou parcialmente descumpridos, devem ser contados desde a mora, incidindo sobre o valor não pago.

Insta observar que a Lei 12.112/2009, previu aquilo que desde sempre os tribunais admitiam.[86]

Portanto, a ação para cobrar os acessórios da locação não pagos deverá ser ajuizada com o mesmo procedimento e efeitos da ação de despejo por falta de pagamento, ainda que apenas os encargos tenham vencido – qualquer deles – sem o necessário pagamento (IPTUs, despesas condominiais, contas de água e luz etc.).[87]

Nesse sentido, a lição de Sylvio Capanema de Souza:[88] *também será possível requerer a ação de despejo ainda que estejam os aluguéis em dia, referindo-se a mora, unicamente, aos encargos da locação. Assim é que caberá a ação de despejo se estiver o locatário atrasado no*

---

[86] 2.° TACivSP, Ap. c/ Revisão 381.495, 4.ª Câm., j. 09.12.1993, rel. Juiz Carlos Stroppa (quanto a imposto predial), JTA (Lex) 151/526 (em.): "Despejo. Infração contratual. Falta de pagamento de encargos. Inadequação. Infração a obrigação pecuniária acessória da locação só pode ser reconhecida em pleito de despejo por falta de pagamento, onde o locatário-réu dispõe da oportunidade para purgar a mora, e não em ação ordinária de despejo". No mesmo sentido: JTA (LEX) 153/465 (em.), JTA (RT) 101/375, 110/367, Ap. c/ Revisão 364.069, 4.ª Câm., j. 14.12.1993, rel. Juiz Amaral Vieira, AgIn 288.433, 5.ª Câm., j. 17.04.1991, rel. Juiz Alves Bevilacqua. Quanto a despesas condominiais: JTA (Lex) 133/267, Ap. c/ Revisão 328.970, 6.ª Câm., j. 16.12.1992, rel. Juiz Francisco Barros.

[87] Segundo Tribunal de Alçada Civil de São Paulo. Despejo - infração contratual - falta de pagamento do imposto predial - purgação da mora - admissibilidade. O pagamento dos impostos que incidem sobre imóvel é obrigação acessória ao pagamento do aluguel, do qual é simples corolário e, dessa forma, como é possível a emenda da mora relativamente à obrigação pecuniária principal, também o é quanto à obrigação pecuniária acessória, seja esta o pagamento de imposto ou de despesas condominiais (Apel. c/ rev. n° 269.867, 8ª Câm., rel. Juiz Martins Costa, j. em 16.08.1990, in JTA (RT) 127/377. No mesmo sentido: Apel. c/ rev. n° 361.804, 4ª Câm., rel. Juiz Rodrigues da Silva, j. em 23.08.1994).
Segundo Tribunal de Alçada Civil de São Paulo. Despejo - infração contratual - falta de pagamento de encargos - inadequação. Infração a obrigação pecuniária acessória da locação só pode ser reconhecida em pleito de despejo por falta de pagamento, onde o locatário-réu dispõe da oportunidade para purgar a mora, e não em ação ordinária de despejo (Apel. c/ rev. n° 381.495, 4ª Câm., rel. Juiz Carlos Stroppa, j. em 09.12.1993 (quanto a imposto predial), "in" JTA (Lex) 151/526 (em.). No mesmo sentido: JTA (Lex) 153/465 (em.), JTA (RT) 101/375, 110/367, Ap. c/ rev. n° 364.069, 4ª Câm., rel. Juiz Amaral Vieira, j. em 14.12.1993; AI n° 288.433, 5ª Câm., rel. Juiz Alves Bevilacqua, j. em 17.04.1991, quanto a despesas condominiais: JTA (Lex) 133/267, Apel. c/ rev. n° 328.970, 6ª Câm., rel. Juiz Francisco Barros, j. em 16.12.1992).

[88] Sylvio Capanema de Souza. Da ação de despejo, p. 352.

pagamento de impostos, inclusive IPTU, taxas, condomínio, diferenças de aluguel apuradas em ação revisional ou renovatória, ou qualquer outro encargo decorrente da locação, legal ou contratualmente exigível, sendo irrelevante arguir que o aluguel está em dia.

Não destoando, temos os comentários ao art. 62, da Lei 8.245/1991, de Francisco Carlos Rocha de Barros:[89] *Entende-se por acessório todo o encargo de natureza pecuniária que tenha sido atribuído ao locatário além do aluguel (impostos, taxas...) (...). Se o inquilino, embora em dia com o aluguel, deixa de pagar qualquer dos encargos de sua responsabilidade, o locador pode ajuizar, contra ele, a ação de despejo por falta de pagamento.*

3.17.3. Depósito em conta do locador credor

Questão que merece, ainda, destaque preliminar, é aquele que se refere ao depósito efetuado em conta do locador, se assim não se convencionou no contrato.

Teria esse depósito o poder liberatório da dívida? O assunto é polêmico:

Segundo Tribunal de Alçada Civil de São Paulo. *Despejo – falta de pagamento – mora – aluguel – efetivação de forma diversa da contratada – recebimento pelo locador – descaracterização – descabimento. O aluguel pago por forma diversa da prevista em contrato, mediante depósito em conta bancária do locador, que não o restitui nem aponta outra causa para o recebimento, desautoriza o despejo por falta de pagamento (Apel. s/ rev. nº 463.983, 3ª Câm., rel. Juiz João Saletti, j. em 15.10.1996. No mesmo sentido: JTA (Lex) 158/406).*

Tribunal de Alçada Cível do Rio de Janeiro. *Apelação Cível nº 36.339, 2ª Câmara, por maioria, Juiz: Pestana de Aguiar, 14.11.85 – depósito em conta-corrente. Contestação alegando estar o locatário em dia com o pagamento de aluguéis e encargos, pois depositados em conta corrente bancária do locador, o que não ficou refutado na réplica. Reforma da sentença de despejo. Voto Vencido: Alugueres eram depositados em conta bancária do locador. Mora confessada. Depósito dos alugueres atrasados, em conta corrente bancária do locador, sem a multa, juros de mora e correção monetária não engendram a quitação. Advindo a mora ex re, não elidida, o despejo é corolário inevitável. Juiz: Mello Serra.*

Segundo Tribunal de Alçada Civil de São Paulo. *Locação – aluguéis e encargos – diferenças – cobrança – depósito em estabelecimento bancário – recebimento sem ressalva – quitação do débito. O locador ao receber alugueres, mediante depósitos em sua conta bancária, deixando de formular qualquer reclamação válida, o pedido serôdio de diferenças é repelido, a tornar inafastável a quitação da obrigação (Apel. c/ rev. nº 408.690, 6ª Câm., rel. Juiz Paulo Hungria, j. em 27.07.1994, JTA (Lex) 153/474).*

Tribunal de Alçada Cível do Rio de Janeiro. *Mandado de Segurança nº 1.080, 7ª Câmara, unânime, Juiz: Hilário de Alencar, 26.03.1980. Depósito em conta corrente – despejo falta de pagamento – mora solvendi. O depósito em conta bancária do locador, de quantia correspondente aos aluguéis em atraso no dia da citação e quando já constituído em mora, não elide o locatário da decretação do despejo, principalmente se tal modalidade de pagamento não estava prevista no contrato. A negativa de complementação do depósito, em quantia correspondente às custas processuais e honorários advocatícios, em ação de despejo por falta de pagamento, dá motivo à procedência da ação. Configurada a mora solvendi não há violação de direito líquido e certo, com a decretação do despejo, se o locatário nega-se a pagar as despesas judiciais. Segurança denegada.*

Tribunal de Alçada Cível do Rio de Janeiro. *Apelação nº 4.754/92, 6ª Câmara, por maioria, Juiz Gustavo Leite, 12.05.1992. Aluguéis – depósito em conta-corrente. Se o locador notifica regularmente o locatário para que o pagamento do aluguel passe a ser feito nos seus escritórios, e, contudo, se continua o locatário a depositar os valores na conta corrente do locador, incide em mora, porque deixou de efetuar o pagamento no lugar e forma convencionados (art. 955, Civil) [atual art. 394], motivo pelo qual se deve decretar o despejo do inquilino.*

A par da celeuma, entendemos que o depósito na conta do locador só libera o locatário se:

a) previsto no contrato;

b) autorizado pelo locador;

---

[89] Francisco Carlos Rocha de Barros, *Comentários à Lei do Inquilinato*, 2ª ed. São Paulo: Saraiva, 1997, p. 400.

c) não ocorrer manifestação contrária do locador que, tomando ciência, levanta o valor depositado.

É que a mora se caracteriza, de acordo com o art. 394, do Código Civil, não só pela ausência de pagamento, mas pelo pagamento em outro lugar *ou forma*, que não os convencionados.[90]

Importante observar que o depósito, mesmo que seja admitido, não pode ser efetivado em valores inferiores aos devidos.

Se isto ocorrer, o despejo é levado a efeito pela diferença, descontados os valores depositados:

> **Tribunal de Justiça de São Paulo.** *Apelação Sem Revisão 924049005 – Rel. Berenice Marcondes Cesar – Comarca: São Paulo – 27ª Câmara de Direito Privado – j. 29.04.2008 – Data de registro: 19.05.2008. Ação de despejo por falta de pagamento cc. cobrança de aluguéis – alegado pagamento dos aluguéis e acessórios indicados na petição inicial – existência de prova nos autos, com admissão do Apelado quanto à pertinência dos documentos probatórios – mora intercorrente – depósito em conta-corrente do locador dos aluguéis vencidos no decorrer da ação sem os acessórios – ação procedente em parte – dedução dos valores pagos do débito locatício cobrado – recurso da ré provido em parte.*

3.17.4. Cumulação de pedidos – despejo e cobrança – e de ações de despejo por falta de pagamento e despejo por denúncia vazia

Quanto ao procedimento, a primeira observação necessária é que, nada obstante a aparente incompatibilidade entre os pedidos, a lei, expressamente, permite a ação de cobrança de aluguéis cumulada com a ação de despejo.

De fato, uma pretensão se baseia no desfazimento do vínculo em virtude do descumprimento da obrigação de pagar e a outra pretensão, na mesma ação, reside na satisfação dessa mesma obrigação.

Caso o locador não cumule as demandas, poderá, ao depois, cobrar, em ação própria (execução ou ação de cobrança), os valores devidos. Dissemos depois, vez que, primeiro, deverá aguardar para saber se o locatário exerceu a faculdade de purgação da mora que lhe é deferida.

Surge uma inevitável questão: sendo o contrato escrito e não verbal, qual o interesse processual do locador para uma ação de cobrança, se já dispõe de título executivo (o contrato escrito assinado por duas testemunhas – Código de Processo Civil, art. 784, VIII)?

A cumulação decorre da lei e, demais disso, confere ao credor título executivo judicial, cuja impugnação é limitada, o que encontra suporte no art. 785 do Código de Processo Civil, que faculta a ação de conhecimento ao credor, ainda que disponha de título executivo extrajudicial, como é o caso.

Na prática, portanto, a opção é do locador:

> **Segundo Tribunal de Alçada Civil de São Paulo.** *Execução – fiador – alugueres e acessórios – valores pleiteados em ação de despejo por falta de pagamento cumulada com cobrança julgada extinta – opção pela via executiva – cabimento. O não exercício, pelo locador, da faculdade que a vigente lei inquilinária lhe concedeu de poder cobrar os alugueres e acessórios na própria ação de despejo fundada na falta de pagamento, não lhe retira o direito de optar pela via executiva (Apel. c/ rev. nº 476.620, 11ª Câm., rel. Juiz Mendes Gomes, j. em 07.04.1997, JTA (Lex) 167/401).*

---

[90] Luiz Antonio Scavone Junior, *Obrigações, abordagem didática*, 4ª ed. São Paulo: Juarez de Oliveira, 2006, p. 155.

Por outro lado, o duplo fundamento para a ação de despejo – falta de pagamento e denúncia vazia – é questão pacífica no Tribunal de Justiça de São Paulo e entendo que não há motivo para deixar de admitir as judiciosas conclusões, que são as seguintes: "Ação de despejo por denúncia vazia c/c despejo por falta de pagamento e cobrança – Propositura em face do locatário e fiadores – Admissibilidade – Inteligência do art. 62, inciso I, da Lei 8.245/91 e da Súmula 28 do extinto 2º TACSP – Recurso provido" (Al n. 1266782-0/0, 28ª Câmara, Rei. Des. César Lacerda, DJ 2605.2009).

Assim, não existe qualquer incompatibilidade na cumulação dos pedidos de despejo por falta de pagamento e denúncia imotivada. Ambas as pretensões podem ser apreciadas pelo mesmo juízo e, após a contestação, seguem procedimento comum.

Havendo a purgação da mora, a ação de despejo prossegue para apreciação do pedido de retomada por denúncia vazia, em razão do término do prazo contratual, desde que, evidentemente, o locador tenha notificado o locatário, quando for o caso, para desocupação.

Nesse sentido:

> **Tribunal de justiça de São Paulo.** *Despejo por falta de pagamento c/c despejo por denúncia vazia – Cumulação de Pedidos – Possibilidade. Inexiste incompatibilidade na cumulação de pedido de despejo por falta de pagamento e denúncia imotivada, já que ambas as pretensões podem ser examinadas pelo mesmo juiz, observado o rito ordinário (...). A prestação jurisdicional, na cumulação objetiva de pedidos, opera-se em duas etapas, sendo possível que, ainda que purgada a mora, o feito prossiga, visando o julgamento da ação sob o outro fundamento. (Rel. Clóvis Castelo; Comarca: Jundiaí; 35ª Câmara de Direito Privado; j. 26.04.2010; Data de registro: 28.04.2010; Apelação 9209365-97.2007.8.26.0000 – Outros números: 1156067500).*

Tampouco há qualquer óbice na propositura de ambas as demandas de forma separada. Imaginemos que o locador proponha despejo por falta de pagamento antes do vencimento do contrato e, vencido este, proponha ação de despejo por denúncia vazia, ou o contrário.

Não haverá conexão nem litispendência porque os fundamentos são diferentes, havendo, apenas, identidade de partes e, nesse sentido:

> **Tribunal de Justiça de São Paulo.** *Ação de despejo por falta de pagamento – Ação de despejo por denúncia vazia anteriormente ajuizada – Decisão agravada que determinou aos agravantes que optassem por uma das demandas – Insurgência dos agravantes – A hipótese dos autos admite a mitigação da taxatividade do dispositivo contido no art. 1.015, do CPC, tal como deliberado pelo C. STJ em sede de recurso repetitivo, posto que indiscutível sua urgência, decorrente da inutilidade do julgamento da questão no recurso de apelação. Conhece-se, pois do recurso. No mérito, de rigor o acolhimento do recurso. Com efeito, analisadas ambas as demandas, depreende-se que os únicos pontos em comum entre as ações de despejo por denúncia vazia e por falta de pagamento são a causa de pedir remota, qual seja, a relação ex locato e as partes. Os fundamentos para o pedido de retomada, ou seja, a causa de pedir próxima, são totalmente diversos, não se estabelecendo qualquer relação entre eles que justifique a necessidade opção por uma ou outra demanda. De fato, uma das demandas tem por causa de pedir próxima, o inadimplemento de alugueres e encargos da locação, a outra decorre de não mais convir ao locador a manutenção da relação ex locato. Não havendo, pois, conexão entre as demandas de despejo por falta de pagamento e despejo por denúncia vazia, não há risco de litispendência e, consequentemente, inexiste razão para que a parte interessada opte por uma ou outra ação. Recurso provido. (TJSP – AI: 21088453420198260000 SP 2108845-34.2019.8.26.0000, Rel. Neto Barbosa Ferreira, j. 25.05.2020, 29ª Câmara de Direito Privado, Data de Publicação: 25.05.2020).*

3.17.5. Fiador pode figurar no polo passivo da ação cumulada (despejo e cobrança)?

Antes da alteração da Lei do inquilinato pela Lei 12.112/2009, havia duas correntes sobre a possibilidade de cumulação da ação de despejo com a ação de cobrança e a integração do fiador no polo passivo nesses casos.[91]

---

[91] **Segundo Tribunal de Alçada Civil de São Paulo.** *Despejo – falta de pagamento – cumulação com cobrança de aluguel (artigo 62, I da Lei 8.245/1991) – pedido contra fiador – descabimento – admissibilidade*

A primeira corrente não admitia a cumulação e, para tanto, se apoiava no art. 292 do Código de Processo Civil de 1973, repetido no art. 327 do Estatuto Processual atual, que só admite cumulação de ações em face do mesmo réu, sendo evidente que o fiador não pode ser réu de ação de despejo.

Esta corrente chegou a encontrar ressonância nos tribunais, como se observa no Enunciado 13 do Centro de Estudos do Segundo Tribunal de Alçada Civil de São Paulo, segundo o qual *somente contra o locatário é admissível a cumulação do pedido de rescisão da locação com o de cobrança de aluguéis e acessórios.*[92]

A segunda corrente, todavia, que acabou abarcada pela modificação insculpida no inciso I do art. 62, admitia a cumulação argumentando que o litisconsórcio se

---

tão só contra o locatário. Somente contra o locatário é permitida a cumulação da ação de despejo por falta de pagamento com ação de cobrança. Inteligência do artigo 62, I, da Lei 8.245/1991 e artigo 292 do Código de Processo Civil. Falta de interesse de agir em relação ao fiador. Agravo desprovido (A. Rg. nº 490.791, 5ª Câm., rel. Juiz Pereira Calças, j. em 13.05.1997.
No mesmo sentido: JTA (Lex) 153/463 (em.), 155/243, 155/321; Apel. c/ rev. nº 413.299, 4ª Câm., rel. Juiz Rodrigues da Silva, j. em 30.01.1995; AI nº 435.068, 9ª Câm., rel. Juiz Francisco Casconi, j. em 21.06.1995; Apel. s/ rev. nº 439.930, 5ª Câm., rel. Juiz Pereira Calças, j. em 22.11.1995; AI nº 449.640, 8ª Câm., rel. Juiz Vidal de Castro, j. em 07.12.1995; Apel. s/ rev. nº 450.021, 9ª Câm., rel. Juiz Francisco Casconi, j. em 31.01.1996; Apel. c/ rev. nº 448.272, 9ª Câm., rel. Juiz Francisco Casconi, j. em 31.01.1996; Apel. s/ rev. nº 450.062, 6ª Câm., rel. Juiz Paulo Hungria, j. em 13.02.1996; AI nº 453.982, 5ª Câm., rel. Juiz Adail Moreira, j. em 28.02.1996; AI nº 458.876, 5ª Câm., rel. Juiz Laerte Sampaio, j. em 10.1996; AI nº 468.049, 5ª Câm., rel. Juiz Adail Moreira, j. em 07.08.1996; Apel. s/ rev. nº 461.082, 8ª Câm., rel. Juiz Ruy Coppola, j. em 29.08.1996; Apel. s/ rev. nº 460.534, 5ª Câm., rel. Juiz Antonio Maria, j. em 04.09.1996; Apel. s/ rev. nº 465.960, 6ª Câm., rel. Juiz Paulo Hungria, j. em 16.10.1996; Apel. s/ rev. nº 471.952, 6ª Câm., rel. Juiz Paulo Hungria, j. em 11.12.1996; Apel. s/ rev. nº 476.291, 10ª Câm., rel. Juiz Gomes Varjão, j. em 13.05.1997; Apel. s/ rev. nº 478.137, 6ª Câm., rel. Juiz Paulo Hungria, j. em 03.06.1997; Apel. s/ rev. nº 485.748, 3ª Câm., rel. Juiz Ribeiro Pinto, j. em 09.09.1997; Apel. s/ rev. nº 497.377, 12ª Câm., rel. Juiz Diogo de Salles, j. em 25.09.1997; AI nº 507.252, 6ª Câm., rel. Juiz Paulo Hungria, j. em 30.09.1997; AI nº 511.366, 9ª Câm., rel. Juiz Claret de Almeida, j. em 15.10.1997; Apel. s/ rev. nº 501.181, 10ª Câm., rel. Juiz Soares Levada, j. em 10.12.1997; AI nº 516.949, 9ª Câm., rel. Juiz Francisco Casconi, j. em 17.12.1997; AI nº 524.849, 7ª Câm., rel. Juiz Américo Angélico, j. em 24.3.1998; Apel. s/ rev. nº 514.814, 7ª Câm., rel. Juiz Emmanoel França, j. em 19.05.1998; Apel. s/ rev. nº 513.253, 3ª Câm., rel. Juiz Milton Sanseverino, j. em 26.05.1998; Apel. s/ rev. nº 513.130, 6ª Câm., rel. Juiz Paulo Hungria, j. em 27.05.1998; AI nº 527.762, 3ª Câm., rel. Juiz Milton Sanseverino, j. em 23.06.1998; Apel. s/ rev. nº 519.769, 5ª Câm., rel. Juiz Pereira Calças, j. em 12.08.1998; AI nº 559.279, 8ª Câm., rel. Juiz Ruy Coppola, j. em 03.12.1998.
Em sentido contrário: AI nº 442.664, 4ª Câm., rel. Juíza Luzia Galvão Lopes, j. em 24.10.1995; Apel. s/ rev. nº 453.898, 4ª Câm., rel. Juiz Renato Sartorelli, j. em 22.4.1996; AI nº 458.797, 7ª Câm., rel. Juiz Demóstenes Braga, j. em 14.05.1996; Apel. s/ rev. nº 462.318, 11ª Câm., rel. Juiz Mendes Gomes, j. em 02.09.1996; Apel. s/ rev. nº 463.177, 2ª Câm., rel. Juiz Andreatta Rizzo, j. em 02.09.1996; AI nº 468.208, 12ª Câm., rel. Juiz Gama Pellegrini, j. em 09.09.1996; AI nº 470.133, 3ª Câm., rel. Juiz Oswaldo Breviglieri, j. em 1º.10.1996; AI nº 468.871, 3ª Câm., rel. Juiz Oswaldo Breviglieri, j. em 1º.10.1996; AI nº 470.358, 1ª Câm., rel. Juiz Magno Araújo, j. em 14.10.1996; Apel. s/ rev. nº 467.573, 2ª Câm., rel. Juiz Fábio Gouvêa, j. em 21.10.1996; AI nº 475.524, 1ª Câm., rel. Juiz Magno Araújo, j. em 11.11.1996; AI nº 478.282, 11ª Câm., rel. Juiz Clóvis Castelo, j. em 27.01.1997; AI nº 488.055, 11ª Câm., rel. Juiz Artur Marques, j. em 07.04.1997; AI nº 550.334, 12ª Câm., rel. Juiz Arantes Theodoro, j. em 24.09.1998; Apel. s/ rev. nº 497.657, 2ª Câm., rel. Juiz Felipe Ferreira, j. em 24.11.1997; Apel. s/ rev. nº 522.885, 2ª Câm., rel. Juiz Peçanha de Moraes, j. em 30.07.1998; Apel. c/ rev. nº 525.809, 4ª Câm., rel. Juiz Amaral Vieira, j. em 20.10.1998; Apel. s/ rev. nº 532.174, 7ª Câm., rel. Juiz S. Oscar Feltrin, j. em 03.11.1998; Apel. s/ rev. nº 536.822, 2ª Câm., rel. Juiz Gilberto dos Santos, j. em 14.12.1998).

92 *2.º TACivSP, AgRg 490.791, 5.ª Câm., j. 13.05.1997, rel. Juiz Pereira Calças: "Despejo. Falta de pagamento. Cumulação com cobrança de aluguel (art. 62, I da Lei 8.245/1991). Pedido contra fiador. Descabimento. Admissibilidade tão só contra o locatário. Somente contra o locatário é permitida a cumulação da ação de despejo por falta de pagamento com ação de cobrança. Inteligência do art. 62, I, da Lei 8.245/1991 e art. 292 do Código de Processo Civil. Falta de interesse de agir em relação ao fiador. Agravo desprovido." No mesmo sentido: JTA (Lex) 153/463 (em.), 155/243, 155/321, entre outros.*

apresenta apenas quanto ao pedido de cobrança, sem contar que a cumulação representa economia processual.

Para rematar, sustentou-se que a cumulação é possível em virtude de o art. 62, I, da Lei 8.245/1991 ser norma especial que afasta, *in casu*, a aplicação do art. 327 do Código de Processo Civil.[93]

Assim, abarcando a segunda corrente, o inciso I do art. 62 da Lei 8.245/1991, com a alteração empreendida pela Lei 12.112/2009, estabelece que o locatário será citado para ambas as ações (de despejo – resolução – e de cobrança) e o fiador apenas para a ação de cobrança.

Releva notar que o termo rescisão foi mal-empregado no inciso I, do art. 62, da Lei do Inquilinato.

Com efeito, ao desfazimento do contrato pelo descumprimento das obrigações se dá o nome de resolução, como, aliás, o emprega o art. 475, do Código Civil.

Resolução não é sinônimo de rescisão, e, tampouco, ambos os conceitos confundem-se com resilição. Conforme De Page, é preciso evitar atecnias terminológicas, na exata medida em que a inferência que se extrai da confusão de palavras é a confusão de coisas.[94]

Resolução, acorde com os ensinamentos de Orlando Gomes, "cabe nos casos de inexecução. Classifica-se esta em falta de cumprimento ou inadimplemento *stricto sensu*, mora, e cumprimento defeituoso".[95] Em outras palavras, há resolução com o descumprimento das obrigações contratualmente assumidas.

A resilição, por outro lado, é o modo de extinção dos contratos pela vontade de um dos contratantes – resilição unilateral –, através da denúncia autorizada pela lei ou pelo próprio contrato, ou, ainda, pela vontade de ambos os contratantes – resilição bilateral –, o que se faz por intermédio do distrato.

A rescisão é a forma de extinção dos contratos em que há lesão (Código Civil, art. 157), decorrente, ordinariamente, de uma vantagem desproporcional de um dos contratantes pela exploração da inexperiência ou premente necessidade do outro.

Resolvida a questão semântica, resta evidente que, no caso de despejo por falta de pagamento, é a resolução e não a rescisão que deve ser objeto do pedido.

Seja como for, é possível que o réu-locatário abandone o imóvel no curso da ação cumulada.

Neste caso, a ação poderá prosseguir quanto à cobrança em face do fiador, hipótese na qual os tribunais atribuem à eventual apelação o duplo efeito, suspensivo e devolutivo, causando inúmeros transtornos ao locador, pelo que não se recomenda a cumulação:

Tribunal de Justiça de São Paulo. *Agravo de Instrumento 990100974440 – Relator: Gilberto Leme – Comarca: Araraquara – 27ª Câmara de Direito Privado – j. 13.07.2010. Data de registro: 19.07.2010 – Agravo de Instrumento. Locação de imóvel. Ação de despejo por falta de pagamento c.c. ação de cobrança de aluguéis ajuizada contra o locatário e o fiador. Abandono do imóvel. Imissão da locadora na posse com*

---

[93] 2.º *TACivSP, Ap. s/ Rev. 516.003, 11.ª Câm., j. 27.04.1998, rel. Juiz Clóvis Castelo:* "Despejo. Falta de pagamento. Cumulação com cobrança de aluguel (art. 62, I da Lei 8.245/1991). Pedido contra fiador. Cabimento. Na ação de despejo cumulada com cobrança o fiador pode figurar no polo passivo, pois os pedidos são sucessivos, art. 62, da Lei 8.245/1991". *Referências: Sylvio Capanema de Souza. Da ação de Despejo, p. 362; Gildo dos Santos. Locação e despejo, p. 232; Ap. s/ Rev. 466.322, rel. Juiz Artur Marques. No mesmo sentido: JTA (Lex) 167/301, 167/304, 168/485; AgIn 511.366, 9.ª Câm., j. 15.10.1997, rel. Juiz Claret de Almeida; Ap. s/ Rev. 501.181, 10.ª Câm., j. 10.12.1997, rel. Juiz Soares Levada; AgIn 516.949, 9.ª Câm., j. 17.12.1997, rel. Juiz Francisco Casconi; AgIn 524.849, 7.ª Câm., j. 24.03.1998, rel. Juiz Américo Angélico; entre outros.*

[94] Henri de Page. *Traité élémentaire de droit civil belge*, p. 67.

[95] Orlando Gomes. *Contratos*, p. 170.

desistência da ação em relação ao inquilino. Prosseguimento da demanda de cobrança contra o fiador. Efeitos da apelação. Remanescendo tão somente a ação de cobrança, já não tem aplicação o disposto no art. 58 da Lei 8.245/1991, razão pela qual deve o recurso de apelação ser recebido no duplo efeito. Inteligência do artigo 520 do Código de Processo Civil [atual art. 1.012]. Recurso provido.

Neste caso, o melhor é ingressar com a ação de despejo apenas em face do locatário, sem cumulá-la com cobrança e, ao depois, constatada a ausência de purgação da mora no prazo legal da contestação, promover a execução do título executivo extrajudicial (CPC, art. 784, VIII) em face do locatário e/ou do fiador.

Outro entendimento jurisprudencial corrente, mas que merece censura, é aquele que indica a extinção parcial da ação cumulada, ou seja, a extinção da ação de despejo, prosseguindo apenas a cobrança na hipótese de desocupação voluntária durante a ação:

Segundo Tribunal de Alçada Civil de São Paulo. *Despejo – falta de pagamento – cumulação com cobrança de aluguel (artigo 62, I, da Lei 8.245/1991) – pedido contra fiador – desocupação voluntária do imóvel – prosseguimento da ação de cobrança contra este. Admissibilidade. Deixando de existir a cumulação das ações face à desocupação voluntária do imóvel locado a impedir o julgamento da ação de despejo, consequentemente os autos têm por objeto apenas a ação de cobrança, em razão da garantia dada pelo contrato acessório de fiança, do que admissível a legitimidade da parte fiadora (Apel. s/ rev. nº 445.175, 1ª Câm., rel. Juiz Souza Aranha, j. em 11.12.1995, "in" JTA (Lex) 158/402. No mesmo sentido: AI nº 538.837, 2ª Câm., rel. Juiz Peçanha de Moraes, j. em 31.08.1998).*

Não esposamos o entendimento e entendemos que a ação não perde o objeto, como mencionou o acórdão acima, vez que o pedido não se limita ao despejo, fazendo-se mister a declaração de extinção da relação *ex locato*.[96]

Neste caso, a ação deveria prosseguir, inclusive em relação ao despejo com a declaração de extinção do contrato de locação.

3.17.6. Discriminação dos valores

O inciso I do art. 62, exige a apresentação de planilha discriminada com o débito, o que significa dizer que os valores de aluguel, multas, juros, acessórios e respectivos acréscimos, devem vir separados e detalhados no corpo da inicial ou em planilha a ela anexa.

O inciso sob comento não discrimina, de tal sorte que a exigência legal de apresentação do cálculo deve estar presente mesmo que o autor não opte pela cumulação de ações (cobrança e despejo) e afore apenas a ação de despejo por falta de pagamento.

O recibo de aluguel não constará da inicial. Entretanto aqueles referentes aos acessórios (impostos, taxas, condomínio etc.) devem instruir o pedido.

Entendemos que não se faz necessária a quitação desses recibos para possibilitar a cobrança. É que esses valores são devidos em razão do contrato de locação, pelo locatário ao locador.

O locador é quem deve, por exemplo, as despesas de condomínio e IPTU, ao condomínio e ao Poder Público Municipal.

3.17.7. Purgação da mora[97] – necessidade de ser realizada mediante depósito, no prazo da contestação sob pena de despejo

Os incisos II e III, do art. 62, da Lei 8.245/1991, alterados em relação à redação original pela Lei 12.112/2009, contêm previsão diversa da anterior, abreviando os trâmites da ação de despejo por falta de pagamento de aluguéis e encargos.

---

[96] *Vide*, a seguir, o tópico referente ao abandono do imóvel no curso da ação (art. 66).

[97] Conservação (pelo devedor moroso) de direitos contratuais, evitando a aplicação de um preceito pelo pagamento da prestação vencida, acrescida dos juros e demais encargos resultantes da demora.

Antes da alteração, os referidos dispositivos legais possibilitavam que a ação de despejo se prolongasse indefinidamente.

Isto porque se previa a possibilidade de o locatário que pretendesse pagar, concordando com a planilha juntada com a inicial, apenas fizesse o requerimento no prazo da contestação.

Com isso, em razão da pletora de feitos que assoberba o Poder Judiciário, o prazo de quinze dias para pagamento só começava a fluir depois que o requerimento para pagamento fosse juntado aos autos, encaminhado ao juiz para deferimento, retornasse ao cartório, e, finalmente, fosse providenciada a efetiva publicação contendo a intimação do deferimento.

Agora, ainda que o locatário-réu concorde com o cálculo e resolva não contestar, mas apenas purgar a mora, deverá efetuar o depósito no prazo de quinze dias contados da efetiva citação, respeitados os critérios de contagem de prazos do Código de Processo Civil, fazendo com que convalesça o contrato, exceto na hipótese do parágrafo único, quando já tiver utilizado essa faculdade de pagar nos vinte e quatro meses anteriores à propositura da ação, posto que, neste caso, ainda que deposite o valor referente aos aluguéis devidos, o despejo deve ser decretado.

Estabelece a lei, ainda, que se a oferta (depósito) não for integral, o locatário poderá complementar a diferença no prazo de dez dias da sua intimação. Não efetuada a complementação, a ação de despejo segue pela diferença apontada pelo locador, ou seja, "será julgado pela diferença, pois se não houve contestação (excluída pelo pedido de purgação da mora), não há que se falar em dilação probatória".[98]

A redação anterior não deixava clara a possibilidade de a intimação para complementação ser dirigida ao patrono do locatário-réu e, nesta medida, o inciso III, com a nova redação, expressamente prevê a intimação do advogado por carta, hipótese que na prática será pouco usual, ou por intimação efetivada através da imprensa oficial a requerimento do autor, como, aliás, já ocorria, a par da imprecisão da antiga redação do inciso III do art. 62.

Urge observar que continua valendo a conclusão segundo a qual não pode o locatário simplesmente depositar o valor que entender, ganhando tempo até a intimação para complementação.

Quando a lei fala em alegação de depósito não integral por parte do locador e possibilidade de complementação pelo locatário, se refere, na verdade, a diferenças existentes entre a data da planilha que instruiu a inicial e a data do depósito.

Entre essas duas datas, aluguéis e encargos podem vencer e, demais disso, juros e correção podem ser aplicados, de tal sorte que a essas diferenças se refere à lei.

Se o locatário depositar valor inferior ao que consta na planilha anexada à inicial sem contestar a ação, justificando a diferença, a ação deve ser julgada de plano, com a decretação do despejo.

Assim, caso o locatário pretenda contestar a ação, deverá fazê-lo expressamente, juntando, com a contestação, no prazo do art. 335 do Código de Processo Civil, depois da audiência do art. 334 do mesmo Diploma Legal, o comprovante do depósito do valor que entende correto,[99] exceto se alegar pagamento, hipótese em que deverá juntar os comprovantes, arriscando-se ver a decretação do despejo pelo não acolhimento da sua defesa.

---

[98] Waldir de Arruda Miranda Carneiro. *Anotações à lei do inquilinato*, p. 512.

[99] Neste sentido, o Enunciado 28 do extinto Segundo Tribunal de Alçada Civil de São Paulo e o seguinte julgado, do TJSP (Ap. s/ Revisão 1180300002, São Paulo, 34.ª Câm. Dir. Priv., j. 18.05.2009, rel. Des. Antonio Benedito do Nascimento, registro 23.06.2009): "Locação de imóveis. Despejo por falta de pagamento. Débito confessado pelo locatário. Ausência de depósito da quantia incontroversa. Decreto de despejo. Cabimento. Condenação do requerido nas verbas sucumbenciais. (...) Preliminares rejeitadas. Recurso parcialmente provido. Confessada a inadimplência, e válido o contrato firmado entre as partes, é de rigor a procedência da ação de despejo, pois cabia ao locatário depositar a quantia tida como incontroversa".

Concedida a liminar na ação de despejo por falta de pagamento nos termos do art. 59, § 1º, IX, da Lei do Inquilinato, o réu deverá agravar tendo em vista a natureza de tutela provisória de urgência da medida concedida, o que está autorizado pelo art. 1.015, I, do CPC.

Retornando à purgação da mora – não contestação –, certo é que, nos termos do inciso II do art. 62, a purgação da mora pelo locatário moroso deve se dar no prazo de 15 dias contados da citação.

Neste caso, o locatário poderá, para evitar o desfazimento da locação, oferecer o valor do aluguel e acessórios, acrescido de multa, juros, correção monetária e honorários.

Os honorários que devem ser incluídos no depósito são de dez por cento, se outro não estiver estipulado no contrato.

Entende-se abusiva a fixação contratual de honorários superiores a vinte por cento, o que decorre do § 2º do art. 85 do Código de Processo Civil.[100]

Por outro lado, convém verificar que, se a mora não for purgada, inaplicável a letra "d" do inciso II do art. 62. Nesse caso, os honorários serão fixados exclusivamente de acordo com os parâmetros do art. 85, do Código de Processo Civil.

Tribunal de Justiça de São Paulo: *Locação de imóvel não residencial. Ação de execução de título extrajudicial. Nos termos do art. 62, II, "d", da Lei 8.245/91, a incidência da verba honorária prevista em contrato somente tem cabimento para o caso de purgação da mora em ação de despejo, que não é a hipótese dos autos. Recurso improvido (Agravo de Instrumento 2163373-47.2021.8.26.0000, Rel. Gomes Varjão, 34ª Câmara de Direito Privado, j. 29.07.2021).*

Tribunal de Justiça de São Paulo: *Locação de imóvel – Ação de despejo por falta de pagamento – Decisão que arbitrou honorários advocatícios em 10% (dez por cento) sobre o débito para o caso de purgação da mora – Inconformismo dos autores – Cabimento – Contrato firmado pelas partes com previsão de honorários advocatícios de 20% (vinte por cento) – Art. 62, II, d, parte final, da Lei 8.245/91 – Para efeito de purgação da mora prevalecem os honorários advocatícios no percentual de 20% (vinte por cento) contratados entre as partes quando assim constar no contrato – Decisão reformada – Recurso provido (Agravo de Instrumento 2159741-47.2020.8.26.0000, Rel. Jayme de Oliveira, 29ª Câmara de Direito Privado, j. 23.09.2020).*

Outrossim, tem-se entendido, não de forma tranquila, que o beneficiário da assistência judiciária gratuita, nos termos do art. 98, § 3º, do CPC, deve purgar a mora fazendo incluir o valor das custas e dos honorários, mormente que não há falar-se, no caso, em sucumbência, já que o réu não foi vencido na ação de despejo.

---

[100] Neste sentido o Enunciado nº 17 do Segundo Tribunal de Alçada Civil de São Paulo: *Ao deferir a purga da mora na ação de despejo por falta de pagamento, o magistrado arbitrará os honorários advocatícios de acordo com o estipulado no contrato de locação, salvo abuso de direito.*
Segundo Tribunal de Alçada Civil de São Paulo. *Despejo – falta de pagamento – purgação da mora – honorários de advogado – percentagem fixada contratualmente – redução – admissibilidade – interpretação flexível do artigo 62, II, letra "d" da Lei 8.245/1991. Com relação aos honorários advocatícios, a interpretação do artigo 62, II, "d", da Lei 8.245/1991 não pode servir exclusivamente aos interesses do locador, das administradoras ou dos advogados. A intenção de purgar a mora, ou seja, a de pagar, nem sempre é indício de comportamento doloso que possa ser apenado através de cláusula contratual leonina, à qual adere simplesmente o locatário (Apel. c/ rev. nº 369.591, 6ª Câm., rel. Juiz Lagrasta Neto, j. em 09.03.1994.*
No mesmo sentido: – quanto a ausência de emenda da mora Apel. c/ rev. nº 421.288, 9ª Câm., rel. Juiz Claret de Almeida, j. em 30.11.1994.
Em sentido contrário: JTA (Lex) 145/245, AI nº 388.304, 2ª Câm., rel. Juiz Assumpção Neves, j. em 16.08.1993; Apel. c/ rev. nº 385.400, 4ª Câm., rel. Juiz Amaral Vieira, j. em 22.03.1994. AI nº 517.715, 1ª Câm., rel. Juiz Renato Sartorelli, j. em 26.01.1998. AI nº 511.866, 6ª Câm., rel. Juíza Isabela Gama de Magalhães, j. em 28.01.1998. AI nº 518.511, 6ª Câm., rel. Juiz Luiz de Lorenzi, j. em 04.02.1998).

Isso porque, em razão dos arts. 395 e 401, I, do Código Civil, o réu paga os honorários e custas em razão da mora, e não como imposição de ônus sucumbenciais.[101]

---

[101] **Segundo Tribunal de Alçada Civil de São Paulo.** *Despejo – falta de pagamento – purgação da mora – beneficiário da assistência judiciária – custas e honorários – inclusão – regra do artigo 62, II que não se confunde com as dos artigos 11, § 2º, 12 e 13 da Lei 1.060/50 [atual art. 98, "caput" e § 3º do CPC de 2015]. Inexiste conflito aparente de normas entre a regra do artigo 62, inciso II, da Lei 8.245/1991 e a dos artigos 11, § 2º, 12 e 13, da Lei 1.060/50, porque as situações nelas previstas não se chocam em momento algum, pois disciplinam questões absolutamente estanques (AI nº 424.050, 3ª Câm., rel. Juiz Teixeira de Andrade, j. em 28.07.1995. No mesmo sentido: JTA (Lex) 160/322).*

Segundo Tribunal de Alçada Civil de São Paulo. *Despejo – falta de pagamento – purgação da mora – beneficiário da assistência judiciária – custas processuais e honorários – inclusão – admissibilidade. O beneficiário da Assistência Judiciária quando confessa sua dívida e reconhece sua mora, como acontece com qualquer outro devedor, deverá purgá-la satisfazendo os prejuízos integrais do credor como qualquer demandante (AI nº 410.657, 10ª Câm., rel. Juiz Ismeraldo Farias, j. em 15.06.1994.*

No mesmo sentido: JTA (Lex) 60/255, 153/464. RT 522/168, 525/173, 523/184, 494/196, AI nº 208.536, 6ª Câm., rel. Juiz Gamaliel Costa, j. em 06.05.1987; Apel. c/ rev. nº 243.429, 3ª Câm., rel. Juiz Oswaldo Breviglieri, j. em 03.10.1989; Apel. c/ rev. nº 242.609, 3ª Câm., rel. Juiz Oswaldo Breviglieri, j. em 03.10.1989; Apel. c/ rev. nº 246.338, 3ª Câm., rel. Juiz Oswaldo Breviglieri, j. em 10.10.1989; Apel. c/ rev. nº 286.443, 8ª Câm., rel. Juiz Cunha Cintra, j. em 06.03.1991; AI nº 339.132, 8ª Câm., rel. Juiz Rodrigues da Silva, j. em 12.03.1992; AI nº 370.821, 7ª Câm., rel. Juiz Demóstenes Braga, j. em 27.10.1992; Apel. c/ rev. nº 346.225, 4ª Câm., rel. Juiz Rodrigues da Silva, j. em 24.11.1992; AI nº 370.932, 3ª Câm., rel. Juiz Teixeira de Andrade, j. em 1º.12.1992; Apel. s/ rev. nº 330.40, 5ª Câm., rel. Juiz Ricardo Dip, 28.01.1993; Apel. s/ rev. nº 333.154, 6ª Câm., rel. Juiz Gamaliel Costa, j. em 03.03.1993; AI nº 380.674, 3ª Câm., rel. Juiz França Carvalho, j. em 06.04.1993; Apel. c/ rev. nº 357.248, 4ª Câm., rel. Juiz Amaral Vieira, j. em 12.04.1994; AI nº 419.340, 10ª Câm., rel. Juiz Amaral Vieira, j. em 21.09.1994; AI nº 415.458, 4ª Câm., rel. Juiz Carlos Stroppa, j. em 27.09.1994; AI nº 431.124, 9ª Câm., rel. Juiz Radislau Lamotta, j. em 22.03.1995. Em sentido contrário: AI nº 357.774, 7ª Câm., rel. Juiz Antonio Marcato, j. em 30.06.1992; AI nº 362.213, 7ª Câm., rel. Juiz Antonio Marcato, j. em 08.09.1992; AI nº 370.864, 2ª Câm., rel. Juiz Batista Lopes, j. em 14.12.1992; AI nº 378.229, 7ª Câm., rel. Juiz Antonio Marcato, j. em 16.03.1993; Apel. c/ rev. nº 334.738, 1ª Câm., rel. Juiz Renato Sartorelli, j. em 19.04.1993; Apel. c/ rev. nº 358.972, 9ª Câm., rel. Juiz Ferraz de Arruda, j. em 16.03.1994; AI nº 424.712, 5ª Câm., rel. Juiz Laerte Sampaio, j. em 07.12.1994; AI nº 426.696, 9ª Câm., rel. Juiz Claret de Almeida, j. em 18.01.1995; Apel. s/ rev. nº 472.132, 3ª Câm., rel. Juiz Teixeira de Andrade, j. em 30.01.1997).

Segundo Tribunal de Alçada Civil de São Paulo. *Despejo – falta de pagamento – purgação da mora – beneficiário da justiça gratuita – custas processuais e honorários – inclusão – descabimento (artigo 62, II, "d" da Lei 8.245/1991) – ressalvada sua exigibilidade. Deferidos à parte os benefícios da Justiça Gratuita, a obrigatoriedade do recolhimento de custas e verba honorária, por ocasião da emenda da mora em ação de despejo por falta de pagamento, deve ser afastada (AI nº 531.366, 11ª Câm., rel. Juiz Artur Marques, j. em 18.05.1998. Referências: Silvio Rodrigues, "Direito Civil", Parte Geral das Obrigações, Ed. Saraiva, 1994, 2º vol., p. 276. Yussef Said Cahali, "Honorários Advocatícios", 2ª ed., São Paulo: Ed. RT, 1990, p. 615. RT 656/132, 681/198, REsp. nº 39.257-8, SP, 6ª Turma, rel. Min. José Cândido, j. em 29.11.1993. REsp. nº 43.040-2, SP, 6ª Turma, rel. Min. Vicente Cernicchiaro, j. em 1º.03.1994. REsp. nº 40.654-4, SP, 6ª Turma, rel. Min. Anselmo Santiago, j. em 25.04.1994. REsp. nº 26.531-2, SP, 5ª Turma, rel. Min. Flaquer Scartezzini, j. em 24.08.1994. REsp. nº 46.206-1, SP, 5ª Turma, rel. Min. Assis Toledo, j. em 05.09.1994. REsp. nº 40.833-4, SP, 5ª Turma, rel. Min. Edson Vidigal, j. em 06.02.1995. REsp. nº 39.916-5, SP, 6ª Turma, rel. Min. William Patterson, j. em 08.09.1995. REsp. nº 45.928-1, SP, 5ª Turma, rel. Min. Edson Vidigal, j. em 04.10.1995. REsp. nº 0075688, 95, 6ª Turma, rel. Min. Adhemar Maciel, DJ 12.02.1996, p. 02472. REsp. nº 59.709, RJ, 5ª Turma, rel. Min. José Arnaldo, j. em 22.10.1996. REsp. nº 86.011, 5ª Turma, rel. Min. Edson Vidigal, j. em 24.11.1997.*

No mesmo sentido: JTA (Lex) 144/301, 147/214, 150/202, 153/441; AI nº 357.774, 7ª Câm., rel. Juiz Antonio Marcato, j. em 30.06.1992. AI nº 362.213, 7ª Câm., rel. Juiz Antonio Marcato, j. em 08.09.1992; Apel. c/ rev. nº 334.738, 1ª Câm., rel. Juiz Renato Sartorelli, j. em 19.04.1993; AI nº 424.712, 5ª Câm., rel. Juiz Laerte Sampaio, j. em 07.12.1994; AI nº 426.696, 9ª Câm., rel. Juiz Claret de Almeida, j. em 18.01.1995; AI nº 432.722, 7ª Câm., rel. Juiz Antonio Marcato, j. em 11.04.1995; AI nº 456.625, 9ª Câm., rel. Juiz Claret de Almeida, j. em 06.03.1996; AI nº 460.814, 10ª Câm., rel. Juiz Euclides de Oliveira, j. em 15.05.1996; AI nº 464.639, 10ª Câm., rel. Juiz Euclides de Oliveira, j. em 30.07.1996; AI nº 466.125, 7ª Câm., rel. Juiz Antonio Marcato, j. em 30.07.1996; AI nº 465.305, 9ª Câm., rel. Juiz Claret de Almeida, j. em 07.08.1996; AI nº 477.576, 9ª Câm., rel. Juiz Claret De Almeida, j. em 22.01.1997.

Mister se faz que haja pedido expresso para que a mora seja purgada com os honorários legais ou estipulados no contrato, isso na exata medida em que o verbete nº 256 da Súmula do STF,[102] que consagra a inexigibilidade de pedido expresso de condenação em honorários, não se aplica ao caso de purgação de mora locatícia.

Se não houver pedido expresso, entende-se que o locatário está autorizado a purgar a mora sem a inclusão de verba honorária.[103]

O juiz verificará o pedido de purgação de mora quanto ao prazo (o da resposta), valores etc. e deferirá o depósito.

O réu terá, nos termos do inciso III, quinze dias para purgar a mora a partir da citação, lembrando que esse prazo é contado em dobro para os beneficiários da assistência judiciária gratuita (§ 5º do art. 5º da Lei 1.060/1950).

Por evidente que o depósito intempestivo não é eficaz para purgar a mora, exceto nos casos das exceções do art. 223 do Código de Processo Civil.[104]

Resumindo: o réu terá o prazo da resposta (normalmente de quinze dias), para purgar da mora.

3.17.8. Limite para purgação da mora – inadmissão da simples purgação da mora se a faculdade já houver sido utilizada nos últimos vinte e quatro meses

Sob o regime original da Lei do Inquilinato, ao locatário era conferida a possibilidade de purgar a mora duas vezes nos doze meses imediatamente anteriores à propositura da ação.

Na verdade, em razão da demora natural do processamento das ações de despejo, o dispositivo tornou-se inútil.

Assim, tencionando corrigir a distorção, a atual redação do parágrafo único do art. 62, alterada pela Lei 12.112/2009, prevê que a possibilidade de purgar a mora, fazendo com que o contrato convalesça, se limita a uma vez no prazo de vinte e quatro meses.

É óbvio que, ainda que já tenha utilizado essa faculdade nos vinte e quatro meses anteriores, o locatário terá que pagar.

Em sentido contrário: JTA (RT) 102/338; Apel. c/ rev. nº 242.609, 3ª Câm., rel. Juiz Oswaldo Breviglieri, j. em 03.10.1989; Apel. c/ rev. nº 243.429, 3ª Câm., rel. Juiz Oswaldo Breviglieri, j. em 03.10.1989; Apel. c/ rev. nº 246.338, 3ª Câm., rel. Juiz Oswaldo Breviglieri, j. em 10.10.1989; AI nº 339.132, 8ª Câm., rel. Juiz Rodrigues da Silva, j. em 12.03.1992; AI nº 370.968, 4ª Câm., rel. Juiz Amaral Vieira, j. em 27.10.1992; AI nº 370.932, 3ª Câm., rel. Juiz Teixeira de Andrade, j. em 1º.12.1992; AI nº 374.425, 8ª Câm., rel. Juiz Renzo Leonardi, j. em 03.12.1992; Apel. c/ rev. nº 357.248, 4ª Câm., rel. Juiz Amaral Vieira, j. em 12.04.1994; AI nº 419.935, 11ª Câm., rel. Juiz Artur Marques – j. em 15.09.1994).

[102] *Súmula nº 256/STF* – É dispensável pedido expresso para condenação do réu em honorários, com fundamento nos artigos 63 ou 64 do Código de Processo Civil. (Obs.: considera-se válida, mesmo tendo sido elaborada à época do antigo Código de Processo Civil).

[103] Francisco Carlos Rocha de Barros, *Comentários à lei do inquilinato*. São Paulo: Saraiva, 1997, p. 409-410.

[104] "Art. 223. Decorrido o prazo, extingue-se o direito de praticar ou emendar o ato processual, independentemente de declaração judicial, ficando assegurado, porém, à parte provar que o não realizou por justa causa.
§ 1º Considera-se justa causa o evento alheio à vontade da parte e que a impediu de praticar o ato por si ou por mandatário.
§ 2º Verificada a justa causa, o juiz permitirá à parte a prática do ato no prazo que lhe assinar".
Súmula 73/STF. Em caso de obstáculo judicial admite-se a purga da mora, pelo locatário, além do prazo legal.

Apenas, nessa eventualidade, não poderá permanecer no imóvel, salvo acordo com o locador, posto que o juiz será obrigado a decretar o despejo.

Caberá ao locador, ao propor a ação de despejo, informar o juízo, juntando cópias do processo anterior ou certidão, aptos a provar a distribuição de outra ação em face do mesmo contrato e locatário nos vinte e quatro meses anteriores, requerendo a decretação do despejo.

Neste caso, entendemos que será melhor que o locador aguarde a decretação do despejo para, depois, executar os aluguéis vencidos, posto que a cumulação com cobrança implica empreender a esta o rito da vertente ação, de conhecimento, quando o crédito decorrente da locação e seus encargos já constitui título executivo (CPC, art. 784, VIII).

3.17.9. Alegação de insuficiência do depósito

O autor, intimado do depósito, nos termos do inciso III, poderá alegar que a oferta não é integral.

A lei não determinou prazo para a impugnação. Sendo assim, deve ser levada a efeito em cinco dias da intimação, a teor do que dispõe o art. 218, § 3º, do Código de Processo Civil.[105]

É preciso observar que a insuficiência de depósito a que alude a lei não é relativa às quantias discriminadas na inicial, mas de parcelas que se vencerem após a propositura da ação, que não constavam da necessária discriminação da inicial.

Neste sentido, depositado valor inferior ao que consta na exordial, sofrerá o despejo.

Neste sentido:

Segundo Tribunal de Alçada Civil de São Paulo. Despejo – falta de pagamento – alugueres e encargos – purgação da mora – depósito insuficiente – valores incontroversos – complementação – inadmissibilidade. Quando o artigo 62, inciso III, da Lei 8.245/1991 fala em diferença que poderá ser complementada, só pode estar se referindo a valores relativos a aluguel ou encargos vencidos após a propositura da ação que não constavam da discriminação feita no pedido inicial (Apel. s/ rev. nº 455.801, 1ª Câm., rel. Juiz Renato Sartorelli, j. em 20.05.1996. No mesmo sentido: Apel. c/ rev. nº 421.759, 9ª Câm., rel. Juiz Francisco Casconi, j. em 30.11.1994; MS 455.049, 1ª Câm., rel. Juiz Souza Aranha, j. em 1º.04.1996).

Posta assim a questão, se o réu discordar dos valores, não poderá simplesmente depositar para purgar a mora. Nesse caso, deverá contestar a ação, depositando o valor que entende devido e, se não tiver razão, sofrerá o despejo. É neste sentido o teor do Enunciado nº 28 do Centro de Estudos do Segundo Tribunal de Alçada Civil de São Paulo: *Artigos 62 e 67, parágrafo único. A contestação à ação de despejo por falta de pagamento apenas surtirá efeito desconstitutivo do direito do locador, se acompanhada do depósito da importância acaso tida como incontroversa.*

A contestação desprovida do depósito do valor tido como incontroverso implica necessidade de julgamento do processo com procedência da ação de despejo pelo valor da diferença ou do valor não depositado.

Trata-se de confissão de débito locatício sem o respectivo depósito, o que autoriza o imediato julgamento, não se admitindo depósito posterior.

Nesse sentido:

Tribunal de Justiça de São Paulo. Despejo por falta de pagamento c.c. Cobrança. Prova de propriedade. Inexigibilidade. Cerceamento de defesa pelo julgamento antecipado da lide. Inocorrência. Inadimplência comprovada. Ausência de depósito dos valores incontroversos. Enunciado 28 do centro de estudos e debates do extinto segundo tribunal de alçada civil. O julgamento antecipado da lide tem lugar quando a matéria de mérito for unicamente de direito ou, sendo de direito e de fato, não houver necessidade de produzir prova em audiência (CPC, artigo 330, inciso I) [atual art. 355, I]. Tratando-se de ação de despejo por falta de pagamento,

---

[105] Art. 185. Não havendo preceito legal nem assinação pelo juiz, será de 5 (cinco) dias o prazo para a prática de ato processual a cargo da parte.

hipótese em que não se exige a condição de proprietário do imóvel locado, desnecessária a prova do domínio. A contestação à ação de despejo por falta de pagamento apenas surtirá efeito desconstitutivo do direito do locador se acompanhada do depósito da importância acaso tida como incontroversa. Recurso desprovido (Apelação 0114242-56.2006.8.26.0003, Rel. Gilberto Leme, 27ª Câmara de Direito Privado, j. 21.05.2013).

Tribunal de Justiça de São Paulo. *Ação de despejo por falta de pagamento cumulada com a de cobrança de aluguéis e acessórios. Sentença de parcial procedência. Apelação da ré, locatária. Insurgência contra o pagamento dos aluguéis vencidos e que se venceram ao longo do curso processual. Ausência de verossimilhança dos comprovantes de pagamento apresentados. Fatos não impugnados em contestação. Aluguéis vencidos incontroversos. Inadmissível a inovação em sede recursal. Documentos preexistentes que deveriam ser apresentados em momento oportuno. O pagamento dos demais aluguéis que foram se vencendo ao longo do curso processual deveria ocorrer com o depósito de seus valores em juízo até a prolação da sentença, o que não foi feito. Sentença mantida. Recurso desprovido (Apelação 0017697-96.2012.8.26.0007, Rel. Morais Pucci, 27ª Câmara de Direito Privado, j. 20.05.2014).*

De fato, além de depositar o valor incontroverso, o inquilino deve pagar os demais aluguéis que foram se vencendo ao longo do curso processual, em juízo, até a prolação da sentença (art. 62, V, da Lei 8.245/1991).

No caso de purgação da mora e ante a manifestação de insuficiência quanto a valores vincendos, o réu poderá complementar seu depósito em 10 (dez) dias contados da intimação da impugnação.

Em suma, não efetuado o depósito a ação prosseguirá e será decretado o despejo. Efetuado parcialmente, não complementado ou não depositados os aluguéis e encargos vincendos, prosseguirá a ação pela diferença, decretando-se o despejo se reconhecida a insuficiência dos valores (inciso IV do art. 62).[106]

Contestada a ação, efetuado o depósito da parte incontroversa (não purgação de mora), reconhecida a incorreção do valor alegado na inicial ou da necessidade de complementação, acarretará o julgamento da improcedência da ação, carreando-se ao autor os ônus da sucumbência.

3.17.10. Parcelas vincendas

Como dissemos, as parcelas vincendas (aluguéis e acessórios) serão depositadas tempestivamente[107] no curso da ação, havendo ou não contestação ou pedido para complementação.

O desatendimento dessa regra implicará no julgamento antecipado da lide, nos exatos termos do art. 355, I, do Código de Processo Civil.

Depois da sentença não serão mais admitidos os depósitos, devendo o réu pagar os aluguéis e encargos diretamente ao locador-autor pelos valores incontroversos, sob pena de incorrer em mora.

Neste sentido:

Segundo Tribunal de Alçada Civil de São Paulo. *Despejo – falta de pagamento – aluguéis vencidos após a sentença – depósito – inadmissibilidade – aplicação do artigo 62, V, da Lei 8.245/1991. É inadmissível,*

---

[106] ***Segundo Tribunal de Alçada Civil de São Paulo.*** *Despejo – falta de pagamento – purgação da mora – complementação – ausência – prosseguimento pela diferença – exegese do artigo 62, III e IV da Lei 8.245/1991. Alegando o locador, a insuficiência do depósito, cabe ao locatário, nos dez dias seguintes à intimação, complementá-lo ou se arriscar ao prosseguimento do pedido de rescisão pela alegada diferença. Mesmo nesta última hipótese, o locatário deve continuar a depositar os alugueres vincendos nos respectivos vencimentos, sob pena de ser julgada procedente a ação (Apel. s/ rev. nº 429.935, 5ª Câm., rel. Juiz Laerte Sampaio, j. em 19.04.1995. No mesmo sentido: AI nº 417.006, 9ª Câm., rel. Juiz Claret de Almeida, j. em 17.08.1994; Apel. s/ rev. nº 543.177, 2ª Câm., rel. Juiz Vianna Cotrim, j. em 08.03.1999).*

[107] No dia contratual de vencimento ou, na sua falta, no 6º dia útil, acorde com a regra que emana do inciso I do art. 23.

na ação de despejo por falta de pagamento, o depósito de alugueres vencidos após a sentença (artigo 62, V, da Lei 8.245/1991) (AI nº 441.833, 3ª Câm., rel. Juiz João Saletti, j. em 17.10.1995, in JTA (Lex) 156/251).

3.17.11. Execução dos aluguéis antes do despejo

O inciso VI, do art. 62, da Lei 8.245/1991 autoriza a execução do valor dos aluguéis independentemente do despejo.

Assim, a execução dos alugueres pode ter início antes da desocupação do imóvel, mesmo no caso de procedência de ambos os pedidos (despejo e cobrança).

3.17.12. Cumulação de cláusula penal (multa) compensatória e moratória

Tratando-se de cobrança ou execução dos aluguéis em atraso, surge a questão dos acréscimos.

Os juros, cujo termo inicial de contagem é estabelecido pelo art. 405, do Código Civil, são cobrados pelos parâmetros estabelecidos no art. 406, também do Código Civil, na ausência de juros convencionais moratórios (recomendo a leitura do capítulo referente aos juros nos contratos – capítulo 14 do Livro II).

A correção monetária, atualmente, durante o cumprimento regular do contrato, deve respeitar a periodicidade anual, mediante aplicação do índice acumulado sobre o valor nominal. Essa é a inferência que se extrai do art. 28 e parágrafos da Lei 9.069/1995, e dos arts. 1º e 2º e parágrafos da Lei 10.192, de 14.02.2001.

Portanto, conta-se a correção monetária, até o vencimento, com periodicidade anual.

Todavia, após o vencimento, a correção monetária, de acordo com o índice pactuado no contrato, pode ser cobrada com a periodicidade de sua divulgação (Código Civil, arts. 389 e 395), sendo mais comum a divulgação mensal dos índices.

É vedada, em regra, a correção monetária com fundamento na variação cambial (Lei 8.880/1994, art. 6º; Lei 10.192/2001, art. 1º; Código Civil de 2002, art. 318), lembrando que essa correção não se confunde com o curso forçado da moeda nacional, que também é exigido legalmente.

Por fim, a cláusula penal (multa contratual) que, pelo descumprimento do pagamento dos aluguéis deve ser correspondente ao percentual estipulado no contrato, não pode superar 10% (Decreto nº 22.626/1933, art. 9º).[108]

Seja como for, o credor não pode cumular a multa (cláusula penal) moratória, que se aplica ao atraso no pagamento do aluguel, com a multa (cláusula penal) compensatória, prevista para o descumprimento dos deveres laterais do contrato, como, por exemplo, de conservação, de não sublocar etc.

Neste sentido:

Segundo Tribunal de Alçada Civil de São Paulo. Locação. Ação de cobrança de aluguéis e encargos. Incidência conjunta de multa moratória e compensatória pelo inadimplemento. Inadmissibilidade. Prevalecimento apenas da cláusula penal moratória. Recurso provido. Havendo cláusula penal moratória ela é a aplicável no caso de o locatário desatender ao pagamento do aluguel. Nula se apresenta a ressalva da incidência conjunta da cláusula penal compensatória, por implicar inadmissível bis in idem. Apelação sem revisão nº 665.813-0/4 – 7ª Câmara – Antonio Rigolim, Julgamento em 16.12.2003.

---

[108] Em sentido contrário, admitindo até 20%: *Locação de imóvel. Ação de despejo por falta de pagamento cumulada com pedido de cobrança. Multa moratória. Incidência sobre cada aluguel que deixou de ser quitado até a respectiva data de vencimento. Multa moratória pactuada à taxa de 50%. Abusividade. Redução para 20%. Inaplicabilidade da Lei da Usura e do Código de Defesa do Consumidor aos contratos de locação de imóvel. Recurso parcialmente provido. (TJSP; Apelação Cível 1000584-81.2018.8.26.0596; Relator: Cesar Lacerda; 28ª Câmara de Direito Privado; j. 29.07.2019).*

Neste julgamento, narrou-se que *o contrato estabeleceu, em sua cláusula 12ª, a multa compensatória de R$ 720,00, equivalente a três meses de aluguel, para o caso de descumprimento de qualquer cláusula contratual. Além disso, consta a previsão de incidência da multa moratória de 10%, para o caso de inadimplemento dos alugueres, e isto sem prejuízo da outra pena estipulada (cláusula 18ª).*

Em razão disso, sustentou o relator *que bem se percebe que o contrato contém duas cláusulas penais, uma geral e outra específica, esta última relacionada apenas à mora no pagamento do aluguel. Se há uma regra especial a reger determinada situação, ela é a aplicável, superando aquela de caráter geral, que só pode ser interpretada, naturalmente, como relacionada às demais cláusulas. A ressalva feita na cláusula não implica tomar uma só pena, pois isto estabeleceria um tratamento diferenciado em relação às demais possíveis infrações, num verdadeiro contrassenso. Basta observar que, segundo os seus termos, um único inadimplemento enseja a incidência da multa de três aluguéis. Ou seja, ficaria o locatário inadimplente sujeito ao pagamento, não só do valor de 10%, mas também de outros 300%.*

Posta assim a questão, determinou-se a prevalência da cláusula penal moratória de 10%.

3.17.13. Modelo de ação de despejo por falta de pagamento sem cumulação de cobrança de aluguéis

MM. Juízo da (...)

(...), por seus procuradores (documento 01), com escritório na (...), onde receberão intimações, vem, respeitosamente, perante Vossa Excelência, aforar, em face de (...), a competente

Ação de despejo por falta de pagamento de aluguel e encargos,

que faz com supedâneo nos artigos 9º, nº III, e 62 da Lei 8.245/1991 e pelas razões de fato e de direito que, a seguir, articuladamente, passa a aduzir:

O autor locou ao réu, para fins residenciais, a partir de (...), o imóvel da rua (...) mediante contrato escrito (documento 02), pelo prazo de 30 (trinta) meses e aluguel inicial de R$ (...) mensais, cabendo, ainda, ao locatário, o pagamento dos encargos descritos no contrato.

Ocorre que o réu não paga aluguéis desde (...), sendo que os encargos (IPTUs e despesas condominiais) não foram por ele pagos no mês de novembro (vencimento em...), acorde com demonstrativo e comprovantes enviados pela administradora (documento 03).

Seu débito atual é de R$ (...), conforme discriminação em planilha anexa (documento 05).

Citação e pedido

Isto posto, requer o autor:

a) seja o réu citado por meio eletrônico ou, não havendo cadastro, pelo correio (*ou, ainda, justificando, por Oficial de Justiça, nos termos do § 1º-A, II, do art. 246 do CPC, facultando-se ao Sr. Oficial de Justiça encarregado da diligência proceder nos dias e horários de exceção (CPC, art. 212, § 2º*), para que emende a mora na forma prevista no art. 62 da Lei 8.245/1991, mediante depósito judicial atualizado do débito discriminado na planilha anexa (documento 04), inclusive prestações vincendas, custas e honorários de advogado no patamar de 10% (*ou outro percentual estipulado no contrato, de até 20%*) do valor do débito, nos termos da letra "d" do inciso II do art. 62, ou ofereça a defesa que tiver, sob pena de aplicar-lhe os efeitos da revelia;

b) a ciência da presente a eventuais ocupantes e sublocatários (art. 59, § 2º, da Lei 8.245/1991);

c) a ciência aos Fiadores Sr. (...) e Sra. (...), domiciliados na (...) para que não aleguem desconhecimento desta demanda;

Ex positis, requer, ainda, digne-se Vossa Excelência:

Julgar, ao final, procedente a ação, declarando a extinção da relação *ex locato*, decretando o despejo, com a condenação do réu no pagamento de custas processuais e honorários de advogado.

Audiência de Conciliação

Nos termos do art. 334, § 5º, do Código de Processo Civil, o autor desde já manifesta, pela natureza do litígio, desinteresse em autocomposição.

Ou

Tendo em vista a natureza do direito e demonstrando espírito conciliador, a par das inúmeras tentativas de resolver amigavelmente a questão, o autor desde já, nos termos do art. 334 do Código de Processo Civil, manifesta interesse em autocomposição, aguardando a designação de audiência de conciliação.

Provas

Requer-se provar o alegado por todos os meios de prova em direito admitidos, incluindo perícia, produção de prova documental, testemunhal, inspeção judicial, depoimento pessoal sob pena de confissão caso o réu (ou seu representante) não compareça, ou, comparecendo, se negue a depor (art. 385, § 1º, do Código de Processo Civil).

Valor da causa

Dá-se à causa, o valor de R$ (...) (doze vezes o aluguel vigente).

Termos em que,

Pede deferimento

Data

Advogado (OAB)

3.17.14. Modelo de ação de despejo por falta de pagamento cumulada com cobrança de aluguéis somente contra o locatário

MM. Juízo da (...)

(...), por seus procuradores (documento 01), com escritório na (...), onde receberão intimações, vem, respeitosamente, perante Vossa Excelência, aforar, em face de (...), a competente

Ação de despejo por falta de pagamento de aluguel e encargos, cumulada com cobrança

que faz com supedâneo nos artigos 9º, nº III, e 62 da Lei 8.245/1991 e pelas razões de fato e de direito que, a seguir, articuladamente, passa a aduzir:

O autor locou ao réu, para fins residenciais, a partir de (...), o imóvel da rua (...), mediante contrato escrito (documento 02), pelo prazo de 30 (trinta) meses e aluguel atual de R$ (...) mensais, cabendo, ainda, ao locatário, o pagamento dos encargos descritos no contrato.

Ocorre que o réu não paga aluguéis desde (...), sendo que os encargos (IPTUs e despesas condominiais) não foram por ele pagos no mês de novembro (vencimento em...), acorde com demonstrativo e comprovantes enviados pela administradora (documento 03).

Seu débito atual é de R$ (...), conforme discriminado na planilha anexa (documento 04).

Citação e pedido

Isto posto, requer a autora:

a) seja o réu citado por meio eletrônico ou, não havendo cadastro, pelo correio (*ou, ainda, justificando, por Oficial de Justiça, nos termos do § 1º-A, II, do art. 246 do CPC, facultando-se ao Sr. Oficial de Justiça encarregado da diligência proceder nos dias e horários de exceção (CPC, art. 212, § 2º*), para que, no prazo da lei, emende a mora, na forma prevista no artigo 62 da Lei 8.245/1991, mediante depósito judicial atualizado do débito discriminado na planilha anexa (documento 05), inclusive prestações vincendas, custas e honorários de advogado no patamar de 10% (*ou outro percentual estipulado no contrato, de até 20%*) do valor do débito, nos termos da letra "d" do inciso II do art. 62 (somente para o caso de emenda de mora), ou ofereça a defesa que tiver no prazo legal, sob pena de aplicar-lhe os efeitos da revelia;

b) a ciência da presente a eventuais ocupantes e sublocatários (art. 59, § 2º, da Lei 8.245/1991);

c) a ciência aos fiadores Sr. (...) e Sra. (...), domiciliados na (...) para que não aleguem desconhecimento desta demanda;

Caso não seja emendada a mora, requer a autora digne-se Vossa Excelência de:

Julgar, ao final, procedente a ação, declarando a extinção da relação *ex locato*, decretando o despejo, com a condenação do réu no pagamento do débito composto pelos aluguéis e encargos acrescidos de multas e correções, até o momento efetivo da desocupação, nos termos do art. 62, I, da Lei 8.245/1991, além de custas processuais e honorários de advogado.

Audiência de Conciliação

Nos termos do art. 334, § 5º, do Código de Processo Civil, o autor desde já manifesta, pela natureza do litígio, desinteresse em autocomposição.

Ou

Tendo em vista a natureza do direito e demonstrando espírito conciliador, a par das inúmeras tentativas de resolver amigavelmente a questão, o autor desde já, nos termos do art. 334 do Código de Processo Civil, manifesta interesse em autocomposição, aguardando a designação de audiência de conciliação.

Provas

Requer-se provar o alegado por todos os meios de prova em direito admitidos, incluindo perícia, produção de prova documental, testemunhal, inspeção judicial, depoimento pessoal sob pena de confissão caso o réu (ou seu representante) não compareça, ou, comparecendo, se negue a depor (art. 385, § 1º, do Código de Processo Civil).

Valor da causa

Dá-se à causa, o valor de R$ (...) (doze vezes o aluguel vigente).

Termos em que,

Pede deferimento.

Data

Advogado (OAB)

3.17.15. Modelo de ação de despejo por falta de pagamento, cumulada com cobrança em face do fiador

MM. Juízo da (...).

(...), por seus procuradores (documento 1), com escritório na (...), onde receberão intimações, vem, respeitosamente, perante Vossa Excelência, aforar, em face de (...),[109] a competente

Ação de despejo por falta de pagamento de aluguel e encargos, cumulada com cobrança,

o que faz com supedâneo nos arts. 9.º, III e 62 e 59, § 1.º, IX, da Lei 8.245, de 18 de outubro de 1991, e pelas razões de fato e de direito que, a seguir, articuladamente, passa a aduzir:

O autor locou ao locatário-réu, para fins residenciais, a partir de (...), o imóvel da Rua (...), mediante contrato escrito (documento 2), pelo prazo de (...) meses e aluguel atual de R$ (...) mensais, cabendo, ainda, ao locatário, o pagamento dos encargos descritos no contrato.

Ocorre que o locatário-réu não paga aluguéis e (ou) encargos desde (...), sendo que os encargos (IPTU e despesas condominiais) não são por ele pagos desde (...), acorde com demonstrativo e comprovantes enviados pela administradora (documento 3).

Seu débito atual é de R$ (...), conforme discriminado na planilha anexa (documento 4), não restando alternativa ao autor senão a propositura da presente ação.

Citação e pedido

Com relação ao locatário:

a) Seja o locatário-réu citado por meio eletrônico ou, não havendo cadastro, pelo correio (*ou, ainda, justificando, por Oficial de Justiça, nos termos do § 1º-A, II, do art. 246 do CPC, facultando-se ao Sr. Oficial de Justiça encarregado da diligência proceder nos dias e horários de exceção (CPC, art. 212, § 2º)*), para que, no prazo de quinze dias da citação, emende a mora, na forma prevista no art. 62 da Lei 8.245/1991, mediante depósito judicial atualizado do débito discriminado na planilha anexa (documento 4), inclusive prestações vincendas, custas e honorários de advogado na base de 10% (ou outro percentual estipulado no contrato, de até 20%) do valor do débito, nos termos

---

[109] Deverão constar os nomes do locatário e dos fiadores.

da letra d do inciso II do art. 62 (somente para o caso de emenda de mora), ou ofereça a defesa que tiver no prazo legal, sob pena de aplicar-lhe os efeitos da revelia;

b) A ciência da presente a eventuais ocupantes e sublocatários (art. 59, § 2.º da Lei 8.245/1991);

Com relação aos fiadores:

c) Citação do Sr. (...) e da Sra. (...), residentes e domiciliados na Rua (...), por meio eletrônico ou, não havendo cadastro, pelo correio (*ou, ainda, justificando, por Oficial de Justiça, nos termos do § 1º-A, II, do art. 246 do CPC, facultando-se ao Sr. Oficial de Justiça encarregado da diligência proceder nos dias e horários de exceção (CPC, art. 212, § 2º*), para que, no prazo de quinze dias da citação, emendem a mora, na forma prevista no art. 62 da Lei 8.245/1991, mediante depósito judicial atualizado do débito discriminado na planilha anexa (documento 4), inclusive prestações vincendas, custas e honorários de advogado no patamar de 10% (*ou outro percentual estipulado no contrato, de até 20%*) do valor do débito (art. 62, II, "d", somente para o caso de emenda de mora), ou ofereçam a defesa que tiverem no prazo legal, sob pena de aplicar-lhes os efeitos da revelia;

Caso não seja emendada a mora, ou se for contestada a ação por qualquer deles, requer o autor digne-se Vossa Excelência de:

a) Julgar, ao final, procedente a ação, declarando a extinção da relação *ex locato*, decretando o despejo do locatário-réu;

b) Condenar locatário-réu e fiadores-réus, solidariamente, no pagamento do débito composto pelos aluguéres e encargos acrescidos de multas e correções, até o momento efetivo da desocupação, nos termos do art. 62, I, da Lei 8.245/1991, além de custas processuais e honorários de advogado, devendo-se proceder à cobrança nos mesmos autos da ação de despejo, facultando-se a cobrança antes da desocupação do imóvel.

Pedido sucessivo de despejo por denúncia vazia:

Tendo em vista que o contrato vige por prazo indeterminado, em que pese a mora, o inquilino corréu foi notificado acerca da denúncia do contrato (documento 5), com concessão do prazo improrrogável de 30 (trinta) dias para desocupação voluntária, o que também não observou e, sendo assim, o autor requer em ordem sucessiva, caso o réu purgue a mora, que o pedido de despejo por denúncia imotivada seja julgado procedente com a decretação do despejo, conforme possibilidade atestada pela jurisprudência:

Tribunal de Justiça de São Paulo. *(...)Locação de imóvel. Ação de despejo. Duplicidade de causa de pedir: falta de pagamento e denúncia vazia. Possibilidade de cumulação. Compatibilidade de pedidos. Sendo por prazo indeterminado a locação assim prorrogada, poderá ela, por intermédio de notificação premonitória, ser denunciada (art. 57), dando azo, justamente, ao pedido de despejo do imóvel por denúncia vazia. Recurso Provido (Apelação Cível 0018276-59.2012.8.26.0002 – Rel. Antonio Nascimento – 26ª Câmara de Direito Privado – Foro Regional II – Santo Amaro – 1ª Vara Cível – j. 11.03.2015 – Data de Registro: 12.03.2015).*

Tribunal de Justiça de São Paulo. *Ação de despejo – Duplicidade de fundamentos. possível a cumulação de pedidos fundados em mora no pagamento de aluguéis e denúncia vazia. Duplo fundamento. Falta de pagamento e denúncia vazia. Possibilidade de cumulação. Precedente do E. STJ. Notificação premonitória realizada regularmente. Embora purgada a mora, possível o acolhimento da pretensão com base na denúncia vazia. Sucumbência a ser suportada pelo locatário. Princípio da causalidade. Recurso desprovido (Apelação nº 0011093-62.2011.8.26.0005 – 32ª Câmara de Direito Privado – Rel. Des. Milton Carvalho – Data de j. 29.05.2014).*

Tribunal de Justiça de São Paulo. *Despejo por falta de pagamento c/c despejo por denúncia vazia – Cumulação de Pedidos – Possibilidade. Inexiste incompatibilidade na cumulação de pedido de despejo por falta de pagamento e denúncia imotivada, já que ambas as pretensões podem ser examinadas pelo mesmo juiz, observado o rito ordinário [atual procedimento comum]. A prestação jurisdicional, na cumulação objetiva de pedidos, opera-se em duas etapas, sendo possível que, ainda que purgada a mora, o feito prossiga, visando o julgamento da ação sob o outro fundamento. (Apelação 9209365-97.2007.8.26.0000 – 35ª Câmara de Direito Privado – Relator: Clóvis Castelo; – Comarca: Jundiaí – 35ª Câmara de Direito Privado – j. 26.04.2010 – Data de registro: 28.04.2010).*

Igualmente: **STJ – REsp 8166/SP – 3ª Turma – Rel. Min. Eduardo Ribeiro.**

Audiência de Conciliação

Nos termos do art. 334, § 5º, do Código de Processo Civil, o autor desde já manifesta, pela natureza do litígio, desinteresse em autocomposição.

Ou

Tendo em vista a natureza do direito e demonstrando espírito conciliador, a par das inúmeras tentativas de resolver amigavelmente a questão, o autor desde já, nos termos do art. 334 do Código de Processo Civil, manifesta interesse em autocomposição, aguardando a designação de audiência de conciliação.

Provas

Requer-se provar o alegado por todos os meios de prova em direito admitidos, incluindo perícia, produção de prova documental, testemunhal, inspeção judicial, depoimento pessoal sob pena de confissão caso o réu (ou seu representante) não compareça, ou, comparecendo, se negue a depor (art. 385, § 1º, do Código de Processo Civil).

Valor da causa

Dá-se à causa, o valor de R$ (...) (doze vezes o aluguel vigente).

Termos em que,

Pede deferimento.

(Local e data)

(Nome e número de inscrição do advogado na OAB)

3.17.16. Modelo de ação de despejo por falta de pagamento com pedido de desocupação liminar na hipótese de ausência de garantias

Como vimos ao tratar das liminares nas ações de despejo, se o contrato de locação estiver desprovido de quaisquer garantias, é possível a ação de despejo com liminar para desocupação em quinze dias.

Neste sentido, segue o modelo e remetemos o leitor aos itens 3.6 e 3.6.3 deste capítulo.

MM. Juízo da (...).

Urgente: requer a concessão de liminar.

(...), por seus procuradores (documento 1), com escritório na (...), onde receberão intimações, vem, respeitosamente, perante Vossa Excelência, aforar, em face de (...), a competente

Ação de despejo por falta de pagamento de aluguel e encargos, cumulada com cobrança,

o que faz com supedâneo nos arts. 9.º, III, 62 e 59, § 1.º, IX, da Lei 8.245, de 18 de outubro de 1991, e pelas razões de fato e de direito que, a seguir, articuladamente, passa a aduzir:

O autor locou ao réu, para fins residenciais, a partir (...), o imóvel da Rua (...), mediante contrato escrito (documento 2), pelo prazo de (...) meses e aluguel atual de R$ (...) mensais, cabendo, ainda, ao locatário, o pagamento dos encargos descritos no contrato.

Não há qualquer garantia prevista no contrato de locação.

Ocorre que o réu não paga aluguéis e (ou) encargos desde (...), sendo que os encargos (IPTU e despesas condominiais) não são por ele pagos desde (...), acorde com demonstrativo e comprovantes enviados pela administradora (documento 3).

Seu débito atual é de R$ (...), conforme discriminado na planilha anexa (documento 4), não restando alternativa ao autor senão a propositura da presente ação.

Citação e pedido

Isto posto, requer o autor:

a) Seja o réu citado por meio eletrônico ou, não havendo cadastro, pelo correio (*ou, ainda, justificando, por Oficial de Justiça, nos termos do § 1º-A, II, do art. 246 do CPC, facultando-se ao Sr. Oficial de Justiça encarregado da diligência proceder nos dias e horários de exceção (CPC, art. 212, § 2º)*, para que, no prazo de quinze dias da citação, emende a mora sob pena de despejo liminar, na forma prevista no inciso II, do art. 62, da Lei 8.245/1991, mediante depósito judicial atualizado do débito discriminado na planilha anexa (documento 4), incluindo prestações vincendas, custas e honorários de advogado na base de 10% (ou outro percentual estipulado no contrato, de até 20%) do valor do débito, nos termos da letra d do inciso II do art. 62 (somente para o caso de emenda de mora), ou, no prazo legal, ofereça a defesa que tiver, sob pena de aplicar-lhe os efeitos da revelia;

b) a ciência da presente a eventuais ocupantes e sublocatários (art. 59, § 2º, da Lei 8.245/1991);

Pedido de liminar

c) Nos termos do art. 59, § 1.º, IX, da Lei 8.245/1991, requer-se a concessão de desocupação liminar, no prazo de quinze dias, tendo em vista que a presente locação é desprovida de qualquer das garantias previstas no art. 37, da Lei 8.245/1991, devendo o aviso constar da citação inicial, permanecendo uma via do mandado com o Sr. Oficial de Justiça, que deverá cumpri-lo no caso de ausência de purgação da mora no prazo de quinze dias, com a expedição de mandado de despejo com as cláusulas de arrombamento e requisição de força, se necessária, e remoção dos bens para depositário, caso o réu não os queira retirar.

Ao final, requer o autor digne-se Vossa Excelência de:

a) julgar procedente a ação, declarando a extinção da relação *ex locato*, decretando ou confirmando o despejo do réu;

b) condenar o réu ao pagamento do débito composto pelos aluguéis e encargos acrescidos de multas e correções, até o momento efetivo da desocupação, nos termos do art. 62, I, da Lei 8.245/1991, além de custas processuais e honorários de advogado, devendo-se proceder à cobrança nos mesmos autos da ação de despejo, facultando-se a cobrança antes da desocupação do imóvel.

Audiência de Conciliação

Nos termos do art. 334, § 5º, do Código de Processo Civil, o autor desde já manifesta, pela natureza do litígio, desinteresse em autocomposição.

Ou

Tendo em vista a natureza do direito e demonstrando espírito conciliador, a par das inúmeras tentativas de resolver amigavelmente a questão, o autor desde já, nos termos do art. 334 do Código de Processo Civil, manifesta interesse em autocomposição, aguardando a designação de audiência de conciliação.

Provas

Requer-se provar o alegado por todos os meios de prova em direito admitidos, incluindo perícia, produção de prova documental, testemunhal, inspeção judicial, depoimento pessoal sob pena de confissão caso o réu (ou seu representante) não compareça, ou, comparecendo, se negue a depor (art. 385, § 1º, do Código de Processo Civil).

Valor da causa

Dá-se à causa o valor de R$ (...) (doze vezes o aluguel vigente).

Termos em que,

Pede deferimento.

(Local e data)

(Nome do advogado e número de inscrição na OAB)

3.18. AÇÃO DE DESPEJO PARA REPAROS URGENTES (ART. 47, I, C/C ART. 9º, IV)

A ação de despejo pode ser motivada pela necessidade de obras urgentes no imóvel locado.

São condições específicas desta ação:

a) determinação dos reparos pela autoridade administrativa competente e não por particulares, mesmo ante a laudos conclusivos;

b) que sejam obras urgentes, pressupondo riscos para os ocupantes;

c) que as obras não possam ser executadas com a permanência de pessoas no imóvel;

d) que haja recusa do locatário em desocupar o imóvel.

Convém notar que, dissolvido o contrato, não caberá o retorno do locatário após as obras, sem que outro contrato seja celebrado.

Como vimos, em alguns casos especialíssimos, são admitidas as liminares nos termos do art. 59 da Lei 8.245/1991, o que depois da Lei 12.112/2009 se aplica à vertente hipótese de despejo.

Lembre-se, também, que o autor deverá provar ser proprietário ou titular de compromisso de compra e venda (art. 60).

Outrossim, não caberá concordância do locatário com a desocupação para dispor do prazo de seis meses (art. 61).

Por fim, cabe verificar que existem graves sanções pelo descumprimento do dever de iniciar as obras em sessenta dias contados da entrega.[110]

3.18.1. Modelo

MM. Juízo da (...)

(...), por seus procuradores (documento 01), com escritório na (...), onde receberão intimações, vem, respeitosamente, perante Vossa Excelência, aforar, em face de (...), a competente

Ação de despejo com pedido de liminar,

o que faz com supedâneo nos artigos 9º, IV, 47, I, e 59, §1º, VI, da Lei 8.245/1991, e pelas razões de fato e de direito que, a seguir, articuladamente, passa a aduzir:

A autora, no dia (...), locou ao réu o imóvel residencial localizado na Rua (...), por contrato escrito, com prazo de 30 (trinta) meses, que se encontra prorrogado por prazo indeterminado (documento 02).

O aluguel atual corresponde a R$ (...) mensais.

A autora é proprietária do imóvel, conforme prova a cópia da matrícula anexa (documento 3). Cumprida, portanto, a exigência do art. 60 da Lei 8.245/1991.

Ocorre que, no último dia (...), a autora foi intimada pela autoridade administrativa competente (documento 04) para realizar obras urgentes no imóvel, e que consistem em substituição do telhado, substituição essa que exige a desocupação do imóvel pelo réu, conforme prova o laudo assinado pela empresa contratada para efetuar o serviço (documento 05).

As referidas obras são urgentes, mormente ante a ameaça de desabamento. Entretanto, apesar de avisado (documento 06), o réu se recusa a desocupar o imóvel para que se cumpra a intimação, dando-se início às obras.

Cumpre observar que há grave risco de danos à integridade física e à saúde dos ocupantes, além da autora estar sujeita a severas sanções administrativas.

Pedido de liminar

Nos termos do art. 59, § 1.º, VI, da Lei 8.245/1991, requer-se a concessão de desocupação liminar, no prazo de quinze dias, devendo o aviso constar da citação inicial, com a expedição de mandado de despejo com as cláusulas de arrombamento e requisição de força, se necessária, e remoção dos bens para depositário, caso o réu não os queira retirar.

---

[110] "Art. 44. Constitui crime de ação pública, punível com detenção de três meses a um ano, que poderá ser substituída pela prestação de serviços à comunidade:

(...)

III – não iniciar o proprietário, promissário-comprador ou promissário-cessionário, nos casos do inciso IV do art. 9º, inciso IV do art. 47, inciso I do art. 52 e inciso II do art. 53, a demolição ou a reparação do imóvel, dentro de sessenta dias contados de sua entrega;

Parágrafo único. Ocorrendo qualquer das hipóteses previstas neste artigo, poderá o prejudicado reclamar em processo próprio, multa equivalente a um mínimo de doze e um máximo de vinte e quatro meses do valor do último aluguel atualizado ou do que esteja sendo cobrado do novo locatário, se realugado o imóvel".

Na eventualidade de não ser atendido, de imediato, o pedido da autora no que tange à liminar, requer seja o mesmo pedido reavaliado após a resposta do réu, quando não restará qualquer dúvida quanto às alegações aqui aduzidas.

Citação e pedido de mérito

Isto posto, requer a autora:

a) seja o réu citado por meio eletrônico ou, não havendo cadastro, pelo correio (*ou, ainda, justificando, por Oficial de Justiça, nos termos do § 1º-A, II, do art. 246 do CPC, facultando-se ao Sr. Oficial de Justiça encarregado da diligência proceder nos dias e horários de exceção (CPC, art. 212, § 2º*), para que, no prazo da lei, ofereça a defesa que tiver, sob pena de aplicar-lhe os efeitos da revelia;

b) a ciência da presente a eventuais ocupantes e sublocatários (art. 59, § 2º, da Lei 8.245/1991);

Ex positis, requer, ainda, digne-se Vossa Excelência de:

Julgar, ao final, procedente a ação, declarando extinta a relação *ex locato,* decretando o despejo, com a condenação do réu no pagamento de custas processuais e honorários de advogado.

Audiência de Conciliação

Nos termos do art. 334, § 5º, do Código de Processo Civil, a autora desde já manifesta, pela natureza do litígio, desinteresse em autocomposição.

Ou

Tendo em vista a natureza do direito e demonstrando espírito conciliador, a par das inúmeras tentativas de resolver amigavelmente a questão, a autora desde já, nos termos do art. 334 do Código de Processo Civil, manifesta interesse em autocomposição, aguardando a designação de audiência de conciliação.

Provas

Requer-se provar o alegado por todos os meios de prova em direito admitidos, incluindo perícia, produção de prova documental, testemunhal, inspeção judicial, depoimento pessoal sob pena de confissão caso o réu (ou seu representante) não compareça, ou, comparecendo, se negue a depor (art. 385, § 1º, do Código de Processo Civil).

Valor da causa

Dá-se à causa, o valor de R$ (...) (doze vezes o aluguel vigente).

Termos em que,

Pede deferimento.

Data

Advogado (OAB)

3.19. AÇÃO DE DESPEJO POR EXTINÇÃO DO CONTRATO DE TRABALHO (ART. 47, II, C/C ART. 59, § 1º, II)

Essa hipótese não se confunde com outras, frequentes, que também decorrem do contrato de trabalho, nas quais o empregado utiliza imóvel ou dependência do empregador para sua moradia, como zeladores, pedreiros, faxineiros, empregados domésticos etc., ou seja, fâmulos da posse.

Nestes casos, cabível reintegração de posse, como atestam os seguintes julgados:

Tribunal de Justiça de São Paulo. Apelação Com Revisão 991050395050 (7003454700) – Rel. Cerqueira Leite – 12ª Câmara de Direito Privado – j. 07.03.2007 – Data de registro: 16.03.2007. Ementa: Reintegração de posse – Imóvel rural ocupado por empregado em virtude de vínculo empregatício – Contrato de trabalho rescindido em reclamação trabalhista – Esbulho caracterizado com a permanência do ex-empregado no imóvel, notadamente depois de notificado para se demitir da posse sob pena de pagar pela ocupação – Competência da Justiça Comum do Estado para a demanda possessória – Alteração da "causa petendi" não verificada, se o autor denominou a ação como de despejo e cobrança de aluguéis – "Cansa, petendi" que é o conjunto de fatos, suscetível de produzir o efeito jurídico pretendido pelo autor, o qual é a retomada da posse – Recurso desprovido.

Segundo Tribunal de Alçada Civil de São Paulo. *Despejo – imóvel ocupado por zelador – inadmissibilidade. Cabível a possessória, fundada na extinção do comodato, para a desocupação de dependências cedidas a zelador de condomínio quando rescindido o contrato de trabalho e inexistente o contrato de locação (Apel. nº 170.013, 6ª Câm., rel. Juiz Mattos Faria, j. em 16.05.84, in JTA (RT) 92/287. Referência: Lauria Tucci e Álvaro Villaça de Azevedo, "Tratado de Locação Predial Urbana", 2º vol., p. 666. No mesmo sentido: JTA (Saraiva) 74/271).*

Havendo desconto de parte do salário do empregado, em razão deste ocupar uma dependência do empregador, tratar-se-á de salário *in natura*, não de aluguel, e a retomada se fará através de reintegração de posse e não de ação de despejo.[111]

Neste sentido:

Segundo Tribunal de Alçada Civil de São Paulo. *Cobrança – aluguéis – resilição de contrato de trabalho – inexistência de relação ex locato vinculada à relação empregatícia – moradia cedida como parte de pagamento da remuneração devida – descabimento – inaplicabilidade do artigo 47, II, da Lei 8.245/1991. Eventual ocupação do imóvel resultante de vínculo empregatício como modalidade de salário indireto não caracteriza qualquer relação jurídica de cunho locatício (Apel. s/ rev. nº 516.399, 3ª Câm., rel. Juiz Milton Sanseverino, j. em 23.06.98. Referências: José da Silva Pacheco, "Tratado das Locações, Ações de Despejo e outras", 8ª ed., SP: Ed. RT, 1993, p. 280. Maria Helena Diniz, "Lei de Locações de Imóveis Urbanos Comentada", 2ª ed., SP: Ed. Saraiva, 1992, p. 194. Francisco Carlos Rocha de Barros, "Comentários à Lei do Inquilinato", SP: Ed. Saraiva, 1995, p. 212).*

Segundo Tribunal de Alçada Civil de São Paulo. *Despejo – imóvel ocupado por empregado – rescisão do contrato de trabalho – ocupação relacionada com este a título gratuito – inadequação – cabimento da reintegração de posse. Após a cessação do vínculo empregatício, é cabível não a ação de despejo, mas a ação possessória, fundada em comodato extinto, para reaver imóvel cedido gratuitamente a empregado, ainda que a moradia no emprego integre o salário como parcela "in natura" (Apel. c/ rev. nº 458.032, 7ª Câm., rel. Juiz Luiz Henrique, j. em 30.07.1996. No mesmo sentido: Apel. c/ rev. nº 430.046, 6ª Câm., rel. Juiz Paulo Hungria, j. em 24.05.1995).*

Também não se cogita na hipótese se o locatário é prestador eventual de serviços, como o médico ou o advogado.

Então, em que hipótese se aplica o dispositivo? É simples: mister se faz uma relação *ex locato*, um contrato de locação entre o locatário-empregado e o locador-empregador.

Em resumo, a ação de que trata o inciso II do art. 47 pode ser exemplificada pelas vilas operárias, nas quais a empresa empregadora, proprietária dos imóveis, os cede em locação aos operários. Para tanto, deve estar expressamente consignado no pacto locatício que a locação está sendo celebrada em virtude do contrato de trabalho. Caso contrário, difícil será a prova.

Assim, terminada a relação de emprego, qualquer que seja a causa (morte do empregado, aposentadoria, demissão com ou sem justa causa, falência do empregador, encerramento de atividades etc.) termina a relação de locação celebrada em função daquela, não importando, sequer, que haja reclamação trabalhista pendente:

Segundo Tribunal de Alçada Civil de São Paulo. *Despejo – imóvel locado a empregado – contrato de trabalho rescindido – aposentadoria – notificação – desnecessidade. Com a aposentadoria não mais existe relação laboral entre as partes, podendo rescindir-se o contrato de locação e, independentemente de notificação, enseja-se a retomada pelo despejo (Apel. nº 195.570, 8ª Câm., rel. Juiz Mello Junqueira, j. em 16.09.1986, in JTA (RT) 105/308. Em sentido contrário: JTA (RT) 106/400).*

---

[111] Essa hipótese é controvertida, havendo quem entenda que sempre haverá locação nesse caso. Francisco Carlos Rocha de Barros, *Comentários à lei do inquilinato*. São Paulo: Saraiva, 1997, p. 243.

A competência para julgamento desta ação é da Justiça Estadual comum e não da Justiça do Trabalho:

Tribunal de Justiça de São Paulo. *Apelação 992070463890 (1139810500) – Relator: Manoel Justino Bezerra Filho – Comarca: Mogi-Guaçu – 35ª Câmara de Direito Privado – j. 10.05.2010 – Data de registro: 13.05.2010. Locação de imóvel – Ação de despejo – Locação vinculada a contrato de trabalho – Competência da Justiça Comum – Cerceamento de defesa inocorrente – Inexistência de vício de representação processual – Preliminares afastadas – Procedência do pedido de despejo – Comprovação da relação locatícia, conforme prova documental juntada aos autos – Divergência dos condôminos quanto à pretensão de despejo – Solução da lide por meio da aplicação das regras relativas à administração do condomínio (arts. 1323 e segs. do Código Civil), observada a vontade da maioria – Sentença mantida – Recurso não provido, v.u.*

Tribunal de Justiça de São Paulo. *Apelação 992070467497 (1140196500) – Relator: Antonio Benedito Ribeiro Pinto – Comarca: Carapicuíba – 25ª Câmara de Direito Privado – j. 29.04.2010 – Data de registro: 04.05.2010. Locação de bem imóvel (finalidade residencial) – Ação de despejo – Extinção do contrato de trabalho em razão da aposentadoria do locatário, cuja ocupação do imóvel estava relacionada com o seu emprego – Competência da Justiça Estadual para processar a ação e julgar o pedido – Aquisição do bem pela autora, após cisão parcial do patrimônio da FEPASA, original proprietária e locadora – Despejo autorizado – Ausência de prova da aquisição da propriedade por parte do inquilino – Falta de prova da autorização do locador acerca das eventuais benfeitorias não induz indenização, na forma contratual – Recursos não providos.*

Neste julgado, justificou o relator que *a competência material é da Justiça Estadual para processar e julgar a presente lide, porquanto a causa de pedir (remota) é referente a contrato de locação de bem imóvel – embora decorrente de vínculo empregatício –, cujo pedido (mediato) é de despejo, sob a égide da Lei 8.245/1991.*[112]

Por outro lado, acorde com o inciso II do § 1º do art. 59, caberá liminar para desocupação em quinze dias.

O valor da causa corresponderá, excepcionalmente, a três salários, considerado o último pago, vez que, evidentemente, não haverá contrato de trabalho na data da propositura da ação de despejo e, por via de consequência, salário vigente.

A única defesa possível consiste na alegação de estabilidade pelo empregado protegido pelo sistema anterior ao FGTS, que a ele não tivesse optado, e que tivesse sido demitido sem o competente inquérito, com cautelar deferida pela Justiça do Trabalho para manter o contrato de trabalho.

3.19.1. Modelo

MM. juízo da (...)

(...), por seus procuradores (documentos 01 e 02), com escritório na (...), onde receberão intimações, vem, respeitosamente, perante Vossa Excelência, aforar em face de (...), a competente

Ação de despejo com pedido liminar,

o que faz com supedâneo nos artigos 47, II, e 59, § 1º, II, da Lei 8.245/1991, e pelas razões de fato e de direito que, a seguir, articuladamente, passa a aduzir:

A autora locou ao réu, no dia (...), por contrato escrito (documento 02), pelo prazo de duração do contrato de trabalho entre a autora e réu (documento 03), o imóvel localizado na (...).

A locação entre as partes foi celebrada somente em virtude do contrato de trabalho então existente (documento 03), o que constou expressamente da cláusula (...) do contrato de locação, estando, portanto, a ele relacionado.

Ocorre que o referido contrato de trabalho foi extinto, conforme prova o documento anexo (documento 04), não existindo mais entre as partes qualquer vínculo de natureza trabalhista.

---

[112] Em sentido contrário: *Agravo de instrumento – ação de despejo fundada na extinção do contrato de trabalho – contrato de cessão de moradia (art. 9º, § 5º da Lei 5.889/73) – competência da justiça do trabalho – inteligência do artigo 114, IX, CF/88 – precedente do STJ – decisão mantida. – Recurso desprovido* (TJSP, Agravo de Instrumento 2097691-53.2018.8.26.0000, Rel. Edgard Rosa, 25ª Câmara de Direito Privado, Foro de Limeira, 3ª Vara Cível, j. 07.06.2018, data de registro 08.06.2018).

No momento da dissolução do pacto laboral, percebia o réu, a título de salário, o valor de R$ (...) mensais.

Nada obstante a extinção do contrato de trabalho, o réu vem se recusando a desocupar o imóvel que lhe fora locado em virtude do contrato de trabalho, isso apesar dos insistentes apelos que já lhe dirigiu a autora.

Assim, não restou alternativa à autora senão ingressar com a presente ação.

Citação e pedido

Isto posto, requer a autora:

a) seja concedida desocupação liminar do imóvel, com prazo de 15 dias, independentemente da oitiva do réu, deferindo o depósito judicial, a título de caução, de 3 (três) aluguéis, nos termos do § 1º do art. 59 da Lei 8.245/1991;

b) seja o réu citado por meio eletrônico ou, não havendo cadastro, pelo correio (*ou, ainda, justificando, por Oficial de Justiça, nos termos do § 1º-A, II, do art. 246 do CPC, facultando-se ao Sr. Oficial de Justiça encarregado da diligência proceder nos dias e horários de exceção (CPC, art. 212, § 2º)* para que, no prazo da lei, ofereça a defesa que tiver, sob pena de aplicar-lhe os efeitos da revelia, comunicando-lhe, inclusive, a liminar concedida, intimando-o do prazo de 15 dias para desocupação voluntária (Lei 8.245/1991, art. 65);[113]

c) a ciência da presente a eventuais ocupantes e sublocatários (art. 59, § 2º, da Lei 8.245/1991);

Ex positis, requer, ainda, digne-se Vossa Excelência de:

Julgar, ao final, procedente a ação, declarando extinta a relação *ex locato,* confirmando a liminar, decretando em definitivo o despejo, com a condenação do réu no pagamento de custas processuais e honorários de advogado.

Audiência de Conciliação

Nos termos do art. 334, § 5º, do Código de Processo Civil, a autora desde já manifesta, pela natureza do litígio, desinteresse em autocomposição.

Ou

Tendo em vista a natureza do direito e demonstrando espírito conciliador, a par das inúmeras tentativas de resolver amigavelmente a questão, a autora desde já, nos termos do art. 334 do Código de Processo Civil, manifesta interesse em autocomposição, aguardando a designação de audiência de conciliação.

Provas

Requer-se provar o alegado por todos os meios de prova em direito admitidos, incluindo perícia, produção de prova documental, testemunhal, inspeção judicial, depoimento pessoal sob pena de confissão caso o réu não compareça, ou, comparecendo, se negue a depor (art. 385, § 1º, do Código de Processo Civil).

Valor da causa

Dá-se à causa o valor de R$ (...) (três salários).

Termos em que,

Pede deferimento.

Data

Advogado (OAB)

3.20. AÇÃO DE DESPEJO PARA USO PRÓPRIO E DE PARENTES (ART. 47, III, C/C §§ 1º E 2º)

Art. 47. Quando ajustada verbalmente ou por escrito e com prazo inferior a trinta meses, findo o prazo estabelecido, a locação prorroga-se automaticamente, por prazo indeterminado, somente podendo ser retomado o imóvel:

---

[113] Waldir de Arruda Miranda Carneiro, *Anotações à lei do inquilinato.* São Paulo: Revista dos Tribunais, 2000, p. 479.

III – se for pedido para uso próprio, de seu cônjuge ou companheiro, ou para uso residencial de ascendente ou descendente que não disponha, assim como seu cônjuge ou companheiro, de imóvel residencial próprio;

§ 1º Na hipótese do inciso III, a necessidade deverá ser judicialmente demonstrada, se:

a) o retomante, alegando necessidade de usar o imóvel, estiver ocupando, com a mesma finalidade, outro de sua propriedade situado na mesma localidade ou, residindo ou utilizando imóvel alheio, já tiver retomado o imóvel anteriormente;

b) o ascendente ou descendente, beneficiário da retomada, residir em imóvel próprio.

§ 2º Nas hipóteses dos incisos III e IV, o retomante deverá comprovar ser proprietário, promissário-comprador ou promissário cessionário, em caráter irrevogável, com imissão na posse do imóvel e título registrado junto à matrícula do mesmo.

Da leitura do dispositivo que embasa a pretensão sob comento, verifica-se que duas são as hipóteses:

a) uso próprio do retomante, seu cônjuge ou companheiro;

b) uso residencial de seu ascendente ou descendente que não disponha, assim como seu cônjuge, de imóvel residencial próprio.[114]

Na primeira hipótese, o uso próprio não significa que aquelas pessoas deverão utilizar pessoalmente o imóvel, mas, apenas, extrair um interesse pessoal. Assim, o imóvel pode ser pedido para instalação de escritório.

Não na segunda hipótese, que exige uso residencial.

Em alguns casos, discutíveis, tem-se admitido a retomada em situações de afinidade (Código Civil, art. 1.595), como, por exemplo, sogro pedindo para o genro.

Milita, em favor do autor da ação, presunção *juris tantum* (relativa) de sinceridade, de tal sorte que pode ser elidida por prova do réu de que não estão presentes os requisitos legais.

Portanto, a necessidade só deverá ser judicialmente demonstrada se ocorridas as hipóteses do § 1º, ou seja, se:

a) o retomante, alegando necessidade de usar o imóvel, estiver ocupando, com a mesma finalidade, outro de sua propriedade situado na mesma localidade;

b) o retomante, residindo ou utilizando imóvel alheio, já tiver retomado o imóvel anteriormente;

c) o ascendente ou descendente, beneficiário da retomada, residir em imóvel próprio.

Dessa última hipótese resulta que, mesmo sendo proprietário de imóvel residencial, o ascendente ou descendente poderá ser beneficiário da medida se, nesse caso, for provada a necessidade. Como dito, se não for proprietário, não há falar-se em prova, aplicando-se a presunção de sinceridade.

Mesmo que seja pedido imóvel na mesma localidade, no caso de finalidade diferente, não há necessidade de o autor demonstrar judicialmente o pedido.

Por exemplo: o retomante pede, para seu próprio uso, escritório onde pretende instalar seu negócio, mesmo que resida e seja proprietário na mesma localidade. Nessa hipótese não precisa demonstrar judicialmente a necessidade.

---

[114] Se dispuser, ainda assim a retomada será possível, devendo o retomante provar a necessidade, nos termos do § 1º.

No caso de retomada anterior vedando a nova retomada sem justificativa, por evidente que se trata de pedido com o mesmo fundamento, ou seja, com supedâneo no inciso III do art. 47.

Por fim, importante ressaltar que, se o pedido não for sincero, há graves consequências que resultam do art. 44, *caput*, inciso II, e parágrafo único.[115]

Outrossim, exige-se prova de propriedade ou compromisso de compra e venda registrado (§ 2º do art. 47).

Questão interessante é saber se cabe julgamento antecipado da lide se o réu requer a produção de provas testemunhais.

Entendemos que não, pois decisão contrária implicaria em cerceamento de defesa e violação da garantia insculpida no inciso LV do art. 5º da Constituição Federal.

Neste sentido:

Segundo Tribunal de Alçada Civil de São Paulo. Despejo – uso próprio – presunção de sinceridade – possibilidade de elidi-la – julgamento antecipado da lide – inadmissibilidade – cerceamento de defesa – ocorrência. Em despejo para uso próprio, quando há indícios suficientes a abalar a discutida presunção de sinceridade, é inadmissível o julgamento antecipado da lide, pois que, com isso ocorreria o cerceamento de defesa (Apel. c/ rev. nº 307.200, 7ª Câm., rel. Juiz Ary Casagrande, j. em 19.11.1991. No mesmo sentido: JTA (RT) 91/397, 107/372, 107/433, 114/203, 114/272, Apel. nº 193.619, 3ª Câm., rel. Juiz Ferreira de Carvalho, j. em 17.06.1986; Apel. c/ rev. nº 219.733, 2ª Câm., rel. Juiz Batista Lopes, j. em 11.5.1988; Apel. c/ rev. nº 360.253, 6ª Câm., rel. Juiz Eros Piceli, j. em 21.10.1992; Apel. c/ rev. nº 370.555, 8ª Câm., rel. Juiz Narciso Orlandi, j. em 12.11.1992).

Há decisão em sentido contrário:

Segundo Tribunal de Alçada Civil de São Paulo. Despejo – uso próprio – presunção de sinceridade – indícios a ilidi-la inexistentes – julgamento antecipado da lide – admissibilidade. Diante de vagas, imprecisas e superficiais alegações do réu para afastar a presunção de sinceridade que milita em favor do autor, admite-se o julgamento antecipado da lide, nisso não se podendo entrever, de forma alguma, suposto cerceamento de defesa (Apel. s/ rev. nº 428.005, 3ª Câm., rel. Juiz Milton Sanseverino, j. em 25.04.1995. No mesmo sentido: JTA (RT) 102/388, 106/444, 119/453, 122/261, 125/330, 125/387; Apel. c/ rev. nº 268.387, 1ª Câm., rel. Juiz Alberto Tedesco, j. em 11.06.1990; Apel. c/ rev. nº 310.658, 7ª Câm., rel. Juiz Garrido de Paula, j. em 17.12.1991; Apel. c/ rev. nº 340.062, 7ª Câm., rel. Juiz Demóstenes Braga, j. em 25.08.1992).

É conveniente que o réu, para evitar o julgamento antecipado da lide, não se limite ao protesto genérico de provas, demonstrando, em tópico destacado da contestação, a necessidade de prova testemunhal a ser produzida em audiência.

Se, mesmo assim, o juiz julgar antecipadamente a lide, não lhe restará alternativa senão utilizar a faculdade do art. 995, parágrafo único do Código de Processo Civil, com as peculiaridades que analisamos no tópico referente aos efeitos dos recursos.

---

[115] Art. 44. Constitui crime de ação pública, punível com detenção de três meses a um ano, que poderá ser substituída pela prestação de serviços à comunidade:
I – recusar-se o locador ou sublocador, nas habitações coletivas multifamiliares, a fornecer recibo discriminado do aluguel e encargos;
II – deixar o retomante, dentro de cento e oitenta dias após a entrega do imóvel, no caso do inciso III do art. 47, de usá-lo para o fim declarado ou, usando-o, não o fizer pelo prazo mínimo de um ano;
III – não iniciar o proprietário, promissário-comprador ou promissário-cessionário, nos casos do inciso IV do art. 9º, inciso IV do art. 47, inciso I do art. 52 e inciso II do art. 53, a demolição ou a reparação do imóvel, dentro de sessenta dias contados de sua entrega;
IV – executar o despejo com inobservância do disposto no § 2º do art. 65.
Parágrafo único. Ocorrendo qualquer das hipóteses previstas neste artigo, poderá o prejudicado reclamar em processo próprio, multa equivalente a um mínimo de doze e um máximo de vinte e quatro meses do valor do último aluguel atualizado ou do que esteja sendo cobrado do novo locatário, se realugado o imóvel.

3.20.1. Modelo

MM. Juízo da (...)

(...), por seus procuradores (documento 01), com escritório na (...), onde receberão intimações, vem, respeitosamente, perante Vossa Excelência, aforar, em face de (...), a competente

Ação de despejo,

o que faz com supedâneo no artigo 47, III, da Lei 8.245/1991, e pelas razões de fato e de direito que, a seguir, articuladamente, passa a aduzir:

A autora, no dia (...), locou ao réu o imóvel residencial localizado na Rua (...), por contrato escrito, com prazo de 30 (trinta) meses, que se encontra prorrogado por prazo indeterminado (documento 02).

O aluguel atual corresponde a R$ (...) mensais.

A autora é proprietária do imóvel, conforme prova a cópia da matrícula anexa (documento 03). Cumprida, portanto, a exigência do § 2º do art. 47 da Lei 8.245/1991.

Ocorre que a autora necessita do imóvel para instalar sua residência, mormente que reside atualmente em prédio alheio (documento 04), sendo a primeira vez que exerce o direito à retomada (art. 47, § 1º).

Ad cautelam, o réu foi notificado para desocupar o imóvel, no prazo de 30 (trinta) dias (documento 05), sem que tivesse atendido ao aviso.

Assim, não restou alternativa à autora senão ingressar com a presente ação.

Citação e pedido

Isto posto, requer a autora:

a) seja o réu citado por meio eletrônico ou, não havendo cadastro, pelo correio (*ou, ainda, justificando, por Oficial de Justiça, nos termos do § 1º-A, II, do art. 246 do CPC, facultando-se ao Sr. Oficial de Justiça encarregado da diligência proceder nos dias e horários de exceção (CPC, art. 212, § 2º),* para que, no prazo da lei, ofereça a defesa que tiver, sob pena de aplicar-lhe os efeitos da revelia, ou manifeste sua concordância com a desocupação do imóvel nos termos do art. 61 da Lei 8.245/1991;

b) a ciência da presente a eventuais ocupantes e sublocatários (art. 59, § 2º, da Lei 8.245/1991);

Ex positis, requer, ainda, digne-se Vossa Excelência de:

Julgar, ao final, procedente a ação, declarando extinta a relação *ex locato*, decretando o despejo, com a condenação do réu no pagamento de custas processuais e honorários de advogado.

Audiência de Conciliação

Nos termos do art. 334, § 5º, do Código de Processo Civil, a autora desde já manifesta, pela natureza do litígio, desinteresse em autocomposição.

Ou

Tendo em vista a natureza do direito e demonstrando espírito conciliador, a par das inúmeras tentativas de resolver amigavelmente a questão, a autora desde já, nos termos do art. 334 do Código de Processo Civil, manifesta interesse em autocomposição, aguardando a designação de audiência de conciliação.

Provas

Requer-se provar o alegado por todos os meios de prova em direito admitidos, incluindo perícia, produção de prova documental, testemunhal, inspeção judicial, depoimento pessoal sob pena de confissão caso o réu (ou seu representante) não compareça, ou, comparecendo, se negue a depor (art. 385, § 1º, do Código de Processo Civil).

Valor da causa

Dá-se à causa, o valor de R$ (...) (doze vezes o aluguel vigente).

Termos em que,

Pede deferimento

Data

Advogado (OAB)

3.20.2. Ação de despejo para uso próprio no Juizado Especial Cível (art. 47, III, c/c §§ 1º e 2º e art. 3º, III, da Lei 9.099/1995)

Permite a Lei 9.099/1995 que o autor, pessoa física, que não tenha sido cessionário de contrato de locação de pessoa jurídica (Lei 9.099/1995, art. 8º), opte pelo seu procedimento nas ações de despejo para uso próprio.

Como essa lei não especificou, não há como admitir seu procedimento no despejo para uso de descendente a ascendente.

Por outro lado, trata-se de faculdade do autor, que poderá optar pelo procedimento comum, estabelecido pelo Código de Processo Civil, ou pelo Procedimento Sumaríssimo, com as peculiaridades da Lei 9.099/1995.

Resumidamente, as características desse procedimento, insertos na Lei 9.099/1995, são:

a) pedido oral ou escrito (art. 14);

b) citações e intimações por correspondência, como regra (arts. 18 e 19);

c) audiência de conciliação (art. 21);

d) revelia do demandado pelo não comparecimento pessoal à audiência de conciliação ou de instrução (art. 20);

e) contestação apresentada na audiência de conciliação, podendo ser oral (art. 30);

f) inadmite-se reconvenção, podendo haver pedido contraposto na contestação (art. 31);

g) recurso da sentença em dez dias, dirigido a órgão colegiado do próprio juizado, com efeito meramente devolutivo (arts. 41, 42 e 43);

h) dos demais recursos, caberá apenas embargos de declaração (art. 48);

i) extinção do processo se o autor deixar de comparecer a qualquer ato do processo (art. 51);

j) possibilidade de cominação de multa pela não entrega (art. 52, V);

k) não se paga custas em primeiro grau de jurisdição, somente no recurso inominado (art. 54), ressalvada a hipótese de assistência judiciária gratuita;

l) não há sucumbência se não houver recurso (art. 55); havendo, o recorrente vencido pagará custas e honorários fixados entre dez e vinte por cento.

3.20.3. Modelo

MM. Juízo da (...)

(...), por seus procuradores (documento 01), com escritório na (...), onde receberão intimações, vem, respeitosamente, perante Vossa Excelência, aforar, em face de (...), a competente

Ação de despejo,

o que faz com supedâneo no artigo 47, III, da Lei 8.245/1991 cumulado com o artigo 3º, III, da Lei 9.099/1995, e pelas razões de fato e de direito que, a seguir, articuladamente, passa a aduzir:

No dia (...), a autora locou ao réu o imóvel residencial localizado na (...), por contrato escrito, com prazo de 24 (vinte e quatro) meses, que se encontra prorrogado por prazo indeterminado (documento 02).

O aluguel atual corresponde a R$ (...) mensais.

A autora é proprietária do imóvel, conforme prova a cópia da matrícula anexa (documento 03), cumprida, portanto, a exigência do § 2º, do art. 47, da Lei 8.245/1991.

Ocorre que necessita do imóvel para instalar sua residência, mormente que reside atualmente em prédio alheio (contrato de locação – documento 04), sendo a primeira vez que exerce o direito à retomada (art. 47, § 1º, da Lei 8.245/1991).

Ad cautelam, o réu foi notificado para desocupar o imóvel, no prazo de 30 (trinta) dias (documento 5), sem que tivesse atendido ao aviso.

Assim, não restou alternativa à autora senão ingressar com a presente ação.

Citação e pedido

Isto posto, requer a autora:

a) seja o réu citado, para que compareça à audiência de conciliação que for designada, onde poderá apresentar contestação e provas, sob pena de aplicar-lhe os efeitos da revelia (Lei 9.099/1995, art. 20) ou manifestar sua concordância com a desocupação do imóvel nos termos do art. 61 da Lei 8.245/1991;

b) a ciência da presente a eventuais ocupantes e sublocatários (art. 59, § 2º, da Lei 8.245/1991).

Ex positis, requer, ainda, digne-se Vossa Excelência de:

Julgar, ao final, em audiência de instrução e julgamento, procedente a ação, declarando extinta a relação *ex locato*, decretando o despejo, com a condenação do réu no pagamento de custas processuais, honorários de advogado e multa diária de R$ (...) caso não desocupe o imóvel no prazo determinado na sentença (Lei 9.099/1995, art. 52, V).

Provas

Protesta por provar o alegado através de todos os meios de prova em direito admitidos, especialmente por documentos, oitiva de testemunhas abaixo arroladas que, desde já se requer sua intimação, além do depoimento pessoal do réu, sob pena de confissão.

Valor da causa

Dá-se à causa, o valor de R$ (...) (doze vezes o aluguel vigente).

Termos em que,

Pede deferimento.

Data

Advogado (OAB)

Testemunhas:

(...)

3.21. AÇÃO DE DESPEJO PARA DEMOLIÇÃO OU EDIFICAÇÃO LICENCIADA (ART. 47, IV)

Art. 47. Quando ajustada verbalmente ou por escrito e com prazo inferior a trinta meses, findo o prazo estabelecido, a locação prorroga-se automaticamente, por prazo indeterminado, somente podendo ser retomado o imóvel:

IV – se for pedido para demolição e edificação licenciada ou para a realização de obras aprovadas pelo Poder Público, que aumentem a área construída em, no mínimo, vinte por cento ou, se o imóvel for destinado a exploração de hotel ou pensão, em cinquenta por cento.

Interessante, nessa espécie de despejo, que, a despeito de sua posição topológica, aplica-se, também, às locações não residenciais, vez que ao final, a norma menciona imóvel destinado a uso de hotel ou pensão.

Acorde com o *caput*, portanto, duas são as condições para essa ação:

a) Que a locação esteja vigorando por prazo indeterminado;

b) Que sejam respeitadas as condições impostas pelo inciso IV.

Tratando-se de locação não residencial por prazo indeterminado, é evidente que a norma é inútil, podendo o locador valer-se, com vantagens, das disposições do art. 57, que serão adiante analisadas.

Na primeira parte do inciso IV, duas hipóteses distintas são observadas:

a) Demolição para construção de outro imóvel;

b) Obras regularmente licenciadas, que importem no aumento mínimo de vinte por cento na área construída.

Portanto, na primeira hipótese, pouco importa se haverá ou não aumento de área, bastando que haja alvarás para demolição e construção.[116]

Não basta que o autor prove, apenas, que irá demolir. Mister se faz provar, conjuntamente, que irá construir.

Na segunda hipótese, além do alvará, mister se faz provar que a obra aumentará a área em vinte por cento.

Como se prova? Pelo próprio alvará, acompanhado da planta devidamente aprovada e assinada por profissional habilitado.

E se a licença vencer no curso da ação?

Nesse caso, mister se faz sua renovação.

A última possibilidade do inciso IV, do art. 47, diz respeito à retomada para exploração de hotel ou pensão.

Nesse caso, aplicam-se os mesmos preceitos da segunda hipótese, de obras licenciadas, com uma diferença: o autor da ação deve provar o aumento de área em cinquenta por cento.

É possível, nesses casos, a concordância do réu com o pedido, no prazo da contestação, dispondo do prazo de seis meses para desocupação que, se respeitado, o isentará do pagamento dos ônus de sucumbência.

Exige-se, ademais, que o autor prove a propriedade ou o compromisso registrado, nos termos do art. 60.

Por fim, é importante observar que, em face da insinceridade do pedido, a lei impõe graves sanções ao locador retomante, impostas pelo art. 44 da Lei 8.245/1991.[117]

---

[116] Francisco Carlos Rocha de Barros, *Comentários à Lei do Inquilinato*. São Paulo: Saraiva, 1997, p. 249. Em sentido contrário: Sylvio Capanema de Souza, *Da ação de despejo*, Rio de janeiro, Forense, 1994, p. 229, sustentando que, também nessa hipótese, deverá ser provado o aumento mínimo de área de vinte por cento.

[117] "Art. 44. Constitui crime de ação pública, punível com detenção de três meses a um ano, que poderá ser substituída pela prestação de serviços à comunidade:
(...)
III – não iniciar o proprietário, promissário-comprador ou promissário-cessionário, nos casos do inciso IV do art. 9º, inciso IV do art. 47, inciso I do art. 52 e inciso II do art. 53, a demolição ou a reparação do imóvel, dentro de sessenta dias contados de sua entrega;
Parágrafo único. Ocorrendo qualquer das hipóteses previstas neste artigo, poderá o prejudicado reclamar em processo próprio, multa equivalente a um mínimo de doze e um máximo de vinte e quatro meses do valor do último aluguel atualizado ou do que esteja sendo cobrado do novo locatário, se realugado o imóvel".

3.21.1. Modelo

MM. Juízo da (...)

(...), por seus procuradores (documento 01), com escritório na (...), onde receberão intimações, vem, respeitosamente, perante Vossa Excelência, aforar, em face de (...), a competente

Ação de despejo,

o que faz com supedâneo no artigo 47, IV, da Lei 8.245/1991, e pelas razões de fato e de direito que, a seguir, articuladamente, passa a aduzir:

A autora, no dia (...), locou ao réu o imóvel residencial localizado na Rua (...), por contrato escrito, com prazo de 24 (vinte e quatro) meses, que se encontra prorrogado por prazo indeterminado (documento 02).

O aluguel atual corresponde a R$

(...) mensais.

A autora é proprietária do imóvel, conforme prova a cópia da matrícula anexa (documento 03). Cumprida, portanto, a exigência do § 2º, do art. 47, da Lei 8.245/1991.

A atual área construída, conforme prova a descrição do imóvel contida na matrícula, corresponde a 300 m².

Ocorre que a autora necessita do imóvel para realização de obras, acorde com o projeto aprovado pelo órgão administrativo competente (documento 04), que aumentará a área construída para 400 m², suplantando o mínimo legal de 20% do inciso IV do art. 47 da Lei 8.245/1991.

O alvará para início das obras já foi expedido (documento 05).

Ad cautelam, o réu foi notificado para desocupar o imóvel, no prazo de 30 (trinta) dias (documento 06), sem que tivesse atendido ao aviso.

Assim, não restou alternativa à autora senão ingressar com a presente ação.

Citação e pedido

Isto posto, requer a autora:

a) seja o réu citado por meio eletrônico ou, não havendo cadastro, pelo correio (*ou, ainda, justificando, por Oficial de Justiça, nos termos do § 1º-A, II, do art. 246 do CPC, facultando-se ao Sr. Oficial de Justiça encarregado da diligência proceder nos dias e horários de exceção (CPC, art. 212, § 2º)*), para que, no prazo da lei, ofereça a defesa que tiver, sob pena de aplicar-lhe os efeitos da revelia, ou manifeste sua concordância com a desocupação do imóvel nos termos do art. 61 da Lei 8.245/1991;

b) a ciência da presente a eventuais ocupantes e sublocatários (art. 59, § 2º, da Lei 8.245/1991);

Ex positis, requer, ainda, digne-se Vossa Excelência de:

Julgar, ao final, procedente a ação, declarando extinta a relação *ex locato,* decretando o despejo, com a condenação do réu no pagamento de custas processuais e honorários de advogado.

Audiência de Conciliação

Nos termos do art. 334, § 5º, do Código de Processo Civil, a autora desde já manifesta, pela natureza do litígio, desinteresse em autocomposição.

Ou

Tendo em vista a natureza do direito e demonstrando espírito conciliador, a par das inúmeras tentativas de resolver amigavelmente a questão, a autora desde já, nos termos do art. 334 do Código de Processo Civil, manifesta interesse em autocomposição, aguardando a designação de audiência de conciliação.

Provas

Requer-se provar o alegado por todos os meios de prova em direito admitidos, incluindo perícia, produção de prova documental, testemunhal, inspeção judicial, depoimento pessoal sob pena de confissão caso o réu (ou seu representante) não compareça, ou, comparecendo, se negue a depor (art. 385, § 1º, do Código de Processo Civil).

Valor da causa

Dá-se à causa, o valor de R$ (...) (doze vezes o aluguel vigente).

Termos em que,

Pede deferimento.

Data

Advogado (OAB)

3.22. AÇÃO DE DESPEJO NAS LOCAÇÕES DE HOSPITAIS, ESCOLAS, ASILOS E ENTIDADES RELIGIOSAS (ART. 53)

Art. 53. Nas locações de imóveis utilizados por hospitais, unidades sanitárias oficiais, asilos, estabelecimentos de saúde e de ensino autorizados e fiscalizados pelo Poder Público, bem como por entidades religiosas devidamente registradas, o contrato somente poderá ser rescindido:

I – nas hipóteses do art. 9º;

II – se o proprietário, promissário-comprador ou promissário cessionário, em caráter irrevogável e imitido na posse, com título registrado, que haja quitado o preço da promessa ou que, não o tendo feito, seja autorizado pelo proprietário, pedir o imóvel para demolição, edificação licenciada ou reforma que venha a resultar em aumento mínimo de cinquenta por cento da área útil.

Nesse caso, há proteção especial para as locações destinadas a:

a) Hospitais, públicos ou particulares, assim considerados, onde se tratam doentes, havendo leitos para internação, devidamente comprovados pelos estatutos da sociedade locatária.

b) Unidades sanitárias oficiais, que prestam serviços gratuitos, relativos à saúde e higiene.

c) Asilos, inicialmente gratuitos, havendo quem defenda a incidência da norma, também, aos pagos.

d) Estabelecimentos de saúde, não se incluindo, de acordo com a *comunis opinio,* clínicas médicas onde não há internação, ambulatórios, clínicas de fonoaudióloga, casas de repouso para idosos, consultórios, institutos de fisioterapia etc.[118]

e) Estabelecimentos de ensino, considerado como tal aquele que sofra fiscalização do Órgão Governamental que cuida da educação, tendo, por exemplo, currículo aprovado, carga horária etc. Não se tem incluído cursos de informática, arte, atividades profissionalizantes sem ligação oficial (cabeleireiros, empregados domésticos etc.), cursinhos preparatórios, maternais sem fiscalização pelo Órgão de Educação, academias de esportes etc.;[119]

---

[118] Ora, estabelecimento de saúde é gênero do qual é espécie o hospital. Francisco Carlos Rocha de Barros, *Comentários à lei do inquilinato.* São Paulo: Saraiva, 1997, p. 53, sugere que se considere estabelecimento de saúde aquele que presta serviços conveniados de atendimento a saúde, isso na exata medida em que, nos termos do art. 197 da Constituição, todos os estabelecimentos de saúde são fiscalizados pelo Estado, como, aliás, ocorre de modo genérico com todas as atividades.

[119] Nesse sentido:
Apelação. Ação de Despejo. Locação não residencial – denúncia vazia. Descabimento. Imóvel locado que figura como sede de escola infantil. Estabelecimento de ensino, regularmente registrado e fiscalizado pelo Poder Público, protegido pelo regramento excepcional disposto no artigo 53 da Lei 8245/91. Tendo em vista ser a educação o verdadeiro bem jurídico tutelado pela regra disposta no artigo 53 da Lei 8245/91, e considerando que a própria Constituição Federal é expressa ao incluir a educação infantil e pré-escolar no âmbito da proteção conferida ao ensino, imperioso reconhecer que as escolas infantis e

f) Entidade Religiosa, assim considerada aquela que, nos atos constitutivos, esteja assim caracterizada. Não há qualquer discriminação quanto à religião ante a liberdade de culto estabelecida constitucionalmente (Constituição Federal, art. 5º, VI).

Essas locações prorrogam-se por prazo indeterminado ao fim do prazo contratual, sendo bastante limitadas as hipóteses de retomada, que se restringem às hipóteses de:

a) infração legal ou contratual ou mútuo acordo (art. 9º);

b) extinção do usufruto ou fideicomisso ou alienação, em virtude do princípio da relatividade dos efeitos dos contratos;[120]

c) demolição e edificação licenciada;

d) reforma para aumento mínimo de cinquenta por cento da área.

Valem, aqui, os comentários feitos anteriormente, quanto ao art. 47, IV.

Para as hipóteses privilegiadas por este artigo não se aplica a regra do art. 56, *caput*, mormente que usa a expressão *nos demais casos*, excluindo, nitidamente os casos dos arts. 53 e 57 da Lei 8.245/1991.

A insinceridade do pedido nos casos protegidos pelo art. 53 também é objeto das graves sanções do art. 44.[121]

Nada obstante, no Recurso Especial 1.068.426–RJ (2008/0135193-4), cujo relator foi o Ministro Felix Fischer, j. 07.08.2008, consignou-se, de forma diversa, entendendo-se que o término da locação não significa rescisão, mas término normal do contrato, o que não desobriga o locatário, ainda que nas hipóteses do art. 53, inclusive instituições de ensino (no caso), de propor a ação renovatória.

Eis o teor do voto na parte útil:

---

maternais também devem ser englobadas pela regra protetiva prevista na Lei do Inquilinato. Manutenção da sentença prolatada. Negado provimento (TJSP, Apelação Cível 0003444-93.2011.8.26.0248, Rel. Hugo Crepaldi, 25ª Câmara de Direito Privado, Foro de Indaiatuba, 2ª Vara Cível, j. 14.12.2011, data de registro 16.12.2011).

Locação – Imóvel não residencial – Ação de despejo fundada no término do prazo contratual – Sentença de improcedência – Apelo dos autores – Preliminar de não conhecimento do recurso parcialmente acolhida – Elementos de convicção suficientes a revelar não ser a ré entidade religiosa e tampouco estabelecimento de ensino autorizado pelo MEC – Inaplicabilidade do artigo 53 da Lei 8.245/91 – Ação proposta no dia seguinte ao término do prazo contratual – Inocorrência de prorrogação do contrato por prazo indeterminado – Hipótese que não se confunde com denúncia vazia – Respeito ao ajuste celebrado entre as partes – Despejo admissível – Ação procedente – Inversão dos encargos de sucumbência – Apelação parcialmente conhecida e provida na parte apreciada (TJSP, Apelação Cível 1110525-62.2019.8.26.0100, Rel. Carlos Henrique Miguel Trevisan, 29ª Câmara de Direito Privado, Foro Central Cível, 31ª Vara Cível, j. 12.08.2020, data de registro 14.08.2020).

[120] Em sentido contrário: Francisco Carlos Rocha de Barros, *Comentários à Lei do Inquilinato*. São Paulo: Saraiva, 1997, p. 332.

[121] "Art. 44. Constitui crime de ação pública, punível com detenção de três meses a um ano, que poderá ser substituída pela prestação de serviços à comunidade:

(...)

III – não iniciar o proprietário, promissário-comprador ou promissário-cessionário, nos casos do inciso IV do art. 9º, inciso IV do art. 47, inciso I do art. 52 e inciso II do art. 53, a demolição ou a reparação do imóvel, dentro de sessenta dias contados de sua entrega;

Parágrafo único. Ocorrendo qualquer das hipóteses previstas neste artigo, poderá o prejudicado reclamar em processo próprio, multa equivalente a um mínimo de doze e um máximo de vinte e quatro meses do valor do último aluguel atualizado ou do que esteja sendo cobrado do novo locatário, se realugado o imóvel".

O dispositivo dito contrariado dispõe:

Art. 53. Nas locações de imóveis utilizados por hospitais, unidades sanitárias oficiais, asilos, estabelecimentos de saúde e de ensino autorizados e fiscalizados pelo Poder Público, bem como por entidades religiosas devidamente registradas, o contrato somente poderá ser **rescindido** *(Redação dada pela Lei 9.256, de 09.1.1996).*

I – nas hipóteses do art. 9º;

II – se o proprietário, promissário comprador ou promissário cessionário, em caráter irrevogável e imitido na posse, com título registrado, que haja quitado o preço da promessa ou que, não o tendo feito, seja autorizado pelo proprietário, pedir o imóvel para demolição, edificação, licenciada ou reforma que venha a resultar em aumento mínimo de cinquenta por cento da área útil (destaquei).

Esta e. Corte tem se pronunciado no sentido de que a locação de imóvel não residencial, para localização e funcionamento de estabelecimento de ensino, ainda que o contrato tenha sido celebrado com prazo determinado, somente será passível de rescisão nas hipóteses previstas no art. 53, I e II, da Lei 8.245/1991.

Ocorre que o arrazoado especial funda-se em premissa equivocada, porquanto na hipótese que se apresenta não houve rescisão, mas término do prazo de locação (extinção normal do contrato pelo adimplemento) previsto no contrato estabelecido entre as partes. Não incide, portanto, a restrição à propriedade contida no art. 53, I e II, da Lei 8.245/1991, e, sim, o art. 56 da aludida Lei, como bem decidiu o e. Tribunal a quo (fl. 147), que prevê a extinção do contrato pelo término do seu prazo, como ocorre na hipótese dos autos, cujo prazo expirou em 14.12.2005 (fl. 145).

Orlando Gomes, em sua clássica obra, assevera a necessidade de reservar-se a terminologia "rescisão" às hipóteses específicas de dissolução dos contratos nos quais se faz presente o vício da lesão, aduzindo que "Rescisão é ruptura do contrato em que houve lesão" (Contratos, 25. ed., Rio de Janeiro: Forense, 2002, p. 108-109).

Por sua vez, uma das definições de "ruptura", encontrada no Dicionário eletrônico Houaiss da língua portuguesa, é "interrupção de continuidade".

Destarte, findo o prazo avençado para a locação, houve o término do contrato, não havendo que se falar em "interrupção de continuidade" de algo que já se encontra findo, tampouco em lesão.

O consectário lógico desse raciocínio é que a regra do mencionado art. 53 da Lei 8.245/1991 aplica-se tão só aos casos de rescisão, situação que não se verifica na hipótese dos autos – término de contrato –, de modo que o recorrente não estava desobrigado de ajuizar a competente ação renovatória antes de findar-se o prazo do contrato locatício, consoante previsão do art. 51, § 5º, da Lei 8.245/1991.

3.22.1. Modelo

MM. Juízo da (...)

(...), por seus procuradores (documento 01), com escritório na (...), onde receberão intimações, vem, respeitosamente, perante Vossa Excelência, aforar, em face da (...), a competente

Ação de despejo,

o que faz com supedâneo nos artigos 53 e 63, §§ 2º e 3º, da Lei 8.245/1991, e pelas razões de fato e de direito que, a seguir, articuladamente, passa a aduzir:

A autora, no dia (...), locou à ré o imóvel localizado na Rua (...), por contrato escrito, com prazo de 24 (vinte e quatro) meses, que se encontra prorrogado por prazo indeterminado (documento 2).

O aluguel atual corresponde a R$ (...) mensais.

A autora é proprietária do imóvel, conforme prova a cópia da matrícula anexa (documento 3). Cumprida, portanto, a exigência do art. 60, da Lei 8.245/1991.

A atual área construída do prédio locado, conforme prova a descrição contida na matrícula, corresponde a 1.500 m².

Convém ressaltar que a ré é entidade de ensino autorizada e fiscalizada pelo Ministério da Educação.

Ocorre que, desejando transformar o imóvel, a autora aprovou a inclusa planta para reforma e construção (documento 04), que aumentará a área construída para 4.000 m², suplantando o mínimo legal de 50% do inciso II do art. 53 da Lei 8.245/1991.

O alvará para início das obras já foi expedido (documento 05).

Ad cautelam, a ré foi notificada para que se efetivasse acordo para a desocupação, sem que respondesse ao aviso.

O art. 53, inciso II, da Lei 8.245/1991, faculta ao proprietário a retomada do prédio locado, quando o faça para reformas e construções que acresçam, no mínimo, 50% (cinquenta por cento) de área útil, condição atendida pela autora.

Assim, não restou alternativa, senão ingressar com a presente ação.

Citação e pedido

Isto posto, requer a autora:

a) seja o réu citado por meio eletrônico ou, não havendo cadastro, pelo correio (*ou, ainda, justificando, por Oficial de Justiça, nos termos do § 1º-A, II, do art. 246 do CPC, facultando-se ao Sr. Oficial de Justiça encarregado da diligência proceder nos dias e horários de exceção (CPC, art. 212, § 2º)*, para que, no prazo da lei, ofereça a defesa que tiver, sob pena de aplicar-lhe os efeitos da revelia;

b) a ciência da presente a eventuais ocupantes e sublocatários (art. 59, § 2º, da Lei 8.245/1991);

Ex positis, requer, ainda, digne-se Vossa Excelência de:

Julgar, ao final, procedente a ação, declarando extinta a relação *ex locato*, decretando o despejo, com a condenação do réu no pagamento de custas processuais e honorários de advogado.

Audiência de Conciliação

Nos termos do art. 334, § 5º, do Código de Processo Civil, a autora desde já manifesta, pela natureza do litígio, desinteresse em autocomposição.

Ou

Tendo em vista a natureza do direito e demonstrando espírito conciliador, a par das inúmeras tentativas de resolver amigavelmente a questão, a autora desde já, nos termos do art. 334 do Código de Processo Civil, manifesta interesse em autocomposição, aguardando a designação de audiência de conciliação.

Provas

Requer-se provar o alegado por todos os meios de prova em direito admitidos, incluindo perícia, produção de prova documental, testemunhal, inspeção judicial, depoimento pessoal sob pena de confissão caso o réu (ou seu representante) não compareça, ou, comparecendo, se negue a depor (art. 385, § 1º, do Código de Processo Civil).

Valor da causa

Dá-se à causa, o valor de R$ (...) (doze vezes o aluguel vigente).

Termos em que,

Pede deferimento.

Data

Advogado (OAB)

3.23. AÇÃO DE DESPEJO EM VIRTUDE DA PERMANÊNCIA DE PESSOAS NÃO AUTORIZADAS APÓS A MORTE DO LOCATÁRIO (ARTS. 11, I, E 59, § 1º, IV)

Art. 11. Morrendo o locatário, ficarão sub-rogados nos seus direitos e obrigações:

I – nas locações com finalidade residencial, o cônjuge sobrevivente ou o companheiro e, sucessivamente, os herdeiros necessários e as pessoas que viviam na dependência econômica do "de cujus", desde que residentes no imóvel;

II – nas locações com finalidade não residencial, o espólio e, se for o caso, seu sucessor no negócio.

Permanecendo pessoas diversas das estabelecidas no art. 11, da Lei 8.245/1991, ante a morte do locatário, autorizado estará o despejo.

O modelo de petição inicial sugerido é o que segue.

A lei estabelece o cabimento de liminar. Todavia, como saber se a pessoa que está no imóvel não se subsume às hipóteses do art. 11?

Há quem defenda a possibilidade de audiência prévia, intimando-se os ocupantes.[122]

3.23.1. Modelo

MM. Juízo da (...)

(...), por seus procuradores (documentos 01 e 02), com escritório na (...), onde receberão intimações, vem, respeitosamente, perante Vossa Excelência, aforar, em face de (...), a competente

Ação de despejo com pedido liminar,

o que faz com supedâneo nos artigos 11, I, e 59, § 1º, da Lei 8.245/1991, e pelas razões de fato e de direito que, a seguir, articuladamente, passa a aduzir:

I – Fatos

A autora deu em locação à Sra. (...), o imóvel da Rua (...), mediante contrato escrito (documento 3) com prazo de 30 meses, iniciando em (...), pelo aluguel inicial de R$ (...), destinando-se a fins residenciais.

O aluguel mensal atual é de R$ (...), cabendo, ainda, à locatária, o pagamento dos encargos descritos no contrato.

Ocorre que, no dia (...), faleceu a Sra. (...), conforme se comprova pela Certidão de Óbito anexa (documento 04).

Outrossim, a autora, imaginando residir no imóvel apenas a locatária falecida, diligenciou no endereço supra, com o intuito de verificar as condições do prédio para, então, requerer judicialmente a imissão na posse.

Entretanto, surpreendentemente, constatou que lá permanece a ré, ocupando um dos cômodos externos da casa, dizendo-se amiga da falecida locatária, tratando-se, portanto, de pessoa não autorizada pela autora e pela lei.

Ressalte-se, porquanto necessário, que o contrato é claro em sua cláusula 7ª quanto à proibição de sublocação e empréstimo do imóvel, não tendo, tampouco, a autora, autorizado, posteriormente, qualquer espécie de cessão, sublocação ou comodato.

II – Direito

Em se tratando de pessoa não autorizada, que permanece no imóvel após a morte da Locatária, de acordo com o artigo 11, inciso I, da Lei 8.245/1991, é cabível a concessão de medida liminar,

---

[122] Francisco Carlos Rocha de Barros, *Comentários à lei do inquilinato*. São Paulo: Saraiva, 1997, p. 383.

sem audiência da ré, para a desocupação em quinze dias, na forma do que dispõe o artigo 59, § 1º, inciso IV, da Lei 8.245/1991.

III – Citação e pedido[123]

Do exposto, requer a autora:

a) concessão de liminar, independentemente da audiência da ré, para desocupação em quinze dias, *ex vi* do artigo 59, § 1º, inciso IV, da Lei 8.245/1991. Concedida a liminar, protesta a autora pela prestação da caução, no valor equivalente a três meses de aluguel, R$ (...), lavrando-se, a seguir, o respectivo termo, para que se execute a liminar, na forma da lei;

b) seja a ré citada por meio eletrônico ou, não havendo cadastro, pelo correio (*ou, ainda, justificando, por Oficial de Justiça, nos termos do § 1º-A, II, do art. 246 do CPC, facultando-se ao Sr. Oficial de Justiça encarregado da diligência proceder nos dias e horários de exceção (CPC, art. 212, § 2º),* para que, no prazo da lei, ofereça a defesa que tiver, sob pena de revelia intimando-a do prazo de 15 dias para desocupação voluntária (Lei 8.245/1991, art. 65) e,[124] ao final;

c) seja julgado procedente o pedido, confirmando-se a liminar concedida, decretando-se, em definitivo, o despejo, autorizando o levantamento da caução pelo autor e condenando a ré no pagamento das custas processuais e honorários de advogado da autora.

Requer, ainda, que Vossa Excelência determine que o Sr. Oficial de Justiça diligencie com as faculdades atribuídas pelos parágrafos do art. 212 do Código de Processo Civil.

Audiência de Conciliação

Nos termos do art. 334, § 5º, do Código de Processo Civil, a autora desde já manifesta, pela natureza do litígio, desinteresse em autocomposição.

Ou

Tendo em vista a natureza do direito e demonstrando espírito conciliador, a par das inúmeras tentativas de resolver amigavelmente a questão, a autora desde já, nos termos do art. 334 do Código de Processo Civil, manifesta interesse em autocomposição, aguardando a designação de audiência de conciliação.

Provas

Requer-se provar o alegado por todos os meios de prova em direito admitidos, incluindo perícia, produção de prova documental, testemunhal, inspeção judicial, depoimento pessoal sob pena de confissão caso a ré (ou seu representante) não compareça, ou, comparecendo, se negue a depor (art. 385, § 1º, do Código de Processo Civil).

Valor da causa

Dá-se à causa o valor de R$ (...) (doze vezes o aluguel vigente).

Termos em que,

pede deferimento.

Data

Advogado (OAB)

3.24. AÇÃO DE DESPEJO EM VIRTUDE DE CONTRATO DE LOCAÇÃO SEM VÊNIA CONJUGAL, POR PRAZO SUPERIOR A DEZ ANOS (ART. 3º)

O caso de contrato por prazo igual ou superior a dez anos é bastante raro.

Nada obstante, exige a lei que nessa eventualidade haja assentimento do cônjuge do locador ou do locatário, já que a regra não excepciona.

---

[123] Nesse caso, não há pedido de extinção da relação *ex locato*, vez que, por evidente, esta não está presente. O despejo é uma exigência legal. Tecnicamente, seria mais correta a ação de reintegração de posse, isso se não existisse a Lei 8.245/1991.

[124] Waldir de Arruda Miranda Carneiro, *Anotações à lei do inquilinato*. São Paulo: Revista dos Tribunais, 2000, p. 479.

Não se cogita de assentimento se o contrato encontra-se prorrogado por prazo indeterminado, vigorando assim por mais de dez anos, exceto se constar cláusula de prorrogação automática (recondução)[125] por tempo determinado, não sendo caso de renovatória.

Sob a vigência da lei anterior, o STJ reconheceu que o contrato celebrado sem vênia conjugal por prazo superior a dez anos era anulável e não nulo.[126]

Entretanto, a teor do que dispõe o parágrafo único do art. 3º, na vigência da Lei 8.245/1991, não se tratará de ato nulo e tampouco anulável. A única consequência será a desnecessidade de respeito do prazo superior a dez anos, pelo cônjuge que não assentiu.

O cônjuge do locador, no dia seguinte ao termo final do prazo de dez anos, estará legitimado a propor a ação de despejo.

Por outro lado, o cônjuge do locatário, suplantado o prazo de dez anos de contrato que não assentiu, poderá propor ação desconstitutiva do contrato.

O casamento posterior não influencia na hipótese ora tratada, ou seja, não é necessário o assentimento de cônjuge superveniente ao contrato.

Por fim, questiona-se: decretado o despejo na hipótese ora tratada, caberá ao locatário prejudicado, ação de indenização em face do locador?

Ensina Rocha Barros que *ao locatário, no caso, nem se ressalvará direito de pleitear indenização contra o cônjuge que firmou o contrato, pois a ninguém é lícito alegar desconhecimento da lei (Lei de Introdução às Normas do Direito Brasileiro, art. 3º).*[127]

Razão lhe assiste. Ao locatário não é lícito desconhecer a lei, de tal sorte que, se celebrou o contrato por prazo superior a dez anos, sabendo que o locador é casado sem se importar com a vênia conjugal, não poderá pleitear indenização em razão de sua omissão, salvo má-fé do locador que tenha se apresentado como solteiro.

3.24.1. Modelo

MM. Juízo da (...)

(...), por seus procuradores (documento 01), com escritório na (...), onde receberão intimações, vem, respeitosamente, perante Vossa Excelência, aforar, em face de (...), a competente

Ação de despejo,

o que faz com supedâneo no artigo 3º, da Lei 8.245/1991 e art. 1.647 do Código Civil, expondo e requerendo o quanto segue:

A autora é casada com (...), pelo regime de comunhão universal de bens, desde (...) (certidão de casamento anexa – documento 02).

Durante o casamento, no dia (...), adquiriram o imóvel localizado na (...), conforme prova cópia autenticada da matrícula junto ao Oficial de Registro de Imóveis (documento 03).

Entretanto, no dia (...), o marido da autora locou ao réu o apartamento referido no parágrafo anterior, pelo aluguel mensal atual de R$ (...) e prazo de 12 (doze) anos, conforme inclusa certidão fornecida pelo 3º oficial de Registro de Títulos e Documentos da Capital (documento 04).

Ocorre que o marido da autora não poderia ter locado o imóvel por prazo superior a 10 (dez) anos sem a necessária vênia conjugal, conforme dispõe o art. 3º da Lei 8.245/1991.

Portanto, do ato jurídico praticado, é possível inferir que o prazo excedente a nove anos, onze meses e vinte e nove dias não tem qualquer eficácia jurídica.

---

[125] A esse respeito, Francisco Carlos Rocha de Barros, *Comentários à Lei do Inquilinato*. São Paulo: Saraiva, 1997, p. 16. Nesse tópico faz interessante observação acerca de cláusula de prorrogação por prazo indeterminado finda a locação. Segundo o preclaro autor, essa cláusula impediria, apenas, a propositura da ação, finda a locação, sem a notificação denunciadora, com prazo de 30 dias para desocupação.

[126] Recurso Especial nº 10.914/RJ.

[127] Francisco Carlos Rocha de Barros, *Comentários à Lei do Inquilinato*. São Paulo: Saraiva, 1997, p. 12.

Nesse sentido, a autora notificou o réu no último dia 4 de dezembro, para que desocupasse o imóvel no prazo de 30 (trinta) dias, sem que tivesse sido atendida (documento 05).

Na lição de Francisco Carlos Rocha de Barros, *duas hipóteses podem ocorrer. A primeira, ausência de assentimento do cônjuge do locador: nesse caso, o cônjuge que não assentiu, por estar legalmente desobrigado de observar o prazo excedente, poderá considerar desfeita a locação e requerer a retomada do prédio.*[128]

Assim, não restou outra alternativa à autora senão ingressar com a presente ação para retomada do imóvel.

Citação e do pedido

Isto posto, requer a autora:

a) seja o réu citado por meio eletrônico ou, não havendo cadastro, pelo correio (*ou, ainda, justificando, por Oficial de Justiça, nos termos do § 1º-A, II, do art. 246 do CPC, facultando-se ao Sr. Oficial de Justiça encarregado da diligência proceder nos dias e horários de exceção (CPC, art. 212, § 2º),* para que, no prazo da lei, ofereça a defesa que tiver, sob pena de aplicar-lhe os efeitos da revelia;

b) a ciência da presente a eventuais ocupantes e sublocatários (art. 59, § 2º, da Lei 8.245/1991);

Ex positis, requer, ainda, digne-se Vossa Excelência de:

Julgar, ao final, procedente a ação, declarando extinta a relação *ex locato,* decretando o despejo, com a condenação do réu no pagamento de custas processuais e honorários de advogado.

Audiência de Conciliação

Nos termos do art. 334, § 5º, do Código de Processo Civil, a autora desde já manifesta, pela natureza do litígio, desinteresse em autocomposição.

Ou

Tendo em vista a natureza do direito e demonstrando espírito conciliador, a par das inúmeras tentativas de resolver amigavelmente a questão, a autora desde já, nos termos do art. 334 do Código de Processo Civil, manifesta interesse em autocomposição, aguardando a designação de audiência de conciliação.

Provas

Requer-se provar o alegado por todos os meios de prova em direito admitidos, incluindo perícia, produção de prova documental, testemunhal, inspeção judicial, depoimento pessoal sob pena de confissão caso o réu (ou seu representante) não compareça, ou, comparecendo, se negue a depor (art. 385, § 1º, do Código de Processo Civil).

Valor da causa

Dá-se à causa o valor de R$ (...) (doze vezes o aluguel vigente).

Termos em que,

pede deferimento.

Data

Advogado (OAB)

3.25. AÇÃO DE DESPEJO POR DENÚNCIA VAZIA

3.25.1. Ação de despejo nas locações residenciais (art. 46)

Art. 46. Nas locações ajustadas por escrito e por prazo igual ou superior a trinta meses, a resolução do contrato ocorrerá findo o prazo estipulado, independentemente de notificação ou aviso.

§ 1º Findo o prazo ajustado, se o locatário continuar na posse do imóvel alugado por mais de trinta dias sem oposição do locador, presumir-se-á prorrogada a locação por prazo indeterminado, mantidas as demais cláusulas e condições do contrato.

---

[128] Francisco Carlos Rocha de Barros, *Comentários à lei do inquilinato.* São Paulo: Saraiva, 1997, p. 11.

§ 2º Ocorrendo a prorrogação, o locador poderá denunciar o contrato a qualquer tempo, concedido o prazo de trinta dias para desocupação.

No caso do art. 46 – término do prazo do contrato residencial – celebrado por escrito e com prazo superior a trinta meses, a denúncia é imotivada.

Importante observar que não atende o requisito de 30 meses para a denúncia vazia o fato de as partes aditarem contrato com prazo anterior, pretendendo somar os prazos. O contrato deve ser celebrado por, no mínimo, 30 meses. Assim decidiu o STJ no REsp 1.364.668 – MG, julgado no dia 07.11.2017, cujo relator foi o Ministro Ricardo Villas Bôas Cueva.

Mister se faz lembrar que, antes do decurso do prazo de trinta dias do termo final ajustado no contrato, poderá o locador ajuizar ação de despejo sem qualquer necessidade de notificação premonitória (art. 46, § 1º).

Por outro lado, decorridos trinta dias do término do prazo contratual, mister se faz a notificação, que leva a efeito a denúncia, concedendo trinta dias para a desocupação voluntária (art. 46, § 2º).

Ultrapassado *in albis* o aludido prazo, poderá o locador aforar ação de despejo.

Nesta ação, só restarão duas opções ao locatário na sua defesa, a saber:

a) Concordar, no prazo para a resposta, com a desocupação do imóvel, reconhecendo a procedência do pedido, quando então terá o prazo de seis meses para desocupação (art. 61) que, respeitado, o exonerará de ônus sucumbenciais.[129]

b) Contestar o pedido, arguindo matéria de fato e de direito, seguindo a ação pelo rito ordinário. Procedente a ação, terá quinze[130] ou trinta dias para a desocupação (arts. 46 e 63, caput e § 1º, b). Importante ressaltar que, não tendo a apelação efeito suspensivo, sendo muito frequente o julgamento antecipado nos termos do artigo 355, I, do Código de Processo Civil, a primeira opção se torna mais atraente do ponto de vista do locatário, ainda mais que não arcará com os ônus sucumbenciais.

3.25.1.1. Modelo de ação de despejo por denúncia vazia nas locações de imóveis residenciais

MM. Juízo da (...)

(...), por seus procuradores (documento 01), com escritório na (...), onde receberão intimações, vem, respeitosamente, perante Vossa Excelência, aforar, em face de (...), a competente

Ação de despejo,

o que faz com supedâneo no artigo 46, da Lei 8.245/1991, e pelas razões de fato e de direito que a seguir, articuladamente, passa a aduzir:

A autora locou ao réu o imóvel residencial localizado na (...).

---

[129] Só no caso do § 2º, ou seja, se o contrato tiver sido prorrogado por prazo indeterminado. Na hipótese do *caput* e § 1º, não há possibilidade de concordância com a procedência do pedido para que se disponha dos benefícios do art. 61.

[130] *Quando o despejo é decretado com fundamento no § 2º do art. 46, entendeu o legislador que esse inquilino, em razão de ter usufruído de prorrogação de contrato com prazo superior a trinta meses, merece tratamento mais rigoroso.*
Além de serem duvidosas as razões dessas discriminações, a pequena diferença entre um prazo e outro revela preciosismo sem utilidade prática. Ademais, se a desocupação violenta e imediata mereceu de Pontes de Miranda a classificação de barbaria, conceder prazo de apenas quinze dias não é grande progresso em termos de civilização (Francisco Carlos Rocha de Barros, *Comentários à lei do inquilinato*. São Paulo: Saraiva, 1997, p. 451).

O referido imóvel foi locado no (...), por contrato escrito, com prazo de 30 (trinta) meses, que se encontra prorrogado por prazo indeterminado.

O aluguel ajustado entre as partes, atualmente, é equivalente a R$ (...) mensais.

Ocorre que, não convindo mais à locadora, ora autora, manter a locação, notificou o réu no último dia (...), nos termos do § 2º do art. 46 da Lei 8.245/1991, para que desocupasse o imóvel no prazo de 30 (trinta) dias, que já decorreu sem que houvesse atendimento do aviso.[131]

Assim, decorrido *in albis* o prazo para desocupação, não restou alternativa à autora senão ingressar com a presente ação.

Citação e do pedido

Isto posto, requer a autora:

a) seja o réu citado por meio eletrônico ou, não havendo cadastro, pelo correio (*ou, ainda, justificando, por Oficial de Justiça, nos termos do § 1º-A, II, do art. 246 do CPC, facultando-se ao Sr. Oficial de Justiça encarregado da diligência proceder nos dias e horários de exceção (CPC, art. 212, § 2º*), para que, no prazo da lei, ofereça a defesa que tiver, sob pena de aplicar-lhe os efeitos da revelia, ou manifeste sua concordância com a desocupação do imóvel nos termos do art. 61 da Lei 8.245/1991;[132]

b) a ciência da presente a eventuais ocupantes e sublocatários (art. 59, § 2º, da Lei 8.245/1991);

Ex positis, requer, ainda, digne-se Vossa Excelência de:

Julgar, ao final, procedente a ação, declarando extinta a relação *ex locato*, decretando o despejo, com a condenação do réu no pagamento de custas processuais e honorários de advogado.

Audiência de Conciliação

Nos termos do art. 334, § 5º, do Código de Processo Civil, a autora desde já manifesta, pela natureza do litígio, desinteresse em autocomposição.

Ou

Tendo em vista a natureza do direito e demonstrando espírito conciliador, a par das inúmeras tentativas de resolver amigavelmente a questão, a autora desde já, nos termos do art. 334 do Código de Processo Civil, manifesta interesse em autocomposição, aguardando a designação de audiência de conciliação.

Provas

Requer-se provar o alegado por todos os meios de prova em direito admitidos, incluindo perícia, produção de prova documental, testemunhal, inspeção judicial, depoimento pessoal sob pena de confissão caso o réu (ou seu representante) não compareça, ou, comparecendo, se negue a depor (art. 385, § 1º, do Código de Processo Civil).

Valor da causa

Dá-se à causa, o valor de R$ (...) (doze vezes o aluguel vigente).

Termos em que,

Pede deferimento.

Data

Advogado (OAB)

3.25.2. Ação de despejo nas locações não residenciais (arts. 55 a 57)

Art. 55. Considera-se locação não residencial quando o locatário for pessoa jurídica e o imóvel destinar-se ao uso de seus titulares, diretores, sócios, gerentes, executivos ou empregados.

Art. 56. Nos demais casos de locação não residencial, o contrato por prazo determinado cessa, de pleno direito, findo o prazo estipulado, independentemente de notificação ou aviso.

---

[131] Não há necessidade de notificação no caso do § 1º do art. 46, ou seja, se a ação for ajuizada até o limite de trinta dias do final do contrato escrito por prazo superior a trinta meses.

[132] Só nas locações prorrogadas por prazo indeterminado, não se aplicando no caso do *caput*.

Parágrafo único. Findo o prazo estipulado, se o locatário permanecer no imóvel por mais de trinta dias sem oposição do locador, presumir-se-á prorrogada a locação nas condições ajustadas, mas sem prazo determinado.

Art. 57. O contrato de locação por prazo indeterminado pode ser denunciado por escrito, pelo locador, concedidos ao locatário trinta dias para a desocupação.

No caso do art. 57 – término do prazo contratual, na locação que não esteja submetida à proteção da renovatória (art. 51), ou da proteção deferida pelo art. 53 (daí o art. 56 mencionar *nos demais casos...*) – não mais convindo ao locador mantê-la, haverá a possibilidade de denúncia vazia.

Acorde com o artigo 56, findo o prazo contratual, seja ele qual for, cessa de pleno direito o contrato, independentemente de notificação ou aviso, podendo o locador, até 30 dias, aforar a ação de despejo.

Decorridos 30 dias do termo final, a locação se prorroga por prazo indeterminado, fazendo-se necessária a notificação prévia, nos termos já apontados, com prazo de 30 dias para a desocupação voluntária, o que se faz antes da ação de despejo.

Nota-se que a diferença desta espécie para a residencial, é a questão do prazo da locação, que aqui não tem maior relevância.

Não há previsão de aplicação do artigo 61, que concede o benefício do prazo de seis meses para a desocupação com isenção de ônus sucumbenciais. No mais, as ações seguem o disposto nos artigos 58 e seguintes.

No caso de locação não residencial, ressalte-se, a ação deve ser alicerçada nos artigos 56 e 57, não se admitindo denúncia motivada por ausência de interesse de agir, vez que pode obter o mesmo resultado por via bem mais fácil.

Com a Lei 12.112/2009, o art. 59, §1º, da Lei 8.245/1991, passou a contemplar a liminar para a ação de despejo por denúncia vazia no caso de locação não residencial.

Tratamos deste assunto nos itens 3.6 e 3.6.4 deste capítulo, para onde remetemos o leitor.

3.25.2.1. Modelo de ação de despejo na locação não residencial com pedido de liminar

MM. Juízo da (...).

Urgente: requer a concessão de liminar.

(...), por seus procuradores (documento 1), com escritório na (...), onde receberão intimações, vem, respeitosamente, perante Vossa Excelência, aforar, em face de (...),

a competente

Ação de despejo,

o que faz com supedâneo nos arts. 57 e 59, § 1.º, VIII, da Lei 8.245, de 18 de outubro de 1991, e pelas razões de fato e de direito que a seguir, articuladamente, passa a aduzir.

A autora locou à ré o imóvel não residencial localizado na Rua (...).

O referido imóvel foi locado à ré no dia (...), por contrato escrito, com prazo de (...) meses e se encontra prorrogado por prazo indeterminado.

O aluguel ajustado entre as partes, atualmente, é equivalente a R$ (...) mensais.

Ocorre que, não convindo mais à locadora, ora autora, manter a locação, notificou a ré no último dia (...), nos termos do art. 57 da Lei 8.245/1991, para que desocupasse o imóvel no prazo de (...), que já decorreu sem que houvesse atendimento do aviso.

Assim, decorrido in albis o prazo para desocupação, não restou alternativa à autora senão ingressar com a presente ação.

Citação e pedido

Isto posto, requer a autora:

a) seja a ré citada por meio eletrônico ou, não havendo cadastro, pelo correio (*ou, ainda, justificando, por Oficial de Justiça, nos termos do § 1º-A, II, do art. 246 do CPC, facultando-se ao Sr. Oficial de Justiça encarregado da diligência proceder nos dias e horários de exceção (CPC, art. 212, § 2º*), para que, no prazo da lei, ofereça a defesa que tiver, sob pena de aplicar-lhe os efeitos da revelia;

b) a ciência da presente ao fiador, Sr. (...);

Pedido de liminar

c) Nos termos do art. 59, § 1º, VIII da Lei 8.245/1991, requer-se a concessão de desocupação liminar, no prazo de quinze dias.

Ex positis, requer, ainda, digne-se Vossa Excelência de:

d) Julgar, ao final, procedente a ação, declarando extinta a relação *ex locato*, decretando o despejo, com a condenação da ré e seu fiador no pagamento de custas processuais e honorários de advogado.

Audiência de Conciliação

Nos termos do art. 334, § 5º, do Código de Processo Civil, a autora desde já manifesta, pela natureza do litígio, desinteresse em autocomposição.

Ou

Tendo em vista a natureza do direito e demonstrando espírito conciliador, a par das inúmeras tentativas de resolver amigavelmente a questão, a autora desde já, nos termos do art. 334 do Código de Processo Civil, manifesta interesse em autocomposição, aguardando a designação de audiência de conciliação.

Provas

Requer-se provar o alegado por todos os meios de prova em direito admitidos, incluindo perícia, produção de prova documental, testemunhal, inspeção judicial, depoimento pessoal sob pena de confissão caso a ré (ou seu representante) não compareça, ou, comparecendo, se negue a depor (art. 385, § 1º, do Código de Processo Civil).

Valor da causa

Dá-se à causa, o valor de R$ (...) (doze vezes o aluguel vigente).

Termos em que,

Pede deferimento.

(Local e data)

(Advogado e número de inscrição na OAB)

3.26. AÇÃO DE DESPEJO EM VIRTUDE DA EXTINÇÃO DO USUFRUTO OU FIDEICOMISSO (ART. 7º)

Art. 7º Nos casos de extinção de usufruto ou de fideicomisso, a locação celebrada pelo usufrutuário ou fiduciário poderá ser denunciada, com o prazo de trinta dias para a desocupação, salvo se tiver havido aquiescência escrita do nu-proprietário ou do fideicomissário, ou se a propriedade estiver consolidada em mãos do usufrutuário ou do fiduciário.

Parágrafo único. A denúncia deverá ser exercitada no prazo de noventa dias contados da extinção do fideicomisso ou da averbação da extinção do usufruto, presumindo-se, após esse prazo, a concordância na manutenção da locação.

No artigo 7º da Lei do Inquilinato, a ação de despejo decorrente da extinção do usufruto ou fideicomisso é imotivada (vazia ou condicionada).

Nesse caso, o contrato é passível de denúncia pelo nu-proprietário ou fideicomissário, que não anuíram na locação celebrada pelo usufrutuário ou fiduciário.

Essa possibilidade decorre do princípio da relatividade dos efeitos dos contratos, vez que não há como exigir o cumprimento de uma avença por quem não tenha dela participado.

Será irrelevante, nesta hipótese, que o contrato ainda não tenha se expirado.

Importante ressaltar que a aludida denúncia deverá ser efetuada no prazo de noventa dias contados da extinção do fideicomisso ou da averbação da extinção do usufruto.

Todavia, é preciso prestar muita atenção à jurisprudência abaixo:

Segundo Tribunal de Alçada Civil de São Paulo. Despejo – denúncia vazia – nu-proprietário – extinção do usufruto pela renúncia – demora no ajuizamento da ação – recebimento de aluguel sem ressalva – prorrogação por prazo indeterminado – inadmissibilidade. Embora não obrigado a respeitar o contrato, por força do disposto no artigo 7º da Lei do Inquilinato a demora da denúncia, bem como o recebimento de alugueres sem ressalva, configura prorrogação do contrato por prazo indeterminado, sendo possível o despejo somente por denúncia cheia (Apel. c/ rev. nº 297.301, 1ª Câm., rel. Juiz Renato Sartorelli, j. em 26.08.1991. No mesmo sentido: JTA (Lex) 140/272).

Portanto, nada obstante discordemos dessa posição, o fato é que se recomenda a breve denúncia, bem como o recebimento de aluguéis com ressalva.

Não há falar-se, no caso, em recusa no recebimento dos aluguéis, sob pena de consignação para tanto:

Segundo Tribunal de Alçada Civil de São Paulo. Consignação em pagamento – aluguel – imóvel dado em usufruto – morte do usufrutuário – recusa do nu-proprietário – direito de liberação do pagamento pelo inquilino – procedência. O contrato de locação ajustado pelo usufrutuário termina com a extinção do usufruto; todavia, o inquilino enquanto permanecer no imóvel locado, ainda que extinto o usufruto, deverá pagar o aluguel que deverá ser recebido pelo detentor do domínio pleno (Apel. c/ rev. nº 278.701, 8ª Câm., rel. Juiz Cintra Pereira, j. em 25.10.1990, "in" JTA (RT) 129/419. No mesmo sentido: JTA (RT) 114/315, JTA (Lex) 152/507).

3.26.1. Modelo

MM. Juízo da (...)

(...), por seus procuradores (documento 01), com escritório na (...), onde receberão intimações, vem, respeitosamente, perante Vossa Excelência, aforar, em face de (...), a competente

Ação de despejo,

o que faz com supedâneo no artigo 7º, da Lei 8.245/1991, e pelas razões de fato e de direito que, a seguir, articuladamente, passa a aduzir:

A autora é proprietária do imóvel localizado na (...), do qual era usufrutuário o (...), conforme inclusa certidão de óbito (documento 02).

O referido imóvel foi locado ao réu no dia (...), pelo usufrutuário, sem anuência do autor, que na época era nu-proprietário (documento 03).

O aluguel atual ajustado entre as partes é de R$ (...) mensais.

Ocorre que a autora providenciou o cancelamento do usufruto junto ao oficial de Registro de Imóveis competente, conforme faz prova a certidão anexa (documento 04).

Não convindo manter a locação, a autora notificou o réu, na forma do artigo 7º, parágrafo único, da Lei 8.245, de 18 de outubro de 1991, para que desocupasse o imóvel no prazo legal de 30 (trinta) dias, sob pena de ação de despejo.

Decorrido *in albis* o prazo para desocupação, não restou alternativa à autora, senão ingressar com a presente ação.

Citação e do pedido

Isto posto, requer a autora:

a) seja o réu citado por meio eletrônico ou, não havendo cadastro, pelo correio (*ou, ainda, justificando, por Oficial de Justiça, nos termos do § 1º-A, II, do art. 246 do CPC, facultando-se ao Sr. Oficial de Justiça encarregado da diligência proceder nos dias e horários de exceção (CPC, art. 212, § 2º)*, para que, no prazo da lei, ofereça a defesa que tiver, sob pena de aplicar-lhe os efeitos da revelia;

b) a ciência da presente a eventuais ocupantes e sublocatários (art. 59, § 2º, da Lei 8.245/1991);

Ex positis, requer, ainda, digne-se Vossa Excelência de:

Julgar, ao final, procedente a ação, declarando extinta a relação *ex locato*, decretando o despejo, com a condenação do réu no pagamento de custas processuais e honorários de advogado.

Audiência de Conciliação

Nos termos do art. 334, § 5º, do Código de Processo Civil, a autora desde já manifesta, pela natureza do litígio, desinteresse em autocomposição.

Ou

Tendo em vista a natureza do direito e demonstrando espírito conciliador, a par das inúmeras tentativas de resolver amigavelmente a questão, a autora desde já, nos termos do art. 334 do Código de Processo Civil, manifesta interesse em autocomposição, aguardando a designação de audiência de conciliação.

Provas

Requer-se provar o alegado por todos os meios de prova em direito admitidos, incluindo perícia, produção de prova documental, testemunhal, inspeção judicial, depoimento pessoal sob pena de confissão caso o réu (ou seu representante) não compareça, ou, comparecendo, se negue a depor (art. 385, § 1º, do Código de Processo Civil).

Valor da causa

Dá-se à causa o valor de R$ (...) (doze vezes o aluguel vigente).

Termos em que,

Pede deferimento.

Data

Advogado (OAB)

3.27. AÇÃO DE DESPEJO EM VIRTUDE DA ALIENAÇÃO DO IMÓVEL DURANTE A LOCAÇÃO (ART. 8º)

Art. 8º Se o imóvel for alienado durante a locação, o adquirente poderá denunciar o contrato, com o prazo de noventa dias para a desocupação, salvo se a locação for por tempo determinado e o contrato contiver cláusula de vigência em caso de alienação e estiver averbado junto à matrícula do imóvel.

§ 1º Idêntico direito terá o promissário-comprador e o promissário-cessionário, em caráter irrevogável, com imissão na posse do imóvel e título registrado junto à matrícula do mesmo.

§ 2º A denúncia deverá ser exercitada no prazo de noventa dias contados do registro da venda ou do compromisso, presumindo-se, após esse prazo, a concordância na manutenção da locação.

A hipótese do art. 8º – alienação, onerosa ou gratuita, do imóvel locado –, autoriza o adquirente, promissário comprador ou cessionário, a exercer a denúncia, também imotivada.

A única forma de o adquirente retomar o imóvel com fundamento na aquisição é a ação de despejo por expressa disposição especial (Lei do Inquilinato, arts. 5º e 8º), e não ação de imissão de posse:

Recurso Especial. Locação. Ação de imissão de posse. Negativa de prestação jurisdicional. Art. 1.022 do CPC/2015. Não ocorrência. Bem imóvel locado. Alienação. Contrato de locação. Denúncia pelo adquirente. Possibilidade. Art. 8º da Lei 8.245/1991. Retomada do bem. Pretensão. Ação de despejo. Via adequada. Art. 5º da Lei 8.245/1991. (...) 2. Na origem, cuida-se de ação de imissão de posse proposta por adquirente de imóvel alugado, que pretende, após a denúncia do contrato de locação, reaver a posse direta do bem. 3. As questões controvertidas no presente recurso podem ser assim resumidas: (i) se o acórdão recorrido padece de vício de nulidade por negativa de prestação jurisdicional e (ii) qual é a via processual adequada para a retomada da posse direta pelo adquirente de imóvel objeto de contrato de locação: ação de imissão de posse ou ação de despejo. (...) 5. A alienação do imóvel durante a relação locatícia não rompe a locação, que continuará tendo existência e validade, de modo que o adquirente que assume a posição do antigo proprietário tem o direito de denunciar o contrato se assim desejar ou de permanecer inerte e sub-rogar-se nos direitos e deveres do locador, dando continuidade à relação locatícia. 6. O adquirente de imóvel locado tem direito de denunciar o contrato de locação na forma do art. 8º da Lei 8.245, mas só poderá reaver a posse direta do imóvel mediante o ajuizamento da ação de despejo, nos termos do art. 5º da mesma lei, sob pena de malferir o direito de terceiro que regularmente ocupa o bem. 7. A ação adequada para reaver o imóvel em casos de aquisição de imóvel locado é a ação de despejo, não servindo para esse propósito a ação de imissão de posse (...) (REsp 1.864.878/ AM, relator Ministro Ricardo Villas Bôas Cueva, Terceira Turma, j. 30.08.2022, DJe 05.09.2022).

O art. 8º da Lei do Inquilinato se aplica, inclusive, se a aquisição se der em hasta pública posto que não distingue a forma de alienação, merecendo tratamento igual o adquirente por negócio jurídico e por hasta pública. Neste sentido:

Tribunal de Justiça de São Paulo. *Apelação Com Revisão 992000202435 (640213500) – Relator: Dyrceu Cintra – Comarca: Marília – 5ª Câmara do Terceiro Grupo (Extinto 2º TAC) – j. 30.10.2002 – Data de registro: 12.11.2002 – Os embargos de terceiro se prestam para a proteção da posse direta de locatária ameaçada de esbulho por ato judicial em execução de que não é parte. Executada que continua na posse de imóvel penhorado, sem restrições de uso e gozo, pode alugá-lo a terceiro. A arrematação em hasta pública, como qualquer alienação do imóvel, não confere ao arrematante o direito de desalojar locatária do imóvel arrematado por meio de mandado de imissão na posse expedido nos próprios autos da execução, cumprindo-lhe denunciar a locação, nos termos do art. 8º da Lei 8.245/91, promovendo, depois, se necessário, a ação de despejo.*

Igualmente verifica-se o prestígio ao princípio da relatividade dos efeitos dos contratos e, como se vê, não é apenas a venda, vez que qualquer outra forma de alienação tem o mesmo condão.

Nem mesmo a hipótese de o contrato vigorar, como no artigo 7º, inibe a denúncia.

A diferença é que, na hipótese de venda, promessa de venda ou de cessão, deve ser dada a preferência ao locatário (art. 27), excluindo-se esta necessidade no caso de perda da propriedade ou venda por decisão judicial, permuta, doação, integralização de capital, cisão, fusão e incorporação que, não obstante, autorizam a denúncia com supedâneo no artigo 8º.

Essa denúncia, cuja forma respeita a da hipótese anterior (do artigo 7º), deverá ser efetuada no prazo de 90 dias do registro da venda, do compromisso (art. 8º, § 2º) ou do título aquisitivo, devendo também ser concedido prazo de 90 dias para desocupação (art. 8º, *caput*), contados da ciência.

Ressalte-se a atecnia no fato de o § 2º referir-se apenas ao registro da venda, vez que, como se viu, qualquer forma de alienação *inter vivos*, rompe a locação.

De qualquer maneira, o adquirente deve ter toda a atenção com a notificação, que, formalmente em ordem, precisa ser feita no prazo a partir do registro da alienação e conceder os prazos legais para desocupação sob pena de ineficácia e, nesse sentido:

Ação de despejo por denúncia vazia. Locação residencial por prazo determinado, ainda em curso, mas sem cláusula de vigência e não averbada na matrícula imobiliária. Venda do imóvel no curso da locação. Decisão agravada que concedeu o despejo liminar. Análise em cognição sumária que, no entanto, aponta que a notificação a que alude o art. 8º da Lei 8.245/91 não foi levada a efeito de modo eficaz pelo adquirente. Ausência dos requisitos para a concessão do despejo liminar. Decisão reformada. Recurso provido. (TJSP; Agravo de Instrumento 2056504-26.2022.8.26.0000; Rel. Ruy Coppola; 32ª Câmara de Direito Privado; j. 12.05.2022).

Nessa decisão, o relator observou que "agravante demonstrou que o registro da compra e venda ocorreu somente em 17.02.2022 (cf. certidão de matrícula de fls. 17/20 do agravo). Por sua vez, a notificação de desocupação via telegrama foi encaminhada pelo adquirente em 14.01.2022, isto é, quando sequer havia sido providenciado o registro da compra e venda e, não bastasse, exigia de forma ilegal a desocupação do imóvel em apenas 30 dias. A ação foi distribuída em 18.02.2022. Portanto, considerando que a notificação extrajudicial realizada pelos agravados foi feita em desacordo com o que dita o artigo 8º da Lei de Locações, inviável a concessão do despejo liminar como querem os autores, ainda que aleguem como finalidade o uso próprio".

O único obstáculo que se opõe ao adquirente é a cláusula de vigência,[133] desde que, cumulativamente:

a) contrato não esteja vigendo por prazo indeterminado;

b) o contrato esteja averbado junto à matrícula do imóvel.

Há decisões fundadas no princípio da boa-fé que admitem a necessidade de respeito ao contrato de locação pelo adquirente, em que pese a inexistência de averbação do contrato de locação junto à matrícula, se, por outra forma, soube do contrato e da sua vigência:

> *O contrato de locação com cláusula de vigência, ainda que não averbado junto ao registro de imóveis, não pode ser denunciado pelo adquirente do bem, caso dele tenha tido ciência inequívoca antes da aquisição (STJ, AgRg nos EDcl no REsp 1.322.238, 3ª Turma, j. 23.06.2015).*

> *O adquirente de imóvel poderá denunciar o contrato de locação para reaver o imóvel adquirido que se encontra locado, nos termos do art. 8º da Lei 8.245/91, se ausente a averbação junto à matrícula do imóvel. 2. Porém, tendo ciência da locação que recaía sobre o imóvel a ser adquirido, incabível a oponibilidade da chamada denúncia vazia, por ausência da averbação do contrato de locação no registro de imóveis, sob pena de violação ao princípio da boa-fé (Precedente: REsp n. 1.269.476/SP, Relatora a Ministra Nancy Andrighi, Terceira Turma, DJe 19/2/2013). 3. Na hipótese dos autos, segundo o acórdão recorrido, os adquirentes tinham conhecimento prévio da locação anteriormente à aquisição do imóvel, a qual, inclusive, constou no respectivo ato de compra e venda (STJ, AgRg no Ag em REsp 592.939, 3ª Turma, j. 03.02.2015).*

> *Ação de despejo por denúncia vazia. Contrato de locação de imóvel comercial. Adquirente de imóvel locado para a ré, que visa à resolução do contrato de locação comercial firmado entre a locatária e o vendedor do bem, a pretexto de ausência de averbação na Matrícula Imobiliária correspondente. SENTENÇA de improcedência. APELAÇÃO da autora, que insiste no acolhimento do pedido inicial. EXAME: autora adquirente que tinha plena e inequívoca ciência quanto à existência do contrato de locação com prazo determinado firmado entre o vendedor e a ré locatária. Contrato com cláusula expressa de vigência. Ausência de averbação do contrato de locação na Matrícula imobiliária que se mostra irrelevante no caso. Finalidade da norma que foi plenamente atendida. Observância do princípio da boa-fé objetiva. Sentença mantida. Recurso não provido. (TJSP; Apelação Cível 1010931-17.2020.8.26.0011; Rel. Daise Fajardo Nogueira Jacot; 27ª Câmara de Direito Privado; j. 20.09.2022).*

Tatiana Bonatti Peres explica: "a cláusula de vigência, sendo ela manifestação de livre vontade das partes contratantes, deve ser respeitada pelo adquirente do imóvel locado, se dela tiver conhecimento, de forma inequívoca, seja por notificação ou outro meio idôneo, anteriormente à aquisição. Isso porque a Justiça não pode privilegiar a má-fé ou o

---

[133] Redigida, aproximadamente, da seguinte forma: No caso de alienação do imóvel objeto deste contrato, obriga-se o adquirente a respeitar o prazo ora estipulado.

Não estando presentes os requisitos e efetuada a denúncia pelo adquirente no prazo de validade do contrato, o locatário prejudicado poderá agir regressivamente em face do locador alienante, com fundamento no art. 1.056 do Código Civil. Assim, o proprietário pode vender o imóvel, mas terá que indenizar em virtude do descumprimento de obrigação assumida.

Não havendo a denúncia no prazo de noventa dias, o adquirente sub-roga-se nos direitos e obrigações do locador-alienante.

inadimplemento contratual, nem amparar contratos fraudulentos que tenham por escopo desconstituir direitos contratuais lícitos anteriores".[134]

Com todo respeito que merece o posicionamento, a lei exigiu averbação. Não excepcionou. Não disse que a averbação do contrato com cláusula de vigência estaria dispensada se o adquirente tomasse ciência do contrato por outra forma.

É evidente que toma. Difícil imaginar hipótese em que alguém se disponha a adquirir imóvel sem saber que está na posse e a que título.

E a lei foi clara, concedendo a proteção ao inquilino desde que averbe o contrato. A *contrario sensu*, se não averbou, não preencheu o requisito para que o adquirente respeite o seu contrato e, nessa medida:

Agravo de instrumento – Locação de imóvel comercial – Ação de despejo – Liminar de despejo indeferida – Permuta do imóvel durante a vigência da locação – Regular denúncia pela adquirente – Ausência de cláusula de vigência contra adquirente – Contrato de locação não averbado na matrícula do imóvel – Locação que não pode ser oposta à adquirente – Despejo liminar – Cabimento – Presença dos requisitos autorizadores – Art. 8º da Lei 8.245/91 c/c art. 300, do CPC – Decisão reformada – Recurso provido. (TJSP; Agravo de Instrumento 2191916-26.2022.8.26.0000; Rel. Melo Bueno; 35ª Câmara de Direito Privado; j. 23.09.2022).

Recurso especial. Aquisição. Shopping center. Lojas. Locação. Ação de despejo. Cláusula de vigência. Registro. Ausência. Oposição. Adquirente. Impossibilidade. [...]. 2. A controvérsia gira em torno de definir se o contrato de locação com cláusula de vigência em caso de alienação precisa estar averbado na matrícula do imóvel para ter validade ou se é suficiente o conhecimento do adquirente acerca da cláusula para proteger o locatário. 3. A lei de locações exige, para que a alienação do imóvel não interrompa a locação, que o contrato seja por prazo determinado, haja cláusula de vigência e que o ajuste esteja averbado na matrícula do imóvel. 4. Na hipótese dos autos, não há como opor a cláusula de vigência à adquirente do shopping center. Apesar de no contrato de compra e venda haver cláusula dispondo que a adquirente se sub-rogaria nas obrigações do locador nos inúmeros contratos de locação, não há referência à existência de cláusula de vigência, muito mesmo ao fato de que o comprador respeitaria a locação até o termo final. 5. Ausente o registro, não é possível impor restrição ao direito de propriedade, afastando disposição expressa de lei, quando o adquirente não se obrigou a respeitar a cláusula de vigência da locação. 6. Recurso especial provido. (REsp 1.669.612/ RJ, Rel. Min. Ricardo Villas Bôas Cueva, 3ª Turma, j. 07.08.2018, DJe 14.08.2018).

Em qualquer caso de necessidade de respeitar o pacto entre o locador original alienante e o locatário, após o fim do prazo contratado o adquirente estará livre para a denúncia imotivada, caso o contrato não reúna os requisitos da ação renovatória.

Se o contrato já estiver vigendo por prazo indeterminado, tendo sido celebrado por prazo superior a trinta meses ou, inferior, já tenha decorrido cinco anos, nenhuma influência terá a cláusula de vigência sobre o locatário.

Insta observar que a instituição de usufruto não se equipara à alienação para incidência do despejo com supedâneo no art. 8º, manejado pelo usufrutuário. Esta é a inferência que se extrai da Súmula 25 do Tribunal de Justiça de São Paulo:

Súmula 25: O usufrutuário não se equipara ao adquirente para o fim de aplicação do art. 8º, da Lei 8.245/91.

A contestação fica limitada à ausência das condições retro apontadas, além das gerais de qualquer ação.

Não caberá liminar, e nem pode o réu concordar com a desocupação para dispor de seis meses para a desocupação, restando-lhe apenas resistir à pretensão.

---

[134] Tatiana Bonatti Peres. Locação empresarial: a cláusula de vigência e os princípios contratuais atuais. In: PERES, Tatiana Bonatti (org.). *Temas relevantes de direito empresarial*. Rio de Janeiro: Lumen Juris, 2014, p. 38.

Quanto ao recebimento de aluguéis até a denúncia, valem as mesmas observações que fizemos acerca da ação de despejo por extinção do usufruto ou fideicomisso.[135]

Outrossim, a denúncia levada a efeito pelo adquirente poderá ensejar, por parte do locatário despejado no curso da vigência do contrato com o locador, ação de indenização movida contra este em razão dos prejuízos que provar ter sofrido.

É o que pensa Waldir de Arruda Miranda Carneiro, segundo o qual *ocorrendo a retomada pelo adquirente, sem que o prazo contratual tenha terminado, poderá o locatário reclamar perdas e danos do locador alienante (cfr. RT 572/204; JB 57/293), dado que o senhorio tem a obrigação legal de garantir, durante o prazo de vigência do contrato o uso pacífico do prédio locado (inc. II do art. 22 da Lei 8.245/1991).*[136]

Parece-nos evidente que o contrato e a lei foram feitos para o fiel cumprimento, considerando, ainda, que é obrigação legal do locador garantir o uso pacífico do imóvel no prazo estabelecido no contrato (Lei 8.245/1991, art. 22, II) e, na exata medida em que o locador leva a efeito a alienação do imóvel locado, ainda que conceda o direito de preferência ao locatário, desrespeita o contrato se não toma a cautela de transferir as obrigações de locador ao adquirente, cedendo sua posição no contrato de locação e exigindo respeito ao contrato de locação como cláusula de seu contrato de compra e venda ou compromisso com o adquirente.[137]

Para rematar, a lúcida opinião de Francisco Carlos Rocha de Barros, segundo o qual *o reconhecimento desse direito do inquilino não implica ofensa ao direito de disposição do*

---

[135] **Segundo Tribunal de Alçada Civil de São Paulo.** *Despejo – denúncia vazia – imóvel alienado – título registrado após lapso temporal – aluguéis recebidos durante este período – irrelevância – inadmissibilidade. Não seria legal e nem moral admitir-se que ao deixar o adquirente de fazer o registro de seu título, possa deixar em aberto a possibilidade de retomada imotivada, mesmo que receba os aluguéis durante esse tempo, sem ressalva sequer (Apel. c/ rev. nº 266.853, 2ª Câm., rel. Juiz Assumpção Neves, j. em 17.10.1990, in JTA (RT) 128/345).*

Segundo Tribunal de Alçada Civil de São Paulo. *Despejo – denúncia vazia – imóvel alienado – recebimento de aluguéis pelo adquirente – irrelevância – prorrogação – descaracterização. O recebimento do aluguel após a aquisição e denúncia da locação não implica aceitação do vínculo por parte do adquirente, posto que o locativo constitui a paga obrigatória pela ocupação do imóvel (Apel. c/ rev. nº 295.629, 3ª Câm., rel. Juiz João Saletti, j. em 06.08.1991 "in" JTA (Lex) 134/260. No mesmo sentido: JTA (Lex) 135/298, JTA (RT) 84/354, 87/300, 112/279, 115/371, Apel. c/ rev. nº 214.495, 7ª Câm., rel. Juiz Gildo dos Santos, j. em 15.03.1988, Apel. c/ rev. nº 301.045, 8ª Câm., rel. Juiz Cunha Cintra, j. em 03.10.1991; Apel. c/ rev. nº 334.814, 4ª Câm., rel. Juiz Amaral Vieira, j. em 1º.09.1992; Apel. c/ rev. nº 326.686, 4ª Câm., rel. Juiz Carlos Stroppa, j. em 05.03.1993. Em sentido contrário: EI nº 258.323, 8ª Câm., rel. Juiz Narciso Orlandi, j. em 14.11.1990).*

[136] Waldir de Arruda Miranda Carneiro. *Anotações à Lei do Inquilinato.* São Paulo: RT, 2000, p. 50.

[137] Neste sentido:
TJSP. Despejo – alienação do imóvel no curso da locação – contrato prorrogado por prazo indeterminado – denúncia promovida nos termos do art. 8º da Lei 8.245/1991 – admissibilidade – inexistência de cláusula, devidamente registrada, obrigando o adquirente a respeitar a locação – eventual pedido de indenização por benfeitorias, ou pela inobservância do direito de preferência, que deve ser dirigida ao alienante – ação procedente – sentença mantida – recurso não provido. (Apelação Sem Revisão 992060764324 (1049548000) – Rel. Erickson Gavazza Marques – Comarca: São José do Rio Preto – 27ª Câmara de Direito Privado – j. 17.02.2009 – Data de registro: 23.03.2009).

TJSP. Apelação – Locação – Despejo – Adquirente – Denúncia – Notificação – Cerceamento de defesa – Indenização por perda do fundo de comércio. (...). 4. Exerce regularmente um direito aquele que, ao adquirir o imóvel, denuncia a locação. Eventual indenização por comprometimento ao fundo de comércio deve ser reclamada por ação própria, contra quem de direito. (Apelação Com Revisão 992050305017 (1003042400) – Rel. Ricardo Pessoa de Mello Belli – Comarca: Cabreúva – 25ª Câmara do terceiro Grupo (Ext. 2° TAC) – j. 15.08.2006 – Data de registro: 24.08.2006).

proprietário locador. É direito deste vender o imóvel, mas também é sua obrigação respeitar o contrato.[138]

No mesmo sentido, Clóvis Bevilacqua, segundo o qual *quando o adquirente não ficar obrigado à locação por ausência de cláusula garantidora dos direitos do locatário, terá este ação de indenização contra o alienante.*[139]

Posta assim a questão, remetemos o leitor, ainda, ao Capítulo 9 deste livro, no qual trataremos da indenização e da adjudicação do imóvel por afronta ao direito de preferência.

3.27.1. Modelo

MM. Juízo da (...)

(...), por seus procuradores (documentos 01 e 02), com escritório na (...), onde receberão intimações, vem, respeitosamente, perante Vossa Excelência, aforar em face de (...), a competente

Ação de despejo,

que faz com supedâneo no artigo 8º, da Lei 8.245/1991, e pelas razões de fato e de direito que, a seguir, articuladamente passa a aduzir:

Fatos

Por escritura pública de cisão com incorporação de bens, celebrada no dia (...) (documento 03), devidamente registrada na matrícula do imóvel junto ao (...) ofício de Registro de Imóveis da Capital, no dia (...) (documento 04), a autora tornou-se proprietária do imóvel da rua (...).

O referido imóvel encontra-se locado ao réu, mediante contrato escrito, celebrado pelo transmitente, tendo seu início no dia (...), com aluguel mensal atual de R$ (...) (documento 05).

Como não convém manter a locação, a autora notificou tempestivamente o réu no dia (...) (documento 06), para que desocupasse o imóvel no prazo legal de 90 (noventa) dias.

Entretanto, o referido prazo decorreu *in albis,* sem que tenha o réu atendido o aviso.

Inclusive, somente para informação do juízo, o réu não paga aluguéis e encargos desde que houve a transmissão. Assim, a autora injustamente tem que suportar despesas referentes ao uso do imóvel pelo Réu, tais como IPTUs, despesas condominiais etc., que serão cobradas posteriormente, em ação própria.

Vê-se, portanto, que a situação é extremamente desconfortável e iníqua, fazendo-se mister a imediata tutela jurisdicional para que cesse o locupletamento indevido do réu, não obstante a causa de pedir da presente ação com fulcro no artigo 8º da Lei 8.245/1991.

Direito

Determina o artigo 8º da Lei 8.245/1991:

Art. 8º Se o imóvel for alienado durante a locação, o adquirente poderá denunciar o contrato, com prazo de noventa dias para a desocupação, salvo se a locação for por tempo determinado e o contrato contiver cláusula de vigência em caso de alienação e estiver averbado junto à matrícula do imóvel.

§ 1º (...)

§ 2º A denúncia deverá ser exercida no prazo de 90 dias contados do registro da venda ou do compromisso, presumindo-se, após este prazo, a concordância na manutenção da locação.

Ensina a respeito Sylvio Capanema de Souza:

---

[138] Francisco Carlos Rocha de Barros. *Comentários à Lei do Inquilinato.* 2ª ed. São Paulo: Saraiva, 1997, p. 47.
[139] Clóvis Bevilácqua. *Código Civil dos Estados Unidos do Brasil.* V. II, Ed. histórica, 5ª tir. Rio de Janeiro: Rio, 1980, p. 303.

É irrelevante, para efeito da denúncia, a forma de alienação, que pode ser onerosa ou gratuita, pelo que estão legitimados para exercê-la, o comprador, promissário comprador, cessionário, promissário cessionário, permutante, além do credor que receba o imóvel locado em dação em pagamento.

Continua o preclaro doutrinador:

Para que se aplique a regra do artigo 8º, será essencial que a alienação do imóvel locado se opere por atos inter vivos, tal como a compra e venda, promessa de compra e venda, doação, permuta, dação em pagamento, incorporação ao capital da sociedade, fusão, cisão.

Com relação ao § 2º esclarece:

Cometeu o legislador um grave erro de redação, que poderá acarretar perplexidades ao intérprete, ao aludir, no § 2º do artigo 8º "registro de venda", quando o correto seria dizer "do título aquisitivo".[140]

É no mesmo sentido a lição da professora Maria Helena Diniz ao comentar o artigo, o que faz da seguinte forma:

O dispositivo sub exame refere-se à hipótese de transferência da posição jurídica do titular do domínio relativamente ao prédio locado, mediante alienação. Por alienação não se deve entender apenas a venda, mas também permuta, a doação, a execução forçada, o estabelecimento de usufruto etc. E o novo adquirente do imóvel locado será aquele que vier a substituir ao locador, por ato inter vivos, no seu direito de propriedade, constituindo-se, portanto, um terceiro, alheio à relação jurídica 'ex locato' ('res inter alios acta, aliis neque nocet neque prodest'); nada tem que ver com o inquilino, nem mesmo respondendo pelas benfeitorias do locatário (STF, súmula 158); por conseguinte, não terá dever algum de respeitar o contrato locatício efetivado para fins residenciais ou não, em que não foi parte, podendo denunciá-lo, dando prazo de 90 dias para a evacuação, sem qualquer justificação (denúncia vazia) (...)[141]

Citação

Isto posto, requer seja citado o réu por meio eletrônico ou, não havendo cadastro, pelo correio (*ou, ainda, justificando, por Oficial de Justiça, nos termos do § 1º-A, II, do art. 246 do CPC, facultando-se ao Sr. Oficial de Justiça encarregado da diligência proceder nos dias e horários de exceção (CPC, art. 212, § 2º*), para que, no prazo da lei, ofereça a defesa que tiver, sob pena de aplicar-lhe os efeitos da revelia.

Pedido

Ex positis, requer-se, ainda, digne-se Vossa Excelência:

Julgar, ao final, procedente a ação, declarando extinta a relação *ex locato*, decretando o despejo, com a condenação do réu no pagamento das custas processuais e honorários de advogado do autor.

Audiência de Conciliação

Nos termos do art. 334, § 5º, do Código de Processo Civil, a autora desde já manifesta, pela natureza do litígio, desinteresse em autocomposição.

Ou

Tendo em vista a natureza do direito e demonstrando espírito conciliador, a par das inúmeras tentativas de resolver amigavelmente a questão, a autora desde já, nos termos do art. 334 do Código de Processo Civil, manifesta interesse em autocomposição, aguardando a designação de audiência de conciliação.

Provas

Requer-se provar o alegado por todos os meios de prova em direito admitidos, incluindo perícia, produção de prova documental, testemunhal, inspeção judicial, depoimento pessoal sob pena de confissão caso o réu (ou seu representante) não compareça, ou, comparecendo, se negue a depor (art. 385, § 1º, do Código de Processo Civil).

Valor da causa

Dá-se à causa o valor de R$ (...) (doze vezes o aluguel vigente).

---

140 Sylvio Capanema de Souza,. *Da ação de despejo*. Rio de Janeiro: Forense, 1994, pp. 270, 271 e 273.

141 Maria Helena Diniz, *Lei de locações de imóveis urbanos comentada*, 3ª ed. São Paulo: Saraiva, 1995, p. 51.

Termos em que,

Pede deferimento.

Data

Advogado (OAB)

3.28. AÇÃO DE DESPEJO NAS LOCAÇÕES RESIDENCIAIS POR CONTRATO ININTERRUPTO DE CINCO ANOS – DENÚNCIA VAZIA (ART. 47, V)

Art. 47. Quando ajustada verbalmente ou por escrito e com prazo inferior a trinta meses, findo o prazo estabelecido, a locação prorroga-se automaticamente, por prazo indeterminado, somente podendo ser retomado o imóvel:

(...)

V – se a vigência ininterrupta da locação ultrapassar cinco anos.

O artigo 47, V, traduz mais um caso de denúncia imotivada ou condicionada.

Somente após o decurso do prazo de cinco anos, na eventualidade de contrato de locação residencial, celebrado verbalmente, ou por escrito com prazo inferior a trinta meses, é que o locador poderá promover o despejo por denúncia vazia.

Nessa hipótese, por determinação legal, muito embora o contrato escrito tenha sido ajustado por prazo inferior, a denúncia imotivada só será possível depois de decorridos cinco anos.

Portanto, só motivadamente (art. 47) poderá ser retomado o imóvel, findo o prazo contratual, antes dos cinco anos legais.

O mesmo ocorre com o contrato verbal, seja lá qual for o prazo que tenha sido contratado posto que se entende, no caso, que fora celebrado por prazo indeterminado.[142]

Nesses casos, decorridos cinco anos, a locação será denunciada, obrigatoriamente, através de notificação, na forma já apontada, com prazo de trinta dias para a desocupação voluntária.

A indispensabilidade da notificação se dá em face da locação estar vigendo por prazo indeterminado, evitando, assim, surpresas ao locatário, não obstante tal previsão constar apenas do artigo 46, e não do artigo 47.

O artigo 61 não defere ao locatário, nessa hipótese, a possibilidade de concordar com o pedido para não sucumbir e gozar do benefício de permanecer mais seis meses no imóvel.

Sendo assim, só lhe resta contestar o pedido na ação eventualmente proposta, arcando com os riscos decorrentes.

---

[142] *Apelação – Locação não residencial – Ação declaratória cumulada com consignatória – Pretensão de que seja declarado o prazo de doze anos para a duração da relação locatícia – Impossibilidade – Ausência de contrato escrito faz presumida a locação por prazo indeterminado – (...). A relação locatícia, de fato, existe, pois a autora está ocupando o imóvel, mas não há possibilidade de determinar-lhe o pretendido prazo de doze anos, pois, repita-se, nenhum dos elementos de prova colacionados ao processo sequer indica a pactuação da locação por tal prazo. Há de entender-se, assim, que se cuida de um contrato de locação verbal, pois é incontroverso que as partes não formalizaram um contrato escrito de locação. Conforme entendimento pacífico da doutrina e dos tribunais, a locação verbal presume-se por tempo indeterminado, como expressa o verbete da Súmula nº 24 desta Egrégia Corte: "A locação verbal presume-se por tempo indeterminado" (...). Apelação desprovida (TJSP, Apelação Cível 0000678-22.2013.8.26.0596, Rel. Lino Machado, 30ª Câmara de Direito Privado, Foro de Serrana, 1ª Vara, j. 02.09.2020, data de registro 02.09.2020).*

Tal posição, nada obstante, é divergente na doutrina.

Nada impede que, citado, o réu proponha a desocupação no prazo de seis meses com exoneração dos ônus sucumbenciais, cabendo ao juiz homologar o acordo se houver a concordância do locador.

Não se admite liminar (não se circunscreve às hipóteses do art. 59), e o prazo de desocupação, procedente a ação, será de 30 dias (art. 63), diferentemente da hipótese do artigo 46.

Sendo a locação verbal, a prova far-se-á por todos os meios em direito admitidos (testemunhas, recibos de pagamento etc.), podendo a parte, diante da dúvida, valer-se de ação declaratória incidental.

3.28.1. Modelo

MM. Juízo da (...)

(...), por seus procuradores (documento 01), com escritório na (...), onde receberão intimações, vem, respeitosamente, perante Vossa Excelência, aforar, em face de (...), a competente

Ação de despejo,

o que faz com supedâneo no artigo 47, V, da Lei 8.245/1991, e pelas razões de fato e de direito que, a seguir, articuladamente, passa a aduzir:

A autora locou ao réu o imóvel residencial localizado na Rua (...).

O referido imóvel foi locado ao réu no dia (...), por contrato escrito, com prazo de 12 (doze) meses, que se encontra prorrogado por prazo indeterminado.

O aluguel ajustado entre as partes, atualmente, é equivalente a R$ (...) mensais.

Ocorre que, já tendo a locação mais de 5 (cinco) anos, e não convindo mais à locadora, ora autora, manter a locação, notificou o réu no último dia (...), para que desocupasse o imóvel no prazo de 30 (trinta) dias, que já decorreu sem que houvesse atendimento do aviso.

Assim, decorrido *in albis* o prazo para desocupação, não restou alternativa à autora senão ingressar com a presente ação.

Citação e do pedido

Isto posto, requer a autora:

a) seja o réu citado por meio eletrônico ou, não havendo cadastro, pelo correio (*ou, ainda, justificando, por Oficial de Justiça, nos termos do § 1º-A, II, do art. 246 do CPC, facultando-se ao Sr. Oficial de Justiça encarregado da diligência proceder nos dias e horários de exceção (CPC, art. 212, § 2º)*, para que, no prazo da lei, ofereça a defesa que tiver, sob pena de aplicar-lhe os efeitos da revelia;

b) a ciência da presente a eventuais ocupantes e sublocatários (art. 59, § 2º, da Lei 8.245/1991);

Ex positis, requer, ainda, digne-se Vossa Excelência de:

Julgar, ao final, procedente a ação, declarando extinta a relação *ex locato*, decretando o despejo, com a condenação do réu no pagamento de custas processuais e honorários de advogado.

Audiência de Conciliação

Nos termos do art. 334, § 5º, do Código de Processo Civil, a autora desde já manifesta, pela natureza do litígio, desinteresse em autocomposição.

Ou

Tendo em vista a natureza do direito e demonstrando espírito conciliador, a par das inúmeras tentativas de resolver amigavelmente a questão, a autora desde já, nos termos do art. 334 do Código de Processo Civil, manifesta interesse em autocomposição, aguardando a designação de audiência de conciliação.

Provas

Requer-se provar o alegado por todos os meios de prova em direito admitidos, incluindo perícia, produção de prova documental, testemunhal, inspeção judicial, depoimento pessoal sob pena de confissão caso o réu (ou seu representante) não compareça, ou, comparecendo, se negue a depor (art. 385, § 1º, do Código de Processo Civil).

Valor da causa

Dá-se à causa o valor de R$ (...) (doze vezes o aluguel vigente).

Termos em que,

Pede deferimento.

Data

Advogado (OAB)

3.29. AÇÃO DE DESPEJO NAS LOCAÇÕES PARA TEMPORADA (ARTS. 48 A 50 E 59, § 1º, III)

Art. 48. Considera-se locação para temporada aquela destinada à residência temporária do locatário, para prática de lazer, realização de cursos, tratamento de saúde, feitura de obras em seu imóvel, e outros fatos que decorram tão somente de determinado tempo, e contratada por prazo não superior a noventa dias, esteja ou não mobiliado o imóvel.

Parágrafo único. No caso de a locação envolver imóvel mobiliado, constará do contrato, obrigatoriamente, a descrição dos móveis e utensílios que o guarneçam, bem como o estado em que se encontram.

Art. 49. O locador poderá receber de uma só vez e antecipadamente os aluguéis e encargos, bem como exigir qualquer das modalidades de garantia previstas no art. 37 para atender as demais obrigações do contrato.

Art. 50. Findo o prazo ajustado, se o locatário permanecer no imóvel sem oposição do locador por mais de trinta dias, presumir-se-á prorrogada a locação por tempo indeterminado, não mais sendo exigível o pagamento antecipado do aluguel e dos encargos.

Parágrafo único. Ocorrendo a prorrogação, o locador somente poderá denunciar o contrato após 30 (trinta) meses de seu início, ou nas hipóteses do art. 47.

A locação para temporada é aquela em que o motivo que enseja a locação sob a ótica do locatário é temporário, sendo que as hipóteses do art. 48 são exemplificativas.

Das características do contrato de locação por temporada tratei no Capítulo 1 deste livro VII, no item 1.12.

Nesse caso, expirado o prazo contratual, jamais excedente a noventa dias que não admite prorrogação ou aditivo, o que descaracterizaria a locação por temporada, o locador terá mais trinta dias para aforar a ação de despejo, que dispensa a notificação prévia.

Caso o locador deixe de propor a ação de despejo no prazo de trinta dias do término do prazo contratual da locação por temporada, somente poderá fazê-lo por denúncia vazia após trinta meses do início da locação, devendo, antes, nessa hipótese, notificar o inquilino, concedendo-lhe trinta dias para a desocupação.

Antes dos 30 meses, o despejo será possível nas hipóteses do art. 47, por denúncia motivada.

Não se aplica o artigo 61, ou seja, o benefício de concordar com a desocupação, concedidos seis meses para desocupação e isenção do pagamento das despesas de sucumbência na desocupação voluntária.

Aliás, o pedido de decretação do despejo poderá ser concedido liminarmente (art. 59, § 1º, III, da Lei do Inquilinato).

Não importa o meio pelo qual o contrato foi celebrado, sendo comum a oferta de imóveis dessa natureza em aplicativos e na internet. O contrato será de locação e não de hospedagem, aplicando-se, de qualquer maneira, as regras da espécie (arts. 48 a 50 da Lei do Inquilinato) em razão da natureza de ordem pública desta espécie de contrato de locação, conforme tratei no Capítulo I deste livro VII (item 1.12).

3.29.1. Modelo

MM. Juízo da (...)

(...), por seus procuradores (documento 01), com escritório na (...), onde receberão intimações, vem, respeitosamente, perante Vossa Excelência, aforar, em face de (...), a competente

Ação de despejo com pedido liminar

o que faz com supedâneo nos artigos 48 e seguintes e 59, § 1º, da Lei 8.245/1991, e pelas razões de fato e de direito que, a seguir, articuladamente, passa a aduzir:

A autora locou ao réu, para temporada, com a finalidade de lazer, o imóvel residencial localizado na (...).

O referido imóvel foi locado no dia (...), por contrato escrito, com prazo de 90 (noventa) dias (documento 02), que se expirou no último dia (...).

O aluguel global ajustado, pago antecipadamente, foi de R$ (...).

Terminado o prazo contratual, o réu não desocupou o imóvel, isso apesar de telegramas enviados pela autora, que foram ignorados (documentos 03 e 04).

Tratando-se de locação para temporada, tendo sido proposta a ação no prazo de trinta dias, contados do fim do contrato, cabível a concessão de liminar para desocupação do imóvel em quinze dias, independentemente da audiência do réu, na forma do que dispõe o art. 59, § 1º, inciso III, da Lei 8.245/1991.

Citação e do pedido

Isto posto, requer a autora:

a) seja concedida desocupação liminar do imóvel, com prazo de 15 dias, independentemente da oitiva do réu, deferindo o depósito judicial, a título de caução, de 3 (três) aluguéis mensais, nos termos do § 1º, do art. 59, da Lei 8.245/1991;

b) seja o réu citado por meio eletrônico ou, não havendo cadastro, pelo correio (*ou, ainda, justificando, por Oficial de Justiça, nos termos do § 1º-A, II, do art. 246 do CPC, facultando-se ao Sr. Oficial de Justiça encarregado da diligência proceder nos dias e horários de exceção (CPC, art. 212, § 2º),* para que, no prazo da lei, ofereça a defesa que tiver, sob pena de aplicar-lhe os efeitos da revelia, comunicando-lhe, inclusive, a liminar concedida, intimando-o do prazo de 15 dias para desocupação voluntária (Lei 8.245/1991, art. 65);[143]

c) a ciência da presente a eventuais ocupantes e sublocatários (art. 59, § 2º, da Lei 8.245/1991);

Ex positis, requer, ainda, digne-se Vossa Excelência de:

Julgar, ao final, procedente a ação, declarando extinta a relação *ex locato*, confirmando a liminar, decretando em definitivo o despejo, com a condenação do réu no pagamento de custas processuais e honorários de advogado.

Audiência de Conciliação

Nos termos do art. 334, § 5º, do Código de Processo Civil, a autora desde já manifesta, pela natureza do litígio, desinteresse em autocomposição.

Ou

Tendo em vista a natureza do direito e demonstrando espírito conciliador, a par das inúmeras tentativas de resolver amigavelmente a questão, a autora desde já, nos termos do art. 334 do Código de Processo Civil, manifesta interesse em autocomposição, aguardando a designação de audiência de conciliação.

---

[143] Waldir de Arruda Miranda Carneiro, *Anotações à lei do inquilinato*. São Paulo: Revista dos Tribunais, 2000, p. 479.

Provas

Requer-se provar o alegado por todos os meios de prova em direito admitidos, incluindo perícia, produção de prova documental, testemunhal, inspeção judicial, depoimento pessoal sob pena de confissão caso o réu (ou seu representante) não compareça, ou, comparecendo, se negue a depor (art. 385, § 1º, do Código de Processo Civil).

Valor da causa

Valor da causa

Dá-se à causa, o valor de R$ (...) (doze vezes o aluguel vigente).

Termos em que,

Pede deferimento.

Data

Advogado (OAB)

3.30. LOCAÇÕES CELEBRADAS ANTERIORMENTE À LEI 8.245/1991

Art. 78. As locações residenciais que tenham sido celebrados anteriormente à vigência desta Lei e que já vigorem ou venham a vigorar por prazo indeterminado, poderão ser denunciadas pelo locador, concedido o prazo de doze meses para a desocupação.

Parágrafo único. Na hipótese de ter havido revisão judicial ou amigável do aluguel, atingindo o preço do mercado, a denúncia somente poderá ser exercitada após vinte e quatro meses da data da revisão, se esta ocorreu nos doze meses anteriores à data da vigência desta Lei.

Há denúncia imotivada no caso do artigo 78, ou seja, nas locações residenciais celebradas anteriormente à vigência da Lei 8.245, de 18 de outubro de 1991 (que entrou em vigor sessenta dias depois da sua publicação, o que se deu no dia 21.10.1991), e que vigorem por prazo indeterminado.

Note-se que se aplica o art. 78, ainda que tenham sido celebrados aditivos contratuais depois da Lei 8.245/1991, desde que mantido o pacto originário.

Nessa hipótese, a denúncia é imotivada, porquanto, como nas hipóteses anteriores, não se perquire a sinceridade ou necessidade do pedido.

Com efeito, diferencia-se da hipótese do art. 57 pelo fato da notificação premonitória, obrigatoriamente, conceder prazo de doze meses para a desocupação voluntária. No mais, nenhuma diferença há.

Não se aplicam os benefícios do artigo 61, da Lei 8.245/1991, por ausência de previsão legal e, tampouco, pelo mesmo motivo, se concede liminar por ausência de disposição a respeito no artigo 59, § 1º.

3.31. ABANDONO DO IMÓVEL NO CURSO DA AÇÃO (ART. 66)

Art. 66. Quando o imóvel for abandonado após ajuizada a ação, o locador poderá imitir-se na posse do imóvel.

Em alguns casos, após ser proposta a ação de despejo, o locatário-réu abandona o imóvel, isto é, demite-se da posse direta em virtude do abandono (Código Civil, art. 1.275, III).

Na verdade, o abandono tratado no art. 66, nada mais é que a renúncia da posse pelo possuidor, que demonstra, de sua atitude, a intenção de não mais exercê-la, perdendo o *corpus* e o *animus*.

É preciso verificar que a norma fala em abandono após a propositura da ação.[144]

Então, se há o abandono antes da propositura da ação, o locador não teria interesse em propor ação de despejo, certo?

Errado.

O simples abandono não implica rompimento do vínculo, da relação *ex locato*.

Mister se faz que o locatário devolva ao locador a posse direta de que dispõe.

Portanto, se as chaves não são restituídas, o locador deve providenciar, antes de recuperar a posse, a ação de despejo, mesmo ante o abandono, mormente em razão do art. 5º da Lei 8.245/1991.[145]

Locação de imóveis – despejo por falta de pagamento c.c. cobrança – entrega das chaves que deve ser cabalmente comprovada pelo locatário que deve consigná-las em juízo em caso de eventual recusa no seu recebimento – inquilino que não se desincumbiu do ônus que era seu – aluguéis e demais encargos que são devidos até a efetiva imissão na posse – recurso provido para tal fim. A simples desocupação do imóvel sem a entrega das chaves caracteriza abandono e não encerra as obrigações contratuais do locatário, inclusive a de pagamento. Desse modo, não tendo havido devolução nem consignação das chaves, os apelados devem responder pelos aluguéis e encargos previstos no contrato até a data da efetiva retomada do imóvel pela locadora, que se dará quando ocorrer a imissão na posse do bem pela autora, devendo ser reformada a r. sentença apenas nesse ponto (TJSP, Apelação Cível 1000790-36.2018.8.26.0066, Rel. Paulo Ayrosa, 31ª Câmara de Direito Privado, j. 02.07.2019, data de registro 02.07.2019).

Segundo Tribunal de Alçada Civil de São Paulo. Despejo – abandono do imóvel – extinção do processo – impossibilidade – interesse na apreciação do mérito persistente. A ação de despejo não se presta apenas para obter a desocupação do imóvel locado. Constitui-se meio processual para obter o pronunciamento judicial de extinção da relação locatícia, e, em consequência, obrigar o inquilino a desocupar o bem a ele locado (Apel. nº 174.571, 7ª Câm., rel. Juiz Boris Kauffmann, j. em 24.10.1984, in JTA (RT) 96/238. No mesmo sentido: JTA (Lex) 35/354, 59/336, Apel. nº 195.233, 3ª Câm., rel. Juiz Corrêa Vianna, j. em 16.09.86; Apel. nº 196.130, 2ª Câm., rel. Juiz Debatin Cardoso, j. em 24.09.1986; Apel. c/ rev. nº 423.836, 3ª Câm., rel. Juiz João Saletti, j. em 07.02.1995).

---

[144] De acordo com os artigos 219 e 263 do Código de Processo Civil, a ação considera-se proposta no momento da distribuição, sendo a citação apenas uma condição de validade, ou seja, a ação considera-se proposta na data da distribuição, condicionada à existência de citação válida.

[145] Neste sentido:

Segundo Tribunal de Alçada Civil de São Paulo. Despejo – falta de pagamento – interesse de agir – abandono parcial do imóvel, porque não removidos os móveis e utensílios do locatário – irrelevância – subsistência – aplicação dos artigos 5º e 66 da Lei 8.245/1991. O abandono do imóvel pelo locatário, que nele teria deixado móveis e pertences, inclusive, aparelho telefônico, não obsta o pedido de despejo, mesmo que ocorrido antes do ajuizamento da ação, posto presente o interesse processual (necessidade) enquanto não desfeito o vínculo locatício, a teor dos artigos 5º e 66 da Lei 8.245/1991 (Apel. s/ rev. nº 460.159, 6ª Câm., rel. Juiz Paulo Hungria, j. em 04.09.1996, "in" JTA (Lex) 161/577).

Segundo Tribunal de Alçada Civil de São Paulo. Despejo – falta de pagamento – interesse de agir – abandono do imóvel anterior ao ajuizamento da ação – ausência – aplicação do artigo 66, da Lei 8.245/1991. A distribuição temporal assume especial relevo ante os expressos termos do artigo 66 da Lei 8.245/1991 posto que a carência da ação, por falta de interesse jurídico ou de objeto, somente ocorrerá se o abandono do imóvel tiver precedido o ajuizamento da ação (Apel. c/ rev. nº 411.470, 6ª Câm., rel. Juiz Paulo Hungria, j. em 21.09.1994, JTA (Lex) 153/281. Referências: Maria Helena Diniz, "Lei de Locações de Imóveis Urbanos Comentada", Ed. Saraiva, p. 264. Silvio Venosa, "Nova Lei do Inquilinato Comentada", Ed. Atlas, p. 236).

Ocorrendo o abandono no curso de apelação, o recurso não é conhecido, havendo aceitação tácita da sentença.[146]

Na prática alguns locadores retomam o imóvel sem ir a juízo. Entretanto correm o risco de sofrer ação de indenização por abuso de direito e exercício de autotutela.

Portanto, resumidamente, em qualquer hipótese de abandono, antes ou durante a ação de despejo, observar-se-á:

a) reconhecimento da procedência do pedido e extinção do processo com resolução de mérito;

b) declaração de extinção da relação *ex locato*, com a condenação do réu no pagamento dos aluguéis (se se tratar de ação de despejo por falta de pagamento cumulada com cobrança).

Abandonado o imóvel antes da citação, por evidente, exigir-se-á essa providência (a citação), mesmo por edital, sem o que não há falar-se em prosseguimento da ação.

Nada obstante, julgados que merecem respeito, mas não submissão, posto que equivocados, defendem a falta de interesse na ação na hipótese de abandono anterior à citação na ação de despejo.

Definitivamente não foi essa a *mens legis*.

Ora, o abandono do imóvel não corresponde, de forma alguma, ao dever legal (art. 23, III, da Lei 8.245/1991) que impõe ao inquilino a obrigação de restituir o imóvel o que, a toda evidência, não significa abandonar o imóvel.

A ação de despejo não serve apenas para obtenção da retomada do imóvel, mas também, para que se declare a extinção da relação jurídica locatícia, de tal sorte que, definitivamente, não existe perda de interesse para a ação de despejo. De qualquer forma, essas decisões existem, como a seguinte:

Locação. Imóvel residencial. Despejo por falta de pagamento. Abandono do imóvel ou entrega das chaves do imóvel antes da citação. Falta de interesse processual. Processo extinto, sem resolução de mérito. Sucumbência adequadamente carreada à parte autora. Sentença mantida. Recurso não provido (TJSP, Apelação Cível 1006389-60.2016.8.26.0248, 35ª Câmara de Direito Privado, j. 06.05.2020, data de registro 06.05.2020).

Nesse caso, adotado o entendimento acima, será necessário ao locador ajuizar ação de imissão na posse autônoma.

Outras decisões, em ações de despejo por falta de pagamento cumuladas com cobrança, em razão do art. 785 do Código de Processo Civil, admitem o prosseguimento, nos casos de abandono anterior à citação, apenas em relação à cobrança, que seguirá o procedimento comum nada obstante o título executivo.

Locação. Imóvel não residencial. Despejo por falta de pagamento cumulado com cobrança de aluguéres. **Abandono do imóvel antes da propositura da demanda. Extinção do processo sem julgamento de mérito. Existência de interesse processual quanto aos pedidos. Presença das condições da ação. Faculdade da parte de perseguir condenação dos aluguéres vencidos em processo de conhecimento.** *Ausência de prova de pagamento. Obrigação limitada até a data da imissão na posse. Ação julgada procedente. Recurso provido. A extinção do processo só seria possível com o total desaparecimento do interesse processual. A constatação de que o imóvel locado restou abandonado, por si só, não caracteriza desinteresse processual principalmente em relação ao segundo pedido (cobrança de aluguéres), não se justificando, portanto, a extinção do processo. Bem por isso, deve a ação referente à cobrança prosseguir, razão pela qual, no mérito, encontrando-se o locatário em mora, mostra-se imperiosa a condenação dos devedores (inquilino e fiadora) ao pagamento dos aluguéres e encargos remanescentes até a data da imissão na posse (TJSP, Apelação*

---

[146] Sílvio de Salvo Venosa, *Lei do inquilinato comentada*. São Paulo: Atlas, 1997, p. 229. (Segundo Tribunal de Alçada Civil de São Paulo. Apelação nº 212073 – Relator: Juiz Mello Junqueira).

Cível 0169179-45.2008.8.26.0100, Rel. Kioitsi Chicuta, 2ª Câmara de Direito Privado, j. 26.02.2015, data de registro 27.02.2015).

Tribunal de Justiça de São Paulo. *Locação – despejo cumulado com cobrança – abandono do imóvel – ato unilateral – vigência do contrato – imissão de posse – prosseguimento da ação de cobrança – necessidade de julgamento de mérito – recurso provido. O abandono a que alude o art. 66 da Lei 8.245/91 é ato unilateral do locatário, razão pela qual não recupera o locador a posse do imóvel, sendo necessário ser imitido em sua posse, por ato judicial. Resta disto que, se não mais é possível o despejo, necessário se faz apreciar a rescisão contratual a justificar a retomada da posse, assim como o pedido remanescente, que é o de cobrança, pelo que há de se aperfeiçoar a citação. Despejo cumulado com cobrança – possibilidade – existência de interesse processual. E possível a cumulação de pedidos, de despejo e cobrança de encargos da locação, não só em virtude da expressa faculdade legal, nos termos do art. 62, 1, da Lei 8.245/91, como porque, em que pese possuir o locador um título executivo extrajudicial, nada obsta que promova ação de cobrança, pela qual obterá um título de maior força que aquele outro (Apelação sem Revisão 992080051188 (1161342000), Rel. Paulo Ayrosa, São Paulo, 31ª Câmara de Direito Privado, j. 04.11.2008, data de registro 12.11.2008).*

3.31.1. Modelo de petição requerendo imissão na posse

MM. Juízo da (...)-SP

Processo nº (...)

(...), nos autos da ação de despejo que move em face de (...), vem, respeitosamente, perante Vossa Excelência, por seu advogado, expor e requerer o quanto segue:

A autora ingressou com a presente ação em (...), tendo sido efetuada a citação em (...).

Ocorre que, no dia (...) passado, foram abandonadas na portaria do prédio do escritório dos patronos da autora as chaves do imóvel objeto da locação acompanhadas de bilhete do réu (documento 01).

Entrementes, pela necessidade de se constatar a desocupação, as chaves foram encaminhadas para a portaria do prédio, localizado na (...), aos cuidados do Sr. zelador do prédio e a disposição desse Juízo (documento 03).

O referido zelador afirmou que houve movimentação indicativa de retirada de móveis do apartamento.

Em virtude do abandono das chaves pelo réu, face ao que está disposto nos artigos 66 da Lei 8.245/1991, está patente o reconhecimento da procedência do pedido da exordial, autorizada a imissão na posse.

Isto posto, requer a autora digne-se Vossa Excelência de:

a) ordenar a expedição de mandado de constatação e imissão na posse do imóvel, com cláusula de arrombamento e requisição de força, o que se requer seja efetuado por intermédio do Sr. Oficial de Justiça;

b) extinguir o processo com julgamento do mérito, declarando extinta a relação *ex locato*, condenando o réu em custas e honorários de advogado.

Termos em que,

pede deferimento.

Data

Advogado (OAB)

MM. Juízo da (...)

Processo nº (...)

(...), nos autos da ação de despejo que move em face de (...), vem, respeitosamente, perante Vossa Excelência, por seu advogado, expor e requerer o quanto segue:

A autora foi imitida na posse do imóvel objeto do contrato de locação, acorde com o auto de imissão de fls., em virtude do abandono do réu.

Sendo assim, requer o prosseguimento do feito, prolatando-se sentença de mérito, pelo acolhimento da pretensão autoral, declarando extinta a relação *ex locato*, na forma dos arts. 487, II, e 355, I, do Código de Processo Civil.

Requer, ainda, a condenação do réu ao pagamento das custas, inclusive relativas à imissão na posse, e dos honorários do advogado do autor.

Termos em que,

Pede deferimento.

Data

Advogado (OAB)

3.32. RESPOSTA DO RÉU E RECONVENÇÃO

3.32.1. Contestação com modelo referente à prescrição da pretensão da cobrança dos aluguéis e encargos

A contestação, ordinariamente, deve ser apresentada no prazo de quinze dias. Entretanto, em alguns casos legais, esse prazo será dilatado (Código de Processo Civil, art. 229; Lei 1.060/1950, art. 5º, § 5º).

O prazo se inicia com a juntada, nos autos:

a) do mandado de citação cumprido;

b) do comprovante de entrega da citação pelo correio;

c) no prazo determinado no edital, quando este for o meio de citação.[147]

Lembre-se, só para exemplificar, que a contestação é o meio apropriado para alegar cobrança de valores indevidos na ação de despejo por falta de pagamento. Nessa eventualidade o réu não purga a mora, contesta e efetua o depósito do valor que entende devido, correndo o risco de ver o seu despejo se não tiver razão.

Na ação de despejo por descumprimento de mútuo acordo, não cabe alegar vício de vontade (erro, dolo coação) na contestação.

É que os vícios decorrentes do art. 171 do Código Civil tornam o contrato meramente anulável (agente relativamente incapaz, erro, dolo, coação, estado de perigo e lesão).

Assim, para o seu reconhecimento, mister se faz ação declaratória de nulidade de ato jurídico, não sendo suficiente a simples alegação em contestação. Admissível, porém em reconvenção.[148]

---

[147] Art. 241. Começa a correr o prazo:

I – quando a citação ou intimação for pelo correio, da data de juntada aos autos do aviso de recebimento;

II – quando a citação ou intimação for por oficial de justiça, da data de juntada aos autos do mandado cumprido;

III – quando houver vários réus, da data de juntada aos autos do último aviso de recebimento ou mandado citatório cumprido;

IV – quando o ato se realizar em cumprimento de carta de ordem, precatória ou rogatória, da data de sua juntada aos autos devidamente cumprida;

V – quando a citação for por edital, finda a dilação assinada pelo juiz.

[148] *Tribunal de Alçada do Rio Grande do Sul. Apelação nº 196186985. 13.11.1996. Sétima Câmara Cível – Relator: Ricardo Raupp Ruschel – Porto Alegre. Ação de despejo por infração contratual (falta de pagamento). Litigância de má-fé. Penalidade do art. 1.531 do CC. A falta de pagamento dos locativos e encargos, infração contratual de relevância acentuada, recebeu tratamento específico na Lei do Inquilinato, onde permitida a purga da mora, o que afasta a rescisão do contrato. Sustentar tese contra texto expresso de lei, insistindo temerariamente no prosseguimento do feito, após o pagamento devido, constitui-se em litigância de má-fé. A sanção do art. 1.531 do CC só é cabível quando demonstrado dolo ou culpa*

A reconvenção, por outro lado, será levada a efeito no corpo da peça contestatória, conforme determinação do art. 343 do Código de Processo Civil.[149]

> **MM. Juízo da (...)**
>
> Processo nº (...)
>
> (...), já qualificado na ação de despejo que lhe move (...), vem, respeitosamente, perante Vossa Excelência, por seus advogados e procuradores (documento 01), tempestivamente, apresentar a sua
>
> **Contestação,**
>
> o que faz com supedâneo nos argumentos a seguir aduzidos:
>
> A autora aforou em face do réu uma ação de despejo por falta de pagamento de aluguéis e encargos, em razão de contrato de locação do imóvel localizado na (...).
>
> **Preliminarmente**
>
> **Conexão (Código de Processo Civil; arts. 58 e 337, VIII)**
>
> Ocorre que o réu aforou, em face da autora, uma ação de consignação de parte dos mesmos aluguéis e encargos desta ação (documento 02), que corre perante o Juízo de Direito da (...). (Processo nº...)
>
> Verifica-se que a distribuição daquela ação se deu no dia (...), tendo o réu sido citado no dia (...) do mesmo ano (documento 03).
>
> Entretanto, a presente ação de despejo somente foi distribuída no dia (...).
>
> Acorde com os mandamentos insculpidos nos arts. 240 e 312 do Código de Processo Civil, a partir da distribuição daquela ação consignatória, em (...), todos os efeitos do art. 240 passaram a ser verificados, vez que houve citação válida em (...).
>
> As ações são conexas e, diante do risco de decisões contraditórias, mister se faz a reunião, ficando prevento o Juízo da (...), cuja ação foi distribuída em primeiro lugar.
>
> **Mérito**
>
> Da inicial é possível constatar que a autora cumulou a ação de despejo com a cobrança de aluguéis e acessórios nos termos do art. 62, I, da Lei 8.245/1991.
>
> Entrementes, a cobrança dos aluguéis vencidos há mais de três anos é ilegal, conforme, inclusive, atesta remansosa jurisprudência:
>
> > **Tribunal de Justiça de São Paulo.** *Apelação 992080249549 (1175276500) – Rel. Antonio Rigolin – Comarca: São Paulo – 31ª Câmara de Direito Privado – j. 18.05.2010 – Data de registro: 25.05.2010 – recurso. Apelação. Preparo. Comprovação do recolhimento equivocado, com indicação errônea do código da receita. Simples situação de erro material, não justificadora da deserção preliminar repelida. Recurso conhecido. Embora seja inegável a ocorrência do recolhimento das despesas de porte de remessa e retorno, porque anotado código diverso na guia respectiva, trata-se apenas de situação de evidente erro material, sem configurar má-fé, o que determina o aproveitamento do ato e o conhecimento do recurso. Locação. Encargo locatício. IPTU. Cobrança. Prescrição. Incidência do mesmo prazo para cobrança do aluguel. Contagem que se abre a partir de cada vencimento, quando se torna exigível a respectiva prestação. Superveniência da nova lei, a determinar nova contagem do prazo menor, a partir de sua vigência. Ausência de interrupção posterior. Prescrição operada. Extinção do processo determinada. Recurso provido. 1. Os encargos locatícios, por constituírem obrigação acessória, estão sujeitos ao mesmo prazo de prescrição para cobrança dos aluguéis, cuja contagem se inicia no momento em que se torna exigível a respectiva obrigação. 2. Com a entrada em vigor do novo Código Civil, o prazo prescricional se reduziu para três anos, que então passou a ser computado, a partir da vigência da nova lei (artigo 2 028). 3. Não sendo possível incidir nova causa de interrupção, esse prazo se esgotou antes do ajuizamento da ação de cobrança, operando-se a prescrição, que se impõe reconhecer.*

---

da parte, devendo ser o pedido instrumentalizado através de reconvenção ou ação própria. Apelações desprovidas.

[149] A título de exemplo, lembre-se de que, na ação de despejo – como ação de conhecimento que é – o único meio hábil para exercer o direito às benfeitorias (pretensão do réu), é através de reconvenção. O Código de Processo Civil em vigor menciona que a reconvenção deve ser apresentada na contestação, assim, deve ser aberto um tópico para tanto na contestação, conforme proposto.

Reconvenção

A par da ação de despejo ora proposta, mister se faz verificar que, há cerca de 3 (três) meses, em virtude das fortes chuvas que desabaram sobre a cidade, conforme provam as inclusas reportagens em jornal de grande circulação (documento 04), parte do telhado do imóvel locado foi danificado.

Procurada para que repusesse o imóvel em condições de uso, a autora reconvinda recusou-se a fazê-lo, não restando, assim, ao réu reconvinte, alternativa senão providenciar o conserto do telhado, conforme fazem prova os inclusos orçamentos (documento 05) e recibos de pagamento da empresa contratada para o reparo, cujo total importa em R$ (...).

Convém sublinhar que o contrato entre as partes não estabeleceu, em qualquer de suas cláusulas, a desoneração do locador no pagamento de benfeitorias necessárias introduzidas no imóvel (fls....).

Portanto, o réu reconvinte faz jus ao ressarcimento do valor de R$ (...) referente às benfeitorias necessárias que realizou, fazendo-se mister o acolhimento desse pedido.

O procedimento de reconvenção, cujo pedido se faz na contestação, rege-se pelo art. 343 do Código de Processo Civil pátrio:

Art. 343. Na contestação, é lícito ao réu propor reconvenção para manifestar pretensão própria, conexa com a ação principal ou com o fundamento da defesa.

§ 1º Proposta a reconvenção, o autor será intimado, na pessoa de seu advogado, para apresentar resposta no prazo de quinze dias.

§ 2º A desistência da ação ou a ocorrência de causa extintiva que impeça o exame de seu mérito não obsta ao prosseguimento do processo quanto à reconvenção.

§ 3º A reconvenção pode ser proposta contra o autor e terceiro.

§ 4º A reconvenção pode ser proposta pelo réu em litisconsórcio com terceiro.

§ 5º Se o autor for substituto processual, o reconvinte deverá afirmar ser titular de direito em face do substituído, e a reconvenção deverá ser proposta em face do autor, também na qualidade de substituto processual.

§ 6º O réu pode propor reconvenção independentemente de oferecer contestação.

Art. 35 da Lei 8.245/1991. Salvo expressa disposição contratual em contrário, as benfeitorias necessárias introduzidas pelo locatário, ainda que não autorizadas pelo locador, bem como as úteis, desde que autorizadas, serão indenizáveis e permitem o exercício do direito de retenção.

Pedido

Pelo exposto, requer o autor seja acolhida a preliminar de conexão, determinando a remessa dos autos ao Juízo da 2ª Vara Cível, por onde tramita a ação consignatória, em razão da prevenção e, no mérito, seja a presente ação julgada improcedente, quer em virtude da cobrança de aluguéis prescritos, quer em razão da consignatória aforada, bem como seja julgada procedente a reconvenção com a condenação da autora no valor dos reparos, no importe de R$ (...), acrescidos de atualização monetária desde o desembolso e juros legais, condenada a autora, ainda, nas custas, despesas e verba honorária, cumpridas as necessárias formalidades legais.

Requer-se a intimação da autora, na pessoa de seu advogado, para se manifestar, no prazo de quinze dias, a respeito da preliminar, da reconvenção e do mérito (Código de Processo Civil, arts. 343, 350 e 351).

Provas

Protesta por provar o alegado por todos os meios em direito admitidos, especialmente pela produção de prova documental, testemunhal, pericial e inspeção judicial e depoimento pessoal do autor e demais meios probantes.

Termos em que, dando à reconvenção o valor de R$ (...) nos termos do art. 292 do CPC, pede deferimento.

Data

Advogado (OAB)

3.33. RECONHECIMENTO DA PROCEDÊNCIA DO PEDIDO (ART. 61)

Art. 61. Nas ações fundadas no § 2º do art. 46 e nos incisos III e IV do art. 47, se o locatário, no prazo da contestação, manifestar sua concordância com a desocupação do imóvel, o juiz acolherá o pedido fixando prazo de seis meses para a desocupação, contados da citação, impondo ao vencido a responsabilidade pelas custas e honorários advocatícios de vinte por cento sobre o valor dado à causa. Se a desocupação ocorrer dentro do prazo fixado, o réu ficará isento dessa responsabilidade; caso contrário, será expedido mandado de despejo.

Em algumas hipóteses enumeradas no art. 61, o locatário poderá, no prazo da contestação (normalmente de 15 dias), concordar com a procedência do pedido requerendo prazo de seis meses para desocupação.

Quais são essas hipóteses?

Vamos enumerá-las para melhor compreensão:

a) Locação residencial, celebrada por escrito e prazo mínimo de trinta meses, prorrogada por prazo indeterminado (o que ocorre após trinta dias do fim do prazo contratual).

b) Locação residencial, celebrada verbalmente, ou por escrito e prazo inferior a trinta meses, nas seguintes hipóteses:

b.1) Pedido para uso próprio, de seu cônjuge ou companheiro, ou para uso residencial de ascendente ou descendente que não disponha, assim como seu cônjuge ou companheiro, de imóvel residencial próprio;

b.2) Pedido para demolição e edificação licenciada ou para a realização de obras aprovadas pelo poder público, que aumentem e a área construída em, no mínimo, vinte por cento ou, se o imóvel for destinado a exploração de hotel ou pensão, em cinquenta por cento.

Para muitos, é difícil entender os motivos que levaram o legislador a:

a) Incluir o despejo com fundamento no contrato prorrogado por prazo indeterminado, na hipótese de locação residencial, firmada por escrito, por prazo superior a trinta meses (§ 2º do art. 46, ação proposta após trinta dias do fim do prazo contratual).

b) Excluir a hipótese da mesma ação, com fundamento no mesmo contrato, que não se prorrogou por prazo indeterminado (art. 46, *caput*, ação proposta em até trinta dias do fim do prazo contratual).

A única explicação, que justifica a diversidade de tratamentos, é o natural relaxamento do locatário que vê o seu contrato prorrogado por prazo indeterminado ante a inércia do locador.[150]

Estão excluídas da possibilidade, também, as hipóteses de locação não residencial que, legalmente, são excluídas e não permitem a aplicação do art. 61.

Portanto, presentes os requisitos: a) Reconhecimento da procedência do pedido no prazo da resposta; e, b) Ocorrência das hipóteses legais; o juiz extinguirá o processo com julgamento de mérito (Código de Processo Civil, art. 487, III) e condenará o locatário em custas e honorários de vinte por cento sobre o valor da causa.

---

[150] *Enunciado nº 8 do Centro de Estudos do Segundo Tribunal de Alçada Civil de são Paulo – Artigo 61 – O reconhecimento da procedência do pedido na ação de despejo somente acarreta a concessão do prazo de 06 (seis) meses para a desocupação, contado da citação, se a pretensão se apoiar em qualquer das hipóteses referidas no artigo 61 da Lei 8.245/1991.*

Desocupando o imóvel no prazo a que se obriga legalmente (até seis meses, contados da data da citação, independentemente de notificação), o réu estará isento do pagamento dessas verbas.

Não há liberdade para o juiz e, tampouco, possibilidade de aumentar ou diminuir o prazo para desocupação.

Ocorrendo os pressupostos, a sentença é obrigatória, observando os exatos termos do art. 61.

Portanto, o não pagamento dos ônus sucumbenciais fica subordinado à condição suspensiva, ou seja, se o réu desocupar o imóvel no prazo de seis meses.

Não desocupando, além das custas e honorários, sujeita-se ao despejo, independentemente de intimação, mediante requerimento do autor.[151]

O réu poderá se arrepender. Nesse caso, as consequências serão diferentes, de acordo com o momento da retratação:

a) Antes da sentença: possível, sujeitando-se o réu ao prazo porventura existente para contestar.

b) Depois da sentença: só mediante apelação, cujo provimento é remoto.

Por fim, surge interessante questão: poderia o locatário réu utilizar a faculdade legal sem a interferência de advogado?

Nada obstante opiniões em sentido contrário, pensamos que não existe essa possibilidade.

A primeira razão – e mais que suficiente – emana da lei (Lei 8.906/1994, art. 1º, I; Código de Processo Civil, art. 103; e Constituição Federal, art. 133).

Só advogado pode aferir a melhor opção entre as que são legalmente possíveis ao locatário-réu.

E se for mais interessante contestar? Pode, por exemplo, haver benfeitorias ou acessões indenizáveis, e o réu terá que reconvir.

Nem se diga que a liminar concedida na ADIN nº 1.127-8/60, que excluiu a aplicação do inciso I do art. 1º da Lei 8.906/1994 em relação à Justiça de Paz, Justiça do Trabalho e Juizados Especiais Cíveis, impediria a conclusão.

O caso ora tratado – ação de despejo pelo procedimento comum, rito ordinário, combinado com a Lei 8.245/1991 – não está abrangido pela eficácia da indigitada liminar.

3.33.1. Modelo

MM. Juízo da (...)

Processo nº (...)

(...), já qualificado na ação de despejo que lhe move (...), vem, respeitosamente, perante Vossa Excelência, com supedâneo no que dispõe o art. 61 da Lei 8.245/1991, expor e requerer o quanto segue:

O réu, no prazo da contestação, vem manifestar concordância com a desocupação do imóvel, não pretendendo resistir ao pedido.

Sendo assim, requer digne-se Vossa Excelência de lhe conceder o prazo legal de 6 (seis) meses, a contar da citação, para a devolução das chaves, ficando exonerado do pagamento dos ônus sucumbenciais.

Termos em que,

pede deferimento.

Data

Advogado (OAB)

---

[151] Francisco Carlos Rocha de Barros, *Comentários à Lei do Inquilinato*. São Paulo: Saraiva, 1997, p. 394.

3.34. FLUXOGRAMA

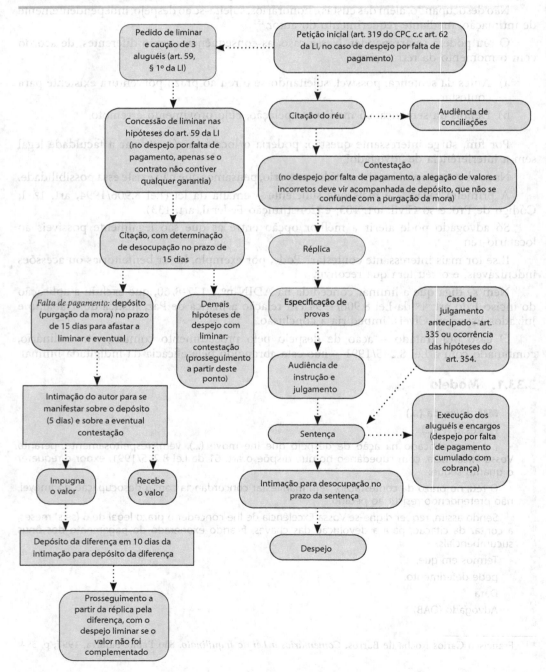

Pedido de liminar e caução de 3 aluguéis (art. 59, § 1º da LI)

Petição inicial (art. 319 do CPC c.c art. 62 da LI, no caso de despejo por falta de pagamento)

Concessão de liminar nas hipóteses do art. 59 da LI (no despejo por falta de pagamento, apenas se o contrato não contiver qualquer garantia)

Citação do réu

Audiência de conciliações

Contestação (no despejo por falta de pagamento, a alegação de valores incorretos deve vir acompanhada de depósito, que não se confunde com a purgação da mora)

Citação, com determinação de desocupação no prazo de 15 dias

Réplica

Falta de pagamento: depósito (purgação da mora) no prazo de 15 dias para afastar a liminar e eventual

Demais hipóteses de despejo com liminar: contestação (prosseguimento a partir deste ponto)

Especificação de provas

Caso de julgamento antecipado – art. 335 ou ocorrência das hipóteses do art. 354.

Intimação do autor para se manifestar sobre o depósito (5 dias) e sobre a eventual contestação

Audiência de instrução e julgamento

Impugna o valor

Recebe o valor

Sentença

Execução dos aluguéis e encargos (despejo por falta de pagamento cumulado com cobrança)

Intimação para desocupação no prazo da sentença

Depósito da diferença em 10 dias da intimação para depósito da diferença

Despejo

Prosseguimento a partir da réplica pela diferença, com o despejo liminar se o valor não foi complementado

Capítulo 4

AÇÃO RENOVATÓRIA

4.1. PRINCIPAIS ASPECTOS

Art. 51. Nas locações de imóveis destinados ao comércio, o locatário terá direito a renovação do contrato, por igual prazo, desde que, cumulativamente:

I – o contrato a renovar tenha sido celebrado por escrito e com prazo determinado;

II – o prazo mínimo do contrato a renovar ou a soma dos prazos ininterruptos dos contratos escritos seja de cinco anos;

III – o locatário esteja explorando seu comércio, no mesmo ramo, pelo prazo mínimo e ininterrupto de três anos.

§ 1º O direito assegurado neste artigo poderá ser exercido pelos cessionários ou sucessores da locação; no caso de sublocação total do imóvel, o direito a renovação somente poderá ser exercido pelo sublocatário.

§ 2º Quando o contrato autorizar que o locatário utilize o imóvel para as atividades de sociedade de que faça parte e que a esta passe a pertencer o fundo de comércio, o direito a renovação poderá ser exercido pelo locatário ou pela sociedade.

§ 3º Dissolvida a sociedade comercial por morte de um dos sócios, o sócio sobrevivente fica sub-rogado no direito a renovação, desde que continue no mesmo ramo.

§ 4º O direito a renovação do contrato estende-se às locações celebradas por indústrias e sociedades civis com fim lucrativo, regularmente constituídas, desde que ocorrentes os pressupostos previstos neste artigo.

§ 5º Do direito a renovação decai aquele que não propuser a ação no interregno de um ano, no máximo, até seis meses, no mínimo, anteriores à data da finalização do prazo do contrato em vigor.

Art. 52. O locador não estará obrigado a renovar o contrato se:

I – por determinação do Poder Público, tiver que realizar no imóvel obras que importarem na sua radical transformação; ou para fazer modificações de tal natureza que aumente o valor do negócio ou da propriedade;

II – o imóvel vier a ser utilizado por ele próprio ou para transferência de fundo de comércio existente há mais de um ano, sendo detentor da maioria do capital o locador, seu cônjuge, ascendente ou descendente.

1º Na hipótese do inciso II, o imóvel não poderá ser destinado ao uso do mesmo ramo do locatário, salvo se a locação também envolvia o fundo de comércio, com as instalações e pertences.

2º Nas locações de espaço em shopping centers, o locador não poderá recusar a renovação do contrato com fundamento no inciso II deste artigo.

3º O locatário terá direito a indenização para ressarcimento dos prejuízos e dos lucros cessantes que tiver que arcar com mudança, perda do lugar e desvalorização do fundo de comércio, se a renovação não ocorrer em razão de proposta de terceiro, em melhores condições, ou se o locador, no prazo de três meses da entrega do imóvel, não der o destino alegado ou não iniciar as obras determinadas pelo Poder Público ou que declarou pretender realizar.

(...)

Art. 71. Além dos demais requisitos exigidos no art. 282 do Código de Processo Civil [atual art. 319], a petição inicial da ação renovatória deverá ser instruída com:

I – prova do preenchimento dos requisitos dos incisos I, II e III do art. 51;

II – prova do exato cumprimento do contrato em curso;

III – prova da quitação dos impostos e taxas que incidiram sobre o imóvel e cujo pagamento lhe incumbia;

IV – indicação clara e precisa das condições oferecidas para a renovação da locação;

V – indicação do fiador quando houver no contrato a renovar e, quando não for o mesmo, com indicação do nome ou denominação completa, número de sua inscrição no Ministério da Fazenda, endereço e, tratando-se de pessoa natural, a nacionalidade, o estado civil, a profissão e o número da carteira de identidade, comprovando, desde logo, mesmo que não haja alteração do fiador, a atual idoneidade financeira; (Redação dada pela Lei 12.112, de 2009)

VI – prova de que o fiador do contrato ou o que o substituir na renovação aceita os encargos da fiança, autorizado por seu cônjuge, se casado for;

VII – prova, quando for o caso, de ser cessionário ou sucessor, em virtude de título oponível ao proprietário.

Parágrafo único. Proposta a ação pelo sublocatário do imóvel ou de parte dele, serão citados o sublocador e o locador, como litisconsortes, salvo se, em virtude de locação originária ou renovada, o sublocador dispuser de prazo que admita renovar a sublocação; na primeira hipótese, procedente a ação, o proprietário ficará diretamente obrigado à renovação.

Art. 72. A contestação do locador, além da defesa de direito que possa caber, ficará adstrita, quanto à matéria de fato, ao seguinte:

I – não preencher o autor os requisitos estabelecidos nesta lei;

II – não atender, a proposta do locatário, o valor locativo real do imóvel na época da renovação, excluída a valorização trazida por aquele ao ponto ou lugar;

III – ter proposta de terceiro para a locação, em condições melhores;

IV – não estar obrigado a renovar a locação (incisos I e II do art. 52).

1º No caso do inciso II, o locador deverá apresentar, em contraproposta, as condições de locação que repute compatíveis com o valor locativo real e atual do imóvel.

2º No caso do inciso III, o locador deverá juntar prova documental da proposta do terceiro, subscrita por este e por duas testemunhas, com clara indicação do ramo a ser explorado, que não poderá ser o mesmo do locatário. Nessa hipótese, o locatário poderá, em réplica, aceitar tais condições para obter a renovação pretendida.

3º No caso do inciso I do art. 52, a contestação deverá trazer prova da determinação do Poder Público ou relatório pormenorizado das obras a serem realizadas e da estimativa de valorização que sofrerá o imóvel, assinado por engenheiro devidamente habilitado.

4º Na contestação, o locador, ou sublocador, poderá pedir, ainda, a fixação de aluguel provisório, para vigorar a partir do primeiro mês do prazo do contrato a ser renovado, não excedente a oitenta por cento do pedido, desde que apresentados elementos hábeis para aferição do justo valor do aluguel.

5º Se pedido pelo locador, ou sublocador, a sentença poderá estabelecer periodicidade de reajustamento do aluguel diversa daquela prevista no contrato renovando, bem como adotar outro indexador para reajustamento do aluguel.

Art. 73. Renovada a locação, as diferenças dos aluguéis vencidos serão executadas nos próprios autos da ação e pagas de uma só vez.

Art. 74. Não sendo renovada a locação, o juiz determinará a expedição de mandado de despejo, que conterá o prazo de 30 (trinta) dias para a desocupação voluntária, se houver pedido na contestação. (Redação dada pela Lei 12.112, de 2009).

Art. 75. Na hipótese do inciso III do art. 72, a sentença fixará desde logo a indenização devida ao locatário em consequência da não prorrogação da locação, solidariamente devida pelo locador e o proponente.

a) **Foro competente:** Foro do lugar do imóvel objeto do contrato de locação, salvo foro de eleição, que deverá ser respeitado (Lei 8.245/1991, art. 58, II).

b) **Legitimidade ativa:** além do locatário: o sócio de sociedade comercial; o sócio supérstite; o sublocatário; e a massa falida.

c) **Legitimidade passiva:** além do locador: o adquirente ou compromissário comprador e o usufrutuário ou fideicomissário.

d) **Valor da causa:** doze meses de aluguel vigente.

e) **Petição inicial:** deve respeitar os requisitos do art. 319 do Código de Processo Civil, acrescidos das peculiaridades do art. 71 da Lei 8.245/1991.

f) **Procedimento:** comum.

4.2. A PROTEÇÃO LEGAL DO PONTO

O *ponto* é um dos elementos do estabelecimento empresarial e nada mais é que a sua localização.

A locação tratada no art. 51 é a locação tradicionalmente denominada de comercial, empresarial ou "protegida".

Desta maneira, ao iniciar o tratamento legal da ação renovatória, a Lei do Inquilinato, no art. 51, deixou clara a ideia segundo a qual o que se protege, indubitavelmente, é a locação "destinada ao comércio", ainda que o § 4º do mencionado dispositivo (art. 51) tenha estabelecido a possibilidade de proteção aos contratos firmados com indústrias e sociedades simples ("civis"), posto que exigiu a finalidade lucrativa, ressalvando a necessidade de respeito aos "pressupostos previstos" no dispositivo.

E qual o principal pressuposto para proteção conferida pela lei do inquilinato à locação?

A resposta se dá com simplicidade jurídica: existência de empresa e de ponto, este como elemento do estabelecimento empresarial (ou fundo de comércio).

Para a teoria da empresa, desenvolvida no direito italiano, pouco importa o gênero da atividade econômica, mas, sim, o seu desenvolvimento espelhado na organização do capital, do trabalho e da tecnologia com a consequente circulação das riquezas, consubstanciadas naquilo que é capaz de satisfazer as necessidades humanas.

O que interessa, portanto, é a forma empresarial de conduzir a atividade econômica, traduzida pela organização profissional como "um complexo de bens, cada qual com individualidade própria, com existência autônoma, mas que, em razão da simples vontade de seu titular, encontram-se organizados para a exploração da empresa, formando, assim, uma unidade, adquirindo um valor patrimonial pelo seu todo".[1]

Em consonância com o acatado, o empresário se vale do "estabelecimento empresarial" que, segundo Fábio Ulhoa Coelho, representa "o conjunto de bens que o empresário reúne para exploração de sua atividade econômica. Compreende os bens indispensáveis ao desenvolvimento da empresa, como mercadorias em estoque, máquinas, veículos, marca e outros sinais distintivos, tecnologia etc. Trata-se de elemento indissociável à empresa".[2]

Posta assim a questão, é o "ponto", como elemento fundamental do estabelecimento empresarial, o bem jurídico a ser protegido em razão da ação renovatória na exata medida em que, *bem localizado, o valoriza.*

Se o imóvel pertence ao empresário, a proteção legal ao "ponto" se dá pelas normas vigentes que garantem o direito de propriedade.

A anterior Lei de Luvas (Decreto nº 24.150, de 20.04.1934) fornecia importante indicação da *mens legis* na sua exposição de motivos, segundo a qual: (i) o valor incorpóreo do fundo de comércio se integra, em parte, no valor do imóvel, trazendo, destarte, pelo trabalho alheio, benefícios ao proprietário; (ii) não seria justo atribuir exclusivamente ao proprietário tal quota de enriquecimento, em detrimento, ou melhor, com o empobrecimento do inquilino que criou o valor; (iii) uma tal situação valeria por um locupletamento, condenado pelo direito moderno.

Nessa exata medida, se o imóvel ocupado pelo estabelecimento empresarial for locado, para que haja proteção ao ponto ou ao estabelecimento empresarial por meio da renovação compulsória da locação, o contrato deverá preencher os requisitos da Lei 8.245/1991.

Nessa medida, são lapidares as razões extraídas do seguinte julgado, que negou o direito à ação renovatória de estacionamento:

> **Tribunal de Justiça de São Paulo.** *Locação – Ação renovatória – Serviços de estacionamento localizado em condomínio terceirizados a administradora – Locação atípica de prestação de serviços – Ausência de fundo de comércio necessário ao direito de renovação compulsória do contrato locativo – Regência do Código Civil – Incidência do art. 1º, parágrafo único, letra "a", item 2, da Lei 8.245, de 18.10.1991 -- Extinção do processo mantida – Apelação improvida. 1. O contrato de locação de espaço para estacionamento em condomínio edilício, firmado com empresa administradora, configura, na sua essência, mera terceirização dos serviços de controle de estacionamento de veículos automotores. 2. Como os usuários se utilizam do espaço alugado, apenas como meio para a procura das atividades exercidas nas unidades condominiais, não conferem ao locador o reconhecimento de ponto ou fundo comercial protegido pela Lei 8.245/1991 na forma do art. 1º, parágrafo único, letra "a", item 2, desse Diploma Legal, tais contratos são regidos pelo Código Civil (Apelação 001.25.165500-2, Rel. Norival Oliva, Comarca: São Paulo, 26ª Câmara de Direito Privado, j.14.04.2009).*

Nesse sentido, consignou o relator que *não há ponto comercial a ser protegido*, assim entendido *"o local em que se encontra o estabelecimento empresarial. A proteção jurídica do ponto decorre da sua importância para o sucesso da empresa"*, como ensina Fábio Ulhoa Coelho, em seu *Curso de Direito Comercial* (vol. I, p. 103).

Continuou deduzindo, ainda com fundamento na doutrina de Fábio Ulhoa Coelho que *também não resguarda o fundo de comércio, de que trata o art. 51, inc. III, da Lei 8.245/91, que o mesmo autor, com a habitual precisão, destaca na obra supracitada, pág. 106: "Finalmente, no que diz respeito ao requisito material, impõe-se a exploração, ininterrupta, pelo locatário, de uma mesma atividade econômica no prédio locado, por pelo menos 3 anos. Este requisito de caracterização da locação empresarial está relacionado com o sobrevalor*

---

[1]   Sergio Campinho. *Curso de direito comercial: direito de empresa.* 16ª ed. São Paulo: Saraiva Educação, 2019, p. 302.

[2]   Fábio Ulhoa Coelho, *Curso de direito comercial*, volume 1: direito de empresa, 13ª ed., São Paulo: Saraiva, 2009, p. 96.

agregado ao imóvel, em razão da exploração de uma atividade econômica no local, de sorte a transformá-lo em referência para os consumidores. Ora, esse sobrevalor só existe após uma certa permanência da atividade no ponto, que foi estimada pelo legislador em 3 anos. De acordo com a regra estabelecida, sem a exploração de uma mesma atividade no prédio locado, pelo prazo em questão, o empresário locatário não cria, com o seu estabelecimento, nenhuma referência aos consumidores digna de tutela jurídica. O seu fundo de empresa não merece proteção do direito porque não transcorreu um tempo considerado mínimo, pela lei, para a consolidação de uma clientela. O requisito material deve estar atendido à data do ajuizamento da ação renovatória (Buzaid, 1957:293/193). Assim, num contrato com prazo determinado de 5 anos, a exploração do mesmo ramo de atividade econômica deve ter se iniciado, no mais tardar, até o décimo oitavo mês de sua vigência. Se houver, depois, mudança no ramo de atividade explorado, o locatário perde o direito de inerência ao ponto." A conclusão da inexistência do fundo de comércio, baseia-se num raciocínio simples: nenhum dos interessados procura estacionar seu veículo com vistas à atividade da locatária, mas, sim, buscando as unidades condominiais seja para o uso de moradia ou a procura de atividade comercial ali desenvolvida. É assente na doutrina e jurisprudência, que não basta o preenchimento do prazo para ter direito à renovação compulsória. Só há essa proteção, para aquelas atividades desenvolvidas por locatário à custa de seu engenho pessoal, de modo a valorizar a ocupação.

Tratando de estacionamento, além da inexistência de ponto, a 29ª Câmara do Tribunal de Justiça de São Paulo, no julgamento da Apelação 9052185-91.2002.8.26.0000, reconheceu a inaplicabilidade da Lei 8.245/1991 para renovação compulsória pela incidência da exceção de que trata o item II da letra "a" do parágrafo único do art. 1º da Lei 8.245/1991, remetendo a disciplina para o Código Civil, considerando a inexistência de fundo de comércio a proteger, com a seguinte ementa:

Tribunal de Justiça de São Paulo. *Ação renovatória – Espaço para exploração de estacionamento em shopping center – Locação atípica com caráter de prestação de serviços inaplicabilidade da Lei 8.245/1991 a impedir a renovação automática – Recursos providos para extinguir o feito sem exame do mérito (Apelação 9052185-91.2002.8.26.0000, Rel. Francisco Thomaz, 29ª Câmara, j. 14.09.2005).*

Dos fundamentos do aresto, importa destacar: *Ainda que assim não fosse não parece que a autora tenha fundo de comércio a ser protegido, exercendo atividade que mais se aproxima da mera prestação de serviços terceirizados ao* shopping. *Ora, diante de tal conceito, resta evidente que a simples exploração de área para estacionamento de veículos não ostenta o aludido fundo de comércio, sobretudo encontrando-se nas dependências de* shopping center, *onde o ponto, a freguesia e clientela são do empreendimento e não estacionamento.*

Reconheceu o julgado que o único diploma aplicável é o Código Civil, posto tratar-se de contrato atípico, tudo em razão do art. 1º, parágrafo único, "a", "2" da Lei do Inquilinato:

Art. 1º A locação de imóvel urbano regula-se pelo disposto nesta lei.

Parágrafo único. Continuam regulados pelo Código Civil e pelas leis especiais:

a) as locações:

2. de vagas autônomas de garagem ou de espaços para estacionamento de veículos.

Outros arestos corroboram a afirmação segundo a qual o bem jurídico a ser protegido pela ação renovatória é o ponto, como no caso abaixo, em que se negou novo período ao inquilino em local cuja clientela a ele não pertencia, mas ao locador:

Ação renovatória – contrato – cessão de espaço físico a título oneroso e outras avenças – locação de imóvel não residencial – fundo de comércio pertencente à locadora ré, preexistente à celebração do instrumento, com a autora – criação e implementação que antecede a celebração do contrato – proteção legal – carência – recurso da autora improvido, acolhido em parte o adesivo, para majorar a verba honorária (TJSP, Apelação

Cível 9221542-30.2006.8.26.0000, Rel. Francisco Casconi, 31ª Câmara de Direito Privado, 2ª Vara Cível, j. 25.08.2009, data de registro 17.09.2009).

Nada obstante, o STJ já estendeu a compreensão do ponto, como elemento do fundo empresarial, aos locais onde a empresa mantém seus depósitos ou atividades relevantes ao seu funcionamento e manutenção da clientela, como é o caso de contrato de locação para instalação de antenas de celulares:

Superior Tribunal de Justiça (...) As ERBs são, portanto, estruturas essenciais ao exercício da atividade de prestação de serviço de telefonia celular, que demandam investimento da operadora, e, como tal, integram o fundo de comércio e se incorporam ao seu patrimônio. O cabimento da ação renovatória não está adstrito ao imóvel para onde converge a clientela, mas se irradia para todos os imóveis locados com o fim de promover o pleno desenvolvimento da atividade empresarial, porque, ao fim e ao cabo, contribuem para a manutenção ou crescimento da clientela. (...) (REsp 1.790.074 – SP, Rel. Min. Nancy Andrighi, j. 25.06.2019).

Deveras, responde Sylvio Capanema de Souza à dúvida segundo a qual caberia ou não a proteção ao estabelecimento comercial à empresa que "mantém fechadas as portas do imóvel, transformando-o apenas em depósito, sem acesso dos fregueses". E responde: "Entendemos que sim, desde que a prova produzida revele, extreme de dúvidas, que o depósito é indispensável ao desenvolvimento da atividade empresarial do locatário, exercida em outro local, próximo ou distante. Neste caso, o depósito seria um prolongamento natural e necessário do estabelecimento empresarial, a ele se estendendo a proteção especial, em obediência ao princípio de que o acessório segue o principal".[3]

Concordo com a extensão da proteção aos contratos de locação de telefonia, visto que são relevantes, no que diz respeito à localização, para manutenção da clientela como elemento do fundo empresarial, mas faço ressalvas aos depósitos tendo em vista que podem ser alocados em qualquer local próximo sem que isso afete a clientela, de tal sorte que não são imprescindíveis, no que toca à localização, à manutenção do estabelecimento empresarial.

4.2.1. Luvas

A expressão "luvas" deriva das procissões do século XVIII nas quais o andor com a imagem de Cristo era levado por fiéis de quem se exigia o uso de luvas fornecidas pela Igreja que, por sua vez, cobrava uma quantia pequena dos pretendentes da honra de levar a padiola.

Para o Direito Imobiliário o termo foi emprestado para significar aquilo que muitas vezes o locatário paga para ter o seu *ponto*. Portanto, a esse pagamento também se atribui, por extensão ao significado original, a denominação "luvas".

De Plácido e Silva esclarece que *luvas, na terminologia jurídica, são gratificações ou compensações em dinheiro, dadas por uma pessoa a outra, para que consiga desta um serviço, ou dela obtenha uma preferência,*[4] a exemplo de alugar um imóvel que lhe conceda a possibilidade de renovação legal.

Nesse sentido, até para que possamos entender o que se passa hoje, mister se faz um breve histórico.

Isto porque, no início do século passado, o Código Civil de 1916, impregnado de individualismo e liberalismo,[5] regulava as locações de imóveis urbanos.

---

[3]   Sylvio Capanema de Souza. *A Lei do Inquilinato comentada artigo por artigo*. 1ª ed. Rio de Janeiro: Forense, 2017, p. 229.

[4]   De Plácido e Silva, *Vocabulário Jurídico*. Rio de Janeiro: Forense, 1994.

[5]   O Código Civil de 1916 foi concebido no início do século XX, impregnado pelo liberalismo decorrente da teoria econômica do *laissez-faire* (deixar fazer) de Adam Smith, segundo o qual havia uma "mão invisível" representada pelo mercado, que tudo regulava.

Segundo ele, finda a locação, o locatário deveria devolver o imóvel sob pena de esbulho.

Neste caso, o empresário ficava à mercê de sua própria sorte e o "ponto", muitas vezes formado pelo seu esforço e trabalho, era incorporado ao patrimônio do locador.

Nessa medida, para acabar com o locupletamento dos locadores, foi elaborado um anteprojeto de autoria de Jorge Fontenelle e Justo de Morais, que se transformou no Decreto 24.150 que, promulgado em 1934 por Getúlio Vargas, ficou conhecido como "Lei de Luvas", revogada apenas pela Lei do Inquilinato que, todavia, abarcou seus principais dispositivos.

Foi esta a origem da possibilidade de o comerciante, hoje empresário, buscar a renovação obrigatória do contrato de locação.

Todavia, essa possibilidade nunca foi absoluta, tendo em vista a necessidade de se respeitar os requisitos legais para o nascimento do direito à renovação compulsória.

De outro lado, respeitados os requisitos, entre os quais o principal é o prazo contratual ou a soma de prazos ininterruptos de cinco anos, o juiz não pode deixar de renovar o contrato por sentença, estabelecendo mais um prazo equivalente a, no mínimo, cinco anos.

E assim por diante, a cada final de prazo contratual.

Ocorre que o pagamento de "luvas" na renovação é contravenção penal, nos termos do artigo 43, I, da Lei 8.245/1991.

Observe-se, contudo, que a Lei do Inquilinato só nulifica a cláusula contratual que vise impor pagamento de luvas (obrigação pecuniária) para a renovação (art. 45).

Todavia, no início do contrato que se submeterá à renovatória, e só nesse momento (celebrado por prazo superior a cinco anos), é possível a cobrança de luvas.

É nesse sentido o teor do Enunciado nº 9 do Centro de Estudos do Segundo Tribunal de Alçada Civil de São Paulo: *Artigo 45 – A Lei 8.245/1991 não proíbe a cobrança de luvas no contrato inicial da locação comercial.*[6]

Nesse sentido, também os seguintes precedentes do STJ:

Lei 8.245/91. "Luvas" iniciais. A Lei 8.245/91, em seu art. 45, veda, expressamente, a cobrança de "luvas" – obrigações pecuniárias – quando da renovação do contrato. Contudo, silencia, ao contrário da legislação anterior (Dec. 24.150/34), no que se refere ao contrato inicial. Não há, pois, qualquer proibição, sequer implícita, quanto à sua cobrança. Não afasta esse entendimento o disposto no art. 43 da Lei 8.245/91, pois o dispositivo veda a cobrança de valores além dos encargos permitidos e não expressamente elencados. Assim, apesar de não se fazer referência às "luvas" iniciais para permiti-las, tampouco se faz para proibi-las, o que, em termos obrigacionais, tendo em conta a liberdade contratual, faz concluir pela possibilidade da cobrança de valor sob esse título. Recurso provido (STJ, REsp 406.934/RJ, 5ª Turma, Rel. Min. Félix Fischer, j. em 26.03.2002, v.u.).

Direito Civil. Recurso especial. Locação. Luvas. Contrato inicial. Cobrança. Possibilidade. Precedente do STJ. Dissídio jurisprudencial comprovado. Recurso especial conhecido e provido. 1. Não há ilegalidade na cobrança de luvas em contrato inicial de locação. Inteligência dos arts. 43, I, e 45 da Lei 8.245/91. Precedente do STJ. 2. Dissídio jurisprudencial comprovado. 3. Recurso especial conhecido e provido (STJ, REsp 1.003.581/RJ, Rel. Min. Arnaldo Esteves Lima, 5ª Turma, j. 04.12.2008).

---

6   *TJSP – Apelação 992060333730 (1049420700) – Relator: Júlio Vidal – Comarca: Marília – 28ª Câmara de Direito Privado – j. 01.06.2010 – Data de registro: 21.06.2010 – Locação de Imóvel. Despejo. Retomada imotivada. Reconvenção. "Luvas. Benfeitorias. Multa. Despejo, perda de objeto com a desocupação voluntária. O pagamento pelo fundo de comercio não é vedado na Lei 8.245/1991 quanto tratar-se da primeira locação e não renovação. Não há se falar em indenização e/ou retenção do imóvel, por benfeitorias para adequação do comércio do inquilino. Não havendo infração contratual, não há se falar em multa, vez que livremente pactuadas as cláusulas da locação atípica ('Shopping Center')".*

No Tribunal de Justiça de São Paulo, o seguinte aresto é paradigmático:

(...) Conquanto inexista óbice à cobrança de luvas no início do contrato de locação, o art. 45 da Lei 8.245/91 veda expressamente a cobrança de "luvas" – obrigações pecuniárias – quando da renovação do contrato. (TJSP, Apelação 0003893-27.2007.8.26.0269, Rel. Clóvis Castelo, São Paulo, 35ª Câmara de Direito Privado, j. 28.02.2011, data de registro 09.03.2011, outros números: 992090423622).

Nada obstante, a concessão de proteção ao ponto deve estar presente. Sem que seja concedida a proteção ao ponto, vislumbrando-se os requisitos da ação renovatória no contrato de locação, não é possível a cobrança das luvas:

Segundo Tribunal de Alçada Civil de São Paulo. *Locação comercial – Prazo inferior a cinco anos – Cobrança de luvas – Inadmissibilidade ante a impossibilidade de renovação – Interpretação do artigo 45, da Lei 8.245/1991. O contrato de locação comercial com prazo inferior a cinco anos, sem direito à renovação, não admite a cobrança de luvas, que deve ficar condicionada às vantagens que o contrato concede ao inquilino para que este possa alcançar fundo de comércio eficaz (Ap. s/ Rev. 463.048 – 1ª Câmara – Rel. Juiz Souza Aranha – 26.08.1996, in JTA (Lex) 161/534. Em sentido contrário: JTA (LEX) 157/359, Ap. c/ Rev. 422.220 – 10ª Câm. – Rel. Juiz Marcos Martins – j. 20.09.1995.*

O assunto está sujeito a acaloradas discussões, havendo quem sustente a impossibilidade de cobrança das "luvas", mesmo que só uma vez, no início da locação comercial sujeita à renovatória, em razão do art. 43, I, da Lei 8.245/1991.

Por outro lado, em sentido completamente oposto, Francisco Carlos Rocha de Barros defende que não é ilícito cobrar "luvas" pela renovação.

O que não se admite, segundo ele, é a cláusula impondo a cobrança por ocasião da renovação, ou seja, se o locatário pagar, para facilitar a renovação, não poderá repetir (pedir de volta em ação de repetição do indébito).[7]

4.3. REQUISITOS PARA SE OBTER A RENOVAÇÃO

A Lei 8.245/1991, art. 51, estabelece os requisitos que devem ser provados na petição inicial da ação renovatória. São eles:

a) contrato a renovar;

b) exploração trienal do mesmo ramo empresarial;

c) perfeito cumprimento do contrato em curso;

d) apresentação de garantia;

e) propositura da ação em tempo hábil (§ 5º do art. 51);

f) proposta de novo aluguel e condições.

Vejamos, então, detalhadamente, cada um desses requisitos:

a) Contrato a renovar e novo prazo a ser concedido pela ação renovatória

O primeiro requisito que possibilita a ação renovatória é o contrato escrito, com prazo de cinco anos, no mínimo, pactuado expressamente.

A renovação se fará pelo mesmo prazo do contrato que será renovado.

Portanto, se o contrato for de sete anos, a renovação dar-se-á por mais um prazo de sete anos.

---

[7] *Comentários à Lei do Inquilinato*, São Paulo: Saraiva, 1997, p. 228.

Seja como for, o contrato deve ser escrito e por prazo determinado.

Convém lembrar que o contrato de locação pode ter sido ajustado verbalmente. A locação se comprovará, nessa hipótese, pelos recibos, depósitos, testemunhas etc., mas não terá validade para justificar a ação renovatória.

Tribunal de Alçada Cível do Rio de Janeiro. *Apelação nº 1.866/91. Sexta Câmara. Unânime. Juiz: Nilson de Castro Diao – 30.04.91. Contrato escrito e verbal. Impossibilidade da soma. A lei exige como requisito de admissibilidade da ação, a existência de contrato escrito, com o prazo mínimo de cinco anos. A Jurisprudência admite o acessio temporis resultante da soma de vários prazos inferiores a cinco anos, desde que resultantes de contratos escritos, ainda que entre eles exista um pequeno interregno. Mas não é possível aceitar que um contrato de dois anos seja acrescido de mais três de locação verbal.*

Da mesma forma, o contrato que já terminou e continua em vigor por prazo indeterminado é válido, mas não serve para contagem do prazo da ação renovatória.

Observe-se, todavia, que é possível a soma de prazos de contratos escritos, sucessivos e ininterruptos, que perfaçam cinco ou mais anos.

A esta possibilidade de somar os prazos dá-se o nome de *accessio temporis*.

Superior Tribunal de Justiça. *Recurso Especial nº 14540/SP (9100184284). Por unanimidade, conhecer do recurso e dar-lhe provimento. 20.02.1997. Quarta turma. Locação comercial. Ação renovatória. Acessão de tempo. – É pacífico o entendimento desta Corte no sentido de que se breve o interregno entre os contratos escritos, é permitido o acessio temporis para viabilizar o perfazimento do prazo mínimo legal, exigido na lei de luvas para a renovação da locação. Recurso Especial conhecido e provido (Rel. Ministro César Asfor Rocha, DJ 14.04.1997, p. 12.747).*

Pequenos prazos de interrupção com vigência do anterior contrato por prazo indeterminado, notadamente no período suficiente para que as partes negociem novo contrato, não afastam o direito à ação renovatória.

O problema é saber qual seria esse lapso temporal, posto que decorrente de interpretação jurisprudencial (alguns dias, meses?).

Como assevera Francisco Carlos Rocha de Barros, *os fatos são mais ricos e criativos do que a lei; a vida, constantemente, teima em surpreender e desafiar a sabedoria do legislador e dos juízes.*[8]

---

[8] *Comentários à Lei do Inquilinato*, São Paulo Saraiva, 1997, p. 283.
Neste sentido:
Segundo Tribunal de Alçada Civil de São Paulo. *Locação comercial – Renovatória – Prazo de cinco anos – Contratos escritos separados por breve período de locação verbal – Contrato posterior com eficácia ex tunc – Accessio temporis – Admissibilidade. Em sendo contratado o novo ajuste com eficácia ex tunc, o espaço de tempo acaso existente entre os contratos fica coberto pelo novo trato locatício, viabilizando a acessio temporis. AI 226.487 – 8ª Câm. – Rel. Juiz Narciso Orlandi – j. 27.09.1988.*
Segundo Tribunal de Alçada Civil de São Paulo. *Locação comercial – Renovatória – Prazo de cinco anos – Contratos escritos separados por longo período de locação verbal – Acessio temporis – Inadmissibilidade. A existência de interrupção de 8 meses e meio entre o contrato de locação impede o reconhecimento da acessio temporis que permite o cômputo dos prazos para ajuizamento da ação renovatória. Ap. c/ Rev. 330.246 – 3ª Câm. – Rel. Juiz Teixeira de Andrade – j. 11.05.1993, in JTA (Lex) 144/411. No mesmo sentido: JTA (Lex) 50/232, 134/332, 139/403 JTA (Saraiva) 76/205, 81/303, 82/246 JTA (RT) 83/382, 90/340, 99/248, 100/204, 105/368, 108/453 (em.), 109/299, 109/343, 111/238, 111/422, 112/418, 114/353, 123/215, 124/348, 129/335 RTJ 57/348, 66/254, 71/897 RT 495/253, 597/135, Jur. Bras. 57/165 Ap. 214.043 – 5ª Câm. – Rel. Juiz Sebastião Amorim – j. 26.08.1987 – AI 242.460 – 5ª Câm. – Rel. Juiz Alves Bevilacqua – j. 05.09.1989, AI 262.056 – 4ª Câm. – Rel. Juiz Aldo Magalhães – j. 22.05.1990 – Ap. c/ Rev. 276.926 – 1ª Câm. – Rel. Juiz Quaglia Barbosa – j. 03.09.1990 – Ap. c/ Rev. 287.232 – 7ª Câm. – Rel. Juiz Garrido de Paula – j. 05.03.1991 – EI 310.837 – 1ª Câm. – Rel. Juiz Magno Araújo – j. 16.09.1991 – AI 327.156 – 1ª Câm. – Rel. Juiz Quaglia Barbosa – j. 14.10.1991 – Ap. c/ Rev. 311.688 – 2ª Câm. – Rel. Juiz Batista Lopes – j. 06.04.1992 – Ap. c/ Rev. 315.802 – 3ª Câm. – Rel. Juiz João Saletti – j. 06.07.1992 – Ap. c/ Rev. 332.062 – 4ª Câm. – Rel. Juiz Amaral Vieira – j. 15.04.1993 – Ap. c/ Rev. 372.194 – 4ª Câm. – Rel. Juíza Luzia Galvão Lopes – j. 22.02.1994.*

Contudo, é preciso observar que esse lapso temporal, desde que seja suficiente para interromper a continuidade entre um contrato e outro, além de não ser considerado para efeito de contagem de prazo para a ação renovatória, impede a procedência do pedido. No caso abaixo, julgado pelo Tribunal de Justiça de São Paulo, houve interrupção do prazo, posto que o contrato ficou prorrogado por prazo indeterminado por um ano:

> *Locação. Ação renovatória. "Accessio temporis". Período intermediário no qual a locação foi prorrogada por tempo indeterminado. Impossibilidade de se aproveitar o aludido período para os fins do artigo 51 da Lei 8.245/91. Rejeição do pleito renovatório que impunha acolhimento do pedido de fixação de prazo para a desocupação. Apelação do autor improvida, recurso dos réus parcialmente provido (TJSP, Apelação 0164854-27.2008.8.26.0100, Rel. Arantes Theodoro, São Paulo, 36ª Câmara de Direito Privado, j. 08.04.2010, data de registro 15.04.2010, outros números: 990092587757).[9]*

Outra questão vinculada ao prazo é a de saber por qual prazo o contrato será renovado no caso de soma de prazos (*accessio temporis*).

Nessa eventualidade, de acordo com a Lei do Inquilinato (art. 51, II), a princípio a renovação se dará pelo prazo do último contrato.

Assim, já se decidiu que, se o prazo do último contrato for de três anos, a renovação será efetuada por mais três anos.[10]

Ocorre que a interpretação jurisprudencial é, majoritariamente, em sentido contrário à interpretação literal da lei.

Entende-se, mesmo no caso de *accessio temporis*, ou seja, no caso de soma de contratos ininterruptos, que a renovação será pelo prazo de cinco anos e, nesse sentido, encontramos o Enunciado nº 6 do Centro de Estudos do Segundo Tribunal de Alçada Civil de São Paulo: *Artigo 51 – Na renovação judicial do contrato de locação, o prazo mínimo do novo contrato é de cinco anos.*

Igualmente, o seguinte julgado:

> **Tribunal de Alçada de Minas Gerais.** *Unânime – locação não residencial – renovatória – prazo – exigindo a lei que o locatário de imóvel não residencial, para obter a renovação compulsória, comprove tenha sido celebrado por escrito o contrato de locação, e que este dure há no mínimo cinco anos, seja o quinquênio resultante da soma dos prazos inferiores ou não, a referência a igual prazo, constante do art. 51 da Lei 8.245/1991, se prende aquele mínimo, e não ao do último contrato, no caso de ter sido necessária a accessio temporis (Apelação nº 0205997-2/00 Belo Horizonte. Primeira Câmara Cível. j. 05.12.1995. Relator: Juiz Herondes de Andrade).*

Esta é a lição de Francisco Carlos Rocha de Barros: *Complica-se a questão para a hipótese de accessio temporis. A primeira impressão que se tem é no sentido de que a renovação se dará pelo mesmo prazo do último contrato, podendo ser, portanto, inferior a cinco anos. Não nos parece ser essa a melhor solução. Além das dificuldades decorrentes da necessidade*

Obs.: O julgado merece um reparo: não há intervalo com locação verbal, visto que, ao fim do prazo estipulado, este se prorroga por prazo indeterminado.

[9] Consignou o relator: *"Novo contrato de prazo certo só foi formalizado em 2 de janeiro de 2007 (fls. 42), isto é, quando aquele pacto anterior já se achava vencido há mais de um ano (...)".*

[10] **Segundo Tribunal de Alçada Civil de São Paulo.** Locação comercial – Renovatória (artigo 51 da Lei 8.245/1991) – Prazo do novo contrato – Fixação inferior a cinco anos e com base no último contrato – Admissibilidade. Por orientação jurisprudencial, tem-se que o correto é renovar o imóvel por período igual ao do último contrato. Ap. c/ Rev. 428.709 – 4ª Câm. – Rel. Juiz Carlos Stroppa – j. 09.05.1995. No mesmo sentido: quanto ao Decreto 24.150/34: JTA (RT) 88/262 RTJ 74/99; quanto à Lei 8.245/1991: Ap. c/ Rev. 453.083 – 12ª Câm. – Rel. Juiz Campos Petroni – j. 09.05.1996; REsp. 4.844-RJ – STJ – Rel. Min. Assis Toledo – j. em 21.09.1994, in DJU 17.10.1994, p. 27.909; REsp. 75.795-DF – STJ – 6ª T. – Rel. Min. Vicente Cernicchiaro – j. em 19.12.1995, in DJU 17.03.1997, p. 7.560. Em sentido contrário: quanto ao Decreto 24.150/34: JTA (Saraiva) 79/194, 71/317, 76/280, RTJ 66/414, 54/497.

de repetir-se, em curtos períodos, sucessivas ações renovatórias, o prazo de cinco anos já se encontra identificado com a proteção legal que merece o fundo de comércio. Essa é uma ideia consolidada na consciência do povo. De mais a mais, se a lei acaba por reconhecer a acessio temporis para atingir aquele prazo, qual a razão para desprezá-lo quando se concede a renovação? (...) Na verdade, deveria a questão ter ficado resolvida de modo a não permitir dúvidas e propiciar discussões. Pacificar-se-ia, por exemplo, deixando claro que a renovação, qualquer que fosse o prazo do contrato renovando, sempre seria dada por cinco anos. Aliás, com algum esforço, pode-se dar essa interpretação à norma sob análise. Basta entender que, ao se referir a "igual prazo", tomou como parâmetro não o do contrato renovando, mas aquele especificado no inciso II, ou seja, cinco anos (de um só contrato ou resultante da soma de prazos de mais de um).[11]

Neste sentido, a seguinte decisão:

Segundo Tribunal de Alçada Civil de São Paulo. *Locação Comercial – renovatória – Prazo do novo contrato – Fixação em cinco anos – Prazo inferior do contrato renovando – Irrelevância – Admissibilidade – Exegese do artigo 51, II da Lei 8.245/1991. Tratando-se de pedido renovatório calcado em acessio temporis, comprobatório do preenchimento do quinquênio legal, injustificável a renovação pelo prazo de duração determinada do último contrato, o qual, embora tenha influído na consumação do aludido quinquênio, por si só seria insuficiente para embasar o direito à renovação (Ap. c/ Rev. 459.211, 7ª Câm., Rel. Juiz Antônio Marcato, j. 06.08.1996).*

No mesmo sentido:

Tribunal de Justiça de São Paulo. *Apelação n. 1070977-0/7. 32ª Câmara de Direito Privado. Relator: Des. Ruy Coppola. j. 29.03.2007. Locação comercial. Renovatória. (...) Prazo de cinco anos fixado pela sentença. Contrato anterior de dois anos. Tratando-se de pedido renovatório calcado em "acessio temporis", comprobatório do preenchimento do quinquênio legal, injustificável a renovação pelo prazo de duração determinada do último contrato o qual, embora tenha influído na consumação do aludido quinquênio, por si só seria insuficiente para embasar o direito à renovação. Correção do prazo fixado. Aplicação do artigo 51, II, da Lei do Inquilinato.*

Tribunal de Justiça de São Paulo. *1) Locação comercial. Renovatória – prazo do novo contrato – fixação em 5 (cinco) anos – prazo inferior do contrato renovando – irrelevância – exegese do artigo 51 da Lei 8245/91. Embora o 'caput', do artigo 51, da Lei 8.245/91, fale em renovação do ajuste locatício por igual prazo, em se tratando de direito resultante de reconhecimento de 'accessio temporis', o prazo do contrato renovando será de no mínimo 5 (cinco) anos, por força do disposto no inciso II do mesmo dispositivo. Precedentes. 2) Locação de imóvel renovatória anterior. Suspensão da segunda ação renovatória. Descabimento. Versando as ações renovatórias sobre intervalos de locação distintos, não há que se falar em prejudicialidade externa a justificar a suspensão do segundo feito, por inexistir o risco de decisões conflitantes. (Relator: Mendes Gomes; Comarca: São José do Rio Preto; 35ª Câmara de Direito Privado; j. 26.11.2012; Data de registro: 27.11.2012)*

O Superior Tribunal de Justiça, a quem compete a uniformização do direito federal, deixou assentado por meio de acórdão relatado pela Ministra Nancy Andrighi, que a Lei 8.245/1991 defere o direito à ação renovatória ao empresário que conta com o ponto e, demais disso, quando menciona renovação "por igual prazo", se refere ao prazo fixo de cinco anos e não ao prazo estipulado pelo último contrato celebrado entre as partes, seja ele maior ou menor (no caso de *acessio temporis*): "*A renovação do contrato de locação não residencial, nas hipóteses de acessio temporis, dar-se-á pelo prazo de cinco anos, independentemente do prazo do último contrato que completou o quinquênio necessário ao ajuizamento da ação. O prazo máximo da renovação também será de cinco anos, mesmo que a vigência da avença locatícia, considerada em sua totalidade, supere esse período,*" explicou a ministra (REsp 1.323.410):

Superior Tribunal de Justiça. *Recurso Especial. Ação renovatória de contrato. Locação comercial. "Accessio temporis". Prazo da renovação. Artigos analisados: Art. 51 da Lei 8.245/91. 1. Ação renovatória de contrato de locação comercial ajuizada em 09.06.2003. Recurso especial concluso ao Gabinete em 07.12.2011. 2. Discussão relativa ao prazo da renovação do contrato de locação comercial nas hipóteses de "accessio temporis". 3. A Lei 8.245/91 acolheu expressamente a possibilidade de "accessio temporis", ou seja, a soma dos períodos*

---

[11] Francisco Carlos Rocha de Barros, *Comentários à Lei do Inquilinato*. São Paulo: Saraiva, 1997, pp. 279 e 280.

ininterruptos dos contratos de locação para se alcançar o prazo mínimo de 5 (cinco) anos exigido para o pedido de renovação, o que já era amplamente reconhecido pela jurisprudência, embora não constasse do Decreto nº 24.150/1934. 4. A renovatória, embora vise garantir os direitos do locatário face às pretensões ilegítimas do locador de se apropriar patrimônio imaterial, que foi agregado ao seu imóvel pela atividade exercida pelo locatário, notadamente o fundo de comércio, o ponto comercial, também não pode se tornar uma forma de eternizar o contrato de locação, restringindo os direitos de propriedade do locador, e violando a própria natureza bilateral e consensual da avença locatícia. 5. O prazo de 5 (cinco) anos mostra-se razoável para a renovação do contrato, a qual pode ser requerida novamente pelo locatário ao final do período, pois a lei não limita essa possibilidade. Mas permitir a renovação por prazos maiores, de 10, 15, 20 anos, poderia acabar contrariando a própria finalidade do instituto, dadas as sensíveis mudanças de conjuntura econômica, passíveis de ocorrer em tão longo período de tempo, além de outros fatores que possam ter influência na decisão das partes em renovar, ou não, o contrato. 6. Quando o art. 51, "caput", da Lei 8.2145 dispõe que o locatário terá direito à renovação do contrato "por igual prazo", ele está se referido ao prazo mínimo exigido pela legislação, previsto no inciso II do art. 51 da Lei 8.245/91, para a renovação, qual seja, de 5 (cinco) anos, e não ao prazo do último contrato celebrado pelas partes. 7. A interpretação do art. 51, "caput", da Lei 8.245/91, portanto, deverá se afastar da literalidade do texto, para considerar o aspecto teleológico e sistemático da norma, que prevê, no próprio inciso II do referido dispositivo, o prazo de 5 (cinco) anos para que haja direito à renovação, a qual, por conseguinte, deverá ocorrer, no mínimo, por esse mesmo prazo. 8. A renovação do contrato de locação não residencial, nas hipóteses de "accessio temporis", dar-se-á pelo prazo de 5 (cinco) anos, independentemente do prazo do último contrato que completou o quinquênio necessário ao ajuizamento da ação. O prazo máximo da renovação também será de 5 (cinco) anos, mesmo que a vigência da avença locatícia, considerada em sua totalidade, supere esse período. 9. Se, no curso do processo, decorrer tempo suficiente para que se complete novo interregno de 5 (cinco) anos, ao locatário cumpre ajuizar outra ação renovatória, a qual, segundo a doutrina, é recomendável que seja distribuída por dependência para que possam ser aproveitados os atos processuais como a perícia. 10. Conforme a jurisprudência pacífica desta Corte, havendo sucumbência recíproca, devem-se compensar os honorários advocatícios. Inteligência do art. 21 do CPC [atual art. 86] c/c a Súmula 306/STJ. 11. Recurso especial parcialmente provido (REsp 1.323.410/MG, Rel. Min. Nancy Andrighi, 3ª Turma, j. 07.11.2013, DJe 20.11.2013).

Outra questão surge na exata medida daqueles contratos deliberadamente firmados por prazo pouco inferior a cinco anos.

Teria o locatário direito à renovatória?

Existem algumas decisões deferindo renovação a esses contratos, sendo, igualmente, campo fértil a interpretações.

De quanto seria esse prazo "pouco inferior"?[12]

---

[12] **Segundo Tribunal de Alçada Civil de São Paulo.** *Locação comercial – renovatória – prazo inferior a cinco anos – exclusão do regime protetivo – fraude à lei – inocorrência. A estipulação de prazo de quatro anos de duração do pacto locatício não traduz o alegado objetivo de fraudar a lei, impedindo a renovação, pois, trata-se de ato perfeitamente lícito, inserido no âmbito da autonomia da vontade individual. Ap. c/ Rev. 463.628 – 1ª Câm. – Rel. Juiz Souza Aranha – j. 30.09.1996. Referência: REsp. 15.358-0 – PR – STJ, 3ª Turma – Rel. Min. Nilson Naves, j. 16.06.1992, DJU 24.08.1992, p. 12.997. No mesmo sentido: JTA (Lex) 42/169, 148/222, JTA (Saraiva) 82/210, JTA (RT) 86/376, 87/272, 111/423, 114/400, 124/331 2. Em sentido contrário: JTA (RT) 87/359, 104/306 Ap. c/ Rev. 350.249 – 4ª Câm. – Rel. Juiz Amaral Vieira – j. 27.07.1993.*
Segundo Tribunal de Alçada Civil de São Paulo. *Locação comercial – renovatória – prazo inferior a cinco anos – exclusão do regime protetivo do Decreto 24.150/34 – fraude à lei – ocorrência. Quando o locatário já é estabelecido no local e se sujeita a um contrato de prazo pouco inferior a cinco anos, pode-se presumir ter ele sofrido uma imposição fraudatória do direito à renovação. Em tal contingência, o contrato traz em si, implícita, a fraude à lei, a qual, sendo deduzida só desse fato, dispensa quaisquer outras demonstrações. AI 162.780 – 4ª Câm. – Rel. Juiz Accioli Freire – j. 25.10.1983, in JTA (RT) 87/359. Referência: Nascimento Franco e Nisske Gondo – "Ação Renovatória e Ação Revisional de Aluguel", 4ª ed., RT, 1983, p. 83. No mesmo sentido: JTA (RT) 104/306 2. Em sentido contrário: JTA (Saraiva) 82/210, JTA (RT) 86/376, 87/272, JTA (Lex) 42/169 Ap. 158.855 – 4ª Câm. – Rel. Juiz Lothario Octaviano – j. 02.08.1983 – AI 221.100 – 8ª Câm. – Rel. Juiz Mello Junqueira – j. 14.06.1988.*
Segundo Tribunal de Alçada Civil de São Paulo. *Locação comercial – renovatória – prazo de cinco anos – contrato de quatro anos – cláusula de prorrogação automática por mais um ano – previsão que satisfaz o requisito legal – carência afastada. Admissível a acessio temporis de vários contratos escritos*

As circunstâncias de cada caso, a personalidade dos contratantes, o grau de instrução de um e de outro e tudo o mais que possa ser levado em conta poderão autorizar convencimento no sentido de que o locador não mereceria enriquecer à custa do trabalho desenvolvido pelo locatário.[13]

Por fim, mister se faz verificar que existem decisões teratológicas, já que o assunto é fértil em interpretações, algumas curiosas, como a que abaixo se transcreve, cuja lucidez emana do voto vencido:

Tribunal de Alçada Cível do Rio de Janeiro. *Apelação nº 6.872/96. Oitava Câmara. Por Maioria. Juíza: Cássia Medeiros. 06.11.1996. Prorrogação legal. Acessio temporis. Direito a renovação. Exercício. A prorrogação, por força de lei, de contrato por prazo determinado em contrato por prazo indeterminado não transforma o contrato escrito em contrato verbal. Em consequência, para a formação do prazo mínimo de cinco anos do contrato a renovar, é admissível a soma de prazos ininterruptos de contratos escritos de prazo determinado com os de contratos escritos por prazo indeterminado. O direito a renovação se exerce com a simples distribuição da petição inicial da ação renovatória. Decadência não consumada. Votei vencido convicto de que o entendimento firmado pela maioria no caso julgado resultou em violação literal e do propósito anímico do legislador ao editar a norma do inciso II do art. 51 da Lei 8.245/1991. Juiz Jayro Ferreira.*

Seja como for, se a locação se prorrogar por prazo indeterminado, não há que se falar em direito à renovatória, exceto possibilidade de *accessio temporis* e breve hiato entre um contrato e outro.

Por fim, importantíssimo ressaltar que o locatário deverá tomar a cautela de inserir cláusula de vigência e registrar o contrato de locação junto ao Cartório de Registro de Imóveis da circunscrição imobiliária competente.

Isto porque a ausência dessa providência o submete a eventual despejo promovido pelo adquirente com fundamento no art. 8º, § 1º, da Lei 8.245/1991, ainda que o contrato esteja em vigor ou lhe conceda a possibilidade da ação renovatória.

Recomendamos a leitura do item 3.25.4 deste livro VII, que trata do despejo pelo adquirente.

Na jurisprudência encontramos o seguinte:[14]

Tribunal de Justiça de São Paulo. *Ação Renovatória de Locação. Intervenção do adquirente do imóvel locado como assistente. Propositura da ação de despejo por ele com fundamento no artigo 8º da Lei 8.245/91. Improcedência da renovatória e procedência da ação de despejo para determinar a desocupação do imóvel em trinta dias com fundamento no artigo 74 da Lei do Inquilinato, com a redação dada pela Lei 12.112, de 9 de dezembro de 2009, com reflexo nas verbas de sucumbência. Litisconsórcio. Artigo 48 do*

---

e ininterruptos para o exercício da renovatória, outra atitude não se pode adotar se um único contrato estipula quatro anos iniciais e já prevê, expressamente, sua prorrogação por mais um ano. Ap. 170.814 – 7ª Câm. – Rel. Juiz Gildo dos Santos – j. 20.06.1984 – in JTA (RT) 93/266.

13 Francisco Carlos Rocha de Barros, *Comentários à Lei do Inquilinato.* São Paulo: Saraiva, 1997, p. 281.

14 **Segundo Tribunal de Alçada Civil.** *Locação. Ação renovatória. Imóvel alienado. Retomada pelo adquirente. Admissibilidade. Ação procedente. Recurso da autora não provido. O adquirente do imóvel não é obrigado a respeitar o contrato em vigor com o anterior tocador, uma vez não registrado tal contrato no cartório do registro de imóveis, sendo irrelevante ser proposta ação renovatória em face do anterior locador, presente o teor do artigo 8º, § 1º, da Lei 8.245/91. Locação. Ação renovatória. Imóvel alienado. Retomada pelo novo adquirente. Admissibilidade. (...) (2ª Câmara, Apelação com Revisão 773.834 0/0, Comarca: São Paulo, 30ª Vara Cível, j. 17.05.2004, Relator: Gilberto dos Santos).*
Segundo Tribunal de Alçada Civil de São Paulo. *O adquirente do imóvel não é obrigado a respeitar o contrato em vigor com o anterior locador, uma vez não registrado tal contrato no cartório do registro de imóveis, sendo irrelevante ser proposta ação renovatória em face do anterior locador, presente o teor do artigo 8º, § 1º, da Lei 8.245/91, devendo prevalecer, no caso de recurso de apelação contra decisão que decretou o despejo o teor do artigo 58, inciso V, da já mencionada lei do inquilinato. Recurso parcialmente provido (Agravo de Instrumento 552.361-0/8, Comarca de São Paulo, Relator: Emmanoel França, j. 17.11.1998).*

CPC. A formação do litisconsórcio não se confunde com a figura do assistente simples. A regra é que, nas relações com a parte contrária, cada litisconsorte seja tido como litigante autônomo, podendo até mesmo na hipótese do assistido quedar-se inerte, prosseguir o interessado (litisconsortes) produzindo provas a resguardar seus direitos. Os atos e as omissões de um não prejudicarão, nem beneficiarão os outros. Locação. Alienação de Imóvel. Na hipótese de alienação de imóvel objeto de locação residencial ou comercial, só não é rompida a locação se houver no contrato cláusula de vigência em caso de venda e ele estiver registrado na matrícula do bem. Ausente qualquer um dos requisitos legais, a consequência é a improcedência da ação renovatória do aluguel com a procedência da ação de despejo nos termos da Lei do Inquilinato que, enquanto não modificada, continua produzindo seus efeitos. Recurso oferecido pela construtora provido. (Apelação nº 9272369-74.2008.8.26.0000. Relator: Júlio Vidal; Comarca: São Paulo; 28ª Câmara de Direito Privado; j. 13.12.2011; Data de registro: 17.12.2011; Outros números: 1206553500).

Nesses casos, embora o assunto seja polêmico e não haja expressa disposição na Lei do Inquilinato, entendemos que o locatário fará jus à indenização pela perda do ponto, componente importante do fundo de comércio, além de outros prejuízos que puder provar, o que deverá requerer em ação autônoma em face do locador que não lhe garantiu o direito pessoal de vigência do contrato. Sobre este assunto, igualmente, recomendamos a leitura do item 3.25.4 deste Livro VII.

b) Exploração trienal

É imprescindível que o autor prove o exercício de atividade empresarial no mesmo ramo de atividade por, no mínimo, três anos ininterruptos, imediatamente anteriores à propositura da ação.

Poderá ampliar ou reduzir a atividade, acrescentando ou diminuindo outras, *v.g.*, padaria que acrescenta atividade de restaurante. Não poderá, entretanto, alterar a sua natureza, *v.g.*, restaurante que se torna padaria.

Segundo Tribunal de Alçada Civil de São Paulo. *Locação comercial – renovatória – requisito – exploração do mesmo ramo de comércio por três anos (artigo 51, III, da Lei 8.245/1991) – ampliação do ramo comercial – não descaracterização – admissibilidade. A ampliação da atividade comercial não descaracteriza o requisito da exploração trienal do mesmo ramo de comércio, quando dela resulta apenas um acréscimo à anterior, que persiste com caráter principal e predominante. Ap. c/ Rev. 517.945 – 9ª Câm. – Rel. Juiz Marcial Hollanda – j. 27.05.1998. Referências: Silvio de Salvo Venosa – "Nova Lei do Inquilinato Comentada", p. 176. Francisco Carlos Rocha de Barros, "Comentários à Lei do Inquilinato", p. 283.*

Tribunal de Alçada Cível do Rio de Janeiro. *Ampliação do ramo de atividade não importa mudança de fundo de comércio (Apelação nº 995/89. Sétima Câmara. Unânime. Juiz: Hugo Barcellos. 26.04.1989).*

Entende-se que o prazo de três anos é necessário para que se forme uma clientela.

Poderia ser de dois, de quatro, mas a lei entendeu fixá-lo em três anos.

c) Perfeito cumprimento do contrato em curso (art. 71, II)

Exige-se a prova do pagamento pontual dos aluguéis, impostos, taxas, condomínio (se houver), prêmio de seguro e tudo o mais que estiver previsto como obrigações do locatário, no contrato e na lei, *v.g.*, no art. 23 da Lei 8.245/1991.

Qualquer infração contratual constituirá impedimento ao bom êxito da ação (*v.g.*, mau uso, sublocação não consentida, modificação estrutural, deterioração do imóvel etc.).

Tem-se considerado que "pequenas" infrações não impedem o direito à renovatória.

Segundo Tribunal de Alçada Civil de São Paulo. *Locação comercial – renovatória – infração contratual – natureza leve – irrelevância – admissibilidade. No caso de pequenas infrações contratuais cuja prática não denota má-fé, tem-se admitido a renovatória, o que ocorre também se o locador tolerar alguma infração. Ap. c/ Rev. 410.724 – 9ª Câm. – Rel. Juiz Francisco Casconi – j. 10.08.1994. No mesmo sentido: JTA (LEX) 159/270, JTA (RT) 121/306, Ap. c/ Rev. 458.089 – 9ª Câm. – Rel. Juiz Francisco Casconi – j. 19.06.1996.*

O assunto é polêmico. Será que a infração abaixo é grave, a ponto de impedir a renovatória?

Segundo Tribunal de Alçada Civil de São Paulo. Locação comercial – renovatória – infração contratual – fato impeditivo. Ocorrendo infração contratual, tal como, o pagamento em local diverso ao avençado vedado está o aforamento da ação renovatória, nos termos do artigo 5º, letra "b", do Decreto nº 24.150/34. Ap. c/ Rev. 330.246 – 3ª Câm. – Rel. Juiz Teixeira de Andrade – j. 11.05.1993, in JTA (Lex) 144/411. No mesmo sentido: E. Dcl. 365.497 – 8ª Câm. – Rel. Juiz Renzo Leonardi – j. 24.03.1994, Ap. c/ Rev. 368.064 – 7ª Câm. – Rel. Juiz Antonio Marcato – j. 17.05.1994.

Maior discussão se verifica quanto ao atraso passado de aluguéis, ou seja, se o pagamento atrasado de aluguéis – mesmo que em sede de purgação de mora na ação de despejo por falta de pagamento – impediria a renovação.

De questionável legalidade, encontramos o Enunciado nº 14 do Centro de Estudos do Segundo Tribunal de Alçada Civil de São Paulo: *Artigos 71, II, e 62, II. A emenda da mora em ação de despejo por falta de pagamento, constituindo exercício de legítimo direito, não descaracteriza o exato cumprimento do contrato de locação comercial.*

Neste sentido:

Segundo Tribunal de Alçada Civil de São Paulo. Locação comercial – renovatória – infração contratual – impontualidade no pagamento do aluguel – irrelevância – purgação da mora admitida – descaracterização. Não descaracteriza o exato cumprimento do contrato de locação comercial (artigo 71, inciso II, da Lei 8.245/1991), o locatário, – exercendo legítimo direito seu (artigo 36 da Lei 6.649/79 e 62, inciso II, da Lei 8.245/1991), – ter purgado a mora em ação de despejo por falta de pagamento, mormente em virtude de dificuldade momentânea. AI 366.000 – 3ª Câm. – Rel. Juiz João Saletti – j. 15.09.1992, in JTA (LEX) 142/230. Referências: Alfredo Buzaid – "Da Ação Renovatória", 2ª ed., 1981, pp. 330 e 331 – Des. Gildo dos Santos – "Locação e Despejo", Comentários à Lei 8.245/1991, p. 208. No mesmo sentido: JTA (RT) 114/306, AI 192.923 – 1ª Câm. – Rel. Juiz Franklin Neiva – j. 21.05.1986 – Ap. c/ Rev. 282.233 – 7ª Câm. – Rel. Juiz Gildo dos Santos – j. 29.01.1991 – AI 393.703 – 3ª Câm. – Rel. Juiz João Saletti – j. 15.03.1994 – Ap. c/ Rev. 455.817 – 6ª Câm. – Rel. Juiz Lagrasta Neto – j. 06.03.1996.

Em sentido contrário: JTA (LEX) 38/433, 92/268, JTA (Saraiva) 72/255, JTA (RT) 96/338, 97/253, 107/417, 108/452 (em.), 123/371 (em.) – Ap. c/ Rev. 286.836 – 1ª Câm. – Rel. Juiz Magno Araújo – j. 18.03.1991 – Ap. c/ Rev 297.437 – 2ª Câm. – Rel. Juiz Andreatta Rizzo – 03.07.1991 – AI 330.485 – 8ª Câm. Rel. Juiz Vidal de Castro – j. 19.09.1991 – AI 359.726 – 8ª Câm. – Rel. Juiz Narciso Orlandi – j. 30.07.1992 – AI 361.744 – 5ª Câm. – Rel. Juiz Ismeraldo Farias – j. 02.09.1992 – Ap. c/ Rev. 462.022 – 5ª Câm. – Rel. Juiz Pereira Calças – j. 21.08.1996.

O assunto não é pacífico:

Segundo Tribunal de Alçada Civil de São Paulo. Locação comercial – renovatória – infração contratual – impontualidade nos pagamentos dos aluguéis – purgação da mora possibilitada – irrelevância – caracterização a impedir a renovação. O locatário impontual não tem o direito de renovar a locação comercial, sendo evidente que não houve o exato cumprimento do contrato renovando. Ap. c/ Rev. 462.022 – 5ª Câm. – Rel. Juiz Pereira Calças – j. 21.08.1996. No mesmo sentido: JTA (LEX) 38/433, 134/330, 141/247, 143/277, JTA (Saraiva) 72/255, JTA (RT) 96/338, 97/253, 107/417, 108/452 (em.), 123/369, 123/371 (em.) Ap. c/ Rev. 286.836 – 1ª Câm. – Rel. Juiz Magno Araújo – j. 18.03.1991 – AI 330.485 – 8ª Câm. – Rel. Juiz Vidal de Castro – j. 19.09.1991 – Ap. c/ Rev. 368.587 – 4ª Câm. – Rel. Juiz Carlos Stroppa – j. 16.08.1994 – Ap. c/ Rev. 429.110 – 12ª Câm. – Rel. Juiz Luiz de Carvalho – j. 04.05.1995. Em sentido contrário: JTA (RT) 114/306 – AI 192.923 – 1ª Câm. – Rel. Juiz Franklin Neiva – j. 21.05.1986 – Ap. c/ Rev. 282.233 – 7ª Câm. – Rel. Juiz Gildo dos Santos – j. 29.01.1991.

Um detalhe que, às vezes, passa despercebido, é o seguro contra incêndio, obrigação estipulada como praxe nos contratos que, muitas vezes, não é respeitado por absoluto esquecimento ou ausência de leitura cuidadosa do instrumento, o que pode impedir a renovação do contrato:[15]

---

[15] *Segundo Tribunal de Alçada Civil de São Paulo. Locação comercial – renovatória – infração contratual – seguro contra incêndio – omissão – caracterização. Constitui infração grave, oponível à pretensão renovatória, a ausência de cobertura contra incêndio pelo locatário, acarretando a carência de ação. Ap. c/ Rev. 498.444 – 1ª Câm. – Rel. Juiz Magno Araújo – j. 20.10.1997. Referências: RT*

Tribunal de Justiça de São Paulo. Locação. Imóvel não residencial. Renovatória. Ação julgada improcedente. Não observância do artigo 71, II e VI, da Lei 8.245/91. Ausência de prova do cumprimento do contrato. Falta de demonstração da anuência dos antigos fiadores quanto aos encargos da fiança em relação ao contrato a ser renovado, bem como da outorga uxória. Não comprovação de quitação das despesas ordinárias e da contratação do seguro contra incêndio por determinado período do prazo da locação. Infração grave do locatário a obstar o pleito renovatório. Recurso improvido. Não restaram atendidos os requisitos exigidos pela lei para acolhimento da ação renovatória, tendo o locatário deixado de provar o exato cumprimento do contrato, não juntando prova da anuência dos antigos fiadores quanto aos encargos da fiança em relação ao contrato a ser renovado, nem sequer da outorga uxória, além de não ter demonstrado a quitação das despesas ordinárias, como lhe competia, e a contratação do seguro contra incêndio do imóvel por todo o período do prazo da locação, razão pela qual a improcedência da ação era medida de rigor. (Apelação 1007394-71.2014.8.26.0577. Relator: Kioitsi Chicuta; Comarca: São José dos Campos; 32ª Câmara de Direito Privado; j. 30.04.2015; Data de registro: 30.04.2015).

Quanto aos tributos, condomínios e demais despesas que recaírem sobre o imóvel, cuja obrigação de pagamento é do locatário, tem-se entendido, não de forma pacífica ou majoritária, que o pagamento a destempo, já quitado, não impede a renovação, assim como o pagamento de aluguéis fora do prazo.

Como não há exercício regular de direito de pagar essas despesas intempestivamente, como ocorre com os aluguéis, por força do art. 62 da Lei 8.245/1991, entendemos que estará obstada a renovatória se qualquer delas tiver sido paga fora do vencimento.[16]

d) Apresentação de garantia

Para renovação do contrato deverá a inicial vir acompanhada de carta do antigo fiador e de sua mulher, se casado,[17] aceitando o encargo para o novo período.

Desta necessidade, surge a possibilidade de os fiadores serem incluídos em eventual cumprimento de sentença das diferenças de aluguel devidas com o julgamento da ação renovatória, ainda que não tenham sido partes na ação principal, na fase de conhecimento (REsp 1.911.617, j. 24.08.2021).

É possível, também mediante carta, a apresentação de novo fiador.

Em ambos os casos, exige a lei a prova da idoneidade financeira do fiador.

665/123 – Ap. c/ Rev. 375.562 – 4ª Câm. – Rel. Juiz Celso Pimentel – j. 08.03.1994; j. Nascimento Franco – "Ação Renovatória", Malheiros Editores, p. 107. No mesmo sentido: JTA (LEX) 34/344, 69/250, 70/205, 133/350, 144/326, JTA (RT) 87/263, 103/382, 119/369, 123/371 (em.), 130/351 RT 440/204, 480/146 – Ap. c/ Rev. 301.196 – 8ª Câm. – Rel. Juiz Renzo Leonardi – j. 22.08.1991 – Ap. c/ Rev. 363.079 – 1ª Câm. – Rel. Juiz Magno Araújo – j. 20.12.1993 – Ap. c/ Rev. 498.232 – 5ª Câm. – Rel. Juiz Pereira Calças – j. 19.11.1997.
Segundo Tribunal de Alçada Civil de São Paulo. *Locação comercial – renovatória – infração contratual – seguro contra incêndio – realização por valor inferior ao pactuado – caracterização. O não cumprimento da obrigação de contratar o seguro do prédio constitui infração grave que acarreta o impedimento à renovação do contrato de locação. AI 359.756 – 2ª Câm. – Rel. Juiz Batista Lopes – j. 27.07.1992, in JTA (Lex) 139/291. Referências: Pontes de Miranda, "Tratado de Direito Privado", 2ª ed., Borsoi, 1962, t. 41, § 4.516, nº 5, p. 151; Nascimento Franco e Nisske Gondo, "Ação Renovatória e Ação Revisional de Aluguel", 5ª ed., RT, 1987, nº 99, pp. 119/121; Alfredo Buzaid, "Da Ação Renovatória", 2ª ed., Saraiva, 1981, vol. 1, nº 180, p. 237, texto e nota 8; Darcy Bessone, "Renovação da Locação", 2ª ed., Saraiva, 1990, nº 63, p. 105. No mesmo sentido: JTA (Lex) 34/344, 70/205, 87/275, 141/247, JTA (RT) 109/408, 112/420 AI 268.805 – 2ª Câm. – Rel. Juiz Penteado Navarro – j. 30.07.1990.*

[16] No mesmo sentido: Francisco Carlos Rocha de Barros, *Comentários à Lei do Inquilinato.* São Paulo Saraiva, 1997, p. 597. Em sentido contrário, admitindo o pagamento a destempo, desde que já quitado: Sílvio de Salvo Venosa, *Lei do Inquilinato Comentada.* São Paulo Atlas, 1997, p. 259.

[17] CC, art. 1.647.

O sistema antes adotado pela Lei do Inquilinato, fugindo da tradição do nosso direito, de gerar consequências pela redução da capacidade da garantia durante o contrato,[18] exigia, como requisito da ação renovatória, que o autor comprovasse a idoneidade financeira apenas de novos fiadores, não fazendo a mesma exigência se os fiadores do contrato a renovar fossem os mesmos.

Todavia, os contratos de locação, ordinariamente, duram tempo suficiente para que a situação do fiador original se altere.

Em consonância com o acatado, tratando-se de garantia pessoal, é possível que o fiador disponha de seus bens durante o prazo contratual e não seja mais financeiramente idôneo no momento da prorrogação.

Posta assim a questão, a redação do inciso V do art. 71 da Lei do Inquilinato dada pela Lei 12.112/2009 exige, em qualquer caso, que o autor da ação renovatória prove a idoneidade dos fiadores, sejam eles os mesmos do contrato a renovar ou outros, que serão indicados mediante declaração que apontará, respectivamente, declaração com aceitação do encargo por novo período ou anuência expressa em constituir fiança.[19]

Mas o que é ser idôneo para a lei, que não define o critério?

Sugere a lei que essa idoneidade seja medida pelo patrimônio do indivíduo, muito embora, em alguns casos, a simples idoneidade moral possa ser admitida.

Dá sua impressão Rocha Barros: *Não cremos que se recuse fiança prestada pelo presidente do Tribunal de Justiça, ainda que esse cidadão disponha apenas do salário que recebe mensalmente.*[20]

Do ponto de vista prático, duvidamos que tal posição possa alcançar guarida jurisprudencial.

Para nós esta prova será feita mediante juntada de certidões de distribuição de ações, certidões negativas de protestos e prova da capacidade financeira por meio de certidões recentes da matrícula de imóveis ou documentos de propriedade de bens móveis suficientes para garantir os aluguéis.

Havendo impugnação fundamentada, a questão será decidida pelo juiz, oportunizando a comprovação posterior da idoneidade pelo autor da ação:

Segundo Tribunal de Alçada Civil de São Paulo. *Locação comercial – renovatória – fiador – prova de idoneidade – satisfação durante a ação – admissibilidade. A idoneidade financeira e econômica do fiador pode ser demonstrada no curso da ação, ensejando, se caso, designação de audiência ou concessão de prazo hábil para a comprovação de que as certidões exibidas pelo réu dizem respeito a homônimo. Ap. c/ Rev. 458.017 – 6ª Câm. – Rel. Juiz Paulo Hungria – j. 07.08.1996 (quanto à Lei 8.245/1991). No mesmo sentido: JTA (LEX) 144/519 (em.), JTA (RT) 87/258, 94/349, 104/352, 129/375 – AI 388.595 – 3ª Câm. – Rel. Juiz Teixeira de Andrade – j. 23.09.1993 – Ap. c/ Rev. 382.651 – 5ª Câm. – Rel. Juiz Ricardo Dipp – j. 09.03.1994 – REsp. 6.589 – MG – DJU 19.08.1991, p. 10.997.*

Por fim, interessante questão é a da possibilidade de se prestar outra garantia, ante a omissão do inciso V do art. 71, que só mencionou fiança.

---

[18] Nessa medida, o teor do art. 954, III, do Código Civil de 1916, repetido pelo art. 333, III do Código Civil atual, que permite, inclusive, a cobrança antecipada da dívida se as garantias, ainda que fidejussórias, cessarem ou se tornarem insuficientes.

[19] Nos termos da justificação do projeto: "Encontram-se na jurisprudência precedentes que interpretam o art. 71, V, no sentido de dispensar o locatário de comprovar a idoneidade financeira do fiador indicado quando for o mesmo do contrato renovado, exigindo tal comprovação somente quando houver substituição do fiador. A apresentação dessa prova, contudo, justifica-se em qualquer dessas hipóteses, pois, ao longo do prazo contratual (que, em caso de renovação compulsória, não é menor que cinco anos), o fiador pode sofrer redução substancial no seu patrimônio, enfraquecendo a garantia".

[20] Ob. cit., p. 600.

Tem-se entendido que, desde que não represente diminuição da garantia, não há razão para inadmitir outras modalidades, devidamente estipuladas no art. 37 da Lei 8.245/1991 (seguro fiança e caução).

Outrossim, *ação de renovação é a que corresponde à pretensão a novo negócio jurídico de locação.*[21]

Sendo outro negócio e sendo legal outra forma de garantia, não havendo razão plausível para recusa do réu, não há como o juiz indeferir a renovatória por esse motivo:

> **Tribunal de Alçada Cível do Rio de Janeiro**. *Substituição dos primitivos fiadores por caução. Possibilidade. Se a locatária não pode apresentar os mesmos fiadores, e nem encontra quem os substitua, nada obsta que possa dar a garantia prevista no item I do art. 37 da Lei 8.245/1991, ou seja, a caução. Além de ser medida legal, há que se considerar que a locatária, ao longo de vinte anos, sempre cumpriu com suas obrigações contratuais, sendo a recusa do locador um mero capricho (Apelação nº 14288/93 – Sexta Câmara – Unânime – Juiz: Nilson de Castro Diao – j. 15.03.1994).*

e) Propositura da ação em tempo hábil (§ 5º do art. 51)

O prazo para propositura da ação renovatória começa um ano antes do fim do contrato e vai até seis meses antes desse término. Portanto, o locatário conta com o penúltimo semestre de contrato para propor a ação.

Trata-se de prazo decadencial que, se for perdido, permite ao locador a denúncia do contrato ao seu final e consequente despejo do locatário.

Convém ressaltar que não adianta propor a ação antes desse prazo e, tampouco, haverá possibilidade jurídica do pedido depois dele.

Como se trata de prazo de direito material, se expirar em dia não útil, a ação deverá ser proposta em dia útil anterior.

De outro lado, atendida a propositura no prazo legal, a citação posterior não interfere na eficácia da ação, posto que retroage à data da distribuição.[22]

É preciso atentar para o prazo decadencial, de natureza material e não processual.

Sendo assim, sua contagem está supedaneada na lei civil, no caso, Lei 810/49,[23] e no art. 132, § 3º, do Código Civil.

Portanto, se no contrato de locação pactuou-se prazo de cinco anos, por exemplo, a partir de 15 de fevereiro de 2023, o final do prazo será no dia 15 de fevereiro de 2028, mesmo que se tenha colocado no contrato o seu final no dia 14 de fevereiro de 2028.

Assim, importantíssima a observância do prazo para a propositura da ação renovatória. Se for perdido, nenhum direito remanesce para o locatário que permaneceu inerte, de tal

---

[21] Francisco C. Pontes de Miranda, *Comentários ao Código de Processo Civil*, 2ª ed., Rio de Janeiro: Forense, 1959, t. 5, p. 397.

[22] De acordo com os artigos 240 e 312 do Código de Processo Civil, a ação considera-se proposta no momento da distribuição, sendo a citação apenas uma condição de validade, ou seja, a ação considera-se proposta na data da distribuição, condicionada à existência de citação válida. Portanto, no caso, basta a distribuição no prazo, condicionada, por evidente, à citação.

[23] Art. 1º Considera-se ano o período de 12 meses contados do dia do início ao dia e mês correspondentes do ano seguinte.
Art. 2º Considera-se mês o período do tempo contado do dia do início ao dia correspondente do mês seguinte.
Art. 3º Quando no ano ou mês do vencimento não houver o dia correspondente ao do início do prazo, este se findará no primeiro dia útil subsequente.
Art. 4º Revogam-se as disposições em contrário.

sorte que não há falar-se em qualquer indenização pelo ponto, elemento do fundo empresarial que foi perdido em razão da incúria do seu titular.

E mais: a denúncia do contrato prorrogado por prazo indeterminado ou no seu termo é um direito do locador e não representa qualquer abuso ou confere ao locatário direito de ser indenizado.

Nesse sentido:

Tribunal de Justiça de São Paulo. Ação de despejo por denúncia vazia. Locação de imóvel comercial. Prorrogação do contrato por prazo indeterminado. Indenização por fundo de comércio. Tendo em vista que o Réu, locatário, não ajuizou, no prazo previsto na Lei do Inquilinato, a competente ação renovatória, não pode requerer, após a prorrogação do contrato por prazo indeterminado, a condenação da Autora, locadora, ao pagamento de indenização relativa ao fundo de comércio. Aplicação do brocado latino "dormientibus non sucurrit jus". Ausência de má-fé da Autora. Recurso do réu não provido (Apelação nº 0004184-29.2010.8.26.0590, rel. Berenice Marcondes Cesar, 27ª Câmara de Direito Privado, j. em 19.03.2013, Registro: 02.04.2013. Outros números: 41842920108260590).

Posta assim a questão, é possível afirmar que, ultrapassado *in albis* o prazo legal para a propositura da ação renovatória (requisito insculpido no art. 51, I, da Lei 8.245/1991), a proteção ao ponto deixa de existir.

Isso porque, no prazo estabelecido na Lei do Inquilinato, o locatário deixou de exercer seu direito de obter a renovação, operando-se a decadência (*dormientibus non sucurrit jus*).

Com isso, ao final do contrato ou com o contrato prorrogado por prazo indeterminado, ao locador é deferido o direito de retomar o imóvel (arts. 56 e 57 da Lei 8.245/1991) sem nada pagar ao locatário.

Em suma, como os arts. 56 e 57 da Lei 8.245/1991 preveem, respectivamente, a possibilidade da ação direta de despejo em até 30 dias do termo final do contrato e a possibilidade de denúncia imotivada do contrato de locação prorrogado por prazo indeterminado, o locador que assim postula exerce regularmente o seu direito, não havendo falar-se em ato ilícito por abuso desse direito, ausência de boa-fé ou qualquer indenização a ser paga ao locatário que deve, assim, imputar seu prejuízo à sua incúria.

Outrossim, se o prazo do novo contrato submetido à renovatória que vimos ser de mais cinco anos chegar no penúltimo semestre no curso da ação, o que não é difícil em razão da pletora de feitos que assoberba o Poder Judiciário, o locatário deverá propor nova ação renovatória e, nessa medida, já se decidiu que não há suspensão da primeira:

Tribunal de Justiça de São Paulo. Locação de imóvel. Renovatória anterior. Suspensão da segunda ação renovatória. Descabimento. Versando as ações renovatórias sobre intervalos de locação distintos, não há que se falar em prejudicialidade externa a justificar a suspensão do segundo feito, por inexistir o risco de decisões conflitantes. (Apelação 0061501-27.2010.8.26.0576 – Relator: Mendes Gomes; Comarca: São José do Rio Preto; 35ª Câmara de Direito Privado; j. 26.11.2012; Data de registro: 27.11.2012)

Todavia, de minha parte e com a devida vênia, entendo que, embora a segunda ação deva ser proposta no curso da primeira sob pena de o locatário perder o prazo, deve ficar suspensa tendo em vista que, no caso de a primeira ação ser julgada improcedente, não haverá contrato a renovar na segunda, que deverá ter o mesmo destino.

Neste sentido:

Agravo de instrumento. Locação de imóvel. Renovatória. Prejudicialidade externa. Anterior ação renovatória entre as mesmas partes julgada improcedente, na qual há recurso de apelação recebido em ambos os efeitos e se encontra aguardando julgamento. Suspensão do andamento da ação. Admissibilidade. Agravo de Instrumento improvido (TJSP, Agravo de Instrumento 0454681-06.2010.8.26.0000, Rel. Jayme Queiroz Lopes, 36ª Câmara de Direito Privado, j. 17.03.2011, data de registro 22.03.2011).

Locação de imóvel comercial. Ação renovatória. Pendência de ação anterior. Litispendência. Inexistência. Traço de prejudicialidade. Suspensão do feito. 1. Não há litispendência, quando os pedidos das ações renovatórias ajuizadas são diversos, versando sobre períodos distintos, não havendo, portanto, identidade entre as ações. 2. Existente, contudo, o traço de prejudicialidade, uma vez que, para apreciação do direito à segunda renovatória impõe-se o reconhecimento da primeira, sendo de rigor a suspensão do feito, até julgamento definitivo da primeira renovatória ajuizada, nos termos do artigo 265, inciso IV, alínea "a", do Código de Processo Civil. 3. Anularam a sentença e determinaram a suspensão do feito, nos termos do acórdão (TJSP, Apelação Cível 9240045-31.2008.8.26.0000, Rel. Vanderci Álvares, 25ª Câmara de Direito Privado, j. 25.04.2012).

f) Proposta de novo aluguel e condições

Na ação renovatória, de uma certa forma, já está contida a revisão do valor do aluguel, posto que o contrato será renovado pelo valor de mercado e não pelo valor do contrato.

Portanto, na petição inicial, o inquilino deve deixar bem claras as condições que oferece para renovação, mormente que, repita-se, a *ação de renovação é a que corresponde à pretensão a novo negócio jurídico de locação.*[24]

Portanto, deverá especificar:

a) modalidade de garantia (como já vimos);
b) novo prazo (também já analisado);
c) forma e índice de reajuste;
d) novo aluguel.

O locatário, autor da ação renovatória, deverá especificar, principalmente, qual o aluguel que pretende pagar, bem como a periodicidade dos reajustes.

Segundo Tribunal de Alçada Civil de São Paulo. *Locação comercial – renovatória – revelia – fixação do aluguel com base na oferta do locatário – admissibilidade. O juiz não está obrigado a determinar a realização de perícia para a apuração do valor locatício nas ações renovatórias quando ocorrer ausência de impugnação por parte do réu, seja através de silêncio na contestação, seja pela revelia, podendo acolher integralmente a proposta formulada pelo locatário. Ap. c/ Rev. 283.374 – 8ª Câm. – Rel. Juiz Martins Costa – j. 06.02.1991.*

Este valor deverá ser razoável. Não é razoável propor um aluguel muito baixo, para auxiliar a negociação a ser feita em audiência, mesmo porque o autor poderá ser punido por litigância de má-fé.

Além dessa pena, poderá o autor ser sucumbente, apesar de ter seu contrato renovado, em virtude de decair de parte do pedido pelo acatamento do valor pleiteado na contestação do réu e posterior perícia.[25]

Ademais, o juiz não fica adstrito a esse valor, que pode ser contestado e fixado em oitenta por cento do valor indicado pelo réu-locador.

É conveniente que o autor deixe consignado na inicial que se submete ao aluguel que for arbitrado, de tal sorte que, não concordando com o aluguel da contraproposta, inserta na contestação, consignará na réplica que aceita o valor que for arbitrado, evitando a sucumbência.

Mister se faz que a procuração outorgada ao advogado do autor contenha poderes especiais para propor essas condições, que refogem aos poderes *ad judicia.*[26]

---

[24] Francisco C. Pontes de Miranda, *Comentários ao Código de Processo Civil*, 2ª ed., Rio de Janeiro: Forense, 1959, t. 5, p. 397.

[25] Sílvio de Salvo Venosa, *Lei do Inquilinato comentada*. São Paulo: Atlas, 1997, p. 259.

[26] J. Nascimento Franco e Nisske Gondo, *Ação renovatória e ação revisional de aluguel. Sugestões literárias*, 1968; Silvio de Salvo Venosa, *Lei do Inquilinato comentada*. São Paulo: Atlas, 1997, p. 259.

De qualquer modo, a contestação deverá trazer prova da determinação do Poder Público ou relatório pormenorizado das obras a serem realizadas e da estimativa de valorização que sofrerá o imóvel, assinado por engenheiro devidamente habilitado que responderá pela veracidade das informações, nos termos do que dispõe o § 3º do art. 72 da Lei do Inquilinato.

Portanto, havendo outros poderes na procuração, que não os judiciais, como no caso – Código Civil, arts. 654 e 692, cumulados com o Código de Processo Civil, art. 105 –, mister se faz o reconhecimento da firma do outorgante.

> **Superior Tribunal de Justiça.** *Recurso Especial nº 155.582/RS (9700825779). Por unanimidade, conhecer do recurso e dar-lhe provimento. 21.05.1998. Quinta turma. Processual civil. Procuração. Poderes especiais. Art. 38 do Código de Processo Civil [atual art. 105]. Reconhecimento de firma. Para a prática de atos processuais em geral, é dispensável o reconhecimento de firma no instrumento de procuração. Já para a validade das cláusulas com poderes especiais contidos no mandato, necessário que se faça o reconhecimento de firma. Precedente. Recurso conhecido e provido. Relator: Ministro Felix Fischer. Fonte: DJ: 29.06.1998, p. 267. Doutrina: obra: tratado de direito processual civil, vol. 2, 2ª ed., p. 687, Autor: Arruda Alvim.*

4.4. DEFESAS DO LOCADOR

O locador poderá se defender ao contestar a ação renovatória, aduzindo as seguintes matérias:

a) falta dos requisitos legais;

b) insuficiência do valor do aluguel proposto pelo autor;

c) existência de melhor proposta;

d) necessidade de obras determinadas pelo poder público que importem em radical transformação do imóvel, ou que aumente o valor do negócio ou da propriedade (art. 52, I); e,

e) utilização própria do imóvel ou dos descendentes, ascendentes ou cônjuge se estabeleçam no local (art. 52, II).

a) Falta dos requisitos legais

O autor da ação deve preencher os requisitos enumerados nos arts. 51 e 71 da Lei 8.245/1991, de tal sorte que a ausência de qualquer deles é matéria de defesa.

b) Insuficiência do valor do aluguel proposto pelo autor

Nesse caso, não se trata de recusa à renovação, mas da proposta que a acompanha, obrigando ao arbitramento judicial.

O réu deverá, nos termos do § 1º, apresentar contraproposta.

Muito se discute acerca do valor que será discutido, mormente que há nítida contradição da lei que, no inciso II do art. 72, se refere, impropriamente, ao aluguel da época da renovação.[27]

Como a ação é proposta no penúltimo semestre do prazo contratual, seria estranho entender, literalmente, que corresponderá a um valor que vigorará quase um ano depois.

Resta evidente que a lei quis mencionar o valor da época em que a ação renovatória foi proposta, assim como no § 1º, que deve ser interpretado conjuntamente, não havendo motivos para o alarido doutrinário que se verifica.

---

27 II – não atender, a proposta do locatário, o valor locativo real do imóvel na época da renovação, excluída a valorização trazida por aquele ao ponto ou lugar;

De acordo com o § 4º do art. 72, é possível a fixação de aluguel provisório com vigência imediata, de tal sorte que será fixado em até oitenta por cento do pedido efetuado em contestação,[28] conforme está dito na norma.

Esse aluguel passará a vigorar contemporaneamente ao início do contrato renovando:

> *Enunciado nº 29 do Centro de Estudos do Segundo Tribunal de Alçada Civil de São Paulo – Artigo 72, § 4º – O aluguel provisório a ser arbitrado na ação renovatória deve ser contemporâneo ao início do contrato renovando, facultado ao locador, nessa ocasião, oferecer elementos hábeis à aferição do justo valor.*

De acordo com a ementa abaixo, há necessidade de perícia para transformação do aluguel provisório em definitivo, necessidade essa que tem sido estendida aos provisórios:

> **Segundo Tribunal de Alçada Civil de São Paulo.** *Locação comercial – renovatória – aluguel provisório – transformação para aluguel definitivo – perícia – necessidade. O aluguel provisório não pode tornar-se definitivo sem apoio em prova técnica. Ap. c/ Rev. 424.200 – 4ª Câm. – Rel. Juiz Mariano Siqueira – j. 07.02.1995.*

Negada ou não a renovatória, o réu fará jus ao aluguel provisório, inclusive das diferenças entre estes e aqueles definitivos fixados na sentença de improcedência (até a desocupação) ou procedência.

> **Segundo Tribunal de Alçada Civil de São Paulo.** *Locação comercial – renovatória – aluguel provisório – renovação negada – pagamento até efetiva desocupação – necessidade. Devido o pagamento do aluguel provisório até a efetiva desocupação, quando negada a renovação do contrato de locação ou extinto o processo por não preencher o locatário as condições da ação, havendo pedido expresso na contestação. AI 462.729 – 11ª Câm. – Rel. Juiz Clóvis Castelo – j. 05.08.1996, in JTA (LEX) 164/340.*

De qualquer maneira, a execução das diferenças relativas aos aluguéis provisórios não pagos somente pode ser feita depois do trânsito em julgado:

> **Tribunal de Justiça de São Paulo.** *Locação. Renovatória. Cumprimento provisório de sentença quanto à diferença entre o aluguel arbitrado em demanda renovatória e os valores pagos ao longo do processamento. Descabimento. Exigibilidade das diferenças de aluguel que somente se dá com o trânsito em julgado da demanda renovatória. Inteligência dos arts. 69 e 73, ambos da Lei 8.245/91. Inexistência pois de título executivo representativo de obrigação exigível. Cumprimento provisório de sentença incorretamente iniciado. Impugnação ao cumprimento de sentença oferecida pela executada acolhida. Execução extinta. Decisão agravada, que desacolheu o incidente, reformada. Agravo de instrumento da executada provido. (TJSP; Agravo de Instrumento 2205271-45.2018.8.26.0000; Rel. Fabio Tabosa; 29ª Câmara de Direito Privado; Foro de Barueri – 1ª Vara Cível; j. 22.02.2019; Data de Registro: 22.02.2019)*

Posta assim a questão, ainda que o recurso de apelação seja recebido somente no efeito devolutivo, conforme determina o art. 58, inc. V, da Lei 8.245/1991, não é possível, pendente apelação que inclua o valor fixado, o início da execução provisória por se tratar de execução da diferença de aluguel que deve aguardar o trânsito em julgado, à luz do disposto no art. 69 da Lei 8.245/1991:

> *Art. 69. O aluguel fixado na sentença retroage à citação, e as diferenças devidas durante a ação de revisão, descontados os alugueres provisórios satisfeitos, serão pagas corrigidas, exigíveis a partir do trânsito em julgado da decisão que fixar o novo aluguel.*

---

[28] Pelo princípio da eventualidade, é o momento oportuno (Código de Processo Civil, art. 336). Todavia, a instrumentalidade do processo civil permite afirmar que pode ser ao depois, desde que não prejudique o procedimento, até porque o aluguel provisório só vai vigorar no primeiro mês do contrato objeto da renovatória. (Francisco Carlos Rocha de Barros, *Comentários à Lei do Inquilinato*, São Paulo: Saraiva, 1997, p. 629).

Quanto aos juros sobre as diferenças de aluguel apuradas na sentença, inexistindo prazo fixado para a quitação dessas verbas, os respectivos juros de mora devem incidir desde a intimação dos executados para pagamento na fase de cumprimento de sentença, conforme o artigo 523, *caput*, do Código de Processo Civil:

> *Recurso Especial. Civil. Lei de locações. Ação renovatória de locação. Diferenças dos aluguéis vencidos. Juros de mora. Termo inicial. Prazo fixado na sentença transitada em julgado. Intimação para o cumprimento de sentença. (...). 2 – O propósito recursal consiste em determinar, no âmbito de ação renovatória de aluguel, o termo inicial dos juros de mora relativos às diferenças de aluguéis vencidos. 3 – A sentença de procedência do pedido renovatória produz efeitos ex tunc, isto é, o novo aluguel é devido desde o primeiro dia imediatamente posterior ao fim do contrato primitivo. Fixado o novo valor do aluguel, pode remanescer saldo relativo às diferenças de aluguéis vencidos em favor do locador ou do locatário, a depender de o novo valor ser, respectivamente, maior ou menor do que o original. As diferenças, se existentes, a teor do art. 73 da Lei 8.245/1991, serão executadas nos próprios autos da ação renovatória. 4 – O termo inicial dos juros de mora relativos às diferenças dos aluguéis vencidos será (a) ou a data para pagamento fixada na própria sentença transitada em julgado (mora ex re) (b) ou a data da intimação do devedor – prevista no art. 523 do CPC/2015 – para pagamento no âmbito da fase de cumprimento de sentença (mora ex persona). 5 – Na hipótese dos autos, inexistindo prazo fixado na sentença para pagamento das diferenças, os juros moratórios devem incidir desde a intimação dos executados para pagamento no âmbito do cumprimento de sentença. 6 – Recurso especial parcialmente provido. (REsp 1.929.806/SP, Rel. Min. Nancy Andrighi, 3ª Turma, j. 07.12.2021, DJe 13.12.2021).*

Importante observar que o fiador pode compor o cumprimento de sentença da ação renovatória ainda que não tenha participado da ação – até porque não é parte legítima – tendo em vista que, a par de não compor o polo ativo, autoriza o seu afiançado, o locatário, a propor a ação e, nesse sentido:

> **Superior Tribunal de Justiça** *Recurso Especial. Ação renovatória. Cumprimento de sentença. Fiadoras que não participaram da fase de conhecimento. Inclusão no polo passivo do cumprimento de sentença. Possibilidade. Declaração de anuência dos encargos da fiança. Condenação ao pagamento das despesas processuais e honorários advocatícios. Fundamento do acórdão não impugnado. Súmula 283/STF. (...) 3. O propósito recursal é definir se fiadoras de contrato de locação que não participaram da fase de conhecimento da ação renovatória podem ser incluídas no polo passivo do cumprimento de sentença. 4. Nos termos do art. 513, § 5º, do CPC/2015, o cumprimento da sentença não poderá ser promovido em face do fiador, do coobrigado ou do corresponsável que não tiver participado da fase de conhecimento. 5. Para o ajuizamento da ação renovatória é preciso que o autor da ação instrua a inicial com indicação do fiador (que é aquele que já garantia o contrato que se pretende ver renovado ou, se não for o mesmo, de outra pessoa que passará a garanti-lo) e com um documento que ateste que o mesmo aceita todos os encargos da fiança. 6. O fiador não necessita integrar o polo ativo da relação processual na renovatória, porque tal exigência é suprida pela declaração deste de que aceita os encargos da fiança referente ao imóvel cujo contrato se pretende renovar. Destarte, admite-se a inclusão do fiador no polo passivo do cumprimento de sentença, caso o locatário não solva integralmente as obrigações pecuniárias oriundas do contrato que foi renovado, ou, como na espécie, ao pagamento das diferenças de aluguel decorrentes da ação renovatória. 7. A existência de fundamento do acórdão recorrido não impugnado quando suficiente para a manutenção de suas conclusões impede a apreciação do recurso especial. 8. Recurso especial parcialmente conhecido e, nessa extensão, não provido. (REsp 1911617/SP, Rel. Ministra Nancy Andrighi, Terceira Turma, j. 24.08.2021, DJe 30.08.2021).*

Por fim, como já vimos, a alegação da insuficiência de aluguéis não possui o condão de impedir a renovação do contrato. Todavia, poderá acarretar a sucumbência do autor, mesmo que tenha obtido a renovação.

c) Existência de melhor proposta

A defesa, nos termos do inciso III do art. 72, pode fundar-se na melhor proposta de terceiro.

Neste caso, na contestação o locador deverá juntar prova documental da proposta assinada pelo terceiro e por duas testemunhas (§ 2.º do art. 72), com a indicação do ramo que será explorado, que não pode coincidir com aquele do locatário, evitando o locupletamento indevido do ponto formado.

Com a ciência da proposta, na réplica, para evitar a improcedência da ação e o despejo, pode o locatário aceitar as mesmas condições.

Ocorre que, em razão da redação do art. 75, não renovada a locação pela melhor proposta de terceiro, o juiz deve fixar o valor da indenização correspondente aos lucros cessantes, perda do ponto e consequente desvalorização do fundo de comércio, apurada em liquidação a ser paga tanto pelo locador quanto pelo proponente, solidariamente.

Evidentemente que, em razão da funesta consequência da defesa calcada em melhor proposta de terceiro, é pouco provável que alguém se arrisque a utilizá-la.

Entende-se que proposta melhor não é só aquela atinente ao valor mais elevado de aluguel. Qualquer outro benefício, como, por exemplo, a obrigação de realizar benfeitorias, pode caracterizar a melhor proposta.

Inadmissível, segundo alguns, a inclusão de "luvas" nessa "melhor proposta".

> **Segundo Tribunal de Alçada Civil de São Paulo**. Locação comercial – renovatória – aluguel – fixação – inexigibilidade do valor relativo a "luvas" – interpretação do artigo 45, parte final, da Lei 8.245/1991. Em lide de renovatória é inexigível o cabimento de quantia a título de luvas, pois, o pressuposto de sua admissibilidade consistente na transferência da posse direta da propriedade já existe em favor do inquilino, esbarrando a pretensão no disposto na parte final do artigo 45 da Lei 8.245/1991, quando cogita de imposição pecuniária relacionada ao exercício do direito previsto no seu artigo 51. Ap. c/ Rev. 413.497 – 7ª Câm. – Rel. Juiz Demóstenes Braga – j. 20.09.1994 – JTA (LEX) 153/338. No mesmo sentido: – quanto a imóvel situado em Shopping Center: JTA (LEX) 156/356.

Entretanto, Francisco Carlos Rocha de Barros, embora admita que o locador não pode exigir contratualmente o pagamento de "luvas" por ocasião da renovação, ensina que apenas a cláusula que a impõe é nula e não sua cobrança.

Nessa esteira, aceita a contestação com o argumento de melhor proposta, que contenha o pagamento de "luvas".

Assim se manifesta:

> *Já vimos, nos comentários ao inciso II deste artigo, que o locador, ao contestar, não pode exigir o pagamento de "luvas". Além do obstáculo do art. 45, observamos que a disputa entre a oferta do locatário e a contraproposta do locador será judicialmente resolvida através de prova apta à apuração de um valor que, no caso, não pode ser integrado por "luvas".*
>
> *No caso deste inciso III, quando o locador apresenta proposta de terceiro, empolgando, entre outras, a vantagem do pagamento de "luvas", nenhum dos obstáculos supra-assinalados marcará presença.*
>
> *Poder-se-ia argumentar, dizendo que as "luvas" prometidas pelo terceiro significariam imposição de obrigação pecuniária impeditiva da renovação, o que seria considerado caso de nulidade (art. 45). Mas não se deve esquecer que qualquer proposta de terceiro, ofertando melhores condições, mesmo sem promessa de pagar "luvas", sempre será barreira de natureza pecuniária que poderá impedir a renovação se o locatário não aceitar as condições daquela proposta. Não se perca de vista que a lei, explicitamente, admite a proposta de terceiro, em condições melhores, como fato que o locador pode alegar como defesa na ação renovatória.*
>
> *A questão das "luvas", analisada aqui e nos comentários feitos ao art. 45, merece uma reflexão final: o Decreto nº 24.150/34 execrava-as, fulminando-as de nulidade, não importando o momento em que aparecessem, a forma que adotassem e tampouco as razões do pagamento das mesmas. Formou-se, assim, um verdadeiro tabu contra as "luvas". Todavia, todos sabemos que elas, por baixo do pano, sempre estiveram presentes na contratação e renovação das locações comerciais e industriais.*

A lei atual, é induvidoso, escolheu fórmula mais enxuta, permitindo contratações transparentes. Mesmo assim, percebe-se alguma resistência para a aceitação das novas regras.

Dizem que o uso do cachimbo faz a boca torta. Compreende-se, pois, que um preconceito cultivado com carinho por mais de meio século esteja embaçando nosso olhar. A receita é simples: esfregar as pálpebras.[29]

Admitida a proposta de terceiro como "melhor", obstada estará a renovatória, desde que o locatário não iguale as propostas (Lei do Inquilinato, § 2º do art. 72).

Se o locatário impugnar a proposta, o terceiro deve ser citado para integrar a lide (Código de Processo Civil, art. 506), a requerimento do locatário, mormente que o art. 75 da Lei 8.245/1991 determina que esse terceiro é solidário no pagamento da indenização devida ao locatário em virtude dessa proposta.

Formar-se-á, de forma extravagante, um litisconsórcio apenas em relação à indenização porventura devida, não se tratando o proponente de coautor.[30]

Essa indenização deve, obrigatoriamente, ser requerida pelo locatário na réplica, bem como a citação do proponente, e decorre, exclusivamente, da não renovação em razão da proposta de terceiro. Não se cogita de culpa ou dolo.

O juiz condenará o locador e o proponente, ficando o valor sujeito a liquidação.

Buscando alterar este panorama, o dispositivo sob comento continha, ainda, mecanismos que não só acabavam com a referida indenização como também previam a possibilidade de liminar para desocupação em quinze dias, caso, na réplica, o locatário não aceitasse cobrir a oferta do terceiro.[31]

As alterações que foram vetadas continham o seguinte teor: "§ 1.º Conceder-se-á liminar para desocupação em 15 (quinze) dias, contados da intimação do locatário, por si ou seu advogado, quando houver, na contestação, pedido de retomada fundado em melhor proposta de terceiro. § 2º A desocupação liminar somente será indeferida se: I – a proposta de terceiro não atender aos requisitos previstos no § 2º do art. 72; II – o locatário aceitar, em réplica, as mesmas condições ofertadas pelo terceiro. § 3º A execução provisória da retomada fica condicionada à prestação de caução no valor não inferior a 6 (seis) meses nem superior a 12 (doze) meses do aluguel, atualizado até a data da prestação da caução."[32]

---

[29] *Comentários à Lei do Inquilinato*. São Paulo: Saraiva, 1997, p. 616.

[30] Francisco Carlos Rocha de Barros, *Comentários à Lei do Inquilinato*. São Paulo: Saraiva, 1997, p. 625.

[31] Justificativa do projeto: "No que toca ao § 1.º do art. 74, cria-se hipótese de retomada liminar, em caso de resistência à renovação fundada em melhor proposta de terceiro, facultando-se ao locatário 'cobrir' a proposta do terceiro. A liminar fundamenta-se no fato de que a demora na retomada faz perecer a proposta do terceiro, uma vez que nenhum comerciante contingenciará investimentos e aguardará pelo longo período de tramitação de um processo em primeira instância a implementação de um negócio que talvez não venha a ocorrer".

[32] Comentávamos, acerca desses dispositivos, o seguinte: É evidente que a proposta do terceiro deve ser melhor que aquela do locatário inserida na petição inicial da ação renovatória, feita nos termos do art. 71, IV, ou seja, com precisão (valor, índice de reajuste e periodicidade de reajuste). Assim, na contestação com supedâneo no § 1.º deste artigo, o locador fará juntar a proposta do terceiro com os requisitos do § 2.º do art. 72 e requererá ao juiz a concessão da desocupação no prazo de quinze dias, caso o locatário, na réplica, não concorde em igualar a proposta. Resta saber o que ocorre no caso de simulação de proposta. Nesta medida, duas possibilidades podem surgir: o terceiro não ocupa o imóvel após a concessão da liminar ou não se comprova o pagamento dos aluguéis nos termos propostos. Em ambos os casos, não há o retorno do locatário ao imóvel, ainda que providencie a juntada de documento no curso da instrução, na apelação, ou em momento posterior, mesmo em segundo grau, para provar a insinceridade da proposta, nos termos do permissivo do art. 493 do Código de Processo Civil, que admite o conhecimento de fato impeditivo, modificativo ou extintivo do direito, posterior à propositura da ação e que possa influir no julgamento da causa. Ainda que o

Eis as razões do veto: "Atualmente, são previstas três hipóteses em que o locatário terá direito a indenização para ressarcimento dos prejuízos e dos lucros cessantes que tiver que arcar com mudança, perda do lugar e desvalorização do fundo de comércio, são elas: a) melhor proposta de terceiro; b) o locador não der o destino alegado; e c) o locador não iniciar as obras determinadas pelo Poder Público ou que declarou pretender realizar. Todavia, os parágrafos do art. 74 somente preveem procedimento diferenciado na concessão de providência liminar para a hipótese de melhor proposta de terceiro, sendo que para as outras, tão relevantes quanto a contemplada pelo texto projetado, nada se disse. Tal previsão, se sancionada, ensejará previsão pouco sistêmica no contexto da lei de locações, o que é absolutamente indesejável e contrário ao interesse público, sendo que a regra prevista no *caput* certamente atenderá satisfatoriamente os provimentos judiciais relativos às três hipóteses mencionadas".

d) Necessidade de obras determinadas pelo Poder Público que importem em radical transformação do imóvel, ou que aumente o valor do negócio ou da propriedade (art. 52, I)

É preciso observar que a exigência do Poder Público para obras, é coincidência que não deveria constar da lei. É que essa exigência deve ocorrer, exatamente, por ocasião da contestação, o que é pouco provável.

Ora, para obras urgentes já há o despejo do art. 9º, IV, da Lei 8.245/1991.

Entretanto, a lei está aí, e, ocorrendo a coincidência, não haverá renovação.

De qualquer modo, a contestação deverá trazer prova da determinação do Poder Público ou relatório pormenorizado das obras a serem realizadas e da estimativa de valorização que sofrerá o imóvel, assinado por engenheiro devidamente habilitado que responderá pela veracidade das informações, nos termos do que dispõe o § 3º do art. 72 da Lei do Inquilinato.

O segundo critério é meramente econômico, ou seja, depende de verificação de aumento do valor da propriedade ou negócio.

Estranha a menção à "valorização do negócio" que é do locatário e não do locador.

Essa hipótese só pode ser admitida quando a locação envolva o fundo de comércio (§ 1º do art. 52), quando o locador também é proprietário das instalações, *v.g.*, posto de gasolina, cinema, hotel etc.

O locador que se defende assim deve provar a propriedade na hipótese de aumento do valor, mas não do negócio, inferência que se extrai do inciso I do art. 52.

Por fim, convém ressaltar que realizando as obras que disse iria realizar, no prazo de sessenta dias da entrega, ocorrerá o crime do art. 44, sujeitando o locador às sanções do parágrafo único.[33]

---

dispositivo processual civil se refira à possibilidade de o juiz tomar o conhecimento e levar em conta no momento de proferir a sentença, não se descarta a possibilidade da sua aplicação nos tribunais, como ensina Antonio Cláudio da Costa Machado, segundo o qual "a regra se aplica também ao acórdão" (Antonio Cláudio da Costa Machado. *Código de Processo Civil interpretado*, p. 481). Portanto, desalojado liminarmente pela aceitação da "melhor proposta de terceiro", provada a insinceridade da proposta, caberá ao juiz julgar procedente a ação renovatória ou ao tribunal dar provimento à apelação. Mesmo assim, como não há retorno do locatário ao imóvel, deverá este buscar a indenização por perdas e danos em ação própria de indenização, ou seja, desvalorização do fundo de comércio, lucros cessantes e outros prejuízos que provar nos termos do art. 75, ainda que a ação tenha sido julgada procedente. Seja como for, entendemos que a concessão de liminar deve passar pelo crivo do juiz, que poderá avaliar a verossimilhança da proposta apresentada e, se entender necessário, determinar a realização de perícia, oitiva de testemunhas e até do proponente, a requerimento do locatário na réplica, para aferir a sinceridade da proposta antes de conceder a liminar. Da concessão ou não da liminar caberá agravo, inclusive com a possibilidade de antecipação de tutela recursal para suspender a decisão do juízo *a quo* ou conceder o que foi negado (CPC, art. 527, III) [atual art. 1.019, I].

[33] Art. 44. Constitui crime de ação pública, punível com detenção de três meses a um ano, que poderá ser substituída pela prestação de serviços à comunidade:

Além dessa sanção, existe a previsão de indenização por lucros cessantes e ressarcimento dos prejuízos, nos termos do § 3º do art. 52,[34] faculdade que pode ser exercida três meses após a entrega do imóvel.

Não se concebendo duplo ressarcimento pelo mesmo fato, a escolha (inciso III do art. 44 e § 3º do art. 52) caberá ao locatário.

e) Utilização própria do imóvel ou dos descendentes, ascendentes ou cônjuge que se estabeleçam no local (art. 52, II)

Trata-se da chamada "exceção de retomada".

Na primeira hipótese do inciso II do art. 52, de retomada para o **locador**, o uso que se dará é ilimitado, mesmo que residencial. Todavia, sendo para exploração empresarial (do locador), o ramo não poderá ser o mesmo daquele explorado pelo inquilino (inciso II, § 1º), salvo se a locação, perfeitamente delimitada no contrato também envolvia o fundo de comércio com todas as instalações.

É o caso típico da locação com as instalações, como, por exemplo, entre outras, de um posto de gasolina ou de uma padaria com todos os equipamentos, desde que tais circunstâncias constem no contrato que deverá descrever os equipamentos e instalações que compõem a atividade empresarial que integram a locação.

A segunda hipótese, pela leitura do artigo, pressupõe uma sociedade, já que fala em "maioria do capital", na qual, participem o locador e/ou cônjuge e/ou ascendente e/ou descendente, que transferirá fundo de comércio preexistente há pelo menos um ano.[35]

Essas pessoas individualmente ou conjuntamente (locador, cônjuge, descendente ou ascendente) deverão contar com a maioria (predominância, de acordo com a Súmula 486 do STF)[36] do capital dessa sociedade.

Portanto, na segunda hipótese do inciso II, exige-se:

a) retomada para uma sociedade;

b) participação, nessa sociedade, com maioria do capital, do locador e/ou cônjuge e/ou descendente e/ou ascendente;

---

[34] III – não iniciar o proprietário, promissário-comprador ou promissário-cessionário, nos casos do inciso IV do art. 9º, inciso IV do art. 47, inciso I do art. 52 e inciso II do art. 53, a demolição ou a reparação do imóvel, dentro de sessenta dias contados de sua entrega;
Parágrafo único. Ocorrendo qualquer das hipóteses previstas neste artigo, poderá o prejudicado reclamar em processo próprio, multa equivalente a um mínimo de doze e um máximo de vinte e quatro meses do valor do último aluguel atualizado ou do que esteja sendo cobrado do novo locatário, se realugado o imóvel.

[34] § 3º O locatário terá direito a indenização para ressarcimento dos prejuízos e dos lucros cessantes que tiver que arcar com a mudança, perda do lugar e desvalorização do fundo de comércio, se a renovação não ocorrer em razão de proposta de terceiro, em melhores condições, ou se o locador, no prazo de três meses da entrega do imóvel, não der o destino alegado ou não iniciar as obras determinadas pelo Poder Público ou que declarou pretender realizar.

[35] *Tribunal de Justiça de São Paulo* – *Apelação 9105869-57.2004.8.26.0000 – Locação de Imóvel – Relator: Andrade Neto – Comarca: Sorocaba – 30ª Câmara de Direito Privado – j. 24.02.2010 – Data de registro: 10.03.2010 – Outros números: 875831/0-00, 992.04.002656-5 – Locação Comercial – Ação Renovatória – Pedido de retomada do imóvel para uso próprio – Artigo 52, II, primeira parte da lei de locação – Desnecessidade do locador comprovar a titularidade de fundo de comércio existente há no mínimo um ano e da detenção da maioria do capital social – Presunção de sinceridade do motivo declarado para retomada que, embora de natureza relativa, não é infirmada pela parte contrária – Renovação do contrato – Impossibilidade – Retomada autorizada – Sentença Mantida apelação desprovido.*

[36] Interpretação literal exigiria o mínimo de cinquenta e um por cento.

c) transferência do fundo de comércio, existente há mais de um ano, que não coincida com aquele do locatário.

Convém ressaltar que, não utilizando o imóvel para o destino declinado no prazo de três meses, o locador estará sujeito a indenizar o locatário, nos termos do § 3º do art. 52. Não há crime tipificado para essa hipótese no art. 44.

> **Segundo Tribunal de Alçada Civil de São Paulo**. *Locação comercial – indenização prevista no artigo 52, § 3º, da Lei 8.245/1991 – retomada deferida em ação renovatória – desvio de uso – admissibilidade. Se a retomada do prédio se deu para uso do locador em atividade diversa daquela utilizada pelo locatário, inadmissível o posterior desvio para o mesmo ramo de comércio deste, o que impõe obrigação de indenizar, nos termos do artigo 52, § 3º, da lei predial. Ap. c/ Rev. 434.191 – 10º Câm. – Rel. Juiz Euclides de Oliveira – j. 09.08.1995, in JTA (LEX) 156/350.*

Por fim, encontramos julgado que não admitiu defesa atinente à utilização para uso próprio quando se pretende instalar atividade totalmente discrepante da vocação comercial do local do imóvel, por se entender que, neste caso, há indício de fraude:

> **Segundo Tribunal de Alçada Civil de São Paulo**. *Locação comercial – renovatória – retomada – imóvel localizado em zona comercial altamente especializada – instalação de ramo comercial diverso – inadmissibilidade. Não se pode admitir como sincera a pretensão de instalar em zona altamente especializada ramo de atividade totalmente diverso daquele criado durante longos anos pelos comerciantes do local, sendo inadmissível a retomada. Ap. c/ Rev. 378.427 – 1ª Câm. – Rel. Juiz Souza Aranha – j. 21.02.1994, JTA (LEX) 151/367.*

4.5. PROCEDIMENTO

A ação renovatória observa o procedimento comum. Portanto, segue o roteiro desta espécie com a peculiaridade da fixação de aluguel provisório.

Com o atual Código de Processo Civil, Lei 13.105/2015, *as remissões a disposições do Código de Processo Civil revogado, existentes em outras leis (como é o caso da Lei do Inquilinato), passam a referir-se às que lhes são correspondentes* no novo CPC (Lei 13.105/2015, art. 1.046, § 4º).

Assim, a menção aos requisitos da petição inicial do art. 282 do CPC de 1973 deve ser entendida como referente ao art. 319 do atual CPC, aos quais se acrescem a demonstração dos requisitos tratados no art. 51, para onde remetemos o leitor, e dos seguintes, insculpidos neste artigo:

Como dissemos, na contestação, o réu-locador poderá pedir ao juiz que fixe aluguel provisório, em até 80% do valor que requerer – § 4º do artigo 72.

Notem que, de acordo com jurisprudência já mencionada, a fixação do aluguel provisório não elimina a necessidade da perícia, cuja finalidade é a de apontar o valor definitivo do aluguel, de maneira técnica, por meio de um laudo elaborado por perito.

Observe-se, ainda, que certamente haverá diferença entre o aluguel definitivo, que começa a correr desde o início do novo contrato, e o provisório, fixado em até oitenta por cento do pedido.

Estas diferenças deverão ser suportadas pelo autor, e pagas de uma só vez.

Por fim, o aluguel provisório somente será devido, bem como o aluguel fixado para o novo contrato, se a ação renovatória for julgada procedente.

Julgada improcedente, os aluguéis são devidos pelo valor original com as devidas atualizações.

Nesse sentido:

Civil – recurso especial – locação comercial – Lei 8.245/91 – agravo de instrumento – renovatória julgada extinta – cobrança do montante de aluguéis pelo valor fixado provisoriamente – impossibilidade. 1 – A ação renovatória de locação comercial, protegida pela Lei 8.245/91 permite à locatária, preenchidas as exigências legais, que consiga judicialmente a renovação de seu contrato. A ratio desta estipulação legal está na proteção ao fundo de comércio, que se presume ter sido criado pela inquilina durante o período da locação, e a expectativa de renovação integra o citado fundo e o seu próprio patrimônio. 2 – Não se discute, nesta via processual escolhida da renovação, apenas o quantum, como na revisional, mas sim o iuris locato. Logo, fixado um valor provisório e julgada improcedente ou extinta sem julgamento do mérito, a decisão que fixou referido valor desaparece, pois o contrato não foi renovado. Todo provimento judicial provisório há de ser confirmado por um definitivo, caso contrário, extingue-se por si só, perdendo sua eficácia. 3 – Diante do insucesso, cabe o pagamento dos locativos pelos valores vigentes à época do contrato primitivo, aplicada a devida correção monetária, e não através do montante fixado a título de aluguéis provisórios. 4 – Precedente (REsp 12.582/SP). 5 – Recurso conhecido, porém, desprovido (STJ, REsp 159.207/SP, Rel. Min. Jorge Scartezzini, 5ª Turma, j. 21.09.1999, DJU 06.12.1999).

Locação de imóvel não residencial – Ação renovatória de locação – Sentença de improcedência. Parcial reforma do julgado. Pedido para uso próprio da área que é parte integrante de imóvel maior – Presunção de sinceridade do locador não ilidida pelo locatário. Ampla possibilidade de verificação de cumprimento da obrigação, para os fins do artigo 52, § 3º, da Lei 8.245/91. Cobrança dos aluguéis no valor fixado provisoriamente na sentença. Impossibilidade. Improcedente a ação renovatória, os aluguéis são devidos nos termos do contrato não renovado. Precedente do STJ. – Apelo parcialmente provido (TJSP, Apelação Cível 9196865-28.2009.8.26.0000, Rel. Marcos Ramos, 30ª Câmara de Direito Privado, j. 03.08.2011).

4.5.1. Necessidade de outra ação renovatória na pendência de anterior

É possível, diante da pletora de feitos que assoberba o Poder Judiciário, que seja necessária a propositura de uma segunda ação renovatória na pendência da primeira, posto que o prazo da eventual primeira renovação – sempre de 5 anos como vimos – esteja se esgotando.

Nesse caso, não há prejudicialidade da segunda ação renovatória em razão da primeira, mas exatamente o contrário, ou seja, da primeira ação renovatória em relação à segunda. Isto porque não admitida a renovação na primeira refrega, não haverá contrato a renovar para justificar a segunda.

Neste sentido:

Agravo de instrumento. Locação de imóvel. Renovatória. Prejudicialidade externa. Anterior ação renovatória entre as mesmas fartes julgada improcedente, na qual há recurso de apelação recebido em ambos os efeitos e se encontra aguardando julgamento. Suspensão do andamento da ação. Admissibilidade. Agravo de Instrumento improvido. (TJSP; Agravo de Instrumento 0454681-06.2010.8.26.0000; Rel. Jayme Queiroz Lopes; 36ª Câmara de Direito Privado; Foro Regional II – Santo Amaro – 5ª Vara Cível; j. 17.03.2011; Data de Registro: 22.03.2011).

Locação Comercial. Renovatória. Pendência de julgamento definitivo de ação renovatória anterior. Impossibilidade de julgamento da segunda ação, sob pena de conflito de decisões. Suspensão do processo. Não pode ser julgada a ação renovatória se outra ação renovatória anterior pende de julgamento definitivo, devendo o processo permanecer suspenso até o trânsito em julgado da primeira ação, sob pena de conflito de decisões (Apelação com Revisão nº 454.458-9/00, Rel. Des. Luís de Carvalho).

4.6. QUEM PODE AJUIZAR A AÇÃO RENOVATÓRIA (LEGITIMIDADE ATIVA)

Sob a égide da Lei anterior (Lei de "Luvas"), repercutindo na atual Lei 8.245/1991 e decorrente do Código Civil de 2002, deixou-se de lado o conceito de "comerciante" para, em seu lugar, adotar-se o conceito de "empresário".

É preciso observar que a Lei de Luvas, Decreto 24.150/1934, foi superada pela Lei 8.245/1991.

Entretanto, "seguindo a concepção do dirigismo contratual, editou-se a Lei 8.245/1991, que rege os contratos de locação predial urbana, reafirmando, com pequenas modificações, as antigas disposições contidas na Lei de Luvas no tocante ao direito à renovação do contrato de locação" (STJ, REsp 278.768/CE).

A Lei do Inquilinato (Lei 8.245/1991) pacificou a questão, concedendo a possibilidade de ajuizamento da renovatória aos empresários detentores de *ponto*, elemento fundamental para o exercício do direito subjetivo de renovação do contrato de locação, conforme sustentamos no item 4.2 deste capítulo.

Nesse sentido, faltando o conceito de empresarialidade, estar-se-á à margem da proteção do *ponto* e, assim como a sociedade que se destina à exploração de estacionamentos em condomínios e *shopping centers*, conforme tratamos no item 4.2, escritórios de advocacia também ficam à margem de proteção:

> **Segundo Tribunal de Alçada Civil de São Paulo**. *Locação comercial – Renovatória – Escritório de advocacia – Postulação por advogado autônomo, que não constituiu sociedade civil – descabimento – inaplicabilidade do artigo 51, parágrafo 4º, da Lei 8.245/1991. Locação contratada por advogado, sem constituição de sociedade civil com fins lucrativos, não se enquadra no artigo 51, parágrafo 4º, da Lei 8.245/1991, para fins do direito à ação renovatória (Ap. s/ Rev. 454.800 – 10ª Câm. – Rel. Juiz Euclides de Oliveira – j. 28.05.1996, JTA (LEX) 160/294. No mesmo sentido: JTA (LEX) 163/540).*

Interessante que, mesmo tratando-se de sociedade de advogados, há entendimento segundo o qual, faltando a atividade comercial e, nesta medida, o *ponto* como elemento do fundo empresarial, não há proteção decorrente da ação renovatória.

Em suma, o objetivo da lei é proteger o ponto como elemento do fundo empresarial e, ausente a necessidade da sua proteção, posto ser irrelevante para a atividade, não há possibilidade jurídica de o locatário invocar a ação renovatória.

Neste sentido:

> **Superior Tribunal de Justiça**. *Locação. Escritório de advocacia. Ação renovatória. Dec. 24.150/34. Impossibilidade. Ausência de fundo de comércio. O Decreto 24.150/34 foi editado com a finalidade de impedir a cobrança das chamadas "luvas", por ocasião da renovação do contrato de locação comercial ou industrial, assegurando a proteção do fundo de comércio. O escritório de advocacia não pode ser concebido como atividade comercial capaz de garantir a possibilidade de ingressar com ação renovatória com base no Dec. 24.150/34. – Recurso Especial não conhecido (REsp 278.768/CE, Rel. Min. Vicente Leal, 6ª Turma, j. 18.04.2002, DJ 27.05.2002, p. 205).*

No seu voto, esclareceu o relator, mencionando, inclusive, outro precedente do Superior Tribunal de Justiça: *Dentro dessa visão teleológica, somente os contratos de locação comercial podem ser amparados pela renovação judicial. Daí por que não vejo como modificar o entendimento do aresto impugnado, que concluiu pela inexistência de atividade comercial a ser amparada pela renovatória contratual. Registre-se, nesse sentido, o seguinte precedente deste Tribunal, "verbis": "REsp – Civil – Locação – Renovatória – Escritório de Advocacia – A renovatória visa a conferir a empresa que gerou o fundo de comércio" (REsp 119.480/SP – DJ: 13.10.1997 – Rel. Min. Luiz Vicente Cernicchiaro). No voto condutor do referido julgado, conclui o eminente Ministro Vicente Cernicchiaro: "... No caso dos autos, trata-se de um escritório de advocacia. As hipóteses mencionadas na lei citada dizem respeito à característica da atividade de empresas e, inclusive, caracterizam o ponto, o fundo de comércio. Deslocar tais empresas de um local para outro pode afetar profundamente a freguesia. O escritório de advocacia não apresenta essas características. A transladação de um local para outro, em princípio, não afeta o profissional ser procurado por seus clientes."*

Assim, respeitados esses requisitos, podem ingressar com a ação renovatória, além do locatário:

a) o sócio de sociedade empresarial que forma o *ponto* como elemento do fundo empresarial;

b) o sócio supérstite;

c) o sublocatário; e,

d) a massa falida.

a) O sócio de sociedade empresarial

Nos termos do art. 51, § 2º, da Lei 8.245/1991, quando o contrato autorizar que o locatário utilize o imóvel para as atividades de sociedade de que faça parte a quem pertencerá o fundo empresarial, o direito a renovação poderá ser exercido pelo locatário ou pela sociedade.

Ainda que as sociedades sejam pessoas jurídicas regularmente constituídas e, nesta medida, com existência distinta daquela atribuída aos seus membros, defere-se ao sócio o direito de requerer a renovação em nome próprio, repetida a norma que já estava no Decreto 24.150/1934, art. 3º, § 1º.

A lei, neste ponto, apenas reconhece o fato da necessidade de a pessoa natural, futura sócia de pessoa jurídica, por razões burocráticas, ser obrigada a apresentar o local da sede antes da regular constituição da sociedade.

Por fim, verifica-se que já se deferiu às sociedades irregulares ou sociedades de fato, através de seus sócios, a legitimidade à propositura da ação renovatória, provados os demais requisitos.

b) O sócio supérstite

O § 3º do art. 51 da Lei 8.245/1991 estabelece que, dissolvida a sociedade comercial por morte de um dos sócios, o sócio sobrevivente fica sub-rogado no direito à renovação, desde que continue no mesmo ramo.

c) O cessionário e sucessor

Nos termos do art. 51, § 1º, da Lei do Inquilinato, o direito de renovação compulsória assegurado aos locatários poderá ser exercido pelos seus cessionários ou sucessores.

Sabe-se que a cessão poderá ser do fundo de comércio, que não está abarcada pela restrição do art. 13 – e nem poderia – inexigindo anuência do locador.

Diferente seria a cessão da locação, que exige anuência expressa do locador, conforme examinamos quando tratamos da ação de despejo por cessão ou empréstimo não consentido.

É verdade que a cessão pode já ser autorizada no contrato e, nessa hipótese, por evidente, autorizada estará.

Mister acentuar que na cessão da locação desprovida da cessão do fundo de comércio, o locatário não poderá pleitear a renovação na exata medida em que não dispõe de fundo de comércio a ser protegido.

O cessionário do fundo de comércio, por seu turno, também não poderá exercer a renovatória vez que não é locatário se não recebeu a locação por cessão.

Nessa medida, há possibilidade de o cessionário legítimo acrescer, para efeito do triênio de exploração da mesma atividade. Todavia, o simples sucessor na locação não é, necessariamente, do fundo de comércio. Portanto, essa circunstância deve ser provada pelo cessionário.

Segundo Tribunal de Alçada Civil de São Paulo. *Locação comercial – renovatória – cessão de sociedade – consentimento do locador – ausência – carência – exegese do artigo 13 da Lei 8.245/1991. A cessão de sociedade é regulada na lei locacional, de modo a se exigir consentimento expresso do locador. Ausente a prova a respeito da providência e demonstrado que o comportamento das sociedades sucessora e sucedida, formadas por membros da mesma família, é temerário, a carência de ação é medida que se impõe. Ap. c/ Rev. 475.216 – 6ª Câm. – Rel. Juiz Aclibes Burgarelli – j. 17.03.1997, JTA (LEX) 165/440.*

Entretanto, escorreita lição dada alhures por Jorge Tarcha[37] deve ser observada:

Entende-se que a propriedade empresarial é um direito real, que adere ao estabelecimento. É impossível, pois, alienar este sem ceder o contrato de locação.

O sucessor, assim como o cessionário, também pode ser legitimado ativo, desde que seja sucessor do estabelecimento e não somente da locação.

Deveras, não basta a cessão ou sucessão da locação, para justificar a existência da ação renovatória. É indispensável que se mantenha o fundo de comércio (modernamente designado como estabelecimento).

Vamos dar um exemplo: um comerciante é cessionário somente em uma locação por cinco anos, mas o seu ramo de negócio é diferente.

Terá ele direito à renovação? Em princípio, não, pois que não lhe foi cedido o fundo de comércio, vale dizer, o estabelecimento.

Mas, se ainda restarem três anos de contrato, e nesse prazo remanescente tiver ele oportunidade para formar o seu próprio fundo de comércio, explorando-o, ininterruptamente, poderá pleitear a renovação.

Este novo fundo de comércio criado pelo cessionário na locação do imóvel é tão merecedor da proteção da lei, quanto o cedente.

Basta que ao ajuizar a renovatória o seu autor-cessionário tenha a dupla titularidade: locação e negócio.

Imaginem, agora, um contrato de locação por cinco anos, ostentando uma cláusula que proíbe a cessão do contrato de locação, sem prévio assentimento do locador.

Notem, a esse respeito, o artigo 13 da Lei 8.245/1991.

Ambos os textos legais exigem o consentimento do locador, para que o locatário possa ceder a locação.

Mas, atenção: no que tange à locação amparada pela possibilidade de renovatória, embora sujeita a chuvas e trovoadas, há jurisprudência que considera essa necessidade de autorização como sendo in fraudem legis *(em fraude à lei).*

Nesse sentido:

Tribunal de Alçada Cível do Rio de Janeiro. *Preliminares. Rejeição. Retomada. Requisitos. Presunção de sinceridade. Aluguel até a desocupação. Fixação. Dúplice é a natureza da ação renovatória, podendo o locador deduzir pedido de retomada com o consequente despejo do locatário. Daí, não ser de rigor reunião da ação de despejo em curso em Juízo distinto, pois inviável decisões conflitantes. A cessão do negócio, inclusive do direito a renovação do contrato de locação, não pode ficar à mercê de autorização do locador, sobretudo nos casos em que este poderá inviabilizar o próprio negócio do locatário, constituindo-se, assim, em verdadeiro abuso de direito a proteção legal do fundo de comércio. Não perde a titularidade de parte a cessão do negócio do locatário no curso da ação renovatória, em consonância com o disposto no art. 42 do Código de Processo Civil [atual art. 109].[38] Preliminares de decadência, ilegitimidade ativa ad causam e ausência de fundo do comercio, rejeitadas no despacho saneador e mantidas em grau de recurso. Comprovado os requisitos para o exercício da retomada, para instalar-se no terreno estoque e armazenamento de mercadorias de Drogarias, cujo capital se acha dividido entre as três filhas do locador,*

---

[37] Jorge Tarcha, *Curso de Direito Imobiliário*, São Paulo, FMU.

[38] *Perpetuatio jurisdicionis.*

defere-se a "reprise". A jurisprudência tem sufragado que milita em favor do retomante a presunção de sinceridade do pedido. No período que inicia com o término do contrato até a entrega das chaves deverá viger o aluguel atualizado, aquele arbitrado pelo perito e adotado na sentença, conforme jurisprudência do Egrégio STJ (Apelação nº 3.579/96. Quarta Câmara – Unânime – Juiz: Paulo Gustavo Rebello Horta – 23.05.1996).

Continua Jorge Tarcha:

Argumenta-se no sentido de que a regra da Lei do Inquilinato e do Código Civil é de caráter geral sobre as locações de prédios, não se aplicando às locações nas quais cabe a defesa do fundo de comércio.

Assim, considera-se inválida a cláusula que proíbe a cessão da locação. E nem poderia ser de outra forma, já que o § 1º do artigo 51 da Lei 8.245/1991 permite que o cessionário ajuíze a ação renovatória.

É evidente que o comerciante que também é locatário somente poderá vender o seu estabelecimento se o contrato de locação acompanhar o negócio.

O contrato que preenche as condições de ajuizamento da renovatória faz parte do estabelecimento.

Ele integra o conjunto de bens incorpóreos ou imateriais do fundo de comércio, que pertence, é claro, ao comerciante locatário.

Então, permite-se a cessão da locação, independentemente da anuência do locador, para assegurar ao proprietário do fundo de comércio, o poder de dispor livremente dele.

De um modo geral pode-se considerar como "sucessores" do titular da locação e do negócio:

a) o cessionário;

b) os herdeiros e o cônjuge do sucedido;

c) o espólio deste, na pessoa do inventariante;

d) a sociedade transformada ou resultante da fusão da sociedade locatária com outras;

e) o sócio que, extinta a sociedade, adquire seu fundo de comércio;

f) qualquer sócio ou herdeiro do sócio falecido, desde que entre o sucedido e o sucessor haja continuidade na relação jurídica locativa e na atividade comercial ou industrial.

Observem que estas regras valerão mesmo que haja mudança na estrutura jurídica do locatário: passagem do estado de comerciante individual para o de sociedade, ou transformação, incorporação, fusão, cisão ou mesmo mudança da composição social – entrada e saída de sócios.

Quanto a essa última hipótese (mudança na composição social), não se pode olvidar o art. 50 do atual Código Civil, que segundo o qual a pessoa jurídica possui existência distinta da de seus membros, sem contar o inciso XVII do art. 5º da Constituição Federal, que determina que é plena a liberdade de associação.

De qualquer forma, entendemos, como já tratamos no Capítulo 3, item 3.12.2, deste livro VII, que o contrato de locação não possui o condão de impedir a alteração social, sendo nula qualquer disposição nesse sentido, sendo lícito, todavia, no nosso entendimento, condicionar contratualmente a alteração à anuência do locador sob pena de infração contratual e despejo.

Segundo Tribunal de Alçada Civil de São Paulo. *Despejo – Infração contratual – Cessão de cotas da sociedade locatária – Cláusula proibitória livremente pactuada – Violação – Caracterização. Não há vedação na Lei 8.245, de 18.10.91, para que as partes estipulem a exigência do prévio consentimento do locador para prosseguimento do contrato locativo – firmado intuitu personae em relação aos sócios da locatária – quando houver alteração do quadro social. Configura infração contratual a falta desse consentimento ensejando a* *rescisão e o consequente despejo (Apel. s/ rev. 511.924, 2ª Câm., Rel. Juiz Norival Oliva, j. 16.02.98. No mesmo sentido: JTA (RT) 111/398, Apel. c/ rev. 327.443, 6ª Câm., Rel. Juiz Eros Piceli, j. 15.06.92. 2. Em sentido contrário: JTA (RT) 118/429(em.), Apel. c/ rev. 236.523, 4ª Câm., Rel. Juiz Telles Correa, j. 20.06.89).*[39]

d) O sublocatário

Na sublocação existe relação jurídica exclusivamente entre locatário e sublocatário. Este último, a princípio, não conta com qualquer vínculo que o una ao locador, ainda que seja autorizado por este.

Todavia, o sublocatário não fica à margem da proteção, notadamente em razão de expedientes que poderiam ser levados a efeito pelos locadores que, se não fosse a legitimidade do sublocatário, poderiam afastar o direito à renovatória ao locar a alguém da sua confiança que, então, efetivaria a sublocação.

Bem assim surgiu a regra do § 1º do art. 51 da Lei do Inquilinato, que legitima o sublocatário à propositura da ação renovatória.

A norma em análise é fruto de fato socialmente relevante e reiterado que, por esse motivo, foi abarcado pela lei.

E as condições que devem ser preenchidas pelo sublocatário para a ação direta de renovação são as mesmas condições previstas para o locatário.

Havendo mais de um sublocatário do imóvel locado, defere-se a possibilidade de cada um ingressar com ação renovatória autônoma pela parte que ocupar.

Se a sublocação for total, o art. 51, § 1º, da Lei 8.245/91 dispõe que *"no caso de sublocação total do imóvel, o direito a renovação somente poderá ser exercido pelo sublocatário"*. Destarte, *"sublocado totalmente o imóvel locado, ostenta legitimidade ativa para a ação renovatória o sublocatário, não a locatária sublocadora, nos termos do art. 51, § 1º, da Lei Federal nº 8.245/1991"* (TJSP, Apelação n. 9141620-03-2007.8.26.0000, 27ª Câmara de Direito Privado, j. 31.07.2012, rel. Des. Morais Pucci).

Em consonância com o acatado, o inciso VII do art. 71 da Lei do Inquilinato exige que o cessionário ou sucessor faça prova da sua regular condição, lembrando que nos termos do art. 13, a cessão da locação e a sublocação dependem da anuência do locador, e o parágrafo

---

[39] Em sentido contrário, sem que haja menção, contudo, de pacto de equiparação da cessão das cotas à cessão da posição contratual:

Despejo por infração contratual. Estacionamento – contrato misto de prestação de serviços e locação comercial – Incorporação da pessoa jurídica locatária por outra empresa hipótese que não configura e nem se equipara a cessão da locação. Desnecessidade de prévia anuência por escrito do locador – não caracterização de infração. LI, art. 13 – recurso desprovido. A incorporação da pessoa jurídica locatária por sua controladora e única sócia configura sucessão de negócio e não cessão de posição contratual. Situações jurídicas distintas. A cessão da locação, que consiste na transferência da posição jurídica do cedente para o cessionário, que toma o lugar daquele na relação locatícia, não se confunde com incorporação, que ocorre quando uma ou várias sociedades são absorvidas por outra, que lhes sucede em todos os direitos e obrigações (CC/02, art. 1.116). A cessão da locação depende de anuência prévia e por escrita do locador (LI, art. 13), dispensada na transferência de cotas sociais ou ações da sociedade empresária locatária para sua incorporadora, por configurar hipótese de sub-rogação por sucessão (LI, art. 11, II) (TJSP, Apelação Cível 0070731-95.2012.8.26.0100, Rel. Clóvis Castelo, 35ª Câmara de Direito Privado, j. 28.04.2014, data de registro 28.04.2014).

Segundo Tribunal de Alçada Civil de São Paulo. Despejo – infração contratual – cessão de cotas de sociedade locatícia – não caracterização. Não há infringência do contrato locativo pela só alteração do quadro social da pessoa jurídica. O contrário implicaria negar-se vigência ao princípio básico da teoria da personalidade jurídica (artigo 20 do Código Civil), segundo a qual a pessoa jurídica tem existência distinta de seus membros. Ap. c/ Rev. 326.112 – 2ª Câm. – Rel. Juiz Norival Oliva – j. 16.03.1993, in JTA (Lex) 144/374. Referências: Washington de Barros Monteiro – "Curso de Direito Civil – Parte Geral", pp. 110/102, Saraiva, 28ª ed., 1938; Silvio Rodrigues, "Direito", 18ª ed., Saraiva, 1989, vol. I, p. 77.

único do mesmo art. 71 da Lei 8.245/1991 dispõe que *"proposta a ação pelo sublocatário do imóvel ou de parte dele, serão citados o sublocador e o locador, como litisconsortes, salvo se, em virtude de locação originária ou renovada, o sublocador dispuser de prazo que admita renovar a sublocação; na primeira hipótese, procedente a ação, o proprietário ficará diretamente obrigado à renovação".*

Isto significa que se a ação for proposta pelo sublocatário da totalidade do imóvel, quem tem legitimidade ativa para a propositura da ação renovatória é apenas o sublocatário, que deverá colocar sublocador e locador no polo passivo. Procedente a ação, o sublocador é excluído da relação contratual e a renovação se dará exclusivamente entre locador e sublocatário que deixa de sê-lo para assumir a condição de locatário.

Posta desta maneira a questão na lei, ensina a Professora Maria Helena Diniz que *"com a procedência da renovatória, formar-se-á um vínculo locatício entre locador e sublocatário, que, então, se transformará em locatário, eliminando-se a figura do locatário-sublocador. [...] Com isso não se prejudicará sublocação destinada a um fundo de comércio pela circunstância de o locatário-sublocador e o locador rescindirem a locação. A sublocação não se extinguirá se o sublocatário propuser renovatória contra o locador".*[40]

No Superior Tribunal de Justiça encontramos o seguinte precedente: *A disposição inscrita no art. 71, parágrafo único, da Lei 8.245/91, autoriza ao sublocatário que, à época de ajuizamento da ação renovatória, desde que não disponha o sublocador de prazo que viabilize a continuidade do locativo, seja aquela ação manejada contra o locador e o sublocador, que integrarão o polo passivo na condição de litisconsortes, restando o locador diretamente obrigado à renovação* (STJ, REsp 151.715/SP, 5ª Turma, j. 21.10.1999, rel. Min. Gilson Dipp).

No Tribunal de Justiça de São Paulo: *locação de bem imóvel. Ação renovatória. Demanda proposta pela sublocatária. Sublocação total. Exclusão da sublocadora da relação locatícia renovanda. Cabimento. Inteligência dos artigos 51, § 1º e 71, parágrafo único, ambos da Lei 8.245/91. Sublocadora que não deve arcar com os ônus sucumbenciais. Ação procedente Recurso provido"* (TJSP, Apelação n. 143942-72.2009.8.26.0100, 35ª Câmara de Direito Privado, j. 09.09.2013, rel. Des. Melo Bueno).

Em igual sentido: *Locação Comercial. Renovatória. Sublocação integral do imóvel. Sublocatário que mantém fundo de comércio no imóvel tem direito a renovação em contrato a ser celebrado direta e exclusivamente com a locadora. Exclusão da locatária-sublocadora. Sistema privilegia a proteção ao fundo de comércio em detrimento da atividade especulativa do locatário-sublocador. Inteligência dos artigos 51, § 1º e 71, parágrafo único, da Lei 8.245/91. Recurso provido* (TJSP. Apelação 0107440-05.2007.8.26.0004. Relator: Gilson Delgado Miranda; Comarca: São Paulo; 28ª Câmara de Direito Privado; j. 26.05.2015; Data de registro: 28.05.2015).

Conclui-se, de outro lado, que, não havendo prazo suficiente à renovação da sublocação, embora o locador deva figurar juntamente com o sublocador no polo passivo da ação, neste caso o sublocador-locatário não será excluído da relação jurídica e o contrato a renovar será o de locação, o qual estabeleceu o vínculo locatício que se pretende manter para a subsistência da própria sublocação. O fato de o locador não ser parte no contrato de sublocação não significa que não seja parte na relação locatícia – como de fato o é – tratando-se dessa relação o denominado "contrato a renovar". Nesse caso, o sublocatário pode exercer plenamente os direitos conferidos ao locatário, inclusive o de renovação, e deve colocar ambos no polo passivo, sem que implique isso em sucumbência para o sublocador.

---

[40]   Maria Helena Diniz, *Lei de Locações de Imóveis Urbanos Comentada*, 12ª ed., São Paulo: Saraiva, 2012, p. 355.

Quanto ao polo passivo da ação, o art. 71, parágrafo único, da Lei do Inquilinato estipula que, nas ações renovatórias propostas pelo sublocatário total ou parcial, deve haver litisconsórcio passivo necessário entre o locador e o sublocador, salvo se este último dispuser de prazo que admita renovar, por si só, a sublocação.

Se o sublocador contar com prazo suficiente para a renovação da sublocação, o que é raro, a legitimidade passiva é exclusiva dele, sublocador. Por exemplo: o locatário-sublocador conta ainda com 15 anos de prazo e subloca por 5 anos. O sublocatário deve dirigir sua pretensão exclusivamente ao sublocador.

e) A massa falida

O falido pode propor ação renovatória.

Para tanto, o administrador judicial, que deve zelar pelo fundo empresarial do falido, o representará na ação.

4.7. CONTRA QUEM É AJUIZADA A RENOVATÓRIA (LEGITIMIDADE PASSIVA)

Não somente ao locador a lei defere a possibilidade de ser réu na ação renovatória. Também podem figurar como réus da referida ação:

a) O promitente comprador

Nos termos do § 1º do artigo 8º da Lei 8.245/1991, o promitente comprador do imóvel locado é parte legítima para responder pela ação renovatória na exata medida em que é equiparado ao proprietário para o efeito de denúncia do contrato de locação. Para tanto, devem estar presentes os seguintes requisitos: a promessa deve ser irrevogável e irretratável e o contrato deve estar registrado junto à matrícula do imóvel locado.

b) O locador usufrutuário ou fideicomissário

O fato de o locador ser usufrutuário ou fideicomissário o legitima para figurar no polo passivo da ação renovatória.

Todavia, o juiz não pode conceder renovação por prazo superior à duração do usufruto ou fideicomisso posto que não pode conceder a quem quer que seja, de forma derivada, mais direitos do que possui aquele que os deve conceder, notadamente o prazo para usufruir do imóvel.

4.8. VALOR DA CAUSA

Nos termos da Lei 8.245/1991, o valor da causa em qualquer ação locatícia, inclusive renovatória, é de doze meses de aluguel (artigo 58, III), excluídos os encargos.

4.9. DESOCUPAÇÃO NO CASO DE IMPROCEDÊNCIA DA AÇÃO E ALTERAÇÃO DO PRAZO PARA RETOMADA PELA LEI 12.112/2009: POSSIBILIDADE DE EXECUÇÃO PROVISÓRIA DO DESPEJO POR JULGAMENTO DE IMPROCEDÊNCIA DA AÇÃO RENOVATÓRIA E CAUÇÃO A SER PRESTADA

A par do que dispõe o inciso V do art. 58, segundo o qual os recursos interpostos contra as sentenças terão efeito somente devolutivo, inclusive nas ações renovatórias, o fato é que, em razão da redação original do art. 74, o prazo para desocupação se prorrogava para até seis meses a partir do trânsito em julgado da sentença.

Em outras palavras, a ausência do efeito suspensivo ao recurso de apelação do locatário vencido em primeiro grau não gerava qualquer efeito prático, posto que o prazo concedido para desocupação na sentença (de até seis meses) encontrava seu termo inicial no trânsito em julgado.

Neste sentido, decisão do extinto Segundo Tribunal de Alçada Civil:

Recurso. Apelação. Duplo efeito (devolutivo e suspensivo). Locação comercial. Renovatória. Retomada deferida. Admissibilidade. Prevalência do art. 74 sobre a regra do art. 58, V da Lei 8.245/1991. De acordo com a disposição do art. 74 da Lei do Inquilinato, apenas após o trânsito em julgado da sentença que não renovar a locação é que será fixado prazo para desocupação, configurando-se esta regra, portanto, em exceção ao que dispõe o art. 58, V, da mesma norma (AgIn 812.868-00/6, 7.ª Câm., 14.10.2003, Rel. Juiz Miguel Cucinelli).[41]

Com a nova redação do art. 74, o prazo para desocupação a ser fixado na sentença, que antes podia chegar a seis meses, passa a ser de trinta dias, não havendo mais falar-se em exceção à regra do inciso V, do art. 58, posto que suprimida a expressão "após o trânsito em julgado da sentença".

Não haveria mesmo o menor sentido na supressão da exceção à regra do art. 58 da Lei do Inquilinato se fosse o caso de manter o duplo efeito ao recurso de apelação, com todo respeito a quem pensa diversamente.

Nesse sentido:

Agravo de Instrumento. Ação renovatória de locação julgada improcedente. Pedido de retomada do imóvel. Impugnação contra decisão que recebeu o recurso de apelação no duplo efeito. Incidência do disposto nos artigos 58, inciso V, e 74, ambos da Lei 8.245/91, este último com a nova redação dada pela Lei 12.112/09, que suprimiu a observância a prazo de seis meses após o trânsito em julgado da sentença, o que atribuía efeito prático suspensivo ao recurso Norma processual de aplicação imediata. Decretação imediata do despejo para desocupação voluntária em trinta dias. Decisão reformada. Agravos providos. (TJSP; Agravo de Instrumento 2111744-78.2014.8.26.0000; Rel. Sá Moreira de Oliveira; 36ª Câmara de Direito Privado; Foro de Santos; 6ª. Vara Cível; j. 30.10.2014; Data de Registro: 06.11.2014.)

Civil. Processo Civil. Ação renovatória de aluguel. Apelação. Recebimento no duplo efeito. Inadmissibilidade. Inteligência do art. 58, V, da Lei 8.245. [...] No caso, inexistindo fundamentação relevante que justifique a atribuição de efeito suspensivo, não há razão para negar a incidência da norma do artigo 58, V, da Lei 8.245/91. [...] 4. Recurso improvido. (TJSP; Apelação 1007008-16.2014.8.26.0068; Rel. Artur Marques; 35ª Câmara de Direito Privado; Foro de Barueri ; 1ª Vara Cível; j. 28.04.2016; Data de Registro: 28.04.2016)

Colhe-se, neste último julgado, na fundamentação do V aresto:

Os argumentos expostos pela apelante não prosperam, ainda que se baseiem "na melhor doutrina", porque o texto legal é claro, e, embora o jargão "a lei não abriga palavras inúteis" nem sempre se aplique perfeitamente à realidade, o legislador não teria utilizado "sentença" se quisesse ter se referido a "decisão transitada em julgado". Ora, se mesmo nas ações de despejo a regra é o recebimento da apelação no efeito meramente devolutivo, que dirá nas ações renovatórias. Vale lembrar que a ação renovatória é um instrumento de suma importância para servir de garantia ao locador não residencial que não será, necessariamente, e subitamente, surpreendido com o encerramento do contrato de locação, o que poderia colocar em sério risco sua atividade mercantil. Trata-se, contudo, a renovatória, de exceção a uma regra muitas vezes olvidada pela profusão de concessões legais: o exercício do direito de propriedade, que cabe, por óbvio, ao proprietário, a quem a Constituição Federal plasmou garantias inafastáveis, respeitados, obviamente, os limites em que o livre exercício do direito de propriedade poderia atingir os direitos e garantias alheios. Portanto cabe rememorar à apelante que a ação renovatória existe, mas é, por si mesma, uma exceção à regra geral da livre disposição, pelo proprietário, do seu imóvel. Dessa forma, exceção que é, deve ser tratada como tal, não se aplicando interpretações enviesadas da legislação para se garantir ao locatário mais direitos em relação ao imóvel do que ao próprio titular da propriedade.[42]

---

[41] Sobre o tema, verificam-se as seguintes referências: Gildo dos Santos, *Locação e despejo*, 3ª ed., São Paulo: RT, 1999, p. 463-464; Francisco Carlos Rocha de Barros, *Comentários à Lei do Inquilinato*, 2ª ed., São Paulo: Saraiva, 1997, p. 651.

[42] Continua o julgado, citando outros precedentes:
Outro não é, aliás, o entendimento absolutamente pacificado por esta Corte:

Com efeito, desde que o locador faça o pedido expresso na contestação, julgada improcedente a ação renovatória, decretar-se-á o despejo com prazo de trinta dias para desocupação voluntária.

Importante ressaltar, nestes termos, que a execução provisória não é automática na hipótese de improcedência da ação renovatória com a decretação do despejo do locatário.

Isso porque o despejo poderá ser executado provisoriamente desde que o locador tenha requerido na contestação e que, nos termos do art. 64, seja prestada caução de valor não inferior a seis meses nem superior a doze meses do aluguel atualizado até a data do depósito judicial.

Percebe-se que, agora, com pedido expresso na contestação, acolhido na sentença de improcedência da ação renovatória, a execução provisória do despejo se amolda perfeitamente

Locação. Ação renovatória. Recurso de apelação. Pleito de atribuição de efeito suspensivo. Inadmissibilidade ante a falta de relevante fundamento jurídico. Agravo improvido. Nos termos do artigo 558 do CPC, a atribuição de efeito suspensivo ao recurso de apelação contra a sentença que julgou improcedente a ação renovatória, deve pressupor a existência de relevante fundamento jurídico e risco de dano irreparável ou de difícil reparação. No caso, inexistindo fundamentação relevante que justifique a atribuição de efeito suspensivo, não há razão para negar a incidência da norma do artigo 58, V, da Lei 8.245/91. (TJSP, AgIn 2029786-02.2016.8.26.0000, 31ª Câm. Dir. Privado, Rel. Antonio Rigolin, j. 01.03.2016.).
Agravo de Instrumento. Ação renovatória de locação. Apelação recebida apenas no efeito devolutivo. Pretensão à reforma. Inviabilidade. Necessária observância do artigo 58, V da Lei 8.245/1991. Ainda que em tese se possa cogitar de outorga de efeito suspensivo ao recurso de apelação, quando a lei só lhe confere o devolutivo, não é este o caso dos autos, no qual a apelante, ora agravante, nem em tese deduz causa de pedir hábil à concessão desse efeito, RECURSO NÃO PROVIDO. (TJSP, AgIn 2260610-91.2015.8.26.0000, 27ª Câm. Dir. Privado, Rel. Mourão Neto, j. 23.02.2016).
Locação. Ação de despejo julgada procedente – Recurso De Apelação – Recebido no efeito devolutivo – Impossibilidade de recebimento no duplo efeito diante do art. 58, inciso V, da Lei 8.245/91 – Efeito suspensivo é dado apenas em casos excepcionais ausentes os requisitos especiais: "periculum in mora" e o "fumus boni iuris" – Recurso do réu não provido. (TJSP, AgIn 2003870-63.2016.8.26.0000, 28ª Câm. Dir. Privado, Rel. Berenice Marcondes, j. 23.02.2016).
Agravo de instrumento. Locação de imóvel. Renovatória. Sentença de parcial procedência. Efeitos de recebimento da apelação. 1. Nas ações relacionadas à locação previstas na Lei 8.245/91, os recursos de apelação são regularmente recebidos no efeito devolutivo. 2. Inexistência de excepcionalidade que justifique a concessão do efeito suspensivo à apelação (art. 558, do CPC). Decisão mantida. Recurso desprovido. (TJSP, AgIn 2252496-66.2015.8.26.0000, 26ª Câm. Dir. Privado, Rel. Felipe Ferreira, j. 18.02.2016).
Recurso agravo de instrumento locação de imóvel ação revisional de aluguel. Apelação. Recebimento apenas no efeito devolutivo. Não se constata no caso em tela a excepcionalidade para que se conceda efeito suspensivo ao recurso de apelação. Inteligência do artigo 58, inciso V da Lei 8.245/91. Decisão mantida. Recurso de agravo não provido. (TJSP, AgIn 2260598-77.2015.8.26.0000, 25ª Câm. Dir. Privado, Rel. Marcondes D'Angelo, j. 18.02.2016.)
Em igual sentido:
Locação de imóveis. Renovatória. Improcedência. Apelação. Efeito devolutivo. Artigo 58, V, e 74 da lei especial. Redação dada pela Lei 12.112/2009. Decisão reformada recurso provido. A apelação interposta contra sentença de improcedência em ação renovatória de locação comporta ser recebida apenas no efeito devolutivo, em atenção ao disposto no artigo 74 da Lei do Inquilinato, observadas as alterações dadas pela Lei 12.112/2009, que suprimiu do texto original o termo "trânsito em julgado" para impulsionar a desocupação do imóvel. Vale lembrar que tal modificação veio a consolidar o que já previa o artigo 58, V, da mesma lei, ou seja, "os recursos interpostos contra as sentenças terão efeito somente devolutivo", nas ações de despejo, consignação de aluguel, revisionais e renovatórias de locação." (TJSP, 35ª Câmara de Direito Privado, Agravo de Instrumento nº 0025390-21.2013.8.26.0000, Rel. Des. Clóvis Castelo, j. 20.05.13).
Locação. Ação renovatória. Recurso de apelação. Pleito de atribuição de efeito suspensivo. Inadmissibilidade ante a falta de relevante fundamento jurídico. Agravo improvido. Nos termos do artigo 558 do CPC, a atribuição de efeito suspensivo ao recurso de apelação contra a sentença que julgou improcedente a ação renovatória, deve pressupor a existência de relevante fundamento jurídico e risco de dano irreparável ou de difícil reparação. No caso, inexistindo fundamentação relevante que justifique a atribuição de efeito suspensivo, não há razão para negar a incidência da norma do artigo 58, V, da Lei 8.245/91. (TJSP; Agravo de Instrumento 2029786-02.2016.8.26.0000; Rel. Antonio Rigolin; 31ª Câmara de Direito Privado; Foro Regional II – Santo Amaro – 5ª Vara Cível; j. 01.03.2016; Data de Registro: 01.03.2016).

ao sistema geral de prestação de cauções insculpido no art. 64,[43] que só dispensa a caução nas hipóteses do art. 9º – e aqui não se trata de nenhuma delas – a exigir valor não inferior a seis meses e nem superior a doze meses de aluguel, admitindo-se a modalidade real ou fidejussória, a critério do locador.[44]

É verdade que algumas decisões dispensam a caução para execução provisória do despejo deferido no caso de julgamento de improcedência da ação renovatória, requerido na contestação:

> *Agravo de Instrumento – Locação de imóvel comercial. Ação renovatória. Fixação de caução em execução provisória. Impossibilidade. Inteligência do art. 74 da Lei 8.245/91. Matéria analisada em recurso anterior Preclusão – Recurso provido (TJSP, Agravo de Instrumento 0030706-15.2013.8.26.0000, Rel. Melo Bueno, 35ª Câmara de Direito Privado, j. 22.04.2013, data de registro 22.04.2013).*

> *Locação de imóvel. Ação renovatória. Cumprimento de sentença. Desocupação voluntária. Desnecessidade de prestação de caução. Art. 74 da Lei 8.245/91. A decisão que determinou a desocupação voluntária foi proferida em ação renovatória de locação, em fase de cumprimento de sentença, e não em execução provisória de sentença proferida em ação de despejo por denúncia vazia, de modo que não se exige para a expedição do mandado de despejo a prestação de caução. Recurso desprovido (TJSP, Agravo de Instrumento 2024681-10.2017.8.26.0000, Rel. Gilberto Leme, 35ª Câmara de Direito Privado, j. 10.07.2017, data de registro 13.07.2017).*

> *Agravo de instrumento – locação de imóveis – renovatória julgada improcedente. Fixado prazo de trinta dias para desocupação voluntária do imóvel pela locatária, a contar da publicação da decisão mandado de despejo contendo o prazo. Desnecessidade. Excesso de formalismo. Prazo fixado em lei concedido à locatária – desnecessidade de caução – decisão mantida – recurso não provido (TJSP, Agravo de Instrumento 0121890-86.2012.8.26.0000, Rel. Ferraz Felisardo, 29ª Câmara de Direito Privado, j. 08.08.2012, data de registro 09.08.2012).*

Contudo, o posicionamento jurisprudencial em sentido contrário é majoritário, exigindo a caução, posto que a dispensa não consta das hipóteses legais (arts. 9º e 64 da Lei do Inquilinato), notadamente porque a ação é renovatória interposta pelo locatário que teve o seu despejo requerido na contestação do locador nos termos do art. 74 da Lei 8.245/1991:

> *Agravo de instrumento. Ação renovatória de locação comercial. Pedido de despejo formulado pelos locadores agravados em contestação. Sentença julgou improcedente a renovação e determinou a expedição de mandado de despejo da locatária agravante. Interposição de recurso de apelação. Decisão agravada que acolheu embargos declaratórios e dispensou a caução para a execução provisória do despejo fixado em sentença. Despejo que não se enquadra em qualquer das hipóteses do art. 9º da Lei 8.245/91, para as quais há dispensa de caução, conforme art. 64 do mesmo diploma normativo. Precedentes do C. STJ e deste E. TJSP. Decisão reformada, reafirmando prévia decisão do Juízo a quo que havia fixado caução em doze meses de aluguel. Recurso provido (TJSP, Agravo de Instrumento 2223036-63.2017.8.26.0000, Rel. Ana Catarina Strauch, 27ª Câmara de Direito Privado, j. 12.12.2017, data de registro 13.12.2017).*

> *Agravo interno. Agravo em recurso especial. Prequestionamento ficto. Não cabimento. Súmula 282/STF. Renovatória. Artigo 74 da Lei 8.245/1991. Norma processual. Súmula 83/STJ. (...) 4. A Lei 12.112/2009, que alterou regras e procedimentos sobre locação de imóvel urbano, por se tratar de norma processual tem aplicação imediata, inclusive a processos em curso (...) Na ação renovatória, é possível a execução provisória*

---

[43] "Art. 64. Salvo nas hipóteses das ações fundadas no art. 9º, a execução provisória do despejo dependerá de caução não inferior a 6 (seis) meses e nem superior a 12 (doze) meses do aluguel, atualizado até a data da prestação da caução. § 1º A caução poderá ser real ou fidejussória e será prestada nos autos da execução provisória. § 2º Ocorrendo a reforma da sentença ou da decisão que concedeu liminarmente o despejo, o valor da caução reverterá em favor do réu, como indenização mínima das perdas e danos, podendo este reclamar, em ação própria, a diferença pelo que a exceder".

[44] Segundo Waldir de Arruda Miranda Carneiro, a caução fica "a critério do exequente e não do juiz. Presentes os requisitos legais, não pode o juiz impor a modalidade de caução (real ou fidejussória), cuja escolha é faculdade da parte" (*Anotações à Lei do Inquilinato*, p. 554). Nessa medida: *TJSP, 26.ª Câm. Dir. Priv., j. 12.05.2009, rel. Carlos Alberto Garbi, registro 17.06.2009: Agravo de instrumento contra decisão que indeferiu a oferta de caução real para execução provisória do despejo. A lei faculta ao locador a opção de prestar a caução nas modalidades estabelecidas no art. 64 da Lei 8.245/1991. Não pode haver limitação judicial à escolha da caução. Decisão reformada para admitir a caução real pelo imóvel oferecido. Recurso provido.*

do julgado, com a determinação de expedição do mandado de despejo para a desocupação do imóvel locado e mediante caução prestada pelo locador, não sendo necessário que se aguarde o trânsito em julgado da sentença. (STJ, REsp 1.290.933/SP, Relator Ministro João Otávio de Noronha, Terceira Turma, j. 17.03.2015, DJe 24.04.2015). Incidência da Súmula 83/STJ. 5. Agravo interno a que se nega provimento (AgInt no AgRg no AREsp 796.307/RS, Rel. Min. Maria Isabel Gallotti, Quarta Turma, j. 17.08.2017, DJe 22.08.2017).

Agravo. Locação de imóvel. Ação renovatória. Interposição contra decisão que determinou a expedição de mandado de despejo. Alegação de ausência de prazo para desocupação e dispensa da prestação de caução. Prestação de caução devida. Caução fixada em 6 meses ou a caução do próprio imóvel objeto da ação. Recurso nesta parte provido. De acordo com o art. 64 da Lei 8.245/91, a execução provisória do despejo não depende de caução se a ação for fundada em qualquer dos incisos do art. 9º da Lei de Locação. Contudo, a ação aqui tratada é de renovação de locação interposta pela autora-locatária, ora agravante, na qual foi pedido seu despejo na contestação pela ré-locadora, ora agravada, conforme estipula o art. 74 da Lei de Locação. Tem-se, assim, que, deve ser exigida a prestação de caução para a execução provisória. Fica arbitrada em quantia equivalente a seis meses de aluguel, atualizado até a data de sua prestação, ou a caução do próprio imóvel objeto da ação, desde que o caucionante comprove que seu bem se encontra livre, sem qualquer embaraço (TJSP, Agravo de Instrumento 2084150-55.2015.8.26.0000, Rel. Adilson de Araujo, 31ª Câmara de Direito Privado, j. 16.06.2015, data de registro 17.06.2015).

Locação de imóvel. Ação renovatória de contrato de locação. Caução correspondente a 6 meses de aluguel, que deverá preceder a execução do despejo. Inteligência do artigo 64, caput, da Lei 8.245/91, com a alteração da Lei 12.112/09. Agravo improvido, com observação (TJSP, Agravo de Instrumento 0414503-15.2010.8.26.0000, Rel. Dyrceu Cintra, 36ª Câmara de Direito Privado, j. 30.09.2010, data de registro 07.10.2010).

Resta saber se é possível ou não admitir a caução real ou fidejussória também na hipótese de execução provisória do despejo em razão da improcedência da ação renovatória.

A resposta positiva se impõe. Não há motivo para, quanto à modalidade de garantia, deixar de aplicar o teor do § 1.º do art. 64, segundo o qual a caução poderá ser real ou fidejussória e será prestada nos autos da execução provisória.

Caberá ao juiz, apenas, controlar a idoneidade e o valor da caução e não a sua modalidade.

Em outras palavras, pretendida a caução fidejussória pelo locador, pode o juiz determinar a prova da idoneidade financeira e jurídica do garante, bem como, no caso de caução real, o valor do bem a ser admitido como garantia.

Seja como for, nos termos do art. 74, *caput*, não há mais a necessidade de esperar o trânsito em julgado para execução provisória do despejo em caso de improcedência da ação renovatória, qualquer que seja o fundamento da defesa.

Neste caso, se a caução fixada pela sentença para execução provisória (*caput* do art. 64) não for suficiente, o acolhimento da contestação fundada nas hipóteses enumeradas no art. 72[45] demandará ação própria a ser proposta pelo locatário para buscar indenização

---

[45] *Art. 72. A contestação do locador, além da defesa de direito que possa caber, ficará adstrita, quanto à matéria de fato, ao seguinte: I – não preencher o autor os requisitos estabelecidos nesta lei; II – não atender, a proposta do locatário, o valor locativo real do imóvel na época da renovação, excluída a valorização trazida por aquele ao ponto ou lugar; III – ter proposta de terceiro para a locação, em condições melhores; IV – não estar obrigado a renovar a locação (incisos I e II do art. 52). § 1º No caso do inciso II, o locador deverá apresentar, em contraproposta, as condições de locação que repute compatíveis com o valor locativo real e atual do imóvel. § 2º No caso do inciso III, o locador deverá juntar prova documental da proposta do terceiro, subscrita por este e por duas testemunhas, com clara indicação do ramo a ser explorado, que não poderá ser o mesmo do locatário. Nessa hipótese, o locatário poderá, em réplica, aceitar tais condições para obter a renovação pretendida. § 3º No caso do inciso I do art. 52, a contestação deverá trazer prova da determinação do Poder Público ou relatório pormenorizado das obras a serem realizadas e da estimativa de valorização que sofrerá o imóvel, assinado por engenheiro devidamente habilitado. § 4º Na contestação, o locador, ou sublocador, poderá pedir, ainda, a fixação de aluguel provisório, para vigorar a partir do primeiro mês do prazo do contrato a ser renovado, não excedente a 80% (oitenta por cento) do pedido, desde que apresentados elementos hábeis para aferição do justo valor do aluguel. § 5º Se pedido pelo locador, ou sublocador, a sentença poderá estabelecer periodicidade de reajustamento do aluguel diversa daquela prevista no contrato renovando, bem como adotar outro indexador para reajustamento do aluguel.*

suplementar, a teor do § 2º do art. 64, segundo o qual "ocorrendo a reforma da sentença ou da decisão que concedeu liminarmente o despejo, o valor da caução reverterá em favor do réu, como indenização mínima das perdas e danos, podendo este reclamar, *em ação própria*, a diferença pelo que a exceder".

Em resumo, o locatário desalojado por execução provisória terá que pleitear perdas e danos suplementares à caução (desvalorização do fundo de comércio, lucros cessantes, despesas com mudança e outros prejuízos que provar) em ação autônoma, caso seja dado provimento à apelação ou seja revertida a decisão de qualquer maneira no âmbito de recursos ao Tribunal de segundo grau ou recursos aos Tribunais Superiores.

Entendemos que a ação de indenização deverá ser distribuída livremente, cabendo ao antigo locatário provar, juntando cópias da ação renovatória, que foi desalojado e que conseguiu reverter a decisão de primeiro grau.

4.10. RETOMADA PELO ADQUIRENTE

Já vimos que é absolutamente possível a venda do imóvel durante o prazo da locação.

Neste caso, o inquilino que pagou luvas ou adquiriu o estabelecimento empresarial juntamente com a locação, deverá se acautelar e registrar seu contrato, tomando a cautela de nele fazer constar a cláusula de vigência.[46]

É evidente que a cláusula de vigência, que obriga os adquirentes a respeitar o prazo do contrato firmado com o locador, somente será eficaz em face desses terceiros se estiver registrada.

Se não estiver, o adquirente poderá denunciar o contrato em 90 dias contados da alienação, para desocupação voluntária em 90 dias sob pena de despejo e, nesse sentido, recomendo a leitura do tópico relativo à ação de despejo nessas circunstâncias (3.27).

O adquirente poderá, inclusive, se insurgir contra a ação renovatória, que não o obriga e, nesta medida:

Segundo Tribunal de Alçada Civil de São Paulo. *Locação. Ação Renovatória. Imóvel alienado. Retomada pelo adquirente. Admissibilidade. Ação procedente. Recurso da autora não provido. "O adquirente do imóvel não é obrigado a respeitar o contrato em vigor com o anterior tocador, uma vez não registrado tal contrato no cartório do registro de imóveis, sendo irrelevante ser proposta ação renovatória em face do anterior tocador, presente o teor do artigo 8º, § 1º, da Lei 8.245/91 (2º TACiv/SP – Apelação com Revisão 773.834-0/0 – Rel. Gilberto dos Santos – j. 17.05.2004).*

Neste julgado, com supedâneo em farta doutrina, o relator asseverou que não importa que a alienação tenha sido por meio de doação (no caso de pai para filho), posto que ausente cláusula de vigência registrada, apta a obrigar terceiros que podem denunciar a locação em curso.

Entende-se, inclusive, que, na hipótese, havendo ação renovatória em curso, esta resta prejudicada:

Locação predial – intercorrente alienação do imóvel locado – contrato, onde ausente cláusula de vigência excepcional, oponível a terceiro adquirente – denúncia imotivada promovida pelo novo proprietário – ação de despejo – fundamento do artigo 8º, da Lei 8.245/91 – atendido requisito premonitório – renovatória em curso, prejudicada – despejo procedente – sentença mantida – improvido apelo da ré. Locação, onde não se reservou especial circunstância de vigência oponível a terceiro adquirente, agregada do correspectivo aperfeiçoamento registraria, embaraço não há para a intervenção resolutória, sob simples conveniência, imotivada, do novo senhorio (artigo 8º, da Lei 8.245/91) (2º TACCiv/SP, Ap. s/ Rev. 588.886-00/2, 11ª Câm., Rel. Juiz Carlos Russo, j. 31.07.2000).

---

[46] Mais ou menos nos seguintes termos: "Eventuais adquirentes do imóvel ora locado ficam obrigados a respeitar o prazo do presente contrato, pactuado com o locador."

4.11. MODELO DE AÇÃO RENOVATÓRIA

MM. Juízo da (...).

(...), por seus procuradores (doc. 1), com escritório na (...), onde receberão intimações, vem, respeitosamente, perante Vossa Excelência, aforar, em face de (...), a competente

Ação renovatória,

o que faz com fundamento nos arts. 51 e 71 da Lei 8.245, de 18 de outubro de 1991, e pelas razões de fato e de direito a seguir aduzidas:

No dia (...), a autora firmou com o réu, para fins comerciais, por (...) anos (término em...), contrato de locação do imóvel situado na Rua (...) (doc. 2).

Do contrato celebrado entre as partes é possível vislumbrar a existência de todos os requisitos dos arts. 51 e 71 da Lei 8.245/1991, vez que:

a) O contrato foi celebrado por escrito e com prazo de cinco anos [ou mais, ou, ainda: a soma dos contratos ininterruptos perfaz cinco anos – ou mais] (doc. 2) (Lei 8.245/1991, art. 51, incisos I e II);

b) A autora explora sua atividade desde o início da locação, conforme se prova por (...) (doc. 4) (Lei 8.245/1991, art. 51, inciso III);

c) Todas as obrigações contratuais foram e continuam sendo cumpridas, assim como o pagamento dos aluguéis e encargos com exação (doc. 5), além de estar em dia com os prêmios de seguro exigidos pelo contrato de locação na cláusula (...) (doc. 6).

Outrossim, a autora indica, na forma do art. 71, inciso IV, da Lei 8.245/1991, as condições que oferece para a renovação do contrato:

a) Novo valor da locação equivalente a R$ (...) mensais, acorde com avaliação decorrente do parecer anexo (doc. 7), ou aquele que for arbitrado no curso da ação nos limites do mercado;

b) Novo prazo de 5 (cinco) anos, de acordo com o art. 51, *caput*, da Lei 8.245/1991;

c) Manutenção das demais condições do contrato a ser renovado, em especial forma e periodicidade das correções.

Nos termos do inciso V, do art. 71, da Lei 8.245/1991:

a) A autora indica, como fiadores, o Sr. (...) e sua mulher (...), proprietários de imóvel, conforme prova cópia da matrícula junto ao Oficial de Registro de Imóveis (doc. 8) que, além de receberem a quantia de R$ (...) mensais, conforme cópia dos recibos de pagamento ora juntados, são idôneos nos termos do art. 825 do Código Civil, o que se prova com as anexas certidões negativas de protestos e de distribuição de ações (doc. 9).

b) Os fiadores concordam em assumir os ônus decorrentes da celebração do contrato de fiança locatícia, conforme declaração anexa, com firma reconhecida (doc. 10).

Pedido

Isto posto, requer a autora a citação do réu, por intermédio de Oficial de Justiça (Código de Processo Civil, art. 221, inciso II),[47] para, querendo, oferecer resposta no prazo legal.

Diante do exposto, requer seja julgada procedente a presente ação, com a renovação do contrato pelo prazo de cinco anos, nos termos propostos nesta exordial, com a condenação do réu no pagamento de custas e honorários de advogado que Vossa Excelência arbitrar.

Audiência de Conciliação

Nos termos do art. 334, § 5º, do Código de Processo Civil, a autora desde já manifesta, pela natureza do litígio, desinteresse em autocomposição.

Ou

Tendo em vista a natureza do direito e demonstrando espírito conciliador, a par das inúmeras tentativas de resolver amigavelmente a questão, o autor desde já, nos termos do art. 334 do Código de Processo Civil, manifesta interesse em autocomposição, aguardando a designação de audiência de conciliação.

Provas

Requer-se provar o alegado por todos os meios de prova em direito admitidos, incluindo perícia, produção de prova documental, testemunhal, inspeção judicial, depoimento pessoal sob pena de confissão caso o réu (ou seu representante) não compareça, ou, comparecendo, se negue a depor (art. 385, § 1º, do Código de Processo Civil).

---

[47] É possível substituir pelo termo "por via postal" caso esta forma esteja autorizada no contrato.

Valor da causa:

Dá-se à causa o valor de R$ (doze vezes o aluguel vigente).

Termos em que,

Pede deferimento.

(Local e data)

(Nome do advogado e número de inscrição na OAB)

Acesse o *QR Code* e faça o *download* do modelo de peça editável

> http://uqr.to/1ye0l

4.12. FLUXOGRAMA

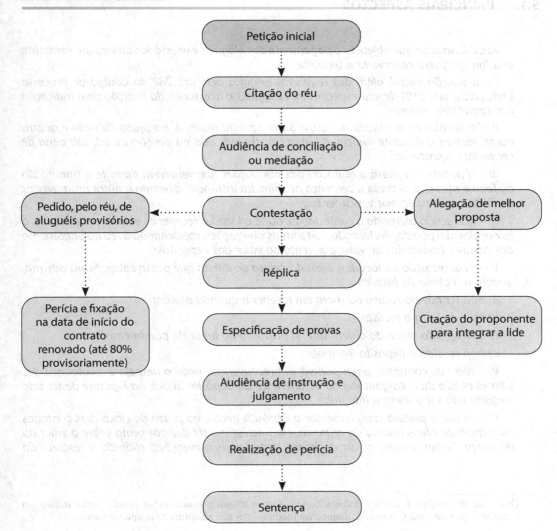

Petição inicial

Citação do réu

Audiência de conciliação ou mediação

Pedido, pelo réu, de aluguéis provisórios

Contestação

Alegação de melhor proposta

Réplica

Perícia e fixação na data de início do contrato renovado (até 80% provisoriamente)

Especificação de provas

Citação do proponente para integrar a lide

Audiência de instrução e julgamento

Realização de perícia

Sentença

Capítulo 5

AÇÃO DE CONSIGNAÇÃO DE PAGAMENTOS DE ALUGUÉIS

5.1. PRINCIPAIS ASPECTOS

Art. 67. Na ação que objetivar o pagamento dos aluguéis e acessórios da locação mediante consignação, será observado o seguinte:

I – a petição inicial, além dos requisitos exigidos pelo art. 282 do Código de Processo Civil, [atual art. 319] deverá especificar os aluguéis e acessórios da locação com indicação dos respectivos valores;

II – determinada a citação do réu, o autor será intimado a, no prazo de vinte e quatro horas, efetuar o depósito judicial da importância indicada na petição inicial, sob pena de ser extinto o processo;

III – o pedido envolverá a quitação das obrigações que vencerem durante a tramitação do feito e até ser prolatada a sentença de primeira instância, devendo o autor promover os depósitos nos respectivos vencimentos;

IV – não sendo oferecida a contestação, ou se o locador receber os valores depositados, o juiz acolherá o pedido, declarando quitadas as obrigações, condenando o réu ao pagamento das custas e honorários de vinte por cento do valor dos depósitos;

V – a contestação do locador, além da defesa de direito que possa caber, ficará adstrita, quanto à matéria de fato, a:

a) não ter havido recusa ou mora em receber a quantia devida;

b) ter sido justa a recusa;

c) não ter sido efetuado o depósito no prazo ou no lugar do pagamento;[1]

d) não ter sido o depósito integral;

VI – além de contestar, o réu poderá, em reconvenção pedir o despejo e a cobrança dos valores objeto da consignatória ou da diferença do depósito inicial, na hipótese de ter sido alegado não ser o mesmo integral;

VII – o autor poderá complementar o depósito inicial, no prazo de cinco dias contados da ciência do oferecimento da resposta, com acréscimo de dez por cento sobre o valor da diferença. Se tal ocorrer, o juiz declarará quitadas as obrigações, elidindo a rescisão da

---

[1] Ora, esse dispositivo é inútil e inusitado, vez que os aluguéis e acessórios jamais serão inúteis ao locador e, por tal razão, jamais configurarão inadimplemento absoluto, mas apenas mora.

locação, mas imporá ao autor-reconvindo a responsabilidade pelas custas e honorários advocatícios de vinte por cento sobre o valor dos depósitos;

VIII – havendo, na reconvenção, cumulação dos pedidos de rescisão da locação e cobrança dos valores objeto da consignatória, a execução desta somente poderá ter início após obtida a desocupação do imóvel, caso ambos tenham sido acolhidos.

Parágrafo único. O réu poderá levantar a qualquer momento as importâncias depositadas sobre as quais não pende controvérsia.

a) **Foro competente:** Foro do lugar do imóvel objeto do contrato de locação, salvo foro de eleição, que deverá ser respeitado (Lei 8.245/1991, art. 58, II);

b) **Legitimidade ativa:** Locador ou locatário; no caso de sublocação, sublocador e sublocatário;

c) **Legitimidade passiva:** Locador ou locatário; no caso de sublocação, sublocador e sublocatário;

d) **Valor da causa:** doze meses de aluguel vigente;

e) **Petição inicial:** deve respeitar os requisitos do art. 319 do Código de Processo Civil, acrescidos das peculiaridades dos arts. 539 a 549 do Código de Processo Civil e art. 67 da Lei 8.245/1991;

f) **Procedimento:** especial.

5.2. CONSIGNAÇÃO EXTRAJUDICIAL

O procedimento para a consignação de aluguéis e acessórios da locação é especial, traçado nos arts. 539 a 549 do Código de Processo Civil, com as peculiaridades do art. 67 da Lei 8.245/1991.

Assim, aplicar-se-ão as normas acerca da consignação extrajudicial nos termos, inclusive da conclusão do Enunciado nº 41 do Centro de Estudos do Segundo Tribunal de Alçada Civil de São Paulo: *O depósito bancário, a que alude o art. 890 do Código de Processo Civil* [atual art. 539], *é instrumento de direção material e também se presta à exoneração de obrigações oriundas do contrato de locação.*

A consignação extrajudicial é uma faculdade do devedor, que poderá, de pronto, ingressar com consignação judicial.

O depósito extrajudicial, entretanto, não será levado a efeito se houver dúvida quanto ao credor, ou se o depósito não for em dinheiro (as chaves, por exemplo). Nesse caso mister se faz a consignação judicial.

A consignação extrajudicial será efetuada no local do pagamento, conforme a norma do art. 540 do Código de Processo Civil, posto que não se trata de ação e, portanto, aplicação do art. 58, II, da Lei 8.245/1991.

Não havendo estabelecimento oficial no local do pagamento, poderá ser feito o depósito em outro, não oficial.

O depósito é efetuado em conta especial, em nome do locador que, entretanto, permite o levantamento pelo locatário no caso de recusa.

Efetuado o depósito, será remetida carta com aviso de recebimento ao locador, que terá dez dias para manifestar a recusa.

Como não há prazo para o devedor postar a carta com aviso de recebimento, por interesse ou descuido, a consignação extrajudicial poderá se alongar.

Decorrido o prazo sem recusa expressa do locador, o locatário estará liberado da obrigação, permanecendo a quantia depositada à disposição do credor (CPC, art. 539, § 2º).

> **Segundo Tribunal de Alçada Civil de São Paulo.** *Despejo – falta de pagamento – depósito bancário em nome do locador – não manifestação de recusa no prazo legal – presunção legal de quitação da dívida (Código de Processo Civil, artigo 890, §§ 1º e 2º) [atual art. 539, §§ 1º e 2º] – caráter relativo – possibilidade de ser elidida na própria ação de despejo. A presunção legal de quitação da dívida, derivada da não recusa do credor ao depósito efetivado pelo devedor, repousa na manifestação tácita de aceitação do depósito pelo beneficiário, manifestação esta que, por seu turno, pressupõe tenha sido ele direta e corretamente cientificado (Código de Processo Civil, artigo 890, §§ 1º e 2º) [atual art. 539, §§ 1º e 2º], e é possível, através de ação própria, elidir-se a presunção legal de aceitação, nada obstando, por outro lado, que tal questão surja e seja resolvida, incidenter tantum, no próprio processo de despejo instaurado após a realização do depósito extrajudicial (Apel. s/ rev. nº 471.831, 7ª Câm., rel. Juiz Antonio Marcato, j. em 17.12.96).*

A recusa do credor deverá ser manifestada, por escrito, junto ao banco depositário, sem necessidade de motivação.[2] Nesse caso, o devedor poderá levantar o valor depositado, ou utilizá-lo para propor a consignação judicial no prazo de trinta dias, evitando a mora.[3]

Faculta-se o ajuizamento da ação consignatória, no prazo de trinta dias, aproveitado o depósito efetuado, apto, em tese, a evitar a mora. Nesse caso, a petição inicial será instruída com a prova do depósito e da recusa.

O prazo começa a fluir da data da recusa, cabendo ao consignante diligenciar junto ao banco, no prazo facultado ao credor, no sentido de verificar se houve ou não a recusa.

Evidentemente que, não proposta a ação no prazo de trinta dias, o locatário não estará impedido de promover consignação judicial posterior, desde que o valor depositado esteja incluído dos acréscimos legais e contratuais, já que se configurará a mora.

5.3. CONSIGNAÇÃO JUDICIAL

Para a consignação judicial, aplicar-se-ão as regras dos arts. 58 e 67 da Lei 8.245/1991. Portanto:

a) Os processos tramitam durante as férias.

b) É competente o foro da situação do imóvel, salvo se houver foro de eleição, que prevalecerá.

c) O valor da causa corresponde a 12 meses de aluguel atualizado.

d) Desde que autorizadas no contrato, as intimações serão feitas pelo correio e, tratando-se de pessoa jurídica, por fac-símile.

e) O recurso de apelação terá efeito meramente devolutivo.

---

[2] A motivação será objeto de exame judicial em eventual e futura ação consignatória.

[3] **Tribunal de Alçada Cível do Rio de Janeiro.** *Agravo de Instrumento nº 1.964/95, 6ª Câmara, unânime, Juiz: Ronald Valladares, 12.03.1996. Depósito extrajudicial. Ação de consignação não proposta. O depósito em dinheiro, da quantia de débito, em estabelecimento bancário oficial, feito na conformidade do previsto no art. 890 do Código de Processo Civil, com a redação que lhe deu a Lei 8.951/94 [atual art. 539], se não vem a acontecer a propositura da ação consignatória, no prazo de trinta dias, tendo ocorrido a recusa de recebimento, por parte do credor, fica sem efeito. Na hipótese, o depositante é que deverá levantá-lo, para o fim que for de direito (art. 890, § 4º). Não tratando-se, na espécie, de procedimento judicial, a retirada da quantia em depósito faz-se independentemente de autorização do juiz, logicamente.*

5.3.1. Citação e intimação para depósito

Determinada a citação do réu, o autor será intimado, por seu advogado, a efetuar o depósito em vinte e quatro horas, ou seja, somente depois de recebida a inicial e determinada a citação do réu é que o autor será intimado a efetuar o depósito.

Segundo ensina Francisco Carlos Rocha de Barros a simples determinação de citação do réu não valerá como intimação para que seja efetuado o depósito.[4]

Esse prazo peremptório conta-se de minuto a minuto (Código Civil, art. 132, § 4º).[5]

Todavia, sendo efetuada pela imprensa, exclui-se o dia do começo e inclui-se o dia do final, de tal sorte que o prazo extinguir-se-á no final do expediente forense do dia útil seguinte, mesmo que não tenha sido atingido o termo das vinte e quatro horas.

5.3.2. Depósitos

O pedido automaticamente incluirá os aluguéis e acessórios que se vencerem no curso da lide, o que se afirma na exata medida em que o inciso III do art. 67 menciona que o pedido *envolverá...*

Por curso da lide se entende o termo final da sentença. Persistindo o motivo para consignar, o autor deverá promover outra ação.

Não há falar-se no prazo de cinco dias da Lei Processual (Código de Processo Civil, art. 541), sendo que os depósitos devem ser efetuados no dia do vencimento, independentemente de intimação.

Tratando-se de encargos, não sabendo o valor, deverá o autor requerer que o réu os especifique para, então, efetuar o depósito.

Não efetuados os depósitos, o processo será extinto sem resolução de mérito, independentemente de intimação do réu (Código de Processo Civil, art. 485, IV e § 1º).[6]

---

4   Francisco Carlos Rocha de Barros, *Comentários à lei do inquilinato*, São Paulo: Saraiva, 1997, p. 504. Nesse sentido:
  Segundo Tribunal de Alçada Civil de São Paulo. Consignação em pagamento – depósito – intimação pessoal da parte – desnecessidade – exegese do inciso II, do artigo 67 da Lei 8.245/1991. A intimação para o depósito prevista no inciso II do artigo 67 da Lei 8.245, de 1991, é efetivada na pessoa do advogado subscritor da inicial, sendo inaplicável o disposto no § 1º do artigo 267 do Código de Processo Civil [atual art. 485, § 1º]*(Apel. c/ rev. nº 502.017, 8ª Câm., rel. Juiz Walter Zeni, j. 18.12.1997. No mesmo sentido: JTA (Lex) 152/290, 152/292. Em sentido contrário: Apel. c/ rev. nº 489.268, 5ª Câm., rel. Juiz Dyrceu Cintra, j. 13.08.1997).*
  Segundo Tribunal de Alçada Civil de São Paulo. Consignação em pagamento – depósito em audiência – intimação a que alude o artigo 67, II, da Lei 8.245/1991 – ausência – tempestividade. Não tendo sido cumprida a intimação do inquilino para efetuar o depósito na forma legal, a fluência do prazo de vinte e quatro horas para tanto não se inicia, daí porque não há se falar em extemporaneidade do mesmo (Apel. c/ rev. nº 390.218, 4ª Câm., rel. Juiz Amaral Vieira, j. 31.05.1994, JTA (Lex) 152/294).

5   *Segundo Tribunal de Alçada Civil de São Paulo. Consignação em pagamento – depósito – prazo – observância do artigo 67, II da Lei 8.245/1991. É peremptório o prazo de 24 horas para o autor fazer o depósito na ação de consignação em pagamento, e a não observância deve levar inexoravelmente à extinção do processo, nos termos do artigo 67, II, da Lei 8.245 (Apel. c/ rev. nº 427.721, 8ª Câm., rel. Juiz Narciso Orlandi, j. 30.03.1995. No mesmo sentido: JTA (Lex) 152/288, 152/290, 163/531. Apel. c/ rev. nº 429.122, 2ª Câm., rel. Juiz Fábio Gouvêa, j. 24.04.1995; REsp. nº 103.716, MG, 6ª Turma, rel. Min. Fernando Gonçalves, j. 02.06.1997, in DJU 23.06.1997, p. 29.2).*

6   Nesse sentido:
  Segundo Tribunal de Alçada Civil de São Paulo. Consignação em pagamento – depósito em continuação – ausência – extinção do processo sem julgamento do mérito. Na ação consignatória tanto o depósito inicial como os que devem ser feitos durante a lide são pressupostos, aquele de constituição e estes de

5.3.3. Resposta do réu

Citado para a ação, o réu poderá adotar duas atitudes:

a) Receber o valor depositado ou não contestar (Código de Processo Civil, art. 546), caso em que haverá reconhecimento da procedência do pedido (Código de Processo Civil, arts. 354 e 487, III, "a"), respondendo pelas custas e honorários de 20%.[7]

b) Contestar no prazo de 15 (quinze) dias dos arts. 335, III e 542 do Código de Processo Civil, contados da data da juntada aos autos, do mandado cumprido (Código de Processo Civil, art. 231, II) ou do comprovante de citação pelo correio ou fac-símile quando admitidos.

A matéria de fato que pode ser alegada na contestação é limitada pelo inciso V do art. 67 da Lei 8.245/1991, que foi repetida pela nova redação do art. 544 do Código de Processo Civil.

Como a ausência de recusa pode ser alegada como defesa, recomenda-se ao locador a utilização prévia da consignação extrajudicial, o que impede, havendo recusa naquela esfera, tal alegação na contestação.

A matéria de direito, outrossim, não é limitada, consistindo naquelas referidas no art. 337 do Código de Processo Civil, e, ainda, na negação da relação *ex locato*.

Alegada a insuficiência do depósito em contestação, o autor poderá:

a) Complementar, depositando a diferença acrescida de dez por cento (sobre a diferença), em cinco dias, contados da ciência da resposta.[8]

b) Não depositar, seguindo a ação até o julgamento de mérito.

A alegação de insuficiência deverá, obrigatoriamente, apontar o valor que o réu entende devido e estende-se aos depósitos subsequentes, conforme concluiu, inclusive, o Enunciado nº 37 do Centro de Estudos do Segundo Tribunal de Alçada Civil de São Paulo: *Na ação de consignação em pagamento de aluguéis e acessórios, a alegação em defesa de que o depósito não é integral só será admissível se o réu indicar, justificada e discriminadamente, o montante que entender devido.*

Além de contestar, o réu poderá reconvir (Lei 8.245/1991, art. 67, VI) pedindo o despejo e a cobrança dos valores decorrentes das diferenças apontadas ou dos próprios valores depositados, se alegar que não houve recusa.

---

desenvolvimento válido e regular do processo, a ausência de qualquer deles, impõe a extinção do processo (Código de Processo Civil, artigo 267, IV) [atual art. 485, IV] (Apel. c/ rev. nº 454.026, 3ª Câm., rel. Juiz Francisco Barros, j. 07.05.1996. No mesmo sentido: Apel. c/ rev. nº 470.646, 9ª Câm., rel. Juiz Francisco Casconi, j. em 07.05.1996).

[7] É claro que, mesmo revel, o réu poderá apelar, recebendo o processo no estado em que se encontra (Código de Processo Civil, art. 346).

[8] *Segundo Tribunal de Alçada Civil de São Paulo. Consignação em pagamento – depósito – complementação – prazo – termo inicial – intimação do autor para se manifestar sobre a contestação. O prazo para complementação do valor integral a ser depositado na ação consignatória, conta-se a partir da intimação do autor para se manifestar sobre a contestação (artigo 899 do Código de Processo Civil) [atual art. 545] (Apel. c/ rev. nº 288.476, 5ª Câm., rel. Juiz Sebastião Amorim, j. 04.09.1991. Referência: Theotonio Negrão, "Código de Processo Civil e legislação processual em vigor", 19ª ed., RT, p. 397, em nota ao artigo 899. No mesmo sentido: JTA (Lex) 134/251).*

Restringindo-se a reconvenção à diferença (mesmo cumulada com despejo), o autor--reconvindo poderá complementar o depósito inicial no prazo de cinco dias, contados da intimação da reconvenção, acrescida de dez por cento.

Havendo complementação, ao autor reconvindo serão carreadas as custas e honorários de vinte por cento do valor dos depósitos.

Em qualquer caso, o valor de dez por cento sobre a diferença cumula-se com o valor da sucumbência.

Aliás, não é necessária a reconvenção para simples alegação de insuficiência dos depósitos, que pode ser alegada, com mais praticidade, na própria contestação, com os mesmos efeitos.[9]

Só não se verificará a sucumbência do autor se, além de insuficiência de depósito, a defesa alegar outras razões.

Depositado o valor da diferença acrescido de dez por cento, a ação prosseguirá para suscitar as questões pendentes.

Acolhida a defesa, o fato implicará na improcedência da ação e condenação do autor nos ônus sucumbenciais.

Nessa hipótese, os honorários serão fixados de acordo com os parâmetros do art. 85 do Código de Processo Civil, não obrigatoriamente em vinte por cento dos depósitos.

5.3.4. Execução de aluguéis, pendente a desocupação

A regra do inciso VIII do art. 67, da Lei do Inquilinato, não permite a execução dos aluguéis enquanto não for desocupado o imóvel.

Apesar da clareza do texto, é incompreensível a razão da lei, ainda mais que vai de encontro com o sistema do próprio inciso VI do art. 62.

5.3.5. Levantamento de depósitos no curso da ação

O parágrafo único do art. 67 permite o levantamento dos depósitos no curso da ação, cujos valores não penda controvérsia:

Segundo Tribunal de Alçada Civil de São Paulo. Consignação em pagamento – depósito – levantamento – limitação tão só à parte incontroversa – inteligência do artigo 67, parágrafo único, da Lei 8.245/1991. Discutindo-se sobre diferença além do valor depositado, constitui direito do credor levantar os depósitos, porque a controvérsia não incide sobre eles, mas sobre mais (Apel. c/ rev. nº 456.502, 4ª Câm., rel. Juiz Celso Pimentel, j. em 06.08.96. No mesmo sentido: JTA (Lex) 152/294, 152/507).

---

[9] Enunciado nº 3 do Centro de Estudo do Segundo Tribunal de Alçada Civil de São Paulo – Artigo 67, VII. Na ação de consignação de aluguel e acessórios da locação, a complementação do depósito pelo autor independe de reconvenção do réu.
Segundo Tribunal de Alçada Civil de São Paulo. Sucumbência – consignação em pagamento – complementação do depósito por força de contestação – ônus do autor. A complementação do depósito não está subordinada à prévia dedução pelo réu, de pedido reconvencional, impondo exclusivamente ao autor os ônus da sucumbência, nos termos do inciso VII, do artigo 67, da Lei 8.245/1991 (Apel. c/ rev. nº 443.503, 5ª Câm., rel. Juiz Laerte Sampaio, j. 06.12.1995, "in" JTA (Lex) 157/516. No mesmo sentido: JTA (RT) 106/437; Apel. nº 187.602, 3ª Câm., rel. Juiz Ferreira de Carvalho, j. 18.02.1986; Apel. c/ rev. nº 262.906, 1ª Câm., rel. Juiz Renato Sartorelli, j. 03.05.1990; Apel. c/ rev. nº 325.633, 1ª Câm., rel. Juiz Claret de Almeida, j. 14.12.1992; Apel. c/ rev. nº 331.939, 1ª Câm., rel. Juiz Quaglia Barbosa, j. 29.03.1993).

Quando a lei menciona depósitos sobre os quais *não penda controvérsia*, disse mais do que deveria, isso na exata medida em que não pode haver controvérsia sobre o valor depositado, mas, somente, sobre as diferenças.

Mesmo havendo complementação e prosseguimento da lide por outros fundamentos, não haverá quantia controvertida, mas questões controvertidas, como, por exemplo, recusa justa ou injusta, de tal sorte que o depósito efetuado pelo autor, por outro lado, não implica em reconhecimento da procedência do pedido.

5.3.6.   Aplicabilidade do art. 545, § 2°, do Código de Processo Civil

Por fim, surge a questão da aplicabilidade ou não do art. 545, § 2°, do Código de Processo Civil à consignatória de aluguéis e encargos.

Nos termos de antigo enunciado, de n. 42, do Centro de Estudos do Segundo Tribunal de Alçada Civil, *nas ações de consignação em pagamento de alugueres e encargos da locação não se aplica o disposto no art. 899, § 2°, do Código de Processo Civil* [atual art. 545, § 2°].[10]

Nesse caso, aplicado o enunciado, para cobrança das diferenças, não seria possível a execução nos mesmos autos, mas reconvenção ou, então, outra ação executiva.

O entendimento, contudo, não subsiste, havendo julgados em sentido contrário ao Enunciado mesmo no Tribunal de sua origem que, a meu ver, espelham o melhor Direito:

> *Consignação em pagamento. (...) observa-se que há procedimento especial para a consignatória e a sentença, colhendo defesa fundada na insuficiência da oferta e depósito, "determinará, sempre que possível, o montante devido e valerá como título executivo, facultado ao credor promover-lhe o cumprimento nos mesmos autos" (art. 545, § 2°, CPC). (...). O contrato de seguro fiança locatícia não libera as locatárias de responderem pelos prejuízos causados (TJSP, Apelação Cível 1023836-20.2016.8.26.0003, Rel. Kioitsi Chicuta, 32ª Câmara de Direito Privado, j. 10.02.2020, data de registro 10.02.2020).[11]*

5.4.   MODELO DE AÇÃO DE CONSIGNAÇÃO DE ALUGUÉIS E ACESSÓRIOS

MM. Juízo da (...)

(...), por seus procuradores (documento 01), com escritório na (...), onde receberão intimações, vem, respeitosamente, perante Vossa Excelência, aforar, em face de (...), Estado de São Paulo, a competente

Ação de consignação de aluguéis

o que faz com fundamento nos arts. 58 e 67 da Lei 8.245/1991 e nas razões de fato e de direito a seguir aduzidas:

O autor é sub-rogatário da locação do imóvel localizado na (...), firmada entre a ré e sua companheira (nome completo) que faleceu no último dia (...), conforme contrato de locação (documento 02) e atestado de óbito (documento 03) anexos.

---

[10]   Enunciado nº 42 – Referência: art. 899, § 2°, do Código de Processo Civil [atual art. 545, § 2°.], redação dada pela Lei 8.951, de 13.12.1994, art. 67 da Lei 8.245/1991 e art. 2° da Lei de Introdução às Normas do Direito Brasileiro. Aprovado à unanimidade (26 juízes presentes).

[11]   No mesmo sentido: *Segundo Tribunal de Alçada Civil de São Paulo. Consignação em pagamento. Depósito. Levantamento da parte incontroversa. Execução do restante. Admissibilidade. Julgada improcedente a ação consignatória e fundada a contestação somente na insuficiência do depósito, pode o credor, em face do disposto no § 2°, do artigo 899 do Código Processo Civil [atual art. 545, § 2°], levantar a quantia depositada havida como incontroversa, bem como promover a execução da diferença nos mesmos autos (Apel. c/ rev. 491.569, 7ª Câm., Rel. Juiz S. Oscar Feltrin, j. 08.07.1997).*

Todavia, o administrador do imóvel, nomeado na cláusula 4ª do contrato de locação, recusou-se, formalmente, por escrito, a receber os aluguéis, sob alegação de que o autor não seria parte legítima ante o falecimento de sua companheira (documento 04).

Ocorre que o artigo 11, inciso I, da Lei 8.245/1991, autoriza expressamente a sub-rogação da companheira residente no imóvel na locação no que toca aos direitos e obrigações.

Assim sendo, não restou alternativa ao autor, senão aforar a presente ação consignatória do aluguel, conforme passa a especificar, nos termos ao artigo 67, inciso I, da Lei 8.245/1991:

✓ *Aluguel vencido em (...), referente ao mês de (...) no valor de R$ (...).*

✓ *Condomínio referente ao mês de (...) no valor de R$ (...);*

✓ *Parcela do IPTU, do mês de (...) no valor de R$ (...);*

✓ *Total: R$ (...).*

Pedido

Diante de todo o exposto requer seja julgada procedente a presente ação, com a declaração de quitação das obrigações e a condenação do réu ao pagamento das custa e honorários de advogado de vinte por cento, nos termos do artigo 67, inciso IV, da Lei 8.245/1991.

Requer ainda, a intimação do autor, nos termos do artigo 67, inciso II, para que providencie o depósito judicial da importância indicada.

Citação

Requer o autor digne-se Vossa Excelência de determinar a citação da ré por meio eletrônico ou, não havendo cadastro, pelo correio (*ou, ainda, justificando, por Oficial de Justiça, nos termos do § 1º-A, II, do art. 246 do CPC, facultando-se ao Sr. Oficial de Justiça encarregado da diligência proceder nos dias e horários de exceção (CPC, art. 212, § 2º)*, para oferecer a defesa que tiver, sob pena de confissão, e sofrer os efeitos da revelia, ou, querendo, levantar os depósitos a serem efetuados nos termos do inciso IV do art. 67 da Lei 8.245/1991.

Provas

Requer provar o alegado por todos os meios de prova em direito admitidos, especialmente pelo depoimento pessoal do réu sob pena de confissão, oitiva de testemunhas, perícias, vistorias e demais provas que se fizerem necessárias.

Valor da causa

Dá à causa o valor de R$ (...) (doze vezes o aluguel vigente).

Termos em que,

pede deferimento.

Data

Advogado (OAB)

5.5. MODELO DE AÇÃO DE CONSIGNAÇÃO DE CHAVES (ARTS. 4º E 6º)

MM. Juízo da (...)

(...), por seus procuradores (documento 01), com escritório na (...), onde receberão intimações, vem, respeitosamente, perante Vossa Excelência, aforar, em face de (...), a competente

Ação de consignação em pagamento

o que faz com fundamento no art. 539 e seguintes do Código de Processo Civil e nas razões de fato e de direito a seguir aduzidas:

O autor é locatário do imóvel localizado na (...), conforme prova o contrato de locação anexo (documento 02), celebrado no dia (...), pelo prazo de 30 (trinta) meses, que se encontra prorrogado por prazo indeterminado.

Não convindo mais a locação, o autor notificou a ré, denunciando o contrato, com prazo de 30 (trinta dias), nos termos do art. 6º da Lei 8.245/1991.

Todavia, no prazo da notificação, tendo o autor procurado a ré para devolução das chaves, para sua surpresa, esta se recusou terminantemente, alegando simplesmente não concordar com a devolução do imóvel.

Assim sendo, não restou alternativa ao autor, senão aforar a presente ação consignatória das chaves.

Convém verificar que já decidiu o Segundo Tribunal de Alçada Civil de São Paulo:

> *Consignação – chaves – recusa do locador em recebê-las – aluguel – pagamento até a interposição da ação – obrigatoriedade. A partir do dia em que instaurada a ação consignatória das chaves é que se libera o locatário da obrigação de remunerar o uso do imóvel, desprezando-se o período das mal sucedidas tratativas de sua devolução amigável (Apel. c/ rev. nº 398.045, 10ª Câm., rel. Juiz Euclides de Oliveira, j. em 11.05.94, JTA (Lex) 152/507).*

Pedido

A fim de libertar-se da obrigação locatícia, requer o autor a consignação do valor de R$ (...), referente ao último aluguel, bem como das chaves, mediante sua intimação nos termos do artigo 542, I do Código de Processo Civil, para que providencie o depósito judicial da importância indicada e das chaves do imóvel.

Diante do exposto, requer seja julgada procedente a presente ação, declarando Vossa Excelência quitadas as obrigações e condenando o réu ao pagamento das custas e honorários de advogado que Vossa Excelência houver por bem arbitrar.

Citação

Requer-se a citação da ré por meio eletrônico ou, não havendo cadastro, pelo correio (*ou, ainda, justificando, por Oficial de Justiça, nos termos do § 1º-A, II, do art. 246 do CPC, facultando-se ao Sr. Oficial de Justiça encarregado da diligência proceder nos dias e horários de exceção (CPC, art. 212, § 2º*) para oferecer a defesa que tiver, sob pena de confissão, e sofrer os efeitos da revelia, ou, querendo, levantar os depósitos a serem efetuados nos termos do inciso II, do art. 542 e do parágrafo único do art. 546, do Código de Processo Civil.

Provas

Requer provar o alegado por todos os meios de prova em direito admitidos, especialmente pelo depoimento pessoal do réu, sob pena de confissão, oitiva de testemunhas, perícias, vistorias e demais provas que se fizerem necessárias.

Valor da causa

Dá à causa o valor de R$ (...).[12]

Termos em que,

pede deferimento.

Data

Advogado (OAB)

---

[12] *A pretensa entrega das chaves não tem valor certo e sequer corresponde ao valor do contrato, uma vez que a eventual consequência desta entrega não é objeto da ação consignatória. Assim, o valor deve ser estabelecido com apoio no art. 258 do Código de Processo Civil [atual art. 291] (Segundo Tribunal de Alçada Civil de São Paulo, 7ª Câmara, Juiz Boris Kauffmann, j. em 17.10.1984).*
Valor da causa – consignação – chaves – aplicação do artigo 258, do Código de Processo Civil [atual art. 291] – procedimentos específicos da lei inquilinária afastados. A ação de consignação de chaves não ostenta valor certo e determinado, não tem conteúdo econômico e muito menos corresponde ao valor do contrato, uma vez que a eventual consequência dessa entrega não é o objeto da ação, devendo o valor da causa ser estimado com base no artigo 258, do Código de Processo Civil [atual art. 291] (Segundo Tribunal de Alçada Civil de São Paulo, AI nº 571.462, 1ª Câm., rel. Juiz Renato Sartorelli, j. em 05.04.1999 (quanto à Lei 8.245/1991). No mesmo sentido: quanto à Lei 8.245/1991: JTA (Lex) 164/586 (em.); AI 509.709, 2ª Câm., rel. Juiz Andreatta Rizzo, j. em 20.10.1997, quanto à Lei 6.649/79, JTA (RT) 94/406).

5.6. AÇÃO DE CONSIGNAÇÃO EM PAGAMENTO HAVENDO FUNDADA DÚVIDA SOBRE QUEM DEVA RECEBER

Também cabe a consignação se houver dúvida sobre quem deva receber.

Importante frisar que a dúvida deve ser fundada e na primeira fase, por sentença, o juiz libera o consignante da obrigação, permanecendo os consignatários na ação para disputar o valor consignado.[13]

5.6.1. Modelo

MM. Juízo da (...)

(...), por seus procuradores (documento 01), com escritório na (...), onde receberão intimações, vem, respeitosamente, perante Vossa Excelência, aforar, em face de (...) a competente

Ação de consignação em pagamento

o que faz com fundamento nos arts. 539 e seguintes do Código de Processo Civil e nas razões de fato e de direito a seguir aduzidas:

O autor é locatário do imóvel localizado na (...), conforme prova o contrato de locação anexo (documento 02), celebrado no dia (...) com o corréu (...), pelo prazo de 30 (trinta) meses, que se encontra prorrogado por prazo indeterminado.

---

[13] Nesse sentido:

Segundo Tribunal de Alçada Civil de São Paulo. Consignação em pagamento – fundamento – dúvida quanto ao credor legítimo – disputa entre dois pretendentes – sucumbência – responsabilidade – relegação para a sentença da segunda fase do processo. Quando a consignação se fundar em dúvida sobre quem deva legitimamente receber (artigo 898 do Código de Processo Civil) [atual art. 548], a sentença da primeira fase deve determinar seja deduzido do valor consignado os ônus sucumbenciais arbitrados em prol do devedor consignante vencedor, relegando para a sentença da segunda fase a condenação do pretendente vencido a pagar a sucumbência dela e a repor a da primeira (Apel. c/ rev. nº 456.137, 7ª Câm., rel. Juiz Luiz Henrique, j. em 13.08.1996. No mesmo sentido: JTA (Saraiva) 74/318, 81/152. Apel. c/ rev. nº 221.173, 7ª Câm., rel. Juiz Almeida Ribeiro, j. em 06.12.1988. Apel. c/ rev. nº 456.874, 5ª Câm., rel. Juiz Pereira Calças, j. em 08.05.1996).

Segundo Tribunal de Alçada Civil de São Paulo. Consignação em pagamento – fundamento – dúvida quanto ao credor legítimo – depósito – extinção da obrigação – permanência do autor na relação processual – inadmissibilidade – exegese do artigo 898 do Código de Processo Civil [atual art. 548]. Quando a consignação se fundar em dúvida sobre quem deva legitimamente receber (artigo 898 do Código de Processo Civil) [atual art. 548], a sentença da primeira fase deve determinar o prosseguimento da relação processual tão só entre os pretendentes do depósito, com observância do procedimento ordinário (Apel. c/ rev. nº 456.137, 7ª Câm., rel. Juiz Luiz Henrique, j. em 13.08.1996. No mesmo sentido: JTA (RT) 86/355, 110/233).

Segundo Tribunal de Alçada Civil de São Paulo. Consignação em pagamento – fundamento – dúvida quanto ao credor legítimo – promessa de compra e venda do imóvel – locação posterior – legitimidade passiva do promitente vendedor – reconhecimento. Quem deu o imóvel em locação é credor dos aluguéis, mesmo que antes do contrato de locação tivesse prometido vender o prédio a terceiro, pois o promitente comprador não assume a posição de locador, por inexistir, nessa peculiar situação, cessão imprópria do contrato ou sub-rogação legal no contrato (Apel. c/ rev. nº 267.132, 4ª Câm., rel. Juiz Aldo Magalhães, j. em 28.06.1990, "in" JTA (RT) 126/336. Referências: Orlando Gomes, "Contratos", pp. 178-179, nº 112. Carlos Alberto da Mota Pinto, "Cessão da Posição Contratual", p. 84).

Segundo Tribunal de Alçada Civil de São Paulo. Consignação em pagamento – fundamento – dúvida quanto ao credor legítimo – custas e honorários – decisão quando do afastamento do consignante do processo – valor debitado do depósito. Havendo pluralidade de locadores a disputar o aluguel consignado, obtida a extinção de sua obrigação, o consignante sai da relação processual. Nesse momento é que deve ser decidida a questão das custas e honorários com relação ao locatário, devendo tais valores sair do depósito, porque a pretensão de consignar foi atendida (Apel. c/ rev. nº 406.370, 1ª Câm., rel. Juiz Magno Araújo, j. em 04.07.1994. Referência: Yussef Sahid Cahali, "Honorários advocatícios", Ed. Revista dos Tribunais, pp. 650-651).

O aluguel atual é equivalente a R$ (...) mensais.

Ocorre que, no último dia (...), o autor recebeu notificação do corréu (...), se dizendo proprietário do imóvel, que fez chegar às mãos do autor cópia da matrícula, bem como petição inicial de ação de resolução de contrato de compromisso de compra e venda, cumulada com perdas e danos, aforada em face do corréu (...) (documentos 03 e 04).

Pelo que se observa daquele pedido, a ação entre os réus envolve, inclusive, os aluguéis devidos pelo autor desta ação.

O art. 335 do Código Civil preceitua, no seu inciso V, que é caso de consignação se pender litígio sobre o objeto do pagamento.

Por outro lado, o inciso IV do art. 335 do Código Civil de 2002, determina que é o caso de consignação se ocorrer dúvida sobre quem deva legitimamente receber o pagamento.

Assim sendo, não restou alternativa ao autor, senão aforar a presente ação consignatória.

Convém verificar que já decidiu o Segundo Tribunal de Alçada Civil de São Paulo:

Consignação em pagamento – fundamento – litígio pendente sobre o objeto da prestação – dúvida quanto a sua titularidade – liberação do devedor – admissibilidade – exegese do artigo 898 do Código de Processo Civil [atual art. 539]. Havendo dúvida sobre quem deva legitimamente auferir os aluguéres, ante a existência de demanda referente à titularidade do imóvel, deve o juiz declarar efetuado o depósito e extinguir a obrigação, liberando o devedor, mesmo porque, impossível suspender-se indefinidamente o curso da consignatória, devendo prosseguir o processo entre os credores até decisão que defina o real domínio (Apel. nº 154.268, 2ª Câm., rel. Juiz Ferreira de Castro, j. em 20.09.83, in JTA (RT) 86/355).

Pedido

A fim de libertar-se da obrigação locatícia, requer o autor a consignação do valor de R$ (...), referente ao último aluguel, mediante sua intimação, nos termos do artigo 542, I, do Código de Processo Civil, para que providencie o depósito judicial da importância indicada.

Feito o depósito, requer a procedência da consignação, declarando Vossa Excelência efetuado o depósito e extinta a obrigação e, nos termos dos arts. 542, II, e 546 do Código de Processo Civil:

a) comparecendo ambos os réus, que apenas entre eles continue *o processo a correr unicamente entre os presuntivos credores*, pelo procedimento comum, condenando-os no pagamento das custas e honorários de advogado do autor;

b) comparecendo apenas um dos réus, a decisão de plano, com a procedência da consignação e o levantamento do depósito em favor do comparecente, que deverá ser condenado no pagamento de custas e honorários do autor;

c) não comparecendo nenhum dos réus, a procedência da consignação, convertendo-se o depósito em arrecadação de coisas vagas.

Requer, ainda, a consignação dos aluguéis vincendos, até o trânsito em julgado da sentença que declarar o credor.

Citação

Requer o autor digne-se Vossa Excelência de determinar a citação dos réus por meio eletrônico ou, não havendo cadastro, pelo correio (ou, ainda, justificando, por Oficial de Justiça, nos termos do § 1º-A, II, do art. 246 do CPC, facultado-se ao Sr. Oficial de Justiça encarregado da diligência proceder nos dias e horários de exceção (CPC, art. 212, § 2º), para que provem o seu direito, nos termos do art. 547 do Código de Processo Civil.

Provas

Requer provar o alegado por todos os meios de prova em direito admitidos, especialmente pelo depoimento pessoal do réu sob pena de confissão, oitiva de testemunhas, perícias, vistorias e demais provas que se fizerem necessárias.

Valor da causa

Dá à causa o valor de R$ (...) (doze vezes o aluguel vigente).

Termos em que,

pede deferimento.

Data
Advogado (OAB)

**Acesse o *QR Code* e faça o *download*
dos modelos de peças editáveis**

> *http://uqr.to/1ye0m*

5.7. FLUXOGRAMAS

5.7.1. Consignação de aluguéis e acessórios

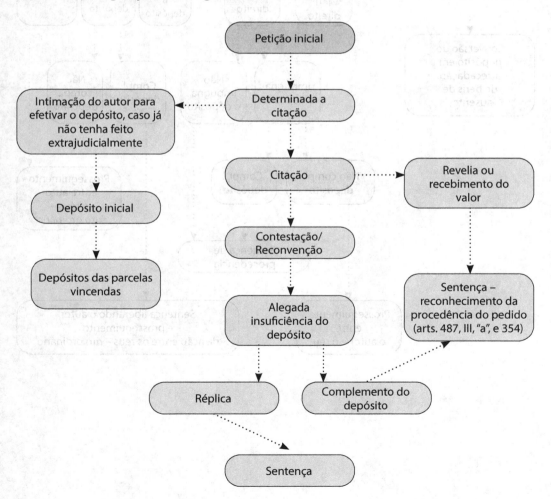

5.7.2. Consignação havendo fundada dúvida sobre quem deva receber

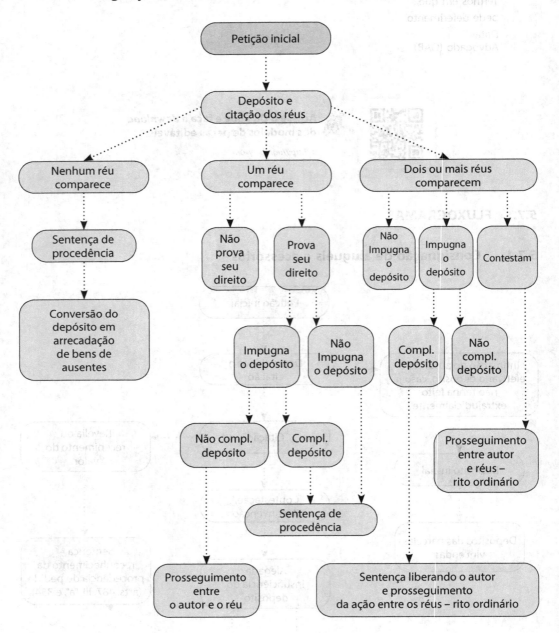

Capítulo 6

AÇÃO REVISIONAL

6.1. PRINCIPAIS ASPECTOS

Art. 19. Não havendo acordo, o locador ou o locatário, após três anos de vigência do contrato ou do acordo anteriormente realizado, poderão pedir revisão judicial do aluguel, a fim de ajustá-lo ao preço do mercado.

Art. 68. Na ação revisional de aluguel, que terá o rito sumário, observar-se-á o seguinte:

I – além dos requisitos exigidos pelos arts. 276 e 282 do Código de Processo Civil [atual art. 319, não havendo mais correspondência quanto ao art. 276, tendo em vista que o atual CPC não repetiu o rito sumário], a petição inicial deverá indicar o valor do aluguel cuja fixação é pretendida;

II – ao designar a audiência de conciliação, o juiz, se houver pedido e com base nos elementos fornecidos tanto pelo locador como pelo locatário, ou nos que indicar, fixará aluguel provisório, que será devido desde a citação, nos seguintes moldes:

a) em ação proposta pelo locador, o aluguel provisório não poderá ser excedente a 80% (oitenta por cento) do pedido;

b) em ação proposta pelo locatário, o aluguel provisório não poderá ser inferior a 80% (oitenta por cento) do aluguel vigente;

III – sem prejuízo da contestação e até a audiência, o réu poderá pedir seja revisto o aluguel provisório, fornecendo os elementos para tanto;

IV – na audiência de conciliação, apresentada a contestação, que deverá conter contraproposta se houver discordância quanto ao valor pretendido, o juiz tentará a conciliação e, não sendo esta possível, determinará a realização de perícia, se necessária, designando, desde logo, audiência de instrução e julgamento;

V – o pedido de revisão previsto no inciso III deste artigo interrompe o prazo para interposição de recurso contra a decisão que fixar o aluguel provisório.

§ 1º Não caberá ação revisional na pendência de prazo para desocupação do imóvel (arts. 46, § 2º, e 57), ou quando tenha sido este estipulado amigável ou judicialmente.

§ 2º No curso da ação de revisão, o aluguel provisório será reajustado na periodicidade pactuada ou na fixada em lei.

a) **Foro competente:** Foro do lugar do imóvel objeto do contrato de locação, salvo foro de eleição, que deverá ser respeitado (Lei 8.245/1991, art. 58, II);

b) **Legitimidade ativa:** locador ou locatário; no caso de sublocação, sublocador e sublocatário;

c) **Legitimidade passiva:** locador ou locatário; no caso de sublocação, sublocador e sublocatário;

d) **Valor da causa:** doze meses de aluguel vigente;

e) **Petição inicial:** deve respeitar os requisitos dos art. 319 do Código de Processo Civil, acrescidos das peculiaridades do art. 68 da Lei 8.245/1991;

f) **Procedimento:** comum.

6.2. DIREITO QUE TAMBÉM É DEFERIDO AO LOCATÁRIO

Inicialmente, convém verificar que a ação revisional não é exclusiva do locador.[1]

Quanto à legitimidade ativa e passiva, valem os mesmos parâmetros da ação de despejo, já estudados.

Apenas sublinhe-se que o sublocador e o sublocatário são partes legítimas na ação em que se discute revisão da sublocação.

O fiador não é litisconsorte, descabendo sua citação para a ação revisional (CPC, arts. 116 e 117), devendo apenas ser cientificado da propositura da ação:

> *Segundo Tribunal de Alçada Civil de São Paulo. Locação – revisional – fiador – citação – desnecessidade – inexistência de litisconsórcio necessário. A ação revisional não pode dirigir-se contra o fiador das obrigações locatícias, porque ele não integra o vínculo inquilinário, admitindo-se a mera cientificação do garante para propiciar-lhe a eventual intervenção no processo na qualidade de assistente, eis que modalidade interventiva de terceiro e nunca como litisconsorte necessário que diz respeito à integração de quem é parte na relação processual (Apel. s/ rev. nº 385.003, 5ª Câm., rel. Juiz Ricardo Dip, j. em 06.04.94, in JTA (Lex) 152/470. Referências: Paulo Restiffe Neto, "Locação – Questões processuais", São Paulo, 1979, p. 155. Nascimento Franco e Nisske Gondo, "Ação Renovatória e Ação Revisional de Aluguel", São Paulo, 1977, p. 349. Lauro Laertes de Oliveira, "Da fiança", 1981, p. 59. Waldir de Arruda Miranda Carneiro, "Da fiança", p. 39. No mesmo sentido: JTA (RT) 115/266, JTA (Lex) 136/393, AI nº 450.601, 7ª Câm., rel. Juiz Demóstenes Braga, j. em 12.12.95).*

Se o fiador não for cientificado da ação, entendem alguns julgados, não de forma pacífica, que lhe descaberá a cobrança do valor revisado:

> *1. É pacífico nesta Casa o entendimento de que é indispensável a citação dos fiadores em ação revisional de aluguel, a fim de que eles possam ser responsabilizados pelos valores que por ela foram acrescidos ao originalmente contratado. 2. Na hipótese vertente, restou consignado nos autos que os fiadores realmente não foram cientificados da propositura da ação revisional de aluguel, razão por que não podem ser parte em execução proposta pelo locador com vistas a exigir os valores acrescidos. 3. Agravo regimental improvido (STJ, AgRg nos EDcl no REsp 421.028/SP, Rel. Min. Maria Thereza de Assis Moura, Sexta Turma, j. 15.05.2008, DJe 02.06.2008).*

Muitos julgados, todavia, sustentam ser desnecessária essa cientificação. Mesmo assim, como cautela nunca é demais, é aconselhável cientificar o fiador na ação revisional proposta pelo locador.[2]

---

[1] Nesse sentido:
Segundo Tribunal de Alçada Civil de São Paulo. Locação – revisional – aluguel provisório – pedido pelo locatário – admissibilidade – interpretação dos artigos 19 e 68 da Lei 8.245/1991. Na ação revisional de aluguel proposta pelo locatário, é possível a fixação de aluguel provisório para redução dos valores (artigos 19 e 68, II, da Lei 8.245/1991) (AI nº 489.014, 5ª Câm., rel. Juiz Dyrceu Cintra, j. em 21.05.97. Referência: Francisco Carlos Rocha de Barros, "Comentários à Lei do Inquilinato", Ed. Saraiva, 1995, p. 480. No mesmo sentido: JTA (Lex) 152/482, 161/312; AI nº 562.753, 12ª Câm., rel. Juiz Gama Pellegrini, j. em 28.01.99. Em sentido contrário: AI nº 392.286, 7ª Câm., rel. Juiz Demóstenes Braga, j. em 14.09.93).

[2] *Segundo Tribunal de Alçada Civil de São Paulo. Fiança – responsabilidade – aluguel majorado em virtude de revisional – fiador não cientificado – insubsistência. O fiador não está obrigado ao pagamento*

Embora não seja comum, o contrato poderá dispor de forma diversa, até exonerando o fiador de responder pelos acréscimos que forem decorrentes de revisão, ainda que tenha sido cientificado da ação revisional.

Se a revisão for levada a efeito por intermédio de acordo entabulado exclusivamente entre o locador e o locatário, extrajudicialmente, o fiador restará exonerado da fiança, em virtude da novação, nos termos do artigo 366 do Código Civil.

6.3. REQUISITO ESPECÍFICO DA AÇÃO REVISIONAL

O art. 19, da Lei 8.245/1991, coloca como requisito da ação revisional a inalterabilidade do valor da locação durante o prazo de três anos, para mais ou para menos.

dos alugueres revisados quando não citado para intervir no processo, exceto se houver disposição contratual em contrário (Apel. c/ rev. 434.145, 5ª Câm., rel. Juiz Laerte Sampaio, j. em 07.06.1995. No mesmo sentido: JTA (Lex) 135/272, JTA (RT) 126/238, Apel. c/ rev. 289.254, 1ª Câm., rel. Juiz Souza Aranha, j. em 25.04.1991; AI 359.220, 6ª Câm., rel. Juiz Eros Piceli, j. em 14.09.1992; Apel. c/ rev. 430.522, 6ª Câm., rel. Juiz Gamaliel Costa, j. em 24.05.95; Apel. s/ rev. 450.392, 4ª Câm., rel. Juíza Luzia Galvão Lopes, j. em 30.01.1996; Apel. c/ rev. 446.719, 6ª Câm., rel. Juiz Paulo Hungria, j. em 06.03.1996; Apel. c/ rev. 500.602, 9ª Câm., rel. Juiz Eros Piceli, j. em 10.12.1997. Em sentido contrário: JTA (Lex) 144/389, 155/348, JTA (RT) 115/386, Apel. c/ rev. 318.017, 4ª Câm., rel. Juiz Mariano Siqueira, j. em 05.03.1993; Apel. c/ rev. nº 370.547, 1ª Câm., rel. Juiz Renato Sartorelli, j. em 18.10.1993; Apel. c/ rev. 387.045, 2ª Câm., rel. Juiz Andreatta Rizzo, j. em 21.03.1994; Apel. c/ rev. 399.809, 3ª Câm., rel. Juiz Milton Sanseverino, j. em 30.08.1994; EI 413.984, 5ª Câm., rel. Juiz Sebastião Amorim, j. em 15.03.1995; Apel. c/ rev. 446.383, 8ª Câm., rel. Juiz Narciso Orlandi, j. em 08.02.1996).

Segundo Tribunal de Alçada Civil de São Paulo. *Fiança – responsabilidade – aluguel majorado em revisional – fiador não cientificado – irrelevância – subsistência. Nada obstante a fiadora não haja sido cientificada da ação revisional de alugueres, não está desobrigada do pagamento dos alugueres majorados em razão de sentença judicial prolatada na demanda, já que responsabilizou-se pelo pacto locatício, até a entrega das chaves (Apel. c/ rev. 467.270, 8ª Câm., rel. Juiz Renzo Leonardi, j. em 31.10.1996). Anotação. No mesmo sentido: JTA (Lex) 144/389 JTA (RT) 115/386; Apel. c/ rev. 318.017, 4ª Câm., rel. Juiz Mariano Siqueira, j. em 05.03.1993; Apel. c/ rev. 370.547, 1ª Câm., rel. Juiz Renato Sartorelli, j. em 18.10.1993; Apel. c/ rev. 387.045, 2ª Câm., rel. Juiz Andreatta Rizzo, j. em 21.03.1994; Apel. c/ rev. 399.809, 3ª Câm., rel. Juiz Milton Sanseverino, j. em 30.08.1994; Apel. c/ rev. 420.541, 1ª Câm., rel. Juiz Magno Araújo, j. em 28.11.1994; AI 424.918, 5ª Câm., rel. Juiz Adail Moreira, j. em 14.12.1994; EI 413.984, 5ª Câm., rel. Juiz Sebastião Amorim, j. em 15.03.1995; Apel. c/ rev. 434.428, 3ª Câm., rel. Juiz Gomes Varjão, j. em 08.08.1995; Apel. s/ rev. 437.456, 4ª Câm., rel. Juiz Mariano Siqueira, j. em 26.09.1995; Apel. c/ rev. 446.383, 8ª Câm., rel. Juiz Narciso Orlandi, j. em 08.02.1996; Apel. c/ rev. 461.591, 3ª Câm., rel. Juiz Teixeira de Andrade, j. em 29.10.1996; Apel. c/ rev. 501.146, 1ª Câm., rel. Juiz Renato Sartorelli, j. em 15.12.1997; Apel. c/ rev. 508.313, 1ª Câm., rel. Juiz Magno Araújo, j. em 16.03.1998. Em sentido contrário: JTA (Lex) 135/272, JTA (RT) 126/238, Apel. c/ rev. 289.254, 1ª Câm., rel. Juiz Souza Aranha, j. em 25.04.1991; AI 359.220, 6ª Câm., rel. Juiz Eros Piceli, j. em 14.09.1992; Apel. c/ rev. 430.522, 6ª Câm., rel. Juiz Gamaliel Costa, j. em 24.05.1995; Apel. c/ rev. 434.145, 5ª Câm., rel. Juiz Laerte Sampaio, j. em 07.06.1995; Apel. s/ rev. 450.392, 4ª Câm., rel. Juíza Luzia Galvão Lopes, j. em 30.01.1996; Apel. c/ rev. 446.719, 6ª Câm., rel. Juiz Paulo Hungria, j. em 06.03.1996).*

Segundo Tribunal de Alçada Civil de São Paulo. *Locação – revisional – fiador – intimação – desnecessidade. A intimação dos fiadores na ação revisional de aluguel não é obrigatória, posto que não exigida por lei, podendo no máximo ser considerada conveniente. Dessa forma, inexistindo texto expresso em lei, não pode ser exigida, sob pena de flagrante desrespeito ao artigo 5º, II, da Constituição Federal (Apel. c/ rev. 399.809, 3ª Câm., rel. Juiz Milton Sanseverino, j. em 30.08.1994. Referência: J. Nascimento Franco e Nisske Gondo, "Ação Renovatória e Ação Revisional", 7. ed., RT: São Paulo, 1991, pp. 332-333, nº 311).*

Segundo Tribunal de Alçada Civil de São Paulo. *Execução – fiador – ausência de cientificação para o processo de conhecimento – ofensa ao princípio do "devido processo legal" – inocorrência. Não ofende o princípio do devido processo legal não ser o fiador chamado para a ação revisional de aluguel, de que não é parte, "ex vi legis", estando ele sujeito à execução do aluguel pelo valor lá fixado (E. Decl. 482.437, 3ª Câm., rel. Juiz João Saletti, j. em 25.11.1997 (quanto à revisional).*

Pouco importa que o aluguel esteja defasado ou exacerbado. Mesmo que estiver, não será possível a ação renovatória em desacordo com o requisito do art. 19:

> ***Segundo Tribunal de Alçada Civil de São Paulo.*** *Locação – revisional – prazo de três anos – ajuizamento prematuro – defasagem de mercado – descabimento. Na hipótese da ação revisional do artigo 19 da Lei 8.245/1991, eventual defasagem entre o aluguel que vem sendo pago e o valor de mercado não é fato constitutivo do direito à revisão. A exigência legal é outra: a inalterabilidade do aluguel pelo prazo de três anos (Apel. s/ rev. 449.213, 3ª Câm., rel. Juiz Francisco Barros, j. em 30.01.1996. No mesmo sentido: Apel. s/ rev. 544.242, 10ª Câm., rel. Juiz Souza Moreira, j. em 16.03.1999).*

De outro lado, não há que se confundir correção monetária com o reajuste do art. 19 da Lei 8.245/1991.

A correção monetária não é um *plus*, mas simples manutenção do valor de compra da moeda pela aplicação de um índice que reflete o aumento (inflação) ou diminuição (deflação) dos preços relativos na economia.[3]

Outrossim, não há qualquer vedação à revisão de contratos em curso e, tampouco, prorrogados por prazo indeterminado. Basta ler o art. 19.

Em qualquer hipótese, havendo sucessão da locação, o sucessor adquire o direito de pedir a revisão.

Tratando-se de revisão judicial, o novo prazo trienal é contado da data em que começou a vigorar o novo contrato.

6.4. RENÚNCIA AO DIREITO DE PEDIR REVISÃO

O direito, de certa forma, pode ser classificado em dois grandes grupos, ou seja, dos:

a) direitos patrimoniais (direitos reais e pessoais);

b) direitos não patrimoniais (vida, liberdade, nome etc.).

Sendo o direito à revisão um direito patrimonial, nada obsta a renúncia expressa no contrato, durante o prazo original, que não está inserta nas vedações do art. 45 da Lei 8.245/1991 de acordo com a maioria dos julgados.

> *Locação. Ação revisional de aluguel. Sentença de improcedência. Interposição de apelação pela autora. Partes contratantes que renunciaram expressamente ao direito de pedir a revisão do valor dos alugueres, previsto no artigo 19 da Lei 8.245/1991, durante o prazo original do contrato de locação. Renúncia ao direito de pedir a revisão do valor do aluguel durante o prazo original da locação é perfeitamente válida, no caso concreto, não implicando violação do artigo 45 da Lei 8.245/1991, porquanto se refere a direito patrimonial que é disponível. Descabimento da intervenção do Poder Judiciário para modificar o que as partes livremente ajustaram. Livre pactuação de cláusula de renúncia ao direito reclamado. Improcedência do pedido de revisão do valor dos aluguéis era mesmo medida imperiosa. Documentos acostados aos autos, especialmente o contrato de locação firmado entre partes, são suficientes para o deslinde da causa. Rejeição da pretensão de retorno dos autos à origem para produção de provas. Pretensão de arbitramento dos honorários advocatícios sucumbenciais por apreciação equitativa, na forma do artigo 85, § 8º, do CPC/2015. Acolhimento. Reforma da r. sentença, para arbitrar os honorários advocatícios sucumbenciais no importe de R$ 10.000,00, com correção monetária a partir deste julgamento, o que considero suficiente para remunerar dignamente o trabalho desempenhado pelo patrono da ré. Apelação parcialmente provida (TJSP, Apelação Cível 1055351-05.2018.8.26.0100, Rel. Carlos Dias Motta, 9ª Câmara de Direito Privado, j. 05.02.2014, data de registro 30.04.2019).*
>
> *Locação. Ação revisional de aluguel. Alegação de nulidade de cláusula contratual impeditiva de revisão do aluguel. Hipótese de direito disponível, o que propicia o reconhecimento da validade e da eficácia da estipulação contratual. Prevalência do pacto das partes. Improcedência mantida. Recurso improvido. A renúncia ao direito de pleitear a revisão do valor do aluguel durante o prazo da locação é perfeitamente*

---

[3] Sobre o assunto, verifiquem o nosso livro *Obrigações* – abordagem didática, 3ª ed., São Paulo: Juarez de Oliveira, 2002.

admissível, sendo válida e eficaz a cláusula, o que desautoriza invocar a norma do artigo 45 da Lei 8.245/91. Trata-se de direito patrimonial, de onde advém a possibilidade de livre disposição pelas partes (TJSP, Apelação 0001585-56.2011.8.26.0405, 31ª Câmara de Direito Privado, Rel. Antônio Rigolin, j. 29.08.2017).

No STJ:

Agravo Interno no Recurso Especial. Locação. Imóvel não residencial. Aluguel. Revisão do valor. Cláusula de renúncia. Validade. (...) 2. É firme a orientação do Superior Tribunal de Justiça no sentido de que a disposição contratual de renúncia à revisão do valor de aluguel de imóvel não residencial é compatível com os arts. 19 e 45 da Lei 8.245/1991. Precedentes. 3. A invalidação da cláusula de locação garantida com renúncia de reajuste do valor do aluguel viola o equilíbrio da relação contratual, quando o locatário alienou o bem objeto da locação em leilão, confiando na validade da referida disposição contratual, livremente assumida pelo arrematante/locador. 4. Agravo interno não provido (AgInt no REsp 1.650.333/MG, 3ª Turma, Rel. Min. Ricardo Villas Bôas Cueva, j. 28.08.2018).

Referindo-se à validade da renúncia durante o prazo original, o que autorizaria a revisão com a prorrogação do prazo contratual por força de lei:

Agravo interno. Locação. Valor pactuado. Revisão. Impossibilidade. Cláusula de renúncia. Validade. Precedentes. 1. Havendo, no contrato de locação, cláusula expressa de renúncia ao direito de revisão, fica impedida a alteração, no prazo original, do valor fixado para o aluguel. 2. Agravo interno ao qual se nega provimento (STJ, AgRg no REsp 692.703/SP, Rel. Min. Celso Limongi, Desembargador convocado do TJ/SP, 6ª Turma, DJe 07.06.2010).

6.5. QUALQUER ACORDO INTERROMPE O PRAZO TRIENAL OU É NECESSÁRIO QUE ESSE ACORDO TENHA COLOCADO O ALUGUEL NO VALOR DE MERCADO?

Qualquer acordo, mesmo que não tenha elevado o aluguel ao preço de mercado, interrompe o prazo para a ação revisional.

Nesse sentido:

__Segundo Tribunal de Alçada Civil de São Paulo__. Locação – revisional – acordo para término de ação de despejo por falta de pagamento – inadmissibilidade. A existência de qualquer acordo de revisão dos alugueres obsta a ação revisional, ainda que para pôr fim à ação de despejo por falta de pagamento, com a fixação de novo aluguel (Apel. s/ rev. 382.754, 8ª Câm., rel. Juiz Vidal de Castro, j. em 05.05.94).

Enunciado nº 16 do Centro de Estudos do Segundo Tribunal de Alçada Civil de São Paulo – Artigos 18 e 19 – O acordo das partes que, no contrato de locação, inserir ou modificar a periodicidade dos reajustes, interrompe o prazo para o ajuizamento da ação revisional.

6.6. RITO

Na redação original da Lei 8.245/1991 havia referência ao rito "sumaríssimo". Todavia, é preciso verificar que na reforma processual do Código de Processo Civil de 1973, nos termos da Lei 9.245/1995, posterior à Lei de Locações, o antigo rito sumaríssimo passou a ser denominado, simplesmente, de rito sumário.

Assim, a Lei 12.112/2009 adequou a Lei do Inquilinato ao rito que deveria ser empreendido à ação revisional.

No mais, tendo em vista as modificações havidas no rito sumário, a Lei 12.112/2009 promoveu alteração no inciso IV do art. 68 da Lei 8.245/1991, para prever a entrega da contestação na audiência de conciliação, bem como a realização de perícia, se necessária, além da designação da audiência de instrução e julgamento, se for o caso.

Nada obstante, o atual Código de Processo Civil deixou de prever o rito sumário.

Posta assim a questão, a ação revisional deverá seguir o procedimento comum insculpido nos seus arts. 318 e seguintes.

Mesmo assim, haverá audiência de conciliação, de tal sorte que devem ser feitas as adaptações.

Entendemos, nesta medida, que, após a audiência, o prazo para contestar terá seu início, não se aplicando mais o inciso IV do art. 68, que estava consentâneo com o extinto rito sumário, seguindo-se, assim, o procedimento comum determinado pelo Código de Processo Civil.

Posta assim a questão:

a) O réu será citado e, ainda que haja dispensa da audiência de conciliação pelo autor, poderá insistir na sua realização (CPC, art. 334);

b) O prazo para contestação, de quinze dias (CPC, art. 335) começa a correr da audiência de conciliação, salvo se o autor a tiver dispensado na inicial e o réu tiver, após a citação, protocolizado pedido de cancelamento da audiência (CPC, art. 335, II), quando o prazo da resposta começa a correr da data do protocolo desta petição;

A contestação poderá incluir:

a) Contraproposta.

b) Reconvenção com pedido de revisão contrário ao do autor (Código de Processo Civil, art. 343).

O autor pedirá a fixação de aluguéis provisórios na inicial, que serão fixados em até oitenta por cento do pedido definitivo.

Não obtida a conciliação, no curso da instrução o juiz determinará a perícia para fixação dos aluguéis e, se necessária, audiência de instrução e julgamento.

6.7. INDICAÇÃO DO VALOR DO ALUGUEL PRETENDIDO NA INICIAL

A petição inicial, por expressa disposição do inciso I, do art. 68, da Lei 8.245/1991, indicará *o valor do aluguel cuja fixação é pretendida.*

Ausente essa indicação, a petição é inepta, inferência que se extrai do § 1º, I, do art. 330, do Código de Processo Civil.

Um entendimento menos rigoroso poderia considerar que a indicação do valor do aluguel pretendido é pressuposto de constituição e desenvolvimento regular do processo (Código de Processo Civil, art. 485, IV), devendo o juiz determinar a emenda da inicial em quinze dias sob pena de indeferimento (Código de Processo Civil, art. 321, parágrafo único).

Ao revés do que ocorria sob a égide da lei anterior, não há mais possibilidade de a sentença fixar os aluguéis em valores além do pedido.

Explica-se: é que, anteriormente, a lei não exigia a indicação do valor do aluguel pretendido na petição inicial, como exige a Lei 8.245/1991.

Portanto, o valor indicado pelo autor representa limite da lide (Código de Processo Civil, art. 141), que não pode ser suplantado pela sentença (Código de Processo Civil, art. 492 – julgamento *ultra petita*).

No caso de revelia, nos termos do art. 344 do CPC, só haverá fixação dos aluguéis no montante requerido pelo autor se houver verossimilhança.

Isto porque o art. 344 do CPC não possui o alcance de permitir ao juiz o julgamento completamente desprovido de realidade, isso mesmo em face da literalidade do artigo, ante o teor dos arts. 371, 479 e 480[4] do Código de Processo Civil.

Neste sentido:

Segundo Tribunal de Alçada Civil de São Paulo. *Locação – revisional – perícia – revelia – discricionariedade. Frustrada a conciliação, face ao não comparecimento do réu a audiência, com revelia decretada, e não se sentindo o juiz em condições de verificar se o valor pretendido pelo locador corresponde ao preço de mercado, é recomendável a realização de perícia (AI nº 451.820, 8ª Câm., rel. Juiz Renzo Leonardi, j. em 29.02.96, "in" JTA (Lex) 159/493 (em.). No mesmo sentido: JTA (RT) 110/376).*

Segundo Tribunal de Alçada Civil de São Paulo. *Locação – revisional – perícia – revelia – desnecessidade. Com os elementos que a lei determina sejam trazidos pelo autor para a estimativa do locativo provisório, fica o Magistrado munido de informação que só torna exigível a perícia se eles não se mostrarem suficientes a provocar sua convicção (Apel. c/ rev. nº 351.659, 3ª Câm., rel. Juiz Teixeira de Andrade, j. em 26.10.93, in JTA (Lex) 147/433 (em.). No mesmo sentido: JTA (RT) 105/276, 110/376, Apel. nº 213.104, 6ª Câm., rel. Juiz Ralpho Oliveira, j. em 04.08.87; Apel. c/ rev. nº 263.620, 6ª Câm., rel. Juiz Luiz Henrique, j. em 22.08.90; AI nº 360.603, 4ª Câm., rel. Juiz Carlos Stroppa, j. em 25.08.92. Em sentido contrário: JTA (Saraiva) 82/295, JTA (RT) 105/373, Apel. Sum. nº 197.954, 4ª Câm., rel. Juiz Ferreira Conti, j. em 31.03.87, AI nº 236.547, 3ª Câm., rel. Juiz Oswaldo Breviglieri, j. em 23.05.89; Apel. s/ rev. nº 284.755, 1ª Câm., rel. Juiz Renato Sartorelli, j. em 07.01.91; Apel. c/ rev. nº 293.125, 1ª Câm., rel. Juiz Claret de Almeida, j. em 27.05.91; Apel. c/ rev. nº 296.654, 3ª Câm., rel. Juiz João Saletti, j. em 06.08.91; Apel. c/ rev. nº 366.054, 8ª Câm., rel. Juiz Cintra Pereira, j. em 07.04.94).*

6.8. ALUGUEL PROVISÓRIO

O inciso II do art. 68 é exemplo de tutela antecipada específica da Lei do Inquilinato. São três os requisitos para que o juiz fixe o aluguel provisório:

a) pedido expresso do autor;[5]
b) suficiência de elementos na petição inicial para tal fixação;

Para fixação do aluguel provisório, o autor deverá demonstrar o valor de mercado do aluguel por meio de recortes de jornais, avaliações técnicas, entre outros meios, já que a lei foi genérica ao mencionar, no inciso II, do art. 68, apenas os *elementos fornecidos tanto pelo locador como pelo locatário.*

Não caberá agravo da decisão que fixar o aluguel provisório antes de o interessado requerer a revisão, por simples petição, ao juiz monocrático.

Essa é a inferência que se extrai do Enunciado nº 7 do Centro de Estudos do Segundo Tribunal de Alçada Civil de São Paulo: *Artigo 68, II e III. Fixado o aluguel provisório na ação revisional, o interesse recursal do réu somente surgirá se não for atendido o seu pedido de revisão daquela fixação.*

---

4   Art. 131. O juiz apreciará livremente a prova, atendendo aos fatos e circunstâncias constantes dos autos, ainda que não alegados pelas partes; mas deverá indicar, na sentença, os motivos que lhe formaram o convencimento.
    Art. 437. O juiz poderá determinar, de ofício ou a requerimento da parte, a realização de nova perícia, quando a matéria não lhe parecer suficientemente esclarecida.

5   A despeito da previsão legal, nos termos do art. 141 do Código de Processo Civil (é defeso ao juiz conhecer de questões não suscitadas pelas partes) o juiz não poderá fixar esses aluguéis *ex officio*, ainda mais que tal fixação não está abarcada pelas exceções nas quais o juiz pode agir *motu proprio* (Código de Processo Civil, arts. 332, 485, § 3º, e 337, § 5º). Entende-se que esse pedido deve ser feito na inicial. Se não for, o juiz ainda assim poderá apreciá-lo, mas sua fixação não retroagirá à data da citação, como sói ocorrer com o pedido feito na exordial.

Com a redação do inciso V, do art. 68, pela Lei 12.112/2009, definitivamente adotou-se esta posição.

Na verdade, o inciso III do art. 68 já previa a possibilidade de pedido de revisão do aluguel provisório, quer na contestação, quer em momento outro até a audiência.

Todavia, surgia celeuma doutrinária e jurisprudencial quanto ao interesse e oportunidade do recurso de agravo da decisão que fixava os aluguéis provisórios.

Assim, havia quem entendesse que a ausência de recurso da decisão inicial que os fixava impedia, ao depois, negada a revisão, a interposição do agravo por intempestividade.

Nessa medida, a inclusão insculpida no inciso V determina que o prazo para interposição de agravo contra a decisão que fixar os provisórios é interrompido e só volta a correr (por completo) com a intimação da decisão sobre o pedido de revisão.

Nesse sentido, conforme justificação do projeto, procurou-se desafogar *os Tribunais de segunda instância ao conferir segurança jurídica para o réu questionar o valor do aluguel provisório perante o juiz de primeiro grau, sem precisar interpor desde logo recurso da decisão que o fixa.*

O aluguel provisório vigora a partir da citação.

Se a citação não coincidir com o dia do início da vigência do contrato (normalmente não coincide), o cálculo será feito *pro rata die*.

O inciso II do art. 68 determina que a fixação se dará juntamente com o despacho designador da audiência, mas, a rigor, pode ser fixado a qualquer tempo antes da sentença.

A falta de pagamento do aluguel provisório enseja o pedido de despejo por falta de pagamento e, neste sentido:

> *Enunciado nº 21 do Centro de Estudos do Segundo Tribunal de Alçada Civil de São Paulo – Artigo 62. O não pagamento do aluguel provisório enseja pedido de despejo com fundamento no artigo 62 da Lei 8.245/1991.*

Julgada improcedente a ação ou alterados os aluguéis provisórios, o réu poderá compensar ou será obrigado a pagar, até mediante execução, nos termos do art. 302 do Código de Processo Civil, aplicado por analogia.

O aluguel provisório será reajustado nos termos do contrato ou da lei, a partir da data de sua fixação, ou seja, a partir da citação do réu.

O réu poderá pedir revisão do aluguel provisório fixado pelo juiz, mesmo antes da contestação, que é apresentada em audiência (art. 68, III), trazendo elementos para tanto (avaliações por corretores profissionais, recortes de jornais etc.). Todavia, se não impugnar até a contestação, haverá preclusão do seu direito à impugnação.

A perícia não é necessária para fixação dos aluguéis provisórios.

6.8.1. Criação de um limitador para o aluguel provisório requerido pelo locatário pela Lei 12.112/2009

Nada obstante não houvesse expressa disposição da possibilidade da revisão do valor do aluguel por ação proposta pelo locatário, mormente em razão de a Lei 8.245/1991 ter sido elaborada em período de exacerbada inflação, no qual era praticamente impossível imaginar a redução do valor do aluguel, a partir da estabilização da moeda passou-se a admitir, até pelo princípio da igualdade, que, a requerimento do locatário, os aluguéis fossem revistos para baixo.

Com efeito, a jurisprudência adotou o critério de permitir que a diminuição do valor do aluguel se operasse na razão de até oitenta por cento do pedido, que sempre foi considerado como pedido da redução pretendida pelo autor.

Nesse sentido, na hipótese de aluguel de R$ 20.000,00 com pedido de revisão para R$ 10.000,00, o juiz poderia fixar o aluguel provisório entre R$ 12.000,00 e R$ 20.000,00.

Inexplicavelmente, a redação final do inciso II do art. 68 da Lei 8.245/1991, com a redação dada pela Lei 12.112/2009, quebrou essa isonomia, ao estabelecer que o juiz está limitado a conceder redução de apenas 20% na hipótese do pedido efetuado pelo locatário. Na dicção da lei, permite-se ao juiz fixar o valor do aluguel provisório não inferior a "80% (oitenta por cento) do aluguel vigente".

No exemplo dado, ainda que o locatário aponte na petição inicial, com elementos de convencimento, que o aluguel foi reduzido de R$ 20.000,00 para R$ 10.000,00, em tese o juiz somente poderá conceder redução de R$ 4.000,00, fixando o aluguel provisório em R$ 16.000,00.

Entretanto, no mesmo caso citado, se a revisão for proposta pelo locador que aponta o valor de R$ 20.000,00 ante aluguel vigente de R$ 10.000,00, o juiz poderia fixar o aluguel provisório de R$ 18.000,00, ou seja, "80% (oitenta por cento) do pedido" de aumento indicado na petição inicial, considerado o significado até então empregado doutrinária e jurisprudencialmente ao termo legal "pedido", o que representa aumento de R$ 8.000,00.

É preciso insistir que, a par do imbróglio gerado pela modificação, "pedido" sempre significou, no caso, o "pedido" de aumento ou o de redução pretendidos, respectivamente, pelo locador e pelo locatário.

Nesta medida, ensina Francisco Carlos Rocha de Barros: *A fixação do limite de 80% vale também para a hipótese de fixação de aluguel provisório quando a ação revisional é movida pelo locatário. O cálculo complica-se, mas conhecimentos elementares de matemática podem resolver a questão. Se o aluguel vigente for dez, e o locatário pretender reduzi-lo para cinco, o aluguel provisório não poderá ser inferior a seis. O locatário pleiteia pagar cinco a menos do que deve. Oitenta por cento de cinco é quatro. Assim, só pode conseguir, provisoriamente, pagar quatro a menos do valor vigente, ou seja, 80% da redução por ele pretendida.*[6]

Posta desta maneira a questão, a continuar o pedido com o mesmo significado empreendido pela doutrina e pela jurisprudência, poder-se-á gerar profunda injustiça e afronta ao princípio da isonomia. Neste caso, será juridicamente impossível explicar a diferença de tratamento legal entre locador e locatário na fixação do aluguel provisório.

Em suma, percebe-se nitidamente que a lei confundiu o sentido doutrinário e jurisprudencial empreendido ao termo "pedido" da redação original, que significava o valor do aumento ou da redução pretendidos.

Por outro lado, mesmo que o "pedido" da redação original nas ações revisionais propostas pelo locador passe a ter o significado de "aluguel total pedido", como parece ser o caso, a afronta ao princípio da igualdade ainda é flagrante, se for este comparado com a possibilidade de o juiz fixar o aluguel provisório em não menos que "80% (oitenta por cento) do aluguel vigente" na ação proposta pelo locatário.[7]

---

6   Francisco Carlos Rocha de Barros, *Comentários à lei do inquilinato*, p. 542.

7   A redação original do projeto era ainda pior e, pelo que se percebe, durante a sua tramitação, a tentativa de correção foi em vão. Com efeito, previa que, "em ação proposta pelo locatário, o aluguel provisório não poderá ser inferior a 120% (cento e vinte por cento) do pedido". Nitidamente concedia-se ao "pedido" o significado de "valor do aluguel pedido". Ocorre que, neste caso, a isonomia também seria quebrada, posto que, no exemplo que demos, de diminuição de R$ 20.000,00 para R$ 10.000,00, o

Em consonância com o acatado, atribuído ao pedido este sentido (de valor total do aluguel objeto do pedido), na ação proposta pelo locador que, a título exemplificativo, diante de aluguel vigente de R$ 10.000,00, pretende outro de R$ 20.000,00, em tese o juiz pode fixar o aluguel provisório em R$ 16.000,00, ou seja, "80% (oitenta por cento) do 'aluguel objeto do' pedido", o que representa aumento de R$ 6.000,00.

Por outro lado, na ação proposta pelo locatário que, diante de aluguel vigente de R$ 20.000,00, pretende outro de R$ 10.000,00, o juiz estará limitado a fixar o aluguel provisório nos mesmos R$ 16.000,00, ou seja, "80% (oitenta por cento) do aluguel vigente", o que representa, por outro lado, redução de apenas R$ 4.000,00.

A se considerar a justificação do projeto que culminou com a Lei 12.112/2009 e a alteração do art. 68 da Lei do Inquilinato, não nos parece que tenha sido esta a *mens legis* na exata medida em que encontramos nela o seguinte: *As alterações propostas no art. 68 consistem, essencialmente: na adequação do rito da ação revisional de aluguel à reformulação da sistemática do procedimento sumário (que deixou de chamar-se sumaríssimo), na forma da Lei 9.245/1995, posterior à Lei de Locações; na criação de um limitador para o aluguel provisório requerido pelo locatário, nos mesmos moldes do limitador já existente para o aluguel provisório postulado pelo locador, assim conferindo tratamento isonômico entre as partes e no aperfeiçoamento da sistemática de revisão do aluguel provisório, desafogando-se os Tribunais de segunda instância ao conferir segurança jurídica para o réu questionar o valor do aluguel provisório perante o juiz de primeiro grau, sem precisar interpor desde logo recurso da decisão que o fixa.*

Em suma, ao tentar aplicar tratamento isonômico entre locador e locatário, a lei feriu princípios elementares de matemática, desigualando as ações propostas por locadores e locatários, demandando interpretação sistemática com a Constituição Federal e aplicação dos princípios da boa-fé, da eticidade, da operabilidade e da socialidade.

Posta assim a questão e a par da alteração, entendemos que ao juiz é possível continuar deferindo o aluguel provisório pedido pelo locatário no limite de 80% (oitenta por cento) da redução apontada na exordial com elementos de verossimilhança e continuar aplicando o entendimento segundo o qual o pedido, para o locador, é o pedido de aumento do aluguel, fixando a majoração em até 80% (oitenta por cento) da diferença pretendida.

Esta é a única maneira de amoldar de forma isonômica a ação revisional proposta pelo locador e pelo locatário, como, aliás, já levava a efeito a jurisprudência.

6.9. PENDÊNCIA DE PRAZO PARA DESOCUPAÇÃO E IMPOSSIBILIDADE REVISIONAL

Nos casos de denúncia imotivada dos arts. 46, § 2º, e 57, e só nesses casos,[8] pendente prazo para desocupação, não se admitirá a ação de revisão de aluguéis.

Aplica-se a vedação, portanto, durante o prazo para desocupação voluntária nas seguintes hipóteses (art. 68, § 1º; arts. 46, § 2º, e 57):

a) locação residencial pelo prazo de 30 meses prorrogada por prazo indeterminado;

b) locação não residencial prorrogada por prazo indeterminado;

---

juiz poderia conceder redução de até R$ 8.000,00, fixando o aluguel em R$ 12.000,00, ou seja, 120% do aluguel total pedido pelo locatário. Na mesma hipótese, se o pedido fosse do locador, de aumento de R$ 10.000,00 para 20.000,00, o juiz poderia aumentar apenas R$ 6.000,00 e fixar o aluguel em até R$ 16.000,00, ou seja, 80% (oitenta por cento) do aluguel pedido pelo locador.

8   Uma norma restritiva de direito (direito de pedir revisão), deve ser interpretada restritivamente.

c) mútuo acordo;

d) pendente o prazo fixado judicialmente, mesmo que em decisão homologatória.

O que se quer dizer é que no prazo para desocupação voluntária concedido na notificação e nas hipóteses legais, antes da ação de despejo, não é possível requerer revisão.

Não teria mesmo sentido requerer revisão antes de saber se haverá a desocupação voluntária no prazo da notificação, que é de 30 dias ou quando tenha sido este prazo estipulado amigável ou judicialmente.

Nesse sentido:

> *Locação de bem imóvel ação revisional de aluguel c/c indenizatória. (...) Pedido revisional juridicamente impossível. Pendência de prazo para desocupação do imóvel. Sentença anulada, com observação (TJSP, Apelação Cível 0053097-13.2012.8.26.0577, Rel. Melo Bueno, 35ª Câmara de Direito Privado, j. 11.11.2013, data de registro 11.11.2013).*

> *Locação – revisional – pendência de prazo para desocupação – descabimento – exegese do artigo 68, § 1º, da Lei 8.245/1991. Na vigência do prazo da notificação denunciando o contrato locatício, seja este residencial, seja comercial, não poderá o senhorio promover ação revisional de aluguel, direito que lhe socorre, contudo, após superado o prazo, sem atendimento pelo inquilino (Segundo TAC/SP, Apel. s/ rev. nº 451.032, 11ª Câm., rel. Juiz Mendes Gomes, j. em 1º.04.96. No mesmo sentido: AI nº 373.666, 5ª Câm., rel. Juiz Alves Bevilacqua, j. em 03.03.93).*

No curso da ação de despejo, e fora das hipóteses dos arts. 46, § 2º, e 57, nada obsta o pedido de revisão.[9]

6.10. PERÍCIA

Para fixação de aluguéis definitivos, mister se faz a perícia, cujo pagamento, acorde com o art. 95 do Código de Processo Civil, será de responsabilidade do autor.

---

[9] ***Segundo Tribunal de Alçada Civil de São Paulo.*** *Locação – revisional – pendência de ação de despejo – inexistência de prazo para desocupação – admissibilidade – exegese do § 1º do artigo 68 da Lei 8.245/1991. Decretado o despejo em processo instaurado sob a égide da lei anterior, e estando a respectiva sentença sujeita a recurso com efeito suspensivo, nada obsta o ajuizamento de ação revisional de aluguel pelo locador (AI nº 375.365, 7ª Câm., rel. Juiz Antonio Marcato, j. em 22.12.92. No mesmo sentido: AI nº 362.996, 7ª Câm., rel. Juiz Ary Casagrande, j. em 08.09.92; AI nº 370.273, 2ª Câm., rel. Juiz Andreatta Rizzo, j. em 26.10.92; AI nº 372.330, 7ª Câm., rel. Juiz Antonio Marcato, j. em 17.11.92; AI nº 362.872, 5ª Câm., rel. Juiz Ismeraldo Farias, j. em 02.09.92).*
Segundo Tribunal de Alçada Civil de São Paulo. *Locação – revisional – pendência de prazo para desocupação do artigo 78 da Lei 8.245/1991 – admissibilidade – restrição do artigo 68, § 1º – inabrangência. O impedimento do artigo 68, § 1º, não se aplica à hipótese de denúncia imotivada baseada no disposto no artigo 78, ambos da Lei 8.245. No caso, a pendência do prazo de 12 meses para desocupação não impede a propositura de ação revisional de aluguel (AI nº 448.600, 4ª Câm., rel. Juíza Luzia Galvão Lopes, j. em 12.12.95, in JTA (Lex) 156/279. No mesmo sentido: Apel. s/ rev. nº 372.479, 1ª Câm., rel. Juiz Claret de Almeida, j. em 04.11.93; AI nº 411.939, 2ª Câm., rel. Juiz Norival Oliva, j. em 13.06.94; Apel. s/ rev. nº 430.082, 6ª Câm., rel. Juiz Paulo Hungria, j. em 26.04.95; AI nº 434.181, 2ª Câm., rel. Juiz Diogo de Salles, j. em 15.05.95; Apel. s/ rev. nº 436.164, 11ª Câm., rel. Juiz José Malerbi, j. em 07.08.95; AI nº 438.596, 1ª Câm., rel. Juiz Souza Aranha, j. em 18.09.95; AI nº 442.274, 1ª Câm., rel. Juiz Renato Sartorelli, j. em 18.09.95. MS 440.101, 7ª Câm., rel. Juiz Emmanoel França, j. em 19.9.95; AI nº 442.612, 8ª Câm., rel. Juiz Narciso Orlandi, j. em 28.09.95; AI nº 442.604, 3ª Câm., rel. Juiz Francisco Barros, j. em 17.10.95; Apel. s/ rev. nº 41.599, 9ª Câm., rel. Juiz Eros Piceli, j. em 08.11.95; Apel. s/ rev. nº 443.949, 1ª Câm., rel. Juiz Magno Araújo, j. em 04.12.95; AI nº 449.544, 3ª Câm., rel. Juiz Oswaldo Breviglieri, j. em 05.12.95; Apel. s/ rev. nº 447.623, 2ª Câm., rel. Juiz Andreatta Rizzo, j. em 29.01.96; Apel. s/ rev. nº 450.632, 3ª Câm., rel. Juiz Milton Sanseverino, j. em 30.01.96; AI nº 466. 609, 3ª Câm., rel. Juiz João Saletti, j. em 20.08.96).*

A antecipação – remuneração provisória – do valor arbitrado para a perícia deve ser pago com fundamento no art. 82 do Código de Processo Civil.

Em razão dos §§ 1º e 2º do art. 95 do Código de Processo Civil, o juiz está autorizado a fixar os honorários definitivos do perito, cuja ausência de complementação acarreta extinção do processo, nos termos do § 1º do art. 485 do mesmo Diploma Legal.

Todavia, ainda encontramos decisões em sentido contrário, como esta:

> **Tribunal de Justiça de São Paulo.** *Processo – Extinção sem julgamento de mérito. Perito. Salários. Impossibilidade de o juiz condicionar o desenvolvimento do processo ao depósito prévio. Inocorrência teórica de abandono. Recurso provido. Inteligência do artigo 267, III, do Código de Processo Civil [atual art. 485, III]. Não é lícito ao juiz, ameaçando extingui-lo, condicionar o desenvolvimento do processo ao depósito antecipado dos salários periciais provisórios, ou, apresentado o laudo, ao pagamento de diferença a título de salários definitivos, os quais devem ser arbitrados pela sentença. Não incide o artigo 267, III [atual art. 485, III], do Código de Processo Civil, porque, em nenhum dos casos, se trata de ato necessário ao regular andamento do processo (Agravo de Instrumento nº 054.091-4, Campinas, 2ª Câmara de Direito Privado, rel. Cezar Peluso, 02.09.97, v.u.).*

6.11. HONORÁRIOS DE ADVOGADO

Alguns julgados, com fundamento no art. 86 do Código de Processo Civil, entendendo que a ação revisional é ação de mero acertamento de aluguéis, dividem os ônus sucumbenciais entre as partes, cada qual arcando com os honorários de seus advogados.[10]

Todavia, essa não é a melhor solução. Desde que se considere que uma parte é vencedora (o aluguel mais se aproxima da pretensão ou da contestação), haverá sucumbência para a parte contrária.

Nesse sentido:

> **Segundo Tribunal de Alçada Civil de São Paulo.** *Locação comercial – revisional – aluguel – honorários de advogado – fixação em 10% da soma de doze diferenças entre aluguel vigente antes da propositura e o arbitrado. Em ação revisional de aluguel, considerando, pelas circunstâncias, que o réu ficou vencido, cabe a ele pagar os honorários advocatícios, sendo razoável fixá-los em 10% da soma de doze diferenças entre o aluguel vigente antes da propositura e o arbitrado (Apel. s/ rev. nº 537.213, 5ª Câm., rel. Juiz Dyrceu Cintra, j. em 09.12.98. Referência: Francisco Carlos Rocha de Barros, "Comentários à Lei do Inquilinato", Ed. Saraiva, 1997, p. 552).*

6.12. VALOR DO ALUGUEL NO CASO DE OBRAS FEITAS PELO LOCATÁRIO

Nos termos do art. 35 da Lei 8.245/1991, o locatário faz jus às benfeitorias úteis desde que autorizadas e necessárias, mesmo que não autorizadas.

Nada obstante, o mesmo dispositivo permite pacto em sentido diverso, expresso no instrumento contratual.

---

[10] **Segundo Tribunal de Alçada Civil de São Paulo.** *Locação – revisional – sucumbência – inexistência. Os ônus da sucumbência devem ser repartidos em partes iguais entre os demandantes, respondendo cada qual pelos honorários de seus respectivos patronos, dado o caráter de mero acertamento de aluguéis na ação revisional (EI nº 332.797, 1ª Câm., rel. Juiz Claret de Almeida, j. em 09.08.93, "in" JTA (Lex) 150/428. No mesmo sentido: JTA (Saraiva) 79/147, JTA (RT) 83/253; 90/284, JTA (Lex) 138/436; Apel. c/ rev. nº 260.250, 1ª Câm., rel. Juiz Alberto Tedesco, j. em 23.04.90; Apel. c/ rev. nº 282.310, 1ª Câm., rel. Juiz Quaglia Barbosa, j. em 11.03.91. Em sentido contrário: Apel. c/ rev. nº 362.382, 9ª Câm., rel. Juiz Ferraz de Arruda, j. em 20.04.94; Apel. c/ rev. nº 373.675, 9ª Câm., rel. Juiz Ferraz de Arruda, j. em 25.05.94).*

Sendo assim, é praxe que os contratos, normalmente redigidos pelos locadores, contemplem cláusula de renúncia, pelo inquilino, de gastos com as benfeitorias e acessões feitas no imóvel locado que, nos termos dessas cláusulas, ficam incorporadas ao imóvel sem direito de retenção ou indenização.

Nessa medida, pela *vis attractiva* exercida pelo solo e pela regra geral segundo a qual o acessório (benfeitoria ou acessão), além se seguir o principal (o solo), passa a ser de propriedade do dono do principal, os locadores são legítimos proprietários daquilo que se incorpora ao imóvel.

Posta assim a questão, na ação revisional, resta saber se o locador pode pedir revisão do aluguel, com pretenso acréscimo de valor, tendo em vista a obra feita pelo inquilino.

O STJ sempre entendeu que, diferentemente do que ocorre na renovatória do contrato, na qual o locador pode pleitear que o aluguel pelo novo período leve em consideração o estado atual do imóvel mesmo que as obras tenham sido feitas pelo inquilino, na ação revisional essa mesma solução não seria possível.

Nesse sentido, julgado da pena do Ministro Paulo Dias Moura Ribeiro:

Agravo interno nos embargos de declaração no recurso especial. Recurso interposto na vigência do NCPC. Ação revisional de aluguel. Acessões realizadas pelo locatário. Desconsideração para efeito de fixação de novo valor de aluguel. Decisão mantida. (...) A ação revisional de aluguel de benfeitorias e acessões realizadas pelo locatário não devem ser consideradas para efeito do cálculo do novo valor do aluguel. Tais melhoramentos e edificações, no entanto, poderão ser levadas em conta na fixação do aluguel por ocasião da renovatória, em novo contrato. Precedentes. (...) 4. Agravo interno não provido, com aplicação de multa (STJ, AgInt nos EDcl no REsp 1.727.589/SP, Rel. Min. Moura Ribeiro, Terceira Turma, j. 07.08.2018, DJe 14.08.2018).

Em igual sentido:

Locação de imóvel não residencial. Ação revisional de aluguel ajuizada pela locadora. De acordo com a jurisprudência do C. STJ, "a ação revisional não se confunde com a renovatória de locação. Na revisional, as benfeitorias e as acessões realizadas pelo locatário, em regra, não devem ser consideradas no cálculo do novo valor do aluguel, para um mesmo contrato. Tais melhoramentos e edificações, no entanto, poderão ser levadas em conta na fixação do aluguel por ocasião da renovatória, no novo contrato". Diante disso, correta a fixação do novo locativo excluindo-se as benfeitorias introduzidas pela locatária. O termo inicial de vigência do novo aluguel é a data de citação da locatária. Exegese do art. 69 da Lei de Locações. Recurso parcialmente provido. (TJSP; Apelação Cível 1018239-37.2019.8.26.0562; Rel. Gomes Varjão; 34ª Câmara de Direito Privado; j. 25.10.2022).

Deveras, as obras levadas a efeito pelo inquilino, ainda que do recebimento de indenização por elas tenha renunciado, não poderiam mesmo gerar frutos civis (espécie de bem acessório) ao locador por capital que ele não investiu.

Trata-se de enriquecimento ilícito e afronta à boa-fé (CC, art. 412).

Pensar o contrário seria prestigiar o enriquecimento ilícito do locador que receberia aluguel como remuneração de capital que não investiu no imóvel.

Em outras palavras, receberia rendimento sobre valor que não é seu.

Claro que sempre é possível, nesses casos – o que se recomenda –, disciplinar esse direito, bem como a incorporação das benfeitorias e acessões no contrato, o que prevalecerá em razão da ausência de regra a respeito da situação do imóvel a ser considerada para efeito de revisão do aluguel com a incorporação de benfeitorias e acessões pelo locatário na Lei do Inquilinato.

Na ação renovatória, na qual também se discute o valor do aluguel, é diferente, pois se trata de um novo contrato e, em princípio, o valor investido pelo inquilino que renuncia ao direito de receber pelas benfeitorias e acessões deve levar em consideração o primeiro prazo, até porque existem defesas possíveis e o direito à renovação não é absoluto.

Mesmo não havendo qualquer direito de indenização por força de renúncia, como as benfeitorias e acessões incorporam o imóvel e passam a pertencer ao locador, o valor do aluguel *para o novo período* pode ter como base a situação do imóvel com as benfeitorias e acessões introduzidas pelo locatário.

Nessa medida e também esposando o que penso, eis a seguinte decisão:

> *Superior Tribunal de Justiça. (...). Ação revisional de aluguel. Área nova construída pelo locatário. Acessão. Cálculo do novo aluguel. (...) 4. A ação revisional não se confunde com a renovatória de locação. Na revisional, as acessões realizadas pelo locatário não devem ser consideradas no cálculo do novo valor do aluguel, para um mesmo contrato. Tais acessões, porém, poderão ser levadas em conta na fixação do aluguel por ocasião da renovatória, no novo contrato. 5. Recurso especial improvido (REsp 1.411.420/DF, Rel. Min. Antonio Carlos Ferreira, Quarta Turma, j. 19.05.2015, DJe 12.11.2015).*

Ocorre que, no EREsp 1.411.420, julgado no dia 03.06.2020, decidiu o STJ que, na ação revisional de contrato de locação, o valor do aluguel deve levar em consideração a obra realizada pelo locatário com autorização do locador:

> *Embargos de divergência em recurso especial. Ação revisional de locação comercial. Súmula 158/STJ. Não incidência. Similitude fática. Ação revisional e ação renovatória. Conteúdo do ato postulatório. Ausência de consenso entre locador e locatário sobre o valor do aluguel. Intervenção judicial. Cálculo sobre benfeitorias e acessões. Possibilidade. Embargos de divergência providos. (...) 4. A ação revisional é resguardada para as hipóteses em que não há acordo entre locador e locatário sobre o valor do aluguel. Por exercício da autonomia privada das partes contratantes, nada impede que: i) os gastos relativos à acessão sejam descontados do valor do aluguel por determinado tempo; ii) a acessão seja realizada por investimento exclusivo de uma das partes com a correspondente indenização ao final do contrato, seja pelo locador, seja pelo locatário; iii) a acessão seja custeada por apenas uma parte, renunciando-se à indenização correspondente ao investimento. 5. Contudo, ausente consenso entre as partes, em sede de ação revisional de locação comercial, o novo aluguel deve refletir o valor patrimonial do imóvel locado, inclusive decorrente de benfeitorias e acessões nele realizadas pelo locatário, pois estas incorporam-se ao domínio do locador, proprietário do bem. 6. Embargos de divergência conhecidos e providos (STJ, EREsp 1.411.420/DF, Rel. Min. Nancy Andrighi, Corte Especial, j. 03.06.2020, DJe 27.08.2020).*

A nova solução, se for estendida para hipóteses em que não haja pagamento ou compensação ao locatário pelas benfeitorias, nos casos nos quais não haja tratativa entre as partes, é inoportuna e gera insegurança.

É preciso observar que, no caso tratado no referido recurso, o contrato determinava que haveria compensação dos valores gastos pelo inquilino ao final do contrato.

O entendimento do EREsp 1.411.420, de possibilidade de o locador pedir aluguel com base nas benfeitorias e acessões feitas pelo inquilino, aplicado indistintamente, implicará enriquecimento ilícito, pois significará deferir fruto civil, espécie de bem acessório, a quem não empregou capital (principal) algum.

Deveras, a impossibilidade de pedir aluguel tendo como base de cálculo as benfeitorias ou acessões feitas pelo inquilino apenas se aplica, nos termos desse entendimento, se houver pacto entre as partes em sentido diverso, mesmo nos casos em que não haja compensação ou indenização alguma paga ao inquilino pelas benfeitorias ou acessões.

Entendimento desse jaez é desvirtuamento da regra geral que regula os bens reciprocamente considerados, insculpida no art. 92 do Código Civil e que, por tal razão, não pode ser aplicado.

Sobre qual capital (bem principal) – já que as obras que servirão para cálculo do aluguel não representam investimento do locador – o acessório (aluguel, que é fruto civil), incidirá?

O fato de as benfeitorias levadas a efeito pelo inquilino serem indenizadas, o que só ocorrerá, nos termos do art. 35 da Lei 8.245/1991, se o contrato for silente – e normalmente não é, pois contempla cláusulas de renúncia – ou se as partes assim convencionarem, pode autorizar a revisão, mas, para tanto, o locador deverá demonstrar que indenizará ou que já indenizou as benfeitorias ou acessões, hipótese rara na prática contratual.

6.13. MODELO DE AÇÃO REVISIONAL PROPOSTA PELO LOCADOR

MM. Juízo da (...).

(...), por seus procuradores (doc. 1), com escritório na (...), onde receberão intimações, vem, respeitosamente, perante Vossa Excelência, aforar, pelo procedimento comum, em face de (...), a competente

Ação revisional de aluguel,

o que faz com fundamento nos arts. 68 e seguintes da Lei 8.245, de 18 de outubro de 1991, pelos fatos e razões a seguir expostos, buscando obter revisão e fixação judicial de aluguel, ajustando-o ao preço do mercado.

A autora locou ao réu o imóvel localizado na Rua (...), através de contrato escrito (documento 2), que vigora desde (...), portanto, há mais de 3 (três) anos (Lei 8.245/1991, art. 19), pagando o réu R$ (...) por mês.

Nada obstante os esforços da autora, recusa-se o réu a aceitar a revisão amigável do aluguer, insistindo em manter o valor irrisório, o que, aliás, lhe é conveniente.

[Sendo a ação proposta pelo locatário, para redução, substituir os dois primeiros parágrafos por:

"A autora locou do réu o imóvel localizado na Rua (...), através de contrato escrito (documento 2), que vigora desde (...), portanto, há mais de 3 (três) anos (Lei 8.245/1991, art. 19), pagando o réu R$ (...) por mês.

"Ocorre que, em razão de (...), o valor locativo de mercado, atualmente, atinge, no máximo, R$ (...), muito inferior ao montante atual. Instado, o locador não só recusou-se a proceder à justa redução dos aluguéis, como, absurdamente, acenou com pretensão de aumento".]

É possível verificar das ofertas de locação de imóveis semelhantes ao da autora e situados na mesma região conforme se verifica de recente contrato de locação [ou ainda: conforme se verifica no parecer anexo], que o valor do aluguel de mercado é de R$ (...) (documento 3).

Assim, não existindo outra forma, baldos os esforços da autora para composição razoável e amigável, não lhe restou alternativa senão socorrer-se do Poder Judiciário, para obter fixação do aluguel mensal segundo o preço de mercado.

Pedido [incluindo o de fixação de aluguel provisório]

Isto posto, requer a autora:

a) a procedência da presente ação, com a fixação do aluguel mensal do imóvel em R$ (...) e, provisoriamente, na quantia de R$ (...) devida desde a citação (Lei 8.245/1991, art. 68, inciso II), mantida a periodicidade de reajuste estabelecida na cláusula (...) do contrato;

b) a condenação do réu no pagamento de custas, despesas e verba honorária, fixada esta entre os limites legais.

Citação

Nos termos do art. 246, II, do Código de Processo Civil requer-se a citação do réu por intermédio do Sr. Oficial de Justiça para, querendo, responder no prazo de 15 (quinze) dias (art. 335 do Código de Processo Civil), sob pena de serem tidos por verdadeiros todos os fatos aqui alegados (art. 344 do Código de Processo Civil), devendo o respectivo mandado conter as finalidades da citação, as respectivas determinações e cominações, bem como a cópia do despacho do(a) MM.

Juiz(a), comunicando, ainda, o prazo para resposta, o juízo e o cartório, com o respectivo endereço, facultando-se ao Sr. Oficial de Justiça encarregado da diligência proceder nos dias e horários de exceção (CPC, art. 212, § 2º).

Ou:

Requer-se que a citação do réu por meio eletrônico ou, não havendo cadastro, pelo correio (*ou, ainda, justificando, por Oficial de Justiça nos termos do § 1º-A, II do art. 246 do CPC, facultando-se ao Sr. Oficial de Justiça encarregado da diligência proceder nos dias e horários de exceção (CPC, art. 212, § 2º)*, para responder no prazo de 15 (quinze) dias (art. 335 do Código de Processo Civil), sob pena de serem tidos por verdadeiros todos os fatos aqui alegados (art. 344 do Código de Processo Civil), devendo o respectivo mandado conter as finalidades da citação, as respectivas determinações e cominações, bem como a cópia do despacho do(a) MM. Juiz(a), comunicando, ainda, o prazo para resposta, o juízo e o cartório, com o respectivo endereço.

Audiência de Conciliação

Nos termos do art. 334, § 5º, do Código de Processo Civil, a autora desde já manifesta, pela natureza do litígio, desinteresse em autocomposição.

Ou:

Tendo em vista a natureza do direito e demonstrando espírito conciliador, a par das inúmeras tentativas de resolver amigavelmente a questão, a autora desde já, nos termos do art. 334 do Código de Processo Civil, manifesta interesse em autocomposição, aguardando a designação de audiência de conciliação.

Provas

Requer-se provar o alegado por todos os meios de prova em direito admitidos, incluindo perícia, produção de prova documental, testemunhal, inspeção judicial, depoimento pessoal sob pena de confissão caso o réu (ou seu representante) não compareça, ou, comparecendo, se negue a depor (art. 385, § 1º, do Código de Processo Civil).

Valor da causa

Dá-se à presente o valor de R$ (...) (doze vezes o aluguel vigente).

Termos em que,

Pede deferimento.

(Local e data)

(Nome do advogado e número de inscrição na OAB)

 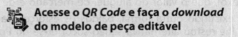

Acesse o QR Code e faça o download do modelo de peça editável

> *http://uqr.to/1ye0n*

6.14. FLUXOGRAMA

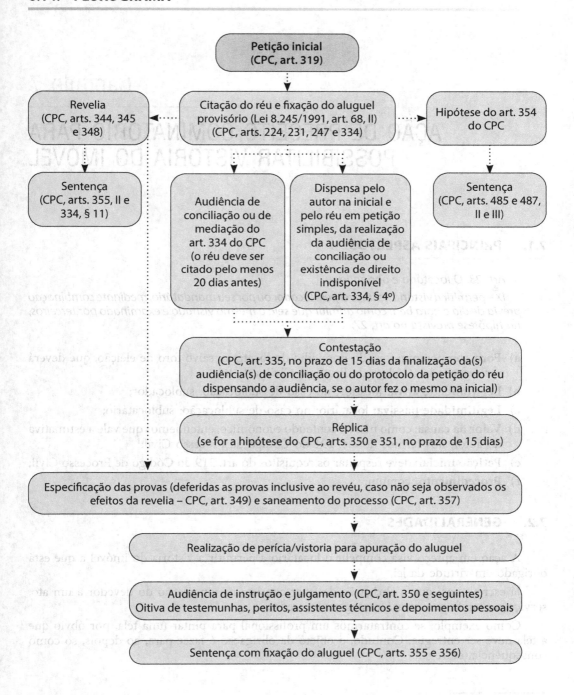

Petição inicial
(CPC, art. 319)

Revelia
(CPC, arts. 344, 345 e 348)

Citação do réu e fixação do aluguel provisório (Lei 8.245/1991, art. 68, II)
(CPC, arts. 224, 231, 247 e 334)

Hipótese do art. 354 do CPC

Sentença
(CPC, arts. 355, II e 334, § 11)

Audiência de conciliação ou de mediação do art. 334 do CPC (o réu deve ser citado pelo menos 20 dias antes)

Dispensa pelo autor na inicial e pelo réu em petição simples, da realização da audiência de conciliação ou existência de direito indisponível (CPC, art. 334, § 4º)

Sentença
(CPC, arts. 485 e 487, II e III)

Contestação
(CPC, art. 335, no prazo de 15 dias da finalização da(s) audiência(s) de conciliação ou do protocolo da petição do réu dispensando a audiência, se o autor fez o mesmo na inicial)

Réplica
(se for a hipótese do CPC, arts. 350 e 351, no prazo de 15 dias)

Especificação das provas (deferidas as provas inclusive ao revéu, caso não seja observados os efeitos da revelia – CPC, art. 349) e saneamento do processo (CPC, art. 357)

Realização de perícia/vistoria para apuração do aluguel

Audiência de instrução e julgamento (CPC, art. 350 e seguintes)
Oitiva de testemunhas, peritos, assistentes técnicos e depoimentos pessoais

Sentença com fixação do aluguel (CPC, arts. 355 e 356)

Capítulo 7

AÇÃO DE PRECEITO COMINATÓRIO PARA POSSIBILITAR VISTORIA DO IMÓVEL

7.1. PRINCIPAIS ASPECTOS

Art. 23. O locatário é obrigado a:

IX – permitir a vistoria do imóvel pelo locador ou por seu mandatário, mediante combinação prévia de dia e hora bem como admitir que seja o mesmo visitado e examinado por terceiros, na hipótese prevista no art. 27;

a) **Foro competente:** foro do domicílio do locatário, salvo foro de eleição, que deverá ser respeitado (Código de Processo Civil, art. 46);

b) **Legitimidade ativa:** locador; no caso de sublocação: sublocador;

c) **Legitimidade passiva:** locatário; no caso de sublocação: sublocatário;

d) **Valor da causa:** como não há conteúdo econômico, entendemos que vale a estimativa do autor, nos termos do art. 291 do Código de Processo Civil;[1]

e) **Petição inicial:** deve respeitar os requisitos do art. 319 do Código de Processo Civil;

f) **Procedimento:** comum.

7.2. GENERALIDADES

A ação em apreço visa compelir o locatário a permitir a vistoria do imóvel a que está obrigado em virtude da lei.

Já escrevemos[2] que a obrigação de fazer consiste na vinculação do devedor a um ato, serviço ou tarefa que gerará vantagem ao credor.

Como exemplo, se contratarmos um profissional para pintar uma tela, por óbvio que a tela deve ser entregue. Contudo, o objeto da obrigação é fazer para, ao depois, só como consequência, entregar.

---

[1] *Para outras ações, ainda que oriundas de locação predial urbana, o valor da causa será apurado pelas regras do Código de Processo Civil* (Francisco Carlos Rocha de Barros, *Comentários à lei do inquilinato*, São Paulo: Saraiva, 1997, p. 364).

[2] Luiz Antonio Scavone Junior, *Obrigações* – abordagem didática, 4ª ed., São Paulo: Juarez de Oliveira, 2006, p. 39.

A obrigação de dar distingue-se da obrigação de fazer na exata medida em que naquela é sempre possível apreender a coisa *in obligatione* com o fim de entregar ao credor, o que não é possível no caso de obrigação de fazer sem ofensa à liberdade individual do sujeito passivo.

Atualmente, existem formas processuais (Código de Processo Civil, arts. 294, 297, 300, 500, 536 e 537, especialmente este último; Código de Defesa do Consumidor, art. 84) que colocam à disposição do credor meios indiretos de compelir o devedor ao cumprimento, abrandando, de certa forma, o art. 247 do Código Civil.

Assim, não cumprida a obrigação de fazer, o locador ou o locatário poderão ingressar com ação de preceito cominatório, para compelir o cumprimento da obrigação.

Segue adiante o modelo de petição inicial, segundo o procedimento comum.

7.3. MODELO

MM. Juízo da (...)

(...), por seus procuradores (documento 1), com escritório na (...), onde receberão intimações, vem, respeitosamente, perante Vossa Excelência, aforar, pelo procedimento comum, rito ordinário, em face de (...), a competente

Ação de preceito cominatório com pedido de antecipação de tutela,

o que faz com supedâneo no artigo 23, IX, da Lei 8.245/1991, expondo e requerendo o quanto segue:

I – Fatos

No dia (...), através de contrato escrito (documento 2), a autora locou ao réu o imóvel localizado na (...), cujo aluguel atual corresponde a R$ (...) mensais.

De fato, a autora notificou o réu no dia (...) (documento 3), para que permitisse a vistoria do imóvel.

Todavia, sem dar qualquer explicação, o réu contranotificou, aduzindo expressamente que não permitiria a pretensa vistoria (documento 4).

Entretanto, a vistoria é urgente, o que se afirma em virtude de notificação recebida pela autora e enviada por vizinho, que noticia infiltração no subsolo de sua casa, decorrente de vazamentos provenientes do imóvel locado, fazendo juntar laudo que aponta risco iminente, inclusive de desabamento, ressalvando, entretanto, que a certeza da constatação só será obtida após a vistoria.

II – Direito

O inciso IX do artigo 23 da Lei 8.245/1991 é claro ao estabelecer ao locatário a obrigação de *permitir a vistoria do imóvel, pelo locador ou por seu mandatário, mediante combinação prévia, de dia e hora...*

Assim, ante a recusa do réu, não restou alternativa à autora senão ingressar com a presente ação para exercer seu direito legal.

III – Pedido de tutela antecipada de urgência (Código de Processo Civil, arts. 294, 297, 300, 500, 536 e 537) Como é natural, ante a pletora de feitos que assoberba o Poder Judiciário, o processo demandará tempo, aquele necessário para a devida instrução e demais atos que lhe são pertinentes.

Até que decisão final seja proferida, independentemente da vontade de Vossa Excelência, constatados os vazamentos noticiados, os riscos poderão ser traduzidos em fatos, podendo ocorrer desabamento do imóvel.

Assim, com supedâneo no art. 537 do Código de Processo Civil, pede e espera a autora que Vossa Excelência se digne de antecipar a tutela pedida, ordenando ao réu que permita a vistoria do imóvel, marcando dia e hora no prazo de 5 (cinco) dias contados do recebimento da inicial, sob pena de multa diária (*astreinte*) de R$ (...), ou outro valor que Vossa Excelência entender suficiente.

IV – Pedido de mérito

Ex positis, requer a autora que, ao final, digne-se Vossa Excelência de julgar procedente a presente ação, imputando ao réu a pena de multa diária de R$ (...) pelo descumprimento da final decisão (Código de Processo Civil, arts. 536 e 537), ou confirmando a tutela antecipada deferida, com a condenação do réu na obrigação de permitir a vistoria do imóvel nos termos do contrato e da lei.

Requer, ainda, a condenação do réu no pagamento das despesas, custas e honorários advocatícios que Vossa Excelência houver por bem arbitrar nos limites legais.

V – Citação

Nos termos do art. 246 do CPC, requer-se a citação por meio eletrônico ou, não havendo cadastro, pelo correio (*ou, ainda, justificando, por Oficial de Justiça, nos termos do § 1º-A, II, do art. 246 do CPC, facultando-se ao Sr. Oficial de Justiça encarregado da diligência proceder nos dias e horários de exceção (CPC, art. 212, § 2º)*), para eventual oferta de resposta no prazo de 15 (quinze) dias (art. 335 do Código de Processo Civil), sob pena de serem tidos por verdadeiros todos os fatos aqui alegados (art. 344 do Código de Processo Civil), devendo o respectivo mandado conter as finalidades da citação, as respectivas determinações e cominações, bem como a cópia do despacho do(a) MM. Juiz(a), comunicando, ainda, o prazo para resposta, o juízo e o cartório, com o respectivo endereço.

VI – Audiência de Conciliação

Nos termos do art. 334, § 5º, do Código de Processo Civil, a autora desde já manifesta, pela natureza do litígio, desinteresse em autocomposição.

Ou:

Tendo em vista a natureza do direito e demonstrando espírito conciliador, a par das inúmeras tentativas de resolver amigavelmente a questão, o autor desde já, nos termos do art. 334 do Código de Processo Civil, manifesta interesse em autocomposição, aguardando a designação de audiência de conciliação.

VII – Provas

Requer-se provar o alegado por todos os meios de prova em direito admitidos, incluindo perícia, produção de prova documental, testemunhal, inspeção judicial, depoimento pessoal sob pena de confissão caso o réu (ou seu representante) não compareça, ou, comparecendo, se negue a depor (art. 385, § 1º, do Código de Processo Civil).

VIII – Valor da causa

Dá-se à presente o valor de R$ (...).

Termos em que,

pede deferimento.

Data

Advogado (OAB)

 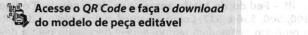

Acesse o *QR Code* e faça o *download* do modelo de peça editável

> http://uqr.to/1ye0o

7.4. FLUXOGRAMA (PARA PROCEDIMENTO COMUM)

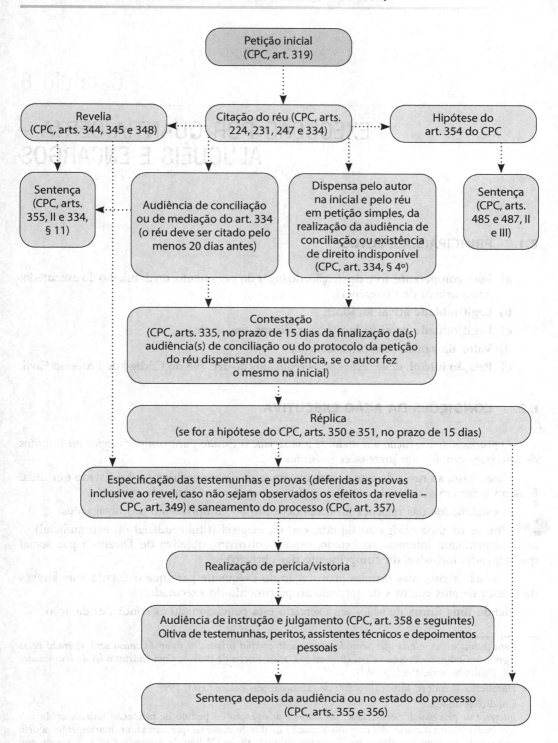

Petição inicial
(CPC, art. 319)

Revelia
(CPC, arts. 344, 345 e 348)

Citação do réu (CPC, arts.
224, 231, 247 e 334)

Hipótese do
art. 354 do CPC

Sentença
(CPC, arts.
355, II e 334,
§ 11)

Audiência de conciliação
ou de mediação do art. 334
(o réu deve ser citado pelo
menos 20 dias antes)

Dispensa pelo autor
na inicial e pelo réu
em petição simples, da
realização da audiência de
conciliação ou existência
de direito indisponível
(CPC, art. 334, § 4º)

Sentença
(CPC, arts.
485 e 487, II
e III)

Contestação
(CPC, arts. 335, no prazo de 15 dias da finalização da(s)
audiência(s) de conciliação ou do protocolo da petição
do réu dispensando a audiência, se o autor fez
o mesmo na inicial)

Réplica
(se for a hipótese do CPC, arts. 350 e 351, no prazo de 15 dias)

Especificação das testemunhas e provas (deferidas as provas
inclusive ao revel, caso não sejam observados os efeitos da revelia –
CPC, art. 349) e saneamento do processo (CPC, art. 357)

Realização de perícia/vistoria

Audiência de instrução e julgamento (CPC, art. 358 e seguintes)
Oitiva de testemunhas, peritos, assistentes técnicos e depoimentos
pessoais

Sentença depois da audiência ou no estado do processo
(CPC, arts. 355 e 356)

Capítulo 8

EXECUÇÃO POR QUANTIA CERTA – ALUGUÉIS E ENCARGOS

8.1. PRINCIPAIS ASPECTOS

a) **Foro competente:** foro de eleição; do lugar do pagamento; do domicílio do executado, nessa ordem de preferência;

b) **Legitimidade ativa:** locador;

c) **Legitimidade passiva:** locatário, sucessor, fiador etc.;

d) **Valor da causa:** valor da execução;[1]

e) **Petição inicial:** deve respeitar os requisitos do art. 798 do Código de Processo Civil.

8.2. CONDIÇÕES DA AÇÃO EXECUTIVA

O processo de execução é o meio de que se vale o Estado para compor litígios ou conflitos de interesses gerados por pretensões resistidas.[2]

Nesse caso, ao revés do que ocorre no processo de conhecimento, é o Estado que atua. E assim o faz em virtude do interesse público que gira em torno da execução.

A estabilidade das relações jurídicas depende do cumprimento das obrigações.

Ora, se há uma obrigação líquida, certa e exigível (título judicial ou extrajudicial), o seu cumprimento interessa ao Estado, sendo, outrossim, objetivo do Direito a paz social que depende, inclusive, do cumprimento das obrigações.

Não há mérito, mas simples provocação do exequente para que o Estado atue através da prática de atos coativos de agressão ao patrimônio do executado.

Sendo uma forma de ação, seu exercício está condicionado às condições da ação.[3]

---

[1] *Para outras ações, ainda que oriundas de locação predial urbana, o valor da causa será apurado pelas regras do Código de Processo Civil* (Francisco Carlos Rocha de Barros, *Comentários à lei do inquilinato*, São Paulo: Saraiva, 1997, p. 364).

[2] Humberto Theodoro Júnior, *Processo de execução*, São Paulo: Leud, 1997.

[3] Condições da ação:
Interesse de processual: necessidade, utilidade, e adequação do pedido de prestação jurisdicional;
legitimidade para a causa: diz respeito à relação de direito material que afirma, ordinariamente, aquele que consta no polo da relação jurídica material (art. 18 do Código de Processo Civil). É aquele que dispõe de legitimação ordinária, ou seja, a titularidade do direito material combinado com o fato de

Mas o assunto é controvertido, havendo posições divergentes na doutrina:

Segundo Liebman, *o título executivo é a fonte imediata e autônoma da ação executiva, único requisito de sua existência.* Para Mandrioli, *expressão integral das condições da ação executiva.*[4]

Assim, a execução se subordina a um pressuposto legal (título) e a um pressuposto prático (inadimplemento), ou, em outras palavras, a um pressuposto formal e a um pressuposto substancial.[5]

Cândido Rangel Dinamarco[6] ensina que, se a execução constitui atividade jurisdicional, através do direito de ação, para unidade do sistema, há necessidade do seu estudo da mesma forma que se estuda a ação cognitiva, ou seja, com as condições da ação, sob pena de dúvidas quanto à aceitação da própria teoria da ação.

Interessante a irritação de Dinamarco com Araken de Assis, que assim se manifestou sobre o seu posicionamento: *leva às últimas e espantosas consequências a aplicabilidade das clássicas condições da ação à ação executiva.* Em resposta, aduz Dinamarco: *Gostaria de conhecer os fundamentos desse espanto e impetuosa afirmação.*[7]

Araken de Assis,[8] admitindo a posição de Liebman acima exposta, adverte: *logo a ação executória é abstrata e incondicionada, comportando exercício sem o brutal cárcere de qualquer "condição".*

Toda essa discussão nasce da apreciação e do exame do título executivo. Se esse for condição da ação de execução não há que se falar nas demais. Entretanto, se for pressuposto processual (de existência), não se tratando de uma das condições da ação, estas somente serão verificadas se ultrapassada essa barreira.

---

estar integrando um polo da relação jurídica processual. A separação (titularidade do direito material e integração do polo da relação jurídica processual) só existe quando a lei autoriza, fazendo surgir a legitimação extraordinária, ou seja, a parte litiga em nome próprio, direito alheio (*v.g.*, defesa de bens dotais). Litigando por direito alheio, em nome alheio, estará presente a representação.

Possibilidade jurídica do pedido: in abstracto: possibilidade do pedido ser acolhido.

Pressupostos Processuais:

	Pressupostos processuais de existência	Pressupostos processuais de validade
Juiz	Jurisdição	Competência do juízo: no mínimo relativamente incompetente
		Imparcialidade do juiz: no mínimo suspeito, pois não alegada a suspeição em 15 dias, preclui o direito da parte
Autor	Petição	Petição apta: não incorrer nas hipóteses do art. 330 e respeitar o art. 798 do CPC
Réu	Citação	Citação válida
Advogado	Capacidade postulatória	Instrumento do mandato (art. 1º, I, da Lei 8.906/94)

Pressupostos processuais negativos: Litispendência, perempção (extinção do processo por três vezes por inércia – contumácia) e coisa julgada material: que, a rigor, pode ser considerada, assim como a litispendência, macrocausa de falta de interesse de agir.

4   Liebman (*Le opposizioni, nº 81*) *e* Mandrioli (*L'azione esecutiva*), nº 14, p. 114. *Apud* Cândido Rangel Dinamarco, *Execução Civil*, São Paulo: Malheiros, 1994, pp. 376-377.

5   Liebman (*Processo de execução*, nos 4-5) e Alberto dos Reis (*Processo de execução*, nº 2). *Apud* Cândido Rangel Dinamarco, *Execução Civil*, São Paulo: Malheiros, 1994, p. 377.

6   Cândido Rangel Dinamarco, *Execução Civil*, São Paulo: Malheiros, 1994, p. 378.

7   Cândido Rangel Dinamarco, *Execução Civil*, São Paulo: Malheiros, 1994, p. 378, nota 75.

8   *Manual do Processo de Execução*, São Paulo: Ed. Revista dos Tribunais, 1998, p. 90.

Nesse sentido, parece que Dinamarco tem razão, vez que se alguém executar título de outrem será parte ilegítima.

Solução salomônica é adotada por Humberto Theodoro Júnior,[9] segundo o qual a execução se sujeita às condições da ação e, ademais, possui pressupostos específicos adotados pela lei (Código de Processo Civil, arts. 783 a 788), quais sejam:

a) Formal ou legal: existência de título executivo.

b) Prático ou substancial: ato ilícito do devedor consistente no inadimplemento, comprovando a exigibilidade da dívida.

O primeiro requisito é a existência de título executivo, vez que não há execução sem título (Código de Processo Civil, art. 783).

Nos termos do art. 784, VIII, do Código de Processo Civil, o crédito decorrente de contrato de locação assinado pelo devedor, mesmo sem a assinatura de duas testemunhas, é título executivo.

Locação de imóvel – execução de título executivo extrajudicial – embargos – título certo, líquido e exigível – subscrição do contrato por duas testemunhas – desnecessidade – inteligência do art. 784, inc. VIII do CPC – improcedência dos embargos que se revela de rigor – recurso não provido. Nos termos do art. 784, VIII, do CPC, o crédito, documentalmente comprovado, decorrente de aluguel de imóvel, consta do rol de títulos executivos extrajudiciais, o que ampara a propositura da presente execução. (TJSP; Apelação Cível 1008262-52.2019.8.26.0002; Relator: Paulo Ayrosa; 31ª Câmara de Direito Privado; Foro Regional II – Santo Amaro – 9ª Vara Cível; j. 25.07.2017; Data de Registro: 05.02.2020).

É preciso observar, entretanto, que o documento particular deve ter sido assinado pelo próprio devedor, não valendo a chamada assinatura a rogo.

Se o devedor for analfabeto ou estiver impossibilitado de assinar, deverá constituir procurador por instrumento público.

Outrossim, a obrigação contida no título, obrigatoriamente, deve ser:

a) Líquida,[10] ou seja, a importância devida é determinada ou dependente de simples cálculo aritmético[11] (Código de Processo Civil, arts. 783 e 786).

b) Certa: a certeza ocorre na exata medida em que não há controvérsia quanto à existência do título (Código de Processo Civil, arts. 783, 786 e 787).

c) Exigível: exigível é a obrigação que está vencida (Código de Processo Civil, art. 786). Nada obstante, admite-se a inclusão de aluguéis vincendos com fundamento nos arts 771, parágrafo único e 323 do CPC.[12]

---

[9] Humberto Theodoro Júnior, *Processo de Execução*, São Paulo: Leud, 1997, p. 47.

[10] A dívida líquida é aquela certa quanto à sua existência e determinada quanto ao seu objeto (Código Civil, art. 1.533).

[11] **Segundo Tribunal de Alçada Civil de São Paulo.** *Execução – título extrajudicial – multa compensatória – simples operação aritmética – cabimento. A cobrança de multa compensatória é feita pela via executiva quando prevista no contrato de locação, de forma proporcional, mediante simples operação aritmética, quando houver desocupação antecipada do imóvel, a qual não depende de questões de alta indagação, para as quais seria necessário processo de conhecimento (Apel. c/ Rev. nº 533.008, 3ª Câm., rel. Juiz Roberto Midolla, j. em 24.11.98. Referências: REsp. nº 11.238, SP, rel. Min. Cláudio Santos, j. em 10.09.91, DJU 23.09.91, p. 13.083; REsp. nº 11.373, 4ª T., rel. Min. Sálvio de Figueiredo, j. em 18.12.91, DJU 09.03.92, p. 2.585. No mesmo sentido: AI nº 564.602, 3ª Câm., rel. Juiz Roberto Midolla, j. em 09.03.99).*

[12] *Execução de título extrajudicial – contrato de locação – inclusão das parcelas vincendas – aplicação subsidiária do art. 323 do CPC por se tratar de obrigação a ser cumprida em prestações sucessivas – princípios da efetividade e da celeridade processual – agravo de instrumento provido. (TJSP; Agravo de Instrumento 2246339-72.2018.8.26.0000; Relator: Eros Piceli; 33ª Câmara de Direito Privado; j. 14.03.2019).*

8.3. EXECUÇÃO POR QUANTIA CERTA CONTRA DEVEDOR SOLVENTE

Essa espécie de execução consiste na expropriação de bens do devedor para satisfação do crédito do credor (Código de Processo Civil, art. 789).

Após a citação, os atos subsequentes consistem, basicamente, na apreensão de bens do devedor, cumprindo o seguinte:

a) penhora;

b) arrematação;

c) pagamento.

A petição inicial deve respeitar os requisitos do art. 319 com as particularidades do art. 798 do Código de Processo Civil.

Com efeito, o exequente deverá:

I – instruir a petição inicial com:

a) o título executivo extrajudicial;

b) o demonstrativo do débito atualizado até a data da propositura da ação (...);

c) a prova de que se verificou a condição ou ocorreu o termo, se for o caso;

d) a prova, se for o caso, de que adimpliu a contraprestação que lhe corresponde ou que lhe assegura o cumprimento, se o executado não for obrigado a satisfazer a sua prestação senão mediante a contraprestação do exequente.

II – indicar:

a) a espécie de execução de sua preferência, quando por mais de um modo puder ser realizada;

b) os nomes completos do exequente e do executado e seus números de inscrição no Cadastro de Pessoas Físicas ou no Cadastro Nacional de Pessoa Jurídica;

c) bens suscetíveis de penhora, sempre que possível;

Parágrafo único. O demonstrativo do débito deverá conter:

I – o índice de correção monetária adotado;

II – a taxa de juros aplicada;

III – os termos inicial e final de incidência do índice de correção monetária e da taxa de juros utilizados;

IV – a periodicidade da capitalização dos juros, se for o caso;

V – a especificação de desconto obrigatório realizado.

O devedor será citado para pagar em três dias, através da expedição do mandado executivo (Código de Processo Civil, art. 829).

O credor (exequente) poderá indicar, na petição inicial, os bens do executado para penhora, respeitada a ordem do art. 835 do Código de Processo Civil, inclusive obtendo, mesmo antes da penhora, certidão de distribuição da execução para averbação no órgão competente (registro de imóveis, veículos etc.), nos termos do art. 828 do Código de Processo Civil.

Caso não sejam encontrados bens, o credor poderá requerer ao juiz que determine a intimação do executado para que indique circunstanciadamente os bens que possui para efeito de penhora em cinco dias (Código de Processo Civil, art. 774, V e seu parágrafo único).

Não atendida a intimação, o ato do executado poderá ser considerado atentatório à dignidade da Justiça com a imposição de multa de até 20% do valor da execução em benefício do exequente, mormente quando, ao depois, são descobertos bens de sua titularidade (Código de Processo Civil, arts. 774, V e seu parágrafo único).

A penhora será efetuada em razão dos bens indicados pelo exequente, respeitada a ordem do art. 835 do Código de Processo Civil, ou, caso não haja essa indicação, livremente pelo Oficial de Justiça, a quem incumbe a lavratura do auto e, inclusive, a avaliação (Código de Processo Civil, arts. 154, V, 829, § 1º, e 870).

Se houver a necessidade de conhecimentos especializados, a avaliação deverá ser feita por avaliador nomeado pelo juiz (Código de Processo Civil, art. 870, parágrafo único), podendo o executado se insurgir contra a avaliação (seja do avaliador ou do oficial de justiça), requerendo nova avaliação se houver dúvida quanto ao valor, majoração posterior ou dolo do avaliador (Código de Processo Civil, art. 873).

Os embargos do devedor deverão ser oferecidos no prazo de 15 dias contados da juntada aos autos do mandado de citação do executado devidamente cumprido (Código de Processo Civil, arts. 915 e 231).

Releva notar que os embargos não suspendem a execução, exceto se o juiz entender, ante pedido fundamentado do executado precedido de depósito, penhora ou caução suficientes, que estão presentes os requisitos da tutela provisória dos arts. 294 e seguintes do Código de Processo Civil, de urgência (CPC, art. 300 e seguintes) ou de evidência (CPC, art. 311), (Código de Processo Civil, art. 919, § 1º).

Não havia possibilidade de citação pelo correio no sistema processual anterior (Código de Processo Civil de 1973, art. 222, "d"). Todavia, o art. 247 do atual Código de Processo Civil não excepcionou, assim como não excepcionava o art. 222 do CPC/1973, de tal sorte que é possível admitir a via citatória postal também nas execuções até porque os embargos à execução podem ser opostos, nos termos do art. 915 do Código de Processo Civil, no prazo de quinze dias contados da citação, fazendo o referido dispositivo a menção expressa ao art. 231 que, no seu inciso I menciona que o prazo começa a correr, se a citação for pelo correio, da data de juntada aos autos do aviso de recebimento.

Como o art. 915 faz referência ao art. 231 do Código de Processo Civil, é possível concluir, na exata medida em que este último prevê também a citação por edital ou por hora certa, a possibilidade desses meios de citação, até porque o § 2º do art. 830 do Código de Processo Civil, dispõe que *incumbe ao exequente requerer a citação por edital, uma vez frustradas a pessoal e a com hora certa.*

Nesse sentido:

Superior Tribunal de Justiça. *Processual civil. Execução de título extrajudicial. Devedor que se oculta. Citação por hora certa. Possibilidade. Uma vez verificado nos autos que o executado evita o contato pessoal com o oficial de justiça, como no caso, furtivamente se esquivando da execução forçada do título extrajudicial, pode o credor se valer do que disposto no art. 227 do Código de Processo Civil [atual art. 252], requerendo citação por hora certa do devedor. Recurso especial conhecido e provido (REsp. nº 286.709, SP – 2000/0116381-7, rel. Ministro César Asfor Rocha).*

Portanto, resta evidente a possibilidade de citação por hora certa na execução.

Quanto à citação por edital:

Tribunal de Justiça de São Paulo. *Agravo de instrumento – Execução de título extrajudicial – Citação por edital –Indeferimento – Inadmissibilidade – Executado não localizado nos endereços diligenciados – Citação editalícia possível, ainda que não tenha havido arresto de bens – Medida que formaliza a triangularização da relação processual e interrompe a prescrição – Decisão reformada – Recurso provido. (Agravo de Instrumento 2052484-02.2016.8.26.0000 – Relator: Irineu Fava; Comarca: Guarulhos; 17ª Câmara de Direito Privado; j. 01.06.2016; Data de registro: 01.06.2016)*

Nos termos do art. 830 do Código de Processo Civil, não localizado o devedor, o oficial de justiça arrestará os bens do devedor suficientes para garantir a execução.

Se houver arresto, o oficial conservará o mandado, retornando por duas vezes, nos dez dias subsequentes ao arresto, após o que, não localizado o devedor e havendo suspeita de ocultação, fará a citação por hora certa.

Nos termos da redação do art. 830 do Código de Processo Civil, entendemos que mesmo que se frustre o arresto, a citação por hora certa no caso de ocultação ou por edital no caso de paradeiro do executado desconhecido, deve ser levada a efeito.

Isto porque não haveria o menor sentido deixar de praticar o ato citatório por ausência imediata de bens passíveis de arresto pelo oficial de justiça – bens que podem ser obtidos ao depois, mediante, por exemplo, penhora de ativos financeiros pelo sistema computadorizado – e seguir-se, mesmo havendo suspeita de ocultação, neste caso por hora certa ou com a citação por edital, nos termos do § 2º do art. 830 do Código de Processo Civil.

E as razões lançadas pelo Desembargador Irineu Fava no Agravo de Instrumento 2052484-02.2016.8.26.0000, do Tribunal de Justiça de São Paulo (julg. 01.06.2016) são relevantes. Nessa medida:

> *Também se verifica dos autos a realização de buscas de informações via Infojud e Bacenjud, bem como a realização de novas diligências, as quais igualmente restaram infrutíferas. Registre-se que a não localização do devedor no endereço por ele indicado, sem qualquer alteração posterior, por si só já autoriza a citação por edital. Com efeito, a lei processual não exige que o autor diligencie à exaustão a localização do réu para só então promover citação por edital ou outras medidas judiciais, assim como em relação a seus bens. Basta que procure o réu no endereço disponibilizado, fato esse verificado no caso em tela. Como se sabe, a citação constitui-se, talvez, no mais importante ato processual, posto que a partir dela é que se formaliza a triangularização da relação processual, sem olvidar que a citação válida constitui o executado em mora e interrompe o curso da prescrição [CPC, arts. 240 e 312]. Deste modo, salienta-se que a citação por edital na ação executiva é possível, ainda que não tenha havido o arresto de bens. Nesse sentido, a jurisprudência apontada por Theotonio Negrão, José Roberto F. Gouvêa, Luis Guilherme Aidar Bondioli, com a colaboração de João Francisco Naves da Fonseca, em nota ao art. 654 do CPC [de 1973, correspondente ao art. 830 do atual CPC]: "A citação por edital também cabe mesmo que não tenha havido arresto de bens, porque através dela se obtêm todos os efeitos previstos no art. 219 [atual art. 240], especialmente o de interrupção da prescrição (STF-RTJ 94/413, 94/464, 94/465, 94/921, 98/1.184, RT 42/245, Bol. AASP 2.299/2523)" (In Código de Processo Civil e legislação processual em vigor, 46. ed. São Paulo: Saraiva, 2014, p. 857).*

De qualquer forma, sem manifestação do executado, caso o arresto tenha sido levado a efeito, ultrapassado o prazo de três dias para pagamento, o será ele convertido em penhora.

Portanto, somente quando se frustrar a citação pessoal far-se-á por hora certa na hipótese de o executado se ocultar; se estiver em local incerto e não houver suspeita de ocultação, o exequente deverá promover a citação por edital.

Findo o prazo estipulado no edital (vinte a sessenta dias da primeira publicação, se houver mais de uma – Código de Processo Civil, art. 257, III), correrão os três dias para pagamento da dívida ou nomeação de outros bens à penhora.

Cumpre esclarecer que, se for penhorada apenas a meação ou cota do executado, o bem penhorado será levado à hasta pública pela integralidade e o valor da meação será sub-rogado no preço conseguido, nos termos do art. 843 do Código de Processo Civil, segundo o qual: *Tratando-se de penhora de bem indivisível, o equivalente à quota-parte do coproprietário ou do cônjuge alheio à execução recairá sobre o produto da alienação do bem.*

Por fim, cumpre ao exequente obter os registros do arresto ou da penhora junto ao registro imobiliário do imóvel constrito, independentemente de mandado judicial, para presunção absoluta de conhecimento por terceiros, mediante apresentação de auto ou termo de penhora (Código de Processo Civil, art. 844, Lei 6.015/1973, art. 167, I, item "5"), lembrando que, mesmo antes da penhora, o credor pode obter certidão de distribuição da execução para averbação nos termos do art. 828 do Código de Processo Civil.

Impropriamente, o Código de Processo Civil menciona averbação de arresto ou penhora quando, na verdade, esse ato é de registro posto que assim foi estabelecido pelo art. 167, I, item "5", da Lei de Registros Públicos (Lei. 6.015/1973).

8.4. LEGITIMIDADE

São legitimados ativos para a propositura da ação de execução, o locador ou seu sucessor no contrato de locação, tal qual o adquirente do imóvel.

Mesmo que o adquirente exerça a faculdade de denunciar o contrato, sendo o aluguel a contraprestação pelo uso do imóvel, estará legitimado para a propositura da ação executiva.

Legitimado passivo é o locatário ou seu fiador, sendo conveniente lembrar que não cabe ação de execução direta do condomínio em face do locatário, que não mantém relação jurídica de direito material com o condomínio e, nesta medida, remete-se o leitor ao Livro IV, capítulo 2 (item 2.5.8).

Quanto ao fiador, o art. 779, IV, do Código de Processo Civil, menciona expressamente a sua qualidade de legitimado passivo da ação executiva.

Portanto, nenhuma dúvida pode existir quanto à legitimação passiva do fiador para figurar no polo da ação executiva do crédito decorrente do contrato de locação.

Ainda assim, para que o fiador possa ser executado antes do locatário (devedor principal), mister se faz que tenha renunciado ao benefício de ordem ou se obrigado solidariamente, de forma expressa no contrato (Código Civil, arts. 265, 827 e 828).

Por fim, na ação de execução de título extrajudicial fundada no art. 784, VIII do Código de Processo Civil, responde o fiador pelos encargos, o que inclui condomínios a que estiver sujeito, impostos e taxas que recaírem sobre o imóvel locado ao seu afiançado, abrangendo as custas e os honorários de eventual anterior ação de despejo da qual tenha sido cientificado (condição imprescindível), conforme tratamos no capítulo 3 (item 3.10), posto que não pode sofrer cumprimento daquela sentença na exata medida que não foi parte, mas, nos termos da lei, apenas cientificado, restando, portanto, ao locador, a execução autônoma.

8.5. COMPETÊNCIA

Estamos tratando de título executivo extrajudicial – o crédito decorrente de contrato de locação.

Nesse sentido, adota-se a competência facultativa do foro:

a) do domicílio do devedor;

b) de eleição, se houver; e, ainda;

c) do local da situação dos bens sujeitos à execução.

Nos termos da redação do art. 781, do Código de Processo Civil, nos parece que a escolha entre os foros mencionados é faculdade do exequente, acabando com a antiga celeuma que girava em torno da matéria em razão da redação do art. 576 do Código de Processo Civil de 1973.[13]

---

[13]   Neste sentido:
       Tribunal de Justiça de São Paulo. Competência. Conflito. Execução de alugueres em face de fiadores do locatário. Foro de domicílio dos executados. Inteligência dos artigos 576 e 94, *caput*, do Código de Processo Civil. Competente o Juízo suscitante. Conflito procedente (Conflito de Competência nº 19.874-0, São Paulo, rel. Dirceu de Mello, CESP, v.u., 16.03.95).
       Tribunal de Justiça de São Paulo. Conflito de competência. Ação de execução de aluguéis promovida contra fiadores. Hipótese dos autos onde o local do imóvel e o domicílio dos executados pertencem à mesma comarca. Conflito instaurado entre juízos do mesmo foro. Caráter funcional da competência,

Art. 781. A execução fundada em título extrajudicial será processada perante o juízo competente, observando-se o seguinte:

I – a execução poderá ser proposta no foro de domicílio do executado, de eleição constante do título ou, ainda, de situação dos bens a ela sujeitos;

II – tendo mais de um domicílio, o executado poderá ser demandado no foro de qualquer deles;

III – sendo incerto ou desconhecido o domicílio do executado, a execução poderá ser proposta no lugar onde for encontrado ou no foro de domicílio do exequente;

IV – havendo mais de um devedor, com diferentes domicílios, a execução será proposta no foro de qualquer deles, à escolha do exequente;

V – a execução poderá ser proposta no foro do lugar em que se praticou o ato ou ocorreu o fato que deu origem ao título, mesmo que nele não mais resida o executado.

8.6. POSSIBILIDADE DE CONVERSÃO DE AÇÃO DE DESPEJO EM EXECUÇÃO ANTES DA CITAÇÃO

Caso o locatário executado não tenha sido citado, é possível converter a ação de despejo em execução.

A hipótese é possível tendo em vista que, tomando conhecimento da propositura da ação ou até em virtude da própria inadimplência, é comum que o locatário abandone o imóvel.

Assim, a ação de despejo, notadamente aquela cumulada com cobrança, perderá a sua utilidade, sendo razoável o pedido de conversão, seguindo-se o procedimento da via executiva.

Nesse sentido:

Tribunal de Justiça de São Paulo. *Ação de despejo por falta de pagamento c. c. cobrança. Locação de imóvel. Abandono do imóvel por parte das locatárias. Locadora imitida na posse. Pedido de conversão da ação para execução de título extrajudicial. Possibilidade, uma vez que a citação das agravadas não foi levada a efeito. Dicção dos arts. 264 e 294 do Código de Processo Civil. Recurso provido. (Agravo 2216696-74.2015.8.26.0000. Relator: Dimas Rubens Fonseca; 28ª Câmara de Direito Privado; j. 10.11.2015; Data de registro: 13.11.2015).*

---

que é absoluta. Situação que exige aplicação da norma geral prevista no Código Judiciário do Estado e na legislação processual vigente. Competência do juízo onde fica situado o domicílio dos réus. Conflito julgado procedente e competente o juízo suscitado (Conflito de Competência nº 37.041-0, São Paulo, Câmara Especial, rel. Carlos Ortiz, 24.07.97, v.u.).

Tribunal de Justiça de São Paulo. Conflito de competência. Execução proposta por locador contra fiadores para cobrança de encargos locatícios. Foro de eleição no contrato de locação que norteia a competência também fixada pela Resolução nº 1/71, artigo 26, I, alínea "d". Conflito procedente e competente o juízo suscitante (Conflito de Competência nº 43.715-0, São Paulo, Câmara Especial, rel. Álvaro Lazzarini, 21.05.98, v.u.).

Segundo Tribunal de Alçada Civil de São Paulo. Competência – execução contra fiador – aluguéis e encargos – foro de situação do imóvel. Os artigos 95 e 111 do Código de Processo Civil permitem, nas ações pessoais, a eleição de foro, comarca e não propriamente a eleição de "Juízo". O foro ou comarca da Capital é uma só, compreendendo todos os Foros Regionais. Embora não se cuidando de ação de despejo de imóvel, mas de execução de aluguéis e encargos contra fiadores, prevalece, no caso, o foro de situação do imóvel, pois a fiança é instituto acessório da locação, o que equivale dizer que a execução dos fiadores deve ser ajuizada na área de competência do foro da situação do imóvel (AI nº 519.667, 7ª Câm., rel. Juiz S. Oscar Feltrin, j. em 27.01.98).

Segundo Tribunal de Alçada Civil de São Paulo. Competência – foro regional – execução de aluguéis contra fiador – imóvel situado em seu território – admissibilidade – aplicação da Lei Estadual nº 3.947, de 08.12.83 e artigo 54, inciso II, letra "a", da resolução nº 2, de 1º.01.77, do Egrégio Tribunal de Justiça. Tratando-se de execução de aluguéis movida contra o fiador, prevalece a regra de fixação de competência do foro regional (Lei Estadual nº 3.947, de 08.12.83 e artigo 54, inciso II, letra "a", da Resolução nº 2, de 1º.01.77, do Egrégio Tribunal de Justiça). Recurso de exequente provido, para manter a competência do local da situação do imóvel (AI nº 524.438, 8ª Câm., rel. Juiz Renzo Leonardi, j. em 12.03.98).

Tribunal de Justiça de São Paulo. *Agravo de instrumento. Ação de despejo c. c. cobrança Conversão em execução após a notícia de desocupação do imóvel. Possibilidade Réus que ainda não haviam sido citados quando da conversão, inexistindo qualquer desrespeito à estabilização da demanda Inexistente, ainda, qualquer prejuízo aos agravados, que já foram citados à luz do procedimento executivo Recurso provido (25ª Câmara de Direito Privado. Agravo de Instrumento 2094768-59.2015.8.26.0000. Rel. Des. Hugo Crepaldi. j. 18.06.2015).*

8.7. MODELO DE EXECUÇÃO DE ALUGUÉIS E ENCARGOS EM FACE DO FIADOR

MM. Juízo da (...)

(...), vem, por seu procurador (documento 1), com escritório na (...), onde recebe intimações, respeitosamente, perante Vossa Excelência, aforar, em face de (...), a competente

Execução por quantia certa contra devedor solvente – Título Extrajudicial

o que faz com supedâneo nos artigos 783, 784, VIII, e 824 e seguintes do Código de Processo Civil, expondo e requerendo o quanto segue:

O exequente é credor da importância de R$ (...), devida pelos executados, de acordo com a memória de cálculos anexa (documento 2 – Código de Processo Civil, art. 798, I, "b" e parágrafo único) e instrumento particular de contrato de locação assinado pelas partes e duas testemunhas em (...) (documento 3).

Trata-se, portanto, de título executivo extrajudicial (Código de Processo Civil, art. 784, VIII), decorrente de obrigação líquida, certa e exigível (Código de Processo Civil, arts. 783 e 786).

A presente execução decorre de aluguéis e encargos não pagos pelo afiançado dos executados que renunciaram ao benefício de ordem e se declararam solidários no contrato (documento 4).

Nada obstante os esforços do credor, que, sem sucesso, tentou amigavelmente receber o valor que lhe é devido, negam-se os devedores a saldar o débito, obrigando-o a socorrer-se do Poder Judiciário, o que faz por intermédio da presente ação de execução.

Citação e Pedido

Não restando outro meio de receber, é a presente para requerer digne-se Vossa Excelência de:

a) Determinar sejam citados os executados, pelo correio,[14] nos termos dos arts. 246, I; 247 e 248 do Código de Processo Civil (ou, subsidiariamente, justificando: por intermédio do Sr. Oficial de Justiça, com os permissivos do artigo 212, § 2º, do Código de Processo Civil), para pagar, em 3 (três) dias, o valor de R$ (...), acrescido de aluguéis que se vencerem no curso desta execução (CPC, arts. 771, parágrafo único, e 323), juros legais, correção monetária, custas e honorários advocatícios de 5% nos termos do art. 827, § 1º, do Código de Processo Civil.

Caso não haja pagamento no prazo legal de 3 (três) dias, requer-se, desde já, o acréscimo aos honorários, que deverão ser de 10% do valor executado (CPC, art. 827) com a penhora de dinheiro (CPC, art. 835, I e § 1º) pelo sistema do Banco Central.

---

[14] O art. 222, alínea "d", do CPC/1973 mencionava: "a citação será feita pelo correio, para qualquer comarca do País, exceto: (...) d) nos processos de execução". Todavia, não há mais vedação.
No CPC/2015 a citação postal na execução é permitida em razão da redação do art. 247, no qual foi SUPRIMIDA a proibição da citação postal nos processos de execução que antes existia no CPC de 1973 e, também, em razão do art. 249.
Art. 247. A citação será feita pelo correio para qualquer comarca do país, exceto:
I - nas ações de estado, observado o disposto no art. 695, § 3º;
II - quando o citando for incapaz;
III - quando o citando for pessoa de direito público;
IV - quando o citando residir em local não atendido pela entrega domiciliar de correspondência;
V - quando o autor, justificadamente, a requerer de outra forma. (...)
Art. 249. A citação será feita por meio de oficial de justiça nas hipóteses previstas neste Código ou em lei, ou quando frustrada a citação pelo correio.
Posta assim a questão, a citação para pagamento no prazo de 3 dias será feita de acordo com o art. 248, §§ 2º e 4º, na pessoa do responsável em receber correspondência na pessoa jurídica ou na pessoa do porteiro ou responsável pelo recebimento de correspondências do condomínio edilício.
Somente se frustrado o pagamento ou a citação, sendo necessário o arresto ou necessária a penhora que não possa ser feita por termo nos autos, o Oficial de Justiça promoverá o ato nos termos dos arts. 829 e 830 do CPC.

Caso se frustre a penhora de dinheiro, requer-se a expedição de mandado de penhora de tantos bens quantos bastem para garantir a execução, a ser cumprido por intermédio do Sr. Oficial de Justiça (*ou:* a penhora do imóvel consistente em (...) (documento 4 – matrícula), mediante termo nos autos, de acordo com o art. 837 e art. 845, § 1º, do CPC.

Caso o executado não seja encontrado para citação, *ex vi legis* (CPC, art. 830), requer o arresto do imóvel indicado e cuja matrícula segue anexa (documento 4), cumpridas as formalidades legais, seguindo o processo nos termos da Lei com a citação do executado por edital findo o qual haverá automática conversão do arresto em penhora (CPC, art. 830, § 3º). *(Apenas para o caso de serem conhecidos bens penhoráveis do executado. Caso contrário, a citação deve ser requerida, depois de esgotadas as tentativas, mesmo sem arresto, por edital (§ 2º do art. 830 do CPC): Ação de execução de título extrajudicial. Citação realizada por edital. Validade. Citação ficta ocorrida após diligências visando à obtenção de novo endereço do executado. Aplicação do disposto no artigo 231, II, CPC [atual art. 256, II]. Prescrição. Inocorrência. Interrupção do prazo prescricional. Inteligência do artigo 219, CPC. [atual art. 240] Agravo improvido (TJSP, 0221360-90.2012.8.26.0000, Rel. Soares Levada, Comarca: Sorocaba, 34ª Câmara de Direito Privado, j. 05.11.2012, Data de registro: 08.11.2012, Outros números: 2213609020128260000).*

OU, para o caso de não serem conhecidos bens penhoráveis do executado:

a.1) Requer-se, desde já, caso não haja pagamento em 3 (três) dias e o Sr. Oficial de Justiça não localize bens penhoráveis dos executados, que sejam eles intimados para, no prazo de 5 (cinco) dias, indicar bens passíveis de penhora, sob pena de ato atentatório à dignidade da Justiça e multa de 20% do valor da execução nos termos do art. 774, V e seu parágrafo único do CPC.

b) Requer-se a intimação da penhora por meio dos advogados do executado constituídos nos autos (CPC, art. 841, §§ 1º e 2º) ou por via postal, caso não tenha advogado constituído.

c) Por fim, tendo em vista o teor dos arts. 837 e 845, § 1º, do Código de Processo Civil, requer a exequente que a penhora seja registrada por meio eletrônico ou, impossível a prática do ato por meio eletrônico pela serventia, a expedição de certidão de inteiro teor do ato, para registro na matrícula do imóvel a ser penhorado/arrestado, de propriedade do executado (documento 4), nos termos dos artigos 167, I, item "5", e 239 da Lei 6.015/1973.

Provas

Pela natureza da ação (execução), protesta por provar o alegado unicamente por intermédio do título que instrui a exordial (documento 2).

Valor da Causa

Atribui-se à presente execução o valor de R$(...).

Termos em que,

pede deferimento.

Data

Advogado(a)

DOCUMENTO 1

Procuração

DOCUMENTO 2

TÍTULO EXECUTIVO

DOCUMENTO 3

DEMONSTRATIVO DO DÉBITO

DOCUMENTO 4

MATRÍCULA DO IMÓVEL PARA PENHORA/ARRESTO

8.8. FLUXOGRAMA

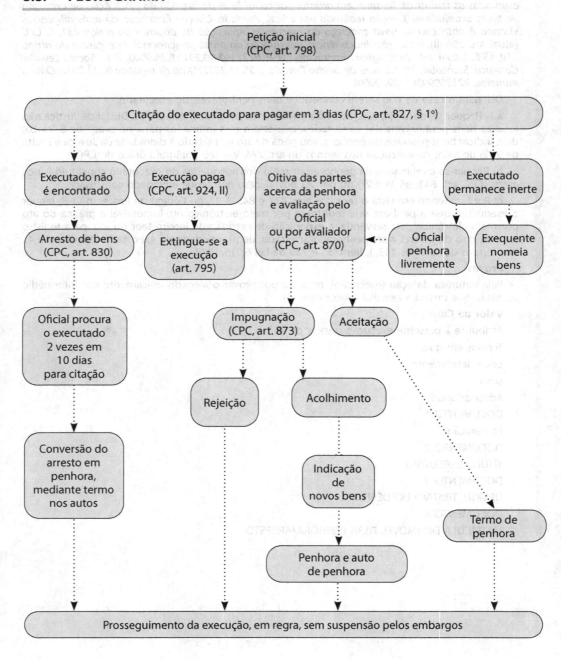

Petição inicial
(CPC, art. 798)

Citação do executado para pagar em 3 dias (CPC, art. 827, § 1º)

Executado não é encontrado

Execução paga (CPC, art. 924, II)

Oitiva das partes acerca da penhora e avaliação pelo Oficial ou por avaliador (CPC, art. 870)

Executado permanece inerte

Arresto de bens (CPC, art. 830)

Extingue-se a execução (art. 795)

Oficial penhora livremente

Exequente nomeia bens

Oficial procura o executado 2 vezes em 10 dias para citação

Impugnação (CPC, art. 873)

Aceitação

Conversão do arresto em penhora, mediante termo nos autos

Rejeição

Acolhimento

Indicação de novos bens

Termo de penhora

Penhora e auto de penhora

Prosseguimento da execução, em regra, sem suspensão pelos embargos

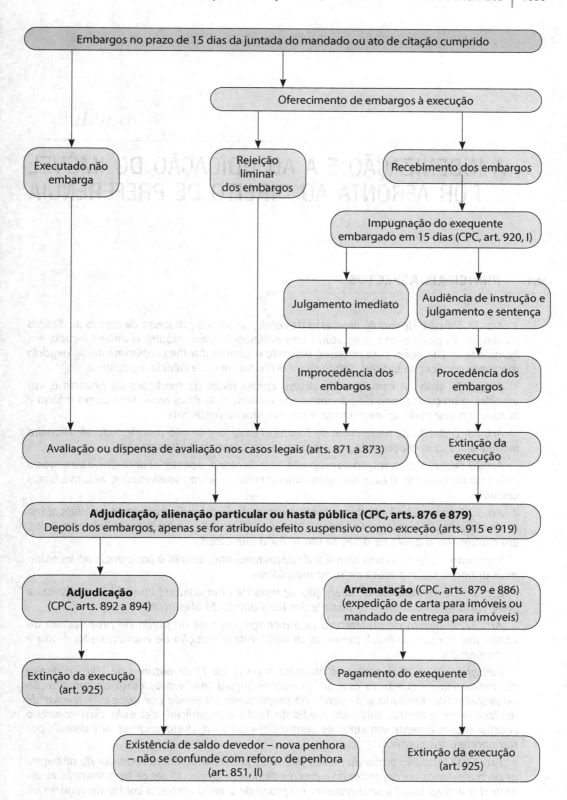

Capítulo 9

A INDENIZAÇÃO E A ADJUDICAÇÃO DO IMÓVEL POR AFRONTA AO DIREITO DE PREFERÊNCIA

9.1. PRINCIPAIS ASPECTOS

Art. 27. No caso de venda, promessa de venda, cessão ou promessa de cessão de direitos ou dação em pagamento, o locatário tem preferência para adquirir o imóvel locado, em igualdade de condições com terceiros, devendo o locador dar-lhe conhecimento do negócio mediante notificação judicial, extrajudicial ou outro meio de ciência inequívoca.

Parágrafo único. A comunicação deverá conter todas as condições do negócio e, em especial, o preço, a forma de pagamento, a existência de ônus reais, bem como o local e horário em que pode ser examinada a documentação pertinente.

Art. 28. O direito de preferência do locatário caducará se não manifestada, de maneira inequívoca, sua aceitação integral à proposta, no prazo de 30 (trinta) dias.

Art. 29. Ocorrendo aceitação da proposta, pelo locatário, a posterior desistência do negócio pelo locador acarreta, a este, responsabilidade pelos prejuízos ocasionados, inclusive lucros cessantes.

Art. 30. Estando o imóvel sublocado em sua totalidade, caberá a preferência ao sublocatário e, em seguida, ao locatário. Se forem vários os sublocatários, a preferência caberá a todos, em comum, ou a qualquer deles, se um só for o interessado.

Parágrafo único. Havendo pluralidade de pretendentes, caberá a preferência ao locatário mais antigo e, se da mesma data, ao mais idoso.

Art. 31. Em se tratando de alienação de mais de uma unidade imobiliária, o direito de preferência incidirá sobre a totalidade dos bens objeto da alienação.

Art. 32. O direito de preferência não alcança os casos de perda da propriedade ou venda por decisão judicial, permuta, doação, integralização de capital, cisão, fusão e incorporação.

Parágrafo único. Nos contratos firmados a partir de 1º de outubro de 2001, o direito de preferência de que trata este artigo não alcançará também os casos de constituição da propriedade fiduciária e de perda da propriedade ou venda por quaisquer formas de realização de garantia, inclusive mediante leilão extrajudicial, devendo essa condição constar expressamente em cláusula contratual específica, destacando-se das demais por sua apresentação gráfica.

Art. 33. O locatário preterido no seu direito de preferência poderá reclamar do alienante as perdas e danos ou, depositando o preço e demais despesas do ato de transferência, haver para si o imóvel locado, se o requerer no prazo de 6 (seis) meses, a contar do registro do ato no Cartório de Imóveis, desde que o contrato de locação esteja averbado pelo menos 30 (trinta) dias antes da alienação junto à matrícula do imóvel.

Parágrafo único. A averbação far-se-á à vista de qualquer das vias do contrato de locação, desde que subscrito também por duas testemunhas.

Art. 34. Havendo condomínio no imóvel, a preferência do condômino terá prioridade sobre a do locatário.

a) **Foro competente:** foro do domicílio do réu, salvo foro de eleição, que deverá ser respeitado (Código de Processo Civil, art. 46);

b) **Legitimidade ativa:** locatário ou sucessor;

c) **Legitimidade passiva:** locador e adquirente (litisconsórcio necessário);

d) **Valor da causa:** valor da adjudicação ou da indenização (o que for maior no caso de pedidos sucessivos);

e) **Petição inicial:** deve respeitar os requisitos do art. 319 do Código de Processo Civil;

f) **Procedimento:** comum.

9.2. O DIREITO DE PREFERÊNCIA

Nos termos do art. 27 da Lei 8.245/1991, o locatário terá direito de preferência na aquisição, tanto por tanto,[1] nos casos em que o locador promover a:

a) venda;

b) promessa de venda;

c) cessão de direitos;

d) promessa de cessão de direitos; e

e) dação em pagamento.[2]

Tratando-se de norma restritiva do direito de propriedade do locador, afetando diretamente o atributo da disposição, o direito de preferência deve ser interpretado restritivamente.

Portanto, em qualquer outra forma de alienação, o locatário não terá direito de preferência.

Quais seriam essas outras formas?

A lei esclarece (Lei 8.245/1991, art. 32): caso o imóvel pertença a pessoa jurídica, sendo essa cindida (Lei 6.404/76, art. 229), não haverá se falar em direito de preferência.

Também não haverá direito de preferência nos casos de permuta, doação, integralização de capital, fusão (Lei 6.404/76, art. 228), incorporação (Lei 6.404/76, art. 227), venda por decisão judicial e alienação fiduciária ou venda para realização de garantia, inclusive leilão extrajudicial, desde que conste em cláusula contratual (parágrafo único art. 32 da Lei 8.245/1990, incluído pela Lei 10.931/2004).

Outrossim, interessante é que a empresa resultante da cessão, que adquire o imóvel, bem como o donatário e aquele que adquire por permuta, estarão autorizados a promover a denúncia e a retomada nos termos do art. 8º da Lei 8.245/1991.

Se a locação estiver em vigor, todavia, o locatário fará jus ao ressarcimento de seus prejuízos (perdas e danos) em face do locador alienante.

---

[1] Igualdade de preço, condições, prazo, forma de pagamento etc.

[2] Art. 955 do Código Civil. *Vide*, a respeito, nosso: *Obrigações* – abordagem didática, 4ª ed., São Paulo: Juarez de Oliveira, 2006.

Inicialmente o leitor pode ser levado à falsa impressão de injustiça. Entretanto, não há olvidar-se a garantia constitucional à propriedade.

A preferência resultante do art. 27 da Lei 8.245/1991 é aplicável a qualquer espécie de locação, residencial ou não, vigorando por prazo determinado ou indeterminado.

Só não se aplica a regra nos casos em que a locação já foi denunciada, hipótese em que não subsiste o contrato de locação, a despeito de, em virtude da lei, o locatário permanecer no imóvel até o fim do prazo assinado na notificação que procedeu à denúncia ou expedição do mandado de despejo.

Tampouco há possibilidade de renúncia prévia, no contrato, do direito conferido pelo art. 27, em virtude do mandamento insculpido no art. 45. O que se admite é que, na época do negócio, o locatário renuncie ao direito e permita a livre negociação pelo locador.[3]

A 27ª Câmara de Direito Privado deste Tribunal de Justiça de São Paulo entendeu que *"não se pode ignorar a nulidade dessa cláusula contratual firmada quando da contratação da locação, tendo em vista que não se há de admitir que o locatário, antes de ter ciência acerca das condições da venda intencionada pelo locador, decline desse direito de preferência, pois não é possível ao locatário aferir a conveniência ou não da aquisição do imóvel em caso de eventual e futuro interesse na venda pelo locador, enquadrando-se, portanto, no disposto no art. 45 da Lei de Locação: 'São nulas de pleno direito as cláusulas do contrato de locação que visem a elidir os objetivos da presente lei...'"* (Ap. 0139043-31.2009.8.26.0100, rel. Des. Gilberto Leme, j. 11.02.2014).[4]

O locador, que pretende alienar o imóvel por uma das formas do art. 27 da Lei 8.245/1991, cujo rol é *numerus clausus* (taxativo, sem possibilidade de ampliação), deverá, por qualquer forma inequívoca,[5] comunicar ao locatário, fazendo constar, nessa comunicação, todas as condições do negócio,[6] além do local e horário em que a documentação poderá ser examinada.

Há quem entenda que, se o contrato permanecer após a alienação ao terceiro, os dados do proponente também devem integrar a comunicação, como no caso de contrato em vigor e cláusula de vigência (art. 8º da Lei 8.245/1991).[7]

Como a lei não fala em dia, entende-se que, durante todo o tempo em que o locatário poderá exercer o direito de preferência (trinta dias, acorde com o art. 28), a documentação estará à disposição.

A aceitação das condições, nos termos do art. 28, deve ser inequívoca, valendo as mesmas observações acerca da comunicação feita pelo locador.

---

[3] Francisco Carlos Rocha de Barros, *Comentários à lei do inquilinato*, São Paulo: Saraiva, 1997, p. 141.

[4] No mesmo sentido: ***Tribunal de Justiça de São Paulo***. *(...) Locação de imóvel – Direito de preferência – Inobservância – Renúncia antecipada em contrato do contrato de locação – Improcedência – Cerceamento de defesa – Inocorrência – Desnecessidade de outras provas (CPC, art. 130) – Nulidade da cláusula, porquanto vise elidir um dos objetivos fundamentais da lei – Inteligência do art. 45 da Lei 8.245/91 – Locatários preteridos que não demonstraram dispor do valor do preço de venda à época de alienação do imóvel – Dano inexistente, não se cogitando dever de indenizar – Litigância de má-fé – Ausência de insinuação maliciosa tendente a induzir o órgão jurisdicional em erro – Decisão mantida – Recurso desprovido. (Apelação 0114809-04.2008.8.26.0008 – Relator: Theodureto Camargo; Comarca: São Paulo; 9ª Câmara de Direito Privado; j. 16.06.2015; Data de registro: 06.07.2015).*

[5] Quaisquer meios, tais como: fax, carta com aviso de recebimento, telegrama com aviso de recebimento, lembrando que o ônus de provar que comunicou, no caso de dúvida, é do locador alienante. Veja, ao final deste capítulo, modelo da referida notificação dirigida ao locatário para exercício do direito de preferência.

[6] Modificadas as condições, deverá proceder a nova comunicação.

[7] Gisela Sampaio da Cruz Guedes e Carla Wainer Chalréo Lgow. In: Luiz Antonio Scavone Junior e Tatiana Bonatti Peres. *Lei do Inquilinato Comentada.* 2ª ed. Rio de Janeiro: Forense, 2017, p. 145.

Não há possibilidade de contraoferta.

Aceita a proposta e recusado o negócio pelo locador, diferentemente do que ocorre no âmbito da proposta no Direito Contratual do Código Civil, que obriga o negócio, o art. 29 da Lei 8.245/1991 determina o pagamento de perdas e danos (danos emergentes e lucros cessantes).

A responsabilidade, *in casu*, é objetiva, de tal sorte que basta ao locatário pleitear as perdas e danos, não precisando provar a culpa do locador, presumida em virtude da ausência de comunicação do negócio. Apenas provará a extensão das perdas e danos.

Também o fato de o locatário aceitar o negócio e, posteriormente, recusar, autorizará o locador pleitear perdas e danos em ação indenizatória.

Caso o imóvel esteja totalmente sublocado, a preferência caberá ao sublocatário, em seguida, com prazo sucessivo, ao locatário.

Pretendendo vender todas as unidades imobiliárias de um mesmo edifício, a preferência recairá sobre a totalidade das alienações. Protege-se o locador, nos casos em que a venda conjunta possa ser mais vantajosa.[8]

9.3. O DIREITO À INDENIZAÇÃO

O direito à indenização por perdas e danos (lucros cessantes e danos emergentes) surge nas seguintes hipóteses:

a) alienação por uma das formas do art. 27 da Lei 8.245/1991 sem que se tenha dado conhecimento ao inquilino;

b) alienação do imóvel por uma das formas do art. 27 da Lei 8.245/1991 sem levar em consideração a proposta tempestivamente aceita pelo inquilino;

c) alienação do imóvel por uma das formas do art. 27 da Lei 8.245/1991 por condições diferentes e menos vantajosas que aquelas comunicadas ao inquilino;

d) se o locador desistir da venda depois da aceitação da proposta pelo locatário (art. 29 da Lei 8.245/1991).

e) se o adquirente despejar o inquilino, ainda que este não tenha exercido o seu direito de preferência, durante o prazo contratual que o alienante é obrigado respeitar em razão do contrato e do art. 22, II, da Lei 8.245/1991. Remetemos o leitor, para entendimento desta hipótese, ao item 3.25.4 deste livro, no qual tratamos do despejo promovido pelo adquirente.

Deve-se, contudo, no caso de afronta ao direito de preferência, demonstrar o prejuízo, como, por exemplo, a valorização do imóvel que traria lucro imobiliário ao locatário.

Tem-se exigido, para o exercício do direito à indenização e também para a adjudicação, prova, pelo inquilino, de capacidade financeira para a aquisição, vez que, da sua impossibilidade de adquirir, restaria lógica a ausência de necessidade de comunicação do negócio.

Tribunal de Justiça do Distrito Federal. Apelação Cível 3.159.293, DF, Acórdão 76.688, 1ª Turma, 01.12.1994, relator: Júlio de Oliveira, Diário da Justiça do DF: 31.05.1995, p. 7.291. Observação: JTACSP 83/292. Doutrina: Maria Helena Diniz, Lei de locação de imóveis urbanos comentada, p. 118. Ação de reparação de danos. Imóvel locado. Venda. Preferência. Preterição do inquilino. A inobservância do direito de preferência do locatário, por parte do locador, constitui descumprimento de uma norma, o que, contudo, não gera, só por isso, direito a indenização, para cuja concessão é necessário que o inquilino demonstre capacidade financeira para concretizar a aquisição e tenha sofrido prejuízo econômico efetivo, o que não restou demonstrado nos autos. Recurso improvido. Decisão: Conhecer do recurso e desprover. Unânime.

---

[8] Mais uma vez privilegia-se o direito de propriedade.

Nada obstante o raciocínio seja aparentemente lógico, entendemos tratar-se de requisito que não consta da lei (Lei 8.245/1991, art. 27).

Outrossim, decisões desse jaez representam afronta ao disposto no art. 389 do Código Civil, segundo o qual *Não cumprida a obrigação, responde o devedor por perdas e danos, mais juros, atualização monetária e honorários de advogado.*

Ora, a obrigação nada mais é do que o *vínculo jurídico transitório* (extingue-se *normalmente pelo pagamento*) *mediante o qual o devedor* (sujeito passivo) *fica adstrito a dar, fazer ou não fazer* (prestação) *alguma coisa em favor do credor* (sujeito ativo), *sob pena de, não cumprindo espontaneamente, ver seu patrimônio responder pelo equivalente, e, às vezes, por perdas e danos.*[9]

Posta assim a questão, o locador, que afronta o direito de preferência do locatário, viola um direito e descumpre uma obrigação decorrente da lei.

Logo, fica obrigado a indenizar (provado o prejuízo: danos emergentes e lucros cessantes), independentemente de qualquer outra condição.

Trata-se de ação pessoal e, como tal, pode ser movida individualmente pelo locatário contra o locador.

Não se exige averbação do contrato e, tampouco, contrato escrito, ao revés da próxima ação a ser analisada (adjudicação):

Apelação. Ação de adjudicação c.c. pedido subsidiário de indenização de perdas e danos. Locatário preterido na venda de imóvel alugado. Demanda improcedente no primeiro grau. Cerceamento de defesa. Inexistência. Prova oral pretendida que nada contribuiria para o deslinde da controvérsia. Afronta ao direito de preferência do locatário. Imprescindibilidade da averbação do contrato de locação para que o direito de preferência se revista de eficácia real e permita ao locatário adjudicar o imóvel locado e vendido a terceiro. Inteligência do art. 33 da Lei 8.245/1991 e do art. 167, II, 16, da Lei 6.015/1973. A impossibilidade de se averbar o contrato, ainda que atribuível ao locador, não supre a exigência legal, restando ao locatário apenas eventual indenização de perdas e danos. Precedentes do E. STJ. Desigualdade de condições. Preço. Simulação de negócio jurídico. Locador que ofereceu o imóvel ao locatário por R$ 600.000,00, o que não foi aceito. Posterior lavratura de escritura de compra e venda realizada com terceiro, na qual consta que a aquisição ocorreu por R$ 300.000,00. Em que pese o documento público, as provas dos autos revelam que a transação, na realidade, se deu por R$ 600.000,00. Escritura de compra e venda lavrada por preço inferior ao da venda. Simulação entre os recorridos. Possíveis implicações criminais e tributárias que a falsidade da informação prestada ao notário possa acarretar que não alteram o valor real da negociação entre o locador e o comprador. Forma de pagamento. Apenas a possibilidade de pagamento à vista foi oferecida pelo locador ao locatário. Comprador que, no entanto, pagou o preço ajustado de forma parcelada. Descumprimento do art. 27 da Lei 8.245/1991. Perdas e danos. Locatário que não se desincumbiu do ônus de comprovar que detinha condições de adquirir o imóvel nas mesmas condições de preço e forma de pagamento que o adquirente o fez. Indenização não devida. Inteligência do art. 373, I, do CPC/2015. Precedentes do E. STJ. Sentença mantida. SUCUMBÊNCIA. Majoração dos honorários advocatícios, segundo as disposições do art. 85, §11, do CPC/2015. Prática de crime e de sonegação fiscal, em tese. Determinação de remessa de cópias dos autos ao Ministério Público e ao Fisco Municipal para a adoção das medidas cabíveis contra os apelados, nos termos do art. 40 do CPP. Recurso não provido, com determinação. (TJSP; Apelação Cível 1008535-76.2019.8.26.0278; Rel. Rosangela Telles; 31ª Câmara de Direito Privado; Foro de Itaquaquecetuba – 1ª Vara Cível; j. 10.03.2021; Data de Registro: 10.03.2021).

Apelações – Ação Indenizatória – Locação – Autora preterida em seu direito de preferência sobre a aquisição do imóvel que locava – Pleito de perdas e danos que prescinde da averbação do contrato na matrícula do imóvel, necessária apenas para o exercício do direito real de adjudicação – Precedentes do Superior Tribunal de Justiça – Autora que manifestou o seu interesse dentro do prazo legal e comprovou que possuía condições financeiras de adquirir o imóvel na mesma conjuntura em que ele foi alienado a terceiro – Danos Materiais – Gastos com a mudança que restaram demonstrados pelos recibos colacionados aos autos – Danos Morais – Configuração – Evidente a repercussão negativa dos fatos na esfera íntima da requerente, tendo em vista que habitava o imóvel em discussão há mais de 17 anos, tendo de deixar abruptamente o lar onde possuía sua rotina e costumes e no qual, decerto, criou memórias e relações de afeto – "Quantum" Indenizatório – Valor arbitrado em R$ 10.000,00 pelo Juízo "a quo" que, diante das circunstâncias do caso, se mostra adequado

---

[9]   Luiz Antonio Scavone Junior, *Obrigações* – abordagem didática, São Paulo: Juarez de Oliveira, 2000, p. 4.

para sanar de forma justa a lide, atendendo aos princípios da razoabilidade e proporcionalidade – Honorários Advocatícios – Observância das diretrizes expostas no art. 85, § 2º, do Código de Processo Civil – Fixação em 20% sobre o valor da condenação feita pelo Juízo "a quo" que se mostra ajustada, tendo em vista a relevância da causa, que foge ao comum, e o grau de zelo profissional – Negado provimento aos recursos. (TJSP; Apelação Cível 1000357-96.2016.8.26.0132; Rel. Hugo Crepaldi; 25ª Câmara de Direito Privado; Foro de Catanduva – 3ª Vara Cível; j. 29.05.2018; Data de Registro: 29.05.2018).

Outro ponto que merece análise é aquele referente à denúncia levada a efeito pelo adquirente enquanto vigente o contrato de locação, caso o locatário não tenha exercido o seu direito de preferência nos termos que foram tratados neste livro VII, no item 3.25.4, para onde remetemos o leitor e tratamos do direito de indenização neste caso.

9.4. ADJUDICAÇÃO[10]

O locatário preterido, em vez de ingressar com ação indenizatória (pessoal), desde que presentes os requisitos legais do art. 33 da Lei 8.245/1991, poderá ingressar com ação real de adjudicação para haver para si o imóvel alienado a terceiro, por uma das formas do art. 27.

Os requisitos específicos desta ação são aqueles especificados no art. 33 da Lei 8.245/1991, quais sejam:

a) Contrato escrito de locação;[11]

b) Contrato de locação averbado junto à matrícula do imóvel;

c) Averbação do contrato de locação levada a efeito, no mínimo, trinta dias antes da alienação;[12]

d) Exercício do direito (aforamento da ação) dentro do prazo de seis meses a partir do registro da alienação junto ao oficial de Registro de Imóveis;[13]

---

[10] Não confundir com a ação de adjudicação compulsória do Decreto-Lei 58/1937.

[11] *Segundo Tribunal de Alçada Civil de São Paulo. Locação – direito de preferência – sequela adjudicatória – contrato verbal – impossibilidade física do registro imobiliário – ausência de direito real – inadmissibilidade. Admitido pelo locador que a locação era verbal, resulta evidente que o contrato não poderia estar registrado no Cartório de Imóveis, circunstância que, por si só, já impede a apreciação do pedido de adjudicação, posto que inobservado requisito essencial para o exercício do direito real de prelação* (Apel. c/ rev. nº 414.453, 6ª Câm., rel. Juiz Paulo Hungria, j. em 19.10.94. JTA (Lex) 153/318. No mesmo sentido: Apel. c/ rev. nº 271.619, 1ª Câm., rel. Juiz Souza Aranha, j. em 06.08.90).

[12] *Segundo Tribunal de Alçada Civil de São Paulo. Locação – direito de preferência – indenização – perdas e danos – registro do contrato locatício após lavratura do compromisso de compra e venda – direito à adjudicação – condição inexistente. O registro do pacto locatício levado a efeito posteriormente à lavratura do compromisso de compra e venda implica tenha o locatário deixado de preencher condição para o exercício do direito de adjudicação, não se podendo negar valor à transmissão da propriedade, tampouco sujeitar terceiros de boa-fé a ver rescindido o compromisso anterior de compra e venda ou escritura lavrada e averbada posteriormente* (Apel. c/ rev. nº 466.888, 7ª Câm., rel. Juiz Emmanoel França, j. em 26.11.96, JTA (Lex) 165/428). Desimporta, para a data inicial da contagem regressiva, a data do registro da alienação, mas a data efetiva da alienação. A averbação, por outro lado, é providência que importa ao locatário, aliás, indispensável para o exercício da adjudicação. Não averbado o contrato de locação pelo inquilino, este poderá, apenas, ingressar com a ação indenizatória. Pode ser averbado, inclusive, contrato prorrogado por prazo indeterminado, desde que não tenha havido denúncia anterior à averbação, que tornará essa averbação ineficaz. (Francisco Carlos Rocha de Barros, "Comentários à lei do inquilinato", São Paulo: Saraiva, 1997, p. 160). Não há confundir, outrossim, a averbação do contrato com cláusula de vigência para obstar a denúncia pelo adquirente (art. 8º). Neste caso, mister se faz, por óbvio, que o contrato esteja em vigor.

[13] Nesse caso importa a data do registro, nos termos da lei. Todavia, nada impede que o locatário promova a ação antes mesmo do registro da alienação. O motivo é simples: poder-se-ia postergar indefinidamente o registro, impedindo o exercício do direito pelo locatário.

e) Depósito, pelo locatário-autor, do valor pelo qual foi alienado o imóvel, acrescido das despesas de transferência.[14]

Nada obstante a clareza solar da lei, decisões que me parecem incorporar certo ativismo admitem a adjudicação mesmo na ausência da averbação do contrato, quando por outros meios o adquirente poderia saber da existência da locação:

> *Civil. Processual civil. Agravo interno no recurso especial. Recurso manejado sob a égide do NCPC. Adjudicação compulsória de imóveis locados por desrespeito ao direito de preferência. Distratos posteriores das compras e vendas inválidos por inobservância da forma prescrita em lei. Sentença judicial e ausência de ação rescisória. Temas não tratados no acórdão recorrido. Falta de prequestionamento. Súmula 282 do STF, por analogia. Contrato de locação não averbado no cartório de registro de imóveis. Irrelevância no caso. Tribunal de origem consignou a ciência dos compradores da existência do contrato de locação e, portanto, do cumprimento do requisito da publicidade do contrato. Dano moral. Reexame do conjunto fático-probatório. (...). 7. Agravo interno não provido, com imposição de multa (STJ, AgInt no REsp 1.780.197 CE 2018/0300593-5, Rel. Min. Moura Ribeiro, 3ª Turma, j. 19.08.2019, DJe 21.08.2019).[15]*

Não deve ser assim, posto tratar-se de evidente requisito legal. O prejudicado pode requerer indenização, mas jamais a adjudicação sem averbar o contrato.

Nesse sentido:

> *Locação. Direito de preferência. Ação de adjudicação. Hipótese de impossibilidade jurídica do pedido, a ensejar a declaração de extinção do processo sem resolução do mérito. Recurso improvido. 1. Ao locatário é conferido o direito de preferência para aquisição do imóvel, podendo fazer uso dos meios judiciais se preterido. 2. Entretanto, o direito de haver para si o bem, mediante depósito do preço, apenas pode ser reconhecido se o contrato estiver averbado na matrícula imobiliária. Ausente essa averbação, cabe-lhe eventualmente a possibilidade de, tão só, pleitear reparação por perdas e danos, pedido não formulado na oportunidade própria. 3. A impossibilidade jurídica do pleito de desconstituição do negócio determina a declaração de extinção do processo sem resolução do mérito (...) (TJSP, Apelação Cível 1033876-32.2014.8.26.0100, Rel. Antonio Rigolin, 31ª Câmara de Direito Privado, j. 06.03.2018, data de registro 06.03.2018).*

O direito de preferência, portanto, como resta claro do art. 33 da Lei do Inquilinato, só pode ser exercido se o contrato de locação estiver averbado junto à matrícula do imóvel, com a antecedência mínima de trinta dias do ato de alienação.

> *Locação de Imóveis – Ação de despejo por denúncia vazia – Alegação de direito de preferência do locatário, que teria sido preterido na venda do imóvel locado – Necessidade de prévia averbação do contrato de locação no registro de imóveis – Exegese do art. 33 da Lei 8.245/91 – Ausência de registro que afasta o direito de preferência – Pretensão de suspensão do feito, por prejudicialidade externa, tendo em vista a existência de ação de adjudicação, objetivando a anulação da venda do imóvel – Impossibilidade de paralisação da presente ação de despejo, eis que ambas as ações foram reunidas e sentenciadas conjuntamente, assim como as apelações delas provenientes – Sentença de procedência mantida – Recurso não provido (TJSP, Apelação Cível 1017306-71.2014.8.26.0002, Rel. Carlos Nunes, 31ª Câmara de Direito Privado, j. 15.08.2017, data de registro 16.08.2017).*

---

[14] Cabe aqui um alerta: é preciso que os locadores se acautelem, uma vez que o preço que deve ser depositado é aquele oficial, não o valor "por fora", simulado para sonegação de imposto de transmissão.

[15] No mesmo sentido: *Ação de adjudicação compulsória. Locatária preterida em seu direito de preferência. Ausência de averbação do contrato não elide a preferência do locatário se o adquirente tem prévia ciência da locação. Somente a sublocação legítima transfere o direito de preferência ao sublocatário. Art. 30 da Lei 8.245/1991. Sentença reformada. Somente a sublocação legítima, aquela com consentimento prévio e escrito do locador, transfere ao sublocatário o direito de preferência na aquisição do imóvel locado. A ausência de averbação do contrato de locação não elide o direito do locatário em postular adjudicação compulsória se o adquirente tem prévio conhecimento da locação. Recurso provido. (TJSP; Apelação Cível 0181952-25.2008.8.26.0100; Rel. Gilberto Leme; 27ª Câmara de Direito Privado; Foro Central Cível – 24ª Vara Cível; j. 27.11.2012; Data de Registro: 04.12.2012).*

Assim decidiu o STJ:

Recurso especial. Locação de imóvel. Direito de preempção do inquilino (Lei 8.245/1991, art. 33). Condições para o exercício. Descumprimento pelo locatário. Recurso especial desprovido. 1. Em harmonia com o Código Civil, no art. 221, caput, segunda parte, estabelece a Lei do Inquilinato em seu art. 33, no que interessa ao exercício do direito de preferência na aquisição do imóvel locado pelo inquilino, duas obrigações para o locatário: a) primeiro, para habilitar-se a eventual e futuro exercício do direito de preempção, deve registrar o contrato de locação, averbando-o na respectiva matrícula do registro imobiliário competente, dando, assim, plena publicidade a terceiros, advertindo eventual futuro comprador do bem, de modo a não ser este surpreendido, após a compra, pela pretensão de desfazimento do negócio pelo locatário preterido; b) segundo, pertinente agora já ao exercício do direito de preferência pelo inquilino preterido e que se tenha oportunamente habilitado, deverá este depositar o preço da compra e demais despesas da transferência, desde que o faça no prazo decadencial de seis meses após o registro da alienação impugnada no registro imobiliário. 2. Na hipótese, é correto o entendimento do eg. Tribunal de Justiça ao dar provimento à apelação da adquirente, julgando improcedente a ação proposta pela inquilina, assentando que o contrato de locação somente fora averbado após a realização do negócio jurídico firmado entre o locador e a ora recorrida. 3. Recurso especial desprovido. (REsp n. 1.272.757/RS, Rel. Min. Antonio Carlos Ferreira, Rel. para acórdão Min. Raul Araújo, 4ª Turma, j. 20.10.2020, DJe 12.02.2021).

Ainda assim, reina a insegurança jurídica com a relativização de exigência clara da lei a exigir cautela dos adquirentes que deverão, nessa medida, conceder o direito de preferência ao inquilino mesmo na ausência de averbação do contrato de locação.

Quanto ao ato de averbação em si, no início da vigência da Lei 8.245/1991 os locatários encontravam grande resistência para averbação do contrato, chegando-se a exigir que constasse do instrumento a completa descrição do imóvel, tal qual consta da matrícula.

Hoje, a teor do parágrafo único do art. 33 e da dispensa desse requisito, os contratos têm sido averbados mesmo sem a completa descrição, desde que não reste dúvida acerca do imóvel.

Outrossim, a ação de adjudicação é real e, como tal, nos termos do art. 73 do Código de Processo Civil, obrigará a participação das partes e dos respectivos cônjuges.

***Tribunal de Alçada de Minas Gerais.** Apelação 208.074-6/00, Baependi, 7ª Câmara, 08.02.1996, relator: Juiz Lauro Bracarense, unânime. Locação – direito de preferência – registro de imóveis – indenização – perdas e danos – a averbação do contrato de locação no registro de imóveis, atendidos os requisitos enumerados no art. 33 da Lei 8.245/1991, institui direito real a aquisição do imóvel pelo inquilino, no exercício de seu direito de preferência, sendo que, inexistindo tal averbação, esse direito passa a ser pessoal, gerando para o locatário apenas a faculdade de reclamar perdas e danos.*

Importante salientar que mister se faz a participação do locador e do adquirente no polo passivo.[16]

***Segundo Tribunal de Alçada Civil de São Paulo.** Locação – direito de preferência – ação de adjudicação – ajuizamento pelo inquilino contra o alienante e o adquirente – necessidade. A ação de adjudicação deve ser proposta pelo inquilino contra o alienante e o adquirente, pois que a sentença que decide a ação, sendo procedente, adjudica o prédio para o locatário e desconstitui a alienação pelo locador (Apel. s/ rev. nº 440.733, 6ª Câm., rel. Juiz Carlos Stroppa, j. em 08.11.95).*

---

[16] Francisco Carlos Rocha de Barros, Comentários à lei do inquilinato, São Paulo: Saraiva, 1997, p. 159. Em sentido contrário: Maria Helena Diniz, Lei de locações de imóveis urbanos comentada, São Paulo: Saraiva, 1995, p. 120, ensinando que a ação deve ser dirigida apenas em face do adquirente. Entretanto, como é conveniente também, sucessivamente, pedir indenização, sendo que há divergência doutrinária, na prática é conveniente incluir ambos (locador-alienante e adquirente) no polo passivo.

É conveniente, e a lei não impede, o pedido subsidiário de indenização (Código de Processo Civil, art. 326), ou seja, não sendo acolhido o pedido de adjudicação, é possível o acolhimento do pedido de indenização.

Segundo Tribunal de Alçada Civil de São Paulo. Locação – direito de preferência (artigo 33, da Lei 8.245/1991) – preterição – adjudicação compulsória – pedido alternativo de perdas e danos – possibilidade. Deve se distinguir a ação prelatória, de cunho real, da indenizatória de natureza pessoal, para o efeito de, em tema de violação do direito de preferência, admitir-se pedido alternativo subsidiário: adjudicação ou perdas e danos (Apel. s/ rev. nº 431.143, 11ª Câm., rel. Juiz Artur Marques, j. em 05.06.95, in JTA (Lex) 160/290. Referência: JTA (RT) 123/286, 129/257).

9.5. MODELO DE AÇÃO DE ADJUDICAÇÃO

MM. Juízo da (...)

(...), por seus procuradores (documento 01), com escritório na (...), onde receberão intimações, vem, respeitosamente, perante Vossa Excelência, aforar, pelo procedimento comum, rito ordinário, em face de (...), a competente

Ação de adjudicação,

o que faz com supedâneo nos artigos 27 a 33 da Lei 8.245/1991, expondo e requerendo o quanto segue:

I – Fatos

A autora é locatária da segunda ré, em virtude de contrato de locação do imóvel localizado na (...) (documento 02), firmado em (...), pelo prazo de 30 (trinta meses), cujo aluguel atual importa em R$ (...) mensais.

No último dia (...), há menos de seis meses, portanto, a primeira ré, proprietária do imóvel locado, o vendeu à segunda ré pelo preço de R$ (...), conforme prova a cópia da escritura que foi registrada junto à matrícula no dia (...) (documentos 03 e 04).

Ocorre que a venda foi feita sem que houvesse qualquer comunicação à autora, afrontando seu direito de preferência, mormente que o contrato de locação foi averbado junto à matrícula no dia (...), mais de três meses antes da alienação.

Como a autora possui condições econômicas e financeiras de adquirir o imóvel, conforme prova seu extrato de aplicações junto ao Banco (...) (documento 05), resta evidente que foi violado seu direito de preferência na aquisição.

Sendo assim, não lhe restou alternativa, senão exercer a sequela adjudicatória, a teor do que dispõe o art. 33 da Lei 8.245/1991.

II – Pedido

Diante do exposto, com o depósito da quantia de R$ (...), requer a autora a procedência da ação, determinando, Vossa Excelência, a adjudicação do imóvel por sentença, condenando os réus no pagamento das despesas, custas e honorários advocatícios que Vossa Excelência houver por bem arbitrar.

Subsidiariamente (Código de Processo Civil, art. 326), não sendo possível acolher o pedido de adjudicação, requer a autora a condenação dos réus no pagamento das perdas e danos consubstanciados nas seguintes verbas:

ü Diferença entre o valor de mercado e o valor pago pelo réu, acorde com avaliações e publicações de anúncios em jornais (documento 06);

ü Despesas de mudança da autora (documento 07).

III – Citação

Nos termos do art. 246 do CPC, requer-se a citação por meio eletrônico ou, não havendo cadastro, pelo correio (*ou, ainda, justificando, por Oficial de Justiça, nos termos do § 1º-A, II, do art. 246 do CPC, facultando-se ao Sr. Oficial de Justiça encarregado da diligência proceder nos dias e horários de exceção (CPC, art. 212, § 2º*), para eventual oferta de resposta no prazo de 15 (quinze) dias (art. 335 do Código de Processo Civil), sob pena de serem tidos por verdadeiros todos os fatos aqui alegados (art. 344 do Código de Processo Civil), devendo o respectivo mandado conter as finalidades da citação, as respectivas determinações e cominações, bem como a cópia do despacho do(a) MM. Juiz(a), comunicando, ainda, o prazo para resposta, o juízo e o cartório, com o respectivo endereço.

IV – Audiência de Conciliação

Nos termos do art. 334, § 5º, do Código de Processo Civil, o autor desde já manifesta, pela natureza do litígio, desinteresse em autocomposição.

Ou

Tendo em vista a natureza do direito e demonstrando espírito conciliador, a par das inúmeras tentativas de resolver amigavelmente a questão, a autora desde já, nos termos do art. 334 do Código de Processo Civil, manifesta interesse em autocomposição, aguardando a designação de audiência de conciliação.

V – Provas

Requer-se provar o alegado por todos os meios de prova em direito admitidos, incluindo perícia, produção de prova documental, testemunhal, inspeção judicial, depoimento pessoal sob pena de confissão caso o réu (ou seu representante) não compareça, ou, comparecendo, se negue a depor (art. 385, § 1º, do Código de Processo Civil).

VI – Valor da causa

Dá-se à presente o valor de R$ (...) (valor do imóvel).

Termos em que,

pede deferimento.

Local e data

Advogado (OAB)

9.6. MODELO DE NOTIFICAÇÃO PARA CONCEDER AO LOCATÁRIO O DIREITO DE PREFERÊNCIA

NOTIFICAÇÃO

Notificado: (locatário, qualificação completa e endereço com CEP)

Notificante: (locador, qualificação completa e endereço com CEP)

Ref: Concessão do direito de preferência nos termos do art. 27 da Lei 8.245/1991.

Em razão do contrato de locação do imóvel localizado à (...), firmado entre as partes no dia (...) e respectivos aditamentos firmados em (...), serve a presente para conceder a Vossa(s) Senhoria(s) o direito de preferência para aquisição do imóvel locado.

Para tanto, seguem as condições do negócio a ser concluído, de acordo com oferta recebida de terceiro:

Preço Total: (...)

Forma de Pagamento: (...)

(transcrever todas as demais condições do negócio).

A documentação referente ao negócio, bem como referente ao imóvel, pode ser examinada por Vossa(s) Senhoria(s), caso queira(m), no seguinte endereço (...), devendo, para tanto, confirmar o interesse no seu exame mediante envio de comunicação por qualquer meio inequívoco ao endereço do locador.

Por fim, a aceitação das condições ora estabelecidas deve ser manifestada no prazo improrrogável de 30 dias, nos termos do art. 28 da Lei 8.245/1991.

Era o que havia para notificar

Local e data

(Nome do Locador – notificante)

9.7. MODELO DE RENÚNCIA AO DIREITO DE PREFERÊNCIA

RENÚNCIA AO DIREITO DE PREFERÊNCIA

Art. 27 da Lei 8.245/1991.

Tendo em vista o contrato de locação do imóvel localizado na (...) firmado entre (...) e tendo em vista que me foi concedida a preferência na aquisição do imóvel nos exatos termos do negócio entabulado com terceiros pelo valor de (...) a serem pagos (...), tomando ciência dos exatos termos do negócio ora descrito, declaro que não tenho interesse em exercer o direito de preferência na aquisição ao qual renuncio especificamente.

Local e data

(Nome do Locador – notificante)

 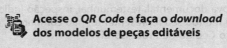

Acesse o *QR Code* e faça o *download* dos modelos de peças editáveis

> https://uqr.to/1yecu

Capítulo 10

ENUNCIADOS DO CENTRO DE ESTUDOS DO SEGUNDO TRIBUNAL DE ALÇADA CIVIL DE SÃO PAULO E SÚMULAS DO TRIBUNAL DE JUSTIÇA DE SÃO PAULO[1]

10.1. ENUNCIADOS DO SEGUNDO TRIBUNAL DE ALÇADA CIVIL DE SÃO PAULO

Nº 1 – Artigo 48

Inexistente no contrato locativo a indicação de sua natureza para temporada, considera-se tenha sido celebrado para finalidade residencial e com prazo inferior a 30 (trinta) meses, salvo prova em contrário.

Nº 3 – Artigo 67, VII

Na ação de consignação de aluguel e acessórios da locação, a complementação do depósito pelo autor independe de reconvenção do réu.

Nº 4 – Artigo 22, VII

As despesas com elaboração do contrato de locação, conhecidas como "taxa de contrato", não podem ser exigidas do locatário.

(...)

Nº 6 – Artigo 51

Na renovação judicial do contrato de locação, o prazo mínimo do novo contrato é de cinco anos.

Nº 7 – Artigo 68, II e III

Fixado o aluguel provisório na ação revisional, o interesse recursal do réu somente surgirá se não for atendido o seu pedido de revisão daquela fixação.

---

[1] Publicados no *Diário Oficial do Estado/Just.* 05.06.1995, p. 87.

Nº 8 – Artigo 61

O reconhecimento da procedência do pedido na ação de despejo somente acarreta a concessão do prazo de 06 (seis) meses para a desocupação, contado da citação, se a pretensão se apoiar em qualquer das hipóteses referidas no artigo 61 da Lei 8.245/1991.

Nº 9 – Artigo 45

A Lei 8.245/1991 não proíbe a cobrança de luvas no contrato inicial da locação comercial.

Nº 10 – Artigo 19

É possível a revisão do aluguel durante o prazo previsto no contrato de locação, ainda que para fins não residenciais, após 03 (três) anos de sua vigência.

Nº 11 – Artigo 76

Ainda que a notificação para a denúncia da locação tenha sido feita na vigência da lei anterior, a ação de despejo, se distribuída a partir de 20.12.91, fica sujeita às regras processuais da Lei 8.245/1991.

Nº 12 – Artigos 47 e 78

Locação residencial ajustada antes da Lei 8.245/1991 admite denúncia vazia e retomada motivada.

Nº 13 – Artigo 62, I

Somente contra o locatário é admissível a cumulação do pedido de rescisão da locação com o de cobrança de aluguéis e acessórios.

Nº 14 – Artigos 71, II, e 62, II

A emenda da mora em ação de despejo por falta de pagamento, constituindo exercício de legítimo direito, não descaracteriza o exato cumprimento do contrato de locação comercial.

(...)

Nº 16 – Artigos 18 e 19

O acordo das partes que, no contrato de locação, inserir ou modificar a periodicidade dos reajustes, interrompe o prazo para o ajuizamento da ação revisional.

Nº 17 – Artigo 62, II, "d"

Ao deferir a purga da mora na ação de despejo por falta de pagamento, o magistrado arbitrará os honorários advocatícios de acordo com o estipulado no contrato de locação, salvo abuso de direito.

Nº 18 – Artigo 62, II

Na purgação da mora o débito deve ser corrigido monetariamente.

Nº 19 – Artigo 47

Está dispensada a notificação premonitória para a retomada motivada.

(...)

Nº 21 – Artigo 62

O não pagamento do aluguel provisório enseja pedido de despejo com fundamento no artigo 62 da Lei 8.245/1991.

Nº 22 – Artigo 51, § 5º, da Lei 8.245/1991

Proposta ação renovatória no prazo legal, a demora na efetivação da citação não acarreta a decadência do direito.

Nº 23 – Artigo 64

É indispensável a caução na execução de despejo por falta de pagamento.

(...)

Nº 27 – Artigo 66

Em princípio, a imissão de posse na ação de despejo deve ser antecedida de constatação, demonstrada mediante auto circunstanciado.

Nº 28 – Artigos 62 e 67, parágrafo único

A contestação à ação de despejo por falta de pagamento apenas surtirá efeito desconstitutivo do direito do locador, se acompanhada do depósito da importância acaso tida como incontroversa.

Nº 29 – Artigo 72, § 4º

O aluguel provisório a ser arbitrado na ação renovatória deve ser contemporâneo ao início do contrato renovando, facultado ao locador, nessa ocasião, oferecer elementos hábeis à aferição do justo valor.

Nº 30 – Artigo 47, V

O disposto no inciso V do artigo 47 da Lei 8.245/1991 aplica-se somente às locações contratadas na vigência desse diploma.

Nº 31 – Artigo 294 do Código de Processo Civil

É incabível, nas ações de despejo, a antecipação da tutela de que trata o artigo 273 do Código de Processo Civil [atual tutela provisória do art. 294 e seguintes do CPC], em sua nova redação.

(...)

Nº 33 – Artigo 334 do Código de Processo Civil

É admissível a realização de audiência preliminar nas causas versando direito indisponível.

(...)

Nº 38 – Artigo 814 do Código de Processo Civil

A redução da multa de que trata o artigo 645 do Código de Processo Civil [atual art. 814] não ofende o ato jurídico perfeito.

(...)

Nº 41 – Artigo 539 do Código de Processo Civil

O depósito bancário, a que alude o artigo 890 do Código de Processo Civil [atual art. 539], é instrumento de direção material e também se presta à exoneração de obrigações oriundas do contrato de locação.

(...)

10.2. SÚMULAS DO TRIBUNAL DE JUSTIÇA DE SÃO PAULO

Súmula 7

Nos contratos de locação, responde o fiador pelas suas obrigações mesmo após a prorrogação do contrato por prazo indeterminado se não se exonerou na forma da lei.

Súmula 8

É penhorável o único imóvel do fiador em contrato locatício, nos termos do art. 3º, VII, da Lei 8.009, de 29.03.1990, mesmo após o advento da Emenda Constitucional nº 26, de 14.02.2000.

Súmula 21

Na chamada denúncia vazia, a retomada é deferida pela só conveniência do locador, sendo dispensável audiência de instrução e julgamento.

Súmula 22

Em casos de notificação premonitória desacompanhada de procuração, consideram-se ratificados os poderes para a prática do ato com a juntada do competente instrumento de mandato ao ensejo da propositura da ação.

Súmula 23

A notificação premonitória não perde a eficácia pelo fato de a ação de despejo não ser proposta no prazo do art. 806 do Código de Processo Civil [atual art. 308].

Súmula 24

A locação verbal presume-se por tempo indeterminado.

Súmula 25

O usufrutuário não se equipara ao adquirente para o fim de aplicação do art. 8º, da Lei 8.245/91.

Súmula 72

Há conexão entre ações declaratória e executiva fundadas no mesmo título.

Súmula 77

A ação fundada em relação de consumo pode ser ajuizada no foro do domicílio do consumidor (art. 101, I, CDC) ou no do domicílio do réu (art. 94 do CPC) [atual art. 46], de sorte que não se admite declinação de competência de ofício em qualquer dos casos.

Súmula 78

Não desloca a competência ao Juízo da Fazenda Pública o ingresso de pessoa jurídica de direito público em ação em que se discute matéria de caráter privado, cujo resultado não lhe interesse direta e juridicamente.

Súmula 88

Reiteradas decisões contrárias aos interesses do excipiente, no estrito exercício da atividade jurisdicional, não tornam o juiz exceto suspeito para o julgamento da causa.

Súmula 106

Não configura litispendência a propositura de ação individual com objeto similar ao invocado em ação coletiva.

Súmula 110

Nos conflitos de competência, julgados pela Câmara Especial, o foro competente para o ajuizamento da ação de adjudicação compulsória é o da situação do imóvel.

Livro VIII

PRODUÇÃO ANTECIPADA DE PROVAS NO DIREITO IMOBILIÁRIO

Capítulo 1

PRODUÇÃO ANTECIPADA DE PROVAS

1.1. CONCEITO

O atual Código de Processo Civil incluiu a antiga ação cautelar de produção antecipada de provas, que se destina à colheita da prova que corre o risco de desaparecer ou que se torna excessivamente onerosa se for produzida no momento da instrução da ação principal, no rol do Livro I da Parte Especial (Do processo de conhecimento e do cumprimento de sentença), Título I (Do procedimento comum), Capítulo XII (Das provas), Seção II (Da produção antecipada da prova).

Nesse sentido, esta é a redação do Código de Processo Civil:

> Art. 381. A produção antecipada da prova será admitida nos casos em que:
>
> I – haja fundado receio de que venha a tornar-se impossível ou muito difícil a verificação de certos fatos na pendência da ação;
>
> II – a prova a ser produzida seja suscetível de viabilizar a autocomposição ou outro meio adequado de solução de conflito;
>
> III – o prévio conhecimento dos fatos possa justificar ou evitar o ajuizamento de ação.
>
> § 1º O arrolamento de bens observará o disposto nesta Seção quando tiver por finalidade apenas a realização de documentação e não a prática de atos de apreensão.
>
> § 2º A produção antecipada da prova é da competência do juízo do foro onde esta deva ser produzida ou do foro de domicílio do réu.
>
> § 3º A produção antecipada da prova não previne a competência do juízo para a ação que venha a ser proposta.
>
> § 4º O juízo estadual tem competência para produção antecipada de prova requerida em face da União, de entidade autárquica ou de empresa pública federal se, na localidade, não houver vara federal.
>
> § 5º Aplica-se o disposto nesta Seção àquele que pretender justificar a existência de algum fato ou relação jurídica para simples documento e sem caráter contencioso, que exporá, em petição circunstanciada, a sua intenção.
>
> Art. 382. Na petição, o requerente apresentará as razões que justificam a necessidade de antecipação da prova e mencionará com precisão os fatos sobre os quais a prova há de recair.
>
> § 1º O juiz determinará, de ofício ou a requerimento da parte, a citação de interessados na produção da prova ou no fato a ser provado, salvo se inexistente caráter contencioso.
>
> § 2º O juiz não se pronunciará sobre a ocorrência ou a inocorrência do fato, nem sobre as respectivas consequências jurídicas.

§ 3º Os interessados poderão requerer a produção de qualquer prova no mesmo procedimento, desde que relacionada ao mesmo fato, salvo se a sua produção conjunta acarretar excessiva demora.

§ 4º Neste procedimento, não se admitirá defesa ou recurso, salvo contra decisão que indeferir totalmente a produção da prova pleiteada pelo requerente originário.

Art. 383. Os autos permanecerão em cartório durante 1 (um) mês para extração de cópias e certidões pelos interessados.

Parágrafo único. Findo o prazo, os autos serão entregues ao promovente da medida.

A produção antecipada de provas (*ad perpetuam rei memoriam*) é indicada, portanto, nos termos do inciso I do art. 381 do Código de Processo Civil, nas hipóteses em que a demora da realização da audiência de instrução pode frustrar a apuração dos fatos ou causar prejuízos excessivos às partes, e, ainda, na medida em que os vestígios e sinais constitutivos das provas que se pretende produzir possam desaparecer no tempo.

Mesmo com a disposição no Código de Processo Civil no capítulo das provas, não se perdeu, no inciso I do art. 381 do Código de Processo Civil, a natureza cautelar que colima resguardar a formação do processo.

Outrossim, embora a lei preveja apenas três hipóteses de produção antecipada de provas, constantes do art. 381, a enumeração não é taxativa.

No Direito Imobiliário, a produção antecipada de provas é muito comum para produzir prova pericial no caso de vícios nos imóveis e estragos perpetrados por inquilinos.

A produção antecipada de provas de natureza cautelar (inciso I do art. 381 do Código de Processo Civil) é proposta antes da ação principal de obrigação de fazer ou ação de ressarcimento de danos, o que, com a concessão de liminar e consequente realização da prova, possibilita os consertos pelo proprietário enquanto se desenvolve a ação principal.

Lamentavelmente, é cediço que, em virtude da pletora de feitos que assoberba o Poder Judiciário, essa ação principal demora tempo suficiente para inviabilizar a prova no momento oportuno, na instrução do processo.

Como toda medida de natureza cautelar, como é nitidamente a hipótese do inciso I do art. 381 do Código de Processo Civil, a produção antecipada de provas não dispensa os requisitos do *periculum in mora*.

Sendo assim, no caso de estragos no imóvel perpetrados por inquilinos, o perigo da demora (*periculum in mora*) consiste no tempo que o imóvel permaneceria indisponível, aguardando a fase pericial, aumentando demasiadamente os prejuízos (lucros cessantes).

Todavia, para as demais hipóteses do art. 381 do Código de Processo Civil, é dispensada a demonstração do perigo da demora.

É paradigmática, quanto à pretensão da prova autônoma, a lição de Daniel Amorim Assumpção Neves[1]:

No inciso II, tem-se a admissão da produção antecipada de provas sempre que a prova a ser produzida for suscetível de viabilizar tentativa de conciliação ou de outro meio adequado de solução do conflito. Assim já havia me manifestado em uma das conclusões de minha tese de doutorado a respeito do tema: "A ação meramente probatória teria importante papel na otimização das conciliações, considerando-se que, diante de uma definição da situação fática, os sujeitos envolvidos no conflito teriam maiores condições de chegar a uma autocomposição.

---

[1] Daniel Amorim Assumpção Neves, *Novo Código de Processo Civil Comentado*, Salvador: JusPodivm, 2016, pp. 672 e 673.

A indefinição fática muitas vezes impede a realização de uma conciliação porque leva uma das partes a crer que tenha direitos que na realidade não tem. Entendo que a hipótese prevista no inciso II libere praticamente de forma integral a produção antecipada de provas, bastando para a parte alegar que precisa esclarecer melhor os fatos para que tenham melhor condição de tentar resolver o conflito pelos meios alternativos de solução. Da forma como foi redigido o dispositivo legal, a amplitude no cabimento do pedido de antecipação na produção da prova é praticamente absoluta."

Quanto à última hipótese (inciso III), ensina o mesmo autor:

Essa hipótese diz respeito à necessidade de produção da prova como forma de preparar a pretensão principal, possibilitando assim a elaboração de uma petição inicial séria e responsável.

Importante ressaltar, ainda, que eventual propositura de ação de produção antecipada de provas interrompe o prazo prescricional, que voltará a correr integralmente após o trânsito em julgado, conforme atestam os seguintes arestos:

Tribunal de Justiça de São Paulo. *Responsabilidade civil por vícios de construção. Vazamento de caixa e esgoto e de caixa de gordura na unidade da autora. Extinção por decadência, adotado o prazo para reclamar vícios redibitórios. Incorreção. Pretensão relativa a vícios construtivos. Empreitada sujeita a prazo de garantia quinquenal e prescrição decenal, contada da ciência do vício. Artigos 618 e 205 do Código Civil.* **No mais, autora exerceu o direito dentro do aventado prazo decadencial, ao promover ação cautelar de produção antecipada de prova.** *Aplicação do artigo 1.013, § 3º, do Código de Processo Civil, para apreciação do mérito. Causa madura, em condições de imediato julgamento. Prova documental a comprovar de forma satisfatória que os danos decorrem de vícios construtivos. Responsabilidade da ré pela correta execução do empreendimento. Obrigação da ré de reparar os danos, a fim de restaurar o imóvel às condições originais. Devido o pagamento de indenização por danos materiais causados à autora, correspondentes às despesas com o processo cautelar para produção antecipada de prova. Impossibilidade de se indenizar o valor correspondente aos honorários contratuais. Despesa que não resulta diretamente do dano que se pretende indenizar, mas do exercício do direito de ação. Jurisprudência do STJ consolidada a respeito do tema. Condenação da ré ao pagamento de lucros cessantes pelo período necessário à reforma do imóvel. Impossibilidade de utilização do imóvel adquirido, ou mesmo de locação deste, em razão dos vícios. Dano material presumido. Natureza frutífera do imóvel. Ocorrência de danos morais indenizáveis. Dissabores e angústia causados à adquirente em virtude do ocorrido são passíveis de reparação, à vista das peculiaridades do caso concreto. Quantum indenizatório fixado pela sentença a tal título que comporta majoração para R$ 10.000.00, a fim de melhor atender à função ressarcitória e punitiva. Ação procedente em parte. Recurso parcialmente provido. (TJSP, Apelação Cível 1020975-85.2021.8.26.0003, Rel. Francisco Loureiro, 1ª Câmara de Direito Privado, Foro Regional III – Jabaquara – 3ª Vara Cível, j. 25.04.2023, data de registro: 26.04.2023)*

Tribunal de Justiça de São Paulo. *Embargos de declaração – Alegado caráter personalíssimo de causa de interrupção da prescrição – Ação cautelar de produção antecipada de provas com realização de perícia, anteriormente movida pelo embargante, que aproveita também aos embargados – Perícia que teve por objeto apurar vícios da obra contratada que repercute diretamente na relação jurídica de ambas as partes – Prequestionamento que não justifica a interposição do recurso – Rejeitada a alegação dos embargados de manifesto propósito protelatório – Embargos acolhidos em parte para sanar a omissão de pronunciamento sobre o alegado caráter personalíssimo da interrupção da prescrição – Recurso provido para a complementação do v. Acórdão, sem alteração do resultado do julgamento. (TJSP, Embargos de Declaração Cível 1026544-57.2021.8.26.0071, Rel. Monte Serrat, 30ª Câmara de Direito Privado, Foro de Bauru – 3ª Vara Cível, j. 24.04.2024, data de registro 24.04.2024)*

Tribunal de Justiça de São Paulo. *Prestação de serviços. Empreitada. (...) Prescrição. Interrupção do prazo com a propositura de medida cautelar de produção antecipada de provas. Reinício. Data do trânsito em julgado. (...). Citação válida na medida cautelar de antecipação da produção de provas interrompe a contagem da prescrição, que se reinicia com o trânsito em julgado da homologação judicial. Recurso não conhecido em parte e, na parte conhecida, desprovido. (TJSP; Apelação 1002762-96.2015.8.26.0114; Relator (a): Gilberto Leme; Órgão Julgador: 35ª Câmara de Direito Privado; Foro de Campinas – 1ª Vara Cível; Data do Julgamento: 04/07/2016; Data de Registro: 11/07/2016).*

Tribunal de Justiça de São Paulo. *Apelação. Direito de vizinhança. Ação de indenização. Danos materiais e lucros cessantes. Incorporação no terreno vizinho que ocasionou danos no imóvel dos autores. (...). A medida cautelar de produção antecipada de provas exaure-se nela mesma, prescindindo da ação principal.*

Preliminar de prescrição, rejeitada. Interrupção do transcurso do prazo pelo ajuizamento da medida cautelar de produção antecipada de provas. Prazo que recomeça a correr do último ato praticado nesse processo. Ilegitimidade passiva da construtora. Descabimento. Construtor e Incorporadora que são solidariamente responsáveis pelos danos causados ao imóvel vizinho, em razão da obra. (...). Mérito. Prejuízos apurados em perícia. Danos materiais configurados. Pretensão à redução. Não cabimento. Responsabilidade solidária das requeridas e da denunciada. Ressalva, nos lucros cessantes, não demonstrados. (...). (TJSP; Apelação 1027812-09.2014.8.26.0002; Relator (a): Bonilha Filho; Órgão Julgador: 26ª Câmara de Direito Privado; Foro Central Cível – 39ª Vara Cível; Data do Julgamento: 10/08/2017; Data de Registro: 11/08/2017).

Tribunal de Justiça de São Paulo. *Justiça Gratuita – Pedido formulado nesta fase recursal – A situação de hipossuficiência que a recorrente alega não restou comprovada e sim capacidade financeira – Pedido indeferido, com determinação e observação. Agravo de Instrumento – Ação de indenização por danos materiais e morais – Decisão que, em despacho saneador e reconhecendo relação de consumo, rejeitou preliminares suscitadas pela ré de decadência e prescrição, e seu pedido de denunciação à lide, bem como inverteu o ônus da prova – Os contratos de prestação de serviços foram contratados com o escopo de acompanhamento técnico para construção de um muro, de modo que o autor agravado pode ser considerado destinatário final do serviço contratado à ré agravante – Aplicação do CDC por caracterizada relação de consumo – O procedimento do art. 806 do CPC/1973 não era aplicável na produção antecipada de prova, por não possuir natureza provisória e não gerar exaurimento da cautelar, já que não representava risco à parte adversária, não obrigando, assim, o ajuizamento de ação no prazo de 30 dias do deferimento de liminar ou do trânsito em julgado – Decadência rejeitada – A ação indenizatória foi distribuída quando ainda não expirado o prazo prescricional quinquenal do CDC, artigo 27 – Mesmo desconsiderando o evento como caracterizador de fato do serviço, como previsto no CDC, art. 27, e considerando evento de responsabilidade contratual, cuja prescrição é regida pelo prazo trienal do art. 206, § 3º, V, do Código Civil,* **a prescrição não estaria consumada diante da interrupção gerada da produção antecipada de provas – Prescrição rejeitada** *– Denunciação à lide incabível em relação de consumo – Inversão do ônus da prova que se afigura pertinente a teor do CDC, art. 6º, VIII – Decisão mantida. Recurso desprovido. (TJSP; Agravo de Instrumento 2171668-78.2018.8.26.0000; Relator (a): José Wagner de Oliveira Melatto Peixoto; Órgão Julgador: 15ª Câmara de Direito Privado; Foro de Ribeirão Preto – 2ª Vara Cível; Data do Julgamento: 04/02/2019; Data de Registro: 04/02/2019).*

Tribunal de Justiça de São Paulo. *Apelação cível. Vício construtivo. Indenização por dano material. Ilegitimidade passiva da empresa que sucedeu a construtora. Rejeitada. Cerceamento de defesa. Inocorrência. Decadência e prescrição. Inocorrência incidência do artigo 205 do cc. Interrupção do prazo prescricional pela medida cautelar de produção antecipada de provas. Responsabilidade da construtora. Regime de construção diverso que não afasta a responsabilidade pelo reparo da obra. Sentença mantida. Recurso não provido. 1. Se o conjunto probatório revela a sucessão empresarial decorrente do exercício da mesma atividade, mesmos sócios e endereço, a sucessora tem legitimidade passiva "ad causam" para responder aos termos da ação em que se visa ressarcimento de danos decorrentes de vício construtivo de obra. 2. Se os fatos já foram objeto de perícia em medida cautelar anterior e a recorrente, em audiência de instrução manifestou-se pela desnecessidade de produção de outras provas, não há cerceamento de defesa. 3. A pretensão de cunho condenatório objeto de ação movida pelo adquirente de imóvel contra a vendedora, em decorrência de vícios construtivos, submete-se ao prazo prescricional de dez anos previsto no artigo 205 do Código Civil. O ajuizamento de medida cautelar interrompe o prazo prescricional, nos termos do art. 202, incisos I e VI, do CC. 4. O fato de a construção do condomínio autor ter sido contratada sob o regime de "construção por administração" ou a "preço de custo" não afasta ou mitiga a responsabilidade da ré pelo reparo dos defeitos verificados. (TJSP; Apelação Cível 4001095-09.2013.8.26.0562; Relator (a): Maria do Carmo Honorio; Órgão Julgador: 3ª Câmara de Direito Privado; Foro de Santos – 9ª Vara Cível; Data do Julgamento: 02/02/2021; Data de Registro: 04/02/2021).*

1.2. O EXAME PERICIAL – VISTORIA

Ao Direito Imobiliário, interessa, portanto, mais diretamente, o exame pericial.

A perícia pode consistir em exame, vistoria e avaliação (Código de Processo Civil, art. 464).

O exame consiste na avaliação de fatos ou circunstâncias que interessam à causa por meio de perito, que incide sobre pessoas, coisas, móveis e semoventes. O exame de pessoas é o *exame médico*.

Há, também, o exame de livros comerciais, de documentos e papéis em geral.

A vistoria é a inspeção que recai sobre os imóveis.

Assim sendo, a produção antecipada de provas consubstanciada na inspeção urgente de imóveis é denominada vistoria *ad perpetuam rei memoriam*.

De fato, a hipótese mais comum de produção antecipada de provas é exatamente aquela ligada ao Direito Imobiliário, ou seja, a vistoria de um prédio, principalmente nos casos de locação e estragos causados pelo locatário, sem afastar os casos de defeitos nos imóveis em razão de falhas na construção.

Portanto, a casuística, no Direito Imobiliário, está concentrada nos seguintes pontos:

a) estragos perpetrados por locatários, que fazem mau uso ou uso abusivo da coisa locada, obrigando o locador, após o despejo, a quantificar os estragos para liberar a coisa para o conserto e nova locação, cobrando do locatário, ao depois, o valor despendido e apurado cautelarmente; e,

b) vícios e defeitos nos imóveis em razão dos contratos de compra e venda e compromisso.

A vistoria *ad perpetuam* é útil para os imóveis locados, pois constitui um meio de prova antecipada para a verificação do estrago sem necessidade de mantê-lo fechado até a fase probatória da ação principal.

É igualmente útil nos casos de vícios e defeitos nas incorporações, permitindo segurança na fase contenciosa e evitando surpresas com perícias desfavoráveis no curso da instrução, facilitando, inclusive, a transação em razão da prova judicial previamente produzida que gerará maior probabilidade de prever o resultado da ação que dela decorrerá.

A produção antecipada de prova se caracteriza pela perpetuidade (*ad perpetuam*), o que se afirma na medida em que, realizada, pode ser utilizada a qualquer tempo.

1.3. CLASSIFICAÇÃO DAS PROVAS ANTECIPADAS

Moacyr Amaral Santos classifica as provas antecipadas:[2]

a) preventivas;

b) preparatórias; e,

c) incidentais.

São *preventivas* quando não têm um objetivo direto e imediato, visando, pela prova do fato, assegurar a eficácia de um direito no futuro ou, simplesmente, permitir ao seu autor *autocomposição* ou outro meio alternativo de solução de controvérsias e, ainda, o *prévio conhecimento dos fatos possa justificar ou evitar o ajuizamento de ação* (inciso III do art. 381, do Código de Processo Civil).

O interessado, prevendo a possibilidade de uma lide, que poderá ocorrer ou não, acautela-se, conservando a prova de um determinado fato, que nessa lide será obrigado a provar.

Antigamente, o locatário, prevenindo-se contra possível ação do locador, promovia vistoria que comprovasse as condições do prédio, no momento em que passava a ocupá-lo.

Esse clássico exemplo ficou prejudicado pelo teor do inciso V do art. 22 da Lei 8.245/1991, que obriga o locador a fornecer ao locatário, caso este o solicite, descrição minuciosa do estado do imóvel, com expressa referência aos eventuais defeitos existentes.

---

2   Moacyr Amaral dos Santos, *Primeiras linhas de Direito processual civil*. São Paulo: Saraiva, 1991, 2° vol., p. 360.

São *preparatórias* as que se destinam a preparar a prova que fundamentará uma ação que já se vislumbra.

Portanto, são preparatórias as produções antecipadas de provas no caso de estragos perpetrados por inquilinos e imóveis adquiridos com defeito ou vício.

São *incidentais* as que são produzidas no curso da ação principal, mas antes do momento próprio para a sua produção. Seu pressuposto é uma ação pendente e a urgência de produzir a prova antes do tempo em função do perigo de perdê-la no caso de produção no momento próprio.

Por exemplo: uma testemunha arrolada se encontra gravemente doente ou no caso específico de vícios nos imóveis em que há premente necessidade de consertos que não podem aguardar a produção da prova durante a instrução da ação de indenização ou de obrigação de fazer.

Ante a ameaça da perda do seu depoimento, poderá ser ouvida antecipadamente, ou seja, antes da audiência de instrução, momento oportuno para a sua inquirição.

Acompanhamos um caso no qual a vistoria foi necessária vez que o imóvel locado seria demolido para construção de uma rodovia, em razão de desapropriação. Era imprescindível a produção antecipada de provas para avaliação do fundo de comércio, já que se tratava de estabelecimento empresarial.

1.4. A DESNECESSIDADE DE PROPOSITURA DE AÇÃO PRINCIPAL

Embora o inciso I do art. 381 do Código de Processo Civil tenha mantido a natureza cautelar, sobre a produção antecipada de provas não incidem as regras específicas dos arts. 305 e seguintes do Código de Processo Civil, de tal sorte que não é necessária a propositura de qualquer ação e o interesse do autor da produção antecipada de provas pode residir, a teor do art. 381, III, apenas, no *prévio conhecimento dos fatos possa justificar ou evitar o ajuizamento de ação.*

A teor do art. 308 do Código de Processo Civil, na tutela provisória de natureza cautelar antecedente, que não é o caso da produção antecipada de provas que ganhou regramento próprio nos arts. 381 a 383, a par da sua natureza, o autor deve providenciar a propositura da ação no prazo de trinta dias contados da concessão da liminar e sua ciência pela parte contrária (STJ, REsp 25.410-7-RJ), ou, se for negada, a partir do momento em que houver qualquer restrição aos direitos do réu da ação cautelar, sob pena de caducidade da medida.

Mesmo no sistema anterior, tratada como qualquer ação cautelar, nos casos de antecipação preventiva, como é o caso da produção antecipada de provas autônoma, não havia ação principal a ser proposta (*Bol. AASP* 1.039/318).[3]

---

[3] *Medida Cautelar – Produção Antecipada de Provas – Perícia homologada – Inexistência de carência da ação, por falta de interesse de agir – Inaplicabilidade do trintídio previsto no art. 806, CPC (atual art. 308) à produção antecipada de provas – Precedentes do STJ – Periculum in mora caracterizado – Descabimento de valoração da prova – Julgador que deve verificar a necessidade de perícia complementar – Inteligência do art. 130, CPC – Sentença mantida – Recurso desprovido. (TJSP; Apelação Cível 0060076-67.2012.8.26.0002; Relator: Moreira Viegas; Órgão Julgador: 5ª Câmara de Direito Privado; Foro Regional II – Santo Amaro – 1ª Vara Cível; Data do Julgamento: 13/04/2016; Data de Registro: 13/04/2016). Processual civil. Ação cautelar de produção antecipada de provas. Não incidência do prazo do art. 806 do CPC [atual art. 308]. 1. "A divergência entre julgados do mesmo Tribunal não enseja recurso especial." (Súmula 13 do STJ). 2. A ação cautelar de produção antecipada de provas, ou de asseguração de provas, segundo Ovídio Baptista, visa assegurar três grandes tipos de provas: o depoimento pessoal, o depoimento testemunhal e a prova pericial (vistoria ad perpetuam rei memoriam). Essa medida acautelatória não favorece uma parte em detrimento da outra, pois zela pela própria finalidade do processo que é a justa composição dos litígios e a salvaguarda do princípio processual da busca da verdade. 3. Ao interpretar o art. 806, do CPC, a doutrina e a jurisprudência pátrias têm se posicionado no sentido de que este prazo extintivo não seria aplicável à ação cautelar de produção antecipada de provas, tendo em vista*

Essa é a lição de Humberto Theodoro Júnior,[4] segundo o qual a cautelar de produção antecipada de provas, qualquer que seja a sua natureza, não decai pela falta de ajuizamento de eventual ação principal em trinta dias:

A antecipação de prova não é medida restritiva de direito nem constritiva de bens. É, outrossim, medida completa, isto é, que não se destina a converter em outra medida definitiva após o provimento final de mérito. O processo principal se utilizará dela tal como se acha, sem necessitar de transformá-la em outro tipo de ato processual.

Se, outrossim, o fim da prova é a demonstração da verdade de um fato, uma vez feita tal demonstração, a eficácia produzida é, necessariamente, perpétua. A verdade é una, imutável e eterna.

O tempo, portanto, não a afeta. Inconcebível seria a pretensão de negá-la só porque se passou prazo superior a trinta dias após a apuração da verdade. Seria contra a natureza das coisas atribuir ao juiz o poder de negar eficácia à prova antecipada só porque a parte não a utilizou em certo prazo.

Não se lhe aplica, portanto, o prazo de eficácia do [art. 308] do Código de Processo Civil, de maneira que mesmo a ação principal seja proposta além de trinta dias da realização da medida provisória, ainda assim a vistoria, ou a inquirição, continuará útil e eficaz para servir ao processo de mérito.

1.5. PROCEDIMENTO

Nos termos do art. 382 do Código de Processo Civil, na petição, o requerente apresentará as razões que justificam a necessidade de antecipação da prova, o que fará com fundamento no art. 381, e mencionará com precisão os fatos sobre os quais a prova há de recair.

O juiz determinará, de ofício ou a requerimento da parte, a citação de interessados na produção da prova ou no fato a ser provado, salvo se inexistente caráter contencioso, última hipótese esta que é pouco provável no Direito Imobiliário.

Não há pronunciamento judicial sobre fatos ou suas consequências jurídicas.

A antecipação de prova deve ser provocada por petição inicial que seguirá os requisitos do art. 319 do Código de Processo Civil.

Se for o caso de prova oral, o juiz despachará a inicial designando a audiência para inquirição da testemunha ou interrogatório da parte. Neste caso, haverá intimação da testemunha e citação da parte contrária.

Se a prova a antecipar for pericial, o procedimento terá de adaptar-se ao disposto nos arts. 464 a 480 do Código de Processo Civil.

---

a sua finalidade apenas de produção e resguardo da prova, não gerando, em tese, quaisquer restrições aos direitos da parte contrária. 4. Na hipótese dos autos, a liminar concedida na cautelar de produção antecipada de provas suspendeu os efeitos da Portaria 447/2001 expedida pela FUNAI, impedindo que esta procedesse à demarcação das áreas consideradas indígenas, configurando, assim, restrição de direito. 5. Entretanto, a medida de antecipação de provas é levada a efeito por auxiliares do juízo e dela depende a propositura da ação principal, onde, através de provimento de urgência, pode-se evitar um mal maior e irreversível. 6. O prazo do trintídio tem como ratio essendi a impossibilidade de o autor cautelar satisfazer-se da medida provisória, conferindo-lhe caráter definitivo. 7. In casu, a propositura da ação principal não depende do autor, posto inconclusa a perícia. Destarte, declarada essa caducidade, o periculum in mora que se pretende evitar com a perícia será irreversível e infinitamente maior do que aguardar a prova e demarcar oportuno tempore a área. 8. Recurso especial provido (REsp 641.665/DF, Rel. Ministro Luiz Fux, Primeira Turma, julgado em 08/03/2005, DJ 04/04/2005, p. 200).

4   *Curso de Direito Processual Civil*, vol. II, p. 495.

Nessa hipótese, na petição inicial o requerente formulará quesitos e indicará assistente técnico e, demais disso, requererá a citação do requerido para acompanhar a perícia.

O juiz nomeia perito especializado, um engenheiro, por exemplo, se se tratar de vícios e defeitos em imóvel, fixando prazo para entrega de laudo (Código de Processo Civil, art. 465).

Nomeado o perito e intimadas as partes da nomeação, as partes deverão, no prazo de 15 (quinze) dias:

I – arguir o impedimento ou a suspeição do perito, se for o caso;

II – indicar o assistente técnico;

III – apresentar quesitos.

Da proposta de honorários apresentada pelo perito em 5 (cinco) dias da sua nomeação as partes serão intimadas e manifestar-se-ão no prazo comum de 5 (cinco) dias, seguindo-se o arbitramento dos honorários pelo juiz.

Interessante observar que essa decisão não encontra previsão no art. 1.015 do Código de Processo Civil para efeito de agravo, mas, no nosso entendimento, como se trata de decisão tomada no âmbito de uma tutela provisória de natureza cautelar, o agravo deve ser admitido nos termos do inciso II do art. 1.015 do Código de Processo Civil.

As partes poderão, de comum acordo, nomear perito da confiança de ambas, o que se infere do art. 471 do Código de Processo Civil.

Nos termos do art. 473 do Código de Processo Civil, obrigatoriamente o laudo conterá:

I – a exposição do objeto da perícia;

II – a análise técnica ou científica realizada pelo perito;

III – a indicação do método utilizado, esclarecendo-o e demonstrando ser predominantemente aceito pelos especialistas da área do conhecimento da qual se originou;

IV – resposta conclusiva a todos os quesitos apresentados pelo juiz, pelas partes e pelo órgão do Ministério Público.

O § 1º do art. 473 exige que o laudo contenha fundamentação em linguagem simples e com coerência lógica, indicando como alcançou suas conclusões, sendo, nos termos do § 2º, vedado ao perito ultrapassar os limites de sua designação, bem assim emitir opiniões pessoais que excedam o exame técnico ou científico do objeto da perícia.

Tanto o perito, quanto os assistentes técnicos podem valer-se de todos os meios necessários, ouvindo testemunhas, obtendo informações, solicitando documentos que estejam em poder da parte, de terceiros ou em repartições públicas, bem como instruir o laudo com planilhas, mapas, plantas, desenhos, fotografias ou outros elementos necessários ao esclarecimento do objeto da perícia (CPC, art. 473, § 3º).

Em razão da necessidade de se conceder o contraditório, salvo os casos de urgência a autorizar a prova inaudita altera parte (CPC, arts. 294 e 300, § 2º), as partes terão ciência da data e do local designados pelo juiz ou indicados pelo perito para ter início a produção da prova (CPC, art. 474), providência que deve ser adotada pelo perito.

Protocolizado o laudo, as partes serão intimadas para sobre ele se manifestar no prazo comum de quinze dias (CPC, art. 477, § 1º), seguindo-se a manifestação do perito em quinze dias sobre as divergências das partes, do juiz ou dos assistentes técnicos (§ 2º), podendo haver intimação do perito para comparecer em audiência a ser designada para sua inquirição e esclarecimentos (§ 3º).

Neste ponto, observa-se absoluta atecnia do art. 477 do Código de Processo Civil na fixação dos prazos (contados em dias úteis, CPC, art. 219).

Basta verificar que:

a) o laudo deve ser apresentado 20 dias antes da audiência;

b) em 15 dias da intimação da entrega do laudo (§ 1º), devem ser entregues os pareceres dos assistentes técnicos e a manifestação (impugnação) das partes sobre o laudo (se a intimação foi no mesmo dia da entrega do laudo, o que se admite apenas por hipótese, faltarão cinco dias para a audiência);

c) o perito se manifesta sobre as impugnações das partes em até 15 dias da sua intimação (§ 2º). Ocorre que, neste ponto, considerando apenas por hipótese as intimações imediatas, a audiência já foi realizada há dez dias.

d) o esclarecimento final do perito sobre dúvidas remanescentes, depois dos seus esclarecimentos sobre as impugnações (§ 3º), deve ser feito em audiência para a qual ele deve ser intimado com dez dias de antecedência (art. 477, § 4º).

Só que a audiência, neste ponto, já foi realizada se o perito entregou o laudo 20 dias antes dela.

Advirta-se que não é admitida a defesa do requerido que poderá, apenas, acompanhar a prova, formular quesitos ou indicar assistente técnico.

Em suma, não se admite contestação a teor do cristalino mandamento insculpido no § 4º do art. 382 do Código de Processo Civil: § 4º Neste procedimento, não se admitirá defesa ou recurso, salvo contra decisão que indeferir totalmente a produção da prova pleiteada pelo requerente originário.

Quanto à ausência de defesa, não entendemos que haja elisão do contraditório na medida em que a prova será acompanhada pelo requerido e, demais disso, sua pertinência e necessidade poderá ser discutida no bojo de eventual ação principal, não sendo mesmo a produção antecipada de provas o local para longas discussões sobre a necessidade ou não da prova.

Em suma, se a prova não for necessária, tal fato será levado à discussão na ação principal.

Quanto ao recurso, que só cabe da decisão que indefere totalmente a prova pleiteada, não disse o § 4º qual a espécie. Imaginamos que o juiz indeferirá totalmente por sentença que desafiará, assim, recurso de apelação.

Nada obstante, convém verificar que, tanto o art. 368, § 4º, do projeto de CPC do Senado Federal, quanto o art. 389, § 4º do projeto da Câmara, previam a recorribilidade do indeferimento parcial, o que, a toda evidência, se daria por intermédio do agravo, posto que a redação original do projeto da Câmara, no art. 1.028, XIX, admitia agravo da decisão que indeferisse prova, embora se referisse apenas à prova pericial.

Assim, por evidente "contrabando legislativo" e consequente inconstitucionalidade formal, subtraiu-se na redação final do Código de Processo Civil de 2015 a possibilidade de recurso (de agravo) da decisão que indeferir parcialmente a prova.

Observe-se que o § 1º do art. 1.009 esclarece que as questões resolvidas na fase de conhecimento, se a decisão a seu respeito não comportar agravo de instrumento, *não são cobertas pela preclusão e devem ser suscitadas em preliminar de apelação, eventualmente interposta contra a decisão final, ou nas contrarrazões.*

Todavia, ante a irrecorribilidade da decisão final que julga a prova parcial, tal artigo não se aplicará *in casu.*

Portanto, se for o caso de indeferimento parcial de prova pericial, entendemos que caberá agravo de instrumento.

Todavia, se o indeferimento extinguir a produção antecipada de prova, indeferindo-a totalmente por sentença, caberá apelação.

Essa, inclusive, é a solução preconizada por Cássio Scarpinella Bueno adiante da inconstitucionalidade formal em razão de ter-se extrapolado "os limites do apuro da técnica legislativa ou redacional"[5] na versão final sancionada.

1.6. COMPETÊNCIA

Nos termos do § 2º do art. 381 do Código de Processo Civil, a produção antecipada da prova é da competência do juízo do foro em que esta deva ser produzida ou do foro de domicílio do réu.

Portanto, trata-se de faculdade do requerente que poderá, de maneira mais objetiva, produzir a prova no local de sua produção, evitando atrasos na obtenção da prova que pretende.[6]

A eventual ação na qual a prova será apresentada não será distribuída por prevenção àquela na qual a prova foi produzida, mas respeitará as regras formais de fixação de competência dos arts. 46 e seguintes do Código de Processo Civil, a teor do que dispõe o art. 381, § 3º, do Código de Processo Civil.

Demais disso, a Justiça Estadual tem competência para produção antecipada de prova requerida em face da União, entidade autárquica ou empresa pública federal se, na localidade, não houver vara federal (CPC, art. 381, § 4º).

1.7. DEFERIMENTO LIMINAR DA PROVA

A antecipação de prova geralmente é levada a efeito com a prévia citação do réu para acompanhar a produção pretendida (CPC, art. 382, § 1º).

Todavia, em casos urgentes, pode ser deferida liminarmente, na forma dos arts. 294 e 300, § 2º, do Código de Processo Civil, inclusive na própria ação principal, sem a necessidade do procedimento autônomo tratado neste capítulo.

Em outras palavras, entendemos que é possível ingressar com a ação principal, notadamente quando se tratar de vício nos imóveis e requerer a produção antecipada de provas como tutela provisória, de natureza cautelar incidental.

Nesta medida, recomendamos a leitura do modelo proposto no Capítulo 10 do Livro II, que trata da ação de reparação em razão de vícios nos imóveis.

Efetuada a prova, o réu será citado e poderá requerer diligências complementares, como nova inquirição, se ainda for possível, ou formular quesitos suplementares, além de indicar assistente técnico.

---

[5]   Cássio Scarpinella Bueno, *Novo Código de Processo Civil Anotado.* São Paulo: Saraiva, 2015, p. 279.

[6]   **Tribunal de Justiça de São Paulo.** *Conflito negativo de competência. Ação cautelar de produção antecipada de provas. Realização de vistoria e busca e apreensão. Distribuição perante a 17ª Vara Cível do Foro Central da Capital. Determinação de remessa dos autos para o foro de domicílio da empresa requerida – Barueri. Impossibilidade. Tutela de urgência que deverá ser ajuizada no foro do local onde a prova deva ser produzida ou no domicílio do réu. Inteligência do artigo 381, §2º, do Código de Processo Civil. Foros concorrentes. Competência de natureza relativa. Conflito procedente. Competência do juízo suscitado declarada. (TJSP; Conflito de competência cível 0048052-37.2017.8.26.0000; Relator (a): Dora Aparecida Martins; Órgão Julgador: Câmara Especial; Foro de Barueri – 5ª Vara Cível; Data do Julgamento: 13/08/2018; Data de Registro: 20/08/2018).*

Ainda que o art. 474 do Código de Processo Civil determine a necessidade de as partes terem ciência da data e local designados pelo juiz ou indicado pelo perito para ter início a produção da prova, tal dispositivo não se aplica nos casos em que houver o *periculum in mora*, notadamente na prova antecipada requerida com fundamento no inciso I do art. 381 do Código de Processo Civil.

É evidente, evidentíssimo, aliás, que se a prova não puder esperar, o juiz, observando o *quod plerumque fit* deferirá a prova sem a oitiva da parte contrária, sobrepondo o art. 300, § 2º, ao art. 474 do Código de Processo Civil.

1.8. VALOR DA CAUSA

O bem da vida, que serve de base para se estabelecer o valor da causa, será definido na ação principal.

Assim sendo, o valor da causa na produção antecipada de provas é dado por estimativa do autor e, nesse sentido:

> *Agravo de Instrumento – Ação de Produção Antecipada de Provas – valor da causa – Pedido de realização antecipada de prova pericial, sob o fundamento de que pode ter havido violação a envelope contendo proposta em procedimento licitatório – Decisão agravada que determinou a emenda à petição inicial, a fim de que o autor retificasse o valor atribuído à causa, de modo a corresponder ao valor do contrato – Descabimento – Não há como se estabelecer relação entre o valor do negócio jurídico a ser celebrado e o valor atribuído à medida cautelar, que visa tão somente à realização de prova, sem vantagem econômica imediata a ser auferida – Manutenção do valor atribuído na petição inicial – Reforma da decisão agravada – Recurso provido (TJSP, Agravo de Instrumento 2058146-05.2020.8.26.0000, Rel. Osvaldo de Oliveira, 12ª Câmara de Direito Público, j. 17.06.2020, data de registro 22.06.2020).[7]*

---

[7]   No mesmo sentido:
Valor da causa. Produção antecipada de provas. Determinada a retificação do valor da causa. Agravante que objetiva a obtenção de documentos. Ação que não tem correspondência com o valor patrimonial a ser buscado em eventual ação principal, não possuindo conteúdo econômico imediato Estimativa do valor da causa feita pela agravante, para fins de alçada, de R$ 1.000,00. Valor que se mostra razoável. Precedentes do TJSP. Agravo provido (TJSP, Agravo de Instrumento 2247292-02.2019.8.26.0000, Rel. José Marcos Marrone, 23ª Câmara de Direito Privado, j. 28.11.2019, data de registro 28.11.2019).
Agravo de instrumento. Mandado de segurança. Determinação de aditamento da inicial para que o valor da causa corresponda ao interesse econômico envolvido. Medida que não se justifica, ao menos no âmbito da pretensão subjacente de natureza meramente cautelar preparatória (tutela antecipada antecedente). Inexistência de discussão acerca da exigibilidade ou não dos débitos apontados nas CDA. Decisão reformada. Recurso provido (TJSP, Agravo de Instrumento 2078919-08.2019.8.26.0000, Rel. Coimbra Schmidt, 7ª Câmara de Direito Público, j. 26.04.2019).
Valor da causa. Medida cautelar de produção antecipada de provas. Ordem de emenda do valor da causa, recolhendo-se a diferença das custas. Subordinação ao critério insculpido no artigo 258 do CPC. Demanda que não possui conteúdo econômico imediato. Necessidade de correspondência, entretanto, com o benefício visado. Valor da causa que não necessita corresponder àquele a ser atribuído à futura ação principal, mas deve equivaler, in casu, ao valor das despesas necessárias para a produção da prova pretendida Agravo provido em parte (TJSP, Agravo de Instrumento 2249620-41.2015.8.26.0000, Rel. Correia Lima, 20ª Câmara de Direito Privado, j. 14.03.2016, data de registro 17.03.2016).
Produção antecipada de provas e valor da causa – Decisão agravada que determinou a retificação do valor da causa para o correspondente ao valor da edificação – Descabimento – Objeto da produção antecipada de provas que não se confunde com o conteúdo econômico de eventual ação principal – Valor da causa inestimável, devendo prevalecer, à míngua de critérios objetivos, o valor indicado na petição inicial (R$ 1.000,00) – Decisão reformada – Recurso provido (TJSP, AG 994093032573, Rel. De Santi Ribeiro, j. 02.03.2010, 1ª Câmara de Direito Privado, data de publicação 11.03.2010).

1.9. SUCUMBÊNCIA

Se não há defesa na produção antecipada de provas, mas apenas acompanhamento da prova, não há condenação de quem quer que seja em honorários, devendo o requerente arcar com as custas.

Nesse sentido, o Código de Processo Civil agasalhou o vetusto entendimento do Superior Tribunal de Justiça, segundo o qual:

> *Processual – produção antecipada de provas – honorários de sucumbência. Descabimento. 1. No procedimento de produção antecipada de prova não há litígio. Dele não resulta vencido, nem vencedor. Por isto, na sentença que o encerra, não há lugar para condenação em honorários por sucumbência. 2. Recurso conhecido. (Recurso Especial nº 49.630/RJ (9400167903), data da decisão: 21.10.1997, 5ª Turma. Rel. Min. Edson Vidigal)*

Todavia, se houver resistência quanto à própria prova a ser produzida, a condenação é de rigor e, nesse sentido:

> *Tribunal de Justiça de São Paulo. Apelação. Produção antecipada de provas. Prova pericial em imóvel, para mensurar danos passíveis de indenização. Ré que demoliu o imóvel antes que fosse efetivada a perícia, já autorizada nos autos. Sentença que extingue a ação, fixando multa por ato atentatório ao exercício da jurisdição, bem como honorários sucumbenciais. Manutenção. Ré que efetivamente atentou contra decisão judicial, obstando-a ao demolir o imóvel objeto da prova. Alegação da autora, no entanto, de ser baixo o valor da causa, que não prospera, uma vez que foi ela própria quem o apontou no momento oportuno, não tendo sido objeto de impugnação. Honorários sucumbenciais que são devidos na produção antecipada de provas, caso haja resistência, como foi o caso. Sentença mantida. Apelações desprovidas. (TJSP; Apelação 4000105-17.2012.8.26.0606; Rel. Marcelo Semer; Órgão Julgador: 10ª Câmara de Direito Público; Foro de Suzano; 1ª Vara Cível; j. 09.04.2018; Data de Registro: 10.04.2018).*

1.10. MODELO DE PRODUÇÃO ANTECIPADA DE PROVA

MM. Juízo da (...) Vara (...) da Comarca de (...)

Urgente – com pedido liminar

(...), por seus procuradores (documento 01), vem, respeitosamente, à presença de Vossa Excelência, aforar em face de (...), a competente:

Produção antecipada de prova pericial

o que faz com fundamento nos arts. 381 a 383 do Código de Processo Civil e nos fatos e razões a seguir expostos:

Razões que justificam a necessidade de antecipação da prova – Código de Processo Civil, art. 382

A requerente locou, ao requerido, casa de sua propriedade, localizada na (...), conforme prova contrato anexo (documento 02).

No contrato consta o recebimento do imóvel, na ocasião do início da locação, em perfeito estado de conservação e limpeza (laudo de vistoria – documento 03).

Ocorre que, terminado o prazo da locação, o requerido restituiu o imóvel em estado deplorável, totalmente depredado (fotos anexas – documento 04).

Posta assim a questão, à requerente não restará alternativa, senão promover ação ordinária de indenização por danos em face do requerido.

Contudo, para a propositura da referida ação, é indispensável a realização de exame pericial, consistindo em uma vistoria *ad perpetuam rei memoriam*, para que sejam quantificados os prejuízos.

Sucede que há urgência na produção dessa prova, posto que o requerente pretende locar novamente o imóvel e a demora inevitável do transcurso da ação ordinária de indenização, mormente ante a pletora de feitos que assoberba o Poder Judiciário, irá causar elevados prejuízos, de difícil, senão impossível reparação.

Direito

O atual Código de Processo Civil ampliou as hipóteses de produção antecipada de provas.

Deveras, deixou ela de ter característica puramente cautelar, se prestando, inclusive, a prevenir a propositura da ação principal, a depender do que for apurado. Eis o texto:

CPC/2015, Art. 381. A produção antecipada da prova será admitida nos casos em que:

I – haja fundado receio de que venha a tornar-se impossível ou muito difícil a verificação de certos fatos na pendência da ação;

II – a prova a ser produzida seja suscetível de viabilizar a autocomposição ou outro meio adequado de solução de conflito;

III – o prévio conhecimento dos fatos possa justificar ou evitar o ajuizamento de ação.

De fato, com a apuração da correta extensão do dano em razão da prova produzida judicialmente, procurará a reparação do dano ao seu imóvel, com base naquilo que for apurado nesta sede de produção antecipada de provas.

É paradigmática, quanto a pretensão da prova autônoma, a lição de DANIEL AMORIM ASSUMPÇÃO NEVES (*Novo Código de Processo Civil Comentado*. Salvador: JusPodivm, 2016, p. 672 e 673):

No inciso II, tem-se a admissão da produção antecipada de provas sempre que a prova a ser produzida for suscetível de viabilizar tentativa de conciliação ou de outro meio adequado de solução do conflito. Assim já havia me manifestado em uma das conclusões de minha tese de doutorado a respeito do tema: "A ação meramente probatória teria importante papel na otimização das conciliações, considerando-se que, diante de uma definição da situação fática, os sujeitos envolvidos no conflito teriam maiores condições de chegar a uma autocomposição. A indefinição fática muitas vezes impede a realização de uma conciliação porque leva uma das partes a crer que tenha direitos que na realidade não tem".

Entendo que a hipótese prevista no inciso II libere praticamente de forma integral a produção antecipada de provas, bastando para a parte alegar que precisa esclarecer melhor os fatos para que tenham melhor condição de tentar resolver o conflito pelos meios alternativos de solução. Da forma como foi redigido o dispositivo legal, a amplitude no cabimento do pedido de antecipação na produção da prova é praticamente absoluta.

Quanto à última hipótese (inciso III), ensina:

Essa hipótese diz respeito à necessidade de produção da prova como forma de preparar a pretensão principal, possibilitando assim a elaboração de uma petição inicial séria e responsável.

É exatamente o caso. As partes não conseguem acordo em razão de divergências sobre a extensão e origem dos danos e a providência necessária para o reparo, de tal sorte que a apuração nesta sede poderá viabilizar o acordo e, quando não, justificar o ajuizamento da ação em bases corretas nos termos da prova produzida (CPC, art. 381, II e III).

Nesse sentido, a fundamentação do acórdão relatado pelo Desembargador Sá Duarte, nos autos de Apelação 1028144-08.2015.8.26.0562, julgado pela 33ª Câmara de Direito Privado do TJSP no dia 3 de abril de 2017, asseverando naquele caso:

Não se pode desconsiderar ainda que eventual demonstração da contaminação poderá perfeitamente viabilizar a autocomposição entre as partes (inciso II) ou, caso não demonstrada, evitar o ajuizamento de ação (inciso III). Não há se falar, portanto, em inépcia da inicial.

Igualmente, o seguinte e recente julgado:

Tribunal de Justiça de São Paulo. Agravo de instrumento. Produção antecipada de provas. Gratuidade processual. Elementos dos autos indicativos da alegada hipossuficiência. Concessão da gratuidade pleiteada no âmbito deste recurso. Decisão determinou propositura da ação principal, sob pena de extinção do feito. Processo que não possui natureza preparatória. Procedimento que possui a finalidade de estabelecer no tempo e no espaço, eventuais danos no imóvel, mas, também, propiciar elementos que visem à autocomposição ou justificar ou evitar ajuizamento de outra ação. Artigo 381, incisos I, II e III, do CPC. Interesse processual presente. Recurso provido (TJSP, Agravo de Instrumento 2148315-43.2017.8.26.0000, Rel. Edson Luiz de Queiróz, 9ª Câmara de Direito Privado, j. 28.03.2018, data de registro 28.03.2018).

Posta assim a questão, tendo em vista que a autora pretende apurar a correta origem e extensão dos danos e, principalmente, o procedimento e o valor necessário aos reparos para viabilizar inicialmente uma composição ou, se for impossível, para, com bases concretas, fundamentar o pedido que fará em eventual ação de indenização, restam atendidas as hipóteses dos incisos II e III do art. 381 do CPC.

Demais disso, justifica a urgência tendo em vista que não pode tomar qualquer providência acautelatória enquanto a inspeção pericial não for feita, sob pena de interferência no objeto da prova.

Isso posto, deduz-se o

Pedido

Pede-se que Vossa Excelência se digne de designar perito (Código de Processo Civil, art. 465), liminarmente (Código de Processo Civil, arts. 294 e 300, § 2º), como medida de extrema urgência, fixando dia e hora para a entrega do laudo apto a apurar os danos causados ao imóvel do requerente, notadamente para responder aos seguintes quesitos no laudo a ser produzido:

1. Considerando a vistoria prévia quando da locação do imóvel, quais os estragos observados no imóvel?

2. Desses estragos, quais o foram pelo desgaste normal e quais o foram pela ação do inquilino?

3. Qual o valor das reparações, para reconduzir o imóvel ao *status quo ante*?

4. Qual o tempo necessário para repor o imóvel nas condições anteriores?

Requerimento

Requer-se a expedição do competente mandado de citação do requerido para, querendo, acompanhar a perícia requerida.

Requer-se, outrossim, que a citação seja feita por meio eletrônico ou, não havendo cadastro, pelo correio (*ou, ainda, justificando, por Oficial de Justiça nos termos do § 1º-A, II do art. 246 do CPC, facultando-se ao Sr. Oficial de Justiça encarregado da diligência proceder nos dias e horários de exceção (CPC, art. 212, § 2º).*

Requer-se, finalmente, a produção das provas supramencionadas.

Valor da causa

Dá-se à presente o valor de R$ (...).

Termos em que,

p. deferimento.

Data

Advogado (OAB...)

Acesse o *QR Code* e faça o *download* dos modelos de peças editáveis

> http://uqr.to/1ye0q

BIBLIOGRAFIA

ABERKANE, Hassen. "Essai d'une théorie générale de l'obligation 'propter rem' en Droit positif français". *Revue Internationale de Droit Comparé*, v. 11, n. 2, pp. 436-437, Paris, 1957.

AGUIAR DIAS, José de. *Da responsabilidade civil*. 10. ed. Rio de Janeiro: Forense, 1995.

AGUIAR JUNIOR, Rui Rosado de. "Aspectos do Código de Defesa do Consumidor". *AJURIS* 52/179.

ALMEIDA, Carlos Ferreira de. *Os direitos dos consumidores*. Coimbra: Almedina, 1982.

ALVES, Vilson Rodrigues. *Ação de imissão na posse de bem imóvel*. Campinas: Bookseller, 1996.

AMARAL JUNIOR, Alberto do. *Comentários ao Código de Defesa do Consumidor*. São Paulo: Saraiva, 1991.

AMARAL JUNIOR, Alberto do. *Comentários ao Código de Processo Civil*. Rio de Janeiro: Forense, 1994. v. IV.

AMARAL JUNIOR, Alberto do. *Primeiras linhas de direito processual civil*. São Paulo: Saraiva, 1995. v. III.

AMORIM FILHO, Agnelo. "Critério científico para a distinção entre prescrição e decadência". *RT* 744/725.

ARAÚJO CINTRA, Antonio Carlos de; GRINOVER, Ada Pellegrini; DINAMARCO, Cândido Rangel. *Direito Civil* – Coleção estudos e pareceres. São Paulo: RT, 1995.

ARAÚJO CINTRA, Antonio Carlos de; GRINOVER, Ada Pellegrini; DINAMARCO, Cândido Rangel. *Teoria Geral do Processo*. 10. ed. São Paulo: Malheiros, 1994.

ARRUDA ALVIM, José Manoel de. *Breves Anotações para uma teoria geral dos direitos reais*. São Paulo: Saraiva.

ARRUDA ALVIM, José Manoel de; ALVIM, Thereza; ALVIM, Eduardo Arruda; MARINS, James. *Código do consumidor comentado*. 2. ed. São Paulo: RT, 1995.

ASSIS, Araken de. Execução especial de crédito hipotecário. *O processo de execução*: estudos em homenagem ao Professor Alcides de Mendonça Lima. Porto Alegre: Safe, 1995.

ASSIS, Araken de. *Manual do processo de execução*. 5. ed. São Paulo: RT, 1998.

ASSUMPÇÃO NEVES, Daniel Amorim. *Novo Código de Processo Civil Comentado*, Salvador: JusPodivm, 2016.

AZEVEDO JUNIOR, José Osório de. *Compromisso de compra e venda*. 4. ed. São Paulo: Malheiros, 1998.

BANDEIRA DE MELLO, Celso Antonio. *Conteúdo jurídico do princípio da igualdade.* São Paulo: Malheiros, 1993.

BARBI, Celso Agrícola. *Comentários ao Código de Processo Civil.* t. 1.

BARBOSA MOREIRA, José Carlos. *Comentários ao Código de Processo Civil.* Rio de Janeiro: Forense, 1974.

BARROS, Francisco Carlos Rocha de. *Comentários à lei do inquilinato.* São Paulo: Saraiva, 1997.

BASSIL DOWER, Nelson Godoy. *Curso moderno de direito civil:* parte geral. 2. ed. São Paulo: Nelpa, 1996. v. I.

BASTOS, Celso Ribeiro. *Comentários a Constituição do Brasil.* São Paulo: Saraiva: 1989. v. 2.

BAUDRY; LACANTINERIE, G.; TISSIER, Albert. *Traité Théorique et Pratique de Droit Civil.* 4. ed. Paris: Sirey, 1924.

BEAUCHAMP, T. L; CHILDRESS, J. F. *Principles of Biomedical Ethics.* 4. ed. Nova York: Oxford, 1994.

BENJAMIN, Antonio Herman de Vasconcellos. *Comentários ao Código de Proteção do Consumidor.* São Paulo: Saraiva, 1991.

BENJAMIN, Antonio Herman de Vasconcellos. "O conceito jurídico de consumidor". *RT* 628/69-70.

BERMUDES, Sergio. *Comentários ao Código de Processo Civil.* São Paulo: RT, 1975.

BESSONE, Darcy. *Da compra e venda* – promessa & reserva de domínio. 3. ed. São Paulo: Saraiva, 1988.

BETTI, Emílio. *Teoria geral do negócio jurídico.* Trad. Fernando Miranda. Coimbra: Coimbra Editora, 1970. t. III.

BEVILÁQUA, Clóvis. *Direito das coisas.* 5. ed. atual. por José de Aguiar Dias. Rio de Janeiro: Forense, 1982. v. I.

BEVILÁQUA, Clóvis. *Código Civil dos Estados Unidos do Brasil comentado.* Rio de Janeiro: Francisco Alves, 1953. v. I.

BITTAR, Carlos Alberto. "Defesa do consumidor: reparação de danos morais em relações de consumo". *Revista do Advogado,* n. 49, dez. 1996.

BITTAR, Carlos Alberto. *Os contratos de adesão e o controle de cláusulas abusivas.* São Paulo: Saraiva, 1991.

BITTAR, Carlos Alberto. *Reparação civil por danos morais.* São Paulo: RT, 1993.

BITTAR, Carlos Alberto. *Responsabilidade civil* – teoria e prática. Rio de Janeiro: Forense Universitária, 1989.

BONFIM, Victor A. "Da inconstitucionalidade do § 1º, do art. 4º da Lei n. 5.741/71". *RT* 616/247.

BUENO, Cássio Scarpinella. *Manual de direito processual civil.* 4. ed. São Paulo: Saraiva Educação, 2018. volume único.

CAHALI, Yussef Said. *Honorários advocatícios.* 3. ed. São Paulo: RT, 1997.

CALMON DE PASSOS, José Joaquim. *Comentários ao Código de Processo Civil.* Rio de Janeiro: Forense, v. III.

CÂMARA, Alexandre Freitas. *O novo processo civil brasileiro*. 5. ed. São Paulo: Atlas, 2019.

CAMBLER, Everaldo Augusto. *Incorporação imobiliária*. São Paulo: RT, 1993.

CAMBLER, Everaldo Augusto. *Responsabilidade civil na incorporação imobiliária*. São Paulo: RT, 1998.

CANOVAS, Diego Espín. "El justo título y la buena fe en la usucapión". *Estudios de Derecho Civil en Honor del Prof. Castán Torbeñas*. Universidad de Navarra, 1969.

CARMO, Heron Carlos Esvael do. *Como medir a inflação:* os números-índices de preços. São Paulo: Saraiva, 1993.

CARNEIRO, Waldir de Arruda Miranda. *Anotações à lei do inquilinato*. São Paulo: RT, 2000.

CARREIRA ALVIM, José Eduardo. *Ação monitória e temas polêmicos da reforma processual*. 3. ed. Belo Horizonte: Del Rey, 1999.

CARVALHO, Luis Camargo Pinto de. Da extinção da responsabilidade dos fiadores, em contrato de locação. Pronunciamentos *contra legem* do STJ. *Revista da Escola da Magistratura do Estado do Rio de Janeiro*, n. 24, 2003, p. 203-213.

CARVALHO, Paulo de Barros. *Curso de direito tributário*. 8. ed. São Paulo: Saraiva, 1996.

CARVALHO SANTOS, José Manuel de. *Código Civil Brasileiro interpretado*. Rio de Janeiro: Freitas Bastos, v. VII.

CARVALHO SANTOS, José Manuel de. *Código Civil Brasileiro interpretado*. 7. ed. São Paulo: Freitas Bastos, 1958. vol. XIV.

CASADO, Márcio Mello. *Proteção do consumidor de crédito bancário e financeiro*. São Paulo: RT, 2000.

CASADO, Márcio Mello. "Tabela 'price': uso no crédito ao consumo". *Revista Jurídica* 257/146-159.

CASSETARI, Christiano. *Multa contratual*. São Paulo: RT, 2009.

CENEVIVA, Walter. *Comentários à lei de registros públicos*. São Paulo: Saraiva, 1997.

CHAMOUN, Ebert. "Justo título". In: FRANÇA, Rubens Limongi (coord.). *Enciclopédia Saraiva de Direito*. São Paulo: Saraiva, 1977. b. XLVII.

CHAVES, Antonio. *Responsabilidade civil*. São Paulo: EDUSP, 1972.

COELHO, Fábio Ulhoa. *Comentários ao Código de Proteção ao Consumidor*. São Paulo: Saraiva, 1991.

COELHO, Fábio Ulhoa. *Curso de direito comercial – direito de empresa*. 11. ed. São Paulo: Saraiva, 2007. v. 2.

COELHO, Fábio Ulhoa. *O empresário e os direitos do consumidor*. São Paulo: Saraiva, 1994.

COMPARATO, Fábio Konder. "A proteção do consumidor: importante capítulo do direito econômico". *Revista de Direito Mercantil, Industrial, Econômico e Financeiro* 15/16-100.

COUTO E SILVA, Clóvis Veríssimo. A doutrina do adimplemento substancial no Direito brasileiro e em perspectiva comparativista. *Revista da Faculdade de Direito da UFRGS*, vol. 9, p. 60.

COVIELLO, Nicola. *Dela transcrizione*. v. I. [SE] [SD].

CREDIE, Ricardo Arcoverde. *Adjudicação compulsória*. São Paulo: Malheiros, 1997.

CREDIE, Ricardo Arcoverde. *Adjudicação compulsória*. 9. ed. São Paulo: Malheiros, 2004, pp. 59-60

CRETELLA JUNIOR, José. *Dos bens públicos no direito brasileiro*. São Paulo: Saraiva, 1969.

DANTAS, San Tiago. *Conflito de vizinhança e sua composição*. 2. ed. Rio de Janeiro: Forense, 1972.

DE LUCCA, Newton. *Direito do consumidor*. 2. ed. Bauru: Edipro, 2000.

DE PAGE, Henri. *Traité élémentaire de droit civil belge*. 2. ed. Bruxelas: Bruylant, 1948.

DE PLÁCIDO E SILVA. *Vocabulário jurídico*. Rio de Janeiro: Forense, 1994.

DE RUGGIERO, Roberto. *Istituzoni di Diritto Civile*. 6. ed. Milão, 1888.

DEL VECCHIO, Giorgio. *Lições de filosofia do direito*. 5. ed. Trad. Antonio José Brandão. Coimbra: Armenio Armado, 1979.

DEMOLOMBE. *Cours de Code Napoleon* – Traité des Servitudes. Paris, 1876. t. II, v. XII.

DENARI, Zelmo. *Código Brasileiro de Defesa do Consumidor comentado pelos autores do anteprojeto*. São Paulo: Forense Universitária, 1999.

DENIS, Frédéric. *Sociétés de Constructions et Copropriété des Immeubles Divisés par Appartements*. Paris: Librairie du Journal des Notaires et des Avocats, 1959.

DINAMARCO, Cândido Rangel. *A Reforma do Código de Processo Civil*. 2. ed. São Paulo: Malheiros, 1995.

DINAMARCO, Cândido Rangel. *Execução civil*. São Paulo: Malheiros, 1994.

DINIZ, Maria Helena. *Curso de direito civil brasileiro*. São Paulo: Saraiva, 1995. v. 7.

DINIZ, Maria Helena. *Lei de locações de imóveis urbanos comentada*. 3. ed. São Paulo: Saraiva, 1995.

ENNECCERUS, Ludwig; KIPP, Theodor; WOLF, Martin. *Tratado de Derecho Civil*. [SE] [SD].

FARIAS, Cristiano Chaves de; ROSENVALD, Nelson. *Direitos reais*. 5. ed. Rio de Janeiro: Lumen Juris, 2008.

FARO, Clóvis de. *Matemática financeira*. 5. ed. São Paulo: APEC, 1981.

FERES, Carlos Roberto. "Contratos bancários e o Código de Defesa do Consumidor". *Tribuna do Direito* 79/22-23.

FERREIRA, Aurélio Buarque de Holanda. *Novo Dicionário da Língua Portuguesa*. Rio de Janeiro: Nova Fronteira, 1986.

FIGUEIREDO, Alcio Manoel de Sousa. *Cálculos no sistema financeiro da habitação*. Curitiba: Juruá, 1999.

FORTUNA, Eduardo. *Mercado financeiro*: produtos e serviços. São Paulo: Qualitymark, 1996.

FRANCISCO, Walter. *Matemática financeira*. 2. ed. São Paulo: Atlas, 1976.

FRANCO MONTORO, Marcos André. In: TUCCI, José Rogério Cruz e; FERREIRA FILHO, Manoel Caetano; APRIGLIANO, Ricardo de Carvalho; DOTTI, Rogéria Fagundes; MARTINS, Sandro Gilbert (coords.). *Código de Processo Civil anotado*. Rio de Janeiro: GZ, 2016.

FREDERICO MARQUES, José. *Ensaio sobre a jurisdição voluntária*. São Paulo: Saraiva, 1959.

FREDERICO MARQUES, José. *Manual de direito processual civil*. 13. ed. São Paulo: Saraiva, 1990.

FUX, Luiz. *Tutela antecipada e locações*. Rio de Janeiro: Destaque, 1996.

GARBAGNATI, Edoardo. *Il procedimento d'injunzione*. Milão: Giuffrè, 1991.

GASPARINI, Diogenes. *Direito administrativo*. São Paulo: Saraiva, 1994.

GASPARINI, Diogenes. "Loteamento em condomínio". *O Estado de S. Paulo*, p. 59, 25.04.1982.

GATTI, Edmundo. *Teoria general de los derechos reales*. Buenos Aires: Abeledo-Perrot, 1980.

GIRARD. *Manuel Élémentaire de Droit Romain*. 6. ed. Paris: Arthur Rousseau, 1911.

GODOY, Cláudio Bueno de. *Código Civil comentado*. 2. ed. Barueri: Manole.

GOMES Orlando. *Contratos*. 14. ed. Rio de Janeiro: Forense, 1994.

GOMES Orlando. *Direitos reais*. 11. ed. Rio de Janeiro: Forense, 1995.

GOMES Orlando. *Introdução ao direito civil*. 7. ed. Rio de Janeiro: Forense, 1983.

GOMES Orlando. *Obrigações*. 8. ed. Rio de Janeiro: Forense, 1988.

GONÇALVES, Carlos Roberto. *Direito das coisas*. São Paulo: Saraiva, 1997.

GONÇALVES, Carlos Roberto. *Direito das obrigações* – Parte especial. São Paulo: Saraiva, 1999.

GONÇALVES, Carlos Roberto. *Direito civil brasileiro* – Parte geral. 6. ed. São Paulo: Saraiva, 2008, v. I.

GRECO FILHO, Vicente. *Direito processual civil brasileiro*. São Paulo: Saraiva, 2003. v. 3.

GUILLOUARD, L. *Traité de la prescription*. 2. ed. Paris: A Pedrone, 1901.

HAENDCHEN, Paulo Tadeu; LETTERIELLO, Rômolo. *Ação reivindicatória*. São Paulo: Saraiva, 1997.

HANADA, Nélson. *Da insolvência e sua prova na ação pauliana*. São Paulo: RT, 1982.

HARADA, Kiyoshi. *Desapropriação*: doutrina e prática. São Paulo: Saraiva, 1991.

JOSSERAND, Louis. *De l'esprit des droits et de leur rélativité*. Paris: Dalloz, 1939.

KISCHINEWSKY-BROCQUISSE, Edith. *La coproprieté des immeubles bâtis*. 4. ed. Paris: Litec, 1989.

KOENING, Gilberto. "A solidariedade nos contratos de locação". *AJURIS* 63/274.

LACERDA DE ALMEIDA, Francisco de Paula. *Direito das coisas*. Rio de Janeiro: Ribeiro dos Santos, 1908.

LAQUIS, Manoel Antonio. *Derechos reales*. Buenos Aires: Depalma, 1975. t. I.

LIEBMAN, Enrico Tullio. *Processo de execução*. 3. ed. São Paulo: Saraiva, 1968.

LIMONGI FRANÇA, Rubens. "Condomínio". *Enciclopédia Saraiva de Direito*. São Paulo: Saraiva, v. 17, p. 396.

LIMONGI FRANÇA, Rubens. *Do nome civil das pessoas naturais*. 3. ed. São Paulo: RT, 1975.

LIMONGI FRANÇA, Rubens. *Manual de Direito Civil*. São Paulo: RT, 1971. v. 1.

LISBOA, Celso Anicet. *A nova lei de locações sob enfoque processual*. Rio de Janeiro: Forense, 1992.

LOPES, João Batista. *Condomínio*. 8. ed. São Paulo: RT, 2003.

LOPES, João Batista. *Condomínio*. 10. ed. São Paulo: RT, 2008.

LOPES, Reinaldo de Lima. *Responsabilidade civil do fabricante e a defesa do consumidor*. São Paulo: RT, 1992.

LUCON, Paulo Henrique dos Santos. *Embargos à execução*. São Paulo: Saraiva, 1996.

LUQUE, Carlos Antonio; VASCONCELLOS, Marco Antonio Sandoval de. Considerações sobre o problema da inflação. In: PINHO, Diva Benevides (org.). *Manual de economia*. 5. ed. São Paulo: Saraiva, 2005.

MACHADO, Antonio Cláudio da Costa. *Código de Processo Civil interpretado*. 7. ed. Barueri: Manole, 2008.

MAGALHÃES, Roberto Barcelos de. *Teoria e prática dos condomínios*. Rio de Janeiro: José Konfino, 1966.

MARCATO, Antonio Carlos. *Procedimentos especiais*. 7. ed. São Paulo: Malheiros, 1997.

MARINONI, Luiz Guilherme; ARENHART, Sérgio Cruz. *Curso de processo civil*. Execução. São Paulo: RT, 2007. v. 3.

MARQUES, Claudia Lima. *Contratos no Código de Defesa do Consumidor*. São Paulo: RT, 1996.

MARQUES, José Frederico. *Manual de Direito Processual Civil*. 13. ed. São Paulo: Saraiva, 1990.

MARTINS, Fran. *Curso de direito comercial*. 18. ed. Rio de Janeiro: Forense, 1994.

MATHIAS COLTRO, Antonio Carlos. *Contratos nominados*. São Paulo: Saraiva, 1995.

MEIRELLES, Hely Lopes. *Direito administrativo brasileiro*. 17. ed. São Paulo: Saraiva, 1992.

MEIRELLES, Hely Lopes. *Direito administrativo brasileiro*. 20. ed. São Paulo: Saraiva, 1995.

MEIRELLES, Hely Lopes. *Direito administrativo brasileiro*. 29. ed. São Paulo: Saraiva, 2004.

MEIRELLES, Hely Lopes. *Direito de construir*. São Paulo: Malheiros, 2000.

MIRANDA CARNEIRO, Waldir de Arruda. *Anotações à lei do inquilinato*. São Paulo: RT, 2000.

MONTEIRO, Washington de Barros. *Curso de direito civil*. São Paulo: Saraiva, 1997. 6 v.

MORTARA, Ludovico. *Commentario del Codice e delle Legi di Procedura Civile*. 4. ed. Milão: F. Vallardi, 1923, v. IV.

MOURA, Mário de Aguiar. *Promessa de compra e venda*. Rio de Janeiro: Aide, 1986.

MUKAI, Toshio. *Comentários ao Código de Proteção do Consumidor*. São Paulo: Saraiva, 1991.

MUKAI, Toshio; ALVES, Alaôr Caffé; LOMAR, Paulo José Villela. *Loteamentos e desmembramentos urbanos*. São Paulo: Sugestões Literárias, 1987.

NASCIMENTO FRANCO, João. *Condomínio*. São Paulo: RT, 2004.

NASCIMENTO FRANCO, João. "Despesas de Condomínio". *Revista de Direito Imobiliário* 4/47.

NASCIMENTO FRANCO, João; GONDO, Nisske. *Ação renovatória e ação revisional de aluguel*. São Paulo: Sugestões Literárias, 1968.

NASCIMENTO FRANCO, João. *Incorporações imobiliárias*. 3. ed. São Paulo: RT, 1991.

NEGRÃO, Theotonio. *Código de Processo Civil e legislação processual em vigor*. 28. ed. São Paulo: Saraiva, 1999.

NEQUETE, Lenine. *Da prescrição aquisitiva*. 3. ed. Porto Alegre: Ajuris, 1981.

NERY JUNIOR, Nelson. *Código Civil anotado*. 2. ed. São Paulo: RT, 2003.

NERY JUNIOR, Nelson. *Código de Defesa do Consumidor comentado pelos autores do anteprojeto*. 6. ed. Rio de Janeiro: Forense Universitária, 1999.

NERY JUNIOR, Nelson. *Princípios do processo civil na Constituição Federal*. 2. ed. São Paulo: RT, 1997.

NERY JUNIOR, Nelson *et alii*. *Código de Defesa do Consumidor comentado pelos autores do anteprojeto*. 6. ed. Rio de Janeiro: Forense Universitária, 1999.

NERY JUNIOR, Nelson; ANDRADE NERY, Rosa Maria. *Código de Processo Civil comentado*. 2. ed. São Paulo: RT, 1997.

NERY JUNIOR, Nelson. *Código Civil comentado*. 5. ed. São Paulo: RT, 2007.

NOEL, Dix W.; PHILLIPS, Jerry J. *Products liability in a nutshell*. 2. ed. St. Paul: West Publishing Co., 1981.

OLIVEIRA, Juarez de (coord.); TOMASETI JR., Alcides; MARCATO, Antonio Carlos; RUGGIERO, Biasi; DABUS MALUF, Carlos Alberto; COELHO, Fábio Ulhoa; PINTO DE CARVALHO, Luis Camargo; MANCUSO, Rodolfo de Camargo; GRECO FILHO, Vicente. *Comentários à lei de locação de imóveis urbanos*. São Paulo: Saraiva, 1992.

OLIVEIRA ALMEIDA, Antonio de. *A prescrição em direito comercial e civil*. São Luís: Frias Filho & Cia., 1896.

ORLANDI NETO, Narciso. *Retificação do registro de imóveis*. São Paulo: Oliveira Mendes, 1997.

PACHECO, José da Silva. *Tratado das locações, ações de despejo e outras*. São Paulo: RT, 1998.

PAGE, Henri de. *Traité élémentaire de droit civil belge*. 2. ed. Bruxelas: Émile Buylant, 1948.

PACIFICI MAZZONI, Emidio. *Istituzioni di Diritto Civile Italiano*. 4. ed. Florença: Camelli, 1905. v. III.

PELUSO, Cezar (Coord.). *Código Civil comentado*. 8. ed. Barueri: Manole, 2014.

PEREIRA, Caio Mário da Silva. *Condomínio e incorporações*. 10. ed. Rio de Janeiro: Forense, 1998.

PEREIRA, Caio Mário da Silva. *Instituições de Direito Civil*. 13. ed. Rio de Janeiro: Forense, 1999. v. 7.

PEREIRA, Mário Geraldo. "Plano básico de amortização pelo sistema francês e respectivo fator de conversão". Tese de doutorado. São Paulo: FCEA-USP, 1965.

PIETROSKI, Tercílio. "Momento de se arguir embargos por de benfeitorias nas ações executivas *lato sensu*". *RT* 648/55.

PINTO, Nelson Luiz. "Usucapião: alguns aspectos de direito material". *RT* 681/59.

PLANIOL, Marcel; RIPERT, Georges; BOULANGER, Jean. *Traité Élémentaire de Droit Civil*. 4. ed. Paris, 1948. v. I.

POLI, Giulio *Il reato, il risarcimento, la riparazione*. Bolonha: Zanichelli, 1925.

PONTES DE MIRANDA, Francisco Cavalcanti. *Comentários ao Código de Processo Civil*. 2. ed. Rio de Janeiro: Forense, 1959.

PONTES DE MIRANDA, Francisco Cavalcanti. *Questões forenses*. Rio de Janeiro: Borsoi, 1957.

PONTES DE MIRANDA, Francisco Cavalcanti. *Tratado de direito privado*. São Paulo: RT, 1983, 60 t.

POTHIER, Robert. *Traité des obligations: oeuvres completes*. Paris: Langlois-Duran, 1844. vol. II. n. 343.

REALE, Miguel. "A sanção da lei que instituiu o novo Código Civil". In: FRANCIULLI NETTO, Domingos; MENDES FERREIRA, Gilmar; MARTINS FILHO, Ives Gandra da Silva (coords.). *O novo Código Civil*. Estudos em Homenagem ao Prof. Miguel Reale. São Paulo: LTr, 2003.

REQUIÃO, Rubens. *Curso de direito comercial*. São Paulo: Saraiva, 1982. v. I.

RIBEIRO, Benedito Silvério. *Tratado de usucapião*. 5. ed. São Paulo: Saraiva: 2007.

RIBEIRO, Benedito Silvério. *Tratado de usucapião*. 6. ed. São Paulo: Saraiva: 2008.

RICCI, Francesco. *Corso di diritto civile*. Turim: Utet, v. 5.

RIZZARDO, Arnaldo. *Contratos de crédito bancário*. 3. ed. São Paulo: RT, 2001.

RIZZARDO, Arnaldo. *Contratos*. 6. ed. Rio de Janeiro: Forense, 2006.

RIZZARDO, Arnaldo. *Parte geral do Código Civil*. 3. ed. Rio de Janeiro: Forense, 2010.

RIZZARDO, Arnaldo. *Promessa de compra e venda e parcelamento do solo urbano*. 5. ed. São Paulo: Saraiva, 1998.

RIZZATTO NUNES, Luiz Antônio. *A empresa e o código de defesa do consumidor*. São Paulo: Artpress, 1991.

ROCCA, Ival; GRIFFI, Omar. *Prehorizontalidad, Ley 19.724 Explicada y Comentada*. Buenos Aires: Bias, 1972.

ROCHA DE BARROS, Francisco Carlos. *Comentários à Lei do Inquilinato*. 2. ed. São Paulo: Saraiva, 1997.

RODRIGUES, Silvio. "Ação pauliana ou revocatória". *Enciclopédia Saraiva do Direito*, São Paulo: Saraiva, v. 3, p. 286.

RODRIGUES, Silvio. *Direito civil*. São Paulo: Saraiva, 2002. v. 7.

RODRIGUES, Silvio. *Direito civil aplicado*. São Paulo: Saraiva, 1988. v. III.

RODRIGUES, Silvio. Parte geral. 34. ed. São Paulo: Saraiva, 2007. v. I.

RODRIGUES PEREIRA, Lafayete. *Direito das coisas*. 5. ed. Rio de Janeiro: Freitas Bastos, 1943.

RUGGIERO, Biasi. *Questões imobiliárias*. São Paulo: Saraiva, 1991.

SÁ PEREIRA, Virgílio de. Da propriedade. *Manual do Código Civil Brasileiro de Paulo Lacerda*. Rio de Janeiro: J. Ribeiro dos Santos, 1924. v. VIII.

SANDRONI, Paulo. *Dicionário de economia*. São Paulo: Best Seller, 1989.

SANTOS, Evaristo Aragão Ferreira dos. Uma abordagem crítica da execução dos créditos vinculados ao Sistema Financeiro da Habitação, segundo o rito especial previsto pela Lei 5.741/71. In: WAMBIER, Teresa Arruda Alvim (coord.). *Processo de execução e assuntos afins*. São Paulo: RT, 1999.

SANTOS, Gildo dos. "Imissão na posse". *Enciclopédia Saraiva do Direito*. v. 42, p. 208.

SANTOS, Gildo dos. *Locação e despejo*. 2. ed. São Paulo: RT, 1992.

SANTOS, Moacyr Amaral. *Primeiras linhas de direito processual civil*. 25. ed. São Paulo: Saraiva, 2007.

SCAVONE JUNIOR, Luiz Antonio. *Comentários ao Código Civil*. 3. ed. São Paulo: RT, 2014.

SCAVONE JUNIOR, Luiz Antonio. *Do descumprimento das obrigações*. São Paulo: Juarez de Oliveira, 2007.

SCAVONE JUNIOR, Luiz Antonio. *Juros no direito brasileiro*. 4. ed. Rio de Janeiro: RT, 2011.

SCAVONE JUNIOR, Luiz Antonio. *Juros no direito brasileiro*. 5. ed. Rio de Janeiro: Forense, 2014.

SCAVONE JUNIOR, Luiz Antonio. *Obrigações*: abordagem didática. 5. ed. São Paulo: RT, 2011.

SCAVONE JUNIOR, Luiz Antonio; BONATTI PERES, Tatiana (org.). *Lei do Inquilinato comentada*. Rio de Janeiro: Forense, 2016.

SCHREIBER Anderson. A boa-fé objetiva e o adimplemento substancial. In: TARTUCE, Flávio; HIRONAKA, Giselda Maria Fernandes (coords.). *Direito contratual – Temas atuais*. São Paulo: Método, 2008.

SEGALLA, Alessandro Schirrmeister. *Contrato de fiança*. São Paulo: Atlas, 2013.

SENISE LISBOA, Roberto. *Contratos difusos e coletivos*. 2. ed. São Paulo: RT, 1999.

SENISE LISBOA, Roberto. *Relação de consumo e proteção jurídica do consumidor*. São Paulo: Juarez de Oliveira, 1999.

SERPA LOPES, Miguel Maria de. *Curso de direito civil*. 4. ed. Rio de Janeiro: Freitas Bastos, 1962. v. I.

SERPA LOPES, Miguel Maria de. *Curso de direito civil – Obrigações em geral*. Rio de Janeiro: Freitas Bastos. v. II.

SILVA, José Afonso da. *Curso de direito constitucional positivo*. 9. ed. São Paulo: Malheiros, 1994.

SILVA, José Afonso da. *Direito urbanístico brasileiro*. São Paulo: Saraiva, 1981.

SILVA, Ovídio A. Baptista da. *Ação de imissão de posse*. São Paulo: RT, 1997.

SILVA, Ovídio A. Baptista da. *Do processo cautelar*. Rio de Janeiro: Forense, 1996.

SILVA FILHO, Elvino. "Loteamento Fechado e Condomínio Deitado". *Revista de Direito Imobiliário* 14/20.

SILVA FILHO, Elvino. *Questões de condomínio*. São Paulo: Malheiros, 1999.

SIQUEIRA JUNIOR, Paulo Hamilton. *Comentários ao Código Civil*. Coord. Luiz Antonio Scavone Junior (*et al.*). 2. ed. São Paulo: RT, 2009.

SOSA, Angel Landomi. "Los sistemas de protección al interés de los consumidores y otros intereses colectivos". *RePro* 31/156.

SOUZA, Sylvio Capanema de. *Da ação de despejo*. Rio de Janeiro: Forense, 1994.

SOUZA, Sylvio Capanema de. *A lei do inquilinato comentada*. Rio de Janeiro: GZ Editora, 2010.

TARCHA, Jorge. *Curso de direito imobiliário*. Ed. Particular, 1995.

TARCHA, Jorge; SCAVONE JUNIOR, Luiz Antonio. *Despesas ordinárias e extraordinárias de condomínio*. São Paulo: Juarez de Oliveira, 1999.

TARTUCE, Flávio. *Direito Civil*. 8. ed. Rio de Janeiro: Forense, 2012. v. 1.

TEIXEIRA, Sálvio de Figueiredo. *Código de Processo Civil anotado*. 7. ed. São Paulo: Saraiva, 2003.

TELLES, Antonio Augusto Queiroz. *Estudo elementar de introdução à ciência do Direito*. São Paul: Ed. Particular, 1993.

TELLES, Inocêncio Galvão. *Direito das obrigações*. Coimbra: Coimbra Editora, 1997.

TERRA, Marcelo. *Alienação fiduciária de imóvel em garantia*. Porto Alegre: Sergio Antonio Fabris, 1998.

THEODORO JÚNIOR, Humberto. *Curso de direito processual civil*. Rio de Janeiro: Forense, 1997. v. 3.

THEODORO JÚNIOR, Humberto. *Dano moral*. São Paulo: Juarez de Oliveira, 2000.

THEODORO JÚNIOR, Humberto. *Processo de execução*. São Paulo: Leud, 1997.

TOMASETI JUNIOR, Alcides; MARCATO, Antonio Carlos; RUGGIERO, Biasi; DABUS MALUF, Carlos Alberto; COELHO, Fábio Ulhoa; CARVALHO, Luis Camargo Pinto de; MANCUSO, Rodolfo de Camargo; GRECO FILHO, Vicente; OLIVEIRA, Juarez de (coords.). *Comentários à lei de locação de imóveis urbanos*. São Paulo: Saraiva, 1992.

VENOSA, Sílvio de Salvo. *Direito das sucessões*. São Paulo: Atlas, 1991.

VENOSA, Sílvio de Salvo. *Direitos reais*. São Paulo: Atlas, 1999.

VENOSA, Sílvio de Salvo. *Direito Civil – Direitos reais*. 7. ed. São Paulo: Atlas, 2007, vol. V.

VENOSA, Sílvio de Salvo. *Lei do Inquilinato comentada* – Doutrina e prática. 8. ed. São Paulo: Atlas, 2006.

VIANA, Marco Aurélio da Silva. *Loteamento fechado e loteamento horizontal*. Rio de Janeiro: Aide, 1991.

VIDIGAL, Geraldo de Camargo. A lei de defesa do consumidor – sua abrangência. *Lei de defesa do consumidor*. São Paulo: IBCB, 1991.

VIEIRA SOBRINHO, José Dutra. *Matemática financeira*. São Paulo: Atlas, 1998.

WAMBIER, Luiz Rodrigues; ALMEIDA, Flávio Renato Correia de; TALAMINI, Eduardo. *Curso avançado de processo civil*. São Paulo: RT, 1999. 3 v.

ZAVASCKI, Teori Albino. "Antecipação de tutela e colisão de direitos fundamentais". *Revista do Advogado* 46/26-28.

OBRAS DO AUTOR

Livros publicados/organizados

1. *Direito Imobiliário. Teoria e prática.* 21. ed. Rio de Janeiro: Forense, 2025.

2. *Lei do Inquilinato comentada artigo por artigo.* 3. ed. Rio de Janeiro: Forense, 2021. (orgs. Luiz Antonio Scavone Junior; Tatiana Bonatti Peres)

3. *Locação de imóveis urbanos – prática e modelos de peças e contratos.* 3. ed. Rio de Janeiro: Forense, 2023.

4. *Modelos de peças no Novo CPC.* 3. ed. Rio de Janeiro: Forense, 2018.

5. *Arbitragem – mediação, conciliação e negociação.* 11. ed. Rio de Janeiro: Forense, 2023.

6. *Juros no Direito brasileiro.* 5. ed. Rio de Janeiro: Forense, 2014.

7. *Comentários ao Código Civil.* 3. ed. São Paulo: RT, 2014. (org.)

8. *Do descumprimento das obrigações.* São Paulo: Juarez de Oliveira, 2007.

9. *Obrigações.* 5. ed. São Paulo: RT, 2011.

10. *Comentários ao Código Civil brasileiro.* Rio de Janeiro: Forense, 2006. v. XVII. (em coautoria com diversos autores)

11. *Comentários às alterações da Lei do Inquilinato.* São Paulo: RT, 2010.

12. *Assédio sexual –* Responsabilidade civil. São Paulo: Juarez de Oliveira, 2001.

13. *Despesas ordinárias e extraordinárias de condomínio.* 2. ed. São Paulo: Juarez de Oliveira, 2000 (em coautoria com Jorge Tarcha).

Capítulos de livros publicados/artigos

1. "O quórum para aprovação de obras nos condomínios edilícios". In: *Estudos avançados de direito imobiliário.* Rio de Janeiro: Elsevier, 2014. v. 1, p. 375-389.

2. "A arbitragem como meio alternativo de solução de conflitos individuais e coletivos no direito do trabalho". In: *Estado e economia –* estudos em homenagem a Ademar Pereira. São Paulo: Saraiva, 2011. v. 1, p. 495-513.

3. "Os honorários de advogado como consequência do descumprimento das obrigações e sua cumulação com os honorários de sucumbência". In: *Tendências jurídicas contemporâneas.* São Paulo: Saraiva, 2011. v. 1, p. 306-334.

4. "A Tabela Price como sistema de amortização de empréstimos e financiamentos no Código de Defesa do Consumidor e na sociedade da informação". In: *20 anos do Código*

de Defesa do Consumidor – Estudos em homenagem ao Professor José Geraldo Brito Filomeno. São Paulo: Atlas, 2010. v. 1, p. 225-259.

5.   "Responsabilidade dos educadores na sociedade da informação". In: *O direito na sociedade da informação II*. São Paulo: Atlas, 2009. v. 1, p. 67-87.

6.   "As assembleias dos condomínios edilícios na sociedade da informação: a possibilidade da assembleia por meio eletrônico". In: *O direito na sociedade da informação*. São Paulo: Atlas, 2007. v. 1, p. 189-208.

7.   "Juros no novo direito privado brasileiro". In: *O Código Civil e sua interdisciplinaridade*. Belo Horizonte: Del Rey, 2004. p. 533-564.

8.   "Os contratos imobiliários e a previsão de aplicação da Tabela Price". In: *Revista de Direito do Consumidor*. São Paulo: RT, v. 28, p. 129-136, 1998.

ANEXO

1. MODELOS DE CONTRATOS

 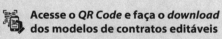

Acesse o *QR Code* e faça o *download* dos modelos de contratos editáveis

> *http://uqr.to/1ye0r*

2. QUADRO COMPARATIVO

 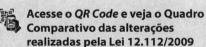

Acesse o *QR Code* e veja o Quadro Comparativo das alterações realizadas pela Lei 12.112/2009

> *http://uqr.to/1ye0s*